DE GAULLE

DU MÊME AUTEUR

La République et son armée, Fayard, 1963.
De Gaulle entre deux mondes, Fayard, 1964.
Clausewitz et la stratégie moderne, Seghers, 1964.
La France pauvre, Grasset, 1965.
La France contre les empires, Grasset, 1969.
Pour un nouveau partage des richesses, Grasset, 1972.
L'Effort de défense des grandes puissances, FEDN, 1975.
Naissance de la France moderne : couronné par l'Académie française.
tome 1 : *L'Après-Guerre*, Grasset, 1978.
tome 2 : *Apogée et mort de la IVe République*, Grasset, 1979.
L'Etat de jungle, Balland, 1982.
La Prise du pouvoir par Hitler 1928-1933, prix Pierre-Lafûe, Plon, 1983.
La Guerre et l'Atome, Plon, 1984.
L'Empire écartelé, Denoël, 1988.
Requiem pour les révolutions, Flammarion, 1990.
39-45 Une guerre inconnue, Flammarion, 1995.
Le Dernier Empire, Grasset, 1996.

SOUS SA DIRECTION

La Première Guerre mondiale, Flammarion, 1991.
L'Aventure de l'atome, Flammarion, 1992.

EN COLLABORATION

(Avec Bruno Moschetto) *La Ve République*, « Que sais-je », PUF, 1979.
(Avec Armand-Denis Schor) *La Politique étrangère de la Ve République*, « Que sais-je », PUF, 1992.

PAUL-MARIE DE LA GORCE

De Gaulle

PERRIN

ISBN : 2-262-01612-7

SOMMAIRE

INTRODUCTION

Ce livre est un adieu. Adieu au siècle. Adieu à ces décennies où Charles de Gaulle a vécu et que ceux de ma génération, pour une part, ont connues. Adieu aux combats que nous avons livrés, qui nous ont déchirés, exaltés, opposés, rassemblés. Adieu au bonheur que nous avons eu de vivre cette époque et aux malheurs qui nous ont frappés.

Bien des auteurs pensent devoir expliquer pourquoi ils ont écrit leurs livres — ici, pourquoi écrire un nouveau livre sur de Gaulle. Je n'en éprouve pas le besoin. La raison en est simple : j'ai publié en 1964 un ouvrage de sept cent soixante-cinq pages qui lui était consacré, et j'ai toujours su qu'il faudrait le reprendre et l'achever en allant jusqu'au terme de sa vie. C'est ce que j'ai fait, près de trente ans après sa mort : en voici le résultat.

Mais, d'aucune manière, ce n'est le même livre, simplement augmenté de quelques chapitres. Il ne pouvait en être question. Pour l'ouvrage que j'ai écrit, voici un tiers de siècle, il n'existait que très peu de sources, à peine quelques rares et courtes esquisses biographiques, aucune étude universitaire ou scientifique, aucune histoire complète des premières années de la Ve République, un très petit nombre de témoignages, et aucune archive n'était accessible. J'avais travaillé avec les moyens dont on pouvait alors disposer : les souvenirs, la presse, les documents rendus publics, la bibliographie telle qu'elle était, les entretiens, y compris ceux avec de Gaulle — j'en reparlerai — et l'œuvre qu'il avait publiée. Rien de tel, aujourd'hui. Toutes les archives sont ouvertes, même avec quelques restrictions en France, mais aussi en Angleterre, en Allemagne, aux Etats-Unis, en Russie. De Gaulle a écrit ses *Mémoires d'Espoir*, inachevées. Innombrables sont les témoignages apportés sur lui et sur son action, à commencer par ceux de tous les anciens Premiers ministres, de beaucoup de ses ministres et de ses collaborateurs, de ses partisans et de ses ennemis. Je suis revenu, à mon tour, sur certains épisodes de sa vie publique, dans plusieurs ouvrages

— dont on trouvera l'écho ici. L'Institut et la Fondation Charles de Gaulle ont fait paraître des études essentielles sur certains aspects de sa vie et de son œuvre et les actes du colloque organisé pour son centenaire sont une contribution irremplaçable à cette phase de l'Histoire. Enfin, des ouvrages remarquables ont été publiés qui éclairent parfois le sujet tout entier, comme celui de Jean Lacouture, que j'ai cité ici, avec plaisir et reconnaissance, ou telle étape de son action, comme Jean-Louis Crémieux-Brilhac l'a fait pour la France libre, comme Maurice Vaïsse l'a fait pour la politique étrangère de la Ve République, ou certains épisodes de sa vie, comme Jean Mauriac, pour sa mort. A tous ceux, à toutes celles qui ont contribué par leurs ouvrages à élucider cette longue histoire, et qui, par là, m'ont aidé, j'exprime mes profonds regrets de ne pouvoir tous les citer.

J'ai tenté de me servir de tout. Mais il est un concours que, cette fois, je ne pouvais avoir : celui que de Gaulle m'aurait apporté lui-même, si j'avais pu, de nouveau, m'entretenir avec lui. Comme je l'ai dit, je l'ai vu au moment où j'achevais le premier ouvrage que je lui ai consacré. Bien que rien n'ait été convenu, je ne voulais pas le citer. Ici, au contraire, je fais état de ces entretiens, croyant qu'ils éclairent certains points : la lutte armée en France, sous l'occupation, le comportement du parti communiste à la Libération, le choix d'une politique économique en 1945, la politique envers l'Allemagne après la guerre, l'Algérie — évoquée aussi lors d'un entretien plus ancien — le référendum sur l'élection du président de la République au suffrage universel, sa vision du monde au début des années soixante. Ces entretiens avec de Gaulle avaient au moins ce mérite : je ne sollicitais rien et il n'attendait rien de moi, ils étaient donc complètement libres. C'était peu de chose, naturellement, en comparaison de ce qu'ont dit — ou pourraient dire — ceux qui l'ont approché longtemps ou ont travaillé avec lui. Mais j'ai pensé que mon témoignage, tel qu'il est, valait la peine d'être apporté.

Mes lecteurs — éventuellement les critiques — en déduiront-ils que ce livre est partisan ? S'il faut ici que je m'explique, je le fais sans aucune gêne. Personne n'a été neutre durant les trois décennies où de Gaulle fut un personnage central de notre histoire : moi, pas plus qu'un autre. J'ai souvent approuvé ce qu'il a fait, et, parfois, j'y ai pris part. J'ai eu aussi mes propres engagements, par exemple sur la décolonisation, comme le savent depuis longtemps ceux qui m'ont lu dans la presse.

J'ai discuté plusieurs points de son action, comme on le verra dans ce livre. Au total, là n'est pas la question. Je l'ai déjà dit en d'autres occasions : l'objectivité n'est pas un absolu : c'est un effort. Je l'ai fait. Et je l'ai fait sans complexes et, au fond, sans grandes difficultés. A cet égard, j'ai été à la plus rude école qui soit : cinquante ans de journalisme, y compris là où l'impartialité était exigée par la loi. C'est devenu, pour moi, comme une autre nature de voir et de dire les choses telles qu'elles sont, même — ou surtout — quand j'en étais attristé, ulcéré, blessé, indigné. La même règle demeure : nos analyses ne doivent pas être faussées par nos préférences.

Au soir de ma vie, ce livre m'a été l'occasion d'évoquer les fureurs de ce siècle, les guerres à l'échelle du monde, les combats où beaucoup d'entre nous se sont engagés corps et âme, les empires écroulés, les idéologies mortes, les contradictions dépassées, les querelles oubliées... De Gaulle fut mêlé à tout. Très souvent au cœur de cette mêlée, sa présence dans ce siècle est la matière de ce livre. Dans l'un de ses plus célèbres discours de Londres, il a cité cette maxime de Chamfort : « Les passionnés ont vécu, les raisonnables ont duré. » Mais pour dire aussitôt que ses compagnons et lui avaient été, tout ensemble, passionnés et raisonnables. Il était soulevé par la passion. Il se voulait guidé par la raison. Tel était son comportement aux prises avec le siècle. Il en a été marqué. Il l'a marqué. Sa vie fut une aventure dans le siècle.

Devant cette aventure, le temps qui passe nous rend libre. Libre de la raconter. Libre d'en juger.

Chapitre 1

AU TEMPS DE SA JEUNESSE

On était encore au XIXe siècle. Le président de la République française était, en 1890, Sadi Carnot. C'était le temps de l'instabilité des gouvernements : M. de Freycinet, président du Conseil pour la quatrième fois, allait se maintenir à la tête du gouvernement pendant un an et onze mois, succédant au deuxième cabinet Tirard, qui dura treize mois, et précédant le ministère Loubet qui vécut neuf mois. En Allemagne, les effectifs de l'armée furent augmentés de 18 000 hommes et on leva les mesures d'interdiction prises sous Bismarck contre les organisations social-démocrates qui révélèrent aussitôt leur immense audience dans la classe ouvrière. Le lieutenant-colonel Archinard obtint d'importants succès aux confins du Sénégal et du Soudan contre le chef des tribus africaines qui lui résistaient, Ahmadou. Des tirailleurs sénégalais furent débarqués à Cotonou où le roi du Dahomey dût se placer à nouveau sous le protectorat de la France, dont il avait voulu s'affranchir. A Calais, les ouvriers des fabriques de dentelle se mirent en grève alors que leur industrie souffrait d'une mévente persistante. A Paris, le 14 juillet, huit personnes d'une même famille, écrasés de misère, se donnèrent la mort. Aux Etats-Unis, on exécuta pour la première fois un condamné à mort, Kemmeler, par électrocution — « c'était le mot inventé pour la circonstance », écrivit *L'Illustration* — et, après une embuscade où périt le chef indien Sitting Bull, l'armée fédérale dut faire face à la révolte d'une tribu de Sioux, les Pieds-Noirs...

C'est le 22 novembre de cette année-là, que Charles-André-Joseph-Marie de Gaulle naquit au numéro 9 de la rue Princesse à Lille, demeure de sa famille maternelle. Le lendemain, 23 novembre, il fut baptisé dans l'église de sa paroisse, l'église carmélitaine de Saint-André. Son père, Henri de Gaulle, avait épousé en 1886 Jeanne Maillot-Delannoy, qui avait trois sœurs dont l'une avait épousé un professeur de l'Institut catholique de Lille, Gustave de Corbie, qui fut choisi comme parrain, et un frère, marié à Lucie Droulers-Maillot qui fut choisie comme marraine.

La généalogie de la famille de Gaulle fut établie par le grand-père du futur général, Julien-Philippe de Gaulle et retranscrite par son fils Henri non sans qu'il ait reconnu lui-même, prudemment, que le nom de la famille fut orthographié différemment au long des siècles et qu'il en résulte peut-être quelque incertitude sur les filiations [1]. Quoi qu'il en soit, on sait que le roi Philippe Auguste fit don à un Richard de Gaulle d'un fief à Elbeuf, en 1210. Près de deux siècles plus tard, en 1406, les archives de l'époque nous apprennent que « le vaillant chevalier Messire Jehan de Gaulle, gouverneur d'Orléans, » fut chargé de franchir la Seine « avec une troupe d'arbalétriers et 500 hommes armés de pied en cap pour s'emparer de Charenton » et que, sept ans plus tard, en 1413, on lui confia la garde de la Porte de Saint-Denis menacée par le duc de Bourgogne. Un professeur au collège de Saint-Lô, M. Patry, apporta sur son destin de nouvelles lumières dont il fit part à de Gaulle lui-même, en 1946, dans une lettre conservée par Claude Mauriac qui l'a communiquée à Jean Lacouture pour la monumentale biographie qu'il lui consacra : « C'était, nous révèle M. Patry, l'un des chefs des Armagnacs et il combattit à Azincourt [2]. » Il confirme ainsi le récit de l'auteur d'une *Histoire de Charles VI*, Geodeffroy, qui écrit que Jehan de Gaulle reçut mission de « disperser les archers anglais qui avaient déjà engagé le combat » bien que, précise-t-il, il eût vivement déconseillé de livrer cette malheureuse bataille. Il commanda la résistance de Vire quand l'armée anglaise d'Henri V s'en approcha, et cette résistance se prolongea jusqu'en 1418 au point, écrit M. Patry, que les maquisards de la région prirent le nom de « compagnons de Gaulle ». Puis, ses terres ayant été confisquées quand il refusa de passer au service du roi d'Angleterre, il alla se fixer en Bourgogne.

Julien-Philippe de Gaulle a établi, assez sérieusement, que cette lignée se rattache à celle que l'on retrouve dès lors, et pour longtemps, en Bourgogne, puis en Flandre. C'est ainsi que s'y rattachent un Girard Gaulle qui apparaît dans les archives de l'époque en 1465, puis un Jehan Gaulles, qui dirigea l'hôpital de Cuisery, et un Nicolas de Gaulle qui fut, en 1584, capitaine-châtelain de la ville et reçut l'autorisation de construire un moulin sur la Sanne. La filiation devient alors plus claire, en tout cas avec un autre Nicolas de Gaulle qui fut conseiller au Parlement de Dijon et commissaire aux enquêtes et qui mourut en 1737. Son premier fils, Jean, avocat au Parlement de Paris, disparut la même année mais le second, Antoine, fut l'ascendant du futur général. Son fils, Jean-Baptiste, né en 1720, procureur au Parlement de Paris et greffier à la Grande Chancellerie du Palais, mourut en 1798. Il avait eu lui-même un fils, né en 1756, qu'il prénomma Jean-Baptiste-Philippe, et qui était avocat au Parlement de Paris quand survint la Révolution. Comme beaucoup de ses contemporains issus de la noblesse de robe, il voulut s'adapter aux temps nouveaux et, à partir de 1791, fit disparaître la particule de son nom en l'écrivant en un seul mot, Degaulle, ce qui ne lui évita pas d'être emprisonné en 1794 dans les locaux de l'ancien « collège des Ecossais » où, la nuit du 9 au 10 Thermidor, il croisa Saint-Just que des amis venaient libérer avant de devoir l'abandonner au tribunal qui le fit guillotiner. Jean-Baptiste-Philippe, qui laissa de cet épisode un récit conservé par ses descendants, fut ainsi sauvé mais sans échapper au destin commun de bien des héritiers de la noblesse de robe ou d'épée : il fut ruiné. Peut-être, de ces épreuves, tira-t-il la conclusion qu'il ne fallait se dissocier ni de son temps ni de son pays : il choisit d'entrer, à 56 ans, dans le service des Postes de la « Grande Armée » de Napoléon où il accéda à de hautes fonctions avant de rentrer en France après la chute de l'Empire et mourir du choléra.

C'est son fils, Julien-Philippe de Gaulle, qui établit la généalogie de la famille. Ancien élève de l'Ecole des chartes, il participa au grand mouvement de renaissance des études historiques qui marqua le premier quart du XIXe siècle. Il écrivit une monumentale *Nouvelle Histoire de Paris et ses Environs*, préfacée par Charles Nodier, alors directeur de la bibliothèque de l'Arsenal et poète en vogue. La société d'Histoire de France le chargea de publier et d'annoter l'*Histoire de Saint-Louis* de Lonain de Tillemont, et on lui doit toute une série d'études savantes sur des sujets plus obscurs ou plus singuliers, comme une *Note sur la Vie et les ouvrages de M. Bidault, paysagiste,* et un *Recueil des épitaphes de Notre-Dame.* Ce personnage austère et studieux fut, cependant, à sa manière, soumis aux secousses et contrecoups de l'époque : il abandonna le catholicisme une partie de sa vie mais, suivant les remarques transcrites par son fils Henri, n'en avait pas moins « en horreur la Révolution, et non seulement ses excès, mais ses principes, son origine et ses résultats ».

Si, somme toute, sa vie d'homme de lettres et d'érudit est tout à fait représentative d'une génération de bourgeois lettrés consacrant leur temps à des travaux savants et désintéressés, celle de sa femme est, à coup sûr, hors du commun. Joséphine-Anne-Marie Maillot descendait d'une famille d'industriels et d'entrepreneurs qui se consacrèrent successivement à l'édification des forts de Vauban dans les Flandres, puis au textile, aux vêtements religieux et enfin au tabac. Rien, apparemment, ne prédestinait celle qui fut la grand-mère du futur général à un destin hors série. Dès 1849, elle publia, à Lille, un *Itinéraire Historique du Nord.* Puis elle fut romancière, auteur du *Foyer de mon Oncle,* de *Valérie de Montlaur,* et surtout d'un livre qui lui valut une certaine célébrité, *Adhémar de Belcastel.* Elle y ajouta une longue série d'essais comme *L'année consolante, dédiée aux âmes affligées.* Elle écrivit une *Vie de Chateaubriand* montrant pour l'auteur de *René*, une prédilection que partagera Charles de Gaulle et un *O'Connell, Libérateur de l'Irlande,* où elle laissait apparaître, sans doute, ses convictions personnelles en le louant d'avoir entrepris de libérer son pays « sans briser les liens de l'ordre et le respect de la loi ». A quoi s'ajouta une autre biographie, celle du général Drouot, dont on sait qu'il était très républicain. Mais si ses œuvres occupent, à la Bibliothèque nationale, huit pages du catalogue, elle n'en consacra pas moins son temps à la direction de la *Correspondance des familles*, une publication très soucieuse de bon ton et de morale mais où elle manifesta une remarquable hardiesse d'esprit en y publiant un texte de Jules Vallès, l'auteur romantique et révolutionnaire de *L'insurgé* où il exaltait le souvenir de la Commune et une nécrologie relativement élogieuse de Proudhon, ce maître du « socialisme utopique ». Rares étaient les femmes, en ce milieu du XIXe siècle, qui purent accomplir une œuvre aussi vaste et s'adonner aussi complètement à la vie intellectuelle et sociale de leur temps.

De ce couple, à la fois très classique et très original, naquirent trois fils qui ont incarné trois types de bourgeois cultivés de leur temps. Le premier, Charles, reprenant la tradition des historiens romantiques, écrivit un ouvrage sur les *Celtes au XIXe siècle* et se prit d'une si grande passion pour son sujet que, ayant appris le gallois et le bas-breton, il écrivit et publia des poèmes gaéliques sous le pseudonyme de Barz Bro-C'Hall, traduction de « Barde de Gaulle » — et rêva même d'une union des Celtes du monde entier, décrivant l'émigration irlandaise vers l'Amérique comme la poursuite contemporaine du grand mouvement « que leurs pères avaient commencé au pied des monts caucasiens et de l'Inde, et poursuivi au cours des siècles vers le soleil couchant ». Le deuxième, Jules, était de ces savants obscurs, et consciencieux, à qui l'on doit, pour une grande part, l'immense apport scientifique du XIXe siècle : il était entomologiste et fit un *Catalogue systématique des hyménoptères de France* où sont recensées cinq mille variétés de guêpes et d'abeilles. Le troisième, enfin, fut Henri de Gaulle, père du futur général.

Il était né en 1848. Il avait songé à une carrière militaire, s'était présenté au concours de Polytechnique, mais n'avait été qu'admissible. Il combattit pourtant, après qu'il se fut engagé comme volontaire, dans les bataillons levés en toute hâte à Paris durant l'été 1870. D'abord sergent, peut-être parce qu'il faisait partie, écrit-il, avec un certain humour, « des jeunes gens de bonne volonté à qui leur situation de fortune permettait de s'habiller et de s'équiper », il fut ensuite sous-lieutenant et confirmé dans ce grade par le vote de ses soldats. Blessé au bras, en octobre, à Saint-Denis, engagé dans les combats de Stains et du Bourget, commandant la 3e compagnie de « Mobiles » en janvier 1871 sous les bombardements prussiens à La Courneuve et à Saint-Denis, il ne songe pas à rester dans l'armée après un armistice dont il écrit qu'il n'est qu'une « capitulation déguisée ». Après un court passage à la préfecture de la Seine, il enseigna. Il avait passé sa licence en droit et sa licence ès lettres. Il fut donc recruté par les Jésuites — en un temps où les spécialisations étaient loin d'être aussi rigoureuses qu'elles le sont aujourd'hui — comme professeur de philosophie, de mathématiques et de littérature. Il enseigna d'abord au collège de l'Immaculée-Conception, au 389 de la rue de Vaugirard. Il en devint préfet des études en 1901, liquida l'établissement quand les Jésuites furent expulsés de France, et fonda en 1907 l'école Fontanes, rue du Bac, avant d'enseigner à l'école Sainte-Geneviève, autrefois rue des Postes, transférée plus tard à Versailles. Autant d'établissements de haut niveau scolaire et fréquentés par la bourgeoisie catholique la plus sage et la plus cultivée : le maréchal de Lattre de Tassigny, le maréchal Leclerc de Hautecloque, les écrivains Georges Bernanos et Marcel Prévost, le juriste Juliot de la Morandière, le cardinal Gerlier, furent élèves d'Henri de Gaulle.

Pour l'un de ses biographes, il avait « les manières nobles, l'esprit orné, l'humeur sérieuse ». Ces traits, empruntés à la langue du XIXe siècle, évoquent, sans nul doute, un aspect de son personnage. Mais, suivant le témoignage de sa fille, Marie-Agnès, près de qui il résida durant les dernières années de sa vie, avant sa mort en 1933, il se caractérisait aussi par la bonhomie, l'indulgence, la patience, l'amabilité, l'attention aux enfants [3]. A près de quarante ans, il épousa Jeanne Maillot, sa cousine, fille de son oncle Jules, dont les parents étaient, eux aussi, cousins. De Gaulle devait écrire, au début de ses *Mémoires de guerre,* qu'elle « portait à la Patrie une passion intransigeante à l'égal de sa piété religieuse ». Tous les souvenirs de la famille le confirment : elle éprouvait une indicible nostalgie de la monarchie, se désolait que ses fils fussent tous « républicains », et professait pour la religion une foi rigoureuse [4]. Au vrai, c'était une passionnée, amoureuse de la vérité et de la sincérité au point que, suivant sa fille Marie-Agnès, se confiant à Jean Mauriac, elle comprenait mal les amabilités convenues et les compliments mondains... Sa propre mère, Julia Maillot-Delannoy, allait jusqu'à condamner, au nom de la religion, la danse et le théâtre, et certains biographes veulent voir, dans la passion religieuse qu'elle professait, comme sa fille, un héritage des ardents catholiques qu'elle avait pour aïeux, un Irlandais, Andronic Mac Cartan, une Ecossaise, Annie Flemming. D'autres alliances avaient rattaché les Maillot à une famille du pays de Bade, les Kolb. Vers la fin des années 1990, le pasteur Auer en établit la généalogie sur sept générations, et il en résulte qu'elle est d'origine souabe plutôt que badoise. De Gaulle, lors de son voyage en Allemagne en 1962, put ainsi réclamer pour ancêtre un Louis-Philippe Kolb né à Reinach, en 1761...

Henri de Gaulle était, lui aussi, un conservateur. Mais à sa manière : « monarchiste de regret », comme il le disait lui-même, et d'une grande sévérité envers la Révolution, au point qu'il s'abonna très tôt à l'*Action française* [5]. Mais tous les témoignages s'accordent à reconnaître son intelligence : elle était assez lucide, en tout cas, pour qu'il ne se fît jamais d'illusions sur une éventuelle restauration monarchique. Assez droite et assez ferme, aussi, pour qu'il perçût ce qu'il y avait de suspect, puis d'invraisemblable, dans les accusations portées contre

Dreyfus, et pour qu'il réagît contre l'aveuglement, la haine, l'obsession antisémite de ceux qui s'acharnaient à contester son innocence.

De ce rappel des origines familiales, lointaines ou proches, que peut-on déduire pour comprendre de Gaulle ? Il faut écarter ici toute idée de liens logiques et nécessaires entre ses ascendants et lui, tout déterminisme génétique ou social. Mais il n'est pas indifférent, naturellement, qu'il soit issu d'une certaine histoire, d'un milieu et d'une région. On l'a vu, ses ancêtres, aussi loin qu'on puisse en retrouver la trace, occupèrent des fonctions de moyenne importance aux étapes successives de l'histoire du royaume de France. A moins de remonter à ce Jehan de Gaulle qui combattit devant Paris et Saint-Denis, à Azincourt et à Vire, on y trouve surtout des gens de robe, avocats ou procureurs, parfois administrateurs et fonctionnaires. Rien de plus naturel que de voir apparaître, dans ce milieu, des intellectuels auteurs d'ouvrages historiques ou scientifiques. Rien d'inhabituel, en tout cas, dans un souci assez constant de s'adapter aux époques et à leurs circonstances : on sert les rois ou, du moins, on applique leurs lois, on se met à la mode de la Révolution en renonçant provisoirement à la particule du nom, on entre au service de la Grande Armée. On est sensible aussi aux nouveaux courants d'idées, comme le fut ce Julien-Philippe qui, tout conservateur qu'il fut, se détacha longtemps du catholicisme comme de nombreux Français d'une certaine culture, dans la première partie du XIXe siècle. Après quoi, dans les luttes idéologiques et politiques qui marquèrent les décennies suivantes, la nostalgie de la monarchie et, par-dessus tout, la foi religieuse, telle qu'on la concevait à l'époque, prévalurent, celle-ci, beaucoup plus que celle-là, inspirant les mentalités, les choix, les attitudes, les habitudes...

Par certains côtés, on l'a vu, la famille de Gaulle se rattache à cette fraction de la société bourgeoise qui s'identifie, pour une grande part, à la noblesse française. Or celle-ci semble, en cette fin du XIXe siècle, sur la pente d'un irrémédiable déclin. Jamais relevée des épreuves de la Révolution, elle s'enlise et se perd dans un monde qui paraît évoluer sans elle, malgré elle, contre elle. Elle ne participe que dans une faible mesure à l'expansion industrielle et au développement des affaires et, dans ses rangs, on professe volontiers à cet égard une sorte de dédain. Souvent elle voit avec aigreur ou mépris l'avènement de ces « nouvelles couches » que Gambetta annonçait aux premières heures de la IIIe République. Elle sent monter autour d'elle des générations plus jeunes qui s'éloignent davantage encore de ses vieux idéaux. Réfugiée dans les hôtels aristocratiques de la rive gauche de Paris ou des anciens quartiers résidentiels des villes de province, enfermée dans les châteaux où elle abrite sa fierté et sa gêne, elle paraît se comporter comme si le monde avait pris un chemin où elle ne pourrait elle-même s'engager. Au vrai, cette aristocratie française n'est pas, loin de là, aussi homogène que le laisserait supposer une certaine image littéraire et journalistique qu'elle donne d'elle-même. Parmi les siens, on en voit de plus démunis, de plus mystiques, mais aussi de plus résignés, dans les provinces de l'Ouest, de plus agressifs dans celles du Midi, de plus opulents et de plus sûrs d'eux-mêmes en Bourgogne et dans le Centre, tandis que dans le Nord et l'Est rien ne les distingue, sinon de subtiles nuances familiales, de la bourgeoisie industrielle et commerçante.

Justement, l'ascendance de Charles de Gaulle se situe dans le Nord. Dans la biographie que je lui ai consacrée, j'insistais sur les particularités sociales, culturelles, humaines qui avaient pu en résulter pour lui et j'y suis revenu encore quand, choisissant de servir, après sa sortie de Saint-Cyr, dans un régiment cantonné à Arras, ce fut aussi le peuple du Nord dont il eut l'expérience la plus directe et la plus profonde, et jusque dans les premières années de la guerre. Georges Pompidou, ayant lu mon livre, confia à des amis qu'il y avait appris, sur de Gaulle, quelque chose qu'il n'avait pas vu ou compris jusqu'alors : l'ayant su, j'ai eu plus tard l'occasion de lui demander de quoi il s'agissait et il me dit que c'était « l'homme du Nord » que j'avais cru voir en de Gaulle, sa vision de la France entière à travers la France du Nord. Le fait est que la bourgeoisie dont il était issu n'était pas à l'image de l'aristocratie terrienne appauvrie, aigrie et se situant elle-même aux marges de l'époque, ni à celle des petits bourgeois provinciaux, repliés sur eux-mêmes et imperméables à la culture de leur temps, et pas davantage à celle de la grande bourgeoisie d'affaires. Que l'on se rende dans la maison natale de Charles de Gaulle, celle de sa famille maternelle, que surmonte, dans une niche, une statue de Notre-Dame-de-la-Foy, que l'on parcoure les rues avoisinantes et, déjà, on peut en avoir une idée. Dans ces vieux quartiers résidentiels de Lille, entre les sévères demeures, sombres, fermées, sans fantaisie ni laisser-aller, où se sont succédé des générations de bourgeois laborieux, on peut pressentir ce qu'est l'âme de la bourgeoisie française du Nord. Balzac, dans *La Recherche de l'Absolu*, en a peut-être donné l'image la plus pénétrante. L'austérité en marque tout le comportement. La dignité préside à toutes les démarches de la vie familiale ou sociale. Un certain sens de la rigueur conduit à dominer l'expression extérieure des sentiments ou des passions qui, par là, sont d'autant plus violents peut-être, d'autant plus redoutables qu'on les a plus longtemps dissimulés. Un certain puritanisme colore la vie morale. Jamais, dans le Nord, on n'a montré, pour les spectacles, par exemple pour le théâtre, le même goût que dans la bourgeoisie provinciale du Midi. Au fond, tout est orienté vers les obligations qu'impose le travail, suprême souci de la vie et vers les devoirs sociaux qui s'y rattachent. On devine l'importance de cette religion du travail, proche d'un certain protestantisme, en voyant, dans les bureaux de certaines banques et de certaines usines, les portraits des chefs d'entreprises qui s'y sont succédé : on pourrait faire, à leur propos, une véritable morphologie sociale. La géographie et l'histoire expliquent cette psychologie. Les siècles ont fait du Nord de la France, de la Belgique et des Pays-Bas, l'un des endroits d'Europe où se faisaient, plus que partout ailleurs, le négoce, les transactions, les grands échanges internationaux. Ne pouvaient subsister à la tête des hiérarchies sociales que ceux dont le patrimoine se consolidait. Fortunes et privilèges, influences et réputations, étaient à ce prix. Dans ces plaines du Nord, guerres et invasions remettaient sans cesse en cause ce qui était acquis : seul l'effort continu des générations se succédant autour des grandes entreprises industrielles ou commerciales pouvait maintenir les familles à leur rang. La bourgeoisie du Nord ne pouvait, du reste, survivre sans une constante ouverture à toutes les nouveautés. Acharnée à produire, à concurrencer, à découvrir de nouveaux marchés, à se disputer les clientèles, elle ne pouvait rien ignorer des changements du commerce international : drapiers, armateurs, maîtres de forges, propriétaires de mines, ne pouvaient rien ignorer des transformations sociales, des révolutions techniques, des renversements de la conjoncture économique. Tous les préjugés, même inspirés des plus anciennes traditions, devaient finalement céder devant les impératifs industriels et commerciaux. Rien d'étonnant, par conséquent, à voir, dans ce milieu, les préoccupations intellectuelles, sociales, économiques, se mêler.

L'alliance des familles de Gaulle et Maillot en était un exemple. D'un côté, par contraste avec la tradition ordinaire de l'aristocratie française, pas d'enracinement terrien, pas de propriétés foncières, pas de château, mais des écrivains et des érudits, et un père incontestablement cultivé, d'une culture classique, faisant la plus large part au latin, à la littérature et à l'histoire ; de l'autre, des industriels défendant, non sans mal parfois, leurs positions et leurs intérêts. Mais aussi, parmi eux, cette Joséphine Maillot qui tranche déjà, par ses activités débordantes, sur le contexte historique et psychologique qui était celui de son temps. On peut croire que son prestige à contribué à effacer autour d'elle les préjugés antiféministes de l'époque : de Gaulle a pu être suffisamment attentif à cet exemple pour rester sensible au rôle social et intellectuel des femmes et peut-être fut-il ainsi préparé à prendre un jour la décision historique d'introduire en France le suffrage féminin que la IIIe République avait constamment écarté.

Tout le destinait donc à recevoir, à son tour, l'éducation classique que l'on réservait aux enfants à cette époque, dans ce milieu, dans cette partie de la France. Catholiques convaincus et pratiquants, ouverts aux changements du monde mais traditionalistes et attachés aux institutions religieuses, ses parents l'ont envoyé d'abord chez les Frères des Écoles chrétiennes de Saint-Thomas d'Aquin puis, en octobre 1900, chez les Jésuites du collège de l'Immaculée-Conception dont Henri de Gaulle, justement, va devenir le préfet des études. Au témoignage de sa sœur, Marie-Agnès, c'était un enfant assez turbulent, plus que ses frères, Xavier, l'aîné, Jacques et Pierre, ses cadets[6]. On aura garde de tirer trop de conclusions des souvenirs de la famille assurant que, dans les jeux où chacun s'imaginait à la tête de plusieurs armées, Charles commandait toujours l'armée française... C'était, en tout cas, une famille heureuse, passant ses vacances à Wimille, près de Wimereux, plage du Nord, entre Boulogne-sur-Mer et Calais avant que la famille n'achète « La Ligerie », une maison de vacances en Dordogne.

Charles ne fut pas d'abord un excellent élève, au contraire de son frère Xavier qu'on lui proposait comme modèle. Il avait presque toujours de très bonnes notes en français mais était beaucoup plus irrégulier dans les autres matières. Il aimait surtout lire et, déjà, écrire, en particulier des poèmes. Au point qu'il n'est pas exagéré de dire, qu'apparaissait déjà, chez lui, une tentation littéraire qui ne le quittera jamais. Il écrivit alors beaucoup de vers, que l'on n'a pas conservés, mais surtout, à quatorze ans, une « saynète comique » qu'il adressa secrètement au jury d'un concours littéraire. Plutôt que d'en recevoir le prix, qui était de 25 francs, il préféra qu'elle fût imprimée. Le titre en était : *Une mauvaise rencontre.* La légende familiale veut que sa mère en ait trouvé les exemplaires dans les affaires de son fils, mais la « saynète » fut jouée durant les vacances de 1905 par Charles et son cousin, Jean de Corbie, devant ses parents, frères et sœurs [7]. La « mauvaise rencontre » est celle d'un brigand qui dévalise un voyageur. Le style en est inspiré de celui d'Edmond Rostand et tout porte à croire que de Gaulle est alors, tout simplement, sensible aux modes littéraires : Rostand, justement, était, ces années-là le plus à la mode de tous les auteurs. Un peu plus tard, préparant Saint-Cyr au Collège Stanislas, il écrit un poème qu'il signe « Charles de Lugale », sans doute parce qu'il espérait le publier et où, cette fois, c'est plutôt l'influence de Francis Jammes que l'on retrouve [8].

Quand je devrai mourir, j'aimerais que ce soit
Sur un champ de bataille...
J'aimerais que ce soit le soir. Le jour mourant
Donne à celui qui part un regret moins pesant
Et lui fait un linceul de voiles
Le soir... Avec la nuit, la paix viendrait des cieux
Et j'aurais en mourant dans le cœur et les yeux
Le calme apaisant des étoiles...

C'est aussi « Charles de Lugale » que de Gaulle signe un récit où l'on voit un jeune officier, affecté en Nouvelle-Calédonie, séduire une belle Mélanésienne, Zalaina, qui, le sentant s'éloigner, veut qu'il meure avec elle et tente de l'empoisonner avec des fleurs exotiques. « Auprès de mon lit, le cadavre nu de Zalaina... La mort au moins avait respecté ses traits et ses formes », raconte « Charles de Lugale » qui voulait peut-être s'inspirer de Pierre Loti ou de la mélancolique histoire de « Mme Chrysanthème »...

Mais, si en de Gaulle persiste la tentation de la littérature, il a fait choix, à cette date, de son avenir et de sa vie. C'est en 1905 qu'il décide de devenir officier. Sa sœur Marie-Agnès racontait à Jean Lacouture : « il est brusquement devenu un autre garçon : facile, raisonnable. Oui, tout a changé[9]... » A la distribution des prix de juillet 1906, il a six premiers prix, un second prix et trois accessits et quand, l'année suivante, les congrégations religieuses d'enseignement sont expulsées de France et que son père l'envoie finir ses études au Collège du Sacré-Cœur d'Antoing, de l'autre côté de la frontière belge, il demeure un excellent élève, ce qu'il reste à son retour à Paris, au Collège Stanislas, où il prépare le concours de Saint-Cyr.

Impossible de ne pas relever, naturellement, que l'année même où il choisit son avenir en décidant de devenir officier, 1905, de Gaulle écrivit un texte intitulé *Campagne d'Allemagne*. Il la situe en 1930. « Trois armées allemandes franchirent les Vosges... En France, l'organisation fut faite très rapidement. Le général de Gaulle fut mis à la tête de 200 000 hommes et de 518 canons, le général de Boisdeffre commandait une armée de 150 000 hommes et 510 canons... De Gaulle vite prit son plan, il fallait sauver Nancy, puis donner la main à Boisdeffre et écraser les Allemands avant leur jonction qui nous serait sûrement funeste... » Et on lit plus loin : « De Gaulle savait qu'il jouait la partie décisive, car c'est sous les murs de Metz que l'Europe entière attachait ses regards. » Rien d'extraordinaire à voir un garçon de quinze ans, dans l'Europe enfiévrée par les crises marocaines et les suites de la guerre russo-japonaise, imaginer qu'un affrontement décisif oppose, vingt-cinq ans plus tard, la France à l'Allemagne et qu'il y joue le plus grand rôle puisqu'il se voit plus tard général... Plus pittoresque est qu'il se mette lui-même au-dessus, même si c'est de peu, du « général de Boisdeffre », quand on se souvient que celui-ci fut l'un des plus célèbres chefs d'état-major de l'armée française dans cette période de la IIIe République. Rêve et ambition se mêlent ici et tous les biographes de Charles de Gaulle, connaissant la suite, n'ont pas manqué d'exploiter ce très mince épisode, tantôt pour souligner sa prescience, tantôt pour ironiser sur son aplomb...

Mais il est plus important de savoir que de Gaulle, en choisissant son destin, a tout à coup changé de personnage. Plus d'adolescent espiègle, plus d'élève irrégulier, plus de rimeur imitant *Cyrano de Bergerac* et *l'Aiglon*. Il est devenu adulte. Bien plus révélatrices que la politique-fiction imaginée sur une future guerre franco-allemande de 1930, sont les lettres qu'il écrit au cours d'un séjour en Allemagne, durant l'été 1908. Il lit les journaux, constate qu'ils sont « assez montés » contre la France, qu'ils parlent en termes menaçants « de notre séjour prolongé au Maroc » — à propos duquel une crise nouvelle éclatera justement l'année suivante — et sa conclusion est d'une lucidité que l'on n'a pas toujours à son âge, c'est-à-dire à dix-sept ans :

Il y a quelque chose de changé en Europe depuis trois ans et, en le constatant, je pense au malaise qui précède les grandes guerres...

La maturité lui est venue. Non seulement dans l'observation mais dans la réflexion, comme on le voit dans l'analyse de sept pages qu'il consacre au traité de Francfort de 1871, durant l'année scolaire 1908-1909. Contrairement à ce qu'auraient fait beaucoup de garçons de cette génération et de ce milieu, dans le climat tendu de ces années-là, il n'emploie aucun adjectif accusateur ni le ton d'un désir exalté de revanche, mais choisit plutôt de décrire les conséquences à long terme du traité : « l'annexion de l'Alsace et de la Lorraine, outre qu'elle crée désormais une raison d'hostilité permanente avec la France, oblige l'Empire à des dépenses et à des sacrifices militaires énormes. D'ailleurs, les quinze cent mille nouveaux sujets allemands n'accrurent point la puissance de leurs maîtres, et les contraignirent par contre à des efforts politiques et financiers dont on ne peut prévoir encore la fin ». Remarquable analyse, rarement faite à l'époque, où de Gaulle, implicitement, évoque l'Europe très différente qui eût résulté d'une plus grande modération de l'Allemagne après sa victoire de 1871, où, renonçant à annexer l'Alsace-Lorraine, elle n'aurait pas fait de la France son inévitable ennemie : mais, l'annexion ayant été décidée, il voit l'Allemagne enchaînée à ses propres efforts pour maintenir sa propre suprématie au prix de tensions dont on ne voit pas encore l'issue.

De Gaulle, accédant à la maturité, devient un homme de son temps. Du coup, il ne peut échapper aux secousses du monde qui l'entoure. Alors commence pour lui l'expérience de la vie nationale et internationale, à travers les réactions de sa famille, les discussions avec ses amis, les journaux qu'il lit, les œuvres qu'il découvre. De Gaulle, désormais, entre dans son siècle.

En ce temps-là, l'actualité quotidienne, en France, était faite, pour une grande part, des luttes politiques autour de la religion et de l'anticléricalisme, du rôle de l'Eglise dans la vie publique et de la laïcité de l'Etat. Compétitions électorales, polémiques intellectuelles et querelles administratives, entretenaient le divorce qui divisait le pays. Dans ses *Mémoires de guerre*, Charles écrivit de sa mère qu'elle « portait à la patrie une passion intransigeante à l'égal de sa piété religieuse », et son père, à sa manière plus calme, plus aimable et plus réfléchie, partageait la même foi. Sa famille, choquée comme beaucoup d'autres par ce qu'elle ressentait comme une persécution injustifiée et sans voir encore, probablement, que la laïcité de l'Etat y mettrait un terme en séparant la vie politique des opinions philosophiques et religieuses, en éprouva, à coup sûr, une profonde tristesse. Sans doute, les sentiments différaient-ils suivant les milieux et les régions : dans les agglomérations urbaines, industrielles ou minières des départements du Nord, la pratique religieuse n'avait pas la même tonalité que celle qui, dans l'Ouest par exemple, s'organise autour de l'église et du château, conservant parfois un caractère presque féodal, et souvent les catholiques du Nord se trouvèrent à l'avant-garde de certaines préoccupations sociales et furent les premiers conscients de la nécessité d'une adaptation au monde moderne. Mais de Gaulle, appartenant à une famille catholique et très pratiquante, a certainement vu, au début de sa vie d'homme, dans ces discordes religieuses, une sorte de flétrissure gâtant l'image pure et vénérée d'une patrie idéale. Sans doute bien des conséquences en ont-elles résulté pour lui, à long terme : la ferme volonté de bannir la religion des luttes politiques, une probable antipathie, ou une certaine rancœur, envers les forces politiques qui avaient fait de l'anticléricalisme leur thème favori, non pour avoir établi l'indispensable laïcité de l'Etat, seule garantie de l'apaisement définitif des luttes religieuses, mais pour avoir mené leur tâche à bien sans égards et sans considération pour la sensibilité des catholiques français. Il voulut enfin, revenu au pouvoir après 1958, régler durablement les rapports entre l'Etat et l'enseignement privé, en croyant ainsi mettre un terme aux séquelles des querelles du début du siècle, mais sans parvenir, malgré tout, à l'accord général qu'il aurait espéré.

Mais était-il chrétien ? La question peut paraître inutilement provocante : toute sa vie, il pratiqua la religion catholique. Ne faudrait-il pas alors se demander plutôt : comment était-il chrétien ? Dans l'avant-propos de la biographie que je lui ai consacrée, je m'interrogeais déjà, alors qu'il était encore vivant, sur la part des convictions religieuses et philosophiques dans son inspiration, dans son action : « Que l'on songe seulement, écrivais-je, à l'impossibilité de savoir quelle fut, au juste, la place de la religion dans la pensée et dans la vie de Charles de Gaulle. » Les entretiens que j'eus avec lui ne me furent, à cet égard, d'aucune utilité : c'est un point que nous n'avons pas abordé. Après la publication de mon livre, Léon Noël, qui fut l'un de ses principaux collaborateurs au temps du RPF, entre 1947 et 1953, et qui fut le premier président du Conseil constitutionnel, choisi par lui, en 1959, m'écrivit qu'il fallait voir dans la politique française de coopération initiée par de Gaulle l'effet de ses préoccupations chrétiennes. Exactement à l'inverse, Maurice Schumann, catholique convaincu et pratiquant, et qui fut si proche de lui à Londres et, plus tard, fut longtemps son ministre sous la Ve République, me dit, non sans mélancolie, qu'il fallait bien admettre que ce n'était pas l'esprit du christianisme qui avait animé de Gaulle dans sa vie publique, que ce n'était pas de cette façon, en tout cas, que de Gaulle était chrétien. Mais qu'en a-t-il dit lui-même ? Jean Lacouture a retrouvé les réponses qu'il fit à un Institut de relations publiques anglais qui l'avait prié, à la fin de 1940, de se décrire lui-même et où il écrivit, dès la deuxième ligne : « Je crois en Dieu[10]. » C'est une affirmation claire mais, en ce temps-là, au cœur de l'année la plus terrible de la guerre, après le choix historique et dramatique qu'il venait de faire et dans un pays où le christianisme était une institution d'Etat, pouvait-elle être différente ? Bien plus intéressante est la réponse qu'il fit à son neveu Michel Cailliau qui lui demandait, durant une promenade commune, au temps du gouvernement provisoire d'Alger, comment se conjuguaient en lui vision politique et croyance religieuse : « Je suis chrétien par l'histoire et la géographie [11]. » A y regarder de près, c'est une réponse singulièrement lucide et sincère. De Gaulle n'invoque pas de convictions philosophiques, ni une foi personnelle, ni une sensibilité religieuse : il est chrétien, dit-il, parce qu'il est né en France, dans un continent et un pays que le christianisme, dès l'origine, a conquis et qui a imprégné pour toujours l'histoire, la société, la culture. Né ailleurs ou à une autre époque, il n'aurait pas été chrétien : voilà ce qu'il suggère. En se disant chrétien, il constate qu'il appartient à un certain monde, à une civilisation et que rien ne pourrait l'en détacher. Rien de plus ? Impossible, pour tout autre que lui-même, d'aller au-delà.

Nul doute, au contraire, sur le sentiment qu'il éprouve dès l'adolescence, dès l'enfance même, et qu'il cultivera passionnément tout au long de sa vie : le patriotisme. On a vu que sa tradition familiale, son entourage, l'exemple et les leçons de son père, devaient naturellement l'y porter. Mais c'est un sentiment qu'il devait vivre, en ce début du XXe siècle, dans un climat particulier. Certes, les Français, presque tous, se croyaient, se voulaient, se disaient, patriotes. Mais trois décennies après la tragédie de 1870, les souvenirs, sans s'effacer, s'estompaient. La « revanche » demeurait, sans doute, espérée par la plupart mais, pour beaucoup, elle devenait improbable. L'Europe, telle qu'elle était issue de la victoire de la Prusse sur la France, s'était enracinée dans la paix et, même dans les Balkans, rien de majeur ne s'était produit depuis le Congrès de Berlin qui avait suivi la guerre russo-turque, en 1878, jusqu'à l'annexion de la Bosnie-Herzégovine à l'Autriche-Hongrie, qui, du reste, l'administrait déjà depuis trente ans. Dans cette Europe en paix, le pacifisme était une tentation naturelle. Il revêtit d'abord, en France, la forme d'une protestation intellectuelle contre ce qu'il y avait d'étouffant et de conformiste dans l'exaltation des vertus militaires. En 1887, un roman d'Abel Hermant, futur zélateur de Vichy, *Le Cavalier Miserey*, fit scandale pour le tableau critique, plus amer que violent, qu'il faisait de la vie de garnison. En 1889, Lucien Descaves raconta dans *Les Sous-Off'* l'histoire d'un jeune sous-officier acculé au suicide par la férocité du monde militaire. L'année suivante, Georges Derrien dénonça dans *Biribi* les bagnes de l'armée, tandis que Courteline décrivait le service militaire obligatoire, dans un style plus comique qu'indigné, et ses livres, *Les Gaietés de l'Escadron,* et *Le Train de 8 h 47*, introduisirent dans la littérature les personnages désormais légendaires de l'adjudant de quartier, de « l'ancien » et du « bleu ». En 1891, dans *Le Mercure de France*, Remy de Gourmont, dans un article intitulé « Le joujou patriotique », écrivait sans complexe : « S'il faut, d'un mot, dire nettement les choses, eh bien ! nous ne sommes pas patriotes. » Dans cette même revue, Jules Renard, répondant à un questionnaire, fit cette comparaison révélatrice : « J'espère que bientôt la guerre de 1870-1871 sera considérée comme un événement historique de moindre importance que l'apparition du *Cid* ou d'une fable de La Fontaine. »

Aux approches de la guerre, on le verra, les courants intellectuels vont s'inverser et de Gaulle, dans ses vingt ans, en sera témoin. Mais, en revanche, le profond mouvement idéologique et social qui commençait à gagner la classe ouvrière dans la dernière partie du XIXe siècle, s'amplifie au début du XXe au point de paraître l'emporter sur tout autre. Après la longue éclipse qui suivit l'écrasement de la Commune en 1871 et qui faisait dire à Thiers que « nous sommes débarrassés du socialisme », celui-ci, irrésistiblement, resurgissait, donnant étrangement raison au futur maréchal Lyautey qui, peu après sa sortie de Saint-Cyr, en novembre 1878, avait écrit à un ami : « Quant à l'avenir, je crois vaguement y entrevoir le socialisme émerger de la tempête. » Déchirés en quatre partis rivaux, les socialistes remportèrent aux élections législatives de 1893, leur premier succès électoral depuis les débuts de la IIIe République : ils eurent dix-huit élus auxquels se joignirent une trentaine de socialistes indépendants issus du radicalisme, comme Alexandre Millerand, ou des groupes républicains modérés, comme Jean Jaurès. La carte électorale montre que cette percée s'effectua essentiellement dans la classe ouvrière et, pour une moindre part, chez les paysans pauvres du Sud et du Sud-Ouest. C'est aux radicaux que les socialistes se substituaient mais, justement, ils se différenciaient d'eux, plus que par leurs références idéologiques et théoriques, par une hostilité farouche envers leur patriotisme jacobin. La classe ouvrière semblait renouer avec ses grands souvenirs historiques : l'écrasement de sa révolte de juin 1848 par l'armée, la Commune de 1871 dont, seule, l'armée avait pu venir à bout. L'idéologie socialiste, au tournant des XIXe et XXe siècles, en prenait le relais. Du reste, la pensée socialiste, en France, est traditionnellement internationaliste, appelant à la fraternité universelle en révolte contre l'autoritarisme des Etats, incarné par les gendarmes et les soldats. Après les « communistes » contemporains de la Révolution française, Proudhon et Fourier s'étaient inscrits dans cette tradition. Les militants ouvriers et socialistes souscrivaient par avance à ce que Georges Sorel écrivit beaucoup plus tard dans ses *Réflexions sur la violence* : « L'armée constitue la manifestation la plus claire, la plus tangible et la plus solidement rattachée aux origines que l'on puisse avoir de l'Etat. » En même temps qu'il était théorisé et bientôt érigé en principe révolutionnaire, l'antimilitarisme ouvrier s'exprimait dans une littérature modeste mais révélatrice, comme dans les théâtres populaires où l'on jouait des pièces antipatriotiques : *A Biribi*, *La Grève Rouge*, *Refus d'obéissance*, *Le Dragon*, et surtout *La Dernière Cartouche* dont la scène finale représentait des soldats qui venaient de tuer leur officier, comprenant enfin que leur obéissance était un crime... Le fait est qu'au tournant des deux siècles, les autorités recouraient volontiers à l'armée face aux grèves qui se généralisaient. Il n'était pas exceptionnel que l'on vît la troupe massée pour défendre l'habitation des patrons menacés par une émeute possible. C'est en 1891, déjà, à Fourmies, qu'éclata la première fusillade, suivie par celles de Saint-Etienne, de Châlons-sur-Marne, de Raon-L'Etape, de Draveil, de Villeneuve-Saint-Georges... Et les officiers en uniforme préfèrent éviter les quartiers ouvriers pour ne pas se faire insulter.

De Gaulle lui-même eut, à deux reprises, l'expérience de ces affrontements entre l'armée et la classe ouvrière, puisqu'il était — comme on le verra — caporal au 33e régiment d'infanterie [12]. Celui-ci fut envoyé à Dunkerque pour faire face aux grévistes, mais son chef de corps, le colonel Schwartz, obtint d'eux qu'ils restent calmes en ordonnant, en échange, de retirer les baïonnettes des canons des fusils — ce qui, du reste, provoqua une enquête du ministère de la Guerre... Plus tard, sous-lieutenant au même régiment, il assista, lors d'une grève des mineurs, à Lens, à la sortie des chevaux de la mine.

> « Je fus extrêmement frappé, raconte-t-il, par cette scène. Les femmes des mineurs étaient là, les visages étaient tristes [...] car cela [...] signifiait une grève longue, c'est-à-dire plus de pain à la maison, c'est-à-dire la misère... » [Mais il fut aussi frappé par la familiarité entre la troupe et la foule.] « La plupart des mineurs qui étaient là avaient fait leur service au 33e et rencontraient leurs copains sous l'uniforme. "Bonjour, mon lieutenant !" me criait-on et je reconnus d'anciens hommes à moi parmi les mineurs. »

Si l'antimilitarisme paraît assez général dans la classe ouvrière, l'antipatriotisme n'est certainement pas aussi répandu. L'un et l'autre, pourtant, font partie de la doctrine socialiste qui prévaut en France, sous l'influence du courant « anarcho-syndicaliste » qui, pendant le dernier tiers du XIXe siècle, et bien au-delà, dominera dans le mouvement ouvrier avant que le marxisme, professé par Jules Guesde et ses compagnons, ne l'emporte plus ou moins. Tous les courants socialistes, en tout cas, se retrouvent dans le groupe unique constitué en 1905 à la Chambre des députés. Et, en 1906, un premier congrès confédéral fonde la CGT à Amiens dont l'acte de naissance dénonce expressément le militarisme et le patriotisme assimilés au nationalisme et au chauvinisme. Alors commence la grande vague de luttes sociales, correspondant à une phase de remarquable expansion de l'économie capitaliste. Cette année-là, en mars et avril, les mineurs du Nord se mettent en grève et, le 1er mai, à Paris, des manifestations violentes ont lieu pour réclamer la journée de huit heures. En 1907, elles ont pour mot d'ordre le repos hebdomadaire et, cette année-là, les électriciens se mettent en grève en mars, les salariés des industries alimentaires en avril, en mai et juin les inscrits maritimes de Marseille, du Havre et de Dunkerque, et, à la fin de l'année, les ouvriers parisiens du bâtiment.

En mai 1909, où eut lieu la première tentative de grève générale, de Gaulle se préparait au concours d'entrée à Saint-Cyr. Pour lui qui s'apprêtait à embrasser cette carrière des armes où il voyait le symbole achevé de l'unité nationale, à entrer dans cette armée qu'il voyait comme le temple d'une certaine unanimité maintenue au regard de l'étranger, les déchirements sociaux, même s'il en comprenait déjà la légitimité et les raisons, devaient apparaître comme une grave faiblesse du pays alors que s'approchaient les périls extérieurs. Peut-être pensait-il que la cohésion sociale, pour un pays comme la France, était aussi la condition de la cohésion nationale. Mais, dans l'immédiat, c'est le pacifisme qui, certainement, lui paraissait surtout scandaleux et dangereux, parce qu'il y voyait un inadmissible aveuglement, en un temps où il ne doutait pas que la guerre fût, un jour, inévitable mais aussi une menace contre le seul sentiment profond qu'il ait éprouvé et qui lui paraissait plus important que tout autre, le patriotisme, et on en trouve l'écho dans la conférence qu'il prononcera plusieurs années plus tard devant les officiers subalternes du 33e régiment d'infanterie où il a choisi de servir après sa sortie de Saint-Cyr et qui est justement intitulée *Du Patriotisme* : « Je ne pense pas qu'aucun amour humain ait inspiré de plus nombreux et aussi de plus purs dévouements. Ce que nous désirons combattre, c'est seulement le chauvinisme, c'est cette disposition d'esprit à donner toujours et aveuglement raison à tous les actes bons ou mauvais de leur patrie à l'extérieur. A cette observation, il faut répondre que le chauvinisme, si c'est un excès, vaut cent fois, mille fois mieux qu'un patriotisme qui raisonne trop souvent... Il fallait bien que Vercingétorix, que Jeanne d'Arc, que Villars, fussent des chauvins pour avoir accompli les exploits que l'Histoire nous a transmis. Comme me l'a dit à moi-même, il y a six mois, celui que M. de Freycinet appelait "le plus grand patriote du siècle", Déroulède : celui qui n'aime pas sa mère plus que les autres mères n'aime ni sa mère ni sa patrie. » Cette référence à Déroulède, chantre du nationalisme populaire, ne s'explique pas autrement que par une réaction farouche aux courants pacifistes dont de Gaulle savait la tentation, dans une fraction au moins de la société française même si, en réalité, il en connaissait peu de partisans.

Dans la liste des sujets de division nationale que de Gaulle énumère au début de ses *Mémoires de guerre*, et qui apparaissaient, dit-il, dans les conversations familiales — « abandon de Fachoda, affaire Dreyfus, confits sociaux, discordes religieuses » —, on a vu quelle place il fallait attribuer, pour sa formation intellectuelle et politique, à ces « conflits » et à ces « discordes ». Le moins qu'on puisse dire est que les souvenirs de Fachoda étaient déjà plus lointains puisqu'ils datent de 1898. Quand, à cette date, le gouvernement français décida d'envoyer la mission du capitaine Marchand dans la région du Haut-Nil, il savait qu'il se heurterait à la pénétration anglaise en direction des Grands Lacs, mais jugeait que ce serait le meilleur moyen de reprendre sur des bases nouvelles le problème des intérêts français en Egypte ; quand il se heurta à l'intransigeance britannique exigeant le rappel de la mission Marchand avant toute négociation, la décision de repli qu'il adopta, sans grands débats et sans hésitation, ne signifiait que l'échec d'une simple manœuvre diplomatique. Mais, s'il est normal que l'opinion publique, mal informée du fond des choses, et sensible à la lecture de journaux qui s'étaient eux-mêmes mal informés, ait éprouvé quelque émotion et que de Gaulle ait entendu parler de Fachoda en termes attristés, les historiens ont aujourd'hui mieux mesuré la portée d'une affaire qui, en réalité, n'a pas alarmé longtemps les Français et ils retiennent qu'après le recul consenti alors, l'Angleterre accepta des arrangements territoriaux plutôt favorables à la France dans les hautes régions de la péninsule indochinoise et en Afrique-Occidentale et qu'elle appuya ensuite sans réserve les positions françaises dans les crises marocaines.

En revanche, l'affaire Dreyfus, bien qu'elle fût tranchée avant que de Gaulle fût adolescent, avait laissé trop de traces pour qu'il n'en ait pas tiré les leçons. Son père, par honnêteté intellectuelle et liberté d'esprit, avait compris que Dreyfus était innocent et ne le cachait pas autour de lui. Ce n'était pas, dans son milieu, aussi rare qu'on l'a souvent écrit, comme le montre la tenace campagne menée en faveur de Dreyfus par *Le Figaro* et son rédacteur en chef Cornély, le recueil de ses articles étant encore aujourd'hui l'un des meilleurs témoignages sur « l'Affaire ». Il n'est donc pas fortuit, ni indifférent, que de Gaulle y ait consacré un long passage dans *La France et son armée*, publiée en 1938.

> Par une sorte de fatalité, écrit-il, au moment même où l'esprit public tend à s'éloigner de l'armée, éclate la crise la plus propre à conjuguer les malveillances. Dans ce lamentable procès, rien ne va manquer de ce qui peut empoisonner les passions. Vraisemblance de l'erreur judiciaire qu'étaient les faux, inconséquences, abus commis par l'accusation, mais que repoussent avec horreur ceux qui par foi ou par raison d'Etat veulent tenir pour infaillible une hiérarchie consacrée au service de la patrie ; exaspérante obscurité où mille incidents embrouillés, intrigues, aveux, rétractations, duels, suicides, procès annexes, enragent et dépistent sans cesse les deux meutes rivales ; polémiques calomnieuses que gonflent, sans ménager rien, toutes les voix de la presse, du pamphlet, du discours ; frénésie malsaine où sombrent pêle-mêle avec les égards mutuels, les convictions, les amitiés, cet élémentaire respect du symbole de leur puissance où les Français divisés trouvaient encore à s'unir.

Ce texte est révélateur. On y voit de Gaulle convaincu de l'innocence de Dreyfus mais heurté par la volonté de certains « dreyfusards » de donner à leur cause, non seulement une juste portée politique et morale, mais de redoutables prolongements à l'encontre de l'armée elle-même, c'est-à-dire d'une institution qui aurait dû, pour lui, faire l'objet de l'unanimité nationale.

De Gaulle, on le voit, fut marqué par le contexte social et national de son temps, bien plus que par des influences personnelles ou familiales dont on ne voit guère de traces profondes. Le fut-il aussi, ou davantage, par les courants intellectuels et philosophiques de son époque ? La plupart de ses biographes le croient et il s'appuient, tous, sur le bref passage qu'il leur a consacré dans le tableau de la France à la veille de la Première Guerre mondiale, qu'on trouve dans *La France et son armée* :

> Dans le domaine de la pensée, écrit-il, l'avènement des Boutroux, des Bergson, qui renouvellent la spiritualité française, le rayonnement secret d'un Péguy, la maturité précoce d'une jeunesse qui sent venir la moissonneuse ; dans les lettres, l'influence d'un Barrès rendant à l'élite conscience de l'éternité nationale en lui découvrant les liens qui l'attachent aux aïeux.

Chacun de ces mots, chacun de ses noms, est révélateur. Dès la fin du XIXe siècle, Boutroux exerçait une influence considérable sur la pensée philosophie et scientifique. Son importance tenait à ce qu'il incarnait plus que tout autre la tentative de surmonter les contradictions habituellement admises entre les impératifs de la science et ceux de la religion. Il répondait ainsi à l'attente des chrétiens qui reçurent longtemps comme un défi le positivisme, matérialiste ou du moins agnostique, de la pensée scientifique. Son réquisitoire contre les principes de la science positive passait, à l'époque, pour remarquable, encore que sa philosophie ne fût rien d'autre qu'une tentative pour accorder au développement des sciences modernes la primauté du spirituel. Mais il synthétisait, à sa façon, un profond courant de pensée à propos duquel Romain Rolland parla du « tremblement de terre des années 1900 et des éruptions de pensées qui incendièrent et bouleversèrent l'esprit du siècle commençant ». On avait cru longtemps que l'élan des sciences modernes consacrerait le triomphe de la philosophie positive, mais voici que s'ouvrait une ère de renouveau idéaliste et de spiritualisme exacerbé. L'œuvre de Darwin est mise en cause. Mach voit dans la physique une science purement phénoménologique. Henri Poincaré, au terme de travaux mathématiques qui furent parmi les plus audacieux de son temps, conclut : « Qu'est-ce que la science ? C'est avant tout une classification, une façon de rapprocher les faits que les apparences séparent. Un système de relation. » Le critique littéraire Brunetière et le savant Berthelot engagent une spectaculaire polémique, l'un proclamant « la faillite de la science », l'autre défendant passionnément son rationalisme. Et cette interrogation sur la science se retrouve dans l'un des romans les plus significatifs de Paul Bourget, *Le Disciple*, paru en 1889 et dont un personnage « analyste conscient, presque inhumain à force de logique, s'humiliait, s'inclinait, s'abîmait devant le mystère impénétrable de la destinée ».

Cette année-là, justement, paraît l'œuvre principale de Bergson : *L'Essai sur les données immédiates de la conscience*. Le philosophe, dont de Gaulle écrit que ses œuvres « renouvellent la spiritualité française », avait-il une relation familiale avec les de Gaulle comme Jean Lacouture l'a entendu dire par Malraux qui en était certain ? Philippe de Gaulle l'a démenti et c'est de peu d'importance. L'essentiel est qu'il était au début de ce siècle celui qui donnait à la philosophie une orientation nouvelle. Au-delà de l'empirisme limité de Boutroux, et du rationalisme qui prévalait jusque-là dans les réflexions sur la science, il tentait d'élaborer une philosophie nouvelle dont la tonalité générale transparaît à travers les titres de ses œuvres : *L'Energie spirituelle*, *L'Evolution créatrice* — celle-ci parue en 1907, l'année où de Gaulle achevait ses études secondaires. Les contemporains en furent si impressionnés que le philosophe et psychologue américain, William James, en parlait, cette même année, comme d'une « révolution à la Copernic » et annonçait : « Le monstre intellectualisme est mort, Bergson l'a tué. »

On peut trouver, sans peine, les traces d'une lecture de Bergson dans les premiers textes publiés par de Gaulle. On sait l'importance du concept de « durée » dans la pensée de Bergson. Brunold et Jacob, dans une étude sur la philosophie des sciences, *De Montaigne à Louis de Broglie*, le définissent ainsi : « La durée [...] est la force créatrice qui, en nous comme hors de nous, fait surgir à chaque instant des nouveautés imprévisibles. » Et Bergson la résuma à sa manière : « Le temps est invention ou il n'est rien du tout. » De Gaulle paraît en tirer les conclusions ou, du moins, en donner une version qui s'applique à l'objet de ses propres réflexions : « Ceux qui combattent, devait-il écrire dans *Le Fil de l'épée*, se trouvent perpétuellement en face d'une situation nouvelle et, en partie au moins, imprévue. A la guerre comme à la vie, on pourrait appliquer le *Panti rei* du philosophe grec ; ce qui eut lieu n'aura plus lieu jamais, et l'action, quelle qu'elle soit, aurait fort bien pu ne pas être ou être autrement. » Michel Desvignes, qui a écrit la meilleure étude sur Bergson et de Gaulle, insiste à juste titre sur le double caractère que la durée revêt chez les deux hommes, « à savoir la continuité et l'hétérogénéité [13] ». Si de Gaulle exalte la liberté de l'homme d'action et l'empreinte qu'il peut mettre sur l'Histoire de son temps, il sait aussi qu'elle « n'est pas absolue et ne peut l'être » et il rejoint ainsi Bergson qui écrit en conclusion de *Matière et Mémoire* : « Qu'on l'envisage dans le temps ou dans l'espace, la liberté paraît toujours pousser dans la nécessité des racines profondes et s'organiser intimement avec elle. L'esprit emprunte à la matière les perceptions d'où il tire sa nourriture et les lui rend sous forme de mouvements, où il a imprimé sa liberté ». Ainsi reverra-t-on, dans tous les écrits laissés par de Gaulle, ce vocabulaire d'inspiration bergsonienne où les mots de « flux », « mouvement »,

« liberté », « changement », en sont l'écho. Et cette influence, il l'a reconnu lui-même dans ses réflexions sur l'action de guerre et, plus généralement, sur l'homme dans l'action : « Bergson a encore montré, écrit-il dans *Le Fil de l'épée*, comment, pour prendre avec les réalités un contact direct, il faut que l'esprit humain en acquière l'intuition en combinant l'instinct avec l'intelligence. Si l'intelligence nous procure la connaissance théorique, générale, abstraite de ce qui est, c'est l'instinct qui nous en fournit le sentiment pratique, particulier, concret. Sans le concours de celle-là point d'enchaînements logiques ni de jugements éclairés. Mais sans l'effort de celui-ci point de perception profonde ni d'impulsion créatrice. »

De Bergson, Péguy disait : « Il a rompu nos fers. » Et de Péguy, comme on l'a vu, de Gaulle a évoqué son « rayonnement secret » au temps de sa jeunesse. C'est que Péguy a incarné à sa façon le renversement des valeurs caractéristique des courants de pensée du début du XXe siècle. Républicain, normalien, dreyfusard et tourné vers le socialisme, il stigmatisait, en 1900, « ces docteurs retour de Rome qui nous prêchent le renoncement à la science et à la raison, la docilité systématique, le silence prudent et respectueux ». Mais après sa conversion au catholicisme il dira de *L'Avenir de la Science* de Renan, bréviaire d'un certain rationalisme du siècle précédent, qu'il s'agit d'une « livre extrêmement cauteleux, un perpétuel détournement d'enthousiasme, un abus de confiance ». Mais plus important que son évolution philosophique est qu'il réunit désormais en lui la passion de la justice qui l'animait au temps de l'affaire Dreyfus et l'amour de la Patrie dont il se fait inlassablement le chantre inspiré. Par là, il incarnait une sorte de réunion des Français, de rassemblement national : de Gaulle ne pouvait qu'y être sensible. Il s'est abonné aux *Cahiers de la Quinzaine*, et, par-delà toute réflexion politique ou philosophique, il a aimé la langue et la sensibilité de Péguy, sa découverte des séductions de la Terre et de la Patrie. On ne peut s'empêcher de relever qu'à plusieurs décennies de distance de Gaulle et Péguy aient, en des termes devenus célèbres, confondu, en quelque sorte, l'hommage à la France, mère de tous les Français, et celui rendu à la Vierge Marie, mère de Dieu, celui rendu aussi, peut-être, à toute mère. A qui s'adresse Péguy, à sa mère ou à celle de tous les hommes, à celle de Jésus ou à la mère patrie, quand il écrit, anticipant sur les épreuves de cette guerre où il va trouver la mort dès les premiers jours : « Mère, voici tes fils qui se sont tant battus... »

Et de Gaulle, dans cette invocation qui date de 1942, du temps de Londres, de la France libre, de la Résistance et de la nuit encore inachevée de l'occupation : « Ah, Mère, tels que nous sommes, nous voici pour vous servir. » Il n'est jusqu'au style de Péguy, au balancement de ses phrases, à un certain type d'images, à un certain rythme des mots, qu'on ne puisse retrouver chez de Gaulle, en particulier dans ses discours de guerre. Il a pu ressentir en tout cas, quelque parenté profonde avec Péguy quand il lut les dernières pages de *Victor-Marie, comte Hugo* : « Vous qui avez un sabre et c'est pour vous en servir... Vous qui fondez des camps et qui fondez des villes... Soldats qui dans le défaut de nos professeurs maintenez, défendez la culture... Pacificateurs qui faites la paix à coups de sabre, la seule qui tienne, la seule qui dure, la seule enfin qui soit digne... Vous qui faites la paix par les armes, imposée, maintenue par la forme des armes... Vous qui faites les seules inscriptions historiques dont nous sommes sûrs qu'elles se font en ce moment. »

C'est à Ernest Psichari que sont dédiés ces vers de Péguy. De Gaulle, dans ses œuvres, n'a pas cité son nom ni évoqué son exemple. Il fut pourtant exemplaire du temps de sa jeunesse. Petit-fils de Renan, fils d'un professeur à l'Ecole des Hautes Etudes, sa famille était au centre de tout ce que Paris comptait de défenseurs de l'innocence de Dreyfus. Sa licence de philosophie semblait le préparer à l'une de ces grandes carrières universitaires, rêves du milieu intellectuel qui était le sien. Soudain, il s'engagea comme simple canonnier dans l'artillerie coloniale. Son expérience de la brousse et du désert, il la rapporte dans *Terres de Soleil et de Sommeil.* Sa vocation militaire est écrite dans *L'Appel des Armes.* Les étapes de sa conversion au catholicisme, il les retrace dans le *Voyage du Centurion.* Ces deux derniers livres datent de 1912-1913 — les années que de Gaulle, ayant quitté Saint-Cyr, passe au 33e régiment d'infanterie à Arras. Psichari tombe au champ d'honneur en 1914. La vocation des armes, pour lui, c'était celle de l'austérité, du dépouillement, c'était une sorte d'ascèse rigoureusement observée et achevée seulement par le sacrifice. C'est le dénuement qui le séduisait : il vécut dans une case de boue séchée où s'alignaient seulement sur une étagère les *Sermons* de Bossuet, les *Pensées* de Pascal, le règlement d'artillerie de campagne, une table des logarithmes et *Servitude et Grandeur militaires*, de Vigny. Il avait voulu opérer en lui-même la synthèse de l'intellectuel et de l'officier, du combattant et du contemplatif : dans ce personnage bien des traits ont dû séduire de Gaulle, la tentation de la solitude, l'engagement total dans une vocation, l'indifférence à ce qui est superflu et donc inutile, mais, bien davantage, il se tournait, lui, vers l'action, vers le monde, vers la vie.

Le fait est qu'il n'a pas cité Psichari : il a cité Barrès. Celui-ci, par son itinéraire, illustrait mieux que tout autre l'évolution des esprits en ce temps où l'Europe, en le pressentant sans le savoir, marchait vers la guerre. Il avait été, dans ses premières œuvres, les meilleures peut-être par leur chaleur pesante et leur sensualité prenante, l'écrivain du désenchantement, du dilettantisme, du désespoir élégant, dont il s'était nourri lui-même et qui donnèrent son sens à l'expression : « fin de siècle ». Voici qu'il chante désormais un nouveau nationalisme. C'est, chez lui, une sorte d'idolâtrie de la terre, de la race et du pays. Elle le conduisit à dériver vers le camp des partisans aveugles ou malhonnêtes de la culpabilité de Dreyfus et vers des propos antisémites. Mais force est de voir qu'il rejoignait par là un courant très profond au début de ce siècle. Un racisme, encore tout intellectuel, imprègne alors la littérature. Kipling exaltait la supériorité des insulaires britanniques : « Nos liens sont plus forts que la vie à briser... » Aux Etats-Unis les *Immigration Restriction Acts* veulent endiguer le flot des Jaunes et des Noirs. En 1899, Austen Chamberlain, partant du point de vue du Germain conscient, stigmatise les Méditerranéens. Guillaume II dénonce le « péril jaune ». Mais Barrès s'en tient à un nationalisme classique qui veut avant tout ressouder tous les courants de la société française, par-delà les oppositions de partis et d'idées, au profit d'une indissoluble unité nationale. Par là, il s'oppose à Maurras qui, dit-il, « en recherchant la monarchie, s'éloigne des Français ». De Gaulle partagera toujours la même répulsion ou, du moins, la même distance, tant il lui est impossible de tracer dans l'Histoire de France, comme le veulent les théoriciens de *L'Action française*, une ligne de partage qui, au moment de la Révolution française, distinguerait le bien, identifié à la monarchie, et le mal, avec tout ce qui a suivi. Barrès, au contraire, était celui qui écrivit au lendemain même de l'affaire Dreyfus et reniant de son propre mouvement ce qu'il avait pu écrire d'excessif ou de faux : « Il faudrait incorporer Dreyfusisme et anti-Dreyfusisme dans un type supérieur. Il faudrait trouver ce qu'il y a de chevaleresque chez le Dreyfusien de bonne foi. » De Gaulle, à l'opposé de Maurras, éprouve la même préoccupation d'unité et de continuité de la nation. Chacune de ses œuvres met la Révolution, et même la Commune en ce qu'elle a de jacobin et de patriotique, dans le grand sillage de l'Histoire française : chaque étape de cette Histoire appartient à la nation elle-même et s'en trouve ennoblie.

Barrès, par souci d'unité française, s'est aussi prononcé pour un certain socialisme : parti pris d'intellectuel, et non révolte sociale. Mais son « programme de Nancy », adressé à ses électeurs, met le « socialisme » sur le même plan que le « nationalisme » et le « protectionnisme ». Pour lui, le capitalisme, en dressant les classes les unes contre les autres, menace l'unité du pays : on ne la sauvera que par le « socialisme ». Bien entendu, le terme n'est pas à prendre au pied de la lettre. Mais toute une lignée de nationalistes français garderont, et pour les mêmes raisons, cette préoccupation sociale. De Gaulle en héritera à son tour et l'on peut croire qu'un tiers de siècle à l'avance il était prêt, par formation intellectuelle comme au vu des désordres sociaux de son époque, à envisager cette transformation du régime économique et de la condition ouvrière qui eut sa place, plus tard, dans son action politique.

Mais plutôt que ses rêves d'avenir, plutôt que ce jeu des idées, c'est l'approche de la guerre, qui marque, semble-t-il, le climat moral et intellectuel dans lequel de Gaulle grandit et accède à la maturité. Il devait écrire, plus tard : « Je dois dire que ma prime jeunesse imaginait sans horreur et magnifiait à l'avance cette aventure inconnue. » C'est le sentiment que l'on retrouve, en termes plus abstraits et parfois plus provocants, dans les réponses à la célèbre enquête que deux jeunes écrivains proches de *L'Action française*, Henri Massis et Alfred de Tarde, menèrent, sous le pseudonyme d'Agathon, sur l'idée de revanche dans les milieux universitaires. Elle révélait l'extraordinaire séduction d'une sorte de bellicisme romantique. Certains des intellectuels interrogés affirment « que la France a besoin d'héroïsme pour vivre ». D'autres voient « dans la guerre un idéal esthétique d'énergie et de force ». Quelques-uns vont jusqu'à dire : « C'est dans la vie des camps, c'est au feu, que nous éprouverons le suprême épanouissement des puissances françaises qui sont en nous. » Et, quelques années plus tard, en 1912, on verra même un futur ministre de Vichy, Abel Bonnard, alors très jeune romancier, surenchérir encore sur cette exaltation : « C'est dans la guerre que l'on retrouve le courage, disait-il, c'est en elle que tout se refait. » Il y aurait quelque chose d'odieux, ou même de monstrueux, dans ce parti pris d'esthétisme et dans ce moralisme paradoxal, concourant à l'apologie de la guerre, si l'on ne se souvenait que la plupart de ceux qui cédèrent à ce vertige vécurent eux-mêmes la mise à l'épreuve de leur philosophie et virent leurs théories ramenées au niveau de la boue des tranchées et de l'interminable tuerie de la Grande Guerre.

Qu'est-il resté, pourtant, de ces influences que de Gaulle lui-même a suggérées en se référant à sa jeunesse et que tous ses biographes ont inlassablement étudiées ? Je crois aujourd'hui qu'elles furent limitées et relatives, même si je partage le goût des historiens pour la recherche des héritages et des filiations. Boutroux et sa philosophie des sciences faisant sa part au spirituel ? Force est de reconnaître que les débats qu'il suscita sont depuis longtemps dépassés, que les querelles sur la compatibilité entre science et religion n'ont plus cours, et qu'elles paraissent maintenant presque sans objet, l'histoire de la philosophie des sciences ayant pris une toute autre voie. De Gaulle, en tout cas, n'y revint jamais et ne semble pas s'y être intéressé. Il crut, à coup sûr, en la valeur de l'œuvre de Bergson et on a vu qu'il s'y référa, une fois au moins, dans *Le Fil de l'épée*. Mais, s'il est émouvant de penser à la confidence que fit Mme Bergson à Georges Cattaui — « en 1940, avant la débâcle, mon mari me répétait sans cesse : un seul homme pourrait sauver la France, le colonel de Gaulle [14] » — le fait est qu'il ne prolongea pas sa réflexion philosophique, et qu'il n'en parlait jamais. Il est vrai que certains accents de ses discours de guerre évoquent ceux de Péguy mais, dans l'ensemble de son œuvre écrite, prévaut un style classique, rigoureux, resserré, où presque rien ne le rappelle. Et du nationalisme très particulier de Barrès, à la fois intellectuel et sensuel, idolâtre de la race et de la terre, on ne trouve vraiment que très peu d'échos chez de Gaulle, que ce soit dans ses œuvres, dans son comportement, dans ses thèmes sinon dans sa politique. Jeune homme attentif à son temps, curieux du mouvement des idées et toujours tenté par la littérature, il a été sensible à l'environnement intellectuel qui fut le sien : rien ne permet d'aller plus loin. Ce ne sont pas les influences philosophiques et littéraires qui le marquèrent avant tout : c'est tout simplement le monde qu'il avait sous les yeux, l'Histoire qui était en train de se faire.

Avec le recul du temps, nous savons ce qu'on peut dire des années où de Gaulle vécut son adolescence et sa jeunesse : c'était la marche à la guerre. Et nous savons aussi qu'intervint alors dans l'histoire de l'Europe et du monde une fracture sans remède au point que beaucoup d'historiens ou de philosophes de l'Histoire datent de 1914 le véritable début du XXe siècle et que les contemporains eux-mêmes vécurent la Première Guerre mondiale comme une rupture dramatique qui rejeta l'époque antérieure dans un lointain passé. L'Histoire, pourtant, ne connaît pas de fracture absolue. En 1914, de Gaulle allait avoir vingt-quatre ans en novembre, mais ceux qui, comme lui, allaient faire ce siècle étaient alors des adultes dont certains, déjà, pouvaient peser sur le cours des choses : Lénine avait quarante-quatre ans, Staline trente-cinq, Roosevelt trente, l'économiste John Maynard Keynes trente-deux, Hitler vingt-cinq, Adenauer trente-huit, Churchill quarante, Gandhi quarante-cinq, Mussolini trente et un, Nehru vingt-cinq, Hô Chi Minh, Tito et Franco vingt-deux, Mao Zedong vingt et un. Tous, comme de Gaulle, connurent donc le monde d'avant 1914, tous en furent marqués avant d'apporter leur marque au siècle qui commençait.

Ce monde était celui de la domination européenne. Jamais auparavant l'humanité n'avait connu quoi que ce soit de semblable : un très petit nombre de nations exerçaient sur l'ensemble de la Terre leur emprise directe ou indirecte et, par l'envoi de leur flotte et de leurs armées, l'émigration d'une partie de leurs enfants, l'exportation de leurs capitaux et la prépondérance de leurs industries, se partageaient le monde. C'était le temps de l'impérialisme triomphant. Lénine, écrivant au début de la guerre et observant ce partage du monde, en fit le point de départ de ses réflexions sur les chances d'une révolution : « Le trait caractéristique de cette période, c'est le partage définitif du globe, définitif non en ce sens qu'un nouveau partage est impossible — de nouveaux partages étant au contraire possibles, inévitables — mais en ce sens que la politique coloniale des pays capitalistes a achevé la conquête des territoires inoccupés sur notre planète. Pour la première fois, le monde s'est trouvé partagé si bien qu'à l'avenir les territoires ne pourront faire l'objet que de nouveaux partages, c'est-à-dire qu'ils passeront d'un possesseur à un autre, au lieu de passer de l'état de terre sans maître à l'état de terre possédée par un maître. »

Avec l'ère de l'impérialisme s'achève, en effet, le partage du monde. En Asie, le Japon, dont l'émergence parmi les grandes puissances est l'un des événements majeurs de ce début du siècle, n'occupe encore que des territoires arrachés à la Chine lors d'une guerre récente. Partout ailleurs c'est l'Europe qui domine. L'arrivée du Transsibérien à la frontière russo-chinoise, en 1900, symbolise la poussée de la colonisation russe jusqu'aux rivages de l'Extrême-Orient. Au Turkestan, lui aussi colonisé par les Russes, la voie ferrée arrive à Tachkent en 1905 et l'Empire des tsars borde maintenant la Perse et l'Afghanistan où il faudra un arbitrage français pour répartir ces zones d'influence et celles de la Grande-Bretagne. Celle-ci règne sur l'Empire des Indes, qu'elle a étendu vers l'est en Birmanie, en Malaisie, à Singapour, qu'elle aurait voulu étendre à l'ouest en incorporant l'Afghanistan : à la passe de Kandahar, l'armée britannique a été mise en échec mais Londres exerce une influence prépondérante sur le pays et ne se résignera à en reconnaître l'indépendance que bien plus tard. La France tient la péninsule indochinoise et le Siam ne survit comme pays indépendant qu'à titre d'Etat-tampon entre les Empires français et britannique. La Chine n'a plus d'indépendance que de façade. Au nord, la Mongolie a proclamé son autonomie en octobre 1911, et conclu avec la Russie, en novembre 1912, un traité qui donne à celle-ci l'exploitation des richesses naturelles du pays et le droit d'y établir ses ressortissants. Le 6 juin 1914, un accord entre Anglais et Tibétains prévoit que le Tibet méridional se détachera de la Chine pour constituer un Etat autonome soumis à la protection militaire et à l'emprise économique de la Grande-Bretagne. Ailleurs, des zones d'influence ont été réparties. A partir de leurs concessions et enclaves dans les ports chinois, les Français exercent leur prééminence au sud et sur une partie de Shanghai, les Britanniques à Canton et dans toute la vallée du Yang Tsé-kiang, les Allemands au nord-est, les Russes en Mandchourie où, après la guerre russo-japonaise, la partie sud de la province tombera sous l'emprise du Japon. Les échanges extérieurs de la Chine se font à 70 % avec l'Europe et 85 % des capitaux étrangers investis dans le pays sont européens. Toutes les voies ferrées ont été construites par des sociétés européennes, qui en possèdent encore les trois quarts. Quand, après la révolution de 1911, le président de la République chinoise, Yuan Che-kaï, a emprunté 630 millions de francs-or à un consortium international, celui-ci, en lui imposant des conditions très dures, a veillé à ce que les grands intérêts des Etats occidentaux ne se heurtent pas mais concourent à maintenir la Chine sous une tutelle commune.

L'Empire ottoman qui, au tout début du siècle, domine encore une partie des Balkans, a, lui aussi, perdu, en grande partie, son indépendance. Depuis décembre 1881 déjà, il a dû, pour payer ses dettes, accepter que ses créanciers européens perçoivent leurs intérêts directement sur les revenus fiscaux et douaniers du pays. Le réseau ferré est presque entièrement entre les mains de l'Allemagne qui, avec la construction du chemin de fer Berlin-Bagdad et de ses embranchements, renforce sa prépondérance. En Afrique, mis à part l'Ethiopie qui a repoussé une tentative de conquête par l'Italie et le petit Etat du Liberia créé et contrôlé par les Etats-Unis, il ne reste que le Maroc à échapper à la domination européenne : son incorporation à l'Empire colonial français provoquera bientôt deux crises successives qui parurent mener l'Europe au bord de la guerre. Tout le reste du continent est partagé. L'Angleterre consolide ainsi son emprise politique sur l'Egypte, où la France conserve les plus importantes positions économiques et financières, y compris la présidence de la compagnie du Canal de Suez, tandis qu'elle est assurée du soutien anglais pour ses projets marocains. A l'extrême sud du continent, après la guerre menée contre les Boers, la domination britannique est maintenant totale. Ce partage de l'Afrique est difficilement accepté par l'Allemagne dont les dirigeants ont pensé étendre leurs possessions du Cameroun, du Tanganyika et du Sud-Ouest africain au détriment des colonisateurs les plus faibles, Portugais et Belges : un projet de partage des colonies portugaises entre l'Allemagne et la Grande-Bretagne, envisagé à plusieurs reprises, est même conclu en 1913, et seule l'opposition de la France en empêche la mise en application avant que la guerre elle-même le rende impossible. Il n'est pas jusqu'à l'Amérique latine, composée d'Etats indépendants, qui ne soit, à beaucoup d'égards, dépendante de l'Europe, d'abord pour son peuplement mais aussi pour les capitaux investis, les échanges commerciaux, l'influence intellectuelle et même par l'adoption de Constitutions inspirées des exemples européens, — bien que la vie politique y soit marquée davantage par la mise à l'écart des populations les plus pauvres, la puissance des oligarchies et la fréquence des coups d'Etat militaires.

Mais ce monde partagé sera-t-il un monde pacifique ? Cobden, économiste anglais, l'avait prophétisé. Pour lui, le libéralisme économique, en rendant solidaires les intérêts du monde entier, garantirait la paix. Justement, l'internationalisation de l'économie — on est encore loin de parler de « mondialisation » — s'accélère avec la période d'extraordinaire prospérité que les pays capitalistes traversent depuis les dernières années du XIXe siècle. Ils connaissent alors un cycle long de hausse lente et régulière des prix de gros — un « cycle de Kondratiev », du nom de l'économiste qui en fit la théorie — et il en résulte, comme durant les périodes comparables, une augmentation incessante de la production et un accroissement constant des profits. Les crises périodiques qui traversent ce cycle, comme en 1913, ne sont que très passagères. L'accumulation des richesses, même inégalement réparties entre les classes sociales, accroît irrésistiblement l'écart entre les pays industrialisés et les autres. Suivant les travaux conduits plus tard par l'historien des faits économiques, Bairoch, le revenu par habitant dans les pays industrialisés est deux fois plus élevé, en 1880, que dans le reste du monde — ce qu'on devait appeler plus tard « Tiers-Monde » — et il l'était trois fois plus en 1913, avant de l'être cinq fois plus en 1950 et sept fois plus en 1970. Mais cette remarquable prospérité des premières années du siècle — qui ne sera surpassée que par celle des trente années suivant la Seconde Guerre mondiale — n'a pas fait disparaître, chez les dirigeants économiques et politiques des principaux Etats, l'obsession de protéger les productions nationales, de lutter contre les concurrences étrangères, de trouver au-dehors des placements dont les taux de profit soient plus élevés, de s'assurer des sources de matières premières dont on pourra contrôler les prix, et surtout de conquérir des marchés où la concurrence des exportations étrangères pourrait être limitée ou même exclue. Du coup, les frontières politiques et militaires étaient aussi perçues comme des frontières économiques. Plus tard, durant les décennies qui suivront la Seconde Guerre mondiale, l'idée prévaudra presque partout qu'il suffit d'acheter des matières premières sur le marché mondial pour se les procurer et qu'il est préférable d'exporter librement plutôt que d'avoir à supporter la charge du contrôle politique et militaire des pays où l'on veut vendre : mais cette idée n'est admise, au début du siècle, que par les théoriciens libéraux les plus convaincus et par les économistes les plus perspicaces. L'opinion presque unanime des dirigeants économiques et politiques des pays industrialisés est, au contraire, que les conquêtes territoriales, ou du moins l'établissement de zones d'influence, sont le plus sûr moyen de favoriser la prospérité nationale. Les expressions telles que « s'assurer des sources de matières premières », « conquérir des marchés », « écarter les concurrents étrangers », font partie du vocabulaire courant et traduisent bien cet état d'esprit. A distance, il peut apparaître que la part des Empires coloniaux dans l'activité économique des Etats colonisateurs et de l'économie capitaliste en général est restée très limitée et que les pays les plus dynamiques n'étaient pas toujours les plus conquérants mais telle n'était pas du tout, au début de ce siècle, la conviction générale.

Au nationalisme économique s'ajoute alors, sous des formes diverses, la puissance du sentiment national. Et l'expérience va prouver que, loin de s'affaiblir avec les progrès de la démocratie, il s'exprime plus fermement avec elle. De fait, les libertés publiques et individuelles accomplissent alors de nouveaux pas en avant, lents mais apparemment irrésistibles. Dans l'ensemble de l'Europe, l'activité de la presse, des partis, des groupes intellectuels ou politiques, grandit et pèse sur l'orientation des Etats. Mais, le plus souvent, cette activité s'oriente irrésistiblement dans le même sens : vers l'expression du sentiment national, vers un nationalisme qui peut être légitime mais risque d'être excessif ou agressif. En Allemagne, la remarquable ascension du parti social-démocrate n'empêche pas que se manifeste, dans la plupart des autres forces politiques, une exaltation de la puissance et de la force et d'un pangermanisme menaçant pour ses voisins. En France, les préoccupations sociales et une très générale volonté de paix favorisent les succès électoraux des partis de gauche et du centre mais n'empêchent pas, comme on l'a vu, que l'esprit public adhère à un patriotisme vigilant. En Russie, la bourgeoisie libérale, opposée au tsar, souhaite, en politique extérieure, une orientation plus ouvertement nationaliste. La majorité du parlement turc est passionnément opposée à toute forme de « faiblesse ». Mais c'est dans les pays où la libération nationale n'est pas achevée que ce courant s'exprime naturellement avec le plus de véhémence. C'est le cas en Serbie, en Grèce, en Roumanie, en Bulgarie et dans les forces politiques qui, au sein de l'Empire austro-hongrois, représentent les minorités — italiennes, serbes, roumaines — qui veulent se rattacher à d'autres Etats, ou les communautés — slovènes, polonaises, mais surtout croates, tchèques et slovaques — qui se considèrent comme opprimées et rêvent d'indépendance ou d'autonomie. Ainsi apparaissent, à travers l'essor des libertés publiques, le changement des institutions politiques et la crise des anciens régimes autoritaires et monarchiques, l'irrésistible montée des réalités nationales et ce « mouvement des nationalités » qui avait caractérisé déjà le siècle précédent : le choc qui en résulte va se conjuguer avec ceux produits par l'achèvement du partage du monde et c'est la guerre mondiale qui en résultera.

Entre sa quinzième et sa vingt-troisième année, de Gaulle aura pu voir ainsi la crise soulevée par l'annexion de la Bosnie-Herzégovine à l'Autriche-Hongrie, la guerre russo-japonaise suscitée par le heurt de deux impérialismes, les deux crises marocaines où la France, achevant son expansion coloniale, doit affronter un risque de guerre générale et consentir au Congo des concessions à l'Allemagne, la première guerre balkanique, puis la seconde, chacune reflétant la compétition des grands Etats européens autour du partage de l'ancien Empire ottoman. Ainsi s'accomplit le diagnostic de Lénine : il n'était plus possible qu'un territoire puisse passer entre les mains d'un « possesseur » sans qu'il soit arraché à un autre « possesseur ».

Le traité de Portsmouth, le 29 août 1905, donne au Japon le sud de l'île Sakhaline, l'archipel des Kouriles et, sur le continent, il reprend à la Russie la location de Port-Arthur et ses intérêts dans le sud de la Mandchourie. Plus tard, les deux pays se répartiront à l'amiable leurs zones d'influence dans la région et la Russie, comme on l'a vu, étendra même la sienne à la Mongolie. Mais, à l'échelle de la première partie du siècle, la guerre russo-japonaise trouve sa véritable signification : elle aura été la première occasion où le partage du monde entre grandes puissances les a conduites à s'affronter directement sur le même terrain et pour les mêmes enjeux.

A leur tour, les crises marocaines le montrent en 1906 et surtout en 1911. Bien que Guillaume II ait alors prêché la modération, les dirigeants allemands acceptent de courir le risque d'une guerre pour imposer un règlement politique : en échange d'une complète liberté d'action au Maroc, la France céderait à l'Allemagne le Congo tout entier —

point de départ d'une redistribution de toute l'Afrique centrale que Berlin a préparée en négociant avec l'Angleterre le partage des colonies portugaises. Mais l'Entente cordiale franco-anglaise se révèle efficace : la Grande-Bretagne, pas plus qu'elle ne voulait que l'Allemagne ait quelque position que ce soit sur les côtes marocaines, qui lui donnerait une façade sur l'Atlantique, ne veut davantage d'une nouvelle expansion coloniale allemande. Du coup, la crise se dénoue : l'Allemagne obtient pour sa colonie du Cameroun une fraction limitée du Congo en échange d'un petit territoire, le « Bec de canard », à l'extrême nord de la colonie, et le Maroc va devenir un protectorat français. A cette occasion, comme lors du conflit russo-japonais, l'achèvement du partage du monde conduisait les grandes puissances à se heurter directement : au Maroc comme au Congo, une avancée de l'Allemagne signifiait un recul de la France et une menace pour la Grande-Bretagne, et il n'y avait plus d'autre issue que marchander ou se faire la guerre.

Pour la dernière fois, les crises balkaniques en témoignèrent. En annexant la Bosnie-Herzégovine qu'elle administrait depuis trente ans et où les Serbes sont alors très largement majoritaires, l'Autriche-Hongrie a pour but, suivant l'expression de l'un des documents diplomatiques de Vienne, « l'abolition complète du nid révolutionnaire serbe », c'est-à-dire, au fond, la mise en cause de l'indépendance de la Serbie. Celle-ci doit céder, le 19 mars 1909, à un ultimatum lui enjoignant de changer de politique. Mais la Russie a pris plus clairement conscience des ambitions autrichiennes et des menaces allemandes et a constaté qu'elle ne peut pas y résister sans resserrer ses liens avec la France et la Grande-Bretagne. Elle accorde alors son patronage à une coalition de la Serbie, de la Bulgarie, de la Grèce et du Monténégro, qui libère la presque totalité des territoires européens de l'Empire ottoman, puis quand les Bulgares, avec le soutien de l'Autriche-Hongrie, attaquent leurs anciens alliés c'est à ceux-ci, auxquels la Roumanie s'associe, qu'elle apporte son appui.

L'Autriche-Hongrie est alors prête à intervenir, même en courant le risque d'une guerre avec la Russie, mais, pour la dernière fois avant 1914, Guillaume II, de nouveau, prêche la modération et accepte un partage de la Macédoine au détriment de la Bulgarie : « Intervenir, écrit-il à François-Joseph, serait donc une grosse faute. » On avait pourtant approché de très près un conflit où la révolte et la victoire des peuples naguère opprimés par l'Empire ottoman, dernière phase du « mouvement des nationalités », né au siècle précédent, avaient abouti au heurt direct des grandes puissances sur le partage de leurs zones d'influence.

On en eut un ultime exemple quand, le 8 novembre 1913, l'Allemagne, tirant parti de l'aide qu'elle avait accordée à la Turquie contre les Bulgares pour tracer les frontières entre les deux pays après la dernière crise balkanique, obtint que l'un de ses plus brillants chefs militaires, le général Liman von Sanders, soit nommé au commandement du corps d'armée turc de Constantinople. La Russie touchait alors du doigt la perspective immédiate de son encerclement par les Empires centraux, à la fois à l'ouest et au sud, et de la rupture de toute communication, en cas de guerre, avec la France et l'Angleterre. Devant ses protestations, l'affectation du général von Sanders fut modifiée : il devint inspecteur général de l'armée turque — ce qui renforçait ses pouvoirs plutôt qu'il ne les diminuait.

Etape par étape, on allait à la guerre. Tel était, du reste, le sentiment général en Europe. Evoquant l'état des esprits en cette veillée d'arme qui allait conduire les peuples à s'affronter en un conflit sans mesure, de Gaulle devait y voir, dans son livre publié vingt-cinq ans plus tard, *La France et son armée*, l'aboutissement d'une sorte de révolution des Etats, des sociétés et des mentalités.

> Comme d'autres révolutions, écrivit-il, celle-là n'est que l'aboutissement, à la faveur d'un cataclysme, des changements dès longtemps commencés. Depuis plusieurs générations, le suffrage universel, l'égalité des droits et des chartes, l'instruction obligatoire, combinaient leurs effets pour fondre la nation en un moule unique.

Tel est, à son avis, le ressort profond du comportement uniforme des pays européens au moment où ils entrèrent en guerre : ils agirent en bloc, comme s'ils avaient été, par avance, unifiés sous l'effet de leur propre évolution économique et sociale, comme si, désormais, les dissidences, les fractures, les oppositions, s'étaient secrètement effacées devant cette réalité primordiale, la nation, son unité et sa défense.

> L'industrie, écrivit-il encore, la vie urbaine effaçaient les caractères locaux. Le machinisme distribuait à tous les mêmes objets de série, les journaux assemblaient les esprits autour de sujets identiques. La propriété immobilière avait pour résultat l'ubiquité des intérêts. Les partis, les syndicats, les sports, exaltaient le sentiment du collectif. Les transports, la circulation, l'hygiène, pliaient les gens à mille contraintes communes. Bref, cette vie uniforme, agglomérée, précipitée et à quoi la mécanique du siècle soumettait les contemporains, les déterminait d'avance à subir les levées en masse, chocs gigantesques et sans nuances qui marquèrent la guerre des peuples.

Analyse paradoxale, en apparence : en ce début du siècle, on perçoit bien les craquements des vieilles autocraties mais aussi des sociétés bourgeoises. En 1912, la révolution a éclaté en Chine et la république a été proclamée sur les ruines du trône le plus ancien du monde. En Perse, un mouvement révolutionnaire s'est produit en 1906 et a conduit le Shah à concéder un régime de monarchie constitutionnelle, l'année suivante. Des troubles éclatent au Mexique en 1910, qui ne conduiront qu'à des révolutions manquées, mais interminables. La révolution de

1905 a révélé la fragilité du régime des tsars et ébranlé la Russie jusque dans ses profondeurs malgré une remarquable expansion économique et des réformes, significatives mais partielles et insuffisantes, du Premier ministre Stolypine. Les écoles socialistes, dont l'influence imprègne toute la classe ouvrière dans les pays industriels d'Europe, appellent à la transformation de la société. Autant de signes de rupture au cœur même des nations. Très peu de temps suffira pourtant à montrer que celles-ci, surmontant leurs divisions, agiront en bloc dans la crise qui va déboucher sur la guerre, justifiant l'analyse que de Gaulle en fera.

Dans l'immédiat, l'Europe, irrésistiblement, marche vers la tragédie qui éclatera en 1914. Les Etats s'y préparent, que ce soit pour l'éviter ou, au besoin, pour l'emporter. L'Allemagne, en 1911 et 1912, prend l'initiative d'une relance massive de la course aux armements. A la fin de 1912, un mémoire du général Ludendorff, collaborateur du chef d'Etat-Major général, von Moltke, souligne l'affaiblissement militaire de l'Autriche-Hongrie après la victoire des Serbes, Roumains et Grecs dans la dernière guerre balkanique et prévoit que l'Allemagne devra faire la guerre sur deux fronts : depuis que le comte Schlieffen a dirigé le Grand Etat-Major allemand, la décision est prise de déclencher en priorité une offensive à l'ouest en vue d'y obtenir une victoire décisive par l'enveloppement des armées françaises à l'aide d'un mouvement tournant qui passera par la Belgique. Ce plan suppose une supériorité initiale incontestable de l'armée allemande : une loi nouvelle prévoit donc d'accroître les forces armées du temps de paix jusqu'à 820 000 hommes, officiers non compris, en 1914. L'Autriche-Hongrie fait passer, à son tour, le contingent mobilisé chaque année de 103 000 à 160 000 hommes. L'Italie porte le sien de 120 000 à 150 000 hommes pour en avoir 375 000 en permanence au lieu de 275, soit 34 divisions de première ligne au lieu de 24. La France réplique par la loi du 7 août 1913 fixant la durée du service militaire à trois ans, au lieu de deux, ce qui lui permet d'avoir 750 000 hommes sous les drapeaux, officiers non compris. L'armée russe, en 1914, porte ses effectifs de 1 300 000 à 1 423 000 hommes. La Grande-Bretagne, qui n'a que 110 000 hommes en garnison dans les colonies et 170 000 dans la métropole, qui seraient immédiatement embarqués pour la France, consacre ses efforts militaires au renforcement de sa marine de guerre. Car, l'Allemagne, sous l'inspiration de l'amiral von Tirpitz, s'est convaincue qu'une force navale est l'accompagnement nécessaire de la croissance de ses échanges extérieurs et de sa présence économique au-dehors et a décidé de déployer une flotte de croiseurs « capables d'agir entre Heligoland et la côte anglaise », et d'exercer, le cas échéant, « une pression » sur l'Angleterre pour l'obliger « à respecter partout les intérêts allemands ». Avec retard, on s'aperçut, à Londres, que la maîtrise des mers, qui constituait la sécurité même de la Grande-Bretagne et de son Empire, était en cause et on se résolut alors à lancer un nouveau type de cuirassé, le *Dreadnought*, qui, avec 18 000 tonnes, sera supérieur à tous les navires allemands, la profondeur du Canal de Kiel ne permettant pas d'en faire passer de comparables de la Baltique à la mer du Nord. Mais les Allemands approfondissent le canal et construisent l'équivalent du *Dreadnought*... La course aux armements, désormais, se déroule aussi sur mer.

Ce qui apparaît alors, dans cette Europe des dernières années de paix, c'est le sentiment de l'inéluctable. Certes, la compétition économique laisse encore place à bien des compromis et l'expansion générale de l'économie capitaliste fait espérer que la prospérité des uns ne nuira pas à celle des autres. C'est l'opinion la plus répandue dans les milieux d'affaires et Norman Angell l'exprime à sa façon dans son livre, *La Grande Illusion*, publié en 1912, quand il prédit que la guerre serait un désastre pour le capitalisme et mettrait en péril le fonctionnement de la société et de l'économie. Mais c'est une voix isolée, même si elle exprime les craintes d'une partie de la bourgeoisie européenne. La course aux armements traduit la tension internationale et l'aggrave, mais elle en est la conséquence et non l'origine. C'est bien l'affrontement autour des derniers terrains du partage du monde et la menace de bouleversements dus à l'explosion des revendications nationales qui conduisent au bord du conflit. On ressent si fortement l'approche de la guerre que certains s'attachent à la prévoir, à en décrire les conditions et le déroulement, à en pressentir l'issue. Les plus perspicaces en éprouvent comme un vertige. Le plus lucide est un homme d'affaires de Saint-Pétersbourg, Ivan Bloch, dont le nom, injustement, fut oublié par la suite : il publia, dès 1898, six volumes intitulés *Aspects politiques, économiques et techniques de la prochaine guerre*, où il prévoit le développement d'armées le long de fronts très étendus, leur enterrement dans des tranchées, la prolongation du conflit, le coût exorbitant, économique et humain, de la guerre, et les révolutions sociales qui en résulteront probablement... Mais d'autres, sentant l'approche d'un destin inexorable, s'y résignent dans la mélancolie et le désespoir, comme Sir Edward Grey, ministre anglais des Affaires étrangères, qui croit voir « les lampes s'éteindre dans toute l'Europe » pour soupirer, le soir où la Grande-Bretagne dut déclarer la guerre à l'Allemagne : « Nous ne les verrons plus se rallumer de notre vivant. »

La marche à la guerre : c'est dans cet esprit, dans ce climat, que se situent, pour de Gaulle, son adolescence, sa jeunesse, l'avenir qu'il a choisi. Vouloir être officier n'était pas, comme on l'a vu, dans la tradition de sa famille, si l'on excepte le très naturel élan de patriotisme qui poussa son père à servir dans les « mobiles » pour combattre les Prussiens en 1870. Ses goûts intellectuels et littéraires pouvaient aussi bien le pousser dans d'autres voies : mais c'est l'action qu'il voulait. C'est pour agir qu'il sera officier. Il ne sera pas un commentateur, un analyste, un historien du présent, sinon pour accompagner son action, l'éclairer ou en rendre compte. Rien de plus fort chez lui, au moment où il fit choix de son avenir, que cette volonté d'agir, de prendre part, de peser, si possible, sur l'histoire qui allait se faire. Mais il savait, en sa jeunesse et en ce début du siècle, quel serait, pour lui, l'horizon de la vie. Il ne faisait pas que le pressentir : il y inscrivait à l'avance son destin.

D'autant plus, devait-il écrire plus tard, qu'au début du siècle apparaissaient les prodromes de la guerre.

Et pour suivre les premières étapes de sa vie d'homme et, au fond, pour comprendre toutes les autres, il faudra toujours se souvenir des phrases qui suivaient, qu'on a déjà citées, mais auxquelles il faut sans cesse se référer :

> Je dois dire que ma prime jeunesse imaginait sans horreur et magnifiait à l'avance cette aventure inconnue. En somme, je ne doutais pas que la France dût traverser des épreuves gigantesques, que l'intérêt de la vie, consistait à lui rendre, un jour, quelque signalé service, et que j'en aurais l'occasion.

Ses vacances s'achèvent à Wimereux quand, le 30 septembre 1909, de Gaulle apprend qu'il est reçu au concours d'entrée à Saint-Cyr, 119e sur 221 pour environ 800 candidats. C'était la première fois qu'il s'y présentait et son rang, relativement modeste, n'augure pas de ce que seront ses études, une fois l'uniforme revêtu. Dans l'immédiat, il doit accomplir un an dans la troupe, commençant ainsi sa carrière comme soldat de deuxième classe. Ainsi l'exigeait la loi du 21 mars 1905, promulguée au temps où les gouvernements républicains, encore sous le coup de l'affaire Dreyfus, se méfiaient du corps des officiers de sorte qu'il leur parût souhaitable d'imposer aux futurs cadres de l'armée l'expérience d'une année passée au milieu des simples conscrits. De Gaulle l'a vécue sans enthousiasme mais sans gêne excessive : plus tard, dans sa correspondance, il l'a jugée inutile et peu probante et y voyait plutôt un gaspillage de temps et de ressources pour une armée qui aurait pu mieux utiliser des hommes qu'elle avait recrutés par concours et qu'elle pouvait former plus efficacement [15]. Cette année dans la troupe, il la passa au 33e régiment d'infanterie en garnison à Arras. Il l'a choisi, sans doute, simplement parce qu'il était cantonné à proximité de ses lieux traditionnels de vacances, et qu'un bon train reliait Arras à Paris. Une fois de plus, en tout cas, ce fut un ancrage dans le nord de la France et, par là, une expérience nouvelle de relations avec ce « peuple du Nord » qui, dans son esprit, s'identifiera plus ou moins avec le peuple français. Ses camarades de chambrée sont des ouvriers des mines du Pas-de-Calais et, plus encore, des paysans de la Thiérache, de l'Avesnois, du Valenciennois. C'est pourtant aussi durant son passage au 33e d'infanterie qu'il s'exerce, pour la première fois, à parler à un large public, qui, cette fois, est le 3e bataillon du régiment. Il y réussit, semble-t-il, assez bien puisque sa réputation, désormais, est faite auprès de ses supérieurs : il n'est évidemment pas un troupier comme les autres. Cela ne lui vaut pourtant pas de promotion particulière : en avril 1910, il est nommé caporal alors qu'il était possible de lui donner les galons de sergent. Comme on en demandait la raison au commandant de sa compagnie, le capitaine de Tugny, celui-ci fit une réponse qui, pour être authentique, n'en est pas moins entrée très tôt dans la légende et qui donnait pour toujours à de Gaulle un titre qui lui resta, chez ses amis, ses admirateurs et ses biographes : « Que voulez-vous que je nomme sergent un garçon qui ne se sentirait à sa place que connétable ! » A coup sûr, c'était un propos où l'agacement se mêlait au compliment : le ton et les manières du soldat de Gaulle envers ses supérieurs n'étaient sans doute pas tout à fait conformes aux usages alors même que l'on reconnaissait sa personnalité.

A la caserne du régiment, le « quartier Schramm », il trouve le temps de s'isoler assez pour écrire le second texte qu'il va signer de son pseudonyme, Charles de Lugale. Comme le précédent, c'est une nouvelle, mais d'une écriture déjà très différente. Elle est intitulée *Le Secret du Spahi*, avec, pour sous-titre, *La Fille de l'Agha.* De Gaulle ne devait pas en être mécontent puisqu'il l'envoya au *Journal des Voyages et des Aventures de Terre et de Mer* qui la publia dans son numéro du 30 janvier 1910. C'est l'histoire d'un lieutenant de spahis combattant les partisans d'un Agha coupable de piller sa région et qui tombe amoureux de sa fille : pour éviter que ses hommes ne la capturent, il se tue. Le style est celui des romanciers de son époque mais le thème est d'un romantisme extrême. Quelques années après son premier essai d'écriture romanesque, *Zalaina*, ce récit, de bien meilleure qualité, écrit pourtant à dix-neuf ans, témoigne une fois de plus de la tentation secrète qui persiste chez de Gaulle et qu'on retrouvera plus tard : la tentation littéraire. Pour la seconde fois, en tout cas, c'est l'exotisme de l'Afrique du Nord qui lui sert de cadre, comme s'il ne voyait l'outre-mer qu'associé à des héroïnes jeunes et belles, entraînant les hommes dans la mort par leur sensualité et leur séduction. Etait-ce l'image qu'il se faisait, à cet âge, du monde colonisé, de l'autre versant de la Méditerranée ? En tout cas, il n'y reviendra pas.

Par sa correspondance, on sait que, le 14 octobre 1910, il fait son entrée à l'école de Saint-Cyr, « sous une pluie battante ». On est alors au temps de la pénétration française au Maroc qui, comme on l'a vu, débouchera bientôt sur une crise internationale dont l'issue consacrera le protectorat français : c'est pourquoi on baptise « promotion Fez » celle dont il fait partie. Dans ses lettres à sa famille, il rapporte son emploi du temps, du réveil à 5 h 30 jusqu'à l'extinction des feux à

10 heures du soir, en passant par le petit déjeuner, la gymnastique, les cours d'escrime, d'équitation et d'allemand, le nettoyage du casernement, le déjeuner, l'instruction militaire, l'étude, le dîner, le « temps libre »... Ses camarades sont surtout frappés par sa taille et lui affectent tous les sobriquets traditionnels qu'elle peut suggérer. Mais il ne se plaint pas du traitement que les « anciens » réservent aux « nouveaux » qu'il juge « sans méchanceté ». En fait, il se jette avec passion dans l'étude des matières enseignées à Saint-Cyr au point qu'il a parfois l'occasion, comme durant son année au 33e d'infanterie, de montrer à ses supérieurs qu'il peut en savoir autant qu'eux. En témoigne le journal de l'école qui publia, cette année-là, la caricature d'un grand saint-cyrien intimidant un officier instructeur, avec pour légende : « Le Cyrard de Gaulle passe une "colle" d'histoire : l'examinateur n'en mène pas large. » Le résultat est qu'à la fin de sa première année de Saint-Cyr, entré 119e, il est 45e [16].

Ses efforts ne se relâchent pas durant sa seconde année à Saint-Cyr. Au contraire, il fait de sa vie à l'école une ascèse dont le sens est assez bien suggéré par cette citation de Victor Hugo qu'il note sur son carnet et prend pour devise : « concision dans le style, précision dans la pensée, décision dans la vie ». A la fin de sa deuxième année, les appréciations qu'il reçoit rendent compte de son travail : conduite « irréprochable », tenue « très correcte », intelligence « très vive », éducation « soignée », caractère « droit », attitude « très belle », zèle « très soutenu », esprit militaire « très développé », physique « sympathique », aptitude à la marche « très bonne », résistance à la fatigue « grande ». Sa « valeur d'ensemble » est ainsi évaluée : « Aspirant très bien doué, travailleur consciencieux et sérieux, mentalité excellente, nature calme et énergique, fera un excellent officier. » A ses notes données par son capitaine, son chef de bataillon a ajouté celles-ci : « Très militaire, très dévoué, très consciencieux, commande avec calme et énergie, fera un excellent officier. » Et le commandant de l'école conclut par cette appréciation générale : « A été continuellement en progressant depuis son entrée à l'école, a beaucoup de moyens, de l'énergie, du zèle, de l'enthousiasme, du commandement et de la décision. Ne peut manquer de faire un excellent officier. » Ses notes confirment les éloges de ses supérieurs : il a plusieurs fois 20, en particulier pour les exercices militaires, 19 en « fortification » et en « exercices sur la carte », 18,5 en géographie, 17,7 en histoire, n'a que la moyenne en équitation et en escrime et moins de la moyenne, 8,6 sur 20, en tir. Cette fois il est le 13e de sa promotion, à la sortie de Saint-Cyr en 1912.

C'est à la fin de leur première année que les élèves officiers, devenant aspirants, choisissent leur arme. Alors 45e de sa promotion, de Gaulle pourrait encore choisir la cavalerie, qui passe pour l'arme la plus prestigieuse et où se retrouvent, quand leur rang le leur permet, la plupart des officiers issus de l'aristocratie. Mais il opte pour l'infanterie —

comme le fait aussi le futur major de sa promotion, Alphonse Juin, fils de gendarme et né en Algérie. Quand il fut son chef d'état-major, Pierre Billotte lui demanda les raisons de ce choix et, d'après son témoignage, s'entendit répondre : « Parce que c'est plus militaire ! » Ce n'était évidemment qu'une boutade. Le choix de l'infanterie avait, en ces premières années du siècle, une signification plus forte encore, si possible, qu'à toute autre époque : l'infanterie est l'arme du combat rapproché. Qui veut se battre, au sens précis du mot, choisira cette arme. Si incertain que l'on soit alors sur le tour que prendra la prochaine guerre, on peut pressentir que l'entrée en service d'une artillerie à tir rapide et des nouvelles armes automatiques, surtout des mitrailleuses — même si l'armée française en est moins bien dotée que l'armée allemande — rendra très aléatoire l'emploi de la cavalerie. L'essentiel sera fait par l'infanterie : c'est alors la conviction générale, en tout cas celle des plus lucides, et la composition de toutes les armées en résulte alors, avant que l'expérience de la guerre n'augmente la part faite à l'artillerie bien plus qu'on ne le prévoyait. De Gaulle est certainement de ceux qui savent que l'infanterie sera l'arme principale des combats : c'est pourquoi il l'a choisie. Il s'y ajoute peut-être aussi, chez lui, la tentation d'une ascèse, que l'on retrouve en plusieurs épisodes de sa vie. Car l'infanterie est aussi l'arme dont les pertes seront toujours les plus lourdes : ce qui justifia, plus tard, que Pierre Messmer, combattant de la France libre et qui fut, sous de Gaulle, ministre des Armées pendant neuf ans, ait affirmé qu'au lieu de « reine des batailles », il faudrait l'appeler « prolétariat des batailles ».

Certains se sont même demandé pourquoi il n'avait pas alors choisi l'infanterie coloniale, ses tirailleurs, ses zouaves, ses « marsouins » ou la Légion étrangère, qui étaient alors en train de conquérir leur réputation et leur gloire dans les opérations menées outre-mer et surtout au Maroc. Mais, justement, de Gaulle choisit l'armée métropolitaine et, mis à part un court séjour à l'état-major des troupes du Levant, il y restera toujours. Ce choix, sans aucun doute, est dicté par ce qu'il attend du proche avenir. Ses lettres, ses notes, le confirment : il croit qu'une guerre avec l'Allemagne est inévitable et qu'elle ne tardera pas. C'est à celle-ci qu'il veut se préparer et l'exotisme des opérations coloniales n'y contribuerait pas. Au fond, c'est l'Histoire qui dicte son choix et peut-être, déjà, une certaine idée des priorités de la France, de ce qui lui est essentiel et de ce qui ne l'est pas : c'est le duel avec l'Allemagne qui décidera de tout, et non l'occupation de tel ou tel territoire outre-mer. Là se joue la vie ou la mort, le reste est secondaire. On verra que cette conviction continuera de guider sa vie, sa carrière, ses recherches, certaines des plus grandes décisions qu'il prendra.

Sortant de Saint-Cyr, de Gaulle choisit de retourner au 33e régiment d'infanterie. Plusieurs de ses biographes s'en sont étonnés d'autant qu'ils savaient, après la publication de ses *Notes et Carnets*, qu'il n'avait que médiocrement apprécié son premier séjour dans ce régiment. Comment ce choix s'explique-t-il ? Pour les mêmes raisons, avant tout, qui jouèrent trois ans plus tôt : la proximité de ses lieux de vacances, de la résidence de sa famille maternelle, la liaison facile avec Paris. De plus, Arras étant près de la frontière Nord mais non loin des garnisons du Nord-Est, le 33e sera, sans aucun doute, parmi les premiers régiments engagés dès qu'un conflit éclatera. Du reste, il a sans doute aimé cette ville, son admirable grand-place, l'esprit de ses habitants et les soldats qu'il aura maintenant sous ses ordres, ces hommes du Nord parmi lesquels il a servi.

Faut-il y ajouter le désir d'avoir Pétain pour colonel ? On l'a suggéré, dans quelques-unes de ses biographies. On peut croire, il est vrai, qu'à Saint-Cyr on parlait des chefs de corps sous lesquels il pourrait être intéressant de servir et Pétain avait, en effet, laissé à l'Ecole de Guerre, le souvenir d'un professeur excellent, stimulant, original. Mais il n'était pas le seul à avoir mérité cette réputation. Sa carrière, du reste, ne brillait d'aucun éclat : au contraire il était colonel et proche de l'âge de la retraite au point qu'on pouvait douter qu'il puisse devenir général ou qu'il garde longtemps son commandement. Peut-être était-ce en raison de son indépendance d'esprit et, en particulier, de sa réponse, devenue ensuite légendaire, à une enquête portant sur le nom des officiers de son régiment qui allaient à la messe : « M'y tenant au premier rang, je n'ai pas l'habitude de me retourner... » Mais on peut croire aussi que cette réplique n'était pas aussi connue qu'elle l'a été plus tard et même qu'elle était tout à fait ignorée des jeunes saint-cyriens de l'époque : du reste, elle laisse songeur quand on sait que Pétain, demeuré célibataire, ne témoignait d'aucun respect pour les vertus recommandées par la religion et que, de surcroît, il était considéré comme « républicain [17] »... Quoi qu'il en soit, de Gaulle n'a jamais écrit la moindre note ou lettre laissant entendre qu'il avait voulu avoir Pétain pour chef ni rien sur ses premières rencontres avec lui. On sait seulement qu'il écrivit en termes conventionnels au colonel commandant le 33e d'infanterie pour lui dire, naturellement, combien il ressentait « l'honneur de servir » sous ses ordres et que la réponse fut du même ton. On sait aussi que, étant reçu par lui, à son arrivée, il ne fut gratifié que de quelques mots, l'affectant à la 6e compagnie du régiment et lui souhaitant la bienvenue, comme c'était la règle que Pétain s'était fixée.

Les deux hommes vont donc se connaître, à ce moment commun de leur vie. Pour peu de temps, il est vrai, puisque Pétain quitte Arras à la fin de 1913 pour commander une brigade. Le colonel donnera au lieutenant — grade auquel de Gaulle accède en octobre 1913 — des appréciations très élogieuses [18]. Au premier semestre de l'année : « Sorti de Saint-Cyr avec le numéro 13 sur 211, s'affirme dès le début comme un officier de réelle valeur qui donne les plus belles espérances pour l'avenir. Se donne de tout cœur à ses fonctions d'instructeur. A fait une brillante conférence sur les causes du conflit dans la péninsule des Balkans. » Et au second semestre : « Très intelligent, aime son métier avec passion. A parfaitement conduit sa section aux manœuvres. Digne de tous les éloges. » Mais c'est un jugement professionnel, d'ailleurs conforme à ceux que de Gaulle avait mérités à Saint-Cyr, à ceux que ses supérieurs, durant les années suivantes, porteront sur lui : il n'y a là rien d'exceptionnel. Les relations entre Pétain et de Gaulle étaient-elles donc de simple nature hiérarchique, des relations classiques entre un officier supérieur sexagénaire, distant et froid, et un jeune officier dont il apprécie l'intelligence et les aptitudes militaires ? En somme, rien qui annonce l'extraordinaire avenir des rapports que ces deux hommes entretiendront dans l'Histoire. C'est ce que j'ai cru quand j'ai rédigé le premier livre que j'ai consacré à de Gaulle. Evoquant leur première rencontre au 33e d'infanterie, j'ai écrit : « Coïncidence sans signification : un chef de régiment était alors un personnage inaccessible pour un homme de troupe et lointain même pour un jeune sous-lieutenant. » Par la suite, on a suggéré que des liaisons féminines avaient pu les rapprocher et Jean Lacouture, dans sa monumentale biographie, cite François Mauriac qui lui confia : « Des femmes, de Gaulle ? Les mêmes que Pétain ! » A la vérité, les allusions, les insinuations, les légendes, ne sont plus du tout de mise. De Gaulle a tranché. Lisant devant moi ces lignes de mon livre, il m'a dit, à propos de « l'éloignement » entre le sous-lieutenant qu'il était et son colonel, en des termes que je rapporte mot à mot :

> Ne croyez pas cela ! A cette époque, j'étais très sur les femmes, Pétain aussi, ça nous rapprochait...

Pétain, avant tout, était alors l'homme d'une certaine conception de la guerre : convaincu de la prépondérance du feu sur le mouvement, ou, plus précisément, que la puissance de feu des armements nouveaux limiterait impérieusement les possibilités de mouvement et imposerait l'efficacité de la défensive par rapport à l'offensive, il s'opposait, en doctrinaire original, aux conceptions prépondérantes de l'état-major français, qui privilégiaient l'offensive sous toutes ses formes. Une opposition qui, à la vérité, fut quelque peu caricaturée par l'affrontement des personnes, des caractères et des ambitions, et, plus tard, par les polémiques sur la conduite de la guerre. Ainsi a-t-on souvent opposé Pétain, qui aurait « découvert » que le « feu tue », au colonel de Grandmaison, devenu chef du 3e bureau de l'armée, le bureau des opérations, mais qui enseigna longtemps à l'Ecole de Guerre et qui prônait l'offensive à tout prix, valorisant à l'extrême le moral et l'élan des combattants. A l'échelon supérieur — Pétain et Grandmaison n'étant que colonels — on opposait Foch, partisan d'adopter une stratégie offensive, à Lanrezac auquel Gallieni avait accordé sa caution et qui tournait en dérision les théories de Grandmaison par un jeu de mots resté célèbre : « Attaquons ? Attaquons comme la lune ! » La réflexion stratégique se situait, en réalité, à un autre niveau : on le voit bien, déjà, dans les plans de campagne des états-majors allemand et français pour gagner la guerre. Du reste, Lanrezac, lors de la retraite qui suivit la défaite de Charleroi en août 1914, et Gallieni, à la veille de la bataille de la Marne en septembre, montreront qu'ils savaient ce que pouvait être une guerre de mouvement, et Foch, l'artilleur, avait compris comme Pétain, le fantassin, le rôle majeur qu'allaient jouer, dans le cours des opérations, l'emploi massif du canon de 75 et l'entrée en jeu de l'artillerie lourde.

Dans l'immédiat avant-guerre, pour les jeunes officiers français, c'était moins affaire de réflexion stratégique que de tempérament. Gamelin, futur généralissime des années 1935-1940, raconte dans ses souvenirs que, dans sa promotion de l'Ecole de Guerre, en 1899-1901, le plus grand nombre des élèves considéraient Lanrezac comme le meilleur de leurs maîtres, tandis qu'il préférait Foch [19]. Mais il n'est pas sûr que ce fût pour les doctrines que l'un et l'autre étaient censés représenter : Lanrezac, décoré de la Légion d'honneur, tout jeune officier, sur les champs de bataille de 1870, était un brillant professeur et Joffre le tenait pour son remplaçant le plus qualifié s'il était lui-même mis hors de combat, tandis que Foch, rapporte Gamelin, passait auprès des élèves de l'Ecole de Guerre, pour « trop théorique et parfois complexe, voire nébuleux ». Dix ans plus tard, de Gaulle réagit aussi avec son tempérament, son caractère, son instinct : dans les brefs exposés qu'il faisait aux jeunes recrues du 33e régiment d'infanterie, il ne se bornait pas à leur rappeler qu'ils étaient là pour défendre, le cas échéant, la France, son territoire et ses citoyens, et même pour contribuer au maintien de l'ordre à l'intérieur, comme il était alors d'usage en cas de troubles sociaux, il leur enseignait aussi dans quel esprit il leur faudrait combattre.

> Il faut avoir l'esprit d'offensive, leur disait-il... Cela veut dire qu'il faut partout, toujours, avoir une seule idée, marcher en avant... Dès que le combat commence, tout le monde dans l'armée française, le général en chef, les chefs, les soldats, n'ont plus qu'une idée : marcher en avant, marcher à l'assaut, atteindre les Allemands pour les embrocher ou les faire fuir.

Il ne faut trop en déduire, cependant : il s'agissait évidemment de donner à de jeunes soldats, sortis de la rude mais paisible paysannerie du Nord, le moral, l'allant, le cran qu'il leur faudra pour aller au feu, et non de l'exposé argumenté d'une doctrine... C'est dans son carnet personnel que l'on trouve, au contraire, une réflexion plus construite sur ce que pourrait être la prochaine guerre. On lit, par exemple, ces notes d'octobre 1913 :

> Importance relative variable accordée au cours de l'histoire au feu et au mouvement. Le combat au Moyen Age. Essentiellement offensif. Les communes s'arment. La poudre apparaît. L'intervention de l'arme à feu... altération du sentiment offensif... Quant au choc, il est exécuté par une colonne profonde... L'ordre profond convient à la Révolution et à l'Empire... La Restauration ramène les anciens officiers royaux et les errements du feu l'emportent sur le mouvement... L'étude de 1866 donne à l'armée française de fausses idées. D'autant plus qu'on adopte le Chassepot. 1894-1900... Les feux de salves recommencent à triompher. Les écoles de tir. Elles tendent à faire croire transportables sur le champ de bataille les gestes du polygone... Divergences entre les écoles de tir et l'Ecole supérieure de Guerre. Les mauvaises idées reviennent sur l'eau... Heureusement vient la guerre russo-japonaise. Les Japonais ont toujours poussé leurs attaques à fond aussi bien sur le front que sur les flancs. Jamais le feu seul n'a résolu la question.

La lecture de ces notes ne laisse plus de doute : de Gaulle est persuadé que le dernier mot revient à l'offensive ou, comme il le dit de préférence, au mouvement. L'expérience autant que l'instinct le portent à se méfier des « errements » auxquels conduit un comportement défensif inspiré par la seule efficacité du feu. Mais l'Histoire enseigne l'alternance des phases où l'avènement de nouveaux systèmes d'armes impose des changements dans l'art militaire. La question est de savoir, en cette année 1913, quelles conséquences il faudra tirer de l'entrée en jeu des armes automatiques, des canons à tir rapide, de l'artillerie lourde, sans parler de leur production en masse, dont personne n'imaginait alors la dimension qu'elle prendrait, et qui donnerait à la guerre prochaine son caractère industriel en même temps qu'elle provoquerait des hécatombes jamais vues. Au fond, de Gaulle, irrésistiblement porté à privilégier les vertus du mouvement et convaincu qu'à la fin c'est l'offensive qui donne la victoire, est prêt à guetter les changements inattendus que la guerre, dès son commencement, imposera aux doctrines. Et, si éloigné qu'il fût déjà des conceptions — c'est-à-dire, au fond, du tempérament — de son chef, Pétain, il en apprécia le non-conformisme, l'indépendance d'esprit et même l'ironie quand, aux manœuvres de 1913, celui-ci commenta en ces termes les dispositions prises par le général Le Gallet, commandant de la division dont le 33e d'infanterie dépendait et qui prévoyait les charges à la baïonnettes et les déploiements offensifs au grand jour : « Messieurs, le général Le Gallet s'est proposé, afin de mieux frapper vos esprits, de présenter la synthèse de toutes les fautes qu'une armée moderne ne doit plus commettre. » On comprend que de Gaulle ait écrit plus tard qu'il avait vu en Pétain, commandant de son régiment, « le don et l'art de commander[20] ». Mais, jusqu'au fond de l'âme, ils étaient irréductiblement différents.

Chapitre 2

L'EPREUVE DE LA GUERRE

Quelques lignes tracées à la hâte en ces premiers jours de 1914 sont le seul témoignage que de Gaulle ait lui-même donné de ce qu'il a vécu et ressenti au moment où la guerre, enfin, survenait, « cette aventure inconnue », devait-il écrire dans ses *Mémoires*, « que ma prime jeunesse imaginait sans horreur et magnifiait à l'avance ». Il écrivit :

> *Arras, 1er août 1914.* Tout le monde attend pour ce soir l'ordre de mobilisation. Rentré de Joinville hier soir à 7 heures et demie. Calme absolu de la troupe et de la population. Mais inquiétude sur les visages. Comme les officiers sont quelqu'un maintenant en ville !
>
> *2 août.* Premier jour de mobilisation. Habillage de l'active.
>
> *3 août.* Arrivée des réservistes de la compagnie. Un seul n'a pas rejoint. Il est authentiquement malade chez lui.
>
> *4 août.* Organisation de la compagnie. Il nous faut passer une quinzaine d'hommes au dépôt. Aucun ne veut y passer volontairement. Un très grand nombre de déserteurs rentrant et d'hommes réformés demandent à servir. Le soir, dîner très gai à la pension. Puis mettons nos affaires en ordre. Papiers brûlés. Je peux partir.
>
> *5 août.* Adieu mon appartement, mes livres, mes objets familiers. Comme la vie paraît plus intense, comme les moindres choses ont du relief quand peut-être tout va cesser... Le régiment s'est embarqué ce matin dans le plus grand ordre. Peu de monde pour nous voir partir. Mais des gens résolus qui retiennent leurs larmes. Allons ! Décidément c'est bien l'élan unanime, l'enthousiasme contenu que j'avais rêvé.

Bien au-delà de ces confidences hâtives livrées à son carnet, de Gaulle est alors en train de vivre une expérience qui sera, pour lui, littéralement décisive. Ce qui était en cause, en effet, n'était autre que le comportement des peuples au moment où les Etats décidaient de se heurter, où les nations étaient appelées aux armes. Rien, alors, n'était assuré d'avance. Les peuples allaient-ils ressentir l'impérieux appel du patriotisme et obéir, par conséquent, aux ordres de mobilisation qui leur seraient donnés, ou, au contraire, se révolter contre la barbarie de la guerre et invoquer, contre elle, un devoir suprême de fraternité universelle ? Si dérisoire que paraisse, à la fin du siècle, cette interrogation, elle était légitime pour les contemporains. De Gaulle, écrivant vingt ans plus tard, n'évoquait le socialisme du début du siècle dans *La France et son armée* que pour n'en retenir que la désaffection envers l'idée de « revanche » et même envers le devoir de défense nationale :

> Les masses ouvrières, écrit-il, dont le nombre et la cohésion s'accroissent avec la grande industrie, renient, maintenant, cette sentimentalité guerrière qui, jusqu'à la Commune incluse, colorait la Révolution. Une notable fraction du peuple adhère à l'Internationale. Plus d'ennemis, hormis ceux du prolétariat !

Ce n'était pas une fausse représentation d'un courant profond du socialisme français et européen : on venait de voir, après tout, l'Internationale socialiste débattre des moyens de résistance à la guerre et Jean Jaurès, le plus éloquent, le plus sincère, le plus représentatif des socialistes français d'avant 1914, réclamait qu'on y fît obstacle en appelant la classe ouvrière de tous les pays d'Europe à la grève générale. Jules Guesde n'était pas le plus écouté, loin de là, quand il objectait que ce mot d'ordre serait suivi dans les pays où les masses ouvrières étaient les plus nombreuses, les plus éduquées, les plus combatives, les plus révolutionnaires, et qu'ainsi on donnerait l'avantage aux Etats les plus rétrogrades ou les plus autoritaires. Jusqu'au dernier jour, jusqu'aux dernières heures, on a pu s'interroger : en cette veillée d'arme, rien n'était joué, apparemment, et c'est le sort du siècle qui se jouait. D'un côté l'héritage historique, idéologique et culturel de la Révolution française qui eut pour mot d'ordre : « Vive la Nation ! » Repris par tous les peuples d'Europe, il inspira les révoltes nationales et sociales de 1848, en Allemagne, en Italie, en Europe centrale et consacra l'éveil des nationalités au nom du droit des peuples à disposer d'eux-mêmes. Mais, du côté opposé, se dressaient maintenant les révolutionnaires qui se nommaient eux-mêmes socialistes, collectivistes ou communistes et qui lançaient à l'Histoire leur défi : ennemis des bourgeoisies triomphantes, ils l'étaient aussi des Etats bourgeois que ces nations constituaient et de leur « démocratie bourgeoise ». Face à l'irrésistible montée des réalités nationales, ils opposaient l'affirmation exacerbée de la solidarité universelle des travailleurs, proclamaient leur cause unique et commune, stigmatisaient les frontières, les Etats qui s'y barricadaient, les polices et les armées qui avaient pour raison d'être d'y monter la garde. Avec une sorte de lucidité farouche, ils discernaient que leur rêve de révolution universelle et fraternelle pourrait se fracasser et mourir au choc des nations dressées les unes contre les autres. « Le prolétaire n'a pas de patrie ! » était leur mot d'ordre. On a peine, à distance, à en imaginer la violence provocatrice et désespérée.

L'épreuve vint en 1914. On put alors mesurer ce que ce défi révolutionnaire avait de tragique et de dérisoire. Il en reste, dans la mémoire collective, une fracture essentielle. D'un côté, on a retenu la trahison des dirigeants socialistes, oubliant leurs déclamations internationalistes, cédant au conformisme général, entraînés par le déferlement du chauvinisme. Roger Martin du Gard en a tiré un épisode émouvant et révélateur du second tome de son œuvre : l'histoire de Jacques Thibaud, ce fils rebelle d'une dynastie bourgeoise, dressé contre l'injustice du monde, acharné à devenir un révolutionnaire, et pour qui la guerre qui survient est le paroxysme de l'oppression et l'expression suprême de la sauvagerie d'une société. En quelques pages, qui semblent comme jaunies par le temps, on voit s'agiter à Genève un étrange milieu de révolutionnaires cosmopolites qui croient incarner l'esprit des classes ouvrières d'Europe et veulent les retourner contre leurs armées, leurs Etats, leurs patries. Pour les appeler à la révolte un avion va donc jeter des tracts au-dessus du front d'Alsace : Jacques Thibaud y trouve la mort, et l'épisode, cruel dans sa dérision, s'achève avec la scène où l'on voit un gendarme insulter son cadavre... Mais, à l'opposé, on a conservé de ces jours inouïs le souvenir de l'unité nationale retrouvée, de l'ardeur patriotique redécouverte, de la fraternité des hommes de toutes classes, longtemps oubliée et tout à coup ressuscitée sous le feu...

On ne saurait assez dire l'importance de l' « union sacrée » pour l'histoire de la sensibilité publique en France. D'un seul coup, plus de quarante ans de conflits intérieurs, de querelles partisanes, de discordes sociales se trouvaient comme effacés en un instant de religiosité nationale. Les foules dans les églises, les quartiers ouvriers acclamant le passage des troupes, le serment des saint-cyriens au moment de partir pour le front, la séance historique de la Chambre des députés écoutant le message de Poincaré, tant d'images ont symbolisé l'union sacrée qu'on ne peut avoir de doutes sur l'extraordinaire ferveur qui saisit alors la société française. Pour les jeunes officiers catholiques, même détachés des traditions monarchistes et des égoïsmes sociaux, l'image de la France en août 1914 était celle dont ils avaient rêvé, celle qu'ils avaient conservée en eux-mêmes, en dépit de tout. De Gaulle était de ceux-là et il l'écrivit dans son carnet personnel, le 5 août. Nul doute qu'il ait vu dans le choc de 1914 la preuve suprême de la prééminence des valeurs nationales sur les autres : l'Histoire, confirmant son attente, offrait l'occasion d'un affrontement entre nations ; dès lors, le reste s'effaçait ; c'était bien là le ressort profond de l'histoire humaine.

De fait, il n'avait pas fallu plus de cinq jours, entre la première réunion du Bureau socialiste international, le 29 juillet, après l'ouverture de la crise qui allait conduire à la guerre jusqu'à la décision du parti social-démocrate allemand de voter les crédits de guerre, le 3 août, et ces cinq jours avaient suffi à réduire à rien la condamnation des « guerres capitalistes » par le mouvement socialiste et ouvrier. Aucune idéologie n'avait pu vaincre les réactions passionnées des peuples d'Europe face à la guerre. Dans toutes les classes sociales — la classe ouvrière comme les autres — le patriotisme avait tout emporté et ses manifestations les plus simples, les plus spontanées, avaient été les plus convaincantes. Aux obsèques de Jaurès, Léon Jouhaud, secrétaire de ce syndicat qui lançait encore, deux ans auparavant, l'anathème contre le « militarisme et le patriotisme », annonçait solennellement : « Au nom des organisations syndicales, au nom de tous ces travailleurs qui ont déjà rejoint leurs régiments et de ceux, dont je suis, qui partiront demain, je déclare que nous allons sur le champ de bataille avec la volonté de repousser l'agresseur. » Le 26 août, deux socialistes allaient entrer au gouvernement : Jules Guesde, l'introducteur du marxisme en France, Marcel Sembat qui, dans son livre, *Faites un Roi, sinon Faites la Paix*, avait naguère prédit que la République ne survivrait pas à l'épreuve d'un conflit... Ils représentaient le socialisme français maintenant rallié à la guerre « pour le droit et la liberté », faisant sienne l'idée d'une France républicaine, protectrice naturelle des petits peuples menacés par l'hégémonie allemande, acceptant un conflit mené par les démocraties contre les Empires autocratiques et qui serait le dernier... Socialistes antimilitaristes, laïcs, anticléricaux, ils trouvaient en Charles Péguy, catholique amoureux de sa patrie et de sa terre, l'expression de ce que tous pensaient : « Nous sommes partis, soldats de la République, pour le désarmement général et la dernière des guerres. »

Ferveur immense qui secouait les peuples d'Europe à l'instant de se jeter au cœur de la tuerie. Ferveur que dut éprouver, avec plus d'acuité que d'autres, de Gaulle, voyant arriver le moment de servir, comme il l'avait toujours espéré, une patrie idéalisée à l'image d'une mère ou d'une femme : ne dit-il pas lui-même qu'il la voyait, dans le secret de sa jeunesse, « telle la princesse des contes, vouée à une destinée éminente, créée pour des succès achevés ou des malheurs exemplaires » ?

Certaines images sont plus frappantes et suggestives que de longs textes. Entre un tableau de Detaille représentant les *Manœuvres en 1877* et une photographie prise au cours d'une visite de Poincaré aux manœuvres de 1913, les ressemblances sont nombreuses : des uniformes sont à peu près semblables, des paquetages presque identiques, des hommes à pied, en képi mou, dans un cadre campagnard de clochers d'églises, de meules de foin, quelques silhouettes bourgeoises ou rurales se devinant à l'arrière-plan, une armée qui, à quarante-six ans de distance, se bat toujours en pantalon rouge et « en rase campagne », et donne l'assaut en galopant sur les collines, baïonnettes au canon, aux exhortations de leurs officiers à cheval. Mais, deux ans plus tard, tout a changé. Les photographies prises sur le front montrent des hommes boueux et casqués, perdus dans un dédale de tranchées, dans un univers de sacs de terre, de boyaux obscurs, de ravins écroulés ou rampant derrière les arbres renversés, à travers des chevaux de frise, dans un sol bouleversé par le pilonnage de l'artillerie... La guerre ne s'expérimente pas à l'avance : dans les deux camps, gouvernements et hauts commandements furent pris au dépourvu par l'envergure inattendue du conflit et le cours des batailles, les simples combattants le furent aussi, à l'épreuve du feu.

Cette expérience était celle de la confrontation entre mythes et réalités. De Gaulle l'a décrite dans *La France et son armée*, de telle façon qu'on peut y voir le compte rendu des impressions que les combattants ont ressenties, partout en ces premiers jours de guerre, toutes armées confondues :

> La grande unité s'est formée en colonne. D'abord, la troupe a pu se figurer qu'il s'agissait d'une manœuvre semblable à tant d'autres ; même ordre des rangs et des files, même spectacles pittoresques, mêmes menues duretés de la marche, soleil, poussière, poids du sac. Soudain, le grondement du canon fait sourdre une impression de crise. A la peine de l'effort physique s'ajoute le souci lancinant de l'inconnu dont on approche. Mais, très vite, la bonne volonté, voire une certaine curiosité, prennent le dessus dans les esprits... Bientôt, le tir se précise. Le sol est criblé de rafales. On voit, non sans stupeur, s'effondrer les premiers cadavres. C'est alors qu'entrent en jeu les projectiles d'artillerie lourde, hurlant sur leur trajectoire, éclatant à grand fracas, ils donnent l'impression d'un cataclysme... Sur le moment, les fractions soumises à ces barrages éprouvent comme un traumatisme dont certaines se trouvent moralement anéanties... Les balles sifflent, à présent, rares d'abord, et comme hésitantes, puis, par instants, multipliées sur tel ou tel groupe découvert. Moins brutales que les obus mais effrayantes du fait qu'elles blessent et tuent en silence. Les ordres et les habitudes jettent la troupe toujours plus avant. Et de courir, le cœur battant, à travers les champs moissonnés de cette fin du mois d'août... Tout à coup, le feu de l'ennemi devient ajusté, concentré. De seconde en seconde, se renforcent la grêle des balles et le tonnerre des obus. Ceux qui survivent se couchent, atterrés, pêle-mêle avec les blessés hurlant et les humbles cadavres. Calme affecté d'officiers qui se font tuer debout, baïonnettes plantées au fusil par quelque sections obstinées, clairons qui sonnent la charge, bonds suprêmes d'isolés héroïques, rien n'y fait. En un clin d'œil, il apparaît que toute la vertu du monde ne prévaut point contre le feu.

Il faut comparer ce texte, synthétique et démonstratif à la fois, mais écrit vingt ans après l'expérience vécue, avec les notes prises sur les journées des 14 et 15 août et rédigées à la fin du mois :

> Arrivés à Ostricourt fort fatigués car nous venions de faire 80 km au moins... Nous n'avons aucun renseignement sur l'ennemi. Moi je m'occupe de faire faire le dîner... Les distributions ont lieu tard, à deux heures

passées seulement... Nous dînons à cinq heures, le capitaine Bosquet et moi. Dîner fort gai quoique médiocre. Café. Nous ne l'avions pas fini que le cycliste de la compagnie entre en coup de vent. « Mon capitaine ! Le régiment sort à l'instant. Vous avez ordre de prendre la suite de la colonne ». L'alerte est donnée de suite... C'est la route de Dinant que suit le régiment... Le bruit court peu à peu que les Allemands ont attaqué l'après-midi les ponts de Dinant... Marche de nuit. Tout le monde sait qu'on va au combat, mais tout le monde est résolu et plein d'entrain... Contrairement à ce que l'on pensait, l'ennemi n'occupe pas encore Dinant. Nous y entrons donc... Nous passons la nuit dans les rues.. A six heures du matin, boum ! boum ! La danse commence. L'ennemi bombarde Dinant avec fureur. Ce sont les premiers coups que nous recevons de la campagne. Quelle impression sur moi ? Pourquoi ne pas le dire ? Deux secondes d'émotion physique : gorge serrée. Et puis c'est tout. Je dois même dire qu'une grosse satisfaction s'empare de moi : enfin ! on va les voir !... Je parcours la compagnie. Les hommes ont fait le café. Ils entendent les coups de canon et les obus qui éclatent. Ils ont commencé par être graves, puis la blague reprend le dessus et ne les quittera plus. Je plaisante avec eux. Allons ! de ce côté-là, je parle de la frousse possible, tout ira bien ! Mais nous sommes maintenant bien mal ici. Les obus éclatent au-dessus de nos têtes.... La compagnie est d'abord menée derrière un pâté de maisons, puis dans la tranchée du chemin de fer, de chaque côté du passage à niveau. Là-haut, sur la citadelle, on entend une fusillade enragée. Les balles commencent à pleuvoir sur Dinant même. Les obus font rage, mais pas grand mal. Les hommes rigolent toujours. Je m'assois sur un banc, dans la rue du passage à niveau et je reste là par bravade. De fait, je n'y ai pas de mérite car je ne suis nullement ému. Tous les quarts d'heure je vais blaguer avec ma section, bien tranquille dans la tranchée. Voici que des blessés commencent à traverser Dinant. Ceux qui sont atteints légèrement paraissent enchantés. J'admire de tout mon cœur deux brancardiers civils de Dinant qui passent la Meuse plusieurs fois sous un feu d'enfer pour aller chercher des blessés à la citadelle. Mais fichtre ! Que fait notre artillerie ? Nous ne l'entendons pas tirer un coup de canon... Voici venir la 1re compagnie au galop sur la route de Philippeville. Pas moyen de se déployer à gauche et à droite de la route. Il faut y passer et il n'y fait pas bon... Le passage à niveau notamment est battu par un feu infernal. La 1re le franchit par section ventre à terre... Le premier qui passe, un sergent, tombe tué raide. De Saxcé, qui commande la 1re section, le passe en avant, lui fait franchir le mauvais pas au galop, puis, très chic, retourne en arrière sur le passage à niveau, prend le cadavre par les pieds et le met tranquillement à l'écart. Toute la 1re est maintenant passée... Et toujours pas un coup de canon français. Ce n'est pas la peur qui s'empare de nous. C'est la rage... Oh ! Que Dieu me préserve de jamais plus être en réserve aussi près de la ligne de feu ! C'est abominable ! On a toutes les misères du combat sans pouvoir se battre... C'est à nous d'intervenir... « Sac au dos ! baïonnette au canon ! » Pour me rendre à ma section il me faut franchir le passage à niveau. Je décide de le passer au pas, et, effectivement, je le passe au pas ! Mais, bon Dieu ! quelles fourmis dans les jambes ! Je hurle ! « Première section ! avec moi en avant ! » Et je m'élance, conscient que notre seule chance de réussite est de faire très vite avant que l'ennemi, qu'on voit refluer précipitamment, n'ait eu le temps de se retourner. J'ai l'impression que mon moi vient à l'instant de se dédoubler : un qui court comme un automate et un autre qui l'observe avec angoisse. J'ai à peine franchi la vingtaine de mètres qui nous sépare du pont que je reçois au genou, comme un coup de fouet qui me fait manquer le pied. Les quatre premiers qui sont avec moi sont également fauchés en un clin d'œil. Je tombe et le sergent Debout tombe sur moi, tué raide ! Alors c'est pendant une demi-minute une grêle épouvantable de balles autour de moi. Je les entends craquer sur les pavés et les parapets, devant, derrière, à côté ! Je les entends aussi rentrer avec un bruit sourd dans les cadavres et les blessés qui jonchent le sol. La jambe complètement engourdie et paralysée, je me dégage de mes voisins, cadavres ou ne valant guère mieux, et me voici rampant dans la rue sous la même grêle qui ne cesse pas...

Ainsi commence l'histoire vécue par de Gaulle durant la guerre de 1914 à 1918. Ainsi commence-t-elle aussi pour cette génération de Français, mais aussi d'Anglais, d'Allemands, de Belges, d'Italiens, d'Autrichiens, de Serbes, de Russes, cette génération qu'en France on appellera « la génération du feu ». Rien de plus caractéristique, en effet, que ce texte écrit par de Gaulle quand il fut conduit à l'hôpital. Presque tout y est des expériences que chacun des hommes de cette génération va connaître. La « gorge serrée » des premières secondes ou des premières minutes, la réaction naturelle qui consistait à s'en tirer par « la blague », l'effet produit par les premiers cadavres, les premiers blessés, le bruit fait par les obus et l'impression que les balles tirées par l'ennemi tombent « en grêle », l'entrain avec lequel, malgré tout, on part à l'assaut, l'exemple que les jeunes officiers ou sous-officiers doivent donner. Il n'est pas jusqu'à la fureur traditionnelle des fantassins à l'égard des artilleurs, accusés de ne jamais tirer quand il faut et où il faut, qui ne soit exemplaire de la psychologie des combattants de cette guerre... On reverra de Gaulle, du reste, se plaindre à plusieurs reprises de l'artillerie et des artilleurs, en lieutenant d'infanterie typique.

Ainsi commence donc, pour lui, cette aventure que, tout jeune homme, il avait appelée secrètement de ses vœux. Comme les autres, mieux que d'autres peut-être, il a vérifié qu'il pouvait affronter le feu avec assez de sang-froid, qu'il savait donc avoir du courage. Il a vu aussi comment le choc des armes pouvait provoquer de terribles pertes. Il compte déjà parmi les blessés, conduit d'abord à Charleroi où il a la surprise de retrouver sa sœur Marie-Agnès avec son mari Alfred Cailliau, puis à Arras, à l'hôpital Saint-Joseph de Paris et à l'hôpital Desgenettes de Lyon où il rédige son compte rendu des combats de Dinant. Et comme tous les blessés il s'interroge sur la gravité de sa blessure et, bientôt, se rassure : il ne sera pas empêché de retourner au combat. C'est à Lyon aussi, semble-t-il, qu'il cède une fois de plus à son incorrigible tentation littéraire. Il y écrit une nouvelle, qui restera inédite jusqu'à la publication de ses *Notes et Carnets*, après sa mort. Elle s'intitule *Le Baptême* et raconte l'histoire du lieutenant Langel — presque un anagramme de son nom — qui à vingt-trois ans, en 1914, a rêvé de la guerre et y est engagé presque aussitôt : c'est l'amant de la femme de son capitaine. Celui-ci, pressentant qu'il sera tué, lui remet son portefeuille pour qu'il le donne à sa femme, le moment venu. Il est tué, en effet, et Langel est blessé, et le récit s'achève sur la scène où on le voit remettre à la veuve, sa maîtresse, le portefeuille du capitaine... On retrouve ici le même romantisme que dans ses premiers écrits, la même obsession de la mort inévitable, le même croisement des destins où l'amour et la mort se mêlent, le même style aussi, au ton dramatique et même emphatique.

A la mi-septembre, il suit, écrit-il à sa mère, « un traitement à l'électricité afin de rendre la vie au nerf abîmé, » qui paralysait son pied droit et, après sa rééducation à Cognac, rejoint son régiment en Champagne. C'est l'expérience des tranchées qui commence alors pour lui : expérience imprévue, presque inouïe, que tous les jeunes Européens vont vivre au même moment. Les fronts sont alors en train de se consolider et de se fixer, du moins en France, pour une longue période. Mais chacun des deux camps tient à ce qu'il soit le plus avantageux pour lui : aussi n'est-ce pas un temps mort dans les combats mais, au contraire, un dur affrontement pour chaque position tout au long des lignes. Les notes personnelles que de Gaulle rédige quotidiennement en témoignent à leur façon :

> *19 octobre* : réveil au canon. Puis tous aux tranchées pour voir les camarades. A certains endroits à cinquante mètres de l'ennemi.
> *22 octobre* : canonnade assez violente dans la journée et vive fusillade... [nos] 155 tirent sur la Ville-aux-Bois, mais la moitié des obus n'éclatent pas.. (Décidément les relations demeurent ambiguës entre infanterie et artillerie...)
> *1er novembre* : nuit calme... Déjeuner au sauternes et au champagne. On boit à l'offensive. On entend les Allemands qui chantent dans leurs tranchées. Des cantiques sans doute. Quels drôles de gens !

C'est, là aussi, une notation que l'on retrouvera souvent chez les combattants des tranchées : la singulière proximité de l'ennemi, presque une familiarité, une sorte de curiosité envers lui.

> Décembre verra... sans doute la suprême bataille des Russes contre les Allemands renforcés et les Autrichiens reformés. Il est certain que ce sera pour nos alliés une troisième victoire suivie d'une invasion désormais rapide.

Ces sursauts d'optimisme, à distance, résonnent étrangement.

Comme après la victoire de la Marne, ce pronostic : « L'ennemi ne pourra pas arrêter notre poursuite avant la Meuse et le Luxembourg, et nous aurons toute la gloire d'avoir, sans que les Russes nous aient été indispensables, battu dans la grande et décisive bataille l'armée qui se considérait comme la première du monde. » Ici encore, c'est le caractère qui parle : la passion d'agir, la volonté d'en découdre, la certitude de vaincre si on le veut absolument. Mais l'expérience vécue lui fait voir la guerre telle qu'elle est, telle qu'elle sera désormais, bien différente de celle qu'on imaginait à ses débuts.

> Qu'est cette guerre sinon une guerre d'extermination ? écrit-il à sa mère le 7 décembre... Une guerre pareille, qui dépasse en portée et en acharnement tout ce que l'Europe a jamais vu, ne se fait pas sans des sacrifices formidables.

Mais la volonté de gagner reprend aussitôt le dessus qui lui fait écrire, quelques lignes plus loin :

> *Il faut* vaincre. Le vainqueur est celui qui le veut le plus énergiquement.

En tout cas, il trépigne d'impatience à voir l'immobilité à laquelle les armées sont réduites, à commencer par l'unité dont il fait partie. A sa manière, au fond, il découvre l'impasse stratégique à laquelle ont conduit les armements déployés de part et d'autre, et que le commandement lui-même, dans les deux camps, découvre à son niveau sans savoir encore quelles conséquences en tirer. De Gaulle exècre cette immobilité :

> Cette guerre de tranchées, écrit-il, a eu le grave inconvénient d'exagérer chez tout le monde un sentiment contre lequel on est bien faible à la guerre. Si je laisse l'ennemi tranquille, il me fichera la paix ! Ceci est déplorable.

Il s'irrite, dès qu'il veut prendre une initiative, de recevoir des ordres lui enjoignant de n'en rien faire. Du moins cela lui vaut-il l'estime du nouveau chef du 33ᵉ régiment d'infanterie, le colonel Claudel, qui en fait son adjoint et il garde les mêmes fonctions quand le colonel Boud'hors lui succède. Fin janvier 1915, il est décoré de la Croix de guerre avec citation à l'ordre de la division et, le 10 février, promu capitaine. Début mars, sur le front de l'Argonne où se déroule une des plus dures batailles de la guerre, le 33ᵉ d'infanterie est engagé à fond. La moitié de son effectif, soit près de 700 hommes, est mise hors de combat. De Gaulle est parmi eux, blessé pour la deuxième fois, la main gauche atteinte par un éclat d'obus. Comme beaucoup d'autres, il n'a pas voulu être évacué, mais la plaie s'est infectée et il est hospitalisé, un mois plus tard, au Mont-Dore. Le 1ᵉʳ juin, il regagne son poste. C'est pour trouver trop d'immobilité à son goût. Il se défoule alors par l'écriture mais, cette fois, en exprimant sa vieille animosité de fantassin. Son texte s'intitule *L'Artilleur* et le ton en est révélateur :

> Quand il fait beau et que tout est calme, l'artilleur vient parfois en première ligne. Il a dans ces circonstances l'air d'une belle dame qui va voir les pauvres. Les fantassins l'entourent et lui font fête car les fantassins sont humbles et presque honteux qu'on pense à eux et qu'on vienne les voir, ils s'efforcent de ne pas être trop sales, trop bêtes, trop tristes. L'artilleur, du reste, est bon garçon et même crâne dans la tranchée. Il plaisante sur les Boches qui, de fait, ne lui ont jamais fait grand mal... Parfois il accepte de dîner à une popote de fantassins. Il fait la critique des opérations. Enfin il s'en va tout doucement, plein de miséricorde, d'indulgence et de fierté...

De Gaulle est vraiment, à cette date et à son âge, le plus caractéristique des fantassins, le plus sévère envers ceux qui n'en partagent pas les peines et les pertes...

Son impatience, sa combativité farouche, son ardeur de guerrier, ne le lâchent pas. Elles le conduisent à exiger beaucoup des hommes qui sont ses compagnons ou ses subordonnés, officiers ou soldats, à n'accepter d'eux aucune défaillance, si minime soit-elle, dans leur tenue, leur service, leur comportement dans les tranchées[1]. Il n'a pas plus d'indulgence pour le commandement — au point de dire, au témoignage de l'un de ses camarades, que « nous sommes commandés par des épiciers », ou pour les dirigeants politiques du pays, en particulier Briand dont il n'aimera jamais le comportement et le style, mais dont pourtant il écrit qu'il « ne souhaite aucunement son départ » — mais c'est pour se demander : « à quoi bon ? » Son irritation, il est vrai, englobe tout le personnel parlementaire dont les interventions à la tribune du Sénat ou de la Chambre des députés lui paraissent « saugrenues » — et qui, en effet, le sont parfois mais qu'il entoure alors d'un tel mépris qu'il espère qu'il sera « balayé » : réaction assez fréquente, au reste, chez les combattants de l'époque qui se jugent éternellement incompris. A la fin de février 1916, son optimisme d'homme d'action ne l'empêche pas de prévoir, avec un très rare discernement, ce qui va être un des tournants de la guerre et de sa propre vie : la bataille de Verdun.

> L'ennemi, écrit-il à sa mère, se décide donc à nous attaquer une dernière fois. Ma conviction, au début de la furieuse bataille qui s'engage, est que l'ennemi va éprouver une ruineuse et retentissante défaite. Sans doute il nous prendra des tranchées un peu partout, quitte à les perdre plus tard ; sans doute ses coups seront durs et il faudra faire appel à toutes les ressources morales et matérielles de nos armées pour les supporter sans faiblir... Ne vous alarmez pas si, dans les jours et les semaines qui vont suivre, vous ne recevez que des nouvelles irrégulières.

Le lendemain, 25 février 1916, son régiment arrive aux abords de Verdun. Le 26, il y cantonne à la caserne du Petit Méribel. Le 1er mars, il est affecté au créneau compris entre le Fort de Douaumont, que les Allemands viennent de prendre, et le lieudit Le Calvaire. Ce jour-là, de Gaulle, qui a préféré ne plus être l'adjoint de son colonel pour commander sa compagnie, effectue une reconnaissance qui, contrairement à tout ce qu'on lui a dit, le convainc que l'ennemi est sur le point d'attaquer. Le lendemain, 2 mars, il attaque en effet après un « bombardement effroyable d'artillerie lourde », écrit le colonel Boud'hors. Dans le récit que celui-ci en a laissé, on a comme un résumé saisissant de tout ce que sera Verdun, d'un bout à l'autre de la bataille[2]. « La terre tremble sans interruption, le fracas est inouï. Toute liaison vers l'avant comme vers l'arrière est impossible, tout téléphone est coupé, tout agent de liaison envoyé est un homme mort... [le] dernier me revenait blessé, me disant : "Les Allemands sont à 20 mètres de nous"... Revolver au poing, nous nous préparons à défendre coûte que coûte cette voie d'accès... C'est sur la 12e compagnie, à la gauche de la 10e que s'est porté l'effort ennemi... Les Allemands se trouvaient bientôt derrière la 10e compagnie. C'est alors qu'on vit cette chose magnifique.. On vit la 10e compagnie foncer droit devant elle sur les masses ennemies qui gagnaient le village en un corps à corps terrible où les coups de baïonnettes et de crosses s'abattaient tout autour de ces braves, jusqu'au moment où ils succombèrent... La 10e compagnie, dans une ruée folle, se voyait entourée de tous côtés, s'élançait à l'assaut sous la conduite de son chef, le capitaine de Gaulle, contre des masses denses, vendait chèrement sa vie et tombait magnifiquement. »

Au moment où il rédigea ce compte rendu, le colonel Boud'hors croyait de Gaulle tué parmi ses hommes. C'est à titre posthume qu'il proposa donc de lui attribuer la Légion d'honneur, avec cette citation à l'ordre de la division : « Le 2 mars 1916, sous un effroyable bombardement, alors que l'ennemi avait passé la ligne et attaqué sa compagnie de toute part, a organisé, après un corps à corps farouche, un îlot de résistance où tous se battirent jusqu'à ce que fussent dépensées les munitions, fracassés les fusils et tombés les défenseurs des armées. Bien que grièvement blessé d'un coup de baïonnette, a continué à être l'âme de la défense jusqu'à ce qu'il tombât inanimé sous l'action des gaz. » Pétain en fit une citation à l'ordre de l'armée, publiée le 7 mai 1916 : « Le capitaine de Gaulle, commandant de compagnie, réputé pour sa haute valeur intellectuelle et morale, alors que son bataillon, subissant un effroyable bombardement, était décimé et que les Allemands atteignaient sa compagnie de tous côtés, a enlevé ses hommes dans un assaut furieux et un corps à corps farouche, seule solution qu'il jugeait compatible avec son sentiment de l'honneur militaire. Est tombé dans la mêlée. Officier hors de pair à tous égards. »

Il était alors tenu pour mort et son père en fut informé. C'est seulement quelques semaines plus tard, que, par la Croix-Rouge, on sut qu'il avait survécu. Les témoignages contradictoires, suscités les uns par l'animosité politique, les autres par la terrible confusion des combats de la journée du 2 mars, ne laissent aucun doute sur ce qui s'est passé. La 10e compagnie que de Gaulle commandait a été encerclée et s'est battue jusqu'à l'épuisement total de ses moyens. Il est impossible que de Gaulle ait donné le signal de sa reddition, ce qui aurait été normal, du reste, si les munitions étaient épuisées, comme l'a cru un survivant, car, durant le combat, une baïonnette lui a traversé la cuisse et il s'est naturellement effondré sur le sol. La douleur violente qu'il a dû éprouver l'a fait s'évanouir et, comme tous les blessés de son unité, il est revenu à lui entouré de soldats allemands. Il a reçu les premiers soins du docteur François Lepennetier, médecin du bataillon et du médecin auxiliaire Gaston Detrahen, qui venaient d'être faits prisonnier avec une soixantaine d'autres — tout ce qui restait de ce bataillon, le régiment, dans son entier, ayant perdu en trois jours de combat, 32 officiers et 1 443 sous-officiers et hommes de troupe, c'est-à-dire la plus grande partie de ses effectifs. C'est par les médecins militaires Lepennetier et Vielle qui soignèrent de Gaulle quand il fut transféré en Allemagne, et par leur témoignage, que l'on sut alors les circonstances de sa blessure et de sa capture et que, par l'intermédiaire des services de santé allemands et du Consulat d'Espagne, les autorités françaises en furent prévenues par un certificat réglementaire [3].

Il se trouve une photographie prise du côté allemand au cours de la bataille de Verdun, qui représente assez bien ce que dut être pour de Gaulle et pour ses compagnons la fin de cette journée du 2 mars. Soldats allemands et prisonniers français y sont mêlés, étrangement semblables par leur tenue de drap grossier, par la fatigue qui se lit sur leur visage et même, puisqu'il s'agit ici de soldats, par leurs traits qui évoquent irrésistiblement des hommes de la terre, des paysans. Deux soldats français sont blessés, l'un au bras, l'autre sans doute aux jambes : on voit son pantalon déboutonné et il est porté par deux soldats allemands, ayant passé ses bras sur leurs épaules... Ils allaient terminer la guerre dans un camp de prisonniers.

De Gaulle aussi. C'est une autre aventure qui commence pour lui, vécue aussi par des centaines de milliers d'hommes de sa génération, de toutes nationalités. Mais il l'a vécue comme une épreuve insupportable. Etre réduit à l'inaction alors que le sort du pays et du monde se joue sur les champs de bataille où il devrait être, il le ressent comme une intolérable injustice.

> Combien je pleure dans mon cœur de cette odieuse captivité, vous le savez, ma si chère petite maman ! Mais qu'importe mon cas particulier, écrit-il a sa mère le 6 septembre.

Et dans une autre lettre, le 17, il juge son sort comme « le pire de tous pour un officier français ».

Cette amertume, il l'exhale dans sa correspondance de prisonnier et il la ressentira toujours au point de confier à un ami, bien plus tard, que ce fut la plus sombre épreuve de sa vie. Dans l'immédiat, il n'en tire qu'une seule résolution : s'évader.

Cinq fois, il s'y essaiera[4]. De l'hôpital de la garnison de Mayence, il est transféré au camp d'Osnabrück, puis à celui de Neisse. Son projet d'évasion en barque sur le Danube, éventé avant même d'être essayé, le conduit au camp de représailles de Szuczyn, en Lituanie. Il y rencontre le lieutenant-colonel Tardiù et le lieutenant Roederer et, avec l'aide du premier et en compagnie du second, fait une première tentative en août : le tunnel qu'ils ont creusé est repéré et les trois hommes sont conduits au Fort IX d'Ingolstadt, en Bavière. Là sont concentrés quelque 150 officiers français, anglais et russes, tous anciens évadés ou candidats à l'évasion et dont la légende fut écrite plus tard par le lieutenant de l'armée britannique, A.J. Evans, dans un livre de souvenirs au titre évocateur, *The Escape Club*. C'est là aussi que de Gaulle rencontre le futur maréchal de l'Armée rouge, Mikhaïl Toukhatchevski, le journaliste Remy Roure, son futur éditeur, Berger-Levrault, le Commandant Catroux qui sera, dès 1940, l'un des personnages les plus importants de la France libre, l'aviateur Roland Garros. Mais c'est de là, pourtant, que de Gaulle réussit sa première évasion. Avec le capitaine Ducret, il réunit les objets nécessaires à sa tentative, pour la plupart dissimulés dans les colis reçus de sa famille, il se fait envoyer à l'hôpital de la garnison en absorbant de l'acide picrique que sa mère lui avait envoyé pour soigner ses engelures et, ayant soudoyé un infirmier allemand pour qu'il cède ses vêtements civils à Ducret, il profitera d'un transfert au centre des soins, sous la surveillance apparente de celui-ci, pour s'abriter dans une cabane où un électricien français, prisonnier lui aussi, a déposé pour eux d'autres vêtements civils et des provisions. Sept jours de marche vers la frontière suisse se terminent le dimanche 5 novembre au bourg de Pfaffenhoffen qu'ils ont l'imprudence de traverser alors que les habitants font la fête sur la place centrale, bien éclairée, et que leur aspect d'évadés fatigués et qui n'ont pu se raser depuis plusieurs jours, les désigne à l'attention de tous : c'est assez pour qu'ils soient repérés et arrêtés. L'expérience l'incite alors à ne plus recommencer avant quelque temps.

En juin 1917 il demande un transfert et il est conduit à la forteresse de Rosenberg, en Franconie. Elle est entourée de deux murs et de deux fossés mais, surtout, se dresse au sommet d'une paroi rocheuse qu'il faut descendre sans qu'on puisse en mesurer la hauteur. De Gaulle et ses trois nouveaux complices, Pruvost, Tristani et Angot, fabriquent donc une échelle de corde de trente mètres. Le capitaine de Montéty se joint à eux et, le 15 octobre au soir, ils se laissent glisser en deux étapes dans des conditions d'autant plus périlleuses qu'ils ont du mal à trouver l'anfractuosité qui doit permettre de reprendre pied pour relancer l'échelle vers le bas. D'autant que de Gaulle, maladroit à la corde lisse, doit se faire aider par les autres. Après dix jours de marche de Gaulle et Tristani, voulant se reposer dans un pigeonnier, attirent l'attention de paysans voisins par le bruit qu'ils font et sont repris. Avant même que Pruvost et Angot le soient à leur tour, ils décident de tenter tout de suite une nouvelle évasion, scient un barreau de leur chambrée et, revêtus à nouveau de vêtements civils, s'étant même ornés de moustaches et de lunettes, ils se mêlent aux employés allemands de la garnison et se précipitent à la gare pour prendre le train d'Aix-la-Chapelle où ils seront alors tout près de la frontière hollandaise. Mais le train ne part qu'à cinq heures, leur attente paraît suspecte et, au moment où ils peuvent enfin monter dans leur wagon, ils sont arrêtés. C'est alors le retour au Fort IX d'Ingolstadt.

Ayant sévèrement rabroué les gendarmes allemands au moment de sa capture, de Gaulle passe en Conseil de guerre et se voit condamné à deux semaines de prison, en plus des arrêts de rigueur que lui valent ses deux dernières tentatives d'évasion. Il n'en a fini que le 10 avril 1918, ayant dû supporter un régime sévère qu'il a lui-même résumé ainsi : « Fenêtres closes par volets, pas de lumière, régime alimentaire spécial, rien pour lire ni pour écrire, une demi-heure de promenade par jour dans une cour de 100 m^2. » Mais, un officier français évadé ayant été tué au moment d'être repris, les autorités allemandes, craignant d'être accusées de violation des Conventions de Genève sur le traitement des prisonniers, ferment Ingolstadt et répartissent en plusieurs camps les récidivistes de l'évasion. De Gaulle est d'abord envoyé au Fort Prinz Karl puis à la forteresse de Wülzburg en Bavière. Il reprend aussitôt confiance en entrevoyant de nouvelles possibilités de s'échapper et correspond avec sa mère pour qu'elle lui envoie « la vareuse et le pantalon de la Belle Jardinière », faciles à transformer en vêtements civils. En juin, il fait une nouvelle tentative : il est apparemment transféré ailleurs sous la garde d'un sous-officier allemand qui est, en réalité, son complice, le lieutenant Meyer, revêtu d'un uniforme ennemi. Les deux hommes s'habillent en civil et ont fait la moitié du chemin qui doit les mener à Nüremberg où ils prendront le train pour Francfort, quand ils tombent sur une patrouille de gendarmerie à laquelle ils ne peuvent présenter leurs papiers...

Ramenés à Wülzburg, de Gaulle veut récidiver tout de suite. Le 7 juillet, il se glisse dans un grand panier rempli de linge sale que l'on transporte à la ville voisine de Weissenburg. A pied et en civil, il arrive enfin à Nüremberg, mais il est atteint d'une grippe violente quand il monte dans le train de Francfort et, repris par des gendarmes allemands qui font un contrôle inopiné de son compartiment, il est conduit à l'hôpital. Son camarade Ferdinand Plessy parvient à récupérer son complet de la Belle Jardinière mais il renonce à participer à une ultime tentative, préparée par Plessis et trois de leurs camarades, qui n'avait, à son avis, aucune chance de réussir.

La fin de la guerre approche et de Gaulle décide d'accomplir un dernier geste de provocation en réclamant, par l'intermédiaire de l'ambassadeur d'Espagne, « chargé des intérêts français en Allemagne », d'accomplir les deux semaines de prison auxquelles il a été condamné pour son évasion d'Ingolstadt. Il est alors conduit à la prison militaire de Passau, « pêle-mêle avec les condamnés allemands : assassins, déserteurs, voleurs, etc. », et achève son temps d'emprisonnement au Fort Scharnhorst à Magdebourg. C'est à Wülzburg qu'il apprend enfin la demande d'armistice présentée par l'Allemagne. Fin novembre, il est libéré, atteint la frontière suisse le 1er décembre, passe à Genève le 2, arrive à Lyon le 3 et, après un détour par Paris, se retrouve dans la propriété familiale de la Ligerie où son père a réuni ses enfants, et d'abord ses quatre fils qu'une photographie nous montre tous les quatre en uniforme, tous les quatre avec la Croix de guerre que de Gaulle porte avec les insignes de trois citations et la croix de la Légion d'honneur.

Durant ces mois de captivité de Gaulle a inlassablement ressassé son amertume d'être prisonnier, le sentiment désespéré d'être rejeté du cours de l'Histoire, empêché d'y prendre part, réduit à une intolérable inaction. Le 19 décembre 1917, il écrivait ainsi à sa mère :

> Un chagrin qui ne se terminera qu'avec ma vie et dont je ne pense pas devoir rencontrer jamais d'aussi amer m'étreint en ce moment plus directement que jamais. Etre inutile aussi irrémédiablement et aussi totalement que je le suis dans les heures que nous traversons quand on est de toutes pièces construit pour agir, et l'être par surcroît dans la situation où je me trouve et qui pour un homme et un soldat est la plus cruelle qu'on puisse imaginer ! Excusez-moi de montrer cette faiblesse et de me plaindre.

Et le 1er septembre 1918 encore :

> Je suis un enterré vivant. Lisant l'autre jour dans quelque journal le qualificatif de « revenants » appliqué à des prisonniers rentrés en France, je l'ai trouvé lamentablement juste... Pour travailler, il faut avoir un but. Or, quel but puis-je avoir ? Ma carrière, me direz-vous ? Mais si je ne peux combattre de nouveau jusqu'à la fin de la guerre, resterai-je dans l'armée ?... Pour avoir quelque avenir dans la carrière, en ce qui concerne les officiers de mon âge qui ont quelque ambition, la première, l'indispensable condition sera d'avoir fait la campagne, d'avoir, au fur et à mesure qu'elle changeait de forme, appris à la juger, formé ses jugements, trempé son caractère et son autorité. Au point de vue militaire, je ne me fais aucune illusion, je ne serai, moi aussi, qu'un revenant.

Le 1er novembre, enfin, quand tout va s'achever :

> A l'immense joie que j'éprouve avec vous..., se mêle il est vrai, pour moi, plus amer que jamais, le regret indescriptible de n'y avoir pas pris une meilleure part. Il me semble qu'au long de ma vie — qu'elle doive être courte ou prolongée — ce regret ne me quittera plus.

Le remède à son amertume, de Gaulle l'a trouvé dans l'acharnement qu'il mettait à étudier inlassablement, à lire, à écrire, à réfléchir. Les notes qu'il a rapportées de sa captivité témoignent d'une curiosité inépuisable pour de multiples épisodes de l'Histoire. On y voit parfois resurgir son éternel goût pour la littérature : ainsi a-t-il recopié des vers, lu *Pot Bouille*, de Zola, et *Cosmopolis* de Paul Bourget. Il fait un compte rendu détaillé de l'œuvre maîtresse de l'écrivain militaire allemand, Bernhardi, où transparaît malgré tout, à travers la froideur du résumé, une certaine répulsion à l'égard de son apologie de la force, de la guerre, de l'immoralité que doivent pratiquer les dirigeants des nations, la démesure dans la conduite des conflits — comme si, déjà, de Gaulle songeait à l'analyse des raisons de la défaite des Empires centraux qu'il fera dans *La Discorde chez l'ennemi*. Mais c'est à la guerre en cours qu'il consacre ses plus longues réflexions. C'est la matière de deux conférences dont l'ensemble recouvre 84 pages du premier volume de ses *Lettres, notes et carnets*, publié après sa mort. Ici, de Gaulle porte son regard sur le caractère de la guerre, sur la direction de la guerre en France, sur les problèmes fondamentaux des relations entre gouvernement et commandement en temps de guerre. Contemplant, du fond de la forteresse d'Ingolstadt où il est enfermé, le formidable événement qui ouvre l'histoire de ce siècle, il s'en fait déjà l'historien et le critique, bien que le conflit fût loin d'être achevé et n'ait pas encore révélé le rôle que les chars et l'aviation joueraient dans sa dernière phase. De Gaulle, capitaine de vingt-six ans, s'exprimait devant bon nombre d'officiers plus âgés et plus gradés que lui mais les témoignages recueillis montrent que son autorité impressionnait, même si parfois elle suscitait quelque ironie, tant il faisait preuve de science militaire, de capacité d'analyse et d'esprit critique.

Dans sa première conférence, dont le texte écrit porte en titre « De la guerre », il évoque d'abord la première phase du conflit où, de part et d'autre, on tenta d'emporter la décision en une bataille décisive, après quoi, écrit-il, « le défaut à peu près complet des munitions d'artillerie chez nous, d'une part, et le trouble jeté par leur défaite dans le commandement et les troupes des Allemands d'autre part, empêchèrent l'un et l'autre des deux adversaires de reprendre l'offensive de front sur toute la ligne ». Les mêmes raisons, ajoute-t-il, expliquent l'insuccès des manœuvres de débordement et d'enveloppement essayées par la suite lors de la « course à la mer » et de la bataille de l'Yser. Ainsi de Gaulle prend-il en compte la volonté des deux commandements de déclencher une guerre de mouvement qui pourrait déboucher sur la victoire en quelques semaines ou quelques mois. C'est dans cet esprit qu'il avait vécu lui-même les années d'avant 1914, c'est de cette conception que l'on s'inspirait dans l'armée française comme dans l'armée allemande. Nul ne mettait en doute que « le feu tue », mais on n'en déduisait pas qu'il fallait s'immobiliser ou attendre l'offensive ennemie pour mieux la briser : au contraire, c'est par une offensive de grand style que l'on espérait détruire le gros des forces adverses et à gagner une bataille qui, dès le début des hostilités, aboutirait à la victoire. En France, le commandement, dont on a dit si souvent qu'il s'inspirait exagérément d'une doctrine d'offensive à tout prix, ne raisonnait pas autrement qu'on le faisait en Allemagne. Mais les données stratégiques dont il devait tenir compte étaient gravement contraignantes[5]. La frontière franco-allemande n'offrait, en effet, que de faibles possibilités à une offensive d'envergure. Les Vosges en constituaient une grande partie, au sud la trouée de Belfort était étroite et, au nord, on se heurterait, entre la Moselle et les Vosges, à un puissant système fortifié s'étalant sur une longueur limitée. Joffre, devenu chef d'Etat-Major général, avait donc demandé si l'on pouvait pénétrer en Belgique pour élargir le champ des offensives françaises au cours d'une séance du Conseil supérieur de la Défense nationale, le 9 janvier 1912, Joseph Caillaux étant alors président du Conseil. Mais, quelques jours plus tard, celui-ci cédait la place à Poincaré qui consacra aux propositions de Joffre une réunion tenue secrètement le 21 février 1912 au Quai d'Orsay. « Si nous respectons les territoires neutres, l'existence à proximité de la frontière franco-allemande d'obstacles naturels et de barrières fortifiés cantonne notre offensive dans des régions étroitement limitées, expliqua Joffre... Ni en Alsace, ni en Lorraine, nous ne trouvons des terrains favorables à une offensive visant immédiatement à des résultats décisifs. » Il demandait donc de pouvoir l'étendre au territoire belge, au moins « au sud de la ligne Namur-Liège » et demandait aussi que la question soit soumise au gouvernement anglais. Poincaré répond que l'invasion de la Belgique par la France « risquerait d'indisposer contre elle non seulement l'Europe mais les Wallons eux-mêmes », et remarque qu'il faudrait « qu'elle fût justifiée par une menace positive d'invasion allemande » d'autant que cette menace sert de fondement aux accords militaires franco-anglais. On décida donc de s'adresser à la Grande-Bretagne dont le gouvernement refusa d'envisager la violation de la neutralité belge.

Joffre en tira les conséquences. Le plan XVII dont il était l'auteur, prévoyait une double offensive des armées françaises, du sud au nord, entre Vosges et Moselle et d'ouest en est, de la région de Verdun en direction de Luxembourg, Thionville et Metz, à quoi s'ajouterait une offensive complémentaire, du sud au nord, depuis Belfort en direction des plaines d'Alsace. De toute évidence, il ne pourrait s'agir que d'offensives étriquées sur des fronts étroits et très fortement défendus. Joffre en était certainement conscient et il envoya le général Léon Durant et Pétain, qui était alors colonel, explorer secrètement les possibilités défensives et offensives qui s'offriraient en Belgique si l'armée allemande y pénétrait. Son prédécesseur, le général Michel, entièrement convaincu que l'Allemagne envahirait le territoire belge, avait proposé, pour y faire face, que les deux tiers des armées françaises soient concentrés face à la Belgique, entre l'Oise et la Moselle, mais, pour garantir en même temps l'intégrité de la frontière franco-allemande, il demandait, dès le début de la guerre, des effectifs considérables supposant l'incorporation immédiate des réserves : on avait alors pensé que ce serait affaiblir les capacités offensives et manœuvrières des armées françaises en fonction d'une hypothèse stratégique qui n'était pas certaine, et ses propositions furent rejetées.

Joffre ne pouvait y revenir et devait concevoir un plan différent. Mais les faiblesses du plan XVII étaient assez apparentes pour qu'il ait pensé lui-même à le réviser. Le général Demange, qui allait être l'un de ses principaux collaborateurs pendant la guerre, rédigea un projet qui critiquait sévèrement l'idée d'une offensive frontale, sans la moindre chance d'une « rupture stratégique ». Il proposait donc de se maintenir dans « l'expectative » entre Toul et Belfort et devant Verdun, tandis que les forces les plus importantes concentrées au nord envelopperaient l'ennemi quand il déclencherait son offensive, par une action de grande envergure en direction de Metz. Ce plan, en cours d'examen avant le début des hostilités, prévoyait bel et bien de mettre en échec les armées allemandes par une stratégie de mouvement — mais non qu'elles passeraient par la Belgique.

Le commandement allemand était tout aussi convaincu de l'impérieuse nécessité d'une stratégie offensive. Envisageant une guerre sur deux fronts, à la fois contre la France et la Russie, Moltke, le vainqueur de 1870, avait pensé d'abord pouvoir battre simultanément l'une et l'autre. Puis, après la construction des fortifications françaises, il estima, qu'une victoire rapide à l'Ouest n'était plus possible, qu'il fallait donc vaincre d'abord la Russie avec l'aide des armées autrichiennes, et son successeur, le général von Waldersee, s'en tint à ce choix. En 1891, le nouveau chef du haut commandement allemand, le comte Schlieffen, fit un choix opposé. L'adversaire principal et le plus redoutable étant, selon lui, la France, ce sont les armées françaises qu'il fallait détruire d'abord en une bataille décisive en les débordant par un mouvement de l'aile droite des armées allemandes qui passeraient par la Belgique et s'engouffreraient en France entre Mézières et Dunkerque. Mais son successeur, Moltke, neveu du vainqueur de 1870, se laissa aller à le remanier profondément, d'abord pour tenir compte de la reconstitution de la puissance militaire russe affaiblie après la guerre russo-japonaise, puis, par crainte d'une offensive de l'armée française en Alsace-Lorraine, après que la loi instituant le service militaire de trois ans lui eut permis de renforcer ses effectifs. Au total, il y avait, dans le plan Schlieffen de 1905, un rapport de 7 à 1 entre l'aile droite et l'aile gauche des armées allemandes et un rapport de 3 à 1 dans le plan de 1914. Cet affaiblissement de l'aile droite allemande fut l'une des causes majeures de la victoire française de la Marne, à laquelle s'ajoutèrent : l'affolement de Moltke devant les revers allemands sur le front russe, sa décision d'y envoyer deux corps d'armée prélevés à l'ouest, son incapacité à coordonner étroitement les mouvements de ses armées sur le front français, et surtout l'impuissance du commandement allemand à empêcher la concentration des forces alliées, anglaises et françaises, à l'ouest du front, et à y faire face le moment venu.

La bataille de la Marne allait bientôt marquer la fin de la guerre de mouvement, dès le début du conflit. Il est remarquable, pourtant, que, de part et d'autre le commandement n'ait pas voulu s'y résigner. Falkenhayn, successeur de Moltke, pensa qu'il pourrait relancer les offensives allemandes en leur donnant pour objectif les côtes de la Manche, et « le haut commandement français, remarqua de Gaulle dans ses conférences d'Ingolstadt, crut utile de faire connaître aux troupes que l'inaction qui leur était imposée n'était que provisoire, que plus et mieux que jamais il fallait penser à l'offensive et en conserver l'esprit, et que celle-ci serait reprise dès que l'on aurait accumulé les moyens matériels qui manquaient pour le faire, c'est-à-dire avant tout des munitions d'artillerie ». Tel fut en effet le ressort qui poussa Joffre à tenter les offensives successives de Champagne et d'Artois, frappant les deux côtés de l'angle que formaient les avancées allemandes en territoire français. Avec une extrême minutie, de Gaulle décrit le mécanisme de ces offensives, les tactiques employées, les raisons de leur échec. De là vient, écrivit-il, « que l'Histoire arrêtera au mois d'octobre 1915 la première phase de la guerre ». Toujours convaincu du rôle décisif que l'offensive doit jouer dans la phase finale d'un conflit, pour remporter la victoire, il analyse avec un impitoyable réalisme les obstacles qui s'y opposent en un temps où l'accumulation indéfinie des moyens de feu rendait presque impossible la « percée » qui permettrait de déboucher en terrain libre et redonnerait ses chances à l'offensive. Le feu tue, rappelait sans cesse Pétain avant la guerre : en vérité, il avait toujours tué mais c'est la densité, la puissance, les ressources inépuisables du feu qui donnaient son caractère à cette phase de la guerre qui, après Verdun, la Somme, et le Chemin des Dames, s'achèverait quand le moment viendrait des grandes offensives de 1918.

Cette phase de la guerre est, pour l'essentiel, le thème de la première conférence prononcée par de Gaulle à Ingolstadt : c'est l'une des plus rigoureuses analyses que l'on ait jamais faite de l'impasse stratégique à laquelle avaient conduit le niveau, la nature et la quantité des armements rassemblés par les deux camps. Mais de Gaulle, si impatient qu'il fût qu'on en finisse avec l'immobilité forcée du front, ne se borne pas à expliquer comment on en est venu là : son expérience de la guerre lui en a montré le coût humain, et il ne l'oublie pas.

On trouve ici quelques-unes des lignes les plus émouvantes qu'on ait consacré à la part des hommes dans cette guerre que tant d'œuvres romanesques vont raconter, comme *Les Croix de bois* de Roland Dorgelès, *Le Feu* d'Henri Barbusse, *A l'ouest rien de nouveau,* d'Erich Maria Remarque. Ainsi parle-t-il des offensives en Champagne :

> Les fantassins qui y ont pris part et qui y sont survécu, se rappellent avec tristesse et amertume ces terrains d'attaques lamentables où chaque jour de nouveaux cadavres s'entassaient dans la boue immonde ; ces ordres d'assaut, coûte que coûte, donnés par téléphone par un commandement si lointain, après des préparations d'artillerie dérisoires et peu ou point réglées ; ces assauts sans illusions exécutés contre des réseaux de fil de fer intacts et profonds où les meilleurs officiers et les meilleurs soldats allaient se prendre et se faire tuer comme des mouches dans des toiles d'araignées...

Et plus loin, il évoque l'épreuve vécue sous les tirs d'artillerie :

> Pendant plusieurs jours et plusieurs nuits, sans se hâter, les milliers de canons tirent sans relâche, rectifiant à toute heure leur tir qui se dérègle, corrigé au fur et à mesure par l'armée des observateurs à la jumelle, en avion, en ballon, nivelant les tranchées et les boyaux, réduisant les réseaux en miette, écrasant les mitrailleuses dans leurs casemates, faisant écrouler les abris de bombardement sur les fantassins qui s'y sont réfugiés, isolant les défenseurs chacun dans son trou, seul, horriblement seul, les chefs sans ordres, sans renseignements, sans action sur leurs troupes, les hommes abrutis, atterrés, le système nerveux tendu jusqu'aux sanglots, ne mangeant pas, ne dormant pas, annihilés moralement.

Sans qu'il ait pu vivre lui-même les troubles qui ont ébranlé l'armée française en 1917, de Gaulle y voit le prolongement douloureux mais inévitable des épreuves qu'il a décrites :

> La défaillance ultérieure de certaines unités, dont vous avez tous entendu parler, dit-il encore dans cette première conférence, n'a guère, à mon humble avis d'autre motif que la démoralisation résultant de ces expériences lamentables où l'infanterie qui en fut l'instrument toucha, je vous l'assure, le fond du désespoir. Prise chaque fois entre la certitude de la mort sans aucun résultat, à dix mètres de la tranchée de départ, et l'accusation de lâcheté qu'un commandement trop nerveux et du reste sans illusion lui-même, lui prodiguait aussitôt si ces pertes n'étaient pas jugées suffisantes pour que l'on pût se couvrir avec ces morts vis-à-vis des échelons supérieurs.

La seconde conférence prononcée à Ingolstadt est intitulée : *De la direction supérieure de la guerre.* Prononcée en plusieurs fois, elle traite du partage des responsabilités entre le gouvernement et le commandement, tel qu'il avait été conçu avant la guerre, tel qu'il fut modifié en 1915 puis à la fin de 1916. Le texte en est révélateur pour de Gaulle lui-même, son caractère et sa réflexion. Il suffit pour le voir de le rapprocher de la correspondance qu'il adressait à ses parents avant d'être fait prisonnier. Il se plaignait, on l'a vu, comme, du reste, d'innombrables combattants, de l'incompétence supposée et de l'agitation désordonnée des parlementaires qui prétendaient s'occuper de la guerre, il critiquait Briand quitte à dire qu'il ne fallait pas le remplacer, il stigmatisait avec véhémence l'expédition de Salonique, où il voyait une dispersion des efforts qu'on aurait mieux fait de concentrer sur le le front français comme le pensaient alors tous ceux qui s'y trouvaient, du commandant en chef jusqu'au plus humble soldat — sans percevoir les possibilités stratégiques qu'aurait permises une action d'envergure sur le front d'Orient. Mais c'est dans un tout autre esprit qu'il rédige sa deuxième conférence d'Ingolstadt.

Il expose d'abord, avec rigueur, l'impérieuse nécessité d'une claire distinction entre la conduite de la guerre qui doit incomber au gouvernement et la conduite des opérations dont le commandement seul doit être responsable. Mais, pour ses choix, le pouvoir politique a besoin d'un conseiller militaire qui se situe à son niveau et dont la compétence s'étende à l'ensemble des problèmes de la guerre. Le système conçu avant 1914 concentre entre les mains du chef d'Etat-Major général les tâches principales de la préparation au conflit et en fait, du même coup, le généralissime en temps de guerre, qui commandera les armées françaises sur le front du nord-est. De ce fait, le gouvernement n'aura pas d'autre conseiller militaire que lui, pour la conduite générale de la guerre, mais il sera en même temps chargé de la conduite des opérations. Ce rôle trop vaste et trop complexe, Joffre l'assumera avec succès mais il apparaîtra bientôt que l'organisation prévue est défectueuse, que les tâches se confondent, que les rôles ne sont pas logiquement répartis. De Gaulle qui, dans ses lettres, se faisait volontiers contempteur des agitations parlementaires écrit, tout au contraire :

> Le jeu de nos institutions politiques interrompu pendant la période de grande crise du début, où toutes les responsabilité, tous les problèmes incombèrent au général en chef, reprit peu à peu son cours une fois le plus fort de la crise passé et la situation rétablie. Le Parlement, réuni de nouveau, commença d'user de son droit constitutionnel de contrôle. En, particulier, la commission de l'armée de la Chambre et surtout celle du Sénat, s'employèrent à réaliser efficacement et le plus utilement possible le contrôle parlementaire. Ces commissions et le Parlement, par le fait même, ne furent pas longtemps à s'apercevoir des insuffisances du gouvernement dans la conduite générale de la guerre ; elles s'appliquèrent à le talonner, à le presser de prendre les responsabilités et les décisions qu'il était de son rôle de prendre ; elles lui suggèrent bien et bien souvent les solutions...

C'est un rare éloge, on le voit, du travail des institutions parlementaires en temps de guerre.

Quant à Briand, de Gaulle expose qu'il fut l'auteur de la première réforme majeure de l'organisation des pouvoirs depuis le début des hostilités. En s'adjoignant le général Gallieni au ministère de la Guerre, et l'amiral Lacaze au ministère de la Marine, il se donnait les conseillers militaires dont le gouvernement avait besoin pour la conduite de la guerre, tandis qu'il confortait Joffre comme responsable des opérations mais, du fait que de nouveaux fronts s'ouvraient à l'extérieur, avec les débuts de l'expédition de Salonique, il le nomma commandant en chef des armées françaises sur tous les théâtres d'opérations en y ajoutant la création de missions militaires alliées présentes sur tous les fronts. C'était un progrès, constate de Gaulle, mais qui se révéla bientôt insuffisant. D'abord parce que le ministre de la Guerre était incessamment harcelé par les servitudes politiques de sa fonction, en particulier par sa présence obligée au Parlement, et il se trouvait ainsi empêché de remplir ses fonctions de conseiller militaire du gouvernement. Mais aussi, remarque de Gaulle, parce que « c'est un défaut de principe que de donner au même homme à diriger les opérations sur plusieurs théâtres à la fois ». Accaparé par son commandement sur le front du nord-est, Joffre fut constamment réservé à l'égard du front d'Orient, alors que les gouvernements alliés et surtout le Premier ministre anglais, Lloyd George, lui réservaient un rôle majeur dans leur stratégie. Quoi qu'il en soit, c'est encore Briand qui créa, au début de 1917, un Cabinet de guerre dont Liautey, nommé lui-même ministre de la Guerre, serait le conseiller militaire, tandis que chaque front aurait son propre commandant en chef. Sur celui du nord-est, ce serait Nivelle, choisi évidemment pour son rôle dans la deuxième phase de la bataille de Verdun, celle de la reconquête des positions conquises auparavant par l'ennemi, de sorte que Joffre devait dire que, s'il fallait désigner un vainqueur de Verdun, il répondrait : « Nivelle, heureusement secondé par Mangin. » On sait que, insatisfait des nouvelles attributions qu'on lui avait données, Joffre quitta le commandement des armées françaises et que Ribot, successeur de Briand, limogea Nivelle, après les échecs des offensives qu'il avait déclenchées, et le remplaça par Pétain. Foch, chef d'Etat-Major général, devint désormais, très logiquement, le conseiller militaire du gouvernement pour la conduite de la guerre.

Il n'est pas jusqu'au front d'Orient sur lequel de Gaulle n'ait alors révisé son jugement. Sans doute ne voit-il pas encore, du fond du Fort d'Ingolstadt, l'importance capitale d'un théâtre d'opérations où une stratégie offensive était possible contre un adversaire, l'Autriche-Hongrie, relativement vulnérable, où d'autres alliés, l'Italie, la Roumanie, la Grèce, auraient pu relayer la Serbie et d'où l'on pouvait tendre la main à des armées russes qui commençaient à vaciller : du moins reconnaît-il que c'est un terrain d'action et qu'à ce titre le front d'Orient prend place dans la stratégie des Alliés. Evoquant les décisions prises pour liquider l'opération des Dardanelles — malheureuse, mais dont le succès aurait eu d'énormes conséquences — et l'expédition de Salonique,

> on peut ne pas approuver ces mesures, écrit-il, mais on croit reconnaître que le gouvernement voulut y agir et y agit. L'action, même entachée d'erreurs, donne toujours des résultats.

Dans l'épreuve que la captivité fut pour lui, de Gaulle anticipe déjà sur ce qu'il sera dans l'avenir. Les conférences d'Ingolstadt préfigurent, par l'analyse des responsabilités du gouvernement et du commandement, ce qu'il dira des causes de la défaite allemande dans son premier livre, *La Discorde chez l'ennemi*, et ce qu'il écrira sur ce chapitre de l'histoire militaire française dans *La France et son armée*. Ce sont aussi les thèmes du *Fil de l'épée* qu'on entrevoit avec, entre autres, cette note dans son carnet personnel : « analyser le prestige ». Mais c'est à l'avenir surtout qu'il se préparait, comme en témoignent ses notes personnelles et ses dernières conférences prononcées à Wülzburg :

> Evidemment, écrivait-il, pliant sous le poids des sacrifices, menacés d'une destruction totale les uns par les autres, guettés par la famine et tous les bouleversements sociaux qu'elle amènerait, les peuples de la vieille Europe finiront par signer une paix que leurs hommes d'Etat appelleront paix d'entente ! et qui sera, de fait, une paix d'épuisement. Mais chacun sait, chacun sent, que cette paix n'est qu'une mauvaise couverture, jetée sur des ambitions non satisfaites, des haines plus vivaces que jamais, des colères nationales non éteintes.

L'avenir, décidément, serait, pour de Gaulle, de se mêler aux affrontements qu'il jugeait inévitables, de se préparer à la guerre, dont il pressentait qu'elle reviendrait mais, cette fois, d'y jouer le rôle auquel, dans son adolescence et sa jeunesse, il rêvait déjà.

Chapitre 3

L'EPREUVE DE LA PAIX

Le 25 janvier 1919, de Gaulle qui suit un stage pour commandants de compagnie à l'Ecole militaire de Saint-Maixent, écrit à sa mère qu'il venait d'être reçu, comme ses camarades, par le commandant du stage, le colonel Augier, qui lui avait demandé, avec ses états de service, quelles étaient ses intentions. De Gaulle lui répondit qu'il venait de demander, par la voie administrative, à être affecté à l'armée polonaise. Une démarche très bien accueillie par son chef : « Avec les beaux états de service que vous avez déjà, lui dit-il, vous pouvez, si vous le voulez, vous faire un très bel avenir ! » Et de Gaulle en a été, écrit-il à sa mère, « définitivement remonté, moralement parlant ».

Tel était en effet son désir anxieux : prisonnier de mars 1916 à novembre 1918, il avait ressenti comme la pire des épreuves de rester aussi longtemps à l'écart de toute action et de tout combat, alors que sa vocation était d'agir et de combattre. Ne pas laisser passer la moindre occasion de connaître à nouveau l'expérience de la guerre et de participer aux campagnes qui se poursuivaient encore, telle était donc son obsession dès son retour de captivité. C'est d'abord à l'armée d'Orient qu'il pensa : elle était encore dans les Balkans et en Europe centrale en attendant que soient définitivement fixées les frontières nouvelles, ainsi qu'à Odessa où elle tendait la main aux armées blanches en lutte contre la Révolution russe. Mais elle était déjà nombreuse et fortement encadrée et malgré une ultime tentative, faite à Saint-Maixent à la mi-février 1920, il y avait peu de chances, pour de Gaulle, d'y être affecté. Il se décida donc d'opter pour l'armée polonaise, qui réclamait des cadres et des instructeurs français, offrait un débouché, « comme un pis-aller pour faire campagne », écrivit-il à son père le 11 février.

De Gaulle voyait assez clairement quelles seraient les missions de l'armée d'Orient — et donc aussi de l'armée polonaise — au cours de la période à venir. Elle

> aura d'abord, écrit-il à sa mère le 11 février, à tenir en respect les peuples balkaniques et ceux qui sont issus du démembrement de l'Autriche et de la Russie : Ukraine, Pologne, Don, Roumanie, Serbie, Turquie, Grèce, Hongrie, Autriche allemande, Tchèques, à les empêcher autant que possible de s'entre-dévorer de trop bonne heure, à y appuyer la formation de gouvernements qui nous soient favorables, à les contraindre de respecter les frontières qu'on leur tracera. Il s'agira encore de menacer, le cas échéant, le sud de l'Allemagne, de conserver nos communications directes avec la Pologne et la Russie, de barrer définitivement aux Allemands le chemin de l'Orient. Un peu plus tard, les troupes que nous aurons là-bas auront sans doute à appuyer un mouvement des Etats conservateurs limitrophes des Russes (Finlande, Lituanie, Pologne, Ukraine, Don, Roumanie, Sibérie) contre les foyers d'émeutes et de désordres, Moscou et Pétersbourg.

Mais quatre mois plus tard, le traité de Versailles était signé et c'est bel et bien l'affrontement avec la Révolution russe et ses prolongements en Europe qui devient l'essentiel : le grand combat du siècle, pour ou contre le communisme, allait commencer. L'armée française y serait impliquée et de Gaulle, capitaine de 28 ans, y prendrait part.

Dans la mémoire collective des Français et plus encore dans celle des cadres de l'armée, un souvenir subsistait : celui du péril extrême où la France se trouva quand la Révolution russe permit à l'Allemagne de reporter à l'Ouest le gros de ses forces engagées à l'Est jusque-là. La Révolution devint alors synonyme de « trahison ». Des mythes profonds et durables prirent naissance qui allaient peser sur l'esprit public, en France, durant de longues années, et le train blindé traversant l'Allemagne pour permettre à Lénine de passer de Suisse en Russie, avec l'autorisation de l'état-major allemand, prit la valeur d'un symbole historique : il apparut comme une preuve irréfutable que les bolcheviks étaient aussi des agents allemands... A la vérité, l'état-major français, avant tout soucieux d'éviter que les armées allemandes ne se reportent immédiatement et massivement sur le front occidental — malgré les engagements pris mais dont personne ne pensait qu'ils seraient tenus —, avait réfléchi aux rapports qu'il convenait d'entretenir avec le nouveau pouvoir révolutionnaire [1]. Son représentant à Moscou, le général Niessel, lui avait présenté trois options. On pouvait d'abord garder le contact avec le gouvernement bolchevik et, s'il n'acceptait pas les conditions de paix imposées par l'Allemagne, on s'en rapprocherait pour l'aider à reprendre la guerre, faute de quoi on s'appuierait sur les nationalités non russes de Pologne, de Finlande et des pays baltes pour essayer de reconstituer un front à l'est : la rupture entre les négociateurs russes et allemands, à la mi-février 1918, fit espérer, pendant quelques jours, que la Russie bolchevique allait se retrouver, par la force des choses, aux côtés des Alliés mais, le 24, Lénine obtint du Conseil des commissaires du peuple qu'il accepte le traité de Brest-Litovsk. On pouvait aussi profiter de l'effondrement de l'Empire russe pour négocier avec l'Allemagne une paix où, en échange de l'abandon de l'Alsace-Lorraine, l'Empire allemand trouverait des compensations territoriales à l'Est : mais outre que ce serait un manque de loyauté choquant envers un ancien allié, l'Allemagne en sortirait finalement renforcée et, à terme, les équilibres en Europe seraient renversés. On pouvait, enfin, organiser la résistance à la Révolution bolchevique en s'appuyant sur toutes les forces qui lui étaient hostiles, mais ce serait une entreprise difficile à conduire, faute de communications régulières entre les Alliés et la Russie. C'est à cette option qu'on en vint puisque les deux autres étaient maintenant hors de propos.

Alors s'engagea, par étapes, l'épreuve de force entre les Etats occidentaux et le premier Etat communiste du monde [2]. Il commença, paradoxalement, par un accord conclu, le 26 mars 1918, avec le gouvernement soviétique, qui accepta le transfert en Europe, en passant par Vladivostok, de la Légion tchécoslovaque formée des prisonniers ou déserteurs tchèques et slovaques de l'armée austro-hongroise. Mais, au début de mai, des accrochages l'opposèrent aux bolcheviks, elle déclencha des contre-attaques et se regroupa progressivement autour du Transibérien. Les Alliés décidèrent aussitôt de la soutenir en même temps qu'ils firent débarquer un petit corps expéditionnaire britannique à Arkhangelsk le 15 août. On créa donc une mission militaire alliée chargée de se rendre en Sibérie, et les instructions remises à son chef, le général Janin, le 25 juillet, montrent bien qu'il s'agissait d'une entreprise de grande envergure visant à menacer sur tous les fronts la révolution bolchevique [3]. Elles lui prescrivaient « une action progressive des forces tchèques, en coopération avec les forces alliées d'intervention, en vue de réaliser une liaison effective entre la Sibérie, constituant leur base de départ, et, d'une part, les bases alliées de l'océan Glacial, d'autre part les groupements de Russie méridionale favorables à l'Entente ». Elles prévoyaient bien comme objectif d'établir « contre les Austro-Allemands une ligne de résistance allant de la mer Blanche à la mer Noire », mais fixaient comme premier but à atteindre l'occupation d'Irskoutsk, alors contrôlée par les bolcheviks, pour établir une liaison sûre entre les bases japonaises de Sibérie extrême-orientale et les régions déjà contrôlées par les contingents tchèques, après quoi, écrivait-on au général Janin » l'action s'étendrait progressivement vers l'Oural et l'intérieur de la Russie ».

Mais, quand Janin arriva à Vladivostok le 16 novembre, la guerre était finie en Europe, les Etats-Unis eux se préoccupaient surtout d'obtenir que le Japon quitte les provinces russes d'Extrême-Orient, et la Légion tchèque réclamait qu'on la rapatrie... Le gouvernement français, toujours dirigé par Clemenceau, envoya donc au général Janin de nouvelles instructions qui ne laissaient place à aucune ambiguïté : il devait poursuivre l'organisation de la lutte contre les bolcheviks, et « exercer le commandement en chef de toutes les troupes occidentales en Sibérie, à l'ouest du lac Baïkal, tant alliées que russes ou autres... », la Grande-Bretagne lui fournissant du matériel militaire pour un effectif de 100 000 à 200 000 hommes au moins.

Ce n'était pas tout. Pour protéger la Roumanie qui, en annexant la Bessarabie, entrait en contact direct avec les territoires russes contrôlés par les bolcheviks, et pour empêcher que la contagion révolutionnaire ne se propage dans les Balkans ou en Asie Mineure un corps expéditionnaire allié débarqua à Odessa, dès la fin de novembre 1918, avec 6 000 Français, 4 000 Polonais et 2 000 Grecs sous les ordres du maréchal Franchet d'Esperey, qui commandait déjà les armées alliées sur le front d'Orient. Sa mission était ample et complexe puisqu'il devait à la fois empêcher qu'après l'évacuation de l'Ukraine par les Austro-Allemands les bolcheviks ne menacent les Roumains en Bessarabie, et permettre aux contre-révolutionnaires russes de s'organiser, de s'armer et de se renforcer à l'abri du corps expéditionnaire allié. Mais Franchet d'Esperey — dont le brigadier J.C. Fuller, premier théoricien de l'emploi des chars en Grande-Bretagne devait écrire qu'il était « probablement le meilleur général français » — retira la plus mauvaise impression de ses contacts avec les antibolcheviks russes, d'autant que leur chef en Russie méridionale, le général Denikine, soupçonné « d'opinions libérales » par les anciens officiers de l'armée impériale, n'avait aucune autorité politique ni sur les territoires qu'il contrôlait ni même sur ses propres troupes. Franchet d'Esperey en avertit les gouvernements alliés et, en même temps, prévint qu'il devait faire face à un début de mutinerie chez les matelots de son corps expéditionnaire, dont le meneur était l'officier mécanicien André Marty. A son avis, l'expédition d'Odessa n'avait aucun sens, réduite à elle-même : il fallait y renoncer ou l'intégrer dans l'ensemble des opérations antibolcheviques.

Le Conseil des Quatre — Wilson, Clemenceau, Lloyd George et Orlando — en discuta le 25 mars 1919, à Paris, et décida de demander au maréchal Foch un plan d'action. Il se réunit 48 heures plus tard pour entendre son exposé. Foch proposait un plan global contre la Révolution russe afin d'en empêcher la contagion. Il suggérait d'ériger une barrière en Pologne et en Roumanie, de colmater la brèche séparant les troupes polonaises et roumaines, de réduire les zones gagnées par la Révolution, comme en Hongrie et en Galicie orientale et de placer l'ensemble sous un commandement allié, un général français commandant en Roumanie tandis qu'un général américain commanderait à Vienne : c'était au fond, on le remarquera, le plan que de Gaulle, de son stage à Saint-Maixent, avait supposé. Wilson, malgré les dénégations de Foch, objecta que toute l'entreprise prendrait inévitablement un tour offensif et mit en garde contre les sentiments réels des troupes alliées chez lesquelles existait peut-être, dit-il, « un germe de sympathie » envers les mouvements révolutionnaires...

Ce 27 mars, les chefs des gouvernements alliés décidèrent donc de rejeter le plan de Foch. Franchet d'Esperey évacua Odessa, et les « armées blanches », au sud, à l'est et au nord s'effondrèrent successivement. C'est seulement en Hongrie, où les communistes de Bela Kun venaient de prendre le pouvoir, que les Alliés réussirent à faire échec à la vague révolutionnaire en laissant l'armée roumaine entrer à Budapest.

C'est en Pologne, désormais, que se jouait l'avenir de la révolution en Europe. Pilsudski, à la tête de la nouvelle république polonaise, avait décidé de profiter de l'état dramatique de la Russie pour reconquérir les territoires biélorusses et ukrainiens dont la Pologne avait été privée par les partages de la fin du XVIIIe siècle, ou d'établir à Kiev une Ukraine satellite de la Pologne. Rejetant les concessions territoriales proposées par Lénine, il ouvrit les hostilités en mai 1920. C'est alors que la riposte soviétique remit tout en question. Les Ukrainiens, traditionnellement hostiles à la domination polonaise, se rangèrent aux côtés des bolcheviks pour refouler l'armée polonaise et renverser en même temps l'ataman Petlioura qui s'était mis à leur service. L'Armée rouge passe à la contre-offensive. A sa tête se trouvent Boudienny, le plus célèbre de ses cavaliers, et l'ancien prisonnier d'Ingolstadt, Toukhatchevski. Celui-ci, en termes très peu politiques, proclame que « la route de l'incendie mondial passe par le cadavre de la Pologne ». Plus soucieux de solidarité révolutionnaire, Lénine aide à constituer un gouvernement communiste polonais à Bialystok, présidé par Julian Marchnowski qui appelle la classe ouvrière de Pologne à se soulever et à faire cause commune avec l'Armée rouge. Trotski, surtout, croyait que la contagion révolutionnaire pourrait ainsi gagner l'Europe, et d'abord l'Allemagne peut-être même la France ou l'Angleterre, faute de quoi elle périrait. Staline, au contraire, n'y croyait pas.

En ces journées décisives de juillet et d'août 1920, de Gaulle est à Varsovie. Il y est arrivé le 24 avril et, après un long moment d'incertitude et d'inaction, les élèves officiers polonais qu'il doit instruire viennent enfin d'arriver. Ses premières impressions sur les habitants du pays sont très mitigées. Les excusant parce que « les Russes, du temps qu'ils occupaient le pays, [les] avaient soigneusement empêchés de faire quoi que ce fût, dans le commerce, l'industrie, l'administration, l'armée » — ce qui était un jugement assez excessif — il constate : « Ces gens livrés à eux-mêmes ne sont bons à rien et le plus terrible c'est qu'ils se croient excellents en tout. » A la vérité, il traverse alors une phase d'hostilité méfiante envers toutes les nations étrangères et, avec franchise, le reconnaît sans détours dans une lettre à son père : « Ainsi que la plupart de mes compatriotes, je finis la guerre, débordant des sentiments d'une xénophobie générale. » Le fait est que sa correspondance voit en tous les Allemands des « ennemis odieux », décrit les Américains, les Anglais et les Italiens qui arrivent à Varsovie, promenant « leur insolence et leur inutilité », et qu'il partage bientôt le sentiment, en effet très répandu chez les Français d'après-guerre, que les Etats-Unis et la Grande-Bretagne vont bientôt préférer redresser l'Allemagne plutôt que soutenir la France et que le monde entier oublie les sacrifices inouïs que le peuple français a endurés pour remporter la victoire commune.

Il n'a guère d'indulgence, en tout cas, pour la société polonaise [4]. Il y voit « une foule de gens, plus ou moins décorés, venus de Russie, de Russie blanche, de Lituanie, où les Bolvcheviks occupent leurs terres, et qui, malgré leur malheur, s'amusent frénétiquement ». Car il fréquente les milieux polonais qui, à Varsovie, aiment à recevoir des officiers français, voire à les courtiser. Ainsi fait-il la connaissance de la comtesse Czetwertinska qu'il retrouve, selon certains témoins, au café Blikle, qui est un salon de thé et une pâtisserie, dans la rue Nowy-Swiat. Il perçoit alors l'importance des clivages ethniques et sociaux et, dans ses lettres, rend compte de l'état d'esprit des Polonais, en tout cas ceux de la bourgeoisie, à l'égard des juifs « détestés à mort de toutes les classes de la société » qui les voient « tous enrichis par la guerre dont ils ont profité sur le dos des Russes, des Boches et des Polonais » et dont les bourgeois de Varsovie pensent qu'ils sont « assez disposés à une révolution sociale où ils recueilleraient beaucoup d'argent en échange de quelques mauvais coups ». Quant aux distorsions sociales qui ne vont pas manquer de miner la nouvelle Pologne, de Gaulle, parcourant le pays aux côtés des unités polonaises dont il est le « conseiller », en est le spectateur lucide et pessimiste :

> Il faut avoir observé, écrit-il dans un article publié le 1er novembre 1920 dans la *Revue de Paris*, la foule affreuse des faubourgs, Praga ou Wola, pour mesurer à quel degré de misère peuvent atteindre des hommes... Notre civilisation tient à bien peu de choses. Toutes les richesses dont elle est fière auraient vite disparu sous la lame de fureur des masses désespérées...

Très critique, on le voit, sévère même, à l'égard de la société polonaise, il n'a pas plus d'enthousiasme envers les perspectives d'une guerre contre la nouvelle Russie soviétique. Le 3 juillet, alors que l'offensive de son ancien compagnon de captivité d'Ingolstadt, Toukhatchevski, contre Varsovie se précise, il écrit à sa mère : « Allons-nous être amenés à intervenir ici les armes à la main contre les Russes ? C'est bien scabreux. » Bien que la mission militaire française en Pologne soit commandée par le général Henrys, on a décidé, à Paris, d'envoyer symboliquement en Pologne l'ancien chef d'état-major de Foch, Weygand, qui arrive le 21 juillet à la tête d'une mission qualifiée de « diplomatique » mais qui doit, en réalité, conseiller Pilsudski, le chef de l'état-major polonais, qu'il considère d'ailleurs comme le « rempart de la civilisation chrétienne ». La contre-offensive polonaise est déclenchée le 14 août, de Gaulle y participant lors des combats de Hrubischow, et tourne à la déroute des armées soviétiques. En pratique, il a surtout servi d'officier de liaison mais c'était un assez bon poste d'observation pour remarquer, en particulier dans une note au général Henrys, que Pilsudski a voulu tout diriger, passant par-dessus la tête de ses propres généraux — et qui n'a, du reste, fait aucune part dans ses souvenirs sur *L'Année 1920* au rôle de Weygand qui demeure contesté et fut probablement symbolique[5].

Professeur au collège des officiers de Rambertow, conseiller des unités en campagne, de Gaulle, nommé chef de cabinet du général Niessel, qui a remplacé Henrys, complète ainsi son expérience polonaise. Décoré de la Légion d'honneur en juillet, pour les citations obtenues durant la Grande Guerre, et bientôt décoré de la Médaille des évadés, nommé commandant au titre de l'armée polonaise, il est alors l'objet des notes les plus flatteuses et des appréciations les plus élogieuses : « Allure d'une distinction qui en impose... Personnalité accusée, caractère ferme, énergique et froid devant le danger... d'une éducation parfaite », et même « modeste » — ce qui, en l'occurrence, veut dire réservé et peu bavard... De Gaulle a retrouvé alors la confiance en l'avenir dont, écrit-il à sa mère, il n'était plus assuré après sa captivité.

Pour sa vision de l'histoire prochaine et pour les guerres futures, de Gaulle va tirer de profondes leçons de cette campagne polonaise. Avant tout, celle-ci confirmait, à ses yeux, que l'Histoire n'est, en dernier ressort, que l'histoire des nations. Il venait de voir que le grand appel à la Révolution, lancé par Lénine et ses compagnons, n'avait pas franchi la Vistule et qu'à bien peu d'exceptions près, paysans et ouvriers polonais avaient vu en l'Armée rouge l'instrument d'une invasion russe. Pas davantage, auparavant, les Ukrainiens n'avaient cédé à la tentation de passer dans le camp de « l'Occident chrétien » contre la révolution bolchevique : séculairement opposés à la domination polonaise, ils s'étaient mobilisés contre les armées de Pilsuski. Le chef de l'armée soviétique que de Gaulle avait en face de lui, Toukhatchevski, dont il avait gardé un souvenir assez vivant pour que cet exemple l'ait frappé, était lui-même le symbole de cette primauté du sentiment national. Pour ce Russe, officier de l'armée du tsar, la Russie bolchevique c'était encore la Russie. La Révolution donnerait à son pays un visage nouveau, peut-être des servitudes nouvelles, mais peut-être aussi une vitalité et une grandeur qu'il avait perdues. Il était dans son camp, c'est-à-dire dans son pays, l'exact correspondant de ces ouvriers et paysans de Pologne dont de Gaulle avait vu la misère, mais qui n'avaient pas répondu pour autant à l'appel de la Révolution : ils s'étaient comportés en patriotes polonais menacés d'une invasion étrangère. Du côté soviétique, Staline, à l'encontre de Trotski, l'avait prévu. De l'autre côté du front, de Gaulle le vérifia et sa conception de l'Histoire s'en trouva renforcée.

Mais ce fut aussi, pour lui, une expérience nouvelle de la guerre.

Rien à voir, ici, avec la longue et terrible expérience des tranchées de Champagne et de Verdun : c'est tout le contraire dont il est le témoin en Pologne. Apparemment, c'est le désordre de vastes mouvements, approximatifs mais presque aveugles, d'armées qui se débordent, se retournent, avancent ou reculent. Et son récit de la victoire de Pilsuski confirme l'importance du mouvement dans ce type de guerre : « L'ennemi, complètement surpris de voir tomber sur son flanc gauche les Polonais qu'il croyait complètement désespérés, ne résiste sérieusement nulle part, fuit en désordre de tous côtés, ou capitule par régiments entiers. Ah ! la belle manœuvre que nous avons là ! »

C'est naturellement la nature du terrain qui compte, ici, par-dessus tout, l'étendue du front pour des effectifs relativement restreints, le faible équipement, aussi, en matériels lourds et surtout en artillerie. Mais rien n'empêche qu'à la différence de ce qu'on a vu sur le front français, au moins de 1915 à l'été 1918, le mouvement ait repris, dans cette guerre, son importance primordiale et littéralement décisive et de Gaulle en tire tout de suite cette conclusion essentielle : avec des moyens modernes de combat, le mouvement peut retrouver ailleurs cette primauté, à condition qu'on en ait l'instrument. Et, justement, cet instrument existe comme il l'écrit dans le rapport de fin de mission qu'il remet à l'état-major de l'armée : « Les chars... doivent être mis en œuvre rassemblés et non dispersés[6]. » De cette idée, énoncée déjà, noir sur blanc, en 1921, il fera, quatorze ans plus tard, la cause à laquelle il se consacrera tout entier.

Voici donc la paix qui revient en Europe. Et voici de Gaulle revenu à Paris. Le général Niessel, son dernier chef en Pologne, ajoute à ses notes extraordinairement élogieuses : « Le capitaine de Gaulle veut rentrer en France pour se marier. » Commence alors une période d'une dizaine d'années qui sera la seule, peut-être, du moins en apparence, à ressembler au cours le plus classique d'une carrière d'officier français. Comme toujours et pour toutes les armées du monde, l'après-guerre est, pour l'armée française, le temps du repli et du repos, de l'appauvrissement et des doutes. C'est le temps de l'interminable série des inaugurations de monuments aux morts quand, chaque semaine, durant des années, dans tous les départements, un ministre, ou au moins un parlementaire, entouré de braves gens avec leurs médailles, découvrait une statue de pierre ou de bronze, immortalisant autour d'une France allégorique ou d'une victoire symbolique, le sacrifice des « Poilus », et dont les plaques portent les noms des victimes sur les murs des églises ou sur les places publiques... C'est aussi le temps où l'inflation ravage la société française : la livre sterling était à 25 francs en 1919, à 85 francs en 1923, la circulation monétaire était d'un peu plus de 5 milliards en 1914, de 50 milliards en 1925 et, dans le même intervalle, l'indice des prix de détail est passé de 100 à 463. Les classes moyennes, où se recrutaient la plupart des cadres de l'armée, en étaient probablement les victimes principales. Par prudence, elles avaient placé leurs économies en valeurs d'Etat, en emprunts étrangers et en obligations à capital fixe : or, l'ensemble de ces valeurs était passé de l'indice 100 en 1914 à 28 en 1925.

La France, en réalité, oscillait entre l'exaltation de la victoire, l'anxiété devant un présent désordonné et un futur angoissant, entre son enracinement dans le passé et le changement accéléré des mœurs et des mentalités. Sur la carte de l'Europe et du monde, les Français voyaient l'Alsace-Lorraine recouvrée, leurs soldats sur le Rhin, des pays nouveaux et amis à l'est du continent et des colonies agrandies. Mais la garantie de leurs frontières, promise au traité de Versailles par les Etats-Unis et la Grande-Bretagne, n'avait pas survécu au refus de le ratifier par le Congrès américain. Les jeunes Etats, réputés amis ou alliés de la France, se signalaient surtout par leurs crises sociales et politiques, leur détresse financière et leurs troubles monétaires. Bientôt la guerre du Rif au Maroc et l'insurrection du djebel druze en Syrie commenceraient à annoncer la précarité de l'Empire...

La guerre, il est vrai, n'avait pas bouleversé en profondeur la structure sociale du pays. Les petites entreprises avaient reculé, mais au profit des moyennes plutôt que des grandes. Celles de moins de dix employés représentaient encore 98 %. Il y avait toujours 1 300 000 artisans dans les villes. L'exode rural était assez lent pour ne provoquer aucune redistribution majeure de la surface moyenne des exploitations. Bien que l'épargnant de 1918 dût perdre en 1925 60 % de ses placements en valeur réelle, l'emprunt de la victoire avait facilement trouvé 7 millions de souscripteurs. La célèbre rente 3 %, qui valait 67,20 francs en janvier 1920, en valait encore 55,50 francs cinq ans plus tard, avant que, l'année suivante, Poincaré, en stabilisant le franc et les prix, n'ait restauré la « confiance » entamée et perdue depuis 1914. 410 000 familles avaient leur livret d'épargne en 1924...

Mais le travail des femmes, auquel on avait eu massivement recours pendant la guerre, surtout dans les usines mais aussi dans les commerces et les bureaux, avait accéléré brusquement les changements dans la vie des couples et des familles. La société tout entière en était marquée, du moins à travers ses références et ses mythes. En témoignaient, par exemple, le succès du roman de Victor Margueritte, *La Garçonne*, ceux de Colette surtout, le renouvellement des modes aussi avec les cheveux courts, la taille sans corset, les jupes courtes. Le surréalisme prenait dans l'histoire de la littérature une place qu'il ne quitterait plus et commençait d'exercer, sur les sensibilités, une influence qu'on ne mesurait pas encore. Le Bal Nègre faisait son entrée dans les spectacles parisiens et la musique faisait place au jazz... L'enracinement dans le passé et le vertige des temps nouveaux : entre ces deux pôles, la société balançait, partout dans le monde sans doute, mais en France peut-être plus qu'ailleurs, tantôt rassurée par la reprise des affaires, l'enrichissement de beaucoup, la stabilité retrouvée, la joie de vivre reparue, tantôt éprouvant le sentiment de sa précarité, l'impression qu'elle avait d'être sourdement ébranlée, l'incertitude de l'avenir, la fascination pour la Révolution bolchevique, cette « grande lueur à l'Est », modèle pour les uns, menace pour les autres, incompréhensible pour la plupart...

> L'incertitude, devait écrire de Gaulle dans l'avant-propos du *Fil de l'épée*, marque notre époque. Tant de démentis aux conventions, prévisions, doctrines, tant d'épreuves, de pertes, de déceptions, tant d'éclats aussi, de chocs, de surprises, ont ébranlé l'ordre établi.

Mais c'était surtout le temps de l'incertitude pour le corps militaire dont il faisait partie et il l'exprima dans l'un des plus beaux passages de ce livre :

> Les armes, qui viennent de changer le monde, ne laissent pas d'en souffrir d'abord et pleurent leurs ardeurs perdues. Cette mélancolie du corps militaire hors des périodes de grands efforts n'a rien, sans doute, que de classique. Il y a, dans le contraste entre l'activité fictive de l'armée du temps de paix et sa puissance latente, quelque chose de décevant que les intéressés ne ressentent point sans douleur. *« Tant de forces inemployées, dit Psichari, tant de destination et tant de stérilité ! »* A plus forte raison, un pareil chagrin imprègne-t-il l'âme des soldats dans les années qui suivent les batailles. A se détendre brusquement, il semble que le ressort se brise non sans rendre, parfois, ce son sourd et profond de plainte dont nous ont bercés Vauvenargues et Vigny.

L'armée française, dans ses structures, en ressent les contrecoups tout au long de ces années d'après-guerre[7]. D'abord avec une très excessive lenteur et un souci de conservation sans aucun rapport avec les exigences économiques de la reconstruction. Il fallut du temps pour que les gouvernements et le Parlement finissent par décider de considérables réductions d'effectifs. La loi de 1921 fit passer la durée du service militaire de trois ans à dix-huit mois à partir de l'année suivante et précisa qu'à la fin de 1925, un rapport serait présenté aux Chambres sur la possibilité de le réduire à un an — ce qui fut alors décidé. Pour en compenser les effets, elle prévoyait le recrutement de 80 000 militaires de carrière, de 300 000 soldats d'outre-mer et de 30 000 employés civils. Mais, au même moment, beaucoup d'officiers quittaient l'uniforme, convaincus qu'après la guerre ils n'avaient plus d'avenir dans l'armée. Les effectifs, maintenus d'abord à un niveau certainement excessif, furent progressivement abaissés : après qu'on eut prévu 230 000 officiers et sous-officiers de carrière pour leur encadrement, ce chiffre fut ramené à 150 000 puis 106 000. Le nombre des divisions entretenues en temps de paix, pour l'instruction des contingents mobilisés et la couverture des frontières, fut ramené de 45 à 32, puis à 20. Le nombre des régiments d'infanterie passa de 173 en 1914 à 65 en 1924 et 56 en 1929, celui des régiments de cavalerie de 79 à 48, puis 25, celui des régiments d'artillerie de campagne de 62 à 60 et 28, celui des régiments d'artillerie lourde de 13 à 30 et 24, celui des régiments de tirailleurs, au contraire, fut augmenté de 9 à 28, tandis que 5 nouveaux régiments de cavalerie d'Afrique furent mis sur pied, en raison des troubles auxquels il fallait faire face du Maroc à la Syrie, et, enfin, 10 régiments de chars furent constitués. Telle était la pente sur laquelle glissait l'appareil militaire français, justifiée par le prix très lourd de la reconstruction du pays et par la consolidation de la paix en Europe, mais qui, à l'abri de la ligne Maginot, conduisit à son profond affaiblissement au début des années 30. Il faut s'en souvenir pour comprendre dans quel contexte de Gaulle s'engagea dans son combat pour que la France se dote d'un corps cuirassé, instrument d'une puissance militaire nouvelle

Revenu à Paris, il se marie [8]. Il en avait manifesté l'intention après le mariage de son frère Xavier et sa famille, joignant ses efforts à ceux de la famille Vendroux, aménage une première rencontre entre lui et sa future femme, Yvonne, alors âgée de vingt ans. Les Vendroux, de lointaine ascendance néerlandaise, habitent Calais depuis deux cents ans, sont armateurs, parfois membres du Conseil municipal de la ville et de la Chambre de commerce, et le père d'Yvonne est aussi le patron d'une fabrique de biscuits alors très connue. Sa mère a l'originalité d'être la sixième femme à avoir obtenu, en France, son permis de conduire, elle a été infirmière-major de l'hôpital militaire de Calais pendant la guerre, ce qui lui a valu la Croix de guerre. Les Vendroux sont beaucoup plus fortunés que les de Gaulle, qui ne l'étaient pas du tout, et ils ont, entre autres biens, un château dans les Ardennes, celui de Septfontaines où Charles de Gaulle se rendra souvent en vacances avant 1940, jusqu'à ce que les malheurs de la guerre n'obligent à vendre la propriété. Une visite commune au Salon d'Automne est suivie d'un goûter que les biographes et historiens ne manquent jamais d'évoquer parce que la légende, probablement véridique et en tout cas sympathique, veut que de Gaulle ait alors renversé sa tasse de thé sur la robe de sa future femme. C'est ensuite une invitation au Bal de Saint-Cyr qui doit les réunir alors qu'Yvonne est encore perplexe, s'interrogeant, selon le récit très circonstancié de son frère Jacques, sur leur différence de taille : il a quarante centimètres de plus qu'elle... Comme il doit retourner en Pologne le 20 novembre, les démarches des deux familles se font un peu plus pressantes et Yvonne, toujours au témoignage de son frère, aurait fait savoir ses sentiments : « Ce sera lui ou personne. » Les fiançailles sont donc conclues le 11 novembre. Le mariage suivra, à Calais, d'abord à la mairie le 6 avril 1921, puis à l'église Notre-Dame le lendemain. Conformément à un usage alors très répandu, le voyage de noces se fait en Italie.

Mariage classique. Rituel traditionnel. Vie privée qui s'annonce calme et heureuse et marquée par la naissance, le 28 décembre suivant, d'un garçon, Philippe, auquel l'accoucheur, le Docteur Levy-Solal, promet une bonne santé. Une installation convenable, toujours sur la rive gauche de la Seine, proche des Invalides et de l'Ecole militaire : après le boulevard de Grenelle, ce sera au 14, square Desaix. Une affectation intéressante a suivi l'attribution d'une nouvelle citation à l'ordre de l'armée pour sa conduite sur la Vistule, puis de la décoration polonaise « Virtuti Militari » : il est nommé professeur adjoint d'histoire à Saint-Cyr. Il est chargé d'enseigner la période qui va de la Révolution à l'Armistice de 1918.

Le 2 mai 1922, sa carrière franchit une étape indispensable pour tout officier de quelque valeur et de quelque ambition : il est admis à l'Ecole supérieure de Guerre qu'il rejoint à la rentrée suivante après ses stages réglementaires au 6e régiment de dragons, dans une unité d'aviation et au 503e régiment de chars. Les notes qui ont permis son admission sont élogieuses sans être exceptionnelles, comme celles données par le commandant en second de Saint-Cyr : « Officier de haute valeur et qui le sait. Connaissances étendues et solides, grande aptitude à s'assimiler vite une question et à la présenter brillamment. Très écouté et très apprécié comme conférencier par les élèves, il a sur ces derniers beaucoup d'emprise. Prépare l'Ecole de Guerre, il sera certainement admis et il réussira. » De fait, il n'y est reçu qu'au 33e rang et n'en sortira que 52e sur 129. C'est alors, en effet, que se situe l'une des étapes qui forgeront son personnage historique, annoncent l'avenir et font partie de sa « légende ». L'Ecole supérieure de Guerre est alors dirigée par le général Debeney qui représente aussi exactement que possible les conceptions de Pétain dont il est, en quelque sorte, le porte-parole. Ses adjoints sont les généraux Bineau et Dufieux, qui tous deux seront plus tard les adversaires catégoriques des idées que de Gaulle exprima à propos de l'emploi des chars, le second se signalant, au témoignage du général Gamelin dans ses *Souvenirs,* comme secrètement favorable aux réseaux d'extrême droite qui se constituèrent dans l'armée à partir de 1936. Le professeur de fortifications est le général Chauvineau, qui sera, avec le patronage de Pétain, le plus notoire de ceux qui proclamaient impossible l'invasion de la France par les chars allemands à travers les Ardennes. Mais c'est le colonel Moyrand que de Gaulle avait comme professeur de tactique générale. Et c'est à lui que de Gaulle dut s'affronter. Moyrand enseigne en effet que la guerre doit être menée dans un cadre connu d'avance, avec des moyens appropriés, en déterminant rigoureusement les « compartiments » sur lesquels le système des feux doit être organisé : c'est la doctrine *a priori* inspirée par Debeney qui lui-même la tient de Pétain[9].

C'est exactement ce que de Gaulle n'admet pas. Pour lui, cette doctrine, dans sa rigueur, exclut le jeu des circonstances, l'aléa des démarches imprévues de l'adversaire, l'exploitation d'une situation brusquement favorable, bref les circonstances qui, à la guerre, décident de presque tout. Déjà, il veut introduire le « mouvement » là où, depuis la guerre, on ne veut voir que la puissance du feu. L'affrontement entre ses instructeurs et lui était donc inévitable dès lors qu'il ne cherchait pas à dissimuler son jugement. L'occasion s'en offrit lors de l'exercice final de sa deuxième année à l'Ecole supérieure de Guerre. Moyrand, sentant précisément la résistance intellectuelle que de Gaulle opposait à son enseignement et voulant l'éprouver, lui avait confié le plus important commandement prévu pour cet exercice, celui d'un corps d'armée. Et de Gaulle, en effet, fut séduit, au cours de l'action, par une manœuvre de grande envergure : une division, destinée d'abord à un rôle secondaire, devait soudain prendre l'offensive après un forcement de rivière. Moyrand en profita pour le soumettre à des difficultés imprévues, à des objections inattendues, à des pièges improvisés. Le futur général Laffargue, commandant l'une des divisions du camp que dirigeait de Gaulle, racontait que celui-ci « debout sur sa hauteur, entouré de son état-major, subissait imperturbablement les coups du sort, c'est-à-dire les pointes du professeur de tactique générale ». Lors de la critique de l'exercice, en fin de journée, Moyrand tente de mettre de Gaulle en position d'accusé et, en tout cas, suggère qu'il n'a pas bien assumé la tâche qu'on lui avait confiée. Ce à quoi de Gaulle répond, suivant des témoins qui ne lui furent pas toujours favorables ensuite, Laffargue ou Loustaunau-Lacau, avec sang-froid et même avec hauteur...

Son professeur lui donna pourtant, pour cet exercice, la note très convenable de 15,5. Mais son appréciation générale est très ambiguë, pour ne pas dire sévère, et restera célèbre pour le titre inattendu qu'elle confère à de Gaulle : « Officier intelligent, cultivé et sérieux, du brillant et de la facilité ; très bien doué ; beaucoup d'étoffe. Gâte malheureusement d'incontestables qualités par son assurance excessive, sa rigueur pour les opinions des autres et son attitude de roi en exil. Paraît par ailleurs avoir plus d'aptitudes pour l'étude synthétique et générale d'un problème que pour l'examen approfondi et pratique de son exécution. » Honoré de l'épithète, devenue plus tard fameuse, de « roi en exil », de Gaulle n'est pas avantagé par l'appréciation du directeur de l'Ecole, le général Dufieux qui a succédé à Debeney : « Personnalité accusée. D'incontestables qualités qu'il gâte malheureusement par une attitude un peu détachée et une certaine suffisance. N'a pas donné au travail de l'Ecole toute l'attention qu'il aurait dû. Apte à rendre en tout cas de très grands services dans un état-major. » Bref, de Gaulle n'appartient pas au premier tiers des nouveaux brevetés, qui a la mention « très bien », ni même au second, qui a la mention « bien », mais seulement au troisième, avec la mention « assez bien ».

Ici intervient un étrange épisode. Pétain se souvient alors de celui qui fut son lieutenant à Arras et servit à Verdun et pour lequel il signa la plus élogieuse des citations. Il convoqua le directeur de l'enseignement militaire supérieur et lui demanda de relever les notes obtenues par de Gaulle pour le faire passer dans le deuxième tiers des brevetés, celui des mentions « bien ». Avait-il entendu parler de l'indépendance d'esprit manifesté par son ancien subordonné au point d'y voir l'écho de ce qu'il fut lui-même quand, avant la guerre, il s'opposait à la doctrine officielle de l'offensive à tout prix ? Probablement. Eprouva-t-il quelque faveur envers la conception de la guerre que de Gaulle opposait à la « doctrine *a priori* » ? Probablement pas. Il faut y voir plutôt un geste d'autorité absolue, comme ceux dont Pétain était capable, pour quelque sujet que ce fût, en un temps où sa toute-puissance était incontestée dans les armées.

De Gaulle, en tout cas, ne s'en tint pas là. Ce qui l'avait opposé à ses professeurs de l'Ecole supérieure de Guerre était essentiel à ses yeux. Il y consacre donc un long article intitulé *Doctrine* a priori *ou Doctrine des circonstances,* et publié en mars 1925. C'est une satire impitoyable des leçons qu'on a voulu lui donner.

> L'esprit militaire français, écrit-il, répugne à reconnaître à l'action de guerre le caractère essentiellement empirique qu'elle doit revêtir. Il s'efforce sans cesse de construire une doctrine qui lui permette, *a priori*, d'orienter tout au moins l'action et d'en concevoir la forme, sans tenir compte des circonstances qui devraient en être la base. Il tente perpétuellement de déduire la conception de constantes connues à l'avance, alors qu'il faut, pour chaque cas particulier, l'induire de faits contingents et variables.

Mais de Gaulle va plus loin. Il s'en prend à ce qui est, au fond, la doctrine plus ou moins avouée, mais toujours respectée, que le commandement français a dû adopter sous le choc des événements de la guerre de 1914-1918, mais que Pétain, dès l'origine, a défendue et qu'il incarne plus que jamais en ce milieu des années 20.

> Sachons étouffer, écrit de Gaulle, toute théorie qui, partie de cette base réelle et concrète : la puissance du feu et l'influence capitale des formes du terrain sur son rendement, aboutirait par une série de déductions abstraites à des conclusions exclusives... On en viendrait à déduire, dans tous les cas, de la seule étude du terrain le lieu où il conviendrait d'agir... C'est le terrain qu'il faudrait vaincre... Ainsi s'accoutumerait-on à ne plus fixer d'autres directions, à ne plus choisir d'autres objectifs que ceux qu'indique l'aspect des crêtes, en faisant, par système, abstraction de toutes les variables et avant tout de l'ennemi.

Ainsi, alors qu'il n'a pas trente-cinq ans, et n'est encore que capitaine, de Gaulle choisit la voie dans laquelle sa réflexion stratégique s'engagera pour toujours. Dans cette phase de sa carrière, qui paraît, somme toute, classique et régulière, il prend position sur la question fondamentale de la doctrine de guerre dont l'armée française doit s'inspirer. Il n'y a là rien d'ordinaire ni de banal : c'est tout le contraire. Il franchit déjà, en cette occasion, le premier pas, peut-être au fond le plus important, qui va le mettre à part dans le corps auquel il appartient et le dresser bientôt contre la hiérarchie dont il dépend.

Au sortir de l'école, il est affecté, en septembre 1924, au 4e Bureau de l'état-major de l'armée du Rhin, à Mayence, ce qui n'est pas un poste très prestigieux. Il en profite, cependant, pour publier son premier livre, puis son article sur les thèmes qui l'ont opposé aux cadres de l'Ecole supérieure de Guerre, *Doctrine* a priori *ou Doctrine des circonstances.* Pétain, qui l'a lu et en admire apparemment le style, lui fait savoir, par son état-major, qu'il souhaite le faire venir auprès de lui pour la rédaction d'un ouvrage d'histoire militaire. C'est une affectation flatteuse, que Pétain, alors tout-puissant dans les armées françaises, et qui le restera au moins jusqu'au milieu des années 30, obtient sans difficulté.

Le voici donc revenu 14, square Desaix où sa fille Elisabeth naît le 15 mai 1924. Apparaissent alors de nouveaux signes de la sourde tentation littéraire qui l'a toujours habité : il écrit des poèmes dont certains seront publiés par son fils dans les *Lettres, notes et carnets*, édités après sa mort. L'un d'eux, il l'a sûrement écrit dans le moment d'émotion qui dut accompagner la naissance de sa fille :

Quand un jour, tôt ou tard, il faut qu'on disparaisse,
Quand on a plus ou moins vécu, souffert, aimé,
Il ne reste de soi que les enfants qu'on laisse,
et le champ de l'effort où l'on aura semé.

Un autre est inspiré, sans doute par son séjour à Mayence :

Le Rhin, triste témoin d'éternelles alarmes
Couvre d'un deuil sans fin la splendeur de ses bords
Roule un flot toujours prêt à recueillir des larmes
et tisse des brouillards pour voiles d'autres morts.

Alors que déjà il a publié *La Discorde chez l'ennemi*, et des articles très significatifs sur sa conception de la guerre, alors même qu'il est en train de travailler à l'ouvrage historique que Pétain lui a commandé, il trouve le temps d'autres exercices littéraires, une courte pièce de théâtre, *Télémaque*, à laquelle personne n'a trouvé grande qualité, et un dialogue historique, intitulé *Le Flambeau*, où se retrouvent un soldat de l'Ancien Régime appelé à servir dans les armées de la Révolution, un volontaire de l'an II, le capitaine Coignet, dont les souvenirs sont l'un des témoignages les plus connus sur l'histoire des armées de l'Empire, et le futur maréchal Canrobert. On y voit, à travers leurs propos, la filiation qui rattache les uns aux autres tous ces personnages qui symbolisent la continuité de l'histoire des armées françaises, mais en un style qui n'évoque plus que de loin celui d'Edmond Rostand. Rien, en tout cas, ne le détourne de ses goûts littéraires. En cette fin des années 20 il multiplie, dans ses carnets personnels les citations de ses auteurs préférés, Barrès et Psichari, qui ont inspiré sa jeunesse, Tacite et Bossuet, modèles de la littérature classique en latin et en français, Goethe, l'écrivain allemand qu'il connaît le mieux, La Bruyère et Vauvenargues, dont les maximes lui plaisent manifestement, et Verlaine, cité assez souvent pour que ses biographes l'aient plus tard remarqué, et dont il recopie ces vers :

Dis, qu'as-tu fait, toi que voilà
Pleurant sans cesse,
Qu'as-tu fait, dis, toi que voilà
De ta jeunesse !

De Gaulle pouvait-il songer qu'il avait gâché sa jeunesse ? Ou plutôt ressentait-il le sentiment que sa vie s'écoulait sans qu'il ait eu encore l'occasion des grandes actions dont il avait rêvé ? Il lui restait, en attendant, à poursuivre sa réflexion sur les problèmes stratégiques et militaires de son temps. Il publia le 1er mars 1925 dans la *Revue militaire française* un article intitulé : *Rôle historique des places fortes françaises*. A cette date, c'est un thème qu'impose l'actualité. Le gouvernement, au lendemain des traités de paix, a institué une commission destinée à l'étude des conditions de la défense du pays après le retour à la France de l'Alsace-Lorraine et à la lumière des leçons de la guerre. Elle est présidée par le maréchal Joffre. Appuyé par Foch, celui-ci préconise l'établissement de positions fortifiées qui formeraient des môles défensifs au cas où il faudrait faire face à une offensive analogue à celle de 1914, mais aussi de point d'appui servant à la manœuvre des armées sur le front du Nord-Est. Pétain s'oppose à cette conception et, toujours attaché à la recherche permanente d'une suprématie de la puissance de feu, il se prononce pour une ligne fortifiée continue. L'historien doit constater que le débat n'a pas attiré beaucoup l'attention des milieux politiques ni de la presse, sans parler des cercles intellectuels qui se détournaient alors, délibérément, de toute question militaire. Quant aux cadres de l'armée, ils ne veulent ou ne peuvent s'exprimer publiquement.

A distance, pourtant, on mesure mieux combien l'enjeu était capital. Dans la conception de Joffre et de Foch, les places fortifiées avaient leur rôle à jouer dans les futurs plans de guerre que les responsables de la défense nationale, au gouvernement comme au commandement, adopteraient à l'avenir : ils étaient naturellement influencés par la puissance des systèmes défensifs révélée par l'expérience vécue entre la stabilisation du front français, à la fin de 1914, et les grandes offensives de 1918, mais ils supposaient que d'autres composantes de la puissance militaire devraient entrer en jeu. Au fond, pour eux, les fortifications étaient l'un des éléments servant à mettre en œuvre une stratégie. Le choix de Pétain était tout autre. Une ligne fortifiée continue, par définition, devait interdire absolument toute pénétration ennemie. Elle se suffisait à elle-même et ne supposait aucun recours à la manœuvre des armées. C'était, en dernière instance, un système qui avait sa propre logique : il incarnait un choix stratégique, celui d'une défensive globale et permanente, axée tout entière sur la protection du territoire..

Or au moment où de Gaulle publie son article, le débat est en passe d'être tranché. Tant auprès des gouvernements que dans l'appareil militaire français, le poids de Pétain est prépondérant. On savait quel était son choix. On pouvait prévoir que ce serait celui des hommes politiques dont la plupart avaient pour lui une immense considération. En tout cas, Painlevé, président du Conseil durant quelques mois en 1917, puis à nouveau en 1925 et toujours intéressé par les questions de défense, est favorable à ce choix et le fait prévaloir quand il est ministre de la Guerre dans le gouvernement que Poincaré préside entre 1926 et 1928. Un programme de construction d'une ligne fortifiée continue est mis au point en janvier 1929 et adopté en décembre par le Parlement, sous forme d'une loi relative à la fortification des frontières, et c'est Maginot qui le mettra en œuvre, donnant son nom à la « ligne » construite durant les années suivantes.

Ce n'était pas le choix que de Gaulle avait suggéré dans son article du 1er mars 1925. Sa réflexion était radicalement différente de celle qui inspira les décisions prises. Délibérément, il n'accordait pas, dans ce texte, la première place aux problèmes techniques des fortifications mais s'appuyait sur l'histoire et la géographie.

> Au cours de la guerre récente, écrivait-il, la France, malgré une préparation militaire exceptionnelle et une union nationale sans exemple dans son Histoire, a vu violer ses frontières du Nord et de l'Est, fait les preuves de leurs faiblesses et entendu le canon de l'ennemi sous les murs de sa capitale huit jours après les premières batailles. Sa victoire ne suffit point à dissiper la sourde inquiétude que lui inspire l'avenir... Cette cruelle médiocrité des frontières [...] a, de tout temps, absorbé l'attention de ses gouvernements qui cherchèrent à [la] compenser, suivant les époques, les circonstances ou les doctrines, par des agrandissements, des alliances, des ententes internationales ou des fortifications. Après ses récentes épreuves, la France a renoncé à s'agrandir, elle a conclu des alliances, cherché à développer certaines institutions internationales. Mais doit-elle fortifier ses frontières ?

Comme celles du Nord-Est sont en permanence vulnérables, il est bon, selon de Gaulle, qu'elles soient militairement renforcées. Mais il ne saurait être question, montrait-il dans cet article, que la défense du pays se réduise à leurs fortifications : ce serait céder à la tentation d'une « doctrine *a priori* », qu'il venait justement de condamner dans un article précédent. Rien n'est plus dangereux, écrivait-il, que « d'inscrire en quelque sorte sur le terrain, sinon le plan de campagne, du moins l'esquisse générale de nos projets stratégiques ». Et dans une lettre à son ami Louis Nachin, en janvier 1926, il précise que le commandement doit faire « entrer les places [quelle que soit leur forme] dans ses projets, à titre de moyens, exactement comme il fait entrer les effectifs, le matériel, la puissance économique ». En définitive, de Gaulle, partant d'une vision classique de l'Histoire, constate que la protection des ressources humaines et industrielles du Nord-Est exige leur défense permanente et que les moyens modernes de la guerre pourront y contribuer, mais n'admet pas que la doctrine militaire française dépende de cette seule donnée.

Le fait est, pourtant, que cette analyse ne prévaut pas. Ni auprès du commandement sur lequel Pétain exerce une emprise presque absolue. Ni auprès des gouvernements, des milieux politiques et de la presse. La plupart des responsables français, certainement à l'image de l'opinion publique, restent marqués par l'expérience du front continu, vécue durant quatre années de guerre. Rien n'apparaît plus logique, alors, que d'ériger une ligne fortifiée, qu'on pourra renforcer à mesure pour rendre étanches les frontières nationales. Dès lors, il n'y aura plus d'invasions, plus de cette interminable boucherie des offensives et contre-offensives dévoreuses d'hommes et trop souvent inutiles. Puisque la France a recouvré l'Alsace-Lorraine et qu'elle ne veut conquérir ni subjuguer aucune terre étrangère, quoi de plus normal qu'elle s'en tienne là et se mette à l'abri de sa « ligne Maginot » ? Ainsi s'établit le dramatique divorce entre la politique militaire que la France adopte et sa politique étrangère qui vise à défendre l'ordre politique et territorial établi en Europe par les traités de paix. Moins de dix ans vont s'écouler avant que l'on en perçoive les terribles conséquences : de Gaulle, alors, reprendra la plume pour offrir une issue à cette mortelle contradiction, engageant son combat pour une autre doctrine militaire.

A la fin de cette même année 1925, il va, une fois de plus, faire apparaître la distance qui le sépare des préjugés en cours dans sa corporation et, plus largement peut-être, dans son milieu. Cette fois, il s'agit de la conduite de la guerre, à son plus haut niveau, et des responsabilités respectives du pouvoir politique et du commandement. En un temps où, du moins en France, une instabilité ministérielle chronique engendre beaucoup de méfiance envers les hommes politiques, souvent accusés d'être incapables de desseins à long terme, il est fréquent que, par contraste, le commandement soit crédité de plus d'autorité et de souci de l'intérêt général. Le risque existe donc d'une faiblesse du pouvoir politique face au commandement et d'une prépondérance de celui-ci dans les décisions majeures pour la conduite d'un conflit. C'est ce risque que de Gaulle analyse et dénonce dans son premier livre : *La Discorde chez l'ennemi.* L'exemple qu'il choisit est le plus impressionnant qu'on puisse trouver à l'époque : c'est la conduite de la guerre par les Empires centraux, de 1914 à 1918.

Ce livre, à la vérité, est toute autre chose qu'une œuvre historique : c'est d'abord une démonstration de ce que doit être la conduite de la guerre, c'est une réflexion sur les rapports entre le pouvoir politique et le commandement, entre l'Etat et son armée, c'est aussi l'exposé d'une certaine vision de la société et, par là, de toutes les œuvres écrites par de Gaulle, c'est l'une des plus significatives. S'appuyant sur les épisodes les plus marquants dans la conduite du conflit, en particulier la « déclaration de guerre renforcée », c'est-à-dire la guerre sous-marine à outrance, il montre essentiellement, comment l'autorité du Grand Etat-Major allemand auprès de l'empereur, la popularité des chefs militaires dans l'opinion publique, l'effacement traditionnel du chancelier et des ministres, firent oublier que la conduite de la guerre incombe au pouvoir politique, même s'il doit prendre l'avis du commandement, et qu'à celui-ci incombe la conduite des opérations. Décrivant l'inéluctable engrenage qui conduisit alors l'Allemagne à la crise finale de la guerre, de Gaulle conclut : « L'effondrement soudain d'un peuple fort et vaillant allait servir de témoignage à la vengeance des principes outragés. »

Conclusion significative et catégorique : au moment où il publie son livre, il sait bien que, dans les milieux militaires, on critique volontiers le pouvoir politique pour ses interventions dans le domaine propre à l'armée et qu'on y a toujours admiré l'état-major allemand alors qu'il dénonce, au contraire, le danger des pressions militaires sur l'Etat, venant d'hommes qui subordonnent tout aux nécessités opérationnelles. Ce n'est pas seulement un rigoureux plaidoyer pour une conception classique de l'Etat : de Gaulle suggère ici que l'armée doit inscrire son action et modeler sa doctrine selon la vision plus générale que le pouvoir politique doit concevoir et, implicitement, il appelle l'Etat, c'est-à-dire le pouvoir politique, à intervenir au besoin pour que le corps militaire se transforme suivant sa conception des intérêts de la nation.

Au-delà de cette démonstration sur les rapports entre pouvoir politique et commandement, entre la conduite de la guerre et celle des opérations, de Gaulle étend sa réflexion à la philosophie qui sous-tend, selon lui, le comportement du Grand Etat-Major allemand.

> Peut-être cette étude, ou plus exactement l'exposé même des faits qui en sont l'objet, feront-ils apparaître les défauts communs à ces hommes éminents : le goût caractéristique des entreprises démesurées, la passion d'étendre, coûte que coûte, leur puissance personnelle, le mépris des limites tracées par l'expérience humaine, le bon sens et la loi.

Il y voit « l'empreinte des théories de Nietzsche sur l'Elite et le Surhomme » qui conduisent leurs adeptes à l'indifférence « devant la souffrance humaine, sinon pour la saluer comme nécessaire et comme souhaitable ». A cette tentation de l'excès, de la démesure, de l'exacerbation de la puissance et de la violence, il oppose ce qu'il appelle « les règles de l'ordre classique ». Il y voit « ce sens de l'équilibre, des possibles, de la mesure qui, seule, rend durables et fécondes les œuvres de l'énergie ». Et, en conclusion du livre, il veut faire apparaître l'image de cet « ordre classique » en des lignes qui comptent parmi les plus célèbres de son œuvre écrite, contrastant avec ses ouvrages suivants mais les complétant et peut-être, à l'avance, les éclairant : « Dans le jardin à la française, aucun arbre ne cherche à étouffer les autres de son ombre, les parterres s'accommodent d'être géométriquement dessinés, le bassin n'ambitionne pas de cascade, les statues ne prétendent point s'imposer seules à l'admiration. Une noble mélancolie s'en dégage parfois. Peut-être vient-elle du sentiment que chaque élément, isolé, eût pu briller davantage. Mais c'eût été au dommage de l'ensemble, et le promeneur se félicite de la règle qui imprime au jardin sa magnifique harmonie. »

Tentation de céder à son goût secret et constant pour la littérature ? Certainement. Reflet des prédilections de sa jeunesse pour Bossuet, Vauvenargues et Vigny, et des émotions du brillant élève d'histoire apprenant les conquêtes dues au règne long et rigoureux de Louis XIV, qui fut aussi l'époque de Mansart, par contraste avec l'effondrement soudain de l'Empire napoléonien bâti en quelques années de chevauchées ? Echo lointain des leçons des historiens grecs et latins qu'il avait relus, suivant son propre témoignage, au fort d'Ingolstadt ? Sûrement aussi. Mais bien plus encore : c'est un jugement sur la société que de Gaulle porte ici, refusant ce qui est excessif, aventureux ou excentrique, révélant déjà son aversion pour les dictatures, les guerres civiles, les extrémismes, comme autant d'excès condamnés par un certain classicisme. Cette aversion subsistera. Le thème de la grandeur s'y ajoutera, mais il en est le complément et s'en trouve éclairé : il s'agira de grandeur classique.

Sa carrière se poursuivait. Le 25 septembre 1927, il est nommé commandant et, justement, il écrit à son ami Lucien Nachin, qui le félicite : « Il est doux d'avancer. Mais la question est ailleurs ; il s'agit de marquer. » Il va commander alors le 19e bataillon de chasseurs à pied, à Trèves, où il sera un chef exigeant, certainement pointilleux, généralement jugé sévère. Mais, une fois terminé son temps de commandement, il souhaitait enseigner à l'Ecole supérieure de Guerre ou retourner dans l'entourage de Pétain : il est affecté en Syrie. De Gaulle s'y résigne plus qu'il ne l'accepte avec enthousiasme. En tout cas, il ne l'a pas souhaitée. Depuis ses débuts, même depuis son adolescence, c'est à la défense de la France elle-même qu'il veut se consacrer, ce sont les guerres européennes, anciennes, présentes ou futures, qui le passionnent et, visiblement, c'est là que, pour lui, se situent tous les enjeux et nulle part ailleurs. Et de son affectation en Syrie, il ne ressort, dans l'immédiat qu'une très factuelle histoire des troupes du Levant sur les opérations menées de 1916 à 1930, écrite avec le commandant Yvon et publiée en août 1931. Mais, en réalité, c'est l'occasion d'une nouvelle expérience et, surtout, d'une approche, alors assez rare, du destin de cette partie du monde. Le commandant des troupes du Levant, le général du Granrut, l'a nommé à la tête des deuxième et troisième bureaux, c'est-à-dire du renseignement et des opérations. Résidant à Beyrouth, il circule à travers les deux mandats, Liban et Syrie, heurte sans trop de ménagement les autorités militaires locales quand il prend des initiatives et découvre les réalités politiques et sociales de la région sans avoir le temps de se forger sa propre opinion. De là, évidemment, les contradictions qu'on trouve dans cette lettre écrite en juin 1930 :

> Le Levant est un carrefour où tout passe : religions, armées, Empires, marchandises, sans que rien ne bouge. Voilà dix ans que nous y sommes. Mon impression est que nous n'y pénétrons guère et que les gens nous sont aussi étrangers (et réciproquement) qu'ils le furent jamais. Il est vrai que, pour agir, nous avons adopté le pire système dans ce pays, à savoir d'inciter les gens à se lever d'eux-mêmes, quitte à les encourager, alors qu'on n'a jamais rien réalisé ici, ni les canaux du Nil, ni l'aqueduc de Palmyre, ni une route romaine, ni une oliveraie, sans la contrainte. Pour moi, notre destin sera d'en arriver là ou bien de partir d'ici. Les sceptiques ajouteraient une troisième solution, à savoir que : durent les tâtonnements d'aujourd'hui puisqu'ici le temps ne compte pas et que les systèmes comme les ponts et comme les maisons trouvent facilement les moyens de rester des siècles en porte à faux. Il y a un homme, et je crois, un seul, qui comprenait bien la Syrie et « savait y faire » : c'était le colonel Catroux. C'est pourquoi il est parti.

Depuis que ce texte est connu, on en a souvent remarqué les contradictions. Suggérer que seul l'exercice de l'autorité peut entraîner de vrais changements dans cette société proche-orientale et saluer, en même temps, Catroux comme le seul qui ait compris les problèmes de la région est, en effet, paradoxal : Catroux, justement, était celui qui incarnait le mieux la politique visant à susciter, au sein de la population, la volonté d'émancipation et de progrès et de prendre peu à peu en charge son propre destin. Mais, autant que les contradictions, ce sont ici des réactions qui apparaissent, celles d'un observateur qui n'est pas un spécialiste mais est déjà sensible à ce qu'il voit et à ce qu'il entend dire. Il observe un pays qui semble presque immobile mais qui a reçu, dans le passé, tant d'apports décisifs et transformateurs et il voit une administration mandataire qui n'a pas de grands desseins et ne sait pas exactement ce qu'elle veut. Il entend dire aussi qu'un homme, apparemment seul, Catroux, a une conception originale et cohérente de ce qu'il faut faire, que ses idées ont un écho au Levant mais qu'il s'est heurté au conservatisme borné d'une administration qui n'a pas reçu du gouvernement français une impulsion politique claire et qui, par instinct, se méfie des nouveautés capables de mettre en question, à terme, le mandat lui-même. C'est ce conservatisme, au fond, qui fait réagir de Gaulle. L'attribuant indistinctement à l'apathie des populations et à l'inertie de l'administration, il exprime tout simplement son impatience devant une telle absence de progrès, de changements, de vues d'avenir. Telle est la réaction qui prévaut chez lui, significative de son caractère et de son tempérament. Mais une autre transparaît en même temps : si l'on ne fait rien, suggère-t-il, autant « partir d'ici ». A coup sûr, ce n'est pas une réaction banale : le culte de l'Empire était alors à son zénith et trouvera son apothéose deux ans plus tard, à Paris, avec les fastes de l'Exposition coloniale. Le moins qu'on puisse dire est que de Gaulle n'en est guère affecté : il envisage, sans trouble apparent, que, faute de faire au Levant ce qu'on devrait y faire, mieux vaudrait « partir ». Autant dire qu'il ne juge pas que la présence administrative et militaire de la France, à Damas et à Beyrouth, soit, pour elle, d'une importance vitale.

Mais son court séjour en Orient ne le laisse pas sur ces seules réactions. En une occasion épisodique et inattendue, au mois de juillet 1931, il va révéler tout à coup les conclusions qu'il en tire. C'était lors d'une distribution de prix à l'université Saint-Joseph de Beyrouth où les jésuites, qui en sont les maîtres, avaient invité le haut-commissaire français. Chargé de le représenter, les plus gradés s'étant récusés, de Gaulle prend la parole. A son biographe, Jean Lacouture, le poète Gabriel Bounoure, professeur à l'Ecole des Lettres, a écrit qu'« alors toutes les lourdeurs instantanément reculèrent. Nous entendîmes des idées neuves et rares s'inventant à chaque seconde. L'appareil du langage, manié par lui, s'élevait au-dessus des contingences et des facilités, ouvrant largement le domaine du vouloir libre, de l'énergie humaine capable d'infléchir la puissance énorme de l'Histoire [10] ». Pour provoquer un tel choc chez un auditeur comme celui-là, et sans aucun doute chez tous ceux avec lesquels il s'entretint, il fallait que de Gaulle ait singulièrement rompu avec les formules en usage. De fait, il avait choisi de s'adresser à la jeunesse libanaise en lui parlant de son avenir.

> Le dévouement au bien commun, dit-il, voilà ce qui est nécessaire, puisque le moment est venu de rebâtir. Et justement pour vous, jeunesse libanaise, ce grand devoir prend un sens immédiat et impérieux, car c'est une patrie que vous avez à faire. Sur ce sol merveilleux et pétri d'histoire, appuyés au rempart de vos montagnes, liés par la mer aux activités de l'Occident, aidés par la sagesse et par la force de la France, il vous appartient de construire un Etat. Non point seulement d'en partager les fonctions, d'en exercer les attributs, mais bien de lui donner cette vie propre, cette force intérieure, sans lesquelles il n'y a que des institutions vides. Il

vous faudra créer et nourrir un esprit public, c'est-à-dire la subordination volontaire de chacun à l'intérêt général, condition *sine qua non* de l'autorité des gouvernants, de la vraie justice dans les prétoires, de l'ordre dans les rues, de la conscience des fonctionnaires. Point d'Etat sans sacrifices : d'ailleurs, c'est bien de sacrifices qu'est sorti celui du Liban... Oui, la jeunesse libanaise qui demain sortira d'ici sera bien préparée à sa tâche nationale. Marchant sur les traces de ses aînés, (parmi lesquels nous saluerons avant tout le Président de la République libanaise), résolue à la discipline et au désintéressement, liée à la France par toutes les voies de l'esprit et du cœur, cette élite sera le ferment d'un peuple chargé, dorénavant, des lourds devoirs de la liberté.

Tout, ici, avait de quoi secouer l'auditoire auquel de Gaulle s'adressait. Il n'est pas jusqu'aux mots auxquels il recourait, « Patrie », « esprit public », « Etat », « tâche nationale », « liberté » et même ces liens avec la France définis comme devant être ceux « de l'esprit et du cœur », qui n'aient eu, chacun, sa charge explosive. Rien là, pourtant, qui n'apparaisse, à distance, comme simplement lucide et clairvoyant, généreux dans la forme et raisonnable dans le fond. Mais on ne saurait s'y tromper : ce n'est pas alors le langage que l'on tient dans les mandats français de Syrie et du Liban, ni dans aucune autre partie de l'Empire, ni d'ailleurs dans aucune colonie européenne où que ce soit dans le monde. Son séjour en Orient allait s'achever et de Gaulle en avait tiré les leçons. Pour lui, là-bas, il y avait des peuples qui, chacun, avait son histoire et aurait son propre avenir, des peuples évidemment distincts du peuple français et qui auraient donc un autre destin que lui, bref des nations dont la France devait reconnaître l'existence. Ce n'était pas, loin de là, les conceptions qui prévalaient alors dans l'armée, pas même dans l'administration.

Ce n'est pas, pourtant, ce qui détourne son chef, le général du Granrut, de le couvrir d'éloges au moment où il va repartir pour la France. « Depuis deux ans que je peux l'apprécier dans les fonctions de chef du troisième bureau de mon état-major, écrit-il dans sa dernière appréciation sur de Gaulle, je n'ai cessé d'éprouver pour l'ensemble des qualités intellectuelles et morales qu'il possède, une estime mêlée d'admiration... Ce sera un beau chef qu'il y a intérêt pour le bien de son arme et de toute l'armée à pousser rapidement aux hautes situations où il donnera sa pleine mesure et ne décevra pas. » Au terme de ce séjour pourtant une nouvelle déception attend de Gaulle : malgré ses démarches auprès de Pétain, il n'obtient pas la chaire qu'il espérait à l'Ecole supérieure de Guerre, dont, une fois de plus, il est écarté. Lui proposant une réforme de l'enseignement de la conduite de la guerre en suggérant qu'il soit donné à des cadres de l'administration civile aussi bien que de l'armée, il se voit répondre par Pétain que si « l'idée est intéressante... Il n'y a pas lieu d'en précipiter la réalisation ». Il est donc affecté au secrétariat général du Conseil supérieur de la Défense nationale, sans qu'il ait vu peut-être, dès l'origine, tous les avantages de son nouvel emploi, où il sera au cœur des débats et des travaux sur la politique de défense : c'est à partir de là qu'en pleine connaissance de cause il concevra, pour la France, un système de défense et un instrument militaire et qu'il entrera ainsi, pour la première fois, dans la vie publique.

Ici se situe la publication d'une œuvre qui, plus qu'aucune autre, révèle sa vision personnelle de l'homme, du chef, du pouvoir, du commandement, de l'action. Elle rassemble des textes qu'il a longuement revus et repris, partant des conférences qu'il a prononcées, les précisant et les corrigeant à mesure. Elle paraît en 1932 sous un titre qui suggère plutôt un ouvrage de littérature militaire : *Le Fil de l'épée.* Déjà le monde occidental ressent les premiers effets du grand ébranlement qui l'entraînera dans la guerre. La prospérité s'est effondrée. Le krach de Wall Street, le 24 octobre 1929, a préludé au dérèglement général du système capitaliste. En Allemagne, le national-socialisme a déjà remporté des succès énormes. La livre sterling a été dévaluée. La guerre sino-japonaise, en Mandchourie, ouvre l'ère des conflits armés. Dans ce tumulte, *Le Fil de l'épée* apparaît comme une méditation austère et solitaire, évocation des années d'attente, de tristesse et de désarroi, mais aussi préface aux actions futures que susciteront les tempêtes à venir, analyse du destin singulier de l'homme de guerre au sein d'une société qui s'est détournée de lui parce qu'elle ne voulait penser qu'à la paix et qui ne sait pas encore que la paix est perdue.

De Gaulle parle de son temps pour y situer son « personnage » : l'homme de guerre, penseur voué à l'action, l'homme d'action réduit à l'attente. C'est ici qu'il évoque d'abord la mélancolie de l'armée après les efforts inouïs du temps de guerre, saisie par le relâchement de tous ses ressorts en temps de paix. Mais il ne veut pas laisser ignorer que cette « mélancolie » s'explique aussi par la mise à l'écart des problèmes militaires sous l'effet d'un profond courant de l'esprit public.

> Tout, d'ailleurs, écrit-il, dans l'ambiance du temps, paraît se combiner pour troubler la conscience des professionnels. Après avoir subi les cruautés de la force, les masses réagissent avec passion. Une sorte de mystique s'est partout répandue qui, non seulement tend à maudire la guerre, mais incline à la croire périmée tant on voudrait qu'elle le fût. Ferveur qui ne va pas sans exorcisme...

Le choix des termes est révélateur. De Gaulle suggère nettement que l'esprit du temps s'acharne à découvrir les meilleures raisons de penser que la guerre est désormais périmée, mais qu'il n'y a là ni raisonnement rigoureux ni certitude. Il craint d'apparaître comme enfermé dans l'orgueil du métier des armes et, par là, indifférent à l'anxiété et à l'espoir des peuples.

> Le spectacle d'un malade qui tend le poing à la mort, écrit-il, ne peut laisser personne insensible.

Et, se rangeant du côté de ceux qui cherchent comment garantir la paix, il reconnaît :

> Comment établir cet ordre international auquel aspirent les peuples provisoirement assagis, sans le secours d'une vaste émotion collective ?

Mais c'est pour prédire aussitôt que les changements incessants qui font le cours de l'Histoire excluent toute stabilité prolongée des Etats et des puissances qui se partagent le monde :

> Tient-on pour définitif l'équilibre d'aujourd'hui, tant que les petits veulent grandir, les forts dominer, les vieux subsister ? Comment stabiliser les frontières et la puissance si l'évolution continue ?

Et comment répondre aux controverses qui, en cette année 1932, se tenaient à Genève sur l'organisation du désarmement, de Gaulle ajoute : « Suffira-t-il de dire le droit si l'on ne peut l'imposer ? » Et il cite le cardinal de Retz : « Les lois des armées tombent dans le mépris. »

De Gaulle, ici, dévoile, sans réserve, une vision pessimiste de l'homme qui porterait en lui-même le germe de tous les conflits :

> Où voit-on que les passions et les intérêts d'où sortent les conflits armés perdent leurs exigences, que quelqu'un renonce de bon gré à ce qu'il a et à ce qu'il désire, que les hommes, enfin, cessent d'être des hommes ?

Il en déduit une incantation à la force qui pourrait être une apologie si on ne savait qu'en même temps il cultivait un humanisme indissociable de sa culture et qu'il avait dénoncé la « démesure » des ambitions et des méthodes de l'impérialisme allemand. La force, en tout cas, consubstantielle à l'Histoire elle-même, qui serait inconcevable sans elle :

> Sans la force, en effet, pourrait-on concevoir la vie ? Qu'on empêche de naître, qu'on stérilise les esprits, qu'on glace les armes, qu'on endorme les besoins, alors, sans doute, rien ne fera qu'elle ne demeure indispensable. Recours de la pensée, instrument de l'action, condition du mouvement, il faut cette accoucheuse pour tirer au jour tout le progrès. Pavois des maîtres, rempart des trônes, bélier des révolutions, on lui doit tour à tour l'ordre et la liberté. Berceau des cités, sceptre des Empires, fossoyeur de décadences, la force fait la loi aux peuples et leur règle leur destin.

Le premier tiers du siècle venait de s'achever quand de Gaulle publia ces lignes. La date en est d'un symbolisme presque saisissant. L'Europe va sortir d'un rêve qu'elle cultive encore amoureusement : celui d'un long avenir de paix, succession naturelle aux horreurs sans limites de la Première Guerre mondiale. C'est alors, justement, que de Gaulle se fait provocateur et Cassandre. Provocateur, il conteste radicalement, fût-ce avec excès, tout espoir d'un règlement pacifique des conflits qui s'annoncent. Cassandre, il annonce que ceux-ci s'approchent et qu'il faut les regarder déjà sans baisser les yeux. N'importe : de Gaulle a pris le parti de heurter. Et, du même coup, il réclame, pour ceux qui veulent regarder en face l'avenir probable du monde, le droit et le devoir d'analyser les conditions du recours à la force. Ce temps n'est pas encore celui de se battre : du moins est-ce le temps de réfléchir et d'écrire.

> Il est temps, écrit-il, que l'élite militaire reprenne conscience de son rôle prééminent, qu'elle se concentre sur son objet qui est tout simplement la guerre, qu'elle relève la tête et regarde vers les sommets. Pour rendre le fil à l'épée, il est temps qu'elle restaure la philosophie propre à son état.

Dans l'histoire des idées et des sensibilités, ce livre a sa place en ce qu'il renferme une philosophie de l'homme, de l'action, de la société, qui trouve ses sources aux premières années du siècle et annonce son tournant vers les grands cataclysmes des années suivantes. Décrivant, dans un premier chapitre, « l'action de guerre », il se réfère explicitement au philosophe qu'il avait préféré dans sa jeunesse, le seul homme peut-être dont il ne soit pas exagéré de dire que, dans l'ordre intellectuel, il en a réellement reçu l'influence :

> Bergson, écrit-il, a montré comment, pour prendre avec les réalités un contact direct, il faut que l'esprit humain en acquière l'intuition en combinant l'instinct avec l'Intelligence. L'instinct est, en effet, dans notre moi, la faculté qui nous lie le plus près à la nature. Grâce à lui, nous plongeons au plus profond de l'ordre des choses, nous participons à ce qu'il peut s'y trouver d'obscure harmonie... Il se passe, pour le chef de guerre, en matière de conception, un phénomène analogue à celui dont l'artiste est le sujet. Celui-ci ne laisse pas d'user de l'Intelligence. Il en tire des leçons, des procédés, un savoir. Mais la création même ne lui est possible que par l'effort d'une faculté instinctive, l'inspiration qui, seule, donne le contact direct avec la nature d'où l'étincelle va jaillir. On peut dire de l'art militaire ce que Bacon disait des autres : c'est l'homme ajouté à la nature.

Ce thème, il le développe avec passion mais, sans doute aussi, avec une dilection particulière puisqu'il reprend ici la querelle qui l'a opposé à ses professeurs de l'Ecole de Guerre : c'est celui de l'imprévisible variété des circonstances, de la liberté presque sans égale qui est le caractère de l'action de guerre.

> A la guerre comme à la vie, écrit-il, ce qui eut lieu n'aura plus lieu, jamais, et l'action, quelle qu'elle soit, aurait fort bien pu ne pas être ou être autrement.

Et il poursuit, à sa manière, le procès qu'il fait depuis longtemps au comportement passif et souvent borné du corps militaire :

> Il est vrai que, parfois, les militaires s'exagérant l'impuissance relative de l'intelligence négligent de s'en servir.

Admirable litote, la plus belle peut-être de la littérature française. Provocation sans aucun doute. Mais sous le signe d'une philosophie dont il est alors tout imprégné. Dans sa lecture de Bergson, il s'inscrit dans une lignée qui exalta la part de la subjectivité — l'intuition, l'instinct, écrit de Gaulle —, le jeu de la liberté, et qui contesta la prééminence du savoir positif et l'assurance d'un déterminisme historique et scientifique. C'est l'un des courants de pensée les plus puissants du siècle qu'il exprime à sa manière, citant le *Faust* de Goethe, au début de son premier chapitre : « Au commencement était le Verbe ? Non ! Au commencement était l'action. » Et il n'est pas surprenant qu'entrevoyant les tempêtes du siècle il ait fait le portrait de « l'homme des tempêtes » aux prises avec la fureur des événements :

> D'ailleurs, les personnalités puissantes, organisées pour la lutte, l'épreuve, les grands événements, ne présentent pas toujours ces avantages faciles, cette séduction de surface, qui plaisent dans le cours de la vie ordinaire. Les caractères accusés sont, d'habitude, âpres, incommodes, voire farouches. Si la masse convient, tout bas, de leur supériorité et leur rend une obscure justice, il est rare qu'on les aime et, par suite, qu'on les favorise. Le choix qui administre les carrières se porte plus volontiers sur ce qui plaît que sur ce qui mérite.

On n'a pas manqué, bien sûr, de voir, dans ces lignes, l'autoportrait que de Gaulle aurait fait de lui-même alors que l'obscurité de son grade le maintenait encore dans l'ombre et qu'il vivait en espérant le jour où les circonstances lui permettraient d'apparaître tel qu'il se voyait déjà. A ce compte, ce texte en serait presque une caricature. Mais on ne le comprendrait pas si l'on ne faisait référence à la date où il fut écrit, 1927, et à celle où il fut publié, 1932. La France de 1927 vient d'être sauvée d'un désastre monétaire par Poincaré qui la rassure sur la solidité nouvelle du franc, et a confiance en la sincérité de Briand qui vient, sans concessions excessives mais non sans habileté, d'amorcer, par le traité de Locarno, la réconciliation de la France et de l'Allemagne et, par là, de garantir, semblait-il, la paix en Europe. Mais celle-ci, en 1932, ressent déjà les chocs qui vont l'ébranler : de la crise dramatique de l'économie capitaliste aux premières victoires des nazis en Allemagne, les étapes qui mènent à la guerre probable sont en train d'être franchies, une à une. Elles ont donc une saveur particulière, ces lignes qui achèvent le premier chapitre du *Fil de l'épée* :

> Notre temps est peu propice à la formation et à la sélection des chefs militaires. L'excès des épreuves récemment endurées a pour conséquence une détente des volontés, une dépression des caractères, une lassitude morale qui détourne l'opinion de l'ordre guerrier et ne laisse pas de troubler jusqu'aux vocations les plus résolues. Qui donc, dans les rangs de l'armée, ne se dit souvent, comme autrefois cette femme illustre : pourquoi suis-je ici ? Je ne sais pas ! Déjà toute l'espérance du siècle est dévorée !

Mais, justement, de Gaulle ne croyait pas, quand il écrivit la première version de ce livre, en un prolongement indéfini des temps paisibles que l'on vivait alors : cinq ans plus tard, il est convaincu que les tragédies sont de retour.

Dans les deuxième et troisième chapitres de ce livre, *Du Caractère* et *Du Prestige*, de Gaulle semble poursuivre l'autoportrait dont témoignait déjà la préface, pourtant écrite plus tardivement. Les passages les plus significatifs en sont devenus des références classiques pour l'historiographie qui lui a été consacrée.

> Face à l'événement, c'est à soi-même que recourt l'homme de caractère. Son mouvement est d'imposer à l'action sa marque, de la prendre à son compte, d'en faire son affaire. Et loin de s'abriter sous la hiérarchie, de se cacher dans les textes, de se couvrir des comptes rendus, le voilà qui se dresse, se campe et fait front.

Comment ne pas y voir une étrange anticipation du 18 juin 1940 ?

> Le prestige ne peut aller sans mystère, car on révère peu ce que l'on connaît trop bien... Une pareille réserve de l'âme ne va point, d'ordinaire, sans celle des gestes et des mots... Réserve, caractère, grandeur, ces conditions du prestige imposent à ceux qui veulent les remplir un effort qui rebute le plus grand nombre. Cette contrainte incessante, ce risque constamment couru, éprouvent la personnalité jusqu'aux fibres les plus secrètes... On touche là le motif de retraites mal expliquées : des hommes à qui tout réussit et que l'on acclame rejettent souvent le fardeau... A se tenir en dehors des autres, le chef se prive de ce que l'abandon, la familiarité, l'amitié même ont de douceur. Il se voue à ce sentiment de solitude qui est, suivant Faguet, « la misère des hommes supérieurs »... De là ce je ne sais quoi de mélancolique dont on trouve imprégné tout ce qui est auguste : les gens aussi bien que les choses.

Cette exaltation de la personnalité, étrange dans la paisible France de la fin des années 20, celle de Poincaré et de Briand associés, trouve sa source profonde dans la pensée du début du siècle. Naguère, le *Zarathoustra* de Nietzsche, avait appelé les individus à s'élever au-dessus des notions égalitaires héritées, selon le philosophe, du christianisme et de la démocratie. Il dénonçait cette « fatigue de vivre » incompatible avec les entreprises d'une personnalité puissante. Ainsi, le moi exalté s'assigne à lui-même la tâche de se surpasser toujours. Miguel de Unamuno et Machado de Assis, au premier quart du XXe siècle, avaient évoqué le sentiment tragique de l'existence propre à ceux qui n'attendent que d'eux-mêmes la conduite de leur vie et l'approfondissement de la condition humaine. André Gide, dans *L'Immoraliste,* et Bernard Shaw dans son *Unsocial Socialism,* affirmaient, parmi les contraintes du monde moderne et de l'organisation sociale, l'individualité radicale des hommes que les philosophies de l'existence exaltèrent à leur tour. De Gaulle, en louant la grandeur de « l'homme de caractère » et en élevant le prestige au plus haut rang de la dignité humaine, s'inscrit dans une certaine ligne de pensée. Mais, il veut situer sa réflexion dans les temps nouveaux, en ce siècle où il voit, par-dessus tout, les grands élans collectifs, les disciplines nationales et sociales, la puissance des partis et des groupements, cette « ère des masses », suivant le titre donné par Ortega y Gasset à l'ouvrage qui le rendit célèbre et qui parut au même moment. C'est dans ce contexte-là que les individualités devront apparaître et agir : leur mystérieux rapport avec les mouvements profonds de la société sera la clef de leur destin et la marque propre au XXe siècle.

Il est significatif qu'une fois de plus, de Gaulle ait voulu, dans ce livre, plaider pour le rôle des armes dans l'Histoire. Comme si, s'adressant à ses contemporains et compatriotes qui rêvaient de paix, de raison et de progrès, il voulait justifier ceux qui, sachant que les armes ne tarderaient pas à entrer en jeu, n'hésiteraient pas à s'en servir après s'y être préparés.

> Les armes furent, de tout temps, les instruments de la barbarie... Cependant les lumières qui en ont jailli éclairèrent bien souvent le domaine de l'intelligence... Les armes remuent au fond des cœurs la fange des pires instincts. Elles proclament le meurtre, nourrissent la haine, déchaînent la cupidité. Pourtant, si Lucifer en a fait cet usage, on les a vues aux mains de l'archange... Noblesse des pauvres, pardon des coupables, elles ont, du plus médiocre, tiré l'abnégation, donné l'honneur au gredin, la dignité à l'esclave... Les armes ont torturé mais aussi façonné le monde. Elles ont accompli le meilleur et le pire, enfanté l'infâme aussi bien que le plus grand, tour à tour rampé dans l'horreur ou rayonné dans la gloire. Honteuse et magnifique, leur histoire est celle des hommes. Elles sont générales, multiples, éternelles, comme la pensée et comme l'action.

Il y a, dans ce plaidoyer passionné, une réflexion sur l'Histoire, une provocation intellectuelle à l'égard de l'esprit du temps, mais aussi un voile levé sur les interrogations, doutes refoulés et espoirs secrets, que de Gaulle éprouvait alors. Car il faut noter qu'à la même date, ou peu s'en faut, il écrivait à son ami Louis Nachin sa conviction que l'Europe de Versailles était en train de se désagréger et que l'Allemagne allait de nouveau menacer l'Europe, mais qu'en attendant il ressentait tout le poids de l'inaction, de l'immobilité, de l'isolement où les circonstances le maintenaient au sein du corps militaire. Ce fut l'occasion, du reste, d'une étrange et longue erreur commise à propos d'une de ses lettres de 1928 et dont Lucien Nachin publia la teneur :

> Ah ! toute l'amertume qu'il y a de nos jours à porter le harnais ! Il le faut pourtant. Dans quelques années, on s'accrochera à mes basques pour sauver la patrie,

version reprise à sa suite par les historiens.

Jean Lacouture put s'en procurer l'original et, la lisant plus attentivement, y découvrir que de Gaulle avait écrit : « On s'accrochera à *nos* basques [11]. » C'est de l'armée qu'il parlait et dont le rôle serait à nouveau privilégié par les circonstances d'une inexorable marche à la guerre. Mais nul doute qu'il ait pensé à celui qu'il jouerait alors quand ces circonstances surviendraient.

En 1932, de Gaulle ajouta aux textes partiellement remaniés de ses conférences antérieures, un nouveau chapitre : « Le politique et le soldat ». Il y reprend ici le thème central de *La Discorde chez l'ennemi*, celui des rapports logiques entre le pouvoir politique et le commandement. Il y met, à coup sûr, le souci de rappeler aux intellectuels qu'il connaît et qu'il estime qu'il est injuste et absurde de dédaigner l'esprit militaire, comme sont souvent injustifiés les gémissements habituels des militaires sur l'inconstance ou la faiblesse des politiques. Fidèle à la conception classique qu'il a toujours défendue, il écrit :

> Tantôt l'homme d'Etat envahit le domaine du commandement et, d'autorité, dicte la stratégie. Tantôt le guerrier, abusant de sa force, dégrade les pouvoirs publics. Mais le triomphe d'un des partenaires, c'est la paralysie pour l'autre. Voilà rompu l'équilibre, bafoué l'ordre, écrasés les ressorts. L'action, désormais, tourne à l'incohérence. Le désastre accourt.

C'était sans nul doute à dessein qu'il donna ce dernier chapitre au *Fil de l'épée* : ce qu'il y avait de romantique, de provocateur et d'exaltation des personnalités dominantes dans ses premiers chapitres, trouvait ainsi une conclusion rigoureusement classique. En ce début des années 30 où la mode intellectuelle était aux idéologies extrêmes, il ne voulait certainement pas apparaître comme le tenant d'une philosophie qui subordonnerait tout au « chef », à « l'homme de caractère » et à son « prestige ».

Mais la grandeur est une. Comment imaginer qu'elle puisse échoir à l'armée au moment où elle manquerait à l'Etat ? Dans sa conception de l'Histoire où les affrontements sont le ressort du monde, de Gaulle ne peut imaginer un Etat qui n'aurait pas pour premier devoir de relever le défi de la violence. « Le politique et le soldat » auront le même destin et, pour eux, les enjeux sont les mêmes. Près d'un tiers de siècle plus tard, après la publication de mon premier livre, *La République et son*

Armée, de Gaulle m'écrira : « Pour un Etat comme pour son armée, l'important c'est de perdre ou de gagner. »

De Gaulle entre donc au secrétariat général de la Défense nationale en ce printemps de 1932 où vient de paraître *Le Fil de l'épée*. Pétain, comme on l'a vu, n'était pas intervenu pour qu'il soit, comme il le souhaitait, professeur à l'Ecole supérieure de Guerre et n'avait pas l'intention de le reprendre à son cabinet. Entre les deux hommes, il n'y aura plus ni rapprochement, ni rencontres significatives mais seulement une sorte de brouille littéraire. Ainsi s'achevait un parcours au long duquel, à certains signes, on aurait pu croire que de Gaulle se posait en disciple de Pétain et Pétain en protecteur bienveillant envers un de Gaulle dont il aurait été le « patron » : certains auteurs y ont vu l'extraordinaire destin d'un « couple » déchiré par la tragédie de 1940. Mais la réalité était tout autre.

De Gaulle, il est vrai, avait servi dans le régiment de Pétain comme soldat, puis comme sous-lieutenant. C'est Pétain qui avait signé la citation que lui valut sa conduite à Verdun. Devenu maréchal, il avait naturellement gardé le souvenir — car on s'accorde à dire qu'il avait une prodigieuse mémoire — de ce jeune officier revenu de Pologne avec des notes brillantes, réputé déjà pour ses dons intellectuels et qui, surtout, n'appartenait pas aux clans de ses rivaux. Pétain pensait donc qu'il ferait partie du sien. On a vu que, soucieux de se l'attacher, il était intervenu pour rehausser ses notes à l'Ecole supérieure de Guerre. Il l'avait pris à son cabinet, même si ce fut dans des fonctions relativement modestes. Toujours attentif à mettre en valeur les siens et, par là, à renforcer son autorité personnelle à tous les échelons de la hiérarchie et dans tous les secteurs de l'appareil militaire, il avait été jusqu'à prier le général Hering, directeur de l'Ecole de Guerre, d'organiser trois conférences que de Gaulle prononcerait devant les professeurs et les élèves et d'y être présent lui-même : ce sont les textes de ces conférences, partiellement remaniés, qui seront le corps du *Fil de l'Epée*. C'était au printemps de 1927. A la fin de l'année, de Gaulle rejoint à Trèves le bataillon de chasseurs qu'il va commander. Pétain l'orientera ensuite vers une affectation au Levant et ne songera plus à le reprendre auprès de lui. Les deux hommes s'éloignent l'un de l'autre. Entre eux, du reste, la petite querelle sur le livre que l'un devait écrire pour le compte de l'autre et dont la paternité est l'enjeu, a commencé...

On ne saurait se tromper sur ce que Pétain fut pour de Gaulle de son entrée à l'Ecole de Guerre jusqu'en 1927 : un protecteur inespéré pour lui qui n'avait aucune relation utile et craignait que sa captivité fût un handicap pour sa carrière. Et, de surcroît, un « patron » à l'influence incomparable au sein de l'armée. Il en est le chef d'état-major, c'est-à-dire, tout simplement, le véritable chef. Son prestige n'était comparable qu'à celui de Joffre et de Foch, bien plus grand que celui des autres maréchaux de la Grande Guerre. Mais sa réputation en faisait, dans les milieux politiques et auprès des gouvernements, un conseiller bien plus écouté qu'aucun autre. Joffre vainqueur à la Marne de la seule bataille d'une véritable portée stratégique, la seule qui fut indiscutablement une victoire du commandement français sur le commandement allemand, était discrètement critiqué par ceux qui suggéraient que Gallieni, gouverneur militaire de Paris en 1914, était le véritable auteur de la manœuvre qui permit cette victoire, et il était souvent associé, au moins dans une fraction de l'opinion publique, aux hécatombes humaines des premières années de la guerre. Foch, comme chef de guerre, n'était contesté par personne mais sa querelle avec Clemenceau sur le sort de la rive gauche du Rhin — bien que l'écart entre eux fût moindre, en réalité, qu'on ne le disait — lui avait donné la réputation d'un militaire exagérément critique du pouvoir politique. Pétain, par contraste, semblait un personnage plus familier, plus proche de la vie militaire que la plupart des Français, d'une manière ou d'une autre, avaient connue. Il avait servi dans l'infanterie, l'arme de la masse immense des paysans français. Officier de l'armée métropolitaine, il avait été dans plusieurs garnisons où d'innombrables conscrits s'étaient trouvés. Sa carrière, guère plus lente, en réalité, que celle de très nombreux officiers de sa génération, avait été régulière et classique. Il est vrai qu'en insistant, avec raison, sur la redoutable efficacité du feu des armes automatiques et de l'artillerie moderne, il avait critiqué les tenants trop optimistes des offensives à tout prix : ainsi avait-il acquis la réputation d'une indépendance d'esprit qui avait probablement nui à son avancement alors qu'il approchait de l'âge de la retraite, mais, dans les cercles dirigeants de l'armée, il était moins impopulaire qu'on ne l'a dit souvent et, dès qu'il eut prouvé, sur le terrain, son incontestable sens tactique, il fut promu par Joffre sans hésitation général de brigade, puis général de division, puis général de corps d'armée, à une cadence remarquable avant que l'échec des offensives de Nivelle, en 1917, lui donne l'occasion d'être nommé à la tête des armées françaises du front Nord-Est. On sait qu'alors il fit prévaloir l'expectative, en réaction contre les initiatives sans succès qui avaient provoqué jusque-là des pertes insupportables et démoralisantes, et qu'en prenant quelques mesures simples, mais d'efficacité immédiate et pratique, pour améliorer les conditions de vie de la troupe, il contribua à surmonter la crise morale qui fut à l'origine des mutineries de 1917. D'autres que lui auraient, sans nul doute, pris les mêmes décisions, tant il était évident qu'il fallait avant tout rétablir la confiance et la cohésion dans les rangs de l'armée et qu'on devait attendre l'arrivée des renforts américains pour renverser le rapport des forces sur le front français. Pétain en conserva, néanmoins, la réputation d'être, de tous les chefs de la Grande Guerre, le plus humain, le plus raisonnable, le plus proche de ses soldats. A quoi il faut bien ajouter qu'au sein de milieux politiques marqués encore par les âpres luttes autour de la laïcité de l'Etat et toujours méfiants envers les influences cléricales et monarchistes dans l'armée, il était plus apprécié que tout autre. On ne mettait pas en cause la loyauté de Foch mais son franc-parler irritait et c'était, de notoriété publique, un catholique pratiquant. Le général de Castelnau — dont les mérites auraient pu lui valoir d'être maréchal — était devenu un député conservateur, très représentatif de la droite cléricale. Pétain, au contraire, n'était ni père de famille ni marié religieusement et, vivant dans un concubinage notoire, puis marié civilement, s'accordait pourtant quelques fantaisies. En tout cas, de la droite à la gauche, il était unanimement considéré. Chef d'état-major de l'armée, il avait été choisi pour assumer les plus hautes fonctions militaires, sans concurrence, tandis que les autres maréchaux étaient affectés à des tâches marginales. Bref, son autorité était sans égale.

De Gaulle ne pouvait donc imaginer protecteur plus efficace et plus influent. Est-ce à dire, pourtant, qu'il en ait été un admirateur sans nuances ? Certainement pas. On a vu qu'à chaque étape de sa réflexion sur la guerre et sur la conduite des opérations, il avait privilégié le mouvement, l'initiative, l'utilisation des circonstances : le tempérament aussi bien que le raisonnement l'éloignaient des tactiques prudentes, méthodiques et limitées que Pétain incarnait, au point même qu'on en faisait parfois une caricature abusive. Sans doute n'y avait-il, à cet égard, aucune contradiction insurmontable dans les premiers temps de leurs rencontres, alors que Pétain, qui devait encore tenir compte des avis de Joffre et de Foch, signait, comme chef d'état-major de l'armée, les « instructions » de 1921 prescrivant que les grandes unités seraient organisées et entraînées pour « le cas des fronts continus mais aussi [pour] la manœuvre dans les espaces libres ». Mais les différences devaient s'approfondir jusqu'aux nouvelles « instructions » de 1927, inspirées par la doctrine qui, conduisit à ériger les fortifications continues de la ligne Maginot. Les divergences de doctrine qui deviendront bientôt fondamentales entre Pétain et de Gaulle n'étaient pas encore, sans doute, aussi apparentes qu'elles le seront, mais elles existent déjà : de Gaulle, en tout cas, ne peut y être insensible.

Pouvait-il, du reste, ignorer ce qu'il y avait eu de contestable, en plusieurs occasions, dans les choix de Pétain durant la guerre ou du moins ce qu'il y avait d'excessif dans les louanges unanimes qu'on lui adressait ? Il n'avait pas manqué de lire les *Mémoires* de Joffre qui rappelait que, aussitôt après le déclenchement de l'offensive allemande sur Verdun, c'est son adjoint Castelnau qui vint sur place donner les directives qui sauvèrent la ville et que, dans la phase offensive de la bataille qui assura la victoire, le mérite en revint, écrivait-il, « à Nivelle, heureusement secondé par Mangin ». Il ne pouvait pas ignorer davantage qu'au moment le plus critique des offensives allemandes de 1918, Pétain avait proposé que le recul des armées françaises s'oriente vers le sud tandis que celui des armées britanniques se ferait vers l'ouest, ce qui aurait exposé les forces alliées a une rupture dangereuse de leur front et ouvert à l'ennemi une brèche qu'il n'aurait pas manqué d'exploiter. On savait que Foch s'y était farouchement opposé, que Poincaré avait vivement réagi à des propositions qu'il jugeait désastreuses, que Clemenceau y voyait le risque d'une défaite irrémédiable, que le commandement britannique s'en était indigné et qu'au moment d'obtenir du gouvernement anglais la désignation d'un commandant en chef unique des armées alliées, Clemenceau écarta Pétain sans hésitation pour proposer Foch. Peut-être même de Gaulle a-t-il su que, dans la dernière phase de la guerre, Pétain avait proposé de déclencher une offensive en Alsace qui, avec les moyens qu'on employait alors, aurait infligé de terribles destructions à la province qu'il s'agissait de libérer et que tous les alliés de la France s'étaient engagés déjà à lui restituer. En tout cas, il ne pouvait ignorer les controverses suscitées par le rôle de Pétain en plusieurs épisodes de la guerre.

A la vérité, de Gaulle n'est porté, nulle part, à une admiration éperdue de qui que ce soit. Dans ses carnets, il note à propos d'un livre de Georges Lecomte sur Clemenceau qu'il s'agit d'un « panégyrique du moment » et que « l'Histoire dira plus juste et plus net », ce qui ne l'empêche pas d'écrire que Clemenceau, dans la dernière phase de la guerre, « fut la France ». Pas davantage n'avait-il d'admiration systématique sur le « patron » qui l'avait protégé au début des années 20. Quand Pétain lui demanda, au début de 1930, de lui écrire un projet de discours de réception à l'Académie française, où il devait prononcer l'éloge de Foch, de Gaulle n'hésite pas à y faire un vigoureux éloge de l'esprit offensif, du sens de la manœuvre, de l'imagination, bref des capacités de stratège de celui auquel Pétain succède dans son fauteuil d'académicien mais dont il était exactement l'opposé par ses doctrines et son caractère : le texte rédigé par de Gaulle, ne fut naturellement pas retenu par Pétain [12].

Il avait d'autres raisons de regarder celui-ci avec distance et réserve. C'est qu'il avait sévèrement jugé le rôle de Pétain quand le gouvernement le nomma commandant en chef au Maroc en remplacement de Lyautey. Plusieurs témoins confirment même qu'il a employé plusieurs fois cette formule lapidaire : « Le maréchal Pétain était un grand homme : il est mort en 1925 [13]. » Alors que la révolte d'Abd el-Krim, partie du Rif, se répandait sur le Maroc, Painlevé, ministre de la Guerre d'un gouvernement du Cartel des gauches, jugea Lyautey, qui était alors Résident général, vieilli et débordé et lui refusa les renforts, pourtant limités, qu'il demandait. Il envoya Pétain y prendre le commandement des forces françaises. Lyautey y vit un « coup de poignard dans le dos » en même temps qu'une condamnation de ses propres méthodes qui associaient action politique et action militaire et visaient à réduire la révolte en dosant la force et la négociation. Pétain, à la tête de cent bataillons, pour une large part envoyés de France à sa demande, préféra l'écraser « à coups de marteau », comme il le disait lui-même. En cette occasion, le gouvernement avait sûrement cédé à la tentation d'écarter un maréchal de France qui se piquait volontiers, par provocation, de sentiments royalistes, et qui menait une politique originale respectant la personnalité du Maroc, le prestige de son souverain et sa vocation à constituer un Etat : il avait préféré un autre maréchal, plus conforme à une certaine imagerie de l'armée française depuis la Grande Guerre et qui utilisa, contre la révolte des maigres montagnards du Rif, des conceptions et des méthodes directement transposées de celles qu'on enseignait en métropole... De Gaulle y vit, de la part de Pétain, un comportement assez bas, peut-être même une manœuvre pour écarter l'un de ses pairs et acquérir à bon compte un surcroît d'honneurs et de réputation qui conforterait encore son omnipotence à la tête de l'armée.

Nul doute que Pétain, de son côté, ait eu une certaine sympathie envers de Gaulle. Il avait apprécié, on le sait, ses grands talents de conférencier et avait noté ses états de service. Il n'avait pas détesté l'indépendance d'esprit dont il avait fait preuve à l'Ecole de Guerre, y voyant sans doute l'écho des désaccords qui l'avaient opposé autrefois à ses supérieurs. Il l'estima donc pour son caractère, mais avant tout pour son style. Il n'attribuait probablement aucune importance particulière aux idées que de Gaulle défendait sur le mouvement, la manœuvre, l'imagination, dans la conduite des opérations : maréchal de France, réputé vainqueur de Verdun et comptant parmi les chefs les plus glorieux de la Grande Guerre, il n'accordait sûrement qu'une attention distraite aux vues d'un simple capitaine. Mais c'est bien le style de celui-ci, dans ses discours et ses articles, qui l'intéressait, sa manière de s'exprimer et d'écrire. Et c'est à ce titre qu'il le recruta.

La chance qu'eut ainsi de Gaulle d'avoir Pétain comme « patron » et protecteur le conduisit justement à une querelle, de portée réduite mais certainement très irritante, qu'aucun des deux hommes n'eût imaginée à l'origine [14]. C'est que Pétain veut être l'auteur d'un livre d'histoire militaire qui, outre ses titres de guerre, lui vaudrait de succéder à Foch à l'Académie française quand la mort aura libéré son fauteuil. De tous ses collaborateurs, aucun ne lui paraît de taille à mener à bien un tel projet : de Gaulle, au contraire, a le style qu'il faut. Il s'agira d'un portrait du soldat français à travers les âges et surtout, naturellement, du soldat de 1914, de Verdun, des tourmentes de 1917 et des batailles de 1918. Il s'adresse donc à de Gaulle qui lui envoie un premier projet, en mars 1925, et il en est satisfait au point d'ordonner sa mutation auprès de lui mais en lui recommandant le secret. Bref, il s'agit, pour de Gaulle, d'écrire un livre que signera Pétain. Ce n'est pas une pratique exceptionnelle, dans l'armée pas plus qu'ailleurs. De Gaulle, en tout cas, occupe au 4 *bis* du boulevard des Invalides un bureau personnel au deuxième étage où il poursuit la rédaction de ce livre qui doit s'intituler : *Le Soldat*. Au long des deux années suivantes, compliments et incidents se succèdent, les premiers plus nombreux que les seconds. Mais, en novembre 1927, de Gaulle, nommé commandant, part pour Mayence. L'éloignement entre les deux hommes distend leurs relations. Pétain réclame que le manuscrit soit bientôt achevé et veut en faire la conclusion. De Gaulle, de son côté, s'agace des retards que Pétain met à publier son livre. Quoi qu'il en soit, en janvier 1928, un collaborateur du maréchal, le colonel Audet, avertit de Gaulle qu'il vient d'être chargé de mettre au point la deuxième partie du manuscrit et, avec beaucoup de corrections, veut l'en prévenir. La réaction est vive et témoigne déjà de profondes dissonances :

> Un livre, c'est un homme. Cet homme, jusqu'à présent, c'était moi. Si le maréchal tient à ce que vous fassiez un autre livre, je n'ai aucune objection à présenter. Je reprendrai purement et simplement mon livre. Mais s'il s'agit de triturer mes idées, ma philosophie et mon style, je m'y oppose et vais le dire au maréchal. Le maréchal n'a jamais voulu reconnaître la différence qu'il y a entre un livre et une rédaction d'état-major. C'est pourquoi j'ai souvent pensé que cette affaire finirait mal.

Une autre lettre suit, destinée à Pétain. De Gaulle y insiste sur le caractère très personnel du travail accompli qui, écrit-il, « sort tout à fait des travaux de service ». Il suggère même que son style et sa manière étant déjà connus ou devant l'être plus tard, on ne manquerait pas de relever sa contribution à l'ouvrage que Pétain aura signé, il n'en résultera que des dommages d'autant que, précise-t-il sans ambages, « si le monde entier sait ce que vaut dans l'action et dans la réflexion le maréchal Pétain, mille renseignés connaissent sa répugnance à écrire ». Il formule donc deux demandes : d'abord « de ne soumettre à aucune autre plume » ce qu'il a déjà rédigé et que Pétain, le moment venu, fasse « hautement, dans une préface ou un avant-propos, l'aveu » des contributions qu'il lui a apportées. Quand cette lettre parvint au cabinet de Pétain, ses collaborateurs réagirent violemment mais il fut lui-même plus compréhensif et, se dérobant devant les difficultés prévisibles, répondit que l'ouvrage comporterait un dernier chapitre, « certains principes d'organisation et d'emploi [...] rédigé par mes soins », promit que la contribution accordée par de Gaulle apparaîtrait dans une préface rédigée en commun et ajourna délibérément la publication du livre.

C'était au printemps 1928. Il n'en sera plus question durant des années, malgré quelques rappels faits par de Gaulle, par exemple à l'occasion de ses vœux de nouvel an. Et c'est dix ans plus tard que l'écrivain catholique Daniel-Rops, chargé d'une nouvelle collection à la librairie Plon, et impressionné par la lecture du *Fil de l'épée*, demande à de Gaulle un livre sur la condition militaire qui devait être intitulé *L'Homme sous les armes*. De Gaulle décide alors de reprendre le manuscrit que Pétain n'a pas voulu achever ou qu'il n'a pas voulu publier. Il compte le remanier à sa façon, lui apporter ses conclusions personnelles et obtenir que Pétain n'y fasse pas obstacle. Le contrat avec la librairie Plon est signé le 8 mai 1938 et retient un nouveau titre : *La France et son armée.* Trois mois plus tard, alors qu'il en est à corriger les épreuves, de Gaulle informe Pétain de ses intentions par lettre : il évoque le travail dont il avait été chargé par lui, constate que « douze années écoulées » l'ont amené à penser que ce projet ne pouvait aboutir. Mais il rappelle que cet ouvrage fut « entrepris sous l'impulsion de Pétain », et propose « que cela soit dit, par exemple sous la forme d'un avant-propos », dont il joint le texte. Pétain refuse carrément, invoque même les « heures de bureau » que de Gaulle aurait passées à rédiger son livre, et menace de s'opposer « à sa publication dans le présent et dans l'avenir ». De Gaulle y réplique par une lettre circonstanciée où il précise que, sur 600 pages, 480 ont été rédigées après son départ du cabinet de Pétain, que les 120 autres ont été profondément remaniées et que, du reste, il a préféré « renoncer radicalement — non, certes, sans dommages pour l'ouvrage — aux corrections, observations, suggestions » faites par Pétain et dont il a gardé trace. La conclusion de sa lettre révèle toute la distance qui existe désormais entre les deux hommes, mais aussi le soin que de Gaulle met à se poser désormais en écrivain autant qu'en officier.

> Au surplus, écrit-il, Monsieur le maréchal, et sans épiloguer sur les raisons qui vous firent, voici onze ans, mettre fin à ma collaboration, il ne vous échappera certainement pas qu'au cours de ces onze années les éléments de cette affaire ont changé pour ce qui me concerne. J'avait 37 ans ; j'en ai 48. Moralement, j'ai reçu des blessures — même de vous, Monsieur le maréchal —, perdu des illusions, quitté des ambitions. Du point de vue des idées et du style, j'étais ignoré, j'ai commencé à ne plus l'être. Bref, il me manque, désormais, à la fois la plasticité et l' « incognito » qui seraient nécessaires pour que je laisse inscrire au crédit d'autrui ce que, en matière de lettres et d'histoire, je puis avoir de talent.

A cette date, en effet, de Gaulle est déjà notoire, au moins dans certains milieux, par sa campagne en faveur d'un « corps cuirassé » et il sait aussi que Pétain ne le soutient pas. Il ne se retient pas, désormais, de faire état de ses nostalgies, de ses réserves, de sa distance. Pétain, en tout cas, répond en proposant un rendez-vous qui aura lieu le dimanche 28 août 1938 et en demandant à se voir confier les épreuves du livre pendant quelques jours. La rencontre aboutit à un arrangement très simple : de Gaulle s'engage à dire, en avant-propos, ce qu'il doit aux directives du maréchal. Mais il refuse de lui laisser les épreuves, pressentant que ce serait le point de départ de nouveaux agacements et contretemps. Huit jours plus tard, en tout cas, Pétain lui envoie un « projet de dédicace » : « A Monsieur le Maréchal Pétain — qui a bien voulu, au cours des années 1925-27, m'aider de ses conseils pour la préparation des chapitres II à V de ce volume (« Ancien Régime », « Révolution », « Napoléon », « D'un Désastre à l'Autre ») — j'adresse l'hommage de ma reconnaissance. » De Gaulle le remanie en lui donnant son style : « A Monsieur le Maréchal Pétain, qui a voulu que ce livre fût écrit, qui dirigea de ses conseils la rédaction des cinq premiers chapitres, et grâce à qui les deux derniers sont l'histoire de notre victoire. » Ce changement, pourtant plus littéraire et plus flatteur, suffit à provoquer une violente réplique de Pétain, peut-être influencé par son entourage : il menace de se retourner vers la librairie Plon si l'on ne rétablit pas son propre texte. De Gaulle répond que celui-ci ne lui avait été envoyé que pour avis, qu'il n'avait pas imaginé que sa propre dédicace « fût de nature à encourir une désapprobation », mais que la substitution se fera dans le prochain tirage du livre. Ainsi s'achève cette petite querelle qui n'aurait guère eu de signification et de portée pour tout autre que Pétain et de Gaulle si le destin ne les avait pas bientôt dressés l'un contre l'autre.

Pour qui a étudié de près les versions successives rédigées par de Gaulle de ce livre qui sera *La France et son armée*, au temps où il servait au cabinet de Pétain et, plus tard, avec les annotations de Pétain lui-même ou de son principal collaborateur, le colonel Laure, on vérifie, en effet, que rien ne significatif n'en a été retenu et l'on voit même à quel point les deux hommes différaient par l'esprit et la sensibilité. Jean-Michel Royer d'abord, Jean Lacouture ensuite, se sont livrés à cette comparaison méthodique [15]. On en retiendra, comme le plus révélateur, ce passage consacré aux généraux de la Révolution où de Gaulle écrivit que « la frénésie politique en fait ses jouets », leur ôtant « le prestige, souvent la vie, parfois l'honneur ». Pétain avait voulu que « la vie » soit mise en fin de phrase. Et de Gaulle, rejetant cette suggestion, remarque : « C'est une gradation : prestige, vie, honneur », et il souligne ce dernier mot. Faut-il penser, a suggéré Jean-Michel Royer, que le comble, pour de Gaulle, était de perdre l'honneur et que, pour Pétain, c'était perdre la vie ?... Tel qu'il est, en tout cas, le livre connut un certain succès. Bien plus qu'auparavant *Le Fil de l'épée*, et *Vers l'armée de métier*. De Gaulle, comme tout auteur en pareil cas, en avait rédigé le « prière d'insérer » :

> Ce livre est une biographie. Son sujet, c'est la France souffrante, militante et triomphante. Mais comme nous n'aimons que ce qui nous émeut, *La France et son armée* s'applique à mettre en relief ce qu'il y a d'émouvant dans le destin d'une nation qui s'élève et s'abaisse en même temps que sa force militaire... C'est dans ce peuple lui-même qu'il faut chercher l'explication de ses gloires et de ses douleurs, comme, pour un homme, le secret de son honneur ou de ses larmes... Puisque les grandes menaces planent à nouveau sur la Patrie, puisse cet ouvrage humblement la servir...

Il se vendit 4 000 exemplaires du premier tirage, puis plus de 2 000 des 3 700 exemplaires d'un second tirage, et la presse, dans l'ensemble, y fut favorable. Pétain, pour sa part, ne désarmait pas et sa rancune s'aigrissait encore au point de répondre au directeur de l'Ecole libre des Sciences politiques, le futur ambassadeur Roger Seydoux, qui suggérait que de Gaulle fît une série de cours sur la Défense nationale : « Je connais bien le colonel de Gaulle. C'est un ambitieux et un homme dépourvu d'éducation. J'ai largement inspiré son dernier livre. Il l'a rédigé sans me consulter et s'est borné à me l'envoyer par bordereau... C'est moi qui dirigerai le cours que vous prévoyez de créer, assisté par des officiers de mon état-major... Mais je prononcerai personnellement la leçon inaugurale, dès la rentrée. » Il y eut, en effet, une assistance considérable pour l'écouter parler de la Grande Guerre sans mentionner, raconta Roger Seydoux, « ni le nom de Joffre, ni celui de Foch ». On l'applaudit, naturellement, mais les auditeurs n'en retireraient pas la même impression : l'étudiant, Serge Maffert, qui devait être l'un des journalistes les plus notoires de la presse française sous les IVe et Ve Républiques, eut le sentiment qu'il était infiniment inférieur à sa réputation ou que c'était déjà un homme fini, et il s'en souvint en 1940 en s'engageant dans la Résistance.

De Gaulle était déjà au cœur du grand débat sur la politique militaire de la France. De ce fait, sa carrière, somme toute assez régulière et classique jusqu'au début des années 30, allait connaître un autre cours. Mais sa vie était, pour toujours, marquée d'une blessure profonde. On a vu que deux enfants étaient nés depuis son mariage : Philippe et Elisabeth. C'était une famille unie et, somme toute, heureuse où les règles de l'existence observaient les traditions, où la bienséance du ton et des façons allait de soi, où la foi religieuse n'était pas mise en doute. Rien ne témoigne davantage des sentiments que de Gaulle et sa femme éprouvaient l'un pour l'autre que leurs lettres, publiées plus tard et où l'affection, la tendresse, la confiance apparaissent sans détour. Mais, le 1er janvier 1928, Anne de Gaulle naissait à Trèves. Bien plus que pour la naissance des deux aînés, surveillée par le professeur Levy-Solal, celle-ci fut difficile. L'enfant parut bientôt souffrir d'un handicap qu'on ne discerna exactement qu'au bout de quelques mois. La détresse des parents transparaît dans cette lettre d'Yvonne de Gaulle, le 6 janvier 1929 : « Pour nous, nous abandonnerions tout ce qui est ambition, fortune, etc. si cela pouvait améliorer la santé de notre petite Anne. » Un traitement aux rayons ultraviolets ne peut rien y changer : elle restera infirme, mentalement handicapée. De toute façon, il est convenu qu'elle restera, pour toujours, au sein de sa famille. En un certain sens, elle en sera le cœur. Et l'on peut croire que, pour une grande part, c'est aussi, pour de Gaulle, le cœur de sa vie. Elle ne prononcera jamais, dit-on, le mot « maman » mais saura toujours dire « papa ». Il faut se représenter de Gaulle revenant de ses bureaux à l'état-major de Beyrouth, de ceux du secrétariat de la Défense nationale à Paris, ou de la garnison de Metz où il commande un régiment de chars à partir de 1938 et d'où il rejoint régulièrement sa maison de Colombey-les-Deux-Eglises, et consacrant de très longs moments, le soir, à chanter auprès de la petite Anne ou à lui réciter des comptines dont les sons, sans qu'elle les comprît, l'enchantaient. Tel était l'arrière-plan de son existence alors qu'il livrait les batailles de l'Histoire qui en firent le Français le plus illustre du siècle. Il n'a pas voulu qu'elle s'éloigne de lui, pas même au temps de son départ pour Londres où elle le rejoignit avec sa mère, son frère, sa sœur, et Mme Potel qui la soignait. Et cela dura jusqu'au 6 février 1948 où, devant sa tombe, il eut ce mot qui résumait son destin : « Maintenant, elle est comme les autres. » Nul doute que l'infirmité de sa fille ait marqué de manière indélébile le sentiment qu'il avait de la vie et du monde. L'épreuve de son frère Jacques, le plus proche de lui, s'y ajouta. En 1926, alors âgé de 34 ans, ingénieur des Mines et père de trois enfants, il fut atteint d'encéphalite léthargique. La paralysie le gagna peu à peu, irrésistiblement, au point que, épuisé de souffrance, il ne fut plus qu'un grabataire ne survivant que par l'intelligence. De Gaulle allait le voir régulièrement. Puis la guerre survint : en 1942, pour échapper à la police allemande qui traquait tous les membres de la famille, Jacques de Gaulle fut transporté en Suisse à dos d'homme, clandestinement, grâce à l'aide d'un réseau de passeurs dont l'abbé Pierre était l'un des chefs. Il mourut en 1946. Son martyre, au témoignage de son fils Bernard, révolta de Gaulle plus encore que l'infirmité de sa fille à qui la douceur dont on l'entoura procura malgré tout de secrètes joies.

On ne peut mesurer ce que le spectacle de la souffrance et de l'infirmité, jour après jour, représenta pour lui. Jean Lacouture a recueilli le témoignage de l'un de ses médecins :

> Sans Anne, lui aurait-il confié, peut-être n'aurais-je pas fait tout ce que j'ai fait. Elle m'a fait comprendre tant de choses. Elle m'a donné tant de courage...

Claude Guy, son aide de camp en 1948, a noté sur son journal, à la date du 7 février, cette extraordinaire confidence que lui fit de Gaulle évoquant l'agonie de sa fille[16] :

> C'était une prisonnière. Il y avait quelque chose de très particulier et de très attachant chez ce petit être et j'ai toujours pensé que si elle n'avait pas été... comme elle était, elle aurait été une personne assez remarquable. Elle était tellement affectueuse pour nous ! Malgré l'effacement dû à son état, elle aura joué son rôle, elle aura été utile. Oh !, je sais bien, évidemment, qu'il y en a beaucoup qui ont été plus utiles qu'elle et qui sont morts ! Mais s'il y a un Dieu, c'est une âme libérée qu'il vient de rappeler à lui. Elle aura été utile... Elle a servi de lien entre sa mère et moi, elle aura permis que nous demeurions ensemble à un moment où il était essentiel que Mme de Gaulle et moi demeurions ensemble, j'entends... aux yeux du pays.

Et Claude Guy ajoute dans une note rédigée plus tard : « Cette confidence m'étonna à ce point que je crus avoir mal entendu. Le soir même, j'ai demandé à Bonneval (autre aide de camp du général), qui avait assisté à notre entretien, s'il en avait conservé le même souvenir que moi. Il me confirma que j'avais bien entendu. »

De Gaulle, quel qu'ait été le rôle secret de sa fille Anne dans sa vie, n'aurait pas été ce qu'il fut sans elle, sans cette souffrance, sans ce destin. Dans chacun de ses gestes, de ses discours, de ses actes, à chacune des étapes de cette aventure qui s'inscrivit au long du siècle, il faut discerner ce ressort secret, qu'il dissimula toute sa vie et qui, sans doute, pour lui, compta plus que tout.

Chapitre 4

POUR UNE REVOLUTION DES ARMES

Au printemps de 1932, de Gaulle entre au secrétariat général permanent du Conseil supérieur de la Défense nationale. Il y est d'abord « officier rédacteur » puis, nommé lieutenant-colonel le 25 décembre 1933, il y prend la tête de la troisième section, chargée de préparer la loi sur l'organisation de la nation en temps de guerre. A ce poste, il va connaître, au plus haut niveau, tous les débats concernant l'avenir du système français de défense, tous les dossiers portant sur la préparation des futurs conflits. De Gaulle l'a écrit lui-même : « De 1932 à 1937, sous quatorze ministères, je me trouvais mêlé, sur le plan des études, à toute l'activité politique, technique et administrative, pour tout ce qui concernait la défense du pays. » Déjà, il avait ainsi sous les yeux ce qu'on pouvait savoir des affaires du monde.

C'est durant ces années-là qu'à sa manière et dans son domaine, il va entrer dans l'Histoire. En 1934, en effet, il publie un nouveau livre : *Vers l'armée de métier*. Cette fois, il prend parti dans un débat qui intéresse toutes les grandes nations du monde et dont l'enjeu est immense : que serait une future guerre mondiale, si elle devait survenir ? Répondant à la question, il suggère en même temps ce qu'il faut faire en France. Et c'est tout simplement le destin du siècle et celui de l'Europe qui se jouent alors, avec celui des armées françaises. Fût-il tombé dans les combats de 1940, de Gaulle aurait eu sa place parmi les protagonistes du grand débat qui annonçait la Seconde Guerre mondiale et tentait de prédire ce qu'elle serait.

Ce débat, au fond, commença dès après les traités de 1919. En France, il fut conduit comme il est normal, par les principaux chefs militaires, ceux qui occupèrent successivement les plus hautes fonctions entre les deux guerres mondiales. C'était d'abord Pétain, chef d'état-major de l'armée puis, dès après la guerre, nommé vice-président du Conseil supérieur de la Guerre, c'est-à-dire généralissime en cas de conflit, jusqu'en 1931 avec, pour chefs d'état-major de l'armée les généraux Buat, jusqu'à sa mort en 1924, et Debeney jusqu'en 1930, tous deux ses disciples et pour ainsi dire ses « doubles », puis Weygand qui en 1931 prit la succession de Pétain demeuré conseiller du gouvernement pour la Défense nationale, avec le titre d'inspecteur général de la défense aérienne et qui fut ministre de la Guerre en 1934 ; à partir de 1935, Gamelin devint chef d'état-major de l'armée puis cumula ses fonctions avec celles de généralissime. Jusqu'à l'immédiat avant-guerre, ce furent donc Pétain surtout, et Weygand, qui exercèrent l'autorité suprême sur les armées françaises.

Il s'agissait, après la victoire de 1918, de savoir quelle politique militaire la France allait choisir. Une réflexion s'était amorcée au lendemain du conflit avec la publication d'une longue série de mémoires, de « journaux », de comptes rendus et de thèses sur l'expérience que l'on venait de vivre. On pouvait, en effet, en tirer des leçons différentes, ou même contradictoires, et les débats auraient alors pris toute leur dimension. Mais un coup d'arrêt fut donné bientôt par la décision de soumettre toute publication rédigée par un officier et concernant l'histoire de la guerre ou se rapportant aux armées étrangères, à l'autorisation du cabinet du ministre. Une conception très étroite de la discipline militaire et l'habituel souci des hiérarchies de préserver leur autorité conduisaient ainsi à limiter les critiques : le pouvoir politique aurait pu comprendre qu'il eût été préférable de laisser s'ouvrir de véritables discussions, mais, impressionné par le prestige des principaux chefs militaires, il s'en abstint.

Peu à peu, cependant, deux écoles s'opposèrent à travers les revues, les livres ou les cours de l'Ecole supérieure de Guerre. D'un côté, un certain culte de la technicité, justifié par l'importance capitale des facteurs industriels dans la guerre moderne, et inspiré par le rôle majeur des « plans de feu » dans la guerre des tranchées, accréditait une conception méthodique, scientifique et presque administrative du conflit futur, qui tirait argument des effroyables hécatombes humaines auxquelles on avait assisté, pour en déduire qu'aucune offensive ni aucune occupation de territoire ne devait plus être entreprise sans destruction préalable de l'adversaire par l'utilisation massive d'un armement bien employé. A l'inverse, une autre école voulait s'inspirer des offensives de 1918 dont l'exemple rendait à beaucoup d'officiers l'espoir qu'on en reviendrait à une guerre faisant plus de place à l'initiative des hommes, aux mouvements des unités, à la manœuvre. De Gaulle, comme on l'a vu, s'était placé dans ce camp lors de ses rudes affrontements avec ses professeurs de l'Ecole de Guerre. Il était de ceux qui, chez les Alliés comme chez les Allemands, avaient perçu la guerre de position comme « la négation de la stratégie » puisque toute action de grande envergure n'aboutissait qu'à des assauts sanglants, où, de tranchée en tranchée, on pouvait à peine avancer de quelques kilomètres. C'était pourtant la sanction inévitable de l'évolution des armements qui avait abouti à l'emploi massif des armes automatiques et de l'artillerie lourde : on ne pourrait en sortir que par une révolution technique nouvelle, celle, justement, qu'annonçaient les chars d'assaut de 1918 et la part qu'ils prirent dans les offensives victorieuses des derniers mois de la guerre.

De ces deux écoles, c'est la première qui prévalait au sommet de la hiérarchie militaire. A cet échelon, l'expérience de la guerre des tranchées éclipsait tout. On oubliait que la bataille de la Marne avait été d'abord une succession d'offensives et de contre-offensives, et que si l'armée allemande l'avait gagnée les forces françaises n'auraient pu, sans doute, rétablir ailleurs un « front continu ». On oubliait que les victoires allemandes sur le front russe, en 1915, résultaient aussi de vastes manœuvres offensives et que si elles avaient été renouvelées en 1916 elles auraient pu aboutir à l'effondrement militaire de la Russie. On oubliait la leçon des offensives finales de 1918. Par réaction systématique contre le culte de « l'offensive à tout prix » qui prévalait à l'Ecole de Guerre avant 1914, on oubliait que si Foch et Lanrezac y avaient prôné une tactique offensive, ils ne l'avaient fait « ni exclusivement ni aveuglément ». Parce que Pétain avait alors privilégié systématiquement l'importance du « feu » dans la bataille et que l'emploi massif des armes automatiques et de l'artillerie lourde en avait illustré l'idée, on en faisait un dogme exclusif de tout autre qui inspira, dans les années vingt, les textes fondamentaux de la doctrine militaire française. Pétain lui-même, à la tête de l'armée, veillait à le rendre intangible, sûr d'avoir eu raison seul contre tous, ancré et maintenant figé dans sa doctrine par le culte que lui valait sa réputation d'avoir prédit la guerre des tranchées et économisé le sang des soldats.

De cette conception de la guerre, on voulut déduire une politique militaire[1]. Ce fut l'objet d'une note sur la protection des frontières que Pétain adressa au gouvernement en 1921. La France, suggérait-il, ne pouvait absolument plus laisser envahir ses provinces du Nord-Est, vitales pour son industrie et donc son potentiel de défense : elle devait donc y aménager un champ de bataille défensif aussi près que possible des frontières. Joffre était hostile à l'établissement d'une ligne de défense continue. Peut-être était-il sensible à la leçon des offensives de 1918 et pensait-il que les fronts, désormais, ne pourraient plus connaître la même immobilité qu'on avait observée jusqu'en 1917. Toujours est-il qu'à une ligne fortifiée continue le long des frontières, il préférait des « régions fortifiées » dont cinq sur six feraient face à la Belgique et qui serviraient de points d'appui au gros des armées, soit pour manœuvrer plus sûrement, soit pour organiser plus solidement une défense. Mais Pétain s'y opposa. Une commission présidée par le général Guillaumat suivit ses recommandations. Maginot s'en inspira pour faire voter, en 1930, les crédits nécessaires à des fortifications continues entre la Moselle et la frontière suisse. En fait, le haut commandement en avait fait commencer la construction dès 1928 et en prévoyait l'achèvement en 1934, échéance importante à ses yeux car c'est à partir de 1935 que la faible natalité due à la Première Guerre mondiale devait réduire le contingent mobilisable chaque année de 240 000 à 170 000 hommes. Au total, c'était donc les propositions de Pétain, inspirées par sa propre doctrine, qui avaient prévalu : de Gaulle, comme on l'a vu, avait au contraire soutenu, dans son étude sur *Le Rôle historique des places françaises,* une conception très voisine de celle que Joffre avait défendue. Moyennant quoi la construction de la « ligne Maginot » devint l'essentiel de l'effort d'armement français, le reste se limitant à la « motorisation » de cinq divisions d'infanterie, c'est-à-dire à leur dotation de camions pour les transporter, à l'équipement d'une division de cavalerie en automitrailleuses, et à la « motorisation » d'une brigade sur trois dans les cinq autres divisions de cavalerie : mais ce programme, si réduit fût-il, ne devait être réalisé que très lentement.

A cette date, de Gaulle mettait à profit son expérience au secrétariat général du Conseil supérieur de la Défense nationale pour développer ses réflexions sur la conduite de la guerre par les Etats modernes en cette partie du xxe siècle. Le 1er janvier 1934, il publia dans la *Revue militaire française* un article sur la « Mobilisation économique à l'étranger ». Il en ressortait qu'un système de défense doit s'adapter rigoureusement au régime politique qui le met en œuvre. L'exemple italien suggère, écrit-il, l'importance extraordinaire des contraintes dans les régimes totalitaires mais il en parle en des termes qui révèlent la répugnance d'un homme nourri de l'humanisme classique envers ce type de régime. A l'inverse, il caractérise le système américain de mobilisation économique par l'étroite coopération entre les responsables de l'Etat et ceux de l'Industrie, citant en exemple l'existence auprès des responsables militaires de la mobilisation économique d'un « comité d'étude formé de personnalités du monde des affaires, qui l'aide directement dans [leur] travail ». Le ton de ses remarques suggère qu'adapté aux conditions françaises, le modèle américain pourrait, en partie, inspirer une grande loi moderne sur l'organisation de la nation en temps de guerre.

Cette loi, justement, le secrétariat général où il travaille a pour mission de la préparer. Elaborée déjà en 1928, elle est, depuis lors, en panne devant les assemblées. A la fin de 1935, un nouveau projet est mis sur pied. Le rapport en est adopté par la Chambre des députés en mars 1936, alors que Hitler est au pouvoir depuis plus de trois ans. Mais, après les élections législatives, la nouvelle Chambre eut d'autres sujets de préoccupation. Daladier insista, pourtant, sur l'adoption du projet que la Chambre des députés vota mais que le Sénat tarda ensuite à examiner au point qu'il fallut attendre le second gouvernement de Léon Blum, en mars 1938, pour que Pierre Mendès France, sous-secrétaire d'Etat pour la première fois, obtînt enfin le vote des deux Chambres. De Gaulle, en cette occasion, avait pu mesurer l'impotence des pouvoirs, leur lenteur à se décider, l'impuissance des ministres à imposer de véritables priorités.

On se doute que sa contribution à cette loi sur l'organisation de la nation en temps de guerre ne fut pas sa seule occupation au secrétariat général de la Défense nationale. La première tâche qui lui fut confiée était la rédaction d'un texte dont l'adoption par le Conseil supérieur de la Défense nationale était prévue pour le début de 1933 et qui devait montrer la nécessité d'un « plan de défense nationale [2] ». Fraîchement nommé à ses fonctions et plus fraîchement encore au grade de commandant, de Gaulle ne pouvait naturellement se dérober. Mais il s'agissait évidemment d'une tâche impossible. L'orientation des efforts de défense, la répartition des forces, l'articulation des commandements, les choix stratégiques principaux, c'est-à-dire au fond la conduite de la guerre, dépendent évidemment des circonstances dans lesquelles un conflit survient : entrent alors en jeu la nature de l'ennemi à combattre, l'existence d'un ou plusieurs fronts, les alliances, le rapport initial des forces, les potentiels utilisables à court, moyen ou long terme. Aussi bien est-ce seulement l'occasion, pour de Gaulle, tout en dénonçant naturellement le risque d'improvisations désordonnées, de rappeler que « la conduite de la défense nationale dépendrait pour une large part des circonstances », tandis que les autres officiers défendent farouchement l'idée « de décisions établies sur des bases fermes » et la nécessité de « s'en tenir à ces décisions malgré les circonstances ». C'est, au fond, la querelle qui opposait déjà de Gaulle à ses professeurs à l'Ecole supérieure de Guerre : elle reparaît à coup d'annotations, de ratures, de commentaires dans les marges... Et ce qui en ressort surtout c'est l'animosité très vive d'une grande partie de son entourage envers un homme qui, déjà, incarnait ouvertement le non-conformisme, ne dissimulait pas ses critiques envers le conservatisme du commandement et ne se gênait pas pour heurter les préjugés ordinaires du milieu militaire en rappelant la primauté du pouvoir politique. De Gaulle le sait et le ressent et sans doute prend-il soin, dès lors, d'atténuer les tensions qui risquent d'en résulter. Les articles qu'il publie en 1933 dans la *Revue Bleue* sur « une politique de défense nationale » et dans la revue des Jésuites, *Etudes*, sur le « métier militaire » sont de tonalité plus classique et exaltent sans ambages les vertus propres au métier des armes. Au point que le général Maurin, alors ministre de la Guerre, très hostile, comme on le verra, aux idées que de Gaulle a développées deux ans plus tôt sur les divisions cuirassées, a la bonne grâce de lui confier une série de cours au Centre des hautes études militaires, où se préparent les futurs généraux, et que le général Bineau, qui le dirige, observe que de Gaulle « ne se met pas en avant et ne se livre que très rarement » et qu'il paraît vouloir « éviter volontairement l'originalité ».

Si paradoxal que cela puisse paraître à distance, alors qu'en 1932 sept années seulement restent à courir avant le déclenchement d'une guerre qui, par sa nature et ses dimensions, sera sans précédent et sans mesure, c'est le désarmement qui est au cœur des préoccupations de ceux qui ont en charge la politique étrangère et la défense du pays. Elles résultaient du traité de Versailles qui, contraignant l'Allemagne à limiter les effectifs de son armée à 100 000 hommes et à ne disposer ni d'artillerie lourde ni de chars, ni d'aviation ni de sous-marins, prévoyait expressément que ce désarmement du pays vaincu devrait conduire ensuite à un désarmement général. Déjà, les Etats-Unis et la Grande-Bretagne avaient fait aboutir, aux conférences de Washington en 1921-22 et de Londres en 1930, un désarmement naval très partiel mais ce sont les armements terrestres, avant tout, qui allaient être l'enjeu des négociations. La victoire de 1918 avait, certes, donné à l'armée française la réputation d'être la plus forte du monde, mais, en France, on savait bien que la réduction des crédits militaires, rendue indispensable par le coût de la reconstruction et la lutte contre l'inflation, avait beaucoup affecté la puissance réelle et virtuelle de cette armée, et par-dessus tout, on constatait que la France, avec 40 millions d'habitants, serait beaucoup plus faible que l'Allemagne, avec plus de 60 millions d'habitants et une industrie beaucoup plus développée, à moins que celle-ci ne soit empêchée de se réarmer. En 1924, Edouard Herriot, devenu président du Conseil pour la première fois après la victoire électorale du Cartel des gauches, et Aristide Briand, qui allait rester ministre des Affaires étrangères jusqu'au début de 1932, avaient donc proposé un « protocole de Genève » qui rendait obligatoire l'arbitrage de toutes les crises, de sorte que son refus caractériserait une agression qui appellerait automatiquement des sanctions militaires. Mais le seul fait qu'elles puissent être « automatiques » suscita l'opposition déterminée de la Grande-Bretagne et des Etats-Unis — ceux-ci, comme l'Union soviétique, étaient associés à ces travaux, bien que non-membres de la SDN — et ils firent échouer le projet français.

Pourtant, il y avait des raisons de croire que l'Allemagne, en attendant, réarmait. L'œuvre entreprise par le général von Seeckt, depuis qu'il avait pris le commandement de la Reichswehr le 9 juillet 1919, aboutissait déjà à d'importants résultats. Dans un livre paru en 1929, *Pensées d'un Soldat*, il avait souligné l'aptitude d'une armée de métier — comme l'était la Reichswehr — à s'initier aux techniques nouvelles et à imaginer les concepts nouveaux d'une guerre moderne. Méthodiquement, il avait mis à l'étude les prototypes des armes interdites par le traité de Versailles et il avait pu les faire expérimenter à l'étranger. Puis, l'effectif total de l'armée allemande avait été porté à 150 000 hommes. La durée de l'engagement, pour les hommes de troupe, avait été abaissée à six ans, puis à quatre ans, de sorte qu'une réserve mobilisable et supérieurement entraînée se reconstituait assez rapidement. En 1932, enfin, le budget militaire allemand se monta à 788 milliards de marks contre 430 trois ans auparavant. Aux yeux des responsables français, l'Allemagne était en train de franchir, une par une, les étapes de ce qu'on appelait en allemand l'*Umbau*, c'est-à-dire la transformation de la Reichswehr du traité de Versailles en une armée de 21 divisions[3].

Au moment où de Gaulle entra au secrétariat général de la Défense nationale, le gouvernement français venait de prendre une initiative importante en vue d'empêcher le réarmement unilatéral de l'Allemagne en établissant un cadre général où tout réarmement serait sanctionné par une action internationale décisive[4]. André Tardieu, président du Conseil et ministre des Affaires étrangères, avait présenté, le 5 février 1932, un plan qui prévoyait de strictes limitations aux armées nationales mais créait en même temps une force internationale. Celle-ci serait composée de contingents fournis par les Etats qui auraient conclu des accords régionaux d'assistance mutuelle dans le cadre de la SDN, et serait seule à disposer d'avions de bombardement, d'artillerie lourde, de chars et de certains types de navires de guerre. Une fois de plus, les Etats-Unis et la Grande-Bretagne firent échouer ce projet présenté par le gouvernement français et, quand Edouard Herriot revint au pouvoir, après les élections du printemps de 1932, il voulut, à son tour, rechercher un accord général de désarmement[5]. Son ministre de la Guerre, Joseph Paul-Boncour, qui était en même temps le principal délégué de la France à Genève, se chargea donc de préparer un nouveau plan qui allait être connu sous le nom de « plan constructif[6] ». De Gaulle fut associé aux travaux préparatoires et vit le projet s'élaborer. Il fut l'objet, entre responsables politiques et militaires français, d'une discussion générale le 22 octobre, suivie de deux autres réunions, le 24 octobre, matin et après-midi[7]. De Gaulle était parmi les quelques officiers qui, faisant fonction de secrétaires, assistèrent à toutes les séances. Le « plan constructif » prévoyait une assistance quasi automatique à tout pays victime d'une agression et une « action commune » à l'encontre des agresseurs. Il tendait à ramener les forces terrestres des pays européens à « une armée nationale de service à court terme et à effectifs limités, ne se prêtant pas à une offensive brusquée », et sans matériels lourds. Mais les Etats adhérents au nouveau système mettraient à la disposition de la SDN des unités spécialement destinées aux actions communes et, pour cela, dotées de toute la gamme des armements modernes. Toutes les autres armes lourdes, retirées aux armées nationales, seraient parquées dans des emplacements contrôlés par la SDN et ne pourraient être utilisées que pour les « actions communes » prescrites par celle-ci ou « dans le cas de légitime défense ». De surcroît, la fabrication des armements serait désormais « contrôlée et organisée internationalement » et, une fois par an, un contrôle spécifique de la SDN vérifierait l'exécution par tous les Etats des obligations prévues par le « plan ».

Pétain et Weygand estimèrent que la seule sécurité pour la France restait la marge de supériorité que son armée conservait face à l'armée allemande[8]. Mais Herriot et Paul-Boncour pensaient que leur « plan constructif » garantirait à la France l'appui des Etats-Unis et de la Grande-Bretagne, celui de tous les pays démocratiques, et que serait enfin créée, dès le temps de paix, cette force internationale puissante qui, seule à disposer d'armements modernes, serait employée immédiatement contre l'agresseur en disposant sur lui d'une supériorité décisive. Le plan fut donc adopté le 28 octobre par le Haut Comité militaire réuni sous la présidence du président de la République, Albert Lebrun.

Il fut publié le 14 novembre. En moins d'un mois, le 10 décembre, il aboutit à des résultats entièrement contraires à ce que ses auteurs avaient voulu [9]. La Grande-Bretagne recherchait avant tout le retour de l'Allemagne à la conférence du désarmement pour lequel elle réclamait que soit proclamée cette « égalité des droits » que la France lui avait refusée jusque-là. Elle chercha donc à associer la revendication allemande au « plan constructif ». Des discussions s'engagèrent à Genève durant la première semaine de décembre et Herriot finit par formuler ainsi sa position : « La France admet que le but de la conférence est d'accorder à l'Allemagne et aux autres puissances désarmées par traité, l'égalité des droits dans un régime qui comporterait, pour toutes les nations comme pour elle-même, la sécurité [10]. » Le gouvernement allemand, alors dirigé par le chancelier von Papen, y souscrivit et, moyennant son retour à la conférence du désarmement et son adhésion à un futur régime de « sécurité », il obtint ainsi, en sa faveur, « l'égalité des droits » par l'accord qui fut signé le 10 décembre à 14 h 30. Plus rien ne subsista du « plan constructif » et, cinquante jours plus tard, Hitler arrivait au pouvoir.

Tel fut l'épisode politique le plus important auquel de Gaulle ait alors assisté et dont, au sens littéral du mot, il fut témoin. Nul doute que de cette expérience il ait voulu tirer toutes les conséquences. La plus importante, sans conteste, était l'avantage majeur que l'Allemagne venait de remporter. On savait déjà qu'elle avait réarmé, plus ou moins discrètement : on pouvait être assuré maintenant qu'au nom de « l'égalité des droits » elle poursuivrait, en l'accélérant, son réarmement, invoquant pour le justifier la supériorité qu'avait encore, vis-à-vis d'elle, l'armée française. Certes, le traité de Versailles n'était pas, à strictement parler, aboli et la France, en théorie, pouvait s'appuyer sur son article 249 pour déclencher une riposte militaire à toute violation flagrante et incontestable de ses dispositions militaires. Mais en reconnaissant à l'Allemagne « l'égalité des droits », on venait de donner à celle-ci de très forts arguments politiques et juridiques en faveur de son réarmement. De surcroît, on avait une fois de plus vérifié qu'en cette affaire, où se jouait l'équilibre du continent européen, la Grande-Bretagne, appuyée par les Etats-Unis, avait indiscutablement favorisé la position allemande et par avance accepté que l'Allemagne dispose de forces militaires au moins équivalentes à celles de la France. Plus significatif encore est qu'elle l'ait accepté sans aucune des garanties échafaudées par le « plan constructif » et en laissant même celui-ci s'évanouir sans retour. Une conclusion en ressortait clairement : à plus ou moins brève échéance, la puissance militaire allemande égalerait celle de la France alors même qu'à terme son potentiel industriel et démographique beaucoup plus grand lui donnerait la supériorité. Une double perspective s'ouvrait donc désormais devant la France : elle risquait d'être surclassée par la puissance allemande alors que celle-ci lui était inférieure de très loin depuis 1918, mais elle risquait en même temps de se trouver isolée face à elle quand des événements décisifs surviendraient, comme le suggérait ce qu'on venait de voir du comportement britannique.

C'est tout au long de l'année 1933 que de Gaulle élabora et mit en forme la riposte que la France, selon lui, devrait donner au redoutable défi qui, maintenant, se dressait devant elle. Le résultat en fut la publication, le 5 mai 1934, de son livre le plus important avant 1940, l'un des plus importants dans l'histoire des idées militaires, *Vers l'armée de métier*. Les événements survenus durant les dix-huit mois écoulés depuis la mise au tombeau du « plan constructif », avaient encore renforcé sa résolution et ses convictions : il fallait rebâtir entièrement le système français de défense, et le temps pressait. Il avait d'abord, sous les yeux, la dégradation progressive mais apparemment irrésistible de l'appareil militaire français. Dès juin 1932, le budget du ministère de la Guerre avait été réduit de 300 millions, puis en octobre, de 120 millions sur les crédits d'armement. En janvier 1933 on prescrivit une réduction de 4 milliards sur les dépenses de l'Etat, dont plus de 2 milliards sur les dépenses militaires, dont la moitié sur le budget de l'armée de terre. Il apparut alors qu'il faudrait réduire de 20 à 14 le nombre des divisions actives : on y renonça parce qu'il aurait fallu une nouvelle loi dont il n'était pas sûr que le Parlement la voterait. On programma ensuite la suppression de 5 000 officiers sur 30 000, et avant qu'on revînt sur cette décision l'année suivante 1 800 emplois d'officiers avaient été déjà supprimés. A la fin de 1933 il fallut à nouveau envisager des réductions de crédits et le budget prévu pour 1934 ne permettait plus que d'appeler moins de 200 000 hommes sous les drapeaux : 5 divisions sur 20, c'est-à-dire le quart de l'armée du temps de paix, ne pourraient plus être considérées comme divisions d'active puisqu'elles devraient être complétées par une trop forte proposition de réservistes.

L'année 1934 marque la pointe extrême de la dégradation de l'appareil militaire français. En février, après que les émeutes de la journée du 6 eurent entraîné la démission du gouvernement Daladier et provoqué son remplacement par un cabinet Doumergue, allant de la droite aux radicaux-socialistes, Pétain devint ministre de la Guerre. Il reçut alors de Weygand un rapport sur l'état de l'armée qui témoignait des inquiétudes du commandement à propos du réarmement allemand, de l'affaiblissement de l'armée française et même des troubles qu'on commençait à discerner dans l'Empire et de leurs effets sur les troupes coloniales. « On assiste depuis quelques années, disait Weygand, à une évolution très sensible de l'état d'esprit dans les unités nord-africaines. Cette évolution est en relations étroites avec celle du monde musulman tout entier. Elle a déjà abouti à des résultats dont la gravité ne doit échapper à personne. C'est ainsi qu'en pleine crise économique, on enregistre une diminution très nette des engagements (diminution de 5 000 contrats pour 1933 par rapport à 1932) et aussi une diminution des rengagements. Le soldat est plus frondeur, moins dévoué à ses chefs. Il est plus sensible aux influences extérieures ; il fraie avec le civil, ce qui n'existait pas jadis. Derrière les apparences de la discipline, son esprit tend à nous échapper. Des faits graves se sont produits dans des unités stationnées en France au cours de l'année dernière : meurtre d'un officier français par un officier indigène, désertions, présence de militaires dans les assemblées indigènes révolutionnaires [11]. » Effaré, Weygand découvrait ainsi les prodromes d'une révolte contre l'ordre colonial, dont il ne discernait ni les causes, ni les fondements, ni le caractère inévitable à terme, mais dont il enregistrait les effets...

Les échéances se rapprochaient, la révision des traités était réclamée par l'Allemagne et l'Italie, on pouvait penser que l'année suivante, la Sarre, par plébiscite, ferait retour au Reich et qu'en France les « classes creuses », nées durant la guerre, allaient réduire les effectifs mobilisables chaque année. On se décida donc à porter la durée du service militaire à deux ans. Mais rien, absolument rien, ne laissait prévoir que le commandement ait envisagé un changement de sa doctrine et de sa stratégie. Au contraire, l'armée française continue de travailler de 1931 à 1936, Weygand étant vice-président du Conseil supérieur de la Guerre, sur un document fondamental rédigé par une commission que présidait son prédécesseur Pétain. C'était « l'instruction provisoire sur l'emploi tactique des grandes unités ». Elle affirme l'invulnérabilité du front continu. Elle stipule que « l'attaque n'est donnée dans de bonnes conditions qu'après la réunion de moyens matériels puissants, artillerie, chars de combat, munitions, etc. Elle se trouve précédée d'une période de préparation plus ou moins longue, destinée à réunir ce matériel et à le mettre en œuvre ». De là vient la conception d'emploi de tous les armements : « Les chars de combat facilitent la progression de l'infanterie en brisant les obstacles passifs et les résistances actives opposés par l'ennemi... Ils sont destinés à augmenter la puissance offensive de l'infanterie en facilitant sa progression au combat », qu'il s'agisse des chars légers « dont le rôle est d'accompagner l'infanterie et de combattre en liaison intime avec elle », ou des chars lourds, « destinés à frayer la voie à l'infanterie et aux chars légers en brisant par leur masse et par leur feu la résistance des points d'appui fortement tenus ». La doctrine ainsi conçue exclut aussi toute participation des avions à la bataille terrestre, telle que l'armée allemande la réalisera en 1940 : « De jour, l'aviation soumet les troupes au stationnement, en marche ou au combat, à une investigation qui les livre à l'artillerie de toute portée ; de nuit, elle les écrase de ses propres feux. » Ainsi ne faut-il pas croire qu'une évolution significative s'amorce au sein du commandement.

Mais quand, en 1934, la puissance militaire de la France atteignit son point le plus bas, Hitler avait déjà pris le pouvoir, depuis le 30 janvier 1933. Ce fut une surprise pour tous ceux qu'avait impressionnés le recul des nationaux-socialistes aux élections du 6 novembre 1932 où ils ne recueillirent que 33,1 % des voix au lieu de 37,3 % en juillet, et qui en déduisirent, comme Léon Blum, que « Hitler [était] désormais exclu du pouvoir, et même exclu, [...] de l'espérance du pouvoir ». Aussi bien ce diagnostic était-il commun à l'ensemble de la presse occidentale, de la gauche à l'extrême droite et de presque tout le personnel diplomatique européen, au moins jusqu'aux élections qui eurent lieu dans l'Etat de Lippe, le 15 janvier 1933, où le mouvement hitlérien remporta un si remarquable succès que François-Poncet, prenant acte de ce retournement, estima que Hitler pouvait à nouveau accéder au pouvoir[12]. Après quoi, la plupart des commentaires révélaient un profond scepticisme sur les chances de succès du nouveau chancelier. Le ton de la presse était ordinairement méprisant pour ce « démagogue », ce « peintre en bâtiment » et sur « la réputation de faiseur de miracles qu'on lui a faite ».

A Paris, en tout cas, on n'en déduisit pas qu'il fallait renoncer à toute négociation avec l'Allemagne sur le désarmement. La voie était ouverte à de nouvelles initiatives puisque, le 7 mars 1933, la Conférence de Genève, qui avait justement pour mission de rechercher cet accord, enterra définitivement le fameux « plan constructif » français[13].

Le Premier ministre britannique, Ramsay MacDonald, présenta donc un nouveau plan qui prévoyait une réduction de toutes les armées des principaux Etats continentaux au même niveau de 200 000 hommes, ce qui supposait que la France diminue le volume de ses effectifs tandis que l'armée allemande serait le double de ce que le traité de Versailles avait prévu[14]. Daladier, devenu président du Conseil, et Paul-Boncour, ministre des Affaires étrangères, répondirent en demandant que des contrôles soient établis durant une période transitoire de quatre ans moyennant quoi la France donnerait son accord. Les Britanniques, appuyés par les Américains réclamaient que la France commence à désarmer, après quoi on instituerait les contrôles. Quelques mois passèrent ainsi qui virent les Anglo-Saxons insister auprès de la France pour qu'elle fasse un premier geste de désarmement unilatéral pour finir par se rallier, à leur tour, à l'idée d'une « période probatoire ». Puis, Hitler répliqua. Il annonça que l'Allemagne quittait la Conférence de Genève sur le désarmement puisque, disait-il, on lui contestait « l'égalité des droits » qui lui étaient reconnus depuis décembre 1932 et, du même coup, il annonça que l'Allemagne quittait la Société des Nations[15].

Le voile se levait sur les intentions de Hitler : on savait maintenant qu'il allait entamer une politique de réarmement massif. Rares, cependant, furent ceux qui, dès cette date, en tirèrent toutes les conséquences. Les plus lucides furent souvent les plus déçus, c'est-à-dire ceux qui avaient beaucoup espéré en une authentique réconciliation entre Français et Allemands, en particulier dans les milieux catholiques réputés les plus « à gauche », les plus hostiles au nationalisme systématiquement antiallemand de la droite française. Parmi eux se trouvaient, par exemple, Francisque Gay, Louis Terrenoire et Georges Bidault, directeur, rédacteur en chef et éditorialiste de *L'Aube*, l'historien Maurice Baussard, le germaniste Robert d'Harcourt, le syndicaliste chrétien Gaston Tessier, le fondateur de la revue *Esprit*, Emmanuel Mounier et quelques personnalités appartenant au même courant politique et spirituel comme François Mauriac, Wladimir d'Ormesson et le comte de Pange. Mais d'autres, ne voulant pas renoncer à l'approfondissement de la paix avec l'Allemagne, se refusaient à changer les orientations de la politique française des dernières années : Daladier et Paul-Boncour en vinrent ainsi à se rallier à un « pacte à quatre », comprenant l'Allemagne, l'Italie, la Grande-Bretagne et la France, surtout pour tenter d'utiliser la profonde méfiance de Mussolini envers les véritables intentions de Hitler à l'égard de l'Autriche, mais sans donner à ce pacte aucune substance réelle pour ménager les amis traditionnels de la France dans l'est de l'Europe, Tchécoslovaquie, Pologne, Yougoslavie et Roumanie, qui redoutaient qu'on s'en serve pour amorcer une révision des frontières héritées des traités de 1919 [16]. En réalité, peu de responsables français avaient encore pris la mesure des conséquences de l'arrivée de Hitler au pouvoir et très peu connaissaient l'ouvrage où il avait révélé son dessein, *Mein Kampf*.

C'est dans ce contexte que se situe la réflexion qui va conduire de Gaulle à publier *Vers l'armée de métier*. Au poste qu'il occupe, il a été témoin de l'échec de toutes les tentatives de désarmement négocié et contrôlé. Il sait tout ce qu'on peut savoir du réarmement plus ou moins clandestin du Reich. Il assiste à l'affaiblissement de la puissance militaire française. Il constate, comme tant d'autres, que, pour le moment du moins, la France ne peut plus compter sur l'appui de la Grande-Bretagne, même en des domaines où la sécurité de l'Europe semble en jeu. Il en déduit que la France doit elle-même disposer des moyens de réagir contre les entreprises allemandes, faute de quoi rien n'arrêtera celles-ci. Hitler, justement, les a dévoilées à l'avance. Ses prédécesseurs à la tête de la République de Weimar avaient à peine dissimulé, en refusant de garantir ses frontières orientales, qu'ils comptaient en obtenir la révision, au moins pour Dantzig et le « corridor » : Hitler, lui, avait annoncé que l'avenir de l'Allemagne était dans son expansion indéfinie vers l'est. On ne pouvait douter, par conséquent, qu'il tenterait d'abord de réviser la carte de l'Europe centrale et orientale. La France devrait donc veiller désormais à la défense de ses alliés et amis de l'Est européen, menacés par le nouveau régime allemand, alors même que celui-ci, en rompant toute négociation sur le désarmement et en considérant comme nulles les stipulations du traité de Versailles sur la limitation de ses forces, annonçait clairement que l'ère de la révision des traités était ouverte.

Pour de Gaulle, ainsi qu'il l'avait déjà dit et écrit à plusieurs reprises, la politique militaire devait être conçue, logiquement, en fonction de la politique générale de l'Etat. Si la France considérait comme son intérêt supérieur la défense de l'équilibre européen et, pour cela, la défense des Etats situés à l'est de l'Allemagne, il fallait que les armées françaises soient capables d'assurer leur protection. Il fallait donc un instrument militaire adapté à cette mission. Mais le système existant, tel qu'il résultait de la politique suivie depuis le milieu des années 20, répondait-il à cette exigence ? Nullement. A l'abri d'un système défensif, aussi puissant soit-il, la France ne pourrait que regarder passivement les Etats de l'est de l'Europe succomber devant les entreprises hitlériennes. Personne, en effet, ne pouvait se faire d'illusions sur leurs capacités de résistance. La Roumanie et la Yougoslavie étaient, à quelques réserves près, des pays essentiellement agricoles. L'industrie polonaise ne représentait qu'une fraction limitée de la puissance industrielle allemande. La Tchécoslovaquie était l'un des pays les plus développés d'Europe, mais elle n'avait que 16 millions d'habitants quand l'Allemagne en avait plus de 60 et sa population comportait une minorité hongroise en Slovaquie, et surtout près de 3 millions et demi d'« Allemands des Sudètes » qui habitaient justement les régions où se trouvaient les lignes fortifiées protégeant le pays. L'alliance entre la Pologne et la Tchécoslovaquie aurait pu constituer un bloc important et relativement puissant de 50 millions de personnes : mais elle était rendue impossible par le conflit territorial qui opposait les deux pays sur la région de Teschen. La Tchécoslovaquie, la Roumanie et la Yougoslavie avaient constitué entre elles ce qu'on appelait la Petite Entente, mais ce n'était en aucune façon un ensemble stratégique cohérent. Au total, le jugement qui ressortait de la carte militaire et politique des pays d'Europe de l'Est était impitoyable : on ne pouvait en attendre aucune résistance efficace et commune. Pour que les plus menacés par l'Allemagne soient en état de se défendre, la France, en cas d'agression allemande à l'est, devrait riposter par une offensive rapide et puissante sur le Rhin. Tel était le problème à résoudre.

Telle est aussi la première donnée dont de Gaulle tient compte, celle, en réalité, dont tout doit dépendre. A quoi s'ajoute, dans sa réflexion, le sentiment qu'il éprouve à l'égard de l'esprit public, en France, envers les problèmes militaires. Le fait est que, depuis les hécatombes de 1914-1918, depuis que l'Alsace-Lorraine a été recouvrée, le pays n'a qu'un souci : sa sécurité. Sa démographie décadente, l'infériorité de sa production industrielle, handicapée par la reconstruction nécessaire des régions dévastées, la fragilité de sa monnaie, donnaient à la société française un tel sentiment d'instabilité et de vulnérabilité que rien ne paraît l'effrayer plus que le cauchemar de nouveaux bouleversements. A l'origine de la réflexion menée par de Gaulle, il y a donc aussi ce souci de sécurité, cette vulnérabilité de la France, ce désir passionné de prévenir les futurs désastres.

A quoi s'ajoute une lassitude évidente des Français envers un service militaire plus ou moins prolongé. L'industrie moderne a popularisé les notions de rendement, d'efficacité, de rapidité, de force mécanique : à cet égard, l'armée semble désespérément à l'écart de l'évolution générale. De là ce mélange de rancœur et de dédain où on la tient souvent dans une partie de l'opinion publique pour des raisons en grande partie justifiées. Enfin, de Gaulle voit, autour de lui, l'anxiété grandir face au réarmement industriel et militaire de l'Allemagne : les états-majors croient savoir que les effectifs français ne sont plus sensiblement supérieurs à ceux de la Reichswehr et ils ne sont plus du tout sûrs que les réservistes formés depuis 1919, beaucoup plus nombreux qu'en Allemagne, ne soient pas aussi de bien moindre qualité...

Le 5 mai 1934, est publié *Vers l'armée de métier*. De Gaulle y réclame la formation d'un « corps cuirassé » dont le cœur sera constitué de puissants groupements de chars d'assaut. L'idée en est elle-même issue des expériences de la Première Guerre mondiale et d'un courant de pensée qui en procédait [17]. Un engin, sur le modèle d'un tracteur, fut utilisé en 1915, sur le front d'Artois, pour écraser les lignes de fils de fer barbelé et enjamber les tranchées. Il se révéla peu efficace mais il avait déjà la qualité principale des chars : il était équipé, non de roues, mais de chenilles. L'engin fut redessiné, avec une tourelle, un canon, un blindage protégeant l'équipage et naturellement des chenilles : ce fut le premier char d'assaut pesant sept tonnes et roulant à quinze kilomètres à l'heure, et Renault commença à le fabriquer en série à partir de 1916. Au début de cette année-là fut créé, dans l'armée anglaise, le « Royal Tanks Corps », ainsi nommé puisque les chars y étaient baptisés « tanks ». Il fut engagé sur la Somme puis, pour la première fois avec un certain succès, dans le secteur de Cambrai, en mars 1917. Cela suffit pour inspirer une première ébauche d'une théorie de l'emploi des chars à quelques officiers britanniques, comme le colonel Fuller et le capitaine Liddell Hart. Dans l'armée française, le colonel Estienne veut en faire une « artillerie d'assaut » et il commande, le 16 avril 1917 à Corbeny et le 18 juillet 1918 à Villers-Cotterêts, les premières offensives utilisant les chars en avant de l'infanterie. La réussite ne fut pas évidente à Corbeny, mais elle fut éclatante à Villers-Cotterêts où 300 chars Renault, utilisés en bloc, firent une percée si profonde du front que Ludendorff parla de ce 18 juillet comme d'un « jour de deuil pour l'armée allemande ». L'épisode était si démonstratif qu'il avoua lui-même, le 8 octobre suivant, que « l'emploi en masse des chars est notre plus redoutable ennemi » et que, du côté français, on se mit à construire des chars de 60 tonnes destinés au franchissement des canaux du nord de la France, de sorte qu'à la fin de la guerre, l'armée française comptait déjà 3 120 chars.

Estienne, devenu général, voulait qu'on tirât toutes les conséquences d'une expérience dont il avait été le principal inspirateur. A cet effet, il engagea une véritable campagne dont il résumait ainsi le thème aux élèves du Conservatoire des Arts et Métiers, le 12 février 1920 : « Réfléchissez, Messieurs, au formidable avantage stratégique et tactique que prendraient, sur les armées lourdes du plus récent passé, 100 000 hommes capables de couvrir 80 kilomètres en une nuit, avec armes et bagages, dans une direction quelconque et à tout moment... Poursuivi, les chars dans les reins, l'ennemi ne peut se rétablir ; il est défait sans retour comme au soir de Cannes ou d'Iéna. » Loin d'être écouté, il est mis à l'écart. Mais le général Flavigny, directeur de la cavalerie, imagine à son tour que les chars pourraient rendre à son arme l'efficacité et la mobilité qu'elle n'a pu connaître durant la guerre : il propose donc de substituer le char au cheval. Il n'est pas écouté davantage et même les chefs militaires qui, comme Weygand, paraissent un instant sensibles aux vertus spécifiques du char d'assaut, refuseront ensuite, systématiquement, d'en faire autre chose qu'un instrument de soutien et d'accompagnement de l'infanterie et de l'artillerie. Jean Lacouture a retrouvé dans les comptes rendus des séances de la Chambre des députés, en mars 1922, un éloquent plaidoyer en faveur d'un emploi révolutionnaire des chars d'assaut, dû à un obscur député de Haute-Savoie, Jacques Duboin : mais ce fut aussi un plaidoyer solitaire.

Quatre ans plus tard, le général Doumenc, futur major général des armées en 1940, soumettait à l'état-major un projet de division blindée de type moderne. Il ne fut pas retenu bien que, les années suivantes, les généraux Hering, Baratier et Nollet aient tenté de le reprendre. En Angleterre, Fuller, devenu brigadier général, défendit une doctrine tout entière fondée sur l'emploi des chars d'assaut pour la rupture des fronts et l'exploitation de la « percée ». Mais c'est en Allemagne, où l'on avait manqué l'occasion, pendant la guerre, de pressentir et d'expérimenter ce que pouvaient faire les chars, qu'on alla le plus loin. En 1933, le *Militär-Wochenblatt* publia un thème tactique relatif aux grandes unités de chars d'assaut. C'était d'autant plus remarquable que l'armée allemande, à cette date, n'avait pas encore le droit de fabriquer des chars. L'état-major français en publia plus tard une analyse, en dix-neuf pages, intitulée : *Tactique générale allemande.* L'emploi des chars y était prévu dans le cadre de formations blindées autonomes capables d'utiliser leur vitesse indépendamment des servitudes de l'infanterie. La mobilité et la protection par les blindages caractérisaient, selon les rédacteur du *Wochenblatt*, l'unité blindée moderne. Tout devait être sacrifié à l'emploi massif des moyens automobiles qui, seuls, pouvaient rendre au mouvement des forces la vitesse et l'ampleur qu'elles n'avaient pu connaître avant 1918. L'emploi des unités blindées devait être réservé à la percée des fronts, au débordement des flancs et à l'encerclement de l'ennemi : en revanche, elles étaient inaptes à l'occupation du terrain et il serait donc nécessaire de les compléter par des formations d'infanterie motorisées et d'artillerie autotractée. Une série de conséquences tactiques en étaient déduites, que l'on devait retrouver dans le règlement sur la « conduite des troupes », rédigé entre 1933 et 1934 et publié en 1936.

Par la suite, la doctrine allemande ne cessa de s'en inspirer. En 1935, le général von Eimannsberger, alors de nationalité autrichienne, publia *La Guerre des chars*, suivie d'une série d'articles sur le même sujet, où il condamnait toute conception uniquement basée sur le déplacement simultané de l'infanterie et de l'artillerie et proclamait qu'il était impossible, à l'âge de l'automobile, de s'en tenir à la vitesse de déplacement des fantassins. Toute la littérature consacrée à ce thème inspira le général Heinz Guderian qui fut le premier, en Allemagne, à présenter une doctrine globale et systématique de l'emploi des forces blindées dans son livre *Achtung Panzer* puis, en 1937, dans un court ouvrage technique, *Les Troupes blindées en liaison avec les autres armes*. On s'est demandé parfois s'il s'était inspiré du livre que de Gaulle avait publié en 1934, s'il avait été sensible à ses arguments ou même s'il l'avait connu. On sait aujourd'hui la réponse : arrivant à Berchtesgaden aux derniers jours de la guerre, le commandant Alain de Boissieu, futur gendre du général de Gaulle, découvrit, dans le repaire où Hitler avait résidé si souvent, un exemplaire de *Vers l'armée de métier*, annoté de la main de Guderian, mais il ne put empêcher qu'avec beaucoup d'autres livres, il soit alors brûlé [18].

De Gaulle n'a pas eu, dans la première phase de sa carrière militaire, une expérience directe des chars. Tout au plus a-t-il assisté à quelques raids que ceux-ci font au cours de la campagne de Pologne en 1920. L'année suivante, avant son entrée à l'Ecole de Guerre, il fait un stage dans une unité motorisée et, en 1925, il se rend à un dîner, au restaurant Ledoyen, des anciens officiers de chars dont l'association est présidée par le général Estienne, et il s'entretient longuement avec celui-ci au point que les autres convives, déjà surpris de la présence de cet officier d'infanterie, ont le sentiment qu'il veut « l'accaparer »... Ce ne sont évidemment que les traces furtives d'un itinéraire qui devient plus visible quand il entre au secrétariat général de la Défense nationale. Il y est témoin, on s'en souvient, de la conception, puis de l'échec rapide, du plan de désarmement que Tardieu a présenté à Genève et qui prévoyait que les armements les plus modernes, avant tout les chars d'assaut et l'aviation, soient retirés aux armées nationales et concentrés dans une force commune à la disposition de la SDN et de nature à répondre par une action fulgurante à toute agression que l'organisation internationale aurait condamnée. Il prend part, ensuite, à la préparation du « plan constructif », dont il fait état, du reste, dans ses *Mémoires de guerre*, et où se retrouve l'idée d'une force commune dotée d'une grande mobilité et principalement constituée de chars. L'échec de ce plan, comme du précédent, à la conférence de Genève, prouve justement que les Etats européens veulent, pour la plupart, conserver leurs propres moyens d'action militaires et non s'engager d'avance à se soumettre aux jugements de la SDN. Mais, pour de Gaulle, il reste que la mobilité et la puissance d'une force essentiellement constituée de chars d'assaut ouvrent désormais la voie à des actions offensives de grande envergure et vont enfin permettre de sortir de cette « impasse de la stratégie » que fut la guerre des tranchées sur le front français.

Il y réfléchit tout au long de l'année 1932. En novembre, son ami Lucien Nachin publia dans le *Journal des Anciens Enfants de Troupe* un article élogieux sur *Le Fil de l'épée* et, dans le même numéro, un texte qu'il signe, très modestement, « réflexions d'un amateur », où il traite des conséquences qu'entraîneront, à son avis, pour l'armée, « la motorisation et le cuirassement des véhicules ». Pour l'auteur, les hécatombes de la Grande Guerre rendent indispensables, dans l'avenir, le retour à la protection des combattants, comme jadis elle leur était donnée par les armures. Dans un conflit futur, elle serait assurée par la cuirasse des chars associée à la mobilité procurée par le moteur : il y faudrait, pour l'emploi de ces engins, une compétence que n'auraient que des professionnels, de sorte qu'une guerre nouvelle opposerait moins des masses de fantassins promis à l'hécatombe que de grandes unités spécialisées.

De Gaulle, naturellement, ne lit pas seulement l'aimable compte rendu de son livre, mais cet article dont il ignore d'abord que Lucien Nachin lui-même est l'auteur. Il lui écrit pour lui dire l'intérêt qu'il y trouve : il y a vu l'esquisse de conceptions « qui sont désormais, dit-il, les miennes », bien qu'elles soient abordées « de biais », c'est-à-dire en prenant pour point de départ la protection des combattants, et il lui annonce qu'il y consacrera son prochain ouvrage. En attendant, il rédige sur ce thème, maintenant primordial à ses yeux, un article qui est publié en mai 1933 par la *Revue politique et parlementaire*. Ce n'est encore qu'un plaidoyer pour une réforme des structures de l'armée française, mais qu'imposent, écrit-il, « les nécessités de la couverture, les exigences de la technique guerrière, l'évolution internationale ». Du moins y trouvait-on l'amorce des idées qu'il allait développer dans son livre : une doctrine nouvelle d'emploi des chars et le recours à des professionnels pour former l'armée future. L'article ne rencontre qu'un écho limité à un fraction des milieux militaires, mais c'est assez pour que des amis communs, au mois d'octobre, le mettent en contact avec la direction de *L'Aube*, quotidien d'inspiration démocrate chrétienne, quand elle décide de lancer une enquête qui pose la question : « Nation armée ou armée de métier ? » Le style de la conclusion ne permet de douter que c'est de Gaulle qui l'a écrite :

> Parce que notre frontière est ce qu'elle est, que nos voisins sont ce qu'ils sont, que nous avons l'Empire que vous savez, que nous nous trouvons

bon gré mal gré liés à d'autres peuples, eux aussi bien déterminés, je pense que le régime de la nation armée nous est actuellement indispensable, mais qu'il ne nous suffit pas.

Le manuscrit de son nouveau livre est bientôt prêt. Pour attiser la curiosité ou mieux en diffuser les idées, il en donne quelques extraits au première numéro de *La Revue des Vivants,* auquel plusieurs écrivains connus apportent leur contribution. Et, le 5 mai 1934, paraît *Vers l'armée de métier*. Il est signé : Charles de Gaulle. Aucune référence à son grade ni à ses fonctions. Aucune autorisation préalable n'a été demandée à l'autorité militaire. Aucun patronage n'est invoqué — d'autant que Pétain, devenu ministre de la Guerre, a écarté, de sa propre initiative ou sur les instances du général Laure, directeur de son cabinet, une discrète démarche que de Gaulle avait faite ou laissé faire en vue de revenir à ses côtés. C'est donc délibérément un appel à l'opinion publique qu'il lance en publiant ce livre, et d'abord, en réalité, à l'opinion militaire et à l'opinion politique.

De Gaulle, à dessein, ouvre son livre par la description de l'« infirmité séculaire de la patrie ». Ici s'exprime sa conception personnelle des données permanentes de l'Histoire, mais non sans qu'une dimension littéraire soit présente puisque la terre colore ici, de sa saveur charnelle, l'idée de la nation éternelle : « vieille argile faite aux douleurs », comme le chante le poète Albert Samain dont de Gaulle met ce vers en exergue de son premier chapitre. C'est qu'il veut que, d'emblée, l'image du pays suggère le fond du problème.

> Comme la vue d'un portrait suggère à l'observateur l'impression d'une destinée, ainsi la carte de la France révèle notre fortune. Le corps de la patrie offre en son centre un château fort, âpre massif de vieilles montagnes, flanqué de plateaux, languedocien, limousin, bourguignon ; tout autour, de vastes glacis, la plupart mal accessibles à qui les menace du dehors... Mais, au nord-est, une brèche terrible, joignant aux terres germaniques les bassins essentiels de la Seine et de la Loire. Le Rhin [...] à peine a-t-il touché la France qu'il s'éloigne en la découvrant. Or, justement, dans ces plaines basses, il ne se trouve ni mur ni fossé pour accrocher la résistance... Fâcheuse quant au relief, la frontière du nord-est ne l'est pas moins par son tracé saillant. L'adversaire qui frappe à la fois en Flandre, dans l'Ardenne, en Lorraine, en Alsace, à la porte de Bourgogne, porte des coups concentriques. Vainqueur en un point, il fait écrouler tout le système de la défense française. Cette trouée dans l'enceinte est l'infirmité séculaire de la Patrie.

Puis, de Gaulle, soulignant le rôle de Paris — « comment le qualifier sinon, avec Valéry, d'immense et de singulier ? » — insiste sur la concentration des richesses nationales au nord-est. Il reprend ici les thèmes qui ont inspiré naguère les promoteurs des fortifications qui devaient épargner à la France de nouvelles invasions. Et, se fondant à nouveau sur la primauté de la géographie, il montre comment celle-ci a conduit peu à peu à reléguer à l'arrière-plan les conflits qui opposaient la France à différents voisins, l'Angleterre par exemple, et à privilégier absolument le conflit qui, dans ce nord-est incertain, oppose perpétuellement « Gaulois » et « Germains ». C'est l'occasion, pour de Gaulle, d'évoquer les contrastes entre ces deux peuples en des pages dont il a sûrement voulu qu'elles soient parmi les plus « littéraires » de son livre, comme s'il imaginait qu'elles seraient un jour l'objet de futurs « morceaux choisis ». Impossible de ne pas y voir un exercice de style inspiré, certes, par la lecture de l'Histoire, mais aussi une estime égale pour les deux peuples dont il parle, tout comme, au lendemain de la Grande Guerre, il avait fait, dans *La Discorde chez l'ennemi*, l'éloge du peuple allemand en un temps où ce n'était certes pas l'usage en France, et où s'entrevoit peut-être l'espoir de quelque rapprochement futur à une imprévisible échéance.

> Ce n'est point que chacun méconnaisse la valeur de l'autre et ne se prenne à rêver, parfois, aux grandes choses qu'on pourrait faire ensemble. Mais les réactions sont si différentes qu'elles tiennent les deux peuples en état constant de méfiance. Ce Français qui met dans son esprit tant d'ordre, et si peu dans ses actes, ce logicien qui doute de tout, ce laborieux nonchalant, ce casanier qui colonise, ce fervent de l'alexandrin, de l'habit à queue, du jardin royal, qui tout de même pousse la chanson, se débraille et salit les pelouses, ce Colbert, collègue de Louvois, ce Jacobin qui crie : « Vive l'Empereur ! », ce politicien que fait l'union sacrée, ce battu de Charleroi qui donne l'assaut sur la Marne, bref ce peuple mobile, incertain, contradictoire, comment le Germain pourrait-il le rejoindre, le comprendre et s'y opposer ? Inversement nous inquiète l'Allemagne, force de la nature à laquelle elle tient au plus près, faisceau d'instincts puissants mais troubles, artistes nés qui n'ont point de goût, techniciens restés féodaux, pères de famille belliqueux, restaurants qui sont des temples, usines dans les forêts, palais gothiques pour les nécessités, oppresseurs qui veulent être aimés, séparatistes obéissant au doigt et à l'œil, chevaliers du myosotis qui se font vomir leur bière, route que Siegfried, le Limousin, voit épique le matin, romantique vers midi, guerrière le soir, océan sublime et glauque d'où le filet retire pêle-mêle des monstres et des trésors, cathédrale dont la nef polychrome, assemblant de nobles arceaux, emplie de sons nuancés, organise en symphonie pour les sens, pour la pensée, pour l'âme, l'émotion, la lumière et la religion du monde, mais dont le transept obscur, retentissant d'une rumeur barbare, heurte les yeux, l'esprit et le cœur.

Mais au-delà des variations littéraires et des images traditionnelles, il y a les exigences du temps présent. Constatant que cette masse allemande, la géographie la porte à se lancer, dans ses entreprises contre la France, vers la frontière du nord-est, de Gaulle invite à ne se faire aucune illusion sur les barrières qu'on pourra lui opposer. La neutralité de la Belgique n'a pas été respectée en 1914 : elle ne le serait pas davantage demain. La Grande-Bretagne a montré qu'elle ne s'engagerait pas en Europe continentale tant que ses intérêts essentiels n'y seraient pas en cause et aucune « alliance de revers » ne s'est encore substituée à l'alliance franco-russe de 1894, ni la fragile Petite Entente ni une alliance franco-soviétique encore très hypothétique, dont certains contestent l'efficacité et que beaucoup d'autres repousseraient avec horreur.

> En somme, écrit de Gaulle, et comme devant, rien de légal ni d'efficace ne s'oppose à la violence... Partout se raidit l'égoïsme des Etats... Et dans le même temps où nous déclarons mettre la guerre hors la loi [...] ailleurs on acclame la force, on proclame bonne et nécessaire la nostalgie du danger, on se groupe en milices, cohortes, sections d'assaut. Où donc est la digue du torrent ? [Et tout ce raisonnement conduit à cette conclusion qui est le but même du livre] : Il faut qu'une fraction de nos troupes reste toujours en éveil et capable de déployer toute sa force au premier choc.

Le second chapitre, « technique », débute par une sorte de chant à la gloire du machinisme. Puis est exposé le contraste entre le service militaire conçu en fonction des grandes masses utilisant des techniques simples à la complexité infinie des armements modernes qui suppose, selon de Gaulle, une préparation professionnelle des soldats analogue à celle des ingénieurs ou des techniciens des industries les plus avancées. A plus forte raison si la durée du service, comme l'opinion le demandait, était de plus en plus réduite. De là l'impérieuse nécessité, écrit de Gaulle, d'une armée prête, dès le premier jour, à se trouver au niveau de la guerre moderne. A l'image de la marine, de l'aviation, de la Légion, de la Garde mobile, de la police et même des pompiers, le « fer de lance » de l'armée française doit être un corps de techniciens.

Ce sera un corps cuirassé. De Gaulle consacre l'essentiel de son deuxième chapitre à mettre en évidence les specificités du char d'assaut, sa mobilité, sa puissance, ses possibilités tactiques, son aptitude au mouvement, à la manœuvre, à la percée. Sûr de convaincre de la formidable novation que représente le char d'assaut et des conséquences immenses qui résulteraient de son emploi massif en force autonome, il pressent, pourtant, qu'il va heurter bien des certitudes et des habitudes en suggérant que cette armée nouvelle doit être servie par des professionnels, et c'est donc pour prévenir les critiques qu'il veut marquer que ce sont bien les circonstances présentes qui imposent ce changement :

> Il est de fait, dorénavant, que sur mer, sur terre et dans les airs, un personnel de choix, tirant le maximum d'un matériel extrêmement puissant et varié, possède sur des masses plus ou moins confuses une supériorité terrible.

Mais il admet à l'avance que les données pourraient changer :

> Sans doute cet avantage, écrit-il, pourrait-il être momentané. Pour peu que la foule consente à s'organiser, à s'instruire avec toute la rigueur qu'exige désormais l'outillage [...] les éléments spécialisés perdraient progressivement leur puissance relative.

Mais on n'en est pas là et de Gaulle demande qu'on le constate :

> Pour un délai de plus en plus long, dans un espace de plus en plus large [...], les professionnels, dans leurs navires, leur avions, leurs chars, sont assurés de dominer.

Le troisième chapitre s'intitule « Politique ». Ici, comme il l'a toujours fait dans ses textes précédents, et comme il le fera dans la suite, de Gaulle entend bien montrer qu'une politique militaire doit être corollaire de la politique étrangère choisie par l'Etat. Ce choix, pour lui, s'inscrit dans le jeu éternel des intérêts nationaux. Car, dans ce chapitre, il ne fait aucune place à de vastes tentatives d'hégémonie mondiale ni à la force d'attraction des grandes idéologies modernes sur les masses, par-delà les frontières : esprit de formation classique, sceptique envers les mythes, fussent-ils les plus mobilisateurs, méfiant envers toute démesure, il juge, au contraire, que l'époque contemporaine a consolidé la solidité des groupes nationaux et que l'histoire à venir se jouera entre les nations. Il reconnaît alors et il trouve justifié que la France « ne médite point d'agrandissement ». Mais elle ne peut être indifférente au sort de l'Europe, c'est-à-dire au maintien de l'équilibre né du traité de Versailles, aux menaces qui risquent de le renverser.

> Ce qu'il advient, par exemple, écrit-il, de l'Europe centrale et orientale, du Danemark, de la Belgique, de la Sarre, de la Suisse, nous touche essentiellement.

Il ne veut pas oublier les efforts faits pour assurer la « sécurité collective » du continent mais, invoquant les plans français de désarmement, il rappelle que, pour prévenir ou briser toute agression, il faut, de toute façon, « le concours, au moins statique, de la force ».

S'il faut recourir à la force, encore faut-il pouvoir gagner. Or l'équilibre des forces, justement, n'est pas en faveur de la France dans sa confrontation avec l'Allemagne. De Gaulle, ici, tire la leçon de toute l'histoire diplomatique de l'après-guerre qui a confirmé que les Français ne pouvaient pas compter sur le soutien de leurs anciens alliés aussi longtemps que ceux-ci ne se croiront pas directement menacés par les changements intervenant sur le continent. Des alliances pourraient se former à nouveau, certes, mais elles ne préviendraient pas un désastre si elles étaient trop tardives ou insuffisantes. Mieux vaut regarder en face le tête-à-tête franco-allemand. Et la leçon à en tirer est implacable : c'est l'Allemagne qui est la plus forte.

Dans les spéculations sur les conflits futurs, on était alors accoutumé, à la lumière de la dernière guerre, à penser que l'essentiel, en dernier ressort, était le « potentiel », l'idée et le mot étant toujours de rigueur : à ce stade de son raisonnement, de Gaulle en déduit ici que la France, à moins de changer radicalement de système militaire, serait la plus faible.

Les trois derniers chapitres du livre, « composition », « emploi », « commandement », décrivent l'articulation des divisions blindées telles que de Gaulle les conçoit : une brigade blindée formée d'un régiment de chars lourds et d'un régiment de chars moyens, un corps de reconnaissance, une brigade d'infanterie motorisée et deux régiments d'artillerie. Il en propose le nombre : 6. Il en prévoit le recrutement : 100 000 volontaires. Il en précise la doctrine d'emploi : par la mobilité que lui assure le moteur, le corps cuirassé, « appareil répressif et préventif », agira avec la « brutalité » et la « soudaineté » grâce auxquelles il pourra « créer l'événement ». En d'autres termes, et pour envisager l'hypothèse la plus plausible, la France, si elle fait ce choix, pourra déclencher contre l'Allemagne une offensive foudroyante si celle-ci veut s'en prendre aux Etats d'Europe centrale ou orientale, ou simplement l'en menacer et l'amener ainsi à renoncer à ses entreprises.

Telle est l'« armée de métier » que propose de Gaulle. Comme on l'a vu, il lui semble impossible que le corps cuirassé — ou pour employer le vocabulaire qui s'est imposé plus tard : les forces blindées — soit servi par des conscrits passant moins d'un an sous les drapeaux. Ce n'est pas seulement la technicité des armements nouveaux et la spécificité de leur emploi qui l'en ont convaincu : la France est alors un pays à prépondérance rurale où la plupart des jeunes gens n'ont pas de formation scientifique, industrielle et technique et où les ouvriers des principales industries sont, en temps de guerre, « affectés spéciaux » dans les usines. De Gaulle pouvait donc penser qu'on ne trouverait pas, dans le contingent mobilisé chaque année, les hommes nécessaires, en nombre et en qualité, pour mettre en œuvre ce corps cuirassé. L'allongement du service militaire, porté à deux ans à partir de 1935, permettrait peut-être d'envisager d'autres solutions. Mais l'essentiel était la disponibilité absolue et permanente de cette force blindée, instrument d'action ou de réaction rapide et qui exigeait, en toute hypothèse, un très haut degré de compétence et d'entraînement. Encore de Gaulle ne suggère-t-il pas, dans son livre, que l'armée française doive, demain, se réduire à cette seule force blindée. Nulle part il ne propose que le reste soit dispersé ou supprimé. C'est une lecture inexacte qui a conduit parfois, comme, par exemple, chez Léon Blum, à croire que de Gaulle préconisait le remplacement de l'armée nationale telle qu'elle existait par une armée de métier telle qu'il la décrit. Ce malentendu devait provenir, sans aucun doute, du titre du livre. Mais celui-ci avait un but essentiel : convaincre que la France devait se doter d'un corps cuirassé d'un très haut niveau de puissance et qui, dans l'état actuel des choses, ne pourrait être servi que par des professionnels. De toute évidence, de Gaulle, pour atteindre ce but, préférait la clarté, quitte à provoquer.

A plusieurs reprises, on l'a vu, il associait l'aviation à la conduite des opérations dans la guerre future. Mais ce n'est pas l'axe de son livre. Les leçons des campagnes de 1939 et 1940 l'ont amené, à moins qu'il ne s'agisse de l'initiative d'un collaborateur ou d'un relecteur trop zélé, à introduire une phrase supplémentaire sur le rôle de l'aviation au service des offensives de blindés, dans une édition parue à Alger en 1944 : phrase inutile qui a donné lieu à des remarques polémiques et qui ne se retrouve dans aucune édition ultérieure. De fait, de Gaulle a envisagé le rôle de l'aviation dans les opérations conduites sur terre par les forces blindées, mais de façon très générale :

> Les escadres aériennes, écrit-il, capables d'opérer au loin, douées d'une foudroyante vitesse, manœuvrant dans les trois dimensions, frappant des coups verticaux — les plus impressionnants de tous — doivent jouer un rôle capital dans la guerre de l'avenir.

C'est ce qui est arrivé. Mais à la date où il écrivait, il n'y avait encore, ni en Allemagne ni en France, de modèles d'avions militaires adaptés à l'appui au sol, comme le seront les Stukas de la Luftwaffe. Leur rôle, du reste, pour l'aviation allemande, et pour les aviations alliées durant les campagnes ultérieures de la guerre sera important, et même décisif seulement quand elles auront la maîtrise du ciel.

Vers l'armée de métier était un appel. Sans hésitation, de Gaulle y écrit qu'on ne saurait s'attendre à ce que l'armée elle-même procède à sa propre transformation :

> L'armée, par nature, écrit-il, est réfractaire au changement... Vivant de stabilité, de conformisme, de traditions, [elle] redoute, d'instinct, ce qui tend à modifier sa structure.

Mais il sent, au contraire, que l'époque est propice à de formidables remises en cause dans l'esprit des nouvelles générations, dans le monde intellectuel, dans une société ébranlée par la dépression et le chômage. Il croit même y voir un goût nouveau pour les solutions radicales, l'autorité, la vigueur et la rigueur des choix. Le ton de sa conclusion a pu faire croire, très longtemps après, à un appel indirect, et comme subreptice, à quelque solution autoritaire des problèmes français. Nul, pourtant, ne s'y est trompé quand parut son livre : aucune ligue d'extrême droite ne l'a approché, aucun parti antirépublicain ne s'est réclamé de lui, pas plus que, durant les années suivantes, il n'a été sollicité par les organisateurs des réseaux secrets d'action anticommuniste que son ancien camarade, Loustaunau-Lacau, a organisés dans l'armée. Peut-être ses relations et sa réputation étaient-elles déjà si notoires que nul n'y pouvait songer. Du reste, il avait écrit, au terme de son livre, avec trop d'optimisme mais avec un incontestable respect du régime politique établi :

> Nul doute qu'à bref délai le jeu des institutions, suivant le mouvement des besoins, n'ouvre le champ aux résolus.

Le voici donc qui va jouer sa partie au cœur des « institutions », quitte à perdre, mais en espérant gagner.

Chapitre 5

UNE BATAILLE PERDUE

C'est du salon ovale d'un appartement du boulevard Beauséjour que part la campagne que de Gaulle, aussitôt paru *Vers l'armée de métier*, s'engage pour ce qu'il appelle alors le « corps cuirassé » et pour le changement radical de stratégie qu'il signifie. Le groupe d'amis qui s'y réunit tous les dimanches matin, autour du lieutenant-colonel Emile Mayer, va jouer, en effet, un rôle moteur dans cette campagne. De Gaulle en fait partie depuis que son ami Lucien Nachin l'y a introduit. Celui-ci avait lu en 1908 un article de la *Revue politique et parlementaire* sur « la réforme administrative de l'armée » et avait voulu prendre contact avec l'auteur : c'était Emile Mayer. Les deux hommes ne cessèrent plus d'être amis bien que ce dernier fût né en 1851 et Lucien Nachin en 1888. Ni l'un ni l'autre n'ont fait de très brillantes carrières dans l'armée mais tous deux y ont montré une indiscutable originalité. Lucien Nachin était « enfant de troupe », c'est-à-dire boursier de l'Etat destiné à être soldat, il était sorti premier de l'Ecole des sous-officiers de Saint-Maixent, était devenu sous-lieutenant à 23 ans, avait été cité à l'ordre de l'armée et blessé un mois seulement après le début de la guerre, nommé capitaine à 28 ans mais fait prisonnier en septembre 1915. C'est sans doute à la direction de l'infanterie, où il fut affecté après la guerre, que de Gaulle fit sa connaissance, en tout cas avant qu'il ne quitte l'armée pour les transports publics parisiens où il dirigea les services du personnel[1]. Mais c'est pour revenir bientôt, sans plus jamais revêtir l'uniforme, à sa passion pour les questions militaires : il y consacra, anonymement ou sous son nom, de nombreux articles et, surtout, il dirigea à la demande de l'éditeur Berger-Levrault, que de Gaulle avait connu en captivité, une collection de textes classiques sur l'art militaire dont il rédigea les préfaces.

Le directeur littéraire de cette maison d'édition, Etienne Répessé, avait connu de Gaulle au 33ᵉ régiment d'infanterie à Arras : bien que d'un grade inférieur, il était devenu son ami avant Verdun. Mais c'est avec Lucien Nachin que se noua, semble-t-il, la première amitié profonde et durable que l'on connaisse à de Gaulle. Excepté Répessé, de Gaulle paraît n'avoir eu de liens réellement amicaux qu'avec le capitaine Brillat-Savarin, en captivité, mais celui-ci ne survécut pas longtemps à la fin de la guerre. Ses relations avec les officiers des mêmes promotions de Saint-Cyr et de l'Ecole de Guerre étaient plutôt de camaraderie, comme avec Loustaunau-Lacau et Georges Picot, plus personnelles, cependant, avec le futur général Ditte et Jacques de Sieyès. Rien de comparable à son amitié avec Lucien Nachin. Jusqu'à sa mort, en 1952, celui-ci échangea avec de Gaulle une correspondance qui témoigne, d'après ce qui en reste, d'une totale liberté d'esprit et d'une remarquable égalité de ton. L'amitié qui le lia ainsi, jusqu'au bout, avec cet ancien « enfant de troupe » tout à fait autodidacte, est en tout cas, significative pour de Gaulle : rien de banal ici, rien de simplement traditionnel, rien d'hérité d'un milieu familial ou social, mais le choix délibéré d'un ami apprécié seulement pour sa personnalité, son originalité, son caractère.

C'est donc Lucien Nachin qui entraîna de Gaulle chez Emile Mayer dont il fréquenta très régulièrement le « cercle » à partir de son retour de Beyrouth, en 1932. « Etrange cercle » que celui-ci : on y retrouvait des avocats comme Jean Auburtin, des éditeurs, comme Etienne Répessé, une femme écrivain, Denise Van Moppès, des hauts fonctionnaires, des médecins, des catholiques comme l'historien de l'Eglise, mais aussi romancier, Daniel-Rops, et des pacifistes sourcilleux comme Joseph Monteilhet, mais bien peu, c'est le moins qu'on puisse dire, qui évoquent le conformisme, le conservatisme et moins encore quelque esprit réactionnaire. Leurs discussions les accaparaient, soit collectivement, soit plutôt par petits groupes, tout au long de la matinée de chaque dimanche. Après quoi quelques-uns se retrouvaient régulièrement le lundi à la brasserie Dumesnil, sur la place qui existait alors devant l'ancienne gare Montparnasse : mais, là, se réunissaient seulement ceux que passionnaient les problèmes militaires et ce groupe comptait toujours Emile Mayer, Lucien Nachin et de Gaulle.

Après que ses premiers biographes eurent signalé l'importance qu'avait eu, dans cette période de sa vie, le cercle d'amis réunis autour d'Emile Mayer, on a peut-être exagéré ou légèrement déformé ce que celui-ci a représenté pour de Gaulle. Avant tout, Emile Mayer n'était pas un personnge banal et n'avait certes pas eu de carrière ordinaire [2]. Polytechnicien, fils d'un ingénieur des Mines qui dirigeait à Angoulême la poudrerie et qui était issu lui-même d'une famille israélite assez pratiquante, il choisit, peut-être sans vraie passion, de faire carrière dans l'armée. Alors se succédèrent les moments de gloire et les périodes de rejet, la notoriété et l'opprobre, le contraire de ce qu'il fallait pour un avancement régulier et l'accès aux plus hauts commandements. On lui confie d'abord des enseignements importants et il est promu capitaine à 28 ans, après quoi il multiplie les articles, généralement publiés sans autorisation, où il prévoit l'échec des offensives qui ne tiendraient pas compte de l'efficacité dévastatrice de l'artillerie moderne et de l'emploi en masse des armes automatiques, devançant ainsi les futures leçons de Pétain mais bravant déjà les thèses généralement professées dans les états-majors. C'est assez pour qu'il ne soit promu commandant qu'au bout de 17 ans. L'un, pourtant, de ses articles, est à retenir plus que les autres : il y prévoit une guerre de fronts immobiles, de tranchées continues et d'où aucune percée n'est possible pendant longtemps...

Mais c'est un autre texte qui lui vaut ses premiers ennuis graves : dans la *Revue militaire suisse*, il fait état d'une note sur l'emploi des projectiles, qui n'a fait l'objet que d'une diffusion restreinte, et il évoquait les effets de l'emploi des canons de 75. Emile Mayer n'eut aucune peine à montrer qu'il s'agissait de données déjà connues et diffusées et, pour partie, de matériels retirés du service mais, dans le climat délétère de l'affaire Dreyfus, alors que la révision était en marche, les autorités politiques et militaires voulurent éviter ce qui risquait d'être une autre « affaire », d'autant qu'un parlementaire de droite interpellait déjà le gouvernement. Le 5 mai 1899, le commandant Mayer, bien que la seule faute qui lui fût reprochée était la publication sans autorisation d'un article dans une revue étrangère, fut mis en non-activité par suspension d'emploi — aggravée ensuite par « retrait d'emploi ». La sanction était si disproportionnée que, dès la défaite définitive des antidreyfusards, le général Piquart, devenu ministre de la Guerre, le réintégra dans la réserve en le nommant lieutenant-colonel. Il était loin, pourtant, d'avoir perdu toute sympathie dans l'armée. Au contraire, Joffre, qu'il avait connu au Lycée Charlemagne, mais aussi Galllieni et Sarrail, mais surtout Foch, qui fut de sa promotion à Polytechnique, restaient ouvertement ses amis. Foch, auquel il avait évité les brimades auxquelles les jeunes polytechniciens catholiques étaient alors soumis, eut même l'audace de lui proposer la direction du Centre des Hautes études militaires qu'il venait de fonder pour préparer les colonels à leur tâche de futurs généraux : c'en était trop pour un milieu où les sanctions prononcées contre Emile Mayer quelques années plus tôt avaient été généralement approuvées. Il reprit donc du service à la déclaration de guerre et il connut un moment de gloire quand *Le Temps*, célèbre quotidien républicain, réputé « sérieux » et officieux, reproduisit son article de 1902 dans la *Revue militaire suisse* : il parut alors si prophétique qu'on en fit partout d'innombrables éloges et qu'on l'imprima en « tiré à part ».

Aussitôt après vint la rechute : dans l'espoir, probablement très naïf, d'obtenir que soit adouci le sort de son ami Lucien Nachin, prisonnier de guerre, il lui envoie une lettre où il rend hommage aux qualités du soldat allemand... La censure française s'en empare, juge la démarche déplacée, sinon scandaleuse, et Emile Mayer retourne à la vie civile. Une dernière fois, cependant, la chance de jouer un rôle important lui est offerte, en décembre 1918 : l'ancien président du Conseil, Léon Bourgeois, partisan passionné de la nouvelle Société des Nations, veut faire étudier les moyens à donner à celle-ci pour qu'elle puisse être efficace, et le gouvernement français désigne Emile Mayer — probablement sur la suggestion de Foch — comme conseiller technique d'une commission qui réfléchira à la formation d'une force internationale pour faire respecter les décisions de la SDN. Elle est présidée par Paul Doumer, futur président de la République, assisté de Painlevé, qui fut président du Conseil, et de Millerand, qui le sera bientôt, avant d'être président de la République, et composée d'un bon nombre d'officiers généraux. Mais Emile Mayer se charge lui-même de gâcher cette chance en proposant au général Malleterre, qui lui offrait de réfléchir ensemble à des idées novatrices, de licencier purement et simplement l'armée française... Les moins conformistes pouvaient difficilement retenir une suggestion aussi évidemment provocatrice, alors que l'armée, même si elle aurait dû être réduite en nombre, avait encore quelques tâches importantes à remplir en Europe, ne serait-ce que sur le Rhin, et qu'aucun autre Etat n'envisageait naturellement de dissoudre la sienne...

Alors commença, pour Emile Mayer, la période la plus productive de sa vie, celle où il publia d'innombrables articles, une brochure très polémique, *Plus d'Armée, Plus de Guerre !*, un livre très critique sur la conduite des opérations dans le dernier conflit, *Nos Maréchaux*, et même des ouvrages de politique-fiction comme *Le Ministère Fidicsz et le Rétablissement de l'Empire d'Occident*. De tous ces textes émerge, avant tout, l'idée d'une stratégie nouvelle qui, à son avis, devrait s'imposer immédiatement aux responsables français. Ce serait ce qu'il appelait lui-même une « guerre aéro-chimique » par laquelle tout se résumerait à des actions massives d'une aviation chargée de répandre des gaz asphyxiants sur les grands centres de production et de population, et dont la menace seule, peut-être, suffirait à dissuader toute puissance de se lancer dans un nouveau conflit...

Que de Gaulle ait partagé quelques idées avec le lieutenant-colonel Mayer ne fait pas de doute : ils étaient hostiles, tous deux, à toute « doctrine *a priori* » et portés tous deux à critiquer le conformisme des états-majors. Mais on ne saurait aller plus loin. Par les jugements qu'il a portés sur Joffre et Foch, par exemple, on voit bien que de Gaulle ne pouvait souscrire à ceux d'Emile Mayer qui, entres autres, reprochait au vainqueur de la Marne de n'avoir pas porté ses troupes, en Belgique, à la rencontre des armées allemandes, qui étaient supérieures aux siennes en nombre et en matériels, alors que c'est, au contraire, par la retraite, la manœuvre et la contre-offensive qu'il a pu l'emporter. Pas davantage n'aurait-il pensé qu'il fallait licencier toute l'armée française après 1918. Et il n'a pas adhéré non plus à l'idée de « guerre aéro-chimique ». Sans doute peut-on y voir une anticipation de la doctrine de dissuasion nucléaire que de Gaulle, justement, a choisie et fait adopter quand il devint président de la Ve République. Mais l'aviation des années 20 n'avait rien à voir avec les missiles intercontinentaux, les sous-marins nucléaires lanceurs d'engins, ni même avec les bombardiers stratégiques des années 60, 70 ou 80, et les gaz asphyxiants n'étaient pas des bombes atomiques. Bref, le temps n'était pas encore venu, loin de là, pour que la « menace de destructions inacceptables pour l'ennemi » — définition même de la dissuasion à l'ère nucléaire — interdise toute agression. Le fait est que de Gaulle n'a pas souscrit à l'audacieuse conception de son ami et que, peut-être, ce qu'il y avait en elle d'excessif l'a plutôt détourné d'accorder plus d'attention à l'emploi de l'arme aérienne.

Mais c'était un ami. Dans les dédicaces des livres qu'il lui envoie, il se dit son « disciple » et son « élève ». C'était marquer, tout simplement, son respect et son affection pour un homme qui avait près de quarante ans de plus que lui. Ceux qui l'ont connu le confirment : ce qui distinguait Emile Mayer, c'était sa bienveillance, sa courtoisie, sa tendresse même, en même temps que sa liberté d'esprit et son audace intellectuelle. Comme aussi son dévouement à ses amis : il allait le montrer, une fois de plus, quand parut *Vers l'armée de métier.* De Gaulle y fut profondément sensible au point de toujours parler de lui, même longtemps après sa mort, en 1938, avec une particulière sensibilité. Cette amitié, en tout cas, n'est pas sans importance, pour comprendre de Gaulle. Elle s'adresse à un homme qui, d'aucune façon, et bien plus encore que Lucien Nachin, n'évoque son origine sociale, son milieu familial ni même les « influences » intellectuelles qu'on lui attribue souvent — excepté peut-être pour Bergson. Plus encore : c'est une amitié qui va à un personnage en rupture avec les usages et les traditions de l'armée. Certes, il était foncièrement un modéré, partisan déterminé de la République laïque mais refusant absolument le sectarisme borné des anticléricaux de son époque, dreyfusard convaincu mais se voulant compréhensif envers ceux qui crurent, plus ou moins sincèrement, en la culpabilité de Dreyfus : il reste qu'en plusieurs occasions notoires, il s'était violemment heurté à sa propre hiérarchie militaire. Il était régulièrement la cible des polémiques haineuses de *L'Action française*, comme les démocrates chrétiens de *L'Aube* avec lesquels de Gaulle avait travaillé pour leur enquête sur le problème militaire français, comme Paul Reynaud qui fut, on le verra, l'homme politique le plus proche de lui : ce qui confirme, si c'était encore nécessaire, son éloignement envers un journal dont il se bornait à lire, sûrement avec intérêt, les articles souvent brillants — encore que son fils, Philippe, ait écrit plus tard qu'il ne l'avait jamais vu ni chez son père ni chez son grand-père... De ce non-conformiste impénitent, de Gaulle fit son ami, l'un des très rares qui méritèrent ce nom.Voilà qui montre décidément, que, par ses choix personnels et intellectuels, il n'avait plus grand-chose à voir avec les milieux, les traditions, les mentalités, les familles et les hommes qu'il aurait dû préférer s'il n'avait été, justement, ce qu'il était.

Il va donc entreprendre, en cette année 1934, la bataille qu'il est décidé à livrer pour que son nouveau livre provoque le changement qu'il espère. C'est là que le cercle des amis d'Emile Mayer trouve sa pleine efficacité. Plusieurs, parmi eux, lui ouvrent les portes des quotidiens et des revues. C'est Emile Mayer lui-même qui conseille à l'un de ses invités du dimanche matin, Jean Auburtin, de lire le livre et qui lui en présente l'auteur bien que, prévient-il, il n'en partage pas toutes les idées. Jean Auburtin en tire un compte rendu enthousiaste et argumenté dans la *Revue des Sciences politiques*, tout en contestant que l'armée fût, suivant l'auteur, « l'expression la plus complète de l'esprit d'une société » — ce que de Gaulle, dans sa lettre de remerciement, reconnaît pour excessif. Les articles se multiplient, généralement très élogieux, comme celui d'André Lecomte, dans *L'Aube*, celui d'Emile Buré, dans *L'Ordre*, organe à la fois très républicain et très patriote, celui du général Duval, dans le très conservateur *Journal des Débats*, comme ceux que publie *L'Echo de Paris*, inspirés par de Gaulle lui-même au rédacteur en chef, André Pironneau, et même celui du colonel Larpent dans *L'Action française*. L'actualité, du reste, attire l'attention sur un changement éventuel de la politique militaire de la France et de sa stratégie. Après la décision de Hitler de se retirer de la conférence sur le désarmement et de la Société des Nations, le gouvernement français, dirigé par Gaston Doumergue, a choisi d'annoncer, en réplique, que désormais la France se chargera elle-même d'assurer sa propre sécurité et chacun comprend que la course aux armements, inévitablement, va reprendre en Europe. Du reste, en 1935, l'Allemagne annonce qu'elle rétablit chez elle le service militaire, en violation du traité de Versailles, et que sa durée sera de deux ans. La même année, conformément aux stipulations du traité, la Sarre, jusqu'ici autonome, vote et se prononce pour son rattachement à l'Allemagne. Les plus attentifs relèvent la formation des premières *Panzer Divisionen*, préfigurant ainsi la mise en œuvre du « corps cuirassé » que de Gaulle, justement, réclame. Et, à la fin de l'année, l'Italie entreprend la conquête de l'Ethiopie.

De Gaulle, pour sa part, n'hésite plus : c'est un choix politique qui imposera le choix militaire qu'il a proposé. Ce sont les hommes politiques qui, sous le choc des événements politiques nationaux et internationaux, décideront. C'est donc au monde politique qu'il va s'adresser. Là encore, c'est le cercle des amis d'Emile Mayer qui va le lui permettre. Il y a rencontré l'avocat Jean Auburtin[3]. Celui-ci, qui a fait la connaissance de Paul Reynaud au Palais, lui propose d'organiser un rendez-vous, et de Gaulle accepte. Ce n'est pas une décision banale ni insignifiante. Du reste, lors de leur première rencontre, le 5 décembre 1934, rue Brémontier, de Gaulle ne cachera pas à Reynaud qu'il veut que ce soit lui, et personne d'autre, qui soit le champion de la révolution militaire qu'il réclame. En vain Reynaud veut-il s'en remettre à quelque collègue membre de la commission de l'armée et explique-t-il qu'il est absorbé par sa campagne en faveur d'une dévaluation : de Gaulle, lui répond catégoriquement. « Inutile, lui dit-il, j'ai déjà cherché. Ce sera vous ou personne[4]. »

D'où venait donc un choix aussi définitivement et clairement affirmé ? Ce n'était pas la première fois, en vérité, que de Gaulle avait songé à prendre appui sur une personnalité politique. Neuf ans plus tôt, alors qu'il venait seulement d'être nommé commandant, il avait fait une première démarche, déjà très révélatrice de ses intentions et de son état d'esprit. C'est à Joseph Paul-Boncour qu'il s'était alors adressé en des termes qui montraient à quel point il désirait obtenir son appui[5].

> J'ai l'opinion, lui écrivait-il, que vous êtes personnellement appelé à jouer le premier rôle dans la construction du système nouveau de notre défense française [...] Vous poussez avec ardeur au changement de ce qui est, vous avez le sentiment de la continuité de la France, qualités indispensables à tout homme d'Etat qui doit jouer un grand rôle national.

Et il insistait pour qu'il lise l'article qu'il venait de publier : *Doctrine* a priori *ou Doctrine des circonstances.* Or, Paul-Boncour était alors député socialiste, l'un des plus proches amis de Léon Blum. Il avait, certes, pris part à la guerre et s'était toujours intéressé aux questions militaires, essayant même de proposer une solution de rechange à l'allongement du service militaire à trois ans, en 1913, mais c'est seulement après sa rupture avec la SFIO sur la question de la participation au pouvoir, qu'il allait devenir homme de gouvernement, comme ministre de la Guerre, puis des Affaires étrangères, et président du Conseil en janvier 1933. Il est vrai aussi qu'il avait été l'un des artisans du projet français de doter la Société des Nations d'une force permanente, composée en grande partie de chars et d'avions, et que de Gaulle, dès cette date, y a sans doute vu l'amorce d'une révolution future dans les systèmes de défense. Mais enfin Paul-Boncour était socialiste et il était l'un des personnages les plus notoires de la gauche française. Que de Gaulle, en 1925, n'ait vu là aucune objection le détournant de travailler avec lui, et même pour lui, montre à quel point il était éloigné des réactions traditionnellement les plus répandues dans son milieu d'origine et, plus encore peut-être, dans le corps des officiers. Paul-Boncour n'avait pas donné suite à la lettre envoyée par de Gaulle et s'il eut l'occasion d'approuver les thèses de *Vers l'armée de métier*, il garda ses distances envers l'idée de ne composer le personnel du « corps cuirassé » que de professionnels et, en tout cas, ne songea pas à s'en faire le champion.

Ce n'est donc pas à lui, mais à Paul Reynaud, que de Gaulle décide, en cette fin de 1934, de s'adresser. Cette fois, ce n'est pas un socialiste, mais un homme appartenant au centre droit de l'échiquier politique.

Mais c'est surtout une personnalité originale, déjà marquée par son indépendance d'esprit et son refus des conformismes, à commencer par ceux de sa famille politique. Libéral, il ne peut être bien vu des socialistes mais il est déjà, et sera bientôt de plus en plus l'ami personnel de Léon Blum. Partisan d'un capitalisme moderne et de la liberté des échanges, il heurte délibérément les traditions conservatrices et protectionnistes d'une grande partie de la droite française et il a toujours été reconnu, comme laïc et républicain. Pour comble d'originalité, Paul Reynaud plaidait pour une dévaluation du franc : selon lui, la France s'enfoncerait dans la crise si elle ne tenait pas compte des deux dévaluations successives de la livre sterling et du dollar, en 1931 et 1933, qui avaient rendu aux produits américains et britanniques leur compétitivité sur le marché international. Mais l'opinion publique française, encore sous le choc de l'inflation des années 20 et satisfaite d'avoir retrouvé en 1926, grâce à Poincaré, une monnaie stable, forte et bien adaptée aux exigences du commerce extérieur, répugnait instinctivement à une nouvelle manipulation de la devise nationale. Simultanément, Paul Reynaud avait réagi sans hésitation à l'arrivée de Hitler au pouvoir, dénoncé les dangers qui allaient en résulter et se disait déjà favorable à une alliance avec l'Union soviétique face à l'Allemagne hitlérienne.

C'est l'homme politique que de Gaulle choisit. Il discerne en lui assez de liberté d'esprit et de caractère pour s'opposer au conservatisme et au conformisme du corps militaire. Mais, comme il se range aussi parmi les « modérés » et comme il est classé plutôt à droite qu'à gauche, il ne suscitera pas dans l'armée la méfiance insurmontable qu'on y éprouve toujours envers une gauche réputée pacifiste ou un parti socialiste qui refuse de voter les crédits militaires. Politiquement parlant, il ne peut être l'objet d'aucune réaction négative, d'aucun rejet de la part de la hiérarchie militaire et des milieux sociaux dont elle provient en général. Apparemment, c'est donc un choix habile. En dehors de la fureur prévisible de *L'Action française*, — que de Gaulle néglige ici comme en d'autres occasions — Paul Reynaud devrait être assez largement écouté dans les groupes « modérés » tandis que les socialistes et la gauche antifasciste par hostilité envers l'Allemagne hitlérienne, devraient comprendre ses arguments. La suite va montrer que, plutôt que d'être habile, ce choix est risqué. Mais, en ce 5 décembre 1934, de Gaulle n'en voit pas d'autre.

De fait, les premières réactions de Paul Reynaud ce jour-là sont positives. Il voit bien que la France va devoir prendre des décisions urgentes pour sa défense et il note, à l'issue de sa première conversation avec de Gaulle : « Dans six mois, dilemme : ou augmentation du service ou armée de métier. » Il sait aussi, par son interlocuteur, que la hiérarchie militaire va sans doute s'opposer à lui car il note aussi : « Weygand contre. » En tout cas un dialogue est engagé qui ne cessera plus jusqu'en 1940 [6]. Est-ce, d'ailleurs, un dialogue ? On connaît 70 lettres que de

Gaulle a adressées à Paul Reynaud, mais on n'en connaît pas les réponses. Et on verra que le ton de cette correspondance prend bientôt un tour singulier pour celui qui la signe, insistant, déférent, presque suppliant, multipliant les offres de service... Mais, dans l'immédiat, Paul Reynaud est convaincu et veut se battre. Autour de lui, d'autres soutiens apparaissent, moins éclatants ou moins catégoriques, mais qui témoignent de la diversité des sympathies sur lesquelles de Gaulle peut compter et que, du reste, il a délibérément recherchées : Jean Le Cour Grandmaison, député de droite et ancien officier de marine, qui voit un corps de chars de bataille à la manière d'une escadre de croiseurs de haute mer, comme le font certains spécialistes anglais ; Marcel Déat, qui a quitté le parti socialiste comme Paul-Boncour, parce qu'il est favorable à la participation au pouvoir et qui passe alors pour l'un des esprits les plus originaux, cultivés et novateurs de la gauche française ; Pierre-Oliver Lapie, jeune député de Meurthe-et-Moselle qui est membre du groupe fondé par Paul-Boncour ; Philippe Serre, démocrate chrétien que le Front populaire fait élire en Lorraine ; Léo Lagrange, socialiste lui aussi, futur secrétaire d'Etat aux Loisirs et aux Sports du premier gouvernement de Léon Blum et qui, devant la menace hitlérienne, s'irrite du pacifisme persistant de ses amis et reçoit de Gaulle chez lui, quai Malaquais, dès 1935 ; l'ancien président de la République, Alexandre Millerand, que de Gaulle va voir au Sénat et qu'il espère avoir convaincu...

Le débat s'engage dans les milieux politiques et devant l'opinion publique à l'occasion des séances que la Chambre des députés consacre, à partir du 15 avril 1935, au problème militaire français, en vue d'allonger à deux ans la durée du service militaire. De Gaulle y assiste. Il entend Léon Blum reprendre l'apologie des armées de masse recrutées par une conscription universelle, qui inspira naguère Jaurès dans *L'Armée nouvelle*, et s'opposer à toute armée professionnelle, plus réduite en nombre. Blum prononce même son nom : « L'armée de choc et de vitesse, comme dit, je crois, M. de Gaulle, toujours prête pour les expéditions offensives et pour les coups de main... » Pour le dirigeant socialiste, il ne servirait à rien d'avoir une armée de métier organisée pour l'offensive alors que l'on a choisi depuis de longues années un système défensif, constitué d'une ligne continue de fortifications et que des crédits énormes y ont été consacrés. Du reste, il s'en tient, dans sa péroraison, à un langage délibérément pacifiste.

Paul Reynaud lui donne la réplique. « Le problème français, déclare-t-il, du point de vue militaire, est de créer un corps spécialisé propre à des répliques aussi foudroyantes que l'attaque, car si l'assailli n'a pas des ripostes aussi rapides que l'assaillant, tout est perdu. » Il démontre que la force blindée que suggère de Gaulle — qu'il ne cite pas ce jour-là — est la seule qui puisse riposter, par une offensive immédiate, aux actions que l'Allemagne pourrait entreprendre au centre et à l'est de l'Europe. Léon Blum écrira plus tard : « Si la pensée du général de Gaulle m'avait séduit, si l'appel direct de Paul Reynaud m'avait ému, j'étais bien loin d'être parvenu, sur le plan purement technique, à la certitude imperturbable qu'ont imposée les événements[7]. » Plusieurs approbations, de divers bancs, ont appuyé Reynaud. Mais elles ne pèsent d'aucun poids face à la position du gouvernement, de l'état-major, des hommes politiques qui incarnent la continuité de la politique militaire menée depuis plusieurs années.

Daladier est le plus notoire et le plus influent d'entre eux. Ce jour-là, il se borne à plaider pour le service de deux ans et il expédie en un membre de phrase tout projet de « corps cuirassé ». « Je ne serais pas éloigné de la thèse de M. Paul Reynaud en ce qui concerne la qualité, déclare-t-il, bien que je n'accepte pas ses conclusions qui me paraissent conduire à la formation de l'armée de choc professionnelle, plus dangereuse qu'on ne le croit pour la sécurité du pays. » En réalité, il a déjà exposé sa conception l'année précédente, lors du débat militaire du 15 juin 1934 à la Chambre des députés. A cette occasion, il avait délibérément opposé deux systèmes, « celui de l'offensive tel qu'il a été appliqué en 1914... qui, hélas ! a failli aboutir à la ruine définitive de nos libertés s'il ne s'était pas produit le prodigieux redressement de la Marne », et « la cuirasse ou la stratégie défensive ». Leur opposition, affirmait-il, est totale : « Il est impossible de soutenir que l'on puisse trouver un système permettant de concilier deux doctrines aussi fondamentalement opposées. [C'est] la raison profonde qui nous fait voter ces crédits [pour les fortifications de la frontière nord-est], à nous radicaux... Vous avez construit depuis Dunkerque jusqu'à Nice, un réseau fortifié... Vous avez entassé sur vos frontières ces blocs de béton, vous avez construit ces forts, ces casemates, ces carapaces, qui sont à l'épreuve de tous les canons actuellement connus... C'est maintenant la couverture qui doit être l'élément essentiel. Cela, nous l'avons soutenu. Nous avons fait en sorte que cette couverture fût inviolable. »

Avec le recul du temps, cette conception paraît insoutenable : elle revenait à laisser l'Allemagne, devenue hitlérienne, se lancer, sans résistance de la part de la France, dans toutes les entreprises qu'elle pouvait projeter à l'est et au centre de l'Europe, et à se fier uniquement aux capacités défensives de fortifications qui, du reste, n'allaient ni jusqu'à Dunkerque, ni jusqu'à Nice. Mais il faut pourtant la comprendre. Cette conception, au fond, avait une certaine logique interne. La France ne demandant rien à personne, l'essentiel était de protéger ses frontières et pour cela de construire un réseau de fortifications : mais, naturellement, elle faisait abstraction de l'équilibre de l'Europe, des engagements pris par le France envers plusieurs Etats d'Europe centrale et orientale, de la volonté évidente et farouche de l'Allemagne hitlérienne de réviser l'ordre territorial établi par les traités de 1919 et, par-dessus tout, de l'hégémonie redoutable qu'elle acquerrait sur le continent si on la laissait mener à bien ses entreprises. A l'arrière-plan de cette doctrine militaire défensive, il y avait une conception purement défensive de la politique extérieure de la France, mais qui n'était ni proclamée ni avouée car elle était évidemment contradictoire avec ses engagements envers plusieurs pays de l'est de l'Europe et sa volonté affichée de maintenir l'équilibre européen issu de la victoire de 1918.

En tout cas, le commandement avait bâti ses conceptions, sa doctrine et sa stratégie sur cette manière de voir. D'emblée, il s'opposa donc aux thèses de *Vers l'armée de métier.* Pétain, ministre de la Guerre en 1934, ne s'exprime pas lui-même mais fait parler ses disciples. Le général Debeney, ancien chef d'Etat-Major général de l'armée, publia dans la *Revue des Deux Mondes,* un article où il expliquait que le « corps cuirassé » serait inefficace dans une offensive en Rhénanie, « dans un pays qui n'a rien de commun avec les plaines de Hongrie et de Pologne, où les routes traversent constamment des villages, où le terrain en dehors des routes est couvert de clôtures et d'arbres, coupé de ravins profonds ». Dans la même revue, Weygand écrivit l'année suivante, au moment du débat sur le rétablissement du service militaire de deux ans : « Nous avons une réserve mécanisée, motorisée et montée. Rien n'est à créer. Tout existe. » *Le Figaro* publie une série d'articles signés de Jean Rivière pour démontrer que « les chars ne sont pas invincibles », formule qui leur sert de titre. Dans *Le Mercure de France,* un officier général anonyme veut montrer pourquoi la France ne doit pas choisir les mêmes options militaires que l'Allemagne : « Les Allemands étant naturellement offensifs, écrit-il, doivent naturellement avoir des Panzer Divisions, mais la France, pacifique et défensive, ne peut être que contre-motorisatrice. » Le général Maurin, succédant à Pétain au ministère de la Guerre, affirma devant les députés que la création d'un corps cuirassé « était inutile, non souhaitable et qu'elle avait contre elle la logique et l'histoire ». Pétain se décida ensuite à intervenir lui-même. Dans deux articles de la *Revue de Paris,* sur « la préparation militaire de la France », il assurait que « les chars et les avions ne modifiaient pas les données de la guerre et que l'élément principal de la sécurité française était le front continu étayé par la fortification ». Et il revint à la charge, en 1938, dans une préface du livre du général Chauvineau, *Une invasion est-elle encore possible* ? où il condamna toute conception basée sur l'utilisation massive et autonome des chars d'assaut : « Chers, écrivit-il, ils sont rares et relativement lents à se mettre en place... Le temps nécessaire au développement de leur action efficace peut être utilisé par le défenseur pour amener ses réserves... Sur terre, le barrage mortel qui s'oppose aux engins chenillés existe, c'est l'obstacle des mines associé au feu des armes antichars... Devant ce barrage, les divisions cuirassées seront à la merci d'une contre-attaque sur les ailes. » Traitant directement des thèses soutenues par de Gaulle, sur le « corps cuirassé » et de sa doctrine d'emploi, il était catégorique : « Les résultats décisifs qu'atteindrait cette armée seraient sans lendemain. Aucune garantie n'est prise contre un échec possible... Quant aux chars qui devaient nous ramener aux guerres courtes, leur faillite est éclatante !... Qu'est-ce que les chars en grande masse pourraient bien faire en arrivant dans la région parisienne ?... Du reste, la parade serait facile : des troupes transportées en camion et quelques chars cuirassés suffiraient pour pallier une éventuelle invasion par les corps blindés allemands. » Plus précisément, il excluait qu'un envahisseur puisse entrer en France par les Ardennes et prophétisait que ces forces, pour peu qu'elles en aient traversé les forêts, seraient « repincées à la sortie ». Quant au rôle de l'aviation, il était formel : « L'action directe des forces aériennes dans la bataille est illusoire. »

Nul doute que de Gaulle fut plus impressionné, plus meurtri peut-être par l'ampleur des réactions hostiles de l'armée qu'il ne l'avait prévu lui-même. Le fait est qu'il en fit état longuement et sans précautions de langage dans les *Mémoires de guerre* qu'il écrivit près d'un demi-siècle plus tard. Ce ne sont pas les railleries qui l'affectèrent le plus et il prit soin d'en reproduire un exemple particulièrement savoureux : « On est gêné pour apprécier avec la courtoisie qu'on voudrait des idées qui avoisinent l'état de délire, écrivait une revue littéraire dont il ne cite pas le nom. Disons simplement que M. de Gaulle a été devancé, il y a nombre d'années, par le père Ubu, qui était grand tacticien lui aussi, avec des idées modernes. Comme nous serons de retour de Pologne, disait-il, nous imaginerons au moyen de notre science en physique une machine à vent pour transporter toute l'armée... » Ce sont les jugements et le comportement de ses pairs et de ses chefs qui le heurtaient surtout. Il cite trois fois le général Maurin. D'abord pour ses propos à la tribune de la Chambre des députés, affirmant que les forces françaises ne devraient jamais aller au-delà de la ligne Maginot, « en avant de cette barrière, à je ne sais quelle aventure », et de Gaulle en conclut que

> ces paroles, qui réglaient le sort du corps spécialisé, prévenaient en même temps les bons entendeurs d'Europe, que, quoi qu'il advînt, on n'entreprendrait rien d'autre que de garnir la ligne Maginot.

Après quoi, il évoque un incident survenu après une séance du Conseil supérieur de la Défense nationale dont il avait assuré le secrétariat :

> Le général Maurin m'interpella vivement : adieu, de Gaulle ! Là où je suis, vous n'avez plus votre place !.

Et il rapporte les propos qu'il « criait à des visiteurs » venus plaider sa cause :

> « Il a pris un porte-plume : Pironneau et un phonographe : Paul Reynaud.

Je l'enverrai en Corse ! » Mais il reconnaît que le général Maurin, « tout en faisant gronder le tonnerre, [...] eut la hauteur d'âme de ne pas le lancer ».

Une telle incompréhension de la hiérarchie militaire ne pouvait aller sans conséquences pour sa carrière. A la fin de 1936 il découvre qu'il a été rayé du tableau d'avancement pour le grade de colonel. Sa réaction est immédiate : il n'accepte pas de perdre ainsi toute chance de s'affirmer plus tard au sein d'un corps militaire, rétif à ses idées jusque-là, mais qui finirait bien pas être convaincu par la force des choses[8]. Au témoignage de Paul Reynaud, il vint donc voir celui-ci et lui annonça que sa carrière serait « brisée » s'il n'était pas dans la prochaine promotion de colonels car ses chances ultérieures d'avancement en deviendraient presque nulles. Reynaud accepte d'en parler à Daladier, ministre de la Défense nationale, qui, manifestement influencé par les bureaux de l'état-major, explique que de Gaulle ayant été fait prisonnier, « a de moins beaux états de service que ses camarades ». Prévenu, ce dernier expédie à Reynaud un courrier comportant le rappel de ses trois blessures et le texte de ses cinq citations, dont quatre à l'ordre de l'armée, et suggère que Daladier prenne lui-même connaissance de son dossier. En effet, Daladier est convaincu et de Gaulle sera nommé colonel en 1937.

L'épisode était révélateur. Il ne se serait pas produit, de toute évidence, si, dans les états-majors, du moins au-dessous des niveaux les plus élevés, n'existait une hostilité foncière envers de Gaulle, ses conceptions, peut-être aussi ses méthodes et ses relations avec le monde politique. En tout cas, il en conclut certainement qu'il n'avait plus rien à attendre d'une hiérarchie militaire qui lui barrait la route et rejetait ses idées avec tant d'âpreté. Il ne lui restait qu'à tenter d'influer autant que possible sur les milieux politiques et, puisque tout dépendrait en définitive du gouvernement lui-même, il fallait qu'il soit le plus proche conseiller de ses interlocuteurs dès que ceux-ci seraient au pouvoir. Ainsi s'explique le tour singulier pris par sa correspondance avec eux et les espoirs — qui se révéleraient excessifs — en certains d'entre eux. C'est en Marcel Déat, par exemple, qu'il plaça surtout sa confiance. Celui-ci avait fait publier, en avril 1935, dans *La Vie socialiste*, un article favorable aux thèses que Paul Reynaud venait de défendre devant les députés et aussitôt de Gaulle écrit à Auburtin : « Ce serait un atout de premier ordre qu'une intervention de M. Déat, qui se conjuguerait à gauche, avec celle de M. Paul Reynaud à droite. » Il rencontre donc Marcel Déat au début de 1936, alors que celui-ci est ministre de l'Air et, le temps d'un dîner et d'une soirée, est son interlocuteur exclusif. Au témoignage de Philippe Serre, c'est, en effet, sur Déat qu'il comptait le plus pour faire prévaloir ses idées — peut-être, parce que, prévoyant la victoire prochaine des partis de gauche aux élections législatives, il suppose que son influence pourrait devenir décisive. C'est une déception : Déat est battu aux élections de 1936 et, écrira de Gaulle dans ses *Mémoires de guerre*, « fut attiré dans une voie opposée ». Le 13 novembre 1937, dix-huit mois plus tard, il écrivait pourtant à Auburtin, après avoir reçu le dernier livre de Marcel Déat, *Le Front populaire au tournant*, que c'est « un grand talent et une grande valeur. C'est de quoi on lui en veut. Mais, patience, je crois qu'on le verra remonter et aller très haut ». Nul doute que dans sa quête des hommes politiques qui auraient assez de courage et d'envergure pour transformer le système militaire français, Déat, bientôt favorable à Munich, hostile à l'entrée en guerre contre l'Allemagne, partisan acharné et désespéré de la collaboration avec les nazis jusqu'à la fin, fut sa plus grande déception.

Il ne lui restait qu'à compter sur Paul Reynaud, à espérer qu'un jour il accéderait au pouvoir, à devenir auprès de lui le « Carnot » des futures armées françaises. Dans ce but, il ne néglige rien, multipliant les prévenances, les compliments et même quelques flatteries, comme dans cette lettre du 2 décembre 1935 :

> « Il n'y a pas le moindre doute qu'un proche avenir ménage à votre politique et à votre personnalité un triomphe proportionné à leur valeur et à leur courage », et dans celle du 3 décembre : « Les grands esprits, disait Vauvenargues, ne doivent attendre le succès que de grandes idées, de grandes actions et de rien d'autre. Vous êtes la démonstration vivante et éclatante de cette devise. »

Longtemps, le ton restera le même : désespérément, de Gaulle s'accroche à l'espoir que son illustre interlocuteur accédera au pouvoir, soit parce que les événements lui auront donné raison, par exemple pour la dévaluation du franc ou l'alliance franco-russe, soit parce qu'en effet il peut compter sur des alliés et des amis aussi bien à gauche qu'à droite : il doit alors être son conseiller direct, son collaborateur le plus proche. Etait-ce une voie trop étroite ? Sans doute. Mais, tout au long des trois dernières années qui séparaient encore de la guerre, il ne vit aucun autre recours, ne trouva aucun autre soutien. Cette voie étroite conduisit pourtant au but : mais en 1940 seulement, bien trop tard et dans les pires conditions.

Un événement dont la portée historique se révéla considérable va soudain illustrer ce qu'il y a d'essentiel, et littéralement de vital, dans le choix qu'il faut faire entre le système militaire français tel qu'il est et celui que de Gaulle veut faire adopter. A l'automne 1935, le 2e bureau de l'état-major avertit le haut commandement que le gouvernement allemand prépare la réoccupation de la Rhénanie, encore démilitarisée en vertu des articles 42 et 43 du traité de Versailles. Le 21 octobre, l'état-major de l'armée en prévint le gouvernement qui, de son côté, est informé par d'autres sources, de l'éventualité d'une réoccupation de la Rhénanie dont l'occasion serait, selon l'ambassadeur de France à Berlin, André François-Poncet, la ratification par le Parlement du traité franco-soviétique conclu l'année précédente [9]. Le gouvernement veut réfléchir à ce qu'on devrait faire. Le 1er février 1936, le ministère des Affaires étrangères, alors dirigé par Pierre-Etienne Flandin, s'adresse ainsi au ministère de la Guerre, dont le titulaire est le général Maurin : « Il y a lieu de déterminer quelles mesures de précaution ou de riposte devrait appeler, dans un délai minimum, toute initiative que prendrait l'Allemagne en vue d'abroger unilatéralement le statut de la zone démilitarisée [10]. »

Le moins que l'on puisse dire est que ce texte était équivoque. Si les « précautions » n'impliquent pas l'action, la « riposte » impose d'agir. La réponse fut une note de l'état-major, contresignée par le général Maurin, en date du 12 février [11]. Elle prévoyait toute une série de mesures en vue de déployer un « dispositif de couverture », en 23 jours et qui allait de « l'alerte simple » à « l'alerte renforcée » comportant le rappel de 35 000 réservistes des départements frontaliers, au « dispositif de sûreté » qui implique la mobilisation de 120 000 disponibles et réservistes puis à la couverture « simple ou renforcée » avec le rappel d'un million d'hommes. La correspondance qui s'engage alors entre Flandin et Maurin ne met fin ni aux équivoques ni aux indécisions mais révèle déjà les plus graves contradictions au sein du gouvernement français [12]. Elle aboutit le 27 février à trois décisions qui se révéleront décisives pour l'issue de la crise : la France n'utilisera pas le droit d'agir seule, sans attendre que la SDN se prononce, en cas de « violation flagrante et incontestable » du traité de Locarno, comme ce traité, pourtant, le lui reconnaît, elle n'agira « qu'avec l'accord des cosignataires de Locarno » — ce qui fera tout dépendre de la décision britannique — et ne prendra éventuellement que des mesures de précaution, enfin, les gouvernements belge et anglais en seront avertis, ce qui va les convaincre aussitôt que la France, à moins de soutiens alliés immédiats et catégoriques, ne fera rien [13].

C'est, en effet, ce qui va se produire. Prévenu dans la matinée du samedi 7 mars de l'entrée des troupes allemandes en Rhénanie, Albert Sarraut réunit, dans l'après-midi, les ministres de la Guerre, de la Marine et de l'Air, c'est-à-dire le général Maurin, François Pietri et Marcel Déat, ainsi que Paul-Boncour, qui est ministre d'Etat, et Georges Mandel, ministre des Postes. Seuls ces deux derniers sont partisans d'une riposte, les autres marquant aussitôt leurs hésitations et leur prudence. Le général Maurin décide de mettre en place le dispositif « d'alerte simple », qui n'implique aucun rappel de mobilisables mais concentre sur la ligne Maginot quelque 55 000 hommes, c'est-à-dire beaucoup plus que les soldats allemands entrés en Rhénanie, qui étaient environ 30 000 [14]. Le Conseil des ministres se réunit le dimanche 8 mars sans prendre aucune décision définitive et, malgré l'avertissement solennel lancé par Albert Sarraut — « nous ne laisserons pas Strasbourg exposé au feu des canons allemands » —, il annonça, le 9 mars, que la France, renonçant à user du droit que le traité de Locarno lui donnait de réagir elle-même contre sa « violation flagrante », faisait appel aux signataires du traité et à la Société des Nations.

Force est de reconnaître que le contexte national et européen était entièrement défavorable à toute réaction militaire ferme et rapide. La Belgique, trois jours plus tôt, venait de dénoncer la convention militaire secrète qui la liait à la France depuis 1920. L'Angleterre, qui avait considéré l'attitude française comme trop indulgente ou complaisante envers l'agression italienne en Ethiopie, était, cette fois, hostile à toute action et, durant les journées décisives des 7 et 8 mars, son ministre des Affaires étrangères, Anthony Eden, ne cessa de recommander au gouvernement français de ne rien faire[15]. A Varsovie, le colonel Beck rappela à l'ambassadeur français Léon Noël, qu'une alliance existait entre la France et la Pologne, mais il se borna à suggérer un « contact étroit » entre les deux gouvernements — ce qui n'empêcha pas l'agence officielle polonaise Iskra de publier un commentaire favorable à l'initiative allemande dès la nuit du 7 au 8 mars[16]. Le gouvernement soviétique fut seul à se déclarer disposé à une action, son ambassadeur à Londres, Maïski, précisant même à son collègue français qu'une « agression éventuelle de l'Allemagne ne peut être prévenue que par une opposition résolue[17] » mais il n'y avait pas de frontière commune germano-soviétique et personne, à Paris, ne songea à faire jouer le traité franco-russe que l'on venait de faire ratifier. Du reste, la presse française presque tout entière était hostile à une riposte militaire et les responsables politiques de tous les partis jugeaient instinctivement qu'il était impossible que l'on s'engage dans un conflit armé alors que l'on était à six semaines du premier tour des élections législatives. Quant aux responsables militaires, ils rappelaient sans cesse qu'une intervention n'était possible qu'avec l'Angleterre et que, si les opérations prenaient quelque envergure, il faudrait décréter la mobilisation générale. Le fait est que Gamelin, dans ses exposés oraux ou écrits sur la puissance militaire allemande, exagéra notablement celle-ci, l'évaluant très au-delà des indications dont il disposait mais il est vrai que le ministre de la Guerre et le président du Conseil pouvaient en disposer aussi et contester, par conséquent, ses conclusions[18]. C'est simplement qu'obéissant à son tempérament et sensible aux expériences qu'il avait vécues pendant la Première Guerre mondiale et, plus tard, lors d'innombrables discussions sur le budget des armées, il voulait, en cas de conflit, disposer d'une marge de supériorité assez incontestable pour être sûr de la victoire et ne laisser aux responsables politiques aucune illusion sur l'effort à faire.

L'essentiel, cependant, tenait au système militaire français. On pouvait constater, à cette occasion, que celui-ci, exclusivement défensif, n'avait fait aucune part à des capacités offensives ni à des forces capables d'une riposte armée massive et rapide. Dès lors que la France voulait réagir aux entreprises hitlériennes, elle pouvait aussitôt se rendre compte qu'elle n'en avait pas l'instrument militaire. Il ne pouvait y avoir plus éclatante illustration des thèses de *Vers l'armée de métier*, ni des risques terribles que la France allait courir faute de changer son système militaire.

La terrible leçon de l'affaire de Rhénanie donne à penser à de Gaulle qu'elle ne doit pas être perdue pour les hommes politiques les plus lucides : elle peut, elle doit les amener à réfléchir et à comprendre que le système militaire français est radicalement inadapté à la situation nouvelle de l'Europe, aux menaces que l'Allemagne hitlérienne fait peser sur l'équilibre du continent. Il n'y a rien d'étonnant à ce qu'il ait pensé que Léon Blum, devenu président du Conseil après les élections législatives d'avril et mai 1936, devait et pouvait être convaincu, et qu'il fallait donc qu'il le voie. Il s'en est expliqué lui-même près de vingt ans plus tard, dans ses *Mémoires de guerre*. Il estima que le « grand trouble » que traduisait la victoire du Front populaire, c'est-à-dire une profonde volonté de changement, pouvait être « l'élément psychologique qui permettrait de rompre avec la passivité ». En d'autres termes, il entrevoyait la possibilité d'un choc politique, intellectuel et moral qui, par contagion, pourrait atteindre les dogmes du système militaire français et les renverser. D'autant que son idéologie pourrait pousser la gauche française à un comportement plus radical et plus cohérent à l'égard des menaces extérieures :

> Il n'était pas inconcevable, devait-il écrire, qu'en présence du national-socialisme triomphant à Berlin, du fascisme régnant à Rome, du phalangisme approchant de Madrid, la République française voulût, tout à la fois, transformer sa structure sociale et réformer sa force militaire.

Apparemment, c'était une démarche normale, justifiée à ses yeux par les arguments les plus rationnels : c'était, pourtant, il faut y insister, un acte lourd de sens. Certes, de Gaulle a pensé d'abord, on l'a vu, que Paul-Boncour pourrait être son interlocuteur politique privilégié. Il a espéré que Marcel Déat le serait à son tour, peut-être à l'égal de Paul Reynaud. Pour une part au moins, ses affinités et, en tout cas, les relations qu'il a délibérément voulu établir, le portaient à gauche autant sinon plus qu'à droite. Mais on ne saurait oublier le climat de cette année 1936, la violence extraordinaire des campagnes déclenchées contre la personnalité de Léon Blum, la virulence, marquée d'antisémitisme, de la presse d'extrême droite, la peur suscitée en bien des milieux par les grèves avec occupation d'usines, la hantise d'une guerre civile que la victoire des partisans du Front populaire et les réactions farouches de ses adversaires susciteraient en France, comme c'était déjà le cas en Espagne. Une fois de plus, il faut donc remarquer combien de Gaulle était éloigné des sentiments, des préjugés et des passions qui demeuraient, par tradition ou par intérêt, ceux des milieux conservateurs et, pour une grande part, du corps des officiers.

Quoi qu'il en soit, il avait noté que le gouvernement de Léon Blum avait prescrit un accroissement presque massif de l'effort militaire français. Daladier, devenu ministre de la Défense nationale, avait fait accepter un vaste programme d'équipement militaire : « rythme de guerre » pour la fabrication des chars, des canons, de l'artillerie antiaérienne et des stocks de munitions, formation de trois nouvelles divisions d'infanterie et de deux divisions de chars, transformation d'une troisième division de cavalerie en division mécanique, dotation en camions de dix divisions d'infanterie au lieu de sept. Au total, on prévoyait qu'il y aurait 78 bataillons de chars de divers types et même 82 quand serait créée une quatrième division légère mécanique, que certains bataillons auraient 5 chars au lieu de 3 par section et que, plus tard, on formerait 2 divisions cuirassées lourdes avec, chacune, 6 bataillons de chars B, les plus modernes. On prévoyait de démarrer avec un crédit de 14 milliards échelonné sur quatre ans, accru par la suite pour accélérer la réalisation des programmes et compenser les hausses de prix, jusqu'à s'élever à 31 milliards, de 1936 à la déclaration de guerre [19]. Mais la question était de savoir si, ce programme d'armement, si considérable fût-il, impliquait, ou non, un changement du système militaire français.

De Gaulle résolut donc d'aller voir Léon Blum pour tenter de lui faire comprendre qu'il fallait en changer. C'est, une fois de plus, Emile Mayer qui se mobilisa [20]. Son gendre, Paul Grunebaum-Ballin, chez qui il recevait ses amis, était très proche de Blum : il s'entremit et obtint, pour de Gaulle, un rendez-vous avec le président du Conseil, le 14 octobre 1936. Blum en fit plus tard un récit en forme de portrait physique et psychologique d'un homme qui était devenu, quand il l'écrivit, un acteur de l'Histoire [21]. Il le vit à l'image de « ces tempéraments que [...] rien ne peut détourner [...] d'agir parce que l'action représente pour eux une nécessité vitale ». De Gaulle, à lire ses *Mémoires de guerre,* prit aussitôt appui sur l'événement du jour : le roi des Belges, Léopold III, avait annoncé, dans la matinée, qu'il mettait fin à son alliance avec la France et avec l'Angleterre, alléguant que son pays, ne serait pas vraiment protégé par cette alliance si l'Allemagne l'attaquait. C'était, pour de Gaulle, une preuve supplémentaire de l'inaptitude du système militaire français à défendre effectivement les pays européens qui seraient un jour menacés par les entreprises hitlériennes. Léon Blum assura qu'il portait beaucoup d'intérêt aux idées que de Gaulle avait défendues et quand celui-ci lui rappela qu'il les avait combattues, il lui confia qu'on « change d'optique quand on devient chef du gouvernement ». Aucune des deux versions de cet entretien ne suggère que les deux hommes soient revenus sur les critiques traditionnelles reprises naguère par Léon Blum contre « l'armée de métier », ni que de Gaulle ait saisi cette occasion pour reconnaître, comme il le fit dans ses *Mémoires*, « que le service de deux ans [...] permettait, au besoin, d'introduire dans le corps d'élite une certaine proportion de soldats du contingent ». En tout cas, la crise provoquée par l'occupation de la Rhénanie par l'armée allemande avait montré combien l'absence d'une force capable de réactions immédiates et massives avait amené gouvernement et commandement à s'embourber dans des discussions sans issue sur d'éventuelles mobilisations de disponibles et de réservistes, et de Gaulle dut certainement en tirer argument. Avec Blum, il évoqua l'hypothèse d'une initiative allemande en direction de l'Autriche, de la Tchécoslovaquie ou de la Pologne et, s'appuyant sur l'exemple de la crise rhénane, il suggéra que, de nouveau, on rappellerait sous les drapeaux des disponibles et des réservistes et que « regardant par les créneaux de nos ouvrages », on assisterait « passivement » à l'asservissement de l'Europe. Blum, montrant par là qu'il n'avait pas encore réfléchi aux données stratégiques d'un conflit survenant dans ces circonstances, demanda si de Gaulle souhaitait vraiment qu'on envoie un corps expéditionnaire à Vienne, à Prague ou à Varsovie. De Gaulle, qui devait rendre compte de ce dialogue en des termes littéraires qui sonnaient étrangement comme des formules en usage au XVIIe siècle — « si la Wehrmacht s'avance le long du Danube ou de l'Elbe, que n'irions-nous au Rhin ? » — réplique qu'une force blindée, puissante et rapide, permettrait une offensive immédiate vers le Rhin et la Ruhr. Blum déplace la discussion en constatant l'efficacité du système défensif français. De Gaulle veut alors lui enlever cette illusion : il lui rappela que les fronts de 1918 n'étaient nullement inviolables et que les formidables progrès accomplis depuis pour la puissance des chars et des avions modernes permettront, à coup sûr, une rupture décisive d'une barrière défensive et qu'alors « les Allemands seront en mesure de pousser, loin derrière nos lignes, une masse rapide et cuirassée appuyée par leur armée de l'air ». Et il formule son diagnostic : « Si nous en avons autant, tout pourra être réparé. Sinon, tout sera perdu. » Suit, de sa part, une critique technique des matériels que les nouveaux crédits militaires, considérablement accrus, permettront de construire et qui restent, selon lui, principalement destinés à la défensive. Blum se défausse en jugeant que « l'emploi des crédits affectés au département de la Guerre, est l'affaire de M. Daladier et du général Gamelin ». Pour la dernière fois, de Gaulle fait observer qu'il s'agit de la défense nationale de la France et qu'elle incombe au gouvernement. Là s'arrête leur entretien, ponctué, se souvient-il, par d'innombrables appels téléphoniques. Il sut que Blum avait été sincèrement impressionné par les arguments qu'il avait présentés, mais qu'il ne ferait rien pour changer le système militaire français. Cette ultime occasion avait donc été perdue.

> Désormais, écrit-il, notre chance d'équilibrer en temps voulu la force nouvelle du Reich me semblait fort compromise.

Il serait injuste, cependant, et donc faux, de croire que l'armée française est alors demeurée dans une immobilité totale. En cette année 1936, justement, était promulguée une nouvelle « instruction sur l'emploi tactique des grandes unités », la première depuis celle imposée par Pétain en 1921 [22]. Elle rétablissait le principe de l'offensive comme forme supérieure de la guerre. « L'offensive, était-il écrit, est le mode d'action par excellence, seule l'offensive permet d'obtenir des résultats décisifs... La défensive générale localisée est l'attitude que choisit momentanément un chef qui ne s'estime pas en situation de prendre l'offensive sur l'ensemble ou sur certaines parties de sa zone d'action... Cette attitude ne peut pas procurer de résultats décisifs. Dès que l'infériorité qui l'a motivée cesse, c'est à l'offensive que le chef doit demander la mise hors de cause des forces ennemies. » Etait-on sur la bonne voie ? Gamelin, en tout cas, était tenté de s'y engager [23]. Lors de la réunion du Conseil supérieur de la Guerre du 14 octobre 1936, il déclara : « Il faut avoir les outils de sa technique. Les Allemands ont conçu la Panzer Division, qui est l'outil de l'attaque brusquée suivie d'une exploitation profonde... Il nous manque l'instrument offensif [...] nécessaire à l'attaque ou à la contre-attaque en force... Il nous faut un instrument plus fort que la Panzer Division. » Ce jour-là, il fut si peu entendu et si peu soutenu que, plutôt que d'imposer un choix et de donner des ordres, il se borna à conclure : « Quoi qu'il en soit, l'emploi de la division lourde mécanique est à étudier. »

Il se passa plus d'un an avant que la question soit de nouveau posée. Le 15 décembre 1937, en effet, dans la même enceinte, Gamelin revint à la charge. Et une fois de plus, le Conseil conclut : « En ce qui concerne les grandes unités cuirassées, le Conseil est d'avis de procéder, dans le courant de 1938, à des études et expériences permettant de définir la composition éventuelle d'une division cuirassée et ses possibilités d'emploi [24]. » Une année encore s'écoule, et le Conseil supérieur de la Guerre qui se réunit le 2 décembre 1938, après la crise de Munich, constate que les expériences décidées un an auparavant n'avaient pu être menées à bien en raison de la mobilisation partielle de l'armée. Cette fois, pourtant, il se divisa plus nettement que lors des discussions précédentes. Les généraux Hering et Billotte appuyèrent Gamelin, allant même au-delà de ce qu'il avait proposé et se prononçant nettement en faveur de la formation de divisions blindées. La conclusion en fut un compromis très limité : on décida la création de 2 divisions cuirassées, mais réduites chacune à 4 bataillons de chars et l'on remit carrément à plus tard le problème de leur composition. A quelques mois de la guerre, on retrouvait ainsi l'écho, encore faible, mais perceptible, des appels à la modernisation radicale de l'armée française et à l'emploi massif des chars lancés dès les années 20 par le général Estienne : ils n'aboutirent, comme on le voit, qu'à une tentative de motorisation et de mécanisation, trop tardive et sans véritable cohérence[25]. Décidément, de Gaulle avait perdu la bataille pour les forces blindées à laquelle il s'était passionnément identifié depuis la publication de *Vers l'armée de métier*.

Un incident révélateur allait montrer qu'il avait déjà perdu toute illusion et n'hésitait plus à brûler ses vaisseaux derrière lui. Il avait été nommé colonel en décembre 1937 et on l'avait affecté, dès juillet, au 507e régiment de chars, à Metz, dont il prit le commandement à l'automne. Il s'y jette à corps perdu et fait tout pour le transformer en une grande unité blindée exploitant à fond son autonomie et sa rapidité, en rupture avec toutes les règles établies, et entraînant avec lui le général René Martin qui commandait sa brigade et allait être nommé inspecteur général des chars, et surtout le général Delestraint, qui prit à son tour le commandement de la brigade : très proche autrefois du général Estienne, devenu spécialiste reconnu des chars, ce dernier retrouve alors en de Gaulle les idées qu'il partageait, sans les avoir exprimées, et devint son interlocuteur constant avant d'être, cinq ans plus tard, en 1943, nommé par lui chef de l'Armée secrète[26]. D'innombrables heurts opposent alors de Gaulle, à quelques-uns de ses chefs, surtout au général Giraud, qui commande le corps d'armée dont son régiment fait partie et qui, exaspéré par le visible mépris et la froide franchise de ce jeune colonel, déclare devant une mission parlementaire en visite à Metz que « le colonel de Gaulle est l'officier le plus stupide de l'armée française ». De Gaulle, en effet, ne le ménage pas et, désormais, ne ménage personne.

En cette année 1937, se déroulent, comme c'est l'usage, les grandes manœuvres de la cavalerie. La brigade cuirassée de Metz, encore commandée par le général Martin et dont fait partie le 507e régiment de chars, avec à sa tête de Gaulle, qui n'a pas encore ses galons de colonel, est chargée d'appuyer l'action des régiments à cheval. Le thème des manœuvres est traditionnel, les principes imposés par l'état-major sont appliqués avec rigueur et, après la critique habituelle, où les compliments sont normalement répartis et les réserves courtoisement exprimées, Gamelin lui-même, présent à ces manœuvres, prend la parole pour conclure : « L'unité de doctrine étant la base de la discipline intellectuelle, sans laquelle il n'est point de force efficiente, je pense, Messieurs, que nous sommes tous d'accords » ? Ce n'est qu'une interrogation de convenance destinée, comme d'habitude, à recevoir un assentiment muet. Mais, du cercle extérieur de l'assemblée des officiers généraux et officiers supérieurs qui entoure le chef d'Etat-Major général, une voix s'élève : « Moi, je ne suis pas d'accord du tout. » Rompant avec tous les usages, de Gaulle se met au premier rang de l'assistance, il est reconnu par Gamelin et se voit autorisé à exposer son point de vue. Il reprend alors toutes les thèses dont il s'est fait le champion depuis trois ans : la conjugaison de la rapidité et de la puissance dans les chars modernes, l'importance de leur emploi en masse, la nécessité, pour les autres armes, de s'adapter à leur vitesse, leur rôle décisif pour la rupture et la désagrégation des positions ennemies. Gamelin se borne à lui faire remarquer que ces grandes manœuvres ont parfaitement respecté les règles d'emploi prévues pour cette « subdivision d'arme » que les chars constituent encore au sein de l'infanterie. Et de Gaulle réplique : « Quand les règlements sont stupides, il faut les annuler et les changer. » Aucun de ceux qui assistèrent à la scène ne l'oublièrent[27]. C'est qu'elle était, au sens littéral du mot, extraordinaire. Aucun officier de ce grade, en de telles circonstances, ne prend la parole pour contredire le chef des armées françaises, sur un tel ton et avec tant de rigueur. De Gaulle, bien sûr, était le premier à le savoir. En se comportant ainsi, il montrait simplement qu'il ne voulait plus ménager personne, que peut-être il n'espérait plus convaincre, que déjà il était prêt à rompre.

Pour lui, c'est le temps des plus sombres pressentiments. A la fin de l'été 1937, il accompagne encore Gamelin dans une tournée d'inspection des défenses établies sur les Alpes. Il en profite pour aller voir son beau-frère qui séjourne alors avec sa famille à Pralognan et lui demande ensuite de le reconduire à Brides-les-Bains d'où il doit repartir le lendemain de bonne heure. Le trajet est superbe, avec la lune éclairant les montagnes et les sapins, et peut-être le romantisme de ce paysage porte-t-il au sentiment du tragique[28].

> Où en sera-t-on l'an prochain ? demande brusquement de Gaulle à Jacques Vendroux... Sont-ce là nos dernières vacances heureuses ?

Il évoque la formation en Allemagne hitlérienne d'une puissance militaire moderne, le refus par les états-majors français « encroûtés dans la doctrine du béton roi », de constituer une armée blindée, la faiblesse actuelle de la Grande-Bretagne, les incertitudes sur l'alliance russe, la réserve où les Etats-Unis se tiendront pendant longtemps... Une conclusion en ressort que, pour la première fois peut-être, il énonce tout haut :

> Notre territoire sera sans doute, une fois de plus, envahi ; quelques jours doivent suffire pour atteindre Paris.

Mais il n'en reste pas là :

> Il faudra alors repartir de là où l'on sera, de Bretagne ou du Massif Central ou peut-être même de l'Algérie. Avec ses alliés, la France remportera finalement la victoire : mais ce sera très long et très dur...

Chapitre 6

LE RENDEZ-VOUS DE LA GUERRE

Une fois de plus, en ce siècle, les « hommes » vont partir à la guerre. L'on revoit en France des scènes que personne, au fond, n'avait oubliées et que les plus jeunes avaient vu reproduites dans les journaux, les magazines, ou les livres illustrés. On retrouve les départs des Parisiens à la gare de l'Est, les petites foules devant les affiches de mobilisation, les trains de nouveaux soldats allant rejoindre leurs régiments mais, cette fois, sans les cris d'enthousiasme de leurs devanciers de 1914 qui croyaient aller « à Berlin »... Chacun recherche au fond d'un tiroir ou égaré parmi d'autres papiers, le livret militaire qui prévoit le jour où il faut partir. Il y a des rites nouveaux : les bandes de papier collées sur les fenêtres pour qu'elles n'éclatent pas sous le souffle des bombes, la peinture bleue sur les vitres des gares et des bâtiments publics. Ainsi entre-t-on en guerre en ces premiers jours de septembre 1939...

De Gaulle ne bouge pas. Il est affecté au commandement des chars de la Ve armée qui a le général Bourret à sa tête et dont le front va de Sarreguemines jusqu'au sud de Strasbourg et il est cantonné à Wangenbourg. Au contraire d'innombrables Français, il n'a aucune disposition particulière à prendre pour sa famille : sa femme et la petite Anne restent à Colombey-les-Deux-Eglises, son fils Philippe et sa fille Elisabeth vont provisoirement poursuivre leurs études à Paris, tous deux pensionnaires. Pour sa part, en tout cas, l'entrée en guerre de la France lui paraît aller de soi. Témoignages et correspondances montrent que, sachant l'impréparation radicale de l'armée française au nouveau type de guerre qu'il faudra livrer, il ne doute pas pour autant qu'il faut enfin résister aux entreprises de l'Allemagne hitlérienne. Contre elle, en effet, son hostilité fut constante et sans nuances. On a vu la vigilance avec laquelle il observait, de son poste au secrétariat général de la Défense nationale, la reconstitution de la puissance militaire allemande. Mais on a vu aussi, par des réactions et des citations révélatrices, sa répulsion envers le régime nazi et, plus généralement, la tentation totalitaire dont il était l'expression la plus achevée et la plus détestable. Tout en lui expliquait cette répulsion : son esprit critique, son goût presque instinctif pour la liberté d'expression dont il usait lui-même si volontiers, l'humanisme hérité de sa culture classique et de sa formation intellectuelle, ses préférences philosophiques et, pour une part au moins, une certaine conception chrétienne de la personne humaine. Jamais, dans son comportement ou ses écrits, on ne pourra trouver trace du moindre fléchissement dans son hostilité foncière envers l'Allemagne nazie et ce qu'elle représentait. Ses amitiés, ses relations, ses choix en témoignaient. Le cercle des amis du colonel Emile Mayer était animé tout entier d'une aversion naturelle envers le national-socialisme allemand, et les hommes politiques qui soutinrent les thèses de *Vers l'armée de métier* appartenaient tous, à l'exception de Marcel Déat qui prit très vite ses distances, au camp des partisans de la résistance aux entreprises hitlériennes.

Il en avait tiré les conséquences logiques. La victoire de Franco, appuyé par l'aviation allemande et un corps expéditionnaire italien, lui était apparu comme un danger redoutable pour la France. Jugeant la guerre d'Espagne en stratège, il avait pressenti le risque de voir un troisième ennemi surgir aux frontières sud-ouest et surtout, peut-être, une menace pour les communications entre la métropole et ses dépendances d'Afrique du Nord. En 1938, il avait accepté, dans cet esprit, de présenter un rapport à un congrès consacré aux problèmes de défense par la « Jeune République », c'est-à-dire un mouvement politique d'inspiration démocrate-chrétienne mais, en même temps, attaché à la laïcité de l'Etat. Il devait se tenir à Angers et de Gaulle, accaparé par son nouveau commandement au 507e régiment de chars, ne put s'y rendre ; il envoya donc le texte qu'il aurait dû lire où il se prononçait clairement pour que la France soutienne les républicains espagnols [1].

Cette année-là, déjà, la situation stratégique en Europe se transformait radicalement au profit de l'Allemagne. Comme de Gaulle en avait prévenu Léon Blum lors de leur fameux entretien d'août 1936, le gouvernement français — d'ailleurs démissionnaire ce jour-là — n'avait pu qu'assister passivement, le 10 mars 1938, à l'annexion de l'Autriche. Un coup d'œil sur la carte suggérait déjà que la défense éventuelle de la Tchécoslovaquie en serait sérieusement compromise. Partant de la Silésie en direction du sud et de la Basse-Autriche en direction du nord, la Wehrmacht pourrait s'engouffrer dans la plaine morave, couper le pays tchèque du pays slovaque et se retourner vers le nord-ouest, sur les arrières des fortifications qui défendaient le plateau de Bohême aux abords de la frontière allemande. On peut penser que de Gaulle n'ignora pas ce risque. Mais était-ce une raison pour accepter le rattachement des Sudètes à l'Allemagne, démanteler ainsi la puissance militaire tchécoslovaque, condamner le reste du pays à être submergé sans pouvoir se défendre, comme il advint en effet en mars 1939, et donner ainsi à l'Allemagne une victoire politique et stratégique décisive en Europe centrale ? De Gaulle ne le pensa pas un instant. Peut-être savait-il par ses relations politiques — mais on ne dispose pas des lettres que lui adressa Paul Reynaud — que la Grande-Bretagne ne voulait en aucun cas faire la guerre pour les Sudètes et qu'il était alors presque impossible pour le gouvernement français de l'y entraîner en quelque sorte de force : mais sa condamnation des accords de Munich, conclus le 24 septembre 1938, n'en fut pas moins totale. Les lettres à sa femme dans lesquelles il s'exprime avec plus de liberté de ton que dans celles qu'il écrit à des personnalités politiques ou même à des amis, traduisent ses sentiments.

> Nous capitulons sans combat, lui dit-il, devant les exigences insolentes des Allemands et nous livrons à l'ennemi nos alliés les Tchèques. L'argent allemand et la monnaie italienne ont coulé à flot ces jours-ci dans toute la presse française, surtout dans celle dite « nationale » (*Le Jour*, *Gringoire*, *Le Journal*, *Le Matin*, etc.), pour persuader notre pauvre peuple qu'il fallait lâcher... Peu à peu, nous prenons l'habitude du recul et de l'humiliation, à ce point qu'elle nous devient une seconde nature. Nous boirons le calice jusqu'à la lie.

Chaque phrase, ici, est lourde de sens. Ce sont seulement les journaux de droite et d'extrême droite qui sont dénoncés et de Gaulle n'hésite pas — du reste sans preuves — à y voir le résultat de la corruption, c'est-à-dire, au fond, une trahison. Ses invectives contre « l'habitude du recul et de l'humiliation » traduisent ses plus sombres pressentiments sur le comportement futur des gouvernements et ce qui en résultera pour la France : « nous boirons le calice jusqu'à la lie »... Tout au plus ne pense-t-il pas, en réalité, que concessions et capitulations dispenseront toujours de l'épreuve de force puisqu'il écrit à la même date, le 24 septembre, à Paul Reynaud une lettre où il pronostique les drames futurs et renouvelle ses offres de service :

> Quant à moi, je vois venir sans nulle surprise les plus grands événements de l'histoire de France et je suis assuré que vous êtes marqué pour y jouer un rôle prépondérant. Laissez-moi vous dire qu'en tout cas je serai — à moins d'être mort — résolu à vous servir s'il vous plaît.

Il est allé plus loin. Rompant avec les règles et les habitudes propres au corps militaire, il a fait un geste qui était proche d'un engagement politique : peu avant la guerre, il a donné son adhésion à l'association des *Amis de Temps présent*[2]. C'était une initiative révélatrice. *Temps présent* avait été fondé par les Dominicains après que l'hebdomadaire *Sept* eut dû cesser de paraître sur ordre du Vatican. Il avait pour directeur Stanislas Fumet et pour éditorialiste le plus prestigieux, François

Mauriac. Il s'apparentait de très près au mouvement « Jeune République » dont on a vu qu'il se situait à l'aile gauche du courant démocrate-chrétien dont l'organe quotidien, *L'Aube*, avait naguère fait appel à de Gaulle pour traiter des problèmes militaires. *Temps présent* incarne plus rigoureusement la ligne de la résistance d'inspiration chrétienne à l'Allemagne nazie, à l'Italie fasciste, à l'Espagne de Franco. On y trouve même la trace visible d'une critique à peine feutrée de la complaisance que le Vatican manifeste envers ces régimes. En tout cas, Stanislas Fumet et François Mauriac avec l'historien catholique Henri Guillemin, Claude Bourdet, qui sera l'un des fondateurs du mouvement « Combat » sous l'occupation, et un journaliste qui travaille à l'Agence Havas et deviendra le porte-parole de la France libre, Maurice Schumann, mènent campagne inlassablement pour la résistance aux entreprises hitlériennes. De Gaulle n'a pas rencontré alors l'inspirateur idéologique et presque le fondateur de ce courant d'opinion, Marc Sangnier, mais il devait confier, après la guerre, que c'est de ses idées qu'il s'était senti le plus proche. Cette adhésion aux *Amis de Temps présent*, seul geste accompli par lui qui s'apparentait d'assez près à un choix politique, situait déjà de Gaulle dans un certain courant de pensée : elle témoignait en tout cas, dans l'immédiat, de son engagement irréversible parmi ceux qui voulaient résister aux entreprises allemandes.

Mais cet engagement ne le porte à aucun optimisme. Dès les premiers jours de la guerre et, plus encore, dans les semaines et les mois qui suivent, il fait preuve d'un pessimisme foncier, et s'exprime parfois avec une brutalité provocante[3]. Recevant, durant l'hiver 39-40, un groupe de parlementaires britanniques, il commence ainsi son exposé :

> Messieurs, cette guerre est perdue... Il faut donc en préparer et en gagner une autre : avec la machine !

C'est que, pas un instant, il ne perd de vue que la France ne s'est pas dotée de l'instrument qui, selon lui, est seul à pouvoir assurer la victoire. Il a beau se sentir tenu à quelque réserve dans ses lettres à ses amis et, bien sûr, dans son comportement quotidien au sein de la hiérarchie militaire, il ne peut se retenir parfois des réflexions les plus amères. A son plus ancien ami, Lucien Nachin, il écrit le 8 février 1940 :

> Rien n'est dramatique, humainement parlant, comme cette guerre où l'honneur et l'instinct nous ont fait entrer et que nous ne nous décidons pas, au fond, à faire réellement.

Et il analyse ainsi son propre pessimisme dans une lettre à Paul Reynaud, le 21 février :

> S'il est vrai que nous prîmes les armes pour empêcher l'Allemagne d'établir son hégémonie en Europe centrale, balkanique, nordique et orientale, nous n'avons point réussi, sans d'ailleurs l'avoir tenté... On peut donc dire que cette guerre est perdue. Mais il est encore temps d'en gagner une autre. Si nous y manquions, le monde, et d'abord notre pays, s'habitueraient peu à peu à l'ordre nouveau qu'Hitler est en train de fonder dans la plus grande partie de l'Europe... Quelque jour, la paix qu'Hitler nous suggère sur la base des faits accomplis, nous paraîtrait l'unique solution. Après quoi, nous serions mûrs pour l'abaissement, l'isolement et l'écrasement.

Tant de pessimisme ne peut tenir seulement à la sombre humeur des jours et des nuits d'immobilité durant l'hiver 39-40 : ce qui l'explique, c'est la situation stratégique en ce début de guerre, et ce qui peut en résulter. Elle se résume en quelques données simples : l'Allemagne a conquis la Pologne après moins de quinze jours d'une audacieuse guerre de mouvement et treize jours de siège pour réduire Varsovie, et dès lors qu'il n'y a plus désormais de front à l'est elle peut à tout moment retourner l'ensemble de ses forces contre le front français ; nul n'ignore qu'elle dispose d'une supériorité considérable en aviation, surtout pour le nombre des bombardiers, et pour la plupart des matériels terrestres, excepté, en nombre, pour l'artillerie lourde et les chars ; ses effectifs seraient eux-mêmes supérieurs, assez largement, à ceux des Alliés, la France n'ayant pu déployer, sur le front nord-est, que 82 divisions dont 15 consacrées aux forteresses de la ligne Maginot, une dizaine d'autres restant sur les Alpes et une douzaine en Afrique du Nord, tandis que les Britanniques ne prévoient de débarquer qu'une dizaine de divisions légères d'ici le printemps. Pour de Gaulle, s'y ajoute la certitude que l'Allemagne va utiliser ses chars en grandes unités compactes et rapides et qu'il en résultera, au moment de la bataille, un déséquilibre irrémédiable puisque la France a choisi pour eux une autre doctrine d'emploi. Les Alliés comptent, mais à tort, sur leur supériorité navale et l'arme du blocus : par la neutralité bienveillante de l'Italie, des pays d'Europe centrale et balkanique et des Etats scandinaves, par ses rapports maintenus et développés avec l'Union soviétique, l'Allemagne peut se procurer l'essentiel des matières premières dont son industrie de guerre a besoin ou les remplacer par sa production nationale. Les Alliés, qui se sont lancés dans un énorme effort d'armement surtout à partir de 1938 et 1939 et, plus encore, depuis le début de la guerre, peuvent espérer conquérir une supériorité en toutes catégories de matériels en 1941 ou, au plus tard, en 1942 : mais il est d'autant plus clair que l'Allemagne ne leur en laissera pas le temps et déclenchera contre le territoire français une offensive de grande envergure aussitôt qu'elle le pourra. Rien, dès lors, ne pourra sans doute empêcher qu'elle exploite à fond sa supériorité initiale et ne remporte une victoire décisive. Rien n'aurait pu l'en empêcher, au fond, si ce n'est l'alliance russe.

De Gaulle avait, à cet égard, un jugement catégorique. Il l'exprimait ainsi dans une lettre à sa mère après la signature du pacte franco-soviétique par Staline et Laval, en 1935 :

> Ce que je pense du pacte franco-russe ? Ma réponse sera très simple. Nous allons rapidement à la guerre contre l'Allemagne, et, pour peu que les choses tournent mal pour nous, l'Italie ne manquera pas [...] de nous donner le coup de pied de l'âne. Il s'agit de survivre, tout le reste est littérature... Nous n'avons pas les moyens de refuser le concours des Russes, quelque horreur que nous ayons pour leur régime. C'est l'histoire de François Ier allié aux Musulmans contre Charles Quint. Je sais bien que la propagande acharnée et très habile d'Hitler a réussi à faire croire à beaucoup de braves gens en France qu'il ne nous en voulait nullement et qu'il suffisait, pour lui acheter la paix, de lui laisser faire la conquête de l'Europe centrale et de l'Ukraine... Il faut avoir le courage de regarder les choses en face. Tout doit être en ce moment subordonné à un seul point : grouper contre l'Allemagne tous ceux qui lui sont opposés.

Sans ambiguïté, ce jugement était de caractère stratégique. Contre l'Allemagne, le plus efficace, pour la France, était une alliance de revers. Elle était devenue plus nécessaire encore quand la puissance militaire allemande eut surclassé toutes les autres, au point qu'elle pouvait espérer une victoire initiale décisive contre les Alliés. Mais, dès 1934, Louis Barthou, ministre des Affaires étrangères du gouvernement Doumergue, le premier homme politique français à avoir lucidement discerné les conséquences prévisibles des entreprises hitlériennes, rechercha délibérément, pour y faire obstacle, la conclusion d'une alliance franco-soviétique. Surmontant les hésitations de la droite la plus anticommuniste et de la gauche pacifiste, il était parvenu à son but quand il fut mortellement blessé par les Oustachis croates qui assassinèrent le roi Alexandre de Yougoslavie, alors qu'il le recevait à Marseille, le 9 octobre 1934. Il revint donc à son successeur, Pierre Laval, d'aller à Moscou signer le pacte que Barthou avait négocié. De Gaulle, alors en poste au secrétariat général de la Défense nationale, en était naturellement partisan. Mais il put observer bientôt qu'aucune suite pratique ne lui était donnée. Laval, d'abord, y avait veillé : à sa demande, et contrairement à ce que Barthou comme les Soviétiques avaient voulu, les discussions sur la mise en application militaire du pacte furent renvoyées à plus tard[4]. Gamelin souhaitait certainement que l'on aille au-delà d'un simple échange de promesses. Mais, le 4 mai 1935, quarante-huit heures après la signature du pacte, le secrétaire général du ministère des Affaires étrangères, Alexis Léger, l'avertit déjà « qu'il ne serait nullement question pour le moment des modalités d'une coopération militaire franco-russe[5] ». Il décida pourtant d'envoyer le général Loiseau assister aux grandes manœuvres de l'Armée rouge à l'automne 1935, puis le général Schweissguth à celles de l'automne

1936. Ils en revinrent avec des rapports contradictoires, le premier très favorable, le second très réservé. Puis, au cours de l'hiver 1936-37, le gouvernement Blum avait renoncé à entamer une négociation militaire avec la Russie. Il avait été prévenu par le président de la République tchécoslovaque, Benès, que l'état-major soviétique était entré en rapport avec l'Allemagne et qu'il était dangereux de lui faire confiance[6]. Plus tard, d'anciens responsables des services spéciaux allemands prétendirent qu'ils avaient fabriqué de toutes pièces le dossier sur des contacts entre l'Allemagne et le commandement soviétique : mais, sur le moment, les hommes d'Etat européens les mieux informés, même ceux qui avaient le plus grand intérêt à croire en la valeur de l'Armée rouge, estimèrent avoir les meilleures raisons de penser que les chefs militaires soviétiques conspiraient contre leur gouvernement, peut-être en liaison avec l'Allemagne : durant l'année 1937, en tout cas, le procès Toukhatchevski, mettant en cause non seulement quelques maréchaux mais un vaste réseau d'officiers, sembla leur donner raison ou, du moins, fit peser un doute sur la valeur, sinon sur la loyauté, de l'Armée rouge[7].

Un accord militaire franco-russe n'avait donc pas été conclu comme Léon Blum paraissait le souhaiter, aux premiers temps de son gouvernement. Il n'en était plus question l'année suivante alors qu'il n'était déjà plus président du Conseil. L'ambassadeur d'URSS en France, Potemkine, l'avait pourtant averti qu'en cas d'agression allemande l'intervention des armées soviétiques, pour être efficace, devrait impérativement se faire à travers les territoires polonais et roumain qui séparaient justement les frontières russes des frontières orientales de la Tchécoslovaquie et de l'Allemagne. C'était, suivant l'expression de Gamelin, « militairement logique ». Mais le ministre français des Affaires étrangères, Yvon Delbos, faisant le tour des capitales d'Europe orientale à l'automne 1937, renonça purement et simplement à concilier l'alliance russe avec les engagements pris par le France envers la Pologne, la Roumanie, et surtout la Tchécoslovaquie[8]. En fait, ni alors ni plus tard, aucun effort véritable en ce sens ne fut fait.

De Gaulle, au poste qu'il occupait alors, en fut témoin. Il savait, au moment de rejoindre son régiment à Metz, qu'aucun accord militaire n'avait été conclu entre la France et l'Union soviétique. La crise de Munich avait montré, de surcroît, l'inanité des efforts de la diplomatie française en vue de rassembler en un seul camp ses partenaires et alliés de l'est de l'Europe : la Tchécoslovaquie s'était trouvée seule au centre du continent, la Pologne avait participé à la curée en s'emparant de Teschen, la Roumanie et la Yougoslavie avaient assez clairement montré qu'elles ne souhaitaient pas prendre part au conflit qui s'annonçait, la Hongrie s'était, comme prévu, rangée aux côtés de l'Allemagne pour obtenir les territoires slovaques peuplés de Magyars. La leçon en était claire : si les Français et les Britanniques voulaient avoir un « allié de revers » obligeant l'Allemagne à se battre sur deux fronts, il fallait surmonter la contradiction entre l'alliance soviétique et l'alliance polonaise, il fallait que la Pologne admette qu'une guerre victorieuse contre l'Allemagne implique la participation de l'Union soviétique et donc l'engagement de ses armées aux côtés de l'armée polonaise.

Aucun témoignage précis, aucun texte, aucune note ou lettre ne permettent de savoir ce que de Gaulle a connu des négociations qui s'engagèrent entre la France, la Grande-Bretagne et l'URSS entre les mois de mai et d'août 1939. En revanche, nous pouvons supposer ce qu'il pensait des données stratégiques résultant de l'engagement solennel pris tout à coup par le Premier ministre britannique, Neville Chamberlain, le 29 mars, en faveur de la Pologne pour le cas où elle serait attaquée. C'était un engagement unilatéral et inconditionnel, une « rupture complète avec les principes traditionnels de la politique étrangère britannique », comme l'écrivait l'ambassadeur français à Londres, Corbin, résultant du choc provoqué en Grande-Bretagne par l'entrée de la Wehrmacht à Prague et le démantèlement de la Tchécoslovaquie[9]. Mais, désormais, le gouvernement anglais, après avoir écarté pendant si longtemps toute idée d'intervention militaire en faveur des pays de l'est et du centre de l'Europe menacés par l'Allemagne, faisait du gouvernement polonais l'arbitre des décisions futures de Londres et de Paris. Aucun débat politique et stratégique n'avait eu lieu, au Cabinet britannique, sur la portée réelle du choix qui venait d'être fait. Le secrétaire à la Guerre, Hore Belisha, devait dire, plus tard, que le Cabinet n'eut même pas connaissance d'une étude du comité des chefs d'état-major qui démontrait l'impossibilité absolue d'assurer une protection militaire efficace de la Pologne. La Chambre des Communes approuva presque unanimement la position nouvelle prise par le Premier ministre. Une seule voix s'éleva pour en dénoncer les dangers, celle de Lloyd George qui avait dirigé le pays de 1916 à 1918. Il qualifia de « folie suicidaire » d'avoir pris un tel engagement sans que l'on eût obtenu au préalable le soutien de l'Union soviétique : on offrait à Hitler, dit-il, l'occasion de montrer une fois de plus l'inefficacité de la garantie britannique et on allait pousser le gouvernement polonais à refuser toute concession, même la plus modeste, en rendant ainsi la guerre inévitable pour la Grande-Bretagne et la France. Bien des années plus tard, quand il rédigea le premier chapitre de ses mémoires sur la Seconde Guerre mondiale, Churchill tint le même raisonnement : « Après avoir gaspillé et rejeté toutes ses assistances et tous ses avantages, écrivit-il, la Grande-Bretagne s'avance, menant la France par la main, pour garantir l'intégrité de la Pologne qui, seulement six mois auparavant, avait pris part avec un appétit de hyène au pillage, à la destruction de l'Etat tchécoslovaque. Il y avait quelque sens à vouloir se battre pour la Tchécoslovaquie en 1938, alors que l'armée allemande pouvait à peine aligner une demi-douzaine de divisions entraînées sur le front occidental... Mais on avait jugé cela déraisonnable, téméraire... Et cependant, maintenant, les deux démocraties occidentales se déclaraient enfin prêtes à risquer leur vie pour l'intégrité territoriale de la Pologne. Il faut fouiller de fond en comble l'Histoire, cette Histoire qui est surtout, dit-on, le récit des crimes, des folies et des malheurs de l'humanité, pour trouver le parallèle de ce renversement subit et complet... La décision qui était enfin prise, au plus mauvais moment possible, sur le terrain le moins satisfaisant, ne pouvait manquer entraîner le massacre de dizaines de millions d'hommes. »

Churchill lui-même n'avait fait aucune objection publique à la garantie donnée par Chamberlain à la Pologne et, dans le climat créé par l'entrée de l'armée allemande à Prague puis à Memel et l'invasion de l'Albanie par l'Italie, les partisans de la résistance à Hitler ne songèrent pas à exposer leurs craintes, s'ils en éprouvaient. Mais de Gaulle avait eu, près de vingt ans plus tôt, une expérience directe de la nouvelle Pologne. Il en avait jugé, on s'en souvient, la société, les élites dirigeantes, l'armée. Il avait pu, par la suite, en mesurer le potentiel militaire dans ses fonctions au secrétariat général de la Défense nationale, au point d'écrire dans une correspondance privée : « La Pologne n'est rien. » Il n'avait aucune illusion sur l'aptitude de l'armée polonaise à résister longtemps à une offensive allemande : bien plus encore que l'armée française, celle-ci serait incapable de faire face à l'emploi massif des chars de la Wehrmacht en des actions fulgurantes, appuyées par l'aviation. La France et la Grande-Bretagne n'auraient donc pas de véritable « allié de revers » et il n'y avait aucune chance que subsiste un front à l'est si l'on ne concluait pas, à temps, une alliance politique et militaire avec l'Union soviétique.

L'enjeu des négociations entre Paris, Londres et Moscou, était dont décisif. Le sort de la guerre en dépendait et, en tout cas, le cours des événements durant les années qui allaient suivre. Même si Hitler était déterminé à déclencher une guerre s'il le fallait pour donner à l'Allemagne cet « espace vital » à l'est qu'il avait toujours eu pour but, et à écraser la France au préalable si c'était nécessaire, le rapport des forces et la carte de guerre eussent été radicalement différents si, dès le premier jour, il avait dû lutter sur deux fronts. Le cours des événements n'eût pas été le même et l'histoire du siècle en eût été changée. On sait aujourd'hui quelles furent les étapes compliquées et contradictoires qui menèrent à l'échec final des négociations entre Français, Britanniques et Soviétiques. On sait que, dans la période antérieure, durant l'hiver 1938-39, la tentation exista, du moins à Paris, de ne pas s'opposer aux entreprises allemandes vers l'est. Le chef d'état-major de la marine française, l'amiral Darlan, qui était l'une des plus hautes personnalités militaires du pays et l'une des plus influentes, l'avait expressément recommandé dans une note du 22 janvier 1939 : « Nous devons avant tout, disait-il, conserver notre Empire. Le reste est secondaire. Aussi, sous réserve qu'elle ne soutienne pas l'Italie dans ses revendications, devons-nous laisser l'Allemagne libre d'agir à l'Est[10]. » Cette note, bien entendu, ne fut pas rendue publique mais on retrouvait l'écho de ce choix dans une grande partie de la presse française, au point que l'ambassadeur soviétique à Paris, Souritz, croyait pouvoir conclure que « Bonnet et ses compagnons pousseraient un soupir de soulagement si les Allemands s'attaquaient réellement à l'Ukraine »[11]. Il est vrai, du reste, que, lors d'une réunion entre dirigeants français et britanniques à Paris, le 24 novembre 1938, Bonnet, évoquant une éventuelle initiative allemande en direction de l'Ukraine, analysa la portée du pacte franco-soviétique de 1935 et en conclut qu'en « l'absence d'un accord militaire précis », rien ne rendaient automatiques les « aides et assistances » entre la France et l'Union soviétique[12]. Il ajouta même qu'à s'en tenir à un accord franco-britannique conclu le 19 mars 1936, on pouvait en déduire que « l'aide militaire directe que la France devrait apporter à l'URSS en cas d'agression de l'Allemagne dépendrait donc essentiellement de la manière dont le cabinet de Londres jugerait la situation » : on ne pouvait dire plus clairement que le pacte franco-soviétique avait perdu toute substance ou, du moins, toute chance d'être effectivement mis en œuvre, à moins que la Grande-Bretagne, qui n'avait cessé d'y être hostile ou de s'en méfier, n'en décidât autrement.

C'est seulement après l'occupation de Prague par la Wehrmacht le 15 mars 1939, et la dislocation finale de la Tchécoslovaquie, puis l'engagement inconditionnel pris par la Grande-Bretagne en faveur de l'intégrité de la Pologne, que la question d'un accord plus précis avec l'Union soviétique fut posée. Elle le fut, en tout cas, en termes stratégiques clairs, dès le début. Recevant alors l'ambassadeur de Russie Souritz, Bonnet, qui avait renoncé à sa politique antérieure, reconnut sans ambages quel allait être le cœur du problème[13]. « Il fallait de toute évidence, lit-on dans le compte rendu de cet entretien, obtenir une entente entre l'URSS et la Roumanie ou l'URSS et la Pologne, pour que le pacte franco-soviétique pût utilement jouer. » On ne pouvait poser plus précisément le problème stratégique que la négociation à venir devait résoudre. Et Souritz répondit, du reste, que Roumains et Polonais avaient jusqu'ici écarté toute hypothèse de coalition avec l'URSS et même tout soutien soviétique direct. Bonnet confirma qu'il comprenait parfaitement l'importance cruciale qu'il y aurait à obtenir leur accord puisqu'il rétorqua aussitôt qu'on pouvait les faire changer d'avis. Et il invoqua le pacte franco-soviétique lui-même en suggérant « d'engager immédiatement une conversation entre la France et l'URSS pour déterminer avec précision l'aide que l'Union soviétique pourrait apporter à la Roumanie ou à la Pologne en cas d'agression allemande ». C'est en effet de ce point que tout dépendait. Litvinov, alors commissaire du peuple aux Affaires étrangères, expliqua tout de suite — et, sur ce point capital, il n'y eut ensuite aucune variation chez les dirigeants soviétiques

— qu'il ne servait à rien de discuter et de s'engager les uns envers les autres si la Pologne continuait à ne vouloir entendre parler d'aucun arrangement avec l'URSS[14]. Et le 13 avril, un nouvel entretien entre Bonnet et Souritz confirma plus clairement que jamais l'enjeu de la négociation[15].

Celle-ci fut marquée par un long échange de propositions et contre-propositions où transparaissaient surtout l'extrême méfiance du gouvernement britannique à s'engager clairement envers l'Union soviétique mais aussi sa prééminence constante dans le couple France-Angleterre. Ce n'est qu'au début de juillet qu'il finit par accepter la proposition russe du 2 juin qui liait un accord politique à un accord militaire[16], et c'est le 23 juillet que l'on admit qu'il fallait entamer des discussions militaires qui compléteraient ce qui était plus ou moins acquis sur le plan politique, tout en se rendant compte qu'un accord n'aurait ni valeur ni substance sans l'assentiment de la Pologne puisque son territoire serait le premier champ de bataille[17].

Au moment où allait s'engager la dernière et désastreuse étape de ces pénibles négociations, les gouvernements français et britannique étaient avertis depuis longtemps de la possibilité d'un changement de la politique étrangère soviétique. Car celle-ci était en crise, après avoir connu une longue succession d'échecs. Staline, dans le courant de l'année 1934, s'était convaincu de la nécessité de faire face aux Etats fascistes et surtout à l'Allemagne nazie par des alliances conclues avec les démocraties et par la coalition des partis communistes, réformistes ou libéraux, au sein de chacune d'elles. Moins de cinq ans plus tard, le bilan de cette politique était désastreux. L'alliance conclue avec la France en 1935 n'avait été suivie d'aucun accord militaire qui l'eût rendue effective et efficace. L'Allemagne avait rétabli le service militaire chez elle, en violation du traité de Versailles, passé avec la Grande-Bretagne un accord sur son réarmement naval, réoccupé la Rhénanie, construit la ligne Siegfried, annexé l'Autriche, acquis les Sudètes par les accords de Munich, démembré et subjugué le reste de la Tchécoslovaquie, pris Memel à la Lituanie : aucune réaction des démocraties occidentales ne l'en avait empêchée. Pas plus qu'elles ne s'étaient opposées à l'envoi de contingents allemands et italiens en Espagne et n'avaient empêché la défaite de la république espagnole. Au lieu que l'Allemagne fût encerclée par la grande alliance antifasciste que les Soviétiques avaient voulu susciter, c'est elle qui, par le pacte anti-Komintern conclu avec l'Italie et le Japon, menaçait d'encerclement l'Union soviétique elle-même. De tant d'échecs, Staline n'allait-il pas tirer la leçon ? Et s'il ne parvenait pas à une véritable alliance politique et militaire avec la Grande-Bretagne et la France, n'allait-il pas abandonner la stratégie qu'il avait choisie depuis plusieurs années ?

Les gouvernements français et britannique avaient été prévenus, dès après les accords de Munich, qu'un changement pourrait se produire, par un entretien, le 4 octobre 1938, entre l'ambassadeur français à Moscou, Coulondre, et le commissaire adjoint aux Affaires étrangères, Potemkine [18]. Par la suite, les avertissements soviétiques se renouvelèrent constamment. C'est seulement au mois de mai, en réalité, que Hitler, pour son compte, décida de rechercher un arrangement avec Moscou [19]. Jusque-là, son ministre des Affaires étrangères, Ribbentrop, avait cherché à neutraliser une éventuelle hostilité soviétique par une alliance militaire avec le Japon qui conduirait l'URSS à ne pas bouger par crainte d'une guerre à mener sur deux fronts. Mais le gouvernement japonais, inquiet d'un éventuel conflit avec la Grande-Bretagne, et impressionné par l'échec de son armée lors d'un affrontement limité, en Mongolie extérieure, face aux blindés soviétiques, se déroba. Un arrangement avec l'Union soviétique parut alors à Hitler la seule issue qui éviterait à l'Allemagne d'avoir à faire la guerre sur deux fronts : pour lui, ce sont les données stratégiques qui comptèrent avant tout.

C'est en tout cas, en connaissant le risque d'un changement de la politique soviétique et l'enjeu vital des négociations que les gouvernements français et britannique s'apprêtèrent donc à entamer des discussions militaires qui compléteraient ce qui était plus ou moins acquis sur le plan politique. Du côté français, le général Doumenc fut désigné le 27 juillet pour les diriger. A la vérité, les instructions que Gamelin lui donna ce jour-là, approuvées trois jours plus tôt par Daladier, n'étaient pas aussi claires qu'on l'a ensuite prétendu : elles envisageaient différentes formes d'aide soviétique à la Pologne, y compris en la limitant à des livraisons d'armements et sans prévoir de coordination effective entre les ripostes militaires franco-britanniques et russes en cas d'attaque contre la Pologne [20]. Mais, telles qu'elles étaient, ces instructions contrastaient nettement avec celles données à la délégation britannique, le 3 août, et dont l'esprit se résumait ainsi : « La délégation britannique devra conduire les conversations avec une grande lenteur en surveillant de près les progrès des conversations politiques [21]. » Elle devrait aussi discuter avec les Soviétiques « en termes aussi généraux que possible ». Quant à la question cruciale des éventuelles opérations militaires qui ne pourraient avoir lieu qu'en territoire polonais ou roumain, elle devrait « encourager les Russes à entrer en pourparlers directs avec la Pologne et la Roumanie ». En définitive, le chef de la délégation anglaise, l'amiral Drax-Plumkett, devrait rechercher un accord qualifié de « difficile à obtenir rapidement » et en acceptant à l'avance « une certaine durée des négociations pour laisser l'Allemagne sous la menace d'un pacte militaire anglo-franco-soviétique et gagner ainsi l'automne ou l'hiver en retardant la guerre ». Il était difficile de concevoir des instructions conduisant aussi sûrement à l'échec des pourparlers qu'on allait mener. C'est ce qui allait arriver.

Doumenc partit donc le 4 août pour Londres, puis Tilbury et embarqua avec l'amiral Drax-Plumkett à bord du paquebot *City of Exeter* qui navigua durant quatre jours à la vitesse de 13,5 nœuds à l'heure, de sorte qu'ils n'arrivèrent à Moscou que le 11 août[22]. Vorochilov, ministre de la Défense, désigné comme chef de la délégation russe bien que ses interlocuteurs fussent d'un rang infiniment plus modeste, posa d'emblée la question qu'il ne cessa par la suite de répéter : « La Pologne acceptera-t-elle l'entrée des troupes soviétiques sur son territoire [...] pour entrer en contact avec l'ennemi ? » Aucune réponse ne put lui être donnée les 13, 14, 15 et 16 août. Entrevoyant l'échec final des pourparlers, Doumenc proposa, à Paris, vainement, d'envoyer son adjoint, le général Valin, essayer de convaincre les dirigeants polonais que, sans leur accord, il n'y aurait pas d'alliance soviétique et que leur position stratégique deviendrait alors désespérée puis, de sa propre initiative, envoya à Varsovie le capitaine Beaufre qui convainquit l'ambassadeur Léon Noël, d'effectuer encore une fois auprès du colonel Beck une démarche parallèle à celle de l'attaché militaire, le général Musse. Ils n'obtinrent qu'une déclaration polonaise carrément négative, autorisant seulement, en termes quelque peu méprisants, les Français et Britanniques à procéder à des « consultations » avec les Soviétiques, dont les dirigeants polonais se réservaient d'apprécier les résultats. En vain Daladier, dans un geste désespéré, autorisa-t-il Doumenc « à signer au mieux [...] la convention militaire sous réserve de l'approbation du gouvernement français », suggérant que l'on pourrait se passer de l'accord des Polonais quant à l'entrée des troupes soviétiques sur leur territoire : les dirigeants russes ne pouvaient qu'en conclure qu'on cherchait à les tromper puisqu'ils savaient parfaitement que les Polonais n'acceptaient aucune perspective de coopération militaire avec eux. Vorochilov se fit quand même confirmer que le gouvernement polonais n'avait pas approuvé le texte français...

Le 22 août fut annoncée l'arrivée imminente à Moscou du ministre allemand des Affaires étrangères, Ribbentrop. Nul ne pouvait plus douter que le rapprochement germano-soviétique était un fait accompli et qu'un accord allait être conclu. Ce n'était pas seulement pour la Grande-Bretagne et la France une défaite diplomatique : c'était, pardessus tout, un désastre stratégique. La Pologne, en effet, ne résisterait pas longtemps à la puissance militaire allemande et, faute de s'être accordée avec l'Union soviétique, elle serait envahie par celle-ci, à l'est, après l'avoir été par l'Allemagne, à l'ouest.

C'étaient aussi des données stratégiques qui avaient déterminé le choix de l'URSS. Ses dirigeants avaient, au fond, le choix entre trois solutions. Rester l'arme au pied derrière ses frontières, mais l'Allemagne aurait alors l'avantage de vaincre séparément l'armée polonaise, occuperait sans mal les pays baltes et ferait ainsi, aux moindres frais, une grande partie du chemin qui la mènerait, le moment venu, au cœur même de l'URSS. Intervenir en Pologne malgré l'opposition formelle de son gouvernement et aller à la rencontre des armées allemandes, mais dans ce cas, le risque était un retournement brusque du gouvernement polonais, qui, entre ses deux ennemis, pouvait juger que le pire était l'Union soviétique et nul ne savait quelles conséquences la France et la Grande-Bretagne, en tireraient. Conclure un pacte avec l'Allemagne aurait de très graves inconvénients pour la réputation idéologique et politique de l'Union soviétique mais ce ne serait pas un engagement définitif et le dialogue avec les démocraties occidentales pourrait reprendre quand les circonstances le commanderaient, ce qui fut dit, du reste, aux représentants français et britanniques quand ils quittèrent Moscou. Dans l'intervalle, l'URSS en retirerait de considérables avantages territoriaux et stratégiques en recouvrant les territoires perdus au traité de Riga de 1920, peuplés de Biélorusses et d'Ukrainiens, en y ajoutant la Galicie orientale, autrichienne avant 1914, sans parler des avancées prévisibles dans les pays baltes et en Bessarabie.

C'est le choix qui fut fait. Il représentait une avancée considérable pour l'URSS, repoussant le plus loin possible à l'ouest les bases de départ d'une agression : l'Allemagne ne pourrait plus faire un pas vers l'ouest sans se heurter directement à l'Union soviétique et bouleverser toutes les données stratégiques de la guerre. Un dirigeant occidental, mais apparemment un seul, le comprit. Ce fut Churchill qui déclara à la radio, le 1er octobre : « La Russie a poursuivi froidement une politique dictée par l'intérêt. Nous aurions pu souhaiter que les Russes occupent leurs positions actuelles en amis et alliés de la Pologne au lieu de les occuper en envahisseurs. Mais le fait, pour les armées russes, de se tenir sur cette ligne est clairement nécessité par la sécurité de la Russie face à la menace nazie. En tout cas, la ligne est là et le un front de l'est a été créé, que l'Allemagne nazie n'ose pas attaquer. Je ne peux pas prédire quelle sera l'action de la Russie, c'est un rébus enveloppé dans un mystère, le tout à l'intérieur d'une énigme. Mais peut-être à cette énigme y a-t-il une clef ? Cette clef, c'est l'intérêt national russe. Il ne peut être conforme ni aux intérêts ni à la sécurité de la Russie de voir l'Allemagne prendre pied sur les rives de la mer Noire ou envahir les Etats balkaniques, ou encore placer sous son joug les peuples slaves du Sud-Est européen. Ce serait contraire aux intérêts vitaux, historiques, de la Russie. » Et de Gaulle, plus brièvement, en fit la même analyse : « La Russie préféra partager avec l'Allemagne sa proie plutôt que d'être la sienne. »

De l'absence de toute alliance à l'est résultait, pour les Alliés, une carte de guerre foncièrement défavorable. Il était facile de le prévoir et de Gaulle, en prenant parti aussi catégoriquement qu'il le fit en faveur du pacte franco-soviétique, avait discerné, quant à lui, l'avantage décisif que l'Allemagne aurait à ne pas devoir se battre sur deux fronts. Il fallait, en tout cas, en tirer les conclusions. C'est ce que les responsables militaires français et britanniques firent en dressant leurs plans de guerre au début du conflit[23]. Constatant que l'Allemagne serait l'adversaire principal mais qu'en raison de sa supériorité pour la plupart des matériels il ne serait pas possible de la vaincre dès la première phase du conflit, ils recommandaient — si l'Italie entrait en guerre, elle aussi — une série d'actions contre ses îles et ses colonies, grâce à la supériorité navale alliée. Dans cette première ébauche d'un plan de guerre, on voyait déjà une contradiction majeure : elle supposait qu'il faudrait briser les premières offensives allemandes mais, en même temps, elle prévoyait des actions d'envergure sur des théâtres secondaires qui, pour remporter des succès forcément marginaux, nécessiteraient pourtant une fraction notable des forces françaises et britanniques, au risque de s'affaiblir sur le front principal, où la supériorité allemande, même provisoire, pourrait être mortelle pour les Alliés. Mais c'est cependant cette conception qui inspira les premiers plans de guerre, prévoyant, outre un blocus rigoureux de l'Allemagne et l'acheminement vers la France et la Grande-Bretagne des ressources immenses et des renforts de toute nature qui viendraient de leurs vastes Empires coloniaux et des Etats-Unis, diverses opérations diplomatiques et militaires dans les Balkans : après quoi, les forces alliées, devenues supérieures à celles de l'ennemi, pourraient passer à l'offensive contre l'Allemagne. Mais ces plans ne pouvaient aboutir à rien : Hitler voulait profiter au plus tôt d'un rapport de force qui lui était favorable et, soucieux d'avoir les mains libres à l'ouest, il pouvait assurer sa tranquillité vis-à-vis des pays d'Europe centrale et des Balkans par de simples pressions politiques et diplomatiques et obtenir d'eux les approvisionnements en matières premières et produits alimentaires dont l'Allemagne avait besoin.

Les Etats du Sud-Est de l'Europe voulaient d'ailleurs conserver leur neutralité aussi longtemps que possible. Et, bien qu'on eût expédié au Levant Weygand et la 86e division venant d'Afrique du Nord, à laquelle s'ajoutèrent deux divisions légères restées sur place, la relative faiblesse des effectifs alliés, leur infériorité dramatique en aviation, ne leur donnaient aucune chance de succès durable dans des actions périphériques de grande envergure. De Gaulle, dans ses *Mémoires de guerre*, écrits quinze ans plus tard, suggère qu'on aurait pu « mettre l'Italie hors de cause en lui donnant le choix entre l'invasion française et la cession de gages de sa neutralité » : mais le souci des responsables français et anglais était alors de ménager cette neutralité. Bref, les plans de guerre imaginés par les Alliés, en ce début de conflit, n'avaient aucune chance d'atteindre leurs objectifs, et rien, en définitive, n'aurait dû les détourner de la seule perspective assurée : une offensive déclenchée par l'Allemagne, avec tous ses moyens militaires, contre le front français.

Justement, de Gaulle jugeait qu'on ne s'y préparait pas. Le pessimisme foncier dont il fit preuve durant cet hiver 1939-40, et qu'il dissimulait à peine à ses amis, n'avait pas seulement pour cause une carte de guerre où la France et la Grande-Bretagne étaient privées de cet allié de revers qui ne pouvait être que l'Union soviétique, il voyait, de surcroît, les armées françaises s'enfoncer dans une immobilité tragique. C'était, pour lui, la conséquence d'un système militaire défensif qui conduisait, par lui-même, à ne prendre aucune initiative et c'était aussi le résultat d'un état d'esprit qui détournait les responsables de s'engager à fond dans la guerre.

> C'est sans aucun étonnement, écrivit-il dans ses *Mémoires*, que je vis nos forces mobilisées s'établir dans la stagnation... Tandis que les forces ennemies se trouvaient, presque en totalité, employées sur la Vistule, nous ne faisions rien en effet, à part quelques démonstrations, pour nous porter sur le Rhin.

A ces « démonstrations », il participa lui-même, tant son chef, le général Bourret, commandant la Ve armée, était sensible à son impatience. L'un de ses bataillons de chars fut donc engagé près de Bitche, en avant de la ligne Maginot : observée par plusieurs généraux, évidemment inoccupés et campés sur une colline voisine, cette opération n'avait évidemment aucune portée [24].

Quelques jours plus tard, comme il ressentait plus fortement encore l'effet de l'immobilité des armées françaises, et qu'il ne voyait rien venir d'un changement de la doctrine française, il écrivit sa première lettre à Paul Reynaud depuis le début du conflit :

> Je me risquerai à vous donner mon opinion en ce qui concerne la conduite de cette guerre. Notre système militaire a été bâti exclusivement en vue de la défensive. Si l'ennemi nous attaque demain, je suis convaincu que nous lui tiendrons tête. Mais s'il n'attaque pas, c'est l'impuissance quasi totale. Or, à mon avis, l'ennemi ne nous attaquera pas de longtemps. Son intérêt est de laisser « cuire dans son jus » notre armée mobilisée et passive, en agissant ailleurs entre-temps. Puis, quand il nous jugera lassés, désorientés, mécontents de notre propre inertie, il prendra en dernier lieu l'offensive contre nous avec, dans l'ordre moral et dans l'ordre matériel, de toutes autres cartes que celles dont il dispose aujourd'hui.

On voit, dans cette lettre, la part du tempérament et celle du calcul. Instinctivement, de Gaulle mesure les dégâts qu'une immobilité totale est en train de faire dans les esprits et les habitudes, au sein des armées françaises : il suppose donc que l'ennemi veut en tirer parti en laissant s'accentuer cette redoutable démoralisation. Mais il veut surtout convaincre Reynaud qu'on peut encore changer le système militaire français et que, par conséquent, on le doit : l'ennemi, peut-être, « ne nous attaquera pas de longtemps » et agira « ailleurs entre-temps », ce qui laisse aux responsables politiques et militaires français le temps d'apporter aux armées françaises et à leur doctrine d'emploi le changement radical que de Gaulle réclame, à condition qu'ils le veuillent. Il en est si convaincu que, trois mois plus tard, il revient à la charge.

Reynaud est alors venu à Wangenbourg où il est reçu par le général Bourret, qui a invité aussi son chef d'état-major, de Lattre de Tassigny, et de Gaulle. Oubliant apparemment que la conduite de la guerre incombe au gouvernement, il les interroge sur ce que les armées vont faire. De Gaulle se prononce aussitôt pour une offensive française au printemps alors que Bourret et de Lattre la jugent impossible[25]. C'est évidemment pour pousser Reynaud à exiger une autre doctrine militaire et d'autres moyens de l'appliquer.

Mais il ne renonce pas à s'adresser à sa hiérarchie dans l'espoir, toujours déçu jusque-là, d'ébranler son conservatisme et son immobilisme. La fin de la campagne de Pologne lui en donne l'occasion. Il faut, à son avis, en tirer les leçons. L'état-major, du reste, s'y est efforcé, de son côté[26]. Son 2e bureau a rédigé un rapport sur les causes de la victoire allemande. Il y est écrit que « dans les opérations de rupture, les chars ont toujours été employés en masse [...] sur un front de 1000 à 2000 mètres par régiment [...] les chars formant plusieurs échelons distants les uns des autres d'environ 1 000 mètres [...], l'action des chars étant toujours appuyée par l'aviation attaquant à la bombe ou à la mitrailleuse ». Allait-on vers une prise de conscience qui eût enfin conduit les chefs militaires français à réviser leur doctrine ? La conclusion du rapport ne laissait à cet égard aucune illusion : « Les procédés de combat employés par l'armée allemande en Pologne, écrivaient ses auteurs, répondaient à une situation particulière... Sur le front occidental, les opérations revêtiront sans doute un autre aspect », mais, suggéraient-ils prudemment, « la connaissance [de ces procédés] doit permettre de préparer en temps utile les parades appropriées ».

De Gaulle en tire naturellement une tout autre leçon. Il le fait dans un texte adressé à l'état-major le 11 novembre 1939, et personnellement à Gamelin. C'est une « note sur l'emploi des chars » qu'il justifie par ce que l'on sait de l'action des « grandes unités blindées que l'ennemi vient de mettre en œuvre en Pologne ». Il ne s'y trouve aucun accent provocateur, aucune affirmation qui pourrait être jugée paradoxale : il veut évidemment, dans cette note, convaincre par des arguments techniques et concrets, en s'en tenant au plus près de la réalité, mais tout en rappelant l'urgence d'un changement profond de la doctrine française. Répondant implicitement aux critiques qui lui ont été adressées naguère, il insiste sur la liaison entre les chars et l'infanterie « en tant qu'elle signifie appui réciproque ». Il dénonce le danger majeur que représente « l'émiettement » des chars dans l'ensemble des armées. Il réclame à nouveau que l'on modifie le règlement sur leur emploi et que celui-ci soit conçu désormais « en largeur et en profondeur [...] dans le cadre d'une grande unité ». Il ne reçut aucune réponse et, sans nul doute, son pessimisme s'en accrut.

Les souvenirs qu'il a rapportés de cette période témoignent de cette amertume et, plus encore, du sentiment qu'au sommet des hiérarchies politiques et sociales on ne voyait pas le danger qui, selon lui, menaçait de mort un pays devenu inconscient. Ainsi en témoignent la visite du président de la République, Albert Lebrun, venu passer en revue l'un des bataillons de son régiment et qui lui dit aimablement que ses « idées [lui] sont connues » mais qu'il « semble bien qu'il soit trop tard [...] pour que l'ennemi les applique » : et cet entretien avec Pierre Brisson, illustre et influent directeur du *Figaro*, qui réplique à ses remarques sur la passivité déplorable des armées françaises et leur inaptitude à l'offensive : « Ne voyez-vous pas que nous avons, d'ores et déjà, gagné la Marne blanche ? » Nul doute qu'il n'aurait pas évoqué de pareils errements venant de personnalités par ailleurs estimables, s'il n'en avait gardé le souvenir d'un aveuglement mortel et qu'il ne pouvait dissiper...

Le 18 janvier 1940, de Gaulle est reçu à dîner par Paul Reynaud en ses appartements de ministre des Finances, rue de Rivoli, où il a invité, en même temps, Léon Blum [27]. Il a rapporté ainsi l'essentiel de l'entretien qu'il eut avec celui-ci. :

« Quels sont vos pronostics ? » lui demande Léon Blum.

« Le problème, répondis-je, est de savoir si, au printemps, les Allemands attaqueront vers l'Ouest pour prendre Paris ou vers l'Est pour atteindre Moscou.

— Y pensez-vous ? s'étonne Léon Blum. Les Allemands attaquer à l'Est ? Mais pourquoi iraient-ils se perdre dans les profondeurs des terres russes ? Attaquer à l'Ouest ? Mais que pourraient-ils faire contre la ligne Maginot ? »

De Gaulle, bien qu'il ne le raconte pas, dut alors rappeler les formidables capacités offensives que donnait à l'armée allemande la possession d'une force blindée qui était déjà la plus redoutable du monde, par contraste avec une armée française bâtie tout entière autour d'un système défensif. Mais Léon Blum a rapporté les propos que lui tint alors de Gaulle quand celui-ci le raccompagna jusqu'à son domicile du quai de Bourbon :

> Je joue mon rôle dans une atroce mystification... Les quelques douzaines de chars légers qui sont rattachés à mon commandement sont une poussière... Je crains que l'enseignement de la Pologne, pourtant si clair, n'ait été récusé de parti pris. On ne veut pas que ce qui a été réussi là-bas soit exécutable ici. Croyez-moi, tout reste à faire chez nous... Si nous ne réagissons pas à temps, nous perdrons misérablement cette guerre. Nous la perdrons par notre faute. Si vous êtes en mesure d'agir de concert avec Paul Reynaud, faites-le, je vous en conjure [28] !

De Gaulle prit soin de mettre le nom de Léon Blum sur la liste de ceux à qui il voulut adresser un mémoire intitulé *L'Avènement de la force mécanique,* et qui reprenait, à la lumière des événements survenus depuis le début de la guerre, ses arguments en faveur d'un changement radical du système militaire français[29]. Il y répète que le char, qu'il appelle « moteur combattant »,

> restitue et multiplie les propriétés qui sont essentiellement à la base de l'offensive. Agissant dans les trois dimensions, se déplaçant plus vite qu'aucun être vivant, susceptible de porter des poids énormes sous forme d'armes et de cuirasses, il occupe désormais un rang prépondérant dans l'échelle des valeurs guerrières et s'offre à renouveler l'art défaillant.

Loin d'écarter l'importance des autres armes, il reconnaît le rôle qu'elles joueront mais, écrit-il,

> c'est un fait que, par rapport [à elles] l'engin mécanique est intrinsèquement doté d'une puissance, d'une mobilité, d'une protection littéralement incomparables et que, par suite, il constitue l'élément essentiel de la manœuvre, de la surprise et de l'attaque. Il n'y a plus, dans la guerre moderne, d'entreprise active que par le moyen et à la mesure de la force mécanique.

Il affirme ensuite que

> les chars employés en masse comme il se doit seraient capables de surmonter nos défenses actives et passives.

Il affirme que la guerre moderne appelant avant tout une mobilisation économique et industrielle aussi totale que l'avait été, vingt-cinq ans plus tôt, la mobilisation des hommes sous les drapeaux, l'effort militaire doit se concentrer sur l'arme de la victoire qui ne peut être que « la force mécanique ». Et la conclusion en est en forme d'adjuration et de cri de révolte contre l'immobilité mortelle de ce début de guerre :

> Le conflit présent sera tôt ou tard marqué par des mouvements, des surprises, des irruptions, des poursuites, dont l'ampleur et la rapidité dépasseront infiniment celles des plus fulgurants événements du passé... Ne nous y trompons pas ! Le conflit qui est commencé pourrait bien être le plus étendu, le plus complexe, le plus violent de tous ceux qui ravagèrent la terre. La crise politique, économique, sociale, morale dont il est issu revêt une telle profondeur et présente un tel caractère d'ubiquité qu'elle aboutira fatalement à un bouleversement complet de la situation des peuples et de la structure des Etats. Or, l'obscure harmonie des choses procure à cette révolution un instrument militaire — l'armée des machines — exactement proportionné à ses colossales dimensions. Il est grand temps que la France en tire la conclusion.

Léon Blum, l'ayant lu, rapporte ainsi l'impression qu'il lui fit : « C'est alors que j'appris, que je compris tout. Il fallait organiser à tout prix, et sans autres délais, l'armée mécanique. » Bien qu'on ne connaisse pas la liste des 80 personnalités politiques et militaires auxquelles de Gaulle adressa son mémoire, on est tenté de croire que Blum fut seul à réagir ainsi puisque, nulle part ailleurs, on n'a perçu de réactions semblables. C'était une démarche singulière de sa part : hors de tout règlement et de toute hiérarchie, il s'adressait aux dirigeants de la Nation, sans considération des usages, des traditions et de l'ordinaire discipline. Mais sa réputation et ses écrits l'avaient déjà mis hors normes : il ne s'attendait plus à être jugé ou traité comme s'il n'avait pas été déjà l'auteur de *Vers l'armée de métier*. C'était, en tout cas, un formidable pari que de vouloir ainsi secouer l'indifférence des élites du pays : il fut perdu.

> Mon mémorandum ne provoqua pas de secousses, devait-il écrire dans ses *Mémoires*.

Daladier préféra ne pas le lire[30]. Le général Georges, alors commandant du front du nord-est, en prit connaissance, peut-être conseillé par Léon Blum, mais son verdict fut carrément négatif : « Intéressant, mais la reconstitution n'est pas à la hauteur de la critique. » Le général Dufieux, inspecteur de l'infanterie et, à ce titre, patron de l'ensemble des chars, confirma sa très ancienne hostilité envers les thèses soutenues par de Gaulle : « Les conclusions [du mémoire], écrivit-il, sont, dans l'état actuel de la question, à rejeter. » Lucien Nachin croit savoir que Gamelin jugea les conclusions du mémoire très aventureuses. Jean Auburtin le soumit à un colonel en poste dans les états-majors et qui émit ce jugement : « Un daltonien qui parle des couleurs[31]. » Suivant le témoignage de Pierre Billotte à Jean Lacouture, seul son père, le général Billotte, qui commandait le groupe d'armée du Nord, aurait fait connaître à de Gaulle qu'il l'approuvait[32].

Il est paradoxal, bien sûr, mais pourtant vrai, qu'à la tête des armées cette sévérité ou cette indifférence n'a pas conduit à ignorer ce que de Gaulle pourrait faire. C'est Gamelin qui prit ici une initiative qui devait avoir, au printemps suivant, de grandes conséquences. On se souviendra des tentatives qu'il avait faites durant les deux dernières années précédant la guerre pour mettre sur pied des divisions cuirassées et en étudier l'emploi, et du refus auquel il s'était heurté de la part de la majorité des membres du Conseil supérieur de la Guerre. Il n'y avait pas renoncé. Profitant du surcroît d'autorité que lui donnait le déclenchement du conflit, il avait ordonné la formation des 1re et 2e divisions cuirassées, et prescrit que la 3e serait mise sur pied avant la fin du printemps et que la 4e serait formée ensuite. Pensa-t-il aussitôt à confier à de Gaulle une responsabilité majeure à la tête de ces unités nouvelles dont celui-ci réclamait depuis longtemps la création ? En tout cas, quand Reynaud, peu après le dîner où il avait réuni chez lui Blum et de Gaulle, lui écrivit pour lui suggérer que ce dernier soit promu général,

Gamelin répondit favorablement à celui qui n'était encore que ministre des Finances : « Il sera le plus jeune général de l'armée française et ce sera très bien ainsi[33]. » Il se garda pourtant de bousculer les hiérarchies et les bureaux et il n'y eut aucune suite immédiate à ses intentions. Mais, quelques semaines plus tard, il convoqua de Gaulle à son quartier général du château de Vincennes. Le récit de cette rencontre, qu'on trouve dans les *Mémoires de guerre*, en fait une scène étrange où le respect, l'ambiguïté et le malaise se mêlent alors que ces deux personnages savent qu'ils sont en train de vivre une poignante veillée d'armes. De Gaulle décrit Gamelin tenant les affaires quotidiennes à distance, laissant le général Georges s'occuper du front du nord-est — « ce qui pouvait aller tant qu'il ne s'y passait rien mais deviendrait sans doute insoutenable si la bataille s'engageait » — enfermé « dans un cadre semblable à celui d'un couvent et dans sa thébaïde de Vincennes [...] combinant en laboratoire les réactions de sa stratégie ». Gamelin l'avait fait venir pour lui annoncer qu'il lui donnait le commandement de la 4e division cuirassée qui serait formée à partir du 15 mai. De Gaulle lui dit sa fierté d'être « appelé comme colonel au commandement d'une division », mais son anxiété devant le retard des armées françaises à constituer cette force mécanique dont l'Allemagne disposait déjà. Gamelin lui révéla ce qu'il pensait de l'avenir : après une « opération de couverture ou de diversion vers les pays scandinaves », les Allemands passeraient par la Hollande et la Belgique et, « viseraient le Pas-de-Calais pour nous couper des Anglais ». Il lui donna l'impression d'être sûr de lui, « convaincu qu'à son échelon l'essentiel était d'arrêter, une fois pour toutes, sa volonté sur un plan défini et de ne s'en laisser ensuite détourner par aucun avatar ». Ecrivant quinze ans plus tard, de Gaulle, que cet instant de sa vie a manifestement impressionné, n'a pu s'empêcher de rendre un hommage inattendu à ce chef qui s'était si longuement opposé à ses idées même si, dans les derniers temps, on pouvait penser qu'il évoluait,

> lui, dont l'intelligence, l'esprit de finesse, l'empire sur soi, atteignaient un très haut degré, ne doutait certainement pas que, dans la bataille prochaine, il dût finalement l'emporter.

Hommage révélateur dans son ambiguïté : en saluant les immenses qualités de Gamelin il suggérait aussi qu'il s'était enfermé dans une conception bâtie à l'avance, écartant toute objection ou surprise, et dont il ne sortirait pas. Et la fin du récit de cette rencontre témoigne, à travers la modération des termes choisis, de l'angoisse que ressentit de Gaulle et peut-être de son désespoir :

> C'est avec respect, mais aussi quelque malaise, que je quittai ce grand chef, s'apprêtant dans son cloître, à assumer tout à coup une responsabi-

> lité immense en jouant le tout pour le tout sur un tableau que j'estimais mauvais.

Alors même que, pour de Gaulle, tout justifie son pessimisme et semble déjà perdu, survient une chance ultime, celle qu'il espère et qu'il attend depuis des années. Le 19 mars le gouvernement Daladier est renversé et c'est Paul Reynaud que le président Lebrun désigne pour lui succéder. On peut croire alors que tout devient possible. Reynaud n'est-il pas l'homme que de Gaulle a choisi pour être le champion du changement radical du système militaire français et qui a accepté de l'être en pleine connaissance de cause ? C'est avec lui qu'il entretient, depuis près de six ans, une correspondance où il a inlassablement développé ses arguments et offert ses services. Au fond, de Gaulle avait tout parié sur son arrivée au pouvoir, sur le moment où il pourrait enfin imposer la formation, dans les armées françaises, d'un corps cuirassé, l'adoption d'une doctrine militaire nouvelle, une conduite de la guerre propre à mener à la victoire. Très tard, bien trop tard peut-être, l'événement survenait enfin. On allait donc voir s'il avait eu raison d'y placer ses espérances et s'il pourrait lui-même jouer le rôle d'adjoint, de conseiller ou de chef d'état-major qu'il espérait depuis si longtemps.

L'affaire se joua en quelques jours. De Gaulle s'y était préparé en envoyant à Reynaud, quelques semaines plus tôt, une note où, tout en exposant ce que devrait être la conduite du pays en temps de guerre, il se portait candidat à servir directement auprès de lui :

> 1. Le Comité pour la conduite de la guerre arrête le plan de guerre et prend les décisions nécessaires dans cet ordre d'idées à mesure des événements.
>
> 2. Si l'on veut que les séances du Comité puissent être préparées, il faut un secrétariat qui établisse les dossiers, étudie les questions et fasse les procès-verbaux.
>
> 3. Le colonel de G. pourrait être secrétaire général pour la conduite de la guerre.

Rien d'étonnant, semble-t-il, à ce que Reynaud, aussitôt nommé président du Conseil, l'appelle auprès de lui. Mais c'est pour lui demander de rédiger la déclaration ministérielle qu'il doit lire devant la Chambre des députés le 21 mars. C'est un texte clair et simple, engageant catégoriquement le pays dans une guerre qui ne doit s'achever que par la victoire. Tel quel, même retouché par Dominique Leca, membre important du Cabinet de Reynaud, c'est ce texte que celui-ci choisit de lire.

De la tribune du public, de Gaulle assiste à la séance. Elle fut, écrivit-il, « affreuse ». La rancœur de bien des radicaux qui regrettent que Daladier soit écarté, s'exhale en plusieurs interventions. Les porte-parole de la droite s'exaspèrent que l'on ait nommé des socialistes ministres. Les partisans d'une paix de compromis, sans exprimer ouvertement leurs vœux, laissent transparaître leur méfiance et leurs soupçons.

> Seul, écrivit de Gaulle, Léon Blum, à qui pourtant nulle place n'avait été offerte, parla avec élévation.

Hommage remarquable et révélateur : alors que le parti socialiste et Léon Blum lui-même s'opposèrent durement à lui durant les premières années de la IVe République, de Gaulle, écrivant après que cette lutte eut beaucoup marqué sa vie politique, a tenu, comme à propos d'autres épisodes, à dire son estime pour la personne de Léon Blum. Mais le soutien que celui-ci apporta à Paul Reynaud suffit à peine à lui donner une majorité à la Chambre : elle ne fut que d'une voix si l'on additionnait abstentionnistes et opposants. Encore Edouard Herriot, qui présidait la Chambre, devait-il dire plus tard à de Gaulle qu'il n'était pas sûr qu'il l'ait eue. Malgré les conseils du président du groupe radical-socialiste, Chichery, qui lui suggère de se retirer, Reynaud décide de rester et d'agir. Il veut donc donner à de Gaulle le secrétariat du Cabinet de guerre qu'il a décidé de créer, avec, autour de lui, le vice-président du Conseil, les ministres chargés des Affaires militaires, et ceux des Finances, des Colonies, du Blocus et de l'Armement. Mais Daladier est resté ministre de la Guerre et, plein de rancœur envers Reynaud, s'y oppose sans ambages. Les *Mémoires de guerre* lui attribuent ce propos si catégorique qu'on hésite à le tenir pour vrai : « Si de Gaulle vient ici, je quitterai ce bureau, je descendrai l'escalier et je téléphonerai à Paul Reynaud qu'il le mette à ma place. »

Après ce premier échec, auquel le nouveau président du Conseil paraît se résigner facilement, Reynaud tente un deuxième essai : il rappelle de Gaulle et lui offre de faire partie d'un Comité de trois experts qui l'informeront personnellement sur les questions militaires — de Gaulle s'en chargera — financières et diplomatiques. De Gaulle voit bien que c'est une dernière chance qui s'offre à lui, si ambiguë soit-elle. Au témoignage de Lucien Nachin, il accepte sans hésiter : « Il accourt avec un joyeux empressement. Il n'a plus la sérénité du penseur. L'air du front a durci son regard, la mesquinerie des dirigeants l'écœure. Aux premiers mots de sa conversation, on comprend qu'"une faculté impitoyable se développe dans son esprit" [c'est du Flaubert] : celle de voir la bêtise et de ne plus la tolérer [34]. » L'expérience ne dura pas : les notes rédigées par de Gaulle ne pouvaient l'être que par lui, et certainement pas par Paul Reynaud ou quelque autre de ses collaborateurs : on s'en aperçut tout de suite chez Daladier, dans les services et dans les états-majors et on réagit comme on pouvait s'y attendre. De Gaulle en tira la conclusion, comme il l'écrivit alors à sa mère :

> Je suis retourné au front... L'atmosphère politique était trop mauvaise à

> Paris et les relations entre Paul Reynaud et Daladier étaient trop tendues pour que je puisse travailler utilement. J'ai donc demandé au président du Conseil de retourner à mes chars jusqu'à ce que la situation soit éclaircie. Il y a consenti tout en me déclarant qu'il me ferait revenir à très bref délai : j'attends donc sans impatience.

On ne peut en douter : ce fut, pour lui, une terrible déception. Avoir tant misé et depuis si longtemps sur un homme qui, le moment venu, se révélait impuissant à imposer ses choix, ses hommes et ses idées, c'était une épreuve sur laquelle de Gaulle n'a exprimé aucune plainte mais qu'il dut ressentir avec infiniment d'amertume. Mais c'était, par-dessus tout, un épisode profondément révélateur de l'expérience politique qui commençait avec Paul Reynaud à la tête du gouvernement, annonciateur, au fond, de tout ce qui allait suivre jusqu'aux ultimes débats de juin 1940. De cet épisode, par conséquent, il faut comprendre les sources profondes.

Avant tout, la crise qui provoqua la chute de Daladier et l'arrivée au pouvoir de Paul Reynaud n'est d'aucune façon le résultat d'une victoire des partisans d'une conduite de la guerre plus ferme et plus cohérente. Elle résulte, en fait, d'une séance du Sénat en comité secret, le 14 mars 1940, et, plus directement, du comité secret tenu par la Chambre des députés le 19 mars. Dans l'un et l'autre cas, on assiste essentiellement à l'offensive de tous ceux qui reprochent au gouvernement Daladier d'avoir engagé la guerre en écartant les dernières chances de paix, puis de ne pas être intervenu militairement en faveur de la Finlande, quand elle fut attaquée par l'Union soviétique au début de décembre 1939, quitte à entrer en guerre contre celle-ci. Les adversaires de la déclaration de guerre à l'Allemagne s'étaient, depuis septembre 1939, concertés et rapprochés au point de constituer un comité plus ou moins clandestin qui comprenait des socialistes, des « néo-socialistes » en rupture de la SFIO, comme Marcel Déat, des députés proches du parti radical, comme René Château, des indépendants venus de la gauche comme Bergery et Montigny qui était proche de Laval, des députés réputés d'extrême droite, comme Scapini et Tixier-Vignancour. Mais leurs chefs de file les plus importants et les plus influents étaient deux anciens présidents du Conseil, Pierre Laval et Pierre-Etienne Flandin. Certains d'entre eux, mais surtout Laval, n'avaient pas souhaité que la guerre de Finlande soit l'occasion d'entrer directement en conflit avec l'Union soviétique. La plupart, au contraire, en avaient été passionnément partisans. Leur état d'esprit et leur tactique sont assez bien résumés par la note adressée le 10 janvier à Daladier par l'un de ses conseillers diplomatiques : « Il existe au sein de l'opinion française un large mouvement favorable à une rupture avec les Soviets. Ce mouvement est à base de sentimentalité ou de conviction politique. Mais on ne saurait nier non plus qu'il ne soit utilisé dans certains milieux pour faire apparaître l'URSS comme *ennemie n° 1* et en tirer argument en vue d'une paix boiteuse avec l'Allemagne[35]. »

Si extraordinaire que cela puisse paraître à distance, la guerre de Finlande fut, en effet, l'occasion d'une tentative longue et systématique d'engager les hostilités contre l'Union soviétique[36]. On sait que celle-ci, dès la fin de novembre 1939, avait proposé à la Finlande un échange de territoires qui eût rattaché à l'URSS les ports et les îles contrôlant l'accès du golfe qui mène à Leningrad et l'isthme de Carélie, afin de mettre la ville à l'abri d'opérations déclenchées par surprise et de trop près, moyennant quoi une bande de territoire, deux fois plus étendue en superficie, serait cédée à la Finlande du nord au sud de ses frontières orientales. Les dirigeants soviétiques n'ayant nullement prévu le refus des Finlandais, n'avaient procédé à aucune concentration de forces et les premières offensives qu'ils déclenchèrent, en décembre, échouèrent devant la résistance victorieuse d'un peuple tout entier mobilisé et fortement motivé. On pouvait prévoir, dès ce moment, que l'Armée rouge, malgré les difficultés et handicaps provoqués par l'hiver, rassemblerait au bout de quelques semaines les effectifs nécessaires à des opérations de grande envergure. Celles-ci commencèrent, en effet, dans la seconde quinzaine de février et mirent l'armée finlandaise au bord du désastre avant le milieu de mars. Mais, dans l'intervalle, on vit s'élaborer, surtout du côté français, une stratégie ayant de vastes ambitions : des forces alliées seraient débarquées à Narvik, en Norvège, et se dirigeraient vers le territoire finlandais à travers la Suède, on priverait ainsi l'Allemagne de ses importations de fer suédois, que ce soit par les côtes norvégiennes ou par le golfe de Botnie, et on tendrait la main aux armées finlandaises, on bombarderait en même temps Bakou, dans le Caucase, pour y neutraliser la production pétrolière et on envisagea même de débarquer un corps expéditionnaire à Petsamo, seul port finlandais sur l'océan Arctique, pour marcher, de là, sur le port soviétique de Mourmansk.

Dans les comptes rendus des Conseils suprêmes tenus entre décembre 1939 et mars 1940, on voit Daladier et les chefs militaires français soutenir ces plans et en réclamer l'exécution d'urgence. C'est l'opposition méthodique, calculée et froidement exprimée des dirigeants britanniques, et particulièrement de Chamberlain, encore Premier ministre, qui les fit ajourner puis écarter. Le fait est qu'on ne trouve, dans les archives, témoignages et documents, que très peu d'objections, du côté français, à cette stratégie, et nulle part l'exposé des arguments qui auraient dû s'imposer : en dispersant leurs forces en de lointaines expéditions périphériques, les Alliés accentueraient encore la supériorité allemande à l'ouest, là où se livrerait la bataille décisive : s'en prendre directement à l'Union soviétique, c'était resserrer ses liens avec l'Allemagne au lieu de les distendre et, pour les Alliés, en se donnant un nouvel ennemi, établir délibérément un rapport de forces qui leur serait longtemps défavorable. Il arriva que Gamelin, anxieux de la bataille qui pourrait commencer en Belgique et qui parut imminente en novembre, puis en janvier, exprima prudemment ses réserves et ses craintes en utilisant des procédés dilatoires pour faire ajourner les décisions définitives : mais, il ne manifesta jamais clairement son opposition et les autres chefs militaires français participaient avec entrain aux préparatifs de guerre contre la Russie[37]. Weygand était le plus actif et, de son commandement au Levant, avait prescrit d'étudier, dès le milieu de décembre « les divers terrains d'une action contre l'URSS », écrivant à Gamelin qu'il était « capital de [lui] casser les reins en Finlande et ailleurs ». Le plus audacieux, pour ne pas dire le plus extravagant, était le général Bergeret, sous-chef d'état-major de l'armée de l'air et futur secrétaire d'Etat du gouvernement de Vichy, qui exposa devant le capitaine Stehlin les lignes d'une stratégie grandiose : « La Russie est désormais associée à l'Allemagne. Elles feront la guerre ensemble pour se partager l'Europe et chercheront à s'étendre au-delà d'elle. C'est donc en frappant l'Union soviétique que nous priverons l'Allemagne hitlérienne des ressources dont elle a besoin et qu'en même temps nous éloignerons la guerre de nos frontières. Le général Weygand commande en Syrie et au Liban les forces armées qui se porteront en direction générale de Bakou pour tarir la production de pétrole : de là, elles remonteront vers le Nord à la rencontre des armées parties de Scandinavie et de Finlande en marche sur Moscou. »

Quel que soit le jugement que l'on porte sur la valeur intellectuelle, ou simplement le bon sens, de chefs militaires aussi élevés dans la hiérarchie des responsabilités que Weygand, Bergeret, mais aussi Darlan, de telles ambitions n'auraient pu s'exprimer sans le climat politique qui régnait alors en France[38]. En de larges secteurs allant de l'extrême droite à la gauche on réclamait que la priorité soit donnée à la lutte contre l'Union soviétique — à l'exception de Laval au Sénat, par pacifisme, et d'Anatole de Monzie, au gouvernement, de longtemps plus attentif aux relations avec l'URSS. Partout, semblait-il, l'opinion française prenait feu et flammes en faveur de la Finlande, comme pour David contre Goliath. Maurras, dans *L'Action française*, parla des « thermopiles de la civilisation », quand l'armée finlandaise mit en échec l'Armée rouge. Fabre-Luce, exprimant ordinairement l'opinion des milieux pacifistes et mondains qui n'avaient jamais souhaité de véritable résistance à Hitler, écrivit que la Finlande était devenue « la terre symbolique de la Liberté ». Herriot, naguère artisan de l'établissement des relations diplomatiques franco-soviétiques et longtemps partisan de l'alliance russe, proclama que « sa victoire, dure comme la neige de son sol, représente un premier triomphe de l'esprit sur la matière, de la valeur humaine sur la brutalité ». Léon Blum, lui-même, n'écarta pas la perspective d'un conflit avec l'URSS, remplissant de stupeur les représentants du parti travailliste anglais à la réunion de l'Internationale socialiste de Bruxelles, en février, écrivant même dans *The Spectator* du 5 avril 1940, quand la guerre russo-finlandaise était déjà terminée : « S'il est possible d'éviter de faire la guerre aux Soviétiques, tant mieux, sinon faisons-la. » C'est ce courant, apparemment irrésistible, que de Gaulle, qui en jugeait les intentions détestables et l'état d'esprit absurde, évoqua plus tard en termes lapidaires et méprisants :

> Il faut dire que certains milieux voulaient voir l'ennemi bien plutôt dans Staline que dans Hitler. Ils se souciaient des moyens de frapper la Russie, soit en aidant la Finlande, soit en bombardant Bakou, soit en débarquant à Stamboul, beaucoup plus que de la façon de venir à bout du Reich.

C'est ce courant, en tout cas, qui s'exprima avec fureur et passion lors des débats parlementaires des 14 et 19 mars et qui fut, pour beaucoup, dans la chute du gouvernement Daladier. Il est vrai qu'à l'opposé, Blum réclama plus de fermeté et de rigueur dans la conduite de la guerre. Mais le fait est que, face aux 239 députés qui votèrent encore pour Daladier, la coalition des 300 abstentionnistes — il y eut aussi un opposant — était extraordinairement hétéroclite : on ne pouvait, d'aucune façon, en déduire que le prochain gouvernement incarnerait avec constance et intransigeance la lutte contre l'Allemagne, jusqu'à la victoire.

De Gaulle en avait été témoin. Il en avait conçu un pessimisme accru à l'égard des capacités de résistance et de la volonté de combattre qui subsistaient dans les milieux politiques. Ce fut une expérience qui commença de l'éclairer sur le destin du gouvernement de Paul Reynaud et sur le climat dans lequel il allait vivre. Il l'a résumée en termes impitoyables :

> C'était assez pour apercevoir à quel point de démoralisation le régime était arrivé. Dans tous les partis, dans la presse, dans l'administration, dans les affaires, dans les syndicats, des noyaux très influents étaient ouvertement acquis à l'idée de cesser la guerre. Les renseignés affirmaient que tel était l'avis du maréchal Pétain, ambassadeur à Madrid, et qui était censé savoir, par les Espagnols, que les Allemands se prêteraient volontiers à un arrangement.

Et il évoque même une campagne menée par voie de circulaires et qui suggérait un appel à Pétain... Du reste, rien n'indiquait que le gouvernement de Paul Reynaud fût disposé à entamer tout de suite une action de redressement. Sa composition laissait sceptique : les socialistes y étaient entrés avec trois ministres et trois sous-secrétaires d'Etat mais le groupe de droite le plus franchement patriote, celui de Louis Marin, n'y était pas représenté, les radicaux dont près des deux tiers s'abstinrent, regrettaient l'éviction de l'ancien ministre de l'Air, Guy La Chambre, et de Georges Bonnet, mais Daladier, en conservant le ministère de la Guerre, garderait presque autant de pouvoirs que Reynaud et pourrait, en tout cas, l'empêcher de faire ce qu'il voulait.

Du reste, que voulait-il ? Ayant plaidé depuis des années pour la formation de forces blindées puissantes, nombreuses et autonomes, il aurait dû en faire l'objectif immédiat de son gouvernement puisqu'il avait dit lui-même que c'était la condition suprême de la victoire dans une guerre moderne. Sans doute fallait-il, pour l'imposer, négocier avec Daladier son changement d'affectation, donner aux radicaux les compensations nécessaires pour s'assurer leur soutien ou obtenir un appui plus large de la droite : que l'opération fût difficile, on ne peut en douter, mais qu'elle fût indispensable à la poursuite de la guerre, Reynaud aurait dû le penser puisqu'il l'avait dit. Mais force est de constater qu'il ne le fit pas. De Gaulle, en tout cas, l'a constaté : rien ne fut changé à la structure des forces françaises, ni à leur commandement, ni à leur doctrine, et on laissa seulement Gamelin former peu à peu, et au rythme le plus lent, les quatre divisions cuirassées qu'il voulait créer, sans qu'il fût question jamais d'aller au-delà ou de faire autrement.

Nul doute que de Gaulle, durant ces premières semaines du gouvernement du Paul Reynaud, ait éprouvé, à cet égard, une amertume d'autant plus profonde qu'il avait pu croire à portée de la main les décisions qu'il espérait et le rôle qu'il aurait lui-même joué. Mais a-t-il eu connaissance des projets que Reynaud adopta aussitôt après son arrivée au pouvoir ? Il était, semble-t-il, trop proche de lui, trop au contact du milieu politique et journalistique le plus informé pour en avoir tout ignoré. S'il fut mis au courant, en tout cas, à quelque date que ce soit, il a pu mesurer l'écart apparemment infranchissable entre ce qu'il avait recommandé dans son mémoire de la fin de janvier, tourné tout entier vers la guerre contre l'Allemagne, et les choix de Reynaud.

Car celui-ci reprit exactement les plans élaborés auparavant, où se mêlaient les projets de minage des eaux territoriales de Norvège pour empêcher l'approvisionnement de l'Allemagne en fer, et même des actions terrestres de grande envergure en Scandinavie, et les plans d'action militaire contre l'URSS, par bombardements des gisements de pétrole du Caucase [39]. Pour comble, il les prit à son compte et les défendit devant les Britanniques alors que la guerre de Finlande était finie et qu'il n'y avait plus de prétexte à une offensive contre l'URSS [40]. Et, une fois de plus, Chamberlain s'y opposa. Mais comme le gouvernement anglais, sur les instances de Churchill, demandait le largage de mines fluviales dans le Rhin en même temps que le minage des eaux norvégiennes, on en vint, à la réunion du Conseil suprême allié du 28 mars, à une sorte de marchandage. Reynaud annonça qu'il parviendrait à convaincre les autres dirigeants français — jusqu'ici très hostiles — de l'intérêt du largage de mines dans le Rhin si, en contrepartie, le Conseil suprême se ralliait à ses propositions sur les bombardements sur Bakou.

Comme Chamberlain s'y refusait catégoriquement, on en vint à un autre compromis : on mouillerait des mines dans les eaux territoriales norvégiennes durant les premiers jours d'avril, et on larguerait en même temps des mines fluviales dans le Rhin. Ce fut aussi l'occasion où l'on vit combien les vues françaises et britanniques étaient éloignées à propos de l'Union soviétique : quand Chamberlain annonça que l'ambassadeur russe à Londres, Maïski avait fait une démarche en vue de nouvelles négociations commerciales avec la Grande-Bretagne et qu'il allait y répondre favorablement, Reynaud répliqua qu'il ne fallait accorder à l'URSS aucune confiance et qu'il serait gênant de discuter avec les Soviétiques alors que les experts alliés devaient, en principe, examiner encore une fois la proposition française de bombardement du Caucase[41]...

Aux premières heures du 9 avril, l'attaque allemande sur le Danemark et la Norvège ruina, d'un seul coup, les plans alliés pour le théâtre scandinave. Dans la matinée, au cours d'une réunion des dirigeants politiques et militaires français, on décida qu'il fallait une riposte de grande envergure en Norvège mais Darlan, sans en avoir prévenu personne, proposa que les Alliés en profitent pour exiger de la Belgique qu'elle fasse immédiatement appel à leur aide[42]. Cette initiative, comme il était prévisible, tourna court puisque, dès la nuit suivante, le ministre belge des Affaires étrangères, Paul-Henri Spaak, réveillé à 2 heures du matin dans la nuit du 9 au 10, consulta en toute hâte ses collègues et fit connaître leur réponse catégoriquement négative dans la matinée du 10[43]. En attendant, le Conseil suprême se réunit dans l'après-midi du 9 avril et reprit le plan suggéré par Reynaud le 28 mars, comme si l'initiative allemande offrait enfin l'occasion de le mettre en application, puisqu'il décida d'envoyer des forces navales, aériennes et terrestres en Norvège dans le but de « s'assurer de la possession du port de Narvik en vue d'une action ultérieure en Suède destinée à interdire à l'Allemagne l'accès aux gisements de minerai de fer[44] ».

Deux semaines plus tard, lors d'une nouvelle réunion du Conseil suprême, à Londres, les 22 et 23 avril, Reynaud reprit encore son plaidoyer pour le « plan de guerre » français, affirmant que rien ne devait distraire les Alliés de l'entreprise dans laquelle ils s'étaient engagés en Scandinavie et qu'ils ne devaient s'en laisser détourner ni par l'attitude menaçante de l'Italie ou de l'Espagne, ni même par la nécessité éventuelle d'une intervention en Belgique. Et, une fois de plus, il demanda que fussent achevés au plus vite les préparatifs d'un bombardement du Caucase : il est vrai que ce fut la dernière fois car le refus de Chamberlain fut catégorique et définitif[45].

Ainsi, dix-sept jours exactement avant l'offensive que les armées allemandes allaient déclencher sur le front du nord-est, et qui mettrait en cause l'existence même de la France en tant que grande puissance politique et militaire, le chef du gouvernement français, Paul Reynaud, accordait une priorité absolue au théâtre norvégien, refusait qu'on s'en laisse distraire par quoi que ce soit, acceptait qu'on y consacre autant de forces navales, aériennes et terrestres qu'il y faudrait, continuait d'exiger des opérations sur le Caucase, et par là même, implicitement, rejetait à l'arrière-plan, comme étant d'importance secondaire ou improbable, l'hypothèse d'un affrontement décisif en Belgique et aux frontières de la France. De Gaulle, dans la mesure où il eut connaissance des choix de l'homme en qui, depuis six ans, il avait mis sa confiance et ses espoirs, dut constater qu'ils étaient entièrement contraires à tous ceux qu'il avait préconisés.

Plus tard, au mois de mai 1943, dans une lettre au journaliste André Geraud, connu sous le pseudonyme de « Pertinax », qu'il avait bien connu au moment de sa campagne en faveur du corps cuirassé, il tenta de justifier l'estime qu'il conservait à Paul Reynaud.

> Je persiste à penser, lui écrivit-il, qu'il était très supérieur par l'esprit et par le caractère à tout le personnel politique concurrent. Reynaud avait évidemment conscience de cette supériorité et il est certain qu'il se jugeait destiné à être le Clemenceau de cette guerre. Mais souvenez-vous de l'ambiance atroce dans laquelle il vint au pouvoir et y vécut. Je ne nie pas qu'il ait eu la faiblesse de s'entourer de certains médiocres et de quelques infâmes, ce qui eut des conséquences désastreuses.

Découvrir l'entourage de Reynaud c'est prendre, du même coup, la mesure du milieu et du climat dans lesquels celui-ci vivait et travaillait. Fut-ce réellement un choc pour de Gaulle en ces derniers jours de mars ou ces premiers jours d'avril 1940 où il pouvait, très légitimement, penser qu'il allait devenir son conseiller principal ? On peut en douter. Quelques semaines plus tôt, en effet, Gaston Palewski, chargé des relations avec la presse au cabinet de Reynaud, avait dû le quitter sous le prétexte d'un conflit de compétences avec celui de Daladier. C'était, depuis 1934, un admirateur et un ami que de Gaulle avait ainsi dans l'entourage de Reynaud. Certainement aussi un informateur. Il comptait parmi les partisans les plus fermes de la résistance aux entreprises hitlériennes avec toutes les conséquences qui devaient en résulter, pour le changement du système militaire français, pour les alliances à rechercher, y compris l'alliance russe, pour la conduite de la guerre. Son départ n'était pas sans signification. Depuis le début des hostilités, il avait vu d'autres hommes prendre sur Reynaud un singulier ascendant, soit comme membres de son cabinet de ministre des Finances, soit comme amis ou inspirateurs. Le climat, autour de Reynaud, en avait été changé au point de devenir insupportable pour lui et qu'il préféra servir dans une escadrille de bombardiers.

De Gaulle n'a rien ignoré de cet incident, ni de ses causes[46]. Il avait entendu parler par Palewski du rôle joué par Dominique Leca et Gilbert

Devaux, tous deux inspecteurs des finances, qui n'avaient certainement pas les mêmes options que Palewski, bien que leur loyauté envers Reynaud fût certaine. Un autre inspecteur des finances s'était joint à eux : Yves Bouthillier qui, lui, appartenait au milieu le plus favorable à un rapprochement avec l'Italie, à un compromis avec l'Allemagne, à la recherche d'une paix rapide, foncièrement hostile envers l'alliance anglaise et passionnément antisoviétique. Ces trois hommes marquaient de leur influence tout l'entourage de Reynaud, même si les tâches qui leur étaient affectées étaient plus administratives et techniques que politiques. Le choix de Paul Baudouin comme secrétaire du Cabinet de guerre, c'est-à-dire au poste que Reynaud avait d'abord offert à de Gaulle, avait, au contraire, une forte signification politique. Inspecteur des finances, devenu directeur général de la Banque d'Indochine, il s'était fait, comme l'a écrit Jean-Louis Crémieux-Brilhac, « une réputation au carrefour des affaires, des salons et du catholicisme mystique[47] ». Il avait publié, dans le numéro de janvier 1938 de la *Revue de Paris*, un article où, exaltant les vertus de l'Allemagne hitlérienne et de l'Italie fasciste, il avait posé en principe qu' « aucun problème ne sépare la France de l'Allemagne » et conclu que « la possibilité et la nécessité d'une entente avec l'Allemagne doivent être affirmées malgré l'incompréhension des foules, l'attrait de la routine et les critiques qui, sur ce terrain, deviennent facilement injurieuses ». Il n'avait apparemment pas changé d'avis après l'entrée en guerre puisqu'il affirmait alors que « rejeter *a priori* l'idée d'une négociation avant l'effondrement total de la force allemande est impossible », ce qui le range clairement dans le camp de ceux qui, tenant à l'époque le même langage, étaient partisans d'une paix de compromis, comme Flandin, Déat, Bergery, Montigny, Paul Faure, Belin, tous les adversaires de Reynaud. Paul Baudouin y joint un enthousiasme particulier pour une éventuelle union des pays catholiques et méditerranéens, regroupant la France, l'Italie de Mussolini, l'Espagne de Franco, le Portugal de Salazar. Dans d'autres écrits, il avait d'ailleurs réclamé que la France change de régime, abolisse les partis politiques et réduise chez elle « l'influence perturbatrice de la Révolution française ». Et, dans le climat de l'hiver 1939-1940, il est naturellement de ceux qui pensent que « lutter ouvertement contre la Russie, c'est probablement la meilleure voie du succès matériel, mais c'est gagner à coup sûr dans le domaine de l'esprit, et ce gain décide de tous les autres ». Reynaud pouvait-il tout ignorer de la personnalité et des options de celui dont il avait fait d'abord l'un de ses conseillers préférés avant d'en faire son collaborateur le plus important au secrétariat du Comité de guerre, et de le nommer ensuite sous-secrétaire d'Etat ? Force est de dire que ce n'est pas vraisemblable. Ignorait-il aussi que Bouthillier, qu'il venait de nommer secrétaire général du ministère des Finances, et dont il ferait bientôt un ministre, avait été favorable à Munich, était proche de l'Action française et ne cachait pas son anglophobie ? Ce n'est guère plus vraisemblable. A quoi il faut ajouter que parmi les membres plus obscurs de son entourage et de son cabinet se trouvaient Barnaud et Jacques Le Roy Ladurie, futurs ministres de Vichy et très représentatifs des milieux qui, sous couvert de préoccupations technocratiques, étaient proches de l'extrême droite.

Ce n'est pas sans raison que les historiens de cette période ont accordé, dans cet entourage de Reynaud, un rôle particulier à sa compagne, la comtesse de Portes. Longtemps on n'en a pas parlé et quand les premières allusions y ont été faites, Reynaud lui-même, dans ses livres de souvenirs, a rejeté, comme une affabulation ridicule, l'idée qu'elle ait pu exercer quelque influence sur ses choix politiques. Nul, aujourd'hui, ne conteste que cette influence ait pu être déterminante, en tout cas pour le choix des hommes de l'entourage, pour le climat dans lequel Reynaud a dû vivre. Elle est devenue l'un des personnages les plus intrigants et les plus importants de cette année 1939-1940. Hélène Rebuffel, de son nom de jeune fille, héritière d'une famille de la grande bourgeoisie marseillaise, avait séduit Reynaud au point qu'il avait, en 1938, rompu son ménage avec sa femme, fille d'un célèbre bâtonnier du Barreau de Paris, Henri Robert. Plusieurs historiens ou témoins se sont efforcés d'en faire le portrait. Fabre-Luce, dont elle partageait les sentiments et qui fréquentait le même milieu, la décrit qui « parle de la guerre comme si c'était une affaire personnelle..., préside âprement à la distribution des épices, case ses protégés, rétrograde des ennemis ». Jean-Louis Crémieux-Brilhac voit « cette jeune femme tourbillonnant dans le milieu politique et salonnard parisien ». Mais il lui voit aussi un rôle majeur : « l'ambitieuse, impétueuse Hélène de Portes, personnage de feu, l'impatience faite femme, rapide et capricieuse, avide de connaître les secrets et de participer aux décisions, ne supportant pas la contradiction, exerce sur Reynaud une influence voyante et tyrannique »[48]. Elle a pris part passionnément à la campagne menée pour écarter Daladier dont elle déteste la compagne, la marquise de Crussol, qui, par son caractère et son genre de vie, est exactement son opposée. Elle est, définitivement, du clan de Paul Baudouin, influencée par lui, le protégeant et assurant sa promotion, bientôt convaincue comme lui, et peut-être par lui, qu'il faut sortir de la guerre au plus vite et quel qu'en soit le prix.

Dans cet entourage, le plus important, sinon le plus influent, autant qu'Hélène de Portes et peut-être davantage que Paul Baudouin, c'est le lieutenant-colonel de Villelume. On n'en a pris la mesure qu'après la publication de son « journal » et, depuis, témoignages et recoupements ont permis de le vérifier. Cet officier d'aviation assurait la liaison entre le Grand Quartier général et le Quai d'Orsay, c'est-à-dire entre Gamelin et Bonnet, puis Daladier et Reynaud. Il avait tout ce qu'il fallait pour plaire dans les milieux politiques et diplomatiques, dans les salons et les dîners en ville. Rien ne prouve qu'il avait la moindre sympathie pour les régimes fascistes ou d'extrême droite en France et il devait, plus tard, prendre part à la Résistance. Mais il était habité d'un pessimisme sans limites qui le conduisait à penser qu'on avait eu tort d'entrer en guerre, que la supériorité allemande persisterait longtemps, qu'il fallait rester sur la défensive et ne laisser passer aucune occasion de conclure une paix de compromis. Il était convaincu que seule une « troisième armée » permettrait de renverser le rapport des forces en faveur des Alliés et qu'elle ne pouvait être que l'armée américaine quand, à une échéance imprévisible, les Etats-Unis entreraient en guerre. Il s'y ajoutait, chez lui, une hostilité farouche envers de Gaulle et ses idées sur le système militaire français et, naturellement, une hostilité sans faille envers l'Union soviétique et un anticommunisme presque obsessionnel. C'est dire que Villelume était naturellement proche de tous les hommes politiques partisans d'une paix de compromis avec l'Allemagne, qui tous étaient hostiles à Reynaud : c'est dire que tout aurait dû l'éloigner de celui-ci.

Au contraire, durant l'hiver 1939-1940, Villelume est devenu très proche de Reynaud. Il déjeune ou dîne souvent avec lui chez Emmanuel Arago qui, bénéficiant de grands loisirs et d'une certaine fortune, s'est fait le centre et l'animateur de tout le milieu politique, économique et mondain le plus hostile à la poursuite de la guerre, le plus favorable à quelque arrangement avec l'Allemagne. Ils ont échangé des vues, des analyses, des commentaires et il faut croire qu'ils ne se sont guère opposés puisque leurs relations n'ont cessé d'être plus étroites. Villelume, en tout cas, ne cache rien à Reynaud de ses sentiments et de ses préférences. L'a-t-il influencé ? Bien que l'on continue, dans le monde parlementaire et journalistique, à le tenir pour un partisan de la guerre à outrance, plusieurs témoignages laissent découvrir ses hésitations, ses évolutions et peut-être son changement. Ainsi le sous-secrétaire d'Etat américain Sumner Welles, ayant fait le tour des capitales européennes, rapporte le jugement que Reynaud portait, selon lui, sur Churchill : « [M. Churchill] lui avait rendu deux jours plus tôt une visite nocturne. Son point de vue était d'une intransigeance absolue. M. Reynaud pensait que, si M. Churchill avait été quelqu'un de brillant et de très persuasif, doué d'une grande capacité d'organisation, à présent son esprit avait perdu son élasticité. Il pensait que M. Churchill ne pouvait concevoir d'autre possibilité que la guerre à outrance, qu'elle apporte ou non le chaos et la destruction généralisés. Ce n'était pas là, assurément, d'après lui, une conduite d'homme d'Etat[49]. »

Tout conduisait donc de Gaulle et Villelume à s'opposer. Un épisode en révèle l'âpreté au point que Villelume, qui le raconte dans son *Journal d'une Défaite*, le caricature et le déforme certainement, tant est insurmontable son exaspération. Il se situe le 24 mars, alors que l'on peut encore penser que de Gaulle sera nommé secrétaire du Comité de guerre et deviendra le principal conseiller militaire de Reynaud. « Dans le bureau de Leca, écrit Villelume, le colonel de Gaulle fait un long exposé sur la possibilité de gagner la guerre militairement. Il déplore que nous ne soyons pas encore entrés en Belgique, même contre la volonté des Belges. D'après lui, l'armée allemande n'est pas plus forte que l'armée française, les deux aviations se balancent sensiblement... Je suis stupéfait. Je le croyais beaucoup plus intelligent et averti. Je renonce à interrompre son long et absurde monologue. Je me borne à le réfuter en quelques mots assez durs dès qu'il a fini de parler. » Il est clair que de Gaulle n'a pu tenir ce langage tel qu'il est rapporté ici. Il n'était pas question pour lui, dans cette circonstance et à cette date, d'exprimer sans réserve son pessimisme mais il ne pouvait dire que les armées françaises et allemandes s'équivalaient alors qu'il attribuait une importance majeure aux forces blindées dont la Wehrmacht était dotée, mais non l'armée française : mais l'important, ce jour-là, fut le heurt brutal des deux hommes, l'étalage sans nuances de leur opposition, leur incompatibilité absolue au sein d'une équipe qui aurait dû servir le même chef et la même politique.

Qu'advint-il des deux hommes ? On peut croire, à la lumière de cet épisode, que, si de Gaulle a été écarté du secrétariat du Comité de guerre, ce n'est pas du fait de l'opposition de Daladier dont il a rapporté les propos hostiles, mais qu'il n'a pas entendus lui-même : c'est peut-être bien davantage en raison de l'hostilité ouverte de l'entourage de Reynaud. Toujours est-il que de Gaulle repart à Wangenbourg retrouver les chars de la Ve armée et préfère, pour expliquer son retour, invoquer les différents entre Reynaud et Daladier... Mais Villelume, lui, est promis à un tout autre sort. Reynaud lui propose tout simplement la première place auprès de lui, celle de Directeur de son Cabinet au ministère des Affaires étrangères. On comprend, comme il l'a rapporté, qu'il en ait été très flatté et qu'il fut tenté d'accepter. Connaissant bien le Quai d'Orsay, il redoute d'être mal accueilli par l'ensemble des diplomates et prend des contacts préalables. Plusieurs des plus hauts personnages du ministère, tels que le secrétaire général, Alexis Léger, et l'ambassadeur Robert Coulondre, qui dirigeait le cabinet de Daladier, sincèrement ou non, l'assurent qu'il sera bien accueilli. Par prudence, peut-être, ou plus probablement parce qu'il tient à garder lui-même ses liaisons avec le haut commandement, il décide de ne pas changer d'affectation et de continuer d'assurer, pour le compte, cette fois, de Paul Reynaud, la liaison entre le Quai d'Orsay et le GQG de Gamelin. La suite montrera que, de ce poste, il peut exercer une influence majeure et qu'il ne s'en prive pas, d'autant que l'entourage de Reynaud, à la seule exception de Roland de Margerie, partage ses sentiments. Le fait essentiel est que Reynaud, qui le connaissait et le fréquentait depuis de longs mois, donc en pleine connaissance de cause, va continuer d'en faire l'un de ses plus proches conseillers. Impossible, alors, de ne pas s'interroger sur les choix vers lesquels Reynaud s'oriente, sur ses évolutions secrètes. Ce qu'on peut constater, en tout cas, c'est que Villelume en profite aussitôt pour imposer des choix radicalement différents de ceux que de Gaulle avait préconisés avant la guerre et que Reynaud, apparemment, avait repris à son compte. Il s'en explique sans détour dans son Journal : « Le plan que j'avais fait adopter par Paul Reynaud, écrivit-il, ne contenait, par contre, aucune trace des thèses qu'il avait soutenues, très justement d'ailleurs, en temps de paix. Celles-ci étaient, en effet, dépassées par les événements. Le colonel de Gaulle lui avait cependant remis, le 26 janvier 1940, un mémoire dans lequel il prétendait faire sortir la victoire du débloquement de notre force mécanique. Comme si, avec un retard de cinq ans et une industrie trois fois inférieure à celle de nos adversaires, nous pouvions, en pleine guerre, non seulement les rattraper, mais encore les surclasser en ce domaine ! J'avais pu naturellement convaincre Paul Reyaud du caractère chimérique de ce document. Je me demande d'ailleurs jusqu'à quel point Reynaud adhérait à sa propre doctrine. Je pense qu'il l'avait surtout considérée comme un moyen de se mettre en vedette. S'il avait réellement cru aux divisions blindées, aurait-il passé outre à l'énorme prépondérance allemande à cet égard pour préconiser en 1939 l'offensive à outrance et approuver en 1940 le projet d'entrée en Belgique ? Cette remarque s'applique aussi, et pour les mêmes raisons, au colonel de Gaulle[50]. »

On voit ici transparaître un reflet de la haine, le mot n'est pas trop fort, de Villelume envers de Gaulle et une nuance de mépris envers Reynaud. Mais on voit surtout qu'entre les deux hommes c'est Villelume qui exerce, en ce mois d'avril 1940, l'influence la plus forte sur Reynaud. Entre eux, les rôles, provisoirement, sont distribués : Villelume est aux côtés du chef du gouvernement, de Gaulle est loin du pouvoir, parmi ses chars, là où l'atteint la foudre de l'offensive allemande du 10 mai 1940.

Ce jour-là, on sentit partout que la guerre commençait. Sous le beau soleil de ce printemps, ce fut, pour les uns, le recueillement, l'angoisse impossible à avouer devant sa famille ou ses camarades, le sentiment que tout allait changer dans la vie, pour d'autres le frémissement d'une sourde joie, l'attente comblée de l'aventure, le réveil du vieil instinct des combattants. Mais pour presque tous, du moins en France, en Belgique, peut-être en Hollande où la surprise et l'impréparation furent plus grandes, ce fut aussi le moment des dernières instructions à donner, des dernières décisions à prendre, des dernières recommandations. Telle fut, pour cette génération d'Européens, la journée du 10 mai 1940. De Gaulle n'y fit pas exception. Ce jour-là, il trouva le temps d'écrire à sa femme une lettre qui, par le ton, par les sujets évoqués, par ce qu'elle révèle d'incertitude sur l'avenir témoigne des interrogations qui furent celles de millions d'hommes. A ce titre, elle vaut d'être citée telle qu'elle a été publiée dans ses *Lettres, notes et carnets*, avec la seule coupure voulue par sa famille.

Ma chère petite femme chérie,

Voici donc la guerre, la véritable guerre, commencée. Je serais, cependant, assez surpris si les opérations actuelles de Hollande et de Belgique devaient constituer vraiment la grande bataille franco-allemande. Cela viendra à mon avis, un peu plus tard. Je voudrais bien, en tout cas, que la 4e Division Cuirassée soit prête le plus tôt possible.

En tout cas, il faut s'attendre à une activité croissante des aviations et, par conséquent, prendre des précautions. Pour toi, pour le tout-petit, pour Mademoiselle, Colombey serait un bon gîte, surtout s'il n'était pas sur la grande route de Strasbourg à Paris. Fais donc bien attention, de jour, à rentrer et faire rentrer s'il y a alerte, et le soir à bien éteindre les lumières. Gadot doit être assez sûr. Pour Philippe, à Paris, il faut qu'il ne fasse pas inutilement le « malin » si l'on tire.

Ci-joint lettre reçue de cette fille Elisabeth. J'ai bon espoir pour son bachot...

Mézières et Septfontaines vont, sans doute, être évacuées. J'ai reçu hier ta lettre du 7.

Tout, dans le trouble et l'anxiété de ce jour-là se retrouve dans cette lettre. Les combats de Hollande et de Belgique ne seront pas, en effet, comme de Gaulle le pense, les combats essentiels mais ceux-ci ne vont pas avoir lieu « un peu plus tard », mais aussitôt, et justement vers Mézières et Septfontaine dont il annonce l'évacuation. Les bombardements vont bien commencer, dès ce 10 mai. Il ne veut pas que les siens prennent trop de risques, par inexpérience ou par bravade, comme on peut le craindre de Philippe qui voudrait faire le « malin ». Mais on n'oublie pas qu'Elisabeth, curieusement désignée ici, doit continuer à préparer « son bachot ». En cas de déplacement, il faudra s'arranger avec le garagiste Gadot. Et, en attendant, il faut penser à la sécurité du « tout-petit », c'est-à-dire de sa fille infirme, Anne, et de « Mademoiselle » qui la garde et la soigne... Mais, avant tout, il faut aussi « que la 4e Division Cuirassée soit prête le plus tôt possible » pour qu'enfin on puisse aller au combat.

Il n'attendra pas longtemps. Le 11 mai, il est averti que son poste de commandement est au Vésinet. Le 12, il s'y installe dans la villa « Beaulieu ». Le 13, il rassemble autour de lui son état-major, dont il écarte, non sans rudesse, des officiers qui ne lui plaisent pas. Le 14, les cadres de sa division, pour une grande part, sont là, et il les interroge à tour de rôle, tantôt avec hauteur, tantôt avec courtoisie. Le 15, alors qu'il n'a rassemblé encore qu'un tiers de ses chars, il est appelé chez le général Doumenc, major-général des armées du nord-est. Le destin rassemble ainsi, au moment le plus critique, ces deux hommes qui, successivement, avaient en vain plaidé pour l'emploi massif et autonome des blindés. On hésite, en effet, sur la direction que l'ennemi va prendre maintenant qu'il a débouché des Ardennes : vers l'ouest, la vallée de la Somme et les bords de la Manche, ou bien vers le sud-ouest, droit vers Paris. Pour lui barrer la route de la capitale, la VIe armée du général Touchon, cantonnée jusque-là sur les arrières de la ligne Maginot, est chargée de défendre l'Aisne mais, en attendant qu'elle se déploie, la 4e DCR, que de Gaulle commande, doit attaquer en avant de Laon. Telle est sa mission. Elle lui est confirmée par le commandant des armées du nord-est, le général Georges, qui fut l'adversaire inlassable des thèses de *Vers l'armée de métier*, puis du mémorandum de janvier 1940. « Allez, de Gaulle, lui dit-il, pour vous qui avez depuis longtemps les conceptions que l'ennemi applique, voilà l'occasion d'agir ! » Mais de Gaulle est surtout impressionné par le désarroi et l'affaiblissement physique et moral de ce chef situé à un niveau si élevé des responsabilités, au point qu'il le juge « visiblement accablé ».

Du reste, c'est tout l'état-major qui lui paraît « submergé » et chez qui, lui semble-t-il, le « ressort est cassé ». C'est qu'il a suffi de cinq jours pour que l'ennemi franchisse la Meuse, s'engouffre dans les Ardennes et menace de disloquer tout le dispositif des armées alliées. Un vent de panique souffle déjà sur les dirigeants politiques et militaires français. De Gaulle l'a senti au Grand Quartier général. Il n'est pas question pour lui de laisser transparaître son pessimisme ni sa sévérité envers le Haut Commandement, surtout au moment où il s'apprête à conduire sa division au combat. Mais, comme tous ceux qui ont, ce jour-là, la même expérience et les mêmes sentiments que lui, il ne parvient pas tout à fait à dissimuler son anxiété. Ce 15 mai, il trouve encore quelques minutes pour écrire à sa femme cette lettre où, en soulignant quelques mots, il se fait comprendre :

> Les événements sont *très* sérieux. J'ai confiance que nous parviendrons à les dominer. Cependant, il faut s'attendre à tout. Rien de bien urgent, d'ailleurs, pour toi, quoi qu'il arrivera. Mais il faut te tenir au courant, si possible par le général Bret, afin de n'être pas surprise si jamais... Dans ce cas de « si jamais », le mieux serait d'aller d'abord retrouver Suzanne. Assure-toi *très discrètement* d'un moyen de transport éventuel. Je te dis, d'ailleurs, *en conscience*, que je ne crois pas que les choses en viennent là.

Au début de cette lettre, il avait écrit à sa femme : « Appelé hier d'extrême urgence pour constituer une division. A ce point de vue, tout va bien. » En effet, les moyens prévus pour la 4e DCR se rassemblent assez vite. De Gaulle va pouvoir l'engager presque immédiatement. Mais c'est en dissimulant, pour une grande part, ses propres sentiments qu'il va engager la bataille. Car, en rameutant sa division, le 16 mai, il a circulé toute la journée autour de Laon. Ce qu'il découvre alors est pour lui un choc tel que, treize ans plus tard, écrivant ses *Mémoires de guerre*, il situe à cette épreuve la cause profonde de ce qu'il fera à partir du 18 juin. Il a décrit lui-même cette débâcle :

> J'y vois [...] nombre de militaires désarmés. Ils appartiennent aux

> troupes que l'offensive des Panzers a mises en débandade au cours des jours précédents. Rattrapés dans leur fuite par les détachements mécaniques de l'ennemi, ils ont reçu l'ordre de jeter leurs fusils et de filer vers le sud pour ne pas encombrer les routes. Nous n'avons pas, leur a-t-on crié, le temps de vous faire prisonniers.

Le choc devant un tel effondrement, un tel abaissement, est sans mesure. Il est soulevé, tout entier, de fureur. Les lignes qu'il y a consacrées, bien plus tard, expriment sans doute exactement les sentiments ineffaçables qui ont débordé en lui :

> Alors, au spectacle de ce peuple éperdu et de cette déroute militaire, au récit de cette insolence méprisante de l'adversaire, je me sens soulevé d'une fureur sans bornes. Ah ! c'est trop bête ! La guerre commence infiniment mal. Il faut donc qu'elle continue. Il y a, pour cela, de l'espace dans le monde. Si je vis, je me battrai, où il faudra, tant qu'il faudra, jusqu'à ce que l'ennemi soit défait et lavée la tache nationale. Ce que j'ai pu faire, par la suite, c'est ce jour-là que je l'ai résolu.

Dans l'immédiat, il passe à l'offensive. Le 17 mai, à 4 h 30 du matin, avec la centaine de chars qu'elle comprend, la 4e DCR attaque et, vers midi, atteint Montcornet. Menacée sur ses flanc, la 1re Panzer Division voit ses communications si menacées que la 10e lui est envoyée en renfort dans l'après-midi pour lui permettre de se rétablir. Le rapport des forces n'est plus le même et l'aviation allemande opère massivement et librement. Mais le repli de la 4e DCR sur Laon n'empêche pas que la journée a permis le déploiement de la VIe armée. Surtout, cette opération brutale et brièvement victorieuse a donné à ceux qui l'ont menée, du haut en bas de la hiérarchie, le sentiment qu'ils pouvaient affronter, avec des chances de succès, les meilleures divisions blindées ennemies. Pour de Gaulle, c'est une expérience décisive : théoricien de l'emploi des chars, il a pu mettre en application, même à une échelle très réduite, ce qu'il avait pensé et prévu[51]. Il en conçoit, sans aucun doute, un surcroît de confiance en lui-même, en la valeur de ses conceptions, en son propre jugement. C'est ce qui explique l'initiative singulière qu'il va prendre quarante-huit heures plus tard. Le 18 mai, il a reçu des renforts et sa division dispose maintenant de quelque 150 chars de modèles différents, servis par des équipages venant de régiments qui n'ont pas encore travaillé ensemble, mais, « dont il se dégage, devait-il écrire, une impression d'ardeur générale ». Le 19 au matin, il déclenche une nouvelle offensive en direction de Crécy et de Pouilly. Il s'agit, une fois de plus, d'attaquer de flanc les divisions blindées allemandes qui avancent, au nord de la Somme, vers Saint-Quentin. Près des ponts, les Stukas allemands font des ravages parmi les blindés français, sans rencontrer, dans le ciel, aucune opposition. Sans appui aérien et presque sans artillerie, la 4e DCR ne peut plus progresser : de Gaulle, du haut d'une colline appelée le Mont-Fendu, a pu le constater. Mais il a compris depuis l'avant-veille et il vérifie mieux encore ce jour-là que l'ennemi, en fonçant vers l'ouest, la vallée de la Somme et la Manche, prête le flanc à une attaque du sud au nord qui couperait ses communications et permettrait de rétablir les liaisons avec les armées alliées de Belgique et du nord de la France. Il est si convaincu que là se joue le sort de la bataille, qu'il a purement et simplement ignoré un ordre de repli expédié durant l'après-midi par le général Georges. La nuit est déjà tombée et le calme provisoirement revenu sur le front quand il se précipite au PC du général Touchon. Il veut le convaincre de lui adjoindre deux autres divisions et de reprendre, en force, l'offensive qu'il a entamée dans la journée pour se jeter sur les arrières des divisions blindées allemandes, rompre leurs communications, rejoindre les armées du Nord. La discussion dure longtemps mais n'aboutit pas : le général Touchon voulait se conformer aux ordres venus du Grand Quartier général.

Cet épisode prend tout son sens quand on sait dans quel contexte il s'est inscrit. C'est, en effet, dans la matinée du 18 mai que Gamelin crut que la situation des armées allemandes était la plus propice à une contre-offensive française. De même qu'en 1914 l'aile droite allemande, marchant vers le sud-est pour envelopper les armées françaises de Champagne et de Lorraine, s'offrait à une attaque sur ses flancs qui fut à l'origine de la victoire de la Marne, de même l'avance allemande vers la mer rendait vulnérable son flanc sud et avait étiré le couloir qui reliait ses avant-gardes blindées au gros de ses divisions d'infanterie. Gamelin s'était fait confirmer par des reconnaissances aériennes qu'entre Laon, Montcornet et Neuchâtel — précisément là où de Gaulle menait ses offensives — la présence allemande était faible. Inlassable observateur des moindres épisodes de cette guerre et toujours passionné de réflexions stratégiques, Churchill eut alors la même conviction, et il écrivit le 19 mai à Gamelin : « La tortue a sorti sa tête très loin hors de sa carapace. Il devra encore s'écouler quelques jours avant que les gros puissent arriver sur nos communications. Il semble que des coups puissants, frappés du Nord et du Sud sur cette poche étirée, puissent conduire à des résultats surprenants. » C'est ce que pensait Gamelin. Ce même jour, il avait signé son « instruction personnelle et secrète numéro 12 », à 9 h 45, qui définissait la contre-offensive à mener. Elle commençait par cette expression significative : « Sans vouloir intervenir directement dans la conduite de la bataille... » Gamelin rappelait ainsi que le commandement des armées du nord-est incombait à Georges, mais il marquait en même temps son intention de reprendre les choses en main et d'en assumer la responsabilité, démontrant ainsi lui-même l'incohérence et les contradictions de l'organisation du commandement français. Du moins voyait-il ce qu'il fallait faire : renforcer les moyens alliés le long de la Somme et de l'Aisne pour déclencher aussitôt que possible une offensive en direction du nord — celle que de Gaulle voulait mener, de sa propre initiative — et, pour le groupe d'armées de Belgique et du Nord coupé du reste des forces alliées, « plutôt que de le laisser encercler, [...] jouer d'extrême audace, d'une part en s'ouvrant s'il le faut la route de la Somme, d'autre part en jetant des forces spécialement mobiles sur les arrières des Panzer Division et des divisions motorisées qui les suivent. » Rien n'était précisé des moyens nécessaires, mais du moins l'orientation générale de la contre-offensive était-elle claire et le moment choisi était-il bon. Mais ce 19 mai, à 20 h 45, Gamelin reçut la lettre de Reynaud qui le relevait de son commandement.

Weygand le remplaçait. Cette nomination devait avoir d'immenses conséquences dans les semaines à venir mais, dans l'immédiat, en tout cas, il eut un effet désastreux pour la contre-offensive prévue par Gamelin[52]. Weygand, en effet, voulait exercer pleinement son autorité sur Georges et, avant toute décision, faire le tour des principaux commandements pour se rendre compte de la situation sur place. On sait ce qu'il en résulta : bien que voyant, comme son prédécesseur, la vulnérabilité du « couloir » emprunté par les armées allemandes, il ne voulut pas donner d'ordre dans la journée du 20 mai, où il prit ses fonctions. Il prit l'avion pour le nord, le 21 mai, vit le roi des Belges en début d'après-midi, puis, plus tard, le général Billotte qui commandait le groupe d'armées à qui il recommanda d'attaquer avec toutes ses forces sur le front Arras-Cambrai, apparemment sans tenir compte des actions qui, justement, étaient en train d'être menées dans ce même secteur. Il suggéra d'y employer le plus possible de divisions britanniques en les faisant relever, là où elles se trouvaient, par des divisions belges et françaises déjà éprouvées, ce qui risquait de retarder encore l'attaque. Le général Gort, chef du corps expéditionnaire britannique, n'assistait pas à ces discussions, soit qu'il n'ait pas mis beaucoup d'empressement à y venir, soit qu'il fût absorbé par les difficiles opérations que ses troupes menaient ce jour-là. On finit par le joindre et il arriva à Ypres à 20 heures. Mais Weygand, qui expliqua plus tard qu'il avait été impressionné par ce qu'on lui disait du bombardement du terrain d'aviation de Calais, était reparti sans l'attendre. En réalité, ce bombardement n'avait pas eu lieu et c'est dans l'après-midi qu'il avait décidé que son retour se ferait par mer. Sans rencontrer Gort, Weygand partit donc entre 17 et 18 heures, monta à bord du *Flore* qui prit la route de Douvres puis, par crainte des mines devant Le Havre, alla jusqu'à Cherbourg où il n'arriva qu'à 5 heures du matin, après quoi le généralissime gagna Paris par autorail...

Trois jours s'étaient écoulés depuis que Gamelin avait rédigé son ordre n° 12 et rien n'avait encore été décidé. Or, le jour le plus critique pour l'offensive allemande fut le 20 mai, celui, justement, où aurait dû débuter, ou du moins s'esquisser, la contre-offensive prévue par Gamelin — celle pour laquelle de Gaulle demandait le renfort de deux divisions... Au moment de l'arrivée du groupement blindé de von Kleist jusqu'à la mer, le couloir qui le reliait au gros du groupe d'armées de von Rundstedt par Amiens, Saint-Quentin et Péronne, était presque vide. Rundstedt lui-même confia plus tard au critique militaire anglais Liddell Hart : « Nous craignîmes que nos divisions blindées ne fussent isolées avant que les divisions d'infanterie n'aient le temps d'arriver. » Hitler, du reste, voyait avec lucidité le risque que ses armées couraient et il talonnait l'état-major de l'armée de terre pour que les divisions d'infanterie suivent au plus près les blindés. Le 22 mai, encore, il n'y avait derrière ceux-ci que 3 divisions d'infanterie motorisée et 2 divisions ordinaires. La situation s'améliora sensiblement pour les Allemands le 23 et le couloir fut fortement consolidé le 24. C'est donc entre le 19 et le 23 mai qu'une contre-offensive alliée aurait eu de réelles chances de succès.

Mais ces chances furent gâchées. Le 21 mai, pourtant, sans attendre l'arrivée de Weygand et en se fiant aux instructions données par Gamelin dans son ordre numéro 12, bien qu'elles n'eussent pas été confirmées, Billotte et Gort avaient lancé une contre-attaque au sud d'Arras et sur Cambrai, mettant la division de Rommel en difficulté durant plusieurs heures dans l'après-midi. L'offensive reprit le lendemain, avec l'appui de renforts commandés par le général Molinié mais s'arrêta sur ordre supérieur, à l'annonce de l'arrivée des renforts allemands. Rundstedt reconnut plus tard qu'aucune contre-attaque ne représenta pour lui une « menace aussi sérieuse ». Mais on était déjà le 23 mai et l'offensive allemande débordait Arras par l'ouest et le nord-ouest, de sorte que Français et Britanniques durent évacuer la ville le 24. Le saillant sud-est de la zone encore tenue par les Franco-Britanniques n'existait plus et il devint clair qu'il n'y avait plus aucune base de départ pour une offensive vers le sud. Quant à celle que les armées françaises devaient mener du sud au nord, à partir de la Somme et de l'Aisne, elle supposait des renforts qui ne pouvaient venir que des divisions entassées derrière la ligne Maginot. Or, aucun ordre ne vint de les déplacer en vue de l'attaque contre le « couloir » allemand, ni le 20, ni le 21, ni le 22, ni le 23. C'est seulement le 24, quand toute chance de succès d'une contre-offensive alliée était déjà perdue, que l'on « demanda » au général Pretelat, chef du groupe d'armées de l'Est, d'en transférer certaines sur le front de l'Aisne, non par un ordre clair et catégorique, mais en lui suggérant de « faire confiance à la fortification » et en s'adressant, sur un ton désespéré, à son « sentiment du devoir et à l'esprit de sacrifice de tous ».

On imagine les sentiments que de Gaulle peut éprouver après l'expérience qu'il a vécue à Moncornet. Il a vérifié, pour son compte, l'efficacité des offensives de blindés et sa propre aptitude à les commander. Il a saisi l'instant où la fragilité du dispositif ennemi permettait de croire qu'une contre-offensive immédiate aurait eu de grands résultats. Qu'il ait connu dès ce moment, ou plus tard, l'instruction numéro 12 de Gamelin, il a constaté, une fois de plus, l'incapacité du commandement à exploiter les circonstances et à réagir à temps et, dès qu'il a pu s'en rendre compte, il a mesuré les conséquences de la nomination de Weygand. Mais, dans l'immédiat, son autorité s'en trouve renforcée, comme sa notoriété. La hiérarchie le choisit, le 21 mai, pour intervenir à la radio sur la situation militaire. L'enregistrement s'est fait dans le jardin de la maison de Savigny où il avait installé son PC et, comme les circonstances le commandaient, il s'est exprimé sur le ton énergique qui convenait pour rendre confiance à ceux qui l'écoutaient. Episode passager et dont nul n'a gardé aucune trace, que lui-même n'a pas évoqué mais qui prend, à distance, un étrange relief : c'est ce jour-là que de Gaulle parle pour la première fois devant un micro[53]...

Son rôle à Moncornet a suffisamment attiré l'attention du commandement pour que l'on songe à l'employer aussitôt sur un autre front : il s'agit, cette fois, de réduire la poche que les Allemands ont établie devant Abbeville. C'est l'une des opérations par lesquelles le commandement tente de dresser un nouveau front continu et cohérent qui, partant de l'embouchure de la Somme rejoint l'Aisne puis le secteur de Longuyon et, par là, la ligne Maginot. Simultanément, il est enfin promu. Après que Gamelin eut accepté de le nommer général, comme on l'a vu, l'affaire avait traîné. L'arrivée de Paul Reynaud au ministère de la Défense nationale et de la Guerre a sans doute fait sortir le dossier des tiroirs. Rien d'étonnant à ce que de Gaulle en ait ressenti un peu de fierté et un passager surcroît d'optimisme. Il écrit ainsi à sa femme le 24 mai :

> Toujours la bagarre. Mais les choses, de mon côté, ne vont pas mal. J'ai comme l'impression que la surprise est surmontée et que allons vers le rétablissement. Mais que de plumes nous aurons laissées et laisserons encore ! Je suis général depuis hier. Je l'ai appris par une lettre du Paul Reynaud [qui] a signé ma promotion sur proposition du général Weygand.

Ce n'est, à vrai dire, qu'une nomination « à titre temporaire », qui ne sera jamais confirmée. Mais il devient ainsi l'un des trois plus jeunes généraux de l'armée française, à quarante-neuf ans et six mois. De plus, après l'action sur Abbeville qui, sans obtenir la réduction totale de la poche allemande, a fait gagner beaucoup de terrain et a permis de faire 400 prisonniers, il obtient une citation remarquablement élogieuse, et une semaine plus tard, une autre lui fut décernée par le général Frère, commandant la VIIe armée à laquelle sa division était rattachée : toutes deux furent annulées par le gouvernement de Vichy.

Le 31 mai, la division anglaise du général Fortune relève la 4e DCR. De Gaulle regroupe celle-ci dans le secteur de Marseille-en-Beauvaisis et se rend à Paris. Après être passé chez son tailleur pour pouvoir endosser un uniforme de général, il est reçu par Paul Reynaud. S'est-il vu proposer, dès ce jour-là, d'entrer au gouvernement ? Personne n'en a témoigné mais l'officier qui l'accompagnait, le capitaine Nérot, en eut le sentiment. Puis il rend visite à Weygand qui l'a convoqué. Ce dernier le félicite pour ce qu'il a fait au front et s'enquiert de ce qu'il faut faire maintenant des unités cuirassées [54]. De Gaulle répond par quelques suggestions qu'il rédige le lendemain, 2 juin, proposant que ce qui reste des divisions cuirassées soit reconstitué en trois unités plutôt qu'en quatre, qu'elles soient mises à la seule disposition du commandant en chef, et qu'elles soient groupées en un seul « corps cuirassé » dont il demande « sans aucune modestie, écrit-il, mais avec la conscience d'en être capable », qu'il soit mis sous ses ordres. Déjà, par ce ton et ces façons, de Gaulle sort des usages habituels de la hiérarchie militaire et montre clairement qu'il veut jouer un rôle majeur dans le commandement des armées françaises. Peut-être est-ce en raison de la proposition que Reynaud lui a faite la veille. Peut-être est-ce, au contraire, parce qu'il croit cette proposition douteuse et aléatoire et qu'il ne veut rien négliger pour obtenir un commandement à la mesure des événements. En tout cas, il sent déjà qu'il va jouer un nouveau rôle dans cette guerre.

C'est fait, le 5 juin. Dans l'après-midi, le général Frère le convoque pour lui confier que, suivant des rumeurs crédibles, il va être nommé ministre. Le lendemain, 6 juin, le général Delestraint, resté son ami depuis qu'il l'a connu au temps où il commandait le 507e régiment de chars à Metz, lui téléphone pour lui dire que la radio vient d'annoncer qu'il va faire partie du gouvernement. Paul Reynaud lui-même l'appelle et le lui confirme. Il n'a que le temps de réunir ses officiers, de les remercier, puis de passer chez le « popotier » pour lui régler ce qu'il lui doit. Désormais, il va participer, ne serait-ce qu'à un rang encore modeste, à la direction politique du pays.

Paul Reynaud, en effet, avait déjà remanié son gouvernement, le 18 mai. Il avait nommé Pétain vice-président du Conseil et ministre d'Etat, permuté avec Daladier en lui confiant les Affaires étrangères et en prenant pour lui le ministère de la Défense nationale et de la Guerre en même temps qu'il donnait à Weygand le commandement en chef des armées françaises — à quoi s'est ajoutée la nomination, au ministère de l'Intérieur, de Georges Mandel, jusqu'ici ministre des Colonies, ancien collaborateur de Clemenceau et qui incarnait notoirement la volonté de lutte à outrance contre l'Allemagne hitlérienne. Mais l'essentiel, ce que retinrent avant tout les milieux politiques, les journalistes et l'opinion publique, ce fut l'arrivée de Pétain et de Weygand. Ces deux hommes, justement, allaient être les artisans inlassables de la chute de Reynaud, les adversaires acharnés de la poursuite de la guerre. Il allait suffire de quelques jours, de très peu de semaines, pour s'en apercevoir. Pour Reynaud, ce double choix fut donc catastrophique. Il s'en est expliqué à sa façon [55]. Pétain, a-t-il écrit, était considéré comme le vainqueur de Verdun, le dernier symbole vivant de la victoire de 1918, il avait la sympathie de la gauche et l'admiration de la droite. Weygand, chef d'état-major de Foch durant la Première Guerre mondiale était, écrivit-il aussi, le plus prestigieux des officiers généraux de l'armée française et son nom aurait un effet de choc que nul autre ne pourrait avoir. Et, de fait, à lire les commentaires qui suivirent leur nomination, on peut penser que Reynaud avait vu juste et que sa décision était justifiée.

On ne peut pourtant s'en tenir là. Ce n'est pas seulement que Pétain était alors âgé de quatre-vingt-quatre ans et qu'on pouvait douter qu'il apporterait une contribution décisive au redressement urgent du pays à l'heure où celui-ci était menacé de mort. Dans les milieux politiques, on savait très bien que Pétain avait déploré l'entrée en guerre et qu'il n'avait pas voulu siéger au gouvernement en même temps qu'Herriot, comme Daladier le lui avait demandé tant il était hostile à un homme qui avait incarné la recherche de l'alliance russe, comme il l'était aussi à Léon Blum, chef de file des socialistes les plus farouchement ennemis de l'Allemagne hitlérienne. Le nom de Pétain, du reste, revenait sans cesse dans les conversations entre partisans d'une paix de compromis et il est très douteux que Reynaud ait pu l'ignorer. Mais, par-dessus tout, il avait incarné, avec plus d'éclat et d'autorité que tout autre une opposition radicale à toutes les thèses défendues par de Gaulle. Reynaud, qui en avait été partisan, parfois presque seul, devait le savoir mieux que personne. En plaçant Pétain à ses côtés, il accordait un rôle majeur à un homme qui serait, pour de Gaulle, un adversaire constant. Après son arrivée au pouvoir, déjà, il n'avait rien fait pour provoquer ce changement radical du système militaire français, qu'il avait lui-même réclamé publiquement et qui aurait du être, pour lui, la priorité. Pensa-t-il que Pétain ne serait, auprès de lui, qu'une sorte de symbole destiné à réveiller l'opinion publique, qui n'aurait aucun poids dans la direction des armées françaises ni dans la conduite de la guerre ? Peut-être : mais il prenait le risque, délibérément, de mettre au plus haut niveau de la direction politique du pays un homme, Pétain, qui s'opposerait inévitablement à de Gaulle sur l'essentiel, c'est-à-dire la manière de faire la guerre et de la gagner.

Le choix de Weygand, sans avoir les mêmes justifications, avait le même sens. Son nom n'était pas un symbole, comme celui de Pétain. Il ne suscitait pas la même sympathie générale, loin de là : il avait, au contraire, la réputation de mépriser volontiers les milieux politiques et parlementaires, et même les institutions républicaines. Son prestige, au fond, ne venait que du rôle qu'il avait joué auprès de Foch. C'était celui d'un perpétuel chef d'état-major. Au moment de le promouvoir aux responsabilités suprêmes, on aurait pu et dû se souvenir qu'il n'avait jamais commandé lui-même. Certes, il avait exercé ses fonctions de chef d'Etat-Major général puis de généralissime désigné pour le temps de guerre, durant la période où les crédits militaires furent limités, mais il avait assumé tous les choix stratégiques faits auparavant par Pétain, et il les avait maintenus jusqu'à son remplacement par Gamelin. Il s'était alors opposé catégoriquement à ce que de Gaulle avait écrit et, ayant quitté son commandement, il avait poursuivi contre lui les polémiques qu'il avait engagées déjà quand il était en fonction. Reynaud le savait. Peut-être même se souvenait-il que, le jour où de Gaulle, amené par Jean Auburtin, lui avait donné un exemplaire de *Vers l'armée de métier*, il avait noté de sa main, entre autres remarques, « Weygand contre ». Mais depuis qu'il était au pouvoir, tout se passait comme s'il l'avait oublié. Quand il organisa autour de lui une sorte de conjuration en vue de remplacer Gamelin, que Daladier soutenait avec acharnement, il ne donna, semble-t-il, aucune priorité au choix attentif de son successeur. Au témoignage de ceux qui y participèrent, on ne pouvait retenir que très peu de noms, trois tout au plus[56]. Celui de Billotte, l'un des rares généraux à s'être prononcé, avant la guerre, pour la formation de divisions blindées, fut écarté sans discussion. Celui de Georges n'avait aucune valeur de symbole et, de plus, on devait avoir su qu'au premier choc des événements, après le 10 mai, il s'était effondré. C'est donc Weygand qui fut nommé. Mais rarement un choix aussi grave fut fait dans des conditions aussi aléatoires et même dérisoires. C'était celui d'un homme de soixante-treize ans qui allait s'improviser dans un rôle qu'il n'avait jamais joué, à aucun échelon, en temps de guerre, et dont les conceptions venaient d'être démenties avec éclat par les premières victoires allemandes. On pourrait ajouter que, durant les mois précédents, il avait fait preuve d'une ardeur extraordinaire, de son poste de chef des armées du Levant, en faveur des plans de guerre les plus téméraires contre l'Union soviétique ou dans les Balkans, apparemment insensible au risque de voir la France se donner un ennemi supplémentaire, comme s'il ne suffisait pas de combattre l'Allemagne. Au total, ce choix était exactement inverse de celui qu'on aurait attendu d'un homme, Paul Reynaud, qui s'était, depuis de longues années, prononcé en faveur des idées défendues par de Gaulle.

Du moins pouvait-on penser qu'en le nommant auprès de lui, sous-secrétaire d'Etat, il choisissait enfin d'entreprendre, même très tardivement, le changement du système militaire français, quitte à l'improviser sous le choc de l'ennemi, mais au moins pour livrer les batailles qui pouvaient encore l'être et préparer la poursuite de la guerre, au-delà des mers s'il le fallait. Au contraire, la première décision que prit Reynaud fut de nommer à la direction de son cabinet de ministre de la Défense nationale, le lieutenant-colonel de Villelume. C'était en faire son collaborateur direct, son principal conseiller car personne ne pouvait supposer, le connaissant, qu'il n'assumerait que des tâches administratives. Il avait des préférences, des partis pris, des opinions, et ce n'est que justice de reconnaître qu'il ne les cachait à personne. Surtout pas à Paul Reynaud. C'est donc en pleine connaissance de cause que celui-ci l'a choisi. On ne saurait en conclure qu'il était acquis aux idées de Villelume et décidé à suivre ses avis en recherchant une paix de compromis. Mais c'était la deuxième fois qu'il voulait en faire son collaborateur immédiat : Villelume, on l'a vu, s'était récusé quand il lui avait proposé la direction de son cabinet de ministre des Affaires étrangères : cette fois, il acceptait de l'assister au ministère de la Défense nationale. Ainsi se renforçait, à partir de ce 18 mai 1940, le clan de ceux qui, autour de Reynaud, et choisis par lui, songeaient avant tout à mettre fin à la guerre ou, du moins, n'envisageaient en aucun cas la poursuite inlassable de la lutte contre l'Allemagne hitlérienne, envers et contre tout, et jusqu'à la victoire. On a vu, déjà, et on verra davantage encore, le poids de cet entourage. Mais c'est Reynaud qui l'avait constitué, sans y être aucunement tenu par le souci des équilibres politiques dont il devait tenir compte pour la composition du gouvernement.

Au moment où de Gaulle va en faire partie, rien d'essentiel, semble-t-il, n'est joué mais tout, déjà, est peut-être compromis. Les choix d'hommes faits par Reynaud le lui font craindre. Il ne s'y trompe pas et ne veut pas le cacher à l'homme en qui il a mis tant d'espoirs depuis six ans. Le 3 juin, trois jours avant d'être nommé sous-secrétaire d'Etat, il adresse alors à Reynaud, une lettre qui est sans doute la plus importante qu'il lui ait jamais écrite et qu'il faut donc connaître en entier :

> Monsieur le Président,
>
> Nous sommes au bord de l'abîme et vous portez la France sur votre dos. Je vous demande de considérer ceci :
>
> 1. Notre première défaite provient de l'application par l'ennemi de conceptions qui sont les miennes et du refus de notre commandement d'appliquer les mêmes conceptions.
>
> 2. Après cette terrible leçon, vous qui, seul, m'aviez suivi, vous êtes trouvé le maître, en partie parce que vous m'aviez suivi et qu'on le savait.
>
> 3. Mais une fois devenu le maître, vous nous abandonnez aux hommes d'autrefois. Je ne méconnais ni leur gloire passée ni leurs mérites de jadis. Mais je dis que ces hommes d'autrefois — si on les laisse faire — perdront cette guerre nouvelle.
>
> 4. Les hommes d'autrefois me redoutent parce qu'ils savent que j'ai raison et que je possède le dynamisme pour leur forcer la main. Ils font donc tout aujourd'hui comme hier — et peut-être de très bonne foi — pour m'empêcher d'accéder au poste où je pourrais agir avec vous.
>
> 5. Le pays sent qu'il faut nous renouveler d'urgence. Il saluerait avec espoir l'avènement d'un homme nouveau, de l'homme de la guerre nouvelle.
>
> 6. Sortez du conformisme, des situations « acquises », des influences d'académie. Soyez Carnot, ou nous périrons. Carnot fit Hoche, Marceau, Moreau.
>
> 7. Venir près de vous comme *irresponsable* ? Chef de cabinet. Chef d'un bureau d'étude ? Non ! J'entends agir avec vous, mais par moi-même. Ou alors, c'est inutile et je préfère commander !

8. Si vous renoncez à me prendre comme sous-secrétaire d'Etat, faites tout au moins de moi le chef — non point seulement d'une de vos 4 divisions cuirassées — mais bien du corps cuirassé groupant tout ces éléments. Laissez-moi dire sans modestie, mais après expérience faite sous le feu depuis vingt jours, que je suis seul capable de commander ce corps qui sera notre suprême ressource. L'ayant inventé, je prétends le conduire.

Peut-être n'y a-t-il jamais eu de texte semblable adressé par un jeune général de brigade à titre temporaire au chef du gouvernement de la France. Non qu'il faille s'en offusquer : la tragédie sans mesure où le pays, brusquement, vient d'être plongé, autorise évidemment les acteurs à sortir des usages. Mais cette lettre n'est pas seulement une offre de service, après tant d'autres que de Gaulle a faites à Paul Reynaud — et que, du reste, il a faite, la veille, à Weygand. C'est d'abord un acte d'accusation. On ne peut appeler autrement cette mise en cause brutale des « hommes d'autrefois » auxquels le président du Conseil vient justement de conférer les plus hautes responsabilités alors qu'ils sont, rappelle de Gaulle, ceux-là même qui ont fait obstacle au changement du système militaire français et qui risquent de gâcher les dernières chances de la France dans cette guerre. Il n'y a pas à s'y tromper : il reproche à Reynaud — il l'accuse même — d'avoir nommé de tels hommes à de telles fonctions, en connaissance de cause. Plus encore : en parlant de « conformisme », de « situations acquises », d'influences « d'académie » — Pétain et Weygand étant tous deux membres de l'Académie française —, c'est tout un milieu que de Gaulle met en cause, une atmosphère qu'il dénonce, ce milieu, cette atmosphère qui entourent Paul Reynaud. Il faut croire, à lire cette lettre, que ce dernier a, en effet, proposé à de Gaulle de devenir sous-secrétaire d'Etat lors de leur entrevue du 1er juin mais lui a laissé entrevoir les obstacles auxquels cette nomination se heurterait, de sorte que de Gaulle en revient à sa candidature au commandement du corps cuirassé. Au fond, cette lettre est un dernier appel : ou bien de Gaulle, rendu à ses chars, se battra autant et aussi longtemps qu'il pourra mais sans plus avoir de prise sur la conduite de la guerre et des armées, ou bien il sera au gouvernement et c'est une autre bataille qu'il lui faudra livrer, celle qui, justement, va commencer trois jours plus tard.

Chapitre 7

AU GOUVERNEMENT

Le 6 juin, de Gaulle arrive donc rue Saint-Dominique, nommé sous-secrétaire d'Etat. Il voit aussitôt Reynaud. Celui-ci a reçu sa lettre du 3 juin et il tient manifestement à se justifier. Il énumère les raisons qu'il eut de nommer Pétain vice-président du Conseil, concluant par la formule d'usage dans les milieux parlementaires pour expliquer le choix de certains ministres : « Mieux vaut l'avoir dedans que dehors. » De Gaulle réplique qu'il reste peu de chances de rétablir la situation militaire en métropole, qu'alors « le défaitisme risque de tout submerger » et que « le commandement, foudroyé par la surprise, ne se ressaisira plus [1] ». Il lui prédit que Pétain et « ceux qui le poussent » ne manqueront pas d'exercer leur influence délétère d'autant qu'ils profiteront, rappelle-t-il sans complexe à Reynaud, de « l'atmosphère d'abandon [dont] est enveloppé le gouvernement ». Bref, « sans renoncer à combattre sur le sol de l'Europe aussi longtemps que possible, il faut décider, dit-il à Reynaud, et préparer la continuation de la lutte dans l'Empire ».

Tel sera l'enjeu des jours suivants : la capitulation politique et militaire, c'est-à-dire l'armistice, ou la poursuite de la guerre. Beaucoup en dépend pour les années à venir et même pour l'histoire du siècle. Non qu'on puisse ignorer le sort de la bataille livrée en France : elle est perdue et l'Allemagne sera maîtresse du continent européen. Pour la vaincre, les Alliés, s'ils poursuivent la lutte, devront un jour y débarquer, ce qu'aucun de leurs dirigeants politiques et de leurs chefs militaires, jamais, n'avaient envisagé auparavant. Mais c'est le cours des hostilités qui peut être changé par la décision que le gouvernement français va prendre. S'il décide de poursuivre la guerre, les théâtres d'opérations ne seront pas les mêmes que s'il capitule, les choix stratégiques dans les deux camps ne seront sans doute pas les mêmes, ni le rapport des forces : l'apport de la France au camp allié, par sa flotte, une partie de son aviation, une fraction de son armée, les ressources de son

Empire, comptera pour beaucoup, au moins en Méditerranée et en Afrique. Mais si elle consent à la capitulation politique et militaire que représenterait l'armistice, elle ne pèsera plus, d'aucune façon, sur le cours ultérieur de la guerre, ses forces seront dispersées ou neutralisées, ses possessions soumises aux pressions irrésistibles de ses anciens alliés ou de ses anciens ennemis, sa libération ne lui viendra que de la venue d'armées étrangères, son peuple n'aura jamais le sentiment d'appartenir au camp des vainqueurs. Bref, dans la suite du siècle, elle ne comptera plus. Dans ces dix jours, du 6 au 16 juin, où vont s'opposer, en une sombre tragédie, les partisans de la capitulation et ceux de la résistance, c'est, au fond, ce qui va se décider.

De Gaulle, en tout cas, incarne déjà, au su de tous, les partisans de la lutte à outrance. Il l'est si notoirement que sa nomination suscite des réactions significatives. Non dans la presse dont l'accueil est unanimement favorable : de *L'Action française* au *Populaire*, les éloges se retrouvent partout, même dans les journaux qui, jusque-là, avaient ignoré jusqu'à son nom. Quelques-uns s'adonnent aux dithyrambes dont ils accompagnent ordinairement la nomination des chefs militaires, quels qu'ils soient — de Gaulle, suivant *Le Matin*, « n'est pas seulement une des lumières de l'armée, il est la lumière même qui éclaire les routes les plus obscures » et, selon *Le Jour*, il est « le technicien des idées générales ». A gauche, il reçoit naturellement les compliments de *L'Aube* dont il fut le collaborateur occasionnel et surtout ceux du *Populaire*, résultat, sans doute, du choc ressenti par Léon Blum à la lecture du mémorandum de janvier 1940 : « M. de Gaulle est un penseur en même temps qu'un soldat ; il est même, si l'on veut, un théoricien systématique. Mais il se trouve que ses théories ont reçu des événements, depuis neuf mois, une éclatante et cruelle confirmation. »

Mais, au sein du gouvernement, on réagit tout autrement[2]. Pétain fait savoir à Reynaud son déplaisir et sa méfiance au point de demander que de Gaulle ne prenne jamais part aux délibérations militaires du gouvernement. Il confia même à Sir Edward Spears, délégué personnel de Churchill auprès du cabinet français, qu'il trouvait de Gaulle « vaniteux » et « ingrat », qu'il avait « peu d'amis dans l'armée » et qu'au total, cette nomination n'était pas faite « pour arranger les choses ». Quant à Weygand, il en fut littéralement ulcéré et il dit à Reynaud : « C'est un enfant » — ce qu'il ne se lassa pas de répéter...

La bataille pour ou contre l'armistice ou la poursuite de la guerre était donc engagée. A la date où de Gaulle est nommé sous-secrétaire d'Etat à la Défense nationale et à la Guerre, le 6 juin, elle est déjà passée par plusieurs étapes. Le 25 mai, à une réunion du Comité de guerre, Weygand en a pris l'initiative en commençant par affirmer que l'entrée en guerre fut une « immense erreur » faute du matériel et de « la doctrine militaire qu'il fallait », comme s'il n'en avait jamais été responsable[3]. Sans préconiser ouvertement l'armistice, il l'anticipe en déclarant qu'« on ne doit penser qu'au relèvement du pays » et que le courage montré dans la bataille actuelle « sera un élément décisif du redressement futur ». Sa position était si claire, même exprimée de manière détournée, que Reynaud répondit, qu'« il n'est pas dit que notre adversaire nous accordera un armistice immédiat », comme s'il était déjà question de le demander. Le président de la République, Albert Lebrun, paraît penser que l'Allemagne pourrait bientôt faire des « offres de paix » et qu'il faudrait alors pouvoir les examiner « à tête reposée ». Faut-il alors prendre du champ et partir pour Bordeaux ? La question n'est qu'évoquée. Pétain apporte sa contribution à la discussion qui paraît s'engager, implicitement, autour d'un éventuel armistice en constatant qu'après tout il n'y a que 10 divisions anglaises en ligne à côté de 80 divisions françaises. Et Weygand, dès ce jour-là, fait valoir un argument de sécurité intérieure : « Quels troubles ne se produiraient pas, se demande-t-il, si les dernières forces organisées, c'est-à-dire l'armée, venaient à être détruites. »

Ainsi la question était-elle déjà posée, quinze jours après l'offensive allemande : fallait-il cesser la lutte ou la poursuivre ? Tous les participants au Comité de guerre ont compris que Weygand et Pétain pensaient déjà à la nécessité d'un armistice et le justifiaient à l'avance. Mais le fait est que leurs adversaires n'ont pas eu, en cette première occasion, la réaction brutale et catégorique qu'aurait justifié, de leur part, un aussi formidable enjeu. C'était évidemment à Reyaud qu'il incombait de marquer sa volonté de ne pas laisser surgir la tentation de capituler : bien que tout indique qu'il voulait poursuivre la guerre, il préféra ne pas affronter immédiatement et ouvertement les deux hommes qu'il avait promus sept jours plus tôt, en exaltant leurs vertus et le rôle qu'ils joueraient désormais à la tête du pays et de ses armées. En tout cas, dans son entourage, on parlait déjà, ce 25 mai, d'armistice et de paix : le directeur de son cabinet de ministre de la Défense nationale, Villelume, en entretint sans ambages Leca qui était aussi l'un de ses collaborateurs les plus importants [4].

Sous le choc des événements, l'esprit de compromis commençait discrètement à prévaloir. Plusieurs personnalités françaises qui avaient toujours souhaité un accord avec l'Italie, menaient alors campagne pour que l'on évite que Mussolini se joigne à l'Allemagne, quitte à lui accorder d'importantes concessions territoriales [5]. C'est autour d'Anatole de Monzie, ministre des Travaux publics, qui voyait quotidiennement l'ambassadeur italien Guariglia, que l'intrigue se noua. Il affirmait que l'on pouvait encore détourner Mussolini d'entrer en guerre. Il en convainquit Villelume qui, avec Leca, suggéra, le 26 mai, à Paul Reynaud, une négociation avec Rome. Le nouveau secrétaire général du Quai d'Orsay, Charles-Roux, y était tout à fait hostile : ce serait, à son avis, un signe de faiblesse qui encouragerait l'Italie à multiplier ses revendications sans la détourner de se joindre à l'Allemagne au moment où celle-ci était en train de gagner la bataille de France. Au contraire, Villelume suggérait que l'Italie pourrait offrir sa médiation aux belligérants, mais qu'on ne l'obtiendrait pas, suivant sa formule, « avec du sucre ». Il supposait que l'Italie, outre les concessions territoriales que la France pourrait lui faire, chercherait à s'assurer la libre utilisation du canal de Suez et du détroit de Gibraltar : il fallait donc convaincre Churchill de prendre part à la manœuvre. A en croire Villelume, c'est dans ce dessein que Reynaud a décidé de se rendre à Londres. Il revint d'un long tête-à-tête avec Churchill, puis de discussions avec d'autres responsables anglais, en rapportant que seul Halifax lui avait paru favorable à une négociation avec Mussolini [6].

L'idée, pourtant, n'en fut pas abandonnée. Le lendemain, 27 mai, Daladier qui avait succédé à Reynaud au ministère des Affaires étrangères, fit préparer un document sur d'éventuelles concessions à l'Italie, portant sur la côte des Somalis, une cession de « très grande amplitude entre l'hinterland de Libye [orthographiée Lybie] et la côte congolaise », et une « collaboration » en Tunisie [7]. On en discuta au Conseil des ministres qui se tint le 27 mai à 22 heures [8]. Plusieurs membres du gouvernement soutinrent Anatole de Monzie qui affirmait que des concessions territoriales suffisantes éviteraient que l'Italie se joigne à l'Allemagne. Reynaud répliqua que, sans la participation de l'Angleterre, la négociation n'aurait que « des chances infimes de réussir ». On laissa Daladier, résumer ses propositions en deux télégrammes, l'un pour Rome, qui ne fut pas envoyé, l'autre pour Londres : la réponse britannique fut catégoriquement négative [9]. Le 30 mai, du reste, Ciano écrivit dans son carnet : « La décision est prise. Les dés sont jetés. » Il n'en reste pas moins que, durant deux ou trois jours, on avait tenté d'acheter la neutralité de l'Italie au moyen de vastes concessions territoriales, préfigurant, peut-être, ce qu'on pourrait faire avec l'Allemagne : Monzie et Villelume, pour leur part, y voyaient l'amorce d'une médiation italienne, c'est-à-dire d'une paix de compromis.

Le 29 mai, en tout cas, Weygand revint à la charge [10]. Dans une lettre à Reynaud, il suggéra qu'il faudrait bientôt cesser la lutte, les armées françaises ayant perdu toute capacité de résistance organisée : il cherchait ainsi, délibérément, à obliger le gouvernement à débattre au plus tôt d'une prochaine demande d'armistice. Les décisions qu'il avait prises, quand il fut clair que les armées alliées du Nord n'échapperaient à la destruction qu'en s'embarquant à Dunkerque, révélaient d'ailleurs ses véritables intentions [11]. Il prescrivit, en effet, de concentrer la totalité des forces encore disponibles sur la Somme où la bataille, suivant son expression, devrait être « livrée sans esprit de recul ». Faute de pouvoir tenir une ligne réellement continue, il avait suggéré d'y constituer des points d'appui organisés en « hérissons ». Mais ce système de défense, efficace s'il s'y ajoute l'emploi de forces blindées battant les intervalles entre les « hérissons », ne pouvait donner le moindre résultat : ou l'ennemi, faisant jouer sa supériorité en nombre et en matériel, forcerait les points d'appui quand son avance l'exigerait, ou il les contournerait et les négligeraient. Ce choix de Weygand signifiait clairement qu'il n'envisageait plus, par la suite, aucune opération de quelque envergure que ce soit, ni batailles de retardement, ni embarquement du plus grand nombre possible de forces vers l'Afrique du Nord ou l'Angleterre : à travers sa stratégie, perçait déjà la capitulation qu'il avait choisie.

Le 31 mai se réunit un Conseil suprême franco-britannique [12]. Il y fut d'abord question de la « poche » encore tenue à Dunkerque et Churchill, qui demanda qu'on évite toute querelle « entre camarades de misère », promit de hâter l'évacuation des Français. Mais l'écart entre les effectifs sauvés dans les deux armées, française et anglaise, et le sacrifice des 40 000 Français qui défendirent la tête de pont jusqu'au bout, ne purent qu'ajouter au fossé qui se creusait entre un pays envahi et un autre résolu à se battre pour ne pas l'être : un fossé qu'allaient bientôt exploiter les partisans de l'armistice. Quarante-huit heures plus tard, déjà, Pétain recevait une fois de plus Spears qu'il avait connu pendant la Première Guerre mondiale [13]. Il critiqua les dispositions prises par Weygand sur la Somme et prédit qu'elles ne tiendraient pas longtemps devant la prochaine offensive allemande, puis il insista sans ménagement sur le fait que pas une division britannique n'était maintenant aux côtés des divisions françaises et que celles-ci ne pouvaient plus compter sur l'appui de l'aviation anglaise. Puis il s'en prit à Paul Reynaud qu'il accusa d'imputer la défaite aux chefs militaires et jugea que le pays avait été « pourri par la politique ». Il attaqua longuement de Gaulle et finit par lire à Spears un discours qu'il avait consacré à Jeanne d'Arc en 1937... L'envoyé de Churchill en ressortit convaincu que Pétain, jugeant la défaite inévitable, était déjà partisan de cesser la lutte sans tenir compte de la décision, prise par la France et l'Angleterre le 28 mars, de ne conclure aucune paix séparée.

Le 5 juin, tout fut plus clair encore quand le Comité de guerre se réunit [14]. Ce jour-là, Weygand déclara carrément que « si la bataille est nettement perdue [...], le véritable courage à ce moment-là sera de traiter avec l'ennemi ». Le compte rendu officiel rapporte : « le maréchal Pétain approuve le général commandant en chef ». Mais, ce jour-là, Reynaud n'hésita pas à les contredire au point d'affirmer, sans ambages, « qu'aucune paix et qu'aucun armistice ne seront acceptables ». Sans doute pensa-t-il qu'il lui fallait renforcer son autorité. Il crut y parvenir, ce 5 juin, en remaniant son gouvernement. Mais le résultat fut, au contraire, de rendre plus aigus les affrontements dramatiques qui opposaient déjà partisans et adversaires de l'armistice. Cette fois, il écarta Daladier : il ne pouvait plus travailler avec lui, depuis qu'il lui avait succédé à la présidence du Conseil et les divergences entre eux s'étaient manifestées en toute occasion. Mais quand il ajouta à ses fonctions de chef du gouvernement et de ministre de la Défense nationale, celle de ministre des Affaires étrangères, il prit pour sous-secrétaire d'Etat Paul Baudouin dont il ne pouvait pas ignorer qu'il était partisan de sortir de la guerre aussitôt que possible. Daladier, au contraire, sera, le moment venu, hostile, à l'armistice et gagnera l'Afrique du Nord à bord du *Massilia* avec d'autres parlementaires partisans de poursuivre la guerre. Il écarta Monzie, qui s'était trop ouvertement engagé en faveur d'un accord avec Mussolini. Mais il nomma ministre des Finances l'un de ses collaborateurs, Yves Bouthillier, très proche de Mme de Portes et des membres de son entourage qui ne cessaient de réclamer la fin des hostilités — ce que Reynaud pouvait difficilement ignorer. En revanche, il se décida à surmonter les objections auxquelles il s'attendait et nomma de Gaulle sous-secrétaire d'Etat à la Guerre. On a vu l'exaspération que cette nomination suscita chez Pétain et Weygand. Elle provoqua immédiatement un incident avec Villelume qui, directeur du cabinet du ministre de la Défense nationale, entendait bien échapper, non sans arguments, à l'autorité du nouveau sous-secrétaire d'Etat. Mais s'il obtint de ne pas être sous les ordres de celui-ci, il ne put empêcher que Reynaud, en compensation, n'accorde à de Gaulle d'être sous-secrétaire d'Etat à la Défense nationale et à la Guerre, dans l'intention apparente d'élargir ses attributions [15].

De Gaulle entrait en scène. S'il ne l'avait déjà fait, il n'allait pas tarder à prendre la mesure de la pente descendue depuis le 25 mai. Sa lettre du 3 juin à Paul Reynaud montre qu'il en était pleinement conscient et qu'il savait quels seraient, face à lui, les partisans de l'armistice et de la capitulation : Pétain et Weygand. Contre eux, il n'avait qu'un point d'appui : Reynaud qui n'avait cessé de lui répéter qu'il était partisan de poursuivre la guerre. Sans doute était-il déjà sans illusions ayant mesuré l'influence, auprès du chef du gouvernement, des partisans de l'armistice qui occupaient autour de lui des positions sans cesse plus fortes. Mais il n'avait pas d'autre choix que celui de tout miser sur Reynaud et sur sa volonté affichée de continuer la lutte.

Lors de leurs rencontres des 6 et 7 juin, les deux hommes s'entendirent. Il s'agissait, comme de Gaulle l'écrivit dans ses *Mémoires de guerre* de « combattre sur le sol de l'Europe aussi longtemps que possible » mais surtout de « décider et préparer la continuation de la lutte dans l'Empire ». Il proposa carrément à Reynaud de s'occuper « des mesures à prendre en conséquence ». Il put alors prendre la mesure des équivoques et des flottements déjà intervenus, quand il entendit Reynaud lui demander d'aller à Londres confirmer à Churchill la volonté de la France de continuer à sa battre, tout en lui faisant cet aveu : « Au cours des entretiens que j'ai eus les 26 et 31 mai, avec le gouvernement britannique, j'ai pu lui donner l'impression que nous n'excluions pas la perspective d'un armistice. » Il fallait donc maintenant le convaincre du contraire... De Gaulle n'eut, du reste, aucune hésitation sur les irrémédiables divisions qui entraveraient les décisions françaises, jusqu'au sommet de l'Etat et des armées, quand, le 8 juin, il alla rendre visite à Weygand. Le compte rendu qu'il en a fait annonce l'irréductible opposition qui les dressera l'un contre l'autre durant les jours suivants. Tous deux pressentent lucidement que la bataille de la Somme, malgré le courage que les Français y montreront, est perdue. Weygand juge qu'après « c'est fini ! ». De Gaulle découvre alors sa position, sans équivoque : « Et l'Empire ? » Weygand a contesté les réponses que de Gaulle lui prête mais, en substance, elles durent être très proches de celles qu'il a rapportées : il traita la poursuite de la guerre dans l'Empire « d'enfantillage » — comme, on s'en souvient, il avait dit à Reynaud qui lui apprenait que de Gaulle devenait sous-secrétaire d'Etat : « c'est un enfant » ! — il affirma que l'Angleterre ne tarderait pas à négocier à son tour avec l'Allemagne et révéla sa hantise de troubles intérieurs, son souhait ardent de pouvoir alors disposer d'une armée pour « maintenir l'ordre »...

La double mission que de Gaulle s'était vu confier — réfléchir à la poursuite de la lutte, d'abord sur le sol français puis dans l'Empire — impliquait logiquement que l'occupation de la France entière, devenue inévitable, soit retardée autant que possible. Il fallait se donner le temps de transférer en Afrique du Nord tout ce qu'on pourrait d'aviation, de matériels, et même d'effectifs pour faire face à l'entrée en guerre, désormais certaine, de l'Italie et aux entreprises allemandes si Hitler décidait d'orienter sa stratégie vers la Méditerranée. Si, au contraire, il prenait l'Angleterre comme objectif, l'impératif restait le même : poursuivre la lutte en France aussi longtemps que possible afin que les armées allemandes n'aient plus que quelques semaines devant elles avant que le changement de saison ne rende un débarquement impossible. Telle était la logique qui devait s'imposer aux partisans de la poursuite de la guerre. De Gaulle s'en inspira aussitôt. C'est ce qui l'amena à s'occuper à plusieurs reprises des possibilités d'un « réduit » breton[16]. Les témoignages divergent sur le temps et l'importance qu'il lui accorda : Leca, collaborateur de Reynaud, attribue à l'épisode une dimension considérable et prétend que Reynaud en fut affaibli dans ses arguments en faveur de la poursuite de la guerre, tandis que Geoffroy de Courcel, choisi par de Gaulle comme officier d'ordonnance et qui resta constamment auprès de lui, affirme qu'il n'en fut plus question à partir du 7 juin. Mais c'est pour l'ensemble de la stratégie de résistance militaire en France que le « réduit » breton avait un sens et qu'il intéressa de Gaulle. Pour l'essentiel, il fallait donc poursuivre la lutte tant qu'on pourrait sur le sol national. C'était la stratégie inverse de celle choisie par Weygand quand il concentra la totalité des forces françaises le long de la Somme, sans constituer de réserves à l'arrière et sans même envisager de nouveaux combats.

D'autres chefs militaires avaient discerné les conséquences dramatiques qui en résulteraient. Le 27 mai, le général Bührer, chef d'état-major des troupes coloniales, exposait à son ministre, Georges Mandel, « les dangers de la ligne continue que s'efforçait d'établir le commandant en chef[17]. L'ennemi, lui dit-il, percerait aisément ce faible cordon, et nos éléments dissociés seraient enfermés, sans arrêter sensiblement la marche de l'ennemi ». Il préconisait au contraire de s'appuyer « sur deux môles de résistance solide, à constituer dans le Jura avec les armées de l'Est qu'il ne fallait à aucun prix maintenir sur la ligne Maginot puisqu'elle était déjà tournée au nord, et, en Bretagne, avec des éléments franco-britanniques ». A cette date, de Gaulle, qui était encore à la tête de la 4e division cuirassée, avait suggéré à Weygand de répartir les quelque 1 200 chars qui restaient disponibles en deux groupements, renforcés, chacun, de deux ou trois divisions d'infanterie et d'unités d'artillerie, l'un au nord de Paris, l'autre au sud de Reims, « pour agir, écrivit-il, dans le flanc des corps blindés allemands[18] ». Et c'est dans le même esprit que Bührer qu'il envisagea, entre le 6 et le 7 ou le 8 juin, un « réduit » en Bretagne. Celui-ci, malgré la nature du terrain plus favorable à des pénétrations d'est en ouest qu'à une ligne de défense du nord au sud, aurait offert apparemment plusieurs avantages : il détournerait vers l'ouest la progression des armées allemandes, obligeant celles-ci à se disperser en plusieurs axes d'effort, il permettrait une défense provisoire sur un front étroit ; il faciliterait l'embarquement pour l'Angleterre des forces qu'on y aurait rassemblées, mieux peut-être qu'à Dunkerque, d'autant que l'aviation allemande ne pourrait intervenir qu'à partir de bases éloignées.

Mais rien ne pouvait détourner Weygand de son choix stratégique et de ses véritables intentions politiques comme le montrent ses démarches, d'abord discrètes, puis ouvertes, en faveur d'un armistice. Quand, dès le 26 mai, le général Prételat, commandant le groupe d'armées qui tenait la ligne Maginot, lui proposa d'en préparer l'évacuation pour replier ses forces entre le Morvan et le Jura, exactement comme Bührer le suggéra, il refusa[19]. Le résultat ne se fit pas attendre : la ligne de la Somme fut percée malgré deux jours d'une résistance tenace et courageuse. Et pour comble, ce n'est que le 12 juin qu'il donna au général Prételat l'ordre de repli des armées de l'Est, alors que les blindés de Guderian atteignaient Langres le 15, Besançon et Pontarlier le 17 : ce désastreux retard qui condamnait les armées déployées sur la ligne Maginot à l'encerclement.

Après la Somme, en réalité, on ne disposait plus des forces nécessaires ni des délais suffisants pour constituer les môles de résistance qu'une autre stratégie aurait permis. Elle aurait conduit, non à une impossible bataille d'arrêt, mais à des manœuvres de retardement, délibérément calculées en vue de rassembler tous les moyens de continuer la lutte au-delà des mers : « Il y aurait eu combat, écrivit de Gaulle, au lieu d'une débâcle. »

Le 8 juin, en tout cas, plus aucun doute ne subsiste : l'état d'esprit chez Weygand et dans son entourage, n'est plus à la guerre mais à la recherche, à peine inavouée, d'une capitulation qui serait à la fois politique et militaire. De Gaulle l'a constaté. Il en a fait part aussitôt à Reynaud, et lui suggère de remplacer le commandant en chef : mais c'est une proposition qui semble prématurée au président du Conseil qui lui demande de se rendre à Londres pour traiter de l'aide que la Grande-Bretagne peut encore apporter à la France et des conditions de la poursuite du conflit. De Gaulle y arrive donc le 9 juin, assisté seulement de son aide de camp, le lieutenant Geoffroy de Courcel et du chef du cabinet diplomatique de Reynaud, Roland de Margerie. C'est la première fois qu'il vient à Londres et c'est aussi la première fois qu'il rencontre Churchill. Roland de Margerie a décrit celui-ci se promenant « de long en large, les mains derrière le dos, bouillonnant littéralement, parlant un langage extravagant, mi-français, mi-anglais [20] ». De Gaulle, se conformant à la mission qu'on lui a donnée, demande instamment que l'aviation anglaise se jette à nouveau dans la bataille de France, à quoi Churchill répond que celle-ci s'éloigne des côtes anglaises et que l'efficacité de la chasse britannique est bien plus grande à proximité de ses bases. De Gaulle prend congé de lui, aussitôt. Au témoignage de Spears, il aurait alors dit à Churchill : « C'est vous qui avez raison. » En tout cas il a compris, dès cette date, que la défense des îles Britanniques est désormais, la priorité absolue pour Churchill, et qu'elle est, au fond, la condition première d'une victoire future des démocraties [21].

L'essentiel de cette journée du 9 juin fut ce premier tête-à-tête entre Churchill et lui. Le jugement que les deux hommes portent alors l'un sur l'autre aura, pour la suite, une importance décisive. Churchill, sans doute, ne fait que découvrir un jeune général à la résolution inflexible et d'un flegme qu'il aurait aimé dire « britannique », mais n'a pas encore pris la mesure de sa personnalité et de ses desseins. De Gaulle, au contraire, en ressort avec une certitude confirmée : Churchill sera bien l'homme de la lutte à outrance contre l'Allemagne. Or, rien n'est plus important, pour lui, que d'avoir cette certitude : sans connaître la crise dont on verra qu'elle a secrètement ébranlé durant quelques jours le gouvernement britannique, il sait bien que la poursuite de la guerre, par la France, indispensable de toute façon, n'a de signification stratégique que si l'Angleterre, de son côté, poursuit la lutte sans défaillir. Il ne doute plus qu'elle le fera, ayant vu Churchill à l'unisson d'un peuple dont il admire, dès ce jour-là, le calme et la tranquille résolution, assuré que « la Manche [est] encore large ». Dans son esprit se dessine pour toujours, dès cette première rencontre, le portrait qu'il a fait plus tard de son interlocuteur :

Monsieur Churchill me parut être de plain-pied avec la tâche la plus

> rude, pourvu qu'elle fût aussi grandiose... Il était, de par son caractère, fait pour agir, risquer, jouer le rôle, très carrément et sans scrupules... Je le trouvais bien assis à sa place de guide et de chef... Winston Churchill m'apparut, d'un bout à l'autre du drame, comme le grand champion d'une grande entreprise et le grand artiste d'une grande histoire.

A peine de Gaulle est-il de retour à Paris qu'il est convoqué, dans cette nuit du 9 au 10 juin, par Paul Reynaud. L'ennemi est déjà sur la Seine et le gouvernement ne peut plus rester à Paris. Ce 10 juin fut vraiment, comme il l'écrivit dans ses *Mémoires de guerre*, un « jour d'agonie ». Il en a lui-même décrit l'atmosphère en évoquant les conditions du départ des ministres :

> Il fallait, à l'improviste, organiser l'évacuation d'une masse de choses et d'une foule de gens. Je m'en occupai jusqu'au soir, tandis que, partout, on emballait des caisses, que bruissaient, du haut en bas de l'immeuble, les visiteurs du dernier moment et que sonnaient, sans arrêt, des téléphones désespérés.

Dans ce climat, pourtant, l'affrontement entre partisans et adversaires de la capitulation se poursuivait âprement. Dans le bureau où Reynaud consultait de Gaulle sur le message qu'il devait lire peu après à la radio, Weygand fit irruption, bien qu'il n'ait pas été convoqué. De son exposé ressortait la nécessité, selon lui, de demander l'armistice et parce que, dit-il, « les responsabilités de chacun doivent être nettement établies », il remit au président du Conseil une note résumant ses arguments et ses conclusions. De Gaulle fut agacé de voir que Reynaud, pourtant pressé par le temps et ses obligations immédiates, se mit à discuter tandis que Weygand, obstinément, répétait que, la bataille de France étant perdue, il fallait capituler. Pensant qu'on devait mettre un terme à une discussion qu'un chef de gouvernement n'aurait jamais dû accepter, il intervint pour marquer, devant Weygand, qu'il y avait « d'autres perspectives ». Il rapporte ainsi l'échange de propos qui suivit :

« Alors, Weygand, d'un ton railleur :

— Avez-vous quelque chose à proposer ?

— Le gouvernement, répondis-je, n'a pas de propositions à faire, mais des ordres à donner. Je compte qu'il les donnera. »

Reynaud et de Gaulle partirent dans la même voiture, ce 10 juin vers 23 heures. Les états-majors, les ministres et les membres de leur entourage allèrent s'égayer dans les châteaux des bords de Loire. Le président de la République, Lebrun, est à Cangé, Weygand au Muguet, Reynaud à Chissay, les services des Affaires étrangères à Villandry et à la Châtaigneraie, Georges Mandel, ministre de l'Intérieur, à la préfecture de Tours. On ne pouvait imaginer de pires conditions de désordre, de dispersion et d'impuissance. L'idée en venait sans doute de la conviction que l'on avait, avant la guerre, que les châteaux de la Loire seraient, de toute façon, très loin du front dans une région où la circulation serait facile. Mais ce n'était pas le cas et l'invraisemblable anarchie qui en résultait justifia le commentaire exaspéré qu'en fit Hervé Alphand, alors chargé des accords commerciaux au Quai d'Orsay : « L'idiot qui a organisé ce repliement insensé d'administrations qui ne peuvent plus coopérer, a sans doute cru qu'il serait "agréable" aux ministres de profiter des châteaux de la Loire [22]... »

Pour le moment, rien ne paraît plus pressant à de Gaulle que le remplacement de Weygand. Reynaud, au cours de leur trajet nocturne en voiture, a fini par lui accorder d'aller trouver le général Huntziger, commandant du groupe d'armées du Centre, pour l'avertir qu'il pourrait être bientôt nommé commandant en chef : lors d'un arrêt à Orléans, il avait appris avec stupeur que Weygand, sans en référer au gouvernement, avait demandé à Churchill de venir, le jour même, à Briare et de Gaulle en avait profité pour le décider. Il lui avait suggéré la nomination de Huntziger. Il ne l'aurait pas fait s'il avait su que c'était justement la IIe armée, commandée par Huntziger, qui avait cédé le plus complètement devant l'offensive allemande des Ardennes et que son chef avait alors dissimulé au commandement la situation réelle sur le front qu'il était chargé de tenir : sur le moment, le gouvernement avait bruyamment rendu responsable de la défaite le général Corap, commandant de la IXe armée, et de Gaulle, qui rassemblait alors les éléments de sa division, n'avait certainement pas eu le temps de s'en soucier ensuite. Quoi qu'il en soit, il pensait que l'expérience acquise outre-mer par Huntziger le rendrait capable, comme il devait l'écrire « de s'élever jusqu'au plan d'une stratégie mondiale » et, ce matin du 11 juin, il fut « frappé par le sang-froid » que celui-ci conservait au milieu des pires épreuves. Huntziger, qui devait être ministre de la Guerre à Vichy, a rapporté leur entretien en termes ironiques et n'a jugé la démarche faite auprès de lui que « plaisante [23] », mais de Gaulle assure qu'ayant évoqué devant lui la poursuite de la guerre en Afrique et, « un changement complet dans la stratégie et dans l'organisation », il avait obtenu son accord.

C'était, en tout cas, une démarche inutile. Quand il rejoignit Reynaud à Briare, il le trouva résigné à conserver Weygand alors même que celui-ci s'acharnait à imposer une solution dont il ne voulait pas. On comprend, dans ces conditions, que de Gaulle fût déjà convaincu que l'on allait vers un déchirement dramatique du pouvoir politique et militaire en France.

Le Conseil suprême — dont personne, du reste, ne savait plus s'il avait été demandé par Weygand, Reynaud ou Churchill — se réunit donc le mardi 11 juin entre 19 et 21 h 30, puis à nouveau le mercredi 12 à partir de 8 h 30 [24]. Bien que les comptes rendus en soient différents, il apparaît bien que Weygand insista sans relâche sur l'épuisement des armées françaises et la victoire presque inévitable des Allemands, tandis que Churchill, proclamant la volonté anglaise de lutter jusqu'à la victoire, multipliait les suggestions sur les possibilités de résistance en France ou hors de France : tenir la ligne Maginot, organiser la défense de Paris, mener une guérilla dans les régions boisées ou montagneuses, se concentrer en Bretagne où une tête de pont pourrait être maintenue assez longtemps, aidée de l'extérieur et dont les défenseurs pourraient être évacués plus facilement que de Dunkerque, sans parler de la flotte, de l'Afrique du Nord, de tout ce qui permettrait de lutter et de résister en attendant l'inévitable entrée en lice des Etats-Unis. C'est, du reste, parce qu'il évoque l'intérêt d'une « tête de pont sur l'Atlantique » que l'on décide que de Gaulle ira sur place en étudier les conditions, dès le lendemain matin, de sorte qu'il n'assista pas à la deuxième réunion du Conseil suprême. Reynaud aurait maintenu, lors des discussions, que « le problème de la continuation de la guerre est politique et relève du gouvernement », en réplique aux propos de Weygand, et Pétain n'est intervenu que pour rappeler qu'en 1918 il était intervenu avec 40 divisions pour secourir l'armée anglaise en difficulté et pour constater qu'aucune aide semblable n'était apportée maintenant à l'armée française...

Ce jour-là, de Gaulle a franchi un pas de plus vers son destin, l'un des plus importants de ces journées tragiques. D'un côté lui est apparu l'irrémédiable désarroi du gouvernement auquel il appartenait.

> Au cours de cette séance, écrivit-il, se confrontèrent ouvertement les conceptions et les passions qui allaient dominer la nouvelle phase de la guerre. Tout ce qui avait, jusqu'alors, servi de base à l'action et aux attitudes n'appartenait plus qu'au passé. La solidarité de l'Angleterre et de la France, le puissance de l'armée française, l'autorité du gouvernement, le loyalisme du commandement, cessaient d'être des données acquises.

Il constata que Weygand n'avait aucun autre but que « de liquider au plus vite la bataille et la guerre », que Pétain l'appuyait systématiquement et que Reynaud,

> tout en répétant que la France ne se retirerait pas de la lutte, et tout en pressant les Anglais d'envoyer à notre aide le gros de son aviation, [montrait] qu'en dépit de tout il ne se séparait pas de Pétain et de Weygand, comme s'il espérait les voir un jour se rallier à sa politique.

En quelques heures, il venait de voir Reynaud, sur lequel il avait tout misé depuis tant d'années, renoncer à remplacer Weygand, laisser celui-ci exposer devant Churchill toutes les raisons d'une capitulation politique et militaire de la France, le laisser dire sans réagir, et continuer de réclamer l'intervention de la chasse britannique, alors que, de toute évidence, celle-ci n'aurait plus aucune efficacité dans la suite de la bataille de France sinon, peut-être, pour une tête de pont sur l'Atlantique. Mais il avait, pour la deuxième fois, rencontré Churchill. Il l'a décrit

> imperturbable, plein de ressort, mais se tenant vis-à-vis des Français aux abois sur une cordiale réserve, saisi déjà, et non peut-être sans une obscure satisfaction, par la perspective terrible et magnifique d'une Angleterre laissée seule dans son île et que lui-même aurait à conduire dans l'effort vers le salut.

Double et décisive expérience qui se prolongea jusqu'au soir. Après le dîner, Darlan vint demander si l'opération combinée, aérienne et navale, prévue contre Gênes et la flotte italienne, devait être maintenue ou s'il fallait l'annuler par crainte des représailles de l'aviation ennemie. De Gaulle proposa d'exécuter l'opération sans retard, mais Reynaud, conseillé par Villelume, décida de l'ajourner : quelques jours plus tôt, il avait proposé de défendre Paris et d'en confier la charge au général de Lattre de Tassigny ; on avait préféré déclarer la capitale « ville ouverte » et, de nouveau, cette fois, Reynaud se prononçait contre lui[25]. Mais, au dîner, il était à la gauche de Churchill. Les deux hommes eurent alors un entretien plus long et plus ouvert que celui du 9 juin. Ni l'un ni l'autre n'en ont rendu compte, mais seulement de leurs conclusions : pour Churchill, de Gaulle était décidément « jeune et énergique », « si la ligne actuelle s'effondrait, Reynaud lui demanderait de prendre le commandement », et il était en tout cas partisan de poursuivre la lutte ; et de Gaulle eut alors le sentiment que Churchill, en effet, avait mesuré sa résolution...

Après avoir tenu, le 12 juin au matin, une conférence à Rennes sur les possibilités, naturellement très réduites, d'une résistance en Bretagne, de Gaulle regagna le château de Chissay où Reynaud l'attendait. La question qui se posait alors était de savoir si le gouvernement se rendrait à Quimper ou à Bordeaux. Après ce qu'il avait vu sur place, il était sans illusions sur le maintien prolongé d'une « tête de pont sur l'Atlantique » mais il recommanda — « naturellement », écrivit-il — un départ pour Quimper, estimant qu'alors le gouvernement n'aurait « d'autre issue que de prendre la mer », et c'était justement au-delà des mers qu'il prévoyait et voulait la poursuite de la lutte. C'est Bordeaux qui fut choisi. Mais là n'était pas, loin de là, le débat essentiel. Reynaud, en l'accueillant, lui annonça que Pétain et Weygand, lors du Conseil des ministres qui venait de se tenir à Cangé, avaient ouvertement réclamé un armistice.

On était au pied du mur : l'affrontement entre partisans et adversaires de la résistance serait sans merci. Reynaud semblait toujours partisan de poursuivre la guerre au point que de Gaulle en profita pour lui faire signer une note à Weygand lui prescrivant la résistance « dans le

Massif central et en Bretagne » en vue de préparer et d'organiser, pour la suite, « la lutte dans l'Empire ». De Gaulle, toutefois, a noté que ce texte était tout au plus une directive, certainement pas un « ordre catégorique », qu'une fois signée « elle se trouvait remise en cause dans les coulisses et ne fut, en définitive, expédiée que le lendemain »... Quoi qu'il en soit, si pessimiste qu'il fût déjà, il rencontra, durant cette matinée du 13 juin, le président du Sénat, Jules Jeanneney et le président de la Chambre des députés, Edouard Herriot, et en retira le sentiment qu'ils étaient tous deux favorables à poursuivre la guerre, bien que chacun, avec son tempérament, le premier « promenant un maintien résolu au milieu de l'agitation », le second « affable et disert, [exprimant] avec éloquence les émotions multiples dont il était traversé ». Au total, il crut que Reynaud, quelles que fussent autour de lui les « cabales de l'abandon », pouvait l'emporter sur Pétain et Weygand, « pourvu qu'il ne concédât rien ».

Jusqu'à présent, il semblait n'avoir rien concédé. Au Conseil des ministres qui s'était tenu à Cangé, Weygand — qui, n'étant pas membre du gouvernement, n'aurait pas dû y assister — a réclamé, en effet, que l'on demande un armistice[26]. Pétain l'a aussitôt appuyé et un seul autre ministre, Jean Prouvost, auquel Reynaud, quelques jours plus tôt, avait confié l'Information, donna le même avis. Tous les autres se prononcèrent pour la poursuite de la lutte en Afrique du Nord, les uns invoquant l'accord du 28 mars interdisant à la France et à l'Angleterre de conclure une paix séparée, les autres, comme Reynaud, rappelant qu'on ne pouvait conclure d'accord acceptable avec un homme comme Hitler, « nouveau Gengis Khan ». Rien n'avait été décidé sinon d'inviter Churchill à un nouveau Conseil suprême pour le lendemain, 13 juin. Il ne put se tenir faute de communications nécessaires entre membres du gouvernement et quand Churchill parvint à Tours, non sans difficulté, personne ne l'attendait, non plus qu'à la Préfecture, au point qu'il dut, avec ses compagnons, aller déjeuner au restaurant. Baudouin finit par les trouver et on retourna à la Préfecture. Churchill était entouré de deux de ses ministres, Lord Halifax, chargé des Affaires étrangères, et Lord Beaverbrook, de son chef d'état-major, le général Ismay, de Spears et de l'ambassadeur Campbell. Reynaud n'avait avec lui que Baudouin et Margerie, mais de Gaulle, qui n'avait pas été convié mais seulement prévenu par Margerie, les rejoignit avec une heure de retard.

Ce fut là que Reynaud « concéda » aux partisans de l'armistice un geste qui ne pouvait être que funeste pour lui et pour les partisans de la résistance[27]. Faisant état de la démarche de Weygand qui avait, la veille, déclaré l'armistice « nécessaire », il demandait aux Britanniques s'ils accepteraient de délier la France de l'engagement du 28 mars par lequel les deux alliés s'interdisaient toute paix séparée. Dans les circonstances où l'on était, c'était une initiative lourde de sens. D'emblée, Reynaud se plaçait sur le terrain de ses adversaires : il paraissait envisager comme possible, ou même plausible, que la France en vienne à demander un armistice et, en tout cas, qu'il y avait là matière à discussion. Ce qui était plus grave encore c'était de faire de la Grande-Bretagne l'arbitre d'une décision qui, de toute façon, ne reviendrait qu'au gouvernement français. En s'engageant dans cette voie, il allait donner l'impression de faire dépendre les choix décisifs de la France du jugement des dirigeants anglais et des conditions qu'ils y mettraient. Par là, il allait s'attirer les critiques et même les accusations de ceux qui, mettant en balance les immenses sacrifices consentis jusque-là par les Français et leur armée et la contribution relativement faible de l'armée anglaise à la bataille livrée depuis le 10 mai, affirmaient déjà que la France, malgré l'accord du 28 mars, ne devait rien à l'Angleterre.

La réponse de Churchill ne laissa aucun doute sur sa résolution : l'Angleterre continuerait la lutte et il adjurait la France de la continuer avec elle. Il trouva naturellement plus digne et plus noble de ne pas « gaspiller du temps et de l'énergie en reproches et en récriminations » et il évoqua avec émotion « les souffrances passées et présentes de la France ». Il spécifia bien que cela « ne signifiait pas que [la Grande-Bretagne] souscrivait à des initiatives contraires aux dispositions de l'accord [du 28 mars] ». Il suggérait que l'on s'adresse à Roosevelt pour lui expliquer la situation réelle des Alliés et qu'on attende sa réponse, et affirma que « si l'Angleterre gagnait la guerre, la France serait rétablie dans sa dignité et sa grandeur ».

Ce n'était d'aucune manière un consentement à une demande française d'armistice, un abandon de l'accord du 28 mars. Et Churchill, interrogé quelques instants plus tard sur le sens exact de ce qu'il avait dit, le confirma catégoriquement. C'est donc tout à fait à tort, et probablement de très mauvaise foi, que Baudouin crut pouvoir interpréter les mots de pitié adressés par Churchill à la France comme un acquiescement à une paix séparée. De Gaulle, tendu dans son combat passionné pour la poursuite de la lutte et se rendant compte aussitôt que les partisans de l'armistice allaient exploiter la moindre équivoque, regretta sûrement, comme il le fit dans ses *Mémoires*, la « compréhension apitoyée » dont Churchill fit preuve. Mais il vérifia, auprès de Spears, que le Premier ministre anglais n'avait d'aucune façon renoncé à l'engagement que les deux pays avaient pris de mener la guerre et de ne l'achever qu'ensemble. Mais, s'il n'avait pas cédé sur ce point capital ni avancé la moindre condition à une demande française d'armistice, il n'avait, en fin de compte, obtenu qu'un délai, en suggérant à Reynaud une démarche auprès de Roosevelt : on pouvait prévoir que l'affrontement entre partisans et adversaires de l'armistice allait continuer.

Le Conseil des ministres, prévu la veille, se réunit donc à 18 heures à Cangé, quand Churchill était déjà reparti. Il allait être marqué par deux épisodes significatifs, étrangement précurseurs de ce qui allait suivre. Pétain, d'entrée de jeu, lut une déclaration où il affirmait que le gouvernement français devait à tout prix demander un armistice[28]. Il y condamnait tout projet de « réduit national », évoquait la « panique » qui risquait de s'emparer des troupes françaises en retraite, et affirmait donc qu' « il était impossible au gouvernement, sans émigrer, sans déserter, d'abandonner le territoire français ». Et, anticipant sur la capitulation politique et militaire qu'il réclamait, il envisageait déjà l'avenir : « Le renouveau français, déclara-t-il, il faut l'attendre en restant sur place, plutôt que d'une conquête de notre territoire par des canons alliés, dans des conditions et dans un délai impossibles à prévoir. » On devait, selon lui, « accepter la souffrance » qui serait le prix de « la renaissance française ». Et il annonça ses intentions : « Pour ma part, je resterai parmi le peuple français pour partager ses peines et ses misères. » C'était, comme on le voit, la définition, par avance, du choix de Vichy, du régime de Vichy, des conceptions « morales » de Vichy pleines de résignation, de contrition et de repentance.

Significatif aussi fut l'épisode qui précéda immédiatement la déclaration de Pétain. Weygand, invité à assister au début du Conseil des ministres, fut prévenu par un officier de l'entourage du président de la République que son aide de camp, le capitaine Gasser, venait d'être appelé au téléphone par le général Dentz, commandant la région de Paris, qui lui avait annoncé qu'un gouvernement communiste venait de s'établir dans la capitale et que Maurice Thorez lui-même serait à l'Elysée. Weygand, naturellement, en fit bruyamment état devant le Conseil avant que Mandel n'aille téléphoner au préfet de Police, Langeron, qui démentit toute l'affaire. Il est vrai que, dans le climat dramatique de ces journées de juin, rumeurs et fantasmes se multipliaient et l'on a retrouvé, plus tard, des télégrammes de l'ambassadeur américain à Paris, William Bullitt, qui, dès le 17 mai, croyait savoir qu'un régiment comprenant 18 000 communistes s'était rendu maître de Compiègne[29]... Mais que le commandant en chef des armées françaises, parlant devant le président de la République et l'ensemble du gouvernement, ait pu faire état d'un coup de force communiste à Paris, comme s'il s'agissait d'une information sérieuse ou vraisemblable, était singulièrement révélateur : à plusieurs reprises, il avait évoqué déjà le risque de désordres sociaux et la nécessité, pour les réduire, de conserver une force militaire suffisante, en espérant que l'Allemagne y consentirait. Cette préoccupation, ou plutôt cette hantise, prenait place, désormais, dans les délibérations du gouvernement : elle apparaissait, en tout cas, dans les arrière-pensées des partisans de l'armistice.

Au sortir de ce Conseil qui s'acheva à 23 h 30 par la décision de partir pour Bordeaux, les partisans de l'armistice n'avaient pas encore gagné. Ils pouvaient compter cependant sur l'appui de quelques ministres : Baudouin et Prouvost, Bouthillier, Ybarnegaray, qui tous avaient été nommés par Reynaud durant les jours précédents. Mais une forte majorité des membres du gouvernement restait en faveur de la poursuite de la lutte avec, par exemple, Louis Marin, très ancien chef de file de la droite parlementaire, les radicaux Campinchi, ministre de la Marine, et Laurent Eynac, ministre de l'Air, Mandel, ministre de l'Intérieur, Dautry, ministre de l'Armement. Reynaud pouvait s'appuyer sur eux et, s'il le voulait, remanier à tout moment son gouvernement pour en éliminer les partisans de l'armistice. Mais il restait sous leur pression, dans son propre entourage. Villelume, directeur de son cabinet militaire, lui avait remis successivement, les 12 et 13 juin, deux notes où il comparait la poursuite de la guerre, avec l'occupation entière du sol français, à une « paralysie » et l'armistice, préservant l'intégrité d'une partie au moins du territoire national, à une « amputation », faisant ressortir que celle-ci valait mieux que celle-là [30]. A son tour, comme Weygand, il invoquait en faveur de sa thèse le risque de « troubles graves » qui pourraient éclater dans le pays et prévoyait qu'en cas d'armistice conclu « avant la phase de décomposition morale de l'armée, certains éléments de celle-ci [cavalerie, troupes indigènes]... pourront maintenir l'ordre dans le pays ». Simultanément, il pressait l'envoi d'un appel à l'aide adressé à Roosevelt, convaincu, non sans raisons, que celui-ci ne pourrait promettre une prochaine entrée en guerre des Etats-Unis. Le fait est que cette démarche fut exactement entreprise comme si on n'en voyait pas à l'avance le résultat. Reynaud savait, pourtant, par l'ambassadeur français à Washington, Saint-Quentin, que Roosevelt ne pouvait que lui adresser un message de sympathie et l'assurerait d'une aide militaire croissante. Mais, dans le texte envoyé au président américain le 14 juin, il lui présentait des exigences dont il ne pouvait ignorer qu'elles ne seraient pas satisfaites [31]. Affirmant que la poursuite de la guerre hors du territoire national n'était acceptable « que si une chance de victoire apparaît dans le lointain », et jugeant très imprudemment la défaite de l'Angleterre, « possible sinon probable », il en concluait que la France ne continuerait la lutte que si l'intervention américaine était assurée.

> Si vous ne pouvez pas donner à la France, dans les heures qui viennent, la certitude que les Etats-Unis entreront en guerre à très brève échéance, écrivait-il à Roosevelt, le destin du monde va changer.

Rédigé sur ce ton et de cette façon, ce message ne pouvait évidemment avoir aucun effet positif. De fait, Roosevelt répondit aussi chaleureusement que possible mais sans pouvoir, d'aucune manière, promettre une entrée en guerre des Etats-Unis, « à très brève échéance » : il est vrai qu'au moment où cette réponse fut reçue, elle ne pesa guère sur les décisions qui allaient être prises.

De Gaulle croit alors que le moment est venu de tirer les conséquences des expériences qu'il venait de vivre. Il avait vu l'effet désastreux produit sur Churchill et ses compagnons par la démarche paradoxale de Reynaud demandant si la France pouvait être déliée de son engagement du 28 mars. De plus, la réaction de Churchill, même si le sens en était clair, lui avait paru insuffisante pour provoquer chez le chef du gouvernement français le sursaut indispensable. Bref, constatant des dérives qui lui paraissent irrésistibles, il ne croit plus justifiée sa présence au gouvernement. Il en fait part à son entourage et commence à rédiger sa lettre de démission. Mais son chef de cabinet, Jean Laurent, qui croit que la partie n'est pas encore perdue, a pris l'initiative d'en avertir Georges Mandel. Celui-ci fait savoir à de Gaulle qu'il veut le voir sur-le-champ. Le récit de cette entrevue par de Gaulle, dans ses *Mémoires de guerre*, est important pour le présent et pour l'avenir. Mandel veut donc qu'il reste au gouvernement : « De toute façon, dit-il à de Gaulle, nous ne sommes qu'au début de la guerre mondiale. Vous aurez de grands devoirs à accomplir, général ! Mais avec l'avantage d'être, au milieu de nous tous, un homme intact [...]. Le cas échéant, votre fonction actuelle pourra vous faciliter les choses. » Et de Gaulle conclut ainsi ce récit :

> C'est à cela qu'a peut-être tenu, physiquement parlant, ce que j'ai pu faire par la suite.

C'est en effet ce qu'on vérifia dans les quatre jours suivants. Mais c'est aussi ce que l'avenir allait confirmer : alors que l'effondrement de cet été 1940 allait engloutir pour un temps le personnel politique français tout entier, le fait, pour de Gaulle, d'être « un homme intact », fût-il démuni et relativement obscur, se révéla un atout qui valait bien d'autres avantages, et Georges Mandel avait eu raison de le prévoir et de le dire.

Sur le trajet de Tours à Bordeaux, de Gaulle put mesurer, au spectacle affreux des colonnes de réfugiés et des troupes flottantes, le risque d'un désarroi général et d'un effondrement de toute volonté de lutte. Aussitôt arrivé, il se rend donc auprès de Reynaud et lui adresse un avertissement catégorique dont les termes sont rapportés dans ses *Mémoires*, trop conformes à son état d'esprit et à son caractère comme aux exigences du moment, pour n'être pas authentiques.

> Depuis trois jours, lui dit-il, je mesure avec quelle vitesse nous roulons vers la capitulation. Je vous ai donné mon modeste concours, mais c'était pour faire la guerre. Je me refuse à me soumettre à un armistice. Si vous restez ici, vous allez être submergé par la défaite. Il faut gagner Alger au plus vite. Y êtes-vous, oui ou non, décidé ?

Ce jour-là, à cet instant, Reynaud lui donna raison. Au point même qu'il lui lança, en manière d'au revoir : « Vous me retrouverez à Alger. » Car, dans l'immédiat, il lui prescrivit d'aller en Angleterre organiser le concours britannique au transfert du plus grand nombre possible d'unités françaises en Afrique du Nord.

Au vrai, c'était une décision pleine de risques. Face à Pétain et à Weygand, tous deux acharnés à obtenir la capitulation politique et militaire de la France, devant leur influence, encore limitée mais croissante sur certains ministres, et alors que son entourage, en majorité favorable à l'armistice, exerçait sur Paul Reynaud une pression quotidienne et démoralisante, de Gaulle était, auprès de celui-ci, le partisan le plus implacable, le plus déterminé, le plus intransigeant, de la lutte à outrance. Sa présence à ses côtés, durant les jours précédents, s'était révélée nécessaire pour faire équilibre, dans une certaine mesure, à la tentation de l'armistice. Elle eût été indispensable durant les jours suivants. Aurait-elle été suffisante pour maintenir Reynaud dans la voie de la résistance ? Nul ne le saura jamais, mais il est clair qu'elle manqua, au pire moment. En revanche, son séjour à Londres, le 16 juin, en fit un interlocuteur privilégié de Churchill. Celui-ci a rapporté dans ses *Mémoires* que c'est dès après le Conseil suprême de Tours, voyant de Gaulle « immobile et flegmatique », qu'il aurait deviné en lui, comme il le lui souffla au passage, « l'homme du destin ». Sans doute fut-il, en effet, impressionné par son comportement et sa personnalité, en contraste avec le désarroi, l'irrésolution et l'espèce de panique qu'il observait chez les autres dirigeants français. Mais c'est plus sûrement au cours des entretiens du 16 juin qu'il prit la mesure d'un homme qu'après tout il n'avait rencontré que trois fois jusqu'ici, dont il ne savait presque rien, sinon sa réputation de spécialiste des chars et qui n'occupait qu'un rang très modeste au sein du gouvernement français.

De Gaulle s'apprêta donc à partir pour Londres. Ses derniers gestes, ses dernières rencontres, annoncèrent étrangement la suite. Dans la salle à manger de l'hôtel Splendid où il résidait, il aperçut Pétain en compagnie de son médecin et de son aide de camp. Il alla le saluer, et de Gaulle écrivit : « Il me serra la main, sans un mot. Je ne devais plus le revoir, jamais. » Puis, à la demande de Reynaud, il appela Darlan pour le convoquer à Bordeaux et comprit, à sa réponse, que celui-ci tenait le gouvernement pour moribond et que, le moment venu, il choisirait sa voie selon ses propres intérêts. Ayant pris la route pour Brest, il y retrouva l'amiral de Laborde qui commandait l'escadre de l'Atlantique, pour s'entretenir avec lui d'un embarquement des troupes à partir des ports bretons : mais, n'ayant pas dissimulé ses âpres critiques à l'égard de Pétain et de Weygand, pour leur résignation à la défaite, il suscita une réaction passionnément hostile de cet amiral qui, plus tard, ordonna le sabordage de la flotte de Toulon sans même essayer de lui faire gagner la haute mer. Sur le parcours, enfin, il s'était arrêté à Paimpont pour dire adieu à sa mère, puis à Carantec où sa femme et ses enfants s'étaient réfugiés, pour les avertir de se tenir prêts à partir dès qu'il les préviendrait.

C'est à l'aube du 16 juin qu'il est à Londres. L'une de ses premières décisions y sera d'ordonner que le *Pasteur*, qui transporte de considérables matériels militaires des Etats-Unis vers la France, soit dérouté vers l'Angleterre : il prévoit que ces matériels seraient perdus si la capitulation intervenait, ou qu'il faudrait les acheminer en Afrique du Nord, à moins qu'ils ne restent en Grande-Bretagne, si la lutte continue. Mais, dès le début de la matinée, alors qu'il faisait sa toilette dans sa chambre de l'hôtel Hyde Park, l'ambassadeur français, Corbin, ainsi que Jean Monnet, qui dirigeait la commission franco-britannique d'achat d'armements, vinrent le voir pour l'informer des entretiens prévus pour lui dans la journée, et l'avertir qu'une rencontre aurait lieu entre Churchill et Reynaud, le lendemain, à Concarneau, afin de mettre au point les embarquements pour l'Afrique du Nord. Mais, on lui signala en même temps que le gouvernement français venait de demander par écrit à quelles conditions il pourrait être délié de ses engagements de ne pas conclure d'armistice séparé, comme Reynaud l'avait fait oralement au Conseil suprême du 13 juin. Pour de Gaulle, c'était, de toute évidence, le signe d'un effondrement prochain des volontés de résistance. De fait, tout s'était brutalement aggravé à Bordeaux. Le 15 au matin, l'ambassadeur anglais Campbell avait répété à Reynaud, pour lever toute équivoque, que Churchill n'avait nullement accepté la remise en cause de l'accord du 28 mars et que celui-ci continuait d'engager l'honneur de la France[32]. Reynaud lui parut alors partisan de poursuivre la lutte, comme il l'avait toujours dit, mais non sans invoquer, comme à dessein, l'importance de la réponse de Roosevelt à son appel à l'aide. Plus tard, il reçut Darlan pour l'entretenir des embarquements pour l'Afrique du Nord, mais se heurta chez lui à d'innombrables réticences et objections. Dans l'après-midi, il s'opposa durement à Weygand. Il avait eu l'idée, pour tenir compte de tout ce que l'on disait, autour de lui, sur la détresse des Français et le sacrifice, peut-être inutile, demandé aux armées, de suggérer soit une capitulation exclusivement militaire mais signée par les chefs responsables, comme Léopold III l'avait fait pour les armées belges, ou bien un cessez-le-feu unilatéral, comme la reine Wilhelmine de Hollande l'avait prescrit. Weygand voulut y voir une capitulation telle que le code militaire, précisément, la condamnait formellement[33]. En réalité, il voulait rester en métropole, y conserver des troupes, afin qu'un Etat y subsiste et que l'ordre social soit assuré. Ce qu'il demandait, au fond, c'est qu'une capitulation politique s'ajoute à la capitulation militaire et la recouvre. Reynaud le comprenait parfaitement mais, en se plaçant sur ce terrain, en suggérant un cessez-le-feu, qu'il fût officiellement conclu ou décidé unilatéralement, il n'avait pas seulement suscité les réactions prévisibles, même si elles étaient infondées, de Weygand : il avait tourné le dos à la logique de son propre choix. Les projets d'embarquement pour l'Afrique du Nord impliquaient qu'on retarde l'avance ennemie, même au prix du sacrifice de ceux qui se battraient jusqu'au bout pour permettre que la guerre continue outre-mer. En sortant de cette logique, Reynaud s'affaiblissait lui-même.

On le vit encore dans l'après-midi de ce 15 juin au Conseil des ministres qui s'ouvrit à 16 h 10 pour s'achever à 19 h 55[34]. Il fut marqué d'abord par une initiative inattendue du vice-président du Conseil, Chautemps. Il proposait de demander à l'Allemagne quelles seraient ses conditions d'armistice. Il était convaincu, dit-il, qu'elles seraient inacceptables mais, pour l'opinion française, pour tous ceux qui auraient souhaité l'arrêt des hostilités, il fallait le démontrer. Reynaud s'y refusa absolument et, la majorité des ministres penchant apparemment en faveur de Chautemps, proposa sa démission immédiatement refusée par Lebrun. C'est alors qu'au lieu de demander que la séance soit levée et de préparer un remaniement de son gouvernement, il eut, une fois de plus, recours à un stratagème. A la suggestion de Chautemps de demander à l'Allemagne ses conditions d'armistice, il opposa une autre démarche, celle qu'il avait déjà faite, à sa propre initiative, le 13 juin : demander à l'Angleterre si elle accepterait de dégager la France de son engagement de ne pas conclure d'armistice séparé, et à quelles conditions elle l'accepterait. Il eut, expliqua-t-il plus tard, la conviction que, faute de proposer cette démarche, il serait remplacé par Chautemps ou Pétain et que l'armistice serait alors inévitable, tandis qu'un refus britannique, tel que l'ambassadeur Campbell le lui avait confirmé dans la matinée, montrerait au gouvernement qu'il n'y avait d'autre choix compatible avec l'honneur que la poursuite de la guerre en Afrique du Nord. De là vint le télégramme adressé à Londres et dont Corbin et Monnet parlèrent à de Gaulle.

Mais le climat politique et moral, à Bordeaux, s'était irrémédiablement dégradé. Déjà la réponse de Roosevelt, dont on a vu la teneur, et qui n'arriva que le 16 juin à midi et demi, n'intéressait plus personne. Les heurts se multipliaient en coulisse, surtout entre Reynaud et Weygand. Parmi les parlementaires repliés en même temps que le gouvernement, Laval, s'appuyant, pour mener ses démarches, sur l'aide matérielle d'Adrien Marquet, Maire de Bordeaux, menait activement campagne pour une demande d'armistice et il était entré en contact avec Pétain et son entourage au point de préparer discrètement la composition du gouvernement que celui-ci, espérait-il, allait prochainement former. L'autorité de Reynaud était d'autant plus ébranlée qu'il était isolé au milieu des siens. Au témoignage de Villelume qui dîna, au soir du 15 juin, avec lui, son collaborateur Devaux et Mme de Portes, celle-ci plaida passionnément pour une demande d'armistice et la formation d'un nouveau gouvernement que Pétain présiderait, et dont Reynaud lui-même serait vice-président du Conseil, au point que, dit-elle, elle avait « déjà convaincu le maréchal de la nécessité de ce remaniement » : Reynaud maintint son opposition à l'armistice. Mme de

Portes n'hésita plus à l'accuser de lâcheté, le ton monta et il lui lança deux verres d'eau à la tête[35]...

La journée du 16 allait être décisive. C'est à 1 h 20 du matin que le gouvernement britannique avait reçu le télégramme de son ambassadeur Campbell, lui transmettant la demande française : l'Angleterre acceptait-elle, et à quelles conditions, un armistice séparé, malgré l'accord du 28 mars ? A Londres, on prépara deux télégrammes en réponse[36]. Celui qui parvint à Bordeaux à 12 h 35 rappelait que l'accord du 28 mars engageait « l'honneur de la France », mais le gouvernement britannique acceptait que le gouvernement français demande à l'Allemagne ses conditions d'armistice — l'Angleterre continuant la guerre en tout état de cause — à la condition formelle « que la flotte française soit aussitôt dirigée sur des ports britanniques en attendant l'ouverture des négociations ». Un second télégramme, parvenu à 16 heures, précisait que le gouvernement britannique voulait être consulté sur toutes les clauses de l'armistice et demandait, outre l'envoi de la flotte dans les ports anglais, le départ de l'aviation française pour l'Afrique du Nord ou la Grande-Bretagne ainsi que l'envoi outre-mer des forces polonaises, tchèques et belges se trouvant en France. Mais moins d'une demi-heure plus tard, à 16 h 30, le gouvernement britannique fit savoir qu'il retirait ses deux télégrammes et faisait au gouvernement français une proposition entièrement nouvelle.

De Gaulle en avait eu connaissance dès la matinée par Corbin et Monnet.

> Il s'agirait, écrivit-il dans ses *Mémoires*, d'une proposition d'union de la France et de l'Angleterre qui serait solennellement adressée par le gouvernement de Londres à celui de Bordeaux. Les deux pays décideraient la fusion de leurs pouvoirs publics, la mise en commun de leurs ressources et de leurs pertes, bref la liaison complète entre leurs destins respectifs.

Ce projet devait beaucoup à Jean Monnet mais celui-ci assura de Gaulle qu'il l'avait préparé avec Sir Robert Vansittart, secrétaire permanent du Foreign Office, et qu'il avait donc des chances d'être accepté par le cabinet britannique avant qu'on le transmette à Bordeaux. En réalité, Monnet y travaillait depuis le 13 juin et avait alors rédigé un texte de cinq pages intitulé « *Anglo-french unity* ». Le 14 juin, le secrétaire de Churchill, Desmond Morton, lui avait expliqué que, pour tenter de convaincre le Premier ministre, il fallait d'abord y rallier un membre du cabinet. Monnet s'adressa donc à Horace Wilson qui en parla à Churchill, qui accepta qu'on en discute à un réunion du cabinet, le 15 juin, et Vansittart fut chargé de mettre au point le texte préparé par Monnet. Mais, ce jour-là, aucun décision ne fut encore prise[37].

C'est alors que, le 16 juin, le cabinet britannique dut d'abord donner son consentement aux deux télégrammes envoyés à Bordeaux et posant les conditions anglaises à une demande française d'armistice. De Gaulle devait déjeuner avec Churchill, en présence de Corbin et Monnet, au Carlton Club. Il a raconté comment il avait expliqué au Premier ministre que toute concession, toute complaisance et même tout signe de compréhension et de résignation, de sa part, encourageaient les partisans de la capitulation et désarmaient ceux de la lutte à outrance. Selon lui, ses instances décidèrent alors Churchill à ordonner à l'ambassadeur Campbell de retirer les deux télégrammes envoyés déjà à Bordeaux. Quoi qu'il en soit, ils en vinrent à parler du projet d'union des deux pays. De Gaulle a expliqué lui-même comment il l'appréciait et pour quelles raisons il avait décidé de le soutenir.

> Il m'apparut aussitôt, a-t-il écrit, que ce que [ce projet] avait de grandiose excluait, de toute manière, une réalisation rapide. Il sautait aux yeux qu'on ne pouvait, en vertu d'un échange de notes, fondre ensemble, même en principe, l'Angleterre et la France, avec leurs institutions, leurs intérêts, leurs Empires, à supposer que ce fût souhaitable [...]. Mais, dans l'offre que le gouvernement britannique adressait au nôtre, il y aurait une manifestation de solidarité qui pourrait revêtir une réelle signification. Surtout, je pensais, comme MM. Corbin et Monnet, que le projet était de nature à apporter à M. Paul Reynaud, dans la crise ultime où il était plongé, un élément de réconfort et, vis-à-vis de ses ministres, un argument de ténacité. J'accepterai donc de m'employer auprès de M. Churchill pour le lui faire prendre à son compte.

Ces lignes furent écrites pour les *Mémoires de guerre* longtemps après les faits. On peut croire, pourtant, qu'elles sont l'exact reflet de ses réactions devant un texte qui correspondait si peu à sa conception de l'Histoire. Convaincu depuis longtemps que les réalités nationales étaient irréductibles, que les acteurs principaux de l'Histoire, au moins dans les Temps modernes, étaient les nations, il ne pouvait qu'être sensible à ce qu'il y avait là d'arbitraire et d'artificiel. Pressentant que le pouvoir politique en France était sur le point de s'effondrer, il n'en voulut pas moins donner sa chance à l'étrange tentative dont Corbin et Monnet étaient venus lui parler. Au fond, rien ne comptait pour lui, ce jour-là, que d'empêcher à tout prix la chute de Paul Reynaud, son remplacement par les partisans de l'armistice. Il se résolut donc à prendre part à la manœuvre, trouva Churchill, au déjeuner du Carlton Club, aussi réticent que lui devant le caractère artificiel et démesuré du projet, et le convainquit que ce serait une arme peut-être décisive dans les discussions qui opposaient Reynaud aux partisans de la capitulation. De fait, après le déjeuner, Churchill put rallier au projet d'union le cabinet britannique et de Gaulle, qui l'avait accompagné à Downing Street, s'y installa, d'abord pour prévenir, par téléphone, Reynaud qu'il devait s'attendre à une importante communication du gouvernement anglais puis pour lui dicter le texte du projet.

On ne peut qu'être impressionné, à distance, par l'extraordinaire écart entre les sentiments et l'état d'esprit qui régnaient alors à Londres et à Bordeaux, et que révélait la démarche anglaise, appuyée, non sans réticences, par Churchill, soutenue, en raison des circonstances, par de Gaulle, mais avant tout inspirée par Monnet. Certes, il y avait eu, dans la période la plus euphorique de l'alliance franco-anglaise, avant la guerre, quelques débats intellectuels sur une union plus étroite des deux pays [38]. On en avait discuté, par exemple, au Centre de politique étrangère qu'animait à Paris Louis Joxe et au *Royal Institute of International Affairs* à Londres : le diplomate Etienne Dennery, le professeur d'histoire diplomatique Georges Selle, l'écrivain Jean de Pange, le futur directeur général de l'UNESCO, René Maheu, le plus remarquable spécialiste français du monde anglo-saxon et initiateur de la sociologie électorale, André Siegfried, le grand historien anglais Arnold Toynbee, avaient participé à ces débats, dont *Le Temps* et *L'Œuvre* avaient rendu compte. Mais on n'en était plus là, en ce milieu de juin 1940, où l'invasion allemande contraignait les Français à se demander s'ils devaient ou s'ils pouvaient poursuivre la guerre, la contribution de l'Angleterre, avec seulement une dizaine de divisions légères, n'étant pas à la mesure de ce que la France avait fait. Sans doute les auteurs du projet d'union voulaient-ils proclamer que les deux pays, en n'en faisant qu'un, assumeraient les mêmes efforts, partageraient les charges et les sacrifices et que rien ne pourrait plus opposer leurs intérêts. Mais suffisait-il, pour que les Français le croient et le sentent, d'une construction juridique et diplomatique, évidemment artificielle, conçue par Jean Monnet, esprit ingénieux mais très éloigné des sentiments qui étreignaient alors les Français au milieu de leurs indicibles épreuves ? Il avait cru, avec les autres rédacteurs du projet, répondre à leur attente en accumulant les plus audacieuses propositions — une citoyenneté commune, une organisation commune pour la défense, la politique étrangère et l'économie, une répartition commune des charges et des pertes, un Cabinet de guerre commun dirigeant toutes les forces armées, la fusion des deux parlements. Il n'avait fait que mettre en évidence l'extraordinaire écart entre une construction abstraite et la tragédie que les Français étaient en train de vivre.

Beaucoup d'historiens se sont étonnés, et parfois scandalisés, que l'audacieux et généreux projet d'union franco-britannique ait été rejeté presque aussitôt à Bordeaux. Il est remarquable, pourtant, que les ministres les plus fermement partisans de poursuivre la guerre n'y aient pas vu du tout un argument en leur faveur. Le fait est que dans l'espèce d'agonie que chacun avait le sentiment de vivre, on eut, de tous côtés, l'impression que le projet venu de Londres était sans rapport avec la réalité. Que signifiait partager les charges et les pertes alors que la France était envahie et que l'Angleterre, on pouvait l'espérer, ne le serait pas ? Comment croire qu'Anglais et Français auraient les mêmes responsabilités et le même poids à la tête de leur ensemble commun quand l'armée française était anéantie et l'armée britannique intacte ? Ceux-là même qui voulaient qu'avec sa flotte, son Empire et ce qui restait de ses armées, la France poursuive la lutte, savaient bien que les forces dont elle disposerait ne seraient pas de même dimension que celles de l'Empire britannique jusqu'alors inviolé.

Il reste que l'accueil fait au projet d'union entre les deux pays révéla, à son tour, la dégradation du pouvoir politique, à Bordeaux. Reynaud, qui avait pris note du texte lu au téléphone par de Gaulle, avait aussitôt exprimé sa stupeur. Au point qu'il demanda si Churchill en était bien l'auteur et que celui-ci dut prendre l'appareil pour afficher son enthousiasme et confirmer qu'ils se retrouveraient tous deux le lendemain à Concarneau. Spears, qui était alors à ses côtés, assure que Reynaud fut « transfiguré [39] ». Ce dernier, par la suite, n'a jamais cessé de dire qu'il fut aussitôt convaincu de l'importance et de la grandeur du projet. Est-ce vraiment sûr ? Le témoignage de Villelume, directeur de son cabinet militaire, permet d'en douter [40]. Voici son récit : « Pendant que je cause avec le président [Reynaud], son téléphone retentit. Je comprends, au son de sa voix, qu'il parle à un interlocuteur lointain. Il pousse quelques exclamations étonnées, puis, après avoir raccroché, m'annonce à ma grande stupéfaction : "de Gaulle me fait, de Londres, de la part du gouvernement britannique une proposition des plus étranges. Il s'agit de fondre ensemble les deux peuples et les deux gouvernements. Tout Anglais sera en même temps français, tout Français sera en même temps anglais. Quant à moi, je serai président du Conseil des deux pays." Je lui réponds qu'il ne tardera pas à être renversé aux Communes. Puis nous plaisantons longuement sur cette étrange communication. » Villelume ajoute alors qu'il détourna Reynaud d'aller rencontrer Churchill — à Nantes, dit-il, alors que c'était Concarneau qui était prévu — et il poursuit : « Je déjeune ensuite avec lui et deux ou trois autres personnes dans la salle à manger particulière du Splendid. A table, nous rions de nouveau de l'extraordinaire proposition britannique. » C'est seulement, selon lui, à la suite de l'entretien que Reynaud eut, après le déjeuner, avec l'ambassadeur Campbell, qu'il aurait changé d'avis et accepté le projet d'union, malgré les objurgations et mêmes les invectives de Pomaret, ministre du Travail, Bouthillier, ministre des Finances, Baudouin, secrétaire d'Etat aux Affaires étrangères, et de Villelume lui-même — « C'est une honte !... C'est un déshonneur !.... Vous courez au suicide !... Cette journée ne marquera pas seulement votre chute, mais la clôture définitive de votre carrière politique ! »

Le Conseil des ministres, réuni à 17 heures, n'accorda aucune attention au contenu du projet [41]. Son rejet fut expéditif. Quelques ministres crurent ou feignirent de croire que la France deviendrait ainsi un Dominion britannique. L'intervention de Pétain fut la plus caractéristique :

ce serait, dit-il, « fusionner avec un cadavre ». Propos stupéfiant et particulièrement ridicule quand on songe à l'état dans lequel la France se trouvait alors, tandis que la Grande-Bretagne, sa flotte, ses armées et son Empire étaient intacts. Mais propos révélateur : Pétain, comme beaucoup d'autres, comme Weygand en particulier, pensait que l'Angleterre serait vaincue à bref délai et qu'il valait mieux, par conséquent, s'en dissocier au plus tôt... Après quoi on en vint au seul sujet qui comptât, au seul sur lequel Paul Reynaud aurait dû concentrer son attention, ses efforts et son autorité : le choix entre la poursuite de la guerre et une demande d'armistice. Une fois de plus, Chautemps proposa qu'on en demande les conditions à l'Allemagne. Aucun procès-verbal, par tradition, n'étant dressé des délibérations du Conseil des ministres, on ne peut en avoir un compte rendu précis. La discussion fut rendue confuse par le fait que certains pensaient, ou faisaient semblant de croire, que les conditions allemandes seraient inacceptables et qu'alors, en connaissance de cause, et sans pouvoir encourir les reproches des Français, on pourrait décider de poursuivre la guerre. Mais cette conclusion n'empêcha pas en définitive que c'est bien pour ou contre l'armistice que les ministres se prononcèrent. Les recherches les plus approfondies des historiens, s'appuyant sur le témoignage de Lebrun et de onze des ministres présents, c'est-à-dire douze des vingt-quatre participants à ce Conseil, ont établi qu'il y eut douze adversaires de l'armistice et sept qui en étaient partisans, cinq ministres n'exprimant pas clairement leur opinion. L'usage de la IIIe République excluait qu'il y eût un vote au Conseil des ministres : il eût très probablement dégagé une assez forte majorité en faveur de la poursuite de la guerre. Mais Reynaud ne le crut pas et il estima sans doute n'avoir pas l'autorité qu'il fallait pour éliminer de son gouvernement les partisans de l'armistice et imposer son choix. Peut-être aussi pensait-il, comme d'autres, que la démarche proposée par Chautemps montrerait qu'un armistice était inacceptable. Ou peut-être encore, épuisé par sa tâche et débordé par le cours des événements, jugea-t-il le moment venu de laisser ses adversaires tenter leur expérience, comme on le faisait dans l'ordinaire de la vie politique et parlementaire. Toujours est-il qu'il repoussa l'offre de Lebrun qui lui suggérait de rester au pouvoir, en reprenant à son compte la proposition de Chautemps. Il aurait alors dit au président de la République, selon son témoignage : « Pour faire cette politique, adressez-vous au maréchal Pétain. » Jeanneney, président du Sénat et Herriot, président de la Chambre des députés, consultés suivant l'usage, suggérèrent que Reynaud forme un nouveau gouvernement pour continuer la guerre, comme ils le souhaitaient tous deux[42]. Contrairement à l'usage, Lebrun ne suivit pas leurs conseils et choisit de faire appel à Pétain. Celui-ci accepta sans la moindre hésitation. Il avait en poche la liste de ses ministres. Désormais, il était au pouvoir.

Au moment où de Gaulle décolle de Londres, à 18 h 30, ce 16 juin, il ne sait pas ce que le gouvernement va décider. Churchill a mis un avion à sa disposition, non seulement pour retourner en France, mais, le cas échéant, pour revenir en Angleterre, tant ils sont conscients, l'un et l'autre, que le proche avenir est imprévisible. C'est vers 22 heures qu'il arrive à l'aérodrome de Mérignac. C'est là qu'on lui annonce la démission de Reynaud. Il alla le voir aussitôt et apprit alors la nomination de Pétain.

« C'était la capitulation certaine, devait-il écrire. Ma décision fut prise aussitôt. Je partirais dès le lendemain matin. »

Il alla prévenir l'ambassadeur Campbell de son intention de repartir pour Londres et Spears lui annonça qu'il l'accompagnerait. Il avertit Reynaud de sa décision et celui-ci lui fit porter, par Jean Laurent, une somme de 100 000 francs prélevée sur les fonds spéciaux qu'il gérait encore avant la nomination officielle des nouveaux ministres. Il demanda à Margerie de faire tenir à sa femme et à ses enfants les passeports dont ils auraient besoin pour gagner l'Angleterre. Il réunit ses collaborateurs pour prendre congé d'eux dans un bureau de la faculté de droit qui lui avait été affecté [43]. Son chef de cabinet, Jean Laurent, annonce qu'il le rejoindra au plus vite et lui remet les clefs de son pied-à-terre de Seymour Grove, à Londres. Le commandant Chomel veut le suivre, mais de Gaulle lui suggère de veiller d'abord à la sécurité et aux besoins de sa famille. De toute façon, dans l'avion mis à sa disposition par Churchill et où sera Spears, il ne peut avoir qu'un compagnon : ce sera son aide de camp, Geoffroy de Courcel, qui n'hésite pas un instant à le suivre. La nuit s'écoule. Spears tente de convaincre Mandel de se joindre à eux : il répond qu'étant juif il ne peut courir le risque d'être accusé de fuir et qu'il va partir en Algérie où il essaiera de reprendre la lutte [44]. Vers 7 heures de Gaulle retrouve Spears devant l'hôtel Normandy. Ils font un détour par le siège de la préfecture, rue Vital-Carles, où il espère peut-être revoir une fois encore Reynaud, à moins qu'il n'ait voulu, comme le suggère Spears, échapper aux filatures prescrites par les hommes qui sont maintenant au pouvoir. Ils repartent vers Mérignac, les trois voyageurs dans une voiture, leurs bagages dans l'autre. Sur l'aérodrome, le désordre était si effrayant et le spectacle si pittoresque que Spears s'en est sans doute inspiré, plus tard, pour suggérer qu'au milieu de cette vaste pagaille, il dut enlever, presque de force, de Gaulle pour le hisser dans un avion qui roulait déjà sur la piste... Plus véridique, sans aucun doute, est ce que de Gaulle en a dit : « Le départ eut lieu sans romantisme et sans difficulté. » Courcel, du reste, a témoigné qu'alors « le général, absorbé dans ses pensées, ne paraissait guère se préoccuper de l'immédiat ». L'avion survola les côtes françaises de l'Atlantique, puis la Bretagne, passant au-dessus de Paimpont où, écrit de Gaulle, « se trouvait ma mère, très malade ». L'après-midi de ce 17 juin, il est à Londres, sachant qu'il a pris déjà les décisions irrévocables qui vont changer sa vie et marquer l'histoire de son pays.

« Je m'apparaissais à moi-même, écrivit-il plus tard, seul et démuni de tout, comme un homme à bord d'un océan qu'il prétendrait franchir à la nage. »

En faisant ce choix, avait-il raison ? Impossible de ne pas s'interroger dès lors qu'on songe à la place qu'il devait occuper en ce siècle. Tout, pour lui, dépendra, en effet, de la décision qu'il a prise ce 17 juin, de l'acte décisif qu'il accomplira le lendemain. Mais son choix s'inscrit dans l'histoire de la Seconde Guerre mondiale, précisément en ce mois de juin 1940 où, pour une grande part, elle va changer de cours. La poursuite de la guerre par la France aurait eu naturellement de grandes conséquences pour la suite, tout comme l'armistice en eut pour la conduite de la guerre par l'Allemagne, pour la situation de l'Angleterre, demeurée seule face à ses ennemis, et d'abord pour le rôle que la France pouvait jouer durant les années suivantes, pour la part qu'elle aurait dans la victoire finale et donc aussi pour son avenir pendant le reste du siècle. C'est en ce sens qu'il faut se poser la question : de Gaulle avait-il raison ?

L'invasion de la France changeait tout à coup les données stratégiques de la guerre[45]. Il n'y aurait plus de front de l'Ouest. L'entrée en guerre de l'Italie, le 10 juin, achevait de garantir à l'Allemagne la maîtrise indiscutée de l'Europe occidentale. Après la destruction des armées françaises, le triomphe de la Wehrmacht excluait que l'on pût reconstituer, à échéance prévisible, un front nouveau où que ce fût sur le continent. La Grande-Bretagne devrait faire, presque immédiatement, un choix qui engagerait son avenir, celui de l'Europe, celui du monde : rechercher la paix, en s'appuyant sur son territoire et son Empire intacts en évaluant les inconvénients et les avantages d'un compromis avec l'Allemagne ou, au contraire, s'engager, sans esprit de retour, dans une lutte à outrance jusqu'à l'écrasement d'une hégémonie allemande qu'une fois pour toutes elle n'accepterait pas. L'Allemagne elle-même était placée, par sa propre victoire, dans l'obligation d'imaginer les suites de la guerre et de choisir la direction où elle porterait désormais ses efforts pour atteindre les objectifs que Hitler s'était assignés.

Le fait est que ni Pétain, ni Weygand, ni ceux qui firent le choix de l'armistice, c'est-à-dire d'une capitulation à la fois politique et militaire, ne firent état d'aucune réflexion stratégique lors de la série des réunions et conférences qui aboutirent à la chute du gouvernement de Paul Reynaud, le 16 juin. Ils se bornèrent à constater la victoire allemande sur le sol français. Ils écartèrent obstinément tout examen objectif des possibilités offertes par le repli des armées françaises en Afrique du Nord, du rôle de l'Empire colonial dans la conduite future de la guerre, de la part que la marine française pourrait y prendre et des conséquences stratégiques qui en résulteraient. Ils affichèrent ostensiblement leur certitude d'une prochaine défaite de l'Angleterre mais, à aucun moment, ils ne cherchèrent à évaluer sérieusement ses capacités de résistance, les secours qui lui viendraient de l'extérieur, les alliances qui pourraient, tôt ou tard, s'offrir à elle, ni, dans l'immédiat, les chances d'un débarquement allemand sur les côtes anglaises. Au fond, les partisans de la capitulation s'en tinrent à une constatation limitée : puisque la France avait été vaincue sur son propre sol, elle ne pouvait que sortir de la guerre, et l'écrasante supériorité de la puissance allemande privait l'Angleterre de toute espérance de victoire à échéance prévisible.

Force est de constater que les adversaires de la capitulation n'avancèrent jamais, ou presque jamais, les arguments stratégiques qui justifiaient leur choix. Ils invoquèrent sans cesse l'engagement pris par la France de ne pas conclure avec l'Allemagne de paix séparée et, avec raison, en firent une affaire d'honneur. Inévitablement, ils se heurtèrent aux objections de ceux qui, comme Pétain surtout, soutenaient que les engagements ne valent que selon les sacrifices consentis et que l'Angleterre n'avait engagé dans la bataille qu'une dizaine de divisions légères quand une centaine de divisions françaises y étaient impliquée. Ils n'osèrent pas, suivant les témoignages publiés ou recueillis — ou n'y songèrent pas —, faire observer à leurs adversaires que l'accord du 28 mars proscrivant toute paix séparée était à l'avantage de la France bien plus que de la Grande-Bretagne : celle-ci, maîtresse des mers et disposant encore de toutes ses forces, pouvait espérer une paix de compromis qui préserverait l'intégrité de ses intérêts et de ses possessions, comme Hitler, justement, le souhaitait, tandis qu'aucun gouvernement français, voulant s'adresser seul à l'Allemagne, et résolu à cesser le feu à tout prix, ne pouvait échapper aux conditions allemandes. Ils se bornèrent à demander l'intervention des Etats-Unis alors qu'ils n'ignoraient pas que Roosevelt, malgré son évidente sympathie pour la cause alliée, était hors d'état, à quatre mois d'une élection présidentielle, de faire entrer immédiatement son pays dans la guerre. Au total, ils n'évoquèrent que brièvement et au hasard des discussions, les suites du conflit si la France décidait de poursuivre la lutte.

De Gaulle, seul, fit exception. Le fait est que cette analyse des données stratégiques de la guerre, dans l'avenir prévisible, ne fut faite que par lui, le 18 juin et les jours suivants. Comme on le verra, il redit à trois reprises, ce jour-là, dans son appel à la résistance et au refus de la capitulation, que la France n'était pas seule. Il suggéra aussitôt ce qui justifiait la poursuite d'une guerre qui, à terme, pourrait être victorieuse : l'immensité de l'Empire français, la dimension mondiale du bloc qu'il formait avec l'Empire britannique, la maîtrise de la mer par les deux alliés, l'utilisation « sans limites » de « l'immense industrie des Etats-Unis ». Et il en tira deux conclusions : qu'il s'agissait d'une « guerre mondiale » qui ne pouvait être « tranchée par la bataille de France » et qu'il y avait « dans l'univers, tous les moyens nécessaires pour écraser un jour nos ennemis », et la certitude absolue que l'Allemagne pourrait être vaincue par les mêmes moyens qui lui avaient permis de vaincre jusque-là.

Plus encore, le 22 juin, il pronostiqua d'inévitables renversements d'alliances avec leurs conséquences sur le rapport des forces :

> Nul ne peut prévoir si les peuples qui sont neutres aujourd'hui le resteront demain, ni si les alliés de l'Allemagne resteront toujours ses alliés.

Comme on le verra, il ne pensait pas seulement aux Etats-Unis mais à l'Union soviétique, et il le dit ouvertement à plusieurs interlocuteurs. Au fond, son analyse stratégique se résumait simplement : la maîtrise de la mer, les ressources des Empires coloniaux et l'aide américaine permettraient à la Grande-Bretagne de résister et probablement d'échapper à l'invasion, après quoi la mobilisation des capacités démographiques, économiques et militaires des Alliés rétablirait peu à peu l'équilibre des forces, en attendant que l'entrée en guerre d'autres puissances ne rompe cet équilibre au détriment de l'Allemagne et n'entraîne sa défaite.

Cette analyse, dont, par la suite, on s'est accordé presque toujours à reconnaître le bien-fondé, supposait pourtant que soient acquises deux données préalables : la détermination de la Grande-Bretagne à poursuivre la guerre jusqu'à la victoire, la capacité de la France de rassembler des forces suffisantes pour se maintenir dans la lutte. Ces conditions étaient-elles donc remplies ?

On ne pouvait douter, ce 18 juin, jour où de Gaulle allait s'adresser aux Français, que l'homme qui dirigeait maintenant le peuple britannique était résolu à une guerre à outrance. C'est ce jour-là, en effet, que, s'adressant à la Chambre des Communes, Churchill célébra ce qu'il appelait « la plus belle heure » de l'histoire de son pays, celle où le destin du monde allait reposer sur le courage de ses habitants : aussi ce discours est-il resté, pour les générations à venir, celui de « la plus belle heure », l'un des plus mémorables qu'il ait prononcé. A cette date, l'Angleterre avait donc fait son choix : elle ne conclurait pas avec l'Allemagne une paix de compromis. De Gaulle avait donc eu raison de miser sur la détermination farouche de l'homme qu'il avait appris à connaître à Londres et à Briare. Mais on aurait pu, à bon droit, s'interroger sur la décision que les dirigeants britanniques prendraient quant à la poursuite de la guerre. Car la question s'était posée à eux et le fait est qu'ils envisagèrent aussi l'éventualité d'un arrangement avec l'Allemagne. Churchill lui-même l'a évoqué dans le passage de ses *Mémoires* où il rappelle qu'était venue, pour la Grande-Bretagne, « la plus belle heure », celle d'un combat solitaire pour la liberté du monde : « Toutes ces paroles, si souvent citées, ont reçu, depuis, la consécration de la victoire. Mais alors, ce n'était encore que des mots... Sans aucun doute, Hitler avait besoin d'en finir avec la guerre à l'Ouest. Il était en mesure d'offrir les conditions les plus tentantes. A ceux qui, comme moi, avaient observé tous ses actes, il ne paraissait pas impossible qu'il consentît à laisser intacts l'Angleterre, son Empire et sa flotte, pour conclure une paix qui lui assurerait, à l'Est, cette liberté d'action dont Ribbentrop m'avait parlé en 1937 et qui était son vœu le plus cher... Peu de gouvernements, nés de la démocratie ou du despotisme, peu de nations, restant seules et, semblait-il, abandonnées, eussent risqué de gaieté de cœur les horreurs d'une invasion et méprisé une chance honnête de faire la paix, alors que tant d'excuses valables pouvaient être invoquées... Un autre gouvernement pouvait nous remplacer. Les bellicistes ont eu leur heure et ils ont échoué, aurait-on dit. L'Amérique était restée à l'écart. Personne n'avait la moindre obligation envers la Russie. Pourquoi l'Angleterre ne se fût-elle pas jointe aux spectateurs qui, au Japon et aux Etats-Unis, en Suède et en Espagne, pouvaient contempler d'un œil désintéressé, voire réjoui, le combat, pour l'un et l'autre mortel, qui s'engagerait entre le régime nazi et le régime communiste ? Les générations futures auront de la peine à croire qu'aucune des considérations que je viens d'évoquer, n'ait jamais figuré à l'ordre du jour du cabinet et n'ait même jamais été discutée dans nos réunions les moins officielles. »

De fait, la question s'est bel et bien posée[46]. Ce fut l'affaire de trois jours : les dimanche 26, lundi 27 et mardi 28 mai. Le personnage central en fut Lord Halifax, ministre des Affaires étrangères du gouvernement Churchill. Dès le 23 mai, il avait vu l'ambassadeur américain Joseph Kennedy et avait constaté que celui-ci critiquait âprement Churchill et s'inquiétait déjà de l'avenir de la flotte anglaise si des négociations anglo-allemandes devaient s'engager, puis le 25 mai, il rencontra l'ambassadeur italien Bastianini et prit l'initiative de lui demander quelles seraient les conceptions du gouvernement italien si l'on en venait à discuter d'un règlement de paix. C'est donc le lendemain, dimanche 26 mai, à 14 heures, qu'il en parla au Cabinet de guerre[47]. Considérant comme évident qu'il ne s'agissait plus « d'infliger à l'Allemagne une défaite totale mais de sauvegarder l'indépendance de notre Empire et si possible de la France », il dit à ses collègues que c'était « M. Bastianini [qui l'avait] très clairement sondé sur notre sentiment devant l'éventualité d'une conférence, et qu'il avait alors répondu que l'Angleterre était "naturellement [prête] à considérer toute proposition pouvant y conduire, pourvu que [sa] liberté et [son] indépendance fussent préservées". » Le compte rendu de cette réunion fait apparaître que Churchill n'écarta pas ouvertement l'éventualité d'une paix telle qu'envisagée par Halifax, « fût-ce au prix d'une parcelle de territoire », mais qu'il ajouta aussitôt que rien ne permettait de l'espérer. Il fut seulement convenu que Halifax rencontrerait Paul Reynaud qui venait d'arriver à Londres. Comme on l'a vu, celui-ci était venu voir si le gouvernement britannique accepterait, comme plusieurs ministres français le souhaitaient, que l'on sonde Mussolini sur les conditions auxquelles il choisirait de rester neutre. A en croire la version britannique des entretiens, Reynaud proposa aussi de voir si Mussolini pourrait à nouveau servir de médiateur entre Hitler et les Alliés[48]. Quoi qu'il en soit, on eut le sentiment, du côté français, que des divergences commençaient à apparaître au sein du cabinet britannique puisque Villelume, qui accompagnait Reynaud, écrivit dans son Journal que Halifax « faisait montre d'intelligence », tandis que Churchill s'en tenait à « son attitude de matamore[49] ».

Une nouvelle réunion du Cabinet de guerre se tint donc en fin de journée. Ce que rapporta Halifax suscita une réaction catégorique de Churchill appuyé par les ministres travaillistes, Arthur Greenwood et Clement Attlee. Il s'opposa carrément à toute idée de négociation, mit en garde contre le risque de voir la France entraîner l'Angleterre « dans un règlement qui serait assorti de conditions intolérables » et refusa par avance toute hypothèse où « nous irions voir Signor Mussolini et l'inviterions à aller voir Herr Hitler pour le prier de nous traiter gentiment ». Tout juste admit-il un contact éventuel avec l'Italie, mais Halifax en tira cette conclusion inscrite dans le compte rendu officiel : « Si nous en arrivions à discuter des conditions d'un règlement général pour découvrir que nous pourrions obtenir des conditions qui ne postulent pas la destruction de notre indépendance, nous serions insensés de ne pas les accepter[50]. »

A la réunion du Cabinet de guerre qui se tint le lendemain matin, 27 mai, la présence du chef du parti libéral et ministre de l'Air, Sir Archibald Sinclair, qui n'en était pas membre mais devait être associé à toute décision majeure, renforça la position de Churchill, qui put aussi s'appuyer sur un rapport des chefs d'état-major britanniques, assurant qu'en cas de défaite française, la Grande-Bretagne pourrait repousser toute offensive allemande — à la condition, disait-il, que les Etats-Unis fussent « disposés à nous apporter une aide économique et financière pleine et entière sans laquelle nous ne croyons pas que nous pourrions poursuivre la guerre avec la moindre chance de succès », condition sur laquelle Churchill n'insista pas[51]. Mais à la réunion suivante, l'après-midi, Halifax repartit à l'assaut, parlant ouvertement de la nécessité d'éclaircir les « profondes divergences de vue » au sein du cabinet et, invoquant la position prise par Churchill la veille, demanda que l'on débatte des conditions de paix si Hitler offrait aux Français un règlement dont ceux-ci voudraient discuter avec leurs alliés. Voulant encore éviter une crise majeure, Churchill répondit qu'il « ne s'associerait pas à la France pour demander à quelles conditions la paix serait possible, mais [que] si on lui disait quelles étaient ces conditions, il serait tout disposé à les prendre en considération[52] ». Il est clair que l'on était à ce moment tout près d'un éclatement dramatique du cabinet. « Je ne puis travailler plus longtemps avec Winston », confia Halifax à Sir Alexander Cadogan, secrétaire permanent du Foreign Office et, après une entrevue en tête à tête avec Churchill, dans la soirée de ce 27 mai, il écrivit dans son Journal : « J'ai trouvé que Winston débitait les plus effroyables sottises, de même que Greenwood, et, après l'avoir supporté quelque temps, j'ai dit exactement ce que je pensais d'eux, ajoutant que, si tel était réellement le fond de leur pensée et si on en arrivait au fait, nos chemins devraient se séparer[53]. »

C'est le lendemain, 28 mai, dans l'après-midi, que la crise trouva son terme. Le Cabinet de guerre se réunit dans l'une des pièces du Parlement[54]. Churchill mit en garde contre la « pente glissante » qui conduirait à un règlement conclu dans un climat de défaite et il exprima ses soupçons envers l'attitude française, suggérant que Reynaud, peut-être parce que ses assurances n'étaient pas assez nettes, souhaitait, en réalité, « nous faire asseoir à la table de conférence avec Herr Hitler ». Halifax estima que l'on obtiendrait sans doute « de bien meilleurs conditions avant que la France ne renonce à la guerre », ce qui revenait à demander que les deux alliés discutent ensemble des conditions de paix. Chamberlain tenta de réduire les désaccords, mais sans se disjoindre de Churchill, qui reçut, une fois de plus, le soutien catégorique des deux travaillistes. C'est alors que Churchill prit une initiative, à laquelle il avait sans doute pensé dès avant la réunion, et qui allait tout faire basculer en sa faveur. Dès qu'elle fut achevée, il fit entrer les autres ministres et, devant eux, se prononça en termes véhéments contre toute négociation, concluant simplement : « Bien entendu, nous continuerons à nous battre. » Aussitôt, il recueillit l'adhésion bruyante, sans nuances, presque ardente, des membres de son gouvernement. Leur approbation était révélatrice, sans nul doute, de l'état d'esprit du Parlement et, probablement, de l'immense majorité des Anglais. Ce fut assez, en tout cas, pour qu'à la réunion du Cabinet de guerre qui se tint vers 19 heures, Churchill, appuyé par Chamberlain, l'emportât : l'Angleterre ne négocierait pas.

Jamais, par la suite, on ne fut si près d'un infléchissement majeur de l'attitude anglaise. Jamais ne se présenta une autre occasion d'un compromis entre la Grande-Bretagne et l'Allemagne. Hitler, pourtant, le souhaitait. C'était au moment où, le corps expéditionnaire anglais étant encerclé dans la poche de Dunkerque, il tint, au quartier général de Rundstedt, des propos immédiatement notés par Blumentritt : « Il nous stupéfia, écrivit celui-ci, en parlant avec admiration de l'Empire britannique, de la nécessité de son existence et de la civilisation que l'Angleterre avait apportée au monde [...]. Tout ce qu'il désirait des Anglais, c'était qu'ils reconnussent la position de l'Allemagne sur le continent. Le retour des colonies allemandes perdues serait souhaitable, mais pas essentiel, et il proposerait même de soutenir l'Angleterre avec ses troupes si elle était impliquée dans des difficultés en quelque lieu du globe [...]. Il conclut en disant que son but était de faire la paix avec l'Angleterre sur une base qu'elle considérerait comme compatible avec son honneur. » Et il tint le même langage, le 20 mai, au général Jodl, chef des opérations à l'état-major de la Wehrmacht, et, le 2 juin, au général von Leeb [55].

Mais, au moment où de Gaulle fait le choix du 18 juin, le débat est tranché : l'Angleterre continuera la guerre. La condition première pour que la France prenne la même décision est donc remplie. Sur ce point décisif, de Gaulle avait raison.

Pouvait-il croire que l'Empire colonial de la France, protégé par sa flotte, était en état de continuer la lutte ? Ce n'était pas seulement son avis : c'était celui de tous les responsables des colonies, protectorats, mandats et départements algériens [56]. Le général Catroux, gouverneur général de l'Indochine, n'avait aucune hésitation à cet égard et, comme il l'écrivit plus tard, il n'eut « point de peine à faire partager [son choix] aux Français d'Indochine et tout autant aux élites autochtones [57] ». En Algérie, le gouverneur général Le Beau a multiplié les messages au ministre de l'Intérieur du gouvernement Pétain, Charles Pomaret, pour adjurer que l'on continue la lutte en Afrique du Nord, que le gouvernement français se replie en Algérie et que l'on réponde ainsi à l'attente de l'immense majorité de la population française et indigène, y compris des anciens combattants de toute confession, ainsi que des parlementaires algériens. Le haut-commissaire français au Levant, Gabriel Puaux, a fait part au gouvernement de la volonté des autorités françaises, dans les deux mandats de Syrie et du Liban, de poursuivre la lutte et, apprenant la signature de l'armistice, il proclame à la radio « qu'en ce qui concerne le Levant, aucun fléchissement, aucune reddition, ne sont à envisager ». A ses côtés, le général Mittelhauser, commandant en chef du théâtre d'opérations de la Méditerranée orientale, est aussi catégorique dans sa volonté de poursuivre la lutte. A Dakar, le gouverneur général Cayla déclare, le 18 juin, devant les représentants des communautés françaises d'Afrique-Occidentale, qui l'approuvent immédiatement : « Si la Patrie ne peut plus se battre, l'heure est venue pour l'Empire de rendre à la Patrie un peu de ce qu'elle a fait pour lui et de continuer la lutte. » C'est aussi le choix du général Husson, commandant supérieur des troupes d'Afrique-Occidentale, du gouverneur général de l'Afrique-Equatoriale, Boisson, du gouverneur général de Coppet, à Madagascar, du haut-commissaire Brunot au Cameroun, du général Legentilhomme à Djibouti, et même, dans un premier temps, du résident général en Tunisie, Peyrouton. Cette unanimité, même si elle devait être provisoire, correspond, en tout cas, au comportement des communautés françaises réparties dans l'Empire et au vœu qu'elles ont exprimé par tous les moyens. Du reste, elle correspond aussi, on ne saurait l'oublier, à la position de la majorité des ministres du gouvernement de Paul Reynaud, jusqu'à son ultime réunion, le 16 juin. Elle a persisté, à la seule exception de Peyrouton, audelà de la demande d'armistice.

Mais beaucoup dépendait du choix que ferait l'homme qui, commandant les armées françaises d'Afrique du Nord, avait sous ses ordres les forces terrestres et aériennes capables de poursuivre la lutte : le général Noguès, résident général au Maroc. Les télégrammes qu'il a échangés avec le gouvernement, comme avec Weygand, montrent qu'avant la demande d'armistice il était, sans faille, partisan de la poursuite de la lutte. Il n'a pas cessé, alors, de demander que l'on renforce ses troupes, qu'on lui envoie de nouvelles divisions, que l'on embarque le plus possible de matériels de guerre à destination de l'Afrique du Nord. Sa réaction à la demande d'armistice annoncée par Pétain est immédiate et catégorique : il y est foncièrement hostile. Il le télégraphie sans ambages à Weygand, le répète les jour suivants, se dérobe quand on le convoque à Bordeaux et, en réponse aux questions qu'on lui pose sur les moyens d'action militaires qui subsistent en Afrique du Nord, rédige un texte dont l'importance historique est essentielle car il est le plus complet et le plus convaincant sur les raisons d'ordre militaire de ne pas conclure un armistice et de poursuivre la guerre.

« L'Afrique du Nord, écrit Noguès, avec ses ressources actuelles, les renforcements d'aviation en cours, qui ont une importance capitale, et avec l'appui de la flotte, est en mesure de résister longtemps aux entreprises de l'ennemi. La menace du côté espagnol qui, à mon sens, constitue le danger principal, doit être réglée par une action préventive qui doit être déclenchée dès l'entrée en territoire espagnol des forces italiennes ou allemandes. Je puis entreprendre cette opération qui aura comme atout principal une action politique et religieuse sur les masses indigènes, avec les forces dont je dispose, en prélevant certains éléments en Tunisie, où je resterai provisoirement sur la défensive ». Et il poursuit en énumérant les renforts dont il a le plus besoin, en prévoyant que le plein été limitera de toute façon l'envergure des opérations vers la Tripolitaine, mais en envisageant, pour septembre, des opérations offensives profondes, en liaison avec l'armée britannique, contre les positions italiennes de Libye[58].

Le 23 juin, quand il connaît les conditions allemandes d'armistice, Noguès ne change pas d'avis. Une dernière fois, ses télégrammes à Bordeaux s'opposent encore à la capitulation politique et militaire de la France et de son Empire. Mais il décide de s'y résigner. Pour expliquer son revirement dont il éprouve, écrit-il, « de la honte », il a invoqué le choix de Darlan : sans l'appoint de la flotte, a-t-il expliqué, la défense de l'Afrique du Nord devenait aléatoire. Cet argument n'était pas, par lui-même, décisif : certes, l'Empire aurait été plus vulnérable sans l'appoint des escadres françaises, mais Noguès, décidant de poursuivre la guerre et entraînant avec lui l'ensemble des résidents et gouverneurs, aurait pu rallier les amiraux dont la plupart, comme on le verra, étaient hostiles à l'armistice, et la flotte anglaise eût contribué à la défense du Maghreb et, sans nul doute, eût mis en échec la flotte italienne, comme elle n'allait pas tarder à le faire.

Il est vrai que le choix de Darlan eut une énorme portée, comparable à celui de Noguès, même s'il ne l'explique pas entièrement. Mais ce choix, lui non plus, n'était pas acquis d'avance[59]. Le 28 mai, alors que Weygand avait entamé déjà sa campagne pour la cessation de la lutte, Darlan, dans une directive à son chef d'état-major, l'amiral Le Luc, avait envisagé de ne pas se soumettre à un armistice qui impliquerait une reddition de la France, de déclencher, si l'Italie entrait en guerre, « une action à mort contre la flotte ou les ports italiens », et, si le gouvernement ordonnait de cesser la lutte, d'envoyer les navires de guerre dans les ports anglais ou même à Halifax, au Canada. Sa position, déjà fluctuante les jours précédents, changea le 16 juin quand il devint ministre de la Marine et, plus encore, quand on put penser que l'Allemagne ne demanderait pas à se saisir de la flotte française. Pourtant, le 22 juin, dans un télégramme aux amiraux commandant les régions maritimes et les escadres, il leur demandait « leur sentiment » et obtenait d'eux des réponses pratiquement unanimes en faveur de la poursuite de la lutte. A cette date encore, aucun d'eux n'était résigné à la capitulation, ni l'amiral de Carpentier, commandant la division navale du Levant, ni l'amiral Decoux, en Indochine, qui écrivait que « poursuivre la lutte avec toutes forces terrestres, navales et aériennes [...] en liaison étroite avec la Grande-Bretagne et l'aide intensifiée des Etats-Unis [...] est la seule [solution] compatible avec l'honneur et l'intérêt de la France », ni l'amiral Esteva, commandant l'escadre de Tunisie, dont l'ardeur était exacerbée par la volonté de se battre contre l'Italie. Cette réaction unanime des amiraux correspondait à celle de tous les responsables des colonies, protectorats, mandats et départements algériens : elle montre que la poursuite de la guerre avec la flotte et l'Empire était loin de n'être que l'option de quelques isolés, fanatiques de la guerre à outrance, comme on le dit à Vichy après l'armistice.

Mais Weygand et Pétain avaient imposé le choix de l'armistice et, du coup, Darlan, en entraînant avec lui la flotte, l'avait conduite à la résignation. Noguès, en s'y ralliant malgré « la honte » qu'il en éprouvait, l'avait imposé à son tour aux possessions d'outre-mer. Ainsi fut choisie la capitulation. Etait-elle justifiée par des raisons d'ordre militaire[60] ? Ses partisans l'ont toujours soutenu. De Gaulle affirma le contraire. Comme on l'a vu, Noguès, qui assumait les responsabilités de commandant en chef en Afrique du Nord, affirmait encore le 23 juin, que celle-ci pouvait « résister longtemps aux entreprises de l'ennemi ». Les effectifs présents au Maghreb, à la fin de juin, étaient de 410 000 hommes, dont 36 000 supplétifs, accrus de plusieurs milliers de jeunes soldats qui arrivèrent de métropole dans les derniers jours du mois. Deux généraux, 280 officiers et 5 132 sous-officiers et soldats vinrent d'Angleterre au début de juillet. Les effectifs de la marine basée au Maroc passèrent en quinze jours de 3 000 à 24 600 hommes et 5 000 aviateurs polonais étaient disponibles sur place. Au Levant, l'armée de terre comptait 2 500 officiers et 81 000 sous-officiers et hommes de troupe, à quoi s'ajoutaient une brigade polonaise, un détachement basé à Chypre, quatre groupes aériens dotés d'appareils assez anciens, des Potez-25, mais aussi un groupe de chasse moderne équipé d'avions américains Curtiss. Ailleurs, dans l'Empire, les forces françaises se bornaient à garantir la sécurité intérieure mais pouvaient constituer le noyau d'une armée bien plus nombreuse dont le général Bührer, inspecteur général des troupes coloniales, a dressé le tableau à la date du 24 juin 1940 : 122 320 pour l'Afrique-Occidentale, 15 500 en Afrique-Equatoriale, 34 000 à Madagascar, 88 900 en Indochine, 7 900 à Djibouti, 4 080 dans les Antilles, 1 469 dans les concessions françaises de Chine et 1 265 dans le Pacifique — sans compter les forces supplétives. Il est vrai que 146 000 soldats originaires d'Afrique noire avaient déjà été transférés hors de leurs pays d'origine, dont beaucoup en métropole, mais 72 000 autres étaient disponibles immédiatement pour leur embarquement dans les ports d'Afrique. La qualité des divisions et des unités d'outre-mer était comparable ou supérieure à la moyenne, soit par le nombre des régiments endivisionnés, soit par la proportion des cadres d'active. Elles auraient été naturellement renforcées par les forces évacuées de métropole, évaluées à 100 000 hommes par Darlan avant l'armistice — chiffre très inférieur à ce que laisse supposer l'exemple de l'évacuation de Dunkerque où, en quelques jours, et sous le feu de l'aviation allemande, 350 000 Français et Britanniques furent embarqués. En fait, pour la quantité, le moral et l'encadrement et, dans une certaine mesure, pour l'armement, les unités françaises d'Afrique noire et surtout d'Afrique du Nord, équivalaient amplement à n'importe quelles divisions italiennes de Libye ou d'Ethiopie.

L'Empire, il est vrai, n'était pas armé pour une guerre de grande envergure et surtout n'avait pas de véritable industrie d'armement. Mais, en attendant l'arrivée des matériels américains, qui eût été naturellement accélérée si l'on avait poursuivi la lutte, les forces françaises disposaient, pour l'immédiat, de 300 chars modernes et de quelque 200 chars légers et automitrailleuses en Afrique du Nord, et d'une centaine de chars en Syrie — les chars modernes français étant très supérieurs à ceux des Italiens et des Espagnols, largement comparables à ceux, en petit nombre, des forces britanniques d'Egypte qui, quelques mois plus tard, capturèrent presque tous les chars italiens de Libye. L'aviation comprenait, fin juin, 2 648 appareils qualifiés de « modernes » par la Commission d'armistice italienne, dont 1 817 étaient immédiatement disponibles. L'état-major de l'Air avait prescrit le transfert en Afrique du Nord de 16 groupes de bombardiers et de 18 groupes de chasse, auxquels s'ajouteraient 780 avions dits « de transition » utilisables pour l'instruction et que rejoindraient 26 avions de chasse Curtiss et 26 bombardiers Glenn-Martin venant d'arriver à Dakar, ainsi que l'aéronautique navale du Maroc avec ses 78 appareils dont 42 autres Glenn-

Martin. Quant à la marine, qui eût joué dans la poursuite de la guerre en 1940 un rôle déterminant pour acheminer les forces évacuées de métropole, pour interdire toute tentative de débarquement et pour la maîtrise de la Méditerranée, elle était, malgré la perte de quelques torpilleurs et croiseurs légers à Dunkerque, l'une des plus fortes de l'histoire de France, avec 245 navires presque tous modernes, dont 11 bâtiments de ligne, 2 porte-aéronefs, 29 croiseurs, 36 contre-torpilleurs, 64 torpilleurs et 101 sous-marins. Aucun doute ne pouvait donc subsister sur l'écrasante supériorité des flottes française et britannique, face à la marine italienne, en juin 1940, alors que, les débouchés de la Méditerranée étant tenus par les Alliés, la flotte allemande ne pouvait y accéder.

C'est à partir de là que l'on peut évaluer les hypothèses stratégiques résultant de la décision que la France eût prise de poursuivre la guerre avec son Empire et sa flotte. La supériorité navale alliée excluait tout débarquement en provenance des côtes de France et d'Italie. L'infériorité de la flotte italienne eût même entraîné, sans doute, sa destruction, au moins partielle, à plus ou moins brève échéance. Par Malte et Bizerte, les marines britannique et française pouvaient interdire l'envoi de renforts significatifs en Libye et des offensives conjuguées, partant d'Egypte et de Tunisie auraient probablement abouti à la conquête de la colonie italienne à plus ou moins bref délai. En réalité, les risques seraient venus d'ailleurs. C'est un engagement massif des forces allemandes qu'il aurait fallu redouter. La supériorité navale alliée eût rendu leur tâche difficile et l'engagement de la Luftwaffe pour faciliter le passage de troupes allemandes en Libye n'y aurait pas suffi. C'est par l'Espagne qu'elles auraient dû passer, avec les plus grandes chances de succès. Mais il eût alors fallu que l'Allemagne exerçât des pressions très fortes pour obtenir l'accord ou l'appui du gouvernement espagnol. Les Français auraient pu s'engager au Maroc espagnol avant que les Allemands y parviennent. Les Etats-Unis, d'où provenait la plus grande part de l'alimentation dont les Espagnols avaient besoin, auraient employé tous leurs moyens d'influence et de pression pour détourner Franco de livrer passage aux troupes allemandes. Les chances de voir l'Espagne rester neutre étaient donc grandes. Mais le risque de la voir céder aux pressions de Hitler, presque tout-puissant sur le continent européen, était incontestable.

Deux hypothèses principales se seraient alors présentées. L'Allemagne pouvait décider de s'engager à fond sur le théâtre méditerranéen. Elle aurait mobilisé tous ses moyens d'influence et d'action pour rallier Franco à sa cause, occuper Gibraltar et envoyer le gros de ses forces au Maroc, puis dans l'ensemble du Maghreb. Il aurait fallu qu'elle y consacre la plus grande partie de ses forces blindées et de son aviation. Qu'elle eût les moyens de l'emporter dans une première phase est probable. Mais l'engrenage des opérations engagées sur le continent africain et l'obligation de prévenir de dangereuses contre-offensives, l'aurait conduite vers Dakar, au sud-ouest et vers l'Egypte, à l'est. Bref, l'Allemagne aurait donné la priorité absolue à un engagement massif, prolongé, pour un temps indéterminé, vers la Méditerranée et le continent africain, sans y obtenir de résultats décisifs, sans mettre un terme à la résistance de la Grande-Bretagne, sans détourner les Etats-Unis d'accroître indéfiniment leur aide aux Alliés, sans écarter surtout le risque redoutable du renforcement constant de la puissance soviétique sur ses frontières de l'Est, ni la menace d'un conflit futur qui remettrait en cause toutes ses victoires antérieures. Mais Hitler avait pu ainsi faire ce qu'il fit en réalité : ne pas donner la priorité au théâtre méditerranéen, ni même à y consacrer une fraction majeure de ses forces. La chronologie des mois décisifs de l'été et de l'automne 1940 montre que, même dans les conditions les plus favorables offertes par la capitulation française, il n'a pas voulu s'y engager pour envisager d'abord un débarquement en Angleterre puis orienter bientôt ses forces, ses efforts et ses plans vers une guerre à l'Est. La décision que de Gaulle souhaitait, celle de maintenir la France, son Empire et sa flotte dans la guerre, eût donc probablement abouti à créer en 1940, en Méditerranée, la situation stratégique qui n'apparaîtra qu'en 1943, quand les Alliés eurent enfin réduit les forces allemandes et italiennes en Tunisie. A cet égard aussi, dans son choix du 18 juin, il avait raison.

Toujours, du reste, il a soutenu, en termes catégoriques, que c'était un choix rationnel, que le sens de l'honneur, le respect des engagements pris, le souci de la liberté et de la dignité de la France n'étaient pas seuls à expliquer même s'ils auraient suffi. Rien de plus significatif à cet égard que l'entretien qu'il eut, bien des années plus tard, avec l'un des plus courageux fondateurs de la Résistance intérieure, Claude Bourdet[61]. « Nous étions passés, raconte celui-ci, à la discussion des souvenirs, et j'avais remarqué, croyant dire une chose à la fois exacte et plutôt flatteuse, que le général avait, en 1940, choisi comme nous le bon camp pour des raisons purement éthiques et en sachant qu'il avait peu de chances, à ce moment-là, d'être dans le camp victorieux. A ma surprise, de Gaulle se mit presque en colère ; il trouvait ma supposition absurde : en rejoignant Londres, il "savait" que les Alliés gagneraient la guerre. Bien entendu, je n'en crus pas un mot — à ceci près qu'un homme comme de Gaulle, ne pouvant admettre de se tromper sur aucun point, avait dû effectivement fabriquer instantanément, au moment même de son choix, une théorie de la victoire alliée. Que cette théorie se soit révélée juste, par la suite, fut plutôt, je pense, affaire de chance que de don prophétique. »

Claude Bourdet a été directeur de l'hebdomadaire *France-Observateur* pour lequel j'avais longtemps et beaucoup travaillé pendant la guerre d'Algérie. C'était un ami. Quand parut ce témoignage dans son livre de souvenirs, je lui fis observer que les raisons politiques et stratégiques invoquées par de Gaulle pour justifier son choix et qui le rendaient rationnel, n'avaient rien de gratuit ou d'arbitraire. Il ne s'était pas borné à en dire l'essentiel, en termes forcément synthétiques, dans ses appels aux Français. Il les avait exposées plus clairement et plus précisément à bien des interlocuteurs. Les capacités de résistance de la Grande-Bretagne, avec la puissance croissante de son aviation et la supériorité absolue de sa flotte, n'étaient pas mythiques. Le potentiel de l'Empire britannique n'était pas imaginaire. L'apport massif de l'industrie américaine à la résistance anglaise était acquis et serait une donnée majeure de la guerre, même si les Etats-Unis tardaient plus ou moins à se mêler directement au conflit. Pour qui connaissait la pensée et l'œuvre de Hitler, ou avait lu *Mein Kampf*, on ne pouvait douter qu'il songeât avant tout à l'expansion de l'Allemagne vers l'Est et à son futur corps à corps avec l'Union soviétique : n'en restaient imprévisibles que la date et les circonstances. Au total, tout dépendrait du rapport des forces et tout indiquait que les moyens dont l'Allemagne s'était dotée pour remporter ses premières victoires seraient surclassés un jour, même s'il était encore lointain, par ceux que ses ennemis rassembleraient. Claude Bourdet, qui manifestait envers de Gaulle une grande estime et une méfiance sans limites mais qui, peut-être seulement par amitié, était sensible, malgré tout, à ce que je lui dis, n'en convint pas, on s'en doute, sans un peu de mauvaise humeur. Mais il n'avait pas tort, naturellement, de faire place, dans le choix que firent de Gaulle et ses compagnons de la France libre et de la Résistance intérieure, à ce qu'il appelait « des raisons purement éthiques ».

Car ce choix fut, dans sa vie, une décision sans recours comme il fut, dans l'Histoire, un geste exceptionnel. On ne peut, en effet, le limiter au jugement qu'il porta sur les suites probables de la guerre et par conséquent sur le cours de la deuxième partie du siècle : c'était aussi un choix personnel. Avant tout, c'était une rupture que tout annonçait définitive. Une rupture avec l'Etat, ou ce qu'il en restait à Bordeaux avant qu'il aille à Vichy. Une rupture avec l'armée dont de Gaulle avait fait sa vocation, sa profession, sa carrière, le cadre de sa vie. Pas un instant, il n'a pu ignorer que désormais il serait un révolté, un dissident, un rebelle. Aussi rationnel qu'ait été son choix, il ne pouvait l'accomplir qu'avec passion, il ne pouvait le vivre que comme passion. Il était donc inévitable que, par la suite, on se soit inlassablement interrogé sur les sources profondes de ce choix, sur la façon dont il l'a vécu, hors des raisons d'ordre politique, militaire et stratégique qu'il a lui-même invoquées, même si l'on ne peut en contester la force.

Son biographe le plus souvent cité, Jean Lacouture, y voit l'ultime étape d'un parcours jalonné de gestes marquant son irréductible originalité. En 1912, alors qu'il sert sous Pétain, « notoire théoricien de la primauté du feu sur l'offensive », il écrit dans ses notes que « le mouvement et l'assaut [sont] seuls capables de faire, à la guerre, la décision

[...] en complète dissidence intellectuelle par rapport à [son] chef ». En 1917, dans ses conférences du fort d'Ingolstadt, il critique, bien que jeune capitaine, « les erreurs stratégiques et tactiques du haut commandement ». En 1924, élève à l'Ecole de Guerre, il s'en prend sans hésiter à la doctrine militaire officielle. En 1927, il revient à l'Ecole de Guerre pour y faire cet « éloge du caractère » qui le place délibérément hors du conformisme habituel à la littérature militaire. En 1928, appelé par Pétain à rédiger un livre sur l'histoire du soldat français, il prétend « l'écrire » et en être aussi l'auteur, en rupture avec tous les usages des états-majors. En 1934, dans *Vers l'armée de métier*, il propose carrément un changement radical des structures et de la doctrine d'emploi des armées, s'oppose ouvertement aux principaux chefs militaires du pays et recherche le soutien de journalistes et d'hommes politiques. En 1938, en publiant *La France et son armée*, il rompt avec Pétain qui croyait encore en avoir la paternité. En janvier 1940, son mémorandum sur la conduite de la guerre est une mise en accusation de tous ceux qui sont aux postes de commandes, un défi lancé à la hiérarchie. Le 24 mai 1940, encore colonel mais déjà à la tête de la 4e division cuirassée, il propose une manœuvre qui permettra « d'opérer la jonction entre les armées du Centre et celles du Nord », par opposition aux atermoiements de Weygand. Le 16 juin 1940, devenu général et sous-secrétaire d'Etat, il fait détourner vers l'Angleterre, « sans en référer à son ministre », le *Pasteur* transportant en France un matériel acheté aux Etats-Unis... Pour Jean Lacouture, « on ne saurait imaginer plus parfaite carrière de rebelle, et qui fasse prévoir un plus flamboyant insurgé ». En somme, le 18 juin n'aurait été qu'un aboutissement logique.

Mais Jean Lacouture cite également un entretien qu'il eut avec André Malraux à qui de Gaulle a fait lire le manuscrit des premiers chapitres de ses *Mémoires de guerre*. Malraux lui aurait fait observer « que ce beau texte ne rendait guère compte des débats qui avaient dû l'agiter le 17 juin ». Et d'ajouter que de Gaulle lui aurait dit alors, en lui prenant les mains et sur le ton le plus grave : « Mais, Malraux, ce fut épouvantable... »

Nul doute que Jean Lacouture n'ait raison de marquer que de Gaulle, par tempérament et dans sa vie, fut une sorte de modèle d'anticonformisme, pratiquant la plus rude liberté d'expression et les défis les plus dangereux pour sa réputation et sa carrière : malgré tout, ses gestes antérieurs paraissent sans commune mesure avec la rupture du 18 juin 1940. Peut-être aussi de Gaulle a-t-il concédé à Malraux que fut « épouvantable » le débat intérieur qui précéda son choix, bien qu'il faille tenir compte de la forme littéraire que Malraux donna toujours, dans ses propos comme dans ses écrits, aux entretiens qu'il eut avec de Gaulle. Mais on peut croire que l'essentiel était ailleurs et s'appelait dégoût et fureur. Dégoût que de Gaulle éprouva envers ces chefs militaires, bardés d'honneurs et de fonctions, et qui, aveugles jusqu'au dernier jour sur les raisons de leur défaite, rejetant lâchement la responsabilité du désastre sur la détresse du peuple et les faiblesses des hommes qu'ils auraient dû commander, s'acharnaient à obtenir la capitulation du pays, comme si c'était le but préféré de leur vie, ne songeant plus apparemment qu'à « l'ordre » qu'il fallait préserver et aux pouvoirs qu'ils pourraient conserver dans un régime issu du désastre et toléré par l'ennemi. Dégoût pour ces chefs politiques impuissants à imposer la volonté de l'Etat à des chefs militaires qui n'avaient d'autre souci que de réclamer la capitulation de la France et surtout soucieux de la faire endosser par le gouvernement, égarés dans leurs discussions désordonnées et leurs manœuvres de diversion, les plus courageux eux-mêmes n'osant pas imposer leur décision et faire taire les tentations de la lâcheté et de la résignation. Mais fureur aussi. Fureur devant le soudain abaissement de la France qui, en quelques semaines à peine, devenait objet de dérision ou de pitié quand elle passait auparavant pour l'une des plus grandes puissances du monde. Fureur devant la débandade d'une armée qui avait été le symbole respecté de l'indépendance de la nation et de l'union des Français, au temps des épreuves comme des gloires. Fureur de voir que la France risquait de ne plus combattre, c'est-à-dire de ne plus exister au moment où se jouaient le sort du monde et le destin du siècle. Dégoût dont il pressentait que les Français l'éprouveraient si l'on capitulait

> car, écrivit-il, dans ce cas, quelle que dût être l'issue du conflit, que le pays, décidément vaincu, fût un jour débarrassé de l'envahisseur par les armes étrangères ou qu'il demeurât asservi, le dégoût qu'il aurait de lui-même et celui qu'il inspirerait aux autres, empoisonneraient son âme et sa vie pour de longues générations.

Dégoût et fureur envers Pétain, « incarnation du défaitisme », envers Weygand « qui ne pense qu'à ses conseils d'administration ». Fureur de voir que tant de chefs du pays étaient incapables d'une élémentaire réaction d'honneur et de dignité, de la simple volonté de se battre quand la vie de la France était en jeu. Dégoût et fureur...

Chapitre 8

LA FRANCE LIBRE

Ce 17 juin 1940, de Gaulle est donc arrivé à Londres en compagnie de son aide de camp, Geoffroy de Courcel et de Spears. Avec deux valises, sa seule richesse était les 100 000 francs que Reynaud lui avait fait remettre. Il gagne Seymour Grove, l'appartement dont Jean Laurent lui a donné les clefs et, après le déjeuner, Spears le conduit à Downing Street où Churchill se repose dans le jardin. Leur entretien ne sera pas long. Il sera pourtant décisif. Churchill a sûrement regretté de n'avoir pas devant lui l'un des personnages les plus représentatifs et les plus notoires du monde politique et militaire français, portant un nom qui, à lui seul, pourrait être un signe de ralliement. Mais, depuis plusieurs semaines, il a observé avec désolation la déliquescence du pays allié, le désarroi, la panique, les manœuvres de ses dirigeants et la faiblesse de ceux qui, pourtant, semblaient les plus résolus. Il a compris ce que signifiait la démission de Paul Reynaud et surtout ce qu'annonçait la nomination de Pétain. C'est donc de Gaulle, ce jour-là, son interlocuteur. Il ne le connaît que depuis huit jours et ne l'a rencontré que quatre fois, le 9 juin à Londres, le 11 à Briare, le 13 à Tours, le 16 de nouveau à Londres. Mais, suivant son témoignage, il a pressenti ce que valait ce jeune général presque inconnu, l'appelant un jour « connétable de France », chuchotant même qu'il est « l'homme du destin [1] ». De Gaulle ne lui adresse qu'une demande : il veut parler aux Français en se servant de la radio de Londres. Churchill accepte aussitôt [2]. Par précaution, on attendra que Pétain présente officiellement sa demande d'armistice. Il l'a fait deux heures plus tôt mais ni Churchill ni de Gaulle n'en savent encore la teneur exacte. Dès qu'ils en prennent connaissance, plus aucune hésitation n'est permise : c'est une capitulation totale que Pétain a décidée. « Il faut cesser le combat, a-t-il dit. Je me suis adressé cette nuit à l'adversaire... » Les propos sont si catégoriques que ses ministres chercheront à les atténuer en faisant écrire par les journaux : « il faut tenter de cesser le combat ». Mais en France, comme ailleurs, on a compris : ceux qui se battent encore ne voient plus aucun motif de continuer et ils verront dans le message de Pétain un ordre de mettre bas les armes. Pour le reste, personne ne croit qu'au vu des conditions allemandes, le nouveau gouvernement refusera de s'incliner et décidera de poursuivre la lutte. Même si, à Londres, on spéculera, comme on va le voir, sur les réactions que pourraient susciter les exigences de l'ennemi, ce ne sera, au fond, que par acquit de conscience. Pétain a trop incarné le camp des partisans de l'armistice pour ne pas incarner maintenant la volonté de capituler.

De Gaulle, en tout cas, n'en doute pas. S'il a pensé, comme Churchill, qu'il valait mieux attendre le lendemain, 18 juin, pour s'adresser aux Français, il n'a aucune hésitation sur ce qui va se passer à Bordeaux et, dans quelques jours, à Rethondes, où Hitler va convoquer les représentants français. Dînant, le soir du 17 juin, chez Jean Monnet, en compagnie de René Pleven qui est son adjoint, il parle froidement de la « trahison » de Pétain[3] et il commence à préparer l'appel qu'il devra lire le lendemain soir à la radio. Il y consacre la matinée du 18 tandis que Geoffroy de Courcel a fait venir Elisabeth de Miribel, qu'il connaît depuis plusieurs années et qui travaille à la mission économique française, pour le taper à la machine[4]. C'est alors que la décision de Churchill de le laisser parler à la radio est mise en question par le Cabinet de guerre[5]. Il en est absent lui-même, occupé à écrire le discours qu'il doit prononcer dans l'après-midi aux Communes. Mais ses ministres s'inquiètent : on ne connaît pas encore les conditions d'armistice que les Allemands vont présenter, on ne peut pas écarter l'hypothèse, si peu vraisemblable qu'elle soit, d'une crise à Bordeaux si leurs exigences paraissent tout à coup inacceptables. Il est trop tôt, peut-être, pour rompre avec le gouvernement français et trop tôt par conséquent pour laisser parler de Gaulle qui va le condamner. C'est ce que pense le Cabinet de guerre, réuni à partir de midi et demi. Alfred Duff Cooper, ministre de l'Information, a indiqué à ses collègues qu'il disposait du texte que de Gaulle va lire à la radio où il affirme que la France n'a pas été vaincue définitivement et appelle les combattants français à prendre contact avec lui. A cette heure-là, pourtant, de Gaulle n'a pas fini de rédiger son appel ou du moins continue-t-il à le revoir et à le corriger. Et c'est seulement dans l'après-midi qu'Elisabeth de Miribel en a le texte définitif qu'elle tapera à la machine pour le dicter à son tour à un planton mieux entraîné qu'elle. Mais Duff Cooper en a sans doute eu une première version ou a pris des notes sur les indications qu'il a eues. Quoi qu'il en soit, le Cabinet de guerre, sans faire la moindre réserve sur l'appel que de Gaulle veut lancer, juge qu'il ne doit pas être diffusé « aussi longtemps qu'il sera possible que le gouvernement français agisse de façon conforme aux intérêts de l'alliance ». Duff Cooper, en désaccord avec la décision du Cabinet de guerre, se rend avec Spears auprès de Churchill qui, après son discours aux Communes, fait sa sieste à

Downing Street[6]. On le réveille et il est convenu que Spears ira voir chacun des membres du cabinet pour les faire changer d'avis. Il y parvient sans peine, semble-t-il, et Duff Cooper, qui a déjeuné avec de Gaulle sans l'informer des réserves qu'il a fallu surmonter, peut alors donner les ordres qui lui permettront de parler ce soir-là. De cet épisode ne résultera, en définitive, qu'une suggestion peut-être faite à de Gaulle — bien qu'on n'ait à cet égard aucun témoignage direct — d'atténuer quelques expressions de son texte quand il sera diffusé par écrit.

De Gaulle part en taxi de Seymour Grove à 18 heures, dépose, au passage, Elisabeth de Miribel chez elle, et se rend à Oxford Circus, siège de la BBC. Le directeur des informations, Stephen Tallents, l'accueille au quatrième étage en compagnie de Léonard Miall et d'Elisabeth Barker. Il est installé au studio 4 B où on lui demande, comme c'est l'usage, de faire un essai de voix et il se borne alors, suivant les témoins, à dire « la France[7] »... Il commence à parler et, à ce moment, n'a qu'un simple regard pour son texte, tant il s'en est pénétré et le sait mot à mot. « Il fixait le micro comme s'il était la France personnifiée, a raconté Elisabeth Barker et comme s'il voulait l'hypnotiser. Sa voix était claire, ferme et un peu forte, celle d'un homme s'adressant à ses soldats avant la bataille... Il ne paraissait pas nerveux mais extrêmement tendu, comme s'il concentrait ses forces en un seul instant. »

Il entre donc dans l'Histoire par ce texte :

> Les chefs qui, depuis de nombreuses années, sont à la tête des armées françaises, ont formé un gouvernement. Ce gouvernement, alléguant la défaite de nos armées, s'est mis en rapport avec l'ennemi pour cesser le combat. [*Le texte reproduit par les journaux du lendemain est celui-ci : le gouvernement français a demandé à l'ennemi à quelles conditions pourrait cesser le combat. Il a déclaré que, si ces conditions étaient contraires à l'honneur, la lutte devait continuer*[8].] Certes, nous avons été, nous sommes submergés par la force mécanique, terrestre et aérienne, de l'ennemi.
>
> Infiniment plus que leur nombre, ce sont les chars, les avions, la tactique des Allemands qui nous font reculer. Ce sont les chars, les avions, la tactique des Allemands qui ont surpris nos chefs au point de les amener là où ils en sont aujourd'hui.
>
> Mais le dernier mot est-il dit ? L'espérance doit-elle disparaître ? La défaite est-elle définitive ? Non !
>
> Croyez-moi, moi qui vous parle en connaissance de cause et vous dit que rien n'est perdu pour la France. Les mêmes moyens qui nous ont vaincus peuvent faire venir un jour la victoire.
>
> Car la France n'est pas seule. Elle n'est pas seule ! Elle n'est pas seule ! Elle a un vaste Empire derrière elle. Elle peut faire bloc avec l'Empire britannique qui tient la mer et continue la lutte. Elle peut, comme l'Angleterre, utiliser sans limites l'immense industrie des Etats-Unis.
>
> Cette guerre n'est pas limitée au territoire malheureux de notre pays. Cette guerre n'est pas tranchée par la bataille de France. Cette guerre est une guerre mondiale. Toutes les fautes, tous les retards, toutes les souf-

frances n'empêchent pas qu'il y a, dans l'univers, tous les moyens pour écraser un jour nos ennemis. Foudroyés aujourd'hui par la force mécanique, nous pourrons vaincre dans l'avenir par une force mécanique supérieure. Le destin du monde est là.

Moi, général de Gaulle, actuellement à Londres, j'invite les officiers et les soldats français qui se trouvent en territoire britannique ou qui viendraient à s'y trouver, avec leurs armes ou sans leurs armes, j'invite les ingénieurs et les ouvriers spécialistes des industries d'armement qui se trouvent en territoire britannique ou qui viendraient à s'y trouver, à se mettre en rapport avec moi.

Quoi qu'il arrive, la flamme de la Résistance française ne doit pas s'éteindre et ne s'éteindra pas.

Demain, comme aujourd'hui, je parlerai à la radio de Londres.

Cet appel, délibérément court, se veut clairement « rationnel ». Il suggère que la France, avec son Empire, demeure une force majeure. Il affirme que l'Empire britannique, « qui tient la mer », va continuer la lutte avec de grandes chances d'échapper à l'invasion. Il prévoit que « l'immense industrie des Etats-Unis » va permettre au camp allié de surclasser, à terme, le camp ennemi. Il est tout entier fondé sur la certitude que le rapport des forces changera dans l'avenir et que ce changement, quand il surviendra, donnera la victoire. Affirmant que « cette guerre est une guerre mondiale », et annonçant « qu'il y a, dans l'univers, tous les moyens pour écraser un jour nos ennemis », il évoque l'entrée en lice d'autres puissances et la coalition future qui, un jour, se dressera contre l'Allemagne. Au fond, cet appel est une rigoureuse et brève synthèse des raisons d'ordre stratégique qui ont guidé son choix.

C'est en même temps un appel calculé. A cette date, même si l'on est convaincu que Pétain acceptera tout pour obtenir un armistice, les conditions de l'ennemi ne sont pas encore connues, nul ne sait ce que deviendront les pouvoirs publics ni comment se comportera chacun des chefs politiques et militaires du pays. C'est donc sur le terrain de la lutte que de Gaulle a situé son appel. C'est aux combattants et aux spécialistes de l'armement qu'il s'est adressé plus précisément. Il ne veut apparaître lui-même que comme l'instigateur du combat qu'il s'agit de poursuivre et de mener jusqu'au bout. Rien d'autre, c'est-à-dire rien qui paraisse esquisser une ligne de partage, amorcer une division de nature idéologique ou politique. Il est bien trop tôt, ce 18 juin, pour qu'on en vienne là. Tout au plus les premiers mots prennent-ils date : « Les chefs qui, depuis de longues années, sont à la tête des armées françaises... » Ils sont déjà désignés et dénoncés comme les responsables de la défaite, qui seront demain responsables de la capitulation...

Mais un mot, dans cet appel, éclaire, à lui seul, tout l'avenir : c'est le mot « résistance ». Il définit le choix que de Gaulle vient de faire. Il n'a, contrairement à tout ce qui précède dans ce message, nulle connotation stratégique ou militaire, moins encore politique. C'est une posture morale qui est affirmée. C'est l'éthique de cet appel qui est contenue tout entière dans le mot « résistance ». C'est l'éthique qui inspirera, durant quatre ans, de Gaulle et tous ceux qui vont le suivre, dans la France libre comme dans la Résistance intérieure. Ce n'est pas seulement l'histoire de ces quatre années qui prend ainsi, par avance, sa signification. C'est dans l'Histoire de France et, bien au-delà d'elle, dans l'Histoire du siècle, que le mot « résistance » fait son entrée, ce jour-là, 18 juin 1940.

Commence alors une période d'incertitudes. Les épisodes qui vont se succéder durant les jours suivants paraîtront compliqués et contradictoires : ils ne font que refléter les hésitations, les interrogations, les angoisses qui prévalent à Londres jusqu'au moment où la signature de l'armistice y met un terme. Comme on l'a vu, le Cabinet de guerre anglais ne voulait rien faire d'irréversible tant que la capitulation de la France ne serait pas définitive. Il songe avant tout au sort de la marine que commande Darlan et sa préoccupation principale, presque exclusive, est d'empêcher à tout prix qu'elle tombe aux mains de l'ennemi. Il a donc décidé que le ministre des Colonies, lord Llyod, réputé pour son énergie et ses sympathies envers la France, rejoindra à Bordeaux le Premier Lord de l'Amirauté, Victor Alexander, pour tenter d'éviter le pire [9]. Il leur donne pour mission de concentrer tous leurs efforts sur la mise à l'abri de la flotte française et de veiller, en priorité, aux clauses de l'armistice qui la concerneront. Il n'est pas étranger, sans doute, à la mission que vont accomplir, du 18 au 20 juin, à Bordeaux, Jean Monnet, Emmanuel Monick, conseiller financier à l'ambassade de France, et leurs assistants, René Pleven pour l'un, Robert Marjolin pour l'autre [10]. Il s'agissait de trouver, sur place, des personnalités aussi notoires et influentes que possible, soit pour faire échec à un armistice dont les conditions seraient inacceptables — mais c'était sans doute trop tard — soit pour les ramener à Londres. Le choix des hommes, ici, n'était pas très heureux : Jean Monnet, déjà, n'était nullement partisan d'établir un pouvoir français en territoire britannique et il ne dut pas mettre beaucoup de vigueur dans ses démarches, tandis que René Pleven ne connaissait rien au milieu politique. Le résultat qu'ils obtinrent fut nul : ils ne parvinrent même pas à convaincre Georges Mandel qui, dans un moment d'humour désespéré, déclara que, décidément, ses bagages seraient trop lourds pour qu'on l'emmène, faisant allusion à sa compagne, la comédienne Béatrice Bretty...

Le 19 juin, pourtant, de Gaulle, comme il l'avait annoncé la veille, revient devant les micros de la BBC. Il s'est pratiquement imposé à celle-ci dont les directeurs, d'abord surpris, lui firent un très aimable accueil mais durent avouer, ce soir-là, que l'on n'avait pas enregistré, à son grand déplaisir, l'émission de la veille. Ce 19 juin, en tout cas, il durcit singulièrement le ton :

A l'heure où nous sommes, tous les Français comprennent que les formes ordinaires du pouvoir ont disparu. Devant la confusion des âmes françaises, devant la liquéfaction d'un gouvernement tombé sous la servitude ennemie, devant l'impossibilité de faire jouer nos institutions, moi, général de Gaulle, soldat et chef français, j'ai conscience de parler au nom de la France.

Au nom de la France, je déclare formellement ce qui suit : tout Français qui porte encore des armes a le devoir absolu de continuer la résistance. Déposer les armes, évacuer une position militaire, accepter de soumettre n'importe quel morceau de terre française au contrôle de l'ennemi, ce serait un crime contre la Patrie. A l'heure qu'il est, je parle avant tout pour l'Afrique du Nord française, pour l'Afrique du Nord intacte. L'armistice italien n'est qu'un piège grossier. Dans l'Afrique de Clauzel, de Bugeaud, de Lyautey, de Noguès, tout ce qui a de l'honneur a le strict devoir de refuser les conditions de l'ennemi. Il ne serait pas tolérable que la panique de Bordeaux ait pu traverser la mer. Soldats de France, où que vous soyez, debout !

Ce texte est à la fois une anticipation et un calcul. A l'heure où il est prononcé, on ne connaît encore ni les conditions allemandes ni les conditions italiennes d'un armistice. Mais de Gaulle n'a aucune hésitation sur ce qu'elles seront : quels qu'en soient les détails, elles mettront le gouvernement de Bordeaux, où qu'il s'installe ensuite, à la merci de l'ennemi, de sorte qu'il n'aura plus aucune liberté d'action et donc plus aucune légitimité. C'est exactement ce qu'il veut dire quand il déclare que « les formes ordinaires du pouvoir ont disparu » et qu'il ne s'agit plus, dès lors qu'il aura consenti à l'armistice, que « d'un gouvernement tombé sous la servitude ennemie ». Il anticipe sur ce que seront cet armistice et cette capitulation. Il anticipe aussi sur ce qui en résultera nécessairement pour l'Etat — « l'impossibilité de faire jouer nos institutions » — et il en tire toutes les conclusions, prenant ainsi un rendez-vous avec l'Histoire. Mais ce texte recelait aussi un calcul. Il s'adressait « avant tout » à « l'Afrique du Nord intacte ». Il spéculait donc sur les différences de situations et de réactions entre les deux rives de la Méditerranée. Tirant un trait, sans le dire ouvertement, sur la résistance qui pouvait se poursuivre sporadiquement en métropole, il misait tout sur le choix que l'Afrique du Nord pouvait encore faire. Les noms qu'il citait résultaient aussi d'un calcul. L'Histoire et la légende avaient inscrit déjà ceux de Clauzel, de Bugeaud et de Lyautey comme les artisans de la conquête de l'Algérie et du Maroc : à leur suite, il citait celui de Noguès. Il l'inscrivait à l'avance comme leur successeur, promis à un destin comparable aux leurs et à la même gloire. On ne pouvait s'y tromper : c'était un appel sans détour à celui qui était alors résident général au Maroc et commandant en chef des forces françaises d'Afrique du Nord.

Mais, ce 19 juin, le gouvernement britannique ne souscrit pas à cette anticipation et ne fait pas le même calcul. Le ministre de l'Information,

Duff Cooper, a d'abord voulu obtenir que de Gaulle apporte à son texte quelques atténuations. Puis le sous-secrétaire permanent du Foreign Office, Sir Alexander Cadogan, est intervenu fermement pour en empêcher la diffusion dans la presse qui, en effet, ne le cite pas dans ses éditions du lendemain alors que le discours du 18 juin avait été largement signalé et reproduit [11]. C'est que, à cette date, le Cabinet de guerre ne veut pas encore considérer la capitulation de Pétain comme acquise et continue d'espérer que les exigences de Hitler seront jugées inacceptables. Il compte aussi que le Premier Lord de l'Amirauté, Victor Alexander, le ministre des Colonies, lord Lloyd, et le Premier Lord de la Mer, l'amiral Dudley Pound, envoyés à Bordeaux, arracheront à Darlan la promesse qu'en aucun cas la flotte française ne tombera aux mains de l'Allemagne ou de l'Italie.

De Gaulle et le Cabinet britannique divergent donc dans leur jugement sur le gouvernement de Bordeaux : pour l'un, il n'envisage rien d'autre que la capitulation, pour l'autre, il ne faut pas en désespérer tout à fait. Les événements vont bientôt trancher. Mais, au fond, leurs divergences s'arrêtent là. Les Anglais ont entendu parler de la volonté de résistance des principaux responsables français des colonies, des protectorats, des mandats et des départements algériens, surtout de celle de Noguès. C'est à eux, justement, que de Gaulle s'adresse au même moment et dans le même but [12]. C'est aussi le 19 juin qu'il a envoyé ce message à Noguès : « Suis à Londres en contact officieux et direct avec le gouvernement britannique. Me tiens à votre disposition, soit pour combattre sous vos ordres, soit pour toutes démarches qui pourraient vous être utiles. » Il en adressera d'autres à ceux qui détiennent quelque pouvoir dans l'Empire et même, le 20 juin, à Weygand qu'il adjure de « gagner la France d'outre-mer et d'y poursuivre la guerre », se disant prêt à « servir sous [son] autorité » ou celle « de toute autre personnalité française décidée à résister ». Il en avait reçu un ordre de revenir en France auquel il répond qu'il s'est « tout de suite enquis des moyens de le faire », mais auquel il ne se conformera que « si, d'ici là, l'armistice n'a pas été signé »... La réponse de Weygand, indirecte, est un refus d'accepter une lettre « personnelle » et une invite à « s'adresser à lui [...] sous forme officielle »... De Gaulle ne s'était, à coup sûr, fait aucune illusion sur l'état d'esprit de Weygand et il dut en recevoir, avec calme, la confirmation. Mais, à cette date, il tient manifestement encore à ne gâcher aucune occasion de voir l'Empire, en particulier l'Afrique du Nord, poursuivre la lutte et à marquer qu'il est encore prêt à se rallier à des chefs plus gradés et plus notoires que lui. Pensait-il vraiment qu'il s'en trouverait pour rejeter la capitulation acceptée par Pétain — puisqu'il la jugeait lui-même acquise — ou prévoyait-il que, se conformant à l'ordre hiérarchique, obéissant aux règles qu'ils avaient observées toute leur vie, faute de caractère, de courage et de lucidité sur l'avenir de cette guerre, ils s'inclineraient ? Sans doute a-t-il balancé quelque temps entre ces deux hypothèses mais en restant convaincu qu'il lui fallait, de toute façon, appeler sans relâche à la poursuite de la lutte.

Peu d'heures suffiront à justifier son choix. Le 21 juin au matin, le Cabinet de guerre britannique apprend que l'armistice impliquera l'occupation de toute la côte atlantique de la France par l'Allemagne et le désarmement des navires de guerre français dans leurs ports d'attache du temps de paix, dont les principaux, justement, seront sous contrôle allemand ou italien. Du coup, le comité qu'il a constitué pour suivre les affaires françaises réagit avec vigueur : tandis qu'un ultime avertissement est adressé au gouvernement de Bordeaux, il recommande qu'un appel à toutes les forces françaises pour qu'elles demeurent aux côtés des forces britanniques, soit lancé par « le général de Gaulle ou un autre général français de Londres [13] ». Formule significative : le Cabinet de guerre ne s'est pas encore engagé définitivement en faveur de celui qui a déjà lancé l'appel du 18 juin et il croit qu'on pourrait trouver « un autre général français » sans en savoir, pourtant, le nom et les fonctions. De Gaulle, en réalité, est seul résolu à parler et à agir : il faut bien en passer par lui. Il prépare donc le texte qu'il doit lire à la radio à 22 heures. Il l'apporte à la résidence du Premier ministre où siègent Churchill et les autres membres du Cabinet de guerre. Victor Alexander continue de croire qu'on doit ne rien dire qui puisse heurter les chefs de la marine française dont il faut obtenir qu'ils mettent leurs bateaux à l'abri de l'ennemi, mais lord Lloyd a vu, à Bordeaux, des officiers qui lui ont confié que seul l'appel du 18 juin leur a appris qu'on pouvait encore poursuivre la lutte, et son témoignage emporte la décision du Cabinet : de Gaulle pourra lancer son nouvel appel.

C'est le texte le plus rigoureux, le plus construit, le plus clair, de ceux qu'il a prononcés ces jours-là. On y voit, dans le choix de la résistance, la conjugaison indissoluble de la passion et de la raison, ce qui va inspirer, durant quatre ans, tous les messages que de Gaulle adressera à la nation française et, de ce fait, il n'est pas exagéré de dire qu'il s'agit ici d'un texte « fondateur ».

> Le gouvernement français, après avoir demandé l'armistice, connaît maintenant les conditions dictées par l'ennemi. Il résulte de ces conditions que les forces françaises de terre, de mer et de l'air, seraient entièrement démobilisées, que nos armes seraient livrées, que le territoire français serait occupé et que le gouvernement français tomberait sous la dépendance de l'Allemagne et de l'Italie. On peut donc dire que cet armistice serait, non seulement une capitulation, mais encore un asservissement.
>
> Or, beaucoup de Français n'acceptent pas la capitulation ni la servitude, pour des raisons qui s'appellent : l'honneur, le bon sens, l'intérêt supérieur de la Patrie.
>
> Je dis l'honneur ! Car la France s'est engagée à ne déposer les armes que d'accord avec les Alliés. Tant que ses alliés continuent la guerre, son

gouvernement n'a pas le droit de se rendre à l'ennemi. Le gouvernement polonais, le gouvernement norvégien, le gouvernement belge, le gouvernement hollandais, le gouvernement luxembourgeois, quoique chassés de leur territoire, ont compris ainsi leur devoir.

Je dis le bon sens ! Car il est absurde de considérer la lutte comme perdue. Oui, nous avons subi une grande défaite. Un système militaire mauvais, les fautes commises dans la conduite des opérations, l'esprit d'abandon du gouvernement pendant ces derniers combats, nous ont fait perdre la bataille de France. Mais il nous reste un vaste Empire, une flotte intacte, beaucoup d'or. Il nous reste des alliés, dont les ressources sont immenses et qui dominent les mers. Il nous reste les gigantesques possibilités de l'industrie américaine. Les mêmes conditions de la guerre qui nous ont fait battre par 5 000 avions et 6 000 chars peuvent donner, demain, la victoire par 20 000 chars et 20 000 avions.

Je dis l'intérêt supérieur de la Patrie ! Car cette guerre n'est pas une guerre franco-allemande qu'une bataille puisse décider. Cette guerre est une guerre mondiale. Nul ne peut prévoir si les peuples qui sont neutres aujourd'hui le resteront demain, ni si les alliés de l'Allemagne resteront toujours ses alliés. Si les forces de la liberté triomphaient finalement de celles de la servitude, quel serait le destin d'une France qui se serait soumise à l'ennemi ?

L'honneur, le bon sens, l'intérêt de la Patrie, commandent à tous les Français libres de continuer le combat, là où ils seront et comme ils pourront...

Plusieurs historiens ont pu reprocher à de Gaulle d'avoir caricaturé les conditions de l'armistice et d'en avoir exagéré à dessein les exigences, négligeant, par exemple, la survivance d'une petite armée en zone Sud, l'existence de celle-ci, la conservation par les forces françaises d'une partie de leur matériel, surtout en Afrique du Nord. Force est de reconnaître, pourtant, qu'il en avait compris l'essentiel. Le gouvernement, qui se déplacerait bientôt de Bordeaux à Vichy, serait, en permanence, à la merci d'un coup de main de l'armée allemande, de sorte qu'il ne disposerait d'aucune liberté d'action ni d'aucune possibilité de résistance : mis, chaque fois, en présence du choix entre sa capitulation et sa disparition, il choisirait nécessairement de capituler puisqu'il avait déjà tout abandonné pour survivre. L'armée de l'armistice, réduite à des forces dérisoires, ne pourrait jamais opposer de résistance sérieuse à l'ennemi. Les forces d'Afrique du Nord, limitées à ce qu'elles étaient, seraient constamment sous la surveillance des commissions d'armistice et leurs matériels, stockés, contrôlés et non renouvelés, seraient voués à être périmés. Si l'Allemagne acceptait — ce qu'elle allait faire — que les navires de guerre français soient désarmés dans les ports métropolitains de la Méditerranée et dans ceux d'Afrique du Nord, cela voudrait dire qu'ils pourraient être capturés par surprise ou contraints à se saborder. La ligne de démarcation tracée entre les deux zones du territoire français et le maintien des prisonniers dans leurs camps donnaient à l'Allemagne des moyens de chantage dont elle se servirait comme elle voudrait. Au total, le gouvernement français ne disposerait plus d'aucun moyen qui lui permette de s'opposer à de nouvelles exigences politiques ou militaires de l'Allemagne, ni dans la période à venir, ni au moment du traité de paix.

De son côté, Hitler, en accordant cet armistice au gouvernement de Pétain, se réservait le choix de toutes les options stratégiques et politiques. Il obtenait, sans plus d'efforts, la dislocation complète de la puissance militaire qui restait à la France, par l'occupation de la plus grande partie de son territoire, par les pressions constantes qu'il pourrait exercer sur son gouvernement, par la force dérisoire de l'armée qui lui était laissée, par le désarmement de sa flotte, par la surveillance de ses forces en Afrique. Ainsi, rien de définitif n'était fait, aucune option irrémédiable n'était prise. Le sort des colonies françaises et de la France elle-même pouvait être changé n'importe quand suivant les intérêts stratégiques, les nécessités politiques et les calculs diplomatiques de l'Allemagne. Cela vaudrait pour les relations futures avec Vichy. Cela vaudrait aussi pour remplir les conditions que l'Espagne demanderait pour se joindre à l'Allemagne, si, un jour, Hitler le souhaitait — et comme le chef d'état-major espagnol, le général Vigon, était venu l'envisager, sur instructions de Franco, dès le milieu de juin [14]. Dans l'immédiat, l'Allemagne était débarrassée de l'adversaire qu'elle désirait vaincre en priorité et se réservait de le traiter plus tard selon ses besoins, tout en ménageant, croyait-elle, les chances d'une paix avec l'Angleterre.

Cet armistice, qui déchaînait la fureur et la passion des Britanniques, était exactement ce que de Gaulle avait prévu : une capitulation politique et militaire sans remède. Mais si son pronostic, sur ce point capital, s'était révélé juste, c'est qu'il connaissait celui qui, s'appuyant essentiellement sur Weygand, avait décidé de tout : Pétain. A cet égard, il était une exception. Il ne pouvait plus, depuis longtemps, souscrire aux hommages rituels et traditionnels dont on entourait le maréchal. Il en savait les limites, les faiblesses, il en avait observé, au sein du gouvernement Reynaud, la duplicité, il avait été témoin de son acharnement à vouloir capituler. Ce n'est pas sans signification qu'il ait voulu en évoquer la destinée et en esquisser le portrait au moment où, dans ses *Mémoires de guerre*, il raconte ses dernières heures à Bordeaux avant de gagner l'Angleterre, le lendemain 15 juin, sans même revenir sur les apostrophes qu'il lui adressait « par les ondes, au-dessus de la mer », le 26 juin 1940, dénonçant âprement ses responsabilités dans le détestable système militaire qui avait amené la défaite, l'accusant d'avoir signé un armistice « déshonorant » et d'avoir consenti à ce que la Patrie, le gouvernement et lui-même soient « réduits à la servitude ».

Les pages qu'il consacre à Pétain sont parmi les plus soignées, les plus étudiées qu'il ait écrites :

Quel courant l'entraînait, et vers quelle fatale destinée ! Toute la carrière de cet homme d'exception avait été un long effort de refoulement. Trop fier pour l'intrigue, trop fort pour la médiocrité, trop ambitieux pour être arriviste, il nourrissait en sa solitude une passion de dominer, longuement durcie par la conscience de sa propre valeur, les traverses rencontrées, le mépris qu'il avait des autres. La gloire militaire lui avait, jadis, prodigué ses caresses amères. Mais elle ne l'avait pas comblé, faute de l'avoir aimé seul. Et voici que, tout à coup, dans l'extrême hiver de sa vie, les événements offraient à ses dons et à son orgueil, l'occasion, tant attendue ! de s'épanouir sans limites ; à une condition, toutefois, c'est qu'il acceptât le désastre comme pavois de son élévation et le décorât de sa gloire.

Il faut dire que, de toute manière, le maréchal tenait la partie pour perdue. Ce vieux soldat, qui avait revêtu le harnois au lendemain de 1870, était porté à ne considérer la lutte que comme une nouvelle guerre franco-allemande. Vaincus dans la première, nous avions gagné la deuxième, celle de 1914-1918, avec des alliés sans doute, mais qui jouaient un rôle secondaire. Nous perdions maintenant la troisième. C'était cruel, mais régulier. Après Sedan et la chute de Paris, il n'était que d'en finir, traiter et, le cas échéant, écraser la Commune, comme, dans les mêmes circonstances, Thiers l'avait fait jadis. Au jugement du vieux maréchal, le caractère mondial du conflit, les possibilités des territoires d'outre-mer, les conséquences idéologiques de la victoire d'Hitler, n'entraient guère en ligne de compte. Ce n'étaient point là des choses qu'il eût l'habitude de considérer.

Malgré tout, je suis convaincu qu'en d'autres temps le maréchal Pétain n'aurait pas consenti à revêtir le pourpre dans l'abandon national. Je suis sûr, en tout cas, qu'aussi longtemps qu'il fût lui-même, il eût repris la route de la guerre dès qu'il pût voir qu'il s'était trompé, que la victoire demeurait possible, que la France y aurait sa part. Mais, hélas ! les années, par-dessous l'enveloppe, avaient rongé son caractère. L'âge le livrait aux manœuvres de gens habiles à se couvrir de sa majestueuse lassitude. La vieillesse est un naufrage. Pour que rien ne nous fût épargné, la vieillesse du maréchal Pétain allait s'identifier avec le naufrage de la France.

La beauté littéraire du texte ne doit pas en dissimuler les aspérités profondes. De Gaulle a voulu parler de Pétain en termes nobles. Mais derrière l'admirable balancement des phrases et des mots, il y a les jugements impitoyables. Dire « qu'il accepta le désastre comme pavois de son élévation », c'est trouver ignoble cette accession au pouvoir grâce à la capitulation de l'Etat et de son armée. Affirmer de toutes les données essentielles de cette guerre mondiale que « ce n'était point là des choses qu'il eût l'habitude de considérer », c'est dénoncer les lacunes béantes de son intelligence. Stigmatiser sa vieillesse comme s'identifiant « avec le naufrage de la France », c'est, malgré les précautions de langage, y ajouter une certaine nuance de mépris. De tous les contemporains de ce mois de juin 1940, toutes nationalités confondues, on peut croire que de Gaulle était celui qui, plus que tout autre, presque seul peut-être, n'attendait rien de Pétain, ni pour l'immédiat, ni pour l'avenir.

Entre le discours du 22 juin et la terrible adresse, par radio, au maréchal signataire de l'armistice, le 26, de Gaulle vécut la première étape du très long chemin qui devait le conduire au but qu'il s'était fixé dès le premier jour : remettre la France dans la guerre comme allié indépendant et de plein droit et non former une force d'appoint qui se joindrait à toutes celles de l'Empire britannique. Le point de départ en est la déclaration du Cabinet de guerre anglais du 23 juin, qui lève toutes les hésitations et met fin à tous les atermoiements où l'on s'attardait à Londres dans l'illusion de quelque sursaut qui surviendrait à Bordeaux : « l'armistice qui vient d'être signé, en violation des accords solennellement conclus entre les gouvernements alliés, place le gouvernement de Bordeaux dans un état d'assujettissement complet à l'ennemi et le prive de toute liberté, de tout droit de représenter de libres citoyens français. En conséquence, le gouvernement de Sa Majesté cesse de considérer le gouvernement de Bordeaux comme celui d'un pays indépendant ». C'est à partir de là que Churchill propose au Cabinet de soutenir la formation d'un Comité national français, tel que de Gaulle l'envisage [15]. Il fait de ce dernier un éloge remarquable. Lord Halifax cite les personnalités françaises disposées à poursuivre la lutte en Afrique du Nord et qui pourraient se rallier à lui. Le Cabinet de guerre accepte donc, en principe, de reconnaître le nouvel organisme, baptisé « Conseil de la Libération » quand on saura comment il peut être composé. Pour de Gaulle, ce serait un pas en avant décisif : un pouvoir politique français serait constitué et immédiatement reconnu par la Grande-Bretagne. Il s'agit, pour lui, de recruter les Français les plus notoires, si possible les plus prestigieux, qui se trouvent à Londres en attendant qu'on puisse aller en chercher ailleurs. Mais il sait qu'il faut faire vite : le bruit court déjà que certains, parmi les plus connus, s'apprêtent à partir, les uns pour la France, les autres pour les Etats-Unis. Les archives anglaises permettent de citer les noms dont il est question [16] : l'écrivain André Maurois, connu pour ses sympathies envers la Grande-Bretagne et sa connaissance intime du pays, Corbin, jusque-là ambassadeur de France en Angleterre, Henri de Kerillis, parlementaire de droite, directeur de *L'Epoque*, l'un des deux députés non communistes qui ont voté contre les accords de Munich, Pierre-Olivier Lapie, député proche du parti socialiste, Denis Saurat, directeur de l'Institut français de Londres, Henry Hauck, appartenant à la direction de la CGT. On mentionne aussi quelques-unes des personnalités embarquées sur le *Massilia* pour l'Afrique du Nord où l'on pensait poursuivre la guerre : l'ancien ministre de la Marine, César Campinchi, l'ancien ministre des Affaires étrangères, Yvon Delbos, l'ancien ministre de l'Intérieur et collaborateur de Clemenceau, Georges Mandel. Ces archives révèlent aussi que de Gaulle ne comptait pas sur l'appui de l'ancien secrétaire général du Quai d'Orsay, Alexis Léger qui vient pourtant de quitter la France pour Londres, mais qu'il croit que Paul Reynaud est sur le point d'aller aux

Etats-Unis et qu'on pourra l'amener en Angleterre pour prendre la tête du pouvoir français en exil.

Ces spéculations risquent de faire perdre du temps. De Gaulle est loin d'être assuré de la ferme résolution de beaucoup des personnalités dont on parle. Churchill et lui songent alors à publier un communiqué annonçant l'intention du gouvernement britannique de reconnaître le « Conseil de la Libération ». De Gaulle s'efforcera, en même temps, de le mettre sur pied : il suggère même que, pour donner à celui-ci la notoriété souhaitable, il pourrait être présidé par Delbos, Campinchi ou quelque autre ancien ministre. Quelles que soient ses arrière-pensées sur ce point et ses véritables intentions, dont il ne parlera jamais, il rédige une déclaration qu'il lit, ce dimanche 23 juin, à la BBC, où il annonce la formation « en accord avec le gouvernement britannique » d'un Comité national français [17]. Celui-ci « rendra compte de ses actes, soit au gouvernement légalement établi, dès qu'il en existera un, soit aux représentants du peuple, dès que les circonstances leur permettront de s'assembler dans des conditions compatibles avec leur liberté, leur dignité et leur sécurité ». En attendant, ce Comité « prendra sous sa juridiction tous les citoyens français actuellement sur le territoire britannique et assumera la direction de toutes les autorités militaires et administratives qui sont ou seront dans ce pays ». Cette déclaration était accompagnée de la publication de deux communiqués du gouvernement britannique, l'un déclarant ne plus reconnaître le gouvernement de Bordeaux comme indépendant, l'autre prenant acte « du projet de formation d'un Comité national français provisoire qui représenterait pleinement les éléments français indépendants, résolus à poursuivre la guerre pour remplir les obligations internationales contractées par la France » et annonçant « qu'il reconnaîtra un Comité français de cette nature et qu'il traitera avec lui sur toutes matières relatives à la poursuite de la guerre, tant que le Comité continuera à représenter [tous] les éléments français résolus à combattre l'ennemi commun ».

Un pas décisif semblait sur le point d'être fait vers la création d'un pouvoir politique français qui incarnerait le maintien de la France dans la guerre : ce pas ne fut pas franchi. Déjà, il était acquis que les responsables des colonies, protectorats, mandats et départements algériens ne donneraient aucune suite à leur volonté initiale de poursuivre la lutte. Mais la quête désespérée de personnalités notoires qui auraient composé l'organisme projeté par Churchill et de Gaulle, allait être sans résultat. Jean Monnet n'avait pas changé d'avis : convaincu qu'un pouvoir français ne pouvait être formé qu'en territoire français, il prenait la route des Etats-Unis, écrivant à de Gaulle que « ce n'est pas de Londres qu'en ce moment-ci peut partir l'effort de résurrection. Il apparaîtrait aux Français, sous cette forme, comme un mouvement protégé par l'Angleterre, inspiré par ses intérêts, et à cause de cela condamné à un échec qui rendrait plus difficiles les efforts ultérieurs de ressaisissement[18] ». Et, contribuant à donner un nouveau coup de frein à la naissante France libre, il en dénonce les inconvénients, sinon les dangers, à trois des plus hauts personnages britanniques qui s'occupent des affaires françaises : Spears, l'ancien secrétaire permanent du Foreign Office, Vansittart, et son successeur Cadogan. Moyennant quoi, il ne prendra aucune part à la résistance française, extérieure ou intérieure, jusqu'à la fin de 1942. Mais son exemple, pour les mêmes raisons et pour d'autres, est très suivi. André Maurois, provoquant une amère déception chez ses très vieux amis anglais, part pour les Etats-Unis, tout comme le romancier Jules Romains et le dramaturge Henry Bernstein qui, lui du moins, défendra sans cesse la cause de la France libre auprès du public américain. Henri de Kerillis, parlementaire et directeur de *L'Epoque*, qui avait soutenu dans son journal la doctrine militaire préconisée par de Gaulle, et lui avait apporté son soutien durant les premiers jours, part à son tour et allait devenir l'un de ses plus violents adversaires. Deux journalistes très notoires, André Géraud, connu sous le pseudonyme de Pertinax, et Geneviève Tabouis, qui, dans *L'Œuvre*, avait vigoureusement combattu les entreprises de Hitler et de Mussolini, préfèrent partir, eux aussi. Paul Reynaud, après avoir accepté l'ambassade de France à Washington proposée par Pétain, puis l'avoir refusée sur les instances de Lebrun, est décidé à se rendre aux Etats-Unis quand il est victime d'un tragique accident de voiture : à ses côtés, Mme de Portes est tuée, il est lui-même blessé et, dans les premiers jours de septembre, il est arrêté. Mandel se voit interdire par Noguès tous rapports avec les envoyés de Churchill quand il arrive à Casablanca, en compagnie d'autres parlementaires, sur le *Massilia* : il est ensuite arrêté et ramené en France. L'ambassadeur à Londres des derniers gouvernements de la République, Charles Corbin, démissionne et prend sa retraite en Amérique latine. Un autre romancier de très grande notoriété, Paul Morand, chef de la mission économique française en Angleterre, retourne en France et sera bientôt ambassadeur du régime de Vichy. La plupart des autres diplomates en poste à l'ambassade de France, qui rallieront plus tard la France libre, se résignent à suivre leur chef de file, Roland de Margerie qui, auprès de Paul Reynaud, avait combattu, comme de Gaulle, tout projet d'armistice mais ne peut envisager de rompre avec la légalité apparente. Comme la majorité des Français alors en Grande-Bretagne, ils croient devoir rejoindre leur pays dans le malheur et retrouver leur famille abandonnée. L'ancien secrétaire général du Quai d'Orsay, Alexis Léger, passe à Londres : il rencontre de Gaulle et le complimente pour son refus de capituler mais invoque à son tour les arguments de Monnet contre la création d'un pouvoir français en Grande-Bretagne, et s'en va aussitôt aux Etats-Unis où il exercera, auprès des collaborateurs de Roosevelt, une influence toujours hostile envers la France libre.

Il ne reste rien, ou peu s'en faut, des calculs qui avaient inspiré Churchill et de Gaulle quand ils avaient envisagé la création d'un « Conseil de la Libération ». Moins de dix jours après l'appel du 18 juin, tout risquait, apparemment, d'être réduit à néant. C'est l'engagement personnel de Churchill qui en décida autrement. Impressionné par la détermination sans faille et le flegme proprement « britannique » de celui qu'il avait appelé le « connétable de France », il ne voulut pas faire marche arrière. Dans la journée du 26 juin, de Gaulle lui avait fait remettre un mémorandum dans lequel il proposait, « sans attendre la formation d'un Comité national proprement dit », la création immédiate d'une force militaire française aux ordres d'un « Comité français » qui symboliserait immédiatement le maintien de la France dans la guerre. Le lendemain, il rencontrait à nouveau Churchill et lui demandait sans ambages de lui « donner qualité » pour entamer son entreprise. Dans la journée, cependant, les principaux chefs militaires britanniques y firent de graves objections, et suggérèrent que les Français qui suivraient de Gaulle ne seraient décidément que des rebelles et plusieurs des hauts fonctionnaires du Foreign Office revinrent à la charge pour souligner la faible représentativité de l'homme qui s'offrait, en quelque sorte, à être le seul allié français de la Grande-Bretagne[19]. Mais, dans la soirée, Churchill se décida à passer outre et fit venir de Gaulle. « Vous êtes tout seul ! lui dit-il, eh bien ! je vous reconnais tout seul[20] ! » Le lendemain, le Cabinet de guerre y souscrit et l'annonce en est faite, ce 28 juin à 22 heures, en ces termes : « Le gouvernement de Sa Majesté reconnaît le général de Gaulle comme chef de tous les Français libres, où qu'ils se trouvent, qui se rallient à lui pour la défense de la cause alliée. » C'est une déclaration sans équivoque et vague en même temps. Elle ne comporte aucun engagement pour l'avenir politique de la France ni, à plus forte raison, pour l'intégrité de ses possessions, et ne fait état d'aucun pouvoir politique français que la Grande-Bretagne prendrait pour partenaire et allié. Mais elle est décisive et catégorique sur deux points essentiels : c'est de Gaulle, en propre nom, et lui seul, qui est désormais considéré par le gouvernement de Sa Majesté comme le « chef de tous les Français libres » et son autorité s'exercera sur eux « où qu'ils se trouvent », ce qui veut dire qu'elle ne se limite pas au territoire anglais.

De Gaulle, par sa réaction immédiate, montre qu'il en saisit toute la portée :

> Je prends sous mon autorité, déclare-t-il, tous les Français qui demeurent en territoire britannique ou qui viendraient à s'y trouver.

Ainsi rappelle-t-il qu'à partir de ce jour, c'est lui qui a été reconnu comme chef des Français libres par le gouvernement britannique et que c'est donc par lui que doit passer tout l'effort de guerre que les Français consentiront dans l'avenir si l'on veut que cet effort soit clairement porté au crédit de la France et que celle-ci compte, le moment venu, dans le camp des vainqueurs. Mais, une fois de plus, il paraît limiter son autorité aux « Français qui demeurent en territoire britannique ou qui viendraient à s'y trouver », réservant encore l'hypothèse où d'autres forces françaises, d'autres territoires, d'autres autorités, prendraient parti pour la poursuite de la lutte — à moins qu'en définitive il reste seul à faire ce choix et que son autorité s'exerce alors, comme le communiqué du gouvernement britannique l'a expressément mentionné, sur « tous les Français libres, où qu'ils se trouvent ». L'acte décisif accompli par Churchill ce 28 juin s'est accompagné, en réalité, de précisions verbales sur l'évacuation vers l'Afrique du Nord des Français qui veulent être rapatriés, sur la nationalité que les volontaires de la France libre voudraient acquérir et même sur l'engagement, de la part de la Grande-Bretagne, de « rétablir, en cas de victoire, les territoires et l'Empire français dans leur intégralité, telle qu'avant la guerre »[21]. Ces précisions ne seront pas confirmées ou perdront leur objet. Mais l'essentiel subsistera toujours, quels qu'aient été, plus tard, les avatars des relations entre Churchill et de Gaulle.

C'est très exactement ce 28 juin que la France libre est née. Parmi les Français qui étaient, au fond, décidés déjà à quitter l'Angleterre ou qui, pour de multiples raisons, ne voulaient pas s'engager clairement dans la France libre, on a parfois invoqué le caractère personnel de l'entreprise et la résolution immédiate prise par de Gaulle de placer les Français libres « sous [son] autorité ». Mais c'était le cœur même du problème français qui était en cause. Si l'on voulait que la France reste en guerre et compte parmi les futurs vainqueurs, il fallait que tout acte de résistance, commis par n'importe quel Français, où que ce soit dans le monde, soit porté au crédit de la France et que celle-ci s'incarne donc en une autorité unique — celle que de Gaulle venait de se faire reconnaître — faute de quoi les Alliés auraient affaire à des autorités françaises ou à des organisations dispersées, qu'ils traiteraient au cas par cas et au coup par coup, suivant l'intérêt présenté par chacune et sans que la France elle-même, comme Etat et comme nation, soit leur interlocuteur obligé. Ce 28 juin, par conséquent, dix jours après son appel, de Gaulle, dans l'entreprise qu'il avait conçue dès l'origine, franchissait donc un premier pas, mais qui était décisif.

A cette entreprise, quelques jours plus tard, un formidable coup fut porté : le drame de Mers el-Kébir. C'est le 23 juin qu'on peut en situer l'origine. Ce jour-là, le journal de guerre officiel du gouvernement britannique, rapporte ce que celui-ci croit connaître des stipulations de l'armistice : « Les conditions allemandes exigent que la flotte française soit rendue à l'Allemagne dans les ports français... Les contre-propositions françaises n'ont pas été entièrement repoussées. » A Londres, on en connaît donc les grandes lignes et l'on a entendu dire que les négociateurs français essayaient d'éviter que les navires de guerre ne soient contraints de rejoindre leurs ports d'attache du temps de paix puisque la plupart sont occupés par l'ennemi[22]. Mais on ne sait rien d'autre. De toute évidence, Darlan, qui avait promis d'informer la Grande-Bretagne des conditions que l'Allemagne voudrait imposer, n'a pas tenu parole. Du reste, le chef de la mission navale française en Grande-Bretagne, l'amiral Odend'hal, qui travaille dans l'un des bureaux de l'Amirauté britannique, n'en pas été informé.

Cela suffit à provoquer la réaction véhémente de Churchill. Puisque Darlan n'a pas respecté ses engagements antérieurs, comment croire qu'il tiendra celui d'empêcher toujours que les navires français ne soient saisis par l'Allemagne ? L'amiral Odend'hal ne peut pas éclairer le gouvernement britannique, d'autant qu'il n'est même pas destinataire des télégrammes que Darlan a expédiés le 22 juin à ses amiraux pour expliquer ses choix. Il n'en reçoit qu'un seul concernant les clauses de l'armistice, qui précise que « toutes dispositions acceptées sont conditionnées par le fait que la flotte française reste française, sous pavillon français, dans un port français, à équipage réduit français, et ceci définitivement ». Le télégramme concluait que « ces conditions ne lèsent pas les intérêts britanniques[23] ».

L'amiral Odend'hal en transmit le texte à ses interlocuteurs anglais mais ceux-ci jugèrent évidemment qu'il n'était ni clair ni rassurant. Parler de « ports français » comme destination des navires de guerre était dangereusement ambigu, puisque la plupart étaient aux mains de l'ennemi. Darlan songeait, en réalité, aux ports d'Afrique du Nord mais il ne pouvait pas ignorer les inquiétudes anglaises puisqu'il avait reçu la veille, 23 juin, deux télégrammes personnels du Premier Lord de l'Amirauté et du Premier Lord de la Mer rappelant que leur gouvernement n'avait consenti à la demande française d'armistice qu'à la condition que « la flotte française soit envoyée dans les ports britanniques afin que [les autorités anglaises] puissent s'assurer qu'elle ne tomberait pas dans les mains de l'ennemi ». Churchill était d'autant plus inquiet qu'il avait eu connaissance, le 21 juin, d'un télégramme qui semblait émaner de l'Amirauté française et prescrivait que tous les navires de commerce français gagnent les ports situés au sud de Noirmoutier et que tous les navires de guerre regagnent leurs ports d'attache. Ce télégramme, en réalité, provenait de l'état-major de la marine allemande qui avait décrypté le code naval français — qui fut aussitôt détruit et remplacé. Mais, une fois de plus, les autorités britanniques ne furent informées de rien : ni de la supercherie allemande ni de sa découverte par les marins français. En fait, le seul ordre authentique reçu par l'amiral Odend'hal lui prescrivait d'expédier en Afrique du Nord les bâtiments français se trouvant en Grande-Bretagne. Mais Churchill ne pouvait distinguer les ordres véritables de l'Amirauté française de ceux qui ne l'étaient pas. En revanche, il avait appris la décision de Darlan de refuser que les navires britanniques en escale dans les ports français soient ravitaillés : de toute évidence c'était une mesure délibérément hostile à la marine anglaise. Et, le 29 juin, il n'avait toujours pas reçu le texte officiel des clauses de l'armistice : quand il en fut informé, il n'en fut pas rassuré, estimant, non sans raison, qu'à Toulon ou à Oran les escadres françaises pourraient être l'objet d'un coup de main allemand ou italien. Il décida donc, ce jour-là, d'exécuter sans plus tarder l'opération « Catapulte » dont le projet avait été arrêté dès le 11 juin : elle avait pour but le ralliement, la saisie, l'immobilisation ou la destruction des navires français partout où ils pouvaient être atteints.

Le 2 juillet il adressa à l'amiral Somerville, commandant de la flotte anglaise de Méditerranée occidentale l'ordre de lancer un ultimatum à l'escadre française rassemblée à Mers el-Kébir. Elle était composée de quatre cuirassés, deux plus anciens, le *Provence* et le *Bretagne*, deux très modernes, le *Strasbourg* et le *Dunkerque*, de six contre-torpilleurs, d'un porte-hydravions et d'unités plus petites, placés sous le commandement de l'amiral Gensoul. On lui offrait le choix entre continuer la guerre aux côtés de la Grande-Bretagne, rallier les ports anglais, se rendre aux Etats-Unis, gagner les Antilles françaises ou se saborder. Faute de quoi l'escadre de l'amiral Somerville ouvrirait le feu.

Entre la remise de l'ultimatum anglais à 7 heures du matin et 17 h 30, quand il expira, l'amiral Gensoul, tout en préparant ses navires à prendre le large, s'efforça d'obtenir des directives de Vichy mais il ne put joindre Darlan et ne transmit à son chef d'état-major, l'amiral Le Luc, qu'un résumé inexact de l'ultimatum qu'il présenta comme un choix entre rallier les ports anglais ou accepter la bataille[24]. Il est vrai que, de toute manière, aucune des options proposées par l'amiral Somerville n'était conforme aux stipulations de l'armistice : si on avait pu les leur soumettre, les autorités allemandes s'y seraient évidemment opposées. Leur exécution impliquait donc l'affrontement ou, à tout le moins, le sabordage. Ce dernier eût évité une confrontation dramatique entre les deux alliés de la veille, d'inévitables pertes matérielles et d'innombrables morts inutiles. Mais ce n'est pas ce qui fut choisi. L'amiral Le Luc écartant, comme Gensoul, tous les choix offerts par les Britanniques, ordonna aux navires basés à Toulon et à Alger de faire route aussitôt pour Oran afin d'y combattre avec l'escadre menacée[25]. Mais l'armistice avait interdit l'usage des codes et cet ordre fut lancé en clair, de sorte que les Britanniques s'empressèrent d'ouvrir le feu. Le tir dura de 17 h 56 à 18 h 12. En seize minutes, une grande partie de l'escadre française fut coulée et 1 297 marins furent tués. En même temps, les navires français présents dans les ports anglais, représentant un dixième du tonnage de la marine de guerre, furent saisis par les Britanniques, non sans qu'aient lieu de pénibles incidents, et l'escadre d'Alexandrie fut neutralisée par un accord local entre le commandant de l'escadre française et les autorités anglaises d'Egypte. Ce jour-là, la flotte française avait cessé de compter parmi les grandes marines du monde.

Mers el-Kébir était, pour Vichy, un terrible défi. Le 4 juillet, à 8 h 30, Pétain examina avec Laval, Darlan et Baudouin ce qu'il convenait de faire en riposte[26]. Darlan demanda des actions de représailles contre les navires britanniques. Baudouin objecta qu'ainsi on entrerait en guerre contre l'Angleterre, Laval faisant remarquer qu'il s'agirait seulement de répondre à une attaque par une contre-attaque. Pétain, en fin de compte, opta pour des représailles limitées à un bombardement de l'escadre de l'amiral Somerville à Gibraltar, qui eut lieu dans la nuit mais sans aucun résultat, et il décida de rompre les relations diplomatiques entre la France et le Royaume-Uni, mais non celles avec les Dominions. Quelques jours après l'armistice il était, malgré tout, trop tôt pour que pût prévaloir l'idée d'un affrontement général avec la Grande-Bretagne mais déjà, dans cette voie, un premier pas était fait. Hitler, bien que toujours méfiant envers l'esprit de revanche qu'il prêtait aux Français, saisit cette occasion de faire quelques gestes qui faciliteraient, le cas échéant, l'évolution de Vichy et pourraient conduire à de nouvelles confrontations entre Français et Anglais : les bâtiments français de guerre et de commerce recevraient une certaine liberté de navigation, les archives de la marine lui étaient restituées, son personnel prisonnier était en partie libéré, certains de ses navires pourraient être autorisés à réarmer et ses effectifs, limités par l'armistice à 3 ou 4 000 hommes, pourraient être accrus — pour atteindre 75 000 hommes en 1942[27]. Mais, par-dessus tout, c'est l'état d'esprit des dirigeants de Vichy qui changea. Charles-Roux, secrétaire général du ministère des Affaires étrangères, qui voulait encore mettre en garde contre la « conviction de la prochaine défaite anglaise » fut bientôt contraint de démissionner. Au contraire, une note due peut-être à Baudouin, ministre des Affaires étrangères, ou à Guérard, son directeur de cabinet, ou à Rochat, directeur des affaires politiques du ministère, proposait un tout autre choix : « L'agression de la flotte britannique contre la flotte française a eu pour effet de libérer entièrement la politique française de ses attaches avec la politique britannique... L'usage de la liberté qui est ainsi rendue doit nous permettre de réviser nos rapports avec l'Italie et avec l'Allemagne, non seulement sur le plan des conventions d'armistice, dont certaines clauses tomberont automatiquement, mais aussi sur celui de la politique générale » et cette note est datée du 5 juillet, dix jours seulement après l'armistice[28].

Pour de Gaulle aussi, Mers el-Kébir fut un dramatique défi. Il l'apprit dans la soirée du 3 juillet et, suivant les interlocuteurs qu'il eut alors, sa réaction fut violente. Il comprit sur-le-champ que ce serait, comme il l'écrivit plus tard, un « terrible coup de hache » au recrutement des Français libres, qui deviendrait, en particulier, presque impossible dans la marine. S'il est douteux qu'il en ait été « effondré », comme l'a dit l'amiral Muselier, qui venait de se rallier à lui, il est certain qu'il fut, comme l'a dit le capitaine Passy, chef de ses 2e et 3e bureaux, « exaspéré » par la brutalité précipitée des Britanniques et leur cynisme, explicable mais dangereux[29]. Le fait est, pourtant, qu'en cette circonstance détestable pour lui, il garda son sang-froid et ne dévia pas de la ligne qu'il avait choisie. Sans doute y a-t-il au moins une grande part de vrai dans ce que Spears a rapporté de la visite qu'il lui rendit deux jours plus tard, redoutant de le trouver désespéré ou résigné à tout abandonner[30]. Au contraire, il remarqua aussitôt son « étonnante objectivité », de Gaulle reconnaissant que le cabinet britannique avait pu juger l'opération « inévitable ». Mais, selon Spears, il l'aurait jugée si désastreuse pour la France libre qu'il pensait « se retirer au Canada pour y vivre comme un simple particulier » — la suite montrant que ces propos, s'ils étaient authentiques, n'étaient qu'une boutade coléreuse. Spears, en tout cas, fut si impressionné par ses réactions qu'il rapporta aussitôt à Churchill que de Gaulle, dans cette épreuve, se comportait avec une « magnifique dignité ». C'est le 8 juillet qu'il parla, ayant délibérément choisi de laisser passer quelques jours afin que ceux qui l'écouteraient ne soient pas entièrement sous le choc de la tragédie qui venait de se produire. Son discours était, de très loin, le plus difficile qu'il ait eu à prononcer jusque-là : bien des décennies plus tard, on peut encore penser qu'il fut l'un des plus difficiles de toute sa vie. Force est de reconnaître, en tout cas, que ce fut l'un des plus audacieusement courageux puisqu'il devait, au nom de toute la rigueur de son choix stratégique et politique, surmonter, sans les taire, les passions que le drame de Mers el-Kébir ne manquait pas de soulever.

> Il n'est pas un Français, dit-il, qui n'ait appris avec douleur et avec colère que des navires de la flotte française avaient été coulés par nos Alliés. Cette douleur, cette colère, viennent du plus profond de nous-mêmes. Il n'y a aucune raison de composer avec elles... Cette odieuse tragédie [...] n'est pas [...] un combat glorieux.
>
> Du seul point de vue qui doive finalement compter, c'est-à-dire du point de vue de la victoire et de la délivrance [...], le gouvernement qui fut à Bordeaux avait consenti à livrer nos navires à la discrétion de l'ennemi... Par principe et par nécessité, l'ennemi les aurait un jour employés, soit contre l'Angleterre, soit contre notre propre Empire. Et bien, je dis sans ambages qu'il vaut mieux qu'ils aient été détruits.
>
> En tenant ce drame pour ce qu'il est, je veux dire pour déplorable et détestable [...], les Français dignes de ce nom ne peuvent méconnaître que la défaite anglaise scellerait pour toujours leur asservissement. Nos deux vieux peuples, nos deux grands peuples, demeurant liés l'un à l'autre. Ils succomberont tous les deux ou bien ils gagneront ensemble.

Le temps qui a passé rend peut-être difficile de mesurer la détermination farouche qu'il a fallu à de Gaulle pour prononcer ces mots et pour maintenir son choix avec tant de rigueur. Sans broncher, il acceptait de braver la tempête des indignations et des fureurs, la sensibilité blessée de bien des Français, la sévérité légitime de ceux qui jugeaient l'opération britannique soit inutile soit odieuse. Mais, en cette circonstance épouvantable, il faisait, pour toujours, la preuve que rien, jamais, ne le détournerait du but qu'il s'était fixé : quoi qu'il arrive, combattre l'Allemagne jusqu'à la victoire.

Pour Churchill, ce fut décisif. Tout indique qu'il comprit, comme un patriote peut comprendre le patriotisme des autres, ce que fut cette épreuve pour de Gaulle. Et qu'il tira toutes les conséquences de son comportement. Jamais, par la suite, même aux heures — et il y en eut beaucoup — où il songea à se séparer de lui ou à le remplacer, il n'oublia ce que de Gaulle sut dire et faire après Mers el-Kébir. Commence alors, entre les deux hommes, une phase exceptionnelle de rapports personnels étroits et confiants[31]. Geoffroy de Courcel l'a qualifiée de « lune de miel ». Claude Bouchinet-Serreulles, entré au cabinet militaire du chef de la France libre le 23 juillet, en a parlé comme d'une « complète et éblouissante communion de pensée, d'admiration mutuelle et d'immense estime intellectuelle ». Le fait est qu'ils se voient plusieurs fois par semaine, qu'ils déjeunent ensemble, qu'ils échangent leurs analyses sur la situation du monde, qu'ils discutent des chances d'une intervention américaine dans la guerre — certaine et prochaine pour Churchill, plus que probable mais plus lointaine pour de Gaulle. Le Premier ministre anglais intervient fermement pour qu'il soit mis une sourdine à la campagne que certains Français, résidant en Grande-Bretagne, mènent contre de Gaulle. Il fait en sorte que la BBC mette à sa disposition des heures d'émission, qu'il puisse considérer et utiliser comme siennes. Il va directement à l'encontre des sentiments de la plupart des chefs militaires britanniques en leur prescrivant d'encourager l'engagement de Français dans la France libre et il désapprouve que l'on cherche à les débaucher au profit des services ou des régiments anglais — ce en quoi il sera loin d'être obéi.

C'est dans ce climat qu'est enfin conclu l'accord franco-britannique du 7 août 1940. Le négociateur français en est René Cassin, professeur à la Faculté de Droit de Paris, ancien combattant et mutilé de la Grande Guerre et qui préside un ensemble d'organisations françaises des anciens combattants en même temps qu'il a été conseiller juridique de la Société des Nations. Dès qu'il a été reçu par de Gaulle, le 30 juin, il a été chargé par lui de préparer l'accord qui doit préciser le statut de la France libre, de son chef et de ses combattants. Il a témoigné dans son livre de souvenirs, *Les hommes partis de rien*, de la consigne que lui a donnée de Gaulle : « nous sommes la France » et c'est ce qu'il s'agit de faire reconnaître. Sa tâche a donc été, durant plusieurs semaines, d'en trouver l'expression juridique et de faire admettre par ses interlocuteurs britanniques que les Français libres sont, suivant son expression, « non une légion, mais des alliés reconstituant l'armée française et visant à maintenir l'unité française ». Dans une large mesure, l'accord du 7 août répond aux demandes de Cassin. Churchill a accepté, entre autre, que les unités de la France libre conservent, « dans toute la mesure du possible le caractère d'une force française en ce qui concerne le personnel, particulièrement pour ce qui a trait à la discipline, la langue, l'avancement et les affectations ». Il réitère ses instructions enjoignant que « les recrues éventuelles rallient leurs forces nationales respectives », ce qui vaut surtout pour les Français plus ou moins discrètement recrutés par les forces britanniques. De Gaulle accepte par avance les directives du haut commandement anglais mais il se voit reconnaître « le commandement suprême de la force française » — dont on prévoit, en songeant aux drames de conscience à venir, et peut-être à l'hypothèse d'une entrée en guerre de Vichy contre l'Angleterre, qu'elle ne sera pas tenue de « porter les armes contre la France ». Les navires français saisis dans les ports britanniques sont trop nombreux pour que les Français libres puissent à eux seuls les remettre en service, mais ils resteront définitivement propriété française. Les crédits accordés par la Grande-Bretagne pour financer le fonctionnement et le développement de la France libre, ne seront que des avances qui seront entièrement remboursées après la libération du pays. Enfin, de Gaulle pourra créer un pouvoir civil dont il est expressément prévu qu'il comportera les services « nécessaires à l'organisation de la force » ce qui, par une interprétation extensive, permettra, par étapes, la création d'un vrai pouvoir politique [32].

Un échange de lettres accompagne cet accord. Leur but principal est d'éclairer ce qu'il ne comporte pas et que la France libre aurait pourtant voulu voir y figurer. Le texte proposé par Cassin prévoyait en effet que la Grande-Bretagne s'engagerait à restaurer « l'intégrité territoriale et l'indépendance de la France et de l'Empire français tels qu'ils existaient à la déclaration de guerre ». Le cabinet britannique n'a pas voulu y souscrire formellement et publiquement, mais il affirme sa volonté d'assurer « la restauration intégrale de l'indépendance et de la grandeur de la France ». Dans sa lettre, Churchill précise que cette expression « ne vise pas d'une manière rigoureuse les frontières territoriales. Nous n'avons été en mesure de garantir ces frontières à aucune des nations combattant à nos côtés ; mais, bien entendu, nous ferons de notre mieux [33] ». Dans l'immédiat, de Gaulle s'est borné, en réponse, à exprimer l'espoir « que les circonstances permettront un jour au gouvernement britannique de considérer ces questions avec moins de réserve ». Plus tard, dans ses *Mémoires de guerre*, il explique qu'il avait envisagé

> d'une part l'hypothèse où les vicissitudes de la guerre amèneraient l'Angleterre à une paix de compromis, d'autre part que les Britanniques pourraient, d'aventure, être tentés par telle ou telle de nos possessions d'outre-mer.

On peut remarquer, naturellement, que cette explication a été donnée par de Gaulle bien des années plus tard, notamment après la difficile expérience de la compétition franco-anglaise au Levant. On peut penser aussi que sa connaissance de l'Histoire a pu lui rappeler que les coalitions ne durent qu'autant qu'elles répondent à l'intérêt de ceux qui en font partie et qu'au moment du retour à la paix, ou suivant « les vicissitudes de la guerre », chacun reprenait ses propres objectifs.

Mais il s'agissait, au fond, de toute autre chose. Cette discrète divergence sur la garantie de l'intégrité territoriale de la France et de son Empire, recelait, pour de Gaulle, un immense enjeu. De son exil de Londres, il discernait, en effet, sans se faire à cet égard la moindre illusion, qu'il allait être, durant toute la période à venir, l'objet des âpres accusations de la propagande de Vichy : sans relâche, celle-ci ferait de lui un vulgaire instrument des ambitions anglaises, un domestique du gouvernement britannique, nécessairement soumis à ses pressions et à ses injonctions, prêt à abandonner à l'hégémonie de la Grande-Bretagne les morceaux de l'Empire français dont il aurait obtenu la dissidence. Après la participation trop limitée des Anglais à la bataille de France, après les dramatiques événements de Dunkerque, mais surtout après Mers el-Kébir, on pouvait redouter, en effet, que cette propagande n'ait un effet sur l'opinion de bien des Français. A aucun prix, de Gaulle ne devait y prêter le flanc : telle était sa conviction et même son obsession. Si peu que ce soit, il y aurait vu un manquement à la mission qu'il s'était à lui-même donnée, une entorse à ce qui faisait, à ses propres yeux et, plus tard, aux yeux de l'Histoire, sa légitimité, c'est-à-dire l'incarnation provisoire, mais indiscutable, de l'indépendance et de l'intégrité de la France et de son Empire. Il lui faudrait tenir compte, dans la suite, de la marche du monde, des évolutions ou des crises provoquées par la guerre elle-même, mais cet impératif, l'habita pourtant jusqu'à la fin.

En ces premières semaines de l'été 1940, de Gaulle, « parti de rien », paraît sur la voie d'une irrésistible ascension. Passée la réaction violente suscitée par l'armistice, l'opinion anglaise découvre, avec une estime proche de l'admiration, le courage et la farouche volonté des Français libres et de leur chef. Le 20 août, Churchill en a fait, devant les Communes, un éloge exceptionnel : « Ces Français libres ont été condamnés à mort par Vichy, mais le jour viendra, aussi sûrement que le soleil se lèvera demain, où leurs noms seront glorifiés et gravés sur la pierre, dans les rues et les villages d'une France qui aura retrouvé sa liberté et sa gloire d'antan au sein d'une Europe libérée. » Du reste, l'appel du 18 juin avait eu aussitôt un vaste écho dans la presse londonienne. Le *Times* en avait publié le texte intégral avec pour titre : « La France n'est pas perdue ! » et c'était, de sa part, d'autant plus remarquable que ce journal, commentant son entrée au gouvernement, l'avait décrit comme « assez agressivement de droite » — probablement par allusion aux commentaires défavorables publiés sur *Vers l'armée de métier* ou *Le Fil de l'épée* par plusieurs journaux de gauche — quitte à ajouter : « Puissant théoricien, apôtre presque fanatique de l'utilisation massive des chars, c'est un esprit lumineux et pénétrant, à la fois homme d'action, de rêve et d'abstraction. » En tout cas, le gouvernement britannique n'a pas voulu risquer que la France libre demeure dans trop d'obscurité et a chargé un professionnel de la publicité, Richmond Temple, de faire connaître de Gaulle « de façon scientifique, naturelle et discrète », par une campagne qui se limiterait à quelques semaines et avec des moyens réduits — moins de 1 000 livres, selon Spears[34]. De Gaulle fut sûrement étonné d'un procédé dont il ignorait alors jusqu'à l'usage mais, en compagnie de sa femme, il accepta volontiers de recevoir des photographes dans la maison de campagne qu'il venait de louer. On prit aussi des photos de ses visites à des unités françaises ou à des aviateurs français blessés. Toutes ses photos furent reproduites abondamment y compris celles représentant Mme de Gaulle cuisinant dans son cottage. Une brochure intitulée *La France de de Gaulle* est rédigée par le journaliste Richard Crawford sous le pseudonyme de James Marlow, avec l'aide d'un des premiers ralliés à la France libre, Georges Boris, ancien collaborateur de Léon Blum et directeur de l'hebdomadaire de gauche *La Lumière*. Une édition en est diffusée en Angleterre, une autre en Amérique, et une troisième dans les colonies françaises. De Gaulle s'y décrit ainsi lui-même : « Je suis un Français libre. Je crois en Dieu et en l'avenir de ma Patrie. Je ne suis l'homme de personne. J'ai une mission et je n'en ai qu'une seule : celle de poursuivre la lutte pour la libération de mon pays. Je déclare solennellement que je ne suis attaché à aucun parti politique, ni lié à aucun homme politique, quel qu'il soit, ni de la droite, ni du centre, ni de la gauche. Je n'ai qu'un seul but : délivrer la France. » La brochure le montre en théoricien militaire mais aussi en vainqueur des combats livrés près de Laon et d'Abbeville. Elle assure que sa conception de la guerre des blindés a « influencé toutes les puissances européennes par ses vues avancées », ce qui est évidemment très inexact, excepté pour l'Allemagne. Mais elle y ajoute d'autres éloges, sans nuances : « Il y a en de Gaulle une qualité spirituelle qui entraîne les autres à penser et à agir aussi noblement que lui-même. Il est destiné à être un chef d'armée et un meneur d'hommes. » La presse anglaise se serait-elle laissé influencer par une brochure aussi évidemment officielle, contrairement à ses usages ? Toujours est-il que le *Times* revient à la charge en écrivant sur de Gaulle : « Il a la capacité de se concentrer sur l'essentiel, aussi aura-t-il une place d'honneur dans l'Histoire. » Le *Telegraph* rappelle : « De Gaulle est un des trois plus grands experts mondiaux en blindés, il constitue une aide des plus précieuses pour parvenir à la défaite allemande : dans cette éventualité, il ne serait pas seulement l'homme du destin pour la France, mais une des figures les plus fortes de la guerre. » Et le *Daily Mail* recommande : « Ne faisons pas la même erreur que les Français en n'écoutant pas le général de Gaulle. »

Mais ce n'est pas seulement la brochure de l'agence de publicité de Richmond Temple qui inspire la presse anglaise ni les réactions des simples citoyens de la Grande-Bretagne : ce sont les premiers épisodes de l'histoire de la France libre. On remarque, par exemple, la participation, dès les derniers jours de juillet, de trois avions français à un raid sur la Ruhr. On rapporte les péripéties extraordinaires vécues par les évadés de France. On raconte, en exagérant leur nombre, les engagements dans la France libre d'hommes venus de tous les coins du monde. On a rendu compte des sobres cérémonies du 14 juillet où de Gaulle a passé en revue le premier détachement des engagés de la France libre, au nombre desquels, par exemple, figurait le futur ministre de la Vᵉ République, Yves Guéna. A partir de là, plus jamais ne changea l'immense bienveillance du peuple anglais envers la France libre, quelles que furent les variations de la presse. De Gaulle y fut sensible au point de rendre à ce peuple un hommage qu'il n'adressera jamais à aucun autre, exprimant des sentiments qui ne changèrent pas malgré tous les avatars futurs des relations franco-britanniques :

> On ne saurait imaginer la généreuse gentillesse que le peuple anglais lui-même montrait à notre égard... On ne pouvait compter les gens qui venaient mettre à notre disposition leur travail, leur temps, leur argent... Quand les journaux annoncèrent que Vichy me condamnait à mort et confisquait mes biens, nombre de bijoux furent déposés à Carlton Gardens par des anonymes et plusieurs dizaines de veuves inconnues envoyèrent l'alliance de leur mariage afin que cet or pût servir à l'effort du général de Gaulle.

Les premiers pas de la France libre sont, cependant, aussi obscurs que déterminés[35]. L'appel du 18 juin a été rédigé, comme on l'a vu, dans l'appartement de Jean Laurent, au 7-8 Seymour Grove, qui donnait sur Hyde Park, et il fut dactylographié par Elisabeth de Miribel, recrutée par Geoffroy de Courcel et qui, en ces premiers jours, convainquit deux autres jeunes femmes de la mission économique française à Londres, d'organiser, sur place, une sorte de permanence. Le lendemain, 19 juin, ils sont quelques-uns à avoir entendu l'appel, ou à l'avoir lu dans les journaux ou qui ont pu se procurer l'adresse où joindre de Gaulle. Geoffroy de Courcel en enregistre les noms. Le premier est un mécanicien d'Hispano-Suiza. Suivent deux journalistes, Pierre Maillaud, appelé à la célébrité sous le nom de Pierre Bourdan, qui prendra plus tard quelques distances envers de Gaulle, et Robert Mengin qui le détestera presque aussitôt. Un agrégé d'anglais travaillant pour la BBC, Emile Delavenay, vient aussi mais s'éloignera bientôt. Le militant syndicaliste, Henry Hauck, l'avocat André Weil-Curiel, issu de l'aile la plus à gauche du parti socialiste, et Georges Boris, journaliste et ancien directeur du cabinet de Léon Blum, qui s'était engagé à cinquante et un ans et revenait de Dunkerque, apportèrent leur adhésion, qui fut sans retour. Etienne Bellanger, directeur de la succursale anglaise de la joaillerie Cartier, s'offrit à servir de chauffeur à de Gaulle avec lequel il noua ainsi des relations amicales. Christian Fouchet, étudiant et élève observateur dans l'armée de l'air, qui avait quitté Bordeaux avant même de Gaulle, aussitôt qu'il avait entendu Pétain demander l'armistice, se présenta, puis, le capitaine Métadier, naguère directeur d'une société de produits pharmaceutiques, qui procura un crédit de 1 000 livres. Suivirent Denis Saurat, directeur de l'Institut français, et Claude Hettier de Boislambert, gentilhomme normand et passionné de chasse, lieutenant de chars de réserve qui servit comme officier de liaison auprès de la 1re division blindée britannique, et fut, ce 19 juin, le premier officier à rallier la France libre et, à son tour, rallia cinq de ses camarades officiers de liaison, les 22 et 23 juin.

Ce 23 juin, justement, la France libre déménage. Elle s'installe Victoria Embankment, sur les quais de la Tamise, près de Westminster, dans des bureaux appartenant à Scotland Yard. L'immeuble est appelé St Stephen's House. Le lieutenant Girard en a rapporté ces impressions dans un journal personnel, cité par Jean-Louis Crémieux-Brilhac : « Un immeuble triste avec une façade jaunâtre, d'un style néo-flamand sans grâce. Au quatrième étage d'un escalier raide et morne, une porte à verre dépoli sur laquelle se détache le numéro 130. Au-delà, un couloir sombre. A gauche, trois pièces. Dans la première, Courcel, débordé, en tête à tête avec des piles de lettres ; dans la deuxième, le général ; dans la troisième, deux secrétaires, Elisabeth de Miribel et Mme Durand. A droite, une grande pièce aux allures de manège où nagent trois tables et une chaise. Le général nous reçoit l'un après l'autre. Sa haute silhouette raide se détache à contre-jour sur l'unique fenêtre de son modeste bureau. Il m'interroge brièvement sur mon unité et mes études. Je me retrouve dans la grande pièce, Boislambert, installé sur l'unique chaise, tape sur la table : “Un peu de silence, Messieurs. Nous commençons. Quelqu'un a-t-il du papier et un crayon ?...” Le soir, quelques fidèles nous rejoignent.... D'autres demain... Pendant plusieurs jours nous passons par des hauts et des bas. Nos effectifs restent squelettiques et nous nous demandons si les Anglais ne vont pas nous lâcher tant ils ont l'air de se méfier de nous et nous mettent des bâtons dans les roues. »

Pierre Denis, qui va devenir l'un des premiers collaborateurs civils du chef de la France libre, donne, lui aussi, son impression du climat de St Stephen's House : « Les escaliers encombrés de marins à pompons rouges et de volontaires dont la tenue portait la trace de leurs aventures, le couloir qu'on avait bien de la peine à faire évacuer [...], l'atmosphère de centre de mobilisation, mélange de désordre et de bonne volonté, rencontres imprévues, camaraderie qui s'ébauche, soif de chacun d'être chargé d'une tâche, si saugrenue soit-elle. » Mais les arrivées ne cessent pas. Après René Cassin, arrive le vice-amiral Emile Muselier, que Darlan avait, quelques mois plus tôt, relevé du commandement du secteur maritime de Marseille et mis à la retraite, et que de Gaulle nomme commandant des forces navales et aériennes françaises libres, qui ne sont pas encore constituées. Le capitaine du génie André Dewavrin, polytechnicien, professeur de fortifications à Saint-Cyr, et qui arrive de Norvège, est aussitôt mis à la tête des 2e et 3e bureaux d'un état-major qui n'est pas encore formé. Maurice Schumann est passé, comme René Cassin et Raymond Aron, par Saint-Jean-de-Luz : de Gaulle le connaît depuis qu'il a fréquenté les *Amis de Temps présent* et ils ont plusieurs relations communes comme Philippe Serre et Daniel-Rops. C'est à lui que de Gaulle résumera, ce 30 juin à 11 heures du matin, ce qu'il pense de la tournure de la guerre et du rôle qu'il faut y jouer :

> Je crois que la Russie entrera dans la guerre avant l'Amérique, mais qu'elles y entreront l'une et l'autre. Avez-vous lu *Mein Kampf* ? Hitler pense à l'Ukraine. Il ne résistera pas à l'envie de régler le sort de la Russie, et ce sera le commencement de sa perte... Si Hitler avait dû venir à Londres, il y serait déjà. Maintenant, la bataille d'Angleterre ne se livrera plus que dans les airs, et j'espère que quelques aviateurs français y prendront part. En somme, la guerre est un problème terrible, mais résolu. Il reste à ramener toute la France du bon côté.

Un autre ami d'avant-guerre, Gaston Palewski, a été directement appelé par de Gaulle le 27 juin alors qu'il servait en Tunisie et il gagnera Londres quelques semaines plus tard. Le capitaine Soufflet et cinq de ses camarades servant à l'Ecole de pilotage 101, ont pu rejoindre l'Angleterre où sont arrivés le lieutenant Jean Simon, officier d'active et le sous-lieutenant Pierre Messmer, sorti de l'Ecole de la France d'outre-mer, qui sont parvenus à embarquer à Marseille sur le cargo *Capo Olmo* qu'ils ont détourné sur Gibraltar avec la complicité de son capitaine... A Gibraltar aussi, arrive, le 29 juin, René Mouchotte, qui commandera le groupe « Alsace » des forces aériennes françaises libres. Mais le capitaine d'aviation de Vendeuvre, lui, n'y arrivera jamais, abattu par la DCA espagnole.

Pierre Denis après son arrivée à St Stephen's House prend le pseudonyme de Rauzan. Agrégé d'histoire mais ayant travaillé dans les services financiers de la Société des Nations et dans une banque, il est chargé des finances dont il a raconté qu'elles se constituaient, avant son arrivée, de 14 shillings qui ont été dépensés et auxquels il a dû ajouter 10 shillings de sa poche pour régler l'envoi de deux télégrammes. L'extrême pauvreté n'est atténuée que par des dons comme celui de ce Syrien, ancien de la Légion étrangère pendant la guerre de 1914, qui offre un diamant. Elle ne prendra fin que par deux premiers prêts du Trésor britannique, qui verse 20 000 livres du 1er juillet au 27 août, sur ordre de Churchill, au compte ouvert à la Banque d'Angleterre au nom du « général de Gaulle ».

Le 24 juillet, la France libre déménage de nouveau mais, cette fois, pour le bel immeuble du 4 Carlton Gardens qui sera, pendant quatre ans, le « quartier général », orné du drapeau français, et loué pour 850 livres par mois. Là, on dispose de sept étages et de 70 bureaux, au cœur du quartier des ministères et des clubs. La France libre, désormais, a sa capitale. Les premières personnalités de quelque notoriété et de quelque poids vont y rencontrer de Gaulle. Parmi elles, il n'est qu'un seul ancien ministre : Pierre Cot, qui eut le portefeuille de l'Air dans le premier gouvernement du Front populaire. La violence des campagnes dirigées contre lui par la presse de droite, malgré les efforts qu'il fit pour doter enfin la France d'une aviation de bombardement, aveugle malheureusement l'ensemble des milieux militaires et de Gaulle est obligé de l'écarter, lui avouant que les premiers aviateurs de la France libre risquaient alors de le quitter, et cette injustice, hélas, ne sera jamais complètement rattrapée plus tard, si ce n'est par une lettre personnelle que de Gaulle tint à lui adresser. A part lui, le seul parlementaire à rejoindre la France libre, fut Pierre-Olivier Lapie député de Meurthe-et-Moselle, membre d'un petit groupe très proche du parti socialiste, et lieutenant dans le corps expéditionnaire de Norvège. C'est en 1941 seulement qu'un autre parlementaire arrivera, Paul Antier, membre d'un parti agraire. Arrivent aussi André Labarthe, scientifique très contesté et directeur d'un groupe de laboratoires, Pierre Tissier, maître des requêtes au Conseil d'Etat, René Pleven, directeur en Europe d'une société américaine de matériel électrique et qui n'a pas suivi en Amérique Jean Monnet, son ancien patron à la mission d'achat franco-britannique de matériels militaires, Maurice Dejean, diplomate et ancien chef de cabinet d'Edouard Daladier, André Diethlem, ancien chef de cabinet de Georges Mandel, Yves Morvan qui, sous le pseudonyme de Jean Marin, deviendra l'un des plus célèbres journalistes français de la BBC, les universitaires ou chercheurs, Jacques Lassaigne, venant de Bucarest, Georges Gorse, du Caire, Jacques Soustelle, du Mexique, Joseph Hackin, de la mission archéologique en Afghanistan, le secrétaire d'ambassade François Coulet qui était à Helsinki, tandis que, du Brésil, le grand romancier Georges Bernanos, qui a déjà stigmatisé la bourgeoisie trop complaisante envers les régimes totalitaires au temps de la guerre d'Espagne, dans *Les Grands Cimetières sous la Lune*, fait savoir par télégramme son soutien à la France libre.

Mais, à cette date, l'essentiel, pour de Gaulle, c'est de mettre sur pied une force militaire que, parfois, on appelle encore « Légion française »[36]. D'emblée, les difficultés paraissent immenses. La plupart des réservistes, de passage en Angleterre, rescapés de Dunkerque ou de l'expédition de Norvège, quelle que soit leur opinion sur l'armistice ou les suites de la guerre, veulent retrouver leurs familles dispersées et menacées. Les autorités britanniques n'accordent aucune aide, en général, aux quelques officiers que de Gaulle a pu envoyer dans les camps où ils sont cantonnés. Dans la hiérarchie militaire anglaise, on se méfie instinctivement de ces hommes qui ont, d'une certaine façon, déserté leur armée et qui appellent les autres à les rejoindre. On s'inquiète aussi de l'attitude de ces milliers de Français, au cas où surviendrait une invasion. On est prêt, parfois, à croire que le gouvernement de Vichy, allant au-delà de la capitulation, finira par rejoindre le camp allemand. Le chef d'état-major impérial, le général Dill, ne le cache pas. Tant d'entraves, d'incompréhensions et de soupçons, ne peuvent que décourager ceux qui sont tentés de rejoindre la France libre. C'est dans le corps expéditionnaire de Norvège que le recrutement pourrait être le meilleur. Mais le général Béthouart, malgré son amitié pour de Gaulle, ne veut pas suivre son exemple et croit de son devoir de ramener ses hommes en Afrique du Nord. Il n'y a donc que 900 hommes de la 13e demi-brigade de la Légion étrangère qui s'engagent dans les Forces françaises libres avec, à leur tête, le lieutenant-colonel Magrin-Verneret, qu'on appelle « Monclar » et le capitaine Koenig, et seulement 37 hommes, dont 6 officiers, du 6e bataillon de chasseurs alpins. Mais il s'y ajoute bientôt, à l'Olympia Hall, lieu de rassemblement des volontaires, des évadés de tous grades et de toutes origines, arrivés souvent après d'extraordinaires aventures et qui sont accueillis avec un enthousiasme sans limites, dans un climat qu'a dépeint le futur amiral Flohic : « Chaque entrée de détachement dans l'immense nef était saluée par des hourras et des acclamations de ceux qui s'y trouvaient déjà, ponctuée par une vibrante *Marseillaise*. Vingt fois, trente fois dans la nuit, le même scénario se renouvela jusqu'à ce que, morts de fatigue, nous nous jetions sur nos paillasses à même le sol... »

La fermeture totale des frontières françaises interdit d'espérer un flux nouveau de ralliements. La « première brigade de Légion française », créée le 1er juillet, s'accroît de 568 jeunes engagés venus de métropole ou d'Angleterre et comprend, le 8 juillet, 1 994 hommes dont 101 officiers. Cinq semaines plus tard, elle est déjà de 2 721 hommes, dont 123 officiers et des petits détachements commencent à se former au Proche-Orient où le colonel de Larminat, sur le point d'entraîner avec lui plusieurs régiments, a été arrêté et a dû s'enfuir en Palestine mais où des hommes de l'infanterie coloniale, des spahis marocains conduits par quelques officiers et des légionnaires provenant de l'armée républicaine espagnole rejoignent la France libre en même temps que 340 hommes et un capitaine, stationnés à Chypre. Le 30 juillet, un bataillon d'infanterie peut être ainsi mis sur pied avec 16 officiers et 560 sous-officiers et soldats. De petits groupes de militaires d'active, basés en Afrique-Occidentale, passent dans les colonies britanniques voisines, dont la batterie du capitaine Laurent-Chanrosay. Au total, à la fin d'août, les effectifs des Forces françaises libres se montent à 4 500 hommes dont 15 % sont des légionnaires, des spahis marocains, des tirailleurs noirs et 15 % des volontaires venus de France. La difficulté la plus grave sera toujours de les encadrer, de sorte que de Gaulle crée, dès novembre 1940, l'Ecole militaire des Cadets de la France libre, d'abord installée à Malvern, puis au manoir de Ribbesford, dans le Worcestershire, où seront formés, entre 1941 et 1944, 255 aspirants dont 48 seront tués.

Le recrutement est plus difficile encore dans la marine, surtout après le choc de Mers el-Kébir [37]. Là aussi, la plupart des réservistes veulent retourner en France et veiller sur leurs familles. Au 15 juillet 1940, on enregistre malgré tout 882 engagements, dont celui de 30 officiers, tandis que 700 autres marins, cédant aux pressions ou sollicitations des Anglais, sont passés à la Royal Navy. Avant le milieu de novembre, 400 nouveaux ralliements viendront renforcer les forces navales françaises libres, auxquelles s'ajouteront 172 autres venant de l'escadre d'Alexandrie, immobilisée sur place par un accord entre son chef, l'amiral Godfroy et les Britanniques. A la fin de l'année, les effectifs atteindront 3 300 hommes pour la marine de guerre et 2 100 pour la marine marchande. Impossible, dans ces conditions, d'armer et de doter en équipages français les 86 bâtiments de guerre, les 150 chalutiers, remorqueurs et vedettes armées et les 135 navires de commerce qui arborent le pavillon de la France libre. Trois bâtiments seulement se sont ralliés avec leurs commandants et leurs équipages, le patrouilleur auxiliaire *Président Hoduce*, le sous-marin *Rubis* du commandant Cabanier et le sous-marin *Narval* du commandant Drogou qui sera coulé dès l'automne. Si réduite que soit cette force, elle est animée, organisée, développée avec efficacité et passion par celui que de Gaulle a nommé au commandement des forces navales françaises libres, l'amiral Muselier. Sa personnalité pittoresque, son passé mouvementé dans la marine où il a naguère brisé, l'arme au poing, la mutinerie de son équipage en 1917 dans la mer Noire, ses démêlés avec sa hiérarchie quand il réprima des actes supposés de contrebande et d'obscures spéculations, de sorte que Darlan le mit à la retraite, ne l'empêchaient pas de faire preuve de grandes qualités, auxquelles de Gaulle fut sensible — non sans s'être assuré discrètement qu'il n'avait « commis aucune faute contre l'honneur ». Ainsi parvint-il à faire reprendre la mer à 2 sous-marins, 4 avisos, 4 chasseurs au mois d'octobre, à 2 contre-torpilleurs, 3 torpilleurs et 3 patrouilleurs avant la fin de l'année. Chargé aussi des forces aériennes par de Gaulle, avant que n'arrivent des officiers supérieurs de l'armée de l'air, il ne dispose que de très faibles effectifs. Près de 200 aviateurs, en majorité des élèves-pilotes, ont rejoint l'Angleterre entre le 15 et le 30 juin, que de Gaulle adjure de ne pas s'engager directement dans la Royal Air Force, « 200 aviateurs sous l'uniforme français, explique-t-il, devant être plus utiles, au jour de la victoire, que 2 000 le seraient sous l'uniforme anglais ». Le 22 juillet, 3 aviateurs français participent, pour la première fois, à un raid sur la Ruhr. Le 1er août, le commandant de Marmier peut créer le « groupe de combat numéro 1 » avec une vingtaine d'appareils et le commandant Astier de Villatte forme une première équipe français de bombardements. En septembre enfin, une dizaine de pilotes de chasse français libres participent à la bataille d'Angleterre. Dans ces si maigres Forces françaises libres, un état d'esprit se crée qui persistera chez elles jusqu'à la fin. Jean-Louis Crémieux-Brilhac qui en fut dès l'origine, cite, à cet égard, Péguy selon qui « l'esprit révolutionnaire » consiste « à vouloir que ça marche et à en faire plus que son compte » et il en voit la résurgence dans « l'esprit français libre ». Du camp où il forme pour l'infanterie des recrues bretonnes, le capitaine et futur général Hucher écrit dans son journal personnel : « Nous n'étions pas nombreux, nous étions tous des volontaires et nous étions tous d'accord. Il n'y avait pas de poids lourd à traîner, tout le monde en voulait. » Pour la marine, le premier commandant du contre-torpilleur *Triomphant,* le futur amiral Wietzel témoigne : « Les hommes sont remarquables d'initiative, formidables sous les bombardements de Portsmouth... On dort habillé sous les bombardements qui durent de 8 heures du soir à 6 heures de matin. On travaille dans un état d'exaltant patriotisme avec l'idée de relever la France. »

« Cette ardeur qui soulève des montagnes, écrit encore Jean-Louis Crémieux-Brilhac, est celle de la jeunesse. Les Français libres volontaires pour combattre ont vingt-cinq ans d'âge moyen dans les forces terrestres, vingt-sept à la Légion étrangère, vingt-trois chez les aviateurs. » Ils partagent en outre la même passion. Ils professent la même révolte contre ce que de Gaulle a appelé les « honteux armistices ». Ils sont sans la moindre indulgence envers Pétain. Rien ne peut entamer leur fureur contre les partisans de la soumission et de la capitulation : rien ne les détournera de leur intransigeance. Tout les porte, au contraire, à détester les compromissions et, presque autant, les compromis. A l'image de la presque totalité des Français, ils rejettent sans nuances et sans souci de compréhension le régime d'avant-guerre et, parmi eux, se retrouve naturellement la gamme des sensibilités françaises, les uns détestant les souvenirs du Front populaire, les autres naturellement républicains mais rêvant d'une République plus pure et plus dure. De Gaulle convient à tous — comme il conviendra à la plupart des Français — parce que, justement, il n'est lié à aucun parti, marqué par aucun épisode de la vie politique d'autrefois.

« L'esprit français libre » n'est pas dissociable, en effet, d'un certain attachement à de Gaulle[38]. Ceux-là même qui ont été parfois heurtés par la distance qu'il garde vis-à-vis des autres, son apparence de froideur et sa rudesse, ont très bien admis que c'était là les traits de caractère qu'on voit habituellement aux chefs qui méritent ce nom et que la France, dans sa détresse, avait sans doute besoin de ce type d'homme plus que de tout autre. Par la suite, la hauteur de son style, ses appels à une lutte implacable contre l'ennemi et Vichy, sa réputation d'intransigeance, confirmèrent encore les Français libres dans leur certitude que c'était bien là l'homme qu'il fallait, et renforcèrent leur estime, leur admiration et parfois leur dévotion envers lui. Rien de plus significatif, ici, que le témoignage de l'étudiant en médecine et futur prix Nobel, François Jacob, dans son livre de souvenirs et de confidences, *La Statue intérieure*, évoquant sa première rencontre avec de Gaulle : « Ce fut bien un personnage gothique que je découvris quand, flanqué d'un aide de camp, marchant à grandes enjambées, le général arrive devant les troupes assemblées... C'était la France même qui se dressait dans ce coin d'Angleterre. On en avait la chair de poule. Brève allocution du général. Impressionnant personnage. Immense, avec un nez immense, des paupières lourdes, la tête rejetée en arrière... La solidité d'un pilier gothique... Sa voix même, profonde, hachée, semblait ricocher sous des voûtes, comme un chœur au fond d'une nef gothique. Il parla. Il fulmina. Il tonna contre le gouvernement Pétain. Il dit les raisons d'espérer. Il prophétisa. Il brassa le monde, les armées, les forces, les peuples. Il dessina les phases à venir de la guerre, les moments difficiles, la victoire finale, inéluctable. Il décrivit la nécessité de la présence française, des troupes françaises sur tous les champs de bataille. Il nous promit des combats, des victoires. La victoire. Puis le général repartit à grands pas. “Un comme ça, j'en ai encore jamais vu”, me dit Roger le soir. Il avait la même impression que moi. L'impression que de Gaulle était, au-delà de toute espérance, l'homme de la situation. L'impression que, pour faire la guerre, pour participer à la reconquête de la France, nous avions trouvé la bonne adresse. »

D'autant plus étrange apparaît, par contraste, l'âpreté des querelles qui se déchaînèrent à Londres, dès 1940 et plus encore par la suite, à l'encontre du chef des Français libres[39]. On put en voir les premiers signes à travers le seul quotidien français paraissant en Angleterre, *France*, lancé le 26 août, avec les encouragements de Churchill et de Duff Cooper, par une équipe de journalistes de sensibilité socialiste, Georges Gombault et son fils Charles, Louis Lévy, collaborateur du *Populaire*, Pierre Comert, ancien chef du service de presse du Quai d'Orsay avant sa mise à l'écart par Georges Bonnet, et Gustave Moutet, fils de Marius Moutet, ministre socialiste de la France d'outre-mer dans les gouvernements du Front populaire. Le premier numéro comportait un court éditorial rédigé par de Gaulle lui-même : « Tout ce qui sert à frapper l'ennemi est utile et salutaire, y écrivait-il. Ainsi de *France*, qui veut exhorter au combat. » De Gaulle avait d'ailleurs désigné un représentant auprès du journal, André Rabache, l'un des deux rédacteurs en chef. Les difficultés entre la direction de *France* et la France libre elle-même s'esquissèrent assez tôt pour qu'en 1941 il ait fallu passer un accord précis : le journal s'y engageait à s'abstenir « de toute polémique et de toute critique à l'égard des personnes et des actes de la France libre ». Pour les uns, il s'agissait d'éviter de nouvelles campagnes hostiles qui affaibliraient de Gaulle et ses compagnons au moment où ils traversaient les pires épreuves dans leurs relations avec la

Grande-Bretagne et où Vichy pouvait encore prétendre à une certaine audience, et, pour les autres, ce fut une assez sage précaution, car l'immense majorité des Français libres auraient très mal supporté un journal qui, paraissant à Londres en pleine guerre, aurait mené chaque jour campagne contre de Gaulle et ce qu'il représentait. Cet accord, en tout cas, fut respecté. Il reste que le noyau des dirigeants du journal se cantonna dans une hostilité frémissante et parfois violente, qui s'exprimait en privé le plus souvent, parfois à travers le groupe « Jean Jaurès », fondé par eux, mais surtout dans les entretiens avec les milieux politiques de Londres, les journalistes anglais, les correspondants étrangers. Pour l'essentiel, on y accusait de Gaulle d'aspirer à être dictateur, de ne pas se référer à la République, d'être entouré d'une équipe d'extrême droite. Quel pouvait en être le fondement ?

Charles Gombault a raconté que, dès le lendemain de la publication du premier numéro de *France*, il a reçu d'un officier du quartier général de la France libre un coup de téléphone lui transmettant les félicitations que de Gaulle voulait adresser au journal, mais qu'il lui avait demandé, comme s'il parlait au nom de son chef, de supprimer les mots « liberté, égalité, fraternité » au-dessous du titre. Comme il répliquait qu'il s'agissait de la devise de la République, son interlocuteur aurait répondu que « dans les circonstances présentes », elle risquait de diviser les Français. Si ce récit est exact, il témoigne évidemment de la réticence de cet officier à l'égard de mots qui étaient étroitement associés à la IIIe République et qu'il en redoutait l'effet sur certains ralliés à la France libre, à moins qu'il n'ait exprimé ses sentiments personnels. Quoi qu'il en soit, la devise fut maintenue, personne n'en parla plus et tous ceux que Jean Lacouture a interrogés ont témoigné que « rien dans les propos que tenait alors, en public et en privé, le général, ne donne à penser qu'il ait pu inspirer une telle démarche ». On peut également citer l'un des premiers ralliés à la France libre, André Weil-Curiel, qui se plaint d'avoir été mis à l'écart en raison de ses origines juives : mais outre que d'autres exemples vont en sens contraire, il fut, justement l'un des tout premiers à être chargé, très tôt, d'une importante mission en France. Quoi qu'il en soit, les dirigeants de *France* étaient, en Angleterre, les mieux placés pour savoir, par leurs contacts et souvenirs d'avant-guerre, que de Gaulle, durant sa campagne en faveur de l'arme blindée, avait eu beaucoup plus d'appuis à gauche qu'à droite, comme ceux de Philippe Serre, de Marcel Déat, de Léo Lagrange, de Joseph Paul-Boncour, que l'homme politique dont il paraissait le plus proche, Paul Reynaud, était l'objet des attaques les plus grossières, presque quotidiennes, de *L'Action française*, et qu'il avait pris parti — comme de Gaulle l'avait fait dans ses lettres et ses entretiens — en faveur d'une alliance avec l'Union soviétique, d'un soutien à la République espagnole et d'une résistance systématique aux entreprises de Hitler et de Mussolini. Peut-être même pouvaient-ils savoir que le seul milieu intellectuel que de Gaulle ait régulièrement fréquenté était celui qu'animait le colonel Mayer, dont la tonalité était indiscutablement républicaine et démocratique — même au cas, probable, où ils n'auraient pas su que de Gaulle avait adhéré à l'association des *Amis de Temps présent.* Le fait est là : les dirigeants de *France* et le milieu qui gravitait autour d'eux, n'en tinrent aucun compte. De Gaulle pouvait-il être soupçonné de visées dictatoriales et de sympathies pour l'extrême droite, si l'on en jugeait par son entourage ? On pouvait savoir, en tout cas, quand on était à Londres, qu'il n'avait pas attendu les chefs de file de la droite — bien que certains fussent déjà résolus à combattre l'ennemi et Vichy, comme Louis Marin, par exemple — mais des hommes politiques marqués davantage à gauche ou déjà engagés dans la lutte contre les Etats fascistes : Herriot et Jeanneney, Mandel et Reynaud. Personne n'était venu. Mais les premiers ralliés de la France libre témoignaient, pour le moins, de la plus grande diversité d'opinions. Certains, naturellement, n'avaient jamais eu à prendre position, comme la plupart des jeunes officiers et fonctionnaires, plutôt conservateurs ou modérés mais complètement absorbés alors par leur engagement sans retour dans le combat contre l'ennemi et Vichy. Le capitaine Dewavrin, futur « colonel Passy », qui devait être l'objet des attaques les plus impitoyables de la part des antigaullistes de Londres, n'avait jamais eu d'engagement politique et devait affirmer, plus tard, qu'il avait « pris parti pour la république espagnole et contre Munich » : jamais on n'a pu fournir le moindre argument justifiant les rumeurs qui le rattachaient à la Cagoule non plus qu'à toute autre organisation clandestine d'extrême droite, et ceux qui le connaissaient ne pouvaient tout simplement pas y croire. Parmi les agents qu'il envoya en France, il en est deux qui en avaient fait partie : le capitaine Fourcaud et le lieutenant Duclos — celui-ci le reconnaissant d'ailleurs plus franchement que celui-là. Mais c'est un fait qu'ils ne se virent confier aucune mission politique mais seulement des tâches de renseignements militaires, Fourcaud, toutefois, recherchant volontiers, lors de sa première mission en France, des contacts avec les milieux politiques d'avant-guerre, mais justement, comme on le verra, plutôt à gauche qu'à droite. Passy comptait parmi ses plus proches collaborateurs, le socialiste Pierre-Bloch, le socialiste Louis Vallon, Stéphane Hessel, que ses sympathies situaient à gauche. Ses principaux interlocuteurs, durant toute l'histoire de la France libre, furent le socialiste André Philip, le socialiste Pierre Brossolette, l'ancien chef de cabinet de Pierre Cot, Jean Moulin et tous l'apprécièrent, Brossolette devenant même son ami. On comptait, certes, auprès du chef de la France libre des hommes politiquement inclassables, comme l'ont toujours été d'innombrables Français : Claude Serreulles, lecteur, avant la guerre, de l'hebdomadaire *La Flèche*, journal très lu dans la gauche intellectuelle, le diplomate François Coulet, délibérément non conformiste, le gentilhomme campagnard et fervent chasseur Hettier de Boislambert, sûrement très éloigné de la gauche mais personnalité plus originale que conservatrice. A côté d'eux, René Pleven était issu de la tradition républicaine de Bretagne. René Cassin était l'archétype d'un homme de gauche. Maurice Dejean avait été chef de cabinet de Daladier. Pierre-Olivier Lapie était député d'un groupe très proche du parti socialiste et il fut aussitôt désigné comme directeur des affaires politiques de la France libre. Georges Boris avait dirigé le cabinet de Léon Blum. Maurice Schumann était réputé pour être l'un des journalistes les plus antifascistes de l'avant-guerre. L'amiral Muselier, que l'on qualifiait, à tort, de « marin rouge » était, en tout cas, détesté des milieux les plus traditionalistes et conservateurs de la marine. Jules Hackin était syndicaliste et Henry Hauck de sensibilité socialiste. Jacques Soustelle avait été secrétaire général de la ligue des intellectuels antifascistes. Le général Petit, que de Gaulle a nommé chef de son état-major particulier, sera, comme sénateur, apparenté au groupe communiste.

Force est de conclure que de Gaulle avait autour de lui, dans son entourage, parmi ses compagnons et surtout parmi ceux auxquels il confia les tâches les plus importantes et les plus significatives, des hommes de sensibilités variées mais dont l'indiscutable majorité se situait à gauche. Rien, à cet égard, ne justifiait l'hostilité presque obsessionnelle du milieu antigaulliste de Londres. On doit en déduire que, dans ce milieu, les hommes les plus influents et les plus actifs s'inspiraient, par instinct plutôt que par expérience, de préjugés très forts qui, chez eux, renvoyaient à une certaine tradition politique, à certains ressorts psychologiques. De Gaulle était un général, un militaire qui, conformément à la loi et à l'usage, n'aurait pas dû « faire de politique » et n'avait, en tout cas, aucun titre à exprimer le choix politique fondamental de la résistance à l'ennemi et à Vichy. Il portait un nom à particule : cela suffisait, dans ce milieu, pour le rendre suspect, et le situer dans les cercles habituellement peu favorables à la République. Si, de plus, on avait entendu dire que ce général, apparemment d'origine noble et certainement catholique, pratiquait sa religion, c'était assez pour le juger. Tout ce qui aurait pu contribuer à le connaître, tout ce qui révélait son état d'esprit, ses choix, l'origine de son engagement de 1940, ses penchants intellectuels, fut écarté, ignoré ou occulté.

Rien, à partir de là, ne pouvait changer le comportement du milieu antigaulliste de Londres. Mais rien, non plus, ne put empêcher qu'il eût quelque influence au moment où, en Angleterre, on s'irritait de la rigoureuse indépendance et de l'intransigeance calculée dont de Gaulle faisait preuve et, plus encore, quand la politique américaine, déployant toute sa puissance, chercha à l'évincer ou à le tenir à l'écart. Dans ce milieu, les plus modérés eux-mêmes, comme Raymond Aron, rédacteur en chef du mensuel *La France libre*, dont André Labarthe était directeur, contribuaient à affaiblir, à leur façon, celui que la résistance extérieure et intérieure, par choix délibéré ou par la force des choses, considérait comme leur symbole et leur chef : ainsi quand Raymond Aron répétait que le régime de Vichy était, au fond, constitutionnellement fondé, que c'était le régime légal de la France, et qu'il avait la plus forte assise dans le pays ou encore quand il suggérait que l'entreprise entamée par de Gaulle s'apparentait à celle de Bonaparte...

De Gaulle, en attendant les tempêtes qu'il sait devoir affronter bientôt, a dû aménager sa vie et son temps. Après Seymour Grove et St Stephen's House, il est installé, le 22 juillet 1940, à Carlton Gardens dont on a vu qu'il en fit son quartier général jusqu'à la libération de la France. A cette date, il a déjà été rejoint par sa famille. Yvonne de Gaulle s'est embarquée, le 18 juin, avec l'aide du consul d'Angleterre à Brest, sur un cargo britannique et son mari devait ainsi commenter ce voyage : « Il n'y avait plus beaucoup de bateaux dans le port. Deux allaient partir, un anglais et un polonais : c'est le polonais qui a été coulé. » Seymour Grove ne pouvait convenir à toute la famille puisqu'elle comprenait, outre les trois enfants, une demoiselle de compagnie, Marguerite Potel, qui s'occupait d'Anne constamment. Bien que Philippe partît aussitôt pour l'Ecole des Cadets de la marine, on prit d'abord des chambres à l'hôtel Rubens, puis Yvonne de Gaulle loua une villa à Petts Wood, dans la banlieue immédiate de Londres. De Gaulle peut alors aller de son bureau à son domicile, soit en métro, soit en voiture. Mais la bataille d'Angleterre commençait et le bruit des bombes et des combats aériens était au-dessus de ce qu'Anne pouvait supporter. Il fallait déménager. On trouva un cottage à Ellesmere, dans le comté plus paisible de Shropshire, entre Birmingham et Liverpool, qui avait, en outre, l'avantage d'être proche de Shrewsburry où Elisabeth était en pension au couvent des Dames de Sion. Ce cottage s'appelait Gadlas Mall et on y jouissait d'un beau jardin qui rendait la vie d'Anne plus agréable. Mais elle était à quatre heures de Londres par le train. De Gaulle, en pratique, ne pouvait y venir plus d'une fois par mois. Il prit donc une chambre à l'hôtel Connaught, dans le quartier de Mayfair. Il lui était difficile, on l'imagine, d'y passer inaperçu. Mais il fut, justement, très sensible aux soins que l'on mettait, autour de lui, à ménager ce qu'il pouvait garder de vie personnelle et de liberté. C'est alors qu'il ressentit, pour ce peuple anglais qu'il voyait vivre sous ses yeux en un moment exceptionnel de son histoire, une sympathie qui ne se démentit jamais. « C'était un spectacle proprement admirable, devait-il écrire, que de voir chaque Anglais se comporter comme si le salut du pays tenait à sa propre conduite. » Mais le destin, ses propres mérites et la détermination de Churchill avaient donné au peuple britannique le privilège de pouvoir combattre et résister seul et démontrer alors son courage, sa résolution et son flegme. Tout autre avait été le destin de la France : c'est celui-là que de Gaulle avait à prendre en main.

Chapitre 9

A L'ASSAUT DE L'EMPIRE

Dès le début de juillet, de Gaulle n'a plus aucune illusion sur le comportement de la plupart des responsables des protectorats, mandats, colonies et départements algériens. Noguès, Peyrouton, Mittelhauser, Le Beau, Brévié, Boisson, aucun d'entre eux, qui avaient pourtant manifesté l'intention de poursuivre la lutte, n'est allé jusqu'à s'opposer à l'armistice. Leur résignation, ou leur abandon, pose à la France libre une question cruciale : aura-t-elle quelque part une assise territoriale, ou devra-t-elle se contenter, pour affirmer qu'elle est, à elle seule, la France en guerre, des bureaux de Carlton Gardens ? Les ralliements qui se succèdent jusqu'alors dans les colonies ne sont qu'individuels ou ne viennent que de très petits groupes. En Syrie, le général de Larminat n'a pu entraîner avec lui les quelques régiments qu'il croyait avoir convaincus. Le général Legentilhomme, qui commandait les forces françaises à Djibouti, n'a pas osé affronter, les armes à la main, les autorités du territoire et s'est rallié seul : s'il avait suivi les avis enthousiastes de Larminat, qui était venu le rejoindre et avait galvanisé les sympathies qu'il avait parmi les dix mille hommes de la garnison, il aurait pu l'emporter et le cours de la guerre en Afrique orientale en eût été changé par le ralliement au camp allié de Djibouti qui aurait permis peut-être aux Anglais et Français libres d'occuper beaucoup plus tôt l'Erythrée et l'Ethiopie[1]. A la tête de l'Indochine, le général Catroux était passionnément hostile à l'armistice. Le ralliement de la grande possession française d'Extrême-Orient à la France libre avec son considérable potentiel économique et sa position centrale sur l'échiquier stratégique du Sud-Est asiatique lui aurait donné, pour les suites de la guerre, un rôle majeur. Mais Catroux ne put agir comme il aurait voulu[2]. Le 18 juin, il avait reçu un ultimatum japonais exigeant la fermeture de la frontière entre la Chine et l'Indochine et son contrôle par l'armée nippone. A ses appels à l'aide, les gouvernements britannique et américain ont répondu qu'ils étaient dans l'impossibilité d'intervenir.

Si la France et son Empire avaient décidé de poursuivre la lutte, Churchill, sans risquer d'entrer en guerre contre le Japon au moment où il devait rassembler toutes ses forces pour éviter l'invasion de la Grande-Bretagne, aurait-il marqué, au moins par une aide en matériels, son souci de ne pas laisser l'allié français recevoir de nouveaux coups ? Le Japon, aurait-il limité ses exigences ? Roosevelt aurait-il pu obtenir du Congrès d'accorder une aide en armes ou en argent ? Nul ne saurait le dire. Mais, en cette première occasion, on pouvait mesurer les conséquences outre-mer de la défaite en métropole et de l'armistice : quels que fussent les ordres venus de Vichy, l'Indochine, réduite à elle-même ne pouvait résister aux pressions militaires du Japon et l'arrivée sur place des premiers contingents de l'armée japonaise annonçait que la domination française n'y était plus assurée. Catroux, en tout cas, révoqué par Vichy, alla rejoindre de Gaulle mais sans l'Indochine. De Gaulle ne put alors, comme il l'écrivit dans ses *Mémoires*, que se jurer de ramener un jour ce « grand vaisseau » qui s'éloignait, tant il était clair pour lui qu'il n'aurait de légitimité que s'il s'identifiait à l'indépendance et l'intégrité de toute la France et de tout son Empire.

Mais la bataille pour rallier à la France libre les territoires d'outre-mer n'était pas perdue. De fait, elle commença par les comptoirs des Indes. Dès le 20 juin, l'administrateur de Chandernagor, Xavier Baron, répondit à l'appel lancé par de Gaulle l'avant-veille. Son supérieur, le gouverneur Bonvin, basé à Pondichéry, l'imita six semaines plus tard, entraînant avec lui tous les autres comptoirs des Indes. Puis ce fut au tour du Pacifique. Aux Nouvelles-Hébrides, condominium franco-britannique, le haut-commissaire Sautot appela la population à rallier la France libre, et avec l'appui de l'évêque[3], Mgr Mahert, organisa un référendum : il fut approuvé par quatre cents voix contre quatre. En Polynésie, le gouverneur Chasteney de Géry, ayant pris position contre l'armistice, était entré en relation avec les autorités britanniques voisines. Mais Vichy réagit en suscitant, sur place, un comité à sa dévotion, composé de cinq personnes dont le célèbre navigateur Alain Gerbault. Un comité concurrent, de vingt-quatre membres, dont quatre Tahitiens, se constitua aussitôt avec sa tête le maire de Papeete, et prit le pouvoir le 2 septembre. La seule opposition vint du commandant de la marine, qui se réduisait à un aviso et quinze marins : il préféra se déclarer prisonnier. Un référendum donna 5 564 voix, venant surtout de la communauté protestante, pour la France libre contre 18, la plupart des catholiques et des notables de l'île préférant s'abstenir. C'est un médecin administrateur, Emile de Curton, qui fut nommé gouverneur : une promotion contestée bientôt par la fille du dernier roi indépendant de l'archipel, Pomaré V, la princesse Neri-O-Tahiti Pomaré, qui écrivit à de Gaulle pour accuser Curton de vouloir rétablir « le régime du Front populaire qui a fait tant de mal à la France[4] ». Premier signe, encore bien mince, des querelles de personnes et d'équipes qui ne cessèrent de diviser, durant les années suivantes, les Français libres d'Océanie... Le 19 septembre enfin, Sautot gagna la Nouvelle-Calédonie pour achever son ralliement[5]. Un comité s'était déjà constitué à Nouméa pour contraindre, avec l'appui du Conseil général, le gouverneur Pélicier à poursuivre la lutte. Mais ce dernier, après avoir feint de prendre contact avec de Gaulle, publia, le 29 juillet, dans le *Journal Officiel* du territoire, les ordonnances constitutionnelles créant le régime de Vichy. Après un affrontement violent avec le Conseil général, il démissionna, et son remplaçant, le colonel Denis, commandant supérieur des troupes dans le Pacifique, dut faire face à la population, en très grande majorité, en faveur de la France libre, qui paralysa les mouvements de troupes et dissuada les artilleurs calédoniens de tirer sur le croiseur australien *Adélaïde* d'où débarquait Sautot. Cent vingt-huit fonctionnaires civils et militaires, seulement, obéissant à Pétain, préfèrèrent gagner l'Indochine.

Mais l'essentiel, c'était l'Afrique. Evoquant ces premières semaines de l'été 1940, de Gaulle devait écrire :

> Si j'étais à d'autres égards assailli de perplexité, il n'y avait, quant à l'action immédiate à entreprendre, aucun doute dans mon esprit... C'était en Afrique que nous, Français, devions poursuivre la lutte.

Le 15 juillet, douze jours seulement après Mers el-Kébir, il expose aux officiers qui lui servent d'état-major à Londres, qu'il va concentrer ses efforts sur Dakar et l'Afrique-Occidentale puisque c'est là que se situe le centre vital de toute l'Afrique noire française, que la population européenne et les Africains les plus francisés y paraissent favorables à la poursuite de la lutte, que Dakar même occupe une position stratégique essentielle sur les côtes de l'Atlantique, et que la France libre aura, de ce fait, un rôle majeur dans la prochaine phase de la guerre. Mais les événements l'obligent à changer de projet. Au Tchad, le gouverneur Félix Eboué, premier Noir à administrer une colonie française, a pris parti immédiatement pour la France libre, en a prévenu le gouverneur de la colonie voisine du Nigeria, puis y a dépêché son adjoint, Henri Laurentie, pour prendre contact avec de Gaulle. Celui-ci est donc prévenu, le 17 juillet, du ralliement, encore secret, du Tchad. Les conséquences peuvent en être considérables : le territoire, en effet, a une longue frontière commune avec la Libye italienne et les Français libres, s'ils peuvent s'y installer, se trouveront donc directement aux prises avec l'ennemi, et voisins des troupes britanniques d'Egypte, sur le même théâtre d'opérations[6].

Au Cameroun, le gouverneur Richard Brunot a livré aux Anglais les ressortissants allemands internés et s'est engagé à ne jamais admettre la présence directe ou indirecte de l'Allemagne sur le territoire. L'amiral Platon, sur ordre de Vichy, a voulu le détourner de toute résistance mais, sur place, un comité s'est déjà constitué en faveur de la France libre, animé par l'inspecteur des travaux publics Mauclère. Ce comité est sûr de l'appui de la population française mais, faute de secours extérieur, il risque d'être bientôt incapable d'agir et l'on craint le remplacement prochain du gouverneur. De Gaulle est alors averti des intentions du gouverneur Brunot et de celles de l'administrateur en chef Louveau, en haute Côte-d'Ivoire, qui veut aussi se rallier à la France libre. Il décide donc d'orienter vers Brazzaville l'effort qu'il comptait faire d'abord vers Dakar et l'Afrique-Occidentale : par la suite, le succès y sera d'autant plus probable que jouera l'effet de contagion venu d'Afrique-Equatoriale. Il en fait part à Churchill, qui lui donne son accord et il désigne l'équipe qui va tenter de rallier, en son nom, cette immense partie de l'Empire.

Elle est composée de trois hommes, qui, tous trois, vont beaucoup compter dans l'histoire de la France libre : Leclerc, Boislambert, Pleven. Ce dernier, chargé officiellement des affaires extérieures depuis le 15 juillet, y apportera sa longue expérience des relations avec les Britanniques et sa pratique des affaires économiques et commerciales. Hettier de Boislambert, a passé neuf ans en Afrique et a déjà montré, en gagnant Londres, qu'il ne redoutait pas les entreprises aventureuses. De Leclerc — Philippe de Hautecloque — de Gaulle rapporte qu'il est arrivé en Angleterre

> la tête bandée sur une blessure qu'il avait reçue en Champagne et passablement fatigué. Il vint se présenter à moi qui, voyant à qui j'avais affaire, réglai sa destination sur-le-champ. Ce serait l'Equateur. Il n'eut pas le temps de s'équiper et, sous le nom de commandant Leclerc, muni de l'ordre de mission que je remis à l'équipe, s'envola avec les autres.

Puis de Gaulle parla à la radio, le 30 juillet, de cet enjeu qu'était l'Empire.

> Je veux aujourd'hui vous parler de notre Empire, déclara-t-il. L'exécution des abominables armistices de juin est en train de nous le faire perdre... Ils sont totalement injustifiables, inexcusables, pour ce qui concerne l'Empire. L'Empire était intact. L'ennemi n'avait même pas essayé de l'attaquer. Or, les armistices livrent l'Empire à la discrétion de l'ennemi. Nos colonies doivent être désarmées. Les points stratégiques doivent être évacués. Des commissions allemandes et italiennes doivent s'installer sur place pour contrôler ce qui leur convient. Après quoi, sans peine pour eux, sans honneur pour nous, les ennemis n'auraient qu'à venir pour s'emparer des terres qu'ont données à la France nos explorateurs, nos soldats, nos missionnaires et nos colons. J'ajoute que les populations indigènes, ces populations fidèles à la France, respectueuses de la France, jugent avec indignation cette capitulation de l'Empire sans combat. L'une des premières conséquences des abominables armistices sera la désaffec-

> tion et probablement la révolte des indigènes de l'Empire. Enfin, quelle va être la situation économique de nos malheureuses colonies sous le régime des armistices ?... C'est un épouvantable désordre qui s'annonce, une affreuse misère qui les menace. Comment dans ce désordre, dans cette misère, se maintiendrait l'autorité de ceux qui ont la charge d'administrer ? Dans les soulèvements éventuels, quels risques pour les Français et les Françaises de nos colonies !

Tout est révélateur dans ce texte. De Gaulle y situe d'abord son action et en donne la signification : il faut maintenir la France dans la guerre et, en l'amenant à la victoire aux côtés de ses alliés, elle pourra conserver son Empire. Telle sera donc la tâche qu'il doit mener à bien, jusqu'au bout : restituer à la France libérée l'intégrité de ses possessions, alors que la résignation à la défaite mènerait inévitablement à leur perte. Mais cette entreprise elle-même ne va pas aller sans aléas : tout indique, en effet, que l'Empire, sous le coup de la défaite, est menacé déjà de dispersion et de désagrégation comme on vient de le voir en Indochine ; en même temps, il faudra tenir compte des secousses inévitables de la guerre et de leurs conséquences directes ou indirectes sur l'Empire, en s'efforçant qu'il reste intact et sans compromettre, pourtant, l'avenir dont décideront les responsables que la France se donnera après la victoire. Toute l'histoire de l'Empire au temps de la France libre et des gouvernements provisoires est ici contenue à l'avance, avec ses impératifs, ses risques et ses contradictions.

Ce 30 juillet, de Gaulle évoque, en effet, un autre péril que la perte des colonies, protectorats ou mandats au profit de l'ennemi : la « désaffection » ou la « révolte » des « populations indigènes ». C'est dire qu'il ne se fait aucune illusion sur leur « respect » et leur « confiance » envers la France : impressionnées par la défaite subie en métropole, subissant un surcroît de misère et voyant un pouvoir français fléchir devant l'ennemi, elles pourraient être tentées de s'insurger et de rompre avec un colonisateur si dramatiquement affaibli. On voit ici que de Gaulle, ne partage aucunement les idées reçues — ou l'aveuglement — de la plupart des Français de sa génération sur les liens forgés entre la France et les « populations indigènes » : ces liens ont, en effet, résisté à certaines épreuves, par exemple pendant et après la Première Guerre mondiale, mais rien ne garantit leur durée. Au début des années 1920, déjà, dans un texte consacré à la participation des troupes coloniales à l'effort de guerre français, il avait suggéré qu'il faudrait qu'à l'avenir elles aient le sentiment de défendre à la fois la France et leurs patries d'origine : singulier non-conformisme quant aux relations futures entre la métropole et ses colonies. Vingt ans plus tard et alors que celles-ci n'avaient pas encore donné de signes de révolte, de Gaulle, on le voit, se refusait toujours aux illusions : on pouvait penser que, le moment venu, il saurait prendre garde aux changements qui surviendraient ou qu'il faudrait prévoir.

Dans ce discours, enfin, de Gaulle faisait directement appel aux populations. Sans doute s'agissait-il surtout des originaires de France, colons ou fonctionnaires, qui pourraient s'emparer du pouvoir local : mais son appel s'adressait aussi aux Africains, francisés ou, comme on disait alors, « évolués », puisqu'ils avaient déjà leur rôle dans la vie publique aux colonies. Plus encore : les chefs traditionnels seraient eux-mêmes concernés, puisque les partisans de la France libre allaient prendre contact avec eux et demander parfois leur appui. De Gaulle savait donc qu'en entreprenant de rallier l'Empire à sa cause, il allait, par la force des choses, provoquer un choc dont les ondes allaient s'étendre loin et longtemps : le fait est que cette perspective ne le faisait pas reculer.

C'est donc vers l'Afrique-Equatoriale que ses trois représentants, René Pleven, Claude Hettier de Boislambert et le capitaine Philippe de Hautecloque, devenu le commandant Leclerc, allaient diriger leur action[7]. Churchill avait apporté sa caution à leur entreprise dans une réponse du 30 juillet à la lettre par laquelle de Gaulle l'en informait : « Mon cher général de Gaulle [...], je désire vous informer que le gouvernement de Sa Majesté dans le Royaume-Uni approuve votre plan de former le plus tôt possible un conseil de défense des possessions françaises d'outre-mer.. J'ajoute que le gouvernement de Sa Majesté est prêt à discuter avec ce conseil [...] toutes questions concernant sa coopération avec l'Empire britannique, à la fois pour ce qui touche à la défense de ces colonies françaises contre nos ennemis communs et pour ce qui affecte les intérêts économiques de ces colonies. » Mais, sur place, rien n'était assuré d'avance. Le gouverneur général de l'Afrique-Equatoriale, au moment de l'armistice, était Pierre Boisson. Ancien instituteur, mutilé lors des combats de la guerre de 1914-1918, soutenu par des ministres des Colonies appartenant à la droite comme à la gauche, il s'était prononcé d'abord pour la poursuite de la guerre. Mais, à partir du 21 juin, il a commencé à s'interroger sur les intentions de ses homologues, suggérant que l'Afrique française devait avoir, en tout cas, une réaction commune et, en même temps, il a cherché à calmer, c'est-à-dire à endormir et à démobiliser, les groupes qui, dans plusieurs territoires, manifestaient contre l'armistice et lui demandaient de prendre clairement position. C'est ce qui arriva le 24 juin à Brazzaville où des colons, des fonctionnaires civils et des militaires, réunis à l'hôtel de la Poste, exigèrent qu'il se prononce définitivement dès le lendemain. Mais, le 25 juin, justement, il fut nommé haut-commissaire de l'Afrique française, ayant autorité à la fois sur l'Afrique-Equatoriale, l'Afrique-Occidentale et les mandats du Cameroun et du Togo. Dès le 26, il interdit toute réunion « quel que soit son objet » et, le 29, la diffusion de toute information « émanant de diverses agences » — c'est-à-dire, en fait, des agences anglaises et américaines. Le 4 juillet, il câbla à tous les gouverneurs dépendant de lui ses instructions : « Tout Français ou étranger qui accepterait propositions anglaises en vue de constituer sur territoire représentation organisme illégal [il voulait parler de la France libre], se rendrait coupable atteinte sûreté Etat et s'exposerait encourir peines prévues par articles 79, 80 et 83 Code pénal. » Il avait désigné, pour le remplacer à Brazzaville, le général Husson, qui y commande les forces françaises et qui, d'abord partisan, lui aussi, de la poursuite de la lutte, est devenu l'un des plus rigoureux tenants de Vichy. Et, le 24 juillet, il rendit compte enfin au gouvernement de tout ce qu'il a fait pour briser l'opposition des partisans de la guerre et dont il a constaté, écrivait-il, qu'ils étaient prépondérants « dans tout le milieu français ».

Pleven, Boislambert et Leclerc arrivent le 12 août à Lagos, s'entretiennent, le lendemain, avec le gouverneur du Nigeria, Sir Bernard Bourdillon, et s'assurent de son appui au plan d'opérations qu'ils ont élaborées conformément aux directives données par de Gaulle qui prévoient d'agir à la fois au Tchad, au Cameroun et au Congo. Larminat, venu du Caire, agira à partir de Léopoldville, Boislambert va se rendre à la frontière du Cameroun et s'appuyer sur le groupe de résistants animé par Mauclère avec le soutien du bataillon de tirailleurs sénégalais du commandant Parant : cet ancien officier qui avait quitté l'armée entre les deux guerres mais s'était rengagé en septembre 1939, à 42 ans, avait été nommé capitaine en pleine campagne de 1940 et, grièvement blessé, encore couvert de pansements, s'était évadé de France, avait tenté de rejoindre l'Afrique en juillet, fait naufrage avec son bateau torpillé par un sous-marin ennemi et, rescapé, était enfin arrivé au Nigeria...

L'affaire faillit être ajournée : le général Giffard, commandant des forces britanniques en Afrique-Occidentale, en demandait le report, arguant de nouveaux retards dans les préparatifs militaires mais sans doute pour couvrir ses propres officiers qui débauchaient pour leur compte les tirailleurs du commandant Parant. On décida pourtant de passer outre comme de Gaulle, du reste, l'exigeait. Le 23 août, à Fort-Lamy, Félix Eboué faisait annoncer l'arrivée, dans l'après-midi, des représentants de la France libre et invitait la population à les accueillir à l'aérodrome. Pour les deux tiers, elle s'y rend et acclame Pleven qu'accompagne un officier célèbre chez les méharistes, le commandant d'Ornano. Le 24, officiers, sous-officiers et fonctionnaires civils se rallient presque tous. Le commandant des troupes du Tchad, Marchand, neveu de celui qui commanda l'expédition de Fachoda, revint d'une inspection, le 25 et se rallia à son tour : c'est lui qui, le 26 août, à la mairie de Fort-Lamy, lut la déclaration qui annonçait « l'union du territoire et des troupes qui le protègent aux Forces françaises libres du général de Gaulle » [8]. Il n'y eut que deux administrateurs, des médecins civils et un lieutenant aviateur pour décider de quitter le territoire.

Au Cameroun, l'affaire démarra dans des conditions plus difficiles.

Le général Giffard, appuyé par les gouverneurs de la Gold Coast et de la Sierra Leone, redoutait les « réactions désastreuses » des autorités de Vichy en Afrique-Occidentale française et, le 24 août, s'opposa carrément à l'entreprise prévue par les Français libres. Là encore, on passa outre. Leclerc et Boislambert sélectionnèrent vingt-deux des trente-huit Français, dont quatorze officiers et sous-officiers venus du Cameroun et passèrent avec eux la frontière sur trois pirogues dont les équipages ont été discrètement recrutés par Boislambert. Ils arrivent au port de Douala le 27 août à 2 heures du matin. Suivant les récits de Boislambert et du futur colonel Tutenges, Leclerc, pour être sur un pied d'égalité avec le colonel Bureau, commandant des troupes du Cameroun, s'est promu colonel en mettant à sa manche droite un cinquième galon arraché à sa manche gauche, qu'il cache sous son imperméable... Les douaniers n'osent pas les interroger et ils arrivent chez des résistants clandestins qui ne sont pas sûrs de pouvoir compter sur plus de 150 partisans. Mais le lieutenant Dio, qui vient d'arriver de Bangui avec sa compagnie, prend l'affaire en main et s'assure de tous les points vitaux de la ville. A Yaoundé, la capitale, l'administrateur Saller et ses compagnons s'emparent de la gare où, dans l'après-midi du 27, une micheline amène Boislambert. Deux bataillons de tirailleurs l'y rejoignent le lendemain et Leclerc arrive le 29. C'est à peine si le colonel commandant, les troupes du territoire et l'évêque se montrent réticents ou hostiles : le gouverneur Brunot, les fonctionnaires civils, les officiers, se rallient. Leclerc fait alors afficher partout une proclamation révélatrice de la liberté que l'on prenait alors avec les mots, les droits, les titres et les grades. Il s'y proclame lui-même « commissaire général » et, du même souffle, « colonel »... Et il n'hésite pas davantage, après avoir évoqué la volonté des habitants de rompre avec l'armistice et Vichy et de « rester libres », à y inscrire en très gros caractères, bien détachés au milieu du texte : « Le Cameroun proclame son indépendance politique et économique. » Mais c'est pour ajouter aussitôt après, en petites lettres : « Il est prêt à reprendre sa place dans un Empire colonial français, libre et décidé à continuer la lutte aux côtés des Alliés, sous les ordres du général de Gaulle, jusqu'à la victoire finale complète. » Ainsi était préservé, de justesse, le dessein de la France libre qui impliquait que la France libérée soit assurée de l'intégrité de son Empire : mais, dans le feu de l'action et la flamme des proclamations, « l'indépendance » s'était glissée — simple affirmation de la rupture avec Vichy mais signe, imperceptible peut-être, de l'esprit des temps futurs... En attendant, Leclerc et Boislambert rendent compte à Londres de l'opération qu'ils viennent de mener, en priant qu'on les excuse d'avoir usurpé un grade supérieur : il leur est aussitôt confirmé.

A Brazzaville, c'est de l'intérieur que l'autorité de Vichy était minée. Depuis le 8 août, en effet, un groupe de partisans de la France libre s'était constitué autour du commandant d'Ornano, de Gérard, de Balme et de Delange. Le général Husson, maintenant gouverneur général, réagissait à coups de menaces et d'arrestations, mettant aux arrêts le capitaine Dupuy qui avait fait passer d'Ornano à Léopoldville pour qu'il y retrouve Larminat, d'où, comme on l'a vu, il rejoignit Pleven. Mais, à leur tour, l'administrateur Perlotain, porteur d'un message du médecin général Sicé, puis Delange, Sicé lui-même et Balme, passèrent la frontière et mirent au point, chez le docteur Staule, chef de file des Français libres du Congo belge, le plan d'action contre Brazzaville élaboré par Larminat et Sicé[9]. Un ultimatum est alors envoyé, le 26 août, à Husson, lui enjoignant de se rallier ou de se rendre. Il veut riposter en dispersant le bataillon que commande Delange, en relevant de leurs commandements les lieutenants de Boissoudy et Rougé et en voulant interdire le passage du fleuve Congo. En réalité il n'y avait, pour le menacer à partir de Léopoldville, que cinq hommes en tout et pour tout : Larminat, les capitaines Moitessier, Marteaux et Bonnet, et le sergent-chef Olivier. Ayant reçu le soutien de dix-sept officiers des garnisons du nord de l'Afrique-Equatoriale, Husson croit qu'il peut rétablir son autorité en arrêtant tous les officiers suspects grâce au concours d'un bataillon qu'il fait venir de Pointe-Noire à Brazzaville. Les Français libres décident alors de le devancer. Sicé, Delange, le médecin-lieutenant Loupiguy, les lieutenants Rogé et de Boissoudy, aidés par des civils — le docteur Malbrant, Guilloneau, Golliard, Daudin, Begou, Genty, Goury —, prirent le contrôle des principaux camps, sans coup férir, et encerclèrent la résidence du gouverneur général, que Boissoudy et Rougé étaient prêts à prendre d'assaut, mais dont la garde préféra se rendre. Les hommes de Rougé se saisirent de Husson et, comme il se débattait, l'enveloppèrent dans une couverture et le chargèrent sur un camion, puis sur une pirogue à destination de Léopoldville... L'affrontement n'avait duré que deux heures et n'avait fait qu'un seul blessé, un policier qui, ayant menacé Boissoudy, avait reçu en réponse un coup de crosse de pistolet sur la tête...

Ainsi s'achevèrent ce qu'on appela plus tard les « trois glorieuses » de la France libre, les trois journées où d'immenses territoires, des confins de la Libye au golfe de Guinée, se rallièrent à de Gaulle. On put croire alors que l'Empire, en grande partie, allait décidément prendre part à la guerre aux côtés de l'Angleterre et que la France, du même coup, aurait un rôle majeur dans le camp allié. La dissidence du Tchad, du Cameroun et de ce qu'on appelait alors le Moyen-Congo, allait, vraisemblablement, entraîner celle de l'Oubangui-Chari et du Gabon, achevant ainsi le ralliement de toute l'Afrique-Equatoriale à la France libre. Il n'était pas déraisonnable de croire que le mouvement s'étendrait, par contagion, aux territoires d'Afrique-Occidentale, le Niger, la région de la Haute-Volta où l'administrateur Louveau était acquis à de Gaulle, la Côte-d'Ivoire où l'un des principaux chefs traditionnels avait pris parti pour la France libre à laquelle la colonie européenne passait pour favorable : une action sur Dakar, où l'autorité de Vichy serait ébranlée déjà par la dissidence progressive des territoires de l'intérieur, aurait eu, selon toute apparence, les plus grandes chances de succès. Cela supposait le ralliement total de l'Afrique-Equatoriale. L'avant-dernière étape en était celui de l'Oubangui-Chari : il eut lieu sans difficulté grâce au gouverneur de Saint-Mart qui, dès juillet, avait fait connaître ses intentions, et qui fit déguerpir le chef militaire du territoire, partisan de Vichy, qu'il remplaça par le capitaine de Roux. Mais la dernière étape, au Gabon, fut manquée.

Boisson, en effet, avait voulu réagir. Il le fit à sa façon. Envoyant le gouverneur Chazelas à Zinder, près de la frontière du Tchad, il le chargea d'adresser, le 31 août, ce télégramme à tous les postes des colonies qui venaient de rallier la France libre : « Du fait rupture contrat avec nation, vrais Français Cameroun et AEF doivent savoir que délégations soldes familles cesseront d'être payées, que courrier ne leur parviendra plus et que accès sol national leur sera interdit. » La menace, le ton, le chantage à l'argent, la pression sur les familles, appelaient naturellement cette réponse de Leclerc : « Parlant avec l'autorité d'un homme qui a six enfants en France et qui s'est évadé du territoire occupé il y a moins de six semaines, je vous donne l'assurance que la majorité nationale, et notamment celle de tous les Français sous la botte allemande, est avec nous et que le seul espoir de la patrie est que ses fils encore libres, et surtout ceux de l'Empire, continuent à combattre pour la libération de la France par le seul chemin possible : celui de la victoire. » Boisson n'obtint évidemment rien des colonies déjà dissidentes, mais il eut plus de succès au Gabon. Le gouverneur Masson y était résolu, d'abord, à faire dissidence, comme presque tous ses homologues : mais les notables de son territoire, en particulier l'évêque et surtout les officiers de marine, sous le choc de Mers el-Kébir, le firent changer d'avis. De surcroît, l'arrivée du *Sidi-Ferruch*, puis celle du *Bougainville* et du *Poncelet* envoyés de Dakar par Boisson, renforça sur place les partisans de Vichy et, à la tête des troupes du territoire fut nommé le général Têtut.

Parant voulut pourtant, sur la lancée du ralliement des colonies voisines, arracher celui du Gabon. Il partit en avion avec un pilote et cinq tirailleurs. Ce fut assez pour gagner les circonscriptions de Moila, grâce au docteur Fitoussi, et du Haut-Ogooué, avec l'administrateur Capagorry. Dans celle de Mayoumba, Parant se heurta à un administrateur partisan de Vichy, qu'il fit reculer, et c'est alors tout le département de la Nyanga qui passa à la France libre. A Fougamou, un détachement de tirailleurs tira sur lui et ses hommes mais se retira très vite sur Lambaréné. Parant s'y dirigeait quand survint l'affaire de Dakar : ce fut un coup d'arrêt au ralliement du Gabon, et tout ce que de Gaulle avait prévu fut compromis. Dans un télégramme du 31 août, il avait prescrit, en effet, à Larminat et à Leclerc de prolonger leur action vers le Dahomey, la Côte-d'Ivoire, la Guinée, étendant à l'Afrique-Occidentale la contagion de la dissidence qui s'était propagée en Afrique-Equatoriale. Mais, en cet été 1940, la France libre avait encore si peu de moyens, si peu d'hommes, si peu d'armes, qu'elle ne pouvait en distraire la moindre part si elle voulait mener à bien une entreprise de quelque envergure : l'opposition rencontrée au Gabon fit ajourner l'action prévue dans les colonies d'Afrique-Occidentale dont le ralliement, en septembre, eût sans doute changé les circonstances, ou du moins les conséquences, de l'affaire de Dakar.

C'est par l'intérieur, en effet, que de Gaulle avait songé d'abord à investir la capitale de l'Afrique-Occidentale [10]. Il y pensa dès qu'il vit les succès de la France libre en Afrique-Equatoriale. Il envisageait, en particulier, un débarquement à Conakry, couvert par la flotte britannique, où il croyait pouvoir trouver de nombreux partisans et d'où ses troupes pourraient marcher sur Dakar en ralliant au passage les garnisons de l'intérieur. L'essentiel serait d'éviter un affrontement direct avec la marine déployée à Dakar, profondément marquée par l'affaire de Mers el-Kébir, d'autant que se trouvait sur place le puissant cuirassé *Richelieu*, qui avait été bombardé par l'aviation anglaise en même temps qu'avait lieu l'attaque de l'escadre française de Méditerranée. Cet obstacle, pourtant prévisible et redoutable, Churchill le négligea. Le 6 août, en effet, quand il exposa son plan à de Gaulle, il envisageait que la flotte anglaise se présenterait, un matin, devant Dakar, que des avions lâcheraient sur la ville des appels à la dissidence, qu'une vedette arborant un drapeau blanc amènerait au port des parlementaires venant demander le ralliement du gouverneur : « Peut-être voudra-t-il, pour l'honneur, tirer quelques coups de canon, expliquait Churchill à de Gaulle. Mais [...] le soir, il dînera avec vous en buvant à la victoire finale. » Ce plan, comme on le voit, ne correspondait en rien à ce qu'avaient envisagé de Gaulle et les quelques hommes qui, autour de lui, connaissaient l'Afrique. Mais il n'était pas question de détourner Churchill de son entreprise. Les moyens rassemblés n'allaient pas être, pourtant, à la dimension de ce qu'il avait laissé prévoir : l'escadre anglaise, sous le commandement de l'amiral Cunningham ne comporterait que deux cuirassés anciens, quatre croiseurs, un porte-avions et quelques destroyers. Les seuls bateaux français étaient trois petits avisos, deux chalutiers armés, quatre cargos et il avait fallu emprunter aux Hollandais deux transports de troupes pour les 1 600 soldats de la France libre, le *Pennland* et le *Westerland* à bord duquel de Gaulle se trouvait. C'est avec ces seuls moyens que se jouerait une partie dont dépendait évidemment, pour une grande part, l'avenir de la France libre et donc le sort de l'Empire et son rôle dans la guerre.

De Gaulle ne pouvait s'opposer directement au projet de Churchill mais il lui transmit, le 19 août, un tableau très nuancé de la situation militaire, politique et psychologique à Dakar et il suggéra que tout ne fût pas joué sur le plan initial, qui prévoyait le ralliement de la ville grâce à la présence soudaine de la flotte anglaise et aux appels à la population : on envisagea donc d'y substituer une opération de vive force comportant le bombardement du port et, en dernier ressort, un débarquement à Rufisque où l'on se croyait davantage assuré d'un soutien des partisans de la France libre.

L'escadre partit donc le 31 août. Contrairement à ce que l'on écrivit souvent par la suite, le secret de l'expédition avait été bien gardé : les archives de Vichy ne font état d'une première information que le 8 septembre où un télégramme signale seulement le départ « pour l'Afrique », sans autre précision, de « M. de Gaulle [...] hors-la-loi [contre lequel] n'importe quel moyen doit être employé pour l'empêcher de nuire [11] ». C'est une autre surprise qui se produisit, cette fois au détriment des Britanniques et des Français libres. Avec l'autorisation de l'état-major allemand, trois croiseurs français parmi les plus modernes, *Georges Leygues*, *Montcalm* et *Gloire*, et trois contre-torpilleurs étaient partis de Toulon pour être employés par Boisson à la reconquête de l'Afrique-Equatoriale. L'escadre avait déjà franchi le détroit de Gibraltar et, croisant celle de l'amiral Cunningham, préféra rallier Dakar, le 14 septembre. Churchill envisage alors d'annuler l'opération prévue tant il était clair que le rapport des forces navales n'y serait pas favorable aux Britanniques. Mais les hypothèses qu'on pouvait alors envisager — retour de l'escadre en Angleterre, débarquement des Français libres, y compris de Gaulle lui-même, au Cameroun, reprise de l'action par les territoires de l'intérieur de l'Afrique-Occidentale, risque d'une offensive des forces de Vichy contre les colonies dissidentes — ne sont pas étudiées sérieusement et le Cabinet de guerre britannique, le 18 septembre, finit par laisser au commandement de l'escadre « pleine liberté de prendre décisions et d'agir au mieux pour réaliser le but initial [12] ». Ce jour-là, quatre croiseurs français quittent Dakar à destination des côtes du Congo et du Cameroun pour y rétablir l'autorité de Vichy. La flotte anglaise les intercepte et les oblige à rebrousser chemin mais si deux d'entre eux se replient jusqu'à Casablanca, les deux autres vont renforcer les défenses de Dakar.

Le 23 septembre, enfin, l'escadre de l'amiral Cunningham se présente devant la ville. Pour comprendre l'état d'esprit de ceux qui engageaient une partie décisive et qui allaient bientôt prendre un tour dramatique, à commencer par de Gaulle lui-même et ses compagnons, il faut savoir que bien des signes permettaient de croire à de vastes complicités et à l'appui de la plus grande partie des Français d'Afrique-Occidentale. Que ceux-ci, en majorité, aient été favorables à la poursuite de la lutte, on l'avait vu dès la fin de juin, quand l'administrateur en chef de la région de la Haute-Volta, Louveau, avait fait connaître ses intentions et s'était assuré le concours des officiers, fonctionnaires et colons qui dépendaient de lui, et que son exemple allait être suivi, semblait-il, par beaucoup d'autres. Certes, le gouverneur général Boisson avait ensuite repris les choses en main, mais une résistance à Vichy s'était organisée. L'acteur principal en était le directeur de l'École normale de Dakar, Kaouza, qui, traversant une grande partie de l'Afrique-Occidentale, après sa démobilisation, pour reprendre ses anciennes fonctions, vérifie que la volonté de poursuivre la lutte n'a pas disparu. Il s'est assuré, en particulier, l'appui du maire de Dakar, Goux, et du président de la Chambre de Commerce, Turbet. Puis il est parvenu à passer en Gambie britannique à bord d'une pirogue qui faillit faire naufrage en arrivant. Par le gouverneur anglais de la colonie, il fit transmettre à de Gaulle toutes les informations nécessaires sur les complicités qu'il avait réunies, suggéra que ce soit des Français libres et non des Britanniques qui viennent obtenir le ralliement de l'Afrique-Occidentale et fit même fabriquer en toute hâte des milliers de tracts appelant les habitants de Dakar à accueillir de Gaulle et qui seraient lancés sur la ville le jour venu. Ce n'est pas sans mal que, arrêté par la police à son retour, il obtint d'être relâché en faisant croire qu'il était parti à la chasse aux papillons sans trop faire attention au tracé de la frontière... Il n'était d'ailleurs pas seul à préparer clandestinement le passage à la dissidence de l'Afrique-Occidentale. A Foundiougne, les administrateurs Bissagnet et Campistron y travaillent en liaison avec le colonel Pasquier à Thiès. L'enseigne de vaisseau de Mersuey assure des contacts dans tout le Sénégal, en particulier avec le commandant Guillemot à Kaolack, avec le commandant Million, à Rufisque, avec le commandant Gasset à la base aérienne de Ouakam. De Gaulle avait alors envoyé Boislambert pour coordonner tous les efforts des clandestins. Il les contacta et répartit les rôles à partir du 17 septembre et il gagna Dakar le 22 avec Bissagnet et Mersuey et passa la nuit à neutraliser les lignes téléphoniques et télégraphiques, tandis qu'à l'aube du 23 Bissagnet donnait la consigne d'organiser des manifestations durant toute la journée dans la ville indigène. Boislambert, pourtant, essuya un échec : il voulut obtenir du colonel commandant l'artillerie côtière qu'il n'ouvre pas le feu, mais celui-ci, qui venait d'être relevé de son commandement, préféra ne rien faire...

Ce matin-là, la brume était épaisse et empêcha quelque temps que, du port, on aperçût la flotte anglaise. En revanche, les avions anglais purent lancer leurs tracts sur la ville et deux petits appareils des forces aériennes françaises libres atterrirent à Ouakam. Les jeunes officiers qui en descendirent, Gaillet, Soufflet et Scamaroni, tombèrent sur une petite troupe favorable à Vichy et le commandant Gasset, acquis à la résistance, ne put empêcher qu'ils soient arrêtés. Au même moment, deux vedettes arborant le drapeau français et le drapeau blanc, abordèrent, comme il avait été prévu, un môle du port de Dakar et Thierry d'Argenlieu, alors capitaine de vaisseau, en descendit, se fit conduire auprès du poste des officiers de marine et leur annonça qu'il était porteur de l'ultimatum au gouverneur général, lui demandant de se rallier à la France libre ou de se rendre. Au bout d'un quart d'heure, la réponse arriva par téléphone : il fallait arrêter les messagers. D'Argenlieu et ses compagnons parvinrent de justesse à se dégager et à regagner leurs vedettes et Boislambert, venu à leur rencontre, réussit à empêcher qu'un premier tir de fusils-mitrailleurs soit déclenché contre eux. Un officier de réserve, le lieutenant Fil, empêcha, à son tour, l'ouverture du feu des mitrailleuses lourdes du 7e régiment de tirailleurs sénégalais, mais les mitrailleurs du *Richelieu* tirèrent sur la vedette de d'Argenlieu qui fut blessé à la jambe.

Dans la ville, le plan prévu par les Français libres était entré en application. Des milliers de manifestants se dirigeaient vers le palais du gouverneur général où une délégation composée de Goux, de Turbet, et d'un avocat, Maître Sylvandre, demandait à être reçue immédiatement. La réaction de Boisson fut violente : la police reçut l'ordre de disperser sans délai et par la force les manifestations : Goux, Turbet, Sylvandre, Kaouza, plusieurs conseillers municipaux de Dakar et le grand marabout Seidou Roronou Tall et d'autres marabouts de la Médina furent arrêtés, un conseil de guerre fut institué pour les juger, l'armée prit position en plusieurs points de la ville et surtout les navires en position dans les rades et les batteries côtières, sur ordre de Boisson, ouvrirent le feu sur l'escadre britannique. Cunningham avertit que, si le tir des forces de Vichy ne cessait pas, il allait riposter et, peu après 11 heures, ses deux cuirassés ouvrirent le feu à leur tour. Il était temps d'appliquer la deuxième phase du plan prévu par les Franco-Britanniques : la tentative de débarquement à Rufisque. Un groupe de Français libres aborda la côte, et le commandant Million veilla à ce qu'aucun ordre ne fût donné pour les empêcher d'avancer. Mais, sur place, un aspirant parvint à joindre l'état-major de Dakar au téléphone et reçut l'ordre de tirer. Les Français libres auraient pu riposter ou, du moins, essayer de déborder leurs adversaires et prendre contact avec Million mais, hantés par leur souhait qu'il n'y ait pas de sang versé entre Français, ils firent demi-tour. De Gaulle, qui assista à l'épisode depuis le pont du *Westerland*, courut alors, sans le savoir, les plus grands risques : le croiseur *Gloire*, dissimulé par le brouillard, se trouvait à moins de deux milles et, s'il avait eu les coordonnées des deux navires anglais qui les transportaient, lui et sa troupe, ceux-ci auraient été détruits presque à coup sûr...

L'affrontement se poursuivit durant tout l'après-midi. Du côté anglais, trois navires de surface furent endommagés et deux avions abattus et, du côté français, deux sous-marins et un torpilleur furent coulés. Boisson fit agir partout la marine plutôt que l'armée de terre, assuré que les équipages, encore sous le choc de Mers el-Kébir, seraient les plus obéissants : la marine prit donc partout la relève de l'artillerie côtière et c'est elle aussi qui ouvrit le feu, dans la journée du 24 septembre, contre les quartiers indigènes d'où les manifestations étaient parties, provoquant d'innombrables victimes. Ce jour-là, vers 4 heures, une conférence se tint à bord du cuirassé anglais *Resolution*. De Gaulle suggéra de mettre fin immédiatement à l'opération sur Dakar puisqu'elle n'avait atteint jusqu'alors aucun de ses objectifs. Les autorités de Vichy avaient fait mitrailler les parlementaires qu'on leur avait envoyés, elles avaient mis en échec le raid sur Rufisque, elles étaient en train de briser les manifestations populaires. En revanche, on pouvait encore reporter l'action sur Saint-Louis du Sénégal ou sur Conakry, en Guinée, où l'on trouverait les appuis qui n'avaient pu être suffisamment efficaces à Dakar. Du reste, les plans franco-britanniques n'avaient jamais prévu de prendre la ville par le seul usage de la force et le comportement de la marine de Vichy excluait qu'on pût l'envisager maintenant. L'amiral Cunningham, le général Irving et Spears, qui accompagnait l'expédition, furent du même avis. Mais, de Londres vint l'ordre de continuer l'attaque. Churchill pressentait combien la propagande allemande et celle de Vichy pourraient exploiter un échec qu'on n'allait pas manquer de lui imputer : on mettrait en cause les relations qu'il avait établies avec la France libre et, même aux Etats-Unis où l'on aurait approuvé l'expédition si elle avait réussi, on la condamnerait si elle tournait mal. Plus encore peut-être, il voulait absolument réagir contre les pertes infligées à l'escadre anglaise et contre le bombardement de Gibraltar ordonné en représailles par Vichy et, moins que jamais, il était disposé à abandonner.

Peut-être Churchill avait-il raison de rechercher encore le succès : la suite prouva qu'il avait tort de le rechercher encore devant Dakar. Durant la journée du 25 septembre, en effet, la flotte anglaise, qui n'avait pas, de toute façon l'ordre ni les moyens de s'engager dans un affrontement naval et aérien de grande envergure, subit encore des pertes et le cuirassé *Resolution*, torpillé par un sous-marin, dut être pris en remorque jusqu'à Freetown, en Sierra Leone. Du coup, Britanniques et Français libres n'étaient plus à même de déclencher une autre opération, comme celle envisagée par de Gaulle sur Saint-Louis ou sur Conakry. On ne devait pas seulement renoncer à prendre Dakar : on devait renoncer désormais au ralliement de l'Afrique-Occidentale.

Comme il fallait s'y attendre, la répression y fut impitoyable. Boislambert, Bissagnet, Louveau, Kaouza, Scamaroni, Douhet, Auclert, Dalbiez, Jacob, Lequeux furent arrêtés après diverses aventures et tentatives d'évasion et, si de Gaulle n'avait averti que la vie des agents de Vichy internés au Gabon répondait de celle de ses compagnons arrêtés en Afrique-Occidentale, plusieurs sans doute auraient été fusillés. Condamnés aux travaux forcés à perpétuité, ou à vingt ans, ainsi qu'à la confiscation de leurs biens et à la déchéance de la nationalité française, Boislambert, Kaouza, Auclert, Louveau, Sarte, Bissagnet, Fernandez, Lavallée connurent le régime le plus dur dans les prisons de Vichy.

C'est en septembre 1942 seulement que Bissagnet et Boislambert s'évadèrent et, un an plus tard, que Louveau et trois de ses compagnons furent délivrés par les résistants et conduits à Alger.

Dans chacune des colonies d'Afrique-Occidentale, Boisson fit installer des camps de concentration. En deux ans, on prononça 115 condamnations à mort, 125 condamnations aux travaux forcés ou à la prison, à quoi s'ajoutaient les internements administratifs et les exécutions sommaires d'Africains jugés suspects. Trois Africains, dont deux Français et un Britannique, furent fusillés à Dakar le 11 novembre 1941 et le dernier d'une longue série, Gaétan Adolphe, le fut le 19 décembre 1942, plus d'un mois après le débarquement allié en Afrique du Nord... Après le ralliement à de Gaulle du souverain de la tribu des Abrons, en Côte-d'Ivoire, qui gagna la colonie voisine de Gold Coast avec une partie de sa famille et 1 500 sujets, Boisson fit condamner à mort et aux travaux forcés, par dizaines, des ressortissants de cette tribu jusqu'à la fin de 1942. Bien entendu, il prescrivit l'application en Afrique-Occidentale des lois raciales de Vichy ainsi que des mesures dirigées contre les francs-maçons et les personnes suspectes d'écouter les radios de Londres et de Brazzaville, et il donna consigne à la presse d'exalter les victoires allemandes et d'insister sur les revers alliés. Il tint à accompagner lui-même dans les capitales de chacun des territoires qui dépendaient de lui l'ancien député Philippe Henriot, propagandiste passionné de la collaboration franco-allemande. Et il incita même à la dénonciation des parents par leurs enfants comme en témoigne ce sujet de composition donné dans les classes des écoles de Dakar : « Que pensent vos parents du général de Gaulle ? » — dont la police utilisa naturellement les résultats. Mais, en revanche, le réseau de renseignements allemand mis en place par le Dr Klaube put, jusqu'à la fin de 1942, travailler sans que le gouvernement général y fît obstacle.

Dramatiques en Afrique-Occidentale, les conséquences de l'échec de Dakar furent très lourdes pour de Gaulle. Il le ressentit, en tout cas, comme l'une des plus dures épreuves de sa vie. Même s'il ne faut pas prendre au sérieux les boutades provocantes dont il était coutumier et qui firent croire à Pleven qu'il songea au suicide, nul doute qu'il se soit interrogé sur l'avenir de la France libre, sur les chances qu'avait encore son entreprise. Mais à aucun moment il ne se comporta comme s'il envisageait de l'abandonner. Dès le 25 août, alors que les tirs venaient à peine de cesser, il adressait à Lord Ismay, premier collaborateur militaire de Churchill, un rapport suggérant de quelle façon les événements devaient être présentés : « Il veut faire dire et répéter au monde, commenta Spears, que Vichy a ouvert le feu le premier et que lui, de Gaulle, a ordonné à ses troupes de se retirer pour éviter un combat entre Français[13]. » Le lendemain, 26, il demanda à d'Argenlieu s'il valait la peine qu'il poursuive son action, mais d'une manière telle que son interlocuteur comprit que, bien entendu, il voulait être encouragé et Larminat, auquel il posa la même question, eut le même sentiment[14]. Son état d'esprit se traduisait plus exactement dans la lettre qu'il écrivit le 28 août à sa femme :

> Pour l'instant, tous les plâtras me tombent sur la tête. Mais mes fidèles me restent fidèles et je garde bon espoir pour la suite.

Mais il ne peut s'y tromper : la « lune de miel » dont Claude Bouchinet-Serreulles parlait à propos de ses rapports avec Churchill depuis le début de juillet, a décidément pris fin. Sur le moment, on n'a pu apprécier la contrepartie de l'échec subi à Dakar : la flotte de Vichy n'a pu mener à bien l'opération projetée contre les territoires de la France libre en Afrique-Equatoriale et plus jamais elle ne sera capable de la reprendre. Mais, en attendant, la propagande allemande et celle de Vichy triomphent. En Angleterre, Duff Cooper, au ministère de l'Information, Maurice Schuman, Larminat, l'amiral Muselier ont beau reprendre courageusement les thèmes suggérés par de Gaulle, la presse se déchaîne contre ce qu'elle considère comme une faute de jugement, une erreur politique, ou du moins tactique. Si la plupart des journaux, excepté le *News Chronicle*, ménagent de Gaulle ou même le défendent, ils s'en prennent d'abord à Churchill qui doit faire front et s'exprime avec énergie devant les Communes où il déclare, le 8 octobre, que le chef des Français libres a « fait preuve à cette occasion d'un jugement très sûr... Son comportement, dans ces circonstances aussi extraordinairement difficiles, n'a fait qu'accroître la considération que nous lui portions. Le gouvernement de Sa Majesté n'abandonnera certainement pas la cause du général de Gaulle avant qu'elle ne se confonde avec la cause de la France, ce qui ne saurait manquer de se produire. » Mais le charme est rompu et une vague de méfiance déferle désormais sur de Gaulle et son entreprise. Le *News Chronicle* peut-être influencé par le petit groupe des journalistes français de Londres hostiles à de Gaulle, puis le *Daily Telegraph*, suggèrent d'« entreprendre une autre action, peut-être avec d'autres leaders » et l'idée de substituer Catroux à de Gaulle se répand au point que les deux hommes font publier, pour la démentir, un communiqué qui sera diffusé dans les journaux du 8 octobre.

Plus profondes, et à plus longue échéance, seront les traces de l'affaire de Dakar dans le comportement du gouvernement britannique après les quelques jours où il dut faire front à la vague des critiques. Il devra tenir compte, désormais, de l'évolution d'une opinion publique anglaise, toujours admirative du courage des Français libres mais qui, parfois, les jugera imprudents ou aventureux[15]. Il écoutera davantage les suggestions de ses services diplomatiques qui, à l'image de leur secrétaire permanent, Sir Alexander Cadogan, minimisent délibérément les capacités et les chances de la France libre et font valoir l'intérêt d'arrangements directs avec les hiérarques de Vichy, en particulier Weygand, quand bien même les événements auraient dû dissiper leurs illusions. Par-dessus tout, il hésitera à s'opposer à l'hostilité, déjà visible et de plus en plus manifeste, du gouvernement américain envers de Gaulle : c'est ainsi qu'il ne contestera pas les accusations portées contre les indiscrétions des Français libres avant Dakar, alors qu'elles furent, en réalité, aussi fréquentes, sinon plus, du côté britannique sans que, d'ailleurs, les autorités de Vichy, comme on l'a vu, en aient eu connaissance, et, plus tard, il en résulta leur mise à l'écart lors des préparatifs du débarquement en Normandie.

Le climat entre de Gaulle et le cabinet britannique était donc devenu lourd quand fut envisagé le ralliement du Gabon. Manqué de justesse quand commença l'affaire de Dakar, il n'y avait plus aucune raison de le retarder. Deux unités des Forces françaises libres, venant du Cameroun et du Congo, avaient fait leur jonction devant Lambaréné et attendaient de reprendre l'offensive. Le 12 octobre, de Gaulle prévint donc Churchill qu'il jugeait le moment venu pour agir et il lui fit transmettre le plan, conçu par Leclerc, qui prévoyait l'intervention de deux navires britanniques devant Libreville.

L'opération est sur le point de se déclencher quand, le 24 octobre, Churchill reçoit à Londres le professeur Louis Rougier, qui vient d'arriver de Vichy et se dit chargé par Pétain de voir à quelles conditions le blocus britannique pourrait être atténué [16]. Le ministre des Affaires étrangères, Lord Halifax et ses services, sont prêts à y attacher une certaine importance quand, le soir même, on apprend que Hitler vient de rencontrer Pétain à Montoire et que ce dernier a annoncé que la France « s'engageait dans la voie de la collaboration ». Churchill est indigné et parle déjà de représailles contre Vichy. Mais Halifax fait prévaloir d'autres réactions : le roi d'Angleterre et le président Roosevelt écrivent à Pétain pour l'adjurer de se détourner de la « collaboration » qu'il envisage et il est convenu que l'Angleterre ne fera aucun geste qui puisse heurter le régime de Vichy. On prescrit donc, le 25 octobre, à l'amiral Cunningham, de ne faire participer aucun de ses bateaux à l'opération prévue au Gabon, quitte à intercepter les renforts que Vichy pourrait y envoyer.

De Gaulle a été tenu au courant par le Cabinet de guerre britannique de ce qui vient d'être décidé — et il le sera par Churchill lui-même de la visite de Rougier. Il en déduit qu'il lui faut agir seul. Un nouveau plan, conçu par Leclerc et d'Argenlieu, est mis en œuvre à partir de la nuit du 8 au 9 novembre [17]. Légionnaires et fantassins de l'infanterie coloniale progressèrent à bord de canots dans les rivières de la forêt vierge jusqu'aux abords de Libreville, puis se frayèrent un chemin à pied, difficilement, jusqu'à l'aérodrome dont ils s'emparèrent de vive force et la garnison de Libreville capitula. Simultanément, les avisos français libres, *Commandant-Dominé* et *Savorgnan de Brazza*, commandés respectivement par les capitaines de vaisseau de La Porte des Vaux et Thierry d'Argenlieu, attaquèrent et incendièrent le *Bougainville,* et le sous-marin *Poncelet,* endommagé, fut sabordé par son commandant qui se laissa couler avec son bâtiment. Le gouverneur Masson, dont le revirement avait entraîné la tragédie de cet affrontement entre Français, se pendit dans la cabine où on l'avait assigné sur le *Savorgnan de Brazza.* Parant fut nommé gouverneur par de Gaulle et il comptait déjà parmi les chefs les plus réputés et les plus brillants de la France libre, parmi ceux qui auraient le plus grand avenir, quand son avion s'écrasa, lors d'une tournée qu'il effectuait dans la colonie : il mourut le 15 mars 1941.

De cette Afrique-Equatoriale, enfin tout entière libérée, de Gaulle fera l'assise territoriale essentielle de la France libre, le lieu à partir duquel il bâtira un « contre-Etat », fondé en vue d'être reconnu comme la France elle-même et dont la seule légitimité est de préparer la libération de la France et la restauration de ses libertés. Mais c'est d'abord une pièce maîtresse sur l'échiquier stratégique de la guerre. Elle dispose, en effet, d'une longue frontière commune avec la Libye italienne : elle doit donc servir de point de départ à des offensives dirigées vers le nord, qui devraient se conjuguer, si possible, avec les opérations menées par les Britanniques à partir du territoire égyptien. Suivant les directives données par de Gaulle lui-même, Leclerc entame, dès le 2 décembre 1940, des actions de reconnaissance au Fezzan, sur Tedjéré et Mourzouk[18]. Symbole de ces offensives convergentes qu'il aurait souhaitées, d'autres unités françaises, dont un bataillon d'infanterie de marine commandé par Pierre de Chevigné, contribuent, au même moment, à la prise de Sidi-Barrani, le 11 décembre, par l'armée anglaise du général Wavell. Le 3 janvier 1941, elles concourent aussi à la prise de Bardia puis à l'encerclement de Tobrouk. Quelques jours plus tard, le 11 janvier un groupe motorisé commandé par Colonna d'Ornano part de Fort-Lamy, au Tchad. Elle arrive devant Mourzouk et donne l'assaut. D'Ornano tombe en dirigeant l'attaque, mortellement atteint, mais sa colonne ira jusqu'à Ghadamès, aux confins de la Libye et de la Tunisie, où elle capturera une garnison italienne et regagnera Fort-Lamy après un raid de 2 500 kilomètres.

L'opération sur Tedjéré n'avait engagé qu'une cinquantaine d'hommes et une soixantaine de chameaux. Celle sur Mourzouk 75 hommes et 25 véhicules. C'est 400 hommes et une centaine de véhicules que Leclerc rassemble en vue d'une offensive sur Koufra. Un assaut aérien débute le 3 février mais il est gêné par une tempête de sable. Du 18 février au 1er mars, les opérations terrestres se succèdent et la garnison italienne se rend au matin du 1er mars. Leclerc s'empare ainsi d'un important relais aérien entre la Libye et l'Ethiopie, qui est aussi la capitale religieuse des Senoussis, et il y fait 300 prisonniers. Il peut alors partir à la conquête du Fezzan et, cette fois, il parvient à rassembler 5 000 hommes et 800 véhicules. C'est pour lui l'occasion de faire l'expérience des raids de longue durée en plein désert, où se combinent l'aviation et les forces terrestres mobiles, grâce à un dispositif très organisé de stocks de carburant, d'eau et de vivres, indispensable préalable à toute opération d'envergure. C'est ainsi qu'il peut mener sa deuxième campagne du Fezzan, au second semestre de 1942, et c'est seulement alors que, fonçant vers le nord, il put rejoindre la VIIIe armée britannique qui, après sa victoire d'El Alamein, envahissait la Libye : ainsi se conjuguaient enfin les offensives venant du sud et du nord. Mais elles auraient pu converger beaucoup plus tôt et obtenir alors un succès qui aurait changé le cours de la guerre sur le théâtre méditerranéen. Alors que Leclerc déclenchait ses premières opérations et préparait celle sur Koufra, l'occasion d'une action de grande envergure contre les forces italiennes de Libye s'offrait aux Britanniques. Le général O'Connor, outrepassant les instructions de son commandant en chef, le général Wavell, et jouant à fond de sa supériorité en chars — 275 contre 120 — remporta un succès foudroyant sur les forces italiennes, à partir du 28 octobre. Mais à trois reprises — d'abord pour une opération secondaire aux confins de l'Ethiopie, puis pour se préparer à envoyer un corps expéditionnaire en Grèce, enfin pour y débarquer 12 000 hommes qui furent capturés par les Allemands, Churchill et le commandement britannique n'envoyèrent pas à O'Connor les renforts limités dont il avait besoin pour en finir avec les armées italiennes de Libye. S'ils avaient compris qu'une victoire apparemment décisive sur le théâtre méditerranéen pouvait alors être remportée, nul doute qu'ils auraient fait converger tous les efforts alliés et que Leclerc y aurait contribué, malgré la modestie de ses effectifs, par des opérations de diversion ou de complément au Fezzan et en Tripolitaine. En tout cas, l'importance stratégique du ralliement de l'Afrique-Equatoriale à la France libre serait apparue plus immédiatement et plus clairement.

Faute d'avoir la moindre part aux décisions sur la conduite la guerre, de Gaulle voulait, en tout cas, que les Français libres soient présents sur tous les théâtres d'opérations. Puisque le commandement britannique avait l'intention d'agir en Afrique orientale, contre les possessions italiennes de Somalie, d'Ethiopie et d'Erythrée, il faudrait qu'ils y soient [19]. Des groupes constituant la « brigade d'Orient », sous les ordres du général Monclar, s'embarquèrent de Douala, le 24 décembre 1940, et le 3e bataillon de marche du Tchad, aux ordres du commandant Garbay, gagna par voie de terre les abords de la frontière éthiopienne. Ces deux forces se rejoignirent au Soudan et furent placées sous le commandement du général Legentilhomme. Les 21 et 22 février 1941, le bataillon de marche de Garbay, avec les tirailleurs Saras des capitaines Garbit et Allegrini, enleva les fortifications italiennes à Kub-Kub, ouvrant aux Britanniques la route de Keren. Le bataillon et la brigade d'Orient furent alors incorporés à la 7e brigade hindoue du général

Briggs et marchèrent sur Massaoua. Sous une chaleur presque insupportable et sur un terrain fait de pics et de défilés, il fallut prendre les positions ennemies une par une : c'est alors que se distinguèrent, parmi tous les officiers de la France libre, le capitaine de Bollardière et le lieutenant Messmer. Keren tomba le 27 mars. Plus au sud, les Anglais prirent Asmara. Le 8 avril, fut déclenchée l'attaque finale de Massaoua, où Monclar et ses hommes entrèrent à midi. La victoire ainsi remportée en Erythrée annonçait la prochaine libération de l'Ethiopie à laquelle prirent part le 4e bataillon de marche et les groupes Somalis que commandait Gaston Palewski, appuyés par l'escadrille française que le capitaine Dodelier venait de former à Aden.

De Gaulle était arrivé sur place, accompagné du général Brosset. Il croyait alors que l'épicentre de la guerre allait se déplacer au Proche-Orient. : l'Allemagne ne laisserait plus les Italiens piétiner en Grèce, et après avoir fait avancer ses troupes en Roumanie et en Bulgarie, elle prendrait d'une manière ou d'une autre le contrôle de la Yougoslavie et achèverait la conquête des Balkans. De là, la Wehrmacht progresserait en Asie Mineure tandis que les troupes de Rommel, renforçant les Italiens, fonceraient vers Le Caire : Suez, la route des Indes, les plus vastes ressources pétrolières du monde seraient alors en jeu et c'est le cœur même de l'Empire britannique qui serait atteint.

Cette vision stratégique était celle du chef d'état-major de la marine allemande, l'amiral Raeder, qui l'avait exposée à Hitler dans un premier rapport du 6 septembre 1940[20]. N'obtenant aucune réponse de Hitler et voyant que celui-ci, déjà, songeait avant tout à son projet de guerre contre la Russie, il revint à la charge, le 26 septembre, présentant même des recommandations précises en vue de concilier les exigences de l'Italie et de l'Espagne pour que celle-ci entre en guerre ou permette la prise de Gibraltar et sur les compensations éventuelles au régime de Vichy. Car contrairement à ce qu'une historiographie mal fondée a fait croire longtemps, les entretiens germano-espagnols, depuis ceux entre Hitler et le chef d'état-major espagnol, le général Vigon, le 16 juin 1940, au château d'Acoz, jusqu'à sa rencontre avec Franco en gare d'Hendaye le 23 octobre, tout comme la correspondance diplomatique entre Madrid, Berlin et Rome, montrent que l'entrée en guerre de l'Espagne était effectivement envisagée et que les conditions en étaient précisées, mais que la date n'en fut pas fixée : c'est à la mi-novembre, après les revers italiens sur mer et en Libye et les échecs spectaculaires de l'armée italienne en Grèce, que Franco estima qu'en raison de la situation en Méditerranée et de la faiblesse économique et militaire de l'Espagne, celle-ci ne pouvait pas entrer en guerre. Une dernière fois, pourtant, une occasion s'offrit d'orienter la stratégie allemande vers la Méditerranée orientale, celle, justement à laquelle de Gaulle pensait : ce fut au mois d'avril 1941 quand Rommel eut bousculé les forces britanniques jusqu'à la frontière égyptienne après avoir encerclé Tobrouk, et quand l'offensive allemande dans les Balkans aboutit, en trois semaines, à l'occupation de la Yougoslavie et de la Grèce. Raeder revint donc à la charge et, dans un mémoire sur la conduite de la guerre remis à Hitler, le 6 juin 1941, recommandait « de garder à tout prix l'initiative en Méditerranée orientale » : sachant très bien que la guerre contre la Russie était imminente, il suggérait que des opérations victorieuses au Proche-orient affaibliraient aussi l'Union soviétique, et permettraient de menacer le Caucase...

Mais rien n'était plus éloigné des conceptions de Hitler. Il l'expliqua lui-même aux chefs militaires allemands, avant la fin de l'été 1940, comme lors de son entretien du 28 septembre avec le ministre italien des Affaires étrangères, Ciano. Il rejetait toute stratégie donnant la priorité à la Méditerranée et au Proche-Orient, qui eût impliqué une alliance avec l'Espagne, et probablement d'autres arrangements avec Vichy. Il négligeait même l'intérêt de la prise de Gibraltar et de Malte pour la paralysie des communications maritimes de l'Angleterre. Ses décisions, durant l'hiver 1940-41, prouvent qu'il n'envisageait pas davantage une guerre aérienne et navale qui eût isolé la Grande-Bretagne, usé son potentiel et détruit ses industries, ni de compléter cette « guerre d'usure » par un débarquement au printemps 1941, préparé de la même façon que les Anglo-Saxons préparèrent celui de leurs armées en Normandie. Car il avait pris la décision de déclencher au printemps suivant l'opération « Barbarossa » contre l'Union soviétique, envisagée dès le mois de juillet, préparée dès le mois de septembre, et décidée irrévocablement en novembre.

On le vit bien quand, tout à coup, une crise inattendue offrit la perspective d'un ébranlement de toutes les positions britanniques au Proche-Orient. Le retour au pouvoir, en Irak, du Premier ministre Rachid Ali el Gailani, le 2 avril, écarté deux mois plus tôt sous la pression anglaise, laissait prévoir un affrontement avec la Grande-Bretagne. La possibilité s'offrait donc à Hitler de trouver un allié au Proche-Orient et de susciter peut-être d'autres initiatives hostiles aux Britanniques dans la région. Il se borna à faire savoir, le 8 avril, qu'il accorderait une aide financière et militaire à l'Irak si l'on pouvait l'acheminer. Rien d'autre : les Irakiens n'avaient encore obtenu aucune garantie de soutien quand ils commencèrent à encercler la base britannique d'Habbaniya et que les forces anglaises, en riposte ou par précaution, déclenchèrent leur offensive, le 2 mai. C'est une initiative de Vichy qui conduisit Hitler à envoyer des avions allemands en Irak. Darlan, en effet, déclara le 5 mai à l'ambassadeur allemand à Paris qu'il accepterait de vendre à l'armée irakienne une partie des armements français de Syrie et de laisser les avions allemands faire escale sur les aérodromes syriens. Du coup, le mécanisme de l'aide à l'Irak se mit en marche. Mais le 23 mai, pourtant, l'instruction numéro 30 de Hitler en limitait très strictement la portée : il s'agissait bien « de conseiller et soutenir l'armée irakienne » mais la question de savoir « si et comment la position anglaise entre la Méditerranée et le golfe Persique — en liaison avec une offensive irrévocable contre le canal de Suez — pourrait être renversée », ne serait prise en compte qu'après « Barbarossa ». Ainsi, ni la conquête de la Crète, ni les opérations victorieuses de Rommel, ni la volonté du gouvernement irakien d'affronter la Grande-Bretagne, ni les prolongements qui pouvaient en résulter en Palestine par l'entremise du Grand Mufti de Jérusalem, ni l'extraordinaire complaisance de Vichy envers les entreprises allemandes dans la région n'avaient pris place dans un dessein stratégique qui aurait eu de grandes conséquences, y compris, le moment venu, pour la conduite de la guerre à l'est : Hitler n'avait jamais eu ce dessein et rien ne l'avait détourné de la priorité qu'il avait donnée à l'opération « Barbarossa ».

Mais, dans le camp allié, on ne le sait pas. Beaucoup de responsables militaires britanniques, dont le chef d'état-major impérial, le général Alan Brooke, et de nombreux experts pensent, au fond, comme l'amiral Raeder du côté allemand, que la maîtrise du Proche-Orient, par des offensives conjuguées venant d'Egypte, de Crète et peut-être à travers la Turquie, donnerait à la Wehrmacht un atout stratégique décisif aussi bien pour disloquer l'Empire britannique que pour prolonger d'éventuelles offensives contre l'Union soviétique sur le théâtre européen. De Gaulle s'en fait l'écho le 26 mai 1941 devant un groupe d'officiers qu'il a convoqué au camp de Kastina, en Palestine. « Il explique, raconte Pierre Messmer qui était là, les raisons d'entrer au Liban et en Syrie : l'avance foudroyante, en Méditerranée orientale, des Allemands qui ont conquis en peu de semaines la Yougoslavie, la Grèce et les îles ; leur aide au soulèvement antibritannique de Rachid Ali, en Irak ; la faiblesse du gouvernement de Vichy et des chefs militaires français au Levant, incapables de refuser à la Luftwaffe le droit de survol et d'escale ; le désir invétéré des Anglais d'éliminer la France du Moyen-Orient [21]. »

Dès l'année précédente, en réalité, Churchill avait pensé à intervenir dans les mandats français. Des informations lui parvinrent le 19 septembre 1940, indiquant qu'un « mouvement de très grande ampleur » se manifestait pour la France libre, qu'une action pouvait y être menée « sans délai » et suggérant que le général Catroux soit chargé de « conduire les opérations [22] ». Ce dernier vient, en effet, d'arriver à Londres et, onze jours plus tard, de Gaulle étant en Afrique, Churchill lui demande de se rendre sur-le-champ au Caire pour voir ce qu'il faut faire. Ce choix était le meilleur possible : Catroux avait passé la plus grande partie de sa carrière dans les pays arabes et en particulier au Levant où il avait été conseiller politique du haut-commissaire de France et avait dirigé les services de renseignements. Ses capacités de négociateur, sa connaissance de la région, le désignaient, plus que tout autre, pour cette mission, tout comme son rang dans la hiérarchie militaire : il était le seul général d'armée de la France libre. Mais, sur place, il lui fallut se rendre à l'évidence : le général Dentz, qui avait succédé au haut-commissaire Puaux, avait réprimé les premiers mouvements en faveur de la dissidence [23]. Il n'y eut guère qu'un escadron de spahis marocains pour réussir à s'échapper de Syrie : on l'envoya en décembre rejoindre les unités françaises libres engagées en Erythrée. Les forces dont Catroux reçoit donc le commandement, après que de Gaulle l'eut confirmé dans sa mission, se limitent aux unités d'infanterie coloniale cantonnées à Chypre, qui avaient refusé l'armistice et qui étaient basées maintenant près d'Ismaïlia et à 140 engagés volontaires : Catroux en fait le premier bataillon d'infanterie de marine des Forces françaises libres qui part aussitôt se battre en Libye. Mais les ralliements ont été beaucoup plus nombreux parmi les Français d'Egypte. C'est le directeur de la compagnie du Canal de Suez, le baron de Benoist, qui les anime. A Alexandrie une antenne est ouverte, pour accueillir les marins échappés des équipages de la flotte de l'amiral Godfroy qui, par accord avec les Britanniques, reste dans la rade et y restera sans rien faire pendant trois ans. La sympathie active et même enthousiaste des milieux intellectuels du Caire permet à Georges Gorse, récemment sorti de l'Ecole normale supérieure et rallié tout de suite à la France libre, d'obtenir une émission régulière à la radio du Caire. Enfin de Gaulle et Catroux ont installé à Jérusalem une équipe dirigée par l'ancien directeur de la Shell à Beyrouth, Repiton-Préneuf, l'un des plus lucides connaisseurs français du Proche-Orient, qui anime un réseau de renseignements sur la région.

Sur place, la situation se dégrade brusquement. En janvier 1941, des troubles, en partie suscités par la misère résultant du blocus anglais, éclatent dans les principales villes de Syrie, la grève s'étend à tout le pays, la répression accentue la violence des manifestations. On ne peut se méprendre sur la portée politique des événements qui sont en train d'ébranler les deux mandats, et Repiton-Préneuf en fait une analyse exacte : « Les manifestations, écrit-il, sont devenues violemment anti-françaises et ont pris rapidement un caractère politique avec, en Syrie, un appel ouvert à la révolution contre la France... C'est l'agonie du mandat français qui commence [24]. » La crise risque, d'ailleurs, de s'aggraver sous l'effet de la propagande et des démarches des représentants allemands qui, depuis l'armistice, sont devenus très actifs [25]. Catroux estime alors qu'il faut éviter la propagation des troubles tant que les Britanniques se refusent à intervenir militairement, et suggère au commandant en chef anglais au Proche-Orient, le général Wavell, de desserrer le blocus. De Gaulle, en revanche, estime que toute concession aux autorités de Vichy les renforcera sans les détourner jamais de nouvelles complaisances envers l'Axe : c'est, en effet, ce qui va se produire. Catroux se rend à ses raisons [26] mais, en revanche, a convaincu de Gaulle qu'il faudra, quand viendra le moment d'agir au Levant, tirer toutes les conséquences des changements en cours tant en Syrie qu'au Liban[27].

L'expérience qu'il a naguère acquise dans les deux mandats l'a conduit à penser qu'il faut y prendre, sans plus attendre, des décisions politiques décisives. En 1936 en effet, Pierre Viénot, sous-secrétaire d'Etat aux Affaires étrangères du gouvernement de Léon Blum, avait négocié des traités accordant à ces deux pays leur indépendance, qui ménageaient, en cas de crise, les intérêts stratégiques français. Mais ils n'avaient pas été ratifiés par le Sénat et étaient demeurés lettre morte. Syriens et Libanais avaient été profondément déçus et heurtés par ce qu'ils considéraient comme un manquement aux engagements pris par la France. Catroux était convaincu qu'il fallait appliquer maintenant ces traités. Il le confie au nouveau secrétaire au Foreign Office, Anthony Eden[28], et il assure au futur président libanais Béchara el Khoury comme au futur Premier ministre syrien Mardan que la France libre tiendra les engagements que la IIIe République a faits et n'a pas tenus, et reconnaîtra l'indépendance de leurs Etats[29].

Ce sont les événements du printemps qui vont décider Churchill à agir. Après la révolte irakienne de Rachid Ali et l'offensive qu'il déclenche contre la base anglaise d'Habbaniya, on peut s'attendre à l'arrivée de forces allemandes en Syrie : Catroux propose à Wavell, le 5 mai, de les devancer, en assurant que, face à la présence allemande sur le territoire syrien, les troupes françaises qui obéissaient à Vichy jusque-là, feront cause commune avec les Français libres. Il ne demande que 300 camions et l'appui de l'aviation anglaise[30]. Wavell donne la priorité aux dangers qui pèsent sur le front égyptien, et fait connaître son refus auquel De Gaulle réagit avec véhémence. Mais, la veille, Darlan a décidé d'accorder à l'Allemagne des facilités de passage en Tunisie et en Syrie et, le jour même, des avions allemands arborant les couleurs irakiennes, font escale sur les aérodromes syriens qui assurent leur maintenance et leur ravitaillement. Les 12 et 13 mai, la livraison d'armes françaises aux insurgés irakiens commence sous la direction de l'ambassadeur allemand Rudolf Rhan et, au total, 20 000 fusils, 200 mitrailleuses, 400 fusils mitrailleurs, 5 millions de cartouches, 56 camions d'essence pour avions, 4 canons de 75 et 8 canons de 155 avec leurs munitions, leur seront livrés[31].

Du coup, Churchill ordonne que tous les moyens soient accordés aux Français libres pour entrer en Syrie et au Liban. Mais, sur place, Dentz, suivant docilement les instructions de Rahn, concentre ses forces au sud, face à une éventuelle intervention franco-britannique : seuls le colonel Collet, 36 autres officiers, 65 sous-officiers et 350 cavaliers tcherkesses franchissent la frontière pour rallier la France libre. Dès lors, il ne reste plus qu'à déclencher une opération de force à partir de la Palestine et de la Jordanie : elle débute le 8 juin 1941.

Mais déjà, les conditions de son succès ne sont plus réunies. Après l'échec de l'insurrection irakienne, l'aviation allemande a quitté la Syrie. Le ressort psychologique et politique sur lequel on comptait pour rallier les troupes de Vichy ne jouera pas : elles vont obéir aux ordres de Dentz. De surcroît, celui-ci dispose de quelque 30 000 hommes dont 6 000 officiers, sous-officiers et soldats métropolitains, ainsi que de 15 000 auxiliaires syriens et libanais. Il bénéficie d'une supériorité initiale en effectifs et surtout en matériel avec 90 chars modernes et 84 canons. Les forces alliées sont en majorité britanniques — anglais, australiens et hindous — mais comportent la presque totalité des Français libres, seules restant au Tchad les unités de Leclerc. Ce sont les hommes des bataillons Saras, recrutés en Afrique-Equatoriale, ceux de la 13e demi-brigade de la Légion étrangère revenant d'Erythrée et d'Ethiopie, et quelque 2 000 jeunes volontaires évadés de France ou provenant de tous les coins du monde. Au total, 5 000 hommes, en y comprenant les Tcherkesses du colonel Collet, formant la 1re division légère française libre sous le commandement du général Legentilhomme.

Comme à Dakar, comme au Gabon, c'est une guerre civile entre Français qui commence mais qui, cette fois, va durer bien plus longtemps [32]. Quelques Français libres dont le colonel Magrin-Verneret, dit « Monclar », refusent d'y participer. Quelques parlementaires envoyés pour tenter de rallier les unités obéissant à Vichy sont accueillis à coup de fusils : l'un d'entre eux, le capitaine de corvette Détroyat, est tué, un autre, le capitaine de Boissoudy, est blessé. Devant Damas, le prince Amilakvari, qui commande le 1er bataillon français libre de Légion étrangère, a, devant lui, d'autres légionnaires. Il s'adresse à eux : « La Légion ne combattra pas la Légion », leur dit-il, et ses adversaires quitteront leurs positions à l'heure fixée par leurs chefs, avant que les Français libres n'avancent. Le 21 juin, la compagnie du lieutenant Messmer entre à Damas avec les Britanniques. Il a fallu trente six jours pour contraindre Dentz à capituler : on compte 1 066 tués et 5 400 blessés du côté des forces de Vichy, 3 000 tués et blessés parmi les Britanniques, 156 tués et 469 blessés chez les Français libres.

C'était, pour de Gaulle et son entreprise, une indiscutable victoire. Il allait disposer d'un nouveau et vaste territoire, de deux des plus importantes capitales du Proche-Orient, Beyrouth et Damas, d'une façade sur la Méditerranée, de nouvelles sources de recrutement. Ce fut pourtant le point de départ d'une interminable crise politique, à peine achevée quand il quitta le pouvoir, quatre ans et demi plus tard. Elle avait commencé, en réalité, avant même que les opérations aient cessé. Le 19 juin, en effet, il avait fait connaître à Churchill les conditions qu'il faudrait mettre à un cessez-le-feu : la position de la France à l'égard des mandats serait reconnue par la Grande-Bretagne, les officiers et soldats des troupes de Vichy seraient en mis en état d'opter pour la France libre et celle-ci participerait aux négociations. Au nom du gouvernement britannique, Eden avait aussitôt écarté ces suggestions et annoncé que seul le général anglais Wilson, commandant des troupes alliées, traiterait avec les représentants de Vichy. De Gaulle, s'il en avait eu besoin, pouvait pressentir dès ce moment, les difficultés qui allaient suivre. Mais il comptait sur le prestige que la France libre, en libérant Damas et Beyrouth, avait rendu à la France elle-même et sur la certitude que les populations avaient maintenant d'obtenir enfin leur indépendance. Dès le premier jour des opérations, des tracts avaient été lancés, garantissant celle-ci aux Syriens et aux Libanais et les appelant à se rallier. Et de Gaulle confirmait ses intentions dans une lettre à Catroux, le 24 juin :

> Le mandat dont la France a été chargée par la Société des Nations en 1924 doit prendre fin. Pour cette raison, le traité d'alliance conclu en 1936 avec les Etats du Levant nous servira de point de départ pour négocier avec eux.

Tout indiquait qu'en s'engageant dans cette voie, c'est-à-dire en incarnant l'esprit de liberté et d'indépendance, la France libre aurait avec elle l'opinion populaire. C'est ainsi qu'à Damas, dans la nuit du 14 juillet, Catroux offrit une réception pour célébrer la Fête nationale : ce fut un immense succès. Et le lendemain, avec Wilson, il fit son entrée officielle dans la ville, escorté de motocyclistes, accompagné par des avions, entouré de gardes à cheval, des fusiliers marins français se tenant aux côtés des cavaliers anglais. La population, là comme à Beyrouth, participait à la Fête nationale française et célébrait en même temps la capitulation des hommes de Vichy en arborant dans les rues des croix de Lorraine hâtivement fabriquées. Plus tard, quand de Gaulle vint lui-même à Beyrouth, l'accueil fut d'un extraordinaire enthousiasme et la foule rompit le cordon de police pour l'entourer : ce fut, après l'Afrique-Equatoriale, le premier « bain de foule » du futur président de la Ve République. A Damas, le 30 juillet, il prononça le solennel discours où il annonça publiquement que le moment allait venir de mettre fin au régime du mandat et de négocier avec les Syriens eux-mêmes « leur indépendance pleine et entière ». Et Catroux, à son tour, reconnut enfin l'indépendance de la Syrie le 26 septembre et celle du Liban le 26 novembre — sous réserve des obligations que la France devrait conserver tant que la guerre durerait et de la signature d'accords définitifs par son gouvernement légitime une fois qu'elle serait libérée. Mais avant qu'on en vînt là, il fallut en passer par une interminable suite d'affrontements franco-anglais.

Dès avant le début des opérations, quand Catroux préparait la déclaration annonçant l'indépendance des deux mandats, le représentant britannique au Caire, Sir Miles Lampson, demanda que le texte comporte la garantie de la Grande-Bretagne. De Gaulle s'y refusa, arguant que c'était à la France de donner à la Syrie et au Liban leur indépendance et que, dès lors, aucune garantie étrangère n'était nécessaire. Les Britanniques publièrent donc une déclaration distincte, assurant en même temps qu'ils ne cherchaient aucune position privilégiée sur les deux pays. De Gaulle y réagit à nouveau en faisant savoir que l'avenir des mandats ne dépendait que « du représentant de la France, conjointement avec les représentants des Syriens et des Libanais ». Il comprenait fort bien, en réalité, de quelle façon le gouvernement anglais entendait intervenir dans l'affaire :

> Nos partenaires, écrivit-il, voulaient créer l'impression que, si les Syriens et les Libanais recevaient l'indépendance, ils la devraient à l'Angleterre et se plaçaient, pour la suite, en position d'arbitres entre nous et les Etats du Levant.

Il ne pouvait ignorer, cependant, les assurances renouvelées de Churchill sur son intention de ne pas exploiter les difficultés de la France pour l'éliminer du Proche-Orient, mais il allait constater que, sur place, en toute occasion, les Britanniques tenteraient d'agir dans un tout autre esprit. La politique officielle du gouvernement de Londres était clairement exposée dans cette lettre que Churchill lui fit parvenir à la veille de l'intervention militaire franco-anglaise : « Nos politiques envers les Arabes doivent suivre des lignes parallèles. Vous savez que nous, Anglais, n'avons recherché aucun avantage spécial dans l'Empire français et n'avons nullement l'intention d'exploiter à notre profit la situation tragique de la France. C'est pourquoi j'accueille avec faveur votre décision de promettre l'indépendance à la Syrie et au Liban et, comme vous le savez, je pense qu'il est essentiel que nous donnions à cette promesse tout le poids de notre garantie. Je vous accorde que, dans tout règlement de la question syrienne, nous ne devons pas compromettre la stabilité du Moyen-Orient... Sous cette réserve, nous devons tous les deux faire tout ce qui est possible pour satisfaire les aspirations et les susceptibilités arabes. Vous tiendrez compte, j'en suis sûr, de l'importante de cette question[33]. »

De Gaulle pouvait, certes, souscrire à ce que Churchill lui écrivait. Son expérience du Levant l'avait convaincu depuis longtemps, comme on l'a vu, de l'irrésistible et inéluctable volonté d'indépendance des peuples du Proche-Orient. Il voyait bien aussi que la Grande-Bretagne, accusée par l'ensemble du monde arabe d'avoir créé et de développer un « foyer juif » en Palestine, cherchait à lui donner de tangibles compensations. Et il savait enfin que l'Allemagne n'hésiterait pas, le cas échéant, à exploiter le nationalisme arabe contre les Alliés. Mais, avant tout, il devait tenir compte d'un impératif absolu : d'aucune façon et à aucun moment, il ne pouvait risquer d'apparaître aux yeux des Français comme le simple auxiliaire des desseins de la Grande-Bretagne, lui concédant tout ce qu'elle demandait et lui sacrifiant, au besoin, les positions et les intérêts de la France. Toute son entreprise reposait sur un seul fondement : incarner l'indépendance et l'intégrité de la France et de son Empire et les remettre entre les mains des Français eux-mêmes au jour de la victoire. Là se trouvait sa légitimité : il ne pouvait en avoir d'autre. Cet impératif pesait sur lui d'autant plus lourdement qu'au Levant, il avait affronté, aux côtés de l'armée britannique, d'autres forces françaises, celles obéissant à Vichy. S'il paraissait céder à l'Angleterre les responsabilités de la France en Syrie et au Liban, rien ne pourrait empêcher qu'il soit accusé de n'avoir livré cette guerre civile que pour servir, en définitive, les intérêts d'une puissance étrangère. Il ne pouvait courir le risque de justifier cette accusation par le moindre geste ou le moindre propos. C'est ce qu'il indiquait clairement à Churchill dans la lettre où il acceptait de ne pas donner le titre de « haut-commissaire » à son représentant au Levant :

> Plus vous frappez Vichy, plus vous devez montrer le souci de ménager les intérêts et les sentiments de la France.

Au fond, les Anglais le comprennent très bien, comme le montre cette note du Foreign Office expliquant que de Gaulle « agit comme s'il se devait de détruire l'idée qu'il est sous tutelle britannique »[34]. Mais Churchill, s'il le comprend aussi, ne veut pas dévier de sa ligne de conduite : « Notre objectif est l'indépendance de la Syrie. Aucune politique française s'opposant à cette décision majeure ne peut être acceptée. » Et il suggère, dans cette note du 3 juillet 1941, que de Gaulle fasse avec les Syriens et les Libanais « le même genre d'arrangement que nous avons fait avec l'Irak » ou, dans d'autres textes, comme ceux que l'Angleterre a conclus avec l'Egypte — ce que Libanais et Syriens seraient loin de vouloir accepter[35]...

Entre les craintes éprouvées par de Gaulle, les assurances données par Churchill, les exigences politiques et morales de l'un, les calculs stratégiques et diplomatiques de l'autre, les événements allaient trancher. Le cessez-le feu et l'armistice furent négociés à Saint-Jean-d'Acre, du 12 au 14 juillet, entre les représentants de Vichy et le général Wilson, ayant à sa droite Catroux. Les résultats en sont entièrement contraires aux intérêts les plus évidents de la France libre. Son existence n'est pas mentionnée dans la convention finale et Catroux n'est pas autorisé à la signer. Les officiers, sous-officiers et soldats des troupes de Vichy pourront choisir entre leur rapatriement en France ou en Afrique du Nord et leur ralliement « aux forces alliées » mais un protocole additionnel précise que si « les autorités alliées pourront faire usage de tracts, de la radio et haut-parleurs pour faire connaître leur point de vue, [...] aucun contact personnel [n'aura lieu] entre les individus français et alliés pour influencer le libre choix des militaires français ». De plus, rien, dans la convention d'armistice, ne prévoyait le transfert à la France libre des matériels des troupes de Vichy. Et, par-dessus tout, les troupes « spéciales », c'est-à-dire les auxiliaires syriens et libanais, passeraient sous commandement britannique alors que le régime des mandats, qu'ils fussent anglais ou français, stipulait que c'était la puissance mandataire qui devait les recruter et les employer. Au fond, le général Wilson s'était entièrement conformé aux exigences de Vichy qui entendait qu'aucune négociation et aucun accord n'implique « des Français traitres comme de Gaulle et Catroux », et qu'aucun « prosélytisme intolérable » ne soit fait auprès des militaires ou des fonctionnaires [36]. De Gaulle était donc entièrement fondé à conclure que « le texte de l'accord équivalait à une transmission pure et simple de la Syrie et du Liban aux Britanniques ».

Sans conteste, l'armistice de Saint-Jean-d'Acre était contraire à ce qui avait été convenu entre de Gaulle et le commandant en chef britannique au Proche-Orient, le général Wavell. Mais le responsable anglais sur place, le général Wilson, n'en avait pas tenu compte faute, semble-t-il, de directives précises. Encore eût-il fallu les lui envoyer. C'est Wilson lui-même qui décida donc de faire siéger Catroux à ses côtés durant les discussions avec les représentants de Vichy mais de ne pas l'y associer effectivement et de ne pas demander sa signature. Les autorités britanniques ont expliqué son comportement et les clauses de l'armistice de Saint-Jean-d'Acre : il aurait seulement voulu éloigner du Proche-Orient des forces nécessairement hostiles puisqu'elles venaient de faire campagne contre les Alliés pour n'avoir plus à s'en soucier et pour pouvoir ramener en Egypte toutes les unités engagées en Syrie et au Liban. Cette explication n'est guère vraisemblable ou témoigne d'un raisonnement à très courte vue, car les troupes de Dentz se retrouveraient presque sûrement sur un autre théâtre d'opérations et les Alliés les auraient de nouveau contre eux : c'est ce qui arriva en novembre 1942, en particulier au Maroc.

De Gaulle va répondre à l'armistice de Saint-Jean-d'Acre par un affrontement direct et sans nuances avec le commandement britannique. En vérité, il n'avait guère le choix : ayant pris le risque d'être accusé d'avoir déclenché une guerre civile entre Français, il ne pouvait, d'aucune façon, se prêter à une liquidation plus ou moins ouverte des positions françaises au Levant à moins de laisser la propagande de Vichy le désigner comme un vulgaire auxiliaire des intérêts britanniques. A aucun autre moment et sur aucun autre sujet, il ne serait davantage obligé de faire la preuve éclatante de l'indépendance de la France libre. C'était un traditionnel terrain de rivalité entre la France et l'Angleterre et l'on était alors, peut-être, au point culminant de la politique de collaboration entre l'Allemagne et Vichy : d'abord avec les accords militaires que Darlan, conseillé par Benoist-Méchin, avait conclus — sans que Hitler veuille ensuite leur donner de suite [37] ; puis avec l'ouverture de la guerre à l'est qui permettait aux partisans de la collaboration de reprendre pour leur profit les thèmes ordinaires de la propagande anticommuniste et antisoviétique. Bref, de Gaulle, au point où il en était, ne pouvait que réagir.

Il le fit à sa façon. Arrivant au Caire, il rencontra le ministre anglais chargé du Proche-Orient, Oliver Lyttelton, et, faisant devant lui un impitoyable procès du comportement britannique au Levant, il lui annonça qu'il allait ordonner aux unités françaises libres qui s'y trouvaient de ne plus reconnaître l'autorité du commandement britannique. Lyttelton a raconté qu'il avait alors déchiré la note que de Gaulle voulait lui remettre, et l'on se doute que la conversation prit un tour violent. Mais aucune des mesures de rétorsion auxquelles on a pu songer à Londres ne pouvait être réellement mise en pratique : Catroux se refusait catégoriquement à se substituer à de Gaulle et l'avait fait savoir, et les forces françaises en Syrie et au Liban n'auraient obéi à personne d'autre qu'au chef de la France libre. Lyttelton, du reste, a reconnu, dans ses mémoires, avoir été fortement impressionné par la fermeté et la passion avec lesquelles de Gaulle l'avait affronté et il lui était difficile de ne pas admettre qu'à Saint-Jean-d'Acre les engagements pris envers lui avaient été violés[38]. L'épreuve de force politique et psychologique engagée par de Gaulle tourna donc en sa faveur. Les accords qu'il conclut avec Lyttelton, les 24, 25 et 27 juillet 1941, annulèrent les principales dispositions de la convention d'armistice et surtout le protocole qui l'accompagnait. Le gouvernement britannique reconnut les « droits historiques de la France au Levant » et même « la position dominante et privilégiée » qu'elle devrait y garder quand la Syrie et le Liban obtiendraient leur indépendance, remettait aux autorités de la France libre les auxiliaires syriens et libanais de l'armée française, leur transmettait le matériel pris aux troupes de Vichy, et s'engageait à laisser les Français libres prendre directement contact avec celles-ci pour tenter d'y rallier le plus d'hommes possibles.

C'était, pour de Gaulle, un succès total. La suite, pourtant, ne lui permit aucune illusion. Catroux, pour empêcher que les Britanniques n'occupent le bureau du haut-commissaire français à Beyrouth, dut s'y installer par surprise avec le seul concours de deux officiers français libres, Georges Buis et Repiton-Préneuf[39]. Il fallut arracher aux officiers anglais le contrôle de la Djezireh, au nord-est de la Syrie, dont ils préparaient manifestement le rattachement à l'Irak. Il fallut même un dur affrontement avec Wilson, puis avec Spears, venu sur place, pour que Lyttelton ordonne aux troupes britanniques de se retirer du djebel druze dont elles voulaient apparemment garder le contrôle[40]. Les incidents ne vont plus guère cesser malgré l'indiscutable avantage que les Français prennent sur place. Un jeune fonctionnaire français libre envoyé au Levant, Raymond Schmittlein, écrivait le 19 septembre au journaliste Géraud Jouve : « Vous pensez qu'il n'y a pas l'ombre d'anglophobie chez moi, mais depuis que je vois agir les Anglais de près, je ne crois plus à leur *fair play*. Bien que la politique du Foreign Office [...] ait été délimitée publiquement, que des notes l'aient encore expliquée aux officiers, c'est un fait que les militaires du Middle East jouent un jeu antifrançais[41]. » Et Larminat écrit à Leclerc, le 3 octobre : « L'Anglais du Moyen-Orient est imbuvable, purement et simplement, les plus anglophiles de chez nous en voient rouge. Cela dit, ce sont de braves types, mais leur commandement et leurs officiers politiques sont haïssables. Tout ça se tassera — et se tassera encore plus vite au jour des combats[42]. »

Il n'y a pas davantage d'illusions à garder à propos du comportement des troupes de Vichy. Les contacts directs que les Français libres purent prendre avec elles, grâce aux accords de Gaulle-Lyttelton, furent plus difficiles encore qu'on ne le prévoyait. L'adjoint du général Dentz, le général de Verdilhac, reprocha d'abord aux Britanniques, avant tout rapport direct avec les Français libres, d'avoir « donné le commandement d'une armée française à un officier étranger, M. Catroux », puisque celui-ci avait été privé de la nationalité française par Vichy[43]. Larminat ayant obtenu de parler devant les officiers réunis au Cercle militaire de Beyrouth, se voit apostropher par l'un d'eux : « Taisez-vous, Larminat, vous avez du sang sur les mains[44] ! » Un tract circule, imprimé par des officiers fidèles à Vichy : « Je ne suis pas gaulliste... Pourquoi ? Parce que le gaullisme signifie dissidence, insurrection, révolte contre des pouvoirs légitimement constitués [...], parce que le gaullisme se réclame à outrance des principes de 89 et du Front populaire de 1936, parce que le gaullisme ne fait qu'un avec la juiverie et la franc-maçonnerie, parce que les gaullistes sont les faux-frères à la solde de l'Angleterre, ils ont, comme Caïn, les mains teintées du sang d'Abel[45]... » Pierre Messmer, qui a vécu ces épisodes à Beyrouth, en a fait la synthèse en remarquant qu'il n'y avait « rien à espérer des officiers », que les tirailleurs, qui constituaient le gros des hommes de troupes étaient des Nord-Africains et, très naturellement, ne songeaient « qu'à rentrer chez eux » et qu'en revanche, ce sont les sous-officiers qui étaient « seuls accessibles aux raisons du bon sens et du patriotisme ». Au total, sur les 37 000 rapatriés vers l'Afrique du Nord ou Marseille, il y eut 10 000 militaires français et 20 000 hommes des tirailleurs nord-africains ou de la Légion étrangère. A l'opposé, 1 500 militaires français se rallièrent à la France libre, dont environ 130 officiers, plus de 1 100 légionnaires et près de 3 000 militaires d'autres origines, à quoi s'ajoutèrent la moitié des chefs de service de l'administration civile et une très forte proportion d'autres fonctionnaires[46].

L'avantage que la France libre retira de son extension au Levant et des quelques milliers de ralliements qu'elle venait d'obtenir eut, cependant, une très lourde contrepartie. Près d'un an après celle qui suivit Dakar, de Gaulle dut faire l'expérience d'une crise nouvelle, plus dure encore, entre les Britanniques et lui. A propos du Gabon, il avait déjà vérifié que ceux-ci ne donnaient plus la priorité au soutien à la France libre contre Vichy : c'est malgré leur avis qu'il avait provoqué son ralliement. Par l'armistice de Saint-Jean-d'Acre, ils avaient montré qu'ils pouvaient ne pas tenir leurs engagements et ménager davantage Vichy que les Français libres. La suite montra qu'ils n'entendaient pas appliquer effectivement les accords acceptés par Lyttelton ou, du moins, que, de Londres, on ne voulait pas donner les ordres nécessaires à leur application. La crise nouvelle entre les Britanniques et lui n'était donc plus ce qu'elle avait été après Dakar : c'était alors une crise logiquement issue d'un échec subi en commun, c'était désormais une crise de confiance.

Force est de reconnaître que, du côté britannique, le comportement avait changé. Churchill, naguère, avait profondément admiré la façon dont de Gaulle avait réagi à Mers el-Kébir, proclamant avec une fermeté sans égale que, malgré l'affreuse épreuve qui frappait les Français, rien ne serait jamais plus important que de poursuivre la guerre aux côtés de la Grande-Bretagne. Il ne réagit pas de la même manière, c'est le moins qu'on puisse dire, au stoïcisme, à la fois politique et moral, dont de Gaulle faisait preuve en lançant ses propres troupes contre celles de Vichy, au côté des Britanniques, sans le moindre égard pour l'exploitation féroce qu'en faisait la propagande du régime de Pétain. La publication des archives anglaises a montré, pourtant, qu'il ne souhaitait pas réellement que la Grande-Bretagne se substitue aux positions françaises en Syrie et au Liban mais seulement que leur indépendance soit clairement reconnue[47]. Il lui incombait alors de faire en sorte que la politique anglaise n'entrave pas la difficile entreprise de la France libre qui avait solennellement proclamé l'indépendance de ces deux pays mais devait en même temps y préserver, au moins jusqu'à la fin de la guerre, certaines de ses prérogatives. Le fait est qu'il ne le fit pas. Les archives anglaises montrent aussi que ses représentants au Levant ne cessaient, dans leurs comptes rendus, de mettre en cause de Gaulle, critiquant sans relâche sa personnalité, son caractère, suggérant même qu'il n'avait peut-être pas toute sa raison[48]... Elles prouvent que Churchill ne les a pas contredits.

Un incident fortuit s'y ajouta. S'arrêtant à Brazzaville, à son retour du Proche-Orient, de Gaulle accorda une interview au journaliste américain George Weller, pour le *Chicago Daily News*, publiée le 27 août. Il lui confirma que la France libre avait offert aux Etats-Unis des bases navales et aériennes en Afrique-Equatoriale « sans demander aucun destroyer en retour » — chacun se souvenant qu'un an plus tôt, Churchill avait demandé 50 destroyers aux Américains en échange des bases qu'il leur cédait aux Bermudes et aux Bahamas. Au journaliste qui lui demandait pourquoi la Grande-Bretagne ne s'opposait pas plus clairement à Vichy en le reconnaissant comme le chef d'un véritable gouvernement français libre, il expliqua qu'elle ménageait Vichy pour éviter que la flotte française ne tombe aux mains des Allemands tout comme ceux-ci se servaient de Vichy pour éviter que l'Empire français ne passe aux mains des Alliés. Son analyse n'était pas sans fondement, loin de là : mais c'était évidemment une erreur de sa part de l'exprimer publiquement et sans ménagement. Le directeur de l'Information à Brazzaville, Bréal, voulut arrêter la dépêche du journaliste mais Coulet, récemment choisi par de Gaulle comme chef de son cabinet, ne vit pas d'inconvénient à sa diffusion. Au fond, aucun des acteurs de cet épisode n'agit tout à fait comme il aurait dû. De Gaulle ne se méfia pas de la façon dont ses propos seraient rapportés ni de l'effet politique qu'ils pourraient avoir ; Bréal, qui vit clair, n'alla pas le trouver pour le convaincre du risque qu'il courait à laisser publier des commentaires qui provoqueraient à Londres de dangereuses réactions, et manqua d'autorité ; Coulet n'avait encore aucune expérience de ce genre d'affaires, George Weller ne sut manifestement pas distinguer ce qui était destiné à lui faire comprendre les relations entre l'Angleterre, Vichy et la France libre et ce qui pouvait être publié... De Gaulle démentit aussi catégoriquement que possible les termes de son interview. Mais le mal était fait. « Si [elle] est authentique, écrivit Churchill à Lyttelton et à Eden, il est clair qu'il a perdu la tête. Ce serait vraiment un bon débarras. Il s'est disqualifié [49]. » Quinze jours suivirent, d'extrême froideur entre le gouvernement anglais et de Gaulle, bien que celui-ci ait, à plusieurs reprises, remis les choses au point et rappelé à l'assistant du Premier ministre britannique, Morton, qu'il ne fallait pas oublier qu'il devait d'autant plus fermement défendre les intérêts français que, sinon, il serait considéré par les Français eux-mêmes comme « un simple mercenaire de l'Angleterre », ainsi que l'affirmait la propagande de Vichy. En définitive, Churchill admit que le dialogue devait reprendre.

Ils se rencontrèrent donc à Downing Street, le 12 septembre 1941. Les comptes rendus qui en ont été faits montrent bien que les deux hommes étaient conscients qu'ils ne pouvaient se passer l'un de l'autre. Mais pas au même degré. De Gaulle, plus jamais, ne perdrait de vue que sa tâche serait à la fois de maintenir, jusqu'à la fin, son alliance avec la Grande-Bretagne, mais en même temps, de préserver l'indépendance de la France libre puisqu'il n'avait de légitimité que par son engagement de restaurer la liberté et l'intégrité de la France et de son Empire. Churchill n'avait pas l'intention d'écarter de Gaulle et ne voyait pas, en tout cas à cette date, comment il pourrait le remplacer, mais il entendait le brider, l'encadrer, l'empêcher d'agir tout à fait à sa guise — sans parler des occasions d'accords directs avec les autorités de Vichy, suivant les circonstances, que la politique anglaise pourrait exploiter si elles se présentaient. Par avance, on pouvait pressentir que les relations entre de Gaulle et lui allaient passer par une longue période de turbulences.

C'était bel et bien au Levant que la crise avait pris naissance. Elle y rebondit dès l'année suivante. De Gaulle, en effet, s'y rendit le 5 août 1942. Ce fut pour constater que, sur place, le major Spears, celui-là même qui l'avait accompagné de Bordeaux à Londres en juin 1940, menait une action constante et acharnée contre l'autorité française — du moins ce qui en restait après la proclamation des indépendances syrienne et libanaise — et provoquait des incidents à tout moment. Ce fut, à nouveau, l'occasion d'une correspondance aigre avec Churchill. Certes, les archives révèlent que celui-ci, pas plus qu'aucun membre du cabinet britannique, ne souhaitait que l'Angleterre se substitue à la France dans ses mandats du Levant. Mais, en revanche, le *Journal* de Spears ne laisse pas le moindre doute sur son hostilité vigilante et passionnée envers la France libre, son chef, et tous ceux qui la représentent[50]. Rien n'est donc réglé quand de Gaulle rentre à Londres le 25 septembre, et la crise rebondira en 1943, au Liban, puis en 1945, en Syrie, mettant chaque fois en difficulté les positions françaises et de Gaulle lui-même.

Pouvait-il en être autrement ? Il avait pris, sans nul doute, une initiative singulièrement audacieuse en acceptant, comme Churchill le lui demandait, de reconnaître immédiatement et solennellement l'indépendance des deux mandats. Au fond, il n'avait aucun titre, ni constitutionnel ni légal, pour le faire. Le Sénat de la IIIe République n'avait pas voulu ratifier les accords sur leur indépendance, conclus par Pierre Viénot en 1936 : à tort, bien entendu, si l'on tient compte de la force irrésistible des exigences nationales au Liban comme en Syrie. Pour proclamer, malgré tout, leur indépendance, il fallait donc passer outre à ce refus. De Gaulle avait décidé de le faire, en dépit même de l'engagement qu'il avait pris de restaurer l'intégrité du domaine français. Il avait laissé Catroux l'annoncer en son nom, le 8 juin : « J'abolis le mandat et je vous déclare libres et indépendants. Vous êtes donc désormais des peuples souverains et indépendants... Votre statut d'indépendance et de souveraineté sera garanti par un traité où seront en outre définis nos rapports réciproques. En attendant sa conclusion, notre situation sera celle d'alliés étroitement unis dans la poursuite d'un idéal et de buts communs. » Et de Gaulle, peu après, avait déclaré leur indépendance « pleine et entière ».

L'allusion faite par Catroux au futur traité sur les « rapports réciproques » entre la France et ses deux mandats, laissait évidemment peser une interrogation sur l'avenir. A l'exemple des traités que l'Angleterre avait conclus avec l'Irak et avec l'Egypte qui lui donnaient le droit d'y conserver des bases militaires, fallait-il en réserver la possibilité pour la France ? Les dirigeants syriens et libanais n'y étaient nullement disposés mais de Gaulle estimait que la question ne devait être tranchée qu'après qu'elle serait libérée. C'est ce qui devait guider sa politique alors même qu'elle était fondée sur la reconnaissance de l'indépendance syrienne et libanaise. Par là, il allait inévitablement prêter le flanc aux manœuvres hostiles de la politique anglaise qui aurait ainsi l'occasion de soutenir, contre les démarches françaises, les nationalismes libanais et syrien.

Dans la biographie que j'ai consacrée à de Gaulle, publiée en 1964, j'évoquais les derniers incidents que la France dut affronter en Syrie au printemps de 1945 et dont l'Assemblée consultative provisoire avait discuté. Je remarquais alors qu'à la tribune de cette assemblée « Georges Gorse fut pratiquement le seul à montrer que la France, s'étant engagée à mener à l'indépendance les Etats du Levant, et devant faire face, sans nul doute, à une certaine rivalité britannique, devait — ou aurait dû — aller dans le sens voulu par le nationalisme local ». Et je lui donnais raison. Les pages que je consacrais à cette crise avaient cette conclusion : « La méthode adoptée par de Gaulle s'était révélée contraire aux objectifs qu'il poursuivait. » Lors des entretiens que j'eus avec lui à propos de ce livre, il ne critiqua pas ce que je disais de sa politique au Levant. Il aurait pu le faire, comme à propos de mes remarques sur ses choix économiques et financiers après la Libération et sur la politique envers l'Allemagne : il ne le fit pas. Dans la « partie à trois » qui se jouait là-bas — la France, l'Angleterre, les nationalismes syrien et libanais — la politique française ne pouvait pas affronter à la fois les exigences naturelles et prévisibles de ces nationalismes et la politique, tout aussi prévisible, que l'Angleterre menait en leur faveur. Pour échapper aux pressions des Britanniques et se dégager de leurs intrigues — qui n'étaient pas un fantasme, produit de l'intransigeance gaulliste, mais une réalité qu'il fallait affronter sur place — il n'y avait qu'un seul chemin : s'entendre directement avec les chefs de file du mouvement national au Liban comme en Syrie. Ceux-ci ne désiraient nullement que disparaisse chez eux une certaine influence française et beaucoup d'entre eux y étaient même attachés. Ils avaient été sincèrement impressionnés par le geste audacieux de la France libre reconnaissant leur indépendance. Mais il fallait tenir compte de leur impatience, il fallait que leurs exigences soient clairement satisfaites, et qu'elles le soient par une décision délibérée de la France. De Gaulle s'était engagé dans cette voie en proclamant leur indépendance : on ne pouvait s'arrêter en route sans risques et sans dommages. C'est ce que je croyais pouvoir constater : il ne m'a pas contredit.

Chapitre 10

FRANCE LIBRE, ETAT LIBRE

Partie à l'assaut de l'Empire, la France libre n'a pas gagné seulement les vastes territoires de l'Afrique-Equatoriale, après les comptoirs des Indes et les îles françaises d'Océanie, puis la façade méditerranéenne que procurent la Syrie et le Liban : elle y a trouvé l'espace où son existence, désormais, ne sera plus contestée. Pour de Gaulle, c'est, là comme ailleurs, un moyen au service de la fin qu'il poursuit : bâtir, en vue de poursuivre la guerre et de prendre part à la victoire, un Etat qui s'identifie à la France, et dont le monde entier devra reconnaître l'existence.

Le 23 juin 1940, on s'en souvient, il avait lu au micro de la BBC une déclaration annonçant la formation d'un « Comité national français » dont il disait aussitôt qu'il « rendra compte de ses actes soit au gouvernement légalement établi, dès qu'il en existera un, soit aux représentants du peuple, dès que les circonstances leur permettront de s'assembler dans des conditions compatibles avec leur liberté, leur dignité et leur sécurité ». Ce 23 juin, cinq jours après son premier appel, de Gaulle, après avoir constaté que la capitulation du gouvernement de Bordeaux rendait impossible le libre fonctionnement des institutions politiques et que le peuple français ne pouvait plus s'exprimer, proclamait ainsi qu'il soumettrait son action à ses représentants librement élus et que le « Comité national » qu'il voulait fonder aurait alors achevé sa tâche. On se souvient qu'il ne put le constituer, faute des hommes sur qui Churchill et lui avaient compté. Du coup, cet épisode fut rejeté dans l'ombre et presque oublié : il faut y voir, pourtant, la première expression claire du dessein que de Gaulle allait poursuivre désormais sans relâche et dont l'aboutissement serait, comme il le disait déjà sans équivoque, la restauration en France d'un « gouvernement légalement établi » et d'une assemblée des « représentants du peuple ».

Entre juillet et septembre, ce fut la série des batailles, gagnées ou perdues, pour le ralliement de l'Afrique noire à la France libre. En octobre de Gaulle peut donc reprendre l'entreprise amorcée en juin et lui faire franchir un pas décisif. C'est le 27 octobre, en effet, à Brazzaville, qu'une ordonnance est promulguée, instituant le « Conseil de défense de l'Empire ». De Gaulle a voulu délibérément la signer « en terre française ». Ce conseil comprendra, sous sa présidence, les nouveaux gouverneurs des territoires libérés, Larminat, Eboué, Leclerc et Sautot, les chefs militaires de la France libre, Catroux et Muselier, et trois de ses personnalités les plus marquantes, le professeur René Cassin, le médecin-général Sicé et le capitaine de vaisseau Thierry d'Argenlieu, religieux de l'ordre des Carmes, et ancien officier de marine, rappelé au service à la déclaration de guerre. L'ordonnance prévoit que ce Conseil de défense « exerce, dans tous les domaines, la conduite générale de la guerre en vue de la libération de la Patrie et traite avec les puissances étrangères des questions relatives à la défense des possessions françaises et des intérêts français ». Un manifeste, accompagnant l'ordonnance, proclame, en même temps, l'illégitimité et même l'illégalité du régime de Vichy :

> Il n'existe plus de gouvernement proprement français. En effet, l'organisme sis à Vichy et qui prétend porter ce nom, est inconstitutionnel et soumis à l'envahisseur. Dans son état se servitude, cet organisme ne peut être, et n'est en effet, qu'un instrument utilisé par les ennemis de la France contre l'honneur et l'intérêt du pays.

Cette thèse sera reprise inlassablement par les juristes de la France libre et, en France occupée, par les juristes résistants qui auront le courage de s'exprimer et, parmi eux, au premier rang, le professeur Waline : la Constitution de 1875, affirme-t-il, confère au Parlement le pouvoir de la réviser mais, en aucun cas, ne lui donne le droit de transférer son pouvoir à qui que ce soit, et, de ce fait, il ne pouvait confier à Pétain la tâche de promulguer une nouvelle Constitution, comme il l'a fait le 10 juillet 1940, sans préjudice du fait que le texte voté ce jour-là a été violé dans sa lettre et dans son esprit dès les premières décisions constitutionnelles prises par lui. Quoi qu'il en soit, ce manifeste affirme « qu'il faut qu'un pouvoir nouveau assume la charge de diriger l'effort français dans la guerre » et, comme on l'a vu, ce « pouvoir nouveau » a déjà figure de gouvernement.

Churchill avait approuvé d'avance la formation du « Conseil de défense de l'Empire » quand de Gaulle lui en avait parlé, dès le 30 juillet[1]. Mais, au mois d'octobre, les rapports entre les deux hommes se situent dans un contexte différent. L'échec subi à Dakar a conduit le gouvernement britannique à s'interroger sur l'intérêt qu'il y aurait à maintenir ou à rétablir certaines relations avec les autorités de Vichy. Les réticences anglaises devant les opérations menées par les Français libres au Gabon s'y sont ajoutées pour susciter, chez de Gaulle, une certaine méfiance envers les intentions réelles de la Grande-Bretagne et, sans nul doute, il a voulu, en précipitant ses décisions, rappeler que c'était la France libre qui, désormais, incarnait la France elle-même et, plus précisément, que tout arrangement conclu avec les proconsuls de Vichy en Afrique ne devait pas aboutir à violer les engagements pris par Churchill envers lui. Mais, ce ne sont pas des circonstances passagères qui expliquent l'ordonnance du 27 octobre et le manifeste qui l'accompagne : c'était là, très clairement, une démarche conforme au dessein poursuivi par de Gaulle dès l'origine. A Londres, cependant, on y a vu un pas en avant vers la proclamation future d'un véritable gouvernement français en exil au moment où, justement, la diplomatie anglaise s'efforçait de ménager ses relations avec les autorités de Vichy : en tout cas, Churchill, malgré la fureur que suscitent en lui la rencontre entre Pétain et Hitler à Montoire et l'annonce d'une « collaboration » franco-allemande, s'inquiète de voir de Gaulle profiter davantage de sa liberté d'action en Afrique et, le 10 novembre, l'invite, bien que très aimablement, à revenir en Angleterre.

Six jours plus tard, l'histoire de la France libre franchit une étape capitale. Le 16 novembre, en effet, est publiée une « déclaration organique » qui fonde, à nouveau, la légitimité de l'entreprise entamée le 18 juin et lui donne toute sa portée politique. C'est à l'un de ses collaborateurs des premiers jours, Pierre Tissier, maître des requêtes au Conseil d'Etat, que de Gaulle a demandé d'en rédiger le texte. Elle commence par rappeler le caractère inconstitutionnel et illégal du régime de Vichy, comme dans le manifeste du 27 octobre, en soulignant que « la forme républicaine du gouvernement ne peut faire l'objet d'une [...] révision », alors que les premières décisions constitutionnelles de Pétain l'ont justement abolie. Elle affirme en conséquence qu'aucun Français n'est plus tenu d'obéir au « pseudo-gouvernement de Vichy » et en déduit que doit exister une « autorité centrale provisoire » que de Gaulle exerce en fait, comme les Alliés de la France l'ont reconnu. Mais l'essentiel est sa conclusion rédigée en ces termes :

> Nous, général de Gaulle, chef des Français libres [...] déclarons que nous accomplirons cette mission dans le respect des institutions de la France et que nous rendrons compte de tous nos actes aux représentants de la nation française dès que celle-ci aura la possibilité d'en désigner librement et normalement.

Reprenant, presque mot pour mot, le texte du 23 juin sur ce « Comité national français » qui ne put voir le jour, la déclaration organique du 16 novembre donne toute sa portée politique à l'entreprise entamée le 18 juin : elle en décide même, à l'avance, le destin final. La France libre prend en compte officiellement et publiquement la légalité républicaine et même, sous réserve d'ajustements dus aux circonstances, la législation française, telles qu'elles existaient avant la capitulation et, par-dessus tout, elle se donne ouvertement pour but de mettre elle-même un terme à sa mission quand les représentants du peuple pourront être élus et s'assembler. L'action que va mener de Gaulle est inscrite à l'avance dans la déclaration du 16 novembre, avec les difficultés et même les contradictions dont il devra s'accommoder. La référence à la légalité républicaine devrait lui imposer l'application des lois d'avant juin 1940, sans aller au-delà : les formidables épreuves endurées par la France, les chocs ressentis dans tout l'Empire, durant les années à venir, obligeront à innover, à transformer et même à réformer, d'autant que les événements l'imposeront et que les Français l'exigeront. Ce sera inévitablement l'objet d'affrontements et de controverses, y compris quand il sera question des institutions de la France après sa libération : ainsi, René Cassin, commentant la déclaration organique du 16 novembre, dans un article du numéro du 16 décembre de la revue *La France libre,* écrit que la Constitution de 1875 demeure légalement en vigueur, mais l'on verra, pourtant, moins de cinq ans plus tard, que la plupart des forces politiques et des organisations de la Résistance intérieure en juger tout autrement... Mais nul doute ne peut peser sur le terme que de Gaulle s'est fixé à lui-même : l'élection des représentants du peuple auxquels il remettra les pouvoirs qu'il aura provisoirement exercés.

L'historien ne peut que retenir le caractère délibérément démocratique que de Gaulle a donc voulu donner à son entreprise. Mais ce n'est pas tout : le fait est qu'il l'a voulu et qu'il l'a proclamé de sa propre initiative, ce 16 novembre 1940 à Brazzaville. C'est peu dire qu'aucune pression ne s'est exercée sur lui pour qu'il le fasse : il était alors absolument seul à diriger la France libre et il n'avait auprès de lui, ce jour-là, aucune des personnalités qui, à Londres, auraient pu l'influencer. C'est donc bien d'une décision personnelle qu'il s'agit, et à laquelle il a donné une incontestable solennité : il était clair, en tout cas, comme déjà après la déclaration du 23 juin, que la France libre avait à la fois pour but de gagner la guerre et de restaurer la démocratie en France.

A s'en tenir aux principes dont il se réclame, le gouvernement britannique aurait dû y voir une raison nouvelle de soutenir de Gaulle : c'est exactement le contraire qui s'est produit. Propos officieux et textes officiels montrent qu'il n'est apparemment sensible qu'au caractère personnel du manifeste du 27 octobre et de la déclaration du 16 novembre au point qu'on peut citer le commentaire d'un important diplomate anglais qui juge « typiquement fasciste » la formule qui précède les deux textes : « Nous, général de Gaulle[2]. » On avait, en réalité très bien lu les textes de Brazzaville mais, tout simplement, le cabinet britannique a choisi de ne pas y prêter attention, parce qu'il ne veut faire, à cette date, aucun pas vers la reconnaissance d'un gouvernement provisoire français qui serait celui de la France libre : il demande donc à Spears de surveiller de Gaulle plus étroitement « pour guider ses pas et prévenir d'autres déclarations embarrassantes [3] ». Rien de plus révélateur ici que le jugement des dirigeants anglais estimant « embarrassantes » les positions prises par de Gaulle en faveur de la légalité républicaine et de futures élections libres...

Ce n'est pas, naturellement, ce qu'ils voulaient critiquer. Leur hostilité venait seulement de leur désir de garder les mains libres vis-à-vis de la France libre, malgré les engagements pris envers elle le 8 août précédent, et de leur secrète intention de négocier éventuellement avec les autorités de Vichy. De là les réserves mises à la reconnaissance du « Conseil de défense de l'Empire », le 24 décembre, où le gouvernement britannique précise qu'il n'adhère pas pour autant « aux diverses considérations constitutionnelles et juridiques contenues dans le Manifeste et la Déclaration organique ». Plus encore : le Foreign Office fait une démarche auprès des services de la France libre pour que la Déclaration du 16 novembre ne soit pas publiée en Grande-Bretagne. Sa démarche n'aboutit pas : la Déclaration est reproduite dans le premier numéro du *Journal officiel de la France libre*, le 20 janvier 1941. Sans y parvenir tout à fait, le gouvernement britannique, quitte à dissimuler les engagements de la France libre en faveur du rétablissement de la démocratie, a voulu éviter qu'elle ne s'érige en un Etat libre, pour se ménager éventuellement d'autres interlocuteurs.

De Gaulle a des raisons d'en concevoir un surcroît de méfiance envers les intentions anglaises. Mais, dans l'immédiat, il a fait franchir à son entreprise, en quelques mois, de considérables avancées : la libération d'une partie importante de l'Empire colonial français, la mise sur pied d'une force militaire, encore embryonnaire mais qui s'est battue déjà au Tchad, en Ethiopie, en Erythrée, en Libye, avant de prendre part aux opérations du Levant, la formation d'un pouvoir politique dont les puissances étrangères devront tenir compte. Mais ce bilan ne peut pas dissimuler l'extrême fragilité de la France libre durant la première phase de son existence. Elle apparaît pleinement pendant que de Gaulle est en Afrique, entre août et décembre 1940. Avant de partir, il avait réparti les tâches entre l'amiral Muselier, chargé des forces françaises en Grande-Bretagne, le capitaine Passy, provisoirement chef de son état-major à Londres et un industriel, polytechnicien d'origine, Aristide Antoine, qui vient d'arriver à Londres et se fait appeler « commandant Fontaine ». Cassin organise des réunions communes qui ne sont pas sans efficacité, mais si intense que soit le travail accompli, rien n'empêche les désordres et les désaccords de s'étaler [4]. Muselier veut étendre ses compétences aux affaires politiques et de Gaulle est obligé de le rappeler à l'ordre dès le 20 octobre [5]. Antoine veut exercer une autorité sans nuances et sans ménagement et il suscite autour de lui de nombreuses oppositions. Celle d'André Labarthe est spectaculaire et s'achève par une rupture. C'est un personnalité brillante, qui a d'abord séduit de Gaulle mais dont la réputation scientifique est fortement contestée, dont les propos souvent destructeurs troublent ou scandalisent ses interlocuteurs, qui est bien vite accusé de mythomanie et qui, surtout, ne ménage pas de Gaulle lui-même dans ses reparties ou ses anecdotes. Pour grossir l'importance de ses fonctions de « directeur de l'armement », il veut multiplier les affectations de volontaires dans les usines et les laboratoires, ce qui provoque leur colère et indigne l'état-major. Antoine lui adresse des remontrances qu'il rejette catégoriquement, après quoi, de Gaulle ayant donné son accord, il le révoque[6]. Il s'ensuit d'âpres controverses où les tempéraments et les sensibilités s'affrontent sans retenue. Labarthe, envers qui de Gaulle semble garder quelque sympathie, réagit en fondant une revue, *La France libre*, dont le titre peut prêter à équivoque. Mais bon nombre d'officiers reportent sur lui leurs préjugés hostiles, bien que mal fondés, envers Pierre Cot dont il a été l'un des collaborateurs. Ils ignorent, pourtant, que les services de contre-espionnage anglais soupçonnent Labarthe d'être un informateur des services soviétiques, à moins que ce ne soit plutôt sa compagne, Martha Lecoutre, ou qu'il ait seulement été, pour des raisons professionnelles normales, leur interlocuteur occasionnel[7]. En sens inverse, Labarthe et ses amis mènent campagne contre Antoine, accusé d'être trop lié aux grandes sociétés internationales, puis contre Duclos, dit « Saint-Jacques », second envoyé de la France libre en France occupée où il fonde un réseau de renseignements et qui appartint avant la guerre à l'organisation illégale d'extrême droite qu'on appelait la Cagoule. Et, passant ouvertement à la calomnie, ils accusent Passy d'être aussi « cagoulard »... Accusations et rumeurs, bien entendu, sont activement répandues par le petit groupe des antigaullistes de Londres qui les font connaître à leurs interlocuteurs britanniques.

A peine de Gaulle a-t-il eu le temps de remettre un peu d'ordre à la direction de la France libre que, le 2 janvier 1941, l'amiral Muselier est arrêté par la police anglaise et incarcéré sans la moindre précaution juridique, ainsi que deux de ses officiers, ses deux secrétaires et deux matelots. Eden, qui vient de remplacer Halifax aux Affaires étrangères, communique à de Gaulle un dossier où l'amiral est accusé d'entretenir des relations avec Vichy, d'avoir transmis à Darlan le plan de l'expédition sur Dakar et de se préparer à livrer le sous-marin *Surcouf*, la principale pièce du dossier étant une lettre de l'ancien attaché de l'Air à l'ambassade française de Londres, rédigée pourtant sur un papier à l'en-tête du Consulat... De Gaulle laisse aussitôt entrevoir qu'il estime ce dossier très suspect mais il le fait examiner par le chef d'état-major de Muselier, le capitaine de vaisseau Moullec et par Passy qui, tous deux, le jugent truffé d'invraisemblances. Le 3 janvier, il retourne voir Eden et proteste violemment auprès de lui, lui remettant une note où il soupçonne Vichy d'avoir voulu provoquer une crise entre l'Angleterre et la France libre. Il obtient ensuite de rencontrer Muselier puis, le 7 janvier, il remet aux autorités britanniques une critique méthodique et péremptoire des faux qui constituent le dossier. Quarante-huit heures plus tard, Muselier et ses compagnons sont remis en liberté et Churchill présente ses excuses. Il s'agissait, en effet, de pièces fabriquées par l'officier responsable de la sécurité de Carlton Gardens, le commandant Meffre, dit « Howard », et par son adjoint. Nommé à ce poste à la demande des services britanniques, il s'était bientôt querellé avec Muselier et avait été convaincu d'espionner le personnel du quartier général de la France libre et de travailler pour le contre-espionnage anglais. Sans doute était-ce pour conserver son poste et la confiance de ses employeurs britanniques qu'il avait fabriqué le dossier mettant en cause Muselier. Quoi qu'il en soit, il en résulta une méfiance accrue de nombreux Français libres à l'égard des services anglais, plus ou moins soupçonnés par eux d'avoir voulu les compromettre pour les mettre définitivement à l'écart : ces soupçons n'étaient pas justifiés mais force est de reconnaître que le gouvernement britannique, en cette affaire, fit preuve de beaucoup de légèreté et de précipitation.

C'est pourtant durant cette année 1941, qui commence si mal pour de Gaulle et les siens, que la France libre va prendre peu à peu sa dimension et son véritable visage politique et moral. Pour l'organiser, de Gaulle institue un Comité militaire et une conférence administrative. Celle-ci doit animer plusieurs directions civiles, celle des Affaires extérieures et économiques, confiée à Pleven, celle de l'Information, dont est chargé Jean Massip, celle des Affaires politiques et des territoires non libérés, donnée à Pierre-Olivier Lapie, puis à Gaston Palewski, celle des Affaires administratives et financières dont le chef est d'abord Antoine. Mais celui-ci part pour l'Afrique en mars, en même temps que Palewski et les attributions de Pleven sont élargies, tandis que les Affaires politiques, l'Information et « l'action dans les territoires non libérés », sont provisoirement regroupées sous l'autorité de Maurice Dejean. En juin, quand Pleven est envoyé aux Etats-Unis pour y organiser les partisans de la France libre, Dejean se voit attribuer, de surcroît, les Relations extérieures et, de juin à septembre, quand de Gaulle est au Proche-Orient, c'est René Cassin qui est chargé de coordonner tous les services de Londres... Ces mutations en série montrent à quel point la France libre est encore pauvre en hommes capables d'assurer les responsabilités administratives et politiques d'un mouvement qui, pourtant, se veut déjà un Etat et un gouvernement.

Cette fragilité explique les assauts redoutables qui vont être lancés contre elle. Ils n'auraient pas pris tant de virulence sans les oppositions qui s'accusent et s'aiguisent au sein de la communauté française de Londres. Elles sont apparues, comme on l'a vu, dès les premières semaines ou les premiers mois qui suivirent le 18 juin. Mais elles restèrent très étroitement limitées au point de se réduire à quelques noms, toujours les mêmes : Georges Gombault et son fils Charles, Pierre

Comert, Louis Levy, auxquels il faut ajouter désormais celui d'André Labarthe. Pierre Bourdan, pseudonyme de Maillaud, d'abord ému et séduit par de Gaulle, prend ses distances envers la France libre par souci de préserver l'indépendance rigoureuse de l'agence de presse qu'il a fondée en août 1940, sous le nom d'*Agence française indépendante* : mais il n'ira jamais jusqu'à professer une opposition systématique et garde auprès de lui beaucoup d'hommes qui veulent rester loyaux envers de Gaulle.

Le groupe antigaulliste de Londres se retrouve principalement au sein du cercle « Jean Jaurès » qui cherche à influencer les personnalités de gauche, surtout socialistes, qui arrivent en Angleterre. Il est vrai que, dans ce groupe, les propos tenus par certains sont d'une violence rare. Georges Gombault, par exemple, ne voit en de Gaulle qu'un nouveau « général Boulanger[8] », et Pierre Comert confie à René Cassin, qui en est scandalisé, qu'il « déteste » tout le mouvement des Français libres[9]... Bien entendu, dans la serre chaude de l'émigration, les querelles personnelles et politiques s'exaspèrent. D'autant plus que la France libre est à l'image de la France elle-même : toutes les sensibilités s'y retrouvent. Comme il arrive toujours, en tous pays, après le choc d'une grande défaite, le sentiment général est que les responsables en sont, en grande partie, les anciennes institutions, les anciennes mœurs, les anciennes équipes. Qu'il y ait eu là une part d'injustice ne doit pas empêcher de constater que c'est une opinion presque unanime, que l'on retrouve, comme on le verra, dans la Résistance intérieure aussi bien qu'à Londres, et l'on peut penser, comme le remarque alors de Gaulle, que « la masse française confond pour le moment démocratie avec le régime parlementaire tel qu'il fonctionnait chez nous avant cette guerre ». Mais il est normal que cette injustice soit ressentie par les quelques hommes qui, réfugiés en Angleterre, furent associés à l'ancien personnel politique : tel était justement le cas de Pierre Comert, de Georges Gombault, de Louis Levy.

Les discussions entre Français de Londres recouvraient, en réalité, des incompatibilités d'humeur difficilement surmontables. L'acte fondateur du 18 juin, les circonstances, les événements qui ont suivi, ont conduit de Gaulle à assumer toutes les responsabilités et il devait inévitablement en résulter le caractère personnel de son pouvoir et de la manière dont il l'exerce. Cela ne l'a nullement empêché de confier à des hommes venant des milieux de gauche les tâches politiques principale de la France libre. Autant dire que ceux qui constituaient le petit groupe antigaulliste de Londres, étaient loin d'être les plus représentatifs de leurs propres familles politiques et sociales et qu'ils furent toujours une très petite minorité. Leur rôle apparut quelquefois plus grand qu'il n'était en raison des fonctions qu'ils avaient au journal *France*, le seul quotidien francophone paraissant en Angleterre et de la notoriété que s'attirent toujours les journalistes bien introduits dans les milieux politiques : leur importance, en fin de compte, fut très faible.

L'amiral Muselier s'y trompa. Quand il se résolut à lancer un assaut contre de Gaulle, il crut que le groupe des antigaullistes lui apporterait un soutien décisif alors qu'il n'avait, au fond, ni racines ni audience. Mais André Labarthe qui fit constamment la liaison entre ce groupe et lui, sut le convaincre. Il avait de bonnes raisons, du reste, de croire en ses propres chances. C'est lui qui avait été le véritable artisan de la résurrection d'une marine française dans le camp allié et il y mit tant d'ardeur que les responsables britanniques, qui se méfièrent d'abord de lui au point de vouloir l'écarter de Londres à deux reprises au mois d'août 1940 [10], reconnurent sa compétence. Il voulut en profiter pour s'imposer davantage à la tête de la France libre. Au mois de mars 1941, certainement meurtri par l'épisode récent de son arrestation et de sa réhabilitation hâtive, soupçonnant de Gaulle de ne l'avoir pas assez soutenu et voulant retrouver auprès des Anglais une réputation à laquelle il tenait beaucoup, il prit l'offensive. Il proposa donc que la France libre, désormais, soit dirigée par un « Comité de coordination » dont il serait le président « en sa qualité de plus ancien officier général français présent en Angleterre », de Gaulle n'en conservant que le patronage suprême. Ce fut une démarche sans résultat mais qui éveilla, à l'encontre de Muselier, la méfiance de ceux qui furent tenus au courant et qui n'imaginaient pas que la France libre change de chef.

En septembre, de Gaulle, retour du Levant, s'apprête à constituer ce « Comité national » qu'il a voulu fonder, on s'en souvient, dès juin 1940 : la France libre lui paraît maintenant assez forte pour franchir ce pas. Mais c'est le moment de la plus extrême tension avec Churchill à propos du Levant. Les conseillers du Premier ministre jugent qu'il est grand temps de le priver autant que possible de sa liberté d'action. Desmond Morton, son plus proche collaborateur, signale à celui-ci qu'il existe à Londres des Français qui « s'interrogent sérieusement sur les moyens de créer un conseil qui serait à même de contrôler les actions politiques du général [11] ». Il est significatif que, dans ce même document, il reconnaisse que de Gaulle ne peut être remplacé car son nom, écrit-il, « est devenu en France synonyme de la libération du joug allemand » : c'est avouer à l'avance que l'opération qu'on va tenter contre lui risque de ne pas aller jusqu'au bout. Mais Churchill décide d'agir dans l'espoir, suivant son expression, de « noyer de Gaulle dans un comité ». Il choisit d'abord de lui parler directement et les deux hommes en discutent assez librement, évoquant l'idée de René Cassin d'organiser un congrès de tous les représentants de la France libre ou bien la création d'un « conseil en bonne et due forme qui contribuerait effectivement à l'élaboration de la politique du mouvement présidé par [de Gaulle] en tant que chef reconnu de tous les Français libres [...] avec lequel le gouvernement de Sa Majesté pourrait traiter [12] ». Au fond, c'est ce « conseil » que de Gaulle a voulu créer et c'est ce qu'il va faire.

Peut-être prévenus par leurs interlocuteurs britanniques, Muselier et ses amis veulent le devancer. Deux officiers de l'état-major de l'amiral transmettent aux Anglais une note qui met directement en cause la personnalité du chef de la France libre : « De Gaulle, écrivent-ils, s'il reste utile comme figure symbolique et sans doute précieux comme chef militaire — ce qui reste à démontrer — ne peut continuer impunément dans la voie qu'il s'est tracée. Il est honnête, certes, mais d'un fanatisme qui touche au déséquilibre [13]. » Comme on le voit, ils ont choisi de s'adresser directement au gouvernement britannique, évidemment pour obtenir son aide. Le 18 septembre, Muselier écrit à de Gaulle pour lui demander, très officiellement, la création d'un « comité exécutif de la France libre », dont il serait président, tandis que de Gaulle n'en présiderait que les séances plénières et resterait chef nominal des Forces françaises libres. L'amiral lui assure qu'ainsi il pourrait continuer « à jouer le rôle que le France attend de [lui] », mais la liste des membres du comité dont il suggère la nomination révèle ses intentions : ce serait lui-même, comme président, chargé des services de la défense nationale, de la marine marchande et de l'armement, René Pleven pour les affaires économiques et financières, Maurice Dejean pour les relations extérieures, André Labarthe pour la direction politique, la propagande et l'action en France et dans l'Empire, et le commandant Moret, chef d'état-major de Muselier, pour la marine et la coordination des services secrets. Sur cette liste, Pleven est le seul qui soit indéfectiblement favorable à de Gaulle. Contrairement à ce que l'on croit alors, Dejean paraît aller d'un camp à l'autre et préférer, pour le moment, celui de Muselier. Le lendemain, en effet, 19 septembre, un déjeuner réunit à l'hôtel Savoy Muselier, ses collaborateurs personnels, Labarthe et Dejean, et deux représentants de Churchill, Morton et Lord Bessborough : ces deux derniers en rendent compte à Churchill qui suit donc l'affaire dans ses moindres détails et veut qu'on soutienne l'initiative de Muselier [14]. Et c'est encore Dejean qui, le 20 septembre, rédige la lettre, signée par Muselier, qui propose à de Gaulle d'être le « président d'honneur » du futur comité, dont il serait le « président en exercice ».

Dès le lendemain, 21 septembre, de Gaulle donne sa réponse à Muselier et Labarthe : il veut bien les nommer membres du comité national mais c'est lui qui le présidera et il ne laissera à personne d'autre le contrôle des services secrets, c'est-à-dire des liaisons avec la France. Labarthe refuse en déclarant qu'il ne peut accepter le maintien en place du commandant Passy et Muselier refuse à son tour. Le lendemain, le 22 au matin, Dejean avertit l'amiral que le comité va être constitué sans lui, sans Labarthe, sans Moret. Aussitôt, Muselier prévient l'amirauté britannique que la marine française libre « devient indépendante » et il la met à sa disposition [15]. Dejean se hâte de prévenir de Gaulle qui avertit Muselier qu'il sera relevé de ses fonctions si, dans les quarante-huit heures, il ne revient pas à la discipline de la France libre. Les deux jours suivants voient les derniers soubresauts de l'assaut lancé contre de Gaulle. Morton abreuve Churchill de notes où il impute au chef de la France libre, des « conceptions d'extrême droite » et où il reprend, sans nuances, les polémiques habituelles du groupe antigaulliste de Londres contre Passy, « un jeune homme de moins de trente ans [...] qui aurait des opinions d'extrême droite et qui est considéré comme dangereusement inefficace par le brigadier Menzies et d'autres membres des services secrets britanniques [16] » — ces dernières lignes ne correspondant pas, du reste, à la réalité, Menzies, chef des services de renseignements britanniques, et ses collaborateurs, ayant appris à beaucoup estimer Passy. Churchill s'engage lui-même en recevant de Gaulle le 23 septembre pour le prévenir que l'Amirauté n'interviendra pas pour priver effectivement Muselier de son commandement mais qu'elle ne lui permettra pas non plus de débaucher les marins de la France libre : tout au plus obtient-il que de Gaulle reporte de 24 heures la formation du Comité national français. Eden prend le relais et se voit chargé d'une sorte d'arbitrage dont le but doit être d'encadrer de Gaulle pour influer sur sa politique et de soumettre le choix du chef des services secrets de la France libre à l'approbation du cabinet britannique [17]. Mais de Gaulle profite du délai qu'il a lui-même accepté pour parler à la BBC et contredire publiquement ceux qui ont mis en cause ses sentiments républicains. Ce 23 septembre au soir, il proclame :

> La Constitution et les lois de la République ont été violées et sont violées tous les jours par l'envahisseur et ses complices. Nous ne reconnaissons aucune de ces violations.

Sur ce terrain, les attaques dont il est l'objet ne résisteront pas à la réaffirmation des principes évoqués, dès le 23 juin 1940, puis dans la déclaration organique de Brazzaville. Dans l'immédiat, en tout cas, la conjuration contre lui en est encore affaiblie. Les tractations se poursuivent cependant durant toute la journée du 24 septembre : Muselier, reniant sa lettre précédente à l'Amirauté britannique, déclare, par écrit, qu' « il n'a jamais été dans [ses] intentions de rompre l'unité militaire de la France libre » et de Gaulle le nomme au comité national, mais sans aucun des autres conjurés.

Ceux-ci ont donc échoué. Il n'en résulte aucune trace dans les rangs de la France libre mais seulement le vote par le cercle « Jean Jaurès », le 4 octobre, par 7 voix contre 5, d'une motion assurant que « les socialistes ne sauraient considérer le Comité national comme le représentant régulier et légitime de la France et comme satisfaisant aux conditions d'un gouvernement démocratique, même provisoire » — avant que ce texte soit fortement édulcoré par la suite sous l'influence des socialistes de Londres favorables à de Gaulle. Churchill en est, semble-t-il, ulcéré, à en juger par le commentaire furieux qu'il adresse à Eden après la formation du Comité national et par les instructions qu'il donne d'interdire au journal *France* la publication d'un article de Pierre Tissier, secrétaire à la coordination du Comité national, qui écrivait que celui-ci « est aujourd'hui le seul représentant de la France et de l'Empire [et] qu'il n'y a plus qu'une France, celle du général de Gaulle [18] ». Inlassablement, par la suite, de nouvelles directives chercheront à imposer une ligne de conduite aux Français parlant à la BBC et, longtemps encore, voudront empêcher que l'on s'en prenne à Pétain. Sur ce point, en particulier, de Gaulle et tous les porte-parole de la France libre, à commencer par Maurice Schumann, seront intraitables : ils devront guerroyer sans cesse contre les ménagements que les Britanniques, jusqu'à une date très tardive, auront pour Pétain et les autorités de Vichy.

De Gaulle a donc résisté à tous les assauts lancés contre lui. Plus encore, la formation du Comité national français assoit son autorité définitivement ; sa composition suffit à le montrer : René Pleven est commissaire à l'économie, aux finances et aux colonies, Maurice Dejean aux affaires étrangères, le général Legentilhomme à la guerre, l'amiral Muselier à la marine et à la marine marchande, le général Valin à l'air, René Cassin à la justice et à l'instruction publique, André Diethelm à l'intérieur, au travail et à l'information, et Thierry d'Argenlieu, encore capitaine de vaisseau, qui n'a pas d'attributions particulières. Seul Muselier, dans cette équipe, fait exception : tous les autres sont acquis à de Gaulle. Mais, plus encore que par ses structures et sa direction, la France libre s'est renforcée par la doctrine qu'elle proclame ouvertement, par les principes qu'elle invoque, par l'esprit dont elle s'inspire. Entre juin et novembre 1940, elle a précisé son adhésion à la légalité républicaine, ses engagements démocratiques, sa promesse de rendre compte de ses actes aux futurs représentants librement élus du peuple français. Mais, bien au-delà, s'esquisse déjà une doctrine qui, on s'en apercevra bientôt, ne s'en tient pas à l'engagement de restaurer l'ancienne république.

Car dans la vague irrésistible des critiques du régime d'avant-guerre, il y avait bien autre chose qu'un sentiment équivoque et douteux à l'égard de la démocratie : il y avait une formidable volonté de changement. Elle s'exprima à Londres avant même que n'en témoignent les journaux clandestins de la Résistance intérieure. De Gaulle fut assez audacieux, ou assez téméraire — à moins qu'il ne fût imprudent — pour le dire lui-même dans un entretien avec la presse le 3 décembre 1940 :

> Une chose est certaine : la France ne consentira pas à retrouver le statut politique, moral et social, qu'elle avait auparavant [...] Cette guerre est une révolution.

Quelques jours plus tard, l'une des personnalités les plus représentatives de la France libre, Joseph Hackin, réputé proche du parti socialiste, fit à la BBC un exposé sur l'avenir, suggérant que la France libre conçoive, sans attendre, « une doctrine de gouvernement assurant le développement de l'individu et l'autorité de l'Etat », et qu'elle assume plus tard les « tâches de redressement moral et de reconstruction matérielle ». Ce souci d'exalter les droits de « l'individu », mais de garantir en même temps « l'autorité de l'Etat », se retrouvera constamment dans la littérature politique de la France libre, comme dans les textes clandestins de la Résistance intérieure, exprimant la double exigence des libertés, dont le régime de Vichy privait la France, et d'une république future qui ne connaîtrait pas la tragique instabilité des gouvernements d'avant la guerre. Ce devait être aussi le testament de Joseph Hackin qui périt avec sa femme dans le torpillage de son navire, mais d'autres, après lui, exprimeront les mêmes idées.

De Gaulle les exprime aussi, à sa manière, comme il le faisait, on l'a vu, dès la fin de 1940, mais avec plus d'assurance et de solennité à mesure que les mois passent. Dans ses discours, la place la plus grande est toujours faite, comme les événements l'imposent, à la guerre, à la lutte, au combat, à la résistance, mais grandit celle faite, en même temps, à la démocratie, à la liberté, à la République et même à cette « révolution » qu'il avait déjà évoquée. Le 2 octobre 1941, il parle de cette

> vaste résistance française dont on a le droit de croire [...] qu'au jour du triomphe final des Alliés, elle placera la démocratie française, renouvelée par ses épreuves, de plain-pied avec la victoire.

Le 15 novembre 1941, il répond à ceux qui s'interrogent sur ce que veut la France libre et à leur interprétation contradictoire :

> L'une des rares distractions que m'accorde ma tâche présente consiste à rapprocher parfois ces diverses affirmations. Car il est plaisant d'observer que les Français libres sont jugés, le même jour, à la même heure, comme inclinant vers le fascisme, ou préparant la restauration d'une monarchie constitutionnelle, ou poursuivant le rétablissement intégral de la république parlementaire ou visant à remettre au pouvoir les hommes politiques d'avant-guerre, spécialement ceux qui sont de race juive ou d'obédience maçonnique, ou enfin poussant au triomphe de la doctrine communiste.

Il affirme naturellement que « l'article 1er de [sa] politique consiste à faire la guerre », mais pour ajouter aussitôt que « l'article 2... est de rendre la parole au peuple, dès que les événements lui permettront de faire connaître librement ce qu'il veut et ce qu'il ne veut pas ». Mais ce jour-là, il va bien au-delà. Il reprend le mot de « révolution » prononcé presque un an plus tôt. Et c'est pour lui donner une dimension à la fois politique, sociale et morale qu'il ne distingue pas, pour la première fois peut-être aussi explicitement, du combat de la France libre.

> Si l'on a pu dire que cette guerre est une révolution, cela est vrai pour la France plus que pour tout autre peuple. Une nation qui paie si cher les fautes de son régime, politique, social, moral et la défaillance ou la félonie de tant de chefs, une nation qui subit si cruellement les efforts de désagrégation physique et morale que déploient contre elle l'ennemi et ses collaborateurs [...] une nation à qui ne sont offertes, comme solution et comme espérance, que le travail forcé pour le compte de l'ennemi, le combat contre ses propres enfants et ses fidèles alliés, le repentir d'avoir osé se dresser face aux frénésies conquérantes d'Hitler et le rite des prosternations devant l'image du Père la Défaite, cette nation est nécessairement un foyer couvant sous la cendre. Il n'y a pas le moindre doute que, de la crise terrible qu'elle traverse, sortira, pour la nation française, un vaste renouvellement. Est-il besoin de dire que ce ne sont pas les Français libres qui voudraient jamais contrarier une telle transformation ?

Et les termes qu'il emploie pour évoquer celle-ci sont révélateurs de la façon dont il entrevoit la « révolution » dont il a parlé :

> Nous savons que l'immense majorité des Français, dans laquelle nous nous comptons, a définitivement condamné, à la fois les abus anarchiques d'un régime en décadence, ses gouvernements d'apparence, sa justice influencée, ses combinaisons d'affaires, de prébendes et de privilèges, et l'affreuse tyrannie des maîtres esclaves de l'ennemi, leurs caricatures de lois, leur marché noir, leurs serments imposés, leur discipline par délation, leurs microphones dans les antichambres. Nous tenons pour nécessaire qu'une vague grondante et salubre se lève du fond de la nation et balaie les causes du désastre pêle-mêle avec l'échafaudage bâti sur la capitulation.

Risque-t-on de confondre la condamnation du régime d'avant-guerre avec celle de la République qu'il en reprend, dans ce même discours, la devise bannie par Vichy.

> Nous disons : liberté, égalité, fraternité, parce que notre volonté est de demeurer fidèles aux principes démocratiques que nos ancêtres ont tirés du génie de notre race et qui sont l'enjeu de cette guerre pour la vie ou la mort. Nous disons « Libération », et nous disons cela dans la plus large acception du terme car si l'effort ne doit pas se terminer avant la défaite et le châtiment de l'ennemi, il est d'autre part nécessaire qu'il ait comme aboutissement, pour chacun des Français, une condition telle qu'il lui soit possible de vivre, de penser, de travailler, d'agir, dans la dignité et dans la sécurité.

Est-il contradictoire ce langage qui associe le retour aux lois et aux institutions de la République et l'appel à de vastes changements politiques, économiques et sociaux, qui prend parti pour cette « révolution » mais respecte à l'avance le choix du peuple français et de ceux qu'il aura librement élus ? Ces contradictions seront l'inévitable trame de l'histoire de la France libre et de l'action que de Gaulle mènera jusqu'à la libération de la France et au-delà. Le fait est que, pour lui, c'est un tout, un bloc, une démarche cohérente, qu'il ne veut y voir rien de contradictoire. Ce langage sera justement celui que la plupart des résistants de l'intérieur, du moins leurs dirigeants, veulent entendre — sans en voir non plus les contradictions, ou sans le dire.

Chapitre 11

A LA RENCONTRE DE LA FRANCE

En cet été de 1940 où naît la France libre, les dirigeants britanniques n'ont, au fond, qu'une préoccupation : un éventuel débarquement allemand. Comme c'est à partir des plages françaises que l'ennemi arriverait, il faut, avant tout, savoir ce qui se passe en France, juste de l'autre côté de la Manche. C'est là le point de départ de l'action que la France libre va mener en territoire français, qui rejoindra peu à peu celle des hommes et des femmes qui ont décidé de poursuivre sur place la lutte contre l'ennemi, et d'où viendra, dans toutes ses dimensions, la Résistance intérieure. Churchill, dès le mois de juillet, a donné instruction au chef de ses services de renseignements — le Secret Intelligence Service qui, dépendant du ministère de la Guerre, est aussi appelé *Military Intelligence 6*, en abrégé MI6 — d'aller demander à de Gaulle d'autoriser des Français libres à prendre part à la recherche de renseignements en France. Ainsi commença le travail commun, tumultueux, parfois conflictuel mais finalement essentiel entre les services spéciaux britanniques et ceux de la France libre. Ces derniers se limitaient, pour commencer, au 2e bureau de l'état-major que de Gaulle a constitué autour de lui. C'est le capitaine Dewavrin qu'il a désigné à ce poste : lui et ses adjoints prennent pour pseudonymes des noms de stations de métro, il se fait appeler Passy [1].

Il était urgent d'agir car les Britanniques n'ont, sur la France, et plus précisément sur les régions du nord-ouest, que de très faibles sources de renseignements. Un réseau polonais, « Tudor », était resté sur place après l'invasion allemande, mais plutôt en zone Sud : il était en liaison avec le gouvernement polonais exilé à Londres mais ses courriers avaient le plus grand mal à gagner l'Angleterre et il ne disposa d'un émetteur radio qu'au printemps de 1941 [2]. C'est à cette date aussi que certains éléments des services spéciaux existant avant la guerre dans l'armée française obtinrent une liaison radio avec l'Angleterre : d'abord le service de renseignements de l'armée de l'Air formé à l'automne

1940, puis le service d'interception et d'écoute des communications allemandes, mais tous deux firent bientôt l'objet d'une surveillance étroite des services de Vichy puis des services allemands[3]. C'est dire qu'à Londres on partait de rien, ou peu s'en faut. Un jeune Français, Hubert Moreau, fut envoyé par les Anglais, en zone Nord, au mois de juillet, de Gaulle ayant donné son accord : il revint quinze jours plus tard et lui rendit compte de sa mission. Le premier qui mérita le titre d'agent des services de la France libre fut le sous-lieutenant Jack Mansion, que deux pêcheurs de Bénodet acheminèrent sur les côtes du Finistère et qui revint en septembre avec une carte du déploiement des forces allemandes en Bretagne[4]. Le 4 août, une vedette anglaise débarqua Maurice Duclos, dit Saint-Jacques, et Beresnikoff, dit Corvisart. Ils ne purent ni utiliser leurs pigeons voyageurs, ni rejoindre la vedette qu'on avait envoyée pour les chercher et Saint-Jacques ne revint qu'à Noël et Corvisart en janvier. André Weil-Curiel, avait été, de son côté, chargé par Boislambert d'aller en zone Sud y recueillir des renseignements politiques. Gilbert Renault, plus tard connu sous le nom de Rémy, fut ensuite envoyé en zone Nord pour se charger des renseignements militaires et, grâce à la complicité du consul de France à Madrid, Pigeonneau, il fit régulièrement parvenir à Londres, à partir de décembre 1940, des courriers qui allaient être de plus en plus importants. Pierre Fourcaud, officier de carrière, partit à son tour et revint, en décembre, de sa première mission pour repartir presque aussitôt. C'est en décembre aussi que le lieutenant de vaisseau Honoré d'Estienne d'Orves fut débarqué par un voilier sur les côtes bretonnes : il fut le premier à disposer d'un émetteur radio mais son opérateur le dénonça et, le 29 août 1941, il fut aussi le premier Français libre fusillé par les Allemands.

Conformément aux instructions que de Gaulle lui a données et à ce qu'il veut lui-même, Passy, assisté d'un industriel mobilisé comme lieutenant, André Manuel, entend constituer un service « entièrement français, entièrement indépendant [des] Alliés » pour qu'il soit bien clair que tous les efforts et tous les résultats obtenus soient portés au crédit de la France. L'entreprise est une gageure tant les obstacles sont formidables. Les communications avec la France restent intégralement entre les mains des Anglais et quand Passy obtient de disposer d'un chiffre n'appartenant qu'aux services français libres, il doit en donner la clé à ses homologues britanniques. Du reste, les agents envoyés en France doivent tout improviser en même temps qu'ils affrontent déjà les pièges tragiques ou inattendus de la clandestinité. Fourcault, reparti pour une deuxième mission, suscite la création d'un réseau de renseignements sur la région marseillaise qui, l'année suivante, entrera en contact avec le Comité d'action socialiste créé dans l'intervalle par Daniel Mayer, Félix Gouin et Gaston Defferre. Il veut établir une liaison avec des officiers du 2e bureau de l'armée de Vichy dont il a pu vérifier le patriotisme : mais, au mois d'août, probablement par suite du double jeu pratiqué par certains d'entre eux, il est arrêté et restera inutilisable pendant plus d'un an. Saint-Jacques, reparti lui aussi pour une autre mission, est parachuté en Dordogne, se casse la jambe, perd le contact de son opérateur radio, est arrêté, relâché grâce à des amis qu'il a pu alerter dans les milieux d'extrême droite auxquels il appartenait avant la guerre et réussit enfin à passer en zone occupée au mois de mars où il va créer un réseau de renseignements à Paris, en Normandie et dans le Nord. Au même moment, quatre agents et deux émetteurs radio sont débarqués en Bretagne et leurs contacts avec Londres deviendront réguliers à partir d'avril, seule exception parmi tous les postes largués jusque-là, tous endommagés ou tombés en panne. Au mois d'août, en revanche, quatre postes émetteurs et un spécialiste sont parachutés sur un terrain préparé par une équipe de réception et, grâce à eux, le réseau « confrérie Notre Dame » monté par Rémy peut fonctionner avec une bien plus grande efficacité. A la fin de l'année 1941, vingt-quatre des vingt-neuf agents envoyés en France sont encore en activité avec douze émetteurs radio dont la moitié pour Rémy.

Dans l'intervalle, les services secrets de la France libre se sont diversifiés. Les Britanniques leur ont demandé d'organiser des coups de main en France occupée. L'un échoue en mars 1941 : il avait pour but de s'attaquer aux autobus qui conduisent les pilotes allemands à la base de Meucon dans le Morbihan. Un autre, en juin, est un exploit : Joël Le Tac, rescapé du raid manqué de Meucon, et trois compagnons détruisent six des huit transformateurs de la station électrique de Pessac, qui alimentaient la base des sous-marins allemands à Bordeaux. Ces nouvelles missions amènent Passy à restructurer ses services : Manuel reste son adjoint pour les renseignements, Lagier, dit Bienvenue, l'assiste pour les services action, Corvisart pour les réseaux d'évasion et le lieutenant Warin, dit Wybot, pour le contre-espionnage. Au début de 1942, il change de nom et de lieu, devenant le Bureau central de renseignements et d'action, le BCRA, et s'installant au 10 Duke Street avec, au total, cinquante-trois permanents dont dix-sept officiers. Les problèmes se multiplient sans cesse, pour les communications, les transports d'agents, les transferts d'argent. Les liaisons se feront, en partie, à chaque « lune » mensuelle, par les petits avions Lysander devenus légendaires dans l'histoire de la Résistance française, capables de transporter de deux à quatre passagers et 100 kilos de courrier et qui peuvent se poser sur une pâture de quelques centaines de mètres de côté : mais il y faut tout un réseau de comités d'accueil et, très souvent, les conditions d'atterrissage ne sont pas remplies et l'opération annulée. Les transmissions par radio, jusqu'à la fin, rendront les réseaux vulnérables aux services allemands de détection. Les émetteurs pèsent 28 kilos et sont à la fois très lourds et très dangereux à transporter. Près des trois quarts des opérateurs radio sont arrêtés en 1941, près des quatre cinquièmes en 1942.

D'autres difficultés s'y ajoutent qui tiennent aux relations avec les services britanniques. Si le débauchage d'agents français par ces derniers, qui trompent souvent leurs recrues en leur faisant croire qu'ils travaillent directement pour la France libre, est une cause fréquente de frictions, les rapports sont généralement bons avec le MI6 et le principal adjoint de son chef, Sir Claude Dansey, qui est non seulement l'interlocuteur mais l'ami de Passy. Ils sont beaucoup plus difficiles avec le Special Operation Executive, le SOE, créé sur l'ordre de Churchill pendant l'été de 1940 pour mettre « l'Europe à feu et à sang ». La brillante réussite de l'opération de Pessac amène le SOE à créer en son sein une section de liaisons avec les services français libres pour toutes les opérations d'action en France mais il conserve secrètement son propre groupe d'action, la section F, considéré par Passy, quand il apprendra son existence, comme un service concurrent, recrutant ses agents et menant ses opérations en court-circuitant les services de la France libre[5]. La tension qui en résultera grandira encore quand le colonel Buckmaster, chef de la section F, cherchera à utiliser des groupes hostiles à la France libre en les favorisant en moyens matériels et en argent. Des crises périodiques s'ensuivirent qui, à plusieurs reprises, paralyseront toute mission non sans qu'au total près d'un millier d'agents aient été envoyés en France pour des opérations d'action.

Durant l'été et l'automne de 1940, où persistait la crainte d'un débarquement allemand, les renseignements militaires étaient essentiels. De Gaulle le savait bien qui, de plus, était accaparé par ses efforts en vue de rallier à la France libre une partie de l'Empire : sa crédibilité, son autorité, le poids dont il pesait auprès des Britanniques en dépendaient et c'était donc la priorité. Mais on peut croire qu'il pensait déjà aux prolongements que son action pourrait trouver en France puisque dès le mois de décembre 1940, il créa une direction politique dont l'une des missions était « l'action dans les territoires occupés ». Gaston Palewski, qu'il avait connu dans l'entourage de Paul Reynaud en fut d'abord chargé, puis, à partir de mars 1941, Maurice Dejean, ancien chef de cabinet de Daladier. Deux choix révélateurs : de Gaulle désignait, pour ce qu'on pouvait faire en France, les deux hommes qui, auprès de lui, étaient les plus informés sur les milieux politiques français, les plus capables d'entrer en contact avec eux — excepté Pierre-Olivier Lapie que sa qualité d'ancien député proche du parti socialiste classait à part.

Mais les liaisons avec la France étaient encore très rares et très difficiles et les informations sur la situation en zone occupée et en zone Sud peu nombreuses ou peu fiables. C'est seulement en août 1941 que Dejean put créer une « section d'action en France » dirigée par le commandant Semidéi, dit Servais. Dans l'intervalle, il avait envoyé en zone Sud un ancien du corps expéditionnaire de Norvège, Léon Morandat, militant de la CFTC, c'est-à-dire des syndicats chrétiens, qui prendra plus tard pour prénom son pseudonyme : Yvon. Il avait mission d'entrer en contact avec les milieux qu'il connaissait le mieux, ceux des organisations de jeunesses catholiques, les courants démocrates-chrétiens ou chrétiens de gauche, les syndicalistes de sa tendance, et il devait, du même coup, former un réseau consacré à diffuser dans tout le Sud-Est la propagande de la France libre[6]. Parallèlement, l'un des rescapés du raid de Pessac, Pierre Forman, regagnant Londres par l'Espagne en passant par la zone Sud, avait rencontré à Montpellier Pierre-Henri Teitgen, professeur de droit, qui l'avait mis en contact avec un groupe de résistants constitué surtout d'universitaires chrétiens, le mouvement « Liberté » et, à Toulouse, un autre universitaire, spécialiste de l'Allemagne, Pierre Bertaux, qui faisait également partie d'un groupe de résistants. Il en avait rendu compte à Passy à son retour à Londres, au mois d'août 1941, et ce dernier en avait aussitôt déduit que l'occasion s'offrait de rassembler toutes les organisations clandestines qui étaient en train de naître sur place. Il avait dressé un plan d'action prévoyant le découpage de la zone Sud en quatorze régions où les actions clandestines devraient se répartir en quatre directions : l'armée secrète, c'est-à-dire la préparation de la lutte armée, le sabotage, le renseignement, la propagande. Un radio était envoyé auprès du groupe de Pierre Bertaux en septembre et Forman fut de nouveau parachuté en octobre. Mais la suite montra que les moyens d'action et les liaisons étaient encore trop faibles pour que les audacieux projets de Passy soient réalisés à bref délai[7].

Il n'était pas trop tôt, cependant, pour que de Gaulle pose les principes de l'action à mener en France. C'est ce qu'il fit quand il forma le Comité national de la France libre, le 24 septembre 1941. Pour le Commissariat national à l'Intérieur — chargé aussi de l'Information et du Travail — il choisit André Diethelm, ancien directeur du cabinet de Georges Mandel, qui, à ce titre, comme Palewski et Dejean, avait connu les milieux politiques de la IIIe République. Mais il prescrivit clairement que le Commissariat à l'Intérieur ne s'occupe que de l'action politique en France tandis que le renseignement et les opérations militaires dépendraient de son état-major particulier et, en pratique, du BCRA. Diethelm et son adjoint Jean Richemond, dit Bozel, homme d'affaires protestant qui venait de s'évader d'Allemagne, dressèrent alors un plan d'action inspiré des premiers projets de Dejean et de Servais, avec trois objectifs : monter un réseau de renseignements politiques, organiser un service de propagande en territoire français, entrer en contact avec « certaines personnalités importantes », soit pour les employer sur place, soit pour les faire venir à Londres. De Gaulle approuva ce plan, et le transmit, le 8 octobre, aux Britanniques en leur demandant les moyens de le mettre en application. Mais, quinze jours plus tard, Jean Moulin arrivait à Londres et l'histoire commune de la France libre et de la Résistance intérieure allait prendre un autre cours.

Tout dépendait, au fond, de ce que pensaient les Français. Tout dépendait de leurs réactions face à l'occupant, de leur jugement sur Vichy, des sentiments qu'ils éprouvaient envers de Gaulle, de leur volonté de combattre, de leur résignation, de leur lassitude, de leurs espoirs ou de leur désespoir, et de leurs moyens d'agir. Les historiens n'ont cessé d'en débattre. Après qu'ils eurent été sensibles à l'adhésion massive des Français à de Gaulle et à la Résistance, telle qu'elle apparut à la Libération après les longues années d'occupation où elle devait, par nécessité, rester dans l'ombre, la mode est venue, par contrecoup, de privilégier l'attentisme et les flottements des forces politiques et sociales, les compromissions avec l'occupant, la représentativité de Vichy, la faible assise de la France libre, les retards et les limites de la Résistance intérieure. Ce livre n'a pas pour but de trancher ce débat, mais il ne peut l'éviter. Pour de Gaulle, son destin ne pouvait être le même suivant qu'il serait soutenu par les Français, sous quelque forme que ce soit, ou ignoré par eux. Son entreprise n'aurait pas le même avenir suivant qu'elle pourrait s'appuyer sur le dévouement volontaire d'innombrables Français ou qu'elle ne trouverait, dans le pays, aucune racine profonde. Il serait, en définitive, jugé par les Alliés et traité par eux suivant ce seul critère final : représentait-il les Français, ou non ?

Si difficile qu'il soit d'appréhender l'âme d'un peuple quand, sous une occupation ennemie et un régime de dictature, elle ne peut s'exprimer librement, on va pourtant s'efforcer d'en juger. Je crois qu'on peut établir, sans risque d'erreur, que l'immense majorité des Français, en zone occupée, était foncièrement hostile à l'occupant et, de ce fait, en faveur de la résistance à l'ennemi, sous une forme ou sous une autre et en tenant compte, naturellement, des circonstances. L'expérience prouve, en effet, toujours et partout, que l'occupant est détesté par le peuple occupé. Rien ne permet de penser que la France, de 1940 à 1944, ait fait exception : au contraire, l'ennemi était celui qui avait envahi le pays en 1870 et amputé son territoire, celui que l'on avait combattu durant les longues et terribles années de la Grande Guerre, celui que l'on désignait d'avance et dont on ressentait les menaces dès l'avant-guerre, celui contre lequel le patriotisme français et la tradition nationale, au moins depuis les débuts de la République, appelaient à lutter. Il y avait eu, certes, dans une fraction notable de la gauche, dans certains cercles intellectuels, et même chez certains éléments du catholicisme français, une tendance favorable, entre les deux guerres mondiales, à une meilleure compréhension de l'Allemagne et à un rapprochement réel entre les deux pays : mais c'était précisément chez des hommes qui, presque tous, avaient aussitôt détesté le régime hitlérien et perdu, pour un temps, l'espoir de réconciliation qu'ils avaient eu. Seule une frange très étroite d'idéologues admirateurs des expériences fasciste et national-socialiste, ne ressentait pas d'hostilité spontanée, instinctive, envers l'ennemi qui occupait la France. A mesure que les années ont passé, beaucoup ont pu oublier la violence de ce sentiment élémentaire et ce qu'il avait, tout simplement, de naturel : mais rien ne pouvait empêcher qu'il fût celui de l'immense majorité des Français. A près d'un demi-siècle de distance, les larmes qui vinrent aux yeux de l'ancien président de la République, Valéry Giscard d'Estaing, réputé pour sa réserve, sa pudeur ou même sa froideur, quand on évoquait devant lui, à la télévision, le défilé quotidien d'une troupe allemande sur les Champs-Elysées, en témoignaient encore.

Faut-il croire qu'il en allait autrement dans la zone Sud que l'ennemi n'occupa qu'en novembre 1942 ? Peut-être n'y a-t-on pas éprouvé les mêmes sentiments simples et violents que là où, déjà, on l'avait sous les yeux. Et il est vrai que le régime de Vichy pouvait y accaparer l'attention alors que, dans la zone occupée, son rôle était, pour ainsi dire, négligeable et que seul comptait, pour la vie et pour la mort, le poids des autorités d'occupation. Mais faut-il en déduire que la séduction du régime de Vichy pouvait détourner les Français de la zone Sud d'une hostilité naturelle envers l'ennemi ? On n'attribuera pas ici plus d'importance qu'il ne faut aux foules qui accueillaient les tournées de Pétain : la police y contribuait par ses procédés ordinaires, comme partout et sous tous les régimes et, de toute façon, il ne s'agissait que d'une très faible partie de la population. Si l'on se réfère plutôt au tableau politique de la France du Sud, rien ne la prédisposait, apparemment, à quelque indulgence envers le régime nouveau, son idéologie réactionnaire, sa mentalité conservatrice, son culte de l'autorité, sa haine de la République, son horreur pour l'héritage de la Révolution française, son exaltation des hiérarchies qu'il appelait « naturelles ». C'est dans cette partie de la France, en effet, que l'on trouvait la plus forte concentration des partis de gauche avec leur sensibilité égalitaire, leur tradition anticléricale, y compris dans sa version la plus sectaire, son culte des pratiques démocratiques, sa méfiance envers l'autorité, parfois même quand c'était celle de l'État républicain. C'était la France du « Midi rouge », du Sud-Ouest radical-socialiste, du « quart républicain » que les professeurs d'histoire politique situaient entre Lyon et Marseille, entre le Rhône et les Alpes, en se référant à l'opposition qui s'y manifesta envers le Second Empire. On ne veut pas dire par là que, dans cette même partie de la France, les milieux plus modérés ou plus conservateurs étaient nécessairement en faveur de Vichy : de nombreux exemples iraient en sens contraire. Mais on constatera seulement que, dans sa grande majorité, elle n'était en rien prédisposée à sympathiser avec le régime nouveau.

On ne recensera pas ici les premiers signes, les premiers indices, les premiers incidents qui témoignent de la résistance à l'ennemi et au régime de Vichy. Jean Lacouture en évoque quelques-uns : la photographie d'une petite foule devant le tombeau du soldat inconnu, le 19 juin 1940, où était écrit au dos : « De Gaulle, nous vous avons entendu. Maintenant, nous vous attendrons ! » ; les fleurs couvrant la tombe de la mère du général morte le 16 juillet 1940 à Paimpol ; le tract rédigé le 17 juin par le député communiste Charles Tillon, qui accuse les responsables de la capitulation de « livrer le pays tout entier au fascisme » et proclame que « le peuple français ne veut pas de l'esclavage » ; le général Cochet qui, replié dans le Massif central, ordonne à ses officiers, le 17 juin, de lutter contre « ceux qui veulent imposer l'armistice au pays » ; Jean Moulin qui refuse de signer un ordre que l'ennemi veut lui faire endosser et qui tente de se suicider ; Edmond Michelet qui, le 20 juin, avec ses amis d'un mouvement catholique, distribue des tracts appelant à la résistance [8]...

Les auteurs d'une monumentale *Histoire de la Résistance en France*, Henri Noguères, Marcel Degliame-Fouché et Jean-Louis Vigier, égrènent aux premières pages de leur premier volume, une longue série d'épisodes témoignant, dans tous les milieux et toutes les régions, d'un esprit de résistance : le départ des marins de l'île de Sein et de l'île de Batz, le 24 juin, la condamnation à mort le même jour d'Etienne Achavanne pour sabotage, le tract rédigé tout seul, dans sa chambre de Toulouse, par David Knout et qu'il signe « L'écrivain X » ; les contacts pris, à Toulouse aussi, par les chrétiens de gauche de la « Jeune République », avec les protestants d'un groupe Quaker pour venir au secours des réfugiés allemands que Vichy pourrait livrer à l'ennemi, la rencontre, boulevard Montparnasse à Paris, de trois écrivains, Claude Aveline, Jean Cassou, Marcel Abraham, qui, en juillet 1940, convinrent de se retrouver pour organiser une résistance intellectuelle, chez l'éditeur Emile-Paul ; en ce même mois de juillet, Jean Texcier diffuse ses virulents Conseils à l'occupé, Boris Vildé, ethnologue au musée de l'Homme, contacte les premiers amis qui formeront avec lui l'un des premiers réseaux de Résistance ; à Béthune, un groupe de professeurs, dont M. et Mme Simonet et Mme Le Leu, se réunit et entrera bientôt en contact avec ce réseau ; maître Jubineau, avocat parisien, s'efforce déjà de constituer un groupe armé ; Jacques Lemoine, Louis Mourot, et Jean Faivre, fondent un mouvement qu'ils appellent « Défense de la patrie » en Lorraine [9]...

La liste est ouverte des résistants français et ne cessera de s'allonger jusqu'au jour de la Libération. Mais l'important est de se rendre compte que personne, ou peu s'en faut, n'a l'expérience, en France, de la clandestinité ou de la guérilla. Au contraire de la Serbie ou de la Grèce, par exemple, la tradition française n'est pas celle de la lutte armée menée durant des décennies, ou même des siècles, contre un occupant : pour défendre leur pays, les Français génération après génération, ont rejoint leur armée, revêtu l'uniforme, obéi à leurs officiers et à leurs généraux, combattu dans des formations régulières sur des fronts organisés. Rien ne les prédisposait à la lutte clandestine. Le mot même de « Résistance » n'avait jamais eu dans le passé le sens qu'il aura désormais, pas plus que celui de « réseau », ou de « contact », ou de » filière ». Entrant dans la nuit de l'occupation, les Français entraient dans l'inconnu. Ils devront tout imaginer, tout inventer pour faire naître une résistance à l'ennemi : on ne doit jamais l'oublier si l'on veut comprendre le long chemin qu'ils ont dû parcourir.

Du reste, quels moyens avaient-ils d'agir ? Le pays était occupé. Les côtes étaient surveillées par l'ennemi. Les frontières étaient fermées. Pendant quelque temps, au moins dans certaines régions, il fallut, pour circuler, un *Ausweiss*, un laissez-passer des autorités d'occupation. Pour publier un journal clandestin il fallait avoir du papier, connaître un imprimeur, recruter des diffuseurs : autant d'étapes longues et difficiles à franchir au point que dans plusieurs cas, on préféra, pour ne pas attendre, ronéotyper des textes d'abord dactylographiés. Pour le sabotage, il fallait des explosifs et savoir s'en servir : sinon, il fallait s'en procurer et recruter des spécialistes, c'est-à-dire trouver des hommes qui aient les mêmes idées et le même but, courir le risque de les approcher et de les convaincre. La lutte armée, celle à laquelle beaucoup pensaient spontanément, puisque c'était, de tout temps, la forme habituelle de la guerre, exigeait qu'on ait des armes : les démobilisés avaient dû rendre leurs armes, très peu en avaient cachées, et, dans la zone occupée, l'ennemi avait aussitôt réquisitionné les fusils de chasse... C'est de rien, là aussi, que les résistants allaient partir. L'armement de la Résistance sera, plus tard, pour les dirigeants français à Londres, puis à Alger, la tâche la plus lourde mais la plus importante, pour certains presque une obsession.

Longtemps, très longtemps, les contacts entre France libre et Résistance intérieure resteront extraordinairement difficiles, au point qu'en Angleterre les services français auront, jusqu'au printemps de 1942, le sentiment d'être encore très mal informés sur ce qui se passe de l'autre côté de la Manche. Avant cette date, en effet, les renseignements qui proviennent des réseaux implantés par les envoyés de la France libre sont, avant tout, de caractère militaire. Les radios dépendant de Vichy laissent transparaître, à leur façon, l'énervement de Pétain et de ses ministres devant les signes d'hostilité qui se multiplient : mais c'est une source d'information très indirecte. On n'a pas su les premières condamnations à mort prononcées par les tribunaux allemands dès l'automne de 1940. On ne saura presque rien de la grève des mineurs du Nord au printemps de 1941. Ce n'est qu'à l'automne, cette année-là, que l'on pourra se faire un tableau approximatif des mouvements de Résistance constitués sur place. Et c'est à la fin de l'année que le responsable du journal clandestin *Valmy*, Paulin Bertrand, rend compte de la manifestation du 14 juillet précédent.

L'exemple le plus frappant de l'ignorance où l'on est, à Londres, des débuts de la Résistance en France occupée est celui de la manifestation du 11 novembre 1940 à Paris. Ce jour-là, dans les facultés et dans les lycées, les conversations portèrent sur l'anniversaire de l'armistice de

1918 : depuis plus de vingt ans, partout en France, on le célébrait par des dépôts de fleurs ou de couronnes aux monuments aux morts, par des cortèges ou des défilés, par l'appel du nom des combattants tombés aux champs d'honneur, auquel la foule répondait : « Mort pour la France ! » Plus rien de tel n'était possible, naturellement : mais pourquoi ne pas faire au moins une manifestation symbolique ? Il n'y eut aucune hésitation sur le lieu : ce serait à l'Arc de Triomphe, sur la tombe du Soldat inconnu. Non plus sur l'heure : ce serait après la fin des cours, en début de soirée. On a su, beaucoup plus tard, que l'initiative en avait été prise par un groupe d'étudiants de la Sorbonne qui avaient déjà protesté contre la révocation du professeur Langevin, et Pierre Daix, qui en faisait partie, a dit le rôle que les étudiants communistes, dont il était l'un des responsables, avaient alors joué [10]. Peut-être en eut-on l'écho dans certains lycées : en tout cas aucune directive ne fut connue, la plupart du temps, et c'est très spontanément que l'on pensa qu'il fallait faire quelque chose pour commémorer, malgré tout, le 11 novembre et qu'il fallait donc se rendre à l'Etoile. Des coups de téléphone furent échangés entre lycéens et étudiants les plus actifs et quelques mots d'ordre circulèrent pour donner tout son sens à la manifestation. C'est ainsi que certains se munirent de longues perches qui, deux à deux, voulaient dire, approximativement mais assez clairement, « de Gaulle »... On ne saura jamais le chiffre exact de ceux qui se retrouvèrent, ce soir-là, à l'Arc de Triomphe car la manifestation s'étira sur une partie de la soirée et la réaction violente de l'occupant eut naturellement pour effet de la disperser dans les avenues voisines. On ne saura pas davantage le nombre des victimes car les blessés, pour ne pas se signaler à la police, allèrent se soigner chez eux ou chez des médecins amis. Mais le fait est là : les autorités allemandes jugèrent la manifestation si importante qu'elles ordonnèrent la fermeture des facultés, qui ne rouvrirent qu'après la fin de l'année. Sauf en Pologne, l'université de Paris fut la seule, de toute l'Europe occupée, à être fermée en cette fin de l'année 1940. Pourtant, à Londres, on n'en sut presque rien.

On n'oubliera pas, enfin, que pas plus en France qu'ailleurs il n'y aurait eu de Résistance sans appui populaire. Les prisonniers français ou alliés n'auraient pas pu s'évader et gagner la zone Sud ou l'Angleterre sans être conduits, de relais en relais, dans des villages où, en réalité, tout le monde connaissait leur présence. On n'aurait pas pu identifier le dispositif allemand, que ce soit durant l'été de 1940 ou, trois ou quatre ans plus tard, au temps du « mur de l'Atlantique », sans la complicité de la population voisine qui donna des indications très partielles, très limitées, apparemment presque insignifiantes, mais dont l'ensemble permit toujours de s'en faire une idée précise. Innombrables furent les agents de liaison qui échappèrent à un contrôle qui aurait pu être catastrophique, grâce à l'aide fugitive d'autres voyageurs ou d'employés des chemins de fer. Aucun maquis n'aurait pu subsister sans l'assistance très concrète des habitants. Ce qui a été livré à l'ennemi l'a été presque toujours sous la torture dont personne, jamais, ne sait à l'avance comment on y résistera, ou sous des pressions morales auxquelles les plus faibles ou les plus novices ne savaient pas résister.

Peut-on, pour sortir des débats jamais achevés, prendre la mesure de l'esprit de résistance en France ? L'audience de la BBC peut y servir — beaucoup plus que celle de Radio-Brazzaville dont, jusqu'au bout, l'existence fut très peu connue des Français. Encore faut-il ici prendre quelques précautions : le brouillage systématique de la radio de Londres par les services allemands pouvait décourager ou effrayer certains, de même que la répression très officiellement décidée de toute écoute de la BBC, et il ne faut pas oublier qu'avant l'été de 1940 celle-ci n'était écoutée que dans des milieux relativement étroits et seulement dans le nord de la France. Or, c'est dès janvier 1941 que le service d'analyse d'audience de la BBC peut dresser un bilan que Jean-Louis Crémieux-Brilhac résume ainsi : « 1) la BBC est écoutée ; 2) les sympathies pro-alliées s'étendent et sont plus répandues en zone occupée qu'en zone dite libre ; 3) de Gaulle y est largement associé ; 4) les groupes réceptifs sont plus variés que pendant la drôle de guerre, à côté d'anciens militaires fidèles à la tradition de l'honneur, il y a un public populaire [des « éléments dirigeants de la classe ouvrière »], des instituteurs et des professeurs, enfin et surtout des jeunes [11] ». Ce tableau doit être complété par l'expérience directe, concrète, quotidienne de la vie en France sous l'occupation. Il était normal que l'audience de la BBC soit plus grande dans la zone Nord, pour des raisons évidentes de facilité d'écoute mais aussi du fait du ton de la propagande des radios sous contrôle allemand. Les « jeunes » ne constituaient pas une audience différente du reste de la population car, dans tous les foyers français à cette époque, ou très peu s'en faut, il n'y avait qu'un seul poste de radio que toute la famille écoutait : mais il est vrai que les « jeunes » devaient en parler davantage, peut-être par imprudence ou peut-être parce que, parmi eux, il n'existait en général aucune révérence envers le vieillard qui gouvernait à Vichy, et dans les cours des facultés et des lycées, on parlait chaque jour, très ouvertement, de ce qu'on avait entendu la veille au soir sur la radio de Londres, surtout la chronique du porte-parole anonyme de la France libre — on se perdait en conjectures sur son nom... — et l'émission « Les Français parlent aux Français ».

Par-dessus tout, on n'oubliera pas que personne n'était obligé d'écouter la BBC. Même si le risque en était faible, c'était un choix, un acte de volonté, rompant complètement avec toutes les habitudes de l'avant-guerre quand, naturellement, on écoutait presque toujours les radios françaises. Et c'était évidemment un acte significatif : il montrait qu'on ne croyait pas ce que disaient les radios sous contrôle allemand, à peine davantage celle de Vichy. On n'avait pas envie de les écouter : c'est la radio de Londres qu'on voulait entendre. Or, sur les ondes anglaises, il n'était pas question des querelles entre la France libre et ses alliés, ni des campagnes du groupe antigaulliste de Londres — représenté pourtant dans l'équipe des « Français parlent aux Français ». C'était de Gaulle qui, à la BBC, apparaissait comme le chef des Français qui voulaient se battre, c'est son nom seul que l'on retenait et aucun autre ne comptait. Par prudence, pour ne pas heurter les auditeurs supposés favorables à Pétain, ou imaginant encore quelque double jeu entre Londres et Vichy, les services anglais insistaient pour qu'il ne soit pas personnellement attaqué, tandis que de Gaulle, au contraire, réclamait que toute équivoque soit levée et que l'on parle franchement et clairement aux Français : mais ces précautions n'avaient probablement aucun sens pour les auditeurs tant il était évident que, pour eux, c'était la guerre contre l'Allemagne qui comptait, la lutte contre l'occupant parce que l'occupant est toujours et partout détesté, et que de Gaulle, que personne, ou presque, ne connaissait, en était le symbole, justement par la grâce des ondes.

On eut une preuve de l'audience de la BBC, c'est-à-dire, du même coup, de la popularité acquise par de Gaulle et la France libre : ce fut le succès des consignes qu'elle adressa aux Français. La campagne des « V » en fut le premier exemple. Reprenant une initiative de la section belge de la BBC, prise le 13 janvier, la section française lança, le 22 mars, la consigne de couvrir les murs de « V », en l'honneur de la Yougoslavie où le jeune roi Pierre II et un groupe d'officiers serbes venaient de provoquer le rejet d'un accord militaire conclu avec l'Allemagne. La consigne fut massivement suivie. Elle prendra tant d'ampleur « qu'il n'y a pas un espace sans « V » sur les murs, les pavés et les portes », comme le rapportent les correspondants de la BBC [12]. Les Allemands ne trouveront qu'une parade : adopter la lettre « V » comme symbole de leur victoire qu'ils iront jusqu'à hisser au sommet de la tour Eiffel... Puis c'est la manifestation du 14 juillet 1941 à laquelle de Gaulle et son porte-parole ont appelé les Français en même temps que l'organisation clandestine du parti communiste les y appelait aussi : sur les grands boulevards de Paris la foule, à qui l'on avait recommandé le silence, était muette et massive. Un an plus tard, la consigne de manifester sera lancée à toutes les villes de la zone Sud provoquant d'énormes rassemblements : 15 000 personnes à Lyon suivant la police des Renseignements généraux de Vichy, plus de 50 000 selon la BBC, 15 000 à Marseille ou plus de 100 000 suivant les sources, 30 000 à Toulouse, 10 000 à Carcassonne et Toulon, de 4 000 à 5 000 à Clermont-Ferrand, Grenoble, Saint-Etienne, Nîmes, Chambéry, Aix-en-Provence, suivant les correspondants de la radio de Londres. Les rapports des préfets, quels que soient les chiffres, confirment l'impression donnée par les Renseignements généraux : « Les appels de la radio anglaise [...] diffusent de plus en plus d'ordres précis exécutables en quelques heures et qui, dans ces conditions, touchent l'opinion à coup sûr. » A cette date, un rapport des Renseignements généraux évalue à 80 % de la population le courant qu'il qualifie de « gaulliste », à 85 %, par exemple, pour Toulouse, concluant en termes singulièrement abrupts pour un texte administratif en régime de dictature : « Telle est la situation réelle. Il serait vain de vouloir le nier, ridicule de ne pas le dire [13]. »

Il est une autre façon encore de mesurer l'esprit de résistance des Français et, par là, leur adhésion à de Gaulle : c'est le contrôle postal, dont les Renseignements généraux se servent alors systématiquement, et qui est l'un des instruments par lesquels ils mesurent l'état de l'opinion et justifient leurs analyses [14]. Il faut se rendre compte ici qu'il s'agit de données transmises par des fonctionnaires soumis eux-mêmes à un régime de dictature et qui courent, peut-être plus que d'autres, le risque de blâmes, de sanctions, voire de révocations ou même de représailles quand ils déplaisent à la hiérarchie policière et au gouvernement. C'est dire qu'en aucun cas ils ne peuvent laisser entendre que Pétain est critiqué ou condamné par l'opinion française et qu'ils le créditeront toujours, dans leurs rapports, d'une certaine popularité. Mais les résultats de leurs enquêtes sont d'autant plus crédibles pour tout autre sujet. Ils sont aussi démonstratifs. Il est significatif, d'abord, que les lettres des Français abordent très rarement les sujets d'actualité : ils savent que leur correspondance est surveillée, ils se gardent donc de s'exprimer et cette réserve elle-même prouve qu'ils ressentent la lecture de leur courrier comme une menace et qu'ils doivent donc taire leur sentiment. Le ravitaillement est le sujet le plus abordé, dans 5 à 6 % des lettres : durant l'hiver 1940-41 on juge qu'il s'est détérioré dans 75 à 80 % des cas. Au regard de la guerre en cours, c'est un jugement neutre. Mais non les autres. A travers les 320 000 à 370 000 lettres ouvertes en zone Sud, il apparaît que la population est « très majoritairement anglophile ». La faible participation britannique à la campagne de France, le retrait des avions anglais en Grande-Bretagne alors même que celle-ci n'est pas achevée, le drame de Mers el-Kébir surtout, auraient pu justifier quelque hostilité, ou du moins de sérieuses réticences : il n'en était rien. Un compte rendu officiel du 18 septembre 1940 constate : « En ce qui concerne le conflit anglo-allemand, les correspondants expriment de plus en plus leur espoir en une victoire anglaise. » Le 2 octobre, alors que l'affaire de Dakar venait d'avoir lieu, déclenchant une véhémente campagne anglophobe des autorités de Vichy, un autre compte rendu fait le même constat : « Une haine violente contre les vainqueurs et leur conduite, de plus en plus odieuse, continue à pousser la grande majorité de la population vers l'Angleterre ; et cela malgré les événements de Dakar. » Les rapports des préfets rejoignent ici ceux du contrôle postal, et vont tous dans le même sens. Tous, ou presque tous, parlant de la bataille d'Angleterre, disent l'intérêt passionné qu'elle suscite, mais révèlent en même temps que les Britanniques sont toujours considérés comme des alliés, et, suivant une expression très souvent employée, que c'est sur eux que l'on compte pour « nous sortir de là ».

Cette sympathie très majoritaire — on pourrait dire même : ce parti pris — en faveur de la Grande-Bretagne ne va plus jamais cesser, à peine corrigée par une hausse de quelques points des sentiments hostiles pendant l'affaire de Syrie en mai et juin 1941, qui restent pourtant très minoritaires. Mais l'essentiel est qu'on peut l'observer et la vérifier dès 1940, et que le 28 février 1941, par exemple, un préfet très favorable au régime de Vichy, celui de l'Ariège, se sent obligé d'écrire au ministère de l'Intérieur : « L'opinion publique, reste, dans sa presque unanimité, favorable à l'Angleterre[15]. » Beaucoup plus remarquable encore est le jugement des Français sur l'issue de la guerre. On ne le trouve exprimé que dans 0,2 à 0,4 % du courrier, ce qui traduit la prudence compréhensible des auteurs des lettres, surtout sur ce sujet, mais la conclusion en est claire : ils ne sont jamais plus de 20 % à croire que l'Allemagne gagnera, même aux pires heures de l'automne 1940 ou du printemps 1941, alors que les alliés n'ont encore remporté aucun succès militaire important et il n'y en aura plus que 10 % dès septembre 1941 et moins encore dans les mois suivants.

Que tels soient les sentiments des Français dès 1940 a une immense signification. C'est la preuve du rejet de tout ce que prétendait Vichy, et même de tout ce que représentait Vichy. L'armistice avait été justifié par Pétain et ses partisans, non seulement par l'épreuve sans mesure subie par la France et par l'épuisement de ses forces, mais par la certitude que la guerre était perdue et que l'Angleterre ne pouvait pas la gagner : les Français, en majorité, pensaient déjà le contraire. Vichy présentait la Grande-Bretagne comme ennemie de la France, coupable d'avoir attaqué sa flotte et de vouloir démanteler son Empire, d'avoir ainsi frappé l'allié de la veille, sans pitié pour son malheur : les Français y voyaient toujours le seul pays dont ils attendaient la victoire finale contre l'Allemagne. La propagande de Vichy tentait de persuader que cette guerre n'était plus celle de la France et qu'il fallait s'en tenir à l'écart — sans parler de ceux qui songeaient même à une collaboration militaire avec l'Allemagne : à l'opposé, les Français voyaient bien que leur sort dépendrait de son issue.

Tout aussi révélateur est le jugement porté sur la collaboration franco-allemande[16]. Elle n'est évoquée, par évidente prudence, que par 0,2 à 0,4 % des lettres, mais près de 80 % de leurs auteurs la condamnent — Pétain lui-même n'étant toujours approuvé, très majoritairement, que dans 0,7 à 1 % des lettres contrôlées. Là encore, les rapports des préfets, malgré la réserve que leurs fonctions leur imposent, surtout dans un régime tel que celui de Vichy, donnent les mêmes indications. Ils parlent, à propos de l'entrevue Hitler-Pétain de Montoire, de « nervosité » et d'une « anxiété très vive[17] ». C'est au point que le ministre de l'Intérieur, Peyrouton, leur envoie une circulaire leur enjoignant de faire dire, à leurs administrés, que la politique de Vichy est « la seule susceptible d'assurer le salut dans la prospérité reconquise ». Sans doute avait-il peu confiance lui-même dans le succès de ses directives puisque, quarante-huit heures plus tard, il prescrit à toutes les administrations d'autorité, préfectures, gendarmerie, police, d'interdire toute écoute, dans les lieux publics, de la radio anglaise, dont il dénonce les « ravages ». De même, ordonne-t-il, quelques mois plus tard, qu'on interdise absolument la diffusion de la « prophétie de Sainte-Odile », qui, dans des versions d'ailleurs différentes, annonce la victoire — et même prochaine... — des Alliés [18]. Il est vrai que, dès l'automne 1940, et plus encore durant l'hiver, les défaites italiennes sur le front grec suscitent dans toutes les conversations une vague de commentaires sarcastiques et joyeux que résume cette affichette collée sur les murs de Cahors en janvier 1941 : « Si vous voulez visiter l'Italie, engagez-vous dans l'armée grecque... » On pourrait, du reste, en voir la confirmation dans l'extrême faiblesse des effectifs recrutés par les mouvements favorables à la collaboration : le plus important d'entre eux, le Rassemblement national populaire — qui compte, sur ses treize dirigeants, cinq anciens socialistes dans les douze départements étudiés par le Comité d'histoire de la Seconde Guerre mondiale — n'a que trente adhérents sur les 32 443 que comptait la SFIO avant la guerre, 0,9 pour 1 000 [19]... On ne peut comprendre l'histoire de la Résistance intérieure, si on ignore ce qu'était l'état d'esprit de la très grande majorité des Français et ce que, déjà, de Gaulle représentait pour eux.

Ce 25 octobre 1941, quand il reçoit pour la première fois Jean Moulin, la France, dans ses profondeurs, est donc prête au surgissement d'une Résistance qui va se lier à la France libre. Mais ni l'un ni l'autre ne peuvent encore prendre la mesure de l'entreprise qu'ils vont mener bien au-delà, sans doute, de leurs espérances. C'est sans la moindre hésitation, en tout cas, qu'ils ont décidé d'agir ensemble. Jean Moulin, préfet de Chartres au moment de l'invasion, a refusé, on le sait, de signer un texte que l'occupant voulait lui imposer et a préféré se trancher la gorge [20]. Rescapé de sa tentative de suicide, il a cherché à gagner Londres dès le mois de décembre 1940. Il parvient enfin, en septembre 1941, à se procurer un faux passeport grâce auquel il peut gagner le Portugal d'où il s'embarque pour Londres. Sa décision d'adhérer à la France libre a donc été immédiate : elle impliquait qu'il ait choisi de Gaulle pour chef. Sur ce point, il ne déviera jamais [21]. A l'inverse des accusations qui seront portées plus tard contre lui, en particulier par Henri Frenay, chef du mouvement « Combat », il fera tout, comme on le verra, pour que de Gaulle exerce pleinement son autorité sur la Résistance intérieure à l'encontre des tentatives que les communistes feront parfois pour la contester et la limiter.

Durant les mois où il cherchait le moyen de gagner Londres, il a eu le temps de prendre contact avec les organisations de résistance apparues en zone Sud : « Libération » créée par Emmanuel d'Astier de la Vigerie, « Libertés » formée par des universitaires d'inspiration démocrate chrétienne comme Pierre-Henri Teitgen, Paul et Alfred Coste-Floret, François de Menthon, et qui fusionnera avec « Libération nationale », pour former « Combat », « Franc-Tireur » avec à sa tête Jean-Pierre Levy. Tous les chefs de ces mouvements veulent qu'à Londres on sache qu'ils existent. Ils veulent aussi se lier avec la France libre, même si chacun tient à garder son indépendance. L'essentiel est, à leurs yeux, de se rattacher à la cause alliée, d'y affirmer la participation de la France, de recevoir des instructions pour qu'enfin leur action soit efficace, de se préparer à la libération du territoire et d'y contribuer le moment venu.

Jean Moulin en a pris acte. Rencontrant de Gaulle, il peut lui présenter un rapport complet sur les trois mouvements de résistance de zone Sud. Il l'informe que leurs chefs se sont rencontrés à deux reprises et qu'ils sont convenus de garder, chacun, leur propre journal, de se concerter sur les projets de manifestations et les plans de sabotage, et de constituer, en revanche, une organisation militaire unique en vue de la lutte armée. Dans son rapport, Jean Moulin insiste sur l'importance capitale qu'il y a à rassembler leurs efforts, à les conjuguer dans une même direction, de sorte que tout ce que les Français font, à l'intérieur, exactement comme les Français libres, soit porté au crédit de la France, d'autant que leur contribution peut être capitale quand les Alliés arriveront sur le sol français[22].

Mais Jean Moulin y ajoutera trois remarques essentielles et révélatrices. Il demande, d'abord, qu'un lien étroit soit établi entre la France libre et la Résistance et qu'à celle-ci soient accordés, autant que possible, l'argent, les armes, les moyens de communication dont elle a besoin et qui lui permettront de rester en liaison avec Londres. Il met en garde ensuite contre l'obsession des références politiques que les Britanniques, surtout, conservent : bien qu'ayant été proche des gouvernements du Front populaire et directeur du cabinet de Pierre Cot au ministère de l'Air, il n'éprouve aucune gêne à dire que les partis politiques d'avant la guerre n'ont plus ni activité ni autorité et que la seule volonté de combattre l'occupant et Vichy efface, du moins provisoirement, les clivages traditionnels[23]. Il signale enfin l'ascendant que les communistes peuvent prendre sur l'ensemble de la Résistance si rien n'est fait pour l'organiser et la diriger : en ce cas, écrit-il, « on jettera dans les bras des communistes des milliers de Français qui brûlent de servir, et cela d'autant plus que les Allemands se font les agents recruteurs du communisme en affublant du qualificatif de communiste toutes les manifestations de résistance française ». C'est la première fois peut-être qu'est ainsi suggérée la compétition qui pourrait s'engager entre de Gaulle et le parti communiste, et dans des termes qui évoquent, à leur égard, une certaine hostilité ou du moins quelque méfiance.

De Gaulle, recevant Jean Moulin pour la première fois, n'a éprouvé ni restriction ni hésitation : c'est l'homme qui lui convient pour parler en son nom à la Résistance française et pour la prendre en main de sorte que ses efforts, se conjuguant à ceux de la France libre, soient portés au crédit de la France tout entière, comme il le veut depuis son appel du 18 juin. Son accueil est révélateur. Préfet, Jean Moulin incarne, à sa façon, l'autorité traditionnelle de l'État que de Gaulle veut rétablir alors qu'elle s'est effondrée dans la défaite. Mais c'est aussi un homme qui se rattache à la gauche française, en tout cas qui la connaît et qui la comprend : le fait est que de Gaulle n'éprouve aucune réserve envers lui. Il connaît l'échiquier politique français et pressent quels courants prévaudront dans la lutte contre le régime de Vichy. Avec Jean Moulin, en tout cas, il pourra donner à son action en France la dimension d'une résistance nationale.

Car le temps de l'action arrive. Il n'est plus question de s'en tenir aux renseignements militaires et politiques qui étaient les objectifs naturels de la première phase de la lutte en France. Des Allemands ont été tués, des otages pris et fusillés. Des informations encore éparses mais convergentes prouvent qu'au moins dans la zone occupée des groupes veulent agir et, si possible, se servir de leurs armes. De Gaulle a donc pensé qu'il devait affirmer, sans attendre, son autorité sur la Résistance intérieure, même s'il ne la connaissait ni ne la contrôlait pas encore tout entière. Le 23 octobre, c'est-à-dire deux jours avant d'accueillir Jean Moulin, il a parlé à la BBC. On vient d'apprendre qu'après que deux Allemands eurent été abattus à Nantes et à Bordeaux, quarante-huit otages ont été exécutés à Châteaubriant et cinquante au camp de Souges. La propagande de Vichy et de l'occupant se déchaîne contre les auteurs des attentats et l'impression, à Londres, est que l'opinion française peut basculer par hostilité envers cette forme de résistance.

> Il est absolument normal, déclare donc de Gaulle ce jour-là, et il est absolument justifié que les Allemands soient tués par les Français... Mais il y a une tactique à la guerre. La guerre des Français doit être conduite par ceux qui en ont la charge, c'est-à-dire par moi-même et le Comité national... Or, actuellement, la consigne que je donne pour les territoires occupés, c'est de ne pas y tuer ouvertement d'Allemands.

Cette consigne ne sera pas maintenue longtemps : la logique de la Résistance conduisait à la lutte armée. Il faut donc comprendre pourquoi elle a paru, un instant, s'imposer. Jean-Louis Crémieux-Brilhac rapporte dans son histoire de la France libre, que le cabinet britannique l'a « déploré » : sans doute a-t-il pensé, sur le moment, que ce serait un obstacle au développement de la Résistance en France[24]. Mais de Gaulle savait que le commandement britannique, ainsi que les services anglais travaillant en zone occupée, étaient, à cette date, hostiles à la lutte armée et ne voulaient pas que la Résistance française s'y engage. C'est peut-être le sujet sur lequel il s'est expliqué le plus longuement devant moi lors des entretiens que j'ai eus avec lui pour le livre que je lui ai consacré en 1964. L'état-major anglais ne voulait pas, en effet, que les organisations de Résistance, quelles qu'elles fussent, puissent être repérées et démantelées à l'occasion d'attentats contre des soldats allemands, dont l'efficacité, à son avis, était pratiquement nulle. Il voulait, très explicitement, qu'elles se concentrent sur des actions précises de renseignement et parfois de sabotages, mais surtout qu'elles se réservent pour une action massive et générale sur les arrières de l'ennemi, au moment du débarquement allié : archives et témoignages ont amplement confirmé, depuis, ce que disait de Gaulle. Il ne convenait donc pas que la France libre sorte du cadre de la stratégie alliée alors que, justement, elle voulait contribuer à sa réussite. Mais, ajouta de Gaulle, il sentait parfaitement que seuls, sans doute, les coups de feu tirés sur les Allemands réveilleraient l'ardeur guerrière des Français et les dresseraient contre l'occupant. C'était, me dit-il, le geste normal des soldats, et les Français, après tout, avaient toujours été soldats en temps de guerre. Qu'il en résulte beaucoup de sang versé était inévitable : chacun comprendrait que la guerre, ainsi, reprenait sur le sol français.

Ce qu'il me dit là était une réponse aux remarques que j'avais faites : à moins de se limiter à l'héroïque mais obscur travail du renseignement et à la tâche courageuse, mais limitée, de la diffusion des journaux clandestins et des tracts, la Résistance, si l'on voulait qu'elle fût celle de la France tout entière, impliquait la lutte armée : je l'avais pensé comme beaucoup de jeunes Français et je le pensais encore. De Gaulle voulut compléter sa réponse. Aux attentats répondaient les exécutions d'otages : suivant une très ancienne et instinctive morale, on ne laisse pas condamner d'autres pour les actes que l'on a commis, et l'on pouvait craindre que de nombreux Français pensent que les auteurs des attentats auraient dû se livrer ou ne pas les commettre plutôt que de laisser mourir des otages innocents. J'objectais qu'à ce jeu on ne pouvait rien faire contre l'ennemi et que c'était, au fond, céder devant la répression. De Gaulle en convint, et même avec chaleur. Mais, me dit-il, on ne pouvait risquer de se couper de l'opinion française et ses réactions n'étaient pas sûres.

Sur ce point, il n'était pas seul à s'interroger : plusieurs journaux clandestins, à la même date, déconseillèrent formellement tout attentat contre des soldats allemands et ce fut assez longtemps, semble-t-il, l'opinion de quelques-uns des chefs des mouvements de résistance, les uns par ce qu'ils éprouvaient un réel tourment à l'idée de laisser exécuter les otages, d'autres parce qu'ils pensaient, comme les états-majors de Londres, que l'efficacité commandait qu'on se réserve pour le jour du débarquement allié. A la vérité, les résistants, au moment de s'engager dans la lutte armée, se sont tous interrogés. Albert Ouzoulias, l'un des principaux chefs des francs-tireurs et partisans en zone occupée, c'est-à-dire de la branche armée du Front national, formé à l'initiative du parti communiste, a raconté que beaucoup de ses hommes ont critiqué le recours aux attentats : parmi les soldats allemands qu'on allait tuer, disaient-ils, il y avait peut-être d'anciens communistes, d'anciens militants ouvriers, des antinazis [25]...

Mais aucune objection ne pouvait tenir longtemps : l'engrenage de la Résistance et de la répression allait imposer, en France comme ailleurs, la lutte armée. De Gaulle me dit qu'il avait toujours souhaité qu'on en vînt là, qu'il fallait malheureusement attendre que le moment vienne où personne, pas même les états-majors alliés, ne pourrait s'y opposer et qu'alors la Résistance prendrait, enfin, toute sa place dans la guerre. Nul doute, en effet, qu'il ressentit tout de suite comme anormale et paralysante la consigne qu'il avait donnée. Maurice Schumann qui, comme tant d'autres, déplorait que les attentats entraînent la mort inutile des otages, s'est aussitôt vu répondre :

> Pas du tout ! C'est terrible, mais ce fossé de sang est nécessaire, c'est dans ce fossé de sang que se noie la collaboration. Les cinquante morts ont rendu un service immense à la France. Le monde entier sait que c'est le mécanisme de l'occupation qui joue en France, et non celui de la collaboration [26] !

Quatre jours plus tard, pas davantage, il faisait lancer à la BBC une consigne de grève nationale d'une demi-heure

> dans le souvenir des otages massacrés et dans la volonté de les venger...

L'histoire de la France libre et de la Résistance intérieure allait prendre un tournant sous le double choc de la lutte armée, dans laquelle on allait inexorablement s'engager, et de l'arrivée de Jean Moulin qui annonçait qu'entre l'une et l'autre des liens indissolubles allaient être forgés. Le temps de « l'action » clandestine était venu. C'est aussi le 27 octobre que le commandant Semidéi, dit Servais, après un entretien avec Jean Moulin, remet à de Gaulle, à sa demande, un « Essai de clarification sur l'action en France », laissant aux mouvements de résistance les tâches de propagande et les contacts avec les partis politiques [27]. Il préconise le rassemblement de « toutes les forces de résistance et de lutte contre l'Allemagne sous la direction de personnalités actuellement en France et dont certaines pourront figurer au Comité national » et de « relier aux FFL tous les groupes socioprofessionnels déjà organisés et les syndicats aussi bien cégétistes que chrétiens ». A l'intérieur de l'organisation générale de la Résistance, il faudra former « une cinquième colonne précédant et préparant les opérations militaires ». Il est remarquable que le commandant Semidéi, dans la rédaction de son mémorandum, ait invoqué, pour réclamer une action immédiate et rapide, le même argument que Jean Moulin afin, écrit-il, que « l'organisation gaulliste en France dépasse en ampleur celle des communistes » ajoutant, par un pressentiment que les événements allaient justifier, qu'il en résultera « dans ce mouvement de lutte contre l'Allemagne la fusion des communistes eux-mêmes ».

C'est encore le même jour, 27 octobre 1941, quarante-huit heures après son premier entretien avec Jean Moulin, que de Gaulle fait transmettre à Churchill son plan d'action en France[28]. Il suggère qu'il ne faut pas « essayer de susciter une révolution actuellement », entendant par là le déclenchement immédiat et général de la lutte armée. Mais il faudrait créer dès maintenant une nouvelle structure, parallèlement à celles qui existent déjà,

> en vue d'un soulèvement national au moment voulu [...] qui devrait être coordonné avec les plans militaires futurs et être envisagé en relation avec l'action similaire menée dans d'autres pays d'Europe.

Et il demandait donc

> une aide préliminaire afin d'établir un système de communication spécifique avec la France

distinct de ceux utilisés déjà par les Britanniques pour le compte de la France libre ou pour leur propre compte. La réponse de Churchill sera favorable, excepté sur le dernier point.

Mais avant même de la recevoir, de Gaulle a donné ses directives à Jean Moulin, le 5 novembre[29]. Il devra assurer une liaison permanente avec les mouvements clandestins qu'il connaît en zone Sud, essentiellement « Libération », « Combat » et « Franc-Tireur », et créer dans chacun une branche militaire en vue de la formation d'une armée clandestine unique. Celle-ci devra agir en liaison avec les armées alliées au jour de leur débarquement, déclencher des opérations locales avec les unités qui pourraient être parachutées sur place, mener elle-même les actions qui lui seront prescrites et contribuer à prendre en main les leviers de l'État.

L'avenir de la Résistance française est décidé dès ce jour-là. La mission de Jean Moulin est élargie et précisée, le 24 décembre — son départ ayant été retardé par les conditions météorologiques : il devra unifier toutes les organisations de Résistance, quelles qu'elles soient, dans la zone Sud. Il sera donc, puisque de Gaulle en décide ainsi, le chef politique et militaire, en son nom, de la Résistance française. Et, dans l'intervalle, le gouvernement britannique a précisé, lui aussi, sa réponse à la démarche faite par de Gaulle le 27 octobre. Le

22 novembre, en effet, tout en rappelant qu'il souhaite que les Français puissent choisir après la guerre le gouvernement qu'ils veulent, il reconnaît que, pour le moment du moins, son centre de direction est situé hors de France. C'était, au fond, reconnaître de Gaulle, non plus seulement comme le chef de la France libre mais comme celui de toute la Résistance intérieure qui se rattacherait à lui.

Parachuté près de Salon-de-Provence dans la nuit du 1er au 2 janvier 1942, Jean Moulin sait donc ce qu'il doit faire. Ses débuts, naturellement, sont difficiles. Il n'a pas été parachuté là, exactement, où il devait l'être. Son poste émetteur a été endommagé et la liaison avec Londres ne sera établie qu'en mars. Il doit lui-même mettre sur pied et faire fonctionner ses moyens de liaison. Daniel Cordier, qui sera son secrétaire et son ami, le trouvera sans aide, sans état-major, sans adjoint, chiffrant lui-même ses messages et déchiffrant ceux des autres, assurant lui-même les versements en argent et la transmission des consignes. Mais, avant tout, il ne peut exercer son autorité simplement et directement : il doit convaincre chacun et rassembler ce qui est jusqu'à présent dispersé. Rien n'aurait pu remplacer son intelligence, son caractère, son acharnement et son habileté à la fois : mais son atout est d'avoir pris contact avec les mouvements de Résistance avant d'aller à Londres et d'en revenir avec la mission que de Gaulle lui a confiée, d'être en même temps issu de la Résistance intérieure et représentant de la France libre.

Son champ d'action est d'abord la zone Sud. Il connaît déjà les organisations qui y sont nées et il vérifie qu'elles sont différentes. En ce début de 1942, « Combat » porte encore la marque du tempérament et des idées de celui qui en est le chef : Henri Frenay[30]. Le nombre des anciens officiers et sous-officiers y est important, plus que dans tous les autres mouvements, le recrutement se fait surtout dans la moyenne bourgeoisie, dans les cadres économiques, techniques et sociaux du pays. Son organe clandestin insiste sur la nécessité de donner plus tard à la France un régime d'autorité même si, en même temps, on y réclame une économie plus dirigée, un plus grand rôle pour l'État, une répartition plus égalitaire des richesses. Emmanuel d'Astier, à la tête de « Libération », a voulu, au contraire, donner un prolongement populaire à son mouvement en s'appuyant délibérément sur d'anciens dirigeants socialistes et syndicalistes, quitte à se contenter d'une structure moins solide, à moins de rigueur dans son organisation. Jean-Pierre Levy, à « Franc-Tireur » s'en tient dans son journal clandestin à des références républicaines, laïques, jacobines, mais on verra bientôt qu'il est lui-même le plus conciliant et le plus discipliné des chefs de mouvements.

Rassembler la Résistance intérieure, même en se limitant à la zone Sud, n'est donc pas une tâche facile. Il fallait d'abord que Jean Moulin s'identifie complètement à sa mission, en soit pénétré lui-même avant d'entraîner les autres. Francis-Louis Closon qui, venant de Londres, sera jusqu'à la Libération l'un des organisateurs principaux de la Résistance intérieure, a témoigné de cette extraordinaire entreprise : « Représenter, au sens fort du mot, au centre des combats de la Résistance, de Gaulle et la nébuleuse de Londres, impliquait d'abord que l'on ait compris la finalité de l'invraisemblable gageure du 18 juin, "la France sera présente à la victoire", qu'on l'ait intégrée à soi-même, pour être capable de faire naître et installer l'autorité morale correspondante, forger les instruments de l'action et les faire accepter. Exercer l'autorité du pouvoir central en France supposait aussi de faire admettre par Londres, ses hommes et ses services, les conditions et les limites de l'exercice de ce pouvoir, de prendre à son compte les tensions inévitables, les assumer.... Pour Moulin, tout était à créer. Semblable à de Gaulle, il fut à ce moment de l'histoire de la France un des plus solitaires dans la responsabilité de son pouvoir. Si, dans sa majorité, la Résistance se tournait globalement vers de Gaulle, le terrain de l'action était glissant, champ de lutte ouvert à tous les courants... Quelle tentation, quel admirable lieu d'intrigues pour tous ! C'est dans ce contexte que l'autorité de de Gaulle sur la Résistance devait par Jean Moulin prendre forme et s'organiser[31]. »

Impossible, si l'on oublie ce contexte et ses servitudes, de comprendre les inextricables difficultés que Jean Moulin dut surmonter : faute de quoi on se tromperait sur leur nature en leur donnant une signification politique qu'elles n'avaient pas, pour la plus grande part, et en méconnaissant leur dimension personnelle et passionnelle. Francis-Louis Closon, précisément peut-être parce qu'il venait de la France libre et qu'il eut à découvrir la Résistance intérieure, y a tout de suite été sensible. « J'entrais dans un autre monde, a-t-il écrit. Il est vrai que ceux qui n'ont pas vécu la Résistance dans leur peau ont peine à imaginer les transformations fréquentes de l'être sous la force des événements. Par définition, nos convictions, une certaine forme de sensibilité, de tempérament, nous avaient entraînés vers la Résistance et l'acceptation des risques qu'elle impliquait ; cependant, l'angoisse des situations, la violence de la lutte, la longue usure des nerfs rendaient chacun plus vulnérable ; ainsi s'explique que les affrontements aient pu atteindre de tels niveaux de tension. Il suffisait que les circonstances, les responsabilités opposent les hommes pour transformer en adversaires des combattants soudés dans leur lutte contre l'occupant. J'ai toujours pensé que la Résistance ne pouvait être menée sans passion, au double sens du mot, la violence intérieure et la souffrance réunies ; qu'elle ait pu conduire à des aveuglements, à une absence de recul dans la prise de conscience des problèmes est non moins évident. Quand les ambitions personnelles s'ajoutaient, on frôlait le drame, il fallait de grandes qualités pour y échapper. »

Alban Vistel, l'un des principaux responsables de « Libération », puis des « Mouvements unis de Résistance » après sa fusion avec « Combat » et « Franc-Tireur », était de sensibilité socialiste, se rattachant, en tout cas, à l'esprit et aux traditions de la gauche française[32]. Il devait être, avec Emmanuel d'Astier, de ceux qui firent le plus et le plus tôt pour l'adhésion de la Résistance intérieure à de Gaulle. Il n'en a pas moins témoigné des sentiments qui animaient les chefs des mouvements et qui les rendaient si anxieux de leur pouvoir et de leur indépendance. « Les fondateurs de mouvements, a-t-il écrit, ne pouvaient pas ne pas avoir conscience qu'ils n'avaient attendu l'appel de personne pour décider de leur engagement, que personne ne leur avait dicté leur action ; mais ils savaient aussi le prix de cette liberté et de cette indépendance. Décidés à ne pas reculer quels que soient les événements, point n'était besoin d'être particulièrement doué d'imagination pour découvrir que certaines étapes pourraient être l'arrestation, la torture, peut-être la mort. Encore s'il n'y avait eu qu'eux-mêmes ! Mais presque chaque jour ils entraînaient dans le jeu des compagnons dont le visage ne s'effacerait plus de la mémoire. Vingt-cinq ans après, nos méditations sont encore traversées par ces visages dont la chair est aujourd'hui détruite. Ils furent ceux d'hommes et de femmes, de jeunes gens. Comment ne pas penser que si nous n'étions pas intervenus dans leur destinée, celle-ci aurait peut-être suivie son cours paisible... [Nous avions] le sentiment poignant d'une terrible responsabilité : charge d'âmes parfois simples, et toujours charge de chair vivante, de destins. » Alban Vistel n'en reconnaît pas moins lucidement : « Il faut dire aussi que très probablement ces fondateurs ne furent pas purs d'ambition. Comment n'auraient-ils pas pensé qu'un jour lointain ils détiendraient leur part de pouvoir dans la République à refaire ? Et pour cela, ne fallait-il pas tenir solidement les moyens qu'on avait su conquérir ? Une hiérarchie nouvelle allait naître, il fallait y assurer sa place et la défendre. Mais ce débat n'a jamais dépassé l'aréopage restreint des premiers initiés. »

Il s'y ajoutait, pour Jean Moulin, les difficultés objectives d'un rapprochement ou d'une fusion des mouvements créés en zone Sud. Alban Vistel en a fait objectivement l'analyse, en évoquant les premiers tentatives de réunion des mouvements : « Avec le recul, a-t-il écrit, il apparaît bien qu'une fusion était prématurée à cette époque. Chacun des mouvements de zone Sud avait tout d'abord à pousser son recrutement dans des milieux de caractères socio-politiques fort différents ; vouloir aller trop vite eût tari certaines sources. Ainsi les socialistes et les syndicalistes confédérés auraient, sans nul doute, quelques réticences à se voir soudain associés à d'anciens démocrates populaires, PSF ou hommes situés plus à droite encore. Sans doute aussi d'Astier, sentant son mouvement insuffisamment organisé, redoute-t-il que la fusion ne conduise à une prédominance de “Combat”. Or, cette prédominance ne laisse pas d'apparaître comme nocive, non que d'Astier craigne d'y perdre son rang, mais il juge sincèrement que les cadres de “Combat” se situent beaucoup trop à droite pour que l'amalgame se fasse sans risque. L'idéal de république autoritaire que semble nourrir “Combat” ne s'accorde guère avec l'idéologie affirmée par "Libération". De plus, "Combat" entretient de nombreuses intelligences avec les milieux vichyssois, ambiguïté dont peuvent s'accommoder les dirigeants, mais qui ne peut que déconcerter le militant ; une maturation s'impose donc et surtout un brassage qui s'effectuera à la base et imposera plus tard la décision[33]. »

Jean Moulin devra en tenir compte. Mais il sait que c'est la volonté élémentaire de combattre l'occupant et Vichy qui prévaut sur tout et que la logique même de ce combat conduit à vouloir l'union et, finalement, l'unité. Quand Henri Frenay, malgré ses longues réticences et son acharnement à vouloir maintenir autant que possible son indépendance, finira par consentir à la fusion de « Combat » avec « Libération » et « Franc-Tireur », il lui arrivera de le regretter en invoquant les structures plus fortes et les effectifs plus nombreux de son propre mouvement : Claude Bourdet, qui fut son adjoint, son ami et qui compta plus que tout autre dans son évolution vers un socialisme démocratique, lui objectera toujours que la fusion était, de toute façon, inévitable car, tout simplement, elle répondait à la volonté spontanée des résistants[34]. Du reste, les oppositions politiques qui paraissaient à l'origine si importantes, s'atténuaient et parfois s'évanouissaient, emportées par le courant dominant de la Résistance intérieure, favorable à des réformes plus ou mois audacieuses et d'inspiration socialiste. René Cerf-Ferrière, appartenant lui-même à la tradition radicale de la gauche française et qui eut un rôle majeur dans les mouvements de Résistance de la zone Sud et dans leur presse clandestine, cite à juste titre le cas de Maurice Chevance-Bertin. C'était un jeune officier que son courage, son nonconformisme, son patriotisme intransigeant, poussa tout de suite vers une opposition radicale à l'ennemi et à Vichy. Il passa quelque temps pour si proche de l'ancienne droite française, que les dirigeants de « Combat » ne voulurent pas lui confier les plus hautes responsabilités. Mais l'expérience de la Résistance, les amitiés qu'il s'y fit, l'esprit du temps, la révolte contre des hiérarchies courbées dans la défaite, le changèrent, lui aussi. « Bouillonnant d'idées, écrit René Cerf-Ferrière, condamnant sans appel les partis, les politicards de la IIIe qui, selon lui, avaient pourri l'État, Chevance, fier d'être un enfant du peuple cogitait la révolution socialiste en la saupoudrant de Barrès, de Deroulède, ajoutant encore du rouge à la cocarde tricolore[35]... »

Tous les mouvements de résistance, au fond, aspiraient passionnément à se rattacher au camp allié, pour qu'il soit clair qu'ils contribuaient à la lutte commune contre l'ennemi et puisqu'il s'agissait de la Résistance française, c'est avec de Gaulle qu'ils voulaient parler d'abord, quelles que fussent l'ombrageuse indépendance des uns, la méfiance des autres et surtout l'ignorance où ils étaient presque tous de la personnalité du chef de la France libre. Alban Vistel a longtemps fait croire aux hommes qu'il recrutait, qu'il était déjà en contact avec lui : quand il rencontre Yvon Morandat, puis Jean Moulin, il éprouve, suivant ses propres dires, la joie de voir enfin réalisé son rêve secret. Le mouvement dont il était l'un des dirigeants, « Libération », sera le premier à faire connaître sans ambages son adhésion à de Gaulle, alors même qu'il passe pour plus « à gauche » que tous les autres. Son journal clandestin écrit, le 15 février 1942 : « Nous constatons qu'à l'heure présente il n'y a qu'un seul Mouvement, celui de la France libre, qu'un seul chef, le général de Gaulle, symbole de l'unité et de la volonté des Français », et dans son numéro du 18 mai : « Voici notre chef », titre qu'illustre une photo tirée du *Petit Dauphinois*, annonçant en juin 1940 que de Gaulle venait d'entrer dans le gouvernement de Paul Reynaud.

Ainsi le chemin était-il tracé pour Jean Moulin qui put remplir la mission qu'on lui avait confiée, fédérant « Combat », « Libération » et « Franc-Tireur » avant qu'ils ne fusionnent, créant un « Comité général d'études » qui doit penser au « futur régime politique, économique et social du pays » et un « Bureau d'information et de presse », dirigé par Georges Bidault qui, chaque mois en 1942, puis toutes les trois semaines en 1943, informe régulièrement les services de Londres. Ce printemps de 1942 devient alors celui de l'essor de la Résistance intérieure et de sa rencontre avec la France libre. Emmanuel d'Astier arrive à Londres au mois de mars : entre de Gaulle et lui s'établit une étrange complicité qui survivra à toutes les divergences. De Gaulle éprouve la séduction d'un homme dont il apprécie l'esprit d'aventure, l'agilité intellectuelle, le courage souriant, le non-conformisme. D'Astier est séduit, de son côté, par un personnage dont il voit bien, même s'il s'en défend quelquefois, ce qu'il a d'exceptionnel. De Gaulle, en tout cas, l'estime suffisamment, dès leur première rencontre, pour juger qu'il séduira et convaincra les services américains, justement parce qu'il vient de France, parce qu'il a pris lui-même l'initiative de créer une organisation de résistance, parce qu'il a voulu faire appel aux forces politiques et syndicales qui représentaient en grande partie l'opinion française avant la guerre : il l'envoie donc en mission à Washington, avant qu'il ne retourne en France [36]. Ce n'était pas assez pour changer la politique américaine envers la France libre et Vichy mais c'était une complicité de plus entre d'Astier et de Gaulle.

Pierre Brossolette vint à son tour à Londres. Journaliste socialiste, il avait été l'un des plus farouches adversaires de Munich, l'un des partisans les plus résolus de la résistance aux Etats fascistes. Il sympathisa tout de suite avec Rémy — lecteur régulier de *L'Action française* avant la guerre — qui, de sa propre autorité, le fit passer en Angleterre. Son ardeur, sa passion, son intelligence, en firent presque aussitôt l'une des personnalités centrales de la France libre à Londres au point que Passy, qui n'était pas homme, d'ordinaire, à se soumettre à des influences et à se laisser guider par d'autres, éprouva tout de suite pour lui une admiration fascinée. Pierre Brossolette allait, par la suite, chercher à donner à la France libre une orientation stratégique et politique qui l'opposera à Jean Moulin et à beaucoup d'autres, et que de Gaulle récusera : mais la part qu'il a prise dans l'essor de la Résistance intérieure en zone Nord et dans les liens forgés entre celle-ci et la France libre, témoigne de son autorité et de son rayonnement.

Le destin n'a pas voulu que Philippe Roques compte, lui aussi, comme l'un des artisans et des chefs de la Résistance française : venu à Londres en mai 1942, reparti en France six semaines plus tard, arrêté en février 1943, il devait être abattu lors d'une tentative d'évasion [37]. André Diethelm, commissaire à l'Intérieur et ancien directeur du cabinet de Georges Mandel, lui avait envoyé un message, dès novembre 1941, le chargeant de nouer des contacts avec l'ancien personnel politique. Philippe Roques s'acquitta au mieux de sa mission : s'occupant des relations avec le parlement et la presse pour Georges Mandel, il rendit visite à celui-ci dans sa prison du Portalet et, avec son appui, entra en rapport avec les représentants des différents courants politiques [38]. Le texte que Mandel lui remit pour de Gaulle était sans équivoque. Il y condamnait, en particulier, la politique américaine de complaisance envers Vichy et les équivoques qui en résultaient, demandant instamment que le gouvernement britannique, au moins, n'hésite pas « à proclamer que le général de Gaulle est le seul chef reconnu non seulement des forces qui combattent aux côtés des Alliés, mais des forces de Résistance qui attendent l'ordre des Alliés pour combattre en France ». Roques venait à Londres avec un tableau complet des « milieux politiques résistants en France » qui intéressa le cabinet britannique au point que Churchill lui confia un message pour Mandel. Il s'y ajoutait une analyse rigoureuse de l'opinion publique en France dont les conclusions sont catégoriques : pour lui, 97 % des Français vivant en zone interdite, c'est-à-dire dans les départements du Nord et de l'Est, soutiennent de Gaulle, de 85 à 90 % en zone occupée, de 70 à 75 % en zone Sud. On allait en voir le témoignage et la confirmation avec l'arrivée à Londres de Christian Pineau.

De Gaulle, de son côté, guettait tous les signes et tous les épisodes de la tragédie que la France était en train de vivre sous l'occupation ennemie et sous l'autorité de Vichy. Si, durant de trop longs mois, les informations ne lui venaient que difficilement, par des voies détournées et sans qu'il soit possible toujours de les vérifier, il se sentait, chaque fois, confirmé dans la certitude qu'il avait qu'une pente irrésistible conduisait à l'asservissement du pays et à la dérive totalitaire et rétrograde du régime de Pétain. Ainsi avait-il noté, dès l'été 1940, les tentations antisémites de ce régime [39]. A la démarche du romancier Albert Cohen, qui, le 15 juillet, avait fait connaître aux représentants de la France libre la sympathie des organisations juives basées en Angleterre et aux Etats-Unis, il répondit le 22 août, après avoir reçu lui-même Albert Cohen :

> Je suis profondément convaincu que, lorsque la France aura recouvré ses libertés [...] tous les citoyens français — quelle que soit la religion à laquelle ils appartiennent — devront jouir d'une juste égalité des droits. Le jour de la victoire, à laquelle je crois fermement, la France ne peut manquer d'avoir à cœur de veiller à ce qu'il soit fait justice des torts portés [...] aux communautés juives qui, dans les pays momentanément soumis à l'Allemagne, sont malheureusement en but à l'intolérance et aux persécutions.

Après quoi, il voulut réagir aux premières lois antisémites de Vichy, promulguées le 3 octobre 1940 : ce fut par un message adressé à la réunion tenue, le 15 novembre, au Carnegie Hall, à New York, par l'American Jewish Congress, la Fédération américaine du travail, le Comité de défense des droits religieux et des minorités, et l'Union des Eglises pour la paix, pour protester contre ces lois. C'est l'un des Français libres de New York, Albert Simard, qui lut ce message :

> Soyez assurés que, comme nous avons rejeté tout ce qui a été faussement fait au nom de la France, après le 23 juin, le décret cruel dirigé contre les juifs français ne peut avoir, et n'aura, aucune validité. Ces mesures n'en sont pas moins un coup porté à l'honneur de la France, ainsi qu'une injustice contre ses citoyens juifs... Quand nous aurons obtenu la victoire, non seulement le mal fait en France sera réparé mais la France reprendra une fois de plus sa place parmi les défenseurs de la liberté et de la justice pour tous les hommes, quelle que soit leur race ou leur religion, dans une nouvelle Europe.

Puis, le 4 octobre 1941, de Gaulle écrivait au rabbin Wise, président de l'American Jewish Congress, à l'occasion du cent cinquantenaire du décret du 27 septembre 1791 émancipant les juifs de France, pour saluer cet anniversaire et lui confirmer que

> la France libre, qui respecte partout où elle exerce le pouvoir, la Constitution et les lois de la République, est résolue à rétablir, après la victoire, l'égalité en dignité comme en devoirs de tous les citoyens sur tous les territoires français.

Mais, au-delà de cette sensibilité au caractère totalitaire et raciste du régime de Vichy, il fallait, pour de Gaulle, découvrir et comprendre les aspirations des Français soumis à l'occupation pour leur avenir politique économique et social, et celles en particulier, de la Résistance intérieure. Tel fut le sens des entretiens qu'il eut avec Christian Pineau après son arrivée à Londres.

Celui-ci avait été secrétaire de la fédération CGT des employés des banques et de la Bourse. Après l'invasion, il avait voulu fonder sur le terrain syndical une force de résistance en zone occupée et avait rédigé, en novembre 1940, un « manifeste du syndicalisme français », signé par douze dirigeants syndicalistes venant de la CGT et de la CFTC, les uns de sensibilité socialiste, les autres d'inspiration chrétienne. Il contribue à la publication de l'un des premiers journaux clandestins de la France occupée, *Libération Nord*. Fonctionnaire dans les services du ravitaillement il peut circuler dans les deux zones et a pris contact avec d'Astier, avec Frenay, avec d'anciens responsables syndicalistes de la zone Sud. Quand Rémy, qui est entré en rapport avec lui, lui propose d'aller à Londres, il accepte mais avec la ferme intention d'obtenir que de Gaulle, que ses amis et lui-même ne connaissent pas, prenne clairement position sur le futur régime politique de la France et, plus particulièrement, sur l'avenir du syndicalisme. Le député et économiste socialiste, André Philip, lui a même suggéré d'en rapporter un manifeste qui, s'il convient aux résistants de l'intérieur, pourrait être publié pour entraîner l'adhésion de tous. Ainsi va se nouer entre de Gaulle et Pineau un dialogue qui comptera pour beaucoup dans l'histoire de la Résistance française.

Il débute, du reste, par un épisode significatif : avant leur première rencontre, Passy a interrogé Pineau : la Résistance française reconnaît-elle l'autorité du général de Gaulle ? Et Pineau rapporte dans son livre de souvenirs, *La Simple Vérité* : « Je réponds "oui" presque sans hésiter, malgré les réserves exprimées par quelques-uns de mes camarades [40]. » C'était déjà témoigner de l'état d'esprit du courant le plus profond et le plus nombreux des résistants de l'intérieur. De Gaulle le reçoit ensuite et, presque sans préambule, lui adresse ces simples mots : « Maintenant, parlez-moi de la France. » Alors commence une série d'échanges dont le point difficile est le jugement porté sur la IIIe République. Tout est résumé dans ce dialogue :

— Moi je veux bien vous confier une lettre pour vos amis mais ne me demandez pas d'approuver ce que j'ai condamné maintes fois, une République sans autorité, un régime de partis.

J'essaie de lui faire comprendre notre souci :

— Mon général, il faut tenir compte du facteur « Vichy ». Votre langage doit apparaître opposé sur tous les plans à celui du maréchal.

— Il a signé l'armistice. Moi pas. Il a accepté la défaite, moi pas.

— Bien sûr, nul ne vous fera jamais l'injure de se permettre une comparaison. Je me place en ce moment sur le terrain politique et syndical. Beaucoup de gens se battent, non seulement contre les Allemands mais contre toutes les formes de dictature.

— Quand la France sera libérée, nous restaurerons la République ; les Français diront eux-mêmes ce qu'ils veulent.

— Dans la mesure où vous pourrez dès maintenant indiquer une orientation démocratique, vous rassurerez les éléments les plus conscients de nos mouvements.

Les discussions reprendront, les jours suivants. Ce n'est pas sur les changements d'ordre économique et social dans la France libérée que les désaccords subsistent longtemps : de Gaulle suit assez volontiers les suggestions de Pineau. C'est, inlassablement, sur la répudiation de la République telle qu'elle fonctionnait avant la guerre. Dans le message que de Gaulle remet en fin de compte on peut lire :

> Un régime moral, social, politique, économique, a abdiqué dans la défaite. Un autre est né et se nourrit de la capitulation. Le peuple français les condamne tous les deux.

Pineau juge qu'on ne doit pas mettre les deux régimes sur le même plan. Les discussions continuent et ne sont pas tranchées au moment où il va prendre son avion pour un atterrissage clandestin en France. Au dernier moment, Pineau reçoit un pli : c'est une version corrigée du manifeste que de Gaulle lui a remis. Celui-ci a encore accentué sa condamnation de Vichy :

> Un autre [régime] sorti d'une criminelle capitulation s'exalte en pouvoir personnel.

Il a aussi, il est vrai, complété ce qu'il avait écrit sur la IIIe République :

> Un régime moral, social, politique, a abdiqué dans la défaite après s'être lui-même paralysé dans la licence.

Mais les passages concernant l'avenir économique et social de la France se sont faits singulièrement plus précis :

> Nous voulons en même temps que, dans un puisant renouveau des ressources de la nation et de l'Empire par une technique dirigée, l'idéal séculaire français de liberté, d'égalité, de fraternité soit désormais mis en pratique chez nous, de telle sorte que chacun soit libre de sa pensée, de ses croyances, de ses actions, que chacun, ait, au départ, dans son activité sociale, des chances égales à celles de tous les autres, que chacun soit respecté par tous et aidé s'il en a besoin.

Ce manifeste fut publié par tous les journaux des grands mouvements de Résistance, consacrant ainsi leur allégeance à de Gaulle et l'autorité que celui-ci exercera désormais sur eux[41]. La plupart des historiens y ont vu un tournant majeur de l'histoire de la France libre entre 1940 et 1944. Ce n'est pourtant pas de là que date l'engagement pris par de Gaulle de restaurer la République, de rendre aux Français le droit et la possibilité, par des élections libres, de dire ce qu'ils veulent : cet engagement, il l'a pris, comme on l'a vu, dès 1940 et l'a répété par la suite, à plusieurs reprises. Ce n'est pas non plus le double jugement porté sur l'ancien régime et sur celui de

Vichy qui pouvait apparaître nouveau ou susciter de fortes réactions. Christian Pineau, sur ce point, exprimait trop exclusivement le sentiment de tous ceux qui avaient été mêlés aux responsabilités politiques, sociales et syndicales dans les dernières années de la IIIe République, même s'il avait évidemment raison de ne pas vouloir que celle-ci soit traitée de la même façon que Vichy. De Gaulle, à coup sûr, exprimait bien davantage l'opinion de la très grande majorité des Français, à commencer par les résistants eux-mêmes. On en a d'innombrables témoignages à travers les souvenirs qu'ils ont laissés et dans la presse clandestine. « Nous n'avions pas grand effort à faire pour liquider l'esprit de la IIIe, écrit Francis-Louis Closon, la faiblesse et le désordre de ces tristes dernières années. Pour François de Menthon, appartenant à la Résistance intérieure, pour moi venant de la Résistance extra-métropolitaine, ce passé nous paraissait tellement révolu que nous enfoncions des portes ouvertes[42]. » Le radical Cerf-Ferrière égrène les noms des anciens partis politiques pour conclure à leur impuissance et à l'évanouissement du régime qu'ils représentaient[43]. Alban Vistel, de sensibilité socialiste, évoquait ainsi l'ancien régime : « Cette République exsangue fut celle des radicaux dégénérés, des socialistes impuissants, des communistes aveuglés par leur lointaine allégeance, des conservateurs momifiés, et surtout d'une masse anesthésiée par les tromperies successives. Cette République, elle meurt dans la quasi-indifférence d'une mort misérable dans un halo de honte qui va s'étendre sur toute la vieille nation, sans un témoignage, sans un testament, sans un sursaut qui eussent au moins sauvé l'honneur[44]. »

La novation qu'apporte le manifeste de 1942, c'est l'engagement en faveur d'un changement économique et social profond. Les termes employés par de Gaulle — « une technique dirigée » — montrent quelle en sera probablement l'inspiration : elle sera, plus ou moins nettement, socialiste. Sans cesse, par la suite, cet engagement sera repris, confirmé, renforcé. Et l'on verra les dirigeants de la Résistance intérieure, malgré leurs différences d'opinions et d'origine, s'engager à leur tour, presque tous, dans cette voie. On peut s'en étonner ou même s'en offusquer : d'innombrables résistants n'étaient nullement partisans de donner plus tard à l'économie française une structure aussi radicalement nouvelle et l'on verra, après les débuts de la IVe République, que la majorité des Français avait à cet égard autant de réserves que d'attirance. Mais, pour l'histoire de ce siècle, un tournant décisif venait d'être pris : la France connaîtrait, après la guerre, un changement majeur de son système économique et social, incluant un vaste secteur d'Etat et une forte législation sociale, changeant le fonctionnement de son économie et amorçant une réforme de la société. D'autres pays d'Europe s'engageront dans la même voie. C'est une phase nouvelle de l'histoire politique, économique et sociale du continent, qui s'annonçait dans ce manifeste clandestin que de Gaulle avait fait remettre à Christian Pineau à l'instant où il allait s'embarquer sur le petit avion qui le ferait clandestinement atterrir en France.

Chapitre 12

SUR LA SCENE DU MONDE

Le 7 décembre 1941, l'attaque japonaise contre Pearl Harbour allait changer le cours de la guerre. Les Etats-Unis devenaient, du jour au lendemain, la puissance, à l'ouest, dont tout dépendrait désormais. Le colonel Passy rapporte dans ses *Souvenirs* que de Gaulle lui dit, ce jour-là :

> La guerre est définitivement gagnée [1].

Mais, le lendemain il confia au chef-adjoint de son état-major, le commandant Billotte :

> Dorénavant, les Anglais ne feront rien sans l'accord de Roosevelt [2].

Les événements justifiaient ainsi l'analyse qu'il avait faite en 1940 puisque l'Angleterre était maintenant rejointe par des alliés dont l'intervention annonçait la défaite inévitable de l'Allemagne : l'avenir allait encore lui donner raison puisque la puissance américaine déterminerait les choix politiques et stratégiques des deux alliés occidentaux. Et, pour une part, l'histoire de la France libre en dépendrait.

Son rôle, en effet, serait fonction du cours ultérieur de la guerre, du choix qui allait être fait des futurs théâtres d'opérations [3]. Ce fut l'objet de la conférence Arcadia qui se tint à Washington du 22 décembre 1941 au 14 janvier 1942. Churchill s'était précipité dans la capitale américaine pour que soient décidées, aussitôt que possible, les options stratégiques des Alliés. Il connaissait l'extrême sensibilité de l'opinion publique, aux Etats-Unis, à la lutte contre le Japon, et il savait qu'elle serait spontanément favorable à tout ce qui pourrait faire échec d'abord à l'agression japonaise. Aussi fut-il très satisfait de voir les deux chefs d'état-major américains, le général Marshall et l'amiral Stark, présenter, dès le début de la conférence, un projet de préambule à toute décision future où ils rappelaient que, dès le début de l'année, ils avaient averti Roosevelt que « l'Allemagne était le membre principal des puissances de l'Axe et que par conséquent l'Atlantique et la zone européenne devaient être considérés comme le théâtre décisif des opérations ». Bien que la conférence Arcadia fût d'abord perturbée par les événements catastrophiques survenus sur le théâtre du Pacifique et par les discussions sur les mesures à prendre pour y faire face, la priorité donnée à la guerre contre l'Allemagne fut donc rappelée, comme en témoignent les conclusions adoptées : « En 1942, les principaux moyens employés pour venir à bout de la résistance allemande seront : a) l'accroissement continu des bombardements aériens par les aviations américaine et britannique ; b) le soutien par tous les moyens possibles de l'offensive russe, c), le blocus ; d) l'entretien de l'esprit de résistance dans les pays occupés et l'organisation des mouvements subversifs. Il ne paraît guère possible de déclencher une offensive terrestre de grande envergure contre l'Allemagne en 1942, sauf sur le front russe. Nous devons néanmoins être prêts à profiter de toutes les occasions [...] pour déclencher des offensives terrestres à objectif limité. En 1943 nous aurons peut-être la possibilité d'entreprendre des opérations sur le continent, soit par la Méditerranée, en pénétrant dans les Balkans à partir de la Turquie, soit en débarquant en Europe occidentale. »

On voit ici que la nécessité d'un assaut contre l'Europe continentale était clairement perçue par les états-majors alliés. Mais les deux voies envisagées pour y parvenir imposeraient évidemment des choix différents. Un débarquement à l'ouest supposait une totale concentration des forces pour que, dès 1943, il eût les plus fortes chances de succès. Une intervention dans les Balkans impliquait des lignes de communications très longues, des relais sûrs et nombreux le long des rives sud de la Méditerranée et, pour qu'elle eût la plus grande efficacité, une contribution active de la Turquie, moyennant quoi elle pourrait converger avec les offensives russes et conjuguer ainsi les efforts de tous les ennemis de l'Allemagne. Les conditions à remplir pour une intervention dans les Balkans étaient donc nombreuses et complexes. Mais l'une d'entre elles, au moins, semblait à la portée des Alliés : c'était la maîtrise des rives sud de la Méditerranée, c'est-à-dire la défaite de l'Axe en Libye et l'occupation de l'Afrique du Nord. On convint tout de suite que ce serait l'objet d'une opération d'abord baptisée *Gymnast*, puis *Super Gymnast* et enfin *Torch*, que l'on fixa à mars 1942. Mais dès la réunion du 12 janvier, Churchill malgré son enthousiasme pour ce projet qui correspondait tout à fait à ses vues, dut admettre que les troupes allemandes de Libye étaient en train de recevoir d'importants renforts, que leur défaite n'interviendrait donc pas immédiatement, que l'opération sur l'Afrique du Nord en serait retardée d'autant, et que les désastres en Extrême-Orient risquaient, comme il devait lui-même le reconnaître, d'entraîner « un vaste mouvement panasiatique, englobant les peuples de race jaune et de race brune [...] et que [la] situation s'en trouverait sérieusement compliquée ».

Deux mois plus tard, il fallait se rendre l'évidence : les plus graves menaces pesaient sur les positions alliées dans le Pacifique et en Asie, il n'était pas question d'obtenir l'entrée en guerre de la Turquie, la date de l'opération prévue en Afrique du Nord ne pouvait pas encore être fixée et, par-dessus tout, les états-majors anglais et américains demeuraient très pessimistes sur les capacités de résistance de l'Union soviétique. C'est dans ce contexte que Roosevelt décida d'envoyer en Angleterre son principal conseiller Harry Hopkins et le chef d'état-major de l'armée, le général Marshall, afin de discuter des nouveaux projets élaborés par les états-majors américains à la suite de la conférence Arcadia.

Or ceux-ci venaient d'orienter délibérément leur choix vers une offensive prioritaire et de grande envergure en Europe occidentale. Le général Eisenhower, nommé chef de la section des Plans et directement inspiré par Marshall, avait établi un projet d'invasion du nord de la France par un débarquement entre Le Havre et Calais qui se prolongerait par d'autres opérations à travers la Belgique. Un mémorandum à Roosevelt justifiait ce plan par des arguments de caractère stratégique et militaire : « L'Europe occidentale [...] est le seul endroit où les nations unies soient en mesure de préparer et d'exécuter, dans un avenir immédiat, une offensive de grande envergure. Partout ailleurs, l'organisation des forces nécessaires serait beaucoup plus longue à réaliser, en raison des distances maritimes à franchir. De plus, dans d'autres régions, l'ennemi est gardé de l'invasion, soit par des obstacles naturels, soit par l'insuffisance des communications vers l'intérieur... C'est le seul endroit où les nations unies puissent s'assurer la supériorité aérienne indispensable au-dessus des pays ennemis [...] et nulle part ailleurs la puissance aérienne britannique ne pourrait être utilisée de façon massive... C'est le seul endroit où le gros des forces terrestres britanniques puisse être engagé dans une offensive générale en coopération avec les forces des Etats-Unis. Car, pour des raisons de tonnage, il est impossible de les transporter dans des régions éloignées. L'essentiel des forces combattantes des Etats-Unis, du Royaume-Uni et de la Russie ne peut être engagé simultanément que contre l'Allemagne... Le succès d'une offensive dans ce secteur apporterait au front russe un secours inappréciable. »

Ces arguments étaient assez forts pour emporter la décision. On pouvait en conclure que c'est donc vers la France que l'effort allié allait se concentrer pour aboutir à l'action décisive, probablement en 1943. Dans ce cas, la Résistance française y jouerait naturellement un rôle important et la France libre à laquelle elle se rattachait de plus en plus étroitement, serait, par la force des choses, un partenaire majeur pour les Alliés : de Gaulle y était donc favorable. Mais ce n'était pas pour cette seule raison : les motifs d'ordre stratégique et militaire — qui inspiraient justement les états-majors américains — devaient, à son avis, conduire à faire le choix d'une offensive prioritaire et décisive à l'ouest, en territoire français. Il jugeait donc plausible que ce choix soit fait et il en déduisait logiquement qu'il serait lui-même, incarnant la France libre et la Résistance intérieure, l'interlocuteur obligé des gouvernements et des états-majors anglo-saxons.

De fait, le plan américain fixait au printemps de 1943 le déclenchement des opérations à travers la Manche, sous le nom de code *Round up* puis *Overlord*. Mais il s'y ajoutait un projet d'opérations hypothétiques, dénommé *Sledgehammer*, qui pourraient avoir lieu vers le milieu de septembre de 1942 et n'auraient pour objectif que l'établissement d'une tête de pont en France, et « ne se justifierait que si la situation sur le front russe devenait désespérée... [et] en ce cas, l'attaque devrait être considérée comme un sacrifice consenti dans l'intérêt général, [ou] si la situation de l'Allemagne en Europe occidentale venait à s'affaiblir très sérieusement ». En pratique, la tête de pont aurait été située dans la presqu'île du Cotentin, là ou elle aurait été le plus facile à défendre. Quant au plan principal, prévu pour 1943, Roosevelt, convaincu par Marshall, Hopkins et son secrétaire à la Guerre, Stimson, l'approuva mais sans croire pour autant qu'il faudrait renoncer à l'opération *Gymnast* en Afrique du Nord qui ne nécessiterait, croyait-on, que l'emploi de forces limitées.

C'est donc pour présenter ce plan aux Britanniques que Marshall et Hopkins quittèrent Washington le 4 avril 1942 pour gagner Londres. Les Alliés étaient alors aux prises avec d'innombrables difficultés tenant à leurs défaites en Extrême-Orient, aux terribles pertes navales qu'ils y avaient subies et que d'autres pertes suivirent en Méditerranée, à l'extraordinaire dispersion des forces britanniques en d'innombrables endroits répartis dans le monde entier, alors même qu'ils continuaient de porter les jugements les plus pessimistes sur les capacités de résistance de l'Union soviétique. C'est dans ce climat que les discussions commencèrent à Londres le 9 avril. Sir Alan Brooke, chef d'état-major impérial, critiqua impitoyablement les projets américains de traversée de la Manche, mêlant, plus ou moins intentionnellement, les opérations *Overlord* et *Sledgehammer*. Marshall insista sur les économies de tonnage que représenterait le choix d'une offensive contre les côtes françaises et sur la possibilité de la déclencher dès 1943. Churchill se félicita de voir confirmer la priorité à la lutte contre l'Allemagne, mais ce fut pour s'étendre ensuite sur l'impérieuse nécessité de protéger l'Inde et le Proche-Orient. Brooke revint à la charge en évoquant les menaces japonaises dans l'océan Indien, le risque de voir les 750 000 hommes déployés au Proche-Orient coupés des ressources leur venant d'Asie, la perte probable de l'Irak, l'isolement de la Russie « alors contrainte de capituler »... Bref, aucune ambiguïté ne fut levée et chacun repartit croyant avoir, plus ou moins, convaincu l'autre... Brooke, cependant, était le plus lucide qui, relevant les contradictions et les équivoques de la stratégie alliée, en concluait : « Dans ces conditions, notre seul espoir était d'opérer en Afrique. » C'est là, en effet, le choix qui allait être fait. Mais, comme on le voit, on put croire jusqu'à l'été de 1942, que la France serait au printemps suivant, le théâtre principal de la guerre à l'ouest, que des opérations préliminaires y auraient lieu peut-être d'ici là, et que le rôle des Français libres et résistants de l'intérieur aurait alors une incontestable importance.

Sur ce point capital, de Gaulle, en effet, entretenait de raisonnables espérances. Sur le comportement des Alliés envers la France libre, envers lui, envers les autorités de Vichy, envers les Français en général, il ne se faisait aucune illusion. Les archives que l'on peut aujourd'hui consulter, révèlent, en effet, que le gouvernement américain n'était pas seul à vouloir négocier, cas par cas, avec les autorités de Vichy, en laissant à l'écart la France libre : le gouvernement britannique, pour une large part, était du même avis. C'est ainsi qu'au moment où la conférence Arcadia va choisir les options stratégiques de la Grande-Bretagne et des Etats-Unis pour l'année 1942, Churchill écrivit que pour rallier l'Afrique du Nord, « le moment est venu d'user de toutes les incitations et formes de pression à notre disposition sur Vichy » et que Roosevelt et lui décidèrent de s'adresser à Weygand[4]. Ils savaient, pourtant, que les Français libres pourraient être utiles aux opérations qu'ils projetaient, soit par leur connaissance du terrain, soit par les sympathies qu'ils pourraient s'assurer si on leur en donnait les moyens : Catroux venait justement de remettre un projet d'intervention en Afrique du Nord à Bullitt, ancien ambassadeur à Paris, que Roosevelt avait envoyé en mission en Méditerranée[5]. Mais ni le président américain, ni le Premier ministre britannique, d'accord sur ce point, ne devaient revenir sur leur décision : c'est avec les autorités de Vichy qu'ils allaient tenter de négocier le ralliement de l'Afrique du Nord, jamais avec de Gaulle.

C'est à la lumière de leur décision que s'éclaire l'affaire tragi-comique de Saint-Pierre-et-Miquelon[6]. Ces deux îlots français, à une vingtaine de kilomètres de Terre-Neuve, peuplés de 4 500 habitants avaient manifesté très tôt leur volonté de se joindre à la France libre. Dès après l'armistice de juin 1940, les associations d'anciens combattants s'étaient adressées à de Gaulle pour lui faire connaître leur choix et l'administrateur envoyé par Vichy avait dû employer la force pour empêcher qu'elles organisent un plébiscite, le 25 octobre, qui aurait massivement consacré un ralliement à la France libre. Pour l'obtenir, il aurait suffi du raid symbolique de deux corvettes des Forces navales françaises libres, et de Gaulle demanda donc aux Britanniques, à deux reprises, en avril et en octobre, s 'ils n'y voyaient pas d'inconvénient. L'Amirauté anglaise, inquiète de voir les Allemands installer un observatoire secret à Saint-Pierre avec la complaisance de Vichy, y était favorable. Le

Foreign Office n'y était pas hostile, tout en suggérant qu'on demande l'accord du Canada et des Etats-Unis. Mais l'impatience des habitants grandissait au point qu'ils adressèrent à de Gaulle un « appel des patriotes de Saint-Pierre-et-Miquelon », invoquant l'appui de presque toute la population, dénonçant le brouillage des radios alliées et le régime policier établi par Vichy, et se terminant par un véritable appel au secours. De Gaulle prescrivit donc à Muselier d'aller à Terre-Neuve inspecter les corvettes françaises qui s'y trouvaient et, à cette occasion, de rallier sans coup férir les deux îlots. Mais, le 8 décembre, les Etats-Unis entraient en guerre. Le lendemain, Muselier, arrivé à Terre-Neuve, demanda à de Gaulle de vérifier auprès des Britanniques qu'ils étaient toujours favorables à l'opération et prévint qu'il allait lui-même à Ottawa pour obtenir l'accord des Etats-Unis et du Canada. C'était exactement le contraire de ce que de Gaulle avait voulu : sachant que le ralliement de Saint-Pierre-et-Miquelon serait accueilli avec enthousiasme par les habitants mais redoutant que, là aussi, le gouvernement américain n'ait passé quelque accord particulier avec les autorités de Vichy, il avait prescrit d'agir par surprise. Mais Muselier avait entrepris ses propres démarches et de Gaulle était obligé de s'adresser au Foreign Office. Celui-ci recommanda de consulter Washington et donc d'ajourner l'opération de trente-six heures, puis, le 17 décembre, annonça que des ordres nouveaux venaient d'arriver de Washington où Churchill conférait avec Roosevelt : la France libre devait impérativement décommander toute opération, des détachements américains et canadiens iraient s'installer à Saint-Pierre pour prendre en main la station de radio, et s'assurer qu'elle ne soit pas utilisée par la marine allemande. Muselier, de son côté, reçut les mêmes indications et, de sa propre initiative, répondit qu'il n'interviendrait pas, tout en protestant contre une décision qui allait à l'encontre du vœu des populations et allait établir une autorité étrangère sur une terre française.

Pour de Gaulle, c'était la justification de toutes ses craintes. Non seulement la France libre serait délibérément écartée de Saint-Pierre-et-Miquelon alors que les gouvernements alliés savaient très bien que leurs habitants voulaient se rallier à elle, mais Londres et Washington envisageaient clairement de prendre en main les deux îlots, d'y établir leurs représentants et ils allaient le faire, naturellement, en passant un accord avec les autorités locales de Vichy. Il essaya de le faire comprendre à Eden le 18 décembre et, le 19, il faisait dire par son délégué à Washington, Adrien Tixier, qu'en ne réagissant pas contre les projets des Alliés, la France libre « perdrait toute raison d'être ».

La conclusion lui parut s'imposer :

> Dès lors qu'il était question d'une intervention étrangère dans un territoire français, écrira-t-il dans ses *Mémoires de guerre,* aucune hésitation ne me parut plus permise,

et il ordonna donc à Muselier de rallier Saint-Pierre-et-Miquelon sans plus attendre.

L'opération fut une réussite complète. Pas un coup de feu ne fut tiré. L'accueil de la population fut enthousiaste, un plébiscite confirma le ralliement et fut presque unanime, les anciens combattants formèrent une milice pour défendre les îlots et les plus jeunes s'engagèrent en masse dans la marine française libre. Muselier, qui assura, dans ses moindres détails, le succès de l'opération, nomma son aide de camp, l'enseigne de vaisseau et futur ministre, Alain Savary, administrateur du territoire. Il avait eu, en outre, l'habileté d'emmener avec lui un rédacteur du *New York Times* dont le reportage, publié dans quatre-vingt-cinq journaux américains, révéla l'adhésion unanime et chaleureuse des habitants à la France libre.

Les gouvernements alliés auraient dû s'en féliciter : au contraire, ils réagirent avec fureur. Le secrétaire d'Etat américain, Cordell Hull, condamna publiquement, le 25 décembre, « l'action entreprise par trois bâtiments soi-disant français libres [...] menée contrairement aux accords de toutes les parties intéressées et sans que le gouvernement américain en ait été informé ou y ait en aucune façon consenti ». Il brandissait même une menace pour le proche avenir en annonçant qu'il avait « demandé au gouvernement du Canada quelles mesures il [allait] prendre pour restaurer le *statu quo* dans les îles ». Sans doute cette violence de langage s'expliquait-elle en partie par le fait que Muselier avait, de sa propre initiative, assuré que l'opération n'aurait pas lieu et que son engagement n'avait donc pas été tenu. Mais ce n'était pas suffisant pour justifier une diatribe aussi violente et menaçante et il était facile de vérifier que de Gaulle n'avait pas endossé la promesse de Muselier. La réaction américaine s'expliquait, en revanche, très bien par la politique que les Etats-Unis avaient décidé de mener à l'égard des possessions françaises. C'est avec les autorités de Vichy qu'ils voulaient s'entendre, suivant les circonstances, en fonction du cours de la guerre, et par des accords particuliers conclus cas par cas. Le ralliement de Saint-Pierre-et-Miquelon à la France libre, ratifié par le vote massif de ses habitants, ne cadrait pas avec ce schéma.

Or ils y tenaient et s'y accrochaient malgré les déconvenues. Weygand, justement, venait d'être relevé de ses fonctions le mois précédent à la demande de l'Allemagne et les espoirs qu'à Washington on avait nourris sur lui risquaient de s'évanouir. Le gouvernement américain avait alors demandé à Pétain qu'il n'en résulte aucun changement dans le statut de l'Afrique du Nord et qu'il s'engage à ne pas utiliser la flotte française contre l'Angleterre : Pétain y avait consenti et, du coup, Roosevelt lui avait répondu par un message personnel où il renouvelait « les accords antérieurs [...] concernant le maintien du *statu quo* dans les positions françaises de l'hémisphère occidental » — étendant ainsi ces accords à Saint-Pierre-et-Miquelon alors qu'ils ne concernaient auparavant que la Martinique et la Guadeloupe. C'est cette politique qu'à Washington on voulait poursuivre. D'autant que l'un des arguments invoqués au sein de l'administration américaine pour justifier la politique qu'elle avait choisie était que de Gaulle, en réalité, n'était soutenu par personne. Cordell Hull, dans une note à Roosevelt, disait savoir « de bonne source » que « 95 % des Français sont contre Hitler mais que plus de 95 % de ces 95 % ne sont pas pour de Gaulle et ne le suivraient pas ». Le sous-secrétaire d'État, Summer Welles, bien que généralement plus lucide, écrit, de son côté, que la France libre ne représente rien puisqu'elle n'est dirigée par aucune personnalité connue et que, pour lui donner quelque substance, il faudrait faire venir à Londres Edouard Herriot, ce que suggère au même moment le chef de l'*Office of Strategic Services*, l'OSS, c'est-à-dire les services secrets américains [7].

Dans cette affaire, pourtant, les réactions américaines n'iront pas plus loin. C'est qu'aux Etats-Unis la presse, sensible au libre choix des habitants de Saint-Pierre-et-Miquelon et à leur adhésion enthousiaste à la France libre, soutient de Gaulle autant que l'administration lui est hostile. Roosevelt ne peut affronter, pour une affaire aussi réduite, son opinion publique [8]. Churchill ne peut oublier qu'il avait, en son temps, approuvé l'opération. Il doit se défendre comme il peut quand il reçoit le télégramme que de Gaulle lui adresse le 27 décembre, dénonçant « cette sorte de préférence accordée publiquement par le gouvernement des Etats-Unis aux responsables de la capitulation et aux coupables de la collaboration ». Il choisit donc de contredire, dans le ton sinon sur le fond, la position prise par le Département d'État américain et, le 30 décembre, devant le parlement canadien, il rend hommage à la France libre : « Il s'est trouvé des Français qui ont refusé de courber l'échine et continué la lutte aux côtés des Alliés sous les ordres du général de Gaulle. Ils ont été condamnés à mort par les gens de Vichy, mais leurs noms sont respectés et le seront de plus en plus... Partout, en France occupée et inoccupée [...], ces braves gens, ce grand peuple, la nation française, se redressent. L'espoir se rallume dans le cœur d'une race guerrière. » Comme toujours en pareil cas, de Gaulle s'empresse de réagir tant il sait que beaucoup dépend, pour lui et son entreprise, du soutien que Churchill lui accorde :

> Ce que vous avez dit hier sur la France, lui écrit-il, a touché toute la nation française. Du fond de son malheur, la vieille France espère d'abord en la vieille Angleterre [9].

Ainsi l'affaire se conclut-elle. La chronologie aussi bien que les archives, montre qu'elle ne fut nullement la cause de la mise à l'écart de la France libre dans l'opération projetée sur l'Afrique du Nord. C'est le contraire qui en ressort : c'est parce que les Alliés étaient décidés à s'entendre avec les autorités de Vichy pour mener à bien l'occupation des territoires nord-africains que Cordell Hull s'exprima avec tant de violence à l'égard des « soi-disant Français libres » avant que l'on s'aperçoive que l'affaire ne méritait pas tant d'excès et que, de toute façon, on ne pouvait rien y changer [10].

Un autre épisode allait montrer à nouveau que la France libre ne pouvait être contrôlée de l'extérieur au point d'imposer à de Gaulle ce qu'il ne voulait pas. Il surgit aussitôt après le retour de Muselier à Londres. Bien qu'il fût alors accueilli avec beaucoup de chaleur, tant on avait apprécié sa manière d'opérer le ralliement de Saint-Pierre-et-Miquelon, il provoqua presque aussitôt une crise aiguë, poussé par le petit groupe antigaulliste auquel son chef d'état-major, le capitaine de vaisseau Moullec, s'était rallié. Le 3 mars 1942, à la réunion du Comité national, il déclara qu'il avait été trompé et désavoué par de Gaulle et il présenta sa démission [11]. De Gaulle, qui attendait sans doute ce dénouement, le démit de ses fonctions à la tête des forces navales françaises libres, estimant que celles-ci ne pouvaient dépendre à la fois d'un commissaire national et d'un commandant en chef. Muselier refusa de tenir compte de sa révocation. L'Amirauté britannique souhaitait qu'il reste en place. Le Cabinet de guerre en discuta et jugea nécessaire qu'il garde son commandement, même s'il n'était plus membre du Comité national : si de Gaulle s'y opposait, le cabinet était décidé à « prendre les mesures nécessaires pour imposer cette solution [12] ».

Eden tenta en vain de convaincre de Gaulle qui lui écrivit, le 8 mars, que la France libre n'avait de justification et de légitimité que si elle assurait « le maintien de ce qui reste d'indépendance et de souveraineté françaises » et que si le gouvernement britannique maintenait ses exigences, elle devrait disparaître. Le Cabinet de guerre revint à la charge, présenta sa démarche en faveur de Muselier comme « une demande d'allié à allié », tout en menaçant de réviser les accords conclus avec de Gaulle en août 1940. En réponse, ce dernier décida que le limogeage de Muselier ne serait pas rendu public et il proposa de discuter lui-même avec l'Amirauté britannique de l'emploi des forces navales françaises libres [13], mais un incident l'opposa directement à Muselier qui voulut l'empêcher de voir en particulier chacun des officiers de marine qu'il avait convoqués à Westminster House : il lui prescrivit 30 jours d'arrêt de forteresse et conformément aux accords passés avec les autorités britanniques, il leur demanda de faire appliquer cette sanction. Le Cabinet de guerre s'y refusa jugeant qu'il pourrait en résulter une scission chez les marins de la France libre. De Gaulle se résolut alors, le 18 mars, à se retirer dans la maison de campagne où résidaient sa femme et sa fille Anne et il prévint ses collaborateurs qu'il ne céderait pas : « Céder, leur écrit-il, ce serait détruire moi-même ce qui reste à la France de souveraineté et d'honneur. Je ne ferai pas cela. » Il ne fallut pas longtemps pour que la crise se dénoue. Muselier, par ses démarches, donna l'impression qu'il voulait faire entrer en dissidence la marine française libre et l'Amirauté britannique se résolut alors à lui retirer son soutien. Le Cabinet de guerre, à son tour, admit qu'on ne pouvait pas faire revenir de Gaulle sur sa décision [14] et, le 23 mars, il lui soumit un compromis : après un délai qualifié de « congé de maladie » au lieu qu'il s'agisse d'arrêt de forteresse, Muselier recevrait, sous une forme ou sous une autre, une compensation qui sauverait les apparences. Non sans répulsion, de Gaulle l'accepta et c'est Muselier qui, en refusant le poste d'inspecteur général de la marine qui lui était proposé, se retira, en fait, de la France libre.

Une fois de plus, comme après l'affaire de Saint-Pierre-et-Miquelon, l'expérience prouvait, au fond, qu'il ne pouvait être remplacé. Ni les Etats-Unis ni la Grande-Bretagne ne disposaient, pour l'écarter, d'une solution de rechange. Aucun des hommes sur lesquels ils avaient compté ne s'était présenté et, au sein de la France libre, aucun n'avait assez de poids, comme l'échec de Muselier venait de le montrer, pour contester son autorité. A cette date, les services britanniques — peut-être aussi les services américains — savaient déjà que c'est à lui que se rattachait la Résistance intérieure même si leurs relations n'étaient pas encore ce qu'elles seraient plus tard. On savait aussi que les territoires ralliés à la France libre ne se détacheraient pas de lui et chaque fois que leurs habitants avaient pu s'exprimer, que ce fût à Tahiti, en Nouvelle-Calédonie, ou à Saint-Pierre-et-Miquelon, ils avaient prouvé, sans conteste, qu'ils le soutenaient. Faute de pouvoir le remplacer, Américains et Britanniques allaient donc s'en accommoder dans la courte période, alternant apaisements et crises, qui conduirait jusqu'à cet été 1942 où la France libre deviendrait la France combattante et connaîtrait sa plus belle saison avant les tempêtes de l'automne.

La guerre impose, de toute façon, que des relations s'établissent entre elle et les Etats-Unis. De Gaulle l'avait souhaité dès avant Pearl Harbour. Il avait adressé, le 4 juin 1941, une lettre à Roosevelt dans laquelle il mettait en évidence l'importance de l'Afrique-Equatoriale et centrale pour les liaisons et communications entre le théâtre atlantique et celui du Proche-Orient : il en tirait la conclusion en proposant que les territoires de l'Afrique française libérés accueillent

> toute installation que les Etats-Unis d'Amérique désireraient y placer en vue de leur intervention militaire éventuelle dans la guerre.

Cette initiative n'eut pas de suite et, au vu des archives américaines, on peut douter qu'elle ait été portée à la connaissance de Roosevelt. Une mission militaire américaine vint pourtant prendre contact à Brazzaville, mais sans suite [15]. Une amorce de dialogue eut lieu, cependant, à l'automne, quand Washington souhaita que des avions de transport, apparemment civils mais évidemment à usage militaire, puissent survoler le Tchad et que des bombardiers fassent escale en Nouvelle-Calédonie : dans les deux cas, un accord intervint aussitôt. Puis, le 5 février 1942, les autorités américaines firent savoir qu'elles voulaient utiliser Pointe-Noire comme relais pour leurs avions de bombardements à long rayon d'action[16]. Bien que de Gaulle ait été partisan de leur donner satisfaction immédiatement et sans contrepartie, le commissaire aux Colonies, Pleven, et le commissaire à l'Air, le général Valin, demandèrent qu'en échange les Etats-Unis fournissent à la France libre huit avions de transport Lockheed grâce auxquels elle aurait une liaison indépendante entre l'Afrique-Equatoriale et le Levant, et que, de plus, le gouvernement américain reconnaisse la France libre comme alliée. Les travaux pour l'aménagement de la base de Pointe-Noire furent menés à bien avec une remarquable célérité, mais les tractations politiques et commerciales traînèrent en longueur et n'aboutirent qu'à des résultats mitigés et à la promesse de la livraison des Lockheed, à la fin d'août, tandis que des discussions entre responsables français libres provoquaient la mise à l'écart du médecin général Sicé, l'un des artisans du ralliement de l'Afrique-Equatoriale.

Le dialogue franco-américain ne sera pas meilleur en Nouvelle-Calédonie. Pour comprendre les incidents qui s'y produisent — qui n'auront, d'ailleurs, à terme, aucune portée véritable sur l'histoire de la France libre — il faut se souvenir que, de Londres, on ne suit que très peu les problèmes des îles d'Océanie, que personne n'y connaît bien les responsables sur place et que l'échange des correspondances officielles prend de trois à quatre mois. On en sait assez, pourtant, pour voir que le gouverneur de Curton, qui a rallié Tahiti à la France libre, se heurte à de graves oppositions dans l'île, au point que l'on décide d'y expédier l'ancien gouverneur du Cameroun, Brunot. Mais celui-ci, outrepassant ses pouvoirs et multipliant les maladresses, fait arrêter Curton et plusieurs de ses collaborateurs, expulse le consul d'Angleterre puis, gagnant la Nouvelle-Calédonie, conteste brutalement l'autorité du gouverneur Sautot[17]. Aussitôt informé, de Gaulle envoie en mission d'Argenlieu, promu contre-amiral, haut-commissaire pour le Pacifique et membre du Comité national. Il rétablit l'harmonie à Tahiti et renvoie à Londres Curton et Brunot, ce dernier, après enquête, étant immédiatement mis à la retraite. Il est sur place quand survient Pearl Harbour. De Gaulle annonce aussitôt que la France libre est en état de guerre avec le Japon et accorde, sans délai, toutes les facilités que l'aviation américaine demande pour l'utilisation des bases de Tahiti et de Nouvelle-Calédonie à la seule condition que la souveraineté française et l'autorité du Comité national y soient reconnues — ce que les Etats-Unis acceptent sur-le-champ — en même temps qu'ils renoncent à polémiquer dans l'affaire de Saint-Pierre-et-Miquelon.

C'est naturellement, pour la population calédonienne, un changement immédiat qui se produit. A Nouméa, les Américains sont bientôt deux fois plus nombreux que la population de la ville. Le commerce, la vie quotidienne, les mentalités, en sont bouleversés. Les habitants — essentiellement ceux d'origine française — traditionnellement particularistes et méfiants envers les autorités venues d'ailleurs, en profitent pleinement. Le gouverneur Sautot s'identifie parfaitement à leur état d'esprit et à leurs désirs. Il est d'autant plus empressé à céder à toutes les exigences de l'armée américaine, que celle-ci, par sa présence, fait régner la prospérité en même temps qu'elle assure la sécurité face aux risques d'une invasion japonaise. Dans la tragi-comédie qui se prépare, les rôles, ainsi, sont partagés d'avance, entre lui et le haut-commissaire Thierry d'Argenlieu [18]. Jacqueline Senès en a fait un savoureux portrait contrasté : « Rien n'allait rapprocher l'amiral du subalterne Sautot, très ancré sur le Caillou dont il salue chaque habitant avec cordialité. Aussi répandu en paroles que le haut-commissaire est muet sur toutes choses, aussi prêt du rire et des afflictions que ce dernier reste impassible ; aussi courtaud, ordinaire et remuant que le marin est princier, longiligne et secret ; au marbre d'une excessive retenue, le petit homme des Hébrides oppose un tempérament blagueur, irrésistiblement porté vers les anecdotes grivoises, le rire gras, les plaisanteries légères. » Et, naturellement, la population européenne prit parti pour son débonnaire gouverneur dans sa querelle trop manifeste avec l'austère amiral.

Un incident, plus grave que les autres, déclenche la crise. Les Japonais de Nouvelle-Calédonie, nombreux et actifs, font, certes, tous les métiers, de jardinier à photographe, de coiffeur à restaurateur, mais à Croro, dans une concession minière, ils avaient installé une remarquable base de renseignements et d'espionnage, munie des émetteurs et récepteurs les plus modernes et qui pouvait surveiller tout le trafic militaire de l'île. Le commandement américain en repère les messages codés qui partent à destination de la marine japonaise et lui permettent de couler les bateaux alliés sortant de Nouméa : sans prévenir les autorités françaises, il met la main sur toutes les installations de la radio calédonienne. De Gaulle, tout en comprenant ce qui est en jeu pour la guerre dans le Pacifique, veut empêcher que l'île soit directement prise en charge par les autorités américaines et réagit en renforçant les pouvoirs de d'Argenlieu qui lui semble avoir plus d'autorité et de fermeté que le gouverneur [19]. Il consent, du même coup, à ce que d'Argenlieu réclamait déjà en rappelant ce dernier pour lui confier d'autres fonctions, non sans lui envoyer une lettre de réconfort : « Vous êtes le grand Sautot... » Mais quand la population l'apprend, le 29 avril, elle manifeste bruyamment sa préférence par des démonstrations coléreuses. Sautot en prend prétexte pour ajourner son départ, ravi sans doute de voir l'amiral en difficulté, tout en se faisant fort de calmer la foule... D'Argenlieu réagit en expédiant Sautot à bord de l'aviso *Chevreuil*, en compagnie de quelques-uns de ses amis, et le navire appareille pour l'îlot de Walpole. Les manifestations redoublent de vigueur à Nouméa, grossies par l'arrivée des broussards [20]. D'Argenlieu tente alors de gagner la brousse pour échapper à la pression de la rue, mais à La Foa il est intercepté et enfermé dans un hôtel. Le général Patch, commandant des forces américaines, se rend probablement compte du tort qu'il a eu de n'avoir pas ménagé les autorités françaises — ce qu'admettent les archives publiées aujourd'hui [21] — mais, ne sachant comment se dégager de la crise et jugeant qu'elle serait plus facilement réglée en l'absence de d'Argenlieu « digne, formaliste, méticuleux », écrit-il dans ses télégrammes, demande l'autorisation de proclamer l'état de siège. Le 9 mai, l'amiral Stark, commandant en chef de la marine américaine, sur le théâtre atlantique et européen, transmet sa demande à de Gaulle en ajoutant que Patch devrait pouvoir, le cas échéant, mettre d'Argenlieu « sous garde de protection », c'est-à-dire privé d'une partie de ses moyens d'action, et former une autorité locale sans lui ni Sautot [22]. De Gaulle écarte ces suggestions mais accepte que l'état de siège soit proclamé par Patch à condition que la décision soit présentée comme prise également par le Comité national français [23]. Comprenant que la crise a mal tourné et qu'il faut l'apaiser, il recommande à d'Argenlieu de faire preuve d'une « bonhomie » dont il sait très bien qu'elle correspond assez peu à son caractère, tout en demandant à Patch de ménager les droits des autorités françaises et de s'entendre avec celles-ci. Tout s'apaise alors très vite : Patch se borne à proclamer l'état d'alerte générale, mais non l'état de siège, puisque la bataille de la mer de Corail écarte le risque d'une attaque japonaise contre la Nouvelle-Calédonie, il fait libérer d'Argenlieu à qui le chef de la milice, Dubois, ardemment favorable à la France libre mais qui a bruyamment soutenu Sautot, présente ses excuses, après quoi de Gaulle, pour ne pas paraître céder à quelque pression, maintient d'Argenlieu sur place jusqu'en octobre avant de le rappeler définitivement à Londres.

Cet épisode, sur lequel de Gaulle a observé le silence, avait montré, une fois de plus, que la France libre, là comme ailleurs, ne pouvait avoir d'autorité à l'intérieur comme à l'extérieur, que si elle gardait constamment l'appui des populations qui s'étaient massivement prononcées pour elle : dès qu'elle s'en détachait, elle devenait vulnérable aux interventions alliées, et la faiblesse de ses moyens apparaissait alors immédiatement. Mais il avait montré aussi que les Européens de Nouvelle-Calédonie possédaient une volonté instinctive et passionnée d'autonomie : ils n'avaient jamais accepté les directives de la métropole, ils ne les accepteraient plus du tout et, habitués désormais à une longue séparation d'avec la France, ils se croyaient assez forts pour imposer leur choix et leur préférence [24]. C'est le comportement que, de plus en plus, ils adopteront durant de longues années avant que, un tiers de siècle plus tard, la révolte de la population kanak n'aboutisse à remettre en cause le destin de l'île.

En cette affaire, comme pour Saint-Pierre-et-Miquelon ou pour la base de Pointe-Noire, de Gaulle fut-il trop intransigeant ? On ne peut manquer de se poser la question à voir la longue série des épreuves de force diplomatiques dans lesquelles il s'engageait à chaque fois. Son intransigeance, pourtant, s'expliquait par une tactique délibérément choisie. Convaincu de sa propre faiblesse, il estimait n'avoir rien à concéder : seuls les forts peuvent se montrer conciliants et accommodants. Tout relâchement, selon lui, ouvrirait la brèche par laquelle s'engouffreraient les exigences des Alliés, y compris les plus arbitraires et les plus dangereuses. En montrant trop de complaisance, il donnerait à ses puissants interlocuteurs l'habitude de demander et d'obtenir, voire d'exiger et d'imposer. C'est ce qu'il ne voulut absolument pas. Du reste, il était convaincu, au plus profond de lui-même, que sa tactique s'identifiait avec la stratégie dont il avait fait choix dès juin 1940 — fonder sa légitimité sur la revendication permanente de l'indépendance et de l'intégrité de la France et de son Empire — et que, pour lui, la voie la plus droite était la plus habile.

On a suggéré parfois que cette intransigeance, si manifeste au printemps de 1942, traduisait aussi l'épreuve qui, au même moment, ébranlait sa santé. Le 22 avril, en effet, il fut atteint d'une grave crise de paludisme qui, pendant quelques heures, fit croire qu'il était en danger de mort mais dont il se tira sans dommage[25]. Le témoignage de ses médecins, ceux de ses collaborateurs les plus directs, montrent que son comportement ni son état d'esprit n'en furent sérieusement affectés.

Ce qui déterminait ses démarches, au fond, c'était son analyse de la politique américaine. Il l'avait dit à Billotte, on s'en souvient, dès le lendemain de Pearl Harbour : « Dorénavant, les Anglais ne feront rien sans l'accord de Roosevelt. » La suite montrera qu'en quelques occasions majeures le cabinet britannique refusera d'avaliser les choix du président américain. Mais pour l'essentiel, ce jugement se vérifiera : Churchill lui-même, dans ses rapports avec la France libre, s'alignera sur Roosevelt. Pour de Gaulle, en tout cas, la politique américaine, désormais, ne considère plus la France comme un interlocuteur important qui doit être dirigé par un pouvoir politique unique et dont il faut ménager l'intégrité et les intérêts : au contraire, elle veut traiter les problèmes français, au cas par cas, en négociant avec les autorités locales, sans aucun engagement pour l'avenir mais seulement en fonction des nécessités stratégiques et militaires et en rejetant à plus tard le soin d'organiser le retour de la démocratie en France. Ainsi de Gaulle commence-t-il à parler en privé de « l'impérialisme américain », expression dont il se servira souvent jusqu'à la fin de la guerre et, bien au-delà, lors des épisodes les plus significatifs de la politique étrangère française sous la Ve République.

Cette politique américaine aura, pense-t-il, sa logique : elle n'acceptera pas que la France libre incarne la France elle-même, ni son indépendance ni son intégrité. Elle trouvera le plus souvent avantage à traiter avec les autorités de Vichy, d'autant que celles-ci, par peur ou par impuissance, se montreront les plus accommodantes. Elle favorisera, au besoin, les aspirations à l'indépendance des colonies, protectorats, mandats et territoires de l'Empire français, là du moins où ses aspirations sont manifestes, quitte à les ignorer là où prévaudra quelque accord avec les autorités militaires françaises sur place. Elle ne fera aucune place à la France le jour de la victoire et peut-être même la soumettra-t-elle au même régime d'administration alliée que les anciens pays ennemis... Telle est l'analyse que de Gaulle fait de la politique américaine : ses *Mémoires de guerre,* sa correspondance et ses notes personnelles, les archives de la France libre, les témoignages de ses proches le montrent. Le fait est que, pour une grande part, les événements vont la justifier.

L'affaire de Madagascar en est un exemple. C'est par une agence de presse que de Gaulle apprend, le 5 mai 1942, à trois heures du matin, que des troupes anglaises ont débarqué aux abords de la base navale de Diégo-Suarez. Il n'en a pas été prévenu. Il avait pourtant recommandé l'occupation de l'île après les premières victoires des forces japonaises pour prévenir leur débarquement au cas où elles auraient poursuivi leurs offensives dans l'océan Indien. Son état-major avait préparé les plans d'une intervention des Forces françaises libres avec l'appui de la flotte anglaise et il les avait communiqués aux Britanniques sans en obtenir la moindre réponse [26]. Le sens de l'opération déclenchée ce 5 mai lui apparaît clairement à la lecture d'une déclaration du département d'Etat américain affirmant que « les Etats-Unis et la Grande-Bretagne sont d'accord pour que Madagascar soit restituée à la France après la guerre, ou dès que l'occupation de cette île ne sera plus essentielle à la cause des nations unies ». Ce texte montre, sans conteste, que la France libre est et restera tenue à l'écart. Il suggère aussi que c'est une décision commune de Roosevelt et Churchill. Il indique, même implicitement, que Madagascar pourrait rester sous l'autorité de Vichy. C'est du reste, ce que les Alliés ont à l'esprit puisque le responsable britannique de l'expédition, l'amiral Syfret, propose au gouverneur général Annet que toute l'administration de Vichy, si elle n'oppose aucune résistance, reste en place sans même qu'elle participe à la guerre [27]. Son offre fut rejetée. La garnison de Diego-Suarez résista pendant deux jours et ne céda que lorsque tous les navires français furent coulés. D'abord convaincus que le contrôle du port suffirait à celui de la navigation dans le canal de Mozambique et qu'ils pourraient s'en contenter, les Britanniques proposèrent de nouvelles négociations qui, une fois de plus, tournèrent court. Il durent se rendre compte qu'ils ne pouvaient en rester là et que les forces de Vichy continuaient à s'opposer à eux. Les opérations reprirent donc quelques semaines plus tard. Des débarquements eurent lieu à Tamatave, Majunga et Tuléar et la marche vers

Tananarive commença, entravée par l'inlassable résistance et les destructions de routes ou de ponts prescrites par le gouverneur Annet...

Les événements allaient ainsi donner raison à de Gaulle qui avait averti qu'il ne fallait compter sur aucune complaisance des autorités de Vichy et qu'il faudrait libérer l'île tout entière, faute de quoi les forces britanniques s'y enliseraient. Mais, dans l'immédiat, la France libre, dans cette affaire, était à nouveau mise à l'écart et bafouée. Le Comité national adressa donc au gouvernement britannique une protestation solennelle. C'est que l'initiative de l'Angleterre, cherchant à négocier, comme les Etats-Unis, des arrangements de circonstance avec les hiérarques de Vichy, remettait en cause la légitimité de la France libre et les accords passés avec elle en août 1940.

> L'action des Français libres, peut-on lire dans le texte remis au Foreign Office, ne se justifie [...] que si, en continuant la lutte, il maintient la France dans le camp des alliés. Si les alliés eux-mêmes paraissent manifester par leurs actes que le Comité national français n'est pas seul compétent et, dans l'espèce, n'est même pas consulté pour ce qui concerne la participation française à la lutte commune, il est évident que la France combattante perd sa raison d'être. La résistance du peuple français, dont la France combattante est le symbole et l'âme, risque d'en être gravement compromise au moment où elle constitue pour les Alliés un actif plus important que jamais [28].

De Gaulle voulait marquer alors, une fois de plus, que toute son entreprise était mise en question. Non qu'il ait pensé y mettre fin : les expériences précédentes venaient de montrer, durant les derniers mois, qu'il ne pouvait pas être remplacé, ni par l'un de ses compagnons dont aucun ne l'aurait accepté, ni par une personnalité venue de France, dont aucune n'aurait pu se substituer à lui, pas plus que les Alliés ne pouvaient aisément détruire de leurs propres mains le symbole qu'il représentait pour la Résistance intérieure et l'autorité qu'il avait déjà auprès d'elle. Dans l'épreuve de force qui s'engageait, il pouvait donc, sans trop de risque, aller jusqu'au bout. C'est donc à dessein, sans nul doute, qu'il convoqua les officiers de son état-major pour leur exposer qu'il ne pouvait plus, apparemment, remplir sa tâche et qu'il devrait bientôt, peut-être, leur rendre leur liberté et les laisser s'engager dans l'armée canadienne [29]... On le sut partout, dans Londres, où certains se demandèrent sérieusement si la France libre pourrait encore survivre.

C'en fut assez pour que, le 11 mai, Eden invite de Gaulle à le rencontrer. Il lui explique que le gouvernement britannique n'a pas voulu renouveler à Madagascar la douloureuse expérience vécue en Syrie d'une lutte entre Français, mais il s'entend répondre que

> l'essentiel est que les Alliés adoptent envers la France libre l'attitude morale qui s'impose : l'Angleterre le fait de temps en temps, l'Amérique jamais.

La tension est telle que le Cabinet de guerre veut l'apaiser : le 14 mai, il publie donc un communiqué affirmant que le Comité national français doit jouer « le rôle qui lui revient dans l'administration du territoire libéré ». Comme à son habitude, de Gaulle réagit immédiatement, pour bien montrer que, de son côté, on ne manquera jamais une occasion de proclamer la bonne entente entre la Grande-Bretagne et la France libre et il y consacre une émission à la BBC. Mais les réticences britanniques réapparaissent aussitôt : son texte est modifié pour sa publication dans la presse anglaise de manière à ne laisser croire à aucun engagement britannique trop précis[30], les autorités de Vichy ne sont pas mises en cause à Madagascar et c'est seulement six mois plus tard que l'île sera remise à la France libre, alors que, déjà, une crise plus grave encore a éclaté entre de Gaulle et les Alliés à propos de l'Afrique du Nord.

Les jours suivants, du reste, rien ne change dans le comportement britannique. Celui-ci se modèle, de toute évidence, sur celui de Roosevelt qui, manifestement, ne veut pas reconnaître la France libre comme représentant, seule, la France en guerre. De Gaulle le voit bien, même s'il ignore à quel point Churchill lui-même est engagé dans cette voie. Le 5 juin, en effet, celui-ci a fait adresser aux membres du Cabinet de guerre une note où il résume ainsi son analyse des problèmes français : « Quels que soient nos sentiments de juste mépris et de méfiance pour le gouvernement de Vichy, nous ne devons pas oublier que c'est le seul gouvernement qui puisse peut-être nous donner ce que nous voulons de la France, à savoir la flotte de Toulon et l'accès à l'Afrique du Nord[31]. » Si de Gaulle ne sait pas exactement ce que veut Churchill, il sent que le moment est venu de se préparer à une crise majeure. C'est que le gouvernement britannique lui demande maintenant de ne pas quitter l'Angleterre, de ne pas aller en Afrique, et il interprète cette interdiction comme une menace précise sur sa liberté d'action[32]. Il prend donc les devants et adresse, le 6 juin, un message aux quatre grands responsables des territoires de la France libre : Eboué, Leclerc, Catroux et d'Argenlieu. Il leur fait savoir que Churchill lui interdit « sous des prétextes fallacieux », de quitter l'Angleterre, que celle-ci paraît avoir des « visées propres sur Madagascar » et que les Alliés pourraient déclencher d'autres opérations en Afrique en tenant délibérément la France libre à l'écart. Il doit donc les avertir, leur écrit-il, que, dans cette hypothèse, elle ne pourrait continuer à s'associer aux Alliés, il leur demande d'en prévenir leurs représentants dans les territoires qu'ils administrent et, pour le cas où l'alliance avec les pays anglo-saxons ne pourrait plus être maintenue, il leur adresse ses consignes :

> Nous rassembler comme nous pourrions dans les territoires que nous aurions libérés. Tenir ces territoires. N'entretenir avec les Anglo-Saxons aucune relation, quoi qu'il puisse nous en coûter. Avertir le peuple français et l'opinion mondiale, par tous les moyens en notre pouvoir, et

notamment par radio, des raisons de notre attitude. Ce serait, je crois, le moyen suprême à tenter, le cas échéant, pour faire reculer l'impérialisme. Dans tous les cas, ce serait la seule attitude convenable[33].

Le même jour, ce 6 juin, de Gaulle reçoit l'ambassadeur soviétique auprès des gouvernements réfugiés à Londres, Bogolomov. Il évoque devant lui les intentions des Américains et Britanniques en Afrique et les décrit comme « la manifestation directe de l'impérialisme », après quoi il en vient à envisager l'hypothèse extrême où il serait obligé de rompre avec les Anglo-Saxons et demande si, dans ce cas, le gouvernement soviétique l'accueillerait, avec ses troupes, sur son territoire, reconnaissant, cependant, que « ce serait une ultime démarche[34] ».

La première remarque à faire sur les initiatives qu'il prit alors, est qu'elles étaient délibérément destinées à être connues des Alliés, soit directement s'ils pouvaient connaître le contenu de ses messages, soit par les réactions dont Eboué, Leclerc, Catroux et d'Argenlieu feraient part à leurs interlocuteurs britanniques ou américains : il s'agissait donc bien, ceux-ci ayant prévenu leurs gouvernements, d'avertir Londres et Washington qu'on ne pouvait traiter, sans risque, la France libre comme quantité négligeable. Une autre remarque s'impose aussi : de Gaulle, en ne parlant pas dans son message du 6 juin, de ses contacts et de ses relations avec la Résistance intérieure, se réservait une marge de manœuvre, d'autant qu'il suggérait au même moment, par son entretien avec Bogolomov, que la France libre pourrait retrouver, d'une autre manière, sa liberté d'action. Le plus important, enfin, est sans doute que la réaction d'Eboué, Leclerc, Catroux et d'Argenlieu fut immédiate et catégorique : ils avertirent leurs interlocuteurs anglo-saxons, du 7 au 9 juin, que, dans l'hypothèse dramatique où de Gaulle ne pourrait plus associer les efforts de la France libre à ceux des Alliés, ils se conformeraient à ses directives[35].

On ne peut guère douter que les initiatives prises par de Gaulle eurent un plein effet sur le comportement du gouvernement britannique. Comme il l'avait prévu ou pressenti, l'un de ses télégrammes, au moins, celui envoyé à Catroux, fut décrypté par les services anglais et Londres en fut averti immédiatement. Eden avait bien conseillé à Churchill de recevoir de Gaulle qu'il n'avait pas vu depuis trois mois, mais celui-ci était alors si mal disposé envers lui qu'il écrivit lui-même que ce n'est pas sans réticence qu'il devrait « endurer » — c'est le mot qu'il emploie — cette rencontre. Le 10 juin, quand elle a lieu, il aura eu connaissance de toutes les démarches entreprises par de Gaulle, auprès de Bogolomov, comme des représentants de la France libre en Afrique, au Levant et dans le Pacifique. Du coup, ce jour-là, il n'est plus question d'une épreuve à « endurer ». Au contraire, c'est l'un des entretiens les plus chaleureux que les deux hommes auront eus. La bataille de Bir Hakeim sert de prétexte à Churchill pour adopter un ton qu'il n'aurait pas eu peu de temps auparavant. Il en parle donc comme « l'un des plus beaux faits d'armes de cette guerre » et renouvelle ses engagements de 1940 : « Nous n'avons aucune visée sur l'Empire français. Je veux une grande France avec une grande armée. C'est indispensable pour [...] la sécurité de l'Europe. Je demeure fidèle à cette politique. » De Gaulle ne se départ pas d'une certaine franchise. Au témoignage de Raymond Offroy auquel il l'a raconté, il dit au Premier ministre anglais, en parlant de Madagascar :

> Vous pouvez, si vous le voulez, me faire coucher à la Tour de Londres, mais vous ne pouvez pas me faire coucher avec Vichy [36] !

Mais il veut croire que Churchill n'a pas changé de politique :

> La carte de la France s'est appelée la carte de de Gaulle, lui dit-il, et vous l'avez jouée... Si vous renonciez, cela serait mauvais pour vous comme pour nous, d'autant plus que cette politique est en train de réussir. La France libre est devenue le symbole et l'âme de la Résistance. Je vous suis fidèle, moi aussi. J'ai beaucoup de difficultés et je vous demande de m'aider à les surmonter.. Tout le problème est d'entretenir la volonté de résistance du peuple français et de ressusciter sa volonté de guerre. Ce n'est pas en bafouant les Français qui combattent que l'on y parviendra.

Mais, tout en reconnaissant que le gouvernement britannique est « bien disposé » envers la France libre, il dénonce, par contraste, « la politique américaine qui, dit-il, est atroce ». Et il cite le cas des cérémonies du *Memorial Day*, où, en pleine bataille de Bir Hakeim, ce sont les attachés militaires de Vichy qui ont été invités, mais non les officiers français libres. « Je ne vous lâcherai pas, vous pouvez compter sur moi », lui répond, pour finir, Churchill qui fait diffuser un communiqué annonçant qu'il a reçu de Gaulle et l'a félicité du comportement exemplaire des Français à Bir Hakeim [37]. C'était suffisant, en tout cas, pour que de Gaulle prévienne à la fois Eboué, Leclerc, Catroux, d'Argenlieu et même Bogolomov, que les menaces sur la France libre sont écartées.

Le moins qu'on puisse dire est que ses alarmes n'étaient pas vaines, car, justement en ce printemps de 1942, plus précisément entre avril et juin, le gouvernement américain est allé très loin dans la recherche d'une formule qui aboutirait à remplacer de Gaulle ou à le marginaliser. C'est qu'il a cru que la France libre était en voie de dislocation. On en trouve les raisons dans les archives américaines où sont évoqués tour à tour la crise survenue en Nouvelle-Calédonie, les propos peu diplomatiques tenus par le gouverneur Sautot et le médecin général Sicé de passage aux Etats-Unis, la sécession tentée par Muselier, la démission du général d'aviation en retraite Odic qui, se plaignant de ne recevoir aucune affectation qui lui convienne, s'est réfugié en Amérique, celle du délégué adjoint de la France libre à Washington Etienne Boegner dont de Gaulle n'a pas supporté qu'il prenne la défense de la politique américaine, la fausse rumeur suivant laquelle Jacques Maritain, le plus prestigieux des intellectuels réfugiés aux Etats-Unis et favorables à de Gaulle le critiquerait maintenait, et la démarche de Geneviève Tabouis, directrice de l'hebdomadaire *Pour la Victoire,* favorable à de Gaulle, mais qui voudrait désormais être subventionné par le département d'État pour ne plus dépendre de la France libre [38]...

Tout signe nouveau est interprété en ce sens et tout nouvel épisode est faussé pour justifier cette interprétation. On juge qu'Emmanuel d'Astier, fondateur et chef du mouvement « Libération », envoyé par de Gaulle aux Etats-Unis, ne représente rien. On invoque l'opinion de deux syndicalistes réfugiés en Amérique, Paul Vignaux, et l'ancien secrétaire général adjoint du syndicat chrétien de la métallurgie, Botton, pour juger que les syndicats qui ont appelé à manifester en France occupée le 1er mai, n'existent peut-être pas. Une note des services spéciaux américains traite d'« aventurier du syndicalisme » Christian Pineau, secrétaire du syndicat des employés de banques, venu rencontrer de Gaulle à Londres [39]... Le remplacement de Darlan par Laval à Vichy, au mois d'avril, ne désarme pas les partisans d'un arrangement secret avec Pétain ou ses représentants en Afrique, ni l'hostilité générale envers de Gaulle. Plus encore : le sous-secrétaire d'État Summer Welles, dont l'intelligence, pourtant, est généralement reconnue, et son adjoint Berle envisagent, très précisément, la reconstitution du Comité national français avec des personnalités politiques qu'on ferait venir de France ou qu'on recruterait aux Etats-Unis et avec des militaires des forces de Vichy comme l'amiral Fenard, collaborateur de Pétain, ou l'amiral Esteva, résident général en Tunisie qui, dans quelques mois, en ouvrira le territoire aux Allemands et aux Italiens. Ce Comité administrerait les territoires d'outre-mer mais n'auraient qu'un rôle « consultatif » auprès des gouvernements anglais et américain. Quant à de Gaulle, il pourrait en faire partie à titre militaire mais à la condition d'être attentivement surveillé [40].

Eden a fait transmettre à Roosevelt une note où il explique que ce plan est impraticable. Il y écrit que les anciens présidents des assemblées parlementaires françaises, Herriot et Jeanneney, ne peuvent probablement pas quitter la France en admettant qu'ils le veuillent. Il évoque le cas de Camille Chautemps, trois fois président du Conseil avant la guerre, haut dignitaire de la franc-maçonnerie et personnalité prépondérante au sein du parti radical, qui s'est établi aux Etats-Unis et que le gouvernement américain compte inclure dans son projet et dont Eden écrit qu'il est « le pire type de politicien français » : c'était sûrement méconnaître l'intelligence et l'expérience de Chautemps mais celui-ci, en effet, n'avait plus en France ni autorité, ni notoriété, ni représentativité [41]. Ce n'est pas qu'Eden, dans cette note, ait été, sans réserve, favorable à de Gaulle : au contraire, il dénonce « la conception extravagante qu'il a de sa mission » et il souhaite « renforcer son comité [...] grâce à quelques membres indépendants qui ne se borneraient pas à lui obéir aveuglément... [et] à amener de France quelques leaders de gauche du mouvement « Libération » capables de parler avec autorité de l'opinion en France et, au besoin, de faire face au général de Gaulle. » Mais sa conclusion est formelle : la solution « aux difficultés avec le général de Gaulle » n'est pas de le remplacer car, tout simplement, on ne le peut pas.

Un pas important va être franchi vers ce que veut de Gaulle : la reconnaissance de la « France combattante ». Il a décidé, en effet, qu'il fallait symboliser la conjugaison de la France libre et de la Résistance intérieure, en les regroupant sous un même nom, et c'est celui qu'il a choisi. Churchill, durant leur entretien du 10 juin, l'y encourage. A vrai dire, il y voit aussi l'occasion d'élargir le Comité national français, dans l'espoir qu'il pourrait mieux contrôler de Gaulle. Ce dernier annonce qu'il nommera le député socialiste André Philip commissaire à l'Intérieur dès qu'il arrivera à Londres et il propose à Maritain d'entrer au Comité national, ce qu'il refuse, et à l'ancien secrétaire général du ministère des Affaires étrangères, Alexis Léger, de prendre un poste important à Londres : antigaulliste depuis 1940 et n'ayant cessé de combattre la France libre dans ses contacts avec le département d'État, celui-ci refuse à son tour, malgré les démarches personnelles de Churchill[42].

Mais ces épisodes ne peuvent empêcher l'essentiel : l'existence de la France combattante va être reconnue par la Grande-Bretagne et les Etats-Unis. Le gouvernement américain, toujours en relations diplomatiques avec Vichy, reconnaît son Comité national comme « symbole de la Résistance française contre les puissances de l'Axe » et désigne ses représentants militaires auprès de lui, dont l'amiral Stark commandant des Forces navales américaines sur le théâtre atlantique et européen. Le gouvernement britannique, de son côté, reconnaît dans la France combattante « l'ensemble des ressortissants français, où qu'ils soient, et des territoire français qui s'unissent pour collaborer avec les nations unies dans la guerre contre l'ennemi commun » et déclare que son Comité national représente « les intérêts de ces Français et de ces territoires auprès du Royaume-Uni ». Plus encore : le 24 juin 1942, un communiqué du gouvernement soviétique reconnaît à son tour la France combattante mais en soulignant que ce geste montre « l'importance capitale de l'alliance des peuples soviétiques et français dans l'effort commun des nations unies pour la victoire et dans l'organisation future de la paix ». C'est beaucoup plus en effet que ce qu'ont dit Londres et Washington jusqu'à présent : la France combattante est assimilée à la France elle-même comme de Gaulle l'a toujours prétendu et voulu et, de plus, elle est considérée comme l'une des « nations unies », ce que la politique américaine n'a jamais admis jusque-là.

C'était l'aboutissement d'une histoire déjà longue et complexe, celle des rapports entre de Gaulle et l'Union soviétique depuis juin 1940. Cette histoire comporte, en réalité une « préhistoire », révélatrice de la conception que de Gaulle avait des développements de la guerre. On a vu qu'à aucun moment il n'avait cédé, durant l'hiver 1939-1940, au vertige qui saisit les milieux politiques et militaires français au moment de la guerre de Finlande et les poussa jusqu'au bord d'une guerre ouverte contre l'Union soviétique. Comme il l'avait dit et écrit dès 1935, l'essentiel, pour lui, était la lutte contre l'Allemagne hitlérienne, la nécessité de la vaincre, l'importance des alliances formées contre elle. Rien d'autre ne compte dans son mémorandum de janvier 1940, rédigé au plus fort de la crise finlandaise, mais tout entier consacré à la guerre contre l'Allemagne. Et, en juin 1940, il exprime aussitôt son jugement sur le rôle que l'Union soviétique, selon lui, est appelée à jouer dans la suite de la guerre. Implicitement d'abord : le 22 juin, quand il invoque « l'intérêt supérieur de la patrie » pour appeler les Français à poursuivre la lutte, il avance déjà l'hypothèse d'un retournement des alliances et de l'échiquier stratégique dans le monde :

> Nul ne peut prévoir si les peuples qui sont neutres aujourd'hui le resteront demain, ni si les alliés de l'Allemagne resteront toujours ses alliés.

Explicitement aussi : devant plusieurs interlocuteurs, dont Schumann et Passy, il évoque expressément l'attaque, inévitable selon lui, que l'Allemagne déclenchera un jour contre l'Union soviétique[43]. Peut-être se souvient-il alors de l'obsession hitlérienne de l'expansion vers l'est qui est le thème récurrent des principaux chapitres de *Mein Kampf*, ou peut-être, inspiré par une lecture classique de l'histoire, prévoit-il que l'éternelle logique de la puissance conduira « l'empire » bâti par Hitler à s'opposer aux « empires » rivaux et d'abord au plus proche et au plus menaçant : l'Union soviétique.

De Gaulle n'a pas eu besoin d'exposer plus précisément son analyse de la future guerre à l'est : il en a tiré pratiquement les conséquences dès après la fondation de la France libre. A aucun moment, en effet, il n'a fait, dans ses discours, la moindre allusion au pacte germano-soviétique. Sachant probablement la lourde responsabilité des gouvernements anglais et français dans l'échec des pourparlers menés en vue d'une alliance avec l'URSS, il n'a jamais voulu en faire le terrain de quelque polémique à l'encontre des dirigeants soviétiques. C'est un point sur lequel, tout simplement, il s'est tu, attendant que les événements confirment son diagnostic. Plus encore : il a prescrit à ses porte-parole de ne jamais s'en prendre aux communistes français. C'était un choix dicté par la raison et qui impliquait un certain sang-froid. Si insuffisamment informé que l'on fût à Carlton Gardens de ce qui se passait en France, on ne pouvait ignorer complètement le ton de la presse clandestine du parti communiste. Elle rejetait également les deux camps qui se faisaient la guerre suivant la ligne adoptée depuis la fin de septembre 1939[44]. « De Gaulle, écrivait alors *L'Humanité*, c'est le capitalisme anglais. Pétain, Doriot, Laval, c'est le capitalisme germano-français. » Sans doute a-t-on eu l'écho, à Londres, de la condamnation par les communistes de l'entrevue de Montoire entre Hitler et Pétain et de la « collaboration » qu'elle annonce, ou peut-être de la déclaration des dirigeants du parti hostile à l'annexion de l'Alsace-Lorraine par Hitler, ou même de la part prise par les jeunes communistes à la manifestation étudiante et lycéenne du 11 novembre 1940. Mais, après celle-ci, une brochure célébrant le vingtième anniversaire de la fondation du parti écrit encore : « Nous, peuple de France, qui vivons sous l'occupation allemande, nous avons un avant-goût de ce que serait la domination universelle du nazisme. Elle serait, comme eût été la domination universelle de l'impérialisme franco-anglais, le contraire de ce à quoi nous aspirons. » Dans un tract appelant à la grande grève des mineurs du printemps 1941, on voit dénoncer les « ingénieurs gaullistes ». Et, au mois de mars enfin, dans un autre texte on peut lire : « Si l'occupation de la France par l'Allemagne suffit à fournir la preuve que "le nouvel ordre européen" de M. Hitler signifierait pour la France un scandaleux asservissement, il n'est pas moins certain que le mouvement des de Gaulle et de Larminat, foncièrement réactionnaire et antidémocratique, ne vise à rien d'autre, lui aussi, qu'à priver notre pays de toute liberté au cas d'une victoire anglaise. » Et, à la radio de Moscou, on peut entendre quelques diatribes contre « les généraux français mercenaires de la City »... Rien n'y fait : sensible peut-être aux signes avant-coureurs de la résistance des communistes à l'occupation nazie et au régime de Vichy ou insensibles, apparemment, aux attaques toujours dirigées contre la Grande-Bretagne et contre la France libre elle-même, de Gaulle, impavide, a délibérément privilégié la perspective de l'inévitable guerre germano-soviétique.

Dès qu'elle survient, le 22 juin 1941, le commissaire aux Affaires étrangères du Comité national français, Maurice Dejean, affirme à la BBC que « tous les ennemis de l'Allemagne sont nos amis ». Le lendemain, il envoie un message de sympathie à l'ambassadeur soviétique à Londres, Maïski, avec lequel Gaston Palewski, que de Gaulle a nommé directeur des Affaires politiques auprès de lui, a établi un contact personnel en décembre 1940, et il suggère que des relations régulières soient nouées entre l'URSS et la France libre. De Gaulle, qui est alors au Proche-Orient, veut accentuer cette esquisse de rapprochement. Il prescrit que l'on cherche d'abord à établir des « relations militaires[45] », puis, le 2 août, après la rupture officielle entre Vichy et l'Union soviétique, il demande que l'on propose à Maïski des « relations directes » et que, de son côté, l'URSS déclare publiquement sa volonté de « restaurer l'indépendance et la grandeur de la France, en y ajoutant, si possible, l'intégrité » — n'ayant jamais obtenu, sur ce dernier point, un engagement formel de Churchill. Les étapes de ce rapprochement suivront, prudentes, progressives, s'accélérant ensuite. Le 26 septembre 1941, le gouvernement soviétique, reconnaissait de Gaulle comme chef de tous les Français voulant combattre l'Allemagne et proclamait son soutien à la restauration de l'indépendance et de la grandeur de la France, sans toutefois aller au-delà. Au début de 1942, de Gaulle envoyait en Russie un représentant diplomatique, Roger Garreau, et une mission militaire dirigée par le général Petit. Il écartait, toutefois, les suggestions soviétiques pour une rencontre entre lui et trois dirigeants communistes français se trouvant à Moscou, Maurice Thorez, André Marty et Raymond Guyot [46], mais, dans son message du 20 janvier 1942, il insistait sur l'intérêt permanent d'une entente entre la France et la Russie, en évitant presque toujours d'employer le terme d'Union soviétique :

> L'alliance franco-russe, disait-il, trop souvent empêchée par l'intrigue ou l'incompréhension, est une nécessité que l'on voit apparaître à chaque tournant de notre histoire.

Il avait d'ailleurs pris soin, dès après le déclenchement de la guerre germano-soviétique, de faire savoir à Moscou, par le représentant de la France libre à Ankara, Géraud Jouve, qu'il souhaitait déléguer ses propres représentants en URSS pour établir avec le gouvernement soviétique « un contact direct, et non par l'intermédiaire des Anglais » [47]. Plus encore, il a pensé à envoyer sur le front russe un corps expéditionnaire français composé des troupes qui se trouvaient alors au Liban et l'a proposé à Bogomolov, représentant de l'URSS auprès des gouvernements exilés à Londres, le 6 décembre 1941 [48]. C'était peut-être une manière d'obliger le commandement britannique au Proche-Orient à employer et à équiper ses troupes dans la bataille qui se livrait en Libye — ce qui fut fait aussitôt, à temps pour qu'elles soient associées aux opérations alliées en Cyrénaïque avant d'être engagées à Bir Hakeim [49]. Mais de Gaulle propose alors d'envoyer une force aérienne sur le front de l'Est et, surmontant de longues objections britanniques, il a fait en sorte que l'escadrille française Normandie parvienne en URSS en novembre 1942 : elle remportera des victoires spectaculaires à partir d'avril 1943 et prendra alors le nom de « régiment Normandie-Niémen ».

De Gaulle, en faisant ce choix, s'inscrivait dans l'histoire du siècle. L'alliance franco-russe avait été, pour la IIIe République, l'instrument principal qui, avec l'Entente cordiale franco-britannique, allait faire équilibre à la puissance allemande en 1914, permettre, pour une grande part, la victoire de la Marne et, malgré les effets immédiats de la révolution bolchevique, aboutir à la victoire des Alliés. Quand, vingt ans plus tard, Louis Barthou, ministre des Affaires étrangères, voulut renouer avec cet héritage du siècle précédent et conclure un pacte franco-soviétique analogue à l'Alliance franco-russe de 1894, de Gaulle, on l'a vu, en fut clairement partisan. C'est en juin 1940 qu'il pronostiquait l'entrée en guerre de l'Allemagne contre l'URSS et dès qu'elle se produisit, il en tira les conséquences. Ce choix l'inspirait quand il télégraphia à Cassin et à Dejean, le 24 juin :

> Sans accepter de discuter actuellement des vices et même des crimes du régime soviétique, nous devons proclamer, comme Churchill, que nous sommes très franchement avec les Russes puisqu'ils combattent les Allemands [50].

Sans changer d'avis, il ne cessa plus, dès lors, d'exalter l'intérêt du front commun entre la France et la Russie, comme dans son message du 20 janvier 1942 :

> Il n'est pas un bon Français qui n'acclame la victoire de la Russie... On voit monter au zénith l'astre de la puissance russe. C'est avec enthousiasme que le peuple français salue les succès et l'ascension du peuple russe... La France qui souffre est avec la Russie qui souffre. La France qui combat est avec la Russie qui combat. La France sombrée au désespoir est avec la Russie qui sut remonter des ténèbres de l'abîme jusqu'au soleil de la grandeur.

L'histoire du siècle allait soumettre ce choix à de rudes épreuves. De Gaulle parut lui tourner le dos au plus fort de la « guerre froide » quand il discerna l'approche d'un conflit entre l'Est et l'Ouest et le crut probable : durant un temps assez court mais dans un climat très lourd, il se fit alors le chantre de la résistance aux ambitions de l'Union soviétique et aux entreprises communistes. Puis vint le retour à une conception plus classique et traditionnelle des rapports entre la France et la Russie : ce fut une part essentielle de l'histoire de la Ve République.

L'Union soviétique a-t-elle répondu à son attente ? Le fait est que sa politique envers la France a connu, à partir de 1941, des étapes successives et différentes [51]. Tout concourt à montrer qu'à l'origine, à Moscou, on demeurait méfiant et prudent. Le jugement de Staline procédait alors des conclusions qu'il avait tirées de la défaite française de 1940. Il avait constaté l'effondrement de la IIIe République, de son régime, de son personnel, de son armée. Sans rien connaître des hommes et des forces qui, dans l'Empire français, avaient alors pesé pour la poursuite de la lutte et avaient failli l'emporter, il avait constaté l'établissement facile du régime de Vichy. Il était intervenu, comme les archives du Komintern le montrent, pour que les communistes français, tout en continuant de critiquer le caractère « impérialiste » de la guerre, n'approuvent pas l'armistice, tant il était important pour l'Union soviétique

que les Etats capitalistes s'affrontent le plus longtemps possible. De son côté, la direction clandestine du parti, en France, faisait ressortir sa propre activité mais ignorait autant que possible ou minimisait délibérément les signes de la résistance non communiste à l'occupation allemande et au régime de Vichy, pour autant qu'elle l'ait connue. Quant à la France libre, les informations communiquées à Moscou provenaient en grande partie, semble-t-il, de quelques-uns des membres du groupe antigaulliste de Londres, en particulier André Labarthe et Martha Lecoutre qui décrivent de Gaulle entouré d'une équipe d'extrême droite dont certains « pourraient même être à la solde des Allemands ». Maïski, l'ambassadeur soviétique à Londres, en est influencé et, dans ses dépêches à Moscou, voit dans les idées de la France libre « un bon nombre d'éléments du fascisme italien » ou bien « des relents d'une forme moderne de bonapartisme ». Il s'étonne que de Gaulle lui fasse des « remarques virulentes sur les Anglais qui n'étaient jamais prêts pour la guerre, qui improvisaient toujours une armée après le début des hostilités, qui étaient partout en retard, qui n'aimaient pas prendre de risques, etc. ». Et il le trouve « étonnamment inexpert dans l'art de la politique », entouré « de nullités, à la seule exception de Pleven[52] ». Son jugement finit cependant par évoluer puisque, non sans réserve, il admet qu'après Vichy et en l'absence de l'ancien personnel politique maintenant discrédité, de Gaulle pourrait être accepté par les Français « du moins pour un temps »...

Il n'est pas sûr que Staline ait toujours souscrit à ses avis. Sans doute reste-t-il convaincu très longtemps que la France restera, après sa défaite de 1940, une puissance de second ordre et il envisage même, lors d'un entretien avec Eden en décembre 1941, que la Grande-Bretagne conserve des bases navales en France puisque celle-ci n'aura plus de réelle puissance militaire[53]. Mais, au cours du même entretien, il constate que de Gaulle est le seul dirigeant français qui se soit complètement engagé dans la lutte contre l'Allemagne et qu'il faut bien en tirer les conséquences. Pragmatique, il observe qu'en dehors des communistes eux-mêmes, la Résistance intérieure française se rattache à de Gaulle et surtout que celui-ci manifeste une extraordinaire fermeté face aux pressions britanniques et américaines : ce n'est donc pas un militaire coupé des forces politiques et sociales qui, dans son pays, s'opposent à l'Allemagne et ce n'est pas davantage un instrument docile des Etats anglo-saxons. Aucun doute n'est permis : c'est le comportement adopté par de Gaulle vis-à-vis de Londres et de Washington et c'est en même temps son autorité sur la Résistance intérieure ou l'adhésion que celle-ci lui apporte, qui ont conduit Staline à réviser son jugement et sa politique. Le résultat en est le télégramme envoyé le 14 mai 1942 à Maïski, annonçant une inflexion majeure de la politique soviétique[54].

« Nous connaissons bien les particularités de De Gaulle et de son entourage, écrit Molotov à Maïski. Il faut pourtant tenir compte avant tout du fait que le nom de De Gaulle est devenu, en un certain sens, le symbole de la France qui ne veut pas se soumettre à la domination des envahisseurs hitlériens, des oppresseurs du peuple français. En appréciant les relations de De Gaulle avec les Anglais, il faut considérer que son désir de protéger son indépendance et de ne pas se trouver sous la coupe et l'entière dépendance d'un gouvernement étranger est, de notre point de vue, un trait positif.

« Aussi convient-il de vous abstenir de participer à toute tentative visant à "dompter" de Gaulle, ce qui ne vous interdit pas de manifester clairement le désir de faire pièce à son entourage réactionnaire et à telles personnes dont les buts nous sont étrangers.

« Pour votre orientation, nous vous informons que nous ne jugeons, quant à nous, nullement nécessaire de nous aligner sur l'Angleterre et les Etats-Unis dans la question de la reconnaissance du Comité national en tant que gouvernement provisoire de la France et le moment peut arriver où nous progresserons dans cette voie avant que l'Angleterre et les Etats-Unis ne s'y engagent [...].

« Cela étant, vous devez résolument expliquer à de Gaulle et à son entourage que le mouvement des Français libres ne peut être assuré du succès que s'il s'appuie sur tous les courants antihitlériens en France et s'il devient ainsi, effectivement, un mouvement national ; que si, d'autre part, les individus et groupements fascistes français ne peuvent être associés à l'entreprise de libération de la France [...]. Vous devrez pousser de Gaulle à considérer que plus vite il se libérera des éléments fascistes de son entourage, mieux cela vaudra pour la libération de la France et plus actif sera notre soutien. »

Ce document annonce le nouveau cours des relations entre l'URSS et la France libre. On en verra très vite les étapes se succéder. Dix jours plus tard, Molotov, venu à Londres, rencontre de Gaulle, l'informe de son soutien dans l'affaire de Madagascar, lui déclare que les Français doivent tous se rassembler autour du Comité national jusqu'à la libération de la France et confirme que Moscou ne cherchera pas à imposer un régime de son choix à la France libérée [55]. Un mois plus tard vient le communiqué officiel du gouvernement soviétique reconnaissant « que la France libre n'est autre que la France elle-même et qu'elle fait partie des "nations unies" ». Et trois mois plus tard encore, le 28 septembre 1942, l'URSS reconnaît publiquement et solennellement le Comité national de la France combattante comme « ayant seule qualité pour organiser la participation des citoyens et des territoires français à la guerre » : une fois de plus, Staline allait ainsi au-delà de ce qu'avaient admis au même moment les gouvernements américain et britannique.

C'était un choix politique et stratégique à courte et à longue portée. Dans l'immédiat, il s'agit de la guerre qu'il faut faire et qu'il faut gagner. Par ses représentants clandestins en France, la direction soviétique a été informée de l'autorité que de Gaulle exerce désormais sur la Résistance intérieure et sur l'importance des réseaux établis par la France libre en territoire occupé [56]. François Faure, adjoint de Rémy, chef du principal réseau français libre en zone occupée, a pris contact avec l'état-major des francs-tireurs et partisans, les « FTP », branche armée du Front national qui est lui-même l'émanation élargie du parti communiste. Le chef de cet état-major est le biologiste Marcel Prenant qui transmet à Londres, en mars 1942, un message du Comité central du parti communiste annonçant que son organisation clandestine veut se lier avec les réseaux français libres « jusqu'à la victoire finale » : c'est le début d'une association qui jouera un rôle décisif dans l'histoire de la Résistance française, jusqu'au-delà de la Libération.

Cette démarche montre que la direction du parti communiste en France et, du même coup, la direction soviétique ont pris la mesure du rôle primordial et désormais irremplaçable que de Gaulle joue dans la résistance à l'ennemi à l'intérieur, comme c'est le cas, depuis 1940, à l'extérieur. A Moscou, on veut en tirer les conséquences immédiatement. Il s'agit de susciter en territoire occupé par l'armée allemande, une lutte armée, aussi étendue et intense que possible et pour laquelle de Gaulle doit apporter l'appui des réseaux et des mouvements créés par lui ou rattachés à lui [57]. C'est le sens des instructions catégoriques données aux communistes français en février 1942 et des exhortations de Bogomolov aux Français libres, à Londres [58]. Dans le compte rendu que le commissariat aux Affaires étrangères en a gardé, Bogomolov, prévoyant l'ouverture prochaine d'un « second front » à l'ouest de l'Europe, déclare sans ambages que les Français doivent y contribuer de toutes leurs forces : « En 1812, dit-il, c'est grâce aux guérillas espagnoles que les Russes ont battu Napoléon. Dans la campagne décisive de 1942-1943, la France doit jouer le rôle joué par l'Espagne en 1812-1813. La Yougoslavie lui donne déjà l'exemple. Si elle ne le fait pas, elle sera rayée de la carte des grandes puissances. » De Gaulle, on le verra, fait le même choix, au rebours de la tactique d'attente qu'il avait recommandée l'année précédente, et l'annonce ainsi, le 18 avril :

> Le devoir de chaque Français, le devoir de chaque Française, est de lutter activement par tous les moyens en son pouvoir à la fois contre l'ennemi lui-même et contre les agents de Vichy qui se font les complices de l'ennemi. La libération nationale ne peut être séparée de l'insurrection nationale.

Mais Staline n'a pas pensé seulement à l'urgence d'une lutte armée sur les arrières lointains de l'ennemi et à la contribution que la France libre doit y apporter. Dès le début de 1942, il a entrevu le sens et la portée de l'acharnement que de Gaulle mettait à défendre son indépendance, c'est-à-dire, dans son esprit, l'indépendance de la France elle-même. Il en a discerné déjà les avantages futurs pour la politique soviétique dans la mesure où la France libérée, si elle demeure dirigée par de Gaulle, ne sera pas entièrement rattachée à un bloc qu'Américains et Britanniques dirigeraient à leur guise. Cela ne veut pas dire pourtant qu'il perde de vue le rapport des forces : ses interlocuteurs essentiels sont Roosevelt et Churchill et il ne va naturellement pas utiliser de Gaulle contre eux dans une phase de la guerre où l'apport français demeure très faible et où tout dépend des rapports entre les trois grands alliés et eux seuls.

Les démarches soviétiques prouvent, cependant, que de Gaulle, même en proie aux inextricables difficultés de ses relations avec la Grande-Bretagne et les Etats-Unis, a commencé d'atteindre les résultats qu'il escomptait de son intraitable indépendance : l'Union soviétique en tire déjà les conséquences. Pour lui, c'est une nouvelle victoire et sans doute en pressent-il les prolongements futurs. Elle s'ajoute, en tout cas, à tout ce qui va faire du début de cet été 1942 le « bel été » de la France libre. Bir Hakeim, naturellement, y contribue plus que tout[59]. La brigade que Koenig y commande est arrivée en Libye au mois de janvier. Elle comprend 5 200 hommes dont 3 700 vont être engagés, elle est à l'image de toutes les Forces françaises libres avec ses évadés de France affectés au bataillon des fusiliers marins, ses deux bataillons de légion comportant une moitié de Français et une moitié de Belges, Allemands et Autrichiens antinazis, et surtout républicains espagnols, son « bataillon du Pacifique » où le colonel Broche, qui allait être tué au cours de la bataille, avait rassemblé des volontaires de Nouvelle-Calédonie et de Polynésie, son « 2e bataillon de marche «, recruté en Afrique-Equatoriale parmi les tribus Saras, une compagnie nord-africaine, des volontaires syriens, libanais, malgaches, mauriciens. Koenig a fait enterrer sa troupe, répartie en quelques points d'appui abrités par des champs de mines et protégés par cinquante-quatre pièces antichar de 75 dont vingt-quatre sont concentrées au centre du dispositif sous le commandement de l'un des premiers officiers ralliés à la France libre, le lieutenant-colonel Laurent Champrosay.

L'offensive des forces de l'Axe commence le 26 mai : quatre divisions italiennes y sont engagées. Le 27, Rommel passe au sud de Bir Hakeim pour attaquer les arrières de la 8e armée britannique. La division Ariete, ayant détruit une brigade indienne au-delà de Bir Hakeim, fait volte-face et revient attaquer la position française : l'assaut de ses chars est brisé et trente-trois d'entre eux sont détruits. Suivent plusieurs jours, du 28 mai au 1er juin, où les Français libres multiplient leurs attaques sur les convois des forces de l'Axe, engagés déjà plus à l'est. Rommel considère qu'avant de poursuivre son offensive il doit réduire cette résistance qui, sur ses arrières, entrave ses mouvements. L'aviation allemande prépare le terrain puis la garnison française est méthodiquement encerclée le 2 et, le 3, elle est sommée de se rendre sous peine de subir, avertit Rommel, « le sort des deux brigades britanniques anéanties à

Got Oaleb ». L'assaut ennemi dure du 2 au 10 juin. La résistance des Français cause de lourdes pertes aux assaillants et se poursuit malgré le déséquilibre des forces, l'usure du matériel et une effroyable chaleur. Le 9 juin, il ne reste plus que cinquante obus pour chaque canon antichar et cent soixante pour les autres. De Gaulle, ce jour-là, adresse un message aux défenseurs de Bir Hakeim : « Général Koenig, sachez et dites à vos troupes que toute la France vous regarde et que vous êtes son orgueil. » En fin d'après-midi, le commandement britannique, qui n'a pu faire intervenir ses forces en faveur de la garnison encerclée, avertit que la défense de la position n'a plus de rôle dans le cadre des opérations alliées et que Koenig peut se maintenir sur place en étant ravitaillé par avion, ou tenter une sortie. Celle-ci a lieu dans la nuit du 10 au 11 juin. Les fantassins ouvrent un passage à travers les champs de mines et en tiennent les abords pour que la brèche reste ouverte aux transports d'infanterie qui suivent, puis à tous les véhicules qui passent ensuite. Chacun doit se battre pour son compte, dans une mêlée où les unités se dispersent aussi bien du côté de l'ennemi que des Français libres mais, quand l'opération s'achève dans la soirée du 11 juin, elle se révèle un succès inattendu. Deux mille cinq cents hommes ont réussi à s'échapper. Les pertes ont été limitées à 99 tués, 109 blessés pendant le siège, 72 tués et 21 blessés pendant la sortie et de 700 à 800 disparus, dont plus de 600 furent faits prisonniers — 154 devant périr en mer lors de leur transport vers l'Italie — les autres étant morts de soif ou tués au cours de combats isolés, 95 corps devant être retrouvés dans le désert par leurs camarades revenus sur les lieux du combat après la bataille d'El Alamein.

Bir Hakeim fut d'abord une victoire défensive des Alliés puisque sa résistance a imposé aux offensives de Rommel un retard qui se révéla désastreux. On peut penser qu'il eut tort de vouloir à tout prix réduire la position française plutôt que de la laisser subsister et de se ruer, sans attendre, vers Alexandrie mais, suivant son propre aveu, il ne pouvait pas poursuivre son offensive en laissant une telle menace sur ses arrières. Quoi qu'il en soit, Bir Hakeim fut aussi une victoire à la fois militaire et politique, et par-dessus tout, morale, pour la France libre. De Gaulle en a ressenti, jusqu'au fond de lui-même la résonance et l'enjeu et il n'y a, dans ses *Mémoires de guerre*, aucun passage comparable à celui où il évoque l'instant où Maurice Schumann lui apprit la sortie réussie des hommes de Bir Hakeim :

> Je remercie le messager, le congédie, ferme la porte. Je suis seul. Oh ! Cœur battant d'émotion, sanglots d'orgueil, larmes de joie !

Il doit, le lendemain 12 juin, réagir à la menace, diffusée par la radio de Berlin, de traiter les prisonniers faits à Bir Hakeim comme des francs-tireurs en faisant aussitôt savoir par la BBC qu'à son profond regret il se verrait obligé d'infliger le même sort aux prisonniers allemands tombés aux mains de ses troupes.

La menace allemande ne sera pas mise à exécution. Sinon, elle eut provoqué partout une explosion de colère. Car Bir Hakeim, en ce mois de juin 1942, est, avec la bataille navale de Midway, une éclatante exception, unique sur tous les fronts terrestres et maritimes qui opposent les Alliés à l'Allemagne. En effet, alors que la bataille de l'Atlantique fait rage, causant aux convois américains et britanniques les plus fortes pertes qu'ils aient jamais subies pendant la guerre, Rommel fonce vers le cœur de l'Egypte, la flotte anglaise subit de lourdes pertes en Méditerranée, les forces allemandes remportent leurs dernières grandes victoires sur le front russe. Par contraste, Bir Hakeim suscite l'enthousiasme dans tous les pays alliés. « Bir Hakeim prouve que l'esprit de Verdun est toujours vivant », écrit le *Daily Mail,* et le *Daily Express* du 11 juin porte un titre qui barre toute la première page : « Verdun ». Le quartier général britannique du Caire annonce, le 12 juin, la sortie de la garnison : « Les troupes des Forces françaises libres, sous les ordres du général Koenig [...] ont joué un rôle vital en contrecarrant les plans ennemis. Leurs magnifiques qualités combattantes leur ont gagné l'admiration des nations unies. » En ce mois de juin, un sondage d'opinion révèle que 80 % des Anglais ne croient pas que Vichy « représente réellement l'attitude des Français » contre 6 % d'avis contraires et 59 % pensent que la France libre la représente réellement, contre 12 %.

De Gaulle peut croire que le 14 juillet 1942 est, pour lui et son entreprise, la fête de sa victoire. Le général Eisenhower, nommé commandant en chef des forces américaines en Europe et qui vient d'arriver à Londres, assiste au défilé des Français libres avec tout l'état-major britannique. Le vice-président des Etats-Unis, Wallace, assiste, à New York, à la cérémonie organisée par les représentants de la France libre et il en va de même dans la plupart des capitales d'Amérique latine. En France, dans la zone que les Allemands n'occupent pas encore, un mot d'ordre de manifestation lancé par les porte-parole de la France libre et repris par les journaux clandestins des mouvements de résistance est massivement suivi dans une trentaine de villes et surtout dans les plus grandes, Lyon et Marseille, et les radios des réseaux de la France libre en informent Londres aussitôt[60].

De Gaulle, pourtant, ne se fait pas d'illusions. Si Bir Hakeim apporte sa part de gloire, si la Résistance intérieure se rattache maintenant à la France libre, si le monde le considère désormais comme l'homme qui incarne et dirige tous les Français participant à la guerre, son poids ne tient, pour la plus grande part, qu'à l'apport éventuel des Français aux opérations que les Alliés pourraient déclencher en territoire français. C'est justement l'enjeu des entretiens qui commencent à Londres, dans la troisième semaine de juillet, entre les chefs d'états-majors britanniques et américains. Le 21 juillet, il adresse donc aux gouvernements américain, britannique et soviétique un rapport sur ce que peut être la participation française, de l'extérieur et de l'intérieur, à un débarquement en France. Mais, en réalité, il n'y croit pas. Au contraire, il estime que « ce serait une grande erreur d'ouvrir un nouveau front en France cette année » : les Alliés n'y sont pas prêts et leurs forces rassemblées en Grande-Bretagne sont encore insuffisantes. C'est donc sans illusion, le 23 juillet, qu'il répond à l'invitation du chef d'état-major américain, le général Marshall, qui l'a invité à venir le voir à l'hôtel Claridge. Il l'y reçoit, en effet, entouré d'Eisenhower, du chef des opérations navales, l'amiral King, et du chef d'état-major de l'Air, le général Arnold. De Gaulle reprend donc, oralement, ce qu'il a déjà exposé par écrit sur la contribution française à un éventuel débarquement allié. Le compte rendu qu'il a fait de cet entretien indique qu'il a été ponctué de longs silences, et il n'a duré qu'une demi-heure : il préfère donc y mettre fin lui-même[61]. S'il avait eu la moindre illusion sur les intentions des Alliés, il n'en aurait plus : il sait que leurs opérations vont être menées sur d'autres fronts, que ni la France libre ni la Résistance intérieure n'y auront leur part et qu'il lui faut alors s'attendre à d'autres épreuves.

Chapitre 13

LA VICTOIRE SUR VICHY

Il était 3 h 14, dans la nuit du 7 au 8 novembre 1942, quand les veilleurs de la marine aperçurent six vedettes à proximité de la jetée nord du port d'Alger. Au même moment, les servants d'une batterie d'artillerie antiaérienne, repérant un avion qui piquait vers le poste commandant l'entrée de la rade, ouvraient le feu. L'Afrique du Nord française entrait ainsi dans la guerre et allait devenir un champ de bataille.

Pour de Gaulle, ce n'était pas une surprise. Dès le 27 août, en effet, il avait adressé, de Beyrouth, un télégramme à Pleven et Dejean, membres du Comité national de la France combattante :

> J'ai la conviction, leur écrivait-il, étayée par beaucoup d'indices, que les Etats-Unis ont maintenant pris la décision de débarquer des troupes en Afrique du Nord française. L'opération serait déclenchée en conjugaison avec une offensive très prochaine des Britanniques en Egypte [1].

Et il leur livrait du même coup son pronostic :

> Pétain donnera, sans aucun doute, l'ordre de se battre en Afrique contre les Alliés en invoquant l'agression. L'armée, la flotte et l'aviation ne manqueront pas d'obéir [2].

Il le répéta le 4 septembre à Leclerc, qu'il retrouva à Brazzaville, et l'avertit que les Américains

> entendent nous évincer de l'opération parce qu'ils s'imaginent trouver ainsi des complicités du côté de Vichy et parce qu'ils ne manquent pas d'arrière-pensées intéressées [3].

Il s'attendait donc à de très graves difficultés. Et il en ressentait les approches dans les rapports sans cesse plus tendus qu'il avait avec les Alliés à mesure que se rapprochait la date du débarquement américain en Afrique du Nord. Les quelques jours qui précédèrent lui furent pourtant un répit : la part prise par les Français libres à la victoire d'El Alamein du 23 octobre au 4 novembre avait suscité un grand mouvement de sympathie dans l'opinion anglaise et donné lieu à un échange de lettres chaleureux entre Churchill et lui. Le 6 novembre enfin, Eden l'avait averti que la Grande-Bretagne était prête à remettre à la France libre l'administration de Madagascar, et il était prié à déjeuner par Churchill le dimanche 8 novembre aux Chequers.

Ce jour-là, averti du débarquement américain par le service d'écoute français, il accueillit l'événement sans trouble. Churchill lui expliqua que les Etats-Unis avaient tenu à ce que la France libre en fût mise à l'écart mais réitéra son soutien : « Il est un point sur lequel le gouvernement britannique a une position extrêmement ferme, lui dit-il, c'est que le général de Gaulle et le Comité national français sont les seules autorités reconnues par lui pour organiser et rassembler tous les Français qui veulent aider la cause des nations unies [4]. » De son côté, de Gaulle n'hésita pas à s'adresser aux habitants de l'Afrique du Nord le soir même en les appelant à la lutte sans considération pour les hommes, les équipes ou les emblèmes :

> Aidez nos alliés, joignez-vous à eux sans réserve. La France qui combat vous en adjure. Ne vous souciez pas des noms ni des formules. Une seule chose compte : le salut de la patrie ! Tous ceux qui ont le courage de se remettre debout, malgré l'ennemi et la trahison, sont d'avance approuvés, accueillis, acclamés par tous les Français combattants.

Mais, en même temps, de Gaulle restait convaincu que l'armée d'Afrique du Nord continuerait d'obéir, par conformisme, par aveuglement et par discipline aux ordres de Vichy. Il pressentait donc que Giraud ne pourrait enrayer la résistance ordonnée par Vichy : la conséquence en serait, inévitablement, un arrangement entre les représentants américains et les autorités issues de Vichy. C'est ce qui advint et l'on en ressentit immédiatement les effets à Londres. Le 9 novembre au soir, le censeur américain de la BBC interdit au porte-parole de la France combattante, Maurice Schumann, de conclure son appel à l'union de toutes les forces françaises par une dure diatribe contre « l'anti-France de Vichy ». De Gaulle en conclut aussitôt devant Soustelle, alors commissaire à l'Information :

> Bientôt, Noguès, Darlan et Pétain seront à Alger, soutenus par les dollars de l'Amérique. Ils paraderont dans de longues voitures [5].

Churchill, à son tour, éluda la suggestion que de Gaulle lui fit d'envoyer auprès de Giraud, Pleven, le lieutenant-colonel Billotte qui était son chef d'état-major particulier et les chefs des mouvements de résistance « Combat » et « Libération », Henri Frenay et Emmanuel d'Astier de la Vigerie. Aucune illusion n'était donc permise : les Alliés, à commencer par les Etats-Unis, avaient préféré conclure au gré des circonstances, des accords limités, suivant leurs besoins, sans se soucier que la France elle-même, avec son Etat et son gouvernement comptent au nombre des vainqueurs de la guerre.

Pendant trente mois, l'Afrique du Nord avait vécu sous le règne de Vichy. Ses chefs militaires et civils, on s'en souvient, avaient d'abord voulu qu'elle échappe à la défaite et devienne le sanctuaire de la Résistance française au-delà des mers, la base arrière d'où s'organiserait plus tard la libération du pays, et, autour d'eux, les populations européennes, pour autant qu'on pût saisir leurs sentiments, partageaient la même résolution : sans doute aussi éprouvaient-elles quelque fierté à l'idée qu'elles seraient l'instrument de la revanche, dès lors que les forces françaises se rassembleraient en Afrique du Nord et que celle-ci deviendrait, du coup, le bastion de la France elle-même. Mais, à Bordeaux, on avait choisi de capituler.

En 1940, en tout cas, elles étaient seules à pouvoir exprimer leurs préférences et leurs choix[6] : l'interdiction du PPA de Messali Hadj, l'arrestation d'un bon nombre de dirigeants et militants nationalistes, enlevaient tout moyen d'action et d'expression à la masse des populations autochtones. Mais, du côté européen, on ne pouvait oublier qu'elle existait, ni le danger latent qu'elle représentait : la prééminence politique, économique et sociale des Français d'Afrique du Nord reposait tout entière sur la force de la France elle-même. Qu'elle s'affaiblisse et soit vaincue, et c'est l'ordre établi au Maghreb qui pouvait être ébranlé. On l'avait vu après la défaite de 1870, qui fut aussitôt suivie de la révolte de Mokrani en Kabylie. Pour que rien de semblable n'arrive, la communauté française avait resserré instinctivement les rangs autour des pouvoirs en place. D'autant qu'ils s'identifiaient, pour une grande part, à la hiérarchie militaire, c'est-à-dire à la force des armes qui, en Afrique du Nord, restait entre les mains d'un pouvoir français : à Pétain qui règne à Vichy s'ajoutent Noguès qui est à Rabat, l'amiral Abrial qui devient gouverneur général de l'Algérie, l'amiral Esteva qui succède à Peyrouton à la résidence générale en Tunisie, Weygand surtout, bientôt appelé au commandement des forces françaises du Maghreb. Cette peur latente de l'ébranlement qui pourrait suivre la défaite expliquait, plus que toute autre raison sans doute, que la communauté française, en grande partie, soit restée liée au régime en place.

Celui-ci déchaîna aussitôt sa propagande. Dès les mois de juin et juillet 1940, la presse nord-africaine exploita âprement l'affaire du *Massilia*. Le président de la République, les membres du gouvernement et du Parlement, devaient s'y embarquer au cas où la France continuerait la lutte. Mais au dernier moment Laval était parvenu à s'y opposer de sorte que, le 20 juin, il n'y a guère à son bord qu'une cinquantaine de parlementaires, anciens ministres et journalistes politiques qui s'embarquent, dont Edouard Daladier, Georges Mandel, Jean Zay, Pierre Mendès France, tous partisans du maintien de la France dans la guerre. Dès leur arrivée au Maroc, les journaux d'Afrique du Nord, rivalisèrent de fureur contre eux. On les décrivit comme des fuyards, pour la plupart juifs et francs-maçons, incarnant en tout cas cette République que déjà l'on rend coupable de la défaite. Puis, le 3 juillet 1940, l'affaire de Mers el-Kébir lui donna l'occasion de se déchaîner à nouveau. Les journaux et la radio officielle insistèrent sur l'impitoyable comportement des Alliés de la veille, l'écrasement des bateaux français alors qu'ils étaient en train d'être désarmés. Au cinéma, les actualités montrent les corps des centaines de marins brûlés qui s'entassent à l'hôpital militaire Baudens, à Oran... On sait qu'il en résulta dans la marine un choc psychologique dont elle ne se remit peut-être jamais jusqu'aux derniers mois de la guerre, mais ce choc se répercuta aussi chez les Français du Maghreb, témoins du sort injuste des marins de Mers el-Kébir. Beaucoup plus qu'en métropole, parce que directement vécue et ressentie, l'affaire de Mers el-Kébir les fit dériver vers Vichy et son régime.

La diversité de la communauté européenne n'avait pourtant pas disparu. Dans l'Algérie de 1940, où vivaient 7 234 000 habitants dont 978 000 Européens, chaque milieu réagit à sa façon. La grande bourgeoisie, souvent partagée entre les idées de Maurras et de l'Action française et celles du Parti social français du colonel de La Roque, fut séduite par l'idéologie conservatrice de Vichy. Le seul contrepoids en était, chez beaucoup, une certaine attirance pour le modèle américain, presque un snobisme, mais qui entretint une admiration secrète, un sourd désir d'imitation, et qui rendra plus aisé, le moment venu, le ralliement à la cause alliée, quand les Etats-Unis manifesteront sur place leur présence et leur force. La bourgeoisie industrielle, assez souvent représentée au Parlement par des élus radicaux et radicaux-socialistes, comptait dans ses rangs un bon nombre de francs-maçons, mais elle était loin d'être homogène : l'antisémitisme y prévaut souvent ; l'hostilité tenace envers l'œuvre sociale du Front populaire et le projet Blum-Viollette, qui voulait donner la nationalité française à un petit nombre de musulmans « évolués », a fait apprécier, par contraste, le régime de Vichy.

De leur côté, les Israélites d'Algérie, devenus citoyens français depuis la loi Crémieux de 1870, étaient de 70 à 80 000. Plus modeste enfin était la grande majorité des Français d'Afrique du Nord, y compris la plupart des Européens d'origine étrangère. C'est là que le Parti populaire français de Doriot recrutait ses troupes et ses hommes de main, en exploitait l'antisémitisme et le nationalisme de ceux qui croient s'intégrer ainsi, plus étroitement, à la communauté française. Mais c'est aussi dans ces milieux où naguère on vota socialiste et communiste et qui donnèrent ses recrues aux Brigades internationales parties d'Oran au secours de l'Espagne républicaine, que s'exprima, en mai 1943, quand ils purent enfin le faire librement, le soutien populaire à de Gaulle.

Au sommet de la hiérarchie administrative et militaire, un homme incarna le nouveau régime : c'était Weygand. Ministre de la Guerre dans le premier gouvernement Pétain, puis ministre de la Défense nationale le 12 juillet 1940, il avait suscité de telles antipathies et jalousies — celles de Pétain qui ne l'avait « jamais aimé », de Darlan qui le détestait, de Laval qui s'en méfiait — que deux mois plus tard, il fut nommé délégué général du gouvernement en Afrique française, son autorité s'étendant à l'Afrique-Occidentale, au Maroc, à l'Algérie, à la Tunisie. Il arrivait avec ses choix idéologiques et politiques : on savait qu'il abhorrait la République et toutes les idées démocratiques et républicaines, qu'il soutenait sans nuances le régime de Vichy, qu'il affichait envers l'Angleterre une antipathie qui n'était en rien diminuée par le vieil antigermanisme qu'il partageait avec la droite française d'avant et d'après la Première Guerre mondiale et, par-dessus tout, il était celui qui avait littéralement imposé l'armistice au gouvernement français, l'homme sans qui Pétain n'aurait pas pu l'emporter. Appliquant la politique de Vichy en Afrique du Nord, il le fit avec un certain panache et surtout avec un zèle extrême, la décorant des couleurs nationales et lui donnant une apparence à la fois militaire et patriotique qui correspondait aux fibres les plus sensibles de la communauté française. Mais en même temps, il pourchassa avec vigueur les sympathisants du Front populaire, les francs-maçons, les juifs et, avant tout, tous ceux que l'on soupçonnait de sympathie envers la France libre, tant il portait à de Gaulle une haine inexpiable.

L'antisémitisme fut l'un des axes principaux de la politique de Weygand en Afrique du Nord[7]. La loi portant statut des juifs, et donc applicable à l'Algérie, fut promulguée le 3 octobre 1940 et le décret qui annulait la loi Crémieux et retirait aux juifs algériens la citoyenneté française le 7 octobre. Mais Weygand y ajouta un surcroît de mesures antisémites qui n'existaient alors ni en zone occupée par l'ennemi ni en zone Sud. De sa propre initiative, il promulgua un décret qui exclut les écoliers juifs algériens de tous les établissements scolaires, y compris les écoles maternelles et les crèches — à l'exception de quelques lycéens — à quoi s'ajoute la mobilisation des militants du régime de Vichy qui s'organisent pour barrer l'entrée des facultés et des bibliothèques aux étudiants juifs.

Weygand avait sans doute songé que l'on plairait aux populations autochtones, arabes et berbères, en rejetant de la communauté française les juifs algériens qu'on y avait intégrés. Mais cette démagogie, semble-t-il, fut sans aucun effet sur les sentiments profonds des musulmans algériens chez qui l'effondrement de la métropole, succédant à la mise en échec du projet Blum-Viollette, avait renforcé l'attrait du nationalisme. Ferhat Abbas qui venait d'abandonner tout espoir en l'assimilation qu'il avait attendue de la IIIe République, réagit aux mesures antijuives et les condamna publiquement. L'un de ses amis et compagnons politiques, l'avocat Ali Boumendjel, apporta ce témoignage : « Par ma profession je fréquente les milieux populaires musulmans. Aucun écho, aucune rumeur, aucune revendication qui tendrait à nuire aux juifs [8]. » Un médecin juif dont la renommée est immense dans les milieux populaires d'Alger et dont la famille jouera un rôle déterminant dans la Résistance, le Dr Charles Aboulker, meurt en 1941 d'un accident de la circulation : un formidable cortège de musulmans algériens envahit les rues pour assister à ses obsèques et chacun comprend que c'est là un défi ouvertement lancé à l'antisémitisme officiel [9].

L'horreur s'y ajoutait. Celle des camps de concentration d'Hatjerat M'Ghil et de Dienen Bou R'Zeg' [10]. C'est là que Weygand et l'administration de Vichy firent déporter plusieurs milliers d'hommes, à leurs yeux suspects ou ennemis politiques. La plupart étaient des étrangers qui avaient trouvé en France un asile après l'instauration de régimes totalitaires dans leurs pays d'origine. Beaucoup s'étaient engagés dans la Légion étrangère et furent internés aussitôt après leur démobilisation. On comptait parmi eux nombre d'anciens républicains espagnols ou de combattants des Brigades internationales, et presque tous les Allemands antinazis qui n'avaient pu fuir hors des territoires français. Mais on y comptait aussi des adversaires du régime de Vichy, de métropole ou d'Afrique du Nord, juifs ou non, communistes, gaullistes ou simplement victimes de la dénonciation organisée par les partis favorables au régime établi. « Tout l'arsenal de supplices physiques et moraux que l'univers concentrationnaire nous révélera après la guerre, a écrit le résistant algérien, Lucien Adès, qui eut de nombreux parents et compagnons internés, nous le découvrons dans ces deux camps et même tout près d'Alger dans les prisons de Maison-Carrée. »

Mais les populations d'Algérie, du Maroc, de Tunisie ignoraient les conditions de vie dans les camps de concentration du sud. Elles vivent alors, semble-t-il, dans une relative insouciance, spectatrices des événements de la guerre plus qu'engagées dans le dramatique affrontement des deux camps. On ne sait rien, ou presque rien, des tractations en cours entre Vichy et l'Allemagne sur l'utilisation du territoire tunisien au profit de l'Afrikakorps. Le départ de Weygand, exigé par Berlin, favorise dans certains milieux la légende de son double jeu, mais ne provoque aucun trouble : le général Juin prend sa suite sans difficulté. Deux mois plus tard, l'entrée en guerre de l'Amérique entraîne, au contraire, stupeur et consternation : c'est que les Etats-Unis incarnaient souvent le salut pour ceux qu'habitaient l'horreur de la Russie communiste, la haine de l'Angleterre et des gaullistes, la crainte de la toute-puissance allemande et le mépris envers les prétentions arrogantes de l'Italie mussolinienne. La règle générale demeure le refus de tout engagement. Un jour, on s'égaie de voir apparaître un beau matin de 1941, en plein centre d'Alger, une banderole tendue entre deux immeubles et qui proclame en grandes lettres : « Les macaroni à la mer ! » Un autre jour, la presse approuve sans nuances les propos de Laval revenu au pouvoir au printemps de 1942 : « Je souhaite la victoire de l'Allemagne, je la souhaite parce que, sans elle, le bolchevisme s'installerait partout en Europe. » Mais Max-Pol Fouchet, dans les colonnes de *L'Écho d'Alger* entretient une rubrique littéraire où, en parlant de Gide ou d'Aragon, il pourfend discrètement mais impitoyablement les principes de la « révolution nationale ». « Dans le petit peuple, écrit Lucien Adès, autour des anisettes et des kémias, dans tous les cafés des villes et des villages, la guerre d'Afrique revêt l'aspect d'un immense match de football. On compte les points, on commente, on dispute, on s'enflamme... »

On comprend que, dans ce climat, le nombre de ceux qui ne renoncèrent pas à la lutte ou voulurent la reprendre aussitôt que possible fût naturellement limité et que la France libre — même si les Britanniques et, plus encore les Américains, ne l'en avaient empêchée — ait eu le plus grand mal à s'enraciner. Les débuts de la Résistance en Afrique du Nord furent d'ailleurs marqués d'une série d'échecs et de tragédies[11]. Au mois de septembre 1940, le commissaire de police André Achiary fait partir pour Tanger l'un de ses amis d'enfance Carl Hofgaard. Il avait préparé un projet de liaison permanente entre de Gaulle et l'Afrique du Nord en vue d'en préparer la dissidence. En retour, une mission de la France libre, acheminée par les services techniques, débarqua au mois d'octobre sur une plage proche de Mostaganem. Elle comportait trois hommes — le capitaine Puech-Sanson, le lieutenant Bazancourt et le quartier-maître Papin — et un poste émetteur. Mais après avoir pris de nombreux contacts, ils furent arrêtés au moment de reprendre la mer. C'est alors seulement qu'Achiary fit leur connaissance. Il récupéra leur poste émetteur dont le code lui fut donné au mois de novembre par un agent anglais que lui présenta l'ingénieur Jean L'Hostis qui partageait avec Achiary la même volonté de reprendre la lutte.

Au Maroc, la France libre envoya une première mission, dès septembre, mais elle fut immédiatement capturée par la police. Au contraire, Charles Luizet, attaché militaire à Tanger, se mit en relation avec de Gaulle qui lui prescrivit de rester à son poste pour y assurer la liaison avec les Français passés en Espagne et les futurs résistants du Maroc. Devenu fonctionnaire civil, Luizet créa, à partir de Tanger, un petit réseau de renseignements qui a un agent au cabinet de Noguès qui sert aussi de support à l'organisation des départs pour l'Angleterre et à la diffusion d'un journal clandestin, et qui fonctionnera même quand il fut soupçonné par les services de la marine et rappelé à Vichy, puis nommé sous-préfet de Tiaret, comme de Gaulle le lui avait recommandé, dans l'espoir qu'il pourrait y aider plus tard l'action de la France libre.

Parallèlement, André Valabrègue, directeur de l'Office des carburants, le contrôleur civil Gromand, Pierre Parent, ancien collaborateur de Lyautey, le commandant Mengin, Christian Funck-Brentano formèrent autour d'eux de petits groupes qui furent en liaison avec le consul général des Etats-Unis Gould et le vice-consul King, mais ne purent jamais prendre l'attache de la France libre.

En Tunisie, le commandant Breuillac monta un premier réseau de renseignements à la fin de 1940, mais voulut en venir sans attendre à l'action directe : dans le port de Sousse, ses compagnons allaient accrocher, la nuit, des bombes à aimant à la coque des navires ennemis qui explosaient à retardement, en pleine mer. Son groupe fut décimé durant l'été 1941. A la fin de l'année, un deuxième réseau de résistance put se constituer avec Tardy, le colonel Rime-Bruneau, Joseph Costa, Tomasi.

A Alger, c'est le soutien sans faille à de Gaulle qui caractérise le mouvement « Combat ». Il apparaît dès le milieu de 1941 autour de René Capitant. Celui-ci, professeur à l'université de Strasbourg, avait été replié comme ses collègues et ses étudiants à Clermont-Ferrand. C'est là qu'il réagit à l'armistice en prenant contact avec François de Menthon, Alfred Coste-Floret, Claude Bourdet, fondateurs du mouvement « Combat » en métropole. Muté à Alger, il inaugure son cours de droit en rendant un hommage éclatant à son prédécesseur le professeur Charier que Vichy vient de relever de ses fonctions. Et aussitôt il entreprend de constituer le mouvement « Combat » en Algérie. A ses côtés on trouve Paul Coste-Floret, l'industriel Fradin qui, en France, assure la liaison avec François de Menthon dont il est un ami d'enfance, le professeur Viard, le colonel de gendarmerie Tubert, que Vichy a révoqué, le Dr Fernand Morali, le Dr Duboucher, le journaliste Jean Castet, le professeur Louis Joxe, l'étudiant en droit Albert-Paul Lentin. Le mouvement publie des tracts et édite le journal clandestin « Combat » dont les textes sont fabriqués d'abord chez l'architecte Scelles-Milles, bientôt arrêté, puis chez le commandant Grossin. « Combat » est le seul prolongement en Algérie de la résistance métropolitaine, le seul mouvement aussi à donner son adhésion entière à la France libre et à proclamer sans détour sa fidélité au régime républicain. René Capitant songe à constituer des groupes de choc qui passeraient, le moment venu, à l'action directe, lorsqu'il apprend par ses contacts avec le lieutenant-colonel Jousse, le commissaire André Achiary et un membre du 2e Bureau, Guy Calvet, que le débarquement américain est pour bientôt et qu'une autre organisation clandestine le prépare.

C'est en Afrique du Nord, en effet, que Roosevelt va pouvoir appliquer, sans réserve et presque sans entrave, sa politique à l'égard de la France et des affaires françaises : s'entendre au cas par cas, sur chaque théâtre d'opérations, avec les hiérarques civils ou militaires, en particulier ceux de Vichy, sans jamais reconnaître un pouvoir unique qui incarnerait la France en guerre, sans aucun rapport avec la France libre.

Car dans les rangs de l'armée et de l'administration quelques hommes ont pensé, peu après l'armistice, à préparer le retour de l'Afrique du Nord dans la guerre en liaison avec les représentants américains considérés comme seuls interlocuteurs possibles après Mers el-Kébir et la rupture entre Vichy et Londres. Les Etats-Unis, en effet, peuvent multiplier le nombre de leurs représentants après l'accord qu'ils ont conclu pour l'approvisionnement du Maghreb en denrées alimentaires, qui leur a permis de renforcer leurs consulats de Casablanca, Alger, Tunis et Tanger. L'ensemble du personnel américain est placé sous l'autorité du conseiller d'ambassade Murphy qui s'installe à Alger : il est assisté du représentant de l'Office of Strategic Service, c'est-à-dire du premier service secret américain, le colonel Solborg, et du lieutenant-colonel William A. Eddy nommé attaché naval à Tanger[12].

C'est donc avec les représentants américains qu'un premier groupe se met en contact dès le début de 1941. L'initiative en revient à un officier du cabinet de Weygand, le capitaine Beaufre[13]. Il est marié à une Anglaise et les fonctions qu'il a exercées lors des négociations militaires entre Français, Britanniques et Soviétiques durant l'été 1939, puis lors de la guerre de Finlande, lui ont donné sur le monde en guerre une ouverture d'esprit qui manque alors à beaucoup d'hommes de son milieu, de son métier et de son âge. Beaufre, faisant preuve d'un entregent exceptionnel et d'une activité débordante, trouve des complices autour de lui : le commandant Dartois, le commandant Faye, le commandant Loustaunau-Lacau, ancien membre du cabinet de Pétain qui avait fondé avant la guerre, dans les rangs de l'armée, les réseaux clandestins anticommunistes « Corvignolles », et avait eu de ce fait maille à partir avec la justice, et surtout le lieutenant-colonel Jousse, auteur du plan de défense de l'Afrique du Nord que Noguès avait adressé à Reynaud, en juin 1940, quand il était partisan de poursuivre la guerre. Beaufre s'est mis en liaison avec le colonel Solborg, attaché militaire américain à Madrid, puis avec Murphy lui-même. Mais le destin de ce groupe sera celui de tous ceux qui ont misé sur le double jeu qu'ils prêtent aux dirigeants du régime de Vichy et qui ont espéré, à tort, pouvoir compter sur leur appui secret en vue d'un retour à la lutte. L'un des officiers approchés par Beaufre, le lieutenant-colonel Denin de Rozière, en parle à ses camarades de l'état-major d'Alger qui, à leur tour, préviennent Weygand. Celui-ci réagit à sa manière : il fait aussitôt arrêter tous les conjurés.

Mais d'autres, plus chanceux, plus prudents, ayant surtout plus de moyens d'action et mieux servis par les circonstances, vont réussir là où Beaufre a échoué, et leur action trouvera son couronnement le 8 novembre 1942. A Oran d'abord, l'industriel Roger Carcassonne forme avec des parents et des amis un premier groupe qui n'a d'autre but que de refuser l'armistice et n'envisage que de suivre, à mesure, les directives que de Gaulle leur adresserait de Londres. A Alger, un de ses cousins, José Aboulker, qui n'a que vingt et un ans, forme à son tour un groupe qu'il recrute surtout parmi ses camarades de la faculté de médecine. Un autre se constitue autour d'André Termine, Emile Atlan et Charles Bouchara qui ont d'abord songé à gagner Gibraltar et l'Angleterre mais décident de former un groupe de choc pour protéger les juifs algériens contre les attaques des partisans de Vichy : il se donne pour chef le lieutenant Roger Jaïs et recrute plusieurs officiers de réserve dont le Dr Raphaël Aboulker, ancien conseiller général d'Alger, qui prend contact avec un ancien camarade de guerre, le capitaine Pilafort. Roger Carcassonne et José Aboulker sont sur le point de s'embarquer clandestinement pour Gibraltar, en février 1941, d'où ils comptaient rallier la France libre, quand un ami, le capitaine Jobelot, les présente à Henri d'Astier de la Vigerie. Celui-ci les convainc de rester sur place afin d'organiser en priorité un mouvement clandestin puissant et couvrant toute l'Afrique du Nord, et d'y préparer, le moment venu, son retour à la guerre. A partir de là, vont se rapprocher puis conjuguer leurs efforts ces groupes qui voulaient prendre de Gaulle comme référence et comme chef, et d'autres qui ne le voulaient pas.

Henri d'Astier de la Vigerie, frère du général d'aviation François d'Astier, rallié à de Gaulle, et d'Emmanuel d'Astier, fondateur du mouvement de résistance « Libération », avait été avant la guerre très proche de l'Action française. Il avait d'abord tenté de créer des petits groupes de résistance en métropole, puis, arrêté par les Allemands, évadé, il venait d'être affecté au 2e Bureau de l'état-major d'Oran. Après une première réunion avec Carcassonne et José Aboulker, le 7 mars, où il jette les bases de l'organisation future, il s'assure le soutien de l'abbé Cordier, mobilisé comme lui au 2e Bureau, puis du révérend père Théry. Le groupe, qui a pris contact, par Cordier, avec un réseau de renseignements anglais, refuse de s'y affilier dès lors qu'il ne peut être mis en liaison avec la France libre et refuse aussi le financement qui lui était offert : c'est Roger Carcassonne et son frère Pierre qui en assumeront la charge. Ce sont eux qui prendront l'attache du Front de la Liberté créé par le parti communiste algérien pour élargir ses activités clandestines. Ce sont Jobelot, Cordier et Théry qui recrutent un bon nombre d'officiers de réserve et quelques officiers d'active dont le colonel Tostain, chef d'état-major de la division d'Alger, qui devra couvrir, le moment venu, les ordres d'insurrection. Et José Aboulker, par l'intermédiaire de son ami Guy Calvet, lui-même proche du mouvement Combat, fait la connaissance d'Achiary.

Rencontre capitale, qui en entraîne une autre, le 25 novembre 1941 : Achiary recrute Lemaigre-Dubreuil, qu'il avait mis à l'abri des poursuites lors de l'arrestation des membres du groupe du capitaine Beaufre.

Jacques Lemaigre-Dubreuil, patron de la société des huiles Lesieur et qui dispose à ce titre de vastes moyens d'action, est proche des milieux d'extrême droite et sympathise avec le régime de Vichy[14]. Mais il est foncièrement hostile à l'Allemagne nazie et, par son milieu, ses relations, se sent plus proche des Etats-Unis. A plusieurs reprises, il a proposé à Weygand et même à Laval d'être les artisans d'un retour à la guerre grâce à l'alliance américaine. Mais il est maintenant convaincu qu'il y faudra une épreuve de force et il entend la préparer en liaison avec les représentants américains eux-mêmes, en particulier avec Murphy. Achiary met en contact Lemaigre-Dubreuil avec le lieutenant-colonel Jousse, puis avec le chef des chantiers de jeunesse Van Hecke à qui ses fonctions donnent une grande liberté d'action. L'homme d'affaires désigne l'un de ses collaborateurs, Jean Rigault, comme son représentant permanent auprès de la résistance algéroise. Enfin, Achiary réunit d'Astier et Van Hecke, en février 1942 et le groupe s'adjoint un diplomate, Tarbé de Saint-Hardouin. On l'appellera le « groupe des cinq » : Lemaigre-Dubreuil, Rigault, Van Hecke, d'Astier, Saint-Hardouin.

Dès le 22 décembre 1941, c'est-à-dire aussitôt après l'entrée en guerre des Etats-Unis, une « note n°1 », rédigée par Jousse, était remise à Murphy sur les conditions militaires d'un retour de l'Afrique du Nord à la guerre[15]. Sa réponse fut que la participation d'un chef militaire français prestigieux serait indispensable à la réussite de l'entreprise. De fait, en mars 1942, encore, Washington par l'intermédiaire d'un diplomate en poste à Vichy, Douglas MacArthur, fils du commandant en chef américain aux Philippines, tentait une nouvelle démarche auprès de Weygand. Mais, une fois de plus, celui-ci refusa catégoriquement toute perspective de dissidence, toute dérogation à la politique de Pétain et de Vichy[16].

Mais, le 27 avril, on apprit que le général Giraud venait de s'évader de son camp de prisonniers en Allemagne et qu'il était arrivé à Vichy. Les résultats en furent presque immédiats. Solborg qui représentait alors à Lisbonne les services spéciaux américains eut aussitôt le sentiment que c'était Giraud qui devait être l'artisan du ralliement des armées françaises d'Afrique du Nord au camp allié. L'ambassadeur des Etats-Unis à Vichy fut du même avis. Et à Alger, Henri d'Astier, José Aboulker et Jean Rigault — au nom de Lemaigre-Dubreuil — envisagèrent eux aussi que Giraud prenne la tête du ralliement.

Avant que leur choix devienne définitif, les responsables américains, eurent-ils d'autres options ? Il était normal qu'ils songent au successeur de Weygand, le général Juin, nommé commandant en chef en Afrique du Nord le 20 novembre 1941. Mais Juin, prisonnier depuis 1940, avait été libéré à la demande de Darlan après les « protocoles de Paris ». Les Allemands n'y avaient donné aucune suite, non pas en raison des concessions qui leur étaient demandées, mais parce que Hitler n'avait aucune intention de réorienter sa stratégie vers la Méditerranée et que Rommel avait redressé sa situation sur le front libyen [17]. Vichy voulut les relancer et cette fois, Benoist-Méchin, qui en avait été le véritable artisan, prépara un plan de défense de l'Empire avec la participation de l'Allemagne, y compris pour la reconquête des territoires ralliés à de Gaulle. Pétain, comme Darlan, avait approuvé ce plan, qui comportait un certain renforcement et réarmement de l'armée de Vichy, et il l'avait exposé à Goering à Saint-Florentin. Celui-ci rencontra donc Juin le 21 décembre 1941 [18]. Il fit porter l'essentiel de l'entretien sur la défense de la « ligne Mareth » aux confins de la Tunisie et de la Libye, au cas où les troupes de Rommel, alors talonnées par les Britanniques, reflueraient vers le Sud tunisien : c'est évidemment à un front commun franco-germano-italien qu'il songeait. Juin ne put s'engager jusque-là, et il resta, au cours de cet entretien, dans le cadre du plan proposé par Pétain, Darlan et Benoist-Méchin. Quoi qu'il en soit, l'affaire n'eut pas de suite, Rommel ayant repris l'offensive et amorcé la série des victoires qui allait le conduire jusqu'à 100 kilomètres d'Alexandrie, et Hitler, une fois de plus, ne voyant aucun intérêt à une collaboration militaire avec Vichy, dont il attendait seulement qu'il s'en tienne aux conditions de l'armistice de 1940. Mais sa rencontre, à Berlin, avec Goering, fut suffisamment connue pour valoir à Juin une réputation qui suscita certaines méfiances. Plus de vingt ans plus tard, comme j'évoquais la trop grande indulgence de Juin envers les cadres militaires fidèles à l'esprit de Vichy quand il devint chef d'état-major de l'armée en 1943, de Gaulle me répondit qu'en réalité Juin n'avait pas tant d'influence car il devait surtout faire oublier ses contacts avec Goering...

Juin, en tout cas, laisse se poursuivre la livraison d'approvisionnements divers aux forces de l'Axe en Libye tout en faisant faire quelques études sur la défense de l'Afrique du Nord, y compris contre une intervention germano-italienne. Et c'est seulement en octobre 1942, que Murphy prit contact avec lui. Il s'entretint, le 13, avec son chef de cabinet, Dorange [19]. C'était une étrange conversation, marquée par les sous-entendus, les malentendus et la dissimulation. Murphy connaissait alors la date du débarquement allié et les conditions dans lesquelles il allait avoir lieu. Mais comme Dorange lui dit que Juin, conformément aux ordres de Vichy, défendrait l'Afrique du Nord « contre tous ceux qui prétendraient y mettre les pieds », il répliqua que les Américains n'avaient l'intention d'y venir, que si le gouvernement français le demandait. Il laissa pourtant entrevoir une intervention américaine, et, manifestement pour amorcer la discussion, évoqua une initiative allemande à laquelle il faudrait répliquer : il annonça alors à Dorange qu'il avait mission d'en parler avec un représentant du gouvernement français, en envisageant expressément l'engagement des forces américaines, et en excluant les « dissidents », et il précisa ensuite que le contact pouvait être pris avec Darlan et Juin, mais en aucun cas avec Pétain, par crainte, dit-il, « des fuites dans l'entourage du maréchal ». Dorange rendit compte à Juin qui informa Darlan, le 29 octobre. Les deux hommes retiennent que les Américains n'interviendront qu'à la demande de dirigeants français et, sans doute, au printemps de 1943 [20]. Un entretien direct entre Juin et Murphy, le 2 novembre, n'apporta rien de nouveau, l'un prévenant l'autre que l'armée française d'Afrique du Nord résisterait si les Américains « commettaient l'erreur d'attaquer [21] ». Darlan revint à Alger le 5 novembre, au chevet de son fils malade, et se concerta avec Juin sur l'approche signalée de grands convois alliés. Ils pensèrent que ceux-ci se dirigeaient vers Malte ou la côte libyenne. Juin, pour tenir compte des avis contraires, mit en alerte les unités du Constantinois et de Tunisie : c'était bien pour une résistance au débarquement que ses ordres furent donnés [22].

Comme on le voit, Murphy avait voulu sonder Juin et Darlan. Au point où il en était, il ne pouvait leur révéler les intentions américaines et, en tout cas, il ne l'a pas fait. Darlan, de ce fait, a bien été en relation indirecte avec lui, mais il n'envisageait de faire appel à Roosevelt qu'au printemps de 1943 — si même il l'envisageait vraiment. Quant à Juin, Murphy a peut-être voulu en prendre la mesure, à un moment où ses interlocuteurs français commençaient à s'inquiéter des grandes insuffisances de Giraud : ce n'est pas une hypothèse invraisemblable. Quoi qu'il en soit, le cours des choses ne pouvait plus être changé.

Le 19 mai, Lemaigre-Dubreuil lui-même s'était rendu à Lyon pour rencontrer le célèbre évadé. Ce dernier lui avait exposé le plan de guerre qu'il avait conçu en captivité [23] : l'armée française subsistant en zone Sud depuis l'armistice récupérerait un beau jour du printemps 1943 l'armement qu'elle avait camouflé et, avec l'aide des troupes alliées qui débarqueraient alors, se jetterait sur les arrières de l'armée allemande tandis qu'un soulèvement aurait lieu en même temps en Belgique, en Hollande, en Tchécoslovaquie et en Yougoslavie avec pour but stratégique de couper l'Allemagne de l'Italie... Lemaigre-Dubreuil répliqua que le seul objectif envisagé à court terme était un débarquement américain en Afrique du Nord. Giraud en admit l'hypothèse avec réticence, préféra se réserver pour les futures opérations en métropole et désigna, pour le représenter dans l'opération dont lui parlait Lemaigre-Dubreuil, le chef d'état-major du corps d'armée d'Alger, le général Mast.

Les conjurés français d'Afrique du Nord virent alors le rythme des événements s'accélérer. C'est qu'à Washington on s'était décidé à un débarquement au Maroc et en Algérie. En juillet, les conversations entre Lemaigre-Dubreuil, Murphy et Solborg aboutissaient à un procès-verbal qui mentionnait les possibilités de livraisons de matériel américain à l'armée française, prévoyait que les forces américaines seraient seules à débarquer, sans appui britannique ou français libre, précisait que les rapports entre de Gaulle et le groupe d'Alger seraient du ressort exclusif des Français eux-mêmes, garantissait que le groupe d'Alger aurait le monopole des relations avec les Etats-Unis pour toute l'Afrique du Nord, stipulait que le gouvernement américain n'établirait aucun contact direct avec les populations indigènes et fixait le taux de change à 175,25 F pour la livre sterling et à 43,80 F pour le dollar[24].

Au début d'août, Lemaigre-Dubreuil, non sans avoir une fois de plus tenté de convaincre Laval de changer de politique, a de nouveau rencontré Giraud qui paraît, cette fois, résigné à se rendre en Afrique du Nord. Ce n'est pas que son comportement n'ait soulevé des problèmes et n'ait provoqué de nombreux incidents. Les chefs militaires américains ont qualifié ses plans de « délire stratégique ». De plus ayant refusé de regagner son camp de prisonniers, comme Hitler lui-même l'avait réclamé, il avait accepté, en contrepartie, de signer et de publier une lettre d'adhésion à la politique de Pétain et de Laval : « Je vous donne ma parole d'officier, avait-il écrit à Pétain, que je ne ferai rien qui puisse gêner en quoi que ce soit nos rapports avec le gouvernement allemand, ou entraver l'œuvre que vous avez chargé l'amiral Darlan et le président Pierre Laval d'accomplir sous votre haute autorité. » Sans doute le général Campet qui lui avait porté la lettre à signer, d'ordre de Pétain, lui avait-il précisé qu'elle ne l'engageait pas définitivement : mais même en faisant la part la plus large au double jeu, faux-semblants, équivoques et restrictions mentales, l'image que l'on voulait offrir de Giraud en avait souffert.

C'est le 11 octobre, dans l'avion de Casablanca à Alger, que Murphy, qui revient de Washington, avertit Lemaigre-Dubreuil que le débarquement est imminent. Les 23 et 24 octobre, une rencontre a lieu pour le mettre au point dans la ferme de Jacques Tessier à dix-sept kilomètres à l'ouest de Cherchell, entre le général Mark Clark, adjoint du général Eisenhower, qui allait commander le débarquement, le général Lemnitzer, les colonels Holms et Hamblen et le capitaine Wright et, du côté français, le général Mast, le colonel Jousse, le capitaine de vaisseau Barjot, le commandant Dartois, Henri d'Astier, Van Hecke, José Aboulker, Bernard Karsenty, Jean Rigault, Tessier, le propriétaire de la ferme, et un officier des chantiers de jeunesse, le capitaine Watson[25]. Les 24 et 25 octobre, Lemaigre-Dubreuil rencontre Giraud à Lyon. Il lui apporte le texte des accords préparés par Saint-Hardouin et conclus avec Murphy ainsi que le procès-verbal de l'entrevue de Cherchell. Mais il se rend compte que Giraud n'a rien fait depuis six mois pour préparer un débarquement en métropole alors qu'il ne cesse d'en parler et qu'il continue de réclamer une tête de pont américaine en même temps qu'un débarquement en Afrique du Nord. Il exige que le commandement allié lui revienne « 48 heures après l'heure fixée pour le commencement des opérations initiales de mise à l'eau du premier convoi ». Et, de surcroît, il veut fixer lui-même la date du débarquement quand il sera prévenu de l'achèvement des préparatifs[26]...

Est-ce à la suite de ces entretiens et du sentiment d'irréalisme qui s'en dégageait ? Toujours est-il que le commandant Grout de Beaufort, qui assurait la liaison avec Giraud et devait l'accompagner en Afrique du Nord m'a confirmé, quand je préparais mon premier livre sur de Gaulle que, les conjurés, comme lui-même, songèrent à prévenir Washington que Giraud, décidément, n'était pas l'homme qui convenait pour le rôle exceptionnel qu'on lui destinait [27]. Quoi qu'il en soit, Lemaigre-Dubreuil qui l'a revu à Marseille le 28 octobre, arrive à Alger le 31 pour transmettre ses exigences à Murphy. C'est alors qu'il apprend de Mast la date du débarquement : il aura lieu dans la nuit du 7 au 8 novembre. C'est beaucoup plus tôt qu'il n'avait été dit à Cherchell, et les jours suivants se passent dans une agitation quelque peu fébrile. Murphy, en tout cas, signe, le 2 novembre, trois lettres qui entérinent les accords préparés par Saint-Hardouin. Il y spécifie que les « Français dissidents » suivant l'expression qu'il emploie et qui était celle utilisée par Vichy pour désigner les Français libres, seraient tenus à l'écart de l'opération et ne pourraient être introduits en Afrique du Nord que plus tard avec l'approbation des autorités locales. Mais il précise également que le commandement des troupes alliées ne pourra être remis aux Français « qu'au moment voulu », ne retenant la proposition de Giraud qu'à titre de simple « suggestion » et précisant même que le commandement américain s'exercerait « au cours des phases de l'opération dont fait partie le débarquement [28] ».

Il n'est plus temps de discuter : Lemaigre-Dubreuil se rend à Marseille et y remet à Giraud les lettres de Murphy. Giraud, pourtant, s'il accepte de prendre la tête des troupes françaises d'Afrique du Nord, décide de ne pas se rendre aussitôt à Alger, où il aurait dû, conformément aux prévisions des conjurés, jouer un rôle décisif, mais de passer d'abord par Gibraltar afin de discuter avec Eisenhower de la question du commandement des forces alliées. Il s'embarque donc le 6 novembre, accompagné par le capitaine Beaufre, à bord d'un sous-marin procuré par le commandant Faye — ces deux officiers qui, pour avoir songé à préparer le retour à la guerre de l'Afrique du Nord, avaient été jetés en prison sur l'ordre de Weygand.

Alger sera donc le point d'appui principal du débarquement allié, le plus à l'est aussi puisque le commandement anglo-américain, sans doute par excès de prudence, a renoncé à toute action sur Bône ou sur Tunis. Alger sera aussi le centre principal de la conjuration des résistants d'Afrique du Nord [29]. Le groupe qui va mener l'opération destinée à permettre l'occupation de la ville, sans coup férir, par les forces alliées, ne dispose que de moyens réduits : 750 à 800 civils, jeunes pour la plupart et encadrés presque exclusivement par des officiers de réserve, jeunes eux aussi ; le petit réseau de renseignements dirigé par L'Hostis, qui n'était en liaison qu'avec les services britanniques, le mouvement Combat dont le chef de file, René Capitant, est averti le 4 novembre de la date du débarquement et qui, malgré ses réserves à l'égard de

Giraud et de son adhésion notoire aux principes de Vichy, se mettra sans hésiter à la disposition des chefs de la conjuration. Le Parti communiste algérien, en revanche, n'a pas apporté son adhésion, n'ayant pu obtenir ni les armes qu'il réclamait ni des garanties quant au rétablissement des libertés démocratiques après le débarquement[30].

L'état-major de la conjuration s'établit donc dès le 6 novembre au 26, rue Michelet, domicile du professeur Henri Aboulker. C'est là que siégeront en permanence d'Astier, Lemaigre-Dubreuil, Saint-Hardouin, le colonel Jousse, l'abbé Cordier et José Aboulker, en attendant qu'ils prennent possession du commissariat central d'Alger, ainsi que Murphy, représentant personnel de Roosevelt, John Boyd, de la délégation économique américaine, et Harry Woodruff, vice-consul des Etats-Unis.

En fin d'après-midi, le 8, on put mesurer la faiblesse des effectifs conjurés : six cents hommes seulement, au lieu de huit cents qui étaient prévus, ont pu être joints, et on ne disposait que de six cars[31]. Passant outre, les chefs du groupe d'Alger décidèrent d'exécuter intégralement leur plan d'action, de faire occuper par leurs hommes tous les points stratégiques de la ville et d'arrêter en même temps tous les chefs civils et militaires de Vichy. Le plan fut rigoureusement exécuté. Dès la fin de la soirée, le général Juin, commandant en chef des forces d'Afrique du Nord, est arrêté à sa résidence de la villa des Oliviers. L'amiral Darlan, venu l'avant-veille à Alger au chevet de son fils Alain atteint de paralysie infantile et en traitement à l'hôpital Maillot, arrive peu après minuit pour rendre visite à Juin : il est arrêté à son tour. Mais ils ne sont pas transférés dans la villa prévue à cet usage, à 15 kilomètres d'Alger, car Murphy est arrivé en compagnie du lieutenant-colonel Chrétien et a aussitôt entamé une discussion avec Juin : il lui demande d'ordonner à l'armée d'Afrique du Nord d'accueillir les forces américaines et de combattre, le cas échéant, les troupes allemandes et italiennes qui pourraient débarquer à leur tour. Mais Juin s'y refuse : Darlan est à Alger et c'est à lui que Murphy doit s'adresser. Darlan, à son tour, se dérobe : c'est de Pétain qu'il attend ses ordres et tant qu'il n'en aura pas de contraires, il fera respecter les conditions d'armistice, ce qui veut dire, en fait, que les troupes françaises se battront contre les forces américaines.

C'était d'ailleurs ce que l'on avait décidé à Vichy. Recevant le chargé d'affaires américain Pinckney Tuck, venu lui remettre un message de Roosevelt, Pétain lui communiqua sa réponse écrite : « C'est avec stupeur et chagrin, déclarait-il, que j'ai appris cette nuit l'agression de vos troupes contre l'Afrique du Nord. Vous invoquez des prétextes que rien ne justifie... Nous sommes attaqués. Nous nous défendrons. C'est là l'ordre que j'ai donné[32]. » Et à 8 h 49 il exprimait à Darlan sa confiance pour appliquer ses directives : « J'ai bien reçu vos messages par l'intermédiaire de l'Amirauté et suis heureux que vous soyez sur place. Vous pouvez agir et me renseigner. Vous avez toute ma confiance. » A cette date et à cette heure, des deux côtés de la Méditerranée, on ne paraît encore envisager que la résistance au débarquement. Darlan a d'abord rédigé un message, vers 2 heures du matin, qu'il a cacheté et dont Murphy a accepté la transmission sous la promesse qu'il ne contenait aucun ordre de poursuivre la lutte contre les forces américaines. Mais le fonctionnaire du consulat des Etats-Unis chargé de l'acheminer est passé par le 26, rue Michelet où d'Astier a pris connaissance du message de Darlan. Celui-ci rendait compte à Pétain des ordres de résistance donnés jusque-là aux forces françaises. Il y écrivait qu'il avait répondu à Murphy, venu demander un cessez-le-feu, « que la France avait signé une convention d'armistice et que je ne pouvais que me conformer aux ordres du maréchal de défendre nos territoires ». Dans un deuxième message, qui ne fut pas intercepté, il renouvelait ces ordres.

Vers 6 h 30 du matin, une escouade de gendarmes mobiles libérait Darlan et, dans tout Alger, la contre-offensive de Vichy s'amorçait. C'est que les conjurés, malgré leur détermination et leur sang-froid, se trouvaient privés des chefs sur lesquels ils avaient compté et ne pouvaient que tenir bon dans l'attente de l'arrivée des troupes américaines que des agents de liaison s'efforçaient frénétiquement de hâter. Le général Giraud, qui aurait dû être là pour jeter dans la balance tout le poids de son autorité morale, était à Gibraltar. Il fallut que l'un des résistants d'Alger enregistre un message qu'on lui attribua pour qu'on puisse le diffuser à la radio presque sans arrêt jusqu'à 11 heures[33]. Le général Mast, qui devait couvrir l'action des conjurés de son autorité de chef d'état-major de la division d'Alger, n'était pas là non plus : il avait choisi de se rendre à Sidi-Ferruch pour assister au débarquement et ne put être joint que tard dans la journée. Le commandant Dorange se fit passer pour son adjoint auprès des jeunes conjurés, et, par cette ruse, put organiser la reprise en main progressive de la ville par les autorités. Nulle part, à quelques exceptions près, il n'y eut dans les corps de troupes de ralliement notable à la conjuration.

Darlan, en tout cas, avait repris contact avec Vichy, par le chiffre de l'Amirauté, et, dans ses télégrammes, ne donnait aucunement l'impression de vouloir s'écarter des directives de résistance au débarquement données par Pétain. A 11 h 41 il admettait « qu'Alger sera vraisemblablement prise ce soir » mais annonçait que si Juin ne pouvait plus commander il constituerait deux régions militaires, l'une en Tunisie et dans le Constantinois sous les ordres du général Barré, l'autre en Oranie et au Maroc sous les ordres de Noguès[34]. C'est à 22 h 19 qu'il prévint Pétain que le cessez-le-feu était intervenu pour Alger exclusivement et qu'il espérait bien obtenir le lendemain du général Clark que l'administration française reste en place[35].

Dans la matinée du 9 on répond de Vichy, d'où Laval est parti voir

Hitler, que « le chef du gouvernement étant actuellement absent, aucune négociation ne saurait être envisagée avant son retour » et que les ordres donnés auparavant — c'est-à-dire ceux qui prescrivaient de lutter contre le débarquement américain — restaient en vigueur[36]. Répondant à une demande d'information de Vichy, Darlan fait savoir dans l'après-midi qu'à part le cas d'Alger « il ne négocie pas ». Il signale que la résistance à Oran faiblit mais que « le Maroc pourra continuer longtemps sa magnifique résistance ». Il continue de s'en tenir à la ligne de Vichy : « Nous devons tenir engagement... sous peine de voir Allemands dénoncer armistice et occuper zone libre. » Envisageant une occupation de toute l'Afrique du Nord par les troupes américaines, il faut, écrit-il, « nous efforcer conserver souveraineté gouvernement légal par négociations avec les Américains, à exclusion des Anglais et dissidents ». Mais il ajoute, se rattachant par là à la ligne politique qui fut celle de Vichy durant les deux premières années après l'armistice : « Il faut éviter de solliciter une aide de l'Allemagne, à moins que celle-ci ne remplace la situation d'armistice par une autre formule plus avantageuse. » Il marquait ainsi son attachement à la politique qu'il avait voulu mener au temps des accords qu'il avait conclus lui-même avec Hitler, Vichy ne devant s'allier à l'Allemagne que si elle changeait de politique envers la France. Et, en même temps, il demandait par télégramme la révocation des généraux Béthouart, Mast et de Montsabert, et des colonels Baril et Jousse « pour avoir manqué au serment fidélité au maréchal... et avoir volontairement facilité invasion du territoire par armée étrangère[37] ».

Mais à la fin de cette journée du 9, Darlan transmit aussi les propositions d'accords du général américain Ryder, précisant d'ailleurs qu'il ne faisait que les transmettre. Après consultation des généraux Juin, Koeltz et Mendigal, commandant des forces aériennes d'Afrique du Nord, et de l'amiral Moreau, il avertit Vichy qu'il serait sage de les accepter, leur refus pouvant « amener la dissidence de beaucoup de militaires et de civils qui seront soumis à la propagande Giraud ». Son revirement, sur place, allait en réalité beaucoup plus vite que ses télégrammes ne le disaient : il fut accompli le 10 novembre à 11 h 25 quand il envoya à Vichy le texte de tous ses ordres de cessez-le-feu ajoutant « qu'il prenait l'autorité sur l'Afrique du Nord au nom du maréchal[38] ».

Ce que la conjuration d'Alger et l'entrée des troupes américaines avaient permis d'arracher à Darlan ne put être obtenu ni à Oran ni au Maroc[39]. C'est que les conjurés d'avant le 8 novembre ne purent y réussir l'opération menée à bien par leurs camarades algérois. A Oran, le colonel Tostain qui aurait dû armer et aider les groupes de choc constitués par Roger Carcassonne et ses amis, révéla la conjuration et ses préparatifs à son supérieur le général Boissau dans l'espoir d'emporter son adhésion. Au lieu de quoi il est mis aux arrêts. Boissau put alors organiser une âpre résistance du port face au débarquement. Les troupes américaines y perdent plusieurs centaines de tués, de blessés et de noyés. Boissau refusa même de suivre l'exemple d'Alger où la trêve avait été conclue, ordonna de poursuivre les combats et de faire fusiller Luizet, sous-préfet de Tiaret, qui était entré en dissidence. Et quand, après trois jours d'une lutte furieuse, il se résolut à céder aux injonctions de Darlan qui voulait étendre le cessez-le-feu à toute l'Algérie, il prescrivit au commandant du port, un sabotage qui entraîna la destruction de vingt-huit navires de commerce.

Au Maroc, c'est sur le général Béthouart que repose toute la conjuration. Il est prévu qu'avec l'aide du régiment du colonel Magnan, qui accepte d'en prendre le risque, il arrêtera Noguès et désarmera la résistance des garnisons de Casablanca. Dans la nuit du 7 au 8 novembre, à Rabat, les troupes de Magnan encerclent donc la résidence générale. Mais au lieu d'arrêter Noguès, Béthouart lui envoie un émissaire pour le convaincre de prendre la tête du ralliement aux Alliés. Noguès préfère appeler Michelier, commandant de la marine au Maroc, qui, à cette heure, ne voit en face de lui aucune force navale américaine. Il décide alors d'engager une contre-offensive générale contre Béthouart et Magnan. Béthouart n'est pas disposé à se servir de ses troupes pour arrêter Noguès, comme Magnan le lui suggère. Il choisit de se laisser arrêter et, du coup, la conjuration s'effondre. Michelier se prépare alors à livrer combat et c'est seulement parce qu'il donne ses ordres trop tard que ses bateaux ne peuvent se déployer à la sortie du port et forment de trop faciles objectifs aux canons de la flotte alliée, en ordre de bataille. Le cuirassé *Jean Bart* est endommagé pour longtemps, 2 croiseurs, 3 contre-torpilleurs, 14 sous-marins sont coulés [40].

Encore Noguès pensa-t-il à poursuivre les combats sur terre [41]. Il prépara donc son repli vers l'intérieur où il susciterait une guérilla qui mettrait en échec les forces américaines en attendant l'arrivée des renforts de Vichy ou peut-être une intervention des forces de l'Axe. C'est le refus du sultan de quitter sa capitale et de s'associer à une guerre contre les Alliés qui fit échouer ces projets. Dans la matinée du 10 novembre, alors que plus de 800 hommes avaient été tués du côté français, Noguès, dans une lettre à Pétain, continuait pourtant à se féliciter de voir ses troupes « se battre magnifiquement ». Mais, vers 14 heures, il reçut de Darlan l'ordre d'arrêter les hostilités et il s'y conforma en assurant Vichy par télégramme qu'il n'avait « pas supposé un instant que cet ordre n'était pas conforme à [ses] directives ».

Ainsi, à Oran comme au Maroc, les autorités de Vichy avaient mené avec ardeur la lutte contre le débarquement américain. Les résistants d'Afrique du Nord n'avaient pu les neutraliser qu'à Alger. Et seul le succès des forces alliées dans l'Algérois, la réussite de la conjuration et les pressions irrésistibles exercées sur Darlan, avaient pu amener un cessez-le-feu. Encore celui-ci n'avait-il pu éviter une grave effusion de sang à Oran, un carnage à Casablanca et d'effroyables pertes pour la marine française. C'était le résultat des décisions prises à Vichy. Pétain avait, dès le début de la matinée du 8 novembre, rédigé avec Laval son appel public et solennel à résister au débarquement américain. Puis, en début d'après-midi, le représentant allemand à Vichy, Krug von Nidda, présenta à Laval une offre de Hitler : si la France déclarait la guerre à l'Angleterre et aux Etats-Unis, l'Allemagne marcherait avec elle « pour le meilleur et pour le pire ». Un Conseil des ministres se réunit aussitôt mais Laval en sortit pour déclarer au diplomate allemand que, s'il était prêt lui-même à accepter l'offre du Führer, Pétain hésitait encore et que l'on se contenterait, pour commencer, de rompre les relations diplomatiques entre la France et les Etats-Unis : son comportement général suggère d'ailleurs qu'il n'était pas réellement favorable à une déclaration de guerre aux pays anglo-saxons et que les hésitations de Pétain lui servaient d'alibi auprès des Allemands [42].

A Munich où il se rendit le 9 novembre, non sans avoir glissé une fiole de poison dans la doublure de sa pelisse, il fut reçu le 10 en fin de matinée par Hitler [43]. On l'appela de Vichy pour le prévenir que Darlan avait prescrit un cessez-le-feu dans toute l'Afrique du Nord. Sentant qu'il risquait de perdre toute espèce de crédit auprès de son interlocuteur, il insista, par téléphone, pour que l'on annule les ordres de Darlan et que l'on prescrive la poursuite de la lutte. Ainsi fut fait. Le texte, signé par Pétain, proclamait : « J'avais donné l'ordre de se défendre contre l'agresseur. Je maintiens mon ordre [44]. » Mais, en même temps, Laval à Munich et Pétain à Vichy renâclaient devant les exigences allemandes concernant la Tunisie où Hitler avait décidé d'envoyer au plus vite la Wehrmacht renforcée de troupes italiennes. Hitler n'avertit même pas Laval, à Munich, de sa décision d'occuper la zone Sud.

Rien n'indique, en tout cas, que Pétain ait alors prévenu Darlan qu'il appuyait sa décision, comme le fils de l'amiral et Auphan l'ont ensuite assuré. Le 10 novembre, vers 15 heures, il aurait confié à ce dernier un télégramme faisant confiance à Darlan. Le texte aurait été conforme à celui du 8 novembre mais, le 10, il aurait équivalu à une approbation du cessez-le-feu. Mais ce télégramme n'a jamais été retrouvé ni dans les archives ni dans les papiers des principaux personnages entourant Pétain, ni dans les papiers de Darlan, et celui-ci n'en a jamais fait état. Il avait répondu à l'ordre de Pétain de poursuivre la lutte malgré la conclusion d'un cessez-le-feu, par ce télégramme : « Reçu votre message. J'annule mon ordre et me constitue prisonnier de guerre [45]. »

Mais le lendemain, 11 novembre, à 7 heures, la Wehrmacht franchissait la ligne de démarcation entre les deux zones métropolitaines. Darlan, aussitôt, mit fin à l'ambiguïté qu'il maintenait jusque-là dans ses rapports avec Vichy. Invoquant la protestation de Pétain contre l'occupation de la zone Sud, il fit connaître à l'Amirauté sa position : « L'armistice est rompu. Nous avons notre liberté d'action. Le maréchal n'étant plus libre de ses décisions, nous pouvons, tout en restant fidèles à sa personne, prendre celles qui sont les plus favorables aux intérêts français. J'ai toujours déclaré que la flotte resterait française ou qu'elle périrait. L'occupation des côtes de Provence rend impossible le séjour des forces navales dans la métropole. J'invite leur commandant en chef à les diriger sur l'Afrique-Occidentale française. Le haut commandement américain déclare qu'elles ne rencontreront aucun obstacle de la part des forces navales alliées[46]. »

Le moins qu'on puisse dire c'est que ce n'était pas un appel clair à la reprise de la lutte. Mais ce ne fut pourtant pas suffisant. Le 26 novembre, Hitler, invoquant l'intention secrète des chefs de la flotte française de Toulon de rallier l'Afrique du Nord, ordonnait à la Wehrmacht d'en prendre le contrôle. Rien, pourtant, n'était plus faux. Ni Auphan, secrétaire d'État à la Marine jusqu'au 16 novembre, ni son successeur Abrial, ni l'amiral de Laborde, commandant la flotte de Toulon, n'avaient prescrit le moindre départ, ne serait-ce que de quelques unités de la flotte[47]. Celle-ci, loin de résister ou de tenter de prendre le large, se borna à suivre les instructions anciennes de Darlan et se saborda — excepté trois sous-marins, dont le *Casabianca*, qui s'échappèrent. Ainsi, en un mois, tant en Afrique du Nord qu'à Toulon, la politique de Vichy avait abouti à la destruction, sans nul profit pour la libération du pays, de plus de la moitié de la marine de guerre française.

Tout aussi graves, peut-être, furent les conséquences qui en résultèrent pour la guerre en Afrique. L'enjeu du débarquement américain au Maroc et en Algérie c'était, en effet, la maîtrise totale des rives sud de la Méditerranée. Elle devait être obtenue à bref délai, les forces américaines venant de l'ouest rejoignant au plus tôt la VIIIe armée britannique qui venait de battre Rommel à El Alamein et fonçait vers Tripoli. Entre elles s'interposait la Tunisie. C'est là que devait s'opérer la jonction des forces alliées et il importait donc, par-dessus tout, pour le succès de leur stratégie, que l'Axe ne puisse s'en approcher. La signature du cessez-le-feu à Alger, le 10 novembre vers midi, n'était donc pas la seule décision imposée par les Américains à Darlan : il avait été convenu que Juin, en sa qualité de commandant en chef en Afrique du Nord, enverrait au commandement français en Tunisie l'ordre de s'opposer aux Allemands.

Depuis quarante-huit heures, en effet, ces derniers sont arrivés. Dès le 8 novembre, à la mi-journée, quinze appareils de la Luftwaffe se sont posés sur l'aérodrome d'El Alouïna. Aucune résistance ne leur a été opposée. Pas plus qu'à un premier détachement d'une centaine d'Italiens débarqués de vedettes rapides et qui s'installent à Tunis. C'est que, le 9 novembre encore, Darlan, tandis qu'il discute déjà avec les représentants américains, a télégraphié ses instructions à Bizerte : « Les Américains, ayant envahi l'Afrique les premiers, sont nos adversaires, et nous devons les vaincre, seuls ou assistés[48]. » Il suggérait ainsi très clairement quel était l'ennemi et qu'il n'y avait pas lieu de résister aux forces de l'Axe qui pourraient « assister » les troupes françaises en lutte contre les Alliés. Quel qu'ait été l'effet de ce télégramme, la situation sur place s'aggrava très vite : dans la seule journée du 10 novembre, 150 avions de transport amènent sur place un véritable corps expéditionnaire germano-italien. Les forces françaises qui protègent l'aérodrome disposent d'artillerie : elles n'ouvrent pas le feu.

Il semble que les instructions envoyées ce jour-là au général Barré qui commandait les forces françaises de Tunisie reflétaient l'équivoque de la position de Darlan tant à l'égard des Américains que de Vichy[49]. Il prescrivait en effet « d'observer une stricte neutralité et d'éviter le choc ». Il faudra que, le 12 novembre, Juin exige impérativement qu'on ouvre le feu contre les troupes ennemies. Encore a-t-il ordonné à Barré de replier ses troupes plus à l'ouest, sans doute afin d'éviter leur destruction en un combat difficile, mais avec pour effet d'élargir la tête de pont des troupes allemandes et italiennes qui, dès lors, se déploient sur tout le sol tunisien. Ainsi commence la campagne de Tunisie où les forces françaises prendront une grande part et entameront, après les combats livrés par les Français libres, la longue remontée qui d'Afrique en Corse et en Italie, de Normandie et de Provence jusqu'en Alsace et du Rhin au Danube, va restaurer leur puissance et leur gloire.

Mais au moment où se règle le sort du débarquement allié, on est encore loin de l'entrée en guerre de l'armée française d'Afrique du Nord. Ce qui a été convenu le 10 novembre vers midi, une demi-heure avant que Pétain n'annonce publiquement qu'il reprend pour lui les pouvoirs qu'il avait confiés à Darlan, ce n'est qu'un cessez-le-feu, et qui ne porte encore que sur Alger. Dans l'ordre qu'il donne aux troupes françaises de mettre fin aux combats, Darlan confère, pourtant, à sa décision une portée politique plus large : « Je prends, déclare-t-il, autorité sur l'Afrique du Nord au nom du maréchal. Les chefs militaires actuels conservent leurs commandements, et l'armature politique et administrative reste en place ; aucune mutation ne peut être effectuée jusqu'à nouvel ordre de ma part. » Et après l'occupation de la zone Sud par la Wehrmacht, le lendemain matin, il peut dire désormais que Pétain est prisonnier des Allemands et qu'étant son successeur désigné, c'est lui qui détient l'autorité légitime. La transition est ainsi assurée entre Vichy et Alger, entre Vichy où Pétain régnait et Alger qui serait maintenant une sorte de Vichy sans Pétain. C'est assez, en tout cas, pour que les officiers qui entendaient obéir à Pétain justifient leur obéissance à Darlan.

Pour l'amiral, il s'agit donc d'établir au plus vite son autorité sur toute l'Afrique du Nord et d'apparaître ainsi aux yeux des représentants américains comme leur seul interlocuteur, capable de leur faciliter la tâche. Les journées suivantes seront à cet égard décisives. Noguès vient d'être désigné par Pétain comme délégué de Vichy pour toute l'Afrique du Nord : cette charge lui est confirmée par son officier de liaison qui revient de France[50]. Le refus du sultan de quitter Rabat et la destruction de la flotte française à Casablanca l'ont contraint au cessez-le-feu, mais il s'apprête encore à faire passer en jugement Béthouart et ses compagnons et ne renonce pas à exercer les fonctions qui viennent de lui être données. Il renvoie donc son officier de liaison à Alger afin d'y préparer son arrivée alors que Darlan l'a convoqué pour obtenir son ralliement.

Mais l'amiral, ce jour-là, consolide sa position. Le gouverneur général de l'Algérie, Châtel, et le général Bergeret, secrétaire d'État à l'Aviation, qui était venu à Tunis assister aux événements, décident de se rallier à lui. Plus difficile à régler est le cas de Giraud. Il n'avait atterri à Blida qu'avec retard, et son absence le jour du débarquement avait été le plus grave handicap des conjurés qui avaient tant fait pour qu'il y prenne le pouvoir. C'est qu'il avait voulu passer par Gibraltar, pour tenter, une fois de plus, de se faire attribuer à brève échéance le commandement des forces alliées. Eisenhower et Clark eurent le plus grand mal à le convaincre qu'il ne pouvait en être question. Ils le confirmèrent, en revanche, dans son rôle de chef des pouvoirs civils et des forces françaises en Afrique du Nord. Mais dès son atterrissage à Blida, où le général de Montsabert parvint de justesse à prendre le contrôle de l'aérodrome, les difficultés s'accumulèrent devant lui. Ce jour-là, 9 novembre, Darlan et les chefs militaires d'Alger reprenaient le contrôle de la ville en même temps qu'ils négociaient avec les Américains, de sorte qu'au lieu de se rendre au Palais d'Eté, comme il avait été prévu, il fut dirigé vers la résidence de Lemaigre-Dubreuil à Dar Mahieddine. Le général Mast vint l'y rejoindre et lui suggéra d'affirmer aussitôt son pouvoir, de procéder sans attendre à la réorganisation du commandement et de prendre les premières mesures en vue de la reprise immédiate de la guerre, en arrêtant les hostilités à Oran et au Maroc, en obligeant les Alliés à marcher sur Bône et sur Tunis, et en mobilisant l'ensemble des forces françaises[51]. Mais Giraud ne parut prêt à aucune décision d'envergure. La mallette qui contenait son uniforme et son képi de général d'armée avait été perdue à Blida et il en éprouva un vif mécontentement : un tailleur dut se rendre à Dar Mahieddine pour couper à la hâte un nouvel uniforme... Le commandant Dorange, collaborateur de Juin, vint à son tour, insista sur l'obéissance de tout le corps des officiers à ses chefs réguliers et suggéra que Giraud, sans pouvoir légal et sans attribution hiérarchique, risquait de n'être qu'un dissident aux yeux de l'armée.

Puis, Juin arriva. Et son rôle, durant les quarante-huit heures qui vont suivre, fut décisif. Fait prisonnier par les conjurés la nuit du débarquement, il s'était convaincu dans la journée du 9, que le moment était venu des décisions les plus radicales : le débarquement américain allait réussir, les Alliés allaient chasser l'Axe d'Afrique et ouvrir un nouveau théâtre d'opérations en Méditerranée, la guerre changeait de cours.

L'armée française devait reprendre sa place dans la lutte contre l'Allemagne : dès cet instant Juin n'eut pas d'autre but. Il en persuada Darlan dès l'après-midi du 9 et le pressa de signer l'ordre d'arrêt des combats, le 10. Durant son entretien avec Giraud, il lui exposa que Darlan, présent à Alger, était le seul représentant du pouvoir légal, le seul dont l'autorité s'exerçât légitimement sur l'ensemble des hiérarchies civiles et militaires. Pour que tout aille vite et sans crise inutile le mieux serait que Giraud reçoive de Darlan le commandement qui, très naturellement, lui revenait. Bref, Juin se proposait de s'entremettre entre les deux hommes et Giraud, impressionné, n'y fit pas d'objection. Plus encore : il écarta les offres de Clark et de Murphy qui lui garantissaient l'appui américain s'il voulait prendre le commandement civil et militaire dans toute l'Afrique du Nord [52].

La voie était libre pour Darlan. Suivant la suggestion de Juin, il nomma Giraud commandant en chef des troupes nord-africaines C'était se donner un formidable surcroît d'autorité aux yeux des représentants américains : satisfaits d'avoir obtenu de lui un cessez-le-feu qui leur facilitait la tâche, ceux-ci ne songeaient nullement à lui imposer par la force l'autorité de Giraud alors que celui-ci, apparemment, se soumettait de lui-même à l'amiral. Cela suffit à régler à son tour le cas de Noguès qui, convaincu par Juin, remit à Darlan le mandat que Vichy lui avait donné [53]. Le 13 novembre, un « conseil » se réunit sous la présidence de l'amiral, qui décida de rendre définitive la sécession de l'Afrique du Nord, d'y constituer une autorité politique et de reprendre les armes contre l'Allemagne, Darlan lui-même prenant le titre de haut-commissaire. Le soir même Eisenhower et son adjoint britannique, l'amiral Cunningham, y donnèrent leur consentement.

Mais encore fallait-il que le « haut-commissaire » réponde, autant que possible, à l'attente des Alliés. Il s'y efforça, donc, non sans peine. Boisson, gouverneur général d'Afrique-Occidentale, ne se rallia qu'après avoir envoyé le général Blaizot à Alger afin d'entendre de la bouche même de Darlan que celui-ci agissait comme successeur désigné de Pétain et en raison de « l'empêchement » du maréchal, désormais prisonnier des Allemands : encore voulut-il s'en expliquer auprès de Vichy, le 19 novembre, par la nécessité « de maintenir en Afrique le principe de souveraineté légale française et de barrer la route à la dissidence ».

Darlan put alors former un « conseil impérial » qui comprenait, en plus de Giraud, Bergeret, Noguès, Boisson et Châtel, avec un secrétariat des Affaires politiques réunissant les services des ministères de l'Intérieur et de l'Information qu'il confia à Rigault dont l'adjoint était Henri d'Astier de la Vigerie, chargé lui-même de la police. Tarbé de Saint-Hardouin s'occupait du secrétariat des Affaires étrangères et les questions financières étaient confiées à Pose, un banquier administrateur délégué de la BNCI. Ce n'était là d'ailleurs qu'une apparence de gouvernement qui ne détenait, en fait, qu'une apparence de pouvoir.

Car le « haut-commissaire » avait dû conclure avec les représentants alliés des accords qui, certes, faisaient de lui leur seul interlocuteur français dans une grande partie de l'Empire mais qui donnaient aux autorités anglaises et américaines des pouvoirs exorbitants, partout où leurs armées se trouvaient, et mettaient le gouvernement que Darlan s'efforçait de constituer sous la dépendance la plus étroite des Etats-Unis, au nom desquels le général Clark les avait signés, et sans que rien ne subsistât des garanties d'indépendance et de souveraineté contenues dans les accords Giraud-Murphy[54].

Après quoi, pour Darlan, les échecs se multiplièrent. La flotte de Toulon, en se sabordant, lui avait échappé. L'amiral Godfroy, qui commandait à Alexandrie la force X, refusa d'abord de se joindre à lui avant de se décider, au bout de six mois, à reprendre la lutte : ce n'est que le 17 mai, qu'il annonça son ralliement au nouveau pouvoir d'Alger, mais en informant aussi Vichy qui lui ordonna, en vain, de saborder ses navires. Seul un sous-marin et trois torpilleurs de l'escadre d'Alexandrie rejoignirent directement l'Afrique du Nord, le cuirassé *Lorraine,* les croiseurs *Duquesne, Tourville, Suffren* et *Dugay-Trouin* ne ralliant Dakar par le cap de Bonne-Espérance que le 9 décembre 1943, treize mois après le débarquement américain... Aux Antilles, l'amiral Robert ne répondit pas davantage aux appels de Darlan : et c'est seulement au mois de juin suivant qu'il se résigna à abandonner ses pouvoirs.

Tant d'échecs marquaient les limites et les impasses de la politique des accords limités avec les autorités locales que Roosevelt voulait mener à l'égard de la France. Cette politique était à l'opposé de ce que de Gaulle avait entrepris depuis le 18 juin 1940. Mais le président américain s'y tenait, du reste, il le rappela sans ambages à André Philip, commissaire à l'Intérieur, et à Tixier, délégué de la France combattante à Washington, qu'il reçut le 20 novembre, douze jours après le débarquement en Afrique du Nord. Comme Philip lui affirmait « que l'unité de la résistance intérieure française ne peut être réalisée que dans le cadre de la France combattante, sous la direction du général de Gaulle », Roosevelt répliqua : « Lui, président, accepterait même la collaboration d'un autre diable nommé Laval. » Il envisageait même, déclara-t-il, que les autorités américaines puissent administrer tous les territoires français libérés et rappelait à ses interlocuteurs, sans trop de ménagements, que la France de toute façon n'avait pas d'armes. Et toute sa politique se résumait en cette phrase rapportée par Philip et Tixier : « L'heure n'est pas venue de former un gouvernement français, même provisoire[55]. »

Pourtant de Gaulle voyait toutes les raisons qu'il avait d'être optimiste sur l'issue de l'épreuve en cours. Il avait envoyé en mission à Alger le général François d'Astier de la Vigerie. Ses comptes rendus l'éclairèrent sur la confusion qui y régnait, la faiblesse et le désarroi de Giraud, l'anxiété de Darlan qui n'avait pour lui que quelques hiérarques nommés par Vichy et l'obéissance d'une armée désorientée par les volte-face successives de ses chefs ; mais aussi sur la détermination des résistants ulcérés du maintien du régime de Vichy et le vaste mouvement d'opinion qui portait vers la France libre tous ceux qu'indignait ou qu'écœurait « l'expédient » — suivant l'expression d'Eisenhower — qui maintenait Darlan au pouvoir. De Gaulle, au fond, comptait avant tout sur ce qu'il appelait « le caractère moral de cette guerre » pour condamner à terme le recours aux anciens partisans de l'Axe. Par son choix de 1940, il incarnait le combat intransigeant de la liberté contre les fascismes, des démocraties contre les dictatures, des Alliés contre l'ennemi : les Etats-Unis comme la Grande-Bretagne ne pouvaient rien en définitive contre la force morale qu'il représentait et l'appui massif des Français eux-mêmes. Mais il discernait aussi, naturellement, jusqu'où la politique américaine pouvait conduire et le parti que certains pourraient en tirer. Dans un télégramme à son représentant à Washington il écrivait :

> Les Américains ont entrepris l'opération d'Afrique du Nord sur la base qu'on pourrait appeler la base de Vichy. Cette base était préparée par l'équipe habituelle qui les inspire et les informe quant aux affaires françaises, tous les gaullistes étant naturellement exclus... Pétain a donc avec Laval d'une part, et Darlan de l'autre, une carte dans chaque camp. Je crains que cette combinaison ne soit pas tout à fait désagréable à certains éléments américains qui jouent une nouvelle Europe faite autour de Pétain, Franco, Sikorski et Goering, contre les Soviets et même contre l'Angleterre.

Mais la certitude qu'il avait de venir un jour à bout de ces obstacles se nourrissait aussi des nouveaux succès de la France libre. Déjà, il pouvait compter sur l'appui manifeste des opinions publiques anglaise et américaine. Les dominions britanniques, à l'exception de l'Afrique du Sud dont le Premier ministre, le maréchal Smuts, lui était hostile, le soutenaient. Comme aussi les gouvernements européens réfugiés à Londres, mis à part le gouvernement polonais que son anticommunisme portait à préférer Darlan et Giraud. L'appui soviétique était, lui aussi, sans ambages : l'ambassadeur d'URSS à Londres, Ivan Maïski, le lui confirma le 4 décembre[56]. La Résistance intérieure était unanime à le reconnaître comme chef de file, comme en témoignaient non seulement les déclarations des mouvements clandestins créés depuis 1940, mais l'arrivée à Londres d'un représentant du parti communiste, Fernand Grenier, le 12 janvier 1943, et bientôt la réunion de tous les partis et mouvements au sein du Conseil national de la Résistance sous l'égide de Jean Moulin, désigné par de Gaulle à cet effet.

Le 14 décembre un accord franco-britannique remettait définitivement à la France libre le pouvoir sur Madagascar, les Comores, les îles

Kerguelen, Saint-Paul, Amsterdam et Crozet. Le général Legentilhomme, nommé gouverneur général à Tananarive, partit de Londres le 24 décembre et, à l'escale du Caire, apprit que le lieutenant-colonel Renal, des forces françaises de Djibouti, venait de passer en territoire éthiopien avec 40 officiers, 300 sous-officiers et 1 500 hommes. Prenant leur tête, Legentilhomme put alors entrer à Djibouti le 28 novembre : il n'avait pu rallier la Côte française des Somalis à la France libre en 1940, mais il y parvenait cette fois et c'est 300 officiers et 8 000 hommes qui rejoignaient ainsi les Forces françaises combattantes. Enfin, du 28 au 30 novembre le contre-torpilleur *Léopard,* commandé par le capitaine de vaisseau Evenou, put à son tour rallier la Réunion à de Gaulle grâce à l'appui d'un groupe de résistants au nombre desquels on comptait le futur Premier ministre Raymond Barre. Et, à la même date, Leclerc, parti du Tchad, pénétrait dans le Fezzan et en achevait la conquête en trois semaines.

Par contraste, les échecs répétés subis par Darlan devaient inévitablement affaiblir l'autorité qu'il essayait désespérément de se donner. Une campagne véhémente était menée par la presse anglaise et américaine contre « l'expédient » qui avait consisté, pour le commandement allié, à s'entendre avec lui. Elle se faisait d'autant plus violente que le régime maintenu dans cette partie de l'Empire était celui que Vichy y avait établi. La censure demeure. Les prisonniers politiques restent internés dans les camps du Sud où ils subissent, pires que jamais, les sévices de leurs geôliers. Le service d'ordre de la Légion a été réarmé et, aux côtés des troupes régulières, assure le contrôle des grandes villes de l'Algérie. Il a fallu l'intervention du commandement américain pour que Béthouart ne soit pas condamné par le tribunal que Noguès avait réuni en toute hâte pour juger son soutien au débarquement allié.

Partout, dans les casernes et les bureaux officiels, l'effigie de Pétain continue de trôner. Les mesures antisémites ne sont pas levées mais, à certains égards, aggravées. La mobilisation décrétée par Darlan obligeant à rappeler les réservistes juifs, bien que ceux-ci fussent exclus de l'armée par la législation de Vichy, on créa pour eux des compagnies de pionniers qui n'auraient pas à porter les armes et seraient seulement employés dans les carrières des environs d'Alger ou dans les fermes du Constantinois. Cette mesure fut édictée par Giraud lui-même qui obligea le général de Montsabert à éloigner son officier d'ordonnance, le lieutenant Bokanowski : affecté au corps franc qui allait se battre en Tunisie, il fut tué à l'ennemi. Les médecins juifs rappelés sous les drapeaux furent envoyés à Dakar. De toutes les façons, on s'efforçait d'éviter que ces Français de confession israélite ne puissent se réclamer plus tard de leurs services de guerre[57].

Dans le climat ainsi créé par le régime que Darlan maintenait en Afrique du Nord, ceux qui avaient préparé le débarquement allié ne pouvaient rester sans réagir. D'autant qu'ils sont portés par un courant d'opinion qui, en dépit des censures et des pressions, se manifeste enfin au sein de la communauté européenne. Les habitants des quartiers les plus modestes, les anciens électeurs du Front populaire, les admirateurs secrets de la France libre ne dissimulent plus leurs sentiments. Aux obsèques du capitaine Pilafort, l'un des plus audacieux et des plus actifs organisateurs de la prise d'Alger, la nuit du 8 novembre, et qui fut blessé mortellement ce jour-là par un officier partisan de Vichy, on comptait 37 000 assistants alors que la conjuration n'avait recruté que 800 personnes dont la moitié seulement prit part aux opérations [58]. Une conjuration se forma de nouveau, avec les mêmes hommes que celle qui prépara le débarquement allié. Henri d'Astier en prit la tête dès le 11 novembre. Plusieurs officiers britanniques et américains furent approchés et promirent leur soutien : ils livrèrent bientôt aux clandestins trois camions d'armes, des munitions et des uniformes [59]. Mais quelques jours plus tard Henri d'Astier lui-même est nommé à la direction de la police. Il ne peut plus diriger la nouvelle conjuration ni laisser faire des hommes que, dans ses nouvelles fonctions, il serait appelé à combattre. Le mouvement clandestin qu'il dirigeait est alors transformé, à son initiative, en un « corps franc d'Afrique » dont Giraud accepte la création et dont Monsabert prend le commandement. Cette unité sera parmi les premières à gagner le front de Tunisie, mais son départ prive d'un instrument capital ceux qui veulent mettre fin au régime de Darlan.

Ils ne renoncent pas pourtant à s'exprimer ni à réagir. Dans Alger et dans Oran, des militants de l'opposition clandestine diffusent des tracts et des affiches où l'on peut lire : *L'Amiral à la flotte, De Gaulle = France, Darlan = traître. Combat* reprend sa parution clandestine et se diffuse dans tout Alger. Quelques numéros d'un journal humoristique clandestin, *Le Canard dissident,* paraissent et tournent en dérision le régime de Darlan. Le Parti communiste algérien, toujours dans la clandestinité, mène une âpre campagne contre les nouvelles autorités et fait diffuser par ses militants ces deux mots d'ordre : *A bas Darlan* et *Second front.* Sa condamnation intransigeante du régime qui subsiste en Afrique du Nord lui vaut des recrues de plus en plus nombreuses dans les milieux populaires européens et musulmans. L'impopularité des Américains est telle parmi les résistants, qui leur attribuent la responsabilité du maintien d'un régime hérité de Vichy, qu'ils font circuler partout cette boutade : « Pour débarquer en Afrique du Nord, les Anglais se sont déguisés en Américains ; pour débarquer en France, les Américains feront bien de se déguiser en Anglais [60]. »

La tension est si forte que, parmi les notables de la communauté européenne et les collaborateurs du « haut-commissaire », on songe déjà à une solution de rechange. Des contacts sont pris avec d'anciens élus d'Algérie qui joueraient un rôle dans un scénario conduisant à l'effacement de Darlan. Mais le successeur auquel on pense répond moins au choix du suffrage universel et au régime républicain d'avant la guerre qu'aux sentiments monarchistes répandus dans l'armée et chez beaucoup des hauts fonctionnaires de Vichy. En pratique, on s'appuierait sur la loi Treveneuc de 1872 qui prévoit qu'en cas de vacance du pouvoir les conseils généraux qui peuvent librement siéger se constituent en assemblée nationale et forment un gouvernement. Cette procédure serait appliquée et c'est le comte de Paris qui serait nommé à la tête de l'exécutif[61].

Le 24 novembre, en effet, les trois présidents des conseils généraux d'Algérie, Saurin, Froger et Deyron, auxquels se joint le député de Constantine Serda, écrivent à Darlan : « Amiral, En vous plaçant vous-même sous l'autorité du gouvernement du maréchal, dont cependant vous avez connu qu'elle n'était plus libre de s'exercer, et en limitant vos fonctions à celles d'un délégué de ce gouvernement en Afrique du Nord, vous ne remplissez actuellement aucune des conditions qui vous confèrent les pouvoirs d'un gouvernement légal et indépendant. » Et ils annoncent leur intention de se réunir en vertu de la loi Treveneuc. Au même moment, le comte de Paris qui, après s'être engagé dans la Légion étrangère en 1939, résidait au Maroc espagnol, reçoit de Marc Jacquet, de la BNCI, un message de l'administrateur de cette banque, Alfred Pose, qui s'occupe des affaires financières auprès de Darlan. On lui explique le scénario prévu, et bien qu'il n'ait eu, suivant ses dires, aucune illusion sur les chances de la combinaison projetée, il accepte de se rendre à Alger dans l'espoir de servir au moins de trait d'union au sein de l'armée entre « le courant majoritaire qui avait donné son allégeance à Pétain et le petit noyau qui avait placé ses espérances en de Gaulle ». A Alger, il constate que l'inspirateur du projet est surtout Rigault qu'appuie, semble-t-il, l'abbé Cordier. On prévoit d'agir vers le 19 décembre.

Mais, c'est ce jour-là qu'arrivait le général François d'Astier de la Vigerie que de Gaulle a chargé d'enquêter sur l'état d'esprit qui règne à Alger[62]. L'affaire fut donc reportée de quelques jours. Le comte de Paris put constater les réserves du représentant de la France libre et le ferme attachement de la plupart des résistants algérois envers de Gaulle. Les promoteurs de l'opération monarchiste voulurent alors s'assurer que les représentants américains n'y étaient pas hostiles. Mais Murphy, approché, s'y opposa catégoriquement : il ne voulait en aucun cas que de nouveaux troubles politiques interviennent sur les arrières des armées alliées. On en était là, ce 24 décembre, quand le général d'Astier repartit pour Londres.

Ce même jour, à 15 heures, Darlan était assassiné par un jeune homme de vingt ans, Fernand Bonnier de La Chapelle, qui, prétextant une audience qu'on lui aurait accordée, attendait l'amiral dans son antichambre et l'abattit au seuil de son bureau. Il avait appartenu à la conjuration qui prépara le débarquement puis au mouvement clandestin qu'Henri d'Astier avait constitué en vue de renverser Darlan et, comme ses compagnons, il se trouvait dans les rangs du corps franc d'Afrique. Il était de ceux qu'ulcérait le maintien du régime de Vichy, et son entourage ne songeait qu'au moyen de se débarrasser de Darlan. Il fut aisé au fonctionnaire de police chargé de l'enquête, le commissaire Garidacci, d'établir ses liens avec Henri d'Astier, l'abbé Cordier et la plupart des monarchistes d'Alger. Mais aucune preuve ne fut apportée du rôle qu'ils auraient joué comme instigateurs de l'attentat : au contraire, leur intérêt les portait à laisser durer un régime provisoire qui préservait les chances — en admettant qu'elles en aient eu — des combinaisons qu'ils préparaient.

Une autre thèse, répandue plus tard, prétendit que l'attentat avait été décidé lors du passage du général François d'Astier de la Vigerie à Alger et en application d'instructions que de Gaulle lui aurait données[63]. Mais, outre qu'aucune preuve, bien entendu, n'en a jamais été fournie, le maintien de Darlan à Alger rejetait vers la France libre tous ceux qui n'admettaient pas le maintien du régime de Vichy et renforçait chaque jour ses chances de l'emporter définitivement, Darlan étant pour de Gaulle un rival infiniment moins crédible que tout autre. La décision de tuer Darlan vint, en réalité, de l'état d'esprit qui régnait parmi tous les résistants d'Afrique du Nord : il suffisait qu'un seul prît le risque d'agir. Philippe Ragueneau, compagnon de Fernand Bonnier de La Chapelle dans les corps francs, a raconté que, le 19 novembre, il était convenu avec trois de ses camarades qu'il n'y avait d'autre issue pour sortir de l'insoutenable régime établi depuis le débarquement allié que d'abattre Darlan. Suivant son témoignage, on tira au sort le nom de celui qui en serait chargé entre les quatre jeunes hommes qui étaient là : Tournier, Gross, Bonnier de La Chapelle et Ragueneau lui-même. C'est Bonnier de La Chapelle qui tira la paille la plus courte[64].

Quoi qu'il en fût, la scène changeait, de Gaulle allait enfin pouvoir y faire son entrée. La mort de Darlan offrait l'occasion d'aller vers la réunification de l'Empire par l'unité des forces combattant l'ennemi : il voulut la saisir aussitôt. Il adressa sur-le-champ un télégramme secret à Giraud. « L'attentat d'Alger, lui écrivait-il, est un indice et un avertissement. » Il lui proposait de le rencontrer au plus vite en territoire français afin de réaliser l'union de la France en guerre. Dès cet instant, il songeait à devenir le président unique d'un gouvernement qui siégerait à Alger tandis que Giraud commanderait les armées et que Catroux serait haut-commissaire en Afrique du Nord. Son jugement sur le meurtrier de Darlan était exposé dans une circulaire aux représentants de la France combattante auprès des Etats étrangers. Il « n'approuve naturellement pas le meurtre comme une méthode politique », leur écrit-il, mais « l'assassinat de Darlan ne modifie en rien le jugement des Français combattants sur son rôle criminel »... Il déplore seulement qu'il « ait échappé à la justice régulière du peuple français ». Le meurtre de Darlan, en réalité, n'a pas altéré l'analyse qu'il faisait de l'avenir de la France libre, de la Résistance, de sa propre tentative d'amener la France et l'Empire tout entier à reprendre les armes et d'en assumer la responsabilité. Il était convaincu que la logique de la Résistance et de la guerre conduirait, tôt ou tard, à éliminer les partisans de Vichy et que les Français eux-mêmes, quels que soient les moyens qu'ils auraient de s'exprimer, l'imposeraient.

Giraud, pourtant, commença par refuser l'offre d'une rencontre faite par de Gaulle : « L'atmosphère est, pour le moment, défavorable à un entretien personnel entre nous », lui répondit-il le 29 décembre. De nouvelles suggestions faites le 1er janvier 1943 en vue d'un rendez-vous à Fort-Lamy, Brazzaville ou Beyrouth, furent rejetées à leur tour. C'est qu'à Alger le climat n'avait jamais été plus hostile à de Gaulle, parmi ceux qui détenaient encore le pouvoir. Certains demeuraient partisans d'un appel au comte de Paris. C'était le cas de Rigault, d'Alfred Pose et sans doute aussi de Tarbé de Saint-Hardouin. Rigault avait d'ailleurs pris comme directeur de cabinet un disciple convaincu de Maurras, Pierre Boutang qui, à la fin de novembre, trois semaines après le débarquement, écrivait encore dans un journal marocain patronné par Noguès, *La Voix française,* un éditorial intitulé : « Je hais les démocraties[65]... »

Mais au Conseil impérial qui se réunit après la mort de Darlan, il apparut aussitôt que les chances du comte de Paris étaient minces. Bergeret, qui portait le titre de haut-commissaire adjoint, invoqua un décret que Darlan aurait secrètement signé le 2 décembre et qui donnait sa succession à Noguès. D'autres membres du Conseil songeaient au prétendant au trône. Mais Eisenhower, sitôt prévenu, fit connaître sans ambages le point de vue américain : il fallait que ce soit Giraud qui succède à Darlan. Le 26 décembre celui-ci fut donc nommé haut-commissaire[66]. Sa première décision fut de laisser s'achever l'enquête sur la mort de Darlan. Bergeret désigna les membres du tribunal qui allaient immédiatement juger Bonnier de La Chapelle, et sans qu'aucune instruction régulière ait eu lieu, sans qu'un procès régulier ait été possible, le jeune homme fut condamné à mort. En vain, toute la nuit du 26 au 27 décembre, ses amis allaient-ils multiplier désespérément les démarches en vue de lui sauver la vie : Giraud refusa de le gracier et Fernand Bonnier de La Chapelle fut fusillé à l'aube du 28. Il fut interdit à la presse de publier son nom.

Avant tout, Giraud s'attacha à démontrer la légitimité de son pouvoir, issu de celui de Darlan, lui-même issu de celui de Pétain. La démonstration en fut faite par Tarbé de Saint-Hardouin qui adressa en ce sens une circulaire à tous les postes diplomatiques et consulaires de Vichy à l'étranger[67]. Puis Giraud songea à consolider le pouvoir qui venait de lui échoir. Il n'eut, semble-t-il, aucune hésitation sur les adversaires qu'il devait frapper : c'était ceux qui s'étaient opposés à Darlan et donc, pour la plupart, ceux qui avaient préparé le débarquement américain. Le 27 décembre, sous prétexte de désarmer « les pro-Allemands qui ont fait assassiner l'amiral », il ordonna la livraison, sous peine de mort, de toutes les armes détenues par des particuliers, et le 30 décembre au soir il fit arrêter tous ceux dont il soupçonnait les intentions, et dont Bergeret et Rigault avaient dressé la liste : le directeur de la Sûreté générale Muscatelli, le directeur de la Surveillance du territoire Achiary, le commissaire central Esquerre, trois membres de la famille Aboulker, Armand et Pierre Alexandre, René Moatti, Fernand Morali, Jacques Brunel... Karsenty, qui devait être arrêté, put s'échapper et prévenir des officiers américains, mais leur intervention fut sans effet.

Du moins la nouvelle en fut-elle connue aussitôt de tout Alger et le haut-commissariat, où siégeaient Giraud et Bergeret, fut assailli de demandes d'explications. La répression se poursuivit cependant : Capitant s'échappa de justesse, Louis Joxe fut mobilisé et emmené vers l'est, Henri d'Astier, que l'on venait cueillir à la sortie de la messe, s'enfuit par la sacristie, mais fut arrêté le 10 janvier avec l'abbé Cordier et le commissaire Garidacci. A l'exception de Rigault, Tarbé de Saint-Hardouin et Lemaigre-Dubreuil, tous les chefs de la conjuration d'avant le 8 novembre étaient arrêtés, de sorte que Jacques Tessier, dont la villa avait servi de cadre aux entretiens de Cherchell, put dire à Murphy : « Voilà la liste et les adresses de tous nos amis, de tous ceux qui, depuis un an, ont travaillé pour vous, risqué la prison et le peloton d'exécution. Cela vous facilitera la besogne. A présent, faites-nous tous arrêter. » La presse anglaise et américaine se déchaîna contre la politique pratiquée en Afrique du Nord, et quand Giraud tenta de faire croire que les arrestations étaient destinées à empêcher d'autres assassinats dont celui de Murphy, ce dernier lui opposa un démenti formel. L'arrivée de Peyrouton, ancien ministre de Vichy et qui vint remplacer Châtel au gouvernement général de l'Algérie, comme Darlan le lui avait demandé, acheva de donner l'impression que c'était le régime de Pétain qui se consolidait sous la protection des autorités américaines. Et cette impression ne pouvait être effacée ou compensée par le ralliement à Giraud de l'amiral Muselier et d'André Labarthe, venus de Londres : ces deux hommes qui avaient si souvent accusé de Gaulle d'aspirer à la dictature et de s'entourer de conseillers peu républicains, n'étaient apparemment guère gênés par le régime qui subsistait à Alger, et leur démarche s'expliquait trop évidemment par leur hostilité farouche envers le chef de la France libre. Au total, le fossé n'avait jamais été plus profond entre l'opinion publique alliée et la politique pratiquée par les représentants de Roosevelt à Alger.

C'est dire que rien ne favorisait un accord entre Giraud et de Gaulle au moment où se réunit la conférence d'Anfa au Maroc. C'est ce que de Gaulle répondit à Churchill quand celui-ci l'invita, le 17 janvier, à se rendre à la conférence, en sa compagnie, pour y rencontrer Giraud « dans des conditions de secret complet ». Le chef de la France libre refusa donc d'y aller. Mais Eden insista par lettre du 19 janvier : « Ce n'est pas seulement Churchill, c'est Roosevelt qui vous invite... Si vous rejetez cette occasion unique, les conséquences pour l'avenir du mouvement de la France combattante ne peuvent être que de la plus extrême gravité. » La majorité des membres du Comité national français se prononça d'ailleurs pour que de Gaulle accepte[68]. Il y consentit donc et partit avec Catroux et d'Argenlieu. A Anfa, Roosevelt et Churchill lui proposèrent la formation d'un comité commun qu'il coprésiderait avec Giraud, mais aussi avec le général Georges, ancien commandant en chef du front Nord-Est en 1940, que Churchill appréciait et que l'on irait chercher en France. Giraud serait seul commandant de toutes les forces françaises et traiterait directement avec Roosevelt. Les gouverneurs et résidents généraux de Vichy feraient partie du comité. Si Giraud accepta la formule, qui le privilégiait par rapport aux deux autres « coprésidents », de Gaulle s'y opposa immédiatement[69]. Il déclara à Roosevelt et à Churchill que l'organisation politique et militaire de la France en guerre ne dépendait que des responsables français et que toute entente entre lui-même et des représentants de Vichy était de toute façon exclue. Tout au plus accepta-t-il qu'on le photographie serrant la main de Giraud et que l'on annonce l'établissement entre eux d'une liaison permanente en vue de négociations à venir.

De Gaulle, en réalité, retira de la conférence d'Anfa de nouvelles raisons d'espérer. Il était d'abord établi que Giraud était lié au système de Vichy, qu'il tenait à conserver autour de lui les hiérarques nommés naguère par Pétain, et que chacun comprendrait mieux, désormais, que l'union de la France en guerre ne se ferait pas sans que le régime change à Alger. Il croyait aussi que ses contacts avec Roosevelt avaient été bons en dépit du climat tendu qui les entourait : pendant les conversations, des gardes du corps armés jusqu'aux dents s'agitaient derrière un rideau, comme s'ils craignaient qu'il n'assassine le président des Etats-Unis. Il pensait que Roosevelt avait « découvert la France combattante » et qu'il en tiendrait compte désormais : n'avait-il pas été reçu par lui à égalité avec Giraud alors que la politique américaine, jusqu'ici, ne voulait d'autre interlocuteur que ce dernier ?

De fait, tout va se jouer en quatre mois. Déjà, l'arrivée à Alger de la mission nommée par de Gaulle et dirigée par Catroux crée dans la ville un climat nouveau : elle sert de pôle d'attraction à tous ceux qui ne supportent plus le maintien du régime de Vichy. Capitant développe ouvertement les « Jeunes de Combat », des lycéens qui font autour d'eux une intense propagande en faveur de la France libre. Un mouvement d'adhésion à de Gaulle se produit désormais au sein des forces dont les chefs ont rallié Giraud. C'est le cas de trois cents marins du *Richelieu* et de la plupart des équipages du contre-torpilleur *Fantasque*, du ravitailleur *Wyoming* et du cargo *Lot*. Parfois les équipages rallient de Gaulle avec leurs bateaux, comme les transporteurs *Eridan*, *Ville d'Oran* ou *Champollion*. Quant à la mission envoyée par Giraud à Londres, elle est dirigée par le général Bouscat qui admettra bientôt que l'opinion française, presque entière, soutient de Gaulle et qu'à Alger on doit en tenir compte [70].

A Washington, au même moment, Roosevelt prend une décision qui va peser lourd sur l'issue finale de la crise. Il s'attache comme conseiller en Afrique du Nord Jean Monnet qui a la réputation de n'être lié ni à de Gaulle ni à Giraud. Il avait proposé à Roosevelt, dans un mémorandum du 23 décembre 1942, de créer une nouvelle armée française insérée dans l'armée américaine. Il n'y avait rien là qui ne fût conforme à la politique menée jusque-là par les Etats-Unis, et Roosevelt, conseillé par Hopkins, avait donc fait confiance à Monnet. Mais celui-ci était trop réaliste, avait trop de sens politique et une trop bonne connaissance de l'opinion française pour ne pas pressentir, dès son arrivée à Alger, que toute solution passerait inévitablement par un accord avec de Gaulle [71].

En tout cas, il entreprend aussitôt d'amener Giraud à renier peu à peu le régime de Vichy. Celui-ci, le 4 mars, dissout le service d'ordre de la Légion. Le 5 mars, dans un discours radiodiffusé, il déclare que la France n'admet pas de préjugé racial. Le 14 mars, devant les Alsaciens-Lorrains d'Alger, il annonce la restauration des lois de la République, mais à l'exception de la loi Crémieux qui donnait aux juifs d'Algérie la citoyenneté française. Certains affectent de minimiser la portée du discours, comme Peyrouton qui affirme qu'il était « simplement destiné à obtenir du matériel de guerre américain [72] » : mais, de Londres, de Gaulle discerne que Monnet en est l'inspirateur et qu'il agit en accord avec Murphy et surtout avec Harold Macmillan, ministre d'État britannique nommé par Churchill à Alger... Les effigies de Pétain disparurent alors des lieux publics. Bergeret et Rigault démissionnèrent le 16 mars, remplacés par Maurice Couve de Murville qui s'était échappé de France et le Dr Jules Abadie, un notable algérien. Quelques jours plus tard, Lemaigre-Dubreuil s'éloigna à son tour. Puis les camps de concentration du Sud algérien commencèrent à relâcher leurs détenus, après que vingt-sept députés communistes eurent été déjà libérés de la prison de Maison-Carrée le 5 février, les libérations n'ayant lieu, cependant, que progressivement, ce n'est qu'au début de mai qu'il ne resta plus qu'une centaine de prisonniers dans les camps.

Encore fallait-il en venir à la fondation d'un gouvernement commun. En réponse à un mémorandum du Comité national de Londres, en date du 23 février, Giraud acceptait la dénonciation de l'armistice, l'abolition de la législation de Vichy, la création d'un pouvoir central. Mais, il exigeait encore que celui-ci soit formé des gouverneurs et résidents généraux des colonies et protectorats, et il proposait d'appliquer, à la libération de la France, la loi Treveneuc qui, comme on l'a vu, prévoyait qu'au cas où les institutions républicaines seraient empêchées de fonctionner, les conseils généraux s'y substitueraient. Catroux suggéra bien un compromis qui ferait de Giraud le « lieutenant général de la République » à la manière d'un président d'avant 1939 et où de Gaulle exercerait la réalité du gouvernement, comme les anciens présidents du Conseil de la IIIe République : mais de Gaulle s'y refusa. Il fit suggérer par Catroux, le 18 avril, la formation d'un gouvernement présidé alternativement par Giraud et lui-même. Britanniques et Américains y étaient favorables et, le 27 avril, sous la pression insistante de Macmillan, Giraud accepta la double présidence, admit la subordination du pouvoir militaire au pouvoir politique, consentit donc aux concessions demandées par de Gaulle et chargea Catroux de suggérer qu'une rencontre entre de Gaulle et lui ait lieu à Marrakech ou Biskra.

De Gaulle comprit immédiatement qu'il avait gain de cause sur les principes et qu'il devrait se battre encore sur l'application de l'accord prévu. Pour l'emporter, il avait besoin de l'appui populaire qu'il escomptait trouver à Alger. Il refusa donc, dès le 28 avril, de venir « en catimini ». Il s'en expliqua dans un message du 2 mai où il exigeait de se rendre à Alger « en plein jour et en pleine dignité « . Il savait que ce serait là pour lui un atout décisif d'autant que, durant le mois d'avril, le ministère britannique des Affaires étrangères, invoquant indûment l'opinion d'Eisenhower, avait fait savoir qu'on ne souhaitait pas sa venue en Afrique du Nord : c'était donc que l'on redoutait l'effet de sa présence sur l'opinion française en Algérie [73].

Il se sentait d'autant plus fort pour présenter ses exigences que la fin de la campagne de Tunisie approchait et qu'une vague de ralliements déferlait en sa faveur. Sfax, Gabès, se ralliaient publiquement à la France libre. L'un des organisateurs du débarquement américain, Van Hecke, demandait à rejoindre de Gaulle avec tout son régiment, le 7e chasseurs d'Afrique, imité par le 4e régiment de spahis. Le général Bouscat, de Londres, pressait Giraud d'accepter : « La rupture, lui écrivait-il, ne peut pas se faire sur la détermination du lieu de rencontre. » Catroux, au contraire, mettait de Gaulle en garde sur les réactions d'Alger : « Vous ne manquez point personnellement de sympathies, mais on identifie trop souvent votre avènement avec la naissance du Front populaire [74]. » Pour de Gaulle, ce n'était pas là le véritable obstacle à sa venue :

> N'oubliez pas, répondit-il à Catroux, que toute l'affaire se joue non point entre nous et Giraud, qui n'est rien, mais entre nous et le gouvernement des Etats-Unis.

Et, de fait, c'est Macmillan et Monnet, après de longues conversations dans les rues de Tipasa, qui rédigèrent l'acceptation de Giraud, télégraphiée le 17 mai à de Gaulle.

Il n'est pas exagéré de dire qu'à cette date tout, par avance, est joué : pour l'issue de la politique américaine en Afrique du Nord, pour les hommes qui en avaient été l'instrument de bon ou de mauvais gré, pour le destin final de Vichy, pour de Gaulle lui-même et le sort de l'entreprise qu'il avait entamée en juin 1940. Au fond, les responsables américains avaient eu le choix entre trois options. Ils auraient pu, en accord avec de Gaulle, rechercher l'appui des éléments les plus farouchement hostiles à l'Axe et à Vichy qui, au jour du débarquement, s'engageraient sans retour, au besoin les armes à la main, fût-ce au prix de rudes affrontements avec les forces obéissant à Pétain, et ouvriraient la voie aux troupes alliées : ils existaient en assez grand nombre, par exemple dans la communauté israélite, parmi les anciens républicains espagnols, au Parti communiste algérien, dans les milieux les plus attachés aux libertés républicaines, parmi les descendants des Alsaciens-Lorrains réfugiés en Algérie après 1870, et c'est là, du reste, que se recrutèrent les petits groupes qui opérèrent avec succès, le 8 novembre, à Alger, tandis que, faute qu'on n'en eût recruté de semblables à Casablanca, la conjuration militaire en faveur des Alliés s'y effondra aussitôt. Ils auraient pu s'appuyer sur les souverains marocain et tunisien et sur les mouvements nationalistes dont ils avaient l'attache pour paralyser les autorités de Vichy, foncer vers la Tunisie et rallier l'ensemble des unités où les hommes de troupe étaient indigènes, comme c'était le cas de la plus grande partie de l'armée française d'Afrique du Nord.

Les responsables américains préférèrent s'entendre avec des personnalités favorables aux Alliés mais suffisamment proches des autorités politiques et militaires sur place pour qu'on pût les rallier ou les neutraliser. En définitive, il leur fallut passer par un accord avec les hiérarques du régime de Vichy, au prix de plusieurs journées décisives dans le calendrier des opérations, et d'un arrangement politique qui suscita un trouble profond et d'âpres critiques pour obtenir un appui militaire qui aurait pu être acquis par d'autres voies. Mais, du coup, ils perdirent de vue l'enjeu essentiel de la campagne : foncer vers Tunis sans perdre une heure pour empêcher les forces ennemies de débarquer et de tendre la main à Rommel venu de Libye. Le chef d'état-major impérial britannique, Alan Brooke, put, à bon droit, reprocher à Eisenhower d'avoir consacré trop de temps aux « aspects politiques » de l'affaire. Et le résultat fut que la longue, trop longue campagne de Tunisie s'acheva trop tard pour que l'on pût encore déployer, pour un débarquement sur les côtes françaises de la Manche, le gros des forces alliées, comme le général Marshall et les états-majors américains l'avaient espéré.

Maintenant, une page était tournée. Le temps des accords au coup par coup, que la politique américaine négocierait suivant ses intérêts en attendant d'organiser elle-même le rétablissement d'un régime démocratique en France, était révolu. Un pouvoir unique dirigeant toute la France en guerre allait inévitablement surgir dès lors que de Gaulle arriverait à Alger. Et toutes les autres tentatives pour le réduire, le neutraliser ou l'éliminer — car il y en eut comme on le verra — étaient condamnées à l'avance.

Allaient disparaître aussi de la scène ceux qui, en un tournant crucial de la guerre, avaient voulu que la victoire des Alliés s'accompagne de l'établissement en France, après sa libération, d'un régime plus ou moins proche de celui de Vichy, inspiré, en tout cas, par les idées en faveur dans l'extrême droite française d'avant la guerre. Des hommes comme Jacques Lemaigre-Dubreuil, Jean Rigault, Henri d'Astier, Alfred Pose, et plusieurs des chefs militaires avec qui ils étaient associés, incarnèrent ce dessein, à des degrés divers, chacun à sa façon et variant suivant les circonstances. On n'oubliera pas, naturellement, le mérite qu'ils ont eu de favoriser la victoire alliée, ni les risques qu'ils ont courus. Mais avec eux allaient s'effacer définitivement pour la France, les idéologies qui avaient tant compté dans l'histoire de ce siècle et qui inspirèrent, bien que différemment, les Etats fascistes et le régime de Vichy. A Alger, bientôt, la République et la démocratie allaient être restaurées avant qu'elles le soient en métropole et, plus jamais, au fond, elles ne seraient remises en cause.

Avant que les Alliés ne remportent leur victoire sur l'Allemagne, de Gaulle remportait ainsi sa victoire sur Vichy. A la lumière du débarquement anglo-américain en Afrique du Nord et des opérations qui suivirent, le régime de Vichy et la politique de Pétain apparurent alors sous leur véritable jour, dans la logique impitoyable de l'armistice de 1940. Contrairement à la légende entretenue par ceux qui voulaient y voir un « double jeu » et reprise quelquefois par la suite, l'armée française d'Afrique s'était affaiblie, et non pas renforcée depuis 1940, sous l'effet des règles imposées par les commissions d'armistice allemandes et italiennes et des livraisons de matériels militaires aux forces de l'Axe. Les ordres donnés et réitérés par Vichy avaient abouti aux tirs déclenchés dans le port d'Alger contre les navires américains et aux combats désespérés mais acharnés de Casablanca et d'Oran, comme auparavant ils avaient conduit à s'opposer par les armes aux Alliés à Dakar, au Levant et à Madagascar, et tout comme, en Tunisie, on ne résista pas immédiatement à l'arrivée des forces allemandes et italiennes. Darlan, on l'a vu, discutant déjà avec les représentants américains, avait câblé à l'état-major de la marine à Bizerte : « Les Américains, ayant envahi l'Afrique du Nord les premiers, sont nos adversaires et nous devons les vaincre, seuls ou assistés » — suggérant par là, assez clairement, qui était l'ennemi et que les forces de l'Axe pourraient « assister » les troupes françaises en lutte contre les Alliés. L'amiral Esteva, président général en Tunisie, et l'amiral Derrien en avaient tenu compte dans leurs instructions. Du coup, les Allemands capturèrent, sans la moindre difficulté,

7 torpilleurs et 9 sous-marins français. Aucune résistance ne s'opposa donc à l'arrivée de leurs parachutistes ni à l'atterrissage continuel de leurs avions de transport sur l'aérodrome d'El Aouïna. Pas plus qu'à Toulon, quinze jours plus tard, aucune résistance contre un coup de main allemand ni aucun départ vers la haute mer n'avait été prévu ni préparé, mais seulement un sabordement général. De sorte que, en un seul mois, la flotte française aux ordres de Vichy avait perdu 4 cuirassés, 1 transporteur d'hydravions, 9 croiseurs, 20 contre-torpilleurs, 25 torpilleurs et 36 sous-marins, soit près de la moitié de tous les navires de guerre qui la constituaient en 1939[75].

La complaisance de Vichy envers l'ennemi avait trouvé sa plus impitoyable démonstration avec la dispersion sans combat de « l'armée de l'armistice », celle qui subsistait dans la zone Sud depuis 1940[76]. Bien que n'ayant jamais pu atteindre, faute de volontaires, le chiffre de 100 000 hommes autorisé par l'Allemagne, elle en comptait, en novembre 1942, environ 80 000, avec 22 bataillons d'infanterie 12 régiments de cavalerie, 9 régiments d'artillerie et de nombreuses unités de la garde — réputées en constituer l'élite — et de la gendarmerie. Par comparaison, les forces allemandes qui pénétrèrent en zone Nord comportaient 30 bataillons d'infanterie, 2 régiments de chars, 8 régiments d'artillerie, des unités transportées en chemin de fer et d'autres sur 2 500 bicyclettes... Dans les états-majors et les services où la majorité des officiers espéraient reprendre un jour les armes contre l'Allemagne, on avait préparé divers plans de remobilisation conçus, du reste, de manière très traditionnelle, par convocations, et prévoyant même des délais allant jusqu'à quinze jours. Mais aucun projet de résistance en cas d'invasion allemande n'avait été fait ni au ministère de la Guerre, ni à l'état-major de l'armée, si ce n'est pour le déplacement éventuel des unités et des postes de commandement. C'est ce déplacement qu'ordonna le général Verneau — qui allait ensuite devenir, avant son arrestation, l'un des principaux fondateurs de l'organisation de Résistance de l'armée — quand le 9 novembre on commença à craindre une intervention allemande en riposte au débarquement allié en Afrique du Nord[77]. Mais un contrordre catégorique fut donné par le général Bridoux, secrétaire d'Etat à la Guerre sur instruction de Pétain, et les unités regagnèrent leurs casernements, le 10 novembre[78].

C'est le 11 novembre, à 7 heures, qu'Allemands et Italiens pénétrèrent dans la zone Sud. Conformément aux ordres de Vichy, aucune résistance, d'aucune sorte, ne leur fut opposée. Tout au contraire, on organisa d'un commun accord le déplacement des forces terrestres et navales de Vichy et des unités allemandes dans le secteur décisif de Toulon, dans l'éventualité d'une tentative de débarquement allié[79]. Mais le retournement des chefs militaires français en Afrique du Nord confirma Hitler dans la méfiance dont il ne s'était jamais départi à l'égard de tout ce qui évoquait l'ancienne armée française, contre laquelle le gouvernement italien, de son côté, ne cessait de le mettre en garde. Le 27 novembre, à l'aube, les forces allemandes et italiennes pénétrèrent donc dans les casernes de l'armée de Vichy, alors que la plupart des hommes de troupe étaient encore dans leurs chambrées et les officiers à leur domicile... Leur dispersion s'opéra immédiatement, sans difficulté et sans susciter de résistance. La seule exception fut le général de Lattre de Tassigny qui échappa à l'ennemi avec l'état-major de sa division mais ne put engager le combat avant d'être arrêté. Se satisfaisant de la promesse de Hitler de laisser l'armée de Vichy se reconstituer « lorsque la situation politique de la France aura été précisée », Pétain et Bridoux ordonnèrent de n'opposer aucune résistance au coup de force allemand, pas plus qu'au coup de main tenté contre la flotte de Toulon qui se borna, comme on l'a vu, à appliquer ses consignes de sabordage. L 'histoire a retenu qu'au moment où l'armée allemande désarma les forces italiennes, la flotte de La Spezia prit la mer avec 3 cuirassés, 6 croiseurs et 6 destroyers et fit front contre la Luftwaffe en des combats très durs...

Allant au-delà, le gouvernement de Vichy voulut interdire tout geste ultérieur de résistance des hommes de son ancienne armée et il obligea les cadres à signer une déclaration où ils étaient avertis que « toute action hostile envers le Reich allemand [...] dont un officier ou un fonctionnaire de l'armée [...] se rend coupable entraînera les conséquences les plus graves pour lui-même et pour sa famille ». Depuis les injonctions adressées à Leclerc et à ses hommes en 1940 jusqu'à celles de 1942, le régime de Vichy montrait sa permanence au moins sur ce point : les menaces à l'encontre des familles de ceux qui voulaient se battre... Certes, « l'armée de l'armistice » n'était pas en état de livrer une bataille d'envergure, mais son armement, son encadrement, son déploiement lui auraient permis de déclencher contre l'ennemi une guérilla redoutable, guérilla que la Résistance intérieure aurait élargie et amplifiée : Pétain et son régime le lui ont interdit. Ainsi se dévoilèrent leur véritable nature.

> Ainsi, dit alors de Gaulle, achève de se dissiper, sans que Vichy ait fait ou laissé tirer sur l'ennemi un seul coup de fusil, la mensongère fiction d'indépendance dont ce régime s'était couvert pour justifier sa capitulation et tromper tant de bons Français.

Plus rien ne pouvait donc sauver Vichy, ni aux yeux des Français tendus vers leur libération, ni pour l'histoire de ce siècle. Ses hiérarques ne pouvaient plus présenter ni intérêt ni avantage pour les dirigeants alliés, même les plus méfiants envers la France libre. Il restait à de Gaulle à faire confirmer et à renforcer son pouvoir afin qu'il ne soit plus contesté quand il arriverait à Paris. Ce serait la bataille qu'il allait livrer à Alger, dans cette Afrique du Nord devenue le sanctuaire de la

France encore asservie, et où la vie politique et sociale sera déjà celle d'une démocratie, contrainte seulement par les exigences de la guerre. Comment l'expérience en serait-elle oubliée par les Marocains, Algériens et Tunisiens quand le moment viendra, bientôt, où, s'interrogeant sur leur destin, ils voudront faire entendre leur voix ?

Chapitre 14

LA RÉPUBLIQUE PRÉPARÉE

Au moment où la France libre et la Résistance intérieure se réunissent sous le nom de « France combattante », l'entreprise à laquelle de Gaulle vient de faire franchir un nouveau pas en avant, n'est-elle pas menacée de division ? Ce n'est pas l'adhésion formelle à la République, à la démocratie, au suffrage universel, qui est en cause : comme on l'a vu, de Gaulle s'y est référé, sous diverses formes, depuis 1940 et personne, dans son camp, ne conteste qu'après la victoire il faudra que les Français s'expriment par leur vote. L'originalité du « Manifeste » aux mouvements de Résistance que de Gaulle leur adresse le 24 avril 1942, sa nouveauté, et peut-être sa témérité, tiennent à son engagement clair pour un changement radical du régime économique et social de la France. Parmi ceux qui s'expriment dans la presse clandestine, dans les publications françaises à Londres ou parmi les plus notoires des Français libres, il n'y a pourtant aucune contestation : les discussions portent, comme ce fut le cas entre de Gaulle et Pineau, sur la sévérité, plus ou moins grande, envers le régime de la IIIe République, ses pratiques et ses mœurs, mais non, apparemment, sur la dimension économique et sociale du « Manifeste ». N'y avait-il donc, à cet égard, aucun débat, ni aucun désaccord ?

De Gaulle fut peut-être seul à percevoir le risque de division qui pourrait résulter un jour des choix qu'il venait de faire. Il ne peut ignorer que, chez ses partisans, existe toute une gamme d'opinions qui va des réticences prudentes à de franches oppositions sur ses choix. Non que chez les combattants de la France libre on pense beaucoup à l'avenir : suivant le témoignage de Pierre Messmer, ils préféraient n'en pas parler, soit que leurs tâches les aient trop absorbés, soit qu'ils aient instinctivement évité tout sujet de discorde, soit, plus profondément, qu'ils aient pressenti que la mort, de toute façon, les priverait de connaître cet avenir [1]. Mais sans doute y avait-il chez eux, comme du reste, chez d'innombrables Français de métropole, une réaction d'hostilité envers l'ancien régime politique qui s'étendait, même si c'était injuste et excessif, aux hommes qui le symbolisaient, au langage et aux formules qui l'évoquaient — et surtout chez beaucoup d'officiers, à l'égard des partis et des hommes du Front populaire. De Brazzaville, où il se trouvait de passage, Leclerc avait assez abruptement attiré l'attention sur le retour aux discordes d'avant la guerre, dans un télégramme adressé à de Gaulle le 12 mai 1942, quelques jours après que fut connu le « Manifeste » aux mouvements de Résistance : « Politique Comité national inquiète grande majorité des Français libres. Il donne l'impression de chercher à réveiller discordes antérieures nuisibles... Emissions radio française de Londres et nombreux articles journaux France libre poursuivent ce même but : réveiller discordes antérieures... Facile faire cesser cette situation grave [...] en proclamant souvent que but France libre est d'abord gagner guerre, ensuite faire révolution nationale et non pas rétablir errements responsables de notre défaite[2]. » Mais cet avertissement lui-même était ambigu : dans son rejet des « errements » d'avant la guerre, Leclerc songeait sans doute aux fautes politiques commises dans les dernières années de la IIIe République, à la cascade des crises ministérielles et à l'impuissance des gouvernements, mais en parlant de « révolution nationale » ne pensait-il pas, au fond, lui aussi, à un changement de régime économique et social ? Tout se passait donc, en apparence, comme s'il n'y avait maintenant qu'une sorte d'unanimité autour des réformes à faire, comme s'il n'y avait plus d'objection à une sorte de socialisme humaniste et démocratique, comme si personne n'osait plus contester ce choix.

Pour de Gaulle, en tout cas, ce n'était pas un choix nouveau. Avant la guerre, il ne se reconnaissait dans aucun parti politique : mais on a vu qu'il était sensible aux crises sociales qui secouaient la France, qu'il n'avait aucune sympathie pour les milieux conservateurs, qu'il les jugeait égoïstes, qu'il les soupçonnait de complaisance envers l'Allemagne de Hitler et l'Italie de Mussolini, qu'il avait espéré que le Front populaire, par les changements qu'il apporterait à la société française, entraînerait aussi un changement dans le système militaire français, et qu'en adhérant à l'Association des *Amis de Temps présent*, il avait confirmé sa sympathie pour les milieux démocrates-chrétiens à la fois partisans de réformes politiques, économiques et sociales à l'intérieur, et violemment hostiles aux Etats fascistes. Mais le choc de la guerre et de la défaite s'y est ajouté. De Gaulle, désormais, tient sur l'avenir un langage délibérément réformateur, sans hésiter même à parler de « révolution ». Ses discours, ses entretiens, sa correspondance politique et privée en portent la marque. Dans un télégramme adressé le 23 septembre 1941, à titre personnel à René Pleven, qui se trouve alors aux Etats-Unis, il explique ainsi le choix du socialiste Adrien Tixier, comme représentant de la France libre à Washington :

L'affaire sociale est la grande affaire pour demain.

Dans un discours prononcé au Cercle français de l'université d'Oxford, il oppose la civilisation

> qui tient essentiellement à la liberté et au développement de l'individu... [à] un mouvement diamétralement opposé qui ne reconnaît de droit qu'à la collectivité raciale ou nationale. [Et il précise même que] si complète que puisse être un jour la victoire des Armées [...] des nations démocratiques [...] rien ne sauvera l'ordre du monde si le parti de la Libération, au milieu de l'évolution imposée aux sociétés par le progrès mécanique moderne, ne parvient pas à construire un ordre tel que la liberté, la sécurité, la dignité de chacun y soient exaltées et garanties.

Jean-Louis Crémieux-Brilhac, en témoin et en historien, montre que de Gaulle est alors pénétré de l'idée que cette guerre est menée pour l'Homme lui-même, et même l'homme ordinaire, le « petit homme », héros du film de Charlie Chaplin, *Le Dictateur*, qui eut alors un immense succès en Angleterre[3], et il cite son discours du 18 juin 1942 :

> C'est bien à l'homme, à la femme, que tout aura été demandé pour vaincre. C'est donc l'homme, c'est donc la femme qui devront être les vainqueurs.

Chez de Gaulle, la condamnation des « élites » prend alors un ton radical et passionné. Il les accuse d'être soumises à la défaite et à l'oppression, de s'être accommodé de la victoire passagère de l'ennemi, d'avoir abandonné la patrie pour la sauvegarde de leurs intérêts. Leur comportement justifie à l'avance la « révolution » qui doit suivre la guerre :

> Car c'est une révolution que la France, trahie par ses élites dirigeantes et par ses privilégiés, a commencé d'accomplir, proclame-t-il le 1er avril 1942.

Rares sont les voix qui se font entendre pour protester contre une généralisation qui peut paraître abusive et injuste : si rares qu'on n'en trouve aucun écho. On pourrait, cependant, remarquer qu'autour de lui beaucoup appartiennent aux diverses fractions de la bourgeoisie française et qu'il en va de même à la tête des mouvements de Résistance. René Cerf-Ferrière a indiqué qu'au mouvement « Combat » « l'organisation centrale se composait de vingt et un universitaires ou membres de professions libérales, six officiers de carrière, neuf "divers" ; et pour l'ensemble des responsables nationaux et régionaux : deux cent cinquante-six intellectuels, cinquante-deux officiers, cent treize artisans, commerçants et ouvriers, quatre-vingt-quatre fonctionnaires (professeurs exclus), onze divers ». Il ne veut pas qu'on en tire la conclusion que « la classe ouvrière en zone Sud était indifférente » mais, en revanche, il affirme n'avoir « jamais rencontré, parmi les dirigeants nationaux et régionaux, un seul homme politique, un seul élu de la IIIe République [4] »... On pourrait faire les mêmes remarques à propos de la plupart des autres mouvements de la Résistance non communiste.

Mais rien n'y fait : chez les Français libres et les résistants de l'intérieur, le sentiment général est que les « élites » ne participent pas au combat commun. Rémy, catholique pratiquant et attaché aux traditions, lecteur de *L'Action française* avant la guerre, écrit dans un rapport sur la situation en France du 25 février 1942, que la bourgeoisie s'est révélée « veule, imbécile et égoïste, déjà responsable de tant de malheurs », à l'exception d'un certain nombre de professeurs et de médecins [5]. Il juge même que « l'immense majorité » des milieux bourgeois hostiles à Vichy et à l'ennemi, restera « passive et entend bien ne rien sacrifier de ses aises ni de ses affaires ». Ce qui explique sa conclusion : « Nous devons réserver nos efforts de propagande aux ouvriers, que je classe en tête, à la petite bourgeoisie, aux populations maritimes et aux paysans, j'inscris ceux-ci en dernier », écrit-il — injustement, du reste, car ce sont dans les villages des campagnes françaises que les évadés et les aviateurs anglais abattus ont trouvé leurs premiers refuges et leurs premiers relais et c'est là aussi que se sont trouvés les premiers passeurs de la ligne de démarcation. Cette manière de voir est aussi celle des hommes politiques, des chefs de mouvements, des officiers qui arrivent à Londres.

Rien d'étonnant, par conséquent, à ce que de Gaulle lui-même tienne ce langage, mais à sa manière, d'ailleurs plus abrupte, plus véhémente, plus ironique que chez bien d'autres. En témoigne ce curieux compte rendu de ses propos au cours d'un dîner privé, adressé à Eden et que celui-ci a trouvé si révélateur qu'il les a communiqués à ses collègues du Cabinet de guerre :

> Il y a deux sortes de droite en France : la petite noblesse de campagne et les milieux d'argent. La petite noblesse de campagne — et j'en suis — qu'inspire la plus haute forme de patriotisme est prête à tous les sacrifices pour l'honneur de la France ou le salut du pays ; elle englobe une large fraction du clergé. La classe des nantis, à commencer par les très riches, n'est attachée qu'à ses intérêts et farouchement hostile à l'émancipation des classes laborieuses. Les aristocrates parisiens, le monde des courses, [...] se retrouvent au même niveau que les riches industriels : tous pourris par l'argent... Pour la France où le désastre, la trahison, l'attentisme, ont disqualifié la plupart des dirigeants et des privilégiés, et où les masses profondes du peuple sont, au contraire, restées les plus vaillantes et les plus fidèles, il ne serait pas acceptable que la terrible épreuve laissât debout un régime social et moral qui a joué contre la nation [6].

Ce compte rendu est-il fidèle ? De Gaulle ne faisait pas partie de « la petite noblesse de campagne » mais de l'aristocratie et de la bourgeoisie des villes, et on le voit citer ici le nom de femmes de l'aristocratie qualifiées très abusivement de « maîtresses d'Abetz et de Darlan » : mais pour l'esprit des propos que de Gaulle a dû tenir, il l'est assurément.

Rien d'étonnant, dans ce climat, à ce que les hommes d'appartenance ou de sympathie socialiste aient été nombreux, de plus en plus, à la direction de la France libre, devenue « France combattante ». André Philip, député socialiste de Lyon, est nommé commissaire à l'Intérieur aussitôt qu'il arrive à Londres, où il remplace André Diethelm et ses collaborateurs, « hommes de bonne volonté, selon Jean-Louis Crémieux-Brilhac, issus de la haute société protestante et de faible expérience politique ». André Philip appelle auprès de lui Georges Boris, ancien collaborateur de Léon Blum, et Francis-Louis Closon, naguère proche de la revue *Esprit*, et de la philosophie personnaliste de la gauche d'inspiration chrétienne, ami de Maurice Schumann, qui a fait partie avant la guerre des Jeunesses socialistes, et de Simone Weil, animateur avec eux du mensuel *Volontaire pour une Cité chrétienne*. Au BCRA, le journaliste socialiste Pierre Brossolette devient l'adjoint de Passy et deux autres socialistes, Louis Vallon, et le député de l'Aisne, Pierre-Bloch, sont nommés à la tête de la section politique. Jacques Soustelle, commissaire à l'Information, et ancien responsable de la Ligue des intellectuels antifascistes, en est proche, tout comme Jacques Bingen, neveu d'André Citroën, que de Gaulle chargera d'assurer l'intérim de Jean Moulin après son arrestation. Et il n'est pas jusqu'à François Quilici, directeur de l'organe officiel de la France libre, *La Marseillaise*, futur député classé très à droite, qui n'écrive que l'avenir politique du gaullisme dépend du rapprochement entre de Gaulle et le parti socialiste. Du reste, le commissariat à l'Intérieur prescrit à Jean Moulin de ne pas se mêler de la reconstitution des partis politiques mais, pourtant, d'allouer 120 000 F par mois au parti socialiste clandestin par l'intermédiaire de « Libération » qui est en contact avec celui-ci : de fait 280 000 F lui seront versés en novembre[7]. C'est dire que le groupe antigaulliste de Londres, qui se veut républicain et représentatif des anciens courants de la gauche française, a, moins que jamais, d'autorité et d'influence et que son rôle se réduit, même si Félix Gouin, arrivé à Londres en septembre 1942, partage quelques-unes de ses préventions : fidèle à Léon Blum qui lui a prescrit de soutenir la France combattante, il sera toujours loyal envers de Gaulle.

Dans ce concert presque unanime — mais où l'unanimité ne dissimule pas les intrigues propres aux émigrations, ni les rivalités entre des hommes presque toujours passionnés, ni l'âpreté des caractères — un autre langage, tout à coup, se fait entendre : celui de Pierre Brossolette. Ce socialiste non conformiste, mettant à ses tâches dans la Résistance une ardeur exceptionnelle, sachant convaincre mais aussi se faire admirer et aimer — au point que Passy, malgré sa forte personnalité, ne voyait plus que par lui — est avant tout sensible à la rupture radicale que le choc de 1940 a produite, selon lui, dans l'histoire politique de la France. Arrivé à Londres au printemps 1942, puis reparti pour trois mois et revenu en Angleterre avec sa famille, il ne se trompe sans doute pas quand il écrit dans *La Marseillaise,* le 27 septembre : « Il n'y a plus de haine de parti politique à parti politique, mais seulement entre résistants et collaborationnistes, en d'autres termes entre gaullistes et traîtres... En France on est gaulliste ou antigaulliste. Et on ne peut pas être autre chose. » Mais il va bien au-delà : il affirme que les résistances de tous les partis se retrouvent « dans un gaullisme de plus en plus général », expression d'une « volonté générale de rajeunissement et de changement » et d'un « accord profond pour le renouvellement radical de la vie politique française ». Et de là une audacieuse conclusion : « Il se trouve naturellement que c'est dans le cadre de la Résistance, dans le cadre du "gaullisme" que la France compte opérer, au lendemain de sa libération, la transformation politique. » Et comme Pierre Brossolette ne serait pas lui-même sans une part de véhémence et de violence, il se fait, dans la foulée, l'accusateur impitoyable des anciens partis : « Tous ces vieux comitards essaieront de nous ramener à la France comitarde d'hier... En opposition au mouvement général de rénovation nationale, nous assisterons à des tentatives partielles de reconstitution des anciens partis politiques. Tous les Français de France, qui ont mesuré les malheurs du pays et qu'a soulevés le souffle nouveau de la Résistance et du redressement, pensent sans doute comme moi que rien ne pourrait être plus lamentable... Une telle tentative serait un danger pour tous. » Et de là cette prescription impérative : que tous les courants politiques et spirituels « se fondent intimement dans le mouvement gaulliste, dans la France combattante, en qui toute la France résistante se reconnaît et place ses efforts ».

Le débat autour du projet de Pierre Brossolette sera faussé et biaisé d'abord par les circonstances : il avait amené à Londres, avec lui, l'ancien député du Parti social français, Charles Vallin, qui a voté pour Pétain en 1940, dont le ralliement a été salué comme le signe de l'union nationale réalisée par la France combattante mais dont le rôle à Vichy, où il a été membre du « Conseil privé de justice politique », a été jugé si critiquable que Brossolette a le plus grand mal à le défendre et que de Gaulle préfère l'affecter aux unités d'Afrique où il sera, du reste, un admirable combattant. Mais Brossolette se voit surtout reprocher de proposer que le gaullisme de guerre se transforme en une force politique unique : pourquoi pas, dès lors, un parti unique ? Ce n'était pas ce qu'il voulait et ses écrits ultérieurs, durant l'année qui lui restait à vivre, le montrent. Son tempérament, d'ailleurs, ne le portait nullement à l'admiration irraisonnée d'un chef comme le prouve sa liberté de ton dans sa correspondance avec de Gaulle, auquel il reproche de ne pas accepter de contradiction ni de désaccord[8]. Mais il a sûrement pensé que le redressement de la France, une fois la paix revenue, supposerait les mêmes disciplines qu'en temps de guerre et que son intérêt supérieur impliquerait que de Gaulle reste au pouvoir le temps qu'il faudrait. Sans doute aussi pensait-il sincèrement que les anciens partis resteraient méprisés et déconsidérés pendant longtemps et que le vide ainsi créé devrait être à tout prix occupé. Il était inévitable, naturellement, que, du côté communiste, on ajoute que Brossolette, en suggérant la création d'un mouvement politique qui prétendrait représenter tous les courants de la Résistance et garderait de Gaulle à sa tête, voulait, en réalité, proscrire l'existence ou la survie du parti communiste...

Il était inévitable aussi que les représentants des courants politiques, toutes tendances confondues, s'élèvent contre le projet de Brossolette. Le débat, en tout cas, fut bientôt tranché par les directives que de Gaulle allait donner à Moulin : il fallait que les représentants des partis et ceux des mouvements de Résistance soient associés à un organisme commun qui témoignerait de l'union des Français autour de la France combattante et de son chef. Le choix décisif fut, ici, celui que de Gaulle fit lui-même. Témoignages et souvenirs montrent, en effet, qu'à Londres les Français libres, en très grande majorité, n'avaient aucun désir de voir les anciens partis réapparaître d'autant qu'ils les assimilaient volontiers à la IIIe République finissante. Ce sentiment, on l'a vu, était encore plus fort chez les officiers des unités combattantes, dont Leclerc se faisait parfois le porte-parole, mais il était très largement partagé en France, dans les mouvements de Résistance, tout autant que dans l'opinion publique. Quand il a voulu s'adresser aux partis politiques, de Gaulle, sans nul doute, n'y fut pas incité par son entourage, pas plus que par la Résistance intérieure.

Ce fut donc un choix personnel. La plupart des historiens l'ont expliqué par la menace qui pesait sur lui à la fin de 1942 quand il risquait d'être définitivement évincé d'Afrique du Nord et peut-être marginalisé, voire même éliminé politiquement, par Roosevelt que Churchill, bon gré mal gré, aurait suivi. Les archives et la chronologie prouvent, au contraire, qu'il y a pensé beaucoup plus tôt qu'on ne le croit. Quand, en novembre 1941, André Diethelm, alors commissaire à l'Intérieur, envoya Philippe Roques en France, il n'en aurait pas pris l'initiative sans que de Gaulle l'ait voulu : or il avait d'abord pour mission de prendre contact avec Georges Mandel mais aussi d'entrer en rapport avec les anciens milieux parlementaires. Dans le compte rendu qu'il présenta au début de juin 1942, il indique que Mandel suggérait la formation d'un comité représentant l'ensemble des parlementaires résistants — c'est-à-dire, en pratique, des courants politiques principaux — qui n'interviendrait pas dans les activités des mouvements de résistance, ni dans l'action militaire en territoire français, mais qui témoignerait de leur adhésion à de Gaulle et servirait de transition vers le régime politique que la France se donnerait après la guerre [9]. Il était trop tôt, de toute façon, pour qu'à cette date on donne suite aux suggestions de Mandel et les contacts pris avec les parlementaires ne permirent pas d'aller plus avant. La mort de Philippe Roques, tué au cours d'une tentative d'évasion après son arrestation, mit un terme à cet épisode, mais on retiendra que de Gaulle lui avait confié, avant qu'il parte pour sa deuxième et dernière mission, des messages écrits pour Edouard Herriot, ancien président de la Chambre des députés, Jules Jeanneney, ancien président du Sénat, pour le sénateur de l'Isère, Léon Perrié, et un message oral pour Léon Blum. On peut au moins en déduire que, dès le début du printemps 1942, il avait voulu établir des relations avec le personnel politique et donc, d'une manière ou d'une autre, avec les partis.

Rien, dans cette première tentative, ne se fit en dehors de lui : Mandel, écartant formellement la suggestion que Churchill lui avait faite dans une lettre personnelle de former « une sorte de gouvernement secret de l'avenir », avait répliqué catégoriquement « qu'il ne se prêterait sous aucun prétexte à une telle manœuvre à l'égard du général de Gaulle » et, le 10 août 1942, les huit parlementaires que Philippe Roques avait réunis secrètement — les socialistes Pierre Viénot et André Le Troquer, les radicaux Paul Bastid, Tony Revillon et Rolland, le démocrate populaire Champetier de Ribes et les modérés Laniel et Fernand-Laurent avec, l'ancien ministre de l'Armement, Raoul Dautry, et l'ancien préfet de la Seine Villey — avaient signé une déclaration reconnaissant de Gaulle pour « chef incontesté d'aujourd'hui et de demain ». Philippe Roques en avait sans doute pris l'initiative, André Diethelm, qui l'avait envoyé en France, n'était plus commissaire à l'Intérieur et son successeur, André Philip, ne lui donna pas le même appui. C'était désormais Jean Moulin que de Gaulle avait choisi comme représentant et c'était la réunion des mouvements de Résistance que l'on recherchait en priorité. Il reste que, dès novembre 1941 et durant les mois suivants, des contacts avaient été pris et des relations établies avec des hommes politiques représentatifs de leurs anciens partis et que de Gaulle l'avait souhaité et recherché.

C'est des résistants socialistes que vint une autre initiative, avec le même objectif. Au printemps de 1942, André Boyer et Gaston Defferre, que Pierre Fourcaud, envoyé par la France libre en zone Sud en 1940, avait chargés de former un réseau de renseignements, rédigèrent un projet de comité qui représenterait les mouvements, les partis et les syndicats. Il devrait avoir pour but réel « de coiffer les mouvements de Résistance, de les empêcher de jouer un jeu trop personnel et les partis politiques de diviser une fois de plus l'opinion, d'axer tous les efforts vers un but commun, de préparer d'une façon rationnelle la prise de pouvoir, de former une équipe d'hommes influents, dévoués au Général [10] ». L'idée en fut reprise par Léon Blum, dans une lettre écrite de sa prison en août 1942[11], puis par Daniel Mayer, véritable animateur du Comité d'action socialiste, qui fut troublé et choqué de voir le parti communiste signer un tract clandestin aux côtés des mouvements de Résistance de zone Sud, comme s'il était le seul parti politique à être en même temps une organisation de Résistance. Bien qu'il ait donné son accord pour que le parti socialiste clandestin, de même que le « Mouvement ouvrier français » représentant les syndicats clandestins, apportent directement leur contribution au mouvement « Libération », Daniel Mayer fut tout aussi heurté de voir que le Comité d'organisation de la Résistance de zone Sud, formé par Jean Moulin, ne comprenait que les représentants de « Combat », « Libération » et « Franc-Tireur ». Les chefs de ces mouvements — et, à cette date, Emmanuel d'Astier ne différait pas d'Henri Frenay — voulaient que les anciens partis, dans la mesure où ils avaient encore quelque existence, s'intègrent dans les mouvements de Résistance : sans doute était-ce pour conserver leur propre rôle mais c'était aussi parce qu'ils pensaient, non sans raison, que les Français, en très grande majorité, instinctivement, ne croyaient pas que les partis politiques aient pour vocation la lutte contre l'ennemi et Vichy, qu'il s'agisse de l'action militaire, du renseignement ou de la propagande, et que d'ailleurs, ils ne voudraient pas y adhérer. A l'inverse, Christian Pineau, à la fois responsable syndical et proche du parti socialiste, jugeait nécessaire la contribution des partis, dès lors qu'on voulait donner, en métropole, une véritable assise politique à la France combattante et à son chef. Il suggérait la création d'un « Comité national » qui réunirait, en proportion égale, les représentants des mouvements de Résistance, des partis et des syndicats et il en fit l'objet d'un rapport remis à son retour à Londres en janvier 1943[12]. L'adjoint de Passy au BCRA, André Manuel, après une mission de deux mois en France, en reprit l'idée.

On en discute donc à Londres quand y arrivent Christian Pineau et André Boyer. Le premier la soumet directement à de Gaulle. Le second la défend avec des arguments politiques révélateurs de l'état d'esprit de beaucoup de résistants à cette date[13]. Le soutien public des partis politiques, explique-t-il, renforcera de Gaulle face à « l'opinion étrangère en lui fournissant au nom du peuple français la caution d'hommes ou de partis connus à l'étranger ». De plus, il affirme que « les mouvements de Résistance et même la personnalité du général de Gaulle apparaissent comme des barrières insuffisantes contre une vague de communisme que redoutent beaucoup de Français. Les événements militaires parent le parti communiste, aux yeux de tous, d'un prestige immense qui s'appuie, à l'Intérieur, sur une organisation technique incomparable. Seuls, un certain nombre de partis politiques ayant dans le pays, notamment dans les masses populaires, des racines anciennes et profondes, offrent l'apparence et la réalité d'une garantie ». C'est peut-être la première fois que l'on voit s'exprimer, explicitement et dans ces termes, sous la plume d'un responsable socialiste, cette hantise d'une éventuelle suprématie communiste.

Le courrier apporté dans l'avion qui amenait à Londres Christian Pineau et André Boyer, dans la nuit du 15 janvier 1943, comportait aussi une lettre de Léon Blum à de Gaulle et un message à Churchill et à Roosevelt, les exhortant à reconnaître pleinement l'autorité et la responsabilité du chef de la France combattante et lui apportant solennellement sa caution[14]. Léon Blum appuie sans ambages de Gaulle dans sa dure confrontation avec les dirigeants anglais et américains et les hommes — Darlan et ses successeurs — qu'ils ont mis au pouvoir en Afrique du Nord. Mais, s'adressant à lui, il préconise fermement l'association des partis politiques aux instances dirigeantes de la France combattante. « Il est trop facile de dire, écrit-il : nous ne voulons plus rien savoir des anciens formations parlementaires et politiques, tout cela est mort, ce qui subsiste sera fondu au creuset de la France nouvelle, etc. Les partis politiques de l'ancienne France n'ont leur part de responsabilité dans la défaite qu'autant qu'ils avaient manifesté une ambition égoïste et déloyale du pouvoir et qu'ils avaient perdu le sentiment des intérêts communs à la France entière. Mais, songez-y bien, la France redeviendra une démocratie, n'est-ce pas ? Or il n'y a pas d'Etat démocratique sans partis. On doit les modifier, les revivifier, non les éliminer. »

Léon Blum y ajoutait un argument proche de celui déjà utilisé par André Boyer, mais en suggérant qu'à Londres on avait trop tendance à voir dans le parti communiste l'unique représentant de la classe ouvrière : « Ne m'attribuez surtout pas une pensée de jalousie vis-à-vis du communisme, expliquait-il, je crois qu'on fait erreur quand on affirme que le communisme seul est organisé, ou en décorant d'office de la qualité de communistes tous les ouvriers qui manifestent leur volonté de résistance... Je suis [...] pleinement convaincu qu'on ne doit ni ne peut les tenir à l'écart, bien au contraire. Mais c'est une grande faute, à laquelle vos représentants directs me paraissent enclins, de considérer cependant le communisme comme seule et unique force populaire. C'est une grande faute de tendre la main au parti communiste par-dessus le socialisme. C'est une grande faute de dénier la légitimité des partis quand il s'agit du socialisme, pour l'admettre quand il s'agit du communisme ». A Londres, justement, l'actualité donnait aux avertissements de Léon Blum une résonance particulière. Le 11 janvier 1943, en effet, Rémy amenait, par mer, un représentant officiel de la direction du parti communiste, Fernand Grenier.

C'est Rémy qui en a pris l'initiative. Mais il avait raison de croire qu'il agissait ainsi en accord avec de Gaulle. Celui-ci, on l'a vu, n'avait pas seulement pris grand soin, avant le 22 juin 1941, de ne jamais évoquer le pacte germano-soviétique et de ne jamais critiquer le comportement du Parti communiste français : il était allé aussi loin que possible dans la recherche de relations plus étroites avec Moscou. Il avait donné mission à Jean Moulin d'entrer en contact avec les responsables de la Résistance communiste en France et il avait approuvé les relations établies par Rémy, en zone occupée, avec l'un des dirigeants des FTP, les Francs-Tireurs et Partisans, branche militaire du Front national, créée à l'instigation du parti communiste. Rémy avait donc vu Georges Beaufils, dont le pseudonyme était alors Joseph, lui avait attribué 500 000 F par semaine et, par lui, était entré en contact avec un membre du Comité central, Fernand Grenier[15].

C'était aussi le résultat d'un choix fait à Moscou. Staline, comme on l'a vu, avait montré d'abord quelque prudence dans son dialogue avec de Gaulle mais, mieux informé de son audience en France et de l'autorité qu'il prenait sur la Résistance intérieure, impressionné aussi par sa volonté d'indépendance à l'égard de ses alliés britanniques, il avait conclu que le Parti communiste français devait se situer clairement aux côtés du chef de la France combattante, quitte à ménager d'autres éventualités pour l'avenir[16]. La consigne en avait été transmise par le Komintern qui n'était pas encore officiellement dissous, à la direction clandestine du parti en France, c'est-à-dire à Jacques Duclos et Benoît Frachon qui avaient désigné Fernand Grenier pour les représenter à Londres. L'accueil fait à ce dernier fut donc à la mesure de l'importance du ralliement des communistes à de Gaulle. D'autant plus que son passé attirait la sympathie : il avait, avant la guerre, battu aux élections, à Saint-Denis, Jacques Doriot, l'un des champions de la collaboration avec l'Allemagne nazie et, avant son évasion de la prison de Châteaubriant, il avait connu les otages qu'on y avait pris pour les fusiller. A Londres, on savait bien, naturellement, que le parti communiste tenterait d'encadrer et d'influencer l'ensemble de la Résistance intérieure et l'on comprenait le jeu qu'il faisait jouer au Front national, qu'il avait créé précisément dans ce but : mais il était d'autant plus important qu'il adhère à la France combattante pour qu'il prenne place — toute sa place mais rien que sa place — dans l'ensemble de la Résistance française.

De Gaulle, en tout cas, a pris sa décision. Les instructions qu'il adresse à Jean Moulin prévoient que soit créé un Comité de coordination de la Résistance en zone occupée, analogue à celui qu'il vient de former en zone Sud, tous deux étant subordonnés à un comité national de huit membres dont deux émaneront des mouvements de Résistance, deux des syndicats clandestins et quatre des partis politiques[17]. Ses directives sont du 10 février 1943 : cinq jours plus tard, Jean Moulin et le général Delestraint, devenu chef de l'armée secrète, c'est-à-dire de la réunion des branches militaires des trois grands mouvements de zone Sud, arrivent à Londres. Jean Moulin en repartira avec de nouvelles instructions, à la fois plus souples et plus impératives pour mettre sur pied ce qui sera le Conseil national de la Résistance.

D'un bout à l'autre de Gaulle, ici, aura été un moteur et non pas un frein. A aucun moment, on ne l'a vu manifester la même méfiance, à plus forte raison le même ostracisme envers les partis politiques que beaucoup de ceux qui l'entouraient et que les principaux chefs et responsables des mouvements de Résistance. C'est d'abord qu'à la différence de ceux-ci et, plus encore, de la plupart des Français libres, il connaissait le personnel politique, n'ignorait pas sa diversité, savait la médiocrité des uns et la valeur des autres, pensait que les qualités qu'il avait appréciées chez beaucoup étaient, avant tout, stérilisées par l'impuissance de l'ancien régime. Il avait rencontré et beaucoup estimé Paul Reynaud et Léon Blum, Joseph Paul-Boncour et Marcel Déat, Léo Lagrange et Jean Le Cour-Grandmaison, André Tardieu et Philippe Serre. Mais c'est aussi que, par expérience et par raisonnement, il comprenait que la vie politique, dans un pays libre, impliquait l'existence et l'activité des partis. A aucun moment, il ne donna l'impression qu'il croyait ceux-ci disparus pour toujours. Connaissant l'Histoire de France, il ne pouvait imaginer que les familles politiques, les sensibilités, les traditions s'évanouiraient pour toujours, si grand qu'ait été le choc de la guerre et de la défaite, si profondes et durables qu'en fussent les conséquences.

Pas davantage ne croyait-il que les mouvements de Résistance pouvaient leur succéder et s'y substituer. Au contraire, il les voyait tels qu'ils étaient, nés de la révolte des Français contre l'occupation, la capitulation, la collaboration, faits pour la lutte, destinés à la mener jusqu'au bout mais à s'effacer ensuite, une fois la tâche remplie parce que les Français n'y avaient adhéré que pour combattre l'ennemi et Vichy, non pour soutenir quelque programme politique. On le vérifiera dès les lendemains de la Libération : aux responsables de la Résistance intérieure il dira que le rôle des mouvements était terminé, comme celui des réseaux et des maquis, et que, s'ils voulaient prendre part à la vie publique, il leur fallait entrer dans les partis pour les animer de l'esprit de sacrifice et du patriotisme qui les avait inspirés pendant la guerre. Plus que n'importe qui autour de lui, il était donc prêt à faire aux partis politiques une place dans les organismes représentatifs de la Résistance intérieure, comme à des hommes qui en provenaient dans le Comité national de Londres et celui d'Alger, puis dans le gouvernement provisoire, sans illusions, pour autant, sur le rôle réel que ces partis avaient joué après 1940. Rien de plus logique, pour lui, que ce qu'il écrivait à Léon Blum dans une lettre confiée à Jean Moulin, en février 1943, en lui annonçant la création prochaine du futur Conseil national de la Résistance :

> Nous comprenons très bien qu'il soit normal et même souhaitable que la Résistance — tout en demeurant unie et cohérente — se teinte et se nuance des tendances politiques traditionnelles et diverses.

Comme on le voit, c'était une initiative qui, chez lui, prenait sa source bien en deçà de son affrontement avec Giraud et la politique américaine en Afrique du Nord, et qui allait bien au-delà.

Il restait à faire appliquer ses décisions. Ce fut l'objet, en particulier, de la mission confiée à Jean Moulin que complétera, mais en partie contredira, celle accomplie en zone occupée, par Pierre Brossolette revenu en France par Lysander, le 27 janvier, et par Passy parachuté le 26 février. Non que ce soient leurs seules préoccupations : c'est alors, en effet, qu'après la décision allemande de recruter par force de la main-d'œuvre française et de la formation des premiers maquis, il faut prendre des dispositions urgentes et nouvelles sur la lutte armée, les actions immédiates et la préparation du futur débarquement allié, dont on verra qu'elles ont déterminé toute l'histoire de la Résistance française. Passy, en particulier, doit se charger de la coordination militaire des mouvements et de leurs rapports avec les réseaux de renseignements, et le général Delestraint, chef de l'armée secrète, c'est-à-dire, à l'origine, des branches militaires des trois grands mouvements de zone Sud, doit prendre en charge la lutte armée, dans l'immédiat ou en prévision du débarquement, sur l'ensemble du territoire. Mais il fallait d'abord remplir la mission politique fixée par de Gaulle à ses représentants : unifier la Résistance et associer les partis et les mouvements dans un organisme commun qui les représente tous.

Ses instructions du 21 février — « annulant les instructions précédentes » — sont formelles [18] : Rex — pseudonyme alors de Jean Moulin — « devient dorénavant le seul représentant du général de Gaulle et du Comité national pour l'ensemble du territoire métropolitain » et il devra créer et présider « dans les plus courts délais possibles, un Conseil de la Résistance unique pour l'ensemble du territoire métropolitain » comprenant des représentants des mouvements, des partis et des syndicats. Le rôle de ce Conseil sera « d'arrêter dans leurs grandes lignes les directives à donner aux formations représentées, en application des instructions du général de Gaulle et du Comité national » et d'être, par sa composition, « un embryon de représentation nationale ». Remplir cette mission est d'autant plus urgent qu'au-delà des raisons qui la justifiaient auparavant, de Gaulle veut ainsi faire la démonstration du soutien massif que les Français lui apportent au moment où rien n'est encore joué dans sa confrontation avec Giraud et ses protecteurs américains ou anglais.

Sur place, Brossolette, de son côté, agit en fonction du but qu'on lui a donné — réunir et fédérer les mouvements de la zone Nord — mais aussi de ses propre vœux : il souhaite devenir le délégué de la France combattante en zone Nord comme Jean Moulin l'est en zone Sud et il ne souhaite pas associer les représentants des anciens partis politiques à ceux des mouvements de Résistance. En moins de deux mois, il accomplit une tâche immense, rendant visite à tous les chefs de mouvements, découvrant des organisations clandestines avec lesquelles Londres n'avait eu jusqu'alors aucun contact, réunissant leurs principaux chefs le 23 mars d'abord, rue Casimir-Pinel à Neuilly, puis le 26, où tous votent un texte d'adhésion à de Gaulle et au Comité national de la France combattante « pour réaliser l'union de tous les Français de la métropole et de l'Empire [19] ». Il est ainsi parvenu à rassembler dans le même comité l'« Organisation civile et militaire », « Ceux de la Libération », « Ceux de la Résistance », « Libération Nord » dont le représentant a cependant tenu à dire que son mouvement était aussi « l'organe de Résistance, notamment, du Comité d'action socialiste, de la CGT et de la CFTC », ainsi que le Front national créé, comme Brossolette le sait, par le parti communiste. Tous ont donc accepté de participer à un comité de coordination commun, ayant autorité sur la zone Nord, tous ont jugé prématurée la fusion avec les organismes de la zone Sud. Quelques-uns veulent bien participer à un Conseil national unique mais sans la présence des partis politiques. Certains, cédant aux suggestions de Brossolette, consentent à la représentation « des nuances de l'esprit français résistant (communisme, socialisme, libre pensée, catholicisme, nationalisme) » et tous repoussent l'idée d'une « commission exécutive permanente » commune aux deux zones.

Quelques jours plus tard, Jean Moulin, retrouvant Brossolette à Paris, lui reproche avec véhémence de ne pas appliquer les instructions données par de Gaulle — que Brossolette ne connaissait pas puisqu'elles avaient été rédigées après son départ de Londres — et de vouloir, en réalité, établir sa propre autorité sur la zone occupée [20]. Dans le climat tendu de la clandestinité, le heurt de deux des personnalités les plus fortes et les plus remarquables de la Résistance française était peut-être inévitable et, en tout cas, se comprend. Mais il est révélateur qu'il n'ait pas eu, en réalité, de conséquences durables. Jean Moulin était porteur des directives que de Gaulle a renouvelées dans un télégramme du 26 mars et répétées encore le 5 avril après qu'à Londres on eut le compte rendu de la première réunion des mouvements tenus sous l'autorité de Brossolette [21]. Écartant « l'idée de familles spirituelles » qui seraient représentées au futur Conseil national de la Résistance, comme n'ayant aucune justification sérieuse et aucun des avantages d'une représentation directe des partis, de Gaulle, en style télégraphique, rappelait ses instructions :

> Nous confirmons nécessité extérieure et intérieure de représentation immédiate des partis politiques dans le Conseil de la Résistance. [Celui-ci] n'est pas un embryon de gouvernement, mais un embryon de la représentation nationale [22].

Passant à l'exécution de ces ordres, Moulin, ayant à ses côtés Passy et Brossolette, préside, le 3 avril, la première réunion, tenue depuis sa fondation le 26 mars, du Comité de coordination des mouvements de zone Nord. Il le reconnaît officiellement comme Conseil exécutif de la Résistance dans cette zone, puis il fait approuver, sans autre délai, la composition d'un futur « organe représentatif national » avec huit représentants des mouvements de Résistance, cinq pour la zone Nord et trois pour la zone Sud, deux représentants des centrales syndicales et six représentants des partis — ou, comme on en convient ce jour-là, des « tendances » pour tenir compte de la dispersion en de nombreux groupes des conservateurs et des modérés. Après quoi commence, pour Jean Moulin, la tâche la plus dure de sa vie, la dernière qu'il assumera avant son arrestation et sa mort : convaincre les mouvements de Résistance de ne pas accepter la moindre restriction à leur adhésion à la France combattante, avec toutes les conséquences qui en résultaient, et de ne pas s'opposer à la décision prise d'intégrer les partis politiques dans le futur Conseil national.

Ce fut l'affaire de deux mois. Tout s'y mêla. Henri Frenay ayant accepté que les services américains basés en Suisse versent aux « mouvements unis de Résistance » de la zone Sud 10 millions de francs par mois, le triple de ce qu'ils recevaient de Londres moyennant la livraison par priorité de tous les renseignements militaires recueillis par eux, Jean Moulin réagit avec violence : au moment où les Etats-Unis cherchaient manifestement à écarter de Gaulle d'Afrique du Nord et peut-être à éliminer la France combattante elle-même, c'était à ses yeux, comme il le dit à Frenay, « un véritable coup de poignard dans le dos[23] ». Passy crut trouver un compromis, avec l'aide des Britanniques, en faisant convenir que, « si le gouvernement américain est décidé à mettre à la disposition des mouvements un crédit mensuel de 10 millions, celui-ci serait remis en Suisse à un représentant personnel et direct du représentant du général de Gaulle auprès des mouvements de Résistance ». Rien n'y fit, les Américains retirèrent leur proposition et Frenay parla d'un « véritable crime contre la Résistance au moment où, pour les maquis, leur approvisionnement est une question de vie ou de mort ».

Frenay, du reste, faisait un procès en règle de toute l'activité de Moulin. Très légitimement, il se tenait pour responsable de tous les résistants qui avaient adhéré à son mouvement et, très normalement, il pensait qu'il était le plus apte à commander l'armée secrète, dont il avait eu l'idée et dont il connaissait les exigences par son expérience personnelle de la clandestinité. Il contesta donc la nomination du général Delestraint. Mais il était clair, en revanche, que, pour de Gaulle, le chef de l'armée secrète devait être indépendant de tous les mouvements, ne serait-ce que pour ne pas favoriser l'un d'entre eux et pour avoir autorité sur tous : si elle ne pouvait être artificiellement coupée de l'ensemble de la Résistance et de ses activités, elle ne pouvait être placée sous l'autorité des mouvements alors que son action devait dépendre du Comité national de la France combattante — plus tard du

Comité et du gouvernement provisoire d'Alger — et que son action devait être coordonnée avec le commandement allié. Moulin dut imposer cette conception ou, plutôt, convaincre les chefs des mouvements que c'était la seule conception qui vaille. Il y réussit, en définitive, au prix d'épuisantes et inévitables discussions. Frenay est son plus inlassable adversaire. Mais Jean-Pierre Levy, fondateur de « Franc-Tireur », lui reprocha aussi son autoritarisme et l'un des chefs de l'OCM, Jacques-Henri Simon, sa « dictature[24] ». D'Astier, toujours fasciné par de Gaulle et plus proche de lui à beaucoup d'égards, savait et sentait qu'il avait besoin du soutien formel de toute la Résistance intérieure dans sa confrontation avec Giraud et, du coup, se fit le porte-parole des chefs des mouvements, lors du séjour qu'il fit à Londres où il arriva le 15 avril. Il mit en cause les méthodes de Jean Moulin, son contrôle exclusif des fonds qu'il distribuait et de l'ensemble des services centraux de la Résistance. Crut-il pouvoir obtenir son remplacement ou peut-être se substituer à lui, comme l'a pensé Daniel Cordier, secrétaire de Jean Moulin ? Il y fut peut-être encouragé par l'attitude d'André Philip, commissaire à l'Intérieur, qui paraissait de plus en plus sensible aux critiques adressées à Moulin.

Mais de Gaulle trancha. Il est significatif que l'agitation autour de ses choix et de ses décisions n'ait duré, somme toute, que quelques semaines à peine et qu'au fond elle n'ait concerné que certains des chefs des mouvements de Résistance. Si leur hostilité presque instinctive à la participation des partis politiques à l'organe suprême de la Résistance intérieure reflétait sûrement un sentiment assez général dans l'opinion française, et peut-être surtout chez les résistants, le reste, chez eux, n'était au fond qu'épidermique et superficiel. Rien ne va s'opposer plus longtemps à l'autorité de Jean Moulin, confirmé comme le seul délégué choisi par de Gaulle. Frenay est rappelé à Londres et ne repartira plus en France. D'Astier, comme on le verra, loin de faire obstacle aux décisions prises par de Gaulle, soutiendra l'autorité de son représentant auprès du Conseil national de la Résistance. Aucun autre chef de mouvement ne s'y opposera plus. La volonté d'union est trop forte chez tous les résistants, l'autorité acquise par de Gaulle est trop évidente pour tous, la logique qui s'impose à l'organisation de la lutte clandestine est trop forte pour qu'il en aille autrement. Jean Moulin parvient donc à son but.

Le 27 mai se réunit à Paris, rue Dufour, le Conseil national de la Résistance. Il n'a pas été facile de sélectionner les groupes représentant les partis conservateurs et modérés et Jean Moulin lui-même hésitait à donner deux sièges aux communistes, l'un pour leur parti, l'autre pour le Front national qu'il dirige[25]. Au total le Conseil comprend, comme il était prévu, trois représentants des mouvements de la zone Nord, Roger Coquoin pour « Ceux de la Libération », Jacques Lecompte-Boinet pour « Ceux de la Résistance », Charles Laurent pour « Libération

Nord », Jacques-Henri Simon pour l'OCM, Pierre Villon pour le Front national, trois représentants des mouvements de zone Sud, Claude Bourdet pour « Combat », Pascal Copeau pour « Libération » et Claudius-Petit pour « Franc-Tireur », six représentants des partis politiques, André Mercier pour le parti communiste, André Le Troquer pour le parti socialiste, Marc Rucart pour les radicaux-socialistes, Georges Bidault pour les démocrates populaires, Joseph Laniel pour l'Alliance démocratique, Jacques Debû-Bridel pour la Fédération républicaine, et deux représentants des centrales syndicales, Louis Saillant pour la CGT et Gaston Tessier pour la CFTC. Ce jour-là, le Conseil adopte un message à de Gaulle qui demande que celui-ci dirige « un gouvernement unique et fort, qui coordonne et ordonne », le général Giraud assumant le commandement des forces armées. Villon a fait quelques réserves, arguant que de Gaulle étant à Londres et Giraud à Alger, ce dernier est seul à avoir sous son contrôle les départements déjà libérés, et qu'on ne peut préjuger de la suite, mais il se heurte aussitôt à de vives réactions et le texte, rédigé par Bidault, est adopté à l'unanimité. Dans son journal personnel, Lecompte-Boinet, évoquant l'émotion de tous ceux qui étaient là, rapporte qu'en descendant l'escalier il dit à Coquoin : « Après avoir vécu une telle journée, on est regonflé pour longtemps. — Oui, c'est l'unanimité nationale enfin réalisée », répond Coquoin. Sept mois plus tard, il était abattu par les Allemands. Moulin avait rempli sa mission : un mois plus tard il disparaissait[26].

On allait savoir maintenant si l'adhésion unanime des mouvements, des partis et des syndicats, à de Gaulle, lui ouvrirait le chemin d'Alger. La réponse, que les historiens ont controversée, ne peut venir que d'un examen attentif des archives et de la chronologie. C'est le 14 mai que trois télégrammes, datés du 8, arrivent au BCRA et sont transmis d'abord au commissaire à l'Intérieur, André Philip, puis à de Gaulle[27]. Ils annoncent la formation du Conseil national de la Résistance, précisent, en style télégraphique, qu'ils « renouvellent général de Gaulle et Comité national attachement total aux principes qu'ils incarnent et dont ne sauraient abandonner parcelle sans heurter violemment opinion française » et, plus concrètement encore, que « subordination de Gaulle à Giraud comme chef militaire ne sera jamais admise par peuple de France qui demande installation rapide gouvernement provisoire Alger sous présidence de Gaulle avec Giraud comme chef militaire », et enfin que « quelle que soit l'issue des négociations de Gaulle demeurera pour tous seul chef Résistance française ». Un communiqué est aussitôt rédigé annonçant qu'un « Conseil de Résistance française a été constitué par les soins de M. X, membre du Comité national en mission en France », et accompagné du message voté par le Conseil. Ce message parut donc le lendemain, 15 mai, dans la presse de Londres ainsi que dans le *New York Times*. Raymond Offroy l'apporte immédiatement à Catroux, qui est à Alger et lui transmet en même temps un message de soutien d'Edouard Herriot à de Gaulle que l'on a reçu à Londres quinze jours plus tôt[28]. Le même jour, de Gaulle reçoit le général Bouscat, représentant de Giraud à Londres, lui parle du message du CNR mais lui confirme qu'il accepte la « dyarchie » qu'il partagera avec Giraud[29]. Ce dernier était donc parfaitement informé de la formation du Conseil national de la Résistance et des positions qu'il a prises, dès le 15 mai, à plus forte raison le 16 et il devait nécessairement en tenir compte quand il reçoit Catroux, le 17 mai et lui remet une lettre à de Gaulle, ne s'opposant plus à sa venue à Alger.

Il est vrai que Macmillan, représentant du cabinet britannique en Afrique du Nord, et Jean Monnet s'employaient à faciliter un arrangement entre les deux généraux depuis plusieurs semaines[30]. Mais, le 1er mai encore, Macmillan, tout en conseillant de laisser venir de Gaulle à Blida, d'où il pourrait facilement gagner Alger, suggérait qu'on exige de lui que le futur organisme commun exerce une responsabilité collective — évidemment dans l'espoir que de Gaulle y serait comme noyé — et surtout que, aussitôt après la libération de la France un gouvernement provisoire soit formé suivant la procédure prévue par la loi Treveneuc de 1872, c'est-à-dire désigné par les conseils généraux, élus en 1931 et 1937, des départements libérés. Macmillan écrivait même qu'au cas où de Gaulle s'y refuserait, on pourrait ouvertement le considérer comme « un aspirant dictateur ». Jean Monnet, reprenant apparemment en compte ces exigences, rédige donc la lettre que Giraud doit adresser à de Gaulle. La première version en est écrite le 14 mai et, suivant le témoignage des intéressés, il y en eut huit. On peut donc croire que l'annonce du soutien solennel à de Gaulle des mouvements, partis et syndicats représentés au CNR, compta, pour une grande part, dans la rédaction définitive de la lettre. Elle prévoyait déjà, outre une présence égale des partisans des deux généraux dans le futur Comité, dont deux seraient nommés par Giraud et deux par de Gaulle, une marge supplémentaire de négociation puisque trois autres postes de commissaire seraient attribués ultérieurement. De plus, l'engagement d'appliquer impérativement la loi Treveneuc après la libération de la France, n'était plus présenté comme essentiel. On comprend que Macmillan et Monnet se soient plaints de la publication du message du CNR : elle les conduisait à modérer sensiblement les exigences qu'ils voulaient faire endosser par Giraud. On comprend aussi que celui-ci se soit montré agacé, et plus encore peut-être par le soutien d'Herriot à de Gaulle, dont Catroux lui fit part : il devait sentir que, de toute façon, il n'aurait pas l'appui des hommes politiques républicains, avec lesquels il n'avait aucun point commun, pas plus que de la Résistance intérieure passionnément hostile à Vichy. Il est donc logique qu'il ait feint de négliger le message du CNR et qu'à tout prendre il ait préféré dire à Catroux, conformément à son personnage de chef militaire, que, pour reconstituer les armées françaises, l'apport des Forces françaises libres lui importait beaucoup plus.

Le message du CNR n'annonçait pas seulement le soutien massif du peuple français à de Gaulle, le jour où il pourrait s'exprimer : il portait un coup fatal au petit groupe antigaulliste de Londres qui avait toujours tenté d'opposer le chef de la France libre aux partisans authentiques de la République et de la démocratie. Il réagit donc aussitôt avec une véhémence et même une hargne qui révélaient leur colère en publiant, dès le 16 mai, dans le quotidien *France*, un éditorial où il dénonce le soutien donné à une « idéologie du chef » et à « une notion personnelle du pouvoir », vantant, par contraste, « l'autorité dépersonnalisée et collective » que Giraud aurait suggérée... Après le ralliement à ce dernier de l'amiral Muselier et de Labarthe, la réaction furieusement négative du groupe antigaulliste de Londres aux messages du CNR achevait de le couper des courants profonds de la Résistance intérieure et même des partis politiques et, virtuellement, mettait fin à son rôle.

C'est précisément à cette date qu'une nouvelle offensive contre de Gaulle, la plus violente de toutes, fut déclenchée par Roosevelt, partiellement soutenu par Churchill. Celui-ci était arrivé à Washington aussitôt finie la campagne de Tunisie et voulait obtenir qu'elle soit suivie d'un débarquement en Sicile qui prolongerait les opérations alliées en Méditerranée pendant la seconde moitié de l'année 1943. Il allait avoir gain de cause : une part importante des forces alliées était désormais en Afrique du Nord, on approchait du mois de juin, il n'était plus question de disposer à temps des forces nécessaires pour un débarquement victorieux sur les côtes françaises de la Manche et il paraissait alors logique d'exploiter les chances que la victoire alliée en Tunisie offrait en Méditerranée. Roosevelt y consentit et peut-être pensa-t-il qu'il pouvait, en contrepartie, obtenir le soutien de Churchill pour atteindre son objectif : éliminer de Gaulle.

Le 13 mai, il remet donc à Churchill un dossier rassemblant tous ses arguments habituels contre le chef de la France libre, y ajoutant, comme autant de preuves incontestables, les rumeurs ou informations inexactes ordinairement diffusées par Vichy comme par le groupe antigaulliste de Londres, tel que le serment d'obéissance personnelle à de Gaulle qui serait exigé des Combattants de la France libre [31]. Mais ce dossier n'est, au fond, que l'instrument, ce jour-là, de la politique choisie par Roosevelt à l'égard de la France. Convaincu qu'elle ne sera plus jamais une puissance importante et pressentant, d'ailleurs avec raison, qu'elle ne pourra conserver son Empire colonial dont il trouve, au reste, le traitement très critiquable, il pense, soit à un remaniement de la carte européenne où le nord-est du territoire français serait rattaché à quelque nouvelle Lotharingie, soit à un nouveau statut de l'Europe où l'Angleterre et la Russie, assistées provisoirement par les Etats-Unis, veilleraient au désarmement des autres Etats, y compris la France, et à l'établissement chez eux de régimes démocratiques, tandis que les colonies françaises seraient soit rendues indépendantes, soit soumises à un contrôle international. Le cabinet britannique n'a jamais souscrit à ces vues et, deux mois plus tôt, Eden, reçu par Roosevelt, le lui a dit sans détour [32]. La politique anglaise prévoit déjà qu'après la guerre, la puissance française devra être, autant que possible, restaurée afin que l'effondrement prévisible de l'Allemagne, pour une assez longue période, et les avancées inévitables de l'Union soviétique, ne provoquent pas un dangereux déséquilibre sur le continent européen.

Mais, en ce milieu de mai 1943, Roosevelt ne parle à Churchill que d'un sujet plus limité : le sort qu'il faut faire à de Gaulle. Churchill ne veut pas l'affronter, ni même le contredire trop ouvertement et peut-être est-il sensible à la campagne menée contre de Gaulle par quelques Français réfugiés aux Etats-Unis comme Alexis Léger, l'ancien secrétaire général du ministère des Affaires étrangères qu'il connaît bien et qui lui adresse, comme à Roosevelt, de nombreuses lettres décrivant la France libre et son chef sous le jour le plus sombre. Churchill, naturellement au courant du message du CNR, a beau faire état, devant Roosevelt, du soutien de la Résistance française à de Gaulle, il n'en est pas moins amené à se rallier aux vues du président américain. De Washington, il adresse au Cabinet de guerre britannique un télégramme où il recommande, presque impérativement, un changement de politique envers le chef de la France combattante : « Il est urgent d'examiner s'il n'y a pas lieu d'éliminer de Gaulle en tant que force politique, écrit-il, le Comité national étant averti que nous n'aurons plus de relations avec lui ni ne lui verserons aucun subside tant qu'il sera lié à de Gaulle [33]. » Le même jour, dans un second télégramme il insiste et suggère plus explicitement un règlement des affaires françaises d'où de Gaulle serait exclu : « Je suis de plus en plus convaincu que je devrais lui écrire pour lui signifier qu'en raison de son comportement nous ne pouvons plus reconnaître la validité de notre échange de lettres [d'août 1940]... Je suis ravi que [le général] Georges se soit échappé de France. Si nous pouvions adjoindre Herriot et Léger au Comité de Londres diminué de de Gaulle, il serait possible de faire avec Giraud un groupement solide et largement représentatif de la France pendant la période de guerre [34]. »

Churchill pensait-il vraiment que les Français, tels qu'ils étaient en 1943, se sentiraient « représentés » par un organisme dont les personnalités principales seraient Alexis Léger, dont le nom même était très généralement oublié, et par le général Georges, commandant en chef sur le front du Nord-Est en 1940 et, à ce titre, un des principaux responsables militaires de la défaite, sans parler des jugements très variables que l'on portait alors sur Herriot ? On peut se le demander. D'autant plus qu'il savait que les mouvements de Résistance, les partis et les syndicats, par le message du CNR, venaient d'apporter leur soutien catégorique à de Gaulle et que Herriot lui-même, dans un texte transmis à Londres, lui avait donné son appui. Il est plus probable qu'il avait préféré s'aligner sur la position de Roosevelt pour ne pas heurter celui-ci dont le poids, au sein de l'Alliance anglo-américaine était désormais prépondérant : et peut-être, au fond, jugeait-il qu'après tout, mieux valait, pour l'Angleterre elle-même, un pouvoir français plus malléable que celui que de Gaulle incarnait. Quoi qu'il en soit, cette offensive contre le chef de la France combattante, où Churchill, cette fois, s'était ligué avec Roosevelt, échoua sur la résistance du Cabinet de guerre anglais.

Réuni le 23 mai, il estima impossible de « rompre avec le général de Gaulle au moment où il est sur le point de conclure un accord avec le général Giraud » et, comme le dit alors le vice-Premier ministre travailliste Clement Attlee, parce que son nom « est considéré comme le symbole de la République et [que] le mouvement gaulliste est favorable à l'Entente cordiale [35] ». Attlee et Eden y revinrent dans plusieurs télégrammes, invoquant les engagements de 1940, le souvenir de Bir Hakeim, les succès militaires remportés par les Français libres, l'impossibilité de rompre avec des Forces françaises combattantes qui représentaient déjà 80 000 hommes, les « réactions désastreuses pour l'ensemble du mouvement de Résistance » auxquelles il fallait s'attendre si l'on voulait éliminer de Gaulle [36]. Il est révélateur que, dans leur plaidoyer, Attlee et Eden n'aient pas manqué d'évoquer déjà l'ombre de ce qu'on appellerait plus tard la « guerre froide », en écrivant que, dans cette hypothèse, « les résistants considéreraient que les Anglo-Saxons trahissaient leur chef et une nouvelle poussée vers la Russie serait inévitable [nous devons rappeler, ajoutait-il, que les mouvements de Résistance inclinent aujourd'hui fortement vers la gauche et que les communistes y jouent un rôle majeur] ».

L'offensive de Roosevelt a donc échoué. Le Cabinet de guerre anglais, refusant, pour une fois, de suivre Churchill, a pris la précaution de demander à ses services et au Comité des chefs d'états-majors britanniques une étude rigoureuse de la Résistance française qui concluait formellement que celle-ci pourrait accroître « grandement les chances de succès d'un débarquement en France », qu'elle avait « fait connaître [son] allégeance au général de Gaulle et [que] le contrôle central des mouvements de Résistance est entre les mains de son représentant personnel », et qu'il était donc exclu de rompre avec lui [37]. C'était la preuve de l'importance cruciale que la Résistance intérieure avait désormais pour de Gaulle et pour le succès final de son entreprise. A ce titre, il était décidément irremplaçable. C'est avec cet atout décisif qu'ayant reçu l'accord du Comité national pour s'entendre avec Giraud sans renier les principes de la France combattante, il quitta Londres pour Alger, le 30 mai.

Sur l'aérodrome de Blida, il n'est accueilli que par ses collaborateurs et quelques officiers. Mais, accompagné par Massigli et Philip, son directeur de cabinet Palewski et son chef d'état-major Billotte, il gagne Alger dès la fin de la matinée et Giraud le reçoit à déjeuner au Palais d'Eté. Il en a rendu compte dans ses *Mémoires de guerre*, en quelques lignes qui voulaient résumer le rapport des forces dans lequel il se trouvait au départ et l'issue inévitable de cette confrontation :

> D'un côté tout, de l'autre rien... Je n'ai dans le pays ni troupes, ni gendarmes, ni fonctionnaires, ni compte en banque, ni moyens propres de me faire entendre... Pourtant [...] chacun, au fond de lui-même, sait comment finira le débat.

Il va durer six mois et, à chaque étape, de Gaulle, en effet, en sortira renforcé. On le voit dès l'après- midi de ce 30 mai quand il dépose une gerbe en forme de croix de Lorraine au monument aux Morts qui se dresse entre la place de la Grand-Poste et le parvis des bâtiments du gouvernement général de l'Algérie. Après une minute de silence, il se retourne face à la foule que les hommes du mouvement « Combat » ont mobilisée en toute hâte et qui, dans ce cadre, paraît immense, plusieurs milliers de personnes, dix mille peut-être. Il lève les bras, comme s'il voulait dresser au-dessus de lui un immense « V » et il entonne *La Marseillaise*... Les acclamations, longtemps, se prolongent.

De retour à la villa des Glycines, sa résidence, il trouve un message de l'ancien chef-d'état major de l'armée de l'Air, le général Vuillemin, qui, retiré de toute fonction depuis 1940, lui demande de pouvoir reprendre du service comme simple commandant d'une escadrille. De Gaulle apprécie ce geste, grand par son humilité, et y fait droit. Le rapportant dans ses *Mémoires de guerre*, il y voit un signe : « Le sentiment national a choisi. » Celui-ci, déjà, s'était exprimé avec la brusque ferveur de la foule européenne d'Alger. C'était un soutien dont de Gaulle n'allait pas manquer de jouer, à l'encontre des influences et des sentiments toujours favorables à Vichy des milieux bourgeois, des grands propriétaires fonciers et de la plupart des cadres militaires. Son assise, en Algérie, il la trouve, dès cette date, dans la communauté israélite, victime des persécutions raciales, dans le réseau nombreux et actif de la franc-maçonnerie qui exerçait avant la guerre son influence dans l'administration et parmi les élus radicaux, dans les milieux populaires où l'on votait naguère pour les candidats communistes et socialistes. Il en est conscient et renforcé dans sa détermination d'affronter sans délai l'inévitable lutte pour le pouvoir.

Elle commence dès le lendemain matin, 31 mai, à la première réunion fondatrice du « Comité français de libération nationale [38] ». Il la préside avec Giraud. De son côté, Massigli et Philip, du côté opposé, Jean Monnet et le général Georges. Mais cet équilibre numérique est déjà rompu puisque Giraud a accepté la présence de Catroux. De Gaulle exige qu'il soit bien clair que ce Comité sera un gouvernement, que le commandement militaire, logiquement, lui soit subordonné, et que soient immédiatement démis de leurs fonctions les hiérarques de

Vichy, civils ou militaires, en particulier ceux qui ont ordonné d'ouvrir le feu sur les armées alliées. Giraud s'y oppose mais, déjà, il n'est appuyé que par le général Georges : Jean Monnet amorce dès ce jour-là l'évolution qui le conduira dans le camp opposé. On se sépare sans se mettre d'accord. Le 1er juin, de Gaulle reçoit les journalistes aux Glycines, et c'est, tout de suite, un immense succès, surtout auprès des journalistes anglais et américains qui, menaient âprement campagne contre l'indulgence de Roosevelt envers le régime de Vichy et ses survivances en Afrique du Nord. Le soir même, Peyrouton, chargé de la police par Giraud, et sentant qu'il ne pourra rester longtemps en place, prend les devants et adresse sa démission à de Gaulle. Celui-ci lui ordonne de rejoindre sans délai l'armée du Levant et de passer ses pouvoirs au secrétaire général de son administration. La nouvelle est aussitôt diffusée dans Alger : elle crée un fait accompli qui établit la prééminence que l'on commence déjà à accorder à de Gaulle. En vain Giraud essaiera-t-il de donner un contrordre à Peyrouton et nommera-t-il à sa place l'amiral Muselier qui parle ouvertement de « mettre de Gaulle hors d'état de nuire » : Van Hecke, l'un des conjurés du 8 novembre, toujours à la tête des Chantiers de jeunesse, vient assurer Billotte que ses hommes sont désormais acquis à de Gaulle et, en tout cas, n'agiront jamais contre lui, [39] et, peu après, le général Juin, toujours commandant en chef en Afrique du Nord, fait savoir, par lettre, à son ancien camarade de promotion, que l'armée qu'il commande ne s'engagera pas en faveur de Giraud [40]. On a pu s'interroger sur la sincérité de l'un et de l'autre, Van Hecke ayant été bientôt promu général, et Juin étant promis au commandement du corps expéditionnaire d'Italie puis aux fonctions de chef d'état-major de la Défense nationale : mais le premier, bien avant le débarquement américain, n'avait aucune sympathie pour le régime de Vichy, et le second, dès le 9 novembre, avait commencé son opiniâtre combat en vue du retour des armées françaises dans la guerre, quels que soient les compromis nécessaires et, connaissant Giraud et de Gaulle il n'avait aucune hésitation sur leur valeur respective. L'essentiel était qu'ils aient, l'un et l'autre, estimé, dès ce moment, que c'est de Gaulle qu'il fallait soutenir.

Le 3 juin, à la seconde réunion du CFLN, une nouvelle étape est franchie : après Peyrouton, c'est Noguès qui va s'en aller et, du coup, Giraud accepte que le Comité « dirige l'effort français dans la guerre sous toutes ses formes et en tous lieux » et « exerce la souveraineté française », c'est-à-dire qu'il soit effectivement le gouvernement de la France. De plus, il est décidé de rétablir les lois de la République jusqu'à ce que les Français puissent élire leurs représentants. Quarante-huit heures pus tard, le CFLN s'élargit. Catroux et Georges sont commissaires d'Etat, Catroux prenant aussi le gouvernement général de l'Algérie, et Jean Monnet conserve l'Armement. De Gaulle fait nommer ses partisans aux postes les plus importants : Massigli aux Affaires étrangères, Philip à l'Intérieur, Pleven aux Colonies, Diethelm à l'Économie, Tixier au Travail, Henri Bonnet à l'Information. Giraud ne nomme que trois des siens : le docteur Abadie à la Justice, Maurice Couve de Murville aux Finances, René Mayer aux Transports. Cette fois, l'équilibre entre les deux généraux est complètement rompu. René Mayer, comme on l'a vu, approuvait de Gaulle dès juin 1940 et n'avait voulu revenir alors en France, que par solidarité avec ses coreligionnaires : les persécutions antisémites ne l'ont évidemment pas rapproché du régime de Vichy dont Giraud symbolise encore la survivance. Couve de Murville a été nommé parce qu'il est le plus important des hauts fonctionnaires des Finances qui ont gagné Alger : mais, tout en remplissant ses fonctions administratives, il n'a jamais caché sa sympathie pour la France libre et, immédiatement, il va soutenir de Gaulle.

Le 8 juin, celui-ci provoque une nouvelle crise : invoquant le principe de l'incompatibilité entre l'exercice d'un pouvoir politique et d'une fonction militaire, il demande au Comité d'en tirer les conclusions, en priant Giraud de choisir entre ses titres de « commandant en chef effectif » et de « président du CFLN », faute de quoi il faudrait au moins nommer un commissaire à la Défense ou former un Comité présidé par de Gaulle pour veiller à la réorganisation des armées. Giraud s'y refuse, naturellement. Mais, une fois de plus, Georges est seul à le soutenir. De Gaulle réplique en écrivant à chacun des membres du CFLN qu'il ne peut plus s'y associer « ni comme membre, ni comme président[41] ». La crise est aiguisée par un fort mouvement de ralliement aux Forces françaises libres dans les unités de l'armée d'Afrique[42]. Chez les hommes de troupe, une partie des sous-officiers, quelques rares jeunes officiers, chez les mobilisés d'Afrique du Nord d'origine juive ou appartenant aux milieux les plus républicains, chez les évadés de France aussi, on ne veut pas servir sous un commandement réputé fidèle à Vichy. Les incidents qui en résultent sont pénibles, marqués par les règlements de comptes ordonnés par Muselier, et aboutissent à un désordre qui fait peur à la hiérarchie. En réalité, ils montrent à quel point les chefs militaires s'identifiant au régime de Pétain, sont disqualifiés : il suffirait de laisser le mouvement se propager pour que les Forces françaises libres finissent par englober l'ensemble de l'armée française, ou pour qu'il faille de toute urgence, procéder à une stricte épuration de cadres de l'armée d'Afrique. Chez les Français libres, Pierre Messmer le proclame et le réclame « à pleine voix » au point que ses chefs proposeront bientôt de l'envoyer en mission aux Antilles quand celles-ci auront, à leur tour, rallié de Gaulle[43].

Le 15 juin, Giraud et Georges échouent dans leur tentative d'obtenir du CFLN qu'il constate que de Gaulle a, en pratique, démissionné. Le 17 juin, de Gaulle revient y siéger en profitant de l'arrivée des commissaire venus d'Angleterre et des Etats-Unis, mais l'impasse demeure. Roosevelt intervient fortement en faveur de Giraud et Churchill et fait décider de ne plus accorder à l'ancien Comité national de la France combattante aucun virement de crédit [44]. Et il approuve les instructions données par Washington à Eisenhower : « Nous occupons militairement l'Afrique du Nord et l'Afrique-Occidentale... En conséquence, aucune décision civile indépendante ne peut y être prise sans notre complète approbation... Nous ne permettrons pas que de Gaulle dirige en personne, ou contrôle grâce à ses partisans dans un quelconque comité, l'armée française d'Afrique que ce soit sur le plan du ravitaillement, de l'instruction ou des opérations [45]. » Elles lui prescrivent même d'imposer le maintien au gouvernement général de l'Afrique-Occidentale Boisson, qui, naguère, a fait tirer sur les Britanniques et les Français libres. Eisenhower convoque donc Giraud et de Gaulle pour leur demander de ne plus mettre en cause l'organisation du commandement français en Afrique du Nord au moment où il s'apprête à débarquer en Sicile [46]. De Gaulle réplique que le CFLN est un gouvernement français et que, s'il est prêt à lui donner satisfaction sur les problèmes d'ordre militaire, il exercera toutes ses attributions. Il obtient finalement que Eisenhower confirme ses demandes par écrit dont le CFLN discute les 21 et 22 juin.

Il y fallut trente heures de débat. On décide de ne pas répondre à la communication américaine et de conserver à Giraud et à de Gaulle leurs commandements respectifs, l'un sur l'armée d'Afrique, l'autre sur les Forces françaises combattantes et la Résistance intérieure. Mais de Gaulle obtient en partie satisfaction sur ce qu'il avait demandé quinze jours plus tôt : un Comité militaire est créé comprenant Giraud et les chefs d'état-major, pour la réorganisation et la fusion de toutes les forces françaises et leur répartition sur les divers fronts, et c'est lui qui le présidera. Quant aux décisions militaires majeures, elles incomberont au CFLN lui-même dont il est le coprésident. Mais le plus significatif est que, face aux pressions américaines, le Comité a été presque unanime à soutenir de Gaulle : à la seule exception du général Georges, et même avec l'appui mesuré et calculé de Jean Monnet, il s'est prononcé pour un règlement de la crise qui, comme on le voit, fait franchir de nouveaux pas vers sa prééminence définitive. René Mayer et surtout Maurice Couve de Murville lui ont donné, sans hésiter, leur appui.

Les gouvernements anglais et américain seront désormais obligés d'en tenir compte et le Cabinet de guerre britannique, imposant ses choix au Premier ministre, convient qu'il faut maintenant accorder une reconnaissance diplomatique au CFLN [47]. Du côté américain, se produit le même changement, mais discrètement et même secrètement. Ce sont les responsables militaires qui jouent, ici, le rôle décisif [48]. L'amiral Stark, à Londres, estime depuis de longs mois, que de Gaulle est, pour les Alliés, le meilleur interlocuteur et son assistant, le lieutenant commandeur Kittredge, après ses entretiens avec Jean Moulin, Pierre Viénot, le général Delestraint, puis après un séjour à Alger, fait le même choix et en informe les états-majors de Washington. Eisenhower lui-même, bien que très attentif à suivre les directives de Roosevelt, porte maintenant un jugement très sévère sur Giraud et en déduit, à son tour, que c'est de Gaulle qu'il faut soutenir. Il apaise les inquiétudes de Roosevelt à propos du compromis qui vient d'intervenir au sein du Comité d'Alger, bien qu'il sache très bien que c'est un nouveau succès pour de Gaulle et, au mois d'août, lui suggère « une certaine forme de reconnaissance, même limitée », du CFLN. Cette évolution des chefs militaires américains va s'accélérer durant les mois suivants et entraver les dernières initiatives de Roosevelt, en vue d'éliminer de Gaulle.

Celui-ci franchit alors les dernières étapes qui le conduisent à prendre, seul, le pouvoir. Giraud part, en effet, aux Etats-Unis puis au Canada et en Angleterre. Son absence, pendant tout le mois de juillet, a pour conséquence de faire fonctionner le CFLN sous une présidence unique. Pour les cérémonies du 14 juillet comme pour les visites qu'il rend au bey de Tunis et au sultan du Maroc, il incarne, à lui seul, le gouvernement virtuel de la France. C'est à lui que vont les ovations des foules à Alger, à Tunis, à Rabat. Il n'hésite pas, de plus, à engager l'avenir, établissant avec le sultan Mohammed ben Youssef, un dialogue direct qui tisse entre les deux hommes ce que de Gaulle devait appeler dans ses *Mémoires de guerre* des liens « d'amitié personnelle » et fonde une « sorte de contrat d'entente et d'action commune ». Par contraste, tous les signes d'une subordination absolue de Giraud aux autorités américaines sont de plus en plus mal ressentis par l'opinion européenne en Algérie, même dans les milieux qui lui furent d'abord favorables, et de Gaulle apparaît alors comme garant de l'indépendance de la France et de son autorité en Afrique du Nord. Du reste, à l'exception des journaux les plus conservateurs tous les moyens d'expression lui sont désormais acquis, surtout la radio et les actualités filmées.

L'étape suivante est le ralliement spectaculaire des Antilles et de la Guyane. L'amiral Robert, haut-commissaire de Vichy, ayant passé avec les Etats-Unis un accord qui garantissait leur ravitaillement moyennant le désarmement des navires de guerre français et le maintien de leur statut politique, avait gardé sous son autorité et laissé dans l'inaction totale le porte-avions *Béarn*, avec 106 avions américains achetés juste avant l'armistice, le croiseur *Jeanne d'Arc*, le croiseur *Emile Bertin*, chargé de 286 tonnes d'or de la Banque de France, 3 croiseurs auxiliaires et 8 pétroliers. Mais, au début de 1943, son autorité est ébranlée, les anciens élus de la Martinique et de la Guadeloupe forment des Comités de libération, une mutinerie éclate à bord de la *Jeanne d'Arc*, des émeutes ont lieu à Basse-Terre et Pointe-à-Pitre, les 2 mai et le 4 juin, une fraction de l'armée fait dissidence ouvertement le 27 juin, et l'équipage de l'*Emile Bertin* s'oppose au débarquement des troupes que Robert voulait employer pour la réduire. Le 30 juin, quand celui-ci se résigne à négocier un « changement d'autorité », les autorités américaines, qui avaient empêché que les appels des groupes de Résistance soient transmis à Alger, changent de comportement et lui prescrivent de s'adresser au CFLN. Robert, pourtant, appliquera ou tentera d'appliquer jusqu'au bout les instructions de Vichy. Il fait saboter les machines des pétroliers, fait échouer le *Béarn*, ordonne que les chaudières des autres navires soient remplies d'eau de sel, fait détruire tous les avions embarqués et il faut une mutinerie des équipages pour empêcher que les stocks d'or ne soient jetés à la mer et que les navires ne soient sabordés : ses décisions, en tout cas, achèvent de discréditer, aux yeux de Washington, les anciennes autorités de Vichy. La population, quant à elle, exprime massivement et bruyamment son ralliement à la France combattante[49].

C'est un signe nouveau du soutien populaire dont de Gaulle bénéficie désormais partout et qui fera échouer les tentatives menées jusqu'au bout pour l'écarter. Cela n'empêche pas qu'il doive se battre à chaque instant pour établir son autorité. En Guyane, par exemple, les Américains ont réussi à faciliter la venue d'un gouverneur choisi par Giraud et il faudra que le président du Conseil général, soutenu par la population, intervienne pour qu'un autre gouverneur soit nommé. Quand l'escadre d'Alexandrie, commandée par l'amiral Godefroy, arrive à Dakar après avoir fait le tour de l'Afrique, de Gaulle fait débarquer l'amiral Godefroy et le met à la retraite. Au retour de Giraud, après le 31 juillet, il négocie un nouveau compromis. Giraud présidera les séances du CFLN consacrées aux affaires militaires, et lui présidera toutes les autres. De plus, les Forces françaises combattantes et l'armée d'Afrique auront enfin un commandement unique : leurs chefs d'états-majors sont nommés par Giraud, les généraux Leyer pour l'armée de Terre, Bouscat pour l'armée de l'Air et l'amiral Lemonnier pour la Marine, mais des Français libres occupent les postes de sous-chef d'état-major, Koenig, Valin et Auboyneau. Mais c'est en contrepartie d'un changement capital : le haut commandement est expressément placé sous l'autorité du pouvoir politique, le CFLN assurant « la direction générale de la guerre » et disposant de « l'ensemble des forces terrestres, navales et aériennes ». Giraud sera commandant en chef en vertu d'un décret du CFLN et il sera doublé par un commissaire-adjoint à la Défense, le général Legentilhomme, l'un des plus anciens Français libres. La politique militaire, enfin, sera, dans son ensemble, fixée par un Comité de défense nationale, remplaçant le « Comité militaire permanent » créé le 22 juin ; de Gaulle le présidera, Legentilhomme en sera membre, Billotte en assurera le secrétariat : ainsi Giraud voit-il ses pouvoirs, en quelque sorte, cernés de tous les côtés. Ce compromis ne va pas durer plus de trois mois.

C'est la libération de la Corse qui va tout remettre en cause, et en même temps, tout éclaircir. Giraud a pris contact avec les résistants de l'île, dès janvier 1943. Il a envoyé auprès d'eux le commandant de Saulle, transporté par le sous-marin *Casabianca*, puis le capitaine de gendarmerie Colonna d'Istria. Mais c'est alors que la Résistance corse traverse une crise dramatique. Elle comprend un mouvement, issu de ceux de la France continentale, sous la direction du lieutenant Alphonse de Peretti et, surtout, le Front national dont le chef de fil est le communiste Arthur Giovoni, assisté d'Henri Maillot, et de Vittori. Leur coordination est plus ou moins assurée par le réseau R2 Corse créé par Fred Scamaroni. C'est l'un des premiers Français libres, capturé au moment de l'expédition de Dakar, libéré puis passé en Corse où il installe ses réseaux, revenu en Angleterre en janvier 1942 et reparti en Corse un an plus tard pour unifier la Résistance en vue d'un débarquement prochain. Arrêté avec 18 membres de son réseau par la police italienne, il a préféré se suicider dans sa prison, le 19 mars, écrivant avec son sang sur les murs de sa cellule : « Je n'ai pas parlé. Vive de Gaulle ! Vive la France ! » Sa mort laisse place à la suprématie inévitable du Front national, désormais seul mouvement de Résistance important. C'est donc avec lui que Colonna d'Istria prend contact et prépare la libération de l'île. Celle-ci devient possible dès après la capitulation de l'Italie, le 8 septembre, et les états-majors alliés la souhaitent. Dès le 9, Colonna d'Istria avertit Giraud que les résistants ont pris le contrôle d'Ajaccio et que les unités italiennes, présentes dans l'île, sont prêtes à se rendre et même à changer de camp, tandis que 12 000 Allemands s'installent dans l'est de l'île. Giraud doit donc agir, alors même que les Alliés, accaparés par leurs opérations en Italie du Sud, ne peuvent l'aider, et, à juste titre il est décidé à utiliser les forces dont il dispose en Afrique du Nord pour se porter au secours des résistants et libérer la Corse. Aussitôt, les opérations se déroulent au mieux : 109 hommes, entassés à bord du sous-marin *Casabianca*, servent d'avant-garde au « bataillon de choc » du commandant Gambiez qui débarque le 13 septembre, suivi de 6 000 hommes aux ordres du général Henry Martin, de sorte que l'île est libérée en trois semaines avec l'appui, partout des résistants corses[50].

Mais l'affaire revêt, en même temps, une dimension politique qui se révélera décisive. Giraud, en effet, n'en a pas prévenu le CFLN. Il n'a averti de Gaulle qu'au dernier moment, le 9 septembre au matin. Quand Giovoni, dont l'esprit d'initiative et le courage font un remarquable chef du Front national, est venu à Alger, Giraud a pris soin d'éviter qu'il ait aucun contact avec de Gaulle, ni avec le commissaire à l'Intérieur, André Philip. C'est par hasard que celui-ci a rencontré Giovoni et qu'il est parvenu à imposer, au dernier moment, l'embarquement du préfet désigné par le CFLN, Luizet, qui prend avec lui, comme secrétaire général, François Coulet dont de Gaulle avait fait le directeur de son cabinet. Mais, sur place, après la libération de l'île, le Front national est maître du terrain et, par des élections à main levée, prend le contrôle de presque toutes les municipalités : Luizet mettra deux mois à rétablir l'autorité de l'Etat et les lois républicaines, à modifier la composition des assemblées communales et à former un « Comité départemental de la libération nationale » représentatif des diverses tendances politiques de l'île.

C'est une expérience que les membres du CFLN ne veulent pas recommencer. Giraud avait pris contact avec un seul mouvement de Résistance, celui que dirigeaient les communistes. Il leur avait accordé, en pratique, une sorte d'exclusivité. Ils avaient donc pu s'assurer, par là, un prestige politique et moral sans égal. Ce n'était évidemment pas l'objectif de Giraud, mais n'ayant pas d'autorité sur l'ensemble de la Résistance intérieure, n'en connaissant pas l'histoire, ne disposant auprès d'elle d'aucun crédit personnel, il s'était laissé guider par les circonstances et les communistes, dirigeant le Front national qui avait pu, seul, garder sa force et sa cohésion, en avaient été les bénéficiaires. Du coup, même aux yeux de ceux qui l'avaient soutenu jusque-là, Giraud n'était plus fiable.

De Gaulle sut exploiter immédiatement le mauvais cas où Giraud s'était mis en n'informant le Comité ni de ses intentions, ni de ses plans, ni des prolongements politiques qui pouvaient en résulter. Le 18 septembre, il écrit à Catroux :

> Les conditions dans lesquelles ont été préparées et sont actuellement exécutées les opérations de toutes natures tendant à la libération de la Corse montrent une fois de plus — et cette fois dans une occasion grave — que le Comité de la libération nationale, tel qu'il est constitué et tel qu'il fonctionne, n'est pas à même de jouer effectivement son rôle d'organe de gouvernement [51].

Il proposa donc que le CFLN élise un président qui resterait en fonction une année et pourrait être réélu et que soit créé un Commissariat à la défense qu'il envisageait de confier au général Legentilhomme ou à Henri Queuille, ancien ministre radical, membre de douze gouvernements sous la IIIe République, qui a rallié la France libre depuis plus d'un an. Si on ne le suivait pas, il avait l'intention de se retirer.

Le 21 septembre, le Comité ne l'approuve qu'en partie : le général Georges, Jean Monnet, René Mayer, Maurice Couve de Murville, René Masigli et Jules Abadie sont hostiles à la suppression d'une coprésidence, c'est-à-dire au départ immédiat de Giraud, que soutiennent en revanche, André Diethelm, André Philip et Adrien Tixier [52]. Mais ils sont tous favorables à la création d'un Commissariat à la défense qui ne dépendrait plus du commandant en chef. Les commissaires, en réalité, ont été sensibles à la popularité que la libération de la Corse vaut à Giraud, alors que les opérations, dans l'île, ne sont pas achevées. De Gaulle consent à s'en tenir, pour le moment, à la création du Commissariat à la défense, accompagné d'une réduction nouvelle des attributions de Giraud. Celui-ci, lors d'une réunion du comité, le

25 septembre, proteste, menace de démissionner puis accepte un statut qui ne lui donne guère le droit que de contresigner les décisions adoptées.

Mais on approchait déjà des étapes ultimes. Le 9 novembre, saisissant l'occasion de l'arrivée à Alger des membres de l'Assemblée consultative provisoire, les membres du CFLN, sachant évidemment les conséquences de leur geste, démissionnent en bloc. Ils annoncent qu'ils remettent à de Gaulle leurs charges pour qu'il donne à l' « organe du gouvernement » une composition plus représentative de la France en guerre. Giraud y a consenti. Mais de Gaulle, sans plus hésiter, l'écarte, ainsi que le général Georges, du nouveau comité. Les amis de Giraud en sont d'autant plus ulcérés, que celui-ci vient d'apprendre l'arrestation de sa femme par les Allemands et la déportation de sa fille : peut-être songent-ils même à réagir par la force mais, en réalité il n'a plus, autour de lui, aucun soutien qui puisse mettre en péril l'autorité acquise par de Gaulle[53]. Il ne garde d'ailleurs le titre de commandant en chef que quelques mois à peine. Le 27 novembre 1943, en effet, un décret avait prescrit la fusion des services spéciaux de Londres et d'Alger, arme essentielle du pouvoir dans la lutte clandestine en France. Il fallait évidemment en exclure ceux qui portaient trop lourdement la marque de Vichy, même s'ils étaient restés vigilants vis-à-vis des services allemands, mais de Gaulle entendait surtout constituer un organisme assez solide pour l'informer exactement des intentions et de l'activité de la Résistance intérieure. Du reste, la compétence des services spéciaux s'étendrait bien au-delà des domaines militaires et il était logique de les rattacher à la présidence du gouvernement et non à la personne du commandant en chef. On pouvait craindre aussi que Giraud, en employant le personnel militaire traditionnel, recourrait souvent aux hommes les moins aptes à inspirer confiance aux mouvements de Résistance et aux maquis : pour comble, il en vint, sans doute par ignorance, à charger d'une mission importante, un membre du parti communiste, Larribère, futur sénateur. Du coup, les milieux militaires naguère les plus hostiles à de Gaulle en vinrent à penser que Giraud serait incapable de défendre efficacement l'ordre et les hiérarchies auxquels ils tenaient. Cet avis fut évidemment partagé par les membres les plus modérés du Comité de libération nationale. Se référant à la tradition républicaine, celui-ci décide alors que son président, comme, en théorie les présidents de la IIIe République, doit être le chef des Armées et offre à Giraud le poste d'inspecteur général des Armées. Il le refuse et se retire dans une petite ville d'Algérie où, quatre mois plus tard, il sera blessé à la joue par la balle d'un tirailleur algérien qui montait la garde auprès de son domicile : il en accusera les services spéciaux alors dirigés par Jacques Soustelle mais ses accusations, apparemment invraisemblables puisqu'aucun intérêt politique ne pouvait justifier cet attentat, ne seront jamais étayées.

De Gaulle détient, désormais à lui seul, le pouvoir politique. Il constitue le nouveau CFLN comme un chef de gouvernement constitue son équipe, avec un certain souci de dosage entre les tendances, les sensibilités, les origines et les personnes. C'est un exercice auquel il n'est pas encore très habitué, ce que remarque avec amusement Emmanuel d'Astier qui se voit proposer le commissariat à l'Intérieur, qu'il accepte, puis celui à l'Information qu'il refuse et, quand il vient prendre congé pour regagner la France se voit à nouveau attribuer l'Intérieur... Mais, au total, c'est déjà un authentique gouvernement que de Gaulle constitue, représentatif de la France telle qu'elle est devenue, sous réserve de la participation des communistes qui n'interviendra que cinq mois plus tard. On y trouve six parlementaires : un radical de la vieille école, Henri Queuille, personnage symbolique de l'ancien personnel politique et qui devient vice-président du Comité, commissaire d'Etat chargé de « la coordination inter-commissariale », occupant ainsi le deuxième rang après de Gaulle ; Pierre Mendès France, qui appartient, lui, à la plus jeune génération du parti radical et a préféré jusque-là combattre sous l'uniforme de capitaine aviateur du groupe Lorraine et qui est commissaire aux Finances ; André Philip, chargé des rapports avec l'Assemblée et Pierre-Bloch, commissaire adjoint à l'Intérieur, qui appartenaient aussi, au parti socialiste, à la jeune génération des hommes politiques d'avant la guerre, et André Le Troquer, commissaire à la Guerre et à l'Air, qui, au contraire, représente mieux l'ancienne direction socialiste ; Louis Jacquinot enfin, commissaire à la Marine, seul représentant parlementaire des groupes conservateurs et modérés, et qui, au moment de Munich, avait rompu avec son propre groupe, l'Alliance démocratique, dont le président, Pierre-Etienne Flandin, avait alors adressé un télégramme de félicitations à Hitler et Mussolini en même temps qu'à Chamberlain et Daladier. Quatre commissaires étaient issus des mouvements de Résistance, Emmanuel d'Astier de la Vigerie, commissaire à l'Intérieur, fondateur et chef de « Libération » où il a accueilli, comme on s'en souvient, l'organisation clandestine du parti socialiste et les représentants des syndicats et qui aura, à tous ces titres, l'expérience, l'autorité et la compréhension qu'il faut à l'égard de la Résistance intérieure ; Henri Frenay, commissaire chargé des prisonniers, déportés et réfugiés, fondateur et chef de « Combat », qui n'aura plus ainsi l'occasion de manifester son âpre opposition aux pouvoirs du délégué nommé par de Gaulle en France occupée, mais qui pourra témoigner, lui aussi, au sein du Comité, de l'esprit de la Résistance intérieure ; François de Menthon, commissaire à la Justice, fondateur de « Liberté » et qui a contribué à la fondation de « Combat », dont on sait qu'il représente la Résistance d'inspiration chrétienne et, plus précisément, le courant démocrate-chrétien ; René Capitant, commissaire à l'Éducation nationale, chef du mouvement « Combat » en Algérie, et universitaire de tradition républicaine et laïque. Quatre commissaires ont appartenu déjà aux instances de la France libre : le général Catroux, commissaire d'Etat chargé des Affaires musulmanes et en même temps gouverneur général de l'Algérie dont de Gaulle sait que, dans son domaine, il veut faire prévaloir les options les plus libérales ; René Pleven, commissaire aux Colonies qui va être bientôt chargé de présider les travaux de la conférence convoquée à Brazzaville pour étudier l'avenir de l'Afrique française ; André Diethelm, commissaire à la Production et au Ravitaillement, dont de Gaulle se souvient qu'il a toujours soutenu les positions les plus intransigeantes de la France libre ; Adrien Tixier, commissaire au Travail, souvent critique envers de Gaulle mais qui, par son passé de socialiste, de syndicaliste, et de fonctionnaire du Bureau international du Travail, accentue l'orientation politique qu'on a voulu donner au Comité. Quatre personnalités indépendantes gardent leurs fonctions précédentes : René Masigli, commissaire aux Affaires étrangères, qui apporte à de Gaulle l'expérience de la diplomatie traditionnelle ; Jean Monnet, commissaire en mission aux Etats-Unis, qui, nommé d'abord par Giraud, a méthodiquement favorisé de Gaulle dans son accession à la présidence unique du Comité ; Henri Bonnet, commissaire à l'Information, qui a déjà réussi à orienter en faveur du chef de la France combattante la plupart des journaux et des chaînes de radio d'Afrique du nord ; René Mayer, qui reste commissaire aux Transports et Travaux publics.

C'est un gouvernement qui vient ainsi d'être formé, même s'il n'en porte pas le nom. Du coup, de Gaulle doit infléchir souvent son langage et ses pratiques. En partie seulement : ayant assumé la responsabilité de l'appel du 18 juin et de tout ce qui en a résulté, il estime être seul à devoir en rendre compte à la France et donc à porter seul, la responsabilité de ce qui est fait avant qu'elle puisse en juger. De là un déséquilibre entre ses « commissaires » et lui : ils peuvent démissionner ou rester en place, critiquer, approuver ou même s'opposer, mais il ne peut, lui, être remplacé. Il reste qu'il a maintenant à ses côtés des hommes habitués à d'autres rapports personnels, à d'autres méthodes et qui, par leur passé ou les services rendus, ont un poids qu'il ne peut pas négliger. Ainsi, surtout, des hommes politiques les plus représentatifs, Henri Queuille, André Le Troquer, Louis Jacquinot, et des chefs de mouvements de Résistance comme Emmanuel d'Astier et Henri Frenay. Au fond, ce gouvernement — qui n'en porte pas encore le nom — est déjà celui qui va préparer la restauration de la République en France.

Pour y contribuer, de Gaulle a voulu qu'une assemblée représentative soit constituée, qu'il pourrait consulter sans être obligé par ses avis. Il y avait pensé dès 1941 quand René Cassin lui en avait parlé et il avait prévu qu'elle se réunisse en même temps que le Conseil national de la Résistance était formé en France occupée. La commission de réforme de l'Etat qu'il avait instituée à Londres et que présidait Félix Gouin, avait établi un premier projet, remanié ensuite par André Philip et adopté par le CFLN le 17 septembre 1943. Sa composition résulta, tout comme celle du nouveau Comité formé en novembre, d'un certain dosage. Mais, pour manifester clairement la prééminence de la représentation des Français vivant en France, on avait prévu, cette fois, que près de la moitié de ses membres seraient choisis par les mouvements de Résistance : ils furent quarante sur quatre-vingt-sept puis, quand l'assemblée — désormais dénommée « consultative provisoire » — fut élargie, quarante-neuf sur cent trois. Il s'y ajoutait vingt parlementaires répartis suivant l'importance des groupes du Sénat et de la Chambre des députés, élus avant la guerre, douze délégués des conseils généraux des départements et territoires déjà libérés, douze membres issus de la France libre et douze délégués des institutions gouvernementales fonctionnant en Algérie, en Tunisie et au Maroc. Cette assemblée qui sera toujours tentée de jouer le rôle d'un parlement, qu'elle n'est pourtant pas, garde, par ses origines, un certain halo de courage et parfois d'héroïsme : la plupart des résistants de France ont rallié Londres et Alger en courant des risques mortels et ils ont connu les périls et les tragédies de la clandestinité. Mais, très vite, ce sont les mœurs et le style des assemblées politiques qui prévalent. Ce sont aussi les anciens parlementaires, plus habitués que les jeunes résistants aux habiletés nécessaires. Félix Gouin, ancien député socialiste, n'a guère de mal à se faire élire président alors que les délégués de la Résistance intérieure auraient préféré un universitaire sorti de France occupée, également socialiste, André Hauriou. C'est un ancien fonctionnaire du secrétariat de la Chambre des députés, Emile Katz-Blamont, qui devient secrétaire général. Si la représentation des modérés et des conservateurs du parlement d'avant la guerre est trop faible, c'est qu'il a été difficile de trouver et d'acheminer les députés ou sénateurs de cette tendance qui ont refusé les pleins pouvoirs à Pétain le 10 juillet 1940 : de ceux auxquels de Gaulle avait songé, Champetier de Ribes, Louis Marin, Lionel de Moustiers, Robert Schuman, et Oberkirch, seul Louis Marin peut gagner Alger au mois d'avril 1944.

Mais cette assemblée, si elle a peu de pouvoirs, a un ton et des façons. Elle est déjà, par avance, représentative de ce que sera la France libérée. La critique du gouvernement y est admise, parfois véhémente, parfois même irresponsable, mais elle ménage toujours de Gaulle parce qu'elle le sait irremplaçable, comme il le sera jusqu'à la fin de la guerre et jusqu'à l'élection de la future Assemblée constituante. La prépondérance de la sensibilité de gauche, chez la majorité des délégués, se traduit par un discours d'inspiration socialiste sur les réformes qu'il faudra faire mais sans que rien ne soit fixé d'avance et surtout sans conception précise de la politique à mener pour restaurer l'économie française. Pardessus tout, l'Assemblée consultative exprime la passion combattante des résistants de l'intérieur : affrontés à Vichy, à ses fonctionnaires, à sa police, à sa milice, ils veulent une épuration sans faiblesse et ils le disent haut et fort. Sur ce terrain, nul ne les contredit, surtout pas les anciens parlementaires qui ne veulent pas être accusés de faiblesse ou de mollesse. Au contraire, les surenchères s'expriment volontiers. L'épuration s'annonce, et l'on pressent que c'est la rigueur que l'on réclamera, surtout, et bruyamment. De Gaulle en tient compte quand il refuse la grâce de Pierre Pucheu, ministre de l'Intérieur de Vichy, qui désigna les otages fusillés par les Allemands à Châteaubriant et qui a cru, en se fiant à une promesse équivoque de Giraud — qui l'autorisait à s'engager sous un nom d'emprunt — qu'il pourrait rejoindre l'armée d'Afrique du Nord. A son procès, Fernand Grenier, rescapé de Châteaubriant, l'accuse avec passion d'avoir été le pourvoyeur des pelotons d'exécution allemands et Giraud se défend péniblement d'avoir ignoré ses activités et son rôle à Vichy. Mais, pour de Gaulle, rien ne permettait ni ne justifiait la grâce : la refuser n'était pas seulement répondre à l'attente manifeste de la plupart des résistants et, en particulier, des communistes, c'était aussi adresser un avertissement sans détour à ceux qui, en métropole, servaient encore Vichy. Dès ce moment, il prévoit les contours qu'aura l'épuration. Celle-ci, de toute façon, sera nécessaire.

> Dans la tempête où chancelle la patrie, écrira-t-il dans ses *Mémoires de guerre,* des hommes, séparés en deux camps, prétendent conduire la nation et l'Etat vers des buts différents, par des chemins opposés. A partir de ce moment, la responsabilité de ceux-ci et de ceux-là se mesure ici-bas non à leurs intentions, mais à leurs actes, car le salut du pays est directement en cause. Quoi qu'ils aient cru, quoi qu'ils aient voulu, il ne saurait aux uns et aux autres être rendu que suivant leurs œuvres — mais ensuite ? — ensuite ? Ah ! Que Dieu juge toutes les âmes ! Que la France enterre tous les corps !

D'aucune manière il ne sera donc possible d'oublier et d'absoudre sans juger et rendre des arrêts. Faute de quoi, on ouvrirait la voie aux exécutions sommaires et aux règlements de comptes aveugles. Telles seront à la fois les exigences et les limites de l'épuration : à Alger, à l'écoute des débats de l'Assemblée consultative provisoire, de Gaulle a pu pressentir que la tâche, de toute façon, ne sera pas facile et que les résultats, jamais, ne seront parfaits.

Il reste à compléter l'union nationale que de Gaulle veut incarner en associant au pouvoir le parti communiste. C'est l'objet de négociations qui vont durer de novembre 1943 au 4 avril 1944. Les communistes exigent, en effet, de désigner eux-mêmes leurs représentants au CFLN, et de Gaulle, voulant préserver le principe de la nomination des « commissaires » par leur président, veut les choisir lui-même. Il souscrit à la nomination de François Billoux, le plus en vue des parlementaires communistes qui ont été déportés en Algérie et libérés en 1942 — mis à part André Marty dont la direction communiste, pas plus que lui-même, ne souhaite qu'il entre dans un gouvernement — mais le choix d'un second commissaire communiste est en cause. De Moscou, Maurice Thorez, en accord avec les dirigeants de l'ancienne Internationale communiste — officiellement dissoute — reproche à ses camarades d'Alger leur intransigeance, estimant que seule compte leur présence au sein du pouvoir exécutif. Dès lors, François Billoux peut être nommé commissaire d'Etat et Fernand Grenier commissaire à l'Air[54].

De Gaulle juge alors qu'il faut en finir avec les appellations que le passé avait justifiées : le 3 juin, le CFLN prend le nom de gouvernement provisoire de la République et il en demande la reconnaissance par les Alliés. Comme on le verra, elle ne sera définitivement acquise auprès des Etats-Unis et de la Grande Bretagne qu'après la Libération. Mais une page est tournée, celle de la dissidence et de la Résistance extérieure, et une autre va s'écrire, celle de la République restaurée. Le moment approche, cependant, où les décisions prises à Alger peuvent se heurter à une suprême inconnue : l'état dans lequel la France va se trouver après sa libération. Les discussions qui opposent Pierre Mendès France à Henri Queuille, André Diethelm, René Mayer, sur la gestion de l'économie française préfigurent celles qui auront lieu une fois le pays libéré, mais il est impossible de les trancher à l'avance. A l'Assemblée consultative provisoire, les parlementaires radicaux réclament la réunion des assemblées élues avant la guerre qui retireraient ses pleins pouvoirs à Pétain, éliraient un nouveau président de la République et seraient renouvelés aussitôt le territoire libéré et avant que la Constitution de 1875 soit modifiée suivant les procédures qu'elle a prévues, tandis que tous les autres courants s'expriment en faveur d'une assemblée constituante : mais le temps n'est pas encore venu, là non plus, de trancher ce débat. De Gaulle pourtant, prit une décision qui, sans rencontrer d'opposition au sein du CFLN, suscita quelques réserves persistantes : les Françaises voteraient et pourraient être élues comme les Français[55]. C'était une révolution, la plus importante peut-être pour l'évolution future de la société. Elle correspondait, sans nul doute, à l'opinion prépondérante chez les communistes, chez les démocrates-chrétiens qui y étaient acquis depuis longtemps, chez presque tous les socialistes. Mais c'est de Gaulle qui trancha. Il en était partisan, semble-t-il, depuis longtemps. Il ne s'en est pas expliqué lui-même, par oral ou par écrit, mais son choix était fait, en tout cas, quand il déclara dans son discours du 18 juin 1942 :

> C'est bien à l'homme, à la femme, que tout aura été demandé pour vaincre. C'est donc l'homme, c'est donc la femme qui devront être les vainqueurs.

Dans cette phase de sa vie, de Gaulle se situe, au fond, à une charnière de l'histoire du siècle. Pour une part, il en finit avec un certain passé : ses combats contre les séquelles de Vichy en Afrique, contre les entreprises de Roosevelt, plus ou moins soutenues par Churchill, sa lutte pour replacer la France dans le camp des vainqueurs, pour gommer les conséquences les plus lourdes de la défaite de 1940, pour tourner la page tragique écrite cet été-là. C'est un nouveau chapitre du siècle qu'il a commencé d'écrire. Ses décisions, par avance, mettent un terme à l'histoire des tentations fascistes en France, dont Vichy fut le dernier avatar. Elles visent à instaurer un système démocratique, dont les contours ne sont pas fixés, mais qui sera, définitivement, celui de la France comme celui de tous les pays d'Europe occidentale. En prenant position sur l'avenir de l'économie française, et en s'inscrivant ainsi dans les courants de pensée qui prévalent alors dans l'esprit public en France, il annonçait les réformes de structure — c'est ainsi qu'on les désignera bientôt — qui façonneront l'économie française après la guerre et pendant plus de quarante ans.

En invoquant sans cesse la justice sociale qui devra s'instaurer après la Libération, il annonce aussi la recherche d'une autre répartition des richesses, et d'un surcroît d'égalité dans les conditions de vie, la protection par la loi contre les épreuves de l'existence et peut-être même de nouveaux rapports entre les classes sociales. Le droit de voter et d'être élues conféré aux Françaises ouvre la voie à de nouveaux rapports entre les sexes.

De Gaulle, à cette date, n'est déjà plus seulement l'homme des formidables batailles qui déchirèrent le monde durant la première moitié de ce siècle : il entre déjà dans une autre époque qui, elle, durera jusqu'à la fin du siècle.

Chapitre 15

INSURRECTION, LIBERATION

L'histoire du siècle est jalonnée par les révoltes que les peuples assujettis, occupés et opprimés, ont menées, les armes à la main. Nul n'imagine aujourd'hui une Résistance qui ne soit pas armée. De là vient qu'à distance on peut avoir quelque mal à comprendre que le passage à la lutte armée ait, aussi longtemps, suscité interrogations et controverses à mesure que se développait la Résistance française. On a vu comment de Gaulle avait cru pouvoir réagir à l'annonce des premiers attentats dirigés contre des militaires allemands au début de l'automne 1941. Et j'ai rapporté l'entretien que j'eus avec lui sur ce sujet, les raisons de sa réserve initiale, combien celle-ci lui avait paru très vite intenable et la conviction qu'il eut bientôt que la résistance armée était seule à pouvoir engager totalement, irrémédiablement, le peuple français dans une lutte sans merci contre l'ennemi. La logique propre à la Résistance intérieure conduisait inexorablement au passage à la lutte armée et, plus concrètement, la résistance à la déportation de main-d'œuvre française en Allemagne entraînait inévitablement les réfractaires à la clandestinité d'abord, puis, à mesure que leur nombre augmenta, à la naissance et à la croissance des maquis. L'année 1942 ne pouvait donc s'achever sans que la lutte armée devienne la préoccupation première de la Résistance française et de la France combattante elle-même.

De Gaulle en parla donc avec Jean Moulin et avec le général Delestraint lors de leur séjour à Londres en février et mars 1943. A cette date, les branches militaires des mouvements « Combat », « Libération » et « Franc-Tireur » ont été réunies pour constituer « l'armée secrète » dont Delestraint a été nommé chef et on discutait, depuis plusieurs mois, des missions qu'elle aurait à remplir. Mais tout dépendait, en dernier ressort, du jugement des états-majors alliés. Pour la lutte armée, il fallait des armes et c'est seulement à partir du territoire anglais qu'on pouvait les acheminer en France occupée. De plus, il s'agissait pour la Résistance intérieure aussi bien que pour les unités de la France libre, d'apporter le concours le plus efficace à la stratégie des Alliés de sorte que la contribution française à la guerre soit effectivement prise en compte et prenne sa pleine signification politique. Jusqu'alors l'action militaire, pour la Résistance intérieure, n'était envisagée qu'en vue d'une action générale qui serait déclenchée au moment du débarquement allié et il fallait, d'ici là, en recruter les cadres, les effectifs, si possible les moyens en armes, sans que l'on ait pu songer encore aux opérations à mener ni aux objectifs à atteindre. On s'en tenait au principe que de Gaulle lui-même avait solennellement énoncé : « La libération nationale n'est pas séparable de l'insurrection nationale. » Mais, désormais, il fallait aller au-delà et décider de ce que la Résistance intérieure ferait d'ici le débarquement, et comment elle le soutiendrait, le jour venu.

Ce fut l'objet des conversations que Jean Moulin et Delestraint, accompagnés du colonel Billotte, que de Gaulle avait pris pour chef d'état-major, et parfois de Jean Cavaillès, l'un des fondateurs, avec Christian Pineau, du mouvement « Libération Nord » et chef du réseau de renseignements « Cohors », eurent avec le chef d'état-major impérial britannique, le général Alan Brooke, et l'amiral Stark, commandant des Forces navales américaines pour l'Europe [1]. Dans leurs discussions, l'essentiel est la date du futur débarquement. Delestraint, en particulier, est un chef militaire trop scrupuleux pour chercher, comme il le dit, à « tromper nos alliés » et il s'inspire d'une conception relativement simple et pratique de ce que peut être la contribution armée de la Résistance intérieure. « En France, peut-on lire dans un document remis aux états-majors alliés, les conditions géographiques interdisent la constitution d'unités d'une certaine importance qui, comme celles du général Mihaïlovitch [en Yougoslavie], vivraient sur elles-mêmes et harcèleraient l'ennemi. Il ne saurait être question de bataillons et de régiments : ces unités, confinées dans des réduits, seraient rapidement mises hors de cause. En outre, l'occupation allemande et la surveillance policière interdiraient leur réunion ». En revanche, une « immense action de sabotage entièrement décentralisée dans son exécution et couvrant l'ensemble du territoire métropolitain pourra être exécutée par l'armée secrète au jour du débarquement allié » : il s'agira d'une « multiplicité de petites actions locales » qui gênera ou même empêchera l'arrivée des réserves ennemies « sur les champs de bataille choisis par le haut commandement allié ». C'est donc un projet qui lie étroitement l'engagement militaire de la Résistance intérieure et le futur débarquement, et c'est dans cette perspective que des envois d'armes sont demandés aux Alliés avec d'autant plus d'insistance et dans un délai d'autant plus court que l'on peut alors imaginer qu'il se situera en 1943.

Mais, à cette date, la situation en France a changé et on ne peut plus éviter que soit envisagé l'engagement immédiat de la lutte armée. C'est dès les derniers mois de 1942 que les premiers réfractaires, voulant échapper au recensement systématique prescrit par les autorités de Vichy, ont commencé à quitter les grandes villes pour se réfugier dans des fermes, surtout dans les régions isolées, boisées, et montagneuses. Des premiers maquis se forment déjà dont le plus actif paraît être celui que commande, en Haute-Savoie, le commandant Vallette d'Osia, et qui est encadré par les officiers de son ancien bataillon de chasseurs alpins. La Résistance réclame donc qu'on leur vienne en aide par des parachutages d'armes, d'argent et de vivres : il est impossible de les laisser à l'abandon et inconcevable qu'ils ne contribuent pas à la lutte contre l'ennemi. La décision prise par Vichy d'instaurer un Service du travail obligatoire imposé à tous les Français de 21 à 31 ans, annoncée le 16 février, laisse prévoir alors une déportation massive des jeunes Français en Allemagne. Pour les principaux chefs des mouvements de Résistance, la conséquence en est, très clairement, que des maquis vont se constituer, qu'ils ne resteront pas inertes et que le moment viendra du passage à la lutte armée. Il est significatif qu'Emmanuel d'Astier ait alors envoyé ce message à Londres : « Le pays est mûr pour la résistance violente, s'il est soutenu par un mot d'ordre précis », et plus encore qu'il ait ajouté : « Laisser faire la déportation fait le jeu du communisme [2]. » Sur place, les dirigeants de la Résistance voyaient bien que la population soutiendrait ceux qui allaient passer à l'action immédiate et qu'il était impossible que la lutte armée s'engage sans qu'elle soit dirigée et organisée. Ils voyaient aussi que la direction communiste, naturellement sensible au grand mouvement qui poussait les réfractaires, c'est-à-dire surtout les jeunes ouvriers des villes, à gagner les maquis, appellerait elle-même à la lutte armée, si possible pour en prendre la tête. A cette date, en tout cas, Emmanuel d'Astier, qui se tiendrait plus tard, dans les luttes politiques de la IVe République, aux côtés des communistes, n'hésitait pas alors à prévenir « Londres », en réalité, de Gaulle lui-même, qu'il fallait que la France combattante accepte et ordonne le passage à la lutte armée si elle voulait continuer d'intégrer la Résistance intérieure tout entière.

De Gaulle en tire les conséquences. Il prescrit que l'on demande une aide supplémentaire pour les premiers maquis et Jean Moulin obtient, en effet, un surcroît de parachutages d'armes, de ravitaillement et de fausses pièces d'identité [3]. Puis il s'adresse directement à Churchill, le 10 mars, pour lui demander les moyens d'action nécessaires à « 50 000 hommes de l'armée secrète » qu'il estime « d'une grande valeur combative » et qui sont menacés par la mise en application du STO [4]. Dans cette lettre, on décèle toute l'ambiguïté que conserve, à cette date, le débat sur la lutte armée en France : il n'est pas proposé qu'elle soit engagée immédiatement mais il est clairement suggéré qu'on y est amené par les circonstances et qu'il ne s'agit plus de se réserver seulement pour le jour du débarquement. Il n'est pas encore question de discuter des avantages et des inconvénients de l'action immédiate, mais celle-ci va s'imposer, dorénavant, à bref délai.

La réponse de Churchill, le 22 mars, n'est pas moins révélatrice : c'est un refus[5]. Ce que de Gaulle lui demande, lui écrit-il, va « à l'encontre de notre politique qui est d'empêcher la rébellion actuelle de s'étendre ». Il exige que « rien ne puisse être dit ou écrit [...] qui puisse [...] encourager une révolte prématurée ». Les responsables de la France combattante, à Londres, sont partagés sur les raisons de ce refus : Passy pense qu'il voulait empêcher que les chefs des mouvements de Résistance se lancent à l'aveuglette dans des entreprises aventureuses et sans efficacité pratique ; son adjoint, André Manuel, et Billotte croient qu'il s'agit pour lui de brider la résistance gaulliste et de favoriser en sous-main les groupes dépendant de Giraud, en particulier ceux provenant de l'ancienne armée de Vichy[6]. Au vrai, Churchill s'en est surtout tenu à la position que l'état-major britannique a déjà fait valoir deux ans plus tôt quand il a été question, pour la première fois, du développement de la lutte armée en France. Le comité des chefs d'états-majors, qui a préparé la réponse de Churchill, a confirmé qu'à son avis la France ne se prête pas à l'activité de grand maquis, comme en Yougoslavie, qu'il faut donc exclure toute guérilla mais recommander seulement, dans l'immédiat, un « sabotage des communications et d'objectifs militaires et industriels » et, avant tout, réserver la résistance militaire en France pour une opération générale de destruction des moyens de transmission et de communication de l'ennemi quand le débarquement aura lieu[7]. De là les accords conclus, malgré tout, avec Moulin et Delestraint qui ont su convaincre qu'il est possible et raisonnable de prévoir l'entrée en action de 50 000 combattants, le moment venu, de constituer plus tard un réduit dans le Vercors et de doter par conséquent la Résistance française des armes dont elle aura besoin pour les missions fixées par le commandement allié[8].

Ce n'est pas un résultat négligeable, loin de là. Les responsables britanniques et américains, directement en charge des affaires françaises, ont pris la mesure de la Résistance intérieure et, désormais, ne cesseront plus d'expliquer à Londres et à Washington que c'est sur elle, et par conséquent sur de Gaulle, qu'il faut s'appuyer. Les Britanniques, pour leur part, venaient d'admettre que l'organisation qu'ils avaient tenté d'établir clandestinement en France, dirigée par André Girard dont le pseudonyme était « Carte », n'avait aucune implantation sérieuse ni aucune autorité en France[9] et, tout comme les Américains, ils avaient dû constater que Giraud ne contrôlait, dans une certaine mesure, que les antennes subsistant en territoire français des anciens services de renseignements militaires. Quant à la lutte armée et à l'armement de la Résistance pour l'action immédiate, il n'en est pas question. Durant les mois à venir, l'aviation alliée larguera des armes, en abondance, aux maquis de Yougoslavie et de Grèce, où Churchill espère encore qu'ils seront les avant-gardes des opérations qu'il voudrait mener dans les Balkans malgré les retards considérables qui en résulteraient pour la stratégie alliée du fait de la nature du terrain et de la longueur des communications : ces parachutages n'auront pas lieu en France.

Telles sont les données dont les responsables de la France combattante doivent tenir compte. Avant même que Churchill ait pris position, Pierre Brossolette est revenu en France le 27 janvier, suivi de Passy parachuté le 26 février. Ce dernier est chargé des problèmes militaires de la Résistance intérieure et, outre l'immense travail de réorganisation et d'animation qu'il fera auprès des réseaux de renseignements, il parvient à coordonner l'ensemble des composantes militaires des mouvements de la zone Nord. Le 1er avril, il en réunit les chefs et il est alors décidé de créer un état-major pour l'ensemble de la zone et d'autres dans chaque région, et, dans la phase préparatoire au débarquement, de fusionner la totalité des effectifs dans une « armée secrète » de zone Nord qui comprendra d'abord au moins 20 000 hommes.

Le 12 avril, le Comité militaire créé, lors de la réunion précédente, par accord avec les cinq mouvements principaux de la zone Nord, se retrouve en présence de Jean Moulin et du général Delestraint qui ont à leurs côtés Pierre Brossolette, Passy et le représentant des services anglais, Yeo Thomas[10]. Delestraint peut faire état des entretiens qu'il a eus avec les chefs d'états-majors alliés et expliquer ses intentions : l'armée secrète, qu'il commandera dans les deux zones, comptera d'abord 50 000 hommes dans toute la France que rejoindront, le moment venu, 100 000 hommes de plus si on a pu les contacter, et sa mission est de « se préparer à intervenir au jour J en concordance avec le plan de débarquement et éviter de procéder à des attaques actuelles d'objectifs ennemis ». C'est aussitôt l'occasion d'une crise aiguë. Jean Moulin, comme on l'a vu, vient de voir son autorité renforcée par de Gaulle quand il a dû imposer à Pierre Brossolette comme à tous les chefs des mouvements de Résistance, la création d'un organisme unique comprenant aussi les représentants des partis politiques et des syndicats. Il a dû admettre, pour y parvenir, que le Comité de coordination des mouvements de zone Nord, créé à l'initiative de Brossolette, constitue, en quelque sorte, la direction de la Résistance dans la zone. Mais il ne peut être question pour lui de laisser son autorité et celle de Delestraint contestée à nouveau sous peine que soit compromis l'immense effort d'unification de la Résistance, à la fois civile et militaire, qu'il est en train de mener à bien. Il va devoir affronter durement Henri Frenay qui veut accepter le financement des mouvements par les services américains établis en Suisse, et il est l'objet d'une rude contestation de la part des plus anciens chefs de la Résistance intérieure qui supportent mal son autorité. Or les représentants des Francs-Tireurs et Partisans, les FTP, réagissent vivement aux propos tenus par Delestraint : ils ont accepté de se rapprocher des autres composantes militaires des mouvements et de verser leurs hommes dans l'armée secrète, pour les opérations à mener avant, pendant et après le débarquement, mais ce n'est certainement pas, expliquent-ils, pour se résigner, en attendant, à « les mettre dans des casernes clandestines ». Jean Moulin — dont le comportement ici montre l'absurdité des accusations, lancées plus tard contre lui, de complaisance envers le parti communiste — réagit très vivement et exige que les FTP se conforment aux instructions qui leur seront données puisque, en acceptant de faire partie de l'armée secrète, ils consentent à en respecter la discipline. A quoi les représentants des FTP répondent qu'ils ne renonceront pas aux actions immédiates. Jean Moulin décide alors de ne plus leur verser les fonds qu'on leur attribuait jusque-là [11].

Mais c'est de Gaulle qui doit rendre l'arbitrage final. Dans les instructions qu'il fait signer au commissaire à l'Intérieur, André Philip, le 10 mai, il confirme catégoriquement « l'autorité reconnue à Rex — [c'est-à-dire Jean Moulin] — seul représentant du général de Gaulle dans l'ensemble du territoire métropolitain », tout en recommandant plus de souplesse dans l'exercice de son autorité à l'égard des mouvements de Résistance et de leurs chefs [12]. Mais dans un télégramme adressé à Jean Moulin le 19 mai [13] et confirmé par une « instruction personnelle et secrète » à Delestraint, le 21 mai [14], il précise, plus rigoureusement que jamais auparavant, les missions militaires de la Résistance intérieure. Ce second texte, en particulier, distingue radicalement ce qui doit être fait « au moment du débarquement allié et ultérieurement » et prévoit qu'alors le chef de l'armée secrète, qualifié de « général commandant l'armée de l'Intérieur », exercera « effectivement le commandement de toutes les formations constituant l'armée de l'Intérieur et de tous les corps francs ». Mais dans une première partie définie comme la « période actuelle », sa mission est de préparer l'armée de l'Intérieur « au rôle qu'elle doit jouer dans les opérations de libération du territoire ». Et, avant l'énumération de toutes les tâches qu'elle doit remplir en vue de contribuer au succès du futur débarquement, la première mission qui lui est donnée est expressément définie et détaillée : « le principe de la nécessité des actions immédiates est admis... ces actions sont presque toujours à l'initiative des mouvements et de leurs organisations locales ; elles sont menées par un petit nombre de combattants groupés dans les Corps francs et de cellules professionnelles. Le général commandant l'armée de l'Intérieur n'intervient dans ce domaine que par des directives établies d'accord avec le Comité de coordination des mouvements et fixant, dans le cadre des instructions qu'il peut recevoir du général de Gaulle, les grandes catégories d'objectifs à attaquer, les zones d'action immédiate sur lesquelles l'effort principal doit être porté, les conditions techniques à réaliser dans la préparation »

Ce texte est le premier et restera longtemps le seul, à esquisser une définition complète du rôle militaire de la Résistance française. Comme on le voit, il prévoit bel et bien que soient menées des « actions immédiates », comme les FTP le demandaient. De Gaulle, dès cette date, les jugeait donc inévitables et nécessaires. C'était dans la logique de la Résistance elle-même, conforme à sa volonté de faire participer les Français à la guerre avec le plus d'éclat possible. Par là, il se distinguait nettement des états-majors alliés qui, avant la période précédant et accompagnant le débarquement, ne voulaient entendre parler de rien, sinon de sabotages. Mais, en même temps, il voulait intégrer ces « actions immédiates » dans un ensemble suffisamment organisé : de là les indications sur le rôle que le commandement de l'armée secrète devrait jouer à cet égard. Prenant en compte aussi les risques militaires qui pourraient en résulter, il prévoyait que ces actions soient menées par des effectifs réduits ou par des « cellules professionnelles » — évidemment destinées aux sabotages — afin d'éviter la formation d'unités trop nombreuses déployées sur un terrain trop vaste et qui pourraient être trop facilement la cible d'opérations ennemies. Au fond, il recherchait une articulation, si possible une cohésion, entre les « actions immédiates », souhaitables, indispensables même, inévitables en tout cas, et la préparation d'une action militaire générale et concertée qui contribuerait au succès du débarquement allié. Ce n'était sans doute qu'une ébauche, ou un canevas, et, déjà, la formation des maquis en France devait conduire à d'autres réflexions. Mais c'était la première fois où, très explicitement, on admettait que le territoire français pouvait être le théâtre d'une lutte armée, même circonscrite, sans attendre l'approche du débarquement mais en prévoyant expressément que l'effort militaire principal lui serait consacré. Le fait est que les états-majors alliés n'en étaient pas là : jusqu'au printemps de 1944, ils allaient rester hostiles aux « actions immédiates » et il faudra attendre que Churchill lui-même soit convaincu, avant tout par Emmanuel d'Astier, pour qu'il décide, à cet égard, un changement de la stratégie alliée. Ce n'est pas le seul cas, loin de là, où les états-majors se méfieront des possibilités de la lutte armée en territoire occupé, ou les minimiseront, mais, dans le cas de la Résistance française, c'était, sans nul doute, de leur part, une erreur de jugement.

Ce mois de mai 1943 où de Gaulle imaginait ainsi le rôle militaire de la Résistance intérieure est aussi celui où il se rendit à Alger. Sa présence, même aux côtés de Giraud, à la présidence du nouveau « Comité français de libération nationale » et la formation du Conseil national de la Résistance en France occupée, allaient donner une impulsion nouvelle, et même une autre dimension à la Résistance. Celle-ci se sentirait elle-même, désormais, comme appartenant à l'ensemble de la France en guerre, à l'égal des unités formées par la France libre ou recrutées par l'armée d'Afrique. Le Comité d'Alger a mobilisé tous les hommes de 19 à 37 ans parmi les Français vivant en Afrique et plus d'un sixième des Européens d'Algérie sont appelés sous les drapeaux. Marocains, Tunisiens et Algériens musulmans fournissent 233 000 hommes et

60 000 sont recrutés en Afrique-Occidentale. Aux 80 000 Français libres, 80 000 hommes se sont ajoutés, venant de l'armée d'Afrique, lors de la campagne de Tunisie. En Italie, 110 000 Français seront engagés et 250 000 participeront au débarquement de Provence, dont 20 000 évadés de France, la plupart passés par l'Espagne[15].

De Gaulle savait que la renaissance d'une armée française impliquait inévitablement la fusion des Forces françaises libres et de l'armée d'Afrique en attendant que l'armée de l'Intérieur s'y joigne. Ce ne pouvait être une opération facile : elle ne le fut pas, en effet. La mise à l'écart des principaux chefs militaires de Vichy laissait subsister une hiérarchie fortement marquée par son adhésion au régime de Pétain, même quand son retour au combat répondait évidemment à son attente. Le flux de ralliement aux unités de la France libre de sous-officiers, et surtout d'hommes de troupe venant de l'armée traditionnelle, témoignait, en tout cas, des soupçons et peut-être du mépris que cette hiérarchie inspirait désormais. Ce fut l'occasion, comme on l'a vu, d'innombrables incidents et bien qu'il s'agît d'une claire démonstration du soutien massif que les jeunes soldats apportaient à de Gaulle, il fallut y mettre un terme, d'autant que Giraud et les généraux de l'armée d'Afrique se plaignaient bruyamment auprès du commandement américain de la fuite de leurs effectifs. L'amalgame ne se fit donc pas sans mal. Leclerc fut parmi les plus sévères à l'égard de ceux qui n'avaient rien fait jusque-là et que l'on plaçait maintenant sous son commandement. Koenig, au contraire, pencha pour le respect de la discipline dans toutes les unités, quelles qu'elles soient.

Pierre Messmer, capitaine à la 13e demi-brigade de Légion étrangère, a témoigné de l'état d'esprit qui était alors le sien et celui des combattants de la France libre : « La première division Française libre ayant grand besoin de compléter ses effectifs, nous étions accueillants pour ceux qui demandaient à s'engager dans nos rangs. Nous avions la discrétion de ne pas leur demander d'où ils venaient, même si leur tenue montrait qu'ils avaient quitté depuis peu une unité giraudiste. Leur motif était simple et vrai : sous-officier ou soldat, ils préféraient faire la guerre dans les rangs de ceux qui, dès les premiers jours, avaient refusé de cesser le combat. Ils choisissaient de Gaulle plutôt que Giraud. Si leurs officiers — que nous surnommions les moustachis — avaient le mauvais goût de venir les réclamer, nous refusions catégoriquement de les leur rendre. Personnellement, j'allai plus loin, je me servis des nouveaux engagés comme agents recruteurs auprès de leurs camarades qui n'avaient pas encore changé de camp. Je connus ainsi de réels succès qui me consolèrent de mes déboires de 1941, deux ans plus tôt, au Levant, dans le même exercice. Le commandement ne pouvait tolérer longtemps ces mutations volontaires. Constatant qu'il était impuissant à y mettre un terme, le 10 juin 1943, la DFL fut expulsée de Tunisie et renvoyée en Libye, où elle ne pouvait rien faire que cuire au soleil.

Aussitôt, je clamais à pleine voix que c'était injuste et scandaleux. Tous mes camarades le pensaient avec moi mais, par discipline, se bornaient à murmurer. Le général Koenig, qui venait de quitter la division pour devenir, à Alger, chef-adjoint de l'état-major de l'armée, voulait établir un minimum de bonne entente avec les troupes de Giraud et il avait raison. Pour me faire taire, il décida donc de m'éloigner en me confiant une mission aux Antilles [16]... » Il était souhaitable et nécessaire, en effet, que les unités de l'armée d'Afrique ne soient pas désagrégées, mais on peut croire qu'une proscription plus rigoureuse de tous les propos et de tous les signes marquant une adhésion attardée à Pétain et à Vichy, ainsi qu'une sélection plus stricte des cadres supérieurs, auraient entraîné plus de cohésion et surtout donné de l'armée française une meilleure image.

Longtemps, les incidents se poursuivront, les mésententes, les rancœurs, parfois des heurts plus durs. Il faudra l'acharnement de Leclerc, et de Juin, pour imposer l'unification de la nouvelle Armée française à laquelle de Lattre de Tassigny ajoute sa conception dynamique de l'amalgame qu'il étendra, après la Libération, aux hommes des Forces françaises de l'Intérieur. Chacun le savait : seule l'épreuve du feu permettrait de surmonter les divisions du passé, du moins après l'indispensable épuration, le 17 août 1943, des chefs et cadres supérieurs de l'armée d'Afrique avec la mise en disponibilité de 240 officiers dont 40 généraux. Mais avant de prendre part aux combats, il fallait que les Forces françaises d'Afrique du Nord soient équipées des matériels modernes dont elles étaient complètement dépourvues. On ne pouvait pas recommencer l'expérience de la campagne de Tunisie où elles avaient fourni la plus grande part de l'infanterie, avec l'armement démodé de 1939, au prix de 15 000 tués et blessés sur un effectif total de 80 000 hommes. C'est à la conférence d'Anfa que Roosevelt avait promis à Giraud d'équiper 11 divisions dont 3 divisions blindées, et 500 avions de combat. Cette première décision se heurta aux réserves du chef d'état-major impérial britannique, Alan Brooke, qui jugeait plus sage de ne confier aux Français que les arrières du front. De plus, il apparut bientôt que les 450 000 tonnes de matériel livrées dès le mois de septembre 1943 commençaient à dépasser les capacités françaises de stockage, d'entraînement et d'emploi par des spécialistes. On fut alors amené à s'en tenir à l'équipement de 8 divisions dont 3 divisions blindées en attendant que la division Leclerc, transférée en Angleterre, reçoive sur place son matériel. Les livraisons continuèrent pourtant, au point qu'en juin 1944, l'aviation avait reçu les appareils de 24 escadrilles, l'armée de terre française 1 139 chars, et la marine quelque 200 destroyers et bâtiments légers en plus de ses grands navires de surface réparés et modernisés. A la fin de la guerre, 3 250 000 tonnes de matériel avaient été livrées aux armées françaises [17].

Ce fut aussi l'occasion d'une crise nouvelle entre de Gaulle et les autorités américaines, violente et brève, mais qui aboutit à renforcer encore son autorité. Eisenhower avait demandé à Giraud de lui fournir immédiatement deux divisions pour la campagne d'Italie, et deux autres par la suite. Les deux premières, venant de l'armée d'Afrique du Nord, furent acheminées dès le mois de novembre, et la troisième devait être, suivant les ordres de Giraud, la 1re division française libre, appelée désormais 1re division motorisée d'infanterie, commandée par le général Brosset. Mais le commandant en chef interallié en Italie, le général Alexander, bien qu'il fût britannique, ne voulut pas de cette division parce qu'elle était équipée de matériel anglais et n'aurait donc pas en Italie les réserves d'armement dont elle aurait besoin. Il n'en voulait qu'après son rééquipement avec du matériel américain. Mais il y faudrait plusieurs mois et, en attendant, Giraud, sans avertir de Gaulle, désigna en remplacement une autre division de l'armée d'Afrique du Nord, déjà rééquipée. De Gaulle réagit immédiatement en convoquant le Comité de Défense nationale institué, comme on l'a vu, auprès du CFLN, qui annula la décision de Giraud et décida qu'avant tout envoi de renforts en Italie un accord devait être conclu entre la France et ses alliés sur l'emploi des forces françaises. C'était l'occasion pour lui d'en finir avec les accords passés entre Darlan et le général américain Clark au lendemain du débarquement de novembre 1942 et qui faisait dépendre entièrement les armées françaises de la seule décision du Comité conjoint des chefs d'états-majors américains et britanniques, ou du commandement allié sur place. Il commença par faire adopter par le CFLN une réorganisation du haut commandement qui, en pratique, privait de pouvoir réel le commandant en chef, c'est-à-dire Giraud. Puis il se tourna vers les gouvernements anglais et américain pour exiger que la question soit tranchée. Il y était d'autant plus résolu que toutes les propositions et démarches faites jusque-là pour obtenir que les forces alliées qui allaient libérer Paris soient en grande partie des forces françaises étaient restées sans réponse [18]. Or, c'était un point d'importance capitale à ses yeux puisque c'est l'existence d'un pouvoir politique français à la tête du pays libéré, qui serait alors en cause. Le 27 décembre, il obtint satisfaction pour l'essentiel et, surtout, il reçut alors l'assurance que le gros des forces françaises participerait au débarquement de Provence et qu'une force française plus réduite débarquerait en Normandie, Eisenhower s'engageant à faire en sorte qu'elle participe à la libération de Paris.

Au-delà de cet indiscutable succès, de Gaulle obtint, trois jours plus tard, le 30 décembre 1943, ce qui était plus important que tout à ce stade de la guerre et pour la suite : un témoignage personnel d'estime et de soutien d'Eisenhower [19]. Celui-ci ne se borna pas à répéter que des troupes françaises entreraient à Paris aux côtés des forces alliées : il reconnut qu'il avait soupçonné de Gaulle de ne pas tenir suffisamment compte des obligations strictement militaires qui incombaient au commandement en chef des armés alliées en Afrique du Nord puis en Italie et qu'il s'était trompé : « Je reconnais aujourd'hui, lui dit-il, que j'ai commis une injustice à votre égard et j'ai tenu à vous le dire. » Cet entretien, que de Gaulle rapporte intégralement dans ses *Mémoires de guerre*, est l'une des plus importantes étapes vers la reconnaissance définitive par les Alliés de son autorité et de ses pouvoirs. D'autres incidents, parfois pénibles, parfois violents, l'opposeront encore aux gouvernements alliés : mais il sait, désormais, qu'il peut compter sur l'appui d'Eisenhower et, du jour où celui-ci exercera son commandement sur l'ensemble du Front occidental, cet appui comptera plus que tout.

Dans l'immédiat, plus aucun obstacle ne pouvait empêcher la participation majeure des Français à la campagne d'Italie. Et ce fut une étape capitale dans le retour en guerre de la France [20]. Il n'y avait eu que le 4e tabor marocain engagé en Sicile. En Corse, il n'y eut que le bataillon de choc du commandant Gambiez suivi par 6 000 hommes des troupes de montagne marocaines. Cette fois, le corps expéditionnaire français compta 120 000 hommes sur lesquels il y eut 6 000 tués, 4 000 disparus ou prisonniers et 22 000 blessés, soit plus d'un quart de l'effectif total. En janvier 1944, Clark voulut attaquer de front la « ligne Gustav », que tenaient les Allemands, en s'emparant de Monte Cassino et où Juin le couvrait sur sa droite. Monte Cassino ne fut pas pris mais, plus à l'est, les régiments nord-africains prirent d'assaut les premières lignes allemandes, escaladèrent les pentes les plus abruptes et se portèrent sur la hauteur du Belvédère où les furieuses contre-attaques ennemies échouèrent. La compagnie du capitaine Gandoët tint la position, finissant par se battre à coups de pierre quand elle eut épuisé ses munitions. Les offensives alliées échouèrent à nouveau en février et en mars et quand elles reprirent, au mois de mai, le commandement, après un premier refus, finit par accepter le plan présenté par Juin : il suggérait que son corps expéditionnaire déborde le secteur de Monte Cassino en franchissant, beaucoup plus à droite, le Garigliano et les monts Arunci. Il avait maintenant avec lui quatre divisions françaises dont les Français libres du général Brosset, et trois régiments de tabors marocains. Malgré l'extraordinaire difficulté du terrain, ses troupes enfoncèrent les lignes allemandes et l'ennemi fut obligé de battre en retraite. Le 5 juin, les Français étaient aux côtés des Américains et des Britanniques pour entrer à Rome et Juin, aussitôt, lança vers le nord la division française libre et une division marocaine, sous les ordres du général de Larminat qui poursuivit l'ennemi jusqu'en Toscane et entra à Sienne le 3 juillet.

A cette date, de Lattre, qui va bientôt recueillir le corps expéditionnaire d'Italie pour le débarquement en Provence, a déjà occupé l'île d'Elbe avec le bataillon de choc du commandant Gambiez et Leclerc est déjà en Normandie. La résurrection de l'armée française est accomplie. C'est désormais un instrument majeur entre les mains du pouvoir politique dont de Gaulle est désormais le seul chef à Alger. La campagne d'Italie a montré sa valeur et les compliments lui sont venus de toutes les autorités alliées, militaires et civils, américaines et britanniques. Les Alliés ne feront décidément plus aucune réserve sur la valeur combative d'une armée française à laquelle, jusque-là, ils ne croyaient plus, ne voyant en Bir Hakeim qu'un épisode magnifique mais exceptionnel. Par là, la démonstration que le corps expéditionnaire d'Italie a faite de ses qualités militaires dans l'une des campagnes les plus dures de la guerre, a aussi, pour le retour de la France dans le camp des futurs vainqueurs, une portée politique.

Pourtant la lutte armée, pour les Français, ne se limite plus aux champs de bataille de Tunisie, de Sicile, d'Italie et de l'île d'Elbe : elle a commencé en France. Comme on l'a vu, De Gaulle a reconnu expressément, dans un télégramme à Jean Moulin du 19 mai 1943 et dans une « instruction personnelle et secrète » au général Delestraint, le 21 mai, « le principe de la nécessité d'actions immédiates », prescrivant seulement qu'elle soient circonscrites, sélectionnées, décentralisées mais coordonnées par le « général commandant l'armée de l'Intérieur ». Malgré l'opposition de Churchill et des états-majors, pour qui la résistance militaire en France ne devait se manifester qu'aux approches du débarquement, de Gaulle a compris qu'il n'était plus possible d'en rester là. D'abord en raison de l'évidente et pressante volonté de combattre d'un très grand nombre de résistants de l'Intérieur qui ne pouvaient s'employer seulement aux tâches obscures du renseignement ni à la seule distribution de tracts et de journaux clandestins. Du fait aussi que les dirigeants de la Résistance communiste voulaient passer, sans attendre, à la lutte armée et qu'il n'était pas possible de leur en laisser le monopole. Mais surtout parce que l'instauration en France du Service du travail obligatoire, le STO, allait jeter dans la clandestinité des dizaines de milliers de jeunes Français et, par la force des choses, faire naître des maquis. En juin 1942, Laval, pour répondre aux exigences du responsable allemand des questions de main-d'œuvre, Fritz Sauckel, avait lancé le mot d'ordre de « relève » : pour trois ouvriers allant travailler volontairement en Allemagne, un prisonnier de guerre serait libéré. L'échec fut presque total. Le 4 septembre, on instaura donc, officiellement, une conscription de la main-d'œuvre pour tous les hommes de 18 à 50 ans et pour les femmes célibataires de 21 à 35 ans — celles-ci, pourtant, ne devant pas aller en Allemagne. Des pressions morales et physiques accompagnaient les réquisitions de travailleurs, soit qu'on menace les réfractaires de représailles sur leur famille, soit qu'on les avertisse que des camarades de travail seraient automatiquement requis à leur place. En janvier 1943, 240 000 ouvriers, déjà, avaient été déportés en Allemagne. Mais Sauckel en exigea 250 000 autres. Le gouvernement de Vichy promulgua donc, le 16 février 1943, une loi imposant le Service du travail obligatoire à tous les jeunes gens nés entre 1920 et 1922, qui pourraient être autoritairement envoyés en Allemagne. Les mouvements de Résistance qui venaient de fusionner sous l'égide de Jean Moulin, répondirent aussitôt en créant un « Service national du maquis » placé sous l'autorité de l'avocat Michel Brault. Le fait est que, dans une première phase, l'instauration du STO parut si contraignante et si menaçante que Sauckel obtint les 250 000 départs en Allemagne qu'il avait exigés : il en demanda 220 000 autres pour la fin de juillet.

C'est alors que la résistance à la déportation des travailleurs, d'abord plus ou moins improvisée, puis de plus en plus organisée, prit une formidable ampleur. Les administrations françaises, presque partout, ralentirent ou sabotèrent le travail de recensement et de convocation préalable à la réquisition [21]. On fit entrer le plus possible de jeunes gens dans les catégories exemptées et les mairies fournirent, à cet effet, des certificats de complaisance. On allongea autant que possible les délais entre le recensement et la conscription, celle-ci et la visite médicale obligatoire puis le départ pour l'Allemagne. Parmi bien d'autres, un rapport du préfet de Marseille sur le départ des travailleurs organisé le 1er avril 1943, révèle que sur 866 jeunes convoqués, 486 seulement se sont présentés, 250 ont été exemptés, de sorte que 236 seulement sont partis pour l'Allemagne. Etre réfractaire comportait pourtant des risques : les contrôles et les rafles se multiplièrent partout. En riposte, des manifestations avaient lieu très souvent pour empêcher le départ des trains de travailleurs pour l'Allemagne. Les premières tâches auxquelles on pensa furent la distribution de faux papiers, l'hébergement des réfractaires à la campagne. Les résultats furent perceptibles tout de suite. En juin 1943, dans le Lot, 28 % des conscrits s'étaient soustraits au STO, ils étaient 95 % en août. Dans le Nord, 38 000 des 62 000 jeunes gens des classes 1940 et 1941 pouvaient fournir de faux certificats d'exemption. Dans l'arrondissement de Thonon, les 9/10 des jeunes soumis au STO étaient passés dans la clandestinité...

Il était inévitable que les réfractaires, pour une grande part, forment des maquis. Leur sécurité impliquait qu'ils ne restent pas dans les agglomérations où la surveillance allemande s'exerçait surtout et qu'ils puissent se défendre s'ils étaient repérés. Le mécanisme d'une lutte armée à l'échelle du territoire se mettait en marche, irrésistiblement. Du coup, les « actions immédiates » que de Gaulle avait jugé nécessaires allaient changer de nature ou, dans bien des cas, s'accompagner d'une lutte de plus grande envergure menée par des maquis qui auraient des chefs, des effectifs constitués, recruteraient de nouveaux combattants, réclameraient des armes.

Ni à Londres, ni à Alger, ni à la tête de la Résistance intérieure, on ne peut ignorer la chance qui s'offre ainsi de donner à la lutte contre l'ennemi une dimension nouvelle, ni l'obligation de secourir les réfractaires, de les défendre, de les organiser et, en fin de compte, de les entraîner au combat. C'est peu dire que les responsables de la France combattante, à l'extérieur ou à l'intérieur, n'ont pas cherché à freiner un mouvement de toute façon irréversible : au contraire, des appels furent lancés, de plus en plus fréquents et insistants, pour que les réfractaires rejoigent les maquis. Seule les retenait, au témoignage de Jean-Louis Crémieux-Brilhac, l'angoisse qu'ils éprouvaient en pensant aux risques qu'ils faisaient courir à des jeunes gens dont ils ne savaient pas s'ils pourraient les aider comme il fallait : « Jusqu'à la fin de janvier 1944 écrit-il, les équipes françaises [de Londres] se demandent s'il n'est pas criminel de pousser les réfractaires à l'action ouverte alors qu'on est dans l'impossibilité matérielle de les armer[22]. » Mais ce scrupule, si légitime qu'il fût, ne pouvait résister à l'engrenage de la lutte.

Les oppositions ne viennent que des états-majors britanniques et de leur réseau en France, le SOE. Jusqu'au début de 1944, ils s'opposent inlassablement à l'armement des maquis parce qu'ils s'en tiennent à leur ancienne conception de la résistance militaire, destinée seulement à soutenir le futur débarquement allié. Leur opposition retarde de quelques mois l'appel aux réfractaires pour qu'ils rejoignent les maquis : à Londres et à Alger, il était impossible de ne pas en tenir compte puisque tout, en définitive, dépendait de l'aide matérielle et des moyens de liaison que les Britanniques voulaient bien accorder. Mais ce retard ne faisait qu'accentuer le décalage entre les directives des états-majors et les exigences de la Résistance intérieure. Dès l'automne 1943, les mots d'ordre lancés de Londres et d'Alger prescrivent aux réfractaires le passage à la lutte armée. L'ancien directeur des affaires politiques de la France libre, Pierre-Olivier Lapie, premier parlementaire à rejoindre De Gaulle, fut aussi le premier à en lancer le mot d'ordre sur les ondes de la BBC, le 12 novembre : « Allez dans les forêts, dans les montagnes, les lieux retirés de France. Allez en groupes, des groupes d'une dizaine. Choisissez-vous un chef. Choisissez votre retraite. Gardez-la secrète. Organisez la résistance[23]. » Douze jours plus tard, c'est le porte-parole officiel du CFLN qui rend publique la position prise par celui-ci : « Le maquis c'est un Front, un Front français ; les réfractaires, c'est une armée, une des armées qui font l'armée française. » Jacques Bingen, un des premiers Français libres, envoyé en France pour aider Jean Moulin et qui assumera une part de sa succession, avait déjà demandé que l'on insiste, à la radio de Londres, sur la signification militaire des maquis afin d'y attirer le plus possible des anciens cadres de l'armée de l'armistice : on pouvait penser que beaucoup d'entre eux, abandonnés à leur sort, anxieux de rattraper le temps perdu depuis la capitulation de 1940 mais ne sachant que faire ni où aller, et n'ayant ni goût ni aptitude pour l'obscur travail des réseaux de renseignements, ou pour la diffusion de la presse clandestine, voudraient combattre dans un maquis, les armes à la main[24]. De fait, sur 11 000 officiers de l'armée de terre qui se trouvaient en métropole au moment de l'occupation de la zone Sud, servant dans l'armée de Vichy, dans les administrations civiles ou dégagés des cadres, 1 500 ont pu rejoindre l'Afrique du Nord, mais 4 000 allaient participer à la Résistance intérieure dont environ 1 500 dans l'ORA, l'Organisation de Résistance de l'armée, 1 400 dans les réseaux et un millier d'autres dans l'armée secrète ou les FTP : 760 d'entre eux allaient être déportés, dont 360, y compris 27 généraux, ne revinrent pas[25].

Dès lors, les appels aux réfractaires n'allaient plus cesser. Le Conseil national de la Résistance fit diffuser ses consignes par la BBC, le 2 décembre 1943 : « Si tu ne parviens pas à trouver la filière, tu quitteras la ville et gagneras un abri, une cache chez des camarades ou des parents. Puis, de proche en proche, tu trouveras tes frères de lutte : ici un maquis, là un mouvement de Résistance, là encore un comité de lutte contre la déportation[26]. » Parfois des consignes de prudence sont données, soit pour éviter la formation de maquis trop nombreux et, par là, trop vulnérables, soit pour empêcher que les réfractaires tombent entre les mains de chefs de gang ou de provocateurs, comme il y en eut, effectivement, qui risquaient de donner de l'activité des maquis l'image la plus négative. Parfois, au contraire, les appels se faisaient plus véhéments, comme ceux qui avaient la faveur des résistants communistes et de leurs représentants à Londres, Fernand Grenier, puis Waldeck Rochet qui lance cet appel à la radio de Londres : « Faire dérailler les trains ennemis, harceler les troupes qui se déplacent en vue d'attaquer les maquis, s'emparer des armes, détruire la production de guerre, exterminer les miliciens qui assassinent pour le compte des boches : l'organisation de la guérilla dans tout le territoire, voilà la première réplique ! » Et Maurice Schumann, le 7 mars 1944, annonçait aux jeunes de la classe 1944 que le fichier de leur recensement avait été détruit — il le fut en effet par une équipe conduite par Léo Hamon — et il leur donne impérativement cette consigne : « C'est dans les meilleures conditions possibles que chacun d'entre vous peut désormais accomplir son devoir de réfractaire et que votre classe — la classe 44 — s'incorpore dans le maquis, c'est-à-dire dans l'armée. »

Au moment où la Résistance intérieure peut ainsi prendre toute sa dimension et s'engager enfin dans la lutte armée, elle va pourtant subir des chocs tels que les plus hautes autorités alliées croiront qu'elle est dramatiquement affaiblie. Il ne faut pas qu'à distance son formidable essor et son triomphe au jour de la Libération fassent illusion sur ce qu'elle était encore durant les premiers mois de 1943. On a vu que le commandement réel en était à Londres : c'est de là que Jean Moulin était parti, fort de la mission que de Gaulle lui avait donnée, c'est là qu'il était revenu pour recevoir de nouvelles directives et de nouvelles attributions, et pour prendre contact avec les états-majors alliés, c'est de là qu'il allait repartir en ce début de 1943 pour l'achèvement d'une mission dont il ne devait jamais revenir. Or les moyens dont on disposait à Londres demeuraient limités. Le commissariat à l'Intérieur, qui a, en principe, la responsabilité de l'action en France, perd son titulaire qui va désormais résider à Alger. André Philip sera remplacé, en novembre, par Emmanuel d'Astier de la Vigerie dont l'adjoint est l'ancien député socialiste de l'Aisne, Pierre-Bloch. La préparation des ordonnances qui vont être promulguées pour le rétablissement de la légalité républicaine en France et pour l'établissement d'une administration nouvelle et d'un nouveau pouvoir politique, absorbe, en grande partie, Emmanuel d'Astier qui, à partir de janvier 1944, va se consacrer, comme on le verra, avec un remarquable succès à l'armement de la Résistance. Mais, à Londres, où siègent les services qui sont effectivement en charge des actions en France, c'est Georges Boris qui assure le fonctionnement régulier du commissariat à l'Intérieur, basé à Hill Street, où le personnel se limite en décembre 1943 à 123 personnes, dont une centaine pour le secrétariat et les écoutes radiophoniques. Georges Boris, l'un des premiers ralliés à de Gaulle, a pour lui l'expérience acquise auprès de Léon Blum avant la guerre, les relations qu'il a établies au temps où il dirigeait l'hebdomadaire *La Lumière*, et surtout ses immenses qualités personnelles d'intelligence et de sensibilité qui lui valurent, entre autres, l'amitié admirative du colonel Passy. Portant le titre de « chargé de la direction générale des services de l'Intérieur » et, à partir de 1944, de « délégué civil du Comité d'action en France », dont le siège est à Alger, il n'a donc que de très faibles moyens en hommes. Son assistant, le maître des requêtes au Conseil d'Etat, Pierre Laroque, s'occupe avant tout de préparer la « mission militaire de liaison administrative » qui doit accompagner les troupes alliées quand elles débarqueront en France et installer la nouvelle administration. Georges Boris ne peut donc s'appuyer que sur ses cinq conseillers, censés représenter les diverses tendances de l'opinion publique et de la Résistance intérieure : Fernand Grenier, puis Waldeck Rochet, pour le parti communiste, Paul Antier, ancien député d'un groupe paysan et qui avait été le second parlementaire à rallier de Gaulle, Albert Guigui pour la CGT, Médéric pour le mouvement « Ceux de la Libération » qui repartira bientôt en France pour y trouver la mort, Morin-Forestier pour « Combat », Raymond Aubrac, accompagné de sa femme Lucie, pour « Libération ». En dehors d'eux c'est surtout à la propagande que se consacre la petite équipe du commissariat à l'Intérieur et en particulier le Comité exécutif qui en est chargé : Jean-Louis Crémieux-Brilhac en est le secrétaire et s'occupe de la diffusion clandestine du matériel de propagande en France, Madeleine Le Verrier de la documentation sur la métropole, Angelina de Kerguelen des écoutes radiophoniques, Pierre Bertrand et Denise Van Moppès d'un bulletin destiné à informer sur la situation en France, les milieux politiques et les grands journaux anglais, Maurice Schumann est naturellement l'interlocuteur principal de ce Comité. Les effectifs sont si faibles que le commissariat a le plus grand mal à recruter ceux dont il a besoin pour des missions en France. C'est en vain que, durant de longs mois, Jean Moulin réclamait à cor et à cri des adjoints : les volontaires ont été seulement Claude Bouchinet-Serreulles, que de Gaulle avait pris à son cabinet, Jacques Bingen qui s'occupait jusque-là de la marine marchande, Yvon Morandat dont on a vu qu'il avait déjà accompli une longue mission en France, Francis-Louis Closon, ancien attaché financier à Washington, l'ingénieur des Mines Emile Laffon, le polytechnicien Jacques Maillet, et Roland Pré. Il ne faut pas oublier cette pénurie d'hommes quand on songe à la crise qui va secouer la Résistance durant cette année 1943.

L'organe de liaison et de direction avec la France est, depuis les origines de la France libre, le 2e Bureau de l'état-major des Forces françaises libres, devenu, comme on l'a vu, le BCRA, Bureau central de renseignements et d'action. En dépit de l'immense travail qu'il a su accomplir sous la direction de Passy et de son adjoint André Manuel, inventant ses règles de fonctionnement, s'adaptant à la croissance extraordinaire des réseaux et des mouvements de Résistance, surmontant d'inextricables difficultés de communication et de contacts, il ne faut pas se faire d'illusion sur ce qu'il est : en 1942 il ne comportait que 53 personnes travaillant dans les bureaux de Londres au n° 10 de Duke Street, 151 au début de 1943 et, à la fin de l'année, 350 dont 157 militaires et 193 civils, 250 d'entre eux étant dactylos, dessinateurs, chiffreurs, chargés de la manutention ou de la sécurité... Sa puissance véritable vient de ce qu'il est, en réalité, dirigé, au niveau le plus élevé, par de Gaulle qui a chargé Billotte, son chef d'état-major, de s'en occuper directement, le commissariat à l'Intérieur étant seul à suivre l'ensemble de son action. Quand le nouveau pouvoir de la France combattante sera installé à Alger, on y formera un comité d'action en France, désigné par ses initiales COMIDAC, qui comprend de Gaulle, Giraud jusqu'en avril 1944, le commissaire à l'Intérieur, Emmanuel d'Astier, le commissaire à la Guerre, Le Troquer, puis Diethelm, le directeur général des Services spéciaux, Jacques Soustelle, le colonel Billotte et, en cas de besoin, le commissaire aux Finances, Mendès France. Pour jouer son rôle, le BCRA a dû surmonter d'innombrables obstacles et en rencontrera d'autres, sans cesse, jusqu'à la Libération. Les services britanniques, comme on l'a vu, n'ont accepté de travailler avec lui que partiellement, souvent avec réticence, en recrutant pour leur part des Français auxquels ils ont dissimulé qu'ils n'étaient pas les services de la France libre. Le petit groupe antigaulliste de Londres menait campagne contre lui avec une hargne particulière, répandant le bruit selon lequel il s'agissait d'un repaire de « cagoulards », bien que rien ne le justifiait, hors le cas personnel de Duclos, dit « Saint-Jacques », qui ne fit jamais partie de la direction du BCRA. Les mouvements de Résistance se plaignaient de son autorité exclusive et le prenaient volontiers comme bouc émissaire de leurs immenses difficultés. Ceux qui n'osaient pas attaquer directement Jean Moulin s'en prenaient au BCRA. La méfiance et parfois l'hostilité des Alliés envers la France libre se traduisaient régulièrement par des attaques contre ce service qui était, en effet, l'un de ses instruments essentiels, comme en témoigna l'affaire Dufour longuement évoquée par de Gaulle dans ses *Mémoires de guerre*.

Elle éclata dans le climat déjà créé par la pendaison dans les locaux du BCRA, en février 1943, d'un homme qui venait d'arriver de France. Il avait été contrôlé par les services anglais qui l'avaient envoyé à leurs collègues français pour contrôle complémentaire. Il apparut bientôt qu'il s'agissait d'un agent allemand et, pour des raisons d'horaire, il fut convenu avec le contre-espionnage anglais qu'il serait gardé pendant une nuit à Duke Street où il parvint à se suicider. L'enquête de la police britannique confirma que tout s'était passé comme l'avait dit le chef du petit service de contre-espionnage du BCRA, le capitaine Thierry-Mieg[27]. Mais des rumeurs hostiles commencèrent à circuler à Londres sur le BCRA, dont aucune n'a été confirmée[28]. C'est alors, en pleine querelle entre de Gaulle et Giraud, qu'un certain Maurice Dufour déposa une plainte contre de Gaulle lui-même, le colonel Passy et six officiers des Forces françaises libres, pour séquestration et voies de fait. Dufour, fonctionnaire de l'administration pénitentiaire de Vichy, avait aidé l'évasion d'officiers anglais qui lui avaient permis de passer en Espagne et, de là, en Grande-Bretagne. Les services britanniques avaient demandé, pour éviter toute indiscrétion sur la mission des officiers évadés qui étaient restés en France, de limiter son interrogatoire régulier par les services français. Mais ceux-ci avaient très vite établi que Dufour dissimulait ses activités passées. Il n'était ni sous-lieutenant du génie ni chevalier de la Légion d'honneur comme il l'affirmait. Mis aux arrêts, il avait alors été interrogé par le lieutenant Warin, désormais connu sous le pseudonyme de Wybot, qui était arrivé à Londres après être passé par le service des menées antinationales de Vichy où il avait contracté, semble-t-il, une véritable passion pour le contre-espionnage — qu'il dirigea ensuite, durant toute la période de la IVe République. Dufour fut d'abord condamné à six mois de prison puis, après son évasion, à dix ans de prison par défaut pour désertion. Mais les services anglais l'avaient alors pris en charge et il était apparemment devenu leur agent au point qu'ils demandèrent que son engagement dans la France libre soit résilié, ce qui fut accepté. Il était difficile d'imaginer que sa plainte ait été déposée sans leur accord : en tout cas, de Gaulle fut convaincu qu'il s'agissait d'une machination contre lui. Il ordonna donc qu'aucun arrangement ne soit accepté, comme le Foreign Office le lui avait suggéré et qu'aucune réponse ne soit faite à aucune démarche de l'appareil judiciaire anglais. L'affaire est ébruitée et la presse de Londres s'en saisit en même temps que plusieurs parlementaires britanniques. Les services anglais croient d'ailleurs que Dufour est manipulé par les services américains. En fin de compte, l'affaire est portée jusqu'au Cabinet de guerre où Churchill, qui vient d'inviter de Gaulle à le voir en prévision du prochain débarquement, décide d'y mettre fin : 2 000 livres pour Dufour et 500 pour son avocat y suffiront [29]. De Gaulle, dans l'intervalle, n'approuvant pas les méthodes de Wybot, a mis fin à ses fonctions [30].

A cette tempête comme à d'autres, le BCRA survécut. La dernière secousse lui vint de l'incompatibilité d'humeur absolue qui existait entre Emmanuel d'Astier et Passy. « Antipathie immédiate », a écrit d'Astier de sa première rencontre avec Passy. « Anarchiste en escarpins », a écrit Passy de d'Astier... Leurs très fortes personnalités, leurs caractères opposés, leurs sensibilités différentes rendaient impossible le rapprochement de deux hommes qui eurent pourtant des amis communs et que beaucoup estimaient tous les deux. Quoi qu'il en soit, Emmanuel d'Astier obtint enfin que Passy quitte ses fonctions — qu'il reprit aussitôt à l'état-major du général Koenig quand celui-ci fut nommé commandant des Forces françaises de l'Intérieur. On ne peut pas aujourd'hui, semble-t-il, contester l'œuvre immense du BCRA qui eut à concevoir ce que devait être le travail d'un service secret dans le contexte exceptionnel d'un pays occupé par l'ennemi, où le recrutement s'opérait dans toutes les catégories de la population et sur l'ensemble du territoire et dont les missions comportaient à la fois les liaisons politiques, la propagande clandestine, les relations avec les mouvements de Résistance, le renseignement sur l'ennemi, les parachutages et leur réception, l'aide aux maquis, la préparation de l'insurrection. Il a été, comme l'a écrit Passy avec raison, pris sous des feux contradictoires « entre ceux qui lui reprochent d'être un service secret, donc mystérieux, voire dangereux, et ceux qui lui font grief de n'être pas assez secret ». Du moins de Gaulle a-t-il sans cesse maintenu ce qu'il considérait comme une institution essentielle de la France libre. Conscient de son originalité, il imposa à Giraud qui aurait voulu en prendre le contrôle et aux chefs des services de renseignements de l'armée et de l'aviation d'avant 1940, le colonel Rivet et le général Ronin qui ne cessaient pas de le critiquer au nom de leur plus ancienne expérience sans voir que les tâches et les méthodes d'un organisme inséparable de la Résistance intérieure française ne pouvaient être celles des services traditionnels. Il faut se souvenir des tempêtes qui secouaient les responsables de l'action en France, basés à Londres ou à Alger, pour comprendre combien il fut difficile de sortir de la crise aiguë que traversa la Résistance intérieure en cette année 1943.

C'est l'année de la grande offensive déclenchée par les services de sécurité allemands, le *Siecherhuitdienst* (SD), contre la Résistance française. La police de Vichy lui a transmis un document qu'elle a saisi chez Henri Frenay, comportant l'organigramme de l'armée secrète, un tableau de ses effectifs — évalués à 150 000 hommes — et ses plans d'action. Ce document fera l'objet d'un rapport établi le 27 mai que le chef du SD, Kaltenbrunner, adresse à Ribbentrop et à Hitler lui-même[31]. Il n'est pas douteux qu'il a mis les services allemands sur la piste des organes dirigeants de la Résistance. Le 9 juin, le général Delestraint, chef de l'armée secrète, est arrêté au métro Muette, à Paris. Le 21 juin, Jean Moulin et sept membres de l'état-major de l'armée secrète de zone Sud sont arrêtés à Caluire. Le 21 septembre, le délégué militaire pour la zone Nord, Marchal, est arrêté et se suicide. Les généraux Frère, Grandsard et Gilliot, premiers chefs de l'Organisation de Résistance de l'armée, issus de l'armée de l'armistice, sont arrêtés, puis leurs successeurs, les généraux Verneau et Olloris. Contrairement à une légende tenace, les services anglais, pas plus que l'ORA créée par des officiers français de l'armée traditionnelle, n'ont mieux assuré leur sécurité que les mouvements de Résistance : le réseau Alliance, qu'ils dirigeaient, a été démantelé cette année-là ainsi que le réseau Prosper qui couvrait la région parisienne. Rien de plus tragiquement révélateur que la dernière lettre envoyée par Moulin à de Gaulle, écrite de sa main, et que Daniel Cordier, son secrétaire, a publiée dans le livre d'une exceptionnelle valeur historique qu'il a consacré à son ancien chef : « Mon général, notre guerre, à nous aussi, est rude. J'ai le triste devoir de vous annoncer l'arrestation par la Gestapo, à Paris, de notre cher Vidal [le général Delestraint]. Les circonstances ? Une souricière dans laquelle il est tombé avec quelques-uns de ses nouveaux collaborateurs... Permettez-moi d'exhaler ma mauvaise humeur, l'abandon dans lequel Londres nous a laissés en ce qui concerne l'AS [armée secrète]... Vidal [...] s'est trop exposé, il a trop payé de sa personne... Aura-t-il fallu que le pire arrive pour que des mesures soient prises ? Etant donné la situation présente ici il n'y a plus qu'une issue : nous envoyer d'urgence, c'est-à-dire cette lune, 1°) un officier général ou un officier supérieur qui prenne la succession de Vidal, 2°) les trois officiers que nous avons jusqu'à ce jour réclamés en vain... Il n'y a pas une minute à perdre. Tout peut encore être réparé... Dans cette affaire, plusieurs de mes meilleurs collaborateurs civils ont été pris. J'ai pu, une fois encore, m'en sortir. Vous pouvez compter sur toute mon ardeur et toute ma foi pour réparer le mal qui a été fait. C'est l'AS qu'il faut sauver. Je vous en supplie, mon général, faites ce que j'ai l'honneur de vous demander. Votre profondément dévoué, Rex. » Impossible de ne pas comprendre, à la lecture de ce texte, que les rapports entre la Résistance intérieure et Londres n'avaient que très peu à voir avec les schémas, bâtis après coup, d'après les préférences politiques des uns ou les préoccupations personnelles des autres. Jean Moulin tenait ici, à propos de « Londres », le langage que les chefs de mouvements tenaient volontiers à propos de lui : c'était le langage des hommes qui, dans la nuit de la clandestinité, se débattaient avec les tragédies sans nombre qui les assaillaient sans cesse et qui avaient l'irrésistible sentiment qu'ils étaient abandonnés ou, du moins, qu'on ne comprenait rien à ce qu'ils vivaient sur place, et qui criaient au secours.

L'arrestation de Jean Moulin mettait en péril l'œuvre immense qu'il avait accomplie, c'est-à-dire l'unification de la Résistance française, reconnaissant de Gaulle pour chef, avec la caution de tous les partis politiques. Ce pouvait être un terrible coup pour de Gaulle alors qu'il venait de recevoir cet appoint capital et qu'il était loin d'avoir encore établi son autorité exclusive à Alger. Il est d'autant plus remarquable qu'il ait alors fallu d'immenses efforts pour réparer la perte, apparemment irréparable, que la France combattante avait subie. Claude Serreulles venait d'être parachuté, le 16 juin, pour assister Jean Moulin en zone Nord. Il a eu de longs entretiens avec lui et c'est de peu qu'il a manqué d'être arrêté à Caluire. Dès le 22, il a alerté Londres et pris en main l'héritage de Rex. Mais il n'est pas, comme l'était son chef, un haut fonctionnaire de la République, capable d'incarner, aux yeux des chefs de mouvements et des représentants de partis, l'autorité de l'Etat et la continuité de la République. Il n'a que trente ans. Son atout est d'avoir servi de Gaulle comme aide de camp et de pouvoir en parler à des résistants qui, presque tous, ne savent rien de lui. Mais c'est aussi son sang-froid qui lui vaut les félicitations de Londres et ces lignes savoureuses et justes de Jean-Louis Crémieux-Brilhac : « Sous l'apparence d'un mondain dont l'impeccable serviette de cuir et le parapluie roulé font l'amusement de ses interlocuteurs, ce nouveau venu est maître de ses nerfs. »

Il reste que la question du remplacement de Moulin se pose. Or de Gaulle, André Philip, commissaire à l'Intérieur, et Passy sont à Alger d'où les communications avec Londres demeurent précaires et parfois très lentes. Georges Boris et André Manuel doivent alors prendre des initiatives et des responsabilités qui témoignent de leurs qualités. Dès le 29 juin, Georges Boris, parce qu'il a parfaitement compris le sens que de Gaulle donnait à la mission de Moulin, propose son remplacement par un haut fonctionnaire, le préfet Emile Bollaert, qu'André Philip a connu à Lyon et dont on avait prévu qu'il serait préfet de police à la Libération [32]. Des discussions s'engagent, à Londres, sur cette succession et, après consultation des chefs de mouvements qui se trouvent alors en Angleterre, on propose à Alger que ce soit Alexandre Parodi : c'est un maître des requêtes au Conseil d'Etat qui avait été directeur général du Travail et de la Main-d'œuvre et que Jean Moulin avait introduit au Comité général d'études, créé par lui pour préparer les décisions du gouvernement en vue de la Libération. Simultanément, André Manuel organise le retour en France d'Emmanuel d'Astier, de Jean-Pierre Levy et de Médéric — mais non celui de Frenay qui avait décidément montré trop d'hostilité envers Jean Moulin, un trop grand souci d'autonomie. Il fait partir ensuite plusieurs de ceux que Jean Moulin avait réclamés vainement jusque-là, dont Jacques Bingen qui devra présider le Comité directeur des mouvements de Résistance de zone Sud, comme Claude Serreulles le fait pour la zone Nord, en attendant que tous deux se placent sous l'autorité du successeur de Jean Moulin.

D'emblée, réapparaissent les divergences que Jean Moulin était parvenu à surmonter : celles qui l'avaient opposé aux mouvements de Résistance quand il avait dû leur faire accepter la présence des partis politiques au CNR et celles sur la répartition des tâches entre les chefs de la Résistance intérieure et le délégué nommé par de Gaulle. Là encore, la psychologie des hommes, leur tempérament, l'état d'esprit de ceux qui sont « sur le terrain » et qui, comme toujours, s'irritent de l'autorité qu'on veut leur imposer d'en haut et du dehors, jouent bien plus que les préférences politiques. C'est le colonel Touny, chef militaire de l'OCM, qui manifeste le premier un désir d'émancipation des mouvements de Résistance à l'égard des envoyés de Londres. Le 25 juin, quatre jours seulement après l'arrestation de Moulin, au cours d'une réunion des huit mouvements siégeant au CNR, il suggère qu'ils constituent, ensemble, un « Comité central » dont de Gaulle serait président d'honneur et dont le chef réel serait le vice-président, qui dirigerait la Résistance intérieure sans qu'un délégué de Londres ou d'Alger se superpose à eux et sans participation des représentants des partis [33]. C'était à peu près, comme on l'a vu, ce qu'Henri Frenay et ses amis avaient souhaité, à l'encontre de Jean Moulin, et il n'est pas étonnant que le représentant de « Combat » ait appuyé la proposition du colonel Touny. Mais ils se retrouvèrent seuls. Claude Serreulles put démontrer qu'il n'était pas acceptable de faire exactement le contraire de ce qui avait été décidé avant l'arrestation de Jean Moulin, alors même qu'on était, à Alger, au plus fort de la querelle entre de Gaulle et Giraud, et il parvint, en pratique, à se faire admettre lui-même comme président de ce « Comité central » qui gardera, près d'un an, des responsabilités importantes pour l'aide aux réfractaires du STO, le noyautage des administrations publiques, l'établissement des listes de futurs préfets.

Mais ce n'est pas le seul contrecoup des arrestations de Jean Moulin et du général Delestraint. Ce dernier ayant laissé vide la place de chef de l'armée secrète, ses fonctions sont divisées, dès juillet, entre zone Sud et zone Nord, la première ayant désormais pour chef le colonel Dejussieu, dont le pseudonyme est Pontcarral, qui vient de « Combat », et la seconde le colonel Touny [34]. Mais, avant la fin de l'année, Touny est arrêté, avec les membres de son état-major, qui sont des colonels comme lui, et plus tard, Dejussieu l'est à son tour : il faudra plusieurs mois pour que l'unité de commandement soit rétablie, dans une certaine mesure et dans un contexte différent.

L'essentiel est naturellement la présidence du CNR et, en même temps, la charge de délégué du Comité de Londres — qui est maintenant à Alger. Mais rien ne se passe comme au temps où de Gaulle avait nommé Moulin qui avait assumé les deux fonctions. Tout y concourt : la Résistance intérieure a maintenant atteint un degré de force et de maturité qui lui permet de faire entendre sa voix d'autant qu'elle est unifiée au sein du CNR ; de Gaulle est accaparé par la lutte pour le pouvoir à Alger et il n'est pas question pour lui de laisser Giraud intervenir dans la direction de la Résistance, d'autant que celle-ci ne l'accepterait pas ; les communications entre Londres et Alger sont lentes et aléatoires. Ceux qui ont travaillé avec Jean Moulin voudraient que Georges Bidault, qui fut le plus proche de lui jusqu'à son arrestation, le remplace à la fois comme président du CNR et délégué du CFLN. Claude Serreulles appuie cette candidature, ayant constaté que Bidault défendait attentivement l'œuvre de Jean Moulin et ne mettait jamais en cause l'autorité que de Gaulle devait conserver sur l'ensemble de la Résistance[35]. Le temps qui passe favorise ce choix. Emmanuel d'Astier, pourtant, cherche à faire prévaloir le nom retenu à Londres avant son départ, celui de Parodi. Il obtient l'accord des chefs de mouvements le 25 août[36]. Mais le « comité central », réuni le 30 août, ne le suit pas : Claude Serreulles, les anciens collaborateurs de Jean Moulin, le délégué du Front national — dont Georges Bidault continue à faire partie — sans doute aussi les représentants des mouvements les plus attachés à l'autonomie de la Résistance intérieure, préfèrent Bidault qui est déjà membre du CNR : ils le portent à la présidence[37]. En même temps, ils choisissent un secrétaire général du CNR : Pierre Meunier, ancien collaborateur de Pierre Cot comme était Jean Moulin, et l'un des adjoints les plus proches de celui-ci, qui sera, après la guerre, député apparenté au groupe communiste. D'Astier a été seul à s'opposer à l'élection de Bidault : il a défendu la candidature de Parodi, comme il avait été convenu à Londres, à la fois comme président du CNR et délégué du CFLN, ce qui prouve, sans conteste, qu'à cette date il était loin de s'aligner sur les positions des communistes et qu'il demeurait attentif à préserver l'autorité que de Gaulle, par son représentant en France, exerçait sur la Résistance intérieure.

De fait, à Alger, où de Gaulle a maintenant consolidé son autorité, on veut nommer un délégué ayant les mêmes responsabilités qu'avait Jean Moulin. Le choix se porte, le 1er septembre, sur celui dont André Philip avait défendu la candidature : le préfet Emile Bollaert. Une dyarchie s'établit ainsi qui va persister jusqu'à la Libération[38]. Mais, si elle porte en elle les germes de compétitions inévitables et peut-être de futurs conflits, elle est aggravée, dans l'immédiat, par les tragédies qui frappent alors toute la résistance européenne et qui, en France, auraient pu avoir des effets dévastateurs. Pierre Brossolette a été désigné pour installer Bollaert dans ses fonctions et il est reparti en France avec le colonel anglais Yeo Thomas. Il en profite pour resserrer les liaisons ébranlées par l'arrestation de Jean Moulin et, du même coup, fait comprendre à Yeo Thomas l'ampleur que va prendre la lutte armée avec la formation des maquis. La crise qui secoue la direction de la Résistance intérieure n'est pourtant pas achevée. Le nouveau délégué militaire pour la zone Nord, le colonel Marchal, est arrêté et se suicide, le 23 septembre. Le 25, l'appartement où travaille le secrétariat de la délégation en France est perquisitionné par les Allemands qui saisissent d'innombrables documents. Du coup, Brossolette se convainc que Serreulles et Bingen se sont trop exposés, critique leur action et fait décider que les contacts avec eux doivent être interrompus[39]. Ce serait la paralysie à la tête de la Résistance tant les deux hommes assument encore les principales tâches de coordination avec les mouvements et les partis politiques. Pour mettre un terme aux querelles, de Gaulle rappelle Brossolette et Serreulles. Mais les tragiques aléas de la vie clandestine interviennent ici. Brossolette veut poursuivre sa mission au moins quelque temps, et refuse de partir par le Lysander sur lequel il devait embarquer le 15 novembre. Après quoi, toutes les tentatives de départ échouent jusqu'en février. Bollaert et lui embarquent finalement, le 2 février, à bord d'un petit bateau, *Le Jouet des flots,* dont la coque est crevée par un rocher et qui doit regagner la côte. Ils sont arrêtés, emprisonnés à Rennes d'où on cherche à les faire évader. Yeo Thomas se fait parachuter pour sauver son ami Brossolette avant d'être arrêté à son tour. Bollaert est déporté à Buchenwald, et Brossolette, transféré dans les locaux que la Gestapo occupe avenue Foch, est interrogé et torturé et, le 22 mars, parvient à se suicider en se jetant du quatrième étage. Le 12 mai, c'est au tour de Bingen, qui assume provisoirement les tâches de délégué général en France : il est arrêté et se donne la mort.

Cette longue suite de désastres explique mieux que les calculs politiques, réels ou supposés, les difficultés qui vont survenir, à mesure, pour la direction de la Résistance intérieure et ses rapports avec de Gaulle. Au milieu de ces tempêtes, le CNR qui n'a pu tenir que deux réunions plénières, en octobre et novembre 1943, a élu un bureau chargé de la continuité de ses tâches. Le représentant du parti communiste a fait cause commune avec ceux des mouvements pour en écarter les membres nommés par les partis politiques, en arguant du fait que les socialistes n'avaient pas constitué une organisation de Résistance qui leur soit propre. Du coup, le bureau comporte Bidault, Pascal Copeau qui a remplacé d'Astier comme représentant de « Libération », Blocq-Massart pour l'OCM, Saillant pour la CGT, et Pierre Villon pour le Front national. Etait-ce déjà la prise en main de la direction de la Résistance par le parti communiste ? On a pu le soutenir, par la suite[40]. Louis Saillant, qui sera secrétaire général de la CGT après la Libération en même temps que Benoît Frachon et deviendra président de la Fédération syndicale mondiale, où les Soviétiques ont la plus grande influence, et Pascal Copeau qui sera député apparenté au groupe communiste, auraient été, dès cette date, liés très étroitement au parti communiste. On peut le supposer pour Saillant, mais non pour

Copeau qui en était alors très éloigné et ne s'en rapprochera qu'au temps de la guerre froide.

Il reste que, dès ce moment, apparaît une antinomie entre Alger, où de Gaulle désormais gouverne seul, et la direction de la Résistance intérieure ou, plus précisément, le CNR et ses instances permanentes. Non que cette antinomie paralyse l'action ou amène de véritables divergences : Georges Bidault restera jusqu'au bout, c'est-à-dire jusqu'à la Libération, fidèle à l'idée que tous les mouvements et tous les partis ont adoptée au moment de constituer le CNR et qui se résume en leur adhésion définitive à la France combattante et à son chef. Il ne cessera jamais de travailler en liaison étroite avec Parodi auquel le lie une amitié durable. Mais il est vrai que le vocabulaire employé à cette époque traduit déjà une dérive : Serreulles avait prévenu que l'élection de Bidault reflétait le désir du CNR de garder « à l'égard d'Alger toute son indépendance ». Et l'un des chefs de l'OCM venu à Alger avant de repartir en France où il trouva la mort, Jacques Simon, estimait que le successeur de Jean Moulin ne serait qu'un « ambassadeur[41] ». Le Front national avait fait adopter par le CNR, dès juillet 1943, un texte où celui-ci « revendique sur tout le territoire le droit et les responsabilités de gérant et d'organe provisoire de la souveraineté nationale » et déclare assumer « en communauté étroite avec le CFLN, fidèle à la doctrine de la France combattante, la mission d'inspirer, de coordonner, et de diriger la lutte du peuple français sur son propre sol[42] ». Puis on ne cesse d'assister à d'incessantes démarches et protestations des communistes, dirigées contre Alger, les services de la France combattante ou leurs représentants en métropole, c'est-à-dire indirectement contre de Gaulle. Ils leur reprochent leur partialité dans les versements d'argent et les fournitures d'armes au détriment du Front national et des FTP, et ils revendiquent âprement de plus nombreux postes de commandement ou de plus larges pouvoirs, jusqu'au moment où ils voudront, apparemment, s'en saisir eux-mêmes grâce au Comité d'action militaire du CNR, le COMAC, où ils disposent de deux sièges sur trois — Pierre Villon et Maurice Kriegel-Valrimont, aux côtés de Jean de Vogüe — et à l'état-major national des FFI, que dirige le communiste Malleret-Joinville[43].

Etait-ce le signe d'une opposition radicale à de Gaulle, que les communistes français auraient quelque temps dissimulée et qui apparaîtrait peu à peu avant que se pose, au jour de la Libération, la question centrale du pouvoir en France ? On trouve, dans les messages adressés à Londres par les délégués du Comité national de la France combattante puis du CFLN, des avertissements ou des interrogations à propos du rôle ou des intentions des communistes. Francis-Louis Closon écrit, en octobre 1943 : « Les communistes sont puissants, bien organisés, en possession d'une doctrine générale dont ils savent tirer des règles d'action précises, décidés à jouer un rôle actif dès le jour de la Libération.

Qu'avons-nous de constructif à leur opposer ? Quels hommes pouvons-nous mettre en face des leurs [44] ? » Bingen s'interroge à son tour, dans un message de novembre : « Le parti communiste et ses succédanées ? C'est la grande force mystérieuse et dynamique... Que va-t-il sortir de cette mêlée ? Les mouvements survivront-ils à la Libération ? Ou bien les partis traditionalistes de gauche hériteront-ils de tous leurs militants ? La France de demain sera-t-elle démocratique avec ses vieux partis ? Ou avec des rassemblements neufs ? Ou toutes les hypothèses ne sont-elles qu'utopie et allons-nous tout droit au communisme [45] ? » Il tente, pourtant, de surmonter et de résoudre les difficultés qui s'accumulent entre la direction centrale de la Résistance intérieure et les organisations communistes dont le langage est, pense-t-il, de plus en plus abrupt. Mais, en mars 1944, il s'efforce d'analyser les raisons de cette tension, met en cause l'absence de représentation des communistes au sein du gouvernement provisoire, leur crainte d'une mise à l'écart de Maurice Thorez qui n'est toujours pas amnistié de sa « désertion » de 1939, mais aussi, reconnaît-il avec franchise, « l'anticommunisme réel ou maladroit que manifestent les dirigeants de certains partis ou mouvements ».

Les archives révèlent, en tout cas, une profonde méfiance des communistes envers de Gaulle, dont ils discernent bien que son autorité ne se compare alors à aucune autre [46]. Ils en avaient déduit, comme on l'a vu, qu'ils devaient se rallier à la France libre, ce qu'ils ont fait en même temps que Staline décidait d'entrer en rapport avec elle. Mais ils continuent d'être sur leurs gardes, redoutent de ne pouvoir discuter, influencer, ni infléchir ses décisions et songent déjà à limiter ses pouvoirs. Giraud, en particulier, leur apparaît comme un interlocuteur plus facile, plus crédule ou plus faible, et qu'il est donc possible de manœuvrer comme on l'a vu au moment de la Libération de la Corse. André Marty, qui dirige la délégation du Parti à Alger, rend compte ainsi, à Moscou, d'un entretien avec Giraud : « Il est plus attentionné à l'égard des communistes. Il a envoyé son officier auprès des communistes. Celui-ci a dit : "Vous pouvez faire en France tout ce que vous voulez, mais vous devez nous donner des renseignements sur les troupes allemandes dans le Sud." » Thorez qui, plus tard, ironisera sur le « gauchisme » de Marty avant de le faire exclure et condamner, en tient assez compte pour rédiger un rapport où il met en parallèle les comportements différents des deux généraux, Giraud et de Gaulle. Dans un autre télégramme, adressé à Dimitrov, qui est à Moscou, et à Duclos, qui dirige clandestinement le Parti depuis les environs de Paris, Marty montre sa méfiance à l'égard du CFLN qui ne procure pas au Front national et aux FTP l'aide dont ils ont besoin : « Moyens restent très limités vu composition Comité presque entièrement attentiste ou saboteur. » Devant le Comité central réuni à Alger les 30 et 31 mars 1944, il fait cette analyse de la composition du gouvernement provisoire d'Alger, étrangement caricaturale, sinon tout à fait fausse : « Les mêmes gens qu'en juin 1940 sont au gouvernement ». A la même réunion, où la nomination de ministres communistes est acquise, Joanny Berlioz ajoute : « Nous allons [au gouvernement] pour la bataille [car il est] impossible de croire à la coexistence pacifique durable des deux systèmes, ni entre Etats capitalistes et Etats socialistes, ni entre les partis politiques à l'intérieur de la France. Les choses se développeront sans cesse, sans doute rapidement, dans un sens de plus en plus aigu, le nier serait abandonner toutes nos perspectives. » A prendre ce texte au pied de la lettre, on pourrait croire que la direction communiste s'apprête à une épreuve de force au moment de la Libération et qu'elle se prépare à la gagner.

On verra que sa stratégie est plus complexe. Mais, en attendant, son jugement sur de Gaulle et le gouvernement provisoire qu'il a formé, et où les communistes sont maintenant représentés, reste impitoyable. André Marty écrit à Dimitrov, le 15 juillet 1944 alors qu'approche la libération de Paris : « Il n'y a pas de gouvernement, il y a un gouvernement-croupion, et un conseil privé au-dessus qui mène une politique dictatoriale, celle des trusts et non du peuple français. Cette politique des trusts, reposant sur la méfiance du peuple, signifie pour la France un gouvernement réactionnaire aux ordres de l'étranger. » Du coup s'éclaire l'objectif qu'il énonce ainsi : « La libération de la France exige, il ne faut jamais l'oublier, non seulement l'écrasement et l'extermination des bandits hitlériens, mais aussi la mise hors de combat des gens des trusts. » Ce même jour, il assure Dimitrov que « l'orientation fasciste de ce gouvernement se précise de plus en plus ». Quinze jours plus tard, le 30 juillet, et à nouveau les 5 et 20 août, il décrit le gouvernement provisoire en termes d'une violence extraordinaire, mettant en cause quelques-uns de ses membres de façon d'autant plus significative qu'il s'agit de textes destinés à rester secrets et par des accusations dont il n'y a pas la moindre preuve et qui sont évidemment fausses : « Le gouvernement actuel n'est qu'un ramassis d'agents des Alliés, des trusts et aussi d'éléments liés à l'ennemi [Frenay et sans doute de Menthon]. » Sans doute le ton des communistes d'Alger est-il particulièrement dur et catégorique, traduisant peut-être leur espoir en une supériorité de la résistance communiste sur toutes les autres composantes de la Résistance intérieure. Sans doute aussi, les résistants communistes en France occupée n'auraient-ils pas employé, à l'égard de leurs camarades d'autres mouvements et d'autres familles politiques, le langage de Marty à propos d'Henri Frenay ou de François de Menthon. Mais il est vrai qu'ils mettent carrément en accusation les services de Londres et d'Alger pour le trop faible approvisionnement en armes des réseaux et des maquis des FTP, qu'ils pèsent de tout leur poids pour que les organes de la Résistance intérieure prennent le commandement des actions immédiates et, le moment venu, de l'insurrection nationale, qu'ils cherchent à contrôler autant que possible les Comités de libération. On se rapproche inexorablement du moment où, à la Libération, on saura qui détient le pouvoir en France.

Cette échéance, de Gaulle la prépare méthodiquement grâce aux délégués qu'il avait envoyés sur place, malgré la crise aiguë que traverse la direction de la Résistance intérieure durant les longs et durs mois qui suivirent l'arrestation de Jean Moulin. Il fait désigner de nouveaux préfets dans tous les départements, dont presque tous seront prêts à prendre leurs fonctions dès la Libération [47]. Ils ont été choisis sur proposition de Michel Debré et après avis favorable du CNR, mais il savent tous qu'ils dépendent du délégué du gouvernement et qu'ils devront incarner aussitôt l'autorité de l'Etat. De Gaulle a aussi décidé que les départements seront regroupés en régions sous l'autorité d'un commissaire de la République dont le rôle sera, de loin, le plus important pour représenter le pouvoir central durant une période où celui-ci ne pourra pas exercer effectivement son autorité du seul fait de la destruction des moyens de transport et de communications et du prolongement, sur une partie du territoire, des combats qui suivront ou accompagneront le débarquement allié. Ces commissaires de la République joueront, en effet, un rôle décisif pour le rétablissement de l'autorité de l'Etat après la Libération.

Francis-Louis Closon, attentif aux directives qu'il a reçues avant de partir de Londres, d'une loyauté rigoureuse envers de Gaulle, a ressenti, en vivant l'expérience de la clandestinité et de la Résistance intérieure, que cette dernière devait être organiquement associée aux pouvoirs publics tels qu'ils surgiraient de la libération du territoire. Il était indispensable, à son avis, qu'à tous les échelons elle puisse, non seulement organiser la lutte, mais assister les nouvelles autorités, exprimer son opinion, traduire et, en même temps, canaliser les exigences de la population. Il fallait donc, comme il le proposa et comme de Gaulle en fut d'accord, créer des Comités départementaux et locaux de libération [48]. Ce fut une formidable tâche rendue d'autant plus difficile qu'il fallait que, dans ces comités, fussent représentés les différents courants de la Résistance, les différentes sensibilités politiques. Les communistes étaient prêts à être représentés partout et ils demandaient, en outre, que les organisations les plus proches d'eux le soient, elles aussi. Les socialistes leur disputaient le contrôle de la CGT et pouvaient être représentés dans presque tous les Comités de libération. Les syndicalistes chrétiens, moins nombreux, étaient plus difficiles à recruter et la dispersion des autres courants politiques à travers tous les mouvements de Résistance ou dans des partis devenus fantomatiques était encore plus difficile à garantir. Tels quels, ces comités remplirent pourtant leur fonction comme on l'avait prévu : ils eurent pour tâche de coordonner les actions immédiates et, plus tard, l'insurrection elle-même, mais les directives leur furent évidemment données par le commandement des

Forces françaises de l'Intérieur, après quoi, ils s'efforcèrent de représenter la population auprès des administrations nouvelles, et d'empêcher que « l'insurrection ne se transforme en anarchie généralisée », et se placèrent alors « sous les ordres des commissaires de la République, responsables du maintien de l'ordre et du succès de la prise du pouvoir ».

Au sommet de l'Etat, il faut assurer la prise en main immédiate des ministères : ce sera l'œuvre des secrétaires généraux qui vont être désignés par Alger mais le seront, en pratique par les délégués en France, Bingen et Serreulles puis, surtout, Parodi[49]. Confusions, courts-circuits et malentendus, perturbent quelque temps la procédure des nominations, la majorité du CNR redoutant de se voir imposer une sorte de doublure du CFLN et voulant s'ériger en gouvernement provisoire au moment de la Libération, tandis que d'Alger ne vient aucune directive formelle aussi longtemps que dure le duel Giraud-de Gaulle. Quand celui-ci s'achève le 2 octobre 1943, d'Astier, commissaire à l'Intérieur, fait clairement savoir que les secrétaires généraux seront nommés par le CFLN puis, par une note du 25 janvier 1944, que leur nomination se fera après proposition de leur candidature par le CNR mais en insistant sur le fait que leur mandat « ne peut et ne doit leur être conféré que par le CFLN ». On vérifie là, une fois de plus, qu'Emmanuel d'Astier, si attentif qu'il soit à la sensibilité et aux responsabilités de la Résistance intérieure, ne néglige aucunement, dès lors que l'essentiel est en cause, le rôle irremplaçable du pouvoir central, celui qu'exerce de Gaulle.

Suit une longue période de discussions et de marchandages sur la répartition des postes de secrétaires généraux. Quelques-uns sont assez facilement attribués d'après une liste élaborée d'abord par le Comité général d'Etudes, le CGE, qui, créé d'abord par Moulin, assiste Parodi. Robert Lacoste est affecté au ministère de la Production industrielle après l'arrestation de Pierre Lefaucheux, qui avait été désigné d'abord, René Courtin à l'Economie nationale, malgré sa réputation de libéral qui lui vaut quelque méfiance à Alger, Emmanuel Monick aux Finances en dépit du souvenir mitigé que de Gaulle garde de lui parce qu'en 1940 il n'est pas resté à Londres, l'avocat René Samson, de l'OCM, au Travail, l'inspecteur des finances Pierre Miné au Ravitaillement, René Lefèvre à l'Agriculture, Guesnot aux PTT, le professeur Pasteur Vallery-Radot à la Santé publique, où l'assistera le révérend père Chaillet, et François Mitterrand au ministère chargé des prisonniers et déportés. En revanche, le secrétariat général du ministère de la Justice est l'objet d'âpres disputes. Les communistes le réclament pour eux. A Alger, d'Astier s'y oppose et le commissaire à la Justice, François de Menthon, voudrait y mettre son ami, démocrate-chrétien comme lui, Pierre-Henri Teitgen, mais celui-ci est affecté au ministère de l'Information. A Alger, on semble se résigner à la nomination de l'avocat communiste Marcel Willard mais le bâtonnier Jacques Charpentier, qui avait d'abord été pressenti mais avait refusé en expliquant qu'un avocat n'était pas qualifié pour occuper un poste qui serait, dans une première phase, nécessairement répressif, s'y oppose vivement. Parodi y est hostile également. D'Alger, on s'assure de l'accord d'un ancien président de chambre à la Cour de cassation, M. Fleys. Mais Parodi, pressé par le temps et par les circonstances décide que ce sera Marcel Willard. Puis il nomma un autre communiste, le professeur Langevin, à l'Education nationale, le général Fortin au ministère de la Guerre que les communistes avaient aussi revendiqué, Emile Laffon, l'un de ses collaborateurs, au ministère de l'Intérieur, le général Valin, ancien chef de l'Aviation de la France libre, au ministère de l'Air, et quatre membres du CNR : Jacques Lecompte-Boinet, de « Ceux de la Résistance », au ministère des Communications et des Travaux publics, le « modéré » Jacques Debû-Bridel à la Marine, Paul Bastid aux Affaires étrangères, André Mutter, de « Ceux de la Libération », aux Colonies. Pour parachever les équilibres, on décide que chaque secrétaire général sera assisté d'une commission de trois membres. Mais, en pratique, les secrétaires généraux rempliront tous leur mission, soit eux-mêmes, soit leur remplaçant direct et, au jour de la Libération, les ministères seront tous pris en main et tous prêts à recevoir les titulaires nommés par de Gaulle.

La renaissance de l'Etat républicain n'ira pas, évidemment, sans la libération du pays tout entier par les armes. Il ne faut pas l'oublier : pour de Gaulle et pour la Résistance française, l'objectif de la lutte armée est d'abord la participation directe à la bataille que les Alliés vont livrer aux forces allemandes, mais il est aussi d'éliminer partout les troupes d'occupation, de renverser partout ce qui pourrait subsister du régime de Vichy, d'établir partout l'autorité du nouvel Etat. De Gaulle l'avait dit : l'insurrection nationale n'est pas séparable de la libération nationale, tel était le sens qu'elle devait prendre, telle était la mission qu'elle devait accomplir.

Mais, en ce milieu de l'année 1943, l'organisation militaire de la Résistance, après l'arrestation de Jean Moulin et du général Delestraint, traverse une crise aiguë. Les responsables britanniques la considèrent comme détruite, pour la plus grande part, au point qu'elle ne pourrait plus avoir qu'un rôle secondaire et limité. Le SOE estime que ses possibilités ont été si amputées qu'elle devra se consacrer seulement au sabotage des transports et des moyens de communication au moment du débarquement. Le très influent chef du MI6 — ce service de la *Military Intelligence* consacré aux renseignements et que l'on appelle souvent l'*Intelligence Service* —, le général Menzies, estime, lors d'une réunion tenue le 8 août que « les groupes de Résistance sont à leur plus bas niveau et ne peuvent être considérés comme un facteur sérieux, jusqu'à ce qu'il soit reconstruit sur une base plus étroite et plus saine [50] ». Les services anglais en profitent pour tenter d'imposer leur conception de ce que doit être la Résistance française : sans aucune centralisation nationale qui, à leur avis, la rend plus vulnérable, répartie en des noyaux isolés les uns des autres et en des réseaux d'action et de renseignements limités à des zones géographiques très circonscrites, sans liaison entre eux, dirigés sur place par des professionnels, et n'ayant de communication qu'avec Londres. Derrière les arguments pratiques et techniques invoqués pour justifier le système qu'ils proposent, il est facile de voir que les services anglais cherchent à décomposer et, par là, à mieux contrôler la Résistance intérieure, peut-être pour éviter qu'elle ne devienne le support essentiel du pouvoir politique qui s'installera en France au jour de la Libération. Tout au plus acceptent-ils parfois que l'organisation civile de la Résistance puisse être différente de son organisation militaire, mais à la condition qu'elles soient rigoureusement séparées l'une de l'autre...

De Gaulle ne pouvait évidemment souscrire à cette manière de voir. Son objectif étant, depuis juin 1940, de faire en sorte que la totalité de l'effort de guerre des Français, sous quelque forme que ce soit, soit mis au compte de la France et renforce ainsi le pouvoir politique qu'il incarnerait jusqu'à la Libération du pays, il fallait que la Résistance intérieure se rattache clairement, tout entière, à la France combattante, qu'elle soit dirigée de Londres ou d'Alger et qu'elle exprime ainsi la participation de toute la nation à la guerre. Le renversement de Vichy exigeait aussi une Résistance intérieure ayant une seule direction et les mêmes objectifs et le développement de la lutte armée et des maquis ne pouvait être géré seulement à l'échelon local. Il fallait, pourtant, tenir compte des critiques justifiées à l'égard de la centralisation excessive des organes clandestins et de la situation très différente des mouvements, des réseaux et des maquis suivant les régions.

Le mérite des services français de Londres est alors d'avoir conçu une organisation nouvelle de la Résistance, en plein climat de crise, juste au moment où Churchill, pour obliger de Gaulle à s'incliner devant Giraud, ou, pour se conformer au souhait de Roosevelt, interrompait brutalement toute livraison d'argent et d'armes à la Résistance. Elle est mise au point par Passy, son adjoint Manuel, Bourgès-Maunoury qui vient d'arriver de France, avec les chefs des mouvements qui se trouvent à Londres, Emmanuel d'Astier, Henri Frenay, Jean-Pierre Levy et Médéric. Pour l'essentiel, il s'agit de répartir le territoire français entre des délégués militaires régionaux, les DMR, que coifferont deux « délégués militaires de zone », le colonel Marchal pour la zone Nord, Louis-Eugène Mangin pour la zone Sud[51]. Ces DMR permettront ainsi la décentralisation du commandement et des opérations. Mais Passy et ses compagnons ont compris qu'il ne fallait pas imposer à la Résistance militaire des chefs venus d'en haut et d'ailleurs mais plutôt l'orienter, la conseiller, assurer sa cohérence. C'est pourquoi les DMR devront être, suivant les directives qui leur sont données, « des ambassadeurs et conseillers techniques ». Passy expliquera lui-même que « c'était une nécessité absolue de ne pas apparaître comme imposant l'importation de chefs ». Les DMR, dans chacune de leurs circonscriptions, obligeront d'abord les organisations locales de Résistance à s'unir pour désigner un chef militaire régional qui devra lui-même, le moment venu, répartir les hommes sous son commandement entre les missions prévues par le commandement allié et les services français et britanniques de Londres, pour aider à la réussite du débarquement. Ce type d'organisation, originale et souple, répond à toutes les préoccupations françaises : la décentralisation nécessaire, le maintien de commandements nationaux, l'unification de la Résistance, ses liens directs avec le CFLN et, plus tard, le gouvernement provisoire, la participation aux plans alliés, l'insurrection nationale. Elle se révélera pleinement efficace.

Dans l'immédiat, il faut des hommes pour la mettre en place. Neuf officiers de la France combattante sont acheminés au mois d'août, dix autres en septembre. Ils viennent de toutes les formations, de toutes les unités, mais non de l'armée d'Afrique qui n'a pas fourni de volontaires, et sont, presque tous, des officiers de réserve choisis pour l'autorité et les compétences qu'ils ont pu acquérir dans la vie civile. Les risques qu'ils allaient courir étaient immenses, et on les en a avertis, au point qu'après les exécutions, les arrestations, les déportations de l'hiver 1943-44, et l'envoi de plus d'une centaine d'officiers, délégués de zone, délégués régionaux, chefs d'opération, radios, instructeurs de sabotage, responsables des plans préparés en vue du débarquement, sept régions seulement avaient leur encadrement normal et qu'elles ne l'eurent toutes que quelques semaines seulement avant le débarquement. Après l'arrestation et le suicide de Marchal, Mangin lui succéda puisque la direction de la Résistance était désormais regroupée à Paris, puis Bourgès-Maunoury et, le 10 mars 1944, de Gaulle nomma officiellement un délégué national qui fut d'abord le colonel Ely, puis Jacques Chaban-Delmas. La logique de la direction clandestine de la Résistance imposera finalement le rapprochement étroit entre le délégué militaire national et le délégué général du gouvernement provisoire, c'est-à-dire entre Chaban-Delmas et Parodi, de sorte que se constituera ainsi une représentation civile et militaire unique du gouvernement en territoire français.

A la rigueur de l'organigramme, devait correspondre une véritable unification de la Résistance militaire. Elle n'était pas faite jusque-là : le Front national et les FTP n'avaient pas accepté d'obéir à une stratégie sur laquelle ils n'étaient pas d'accord et l'Organisation de Résistance de l'armée, l'ORA, regroupant une notable fraction des officiers de l'ancienne armée de l'armistice, s'était constituée après la formation de l'armée secrète. En janvier 1944, après de difficiles négociations menées par Mangin, Bourgès-Maunoury et Bingen, l'incorporation des FTP aux futures Forces françaises de l'Intérieur est acquise. L'ensemble sera coiffé par un « Comité d'action de la Résistance », le COMAC, comprenant un représentant des organisations militaires de la zone Nord, de celles de la zone Sud et du Front national. Le délégué militaire national assistera à toutes ses réunions et les états-majors régionaux et départementaux de l'armée secrète et des FTP seront fusionnés. Cet accord, il est vrai, ne sera que partiellement appliqué puisque les FTP garderont souvent leur autonomie et que le Front national appellera bientôt à la formation de « milices patriotiques » placées sous son contrôle. Mais les DMR, parce qu'ils assurent, et eux seuls, l'approvisionnement en armes et en argent, garantiront, en fin de compte, la cohésion de l'ensemble.

Plus difficile sera l'intégration de l'ORA à l'organisation commune. Après l'arrestation de ses premiers chefs, les généraux Frère et Verneau, le général Revers, leur successeur, a le handicap d'avoir été le chef d'état-major de Darlan. La liaison personnelle qu'il entretient avec Giraud par l'intermédiaire de son représentant à Madrid, le colonel Malaise, le rend suspect d'hostilité persistante envers de Gaulle. Ses contacts avec les responsables militaires des mouvements de Résistance se passent mal et il doit s'engager par écrit à rompre totalement avec Vichy, à ne prendre aucune part au rétablissement de l'ordre public après la Libération, et à partager avec les autres organisations clandestines les dépôts d'armes secrets constitués après l'armistice par des officiers patriotes — mais dont certains ont été livrés à l'armée allemande après l'invasion de la zone Sud. Revers, toujours soupçonné et critiqué, ne sera que le conseiller technique du COMAC, mais sur place, les officiers de l'ORA s'intégreront sans difficulté majeure à l'ensemble de la Résistance militaire qui aura enfin trouvé son unité sous le nom de « Forces françaises de l'Intérieur » dont de Gaulle donnera le commandement à Koenig[52].

La lutte armée implique que l'on ait des armes. Comme on l'a vu, les chefs militaires alliés, rejetant les suggestions faites par de Gaulle, se sont obstinés jusqu'à la fin de 1943 à refuser toute perspective de guérilla en France, ne voulant rien d'autre qu'une préparation clandestine aux actions qui seraient déclenchées en liaisons avec le débarquement. Mais, au début de 1944, la multiplication des maquis les amène à consentir au parachutage de petites quantités d'armes. Auparavant 800 tonnes d'armes seulement avaient été livrées dont les deux tiers en explosifs et grenades, et dont plus de la moitié était réservée aux réseaux britanniques du SOE, avant tout pour des opérations de sabotage, ainsi que 7 837 pistolets-mitrailleurs, 5 278 pistolets automatiques et 12 fusils pour les mouvements et réseaux dépendant des services français[53]. Mais, en janvier 1944, Eisenhower, nommé commandant en chef des Forces alliées qui doivent débarquer en France six mois plus tard, se préoccupe de l'appui que la Résistance française lui apportera. Des divergences apparaissent, en même temps, entre les responsables britanniques. Le ministre de la Guerre économique dont dépend le SOE, Lord Selborne, s'oppose carrément aux chefs d'états-majors et pense que « l'intervention de la Résistance contre l'Allemagne peut être vitale dans les six mois à venir ». Mais c'est le commissaire à l'Intérieur du CFLN, ancien fondateur de « Libération », Emmanuel d'Astier, qui va jouer le plus grand rôle pour que Churchill change d'avis et décide d'armer effectivement la Résistance française[54]. Il l'a rencontré, le 14 janvier 1944, à Marrakech, où Churchill s'est arrêté, malade, en revenant de la conférence de Téhéran. Il est parvenu à attirer suffisamment son attention sur les épreuves mais aussi les possibilités de la Résistance pour que le Premier ministre britannique lui demande de venir le voir à Londres. Dans l'intervalle, Churchill voit Yeo Thomas qui, avant de retourner en France pour tenter de sauver son ami Pierre Brossolette, lui a rendu compte de sa visite dans plusieurs maquis. Et, à la demande de Lord Selborne, il reçoit aussi le chef national des maquis, Michel Brault qui s'est montré d'autant plus convaincant qu'il a pu apporter des photos et un film montrant l'importance prise par les maquis français[55].

Le 27 janvier, pour la première et seule fois, deux Français, Emmanuel d'Astier et Georges Boris, participent à un conseil interministériel réuni à Downing Street[56]. C'est là qu'Emmanuel d'Astier, surmontant toutes les objections, balayant tous les soupçons envers le risque d'une « intensification des rivalités politiques », convainc définitivement Churchill. Passant d'un extrême à l'autre, celui-ci, du reste, se prend à rêver d'une « situation comparable à celle de la Yougoslavie » entre le Rhône et les Alpes où il imagine, avec un lyrisme quelque peu macabre, « le feu et la cendre dans les villages [...] et l'action désespérée du maquis et des francs-tireurs sur la frontière »... Du coup, les parachutages se multiplient immédiatement. On prévoit qu'ils doivent assurer l'armement de 16 000 hommes en février, de 32 000 autres en mars[57]. En réalité, tout ne se passe pas aussi facilement. Longtemps, les groupes et les réseaux dépendant des services britanniques recevront la majorité de livraisons d'armes, malgré les engagements pris. Les Allemands et la milice de Vichy parviendront à récupérer une bonne part des parachutages. Le mauvais temps s'en mêle : en février, 58 sorties de bombardiers réussissent seulement, sur 160, mais en mars, il y en a plus de 400 à partir de Londres et d'Alger et, jusqu'à la fin de mai, ce sont plus de 3 500 tonnes d'armes qui auront été parachutées dont on estime qu'elles équiperont 125 000 hommes et, jusqu'au 31 août 1944, 155 000 pistolets mitrailleurs, 120 000 fusils, carabines ou pistolets, 36 000 fusils-mitrailleurs et 2 375 bazookas, auront été effectivement largués. A cette date, ce sont 360 000 hommes qui pourront être équipés, c'est-à-dire la plus grande part des 400 000 ou 500 000 Français qui auront effectivement participé, sous une forme ou sous une autre, à l'insurrection nationale entre juin et septembre. Pour mesurer le chemin parcouru, il suffit de savoir que, lors d'une réunion tenue le 2 février en présence de Churchill, Emmanuel d'Astier évaluait le nombre d'hommes armés dans les maquis à 5 000 et Yeo Thomas à 3 500 ou 4 000, qu'à la même date les services britanniques estimaient à moins de 50 000 le total des effectifs des maquis y compris leurs auxiliaires, leurs agents de renseignements et leurs réserves et qu'en mars, Michel Brault, qui en était le responsable national, les évaluait à 36 800 hommes auxquels s'ajoutaient 18 000 autres en réserve dans les fermes ou les entreprises situées à proximité. L'instrument de la lutte armée, qui n'était alors qu'à la taille d'actions immédiates, nécessairement circonscrites, allait être à la mesure de cette insurrection nationale que de Gaulle avait jugée « inséparable de la libération nationale ». Il restait à savoir comment l'employer.

Etape par étape, on se rapprochait du but que de Gaulle s'était fixé depuis l'origine : rétablir un pouvoir politique en France qui pourrait se réclamer de l'effort de guerre de tous les Français depuis 1940. A la fin de l'été 1943, la reconnaissance du CFLN par les pays alliés, même avec de sensibles différences dans le fond et dans l'expression, a changé son statut international. Même si la Grande-Bretagne ne le reconnaît pas encore comme le gouvernement d'un Etat régulier, le titre d'ambassadeur est conféré à Duff Cooper qui vient, en janvier 1944, la représenter à Alger. Pierre Viénot, ancien député socialiste et ancien sous-secrétaire d'Etat aux Affaires étrangères dans le premier gouvernement du Front populaire, que de Gaulle a nommé à Londres, a, lui aussi, le titre et le rang d'ambassadeur. Roosevelt a retiré d'Alger Robert Murphy et l'a remplacé par l'ambassadeur Edwin C. Wilson qui, sans avoir autant d'influence à Washington que son prédécesseur, est beaucoup plus favorable aux vues françaises et entretient avec de Gaulle de bons rapports. Dans la capitale américaine, l'ambassadeur Henri Hoppenot est très bien accueilli là où l'ancien représentant de la France libre, Adrien Tixier, devenu commissaire au Travail, était d'autant plus mal reçu qu'il irritait Roosevelt lui-même. Jean Monnet, qui est décidément le Français le plus apprécié des dirigeants américains, s'emploie maintenant, depuis qu'il s'est détaché de Giraud, à défendre, avec la plus grande efficacité, les intérêts de la France et à faire admettre les immenses besoins de sa population. Convaincu que les deux cartes à jouer sur la scène internationale, pour la diplomatie française, sont le soutien de la Grande-Bretagne, soucieuse de rétablir un certain équilibre en Europe, et celui de l'Union soviétique face à la résurgence éventuelle d'une menace allemande dans l'avenir, de Gaulle, déjà sensible au poids prépondérant de l'hégémonie américaine, esquisse un rapprochement avec ces deux partenaires. La veille de l'arrivée de l'ambassadeur Bogomolov, le 8 octobre, il profite d'un séjour en Corse pour décrire la Méditerranée comme « la mer latine, cette mère par où nous est venue la civilisation... [et] qui est l'un des chemins vers notre alliée naturelle, la chère et puissante Russie ». Simultanément, il fait étudier un projet de regroupement de l'Europe occidentale où l'Angleterre et la France seraient les chefs de file — mais dont on verra qu'il se heurte bientôt aux réticences soviétiques sans rencontrer d'encouragement britannique. Enfin, le CFLN reprend maintenant l'action déjà menée par le Comité national de la France libre, puis de la France combattante, pour la présence de la culture française dans le monde.

Sur chaque sujet, il faut encore et toujours livrer bataille. Pour en finir avec les accords conclus entre Darlan et le général américain Clark, aux pires moments de la crise de novembre 1942, qui établissaient un protectorat militaire des Etats-Unis sur l'Afrique du Nord, il faut négocier âprement jusqu'en juillet 1944[58]. Roosevelt, même après que Giraud eut perdu son rôle politique au CFLN et en fut écarté, continue de vouloir que ses généraux traitent exclusivement avec les militaires français sans en référer au gouvernement d'Alger. Malgré les démarches faites par celui-ci dès le début d'août 1943 pour être associé à un prévisible armistice avec l'Italie, les Alliés ne l'informent des conditions de la reddition italienne qu'après que tout a été conclu. La France est pourtant admise à faire partie du Comité consultatif pour les affaires italiennes où Maurice Couve de Murville la représente à partir de février 1944, mais elle ne bénéficie pas du partage de la flotte italienne. En toute occasion, désormais, les membres du CFLN font bloc derrière de Gaulle dès qu'il s'agit de défendre la souveraineté française, surtout face aux pressions américaines, même si quelques-uns, comme Jean Monnet et Catroux, et, parfois, René Mayer et Henri Queuille font quelques réserves sur sa manière de faire.

Pourtant, il doit en passer par une ultime épreuve de force, avant la victoire finale que sera pour lui la Libération de la France, couronnée par son entrée à Paris. Il s'agit de savoir qui gouvernera les territoires libérés une fois que le commandement allié aura rempli sa tâche. Jusqu'alors l'autorité du pouvoir politique français avait été reconnue, même après de longs délais et détours, au Levant, à Madagascar et en Afrique. En revanche, l'administration militaire britannique avait pris en main les colonies italiennes de Libye, d'Erythrée et de Somalie et, à partir de la libération de la Sicile, les territoires italiens occupés ont dépendu d'un « gouvernement militaire allié des territoires occupés », l'AMGOT. Le gouvernement britannique ne veut pas que soient soumis à l'AMGOT les territoires libérés des pays alliés ayant un gouvernement normalement reconnu. Mais la France n'est pas dans ce cas puisque le CFLN n'a obtenu qu'une reconnaissance limitée, du moins par les Anglo-Américains. Comment, alors, éviter que la France, à mesure de sa Libération, soit soumise à l'AMGOT ?

C'était une question cruciale. De Gaulle en avait étudié les aspects juridiques et diplomatiques mais, en même temps, il avait prescrit de ne pas attendre d'éventuels accords avec les Alliés pour mettre sur pied un corps d'officiers des affaires civiles chargés de prendre en main l'administration des territoires libérés. C'est Pierre Laroque qui en a reçu la mission et il organise les premiers stages à Camberley [59]. L'affaire est d'autant plus urgente que les Britanniques, de leur côté, sont en train de former, à Wimbledon, tout un corps d'officiers américains et anglais, auxquels ils voudraient adjoindre des officiers français, tant pour assurer la liaison avec le commandement allié que pour s'occuper des territoires libérés et de leur population. De Gaulle décide alors d'accélérer la formation des officiers de liaison français et d'en donner le commandement au directeur adjoint de son cabinet, Boislambert [60]. Simultanément, il adresse aux Alliés, le 7 septembre 1943, des propositions précises sur la répartition des territoires français après le débarquement en une zone « de combats » où prévaudra l'autorité militaire alliée, une zone « militarisée » où les autorités françaises, mises en place, garantiraient la liberté d'action des autorités militaires et une zone « de l'intérieur » dévolue à « l'autorité française compétente ». Par là, on ne demande pas aux Alliés une reconnaissance du CFLN comme gouvernement de la France mais de lui laisser la responsabilité de l'administration des territoires libérés [61].

Le fait est qu'en dépit de tout ce qu'ils ont dû concéder à de Gaulle jusque-là, ni les Etats-Unis ni la Grande-Bretagne ne veulent encore reconnaître l'autorité du CFLN, sur le territoire français jusqu'à la veille même de sa Libération. Tout se passe comme si leurs arrière-pensées étaient les mêmes qu'au temps de l'affaire de Madagascar ou du débarquement en Afrique du Nord ; comme s'ils se refusaient à admettre qu'il y avait un gouvernement provisoire français qui devait, par conséquent, prendre en charge les affaires de la France [62]. Déjà ils ont décidé d'émettre des billets de banque qui seraient mis en circulation dans les territoires libérés, et dont la première version portait, avec les drapeaux américain, britannique et français la mention : « Commandement militaire interallié ». Devant les protestations françaises, on en modifia la forme et l'intitulé en y laissant un rectangle blanc pour y mettre, au cas où les pouvoirs du CFLN seraient reconnus à temps, les mots « République française, trésorerie centrale ». Mais aucun accord n'intervint et les billets seront mis en circulation sans la garantie d'aucun Etat [63]...

La note française du 7 septembre n'a toujours reçu aucune réponse. Viénot multiplie les démarches auprès du Foreign Office où Eden est favorable, et on croit savoir que Eisenhower veut avant tout se décharger des affaires politiques et administratives et qu'il est convaincu que le CFLN seul peut les prendre en main. Mais Jean Monnet, envoyé aux Etats-Unis, n'aboutit à rien. Le 15 mars, enfin, Roosevelt envoie ses instructions à Eisenhower qui pourra « consulter le CFLN, mais, si cela lui paraît désirable, [...] traiter avec n'importe quelle autorité de fait qui pourrait se constituer en France : il lui est toutefois interdit d'entrer en contact avec le gouvernement de Vichy, en tant que tel, si ce n'est pour le détruire[64] ». Ce n'est, en réalité, qu'un projet que le gouvernement anglais ne retiendra pas et dont les Français n'ont connaissance que par un résumé. Mais c'est assez pour qu'à Alger on ait le sentiment que, décidément, les Etats-Unis veulent susciter en France de nouveaux pouvoirs, issus de leurs tractations avec les autorités locales pour avoir sous la main des hommes à leur dévotion comme ce fut le cas en Afrique du Nord avec Darlan puis avec Giraud. Et l'appréhension est d'autant plus grande que Churchill demeure évasif sur ses véritables intentions.

De Gaulle va donc réagir comme il l'a fait en bien d'autres circonstances : il va mettre les Alliés devant le fait accompli et créer, sur place, un Etat et une administration qui existeront par avance et surgiront dès la Libération du territoire comme le seul Etat qui fonctionne, la seule administration qui travaille. Il le dit et le répète en toute occasion, que ce soit à la radio ou devant l'Assemblée consultative provisoire. Il multiplie les ordonnances qui devront entrer en vigueur sans attendre aucun accord avec les gouvernements alliés. Le 14 mars, est prévu l'exercice des pouvoirs civils et militaires en métropole à mesure de sa libération. Le 28 mars, le général Koenig est nommé délégué militaire pour le théâtre d'opérations du nord de la France et commandant en chef des Forces françaises de l'Intérieur, le général d'aviation Cochet étant désigné pour le théâtre sud. Le 4 avril, Le Troquer, commissaire à la Guerre, est nommé commissaire pour les Territoires libérés. Le 22 avril, est publiée une ordonnance sur l'organisation des pouvoirs publics après la Libération du territoire français. Le 25 avril enfin, on croit pouvoir entamer des négociations directes avec Eisenhower, pour ajuster les nécessités du commandement et la mise en place du nouveau pouvoir français. Mais, tout à coup, l'interruption des communications extérieures de la Grande-Bretagne, décidée en prévision du prochain débarquement, bloque toute liaison entre Londres et Alger. De Gaulle doit constater qu'il est impossible de poursuivre le dialogue entamé entre Eisenhower et Koenig. Jusqu'au bout, Roosevelt, suivi par Churchill, s'est opposé à tout ce qui aurait consacré, même indirectement, l'autorité politique du gouvernement — qu'il appelle encore « Comité » — dirigé par de Gaulle. Au jour de la Libération de la France, c'est bel et bien le pouvoir qui reste en jeu.

Le 23 mai 1944, de Gaulle, à Alger, reçoit de l'ambassadeur britannique Duff Cooper une invitation de Churchill à se rendre à Londres. Alors que chacun s'attend à un débarquement très proche, il est clair qu'il s'agira, cette fois, d'une tentative nouvelle, peut-être la dernière, pour surmonter les divergences qui opposent jusque-là le CFLN aux Anglo-Saxons. Mais de Gaulle, d'abord prêt à partir aussitôt, s'interroge sur l'identité de vues entre Américains et Britanniques. Il a constaté que rien n'a pu être réglé, ni sur la monnaie, ni sur le contrôle de l'administration civile française, du fait, avant tout, de l'hostilité de Roosevelt dont il connaît les directives qu'il a signées le 15 mars. Il veut donc être assuré de la participation américaine aux entretiens auxquels Churchill le convie, et c'est ce qu'il dit à Duff Cooper le 27 mai. Mais Churchill insiste pour qu'il vienne au plus tôt, sans autre condition, dans un message reçu le 2 juin au matin[65]. Le CFLN en discute de 17 à 22 heures. Plusieurs commissaires s'inquiètent de l'absence d'un représentant américain aux discussions qui vont avoir lieu à Londres comme aussi des réserves formelles que Churchill vient de maintenir, dans un discours aux Communes sur la représentativité du Comité d'Alger, au point de refuser « d'imposer [son] autorité à toutes les régions de France susceptibles de tomber entre nos mains, et cela jusqu'à ce que nous soyons mieux informés des conditions qui [y] prévalent ». Il est révélateur que les quatre commissaires qui demandent que de Gaulle n'aille pas à Londres sans que de nouvelles conditions soient remplies, soient aussi différents que le communiste François Billoux, le modéré Louis Jacquinot, le socialiste André Philip, et le très ancien Français libre René Pleven. De Gaulle se décide donc à partir mais, auparavant, et pour que tout soit clair, il fait adopter par le Comité le nouveau nom qu'il portera désormais, comme l'Assemblée consultative provisoire l'avait publiquement souhaité : « gouvernement provisoire de la République française[66] ». Et pour se réserver le droit de faire appel, en cas de crise, au jugement des ministres, il se fait accompagner seulement de trois membres de son Cabinet, Geoffroy de Courcel, Gaston Palewski et Léon Teyssot, du général Béthouart, du colonel Billotte, d'Hervé Alphand, en vue de discussions sur la monnaie, et de Jacques Soustelle, qui est alors en charge des Services spéciaux à Alger.

C'est à 18 heures, le 3 juin, que de Gaulle arrive en Angleterre et c'est le lendemain, 4 juin, à 11 heures, qu'il gagne le train dans lequel Churchill s'est installé en attendant le débarquement, près de Portsmouth, à proximité immédiate du quartier général d'Eisenhower. Et c'est alors que commence l'ultime épreuve de force où, une fois encore, son autorité, sa représentativité, sa responsabilité seront mises en cause, en même temps que le gouvernement de la France au moment où elle va être libérée. Avec le recul du temps, et maintenant que les archives peuvent être consultées, il apparaît que de Gaulle ne pouvait plus échouer. Ce qu'il ne sait pas, tout en le pressentant peut-être, c'est que, malgré les réserves et peut-être l'hostilité de Churchill, le Foreign Office est délibérément en faveur d'un accord avec lui. Eden considère qu'après la guerre et l'effondrement de l'Allemagne, l'Angleterre ne pourra pas s'appuyer en Europe sur un autre pays que la France et que celle-ci doit, par conséquent, être renforcée et consolidée. Il estime que le gouvernement provisoire que dirige de Gaulle, soutenu par tous les anciens partis politiques et les principaux mouvements de Résistance, est bien plus représentatif que la plupart de ceux qui sont en exil à Londres. Il vient d'écrire à Churchill, le 16 mai, « que la contribution française à l'effort de guerre dépasse [...] celle de tout autre allié en dehors des Trois Grands [...] et combien il est désirable d'éviter que nos relations avec les Français se détériorent entre maintenant et le jour J[67] ». De plus, il est soutenu au sein du gouvernement britannique, par plusieurs ministres, en particulier le conservateur Brendan Bracken, ministre de l'Information, et surtout par les ministres travaillistes, en particulier Attlee et Bevin, qui sont membres du Cabinet de guerre, sans parler de la presse anglaise, impressionnée par le comportement du corps expéditionnaire français en Italie, par son entrée dans Rome, et qui ne comprend plus que l'on tarde à reconnaître pleinement l'existence et le rôle du gouvernement d'Alger. Ce que de Gaulle ne sait pas non plus, même si son dernier entretien avec Eisenhower à Alger lui permet de l'espérer, c'est que les chefs militaires américains exercent maintenant une forte pression sur Roosevelt pour que l'on traite directement avec lui et qu'on admette enfin que c'est par lui que l'on obtiendra la plus grande participation des Français à la bataille qui va se livrer pour la libération du pays[68].

La carte maîtresse, pour de Gaulle, c'est, une fois de plus, l'adhésion de tout ce qui, du côté français, est engagé dans la guerre. Même s'ils ont privilégié jusqu'au bout leurs propres réseaux, les Alliés savent que l'ensemble de la Résistance intérieure lui est acquise et que tout a été préparé pour que fonctionne immédiatement une administration qui lui obéira. Tout comme ils savent que la division Leclerc, au nord, et la Ire armée, au sud, obéissent au gouvernement que de Gaulle dirige. Les Alliés ne peuvent plus rien y changer. De Gaulle en est convaincu et c'est ce qui le conforte dans son intransigeance au moment où s'ouvre, dans le train de Churchill, la dernière épreuve de force politique qu'il doit livrer avant la libération de la France. Mais ce qu'il voit, justement, c'est qu'en dépit de tout, les gouvernements alliés cherchent encore une fois à contester l'autorité et la représentativité du gouvernement provisoire français, comme si, jusqu'au dernier moment, ils recherchaient, en dehors de lui, d'autres interlocuteurs et voulaient, en attendant, garder le contrôle administratif et politique de la France libérée. Tant d'obstination dans l'ostracisme aggrave ses soupçons et accentue sa raideur. C'est ce qui explique le tour presque dramatique de l'affrontement qui va se poursuivre jusqu'au 14 juin.

Dès le déjeuner du 4 juin, la partie est engagée[69]. Churchill veut qu'on discute de l'administration des territoires libérés et que, après un accord entre lui et de Gaulle, ce dernier aille à Washington obtenir celui de Roosevelt. De Gaulle qui sait à l'avance que la libération de la France établira définitivement son autorité et celle de son gouvernement, suggère qu'on ne s'occupe, dans l'immédiat, que de faire la guerre et qu'on verra bien ce qui en résultera. Puis, devant l'insistance de ses interlocuteurs, il s'indigne de n'avoir reçu aucune réponse à ses propositions du 7 septembre : il comprend bien qu'il faut organiser « les rapports de l'administration française et du commandement militaire » mais se demande pourquoi, dans ces conditions, des représentants américains ne prennent pas part aux discussions et si, le jour du débarquement, Eisenhower n'annoncera pas « qu'il prend la France sous son autorité ». C'est alors que Churchill lui répond par cette apostrophe devenue célèbre par la suite et dont on a pu dire qu'elle annonçait toute la politique anglaise des années et même des décennies suivantes : « Comment voulez-vous que nous, Britanniques, prenions une position séparée de celle des Etats-Unis ? Nous allons libérer l'Europe, mais c'est parce que les Américains sont avec nous pour le faire. Car, sachez-le ! chaque fois qu'il nous faudra choisir entre l'Europe et le grand large, nous choisirons le grand large ! Chaque fois qu'il me faudra choisir entre Roosevelt et vous, je choisirai Roosevelt ! » C'est ce qui donne tout son sens aux propos que tint de Gaulle à la fin du déjeuner, quand il lève son verre en l'honneur de Churchill : « A l'Angleterre, à la victoire, à l'Europe ! » C'était déjà suggérer que l'enjeu du siècle, après la victoire, serait l'existence de l'Europe, c'est-à-dire, implicitement mais clairement, son indépendance à l'égard des Etats-Unis.

L'affrontement reprend en fin d'après-midi. Cette fois c'est avec Eisenhower qui, pourtant, sous sa tente camouflée dans un bois, parle librement à de Gaulle de ses plans pour la prochaine bataille de Normandie et en discute avec lui. Mais il lui annonce qu'il adressera, le jour du débarquement, un message aux Français et il lui en donne lecture. Le texte ne comporte pas la moindre allusion à de Gaulle, ni au gouvernement d'Alger, ni même aux dirigeants de la Résistance intérieure : il est rédigé comme si tout devait être réglé entre lui et les Français, sans autre interférence. De Gaulle réagit avec tant de vivacité qu'il est convenu qu'on tiendra compte de ses observations. Mais il ne s'est pas trompé sur les arrière-pensées et les arrière-plans de ce texte : les archives révèlent qu'une première version préparée par l'état-major d'Eisenhower faisait expressément mention du CFLN, de son président et même de l'Assemblée consultative provisoire, mais qu'elle a été refusée par Washington et que le Département d'Etat en a rédigé une autre, excluant toute référence à de Gaulle et au gouvernement d'Alger, et qu'il a repoussé ensuite tous les amendements, même les plus prudents, suggérés par les Britanniques[70]. De toute façon, il est trop tard pour qu'on y change quoi que ce soit. Les corrections que de Gaulle propose au message d'Eisenhower ont beau être très limitées, on lui répond qu'on n'a plus le temps d'en tenir compte : le message, en réalité, est déjà enregistré et, dans une version à peine différente, imprimé à quarante millions d'exemplaires sur le point d'être largué sur tout le territoire français.

On est déjà le 5 juin quand, dans l'après-midi, Koenig avertit de

Gaulle que le commandement allié a fait diffuser par la BBC les messages alertant tous les mouvements et réseaux de Résistance d'être prêts à passer à l'action et que ces ordres vont être confirmés le soir même. Ce sera donc l'insurrection générale que de Gaulle a toujours prévue et jugée indispensable mais qui sera déclenchée sans qu'il en ait donné l'ordre, sans qu'il ait été consulté, pas plus que l'état-major français de Londres.

Ce jour-là, vers 17 heures, la crise atteint son paroxysme. L'ambassadeur anglais, Charles Peake, détaché auprès du quartier général d'Eisenhower, prévient de Gaulle que le débarquement est pour la nuit et lui demande de lancer à la BBC un appel aux Français le lendemain matin, après les autres chefs des gouvernements en exil, et après Eisenhower lui-même. De Gaulle — contrairement à ce que croit Charles Peake — ne refuse pas de parler à la radio, mais, faute qu'un accord ait été conclu, refuse, en revanche, tout concours de la mission militaire française de liaison administrative que Laroque et Boislambert avaient formée. Commence alors ce que Viénot et Eden appelleront, chacun pour leur compte, « la nuit la plus atroce » qu'ils aient vécue [71]. Les invectives pleuvent de part et d'autre. Le Cabinet de guerre britannique, qui a cru que de Gaulle ne voulait pas même parler à la radio, est exaspéré. Eisenhower parle déjà de « traiter avec quelqu'un d'autre ». Eden avertit Viénot qu'il peut en résulter une véritable rupture des relations franco-britanniques. Quand il apparaît que de Gaulle n'a jamais refusé de parler à la radio mais qu'il veut le faire à son heure, on en revient au fond du problème : il ne veut pas mettre à la disposition des Alliés la mission française de liaison, ni négocier avec les Britanniques puisque l'expérience a bel et bien prouvé que tout dépendait des Américains et, bien que Viénot lui ait fait remarquer qu'il aurait été préférable de prévenir que la mission française de liaison n'entrerait pas en fonction sans un accord préalable, il s'indigne du traquenard dans lequel, à son avis, on a voulu le faire tomber. Après quoi, c'est au tour de Churchill de recevoir Viénot, à 1 heure du matin, et d'accuser de Gaulle « de trahison en pleine bataille », menaçant de le dénoncer publiquement devant la Chambre des Communes, ce qui provoque la réaction indignée du Français, cette fois soutenu par Eden. Loin de se calmer, Churchill écrit à de Gaulle pour exiger qu'il reparte immédiatement à Alger et fait prendre des dispositions pour qu'on l'y envoie, de force, au besoin, et qu'on l'empêche d'aller en France : cette fois, Brendan Bracken intervient pour qu'on détruise la lettre avant qu'elle soit envoyée. C'est vers 4 heures du matin que la crise se résout. De Gaulle parlera à son heure, il ne communiquera le texte de son appel à personne, il sera enregistré à midi et demi et diffusé à 18 heures, indépendamment du message d'Eisenhower et des discours des chefs de gouvernement en exil, et il accepte que vingt officiers français de liaison administrative accompagnent les troupes alliées qui débarquent, qui s'ajouteront aux trente que Boislambert a déjà laissé partir et qu'il n'a pas rappelés.

Ce discours du 6 juin est, pour de Gaulle, un acte politique essentiel dans le long chemin qu'il a parcouru depuis le 18 juin 1940. Il y donne aux Français les consignes qui traduisent l'autorité et la responsabilité qu'il a prises et que les Alliés ont cherché jusqu'à la dernière minute à lui contester. Il se garde de faire mention du message d'Eisenhower. Il invoque, avec éclat, l'existence d'un gouvernement français que l'on s'obstine à ne pas reconnaître. Il donne enfin à son message le lyrisme qui balaiera toutes les restrictions, toutes les prudences, toutes les réserves :

> La bataille suprême est engagée ! Après tant de combats, de fureur, de douleur, voici venu le choc décisif, le choc tant espéré. Bien entendu, c'est la bataille de France et c'est la bataille de la France !... La France submergée depuis quatre ans, mais non point réduite, ni vaincue, la France est debout pour y prendre part. Pour les fils de France, où qu'ils soient, quels qu'ils soient, le devoir simple et sacré est de combattre par tous les moyens dont ils disposent... Cette bataille, la France va la mener avec fureur. Elle va la mener en bon ordre. C'est ainsi que nous avons, depuis 1 500 ans, gagné chacune de nos victoires. C'est ainsi que nous gagnerons celle-là... Pour la nation qui se bat, les pieds et les poings liés, contre l'oppresseur armé jusqu'aux dents, le bon ordre dans la bataille exige plusieurs conditions. La première est que les consignes données par le gouvernement français et par les chefs français qu'il a qualifiés pour le faire, soient exactement suivies. La seconde est que l'action menée par nous sur les arrières de l'ennemi soit conjuguée aussi étroitement que possible avec celle que mènent de front les armées alliées et françaises. Or tout le monde doit prévoir que l'action des armées sera dure et sera longue. C'est dire que l'action des forces de la Résistance doit durer pour aller s'amplifiant jusqu'au moment de la déroute allemande. La troisième condition est que tous ceux qui sont capables d'agir, soit par les armes, soit par les destructions, soit par le renseignement, soit par le refus du travail utile à l'ennemi ne se laissent pas faire prisonniers... Tout vaut mieux que d'être mis hors de combat sans combattre. La bataille de France a commencé. Il n'y a plus, dans la nation, dans l'Empire, dans les armées, qu'une seule et même volonté, qu'une seule et même espérance. Derrière le nuage si lourd de notre sang et de nos larmes, voici que reparaît le soleil de notre grandeur [72] !

Les faits allaient trancher les querelles à peine éteintes, ou qui se traînaient encore. Ce fut d'abord, comme on le verra, l'extraordinaire ampleur et l'indiscutable efficacité des actions déclenchées par la Résistance intérieure : le commandement allié, convaincu depuis longtemps qu'elles n'étaient pas dissociables de l'autorité que de Gaulle incarnait et exerçait, allait mettre un terme, sur place, par ses décisions et son comportement, aux oppositions acharnées de Roosevelt, plus ou moins suivi par Churchill. Celles-ci, pourtant, se traduisaient encore par quelques gestes significatifs, comme l'impression de billets correspondant à 40 milliards de « francs d'occupation », c'est-à-dire bien plus encore qu'on ne l'avait redouté. Et de Gaulle, qui inquiétait plusieurs des membres du gouvernement d'Alger par les télégrammes qu'il adressait de Londres où il dénonçait sans ambages les manœuvres des Alliés et l'attitude de Churchill, « devenu aveugle et sourd », dut protester publiquement, le 10 juin, contre l'émission de cette monnaie. Mais, déjà, la veille, Eden avait proposé une négociation sur tous les sujets et accepté, comme de Gaulle l'exigeait, qu'elle soit menée, du côté français, par Pierre Viénot de manière à laisser les mains libres, en dernier ressort, au gouvernement provisoire. Et le 14 juin, enfin, malgré Churchill qui voudrait y mettre de nouveaux délais, il prend pied en terre française.

Avant même qu'il n'arrive, tout est en marche pour établir son pouvoir [73]. Maurice Schumann, son porte-parole depuis les origines de la France libre, a pu débarquer parmi les premiers et, dès le 8 juin, il s'était adressé à la population sur la place centrale de Bayeux. Il avait rencontré le secrétaire du Comité départemental de libération, Raymond Triboulet, et avec le lieutenant-colonel Chandon, chef de la mission militaire française de liaison, ils avaient mis en place un Comité de libération de l'arrondissement de Bayeux, fait afficher des proclamations reconnaissant de Gaulle pour chef de la France libérée, et recueilli les demandes d'engagement dans les Forces françaises. De Gaulle, avant de partir, nomme son ancien directeur de cabinet, François Coulet, commissaire de la République des territoires libérés, le colonel de Chevigné, commandant de la subdivision militaire, et il s'embarque à Portsmouth à bord du torpilleur *La Combattante* avec Koenig et Boislambert. Il rend visite à Montgomery et le prévient qu'il laisse sur place les autorités françaises qu'il a nommées. Puis il est accueilli à Bayeux avec beaucoup de chaleur mais, comme François Coulet l'a écrit, avec « naturel », comme si son arrivée allait de soi. A Isigny, dramatiquement sinistrée, la ferveur se déchaîne et tous ceux qui en sont témoins en ressentent une extraordinaire émotion. La cause est entendue...

Après son départ, Coulet, assisté de Pierre Laroque et Chevigné, vont exercer leurs fonctions sans la moindre contestation. Le sous-préfet de Vichy est remplacé par Triboulet sans la moindre critique, les correspondants de guerre alliés confirment le ralliement massif de la population à de Gaulle et à ses représentants, sans la moindre hésitation et les archives ont révélé plus tard que les services américains et britanniques ont dû faire le même constat, sans la moindre réserve [74].

De Gaulle est alors certain d'avoir balayé les obstacles qu'on avait jusqu'au bout accumulés devant lui. Les négociations franco-britanniques, engagées le 19 juin, s'achèvent le 30 par une série de quatre accords qui s'étendent jusqu'à la répartition des compétences entre l'autorité miliaire alliée et l'administration civile française, et même jusqu'à la monnaie, et qui comportent, comme l'écrit Pierre Viénot : « Une affirmation catégorique de la souveraineté française, la disparition de toute idée de "supervision" du commandant en chef même dans la zone de l'avant, l'affirmation d'une complète égalité du gouvernement provisoire avec les gouvernements alliés[75]. » Dès lors de Gaulle passe à l'étape suivante : celle de son premier voyage aux Etats-Unis, de sa première visite à Roosevelt du 6 au 9 juillet. C'est une rencontre agréable, malgré les arrière-pensées et sous-entendus qu'expliquent les conflits antérieurs, non sans que s'y ajoutent quelques moments d'humour. Les deux hommes savent tout ce qui les a opposés, mesurent tout ce qui les sépare mais, sans aucun doute, s'apprécient et s'estiment : de Gaulle a compris depuis longtemps le rôle décisif joué par Roosevelt pour faire entrer l'Amérique dans la guerre et sait déjà qu'il sera le dirigeant le plus important de l'après-guerre ; Roosevelt découvre les dimensions d'un personnage qu'il a systématiquement déprécié jusque-là tout en gardant sa méfiance. Sans céder à aucune illusion, de Gaulle discerne dans son interlocuteur « idéalisme et volonté de puissance », indissociables dans la future politique américaine, que Roosevelt lui expose.

> Sa conception, devait-il écrire dans ses *Mémoires*, me paraît grandiose autant qu'inquiétante pour l'Europe et pour la France... Dans sa pensée, un directoire à quatre, Amérique, Russie soviétique, Chine, Grande-Bretagne, réglera les problèmes de l'univers... Un parlement des Nations Unies donnera un aspect démocratique à ce pouvoir « des quatre grands ». La force américaine disposera de bases réparties dans toutes les régions du monde et dont certaines seront choisies en territoire français.

Pour de Gaulle, il est clair qu'à cette politique il faudra en opposer une autre : l'indépendance de la France, les précautions à prendre pour que l'Allemagne n'entraîne pas l'Europe dans de nouveaux déchirements mortels, et l'indépendance de l'Europe à l'égard des Etats-Unis.

Mais il n'est pas encore temps de s'engager ouvertement sur ce nouveau terrain de divergences entre la France et l'Amérique. C'est le moment de remporter les succès qui sont à portée de la main. Succès populaire d'abord : balayant les réticences obstinées de Roosevelt et de ses ministres, la presse américaine célèbre avec enthousiasme l'homme du 18 juin, incarnation de la Résistance française, et le peuple de New York lui fait un accueil triomphale — sans que de Gaulle, toujours sans illusions, y perde son humour sarcastique, confiant au commissaire aux Finances Pierre Mendès France : « J'ai été acclamé par les nègres, les juifs, les estropiés et les cocus. » Succès moral auprès des Français des Etats-Unis, où s'évanouissent les rancœurs tenaces et la hargne incessante des antigaullistes inspirés par Alexis Léger ou Henri de Kerillis, et qui l'écoutent à l'hôtel Waldorf Astoria dans un climat de ferveur telle que les rapports de observateurs américains le qualifient de « paroxysme d'adoration patriotique ». Succès politique enfin : sans reconnaître le gouvernement provisoire français juridiquement, entièrement et définitivement, pas plus que l'Angleterre ne l'avait fait, les Etats-Unis souscrivaient à leur tour aux accords déjà conclus à Londres. Mais de Gaulle avait pu mesurer alors l'immensité de la puissance américaine, non seulement pour le présent mais pour l'avenir : de passage à Ottawa il avait reçu, le 11 juillet, trois Français, Pierre Auger, Jules Guéron, et Bertrand Goldschmidt, qui faisaient partie avec deux autres Français, Hans Halbane et Lev Kowarski, de l'équipe travaillant à la mise au point d'une arme nucléaire, et qui avaient tenu à l'informer que les Etats-Unis disposeraient bientôt de l'instrument de la victoire finale et de leur prépondérance mondiale après la guerre [76].

L'essentiel restait à accomplir : libérer la France et rétablir sur le pays un pouvoir incontesté. De Gaulle l'avait dit bien longtemps à l'avance : l'insurrection nationale ne serait pas séparable de la libération nationale. On a vu qu'il était impossible, à cet égard, de se soumettre à des dogmes rigoureux et à un schéma trop rigide. L'idée, initialement admise sans discussion, par les états-majors alliés que la Résistance armée ne devait être engagée qu'au moment du débarquement, n'avait pu résister au choc des événements, et, malgré de tenaces réticences et objections, il avait bien fallu en tirer les conséquences. En l'espèce, de Gaulle s'était comporté en adversaire de « la doctrine *a priori* » qu'il avait été dans les années 20 : pour lui, cette guerre ne se mettait pas en formules et les circonstances devaient commander. Elles impliquaient, comme il l'avait prescrit dans ses directives de 1943 à Jean Moulin et à Delestraint, des actions immédiates, la formation de maquis, la dispersion des groupes armés en cas de nécessité, un commandement décentralisé, des objectifs limités, l'obligation de ne compromettre jamais l'action de grande envergure qui devrait être menée au moment du débarquement allié. Et c'est ainsi que la résistance armée s'était développée en France.

Mais les échéances se rapprochaient. Il fallait, à nouveau, que la Résistance française s'y adapte. Jusqu'alors l'action armée n'était menée que par les groupes francs formés par les plus importants mouvements de Résistance comme ceux que Jacques Renouvin avait organisés au sein de « Combat », par les groupes ouvriers qui se consacraient essentiellement aux sabotages, et par les FTP qui, conformément aux consignes communistes, multipliaient autant que possible les « actions immédiates ». Il avait encore fallu, à la fin de 1943, rappeler aux dirigeants de la Résistance intérieure qu'à cette date « il n'est pas question d'invasion » et qu'il ne fallait pas penser encore à « une révolte armée qui, insuffisamment aidée de l'extérieur, n'aboutirait qu'à des catastrophes ». Mais rien n'avait pu empêcher le développement de la résistance armée puisque, désormais, les maquis comptaient près de 40 000 hommes et qu'ils étaient irrésistiblement poussés à l'action, soit par leur propre volonté de combattre, soit pour faire face à la répression [77].

Les dirigeants de la Résistance ne pouvaient y être indifférents. Jacques Bingen envoyé de Londres pour assister Jean Moulin et qui le suppléa jusqu'à la mise en place de son successeur, écrivait dès novembre 1943 : « Les chefs de mouvements commencent à être convaincus qu'ils ont fait fausse route ou plutôt qu'ils ont été égarés par les ordres reçus de l'état-major français et des états-majors alliés », et il ajoutait, sans hésiter à mettre en avant les données politiques auxquelles tout le monde pensait : « Il y a nécessité d'actions immédiates en fonction d'un plan bien établi chez vous, dans ses grandes lignes, avec les Alliés, si on ne veut pas voir le Front national, les FTP et la CGT mobiliser l'action[78]. » A Londres, on en était convaincu, d'autant qu'il s'agissait, au fond, d'aller dans le sens des directives données par de Gaulle en mai 1943, mais, désormais, avec plus d'envergure et, si possible, plus de moyens. Emmannuel d'Astier, devenu commissaire à l'Intérieur, Georges Boris, son représentant à Londres en étaient les plus fermement partisans. Quand les maquisards du plateau des Glières vécurent les jours tragiques de leur résistance aux assauts allemands, Maurice Schumann, exaltant à la radio de Londres leur immense courage et leur terrible sacrifice, donna à la lutte armée en France une résonance si formidable que se posa ouvertement la question de son rôle, de ses buts, de son armement. En février 1944, le Comité d'action en France, que de Gaulle préside, prescrivit aux responsables des opérations aériennes de « remettre immédiatement les armes reçues ou à recevoir aux délégués militaires ou à défaut aux chefs départementaux maquis ou militaires des Mouvements unis, en vue de distribution immédiate avec priorité absolue » en insistant pour qu'aucune discrimination ne soit faite entre les maquis FTP et les autres[79]. De Gaulle lui-même en donne l'ordre à Bingen, le 1er avril : « L'action militaire doit être maintenant le but principal de la Résistance. »

Mais les circonstances, encore et toujours, commandent. « L'action militaire », ne peut revêtir immédiatement et partout les mêmes formes, ni, surtout, être menée sans lien avec le cours de la guerre, c'est-à-dire en pratique, l'échéance du débarquement. Car les états-majors alliés continuent d'insister : il faut que les capacités d'action de la Résistance française restent en réserve pour être employées au moment du débarquement. Cette consigne est répercutée par le BCRA et par l'état-major de Koenig. Encore ne suffit-il pas de le proclamer : le débarquement n'aboutira pas, en un seul jour, à la défaite de l'ennemi et à la libération de toute la France et tout laisse prévoir qu'il marquera surtout le début d'une bataille dont on ne peut prédire la durée. Les responsables français, à Alger et à Londres, le comprennent d'autant mieux qu'ils sont en rapport avec les états-majors alliés et que, sans en connaître exactement les plans, ils mesurent les difficultés qu'ils vont affronter. Pour avoir une idée claire de ce qui va se passer, de Gaulle a prescrit au BCRA de confier l'étude des opérations prévisibles après le débarquement, à une section spécialisée qui prendra le nom de Bloc Planning [80]. Celui-ci a pour chef le lieutenant-colonel Combaux, assisté du capitaine de réserve Lucien Galimand, ancien député radical de Dieppe, que l'Assemblée consultative n'a pas accepté parmi ses membres parce qu'il avait voté pour Pétain en juillet 1940, de l'agent de change Brisac, et surtout du capitaine d'origine tchèque Miksche, ancien combattant de la guerre d'Espagne.

C'est lui l'auteur du rapport que le Bloc Planning a adressé à de Gaulle le 20 janvier 1944. Il prévoit que le débarquement aura lieu dans la région du Cotentin, combiné avec un autre en Méditerranée. La bataille sur les côtes durerait moins d'une semaine, la formation d'une véritable tête de pont prendrait de quatre à six semaines et la libération du territoire s'échelonnerait de quatre à six mois. L'étude de Miksche vaut d'être rappelée : elle préfigure, de manière saisissante, ce qui se passera à partir du 6 juin. Elle intéresse assez les services anglais pour que ceux-ci demandent un travail complémentaire sur la contribution future de la Résistance intérieure suivant le déroulement prévu des opérations. Ainsi sont préparés les plans de sabotage et les opérations ponctuelles visant les voies ferrées, les déplacements ennemis sur les axes routiers dans le nord-ouest de la France, le système allemand de transmissions, les lignes électriques à haute tension. Le Bloc Planning prévoit simultanément l'extension de la guérilla, avec environ 70 000 hommes à partir du Massif central, des Alpes, du Jura, du Morvan, des Vosges et des Pyrénées, qui sont considérés comme des réduits à partir desquels des actions offensives seraient menées sur les garnisons et les colonnes ennemies. C'est de ces travaux et de ces plans que résulte une « instruction sur l'action militaire de la Résistance française », envoyée le 31 mars 1944 aux délégués militaires en France [81].

C'était une vision rigoureusement tactique et stratégique des missions attribuées à la résistance armée. D'une certaine façon, elle s'imposait : il fallait, en effet, que ces missions s'inscrivent dans le cadre des plans alliés. Or le commandement anglo-américain redoutait à l'avance qu'une insurrection précipitée et générale n'aboutisse à des pertes sans commune mesure avec les résultats qu'on attendait et, par-dessus tout, il savait évidemment que les opérations s'étaleraient dans le temps et sur toute l'étendue du territoire français, de sorte que la résistance armée devrait elle-même échelonner et mesurer ses efforts. Rien de plus révélateur à cet égard que la décision d'interdire à la radio de Londres l'expression « insurrection nationale » à partir de l'été 1943 [82]. De Gaulle le comprenait et l'acceptait. Il fit envoyer en France Lazare Rachline, dont le pseudonyme était Lucien Rachet, avec pour mission de mieux faire comprendre aux responsables de la Résistance française ce que devait être la lutte armée dans le cadre des plans alliés, et il le fait accompagner par le colonel Ely, nommé délégué militaire national mais qui, découvrant sur place l'autorité acquise par Jacques Chaban-Delmas, s'effacera devant lui et, avant d'être arrêté, sera son adjoint.

Mais il ne veut pas pourtant renoncer au principe d'une insurrection nationale. La preuve en est qu'il continue de s'y référer très explicitement. Le 18 mars, par exemple, il déclare devant l'Assemblée consultative provisoire que l'action de la Résistance devra être « appuyée au moment voulu par l'insurrection nationale contre l'envahisseur ». Le 25 juillet encore, il annonce que la résistance armée

> ne cessera pas de grandir jusqu'au jour du soulèvement général par lequel la nation, dressée tout entière sous l'autorité du gouvernement de la République et de ses représentants, saura faire en sorte, en liaison avec ses armées et celles de ses alliés, qu'aucun Allemand sur son sol ne soit autre chose qu'un cadavre ou un prisonnier.

Mais il s'agit de faire en sorte que cette insurrection tienne compte des circonstances et prenne, suivant les cas et le calendrier, des formes différentes. Aussi rédige-t-il, le 16 mai, une nouvelle « instruction concernant l'emploi de la Résistance sur le plan militaire au cours des opérations de la libération[83] ». Le mot d'« insurrection », proscrit par le commandement allié, n'y figure pas mais sa réalité transparaît au détour de plusieurs phrases. Si, dans la zone Nord, il est précisé que

> la prépondérance doit être marquée par les sabotages sur les lignes de communications ennemies, les opérations de soulèvement, soit locales [Paris], soit généralisées, n'y étant réalisables que dans des cas exceptionnels,

en revanche, dans la « zone Sud-Ouest-Centre », les Forces françaises de l'Intérieur peuvent « viser à libérer simultanément dans leur totalité, les départements les plus faiblement tenus » et dans la

> zone stratégique sud sud-est [...] il semble possible en raison de sa nature montagneuse, de la vitalité particulière de la Résistance dans les Alpes du Dauphiné et de Savoie, de mûrir progressivement une action insurrectionnelle visant, en temps opportun, à canaliser les mouvements ennemis dans le couloir du Rhône et à les y harceler.

A cette date, il envisageait même une opération aéroportée française dans le Massif central coordonnée avec le débarquement en Provence, mais celui-ci déboucha sur une avancée si foudroyante des armées alliées à la rencontre des Forces venant de Normandie, qu'on y renonça. L'instruction du 16 mai 1944 fait si clairement référence à une insurrection nationale, même dosée, échelonnée et sélective que, pour que nul n'en doute, on y a joint en annexe deux extraits de l'œuvre de Clausewitz où sont décrites les actions de guérilla et la façon dont le commandement peut s'en servir pour « disposer, à son gré et selon ses vues, du soulèvement de population ». De Gaulle, en réalité, ne perd pas de vue l'enjeu : au-delà des préoccupations nécessaires au succès militaire des opérations alliées, au-delà même du souci, que l'on ressent très fortement à Londres, de limiter les pertes humaines très lourdes que peut entraîner la lutte armée à l'échelle du pays, il s'agit bel et bien de libérer tout le territoire français et d'y installer tout de suite et partout le nouveau pouvoir politique, celui qui se substituera à l'ennemi et à Vichy, celui de la France indépendante telle que l'ont incarnée successivement la France libre, la France combattante, le CFLN et le gouvernement provisoire d'Alger. C'est ce qui rend de toute façon indispensable l'insurrection nationale, quelle que soit la forme qu'elle doive prendre.

C'est la nature même des opérations prévisibles — débarquement, création d'une tête de pont, offensive générale — qui impose son originalité à l'insurrection nationale : elle ne peut imiter aucun modèle, se mouler dans aucun schéma, ni obéir à quelque « doctrine *a priori* ». On le vérifie en lisant les directives transmises le 29 mai au délégué général en France, Alexandre Parodi[84].

> Le jour du début est proche, écrit de Gaulle, mais le développement n'ira pas vite. Il faut donc que la Résistance livre sa bataille en profondeur dans le temps.

Et d'Astier tente, de son côté, d'en prévoir les étapes : « La période insurrectionnelle doit être terminée à l'arrivée du premier soldat allié, et les fonctionnaires du CFLN mis en place... Il serait nécessaire qu'elle soit de courte durée. Elle ne doit pas excéder trois ou quatre jours, 48 heures si c'est possible... Il serait extrêmement grave que l'insurrection nationale n'ait pas lieu et qu'elle ne soit pas relativement généralisée. Mais elle doit être dirigée et, pour éviter tout risque de surenchère, elle doit rester entre les mains des comités départementaux de libération, contrôlés autant que possible par le CNR[85]. » Les partisans les plus ardents d'une insurrection immédiate et générale, comme ils l'avaient été d' « actions immédiates » durant la période antérieure, sont les communistes. Leur représentant à Londres, Waldeck Rochet, a voulu mettre en garde Koenig, le 19 mai : « L'insurrection nationale ne saurait être une simple conséquence de l'effondrement allemand, mais elle doit hâter, précipiter celui-ci... Laisser s'écouler un mois ou deux après les premiers débarquements sans organiser le soulèvement armé du peuple, ce serait faire le jeu de l'ennemi[86]. » Sur le premier point, on le voit, il n'y avait là aucune contradiction avec les instructions données par de Gaulle trois jours plus tôt ; sur le second, le commandement allié répondra lui-même, beaucoup plus qu'on ne l'avait prévu, à l'exigence d'un « soulèvement armé ». Georges Boris en discute avec Waldeck Rochet et il est remarquable qu'en définitive, chacun devant tenir compte des réalités sans oublier les objectifs politiques autant que militaires français, on ait abouti à s'entendre sur une conception commune : « 1) il faut une insurrection nationale ; 2) déconnectée du jour J du débarquement allié, elle prendra des formes différentes selon les catégories des Français, les régions et les lieux de résidence (villes et campagnes) et elle pourra être échelonnée dans le temps ; 3) l'insurrection nationale sera néanmoins le couronnement de la Libération : le jour viendra où tous les patriotes devront participer à visage découvert à l'action dont le gouvernement provisoire donnera le signal. »

Les jours passent et le débarquement se rapproche. La direction de la BBC, sur ordre, autorise maintenant qu'on parle sur ses ondes de « l'insurrection nationale », il n'y a pas de signe plus clair que l'on approche de l'échéance ultime. Elle se produit aux premiers jours de juin. Le 1er, à 13 h 30, la BBC diffuse 160 « messages personnels » s'adressant à tous les responsables des réseaux, mouvements et maquis. Ils sont répétés trois fois durant la journée du 2 juin. Puis, le 5 juin à 21 h 15, 210 messages sont lancés qui, en code, donnaient l'ordre de déclencher tous les sabotages prévus et toutes les actions de guérilla, y compris celles portant sur la libération immédiate de plusieurs régions du pays. C'était bien la mise en application, intégrale et systématique, de la très ancienne idée du commandement allié, suivant laquelle toutes les forces de la Résistance, tenues en réserve jusque-là et autant que possible, devaient agir d'un seul coup au jour du débarquement. C'était aussi, à prendre ces messages au pied de la lettre, le déclenchement immédiat d'une « insurrection nationale ». Mais c'était ne plus tenir compte, soudain, des impératifs de la bataille, de son échelonnement, de sa durée, de ses aléas.

Ce fut l'occasion d'une sorte de bataille à front renversé[87]. C'est le SOE britannique, si longtemps partisan de freiner la lutte armée en France, ou même de l'interdire tout à fait jusqu'au débarquement et d'en limiter l'ampleur, qui avait proposé cet appel à l'insurrection générale : il voulait à la fois qu'elle contribue à la bataille de Normandie et qu'elle jette le désordre dans tout le camp ennemi en faisant soupçonner d'autres débarquements en d'autres points des côtes françaises. Eisenhower en avait vu les avantages et avait donné son accord, songeant uniquement à tout ce qui pourrait aider l'opération déclenchée à travers la Manche. Au contraire, du côté français, on fut stupéfait et angoissé : Koenig et Passy s'étaient dépensés auprès de la Résistance intérieure pour faire comprendre que la lutte armée devrait être échelonnée et diversifiée suivant l'évolution de la bataille et voilà qu'on l'appelait à une insurrection immédiate et générale. De Gaulle, pour sa part, connaissant les plans alliés, ne doutait pas que les combats seraient très durs sur les côtes, qu'il faudrait quelques semaines pour élargir et consolider la tête de pont alliée et qu'ensuite seulement commencerait l'offensive générale pour la libération de l'ensemble de la France, accompagnée d'un débarquement en Provence. Le soir du 6 juin, appelant les Français à prendre part à leur propre libération, il ne put que les mettre en garde :

> L'action des armées sera dure et sera longue. C'est dire que l'action des forces de la Résistance doit durer pour aller s'amplifiant jusqu'au moment de la déroute allemande.

Au-delà des discussions, spéculations et précautions, l'ordre d'insurrection donné aux Français, eut de formidables résultats. « La réponse de la France résistante allait dépasser tous les espoirs, a écrit avec raison Jean-Louis Crémieux-Brilhac ; elle allait faire naître par là même tous les dangers. » L'historien du SOE, Michael Foot, a recensé, pour une seule journée, 950 coupures de voies ferrées sur les 1 050 qui avaient été programmées. L'effondrement du trafic ferroviaire fut immédiat. La paralysie des trafics routiers et téléphoniques fut presque totale durant deux jours. Une division allemande venue de Russie en Alsace en huit jours mit vingt-trois jours pour atteindre le front de Normandie. D'autres, déjà déployées en France mirent quatre jours au lieu de deux pour gagner le champ de bataille, laissant passer l'occasion d'une contre-offensive qui aurait pu être mortelle pour le débarquement allié. Dans le Jura et dans le Sud-Ouest, dans une partie du Massif central et de la région des Alpes, la guérilla prit le contrôle de régions entières et de villes importantes et leur élan parut irrésistible, limité seulement par une tragique pénurie d'armes, sans laquelle, écrit Jean Cassou, commissaire de la République à Toulouse, à Emmanuel d'Astier, les deux tiers de la France auraient été libérés...

Il faut pourtant mesurer les pertes et les risques à mesure que passent les premiers jours et que la résistance allemande en Normandie bloque l'avance alliée. De Gaulle le voit d'autant mieux qu'il bout d'impatience de se rendre dans les premiers territoires libérés. Et les messages venus de France commencent à devenir des appels au secours. Les représailles sont terribles, la répression menée par l'armée allemande et la milice de Vichy commence à se faire lourdement sentir et il est impossible de répondre aux demandes instantes, presque frénétiques, d'armes et de munitions qui viennent de toutes les positions tenues par la résistance armée sur toute l'étendue du territoire. Pour comprendre l'état d'esprit des responsables français à Londres, il faut aussi se souvenir que l'on vient à peine de vivre, à distance, l'épopée et l'agonie des combattants du plateau des Glières qui ont dû, après l'assaut lancé contre eux par l'ennemi, se disperser, tandis que 150 d'entre eux sont abattus ou fusillés. Tout fait craindre que, par excès d'optimisme ou bien par tendance maladroite et précipitée à en venir à une guerre classique, on n'expose à la défaite les maquis les plus nombreux mais aussi les plus vulnérables. C'est pourquoi Koenig, le 10 juin, a voulu donner, par télégramme, d'urgentes consignes de prudence : « Freinez au maximum activités guérillas, impossible actuellement vous ravitailler en armes et munitions en quantités suffisantes. Rompre partout contact dans mesure du possible pour permettre phase réorganisation. Eviter gros rassemblements. Former petits groupes isolés. » André Gillois qui assume le rôle de porte-parole à la place de Maurice Schumann débarqué en Normandie, donne les mêmes consignes : « Harceler l'ennemi partout en attendant le signal de la lutte ouverte... Combattre mais durer ! » Jean-Jacques Mayoux qui peut se réclamer de son expérience de résistant de l'intérieur, vient à la BBC pour avertir ses anciens camarades : « Partout la France se soulève contre l'Allemand... Déjà vous avez fait pencher la bataille. Mais ne vous y jetez pas tous ensemble à moins d'être menacés, ne vous rassemblez pas trop tôt. Ne passez pas trop vite d'une guérilla de harcèlement [...] à la bataille ouverte. »

Les semaines suivantes montrèrent que ces appels n'étaient pas injustifiés même s'ils ne répondaient pas à l'attente de combattants de l'intérieur, tendus vers l'action et anxieux de recevoir les moyens de se battre. La bataille du mont Mouchet, le massacre d'Oradour, bien d'autres épisodes encore montrèrent qu'entre la nécessaire insurrection et les dramatiques imprudences il n'était pas facile de trouver le chemin à suivre : on le vit au Vercors où un commandement trop imprégné des leçons de la guerre classique et mis à la tête de gros effectifs en vint à une bataille frontale que l'ennemi ne pouvait que gagner. En vain, les services alliés avaient-ils mis en garde contre une action prématurée, en vain des parachutages d'armes furent-ils tentés, avec une grande part d'échecs, jusqu'au dernier jour des combats. Les deux ministres communistes du gouvernement d'Alger, François Billoux et Fernand Grenier, parlèrent d'un scandaleux abandon des combattants, laissant même entendre qu'ils avaient été victimes d'une discrimination politique qui avait retardé et limité leur approvisionnement en armes : de Gaulle, dont l'indignation n'était pas feinte, les obligea à se rétracter publiquement[88]. Mais, au total, l'apport de la Résistance intérieure fut alors bien plus grand que le commandement allié ne l'avait espéré. Eisenhower l'estima à l'équivalent de 15 divisions, bien qu'en réalité on ne puisse le mesurer avec autant de précision. Sous la forme que les circonstances commandaient, l'insurrection nationale avait bien eu lieu : elle allait permettre à de Gaulle d'atteindre son ultime objectif.

C'est à Paris qu'il devait aller au plus tôt. Ce fut l'objet d'abord de ses démarches instantes et répétées auprès d'Eisenhower qui, plutôt que d'ordonner une marche sur la capitale, préférait l'envelopper par le sud et l'est. Mais Paris ne peut rester à l'écart de la France. L'approche des Alliés y est ressentie comme le signal de l'insurrection. Comme toujours, les communistes en sont les plus farouches partisans[89]. On a vu qu'ils étaient en position de force dans plusieurs des organes centraux de la Résistance : ils étaient deux sur trois au COMAC, l'un des leurs était chef de l'état-major national des FFI, un autre, Rol-Tanguy, chef des FFI d'Ile-de-France et trois d'entre eux, Villon, Marrane, Tollet, étaient au Comité parisien de libération. Déjà, la grève de la police, des postiers, des cheminots fait régner dans la ville un climat de veillée d'armes. Il paraît impossible aux résistants parisiens de se borner à attendre l'arrivée des Alliés, de laisser l'ennemi s'échapper sans essayer de le capturer ou de le détruire. Chaban-Delmas, délégué militaire national, est revenu de Londres le 18 août et s'est rendu compte que l'insurrection allait commencer : il prévient aussitôt l'état-major français de Grande-Bretagne qu'il faut que Paris soit libéré à très brève échéance [90]. Le 19, en effet, le CNR et le Comité parisien de libération délibèrent ensemble et conviennent que l'ordre d'insurrection doit être immédiatement donné, avec l'accord de Parodi qui se rend compte que, de toute façon, on ne peut plus retarder le moment d'agir. Ce jour-là, les barricades sont dressées partout et les combats s'engagent. Une trêve, conclue dans la soirée, facilitée par les contacts du consul général de Suède, Nordling, établit indiscutablement le pouvoir de la Résistance intérieure sur la capitale mais coupe l'élan des combattants qui, pour la plupart sans doute, ne la comprennent pas et l'appliquent mal. Du moins permet-elle la libération de Parodi et de ses deux adjoints, Laffon et Roland Pré, arrêtés par hasard. Léo Hamon, membre du Comité parisien de libération, en profite pour s'emparer de l'Hôtel de Ville. Sur ordre de Parodi, les secrétaires généraux s'installent dans leurs ministères, et Yvon Morandat prend possession de l'hôtel Matignon. La trêve, pourtant, ne tient pas, tant il est clair, pour les combattants, sur place, qu'il ne faut pas laisser échapper l'ennemi, qui, de son côté, reçoit de Hitler l'ordre de détruire Paris...

De Gaulle est parti d'Alger le 18 août. Le 20 août, il est accueilli par Koenig près de Saint-Lô. Il voit bien que l'insurrection parisienne exige que l'on marche sur la capitale tant pour éviter son écrasement, que pour empêcher qu'y soit formé un pouvoir politique contrôlé, pense-t-il, par les communistes et avec lequel il faudra compter. Dans ses *Mémoires de guerre*, il insiste sur ce risque : on peut penser que sa préoccupation principale est, en réalité, d'établir au plus tôt à Paris son propre pouvoir, tant pour l'exercer sur la France libérée que pour l'imposer aux Alliés dont il redoute, jusqu'au dernier moment, qu'ils ne tentent une dernière manœuvre pour le mettre à l'écart. Le 22 août, Eisenhower cède à ses instances et autorise la division Leclerc à marcher sur la capitale.

Le 23 dans l'après-midi, de Gaulle s'installa au château de Rambouillet. Leclerc lui rendit compte de son plan d'attaque. Au docteur Favreau venu lui remettre un rapport du nouveau préfet de police, Luizet, il annonça qu'aussitôt arrivé il se rendrait « au centre » du gouvernement, c'est-à-dire là d'où il pourrait gouverner, et non auprès du CNR ou du Comité parisien de Libération. Par là, il entendait prendre ses distances par rapport aux dirigeants de la Résistance intérieure et affirmer nettement sa liberté d'action. De la même manière, il accueillit avec une extrême suspicion Alexandre de Saint-Phalle qu'il reçut en fin d'après-midi[91]. Celui-ci avait quitté Paris dans la nuit du 22 août avec deux laissez-passer, l'un du général von Choltitz, l'autre de Parodi. Il était accompagné de Rolf Nordling, frère du consul de Suède qui s'était entremis pour la conclusion de la trêve à Paris, du baron Poch-Pastor, officier autrichien chargé d'avertir l'état-major américain de la reddition prochaine de la garnison allemande, du colonel Arnoud, qui appartenait aux services britanniques et allait leur rendre compte de la situation, et de Jean Laurent, directeur de la Banque d'Indochine, que de Gaulle avait eu comme chef de cabinet quand il était sous-secrétaire d'Etat à la Guerre en 1940 mais qui ne l'avait pas suivi à Londres. Tout, dans la composition comme dans la mission de ce groupe, éveillait en de Gaulle une extrême méfiance. Il y vit la marque des interventions alliées dans la libération de Paris et même une manœuvre des anciens milieux dirigeants pour l'influencer et le circonvenir. Il ne voulut recevoir que Saint-Phalle, qui comptait parmi les collaborateurs de Parodi : mais s'entendant suggérer un prompt retour aux institutions de la IIIe République, il mit brusquement fin à l'entretien.

Du reste, c'est au même moment que se déroulait à Paris une tentative ultime de restauration improvisée du régime d'avant-guerre. Laval avait eu l'idée de convoquer la Chambre des députés et le Sénat : ces deux assemblées avaient remis tous leurs pouvoirs à Pétain le 10 juillet 1940 et il imagina qu'ils leur seraient solennellement rendus. Albert Lebrun pourrait être rappelé à la présidence de la République d'où il n'avait jamais, formellement, démissionné, ou un autre président pourrait être élu à sa place, et le système institutionnel de la IIIe République se remettrait en marche, sans que le gouvernement d'Alger et surtout de Gaulle y soient impliqués, au moins dans l'immédiat. Du reste, François Pietri, ambassadeur de Vichy à Madrid, avait eu la même idée et avait demandé à Lemaigre-Dubreuil, resté en relation avec Murphy, de la suggérer au gouvernement américain Mais, pour que l'affaire aille à son terme, il fallait que les présidents des deux assemblées s'y prêtent. Jules Jeanneney, difficile à joindre et réputé pour son intransigeance à l'égard de Vichy, parut à Laval l'interlocuteur le plus difficile à convaincre : il se tourna donc vers Herriot. Conduit à Paris, celui-ci ne refusa pas de déjeuner avec Laval mais rejeta catégoriquement ses propositions et, aussitôt après, fut emmené en Allemagne où il resta détenu jusqu'à sa libération par les Russes, l'année suivante.

Une autre tentative fut faite quelques jours plus tard, quand de Gaulle fut entré à Paris, mais cette fois pour établir une filiation entre Vichy et le gouvernement de la Libération. Le 11 août, Pétain avait secrètement confié à l'amiral Auphan, ancien ministre de la Marine, la tâche de prendre contact avec de Gaulle pour une passation régulière des pouvoirs, évidemment pour marquer la légitimité du régime de Vichy et démontrer qu'aucune rupture totale n'intervenait entre celui-ci et le gouvernement nouveau. Auphan, ayant fait connaître cette offre à Parodi, sans qu'aucune réponse ne lui soit faite, avait pris contact avec le cabinet du général Juin qui transmit son message à de Gaulle. Il ne pouvait rien en résulter naturellement : pour l'homme du 18 juin, Vichy n'avait jamais eu la moindre légitimité, tout comme la République n'avait jamais été abolie. Evoquant cette offre ultime et dérisoire de Pétain, de Gaulle en dit seulement, dans ses *Mémoires* :

> Je ne puis lui faire que la réponse de mon silence.

Ainsi, à l'heure de son plus grand triomphe, de Gaulle voyant reparaître autour de lui, sous des visages différents, la multitude des oppositions qu'il avait dû surmonter et qui réapparaîtrait encore : celle des Alliés encore attachés à faire prévaloir leurs préférences, celle des dirigeants de la Résistance qui chercheraient à influer sur les décisions du gouvernement, celle des hiérarchies traditionnelles qui voudraient faire de lui le restaurateur du régime politique et social d'avant-guerre. Mais il savait que les uns et les autres étaient maintenant obligés de s'abriter derrière son nom et derrière son prestige. Depuis qu'il avait remis le pied en France, l'accueil de chaque ville, de chaque village, vérifiait que lui seul était connu des masses et que, par-delà les cadres de la Résistance, les notables traditionnels, les remparts administratifs, il pouvait toucher la foule, la mobiliser et sans doute la convaincre : contourner les hiérarchies établies et faire appel au peuple, sous des formes diverses. Cette méthode, il allait l'employer toute sa vie. Il avait dû y recourir, déjà, pour la réforme de l'armée, pour l'appel à la Résistance, dans sa rivalité avec Giraud. Elle devait inspirer la moindre de ses démarches en ces quelques jours où il allait enfin toucher au but.

Le 25 août, dans la matinée, il arpentait la terrasse du château de Rambouillet, méditant la moindre étape de ce qu'il allait accomplir. Partant en voiture vers le milieu du jour, il vit l'exaltation inouïe d'un peuple qui découvrait en lui l'image de sa libération. Mais une inflexible volonté politique l'habitait plus que tout autre sentiment. A la hauteur de Saint-Pierre-de-Montrouge, venant de la porte d'Orléans, il aperçut la marée humaine qui s'étendait jusqu'à Denfert-Rochereau et sans doute jusqu'à l'Hôtel de Ville. Mais il tourna sur la gauche et emprunta l'avenue du Maine. A quatre heures, il était à la gare Montparnasse où Leclerc lui communiquait l'acte de reddition de la garnison allemande.

Il l'avait signé avec le chef des FFI d'Ile-de-France, Rol-Tanguy, acceptant volontiers que, par ce geste, les insurgés de Paris soient associés à cet instant symbolique de la libération du pays. De Gaulle, qui en comprenait évidemment les raisons, réagit en lui faisant remarquer qu'ayant été nommé gouverneur militaire de Paris, il avait seul autorité pour recevoir la reddition de l'ennemi : mais c'était, qu'à ses yeux, en ce moment précis le pouvoir était en question. Il rapporte dans ses *Mémoires* qu'il montra à Leclerc une proclamation du CNR où aucune allusion n'était faite ni au gouvernement provisoire ni à lui-même. L'essentiel fut bien la chaleur et l'émotion de sa rencontre avec Leclerc et l'historien aurait tort d'exagérer l'importance de cet incident, que de Gaulle a sans doute amplifié lui-même en le rapportant. Mais il révèle néanmoins l'extraordinaire tension qui l'habitait, son attention passionnée à ne pas manquer cette dernière étape de l'entreprise entamée quatre ans plus tôt : rendre à la France un gouvernement unique, incontesté et victorieux, justifierait enfin tout ce qu'il avait fait.

Il repartit de la gare Montparnasse en direction du ministère de la Guerre. A la hauteur de Saint-François-Xavier, une fusillade l'obligea à tourner à droite, rue de Babylone, puis à prendre la rue Vaneau et la rue de Bourgogne. A cinq heures, il était rue Saint-Dominique où il entendait siéger désormais. Symboliquement, c'est du ministère de la Guerre qu'il voulait exercer ses pouvoirs, puisque la guerre durait encore et que son gouvernement était provisoire. Il y reçut son délégué en France, Parodi, et le préfet de police, Luizet. Il en apprit l'irritation du CNR et du Comité parisien de Libération qui espérait le recevoir dès son entrée à Paris : mais il escomptait cette irritation. Il annonça son intention de se rendre le lendemain à l'Arc de Triomphe et sur les Champs-Elysées — ainsi la foule serait-elle mobilisée autour de lui — et d'aller d'abord, le soir même, à la préfecture de Police avant de gagner l'Hôtel de Ville où siégeaient les dirigeants de la Résistance — ainsi aurait-il pris en main l'instrument de l'ordre public avant tout contact politique. De fait, les policiers se sentirent comblés d'honneur en étant les premiers à accueillir de Gaulle. Le témoignage d'une immense ferveur populaire l'accompagna jusqu'au perron de l'Hôtel de Ville. Là, l'émotion gagna les dirigeants de la Résistance et de Gaulle lui-même ne discerna aucune équivoque dans les « termes excellents » qu'employa pour le saluer le communiste Georges Marrane au nom du Comité parisien de Libération. Quelques instants plus tard, Georges Bidault, président du CNR, lui demanda de « proclamer solennellement la République devant le peuple ici rassemblé ». De Gaulle refusa. Cet incident — qui n'a d'ailleurs pas frappé tous les témoins — fut plus tard jugé symbolique du divorce latent entre les chefs de la Résistance intérieure et de Gaulle lui-même. Georges Bidault, en présentant cette suggestion, ne formulait pas une exigence révolutionnaire : tout au plus voulait-il que soit marquée plus nettement une totale rupture entre l'avenir et le passé. De Gaulle, en répliquant que la République n'avait jamais disparu et qu'elle s'était incarnée en la France libre, en la France combattante, que son gouvernement provisoire l'incarnait à son tour, voulait insister davantage sur la nullité de tout ce qui provenait de Vichy et sur la continuité profonde de la Résistance française, du 18 juin 1940 au 25 août 1944 : autour de lui, nul ne songeait alors à le contester. Mais de Gaulle, en cette occasion, montrait nettement que c'était sa conception qui prévalait, et aucune autre.

Jusqu'au dernier instant, il ressentit le poids des intentions alliées. Dans la matinée du 26, le général américain commandant l'armée dont faisait partie la division Leclerc lui fit savoir qu'il interdisait à celle-ci de participer au défilé de l'après-midi. Certes, il n'avait aucune intention d'en tenir compte, mais cet infime incident lui rappelait encore les impitoyables servitudes de la politique alors qu'autour de lui tout était à l'enthousiasme, à la ferveur, à l'émotion : il dut le ressentir profondément alors que chaque Français — il le savait — vivait là l'heure la plus inoubliable de sa vie. Mais il ne restait plus maintenant qu'à accomplir ce trajet de l'Arc de Triomphe à Notre-Dame qui tiendrait à la fois de l'apothéose et du calcul : apothéose qui marquerait le terme de l'entreprise entamée le 18 juin ; calcul qui servirait à montrer aux cadres politiques de la Résistance que, seule, son autorité était indiscutée et qu'il leur faudrait s'incliner devant elle. L'apothéose eut lieu. Le calcul porta : 48 heures plus tard, il informait le Conseil national de la Résistance que les Forces françaises de l'Intérieur dépendraient désormais de l'armée, que le COMAC serait dissous ainsi que les « milices patriotiques » chargées par celui-ci d'assurer l'ordre public après la Libération.

Au terme de son entreprise, de Gaulle semble devenu un autre personnage. Plus précisément, ses traits se sont accusés et, si l'on peut dire, altérés. Les vingt mois qui séparent novembre 1942 d'août 1944 l'auront marqué davantage peut-être qu'aucune autre période de sa vie. A mesure qu'il approchait du but, il avait vu se dresser une multitude d'obstacles et d'oppositions. Jamais ses rapports avec les Alliés n'avaient été plus tendus. S'il avait conçu la moindre illusion sur le caractère de leur soutien, il l'aurait perdue au spectacle des calculs et des pressions qu'il avait dû déjouer et surmonter pour imposer, à Alger, un pouvoir indépendant et pour en prendre la tête. Avant que le choix des hiérarchies officielles et des milieux dirigeants se fût porté sur lui, il avait pu mesurer l'âpreté de leur opposition, leur attachement aux séquelles de Vichy ou leur nostalgie de l'ancien régime : leur évolution, du printemps à l'automne 1943, n'avait pu dissimuler leurs motifs ni leurs arrière-pensées. Comptant que le poids de la Résistance intérieure et du sentiment public en France serait son atout décisif à mesure que se rapprocherait la Libération, il avait choisi l'intransigeance vis-à-vis d'Alger, sûr que c'était la suprême habileté ; mais, autour de lui, parmi ses compagnons de la France combattante, il en avait vu qui s'effrayaient de sa raideur, penchaient vers le compromis, et longtemps, la faiblesse de ses moyens avait paru dérisoire au regard de la puissance conjuguée de ses rivaux et de ses adversaires.

Il avait dû maintenir en lui-même une continuelle tension. Vis-à-vis de tous, il s'était muré derrière une froideur et une rigueur d'autant plus frappantes que sa politique elle-même se faisait plus rude. Certains ressentirent profondément la volonté implacable qu'il avait mise à bannir les anciens représentants de Vichy, à réduire les pouvoirs de Giraud avant de l'éliminer, à amputer l'armée d'Afrique d'une partie de ses chefs. Beaucoup d'autres s'émurent de l'espèce d'âpre vigilance qu'il observa à l'égard des velléités d'indépendance de la Résistance intérieure, c'est-à-dire envers des hommes qui se réclamaient de lui et risquaient tout dans un combat qui leur était commun. Du reste, cette raideur, cette tension, devaient avoir leur rançon. Au début de 1944, de Gaulle tomba gravement malade, au point que le bruit courut qu'il était perdu. Les soins du docteur Lichtwitz et du docteur Lacroix le rétablirent. Mais la pente naturelle de sa psychologie parut s'accentuer.

> Certes, écrit-il, les deux années qu'a duré la France libre avaient été, elles aussi, remplies de secousses et de déceptions. Mais il nous fallait, alors, jouer le tout pour le tout. Nous nous sentions entourés d'une atmosphère héroïque, soutenus par la nécessité de l'emporter à tout prix... Maintenant, le but se rapproche, mais, à mesure, j'ai l'impression de fouler un terrain plus meuble de respirer un air moins pur. Autour de moi les intérêts se dressent, les rivalités s'opposent, les hommes sont chaque jour plus humains.

A Alger, sa vie privée porta la marque des sujétions d'un pouvoir plus étendu. Mais elle reste empreinte d'une austérité délibérée.

> Par goût et par convenance, écrit-il, ma vie privée est très simple. J'ai établi ma résidence à la villa des Oliviers, où ma femme m'a rejoint, ainsi qu'Anne, dont l'état de santé nous attriste toujours autant et, bientôt, Elisabeth, revenue d'Oxford, pour servir au bureau qui dépouille la presse étrangère. Quant à Philippe, il continue de naviguer et de combattre dans la Manche et l'Atlantique. Aux Oliviers, le soir, je m'efforce d'être seul pour travailler aux discours qui me sont une sujétion constante. Mais, souvent, nous recevons. Beaucoup d'hôtes étrangers et français nous font ainsi le plaisir de s'asseoir à notre table ; les menus étant, d'ailleurs, très courts, car le rationnement doit s'appliquer à tout le monde. Il arrive que nous passions le dimanche dans une petite maison de Kabylie.

Du reste, la guerre atteint et frappe tous ses proches.

> Mon frère Xavier, écrit-il, a pu trouver refuge à Nyons, d'où il adresse à Alger d'utiles renseignements ; sa fille Geneviève, tombée aux mains de l'ennemi avec les dirigeants de « Défense de la France », est déportée à Ravensbruck ; son fils aîné combat en Italie. Ma sœur, Mme Alfred Cailliau, arrêtée par la Gestapo, passe un an en prison, à Fresnes, d'où elle sera transférée en Allemagne, tandis que son mari est, à l'âge de soixante-sept ans, envoyé au camp de Buchenwald ; un de leurs fils, Charles, jeune officier de chasseurs, a été tué à l'ennemi lors de la bataille de France ;

trois autres ont franchi la mer pour s'engager dans nos forces. En ont fait autant trois des fils de mon frère Jacques. Celui-ci, paralytique, est soustrait à la police allemande par l'abbé Pierre et son équipe qui le transportent, à bras, au-delà de la frontière suisse. Mon frère Pierre n'a cessé d'être étroitement épié. Il est, en 1943, arrêté par les Allemands et déporté au camp d'Eisenberg. Sa femme, leurs cinq enfants, auxquels ils ont joint la fille d'un résistant fusillé, traversent à pied les Pyrénées et, par l'Espagne, gagnent le Maroc. Chez les Vendroux, frères et sœur de ma femme, on a choisi de servir la même cause.

Cet isolement, cette raideur se manifestent aussi dans l'exercice quotidien de ses fonctions.

Par principe, note-t-il, je ne téléphone qu'à de très rares exceptions, et personne, jamais, ne m'appelle à l'appareil... ma nature m'avertit, mon expérience m'a appris qu'au sommet des affaires on ne sauvegarde son temps et sa personne qu'en se tenant méthodiquement assez haut et assez loin.

Tous ceux qui l'approchent ressentent d'ailleurs, à cette époque, ce que son comportement a désormais de difficile et de rugueux. A des années de distance, il en a lui-même porté témoignage. Le général Béthouart, chef d'état-major de la Défense nationale en 1943, devait supporter, écrit-il, « les aspérités que comportait mon propre contact ». Insensible à l'émotion que manifeste Alexandre de Saint-Phalle sorti de Paris pour le rencontrer à Rambouillet, il l'accueille avec une brusquerie extrême, quitte à s'enquérir tout à coup de sa parenté avec une religieuse, la Mère de Saint-Phalle, qui avait connu son père ; mais en dépit de cette soudaine réminiscence familiale, il ne se départ pas de sa raideur. Et son agacement, en découvrant que Rol, chef des FFI d'Ile-de-France, a apposé sa signature à côté de Leclerc au bas de l'acte de reddition de la garnison allemande de Paris rompt trop évidemment avec l'émotion inouïe de tous ceux qui étaient là.

Plus monte la ferveur populaire, plus son tempérament le porte vers l'isolement et la tristesse. Pénétrant au ministère de la Guerre, il ressent soudain l'écrasante pérennité des choses :

Immédiatement, écrit-il, je suis saisi par l'impression que rien n'est changé à l'intérieur de ces lieux vénérables. Des événements gigantesques ont bouleversé l'univers. Notre armée fut anéantie. La France a failli sombrer. Mais, au ministère de la Guerre, l'aspect des choses demeure immuable. Dans la cour, un peloton de la garde républicaine rend les honneurs, comme autrefois. Le vestibule, l'escalier, les décors d'armures sont tout juste tels qu'ils étaient. Voici, en personne, les huissiers qui, naguère, faisaient le service. J'entre dans le « bureau du ministre » que M. Paul Reynaud et moi quittâmes ensemble dans la nuit du 10 juin 1940. Pas un meuble, pas une tapisserie, pas un rideau n'ont été déplacés. Sur

> la table, le téléphone est resté à la même place et l'on voit, inscrits sous les boutons d'appel, exactement les mêmes noms...

Un peu plus tard, quand l'amiral Auphan lui fait transmettre le document par lequel, dans un geste dérisoire, Pétain le charge de « prendre éventuellement contact de sa part avec le général de Gaulle », il éprouve soudain « une tristesse indicible »...

Contraste saisissant, mais infiniment révélateur. Découvrant tout à coup, du haut de la place de l'Etoile, l'immensité de la foule attendant son passage sur les Champs-Elysées, il peut vivre enfin cet instant où s'incarne une longue espérance, ce moment unique où, pour lui, les Français se sont comme fondus au sein d'une valeur unique, immense et supérieure, et qui est la France : « Ah ! c'est la mer... » Mais, évoquant ces jours uniques de la Libération, il conclura simplement :

> Pour ce qui est des rapports humains, mon lot est donc la solitude.

Chapitre 16

L'ETAT ET LE POUVOIR

Etrange paradoxe que la solitude évoquée par de Gaulle au moment où le peuple français va l'acclamer comme son libérateur. Il faut y voir, naturellement, l'expression de son caractère et la suprême leçon de son expérience : il a trop souvent eu le sentiment d'être différent de son milieu, isolé même de ses amis par l'épreuve singulière que constitue pour lui l'infirmité de sa fille, mais aussi du corps militaire auquel il s'est intégré avec passion tout en gardant envers lui une exceptionnelle distance quand il a dû livrer presque seul son combat prophétique et perdu pour l'armée blindée ; avant même qu'il éprouve la solitude historique du 18 juin quand, tout seul devant un micro de la BBC, il appela les Français à poursuivre la guerre alors que la classe politique se désagrégeait, que l'Etat s'effondrait, que l'armée se débandait. C'est donc la solitude qu'il éprouvait encore ce 26 août 1944 quand il voyait autour de lui « la mer » des Français venus le saluer sur le parcours qui allait le conduire des Champs-Elysées à Notre-Dame : il pressentait qu'il lui faudrait assumer implacablement la tâche d'installer un pouvoir à la tête du pays, de restaurer l'Etat, d'entraîner les Français à poursuivre la guerre tant qu'elle ne serait pas achevée, d'amorcer la reconstruction du pays dévasté, d'affronter les Alliés et enfin de compter avec les Français eux-mêmes, tels qu'ils étaient, unis pour leur libération mais inexorablement divisés par leurs passions, leurs souvenirs, leurs intérêts et leurs espoirs.

Cette tâche commençait donc ce 26 août. Manqua-t-elle de s'achever aussi ce jour-là ? Au moment où de Gaulle descendit de sa voiture découverte pour pénétrer dans Notre-Dame, une fusillade y éclata, éprouvante pour les nerfs de tous ceux qui étaient là, déjà bouleversés par les émotions de cette journée. De Gaulle a évoqué ainsi cet épisode :

> A l'instant où je descends de voiture, des coups de fusil éclatent sur la place. Puis, aussitôt, c'est un feu roulant. Tout ce qui a une arme se met

> à tirer à l'envi. Ce sont les toits qu'on vise à tout hasard. Les hommes des forces de l'intérieur font, de toutes parts, parler la poudre. Mais je vois même les briscards du détachement de la 2e division blindée, en position près du portail, cribler de balles des tours de Notre-Dame. Il me paraît tout de suite évident qu'il s'agit là d'une de ces contagieuses tirailleries que l'émotion déclenche parfois dans des troupes énervées, à l'occasion de quelque incident fortuit ou provoqué. En ce qui me concerne, rien n'importe davantage que de ne point céder aux remous. J'entre donc dans la cathédrale. Faute de courant, les orgues sont muettes. Par contre, des coups de feu retentissent à l'intérieur. Tandis que je me dirige vers le chœur, l'assistance, plus ou moins courbée, fait entendre ses acclamations. Je prends place, ayant derrière moi mes deux ministres : Le Troquer et Parodi... Le *Magnificat* s'élève. En fut-il jamais chanté de plus ardent ? Cependant, on tire toujours. Plusieurs gaillards, postés dans les galeries supérieures, entretiennent la fusillade. Aucune balle ne siffle à mes oreilles. Mais les projectiles, dirigés vers la voûte, arrachent des éclats, ricochent, retombent. Plusieurs personnes en sont atteintes. Les agents que le préfet de police fait monter jusqu'aux parties les plus hautes de l'édifice, y trouveront quelques hommes armés ; ceux-ci disant qu'ils ont fait feu sur des ennemis indistincts. Bien que l'attitude du clergé, des personnages officiels, des assistants, ne cesse pas d'être exemplaire, j'abrège la cérémonie. Aux abords de la cathédrale, la pétarade a maintenant cessé, mais à la sortie, on m'apprend qu'en des points aussi éloignés que l'Etoile, le Rond-Point, l'Hôtel de Ville, les mêmes faits se sont produits exactement à la même heure. Il y a des blessés, presque tous par suite de bousculades.

De quoi s'agissait-il ? Si extraordinaire fut ce brusque déclenchement des tirs en plein Notre-Dame au moment où de Gaulle y pénétrait qu'on en a donné des interprétations aussi contradictoires que les impressions qu'en ont eues les témoins. De Gaulle, le lendemain, écrivait à sa femme :

> Hier, manifestation inouïe. Cela s'est terminé à Notre-Dame par une sorte de fusillade qui n'était qu'une tartarinade. Il y a ici beaucoup de gens armés qui, échauffés par les combats précédents, tirent vers les toits à tout propos. Le premier coup de feu déclenche une pétarade générale aux moineaux. Cela ne durera pas.

Et c'est aussi la version qu'il fit transmettre aux membres du gouvernement demeurés à Alger. Rien de plus, par conséquent, que « ces contagieuses tirailleries » dont il devait parler dans ses *Mémoires de guerre*. Mais il les attribue, cette fois, à « quelque incident fortuit ou provoqué » : s'agissait-il donc bien d'un incident « provoqué » ? C'est ce qu'il suggère, écrivant dix ans plus tard :

> L'hypothèse des tireurs de toits soldats allemands ou miliciens de Vichy, paraît fort invraisemblable. En dépit de toutes les recherches, on n'en a

arrêté aucun. D'ailleurs, comment imaginer que des ennemis auraient pris des cheminées pour cibles au lieu de me viser moi-même quand je passais à découvert ? On peut, si l'on veut, supposer que la coïncidence des fusillades en plusieurs points de Paris a été purement fortuite. Pour ma part, j'ai le sentiment qu'il s'agit d'une affaire montée par une politique qui voudrait, grâce à l'émoi des foules, justifier le maintien d'un pouvoir révolutionnaire et d'une force d'exception. En faisant tirer, à l'heure dite, quelques coups de fusil vers le ciel, sans prévoir peut-être les rafales qui en seraient les conséquences, on a cherché à créer l'impression que des menaces se tramaient dans l'ombre, que les organisations de Résistance devaient rester armées et vigilantes, que le « Comac », le Comité parisien de la Libération, les comités de quartier, avaient à procéder eux-mêmes à toutes opérations de police, de justice, d'épuration qui protégeraient le peuple contre de dangereux complots.

En d'autres termes, il s'agirait d'une manœuvre dirigée, ordonnée ou inspirée par le parti communiste. Sans aller aussi loin ni être aussi précis, le préfet de police, Charles Luizet, a rapporté au général Alain de Boissieu qui en fit état dans un livre de souvenirs que, en effet, les tireurs de toits n'étaient ni des soldats allemands ni des miliciens de Vichy mais des « opposants du CNR », c'est-à-dire, en fin de compte, des hommes impulsés ou manœuvrés par les communistes à moins qu'ils n'aient agi par passion révolutionnaire [1]. Maurice Schumann, présent lui aussi, avait la même impression, comme il me l'a confié. Et Jean Lacouture rapporte que le général Juin, qui était lui aussi sur les lieux, parlait plus vaguement de « provocateurs [2] ».

Sur cet épisode des « tireurs de toits » dans le Paris de la Libération, on peut, du moins, apporter ici un témoignage direct et personnel. Il est bien vrai que, dans le climat de ces journées, on tirait, quand on avait un fusil ou un pistolet et qu'on savait s'en servir, dès que commençait une fusillade : il y en eut plusieurs occasions dans la plupart des quartiers de la capitale. Mais le ressort profond qui animait les « tireurs » c'était l'irrésistible envie, ou même le besoin, de continuer un combat qui n'avait duré, pour presque tous, que quelques jours, quelques heures, quelques instants durant les journées précédentes. On avait tant attendu le moment de pouvoir enfin se battre les armes à la main qu'il y avait, chez beaucoup, un léger serrement de cœur à s'arrêter aussi vite, à n'avoir fait que si peu. C'était vrai aussi bien pour ceux qui avaient dû très durement affronter l'ennemi — de Gaulle évalue à « un millier » le nombre d'Allemands que « les partisans » ont tués — que pour ceux qui eurent à peine l'occasion de tirer quelques cartouches. Plus encore, peut-être, pour ces derniers. Aussi le moindre incident conduisant à se battre encore réveillait-il aussitôt une ardeur qu'on ne voulait pas laisser s'éteindre. Il est tout à fait possible — à mon avis très probable, mais je n'étais pas à Notre-Dame — que certains aient cru, de bonne foi, que des assassins s'apprêtaient à tirer sur de Gaulle et qu'ils aient ouvert le feu sur des cibles qui, très vraisemblablement, n'existaient pas. D'autant que, durant les dernières heures des affrontements dans Paris, qui se poursuivirent toute cette journée du 26 août, certaines ambiguïtés persistaient : on voyait dans Paris des GMR — une sorte de garde mobile — en uniformes bleu sombre ou noirs assez semblables à ceux de la milice, tirer à partir des toits : ils étaient, en bloc, passés du côté des nouvelles autorités et ils avaient quelque mal à se faire reconnaître par beaucoup de résistants qui ne le savaient pas ou n'y croyaient pas. Mais il est vrai, malgré tout, que des miliciens se cachaient dans Paris ou essayaient d'échapper à l'arrestation et il se disait que certains prendraient tous les risques pour abattre de Gaulle : était-ce, d'ailleurs, si improbable ? Aujourd'hui, je crois encore vraisemblable que des résistants, naturellement gagnés par l'angoisse et par la gravité exceptionnelle du moment qu'ils étaient en train de vivre, ont cru tirer contre des assassins du libérateur de la France alors même qu'il n'y en avait pas : c'est d'ailleurs ce que m'ont alors rapporté des témoins qui étaient peut-être, mais sans oser l'avouer, des acteurs...

Etait-il concevable que les tirs dans Notre-Dame et en d'autres endroits de Paris aient été, comme de Gaulle le suggère, délibérément provoqués pour justifier le maintien d'une situation « révolutionnaire » où les organes de Résistance contrôlés par les communistes auraient pu garder ou établir leurs pouvoirs ? Le fait est qu'aucun témoignage, ni même aucune confidence tardive d'un transfuge, même devenu, comme il arrive si souvent, passionnément anticommuniste, n'est venu confirmer cette hypothèse. Il est vrai que les responsables, s'ils existaient, ne s'en vanteraient pas plus aujourd'hui qu'alors... Il est vrai aussi qu'on peut imaginer, plutôt qu'un calcul des dirigeants du parti communiste, l'exaltation « révolutionnaire » de quelques hommes qui auraient voulu créer, de leur propre initiative, une tension telle que la « révolution » aurait pu en profiter. Que cet état d'esprit ait existé, c'est un fait dont témoigne, par exemple, cette confidence de Pierre Fougeyrollas, alors responsable des Jeunesses communistes, qui, à la même date, à Limoges, intervint devant le préfet, Jean Chaintron et le chef des Maquis, Georges Guingouin, tous deux communistes, pour faire cette extraordinaire suggestion : « De Gaulle, c'est Kerenski. Il y a, à partir du Limousin et probablement dans d'autres régions, à Toulouse, Clermont-Ferrand, et dans la Provence ou la région de Marseille, les forces suffisantes pour faire une marche sur Paris et remplacer le gouvernement bourgeois de De Gaulle-Kerenski par le gouvernement bolchevik de Lénine-Thorez[3]. » De jeunes « révolutionnaires » pouvaient croire, à cette date, à Paris, qu'en tirant sous la voûte de Notre-Dame, même sans tirer encore sur de Gaulle, ils faciliteraient ce genre d'opération...

Il reste que de Gaulle, écrivant dix ans après l'événement, a suggéré nettement qu'il s'agissait d'une « provocation » délibérée, destinée à donner aux organismes contrôlés par les communistes le pouvoir de « procéder eux-mêmes à toutes opérations de police, de justice, d'épuration ». S'il l'a fait c'est que, pour lui, il n'est pas douteux que le parti communiste a voulu alors, sinon prendre le pouvoir, du moins s'assurer d'un contrôle effectif du nouveau pouvoir politique en France en allant, dans cette entreprise, aussi loin qu'il l'aurait pu, et sans ménager les moyens. Sur ce thème, justement, il n'a eu, en général, que des contradicteurs et il est clair qu'en présentant sa version de l'épisode de Notre-Dame, il a voulu se donner un argument.

Car il était prêt à en discuter, et même avec vivacité. M'entretenant avec lui pour la biographie que je lui ai consacrée, j'ai fait ressortir qu'à mon sens la direction du parti communiste n'avait pas l'intention de prendre le pouvoir en France à la Libération mais seulement d'accroître autant que possible son influence dans le pays, dans ses instances dirigeantes, dans l'appareil d'Etat. Il me contredit aussitôt : c'est parce qu'il s'y était opposé, en utilisant tous les moyens qu'il fallait, que les communistes ne l'avaient pas fait, et non pas du tout parce qu'ils ne le voulaient pas. J'objectai que c'étaient les armées américaines et anglaises qui étaient en France, et non l'armée soviétique comme dans les pays de l'est de l'Europe, et qu'elles se seraient opposées à la prise du pouvoir par les communistes français. Il me contredit encore une fois : ceux-ci, me dit-il, s'empresseraient, au contraire, de se présenter comme les meilleurs alliés des Anglo-Saxons, de leur offrir tout le concours qu'ils pouvaient souhaiter, de manifester le plus pur patriotisme et d'obtenir tous les soutiens qu'ils voudraient auprès d'autres résistants. Et il me cita parmi eux le nom de Bidault. Je le revois encore mimant les applaudissements par lesquels les communistes et leurs alliés accueilleraient Eisenhower à l'Arc de Triomphe... J'ai voulu poursuivre la discussion en évoquant les réactions violentes des Britanniques contre les communistes grecs qui avaient pourtant, sans nul doute, une forte prépondérance dans l'ensemble de la Résistance en Grèce et celle des Américains à l'encontre des communistes belges qui prétendaient garder leurs armes après la libération de leur pays : de Gaulle me répondit que la France n'était ni la Grèce ni la Belgique et que les Anglo-Saxons n'auraient pas pu y exercer leur autorité aussi facilement...

Avant de trancher la question, dans un sens ou dans l'autre, il faut donc voir comment de Gaulle a entrepris effectivement de consolider son pouvoir et de restaurer l'autorité de l'Etat en France, et à quels obstacles il eut affaire avant de hasarder un jugement.

C'est la continuité de la République et de ses pouvoirs dont il a d'abord recherché le symbole. Ainsi a-t-il voulu s'installer aussitôt dans le bureau qu'il occupait en 1940, comme sous-secrétaire d'Etat du gouvernement de Paul Reynaud. Ce n'est pas le bureau que Clemenceau a occupé, où Daladier et Reynaud se sont succédé ensuite : c'était le sien et c'est là qu'il revint. Il en éprouva lui-même le sentiment d'une étrange permanence à y constater l'immobilité des choses.

> On me dira, écrit-il dans ses *Mémoires*, qu'il en est ainsi des autres immeubles où s'encadrait la République. Rien n'y manque, excepté l'Etat. Il m'appartient de l'y remettre. Aussi m'y suis-je d'abord installé.

C'est de là, en effet, que de Gaulle va gouverner tandis qu'il établira son domicile privé dans un hôtel particulier de Neuilly, sur le bois de Boulogne où sa femme vient le rejoindre avec sa fille Anne.

Ce qui suit est une succession très formelle de rencontres, avant comme après l'épisode de Notre-Dame, avec les autorités nouvelles : le préfet de police Luizet, le délégué du gouvernement Parodi, Georges Bidault et les membres du Conseil national de la Résistance, André Tollet et le Comité parisien de Libération, Leclerc, les secrétaires généraux des ministères. Mais l'essentiel est évidemment la formation du nouveau gouvernement. Elle ne peut se faire sur-le-champ, les ministres en provenance d'Alger n'arrivant que peu à peu. Mais de Gaulle en parle avec Georges Bidault dès le 27 août et, le 29, il propose, sans succès, au communiste Pierre Villon, principal dirigeant du COMAC, d'entrer au gouvernement et il envoie chercher l'ancien président du Sénat, Jules Jeanneney qui est alors à Grenoble. Les entretiens se poursuivent les jours suivants et la liste des ministres est enfin publiée le 9 septembre[4].

La France libre, la Résistance intérieure, les témoins du régime d'avant-guerre, ont leur place au sein du nouveau gouvernement. Ainsi est assurée, symboliquement, la liaison entre la République d'hier et celle de demain, mais dans la permanence de l'Etat républicain. Jules Jeanneney est le seul ministre d'Etat, c'est-à-dire le second personnage du gouvernement comme il l'était déjà, comme président du Sénat, à la fin de la IIIe République. André Diethelm, ministre de la Guerre, René Pleven, ministre des Colonies, le général Catroux, ministre délégué en Afrique du Nord, incarnent ce qui fut la France libre, comme aussi Adrien Texier qui l'avait représentée à Washington et qui devient ministre de l'Intérieur. Le modéré Louis Jacquinot, ministre de la Marine, les radicaux Pierre Mendès France et Paul Giacobbi, respectivement ministres de l'Economie nationale et du Ravitaillement, le socialiste Augustin Laurent, ministre des PTT, les communistes Charles Tillon et François Billoux, ministres de l'Air et de la Santé publique, représentent tout l'éventail politique traditionnel. René Capitant, qui a dirigé le mouvement « Combat » en Afrique du Nord, reste ministre de l'Education nationale. Tous les autres membres du gouvernement viennent de la Résistance intérieure — dont faisait aussi partie Augustin Laurent. Trois d'entre eux se rattachent à la famille démocrate chrétienne : Georges Bidault président du CNR, qui devient ministre des Affaires étrangères, Pierre-Henri Teitgen, ministre de l'Information et François de Menthon, ministre de la Justice, qui l'était déjà à Alger. François Tanguy-Prigent, ministre de l'Agriculture, et

Robert Lacoste, ministre de la Production industrielle, sont socialistes et viennent tous les deux du mouvement Libération Nord, Henri Frenay reste ministre des Prisonniers, Alexandre Parodi devient ministre du Travail et Aimé Le Percq qui vient de l'OCM, est ministre des Finances : aucun des trois n'a d'affiliation politique. René Mayer, ministre des Transports et des Travaux publics, rejoindra le parti radical. De Gaulle a voulu nommer lui-même chacun des membres du gouvernement, sans négocier avec la direction des partis. La question ne se posait, en pratique, que pour les communistes, comme on l'avait déjà vu à Alger. C'est pourquoi il s'était adressé à Pierre Villon qui se retourna vers celui qui, en l'absence de Maurice Thorez, faisait fonction de secrétaire général du parti, Jacques Duclos : avec son accord, il refusa, ayant déjà protesté contre la suppression des instances dirigeantes des Forces françaises de l'Intérieur que de Gaulle veut immédiatement rattacher à l'ensemble des armées. Faute de connaître d'autres dirigeants communistes de la Résistance intérieure, de Gaulle reçut donc, le 6 septembre, Jacques Duclos, qui lui proposa de prendre au gouvernement Charles Tillon et Laurent Casanova [5]. De Gaulle accepta volontiers sa première suggestion : Charles Tillon, véritable fondateur et chef des FTP, ne pouvait être qu'un homme capable d'assumer des responsabilités nationales. Il le nomma donc ministre de l'Air au lieu de Fernand Grenier, qu'il avait apprécié à Londres, mais dont il n'avait pas supporté, à Alger, qu'il critique injustement et publiquement le rôle du gouvernement provisoire dans la tragédie des maquis du Vercors. En revanche, il décida de garder François Billoux pour lequel il avait conçu une certaine estime au point qu'il lui confiât, l'année suivante, le ministère de l'Armement, c'est-à-dire la moitié des responsabilités de Défense nationale que les communistes réclamaient.

Comme il était prévisible, plusieurs journaux issus de la Résistance, en particulier *Combat* et surtout *Franc-Tireur* critiquèrent ces dosages, et plus encore, la présence d'anciens parlementaires de la IIIe République : mais ce n'était qu'une protestation très minoritaire, presque isolée. Il s'agissait d'un gouvernement d'union nationale et, par là, conforme à la tradition du temps de guerre. Rien n'était plus normal, pour l'opinion publique en France, que la présence, à cette date et en ces circonstances, de ministres représentatifs de tous les courants politiques principaux, rien de plus légitime que celle de quelques hommes de la France libre et, en bien plus grand nombre, des figures les plus caractéristiques de la Résistance intérieure, même si les communistes pouvaient juger leur représentation insuffisante au regard de la place qu'ils y occupaient. On comprit aussi, même quand on en fut surpris, qu'un lien symbolique fût maintenu avec la IIIe République et les élus d'avant-guerre, en la personne très respectable de Jules Jeanneney. Ce que de Gaulle avait voulu, c'était que des résistants de toutes tendances, surtout ceux sortant de la clandestinité, assument des responsabilités à la tête de l'Etat. Leurs mérites, les services qu'ils avaient rendus, les risques qu'ils avaient courus, leur donneraient l'autorité dont ils avaient besoin pour remettre en marche les administrations et pour écarter tout pouvoir concurrent ou dissident. Incarnant tous les espoirs de changement, de réforme ou même de révolution, ils devraient, dans leurs nouvelles fonctions, assurer l'ordre républicain et faire fonctionner un pays qui, quels que soient les choix économiques et politiques qu'on allait faire, devait être gouverné.

Une fois de plus, en effet, on allait partir de presque rien. En ce début de septembre, le gouvernement provisoire de la République française n'était toujours pas reconnu par les principales puissances, avant tout par les Etats-Unis et la Grande-Bretagne. Les Français eux-mêmes, dans leur immense majorité, n'y prêtent aucune attention, tant ils sont convaincus que le monde entier a pu vérifier que de Gaulle est bien le dirigeant légitime du pays. Mais celui-ci, sur ce point comme sur d'autres, n'éprouve ni les mêmes sentiments ni les mêmes illusions. Que les Etats anglo-saxons n'aient pas encore reconnu le gouvernement français lui paraît significatif de leur vieilles propensions à susciter contre lui un autre pouvoir, plus ou moins hérité de Vichy, mais il n'éprouve nullement le besoin d'obtenir au plus vite la reconnaissance de son gouvernement par les alliés. Assuré de son pouvoir et, donc certain que le monde entier devra le reconnaître tôt ou tard, il ne veut faire à cet égard la moindre démarche, encore moins se poser en demandeur. C'est pourquoi il n'est pas vraisemblable, contrairement à ce qu'Eisenhower a écrit dans ses *Mémoires*, qu'il ait demandé que deux divisions américaines restent à Paris, sans doute pour y contribuer à l'ordre public. Tout au plus est-il possible que le général Koenig en ait évoqué l'hypothèse avec le général Bedell Smith, chef d'état-major d'Eisenhower : son nom, illustre depuis Bir Hakeim, avait beaucoup servi à valoriser auprès des alliés les Forces françaises de l'Intérieur dont de Gaulle l'avait nommé chef, mais c'est un fait que son expérience et sa sensibilité le rendaient très étranger à la Résistance dont il avait le plus grand mal à comprendre la psychologie et les exigences [6]. On se borna, en réalité, à maintenir sur place, pendant quelques jours, la division Leclerc.

Il fallait donc restaurer l'autorité de l'Etat. Ce n'était pas un choix propre à de Gaulle : tout autre gouvernement aurait eu la même préoccupation. Il le fallait pour la poursuite de la guerre puisqu'il fallait assurer l'approvisionnement régulier des armées alliées, le rassemblement de nouvelles forces françaises, et pour que la France soit, auprès des états-majors américains et britanniques, un partenaire crédible et indispensable, il le fallait aussi pour entamer la reconstruction du pays, répartir les ressources disponibles, rétablir les communications, remettre en marche les moyens de transport, ravitailler autant que possible les populations. Ce n'était donc pas seulement un impératif pour l'ordre public et l'exercice normal de la justice, c'est-à-dire pour faire fonctionner la police et les tribunaux. De Gaulle, par tempérament et par expérience, était, à coup sûr, plus convaincu que tout autre de la nécessité d'un Etat qui exerce au plus vite son autorité sur tout le territoire et il savait, mieux que personne, que l'existence de son gouvernement à l'intérieur et à l'extérieur en dépendait : mais c'était une bataille que, de toute façon, il fallait livrer. Il y mit plus de rigueur et plus de vigueur, peut-être, qu'un autre l'aurait fait à sa place : mais tout autre aurait eu la même tâche à remplir.

Sa conviction était qu'il fallait, pour l'autorité de l'Etat, incarner aussi la volonté de changement et de réforme qu'éprouvait alors la majorité des Français, même confusément : et que ces changements et ces réformes, du reste, ne se feraient jamais, efficacement et sérieusement, sans ordre ni autorité. Mais, dans l'immédiat, restaurer l'Etat était la priorité parce que c'était la condition de l'exercice du pouvoir : et dans ce nouveau combat, il allait tendre toutes ses forces, convaincu que l'issue dépendait de lui seul et que, pour réussir, il fallait ne rien ménager. Nul doute que ce fut la raison de la raideur qu'il montra, presque en toute occasion : la même, au fond, qui l'habitait quand, au milieu du désastre général, il voulait à toute force inspirer sa fureur de combattre aux hommes qu'il commandait sur l'Aisne et sur la Somme en 1940. Quand il s'adressa à l'élite de la Résistance française au Palais de Chaillot, le 12 septembre, il fit un impressionnant tableau de la situation du pays, de sa détresse, de ses chances pour l'avenir, des efforts immenses à consentir, et des changements futurs de la société,

> tout en assurant à tous le maximum possible de liberté et tout en favorisant en toutes matières l'esprit d'entreprise, [la France] veut faire en sorte que l'intérêt particulier soit toujours contraint de céder à l'intérêt général, que les grandes sources de la richesse commune soient exploitées et dirigées non point pour le profit de quelques-uns, mais pour l'avantage de tous, que les coalitions d'intérêts qui ont tant pesé sur la condition des hommes et sur la politique même de l'Etat soient abolies une fois pour toutes, et qu'enfin chacun de ses fils et chacune de ses fille puisse vivre, travailler, élever ses enfants, dans la sécurité et dans la dignité.

Mais, en regard il n'adressa de salut et n'exprima de reconnaissance à la Résistance intérieure qu'en évoquant « le Conseil national de la Résistance auquel, dit-il, j'adresse les remerciements du gouvernement et du pays tout entier ». Certains trouvèrent que c'était peu dire même si presque tous admirèrent et approuvèrent cette noble évocation de l'état présent et de l'avenir souhaitable de la France et du monde.

Ainsi en alla-t-il, plus encore, quelques jours plus tôt, lors de la première réunion du gouvernement provisoire. Pierre-Henri Teitgen en a témoigné : « Je me souviens, a-t-il raconté, d'avoir conseillé à Parodi [...] d'exprimer à de Gaulle — en quelques mots — nos sentiments de gratitude et de dévouement. Il y consentit mais n'en eut pas la possibilité. Entré, le général serra la main de chacun, nous pria de gagner la place qui nous était affectée autour de la table au tapis vert et déclara : "Le gouvernement de la République modifié dans sa composition continue. L'ordre du jour appelle d'abord l'examen de la situation militaire." Il était impossible de dire tant de choses en si peu de mots : que l'heure n'était pas aux épanchements sentimentaux, que le gouvernement de la République n'avait pas à être installé et moins encore institué puisqu'il n'avait pas cessé d'exister et de fonctionner, sous des vocables divers, depuis le 18 juin 1940, qu'il venait simplement d'être "modifié dans sa composition", que l'essentiel serait de poursuivre la guerre jusqu'à la victoire, qu'il n'y aurait donc place pour aucune discussion de politique politicienne. J'étais, quant à moi, stupéfait de tant d'assurance dans l'autorité et de tant de dureté dans le propos. Pas une allusion à ce que pouvait avoir d'historique l'instant que nous vivions, pas un mot pour tous ceux qui étaient morts en l'imaginant... et sentir pourtant qu'il avait raison[7] ! »

Innombrables et souvent pittoresques sont les détails évoqués par les témoins et les acteurs de cette prise de contact entre de Gaulle et ceux qui, à tous les échelons, incarnaient la Résistance intérieure ou, plus simplement, la France libérée. Ils ne doivent pourtant pas faire illusion. Il faut faire ici la part de ce que de Gaulle était et fut toujours : un homme du Nord, qui n'aime pas s'épancher et moins encore étaler sur la place publique des sentiments qu'il préfère, d'instinct, exprimer sobrement. Un homme à qui la vie, en particulier sa vie familiale et privée, a toujours inspiré une certaine pudeur. Il n'en gardait pas moins, au même moment, sa curiosité, son attention ironique aux choses de la vie, son esprit sarcastique et son humour. Claude Mauriac, qu'il venait de prendre comme secrétaire particulier, a raconté qu'au cours d'une messe improvisée, un dimanche, au ministère de la Guerre, il le vit s'approcher tout à coup pour lui faire remarquer des avions alliés qui brillaient dans le ciel, apparemment peu confit dans ses dévotions[8]... A Louis Joxe, secrétaire général du gouvernement, qui arrive d'Alger, il confie qu'il a admiré « les coiffures des femmes et leurs robes [qui] sont des parterres de fleurs[9] »... Avec François Mauriac, il parle des écrivains dont il voudrait qu'ils entrent à l'Académie française... A Charles Tillon qui lui demande si, avant de prendre ses fonctions ministérielles, il peut aller voir sa fille en Bretagne, il répond en s'informant de sa famille, de sa vie personnelle[10]... Mais il est vrai qu'il pense par-dessus tout à la tâche à accomplir : restaurer l'autorité de l'Etat.

De là l'ambiguïté des rapports qui s'établissent entre lui et beaucoup de résistants de l'intérieur. Mais, là encore, il ne faut pas se laisser abuser par les anecdotes. Les marques de fermeté, d'irritation, de raideur, d'apparente incompréhension, traduisent évidemment sa volonté de signifier clairement à tous qu'il n'y a qu'un pouvoir, qu'un Etat, qu'une administration, qu'une police et qu'une justice. Mais si certains éprouvent alors l'impression d'une indifférence trop froide, ou de trop sèches rebuffades, il ne faut pas perdre de vue que, dans leur immense majorité, ils le veulent bel et bien à la tête de la France, tel qu'il est, et personne d'autre. Dans le périple qu'il entreprend à travers la France pour y affirmer la présence de l'Etat, les heurts, pour amusants, émouvants ou caractéristiques qu'ils soient, n'empêchent pas l'adhésion spectaculaire des foules dont les résistants ne sont nullement à l'écart mais dont, au contraire, ils partagent les sentiments.

Ce fut, de sa part, une prise en main. Mais, chaque fois, dans un contexte différent. A Lyon, il croit constater « que, dans leur ensemble, les Lyonnais ne méditaient nullement de bouleverser la vie nationale. Sous réserve de certains changements, spectaculaires mais mal définis, et de quelques châtiments exemplaires, mais imprécis, ils souhaitaient au contraire l'équilibre ». Il est révélateur que, dans ce climat, de Gaulle ait beaucoup apprécié le commissaire de la République, Yves Farge, qui sera bientôt « l'un des jeunes compagnons de route » les plus notoires du parti communiste. Il était, écrit-il dix ans plus tard, « bien à son affaire. Imaginatif et ardent, il s'accommodait volontiers de ce que la situation avait de révolutionnaire, mais se gardait des actes extrêmes ». A Marseille, de Gaulle trouve au contraire « l'atmosphère très lourde ». La misère de la population, l'ampleur des destructions suffisaient à l'expliquer. Mais, cette fois, de Gaulle trouve que le commissaire de la République, Raymond Aubrac « adoptait malaisément la psychologie du haut fonctionnaire ». De Gaulle estime dans ses *Mémoires de guerre* que les communistes « exploitant d'anciennes divisions locales et faisant état des persécutions auxquelles s'étaient acharnés les agents de Vichy, avaient établi à Marseille une dictature anonyme. Celle-ci prenait à son compte des arrestations, procédait même à des exécutions, sans que l'autorité publique s'y opposât avec vigueur ». Raymond Aubrac, dans un livre de souvenirs, explique qu'il a fait équilibre à l'influence des communistes en appelant autour de lui et en nommant à des postes de responsabilité des hommes d'autres tendances, mais qui étaient, presque tous, des socialistes [11]. Peut-être de Gaulle eut-il le sentiment que les libertés publiques et la diversité des opinions n'étaient pas suffisamment respectées, encore que, là comme dans presque toute la France, les résistants d'origine ou de tendance socialiste aient été souvent les plus fermes dans leur opposition aux communistes. C'est plutôt le rétablissement de l'ordre public qui l'inquiétait : Raymond Aubrac témoigne lui-même qu'exerçant provisoirement le droit de grâce, il laissait exécuter les condamnés à mort ou les graciait suivant les risques de troubles, comme il s'en était déjà produit... Aussi fut-il le seul commissaire de la République à être remplacé quelques semaines plus tard malgré l'énorme travail qu'il avait accompli pour rétablir l'ordre public et ravitailler la population. Mais, là comme ailleurs, l'accueil des foules avait été d'un extraordinaire enthousiasme : il était clair qu'elles exprimaient les sentiments de la masse anonyme des résistants et que rien ne s'opposerait bien longtemps à l'autorité du gouvernement.

Toulouse fut l'étape la plus difficile, celle où de Gaulle eut avec les hommes et les groupes en place les contacts les plus abrupts, celle aussi qui donne lieu, dans ses *Mémoires,* aux passages les plus pittoresques, et qui attira surtout l'attention des historiens. Avec le recul du temps, on voit bien, pourtant, que ce fut un épisode très circonscrit. Tout se conjuguait, en effet, pour le rendre plus original : la présence d'importants groupes d'Espagnols qui ne rêvaient, non sans d'excellentes raisons, que de voir leur pays libéré comme la France venait de l'être ; le ralliement tardif mais spectaculaire d'unités de « l'armée Vlassov » recrutées par les Allemands chez leurs prisonniers russes, l'indignation et la fureur, très naturelle, de la population à l'égard des complices de l'ennemi qui s'était montré d'une particulière sauvagerie dans la répression des activités de la Résistance ; et même la présence d'un officier anglais, le « colonel Hilaire » délégué auprès des maquis, qui avait la plus grande sympathie pour la Résistance française, mais dont on se doute combien elle irrita de Gaulle... Le commandant de la région militaire, Ravanel, naguère chef des maquis de la Haute-Garonne, était un homme de caractère, ardent et chaleureux, porté par tempérament et par les circonstances, à beaucoup d'indulgence envers ses compagnons d'armes et donc assez peu pressé de rétablir les règles ordinaires de l'administration et de la justice. On comprend que de Gaulle ait jugé impératif de rappeler à tout le monde que la Résistance avait fait son œuvre, qu'il ne fallait plus combattre l'ennemi que là où il était, très loin à l'est, et qu'à l'intérieur l'heure était au rétablissement de l'Etat et de l'ordre public. C'était tenir le langage du devoir et de la raison et traiter ses interlocuteurs en adultes. Mais on comprend aussi que ceux-ci auraient préféré un autre ton et d'autres façons et que leurs réactions, c'est le moins qu'on puisse dire, furent mitigées. Il ne faut pas croire, pour autant, que l'on en restât à une insurmontable incompréhension. Au contraire, on se comprenait très bien, des deux côtés. Pierre Bertaux, qui avait remplacé à la dernière heure l'écrivain Jean Cassou, grièvement blessé lors des combats de la Libération, quand il vit la mauvaise humeur des officiers des FFI qui venaient d'être quelque peu rudoyés par de Gaulle, fit remarquer à celui-ci qu'il avait été trop sévère avec eux et il les fit revenir dans le bureau où il se trouvait. De Gaulle eut alors les mots qu'il fallait pour les émouvoir et leur dit, pour finir : « Maintenant vous allez retourner auprès de vos hommes, vous leur direz que je les aime bien. » Et Pierre Bertaux témoigne qu'il « y avait dans le salon des yeux humides [12] ».

A Bordeaux, comme à Toulouse, la foule innombrable acclama de Gaulle. Là aussi il trouva « quelques chefs affectant d'être réfractaires » auxquels il offrit, a-t-il écrit, « le choix immédiat entre deux solutions :

ou se soumettre aux ordres du colonel commandant la région ou bien aller en prison. Tous préférèrent la première ». En pratique, l'autorité du commissaire de la République, Gaston Cusin, qu'il jugea « plein de bon sens et de sang-froid », s'établissait sans grand-peine. Et aux autres étapes de ce parcours de la France, à Saintes, face aux poches allemandes de Royan et de La Rochelle, à Orléans, plus tard à Nancy, à Lille où, comme on le verra, il eut l'expérience la plus directe de la misère populaire, en Normandie, en Champagne et dans les Alpes, il vérifia que l'autorité de l'Etat républicain se restaurait partout.

Au fond, de Gaulle comprenait peut-être mieux que personne, par sa vie et par son caractère, les sentiments qu'éprouvaient beaucoup de résistants au moment où cessait pour eux la plus grande aventure de leur vie, et l'irrépressible désir que cette aventure se prolonge alors qu'ils savaient au fond d'eux-mêmes qu'elle s'achevait pour toujours. Personne, en réalité, n'a mieux traduit ces sentiments que lui et en aussi peu de lignes :

> Tandis que l'ennemi fuyait et que Vichy s'anéantissait, ils avaient été tentés de dire, comme le Faust de Goethe : « Instant ! arrête-toi. Tu es si beau ! » La Libération, en effet, retire à leur activité ses principaux points d'application. Pour eux, la nostalgie commence, et d'autant plus que ces hommes ardents et aventureux ont éprouvé, au plus fort du danger, les sombres attraits de la lutte clandestine, dont ils ne se déprendront plus.

Mais, en vérité, que pouvaient-ils faire d'autre, pour la plupart, que de faire ce que de Gaulle prévoyait pour eux :

> Il est de l'intérêt national, a-t-il écrit, que les hommes qui ont mené la lutte au premier rang participent également à l'œuvre de redressement.

Dans l'immédiat, il en a fait des ministres, des hauts fonctionnaires, des préfets, des responsables, à tous les échelons, de l'administration civile et des institutions militaires. Bientôt, comme on le verra, il leur suggérera d'entrer dans les partis politiques et de les animer de l'esprit de la Résistance. Tout simplement, le temps est venu de travailler, de reconstruire et de gérer, de réformer aussi, même si les réformes sont si nombreuses et si profondes qu'elles portent le nom de « révolution ». Que beaucoup de résistants non communistes se soient fait de celle-ci une autre image, on n'en peut douter : force est de dire que leur romantisme les éloignait de la réalité. Quelques-uns même en furent aveuglés. Je me souviens des sentiments mêlés de sympathie, de gêne, de stupeur et d'irritation que quelques-uns d'entre nous éprouvèrent à la lecture d'une brochure signée « Indomitus » et intitulée : *Nous sommes les rebelles* dont nous avions entendu dire qu'elle était due à des amis du mouvement « Défense de la France » et dont l'auteur était effectivement l'un d'eux, Philippe Viannay. Il reprochait à de Gaulle et à son gouvernement de vouloir « toucher la nation française par-delà la Résistance », affirmait que « M. de Menthon, M. Capitant, M. Teitgen, M. Bidault et d'autres ne possèdent pas tout à fait ce que l'on pouvait appeler l'esprit de la Résistance, c'est-à-dire l'esprit de la Révolution » et il affirmait tranquillement que « si le gouvernement veut essayer de tuer la Résistance, il suffit qu'il aille jusqu'au bout de la logique du système déjà amorcé, il lui suffit de jouer la Nation contre la Résistance, c'est-à-dire qu'il lui suffit, sur le plan intérieur, de prendre la suite du gouvernement Pétain ». Si « révolutionnaires » qu'étaient beaucoup d'entre nous, c'est-à-dire si convaincus de l'importance et de l'urgence de profondes réformes, il nous paraissait insensé d'opposer la nation et la Résistance, d'oublier que la Résistance était sortie de la nation et qu'elle l'incarnait, injuste de décréter souverainement que certains résistants n'en étaient pas vraiment, tandis que d'autres s'en arrogeaient « l'esprit », et qu'il était fou d'assimiler le gouvernement de la Libération à celui de Pétain. En pratique, cette brochure n'eut qu'une diffusion presque insignifiante mais les thèmes en furent repris par plusieurs livres dont le meilleur et le plus représentatif fut sans doute celui de Pierre Hervé, alors journaliste communiste : *La Révolution trahie*. Le cas de Philippe Viannay était cependant le plus révélateur en ce sens qu'il ne représentait nullement son propre mouvement : « Défense de la France » était une organisation principalement recrutée parmi les très jeunes cadres de l'économie et de l'administration, qui aspiraient naturellement à de profondes réformes de la société française en même temps qu'à la diriger. C'est d'ailleurs ce qui advint à beaucoup de ses chefs et de ses membres, comme ce fut le cas dans tous les mouvements de Résistance non communiste.

Le fait est que, dans l'ensemble de la France, la restauration de l'Etat n'a pas correspondu au tableau heurté, conflictuel et parfois violent qu'on en a souvent donné en se référant aux épisodes de Marseille et de Toulouse. Le plus révélateur et le plus informé est, à cet égard, le rapport rédigé à la date du 6 septembre 1944 par Claude Bouchinet-Serreulles, adjoint puis remplaçant provisoire de Jean Moulin, auparavant membre du Cabinet du chef de la France libre à Londres et qui allait diriger celui du ministre de l'Intérieur[13]. « Dans l'ensemble, la libération s'est effectuée de façon heureuse, écrit-il, à propos de la région de Toulouse. Les troubles graves que certains redoutaient, au lieu d'être la règle, ont été l'exception. Très rares ont été les effusions de sang... A l'exception de la région de Limoges, où le processus fut plus lent, les commissaires de la République ont rapidement imposé leur autorité ; partout il s'emploient à assurer la prééminence du pouvoir civil sur le commandement militaire. Dans toute la zone Sud, le caractère politique de la Résistance est au moins aussi accusé que son aspect militaire. Aussi les comités départementaux de la Libération font-ils montre d'une grande activité ; ils ont manifesté, surtout au début, l'intention et parfois la volonté de gouverner directement le département ; souvent ils ne se sont résignés que malaisément à la prise de pouvoir du préfet. Partout où le préfet, appuyé par le commissaire de la République, fit preuve d'énergie et sut comprendre l'esprit des hommes de la Résistance, il fit sans difficulté prévaloir son autorité ». Serreulles signale le cas d'un préfet mis en cause par le Comité départemental de libération et qu'il dut relever de ses fonctions, mais « en raison de sa flagrante incapacité ». Il relève que, très souvent, les Comités sont formés de délégués du parti communiste, du parti socialiste, du Front national, du MLN et de la CGT : il en résulte que les communistes y prévalent souvent si l'un des leurs ou de leurs sympathisants représente le MLN et la CGT — ce qui n'est pas toujours le cas, loin de là. C'est pourquoi, écrit-il, « il est nécessaire d'inviter les commissaires de la République et les préfets à obtenir une plus impartiale représentation des diverses nuances des opinions résistantes ». Sa conclusion est formelle et paraît d'autant plus crédible que son rapport n'était nullement destiné à être publié mais, au contraire, à informer très exactement de Gaulle de l'état du pays : « La population, dans son ensemble, après la fièvre des premières heures, passe par une phase de détente. Elle est à la joie de la liberté retrouvée et, en même temps, elle n'en croit pas ses yeux... D'instinct, les masses populaires font confiance au gouvernement du général de Gaulle... Dans cette conjoncture, il apparaît que le gouvernement, malgré la faiblesse de ses moyens, peut tout. L'attente est immense. Jamais autorité sur le seul nom de son détenteur, et quant au reste inconnu, n'a joui d'un plus ample crédit. »

De Gaulle avait donc, sans nul doute, l'opinion populaire avec lui. Il le sentait quand, enregistrant les réactions à son discours du Palais de Chaillot et tirant les leçons de ses premiers contacts avec quelques-uns des dirigeants de la Résistance intérieure, il en concluait, comme il l'écrivit dans ses *Mémoires* :

> Plus que jamais, il me fallait donc prendre appui dans le peuple plutôt que dans les « élites » qui, entre lui et moi, tendaient à s'interposer.

Mais il devait surtout traduire en actes l'autorité dont il se voyait investi. Et c'est alors qu'il allait prendre la mesure de l'opposition communiste qu'il croyait discerner face à lui.

Le terrain sur lequel il s'engagea aussitôt fut celui de la force militaire. Dès le 28 août au matin, quand il reçut dans son bureau du ministère de la Guerre les membres du COMAC et l'état-major des Forces françaises de l'Intérieur, il leur laissa entendre que leur rôle était achevé. Suivant les versions, il se montra très abrupt ou, au contraire, cordial, avec cette bonhomie un peu rude qui est souvent le fait, dans l'armée, d'un chef qui veut exprimer, sans démagogie, son amitié à ses subordonnés[14]. Mais, dans l'après-midi, il le confirma sans ambages aux membres du CNR : les « organismes supérieurs du commandement et les états-majors des FFI » étaient dissous. Le soir du même jour, le COMAC publia une énergique protestation. Du coup, son président, Pierre Villon, fut à nouveau reçu par de Gaulle. Celui-ci, comme on l'a vu, lui offrit d'être ministre, soit pour limiter sa liberté d'action, soit parce qu'il avait apprécié son franc-parler et son caractère, soit pour ces deux raisons à la fois, et quand Villon lui fit connaître son refus, ce fut l'occasion, pour de Gaulle, de s'expliquer sur la question, évidemment décisive, de l'unification des forces françaises.

> Aucune décision de dissoudre et de désarmer les FFI n'a été prise par moi, lui dit-il, la décision du gouvernement consiste tout au contraire à les intégrer dans l'ensemble des formations de campagne [...] afin de les utiliser de la meilleure manière possible dans les batailles qui nous restent à livrer à l'ennemi [15].

Sur ce terrain, de Gaulle avait les meilleurs arguments pour lui. A coup sûr, Villon et les autres chefs de la Résistance intérieure, toutes tendances confondues, avaient parfaitement raison de rappeler l'efficacité de celle-ci dans les missions qu'on lui avait données, l'ardeur de ses hommes, leur combativité, leur enthousiasme, leur volonté passionnée de combattre. Mais on ne pouvait contester qu'ils n'étaient pas préparés à la guerre telle qu'elle se poursuivait en Lorraine, en Alsace, ni même devant les poches allemandes de Royan et de Dunkerque ; ni à servir comme ils auraient à le faire dans les divisions blindées ou motorisées modernes. L'amalgame auquel le commandement va procéder soit au sein de la première armée, soit dans la 2e DB, se révélera très vite efficace et rapide. L'incorporation d'unités entières de FFI, comme celles de la brigade Alsace-Lorraine d'André Malraux ou encore celles qui formeront la 10e division d'infanterie commandée par Billotte, se passera bien, moyennant une période plus ou moins longue dans des camps d'instruction, souvent jugés trop rigides et trop hiérarchisés par les jeunes résistants. En réalité, ils souhaitaient être engagés aussitôt que possible dans les combats où il seraient, cette fois, « sous l'uniforme » et, contrairement à l'avis de leurs chefs, c'est en s'amalgamant sans délai à l'armée régulière, qu'ils y parviendraient le mieux. Partout, comme toujours, c'est l'engagement direct dans la guerre qui forgea l'unité.

Du reste, aucune autre méthode n'était concevable : le conflit n'allait plus durer que quelques mois et jamais les Forces de l'intérieur si elles avaient été mises à part, reformées et entraînées de leur côté, n'auraient été prêtes à temps pour les derniers combats. Leur équipement, du reste, aurait entièrement dépendu de la fourniture de matériels par les Américains qui, justement, ne voulaient pas leur en donner. Le gouvernement décida que, pour tous, il faudrait d'abord un engagement régulier pour la durée de la guerre. Sur les 400 000 à 500 000 hommes se rattachant aux Forces françaises de l'Intérieur à la Libération — suivant les différents recensements — 300 000, selon de Gaulle, rejoignirent l'armée de terre et 40 000 la marine et l'aviation. C'est l'estimation la plus élevée que l'on puisse faire. La première armée en recruta 130 000, la 2e DB, 10 000 environ, les autres se retrouvèrent dans sept nouvelles divisions dont la 27e sur les Alpes, la 10e à Paris, la 19e en Bretagne, les 25e et 23e devant Saint-Nazaire, La Rochelle et Royan, la 1re dans le Berry et la 14e en Alsace, à quoi l'on peut ajouter les gendarmes renvoyés à leur corps d'origine, les 60 compagnies républicaines de sécurité qui furent alors constituées pour la première fois et quelques régiments en dépôt ou à l'instruction. L'opération voulue par de Gaulle fut, au total, réussie : c'est au printemps, quand intervint l'armistice du 8 mai, qu'on put mesurer combien les effectifs sous les drapeaux étaient sans commune mesure avec ceux dont on avait encore besoin pour l'occupation de l'Allemagne et de l'Autriche, et pour le corps expéditionnaire qu'on allait envoyer en Indochine. La démobilisation tarda trop et la levée de la classe 1943, dont il n'y avait, en réalité, aucun besoin, accentua leur pléthore. Mais, pour le but que de Gaulle s'était fixé — la plus forte participation à la guerre — les huit mois que le conflit dura encore lui donnèrent le temps d'en réunir les moyens.

Il avait donc unifié l'armée comme il était en passe, à marche forcée, d'unifier l'autorité de l'Etat sur tout le territoire. N'y avait-il donc, face à lui, aucune opposition et le parti communiste était-il décidé ou résigné à lui laisser le monopole du pouvoir ? C'est ce qu'ont dit plusieurs des commissaires de la République expressément interrogés sur ce point. C'est ce qu'ont écrit la plupart des historiens, c'est ce que j'ai pensé et que j'ai écrit dans le livre que j'ai consacré à de Gaulle vingt ans après la Libération et, comme je l'ai rapporté, c'est ce que de Gaulle, justement, contesta. Aujourd'hui, peut-être est-il possible de donner plus de rigueur à l'analyse historique. Nul doute que le parti communiste, comme il était naturel, ait voulu asseoir fortement son autorité sur l'ensemble de la Résistance intérieure : on a vu qu'il s'y était efforcé en voulant l'incorporer tout entière au sein du Front national puis dans des « Comités de la France combattante » mais qu'il n'y était pas parvenu. On a vu aussi qu'ayant Giraud comme principal interlocuteur, il avait réussi, dans un premier temps, grâce à des élections à main levée, à établir sa prépondérance dans les nouvelles municipalités de la Corse libérée. André Marty, principal dirigeant du Parti à Alger, en a déduit qu'il était le meilleur interlocuteur possible pour les communistes, bien plus que de Gaulle. D'après le rapport à Moscou que l'on a cité — « Vous pouvez faire en France tout ce que vous voulez mais vous devez nous donner des renseignements sur les troupes allemandes dans le Sud » — on devine qu'il en déduit que les communistes auraient, avec lui, de larges possibilités d'action[16]. En tout cas, l'exemple corse est bien celui dont ils voudraient s'inspirer pour le reste de la France.

Il en résulte, naturellement, une méfiance envers eux que de Gaulle partage avec la plupart des membres du CFLN et de ses collaborateurs immédiats, par exemple Soustelle, Billotte et Passy. Les plus vigilants, et en réalité les plus hostiles, sont, d'ailleurs, quelques-uns des chefs de la Résistance intérieure, en particulier Frenay à qui l'on attribue, probablement à juste titre, un rapport interne soupçonnant les communistes « de faire de De Gaulle un Kerenski qui ferait la révolution de Février, cependant qu'eux-mêmes se réserveraient la révolution d'Octobre ». De Gaulle, pendant longtemps, ne semble pas avoir redouté une emprise générale des communistes sur le territoire français au moment de la Libération mais, comme on l'a vu, tout en rendant clairement hommage à la part qu'ils prennent dans la Résistance, à leur combativité et à leurs sacrifices, il veut garder toute sa liberté d'action vis-à-vis d'eux et refuse même de se laisser imposer par eux le choix des ministres venant de leurs rangs. Plus encore, il réserve le cas de Maurice Thorez, condamné pour désertion en 1940 et qui se trouve à Moscou, alors que le parti communiste, à Alger, mène campagne pour son retour : à cette date, il est vrai, de Gaulle ne connaît pas les sensibles nuances qui opposent déjà Thorez, décidé à jouer le jeu de la légalité et de la participation communiste au pouvoir, et André Marty dont on a vu la méfiance et l'hostilité envers le gouvernement d'Alger et qui est de ceux qui pensent qu'un affrontement est inévitable entre les éléments révolutionnaires de la Résistance, que le parti doit inspirer, et ce qu'il appelle « le gouvernement des trusts ».

A Moscou, Thorez, en effet, est plus proche de la direction soviétique qui, en mars 1944, a adressé aux dirigeants communistes français ses instructions, signées par Georges Dimitrov, ancien secrétaire de l'Internationale communiste officiellement dissoute depuis l'année précédente : elles prescrivent le ralliement à l'union nationale réalisée par l'ensemble de la Résistance intérieure et à de Gaulle que celle-ci reconnaît pour chef[17]. C'était un choix qui s'inscrivait logiquement à la suite des décisions prises par Staline en faveur de relations directes, puis exclusives, avec de Gaulle. Mais il n'impliquait pas forcément que les communistes français renoncent à élargir leur influence et leur pouvoir ni qu'ils tentent de les accroître au moment de la Libération, suivant les chances qu'ils pourront alors saisir. Et ils pressentent que de Gaulle sera, dans leur entreprise, le principal obstacle. De là vient la stratégie qu'ils vont adopter, dont l'ambiguïté suscitera plus tard des jugements contradictoires mais où de Gaulle verra toujours, malgré les avis contraires, une tentative de prise du pouvoir[18].

Pour les communistes, leur entrée au gouvernement provisoire est déjà un efficace instrument pour étendre leur influence et réclamer de nouvelles responsabilités à la tête de l'Etat, mais leur comportement révèle un autre dessein : l'établissement en France d'un pouvoir parallèle, véritables centres d'autorité et de décision dont l'enracinement et les moyens d'action seront tels qu'on ne pourra plus ni les dissoudre, ni les négliger, ni les affronter. A distance, cette tentative peut paraître aventureuse et irréaliste : mais, pour la comprendre, il faut se reporter à ce qu'on pouvait prévoir à la veille de la Libération. Rien n'était encore joué : il n'était pas dit que l'appareil d'Etat mis clandestinement en place par les représentants que de Gaulle avait envoyés en France occupée et par les chefs de la Résistance intérieure qui leur étaient associés, s'installerait sans difficulté. Il n'était pas dit non plus que le territoire français serait libéré d'un seul coup et, en tout cas, que l'autorité du pouvoir central pourrait s'exercer partout. Il n'était pas acquis que les partis politiques et les organisations de Résistance s'accorderaient avec de Gaulle et lui laisseraient la direction du pays même si on l'avait reconnu comme chef du gouvernement provisoire. Bref, beaucoup d'inconnues subsistaient. Il n'était donc pas excessif de penser, comme les dirigeants du Parti communiste français semblent l'avoir fait, qu'il était possible d'établir dans la France libérée des pouvoirs sur lesquels ils exerceraient leur prépondérance soit directement, soit, le plus souvent, par l'entremise des mouvements de Résistance et des organisations syndicales qu'ils contrôlaient : on verrait bien par la suite ce qui adviendrait et s'il serait possible d'investir le pouvoir central. Au fond, tout dépendrait du rapport des forces.

En pratique, il s'agissait de savoir quel serait le résultat de l'insurrection nationale, expressément voulue par de Gaulle lui-même, et qui détiendrait la force armée dans la France libérée. L'échec des communistes à prendre effectivement le contrôle d'une grande partie du territoire et à peser ensuite, de tout leur poids, sur le pouvoir central, voire même à l'investir, est attribué par plusieurs historiens à ce qu'ils considèrent comme l'échec de l'insurrection elle-même. L'un d'entre eux, Philippe Buton, qui a très soigneusement analysé les préparatifs du parti communiste en vue de la Libération, a recensé 222 villes dont le contrôle était en jeu : l'insurrection n'aurait triomphé que dans cinq d'entre elles et n'aurait partiellement réussi que dans une trentaine. Mais il n'est pas possible de s'en tenir à ce seul décompte. L'insurrection nationale ne visait pas à s'emparer, de vive force, de chaque ville importante mais à créer une situation telle que, stratégiquement, les forces allemandes soient obligées d'évacuer le territoire français ou qu'elles soient clouées au sol et capturées. Partant de Normandie et de Provence, les offensives alliées devaient se conjuguer et faire leur jonction aux frontières de la Bourgogne et de la Lorraine : elle laissait au sud de la Loire et à l'ouest d'immenses territoires où les forces allemandes risquaient d'être encerclées et d'où elles tenteraient de s'échapper. Ce fut le rôle de l'insurrection nationale de les retenir, pour la plus grande part, de les immobiliser, de les détruire ou de les capturer, réserve faite des quelques poches de l'Atlantique où elles furent enfermées. A quoi il est juste d'ajouter que l'insurrection dans les secteurs mêmes où les

Alliés développaient leur offensive, paralysa l'ennemi autant que possible, gêna ou empêcha son repli — comme ce fut le cas à Paris. Au total l'insurrection nationale a pris plus d'ampleur encore qu'il n'était prévu et ce n'est pas sans raison que le commandement allié, mesurant son efficacité, a reconnu ostensiblement sa contribution à la victoire.

Mais de Gaulle lui avait donné un double objectif : politique et militaire. Il s'agissait de vaincre l'ennemi mais aussi d'établir sur-le-champ l'autorité du gouvernement provisoire, un pouvoir politique français tel que les Alliés devraient le reconnaître, par la force des choses, et renoncer à leur projet d'administration militaire. A cet égard aussi, l'insurrection nationale prit toute la dimension qu'on avait espérée et son succès répondit à l'attente de ceux qui l'avaient préparée. On a vu qu'elle avait dû tenir compte des phases successives de la bataille de Normandie, du piétinement des armées alliées avant la percée décisive d'Avranches, qu'un coup d'arrêt lui avait donc été donné après son déclenchement général ordonné par le commandement allié, et qu'elle avait ensuite repris toute son ampleur. Mais, à ce prix, elle fut un succès presque total.

Les délégués envoyés de Londres et d'Alger, animèrent et coordonnèrent les actions de la Résistance armée. Les commissaires de la République nommés par le gouvernement provisoire prirent immédiatement leurs fonctions. Les préfets, dont Michel Debré avait établi la liste, approuvée par la délégation générale en France et par le Conseil national de la Résistance, se mirent en place. Malgré d'immenses difficultés tenant surtout à la destruction des moyens de transport et de communications, bien plus encore qu'aux querelles de pouvoir, le rétablissement de l'Etat s'est effectué partout, au prix de quelques délais et de certains désordres. Il n'y eut, en réalité, aucun vide qu'aurait pu combler un pouvoir concurrent du gouvernement provisoire, même animé par le dynamisme, l'ardeur combative, l'esprit de sacrifice et l'incontestable popularité du parti communiste et des organisations qu'il contrôlait. En fin de compte, ce n'est pas l'échec de l'insurrection nationale qui a empêché les communistes d'accomplir le dessein qu'on leur prête parfois — et auquel de Gaulle croyait : c'est son succès, au contraire, qui a permis à de Gaulle et à son gouvernement d'établir leur autorité.

Il ne restait qu'à la confirmer. Saisissant l'occasion tragique qu'offrait l'exécution par les milices patriotiques de deux condamnés à mort qu'il avait graciés, de Gaulle fit prononcer leur dissolution par le gouvernement, le 28 octobre. Les deux ministres communistes ne s'y étaient pas opposés. Des protestations s'élevèrent pourtant au sein du Conseil national de la Résistance dont cinq membres furent reçus par de Gaulle à Neuilly « avec égard et amitié », a-t-il écrit, mais pour les avertir clairement que le temps de l'insurrection était révolu et que l'autorité de l'Etat ne pouvait être contestée [19]. Il avait prévu, en cas de crise, de rappeler quelque temps à Paris la 1re division française libre et la 2e DB de Leclerc, mais ce ne fut, en réalité, qu'une intention fugitive tant il était convaincu que la Résistance intérieure ne s'opposerait pas à lui. Le parti communiste poursuivit néanmoins, dans ses journaux et dans ses meetings, sa campagne contre la dissolution des milices patriotiques, dénonçant le « complot des trusts » qui en seraient l'explication, stigmatisant les manœuvres qu'il prêtait aux services spéciaux venus de Londres et d'Alger et s'indignant du traitement réservé à ces hommes issus de la Résistance. L'explosion dramatique de stocks de munitions, à Vitry, le 4 novembre, puis au château de La Simone, dans le Vaucluse, fit des dizaines de morts parmi les membres de ces milices. La presse communiste mit en cause d'anciens policiers de Vichy ou des agents allemands et s'en servit naturellement pour condamner leur dissolution. Mais tout concourt à montrer qu'il s'agissait d'accidents et de Gaulle, dans ses *Mémoires de guerre*, a réagi vivement contre l'exploitation qui en fut faite comme s'il s'agissait — mais il ne l'affirme pas — d'une provocation. Ce n'était que le dernier épisode d'une affaire vite tranchée, sans écho profond dans le pays et qui permit au moins de recenser et de mettre à l'abri plusieurs dizaines de milliers d'armes.

La Libération n'entraîna donc ni guerre civile, ni dictature, ni affrontement pour le pouvoir. De Gaulle en avait été, pour l'essentiel, l'artisan : c'est peut-être alors qu'il remporta le plus grand succès de l'extraordinaire aventure entamée le 18 juin 1940. Et c'est pourtant à cette occasion que, jugeant dérisoires les prétentions « révolutionnaires » des communistes ou peut-être d'autres courants de la Résistance, il fit à son secrétaire, Claude Mauriac, cette confidence qui révèle toute une part de lui-même :

> Il n'y a qu'un révolutionnaire en France : c'est moi !

Chapitre 17

LA FRANCE RETROUVÉE

La France que de Gaulle retrouve quand il débarque en Normandie, traverse Bayeux, emprunte la vallée de la Loire et arrive à Paris, il lui faut la découvrir. La tentation est grande, pour lui comme pour beaucoup d'autres, de penser que tout a changé depuis qu'il l'a quittée, un jour de juin 1940. Ce changement, il ne fait pas que le pressentir : il y a contribué plus que personne, par le défi sans exemple qu'il a lancé au vieil Etat écroulé sous le choc de la défaite, par ses appels à la Résistance, par la révolte qu'il a, pour une très grande part, suscitée, encouragée, organisée. Mais on n'abolit pas l'Histoire en quatre ans. Le poids du passé, inévitablement, va continuer de peser sur le pays : non seulement le passé récent qui va naturellement dominer la scène politique et sociale, mais l'héritage des traditions, des familles d'esprit, des clivages anciens, des courants d'opinions qui, eux-mêmes issus d'une histoire plus ancienne, ont façonné la France durant les 70 ans de son histoire républicaine. De Gaulle, du reste, le savait quand il avait jugé que les forces politiques d'avant-guerre, d'une manière ou d'une autre, resurgiraient après la Libération et qu'il fallait les intégrer, sans attendre, au sein du Conseil national de la Résistance.

Mais au jour de la Libération c'est un autre visage que la France offre d'elle-même. Le romancier Georges Duhamel, dans le deuxième numéro du *Figaro*, publié au grand jour, écrivait, le 26 août 1944 : « Que je te regarde une fois encore au visage, ô grand peuple malheureux qui va redevenir un peuple libre ! » Ce peuple allait garder très longtemps le souvenir des heures de la Libération et des sentiments intenses qui l'étreignaient alors. Il était libéré d'une épreuve qui ne se réduisait pas seulement à sa propre misère, à la défaite de ses armées, à l'occupation entière de son territoire : il venait aussi de vivre l'écroulement du régime d'avant-guerre, l'établissement d'une dictature liée à l'ennemi et sa chute finale, des déchirements internes sans mesure où étaient en cause le déshonneur et la trahison. De ce fait, il y avait, dans la ferveur des jours et des nuits d'août 1944, une évidente signification morale autant que politique : il s'agissait d'effacer ce qu'on voulait rejeter de l'histoire de ce temps, ce qui dénaturait l'image d'un pays raidi sous le joug ennemi, rassemblant ses forces au-dedans et au-dehors, se maintenant à tout prix dans la guerre aussi bien par les combats illustres de Bir Hakeim que dans les plus obscures tragédies de la Résistance, et se retrouvant tout entier au jour de sa liberté recouvrée. De là, l'indicible solennité de cette Libération, moment peut-être unique dans l'histoire nationale, en tout cas vécu comme tel.

Mais ce fut aussi une expérience concrète. On abolit le couvre-feu, avant même que les autorités ne l'aient décidé. On renonça immédiatement au camouflage des lumières, en dépit d'une réaction sporadique mais violente et meurtrière de l'aviation allemande, deux nuits après la libération définitive de la capitale. A la prison de la Santé, au Cherche-Midi, à Fresnes, les « politiques » sortaient. Les Parisiens découvraient une presse entièrement nouvelle, même s'ils reconnaissaient quelques journaux d'avant-guerre, *Le Figaro, L'Humanité, Le Populaire, L'Aube*, à côté de titres inconnus jusque-là : *Libération, Combat, Franc-Tireur, France Libre, Résistance, Défense de la France*... Les habitants de Paris considérèrent avec sympathie, ou même avec une indulgence attendrie, leur police, que sa participation aux derniers épisodes de la Libération avait transfigurée à leurs yeux, et, symboliquement, celle-ci renonça du jour au lendemain, pour régler la circulation, au rituel, fait de mouvements de bras saccadés, imposé par les autorités d'occupation...

Dans l'esprit de l'immense majorité des Français, il y eut alors un désir profond, presque farouche, de célébrer leur unité sur quelques idées indiscutables : l'indépendance restaurée, la liberté rétablie, la France comptant au rang des vainqueurs. Ainsi seraient ramenées à leur place, obscure et secondaire, les erreurs, les hésitations, les ruptures. Dans l'explosion de joie qui eut lieu partout il y avait naturellement un élan spontané mais peut-être aussi, sous-jacente, une volonté délibérée de donner l'image d'un peuple uni dans la plus juste des causes. Cette image, jamais, ne fut tout à fait effacée, même quand, bien plus tard, on s'efforça de donner du peuple français une image contraire. C'est que les temps à venir allaient donner peu d'occasions où les Français pourraient manifester ce qu'il y a en eux de volonté d'union et de nostalgie de la fraternité. Mis à part le jour de la victoire, le 8 mai 1945, dont l'éclat avait été d'avance atténué par les explosions de joie d'août 1944, la Libération fut, depuis le 11 novembre 1918, le seul moment où s'incarna ce rêve d'union et de fraternité.

Mais non sans une singulière impression de contraste. La misère, le dénuement, l'absence des prisonniers, l'angoisse pour le sort des déportés, le spectacle des destructions accumulées, le souvenir des déchirements, des querelles et des haines, le ressentiment envers les oublis et les injustices, l'amertume de n'avoir pu faire, à temps, « ce qu'il fallait », tout cela était trop présent dans les esprits pour être oublié tout à fait, tandis que déferlaient, dans les rues et sur les places, les foules, les cris, les chants, les acclamations... Par la suite, seule la commémoration des jours de la Libération, avec l'évocation rituelle des humbles morts de la Résistance, suscitera çà et là, de temps à autre, une certaine communauté d'émotion chez la très grande majorité des Français : c'est seulement en célébrant leur Libération que les Français garderont le souvenir et la nostalgie de la fraternité nationale.

Seule la Résistance — ou du moins ses chefs — se faisait entendre alors : on verra comment elle s'exprimait. Mais la France, dans ses profondeurs, était-elle à l'image des hommes, des organisations, des partis qui occupaient la scène et prétendaient la représenter ? Rien de plus difficile à saisir que son visage véritable durant ces mois qui suivirent la Libération. Certes, le tremblement de terre politique, social, moral, que furent les années 1940-1944, marquait, de manière ineffaçable, l'esprit public. La Résistance, les partis les plus importants, le gouvernement et de Gaulle lui-même, offraient l'image d'une France sortie triomphante de épreuves de l'Occupation et envisageant déjà un avenir conforme à leurs espérances. Mais n'y avait-il pas d'autres France ? Et ceux-là même qui avaient pris part au combat, d'une manière ou d'une autre, se reconnaissaient-ils en ceux qui voulaient parler en leur nom ?

La Résistance, on l'a bien vu, ne fut jamais homogène, ni à l'extérieur ni à l'intérieur. Ceux qui s'engagèrent dans la France libre, en provenance des colonies ou des pays étrangers, ou encore évadés de la métropole, venaient de tous les milieux sociaux. Leur tempérament commun était fait de refus des conformismes, de rébellion contre l'esprit de résignation, la lâcheté ou la logomachie de la soumission au vainqueur et de la rédemption par la servitude qui caractérisaient Vichy. Il s'y mêlait pour beaucoup la volonté de vivre une aventure, les qualités ordinaires de la jeunesse, un mépris affiché pour les hiérarchies traditionnelles : c'étaient, devait dire plus tard Georges Bidault, les « mauvaises têtes ». Mais c'était affaire de caractères et de circonstances. Le désir de combattre immédiatement, les préoccupations militaires, une simple exigence d'action l'emportaient sur tout le reste, au point que la plupart des Français libres ont éprouvé une impression de bizarrerie et d'incongruité choquante au spectacle des querelles et des agitations de certains Français de Londres, particulièrement ceux qui manifestaient une prévention personnelle envers de Gaulle. Il n'y avait là rien, en tout cas, qui laissât prévoir une orientation politique déterminée. Très peu de Français libres se souviennent d'avoir eu, entre eux, de conversations sur les nationalisations ou la future constitution. Pierre Messmer, qui fut l'un d'eux, estime que le sentiment des risques courus les détournait, comme par pudeur, de parler d'un avenir que, peut-être, ils ne connaîtraient pas.

Un seul sentiment dominait chez eux : le pays ne devait pas être ce qu'il était avant la guerre. Cela valait surtout pour l'instabilité du gouvernement qui paraissait à tous ridicule et déplorable et pour les inégalités sociales, toujours jugées excessives. Mais ce désir de changement demeurait vague et, surtout, il s'accompagnait d'une indéniable nostalgie de la vie d'avant-guerre, embellie dans les souvenirs de chacun : on rêvait, très naturellement, de bons repas et de week-ends en voiture, images symboliques, en particulier chez les Français, des charmes de la paix... Ce qu'il pouvait y avoir d'audacieux, ou même de « révolutionnaire » dans la volonté de changement que l'on proclamait alors, se trouvait ainsi limité, compensé, corrigé par un attachement naturel au genre de vie traditionnel du pays. De surcroît, les Français libres n'avaient, par eux-mêmes, aucune représentation politique. Les seuls dirigeants connus d'eux étaient leurs chefs militaires : Koenig, Leclerc, Larminat, Legentilhomme, Auboyneau, Brosset. Encore l'esprit de fronde, si général dans la France libre, exposait-il certains d'entre eux à bien des critiques. Très peu de combattants connaissaient même le nom des principaux membres civils du comité de Londres : René Cassin, André Diethelm, Jacques Soustelle, René Pleven, ou les anciens députés socialistes : Pierre-Olivier Lapie et André Philip. A plus forte raison ignorait-on généralement ce qu'ils avaient fait avant la guerre. La voix de Maurice Schumann demeurait anonyme. Seul, en définitive, de Gaulle était connu et reconnu par ceux qui s'étaient ralliés à lui. C'est dire que cette fraction de la Résistance française, même lorsqu'elle fut élargie après 1942, par la mobilisation des forces d'Afrique du Nord, jusqu'à former le corps expéditionnaire en Italie, la 1re armée française, la 2e division blindée de Leclerc, ne pouvait se reconnaître aisément dans le personnel politique qui apparut après la Libération.

Mais le sentiment général, dans la Résistance intérieure, était-il si différent ? Sans doute les lecteurs des journaux clandestins percevaient-ils l'orientation politique des dirigeants et des cadres des mouvements. La participation d'anciens membres des partis politiques donnait parfois à ceux-ci une coloration particulière : ainsi de Libération Nord, où les socialistes étaient nombreux, et surtout du Front national dont les communistes, en bloc, faisaient partie. Mais là n'était pas, pour l'essentiel, la réalité politique et psychologique de la Résistance intérieure. La plupart de ceux qui s'engagèrent dans un réseau ou dans un mouvement, ou qui rejoignirent un maquis, n'avaient jamais adhéré à un parti. Ils n'avaient aucune idée, le plus souvent, de la personnalité ou des opinions des responsables de l'organisation dont ils devenaient membres. Ils ne cherchaient d'ailleurs nullement à s'en informer. Entre eux, ils parlaient presque toujours des missions à remplir, de l'action à mener, des dangers à prévenir, des amis à recruter et, naturellement, des événements de la guerre : la date probable de la Libération, la bêtise ou l'infamie des décisions de Vichy... Les survivants qui en témoignèrent, assurent que leurs conversations, quand elles portaient sur l'avenir, traduisaient en général le souhait d'un régime différent de celui d'avant-guerre, une exigence plus grande de justice sociale, un farouche désir de liberté et, bien entendu, une certaine nostalgie de la douceur de vivre que l'on prêta aux dernières années de paix. Ce ne fut qu'à la Libération que la plupart découvrirent les noms de leurs dirigeants clandestins. S'ils étaient portés à les estimer, à les soutenir, à leur faire confiance, excepté quand on croyait pouvoir les critiquer pour tel ou tel épisode de la clandestinité, cela n'impliquait, en tout cas, aucune identité de vue sur l'ensemble de problèmes qui allaient surgir après 1944.

Entre l'union qui s'imposait pendant la guerre, et la division inévitablement entraînée par les choix politiques, la majorité des anciens résistants semble bien avoir refusé toute confusion. Pour eux, le souvenir du combat et des épreuves était à la fois trop proche, trop précieux, trop singulier, pour être compromis par les luttes politiques qui s'annonçaient. Vouloir transformer un mouvement ou une amicale des anciens d'un réseau ou d'un maquis, en un groupement politique qui prendrait parti sur les nationalisations ou la Constitution, c'était, aux yeux de la plupart, un double abus. D'abord envers les organisations de la Résistance elles-mêmes et leur histoire : elles n'avaient pas été faites pour cela. Mais aussi envers leurs membres, qui ne partageaient pas tous les mêmes opinions : si elles prenaient parti, ceux d'un avis différent s'en trouveraient rejetés alors qu'au moment du combat et du danger, ils y avaient eu leur place. Tel était, semble-t-il, l'état d'esprit de la plus grande partie des anciens résistants. Ils auraient souhaité rester unis et continuer à espérer et à vivre ensemble. Mais, par expérience ou par instinct, ils savaient que les conflits politiques les diviseraient et ils ne voulaient pas que leurs souvenirs, leurs amitiés, leur fidélité, fussent gâchés par les affrontements et les déchirements qui en résulteraient. Ils choisirent donc, presque toujours, de mettre leurs mouvements, réseaux ou amicales, à l'abri des querelles qui allaient naître. Ils avaient beau se défendre de vouloir devenir, de nouveaux « anciens combattants » et, pour certains d'entre eux, ironiser sur les rites désuets de leurs prédécesseurs de la Première Guerre mondiale : ils retrouvaient, vingt-cinq ans après, le souhait commun à la plupart de ceux qui constituèrent les amicales régimentaires.

Ainsi s'explique le destin des mouvements de Résistance. Ceux de leurs dirigeants qui ont voulu les transformer en forces politiques autonomes ne furent pas soutenus par la plupart de leurs camarades. On verra comment l'effort entamé à partir du congrès du MLN, en janvier 1945, pour aboutir, en juin, à la formation de l'UDSR, tourna court, très vite : ainsi le nouveau groupement n'eut-il d'autre destin qu'un apparentement électoral avec le parti socialiste et, plus tard, une alliance avec le parti radical. Quant à la tentative de réunir l'ensemble de la Résistance intérieure pour l'agréger aux partis de gauche en une sorte de front unique, ils échouèrent pour la même raison : les anciens Résistants, instinctivement séduits par cet appel à l'union, ne purent manquer de découvrir qu'il s'agissait au fond, d'un essai de rassemblement autour du parti communiste et si les uns, qui en étaient partisans, restèrent, les autres s'en allèrent. Bref, ces deux tentatives, quel que fût leur sort, ne concernaient plus la Résistance dans son ensemble. Ceux qui, d'une manière ou d'une autre, y avaient pris part, se retrouvèrent alors tels qu'ils étaient au fond : des individus distincts, assez peu soucieux d'engagements politiques, pressés de retourner à leur vie professionnelle et familiale, tous liés à leurs milieux sociaux, à leur condition économique, à leur héritage spirituel ou philosophique. Même s'ils furent marqués quelque temps par l'idéologie qui fut prépondérante en 1944-1945, il apparut que celle-ci n'avait recouvert qu'un instant une réalité foncièrement hétérogène : des hommes et des femmes, en très grand nombre, qui s'étaient engagés dans un combat commun, décisif pour leur patrie et leur liberté, tout en sachant très bien qu'ils étaient différents les uns des autres et qu'ils retourneraient naturellement à leurs différences.

La France, dans son entier, n'était pas et ne pouvait pas être à l'image de sa Résistance. Les journaux paraissant à la Libération en portaient eux-mêmes témoignages en consacrant une part de leur très petite surface à l'épuration. Les partis politiques s'en préoccupaient puisqu'ils faisaient de celle-ci l'objet de leurs motions. Les changements de personnel dans l'administration, dans l'armée ou même dans certaines entreprises, lui donnaient sa dimension sociale, tandis que les procès, les prisons, les exécutions lui conféraient sa dimension tragique[1]. Au cœur de la France libérée, il y avait donc une France vaincue. On peut mieux aujourd'hui en discerner l'importance numérique[2]. Un recensement de 1951, assorti d'une promesse d'allocations aux familles dont un membre avait été tué sans jugement, a révélé qu'il y eut 5 234 exécutions sous l'Occupation, évidemment en rapport avec la lutte entre maquis et miliciens de Vichy, 3 114 pendant et après la Libération, correspondant au plus fort de l'insurrection nationale, et 1 325 autres après un jugement par un tribunal de fait : 9 673 au total. En 1959, une enquête de la gendarmerie évalua le nombre de ces exécutions à 14 458 pour la seule période de la Libération, mais ce recensement ne portait pas sur Paris, Orléans, Limoges et Toulouse, et n'était que partiel pour Metz, Dijon, Lyon et Marseille. Certains auteurs ont cru pouvoir porter ce chiffre à 20 000 au total mais rien ne prouve, comme ils le suggèrent, qu'il y eût autant d'exécutions sans jugement avant la Libération. Il faut y ajouter, en tout cas, les 2 071 condamnations à mort prononcées par des cours de justice régulières dont 1 303 furent commuées et quelque 39 000 peines de détention infligées à « des collaborateurs[3] ».

Ces morts, ces emprisonnés, n'étaient pas tous représentatifs de leur milieux ou même de leurs familles : beaucoup, surtout parmi les dénonciateurs, les miliciens, les auxiliaires des services allemands, étaient des déclassés, des isolés, ayant rompu avec leurs amis ou avec leurs parents, ou rejetés par eux ; en d'autres cas, des familles entières se trouvaient atteintes, se sentant mises brutalement à l'écart du pays, frappées d'un ostracisme sans fin. Un milieu s'est ainsi constitué, socialement hétérogène sans doute, mais dont la sensibilité compterait dans le jeu complexe des forces, des opinions, des sentiments, des mythes qui forment l'esprit public. Il ne disparaîtrait pas avec le terme de l'épuration. Cultivant le souvenir de ces épreuves, entretenant ses plaies, il resurgirait peu à peu, à l'occasion des tensions et des crises de l'après-guerre, très souvent sous le couvert des luttes anticommunistes et antisoviétiques de la guerre froide et, plus tard, à l'ombre de la guerre d'Algérie. Toujours, il vivrait de sa haine inexpiable envers les hommes et les idées qui présidèrent à son écrasement mais, par-dessus tout, envers celui qui en assumait, à ses yeux, la responsabilité suprême : de Gaulle.

Il n'y avait pas que cette France vaincue : il y avait une France offusquée. Celle-ci se définissait par son ancien attachement à Vichy. Elle était ancrée davantage dans certains groupes et certains milieux : bourgeoisie foncière et cléricale du Midi et du Sud-Ouest, inspirée depuis longtemps par *L'Action française* ; chefs d'entreprises soulagés qu'un régime autoritaire ait banni les souvenirs tumultueux du Front populaire ; familles traditionalistes où l'on cultivait la nostalgie de la monarchie et le culte du chef, et qui voyaient en Vichy la revanche de soixante-quinze ans de République ; extrême droite séduite par le fascisme ; ruraux conservateurs apprivoisés par le langage paternaliste et terrien de Pétain et de ses partisans ; dirigeants de l'administration que leurs responsabilités mettaient au contact de leur ennemi, pour qui rien d'autre n'était possible et croyant obtenir ainsi quelque avantage pour eux-mêmes mais aussi, quand ils le pouvaient, pour la condition des Français occupés. Beaucoup d'entre eux avaient continué d'espérer que l'Allemagne serait vaincue et, au fil de ses défaites, avaient trouvé l'occasion de s'éloigner de Vichy ou même de prendre part aux combats. Ils se réjouissaient, eux aussi, de la libération du pays. Mais tout ce qui l'accompagnait les offusquait. Ils sympathisaient encore avec Vichy abattue et professaient envers Pétain et ses ministres, une indulgence systématique. Ils se sentaient volontiers solidaires de l'administration et de l'armée que l'on voulait épurer. L'épuration elle-même leur faisait horreur et ils accueillaient et propageaient la moindre rumeur sur ses excès, même quand rien ne le justifiait, d'autant que les victimes appartenaient souvent à leurs familles ou à leur milieu. Il s'y joignait la crainte d'un ébranlement social qui risquait d'emporter ce qui leur restait de pouvoir dans l'Etat ou dans l'économie et que semblait annoncer le langage révolutionnaire qui avait cours au lendemain de la Libération.

De ces peurs, de ces épreuves, la France offusquée rejetait l'opprobre sur de Gaulle. Elle y voyait l'homme qui couvrait de sa personnalité, de son nom, de ses origines sociales et militaires, de son patriotisme et de son rôle pendant la guerre, tous les déchirements de l'été 1944, le retour en force du parti communiste, les rigueurs de l'épuration, les menaces de révolution... Et ce sentiment persistera bien au-delà de sa retraite, en 1946, et bien au-delà de la IVe République.

Mais, par-dessus tout, ce qui marque la France de la Libération, c'est sa détresse. Le 21 août 1944, dans son premier numéro qui paraît au grand jour, *Combat* lance un appel à l'insurrection : mais, dans ce même numéro il annonce en première page que « les tickets-lettres sont validés » et que l'on touchera 150 g de pain par ticket pour les cartes A, et 350 g pour les cartes E. Le 24 août, tandis que les Parisiens s'apprêtent à faire exploser leur joie à l'arrivée de la division Leclerc, *Combat* donne la valeur des tickets 2, 4, 6 et 8 en beurre, confitures, pâtes et viande... Ces simples rapprochements, dans les colonnes du même journal illustrent la condition des Français au sortir de l'Occupation. Les grands événements qui changeaient le destin de leur pays ou secouaient le monde avaient naturellement une profonde résonance dans leur esprit : mais ils n'effaçaient pas l'âpre lutte quotidienne pour la nourriture. Un peuple entier s'attachait essentiellement à survivre

Le pays découvrait alors les destructions immenses qu'il venait de subir[4]. De Paris au Havre, de Nevers à Saint-Nazaire, de Lyon à l'embouchure du Rhône, il n'y avait plus un pont. Le parc de locomotives était réduit de plus des quatre cinquièmes..., celui des wagons de marchandises de 50 %..., celui des wagons de voyageurs des deux tiers..., celui des camions des trois cinquièmes. Cent quinze gares étaient détruites ainsi que vingt-quatre centres de triage, dix-neuf ateliers de réparations, 3 000 km de voies, 1 911 viaducs, 27 tunnels, 282 écluses, 941 ponts-routes, 213 ponts-rails, 11 ponts-canaux, plus de la moitié des voies navigables, et 3 000 péniches. Dunkerque, Lorient, Saint-Nazaire et La Rochelle restèrent pendant des mois occupées par l'ennemi. Les ports de Nantes et de Bordeaux furent longtemps hors d'usage. Calais, Boulogne, Le Havre, Rouen, Caen, Brest et Marseille ne pourraient servir qu'après de longs travaux de réparation. Cherbourg était réservée aux trafics des armées alliées. La France n'allait donc plus avoir de port utilisable avant plusieurs mois. Du reste, sa marine marchande était tout entière affectée au pool des flottes alliées. La production mensuelle d'électricité était, en 1944, moins de la moitié de celle de 1930, celle de fonte et d'acier de 12 %, celle de charbon de moins du quart, 1 million de tonnes au lieu de 4 626 000. Faute d'engrais, de matériel et de main-d'œuvre, la récolte de blé ne serait que de 64 millions de quintaux. Sur 9 645 000 immeubles d'habitation, 5 % étaient détruits et 15 % très endommagés. Au total, la production nationale était à 40 % de son niveau d'avant-guerre. La conjugaison de cette chute brutale et massive de la production et du quadruplement de la circulation fiduciaire avait naturellement pour conséquence que les circuits officiels étaient hors d'état de distribuer régulièrement les produits existants aux prix taxés. De fait, la ration quotidienne n'était plus à Paris que de 1 005 calories par jour en septembre 1944 et de 1 250 calories en décembre alors que la quantité normale en était estimée à 2 440. Et, en même temps, toute une vie économique s'organisait indépendamment des circuits officiels. L'inflation et le désordre des administrations avaient fait du marché noir l'un des principaux éléments de la vie sociale.

L'iconographie de l'immédiate après-guerre fait surgir l'image de cette détresse : les visages amaigris, les vêtements qui datent visiblement de l'avant-guerre, les réfugiés dans leurs baraquements, les files d'attente devant les gares et les magasins... Le temps passera et emportera le souvenir de ces profondes misères. On ne se souvient plus aisément des privations quand l'abondance est revenue, et il faut un effort d'attention pour retrouver, dans les silhouettes minces, aux chapeaux mous d'avant-guerre et aux pardessus trop larges, des personnages déjà importants de 1944-1945, ceux qui, poursuivant leur carrière, apparaîtront des années plus tard, sur des photographies semblables, solides et cossus, remplissant largement leurs complets à la mode...

De ce temps de détresse, des traces profondes subsisteront. Nombre de Français, par faiblesse ou par malchance, cédant à l'influence du milieu ou aux tentations de l'époque, entrent alors dans le monde de la délinquance. Qu'ils en soient sortis plus tard ou qu'ils en soient restés prisonniers n'empêche pas qu'ils ont vécu l'expérience de l'illégalité et de la fraude, de la combine ou du trafic. De brusques drames secouent alors les familles. Un matin, la police survient et emmène un fils. Depuis des semaines ou des mois, il avait rapporté des cadeaux, semblait ne pas manquer de cigarettes ou offrait de procurer du ravitaillement. On y voyait le résultat de la générosité d'un ami ou de petits échanges inoffensifs entre camarades... Un autre univers apparaît alors, tout à coup, dans la vie de gens respectables : l'attente dans les commissariats, la visite aux prisons, le tribunal. Dans *Banlieue Sud-Est,* de René Fallet, on voit ces premiers affrontements, en milieu ouvrier, entre jeunes garçons et policiers. Une célèbre pièce de théâtre, jouée des centaines de fois, *Les J 3*, de Roger-Ferdinand, sur la trame traditionnelle d'un conflit de générations, évoque ces désordres en milieu bourgeois... Et il ne s'agissait pas de faits isolés. Dans la France entière, les mineurs poursuivis étaient 21 400 en 1938 : ils furent 35 000 en 1942... et bien plus nombreux encore à la fin de l'Occupation et dans les deux années qui suivirent la Libération [5]. Qu'en est-il resté dans l'esprit public ? Pour les adultes de 1944-1945, on venait de vivre une parenthèse qui serait bientôt refermée par le retour à une relative abondance. Pour les plus jeunes, la vie commençait par le spectacle du relâchement des règles civiques et de l'abandon général aux tentations de la fraude. Pour beaucoup, tout resterait dans l'ombre des années noires et ce qu'on appelle la « vie normale » imposerait bientôt ses lois et ses habitudes. Mais il demeure qu'un certain rapport entre de très nombreux Français et la police, la justice, les règles collectives, l'appareil de l'Etat, s'est établi, même fugitivement, et qu'il en a résulté une disposition nouvelle à l'incivisme où compterait donc leur comportement social et politique.

L'après-guerre, en tout cas, ne sera pas, en France ce qu'elle est en d'autres pays, ce qu'elle fut, surtout, après 1918. Car le contraste est total entre les expériences vécues sous la Première et la Seconde Guerre mondiale. A partir de 1914, et pendant quatre ans, tous les hommes valides, excepté les affectés spéciaux, avaient été mobilisés et le restèrent d'un bout à l'autre du conflit. Ils portèrent le même uniforme et appartinrent à la même armée. Ils eurent la même expérience du combat puisque, hormis les mouvements de la Marne et les premières percées de chars en 1918, ce fut, du début à la fin, la même guerre de tranchées. C'est le contraire qui advint de 1939 à 1945. Passé les quelques mois de mobilisation générale et d'immobilité totale, qui s'achevèrent au printemps de 1940, c'en fut fini du destin commun des Français. Les uns, délibérément ou faute des contacts nécessaires, se détourneraient de la guerre et ne feraient rien. D'autres la poursuivraient et connaîtraient d'étonnantes aventures. Rien de semblable entre l'expérience de celui qui, vaille que vaille, exerça son métier dans sa ville et parmi les siens, sans plus jamais porter l'uniforme, et celle du passager clandestin de la frontière espagnole, passé en Angleterre, combattant en Syrie, à Bir Hakeim, en Italie et sur les plages de Provence ou de Normandie. Les officiers d'une même promotion revinrent au combat en 1940 en se ralliant à de Gaulle, en 1941 en restant en Syrie plutôt que de se faire rapatrier, en 1942 après le débarquement anglo-américain en Afrique du Nord, ou en 1943 en rejoignant un maquis. On est resté docile envers Vichy, un an, ou deux ans, ou toujours. On a cherché à prendre contact avec un réseau de résistance en 1940 ou en 1944. On a lutté, au sein d'une administration, pour réduire les exigences allemandes ou s'y dérober, ou bien on a cherché à tout prix le moyen d'ouvrir le feu, à la première occasion, contre les soldats des troupes d'occupation. Certains applaudirent encore Pétain, quelques semaines avant la Libération, mais beaucoup d'autres se rendirent à la manifestation étudiante et lycéenne de l'Arc de Triomphe, le 11 novembre 1940 et en gardèrent le souvenir d'un véritable retour des jeunes Français à la guerre. Même ceux qui combattirent ne vécurent pas le même combat. Un fossé moral sépara longtemps les Français libres de beaucoup d'officiers des régiments d'Afrique du Nord. La vie du maquis n'avait rien à voir avec celle de la 2e DB ou de la 1re division française libre. Un agent de liaison d'un réseau de renseignements, un passeur de frontières, un radio ou une secrétaire d'un mouvement de résistance, n'ont pas connu la même guerre que celle des régiments de tirailleurs ou de chars. Prisonniers et déportés n'ont pas vécu dans le même univers. Les Français ont traversé l'épreuve, chacun à leur façon. Rien ne pourrait effacer ni compenser la profondeur et la portée de cette expérience multiple. Pour de Gaulle, qui retrouvait la France, elle ne pouvait lui apparaître, politiquement, spirituellement, moralement, que comme un miroir brisé.

Mais, au lendemain de la Libération, seuls les chefs ou porte-parole de la Résistance se font entendre. Sans doute leurs voix sont-elles multiples puisque le parti communiste, les autres partis représentés au Conseil national de la Résistance, les principaux mouvements, le gouvernement et de Gaulle lui-même, s'expriment à leur façon. Mais, en cet hiver 1944-1945, avant les compétitions électorales à venir, un courant dominant s'en dégage sans conteste. Il comporte évidemment une affirmation solennelle et unanime de patriotisme. Le pacifisme, tentation traditionnelle de toute une lignée de la gauche française, n'avait plus sa place en un temps où l'on exaltait l'esprit de résistance, le droit et le devoir d'employer la force contre l'ennemi, et où toutes les formes de capitulation, de conciliation et même de compromis étaient, avec le souvenir de Munich, condamnées sans appel. Socialistes et communistes, qui, depuis les dernières années d'avant-guerre, ne refusaient plus de voter les crédits de Défense nationale, proclamaient, eux aussi, leur attachement à la nation, à son armée ressuscitée, à son indépendance restaurée. Ils mettaient même une certaine complaisance à marquer qu'ils avaient donné d'autres preuves de leur patriotisme que les traditionnels partis de droite, que l'on baptisait naguère « nationaux » par opposition aux partis ouvriers. Les projets d'union européenne, dont plusieurs journaux clandestins avaient parlé et auxquels de Gaulle s'était référé publiquement à deux reprises, à Londres puis à Alger, ne furent jamais évoqués durant les premiers mois qui suivirent la Libération. Les communistes étaient d'ailleurs les plus intransigeants dans leur vocabulaire patriotique, renouant à cet égard avec la tradition jacobine et révolutionnaire de 1793. Dans tous les courants d'opinions qui s'exprimaient alors, nul divorce par conséquent, pas même de nuances, dans l'adhésion à l'idée nationale.

Mais leur accord allait bien au-delà. Il semblait porter sur l'organisation économique du pays, sur les transformations sociales à promouvoir et même sur la morale qui devrait y présider. Rarement, peut-être jamais, vit-on la France si près d'un ralliement unanime à une même conception de l'avenir du pays, à une même règle du jeu politique, économique et social, à une même éthique. Dans son premier numéro paru au grand jour, l'éditorial de *Combat* l'exprimait ainsi : « Nous n'aurions accompli qu'une infime partie de notre tâche si la République française de demain se trouvait comme la IIIe République sous la dépendance étroite de l'argent... La Libération de Paris ne constitue qu'une étape dans la libération de la France. Et il faut ici prendre le mot Libération dans son acception la plus large. » La résonance morale est, ici, plus claire encore que la signification économique : la dénonciation de « l'argent » fait naturellement écho à la vieille tradition ouvrière et socialiste de lutte contre le capitalisme, mais elle se rattache aussi à la longue lignée de penseurs et de théoriciens catholiques, remontant à quelques-uns des plus illustres Pères de l'Eglise et qui fut toujours méfiante envers l'attrait du profit. Que cette dénonciation se réfère en même temps à la IIIe République est tout aussi révélateur, quand bien même elle peut paraître injuste : c'est à la corruption des milieux politiques, aux interférences entre le pouvoir et les affaires, que pense l'éditorialiste de *Combat*, qui, quelques mois plus tard, précisera, plus rigoureusement : « Notre idée est qu'il faut faire régner la justice sur le plan de l'économie et garantir la liberté sur le plan de la politique... Nous désirons pour la France une économie collectiviste et une politique libérale. Sans l'économie collectiviste, qui retire à l'argent son privilège pour le rendre au travail, une politique de liberté est une duperie. Mais sans la garantie constitutionnelle de la liberté politique, l'économie collectiviste risque d'absorber toute l'initiative et toute l'expression individuelle. »

Combat représentait alors très bien l'état d'esprit de la plus large part des responsables et des cadres de la Résistance, ou du moins de ceux qui s'exprimaient. Ce journal jouissait d'un immense prestige, à la fois intellectuel et moral, politique et professionnel, mais il traduisait surtout, assez exactement, les espérances politiques et les vues économiques et sociales de la majorité des dirigeants des mouvements de Résistance et, au-delà, de toute la fraction du pays qui se retrouvait en eux. Toute la presse clandestine entre 1940 et 1944 en témoigne. *La Voix du Nord* annonçait en novembre 1942 que la libération préluderait à « une profonde transformation dans la vie économique et les relations sociales ». *Résistance* portait en manchette de son numéro de juin 1943 : « Vers une deuxième Révolution française ». *Les Cahiers du Témoignage Chrétien*, où se retrouvaient André Mandouze, universitaire de gauche qui s'engagera résolument en faveur de l'indépendance algérienne, mais aussi Stanislas Fumet, ancien directeur de l'hebdomadaire *Temps présent*, dont on a vu qu'il comptait de Gaulle dans l'association de ses lecteurs, titraient, en juillet 1944 : « Révolution, telle est donc la tâche qui s'impose à nous. » Le Front national, constitué à l'initiative du parti communiste, réclama dans un tract : « L'éviction des grandes féodalités économiques et financières [...], le retour à la nation de grands moyens de production, des sources d'énergie, des richesses du sous-sol, des compagnies d'assurances et des grandes banques [...], le droit d'accès, pour les ouvriers possédant les qualités nécessaires, aux postes de direction et d'administration des entreprises, ainsi que la participation des travailleurs à la direction des entreprises. » L'OCM — organisation civile et militaire — qui avait recruté, de son côté, la plupart de ses cadres parmi ceux de l'industrie et de l'administration, publia des *Cahiers* où l'on proclamait le rôle central de l'Etat dans la vie économique et la nécessité d'instituer en France une planification des progrès économiques et sociaux. « Défense de la France », constituée dans les mêmes milieux, partageait les mêmes conceptions. Rien ne les séparait donc, en apparence, des objectifs affichés par le programme du parti socialiste rédigé en décembre 1943 par son secrétaire général clandestin, Daniel Mayer, qui réclamait en particulier « la nationalisation des services publics, des assurances, un contrôle strict des ententes industrielles. » Ces convergences avaient fini par se retrouver dans le programme du Conseil national de la Résistance, adopté à l'unanimité en dépit des réserves verbales de Joseph Laniel, représentant de l'Alliance démocratique, parti modéré d'avant-guerre, et d'André Mutter, qui siégeait au nom du mouvement « France libre ». Ce programme réclamait « l'établissement de la démocratie la plus large, la pleine liberté de pensée, de conscience, d'expression, la liberté de la presse [...], la liberté d'association, de réunion, de manifestation, l'inviolabilité du domicile et le secret de la correspondance, le respect de la personne humaine, l'égalité absolue de tous les citoyens devant la loi. » Mais il prévoyait aussi « l'instauration d'une véritable démocratie économique et sociale », impliquant « une organisation rationnelle de l'économie, assurant la subordination des intérêts particuliers à l'intérêt général » et, comme dans le programme du Front national, « le retour à la nation de tous les grands moyens de production, des sources d'énergie, des richesses du sous-sol, des compagnies d'assurances et des grandes banques [6] ».

Libéralisme politique et socialisme économique, liberté et justice, individualisme et collectivisme : c'était la même synthèse à travers de multiples approches et sous des éclairages différents. On ne voulait plus du régime d'avant-guerre mais pas davantage d'une dictature : rien de plus naturel pour des hommes et des organisations qui, pendant quatre ans, avaient identifié leur combat à la cause de la liberté. On ne voulait pas non plus du régime économique et social d'avant-guerre qui, pour la génération des responsables, encore jeunes pour la plupart, des mouvements de résistance, s'identifiait à la crise générale du capitalisme dans les années trente

Voici donc qu'après la Libération, un accord général semble se faire sur l'avenir économique et social de la France. François Mauriac, dans *Le Figaro,* le définit en lui apportant son lyrisme, dans un article précisément intitulé « Vers un socialisme humaniste » : « Que le peuple français, dans ses masses profondes, ait retrouvé un sens de la patrie [...], personne aujourd'hui ne saurait plus en nier l'évidence. C'est un autre fait, moins éclatant mais tout aussi réel, que les anciennes classes dirigeantes acceptent bon gré mal gré l'expérience socialiste... La bourgeoisie, dans son ensemble, se résigne à l'inévitable. Il n'existe plus à gauche assez de “sans patrie” et la droite ne compte plus assez d’opposants irréductibles à la Révolution par la loi pour que les forces politiques du pays s’organisent comme naguère autour de ces deux négations antagonistes. D’où la possibilité d’un vaste rassemblement des Français qu’avait déjà rapprochés la Résistance. »

Tout convergeait apparemment dans le même sens et vers le même but. Un universitaire socialiste, André Hauriou, tenait le même langage, sous le même titre : « Socialisme humaniste ». Et un journaliste de même tendance, Jean Rous, dans un article paru en mai 1945, dans la revue *Esprit*, d’inspiration chrétienne, résumait l’objectif que Léon Blum, revenu en France après sa libération, assignait à tous les socialistes : « Concilier les droits des peuples avec la paix, les droits de l’homme avec l’ordre, concilier l’organisation collective de la production et de la consommation avec le développement des libertés personnelles. » Sans doute s’agissait-il de principes assez vagues pour rallier une unanimité d’apparence : mais ils étaient assez précis pour que l’on pût parler d’une idéologie dominante. Ceux qui entendaient s’en inspirer allaient-ils constituer ce « vaste rassemblement », rêvé par François Mauriac ? Allaient-ils surtout, en accédant au pouvoir, forger la réalité nationale à l’image de leur espérance ? Le destin de la République nouvelle dépendait de la réponse à cette double interrogation. Mais il en était une autre qui comptait aussi pour l’avenir de cette tentative, qu’elle réussisse ou qu’elle échoue : quelle part y prendrait de Gaulle ?

De toute façon, le parti communiste y était opposé. Rien ne leur inspirait plus de méfiance que cette conception libérale, unanimiste et humaniste de ce « socialisme » dont on parlait. Les dirigeants communistes y voyaient une évidente adhésion à l’univers démocratique libéral, différent sans doute de l’Occident capitaliste qui existait avant la guerre mais qui serait inévitablement plus proche des Etats anglo-saxons que de l’Union soviétique et du camp qu’elle allait constituer autour d’elle. Ils ne voulaient pas laisser se constituer en dehors d’eux un courant politique qui eût sans doute été majoritaire et dont l’enracinement dans les mouvements de résistance eût attiré, peut-être, la masse des Français que le parti communiste cherchait à s’attacher grâce à son inlassable activité dans la clandestinité et à l’intransigeance de son patriotisme. Dans l’immédiat, ils jouèrent sur deux thèmes simples : l’unité totale de la Résistance, toutes tendances confondues, et l’accord sur un nombre limité d’objectifs immédiats.

C’est qu’à cette date une échéance se présentait, importante et, plus encore, symbolique. Le MLN — rassemblement des principaux mouvements de la zone Sud et de plusieurs mouvements de la zone Nord — allait tenir son congrès. Il allait devoir choisir entre deux directions nettement distinctes. Il pouvait accepter de fusionner ou, du moins, de se fédérer étroitement avec le Front national : dans ce cas, il eût pu peut-être entraîné d’autres organisations, et un pas décisif eût été franchi vers un regroupement général des mouvements de Résistance, où le parti communiste eût occupé une position capitale et dont les socialistes n'auraient sans doute pu se tenir à l'écart. Le MLN pouvait aussi prendre la direction opposée : rejeter les offres du Front national, garder son autonomie et se rapprocher au contraire de tous les mouvements adoptant la même position, à commencer par l'OCM et Libération Nord. Les tenants de ce choix songeaient ouvertement à conduire ce rapprochement jusqu'à une entente directe avec le parti socialiste.

Le choix du MLN serait donc révélateur. Son congrès se tint du 23 au 28 janvier 1945. Et, très vite, il apparut que l'opposition entre les partisans d'une fusion avec le Front national et les tenants d'un regroupement avec d'autres mouvements de résistance et, le cas échéant, avec d'autres partis, recouvrait tout simplement un affrontement entre un courant communiste, s'étendant à des hommes qui, sans en être, ne voulaient pas s'en séparer, et un courant d'inspiration socialiste. Parmi les premiers : Marcel Degliame-Fouché, Maurice Kriegel-Valrimont, Pierre Hervé, membres du parti communiste, le radical Albert Bayet et le fondateur du mouvement « Libération », Emmanuel d'Astier de la Vigerie, qui, durant toute la IVe République, sera élu député sur des listes présentées par le parti communiste, et qui se refusait, par instinct autant que par raison, à rompre l'union forgée dans la Résistance entre communistes et non-communistes. En face se retrouvaient des hommes qui compteraient beaucoup sous les IVe et Ve Républiques. André Malraux d'abord, dont la célébrité, la personnalité, l'uniforme de chef de la brigade Alsace-Lorraine — il était revenu du front pour assister au congrès — et l'éloquence singulière firent une impression profonde. Mais aussi Eugène Claudius-Petit, ministre très longtemps sous la IVe République, André Philip, membre du parti socialiste, qui ne s'en détachera qu'au moment de la guerre d'Algérie avant de se ranger parmi les personnalités de gauche favorables aux institutions et à la politique étrangère de la Ve République, Jacques Baumel, qui entra au RPF dès sa création et fut secrétaire général de l'UNR-UDT. Que ces hommes, aux destins si divers, aient été en ce mois de janvier 1945 les promoteurs d'une même entreprise politique, ne s'explique pas seulement, loin de là, par une commune réaction de méfiance envers les sollicitations communistes. Ils rêvaient tous d'un nouvel engagement de la plupart des mouvements de Résistance qui eût rejoint l'exigence traditionnelle de transformation sociale du mouvement ouvrier français et surmonté les vieilles barrières héritées des querelles sur le cléricalisme et la laïcité, ralliant ainsi les masses populaires encore imprégnées de christianisme, et dont peut-être de Gaulle eût accepté d'être le fédérateur ou le guide. On peut croire qu'alors la plupart des hommes de la Résistance intérieure et de la France libre, et peut-être des Français, partageaient cette espérance. C'est elle que choisit la majorité du MLN par 250 voix contre 119, le 26 janvier à 3 heures du matin. En juin, la minorité du MLN avec ses dirigeants communistes mais aussi Emmanuel d'Astier de la Vigerie, Albert Bayet et Pascal Copeau, fusionna avec le Front national pour former le MURF — Mouvement unifié de la Renaissance française — qui ne fut bientôt considéré que comme une émanation du parti communiste. A l'inverse, la majorité qui l'avait emporté au congrès de janvier, entreprit de s'unir avec Libération Nord, Ceux de la Résistance, Libérés et Fédérés, pour tenter ensuite de s'allier avec le parti socialiste et Jeune République. Ainsi naquit l'UDSR — Union démocratique et socialiste de la Résistance —, le 25 juin 1945 qui, quelques semaines plus tard, parvint même à conclure avec les socialistes un accord allant jusqu'à la présentation, dans certains départements, de listes communes aux futures élections pour l'Assemblée constituante.

C'était une césure inévitable. Elle traduisait de réelles divergences idéologiques et politiques. Mais on ne saurait oublier que, dans l'immédiat, ceux qu'avait unis le combat de la Résistance en venaient déjà à se diviser avant de se déchirer. Les regroupements qui s'opéraient étaient conformes à la réalité politique et seraient donc durables. Ils n'en heurtaient pas moins les sentiments de ceux qui voulaient garder de la Résistance le souvenir d'un temps où les Français avaient surmonté leurs différences pour s'unir et qui rêvaient obstinément de prolonger cette union au-delà de la Libération. Ces sentiments prévalaient sûrement chez les résistants anonymes, ceux de la masse obscure des combattants sans grade, des agents de liaison, des maquisards, des diffuseurs de journaux clandestins, des membres de réseaux qui avaient manipulé les radios en liaison avec Londres ou dissimulé des stocks d'armes, des passeurs de frontières. Mais les dirigeants eux-mêmes, au-delà de leurs divorces politiques, allaient entretenir très longtemps, souvent jusqu'au terme de leur vie, des relations constantes et singulières entre eux, comme le feraient, à leur niveau, beaucoup d'anciens des réseaux ou des maquis. Nul doute que tous aient vécu cette épreuve comme la fin précipitée et sans gloire de quelques-uns de leurs rêves. Mais cette épreuve était inévitable.

Conformément à la logique de la démocratie restaurée, les partis politiques renaissaient ou naissaient. Le 26 novembre 1944, s'était ainsi réuni le congrès constitutif du Mouvement républicain populaire. Il était l'héritier des chrétiens de France qui n'avaient pas accepté au XIXe siècle, que l'Eglise catholique paraisse indissolublement liée à l'ordre politique et social établi, y compris dans ses formes les plus archaïques, et condamne sans nuances socialisme, libéralisme, démocratie et laïcité de l'Etat. Avec plus d'impatience encore, au début du XXe siècle, ils voulaient voir l'Eglise épouser son temps et, chez les démocrates chrétiens, s'y mêlait une indignation profonde et sincère devant la confusion qui menaçait de s'établir entre le catholicisme et tout ce qui évoquait l'argent, l'égoïsme social, l'écrasement des plus pauvres, l'arrogance des privilégiés. Entre les deux guerres mondiales, c'est dans ce courant d'opinion que s'élevèrent les voix des catholiques français qui soutinrent la cause de la République espagnole, indignés par la caution que le Vatican avait donnée au corps expéditionnaire envoyé par Mussolini au secours de Franco, celle de François Mauriac, celle de Georges Bernanos. Et c'est aussi dans ce courant, où l'hostilité aux régimes fascistes et à l'Allemagne nazie était rigoureuse, que se situait l'hebdomadaire *Temps présent,* dont de Gaulle, on s'en souvient, se sentait proche.

Mais c'est la Résistance d'inspiration chrétienne dont procéda le MRP. Elle prit très vite une place majeure dans l'ensemble de la Résistance française. Résistants d'origine socialiste et d'inspiration chrétienne forgèrent alors des habitudes de travail en commun. Ils eurent souvent à faire face à ce qu'ils considéraient comme une menace de prépondérance communiste au sein de la Résistance intérieure. Leurs positions étaient souvent identiques en ce qui concernait l'organisation de la lutte, le partage des responsabilités, les relations avec Londres et Alger, la coordination avec les Alliés pour le déclenchement de l'insurrection nationale, l'établissement d'un nouveau pouvoir en France. Du reste, les uns et les autres se trouvaient étroitement mêlés dans les principaux mouvements de Résistance, en particulier Libération Nord, l'OCM, Combat — qui avait à sa tête des catholiques tels que Claude Bourdet, Henri Frenay, Guillain de Bénouville, Chevance-Bertin — et dans beaucoup de réseaux et de maquis.

La force d'attraction des résistants d'inspiration chrétienne qui allaient fonder le MRP était d'autant plus forte dans l'opinion française que l'Eglise elle-même, soucieuse d'effacer le souvenir des faiblesses ou des atermoiements d'une partie au moins de sa hiérarchie, voulait se donner un nouveau visage. Elle écartait sans ménagement Mgr Marmottin, archevêque de Reims, et Mgr Dutoit, évêque d'Arras, qui avaient approuvé la législation antisémite et recommandé de livrer les cloches des églises aux autorités d'occupation pour servir aux fabrications d'armements, et en même temps elle exaltait ceux de ses prélats, ceux de ses prêtres qui s'étaient engagés le plus activement en faveur de la Résistance et contre le régime de Vichy : le cardinal Saliège, Mgr Théas, Mgr Chevrot, le révérend père Philippe, le révérend père Bruckberger, le révérend père Riquet. Il n'est pas jusqu'au cardinal Suhard, dont on avait refusé la présence à Notre-Dame au moment où de Gaulle assistait à un *Te Deum* en raison de ses déclarations passées en faveur de Vichy, qui, prenant la mesure du discrédit qui menaçait de frapper la hiérarchie et l'Eglise elle-même, couvrit désormais de son autorité tout ce que l'Eglise de France devait connaître d'innovations, de réflexions nouvelles, de réformes dans son langage et sa manière d'aborder les problèmes contemporains. Nul doute que le clergé, dans sa grande majorité, sans vouloir désormais s'engager en faveur d'un régime ou d'un parti, n'ait réagi au proche passé en privilégiant discrètement mais efficacement ce Mouvement républicain populaire qui était à la fois héritier des traditions du catholicisme social et issu de la Résistance à laquelle ses chefs et la plupart de ses cadres avaient pris une part toujours courageuse, parfois éclatante.

Quelle allait être l'orientation du MRP ? Beaucoup de ses dirigeants avaient songé à l'intégrer dans un rassemblement plus large qui englobérait, autant que possible, le parti socialiste et plusieurs organisations de Résistance. Ainsi serait décidément aboli le vieux clivage qui distinguait naguère la droite et la gauche suivant les positions prises sur la question religieuse et ainsi naîtrait un travaillisme français. Mais le plus illustre des fondateurs du MRP, Georges Bidault, faisait une autre analyse et, en définitive, inspira un autre choix. Plus imprégné d'histoire politique française, plus sceptique sur l'audience réelle des mouvements de Résistance, plus conscient du poids des traditions électorales, il ne croyait pas aux chances d'une organisation politique trop large, et il n'en voyait pas l'intérêt. Pour lui, l'effacement de la droite traditionnelle après la Libération, offrait aux démocrates-chrétiens une chance immense. L'attitude du clergé les favorisait pour la première fois. Le vote des femmes n'allait pas manquer d'accroître leur audience. Ainsi le MRP serait-il, bien plus qu'un parti socialiste limité à lui-même, bien mieux qu'un travaillisme incertain, la principale force politique du pays en dehors du parti communiste : égal à celui-ci peut-être, seul capable en tout cas de négocier avec lui sur un pied d'égalité, ou plus tard de s'opposer à lui. Tel était le calcul de Georges Bidault. Son influence fut décisive sur l'orientation première du MRP et, à court terme, les événements — du moins les résultats des élections — parurent lui donner raison[7].

Dans l'immédiat, en tout cas, tout favorisait l'essor du MRP et contribuait à l'asseoir parmi les grandes forces politiques françaises. Aux côtés du parti socialiste, et de la toute nouvelle UDSR, il s'inscrivait dans le grand courant réformateur qui semblait prévaloir partout. Par le rôle que ses chefs avaient joué dans la France libre ou la Résistance intérieure, par les responsabilités qu'ils avaient eues dans les organisations catholiques où ils avaient représenté l'esprit démocrate-chrétien, par leur âge aussi — ils avaient tous entre 35 et 45 ans — ils incarnaient le renouvellement profond du personnel politique et symbolisaient à leur manière les préoccupations, les espérances et même la sensibilité que l'on retrouvait dans les principaux courants d'opinions, en France, après la Libération. De Gaulle, par son passé et les sympathies qu'il avait exprimées, par ses origines sociales, par les positions qu'il avait prises dès Londres et Alger sur les changements qu'il faudrait apporter à la société, par le choix de ses ministres, paraissait le plus proche d'eux : ils paraissaient les plus proches de lui.

Pour les socialistes, il n'était pas question de naître, mais de renaître.

Leur parti, la SFIO, s'était, comme tous les autres, évanoui quelque temps. La réunion constitutive de son organisation clandestine date du 30 mars 1941. Ils étaient neuf à y être présents : Félix Gouin, Daniel et Colette Mayer, Lucien Hussel, de l'Isère, Edouard Froment, de l'Ardèche, Suzanne Buisson, Pierre Lambert, Pointier et Nordmann. L'initiative en revenait essentiellement à Félix Gouin et Daniel Mayer, qui allaient jouer le plus grand rôle dans l'existence du parti socialiste, jusqu'à la Libération[8]. Certains des anciens dirigeants, opposés à Vichy, se trouvaient alors sous surveillance judiciaire ou arrêtés, comme Léon Blum et Vincent Auriol. D'autres étaient réticents à l'idée de reconstruire, immédiatement et tel quel, l'ancien parti. Plus en contact déjà avec d'autres milieux ou en liaison avec des organisations de Résistance, ils étaient sensibles au discrédit de tous les anciens partis et pensaient que, de toute façon, la vie politique, à l'avenir, serait bien différente de ce qu'elle était naguère. Quand Jules Moch, par exemple, reçut Félix Gouin venu lui demander de participer au rétablissement de la SFIO, il commença par refuser : comme beaucoup d'autres, impressionné par les réactions qu'il pouvait observer autour de lui, il était très pessimiste quant au retour éventuel des anciens partis et savait qu'au sein même de la Résistance intérieure on adressait de véhémentes critiques à l'ancien personnel politique. A Paris, Pierre Brossolette, comme on l'a vu, était convaincu que l'ancien régime s'était effondré sans recours et, plus tard, à Londres, continua de s'opposer à la reconstitution des partis et à leur représentation au Conseil national de la Résistance. C'est dire que, longtemps, le parti socialiste dut affronter une assez tenace méfiance.

Mais la part prise par les communistes à la Résistance et l'éclat qu'ils y donnaient eux-mêmes ne pouvaient évidemment rester sans conséquences, les autres partis ne voulant à aucun prix leur laisser à cet égard une sorte de monopole. Les dirigeants socialistes dont plusieurs, du reste, avaient été approchés par des mouvements de Résistance, en particulier par Emmanuel d'Astier fondateur de « Libération », étaient donc pressés de manifester au plus tôt leur présence dans la lutte contre l'ennemi et contre Vichy. Certains, d'ailleurs, y prenaient déjà une part active, comme Augustin Laurent, Eugène Thomas et Christian Pineau, à la tête de Libération Nord, et d'autres à l'OCM. Ils ne songèrent pas à se retirer tous des mouvements dont ils faisaient déjà partie pour constituer leur propre organisation, à l'image du parti communiste qui avait fondé et dirigeait en pratique le Front national, mais ils voulaient réaffirmer leur propre existence et retrouver ainsi leur prestige auprès de l'opinion française. Telle était, en tout cas, la volonté commune des dirigeants qui avaient reconstitué le parti socialiste clandestin en zone Sud : Félix Gouin, ancien parlementaire et le plus important d'entre eux, était un ami personnel de Léon Blum dont il serait l'avocat au procès de Riom et c'est par son intermédiaire que Léon Blum allait faire connaître ses avis.

« Pour nous, socialistes, lui écrivait-il, le devoir est net. Y manquer serait déshonneur. Nous avons rallié de Gaulle librement, loyalement, il faut sceller autour de lui un bloc infrangible [9]. » Félix Gouin comprit très bien les leçons de celui qu'il appelait son « maître et ami » et, dans ses notes personnelles, il les expliquait ainsi : « Faire corps avec de Gaulle était pour lui une sorte d'impératif catégorique, non seulement pour assurer une prise de pouvoir instantanée, dès la débâcle allemande, mais encore orienter et asseoir sur une base populaire notre futur régime politique [10]. » Sa méfiance, pourtant, ne désarmait pas et il est significatif qu'au moment où il fut envoyé à Londres, sur la suggestion de Léon Blum, la direction du Parti socialiste clandestin ait voulu que son voyage soit organisé par un réseau britannique et que la liaison entre Blum et lui se fasse par un ami commun qu'ils avaient à l'ambassade américaine à Londres. Aussi ses comptes rendus, expédiés depuis la capitale anglaise, révélèrent-ils longtemps ses hésitations. Ses entretiens avec de Gaulle se passèrent bien, encore que ce Méridional, volontiers démonstratif, ait été gêné par la politesse un peu froide de son interlocuteur. Mais il était impressionné par les querelles de clans et l'hétérogénéité du personnel qui assistait de Gaulle. Il fut naturellement influencé par le petit groupe que constituaient Georges et Charles Gombaud, Pierre Comert et Louis Levy, inlassablement hostiles envers le chef de la France libre, mais déconcerté aussi par la présence à Londres d'hommes évidemment différents de ses amis politiques habituels. Et, dans ses messages envoyés en France, il négligeait curieusement les signes contraires. Il oubliait de mentionner que le premier directeur des affaires politiques, choisi par de Gaulle, fut Pierre-Olivier Lapie, député appartenant à un groupe très proche du parti socialiste. Il minimisait, sans raison apparente, le rôle d'André Philip, député socialiste, seul parlementaire membre du Comité national de la France combattante, commissaire à l'Intérieur, comme aussi la présence ou l'importance de René Cassin, commissaire à la Justice, très représentatif des milieux universitaires de gauche, de Henri Hauck, socialiste, chargé de la Marine marchande, de René Pleven, qu'il avait naguère fréquenté, autour de la revue *Europe nouvelle*, d'André Diethelm, ancien chef de cabinet de Georges Mandel, de Georges Boris, ancien collaborateur de Léon Blum, de Pierre Brossolette ou de Louis Vallon, membres du parti socialiste, ou de Maurice Schumann qui avait appartenu aux Jeunesses socialistes et adhéré à un petit parti de gauche, Jeune République.

Rien n'ébranla la résolution de Léon Blum dont il fit part de nouveau à Félix Gouin, dans une lettre du 21 octobre 1942 : « Ma tendance personnelle est celle-ci : plutôt que de m'appesantir sur les difficultés et les querelles de Londres, je fais effort pour me représenter le général et tous les Français de Londres tels qu'ils seront à Paris, une fois réintégrés par la victoire dans leur milieu normal et national... Je crois, pour ma part, entièrement à la droiture et à la loyauté du général. Je me fie à lui. Mon instinct personnel est corroboré par le jugement sans mélange que des hommes comme Georges Boris et Maurice Schumann ont tiré d'une longue fréquentation. Mais quand bien même ma confiance et la leur contiendraient une part d'enthousiasme illusoire — quoique bien naturelle — je vous répète ce que je vous ai dit plus d'une fois... Plaçons-nous dans l'atmosphère de la nation délivrée à la fois de ses ennemis et de ses tyrans, dans la résurrection unanime du sentiment français et de l'esprit républicain. Rendons-nous compte que pour affronter les difficultés de tout ordre qui se dresseront devant son gouvernement, c'est dans le peuple, le peuple républicain, que le général trouvera son point d'appui nécessaire... Comment n'en tiendrait-il pas compte ? Comment pourrait-il songer à se séparer, à s'excepter de la démocratie ? En vérité, c'est chose impossible. » André Philip, Jules Moch et Vincent Auriol firent prévaloir cette analyse : elle sera celle, finalement, de l'ensemble du parti socialiste.

Mais, ce dernier devait aussi se poser la question de ses rapports avec les mouvements de Résistance. On sait que ceux-ci continuèrent longtemps d'entretenir des préventions à l'égard des anciens partis et il était inévitable que les responsables dirigeants SFIO d'avant-guerre qui avaient rejoint les rangs des organisations clandestines et, parfois, en avaient pris la tête, réagissent âprement contre ce préjugé. Ils le ressentaient, sinon comme un outrage, en tout cas comme une injustice. Car ils n'éprouvaient aucune hésitation quant à l'avenir : les mouvements de résistance passeraient et les partis renaîtraient. Sur ce point capital, on le voit, leurs analyses et leurs réactions coïncidaient avec ce qu'avait pensé Jean Moulin, ce qu'avait prévu et décidé de Gaulle. Eugène Thomas, par exemple, futur ministre socialiste, qui appartenait à la direction de Libération Nord, écrivait, au début de 1943 à André Boyer, en zone Sud : « Les organisations de résistance, de par leurs fonctions, le seul lien qui unit leurs membres, ne peuvent être que passagères. Les Français, dans leur immense majorité, sont restés fidèles aux partis auxquels autrefois ils donnaient leur confiance. Après la guerre, il y aura toujours des radicaux, des socialistes, des communistes, des conservateurs. Il n'y aura pas de combatiste ou de libératiste... »

Avec autant de rigueur qu'Eugène Thomas mais beaucoup plus de perfidie, Gaston Defferre récusait les prétentions des mouvements de résistance à jouer plus tard un rôle politique en mettant en cause leur dépendance financière à l'égard de la France libre et du Comité français de libération nationale d'Alger. Ces mouvements, écrivait-il à Félix Gouin, « verront disparaître leurs possibilités matérielles le jour où la France étant libérée, ils ne recevront plus de subsides de Londres [11] ». En se référant peut-être à la situation dans les Bouches-du-Rhône, où il avait reconstitué le Parti socialiste clandestin mais où le parti communiste jouait un rôle capital, Gaston Defferre pensait déjà que l'essentiel serait l'affrontement entre eux : « Si notre parti n'est pas là, écrivait-il à

Félix Gouin, ce sera l'anarchie ou la réaction avec toutes ses conséquences politiques. Le parti communiste, qui reçoit ses directives de Moscou, et qui se préoccupe beaucoup moins de l'intérêt de la France, de celui des travailleurs, que de celui de la Russie, jouera son jeu personnel. » Et il manifestait la même exaspération que la plupart des responsables socialistes face aux critiques que, dans les rangs de la Résistance intérieure, on avait coutume d'adresser aux anciens partis : « Les dirigeants du mouvement de résistance, écrivait-il encore à Félix Gouin, [...] emploient, en parlant des partis politiques, un langage analogue à celui des hommes de Vichy. » On peut mesurer, en relisant ces jugements d'Eugène Thomas et surtout de Gaston Defferre, l'écart qui séparait les dirigeants socialistes de ceux des mouvements de résistance — et l'indignation que ceux-ci auraient éprouvée en les lisant...

Leur tentation fut donc, immédiatement après la Libération, de restaurer le parti socialiste tel qu'il avait existé. Beaucoup de résistants ou de Français libres, qui se croyaient eux-mêmes socialistes, auraient souhaité y adhérer dès lors qu'il se fût libéré du caractère un peu sectaire de sa tradition anticléricale et qu'il eût accueilli sans réserve les chrétiens qui partageaient son idéal économique et social : mais, à cet égard, aucun signe de changement n'apparut. Et bien qu'il fût clair que les questions religieuses ne joueraient pas de rôle dominant dans la vie politique d'après-guerre, beaucoup en furent déçus, se sentirent suspects et, du coup, se tinrent à l'écart. Léo Hamon, par exemple, bien qu'agnostique et en dépit de son attachement à l'héritage de la gauche française, fut choqué de voir le parti socialiste s'assujettir lui-même à un passé révolu et à des luttes qui n'avaient plus d'objet et il préféra le MRP à la SFIO [12]. Le général Billotte songea lui aussi à donner son adhésion au parti socialiste : il en fut prudemment détourné lors de l'entretien qu'il eut avec Léon Blum [13]. Celui-ci tenta de faire adopter une révision des statuts du parti, qui eût écarté les références les plus nettes à une interprétation rigoureuse du marxisme : bien que la SFIO ne s'en inspirât plus depuis longtemps pour la politique qu'il menait, la majorité, qui en discuta à son premier congrès d'après-guerre, décida de ne rien changer. Il fallut même une vigoureuse offensive de Léon Blum et du secrétaire général, Daniel Mayer, pour que fût accepté le principe d'une alliance électorale entre l'UDSR et la SFIO. Mais dès après les premiers déboires des socialistes, lors des élections d'octobre 1945 et du référendum de mai 1946, cette alliance se dénoua. En définitive, très peu de personnalités, issues de la Résistance extérieure ou intérieure, optèrent pour le parti socialiste. Georges Gorse le fit, dès 1945. Jean-Daniel Jurgensen et Robert Salmon, élus en octobre 1945 sur des listes communes SFIO-UDSR, choisirent d'adhérer au parti socialiste mais ils ne furent pas réélus aux élections de juin 1946. Louis Joxe qui, durant l'été 1945, était allé trouver Léon Blum pour lui suggérer un assouplissement doctrinal et une révision des statuts intérieurs de la SFIO afin de permettre que beaucoup d'anciens résistants s'y rallient, se vit répondre que la majorité des adhérents du parti n'y étaient pas favorables [14].

Après la rupture de leur alliance électorale avec les socialistes, les députés de l'UDSR, presque tous, de René Pleven à François Mitterrand, se rapprochèrent donc du parti radical pour constituer le Rassemblement des gauches républicaines. Jusqu'à la fin de la IVe République, ils maintinrent leur groupe autonome, constitué de personnalités soucieuses de garder leur indépendance et le plus souvent disposées à faire partie de tous les gouvernements, et conservant toujours leur alliance électorale et politique avec le parti radical. C'est à cela que se réduisit, en fin de compte, l'insertion des anciens mouvements de résistance dans la vie politique de l'après-guerre : on peut croire que ce destin tenait à la nature même de ces mouvements, à la mission qu'ils s'étaient donnée et à son achèvement après la Libération et la victoire.

Au-delà de ces contradictions, de ces divisions, de ces incompatibilités d'humeur, au printemps de 1945, quand les partis politiques sont apparus ou réapparus et que les anciens mouvements de résistance gardent encore quelque substance, restait-il une chance de rassembler les forces politiques qui, des socialistes au MRP en passant par la majorité de la Résistance intérieure, incarnaient les courants d'opinions prépondérants depuis la Libération ? Sur les réformes de structures, la transformation de la vie économique, les changements sociaux, sur l'intérêt qu'avait la France à rester indépendante de ses alliés et même sur l'idée, encore incertaine et diffuse, d'une évolution de l'ancien Empire colonial, il existait, entre ces forces une indiscutable communauté de vues. Par là pouvait se constituer dans le pays une majorité. Elle se fût opposée à une droite attachée au capitalisme traditionnel, tourné vers une alliance exclusive avec les Etats occidentaux, soucieuse de maintenir la domination française outre-mer. Mais, tout autant, elle se serait clairement distinguée des communistes, passionnément hostiles, comme on l'a vu, à cette esquisse de « travaillisme » et dont on ne contestait guère qu'ils recherchaient, en dernier ressort, l'instauration en France d'un régime voisin de celui de l'Union soviétique même s'ils insistaient délibérément, mais de manière trop évidemment tactique, sur leurs seuls objectifs immédiats. Telle était la question centrale de la vie politique française alors que l'on s'approchait des premières grandes échéances électorales.

Mais cette question renvoyait elle-même à une autre : cette majorité, de Gaulle pouvait-il concourir à la faire naître et pouvait-il en être lui-même le chef de file ? Beaucoup le souhaitaient au MRP et parmi les représentants des anciens mouvements de Résistance de la France libre. La question lui fut posée. D'abord par une délégation du MLN dont faisaient partie Jacques Baumel, Robert Salmon, Jean-Daniel Jurgensen. Puis par les membres du groupe de la France combattante à l'Assemblée consultative provisoire, parmi lesquels Maurice Schumann, Georges Gorse, Claude Hettier de Boislambert, Alain Savary et le général de Boissoudy. Maurice Schumann ayant été pressenti pour prendre la présidence du MRP, ils convinrent, avant toute décision définitive, d'aller voir de Gaulle pour connaître ses intentions [15]. Celui-ci fut formel : ses anciens compagnons devaient entrer, chacun, dans le parti de leur préférence, en devenir « le sel », y faire prévaloir l'esprit d'union et le patriotisme qui les avaient tous animés pendant la guerre, et permettre ainsi que tous les partis se retrouvent sur les grands problèmes nationaux. Il tint le même langage à tous ses interlocuteurs. Ainsi son propre beau-frère, Jacques Vendroux, auquel il suggérait de se présenter aux élections, choisit, par élimination, d'entrer au MRP : le parti radical symbolisait pour lui les mauvais souvenirs de l'avant-guerre et il ne se jugeait ni socialiste ni conservateur [16]. Boissoudy allait rallier l'UDSR. Georges Gorse et Alain Savary, le parti socialiste. Salmon, Jurgensen et Baumel se virent conseiller par de Gaulle lui-même d'entrer à la SFIO, ce que firent les deux premiers, en 1946, après avoir d'abord pris part à la fondation de l'UDSR, où Baumel demeura. Ainsi se constitua, en quelques mois à peine, l'échiquier politique français tel qu'il subsisterait jusqu'à la fondation du RPF par de Gaulle, pour se reformer après sa disparition et survivre jusqu'aux derniers jours de la IVe République. Communistes, socialistes, UDSR et parti radical constituant le rassemblement des gauches républicaines, MRP, modérés traditionnels, répartis en divers groupes « indépendants » et « paysans » : telles seraient les pièces de cet échiquier.

Ceux qui s'adressèrent alors à de Gaulle identifièrent si naturellement la politique et l'activité des partis qu'ils lui demandèrent s'il avait l'intention d'en fonder un. C'est en ces termes, en tout cas, que la question fut posée par eux plutôt que d'avoir imaginé une majorité dont il eût été le fédérateur. A cette date, de toute manière, sa réponse devait être négative. Ayant incarné l'union des Français contre l'ennemi et contre Vichy, ayant éprouvé ce qu'il y avait de puissant et d'émouvant dans ces retrouvailles entre hommes et femmes, de toutes religions, de toutes opinions, de tous milieux, sous le signe d'un combat commun, il sentait jusqu'au plus profond de lui-même que son capital d'autorité, de prestige, et même sa popularité, tenaient pour beaucoup à ce qu'il symbolisait l'union nationale. Il ne voulait pas s'en priver. L'entreprise politique dont on était venu lui parler, probablement majoritaire et sûrement plus rigoureuse et plus cohérente, eût immédiatement donné de lui une autre image dans l'opinion des Français. Il était d'ailleurs convaincu que l'union nationale était encore nécessaire au redressement du pays, surtout peut-être en raison de l'autorité des communistes auprès de la classe ouvrière, qui eût fait d'eux de redoutables adversaires pour la « majorité » à laquelle on pouvait penser. Du reste, cette union nationale, il croyait encore, sans doute, qu'il parviendrait à la maintenir tant qu'elle serait nécessaire au bon gouvernement de la France. Bref, il voulait se tenir à l'écart des partis politiques, les laisser apparaître ou renaître, sans se rapprocher précisément d'aucun et demeurer ainsi capable de gouverner avec tous.

Au moment où les électeurs — et pour la première fois, les électrices — allaient être appelés aux urnes, pour élire de nouvelles municipalités, les 29 avril et 13 mai, il n'y aurait donc ni majorité et opposition clairement définies, ni coalition « travailliste », ni « unions » telles que les communistes auraient voulu les constituer : tantôt les partis se présenteraient chacun de leur côté, tantôt des alliances diverses seraient formées. A Paris, où l'on votait à la représentation proportionnelle, les modérés obtinrent 22 % de voix contre 39,5 aux élections municipales de 1935. Les radicaux, qui avaient eu 20 % des suffrages en 1936 et 13,8 % en 1935 se dispersèrent sur plusieurs listes sans rencontrer beaucoup de succès. Les socialistes en eurent 11 % contre 12,1 % en 1936 et 11,6 en 1935. Les communistes rassemblèrent 29,6 % des voix, contre 27,5 % en 1936 et 19,5 en 1935. Le MRP, parti de rien, atteignit 15,3 % des suffrages. Des listes composées par d'anciens responsables des mouvements de résistance recueillirent le reste. Ailleurs, le parti communiste, exploitant ses bons résultats et ressuscitant, au travers du succès du MRP, le spectre du cléricalisme, saisit l'occasion qu'offrait le second tour de scrutin. Son bureau politique proposa de constituer des listes communes « avec toutes les forces de démocratie et de progrès » mais en précisant bien que le MRP en serait exclu à cause de son hostilité supposée aux lois laïques et parce qu'il avait, au premier tour, bénéficié des « voix de la réaction ». On put croire qu'il allait atteindre son objectif quand le comité d'entente socialiste et communiste proposa aux fédérations départementales des deux partis de s'entendre, soit en formant des listes communes, soit par désistement, et de faire échec au « fascisme et à la réaction [...] quelle que soit la dénomination sous laquelle ils ont pu tenter de se masquer. » Mais les socialistes décidèrent aussitôt de ne pas appliquer entièrement ce mot d'ordre et leurs fédérations firent, en pratique, ce qu'elles voulaient. Les alliances furent donc très différentes suivant les communes. Au total, les résultats complets des deux tours de scrutin récompensèrent dans une assez large mesure les efforts tactiques des communistes. Sur 35 307 communes, les modérés n'eurent la majorité que dans 15 655 au lieu de 22 685 en 1935 et, dans les communes de plus de 4 000 habitants, ils n'eurent la majorité que dans 110 au lieu de 484. Les radicaux n'en contrôlèrent plus que 6 436 au lieu de 9 162. Au contraire, les communistes étaient majoritaires dans 1 413 conseils municipaux au lieu de 310 et les socialistes dans 4 115 au lieu de 1 376. Communistes et socialistes ensemble contrôlaient 458 municipalités au lieu de 279 dans les villes de plus de 4 000 habitants. Le MRP, malgré le nombre des voix qu'il obtenait, échouait presque partout devant les coalitions que le parti communiste avait dressées contre lui, il n'avait la majorité que dans 477 communes, dont 24 de plus de 4 000 habitants — l'Alsace-Lorraine, où on pensait qu'il serait influent, ne devant voter qu'en septembre. Ainsi le tableau des forces politiques s'esquissait-il, déjà très éloigné du visage que la France offrait d'elle-même au lendemain de la Libération quand on croyait, parfois, qu'elle allait être foncièrement différente de celle d'avant la guerre. Que restait-il, déjà, des rêves de partis issus de la Résistance, de renouvellement des forces politiques ou de convergences « travaillistes » ?

De Gaulle allait bientôt devoir en affronter les conséquences : quelques mois suffiraient à lui montrer que, dans l'action politique, et d'abord pour la fondation de la République nouvelle, il n'éviterait ni les divisions, ni les lignes de démarcation, ni les ruptures. Bien loin de sa nostalgie de l'union nationale qu'il avait incarnée et qu'au fond il espérait préserver.

Chapitre 18

LA FRANCE RÉFORMÉE

Pour de Gaulle, une fois son pouvoir reconnu, il s'agissait d'abord de gouverner. Cela n'impliquait pas seulement de restaurer l'autorité de l'Etat, de rétablir les libertés publiques et d'organiser les futures élections : il s'agissait aussi, pensait-il, d'engager la transformation des structures économiques et sociales du pays. C'était un choix audacieux et qui pouvait être contesté : par aucun vote, en effet, les Français ne lui avaient donné mandat de le faire. On pouvait penser que seul le suffrage universel devait en décider. C'est la thèse que défendaient les milieux modérés et conservateurs, le parti radical, les dirigeants des mouvements de Résistance les plus éloignés des courants socialistes et réformateurs qui prévalaient à la Libération : mais ils le faisaient avec quelque timidité, tant ils se sentaient minoritaires, et c'est un éditorial du *Monde,* paru en décembre 1944, et réclamant que les « réformes de structure » ne soient décidées qu'après les élections, qui retint surtout l'attention.

De Gaulle ne croyait pas qu'on pût s'en tenir là. Comme en bien d'autres domaines, par exemple, le vote des femmes, il était convaincu que la restauration de la République, de ses institutions et de ses lois, qu'il avait prise comme ligne de conduite depuis 1940, devait s'accompagner en même temps de profonds changements, dans les structures économiques et sociales du pays, et que ceux-ci ne pouvaient pas attendre. Il l'avait dit déjà, parfois avec passion, à Londres puis à Alger, quand, par exemple, il avait évoqué, dans son discours du 10 avril 1942, cette « révolution que la France, trahie par ses élites dirigeantes et ses privilégiés, a commencé d'accomplir ». Il y était revenu sans cesse et dans son discours du Palais de Chaillot, le 12 septembre 1944, il avait encore affirmé qu'

> il faut faire en sorte que l'intérêt privé soit toujours contraint de céder à l'intérêt général, que les grandes sources de la richesse commune soient

> dirigées et exploitées [...] pour l'avantage de tous, que les coalitions d'intérêt [...] soient abolies une fois pour toutes.

Il était, au fond, un homme de la génération d'entre les deux guerres. Il avait connu les vastes désordres économiques suivant la Première Guerre mondiale puis le formidable ébranlement du monde par la crise économique qui commença en 1929. Il avait vu les conséquences dramatiques qu'elle avait eues en Allemagne, l'affaiblissement profond qui en était résulté pour les pays libres et les interminables troubles politiques et sociaux que la France avait alors vécus. Bref, il se situait dans le courant, alors prépondérant, qui exigeait que l'on remette radicalement en cause le capitalisme d'avant la guerre. Peut-être y était-il poussé davantage encore par le sentiment, à la fois injuste et justifié, que les « élites dirigeantes » et les « privilégiés » avaient choisi la résignation, l'attentisme ou les compromissions : mais sur ce point il ne faisait que rejoindre l'opinion la plus répandue après la Libération. L'état de la France l'y conduisait aussi, comme il l'a dit lui-même, dans ses *Mémoires de guerre*. C'est à Lille, le 30 septembre 1944, qu'il en prit la mesure. C'était sa ville natale, capitale de ces provinces du Nord qu'il connaissait si bien et dont il était si proche.

> A peine arrivé, a-t-il raconté, je fus saisi par ce que le problème de la subsistance avait, dans la région, de dramatique et de pressant. Les masses laborieuses s'étaient vu, pendant l'Occupation, condamnées à des salaires que les ordres de l'ennemi avaient bloqués au plus bas. Et voici que beaucoup d'ouvriers se trouvaient au chômage, au milieu d'usines sans charbon et d'ateliers sans outillage. En outre, le ravitaillement était tombé au-dessous du minimum vital. En parcourant ma ville natale, où les Lillois me faisaient fête, je voyais trop de visages dont le sourire n'effaçait ni la pâleur ni la maigreur.

De Gaulle savait, pourtant, qu'il était impossible d'améliorer immédiatement et massivement le sort matériel des travailleurs. Raison de plus, à ses yeux, pour que la voie prise par son gouvernement soit assez claire pour répondre, sans attendre davantage, aux espérances du monde ouvrier. Il venait de vérifier, en tout cas, que la volonté de changement — on disait alors souvent de « révolution » — n'émanait pas seulement des milieux dirigeants de la Résistance, ni du parti communiste ou des autres partis de gauche : c'était manifestement l'espérance de la masse des travailleurs. Au-delà des années de détresse qu'ils venaient de vivre et qui avaient réduit la plupart à la plus grande pauvreté et beaucoup à la misère, leur volonté de changement s'était aiguisée à la mesure de l'épreuve subie et ils voulaient s'émanciper des contraintes d'un système économique et social qui ne leur assurait qu'une trop faible part de la richesse nationale. Il fallait donc, pour de Gaulle, que le monde ouvrier, même s'il devait encore subir de durs sacrifices, voie clairement que l'on commençait à procéder aux changements fondamentaux qu'il attendait.

Tel était son choix. Ce n'était pas seulement celui d'un gouvernement composé d'hommes qui, par tempérament ou sous l'effet des expériences vécues avant ou pendant la guerre, rejetaient l'ancien système économique et social : c'était un choix qui répondait trop exactement à l'exigence populaire pur qu'on puisse l'éluder. De Gaulle s'en est d'ailleurs expliqué sans détour :

> Le sentiment et la réflexion, écrivit-il, m'avaient d'avance convaincu que la libération du pays devrait être accompagnée d'une profonde transformation sociale. Mais, à Lille, j'en discernais, imprimée sur les traits des gens, l'absolue nécessité. Ou bien il serait procédé d'office et rapidement à un changement notable de la condition ouvrière, et à des coupes sombres dans les privilèges de l'argent, ou bien la masse souffrante et amère des travailleurs glisserait à des bouleversements où la France risquerait de perdre ce qui lui restait de substance.

Le lendemain de son arrivée à Lille, le dimanche 1er octobre, il définit devant la foule les objectifs qu'il avait choisis :

> Nous voulons donc, dit-il, la mise en valeur en commun de tout ce que nous possédons sur cette terre et, pour y réussir, il n'y a pas d'autres moyens que ce que l'on appelle l'économie dirigée. Nous voulons que ce soit l'Etat qui conduise au profit de tous l'effort économique de la nation tout entière et faire en sorte que deviennent meilleure la vie de chaque Français et de chaque Française. Au point où nous en sommes, il n'est plus possible d'admettre ces concentrations d'intérêt qu'on appelle, dans l'univers, les trusts... [il faut] que la collectivité, c'est-à-dire l'Etat, prenne la direction des grandes activités sans, bien entendu, exclure les grands leviers que sont, dans l'activité des hommes, l'initiative et le juste profit. A l'intérieur de ce système, il est nécessaire que chacun soit, désormais, moins plié à sa tâche qu'associé à l'œuvre à laquelle il prend part... Il faut que cette collaboration soit établie d'une manière organique entre les uns et les autres.

De Gaulle a cru sentir alors une adhésion populaire immédiate comme si, sur ce terrain, un lien nouveau se forgeait entre lui-même et le peuple.

> L'espèce de houle passionnée qui souleva la multitude en entendant ces promesses, a-t-il écrit, me fit sentir qu'elles la touchaient au vif.

Au-delà de cet accueil spontané, il escomptait que sa politique, dans son ensemble, serait comprise et approuvée par le pays et qu'il allait effectivement pouvoir la mettre en œuvre. Le retour à l'ordre public et au fonctionnement régulier de l'Etat, qu'il avait si rudement évoqué à

Marseille et à Toulouse, éviterait la prépondérance exclusive d'un parti, ou même d'une coalition de partis et de mouvements : par là, le libre choix du suffrage universel serait préservé, pour le présent et pour l'avenir. Des réformes profondes, comme celles dont il avait parlé à Lille, mettraient en place une nouvelle structure économique et sociale : ainsi la majorité des travailleurs serait-elle détournée de recourir à une révolution totale, qui eût risqué d'aboutir à une dictature. Aucun doute ne pouvait subsister sur ce double dessein que de Gaulle se traçait à lui-même : on y retrouvait les traits essentiels de l'idéologie, à la fois libérale et socialiste, qui prévalait chez la plupart des dirigeants et des cadres de mouvements de Résistance. Cette idéologie, comme on l'a vu, correspondait dans ses grandes lignes, à la doctrine du nouveau Mouvement républicain populaire, elle répondait à l'inspiration traditionnelle du parti socialiste avec lequel plusieurs organisations de Résistance allaient faire alliance : sur les thèmes qu'il avait définis, de Gaulle pouvait donc compter sur une forte et large assise politique, même s'il ne voulait toujours pas, lui, être le chef d'une majorité.

Mais il devait d'abord affronter les difficultés du jour. Celles-ci s'appelaient : ravitaillement, rations distribuées et marché noir, salaires et prix officiels ou réels, reconstruction, reprise de la production. Dans aucun programme, à commencer par celui du CNR, on ne trouvait à cet égard l'amorce d'une solution. Intarissable sur les réformes de structure, le changement des rapports sociaux, l'émancipation économique et sociale de la classe ouvrière, la réduction des pouvoirs excessifs de « l'argent », la littérature politique d'après la Libération restait muette sur les conditions d'une bonne gestion de l'économie française, après le départ de l'ennemi.

L'économie du pays était marquée d'abord par une distorsion entre le niveau de la production et le volume des moyens de paiement[1]. L'activité industrielle, en septembre 1944, était le quart de celle d'avant-guerre et, même après l'arrêt des combats de la Libération, elle ne progressa que lentement. La production nationale, tous secteurs compris, représentait alors un peu moins de 40 % de ce qu'elle était en 1938. En revanche, la circulation fiduciaire avait quintuplé en cinq ans, passant de 142 à 632 milliards. L'effondrement de la production entraînait évidemment une chute des rentrées fiscales : elles étaient, en 1943, de 135 milliards pour 450 milliards de dépenses, dont 282 de frais entraînés par l'occupation. Ceux-ci disparurent au milieu de l'été 1944, mais les crédits nécessaires à la poursuite de la guerre et aux premiers travaux de reconstruction s'y substituèrent, de sorte que les recettes s'élevèrent à 137 milliards et les dépenses à 437. Les déficits antérieurs n'avaient été couverts que par l'emprunt et l'inflation, la dette publique finissant par se monter à 1 527 milliards, dont 586 à court et moyen terme. Mais le déficit de 1944 et celui que l'on pouvait prévoir pour 1945 allaient encore, si rien n'était fait, accroître la circulation fiduciaire, alimenter l'inflation. L'écart entre volume de la production et moyens de paiement était tel qu'il rendait impossible la répartition organisée de rations suffisantes, vendues à des prix taxés, et une part considérable de la production se négociait et se distribuait au marché noir. Le rapport entre les prix et les salaires n'était donc pas ce que l'on en disait officiellement. Les rémunérations avaient sensiblement doublé depuis l'avant-guerre et les prix taxés, de leur côté, avaient à peu près triplé. Mais les salariés devaient acheter une part notable de leur subsistance au marché noir, à des prix sept ou huit fois, souvent dix fois, plus élevés qu'en 1938. Bref, on pouvait s'attendre, après la Libération, à un surcroît d'inflation dû à la fois aux augmentations de salaires exigées par les travailleurs pour alléger leur misère, aux destructions provoquées par les combats, et à l'émission des nouveaux moyens de paiement nécessaires à l'entretien des armées, à la remise en route de l'Etat et au démarrage de la reconstruction.

La politique financière que le gouvernement devrait mener, après son retour à Paris, commença d'être étudiée par Mendès France en décembre 1943, dès qu'il fut nommé commissaire aux Finances[2]. Ses réflexions l'amenèrent à envisager une politique de réduction immédiate et brutale des sources de l'inflation. On procéderait dès que possible à un échange des billets et à un blocage des comptes et dépôts, de sorte que la circulation fiduciaire serait brusquement asséchée et tarie l'origine principale du marché noir. On assurerait aux entreprises la possibilité de fonctionner et de payer les salaires, mais l'on ne débloquerait les comptes qu'au fur et à mesure de l'accroissement de la production. La raréfaction des moyens de paiement et la relative égalisation des revenus qui en résulterait entraîneraient le retour de la plus grande part des produits au marché réglementé. En concentrant les contrôles sur les seuls biens de consommation courante, on pourrait obtenir une distribution régulière à l'ensemble des consommateurs d'un ravitaillement suffisant, à des prix modérés. Ainsi les salaires pourraient-ils être stabilisés, l'inflation écartée ou, du moins, limitée et la monnaie préservée.

L'expérience fut d'abord réalisée en Tunisie, mais dans des conditions particulières et en recourant à une technique rudimentaire. On la renouvela en Corse, efficacement et soigneusement. Pierre Mendès France avait naturellement parlé de ses projets à de Gaulle, qui parut sensible à ce qu'ils avaient de rigoureux et de clair, à l'opposé de toute facilité et de toute démagogie. Puis il les exposa à l'ensemble du Comité français de libération nationale. C'est là qu'il se heurta à des réticences et des oppositions. Adrien Tixier, commissaire au Travail et membre du parti socialiste, s'insurgea contre le blocage des salaires, évoqua leur retard par rapport aux prix et suggéra qu'il convenait de les augmenter pour que les travailleurs puissent accéder au marché noir comme les autres catégories sociales, puisque c'était en dehors des circuits contrôlés que s'écoulait la plus grande part des produits. André Diethelm, commissaire à la Production industrielle, insista sur l'intérêt de prix élevés pour accélérer la reprise de l'activité économique. C'est à ce compte, selon lui, que les entreprises se remettraient le plus rapidement en marche, encouragées à jeter le plus possible de produits sur le marché : ainsi seulement stimulerait-on l'économie nationale, ainsi serait jugulé le marché noir, surtout si des prix agricoles avantageux mobilisaient l'activité des agriculteurs et permettaient de résoudre au plus tôt le problème crucial du ravitaillement. René Pleven invoquait la nécessité de ne provoquer aucune secousse grave au moment où le pays, à peine libéré, voudrait panser ses plaies et retrouver au plus vite le cours normal des choses : rien n'empêcherait les travailleurs de réclamer des salaires convenables et rien n'éviterait que les entreprises aient besoin, pour se rééquiper et reconstituer leurs stocks, de prix suffisamment élevés. Il en résulterait sans doute une inflation qu'il faudrait modérer autant que possible, mais qu'il fallait prévoir en retenant, pour la monnaie, un taux de change assez bas. Mais René Pleven ne parut pas aspirer à jouer un rôle personnel dans la gestion économique du pays après la Libération : commissaire aux Colonies, il était visiblement passionné par les problèmes d'outre-mer, dont il s'occupait, à des titres divers, depuis 1940, et il paraissait vouloir s'y consacrer.

Bien que semblant toujours favorable au projet de Mendès France, de Gaulle refusa de prendre parti, avant son retour à Paris. Il objectait à son ministre des Finances qu'on ne savait pas exactement dans quelle situation le pays se trouverait après sa libération, ni quelle serait l'étendue des destructions. Il songeait aux difficultés qu'il aurait, de toute façon, à rétablir le fonctionnement normal des administrations dans le pays à peine libéré : or, cette reprise en main était la condition nécessaire à la réussite de l'opération projetée par Mendès France, qui requérait secret et sécurité.

Le problème se compliqua dès après la Libération. D'abord, sous l'effet d'une majoration générale des salaires, proposée par les secrétaires généraux qui assuraient les responsabilités du gouvernement avant le retour de tous les ministres à Paris. Elle fut d'environ 40 % et correspondait à la mise en circulation de 120 milliards de revenus annuels. C'était déjà une difficulté supplémentaire et grave pour la mise en œuvre de la politique de Mendès France. Celui-ci obtint, du moins, que la structure du gouvernement correspondît à ses vœux. Nommé ministre de l'Économie nationale, son autorité s'étendait à l'ensemble des ministères à responsabilités économique ou sociale. Seul lui échappait le ministère des Finances, attribué à l'un des dirigeants de l'OCM, Aimé Lepercq. Pierre Mendès France établit avec lui de bonnes relations personnelles et, quand il lui révéla ses intentions, Aimé Lepercq ne manifesta pas d'hostilité, mais plutôt sa surprise devant le caractère audacieux et rigoureux de l'opération projetée. Il avait d'ailleurs pris, à son cabinet, l'un des collaborateurs de Mendès France à Alger, Jean Ricquebourg, partisan déterminé du blocage des comptes.

A Paris, d'autres projets avaient été préparés. Les secrétaires généraux chargés des secteurs économiques — Robert Lacoste pour la Production, René Courtin pour l'Economie nationale, Emmanuel Monick pour les Finances et Pierre-Henri Teitgen — avaient rédigé un « Rapport sur la politique économique d'après-guerre » qui parvint à Alger au début de 1944[3]. Ils étaient hostiles à toute ponction monétaire, ayant vu combien elle suscitait d'inquiétudes dans les milieux financiers et boursiers. Après la Libération, Monick, devenu gouverneur de la Banque de France, suggéra le lancement d'un grand emprunt de la Libération. Mendès France objecta que les souscripteurs ne placeraient que ce qu'ils n'avaient pas l'intention ou la possibilité de dépenser et qu'il n'en résulterait aucune diminution de la demande globale : en tout cas, la distorsion entre le niveau de la production et la masse des moyens de paiement n'en serait pas réduite, alors que là était le cœur du problème. Cependant, l'emprunt n'excluait pas le blocage ultérieur des comptes. Il n'impliquait donc aucune décision définitive et de Gaulle vit en lui l'occasion d'obtenir du pays une marque significative de confiance, d'autant plus importante pour lui qu'il lui fallait encore consolider sa position auprès de ses alliés américains et britanniques. Le résultat de l'emprunt confirma à la fois l'autorité politique du gouvernement et les réserves techniques de Mendès France. Sur les 164,4 milliards qu'il rapporta, 73 étaient en billets, 37,2 en bons du Trésor et 54,2 prélevés sur les comptes. La circulation fiduciaire tomba à 605 milliards à la fin de novembre et à 572,5 à la fin de décembre. On avait obtenu un certain sursis : rien de plus.

Le 9 novembre, Aimé Lepercq fut tué dans un accident d'automobile. Mendès France jugea que sa propre nomination au ministère des Finances risquait de compromettre l'emprunt, alors en cours de placement : les milieux spécialisés savaient quelle politique il voulait mener et l'on pouvait craindre une dépression boursière et une fuite devant la monnaie. Il suggéra donc plutôt la nomination de Paul Giacobbi qui avait soutenu, devant ses électeurs corses, l'expérience du blocage des comptes. Mais, en fin de compte, de Gaulle nomma René Pleven qui serait, dès lors, l'adversaire déterminé de Mendès France. Celui-ci voyait se multiplier, contre sa politique, les objections, les difficultés pratiques et l'opposition active des autorités financières. La Banque de France émit de nouvelles coupures, alors que l'estampillage des billets faisait partie du plan de ponction monétaire et que la contrefaçon est plus facile pour les séries déjà distribuées. Elle mit précipitamment en circulation un stock de nouveaux billets de 300 F qui aurait pu servir à un échange. Le ministre de l'Agriculture, François Tanguy-Prigent, voulut fixer le prix du quintal de blé à 500 F au lieu de 410 et il fallut un arbitrage rendu par de Gaulle, à 450 F, pour éviter la démission de

Mendès France qui se vit assurer que le choix d'une politique économique était encore à faire.

René Pleven et ceux qui s'opposaient à toute ponction monétaire avançaient trois arguments principaux[4]. Selon eux, le déficit budgétaire, inévitable en l'état présent de la production, aboutirait à remettre en circulation, à brève échéance, ce qui en aurait été retiré. L'opération ne pouvait d'ailleurs se faire sans délai, ni avec les conditions de discrétion et de sécurité voulues : en effet, les Etats-Unis, qui n'avaient pas reconnu le gouvernement d'Alger, avaient refusé à celui-ci d'imprimer d'avance les billets nécessaires à une opération d'échange ; et il ne serait donc plus possible de procéder à l'improviste, ni sans que le pays tout entier ne le sache longtemps avant le début de l'entreprise. Du coup, on assisterait durant plusieurs jours et probablement plusieurs semaines, à une rétention générale des produits, à une fuite éperdue devant la monnaie, qui paralyserait complètement les échanges et risquerait même de rendre impossible le ravitaillement des villes. Bref, aucune des conditions qui avaient permis le succès de la même expérience en Belgique n'étaient réunies en France : les ports français étaient presque tous bloqués, alors qu'Anvers avait été bientôt dégagé ; les exportations congolaises avaient assuré une réserve en devises permettant une reprise rapide des importations, le charbon belge était en abondance et faciliterait le redémarrage de la production, les nouveaux billets de banque avaient été préalablement imprimés et la Belgique elle-même avait un territoire assez petit pour que l'opération pût être réalisée avec le minimum de risques et de difficultés pratiques.

En janvier, Mendès France écrivit à de Gaulle pour exposer à nouveau ses arguments, signaler la poursuite de l'inflation et dénoncer l'opposition des autorités financières. Un dimanche, Mendès France et Pleven se rendirent au domicile personnel que de Gaulle occupait à Neuilly et confrontèrent leurs points de vues. Le premier crut avoir gain de cause. Mais un dernier examen eut lieu au Conseil des ministres. Mendès France, exposant que la politique suivie était contraire à celle qu'il préconisait, annonça son départ. Adrien Tixier suggéra qu'un comité restreint cherchât à rapprocher les thèses en présence. On vota sur sa proposition. Elle ne recueillit que sa voix et celle d'Augustin Laurent, ministre des PTT. Les autres ministres socialistes, Lacoste, Tanguy-Prigent et Ramadier, étaient favorables à Pleven, tout comme les deux ministres communistes. Refusant un autre portefeuille, Mendès France quitta le gouvernement.

Le choix qui fut fait alors ne révélait aucune ligne de partage politique. Certes, les milieux d'affaires étaient en grande majorité hostiles au plan Mendès France. Inquiets déjà des projets de nationalisation et de réformes de structures, ils voyaient dans une politique de rigueur l'instrument propre à réaliser une socialisation poussée de l'économie. De plus, les objections techniques à une opération de ponction monétaire leur semblaient très fortes : la rétention des produits durant la période précédant l'échange des billets et le blocage des comptes, la désorganisation des marchés qui en résulterait et la fuite devant la monnaie risquaient de perturber toute l'activité économique et de ramener le désordre là où, depuis la Libération, on s'acharnait à faire redémarrer la production. Surtout, ce pouvait être l'occasion de troubles sociaux, dont l'issue serait imprévisible. La plupart des fonctionnaires des Finances partageaient ces sentiments. Leur formation classique les portait d'ailleurs à des solutions financières plus traditionnelles et non à une opération chirurgicale qui n'avait pas de précédent. Peu de spécialistes surent discerner qu'il s'agissait justement de rétablir d'un seul coup les grands équilibres économiques, de ramener la demande au niveau de l'offre, d'ajuster la circulation fiduciaire à l'essor progressif de la production, bref, de mener une opération dont l'inspiration n'avait rien de révolutionnaire et dont le résultat eût été de rétablir les bases d'une monnaie solide, de finances saines et d'un marché équilibré.

Les milieux politiques les plus modérés étaient naturellement sensibles aux arguments des milieux d'affaires. De surcroît, ils étaient à l'écoute de la France rurale, réserve habituelle de leur électorat qui aurait été, de loin, la plus touchée par une ponction monétaire. L'hostilité de la paysannerie était probable et n'irait pas sans inconvénients, alors qu'au milieu d'un pays remué par les troubles et la misère de l'après-Libération, elle assumait calmement un effort régulier de production dont, après tout, dépendait le ravitaillement de la France tout entière. Le risque de heurter les milieux agricoles détourna certainement beaucoup de responsables politiques, et sans doute une partie de l'administration, de mieux comprendre les avantages de la politique économique proposée par Mendès France.

A gauche, on n'y était guère plus favorable. Lors du débat économique et financier de l'Assemblée consultative provisoire, en février 1945, seuls quelques orateurs socialistes, principalement André Philip et Jules Moch, se prononcèrent pour une ponction monétaire. Ils y rallièrent la majorité de leur groupe. Mais, comme on l'a vu, ce n'était pas l'avis de trois des cinq ministres socialistes, Ramadier, Lacoste et Tanguy-Prigent, les deux autres, Tixier et Augustin Laurent, demeurant hésitants et cherchant une synthèse entre les vues de Pleven et de Mendès France. De leur côté, les communistes s'affirmaient résolument hostiles à tout blocage des comptes, à toute ponction monétaire. Ils cherchaient par là à s'identifier aux craintes de la paysannerie et d'une partie au moins de la petite bourgeoisie. Mais ils auraient eu, en même temps, la possibilité de mobiliser contre la politique de Mendès France, si le gouvernement l'avait adoptée, l'ensemble de l'opinion ouvrière. Une vaste coalition de la plupart des forces politiques se serait ainsi formée contre une entreprise qui eût impliqué, de toute façon, beaucoup de sévérité dans sa mise en œuvre et la poursuite vigoureuse des efforts de production. Pour le gouvernement, s'il s'était engagé dans cette voie, l'épreuve eût été dure, même si l'enjeu, tout compte fait, en valait la peine.

Quand de Gaulle lut le livre que je lui ai consacré en 1964, et où je crois avoir montré que l'option proposée par Mendès France était préférable, il s'en expliqua devant moi. Ses arguments furent essentiellement politiques. Il ne contesta pas qu'il avait tenu compte du nombre et de la qualité des partisans de Pleven, et de l'avis des autorités financières, de la Banque de France, et des spécialistes les plus classiques de l'économie et des finances, dont, autrefois, les critiques à l'égard du Cartel des gauches de 1924 ou du Front populaire de 1936 s'étaient révélées justes. Mais il me confirma que les arguments de Mendès France l'avaient également impressionné. Il savait, me dit-il, que l'application de la politique de Pleven se traduirait, au moins quelque temps, par un surcroît d'inflation. Mais s'il adoptait les projets de Mendès France, son autorité politique et morale serait mise en jeu dans une affaire dont l'issue, à ses yeux, n'était pas certaine, loin de là, tant étaient nombreux les obstacles pratiques et psychologiques. Il fallait s'attendre à l'opposition conjuguée des principales forces politiques et sociales, et de tous les journaux qui, comme *Le Figaro* et *Le Monde,* étaient hostiles au blocage des comptes. Même l'appui des socialistes était improbable, comme l'attitude de leurs ministres le montrait, mais plus encore à cause de leur crainte permanente d'être débordés par la surenchère communiste. Le parti communiste, en tout cas, jouerait à fond de toutes les ressources de son emprise sur la classe ouvrière et de l'opposition spontanée de la paysannerie et d'une grande partie de la petite bourgeoisie.

Des affrontements politiques étaient donc prévisibles, et une crise grave pouvait en résulter. Les résultats économiques de l'option de Mendès France, me dit de Gaulle, devenaient à ses yeux, problématiques, mais, pour qu'elle ait les meilleures chances de réussir, il était indispensable qu'il engage totalement son autorité : ainsi se résumaient les données du problème qu'il avait à résoudre. Il en déduisit que mieux valait choisir l'empirisme et la prudence. Il ne s'ensuivrait aucune secousse majeure pour le pays, qui poursuivrait ainsi ses premiers efforts de reconstruction et où, peu à peu, l'activité économique reprendrait. Cela se ferait au prix d'une certaine inflation. Plus tard, les circonstances politiques ayant changé, il faudrait à coup sûr recourir à plus de rigueur dans la gestion de la monnaie, des finances et de l'économie, pour ne pas se laisser déborder indéfiniment par l'inflation. Ainsi s'explique la phrase par laquelle, dans ses *Mémoires*, de Gaulle traduit son jugement sur les projets de Mendès France :

> Si je n'adopte pas la politique qu'il préconise, je n'exclus nullement de la faire mienne un jour, les circonstances ayant changé.

En 1944-45, le choix d'une politique économique était capital. Non qu'il y ait eu de solution miraculeuse. La politique préconisée par Mendès France n'était pas assurée du succès. Les longs délais de la reprise économique, dus à l'ampleur des destructions et aux pénuries généralisées, l'impossibilité de réduire les dépenses militaires tant que la guerre durait et le coût des premiers efforts de restructuration, risquaient de rendre impossible une réduction sensible du déficit budgétaire : il en résulterait une augmentation de la masse monétaire qui était exactement l'inverse du but recherché, c'est-à-dire l'adaptation des moyens de paiement au volume de la production, condition d'un rationnement efficace à des prix stables. En sens inverse, la politique suivie par René Pleven aurait pu mieux réussir si un effort fiscal rigoureux et une diminution massive des dépenses ordinaires de l'Etat, administratives et militaires, intervenant le plus tôt possible, avaient permis de réduire le déficit budgétaire, en même temps qu'un double secteur, libre et contrôlé, des marchandises rationnées aurait pu fonctionner, comme l'expérience le prouva plusieurs fois.

Dans l'immédiat, les faits allaient montrer que les craintes de Mendès France étaient justifiées. Comme la guerre continuait et que d'impérieuses tâches de reconstruction s'imposaient, on dut prévoir 173 milliards de dépenses militaires et 217 de dépenses civiles. Au total pour environ 400 milliards de dépenses on ne pouvait compter que sur 154 milliards de recettes, tant le niveau de la production demeurait faible, et, à la fin de l'année, le total des dépenses réelles se montait à 443 milliards. Le budget de 1946, grâce à de nouveaux impôts, mais surtout à l'accroissement de la production, prévoyait déjà 311 milliards de recettes. En même temps, les dépenses s'élèveraient à 487 milliards. Malgré l'arrêt des hostilités, le budget de la Défense nationale s'élevait toujours à 125 milliards, contre 176. Encore, une partie des 76 milliards de dépenses de reconstruction et d'équipement allait-elle aux besoins militaires. Le gouvernement n'avait donc pas réussi à contracter l'appareil militaire comme l'auraient justifié ses ressources limitées en armement moderne et la pauvreté du pays. Il n'avait pas non plus réussi à comprimer les dépenses civiles improductives. De 1938 à 1945, le nombre des fonctionnaires appointés par l'Etat était passé de 687 000 à 1 036 000 auxquels s'ajoutaient ceux des collectivités et des services au nombre de 497 000, les 300 000 agents de la SNCF et les 300 000 officiers, sous-officiers, soldats de métier et employés des armées. En un an, on n'avait réduit le personnel de l'Etat que de 2 797 unités. La politique budgétaire n'avait donc pas contribué à la lutte contre l'inflation, comme elle aurait dû le faire, avec ou sans ponction monétaire.

Compte tenu de l'expérience engagée par Pleven, la stabilité financière supposait qu'on évitât la course des prix et des salaires. Mais ces derniers ne pouvaient être bloqués s'ils ne correspondaient pas à des quantités suffisantes de produits distribués selon un rationnement régulier et à des prix abordables. Les faits prouvèrent, après comme avant la Libération, que la distorsion entre le volume de la production et celui des moyens de paiement rendait inapplicable tout système efficace de rationnement. Par là, il fallut accroître encore les rémunérations des ouvriers, des employés, des fonctionnaires : la hausse fut d'environ 50 % en 1945. Naturellement, on ne put éviter une hausse parallèle des prix industriels et agricoles, l'industrie et la paysannerie devant supporter à la fois de nouvelles charges sociales et salariales et financer leur rééquipement. L'indice des prix alimentaires passa de 291 en août 1944, à 479 en décembre 1945, pour 100 en 1938, et celui des prix industriels de 231 à 434. C'était bien la course des salaires et des prix, c'était bien l'inflation que Mendès France avait prévue. La dévaluation de décembre 1945 en fut la sanction : elle portait la livre sterling à 480 F et le dollar à 119 F.

Bien entendu, dans le proche avenir, la reprise de la production allait s'accélérer, on pourrait bientôt baisser très fortement les dépenses militaires, le déficit budgétaire se réduirait, l'inflation, mal contenue, serait plus modérée, et l'ensemble des prix et des salaires pouvait être tenu si le rationnement était mieux assuré. Mais le choix qui fut fait n'allait pas sans conséquences immédiates : d'abord, la poursuite de l'inflation, mais aussi, pour le pays, l'impression d'un certain désordre, la prolifération du marché noir qui altérait le comportement de chaque citoyen et de chaque groupe social vis-à-vis de l'Etat et des disciplines collectives. Il en résulta une confusion accrue dans la vie publique. Le mauvais état des finances, de la monnaie, du ravitaillement — en dépit des progrès de la production — conduisait chaque parti à critiquer la politique du gouvernement, sans qu'aucun pût lui opposer un choix nettement différent.

C'est dans ce contexte incertain, contradictoire et forcément difficile que de Gaulle, comme il s'y était résolu dès avant la libération et plus encore au spectacle du pays libéré, entreprit de doter la France d'une nouvelle structure économique et sociale[5]. Le 27 septembre 1944, ce fut la nationalisation des Houillères du Nord et du Pas-de-Calais et, le 16 janvier 1945, celle des usines Renault. Le 29 mai 1945, on décida que la SNECMA, entreprise nationale, regrouperait la part la plus importante de l'industrie aéronautique. Le 26 juin, Air France était nationalisé et incorporait deux autres compagnies aériennes. Les compagnies maritimes subventionnées seraient, elles aussi, contrôlées par l'Etat. La loi du 2 décembre 1945 nationalisait complètement la Banque de France ainsi que les quatre plus grandes banques de dépôt : Crédit Lyonnais, Société Générale, Comptoir national d'Escompte, et Banque nationale pour le Commerce et l'Industrie. En même temps, tout le système du crédit passait sous le contrôle direct de l'Etat qui le réglementerait désormais au moyen d'un Conseil national du crédit dépendant du ministre des Finances. Le dernier gouvernement présidé par de Gaulle, de novembre 1945 à janvier 1946, allait enfin préparer tous les textes instituant la nationalisation des Houillères du Centre et du Midi et celles du Gaz et de l'Electricité qui seront votées après son départ. Ainsi, les principales sources d'énergie, les grands moyens de communication, une fraction notable des industries automobile et aéronautique, une partie de l'appareil bancaire et tout le système du crédit seront directement à la disposition de la puissance publique qui, sous le gouvernement de Félix Gouin, étendra son emprise aux grandes compagnies d'assurances. C'est donc au lendemain même de la Libération et presque exclusivement sous les gouvernements dirigés par de Gaulle que l'Etat s'est assuré les moyens de diriger et d'orienter l'activité économique.

A son tour, la législation sociale fut transformée profondément[6]. Le 23 février 1945, parut l'ordonnance qui créait les comités d'entreprise, laissant aux délégués du personnel la responsabilité des revendications. Ils n'avaient qu'un rôle consultatif mais seraient informés de tous les éléments concernant la marche de la production, pourraient faire des suggestions pour le bon fonctionnement de l'entreprise et auraient la gestion des œuvres sociales. Dans l'immédiat, ils réglèrent d'innombrables problèmes concrets résultant alors de l'extrême pauvreté de beaucoup de travailleurs. A terme, ils n'allaient changer ni le climat social ni les orientations idéologiques de la classe ouvrière. Mais, à leur création, ils apparurent comme le symbole des droits nouveaux des travailleurs au sein de leurs propres entreprises, comme une étape vers la transformation future des rapports sociaux.

L'automne 1945 vit naître la Sécurité sociale. Les trois catégories traditionnelles d'assurances sociales — maladie, maternité, vieillesse — avaient été regroupées en un seul système dès le 30 décembre 1944, mais, les 4 et 19 octobre 1945 de nouvelles ordonnances définissaient l'architecture du système nouveau, établissaient son autonomie, organisaient son financement et prévoyaient qu'il s'appliquerait désormais à tous les salariés. La mise en œuvre de ce système, au fur et à mesure des progrès de la production, fit l'objet d'une loi votée au printemps 1946. Ainsi conçue par Alexandre Parodi, ministre du Travail après la Libération, la Sécurité sociale allait devenir l'un des éléments principaux de la vie quotidienne des travailleurs. Plus tard, les Français répondraient, lors de nombreux sondages, qu'elle était, pour eux, l'institution nationale la plus importante et la plus précieuse. En l'établissant dès après la guerre, le gouvernement dirigé par de Gaulle réalisait l'une des principales aspirations sociales énoncées par la plupart des mouvements de Résistance et des partis politiques et reprises dans le programme du Conseil national de la Résistance. Il faudra attendre 1962, quand de Gaulle fut à nouveau au pouvoir, pour que la Sécurité sociale s'étende à l'agriculture puis au commerce, à l'artisanat et aux travailleurs indépendants à partir de 1966.

Dans tous les domaines, on s'inspira de la même volonté passionnément réformatrice. A l'instigation de Michel Debré, on créa l'Ecole nationale d'Administration pour donner une formation commune à la haute fonction publique et on nationalisa l'Ecole libre de Sciences politiques, réputée pour son attachement au libéralisme économique et aux conceptions traditionalistes de l'histoire. Alors que Tanguy-Prigent était ministre de l'Agriculture, on promulgua un statut du fermage qui, outre d'innombrables dispositions de détail, instituait, pour le fermier, un droit de préemption sur la terre qu'il cultivait. Au ministère de la Justice, où se succédèrent François de Menthon et Pierre-Henri Teitgen, on créa une direction chargée des mineurs qui transforma notablement le traitement de la délinquance juvénile et le système pénitentiaire appliqué aux adolescents, abolissant ce qu'on appelait naguère les « bagnes d'enfants ». Au ministère de la Guerre on décida de ne plus envoyer dans les unités disciplinaires les recrues qui, à moins de vingt ans, avaient fait l'objet d'une condamnation. On promulgua une ordonnance en vue de couvrir le pays d'un réseau de bibliothèques publiques. Une autre établit les principes d'une politique active d'immigration et d'assimilation des travailleurs étrangers. Partout se retrouvait la même inspiration, dérivant peut-être davantage de l'idéal humanitaire de la gauche que d'une volonté vraiment révolutionnaire. Mais ce que l'on réclamait, avant tout, c'étaient suivant la terminologie qui prévalait alors des « réformes de structure ». De Gaulle y procéda, et le pays connut ces profondes transformations qu'il avait jugé, dès le temps de Londres et d'Alger, inévitables et nécessaires. « Toute guerre est une révolution », avait-il dit, recourant lui aussi au vocabulaire dont la Résistance intérieure usait si volontiers : le moment venu, c'est-à-dire durant les seize mois où il gouverna, d'août 1944 à janvier 1946, il se fit l'instrument de cette « révolution ».

Plus tard, on prendrait mieux la mesure des changements accomplis dans les structures économiques du pays et on verrait mieux leur portée véritable. On put soutenir que la propriété collective de certains moyens de production n'avait pas altéré la nature même du capitalisme français ni entravé son fonctionnement. En sens contraire, on put aussi prétendre que le système économique alors mis en place n'avait plus grand-chose à voir avec le capitalisme hérité du XIXe siècle qui avait à peu près survécu jusque-là. C'était maintenant un système original, où pouvaient se combiner l'impulsion de l'Etat et le jeu des initiatives privées. Le fait est que la socialisation partielle de l'économie, en 1944-45, laissait à l'Etat la possibilité de recourir plus ou moins largement aux mécanismes du marché, de renoncer au protectionnisme et d'ouvrir les frontières : il s'y était d'ailleurs engagé en adhérant, dès après la guerre, à un traité international sur le commerce, et il le fit davantage encore avec la mise en œuvre du Marché commun européen, quand de Gaulle revint au pouvoir. Mais il disposait, cependant, des instruments d'une politique volontariste et il pourrait choisir ses terrains d'action et déterminer les buts à atteindre. Il est significatif que l'une des dernière décisions prises par de Gaulle avant sa démission fut la création, le 6 janvier 1946, du Commissariat général au plan, confié à Jean Monnet après qu'on eut beaucoup pensé à y nommer Georges Boris. L'Etat, décidément, allait assumer un rôle économique qui n'avait jamais été le sien.

L'Histoire permet, sinon de juger, du moins, peut-être, de comprendre, en tout cas de remettre les événements en perspective. L'œuvre accomplie, à cette époque, par de Gaulle porte la marque du siècle au point où il en était. Au lendemain de la Seconde Guerre mondiale, l'Europe entière voulait tirer la conclusion de la tragédie sans mesure qu'elle avait connue depuis ses prodromes, au temps de la crise générale du capitalisme et de la montée des Etats fascistes qui en fut la conséquence, jusqu'à leur chute, après la destruction du continent. A l'Est, la victoire de l'Union soviétique permit l'établissement de régimes communistes qui abolirent l'état politique, économique et social qui prévalait avant la guerre. A l'Ouest, on voulut, partout, concilier le retour aux libertés publiques et individuelles et l'instauration d'un autre système économique qui préserverait des crises que le capitalisme avait engendrées et dont la guerre était issue. Ce fut le temps des réformes, de l'extension de la protection sociale, des nationalisations plus ou moins étendues, de l'intervention active de l'Etat dans les principales activités, d'un volontarisme général, d'un certain culte de la planification — seule l'influence prépondérante des Etats-Unis ménageant, en Allemagne, le retour, dès que possible, à l'économie de marché. Les circonstances, pour une grande part, l'imposaient. La détresse économique de presque tous les pays d'Europe exigeait de rigoureuses priorités pour leur reconstruction, une répartition autoritaire des devises et des produits, bref un rôle que l'Etat n'avait jamais joué auparavant en temps de paix. Mais il ne s'agissait, au fond que de circonstances provisoires. La fin des pénuries, la reconstruction, l'essor des échanges, l'expansion massive des productions, allaient susciter partout une exigence de liberté. Un choc en retour, explicable et prévisible, remettrait en cause l'étatisme économique et ses disciplines. La seconde moitié du siècle allait conduire à l'extrême opposé de ce qu'on voulait, presque partout, au lendemain de la Seconde Guerre mondiale.

La France, elle, garda longtemps — et garde sans doute encore en grande partie — les structures économiques et sociales établies par de Gaulle après la Libération. Peut-être ont-elles contribué, de manière irremplaçable, à la formidable expansion économique qu'elle connut jusqu'à la fin des années 70 et, par là, au changement des mentalités, des mœurs, des niveaux de vie. Peut-être cette expansion se serait-elle produite avec des structures plus légères et un Etat plus libéral ? En a-t-il résulté que la France a tardé à s'adapter aux immenses transformations de l'économie mondiale dans la dernière partie du siècle ? On peut le soutenir. Mais si de Gaulle fut l'auteur principal de la profonde réforme des structures économiques et sociales d'après la Libération, il fut aussi, sous la Ve République, l'artisan de l'ouverture des frontières, de la convertibilité de la monnaie, de la libération des échanges. Evoquant ses choix au temps du gouvernement provisoire, il écrivit :

> En économie, non plus qu'en politique ou en stratégie, il n'existe, à mon sens, de vérité absolue. Mais il y a les circonstances.

A mi-temps du siècle, de Gaulle fut convaincu qu'il fallait tenir compte des « circonstances » qui imposaient, à ses yeux, les structures économiques et sociales qu'il institua. La seconde partie du siècle suscita d'autres « circonstances ». Il lui incomba d'en tirer les conséquences, durant les années soixante : il incomberait à ses successeurs d'aller au-delà.

Chapitre 19

DE L'EMPIRE A L'UNION FRANÇAISE

Rien ne pouvait empêcher que la guerre — parce qu'elle était mondiale — n'ébranle jusque dans leurs fondements les empires coloniaux des belligérants. Là aussi « toute guerre » serait une « révolution » : de tous les dirigeants occidentaux, de tous les responsables français, de Gaulle en était sûrement l'un des plus convaincus. Mais, depuis le 18 juin 1940, il s'était engagé à restaurer l'indépendance et l'intégrité de la France : et cette « intégrité » s'appliquait aussi à l'Empire. Y renoncer lui aurait fait perdre aux yeux des Français qui l'écoutaient — et à ses propres yeux — sa légitimité et, tout simplement, son autorité et sa crédibilité. Mais tenir cet engagement et tenir compte de cette « révolution » était une tâche dont la difficulté était, au sens littéral du mot, insurmontable. Cette tâche, il fallait pourtant la remplir, dans toutes les parties de l'Empire. Pour de Gaulle, ce fut peut-être la plus dure de toutes, parce qu'elle n'était pas seulement, dans l'immédiat, la condition nécessaire du succès de son entreprise : au-delà du présent, elle engageait aussi l'avenir.

Evoquant le ralliement solitaire du général Catroux qui avait quitté ses fonctions de gouverneur général dont Vichy venait de le révoquer, de Gaulle a écrit dans ses *Mémoires de guerre* :

> A moi-même menant une bien petite barque sur l'océan de la guerre, l'Indochine apparaissait alors comme un grand navire désemparé que je ne pourrais secourir avant d'avoir longuement réuni les moyens de sauvetage. Le voyant s'éloigner dans la brume, je me jurais à moi-même de le ramener un jour.

A la vérité, il n'y avait que très peu de chances de sauver les positions françaises en Indochine, dès lors qu'elle était prise dans la tourmente de la guerre. Le plus célèbre des stratèges français des années 30, l'amiral Castex, avait coutume d'affirmer qu'elle ne pouvait être défendue.

Le maintien de la France dans son immense possession coloniale du Sud-Est asiatique tenait, en effet, non à sa puissance militaire sur place mais à l'équilibre des forces en Extrême-Orient : la guerre entre la Chine et le Japon, puis la suprématie navale de la Grande-Bretagne. De fait, les forces qui s'y trouvaient étaient presque insignifiantes : 14 bataillons métropolitains et 28 bataillons indigènes, soit environ 40 000 hommes pour un pays de 25 millions d'habitants, portés à 90 000 hommes en cas de mobilisation [1]. Et l'on ne pouvait évidemment compter sur le concours de la population pour défendre un empire déjà si contesté par de forts mouvements nationalistes. Bref, l'Indochine serait désarmée devant les attaques éventuelles d'une grande puissance.

Or, dès février 1939, la menace se précisait. L'armée japonaise débarquait dans l'île de Hainan, face au golfe du Tonkin. La Chine de Chiang Kai-shek n'avait plus alors qu'un débouché : le chemin de fer du Yunan qui passait par le Tonkin et se prolongeait jusqu'au port de Haiphong, et c'était un chemin de fer français. Les pressions japonaises commencèrent à s'exercer sur Paris dès l'été 1939 : comme on ne pouvait se laisser distraire de la guerre qui s'annonçait contre l'Allemagne, on décida prudemment d'y céder, et le général Catroux, gouverneur général de l'Indochine à partir du mois d'août, fit savoir à Tokyo qu'aucune arme ne transiterait plus par le chemin de fer du Yunnan une fois livrées les commandes en cours [2]. Mais, le 18 juin 1940, le Japon adressa à la France un ultimatum exigeant la réduction massive du trafic ferroviaire et son contrôle par une mission militaire japonaise. Catroux vérifia qu'il ne pouvait compter sur une aide des Etats-Unis [3]. Il fallait donc céder. L'ambassadeur de Chine proposa bien, le 25 juin, une aide militaire : mais l'accepter eût équivalu à entrer en guerre contre le Japon aux côtés de Chiang Kai-shek, et il n'en fut pas question [4]. Quoi qu'il en soit, le gouvernement français décida, ce jour-là, de destituer Catroux. On lui reprochait d'agir de son propre chef et l'on soupçonnait déjà son prochain ralliement à de Gaulle. Il avait, en effet, pris contact avec sir Percy Noble, gouverneur britannique de Singapour, qu'il alla voir le 27 juin. La Grande-Bretagne avait décidé, de son côté, de fermer la frontière birmane, entre les Indes et la Chine, répondant ainsi par avance aux préoccupations japonaises, et il était clair que, sur le point d'affronter seule la menace mortelle d'une invasion allemande, elle ne voulait pas entrer en guerre contre le Japon. Sans son aide pour faire face aux pressions que celui-ci n'allait pas manquer d'exercer encore sur l'Indochine, il faudrait par conséquent lui céder à chaque reprise. Catroux ne voulait pas y consentir, il ne voulait pas non plus entraîner les forces françaises d'Extrême-Orient dans une résistance isolée et sans espoir. Ayant pesé les chances de chaque solution, il se résolut à partir le 22 juillet, cédant la place au commandant de l'escadre française, l'amiral Decoux, dont la nomination avait été proposée par Darlan [5].

En réalité on s'était engagé déjà dans un engrenage d'exigences japonaises et de concessions françaises dont on ne sortirait pas. Deux cents militaires et soixante civils japonais étaient déjà arrivés au Tonkin, quand, le 2 août, un second ultimatum était adressé à la France : ou elle entrait en guerre contre la Chine aux côtés du Japon, ou elle livrait passage à « l'armée de Canton » en lui accordant en outre l'usage d'aérodromes, de voies de transport, ainsi que la liberté d'établissement pour les entreprises japonaises. Malgré le ministre des Colonies Lemery et le chef d'état-major des troupes coloniales Bührer, partisans de résister, on céda à toutes les demandes japonaises le 30 août : en contrepartie, Tokyo reconnaissait l'intégrité territoriale de l'Indochine et son appartenance à la France tandis que Vichy reconnaissait, de son côté, « les intérêts dominants du Japon en Extrême-Orient [6] ».

Le 3 septembre, un troisième ultimatum exigeait l'entrée de 25 000 Japonais au Tonkin. Du côté français, ce fut l'affolement [7]. Decoux proposa, le 7 septembre, que la France détache de la Chine la province de Yunnan au profit du gouvernement chinois projaponais installé à Nankin, et de s'orienter ainsi vers une véritable alliance franco-japonaise. L'amiral Platon, qui venait de remplacer Lemery au ministère des Colonies, voulait au contraire « appeler les Chinois dès la première incursion japonaise [8] ». Quant au général Martin, commandant les forces françaises d'Extrême-Orient, il assurait ne pas redouter l'affrontement car « l'armée de Canton » était, croyait-il, à bout de forces. Et, le 20 septembre, un quatrième ultimatum fut présenté à la France qui, le 22, céda à toutes les exigences japonaises.

Ce même jour, dans la soirée, les Japonais franchissaient la frontière et attaquaient Lang Son. Pour les Français, ce fut à tous égards un désastre. Les services de renseignements s'étaient trompés en spéculant sur leur fatigue. Le matériel français n'était en rien comparable à celui de l'ennemi. Le désordre du commandement fit que l'artillerie se mit à tirer sur les lignes françaises. Et le plus inquiétant, de loin, fut que la presque totalité des soldats indigènes firent défection. La garnison, ayant perdu huit cents hommes, se rendit mais, puisque Vichy et Decoux avaient cédé aux exigences japonaises, elle fut libérée [9].

C'en était assez pour que la Thaïlande voisine ait cru le moment venu d'entrer en lice, à son tour [10]. Début septembre, elle présenta ses exigences territoriales, puis les opérations commencèrent et culminèrent, le 16 janvier 1941 lorsque les troupes françaises subirent un sérieux revers à Yangdong que ne compensa pas la destruction de tous les bateaux de guerre thaïlandais par la petite force navale du capitaine de vaisseau Bérenger. Le Japon imposa sa médiation qui aboutit à la cession aux Thaïlandais des territoires situés aux bordures occidentales du Laos et du Cambodge, cédés à la France en 1907.

L'emprise militaire du Japon sur l'Indochine n'était pourtant pas achevée. Elle le fut au mois de juillet 1941. Tokyo fit alors savoir qu'il souhaitait installer ses troupes dans le sud du pays. Les conséquences en seraient évidemment considérables : ce pouvait être le point de départ d'offensives en direction de la Birmanie, de Singapour ou des Indes néerlandaises. Ce souhait se transforma en ultimatum dès le milieu de juillet. Suivant Benoist-Méchin, Darlan songea d'abord à une résistance armée qui ne serait, bien entendu, qu'un « baroud d'honneur » : mais il convainquit l'amiral que mieux valait négocier en acceptant une occupation militaire et une coopération active avec le Japon à la condition que celui-ci garantît une fois de plus la souveraineté française en Indochine, et, sur cette base, un accord fut conclu[11].

C'était s'engager dans la voie d'une collaboration militaire entre les deux pays. Le gouvernement japonais en tira la conclusion logique, après Pearl Harbor, en proposant d'envoyer un corps expéditionnaire appuyé par un bataillon français à la reconquête de la Nouvelle-Calédonie, qui serait ainsi restituée à Vichy. Benoist-Méchin était partisan d'accepter, mais Darlan, inquiet des menaces de rétorsion américaines, éluda la proposition de Tokyo. Decoux, lui, y était favorable, dans son âpre désir d'affronter ce qu'il appelait « cette triste légion d'égarés qu'on nomme gaulliste[12] », et il acceptait à l'avance, pour y parvenir, une collaboration directe avec la marine et l'aviation japonaises. En février 1942, il revint à la charge et proposa que les « forces françaises [agissent] seules » mais avec la « couverture » indirecte de la marine et de l'aviation japonaises[13]. Il ne se départit jamais de sa politique de collaboration avec le Japon jusqu'aux approches de la défaite de l'Axe, stigmatisant « l'inqualifiable agression des Anglo-Saxons en Afrique du Nord » et avertissant Laval qu'en cas de débarquement allié il ferait preuve de « la plus ferme détermination de conduire une défense absolue[14] ».

Tel était donc l'homme sous lequel l'Indochine vécut plus de quatre ans, foncièrement conservateur, abhorrant la République et, plus encore, le souvenir du Front populaire, partisan farouche du régime de Vichy et exerçant une répression impitoyable contre tous ceux que l'on soupçonnait de sympathie pour la France libre ou les Alliés. Sa politique consistait, au fond, à préserver la présence d'une armée, d'une administration et d'une police françaises, mais exclusivement grâce à la collaboration politique, économique et militaire avec le Japon. Or celui-ci n'acceptait le maintien de l'ordre colonial que parce qu'il garantissait l'ordre dans le pays, la sécurité des arrières de ses armées lancées à la conquête du Sud-Est asiatique. L'autorité française ne subsistait que pour autant qu'elle s'était mise au service du Japon et ne subsisterait qu'aussi longtemps que les dirigeants japonais jugeraient qu'elle était de leur intérêt : elle disparaîtrait dès qu'ils le décideraient. Justement, ils en discutaient. Certains avaient été partisans de s'appuyer sur les nationalistes vietnamiens, et ils les avaient encouragés dès l'entrée de « l'armée de Canton » au Tonkin, quitte, ensuite, à préférer la collaboration avec Decoux et à les abandonner provisoirement. Du coup, la voie était ouverte à l'activité des communistes vietnamiens. Malgré la répression dont ils étaient l'objet, ils jugèrent que la défaite de la France en Europe allait leur donner une occasion d'agir qu'ils ne devaient pas hésiter à saisir. Profitant des affrontements entre Japonais et Français, ils attaquèrent les postes français et parvinrent à tenir la campagne durant plusieurs mois. Puis, après l'offensive thaïlandaise, ils se préparèrent à déclencher une insurrection générale dans la nuit du 22 au 23 novembre, qui, sans avoir l'ampleur prévue, dura plusieurs semaines [15]. La répression fut impitoyable. Les cours martiales prononcèrent cent six condamnations à mort : Decoux, rejetant les consignes de modération données par Vichy, les fit exécuter.

Il poursuivait encore sa politique de collaboration avec le Japon, quand l'approche du débarquement allié en France le conduisit à obtenir les pleins pouvoirs « en cas de rupture des communications avec la métropole ». Il s'imaginait que le Japon, estimerait que rien n'était changé en Indochine et que son autorité devait y être conservée pour le plus grand avantage des opérations menées par l'armée japonaise dans le Sud-Est asiatique. Il en était si convaincu qu'il ne vit aucune raison de rien changer à sa politique et qu'il voulut persuader le gouvernement maintenant installé à Paris, qu'il suffisait de la poursuivre pour que l'Indochine reste française. « La condition nécessaire et suffisante, écrivit-il dans un message qu'il lui adressa le 31 août, pour que la souveraineté française en Indochine et les intérêts français en Extrême-Orient parviennent intacts au terme du conflit, paraît être que le nouveau gouvernement français déconseille aux Alliés toute attaque militaire contre l'Indochine, et s'abstienne lui-même de toute initiative diplomatique et militaire susceptible de mettre le Japon en méfiance à l'égard de la France [16]. » Quelques mois suffirent à montrer l'étendue de ces illusions.

De Gaulle, là comme ailleurs, ne séparait pas le redressement futur de la France de sa participation à la guerre. Nul n'envisagerait, si peu que ce soit, le maintien de la France en Indochine, quelle qu'en soit la forme, si elle s'y bornait à collaborer jusqu'au bout avec le Japon. Et à mesure que l'on se rapprochait de la victoire, il apparut sans cesse plus clairement que les puissances alliées, en Extrême-Orient, songeaient en effet à en évincer la France : la Chine de Chiang Kai-shek suggéra à plusieurs reprises, tant à Londres qu'à Washington, que son influence, après la guerre, pourrait s'étendre sur toute la péninsule indochinoise, jusqu'à Singapour, et pour obtenir gain de cause rechercha l'appui de la politique américaine contre les inévitables réticences britanniques [17] ; Roosevelt, de son côté, ne cachait pas que la France n'avait aucun titre à rétablir son autorité sur l'Indochine et que les Etats-Unis devaient aider celle-ci à devenir indépendante [18] ; Staline, en plusieurs occasions, se rangea à son avis. Le Japon, enfin, pouvait à tout moment étendre à l'Indochine française sa politique de destruction des dominations européennes en Extrême-Orient et y supprimer le régime qui se réclamait de Vichy. Il n'y avait donc aucune chance pour que la France revienne en Indochine à moins de le mériter en prenant part à la lutte contre le Japon : elle s'assurerait ainsi auprès des Alliés quelque crédit et compenserait, en partie, aux yeux des populations indochinoises l'effondrement politique et moral du à la défaite de 1940 et à la longue collaboration avec l'occupant japonais : de Gaulle en était convaincu et toute sa politique en procéda.

En juin 1940, dès lors qu'en signant les armistices la France de Vichy se séparait de l'Empire britannique, il n'y avait aucun moyen, pour l'Indochine française, de résister au Japon. Et on ne peut être sûr qu'il en eût été autrement si l'on avait refusé la capitulation et continué la guerre contre l'Allemagne et l'Italie tant il est clair qu'il aurait fallu y consacrer toutes les forces dont les Alliés disposaient alors. De Gaulle lui-même l'admettait sans ambages. Le 16 septembre il recevait, d'ailleurs, de l'inspecteur des colonies Cazaux un message lui faisant part de la situation en Indochine et constatant que tous les Français résidant sur place et partisans de la France libre ne pouvaient avoir, dans l'immédiat, qu'une action limitée. L'un d'eux, qui allait jouer le plus grand rôle au cours des années suivantes, François de Langlade, se trouvait de passage à Kuala Lumpur quand il entendit l'appel du 18 juin : comme la totalité des Français de Malaisie — excepté le consul général à Singapour —, il avait opté pour la France libre [19]. Le délégué de celle-ci en Extrême-Orient fut d'abord M. de Schompré, puis le gouverneur Baron assisté du colonel Tutenges, chef de la mission militaire, et c'est ce dernier qui envoya Langlade accomplir une mission clandestine en Indochine où il séjourna durant un mois et rencontra ceux qui allaient y constituer la première résistance civile, en particulier Mario Boquet et Bazay. Civile ou militaire, issue des troupes stationnées en Indochine ou organisée depuis Londres et Alger, liée dès l'origine à la France libre ou rattachée à celle-ci par la suite, la résistance ne fut et ne pouvait être durant longtemps qu'une activité de renseignement. Le colonel Tutenges, le lieutenant Léonard, le lieutenant Soclet furent donc les premiers responsables français libres chargés du renseignement sur l'Indochine, et la section indochinoise des services de renseignements britanniques en Extrême-Orient était dirigée par Langlade lui-même qui était, en même temps, l'un des délégués nommés par de Gaulle.

Le capitaine Levain et le capitaine Milon comptèrent parmi les principaux organisateurs des activités de renseignement à l'intérieur même des territoires indochinois. Ils étaient les animateurs d'un réseau qui agissait sous le couvert du général Mordant, commandant des troupes françaises, mais sans en référer à celui-ci et naturellement sans que Decoux fût informé de l'existence de ce réseau. Longtemps, les renseignements qu'ils acheminèrent furent court-circuités par les services chinois et c'est pour établir la liaison directe avec la France libre et pour exploiter à fond leurs possibilités de renseignement sur l'ensemble des activités japonaises dans la région que Levain, au début de 1943, envoya Milon à Alger. Il passa la frontière dans la région de Chima où il avait l'habitude d'aller observer les oiseaux, et finit par arriver à Alger le 8 juin où Catroux, Billotte et Jousse lui recommandèrent d'intensifier les activités de renseignement mais que rien ne soit changé aux rapports entre Français et Japonais. Le général Pechkoff prit alors la direction de la mission militaire française en Chine et le colonel Emblanc assuma la tâche des liaisons avec l'Indochine. Le dispositif français en Extrême-Orient se mettait en place peu à peu, non sans secousses ni sans drames, les uns provoqués par les rivalités issues des crises d'Alger, les autres par l'acharnement des Alliés à capter pour leur propre avantage les résultats obtenus par les réseaux français, d'autres encore tenant aux inextricables difficultés de communication avec l'Indochine.

Au mois de septembre 1943, enfin, Pechkoff devient représentant du CFLN auprès du gouvernement chinois, le colonel Emblanc le remplace à la tête de la mission militaire française, une *French Indochina Section* du *Ministry of Economic Warfare* est créée en Inde : elle est uniquement composée de Français et dirigée par Langlade qui reste, en même temps, l'homme que de Gaulle a chargé le plus directement de l'ensemble des affaires indochinoises. Et le 4 octobre le général Blaizot est nommé à la tête du futur corps expéditionnaire français d'Extrême-Orient avec pour adjoint le lieutenant-colonel de Crèvecœur.

Tout, bientôt, sera déterminé par les dernières phases de la guerre contre le Japon. Et, pour de Gaulle, il ne fait aucun doute que la France ne pourra trouver un rôle, quel qu'il soit, en Extrême-Orient et retrouver ses responsabilités dans l'avenir de l'Indochine que si elle prend part à la lutte : cela seul peut amener les Alliés à ne pas ignorer ses intérêts. C'est dans cet esprit que la France libre avait déclaré la guerre au Japon le 9 décembre 1941, aussitôt après l'attaque de Pearl Harbour. L'appel à la résistance qui fut alors lancé aux Français d'Indochine et aux Indochinois eux-mêmes n'avait d'autre but que de prendre date et de préparer, clandestinement, ce qu'on entreprendrait plus tard contre le Japon. Le 18 septembre 1943, Giraud et de Gaulle, alors coprésidents du CFLN, adressèrent donc un mémorandum à Churchill, Roosevelt et Staline demandant une « participation substantielle » de troupes françaises « à la libération de l'Indochine ».

De Gaulle, cependant, ne se faisait aucune illusion sur les intentions des Alliés. Ses représentants aux Etats-Unis lui confirmaient que le gouvernement américain n'estimait ni possible ni souhaitable le rétablissement de l'autorité française en Indochine. On parlait déjà, à Washington, d'y installer une tutelle internationale qui conduirait à brève échéance les pays d'Indochine à l'indépendance, Roosevelt s'en était ouvert sans détour à son secrétaire d'Etat Cordell Hull dans une note du 2 janvier 1944 : « J'ai vu Halifax la semaine dernière, lui écrivit-il, et je lui ai dit en toute franchise qu'il était parfaitement vrai que depuis plus d'un an j'exprime l'opinion que l'Indochine ne devrait pas retomber sous la domination de la France, mais qu'elle devrait être mise sous tutelle d'une commission internationale. Il y a presque cent ans que la France exerce son empire sur ce pays — trente millions de gens dont le sort est pire maintenant qu'au début. Vous serez intéressé de savoir que cette opinion a le soutien total du généralissime Chiang Kai-shek et du maréchal Staline. Je ne vois pas pourquoi nous entrerions dans le jeu du Foreign Office dans cette affaire. La seule raison pour laquelle il semble y être opposé, c'est que [les Anglais] craignent les conséquences que cela pourrait entraîner dans leurs propres possessions et dans celles des Hollandais. Ils n'ont jamais aimé cette idée de commission internationale parce que, dans certains cas, cela vise à préparer l'indépendance. Tel est bien le but en ce qui concerne l'Indochine. Chaque cas doit, bien sûr, être réglé séparément, mais celui de l'Indochine est parfaitement clair. Il y a cent ans que la France saigne ce pays. Le peuple d'Indochine mérite un sort plus enviable[20]. »

Contre l'influence conjuguée des Etats-Unis, de la Chine et sans doute de l'Union soviétique, contre les entreprises du Japon qui pourraient remettre en cause l'existence de l'administration française à quelque moment que ce soit et selon ses seuls intérêts stratégiques et politiques, contre l'inévitable essor des nationalismes indochinois, les chances de rétablir une présence française en Extrême-Orient semblaient très faibles. De Gaulle, en tout cas, était attentif à l'état d'esprit des populations d'Indochine, sous le choc des événements. Langlade en a témoigné : « Le général de Gaulle, dit-il, en évoquant les années 1941-1942... était parfaitement conscient — je peux le dire parce que, la première fois que je l'ai vu, il m'en a entretenu — que le manque de résistance à l'invasion japonaise de l'Indochine, d'ailleurs justifiable étant donné la position des Alliés, avait eu comme conséquence une grande perte de force pour la France vis-à-vis des Annamites, des Laotiens et des Cambodgiens. » Et son témoignage confirme que, par la suite, de Gaulle s'attendait à des transformations fondamentales, en Indochine et dans les pays alentour, dès avant la fin de la guerre ou aussitôt après, du fait des Japonais ou des Alliés eux-mêmes. « Il était parfaitement informé, dit Langlade, que, depuis 1943, les Japonais savaient qu'ils avaient perdu la guerre et que, dès cette époque, leur propagande dans tous les pays occupés, que ce fût la Malaisie, que ce fût les pays d'influence américaine, n'avait qu'un thème : nous avons battu les Européens et les Américains, nous serons battus, mais nous vous avons libérés, par conséquent ce que nous faisons maintenant, c'est pour l'indépendance de vos pays. Le général de Gaulle était parfaitement au courant également qu'aux Indes les Anglais avaient promis l'indépendance et que ce serait un mouvement absolument impossible à arrêter[21]. »

A peine avait-il établi son pouvoir à Alger et prenait-il en main les affaires en Afrique du Nord et en Afrique-Occidentale qu'il songea donc à préparer le retour de la France en Indochine en promettant aux Indochinois eux-mêmes que l'avenir ne serait pas à l'image du passé et que le statut de leurs pays serait de toute façon transformé. Encore ne voulait-il s'engager dans cette voie qu'en termes prudents : la tâche qu'il s'était donnée depuis 1940 était de rétablir l'intégrité de la France et de son Empire et il ne pouvait en compromettre l'avenir à l'avance, trop au-delà de ce que décideraient les autorités élues du pays, après la libération de la métropole. Pourtant, comme il l'avait fait en 1941 en reconnaissant l'indépendance de la Syrie et du Liban, comme il allait le faire plus tard en accordant la citoyenneté française à certaines catégories d'Algériens et en faisant participer l'ensemble des populations d'Algérie, d'Afrique noire et de Madagascar à l'élection de l'Assemblée constituante après la guerre, il voulut malgré tout anticiper sur ce qui serait décidé par les gouvernements futurs en assurant les peuples d'Indochine que la fin de l'occupation japonaise n'équivaudrait pas à un retour au passé.

Une déclaration du CFLN sur l'Indochine fut donc mise en chantier dès l'automne 1943 et publiée le 8 décembre, pour le second anniversaire de la déclaration de guerre de la France libre au Japon. Henri Laurentie, directeur des affaires politiques du commissariat aux Colonies, et Léon Pignon en avaient préparé le texte. Il fut lu par le commissaire aux Colonies, René Pleven, devant l'Assemblée consultative provisoire : « La France, y lisait-on, saura se souvenir de l'attitude fière et loyale des peuples indochinois, de la résistance qu'ils ont, à nos côtés, opposée au Japon et au Siam, de la fidélité de leur attachement à la communauté française. A ces peuples qui ont su affirmer à la fois leur sentiment national et leur sens de la communauté française, un statut politique nouveau où, dans le cadre de l'organisation fédérale, les libertés des divers pays de l'Union seront étendues et consacrées ; où le caractère libéral de ces institutions sera, sans perdre la marque de la civilisation et des traditions indochinoises, accentué ; où les Indochinois, enfin, auront accès à tous les emplois et fonctions de l'Etat. »

Dans ce texte, la référence au « sentiment national » et à la « responsabilité politique » des peuples d'Indochine sonnait comme la promesse d'une véritable émancipation. Mais on pouvait y voir déjà les difficultés sur lesquelles on buterait plus tard quand il mentionnait, en même temps, la nécessité des liens fédéraux entre les divers pays d'Indochine et celle aussi des liens à maintenir avec la France. Du moins la déclaration du CFLN, directement inspirée par de Gaulle, bannissait-elle tout retour pur et simple au passé.

Mais il s'agissait d'abord de gagner la guerre. Pour que la France y ait sa part il fallait que les forces françaises d'Indochine puissent agir, le moment venu, contre l'armée japonaise. Il fallait donc que la résistance française en Indochine, quand l'ordre lui en serait donné, ne se limite plus aux seules activités de renseignement et s'engage dans la lutte armée. C'est ce que prévoyaient les directives adressées au commandant en chef des troupes françaises d'Indochine, le général Mordant, le 29 février 1944[22]. De Gaulle lui conférait la direction de la résistance militaire : pour mobiliser la totalité des forces françaises dans la péninsule indochinoise, quand l'heure serait venue de les engager, seule l'autorité de leur chef garantissait, en effet, qu'elles entreraient en action sans hésiter. Du reste, Mordant s'engagea à donner l'ordre d'entamer la lutte contre les Japonais, quand on le lui prescrirait. En attendant, l'état-major du général Blaizot, en liaison avec le commandement britannique, avait rédigé une série d'instructions prévoyant que les troupes françaises devaient, au moins pour la moitié de leurs effectifs, se cantonner en permanence en dehors des villes de manière à rester hors de portée d'une attaque japonaise et qu'elles devaient se préparer à une guerre de guérilla ou à des opérations de harcèlement, quitte à se replier progressivement vers la frontière chinoise. Enfin, rien ne devait être fait qui provoquât une action préventive des Japonais et le dispositif français en Indochine devait donc rester en place jusqu'au moment où l'ordre d'agir lui serait donné, à moins que les Japonais eux-mêmes n'interviennent auparavant.

C'est pour transmettre l'ensemble de ces directives que de Gaulle envoya en Indochine Langlade accompagné du commandant Milon et du sergent Marmont, chargé d'assurer les liaisons. Mordant commença par s'opposer à leur parachutage qui risquait de ne pas passer inaperçu et de provoquer une réaction japonaise, mais leur réception fut assurée le 5 juillet 1944 par l'un des officiers les plus actifs de la résistance indochinoise, le colonel Robert. Malgré ses critiques et ses réticences, Mordant accepta les responsabilités que de Gaulle lui donnait, tout en refusant d'introduire Langlade auprès de Decoux dont il souligna qu'il demeurait catégoriquement opposé à toute forme de résistance. Mais une fois Langlade revenu à Paris, de Gaulle, soucieux d'assurer immédiatement son autorité sur Decoux, lui ordonna de repartir sur-le-champ. Ce fut à Dien Bien Phu que Langlade, cette fois, fut parachuté[23].

Il vit Decoux le 19 novembre et lui transmit les instructions dictées par de Gaulle qui lui enjoignaient d'assurer ses fonctions sans donner prise aux soupçons japonais et de ne pas prendre la tête de la résistance, qu'il avait condamnée jusque-là et que Mordant dirigerait. Il y avait à cela les meilleures raisons. Decoux, qui avait mené contre les partisans de la France libre et les résistants indochinois une lutte impitoyable, ne pouvait évidemment prendre leur tête, pas plus que son rôle clandestin n'aurait pu rester secret : il était étroitement surveillé par les Japonais qui avaient décrypté ses codes depuis longtemps et n'ignoraient rien de ses communications avec l'extérieur. De surcroît, il restait en liaison avec Vichy ou du moins avec ceux de ses représentants encore en activité après la libération de Paris : Langlade put s'en rendre compte aussitôt car un officier résistant, le colonel Cavalin, lui fit savoir qu'il avait arrêté de justesse un télégramme de Decoux, dès le lendemain de ses entretiens avec lui, où il en rendait compte au représentant de Vichy au Japon.

On se préparait donc aux épreuves de force, mais sans perdre de vue les objectifs politiques que le gouvernement provisoire, désormais installé à Paris, entendait poursuivre après la libération de l'Indochine. Il fallait d'abord que Français et Indochinois s'unissent dans leur lutte commune contre le Japon : ainsi seraient forgés, dans l'épreuve, des liens qui serviraient à établir des rapports nouveaux entre la France et les pays d'Indochine. C'est ce que de Gaulle prescrivait à Mordant :

> Je ne conçois pas la résistance comme étant uniquement militaire, lui écrivait-il, je la conçois comme faisant entrer dans le combat et dans la lutte aussi bien les autorités civiles que la population française et indochinoise[24].

Dans cet esprit, Pleven, encore ministre des Colonies, fit demander à Mordant, le 3 septembre 1944, que l'on envoie à Paris « un représentant qualifié des peuples indochinois afin qu'il expose leur état d'esprit et que l'on prévoie ce qu'il y aurait lieu de faire d'ici leur libération[25] ». En même temps, Paul Mus, spécialiste réputé de l'histoire et de la civilisation du Vietnam, fut chargé d'aller sonder les personnalités vietnamiennes qui lui paraîtraient les plus représentatives et de s'assurer leur concours en vue d'une action commune, française et indochinoise, contre le Japon, le moment venu[26], et de son côté, Maurice Vallat, administrateur des colonies en poste en Indochine jusqu'à la fin de 1944, où il dirigeait l'un des principaux réseaux de résistance au Tonkin, rendait compte à de Gaulle de l'état d'esprit des Vietnamiens[27].

Au mois de septembre 1944, quelques jours à peine après le télégramme de Decoux assurant que la souveraineté française en Indochine sortirait intacte de la guerre à la condition que rien ne soit fait contre le Japon et qu'on ne donne aucune prise à ses soupçons, commencèrent les échanges de vues entre l'amiral Terauchi, commandant supérieur des troupes japonaises en Indochine, le ministère japonais des Affaires étrangères et le commandement suprême des forces japonaises sur l'éventualité d'une éviction définitive des autorités françaises dans les territoires indochinois[28]. Terauchi et les diplomates japonais préconisaient une action rapide aboutissant immédiatement à la proclamation de l'indépendance du Vietnam, du Laos et du Cambodge. L'état-major était plus hésitant. Il ne contestait pas l'intérêt d'une prompte liquidation de toute souveraineté française, mais inquiet des sentiments nationalistes des peuples indochinois, il plaidait pour qu'une administration militaire japonaise prenne directement en main les trois pays. Les discussions se prolongèrent durant la bataille des Philippines. Boisanger, conseiller diplomatique de Decoux, fut discrètement prévenu que Tokyo pourrait modifier sa politique à l'égard de la colonie française [29]. Les menaces d'un coup de force se précisèrent, avec l'arrivée de nouvelles forces japonaises, et le 4 février, la décision fut prise, lors d'une réunion entre ministres et chefs d'états-majors de mettre fin à la souveraineté française dans la péninsule indochinoise [30].

Le 9 mars, à 19 heures, un ultimatum japonais fut présenté à Decoux : en raison des risques d'un débarquement américain les forces françaises devraient se placer sous le commandement nippon. Mais les délais n'en étaient pas écoulés que déjà les forces japonaises passèrent à l'attaque. Pourtant, les Français se battirent d'un bout à l'autre des territoires indochinois, alors que l'armée métropolitaine n'avait pas tiré un coup de feu quand, en novembre 1942, la Wehrmacht avait envahi la zone Sud [31]. A Hanoi, la Citadelle se défendit plusieurs heures avant que les généraux Mordant et Aymé ne décident de se rendre faute de pouvoir compter sur le moindre renfort en hommes, en armes ou en munitions. A Lang Son les postes français tinrent jusqu'au soir du 10 mars. Le colonel Robert, à qui Langlade avait donné mission d'organiser effectivement la résistance, en voyant dans quelles difficultés et quelles contradictions se débattaient Mordant et Decoux, fut attiré dans un guet-apens et les Japonais le décapitèrent presque aussitôt, tout comme le général Lemonnier et la plupart des survivants de la garnison. En Cochinchine, plusieurs unités échappèrent à la destruction et se réfugièrent dans la jungle avant de se disperser. Au Laos, la population aida les soldats français repliés dans la brousse, qui pourront ainsi recevoir les secours envoyés par le commandement britannique depuis Calcutta. Le commandant de la division du Tonkin, le général Sabattier, avait pris la précaution de situer son poste de commandement hors de Hanoi : avec son subordonné, le général Alessandri, il dirigea la résistance de quelque 6 000 hommes qui, péniblement, firent retraite vers la Chine, où ils furent isolés ou désarmés. En vain, le gouvernement français demanda-t-il aux Etats-Unis de les assister par une intervention aérienne : Roosevelt, qui croyait que c'en était fini de la présence française en Indochine, s'y refusa malgré les objurgations que de Gaulle multiplia auprès de l'ambassadeur américain à Paris.

Voici l'Indochine sans les Français. Ce fut aussitôt la ruée vers l'indépendance. Bao Dai, qui portait encore le titre d'empereur d'Annam, rentrait d'une partie de chasse, le soir du 9 mars, quand il fut prévenu par le commandement japonais que l'ère du protectorat était révolue [32]. Quarante-huit heures plus tard, il constatait officiellement que la France avait cessé de jouer son rôle au Vietnam et il en proclamait l'indépendance. Le 13, ce fut le tour du Cambodge et, le 8 avril celui du Laos. Dans ces deux pays, souverains et Premiers ministres restèrent en place. Au Vietnam, les Japonais, après avoir songé à imposer Ngo

Dinh Diem à la tête du gouvernement, convainquirent Bao Dai d'y mettre Tran Trong Kim. C'était un ancien inspecteur des écoles primaires, nationaliste fervent, que les Japonais avaient accueilli à Bangkok pour lui permettre d'échapper à la police de Decoux. Il composa, le 17 avril, un gouvernement de bourgeois francisés, dont la plupart avaient étudié en métropole et qui avaient en commun leur volonté de bâtir un Vietnam indépendant et d'éviter par-dessus tout d'entrer en guerre dans quelque camp que ce fût[33].

A Paris, on était loin de ces bouleversements. Le gouvernement provisoire, installé en métropole, avait résolu de préparer une nouvelle déclaration sur l'avenir des pays d'Indochine allant au-delà du texte publié le 8 décembre 1943 mais sans que tout fût imposé d'avance au pouvoir légitime qui résulterait du suffrage universel après la victoire. Laurentie, assisté de Léon Pignon, y travaillait au ministère des Colonies sur les instructions données par de Gaulle et sous l'autorité du ministre Paul Giacobbi qui avait succédé à Pleven. Le coup de force japonais intervint sur ces entrefaites. De Gaulle s'en servit pour exalter publiquement la résistance des troupes d'Indochine, la solidarité des Français et des Indochinois, leur combat commun contre le Japon élevé à la hauteur d'une bataille de grande envergure. Il n'avait aucune raison de se faire la moindre illusion sur l'écrasement des garnisons françaises, submergées par la puissance supérieure de l'ennemi, et sans aide extérieure. Mais il s'agissait pour lui de préparer, psychologiquement et moralement, l'avenir de la colonie. Ce fut l'objet de la déclaration publiée le 24 mars et que Laurentie avait rédigée[34].

Elle s'inscrivait, dans son préambule, à la suite du texte du 8 décembre 1943, faisait une large place aux droits des gens et aux libertés publiques et individuelles, mais prévoyait que le régime futur des pays d'Indochine s'inscrirait dans un double cadre : au sein d'une fédération indochinoise — sans qu'il soit précisé ni exclu que le Vietnam retrouve son unité en regroupant Tonkin, Annam et Cochinchine — et au sein d'une « Union française », ainsi baptisée pour la première fois dans un texte officiel. L'exécutif fédéral serait présidé par le gouverneur général et composé de ministres qu'il nommerait : mais les impôts, les lois, les traités concernant la fédération indochinoise dépendraient entièrement d'une « assemblée élue selon le mode de suffrage le mieux approprié à chacun des pays de la fédération ». Les liens entre celle-ci et la France, dans le cadre de l'« Union française », n'étaient précisés d'aucune façon sinon pour prévoir qu'« à l'intérieur du système de défense général de l'Union française, [...], la fédération indochinoise [constituerait] les forces de terre, de mer et de l'air, dans lesquelles les Indochinois [auraient] accès à tous les grades à égalité de qualification avec le personnel provenant de la métropole ou d'autres parties de l'Union française » et que celle-ci prendrait « les mesures nécessaires pour rendre l'enseignement primaire obligatoire et effectif et pour développer les enseignements secondaire et supérieur » en associant « l'étude de la langue et de la pensée locales... à la culture française ».

La déclaration du 24 mars comportait, on le voit, beaucoup d'ambiguïtés, quelques verrous et d'incontestables ouvertures. Elle proclamait l'autonomie des pays d'Indochine au point que ceux-ci pourraient, en apparence, gérer librement leurs affaires intérieures. Mais en s'attachant à l'unité indochinoise, créée par la colonisation, elle instituait entre ces pays une fédération dont les pouvoirs restaient à déterminer entre ceux qu'ils auraient eux-mêmes et ceux de cette autre fédération que serait l'Union française. Qu'un gouverneur général — porteur d'un titre hérité de l'ère coloniale — fût à la tête de l'exécutif de la fédération indochinoise, semblait une sérieuse entrave à l'autonomie promise aux pays indochinois : mais qu'il ne pût rien faire sans le vote d'une assemblée élue pourrait, tout aussi bien, réduire ses pouvoirs à des fonctions nominales et représentatives. De même, les relations extérieures étaient-elles, d'avance, partagées entre la fédération indochinoise et l'Union française — bien que les attributions de celle-ci ne fussent pas précisées — et la fédération aurait-elle ses propres armées mais « à l'intérieur d'un système de défense fédéral ».

Bref, l'Indochine future, à s'en tenir à la déclaration du 24 mars, ne serait certes plus celle d'avant-guerre, mais ses liens avec la métropole resteraient nombreux : il est vrai qu'au-delà de ce qui lui était promis il n'y aurait, en définitive, que l'indépendance elle-même, ce qu'un gouvernement provisoire issu des combats de la France libre et de l'insurrection de 1944 ne se reconnaissait pas le droit de promettre. Peut-être l'échappée sur l'avenir, au-delà du cadre prévu par la déclaration du 24 mars et manifestement étriqué pour des pays dont l'indépendance venait d'être proclamée sur place, résidait-elle dans l'avant-dernier paragraphe du texte : « Le statut de l'Indochine, tel qu'il vient d'être examiné, sera mis au point après consultation des organes qualifiés de l'Indochine libérée. » C'était ouvrir la voie à beaucoup d'adaptations et prendre d'avance pour interlocuteurs ces « organes qualifiés » qui pourraient surgir des événements eux-mêmes, survenus là-bas.

Rares, du côté français, très rares même furent ceux qui jugèrent cette déclaration exagérément prudente, étriquée même, et certainement décalée par rapport à l'état réel de l'Indochine. Pierre Messmer, nommé représentant de la France au Tonkin, parachuté, capturé par le Vietminh et qui, après son évasion, avait parcouru le pays, fut de ceux-là. Son expérience, sur place, l'avait éclairé une fois pour toutes. Le rapport qu'il rédigea aussitôt fut si catégorique sur l'hostilité des Vietnamiens envers le retour de la puissance coloniale et sur leur volonté d'indépendance « qu'il sera brûlé par les destinataires, écrivit-il, une copie ayant heureusement échappé à l'autodafé ». La déclaration du 24 mars, précisa-t-il, n'apportait « aucune solution acceptable par aucun Vietnamien aux problèmes qui seront posés cinq mois plus tard par la capitulation japonaise.. Alors que les Japonais venaient de proclamer l'indépendance du Vietnam, le 11 mars, et accorderaient, le 14 août, la réunification, notre déclaration [...] était un programme inacceptable de recolonisation... Quand le texte complet de cette déclaration parvint à Calcutta [où Pierre Messmer se trouvait alors] je fus consterné [35] ».

Mais cette lucidité fut exceptionnelle. Dans la déclaration du 24 mars, ambiguïtés et virtualités étaient telles, en réalité, que chacun pouvait y trouver son compte. Les commentaires, dans la presse et les partis politiques, furent en général favorables. Prudemment, mais sans hostilité, l'organe du parti communiste, *L'Humanité,* écrivit : « En général, ces promesses sont encourageantes. » Plus enthousiaste, et en tout cas plus optimiste, *Le Monde* en tirait ce pronostic : « L'évolution de plus en plus libérale de nos institutions doit permettre à la France de faire épanouir demain, dans un ensemble harmonieux, les magnifiques possibilités d'une communauté formée d'éléments présentant une telle diversité de races, de civilisations et de ressources économiques. »

Pourtant on s'aperçut immédiatement que la déclaration du 24 mars n'avait aucune chance de correspondre à l'attente des Indochinois eux-mêmes. Ceux-ci avaient constitué en métropole une « délégation générale » formée par un congrès tenu en décembre 1944 à Avignon. L'extrême gauche y était prépondérante : les communistes y étaient les plus nombreux, mais les trotskistes y étaient peut-être les plus actifs, tel le jeune philosophe Tran Duc Thao, l'un des animateurs les plus dynamiques de la délégation. Celle-ci fit savoir aussitôt qu'elle rejetait les idées contenues dans la déclaration du 24 mars et que, pour les Indochinois, rien n'était acceptable que l'indépendance. On pouvait en déduire déjà qu'il faudrait aller très au-delà de ce qui était envisagé : mais peu de responsables ou d'observateurs en France y furent sensibles, si ce n'est quelques personnalités et journaux, tel *Combat* appelant ses lecteurs à reconnaître sans ambages, dans un éditorial du 11 juillet, que « les Indochinois ne croient plus aux promesses » et les invitant à se mettre à l'écoute de leurs revendications nationales.

Auprès du gouvernement, certains pourtant s'inquiétaient des réactions indochinoises et pressentaient ce qu'il y avait d'étriqué et d'inadapté dans la déclaration du 24 mars. Celui qui l'avait rédigée en était lui-même le plus conscient : parlant, le 22 mai, au Centre d'informations sur l'Indochine, Laurentie donna du projet gouvernemental l'interprétation la plus libérale, insistant sur la portée considérable d'une déclaration par laquelle la France renonçait d'avance à la plénitude de ses droits juridiques et politiques sur l'Indochine mais justifiant le rôle d'arbitre qu'elle entendait garder par la nécessité d'équilibrer les relations entre Vietnamiens, Cambodgiens et Laotiens. De Gaulle, il est vrai, n'apprécia pas qu'un haut fonctionnaire, quelles que fussent ses qualités et sa fidélité à la France libre, parût inspirer la politique du gouvernement avant que celui-ci en ait décidé : il le rappela sèchement au ministre des Colonies Giacobbi et, plus gentiment, suggéra à la femme de Laurentie, qu'il reçut à son retour de déportation, de conseiller à son mari « d'être sage[36] »...

C'est qu'au lendemain des crises, dont on verra qu'elles secouèrent durement le Levant et l'Algérie, de Gaulle ne voulait pas donner l'impression de se laisser gagner par les événements. Mais ses sentiments à l'égard de l'Empire et de son avenir, celui de l'Indochine en particulier, il les exprima sans détour au président Truman, qu'il rencontra à Washington au mois d'août :

> Le XXe siècle, lui dit-il, sera celui de l'indépendance des pays colonisés.

Il obtint alors du président américain l'assurance qu'il ne ferait pas opposition au retour de la France en Indochine : il savait donc qu'à la condition de reprendre pied dans la péninsule indochinoise, si peu que ce soit, la France devrait décider elle-même de l'avenir de ses anciennes colonies d'Asie et, déjà, comme on le verra, la solution qu'il envisageait conduisait inévitablement à leur indépendance.

Sur place, cependant, les événements allaient marcher plus vite qu'on ne l'imaginait en France, et donner le premier rôle à de nouveaux acteurs. Les communistes vietnamiens se trouvaient en 1940, après la défaite militaire de la France, hors d'état d'exercer une action décisive. Leurs cadres et militants, emprisonnés ou dispersés, étaient encore peu nombreux. Mais leur chef de file, alors connu sous le nom de Nguyen Ai Quoc, et qui le serait à partir de 1942 sous celui de Hô Chi Minh, revint au Tonkin pour la première fois depuis trente ans. L'instauration du régime de Vichy en Indochine, sa capitulation devant les ultimatums du Japon, l'arrivée de l'armée japonaise dans le nord du pays suffirent à le convaincre qu'il fallait que le parti communiste prenne la tête d'une résistance nationale, qu'il s'identifie au nationalisme face au colonialisme français comme à l'impérialisme japonais. On a vu à quels échecs aboutirent ses premières tentatives. Mais, sans se décourager, il réunit ses compagnons au mois de mai 1941 dans l'une des grottes des montagnes voisines de la frontière chinoise, la grotte de Pac Bo. Et c'est là que fut fondé le Vietnam Doc Lap Dong Minh, Ligue pour l'indépendance du Vietnam que l'on appellera désormais « Vietminh », dont le programme, outre la revendication d'indépendance, comportait des réformes d'inspiration plus égalitaire et démocratique que révolutionnaire ou communiste[37]. Quelques semaines plus tard, l'attaque allemande contre l'Union soviétique allait conduire les communistes vietnamiens à inscrire leur propre stratégie dans celle du mouvement communiste international : leur alliance avec les mouvements nationalistes, la priorité donnée à la Ligue pour l'indépendance nationale, correspondraient à la création des « fronts nationaux » par tous les partis communistes européens, tandis que l'alliance entre Chiang Kai-shek et les communistes chinois se trouvait prolongée par celle des communistes et nationalistes vietnamiens sous les auspices du Vietminh.

Mais la réalité, naturellement, était loin de correspondre à ce schéma trop simple. En Chine, les communistes de Mao Zedong gardaient soigneusement leur indépendance à l'égard du gouvernement nationaliste et, au Vietnam, c'étaient les communistes qui contrôlaient entièrement le Vietminh. De là des rapports complexes et sans cesse variables entre les uns et les autres. Hô Chi Minh voulait garder la direction du mouvement national vietnamien mais Chiang Kai-shek s'efforçait de placer celui-ci sous sa coupe. A cet effet, il suscita la création de la « Ligue révolutionnaire du Vietnam » que présida, en octobre 1942, le vieux militant nationaliste Nguyen Hai Than, dont Hô Chi Minh dut accepter, quelque temps, d'être secrétaire, puis, en mars 1944, après le coup de force japonais, la réunion d'un congrès de tous les mouvements politiques vietnamiens à Liou Tcheou : on se mit d'accord pour lutter contre le Japon, éliminer définitivement le pouvoir colonial et proclamer l'indépendance du pays, et on constitua aussitôt un gouvernement où le Vietminh n'eut qu'un seul ministre, Hô Chi Minh lui-même. On comprend que les observateurs français, égarés par la multiplicité, les variations et les incertitudes des étiquettes, aient eu quelque mal à s'y reconnaître, au point qu'un rapport des services de renseignements datant du début de l'été 1945 témoignait encore d'innombrables confusions et assurait que le Vietminh est favorable à « la création d'un Etat démocratique non communiste [38] »...

C'était le Vietminh, en tout cas, qui était, de loin, le plus actif. Ses maquis n'avaient cessé d'étendre leurs activités dans toutes les provinces quand, après le 9 mars 1944, le régime colonial s'effondra. C'était pour lui une chance qu'il n'allait pas laisser passer. Se concentrant sur les grandes villes et les axes de communication, l'armée japonaise laissait le champ libre à l'activité des maquis. Hô Chi Minh recommanda d'abord d'attendre le « moment favorable ». Pressentant que la Chine serait, tôt ou tard, hostile à un Vietnam authentiquement indépendant, et que la Grande-Bretagne, soucieuse, pour maintenir son Empire, d'éviter la contagion des luttes anticoloniales, ne manquerait pas d'appuyer le retour de la France en Indochine, il en déduisit, très logiquement, qu'il n'y avait, au fond, pour des Vietnamiens décidés à conquérir leur indépendance, qu'un seul allié dont le rôle, en Asie, pût être décisif : les Etats-Unis. Il fit tout désormais pour établir les meilleures relations avec les représentants américains, s'en tenant prudemment à un vocabulaire démocratique et nationaliste, et il insista sur l'irréversible disparition du régime colonial et sur le modèle offert par les luttes menées, cent cinquante ans plus tôt, pour l'indépendance américaine. Cette stratégie devait porter ses fruits : les services spéciaux américains, dont le représentant sur place était le major Patti, se convainquirent que le Vietminh était le seul mouvement nationaliste efficace, de loin le plus représentatif et le plus combatif, et lui accordèrent une aide qui se révéla décisive après la capitulation japonaise.

Le Vietminh ne pouvait cependant ignorer les intentions françaises. Les déclarations de décembre 1943 et de mars 1944 ne lui laissaient aucun doute : le gouvernement provisoire n'admettait pas encore l'indépendance des pays d'Indochine. Hô Chi Minh voulut pourtant entrer en rapport avec le représentant français, Jean Sainteny, que de Gaulle avait chargé de s'informer sur l'identité et les projets de tous les mouvements politiques vietnamiens. Il avait rencontré le chef de file du mouvement nationaliste VNQDD, Nguyen Tuong Tan, qui lui avait clairement exposé que la France n'était plus en état de rétablir le régime colonial en Indochine et qu'elle devait admettre l'indépendance du Vietnam, du Laos et du Cambodge. Le mauvais temps empêcha que fussent assurées les liaisons nécessaires à une rencontre entre Sainteny et Hô Chi Minh, mais celui-ci lui fit parvenir un texte précisant les exigences du Vietminh[39].

Ce texte, très court, parlait de « la politique future en Indochine française ». Sans entrer dans le débat sur les liens entre Vietnam, Cambodge et Laos, il réclamait le « suffrage universel pour l'élection d'un Parlement qui gouvernera ce pays ». Il admettait « qu'il y ait un gouverneur français en tant que président jusqu'à ce que l'indépendance soit assurée » mais précisait que le cabinet qu'il nommerait devrait être accepté par le Parlement. Il reconnaissait que « les pouvoirs précis de toutes ces fonctions pourraient être mis au point dans l'avenir » et surtout il se bornait à demander « que l'indépendance soit donnée à ce pays dans un minimum de cinq ans et dans un maximum de dix ». Après quoi il réclamait le retour des richesses nationales aux Vietnamiens, moyennant indemnités, l'instauration des libertés définies par les Nations unies et la prohibition de l'opium.

Mais, dans l'immédiat, le but de Hô Chi Minh est moins de séduire les Français que de prendre le pouvoir au Vietnam. Il y est prêt quand tombe sur Hiroshima la première bombe atomique. Le Vietminh s'infiltre dans tous les quartiers de Hanoi, du 14 au 18 août, et, le 19, il contrôle entièrement la ville. Ce qui se passe dans la capitale se répète partout ailleurs, et le Vietminh, en quelques jours, s'est substitué à ce qui restait des autorités officielles. Bao Dai, usant des vestiges de son autorité impériale, s'adressa lui-même aux gouvernements américains, chinois, soviétique, britannique et français, pour leur demander de reconnaître l'indépendance de son pays. A de Gaulle il écrivit : « Je vous prie de comprendre que le seul moyen de sauvegarder les intérêts français et l'influence spirituelle de la France en Indochine est de reconnaître franchement l'indépendance du Vietnam et de renoncer à toute idée de rétablir ici la souveraineté ou une administration française sous quelque forme que ce soit[40]. » Peine perdue : aucune réaction ne lui vint d'aucune capitale. Il envisagea un instant de remplacer le gouvernement Kim par un cabinet révolutionnaire et de porter ainsi au pouvoir le Vietminh sans que le régime impérial disparaisse. Trop tard : le Vietminh ne voulait pas recevoir de lui ce qu'il avait déjà conquis par la force. Du coup, l'empereur abdiqua au profit du « gouvernement républicain provisoire » dont il accepta bientôt d'être, nominalement, le conseiller.

Plus rien n'arrête alors l'élan du Vietminh. Dans les provinces méridionales où les groupes nationalistes dominaient, ils sont maintenant entravés, sinon disqualifiés, par leurs liens passés avec le Japon. Le Vietminh leur suggère de s'associer à lui, quitte à ce qu'ils passent à l'arrière-plan pour le laisser au premier rang puisqu'il compte parmi les vainqueurs du Japon. Ainsi est constitué, le 25 août, après une gigantesque manifestation populaire et unitaire à Saigon, un Comité révolutionnaire du Nambo — c'est-à-dire de Cochinchine — dont les membres sont en majorité communistes. Quinze jours ont donc suffi pour que le Vietminh établisse son autorité sur tout le pays. Il ne l'a pas fait sans rudesse ni sans excès. Des rivaux trotskistes comme Ta Thu Thau aussi bien que les notables francisés, comme l'ancien dirigeant du parti constitutionnalise d'avant-guerre, Bui Quang Chieu, ont été mis à mort et des Français ont été blessés ou assassinés, surtout au soir du 19 août à Hanoi et le 2 septembre à Saigon où de douloureux souvenirs susciteront dans la colonie française un âpre désir de vengeance[41].

C'est le 2 septembre, en effet, jour de la signature, sur le porte-avions *Missouri*, de la capitulation japonaise, que l'indépendance du Vietnam est proclamée. Fidèle à sa stratégie, Hô Chi Minh n'inscrit dans cette proclamation ni référence à l'Union soviétique, ni projet de socialisme, mais un rappel à la déclaration d'indépendance américaine de 1776... Hô Chi Minh préside le gouvernement mais, parmi les Vietnamiens, « bien peu, reconnaîtra plus tard Giap, savaient que l'oncle Hô ne faisait qu'un avec Nguyen Ai Quoc » et que le Parti communiste indochinois dirigeait effectivement le Vietminh. Il est vrai que le nouveau gouvernement était soigneusement dosé et comprenait des personnalités fort diverses puisqu'à côté des vieux dirigeants révolutionnaires vietnamiens se trouvait le brillant intellectuel catholique tonkinois Nguyen Man Ha.

A Paris, l'incertitude est grande. On ne cesse de rassembler les informations sur ce Vietminh dont on ne connaît encore que très partiellement les dirigeants, les projets, la puissance. La presse, toutes tendances réunies, donne les informations les plus contradictoires et les plus confuses. Sans que l'on sache au juste de quelles données nouvelles la France devra tenir compte en Indochine, la volonté existe chez certains de tirer la conclusion des changements intervenus durant la guerre, d'autant que l'on est encore sous le coup des événements survenus au Liban et en Algérie au mois de mai. Dans une note rédigée les 20 et 21 juin et adressée au ministre des Colonies Giacobbi, Laurentie lançait un avertissement catégorique : « Nous sommes en pleine crise coloniale. Les sentiments de déception, de désaffection, de défiance ou de haine se déversent sur tant de points que cela forme un dangereux ensemble [42]. »

Encore fallait-il, pour en tirer les conséquences en Indochine, connaître l'état des choses et se mettre en mesure d'agir. La brusque accélération des événements, au mois d'août, obligea Laurentie à tenir le 13 septembre une conférence de presse pour faire comprendre les données élémentaires du problème indochinois et présenter, du même coup, la version la plus libérale de la déclaration du 24 mars sans que, cette fois, de Gaulle en prenne ombrage. Le 17 août, celui-ci a nommé Leclerc commandant supérieur des troupes françaises en Indochine et d'Argenlieu haut-commissaire : ce titre a été choisi à dessein pour marquer symboliquement la rupture avec le temps où l'Indochine française avait à sa tête un « gouverneur général ». Par ce double choix, de Gaulle avait voulu, comme en bien d'autres occasions auparavant, marquer nettement la différence entre action militaire et action politique, et la suprématie de celle-ci sur celle-là... Mais le risque était de voir s'opposer sur place deux personnalités très fortes. Le fait est que de Gaulle minimisa ce risque, qui devait se révéler lourd de conséquences : il crut que leur ancienne et commune appartenance à la France libre et leur égale fidélité envers lui, éviteraient les difficultés, se réservant, de toute façon, pour lui-même le choix de la politique qu'ils devraient appliquer tous les deux [43].

Le 19 août, au moment où la guerre s'achève, de Gaulle adresse un message au peuple indochinois, dont l'exorde est de style traditionnel, mais dont la suite est plus prometteuse bien qu'encore imprécise :

> Les fils de l'Indochine ont montré qu'ils étaient dignes d'une existence nationale plus large et plus libre... Au moment où la France retrouve l'Indochine, elle se déclare solennellement prête à réaliser les engagements qu'elle a pris pour le bien de tous.

On pouvait certes s'interroger sur la nature de ces « engagements » suivant que l'on songeait à la déclaration du 8 décembre 1943, à celle du 24 mars 1945, ou encore à la conférence de presse que le général de Gaulle avait tenue le 25 octobre 1944 où il avait défini la politique française à l'égard de chacun des peuples d'outre-mer comme ayant pour but de l'amener à « s'administrer et plus tard se gouverner lui-même ». Du moins avait-il pris soin, dans son message du 19 août, de biffer la référence aux « cinq pays » de l'Union indochinoise, laissant ouverte ainsi la question centrale de l'union des trois Ky.

Il ne songe pas, en réalité, à définir au plus tôt un règlement politique que, de toute façon, la France n'est pas en état d'imposer ni même sans doute de proposer. Il faut d'abord qu'elle le soit. Et pour cela qu'elle revienne en force, démontre que l'avenir dépend d'elle afin que les changements les plus audacieux prennent l'allure d'un geste volontaire et généreux. Il n'y a pas d'autre sens aux directives qu'il donne à Leclerc. A celui-ci, écrit-il,

> je prescris de prendre pied d'abord en Cochinchine et au Cambodge. Il n'ira en Annam que plus tard. Quant au Tonkin, il n'y portera ses forces que sur mon ordre et je ne veux le lui donner qu'une fois la situation éclaircie, la population excédée de la présence des Chinois, les rapports établis entre Sainteny et Hô Chi Minh.

C'est qu'il faut avant tout tenir compte, pour reprendre pied en Indochine, de la décision prise à Potsdam de confier à la Chine la tâche de recevoir la reddition des forces japonaises au nord du 16ᵉ parallèle — ce qui signifiait que son armée occuperait le Tonkin et le Nord-Annam — et à la Grande-Bretagne d'agir au sud. Avant même que toute force française ait repris pied dans la péninsule, de Gaulle savait donc et prévoyait que d'énormes difficultés allaient se présenter, qu'il faudrait les aborder à mesure en écartant toute idée de reconquête immédiate et générale.

De fait, le pays est en ébullition quand Sainteny gagne Hanoi le 22 août à bord d'un avion des services spéciaux américains et que Jean Cedile, nommé commissaire de la République pour le Sud, arrive à Saigon. On est à quelques jours seulement de l'abdication de Bao Dai. Au Tonkin, en tout cas, la situation faite aux envoyés français est critique. Ni l'armée chinoise, ni les représentants américains, ni les nouveaux dirigeants vietnamiens ne tiennent à les voir : Sainteny et son équipe, n'ont que la plus faible liberté d'action. C'est donc le retour des Français au sud qui doit avoir lieu d'abord. Le 6 septembre ont débarqué les premiers éléments de la division hindoue envoyés par le gouvernement britannique en Cochinchine. Le général Gracey, qui la commande, entretient de bons contacts avec Cédile qui, de son côté, prend l'attache des divers mouvements nationalistes et communistes, tente de leur faire valoir l'intérêt de la déclaration du 24 mars mais se voit opposer sans détour une revendication d'indépendance. En quelques jours la situation se dégrade sous l'effet d'une surenchère entre groupes vietnamiens, surtout du fait des éléments naguère favorables au Japon qui, pour faire oublier leurs compromissions, se montrent plus intransigeants et plus passionnément antifrançais que les communistes du Vietminh.

Gracey décide de réagir et va le faire avec excès. Le 20 décembre il réarme les anciens prisonniers français, ordonne le couvre-feu, interdit la presse de langue vietnamienne et veut imposer le désarmement des groupes nationalistes. Du coup, le 23 septembre, les Français, civils ou militaires, qui ont subi longtemps exactions et sévices, s'en prennent à des Vietnamiens et paraissent s'engager dans une répression aveugle, tandis que la réoccupation des bâtiments publics par les militaires français réarmés achève de donner le sentiment d'un retour brutal à l'ordre colonial. Gracey est alors obligé de faire marche arrière, et ordonne à nouveau le désarmement des Français. Et c'est le choc en retour : le 25, des Vietnamiens, fous de colère, attaquent le quartier européen de la cité Heyraud et se livrent à un véritable massacre : près de quatre cents personnes sont tuées ou enlevées. Attribuée à tort au Vietminh, la tuerie laissera une ineffaçable impression sur la colonie française et sur les nouveaux cadres, civils et militaires, qui arrivent à Saigon. Ce qu'ils trouvent, c'est une situation de guerre : le comité exécutif du Nambo a quitté la ville dès le 23 septembre et commence à organiser des maquis dans les environs, les Japonais et anciens prisonniers français ont été réarmés en toute hâte, Gracey lance ses unités hindoues contre les groupes insurgés qui s'accrochent encore dans certains quartiers de Saigon...

Telle est la situation que découvre Leclerc le 5 octobre, à son arrivée. De Gaulle n'avait nullement envisagé qu'il mène en Cochinchine des opérations de grande envergure : « Il me paraît nécessaire que le général Leclerc se rende sans délai à Saigon et s'y installe, avait-il prescrit le 29 septembre. L'effectif des troupes dont il disposera provisoirement est une considération secondaire en comparaison de la nécessité d'être présent[44]. » Leclerc ne dispose en effet que de deux compagnies, débarquées en même temps que les Britanniques, de 1400 anciens prisonniers du 11e régiment d'infanterie coloniale puis, fin octobre, d'un groupement de la 2e division blindée, commandé par le colonel Massu. C'est avec ces forces qu'il doit dégager Saigon, privée d'eau et d'électricité et vidée d'une partie de sa population, puis rétablir la circulation sur les axes principaux et occuper les principales villes de Cochinchine. Il y faut deux mois où Leclerc doit faire face à un début de guérilla, déjà sanglante et active et qui, s'étendant à tout le pays, imposait aux troupes françaises une tâche insurmontable et interminable. Leclerc en mesure le risque et son comportement en résultera tant pour la conduite des opérations que pour les choix politiques qu'il faudra faire en Indochine.

Dans l'immédiat, sa mission était remplie. Elle n'était, pour de Gaulle, que le préalable à un règlement politique. D'Argenlieu, haut-commissaire de France en Indochine, savait qu'avant d'y parvenir il faudrait explorer le terrain, prendre la mesure des mouvements nationalistes, écarter les interventions étrangères et discerner alors quel serait le contour du futur statut des pays indochinois. Car il était conscient de l'impossibilité d'en décider à l'avance et les directives qu'il adressait à ses subordonnés, au mois de septembre, traduisaient bien sa volonté de ne pas préjuger de l'avenir, de changer d'abord le climat des relations entre Français et Vietnamiens et de rechercher, pour l'avenir, l'accord des populations.

> La déclaration du 24 mars, écrivait-il, ne doit [...] pas être considérée comme ayant fixé d'une manière immuable des nouvelles institutions de l'Indochine. Il convient de rappeler qu'elle dispose : le statut de l'Indochine, tel qu'il vient d'être examiné, sera mis au point après consultation des organes qualifiés de l'Indochine libérée...
>
> C'est dans cet esprit que nous avons à entrer en contact avec le parti Vietminh par des représentants de la France qui doivent être considérés non comme des plénipotentiaires mais comme des émissaires chargés de traduire fidèlement la pensée tant du gouvernement français que de leurs interlocuteurs [45].

Au même moment, alors qu'il était encore à Chandernagor, il recevait Roland Sadoun, envoyé par Sainteny, puis ce dernier venu justement de Hanoi pour lui rendre compte de l'état des choses au Tonkin. Aux deux hommes il fait comprendre que s'il faut d'abord rétablir une présence française en Indochine, il faut aussi préparer l'avenir et que celui-ci apparaisse aux Indochinois comme une libération. Du reste, il doit choisir alors un nouveau commissaire de la République au Nord-Vietnam puisque Messmer, alors prisonnier du Vietminh, n'est pas disponible. Il reçoit successivement Léon Pignon, le général Alessandri et Jean Sainteny, et son choix se porte sur ce dernier dont il sait parfaitement qu'il est déjà convaincu de l'ascendant du Vietminh sur tout le Nord-Vietnam et de l'impérieuse nécessité de dialoguer avec lui [46].

De fait, Sainteny entame, dès sa première rencontre avec Hô Chi Minh en octobre, un dialogue politique qui ne cessera plus jusqu'à l'accord du 6 mars 1946 entre le Vietminh et la France. Sa hantise, dans l'immédiat, est d'éviter aux 25 000 Français de Hanoi un massacre général. Il lui faut discuter avec les Chinois pour obtenir leur départ, et le retour des 6 000 hommes du général Alessandri qui piétinent de l'autre côté de la frontière. Mais il est convaincu qu'il devra ensuite négocier avec le Vietminh pour éviter d'entamer au Tonkin une guerre interminable, et par conséquent aborder bientôt la question de l'avenir politique du Vietnam. Très vite il en convaincra Leclerc.

Celui-ci a mesuré, au sud, l'étendue des difficultés à surmonter s'il faut en venir à une guérilla générale en Indochine [47]. Il a pris en main les centres urbains et les axes principaux au Sud-Vietnam. Il a expédié au Cambodge un détachement militaire qui a suffi à provoquer la chute du gouvernement installé par les Japonais, et un accord prévoyant, en termes très généraux, l'insertion du Cambodge dans une fédération indochinoise et dans l'Union française a été conclu sans difficulté avec le roi Norodom Sihanouk. Au Laos, la dynastie était si bien disposée envers la France qu'elle a refusé, plusieurs semaines, de proclamer l'indépendance du pays comme les Japonais le réclamaient : elle voit sans déplaisir le retour des représentants français dont la préoccupation est d'éloigner au plus tôt les unités chinoises qui ont pénétré au Nord-Laos pour y désarmer les forces japonaises — alors qu'il n'y en a pas.

Tout se jouera donc au Nord-Vietnam, là où le Vietminh a installé son pouvoir et concentré ses forces. Leclerc ne l'ignore pas. Fin novembre il a reçu Pierre Messmer qui, durant son évasion, a traversé à pied une grande partie du Tonkin et a fini par rejoindre les avant-postes français. Messmer est formel : le pays est tenu en main par le Vietminh et nulle part la population n'attend le rétablissement du régime colonial et n'admet autre chose que l'indépendance [48]. C'est dire que Leclerc, comme Sainteny, est acquis à un règlement politique, quel qu'il soit, qui déchargera ses troupes de l'impossible tâche d'une reconquête du Vietnam tout entier. Autour de lui c'est aussi l'avis de quelques-uns des hommes dont il s'est entouré : le colonel Repiton-Préneuf, son conseiller politique, le commandant Mus, ancien professeur à l'université de Hanoi, et, dans son service d'informations, les journalistes Philippe Devillers et Jean Lacouture.

De Gaulle nourrissait à cet égard, comme il devait l'écrire dans ses *Mémoires de guerre,* un « dessein secret [49] ». Il en fit part le 26 mars 1945 au capitaine de Boissieu qui avait appartenu à Londres à son état-major particulier et qui, la veille, avait été prévenu qu'il était affecté au cabinet du chef du gouvernement alors qu'il servait dans la division Leclerc. De Gaulle lui expliqua qu'après le coup de force japonais du 9 mars et maintenant que l'empereur Bao Dai s'était compromis avec le Japon en acceptant d'en recevoir l'indépendance de son pays, il faudrait qu'un changement de régime intervienne au Vietnam dès qu'il serait libéré. Ce serait, au moins « dans un premier temps », la monarchie, mais Bao Dai ne pourrait plus en être le titulaire. Il songeait donc à faire appel au prince Vinh San. Boissieu devait le prendre en charge et informer de Gaulle de ce qu'il pensait et croyait pouvoir faire.

S'il était chargé de cette mission c'est qu'il avait déjà rencontré le prince. Il avait accompagné le général Legentilhomme, haut-commissaire de France en océan Indien qui, à la fin de 1942, se rendait à Madagascar et à la Réunion avant qu'y fussent installés les gouverneurs généraux nommés par de Gaulle. A bord du torpilleur *Léopard* qui emmenait Legentilhomme et Boissieu de Madagascar à la Réunion, on avait signalé la présence d'un Vietnamien que ses compatriotes entouraient d'une exceptionnelle considération. Et l'on apprit à Legentilhomme qu'il s'agissait du prince Vinh San. C'était le fils du roi Phan Tai qui avait abdiqué en 1907. Sous le nom de Duy Tan, il avait alors régné mais, en 1917, à moins de dix-sept ans, il avait pris la tête d'une tentative d'insurrection lancée par de petits groupes nationalistes. Les autorités françaises l'avaient déposé de son trône et exilé auprès de son père, à la Réunion. Spécialiste des transmissions par radio, il avait pris contact avec la France libre et avait servi d'agent de renseignement, communiquant en particulier un état précis des éléments réunionnais favorables à la Résistance. Dès que l'île se fut ralliée à de Gaulle, il s'était engagé et servait comme premier maître radio sur le *Léopard.*

Legentilhomme, jugeant inadmissible qu'un prince de ce rang serve dans ces conditions, fit demander à de Gaulle, par Boissieu, qu'il soit muté en Angleterre et y reçoive une formation d'officier.

Mais, en dépit de cette démarche, la Sécurité militaire fit obstacle à tout engagement de Duy Tan dans l'armée de terre. Son dossier le décrivait comme « gaulliste » puis comme « franc-maçon » et suspect de professer des opinions de gauche. Il fallut un passage à la Réunion du commissaire aux Colonies, Pleven, pour que son engagement dans les transmissions soit accepté. Et au moment où de Gaulle se préoccupe de le faire venir en France pour sonder son caractère et son état d'esprit, il n'est encore qu'« aspirant indigène de réserve de l'infanterie coloniale ». Encore sa mutation en métropole se heurte-t-elle à l'opposition acharnée des services du ministère des Colonies et de Gaulle lui-même dut intervenir pour briser les réticences. Il avait donné à Boissieu ces consignes :

> Vous qui avez connu le jeune prince Vinh San sur le *Léopard* et à la Réunion, parlez avec lui, tâchez de savoir ce qu'il pense de l'avenir de son pays, du rôle qu'il pourrait y jouer. Montrez-lui nos belles unités, en particulier celles de vos camarades de la 2e DB, faites-lui visiter les écoles militaires, sortez-le dans Paris, tâchez de lui faire sentir ce qu'est la France de 1945, puis je l'enverrai dans une unité du front afin qu'il participe, comme il l'a demandé, aux derniers combats pour la France.

La farouche opposition de l'administration et des services avait empêché Duy Tan d'arriver en France avant l'armistice : il voulut alors rejoindre la 9e division d'infanterie coloniale où il avait des compatriotes.

De Gaulle le fit promouvoir jusqu'au grade de commandant en septembre 1945 et, après s'être informé de ses intentions, le reçut, le 14 décembre. Duy Tan, s'attendant à partir pour l'Indochine avec le corps expéditionnaire français, avait rédigé un testament politique qu'il voulut faire paraître dans la presse après avoir consulté Boissieu qui lui-même en avait référé à Gaston Palewski, qui dirigeait alors le cabinet du chef du gouvernement. Le texte parut dans *Combat* : il demandait sans ambages l'unification des trois Ky, l'indépendance du pays moyennant les délais qui paraîtraient nécessaires et des liens organiques entre le Vietnam, le Cambodge et le Laos. Avant sa publication, Boissieu l'avait présenté à de Gaulle qui n'avait pas élevé d'objection, et, s'étant entendu dire de vifs éloges du prince, avait décidé de le recevoir.

Les deux hommes s'entendirent sur ce qu'il y avait à faire dans l'immédiat : Duy Tan reviendrait sur le trône dès que la France aurait repris pied en Indochine et, quand les lignes générales d'un règlement politique seraient arrêtées, de Gaulle viendrait sur place le conclure solennellement. Duy Tan, en tout cas, n'avait caché ni sa volonté de réunifier son pays ni sa conviction qu'il devrait être indépendant à bref délai. D'autres entretiens suivirent, entre le prince et les interlocuteurs que de Gaulle lui avait désignés. Duy Tan écrivit alors à son ami et conseiller personnel M. Thébault, directeur du cabinet du gouverneur de la Réunion : « C'est fait, c'est décidé, le gouvernement français me replace sur le trône d'Annam. De Gaulle m'y accompagnera lorsque je retournerai là-bas. Quand ? De Gaulle envisage les premiers jours de mars. D'ici là, on va préparer l'opinion tant française qu'indochinoise et internationale. En outre, il faut mettre sur pied une série d'accords à passer entre les deux gouvernements. Demain, à Hué, à Hanoi, à Saigon, deux drapeaux flotteront côte à côte : celui de la France avec ses trois couleurs et celui du Vietnam avec ses trois barres symbolisant les trois Ky. »

La résolution du prince, en tout cas, était prise, comme était forte aussi sa certitude que de Gaulle lui donnerait satisfaction tant pour son retour sur le trône que pour l'unité et l'indépendance de son pays. A Boissieu qui lui demandait s'il ne serait pas compromis ou affaibli de rentrer chez lui en compagnie et sous les auspices du chef du gouvernement français, il répondait : « Je n'ai besoin ni d'investiture ni d'intronisation, je suis légalement l'empereur, je n'ai jamais abdiqué, je rentre chez moi avec le général de Gaulle, exactement comme il est rentré chez lui à Bayeux. Mais c'est un honneur pour moi d'accomplir ce geste à ses côtés. » Pourtant, il prenait la mesure des risques auxquels il s'exposait en rentrant dans un Vietnam secoué par les tempêtes d'une révolution : « Je vais donc retourner en Indochine, écrivait-il à Thébault, peut-être pour y recevoir une bombe ou un coup de poignard. Que voulez-vous, chacun a son destin et on n'y échappe pas. Le poignard, la balle, la bombe, c'est le destin des princes. J'envisage cette perspective sans peur et sans effroi. Le jour où je tomberai ainsi, j'aurai accompli mon destin et, en tous les cas, j'aurai fait mon devoir, celui que ma naissance m'a imposé. J'aurai fait ce pour quoi je suis prince, mais je ne me déroberai pas. » Il mesurait aussi les oppositions de toutes sortes que son entreprise allait susciter : des représentants du gouvernement britannique, ou du moins des services secrets de Londres, lui avaient offert une somme d'argent pour qu'il renonce à remonter sur le trône. Et de Gaulle fut parfois tenté de croire que cette hostilité anglaise était pour quelque chose dans le destin tragique du prince...

Le 24 décembre, en effet, il était à bord d'un avion Loockeed qui devait le conduire à la Réunion où il rendrait une dernière visite à sa famille avant qu'il ne se prépare à son retour en Indochine. L'avion fit escale à Fort-Lamy et se préparait à atterrir à Bangui quand il fut pris dans une tornade. Les deux enquêtes menées l'une sur l'ordre de Palewski, l'autre par le colonel de Saint-Péreuse, secrétaire général de l'ordre de la Libération, ont établi que l'avion, soit qu'il ait tourné en rond, soit qu'il ait été touché par la foudre et qu'il se soit perdu, est arrivé à bout d'essence, qu'il a tenté de se poser dans une clairière et qu'après avoir étêté les arbres il a explosé au sol. Palewski l'apprit à de Gaulle. « Vraiment, dit celui-ci, la France n'a pas de chance. »

Cet épisode resta longtemps ignoré, et même secret. Il modifie, pourtant, l'image que l'on eut longtemps des projets que de Gaulle avait pour l'Indochine. Du début à la fin de 1945, il était passé de la déclaration du 24 mars à la restauration de Duy Tan, c'est-à-dire à l'indépendance du Vietnam : Duy Tan ne voulait rien d'autre, et de Gaulle le savait[50]. Du reste, la primauté qu'il accordait toujours et partout aux réalités nationales, et l'irréversible ébranlement des empires coloniaux dans toute l'Asie devaient le convaincre — et plus encore par la suite — qu'il fallait reconnaître l'indépendance des Etats d'Indochine — même s'il a pensé que, gardant quelques liens avec eux, la France pourrait, d'une autre manière, rester présente en Extrême-Orient. Durant les années suivantes, de 1947 à 1952, il ne devait plus en parler que pour rendre hommage aux soldats français qui combattaient là-bas et pour stigmatiser l'indifférence ou l'abandon dont ils étaient l'objet. Il arriva que, parmi ses proches et ses partisans, ceux qui étaient les plus hostiles à la guerre d'Indochine voulurent en discuter avec lui. Etant ce qu'il était, ce qu'il avait été, il ne pouvait pas laisser croire qu'il désavouait l'armée française au combat, même s'il pensait ses sacrifices inutiles et consentis pour une cause douteuse : c'est l'impression qu'ils en retirèrent. A partir de 1953, en tout cas, il préconisa publiquement la recherche d'un règlement politique et, l'année suivante, trouva l'occasion de rendre un hommage appuyé et assez exceptionnel à Mendès France, qui en avait été l'artisan.

Mais, pour l'histoire de ce siècle, la tentative que de Gaulle a faite pour éviter la guerre d'Indochine prend tout son sens. La question est, au fond, de savoir si, au Vietnam, on pouvait et on devait décoloniser sans y laisser le pouvoir à un mouvement, le Vietminh, qui se rattachait au camp communiste et aurait incorporé le pays à ce camp avec les conséquences qui en eussent résulté pour cette région du monde. Sans doute, au lendemain même de la guerre, était-il difficile d'apprécier exactement l'importance et l'autorité du Vietminh. Pierre Messmer, au cours de sa brève mission et de son évasion, avait pu, très directement, en prendre la mesure, mais son rapport écrit, a-t-il raconté, parut si « sévère » qu'il fut brûlé et qu'il n'en resta, par hasard, qu'une copie. Les autres partis nationalistes, non communistes, étaient certainement plus faibles. Etait-il possible de donner l'indépendance du Vietnam à d'autres que le Vietminh ? Si on le voulait, il fallait le faire avec éclat, immédiatement, sans restriction, solennellement. C'est ce que de Gaulle s'apprêtait à faire, apparemment, au mois de mars 1946, en se rendant sur place et en intronisant Duy Tan. C'est ce que la IVe République ne sut jamais faire ensuite quand elle recourut, très tardivement, très partiellement, à Bao Dai.

On peut rêver à ce qui serait arrivé si de Gaulle avait accompli son dessein. Peut-être Duy Tan aurait-il échoué, ou peut-être se serait-il entendu avec Hô Chi Minh... En tout cas, après sa mort, la voie était ouverte à la seule issue qui semblait alors possible : un accord avec le Vietminh. Déjà, Jean Sainteny s'y employait : il serait conclu deux mois plus tard, le 6 mars. Quand de Gaulle quitta le pouvoir, la guerre d'Indochine n'était nullement inévitable.

Pour la Syrie et le Liban, au contraire, tout, déjà, était joué. De Gaulle leur avait accordé, suivant sa propre expression, une indépendance « pleine et entière ». Faute de s'entendre directement et régulièrement avec les dirigeants nationalistes représentatifs des deux pays, les autorités françaises, comme on l'a vu, avaient donné prise à des interventions britanniques, toujours ressenties comme déloyales et malveillantes : du moins les accords de Gaulle-Lyttelton avaient-ils préservé, en principe, les attributions de la France, et rien d'irréversible n'avait encore été commis. Après les victoires d'El Alamein et de Stalingrad, le CFLN, siégeant à Alger, décida donc de franchir une nouvelle étape. Il jugea que plus aucun motif sérieux ne s'opposait à l'organisation d'un scrutin en Syrie et au Liban : conformément aux engagements de la France libre et dans la perspective de l'indépendance des deux États et des traités à conclure entre eux et la France, les électeurs furent convoqués les 29 août et 5 septembre 1943 au Liban, les 15 et 26 juillet en Syrie. La nouvelle Chambre des députés libanaise porta à la présidence de la République le maronite Bechara el-Khoury qui, à son tour, nomma à la présidence du Conseil le sunnite Riadh bey Solh. Puis, le 8 novembre, elle décida, sur proposition du gouvernement, de réformer la Constitution libanaise en supprimant les articles qui légalisaient l'exercice provisoire du mandat par la France. C'était la conséquence juridique normale de l'indépendance libanaise reconnue par de Gaulle et, en son nom, par Catroux devenu commissaire aux Affaires musulmanes. Mais, à Alger, on estimait que l'abrogation de ces articles aurait dû suivre la conclusion d'un traité aménageant les relations franco-libanaises et protégeant les intérêts français au Liban : le traité n'ayant encore été ni négocié ni conclu, ces articles n'auraient pas dû être abrogés.

Le représentant du CFLN sur place, Helleu, prit alors sur lui d'agir. Ne voyant d'autre recours que la force, il fit arrêter, dans la nuit du 10 au 11 novembre, Bechara el-Khoury et Riadh bey Solh. La riposte fut immédiate : un gouvernement national se constitua dans la montagne et la grève s'étendit de Beyrouth à Damas. A Alger, de Gaulle estima que les Libanais auraient dû patienter dès lors qu'un télégramme avait prévenu leur gouvernement qu'une négociation allait s'ouvrir aussitôt pour la conclusion d'un traité, leur suggérant donc de surseoir à la réforme constitutionnelle : mais il estima aussi que la réaction d'Helleu dépassait la mesure et défiait le bon sens. Aussi, dès le 13 au matin, décida-t-il d'envoyer sur-le-champ Catroux à Beyrouth avec mission de rétablir le fonctionnement régulier des institutions libanaises sans désavouer ouvertement Helleu[51]. Catroux s'acquitta sans délai de sa mission, mais non sans que le représentant britannique sur place, M. Casey, vînt à Beyrouth intimer au délégué français l'ordre de réunir une conférence anglo-franco-libanaise et de libérer sous trente-six heures le président et les ministres libanais, faute de quoi les Britanniques proclameraient la loi martiale, assumeraient les charges du pouvoir et engageraient leurs troupes.

D'ordre d'Alger, Catroux refusa la conférence tripartite et, sur sa demande, le CFLN ordonna, le 21 novembre, le rappel de l'ambassadeur Helleu, la libération des dirigeants libanais arrêtés, et la réinstallation de Bechara el-Khoury, mais non celle du gouvernement. De Gaulle fit en même temps savoir que si la Grande-Bretagne mettait ses menaces à exécution il ordonnerait le regroupement des fonctionnaires et militaires français, les rapatrierait à Alger et ferait connaître au monde ce qui s'était passé. A la vérité, il eut alors la certitude que le gouvernement britannique, sachant fort bien que la crise était virtuellement résolue, avait voulu l'exploiter au plus vite pour apparaître comme la puissance protectrice des nationalismes arabes, puisque telle était en effet sa politique.

Mais Catroux insista et, dans deux messages successifs du 22 novembre, demanda qu'on l'autorise à remettre en fonction les ministres libanais[52]. De Gaulle refusa[53], et, à la fin de la matinée du 23, Catroux s'inclina, prévenant pourtant qu'il ne pourrait s'opposer pratiquement à ce que le gouvernement de Beyrouth se remette en place[54]. Mais, ce même jour, le CFLN, à une très large majorité, lui donna raison[55]. Il put donc, dès la soirée, annoncer la fin de la crise. Catroux n'eut aucune difficulté à appliquer les directives que de Gaulle avait données dès le 8 novembre : il conclut alors, le 22 décembre, avec les gouvernements syrien et libanais, un accord leur transférant toutes les prérogatives « d'intérêt commun » et remettant à plus tard les questions en litige que de Gaulle voulait faire trancher par un traité. Au fond, celui-ci, une fois de plus, avait avant tout réagi aux entreprises anglaises, aux intrigues en effet très hostiles de Spears et aux menaces de Churchill qui était alors exaspéré par la mise à l'écart de Giraud : de ce fait, il avait perdu de vue que l'essentiel, pour échapper aux pressions britanniques, était l'entente directe entre la France et les Etats du Levant.

Il en alla de même au printemps 1945, quand une crise nouvelle éclata, cette fois en Syrie. Comme au temps où l'ambassadeur Helleu était à Beyrouth, il fut très mal servi par les représentants sur place : le général Beynet, haut-commissaire, et le général Oliva-Roget, commandant des troupes. Le fait est que Beynet, rendu nerveux par les manifestations fréquentes des nationalistes syriens, anxieux de leurs conséquences éventuelles pour les ressortissants français, sans contacts directs avec le gouvernement de Damas, sans aucune sympathie pour les dirigeants du pays, demanda des renforts à la mi-avril. On ne lui envoya que trois bataillons pour relever des unités qu'il fallait rapatrier, mais leur arrivée à bord de deux croiseurs suffit à aggraver brutalement — et inutilement — la tension[56]. Une démarche de l'ambassadeur anglais, Duff Cooper, et un discours de Churchill devant les Communes mirent en garde Paris : mais de Gaulle fut d'autant moins tenté d'en tenir compte que le gouvernement anglais envoyait au même moment une division au Levant. Sur place, les manifestations ne cessaient pas. Beynet aurait pu en discuter avec le gouvernement syrien, apaiser son irritation, prendre des initiatives pour désamorcer la crise ou en proposer à Paris. Au lieu de quoi, il laissa tout se dégrader et, le 8 mai, alors que la célébration de la victoire aurait dû être l'occasion de rappeler que de Gaulle avait reconnu l'indépendance de la Syrie dès 1941 et que la fin de la guerre allait permettre d'en tirer toutes les conséquences, une sorte d'épreuve de force commença — paradoxale si l'on songe que c'est la France qui venait de faire admettre la Syrie et le Liban à l'Organisation des Nations unies. C'est la gendarmerie syrienne qui, alors, encadra les manifestants. L'agitation gagna tout le pays les jours suivants. Pourtant il était encore temps de faire les gestes ou de dire les mots qui auraient fait baisser la tension : rentré à Beyrouth le 12 mai, Beynet n'en fit rien et, si de Gaulle, à cette date, était accaparé par les événements survenant en Europe et leurs retombées en France, on imagine facilement ce que Catroux aurait pu faire s'il avait toujours été en charge des affaires musulmanes au lieu d'être ambassadeur à Moscou... Quoi qu'il en soit, le 27 mai, les émeutes gagnèrent Damas, cette fois avec usage d'armes à feu, et se poursuivirent et se propagèrent les deux jours suivants, les Français étant menacés et parfois blessés dans tout le pays. Le 29 au soir, le général Oliva-Roget ordonna de riposter. Ici, comme toujours en pareil cas, les versions diffèrent. Suivant de Gaulle, on n'engagea que « nos Sénégalais et quelques compagnies syriennes » ainsi que « deux canons et un avion ». Des historiens parlent de très lourdes pertes du côté syrien, dont le chiffre, naturellement, ne peut être vérifié[57]. De même estime-t-il, dans ses *Mémoires de guerre*, que « dans la soirée du 30 mai l'autorité française était maîtresse de la situation », et c'est probablement ce qui lui a été dit. En tout cas, quand, à Londres, l'ambassadeur français, René Massigli, fut prévenu que les forces britanniques ne resteraient pas « passives » si l'épreuve de force continuait, de Gaulle n'eut pas d'hésitation, « quels que pussent être, écrivit-il, les sentiments qui bouillonnaient dans mon âme, je jugeai qu'il y avait lieu de prescrire la suspension d'armes pour autant qu'on tirât encore ». Et Londres fut aussitôt prévenu.

Témoins et historiens assurent, de leur côté, que les affrontements se poursuivirent durant toute la journée du 31[58]. On peut croire que le général Oliva-Roget, que Catroux jugeait « instable[59] » et qui n'avait pas su mesurer la riposte française dans la soirée du 29 et dans la journée du 30, n'a pas suffisamment contrôlé ses troupes, le 31. Quoi qu'il en soit, Eden, dans l'après-midi de ce même jour, et sans avoir prévenu l'ambassadeur français[60], rendit publique, devant les Communes un ultimatum exigeant du commandement français de cesser le feu et de ramener ses troupes dans leur cantonnement, faute de quoi les forces britanniques interviendraient et après quoi des « discussions tripartites » pourraient s'ouvrir à Londres.

Au fond, la crise était virtuellement achevée. De Gaulle n'eut qu'à confirmer ses ordres de suspension d'armes en précisant à Oliva-Roget que ses troupes, maintenues dans leur cantonnement, n'auraient d'ordre à recevoir que de lui. Et il ne répondit pas au gouvernement anglais, suggérant, avec une ironie évidemment calculée qu'au lieu de « discussions tripartites » sur le Levant, une conférence « à cinq » — Etats-Unis, Grande-Bretagne, Chine, Union soviétique et France, s'occupe du Proche-Orient tout entier, ce que Britanniques et Américains refusèrent aussitôt[61]...

L'année suivante, une fois la guerre finie, les troupes britanniques se retirèrent, suivies par les derniers éléments des forces françaises : on en venait enfin à ce qui aurait pu être fait dès après la capitulation italienne. La voie était ouverte à des relations normales et, si possible, étroites entre la France et ses deux anciens mandats. Du reste, mis à part l'absurde incident de 1943, elles n'avaient jamais cessé d'être convenables avec le Liban, et le pays célébra avec un extraordinaire enthousiasme la Libération de Paris, des feux de joie illuminant, le soir, toute la montagne libanaise. Les rapports avec la Syrie, restés très normaux jusqu'à la crise de mai 1945, dépendraient, quant à eux, de la politique que la France suivrait à l'égard de son Empire colonial et surtout de l'Afrique du Nord et du Proche-Orient. A distance, on mesure mieux que l'essentiel fut la proclamation en 1941, de l'indépendance « pleine et entière » des deux pays : un choix stratégique juste fait par de Gaulle, d'autant plus audacieux qu'il n'avait alors aucun titre légal pour le faire, mais compromis par deux fautes tactiques commises par la suite.

De Gaulle, cependant, fut exaspéré par cette crise, plus peut-être que par toute autre. Il lui sembla d'abord qu'elle avait été délibérément provoquée en un moment où elle allait se résorber. Il crut aussi qu'elle était très consciemment dirigée contre lui, et, pour le montrer, fait état dans ses *Mémoires* de télégrammes adressés à Truman où, à propos de discussions presque concomitantes sur la venue des troupes françaises dans les Alpes italiennes, Churchill le traitait d'« ennemi des Alliés » et affirmait « sur la foi d'informations puisées dans les milieux politiques français qu'il n'en faudrait pas davantage pour provoquer la chute du général de Gaulle ». Il fut sensible au caractère pour le moins paradoxal des arguments invoqués par Londres sur l'importance de la tranquillité au Levant pour la guerre contre le Japon et pour les communications maritimes avec l'Extrême-Orient, comme si l'on pouvait croire que la Syrie allait s'allier aux Japonais ou que le canal de Suez traversait le territoire syrien... Tout concourait à nourrir l'indignation qu'il éprouvait et qu'il exprima devant Duff Cooper, en lui signifiant que, si la France n'était pas « en mesure de [...] faire actuellement la guerre » à la Grande-Bretagne, celle-ci l'avait « outragée » et que cela ne serait pas oublié...

Le fait est que, d'un bout à l'autre de cette crise, la politique française avait été mal servie sur place. On n'en veut pour preuve que ce télégramme envoyé par le général Beynet à de Gaulle, le 31 mai : « Nous ne pouvons qu'obéir aux ordres du gouvernement, mais je dois rendre compte à Votre Excellence que nous avions repris le contrôle de la plus grande partie du territoire syrien. L'ultimatum [anglais] est donc destiné à sauver une situation qui était désespérée pour la politique suivie dans ce pays par les agents britanniques[62]. » De Gaulle, loin de penser que « le contrôle de la plus grande partie du territoire » était assuré avait, au contraire, jugé que les Français ne pouvaient affronter la coalition des Britanniques et des Syriens... De même, on en jugera par cet épisode survenu le 22 août suivant quand le général anglais Paget annonça le prochain retrait des troupes britanniques du Levant et que le général Beynet répliqua qu'il aurait dû « demander l'accord préalable du commandement français », et s'inquiéta de savoir qui défendrait les intérêts français après leur départ comme si la France avait toujours souhaité la présence militaire anglaise au Levant et que celle-ci dépendait de son « accord »...

Pour les Britanniques, le bilan de cette longue série de crises, qu'ils avaient en partie provoquées en exploitant les atermoiements et les fausses manœuvres des Français fut très loin d'être positif : le Liban demeura profondément marqué par l'influence française et ses dirigeants continuèrent de voir en la France leur partenaire privilégié, et la Syrie n'accepta jamais de s'inscrire dans la mouvance anglaise. Mais il reste aussi que de Gaulle n'avait pas mesuré — ou n'avait pas pris le temps en ce mois de mai 1945 de mesurer — l'extrême urgence d'une entente directe avec la Syrie et le Liban sur les conséquences de leur indépendance.

On pourrait, au fond, résumer ainsi ce qu'il avait à faire dans l'Empire laissé par la IIIe République : rétablir son intégrité comme celle de la France elle-même puisque c'était là le cœur même et le ressort exclusif de son entreprise, ce qui lui conférait sa légitimité, mais, en même temps, tenir compte des changements qui, en pleine guerre, ébranlaient déjà cet Empire, et, si possible, préparer l'avenir sans qu'il ait le moindre droit de disperser au gré des circonstances, colonies, protectorats ou mandats et sans anticiper ce que décideraient les futurs gouvernements choisis par les Français. Le fait est que ces deux tâches étaient en partie contradictoires. Mais, en pratique, tout était une question de temps. En Syrie et au Liban, on ne pouvait plus attendre : de Gaulle avait proclamé l'indépendance des deux pays dès que la France libre y eut remplacé Vichy, et les crises qui suivirent avaient montré qu'on n'avait plus le temps de tergiverser, et qu'il fallait en tirer toutes les conséquences. Dans les Etats d'Indochine, il restait très peu de temps pour reconnaître leur indépendance, si l'on voulait éviter un conflit. Quelque temps serait nécessaire, de toute façon, pour faire évoluer le statut des trois pays d'Afrique du Nord, à condition de s'y préparer, sans attendre. On avait le temps d'y penser pour l'Afrique noire et Madagascar, à condition de prévoir des étapes et des transitions.

Pourtant, le spectacle de l'Afrique en guerre avait très tôt persuadé de Gaulle qu'elle connaîtrait, à l'épreuve des hostilités, un irréversible bouleversement. Il l'avait dit, dès le 23 octobre 1941, aux membres de la *Royal African Society* qui l'avait invité à déjeuner, ce jour-là.

> Le philosophe grec disait que la guerre enfante, leur déclara-t-il. Certes il est bien vrai que sa dure lumière met souvent en plein relief des nécessités jusqu'alors mal connues et que sa dévorante activité impose des réalisations que les époques pacifiques rejettent ou retardent. Or l'Afrique est dans la guerre et nous ne pouvons douter que cette gigantesque épreuve doive influer profondément sur son évolution.

Il y voyait d'abord se dessiner un resserrement de l'Afrique elle-même, suscitant une sorte de spécificité africaine et créant « les conditions nécessaires de son unité, » avant de conclure :

> Ce n'est pas en vain que des hommes venus de tous les coins de l'Afrique se trouvent côte à côte en armes sur les mêmes champs de bataille et servent la même cause, dont tous savent très bien qu'elle est la cause de la liberté... Oui, cette guerre, qui à tant d'égards constitue une révolution, peut amener une profonde et salutaire transformation de l'Afrique, en dépit du sang et des larmes qu'elle fait et fera couler.

Plusieurs fois, à Londres, de Gaulle s'en entretint avec quelques-uns de ses compagnons : Pleven, commissaire aux Colonies, Félix Eboué, gouverneur général de l'Afrique-Equatoriale. Mais il était trop tôt pour que l'on songeât à préparer l'avenir, d'autant que la France libre n'avait encore rallié à elle qu'une partie limitée de l'Empire.

Là, pourtant, des changements s'annonçaient. Comme partout, dans l'Empire, la guerre aggravait les conditions de vie et durcissait encore le régime du travail, suscitant, parmi la population, des tensions nouvelles dans la plupart des colonies. Eboué, qui n'avait pour l'assister qu'une administration squelettique, mesurait la fragilité du régime qu'il avait la charge de maintenir en place depuis son bureau de gouverneur général de l'Afrique-Equatoriale, à Brazzaville. Tirant la leçon de son expérience africaine et surtout de son passage au Tchad de 1938 à 1941, il préconisa une « nouvelle politique indigène » dont il définit les grandes lignes dans une circulaire du 19 janvier 1941 et qui, plus tard, allait inspirer en partie la politique indigène de la France en Afrique noire [63]. Il conseillait de reconstituer la société africaine autour de ses cadres traditionnels, de les valoriser au lieu de les détruire, de les émanciper au lieu de les contraindre, de les moderniser au lieu de les négliger.

Quand il créa un statut du « notable évolué «, le 29 juillet 1942, il l'attribua à 485 Africains pour tous les territoires de l'Afrique-Equatoriale. Si modeste que fût ce chiffre, le statut nouveau, étendu à toute l'Afrique noire — sans conférer toutefois les mêmes droits politiques en Afrique-Occidentale et Afrique-Equatoriale —, allait donner une impulsion considérable aux changements de la société africaine. Il permit à ceux qui parlaient le français d'être nommés à des emplois publics, de prendre des responsabilités dans les entreprises industrielles ou commerciales, et d'accéder aux professions libérales, au journalisme, à la médecine, aux carrières juridiques. Les « évolués » allaient, de ce fait, s'européaniser davantage par leur habillement, leur langage, leur alimentation, leurs revenus, se franciser aussi par leur accession aux charges économiques, administratives et politiques, mais surtout par leur culture, leurs références historiques et idéologiques. Plus tard, les « évolués », tirant parti des décisions du gouvernement provisoire, allaient constituer les noyaux des organisations politiques et syndicales qui ouvrirent la voie à l'émancipation future de l'Afrique colonisée.

Une fois installé à Alger, de Gaulle ne pouvait agir qu'en se débattant au milieu des pires difficultés pratiques. La poursuite de la guerre imposait la rigueur dans la gestion de l'économie. Le Trésor public était exsangue. L'administration elle-même était privée de ses moyens ordinaires de contrôle et d'action. Non que l'épuration y ait apporté d'excessifs changements : les gouverneurs généraux avaient été nommés par le CFLN dès après sa formation, en AOF ; quatre territoires sur sept avaient changé de gouverneur entre août 1943 et février 1944, la Chambre civique, qui ne commença d'ailleurs de siéger que le 14 mai 1945, n'eut à examiner que le cas de deux cents fonctionnaires dont beaucoup étaient encore en service [64], les plus jeunes ayant été mobilisés au début de 1943 sans être remplacés ; les administrateurs étaient très souvent seuls à exercer leurs fonctions à la tête de leurs cercles sans aucun adjoint ni subordonné et ils étaient ainsi tenus de rester dans leur résidence au risque de perdre tout contact avec la population. Mais, partout, cependant, les conséquences matérielles et psychologique de la guerre annonçaient des secousses politiques qu'il fallait prévoir.

D'Alger on tentait de gouverner par l'envoi fréquent de directives et circulaires qui cherchaient à insuffler un esprit nouveau. Il s'agissait avant tout de convaincre le corps des fonctionnaires coloniaux que de profonds changements interviendraient, indispensables au maintien futur de la souveraineté française. Le 4 janvier 1944, une directive du service information du ministère des Colonies leur demandait d'insister sur « la volonté [du gouvernement] de faire aboutir rapidement des réformes substantielles ». Le 12 janvier, une circulaire adressée au gouverneur général d'Afrique-Occidentale l'invitait à « une répression vigoureuse et générale des faits de racisme en AOF[65] ». Mais il était clair qu'il faudrait qu'une réflexion d'ensemble soit engagée si l'on voulait ne pas s'en tenir au seul rétablissement de l'autorité coloniale.

Quelques semaines à peine après la formation du CFLN, de Gaulle décida qu'il fallait en débattre. L'Indochine n'était pas encore libérée, le Maroc et la Tunisie étaient des protectorats dont on ne pouvait discuter sans que leurs souverains fussent consultés ou représentés, l'Algérie étant composée de départements français : on allait donc se préoccuper seulement de l'Afrique noire, de Madagascar et de la Réunion. Nul doute qu'on voulait alors aller au-devant des critiques, surtout américaines, de l'ordre colonial ancien. Les projets de tutelle internationale, recommandée par la conférence des Eglises protestantes aux Etats-Unis, n'étaient pas ignorés des dirigeants français et l'on savait que, de toute façon, le sort des empires coloniaux serait en question aux lendemains du conflit. L'essentiel, pour de Gaulle comme pour tous ceux qui étaient à ses côtés à Alger comme à Londres, était que la France garde la responsabilité de son domaine colonial, qu'elle décide par elle-même de sa transformation et de son avenir, quel que dût être celui-ci.

> Il appartient à la Nation française, déclarait de Gaulle, et il n'appartient qu'à elle, de procéder le moment venu aux réformes impériales de structure qu'elle décidera dans sa souveraineté.

Estimant qu'il était « impossible en temps de guerre d'assurer une représentation sincère et complète de l'opinion française et indigène de nos colonies comme de leurs divers intérêts », le CFLN décida qu'une conférence se tiendrait à Brazzaville et réunirait de hauts fonctionnaires[66]. Elle groupa en effet vingt gouverneurs généraux et gouverneurs des colonies, assistés de trente-trois experts, tous fonctionnaires, et par exception, les présidents des chambres de commerce du Cameroun et de l'AEF et Mgr Biechy, évêque de Brazzaville. A quoi s'ajoutaient, toutefois, des observateurs du gouvernement général de l'Algérie et des résidents généraux du Maroc et de Tunisie, et une délégation de l'Assemblée consultative provisoire comprenant neuf délégués dont son président, Félix Gouin. Les seules voix africaines à être entendues, hors des hiérarchies administratives, se réduisirent aux rapports de quelques chefs de cantons, comme Fily Dabo Sissoko, de certains « indigènes évolués » et d'intellectuels noirs, dont le gouverneur général Eboué rendit compte à la conférence. Mais les réactions des gouverneurs, quand fut connue la décision de réunir la conférence, avaient été si prudentes et même si réservées qu'il fut convenu que Pleven ferait d'abord le tour des territoires africains pour leur en expliquer le but, avant d'en présider lui-même les travaux [67]. C'est ce qu'il annonça le 10 octobre 1943 à Brazzaville, puis le 13 à Radio-Alger. Le programme de la conférence, achevé le 10 novembre, fut adressé le 22 aux gouverneurs qui envoyèrent alors leurs remarques au début de janvier de sorte que l'ouverture des travaux eut lieu le 30 janvier.

Henri Laurentie avait été chargé de rédiger une « note sur les idées directrices de la conférence de Brazzaville » pour préciser l'esprit dans lequel elle serait tenue et ses objectifs [68]. Rappelant que « la colonisation est faite d'abord dans l'intérêt de l'indigène », elle définissait le principe essentiel dont la conférence devrait s'inspirer : « Le respect et la volonté de faire progresser la vie de l'indigène dans un cadre familier [...] où il acquiert peu à peu, avec le sentiment de sa responsabilité, la notion de patrie africaine, constituent la règle générale d'action d'où se déduisent les règles d'action particulière. » Celles-ci devraient porter sur le rôle des Européens dans les colonies, le développement des institutions africaines traditionnelles, le statut des « évolués », l'essor économique et surtout industriel des colonies, la création d'institutions politiques où les Africains seraient associés à la gestion de leurs pays. Une note complémentaire du 8 décembre 1943 précisait même que le but de la future politique coloniale de la France serait d'amener les Africains « à la responsabilité la plus complète dans le cadre et par le progrès de leurs coutumes et de leurs institutions propres », et de faire en sorte que « la personnalité des pays français d'outre-mer s'affirme à l'intérieur d'une fédération où métropole et possessions seraient associées sur un pied d'égalité ».

Ces deux textes ne laissaient donc aucun doute sur le dessein réel de la conférence : orienter la future politique française vers l'émergence de « patries africaines » et d'une fédération « où serait respecté le principe d'égalité entre pays participants ». Pleven le confirma à la tribune de l'Assemblée consultative provisoire le 14 janvier 1944, en précisant que « l'heure était venue d'explorer la conception fédérale, [...] de créer peut-être une fédération française qui serait le moyen moderne de réaliser l'unité des terres françaises ». Mais, se souvenant que le gouvernement d'Alger n'était que provisoire et que l'on ne pouvait engager tout l'avenir de l'Empire sans que des autorités légitimes, issues du suffrage universel, en prennent la responsabilité, il rappelait aussi que la conférence de Brazzaville n'émettrait que des avis : « De la métropole seule doit émaner la charte nouvelle qui associerait des terres françaises d'outre-mer aux responsabilités de la nouvelle communauté française. »

En résumé, Pleven définissait les quatre grands thèmes dont la conférence devrait se saisir : la « politique indigène » qui englobait l'éducation, la santé, le statut de « l'indigénat » et le régime du travail ; la politique économique à mener en Afrique ; l'organisation politique et administrative des territoires d'outre-mer ; la représentation des colonies dans la nouvelle Constitution française.

Ce dernier point ouvrait la voie à des réflexions nouvelles portant sur l'avenir de l'Empire lui-même. Elles prirent place, en effet, dans le « programme général de la conférence », où l'on devine la marque personnelle de Laurentie, partisan résolu d'une organisation fédérale des relations entre la France et ses colonies. Leur autonomie, en effet, « servira de cadre naturel à une évolution politique interne », peut-on lire dans le « programme général », Et le but en est précisé : « L'accession des Africains à la responsabilité nous amène naturellement à les placer peu à peu dans les institutions politiques d'ordre général où ils finiront par se trouver associés à la gestion de la chose publique de leur pays. » Dans une note à usage interne intitulée « Les idées qui seront discutées à la conférence de Brazzaville », Henri Laurentie avait précisé : « Ce qui est dans notre intention, c'est de marquer chaque étape de l'évolution indigène par une extension nouvelle des libertés politiques. Ainsi aurons-nous peu à peu un self-government. » Mais c'était là aller très au-delà de ce que le CFLN avait le droit de dire et de faire, s'il s'en tenait à son devoir de restauration de l'intégrité impériale. Aussi le « programme général » en restait-il à une formule bien plus prudente : « S'il y a ce self-government, ce ne peut être qu'à la suite d'une évolution assez longue et sévèrement contrôlée. C'est à peine si nous sommes à l'origine de cette évolution. » Du moins le dessein final de l'entreprise était-il mentionné.

Encore fallait-il prévoir l'Association de l'Outre-mer « aux responsabilités de la nouvelle communauté française » : en d'autres termes, sa place et son rôle dans les futures institutions. Le « programme général » en parlait avec précision. Il écartait l'idée d'une représentation des colonies au Parlement français qui serait conforme au poids relatif de leurs populations : « On ne veut pas que, par une extension arbitraire, les colonies s'entremettent dans les affaires publiques de la France. » Il écartait aussi toute assemblée purement coloniale, qui marquerait trop nettement la séparation de la métropole et de ses dépendances. Il se prononçait donc pour un « organisme fédéral » où la France et l'Outremer seraient représentés paritairement. Ce pourrait être une réunion des représentants du gouvernement français, des Etats protégés et des autres pays d'outre-mer, qui aurait compétence pour toute question de caractère fédéral. Mais les trop grandes différences de statut juridique et d'évolution politique des diverses fractions de l'Empire faisaient écarter cette option. Un Parlement fédéral compétent pour toutes les matières communes à tout l'Empire eût assuré, suivant les auteurs du programme, la « prépotence de la métropole » et n'eût pas bien répondu à l'état réel, politique et social des colonies n'ayant jamais eu de représentation élue. La solution la meilleure semblait donc la formation d'une « conférence fédérale » dont la représentation varierait selon le statut et l'évolution de chaque partie de l'Empire, avec le pouvoir délibératif sur les domaines d'intérêt commun : diplomatie, défense, monnaie, communications, commerce. Il s'agirait en réalité d'un organisme à composition évolutive et dont la vraie mission serait de faire entrer peu à peu dans la réalité l'idée de fédération, étrangère jusque-là aux Constitutions françaises comme aux pratiques impériales. De fait, on était bien loin encore de concevoir un système fédéral se substituant à l'Empire lui-même, comme en témoignaient les précautions prises par les auteurs du « programme général » qui prenaient soin d'écrire : « Le pouvoir politique de la France devrait rester en mesure de marquer avec rigueur et précision l'ensemble de la fédération. »

Ainsi la conférence de Brazzaville s'annonçait-elle sous les doubles auspices d'une grande prudence et de grandes audaces. C'en était assez cependant pour inquiéter la plupart des cadres administratifs et économiques des colonies. Ainsi la chambre de commerce du Cameroun fit connaître aussitôt ses « plus extrêmes réserves quant aux décisions qui pourraient être prises à cette conférence où le colonat européen ne serait pas représenté [69] ». Excepté celui de la Réunion, tous les gouverneurs s'opposaient à l'idée d'une fédération franco-africaine. Dans une « note sur la politique coloniale », le gouverneur Hubert Deschamps, qui passait pour proche des socialistes, contredisait sur tous les points les textes d'Henri Laurentie. Il se prononçait ouvertement pour une « république indivisible » dont tous les rouages auraient pour but de bloquer les moindres tendances à l'autonomie. Il se réclamait de la tradition républicaine d'assimilation et suggérait « d'accorder automatiquement la citoyenneté française à l'élite », celle-ci étant alors représentée dans les assemblées législatives françaises [70]. L'administrateur en chef Delmas jugeait l'idée fédérale inapplicable et, de plus, dangereuse pour l'unité de l'Empire : partisan lui aussi de l'assimilation, il n'envisageait tout au plus qu'une plus grande autonomie pour l'administration des territoires coloniaux. Pour le gouverneur Toby, du gouvernement général de l'Afrique-Occidentale, qui excluait catégoriquement toute autonomie des territoires de l'Empire, « toute idée de gouvernement intérieur indépendant de celui de la métropole » devait être exclue. L'administrateur Chiarasini, de Madagascar, envoyait un rapport dont les propositions, reconnaissait-il, « s'écartent sensiblement de la suggestion de fédération française » : du moins l'expliquait-il, en remarquant que « les colonies françaises sont si diverses qu'elles s'opposent à l'idée même de fédération [71] ». Bref, il était clair qu'à Brazzaville les projets les plus audacieux seraient mal accueillis par l'ensemble des gouverneurs et que l'idée de fédération franco-africaine, expressément développée par Henri Laurentie et que Pleven avait encouragée à l'origine, serait rejetée par eux.

Mais le 30 janvier 1944, quand s'ouvrit la conférence, de Gaulle parla. Et son discours, connu dans tout l'Empire, devait avoir une résonance qui dépasserait de loin les intentions des gouverneurs et remuerait, jusque dans les profondeurs, les populations soumises jusque-là à l'autorité de la France. Ses premiers mots en donnaient le ton :

> Si l'on voulait juger des entreprises de notre temps suivant les errements anciens, on pourrait s'étonner que le gouvernement français ait décidé de réunir cette conférence africaine. « Attendez ! » nous conseillerait, sans doute, la fausse prudence d'autrefois « la guerre n'est pas à son terme. Encore moins peut-on savoir ce que sera demain la paix. La France, d'ailleurs, n'a-t-elle pas, hélas ! des soucis plus immédiats que l'avenir de ses territoires d'outre-mer ? » Mais il a paru au gouvernement que rien ne serait, en réalité, moins justifié que cet effacement ni plus imprudent que cette prudence.

La suite était de la même veine et traduisait une volonté de changement, à la fois raisonnée et passionnée, qui ne pouvait laisser insensibles ceux qui entendirent ou lirent ce discours, sans s'attacher aux détails.

> Comme toujours, disait de Gaulle, la guerre elle-même précipite l'évolution. D'abord, par le fait qu'elle fut, jusqu'à ce jour, pour une bonne part, une guerre africaine et que, du même coup, l'importance absolue et relative des ressources, des communications, des contingents d'Afrique, est apparue dans la lumière crue des théâtres d'opérations. Mais ensuite et surtout parce que cette guerre a pour enjeu ni plus ni moins que la condition de l'homme et que, sous l'action des forces psychiques qu'elle a partout déclenchées, chaque individu lève la tête, regarde au-delà du jour et s'interroge sur son destin.

De Gaulle prenait, certes, la précaution d'évoquer « la longueur des étapes » et de rappeler qu'il n'appartenait qu'à la nation française « de procéder, le moment venu, aux réformes impériales de structure qu'elle décidera dans sa souveraineté ». Mais il ajoutait aussitôt que « vivre chaque jour c'est entamer l'avenir ». Et il définissait ainsi le but fixé à cet avenir :

> En Afrique française comme dans tous les autres territoires où des hommes vivent sous notre drapeau, il n'y aurait aucun progrès qui soit un progrès, si les hommes, sur leur terre natale, n'en profitaient pas moralement et matériellement, s'ils ne pouvaient s'élever peu à peu jusqu'au niveau où ils seront capables de participer chez eux à la gestion de leurs propres affaires. C'est le devoir de la France de faire en sorte qu'il en soit ainsi.

La voie était donc ouverte, par de Gaulle, à ceux qui voudraient, à son appel, « choisir noblement, libéralement, la route des temps nouveaux ».

Quand s'ouvrit la Conférence de Brazzaville, les partisans du fédéralisme étaient prêts à l'orienter aussi loin que possible dans le sens qu'ils souhaitaient. Mais il était à prévoir que les tenants de l'administration directe et de « l'indivisibilité » de l'Empire leur opposeraient une résistance efficace : comme on l'a vu, ils étaient en très forte majorité parmi les gouverneurs généraux et les gouverneurs qui allaient participer à la conférence, parmi les administrateurs et les experts qui les assisteraient. A la vérité, le seul homme qui pût peser d'un poids moral et politique décisif en faveur d'une option fédérale était Félix Eboué. Le rôle qu'il avait joué dans le ralliement de l'Afrique-Equatoriale à la France libre, la considération exceptionnelle dont l'entourait de Gaulle et l'écho qu'avaient rencontré ses « circulaires « de 1941 sur l'évolution des colonies par le réveil des structures traditionnelles : tout concourait à faire de lui l'homme le plus influent de la conférence. Mais ce ne fut pas le cas. Gagné par la fatigue et sans doute aussi par la maladie qui devait bientôt l'emporter, il était atteint déjà d'une surdité qui l'empêcha de prendre aux travaux la part active qui aurait dû être la sienne. Siégeant à ses côtés, Henri Laurentie, qui avait été son collaborateur et qui était son ami, se retrouva presque isolé [72]. Et les gouverneurs les plus attachés à l'administration directe, les plus hostiles à toute autonomie des territoires, trouvèrent en la personne du gouverneur Raphaël Saller, d'origine antillaise, un porte-parole si efficace et si dynamique que Laurentie l'appelait toujours « le bouillant Saller ». Son rôle fut déterminant dans plusieurs des recommandations finales de la conférence, dont on pouvait s'attendre, par conséquent, qu'elles fussent marquées d'ambiguïté et de contradictions.

C'est à Saller, suivant son propre témoignage, qu'est due l'affirmation initiale de la conférence des gouverneurs : « Les fins de l'œuvre de civilisation accomplie par la France dans les colonies écarte toute idée d'autonomie, toute possibilité d'évolution hors du bloc français de l'Empire ; la constitution éventuelle, même lointaine de self-governments dans les colonies est à écarter. » C'était tourner le dos sans ambages à tout projet d'évolution politique : mais c'était traduire aussi, sans nul doute, les sentiments réels et profonds des hauts fonctionnaires réunis à Brazzaville. Et pourtant la suite des recommandations de la conférence contredisait presque ouvertement l'affirmation initiale. On y indiquait d'abord que les colonies devaient être représentées dans la future Assemblée constituante — ce qui n'engageait à rien d'irréversible quant à la nature des liens entre la métropole et l'Outre-mer. Mais passant à l'examen de « la représentation des colonies auprès du pouvoir central » les gouverneurs, rejetant toute réforme du système d'avant-guerre comme insuffisante et inadaptée, préconisaient ouvertement un « organisme nouveau... parlement colonial ou, de préférence, assemblée fédérale ». Leurs préoccupations contradictoires apparaissaient aussitôt dans les missions qui lui seraient dévolues : « Affirmer et garantir l'unité politique infrangible du monde français : respecter la vie et la liberté locale de chacun des territoires du bloc France-Colonies ou, si l'on veut bien admettre ce terme malgré les objections qu'il peut soulever, la Fédération française. A cette fin il conviendra de définir avec beaucoup de précisions et de rigueur les attributions qui seront réservées au pouvoir central ou organe fédérateur, d'une part, celles qui seront reconnues aux colonies, d'autre part. » Et, plus loin, la conférence prévoyait pour chaque territoire des conseils « composés de notables indigènes » qui auraient des pouvoirs consultatifs et des « assemblées représentatives composées en partie d'Européens et en partie d'indigènes », élues au suffrage universel « partout et dans tous les cas où la possibilité en serait reconnue » et qui seraient des assemblées délibératives en particulier « pour le vote du budget ».

Ainsi les recommandations de la conférence passaient-elles du rejet solennel de toute autonomie à l'esquisse d'un système fédéral. C'est dire qu'elles ne pouvaient avoir l'effet politique et psychologique décisif qu'elles auraient eu en optant clairement pour la transformation de l'Empire en une fédération. Eboué n'avait pu agir. Pleven, en dépit de ses intentions initiales, avait choisi de ne pas se prononcer. Mais malgré ces formules étroitement restrictives, la conférence eut pourtant une résonance profonde. C'est qu'au-delà du débat sur l'avenir politique des colonies, elle répondait, sur bien d'autres points, à leur désir d'émancipation. Le vieux statut de l'indigénat qui faisait des autochtones des sujets de la France, auxquels tout pouvait être imposé par voie autoritaire, était condamné. Le travail forcé, reconnu indispensable pour les temps de guerre, devait disparaître en moins de cinq ans. Sur la diffusion de l'enseignement, le consentement des filles au mariage, la révision du droit pénal, l'hygiène publique ou l'industrialisation, la conférence s'était prononcée toujours pour des progrès vers l'émancipation.

De fait, l'écho que rencontra la conférence fut souvent sans rapport avec le contenu littéral de ses recommandations. Radio-Brazzaville, tant que durèrent ses travaux, en rendit compte : ce fut toujours pour en accentuer la portée libérale. Les rares journaux paraissant en Afrique noire firent de même. Le texte mis au point par les gouverneurs ne fut d'ailleurs connu que de peu de gens. Au contraire, le discours prononcé par de Gaulle le 30 janvier avait impressionné les Africains qui en retinrent le ton généreux et la volonté émancipatrice.

Encore fallait-il que les intentions se traduisent dans la réalité. La plupart des gouverneurs, des fonctionnaires et des colons n'y étaient pas favorables et, pour certains, leur hostilité ne désarmerait jamais : aussi les recommandations de Brazzaville ne furent-elles suivies d'effet que peu à peu. Après des mesures transitoires prises par le ministre des

Colonies Giacobbi, qui avait succédé à Pleven le 15 novembre 1944, un décret du 12 décembre supprima le statut de l'indigénat à dater du 1er janvier 1946, malgré les réserves du gouverneur général d'Afrique-Occidentale, Cournarie. En septembre 1945, Giacobbi supprima la réquisition de main-d'œuvre pour la cueillette du caoutchouc, la plus impopulaire car les travailleurs requis devaient aller chercher de plus en plus loin de leurs villages des lianes à latex : et c'est au printemps 1946, enfin, que le travail forcé fut proscrit dans toutes les colonies.

Si, pour d'innombrables Africains, le désir d'émancipation n'était pas alors synonyme d'indépendance immédiate, l'avenir dépendait avant tout, comme de Gaulle l'avait dit, de la façon dont ils seraient associés « chez eux à la gestion de leurs propres affaires » et dont les colonies seraient articulées à la France dans les nouvelles institutions. De Gaulle ne voulut pas lui-même commenter les recommandations de Brazzaville, mais Pleven et Laurentie furent chargés de présenter à l'opinion internationale ce qu'elle devait en retenir : le système colonial ancien ne survivrait pas et une construction nouvelle serait imaginée après la Libération de la France. Une commission d'experts fut constituée à Alger pour débattre de ce que seraient les relations futures entre la métropole et ses territoires africains, mais rien ne sortit de ses travaux. Et c'est le 10 juillet 1944 que de Gaulle fit franchir un pas en avant aux projets qu'il avait esquissés auparavant.

> La France, déclara-t-il à Washington où il était venu rendre visite à Roosevelt, est certaine qu'après cette guerre et après toutes les expériences humaines qui ont été faites pendant la guerre, la forme de l'organisation française dans le monde, et spécialement pour l'Indochine, ne sera pas la même qu'avant le drame que nous avons traversé... Je crois que chaque territoire sur lequel flotte le drapeau français doit être représenté à l'intérieur d'un système de forme fédérale, dans lequel la métropole sera une partie et où les intérêts de chacun pourront se faire entendre...

De Gaulle, depuis six mois que s'était tenue la conférence de Brazzaville, avait donc laissé mûrir l'idée de fédération : il lui apportait désormais, publiquement, sa caution. Mais c'était aller très au-delà de l'évolution des esprits, du moins dans de nombreux milieux de la politique, de l'administration et des affaires. Pleven, encore au ministère des Colonies pour quelques jours, publia le 12 octobre une mise au point. Evoquant l'avenir de l'Outre-mer, il y affirmait que l'expression de « personnalité politique » paraissait préférable à celle de « fédération » ou de « dominion ». Mais, songeant au cas de l'Indochine qui exigerait certainement des solutions plus audacieuses qu'en Afrique noire, il précisait : « Il est question de donner aux colonies leurs personnalités politiques, pour l'Indochine cette personnalité sera maxima[73]. »

Treize jours plus tard de Gaulle repartit de l'avant. Il était trop pragmatique et connaissait assez la diversité de « l'Empire » pour ne pas hésiter devant le contenu juridique trop rigoureux du mot « fédération », mais déjà il allait très au-delà de ce qu'il avait dit trois mois plus tôt de la politique française outre-mer.

> Cette politique, déclara-t-il au cours d'une conférence de presse, le 25 octobre, est déterminée par les travaux de la conférence de l'Afrique centrale à Brazzaville. Elle ne s'applique pas seulement aux territoires français ou associés à la France quels qu'ils soient. La politique française consiste à mener chacun de ces peuples à un développement qui lui permette de s'administrer et plus tard de se gouverner soi-même. Je ne parlerai pas d'une fédération française, parce qu'on peut discuter sur le terme, mais d'un système français où chacun jouera son rôle.

Etape par étape, discours après déclaration, l'idée de fédération, sinon le terme, cheminait et, peu à peu, s'imposait. Au point que Pleven dut, à son tour, y revenir. Trois semaines plus tard en effet, le 15 novembre, il affirmait : « L'idée de fédération pourrait être mise en discussion dans un projet qui sera présenté certainement devant l'Assemblée constituante. Cette formule fédéraliste permet de donner à des territoires dont le développement est très avancé le maximum de ce qu'on appelle à juste titre la personnalité politique [74]. » Cette fois, le mot rejoignait l'idée : on n'hésitait plus à parler de fédération quand de Gaulle, déjà, en avait étendu le projet à « tous les territoires français ou associés à la France quels qu'ils soient ».

Encore fallait-il, d'abord, que les populations colonisées participent à l'élaboration de la Constitution française : si l'on devait bâtir une fédération, ce ne pouvait être qu'avec l'accord de leurs élus. La représentation des territoires d'outre-mer à l'Assemblée constituante fut donc prévue par le décret du 22 août 1945. Dans certains territoires ce serait par un collège électoral unique, pour d'autres, comme dans toute l'Afrique-Occidentale, par le système du double collège. Le premier serait constitué par des citoyens, le second comprendrait douze catégories différentes de non-citoyens. En toute hâte les administrations s'employèrent à les recenser et à préparer le scrutin qui eut lieu — excepté à Conakry — dans le plus grand calme et avec une forte participation des électeurs [75]. Par-dessus tout, ce fut l'occasion où apparurent des sentiments nouveaux, des revendications nouvelles, de nouveaux cadres politiques. Parmi les vingt-neuf députés africains élus le 21 octobre à l'Assemblée constituante, il y eut ceux qui allaient compter le plus dans l'histoire de leur pays : Lamine Gueye, maire de Dakar, où il avait battu la liste de l'ancien maire français, et Léopold Sédar Senghor au Sénégal, Félix Houphouët-Boigny, déjà président du syndicat des planteurs africains, en Côte-d'Ivoire, Fily Dabo Sissoko, instituteur et chef de canton, au Soudan, Sourou-Migan Apithy, au Dahomey, le prince Douala Manga Bell au Cameroun [76].

Une effervescence politique nouvelle gagna partout les « évolués » de l'Afrique française. Au Soudan, Fodé Touré, critiqua l'assimilation et défendit l'autonomie des territoires en précisant que l'Empire ne devrait pas pour autant se disloquer et que la France devrait continuer d'assumer en Afrique « son rôle civilisateur ». Lamine Gueye affirma la nécessité « pour les Blancs de confier aux élites noires la mission d'administrer leur pays ». Au Dahomey, les « évolués » mirent en discussion un projet de fédération où chaque Etat africain aurait un gouvernement et un parlement. Au Togo, les intellectuels tinrent avant tout à rappeler que leur pays était un mandat confié à la France par la Société des Nations, et non une colonie, mais accueillirent avec enthousiasme les promesses de Brazzaville. Il n'est pas jusqu'au mode de scrutin qui ne passionnât les « évolués », qu'il s'agît du découpage des circonscriptions ou de l'institution du double collège. La Mauritanie avait été rattachée au Sénégal, le Niger au Soudan, le Togo au Dahomey, pour l'élection à l'Assemblée constituante : ce fut l'objet de vives contestations. Le Dahoméen Emile Derlin Zinzou déclara qu'on ne pouvait parcourir ces circonscriptions qu'en avion, et le double collège, ajouta-t-il, était « du point de vue moral une escroquerie, du point de vue juridique un non-sens, du point de vue pratique une ineptie ». Ses amis et lui soutinrent une liste de candidats indépendants de l'administration, comportant un représentant des « évolués », Sourou M. Apithy, et un membre du clergé catholique, le révérend père Aupiais, qui battit sans difficulté les candidats discrètement soutenus par l'administration [77]. A Madagascar, le débat porte déjà sur l'indépendance éventuelle de l'île [78], réclamée par un « parti démocratique malgache » dont les initiateurs sont issus de la bourgeoisie protestante originaire de Tananarive, avec l'appui de deux sociétés secrètes nées pendant la guerre, le « parti nationaliste malgache » et le « Jiny » — nom d'un oiseau nocturne qui symbolise la lutte clandestine : de ses rangs sortent les députés Joseph Raseta et Joseph Ravoahangy, élus facilement au deuxième tour de scrutin le 18 novembre 1945. Après l'accord franco-vietnamien du 6 mars, tous deux déposent une proposition de loi décalquée sur cet accord, comme en témoigne son article 2 : « Madagascar est un Etat libre ayant son gouvernement, son parlement, son armée, ses finances, au sein de l'Union française. » On peut croire qu'ainsi est annoncée la marche de Madagascar vers l'indépendance en même temps qu'esquissés les liens nouveaux entre l'île et la France : un an plus tard ce sera l'insurrection, l'affrontement, les massacres, l'emprisonnement des députés malgaches, le maintien du régime colonial pendant dix ans.

En cette année 1945-46, le débat sur le destin de l'Afrique française est donc engagé partout. La conférence de Brazzaville, malgré toutes ses contradictions mais en proposant que tous les territoires participent à l'élaboration des institutions nouvelles, a bel et bien permis qu'il s'ouvre. La vieille idée de l'assimilation de l'Afrique noire à la France et des Africains à la communauté des citoyens français, comme couronnement de la colonisation et consécration de l'Empire, exerce encore une indiscutable fascination et fera même l'objet d'une proposition de loi présentée par Lamine Gueye, votée en avril 1946 et qui serait entrée en vigueur si le projet de Constitution adopté par la première Assemblée constituante l'avait été par le référendum qui suivit. Mais, cependant, la plupart des responsables africains en sont maintenant à rechercher l'autonomie de leurs pays et songent à un système plus ou moins « fédéral » tel que de Gaulle l'avait esquissé dans ses déclarations de l'automne 1944 et qu'il précisera dans son discours de Bayeux, en juin 1946. Ce qui est acquis, en tout cas, en cette première année de l'après-guerre, c'est que partout s'expriment des revendications nouvelles, qu'elles s'appellent autonomie, fédération, citoyenneté ou même indépendance. Les chances d'une transformation pacifique de l'Empire, en tout cas, demeurent entières.

En Afrique noire, il est vrai, on pouvait encore prendre quelque temps pour ménager les transitions et les étapes. En Afrique du Nord, beaucoup moins. Le nationalisme y avait accompli depuis novembre 1942 un formidable bond en avant. En Algérie, c'est Ferhat Abbas, d'abord, qui avait pris les premières initiatives[79]. D'abord en prenant contact avec Robert Murphy, représentant de Roosevelt, dont il crut avoir obtenu de discrets encouragements. Puis, le 10 février 1943, en lançant le *Manifeste du peuple algérien* qui réclamait un Etat autonome fédéré à la France. Enfin, en négociant avec les représentants de Messali Hadj qui dirigeait l'organisation clandestine du PPA. Il les reçut en avril 1943 et leur déclara : « J'ai des promesses des Américains. Nous allons former un gouvernement[80]. » Avec eux, il fonda les Amis du Manifeste et de la Liberté (AML), dont les statuts, déjà, portaient la marque du nationalisme rigoureux de Messali Hadj. Le 26 mai 1943, les élus musulmans des « Délégations financières » c'est-à-dire de l'Assemblée territoriale, sortirent, à leur tour, de leur réserve : ils rendirent publique une déclaration où ils réclamaient l'élection d'une Assemblée constituante par tous les habitants du pays, qui devrait instituer un Etat autonome. Le 10 juin enfin, Ferhat Abbas et les autres dirigeants des AML remettaient à de Gaulle un « Additif au Manifeste » demandant que soit institué, après la fin de la guerre, un « Etat algérien démocratique et libéral » où seraient garanties « la liberté et l'égalité... de tous [les] habitants sans distinction de race et de religion ».

C'en était assez pour éveiller l'inquiétude des autorités françaises. Le gouverneur général était alors le général Catroux. Son intelligence, sa lucidité, son caractère, le portaient à comprendre les changements qui s'annonçaient dans les profondeurs de l'Empire. Il vit la nécessité de réformes immédiates en Algérie : mais il était hors de question qu'en pleine guerre, alors que s'achevait à peine la campagne de Tunisie et que la libération de la France et l'élection de ses futurs dirigeants étaient encore lointaines, on acceptât si peu que ce soit la remise en cause de la souveraineté française sur l'Algérie. Il voulait donc que ces réformes aillent dans le sens de l'intégration à la France des musulmans algériens considérés comme les plus « évolués », comme l'avait envisagé le projet « Blum-Viollette » en 1936, jamais ratifié par le Parlement français. Faute de quoi, déclara Catroux à la conférence du 10 décembre 1943 consacrée aux affaires du Maghreb, on irait « à un conflit qui nous obligerait à donner ultérieurement à ce pays le statut de Dominion ou qui aboutirait à une situation analogue à celle du Liban [81] ». Autrement dit : à l'indépendance. Devant la montée des revendications nationalistes, un coup d'arrêt lui sembla donc nécessaire : il renonça à créer une section musulmane des Délégations financières et il mit en résidence surveillée, pour six semaines, Abdelkader Sayah, l'un de ses membres les plus influents, ainsi que Ferhat Abbas.

Mais le Comité français de libération nationale — qui ne portait pas encore le titre de « gouvernement provisoire » — ne s'en tint pas là. Il décida, le 11 décembre 1943, de faire préparer d'importantes réformes à une commission composée de six Français non musulmans, membres de l'Assemblée consultative provisoire venus de métropole ou élus des municipalités et conseils généraux d'Algérie, et de six Français musulmans [82].

De Gaulle l'annonça solennellement à Constantine le 12 décembre, et le CFLN définit ainsi les principes dont on devrait s'inspirer : « La politique de la France à l'égard des Français musulmans d'Algérie doit tendre de façon continue et progressive à élever leurs conditions politiques et sociales au niveau de celles des Français non musulmans... [Il sera] nécessaire de conférer aux élites musulmanes, sans plus attendre et sans abandon du statut personnel coranique, la citoyenneté française, d'augmenter la représentation des musulmans dans les assemblées délibérantes algériennes et d'élargir le droit de suffrage des musulmans ; de faire accéder les musulmans à un plus grand nombre de postes administratifs ; de tracer et de réaliser un programme complet d'ascension sociale et de progrès économique au profit de l'ensemble des populations françaises musulmanes, d'évaluer et de procurer parallèlement les ressources financières nécessaires à l'accomplissement de ce programme et d'en fixer les délais d'exécution. » Il s'agissait donc, là comme ailleurs, de ne pas anticiper ce que les futures institutions issues du suffrage universel décideraient pour l'Algérie mais aussi de ne pas attendre sans rien faire.

La Commission siégea du 21 décembre 1943 au 8 juillet 1944 et sa sous-commission chargée des Affaires politiques, présidée par Paul Giacobbi, entendit les personnalités marquantes du nationalisme algérien, y compris Ferhat Abbas, le cheikh Ibrahimi, chef de file des oulémas, et Messali Hadj [83]. Elle proposa, dans son rapport, d'accorder la citoyenneté française à tous les Algériens musulmans, sans qu'ils aient à renoncer à leur statut personnel, leur garantissant ainsi l'égalité des droits dans tous les domaines, y compris pour l'accès aux fonctions publiques. Mais elle demandait en même temps un aménagement particulier pour l'exercice des droits politiques : plusieurs catégories de musulmans, représentant de 80 000 à 90 000 personnes, seraient ajoutées aux électeurs européens pour constituer un même collège, et tous les autres musulmans formeraient un deuxième collège élisant autant de députés que le premier. De même, les Européens d'Alger auraient les trois cinquièmes des sièges dans les assemblées locales.

Le CFLN en discuta dans sa dernière réunion de février 1944, puis, en comité restreint, les 3 et 5 mars. Catroux défendit avec vigueur le projet de la sous-commission, avertissant que son rejet conduirait les Algériens musulmans à un nationalisme de plus en plus intransigeant, que retarder les réformes n'aboutirait qu'à des exigences de plus en plus grandes et que les refuser impliquerait une répression sévère nécessitant d'importants moyens militaires[84]. Ses arguments étaient très forts et son plaidoyer fut remarquable. Mais il était clair qu'il proposait, au fond, l'assimilation des Algériens ou, en tout cas, l'intégration de l'Algérie dans la France. Les dispositions sur les droits politiques des musulmans ne seraient, inévitablement, que transitoires et, du reste, Catroux fit expressément référence à l'édit de Caracalla qui donna la citoyenneté de Rome à tous les habitants de l'Empire romain, et dont il communiqua le texte — en latin — à tous les membres du CFLN[85]. Mais, comme il fallait s'y attendre, beaucoup de ceux-ci reculèrent devant un choix qui engageait aussi fortement l'avenir de l'Algérie et préjugeait des décisions des futures institutions de la République. René Pleven exprima à sa manière leurs réticences presque instinctives devant les conséquences logiques de l'assimilation : « Il va s'agir pour le peuple français de cohabiter avec huit millions de citoyens musulmans [...]. Dès lors, la France, après avoir été le vieux foyer occidental, disons même chrétien, que l'on connaît et que l'on aime, ne deviendrait-elle pas une nation mixte [...] ? Pense-t-on que cette nouvelle nation française christiano-musulmane [...] aura les mêmes instincts politiques, la même résistance, la même volonté que la précédente [...][86] ? »

Il est significatif que ce soit exactement la même objection qu'ait formulée Ferhat Abbas, quand il fut consulté : « L'autonomie politique, qui doit être substituée au vieux système colonial, brutal et inhumain, doit être la base de la rénovation de la France et de l'Algérie. En limitant les revendications de notre peuple aux libertés locales et à la reconnaissance d'une nationalité algérienne, elle met la France à l'abri d'une invasion de citoyens coloniaux plus ou moins qualifiés pour gérer le patrimoine français[87]. »

Il est révélateur aussi que de Gaulle ait réagi négativement à l'évocation de l'édit de Caracalla[88] : croyant avant tout en la primauté des réalités nationales, il ne pouvait que douter de l'assimilation à la nation française d'un peuple qui en était si évidemment différent, et il est permis de voir là le signe prémonitoire de la politique qu'il mènera après son retour au pouvoir, en 1958. Dans l'immédiat, il fit donc adopter des mesures partielles. L'ordonnance du 7 mars 1944 attribuait la pleine citoyenneté française, y compris le droit de vote, à seize catégories de Français musulmans telles que les diplômés, les anciens officiers, sans qu'ils perdent leur statut personnel : ils étaient au nombre d'environ 70 000. Elle affirmait aussi que « les autres Français musulmans sont appelés à recevoir la citoyenneté française », mais laissait à la future Assemblée constituante le soin d'en fixer les conditions. En même temps, elle prescrivait que tous « jouissent de tous les droits et [soient] soumis à tous les devoirs des Français non musulmans » et que « tous les emplois civils et militaires leur soient accessibles ».

Catroux avait essayé, en vain, de faire attribuer la citoyenneté française aux anciens combattants musulmans, ce qui aurait concerné quelque 58 000 Algériens de plus. Dès avant que l'ordonnance du 7 mars soit promulguée, il en avait déploré la prudence à son avis excessive, dans une note confidentielle du 22 février, prévoyant que les musulmans devenus citoyens accepteraient mal « ce régime privilégié qui les isolera de la masse » et que celle-ci en concevra d' « amères rancœurs [89] ». Le gouvernement provisoire devait, en fin de compte, lui donner raison. L'ordonnance du 17 août 1945 accorda aux musulmans algériens du deuxième collège — ceux qui n'avaient pas la pleine citoyenneté. française — un nombre de députés à l'Assemblée constituante égal à celui du premier collège, comme l'avait proposé le projet de réforme défendu par Catroux l'année précédente.

En tout cas, les réformes adoptées le 7 mars 1944 s'inspiraient bien de l'idée d'intégration ou même d'assimilation, comme le montraient les articles proclamant l'égalité des droits et des devoirs entre tous, musulmans ou non, qu'ils conservent leur statut personnel coranique ou se rangent au droit commun, et il n'était pas surprenant que le général Catroux ait proclamé publiquement, dans son rapport du 4 avril 1944 au CFLN, que le sens des réformes était bel et bien de préparer l'assimilation des Algériens à la République française : « Le but de la France, déclarait-il, est en effet d'assimiler effectivement les indigènes, d'en faire des Français par l'esprit, c'est-à-dire par une forme appropriée d'enseignement public, et des Français par le nivellement social et économique [90]. » Mais de Gaulle n'avait rien dit de tel : on pouvait déjà pressentir qu'il ne voudrait pas s'engager dans cette voie. Ce qu'il avait voulu, c'était associer les Algériens à l'élaboration des futures institutions françaises : les chances d'un changement politique, pacifiquement réalisé, étaient ainsi préservées.

Dans la communauté européenne, les réactions furent, en majorité, négatives [91]. Les rapports des préfets et des Renseignements généraux en témoignent. Le professeur de droit P.E. Viard, qui sera député sous la IVe République et qui était alors favorable à de Gaulle et hostile aux séquelles du régime de Vichy, critiqua vivement l'ordonnance du 7 mars, et un sénateur et ancien ministre, Mallarmé, la condamna en termes si violents qu'on le mit quelque temps en résidence surveillée. « En milieu européen, le nouveau statut des musulmans a été accueilli avec froideur et même avec regret par la majeure partie de la population », note le 2e bureau de l'état-major de la division de Constantine, le 14 mars. Certains ont même été jusqu'à dire : « Il ne nous reste plus qu'à faire nos bagages... » Et le 3 juin : « On constate dans certains milieux politiques et intellectuels européens de Constantine un sentiment de profond pessimisme sur l'avenir de l'Algérie : "C'en est fini, les récentes mesures adoptées par le CFLN et le général Catroux ont 'tué' l'Algérie... Proclamer l'égalité entre Français et indigènes c'est proclamer la 'mise en état d'infériorité des Français' en raison de la loi du nombre... La faiblesse du gouvernement à l'égard des leaders du mouvement autonomiste ne se comprend pas. Elle ne peut être qu'imposée par les Alliés... On vient encore de nommer à la délégation spéciale de Sétif, Ferhat Abbas et ses principaux collaborateurs... Ce qui ne peut manquer de décourager les quelques indigènes restés partisans de la politique d'assimilation... Le mouvement est 'lancé', il se poursuivra jusqu'à ce que les Arabes puissent enfin réaliser leur désir de toujours, 'nous jeter à la mer'... Car ils nous haïssent."

« A rapporter à ce sujet, les toutes récentes déclarations d'un intellectuel indigène à un Français : "Les sentiments d'animosité des indigènes à l'égard des Français vont actuellement croissant. Si un plébiscite avait lieu, les Français n'auraient que 2 % des voix en leur faveur." »

Du côté opposé, la réaction des mouvements nationalistes était prévisible[92]. Elle fut immédiate. Bourgeois libéraux, anciens tenants de l'assimilation, oulémas et hiérarchie religieuse, partisans de Ferhat Abbas et adhérents au *Manifeste* se retrouvent aux côtés des messalistes du PPA clandestin : tous refusent de souscrire aux réformes du 7 mars, même si quelques-uns tiennent à saluer l'initiative prise par de Gaulle, alors que la IIIe République n'avait pas été capable de faire approuver le projet Blum-Viollette, pourtant beaucoup plus timide. Non qu'ils ne voient quel instrument ces réformes pouvaient être dans leur lutte pour l'indépendance : mais c'est leur signification qu'ils récusent, et la voie qu'elle leur suggère d'emprunter — celle d'une incorporation plus marquée à la République française.

Cette unanimité des mouvements politiques algériens traduit la vigueur de l'élan nationaliste. Celui-ci n'est nullement ignoré des autorités françaises, très bien informées par les 2es bureaux des états-majors et par les Renseignements généraux. Ils observent, en particulier, l'essor du nationalisme le plus intransigeant : celui du PPA. Né dans l'émigration algérienne en France, il portait jusqu'à présent la marque des émigrés eux-mêmes, ouvriers de l'industrie pour la plupart, durablement influencés par l'exemple de leurs camarades communistes et par les traditions du mouvement ouvrier français. Il n'en sera plus de même désormais. Les nouveaux cadres du PPA clandestin viennent des profondeurs du peuple algérien et, pour la plupart, n'ont jamais quitté l'Algérie. Avant tout, ils s'enracinent dans les masses algériennes, vivent de leur contact et de leur soutien : bien plus que leurs prédécesseurs, ils s'imprègnent de leur esprit, de leurs traditions, de leur genre de vie. Faute de débats politiques ouverts et de libres discussions, ils s'en remettent instinctivement, et par nécessité, aux décisions des dirigeants. C'est à cette date, en réalité, que le nationalisme algérien revêt les traits distinctifs qui apparaîtront, quand la voie des réformes et de la légalité lui aura été fermée : l'autorité des chefs et surtout son caractère plébéien, qui le différencie pour toujours des nationalismes « bourgeois » qui l'emporteront presque partout ailleurs.

En cette fin d'hiver 1944-45, c'est l'histoire nationale qui inspire dirigeants et militants clandestins : un mythe prend corps parmi eux, qui dérive de l'exemple de l'insurrection manquée et si durement réprimée de 1871. La révolte du bachaga Mokrani avait alors échoué, dit-on, parce qu'elle n'avait éclaté qu'après la fin de la guerre entre la France et la Prusse. C'est donc avant la fin du conflit qu'il faut agir, cette fois, avant que la France ne soit victorieuse, ne puisse regrouper ses forces et disposer librement de ses armées. La forme que doit prendre l'action n'est pas encore fixée, mais on s'y prépare. En février, des représentants du PPA, des AML et des oulémas tiennent une première réunion : ils envisagent de réunir par surprise un congrès national qui proclamerait solennellement l'indépendance de l'Algérie.

Puis, en mars, une nouvelle étape est franchie : au congrès que tiennent les Amis du Manifeste et de la Liberté, les militants du PPA — qui dès l'origine ont eu pour tactique d'y adhérer en masse — prennent les leviers de commande. Plus question d'une Algérie autonome fédérée à la France : ce doit être un Etat indépendant, lié à ses voisins du Maghreb. A la majorité de ses participants, le congrès qualifie Messali de « leader incontestable du peuple algérien ». Au début d'avril, Hocine Asselah et Lamine Debaghine communiquent à Messali, en résidence surveillée à Challala, un plan d'évasion : il doit se rendre dans une ferme de la région de Sétif, ville où sera proclamée l'indépendance algérienne. Mais, dans la nuit du 19, il ne trouve personne au lieu du rendez-vous. Les autorités françaises prévenues, le transfèrent aussitôt à El Goléa et, trois jours plus tard, à Brazzaville [93]. Du coup, l'anxiété grandit, parmi les autres mouvements nationalistes et Ferhat Abbas réussit à convaincre le bureau des AML de lancer un appel condamnant toute action illégale et prématurée [94].

Mais la victoire alliée approche et le sentiment général est qu'il est urgent d'agir au plus tard quand l'armistice viendra et sera l'occasion de fêtes, rassemblements et défilés. On profitera alors de la liesse populaire et des cortèges pour brandir le drapeau national, étaler des banderoles réclamant l'indépendance du pays et la libération des militants emprisonnés, chanter l'hymne algérien. Certains, déjà, veulent aller plus loin : slogans et calicots ne suffiront pas à émanciper l'Algérie, ni même à lui valoir le soutien de la communauté internationale. Il faut donc en venir à l'action directe, c'est-à-dire, en fait, à la révolte armée. C'est l'avis de Lamine Debaghine, non celui d'Omar Oussedik ou de Hadj Cherchalli, par exemple[95]. Mais dans l'incertitude où l'on est des décisions que prendra la direction du PPA, les militants n'attendent pas : depuis plusieurs mois ils récupèrent discrètement des armes recueillies sur les champs de bataille de Tunisie, s'en procurent dans le Sud ou en dérobent dans les casernements de l'armée ; certains les distribuent autour d'eux, en particulier, dans les douars de l'Est constantinois.

Partout en Algérie, la gendarmerie en est informée[96]. Ce dont le mouvement nationaliste croit discuter en secret est suivi, jour après jour, par les autorités françaises. Plus tard, on en déduira parfois que, prévenues de l'agitation qui allait se produire, elles ont laissé faire pour mieux la réprimer et que les milieux européens les plus conservateurs y avaient vu l'occasion de renverser la politique de réformes inaugurée par l'ordonnance du 7 mars 1944[97]. On cite, à cet égard, les propos tenus le 20 avril par le préfet de Constantine, Lestrade-Carbonnel, au Dr Saadane, conseiller général : « Il y aura des troubles, et un grand parti sera dissous » — faisant évidemment allusion aux Amis du Manifeste et de la Liberté. L'un des représentants les plus influents du colonat, Gabriel Abbo, aurait aussi annoncé : « Il y aura des événements, et le gouvernement sera obligé de revenir sur l'ordonnance du 7 mars. » Et l'on peut y ajouter le témoignage d'Albert-Paul Lentin, originaire de Constantine, fils d'un grand arabisant, journaliste progressiste et historien attentif des événements d'Algérie, à qui Yves Châtaigneau, qui était alors gouverneur général et avait la réputation d'un libéral, a confié au cours d'un entretien au début de mai : « On est venu me dire : les extrémistes des AML sont en train de s'armer. Il faut les inciter à passer à l'action, ici ou là, de manière à les démasquer, les réprimer et à créer en Algérie un climat qui obligera, à Paris, le ministère de l'Intérieur à interdire ce mouvement séditieux. J'ai pu m'opposer à cette volonté de provocation à l'échelon national de l'Algérie, mais non, hélas, à l'échelon local. » Rien pourtant ne permet de conclure que les événements de mai furent le résultat d'un complot contrôlé par les partisans les plus extrêmes de la colonisation, ni d'un piège préparé d'avance par eux. Ils n'auraient pu agir, du reste, que par l'intermédiaire des informateurs ou des agents doubles, dont les autorités, et surtout l'armée, disposaient au sein des mouvements nationalistes. Or rien, ni dans les archives, ni dans les documents les mieux protégés, ni dans les témoignages personnels, ne permet de croire que les responsables militaires aient pu recourir à une aussi dangereuse provocation, ni qu'on les y ait incités. Au contraire, ils étaient très inquiets des indications qu'ils avaient eu de prochains troubles, d'autant plus que leurs moyens étaient alors très faibles : sur les 110 000 hommes alors présents en Algérie, répartis sur tout le territoire, ils estimaient à 40 000 seulement ceux qui pourraient efficacement être engagés pour des opérations de « maintien de l'ordre [98] ».

Car, à cette date, les responsables français, civils et militaires, ne se font aucune illusion sur l'enracinement du nationalisme algérien, ni sur la tension grandissante sur tout le territoire. Entre le 1er mars et le 3 avril, par exemple, il ne se passe pas de jour sans qu'un incident grave soit signalé. Le climat s'alourdit au point que le général Henry Martin, qui commande la Xe région militaire, c'est-à-dire les forces françaises en Algérie, renonce à se rendre à Paris comme il en avait l'intention, car, écrit-il, « la situation est préoccupante en Tunisie et dans certaines parties de l'Algérie ». Il n'ignore pas l'afflux d'adhésions aux AML ni leur infiltration par le PPA clandestin, ni même que celui-ci rêve d'agir avant que la guerre ne s'achève et que la France ne regroupe ses forces en Algérie, puisqu'au milieu d'avril, dans son rapport périodique au gouvernement, il écrit : « A Sétif de diverses sources, il est et demeure établi que le PPA est en train d'organiser l'insurrection générale [99]. »

Le PPA, en tout cas, a décidé de faire de la célébration du 1er mai, l'occasion d'une première manifestation des foules algériennes, sans qu'il y ait encore aucun mot d'ordre d'insurrection. Mais le climat est déjà si tendu que des affrontements sanglants se produisent. A Alger, en fin d'après-midi, 20 000 manifestants environ arpentent la rue d'Isly. Malgré les interdits officiels, ils scandent des slogans nationalistes et brandissent un drapeau algérien. Devant l'hôtel de la Xe région militaire, des soldats tirent : il y aura onze morts. On ouvre le feu aussi à Oran, Bougie et Guelma. C'est alors, dans toute l'Algérie, une brusque mobilisation de la communauté musulmane et un flux d'adhésions au PPA, surtout dans le Constantinois, la Kabylie et l'Oranais : il n'y aura toujours pas de directive claire d'insurrection générale le 8 mai, mais le mot d'ordre en est inscrit dans les cœurs et dans les esprits [100].

Ce jour-là, Sétif, comme toutes les autres villes de France et d'Algérie, s'apprête à fêter la victoire. L'inspecteur de la Sûreté, Olivieri, sachant qu'une manifestation musulmane aura lieu, applique les instructions de la préfecture : il demande aux organisateurs que le cortège ne comporte ni banderoles portant des slogans nationalistes, ni drapeaux algériens. Mais quand le défilé commence, vers 10 heures rue Georges-Clemenceau, de nombreux manifestants portent des pancartes où l'on peut lire : *Vive la victoire des Nations unies ! A bas l'impérialisme ! Indépendance ! Libérez Messali !* Les scouts musulmans sont en tête. L'un d'eux, Soual Rouzid, tient le drapeau algérien, mêlé aux drapeaux alliés. La foule reprend inlassablement le mot d'ordre : *Istiqlal ! Istiqlal !* Indépendance, Indépendance... A la hauteur du *Café de France*, Olivieri s'avance pour exiger le retrait des calicots et drapeaux interdits : suivant une version des événements le premier tir serait parti des rangs de la police sur les manifestants qui refusaient de se laisser arracher leurs emblèmes ; suivant une autre, Olivieri — peut-être menacé par un revolver — aurait tiré en l'air et des coups de feu auraient alors été tirés de partout ; suivant une autre encore, une rafale de pistolet-mitrailleur aurait été tirée en l'air pour dégager Olivieri, à laquelle des coups de feu, venant des manifestants, auraient aussitôt répondu. Quoi qu'il en soit, les tirs ne s'arrêtent pas, et de la foule en débandade se détachent des groupes armés de couteaux et de broches qui se précipitent sur les Européens et leurs demeures. C'est alors que le maire socialiste Deluca est abattu et que le secrétaire de la section communiste, Albert Denier, inspecteur des PTT, frappé à coups de couteau, a les deux mains tranchées : jamais cependant il ne voudra accuser les manifestants algériens et il dénonce les anciens partisans de Vichy dont il a suscité la haine en brûlant, la veille, une effigie de Pétain... Il y a ce jour-là à Sétif, du côté français, 27 morts et des dizaines de blessés, dont beaucoup affreusement mutilés : le nombre des victimes musulmanes n'est pas connu [101].

Ce même jour, les émeutes gagnent tout l'est du Constantinois. Nul doute que des émissaires soient alors partis de Sétif pour appeler à la révolte. Dans bien des localités, elle a déjà commencé. Guelma en sera le centre principal dans le nord-est du Constantinois. D'abord, la foule musulmane participe au cortège en l'honneur de la victoire ; elle entame des chants nationalistes. A la cérémonie devant le monument aux morts, elle a disparu : même les anciens combattants ou officiers de réserve algériens ne sont plus là. Les officiels regagnent l'hôtel de ville et la sous-préfecture et se heurtent alors aux manifestants surgis des quartiers musulmans, qui brandissent des pancartes où l'on peut lire : *A bas l'impérialisme ! Libérez Messali ! Vive l'Algérie indépendante !* On essaie de discuter, de parlementer, la foule déborde le service d'ordre qui tire — d'abord en l'air, suivant les comptes rendus administratifs — puis riposte sur les manifestants, d'où partent des coups de feu. L'affrontement est brutal mais très bref. Le sous-préfet, de retour dans son bureau, décrète un couvre-feu, fait fermer les établissements publics et occuper les carrefours par l'armée et ordonne l'arrestation de plusieurs dizaines d'hommes fichés comme militants nationalistes [102].

Le lendemain, 9 mai, à 11 heures, après un nouvel affrontement entre gendarmes et nationalistes, il reçoit le président des anciens combattants, le président de l'association de la « France combattante », le secrétaire de l'union locale des syndicats, le commandant de la garnison et le commissaire de police ; il décide avec eux de créer sur-le-champ une milice, recrutée dans la population européenne et qui aidera dans leurs tâches la police et l'armée dont les effectifs sont trop faibles : une décision qui aura de lourdes conséquences pour la répression qui va répondre aux émeutes. Le sous-préfet, c'est André Achiary, dont le nom restera associé aux événements de mai 1945 en Algérie et qui, par sa vie et son action, a symbolisé les contradictions et les tragédies de ce moment crucial de l'histoire de l'Empire. Il fut de ces fonctionnaires républicains qui n'acceptaient pas le régime de Vichy et chercha sans cesse le contact avec les groupes civils ou militaires décidés à préparer le ralliement de l'Afrique du Nord au camp allié. Il n'en remplit pas moins ses fonctions de commissaire de police, et parfois rudement, comme lors de l'arrestation et de l'interrogatoire d'une jeune militante communiste, Gilberte Chemouilli — du moins suivant le témoignage de ses adversaires [103]. Mais on a vu le rôle actif et important qu'il joua dans les préparatifs clandestins du débarquement du 8 novembre 1942, et par la suite il mit son influence et ses moyens d'action au service d'un ralliement définitif à la France libre. Ce comportement sans équivoque lui valut d'être intégré dans le corps préfectoral et nommé sous-préfet de Guelma. Achiary était de ces hommes et de cette génération qui ne séparaient pas la lutte contre l'Allemagne nazie du maintien sans faille de la souveraineté française en Algérie, et qui croyaient profondément, en combattant l'ennemi, défendre à la fois la France et l'intégrité de son Empire.

C'est à 9 h 45, le 8 mai, que le général Duval, commandant la division de Constantine, apprend, par la subdivision de Sétif, que des émeutes sont en cours. Leur ampleur lui est confirmée par des messages venant de toute la région. Il ne dispose alors que de moins de 9 000 hommes : c'est ce qui explique la réaction des responsables civils et militaires — sans justifier aucunement les terribles excès de la répression : les unités furent engagées à fond, avec ordre d'employer tout leur armement sans hésitation et sans discrimination ; on fit appel à l'aviation, commandée par le général Weiss qui effectua vingt missions de bombardements ou de mitraillage sur la zone insurgée, réparties sur quinze jours, et aux bateaux de l'amiral Ronarc'h qui a employé ses canons ; on constitua enfin des milices recrutées dans la population européenne.

Comme un feu de brousse, les émeutes ont gagné, de village en village, toute la région de Sétif et de Guelma, jusqu'à proximité de la frontière tunisienne. Leur soudaineté et leur violence ont, sans aucun doute, provoqué un choc chez les fonctionnaires et les militaires, mis brusquement en face des responsabilités à prendre ; en s'amplifiant, rumeurs incontrôlables et informations exactes donnaient l'impression d'une insurrection générale des musulmans et d'un massacre généralisé des Européens. Historien communiste de grande lucidité et sympathique aux nationalistes algériens, Henri Alleg écrit : « C'est une révolte de paysans, farouche et cruelle. Fermes brûlées, colons et leurs familles abattus, souvent à coups de haches, de faucilles et de pioches ». Périgotville, Chevreul, Les Amouchas, sont occupés par les groupes armés. Un commissaire de police, quatre soldats, deux agents des PTT, onze civils européens sont tués. A Saint-Arnaud, Oued Zenati, Lafayette, Kerrata, fermes et maisons européennes sont attaquées. Près de Guelma, les quatorze occupants de la « ferme des Maltais » sont massacrés. Au soir du 9 mai, le préfet de Constantine dressa le bilan — approximatif — des victimes européennes : 103 morts et 110 blessés [104].

Les événements du Constantinois mobilisèrent immédiatement les dirigeants du PPA clandestin. Leurs discussions et leurs décisions suggèrent, en tout cas, qu'ils furent pris au dépourvu et n'avaient pas enrayé auparavant l'extension d'une révolte qu'ils n'avaient pas eux-mêmes ordonnée clairement, ni inscrite dans une stratégie décidée à l'avance [105]. Les responsables de la région leur demandèrent, en effet, de lancer le mot d'ordre d'insurrection générale : puisqu'elle avait commencé, à tort ou à raison, il fallait qu'elle se développe, et par-dessus tout, il fallait soulager la zone insurgée du poids exclusif de la répression. Les dirigeants — qui sont en majorité les responsables de l'Algérois — se réunirent à Alger dans une arrière-salle du cercle du Mouloudia, le 16 — ou le 17 — mai, à la suite de contacts difficiles et de longs échanges de vues. Ils décidèrent, comme on le leur demandait, de passer à l'action dans la nuit du 22 au 23 mai : l'argument qui prévalut, en réalité, n'était autre que le désir de « secourir ceux qui se battaient là-bas ». Les responsables d'Oran, quand ils reçurent l'ordre d'agir, en discutèrent trois jours, et bien qu'ayant la certitude d'aller à un échec, décidèrent d'appliquer les directives reçues, avant d'annuler leurs ordres quand ils acquirent la conviction que les autorités françaises connaissaient tous leurs projets. Çà et là, à Cherchell, Dellys, Tigzirt, Saïda, où les contrordres ne parvinrent pas à temps, il y eut quelques sabotages et certains militants kabyles, passés à l'action, tinrent le maquis jusqu'à l'automne. Mais l'insurrection générale n'eut pas lieu.

La répression allait dépasser en ampleur et en violence l'insurrection et marquerait pour toujours cette époque de la présence française en Algérie. Un demi-siècle plus tard, pourtant, il n'est toujours pas possible d'établir avec certitude le bilan de la tragédie de mai 1945. Les documents publiés en 1990 par le service historique de l'armée de terre donnent au moins des chiffres précis, pour l'armée et la communauté européenne : 102 morts, dont 14 militaires, 110 blessés, dont 19 militaires, 10 femmes violées [106]. Mais du côté des Algériens musulmans ? Les chiffres avancés dans les diverses versions des événements de mai 1945 sont si éloignés les uns des autres qu'il n'est pas possible de les rapprocher et qu'il n'y aurait aucun sens à en faire une moyenne. Un premier rapport adressé à l'Etat-Major général de la Défense nationale, le 1er juin, fait état de « 1 200 à 1 500 [morts] relevant de l'autorité militaire », et s'inquiète d'un article du journal socialiste *Le Populaire*, citant, en réalité, un tract du quotidien communiste *L'Humanité*, qui parle de « 6 000 à 8 000 » victimes musulmanes, et demande qu'on en cherche la source. Les radios britannique et espagnole parlent de 3 000 morts européens et de 10 000 indigènes ; le premier chiffre était bien au-dessus de la réalité, le deuxième l'était-il aussi ? Un correspondant américain, invoquant des sources « semi-officielles » donne le chiffre de 10 000 victimes musulmanes : mais il était basé à Casablanca. Le délégué communiste à l'Assemblée consultative provisoire, Pierre Fayet, les évalue « entre 1 500 et 2 000 », chiffre inférieur à celui de l'autorité militaire elle-même, et un tract du PPA de juin 1945 à 35 000, porté plus tard à 45 000. Les documents publiés en 1990 sont relativement plus précis : ils fixent à 1 500 les morts « relevant de l'autorité civile » — un chiffre rond qui suggère une approximation — à 928 ceux relevant de l'armée et de la gendarmerie, à 200 — évidemment une approximation — les victimes de l'aviation, et à quelques-uns ceux des tirs de la marine. Au total, 2 628 tués recensés : près de 3 000 sans doute. A quoi il faut ajouter, suivant d'autres rapports, le nombre inconnu de morts dont les corps ont été dissimulés par leurs familles afin de ne pas s'attirer de représailles. Les présentateurs des documents militaires français font remarquer que cela représente « un pourcentage de pertes, sans compter les blessés, les disparus et les prisonniers déférés devant [les tribunaux], particulièrement élevé, se rapprochant plus des opérations de guerre en Europe que des guerres coloniales traditionnelles ». Ils mettent ce bilan en rapport avec celui, sensiblement plus faible, des victimes algériennes de la révolte de la Kabylie en 1871, 2 000, et de celles de l'insurrection de 1917, entre 200 et 300, et ils font remarquer que ces 3 000 morts représentent 7,5 % du total des 45 000 insurgés des premiers jours du mois de mai 1945 [107].

A qui faut-il attribuer l'ampleur de la répression ? Le fait est qu'aucune directive ni aucune instruction précise ne sont venues de Paris. Sur les quelque cent réunions du Comité de défense nationale au cours de l'année 1945, présidées par de Gaulle, on ne relève aucune évocation des événements d'Algérie, et de Gaulle lui-même n'en fait pas mention. Pas plus qu'on ne relève d'ordre émanant du ministre de l'Intérieur, responsable de l'Algérie, Adrien Tixier, ni du ministre de la Guerre, André Diethelm, ni du ministre de l'Air, Charles Tillon, ni du ministre de la Marine, Louis Jacquinot. Pas davantage du gouverneur général, Yves Châtaigneau. Il paraît incontestable que tout a dépendu des autorités sur place. Les décisions ayant été improvisées et appliquées en toute hâte, c'est beaucoup moins le général Henry Martin, commandant des troupes d'Algérie, qui en est responsable que le général Duval, qui a fait appel à l'aviation et à la marine et, du côté civil, le sous-préfet de Guelma, Achiary. Les chiffres les plus vérifiables le prouvent : le plus grand nombre des victimes ont relevé des « autorités civiles » ; les documents montrent, de surcroît, que les chefs militaires, les généraux Martin et Duval, ont donné à leurs troupes, dès le 17 mai, des consignes explicites de modération — qu'elles les aient suivies ou non — et même le 20 mai, de « prendre contact avec les dissidents pour éviter au maximum les effusions de sang[108] ». Aucun doute, en fin de compte ne peut subsister : ce sont les milices recrutées en hâte dans la population européenne, plus ou moins adjointes à des forces de police alors très peu nombreuses, qui furent à l'origine de la plupart des massacres, exécutions sommaires ou condamnations à mort par des tribunaux improvisés et illégaux — dont les documents montrent que les Algériens, sachant leur vie en jeu, les redoutèrent par-dessus tout, cherchant même désespérément à se faire juger par des tribunaux réguliers. Le sous-préfet Achiary a recruté ces milices et les a lancées contre les insurgés et, inévitablement, contre la population musulmane, et, après les jours les plus durs, se plaignait, par exemple dans un rapport du 3 juillet, d'un excès d'indulgence des autorités. Les considérables services qu'il avait rendus à la Résistance et au débarquement allié lui donnèrent sans doute une très grande liberté d'action : mais, tous comptes faits, sa responsabilité dans la répression apparaît, de beaucoup, la plus lourde.

Les événements du 8 mai n'allaient pas rester sans suites. On procéda à plusieurs milliers d'arrestations. Il y eut 1640 condamnations, dont 166 condamnations à mort dont 119 furent commuées. Ferhat Abbas, parce qu'il anime les Amis du Manifeste et de la Liberté, où le PPA. clandestin a fait entrer tous ses militants, et sans doute aussi parce qu'il est la plus importante personnalité politique du Sétifois, est arrêté, ainsi que cheikh Ibrahimi, dans l'antichambre du gouverneur général Chataigneau qu'il était venu féliciter pour la victoire des Alliés. Quelques-uns de ceux qui seront au premier rang de l'insurrection de la Toussaint 1954 subissent alors leurs premières épreuves ou font leurs premiers choix. Mohamed Khider, qui comptera parmi les fondateurs du FLN, Ahmed Bougara qui sera colonel de l'ALN, Larbi ben M'Hidi qui dirigera la willaya d'Alger, Ben Youssef ben Khedda qui présidera le second « gouvernement provisoire de la République algérienne », étaient tous militants du PPA : ils sont arrêtés. Le sergent Amar Ouamrane, en garnison à Cherchell, est soupçonné d'avoir préparé la prise de la caserne, il est arrêté et sera plus tard l'un des dirigeants du FLN. L'adjudant Ahmed ben Bella et le caporal Krim Belkacem en seront deux des premiers chefs : l'un, décoré de la médaille militaire et de la croix de guerre avec quatre citations, est alors démobilisé et vient diriger à Marnia, où il est né, la section locale du PPA ; l'autre devient l'un des militants les plus actifs de la Kabylie. A Guelma, épicentre de la révolte et de la répression, Houari ben Kharouba n'a que treize ans ; mais il dira vingt ans plus tard, en évoquant le 8 mai 1945 : « Ce jour-là j'ai vieilli prématurément. L'adolescent que j'étais est devenu un homme. » Il deviendra, sous le nom de Houari Boumediene, le second président de la République algérienne[109].

En France, pourtant, aucun écho ne vint des événements d'Algérie.

Six lignes, en deuxième page, y furent consacrées dans *Le Monde.* Trois jours plus tard, *Le Figaro* y faisait allusion, en insistant sur la misère et la pénurie de vivres qui auraient expliqué des événements dont on ne disait rien. La presse algérienne est à peine plus prolixe. Le 10 mai, un communiqué du gouvernement général est publié en première page de tous les quotidiens : « Des éléments troubles d'inspiration et de méthodes hitlériennes se sont livrés à des agressions à main armée sur les populations qui fêtaient la victoire dans la ville de Sétif et aux environs. » Le 11 mai, ils reproduisent un nouveau communiqué : « Le gouverneur général s'est rendu à Sétif pour assister aux obsèques des victimes de cette ville, à l'issue desquelles il déclare : "Toutes les dispositions sont prises pour que les terroristes hitlériens soient impitoyablement châtiés et l'ordre définitivement rétabli..." » Le 12 mai, on fait état d'un télégramme que de Gaulle a adressé au gouverneur général Châtaigneau, qui salue les familles des victimes, garantit le maintien de la souveraineté française et affirme que « la France garde sa confiance en la masse des Français musulmans d'Algérie ». Les 13 et 14 mai, un premier reportage est publié sur les événements du Constantinois, dû à un rédacteur de l'Agence France-Presse, et le 16 mai, devant les Délégations financières, Châtaigneau prévient : « Les coupables seront poursuivis et jugés selon les lois de la République. L'ordre est maintenant rétabli, j'ai tout lieu de croire qu'il ne sera pas troublé. »

Le pays tout entier fêtait la victoire, l'écrasement du nazisme, la paix retrouvée, la libération des camps de déportation et se jetait déjà dans les compétitions électorales municipales et cantonales, les controverses constitutionnelles, les débats sur l'épuration, les discussions sur l'affaire du Levant et le sort de l'Allemagne... Dans ses préoccupations, l'Algérie ne tenait aucune place : la tragédie qui allait être la dernière étape de l'histoire tourmentée de l'Empire, commençait sans qu'il y prît garde, sans qu'il le sût.

Après les événements du Sétifois, la commission d'enquête constituée par le gouverneur général Châtaigneau, va constater à son tour l'enracinement du nationalisme dans la population et insistera pour que la politique française en mesure l'importance et en tire les conséquences. Elle a été formée dès le 18 mai, et la présidence en a été confiée au général de gendarmerie Tubert, membre de l'Assemblée consultative provisoire et qui sera maire d'Alger sous l'étiquette de « progressiste ». Il est assisté de l'avocat général à la cour d'Alger Labatut et du cadi de Tlemcen, Takli Chaih Ould Benaouda. Mais le 26 mai à 19 heures, alors que la commission est à Constantine, il est brusquement mis fin à ses activités, et elle doit regagner Alger sur-le-champ. Le général n'en remet pas moins un rapport qui parut si alarmant et si sévère que sa diffusion fut étroitement limitée, au point qu'il n'en subsiste plus aujourd'hui, semble-t-il, que deux exemplaires [110]. Il montrait clairement le dramatique approfondissement, au cours des mois précédents, d'un « fossé qui dressait comme deux masses hostiles les populations européennes et musulmanes » et faisait ressortir, sans ambages, l'imparable force d'attraction que constituait la conjugaison du PPA, des oulémas et des Amis du Manifeste et de la Liberté. Il insistait, en tout cas, sans réserve sur l'importance du rôle que jouait Ferhat Abbas, « seul homme politique ayant une influence réelle sur les musulmans » — ce qui était évidemment négliger l'ascendant de Messali Hadj sur les masses algériennes — et, tout aussi nettement, avertissait que « le heurter risquerait de faire plébisciter sur son nom, par les électeurs, un refus de tolérer plus longtemps la souveraineté française ».

Aucun doute ne subsistait donc chez les observateurs attentifs de l'Algérie sur la précarité du régime politique, économique et social qu'elle subissait jusque-là. Son changement semblait inéluctable : et, faute d'y consentir, de nouvelles crises seraient inévitables. Le général Duval ne pensait pas autrement quand il écrivait, en conclusion des événements de mai : « Si la France ne fait rien avant dix ans, tout recommencera en pire et probablement de façon irrémédiable. » Et le colonel Schmidt qui avait sous ses ordres dirigé les opérations dans le secteur de Guelma, adressait à la fin de juin 1945 au moment de quitter l'Algérie, un rapport à ses supérieurs où, tirant la leçon des événements de mai, il concluait que « pour sauver la présence française, il fallait créer une République franco-algérienne [111] ». De Gaulle lui-même n'avait pas la moindre illusion sur l'état réel de l'Algérie. Dès le 13 avril 1944, avant de regagner la France, il reçut à sa résidence de la villa des Glycines, le général Martin qu'il voulait nommer à la tête des troupes françaises du Maghreb et il lui dit alors sans détour ce que serait sa mission : « Il s'agit d'empêcher l'Afrique du Nord de glisser entre nos doigts pendant que nous délivrons la France. »

Les réformes décidées par le gouvernement provisoire d'Alger n'avaient pas empêché le drame du 8 mai 1945, la révolte du Constantinois et son impitoyable répression. Beaucoup crurent — et certains écrivirent par la suite — que l'irrémédiable était accompli et qu'en réalité la « guerre d'Algérie » avait commencé ce jour-là. Telle quelle, cette thèse ne peut pas être retenue. La suite prouva, cependant, que toute voie pacifique et légale vers l'émancipation de l'Algérie n'était pas bouchée.

Les élections qui eurent lieu en 1945 et 1946 montrent, au contraire, que les décisions prises par le gouvernement provisoire ne furent pas sans effet ni sans importance. Car elles donnaient l'occasion aux courants de l'opinion algérienne de s'exprimer et de mesurer leur audience, même si ce fut très inégalement suivant les cas. Si le premier collège, comprenant les Français et les musulmans algériens bénéficiaires de l'ordonnance du 7 mars 1944, comptait 513 000 inscrits pour l'élection de l'Assemblée constituante, le 21 octobre 1945, le second collège, constitué d'après l'ordonnance du 17 août, réunissait tous les autres musulmans de sexe masculin et majeurs, c'est-à-dire 1 345 130 électeurs.

A ce premier scrutin, le PPA ne pouvait présenter de candidats, non plus que l'association des Amis du Manifeste : les deux principaux mouvements nationalistes demeuraient interdits. Les suffrages du second collège n'étaient donc sollicités que par une liste socialiste, une liste communiste et par les candidats de la Fédération des élus du Dr Bendjelloul qui représentait le courant musulman favorable à l'assimilation complète de l'Algérie à la France. Les partisans de Messali Hadj et de Ferhat Abbas préconisaient le boycott des élections, mais 54,48 % des inscrits participèrent néanmoins au vote : tout concourt à montrer qu'il fut libre et beaucoup d'électeurs musulmans furent sans nul doute attirés par la nouveauté et la portée de ces premières élections. Les communistes recueillirent 19,30 % des suffrages exprimés, les socialistes 28,04 %, et la liste du Dr Bendjelloul près de 44 %. Les communistes obtenaient deux élus, les socialistes quatre et la Fédération des élus sept. On pouvait déjà présumer qu'outre les 46 % d'électeurs inscrits qui n'avaient pas voté pour se conformer aux directives des mouvements nationalistes, près de la moitié des autres, en votant pour la liste des élus algériens, manifestaient déjà le caractère propre de leurs votes, refusant de se reconnaître dans les partis politiques français et privilégiant les candidats musulmans.

En tout cas, l'Assemblée constituante écarta sans ambages le programme d'assimilation que le Dr Bendjelloul avait présenté bien qu'elle ait ensuite voté le projet de Constitution et une loi électorale prévoyant l'assimilation de l'ensemble des territoires de l'Union française à un système politique unique : mais ce projet fut repoussé par le référendum du 5 mai 1946 La voie restait donc ouverte à d'autres options, d'autant plus qu'une loi d'amnistie, instamment réclamée par le groupe communiste, allait rendre leur liberté d'action aux mouvements nationalistes.

Aussitôt. Ferhat Abbas publia, le 7 mai 1946, un appel en faveur d'une « Algérie nouvelle, librement fédérée à une France nouvelle », et quelques jours plus tard, fonda l'Union démocratique du manifeste algérien (UDMA). Aux élections du 2 juin, pour la seconde Assemblée constituante, le PPA maintint sa consigne d'abstention, et le Dr Bendjelloul et ses amis, découragés par l'échec de leur projet d'assimilation et débordés par la concurrence de Ferhat Abbas, renoncèrent à être candidats : ce qui explique que la participation électorale fût seulement de 48 % des inscrits du deuxième collège. Les communistes, cette fois, n'obtinrent plus que 8,2 % des suffrages, et les socialistes 13,4 % tandis que plus de 71 % se reportaient d'un seul coup sur l'UDMA qui obtenait onze sièges sur treize. A son tour, Ferhat Abbas tenta de convaincre les partis politiques français qu'il leur offrait la voie la plus pratique et la plus raisonnable en vue d'établir des rapports nouveaux entre l'Algérie et la France, et à son tour il y échoua. Le 10 novembre, et pour la troisième fois, les Algériens votèrent, et le scrutin, une fois de plus, fut libre. Messali Hadj revenu d'exil bien que privé de ses droits politiques et interdit de séjour à Alger, substitua au PPA le Mouvement pour le triomphe des libertés démocratiques (MTLD), avec pour programme la réunion d'une Assemblée constituante algérienne et le départ des troupes françaises. Le Parti communiste algérien, tirant les leçons de son échec de juin, proposa aux mouvements nationalistes de constituer avec lui un Front national algérien. Messali Hadj refusa et Ferhat Abbas, prenant acte de son échec, décida que l'UDMA ne présenterait aucun candidat. Au scrutin du 10 novembre, la participation électorale ne fut donc que de 39 %, mais le MTLD obtint un tiers des voix, avec cinq sièges sur quinze, et aux élections au Conseil de la République, qui suivirent aussitôt, l'UDMA prit quatre sièges sur sept dans le deuxième collège.

Ainsi les Algériens avaient-ils pu à plusieurs reprises s'exprimer librement et, à mesure que leurs moyens d'action étaient rendus aux mouvements nationalistes, ceux-ci avaient pris part aux scrutins et obtenu le soutien, parfois massif, des électeurs musulmans. Les réformes de 1944 et 1945 n'avaient donc pas été sans effet ni sans portée : au-delà des événements du 8 mai, elles avaient ouvert la voie à l'expression pacifique et légale des revendications nationales et permis que la question algérienne soit ouvertement posée devant les Assemblées françaises et l'opinion publique métropolitaine. Tant que la participation des Algériens autochtones aux élections put se faire sans contrainte, que les scrutins eurent lieu sans fraude généralisée, et que leurs résultats ne furent pas falsifiés, il demeura possible pour les mouvements nationalistes d'espérer que l'exercice de la démocratie pourrait un jour leur permettre d'obtenir, pour l'Algérie, le droit à l'indépendance.

Il incombait à la IVe République naissante et à ses gouvernements de conserver à l'Algérie cette liberté d'expression, de voir ce que les Algériens eux-mêmes en faisaient et ce qu'ils disaient ainsi à la France, et d'en tirer les conséquences. On sait qu'il n'en fut rien.

Au Maroc et en Tunisie où, sous le régime du protectorat, subsistaient, nominalement, des Etats, l'élan du nationalisme s'était heurté à de rudes coups d'arrêt. Le 14 mai 1943, six jours après l'entrée des Alliés à Tunis, le bey Moncef fut destitué. C'est Giraud, qui, d'Alger, en avait donné l'ordre, mais l'inspirateur en était Marcel Peyrouton qu'il venait de nommer au gouvernement général de l'Algérie. Ce dernier, ancien résident général de Tunisie, relevé de ses fonctions par le Front populaire, puis ministre de l'Intérieur à Vichy en 1940, où il fut l'auteur des premières lois antisémites, écouta les éléments les plus conservateurs de la communauté française vivant en Tunisie qui accusèrent le bey Moncef de collaboration avec l'Allemagne. L'accusation était fausse, car, pour demeurer en fonctions sous l'occupation germano-italienne, il avait proclamé la neutralité du pays, mais il avait formé un gouvernement où plusieurs tendances du nationalisme tunisien étaient représentées et il avait pris contact avec Habib Bourguiba, déjà chef de file des partisans de l'indépendance : on préféra donc l'écarter au profit d'un nouveau bey, Sidi Lamine [112].

Au Maroc, des militants nationalistes, ayant fondé le parti de l'Istiqlal en décembre 1943, remirent au sultan, Sidi Mohamed ben Yousef, le 11 janvier suivant, un manifeste réclamant l'indépendance du pays. De Gaulle était alors à Brazzaville. La situation stratégique du Maroc, à la charnière des théâtres d'opérations de Méditerranée et d'Europe, impliquait que, dans cette phase de la guerre, aucun trouble ne s'y produise, d'autant que le gouvernement d'Alger voulait éviter tout risque d'intervention américaine. Le ministre des Affaires étrangères, Pierre Massigli, avertit donc le sultan qu'on ne pouvait remettre en cause le traité de protectorat de 1912, tout en laissant entendre que des réformes importantes étaient possibles et en promettant même leur « prompte application [113] ». Loin de donner au message de Massigli une traduction souple et acceptable pour le sultan, le résident général Gabriel Puaux contraignit celui-ci à répudier publiquement l'idée d'indépendance et à se séparer de ses conseillers réputés natonalistes. Plus encore : le directeur des Affaires politiques, Boniface, fit arrêter dix-huit des fondateurs de l'Istiqlal, ce qui provoqua de violentes et sanglantes émeutes à Fès, puis dans le reste du pays, où la répression fit quelque deux cents morts — puisque aucun chiffre précis ne peut être cité — et entraîna quatre cent cinquante condamnations. Le gouvernement provisoire ne voulut pourtant pas s'en tenir aux seules mesures d'autorité. Sur ses instructions, les commissions chargées de préparer des réformes furent réunies par le résident général Puaux dès le 16 février 1944 et les décisions qui en sortirent furent annoncées le 26 novembre. Les unes portaient sur la séparation des pouvoirs administratifs et judiciaires, les autres sur un statut commun des fonctionnaires français et marocains, d'autres encore sur la protection des biens des familles paysannes et sur la scolarisation progressive des enfants. En Tunisie des réformes analogues furent décidées et de Gaulle rappela au général Mart, qu'il avait nommé résident général, qu'il fallait se dégager de toute administration directe du pays par la France.

De Gaulle n'ignorait pas qu'il s'agissait, au fond, de savoir si, dans les deux Etats, le protectorat resterait ce qu'il était, c'est-à-dire proche d'une administration directe par le colonisateur, ou si leurs liens avec la France seraient profondément révisés. Il ne lui appartenait pas de les dissoudre ni même de les altérer profondément tant que la guerre durait et que sa tâche restait de restaurer l'intégrité de l'Empire, mais il était convaincu qu'il fallait, sans attendre, préparer l'avenir dès lors que la paix était revenue et que la France allait se donner des institutions légitimes.

> Après ce qui s'est passé sur le sol de nos possessions africaines et asiatiques, écrivait-il, ce serait une gageure que de prétendre y maintenir notre Empire tel qu'il avait été. [Pour le Maroc et la Tunisie, ceux avec qui en discuter ne peuvent être que leurs souverains] : C'est directement avec eux que je veux avoir affaire, écrit-il encore.

L'essentiel sera le dialogue engagé avec le sultan du Maroc au mois de juin 1945. De Gaulle prend soin de l'entourer de la plus grande solennité et qu'il soit marqué d'égards exceptionnels. Non seulement il l'invite en France, mais c'est pour qu'il assiste à ses côtés au défilé des troupes, le 18 juin à Paris. Il tient à ce que le sultan apparaisse, ainsi qu'il l'écrit dans ses *Mémoires*, « comme un chef d'État qui a droit aux grands honneurs, un féal qui s'est montré fidèle dans les pires circonstances ». Il lui signifie par là qu'il a droit à la reconnaissance de la France et que celle-ci en tiendra compte : il n'a donné aucune suite aux contacts que les représentants allemands ont pu nouer avec lui après 1940, il a refusé de quitter Rabat au moment du débarquement américain alors que Noguès le lui demandait, il a écouté Roosevelt lui promettant de l'aider à émanciper le Maroc mais n'a pas choisi pour autant de rompre avec Paris. Le 18 juin, de Gaulle lui décerne donc en public la croix de la Libération. C'est un rare honneur qui est fait ainsi au souverain marocain puisqu'il n'y eut au total que 1 298 compagnons de la Libération et qu'il fut le seul chef d'État à compter parmi ce petit nombre d'hommes distingués par de Gaulle lui-même. Ce n'est pas tout : de Gaulle l'invite à parcourir avec lui l'Auvergne, puis à se rendre en Allemagne saluer les troupes marocaines de l'armée française...

On ne pouvait faire davantage pour marquer que la politique française au Maroc se ferait désormais en accord avec le sultan et de manière à établir entre lui et la France des rapports qui ne soient jamais de crise ou d'affrontement. Tel fut le sens que de Gaulle donna aux entretiens politiques qu'il eut avec lui. A sa demande, le sultan exposa ses vues : reconnaissant les avantages que le Maroc a pu tirer du protectorat, il rappela que ses prédécesseurs et lui-même l'avaient accepté « comme une transition entre le Maroc d'autrefois et un Etat libre et moderne », et de conclure : « Après les événements d'hier et avant ceux de demain, je crois le moment venu d'accomplir une étape vers ce but. C'est là ce que mon peuple attend. » De Gaulle y souscrivit aussitôt, mettant en garde contre une indépendance prématurée qui n'aurait pour effet que de mettre le Maroc dans la clientèle d'un autre Etat, qui serait évidemment les Etats-Unis. Le sultan répliqua que c'était de la France qu'il attendait en effet l'aide permettant à son pays de s'émanciper réellement mais que l'apport du Maroc au salut de la France n'avait pas été non plus « sans valeur ». Et il définit sans ambages l'objectif à atteindre :

> L'aboutissement des accords nouveaux que nous pourrions négocier

> serait l'association contractuelle de nos deux pays aux points de vue économique, diplomatique, culturel et militaire.

Et de Gaulle, lui donnant alors son accord « sur le fond des choses », précisa aussitôt que « la date convenable pour l'ouverture des pourparlers » devrait se situer « au lendemain même du jour où la IVe République aurait adopté sa propre Constitution » qui ne manquera pas de définir les « liens fédéraux ou confédéraux applicables à certains territoires ou Etats dont la libre disposition d'eux-mêmes et la libre participation à un ensemble commun doivent être aménagés ». L'échéance qu'il prévoyait devait donc se situer quelque dix ans avant que des épisodes tumultueux et parfois dramatiques n'aboutissent à l'indépendance du Maroc en 1955.

Le même langage sera tenu au bey de Tunis Sidi Lamine en juillet. Et de Gaulle, dans ses *Mémoires*, résume ainsi la résolution qu'il avait prise :

> Des propos échangés avec les souverains du Maghreb, je tire la conclusion qu'il est possible et qu'il est nécessaire de passer avec les deux Etats des accords de coopération conformes aux exigences du temps et qui, dans un monde mouvant, régleront les rapports tout au moins pour une génération.

Le compte rendu de ces entretiens, surtout celui avec le sultan, révèle en tout cas sans conteste qu'il entendait transformer le régime des protectorats, qu'il souhaitait le faire dès après la mise en place des nouvelles institutions françaises et que les relations ainsi établies par la France avec le Maroc et la Tunisie pourraient peut-être subsister quinze ou vingt ans.

Au terme de la longue marche qui va s'achever pour de Gaulle, quand il quittera le pouvoir, rien, outre-mer, n'est plus comme avant, rien n'est perdu des chances d'une transformation pacifique de l'Empire, mais, au fond, rien n'est joué. Les orages violents mais brefs qui ont secoué Beyrouth en 1943 et surtout Damas en 1945, n'effacent pas le souvenir du geste historique accompli par de Gaulle quand il reconnaît l'intégration « pleine et entière » de la Syrie et du Liban, bien qu'il n'ait eu aucun mandat pour le faire : l'empreinte française peut y demeurer, profonde et pour longtemps. Mais à la condition qu'à l'autre bout du monde arabe, en Afrique du Nord, la France reconnaisse aussi que le temps des libérations va venir. Le plus important, de loin, est que de Gaulle et le sultan du Maroc sont convenus de s'engager dans cette voie, sans attendre, par étapes, et par accord direct entre eux. Il ne peut en aller autrement en Tunisie, même si l'autorité du nouveau bey reste entachée du souvenir des déchirements qui ont précédé son accession au trône. En Algérie, les émeutes de mai 1945 et leur répression, si profonde qu'en soit la marque dans la mémoire des habitants, n'ont pas empêché que l'extension du droit de vote aux autochtones va permettre, dès les élections de juin et de novembre, la percée des mouvements nationalistes : jusque dans les enceintes des assemblées françaises, ils pourront faire connaître la réalité nationale que le cadre juridique des départements français d'Algérie ne parviendra plus à dissimuler, de sorte que la logique de l'assimilation aura ici conduit à la revendication de l'indépendance par des voies légales et pacifiques. Le même chemin s'ouvre devant l'Afrique noire et Madagascar : en les associant à la fondation des nouvelles institutions françaises par l'élection de leurs députés, de Gaulle leur a donné le moyen de choisir les hommes et les partis qui vont incarner d'abord leur choix d'émancipation et, plus tard, leur volonté d'indépendance. Il n'est pas jusqu'au Vietnam qui ne garde ses chances d'une décolonisation pacifique : la mort tragique du prince Duy Tan, si elle a brusquement privé la France de l'interlocuteur auquel de Gaulle pensait, n'a pas fermé la porte à d'autres négociations avec d'autres partenaires, comme celles qui aboutiront, six semaines plus tard, à l'accord entre Hô Chi Minh et Jean Sainteny.

On sait ce qui suivit : un long cortège de deuils, de massacres, de crises et de guerres, et les déchirements qu'accompagneraient les premières indépendances concédées. Puis il revint à de Gaulle d'achever, plus tard, la tâche qu'il avait entamée.

Chapitre 20

PARMI LES VAINQUEURS

Cette solitude que de Gaulle disait éprouver au soir de la Libération de Paris, il la ressentit peut-être par-dessus tout dès qu'il fut question, dans la France libérée, de sa place dans le monde, de ses rapports avec les autres Etats. Entre ce qu'il savait et ce que croyaient la plupart des Français, le contraste était total. Il venait de vivre quatre ans d'un combat constant, harcelant, exténuant, pour faire admettre la France comme alliée, comme Etat unique, comme pays indépendant dont il fallait respecter la souveraineté et l'intégrité. Jusqu'au dernier jour de son exil de Londres et d'Alger, il avait pu constater l'acharnement de la politique américaine à s'opposer à l'existence d'un pouvoir français indépendant, à imposer une administration militaire alliée aux territoires libérés, à rechercher presque partout des arrangements avec les hiérarques du régime de Vichy. Il avait pu vérifier que Churchill, malgré son admiration pour le courage du fondateur de la France libre et l'émotion qu'il en ressentait encore parfois, se laissait immanquablement influencer par Roosevelt : encore ne savait-il pas, comme les archives l'ont révélé depuis, à quel point les deux hommes avaient voulu, à plusieurs reprises, se débarrasser de lui[1]. Il ne pouvait donc avoir aucune illusion sur la suite. Pour préserver son indépendance, si difficilement reconquise, pour obtenir les garanties de sa sécurité ou même seulement les moyens de sa reconstruction, la France devrait se battre contre toutes les préventions, toutes les pressions, toutes les incompréhensions : elle avait, de toute façon, peu de soutien à espérer.

On a souvent dit et écrit que de Gaulle exagérait les possibilités de la France et que ses ambitions étaient donc illusoires, tandis que la plupart des Français étaient plus réalistes : d'une certaine manière, c'est le contraire qui est vrai. C'était chez eux qu'on se faisait le plus d'illusions. Dans l'esprit public, tel qu'on peut le découvrir à travers la presse, le langage des partis et des organisations politiques, les souvenirs et les témoignages, l'indépendance demeurait une valeur admise par tous et personne ne croyait qu'elle était menacée par quiconque, chez les Alliés. La détresse du pays, on le savait, était telle qu'il aurait longtemps besoin d'un secours étranger qui ne pourrait qu'être américain, mais nul ne voyait apparemment quel risque en résulterait pour son indépendance, et surtout nul ne doutait que cette aide extérieure viendrait tout naturellement, presque automatiquement. Ce sentiment était si fort et si répandu qu'il détourna même, dans une certaine mesure, l'opinion française de la claire conscience des efforts immenses et des sacrifices très durs qu'il lui faudrait consentir. Ces alliés, dont on avait attendu si longtemps qu'ils viennent en libérateurs, et que l'on parait des vertus habituelles aux vainqueurs, apparaissaient le plus souvent comme les amants désintéressés d'une France qui, nul n'en doutait, gardait au-dehors quelque mystérieux prestige, et que la riche Amérique ne manquerait pas de faire bénéficier de sa gigantesque prospérité.

Ce sentiment se colorait, dans la bourgeoisie française, de préoccupations politiques précises. Effrayée par l'ascendant des communistes auprès d'une grande partie de la population, impressionnée par la puissance soviétique et son expansion en Europe centrale et dans les Balkans, elle n'attendait son salut que de la présence américaine. C'est peu dire qu'elle ne voyait aucun avantage, pour la France, à s'opposer aux Etats-Unis et à leurs interventions : bien au contraire, elle souhaitait celles-ci dans la mesure où elles serviraient de frein à la socialisation de l'économie française et, bien entendu, à l'influence communiste dans l'Etat. Sauver l'Occident — entendu en un certain sens — et préserver son régime social, tel était pour les classes dirigeantes, le seul impératif véritable. Cette conviction persista, durant de très longues années. Mais, en 1945, elle ne s'identifiait pas avec la conception dont de Gaulle s'inspirait.

Pour lui, l'enjeu était d'abord de regagner tous les moyens d'action de la France, pour qu'elle puisse faire prévaloir son indépendance, ses intérêts, ses objectifs. Or il devait partir de presque rien : les moyens militaires de la France restaient très limités, dépendant presque entièrement de la fourniture de matériels américains, et ses moyens économiques étaient nuls. Or, après la Libération comme depuis 1940, il fallait prendre à la guerre la plus grande part possible, car c'est seulement ainsi que la France pourrait être reconnue et ses intérêts défendus : l'expérience l'avait prouvé, au temps de la France libre comme à Alger. Il n'en irait pas autrement à l'avenir. De Gaulle, pendant quatre ans, avait tenu sa légitimité de ce qu'il incarnait avec intransigeance l'indépendance de la France et l'intégrité de son Empire, mais, en pratique, c'est cet Empire qui lui avait donné, morceau par morceau, les moyens de s'imposer : s'il fallait maintenant s'engager à fond dans la dernière bataille de la guerre, c'était pour que des forces françaises pénètrent sur le sol allemand, pour que les Alliés soient obligés d'en tenir compte et qu'alors la France puisse intervenir dans ce qui était vital pour elle, sa sécurité et l'avenir du continent européen. De Gaulle, à cet égard, n'avait pas le moindre doute, ni sur la fin ni sur les moyens.

La première étape devait être la reconnaissance du gouvernement provisoire par les Alliés. Avec le recul du temps, on voit mieux combien il est anormal qu'elle ne soit pas intervenue plus tôt. D'autres gouvernements en exil avaient été reconnus alors qu'ils étaient, et de loin, beaucoup moins représentatifs de leurs peuples : celui de Tchécoslovaquie, par exemple, qui ne comporta pas de ministres communistes avant 1945, celui de Belgique exclusivement composé de parlementaires d'avant-guerre, celui de Grèce qui était ouvertement récusé par la Résistance intérieure. De surcroît, l'insurrection nationale, la participation des armées françaises à la libération du territoire, une formidable et spectaculaire adhésion populaire auraient du trancher tous les débats sur la représentativité du gouvernement provisoire : il est d'autant plus révélateur de l'état d'esprit des Alliés que sa reconnaissance ait encore tardé près de cinq mois après le débarquement en Normandie.

Elle intervint le 23 octobre 1944. De Gaulle, tenant le lendemain une conférence de presse, révéla à sa manière les leçons qu'il tirait de ce retard, en se bornant à ce commentaire ironique :

> Je puis vous dire que le gouvernement est satisfait qu'on veuille bien l'appeler par son nom.

Le geste des Alliés s'était fait trop attendre pour pouvoir l'impressionner. D'autant que Roosevelt a tenu à lui donner une présentation évidemment fausse : Eisenhower, a-t-il fait dire, « a transféré ses pouvoirs » au gouvernement provisoire — ce qui ne correspondait aucunement à la réalité. De Gaulle ne s'y attarda pas et voulut tout de suite franchir une autre étape : la venue en France, à son invitation, de Churchill et de Roosevelt. Mais décidément celui-ci ne voulait lui donner aucune satisfaction : il fit savoir, un peu lourdement, qu'il viendrait un jour, « mais qu'il croyait plus important de rencontrer les deux hommes d'Etat anglais et russe [2] »... A l'extrême opposé, Churchill annonça sa visite sans avoir été encore invité : ce qui amena de Gaulle à ordonner qu'il ne soit accueilli par aucune autorité officielle [3]. Le faux pas fut réparé et il arriva le 10 novembre et fut accueilli par de Gaulle avec d'exceptionnels égards et par la foule avec un fantastique enthousiasme.

Les entretiens furent consacrés à l'examen des principales questions internationales, et s'accompagnèrent d'un considérable pas en avant pour le rôle de la France dans l'après-guerre, décisif pour l'avenir [4]. Sur le sort de l'Allemagne, de Gaulle n'avait pas encore précisé sa position, sinon pour un statut particulier de la Ruhr et de la Sarre, et Churchill, qui n'était pas plus fixé sur ce qu'il voulait, se borna à dire qu'on pourrait en tirer des réparations. Sur la Pologne, on laissa prévoir, du côté anglais, qu'il faudrait bien s'accommoder, plus ou moins, du Comité à prépondérance communiste que les Soviétiques avaient installé à Lublin, mais du côté français on craignait d'y voir la première et la plus importante manifestation d'une hégémonie de l'URSS en Europe de l'Est. Sur les colonies italiennes, Churchill ne voulait pas qu'elles reviennent à leur ancienne métropole, de Gaulle se méfiant, quant à lui, de « remaniements inconsidérés ». Sur les bases que Roosevelt voulait attribuer à la future Organisation des Nations unies, les deux hommes n'en savaient guère plus l'un que l'autre. Sur l'Indochine, de Gaulle crut comprendre que les positions anglaises n'étaient pas arrêtées, puisque celles des Etats-Unis ne l'étaient pas non plus. Sur la Syrie et le Liban, de Gaulle déclara très fermement qu'il voulait leur indépendance réelle mais que la France y était responsable de la sécurité jusqu'à la fin définitive de son mandat, et ses interlocuteurs britanniques rappellèrent que leur rôle, dans cette région, restait le premier tant que la guerre continuerait — mais la guerre, justement en était très éloignée depuis longtemps.

C'est sur les questions les plus pressantes, de portée plus immédiate, que les entretiens, quittant les généralités, débouchèrent sur l'amorce de décisions. Elles furent toutes favorables à la France. Sur l'armement de nouvelles divisions françaises, Churchill donna son accord au cas où le conflit se prolongerait encore plusieurs mois : c'est avec Eisenhower que l'affaire serait réglée. La France aurait une zone d'occupation en Allemagne, prise pour la plus grande part, sur celle de la Grande-Bretagne. Et surtout, elle était admise officiellement, le jour même des entretiens, à la Commission consultative européenne, là où, avec les Américains, les Soviétiques et les Britanniques, le sort de l'Europe serait débattu.

Moins de trois semaines après la reconnaissance de son gouvernement provisoire, la France remportait un succès que, du fond du gouffre de 1940, on aurait pu croire inespéré. De Gaulle atteignait un nouvel objectif, capital à ses yeux : la France, étant présente en Allemagne et à la Commission consultative européenne, le règlement du problème allemand après la guerre ne se ferait pas sans elle, et même si ses propositions n'étaient pas retenues, les Alliés devraient en tenir compte, et elle pourrait peser sur les solutions choisies.

Ses *Mémoires de guerre*, pourtant, ne rendent pas compte de la satisfaction que de Gaulle dut en éprouver. C'est qu'il tira, de son entretien avec Churchill, d'autres conclusions. C'est alors, semble-t-il, qu'il pressentit, plus nettement qu'auparavant, que, sur la scène du monde, l'Europe était condamnée à un rôle second : pour expliquer le ton assez pessimiste du compte rendu qu'il en a fait dans ses *Mémoires* et que je lui faisais remarquer dans les entretiens que j'eus avec lui, il employa l'expression assez familière : « C'est pas l'Europe qui allait gagner la guerre. » Formé au plus impitoyable réalisme par l'expérience de la vie, la connaissance de l'Histoire et les épreuves vécues pendant quatre ans, il discernait ce qui allait advenir du continent. Au fond, Churchill, sans l'avouer, le lui avait fait comprendre. En Pologne, il y aurait probablement un gouvernement communiste puisque l'armée soviétique était sur place. En Allemagne, tout dépendrait des avancées des armées russes et américaines et des intentions des Etats-Unis et de l'URSS, et en Indochine rien n'était décidé puisqu'à Washington on n'avait encore rien décidé... Mais Churchill avait fait plus : hors de leurs entretiens officiels et formels, il lui avait confié l'accord qu'il avait passé avec Staline sur le partage des zones d'influence en Europe de l'Est. « En Roumanie, [lui dit-il], les Russes auront 90 % et nous autres Anglais 10 %. En Bulgarie, ils auront 75 % et nous 25 %. Mais en Grèce, nous aurons 90 %, eux 10 %. En Hongrie et en Yougoslavie, nous serons à parts égales. » Même si de Gaulle ne lut que plus tard le récit par Churchill de cette scène entre Staline et lui, il en comprit évidemment le sens.

En fut-il vraiment surpris et indigné ? Son réalisme l'a sûrement porté à comprendre l'existence de zones d'influence, comme il y en eut toujours dans l'histoire. Attentif aux données stratégiques et militaires, il voyait bien que la progression des armées soviétiques et anglo-américaines à travers les pays européens déterminerait inévitablement leur sort — ce qui dut le rendre sceptique sur les pourcentages évoqués par Churchill. Mais il y avait en lui la passion de l'indépendance : il l'éprouvait pour la France, mais, du même coup, il comprenait que les autres peuples puissent l'éprouver aussi — comme il le montra plus tard, au temps de la décolonisation de l'Afrique, en particulier de l'Algérie, et dans toute la politique étrangère de la Ve République. Il vit donc que l'indépendance des peuples de l'Est de l'Europe allait être sacrifiée et il pressentit que celle des pays d'Europe de l'Ouest risquait fort d'être amputée ou limitée. Pour lui, en tout cas, ces entretiens avec Churchill — si favorables par ailleurs pour la France — furent l'annonce du destin futur du continent.

Dans l'immédiat, le succès remporté — la participation française à l'occupation de l'Allemagne et au règlement de son avenir — obligeait à choisir des objectifs et à essayer de les atteindre. En pratique, de Gaulle devait définir maintenant une « politique allemande ». Que pensait-il alors de l'Allemagne ? Ses discours, ses notes personnelles, ses *Mémoires de guerre*, les témoignages de ses proches, ses livres antérieurs à la guerre comme les archives que l'on peut consulter aujourd'hui, ne permettent aucune réponse simple et univoque. Dans son jugement comptaient aussi bien le passé, le présent et l'avenir. Le passé c'est l'histoire de la première moitié du siècle, marquée ineffaçablement par la supériorité de la puissance allemande sur celle de la France. Les terribles épreuves vécues par celle-ci en ont résulté. De Gaulle, dans *La France et son armée*, y a consacré un long passage d'où il apparaissait que les Français, avant 1914, courraient les plus grands risques dans leur prochain affrontement avec l'Allemagne. La valeur de l'armée française, le coup d'œil stratégique de Joffre à la bataille de la Marne, les sacrifices sans mesure consentis par les Français eux-mêmes, permirent de surmonter le choc : mais de Gaulle connaissait trop bien l'histoire de la Première Guerre mondiale pour méconnaître le rôle décisif de l'offensive russe de 1914 en Prusse-Orientale, le concours progressif des Alliés, le rôle des Etats-Unis dans la dernière partie de la guerre. Il avait été de ceux qui, redoutant que la France ne puisse, dans l'avenir, compter sur les mêmes soutiens, voulaient qu'elle s'assure les moyens de prévenir toute résurgence de la menace allemande. Et on vit ensuite ce qui résulta pour la France de n'avoir plus l'alliance russe, et une trop faible participation britannique à la bataille de mai et juin 1940 : un effrayant désastre. Une fois de plus, le déséquilibre fondamental entre la puissance allemande et celle de la France avait eu ses conséquences prévisibles. Mettre un terme à ce déséquilibre, tel était, pour de Gaulle, l'objectif à atteindre pour autant que la politique française en aurait les moyens après cette Seconde Guerre mondiale.

Mais comment atteindre cet objectif ? Dans un premier temps — mais on verra qu'il prévoit une inévitable évolution pour la suite — par une certaine division de l'Allemagne. Il s'en est expliqué à de nombreuses reprises mais, très clairement, dès sa conférence de presse du 24 octobre 1945, en réponse à une question sur une réunification éventuelle de l'Allemagne :

> Je vais vous répondre très franchement. Figurez-vous que nous sommes les voisins de l'Allemagne, que nous avons été envahis trois fois par l'Allemagne dans une vie d'homme, et concluez que nous ne voulons plus jamais de Reich.

Il pense, au lendemain même de la guerre, que, déjà, l'Allemagne n'est plus un seul pays, une seule puissance, et que l'on peut donc en tenir compte et en tirer parti. Ayant visité les régions allemandes sous occupation française, il avait dit, le 12 octobre :

> Il y avait une fois une grande zone de l'Europe qu'on appelait l'Allemagne. Elle comprenait beaucoup de parties diverses. Un jour s'est présentée la Prusse, armée comme vous le savez par ses rois, et qui sut réaliser, par la force et par la persuasion, l'unité allemande. Cela a conduit à beaucoup de crises européennes... Mais il se trouve qu'aujourd'hui la Prusse en tant que puissance a disparu. Alors on ne peut plus trouver l'Allemagne unique qu'elle avait réalisée. Il y a des Allemands, il y a même des Allemagne. Mais où est aujourd'hui l'Allemagne ?

Et l'année suivante encore, alors qu'il n'est plus au pouvoir, il continue de penser que les leçons de l'Histoire imposent de prendre pour point d'appui l'éclatement de l'Allemagne, du moins tant qu'un règlement général n'interviendra pas dans une Europe pacifiée, comme il le dit à Bar-le-Duc le 26 juillet 1946 :

> Il est vrai que l'Allemagne n'est plus un sujet d'alarme immédiat pour les nations qui doivent bâtir la paix. Mais après une guerre de trente ans, on ne fait pas la paix pour l'immédiat. Quelles que soient ses épreuves, l'Allemagne demeure l'Allemagne, c'est-à-dire un grand peuple massivement installé au cœur de l'Europe, qui dans l'abîme se souvient des sommets et que le démon de la guerre pourrait encore tenter un jour, si la chance lui était offerte de retrouver sa grandeur, en conjuguant son ambition avec celle de quelqu'un d'autre... C'est pourquoi la France a, vis-à-vis d'elle-même et vis-à-vis des autres, le devoir de s'opposer à ce que l'Allemagne redevienne l'Etat unifié et centralisé, bref le Reich, dont l'armature et l'impulsion furent toujours les conditions de ses belliqueuses entreprises. La solution de la France, pour un accord sincère, pratique, humain, au sujet de l'Allemagne, est donc une solution simple que chacun connaît : laissez les diverses et traditionnelles entités germaniques, la Prusse, la Saxe, la Bavière, le Wurtemberg, le pays de Bade, la Hesse, le Palatinat, la province rhénane, les provinces nord-occidentales se ressaisir, s'administrer, s'orienter chacune pour son compte et à sa manière.

Mais de Gaulle n'en a pas moins le sentiment que le présent impose une vision nouvelle de l'Histoire. Et, du coup, son jugement sur l'Allemagne n'est plus du tout celui que lui dicte un simple regard sur le passé. C'est peut-être dans un discours prononcé aux jours les plus sombres de la guerre, le 25 novembre 1941, dans ce sanctuaire de la culture européenne qu'est l'université d'Oxford, qu'on en trouve l'expression la plus aiguë :

> Il est vrai que certains esprits trouvent commode d'attribuer à la seule ambition d'un homme assez connu, et qui s'appelle Adolf Hitler, la révolution que traverse le monde. Ils se représentent le motif d'une pareille guerre sous la forme d'un odieux tyran qui, après avoir écrit *Mein Kampf*, entraîne une partie de la terre à l'attaque de l'autre partie pour imposer à toute la planète l'Evangile qu'il a décrété. Une telle conception leur permet d'ailleurs d'imaginer la solution de la crise suivant le principe du moindre effort : pour que la paix juste et durable fût désormais établie, il suffirait d'écarter le dictateur de Berchtesgaden. Mais [...] comment se contenter d'un jugement aussi sommaire ? D'autres, élevant le débat, professent que l'éternel appétit du peuple allemand a été cette fois encore la raison de la catastrophe. Dès lors, en appliquant à ce peuple un régime de belles et bonnes garanties quant à ses frontières et ses armements, la question serait tranchée au fond... Mais il reste à savoir si dans la conjugaison du système nazi et du dynamisme allemand, il n'y a eu qu'un hasard, ou si cette rencontre ne fut pas comme l'aboutissement d'un mal plus profond, tranchons le mot, d'une crise de civilisation. Cette civilisation [la nôtre], qui tend essentiellement à la liberté et au développement de l'individu, est aux prises avec un mouvement qui ne reconnaît de droits qu'à sa collectivité raciale ou nationale. Il faut convenir que dans l'époque actuelle, la transformation des conditions de vie par la machine, l'agrégation croissante des masses, le gigantesque conformisme collectif qui en

> sont la conséquence battent en brèche les libertés de chacun... Il se produit une sorte de mécanisation générale dans laquelle, sans un grand effort de sauvegarde, l'individu ne peut manquer d'être écrasé. D'autant que les masses, loin de répugner à une telle uniformisation, ne laissent pas au contraire d'y pousser et d'y prendre goût. Or c'est dans ces tendances nouvelles que les dictateurs ont cherché et trouvé le succès de leurs doctrines et de leurs rites... Si complète que puisse être un jour la victoire des armées, si habile et si prévoyante que se révèle ensuite leur politique vis-à-vis de ceux qu'elles auraient cette fois encore abattus, rien n'empêchera la menace de renaître plus redoutable que jamais si le parti de la libération, au milieu de l'évolution imposée aux sociétés par le progrès mécanique moderne, ne parvient pas à construire un ordre tel que la liberté, la sécurité, la dignité de chacun y soient exaltées et garanties, au point de lui paraître plus désirables que les avantages offerts par son effacement. On ne voit pas d'autres moyens d'assurer en définitive le triomphe de l'esprit sur la matière, car, en définitive, c'est bien de cela qu'il s'agit.

Ce texte est l'un des plus révélateurs qui soit sur le de Gaulle des années de guerre, le plus original peut-être en ce qu'il comporte, en pleine bataille, une réflexion, presque abstraite, sur la crise de la civilisation contemporaine. Mais son intérêt est aussi de resituer la question allemande au sein de cette crise, sans en faire l'exception qui justifierait un traitement exceptionnel de l'Allemagne. Pierre Maillard, qui fut le témoin à la fois le plus lucide et le plus proche des avatars du couple franco-allemand, surtout au temps où les acteurs en étaient Adenauer et de Gaulle, a su voir, mieux que tout autre, la portée de ce discours d'Oxford [5] : « Son intérêt, écrit-il, c'est la relativisation [qu'il] implique en pleine guerre, et par rapport à l'Allemagne, du phénomène totalitaire. Celui-ci n'est plus décrit comme traduisant telle ou telle ambition territoriale, par nature conjoncturelle, de même que tel ou tel instinct de domination, même si ce dernier peut y ajouter ses maléfices. Il procède d'un fait plus général concernant le peuple allemand, mais aussi les autres. En s'exprimant ainsi, le général atténue par avance la notion de culpabilité morale et globale du peuple allemand, sans pour autant bien sûr excuser les crimes de ses dirigeants du moment. Etonnante anticipation de l'avenir, plus étonnante encore dans le moment où elle est formulée. » Ainsi de Gaulle, en pleine guerre, a-t-il donné à la question allemande un autre sens : elle est aussi un produit de la crise du siècle, sans n'être que cela.

Cette analyse du présent explique sans doute, en grande partie, une certaine vision de l'avenir de l'Allemagne. Si le peuple allemand n'est pas définitivement et collectivement responsable et coupable de l'horreur hitlérienne, la voie s'ouvre à une réconciliation future. On a vu déjà, à travers plusieurs textes significatifs que de Gaulle, dès sa jeunesse guerrière, a été sensible à la grandeur de ce peuple, à ses vertus, à ses capacités en même temps qu'il l'était aux dangers qui pouvaient en provenir. Rien d'étonnant, par conséquent, au regard qu'il porte sur ce peuple maintenant : il est vaincu. Au contraire de tant d'autres dirigeants du camp allié, il entrevoit, bien avant la fin de la guerre, la nécessité de faire, dans l'Europe, une place à l'Allemagne. Pierre Maillard a cité le témoignage de l'archiduc Otto de Habsbourg, présent, à l'automne de 1943, à une soirée chez le député conservateur anglais Ronald Tree qui assurait alors, pour le cabinet britannique, la liaison avec les gouvernements en exil. Il y avait là des Tchèques, des Polonais, des Yougoslaves qui, parlant de l'avenir de l'Allemagne, préconisaient tous son démantèlement. L'archiduc Otto se souvient que de Gaulle « se taisait, regardant le feu, ses longues jambes étendues devant lui, comme s'il n'entendait point ce qui s'était dit ». Ronald Tree insiste alors pour connaître son avis.

> Pour moi, dit-il, le but d'une guerre ne peut être que l'établissement d'un ordre de paix durable. Or ce qui est proposé aurait exactement l'effet contraire et depuis 1919-1920 on devrait déjà le savoir. Si l'on veut vraiment établir en Europe repos et bien-être, cela n'est possible que par une révision du traité de Verdun et la réunification des Francs de l'Ouest et de l'Est.

Un silence suivit, « apparemment, écrit avec humour Pierre Maillard, parce que la plupart des personnalités présentes ignoraient complètement ce qu'était le traité de Verdun [6] ». Mais ses propos étaient pourtant clairs : de Gaulle faisait explicitement référence à la division, en l'an 843, de l'ancien Empire de Charlemagne et au partage qui allait, durant des siècles, opposer la Neustrie, devenue la France, et la Germanie, devenue l'Allemagne, à travers ce champ de bataille permanent que fut la Lotharingie, entre elles. Ce qu'il suggérait n'était autre chose que la réconciliation des Européens et, très précisément des Français et des Allemands.

Le fait est qu'il l'entrevoit dès le premier jour où il met les pieds en Allemagne après la victoire.

> Considérant, dit-il dans ses *Mémoires de guerre*, les monceaux de décombres à quoi les villes étaient réduites, traversant les villages atterrés, recueillant les suppliques des bourgmestres au désespoir, voyant les populations d'où les adultes masculins avaient presque tous disparu, je sentais se serrer mon cœur d'Européen... Ainsi, au milieu des ruines, des deuils, des humiliations qui submergeaient l'Allemagne à son tour, je sentais s'atténuer dans mon esprit la méfiance et la rigueur. Même je croyais apercevoir les possibilités d'entente que le passé n'avait jamais offertes. Au demeurant, il me semblait que le même sentiment se faisait jour chez nos soldats. Le souffle de la vengeance qui les avait d'abord traversés, était tombé à mesure qu'ils progressaient sur le sol ravagé. Aujourd'hui, je les voyais miséricordieux devant le malheur des vaincus.

Sans doute est-ce là un texte écrit quelque dix ans plus tard. Mais on sait que tels étaient bien ses sentiments. « Dites-vous bien qu'on ne peut faire l'Europe sans les Allemands », recommande-t-il à Claude Hettier de Boislambert, qu'il vient de nommer gouverneur de Mayence[7]. Et il en va de même pour son second voyage en zone française d'occupation, au début d'octobre, dans ses premières rencontres avec les populations et leurs représentants :

> On dirait, écrivit-il, qu'après des siècles aboutissant à d'immenses épreuves, l'âme des ancêtres gaulois et francs, revit en ceux qui sont là. C'est à quoi le docteur Steffan, président de l'Hesse-Nassau, le bourgmestre docteur Kraus, l'évêque Monseigneur Stohr font allusion dans leurs adresses. J'y réponds par des paroles d'espoir. Ici, tant que nous sommes, nous sortons de la même race. Et nous voici aujourd'hui entre Européens et entre Occidentaux. Que de raisons pour que désormais nous nous tenions les uns près des autres.

Là encore les propos tenus sur place confirment ce que de Gaulle a rapporté dans ses *Mémoires*. A Coblence par exemple, il proclame que la reconstruction ira d'autant mieux qu'en même temps on saura se comprendre :

> Cette compréhension, dit-il, nous saurons la pratiquer, j'en suis sûr, parce que nous sommes des Européens et des Occidentaux. Le temps passera, et au fur et à mesure les blessures se fermeront. Comme les blessures ont été graves, le temps sera long. Mais de toute façon, nous aurons à travailler ensemble très longtemps. Quant à la suite des événements, on ne peut la prévoir, mais le monde change. Il s'est produit de grands faits nouveaux et je crois bien que désormais il y a toutes les raisons pour que vous soyez longtemps plus près que loin de nous.

Ainsi voit-on qu'il n'y a pas, au fond, de césure entre les propos qu'il tient dans l'Allemagne détruite et occupée de 1945 et ceux qu'il tiendra quatre ans plus tard, le 25 septembre 1949, à Bordeaux où l'on a vu souvent, mais abusivement, le point de départ d'une nouvelle vision qu'il aurait eue de l'avenir franco-allemand :

> Parmi tous les peuples d'Europe, dit-il ce jour-là, le peuple allemand sera-t-il présent ? Je réponds qu'à travers toutes les tristesses et les colères que suscite, parmi des millions d'êtres et d'abord parmi les Français, la seule évocation de l'Allemagne, l'homme de bon sens voit que les Allemands sont là où ils sont, c'est-à-dire nombreux, disciplinés, dynamiques, dotés par la nature et par leur travail d'un très grand potentiel économique [...] aptes à s'élever jusqu'aux sommets de la pensée, de la science, de l'art, dès lors qu'ils cessent d'être dévoyés par la rage des conquêtes. Il voit aussi l'Europe amputée par la domination soviétique d'une partie très vaste et très précieuse d'elle-même. Il voit encore l'Angleterre s'éloigner,

attirée par la masse d'outre-Atlantique. Il en conclut que l'unité de l'Europe doit, si possible, et malgré tout, incorporer les Allemands... Au fond, c'est le cœur du problème. Il y aura, ou il n'y aura pas d'Europe, suivant qu'un accord sans intermédiaire sera ou non possible entre Germains et Gaulois.

Comment traduire dans la politique française en 1944 et 45 cette manière de voir la question allemande ? Les premiers textes officiels, à cet égard, sont ceux qui portent sur les futures conditions d'un armistice, rédigés l'un par les représentants des gouvernements en exil, à l'initiative de la Pologne, transmis à Alger le 3 août 1944, et l'autre sur instruction du Comité de Défense nationale, le 12 août [8]. Avec un certain réalisme, ils prévoient tous deux que l'est de l'Allemagne sera certainement placé sous le contrôle de l'Union soviétique et peut-être aussi de la Pologne et de la Tchécoslovaquie et qu'au centre, du nord au sud, c'est l'armée américaine qui prendra en charge les territoires allemands. La partie occidentale du pays — et c'est là l'originalité de ces deux documents et l'amorce d'une certaine vision de l'Europe future — serait occupée en commun par la France, la Belgique, la Hollande et la Grande-Bretagne, le document du 12 août précisant même que l'occupation en serait « permanente et indéfinie », et les territoires concernés comprenant, au-delà de la rive gauche du Rhin, Brême — si la Hollande le souhaite —, la Ruhr, des têtes de pont à Francfort, Mayence, Mannheim et, plus au sud, la Forêt-Noire et la haute vallée du Neckar. Il s'agirait donc d'une zone « européenne » et non pas seulement française et où la Grande-Bretagne serait présente — ce qui est, à coup sûr, peu réaliste tant il est clair que celle-ci voudrait certainement conserver son rang parmi les principaux vainqueurs de la guerre. Cette vision « européenne » du traitement de la partie occidentale de l'Allemagne, distinguée délibérément de la zone centrale américaine et de la zone orientale soviétique, annonce déjà la politique allemande que de Gaulle mènera tant qu'il sera chef du gouvernement provisoire, et il est remarquable que, dès cette date, aucune annexion ne soit envisagée.

Le projet français rencontre déjà les préoccupations de plusieurs gouvernements européens en exil à Londres : il s'agit de savoir quel rôle la Grande-Bretagne veut jouer après la guerre, si elle veut s'associer à d'autres Etats d'Europe occidentale. Ni les Norvégiens et Hollandais à l'automne 1942, ni Paul-Henri Spaak, ministre belge des Affaires étrangères, en juillet 1943, ni une démarche collective du début de 1944 n'obtiennent de réponse [9]. Or les Belges et les Néerlandais ne conçoivent aucune organisation économique ou stratégique de l'ouest de l'Europe sans la Grande-Bretagne. Celle-ci ne sort que peu à peu de son silence et, à travers les projets du travailliste Stafford Cripps, les allusions de Churchill, les suggestions d'Anthony Eden, paraît imaginer un

« bloc occidental » que la presse anglaise approuve mais qui suscite les réserves, violentes, des Soviétiques et celles, nuancées, de Roosevelt [10]. Churchill, qui tient par-dessus tout à ses relations avec le président américain et qui sait que ses rapports avec Staline sont d'une importance vitale pour la victoire finale des Alliés, se hâte de faire savoir qu'il n'est pas question, dans son esprit, de ce projet de « bloc occidental [11] ». Ses réserves sont si manifestes que Jean Monnet, quand il en reprend l'idée, voit ce bloc limité à la France, à la Belgique, à la Hollande, au Luxembourg, à l'Italie quand ce sera possible, et aux pays allemands bordant le Rhin. Les projets et rapports se multiplient sur le sujet, avec des arguments de valeur très variable, et, en tout cas, deux points communs : les régions de l'ouest de l'Allemagne doivent se rattacher à cet ensemble européen et la question de la participation britannique reste en suspens [12].

De Gaulle, pour sa part, veut laisser ouvertes toutes les voies possibles. Il a fait étudier par René Mayer, en septembre 1943, les avantages et les inconvénients d'une organisation économique et politique de l'Europe de l'Ouest et, en février 1944, il a demandé au commissaire aux Affaires étrangères, René Massigli, un projet de rattachement de la Rhénanie et de la Ruhr à « une fédération stratégique des quatre Etats occidentaux [...] à laquelle pourrait être rattachée la Grande-Bretagne [13] ». Le 18 mars il franchit un pas de plus dans un discours à l'Assemblée consultative provisoire où il évoque un groupement occidental, qui ne serait pas un « bloc » mais serait « prolongé par l'Afrique, en relation étroite avec l'Orient et notamment des Etats arabes, et dont la Manche, le Rhin, la Méditerranée seraient comme les artères ». A prendre au pied de la lettre, ce projet inclut la Grande-Bretagne puisque la Manche en serait une « artère ». Mais il est clair que de Gaulle ne peut avoir aucune certitude à cet égard tant la position britannique est mal connue [14] : tantôt il est convaincu que rien ne se fera sans la participation britannique faute de laquelle les Hollandais, et peut-être les Belges, ne feraient rien, tantôt il songe à un ensemble européen « reliant les trois pôles, Moscou, Londres, Paris [15] ». Au fond il s'en tient, à cette date, à un certain pragmatisme que justifie évidemment l'incertitude où l'on est de l'avenir de l'Allemagne, du choix de la Grande-Bretagne, de l'état de l'Europe au lendemain de la guerre. Il doit tenir compte aussi de la méfiance vigilante des Soviétiques à l'égard de toute idée de « bloc occidental » et il cherche à l'apaiser dès après son discours du 18 mars, puis après sa rencontre avec Churchill en novembre, au point de prier les représentants français à l'étranger de ne jamais employer l'expression de « bloc occidental [16] ». Il reste, alors qu'il songe déjà à une certaine organisation des pays de l'ouest de l'Europe et que, dans son esprit, l'avenir des régions occidentales de l'Allemagne doit se situer dans cet ensemble.

On en est là quand il juge le moment venu de rencontrer Staline.

Pour lui, il s'agit d'une étape capitale dans le retour de la France sur la scène internationale. L'Union soviétique, avec l'Amérique et plus encore que la Grande-Bretagne, sera l'artisan principal de la victoire : il faut que la France en soit l'interlocuteur direct. Elle ne peut ni ne doit rester confinée dans un tête-à-tête avec l'Angleterre ou avec les Etats-Unis, quels que soient les rapports plus étroits qu'elle conservera avec ces deux pays, par la force des choses. Si l'on veut compter, et si possible, agir dans le monde d'après-guerre, il faut dialoguer avec la Russie, quels qu'en soient les résultats immédiats, et parce qu'elle sera, au moins pendant longtemps, l'un des deux Etats les plus puissants du monde. De Gaulle veut donc amorcer un dialogue direct avec Staline, car il ne doute pas que celui-ci restera le chef incontesté de l'Union soviétique. C'est aussi pourquoi il écartera l'idée d'une adhésion de la France au traité anglo-soviétique signé deux ans auparavant, comme certains, dont son ministre des Affaires étrangères, Georges Bidault, paraissent le souhaiter : c'est un rapport direct et spécifique qu'il veut établir entre la France et la Russie.

Ce voyage à Moscou, de Gaulle l'abordait, à coup sûr, avec une intense curiosité pour un pays qu'il ne connaissait pas encore, pour un régime envers lequel il n'avait, d'emblée, aucune sympathie, pour un peuple qui endurait des sacrifices inouïs et portait le poids le plus lourd de l'effort de guerre allié, et, par-dessus tout, pour un homme : Staline. Aussi lui consacre-t-il, dans ses *Mémoires de guerre* un récit exceptionnellement détaillé, écrit avec le plus grand soin apporté à chaque mot. Ce fut d'abord Bakou où il a l'impression qu'on lui fait perdre son temps, Stalingrad qu'il avait voulu voir et où, parmi des ruines sans mesure, il voit un cortège de prisonniers russes dont les apparences ne lui paraissent guère différentes de celles des travailleurs « en liberté » — c'est lui qui met ces guillemets — et le voilà à Moscou, face à Staline, ayant, écrit-il, « l'impression d'avoir devant moi le champion rusé et implacable d'une Russie recrue de souffrance et de tyrannie mais brûlant d'ambition nationale ».

Dans la galerie des portraits que contiennent ses *Mémoires*, de Gaulle révèle une sorte de passion de découvrir les ressorts profonds des êtres et de déceler leur secrète complexité, leurs ombres et leurs lumières. Celui de Staline est l'un des plus achevés, le plus subtil peut-être, et bien que son « personnage » lui demeure, malgré tout, aussi étranger que possible, d'autant plus intrigant qu'il lui semble plus difficile à comprendre :

> Staline était possédé de la volonté de puissance. Rompu par une vie de complots à masquer ses traits et son âme, à se passer d'illusions, de pitié, de sincérité, à voir en chaque homme un obstacle ou un danger, tout chez lui était manœuvre, méfiance et obstination. La révolution, le parti, l'Etat, la guerre, lui avaient offert les occasions et les moyens de dominer. Il y

> était parvenu, usant à fond des détours de l'exégèse marxiste et des rigueurs totalitaires, mettant au jeu une audace et une astuce surhumaines, subjuguant ou liquidant les autres.
>
> Dès lors, seul en face de la Russie, Staline la vit mystérieuse, plus forte et plus durable que toutes les théories et que tous les régimes. Il l'aima à sa manière. Elle-même l'accepta comme un tsar pour le temps d'une période terrible et supporta le bolchevisme pour s'en servir comme d'un instrument. Rassembler les Slaves, écraser les Germaniques, s'étendre en Asie, accéder aux mers libres, c'étaient les rêves de la patrie, ce furent les buts du despote. Deux conditions, pour y réussir : faire du pays une grande puissance moderne, c'est-à-dire industrielle, et, le moment venu, l'emporter dans une guerre mondiale. La première avait été remplie, au prix d'une dépense inouïe de souffrances et de pertes humaines. Staline, quand je le vis, achevait d'accomplir la seconde au milieu des tombes et des ruines. Sa chance fut qu'il ait trouvé un peuple à ce point vivant et patient que la pire servitude ne le paralysait pas, une terre pleine de telles ressources que les plus affreux gaspillages ne pouvaient pas les tarir, des alliés sans lesquels il n'eût pas vaincu l'adversaire mais qui, sans lui, ne l'eussent point abattu. Pendant les quelque quinze heures que durèrent, au total, mes entretiens avec Staline, j'aperçus sa politique, grandiose et dissimulée. Communiste habillé en maréchal, dictateur tapi dans sa ruse, conquérant à l'air bonhomme, il s'appliquait à donner le change. Mais, si âpre était sa passion qu'elle transparaissait souvent, non sans une sorte de charme ténébreux.

De Gaulle évoque, dès son premier entretien avec Staline, la question allemande et lui expose ses propositions sur la Sarre, le Rhin, la Ruhr : mais c'est pour s'entendre répondre que « les solutions ne pouvaient être étudiées que dans des négociations à quatre », c'est-à-dire qu'elles dépendraient d'un accord avec les Américains et les Anglais [17]. Et, par la suite, de Gaulle n'y revint qu'une seule fois, sans même que Staline lui réponde. En revanche, celui-ci lui propose un pacte franco-soviétique contre toute résurgence de menace allemande, que de Gaulle accepte, écartant à nouveau l'idée d'une simple adhésion de la France au pacte anglo-soviétique de 1942, que Churchill venait de suggérer à Staline, sans l'en avoir prévenu. Et, presque aussitôt, survint l'obstacle : les Soviétiques voulaient que la France reconnaisse officiellement le « Comité de Lublin », c'est-à-dire le gouvernement à prépondérance communiste qu'ils avaient installé en Pologne, et en faisaient, manifestement, la condition de la signature du pacte. De Gaulle ne voulait pas y consentir. Il ne croyait pas que ce « Comité » était représentatif de l'ensemble des Polonais, et une rencontre avec ses dirigeants le confirma dans son refus. De plus, il entendit Staline parler du sort des pays de l'est de l'Europe de telle sorte que, de toute évidence, celui-ci entendait y établir des régimes favorables à l'Union soviétique. Il en fut donc convaincu : le partage de l'Europe dont Churchill lui avait parlé en novembre, allait se faire de façon plus rigoureuse encore que prévu, en deux zones d'influence : la Grèce du côté anglais, tout le reste du côté soviétique. De Gaulle était trop réaliste, trop sceptique sur le véritable comportement des grands Etats envers le libre choix des peuples, trop attentif aux données stratégiques, pour ignorer que les victoires soviétiques à l'est de l'Europe risquaient de tout décider. Mais il ne voulait pas apporter sa caution à ce partage ni à la rupture d'équilibre qui en résulterait sur le continent. D'autant plus que les Occidentaux, et avant tout les Etats-Unis, disposaient des moyens de négocier et de limiter peut-être les ambitions de l'URSS.

L'histoire des discussions franco-soviétiques se résumèrent donc, très simplement, en son refus de reconnaître le « Comité de Lublin » en échange de la signature d'un pacte. Elle s'acheva dans la nuit du 9 au 10 décembre quand de Gaulle, ayant quitté la salle de cinéma où Staline l'avait invité, prit congé de lui et se retira, prescrivant à Bidault d'arrêter les pourparlers : après quoi, les Soviétiques se contentèrent de l'annonce ultérieure, le 28 décembre, de l'envoi d'un officier français, le futur ministre Christian Fouchet, auprès du « Comité de Lublin », et le pacte fut signé.

De Gaulle n'avait cessé d'observer Staline. Il le voyait « qu'il parlât ou non, les yeux baissés [crayonnant] des hiéroglyphes ». Il l'observait, écoutant, « tout en traçant des barres et des ronds ». Il le découvrait dans un extraordinaire jeu de scène, portant trente toasts à ses ministres, maréchaux et fonctionnaires, et les apostrophant, tantôt admiratif, tantôt impérieux, tantôt menaçant :

> Cette scène de tragi-comédie, écrit de Gaulle, ne pouvait avoir pour but que d'impressionner les Français en faisant étalage de la force soviétique et de la domination de celui qui en disposait.

Au fond, il lui sembla se trouver toujours devant un homme qui « jouait » sans cesse un personnage. Et même quand, après la signature solennelle du pacte, un nouveau banquet improvisé en pleine nuit et les adieux officiels, il se retourna et le vit une dernière fois : « J'aperçus Staline assis, seul à table, il s'était remis à manger. » Mais il garda toujours le souvenir de l'un des propos de Staline — qu'à coup sûr l'interprète n'aurait pas pu inventer — et qu'il répéta souvent durant des années : « A la fin des fins, il n'y a que la mort qui gagne » — comme si, quand tout fut dit entre eux, ils avaient eu, un instant, le même sentiment de l'insignifiance des choses.

Si le voyage que de Gaulle venait de faire à Moscou fut alors salué comme un considérable succès par la presse française, l'ensemble des milieux politiques, et même par les observateurs étrangers, le bilan en a été, par la suite, très critiqué. On a remarqué naturellement que Staline s'était gardé de donner son aval au projet français, même présenté dans ses grandes lignes, concernant la Sarre, le Rhin et la Ruhr. On a contesté la portée réelle de la résistance opposée par de Gaulle à la reconnaissance officielle du gouvernement polonais de Lublin : puisqu'il avait accepté qu'une liaison fût établie avec celui-ci, ne l'aurait-il pas, au fond, reconnu *de facto* ? On a suggéré même que l'enjeu de la rencontre de Gaulle-Staline était une sorte d'échange : la Russie soutiendrait les idées françaises sur le Rhin si la France reconnaissait le gouvernement formé par les communistes polonais : en s'y refusant de Gaulle aurait perdu toute chance d'avoir l'appui de Staline dans la question allemande, à moins que celui-ci, ne voulant pas s'engager sur l'Allemagne, se soit contenté d'une reconnaissance partielle du gouvernement de Lublin en attendant de l'imposer sur place, en Pologne, et d'obtenir plus tard, sa reconnaissance officielle... Rien ne permet de dire que de Gaulle ait envisagé cet échange ni qu'il ait cru que c'était là l'enjeu de ses négociations avec les Soviétiques. Au contraire, il avait si peu d'illusions sur les motifs guidant les grands Etats qu'il constatait, par simple réalisme, que la Russie avait toutes chances d'imposer en Pologne la solution qu'elle préférait, c'est-à-dire la mise en place d'un gouvernement communiste. Si on pouvait peut-être l'en détourner, ce ne serait qu'au prix d'un marchandage où les Etats-Unis et la Grande-Bretagne interviendraient avec les meilleures cartes. En attendant, la France, pensait-il, n'avait pas intérêt à anticiper sur ce qui pourrait arriver ni, en particulier, à renforcer prématurément l'autorité du gouvernement de Lublin. De Gaulle ne croyait pas qu'il fût représentatif du peuple polonais : il le dit en termes très abrupts à Géraud Jouve, rédacteur en chef de l'Agence France-Presse qui l'accompagnait à Moscou[18]. Mais comme il n'avait pas d'illusions non plus sur la volonté de Staline d'installer ses protégés à la tête de la Pologne libérée et par conséquent sur le règlement final de la question polonaise, il ne vit pas d'inconvénient à l'envoi de Christian Fouchet auprès du gouvernement de Lublin.

De même ne fut-il pas surpris par la réponse de Staline aux propos qu'il lui tint sur le sort de l'Allemagne. Il avait dit à son entourage, avant son départ pour Moscou, qu'il n'obtiendrait pas tout ce qu'il aurait pu souhaiter : c'est au règlement de l'affaire allemande qu'il pensait[19]. Il savait déjà que Staline verrait dans son projet d'un statut particulier pour la Rhénanie et la Ruhr le dessein à peine dissimulé d'un ensemble organisé de l'Europe de l'Ouest, c'est-à-dire de ce « bloc occidental » qui lui inspirait tant de méfiance. Il savait aussi que Staline prévoyait de discuter d'abord du sort de l'Allemagne avec Roosevelt et Churchill, et qu'il ne prendrait auparavant aucun engagement envers la France. Du reste, comme on l'a dit, l'échange de vues sur la question allemande fut, au fond, très bref. Ce que de Gaulle voulait, c'était le pacte franco-soviétique comme démonstration spectaculaire du retour de la France sur la scène du monde, la consacrant comme interlocuteur direct de la Russie. Ce résultat immédiat, il l'obtint, mais pour lui, ce n'était qu'un point de départ. Dans le monde d'après-guerre, on le savait déjà, l'Union soviétique et les Etats-Unis seraient les puissances dominantes. La France aurait naturellement besoin de l'aide américaine pour sa reconstruction : il ne fallait pas qu'elle en dépende au point de perdre toute liberté d'action. Si Américains et Soviétiques venaient à s'opposer partout, comme beaucoup le prévoyaient, il ne fallait pas que la France ne soit qu'une pièce sur l'échiquier où les Etats-Unis seraient, de toute façon, la puissance principale à l'ouest. Son pessimisme historique portait de Gaulle à croire que l'on irait à nouveau vers de lourdes menaces et de graves tensions, peut-être même vers des épreuves de force : mais c'est surtout alors que la France devrait conserver son indépendance pour tenir compte d'abord de ses intérêts, et par conséquent maintenir un dialogue direct avec Moscou. Telle était à ses yeux la portée véritable de sa rencontre avec Staline et du pacte qu'il avait signé avec lui.

Dans l'immédiat, bien du chemin reste à accomplir avant que la France ne retrouve le « rang » que de Gaulle veut pour elle. Il le vérifie aussitôt après son retour de Moscou quand il apprend que Roosevelt, Churchill et Staline vont se rencontrer sans lui pour parler des ultimes conditions de la victoire et des premières décisions à prendre pour l'après-guerre. Il proteste auprès d'eux dans une note remise le 15 janvier 1945, mais il sait déjà que Churchill, seul, a été favorable à une présence française à cette prochaine conférence « au sommet » : c'est une nouvelle occasion pour lui de vérifier que le gouvernement britannique ne peut imposer ses vues à ses deux trop puissants alliés et qu'il se préoccupe surtout de ne pas s'éloigner des positions américaines. Staline ne tient pas à l'entendre évoquer à nouveau le sort de la Pologne et des autres pays de l'est de l'Europe, et Roosevelt ne veut toujours pas que la France soit associée aux principaux vainqueurs de la guerre. Du moins celui-ci envoya-t-il à Paris son conseiller le plus proche, Harry Hopkins, pour s'informer des conceptions françaises. Ce fut l'occasion, pour de Gaulle, de rappeler que la France, aux heures dramatiques de 1940, n'avait pas reçu des Etats-Unis l'appui, au moins symbolique, qui aurait peut-être permis à son gouvernement de poursuivre la guerre, puis de suggérer qu'elle était encore, dit-il à Hopkins, « nécessaire au monde et à vous-mêmes ».

Mais s'il ressentit sa mise à l'écart avec amertume, Yalta allait procurer à la France de nouveaux et très appréciables succès. Malgré les réticences de Staline et de Roosevelt, il fut décidé qu'il y aurait une zone française d'occupation prise sur les régions prévues pour les Etats-Unis et la Grande-Bretagne et, très logiquement, que la France ferait partie de la Commission de contrôle alliée chargée, en principe, de gérer l'ensemble de l'Allemagne. De plus, il fut convenu que, dans la future organisation des Nations unies, la France aurait un siège permanent au Conseil de sécurité, à l'égal des autres grands vainqueurs de la guerre : les Etats-Unis, l'Angleterre, la Russie, la Chine.

C'était, pour la politique menée par de Gaulle, un impressionnant bilan. Il supporta mal, bien entendu, de n'avoir pu montrer qu'il l'avait arraché par sa présence personnelle à Yalta et il est révélateur que, dans ses *Mémoires*, il parle des résolutions prises par la conférence, en usant de litotes, les considérant comme « nullement désobligeantes » et apportant à la France d'« importantes satisfactions ». Ces résultats resteront acquis et constituent peut-être l'étape la plus importante vers le retour de la France à son « rang », avec des conséquences pratiques engageant tout l'avenir puisque rien, désormais, ne pourra se décider pour l'Allemagne sans l'accord de la France, et puisque, dans tout débat international, elle disposera, comme membre permanent du Conseil de sécurité, d'un droit de veto.

Mais de Gaulle n'a pas pour méthode de s'en tenir longtemps à ce qu'il vient d'obtenir ni d'apporter sa caution à des décisions auxquelles il n'a pas pris part. Et c'est aussitôt l'occasion d'un incident mal compris et mal accepté par l'opinion française telle qu'elle s'exprimait à travers la presse et les partis, mal jugé à l'étranger et dont on peut penser, avec le recul du temps, qu'il pouvait être évité.

C'est que la Conférence avait pris, par ailleurs, des dispositions concernant l' « Europe libérée » qui laissaient prévoir, pour autant qu'on ait pu le savoir à Paris, un partage entre diverses zones d'influence, malgré des assurances verbales d'intentions démocratiques. De Gaulle, spontanément hostile à tout arrangement qui remettait le sort de la vieille Europe à la décision des très grandes puissances, américaine et soviétique, y vit la menace d'une solution désastreuse à ses yeux. De plus, il soupçonnait les Alliés d'avoir pris des arrangements secrets concernant l'Orient et l'Asie. Il ne voulait donc, en aucune manière, donner l'impression qu'il ratifiait un ensemble de dispositions dont il n'avait pas pu discuter lui-même ni prêter la main à un règlement qu'il était loin d'approuver.

Tel était son état d'esprit quand l'ambassadeur des Etats-Unis à Paris, Jefferson Caffery, lui transmit une invitation du président Roosevelt : celui-ci proposait de le rencontrer à Alger, sur son trajet de retour aux Etats-Unis. Il lui sembla que cette rencontre, à cette date, donnerait l'impression d'une ratification, par la France, des décisions prises à Yalta : c'est l'argument majeur qui l'emporta dans l'esprit des ministres qui participèrent au Conseil où il fut décidé de repousser l'offre de Roosevelt — excepté Georges Bidault, qui était hostile à ce refus, mais qui, semble-t-il, n'exprima que des réserves [20]. Sans nul doute, des raisons de prestige s'y ajoutaient : de Gaulle avait été sensible au refus de Roosevelt de venir à Paris, en novembre, et se montrait agacé d'être maintenant reçu par le président des Etats-Unis à Alger, c'est-à-dire dans un port juridiquement français, après que celui-ci eut reçu, à bord du même bateau, les monarques et présidents de plusieurs États du Proche-Orient. Toujours est-il que son refus révéla, tout à coup, la discordance qui existait, sans que l'on s'en fût encore nettement aperçu, entre l'opinion française et l'ancien chef de la France libre.

Irritée, la diplomatie américaine donna la plus grande publicité à l'incident, qui, de ce fait, prit des proportions que le gouvernement français n'avait nullement prévues. De Gaulle fut alors vivement frappé des réactions de l'opinion.

> En France, écrit-il, la plupart des éléments organisés pour se faire entendre ne manquèrent pas de désapprouver la façon dont j'avais accueilli « l'invitation » à me rendre à Alger. [...] Beaucoup de gens d'affaires s'inquiétaient de mon geste qui dérangeait leurs perspectives de concours américain. Les notables étaient portés, en général, à donner raison à l'étranger, pourvu qu'il fût riche et fort, et à blâmer, du côté français, ce qui pouvait sembler résolu.

Cette fois encore, de Gaulle prit donc la mesure du fossé qui le séparaît des milieux dirigeants, aussi bien dans les partis que dans la presse et dans les affaires. Il vit, dans leurs réactions, une sorte de parti pris de faiblesse, voire de servilité, et son jugement se colorait, secrètement, d'une nuance de mépris. En tout cas, l'épisode prit, dans son esprit, une proportion sans doute exagérée par rapport à l'importance des faits.

> Il me fallait donc constater, écrit-il, que l'idée que je me faisais du rang et des droits de la France n'était guère partagée par beaucoup de ceux qui agissaient sur l'opinion. J'avoue avoir ressenti profondément ce début de dissentiment qui, demain, à mesure des peines, compromettrait mon effort.

Mais quels qu'aient été les motifs ou les arrière-pensées, il n'en demeurait pas moins que le gouvernement français avait assez brutalement déçu l'attente de Roosevelt. De celui-ci, pourtant, dépendait en grande partie le soutien que la France pouvait espérer, tant pour ses revendications en Europe que pour l'aide massive dont son économie avait un urgent besoin. En dépit du jugement que de Gaulle pouvait porter sur le comportement des Etats-Unis à Yalta, à propos des Etats de l'Est européen, on n'avait aucun moyen d'imposer la révision des décisions prises. Par contre, on pouvait préparer le terrain, moralement et diplomatiquement, en vue de dispositions plus favorables à la France puisque de nouvelles conférences internationales auraient à trancher tous les problèmes d'après-guerre. Une rencontre entre de Gaulle et Roosevelt en eût été l'occasion. Les termes du message envoyé par le président des Etats-Unis n'étaient nullement dénués d'amabilité : « Vous êtes prié d'informer le général de Gaulle, écrivait-il à son ambassadeur à Paris, que j'ai anticipé avec la plus vive impatience le plaisir de faire sa rencontre à Alger, d'ici quatre ou cinq jours. C'est avec infiniment de regret que je dois lui faire savoir l'impossibilité d'accepter sa très aimable invitation à visiter Paris en ce moment. J'ose espérer qu'Alger ne lui sera pas désagréable comme alternative[21]. » Du reste, l'infirmité du président aurait pu servir de prétexte pour passer outre à ce que le choix du lieu et des circonstances pouvait avoir de désinvolte de la part de Roosevelt.

La victoire et l'armistice du 8 mai 1945 n'allaient pas mettre un terme aux discussions et dissensions entre la France et ses alliés. Mais dans le récit qu'il en a laissé, de Gaulle fait alors une pause. C'est pour évoquer Hitler. Là encore, il l'a fait avec une si évidente passion littéraire, une si intense curiosité pour un personnage aussi étrange, une telle volonté de comprendre, qu'il faut lire ce portrait pour imaginer ce que de Gaulle était, bien plus que pour le modèle qu'il voulait peindre :

> C'est le suicide, non la trahison, qui mettait fin à l'entreprise d'Hitler. Lui-même l'avait incarnée. Il la terminait lui-même. Pour n'être point enchaîné, Prométhée se jetait au gouffre. Cet homme, parti de rien, s'était offert à l'Allemagne au moment où elle éprouvait le désir d'un amant nouveau. Lasse de l'empereur tombé, des généraux vaincus, des politiciens dérisoires, elle s'était donnée au passant inconnu qui représentait l'aventure, promettait la domination et dont la voix passionnée remuait ses instincts secrets...
>
> L'entreprise d'Hitler fut surhumaine et inhumaine. Il la soutint sans répit. Jusqu'aux dernières heures d'agonie, au fond du bunker berlinois, il demeura indiscuté, inflexible, impitoyable comme il l'avait été dans les jours les plus éclatants. Pour la sombre grandeur de son combat et de sa mémoire, il avait choisi de ne jamais hésiter, transiger ou reculer. Le Titan qui s'efforce à soulever le monde ne saurait fléchir, ni s'adoucir. Mais, vaincu et écrasé, peut-être redevient-il un homme, juste le temps d'une larme secrète, au moment où tout finit.

La page terrible et grandiose de la guerre était tournée. Mais la tâche d'imposer le « rang » de la France dans la paix avait commencé avant que les combats ne s'achèvent. De Gaulle avait impérativement prescrit à de Lattre de franchir le Rhin pour que l'armée française fût en territoire allemand au jour de la victoire et qu'il n'y ait aucun risque que sa zone d'occupation lui échappe. Ce qui fut fait : la 1re armée s'enfonça dans le Palatinat et se déplaça dans le pays de Bade et le Wurtemberg, jusqu'à prendre Stuttgart. Le général Sevez représenta la France à la signature de la capitulation allemande à Reims, et le général de Lattre de Tassigny fut le signataire de l'armistice, à Berlin, sur le même rang, cette fois, qu'Eisenhower, Montgomery et Joukov. Quant à la zone d'occupation française, il fallait renoncer au secteur de Cologne en faveur des Britanniques, et à Stuttgart que les Américains réclamaient, mais, dans l'ensemble, elle correspondait à ce que la France pouvait espérer, formant plus tard les trois Länder de Sarre, de Rhénanie-Palatinat, de Bade-Wurtemberg, tandis qu'à Berlin le secteur français était dans le quartier de Frohnau[22].

Une difficulté, plus inattendue, surgit à la frontière italienne[23]. Là comme ailleurs, de Gaulle n'avait pas voulu que les forces françaises restent l'arme au pied. S'il avait tenu à ce que les « poches » allemandes sur la côte atlantique soient enlevées sans attendre que l'armistice amène leurs garnisons à capituler de manière à libérer en totalité le territoire français avant la fin de la guerre, ce n'était pas pour rester inactif sur les Alpes. Il avait défini les objectifs qu'il voulait atteindre : « laver sur ce terrain les outrages naguère subis, reprendre en combattant les lambeaux de notre territoire que l'ennemi tient encore, conquérir les enclaves qui appartiennent à l'Italie, aux cols du Petit-Saint-Bernard, de l'Iseran, du Mont-Cenis, du Mont-Genèvre, ainsi que les cantons de Tende et de La Brigue artificiellement détachés de la Savoie en 1860 ». Les opérations menées par le général Doyen, avec le renfort prestigieux de la 1re division française libre — dont les hommes auraient beaucoup préféré achever leur aventure sur le sol allemand — répondirent à son attente : ainsi, écrivit-il dans ses *Mémoires* « les combats dans les Alpes, commencés en 1940, poursuivis ensuite par la Résistance, repris enfin par l'armée ressuscitée, finissent par notre victoire ». De Gaulle voulait lui donner un prolongement politique : pour le rattachement de Tende et de La Brigue, peut-être aussi de Vintimille bien que, sur ce point, il n'ait pas pris de décision définitive, et veiller au sort du Val d'Aoste. Sur ce dernier point, il avait peut-être hésité, en tenant compte des origines et de la langue des populations mais, bien qu'il ait noté « le désir presque général d'appartenir à la partie française » chez les Valdôtains, il constatait que, « pendant huit mois de l'année, les neiges du mont Blanc interrompent les communications entre la France et [eux] dont l'existence est, de ce fait, liée à celle de l'Italie », et avait donc pris le parti de ne pas revendiquer la possession de la vallée, exigeant seulement « que Rome en reconnût l'autonomie ». Les troupes françaises, en tout cas, y étaient déjà présentes, ayant assez largement dépassé la crête des Alpes. C'est alors que le commandement américain en Italie et l'ambassadeur des Etats-Unis à Paris, Jefferson Caffry, vinrent exiger qu'elles se retirent sur la frontière de 1939. Il s'agissait, dirent-ils, de ne pas anticiper sur un règlement territorial qui ne pourrait intervenir qu'au traité de paix. De Gaulle y vit aussi l'effet d'une manœuvre de Churchill pour opposer Washington à Paris au moment où la crise du Levant allait s'aiguiser. Il avait, certes, donné l'ordre aux troupes françaises de se maintenir sur place mais Doyen, « plus apte à combattre qu'habile à négocier », écrit l'auteur des *Mémoires de guerre*, avait donné à ses échanges avec le commandement américain un ton particulièrement rude. Du coup, le nouveau président américain, Harry Truman, fut convaincu d'envoyer une sorte d'ultimatum menaçant la France, si elle ne retirait pas ses troupes, de voir suspendues « les distributions d'équipement et de munitions assurées à l'armée française » mais non, toutefois, « les rations de vivres ». Il fut assez facile à de Gaulle de ramener l'affaire à ses simples proportions. Ecrivant à Truman qu'il « n'avait évidemment jamais été dans les intentions ni dans les ordres du gouvernement français ni dans ceux du général Doyen de s'opposer par la force à la présence des troupes américaines dans la zone alpine », il envoya Juin négocier avec l'état-major allié en Italie. Il rejeta pourtant un premier accord prévoyant un retrait progressif jusqu'à la frontière de 1939 et prit, sans attendre, les dispositions pour le rattachement à la France de Tende et de La Brigue, laissant dans le Val d'Aoste une milice locale et un « comité de libération », qui instituèrent immédiatement l'autonomie du territoire. Il n'est pas douteux que l'incident ait encore nourri les préventions de l'administration américaine contre lui, comme les archives l'attestent, mais, comme la suite allait le prouver, il ne pesa d'aucun poids sur le comportement des Alliés, en particulier celui du président Truman.

Celui-ci alla rencontrer Staline et Churchill — remplacé par Attlee après les élections anglaises — à la conférence de Potsdam. La France n'y avait pas été conviée. Mais, cette fois, de Gaulle en prit assez facilement son parti. A son avis, la question allemande ne pourrait plus être tranchée sans la participation française depuis les décisions prises à Yalta et surtout depuis qu'une zone d'occupation et un secteur à Berlin avaient été attribués à l'armée française : quant au reste il jugeait que l'irréversible était accompli, qu'un partage de l'Europe entre l'Est et l'Ouest était en cours et il ne voulait pas lui donner sa caution. Avait-il raison ? On a très souvent écrit qu'il avait contribué plus que tout autre à répandre la « légende » d'un partage de l'Europe conclu à Yalta alors que la déclaration finale de la conférence prévoyait des élections libres en Pologne et dans les pays anciennement alliés à l'Allemagne : la Hongrie, la Roumanie et la Bulgarie. Le fait est que de Gaulle jugea cette garantie dérisoire. Il était convaincu que Churchill s'était résigné au partage de l'Europe en zones d'influence quand, avant même Yalta, il lui avait révélé l'arrangement passé avec Staline. Après quoi, celui-ci l'avait confirmé au cours des entretiens qu'il avait eus avec lui, mettant clairement l'accent sur le rôle de l'Union soviétique dans l'établissement des nouveaux régimes à Budapest, Bucarest et Sofia, et sur celui de la Grande-Bretagne en Grèce. L'accord conclu à Yalta sur la Pologne, qui ne prévoyait qu'un simple élargissement du « comité de Lublin », montrait que la Pologne serait, elle aussi, dans la zone d'influence de l'URSS. Bref, de Gaulle en concluait que, « malgré la référence purement rituelle à de futures élections libres », le partage de l'Europe avait bel et bien eu lieu. L'avenir devait lui donner raison.

Mais peut-être l'histoire aurait-elle pu être différente. Plusieurs historiens de l'après-guerre, Henry Kissinger par exemple, ont soutenu que les Etats-Unis auraient pu négocier avec l'Union soviétique le maintien de régimes démocratiques, comme la déclaration finale de Yalta le prévoyait, en principe : il y eut, en effet, des élections libres en Tchécoslovaquie en 1946 et en Hongrie en 1946 et 1947, ce qui montre que tout, peut-être, n'était pas joué d'avance. Faut-il croire que Staline a voulu répondre à l'apparition de l'armement atomique américain et aux conséquences que leur monopole nucléaire allait avoir pour les relations internationales en constituant, à l'est de l'Europe, un glacis totalement contrôlé par l'Union soviétique où sa puissance militaire conventionnelle ferait équilibre à la puissance américaine et dont la condition était évidemment l'établissement de régimes communistes strictement liés à Moscou ? Ou peut-on croire qu'une négociation pour le maintien de régimes démocratiques en Europe de l'Est était encore possible ? Le fait est que cette négociation ne fut pas engagée et que l'Europe fut partagée.

La conférence de Potsdam confirma les décisions prises concernant la participation de la France au règlement de la question allemande. Elle était donc invitée à participer effectivement au Conseil de contrôle interallié et à tous les comités qui en dépendaient, y compris à la « Kommandatura » qui allait fonctionner à Berlin. Elle prendrait part aussi aux réunions des ministres des Affaires étrangères qui traiteraient des futurs traités de paix et de l'avenir de l'Allemagne. Le gouvernement français en fut informé par plusieurs notes envoyées par les Alliés entre le 30 juin et le 2 août 1945 et il y répondit, le 7 août, en prenant acte de tout ce qui lui était reconnu, mais en mettant en garde contre toutes les décisions qui pourraient aboutir à une réunification allemande dont on n'aurait pas discuté au préalable, tel que l'établissement d'administrations centrales ou une gestion économique unique des territoires allemands, et il laissait déjà entendre qu'il avait ses propres vues concernant la Sarre, la Rhénanie et la Ruhr[24].

Le moment allait venir où il fallait que de Gaulle précise sa politique allemande. Au début de septembre, une première conférence des ministres des Affaires étrangères américain, britannique, soviétique et français, allait s'occuper du sort de l'Allemagne et, dans l'intervalle, il devait se rendre aux Etats-Unis et en parler à Truman. Les idées qu'il avait alors, il devait les résumer en un long passage de ses *Mémoires de guerre*.

> Plus de Reich centralisé ! écrit-il. C'était, à mon sens, la première condition pour empêcher que l'Allemagne retournât à ses mauvais penchants... Au contraire, que chacun des États appartenant au corps germanique pût exister par lui-même, se gouverner à sa manière, traiter de ses propres intérêts, il y aurait beaucoup de chances pour que l'ensemble fédéral ne fût pas porté à subjuguer ses voisins. Il y en aurait plus encore si la Ruhr, arsenal de matières stratégiques, recevait un statut spécial sous contrôle international. D'autre part, les territoires rhénans seraient, certes, occupés par les armées française, britannique, belge et hollandaise. Mais, si leur économie était, en outre, liée à un groupement formé par les Occidentaux,

— rien ne s'opposant, d'ailleurs, à ce que les autres éléments de l'Allemagne vinssent s'y joindre, eux aussi — et si le Rhin lui-même devenait une voie libre internationale, on verrait s'instituer la coopération des activités entre pays complémentaires. Tout commandait enfin que la Sarre, gardant son caractère allemand, s'érigeât elle-même en Etat et s'unît à la France dans le domaine économique, ce qui, grâce au charbon, réglerait la question de nos réparations. Ainsi, le monde germanique, retrouvant sa diversité et tourné vers l'Occident, perdrait les moyens de la guerre mais non ceux de son développement. Au surplus, aucune de ses parcelles ne serait annexée par les Français, ce qui laisserait la porte ouverte à la réconciliation.

Il y avait dans cette conception des éléments très divers et, dans une certaine mesure, contradictoires. Voir dans la centralisation de l'Allemagne la source de son agressivité, c'était se rattacher à une tradition diplomatique française plus adaptée au temps de Richelieu qu'au xxe siècle. C'était voir dans l'unité allemande un phénomène intrinsèquement dangereux, sans considérer les circonstances historiques, les conditions économiques ou les influences idéologiques d'où était venu, plus probablement, ce danger. C'était peut-être attribuer à la Prusse — moteur de l'unité allemande — une responsabilité que les faits n'avaient pas établie, l'hitlérisme, par exemple, étant moins enraciné en Prusse qu'ailleurs. Mais si les « pays allemands » devaient constituer une fédération, on en reviendrait bientôt à l'unité qu'on voulait abolir : à l'époque moderne, les États fédéraux avaient autant de liberté d'action, pour leur politique étrangère, que les Etats centralisés, comme l'avait prouvé, déjà, l'empire de Guillaume II, qui était un Etat fédéral. L'internationalisation de la Ruhr procédait à la fois d'un désir de sécurité européenne et de l'idée d'un contrôle international des matières premières, alors très en vogue, et dont Roosevelt avait entretenu de Gaulle. Rattacher économiquement et stratégiquement les territoires rhénans — et, plus tard, « les autres éléments de l'Allemagne » — à « un groupement formé par les Occidentaux », Français, Britanniques, Belges et Hollandais, c'était déjà concevoir une organisation de l'Europe de l'Ouest, indépendante des Etats-Unis et de l'Union soviétique.

Mais comment imaginer que les Soviétiques puissent abandonner leur part de l'Allemagne à un groupement qui leur apparaîtrait inévitablement comme le rival, sinon l'adversaire, de celui qui se constituait à l'est de l'Europe ? En outre, de Gaulle devait donner à ses conceptions un caractère plus traditionnel et sensiblement moins moderne, en insistant sur le détachement politique de la Rhénanie de l'ensemble de l'Allemagne. Mais comment, alors, envisager que la France puisse prendre la tête de la réconciliation des peuples européens si, pour commencer, elle se faisait la championne de la dislocation de l'Allemagne et de la dispersion de son peuple ?

Quand j'écrivis l'ouvrage que j'ai consacré à de Gaulle en 1964, ces contradictions me paraissaient manifestes, et j'en ai fait état. D'autant qu'alors il s'était engagé dans la voie d'une entente directe avec l'Allemagne sous le signe d'une réconciliation spectaculaire. Ce fut l'objet d'une discussion lors de nos entretiens. Comme je lui faisais observer qu'on ne pouvait se faire le champion d'une entente franco-allemande ni d'une relation nouvelle entre les deux peuples comme il l'avait envisagé lors de ses visites à la zone française d'occupation en 1945 et comme il le pratiquait depuis son retour au pouvoir, en paraissant exiger, en même temps, la division de l'Allemagne, il me répondit d'abord en invoquant la nécessité de ne plus admettre la supériorité de l'Allemagne sur la France telle qu'elle existait avant 1914 et avant 1939. Puis il me dit que, dans les deux cas, par deux voies différentes, il s'agissait de donner à la France le premier rôle sur le continent européen et que l'Allemagne ait un rôle second — je me souviens même qu'il buta sur ce dernier mot, comme s'il hésitait à employer un adjectif trop catégorique. Après quoi, parlant du sort réservé aux propositions françaises de 1945, il me rappela qu'il avait dit et écrit qu'il ne s'attendait pas à ce qu'elles soient approuvées telles quelles par les Alliés, qu'au contraire il n'avait eu à cet égard aucune illusion et que, de toute façon, elles n'étaient pas conçues « pour l'éternité » : mais, me dit-il, c'était un point de départ auquel il fallait se tenir si on voulait obtenir l'essentiel et il me répéta, avec beaucoup d'insistance et même de passion, que les gouvernements de la IVe République n'avaient pas su négocier les gages qu'il avait fait donner à la France.

Il faut, en réalité, pour apprécier les propositions françaises de 1945 sur le problème allemand se reporter à l'époque où elles furent faites et à leur contexte politique, stratégique et diplomatique. Diviser l'Allemagne en plusieurs Etats était alors l'idée la plus répandue parmi les responsables occidentaux. A la conférence de Téhéran, Roosevelt avait prévu qu'elle serait répartie en cinq Etats : la Prusse ; le Hanovre et la Westphalie ; la Saxe ; la Hesse et le sud de la Rhénanie ; la Bavière, le duché de Bade et le Wurtenberg. Il suggérait que le canal de Kiel, Hambourg, la Ruhr et la Sarre soient placés sous le contrôle des Nations unies. Churchill approuva ce plan proposant que les Etats allemands du sud fassent partie d'une confédération danubienne avec l'Autriche et peut-être la Hongrie. C'est Staline seul qui refusa d'y souscrire, estimant que rien n'empêcherait que les Allemands aspirent à leur propre unité : de toute évidence il ne voulait pas d'une décision définitive, surtout pas pour les régions danubiennes, et ses deux interlocuteurs convinrent facilement qu'il fallait tout renvoyer à des discussions ultérieures. Le « plan Morgenthau », prévoyant la transformation de toute l'Allemagne en un pays agraire où les grandes industries seraient démantelées, allait plus loin encore, mais il ne fut retenu ni par Roosevelt ni par Churchill. A Potsdam, Truman fit état de propositions émanant de son administration pour la création d'un Etat rhénanowetsphalien et la sécession des pays du sud de l'Allemagne. Par la suite, les responsables américains se rendirent compte que les Etats-Unis allaient devoir assumer longtemps la lourde charge de restaurer l'économie allemande, sans parler des crédits réclamés par leurs alliés, et ils en conclurent logiquement que l'Allemagne, aussitôt que possible, devrait être viable et capable de se développer elle-même, ce qui interdisait son démantèlement. Les Britanniques s'alignèrent sur leurs positions et il devint clair, presque aussitôt, qu'ils souhaitaient, au moins sous une certaine forme et avec de nécessaires précautions, la réunification de l'Allemagne. De Gaulle, du reste, le constata dès les derniers mois de 1945.

Mais l'Allemagne était déjà divisée. Et bien plus profondément que les projets français ne l'avaient envisagé. Dès l'armistice, elle l'était en sept parties distinctes : le nord de la Prusse-Orientale attribuée à la Russie ; tous les territoires à l'est de la ligne Oder-Neisse attribués à la Pologne ; la zone d'occupation soviétique ; Berlin qui avait un statut spécial, en principe quadripartite ; et les zones américaine, britannique et française. Bientôt, les Etats-Unis et la Grande-Bretagne réunirent leurs zones, mais la Sarre fut détachée de la zone française d'occupation et devint autonome pour dix ans. Plus tard, enfin, le pays, réserve faite des territoires annexés par la Russie et la Pologne, demeura coupé en deux, la « République fédérale » et la « République démocratique » formant deux Etats radicalement distincts et tous deux membres de l'Organisation des Nations unies. C'est dire que la division de l'Allemagne persista plus profondément et plus longtemps que ne le prévoyaient les simples propositions françaises sur la Ruhr, la Rhénanie et la Sarre.

Il faut rappeler surtout que ces propositions n'étaient conçues que dans le cadre d'un règlement global du problème allemand : elles perdaient évidemment leur sens, du moins en grande partie, dès lors qu'Occidentaux et Soviétiques étaient incapables de s'entendre et qu'il apparut que l'est et l'ouest de l'Allemagne auraient un destin radicalement différent. De plus, elles s'inspiraient, comme on l'a vu, de l'idée d'un ensemble européen dont les structures ne pouvaient naturellement pas être définies à l'avance mais qui comprendraient au moins la France, la Hollande, la Belgique et le Luxembourg, peut-être l'Italie et, si elle le voulait bien, la Grande-Bretagne, et dont les régions occidentales de l'Allemagne ne seraient qu'une partie : or, il fut de plus en plus manifeste que les dirigeants britanniques, conservateurs ou travaillistes, ne concevaient pas que l'Angleterre fasse partie de cet ensemble, moins encore que leur politique allemande en dépende, et qu'ils préféraient s'associer étroitement aux Etats-Unis pour fixer le sort futur de l'Allemagne. Enfin, il apparut très vite que les Etats-Unis seraient hostiles à un contrôle international de la Ruhr qui donnerait aux Soviétiques la possibilité d'y prendre pied et que ceux-ci resteraient toujours hostiles à ce qu'ils considéraient comme un « bloc occidental » esquissé, à leur avis, par les projets français. Bref, aucune des conditions nécessaires à leur aboutissement n'était remplie : de Gaulle, comme on le verra, s'en rendit compte mais il n'était pas encore temps, pensait-il, de négocier d'autres options.

En attendant de le vérifier et d'en parler d'abord avec Truman, que de Gaulle devait rencontrer à la fin d'août, la politique française allait continuer à remonter la pente brutalement descendue en 1940. L'année 1945 fut, à cet égard, marquée par une longue série de pas en avant, après ceux franchis à Yalta et Postdam. A Bretton Woods, où l'on avait discuté, l'année précédente, de l'organisation de l'économie mondiale après la guerre, la délégation française, dirigée par Pierre Mendès France, alors commissaire aux Finances, fut active, mais dans un cadre où sa détresse économique affaiblissait inévitablement son poids. Sa part dans le capital du Fonds monétaire international ne fut d'abord que de 4 750 voix, portée après le refus de l'Union soviétique d'y adhérer, à 5 500 sur 88 215, celle des Etats-Unis étant près de six fois plus grande, celle de la Grande-Bretagne près de trois fois. Mais la France prit alors une orientation entièrement nouvelle par rapport à ses choix économiques, commerciaux et monétaires d'avant-guerre, et qui allait l'engager pour toute la suite du siècle. L'objectif choisi était en effet, pour tous les pays participants, la suppression future des restrictions de change, la fin des discriminations commerciales, la convertibilité des monnaies, l'abaissement progressif des droits de douane. Bien qu'il ne fût pas question, naturellement, d'y parvenir à brève échéance, pour des Etats européens en proie à toutes les pénuries, c'était une option décisive, interdisant à l'avance, si on s'y conformait, l'étatisation des économies et toute forme d'autarcie : cette option fut prise alors que de Gaulle était encore au pouvoir.

Avec la mise en place de l'Organisation des Nations unies, c'est l'avenir des relations internationales qui était en cause et la place que la France y occuperait. Les Etats-Unis, l'Union soviétique et la Grande-Bretagne avaient proposé à la France d'être, avec eux, puissance invitante à la réunion où elle serait fondée à San Francisco. De Gaulle, d'abord, accepta, le 23 février. Mais il fit savoir, en même temps, qu'il se réservait de proposer des amendements au projet de charte élaboré auparavant à Dumbarton Oaks[25]. Les Soviétiques jugeant que c'était là revenir sur les décisions prises à Yalta, il se ravisa et refusa donc que la France soit « puissance invitante ». Mais, dès le début de la conférence de San Francisco, elle obtint qu'il ne soit plus question qu'Américains, Soviétiques, Britanniques et Chinois se réunissent à part, comme « invitants » : il n'y aurait donc plus de réunion « à quatre » mais seulement « à cinq » entre membres permanents du Conseil de sécurité, c'est-à-dire avec la France. De ce fait, la France disposerait aussi d'un droit de veto comme les Etats-Unis, l'Union soviétique, la Grande-Bretagne et la Chine, pour peser sur toutes les décisions futures de l'Organisation. Elle obtint aussi que le système de sécurité collective, prévu par la

Charte, n'exclue pas le maintien d'alliances défensives et que la tutelle des Nations unies sur les mandats confiés par la Société des Nations après 1919 — c'est-à-dire pour elle le Cameroun et le Togo — laisse en place son administration jusqu'au moment où ces territoires seraient jugés aptes à l'indépendance. Simultanément elle parvint, grâce à l'appui de la Russie, du Canada, et de plusieurs pays d'Amérique latine, à faire prévaloir le français comme langue faisant foi pour toutes les interventions et décisions officielles de l'Organisation, à l'égal de l'anglais, du russe, du chinois et de l'espagnol et que, de plus, il soit adopté comme langue de travail, avec l'anglais : dans le climat des relations internationales depuis 1940, c'était un succès presque inespéré. Il fut enfin suivi, à la fin de l'année, par la décision de faire de Paris le siège de l'Unesco — l'Organisation des Nations unies pour l'Education, la Science et la Culture — grâce au soutien massif des Etats d'Amérique latine.

On pouvait craindre que l'affrontement franco-britannique en Syrie et l'incident franco-américain sur la frontière italienne aient un effet négatif sur les relations économiques de la France avec ses alliés, qui, dans la détresse où elle se trouvait, avaient naturellement une importance vitale. Le fait est qu'elles ne furent pas perturbées comme on aurait pu l'imaginer — et comme on l'a écrit quelquefois. Après l'exact remboursement à la Grande-Bretagne de toutes les avances consenties par elle à la France libre, une négociation s'engagea qui aboutit, le 27 mars 1945, à l'ouverture d'un crédit de 100 millions de livres sterling à la France, porté bientôt à 150 millions : mais il est vrai qu'il fallait le rembourser à brève échéance, l'Angleterre ayant alors épuisé la plus grande partie de ses réserves monétaires. Quelques jours plus tard, le Canada lui accorda un crédit de 253,4 millions de dollars canadiens. Simultanément se posa la question de la fin du prêt-bail, décrétée par Truman aussitôt après l'armistice du 8 mai. Un accord négocié auparavant par Jean Monnet et l'ambassadeur de France à Washington, Henri Bonnet, avait prévu la livraison à la France de matériels de guerre, de matières premières, de produits pétroliers et de denrées alimentaires pour un montant de 1 675 millions de dollars : tout ce qui n'aurait pas été livré avant la fin des hostilités serait payé en trente annuités à 2,3/8 % d'intérêt tandis qu'une autre catégorie de livraisons, portant sur des locomotives, des wagons, des navires, de l'outillage industriel, du pétrole et des métaux, d'une valeur de 900 millions de dollars ne serait payée que par un acompte d'un cinquième du prix, le reste étant réglé aux mêmes conditions. La fin du prêt-bail obligeait à trouver d'autres arrangements. Un accord fut presque aussitôt conclu avec l'Export-Import Bank qui accorda à la France un crédit de 316 millions de dollars et, en décembre 1945, en même temps que la valeur du franc était réajustée, un nouveau crédit de 550 millions de dollars, à des conditions inspirées de celles du prêt-bail. Tous ces accords comportaient une référence aux engagements que de Gaulle avait pris, au nom de la France, à Bretton Woods sur la libéralisation future des changes et des échanges : c'était bien dans cette voie qu'on s'engageait pour le reste du siècle[26].

Il restait à voir si la politique choisie par de Gaulle allait atteindre ses objectifs, et dans quelle mesure. Tout dépendrait du contexte international mais, d'abord, des choix politiques et stratégiques des Etats-Unis, qui sortaient de la guerre avec tous les moyens de la puissance : les armes atomiques, le potentiel économique, les ressources financières. De Gaulle entreprit donc aux Etats-Unis, à partir du 22 août, un voyage qui devait être le plus révélateur sur le monde de l'après-guerre. Dès son premier entretien avec Truman, il comprit que celui-ci était bel et bien décidé à faire de l'Amérique la principale puissance internationale, la seule en mesure de contenir la Russie, la seule à pouvoir relever les ruines des autres Etats, la seule à être capable de gérer l'ordre économique et politique mondial. Le récit qu'il en fait dans ses *Mémoires de guerre* ne laisse paraître ici aucune émotion, aucun étonnement : tout simplement, il s'y était attendu et ne fut pas surpris. Mais il voulait faire prendre en compte, par son tout-puissant interlocuteur, les intérêts français tels qu'il les concevait. Il prévoyait, en particulier, que sa politique allemande serait contestée. Aussi prit-il soin de la présenter avec mesure et de faire ressortir qu'elle tenait compte des leçons de l'histoire mais s'adapterait aux évolutions à venir.

Du reste, la politique américaine n'était nullement fixée pour toujours et des thèses différentes continuaient à être proposées et discutées à Washington. On a vu qu'à Potsdam, Truman évoquait encore l'éventuelle formation d'Etats distincts à l'ouest et au sud de l'Allemagne. Quelques semaines avant que de Gaulle n'arrive, les services du Département d'Etat, en réponse à une démarche soviétique du 20 juillet en vue d'une participation russe à la gestion du bassin de la Ruhr, envisageaient une solution assez voisine de celle proposée, au même moment, par la France[27].

> Il faut empêcher une nouvelle agression de l'Allemagne, écrivaient-ils dans une note à la Maison-Blanche, même au prix d'une mutilation de son territoire. Si elle garde la Ruhr et la Rhénanie, l'Allemagne vaincue pourra renaître de ses cendres ; il faut donc détacher ces deux provinces, organiser, à la fin de la période d'occupation, un mandat international, demander à la France, la Belgique et la Hollande d'administrer ces territoires sous la supervision du Conseil de sécurité des Nations unies, à la condition que les produits de ces deux provinces soient mis au service de l'économie mondiale, et cela sans discrimination de n'importe quel genre.

Truman, au bas de cette note, avait écrit : « Nous en avons discuté, mais la proposition a été rejetée. » Sa préoccupation, comme celle de tous les responsables américains, était alors d'empêcher les Soviétiques de prendre pied dans la Ruhr par le biais d'un contrôle économique, et de rétablir aussitôt que possible la viabilité économique des zones américaines et britanniques de l'Allemagne, que les Etats-Unis ne voulaient à aucun prix subventionner indéfiniment. Mais, en même temps, les diplomates américains étaient soucieux de concilier ces impératifs avec de bonnes relations avec la France comme on le voit dans un mémorandum du 23 juin adressé à Truman, auquel son chef d'état-major, l'amiral Leahy, fournit à l'avance des arguments en vue de ses entretiens avec de Gaulle : « Une intervention de l'Organisation mondiale [les Nations unies], permettrait donc à l'Union soviétique, membre dirigeant de cette organisation, d'être présente sur le Rhin. Une telle éventualité serait contraire aux intérêts des puissances occidentales, de la France surtout, et menacerait l'équilibre européen [28]. »

Quand de Gaulle parla donc à Truman de ses propositions sur la question allemande — Rhin, Ruhr, Sarre, développement des anciens « Etats » jusqu'au moment de les fédérer — il n'avait aucune chance de le convaincre qu'un contrôle « international » s'exerce sur la Ruhr, puisque le président américain y voyait le risque d'une présence soviétique : comme on le verra, de Gaulle allait d'ailleurs en tenir compte et, quelques jours pus tard, infléchir sa position. De même, Truman, pour que l'Allemagne ou du moins ses zones occidentales, soit viable au plus tôt, s'opposait aux prélèvements sur ses équipements industriels et sa production courante : il accepta toutefois qu'une part du charbon de la Ruhr soit attribuée à la France, à la Hollande et à la Belgique, à condition qu'on la paie en dollars. Pour le reste, il apparut tout de suite que les divergences s'estompaient ou même s'évanouissaient. Truman ne fit pas d'objection à la décentralisation de l'ancien Reich : il était clair qu'il attendait de voir si l'on pouvait s'entendre avec les Soviétiques sur l'ensemble de l'Allemagne, et il voulait ménager toutes les hypothèses.

> Il accueillit fort bien, a écrit de Gaulle, la perspective du rattachement économique de la Sarre à la France parce que la production du charbon et de l'acier serait certainement accrue.

Pour l'occupation de la Rhénanie, en particulier par les Français, de Gaulle prit la précaution de dire que ce serait « pour un certain temps », ce qui ménageait l'avenir.

Car ce que de Gaulle cherche alors à faire comprendre et admettre par ses interlocuteurs américains, c'est que l'histoire oblige la France « à prendre les mesures voulues pour que la menace germanique ne reparaisse jamais », mais qu'il ne s'agit pas là d'imposer un règlement que l'on maintiendrait indéfiniment.

> Notre intention, dit-il à Truman, n'est certes pas de pousser le peuple

allemand au désespoir. Au contraire, nous entendons qu'il vive, qu'il prospère et, même, qu'il se rapproche de nous. Mais il nous faut des garanties. Je vous ai précisé lesquelles. Si, plus tard, il se révèle que nos voisins ont changé de penchants, on pourra revenir sur les précautions initiales.

Propos essentiels, annonciateurs de l'avenir, et dont l'esprit inspirait déjà, comme on l'a vu, les discours qu'il a tenus aux habitants de la zone française d'occupation. Avertir, moins de quatre mois après la fin de la guerre, que les revendications françaises pourraient n'être, suivant l'évolution future du problème allemand, que des « précautions initiales », c'était se donner à l'avance une vaste marge de négociation et une évidente liberté d'action. Tous ses interlocuteurs américains ne l'ont pas compris immédiatement, mais de Gaulle avait dit ce qu'il voulait dire : à cette date et dans ces circonstances.

C'est au cours de ses entretiens avec Truman qu'il exposa pour la première fois — il y revint à quelques reprises par la suite — une analyse — originale et controversable, mais révélatrice de sa conception de l'Histoire — sur le lien entre la question allemande et l'est de l'Europe.

L'équilibre européen est rompu, dit-il à Truman, parce qu'avec le consentement de l'Amérique et de la Grande-Bretagne les Etats de l'Europe centrale et balkanique sont contraints de servir de satellites à l'Union soviétique. Si ces Etats ont en commun avec leur « protecteur » une même crainte nationale de voir renaître l'ambitieuse Allemagne, les liens qui les attachent par force à la politique moscovite en seront d'autant plus dangereux. S'ils constatent, au contraire, qu'il n'existe plus de menace germanique, leurs intérêts nationaux ne manqueront pas de se dresser au-dedans du camp soviétique. D'où, entre eux et leur suzerain, d'inévitables discordes qui détourneront le Kremlin des entreprises belliqueuses, d'autant plus que la Russie elle-même sera, dans ses profondeurs, moins portée aux aventures. Il n'est pas jusqu'à l'Allemagne qui ne puisse tirer parti de la structure rassurante qui doit lui être fixée. Car un régime réellement fédéral serait son unique chance de voir les Soviets permettre aux territoires prussiens et saxons de se lier au tronc commun. La voie où la France propose que nous engagions l'ancien Reich, c'est la seule qui puisse conduire au regroupement européen.

On peut trouver ici une part d'illusion : les pays d'Europe centrale et orientale dotés de régimes communistes ne se détacheraient pas du camp soviétique parce que l'Allemagne aurait cessé d'être menaçante, du moins tant que ce camp resterait solide et homogène, et l'URSS ne renoncerait pas à sa zone d'occupation, devenue un Etat communiste, simplement parce qu'elle serait rassurée par « un régime réellement fédéral ». Mais de Gaulle privilégiait les réalités nationales et croyait qu'on pouvait, à longue distance, prévoir que les intérêts nationaux détermineraient le comportement des Etats — même si un carcan idéologique les contraignait pour le moment : le jour viendrait, en effet, mais il y faudrait de longues années, où les événements survenant à l'Est justifieraient ces analyses. Dans l'immédiat, c'était un argument destiné à convaincre ses interlocuteurs américains de l'intérêt, du moins à terme, de ses propositions pour l'Allemagne : mais les Etats-Unis, bientôt engagés dans la guerre froide, prendraient une autre direction.

Pour le reste, Truman et de Gaulle n'eurent aucun mal, malgré la différence de leurs conceptions et de leurs arrière-pensées, à trouver des terrains d'entente. Au contraire de Roosevelt, sévère pour la colonisation française en Indochine, Truman ne tenait pas à ce que les Etats-Unis la prennent en charge, même par le biais d'une tutelle internationale. Il comprit très bien que la France ne voulait pas que dure l'occupation britannique, au sud, et chinoise, au nord : il déclara que « du côté de Washington, on s'abstiendrait décidément de faire obstacle » à son retour du moment que de Gaulle lui affirmait que ce n'était pas pour y rétablir l'ancien régime colonial — bien que celui-ci ait donné, dans la conférence de presse qui suivit ses entretiens, une vision assez restrictive de ses intentions. Plus encore : de Gaulle entreprit délibérément de montrer à Truman qu'il n'y avait aucune raison pour qu'ils s'opposent sur l'avenir des anciens empires coloniaux, puisque, justement, il en prévoyait lui-même l'émancipation.

> Quant aux pays d'Asie et d'Afrique plus ou moins colonisés, écrivit-il, je déclarai, qu'à mon avis, l'époque nouvelle marquerait leur accession à l'indépendance, réserve faite des modalités qui seraient forcément variables et progressives. L'Occident devait le comprendre et, même, le vouloir. Mais il fallait que les choses se fassent avec lui, non pas contre lui. Autrement, la transformation de peuples encore frustes et d'Etats mal assurés déchaînerait la xénophobie, la misère et l'anarchie. Il était facile de prévoir qui, dans le monde, en tirerait avantage. Nous sommes décidés, dis-je au président, à acheminer vers la libre disposition d'eux-mêmes les pays qui dépendent du nôtre. Pour certains, on peut aller vite ; pour d'autres, non ; en juger, c'est l'affaire de la France.

Quitte à en profiter pour critiquer au passage la politique anglaise au Levant...

On comprend que de Gaulle ait donné de ses entretiens avec Truman un compte rendu qui traduit sa satisfaction. L'accueil spectaculaire que lui réserva ensuite la ville de New York s'y ajouta. Au fond, il voyait bien que les Etats-Unis ne pensaient déjà qu'à leur confrontation avec l'Union soviétique. Il savait aussi que « la France aurait de grandes difficultés à se reconstruire et à se moderniser sans [leur] aide », comme il le dit lors de la conférence de presse qui suivit ses entretiens de Washington. Ses relations avec l'Amérique prendraient donc, sans doute, un cours nouveau, comme le colonel Passy, nommé chef des Services français de Renseignements, vint le dire secrètement — mais était-ce de sa part ? — à l'ambassadeur américain à Paris [29]. La question cruciale serait, pour la France, de préserver à l'avenir, dans ce nouveau contexte, son indépendance et ses intérêts.

Dans l'immédiat se posait d'abord la question allemande. Elle fut abordée quinze jours seulement après les entretiens de Washington au premier « Conseil des ministres des Affaires étrangères » auquel la France était représentée, et qui se réunit du 10 septembre au 20 octobre. Un mémorandum français du 14 septembre réclama donc, comme de Gaulle l'avait annoncé, un statut distinct pour la Sarre, la Rhénanie et la Ruhr, et s'opposa à toute mesure qui préjugerait du sort futur de l'Allemagne avant qu'il n'ait fait l'objet d'un accord général[30]. Mais le sens en était précisé par l'interview que de Gaulle a donnée au *Times*, le 10. Il y insistait sur l'importance du statut économique et militaire de la Ruhr et du Rhin, non seulement pour la France elle-même, mais pour « toute l'Europe occidentale », suggérant ainsi, pour aller au-devant des objections américaines, que l'Union soviétique ne devait pas y avoir de position équivalente à celle des pays d'Europe de l'Ouest. En pratique, le mémorandum français ne fut examiné par les quatre ministres — l'Américain James Byrnes, le Russe Molotov, l'Anglais Bevin et le Français Bidault — qu'à la vingt-troisième séance...

Dès lors tout se passa comme il était prévisible. Bevin s'opposa à ce que la zone d'occupation britannique — où la Ruhr se trouvait — soit l'objet de décisions particulières. Molotov, soupçonnant dans le projet français la formation d'un « bloc occidental », répliqua en demandant un contrôle « à quatre » de la Ruhr, ce qui lui fut refusé, et en obtenant une réunion des ministres des Affaires étrangères « à trois », sans la France, à propos du Japon, de la Roumanie et de la Belgique — qui sera la dernière de ce genre. Et le ministre français riposta très logiquement, en refusant la création d'administrations centrales pour l'Allemagne — quitte à s'attirer les vives critiques du gouverneur de la zone américaine, le général Lucius Clay, qui jugea qu'elles étaient indispensables à la reprise de l'activité économique allemande, et donc aux réparations réclamées par la France[31]...

De toute évidence, chacun campe sur ses positions, et garde ses atouts en attendant que de vraies négociations s'engagent. Entre Soviétiques et Occidentaux, comme on le sait, elles ne devaient pas aboutir, et l'Allemagne serait, pour quarante ans, partagée entre les deux camps opposés. C'est donc entre Américains, Britanniques et Français qu'il faudrait négocier, dans un contexte radicalement nouveau. De Gaulle s'y était préparé, comme on l'a vu, dès ses entretiens avec Truman. Mais alors il ne serait plus au pouvoir.

Chapitre 21

LA REPUBLIQUE EN JEU

En mai 1943, un numéro clandestin de *Défense de la France* publiait un éditorial où l'on pouvait lire que la IIIe République était bien morte puisqu'elle avait accepté la défaite et l'abdication, que les anciens partis ne signifiaient plus rien et que leurs leaders étaient définitivement écartés. L'auteur en était Philippe Viannay. Il appartenait à la tendance la plus socialiste des mouvements de Résistance et, par méfiance envers le risque d'une emprise excessive des communistes, allait s'opposer, deux ans plus tard, à la fusion du MLN et du Front national avant de faire partie dans les années 1950 de divers groupes de la gauche socialiste proches de l'hebdomadaire *France-Observateur. Défense de la France* était l'organe d'un mouvement de zone Nord qui recrutait ses membres parmi les étudiants et les cadres de l'industrie et de l'administration [1]. Les communistes tendaient à y voir l'émanation d'une bourgeoisie, peut-être réformiste, mais à coup sûr technocratique et peu révolutionnaire, étrangère aux traditions du monde ouvrier. Pourtant, ses dirigeants se voulaient eux-mêmes socialistes : Jean-Daniel Jurgensen et Robert Salmon allaient adhérer à la SFIO après leur élection à la première Assemblée constituante et Philippe Viannay, dans son pamphlet *Nous sommes des rebelles,* dénoncerait, dès l'hiver 1944-1945, le retour aux structures traditionnelles de l'Etat. Ils étaient tous proches du journal *Combat,* où Albert Ollivier, l'un des principaux éditorialistes de ce quotidien, et Jacques Marette, futur ministre de la Ve République, suivraient de Gaulle, avec d'autres, quand celui-ci fonderait le RPF.

Ils ne faisaient, au fond, qu'exprimer la position commune à l'ensemble de la Résistance intérieure et aux anciens partis politiques [2]. *Le Populaire* du 15 avril 1943 écrivait sous la signature de Nicolas Moreau : « En abdiquant leur pouvoir constituant entre les mains d'un ennemi de la République, dont ils savaient pertinemment que le premier acte serait de les dessaisir même de leur pouvoir législatif, Chambre et Sénat ont signé leur propre déchéance. » François de Menthon, qui allait représenter au gouvernement d'Alger les résistants d'inspiration démocrate-chrétienne écrivait que « l'ignominie, l'absurdité et la trahison du régime de Vichy n'ont pas fait oublier aux hommes de la Résistance les responsabilités des hommes de la IIIe République et la dégénérescence évidente de ce régime ». Et, la veille de la Libération, en juillet 1944, *L'Humanité*, au nom des communistes, insistait : « Il est à peine besoin de dire que le peuple de France ne saurait accepter que l'on remette en scène les politiciens. »

Cette condamnation ne semblait pas le seul fait des mouvements ou des partis engagés dans la lutte active contre l'ennemi et Vichy : l'opinion publique, en apparence, partageait le même sentiment. Ni dans la presse ni dans la littérature de l'époque, ni dans les souvenirs des contemporains il n'y a trace d'une quelconque indulgence envers les institutions qui sombrèrent en juillet 1940. Moins encore envers les hommes qui les avaient incarnées. Un sondage de l'Institut français d'opinion publique, en juillet 1945, montrait leur discrédit : 10 % des Français souhaitaient le retour au pouvoir d'Edouard Daladier, mais 62 % le redoutaient ; Paul Reynaud n'avait pas beaucoup plus de fidèles et à peine moins d'ennemis : 14 % contre 54 %. Léon Blum était un peu plus favorisé : 32 % contre 44 %. Seul, Edouard Herriot avait laissé, semblait-il, un assez bon souvenir : 46 % souhaitaient son retour, 31 % n'en voulaient pas. Tout semble donc interdire la résurrection du régime d'avant-guerre.

« Les années d'occupation ont rendu à la République une valeur de symboles » : ainsi s'exprimaient, sous les pseudonymes de Jacquier et Bruère, Michel Debré et Emmanuel Monick dans l'ouvrage qu'ils rédigèrent peu avant la Libération, *Refaire la France*. La volonté de rétablir la liberté et la démocratie, qui ne faisait qu'un avec la lutte contre l'ennemi, avait redonné noblesse et jeunesse à l'idée de République. « Celle-ci, écrivait le ministre François de Menthon, allait se dégager d'elle-même, purifiée et renouvelée, des sacrifices, des souffrances, des camaraderies de la Résistance. Je demande qu'on comprenne que la République renaît non seulement sous le signe du patriotisme, mais aussi sous le signe de la souffrance et de la grandeur humaine, sous le signe du sacrifice. » Ce vocabulaire, d'une évidente tonalité chrétienne, traduit à la fois l'état d'esprit, plein d'ardeur et de rigueur morale, de la Résistance et l'adhésion sans retour des catholiques français à l'idée républicaine. Désormais hors de toute contestation, celle-ci avait du reste été proclamée catégoriquement par l'ordonnance du 9 août 1944 : la forme du gouvernement est et demeure la République.

A ce sentiment républicain, unanimement partagé, une exigence nouvelle s'ajoutait : celle d'un gouvernement fort. Les équipes de l'école d'Uriage, naguère consacrées à former les cadres des Chantiers de jeunesse créés par Vichy, mais passées, en bloc, à la Résistance, affirmaient, dans l'une de leurs publications, que le problème politique « est moins celui du régime que celui de l'autorité ». Jacquier et Bruère plaident, dans leur livre, pour un gouvernement « fort et stable ». Il n'est pratiquement pas un seul texte sur le régime futur qui ne répudie l'instabilité et la faiblesse des gouvernements d'avant-guerre. Et de Gaulle lui-même exprimait le sentiment général à Alger, le 3 novembre 1943 :

> La nation veut que les hommes qu'elle chargera de la gouverner aient les moyens de le faire avec assez de force et de continuité pour imposer à tous, au-dedans, la puissance suprême de l'Etat et poursuivre, au-dehors, des desseins digne d'elle.

Comment traduire ces exigences dans les institutions futures ? C'est à quoi prétendaient répondre les projets qui commencèrent d'apparaître dès 1942, se multiplièrent en 1943 et plus encore aux approches et au lendemain de la Libération [3].

Le plus discret fut longtemps le parti communiste qui, délibérément, privilégiait l'immédiat, et refusait de s'engager dans des controverses sur l'avenir. En janvier 1944, pourtant, il publia à Alger, son projet de constitution. L'intégralité du pouvoir irait à une Assemblée nationale unique, élue au suffrage universel. Les élus seraient révocables par les électeurs. Communes et départements auraient une large autonomie financière et politique, garantie par la suppression des préfets et des sous-préfets. Les juges, à tous les degrés, seraient élus. Les « monopoles de fait » seraient nationalisés. Toutes les élections se feraient à la représentation proportionnelle, et l'on serait électeur dès l'âge de dix-huit ans. Les armées seraient soumises à l'autorité suprême de l'Assemblée nationale. Devant elle, évidemment, le gouvernement serait responsable, le président de la République n'ayant que des pouvoirs très réduits. C'était donc un régime parlementaire que voulaient les communistes, puisque celui-ci se définit principalement par la responsabilité gouvernementale devant l'Assemblée législative, mais la prépondérance de l'Assemblée nationale serait si exclusive qu'il s'apparenterait davantage à un régime conventionnel.

A l'extrême opposé, il y eut alors quelques partisans d'un régime présidentiel. Léon Blum, dans son livre *A l'échelle humaine*, écrit en prison, affirma que « le régime parlementaire représentatif ne constitue pas la forme de gouvernement démocratique exactement adaptée à la société française... [et qu'] il faut ne jamais perdre de vue que le parlementarisme n'est pas la forme exclusive et nécessaire de la démocratie ». Il en venait donc à proposer un système tout différent : « J'incline pour ma part, écrivait-il, vers les systèmes de type américain ou helvétique qui se fondent sur la séparation et l'équilibre des pouvoirs et par conséquent sur le partage de la souveraineté, et assurent au pouvoir exécutif dans sa sphère propre d'action une autorité indépendante et continue [4]. »

En 1942, Jules Moch, qui n'avait pas encore rejoint Londres et, psychologiquement, était alors plus près des dirigeants des mouvements clandestins que de ses anciens collègues du Parlement ou de la SFIO, rédigea un projet de Constitution qui voulait rendre compatibles régime parlementaire et autorité de l'exécutif[5]. Celui-ci appartiendrait à un seul homme, à la fois président de la République et chef du gouvernement, élu en début de législature par la majorité de l'Assemblée. S'il était mis en minorité sur une question de confiance, il se retirerait et l'Assemblée serait aussitôt dissoute. Le chef de l'exécutif pourrait demander le vote d'une loi par référendum, tout comme l'Assemblée. Il pourrait aussi demander à cette dernière de réexaminer les projets de lois qu'elle viendrait d'adopter. Vincent Auriol, dans son livre *Hier et Demain*, écrit en 1942-1943, proposait aussi que le chef de l'exécutif soit un « chef unique et réel », élu par l'Assemblée nationale, et que, seul, un vote spécial de censure pourrait renverser, tandis que l'Assemblée nationale partagerait le pouvoir législatif avec un Conseil national des provinces et que l'indépendance du pouvoir judiciaire serait défendu par l'instauration d'un Conseil suprême de justice et d'une Haute Cour de justice.

Les conceptions d'André Philip s'ordonnaient autour d'une trilogie : un gouvernement, une assemblée, un plan. Il envisageait aussi la dissolution au cas où le gouvernement serait renversé, une Déclaration des Droits de l'homme, et le recours au référendum si la Cour de cassation jugeait qu'une loi n'était pas conforme à la Constitution.

Le parti socialiste publia, à son tour, son propre projet, en novembre 1945. Il retenait le principe du référendum et la nécessité d'un statut des partis, et prévoyait une Assemblée unique dont le élus pourraient être révoqués par leur parti, et qui élirait un président du Conseil qu'elle pourrait renverser « par le vote d'une motion de censure déposée deux jours à l'avance et votée à la majorité absolue des députés », une seconde crise gouvernementale, au cours d'une même législature et suivant la même procédure, entraînant la dissolution automatique de l'Assemblée en même temps que le départ du gouvernement.

Les idées avancées par les dirigeants des mouvements de Résistance n'étaient pas foncièrement différentes. Paul Coste-Floret dans *Combat*, le 7 août 1943, proposait seulement que la deuxième Assemblée soit issue du suffrage universel organisé par professions et que le président de la République soit élu par les conseils régionaux[6].

Robert Salmon et Jean-Daniel Jurgensen, dans *Les Cahiers de Défense de la France* de janvier 1944, préconisèrent, eux aussi, un régime présidentiel : une Assemblée unique serait élue à la représentation proportionnelle, complétée par plusieurs conseils — judiciaire, économique, social — et pour renforcer le caractère présidentiel du régime et la séparation des pouvoirs ils prônèrent, très logiquement, l'incompatibilité entre mandat parlementaire et fonction ministérielle. Enfin, un *Cahier de l'OCM*, en juin 1942, audacieusement intitulé « Etudes pour une nouvelle révolution », contient un projet détaillé de Constitution, où le chef de l'Etat serait élu au suffrage universel et rééligible, et les ministres, en nombre défini, responsables seulement devant le président[7]. L'originalité du projet était dans la suppression du Parlement remplacé par des chambres régionales et au niveau national, par un Sénat, élu pour neuf ans et renouvelable par tiers tous les trois ans qui pourrait être dissous en cas de conflit avec le président, une « Cour suprême de légalité », se recrutant par cooptation, vérifiant la constitutionnalité des lois. Ce sont là les trois seuls projets de Constitution présidentielle de toute la littérature politique de l'époque.

Tous les autres, imaginés à Londres, à Alger ou à Paris, étaient de nature parlementaire.

Une première esquisse de projet constitutionnel, rédigée en 1943 par le « Comité général d'études » qui assistait le CNR, et dont François de Menthon était l'inspirateur, excluait la remise en vigueur de la Constitution de la IIIe République, mais en maintenait les institutions principales — président de la République, président du Conseil, Chambre des députés, Sénat — en les plaçant sous l'égide d'une nouvelle déclaration des droits du citoyen : le président de la République serait élu par un collège plus large qu'autrefois, incluant les conseillers généraux et les représentants des communes, ses actes devraient être, comme auparavant, contresignés par un ministre, et la stabilité gouvernementale serait assurée par le vote annuel d'une motion de confiance, la dissolution de l'Assemblée nationale devant rester exceptionnelle[8]. Soumis aux mouvements de Résistance, ce projet eut peu de succès : pour les uns, il était trop semblable à la Constitution de 1875, pour les autres, en particulier, communistes, il maintenait les privilèges exorbitants d'un Sénat conservateur. L'accueil de la plupart des résistants montrait l'écart existant entre leur volonté de rénovation et les limites étroites où s'enfermait déjà le débat constitutionnel...

A Londres, une « Commission des réformes de l'Etat », présidée par René Cassin, se bornait à préconiser une Constitution courte, la séparation des pouvoirs, le maintien d'un régime parlementaire, la préservation de la stabilité des gouvernements par un recours régulier à la dissolution. L'Assemblée consultative, à Alger, donna son avis. Elle souhaitait un président de la République élu pour dix ans par un collège plus large que le Parlement, qui comprendrait une Chambre élue pour cinq ans au suffrage universel et à la représentation proportionnelle et un Sénat représentant les corps de l'Etat, seule la Chambre ayant le contrôle de l'action gouvernementale, et une fois de plus, pour assurer la stabilité de l'exécutif, on prévoyait la dissolution de la Chambre, soit après deux motions de défiance au cours d'une même législature, si le président de la République obtenait sur ce point l'appui des électeurs consultés par référendum, soit, automatiquement, au troisième vote de défiance. Quant au MRP, il suggéra que le président de la République soit élu pour sept ans par un collège élargi et qu'il ait des pouvoirs plus étendus : mais l'essentiel demeurait la responsabilité du gouvernement devant le Parlement et la dissolution automatique de l'Assemblée nationale en cas de vote d'une motion de censure, le projet prévoyant un statut des partis politiques, que souhaitait aussi un groupe de juristes radicaux, sous la présidence de Ribera. Enfin, Paul Bastid, représentant du parti radical au CNR, proposa un texte très proche encore des lois constitutionnelles de 1875.

Seul à être différent des autres, bien qu'aussi de nature parlementaire, était le projet de Jacquier et Bruère — c'est-à-dire Michel Debré et Emmanuel Monick — dans *Refaire la France*. Le président de la République y était le véritable chef de l'exécutif : élu par un collège qui comprendrait, outre le Parlement, des représentants des « organes syndicaux, des conseils généraux, des grandes municipalités, des universités et de la magistrature », il nommerait le gouvernement et pourrait dissoudre l'Assemblée. Ainsi ce projet avait-il pour originalité de vouloir concilier le régime parlementaire — c'est-à-dire la responsabilité gouvernementale devant l'Assemblée — et la suprématie du président de la République, autorité suprême de l'Etat. René Capitant rejoignait, sur ce point essentiel, les préoccupations de Michel Debré et d'Emmanuel Monick, dans un projet publié en juin 1946, mais en y ajoutant des institutons fédérales communes à la France et à ses colonies et protectorats.

Dès son retour à Paris, Léon Blum mit de côté les vues constitutionnelles présentées dans *A l'échelle humaine*, et les projets de régimes présidentiels de l'OCM et de *Défense de la France*, restèrent à l'état de curiosités intellectuelles. Tous les projets constitutionnels des partis politiques, des communistes aux radicaux, en passant par les socialistes et le MRP, ceux de François de Menthon, de Vincent Auriol, du Comité général d'études, de l'Assemblée consultative d'Alger, d'André Philip, de René Cassin, de *Combat* prévoyaient donc un régime parlementaire.

Presque tous, en même temps, mettaient les partis politiques au cœur même de la vie publique. Par réaction naturelle contre les régimes à parti unique, on voit unanimement que c'est dans le libre jeu des partis, exprimant les divers courants d'opinions, que se manifeste la démocratie elle-même. De là l'importance qui leur est accordée dans la plupart des projets de Constitution, et même l'idée qu'il faudrait leur donner un statut. Même *Défense de la France*, où s'exprimaient souvent des idées peu conformistes, n'en était pas moins convaincu que « la forte cohésion et le petit nombre des partis assurerait à la vie politique ce qui lui a toujours manqué : la stabilité » et regrettait que « l'individualisme français ne permette pas dans notre pays la seule présence, comme en

Angleterre ou aux Etats-Unis, de deux grands partis alternant au pouvoir ». Et François de Menthon écrivait dans *Les Cahiers politiques* d'août 1945 : « Les partis sont les instruments indispensables de mise en œuvre et d'avancement de la démocratie... » Bien peu nombreux sont ceux qui pressentent, comme Raymond Aron dans *La France libre* en 1944, que la volonté unanime de voir les partis jouer un grand rôle au sein d'un régime parlementaire devrait susciter des correctifs pour éviter que l'on retombe dans un régime où l'omnipotence des partis entraîne l'instabilité gouvernementale.

De celle-ci, on ne veut plus. Du moins est-ce le vœu proclamé, avec sincérité, par tous les auteurs de projets de Constitution, par tous les partis politiques — réaction naturelle contre la multiplication des gouvernements éphémères à laquelle on avait assisté à la fin de la IIIe République. Mais, en pratique, on ne veut éviter la répétition des crises ministérielles que par quelques précautions et artifices de procédure. Il s'agit toujours d'imaginer des mécanismes qui, telle la menace de dissolution, détourneraient l'Assemblée nationale de renverser trop souvent les gouvernements. Selon les uns, il fallait qu'il n'y ait qu'un gouvernement par législature : la dissolution serait donc automatique dès qu'une motion de censure serait votée. Selon d'autres, il fallait éviter trop de rigidité : la dissolution n'aurait lieu qu'au deuxième ou au troisième vote de défiance, à moins de laisser au président de la République le soin d'apprécier l'opportunité de dissoudre l'Assemblée. Presque tous jugeaient qu'il fallait entourer le vote d'une motion de censure d'une certaine solennité et le faire précéder d'un temps de réflexion : par exemple, un jour franc.

Mais nulle part, semble-t-il, on ne voyait la vanité de ces artifices de procédure. Nulle part, on ne prévoyait que les gouvernements, issus d'un accord entre plusieurs partis seraient renversés ou éclateraient dès qu'entre eux des divergences apparaîtraient. Dès lors, les mécanismes prévus ne joueraient pas. Il n'y aurait aucun besoin de voter des motions de censure solennellement précédées d'un jour de réflexion. Il suffirait que les ministres d'un parti en désaccord avec les autres décident de se retirer pour que le gouvernement tout entier démissionne. S'il voulait se maintenir en place, un vote ordinaire, le mettant en minorité, le contraindrait à s'en aller : pourquoi les partis courraient-ils, en se conformant aux mécanismes constitutionnels, le risque d'une dissolution ? Ainsi les crises ministérielles se produiraient-elles en dehors des mécanismes prévus par la Constitution. Ceux-ci seraient tournés et faussés par les usages de la vie parlementaire. C'est bien des transactions entre partis que l'action gouvernementale résulterait, de leur accord que le gouvernement naîtrait, de leurs désaccords qu'il tomberait.

Ainsi, bien avant qu'une assemblée ne soit réunie pour discuter de la future Constitution, on pouvait deviner qu'elle n'irait pas au cœur de la question principale : celle de l'exécutif, de son indépendance, de sa durée, de ses rapports avec le pouvoir législatif. Faute de s'attaquer à l'essentiel, les affrontements allaient se disperser sur des terrains secondaires mais innombrables. Du rêve d'un grand renouveau, si longtemps caressé par les combattants de la Résistance, on passerait bientôt à d'âpres disputes sur les procédures de vote d'une motion de censure, sur les navettes entre les deux chambres, sur les avantages respectifs de la représentation proportionnelle au plus fort reste ou à la plus forte moyenne. Ce contraste devait marquer profondément un grand nombre d'anciens résistants. Mais, dans l'immédiat, la querelle des institutions servirait de révélateur au véritable rapport des forces entre de Gaulle, les partis politiques et les mouvements de Résistance.

La fin de la guerre imposait qu'un choix fût fait à bref délai entre l'élection d'une Assemblée constituante et celle des Chambres prévues par la Constitution de 1875. Pour les communistes, socialistes et républicains populaires, il fallait évidemment élire une Constituante : à leurs yeux, l'abdication de l'Assemblée nationale en juillet 1940 avait enterré la IIIe République. Au reste, ce point était-il encore en discussion ? Sans doute de Gaulle avait-il pris soin de se référer souvent à la légalité républicaine qu'il s'agissait, pour lui, de rétablir : il avait même, à la Libération de Paris, refusé de « proclamer la République » du haut du balcon de l'Hôtel de Ville, jugeant que la République n'avait jamais cessé d'exister en droit, Vichy n'étant, selon la terminologie employée par le gouvernement provisoire, qu'une « autorité de fait ». Mais fallait-il, pour autant élire une Chambre des députés et un Sénat dans les conditions prévues dans la Constitution de 1875 ? A s'en tenir à certains de ses propos publics, il ne le pensait pas.

> Je crois, disait-il le 27 mai 1942, à Londres, que le peuple français souhaitera unanimement qu'une Assemblée nouvelle, qu'une Convention nationale soit réunie pour exprimer sa volonté.

Le 23 juin 1942, les journaux clandestins publiaient en France une déclaration dans laquelle il prenait un engagement plus précis :

> Une fois l'ennemi chassé du territoire, tous les hommes et toutes les femmes de chez nous éliront une Assemblée nationale qui décidera souverainement des destinées du pays.

Enfin une ordonnance du 21 avril 1944 semblait trancher la question :

> Le peuple français décidera souverainement de ses futures institutions. A cet effet, une Assemblée constituante sera convoquée dès que les circonstances permettront des élections régulières, au plus tard dans le délai d'un an après la libération du territoire.

Et, à son retour en France, de Gaulle avait en effet parlé, le 12 septembre au Palais de Chaillot, puis le 9 novembre devant l'Assemblée consultative, de l'élection d'une future Constituante.

Mais, au printemps de 1945, il était sensible aux avantages d'un retour aux institutions de 1875 et en parla à plusieurs interlocuteurs. Selon lui, on marquerait mieux ainsi la nullité juridique de ce qui s'était passé à partir du 10 juillet 1940. Il n'était d'ailleurs pas seul de cet avis. C'était aussi l'opinion, par exemple, d'André Hauriou, issu d'une famille de juristes et professeur de droit lui-même, président du groupe des « résistants indépendants », très proche des socialistes et qui appartiendra plus tard à leur aile gauche. « Je me permets de me demander, déclara-t-il devant l'Assemblée consultative d'Alger, s'il ne serait pas normal, étant donné que la Constitution de 1875 n'a jamais été formellement abrogée, de procéder à l'élection d'une Chambre des députés et d'un Sénat[9]. » Ses opinions de juriste l'emportaient ainsi chez un homme comme lui, sur le sentiment de presque tous les résistants de sa génération et de sa tendance. De Gaulle prévoyait d'ailleurs que la Chambre des députés et le Sénat, une fois élus, se réuniraient, suivant les dispositions concernant la révision de la Constitution de 1875 et procéderaient aux changements nécessaires, tant pour renforcer l'exécutif, que pour limiter les prérogatives du Sénat et en démocratiser le recrutement. Ainsi l'on ne partirait pas d'un vide juridique, on ne perdrait pas de temps à bâtir, à partir de rien une Constitution entièrement nouvelle, et on sortirait aussitôt du provisoire.

Pour de Gaulle, ces arguments juridiques et pratiques n'étaient pas les seuls à compter. Partir de la Constitution de 1875 présentait à ses yeux de sérieux avantages politiques[10]. Elle accordait en effet de larges pouvoirs au président de la République. Pour les rendre effectifs, il suffisait de trois amendements précis : supprimer, pour ses actes les plus importants, l'obligation du contreseing ministériel, qui l'avait rendu prisonnier d'un gouvernement lui-même responsable devant le Parlement ; ne plus faire dépendre d'un avis conforme du Sénat le droit de dissolution, de sorte qu'il puisse l'exercer pleinement ; élargir le collège électoral chargé de le désigner afin qu'il fût moins dépendant du seul Parlement. En même temps, l'élection d'une Chambre des députés et d'un Sénat imposerait le maintien d'une seconde assemblée, celle-ci ne pouvant songer à se suicider : or, de Gaulle croyait celle-ci nécessaire même si ses pouvoirs — équivalents à ceux de la Chambre des députés sous la IIIe République — devaient être fortement réduits et son recrutement différent. D'ailleurs, il s'interrogeait sur l'éventualité de l'élection d'une Constituante : ne serait-elle pas dominée par l'influence du parti communiste, dont l'emprise sur l'opinion publique semblait très forte ? Ne voudrait-elle prolonger indéfiniment son mandat, comme celle de 1871, restée en fonction durant cinq ans ? Et quelle politique allait-il en résulter si aucune entrave n'était mise à sa toute-puissance, puisqu'elle ferait la Constitution, voterait les lois et déciderait de la formation des gouvernements ?

En mai et juin 1945, de Gaulle multiplie donc ses consultations. Au cours d'une réunion des commissaires de la République, il laisse même entendre qu'un retour, au moins formel, à l'ancienne Constitution susciterait moins de remous et de controverses. Durant un voyage en Auvergne, il déclare :

> Si nous devons parler de choses neuves, cela ne veut pas dire que nous devons tout balayer. Il y a certes des réformes à faire mais pas de bouleversements.

Le 2 juin 1945, il énumère les options possibles : retour aux institutions de 1875, Assemblée constituante ; mais également celle-ci, qu'il énonce pour la première fois :

> Etant sur la table rase, il faut consulter le pays sur les termes qui serviraient de base à sa Constitution, et sur les bases ainsi établies, procéder à des élections.

En même temps, il interroge les principaux groupes politiques. Un entretien avec une délégation socialiste, conduite par Félix Gouin, lui révèle la vigueur des oppositions qu'il risque de rencontrer. Ses arguments en faveur de la continuité républicaine, assurée par l'élection d'une Chambre des députés et d'un Sénat, n'ont aucune prise sur les socialistes. Ceux-ci répondent qu'ainsi l'on anticipe sur les véritables désirs des électeurs : si un Sénat est élu, il voudra continuer d'exister, alors que les Français peuvent vouloir une assemblée unique, et il n'est même pas sûr que les sénateurs consentent à une restriction de leurs pouvoirs. De Gaulle suggère alors que le gouvernement élabore un projet de Constitution, en se limitant à l'essentiel des futures institutions, et demande au pays de l'approuver. Ses interlocuteurs rétorquent qu'il ne serait pas démocratique d'empêcher la future assemblée de discuter de la Constitution de la France, point par point, article par article. Pour répondre à leurs objections, de Gaulle avance l'idée que l'on modifie le mode d'élection du Sénat avant même de le faire élire, ou que les principaux partis représentés au gouvernement, ainsi que lui-même, fassent connaître les changements qui paraissent souhaitables de sorte que les deux chambres, quand elles se réuniraient pour modifier la Constitution, en tiennent forcément compte. Mais Félix Gouin et ses amis demeurent hostiles, jugeant que cette procédure aurait un caractère plébiscitaire.

De Gaulle procède encore à d'autres entretiens. Le secrétaire général du gouvernement, Louis Joxe, informe René Mayer, ministre des Transports et des Travaux publics, très proche du parti radical auquel il appartiendra plus tard, que l'on s'oriente vers un retour aux institutions de 1875 : sa réaction est favorable. Puis il en avertit les dirigeants du MRP : cette fois, l'opposition est vive. En leur nom, Maurice Schumann refuse de cautionner cette restauration des « sépulcres blanchis ». La presse et les motions votées par les congrès ne laissent aucun doute non plus sur l'état d'esprit des mouvements de la Résistance : ceux-ci ne veulent pas d'un retour, même par simple procédure, à l'ancien régime politique.

Non que celui-ci n'ait encore ses adeptes ou ses nostalgiques. Une enquête a eu lieu sur cette question : « Préférez-vous le maintien de la Constitution de 1875 ou une Constitution nouvelle ? » 52 % des Français répondent souhaiter une Constitution nouvelle, 29 % le maintien, avec des modifications, de la Constitution de 1875 et 5 % souhaitent qu'elle soit rétablie telle quelle. Un tiers des Français ne rejetaient donc pas entièrement l'ancienne Constitution. Mais dans la presse et les milieux politiques, elle n'a que de maigres soutiens : des journalistes d'avant-guerre comme Emile Buré et André Stibio dans *L'Ordre*, des modérés, comme Louis Marin, Pierre Lebon et Joseph Denais, des personnalités de la IIIe République comme Joseph Paul-Boncour et Albert Lebrun, des radicaux comme Paul Bastid et Edouard Herriot, qui écrit : « Je soutiens qu'aucun acte valable, ni au temps de Vichy ni depuis la Libération, n'a supprimé la Constitution républicaine. » *Le Figaro*, plus soucieux d'arguments pratiques, plaide à son tour : « La France est encore une grande malade [...] [qui] a des ruines de toutes sortes à relever, des efforts surhumains à fournir [...] A tant de préoccupations va-t-elle ajouter le luxe d'une nouvelle expérience constitutionnelle ? On tremble à l'idée des imprudences qui pourraient être commises à cet égard. »

Cela suffisait à montrer à de Gaulle sur qui il lui faudrait compter, à qui il devrait s'opposer. La droite, ennemie de ses projets de réformes de structure, les radicaux, hostiles à toute rénovation du régime politique et surtout au renforcement de l'exécutif, invoquaient seuls les vertus de l'ancienne Constitution. Ces partis étaient, apparemment, les plus éloignés de la volonté de changement qui animait la majorité du pays : en se prononçant pour leur thèse constitutionnelle, de Gaulle se fût coupé de ceux qui l'avaient le mieux soutenu depuis cinq ans et qui mettaient en lui tous leurs espoirs. Du reste, s'il voyait les avantages pratiques de l'élection des deux chambres conformément à l'ancienne Constitution et d'une révision obtenue selon les procédures prévues par celle-ci, à aucun moment il n'en ignora les inconvénients. Le risque était grand, en effet, que les partis composant les futures assemblées se mettent d'accord pour ne modifier que très peu les institutions de la IIIe République, et surtout pour empêcher le renforcement de l'exécutif. Or, il s'agissait précisément pour de Gaulle, de choisir la procédure qui permette un véritable changement de régime, c'est-à-dire l'établissement d'un pouvoir exécutif qui ne dépende plus des combinaisons ou des mésententes entre les groupes composant l'Assemblée. Sa tactique procéda de cette intention. En laissant mettre en avant l'hypothèse d'un retour à la Constitution de 1875, tandis que les principaux partis faisaient campagne pour une Assemblée constituante, il allait se poser en arbitre et, en faisant le peuple juge des controverses constitutionnelles, il espérait obtenir l'appui des Français pour que la future Constitution fût conforme à ses vues.

Le 8 juillet 1945, un projet est soumis au Conseil des ministres. René Capitant, ministre de l'Education nationale, a été consulté par de Gaulle et a pris part à sa rédaction définitive. Mais plusieurs membres du gouvernement font de sérieuses réserves, dont les socialistes qui regrettent que, dans ce projet, le gouvernement ne soit pas responsable devant la future Assemblée constituante, et les deux ministres communistes manifestent clairement leur hostilité, tout en évitant de devoir quitter le gouvernement. Il est prévu, en effet, que les Français auront à faire un double choix : en votant « oui » à une première question, ils décideront que l'Assemblée qu'ils vont élire sera constituante ou, en votant « non », qu'elle sera la Chambre des députés prévue par la Constitution de 1875 ainsi remise en vigueur. Si, après avoir voté « oui » à la première question, ils votent « oui » à la seconde, ils donneront à cette Assemblée un mandat de sept mois pour faire un Constitution, qui devra être ratifiée par référendum, et pour voter le budget et les lois essentielles que lui proposera un gouvernement dirigé par un président qu'elle aura élu mais qui ne sera pas responsable devant elle.

De Gaulle visait là deux objectifs. En écartant les solutions extrêmes, celles d'un retour au passé et celle d'une Assemblée omnipotente et sans limites de durée, il voulait incarner à la fois la volonté de changement et le désir d'un équilibre des pouvoirs, l'espoir d'une rénovation profonde mais également le souci d'un gouvernement solide. En même temps, il espérait l'appui des électeurs pour faire en sorte que la future Constitution assure l'autorité de l'exécutif. Son premier but, il va l'atteindre ; le second, il le manquera.

Dans l'immédiat, en effet, de Gaulle se heurta à une opposition générale. Les communistes refusèrent en bloc le projet de référendum, le retour à la Constitution de 1875, la limitation des pouvoirs de l'Assemblée constituante. Radicaux et modérés déploraient que l'on ne revînt pas aux institutions d'avant-guerre. « La réponse [au référendum] aura à peu près autant de valeur que le "ainsi soit-il" d'un enfant de chœur », déclara Paul Bastid. Elle ne pouvait être donnée « que pour ou contre le général de Gaulle, [et] il est regrettable qu'il en soit ainsi », ajoutait Gaston Defferre, au nom des socialistes. Ceux-ci ne sont pas seulement opposés à ce qu'ils appellent le caractère plébiscitaire du référendum : ils veulent surtout, que, durant la période transitoire, le gouvernement soit responsable devant l'Assemblée. C'est là, en effet, le trait fondamental de tout système parlementaire, et ils entendent que le retour au parlementarisme soit ainsi garanti à l'avance. Beaucoup d'entre eux soupçonnent toujours de Gaulle de vouloir établir un régime non parlementaire, où le gouvernement échapperait au contrôle de l'Assemblée, alors qu'eux-mêmes n'imaginent pas de démocratie hors du parlementarisme. Sans eux, le projet du gouvernement n'a aucune chance d'être appuyé par l'Assemblée consultative provisoire. En effet, seule une petite minorité se prononce en sa faveur, minorité où se retrouvent les délégués du MRP, de la France combattante et quelques-uns de ceux des mouvements de Résistance.

Mais un contre-projet est aussitôt déposé. Ses deux auteurs, Vincent Auriol et Claude Bourdet, symbolisent alors le rapprochement passager entre le parti socialiste et la majorité des résistants, auxquels vont se joindre les républicains populaires. Ils reprennent à leur compte l'idée du double référendum, en se présentant, à l'instar de de Gaulle, comme adversaires à la fois de l'ancienne Constitution et d'une Assemblée omnipotente mais ils proposent que, durant le mandat de l'Assemblée constituante, le gouvernement soit responsable devant celle-ci, mais qu'il ne puisse être renversé que par l'adoption d'une motion de censure votée un jour franc après qu'elle eut été déposée ! Ainsi ce contre-projet préfigurait un régime parlementaire où un mécanisme de procédure, espérait-on, garantirait à l'exécutif la durée qui lui avait manquée sous la IIIe République.

Il faillit être approuvé. Il recueillit 108 voix contre 115. De Gaulle incorpora donc au projet du gouvernement les suggestions de Vincent Auriol et de Claude Bourdet sur la responsabilité du gouvernement devant la future Assemblée constituante. Dans sa nouvelle version, le projet de référendum fut alors appuyé par les socialistes, le MRP, l'UDSR et certains modérés. Virtuellement, une majorité se dégageait pour soutenir de Gaulle, qui pourrait se substituer plus tard à l'union nationale constituée autour de lui depuis que les partis politiques s'étaient fait représenter à Londres, puis à Alger.

C'était ce que les communistes redoutaient le plus. Ils auraient pu se maintenir au sein du vaste ensemble qui soutenait le projet du gouvernement, ne laissant sur sa droite que les partisans de la Constitution de 1875 : ils auraient ainsi fait front commun avec le parti socialiste et leurs rapports avec de Gaulle en eussent été facilités. Mais, au contraire, ils choisirent de sortir des équivoques. En prenant parti pour le « non », à la deuxième question du référendum, ils se lançaient dans une offensive délibérée, à la fois contre le chef du gouvernement provisoire et contre les dirigeants socialistes. Leur campagne, de juillet à octobre, allait donc s'inscrire dans la ligne suivie depuis le début de l'année : ils allaient exalter la souveraineté de l'Assemblée élue au suffrage universel, se réclamer des longues luttes menées par la représentation populaire contre l'autorité de l'exécutif, stigmatiser le pouvoir personnel et, en parlant de plébiscite, agiter les vieux souvenirs du combat des républicains contre le bonapartisme et le boulangisme. C'était un terrain solide, où les communistes savaient qu'ils trouveraient bien des échos dans les vieilles troupes républicaines, ou de tradition radicale, si nombreuses dans la France d'avant-guerre et dont il n'y avait aucune raison de croire qu'elles n'existaient plus.

De surcroît, agir ainsi était mettre en cause la direction socialiste. Léon Blum, Vincent Auriol, Daniel Mayer, André Philip que l'on désignait alors comme les principaux dirigeants de leur parti, avaient choisi de Gaulle et son référendum plutôt que l'union des partis ouvriers et le rejet du « plébiscite ». Ils avaient préféré se trouver dans le même camp que les « cléricaux » du MRP, plutôt que d'être aux côtés de ces défenseurs traditionnels de la République et de la laïcité qu'étaient les radicaux. En menant une campagne contre le choix socialiste, les communistes escomptaient que leurs arguments ne seraient pas sans résonance auprès des militants et des électeurs traditionnels de la SFIO. Une fédération socialiste, en effet, refusa de suivre l'ensemble du parti et se prononça pour le « non », à la deuxième question du référendum : c'était peu, par comparaison avec l'effort immense déployé par les communistes auprès de la base socialiste. Mais cet effort visait au-delà : même si cette bataille était perdue, le parti socialiste se trouvait déjà en posture d'accusé et devrait multiplier les gestes, pour démontrer qu'il n'était ni inféodé à de Gaulle, ni engagé dans quelque anticommunisme systématique.

Cette fois, l'allié serait le parti radical. Les communistes l'espéraient depuis longtemps. Il s'agissait, pour eux, de forger à nouveau l'alliance historique qui avait donné la victoire à la gauche en 1936. Dans ce but, tout fut mis en œuvre. Et, d'abord, le vocabulaire approprié. Brochures, tracts, manifestes électoraux, empruntaient leur langage aux traditions républicaines, bien plus qu'à Marx ou à Lénine. On multipliait les effigies de Gambetta ou de Jules Ferry. Non celles des fondateurs de la IIIe Internationale. Il ne s'agissait plus d'en appeler à la Révolution, fût-ce celle de 1789, mais de parler avant tout de République. L'emploi du mot « républicain » était du reste significatif à tous égards. Dans le vocabulaire politique français, sa résonance est singulière : il se rapporte à l'idéologie égalitaire et démocratique au nom de laquelle fut renversée la monarchie et furent abolis les privilèges. Il se rattache à la longue lutte contre la prépondérance des notables issus de l'aristocratie, de l'Eglise et de l'armée ; il évoque surtout l'impitoyable combat contre le cléricalisme, au point qu'il ne s'appliquait jamais aux hommes ou aux partis qui ne se situent pas explicitement dans cette ligne. L'emploi du mot « républicain » avait donc, pour les communistes, en 1945, une signification précise : il indiquait une communauté de références et de sentiments — on peut dire même : de sensibilité — avec tous les autres partis de gauche. Et d'abord avec le parti radical.

C'est que, pour les communistes, de Gaulle était devenu l'adversaire principal. Contre lui, on allait donc évoquer le danger d'un pouvoir autoritaire et faire vibrer la corde « républicaine ». Les radicaux, tenus pour quantité négligeable dans les journaux issus de la clandestinité, objets de l'ostracisme — injuste pour une grande part — des anciens responsables des mouvements de Résistance, réduits à une participation mineure au sein du gouvernement, seraient, dans cette affaire, des partenaires tout désignés, et Herriot lui-même s'y prêterait volontiers, lui que de Gaulle décrit, revenant d'Allemagne, « tout bardé de griefs et de piquants ». Chacun les savait favorables au retour à la Constitution de 1875. Chacun savait les communistes partisans, au contraire, d'élire une Assemblée constituante pleinement souveraine, qu'ils imaginaient déjà comme une nouvelle Convention. Les socialistes, bien que soucieux de la stabilité future des gouvernements, penchaient, dans l'immédiat, du même côté que les communistes. On pouvait gager que les trois partis ne tarderaient pas à se diviser. Mais avant même que ces dissensions aient pu s'étaler, la position prise par de Gaulle brouilla les cartes.

Si les socialistes soutinrent son projet de référendum et d'aménagement des rapports entre Constituante et gouvernement, les radicaux partisans du retour à la Constitution de 1875, s'y opposèrent carrément. Leur choix comblait les espérances communistes. Il était conforme à l'analyse que le parti avait faite des traditions idéologiques et des comportements politiques de la gauche française. Les radicaux avaient obéi, en effet, à un réflexe de méfiance envers l'autorité personnelle qui s'attachait à de Gaulle : ils s'étaient retrouvés naturellement dans le camp des défenseurs de l'Assemblée constituante souveraine. Contre ceux qui admettaient déjà des institutions donnant plus de poids et de stabilité à l'exécutif, ils recouvraient leur vieille inspiration antibonapartiste. Dès lors, ils se situaient sur le terrain choisi par les communistes, et en tiraient, du même coup, une double satisfaction : celle d'être aux côtés d'un parti qui se réclamait ostensiblement de la Résistance, alors qu'on reprochait souvent au parti radical sa tiédeur ou son attentisme et ils étaient désormais plus « à gauche » que les socialistes et les républicains populaires, les anciens dirigeants de la Résistance maintenant engagés dans la vie politique, alors qu'il était de bon ton, jusque-là, de les traiter en conservateurs attardés... Sans doute se prononçaient-ils aussi pour le « non » à la première question du référendum, c'est-à-dire pour le retour à la Constitution de 1875. Mais, sur ce point, où seule une fraction de la droite se joignait à eux, ils n'avaient aucune chance de l'emporter, et les communistes n'en éprouvèrent aucune gêne. Ce qui les intéressait, était la réponse à la deuxième question : le « non » opposé à de Gaulle, aux dirigeants socialistes, au MRP. C'est là qu'était le combat principal. *L'Humanité* s'en expliqua clairement : sur la première question, écrivait-elle, « les thèses divergent sans que les garanties élémentaires de tout régime républicain soient en jeu [...]. La Constituante tranchera [...]. Non, c'est sur la deuxième question que le partage se fera, qu'on reconnaîtra les républicains et les autres. »

Dans cette voie, l'effort communiste ne connut aucun répit. Puisqu'il s'agissait de rameuter tout ce qui se rattachait aux luttes républicaines d'autrefois, pourquoi n'en pas ressusciter les anciennes structures ? Ainsi réapparut la Délégation des gauches, dont l'origine remontait au début du siècle, quand Jaurès en fit l'instrument des batailles parlementaires communes aux socialistes et aux radicaux. A l'initiative de la CGT elle rassembla, le 23 août, à son siège, les délégués des partis communiste, socialiste, radical et ceux de la Ligue des Droits de l'homme. Elle se retrouva le 31 août, cette fois pour parler de la « discipline républicaine » aux prochaines élections cantonales. Puis elle trouva un nouveau champ de bataille : la loi électorale.

Sur ce point aussi de Gaulle devait trancher[11]. Devait-on reprendre le système en vigueur avant la guerre, c'est-à-dire le scrutin uninominal à deux tours ? Ou devait-on adopter un système nouveau, et lequel ? Dans le premier cas, et dans le climat de l'été 1945, on pouvait prévoir une alliance électorale entre communistes, socialistes et radicaux, et des désistements mutuels entre eux au second tour de scrutin : très affaiblis, les radicaux seraient alors marginalisés, et les communistes, venant très souvent en tête au premier tour, avaient toutes chances de dominer la coalition. Pour cette raison, parmi d'autres, les socialistes ne voulaient pas de ce mode de scrutin et, par tradition, ils étaient, du reste, favorables à la représentation proportionnelle. Le scrutin uninominal à un seul tour, comme en Angleterre, avait un partisan : Michel Debré. De Gaulle lui écrivit pour lui expliquer pourquoi il n'en avait pas voulu :

> Nous aurions eu [...] dans toutes les circonscriptions, un candidat communiste bloquant toutes les voix de cette tendance et dix ou douze autres candidats (socialistes, MRP, UDSR, radical, républicain modéré, droite, extrême droite, personnalités diverses de la circonscription). Le résultat, c'était 250 communistes à l'Assemblée, et, entre autres conséquences une représentation qui n'eût aucunement exprimé l'opinion du pays.

Telle était bien la préoccupation qui comptait alors le plus : que les élections permettent de savoir quelles étaient les tendances profondes du pays, et quel était leur poids. La représentation proportionnelle était le meilleur moyen d'en donner une image exacte. Les communistes, même s'ils se seraient volontiers accommodés du scrutin uninominal à deux tours, y étaient favorables par principe, comme les socialistes qui, de plus, ne voulaient pas être contraints à une alliance électorale avec les communistes à un second tour de scrutin. Le MRP et les groupes issus de la Résistance l'étaient aussi, surtout par crainte de leur trop faible enracinement dans les circonscriptions. De Gaulle en fut donc partisan, au moins pour ces premières élections depuis la guerre.

Mais il était trop méfiant envers la prépondérance des états-majors de partis pour accepter la « représentation proportionnelle intégrale », système dans lequel une partie des députés est issue de listes nationales où leurs dirigeants sont assurés d'être élus : les élections se feraient donc dans le cadre des départements — les plus peuplés étant partagés. C'était suffisant pour déclencher une nouvelle crise.

Au nom de la Délégation des gauches, Léon Jouhaux demanda audience à de Gaulle pour lui faire part de leur hostilité commune à une loi électorale qui excluait une représentation proportionnelle « intégrale ». De Gaulle refusa, n'admettant pas qu'un syndicat, fût-il le plus puissant, se compte lui-même au rang des organisations politiques, au même titre que les partis. Il est vrai que, les 4 et 5 septembre, le comité confédéral de la CGT se prononça à son tour pour le « oui-non » au futur référendum et que Benoît Frachon, l'un des plus importants dirigeants communistes, fut élu deuxième secrétaire général, par 89 voix contre 42, avec un rang égal à celui de Léon Jouhaux. En vain les socialistes protestèrent-ils : les communistes de la CGT comptaient bien que la position prise par la centrale syndicale sur le référendum influerait sur les électeurs traditionnels de la SFIO.

La délégation des gauches n'en continua pas moins de fonctionner. Le 8 septembre, elle adressa un mémorandum à de Gaulle, toujours à propos du mode de scrutin et de la répartition des sièges. La réponse fut modérée et comporta même une légère concession. Mais la Délégation en prit prétexte, le 13 septembre, pour se réunir à nouveau et répliquer, par la voix d'Albert Bayet, que la note envoyée par de Gaulle était « blessante dans la forme et dans le fond ». Le moment sembla propice au parti communiste pour accentuer son avantage : au cours de la réunion, il préconisa des listes communes de tous les partis constituant la Délégation des gauches, pour les futures élections générales. Daniel Mayer ne put que se retrancher derrière les décisions de son parti, qui n'acceptait d'alliance qu'avec l'UDSR. Une dernière fois, le 29 septembre, la Délégation des gauches réunit encore communistes, socialistes et radicaux, comme si leur alliance annonçait la majorité future : on y décida de tenir un meeting commun de protestation contre le mode de scrutin choisi par le gouvernement. Mais, déjà, on touchait au terme du long effort entrepris par les communistes pour ce vaste rassemblement où il aurait groupé autour de lui ses alliés, isolé de Gaulle, et rejeté à droite républicains populaires et résistants d'inspiration travailliste. Le MURF, dont ils avaient exigé qu'il se prononce pour le « non » à la deuxième question du référendum, perdit ses derniers adhérents non communistes : François Mauriac et Louis Martin-Chauffier, Max André, membre du MRP, Jacques Debû-Bridel, le R.P. Philippe et Mgr Chevrot. Socialistes et radicaux constituèrent des listes distinctes. Les coalitions formées au second tour des élections cantonales, le 30 septembre, ne joueront plus puisque la Constituante était élue à la représentation proportionnelle. Les communistes n'allaient ni changer de tactique, ni renoncer à leurs efforts : mais il leur faudrait tout reprendre, après les élections.

Chapitre 22

DES ELECTIONS A LA DEMISSION

Ce 21 octobre 1945, les Français accomplirent le geste prévu et annoncé par de Gaulle depuis 1940 : ils élirent leurs députés. La nation avait enfin une représentation à la fois légitime, légale et régulière. En même temps, ils mettaient en marche le mécanisme conduisant à la fondation de la IVe République en se prononçant sur les deux questions qui leur étaient posées par référendum : pour ou contre le retour à la Constitution de 1875, pour ou contre l'organisation provisoire proposée par le gouvernement. C'était donc un double résultat dont de Gaulle et les forces politiques devaient en même temps tirer les leçons.

A la première question, le « oui » obtint 96,4 % des voix, soit 18 584 746 suffrages contre 3,63 %, soit 699 136 suffrages. A la seconde, le « oui » l'emporta aussi par 66,48 % des voix, soit 12 794 943 suffrages contre 33,52 %, soit 6 449 206 suffrages. Ce vote confirmait, avec éclat, le rejet par la presque totalité des Français du régime d'avant la guerre. Il témoignait, brutalement, de leur détachement à l'égard du personnel politique, des partis et des institutions de la IIIe République finissante et, en tout cas, confirmait l'intuition que de Gaulle avait eue dans la première période de la France libre : s'il fallait que celle-ci invoque la légitimité de la République et s'attache ouvertement au rétablissement de la légalité républicaine, il ne fallait en aucun cas qu'elle paraisse souhaiter la restauration du régime d'avant la guerre. Et de Gaulle pouvait ainsi vérifier, au vu de ce scrutin, qu'il avait eu raison de s'en tenir ou d'en revenir à la critique radicale qu'il avait souvent adressée au régime des dernières années de la IIIe République plutôt que de préférer un retour, même provisoire, aux institutions fondées en 1875. Au total, ayant demandé qu'on réponde « oui » à la première question du référendum, il remportait une victoire sans appel sur les éléments les plus conservateurs, modérés ou radicaux, de l'échiquier politique.

Le second « oui » était aussi sa victoire. Il suggérait que les Français, aux deux tiers, voulaient que l'autorité et la stabilité de l'exécutif soient garanties, d'une manière ou d'une autre, dans la future Constitution. Mais ce n'était qu'une indication : elle n'était pas impérative. En revanche, il était décidé par avance que l'Assemblée constituante élue ce 21 octobre ne vivrait que sept mois et que la Constitution qu'elle aurait élaborée serait soumise au verdict des électeurs : ainsi les règles du jeu de la prochaine bataille pour les institutions étaient-elles fixées et tous les protagonistes devraient en tenir compte. C'était bien là, pour de Gaulle, un second succès. Mais force lui était de constater qu'il n'était pas sans ombre. Le total des « non » dépassait de plus d'un million le nombre des suffrages communistes. Sans doute une fraction au moins des électeurs fidèles au parti radical — le seul, en dehors du parti communiste, qui ait préconisé le « non » à la seconde question du référendum — se retrouvaient-ils dans ce total. Mais il était clair qu'une fraction de l'électorat socialiste s'y était joint, sans qu'on puisse la mesurer et bien qu'elle fût évidemment minoritaire. On pouvait prévoir alors que la direction du parti socialiste en serait influencée et qu'elle serait tentée d'en tirer les conséquences : sur sa gauche, elle était contestée. On pouvait donc s'interroger déjà : l'échiquier politique français tel qu'il était apparu avant le 21 octobre, rassemblant les socialistes, le MRP, les groupes issus des mouvements de Résistance et la fraction des libéraux la plus ouverte aux réformes, c'est-à-dire la coalition des partisans des deux « oui », était-elle vraiment durable ?

Le vote du 21 octobre venait, en même temps, d'établir la nouvelle répartition des forces politiques. Les listes communistes ou à prépondérance communiste avaient obtenu 5 365 417 voix et 161 élus. Les listes socialistes ou à prépondérance socialiste en avaient eu 4 808 361 et 146 élus, les listes UDSR et Jeune République 474 472 et 17, les listes socialistes dissidentes 225 978 et 4, les listes radicales ou à prépondérance radicale 1 394 544 et 24, les listes composées de radicaux et d'indépendants de gauche 206 215 et 4, les listes MRP 4 871 169 et 148, les listes de la droite modérée 281 315 et 7, les listes qualifiées de « paysannes » 136 765 et 4, les listes réputées plus conservatrices 2 224 939 et 57, et des listes non classées, comprenant en particulier les élus algériens, malgaches ou des territoires d'outre-mer, qui ne s'étaient encore apparentés à aucun groupe, 771 350 et 14.

Un électeur sur quatre avait donc voté communiste. Le parti occupait, depuis un an, la première place dans la vie politique et sociale du pays. Les électeurs en avaient fait le premier parti de France. Il fascinait jusque-là par sa véhémence, ses effectifs, son emprise sur la classe ouvrière, son influence aux divers échelons de l'Etat, son idéologie rigoureuse, ses relations avec l'Union soviétique, les vertus patriotiques dont il se réclamait. Il fascinerait désormais, tout simplement, par le nombre de ses suffrages et celui de ses députés. Le soir de ce 21 octobre 1945, les communistes pouvaient donc triompher. Devenus « le premier parti de France », ils pouvaient essayer d'accroître leur part de responsabilité à la tête de l'Etat. De plus, le chiffre des « non » à la seconde question du référendum leur donnait une autre raison d'espérer : il ne s'expliquait, pensaient-ils, que par un renfort de voix socialistes, et les dirigeants de la SFIO n'allaient pas manquer d'en tenir compte. Les communistes, le moment venu, pourraient en tirer parti.

C'était, en effet, pour la SFIO, une relative déception. Tous les observateurs avaient cru en une franche victoire des socialistes. Le résultat des élections cantonales, un mois plus tôt, les avait sans doute abusés : bénéficiant à la fois des désistements communistes et radicaux, les candidats socialistes avaient obtenu un grand succès. De surcroît, le climat général semblait favorable aux idées socialistes : celles-ci paraissaient si largement admises dans la plupart des journaux, dans l'administration, chez la plupart des intellectuels et dans les anciens mouvements de Résistance — quand ils s'exprimaient encore — qu'il semblait naturel que la SFIO fût la première à en profiter. Ses dirigeants crurent qu'ils avaient été mis en difficulté par la campagne communiste pour le « non » à la seconde question du référendum qui les avait rejetés du côté du gouvernement, et qu'ils avaient souffert de l'impopularité, probablement inévitable, de sa gestion. On pouvait prévoir que beaucoup d'entre eux voudraient prendre quelque distance vis-à-vis des responsabilités du pouvoir, critiquer le gouvernement, blâmer l'administration, attaquer quelques ministres, quitte à ne pas ménager de Gaulle lui-même, quitte à se rapprocher, au besoin, du parti communiste. La défaite de Daniel Mayer, secrétaire général de la SFIO, au congrès de juillet 1946, était inscrite à l'avance dans les résultats électoraux du 21 octobre 1945 : Guy Mollet, son successeur, incarnerait alors la mauvaise humeur des militants socialistes envers des dirigeants qui avaient mis leur parti dans le même camp que de Gaulle et le MRP et permis aux communistes de triompher sur leur gauche.

La stratégie communiste, pourtant, venait de connaître un échec. Ce qu'elle escomptait du parti radical, elle ne l'obtiendrait pas. Non seulement en raison de l'insuccès de ce parti qui ne comptait que 25 députés, mais surtout parce qu'il apparaissait clairement, désormais, que c'était maintenant un parti modéré, hostile aux courants politiques, intellectuels et sociaux qui prévalaient depuis la Libération. Il avait répondu par deux « non » à la double question du référendum : mais, pour lui, le premier était, de loin, plus significatif que le second. Dans leurs références constitutionnelles, c'est au Sénat conservateur de la IIIe République qu'il était attaché surtout, et nullement à la Convention révolutionnaire de 1793. Bien plus : ce qu'il reprochait à de Gaulle c'était d'aller trop loin dans la voie où les communistes jugeaient qu'il n'avançait pas assez, celle des réformes de structures, des nationalisations, des changements sociaux, des droits politiques accordés aux peuples d'outre-mer. Il n'y avait pas à s'y tromper : dans cette phase de son histoire, il réagirait, sur tous les sujets essentiels, en parti conservateur.

A l'inverse, le MRP reçut, ce 21 octobre 1945, la consécration du suffrage universel : il devenait le grand parti français du centre. S'étant proclamé « parti de la fidélité », il assurait de Gaulle du soutien de ses 148 députés, et la véhémente campagne déclenchée contre lui par le parti communiste avait certainement contribué à lui valoir un flot de suffrages recueillis naguère par la droite classique. Au milieu de l'échiquier politique il allait, dans la période qui s'ouvrait, jouer un rôle capital. C'était, dans l'immédiat, un handicap pour la stratégie du parti communiste et un atout pour de Gaulle.

Avant les élections, déjà, celui-ci avait pensé à ce qu'il ferait. Impressionné par l'hostilité presque unanime des partis au renforcement vigoureux de l'exécutif dans la future Constitution, il s'était demandé si le moment n'était pas venu de son retrait. La suite montrerait si les futures institutions étaient décidément incompatibles avec ce qu'il souhaitait et s'il pourrait y jouer un rôle, si les crises politiques, économiques et sociales obligeraient à faire appel à lui, ou si son départ devait être définitif : en tout cas, il partirait en gardant intacte l'image que les Français se faisaient de lui, et tout le monde s'accorderait à dire qu'il avait rempli sa mission historique avec honneur, avec éclat. Il avait donc pris l'initiative de s'adresser à Léon Blum. Le récit qu'il en a fait révèle son pessimisme sur le proche avenir mais explique aussi qu'après les élections il ait voulu, malgré tout, tenter l'expérience de gouverner avec les partis que le suffrage universel avait privilégiés.

> Ma tâche de défense nationale et de salut public est à son terme, dit-il à Léon Blum. Le pays est libre, vainqueur, en ordre. Il va parler en toute souveraineté. Pour que je puisse entreprendre à sa tête une nouvelle étape, il faudrait que ses élus s'y prêtent car, dans l'univers politique, nul ne saurait gouverner en dépit de tout le monde. Or, l'état d'esprit des partis me fait douter que j'aie, demain, la faculté de mener les affaires de la France comme je crois qu'elles doivent l'être. J'envisage donc de me retirer. Dans ce cas, j'ai le sentiment que c'est vous qui devez assumer la charge du gouvernement, étant donné votre valeur, votre expérience, le fait aussi que votre parti sera l'un des plus nombreux dans la prochaine Assemblée et, en outre, s'y trouvera dans l'axe de l'aile prépondérante. Vous pouvez être certain qu'alors je vous faciliterai les choses. — Léon Blum n'objecta rien à mon éventuel départ, ce qui me donnait à comprendre qu'il l'admettait volontiers. Mais, répondant au projet que j'évoquais pour lui-même : « Cela, je ne le veux pas, déclara-t-il, parce que j'ai été, si longtemps ! tellement honni et maudit par une partie de l'opinion que je répugne, désormais, à l'idée même d'exercer le pouvoir. Et puis, je ne le peux pas, pour cette raison que la fonction de chef du gouvernement est proprement épuisante et que mes forces n'en supporteraient pas la charge. » Je lui demandai : « Si, après mon retrait, vous deviez vous récuser, qui, selon vous, pourrait prendre la suite ? — Je ne vois que

Gouin ! » me dit-il. Et, faisant allusion au remplacement récent de Churchill par le leader des travaillistes, il ajouta : « Gouin est celui qui ressemble le plus à Attlee. » Evidemment, Blum considérait sous la seule optique socialiste le grand problème national dont je l'avais entretenu. J'avoue que, pensant aux expériences que le pays venait de faire et dont lui-même avait été victime, j'en éprouvais de la tristesse.

En cette occasion, il pressentit certainement que l'espoir qu'il avait de voir s'instaurer en France un régime substantiellement différent de celui d'avant la guerre serait déçu. Mais il décida, pourtant, après le référendum et les élections du 21 octobre, qu'il devait tenter de rester au pouvoir. L'explication qu'il en a donnée, près de quinze ans plus tard, dans ses *Mémoires de guerre*, ne laisse percer aucune illusion :

> Sans doute, écrivit-il, la consultation nationale n'avait-elle pas révélé de grand élan. Cependant, j'en tirais l'impression que le pays, dans son ensemble, souhaitait que je le conduise, tout au moins jusqu'au moment où il aurait ratifié ses institutions nouvelles. Il me semblait d'ailleurs essentiel, historiquement et politiquement, que ce fût fait d'accord avec moi, étant donné ce que les événements m'avaient amené à représenter.

Les sentiments et les réactions que lui inspirait l'attitude des partis, tous plus ou moins confondus à ses yeux, ne lui laissaient, à l'en croire, que très peu d'espoir d'obtenir que la future Constitution soit conforme à ce qu'il espérait. Sans doute ces réflexions sont-elles transcrites par lui bien des années plus tard, après l'épreuve de son départ et de son très long affrontement avec les principaux partis de la IVe République : mais rien, dans ses souvenirs, ni dans ses notes, ni dans les documents et les témoignages, ne suggère qu'il ait conçu, pour faire prévaloir ses idées sur la future Constitution, une stratégie claire, en utilisant l'arme qu'il s'était donnée à l'avance : le référendum, qui permettrait au pays d'approuver ou de rejeter, sept mois plus tard, les institutions que la Constituante aurait élaborées. Plus simplement, il voulait bien tenter une nouvelle expérience du pouvoir, dans des conditions très aléatoires mais sans renoncer aux chances qu'elle pouvait lui donner, quitte à tirer parti, comme toujours, des circonstances.

De fait, la bataille politique s'engage aussitôt après les élections. Le protagoniste principal en est le parti communiste. Son objectif est très apparent : obtenir un surcroît de puissance et d'autorité au sein de l'Etat et du gouvernement. Mais ses dirigeants n'ont pas d'illusion sur leurs partenaires. Au soir du scrutin, Léon Blum, parlant du succès des communistes, des socialistes et des républicains populaires, remarque déjà que « les trois partis sont d'accord sur un programme d'action immédiat, celui du CNR », et il précise dans son éditorial du *Populaire*, le 25 octobre : « L'exclusion du MRP ne peut se concevoir sous aucun angle. » Le mécanisme qui va conduire à la constitution du gouvernement paraît donc simple : les socialistes ne veulent pas gouverner sans le MRP et le MRP ne veut pas gouverner sans de Gaulle. Or, justement, l'opposition des communistes à de Gaulle, spectaculaire pendant la campagne pour ou contre le « oui » à la seconde question du référendum, s'était durcie durant les semaines précédant le scrutin. C'est alors, en effet, comme on l'a vu, que de Gaulle avait évoqué, dans une interview au *Times*, la nécessité d'un ensemble économique et politique de l'Europe occidentale, puisqu'il avait mentionné, le 5 octobre, dans la zone d'occupation française en Allemagne :

> « les liens qui, jadis, rapprochaient les Français des Allemands du Sud et qui doivent, maintenant, reparaître pour servir à bâtir notre Europe et notre Occident », et qu'il était revenu sur cette même idée en Belgique, quelques jours plus tard, parlant d'« un groupement occidental ayant pour artères le Rhin, la Manche et la Méditerranée ».

Les communistes avaient aussitôt réagi. « Bloc occidental ? non ! » titrait *L'Humanité* du 12 septembre, qui prévoyait, non sans lucidité, que l'union des pays de Europe de l'Ouest revêtirait un caractère inévitablement hostile au regroupement qui s'opérait à l'est, sous l'égide des partis communistes et des forces soviétiques. C'était, pour les dirigeants communistes français, une raison de plus de s'opposer à de Gaulle. Sans doute ne portaient-ils pas tous exactement le même jugement sur lui, comme c'était déjà le cas, on l'a vu, à Alger puis après la Libération : certains d'entre eux étaient plus sensibles, que d'autres à sa valeur d'homme d'Etat, à sa volonté de réforme et surtout à sa passion de l'indépendance nationale, et on peut croire que Maurice Thorez était de ceux-là, plus encore après qu'il eut siégé à ses côtés, au sein du gouvernement. Mais on n'en était pas au temps de la Ve République quand de Gaulle mena, avec une détermination qui fut un défi à tous ses adversaires, une politique étrangère dont les communistes durent alors saluer, suivant leur expression, les « aspects positifs ». Ils ne voyaient certainement pas, en tout cas, comment le regroupement des pays d'Europe, tel que de Gaulle l'envisageait, aiderait à résister à la domination des Etats-Unis sur l'ensemble des pays occidentaux, et ils pressentaient, au contraire, que la France, en s'y intégrant, risquait d'y être subordonnée. Au total, considérant de Gaulle comme leur plus redoutable adversaire, en raison même de son autorité et de son audience, ils trouvèrent dans cette orientation de sa politique étrangère, même à peine esquissée, une raison de plus pour le combattre.

La direction communiste s'en tint d'abord à la tactique qu'elle avait choisie depuis des mois. Son but n'était pas seulement d'obtenir le plus possible de ministères mais de démontrer que les socialistes porteraient seuls la responsabilité de maintenir de Gaulle au pouvoir et les « cléricaux » dans la majorité. Le 31 octobre, elle suscita une nouvelle réunion de la Délégation des gauches qui regroupait avec elle les partis socialiste et radical, la CGT et la Ligue des Droits de l'homme. On y décida de prolonger le programme du CNR ce qui aboutit, le 7 novembre, à un texte comportant certains points significatifs : la suppression de la DGER, c'est-à-dire des services spéciaux, dirigés par le colonel Passy, que l'on soupçonnait d'être trop exclusivement liés à de Gaulle ; la formation d'une « armée populaire » dont le titre même était caractéristique ; l'extension des nationalisations, non seulement aux assurances, aux banques, à l'Electricité et au Gaz, mais aux mines de fer, à la sidérurgie, aux métaux légers, à l'air liquide, au ciment, aux explosifs, à la soude et aux combustibles liquides, et l'assurance que la politique étrangère ne viserait pas à constituer un bloc antagoniste d'autres blocs... Mais il apparut aussitôt que les démarches et confabulations de la délégation des gauches s'apparentaient à un théâtre d'ombres. Le représentant du parti radical, Bernard Lafay, très proche des modérés, fit savoir qu'il ne venait qu'en observateur. Jacques Duclos à qui l'on demandait si le programme serait soumis au MRP répondit que la question le « dépassait ». Le comité directeur socialiste s'interrogea sur la participation de la CGT et de la Ligue des Droits de l'homme aux discussions et précisa publiquement que celles-ci n'impliquaient aucune rupture avec le MRP. Du reste, le secrétaire général de la SFIO, Daniel Mayer, transmit le programme de la délégation au président du MRP, Maurice Schumann...

La réalité était ailleurs. On le vit bien, le 5 novembre quand les dirigeants des trois grands partis parlèrent à la radio. Francisque Gay, pour le MRP, suggéra un gouvernement tripartite dirigé par de Gaulle. Daniel Mayer souhaita que le MRP puisse accepter, dans ses grandes lignes, le programme des gauches. Jacques Duclos suggéra que le gouvernement soit « à majorité communiste », corrigé par Maurice Thorez, quelques jours plus tard, qui, prudemment, parla d'un « gouvernement démocratique à majorité socialiste et communiste. » En vérité, on voyait déjà que la position prise par les socialistes en faveur d'un gouvernement tripartite impliquait aussi que de Gaulle reste à sa tête. Un incident significatif montra que les communistes le savaient, s'y résignaient, mais voulaient marquer nettement que c'était une concession de leur part : Charles Tillon, ministre de l'Air dans le gouvernement sortant, ayant parlé, le 31 octobre, de maintenir « l'union qui est sortie de la grande consultation électorale entre toutes les forces réunies autour du général de Gaulle », on lui fit savoir sans ambages qu'il n'avait pas à le dire puisqu'on devait faire apparaître que c'est l'attitude socialiste qui obligeait à maintenir de Gaulle au pouvoir[1]... Après quoi Jacques Duclos répondit par lettre officielle à Daniel Mayer qui lui demandait si les communistes voteraient pour de Gaulle, qu'ils avaient été « mis dans l'impossibilité de revendiquer la charge de constituer le nouveau gouvernement, en raison de la situation créée par la majorité des “oui” à la deuxième question du référendum », et par conséquent qu'ils ne sauraient « faire obstacle à une manifestation d'unanimité autour d'une candidature qui découle tout naturellement des résultats du référendum ».

La voie est donc libre pour de Gaulle. Encore les signes perceptibles de l'opposition d'une fraction de l'Assemblée apparaissent-ils le jour même de son élection à la présidence du nouveau gouvernement provisoire : le porte-parole du parti radical, Paul Cuttoli, doyen d'âge de l'Assemblée, s'en prend vivement à l'équipe qui est au pouvoir depuis la Libération, et Edouard Herriot annonce avec le plus de sécheresse possible que ses amis vont voter pour « Monsieur le général de Gaulle »... Quoi qu'il en soit, le 13 novembre, il est élu à l'unanimité et, quelques instants plus tard l'Assemblée vote cette motion : « Les combattants du front, ceux qui ont lutté et souffert pour la Résistance, les armées de la Libération, le général de Gaulle ont bien mérité de la patrie. » Quarante-huit heures plus tôt, on avait inhumé, au Mont-Valérien, quinze morts de la guerre, trois résistants fusillés, trois déportés morts dans les camps, neuf combattants. Il y avait quelque chose de pathétique dans cette cérémonie qui symbolisait les ardeurs, les sacrifices, les espérances d'une époque à jamais révolue : le réveil des querelles politiques en faisait plus encore ressortir l'anachronisme. Mais elle consacrait désormais le Mont-Valérien comme le sanctuaire suprême de la Résistance qu'un pèlerinage viendrait honorer, chaque année.

Le parti communiste allait repartir à l'attaque. Le 15 novembre, dans la matinée, de Gaulle reçut Jacques Duclos, après Maurice Schumann pour le MRP et Daniel Mayer pour la SFIO, et lui fit comprendre clairement qu'il n'accorderait pas aux communistes l'un des ministères qu'il demandait, l'Intérieur, la Défense nationale ou les Affaires étrangères. C'était à lui, dit-il à Duclos, de composer le gouvernement et il entendait le faire comme il voudrait, sans oublier l'importance respective des partis et tout en reconnaissant la capacité des communistes à exercer d'importantes responsabilités. En fin de matinée, il réitéra son refus à Maurice Thorez, qui n'accepta pas ses explications et, de retour au siège de son parti, fit publier, à 19 heures, une lettre reprochant à de Gaulle de dénier « le caractère national de notre parti et de sa politique » et rappelant que celui-ci a eu « 75 000 [...] morts pour la France et pour la Liberté ». De Gaulle répondit, à 22 h 30 :

> Je ne saurais admettre en aucune façon que la conversation, d'ailleurs d'ordre très élevé, que nous avons eue ce matin au sujet de la politique extérieure de la France et de l'attitude du parti communiste à cet égard, puisse constituer, en quoi que ce soit, un outrage pour la mémoire d'aucun Français mort pour la France.

Rien ne se passa dans la journée du 16 et de Gaulle, en fin d'après-midi, rédigea un texte où il expliquait son refus de satisfaire les exigences communistes. Mais ce n'était pas une démission : il remettait seulement entre les mains de l'Assemblée la charge qu'elle lui avait confiée. Des démarches furent entreprises, en particulier par Félix Gouin, président de l'Assemblée constituante, pour qu'il ne soit pas diffusé. Il le fut pourtant le lendemain, 17 novembre. Il y employait la formule devenue célèbre parce qu'elle résume les objections faites à l'attribution à un communiste des tâches jugées essentielles du gouvernement :

> Autant j'étais disposé à associer largement à l'œuvre économique et sociale du gouvernement les hommes provenant du parti dont il s'agit [...] autant je ne croyais pas pouvoir leur confier aucun des trois leviers qui commandent la politique étrangère, savoir : la diplomatie qu'il exprime, l'armée qui la soutient, la police qui la couvre.

Dans la lettre que de Gaulle adressait en même temps à Félix Gouin et que celui-ci devait lire à l'Assemblée, de Gaulle ajoutait en conclusion :

> Quant à moi je me tiendrais pour indigne d'être le chef du gouvernement de la France si je méconnaissais, pour la commodité d'une combinaison, cette donnée du suprême intérêt national.

Mais il laissait libre l'Assemblée de maintenir ou d'annuler son vote antérieur :

> Si sa décision doit être d'appeler quelqu'un d'autre que moi à diriger les affaires de la patrie, écrivait-il, je quitterai, sans aucune amertume, le poste auquel, dans les plus graves périls de son histoire, j'ai cherché à la bien servir depuis cinq ans et cinq mois. Si, au contraire, l'Assemblée me confirme dans ma charge, je tâcherai de la porter encore au mieux des intérêts et de l'honneur de la France.

Mais, dans cette première crise où son pouvoir était en jeu, de Gaulle prit le plus grand soin de définir avec précision la politique étrangère qu'il voulait. Il le fit ainsi dans le message diffusé le 17 novembre :

> Une politique française d'équilibre entre deux très grandes puissances, politique que je crois absolument nécessaire pour l'intérêt du pays et même pour celui de la paix.

C'était une explication claire, mais aussi révélatrice : il ne s'agissait pas, en refusant aux communistes l'un des trois ministères qu'ils demandaient, d'engager la France dans le camp des Etats-Unis contre l'Union soviétique et tout le monde devait comprendre qu'une politique indépendante des « deux très grandes puissances » n'était pas seulement celle que, de toute façon, il voulait mener mais la seule qui pouvait éviter de couper en deux l'échiquier politique français. François Mauriac le comprenait bien ainsi qui, peut-être à l'instigation de son fils Claude, que de Gaulle avait pris comme secrétaire particulier à la Libération, n'hésitait pas à écrire dans *Le Figaro* du 19 novembre : « Osons dire tout haut ce que tous pensent tout bas, que Charles de Gaulle s'éloigne et la France devient le champ clos où deux géants s'affronteront. Ce n'est faire injure à personne que de le constater : un gouvernement français où les communistes auraient la haute main changerait, bouleverserait l'échiquier international... Charles de Gaulle écarté, c'est une tête de pont que nous risquons de devenir, soviétique ou anglo-saxonne, selon que le gouvernement dévoué à la politique de Moscou résistera ou succombera aux contre-mines de Washington et de Londres. »

Ce fut sans doute une raison de plus pour que l'on s'active, entre les partis politiques, pour éviter la crise. Au vrai, chez les socialistes, beaucoup n'auraient pas jugé inconcevable que le ministère de la Défense soit attribué à un communiste — aucune nomination importante ne dépendant du seul ministre — mais personne, au fond, ne l'aurait accepté pour l'Intérieur ou les Affaires étrangères. Ils se bornèrent à reprocher à de Gaulle d'avoir utilisé la radio alors qu'il était démissionnaire : jugement révélateur d'un temps où, l'on croyait volontiers que seules les autorités officielles devaient s'en servir, sans prendre garde au droit que les Français avaient d'être informés des raisons d'agir de leurs dirigeants. De Gaulle, de toute façon, n'était pas démissionnaire : sans doute avec l'aide de Félix Gouin qu'il avait longuement reçu dans la journée du 16 novembre, il s'était borné à demander à l'Assemblée de le confirmer dans sa charge ou de la lui retirer.

La façon dont il avait posé le problème en facilita la solution. Une motion soigneusement rédigée et portant la signature de plusieurs députés UDSR, Jacques Baumel, Maurice Lacroix, Eugène Claudius-Petit et Jean-Daniel Jurgensen, l'invita à constituer un gouvernement tripartite — c'est la première fois que le mot était prononcé — pour appliquer un programme inspiré de celui du CNR. Une autre motion, émanant des socialistes, visait à imposer de Gaulle aux communistes et à imposer à de Gaulle des ministres communistes. Lors de la séance de l'Assemblée, Jacques Duclos usa de termes véhéments pour reprocher à de Gaulle de considérer les militants communistes comme « des citoyens diminués » et il conclut en déclarant que le chef du gouvernement provisoire élu six jours plus tôt, étant démissionnaire, ne pouvait être réélu. La motion socialiste fut votée par 358 voix contre 39, les communistes s'étant abstenus, et celle de l'UDSR par 400 voix contre 163 car, cette fois, ils avaient voté contre elle. Le reste ne fut que l'aboutissement de transactions que les socialistes s'acharnaient à mettre au point depuis plusieurs jours, Léon Blum lui-même vint rendre visite à de Gaulle, qui, après de longs entretiens avec les délégations des principaux partis, et encouragé par la solidité de la coalition des socialistes, du MRP et de l'UDSR, constitua enfin son gouvernement.

C'est la Défense nationale qui fit l'objet d'un compromis. Les services des anciens ministères de la Guerre, de la Marine et de l'Air furent répartis entre un ministère de l'Armement, attribué au communiste Charles Tillon et un ministère des Armées, confié au MRP Edmond Michelet, de Gaulle prenant pour lui le titre de ministre de la Défense nationale. Trois autres ministres communistes furent nommés : François Billoux à l'Économie nationale, Marcel Paul à la Production industrielle et Ambroise Croizat au Travail. Et une autre compensation majeure fut accordée au parti communiste : Maurice Thorez devint ministre d'Etat. C'est un choix que de Gaulle a fait délibérément : durant ses entretiens avec le secrétaire général du parti communiste, il avait pris la mesure de son autorité, de son sérieux, de son sens des responsabilités et, sans méconnaître la rigueur de ses opinions et de ses positions, il préféra l'avoir avec lui, le jugeant très supérieur à ses amis, et, par la suite, ne changea pas d'avis.

Au total, nul ne pouvait s'y tromper : la crise avait été résolue par un compromis. Plus encore, de Gaulle n'avait été maintenu à la tête du gouvernement que par la décision prise par les socialistes et les républicains populaires, avec le concours de l'UDSR. Déjà, ils avaient imposé son élection aux communistes, d'ailleurs résignés d'avance, puis sans eux, et même contre eux, ils avaient à nouveau voté pour lui. Au fond, la désignation du chef de l'exécutif mais aussi, pour une bonne part, la répartition des ministères avaient dépendu des transactions entre partis, d'une combinaison imaginée par eux. Certes, de Gaulle, conseillé par son collaborateur Etienne Burin des Roziers, avait conçu l'idée d'un partage des ministères militaires, et il n'avait pas voulu former le gouvernement avec des ministres venant seulement du parti communiste, de la SFIO et du MRP : il avait maintenu René Pleven, UDSR, au ministère des Finances, Raoul Dautry à la Reconstruction, et nommé Soustelle, UDSR, aux Colonies, André Malraux à l'Information, le radical Paul Giacobbi à l'Education nationale, et le modéré Louis Jacquinot ministre d'Etat. Mais il ne pouvait pas se dissimuler que les développements et l'issue de la crise révélaient déjà l'accord profond des partis sur le régime qu'ils allaient établir.

Or, de ce régime, il ne voulait pas. Il n'est pas exagéré de dire que sa démission du 20 janvier 1946 était comme annoncée, et s'expliquait à l'avance, par les événements de novembre. Il y en eut un signe plus révélateur que tout autre : quand le socialiste André Philip, naguère « commissaire » puis ministre à Londres et à Alger, était monté à la tribune de l'Assemblée pour expliquer que le vote des socialistes le confirmant dans sa charge de chef du gouvernement provisoire lui donnait un « mandat impératif », de Gaulle le reçut, le lendemain 20 novembre et, au témoignage de Claude Mauriac, haussa singulièrement le ton pour exprimer son amertume, son indignation, peut-être sa fureur, à l'idée que le chef du gouvernement puisse se voir imposer par l'Assemblée un « mandat impératif[2] »...

Il y eut pourtant une période de grâce. Le gouvernement semblait refléter, par sa composition, l'état réel des courants d'opinions dans le pays. La présence d'André Malraux lui conférait un lustre inattendu. L'Assemblée, issue du suffrage universel, lui donnait une légitimité nouvelle et, par ses votes, un soutien politique qui n'existait pas aussi clairement au temps du précédent gouvernement provisoire et de l'Assemblée consultative. L'appui des communistes était, semblait-il, sans ambiguïté : Maurice Thorez, leur secrétaire général, celui vers qui allait, déjà, ce qu'on appellerait plus tard un « culte de la personnalité », celui qui, en tout cas, était leur chef absolu, cet homme que ses adversaires avaient longtemps traité de « déserteur », siégeait dans un gouvernement présidé par de Gaulle, immédiatement à ses côtés, consacré enfin par l'homme du 18 juin comme digne d'être l'un de ses principaux ministres... « Ce gouvernement, déclarait alors Jacques Duclos, notre gouvernement, suscite de grands espoirs. Nous ferons tout pour qu'ils ne soient pas déçus. Hier le devoir était de combattre. Aujourd'hui, il est de travailler, travailler, encore travailler... » Le ton était donné : les communistes allaient défendre la rigueur dans la gestion des affaires publiques et la discipline sociale. Comme une grève de grande ampleur menaçait d'être déclenchée dans la fonction publique, les salaires des fonctionnaires ayant pris trop de retard sur les prix, l'un des dirigeants communistes de la CGT, Henri Raynaud, s'y opposa. Les socialistes, de plus en plus revendicatifs depuis leur moindre succès aux élections du 21 octobre, y paraissant au contraire favorables, Duclos réagit immédiatement : « Si on veut nous attaquer de gauche, il y aura du fil à retordre. » Les ministres communistes furent les plus actifs dans la recherche d'une solution acceptable par le gouvernement et de Gaulle, en cette occasion, estima que Thorez s'était comporté en homme d'Etat.

Mais rien n'y fait : ce qui est en jeu, à cette date, c'est le pouvoir. Et les communistes, en réalité, n'ont pas changé de stratégie : leur but demeure l'union des partis de gauche et d'abord des deux partis « marxistes ». Sous leurs pressions, les socialistes, malgré leur sincère volonté de laisser de Gaulle à la tête du pays, mettent en cause, déjà, son autorité, essaient de se démarquer du gouvernement et ne veulent plus en être prisonniers. Ce n'est donc pas le moment, pour les communistes, de relâcher les liens entre les deux partis. Dès le début de janvier, leur comité d'entente, que l'on avait un peu oublié durant les dernières semaines, se réunit à nouveau. Il est significatif qu'il y soit surtout question des travaux de la Constituante. Car c'est là, en effet, que l'avenir se joue. Suivant ce que la future Constitution sera, de Gaulle pourra ou ne pourra pas occuper les fonctions qu'elle aura prévues, rester au pouvoir et diriger le pays, ou bien les partis politiques, formant entre eux le gouvernement, contrôleront à la fois l'exécutif et le législatif.

C'est justement ce dont s'occupe la commission de la Constitution présidée par André Philip et dont le rapporteur général est l'ancien ministre MRP, François de Menthon. Des différences notables opposent, sur plusieurs points, communistes, socialistes et républicains populaires. Mais l'orientation générale de la commission ne fait pas de doute. Le président de la République ne serait élu que par l'Assemblée nationale, et peut-être même par un scrutin public à la tribune. Il ne présiderait pas le Conseil des ministres et n'aurait pas le droit de grâce. On envisage qu'il nomme le président du Conseil, c'est-à-dire le chef du gouvernement, mais également que celui-ci soit élu par l'Assemblée nationale. On veut bien reprendre le dispositif provisoire adopté par le référendum du 21 octobre sur les conditions du vote d'une motion de censure mais ce vote, s'il était acquis, n'entraînerait pas de dissolution automatique de l'Assemblée, comme les socialistes l'avaient d'abord souhaité, en tout cas s'il intervenait durant les deux premières années d'une législature et l'on s'aperçoit déjà que cette procédure pourrait être facilement contournée par la démission du gouvernement en cas de désaccord entre ministres ou entre les groupes qui le soutiennent. On discute de l'appartenance d'une deuxième assemblée au parlement qu'elle constituerait avec l'Assemblée nationale issue du suffrage universel, tout le monde s'accordant, cependant, à laisser à celle-ci le dernier mot pour le vote des lois. On envisage même un statut des partis politiques auxquels tous les députés seraient obligés d'adhérer sous peine de perdre leur mandat s'ils s'en retiraient... Mais quelles que soient les modalités retenues, nul ne peut s'y tromper : ce sont bel et bien les partis dont l'accord permettra de constituer le gouvernement, dont les désaccords mettront fin à son existence, comme c'était le cas sous la IIIe République, même si l'on compte, plus ou moins sincèrement, sur leur discipline et sur les procédures qu'ils devront respecter pour limiter les risques de crise.

De Gaulle songea d'abord, semble-t-il, à réagir en intervenant sur le sort futur de ce qu'on appelait désormais « l'Union française ». Il projeta d'en faire l'objet d'un grand débat parlementaire à l'occasion duquel il exposerait ce que celle-ci devait être, à son avis, dans la future Constitution, la forme fédérale qu'elle devait prendre, au moins entre la France et les territoires d'outre-mer, le rôle que le chef de l'Etat devrait y jouer, les évolutions qu'il faudrait ménager. Mais ce fut impossible : Marius Moutet, au nom des socialistes, Edouard Herriot, pour les radicaux, l'un, sans doute parce qu'il voulait écarter de Gaulle d'un sujet qui serait forcément au cœur des institutions que les Constituants préparaient, l'autre parce qu'il était foncièrement hostile à toute perspective fédérale, se coalisèrent pour empêcher que l'Assemblée tienne le débat que de Gaulle avait espéré[3].

Il n'ignorait rien, du reste, des choix que la commission de la Constitution était en train de faire. Il voulut s'en assurer officiellement, peut-être pour intervenir, au moins pour faire connaître son jugement, peser sur les discussions, mobiliser ses partisans, rallier au moins les députés républicains populaires qui siégeaient à la commission. Il pria donc son rapporteur, François de Menthon, qui avait été son ministre à Alger et à Paris de venir l'informer de l'orientation qu'elle prenait. La réponse de François de Menthon, sans aucun doute, le stupéfia. De Gaulle, n'étant pas « constituant » ne devait pas « se mêler du débat » qui concernait la Constitution. Dans ses *Mémoires de guerre*, de Gaulle commente cet épisode :

> Essayer de poursuivre ma route avec les partis, c'eût donc été, dans ce domaine capital comme à tous autres égards, accepter à l'avance l'impuissance et les avanies.

Louis Joxe, secrétaire général du gouvernement et donc l'un de ses plus proches collaborateurs, le qualifie de « pauvre dérobade, lamentable et scandaleux prétexte, qui le blessèrent ». Dès lors, écrit-il, « de jour en jour je voyais grandir sur le visage du général l'ombre de la tristesse[4] ». Nul doute que cet épisode compta pour beaucoup dans son départ.

Mais il s'y ajouta une occasion si révélatrice qu'elle fut décisive. Il s'agissait des crédits militaires. Si l'appui des républicains populaires avait été capital pour faire échec aux revendications communistes sur la répartition des ministères et si l'appui communiste l'avait été tout autant pour s'opposer aux revendications salariales des fonctionnaires que le parti socialiste soutenait bruyamment, le parti communiste décida cette fois de faire cause commune avec les socialistes. Force est de reconnaître que le terrain choisi était bon. L'opinion s'irritait à juste titre de la lenteur de la démobilisation et de la propension des armées à conserver des moyens, par exemple en immeubles et en voitures, disproportionnés avec leur mission en temps de paix, et incompatibles avec l'état économique et financier du pays. Encore les députés ignoraient-ils, en général, que, durant l'année précédente, les états-majors avaient, à plusieurs reprises, demandé le rétablissement d'un service militaire de deux ans et un niveau d'effectifs si élevé qu'il impliquait le maintien de crédits militaires considérables alors que la fin de la guerre et la démobilisation auraient dû permettre de les réduire[5]. René Pleven, ministre des Finances, s'y était fermement opposé et, chaque fois, de Gaulle avait arbitré en sa faveur. On peut comprendre que l'Assemblée constituante ait voulu leur réduction et qu'elle ait demandé des engagements au gouvernement.

Le groupe socialiste préféra imposer une réduction de 20 % des crédits demandés pour le premier trimestre. Ce chiffre était si arbitraire qu'il ne pouvait avoir de portée pratique. Du reste, l'expérience devait prouver que, reportés sur toute l'année, ces crédits se seraient élevés à 156 milliards alors que les dépenses militaires furent en réalité, en 1946, de 173 milliards, du fait de l'augmentation des coûts, des salaires du personnel et des opérations d'Indochine. La sagesse était évidemment de convenir d'une réforme radicale des armées et d'une nouvelle organisation de la Défense, en fonction des possibilités du pays et du nouveau contexte international. C'est exactement ce dont il fut convenu et le gouvernement s'engagea à présenter ses projets à bref délai.

Mais l'affaire prit aussitôt un tour exclusivement politique. Très clairement, l'Assemblée voulait imposer sa volonté à de Gaulle, à charge pour le gouvernement de l'exécuter au mieux. Le régime d'assemblée, que l'on avait vu se manifester déjà lors de la crise de novembre 1945, apparaissait ouvertement. De Gaulle aurait pu invoquer l'usage de la IIIe République où un gouvernement, se voyant privé des moyens d'action qu'il jugeait indispensables, démissionnait immédiatement. Il pouvait aussi tenir compte d'une situation parlementaire complexe : il savait que beaucoup de socialistes ne souhaitaient pas son départ, les républicains populaires lui restaient apparemment fidèles, et les communistes, à en croire ce qu'il rapporte dans ses *Mémoires,* lui « faisaient dire que l'assaut n'avait aucunement leur accord mais que, si les socialistes devaient le pousser à fond, eux-mêmes ne pourraient éviter de me refuser leurs suffrages ». En d'autres termes, tout dépendrait des calculs de chaque parti et l'accord conclu sur le retrait de l'amendement socialiste et la prochaine refonte de la Défense nationale n'allait pas au fond des choses.

De Gaulle, en tout cas, préféra faire ressortir, en pleine clarté, l'antagonisme entre les deux conceptions de l'Etat qui, selon lui, se trouvaient en présence. Et il le fit de façon que nul n'ait la moindre illusion sur sa volonté de s'en tenir à l'une et de refuser l'autre.

> Le point qui nous sépare, [déclara-t-il à l'Assemblée, quand il s'y rendit après un appel à l'aide de son ministre de la Justice, Pierre-Henri Teitgen et après qu'un coup de téléphone à André Philip lui eut montré que celui-ci, au nom des socialistes, allait se montrer intraitable], c'est une conception générale du gouvernement et de ses rapports avec la représentation nationale. Je répète que je parle pour l'avenir. Nous avons commencé à reconstruire la République. Après moi, vous continuerez de le faire. De quelque façon que vous le fassiez, je crois pouvoir vous dire en conscience — et sans doute est-ce la dernière fois que je parle dans cette enceinte — que si vous le faites en méconnaissant les leçons de notre histoire politique des cinquante dernières années, et si vous ne tenez pas compte des nécessités absolues d'autorité, de dignité et de responsabilité du gouvernement, vous irez à une situation telle qu'un jour ou l'autre, je vous le prédis, vous regretterez amèrement d'avoir pris la voie que vous aurez prise.

Personne ne pouvait avoir de doute sur la suite, à s'en tenir aux termes employés par de Gaulle : n'avait-il pas dit que c'était, sans doute, « la dernière fois » qu'il parlait devant l'hémicycle du Palais-Bourbon ? Il affirme d'ailleurs, dans ses *Mémoires*, que sa résolution était prise :

> Ce soir-là, devait-il écrire, sondant les cœurs et les reins, je reconnus que, décidément, la cause était entendue, qu'il serait vain et même indigne d'affecter de gouverner, dès lors que les partis ayant recouvré leurs moyens, reprenaient leurs jeux d'antan, bref que je devais maintenant régler mon propre départ.

Il est vrai qu'à l'Assemblée constituante le rapport des forces politiques ne lui laissait rien espérer. En dépit des assurances discrètes dont il fait état et de la sincère satisfaction que Maurice Thorez éprouvait d'être au gouvernement, assis à ses côtés, les communistes avaient choisi leur camp : ils ne voulaient pas que le gouvernement soit indépendant d'une Assemblée où les partis pouvaient exercer leur pouvoir, se partager les responsabilités et dégager des décisions communes. C'est ce régime, et nul autre, qui leur donnerait la possibilité d'exercer autant que possible leur emprise, ou du moins leur influence, sur le pouvoir. Sur le fond du problème, ils sont donc opposés à de Gaulle. Ils le sont aussi par tactique : ce sont les socialistes qui ont pris l'offensive à propos des crédits militaires, et c'est l'un d'eux, André Philip, qui a défini, devant les députés, la conception opposée à celle que de Gaulle a défendue. Il n'est donc pas question, pour les communistes, de prendre le moindre champ vis-à-vis des positions socialistes. De surcroît, un incident pénible et ridicule à la fois venait d'opposer Herriot à de Gaulle : le premier avait reproché au second la publication au *Journal officiel* de citations décernées par les autorités de Vichy à des militaires tués alors qu'ils combattaient le débarquement américain en Afrique du Nord. Ainsi se vérifiait l'hostilité sourde, mais constante, des radicaux envers le chef du gouvernement provisoire. En deux mois, le climat politique s'était donc singulièrement alourdi. De Gaulle n'avait dû son élection qu'à l'incapacité des partis à s'entendre pour le remplacer immédiatement. Que l'Assemblée se fût inclinée à propos des crédits militaires en acceptant d'attendre une réforme de la structure des armées ne changeait rien à l'affaire. De Gaulle l'a compris : il a donc décidé de partir. Il croit qu'il doit le faire sans attendre.

> Je saurai, en tout cas, quitter les choses avant qu'elles ne me quittent [devait-il écrire, suggérant par là qu'il ne voulait pas assister impuissant au rétrécissement de ses pouvoirs].
>
> A la France et aux Français, je dois encore quelque chose : partir en homme moralement intact [écrivit-il encore, et il en déduisait que chaque jour qui passait était à cet égard un inconvénient ou même un danger].

Le 3 janvier 1946, sa fille Elisabeth doit épouser le commandant Alain de Boissieu, qui avait rallié la France libre en s'évadant d'Allemagne par la Russie. C'est l'occasion, pour lui, de rompre avec ses habitudes de travail et de prendre du champ. Le surlendemain, il prend le train pour la Côte d'Azur en compagnie de sa femme et va s'établir au Cap d'Antibes où la villa « Sous le vent », à Eden Roc, a été mise à leur disposition. Son frère cadet, Pierre de Gaulle, et le frère aîné de sa femme, Jacques Vendroux, les rejoignent. De Gaulle connaissait mal la Côte et, malgré les désagréments que lui cause la présence un peu lourde des journalistes, des photographes et des hommes chargés de sa sécurité, il s'enchante de ce paysage, de cette mer, de ce ciel. Au témoignage de Jacques Vendroux, il s'interroge encore cependant, sur les avantages et les inconvénients de son départ, sur les réactions des Français qui, du moins, sachant qu'il a pris huit jours de repos avant de se décider, ne croiront pas qu'il l'a fait « sur un coup de tête [6] ». Le 13 janvier au soir, sur le point de regagner Paris, il demande à son frère et à son beau-frère de lui donner leur avis sur une démission qu'il considère, écrit Jacques Vendroux, comme « probable » mais pas encore décidée. Pierre de Gaulle fait observer que l'opinion publique lui demeure « en majorité favorable » et qu'il risque, en partant, de donner l'impression qu'il laisse le pays en proie à d'innombrables difficultés, sans pouvoir ou sans vouloir les résoudre et qu'alors il sera « mal compris ». C'est un autre choix qu'il suggère : de Gaulle devrait demander à la Constituante de voter, dans les deux mois qui viennent, un projet de Constitution conforme à ce qu'il souhaite pour l'indépendance et l'autorité de l'exécutif ; si elle s'y refusait, et si, comme on pouvait le penser, un projet opposé était rejeté par le prochain référendum, il pourrait intervenir dans les élections qui suivraient et, suivant leurs résultats, « soit se retirer, soit accepter un nouveau mandat présidentiel ». Pierre de Gaulle, au fond, suggérait que son frère s'engage ouvertement dans la bataille pour de nouvelles institutions et qu'il utilise pleinement les dispositions adoptées par le référendum d'octobre : le vote des Français pour ou contre le projet adopté par la Constituante et, aussitôt après, de nouvelles élections.

Pour Jacques Vendroux, élu député MRP du Pas-de-Calais et certainement influencé par le climat parlementaire dans lequel il vit, le mieux est, au contraire, de laisser « les partis tenter une expérience qui les condamne à l'impuissance et à la confusion, et d'attendre que le peuple en vienne à exiger des gens en place qu'ils rappellent le général à la tête du pays ». Son témoignage est formel : c'est à cette idée que de Gaulle s'en tint et il en fit part aussitôt à ses deux interlocuteurs.

Une autre discussion va suivre le lendemain [7]. Jules Moch, ministre des Travaux publics et des Transports, revenant d'une inspection dans le Sud-Ouest, découvre par hasard que son train, en gare d'Avignon, s'arrête juste à côté de l'automotrice où de Gaulle a pris place. Il décide donc de le devancer pour l'accueillir à Paris, suivant l'usage. Mais, arrivé gare de Lyon, il se rend compte que seuls Pierre de Gaulle, Yvonne de Gaulle et Jacques Vendroux sont attendus et que de Gaulle lui-même a préféré descendre à Maisons-Alfort. Jules Moch y arrive juste à temps pour le voir descendre de son wagon et, si l'on en croit son récit, lui reproche une improvisation qui n'était guère compatible avec les impératifs de sécurité. Suivant son récit, de Gaulle le fait monter dans sa voiture et lui dit qu'il va lui faire une confidence qu'il doit garder secrète — excepté pour Léon Blum, précise Jules Moch. Il lui annonce donc son départ. Jules Moch lui rappelle alors qu'il lui avait suggéré de se retirer le jour même où l'Assemblée constituante s'était réunie : puisqu'il avait décidé de rester, qu'il a été élu à la tête du gouvernement provisoire et confirmé dans ses fonctions et qu'aucune opposition importante ne s'est encore manifestée contre lui, il n'a aucune raison de s'en aller. De Gaulle ne cède pas à cette objection mais Jules Moch croit comprendre qu'à cet instant il a regretté de ne pas avoir suivi son conseil et d'avoir accepté de rester au pouvoir en novembre pour être ensuite contraint de jouer un jeu pour lequel il n'était pas fait. C'est bien le sens, en tout cas, de la réflexion, faite à mi-voix, qu'il rapporte dans un livre de souvenirs :

> Vous avez peut-être raison. On n'imagine pas en effet Jeanne d'Arc mariée, mère de famille et qui sait ? trompée par son mari...

De Gaulle prévient ensuite Adrien Tixier, ministre de l'Intérieur, Pierre-Henri Teitgen, ministre de la Justice, Edmond Michelet, ministre des Armées et André Malraux, ministre de l'Information, puis le 17 janvier Gaston Palewski, son directeur de cabinet, et Georges Pompidou. Il en prévient ensuite, mais en termes rapides et quelque peu elliptiques, les commissaires de la République dont la réunion, le 18 janvier, était prévue de toute façon [8] : Alain Savary, l'un des plus anciens officiers de marine de la France libre et déjà membre du parti socialiste, croit comprendre qu'il prévoit que sa démission pourrait entraîner des remous dans le pays. Pierre Bertaux, commissaire à Toulouse, croit, lui, que de Gaulle s'apprête à prendre la tête de l'opposition... Nul doute que ses derniers jours au pouvoir, de Gaulle ne les ait vécus avec une immense amertume qui le porte parfois à s'exprimer avec plus de raideur et de rigueur que jamais. C'est le soir de ce 18 janvier que, suivant Jules Moch, il déclare devant un conseil interministériel consacré aux affaires allemandes que les Länder de la rive droite du Rhin, jusqu'à la frontière polonaise, doivent être recréés et se fédérer ensuite, tandis que ceux de la rive gauche doivent se lier davantage aux pays d'Europe occidentale [9]. C'est alors aussi que le pénible et dérisoire incident qui l'a opposé, comme on l'a vu, à Edouard Herriot, le remplit, il l'avoue dans ses *Mémoires*, de « tristesse et de dégoût ». Il informe enfin Francisque Gay, ministre d'Etat MRP, qui assure l'intérim du ministère des Affaires étrangères en raison de la présence de Georges Bidault à la première session des Nations unies, à Londres, et, suivant son témoignage, discute avec lui de la composition du futur gouvernement, souhaitant qu'aucun dirigeant du MRP ne le préside et laissant même entendre qu'on ne tardera pas à lui demander de revenir : mais Francisque Gay n'a rapporté cette conversation que dix-sept ans plus tard, affirmant qu'il aurait implicitement reproché à de Gaulle sa « désertion », ce qui, pour ceux qui ont connu les deux hommes, laisse planer un doute sur l'exactitude de son récit [10].

Les membres du gouvernement sont prévenus, dans la soirée du samedi 19 janvier, qu'un Conseil des ministres aura lieu le dimanche à midi, non pas à Matignon comme c'était jusque-là l'usage, mais dans la salle des Armures du ministère de la Guerre, rue Saint-Dominique. Trois d'entre eux sont absents : Vincent Auriol et Georges Bidault qui étaient à Londres, et Jacques Soustelle qui faisait une tournée en Afrique. Ceux qui étaient là et n'étaient pas au courant sont alors prévenus, dès avant la séance, par le secrétaire général du gouvernement, Louis Joxe. De Gaulle arrive à midi, en uniforme et fait part de sa décision. Suivant ses *Mémoires de guerre*, il le fit en ces termes :

> J'entrais, serrais les mains sans que personne s'assit, prononçais ces quelques paroles : « Le régime exclusif des partis a reparu. Je le réprouve. Mais à moins d'établir par la force une dictature dont je ne veux pas et qui, sans doute, tournerait mal, je n'ai pas les moyens d'empêcher cette expérience. Il me faut donc me retirer. Aujourd'hui même, j'adresserai au président de l'Assemblée nationale une lettre lui faisant connaître la démission du gouvernement. Je remercie bien sincèrement chacun de vous du concours qu'il m'a prêté et je vous prie de rester à vos postes pour assurer l'expédition des affaires jusqu'à ce que vos successeurs soient désignés. » Les ministres me firent l'effet d'être plus attristés qu'étonnés...

Plusieurs historiens suggèrent que ce n'est pas exactement dans ces termes qu'il s'exprima [11]. Jean Charlot, dans son ouvrage sur *Le Gaullisme d'opposition*, ne croit pas que, dans cette enceinte et devant un tel collège, il ait pu évoquer, même pour l'exclure, l'hypothèse d'une dictature. Jean Lacouture rapporte la version que lui a donnée la fille du ministre de l'Agriculture, François Tanguy-Prigent, telle que celui-ci la lui aurait confiée, mais de très longues années plus tard. Elle n'est pas contradictoire avec celle qu'on trouve dans les *Mémoires de guerre*, sinon qu'on y voit plus développées les remarques sur les résultats atteints par la France sur la scène du monde et les insurmontables difficultés auxquelles de Gaulle se heurte, y compris de la part des trois partis principaux pourtant représentés au gouvernement. Louis Joxe, témoin de la scène, ne donne pas d'indication contraire.

Quoi qu'il en soit, l'annonce de sa démission par de Gaulle ne va pas sans séquelles immédiates. Tandis que Maurice Thorez, aux dires de plusieurs témoins, en salue la « grandeur », Georges Bidault, revenant de Londres, dans l'après-midi, avec Vincent Auriol, en dénonce « l'incivisme inconscient [12] », et Tanguy-Prigent, certainement très meurtri par les critiques qui lui sont adressées de toutes parts, ainsi qu'au ministre du Ravitaillement pour le rétablissement du rationnement du pain quelques mois à peine après qu'il eut été supprimé, y voit « un abandon de poste étant donné l'état où se trouve la France et [...] une manœuvre, peut-être à son corps défendant, antiparlementaire [13] ». Palewski ayant entendu dire, au moins par Malraux [14], que de Gaulle parlerait le soir même à la radio, en prévient Vincent Auriol qui, très inquiet de l'effet qui pourrait en résulter, lui adresse une lettre l'adjurant de n'en rien faire. Tel était en effet l'état d'esprit des milieux politiques, à l'époque, que l'on trouvait anormal qu'une décision de cette ampleur soit directement expliquée au pays par celui qui en avait pris la responsabilité. De Gaulle, en tout cas, a renoncé à parler alors qu'aucune objection, s'il avait décidé de le faire, ne l'en aurait détourné. Mais il pense, en définitive, « que [son] silence pèserait plus lourd que tout » et que les Français « seraient, tôt ou tard, éclairés par les événements ». Le texte d'une proclamation que de Gaulle aurait voulu faire à la radio circula cependant, dont Jacques Fauvet dans son ouvrage sur la IVe République, a publié le texte, qui est un pastiche si plat et si grossier des discours des 18 et 22 juin 1940, qu'il est manifestement apocryphe [15].

De Gaulle s'en tint donc à la lettre datée du 20 janvier qui fut lue le lendemain devant l'Assemblée nationale par son président, Félix Gouin. Il y dresse un tableau que l'on considéra, de tous côtés, comme juste, dans ses grandes lignes, mais occultant, très exagérément, les lourdes épreuves que le pays subissait encore.

> Si j'ai accepté de demeurer à la tête du gouvernement après le 13 novembre 1945, écrivait-il, c'était à la fois pour répondre à l'appel unanime que l'Assemblée nationale constituante m'avait adressé et pour ménager une transition nécessaire. Cette transition est aujourd'hui réalisée. D'autre part la France, après d'immenses épreuves, n'est plus en situation d'alarme. Certes, maintes souffrances pèsent encore sur le peuple français et de graves problèmes demeurent. Mais la vie même des Français est pour l'essentiel assurée, l'activité économique se relève, nos territoires sont entre nos mains, nous avons repris pied en Indochine, la paix publique n'est pas troublée. A l'extérieur, en dépit des inquiétudes qui subsistent, l'indépendance est fermement établie, nous tenons le Rhin, nous participons au premier rang à l'organisation internationale du monde et c'est à Paris que doit se réunir, au printemps, la première conférence de la paix.

Moyennant quoi il dit considérer que sa tâche est achevée et que

> les partis politiques se trouvent ainsi en mesure d'assumer leurs responsabilités.

Ce départ ne souleva dans le pays qu'une émotion contenue, feutrée, inexprimée. Peut-être les Français, certainement étonnés et, pour beaucoup d'entre eux, attristés, ne parvenaient-ils pas à voir en de Gaulle l'homme des temps de paix, de reconstruction et de gestion : peut-être restait-il, au fond des mémoires et des cœurs, « l'homme des tempêtes », l'incarnation de la Résistance, le symbole de ce qui devait rester, aux yeux de beaucoup, un patrimoine commun et sacré de l'ensemble de la nation. Dans les milieux politiques, au contraire, régnait une agitation d'autant plus compréhensible que des décisions devaient être prises à bref délai. Les communistes écartent discrètement, mais clairement, Vincent Auriol de la présidence du futur gouvernement provisoire que Félix Gouin, du coup, apparaît seul en mesure d'occuper. Le MRP restera-t-il au gouvernement ? Il n'hésite pas longtemps et Pierre-Henri Teitgen, invité par de Gaulle, dans la soirée du 20 janvier à sa résidence de Neuilly, reçoit de celui-ci la consigne formelle de rester en place avec ses amis républicains populaires [16]. Ceux des ministres qui n'appartiennent ni au parti communiste, ni à la SFIO, ni au MRP, en revanche, vont s'en aller...

De Gaulle, en décidant de partir, n'avait pas renoncé à toute action future. Aucun témoignage ne laisse entendre, si peu que ce soit, qu'il ait alors songé à une retraite définitive. En insistant lui-même sur le devoir qu'il avait de rester « intact » aux yeux des Français, il suggérait évidemment qu'il devrait, un jour, s'adresser à eux ou qu'ils feraient appel à lui, d'une manière ou d'une autre, et qu'il fallait donc que son image, dans leur souvenir, ne soit pas altérée. Mais, en quittant le pouvoir, il prenait un risque énorme : celui de laisser la place à d'autres qui l'occuperaient à leur manière et ne voudraient plus la céder et, tout simplement d'être oublié peu à peu. Pour qu'il ait pris ce risque, il fallait que les raisons de partir fussent, pour lui, plus fortes que tout. Comme il l'a dit alors et comme il l'a écrit dans ses *Mémoires de guerre*, il pensait ne plus pouvoir gouverner comme il l'entendait et il voyait bien que, désormais, les décisions ne se prenaient, en réalité, que par accord entre les principaux partis : plus encore, le régime qui était en train de s'installer ainsi allait être pérennisé par une Constitution exactement contraire à ce qu'il souhaitait. Mais ceux qui critiquaient ou regrettaient sa décision n'avaient pas tort de remarquer qu'il n'avait jamais été mis en minorité par la Constituante, qu'aucun des partis représentés au gouvernement ne voulait le quitter, qu'il disposait encore d'une immense autorité dans le monde politique et dans l'opinion publique et que la plupart des Français risquaient donc de ne pas comprendre son départ alors que tant de problèmes assaillaient encore le pays. Faut-il alors rechercher à son départ d'autres causes que celles qu'il a invoquées ?

Aucune raison tenant à la position extérieure de la France ou à l'état du monde ne le justifiait. Sa politique étrangère avait remporté, tout au long de l'année précédente, des succès presque inespérés. Il avait obtenu, en Allemagne et en Autriche, une zone d'occupation pour la France ainsi qu'une place au Conseil de contrôle allié, égale à celle de l'Angleterre, de l'Union soviétique et des Etats-Unis, de sorte que, pour le règlement de la question allemande, rien ne pourrait se faire sans elle. La France aurait un siège permanent au Conseil de sécurité des Nations unies et le droit de veto qui s'y rattachait. Le français y était admis comme langue officielle alors qu'on avait pu craindre, jusqu'au dernier moment, qu'il ne le soit pas. Paris serait le siège de l'Unesco. Le président Truman, à l'inverse de son prédécesseur Franklin Roosevelt, avait accepté que le sort futur de l'Indochine soit de la responsabilité du gouvernement français, même s'il souhaitait évidemment que l'ancien régime colonial n'y soit pas rétabli. Il est vrai que les thèses françaises sur l'Allemagne n'avaient eu le soutien ni des Soviétiques, ni des Britanniques, ni des Américains, à la dernière réunion des ministres des Affaires étrangères sur la question allemande, mais de Gaulle n'avait jamais pensé qu'elles seraient acceptées telles quelles, et l'opposition était si forte entre les exigences de l'URSS et celles des Anglo-Saxons que les données du problème en seraient forcément changées et que les propositions françaises devraient s'y adapter. Au Levant, cinq mois déjà après la fin de la guerre avec le Japon, les Britanniques devraient inévitablement évacuer les territoires syrien et libanais, les Français s'en retireraient aussi, et la période longue et pénible des rivalités franco-anglaises y prendraient fin. Le tragique accident qui venait de coûter la vie à l'ancien empereur Duy Tan était, certes, un coup très rude aux projets que de Gaulle avait formés pour l'Indochine mais d'autres solutions s'offraient encore. Quant à l'ombre menaçante d'une guerre entre l'Est et l'Ouest, elle ne faisait encore que s'esquisser : du reste, s'il l'avait crue prochaine, il aurait certainement voulu garder le pouvoir pour y faire face.

Nul doute qu'au moment de prendre sa décision, la fatigue écrasante des longues années d'une inlassable bataille ait pesé sur lui. Il l'a lui-même avoué en parlant de la « tristesse » et du « dégoût » qu'il a éprouvés devant les postures prises par quelques-uns de ses adversaires, secrets ou avoués. Et l'on sait qu'à plusieurs reprises la tentation du retrait, de l'effacement et de la solitude l'avait saisi. Mais en des temps bien plus rudes, et au milieu d'épreuves bien plus difficiles, il l'avait surmontée. Sans doute n'y avait-il plus en lui l'irremplaçable stimulant des grands combats à livrer pour que la France soit libérée et victorieuse. Et l'idée d'une retraite austère et silencieuse, auprès de sa femme et de sa fille infirme, dans cette maison de Colombey-les-Deux-Eglises où il va enfin pouvoir s'installer en y consacrant désormais son temps à la rédaction de ses *Mémoires*, cette idée a pu le séduire. Mais l'acharnement qu'il mettait déjà à se battre pour que la France se donne les institutions qu'il souhaitait, ce combat qu'il avait mené déjà l'année précédente et qu'il avait gagné une première fois au référendum du 21 octobre 1945, pouvaient au contraire le conduire à rester sur le champ de bataille, même à l'endroit le plus exposé, c'est-à-dire à la tête du gouvernement.

La plupart des commentateurs, des contemporains, des historiens et des témoins, ont donc pensé que ce retrait n'était, dans son esprit, que tactique et provisoire. Il n'y a pas ici de preuve sérieuse mais plutôt des indications contradictoires. L'amiral d'Argenlieu, haut-commissaire en Indochine, pensait que son éloignement serait de courte durée et qu'il lui incombait, sur un théâtre d'opérations comme le sien, de « tenir » jusqu'à son retour[17]. Francisque Gay a cru comprendre que de Gaulle s'attendait à être rappelé très vite — « au bout de huit jours », aurait-il dit — mais c'était une hypothèse si peu vraisemblable que l'on peut douter qu'il l'ait formulée en ces termes. Jean Lacouture cite Rémy Roure, éditorialiste au *Monde*, Edmond Michelet, ministre des Armées, et Louis Vallon, membre de son cabinet, qui pensaient tous trois que de Gaulle évaluait sa retraite à quelques mois. A Pierre-Henri Teitgen, il avait confié qu'elle serait « de trois, quatre ou cinq ans ». On peut donc avancer ici la conclusion la plus raisonnable : de Gaulle n'en savait rien. Son pragmatisme habituel, son expérience des imprévus de la lutte politique, sa connaissance de l'Histoire, lui inspiraient certainement des réflexions contradictoires : les déchirements entre partis ou leur volonté commune de faire obstacle à son retour, une crise extérieure, des drames imprévus ou, au contraire, la platitude des temps ordinaires, pouvaient le ramener au pouvoir au bout de quelques mois, ou de quelques années, ou bien jamais.

En revanche, le spectacle qu'il avait sous les yeux aurait pu l'inciter à rester à la tête du pays. Il était clair, pour lui, que les communistes et les socialistes, majoritaires dans l'Assemblée constituante, voulaient des institutions excluant radicalement l'exécutif fort et stable qu'il jugeait indispensable. Sur ce terrain, un affrontement était inévitable. Mais il pouvait l'engager et le gagner. Il disposait encore d'une influence prépondérante sur la très grande majorité des républicains populaires et il aurait eu l'appui, quelles qu'en fussent les arrière-pensées, des groupes modérés et de presque tous les députés issus des mouvements de Résistance. Il avait donc, sur l'échiquier politique, des soutiens importants. Socialistes et communistes auraient dû se battre, en définitive, seuls contre tous, comme il leur advint au référendum du 5 mai. Il suffisait à de Gaulle de tenir durant deux mois, trois tout au plus, et il aurait engagé contre un projet de Constitution qu'il jugeait détestable une bataille à laquelle, sans nul doute, les républicains populaires auraient participé. Sans de Gaulle, ceux-ci la gagnèrent puisque le « non » l'emporta, le 5 mai. Avec de Gaulle, le refus du projet socialiste et communiste aurait été plus net, tant il est vrai qu'il disposait encore d'une vaste audience populaire. Ce premier verdict du suffrage universel aurait probablement suscité dans la deuxième Assemblée constituante, une majorité favorable à la Constitution que de Gaulle voulait et, de cette longue bataille il aurait pu sortir vainqueur.

Faute de quoi, il risquait d'assister à la lutte incertaine des partis politiques autour d'institutions que, de toute façon, ils souhaitaient à leur mesure, c'est-à-dire telles que les gouvernements dépendraient des arrangements entre eux ou de leurs désaccords. De Gaulle le pressentait et les événements justifièrent ses craintes. Raison de plus pour ne pas quitter le champ de bataille et pour se servir des moyens d'action et d'influence qu'il avait à la tête du gouvernement, soit pour entraîner derrière lui les forces politiques qui voudraient bien le soutenir, soit pour faire appel au pays. L'historien est alors tenté de conclure que son départ fut une faute. Un jour, bien plus tard, il devait le reconnaître devant son neveu Michel Cailliau, qui le rapporta ainsi à Jean Lacouture :

> J'ai fait au moins une erreur politique dans ma vie : mon départ de janvier 1946.

Chapitre 23

LA CONTRE-OFFENSIVE D'AUTOMNE

Dans le parc de Marly, un pavillon de chasse, qui fut celui du roi Louis XIV, va servir de premier domicile à de Gaulle après sa démission. Il l'a loué pour 5 000 F par mois. C'est un choix qui plaît à sa femme : elle trouvait leur résidence de Neuilly trop lourde et trop solennelle. De Gaulle peut y faire de longues promenades à pied dans les bois : c'est un exercice qu'il aime, qu'il pratiquait déjà avant la guerre, auquel il restera fidèle jusqu'à la fin de sa vie. C'est aussi un cadre propice à sa vie de famille et il peut alors reprendre ses étranges et émouvants rapports avec sa fille infirme, Anne, que surveille toujours Mlle Potel. Gardant à son service comme secrétaire Claude Mauriac, il se lance presque aussitôt dans la rédaction du plan de ses *Mémoires* : c'est une tâche qui, déjà, l'absorbe et le passionne.

Mais on ne saurait s'y tromper : si de Gaulle éprouve, comme il est naturel, le soulagement immense et passager que tout homme connaît après avoir posé le fardeau porté durant de longues années, il fait tout à coup l'expérience d'un changement radical de vie. On peut le résumer brutalement : pour la première fois de son existence, il ne fait rien. Il lui faut répondre à des centaines de lettres de partisans inconnus qui lui disent leur mélancolie ou leur amertume, mais c'est un travail de routine qui, bientôt, s'achèvera par la force des choses. Il reçoit quelques-uns de ses anciens collaborateurs ou ministres, Auriol, Schumann, Passy, Rémy qu'il va voir chez lui, Palewski, Diethelm, Vallon... Mais ce sont des distractions qui lui donnent l'occasion de s'épancher, de dauber allégrement sur les membres du gouvernement, de parler avec amusement des chefs d'Etat qui ont succédé à Roosevelt, à Churchill, à lui-même... Mais, sous la détente, va bientôt percer l'amertume : à la fin de l'année, on le verra, elle va l'emporter sur tout.

Espère-t-il alors revenir bientôt au pouvoir ? Comme aux derniers jours qui précédèrent son départ, il n'en sait rien. Il voit cependant qu'aucune secousse ne s'est produite dans le pays, aucun grand remous dans les profondeurs du peuple français. Plus tard, rédigeant ses *Mémoires de guerre*, il en tentera l'analyse :

> Tandis que le personnel du régime se livrait à l'euphorie des habitudes retrouvées, devait-il écrire, au contraire la masse française se repliait dans la tristesse [...] Chacun, quelle que fût sa tendance, avait, au fond, le sentiment que le général emportait avec lui quelque chose de primordial, de permanent, de nécessaire, qu'il incarnait de par l'histoire et que le régime des partis ne pouvait pas représenter... On concevait que cette légitimité restât latente au cours d'une période sans angoisse. Mais on savait qu'elle s'imposerait par consentement général, dès lors que le pays courrait le risque d'être, encore une fois, déchiré et menacé.

Mais, justement, aucune menace mortelle n'apparaissait, aucun déchirement irrémédiable ne se produisait. Au prix d'un effort budgétaire et fiscal accru, le gouvernement de Félix Gouin, surtout inspiré par son ministre des Finances, André Philip, s'accrochait au niveau des salaires et des prix atteint sous le gouvernement précédent et il allait tenter de parer à la dramatique pénurie de devises en envoyant Léon Blum négocier un prêt aux Etats-Unis. Rien d'exaltant mais rien de catastrophique : sérieux et bonne volonté d'un côté, recul devant les réformes difficiles et les économies drastiques de l'autre : on pouvait critiquer l'action des équipes en place mais non la condamner. De Gaulle, au fond, le voyait aussi bien que quiconque, même s'il était volontiers, dans ses propos, caustique, ironique, impitoyable. De tous les témoignages recueillis sur ses entretiens et ses confidences — dont le plus complet est le journal tenu quotidiennement par son aide de camp, Claude Guy [1] — on retient, au-delà des boutades drôles ou provocantes, une conversation avec François Mauriac, rapportée par son fils Claude [2]. C'est donc un témoignage indirect mais suffisamment précis pour être cité. Selon lui, aurait raconté François Mauriac, il y a trois possibilités pour les jours qui viennent,

> ou bien cela durera assez longtemps dans le cafouillage et la médiocrité présents ; ou bien les communistes prennent le pouvoir — et alors c'est la certitude de la guerre étrangère, car les Russes s'installent en France ce que les Américains et les Anglais ne peuvent en aucune sorte accepter ; ou bien mon retour...

On notera d'abord que la première hypothèse est celle où « le cafouillage et la médiocrité » se prolongent : à condition d'admettre les termes employés par de Gaulle, c'est ce qui est en train d'advenir et qui persistera pendant de longues années, non sans que les drames inévitables surgissent et, les uns après les autres, ébranlent le régime jusqu'à le faire succomber. De Gaulle, on le voit ici, loin d'écarter cette hypothèse, l'énonce en premier. La seconde est plus étrange au point qu'on peut se demander si de Gaulle l'a vraiment formulée en ces termes ou s'il ne faisait qu'évoquer tout haut des éventualités hasardeuses. Que les communistes prennent le pouvoir en France était déjà peu probable, presque invraisemblable après les élections et le référendum du mois d'octobre précédent, qui avait témoigné de leur puissance mais aussi de leurs limites. S'ils y parvenaient malgré tout, il n'y avait aucune vraisemblance à l'arrivée des Russes en territoire français : la géographie, de toute façon, ne l'aurait pas permis. Que, dans cette hypothèse extrême, Américains et Britanniques aient réagi par la force, ce n'était pas douteux et c'est précisément pourquoi elle ne pouvait être sérieusement envisagée. De Gaulle, il est vrai, commençait à évoquer la perspective d'une troisième guerre mondiale, comme on le faisait dans les conversations de ce temps : c'est seulement l'année suivante qu'elle lui paraîtra probable, à en croire, du moins, ceux qui ont recueilli et rapporté ses propos. Mais, en ce début de 1946, il ne croit pas du tout que les Soviétiques puissent gagner cette guerre, comme il le dit sans détour à Claude Mauriac. Croit-il alors que les Etats-Unis pourraient prendre eux-mêmes l'initiative d'un conflit ? Personne ne l'a dit. De la conversation avec François Mauriac il reste la troisième hypothèse évoquée, celle de son retour : mais sans commentaire, sans précision, comme si, en effet, il était raisonnable de l'envisager mais sans qu'on puisse encore en parler sérieusement...

Une bataille, pourtant, se prépare, qui passionne de Gaulle : c'est, encore une fois, la bataille pour la Constitution. Elle s'est engagée, comme on l'a vu, à la commission de l'Assemblée constituante, dont le rapporteur était François de Menthon et le président André Philip. Ce dernier partait d'un constat : il n'y a pas de démocratie sans partis, et c'est à travers eux que s'exprime le suffrage universel. Il n'était plus question de privilégier une catégorie sociale, comme c'était le cas avant la guerre, avec un Sénat issu du vote des notables ruraux mais disposant d'un pouvoir égal à celui de la Chambre des députés : il y aurait donc une Assemblée unique. Très logiquement, la Constitution prévoirait son élection à la représentation proportionnelle, de sorte que les courants d'opinions soient représentés selon leur importance réelle dans le pays. Les partis eux-mêmes seraient régis par un statut, inclus lui aussi dans la Constitution, qui en garantirait le caractère démocratique. Une déclaration des Droits du citoyen institutionnaliserait, d'ailleurs, la démocratie en France et interdirait qu'on cherche à la violer. La désignation du chef du gouvernement, la composition de son équipe et l'établissement de son programme résulteraient de l'entente entre les partis qui, par leur accord, constitueraient la majorité parlementaire. Afin d'éviter tout risque de prétention dictatoriale d'un homme, d'un parti ou d'une majorité, une cour suprême vérifierait la constitutionnalité de lois.

L'ensemble était imposant de rigueur logique. Socialistes et républicains populaires en étaient les artisans, les seconds se réservant seulement de demander que la liberté de l'enseignement soit inscrite dans la déclaration des Droits du citoyen, qu'un mécanisme précis provoque éventuellement la dissolution de l'Assemblée en cas de crise ministérielle — ce dont André Philip était aussi partisan — et qu'on institue une seconde Chambre qui, sans pouvoir s'opposer à l'Assemblée issue du suffrage universel, aurait pourtant plus qu'un rôle symbolique. Les communistes, en revanche, critiquaient fortement ce premier projet de Constitution. Ils avaient voté contre le droit pour le gouvernement de demander une seconde lecture des textes à l'Assemblée nationale, contre l'obligation de voter une motion de censure pour le renverser, contre les mécanismes prévus pour la dissolution de l'Assemblée, et surtout contre le statut des partis où ils voyaient une manière de les soumettre à un contrôle qui pourrait, par exemple, interdire à leur parti de conserver son rôle de parti révolutionnaire et empêcher éventuellement les partis ouvriers, s'ils étaient majoritaires, d'appliquer vraiment leur programme.

Mais, dès la fin de janvier, les travaux constitutionnels allaient prendre un autre tour. Le remplacement à la tête de la Commission d'André Philip, devenu ministre des Finances, par Guy Mollet marqua un tournant décisif. Les socialistes renoncèrent à insérer dans la Constitution un statut des partis, puis au contrôle de la constitutionnalité des lois. D'accord avec les communistes, ils consentirent à ne plus faire figurer dans la Constitution le principe de la représentation proportionnelle, afin de ne pas heurter les radicaux, toujours attachés au scrutin d'arrondissement. Mais c'est le MRP qui découvrit alors que le projet de Constitution ne correspondait plus du tout à ses vues. Dans l'Union française, les socialistes voulaient faire prévaloir l'idée d'assimilation, et le dernier paragraphe de l'article principal du chapitre de la Constitution concernant l'Outre-mer stipulait que : « Tous les nationaux et ressortissants français de la métropole et des territoires d'outre-mer jouissent des droits politiques attachés par la présente Constitution à la qualité de citoyen. » C'était proclamer l'assimilation immédiate et intégrale de tous les habitants des territoires d'outre-mer, du moins quant à leur « droits politiques ». Socialistes et communistes votèrent le texte. Le MRP s'y opposa. Déjà celui-ci avait rejoint les radicaux et les modérés sur plusieurs points lors de la discussion sur la déclaration des Droits du citoyen, d'abord, où à propos du droit de propriété, et plus encore sur la liberté de l'enseignement, il s'était séparé des deux partis ouvriers. Puis sur les pouvoirs du Conseil de l'Union française, dont il voulait qu'il fît partie du Parlement, et n'ait pas que des prérogatives symboliques. Enfin sur l'élection du Président de la République, dont on convint, pour le satisfaire, qu'il serait élu à la majorité des deux tiers de l'Assemblée nationale, de sorte qu'il ait une base politique suffisamment large mais dont il voulait qu'il soit désigné au scrutin secret et par les deux assemblées, conformément aux usages de la IIIe République. François de Menthon démissionna de son poste de rapporteur général et le projet de Constitution fut voté, le 19 avril, par 309 voix, presque uniquement socialistes et communistes, contre 249.

De Gaulle fut très attentif à ces débats. Ils étaient, en effet, révélateurs. Car, jusqu'au bout, tout fut dominé par la querelle du bicamérisme. Tout se passait comme si l'avenir de l'Etat en France dépendait d'une phrase incluant dans le Parlement une seconde assemblée. Certes, la droite et les radicaux, qui auraient volontiers envisagé la restauration d'un Sénat, élu des notables ruraux, et disposant d'un pouvoir législatif égal à celui de la Chambre des députés comme sous la IIIe République, n'osaient pas réclamer un système aussi contraire à l'esprit du temps. Les républicains populaires n'en étaient pas partisans mais s'accrochaient au principe du bicamérisme. Socialistes et communistes acceptaient qu'une seconde assemblée, composée de représentants des collectivités locales et de délégués des territoires et départements d'outre-mer, donne son avis sur la plupart des projets de loi, mais le MRP voulait qu'elle fasse officiellement partie du Parlement, même si le dernier mot devait rester, de toute façon, à l'Assemblée nationale. Dans la pratique, la différence eût été faible, ou nulle. Et cependant, le monde politique tout entier semblait n'être occupé que par cette querelle...

Au contraire, rien de ce qui concernait l'exécutif ne paraissait essentiel. Tout au plus discutait-on de la question de savoir si le président du Conseil — c'est-à-dire le chef du gouvernement — serait directement élu par l'Assemblée ou investi par elle après avoir été désigné par le président de la République. Quant à celui-ci, on balançait entre son élection au scrutin public, souhaité par les communistes et les socialistes, ou au scrutin secret suivant la tradition de la IIIe République. Pour la stabilité de l'exécutif, on se fiait apparemment à l'efficacité du mécanisme de la motion de censure, votée après un jour franc de réflexion et dont la répétition permettrait, éventuellement, une dissolution de l'Assemblée. A aucun moment on ne vit, dans l'un des grands partis, s'élever une voix pour faire remarquer que ces procédures seraient sans effet dès lors que la formation et la chute des gouvernements procéderaient des transactions et des désaccords entre les groupes sans qu'ils aient besoin de recourir aux dispositions prévues par la Constitution, ne serait-ce que pour éviter le risque, si faible fût-il, d'une dissolution dont habituellement les Assemblées ne veulent pas. Ainsi de Gaulle pouvait-il constater que le débat constitutionnel passait bel et bien à côté de ce qui, pour lui, était l'essentiel, et qu'au fond les grands partis politiques étaient d'accord entre eux pour établir — ou plutôt, pour maintenir — un régime d'assemblée.

Un an presque jour pour jour après la fin de la guerre, la bataille constitutionnelle parut opposer les deux moitiés de la France, comme si rien n'était changé à la vie politique du pays. Le camp des « oui », c'était la gauche, et le camp des « non », c'était la droite. La ligne de partage, cependant, n'était pas tout à fait la même qu'autrefois : aux côtés des socialistes et des communistes, il y avait bien la Ligue des droits de l'homme, la CGT, la minorité procommuniste des mouvements de Résistance et une poignée de radicaux de gauche comme Justin Godard, Pierre Cot, Albert Bayet, président de la Ligue de l'enseignement ; mais le parti radical, dans son ensemble, était du côté du « non » en même temps que l'UDSR, issu de la plupart des mouvements de Résistance, la Jeune République, représentant les milieux de gauche d'inspiration chrétienne, toutes les formations de la droite et du centre droit et, par-dessus tout, le MRP. Par son opposition farouche au collectivisme, à l'étatisme, au dirigisme, aux nationalisations, le parti radical paraît décidément beaucoup plus proche de la droite classique que des partis ouvriers. Ce changement dans les alliances traditionnelles suffit-il à expliquer que le rapport des forces habituelles entre la gauche et la droite s'inverse par rapport à ce qu'il fut presque toujours sous la IIIe République ? Toujours est-il que le soir du 5 mai 1946 : le projet de Constitution fut repoussé par 10 488 059 voix contre 9 327 073.

Pour de Gaulle, c'est un étrange résultat, éclatant mais équivoque. En faisant décider par le référendum du 21 octobre 1945 que la Constitution votée par l'Assemblée constituante devrait être ratifiée par un nouveau référendum, il a mis en place le mécanisme qui vient de faire échec au projet qui instituait, sans conteste, un régime d'assemblée. Mais il n'a pas, publiquement, pris partie. Témoins et confidents en sont d'accord : il voulait la victoire du « non [3] ». Il a choisi de s'enfermer dans le silence, comme il l'a fait en quittant le pouvoir pour ne pas être lui-même au cœur du débat, pour que l'enjeu n'en soit pas une victoire personnelle ou celle d'une coalition exclusivement formée contre lui. Et il va jusqu'à s'abstenir de voter. Mais on peut mesurer, à cette occasion, ce qu'il a perdu avec son départ : demeuré à la tête du gouvernement, il aurait fédéré tous les partisans du « non », ébranlé peut-être le choix d'une fraction des socialistes, et serait en mesure de faire élire une majorité favorable à la Constitution qu'il souhaitait. Cette option, il l'a écartée d'avance en démissionnant, le 20 janvier. Aurait-il dû intervenir ensuite en prenant la tête du camp des « non » pour le référendum du 5 mai ? L'occasion s'offrait alors d'un retour sur la scène politique et d'une victoire électorale qui aurait pu être suivie d'une autre, aux élections à la seconde Assemblée constituante. Mais il avait choisi le silence : il s'y est tenu. Peut-être éprouvait-il aussi quelque hésitation, ou même quelque répugnance, à se voir désormais voué à conduire une alliance qui, si vaste fût-elle, était dirigée contre l'alliance des partis de gauche. Il y a fait allusion en regrettant, devant Claude Mauriac, que ce référendum du 5 mai permette la victoire du « oui », mais « en coupant la France en deux ». Pour la dernière fois peut-être, il avait reculé devant ce changement radical qu'il avait déjà refusé au printemps 1945, malgré les sollicitations de beaucoup de ses partisans : ne plus être l'homme du rassemblement de tous les Français pour de grandes causes communes, devenir le chef d 'une majorité.

Mais il veut se battre. Les résultats du référendum du 5 mai lui offrent — pour une deuxième fois, mais peut-être la dernière — l'occasion d'établir les institutions qu'il souhaite. Il a bien vu que les désaccords entre les principaux partis n'avaient pas porté sur l'essentiel et que tous, mais chacun à sa manière, étaient en faveur d'un régime d'assemblée : mais, cette fois, il avait une chance de faire prévaloir ses vues. En entrant dans l'arène, il pouvait escompter l'appui des radicaux, des modérés, des groupes issus de la Résistance, qui voudraient compléter leur succès du 5 mai en faisant voter pour une Constitution profondément différente de celle qui venait d'être rejetée. Les socialistes seraient peut-être tentés, du moins pour beaucoup d'entre eux, de se dégager de leur tête-à-tête avec les communistes, qui venait de les conduire à l'échec. Le plus important était l'appui des républicains populaires : après leur comportement dans la bataille constitutionnelle, de Gaulle pouvait espérer qu'il l'obtiendrait.

Les élections du 2 juin prolongèrent, en effet, les résultats du référendum du 5 mai. Les socialistes en furent les victimes, subissant à la fois l'inévitable impopularité de la gestion du pays alors que les pénuries restaient aiguës et que la reconstruction était à peine entamée, et les conséquences de leur association trop étroite avec les communistes, le mois précédent. Ils perdaient 370 000 suffrages alors que les communistes en gagnaient 195 000. Le MRP, de son côté, en gagnait 809 000, et enlevait au parti communiste le titre envié de « premier parti de France ». Les partis ouvriers n'allaient plus avoir, à la nouvelle Assemblée constituante, la nette majorité qu'ils avaient auparavant : ils peuvent à peine y rassembler un peu plus de la moitié des sièges en s'adjoignant les députés du deuxième collège de l'électorat algérien, tous partisans de Ferhat Abbas et d'une république autonome algérienne.

C'est le moment où de Gaulle va déclencher la contre-offensive dont il espère qu'il en sortira les institutions qu'il souhaite. Il vient d'arriver à Colombey où sa maison, endommagée et dégradée pendant l'occupation, a été remise en état. Y ressent-il d'autant plus le besoin d'agir qu'il se trouve maintenant, non plus à Marly, c'est-à-dire à portée immédiate de Paris, mais dans un village isolé ? C'est aussitôt après le référendum, en réalité, qu'il a décidé d'agir. Dès le 12 mai, il s'était rendu sur la tombe de Clemenceau, invité à célébrer à la fois le premier anniversaire de la Victoire et la fête de Jeanne d'Arc :

> Nous voyons mieux que jamais, dit-il à cette occasion, qu'il ne peut être pour nous demain, pas plus qu'il n'était hier, de sécurité, de liberté, d'efficience sans les grandes disciplines acceptées, sous la conduite d'un Etat fort, dans l'ardeur d'un peuple rassemblé.

Mais il doit dire maintenant ce qu'il veut, sans en rester aux généralités. Il choisit donc de le faire à Bayeux, le 16 juin, lendemain de l'anniversaire de son arrivée en France, deux ans plus tôt. Ce jour-là, c'est encore le Libérateur qui est célébré : les armées sont donc représentées par le général Leclerc, le général Koenig, le général Juin, l'amiral d'Argenlieu, tous en fonction. Mais c'est déjà l'homme politique qui va parler : Maurice Schumann, son ancien porte-parole à Londres, Joseph Laniel, député du Calvados et ancien membre du Conseil national de la Résistance, sont donc là aussi, mais avec ceux qui passent pour les plus proches de lui, René Capitant, André Malraux, Jacques Soustelle. Symbole de l'ambiguïté qui persiste et qui, bientôt, l'obligera à choisir son rôle, il est en uniforme, mais c'est pour prononcer, devant le château de Bayeux, l'un des plus importants discours de toute sa vie, celui où il décrit la République qu'il veut, ce qui sera, dix ans plus tard, la Ve République.

Il prend soin, d'abord, de se référer au passé dont il tire son prestige : la victoire, la part que les Français y ont prise et surtout la France libre dont il définit l'esprit,

> sentiment de sa supériorité morale, conscience d'exercer une sorte de sacerdoce du sacrifice et de l'exemple, passion du risque et de l'entreprise, [...] confiance souveraine en la force et en la ruse de sa puissante conjuration.

Puis il récuse catégoriquement la tentation mortelle de la dictature :

> Elle prend d'abord un tour de dynamisme qui fait contraste avec l'anarchie qui l'avait précédée... mais [...] les risques, les efforts dépassent peu à peu toute mesure. A la fin, le ressort se brise. L'édifice grandiose s'écroule dans le malheur et dans le sang. La nation se retrouve rompue, plus bas qu'elle n'était avant que l'aventure commençât.

Après quoi, cette démocratie qui est le choix de la raison et de l'histoire autant que de ses convictions, il la décrit telle qu'à son avis elle doit fonctionner en France. L'originalité essentielle de la Constitution qu'il veut porte sur les fonctions du président de la République et sur sa conception de l'Union française. Le président doit être le véritable chef de l'exécutif. Pour qu'il soit l'authentique représentant de la nation et non l'élu de la majorité des membres du Parlement, il faut qu'il le soit par un collège beaucoup plus large que celui-ci. C'est de lui que procéderait le gouvernement, à commencer par un Premier ministre, désigné par lui, qui devrait évidemment « diriger la politique et le travail du gouvernement » mais dont la tâche serait de mettre en œuvre les directives générales données par le président de la République. L'Assemblée, élue au suffrage universel et à qui reviendrait « le vote définitif des lois et des budgets », pourrait éventuellement entrer en conflit avec le gouvernement : le chef de l'Etat, par son droit de dissolution, prendrait alors le pays pour arbitre et c'est bien le suffrage universel qui aurait ainsi le dernier mot. Le président, s'il doit assurer la direction suprême des affaires du pays, devrait aussi, selon l'expression même employée par de Gaulle, « accorder l'intérêt général, quant au choix des hommes, avec l'orientation qui se dégage du Parlement ». Il mènerait donc sa politique librement mais en tenant compte, dans tous les domaines où les choix auraient été mis en question par les électeurs, des préférences de la majorité parlementaire. Une seconde assemblée, enfin, « ferait valoir, dit-il, dans la confection des lois, ce facteur d'ordre administratif qu'un collège purement politique a forcément tendance à négliger », mais il en voit la composition tout autrement que celle du Sénat d'avant-guerre en associant les représentants des collectivités territoriales avec ceux « des organisations économiques, familiales, intellectuelles ».

Cette Constitution s'inspire aussi d'une certaine conception de l'Union française. De Gaulle, en tout cas, croit nécessaire d'en fixer les grandes lignes par avance, sans fermer la porte aux évolutions futures, mais certainement préoccupé d'en éviter la dislocation, à court ou moyen terme. Pour les territoires d'outre-mer « qui se rattachent à l'Union française par des liens très divers », et auxquels il joint la Sarre, il prévoit donc « une organisation de forme fédérative, que le temps précisera peu à peu, mais dont la Constitution nouvelle doit marquer le début et ménager le développement ». Ce fédéralisme s'exprimerait en trois points : le président de la République serait en même temps celui de l'Union française mais il devrait, pour cela, être élu par un collège comprenant le Parlement français, mais beaucoup plus large que lui, et des représentants de territoires d'outre-mer. Les domaines communs seraient fixés d'avance comportant « budget, relations extérieures, rapports intérieurs, défense nationale, économie, communications ». Un « grand Conseil de l'Union française » rassemblerait les élus de la deuxième assemblée du Parlement français et des représentants des assemblées locales des territoires d'outre-mer, de sorte que tous ses membres, ayant une même origine électorale, seraient « qualifiés pour délibérer des lois et des problèmes intéressant l'Union ». C'était effectivement l'esquisse d'un système fédéral avec des institutions communes, des domaines communs, nettement précisés, et d'autres qui seraient par conséquent du ressort de chaque pays membre de la fédération. Mais ce n'était qu'une esquisse : on ne savait pas par exemple, si le Conseil de l'Union française aurait effectivement les prérogatives d'un Parlement fédéral ou si la représentation des diverses parties de la fédération serait conforme à leur importance respective ou égale en nombre. Pas davantage n'était évoquée la différence entre les colonies, qui pourraient conserver plus ou moins longtemps leur autonomie, et les protectorats, ayant déjà, en principe, leur personnalité internationale et qui voudraient accéder à l'indépendance. Mais de Gaulle admettait, il est vrai, que la forme fédérative qu'il concevait pour l'Union française évoluerait avec le temps.

Pour comprendre l'accueil qui fut fait au discours de Bayeux, il faut voir, d'abord, qu'après le référendum du 5 mai et les élections du 2 juin, le climat politique en France, avait profondément changé — plus encore, sans doute, que de Gaulle ne s'en était avisé. L'heure n'était plus, semblait-il, aux précautions de langage, ni à l'évocation des souvenirs communs de la Résistance. Un voile s'était déchiré, qui n'avait masqué que partiellement et provisoirement la lutte que les principales forces politiques voulaient mener contre le parti communiste, pour réduire son influence, l'écarter des postes de commande, l'empêcher en tout cas de diriger le gouvernement et, aussitôt que possible, le rejeter dans l'opposition. L'échec du premier projet de Constitution, auquel les socialistes avaient apporté leur caution, marque, pour eux, un tournant. Ce n'est pas sans répugnance ni sans arrière-pensées que, dans cette affaire, ils avaient accepté de se retrouver seuls aux côtés des communistes. Déçus par les résultats obtenus auprès des électeurs, ils exhalent leur mauvaise humeur et révèlent leur hostilité envers leurs alliés de la veille. Dès le 16 mai, *Le Populaire* écrit : « La nation ne désire pas que M. Maurice Thorez soit président du Conseil. » André Le Troquer, ministre socialiste de l'Intérieur, déclare le 23 mai à Moulins : « Selon moi, M. Maurice Thorez a bien déserté, en passant par la Suisse, pour se rendre en Russie, alors que d'autres Français, tels que M. Léon Blum, restaient en France pour défendre leur pays. » Il se trompait sur l'itinéraire pris par Thorez quand il quitta la France en 1939, mais c'était alors sans importance, et il ajoutait : « Thorez au pouvoir, c'est servir la cause de la Russie. » A Montluçon, Daniel Mayer, encore secrétaire général du parti socialiste, refusait tout projet d'unité avec le communistes : « Les socialistes, disait-il, sont trop épris de liberté individuelle et d'esprit de libre discussion pour admettre la véritable mystique religieuse à l'égard de Staline qu'on trouve chez la plupart de nos camarades communistes. » Dans la Haute-Vienne, le conseil général, à majorité socialiste, demande le départ du préfet, Jean Chaintron, qui est membre du parti communiste.

Au même moment, le ton de la presse se durcit. *L'Aurore* écrit au lendemain du référendum : « Il est maintenant établi que le parti communiste n'imposera pas sa loi par l'astuce et la ruse. » Et Pierre Brisson, dans *Le Figaro* : « La victoire des "non" a une signification essentielle, elle montre que la notion de liberté reste vivante dans le pays. » *L'Epoque*, surtout, mène une âpre campagne contre le parti communiste : sans hésiter, ce journal parle, à son sujet, de « fascisme rouge ». On peut dire qu'au mois de mai 1946 surgit l'anticommunisme presque unanime de la presse française, auquel n'échapperont que très peu d'organes et qui persistera tout au long de la IVe République.

Ce changement de climat politique résulte aussi des élections du 2 juin. Chez les républicains populaires, l'état d'esprit a changé. Affrontant leurs deux puissants alliés, parti communiste et SFIO, il a gagné. Et il est prêt de croire qu'il a gagné tout seul. Il est vrai, d'ailleurs, que l'apport des radicaux et des modérés, s'il fut loin d'être négligeable, n'aurait été que très minoritaire si le MRP n'avait choisi de voter « non ». Et le fait est que de Gaulle n'a pas parlé. On ne voit pas qu'alors il y ait eu des républicains populaires pour le lui reprocher : on n'en a, en tout cas, aucun témoignage, et les plus fidèles envers lui avaient compris sa retraite, sa réserve, son silence. Les autres, qui étaient probablement la majorité, n'allaient éprouver aucune gêne à rappeler qu'il s'était tu alors qu'ils avaient eux-mêmes combattu pour le « non » et qu'ils avaient gagné sans lui. Il ne faut pas s'y tromper : le MRP, vainqueur du référendum du 5 mai n'était plus ce qu'il était auparavant. Vainqueur aux élections du 2 juin, il était maintenant différent du « parti de la fidélité » qu'on voyait en lui aux élections à la première Constituante, le 21 octobre précédent. Sa psychologie collective avait changé : son comportement ne serait plus le même. De Gaulle allait s'en rendre compte.

D'emblée, les réactions des partis de gauche au projet de Bayeux sont négatives. Les communistes, sans hésiter, traitent de Gaulle de « factieux ». Léon Blum rappelle dans *Le Populaire* du 21 juin, que de Gaulle a rétabli la démocratie en France et ouvert la voie au libre jeu des forces politiques et sociales, mais tout le hérisse dans son projet de Constitution. Sensible, à juste titre, à l'opposition du « Sénat conservateur » de la IIIe République à la politique économique et financière des deux gouvernements qu'il a présidés avant la guerre et que la majorité des sénateurs ont renversés, il reproche à de Gaulle de vouloir ressusciter une seconde assemblée trop influente sans voir — ou en feignant de ne pas voir — que la Constitution de Bayeux prévoit explicitement que le dernier mot, pour le vote des lois, revient à l'Assemblée nationale issue du suffrage universel. En définitive, il juge qu' « entre [de Gaulle] et la démocratie, on enregistre comme une incompatibilité d'humeur ». Tout est dit, désormais : les institutions qu'il propose seront suspectes, chez les socialistes, d'atteinte à la démocratie. Héritiers de l'histoire de soixante-dix ans de République, ils n'imaginent pas — et sans doute sont-ils sincères — que celle-ci puisse être autre chose qu'un régime où les gouvernements naissent de l'accord entre des groupes parlementaires et meurent de leur désaccord, quelque précaution qu'ils veuillent prendre pour éviter l'ancienne instabilité de l'exécutif.

En est-il de même au MRP ? Ses positions et ses votes en faveur des projets d'André Philip à la commission de la Constitution de la précédente Assemblée le font croire. Mais son refus du projet finalement repoussé le 5 mai suggère plutôt le contraire. On n'allait pas tarder à voir dans quel sens il s'orientait.

Dès le 3 juillet, le rapporteur de la nouvelle commission de la Constitution, le républicain populaire Paul Coste-Floret, annonçait que le parti socialiste et le MRP s'étaient mis d'accord sur les changements à apporter au projet voté par la Constituante précédente. Le Parlement comprendrait, outre l'Assemblée nationale, un conseil de la République qui ne participerait pas au choix du président du Conseil, ne pourrait pas renverser le gouvernement, et laisserait, en matière législative, le dernier mot à l'Assemblée nationale. Le président du Conseil serait désigné par le président de la République, mais investi par un vote de l'Assemblée. Le président de la République serait élu par les deux assemblées au scrutin public. La dissolution de l'Assemblée nationale serait possible, à l'initiative du gouvernement, dès lors que deux crises se seraient produites en deux années consécutives à condition qu'elles surviennent, selon les règles prévues pour le vote d'une motion de censure, ou le rejet d'une question de confiance. On renonçait à inscrire dans la Constitution une déclaration des Droits de l'homme pour s'en tenir à un simple préambule, très court, reconnaissant les droits essentiels de la personne humaine, le droit de grève, le droit au travail, les obligations de la collectivité envers la famille, le principe de la nationalisation des entreprises ayant un caractère de monopole, mais passant sous silence la liberté de l'enseignement. L'ensemble est adopté, le 2 août, par la majorité de la commission de la Constitution, essentiellement grâce au vote des socialistes et républicains populaires, les communistes s'abstenant ainsi que plusieurs représentants de la droite modérée et de l'UDSR. De toute évidence, le régime futur serait très semblable, en pratique, à celui de la IIIe République, avec cette différence, évidemment capitale, que l'ancien Sénat, dont le pouvoir législatif était égal à celui de la Chambre des députés, serait remplacé par un Conseil de la République, simple chambre de réflexion.

Mais ce n'était en rien ce que de Gaulle avait voulu. Il le dit à Paul Coste-Floret, qu'il reçoit à Paris et n'a aucune peine à lui faire remarquer la différence qu'il y a entre le projet de la Commission et celui de Bayeux où le gouvernement procède d'un président de la République élu tout autrement et qui dispose réellement du droit de dissoudre l'Assemblée. Le 27 août il rend donc publiques ses objections. Ceux qui, au MRP, vivent comme un déchirement cette divergence entre leur parti et de Gaulle, vont alors tenter de pressantes démarches pour combler le fossé qui les sépare. Maurice Schumann veut convaincre de Gaulle, par l'entremise de son beau-frère, Jacques Vendroux, que le projet de la Commission est très différent de celui de la précédente Assemblée constituante et qu'il vaut mieux transiger avec les socialistes pour éviter que ceux-ci ne votent avec les communistes et quelques députés algériens et africains un projet plus différent encore de celui de Bayeux[4]. L'argument, du reste, n'est pas excellent car, depuis les élections de juin, il est clair que les socialistes ne veulent plus de tête-à-tête avec les communistes. Pierre-Henri Teitgen se rend alors à Colombey-les-Deux-Eglises avec Jacques Vendroux et tente, à son tour, de faire admettre à de Gaulle qu'il vaut mieux voter le texte en préparation, quitte à l'amender ensuite, aussitôt que possible. De Gaulle ne se laisse pas convaincre, mais Teitgen croit pouvoir dire, devant les députés républicains populaires, que sans doute, il ne s'opposera pas catégoriquement au projet. Jacques Vendroux lui apporte immédiatement un démenti. De Gaulle, du reste, veut mettre les choses au point. Par l'intermédiaire de Claude Mauriac, son secrétaire, et de son frère Jean, rédacteur à l'Agence France-Presse, il laisse prévoir que son prochain discours annoncera qu'il va patronner aux élections législatives des listes de candidats ralliés clairement à la « Constitution de Bayeux[5] ». Rien ne permet de croire, cependant, qu'il est déjà décidé à prendre la tête d'un mouvement politique et à se mêler à la prochaine bataille électorale mais, de toute évidence, c'est un avertissement lourd de sens au MRP. Prévoyant la crise qui allait s'ouvrir entre de Gaulle et eux, les républicains populaires s'acharnèrent à obtenir de leurs partenaires socialistes quelques concessions supplémentaires. On convint que le président de la République ne serait pas élu au scrutin public, mais au scrutin secret, comme sous la IIIe République, et que la seconde assemblée serait désignée par les représentants des collectivités territoriales. Force était, pourtant, de le constater, on en restait aux détails et il n'y avait aucune chance pour que de Gaulle approuvât le projet tel qu'il se présentait. Il le dit, du reste, sans hésitation, à Epinal le 29 septembre, et trouva, à cette occasion, des formules qui restèrent dans les mémoires des amateurs de littérature politique depuis le « franchement non ! » au compromis que les constituants étaient en train de passer entre eux, jusqu'au « mépris de fer » opposé aux « dérisoires imputations d'ambitions dictatoriales », qu'on lui adressait régulièrement depuis le temps de la France libre, rappelait-il, et que tout, dans son action, avait démenties...

Mais, au fond, il n'avait déjà plus de soutien clair parmi les forces politiques principales. Pour les socialistes et communistes, c'était bien la nature du régime qui était en cause. La conception que de Gaulle avait de l'exécutif leur était entièrement étrangère. Il n'était pas question qu'ils admettent un système où le président de la République, issu d'un collège très large et donc indépendant des transactions entre les partis, assumerait la direction suprême des affaires, nommerait le gouvernement et pourrait dissoudre librement l'Assemblée. Il leur paraissait évident qu'en démocratie, le peuple se détermine à l'égard de courants d'opinion qu'incarnent les partis. Rien de plus normal, par conséquent, que les négociations entre eux pour choisir un gouvernement et un programme. Le système proposé par de Gaulle leur paraissait d'une autre nature. C'est un homme qui serait désigné pour gouverner effectivement le pays, après quoi l'Assemblée devrait en permanence soutenir le gouvernement désigné par lui ou être renvoyée devant les électeurs. Il y avait bien là, en effet, deux conceptions opposées.

De Gaulle ne pouvait davantage espérer de soutien à sa conception de l'Union française. Sur ce point, il avait pris la précaution de marquer que, s'il tenait à un système fédératif, c'était pour éviter un risque d'éclatement. Non qu'il jugeât possible de fixer pour toujours l'avenir d'un ensemble aussi complexe que celui formé par la France, ses protectorats, ses mandats, ses colonies, ses départements d'outre-mer : il le dit, du reste, en propres termes sans lever, toutefois, les interrogations et objections qui en résultaient. Mais, pour lui, il fallait tout de suite amorcer une évolution, en la situant dans un cadre tracé par la Constitution. C'est ce qu'il avait dit le 16 juin à Bayeux, c'est ce qu'il avait prévu dans le discours de Brazzaville, où il envisageait, pour les Africains, le moment où ils seraient « capables de participer, chez eux, à la gestion de leurs propres affaires ». C'est ce qu'il suggérait, dans sa conférence de presse du 22 octobre 1944, où il avait parlé de

> mener chacun de ces peuples à un développement qui lui permette de s'administrer et, plus tard, de se gouverner lui-même.

C'est à quoi il avait pensé quand il avait décidé de faire élire à la Constituante des représentants des ressortissants d'outre-mer n'ayant pas la citoyenneté française. A ses yeux, la Constitution devait donc prévoir le cadre de cette évolution, faute de quoi toute une étape historique risquerait d'être manquée. Mais ce n'est pas dans cette voie, justement, que la deuxième Constituante s'engagea.

Le 27 août, en effet, Edouard Herriot en parla. A l'Assemblée, les problèmes de l'Union française avaient une résonance nouvelle : l'élection de députés algériens, « amis du manifeste », conduit par Ferhat Abbas, c'est-à-dire partisans de l'autonomie immédiate de l'Algérie, avait ouvert, tout à coup, d'autres perspectives. D'autant qu'en y ajoutant leurs suffrages, ils pouvaient éventuellement assurer une majorité à la coalition des socialistes et des communistes. Les députés du Rassemblement démocratique africain et ceux de Madagascar partageaient, plus ou moins, leurs préoccupations. On pouvait donc s'attendre, sur l'avenir de l'Union française, à des débats plus graves et plus lourds de conséquences. De surcroît, ils allaient intervenir au moment où les négociations entre les représentants de la France et ceux du Vietminh traversaient une passe difficile à la conférence de Fontainebleau. De nombreux journaux commençaient à dénoncer le risque d'une dispersion de l'ancien empire colonial, soulignant que le Vietminh était effectivement dirigé par les communistes vietnamiens et transposant le cas particulier de l'Indochine à l'ensemble des territoires d'outre-mer. Le rôle de charnière que les élus algériens, africains ou malgaches, pouvaient jouer dans les votes de l'Assemblée constituante exaspérait les députés les plus conservateurs, au point que l'un d'eux, Jean Legendre, s'écriait en plein hémicycle : « Ce sont les Malgaches qui font la loi ! »

Ce contexte expliquait en grande partie l'intervention d'Edouard Herriot. Il opposa le premier projet de Constitution, repoussé le 5 mai, qui s'inspirait du principe d'assimilation, et le second qui, à son avis, s'appuyait sur l'idée de fédération. Celui-ci était, en réalité, très vague. S'il prévoyait la création d'assemblées locales en même temps que la représentation des territoire d'outre-mer au Parlement français et accordait, comme dans le texte précédent, les droits civils et politiques aux ressortissants d'outre-mer, il remettait, en fait, à plus tard l'établissement d'institutions définitives pour l'Union française. Mais Edouard Herriot jugea qu'au fond on reconnaissait implicitement le droit de sécession aux territoires d'outre-mer. « Nous n'avons pas, déclara-t-il à la tribune, nous, citoyens de la métropole, le droit de sécession. Par bonheur, la sécession chez nous, dans la métropole, se désigne par un nom que je ne veux même pas employer mais que la République française réglait par procédés tranchants. » Il s'indigna d'un passage du préambule de la Constitution qui dénonçait « le système de colonisation fondé sur l'oppression » : il y voyait une insulte envers l'œuvre colonisatrice de la France, et il invoqua les mânes de Jules Ferry, de Gallieni, de Brazza et de Lyautey. Surtout, il reprochait au texte de la Commission de la Constitution de ne prévoir aucun organe commun à toute l'Union française, si ce n'est un président de la République dépourvu de pouvoirs. Et il affirmait que donner à tous les ressortissants d'outre-mer l'ensemble des droits civils et politiques des citoyens, c'était transformer la France en « colonie de ses colonies ». Paul Bastid pour les radicaux, Jacques Bardoux, pour la droite modérée, Pierre-Henri Teitgen au MRP, abondèrent dans le même sens.

Aussitôt, le ministre socialiste de la France d'outre-mer, Marius Moutet, leur donna satisfaction. Il proclama que la souveraineté française serait maintenue partout et demanda que les articles concernant l'Union française — le titre VIII du projet — soient disjoints de l'ensemble. Le gouvernement s'en saisirait lui-même puisque était en cause la politique générale de la France et non plus seulement l'architecture des institutions. Le résultat fut d'accorder satisfaction à l'aile conservatrice de l'Assemblée constituante. Le président de la République et de l'Union française ne serait élu que par le Parlement français. Il serait assisté par un haut conseil sans prérogative précise. Une assemblée de l'Union française serait composée de représentants des assemblées territoriales et, le cas échéant, des Etats associés ainsi que de membres élus par les groupes parlementaires français : mais elle serait sans aucun pouvoir et ses membres seraient désignés sans que soit tenu compte des différences de population des divers Etats ou territoires. Des assemblées locales seraient instituées dans les territoires d'outre-mer, mais c'était la France qui déciderait quand et comment. Ces territoires seraient représentés à l'Assemblée nationale et au Conseil de la République, mais simplement selon les dispositions prises en 1945 pour l'élection de l'Assemblée constituante.

Rien de commun, on le voit, entre ce projet et ce que de Gaulle avait préconisé. L'assemblée de l'Union française n'avait rien à voir avec celle qu'il avait envisagée à Bayeux, ni quant à sa composition ni, surtout, quant à ses pouvoirs. Contrairement à ce qu'il avait suggéré, les territoires d'outre-mer n'étaient pas associés à la désignation du président. Enfin les domaines communs, dépendant des organes communs de l'Union française, n'étaient pas énumérés, délimités, ni même évoqués. De Gaulle avait conçu un système nettement fédéral, même s'il s'appliquait mal au cas des protectorats et même s'il avouait que ses contours précis dépendraient des circonstances et de l'évolution des esprits. Sans doute insistait-il sur le fait que ce système préviendrait une dispersion progressive de l'Union française et fut-il ainsi mal compris des éléments les plus libéraux de l'Assemblée constituante et d'un bon nombre de députés algériens, africains ou malgaches : mais d'autres eurent cependant la conviction, dès ce moment, qu'il pourrait être l'artisan d'une évolution décisive. A l'opposé, le projet de Constitution maintenait la domination de la métropole sur l'outre-mer et ne prévoyait aucun cadre pour ses transformations futures.

Cet épisode préfigurait l'avenir. Pour éviter que la droite traditionnelle, les radicaux, le MRP, sensibles aux critiques émises par de Gaulle, refusent le nouveau projet de Constitution, on leur donnait satisfaction sur un point essentiel pour eux : le maintien du régime colonial. Cette manœuvre, qui se répéta si souvent sous la IVe République, pouvait sembler paradoxale. Au gouvernement, les communistes avaient une place importante : mais ils songeaient, avant tout, à favoriser l'essor de leur propre influence et celui des partis nationalistes et, pour eux, il importait d'abord que la conférence de Fontainebleau aboutît à un accord et que le Vietminh pût établir son pouvoir de Hanoi à Saigon, quitte à maintenir de bonnes relations avec la France. Les socialistes, en majorité, étaient plus sensibles à l'idée d'assimilation qu'à celle de fédération : en tout cas, l'organisation de l'Union française ne leur paraissait pas requérir des solutions urgentes alors que la forme de la démocratie en France comptait par-dessus tout et n'autorisait aucun compromis. Ainsi, pour la première fois dans l'histoire de la IVe République, ils consentaient à donner ample satisfaction aux tenants de la domination coloniale parce que le plus important, pour eux, était de faire échec à de Gaulle.

Tout reposait, en définitive, sur le choix du MRP. On a vu qu'il ne différait pas réellement de la SFIO sur le rôle des partis politiques et sur l'essence même du régime à établir. Ses dirigeants ne semblaient pas percevoir la différence radicale entre leurs thèses et celle que soutenait de Gaulle : quand plusieurs d'entre eux s'entretinrent avec lui, aux mois d'août et de septembre 1946, les discussions tournèrent court[6]. Au fond, ils voulaient d'abord être fidèles à leur inspiration profonde. De tout temps, les démocrates-chrétiens avaient voulu séparer le catholicisme français de la droite traditionnelle : être catholique ne devait plus être incompatible avec l'appartenance à une majorité républicaine, avec l'exercice du gouvernement, avec une présence, à tous les échelons, aux côtés des partis de gauche. Ils l'avaient emporté sur la droite conservatrice, après la Libération. Ils avaient été pleinement acceptés comme partenaires essentiels par les socialistes, ils avaient résisté aux attaques des conservateurs et des modérés qui leur reprochaient de cohabiter avec les communistes dans les mêmes gouvernements. Ils étaient exaspérés de la campagne menée contre le tripartisme, contre le monolithisme et la rigidité des partis et ils n'y voyaient que la nostalgie d'une IIIe République où la multiplication des petits groupes favorisait les combinaisons obscures, les querelles de clans et de personnes. Ils avaient couru le risque de rompre avec leurs alliés et rejeté le premier projet de Constitution, et ils avaient gagné : ils n'avaient aucune envie de se retrouver, comme alors, avec pour seuls alliés la droite et les radicaux, d'autant que leur dirigeant le plus illustre, Georges Bidault, était à la tête du gouvernement et prenait fait et cause pour le nouveau projet de Constitution, et qu'il n'y avait aucune raison, pour eux, de lui préférer les avis des vieux dirigeants du parti radical et des groupes conservateurs.

Désormais, ils avaient de nouveaux objectifs. Ils voulaient sortir du tripartisme et amener les communistes à quitter le gouvernement. Pour y parvenir, il leur fallait à tout prix maintenir leur alliance avec les socialistes. Rompre avec ceux-ci sur la Constitution, c'était les rejeter une fois de plus vers une alliance exclusive avec les communistes et rendre impossible un divorce entre les deux partis ouvriers qui, de toute façon, ne pourrait avoir lieu qu'après les prochaines échéances électorales. Bref, pensaient-ils, pour sortir du tripartisme, il fallait sortir du provisoire[7].

Il leur restait à surmonter les liens, parfois très forts, qui unissaient beaucoup d'entre eux à de Gaulle. Mais, comme on l'a vu, la plupart restaient marqués par le souvenir de la bataille contre le premier projet de Constitution, qu'ils avaient menée seuls, prenant le risque de l'échec, acceptant de relâcher leurs liens avec les socialistes et assumant la responsabilité de maintenir la France sous un régime provisoire pendant sept mois encore. Ils n'avaient pas envie de récidiver, comme de Gaulle les y invitait maintenant, en compromettant une fois de plus leurs relations avec les socialistes et en imposant au pays un nouveau cycle d'élections et de référendums aux résultats toujours incertains. Tels étaient les sentiments des principaux dirigeants du MRP, Georges Bidault, François de Menthon, Pierre-Henri Teitgen, Robert Lecour, Paul Coste-Floret. Maurice Schumann, convaincu qu'il faudrait voter

« oui », adjura de Gaulle d'en comprendre les raisons, rappelant le silence observé par celui-ci au printemps, le mérite que les républicains populaires avaient eu de se battre avec succès pour le « non », le 5 mai dernier, les inconvénients d'une nouvelle bataille pour des raisons douteuses et qui aurait, sur l'avenir du pays, des conséquences dangereuses ou même détestables. La discussion tournait à l'affrontement ou au procès d'intention : elle allait inévitablement s'aigrir.

René Capitant avait créé « l'Union gaulliste » pour soutenir les idées du discours de Bayeux et obtenu l'adhésion de modérés comme Jean-Marie Bouvier-O'Cottereau, de radicaux comme Jacques Chaban-Delmas et Paul Giacobbi, de députés UDSR comme Pierre Clostermann, Antoine Colonna, René Malbrant, de MRP, comme Paul Viard, Léo Hamon, Alfred Coste-Floret. Ces trois derniers s'en retirèrent. Léo Hamon, pour s'en expliquer, évoqua « l'inconvénient du provisoire perpétué et l'inconvénient, plus grand encore, d'une nouvelle coupure de la France ». François Mauriac écrivit dans *Le Figaro* du 2 octobre : « Une Constitution nouvelle se retouche comme un habit neuf. » Et Maurice Schumann, dans un éditorial de *L'Aube*, intitulé « Les "non" contre de Gaulle », donnait l'impression de croire qu'en adoptant le projet de Constitution on favoriserait mieux ses desseins. De Gaulle voulut mettre lui-même un terme à ce qu'il considérait comme une tromperie : dans une lettre à son beau-frère Jacques Vendroux, député républicain populaire, rédigée en termes catégoriques il l'approuva, sans nuances, de se prononcer pour le « non ». Il multipliait d'ailleurs les propos les plus vifs à l'encontre du MRP. Et Jacques Chaban-Delmas rapporta ce qu'il lui dit en le recevant à Colombey-les-Deux-Eglises :

> Quand j'ai vu se créer le MRP, j'ai eu l'espoir que ce parti nouveau, constitué d'hommes honnêtes et patriotes allait purifier la vie politique. Après six mois de leur direction aux affaires publiques, j'ai toujours la conviction que ce parti est dirigé par des hommes scrupuleux, mais ces hommes, parce qu'ils sont incapables, sont dangereux.

Le 13 octobre, la Constitution fut adoptée par 9 297 470 voix contre 8 165 459, tandis que 8 467 537 électeurs s'abstenaient. Médiocre naissance du nouveau régime : on s'en consolait parfois en songeant que l'article principal de la Constitution de 1875 fut voté par une voix de majorité... Mais si nul ne paraissait assuré de sa réussite ni de sa valeur, aucune force politique importante, on l'a vu, n'avait mis en cause les principes mêmes de la Constitution : l'ensemble des partis demeurait foncièrement attaché au régime, qui, par-delà la Seconde Guerre mondiale, se maintenait en France depuis 1871.

Ainsi s'achevait, pour de Gaulle, le combat pour une Constitution différente. Cet échec, qui allait déterminer pour de longues années son engagement dans la vie politique, se colorait d'amertume et de mélancolie. Sa rupture avec le MRP, la division chez beaucoup de ceux qui l'avaient très longtemps soutenu, s'étaient accompagnées, inévitablement, d'âpres polémiques partisanes et personnelles : c'était le terme d'une première phase de l'histoire d'après-guerre. Des hommes proches par leur formation et leurs idées, qui avaient traversé ensemble les épreuves de la Résistance ou les aventures de la France libre et qu'unissait jusque-là leur attachement à de Gaulle, s'étaient déchirés et dispersés. Plus rien, apparemment, ne pourrait effacer leur désunion. Une cassure venait de se produire qui allait persister très longtemps et que rien ne pourrait réparer avant que la IVe République ne meure.

Mais, par-dessus tout, l'échec que de Gaulle venait d'essuyer marquait, pour l'histoire de la France en ce siècle, la survie, pour douze années encore, des institutions et des mœurs politiques héritées du siècle précédent. Les Français, pour la plupart, et presque tous les partis, continuaient d'identifier la République et la démocratie au régime dans lequel les gouvernements naissent et meurent des accords et désaccords au sein du Parlement. Au point qu'ils ne voyaient dans ce régime rien d'autre que le régime parlementaire lui-même. De Gaulle le qualifiait de « régime d'assemblée ». Entre lui et les partis, la divergence allait bien au-delà des conjonctures et même des programmes. Elle portait sur le fond des choses : c'était le pouvoir qui était en cause.

Chapitre 24
POUR UN RASSEMBLEMENT

Le voici donc à Colombey, de Gaulle, après l'échec de sa contre-offensive d'automne contre les partis politiques qui allaient fonder la IVe République. Ni auparavant ni plus tard, il ne fut ce qu'il était durant ces quelques mois de l'hiver 1946-47. L'oisiveté forcée qu'il avait connue après sa démission n'avait pas duré : le discours prononcé à Bayeux, la bataille constitutionnelle, l'espoir d'une victoire du « non » qui aurait conduit à son retour au pouvoir, lui avaient rendu sa combativité et sa passion d'agir. Mais tout changeait dès lors que l'avenir paraissait bouché. S'il avait cru que la désunion des partis prépondérants, communiste, socialiste et républicain populaire, conduirait à une crise fatale et obligerait le monde politique à faire appel à lui, il s'était trompé. Les élections législatives du 10 novembre n'avaient guère changé la configuration parlementaire, même corrigée par une poussée communiste, un affaiblissement socialiste, un léger tassement du MRP, et le moins qu'on puisse dire est que le communiqué qu'il avait fait publier en faveur des partisans d'un changement de Constitution n'avait eu pratiquement aucun effet. Bref, c'est une bataille perdue et, s'il fallait en livrer une autre, il lui faudrait repartir de rien.

Sans illusions sur les hommes, voyant l'Histoire continuer sans lui, pressentant qu'il n'aura d'autre remède à l'oisiveté que la rédaction de ses *Mémoires*, il songe que la solitude est son avenir. Tout simplement, il est malheureux. L'étonnant témoignage que constitue sur cette période de sa vie, le Journal tenu presque quotidiennement par son aide de camp, le capitaine Claude Guy, ne laisse aucun doute : le sentiment du malheur l'habite désormais. A Colombey, en cet hiver, il le ressent d'autant plus que l'isolement, l'obscurité, le froid y contribuent. Il s'enferme dans son bureau pour écrire, passe de longs moments à soliloquer, à lire les journaux qui l'exaspèrent, à écouter la radio dont les bulletins d'information l'assombrissent ou lui semblent dérisoires tandis que, dans les étages, sa fille Anne, encore veillée durant quelques mois par Mlle Potel, commence à vivre la dernière année de sa pauvre existence. Il ne peut dissimuler sa tristesse.

« Il est vrai qu'en ce moment, remarque Claude Guy, le 13 janvier 1947, et pour la première fois depuis que je le connais, la tristesse, l'accablement, une inaction exagérée pour lui (qui serait tout de même un surmenage pour les autres), une masse d'ennuis le recouvrent comme une chape de plomb. Mais alors qu'ordinairement la tristesse, l'accablement, le début d'inaction et les raisons d'ennui le rendent tellement irritable qu'elles le tirent instantanément de l'inertie, je m'inquiète, pour la première fois, de constater qu'il n'en est rien : il lit peu, ne se promène plus, ne demande plus à voir personne, évite la conversation et, chose plus incroyable, ne s'enflamme plus devant la contradiction. Ce dernier retranchement même : sa propre méditation, semble avoir été abandonné. » Et le soir de ce même jour, de Gaulle « après un interminable silence » confie à son aide de camp : « Tout m'est égal : je suis plongé dans les *Mémoires d'outre-tombe*[1]. »

Peut-être était-il gagné, au fond, par le sentiment du désespoir. A d'innombrables reprises, il évoque la vanité de ce qui a été fait par lui et ses compagnons, la légèreté et la versatilité des Français, l'impuissance de la France, le poids d'un destin auquel on ne peut rien. Et, tout à coup, un épisode ou un autre vient encore assombrir son jugement sur l'époque. Ainsi reçoit-il, le mardi 4 mars 1947, une lettre d'un ancien pilote des Forces françaises libres, Jean d'Arcy, qui lui annonce qu'il a choisi de « disparaître », abandonné maintenant par ses amis dans le plus grand dénuement et désespéré par ce que la France devient. De Gaulle rédige une réponse, qui ne parvient pas à temps : dans la nuit du dimanche 9 au lundi 10 mars, Jean d'Arcy se suicide[2].

Sa mélancolie, désormais, est teintée d'une indicible amertume. Il ne voit plus autour de lui que défections, abandons, trahisons. Au fond, il réagit alors comme tous les hommes malheureux : il en veut au monde entier et ses jugements se font d'autant plus âpres, d'autant plus âcres, qu'il est convaincu d'avoir raison. C'est alors qu'il parle en termes abrupts et forcément injustes d'hommes qu'il avait estimés et aimés et qu'il fit venir auprès de lui après son retour au pouvoir. C'est alors aussi que ses jugements sur l'actualité, l'avenir, le monde, sont marqués de trop d'optimisme ou de trop de pessimisme, au point de fausser souvent ses analyses. Non qu'il en perde le sens du comique, qui ne l'abandonne jamais tout à fait. Plus tard, dans l'année 1948, reprenant une formule dont il use volontiers — « nous ne sommes pas ici-bas pour rigoler ! » — il confie à Claude Guy :

> Il faut convenir qu'avec la première affaire que nous avons faite, et qui s'appelle la France libre..., et puis ensuite avec cette autre affaire qui s'est appelée le Rassemblement, nous avons introduit des événements qui, sous un certain angle, nous auront procuré un certain nombre d'occasions...

de rigoler ! Non, nous ne sommes pas ici-bas pour rigoler, mais il faut convenir que ces événements — mis à part leur aspect essentiel, je veux dire : ce qu'ils ont pu apporter et sont en train d'apporter au pays — ont été parfois d'une énorme drôlerie. Ainsi considéré, sous cet angle un peu particulier, j'en conviens, ce que nous avons apporté et ce que nous apportons chaque jour nous permet parfois encore de nous détendre. Ah ! Ce que c'eût été gris, monotone, ce que c'eût été couleur de muraille depuis 1940, si nous n'étions pas venus, parfois, déranger l'ordre fatal des choses et contraindre tous ces guignols à s'agiter !

Mais le sentiment de la dérision et de la vanité des choses, une tristesse insurmontable l'emportent alors chez lui. « Il me jeta un nouveau regard presque tendre, écrit Claude Guy en racontant la journée du 11 avril 1947, au fond duquel il y avait sans doute beaucoup de désespoir, et ajouta : "La vie ne m'amuse plus", et, comme s'il voulait corriger probablement l'effet de sa confidence, il m'en donna cette explication : "Quand on a gagné une fois, ce n'est plus amusant de gagner à nouveau... C'est entendu, je vais essayer. Mais j'essaie avec ennui... Non, décidément, cela ne m'amuse plus..." Après un temps il laissa tomber d'une voix infiniment désabusée : "La gloire est le soleil des morts..." Le tout, suivi d'un rire sorcier. Puis, après un nouveau silence, interminable celui-ci, cette conclusion à ses méditations : "Enfin, nous verrons bien... Vous savez, je ne suis pas sûr de réussir !" Ces phrases d'"à quoi bon !" d'hier soir, je les ai notées aussitôt. »

Mais en cette période de sa vie comme en toute autre, la tristesse et le sens de la dérision ne détournent pas de Gaulle de regarder l'histoire qui se fait et de songer à l'action qu'il pourrait entreprendre. Doit-il intervenir pour changer le régime que le pays vient de se donner et qu'il trouve foncièrement mauvais ? Quand ? Comment ? Car, inexorablement, la IVe République se met en place. L'échec de Maurice Thorez, candidat à la présidence du gouvernement provisoire, le 4 décembre, auquel une fraction des socialistes a refusé l'investiture, montre que, déjà, l'anticommunisme est plus fort chez beaucoup d'entre eux que la fidélité à la coalition qui détenait le pouvoir depuis un an. Après que Georges Bidault eut été écarté à son tour, Léon Blum a constitué un gouvernement socialiste homogène. Les réactions de la presse conservatrice et modérée à son égard sont révélatrices : on y relève que les communistes, pour la première fois depuis 1944, n'occupent plus aucun poste ministériel, on espère que leur influence dans l'administration s'en trouvera gênée ou réduite, on laisse entrevoir que, bientôt, peut-être, des conditions nouvelles permettront de se passer enfin de la présence communiste au gouvernement.

Mais une majorité de gauche et d'extrême gauche désigne Vincent Auriol à la présidence de la République. Symbole des liens, bientôt très étroits, qui rattacheront l'avant-guerre à l'après-guerre, Edouard Herriot est élu président de l'Assemblée nationale. Fait plus significatif encore, Auriol propose à l'investiture de l'Assemblée Paul Ramadier. Ce socialiste, qui fut autrefois dissident de son propre parti, ce vieux parlementaire, modeste, habile et très cultivé, incontestable résistant et plusieurs fois ministre, qui, par son tempérament, s'apparente au radicalisme traditionnel, incarnait un retour manifeste au fonctionnement habituel de la démocratie française. Qu'un homme de son âge, de sa formation, ayant derrière lui une carrière exemplaire de député de la IIIe République, soit au pouvoir vingt mois après la fin de la guerre, c'était le signe évident de la continuité d'un régime politique. Avec lui, d'ailleurs, le tripartisme s'évanouissait. Oubliant apparemment leurs invectives contre les partis « monolithiques », trois radicaux prenaient place au gouvernement ; ils avaient tous été ministres ou secrétaires d'Etat avant la guerre. Deux UDSR, Pierre Bourdan et François Mitterrand, y représentaient la nouvelle génération politique. La droite elle-même n'était plus mise à l'écart : Marcel Roclore et Louis Jacquinot étaient ministres.

Ainsi, le régime s'installait. De Gaulle ne pouvait s'y tromper : bientôt, ses objurgations et ses avertissements seraient oubliés. La violence des luttes électorales et politiques de l'automne 1946 avait creusé un fossé profond entre le MRP et lui. Il n'avait apparemment plus rien à espérer du côté des socialistes. Mais voici que les groupes qui s'étaient opposés à la nouvelle Constitution participaient largement au pouvoir et, visiblement, allaient s'accommoder des institutions. Les habitudes et les situations acquises, en durant, prendraient plus de poids. A l'opposé, ce régime était d'autant plus fragile qu'il était plus neuf, et peut-être aussi les Français s'irritaient-ils encore d'un évanouissement aussi rapide de tous les espoirs de changement, de réforme, de rénovation qu'avait apportés la Libération, quelque trente mois plus tôt. Bref, le dilemme, pour de Gaulle, était rigoureux : il fallait agir tout de suite, ou ne rien faire.

Demeurer solitaire et silencieux, c'était conserver le prestige que le 18 juin, la guerre et la Libération lui avaient conféré. C'était aussi laisser aux récentes blessures des batailles constitutionnelles le temps de s'atténuer et d'être oubliées. En cas de crise nationale, si, par exemple, un nouveau conflit survenait, les partis non communistes pourraient alors faire appel à lui : il serait resté l'homme seul et incorruptible, exclusivement voué au service de la patrie, mieux qualifié que quiconque pour affronter la tempête. Mais cette hypothèse parut à de Gaulle incertaine, douteuse, peut-être invraisemblable : il était profondément convaincu que les partis feraient tout plutôt que de recourir à lui. En même temps, il pressentait que son capital politique et moral s'userait inévitablement avec le temps. Unanimement estimé et approuvé en 1944, contesté mais encore suivi en 1945, très écouté, mais finalement mis en échec en 1946, il entrerait peu à peu dans l'Histoire, sinon dans la légende : quand il appartiendrait au passé, il cesserait de pouvoir agir sur le présent. Il y avait en lui trop d'impatience et de combativité, les souvenirs du pouvoir qu'il avait exercé étaient trop proches, il était trop jeune et sentait trop fortement en lui la vocation d'agir pour accepter une retraite définitive ou pour attendre l'appel que susciterait peut-être, un jour, quelque catastrophe nationale.

Du reste, celle-ci se profilait à l'horizon. En ce début de 1947, tout concourait à souligner l'extraordinaire aggravation du conflit qui opposait les puissances occidentales aux pays communistes. Dans l'affaire allemande, on en était à l'impasse la plus totale. L'évacuation de l'Iran avait déjà donné lieu à une crise sérieuse : s'appuyant sur des informations fausses, certains journaux français avaient titré : « Les blindés rouges foncent sur Téhéran. » Toute la presse décrivait la lutte reprise en Indochine au mois de décembre, comme un combat opposant l'armée française à des révolutionnaires communistes. Partout retentissaient des bruits de guerre. C'était, en réalité, le début de la guerre froide et chaque épisode de la confrontation entre l'Est et l'Ouest était guetté comme autant de signes d'un conflit qui pourrait devenir la troisième guerre mondiale...

Le fait est que de Gaulle, cédant à son habituel pessimisme sur l'Histoire, pris aussi, peut-être, par ce vertige des catastrophes qui marqua si fortement tous ceux qui ont vécu la Seconde Guerre mondiale, ses approches et ses suites, eut le sentiment d'une marche irrésistible à la guerre. Il le dit à Michel Debré, à Jacques Soustelle, à Jacques Baumel. Claude Guy rapporte la conversation qu'il eut avec Eve Curie, le 24 janvier, à propos de la menace que les armes nucléaires faisaient peser sur le monde :

> La question ne sera tranchée que par une nouvelle guerre. Oh ! Pas tout de suite, bien entendu, un peu plus tard. Un certain nombre de circonstances amèneront, un jour ou l'autre, j'en suis persuadé, les Américains à jeter leurs bombes... Ils détiennent des bombes : par la force des choses, ils en arriveront à les jeter. Je ne sais pas, moi, ce sera peut être à propos d'activités soviétiques en Amérique du Sud, ou bien à propos d'une occupation de plus en plus étendue du marché par les Soviets, amenant les Américains à jeter leurs bombes dans un esprit d'autodéfense [3].

Claude Mauriac a noté ce qu'il lui dit, le 17 juillet 1947 : « Bien sûr, nous allons à la guerre ! » Tout au plus reconnaît-il que le déclenchement d'une guerre n'est pas imminent : il est convaincu que le rapport des forces ne permet pas à l'Union soviétique d'en prendre l'initiative et que les Etats-Unis, malgré le monopole des armes nucléaires qu'ils conservent jusqu'en 1949 et, en pratique, jusqu'au début des années 50, n'y sont prêts, ni moralement, ni militairement [4]. En mars 1948, il juge encore les Américains hors d'état de gagner une guerre mais envisage alors que les Soviétiques prennent les devants.

Mais face aux menaces qui montent de l'extérieur, une certitude l'habite : l'impuissance du régime en place. Il ne cesse de s'en convaincre et d'en convaincre les autres. Il ne veut pas croire que les partis prépondérants puissent s'entendre sur une politique assez efficace pour sortir la France de l'inflation et assurer la reconstruction du pays. Il ne croit pas davantage que les socialistes, les radicaux, le MRP, puissent rompre avec les communistes. Bien après que cette rupture fut intervenue, alors que, déjà, Ramadier avait montré à cet égard sa fermeté et que son ministre de l'Intérieur, Jules Moch, avait très durement réprimé les grèves de l'automne 1947, il continuait de croire en leur mollesse, leur irrésolution, leur impuissance. De toute façon, pensait-il, le régime n'allait pas fonctionner, il serait bientôt paralysé et, seuls, les communistes chercheraient vraiment à s'opposer à lui : le reste ne tiendrait pas et, en définitive, ne compterait pas [5].

Mais que devait-il faire ? Le temps était passé d'un vaste rassemblement travailliste qui aurait englobé le parti socialiste, les groupements politiques issus de la Résistance et le courant démocrate-chrétien : de Gaulle, on s'en souvient, n'en avait pas voulu, refusant alors de devenir le chef d'une future majorité tandis qu'il incarnait encore, aux yeux de tous, l'union nationale. Ce qui était peut-être possible entre le printemps et l'automne de 1945 ne l'était certainement plus après les batailles constitutionnelles de 1946. Le parti socialiste d'abord, le MRP ensuite, avaient clairement choisi de rétablir en France le régime où les gouvernements procèdent de l'accord entre plusieurs partis et où leurs désaccords en entraînent la chute. Pour eux, c'était là, très exactement, le régime parlementaire, et pour de Gaulle, c'était un régime d'assemblée : le divorce entre eux ne pouvait être comblé. La brève expérience de l'Union gaulliste créée durant l'été de 1946 par René Capitant avec l'appui de plusieurs républicains populaires comme Alfred Coste-Floret et Léo Hamon, des membres de l'UDSR comme l'ancien pilote de la France libre, Pierre Clostermann, le journaliste Jean Nocher, l'ancien chef de réseau Rémy, avait échoué aussitôt, sans pouvoir entamer les positions électorales déjà occupées par le MRP, les radicaux alliés à l'UDSR, la droite classique. Il ne restait qu'à s'adresser directement aux Français et à créer un mouvement auquel de Gaulle les appellerait à se rallier. Il n'avait alors à son service qu'un petit groupe installé depuis le mois de septembre 1946 dans un appartement du 81, rue Taitbout où Malraux semblait le personnage principal mais où se retrouvaient déjà, de temps à autre, Jacques Soustelle, Jacques Baumel, Jacques Foccart, Pierre Lefranc, Alain Bozel, Diomède Catroux, avec de très jeunes assistants parmi lesquels Brigitte Friang qui, sachant taper à la machine, dactylographia les premiers discours où de Gaulle allait annoncer la création d'un rassemblement [6].

C'est le 5 février 1947, dans l'appartement de son beau-frère Jacques Vendroux, à l'angle de l'avenue Mozart et de la rue George-Sand, que de Gaulle dévoile ses intentions à quelques hommes qu'il a convoqués :

Rémy, Malraux, Michel Debré, Jacques Soustelle, Alain Bozel, Gaston Palewski, en présence de Claude Guy[7]. Il leur déclare que la démonstration de l'impuissance du régime est déjà faite ou le sera bientôt, que les conséquences désastreuses en apparaîtront très vite et qu'il est donc temps d'appeler les Français à se rassembler. Il se dit convaincu que c'est sur le ressort national qu'il faut jouer et que le peuple français, dans ses profondeurs, y sera sensible.

> Mais, ajoute-t-il, je ne me fais aucune illusion : on ne peut être entendu sur les grands problèmes si l'on ne propose d'abord un remède aux maux économiques. La base de tout est donc la question sociale.

Et, pour la première fois, il se lance dans un assez long exposé sur « l'association » entre les salariés et les détenteurs du capital, qui rejetterait à la fois le capitalisme et le communisme et qui, en organisant la solidarité des uns et des autres mettrait fin à la lutte des classes qui divise irrémédiablement la société. Il précise que son appel va s'adresser à tous ceux qui ont refusé et refusent encore la domination étrangère, c'est-à-dire à tous les courants politiques, à l'exception des anciens partisans de Vichy et des communistes. Cet appel, enfin, il compte le lancer à Bruneval où va se tenir une cérémonie à la mémoire des Canadiens morts aux côtés des Français sur les plages de Normandie et où sont invités tous les anciens des réseaux de la France combattante.

Seule cette suggestion ne sera pas retenue : Bruneval évoque les heures terribles et glorieuses de la guerre, qui appartiennent à tous ceux qui l'ont faite et ne saurait devenir le lieu d'un geste politique, aussi nobles qu'en soient les intentions... A Bruneval, de Gaulle ne fait donc qu'allusion à sa prochaine démarche :

> Ah ! Mes camarades, il est vrai qu'après tant d'épreuves, les voix de la division, c'est-à-dire de la décadence, ont pu couvrir pour un temps celle de l'intérêt national. Peut-être était-ce inévitable. La marée monte et descend... Mais les temps sont trop difficiles, la vie est trop incertaine, le monde est trop dur, pour que l'on puisse longtemps, sans courir un péril mortel, végéter dans les ténèbres... le jour va venir, où, rejetant les jeux stériles et reformant le cadre mal bâti où s'égare la nation et se disqualifie l'Etat, la masse immense des Français se rassemblera sur la France.

Le 7 avril, à Strasbourg, il décrit ce qu'il veut faire pour la réforme de l'Etat, pour l' « association » entre les catégories sociales, pour l'Union française et l'autonomie de ses composantes, pour le rôle de la France dans le monde, et « le maintien de [son] indépendance » mais, déjà, il donne le ton de sa prochaine démarche :

> La République que nous avons fait sortir du tombeau où l'avait d'abord enseveli le désespoir national, la République que nous avons rêvée tandis

que nous luttions pour elle, la République dont il faut qu'elle se confonde maintenant avec notre rénovation, sera l'efficience, la concorde et la liberté, ou bien elle ne sera rien qu'impuissance et désillusion, en attendant, soit de disparaître, de noyautage en noyautage, sous une certaine dictature, soit de perdre, dans l'anarchie, jusqu'à l'indépendance de la France... Il est temps que se forme et s'organise le rassemblement du peuple français qui, dans le cadre des lois, va promouvoir et faire triompher, par-dessus les différences des opinions, le grand effort de salut commun et la réforme profonde de l'Etat.

De Gaulle reçoit alors, presque sans arrêt, tous ceux dont il a pensé qu'ils pouvaient le rejoindre : par exemple, Mendès France, Giacobbi, Diethelm, Lacoste qui est alors ministre de la Production industrielle, Rémy Roure, rédacteur en chef du *Monde*, et Hubert Beuve-Méry qui en est le directeur, le père Chaillet, fondateur de *Témoignage Chrétien,* Gaston Palewski, Jacques Soustelle. Et il fallut bien en venir à lancer l'appel aux Français. Le texte fut rédigé, repris et corrigé par Malraux, Claude Guy et de Gaulle lui-même, et publié le 14 avril :

Dans la situation où nous sommes, l'avenir du pays et le destin de chacun sont en jeu... Le système actuel suivant lequel les partis rigides et opposés se partagent tous les pouvoirs, doit donc être remplacé par un autre, où le pouvoir exécutif procède du pays et non point des partis, et où tout conflit insoluble soit tranché par le peuple lui-même... Aujourd'hui est créé le Rassemblement du Peuple Français. J'en prends la direction. Il a pour but de promouvoir et de faire triompher, par-dessus nos divisions, l'union de notre peuple dans l'effort de rénovation et la réforme de l'Etat. J'invite à se joindre à moi, dans le rassemblement, tous les Françaises et tous les Français qui veulent s'unir pour le salut commun, comme ils l'ont fait hier pour la libération et la victoire de la France.

Alors commença le recrutement [8]. Dans le pays, plusieurs émissaires envoyés par Soustelle, qui devait être le secrétaire général du Rassemblement, recrutèrent systématiquement des anciens des réseaux et des mouvements de résistance qui constituèrent, pour l'essentiel, les cadres du mouvement naissant avant que la masse des adhérents ne les rejoignent. Dans la classe politique, le succès fut variable. De Gaulle avait naturellement compris que l'opposition prévisible de socialistes et des républicains populaires, celle, probable, de la plupart des radicaux, risquaient de rejeter très à droite la composition du Rassemblement. Il est significatif qu'il ait alors cherché, délibérément, l'adhésion d'hommes qui avaient représenté ou incarnaient encore les divers courants de la gauche française. Mais ses démarches n'aboutirent pas comme il l'aurait voulu. Chez les socialistes, Georges Gorse et Pierre-Olivier Lapie, naguère ses compagnons de la France libre, ne voulurent pas être infidèles au parti qu'il leur avait lui-même suggéré de rejoindre. Pierre Mendès France redouta la dérive future du Rassemblement vers la droite. René Pleven et René Mayer se dirent choqués que l'on cherche à identifier un mouvement politique au souvenir de l'action menée pendant la guerre... Beaucoup de ces arguments dissimulaient, en réalité, des divergences profondes sur la conception que de Gaulle avait de la République ou sur la stratégie qu'il choisissait pour revenir au pouvoir. De sorte qu'il y eut, parmi les ralliés au Rassemblement, des hommes venant de tous les courants politiques, comme de Gaulle l'avait souhaité, mais sans qu'ils représentent également, loin de là, toutes les familles politiques.

L'accueil des partis, du reste, ne laissait place à aucune illusion. Parmi ceux qui avaient voté « non » à la Constitution de la IVe République, la décantation se fit par étapes. A l'UDSR, les hommes les plus attachés à de Gaulle ou les plus rigoureusement hostiles au régime qui se mettait en place se rallièrent aussitôt au RPF, comme René Capitant, Jacques Soustelle et Jacques Baumel. D'autres ne voulurent pas prendre immédiatement parti et pensèrent concilier leur affiliation politique et leur soutien à de Gaulle : presque partout ils furent en faveur de listes communes avec le RPF aux élections municipales d'octobre. René Pleven, leur principal inspirateur, tenta même, pendant deux ans encore, d'aménager un rapprochement entre de Gaulle et les partis prépondérants du régime. D'autres enfin n'approuvaient ni la création du RPF, ni la doctrine constitutionnelle défendue par de Gaulle et, très logiquement, ils voulurent que l'UDSR reste aux côtés du parti radical au sein du Rassemblement des gauches républicaines et dans la majorité où il se retrouvait avec le parti socialiste, le MRP et une fraction au moins de la droite classique : François Mitterrand fut leur chef de file. Mais, chez les radicaux aussi, le flottement prévalut d'abord. Michel Debré et Jacques Chaban-Delmas qui avaient adhéré au parti radical comme de Gaulle le leur avait suggéré parce que, disait-il, c'est là qu'ils pourraient trouver « le plus de sens de l'Etat », firent admettre, pendant près de deux ans, la « double appartenance » à leur parti et au RPF. Et, huit jours après le discours de Strasbourg, à la réunion que tenaient ensemble les radicaux et l'UDSR, le radical Paul Giacobbi exposa que leur « Rassemblement des gauches républicaines » et le RPF qui allait naître, s'attachaient aux mêmes objectifs dont il énuméra ceux qui lui paraissaient essentiels : modification de la loi électorale, retour à la liberté économique, défense de l'Union française[9].

La droite classique se divisa. Paul Reynaud pouvait difficilement suivre de Gaulle : après en avoir été le protecteur politique, il n'avait pas fait le choix qu'il lui recommandait en juin 1940. Beaucoup de modérés resteraient attachés au traditionnel régime parlementaire, comme Joseph Denais et René Coty. Certains ne pardonnaient pas à de Gaulle sa condamnation rigoureuse de Vichy et l'épuration qui avait suivi la Libération, ou bien les nationalisations et les réformes sociales décidées par le gouvernement provisoire. Mais d'autres, partisans d'une

République où l'exécutif aurait été plus fort, pensèrent que leur place était au RPF, tels Edmond Barrachin, Jean Legendre, Edouard Frédéric-Dupont. Leur adhésion n'allait, au fond, qu'à la réforme de l'Etat que voulait de Gaulle : elle cessa dès qu'il apparut que la IVe République se consolidait.

Les républicains populaires, en appelant à voter la nouvelle Constitution dont ils étaient, pour une grande part, les artisans, avaient déjà rompu avec de Gaulle. Et, chez eux, si souvent attaqués pour leur participation à un gouvernement où la présence communiste était forte, la préoccupation principale était de ne pas rejeter les socialistes vers l'extrême gauche, mais, au contraire, de se lier à eux autant que possible pour préparer la rupture qui ne manquerait pas d'intervenir entre eux et les communistes C'était aussi, à cette date, l'objectif recherché par l'ambassade américaine en France comme l'a montré la publication de sa correspondance avec Washington, et elle utilisait alors tous ses moyens d'influence pour y parvenir [10]. C'était probablement, du reste, ce que l'on pensait dans les milieux d'affaires, dans la plus grande partie de la presse, dans la haute administration, chez tous ceux, en tout cas, qui pensaient avant tout à affaiblir et isoler le parti communiste, et intégrer aussi tôt que possible la France dans une coalition occidentale.

Du côté socialiste, on avait oublié déjà le temps où les relations avec de Gaulle étaient meilleures, peut-être, que pour toutes les autres familles politiques, où les socialistes étaient nombreux dans son entourage le plus proche et même à la direction des principaux services de la France libre, où il avait convaincu Vincent Auriol de poursuivre sa carrière politique alors qu'il s'apprêtait à l'abandonner [11]... Alors même qu'ils songeaient déjà à s'opposer à l'Union soviétique et aux communistes, les socialistes condamnèrent immédiatement l'entreprise dans laquelle de Gaulle se lançait en fondant le RPF [12]. Aussitôt après le discours de Bayeux, Jules Moch avait écrit : « Ce discours marque pour moi une douloureuse rupture politique avec de Gaulle. Je lui conserve respect et reconnaissance, mais je le combats désormais comme un homme dont les thèses mènent, même à son insu, à la dictature. » C'était, malgré tout, s'exprimer avec modération et courtoisie. Mais d'autres soupçonnaient bel et bien de Gaulle de vouloir préparer une dictature en créant son mouvement. Léon Blum, comme à son habitude, le disait avec mesure, se souvenant sans doute de l'appui sans réserve qu'il lui avait apporté sous l'occupation : de Gaulle, écrivait-il, « avait moins le tempérament d'un guide que d'un maître... une sorte de majesté monarchique combinée avec l'habitude du commandement militaire régnait en lui et autour de lui ». Mais certains employaient un vocabulaire plus tranchant. Guy Mollet assurait : « Accepter de Gaulle c'est accepter la dictature. » Robert Verdier trouvait qu'il s'exprimait « comme tous les dictateurs ou les aspirants dictateurs ». Le terme le plus employé à son propos était celui de « factieux ». Le sigle RPF désignait, suivant le quotidien socialiste *Le Populaire*, un « Rassemblement des Partis Factieux ». Le discours de Bruneval, était, aux yeux du député Arrés-Lapoque « un véritable appel aux factieux » et la création du RPF annonçait « la croisade des factieux ». On voyait dans les critiques véhémentes que de Gaulle adressait aux partis une attaque contre la démocratie et dans le RPF un parti comme les autres, mais avec plus de défauts encore que les autres. De Gaulle, disait encore *Le Populaire*, recherchait « la suppression du régime de la démocratie parlementaire ». Quant au RPF, on n'y trouvait que des « éléments réactionnaires », une résurgence des ligues d'extrême droite d'avant la guerre, ses dirigeants étaient décrits comme des aventuriers, des « hommes de droite de toujours » ou comme l'ancien chef des Forces aériennes françaises libres, le général François d'Astier de la Vigerie comme « aimant les fêtes et les jolies femmes ». Au total, de Gaulle n'était pas un républicain et le RPF était une entreprise antirépublicaine.

Plus catégorique encore était le jugement des communistes, que l'on retrouvait, tel quel, dans la presse soviétique [13]. De Gaulle, écrivait la *Pravda*, reprenant presque mot pour mot *L'Humanité*, « se mettait à la tête des éléments réactionnaires, qui, ayant déjà trahi une fois la France, cherchaient par tous les moyens [...] à supprimer la démocratie, ses tentatives faisant écho au discours belliciste de Truman et Churchill ». Elle affirmait qu'il « recevait un soutien important des Etats-Unis et des milieux influents britanniques » qui « visaient à réduire la France à l'état d'une colonie des pays étrangers ». Elle l'accusait de vouloir « instaurer en France une dictature fasciste » et de vouloir appliquer « le programme et la tactique qui ne sont que les répliques françaises du programme et de la tactique du fascisme allemand et avant tout du fascisme italien ».

Sur l'échiquier politique, le RPF se voyait ainsi attribuer sa place. Il pourrait trouver le soutien partiel, en partie provisoire, de l'UDSR, des radicaux et des modérés et obtenir quelques ralliements personnels au MRP, comme ceux d'Edmond Michelet et de Louis Terrenoire, quelques adhésions exceptionnelles chez les socialistes : rien d'autre [14]. Faute de rechercher et de trouver l'accord d'une fraction assez forte de l'électorat de gauche et d'extrême gauche, il se situerait à droite et au centre droit, aux franges du centre gauche. S'il ne sortait pas de ce cadre, son succès dépendrait alors de son aptitude à remplacer directement les partis qui occupaient avant lui ce terrain ou à conclure des alliances avec eux. Tel était, par avance, le destin électoral du RPF.

De Gaulle, en tout cas, allait se trouver, pour longtemps, au cœur de la lutte politique, représentant d'un mouvement d'opinion et non plus héros national. Le 1er avril, Ramadier, président du Conseil, se rendit à Colombey-les-Deux-Eglises pour lui annoncer que, désormais, il serait privé des honneurs militaires chaque fois qu'il prendrait part à des manifestations sans caractère officiel et que celles-ci ne seraient pas retransmises par la radio d'Etat. Cette simple disposition lui donnait un avant-goût du destin nouveau qu'il avait choisi : celui d'un homme politique parmi d'autres, en proie aux servitudes et vulnérable aux coups qui accompagnent inévitablement toute intervention dans la vie publique.

Cependant, le Rassemblement prenait naissance dans des conditions assez conformes à ce qu'il avait espéré [15]. Les premières permanences furent ouvertes le 15 avril. Celle de Paris se tenait provisoirement rue Serpente. On enregistra, en vingt-quatre heures, 12 700 adhésions dans la Seine, et 17 000 dans toute la France. Au 1er mai, il y eut, selon les responsables, 800 000 demandes d'adhésions, dont plus de 100 000 pour Paris. La direction s'installa 6, square Rapp, avant de s'établir définitivement au 5, rue de Solférino. De toute évidence, le choix des hommes était capital pour la réussite de l'entreprise. Les contacts avec les partis ou les organisations professionnelles, le recrutement des adhérents, les relations avec les notables, l'implantation dans les départements, dépendraient d'eux, pour une grande part. Mais de Gaulle était convaincu que, pour la masse des Français, seul comptait son nom : la résonance de son appel serait à la mesure de l'anxiété du pays, du discrédit des institutions, de la crainte des périls extérieurs ou d'une « subversion » révolutionnaire.

Avec lui, André Malraux, Léon Mazeaud, Pasteur Vallery-Radot, Rémy et Jacques Soustelle signèrent les statuts du RPF dont le dépôt fut enregistré le 29 mai. Les deux derniers seulement avaient appartenu à la France libre, en 1940 : encore Rémy n'y eut-il jamais de responsabilités dirigeantes. Les trois autres n'avaient eu, dans le passé, aucune fonction politique et, seul, Malraux jouera un certain rôle à la direction du Rassemblement. Le premier comité exécutif de douze membres ne comprenait d'ailleurs aucun parlementaire. Dans les départements, les cadres étaient constitués davantage en fonction des amitiés anciennes, des relations héritées de la guerre, que de l'autorité morale et politique de chacun. Ils comportaient un nombre élevé d'anciens des Forces françaises libres ou de chefs locaux des Forces françaises de l'Intérieur. Leur adhésion provenait autant de leur fidélité à de Gaulle que d'un certain esprit « ancien combattant » qui leur faisait entrevoir que le Rassemblement pourrait être une aventure nouvelle, à la dimension des crises qui menaçaient le pays, mais surtout à l'image de leurs propres souvenirs. Leur psychologie marquera profondément le comportement du RPF, le style de ses manifestations locales, le vocabulaire de ses porte-parole les plus modestes [16].

Il s'y joignait une importante proportion de techniciens, d'ingénieurs, de médecins, sensibles, apparemment, aux espoirs de rénovation, d'efficacité et d'autorité que portait en lui le Rassemblement par contraste avec un régime où la succession de quatre gouvernements en une seule année, la poursuite de l'inflation et les querelles électorales masquaient un très réel et très sérieux effort de production et de reconstruction[17]. Un bon nombre d'officiers généraux ou d'officiers supérieurs en retraite soulignaient le caractère militaire et, en un certain sens, patriotique de l'entreprise. Ce trait sera renforcé et, en partie, déformé, par l'apport d'éléments plus jeunes, dominés par l'anticommunisme, tentés par la lutte politique sous sa forme la plus rude, attirés par l'action violente, mais souvent étrangers aux souvenirs de la France libre et de la Résistance : toutefois, leur importance était beaucoup plus faible en 1947 que de 1948 à 1950.

Au Conseil national du RPF, on comptait, sur 150 membres, 33 ingénieurs et industriels ; 17 membres des professions libérales ; 26 fonctionnaires, dont une dizaine appartenaient à l'enseignement[18]. On s'était efforcé d'y regrouper des personnalités assez brillantes et assez diverses de manière à souligner le caractère du Rassemblement, incorporant la multiplicité des opinions et des origines sociales. On y trouvait des écrivains ou des hommes de lettres comme Paul Claudel, André Rousseaux et Louise Weiss ; des universitaires comme Raymond Aron ; les ambassadeurs de France Brugère et Puaux ; des ecclésiastiques comme Mgr Hincky — dont de Gaulle avait voulu faire un ministre à Alger — et l'abbé Viallet ; les généraux Catroux, de Monsabert, de Philip. A dire vrai, l'appartenance politique des adhérents au RPF faisait ressortir beaucoup moins de diversité. On y trouvait, toutefois, des hommes qui s'apparentaient indiscutablement à la gauche ou même à l'extrême gauche, comme Yvon Morandat, Manuel Bridier, Louis Vallon ; des radicaux-socialistes comme Jacques Chaban-Delmas, Michel Debré et Paul Giacobbi ; des républicains populaires comme Edmond Michelet et Louis Terrenoire. Au mois d'août 1947, un intergroupe parlementaire « d'action pour une vraie démocratie » recruta quarante et un membres, dont le secrétaire était un radical, Jean Godin. Enfin, au même moment, paraissait la première circulaire de « l'action ouvrière du RPF » qui enregistrait aussitôt quelques succès dans des cercles ouvriers particulièrement réfractaires à l'influence communiste. Bref, de Gaulle jugeait, trois ou quatre mois après la création du Rassemblement, que celui-ci prenait à peu près la tournure qu'il avait souhaitée.

La France, cette année-là, connaissait une profonde crise politique. Depuis la formation du ministère Ramadier, les communistes, qui en faisaient partie, attaquaient sans relâche la politique suivie au Vietnam et faisaient campagne pour l'ouverture immédiate de négociations avec Hô Chi Minh. A Madagascar, une insurrection suscita le déclenchement d'une vaste répression, allant jusqu'à l'arrestation des députés malgaches. Là encore, les communistes s'en prirent à l'action du gouvernement et de son administration et en dénoncèrent le colonialisme. A la conférence de Moscou, le ministre français des Affaires étrangères, Georges Bidault, refusa de soutenir le point de vue soviétique sur les réparations, moyennant quoi la Grande-Bretagne et les Etats-Unis admirent que la Sarre serait politiquement et économiquement séparée du reste de l'Allemagne, du moins jusqu'au traité de paix. Après le discours du président Truman, après le départ des ministres communistes en Belgique et en Italie, il était clair que tout allait être tenté, du côté occidental, pour réduire partout l'influence communiste. La crise sociale, révélée par la grève des usines Renault, servit de prétexte à la rupture dont le gouvernement français était menacé depuis plusieurs semaines : le 4 mai, Paul Ramadier se résolut à exclure les ministres communistes.

Dès lors, l'anticommunisme allait marquer toute la politique française. Une sorte de concurrence s'établissait entre le gouvernement et le RPF, mais elle intervenait en un moment très défavorable au premier et que le second ne devait pas manquer d'exploiter. Il semblait que l'économie française ne pût dépasser un certain stade de sa reconstruction. La ration de pain venait d'être réduite. Le président de la République, Vincent Auriol, avait lancé un appel à la paysannerie : « Nous n'avons pas de dollars, disait-il, nous n'avons pas de charbon... » On laissait prévoir que la crise alimentaire ne pourrait être surmontée avant l'été 1948. A Lyon, des ouvriers envahissaient la préfecture en réclamant du ravitaillement. Une vague de grèves contraignit le gouvernement à accorder de nouvelles augmentations de salaires. A la vérité, l'Etat, toujours incapable de répartir normalement les produits essentiels à des prix normaux, discréditait lui-même son propre système de rationnement et de contrôle.

Ce fut le point de départ d'une vaste campagne contre le « dirigisme ». Elle trouvait d'autant plus d'échos dans la population que la plus grande partie des biens de consommation s'échangeait et circulait presque librement au marché noir et que les réglementations officielles étaient presque toujours inappliquées et, apparemment, inapplicables. Lassée d'un rationnement à la fois gênant et inefficace, la population était portée à croire que la liberté du commerce serait à la fois plus simple et, somme toute, plus morale que l'hypocrisie d'un marché noir sans cesse plus envahissant. Tous les milieux sociaux liés aux petites et moyennes entreprises étaient particulièrement sensibles à la campagne antidirigiste. Dans l'opinion publique et dans la presse, l'hostilité au dirigisme était devenue, avec l'anticommunisme, le thème le plus familier et souvent le plus rentable. Radicaux, modérés et conservateurs se montraient, à cet égard, les plus actifs et les plus véhéments. Ils incriminaient volontiers les socialistes et les républicains populaires, pour leur longue cohabitation avec les communistes, au sein des mêmes gouvernements. Ils mettaient en cause leur gestion du pays et les accablaient des reproches qu'ils faisaient au dirigisme. Le RPF, en plein essor, ne pouvait manquer d'en subir le contrecoup, et, par opposition aux partis dominants, se rapprocha du personnel politique, radical ou modéré, qui voyait en de Gaulle un tremplin inespéré : immédiatement, l'anticommunisme et l'antidirigisme devinrent leurs thèmes communs.

En trois mois, l'évolution du RPF se précisa. Le 7 avril 1947, à Strasbourg, quand il annonça la fondation du Rassemblement, il tenait encore un tout autre langage que celui de la guerre froide.

> Notre planète, disait-il, telle qu'elle est aujourd'hui, présente deux masses énormes, toutes deux portées à l'expansion, mais entraînées par des dispositions essentielles différentes et, du même coup, par des courants idéologiques opposés. L'Amérique et la Russie, si on a le droit d'espérer qu'elles ne deviendront pas ennemies, sont automatiquement rivales... Dans une pareille situation, placés là où nous le sommes, le maintien de notre indépendance devient pour nous le problème brûlant et capital [...]. Il implique que nous nous appliquions à refaire l'Europe afin qu'existe, à côté des deux masses d'aujourd'hui, l'élément d'équilibre sans lequel le monde de demain pourrait peut-être subsister sous le régime haletant des *modus vivendi*, mais non point respirer et fleurir dans la paix. Il implique, encore, que nous contribuions, dans toute la mesure de notre influence et de nos possibilités, à faire vivre la coopération internationale et ses naissantes institutions, pour que toute cause éventuelle de conflit puisse être étudiée et jugée à temps devant l'opinion de l'humanité tout entière. Il implique enfin que nous restions nous-mêmes, c'est-à-dire des Occidentaux, fidèles à une conception de l'homme, de la vie, du droit, des rapports entre les Etats, qui nous a fait tels que nous sommes, à laquelle ont toujours tenu notre influence et notre rayonnement et qu'il nous faut défendre et faire valoir, dans le tumulte du monde, pour servir et pour survivre.

Si, dans ces propos, est affirmée « l'occidentalité » de la France, qui équivaut à un refus définitif de toute orientation vers le communisme, on n'y ressent pas le souffle de la guerre froide. Pour parler de l'Amérique et de la Russie, de Gaulle use de termes identiques. S'agissant de l'Europe, il la voit « à côté des deux masses » — ce qui exclut qu'elle s'intègre à l'une ou à l'autre — et lui assigne une mission « d'équilibre ». Quant à la France, dont le « problème brûlant » est le maintien de son indépendance, son rôle est celui de la négociation, de la médiation. Son projet doit être la recherche, à chaque occasion, d'une solution pacifique : tout à l'opposé d'une adhésion irréversible à un bloc, contre l'autre.

Enfin, le 18 août, il insistait pour qu'en Algérie l'assemblée prévue par le nouveau statut comporte, en parties égales, des représentants des deux communautés et, le 12 octobre, il appelait formellement les musulmans à ne pas souhaiter autre chose que le maintien de la souveraineté française :

> Les gens qui excitent du dehors vos préventions et vos colères ne sont que les serviteurs d'une puissance et d'une idéologie étrangères...

Et sur ce point, l'éventualité d'une guerre mondiale expliquait en grande partie sa position. Convaincu que rien ne ferait obstacle à une offensive soviétique sur le continent européen, il jugeait probable un nouvel exil du gouvernement français ; dans ce cas, il faudrait éviter les servitudes d'un refuge en pays étranger — dont il avait tant souffert à Londres. La Tunisie et le Maroc ne manqueraient pas de renforcer leurs particularités ; Dakar était trop loin ; l'Algérie seule offrirait à la souveraineté française l'abri d'une terre française[19]. En ce domaine, comme en tout autre, l'anticommunisme et l'antisoviétisme détermi-naient donc toute son évolution politique.

On pouvait alors se demander si de Gaulle était toujours l'homme qui avait su garder à la France sa distance à l'égard des grandes puissances et qui proclamait encore, quelques semaines avant de quitter le pouvoir, qu'elle devait être, entre elles « un lien et non pas un enjeu », ou si, désormais, le péril soviétique était seul à compter pour lui.

Il adoptait ainsi le style propre à séduire tous ceux pour qui seul comptait l'anticommunisme. Leur anxiété ou leur passion rejoignaient les intentions proclamées par de Gaulle : dans sa critique des partis, ils voyaient surtout les prémices d'une action résolue contre le parti communiste ; dans son souci de défense nationale, ils discernaient la future participation française à la grande coalition des Occidentaux contre l'Union Soviétique. Le RPF n'échappera plus à ces ambiguïtés.

Le 15 mai encore, à Bordeaux, de Gaulle insistait sur l'autonomie nécessaire des territoires de l'Union française, le pouvoir fédérateur ne conservant que la défense, la diplomatie, l'organisation économique, mais le 29 juin, dans sa ville natale de Lille, sortant de la réserve où il se tenait jusque-là, il décrivait en termes dramatiques le nouveau péril qui, selon lui, menaçait de tout submerger.

« Occupant en vertu de la victoire la moitié de l'Allemagne, la Hongrie, la Roumanie et une partie de l'Autriche, ayant annexé les Etats baltes et de larges morceaux de la Pologne, de la Roumanie, de la Finlande et de la Prusse, tenant sous son contrôle Varsovie, Belgrade, Sofia et Tirana par la combinaison de sa pression extérieure et des concours dévoués qu'elle y trouve à l'intérieur, influant par les mêmes moyens sur la Tchécoslovaquie, la Russie domine, à l'heure qu'il est, les deux tiers du continent. En outre, l'idéologie matérialiste d'écrasement de l'individu et de mécanisation générale [...] trouve partout, et d'abord chez nous-mêmes, des hommes qui lui sont acquis. » Et il dénonçait cette « hégémonie qui, si elle se précisait, deviendrait aussi périlleuse pour l'indépendance des nations qu'aucune de celles qui se révélèrent depuis l'aurore de l'histoire ».

Puis, le 27 juillet 1947, de Gaulle, parlant à Rennes devant quelque soixante mille personnes, qualifiait les communistes de « séparatistes ». Il évoquait la menace de l'armée soviétique, que « moins de deux étapes du Tour de France » séparaient des frontières françaises.

Ainsi commença la longue série des diatribes et des mises en garde.

Comment le reste ne serait-il pas passé à l'arrière-plan au regard d'un aussi monumental danger ? La logique même de ses propos allait conduire de Gaulle à tout y subordonner, ou plutôt à marquer toute son entreprise de cette empreinte essentielle. Et déjà apparaît la surenchère qui va s'instaurer, sur ce terrain, entre les partis au pouvoir et le RPF :

> Que d'autres cherchent à se tromper eux-mêmes sur la menace que pourrait demain représenter pour notre pays une pareille agglomération menée par un pareil système, disait-il à Rennes. Mais nous qui ne rusons jamais avec la liberté des hommes ni avec l'indépendance de la France, nous disons que cet état de choses risque de mettre, tôt ou tard, l'une et l'autre dans le pire danger.

Désormais, plus un discours, plus un message qui ne renouvellent ces condamnations et ces appels. Le 20 septembre à Lyon, de Gaulle parle des Etats-Unis qui « dressent leur puissance intacte en contrepoids des ambitions mondiales des Soviets «, mais c'est pour dire qu'il n'y a pas « dans le monde un homme libre qui ne tienne pour salutaire cette volonté américaine ». Tout paraît si tranché dans sa vision du monde, que lors d'une conférence de presse, le 12 novembre, il s'étonne qu'un journaliste, qui vient de l'entendre parler d'une prochaine guerre, lui demande s'il en accepte l'éventualité :

> Monsieur, est-ce que vous ne l'acceptez pas ? Si vous ne l'acceptez pas, où cela peut-il vous conduire ? Je me le demande. Est-ce que vous ne sentez pas que le monde est mené par des forces qui dépassent de beaucoup nos paroles et peut-être même la volonté de tous les hommes ? Qui peut savoir ce qui arrivera ? Mais il y a une folie, quand on est Français : c'est de ne pas regarder les choses en face, de vouloir se cacher les yeux devant la réalité internationale... La guerre est possible, voilà tout. Cela suffit pour que nous regardions l'éventualité en face et que nous nous y préparions.

Car cette année 1947, où de Gaulle s'engageait dans la guerre froide, était celle où les communistes étaient mis délibérément dans l'obligation de quitter tous les gouvernements d'Europe où ils siégeaient, et où le nom du général Marshall allait entrer dans l'histoire. Les emprunts consentis à la France et à la Grande-Bretagne en 1946 étaient pratiquement épuisés et la situation de l'Italie était pire encore. Dans une réunion qui se tint sous la présidence de Truman le 22 février 1947, le sous-secrétaire d'Etat Dean Acheson avait exprimé l'avis de tous ceux qui pensaient que la présence de ministres communistes dans les gouvernements des pays européens, alors que ceux-ci étaient au bord de la famine et de la faillite, était un danger majeur pour le monde occidental et capitaliste : « En France, avec quatre communistes dans le gouvernement, dont l'un au ministère de la Défense, avec les communistes contrôlant les plus grands syndicats et noyautant les usines et l'armée, avec près d'un tiers de l'électorat votant communiste et avec des conditions économiques en constante aggravation, les Russes pourraient ouvrir la trappe à tout moment qu'ils choisiraient[20]. » C'est en raison de sa détresse économique et financière que la Grande-Bretagne avait dû, en mars, passer la main aux Etats-Unis dans l'affaire grecque et que Truman avait décidé d'en prendre la succession, en étendant aussi sa protection à la Turquie. Bref, il fallait à la fois, pour les Américains, faciliter au plus tôt le redressement économique de l'Europe de l'Ouest, et en exclure en même temps toute influence prépondérante des communistes.

Telle fut la conception qui inspira la politique de l'administration Truman. L'échec de la conférence de Moscou sur l'Allemagne leva les dernières hésitations. Marshall, s'arrêtant à Berlin le 25 avril, prescrivit aussitôt au gouverneur de la zone américaine, le général Clay, d'accélérer la mise en place des nouvelles institutions allemandes et de lever au plus vite les entraves au développement de la production. Dès le mois de mai se réunissaient à Francfort un comité exécutif et un conseil législatif émanant de l'ensemble des Länder de la bi-zone anglo-américaine. Et le 6 juin avait lieu la dernière réunion des ministres-présidents des Länder occidentaux et de ceux de la zone soviétique. Ces derniers proposèrent de discuter de la création d'un gouvernement central provisoire : devant le refus de leurs collègues — qui récusaient la légitimité de leur élection —, ils s'en allèrent.

Le 5 juin, Marshall proposa donc l'octroi d'une aide « considérable » à l'Europe pour peu que celle-ci s'entendît pour définir ses besoins : le « plan » auquel son nom fut associé désormais. « Il faudra, disait-il, que les pays européens intéressés arrivent à s'entendre sur les exigences de la situation. » Il suggérait que le programme d'aide « soit établi en commun par la plupart sinon par toutes les nations de l'Europe ». Mais l'esprit qui allait présider à l'entreprise était annoncé déjà par cette seule phrase : « Les gouvernements, les partis ou les groupements politiques qui cherchent à perpétuer la misère humaine afin d'en tirer avantage sur le terrain politique ou autrement rencontreront l'opposition déterminée des Etats-Unis. »

On ne pouvait hésiter beaucoup sur le sens de la démarche américaine. En proposant leur aide à des pays européens qui définiraient en commun leurs besoins, et par conséquent leur programme de développement, les Etats-Unis se donnaient les moyens de les orienter vers un même système économique et social, vers une même règle du jeu. Par là, le « plan Marshall » contredisait déjà les impératifs habituels des économies socialistes, planifiées, qui impliquaient au contraire l'indépendance des décisions économiques, la rigueur dans leur application et la fermeture des frontières vers les pays à économie de marché. De surcroît, les Etats-Unis allaient devenir l'interlocuteur économique principal des Etats qui accepteraient leur aide : nul doute qu'il n'y ait eu là une menace directe sur les liens exclusifs que l'Union soviétique nouait avec les pays qu'elle occupait à l'est de l'Europe. Au fond, la diplomatie américaine présentait une alternative dont les deux termes lui étaient favorables : ou bien les Etats communistes acceptaient l'offre de Marshall et, dans ce cas, les Etats-Unis disposeraient d'un efficace instrument pour peser sur le sort des pays de l'est et du centre de l'Europe ; ou bien ils la refusaient et il serait établi que les dirigeants communistes préféraient assurer leur domination sans partage plutôt que de faire profiter leurs peuples de l'aide américaine...

La suite était prévisible. Le 2 juillet, les négociations étaient rompues avec les Soviétiques sur la proposition de Marshall. Le 10, la Tchécoslovaquie qui avait d'abord accepté le principe d'une aide américaine, revint sur son accord. Le 11, la Roumanie, la Hongrie et l'Albanie la refusaient à leur tour, ainsi que la Finlande, qui constatait que le plan Marshall était devenu l'occasion d'un désaccord entre l'Est et l'Ouest et voulait s'en tenir à l'écart. Le 12, les représentants des autres pays européens se réunissaient au Quai d'Orsay. ils acceptèrent les offres américaines et estimèrent leurs besoins à 22 milliards de dollars. Truman n'en retint que 17, à répartir sur quatre ans et demi, mais le Congrès des Etats-Unis préféra s'en tenir au principe des crédits annuels : au total 13 milliards de dollars devaient être affectés au cours des années suivantes au relèvement économique de l'Europe.

Au renforcement de l'Europe occidentale répondit l'accélération fulgurante du processus conduisant à la domination du communisme en Europe de l'Est. En janvier, le parti agrarien de Mikolajczyk, en Pologne, qui avait eu 32 % des voix l'année précédente, fut écrasé au cours d'élections dont il dénonça aussitôt le truquage. Le ministre hongrois de l'Intérieur, Rajk, tenta d'obtenir l'arrestation de Kovacs, chef du parti des « Petits propriétaires », qui avait eu en 1946 la majorité des sièges à l'Assemblée constituante, et comme il n'y parvint pas, les Soviétiques l'arrêtèrent en février. Ses aveux permirent d'inculper, en mai, le Premier ministre Ferenc Nagy qui, se trouvant en Suisse, préféra ne pas revenir dans son pays. Les Soviétiques en profitèrent pour le faire remplacer par Dinnyes, un « petit propriétaire » plus favorable à l'alliance communiste. Au début de l'été les chefs des partis paysans de Roumanie et Bulgarie, Maniu et Petkov, furent arrêtés. En août, les élections hongroises, organisées par Rajk, assurèrent la première place au parti communiste et permirent bientôt de dissoudre les autres partis. A la fin du mois, le chef du parti paysan bulgare Petkov fut pendu. Et en septembre se réunirent en secret, à Szklarska Poreba, en Silésie polonaise, les représentants des huit partis communistes européens qui allaient former le Kominform.

Donc, la guerre froide avait déjà commencé. L'histoire du RPF en serait marquée, irrémédiablement. On verra que ce fut la cause profonde, probablement inguérissable, de son échec final. Mais on ne peut manquer de songer qu'une autre voie lui était ouverte qui aurait donné de lui un autre visage et aurait suscité chez de très nombreux Français un autre jugement. Beaucoup en gardèrent une nostalgie secrète et certains, qui s'engagèrent jusqu'au bout dans l'aventure du Rassemblement, s'accrochèrent à leurs premières espérances, quand il n'était pas encore question, dans les propos tenus par de Gaulle, d'agréger le pays au bloc dirigé par les Etats-Unis. Par la suite, quelques-uns des porte-parole et des dirigeants du RPF s'appliquèrent à mettre en valeur ce que de Gaulle disait de la transformation nécessaire des rapports sociaux, par l'association du capital et du travail, et y voyaient un audacieux dépassement de l'alternative traditionnelle entre le capitalisme et le système étatiste et bureaucratique instauré dans les pays communistes. D'autres — ou les mêmes — insistaient sur l'immense innovation que représenterait l'Union française, si on la constituait comme de Gaulle la voulait, c'est-à-dire en limitant les pouvoirs des institutions communes au maintien de la paix dans l'Union, à la défense, à la diplomatie, aux activités économiques communes, et il est vrai que de Gaulle y revint plusieurs fois dans ses discours et conférences de presse du printemps et de l'été 1947. Là aussi, certains de ses partisans invoquaient le caractère révolutionnaire de ses propositions autrement plus hardies que celles de la IVe République, cantonnée dans son conservatisme. On pouvait croire que la volonté d'émancipation des peuples d'outre-mer, naguère affirmée si solennellement, resterait la préoccupation de cette nouvelle phase du gaullisme. Le recrutement de ses dirigeants, le passé de beaucoup d'entre eux, l'insistance que de Gaulle mettait lui-même à se réclamer des grandes réformes réalisées après la Libération, pouvaient entretenir cet espoir : il fut partagé, quelque temps, par une fraction notable des adhérents du RPF qui voyaient en celui-ci l'instrument de cette « troisième voie » que l'on invoquait si souvent dans les mouvements de résistance non communistes.

Mais rien n'y fit. La guerre froide prévalait partout et sur tout. Pour de Gaulle aussi. Hors de la condamnation répétée des institutions de la IVe République, il n'y avait pas dans ses discours de thèmes plus importants. Tout le reste en dérivait. L'insistance passionnée qu'il mettait à plaider pour la cohésion de l'Union française s'expliquait par le rôle que la France, par ses prolongements outre-mer, pourrait jouer en cas de conflit, même si ses forces venaient à succomber en Europe. Les souvenirs de la guerre étaient, ici, déterminants : si la France, comme elle aurait dû le faire en 1940, devait poursuivre la lutte avec tous les moyens de son Empire, encore fallait-il qu'elle le gardât. Pour les groupes d'études chargés, au RPF, des questions militaires — où se retrouvaient Jacques Soustelle, Gaston Palewski, Edmond Michelet, les généraux Koenig, Monsabert, Guillain de Bénouville, et dont les travaux furent en général rédigés par le colonel Schneider — les perspectives d'un conflit étaient directement calquées sur les épisodes de la Seconde Guerre mondiale, l'Union soviétique remplaçant l'Allemagne comme ennemi futur[21]. De Gaulle s'en inspirait, au moins implicitement, dans sa vision de l'Outre-mer. Non que dans ses discours, comme celui qu'il prononça à Bordeaux le 15 mai 1947, à la mémoire de Félix Eboué, de Gaulle ait renoncé à ses conceptions anciennes sur l'évolution de l'Union française, puisqu'il s'y référait encore, mais le ton en était changé[22]. Ce n'était plus le langage des réformes, des changements, de l'émancipation qui prévalait. Ce n'était pas le langage qui lui aurait apporté l'adhésion des autochtones d'Afrique du Nord, d'Afrique noire, et même d'Indochine. Les impératifs stratégiques de la guerre froide — garder fermement en main l'Outre-mer pour le rôle éventuel de la France en cas de conflit — étaient passés au premier plan.

Ce fut aussi le thème des propos tenus par de Gaulle sur l'Algérie. Il prit alors un tournant, annonciateur de la politique qu'il allait mener plus tard, après son retour au pouvoir. Dans la conférence de presse qu'il tient le 24 avril, à une question sur l'Algérie, il répond :

> Les territoires algériens, tout en faisant partie de la France, ne sont pas assimilables à des départements français métropolitains quelconques. La question, en ce qui concerne l'Algérie, est de lui tracer un statut qui la maintienne française et sous la souveraineté de la France et qui, d'autre part, organise à l'intérieur de l'Algérie un système représentatif qui lui permette de faire valoir à l'intérieur d'elle-même ce qui concerne ses propres intérêts.

Très clairement, c'était rejeter toute idée d'assimilation pour le présent et pour l'avenir. C'était aussi se prononcer pour une autonomie qui marquerait la fin de la fiction juridique des « départements français d'Algérie », qui servait de paravent au maintien de la domination française et de la prépondérance absolue de la communauté européenne. Dans l'immédiat, de Gaulle voyait cette autonomie régie par une assemblée où les deux communautés seraient à parité, comme il le proposa dans sa déclaration du 18 août : c'était tourner le dos à l'ordonnance du 7 mars 1944, dont il avait été l'auteur, et qui rattachait au collège des Européens, avec la citoyenneté française, quelque 70 000 Algériens musulmans.

Lors des entretiens que j'eus avec lui en 1964, je lui en ai demandé la raison. La réponse fut doublement caractéristique. Si les musulmans constituaient entièrement l'un des deux collèges d'électeurs, me dit-il, et une fraction de l'autre collège, ils auraient la majorité dans l'Assemblée et ils pourraient alors remettre en cause la souveraineté française : dans l'état du monde en 1947, la France devait garder son prolongement au-delà de la Méditerranée. De Gaulle reconnaissait ainsi qu'il n'avait aucune illusion sur les sentiments réels des Algériens, comme, déjà trois ans plus tôt, quand il prévint le général Martin que l'Algérie risquait de « nous filer entre les doigts » alors que la France consacrait toutes ses forces à sa propre libération. Et, en même temps, il avouait qu'au moment où il fondait son Rassemblement, la guerre prochaine — possible ou probable ? — était présente à son esprit et pesait sur tous ses choix.

Il est vrai que, dans le climat de cette année 1947, les événements d'Outre-mer ne se séparaient pas de l'irrésistible montée de la guerre froide. En Indochine, l'armée française, disait-on, affrontait un nationalisme étroitement dirigé par le Vietminh, c'est-à-dire, en fait, le parti communiste vietnamien. Et les seuls à protester contre la très dure répression qui avait suivi la révolte de Madagascar, en mars, et contre l'arrestation des trois députés malgaches, étaient les communistes — excepté quelques personnalités plus lucides et mieux informées. Le Maroc semblait menacé à son tour : le vieux chef de la révolte du Rif, Abd el-Krim, échappant à la surveillance des autorités françaises, arrivait en Egypte, et le résident général, naguère nommé par de Gaulle, Eirik Labonne, réputé pour son libéralisme et sa volonté réformatrice, était brutalement relevé de ses fonctions après un discours du sultan où il avait évoqué les liens de son pays avec le monde arabe. Quoi qu'on dise, quoi qu'on fasse, tout était rattaché aux dogmes et aux rigidités de la guerre froide.

Du coup, les préventions qui avaient longtemps dressé contre de Gaulle une grande partie des milieux bourgeois ne pouvaient que s'estomper. On oublia qu'il avait pris la responsabilité des réformes économiques et sociales de la Libération, et qu'il avait été l'initiateur de la participation des Africains à la vie électorale et politique. Le Rassemblement, par son caractère même, permettait toutes les combinaisons. Puisqu'il prétendait se situer au-dessus des divergences idéologiques, puisqu'il n'interdisait pas que l'on restât en même temps membre de divers partis politiques, rien n'était plus facile que de faire corps avec lui : radicaux, UDSR, modérés ou conservateurs de toutes obédiences, pour beaucoup d'entre eux, du moins, pensaient y retrouver à la fois leur anticommunisme, leur antidirigisme, leur hostilité à la longue primauté des socialistes et des républicains populaires, leur méfiance envers toute transformation du régime colonial. De Gaulle leur offrait une sorte de drapeau, et le Rassemblement un cadre provisoire et un tremplin puissant. Presque partout, ils se résolurent à en profiter.

C'est donc dans ce climat que commence la campagne pour les élections municipales, prévues pour septembre 1947 [23]. C'est la première épreuve électorale que le RPF doit affronter : ce sera donc l'occasion de voir si, un an après le vote de la Constitution, les électeurs donnent maintenant raison à de Gaulle. Mais les circonstances font que le scrutin a lieu dans un climat de tempêtes et de drames : les grèves, amorcées à la fin du printemps, ont repris après les vacances. Les augmentations de salaires, décidées aussitôt après le départ des ministres communistes, ont accru la masse de la monnaie en circulation, non le volume des marchandises. Les efforts faits pour bloquer les prix font disparaître les produits des circuits officiels. Pour la première fois, la ration de pain doit être fixée à 200 g par jour, 50 g de moins qu'aux pires moments de l'occupation. L'échec de la politique de baisse des prix amorcée par Léon Blum a conduit Robert Schuman ministre des Finances à rechercher la réduction de l'inflation par un retour à la vérité des prix, par la suppression des subventions, et à l'équilibre du budget ordinaire... Mais, dès le début de septembre. Ramadier est obligé de demander un surcroît de crédits pour les Charbonnages : la hausse des salaires a accru leur déficit et l'augmentation de 50 % du prix du charbon de la Ruhr. décidée par les autorités anglo-américaines, risque de se répercuter sur les prix en France ou de nécessiter une aide plus forte. Radicaux, républicains populaires et modérés se rebiffent : on vient de faire accepter la suppression des subventions et l'on en demande maintenant le rétablissement. Le ministre de l'Economie nationale, André Philip, y tient. Selon lui, il faut à tout prix bloquer les prix industriels, rétablir les contrôles sur les prix agricoles, bloquer à nouveau les salaires. C'est une politique dirigiste : elle est incompatible avec celle que souhaitent les radicaux, le MRP et la droite. En même temps, on découvre que les économies sur les dépenses militaires, que les socialistes réclamaient au gouvernement de Gaulle, en janvier 1946, n'ont guère été faites près de deux ans plus tard : il y a, par exemple, 200 000 rationnaires dans la zone française d'Allemagne, alors que 50 ou 60 000 suffiraient amplement. Un sombre pessimisme semble gagner les responsables du régime.

Au Conseil des ministres du 8 octobre, on discute des économies à faire[24]. Il y est question d'ajourner l'appel des contingents jusqu'au 1er janvier : mais, dans un mois le gouvernement suivant décidera en toute hâte le rappel de 60 000 réservistes pour faire échec aux grèves... Et, au même Conseil, on évoque les deux offensives qui vont être déclenchées ce jour-là, en Indochine, où une part croissante du budget militaire est engouffrée. Quelques jours plus tard, la situation devient si critique que les ministres commencent à perdre, pied. On découvre que celui de l'Agriculture, François Tanguy-Prigent, a laissé l'un de ses directeurs signer une circulaire sur les prestations des caisses d'assurance agricole qui accroît les dépenses de 7 milliards ! Auriol écrit, le 21 octobre : « Philip entre précipitamment dans mon bureau dans un accès de fureur. Tout est perdu ! s'écrie-t-il, la grève des métros, le refus du transport de certaines marchandises par les cheminots, le refus des dockers de Saint-Nazaire de diriger les sardines en Angleterre, cela dénote l'anarchie la plus complète... Un train de pommes de terre a été attaqué par les grévistes et ces pommes de terre ont été distribuées à la coopérative ouvrière. Pour le métro c'est une capitulation totale, il faudrait, comme en 1914, sortir les autobus, organiser les transports... Le gouvernement n'a pas d'autorité, c'est fini, il se déconsidère. Il propose d'appeler de Gaulle dans le cadre de la Constitution actuelle. S'il demandait la révision de la Constitution il faut la lui refuser et ainsi on lui portera un premier coup. C'est une épreuve de force, elle peut se terminer dans le sang. Il faut avant tout réagir. » Le lendemain, nouveau Conseil des ministres. C'est pour faire deux constats : l'aggravation des grèves et des luttes sociales, et le résultat aux élections municipales.

Pour le RPF, l'enjeu en était simple : prouver que le pays ne voulait plus du régime établi et souhaitait que de Gaulle revienne au pouvoir. Dans ce but, rien ne devait être épargné. Incorporer aux listes du Rassemblement, des candidats indépendants, paysans, radicaux, UDSR, modérés ou conservateurs de toutes tendances était donc admissible, dès lors qu'il s'agissait de faire cette seule et simple démonstration : que les électeurs voulaient de Gaulle.

Tout se passa, en réalité, dans une vaste confusion. Soustelle, assisté de Baumel, assumait les principales responsabilités électorales à la direction du RPF[25]. Ils n'avaient eu ni les moyens ni le loisir de choisir parmi les adhérents, les meilleurs candidats, les plus capables de bien gérer de grandes villes, ou des communes de banlieue, ou des agglomérations petites ou moyennes. Ils recrutèrent, au milieu d'un grand désordre, des hommes qui se réclamaient surtout des services rendus dans la France libre et la Résistance. Peu d'entre eux avaient la moindre idée de leurs futures responsabilités municipales et moins encore de ce que devait être une campagne électorale. Plus tard, ces carences ne seront pas sans effet : le reflux sera d'autant plus ample que le flux avait été improvisé. Mais, à ces candidats choisis au hasard par le jeu des sympathies ou des dévouements, se joignaient de nombreux représentants des partis classiques du centre gauche et de la droite. Leur présence avait une signification claire : sous le signe de l'anticommunisme le plus intransigeant, ils ralliaient provisoirement le RPF en y retrouvant les thèmes qui leur étaient habituels, de l'hostilité au dirigisme jusqu'à la défense des positions coloniales de la France. Ils y retrouvaient aussi l'antipathie envers les socialistes et le MRP qui leur avaient souvent ravi la prépondérance dans les assemblées et dans la presse, après la Libération. La logique des options essentielles du RPF, dirigées à la fois contre le communisme et contre la IVe République, lui valait des alliés qui n'avaient eu que peu de sympathie pour de Gaulle.

La campagne fut marquée par une triomphale série de meetings populaires, dont le plus imposant, à Vincennes, fut l'occasion, pour lui, d'une apostrophe aux partis politiques, devenue célèbre, où il les décrivait « faisant cuire leur petite soupe, à petit feu, dans leur petit coin ». Et les résultats furent un triomphe[26]. Jamais auparavant ni par la suite, des élections municipales ne devaient avoir une signification politique aussi forte ni des résultats aussi nets. De Gaulle avait voulu passionner, dramatiser même, un scrutin local, et il y était parvenu. Il était naturellement difficile d'interpréter les votes dans les plus petites communes — 36 000 sur 38 000 avaient moins de 2 500 habitants — mais ailleurs le succès du RPF était évident et général. Bien que le ministre de l'Intérieur, le socialiste Edouard Depreux, ait beaucoup fait pour la minimiser, les statistiques officielles reconnaissaient la victoire des listes patronnées par le Rassemblement dans 31,2 % des communes de plus de 4 000 habitants, et des recherches universitaires sérieuses lui attribuaient 42 villes de plus de 30 000 habitants sur 110, soit 38,1 %. Dans les communes de plus de 9 000 habitants, elles avaient obtenu 40 % des voix. Le parti communiste avait perdu près d'un dixième de ses électeurs, tout comme la SFIO, et le MRP en avait perdu les deux tiers.

Dans ses commentaires, de Gaulle se montra surtout satisfait de la signification sociale du scrutin. Il ne s'inquiétait pas du vote des petites communes où le scrutin n'avait pas eu de portée politique : les campagnes, traditionnellement peu favorables, en majorité, aux partis socialiste et communiste, ne lui seraient pas hostiles. C'était la victoire du Rassemblement dans les villes qui l'intéressait. Paris en était l'emblème : 55 % des électeurs y avaient voté pour les listes conduites par son frère, Pierre de Gaulle. Et 14 des 22 villes de plus de 100 000 habitants étaient conquises aussi, dont Lille, Marseille, Bordeaux, Toulon, Nancy, Le Mans, Le Havre, Reims et Grenoble étaient prises à l'extrême gauche ou à la gauche. C'est là ce qui intéressa de Gaulle par-dessus tout. Pour lui, c'était bien la preuve que le RPF ne se réduisait ni à l'électorat rural et bourgeois, caractéristique des partis conservateurs, ni aux seuls ouvriers de l'industrie, clientèle habituelle des partis réputés « marxistes », mais qu'il représentait la France la plus moderne et la plus dynamique.

Bref instant d'un immense optimisme, apparemment justifié. On comprend qu'il ait confié, le 20 octobre, à Claude Guy :

> Alors vous avez vu ? La preuve est faite... Ne vous faites pas d'illusion : c'est la mort du régime... Le MRP n'existe pratiquement plus, beaucoup de socialistes ont voté pour nous, et même quelques communistes. En clair, cela veut dire : il n'y a plus de partis[27].

Mais une analyse plus rigoureuse aurait pu conduire à des conclusions plus nuancées. De Gaulle avait décidé que le RPF présenterait des listes dans les 456 communes de plus de 9 000 habitants, là où l'élection se faisait à la représentation proportionnelle, et il souhaitait que ces listes soient autant que possible homogènes. Dans bien des cas, des notables radicaux et modérés en prirent donc l'étiquette. Mais très souvent aussi, ce furent des listes de coalition, alors prudemment intitulées : « listes d'intérêts communaux pour le RPF ». Ailleurs encore, radicaux et modérés préférèrent ne pas s'allier avec eux. Ce sont les villes de plus de 30 000 habitants qui eurent le plus de listes homogènes du Rassemblement : 100 sur 110. Au total, on peut penser que le résultat des élections municipales n'eût pas été le même si les radicaux et les modérés n'avaient aussi souvent fait cause commune avec le RPF.

Les conséquences politiques en apparurent bientôt. Si le gouvernement ne pouvait compter que sur l'appui des seuls socialistes et républicains populaires, il était condamné, soit à court terme, faute d'une majorité suffisante, soit à plus long terme si la vaste coalition des gaullistes, des modérés, des radicaux, et des groupes issus de la Résistance, l'emportaient au cours des futures épreuves électorales. Pour la survie du régime, le soutien d'une grande partie des radicaux et des modérés avait donc une importance vitale. De leur appui dépendrait, désormais, l'investiture des présidents du Conseil, la formation des gouvernements, l'existence d'une majorité parlementaire, le fonctionnement plus ou moins normal des institutions. Ils détenaient, en fait, le pouvoir d'arbitrer le conflit qui opposait de Gaulle au régime : les chiffres et les événements le prouvaient déjà et allaient permettre de le vérifier. Désormais, l'histoire de la IVe République, pendant cinq ans, sera l'histoire de cet arbitrage.

Il suffit de quelques jours pour s'en rendre compte. Le 22 octobre, en effet, Paul Ramadier remaniait son gouvernement. Le ministre de l'Économie nationale, André Philip, qui passait pour l'avocat du dirigisme, fut écarté. Dans le même esprit, un autre socialiste, Tanguy-Prigent, ministre de l'Agriculture, fut remplacé par un modéré, Marcel Roclore. De même, le socialiste Marius Moutet, bien qu'il fût loin d'être favorable à la décolonisation, dut quitter le ministère de la France d'outre-mer. Ainsi, le président du Conseil avait-il aussitôt cherché à apaiser les inquiétudes des radicaux et modérés pour les détourner le plus possible d'une alliance trop étroite avec le RPF.

Ce n'était qu'un premier pas. Un mois plus tard, le cabinet Ramadier démissionnait. Pour faire face à la double opposition, communiste et gaulliste, le président de la République, Vincent Auriol, jugea qu'il convenait de donner aux forces intermédiaires la caution d'un chef de gouvernement plus prestigieux. Il pressentit Léon Blum. Socialiste, ce dernier était à même de désarmer les préventions ouvrières et la réserve des syndicats et son anticommunisme résolu devait lui valoir l'appui d'une grande partie des modérés. Il s'affirma donc décidé à lutter sur deux fronts : contre l'extrême gauche et contre de Gaulle. Il se heurta aussitôt à l'opposition d'une partie de la droite et du centre. Celle-ci s'exprima par la voix de Paul Reynaud, ami personnel de Léon Blum : selon lui, il ne fallait plus songer à s'opposer à la fois à tous les adversaires du régime, le seul qu'il fallait affronter et vaincre se situait à l'extrême gauche, et tout devait être subordonné à cet unique impératif. Le 21 novembre, Léon Blum manqua de neuf voix la majorité requise pour son investiture. Le lendemain, Robert Schuman fut investi à une écrasante majorité, les communistes étant seuls à voter contre lui.

Entre ces deux votes, l'histoire de la IVe République se dessine à l'avance. Pour son personnel d'abord. Jusqu'en 1956, il n'y aura plus de socialistes, ni à la tête du gouvernement, ni au ministère des Finances ou de l'Economie nationale. Le nouveau gouvernement préfigure d'ailleurs tous les autres : sept de ses ministres seront présidents du Conseil, deux gouverneurs généraux de l'Algérie, un président de l'Assemblée nationale et un autre président de la République. Il est composé de 11 MRP, de 8 socialistes, mais aussi de 6 radicaux, de 2 indépendants et d'un UDSR et la gestion des Finances et des affaires économiques est confiée au radical René Mayer qui incarnait, disait-on, le retour au gouvernement des grands intérêts. L'ensemble des forces modérées ou conservatrices choisissaient ainsi de conclure avec le parti socialiste et le MRP une alliance qui serait désormais le fondement du régime et garantirait son maintien. Elles se coaliseraient avec leurs alliés socialistes et républicains populaires pour préserver le régime économique et social de la France — qui n'était guère en question —, et, avant tout, pour s'opposer toujours, partout et en tout domaine au parti communiste.

Du coup, le RPF ne sera jamais en mesure de changer le système politique. Quelque temps — jusqu'à la scission qu'il connaîtra au début de 1952 —, il continuera de rivaliser, sur tous les terrains, et d'abord dans la surenchère anticommuniste, avec la coalition au pouvoir. Il avait cru l'emporter en cet automne 1947 : mais les conditions de son succès portaient en elles sa condamnation à terme. Les soutiens qu'il avait obtenus pour les élections municipales se reporteraient désormais sur les gouvernements de la IVe République, et le régime allait affronter maintenant son véritable adversaire : le parti communiste.

Depuis le début d'octobre, un vaste mouvement de grèves, animé par la CGT, paralysait l'économie nationale. Il était justifié par l'aggravation de la misère ouvrière : de janvier à novembre 1947, l'indice des prix de détail était passé de 856 à 1 336 ; dans le même temps, les salaires n'avaient augmenté que de 19 % Mais le gouvernement voulut y voir une entreprise générale, et même internationale, de subversion destinée à ramener les communistes au pouvoir[28]. Une scission syndicale entraîna hors de l'obédience de la CGT une fraction des salariés ralliés à la confédération Force ouvrière. Les circonstances étaient donc favorables à la répression du mouvement ouvrier. Le ministre de l'Intérieur, le socialiste Jules Moch, s'y employa. On rappela les contingents récemment démobilisés. On promulgua une loi destinée à décourager les grèves. L'emploi massif et souvent brutal de forces de police mit le comble à la tension sociale. Au Parlement, la violence des incidents entre les communistes et leurs adversaires évoquait les veilles de guerre civile. On alla jusqu'à soupçonner les militants d'extrême gauche d'avoir saboté le train Paris-Tourcoing, dont le déraillement, dans la nuit du 6 décembre, fit vingt morts.

Porté à croire que le mouvement de grèves se rattachait à quelque conjuration internationale, le gouvernement accueillait à cet égard toutes les informations, toutes les rumeurs, y compris les plus suspectes. Ainsi Jules Moch annonça-t-il que dans le camp de Beauregard, où étaient concentrés les Soviétiques se trouvant en France après la Libération et attendant d'être rapatriés, on avait caché des stocks d'armes, on entretenait des combattants de la future insurrection, mais aussi qu'on y retenait des Russes qui ne souhaitaient pas retourner chez eux[29]. Bien que le camp fût couvert en principe par le droit d'exterritorialité, on l'investit à grand fracas, avec 2 000 CRS et quatre chars d'assaut. On ne trouva rien : ni armes, ni organisateur clandestin des grèves, ni réfugiés terrorisés... Mais le climat dans la presse, était alors tel qu'aucun journal, hormis d'obédience communiste, ne signala ce que toute l'affaire avait de ridicule et de mensonger.

Elle ne fut pourtant pas sans conséquences. L'immense travail accompli jusque-là par le diplomate français Lambroschini à Moscou pour le recensement des Alsaciens-Lorrains incorporés de force dans l'armée allemande fut tout à coup arrêté et la mission française de rapatriement suspendue. Les négociations commerciales engagées avec l'Union soviétique furent interrompues en même temps que les conversations avec la Tchécoslovaquie et la Pologne pour la conclusion de nouveaux traités entre ces pays et la France. Les derniers lambeaux de la politique d'équilibre menée après la Libération s'en allaient avec les contrecoups du grand affrontement de l'automne.

Il est difficile de revivre, à distance, le climat de violence et de peur qui s'est alors installé en France. Le fait est, pourtant, que les directives du parti communiste et de la CGT excluaient aussi bien les attentats individuels que les destructions de matériels. Du reste, le gouvernement le savait. Dans sa « note d'orientation politique n° 1 » adressée aux préfets le 26 décembre 1947, Jules Moch écrivait : « Il ne semble pas que des ordres aient été donnés de presser le mouvement à fond jusqu'à l'insurrection : bien au contraire, des instructions ont été données d'éviter d'armer les militants connus et d'éviter de se munir de la carte du parti[30]. » Plus encore : Staline avait averti Thorez, en séjour à Moscou et avant qu'il ne revienne en France, qu'il trouvait absurde que les communistes s'engagent aussi totalement dans un moment qui risquait beaucoup d'échouer et n'aurait d'autre effet que de les isoler davantage[31]. Mais l'état d'esprit, dans les milieux dirigeants de la IVe République était tel que n'importe quelle information, n'importe quelle rumeur faisaient croire en l'imminence d'un affrontement armé et entretenaient la panique. Vincent Auriol note, le 22 octobre, dans son

Journal qu'il a reçu des Renseignements généraux un rapport d'une « extrême gravité » dont il a demandé — et obtenu — confirmation. « Il s'agit, écrit-il, de la réorganisation des brigades internationales sous le commandement d'Alfred Malleret. » Celui-ci, connu dans la clandestinité sous le nom de Malleret-Joinville, avait été le chef d'état-major des FFI. Il était député communiste et chargé des services de sécurité du parti. La source de cette « information » était l'ambassade des Etats-Unis, dont les attachés militaires assurent qu'ils suivent « avec une très grande attention la reconstitution des brigades internationales », dont le siège central, disent-ils, avait été déplacé à Lille, parce que des armes soviétiques leur seraient livrées par la frontière nord de la France : des groupes de combat seraient déjà constitués, sous les ordres d'un « commissaire étranger », et dotés de « bazookas, mitrailleuses lourdes, mortiers », en vue de déclencher une guerre civile comparable à celle de Grèce.

Ces informations n'avaient qu'une très faible vraisemblance. Tenter de prendre le pouvoir c'était, à cette date, pour les partis communistes de France ou d'Italie, déclencher aussitôt une riposte des Etats-Unis qui disposaient alors, sur le continent européen, de forces importantes. Il n'y avait pas la moindre chance pour que l'Union soviétique intervînt à son tour : comme les archives accessibles aujourd'hui le confirment, et comme une analyse sérieuse permettait alors de le penser, elle n'y songeait pas, pas plus que naguère elle ne l'avait fait ni en Iran ni en Grèce. Les détails donnés sur la reconstitution des Brigades internationales, leur armement ou leur encadrement étrangers ajoutaient une note fantaisiste à des informations peu vraisemblables. Mais l'important était leur source. Il est clair que les milieux américains, auxquels se réfère la note citée par Auriol, cherchaient délibérément à provoquer une réaction anticommuniste du gouvernement français [32]. Non que leurs informations fussent toujours fausses ou fabriquées, mais tout était fait pour exagérer le danger, pour le laisser croire imminent, pour dramatiser la situation, bref pour créer le sentiment d'une prochaine guerre civile. Il est significatif d'une époque, mais aussi, peut-être, du personnel dirigeant de la IVe République, que ces informations et leur source aient été l'objet d'aussi peu de jugement critique.

Mais il est vrai que la violence qui se déchaînait partout favorisait la peur et les fantasmes. Occupations d'usines, ruées des CRS sur les piquets de grève, raids sur les ouvriers reprenant le travail, cortèges, corps à corps entre grévistes et policiers se succèdent. A Bruay, les CRS usent de leurs armes pour faire évacuer les mines : il y a cinquante blessés. A Valence, les grévistes s'emparent de deux policiers, dont les camarades, enfermés dans la gare, ripostent et tirent — peut-être sans les sommations d'usage : deux ouvriers sont tués. Jules Moch, dans une note confidentielle décrit, comme s'il y voyait une amorce de conflit international, les orientations « stratégiques » des grèves déclenchées par le parti communiste et la CGT : « Zone entre Paris et la frontière belge, permettant la liaison avec le communisme belge [...] et zone méditerranéenne permettant à la fois la liaison avec le communisme italien et la paralysie des liaisons avec l'Afrique du Nord[33]... » Dans tous les milieux, excepté peut-être la paysannerie, on vit alors dans une sorte de vertige. Beaucoup d'hommes politiques cessent de dormir chez eux. Joseph Fontanet, qui était secrétaire de l'exécutif du MRP, reçoit l'ordre de déménager précipitamment les archives du Mouvement de son siège de la rue de Poissy et de les mettre en quelque abri plus sûr...

Inévitablement, ce climat de violence et de peur devait atteindre aussi le RPF, sa direction, ses chefs, ses militants. Nombreux furent alors ceux qui croyaient vivre les prodromes d'une guerre. J'entends encore la voix de Malraux s'adressant au service d'ordre du Rassemblement : « Je ne veux pas savoir, parmi ces visages, quels sont ceux des morts et ceux des vainqueurs... » Et il est vrai que ceux auxquels il s'adressait devaient livrer de rudes batailles, dans les communes de la banlieue parisienne, aux hommes du service d'ordre du parti communiste et de la CGT. On ne peut nier que ces derniers agissaient comme s'ils voulaient garder le monopole des réunions publiques dans les zones qu'ils contrôlaient par tradition. C'est ce monopole que le RPF voulait briser. Ses équipes y acquirent une réputation de vigueur et parfois même de brutalité qu'elles traînèrent longtemps avec elles : mais il est vrai que leur tâche n'était pas facile si l'on voulait effectivement mettre fin à l'exclusivité que les communistes se réservaient dans les banlieues ouvrières.

Il n'est pas jusqu'à Colombey-les-Deux-Eglises où l'on ne ressentait les effets des violences de cet automne 1947. Claude Guy a demandé un renfort de gendarmerie dans le village et aux abords de la Boisserie, où il n'y avait jusqu'alors que quelques hommes, passant leur temps, écrit-il dans son Journal « à dormir et à manger » et servant surtout à informer le ministère de l'Intérieur des allées et venues du Général et de l'identité de ses visiteurs. Désormais, ils seront quatre-vingts. Mais, en outre, il veut assurer à de Gaulle une protection plus rapprochée, et qu'il ait une arme à portée de la main. Ce qui nous vaut l'un des plus savoureux passages de son Journal. « Je profite d'une conversation avec Mme de Gaulle, pour lui indiquer — car elle est dans de meilleures dispositions — un endroit au rez-de-chaussée où il me serait possible de déposer une mitraillette, moyen de protection immédiate à la disposition des hôtes de la maison, le général y étant le seul homme la nuit et la seule arme étant jusqu'ici le fusil de chasse de Philippe de Gaulle, dont elle m'explique que les cartouches ont été égarées...

« Son premier mouvement est pour rechercher l'emplacement demandé en visitant le hall avec moi : je lui propose le bahut ou la cabine du téléphone, où sont empilées des bûches. Mais soudain, elle se ravise et la voilà qui lève vers moi son étrange regard délavé : méfiance et ironie... Un feu de franchise moqueuse s'y déclare un instant lorsqu'elle me dit : "Et puis, non... A quoi bon, d'ailleurs ?... Quand bien même une mitraillette serait à portée de sa main, il ne s'en servirait pas." Comme beaucoup d'étonnement se lit probablement dans mes yeux, elle sourit encore : "Mais oui... Mais oui... Il ne s'en servirait pas [et puis, une moue]. Saurait-il d'ailleurs s'en servir ? J'en doute." [La phrase disparaissant à moitié dans un petit rire.] Je lui dis alors, un peu trop solennellement peut-être : "Réfléchissez bien, madame. Est-ce oui, ou est-ce non ?" Avec l'entêtement incroyable qui la caractérise, je sens que la partie est perdue : "Je vous le répète, me dit-elle lentement, étrangement, vous ne le connaissez pas si vous croyez qu'il se servirait de votre machin." Je dis, aussi respectueusement que je le puis : "Madame, madame, vous avez une manière d'en décider !... — Je vous ai déjà dit ce que j'en pense : ce n'est pas tous vos gens-là [geste indiquant la fenêtre] qui empêcheraient... qui empêcheraient ça d'arriver, si ça devait arriver. Allez, allez ! Ce n'est pas sérieux. Si les communistes veulent le descendre *(sic)*, eh bien moi je dis : ils le descendront ! A plus forte raison, ce n'est pas cet engin..." [Ici, elle reprend sa litanie...] Nous regagnons la bibliothèque. Elle m'indique, en guise de conclusion, la mitraillette que la Corse libérée donna au premier résistant de France en 1944 et qui trône au dernier rayon d'une étagère : "D'ailleurs, une mitraillette, nous en avons une ! Cette arme-là, alors oui. C'est la seule chose que je permette chez moi." Et elle rit de plus belle [34]. »

De Gaulle, en réalité, ne réagissait pas aux grèves de 1947 et 1948 comme le faisaient la plupart de ses compagnons. Loin d'y voir seulement l'effet des entreprises communistes, il jugeait qu'elles étaient surtout la conséquence compréhensible de la politique, à son avis détestable, des gouvernements de la IVe République. C'est ainsi qu'il fallait les analyser, disait-il, à propos de la longue grève des mineurs de septembre et octobre 1948 :

« Quant à nous, voilà ce qu'il faut dire : le régime, parce qu'il est organiquement incapable de faire autre chose, conduit le franc au tombeau, laisse monter les prix, précipite l'inflation, bref accule la classe ouvrière à la grève. Etant donné le niveau des prix et le taux des salaires, la classe ouvrière emploie la seule arme qui lui reste et qui est une arme légitime : la grève. S'en prendre aux grévistes serait nier un fait dont le régime est seul comptable : le régime organise la misère, il faut donc en changer. Voilà la thèse qu'il faut développer. Il n'y en a pas d'autre [35]. »

Mais le moins qu'on puisse dire est qu'il est douteux que sa manière de voir ait été la plus répandue au RPF.

En tout cas, le grand tournant de la IVe République était pris. La politique suivie par le gouvernement Schuman, à partir de septembre 1947, répondait aux vœux de ceux qui avaient permis son investiture : l'ensemble des radicaux les plus conservateurs et de la droite classique. Son orientation n'allait cesser de se préciser davantage. Les éléments les plus conservateurs du ministère obtinrent le remplacement, au poste du gouverneur général de l'Algérie, du libéral Yves Châtaigneau par le socialiste Marcel-Edmond Naegelen : celui-ci, conformément à leurs souhaits, et par des fraudes massives, fera en sorte que les élections à l'assemblée algérienne assurent, presque partout, le succès de candidats liés à l'administration française. Dès lors, toute possibilité légale d'expression et d'action sera enlevée au nationalisme algérien : l'insurrection armée en sera, plus tard, la conséquence presque inévitable. Auparavant, le remplacement, aux fonctions de résident général à Rabat, de l'ambassadeur Eirik Labonne par le maréchal Juin avait déjà fermé la voie à toute évolution libérale au Maroc. Ainsi, la politique française en Afrique du Nord était fixée pour longtemps : elle marquait le succès durable des milieux les plus conservateurs et des groupes les plus hostiles à toute action réformatrice.

A l'intérieur, le Rassemblement bénéficiait encore de la vitesse acquise, mais, en réalité, sur tous les plans, il en fut bientôt réduit à la surenchère. Le tripartisme était oublié depuis longtemps. L'anticommunisme était le dogme sur quoi reposait la politique de tous les gouvernements. Dès l'année 1948, on cessa de parler du dirigisme puisque la liberté commerciale était rétablie presque partout. Peut-être le déclin du RPF eût-il été plus rapide encore si l'inflation n'avait traduit l'incapacité des ministères successifs à gérer convenablement l'économie nationale et les finances publiques. De novembre 1947 à octobre 1948, l'indice des prix passa de 1 336 à 1 887. L'opinion y voyait évidemment le signe de l'impuissance du régime et du désordre des affaires. Mais après avoir culminé en décembre 1948, l'inflation s'arrêta sous l'effet d'une bonne récolte et d'une production industrielle croissante ; les prix subirent une légère baisse et demeurèrent stables durant dix-huit mois. En même temps, la répression de la grève des mineurs, à l'automne 1948 — entraînant deux mille arrestations et six mille licenciements — montra la volonté du régime de briser tout mouvement ouvrier suspect d'être orienté par les communistes. A la direction du Rassemblement, certains devaient dire que si le régime avait accepté le risque d'élections générales au cours de l'année 1949, le Rassemblement aurait alors subi un grave échec.

En même temps, la politique française, militaire, étrangère, coloniale, se trouvait enfermée dans l'engrenage de la guerre froide. C'est le 25 février 1948 qu'après une épreuve de force avec les autres partis, les communistes prenaient intégralement le pouvoir à Prague. Le 5 mars, Georges Bidault s'adressait par lettre personnelle et confidentielle au secrétaire d'Etat américain Marshall. Il lui demandait solennellement de « resserrer sur le terrain politique et, le plus vite qu'il se pourra, sur le terrain militaire, la collaboration de l'ancien et du nouveau monde, si étroitement solidaires dans l'attachement à la seule civilisation qui vaille ». Ainsi le ministre français prenait-il l'initiative de s'engager dans la voie qui allait conduire à mettre sur pied l'Alliance atlantique et son organisation militaire, Par avance, il se posait en demandeur, justifiant sa démarche par le péril où se trouvait, selon lui, la « civilisation ». Tout l'avenir des relations franco-américaines, tout le développement futur de la politique étrangère française étaient contenus dans l'initiative de Bidault, mais plus encore dans l'état d'esprit qui l'inspirait. C'était celui de tous les dirigeants des partis traditionnels et, probablement, de la majorité des Français. C'était l'esprit de la guerre froide. Le climat qui régnait en Europe en ces premiers jours de mars 1948, était à la peur et même à l'angoisse. Quelques hommes, encore, s'évertuaient à donner aux événements leur juste dimension : le général Catroux, ambassadeur de France à Moscou, et Maurice Dejean, ambassadeur à Prague, écrivaient ainsi, le 1er mars, que l'Union soviétique achevait de « bâtir son système de sécurité », autour de son propre territoire et qu'elle ne voulait pas la guerre. Mais le temps n'était pas à l'analyse, au raisonnement, ni à l'information objective.

Le 10 mars on apprenait la mort de Jan Masaryk : son cadavre gisait au pied du bâtiment où il avait son appartement, au ministère des Affaires étrangères à Prague. La version officielle, celle du suicide, était probablement véridique : Masaryk avait laissé prévoir son geste l'année précédente, à un interlocuteur américain devant lequel il évoquait l'hypothèse d'un choix irréversible en faveur de l'Est : « Cela me tuera », lui disait-il. Sa mort ajoutait une dimension tragique à l'atmosphère de crise qui pesait sur l'Europe.

Le 17 mars, la France, la Grande-Bretagne, la Belgique, les Pays-Bas et le Luxembourg signaient le traité de Bruxelles qui établissait entre eux un pacte d'assistance mutuelle. Le 6 juillet, les négociations commencèrent entre les Etats-Unis, le Canada, les signataires du pacte de Bruxelles, rejoints plus tard par le Danemark, l'Islande, la Norvège, l'Italie et le Portugal. Le pacte de l'Atlantique Nord fut signé le 4 avril 1949, à Washington. Désormais, les Etats-Unis disposeraient de bases sur le territoire de tous les pays signataires du traité, des états-majors communs y seraient établis, des généraux américains en prendraient la tête. L'intégration des forces atlantiques sous leur égide leur permettait d'en définir la stratégie et, le cas échéant, d'en décider l'emploi. Une phase nouvelle s'ouvrait dans l'histoire politique et militaire des pays européens qui ne s'achèvera, pour la France, que sous la Ve République et qui, partout ailleurs allait durer jusqu'à la fin de la guerre froide, et bien au-delà...

Cette politique entraînait d'inévitables conséquences, touchant au statut de l'Allemagne. Dès l'échec de la conférence de Moscou en avril 1947, la diplomatie américaine avait opté pour un rétablissement rapide de la puissance économique de l'Allemagne de l'Ouest. La reconstitution d'un Etat allemand s'ensuivrait évidemment. L'échec d'une nouvelle conférence entre les quatre anciens Alliés, à Londres, en décembre, ne fit que renforcer la résolution anglo-saxonne de mettre sur pied une Allemagne occidentale appelée à devenir un partenaire solide dans l'ensemble des Etats non communistes d'Europe. Des conversations s'engagèrent donc entre les trois généraux gouverneurs des zones occidentales et, le 14 avril 1948, Bidault présenta au Conseil des ministres un projet sur lequel ils s'étaient mis d'accord. Il s'agissait d'inviter les différents Etats allemands, qui fonctionnaient déjà, à réunir une Assemblée constituante élue au suffrage universel. La future Constitution établirait une République fédérale qui, sans être encore dotée de sa pleine souveraineté internationale, protégerait l'autonomie de chaque Etat et garantirait les libertés individuelles.

Le Conseil des ministres du 14 avril 1948 vit s'échanger surtout des vues hâtives et des informations fausses, et, avec le recul du temps, témoignait d'un extraordinaire manque de sang-froid et même de sérieux[36]. Auriol soutint que la formation d'une République fédérale d'Allemagne pouvait être le détonateur d'un nouveau conflit : il avait tort. Bidault prétendit — mais le pensait-il sincèrement ? — que l'Europe occidentale était soumise à la menace immédiate d'une invasion soviétique : il avait tort aussi. Les arguments des uns et des autres procédaient de la peur et de l'angoisse plutôt que d'une analyse rigoureuse. Mais tout conduisait, désormais, à souscrire aux projets américain et britannique concernant l'Allemagne, puisque les Etats-Unis et la Grande-Bretagne seraient, en cas de conflit, les alliés essentiels, ceux de qui tout dépendrait. On y souscrivit, en effet, par les accords de Londres de juin 1948.

De Gaulle s'y opposa. Ils conduisaient, selon lui, à créer au plus vite une Allemagne occidentale unifiée et indépendante dont rien n'empêcherait à la longue qu'elle recouvre la plénitude des prérogatives d'un Etat. Aucune des vues françaises sur la question allemande ne serait plus alors prise en considération. Il proposait qu'il n'y ait de République allemande qu'à partir des « Etats existants », et seulement en fonction d'une organisation de l'Europe occidentale où les exigences de la France seraient satisfaites pour sa sécurité, son approvisionnement en charbon et le statut de la Sarre. Faute de quoi il fallait se refuser à tout accord définitif en gardant solidement en main la zone française d'occupation, comme la Sarre elle-même. C'était là le gage pris au moment de la victoire : il ne fallait pas le lâcher à moins d'un accord général, sinon la France n'obtiendrait plus rien. Mais de Gaulle n'avait alors le soutien que d'une vingtaine de parlementaires. Les préventions envers l'Allemagne subsistaient, certes, chez quelques modérés et radicaux, mais elles paraissaient secondaires au moment où chacun croyait discerner l'imminence d'un péril soviétique. Les délais, garanties et précautions prévus par les accords de Londres, semblèrent suffire à ménager l'avenir : ils furent ratifiés, de justesse, par l'Assemblée nationale. Quelques mois plus tard, la République fédérale d'Allemagne commençait d'exister.

La vie du RPF se déroula parallèlement à cette évolution du monde, altérée par elle, mais sans prise sur le fonctionnement pratique du régime, ni sur l'action extérieure de la France, puisque sa représentation parlementaire restait très faible. Au début de 1948, de Gaulle vit son entreprise atteindre une sorte de sommet. On peut penser qu'il y eut alors près d'un million d'adhérents au Rassemblement. Celui-ci tint ses premières assises à Marseille dans un climat de grand enthousiasme : de Gaulle y prononça le discours de clôture face à la mer, dans un cadre dont la majesté était propice au spectacle le plus grandiose. Il y connut l'éclat des fêtes sans lendemain. Car sa vie de président du RPF était, désormais, accaparée tout entière par les servitudes et les contraintes, les risques et les ruses de la vie politique, des luttes électorales, des querelles de personnes et des problèmes d'organisation. Mieux que quiconque, il discernait le déclin qui menaçait le Rassemblement faute de pouvoir engager, à très court terme, une bataille décisive où toutes les énergies pourraient se tendre en vue d'un succès prochain. Relativement lente durant l'année 1948, la chute des effectifs du RPF s'accéléra tout à coup en 1949 : au début de 1950 il n'avait plus qu'environ 350 000 adhérents [37].

Cette époque est celle où l'on peut croire que la IVe République va toucher à un havre de calme et de repos. Président du Conseil de septembre 1948 à septembre 1949, Henri Queuille en est à la fois l'instrument et le symbole. Son personnage modeste et son affiliation radicale dissimulaient la restauration progressive d'un capitalisme dynamique et le renoncement à toute socialisation profonde de l'économie. Son entremise permettait d'apporter à l'expérience nouvelle la caution des socialistes. Ceux-ci se voyaient réserver une place éminente dans l'Etat. Quelques-uns d'entre eux gouvernaient l'Union française : Paul Béchard en Afrique-Occidentale, Marcel-Edmond Naegelen en Algérie. Jules Moch tenait en main l'administration préfectorale et la police, d'autres occupaient de fortes positions dans le secteur nationalisé, les postes, la fonction publique et l'enseignement. Pour l'essentiel, ils couvraient tous les secteurs de la société que pourrait menacer l'influence communiste. Au ministère de l'Intérieur, Jules Moch symbolise leur rôle politique. Moyennant quoi la gestion du pays a plus de stabilité qu'il n'y paraît. Maurice Petsche, qui eut des liens nombreux et de grandes responsabilités dans les affaires et entend restaurer en France le fonctionnement normal d'un capitalisme quelque peu réformé par les changements économiques et sociaux d'après-guerre, garde les Finances de 1948 à 1951, Robert Schuman détient sans arrêt les Affaires étrangères de 1948 à 1953. Pierre Pflimlin est seul titulaire de l'Agriculture, le socialiste Robert Lacoste et le MRP Jean-Marie Louvel se succèdent à l'Industrie. Ainsi le régime prend forme, quelques figures occupent le devant de la scène, et la France va donc passer des tempêtes qu'elle a connues en 1947 et 1948 au calme qui persistera jusqu'au samedi 24 juin 1950, jour où commence la guerre de Corée.

Mais au temps où persistaient les désordres violents et les affrontements bruyants, on fut saisi, dans certains milieux, par le vertige des solutions extrêmes. La montée des périls expliquait que, dans l'ombre, on songe à quelque changement dramatique. Puisque le communisme devenait l'ennemi, tous ceux qui avaient justifié Vichy ou la collaboration avec l'ennemi par leur hostilité envers l'Union soviétique, reparaissaient discrètement. En 1947, la police découvrit dans le « plan bleu » d'illusoires préparatifs de résistance à un hypothétique putsch communiste, où se trouvaient mêlés quelques anciens résistants et quelques fantaisistes d'extrême droite. Le rêve d'une action de force qui mettrait à bas le régime traîne alors aux franges du gaullisme. Jean-François Chauvel a raconté avec humour dans *A rebrousse-poil* comment, avec quelques amis, anciens résistants comme lui et récemment démobilisés, un groupe de « cadets de la victoire » fut invité par un dirigeant de l'Association républicaine des combattants à préparer un coup d'Etat pour rappeler de Gaulle au pouvoir. Chaque dimanche, on s'entraînait avec des armes que chacun apportait dissimulées dans des cartons à gâteaux... Un contact pris avec l'aide de camp de l'ancien chef du gouvernement provisoire suffit à mettre un terme à l'aventure [38]...

Dans son *Histoire des mouvements d'extrême droite en France,* François Duprat note que beaucoup de ceux que ces mouvements auraient pu recruter se laissaient alors séduire par le RPF [39]. Sans doute était-ce vrai pour ceux qu'attiraient immédiatement le succès, l'action spectaculaire, le sentiment d'être soutenu par de vastes foules et l'espérance d'une victoire. Nul doute qu'ils n'aient contaminé ici ou là le service d'ordre du RPF, que Dominique Ponchardier — l'auteur des *Gorilles* de la Série noire — tenait d'habitude bien en main mais qui échappa parfois au contrôle de ses cadres : à Grenoble, en 1949, on riposta par balles, quand une violente manifestation communiste se déchaîna au moment où de Gaulle allait prononcer un discours. Mais ceux que marquait encore leur allégeance à Vichy demeuraient irréductiblement hostiles au gaullisme nouveau comme à l'ancien. A la prison de Fresnes, les condamnés de l'épuration, discutant du meilleur rempart à opposer au communisme, jugeaient presque tous que les partis traditionnels étaient plus sûrs, ne fût-ce qu'en raison de leur expérience de la IIIe République [40]. Du reste, la IVe se montrait déjà plus indulgente envers les vaincus de 1944. Des remises de peine se multipliaient et, à partir de 1949, les prisons commencèrent à se vider, En librairie, les livres favorables à Vichy, apparaissaient aux devantures. Les partis de droite acceptaient parfois le contact avec ceux dont le passé n'était pas trop lourd. L'amnistie viendrait plus tard, mais c'était déjà l'heure où l'union sacrée contre le communisme estompait les déchirements anciens.

De Gaulle fut souvent appelé « l'homme des tempêtes » : le retour au calme de l'année 1949 ne pouvait que nuire à son entreprise. Les partis au pouvoir — SFIO, MRP, Rassemblement des Gauches républicaines, groupes modérés — s'en tenaient depuis l'origine, pour lui faire échec, à une tactique simple : tenir, laisser le temps s'écouler et l'ardeur gaulliste s'épuiser. Encore fallait-il éviter que chaque épisode électoral soit une victoire pour le RPF, comme les élections municipales de 1947 l'avaient été. A cet égard, le calendrier était menaçant : à l'automne de 1948, le renouvellement de la moitié des conseillers généraux était prévu, après quoi interviendrait l'élection du Conseil de la République où les élus locaux avaient un rôle déterminant. Le RPF avait gagné, l'année précédente, d'importantes positions dans les municipalités : s'il en prenait aussi dans les cantons, la deuxième assemblée du Parlement serait dominée par les gaullistes. Pour parer à ce danger, le gouvernement se résolut à une manipulation des échéances prévues. On décida, sans autre justification que l'intérêt politique, de reporter de six mois la date des élections cantonales. Le RPF clama son indignation. Mais, déjà, la plus grande partie de la presse était acquise au maintien du régime et de la coalition au pouvoir. Peut-être la conséquence en fut-elle un divorce croissant entre les milieux politiques, qui songeaient d'abord à la préservation des positions acquises, et l'opinion publique qui en conçut probablement un surcroît de mépris pour des hommes et pour un régime qui ne reculaient pas devant une tactique assez grossière. Mais en pratique, le gouvernement avait vu juste : grâce à ses positions municipales et à des alliances locales avec des radicaux et des modérés, le RPF obtint l'élection, sous son égide, de 150 conseillers de la République, après quoi son propre groupe n'en compta que 58, une soixantaine d'autres adhérèrent à un intergroupe « gaulliste ». C'était un succès, pas un triomphe [41]. Et quand les élections cantonales intervinrent au début du printemps de 1949, le climat politique avait changé. Suivant le ministère de l'Intérieur, le Rassemblement eut moins de 1 160 000 voix sous sa seule étiquette, au premier tour de scrutin, soit 17 % des suffrages, et 1 820 000 voix, soit 25 % du total, en y ajoutant les candidats qui se réclamaient en même temps d'une autre obédience, et suivant le RPF les suffrages se montèrent à près de 2 250 000 voix. Mais ce fut surtout le point de départ d'une interminable guérilla entre la direction du Rassemblement et ses élus : dans tous les départements, de multiples notables s'étaient offerts à en arborer l'étiquette, sans renoncer à leur affiliation habituelle et avaient assuré leur élection sans qu'on pût compter vraiment sur leur fidélité.

L'ère de la stabilité semblait ouverte pour la IVe République. L'après-guerre semblait s'achever. Dans le pays, un immense désir d'apaisement poussait au retour à des temps plus paisibles. Le contraste s'accusait entre l'aspiration des Français à la paix et au calme, et les exhortations véhémentes que de Gaulle prodiguait autour de lui. En vain dénonçait-il l'impuissance du régime, la menace communiste, l'enlisement de la guerre d'Indochine, la terrible inflation qui, de 1946 à la fin de 1948, avait ruiné la monnaie, et la persistance d'un profond malaise social. Pour l'essentiel, le ton de ses discours, le style de ses campagnes suggéraient au pays qu'il lui demandait plus de rigueur, plus de vigilance, plus d'efforts. Surtout, il semblait exercer une sorte de surenchère permanente sur les gouvernements, leur reprochant leur mollesse envers le péril extérieur et le danger communiste. Dans l'opinion, ces thèmes se traduisaient aisément : si de Gaulle était au pouvoir, il exigerait plus d'effort militaire et se montrerait plus rigoureux vis-à-vis de l'extrême gauche. C'était maintenant le visage qu'offrait le RPF : avec lui, on parlerait davantage des menaces de guerre, et l'Etat se ferait plus autoritaire.

Ce n'était pas ce que voulaient la plupart des Français. Au moment où le pays allait enfin pouvoir reprendre souffle, ils aspiraient instinctivement à l'apaisement des querelles. Le gouvernement Queuille, dès lors qu'il s'accompagnait à partir du début de 1949 de la fin des rationnements et de l'arrêt de l'inflation, comblait l'attente secrète du pays. Quant à l'essentiel de sa politique — l'anticommunisme à l'intérieur, l'antisoviétisme au dehors —, il menait à cet égard l'action qu'attendait de lui la classe dirigeante et une partie au moins de l'opinion publique. De Gaulle, tous les témoignages le prouvent, n'avait pas prévu à quel point ce serait là le ciment le plus fort de l'alliance des partis prépondérants de la IVe République. En revanche, il avait pressenti, dès l'origine, que son Rassemblement pourrait échouer et le régime se consolider. Il l'avait dit sans ambages, peu après le discours de Strasbourg, à Malraux, Soustelle, Baumel, Palewski, Bozel, Rémy et Claude Guy qui l'a rapporté dans son journal : « Le général, très en forme et avec une objectivité à la fois goguenarde et virile, fait remarquer à ses interlocuteurs que si les Allemands avaient gagné la guerre, lui, le général, "aurait eu tort". Si donc les événements nous donnent raison, si l'écroulement de la monnaie se poursuit, si la dislocation de l'Union française, qu'il annonce, se produit, si la position de la France à l'extérieur s'effondre, alors la France aura, grâce à nous, cette deuxième corde à son arc. Si, au contraire, d'expédient en expédient, cahin-caha, en dépit des divisions des partis et de l'incapacité du régime les choses s'arrangent à peu près, si la production, peu à peu, démarre, si l'équilibre budgétaire, grâce à un retour de la prospérité mondiale, peut être obtenu, si les populations de l'Union française ont intérêt à demeurer plus ou moins rassemblées, si la rivalité russo-américaine ne conduit plus la planète à sa destruction — "alors nous ne servirons à rien". Ce sont les événements, qui nous donneront tort ou raison [42]. »

Recevant secrètement Robert Schuman, le 4 avril 1948, alors que celui-ci est chef du gouvernement, de Gaulle veut voir dans les lourdes difficultés dont son interlocuteur lui parle, le signe d'une paralysie du régime : mais à certaines nuances du récit de Claude Guy, on peut voir que, déjà, il s'interroge. Dix-huit mois plus tard, impossible de s'aveugler : c'était la crise. « L'indifférence des Français à leur destin n'a jamais été plus grande, le sens national plus assoupi », note Claude Guy, au début de septembre 1949. « Mais la courbe politique descendante s'accompagne, pour le Rassemblement, de deux courbes exactement parallèles : décroissance de la popularité du général et effondrement — en un point voisin de zéro — de la courbe financière. Si bien que, même pour ceux auxquels l'ignorance de ces faits, ou les vacances, permirent un sursis d'illusions, les décisions prises depuis le 1er septembre devaient les tirer de leur léthargie. J'ai su par Christian Fouchet, Palewski et Baumel, ce qui fut dit et décidé au cours du conseil de direction du 7 septembre et du comité administratif du lendemain. La situation, même si elle n'a pas été explicitée aussi clairement devant tous les membres du conseil de direction, peut se résumer de la manière suivante : 55 millions de dettes environ. Un budget qui, il y a moins de six mois, plafonnait aux environs de 15 millions par mois, devra s'équilibrer dorénavant autour de 6 millions, y compris un million mensuel pour le "service de la dette"... Encore Bozel se récria-t-il en conseil de direction, ainsi qu'il vint me le confier quelques minutes plus tard. Il protesta, au cours de cette séance, de l'impossibilité de collecter cette somme, argument que le général contrebattit à coups de poing répétés sur la table, qu'atténua à peine un "mon cher Bozel", survenu de justesse. Il se montra outré, peu après, auprès de moi : premièrement que le général ait publiquement suspecté son optimisme, deuxièmement qu'il ait affirmé, "contre toute évidence", que nous détenions encore la possibilité de réunir cinq ou six millions par mois et de bâtir notre nouveau budget en conséquence[43]... »

Provisoirement, le « Comité Hildebrand », nom de code de l'organisme chargé du financement du RPF, parvint à passer ce cap grâce à ses soutiens habituels qui étaient des sociétés d'importance moyenne, surtout dans la métallurgie et le nord de la France : mais c'était déjà le signe indiscutable d'un déclin qui ne s'arrêterait plus[44]. L'ancien président du Sénat, Jules Jeanneney, dont de Gaulle avait fait son ministre d'Etat après la Libération, avait eu raison de l'avertir, dès mars 1948 : « On vous a soufflé quelques atouts dans votre jeu », lui dit-il. Et comme il lui demandait lesquels : « Eh bien, répondit-il, d'abord l'anticommunisme d'où la coalition actuelle tire sa force[45]. »

Pour de Gaulle venaient le temps de l'amertume et l'avant-goût de l'échec. Le moindre épisode y contribuait. En juin 1949, la police arrêta seize personnes suspectes d'avoir conçu un fumeux projet de complot contre le régime. Deux obscurs conseillers municipaux du RPF s'y trouvaient mêlés. Délibérément, le ministère de l'Intérieur monta l'affaire en épingle, et de Gaulle put parler à ce propos des « coups bas qui disqualifient le boxeur ». Mais la dégradation des espérances et des positions du Rassemblement accentuait l'aigreur des militants et, chez quelques-uns, la propension à la violence, comme en témoigna l'incident de Grenoble. Jules Moch en rendit les gaullistes seuls responsables. Il reprocha publiquement à de Gaulle de se faire escorter de « nervis » et révéla que ses déplacements, qui nécessitaient la mise en œuvre de nombreux cars de police et de gendarmerie avaient déjà coûté dix millions et 57 000 litres d'essence à l'Etat. C'était ce qu'il fallait dire pour susciter l'irritation de bien des Français, encore sous le coup des restrictions et toujours agacés par le gaspillage des deniers publics. On supprima la garde d'honneur à laquelle de Gaulle avait droit jusqu'à présent au titre d'ancien commandant en chef en temps de guerre.

La vie du RPF était faite aussi de considérations locales sans cesse invoquées par les élus ou les candidats à l'encontre des directives venues de Paris et conçues, disaient-ils, en fonction des convenances personnelles des dirigeants et des calculs du secrétariat général. Au mois de juin, une élection cantonale partielle en Seine-et-Marne vit s'affronter deux candidats gaullistes, l'un investi par le Rassemblement, l'autre soutenu par les parlementaires RPF du département. Ce dernier fut élu. Du coup, un député, membre de l'intergroupe gaulliste, fut exclu. En riposte, Paul Giacobbi, président de l'intergroupe, démissionna. Quatre parlementaires de Seine-et-Marne écrivirent à de Gaulle : « Beaucoup qui lui faisaient confiance ont maintenant perdu la foi. »

Ces épisodes étaient, en eux-mêmes, très minces. Ils accaparaient pourtant l'attention des dirigeants du RPF. De Gaulle ne percevait l'écho des multiples conflits entre « Paris » et « la province » qu'au travers des comptes rendus que lui en faisaient Jacques Soustelle, secrétaire général du RPF, ou quelques-uns de ses collaborateurs, tels que Jacques Baumel, Olivier Guichard, Louis Vallon. Son exaspération au spectacle des rivalités personnelles, des dosages du comité, des alliances confuses et complexes, le portait à se tenir à l'écart des problèmes d'organisation. De plus en plus, il était convaincu que seul un contact direct entre les foules françaises et lui-même aurait un effet réel sur l'état de l'opinion. Il consacra donc une part très grande de son temps à circuler à travers le pays, réunissant quelques personnalités et quelques responsables pour des conversations, en général assez vagues, et des explications souvent sommaires, puis s'adressant avec ardeur et flamme aux foules rassemblées par les organisateurs. C'est là qu'il se retrouvait lui-même et qu'il éprouvait le sentiment d'agir selon son tempérament et sa vocation.

Il est vrai qu'à mesure du temps qui passait on eut plus de mal à trouver des demeures assez accueillantes pour abriter les réunions que tenait de Gaulle. La plupart des municipalités refusaient de louer les services de leurs orphéons et s'arrangeaient pour que les salles les plus vastes ne fussent pas libres le jour venu.... Pour secondaires qu'ils fussent, ces détails éclairaient le rôle que de Gaulle jouait désormais, aux yeux de l'opinion publique. Le temps n'était plus où, malgré bien des critiques, il suscitait encore un respect presque unanime. Chef de parti, il était offert à tous les coups et devait affronter toutes les péripéties d'une lutte interminable, sans gloire et sans espoir de succès immédiat. Si elles conduisaient à son retour au pouvoir, les mauvais souvenirs s'effaceraient, dans une grande mesure, et il espérait certainement rendre à son personnage ce qu'il avait perdu de sérénité et de hauteur. Sinon, l'Histoire ne manquerait pas d'enregistrer l'évolution contestée de l'homme qui avait lancé l'appel du 18 juin 1940 et incarné la Libération du pays. Nul doute que de Gaulle, pressentant parfois l'échec, n'en ait ressenti une immense amertume.

Mais le 24 juin 1950, la guerre de Corée commença. Intervenant au moment où la IVe République se consolidait, après dix-huit mois de stabilité financière, elle substituait à une anxiété assoupie le sentiment d'une menace imminente. Tout indique que de Gaulle fut alors frappé par la montée des périls extérieurs et par le risque d'une guerre mondiale. L'image des catastrophes à venir s'imposait à lui, qui voyait, en esprit, le choc des armées aboutir en quelques jours à l'invasion d'une Europe mal défendue. Convaincu, sans doute à tort, que l'opinion partageait à la fois son angoisse et sa résolution, il jugeait que le côté dramatique et rigoureux de son entreprise correspondait à l'esprit public : ainsi, son appel allait résonner à l'image de celui du 18 juin, et les Français, dans un climat de veillée d'armes, se tourneraient à nouveau vers celui qui, loin de toute compromission, avait prêché sans cesse la vigilance, l'intransigeance, l'effort. C'est dire que, durant l'année qui précéda les élections générales de 1951, son comportement se durcit, ses propos prirent une résonance pathétique. Par exemple, à Bourges, cité pourtant paisible, le 25 février 1951, c'est-à-dire après que les Américains eurent renoncé à étendre la guerre à la Chine, il commençait ainsi son discours :

> Depuis huit mois, la guerre a commencé. Sans doute, jusqu'à présent, se limite-t-elle aux lointains de l'Asie. Sans doute, les hommes de cœur n'ont-ils pas perdu l'espoir de maîtriser le fléau. Mais le monde n'en est pas moins saisi par le cycle des deuils et des ruines. Tandis que là-bas les soldats tombent et la terre est brûlée, de grands Etats rivaux développent leurs forces en vue de chocs qu'ils préparent ou prévoient. La perspective d'un conflit généralisé absorbe, partout, les soucis et les activités. Il en résulte un ébranlement [...] qui ouvre, pour chaque nation, la série de ses épreuves. Oui, le destin du monde se joue ! Nous savons ce que cela veut dire : le salut de la France est en jeu !

Dans son appel, en vue des élections, il proclamait :

> A l'intérieur se déploie l'entreprise communiste. Or, le régime des partis est impuissant à la liquider. Il laisse les agents des Soviets préparer chez nous l'invasion... A l'extérieur se dresse la menace soviétique [...] Nos alliés atlantiques n'envisagent pas, en cas d'invasion, de couvrir efficace-

ment le territoire du vieux continent [...] Ainsi, la nation risque d'être, un jour, envahie par ses adversaires, dominée par ses alliés, démolie par tout le monde.

De Gaulle insistait, sans arrêt, sur la faiblesse des moyens de défense mis en œuvre par la France et par ses alliés du Pacte atlantique. L'allongement du service militaire à dix-huit mois, l'accroissement du budget des armées après le déclenchement de la guerre de Corée n'étaient, à ses yeux, que des palliatifs. L'Indochine dont, à cette époque, il ne parla d'ailleurs que deux fois, était devenue, pour lui, l'un des fronts sur lequel se jouait l'issue de la guerre froide. A tous égards, le RPF exerçait une sorte de surenchère sur la politique officielle qui visait pourtant aux mêmes objectifs : réarmement, participation à l'Alliance atlantique, reconstitution d'une armée. Négligeant, apparemment, l'impopularité évidente des charges militaires, de Gaulle soulignait la nécessité de les accroître, d'autant plus qu'elles répondaient au risque de guerre mondiale qu'il évoquait sans cesse, et qu'apparemment il jugeait celle-ci inévitable.

Mais on aurait tort de croire que cette rigueur et cette vigueur dans le langage et les jugements, lui valaient approbation et soutien dans les pays alliés, en particulier aux Etats-Unis et en Grande-Bretagne. Ce fut tout le contraire [46]. La presse anglo-saxonne lui fut constamment et presque unanimement hostile — à l'exception notoire du chef des services français de l'agence Reuter, Harold King. Elle lui avait été très favorable pendant la guerre, malgré les préventions systématiques de Roosevelt et les accès de colère de Churchill : mais elle était sensible aux réactions de la classe politique française, et se méfiait instinctivement du caractère personnel de son entreprise.

Du côté américain, l'hostilité officielle ne se démentit presque jamais [47]. Elle datait de loin puisque les rapports de l'OSS, premier service de renseignements des Etats-Unis, fourmillent, pendant la guerre, d'indications et de rumeurs sur la pénétration supposée de tous les services de la France libre par les communistes, accusant même le colonel Passy d'être leur allié et de Gaulle de s'intégrer dans le « jeu politique » de l'URSS. Un changement se produisit, pourtant, durant l'année 1947, quand l'ambassade américaine à Paris crut que le RPF serait le seul rempart solide contre le puissant parti communiste français. C'était l'avis, dans une certaine mesure, de l'ambassadeur Jefferson Caffery, et plus nettement de son adjoint Douglas MacArthur III, du chef de la section « Europe » du département d'Etat, Woodruff Wallner, et du futur secrétaire d'Etat John Foster Dulles, déjà très influent à Washington. Même l'amiral Leahy, naguère ambassadeur à Vichy et maintenant président du Comité de chefs d'état-major, souhaitait son retour au pouvoir... Mais ce fut très passager. Dès les mois de décembre 1947 et janvier 1948, Caffery, dans ses télégrammes, exhale sa colère contre de

Gaulle qu'il accuse de menacer, par ses critiques, les gouvernements désormais très anticommunistes qui sont au pouvoir en France. Un peu plus tard, le nouveau chef de la section « Europe », John Hickerson, d'accord avec Caffery, considère comme une « catastrophe » l'éventualité que de Gaulle reprenne la tête de l'Etat car il en résulterait, pense-t-il, une dictature et peut-être une guerre civile dont les communistes profiteraient.

La démarche de Bidault, demandant, comme on l'a vu, une alliance militaire avec les Etats-Unis, renforça naturellement le soutien américain aux partis prépondérant de la IVe République. D'autant que les dirigeants français se plaçaient délibérément en solliciteurs, comme en témoignent les propos du secrétaire général du ministère des Affaires étrangères, Jean Chauvel, expliquant que « le début des hostilités (avec l'Union soviétique) pourrait être chez nous le signal de graves troubles intérieurs tandis qu'une invasion pourrait amener la formation d'un gouvernement insurrectionnel », et suggérant carrément que, dans l'aide américaine, il fallait « faire passer la défense avant le redressement économique [48] »... Tant de zèle, de bon vouloir, de complaisance même, dans l'esprit de la guerre froide, ne pouvaient qu'accroître les préférences de l'ambassade des Etats-Unis à Paris pour les dirigeants de la IVe République, et un document du Département d'Etat souligne l'intérêt qu'il y a à soutenir le gouvernement de Queuille et à écarter de Gaulle en raison de « son obstination, de son mépris pour les considérations sociales, économiques et financières et de son mysticisme [49] ».

Cette hostilité délibérée envers de Gaulle persistera jusqu'à la fin, et s'accroît encore quand la bataille autour du projet de Communauté européenne de défense occupa, comme on le verra, la première place dans la vie politique française. Il ne faut pas en minimiser l'importance. Les archives diplomatiques montrent l'activité et l'influence de l'ambassade américaine auprès des milieux politiques français. Un organisme spécial fut créé en avril 1951 pour prolonger son action et pour l'orienter, le *Psychological Strategy Board* [50]. Son but avoué était de réduire par tous les moyens l'audience et les capacités d'action du parti communiste mais, par extension, de promouvoir les objectifs de la politique américaine en Europe, en particulier pour le réarmement de l'Allemagne, l'intégration économique et, si possible, politique des Etats d'Europe de l'Ouest, la Communauté européenne de défense, l'intégration militaire atlantique sous l'égide des Etats-Unis.

Pour les promoteurs de cette politique, de Gaulle était un adversaire. Le fait est que, même au cœur de la guerre froide, même au temps de ses plus véhéments diatribes contre les entreprises soviétiques, de Gaulle proclamait la nécessité de l'indépendance de la France. Il dénonçait, tout autant, la tendance des partis au pouvoir à s'en remettre, pour la défense de la France, aux seules décisions du gouvernement et du commandement américains. Ceux-ci, disait-il, s'en tiendraient probablement « à la défense de quelques môles, Angleterre, Espagne, réduit breton ». Cette stratégie périphérique serait normalement celle des Etats-Unis : la France ne pouvait l'accepter. Aussi devait-elle mettre sur pied sa propre défense et négocier sa participation à l'Alliance atlantique moyennant la garantie d'une protection étendue à l'ensemble de l'Europe de l'Ouest. Ce que faisaient les gouvernements de la IVe République tournait le dos à cette exigence : ils avaient, en fait, abdiqué leurs responsabilités, et c'est une sorte de protectorat militaire que les Américains exerçaient désormais sur la France...

Déjà, à travers ces diatribes, perçait sa méfiance envers l'intégration militaire des forces françaises dans l'Organisation atlantique. En même temps, il critiquait la soumission des gouvernements aux injonctions des puissances anglo-saxonnes quand il s'agissait du sort de l'Allemagne. Il leur avait reproché d'avoir souscrit, en 1948, aux accords de Londres qui unifiaient l'Allemagne occidentale et préparaient son indépendance politique. A son avis, les moyens d'action acquis en 1945, à commencer par la possession d'une zone d'occupation, auraient dû servir à faire prévaloir une autre conception :

> Il faut commencer, déclara-t-il, [...] à partir des Etats allemands. [...] Quand ce sera fait, [...] rien n'empêchera que ces Etats deviennent une fédération, que ces Etats entrent tels quels dans l'Union européenne.

Au fond, ce qu'il condamnait, c'était une politique qui, à ses yeux, renonçait à tout, sans rien négocier. On avait accepté d'abord l'unité, la reconstitution et l'indépendance d'une Allemagne occidentale unifiée, avant d'avoir crée une organisation des Etats européens où la France aurait pu jouer un rôle prééminent, d'autant que l'on aurait fixé à l'Allemagne nouvelle, portant le poids de sa défaite passée et de sa mutilation présente, les limites de sa puissance.

Mais plus âpres étaient ses critiques, plus pressants ses avertissements sur les conséquences du réarmement allemand, plus véhémente sa condamnation de la stratégie occidentale, plus catégorique sa mise en accusation de la politique étrangère française, et plus, en définitive, il se condamnait à l'isolement Pour les uns, attachés par-dessus tout à la protection américaine, les positions que de Gaulle affichaient maintenant venaient d'un nationalisme ombrageux et ne manqueraient pas de perturber les relations entre la France et les Etats-Unis, d'autant que les gouvernements et les partis de la IVe République menaient, à leur façon, la lutte antisoviétique et anticommuniste. Mais, pour les autres qui pensaient que l'intérêt national s'identifiait d'abord au maintien de la paix, à la fin de la guerre froide, au refus des hégémonies et qui s'inquiétaient de l'intégration de la France dans le bloc occidental, de Gaulle semblait surtout préoccupé d'efforts militaires, réclamant des crédits et des divisions, et capable peut-être de recourir à des mesures autoritaires pour limiter l'activité des communistes à l'intérieur...

Cette contradiction datait des origines du RPF. A la lumière des événements, elle apparaissait plus clairement. La guerre froide, en provoquant l'adhésion de la France au bloc atlantique, avait entravé sa liberté de choix et réduit son indépendance. De Gaulle, naturellement, s'en indignait. Mais, en plaçant son action sous le signe de l'affrontement tragique entre l'Est et l'Ouest, il ne pouvait répondre à l'attente de ceux qui voulaient que la France recouvre son indépendance en se soustrayant à une hégémonie extérieure. Contradiction inévitable et, à la longue, mortelle.

Pour en sortir et échapper à l'isolement, fallait-il conclure des alliances ou faire appel à l'opinion populaire par-dessus la classe politique ? Le RPF, en effet, ne pouvait avoir la majorité absolue des sièges à l'Assemblée nationale qui serait élue en 1951. Il pouvait seulement remporter un succès tel qu'aucune majorité ne fût possible sans lui, puisque les communistes étaient tenus, par les autres partis, dans une sorte de ghetto. Il pouvait donc sembler raisonnable de préparer les alliances futures en modérant certaines critiques, en rassurant les hésitants et, surtout, en concluant les accords susceptibles d'élargir le succès escompté. Tel était le sentiment, au RPF, de presque tous les parlementaires et de beaucoup de candidats à la députation. Au début de 1949, alors que la IVe République se ressentait encore des grandes secousses de l'année précédente, Georges Bidault, président du MRP rendit visite à de Gaulle pour tenter de préparer la voie à cette évolution : mais, neuf mois plus tard, il devint président du Conseil, et le problème demeura en suspens.

Au début de 1951, il fallut pourtant choisir. Le gouvernement songeait, en effet, à une loi électorale qui prévoyait, pour chaque circonscription, l'attribution de tous les sièges aux listes qui, s'étant apparentées entre elles, obtiendraient au total la majorité absolue des voix. Il s'agissait évidemment de préparer une coalition entre socialistes, radicaux, MRP et indépendants qui, depuis 1947, constituaient la base de toute majorité parlementaire ; par là, les deux oppositions, communiste et gaulliste, seraient mises en échec. Pour le RPF, le péril était grand. Il était hors de question qu'il s'apparentât avec toutes les listes opposées aux communistes : ceux-ci seraient exclus du Parlement, mais les gaullistes, demeurés en minorité, se trouveraient maintenus hors du pouvoir. De toute façon, les socialistes ne s'y seraient pas prêtés. Mais refuser tout apparentement, c'était se voir accusé de favoriser indirectement la représentation communiste ; c'était consolider, du même coup, les chances et la cohésion de la majorité gouvernementale. Les partisans de la conciliation, assez nombreux à la direction du Rassemblement, préconisaient une tactique souple qui eût consisté à accepter, selon les circonstances, des apparentements avec certaines listes indépendantes, MRP ou radicales, de manière à diviser la majorité, à jouer sur ses contradictions et à élargir le plus possible la représentation parlementaire du RPF.

En cette occasion, comme en bien d'autres, de Gaulle inclina vers l'intransigeance[51]. Il était profondément convaincu que la lutte contre le communisme ne pouvait s'identifier au maintien d'un régime qu'il jugeait instable, archaïque et profondément conservateur. Il était attentif à la fidélité de plusieurs millions de Français, issus en majorité de la classe ouvrière, au parti communiste : il y voyait une sorte d'anomalie et même de scandale, d'autant plus insupportable, pour lui, qu'il avait été frappé par le caractère populaire de la Résistance intérieure et extérieure entre 1940 et 1944, et qu'il avait conçu, alors, un immense mépris pour l'opportunisme d'une fraction des classes dirigeantes. Il lui semblait que seul un Etat neuf, peut-être plus autoritaire, mais plus actif et plus soucieux de sa dignité, exaltant l'idée nationale et accomplissant quelques réformes spectaculaires, pourrait attirer la majeure partie de l'électorat communiste. Il prenait au sérieux l'idée d'une association « capital-travail », et la voyait comme une sorte de contrat qui garantirait l'évolution régulière du niveau de vie ouvrier en la liant à l'essor de la production. Très naturellement, il retrouvait ici les termes du « socialisme « dont se réclamait Barrès dans sa jeunesse et persistait à voir dans les luttes sociales une cause de discordes nationales, comme il l'avait suggéré, naguère, dans *La France et son armée*. De ce fait, il concevait son action politique comme une lutte sur deux fronts, jugeant que la persistance du régime entretenait l'attachement au communisme.

Chez lui, cette conviction se colorait d'un profond scepticisme à l'égard des hommes qui, sous son patronage, allaient entrer dans les assemblées et, par avance, réclamaient la conciliation avec les autres partis. A les encourager dans cette voie, jugeait-il, on courait le risque de les voir s'intégrer très vite aux institutions, s'en accommoder, sous prétexte d'atteindre tel ou tel résultat partiel, et, finalement, consolider l'ordre politique qu'il estimait mauvais. Dénonçant « les délices et les poisons du système », il en savait la séduction sur beaucoup de ceux qui, longtemps, l'avaient suivi. Par son intransigeance, il chercha à les en détourner jusqu'au jour où il se heurta à une opposition qui prit, du même coup, la forme d'une rupture.

Mais rien ne pouvait effacer l'impression produite par plusieurs années de campagne, inspirée par les angoisses et les fureurs de la guerre froide. Rien ne pourrait éviter non plus qu'il apparût comme le censeur rigoureux d'un régime qui s'était identifié depuis quatre ans à l'anticommunisme et à l'antisoviétisme. De cette contradiction, sans doute, résulta un succès médiocre aux élections législatives de juin. Présentant 99 listes, dont 4 de coalition, le RPF n'avait accepté que 13 apparentements. Par contraste, la droite traditionnelle, les radicaux, les républicains populaires et les socialistes, apparentés entre eux, semblaient constituer le centre de l'échiquier politique. Le Rassemblement se trouvait ainsi rejeté vers la droite, et en paraissait, avec le parti communiste, comme l'un des « deux extrêmes », qui menaçaient la stabilité du pays. Le climat créé par la guerre de Corée et, plus encore, par une inflation redoublée — l'indice des prix passa de 2 000 à 2 680 entre juin 1950 et mars 1951 — évita aux candidats gaullistes un échec qui, probablement, eût été encore plus dur en 1949 ou au début de 1950. Ils obtinrent 4 135 000 voix, soit 21,7 % des suffrages exprimés, et remportèrent quelque 120 sièges.

Par rapport à 1946, les communistes avaient perdu 450 000 voix, les socialistes 700 000, les MRP 2 700 000, les radicaux et leurs amis 200 000, les modérés 500 000. Il apparaissait que le Rassemblement n'était pas toute la droite et qu'il était plus qu'elle : c'était son seul succès, compte tenu de ses objectifs...

Mais, dans l'ensemble, c'était un lourd échec. Il avait perdu quinze points, au moins, et peut-être davantage par rapport aux élections municipales de 1947 — moins de quatre ans auparavant. Dans les communes où celles-ci avaient eu une signification politique claire, il avait perdu quelque 700 000 voix, c'est-à-dire 36 % de son électorat. A Paris, sa chute était plus spectaculaire encore puisqu'il passait de 656 827 voix à 325 552, soit près de la moitié de ses suffrages, et le recul était du même ordre à Grenoble, Lille et Saint-Etienne. Le Rassemblement n'était plus la force politique prépondérante dans la France urbaine. A la fin de l'année, aux élections cantonales d'octobre, c'est la France rurale qu'il perd en grande partie, avec le plus mauvais résultat de sa brève histoire, et aux élections municipales de 1953, il approcha de sa disparition.

S'apparenter à d'autres listes, comme la plupart des dirigeants du RPF le souhaitaient, aurait-il donné des résultats très différents ? Il est difficile de l'affirmer puisqu'on ne peut savoir quelles listes auraient accepté cet apparentement. Mais les analyses les plus sérieuses suggèrent que le Rassemblement aurait eu, alors, 26 sièges de plus, et les communistes 80 de plus. Les partis prépondérants de la IVe République en auraient donc eu, au total, 300, ce qui n'aurait pas constitué une majorité suffisante. Aurait-on vu, dans ces conditions, les radicaux, l'UDSR, les républicains populaires, la droite classique, se tourner vers le RPF, et de Gaulle rappelé au pouvoir ? Rien n'est plus douteux. Ce qui allait suivre permet, au contraire, de penser que les promesses, compensations, concessions faites à la fraction la plus conservatrice, la plus « modérée » des élus du Rassemblement, auraient été d'autant plus grandes. Impossible d'aller au-delà dans les hypothèses.

De Gaulle eut alors conscience des limites de l'action qu'il avait entreprise quatre ans plus tôt. Les quelque cent vingt députés qu'il avait fait élire ne pouvaient imposer un changement de régime : socialistes, radicaux et UDSR, républicains populaires et modérés, avaient, à eux tous, près de quatre cents députés et les premières semaines de la législature apportèrent la preuve que le RPF ne pouvait agir que par surenchère s'il voulait désagréger la majorité constituée par ces quatre tendances. Le problème de l'aide à l'école privée en fut l'occasion. Durant la campagne électorale, le Rassemblement et la droite avaient demandé qu'on lui accorde des subventions. Si favorables fussent-ils au maintien de leur alliance avec les socialistes, les républicains populaires ne pouvaient qu'y être favorables. La question fut donc posée dès la réunion de la nouvelle Assemblée nationale. Les socialistes s'y opposaient. Les solutions, esquissées par Maurice Petsche et René Mayer, parurent inacceptables à la SFIO puis à la droite : ils ne purent être investis. René Pleven imagina une formule plus modérée et plus souple : ce fut la « loi Barangé », qui bénéficiait à la fois aux écoles privées et aux écoles publiques, selon le nombre des élèves et la décision des communes. Pour éviter que se forme une nouvelle majorité qui aurait inclus le RPF, les socialistes votèrent successivement l'investiture de René Pleven puis celle d'Edgar Faure, sans toutefois participer à leurs gouvernements. Mais la question se posait déjà de savoir si ne pourrait se constituer, sans eux, une nouvelle majorité.

De Gaulle pressentait que toute prise sur la vie parlementaire allait lui échapper. Sans cesse la tentation devenait plus forte, pour les éléments les plus conservateurs du RPF, de relayer les socialistes et de permettre ainsi que surgisse une majorité modérée, se substituant à celle qui avait gouverné de 1947 à 1951. Il ne voulait en aucun cas de cette issue : elle eût consolidé le régime et, en même temps, identifié le RPF à une sorte de rassemblement des droites. Faisant la part du feu, il admettait, en principe, une alliance avec d'autres formations, mais, en même temps, il pressait le groupe parlementaire du RPF de rappeler avec intransigeance ses principes et de refuser toute combinaison. Le vote de la loi d'aide à l'enseignement privé lui parut finalement un médiocre compromis. Il confia à Jacques Debû-Bridel :

> Nous nous sommes laissé manœuvrer... Mais le pays se moque du problème. Cléricaux et laïcs ne voient que leurs petits intérêts immédiats. Ils ne se soucient que de ces querelles subalternes, en aucune manière des intérêts de la France. Or, l'intérêt national, c'est notre raison d'être, notre rôle. D'où la nécessité de réaffirmer en toutes occasions nos principes. Ceux qui ne comprennent pas que le RPF est une arme de salut national, tant pis pour eux, ils n'ont qu'à s'en aller[52].

Après la chute du gouvernement Pleven, dont les socialistes refusaient les économies budgétaires qu'il projetait, puis du gouvernement d'Edgar Faure dont la droite n'acceptait pas les impôts nouveaux qu'il proposait, Vincent Auriol fit appel à Antoine Pinay. On savait qu'il s'opposerait à toute inflation, toute hausse des prix, tout impôt nouveau, et qu'il lancerait un grand emprunt gagé sur l'or et appuyé par une amnistie fiscale. Son investiture allait donc poser un problème nouveau Cette fois, les socialistes se trouveraient dans l'opposition. Les radicaux, le MRP et les modérés le soutiendraient. Tout allait dépendre du RPF. Ce fut l'occasion où se cristallisa le malentendu fondamental entre de Gaulle et cette fraction de la droite qui avait continué de le soutenir même après que la IVe République se fut orientée vers la consolidation économique et sociale du pays, vers l'intégration de la France dans le camp atlantique, l'anticommunisme à l'intérieur et, à l'extérieur, la guerre froide, A cette droite, incorporée jusque-là dans le Rassemblement, le programme de Pinay convenait fort bien. Sans doute sa personne soulevait-elle encore quelques réserves, surtout chez ceux que marquaient encore les souvenirs de la Résistance. Et sans doute aussi son investiture aurait-elle pour effet d'ajourner encore, et peut-être sans recours, le long effort du RPF pour changer le régime. Mais, cette fois, la lassitude prévalut. Beaucoup de ces parlementaires, en écartant les consignes données par de Gaulle, eurent enfin le sentiment d'échapper, comme le notait Léon Noël, « à l'effroi qu'il leur inspirait ». Edmond Barrachin, porte-parole de l'aile droite des députés du RPF, exprimait leur sentiment commun : « Les électeurs, disait-il, se détournent de nous parce que nous sommes contre tout. Il ne faut pas faire la politique du pire. »

Il est vrai qu'en 1952 l'électorat gaulliste se confondait, pour une grande part, avec celui du MRP ou de la droite classique. Il pouvait alors penser qu'il n'y avait aucune raison sérieuse de s'opposer à un gouvernement dirigé par un homme comme Antoine Pinay. L'urgence des problèmes financiers servait aussi d'argument aux parlementaires décidés à investir le nouveau président du Conseil. Dans les couloirs du Palais-Bourbon, ceux qui rappelaient les principes du RPF et la nécessité de les proclamer envers et contre tous s'entendaient répliquer que l'Etat n'avait plus d'argent, que la France allait à la faillite et qu'il fallait d'abord lui rendre une monnaie et des finances solides avant de penser à réformer la Constitution... Quelques parlementaires songeaient sincèrement que l'essentiel était de s'introduire dans la majorité gouvernementale et d'y occuper une place aussi large que possible : en passant à l'opposition, les socialistes leur en donnaient l'occasion. Il fallait la saisir, établir ainsi de nouvelles alliances et les renforcer à mesure : on pourrait alors entraîner la majorité nouvelle dans la voie souhaitée par de Gaulle. C'était le calcul de quelques-uns, l'espérance de quelques autres, l'alibi des députés du Rassemblement qui votèrent, le 6 mars 1952, l'investiture d'Antoine Pinay. Celle-ci fut acquise par une majorité de neuf voix. Les dissidents du Rassemblement en avaient donc assuré le succès. Une majorité nouvelle était née, excluant les socialistes tout autant que les députés les plus fidèles à de Gaulle. Pour celui-ci, ce vote annonce le terme de l'entreprise menée depuis 1947. Déjà Edouard Frédéric-Dupont et Montillot démissionnent du groupe parlementaire RPF. L'un des vingt-sept dissidents, Raymond Boisdé, suggère un assouplissement de la discipline du Rassemblement qui permettrait aux élus de se décider librement. A l'opposé, Louis Vallon réclame dans *Combat* du 22 mai l'exclusion de « ces modérés qui répugnent à une opposition qui est une sorte d'acte révolutionnaire alors qu'à leurs yeux aujourd'hui il serait si simple de s'arranger avec la droite pour renverser la majorité, ce qui leur paraît alors à la fois possible et suffisant ».

En réplique, quarante et un parlementaires écrivent le 29 mai à de Gaulle : « Nous demeurons bien entendu d'accord sur les buts que vous avez assignés au Rassemblement depuis 1947. Mais nous pensons que les moyens de parvenir au pouvoir méritent d'être par nous reconsidérés. Pour nous, toute méthode qui conduirait à l'opposition systématique, stérile et impopulaire, dans l'attente d'une inévitable catastrophe, nous apparaît sans issue. Il nous semble difficile de tout subordonner à une conception totaliste de l'Histoire... La voie du pouvoir ne s'ouvrira pour vous que par une évolution politique qu'entraînerait notre entrée sous conditions dans la majorité, car il nous paraît impossible de modifier le système en restant hors du système. »

Il n'y a plus de transaction possible. De Gaulle, en effet, répond à cette lettre :

> Je ne saurais me laisser hypnotiser sur ce qui se passe dans l'hémicycle. Mais ce qu'il faut [...], c'est que le RPF, lui, fasse son œuvre qui est d'amener la Nation à changer le mauvais régime. Il ne composera donc pas avec le régime tel qu'il est.

Il voit en tête à tête les quarante et un auteurs de la lettre du 29 mai. Dix-huit d'entre eux lui confirment leur attitude. Le 4 juin 1952, le conseil national du RPF, à Saint-Maur, se réunit et décide que l'attitude du groupe parlementaire, dans les votes d'investiture, de confiance et de censure sera fixée par le conseil de direction du Rassemblement. Aussitôt vingt-six députés — qui n'avaient pas tous voté l'investiture de Pinay — démissionnent. Au total, quarante-cinq parlementaires sur cent dix-sept auront quitté le RPF avant la fin de l'année. Les autres demeurés fidèles réclament eux-mêmes de nouvelles règles de discipline. En janvier 1953, après la chute d'Antoine Pinay, Jacques Soustelle est pressenti par le président Auriol pour former un nouveau gouvernement : il déclare aussitôt que c'est bien là la preuve que le mouvement gaulliste est incontestablement républicain, il consulte les autres groupes politiques, il assure ainsi au RPF un ultime surcroît de notoriété et d'audience... Mais il joue en pratique le jeu du pouvoir établi, et de Gaulle, devant les membres du conseil de direction, fait connaître sa mauvaise humeur.

C'était pourtant le moment où commençaient à se poser avec plus d'acuité, les questions qui, bientôt, paralyseraient le régime et traceraient, entre les forces politiques, de nouvelle lignes de partage. A la fin de 1951, de Gaulle, devant le conseil de direction du RPF, avait prescrit que soit engagée une campagne systématique contre le projet d'une armée européenne. Michel Debré, qui venait d'être l'un des porte-parole de l'opposition gaulliste à la Communauté européenne du charbon et de l'acier, avait attiré son attention sur les dangers, pour l'indépendance nationale, du projet de Communauté européenne de défense. De Gaulle précisa que Debré serait donc le « champion » dans cette affaire[53]. Une phase nouvelle allait s'ouvrir. Au moment où le Rassemblement allait se casser, puis se disperser, il s'engageait pour une cause où il trouverait bien d'autres alliés et bien d'autres échos. Il ne s'agirait plus, pour de Gaulle, de réclamer seulement plus de puissance et plus de responsabilités pour la France, au sein du camp occidental : la logique de la guerre froide et du système atlantique mettait en cause, maintenant, l'indépendance nationale et le moyen de cette indépendance qu'est une armée nationale. Sur le chemin qu'il allait prendre, il rencontrerait ceux qui, depuis longtemps, pressentaient que la liberté de la France n'était pas seulement menacée par un péril venu de l'Est, mais aussi par le poids de l'hégémonie américaine.

En attendant, de Gaulle estima que son entreprise avait échoué. Dans les nouveaux combats qui s'annonçaient, il ne conserverait quelque autorité que s'il prenait dès maintenant ses distances. Le 6 mai 1953, à peine plus d'un an après les premières dissidences du groupe parlementaire RPF, il annonça qu'il interrompait son action à la tête du Rassemblement, et prenait rendez-vous avec l'avenir :

> L'effort que je mène depuis la guerre [...] n'a pu jusqu'ici aboutir. Je le reconnais sans ambages. C'est, il faut le craindre, au détriment de la France... L'occasion [d'un] regroupement peut venir d'une nouvelle consultation populaire dans des conditions et une ambiance profondément modifiées. Elle peut venir aussi d'un sursaut de l'opinion, qui, sous l'empire de l'inquiétude, amènerait les Français à s'unir et le régime à se transformer. Mais elle risque, hélas ! de se présenter sous forme d'une grave secousse, dans laquelle, une fois de plus, la loi suprême serait le salut de la patrie et de l'Etat. Voici venir la faillite des illusions. Il faut préparer le recours.

Chapitre 25

LES BATAILLES DU DESERT

Dans ses *Mémoires,* de Gaulle consacre quelques lignes à l'histoire du Rassemblement. Evoquant le respect et la considération singulière dont il demeura entouré,

> c'est cette atmosphère, écrit-il, qui m'enveloppa au cours de l'action publique que je menais, tout d'abord, une fois quitté mon rang officiel : faisant connaître, à Bayeux, ce que devraient être nos institutions ; condamnant, en toute occasion, la Constitution arrachée à la lassitude du pays ; appelant le peuple français à se rassembler sur la France pour changer le mauvais régime ; lançant, depuis maintes tribunes, des idées faites pour l'avenir ; paraissant devant les foules, dans tous les départements français et algériens, deux fois au moins pour chacun d'eux, et, pour certains, davantage, afin d'entretenir la flamme et de prendre le contact de beaucoup d'émouvantes fidélités. Ce sont les mêmes témoignages qui m'ont été prodigués après 1952, quand je pris le parti de laisser là la conjoncture, jugeant le mal trop avancé pour qu'on pût y porter remède avant que ne se déchaînât l'inévitable secousse.

C'est tout. Les années du RPF — sans que le nom même en soit prononcé — apparaissent seulement comme une ombre fugitive qui voile mélancoliquement les dernières étapes de sa vie publique. Pourtant, de 1952 à 1958, de Gaulle allait ressentir, profondément, la marche du siècle. Ce qu'il dit alors, ce qu'il fit, ce qu'il éprouva, annonçait, pour une grande part, le personnage qu'il devint et l'action qu'il mena, après son retour au pouvoir.

C'est alors, en effet, qu'il livra l'une des batailles les plus significatives de sa vie : la bataille contre la CED, le projet de « Communauté européenne de défense ». Une fois qu'elle fut achevée, il devait dire, en 1955, à Jacques Fauvet, alors chef du service politique du *Monde* :

> L'échec de la CED, c'est grâce à moi et aux communistes [1].

ment qu'on pouvait franchir une étape décisive vers l'unité européenne, qui symboliserait la réconciliation définitive entre Allemands et Français, sur le terrain même de leurs plus tragiques affrontements, en créant une armée européenne unique. Il confia ses idées à deux de ses collaborateurs, Paul Reuter et Jacques Rabier, et, en une journée, ils rédigèrent le plan que Pleven adopta.

Le Conseil des ministres, auquel il l'exposa le 8 octobre, l'adopta à son tour[4]. Il le fit dans des conditions et dans un état d'esprit qui révélaient sa faiblesse vis-à-vis des Etats-Unis, sa répulsion à assumer les conséquences de sa propre politique et sa crainte des réactions de l'opinion publique. Durant les jours précédents, Jules Moch et Maurice Petsche avaient demandé une aide américaine supplémentaire à la fois pour la guerre d'Indochine et les vastes plans de réarmement décidés à Paris. Au total, les dépenses militaires seraient de 850 milliards en 1951, soit 12 % du produit national, et les Etats-Unis étaient invités à combler un déficit de 270 milliards du budget de l'Etat s'ils voulaient que soient tenues les promesses françaises de réarmement : on ne pouvait montrer plus clairement la dépendance qui résultait pour la France de la politique qu'elle avait choisie tant en Europe qu'en Asie.

Fallait-il craindre, pourtant, les menaces brandies par Acheson, au cas où l'on continuerait de refuser le réarmement de l'Allemagne, du moins sans contreparties ? Les Etats-Unis avaient alors décidé qu'il fallait procéder à un réarmement général du camp occidental et leur présence militaire en Europe, avec le soutien de leurs alliés du Pacte atlantique, était une pièce maîtresse de leur dispositif stratégique face à l'Union soviétique. Ils ne pouvaient évidemment pas y parvenir sans la participation de la France et celle-ci n'aurait pas dû redouter les mesures américaines de rétorsion, si son gouvernement ne s'était lui-même placé dans la perspective d'un conflit à brève échéance. Encore pouvait-on discuter. Mais il est remarquable que, durant leurs débats sur le « plan Pleven », pas un ministre ne suggéra qu'il valait mieux négocier l'acceptation du « plan Acheson », que l'on pourrait obtenir par exemple des Etats-Unis un surcroît d'aide financière pour la reconstruction, ou le réarmement, ou pour que la France soit soulagée de l'énorme fardeau de la guerre d'Indochine, que les Américains considéraient désormais comme l'un des « fronts » de la guerre froide. Pas un non plus n'évoqua la supériorité que donnerait à la France un armement atomique, ni l'aide américaine qu'on pourrait obtenir en contrepartie du réarmement allemand.

Au lieu de quoi, à partir du 21 octobre, jour où le Conseil des ministres endossa le « plan Pleven », c'est la France qui se mit elle-même en situation de « demandeur ». Elle allait prier les Etats-Unis de renoncer à réarmer des divisions allemandes, de soutenir le projet d'armée européenne, de préserver la supériorité numérique française sur les contingents allemands, de l'aider à poursuivre la guerre d'Indochine.

Et, en même temps, elle allait « demander » à l'Allemagne non seulement de réarmer mais d'accepter une situation d'infériorité au sein de la coalition atlantique, de consentir aux limitations de ses propres forces et à la discrimination dont elle serait l'objet. Il était prévisible pourtant que le gouvernement allemand réclamerait l'égalité des droits et marchanderait âprement la moindre concession, de sorte que la France devrait sans cesse solliciter l'acceptation allemande en même temps que subir les pressions américaines.

On put s'en rendre compte immédiatement quand le 27 octobre, au Comité de défense du Pacte atlantique, Jules Moch exposa le « plan Pleven » ; tout le monde comprit qu'il était si compliqué qu'il serait long à mettre en œuvre, Le secrétaire américain à la Défense, Marshall, fit donc froidement observer qu'il « méritait et nécessitait des études approfondies », laissa entendre sans ménagement que c'était sans doute une manœuvre de retardement, et, en définitive, il parut le rejeter. L'affrontement fut immédiat. Jules Moch mit d'autant plus de flamme qu'il s'était laissé arracher, à contrecœur, son appui au plan Pleven et qu'il y voyait la limite extrême des concessions qu'il fallait faire. Aussi fut-il, d'un bout à l'autre des discussions, en proie aux plus vives émotions. « Je suis bouleversé » écrivit-il plus tard, en évoquant son état d'esprit, quand commença la réunion. « Cet exposé me peine », dit-il encore, à propos de l'intervention du ministre danois qui soutint la position américaine. « L'instant est solennel », ajoute-t-il, en parlant des réponses qu'il doit faire aux questions incisives du ministre anglais de la Défense, Shinwell. Il se sent un instant « recru de fatigue, un brouillard devant les yeux ». Et quand le ministre américain fera sentir sa pression, sans y mettre trop de formes, ce sera, pour Jules Moch, un moment affreux : « Le drame éclate », s'exclame-t-il dans ses souvenirs...

On convint alors de faire étudier simultanément le « plan Pleven » et le « plan Acheson ». Mais Marshall contre-attaqua immédiatement en demandant l'ajournement de toutes les décisions, prévues sur l'intégration des forces alliées en Europe, leur renforcement, et la nomination d'un commandant en chef, tant qu'on ne se serait pas accordé sur le réarmement allemand. Tous les ministres européens, excepté le ministre belge, se déchaînèrent alors contre leur collègue français, accusé de retarder des échéances qu'apparemment ils jugeaient urgentes et indispensables. A nouveau, Jules Moch parut perdre tout sang-froid. « Nous sommes tous émus, bouleversés même, a-t-il écrit, je sens le terrain se dérober sous mes pieds. » Bref, on convint de se donner quelques semaines. Mais, déjà, le communiqué final, le 31 octobre, précisa clairement « la nécessité de réarmer l'Allemagne de l'Ouest dans le cadre du Pacte atlantique et des garanties nécessaires ». Six semaines seulement s'étaient écoulées depuis la première démarche américaine...

Tout le reste s'ensuivit inexorablement. On écarta d'abord une proposition soviétique du 3 novembre en vue du désarmement et de l'évacuation des deux Allemagnes, qui seraient invitées à étudier leur réunification : elle fut enterrée au mois de juin suivant. Le 4 novembre, l'adjoint de Marshall, Spofford, demanda qu'au lieu des décisions prévues par le « plan Acheson » et des bataillons prévus par le « plan Pleven », le futures unités allemandes soient des *Combat teams*, c'est-à-dire de grosses brigades. Le 6 décembre, le gouvernement français y consentit mais demanda qu'on discute en même temps des structures de l'armée européenne, et, le 18 décembre, on décida de mener toutes les négociations à la fois. Celles-ci traînèrent au premier semestre 1951. Pressé par l'opposition des sociaux-démocrates à tout réarmement, le chancelier Adenauer exigeait l'égalité des droits entre l'Allemagne et la France au sein de l'armée européenne. Le 11 juin, le haut-commissaire américain en Allemagne, MacCloy, déclara indispensable la formation de divisions allemandes intégrées au niveau des corps d'armées. Les ministres français en discutèrent le 27 juin, et le compte rendu de leurs discussions révèle surtout leur scepticisme tenace envers l'esprit démocratique de l'Allemagne de Bonn et leur désir profond de gagner du temps. Mais, le 29 juin, Robert Schuman fit connaître que la France acceptait les nouvelles propositions américaines : il y aurait donc un ministère allemand de la Défense, des divisions allemandes et aucune limitation à leurs effectifs. Le 19 février 1952, l'Assemblée nationale adopta le principe de la CED par 327 voix contre 287, à la demande du gouvernement présidé par Edgar Faure. On écarta une nouvelle proposition soviétique du 10 mars qui prévoyait à la fois l'évacuation, la réunification, la neutralisation de l'Allemagne, qui pourrait avoir, cependant, des forces limitées — sans même explorer et vérifier l'hypothèse des élections libres, qui, dans une Allemagne réunifiée, eût inexorablement entraîné la chute du régime communiste est-allemand. Et les 26 et 27 mai, enfin, Antoine Pinay, devenu président du Conseil, fit signer les traités de Bonn et de Paris qui instituaient la CED. Il restait à les ratifier.

C'est à la fin de 1951 que de Gaulle décida de s'engager tout entier dans la querelle de l'armée européenne. Accaparé jusque-là par la direction du RPF, et par la longue campagne menée en vue des élections législatives, il avait alors critiqué tous les aspects de la politique des gouvernements successifs : les négociations sur le réarmement allemand et la CED lui paraissaient blâmables et, de toute façon, mal conduites, mais, à ses yeux, elles n'étaient que l'une des déviations acceptées par un régime qu'il condamnait en bloc, et leur aboutissement n'était pas encore assuré. C'est Michel Debré qui attira son attention sur le tour qu'elles prenaient. Il venait de polémiquer avec les partisans de la Communauté européenne du charbon et de l'acier et avait alors mesuré l'influence politique et la détermination des hommes qui, autour de Jean Monnet, voulaient construire une Europe supranationale ou fédérale : le réarmement de l'Allemagne était, pour eux, l'occasion d'une nouvelle étape, et l'armée serait ainsi, après les houillères et la sidérurgie, le champ d'application de leur entreprise. Le rôle joué ici par Michel Debré allait être important pour l'avenir : c'est à cette occasion qu'il sortit du rang assez discret qu'il occupait jusque-là dans l'équipe dirigeante du RPF et qu'il devint l'un de ceux que de Gaulle préféra, justement parce qu'il avait discerné très tôt l'enjeu de cette bataille et qu'ensuite il s'y lança avec une extraordinaire ardeur.

A plusieurs reprises auparavant, de Gaulle avait publiquement accepté l'idée d'une contribution allemande à la défense de l'Europe, et il s'y tint jusqu'au moment où, en 1954, il lui parut qu'un accord était peut-être possible entre Occidentaux et Soviétiques sur le statut de l'Allemagne et qu'en tout cas il fallait le vérifier. Mais la CED était tout autre chose. Elle supprimerait l'armée française ou plutôt la couperait en deux, en séparant ses unités intégrées dans une armée européenne de celles affectées outre-mer. La France perdrait le contrôle de sa propre défense et de ses armées, dont, le moment venu, sa sécurité et même son existence dépendraient. Sa puissance militaire serait définitivement incorporée dans une structure où elle n'exercerait aucun pouvoir direct. La gestion, l'administration, l'entraînement : tout dépendrait d'un système intégré où les décisions seraient prises à la majorité. De surcroît, il n'était pas du tout question de doter d'un instrument de défense une Europe indépendante : au contraire, l'armée européenne dépendrait du commandement atlantique, c'est-à-dire américain. Tant qu'on s'en tenait à l'intégration de forces françaises dans l'OTAN, on pouvait toujours les en retirer — ce qui sera fait en 1966 : il y suffirait d'une décision unilatérale sans qu'il y ait à rompre un traité ou à renier un engagement. Mais la CED serait un cadre que l'on accepterait sans retour. L'imbrication des forces française dans l'ensemble européen paralyserait tout gouvernement français qui voudrait en reprendre le contrôle. Bref, ce serait une amputation majeure de la souveraineté nationale. Rien de commun, ici, avec les avantages et les inconvénients de la mise sur pied de quelques divisions allemandes. L'enjeu était tout autre : il s'agissait simplement de l'indépendance de la France. Tel était, pour de Gaulle, le fond de la querelle.

Encore fallait-il avoir le temps de faire campagne, d'alerter l'opinion publique, de secouer les milieux politiques. Il apparut très vite, comme on allait le voir à plusieurs reprises jusqu'à l'issue finale en août 1954, que les méandres compliquées de la politique intérieure perturberaient le calendrier prévu par les artisans et partisans de la CED. Antoine Pinay, une fois les traités de Bonn et de Paris signés en mai 1952, ne fut nullement pressé de les faire ratifier. Sa majorité ne comptait plus les socialistes, pour la plupart favorables à l'armée européenne, mais incluait, outre le MRP, les radicaux et les modérés, inégalement divisés, et un nouveau groupe, l'Action républicaine et sociale, l'ARS, fraction du RPF, dont l'appui avait permis l'investiture du nouveau gouvernement, et qui, à quelques exceptions, restait hostile à la CED. Son successeur, René Mayer, n'avait pu être investi que grâce à une fraction des députés gaullistes qui n'avaient pas voté pour Pinay, et il avait pris dans son gouvernement plusieurs dissidents de l'ancien Rassemblement. Du coup, il avait dû s'engager à négocier plusieurs protocoles complétant les traités instituant la CED, en particulier sur les garanties anglo-saxonnes et le statut de la Sarre. Georges Bidault, que René Mayer avait rappelé au Quai d'Orsay, dut alors prévenir ses interlocuteurs américains et britanniques, que les traités de Bonn et de Paris ne seraient pas ratifiés sans ces protocoles, et ne le seraient pas, de toute façon, avant la « conférence à quatre », avec les Soviétiques, dont le principe était acquis...

De Gaulle eut donc le temps de parler et d'agir. Il avait remarqué la faiblesse constante des ministres français devant la pression des Etats-Unis, leur peur de se trouver seuls à leur résister, la promptitude avec laquelle ils renonçaient à leurs positions successives, leur manque de sang-froid dans la négociation, leur incapacité à dire « non » et à s'y tenir. Sur ce terrain et dans cette querelle, il se sentait à l'aise. Rien ne correspondait mieux à son tempérament et à ce qu'il ressentait profondément : il s'agissait de dénoncer des abandons, des reculs, des abdications, des capitulations, et d'avertir solennellement le pays qu'il était en passe de perdre son indépendance. Sur ces thèmes, sa verve était intarissable et son caractère se révélait dans les apostrophes ironiques ou vengeresses qu'il adressait aux responsables d'une politique qu'il jugeait détestable. Ainsi mit-il une âpre passion à dénoncer les renoncements qui avaient conduit à accepter la CED, dans son discours de clôture des dernières assises du RPF, le 11 décembre 1952 :

> Si, pendant le dernier conflit, déclara-t-il, le gouvernement français de la guerre et de la Libération s'était plié à un pareil régime ; si, dans la coalition dont il faisait partie, il n'avait pas gardé le droit et le moyen de disposer des troupes françaises en dernier ressort et ne s'en était pas servi pour imposer l'indispensable, Koenig n'aurait pas été à Bir Hakeim, Juin n'aurait pas joué en Italie le rôle que l'on sait, Leclerc n'aurait pas pris le Fezzan et n'aurait pas été lancé, quand il le fallait, sur Paris, de Lattre n'aurait pas défendu l'Alsace, ni passé le Rhin et le Danube, Larminat n'aurait pas réduit les poches de l'Atlantique, Doyen ne se serait pas assuré de Tende et de la Brigue, le corps expéditionnaire ne serait jamais parti pour l'Indochine... Sait-on que s'il en avait été autrement, le gouvernement qui se serait établi en France à la Libération aurait été, ni plus ni moins, l'AMGOT, c'est-à-dire un gouvernement étranger. Pleven, Queuille, Jacquinot, Bidault, Mayer, Auriol, vous qui êtes présents aux affaires et qui étiez mes ministres, je ne puis croire que vous ayez oublié tout cela.

Dans la campagne que de Gaulle menait ainsi avec une vigueur croissante, ceux qui l'avaient suivi jusque-là, au sein du RPF ou proches de lui, se sentaient heureux. Bien des années plus tard, ils se souvenaient encore de l'allégresse qu'ils éprouvèrent durant les trois longues années de cette campagne. Elle succédait à la lutte inégale et solitaire qu'ils avaient menée contre le régime établi, coupés de toute alliance, sans appui dans la presse, accusés de n'être pas républicains, soupçonnés même de rêver de guerre étrangère et de guerre civile, et s'achevant par les résultats amers des élections de 1951, puis par la dislocation de mars 1952... Au contraire, le combat contre la CED ravivait les flammes des vieux souvenirs. Il était question de l'indépendance à sauver, de l'Allemagne dont on pouvait imaginer à nouveau les desseins menaçants. On stigmatisait comme autrefois l'esprit de capitulation, les reculs des gouvernements en place, l'abdication devant les pressions étrangères : tous les ressorts psychologiques et sentimentaux du gaullisme jouaient naturellement dans cette querelle.

De plus, le climat politique en France changea en 1953. L'implacable ligne de partage qui séparait communistes et non-communistes sous le règne de la guerre froide cessait de tout dominer. La guerre d'Indochine commençait enfin d'apparaître pour ce qu'elle était : un fardeau insupportable, un conflit sans issue autre qu'une négociation avec l'adversaire, c'est-à-dire le Vietminh lié au camp communiste, ou qu'un retrait en faveur d'un autre nationalisme, anticommuniste celui-là. La déposition du sultan du Maroc, en plein été, n'empêchait pas, bien au contraire, que la fin du protectorat soit ouvertement réclamée, comme pour la Tunisie où le brutal coup d'arrêt aux réformes en décembre 1951, avait encore durci la revendication d'indépendance. La mort de Staline et, plus encore, les premières mesures de « dégel » adoptées par ses successeurs firent que, désormais, le mot « détente » entra dans les relations internationales...

Dans ce contexte, de Gaulle mit fin aux activités du RPF. Il se dégageait d'un cadre où il risquait de rester toujours enfermé. Il n'était plus lié aux événements de la vie politique ordinaire. De nouveau, il était accessible à beaucoup d'interlocuteurs que les affrontements des années antérieures avaient éloignés. La distance qu'il prenait ainsi envers les luttes de partis, la solitude qu'il avait délibérément choisie, lui donnaient, il en fut convaincu, plus de liberté de ton et d'action. En même temps, il changea de langage. Mieux vaut dire, peut-être, qu'il changea de cible. Dans ses conférences de presse et déclarations de novembre 1952 au 30 juin 1955, avant qu'il ne s'enferme dans le silence dont il ne sortit qu'à la veille de revenir au pouvoir, on ne retrouvait plus les accents qui marquaient si fortement les discours tenus de 1947 à 1952. Plus d'invocation de l'imminence du péril soviétique, plus d'exhortation à la vigilance en vue d'une guerre qui paraissait déjà commencée, plus d'appel aux armes. La patrie était toujours « en danger » mais c'est qu'elle risquait maintenant de perdre son indépendance dans le camp atlantique. Le péril que de Gaulle dénonçait sans arrêt, c'était la subordination définitive aux Etats-Unis par le truchement d'une armée européenne intégrée pour toujours dans l'OTAN.

Ce qu'il fit alors apparaître, c'est une vision de la politique étrangère de la France tout autre que celle menée par les gouvernements en place, et même une vision de l'Europe qui ne serait plus alors celle dont la guerre froide avait dessiné les contours. Ainsi parlait-il, le 12 novembre 1953, de la conception qu'il avait eue, disait-il, de la construction européenne :

> La France la concevait comme une association de peuples apportant chacun à l'œuvre commune ce qu'il est et ce qu'il vaut, tout en gardant, bien entendu, son génie et sa figure. Elle savait aussi bien que quiconque, en tout cas beaucoup mieux que ceux qui ne sont pas Européens, qu'il ne peut y avoir d'Europe qu'en vertu de nos nations, que, de par la nature et l'Histoire, notre continent est tel que la fusion n'y est que confusion, à moins qu'elle ne soit l'oppression, qu'on n'est pas un Européen si l'on est un apatride, que, par exemple, Chateaubriand, Goethe, Byron, Tolstoï — pour ne parler que des romantiques — n'auraient rien valu du tout en volapük ou en espéranto, mais qu'ils sont pour toujours de grands écrivains de l'Europe parce que chacun d'eux s'inspira du génie de son pays...
>
> Je n'oubliais pas que l'Europe va de Gibraltar à l'Oural et, quelle que fût mon opinion sur le compte de certains régimes, j'avais été à Moscou comme à Londres et à Bruxelles... Suivant moi, ferait partie de l'Europe unie quiconque le voudrait sincèrement.

Exacte anticipation de la politique qu'il mènerait, de retour au pouvoir, comme aussi du ton et des façons de ses futurs rapports avec la puissance américaine dans cette réponse à la menace d'une « révision déchirante » brandie par le secrétaire d'Etat, Foster Dulles, au cas où la CED ne serait pas ratifiée.

> Quand M. Foster Dulles évoquait, à Paris, le fantôme d'une révision dramatique de la politique américaine à l'égard de la France, son amie et son alliée, je suis persuadé qu'il ne pouvait réprimer un sourire. Avec le même sourire, je lui réponds aujourd'hui : Ne vous gênez pas, cher ami !

Tout le corps politique fut alors ébranlé par la querelle de la CED. Le parti communiste fut seul, en réalité, à y être hostile en bloc. Même au MRP, il y eut une poignée d'adversaires de l'armée européenne : Léo Hamon, l'abbé Pierre, Charles d'Aragon, Paul Boulet, Henri Bourret. Au parti radical, les « deux Edouard », Herriot et Daladier, pour une fois réunis, symbolisaient le courant jacobin que le jeune Charles Hernu incarnait dans la nouvelle génération, et qui inspira Jean Baylet, propriétaire principal de *La Dépêche du Midi* : la CED, au contraire, avait pour défenseur le président administratif du parti, Martinaud-

Deplat, et les anciens et futurs présidents du Conseil, Henri Queuille, André Marie, René Mayer, Maurice Bourgès-Maunoury, Félix Gaillard, ces trois derniers sous l'influence directe de Jean Monnet. Au parti socialiste, la rude férule de Guy Mollet s'appuyant sur les trois plus puissantes fédérations, celle du Pas-de-Calais qu'il dirigeait, celle du Nord dont le patron était Augustin Laurent, celle des Bouches-du-Rhône entraînée par Gaston Defferre, n'empêcha pas l'émergence d'une opposition croissante à la CED, avec Daniel Mayer, Salomon Grumbach, Robert Verdier, Jules Moch, Max Lejeune, Alain Savary. Si, lors de la série des scrutins pour l'élection à la Présidence de la République, en décembre 1953, les communistes votèrent pour le candidat socialiste, Marcel-Edmond Naegelen, c'est parce qu'il était notoirement adversaire de l'armée européenne. Et si la majorité des parlementaires de droite, indépendants et paysans, y étaient favorables, comme leur chef de file, Roger Duchet, le candidat modéré qui fut élu, René Coty, s'était abstenu de prendre trop nettement parti...

On vit alors s'opérer des rapprochements inimaginables deux ans plus tôt. Jacques Soustelle, premier secrétaire général du RPF, retrouvait avec aisance son personnage d'ancien responsable de l'Union des intellectuels antifascistes, avant la guerre. Il écrivait alors régulièrement dans *Combat*, où beaucoup d'hommes de gauche donnaient des articles hostiles à la CED, et à *L'Express*, lancé en 1953, il fut bientôt choisi comme l'un des hommes politiques constituant le « forum » du journal. Quand les Etats-Unis décidèrent une expédition militaire au Guatemala pour y provoquer la chute d'un gouvernement de gauche, il dénonça leur intervention. Il accepta même — ce qui était alors exceptionnel — de faire partie d'une mission parlementaire française en Pologne. D'autres anciens du RPF assurèrent liaisons et contacts avec les personnalités politiques ou les partis les plus hostiles à la CED. Louis Vallon, Irène de Lipkowski, Jean Nocher, Henri Torrès, qui n'étaient plus inscrits à aucun groupe, prirent part à des réunions aux côtés de radicaux, de socialistes, de communistes... Des rapprochements s'organisaient ainsi qui auront de singuliers prolongements à partir de 1958.

En novembre 1953, la CED subit un premier échec : les socialistes, passés dans l'opposition, et tous les adversaires de la CED repoussèrent un ordre du jour favorable à l'armée européenne, mais aussi au gouvernement de Joseph Laniel, par 325 voix contre 247. Puis ce fut, en décembre, la conférence des Bermudes où se retrouvèrent Eisenhower, Churchill et Laniel avec leurs ministres des Affaires étrangères. De bout en bout, le spectacle en fut pénible pour les Français. On oublia de jouer *La Marseillaise* à l'arrivée de Laniel. Quand il attendit Eisenhower à l'aéroport en compagnie de Churchill, celui-ci lui tourna le dos pour caresser la barbe de la chèvre mascotte du régiment qui rendait les honneurs. Le second jour, il tomba malade. Bidault, dont on exigeait la ratification rapide des traités de Bonn et de Paris, fut l'objet de pressions qui confinaient à l'intimidation et aux menaces. La presse française, en majorité favorable à la CED, finit par s'indigner. Le sentiment général fut celui d'une insupportable humiliation. L'opinion publique commença sans doute à rêver d'un autre comportement, et donc d'une autre politique, et c'est probablement Claude Bourdet qui en rendit le mieux compte quand il donna pour titre à son éditorial de *France-Observateur* : « C'est Cambronne qu'il nous faut ! »

Dans le pays, la passion grandissait. C'est Alfred Fabre-Luce qui, dans ses *Lettres sur la CED,* trouva le ton et les accents qui, durant la querelle, furent souvent ceux des adversaires de la CED dans les conversations privées, les joutes oratoires, et les journaux des partis. « Nous avions déjà entendu parler de voyages à Varsovie, écrivait-il, de réunions communes gaullo-communistes, de pétitions signées par des personnalités du Rassemblement et promenées de maison en maison par des militants communistes, d'échange de renseignements entre les deux partis... Nous savons maintenant que le chef épouse, pour l'essentiel, la thèse soviétique [...] Si nous repoussons l'intégration de la République de Bonn... le monde, à commencer par l'URSS, conclura que nous n'avons pas sérieusement l'intention de défendre notre territoire... Invitée à faire jusqu'à Paris une simple promenade militaire, elle fera cette promenade... Si nous repoussons ce faisceau [de garanties données par la CED], disons franchement que nous voulons être esclaves... Je le dis comme je le pense : les nationaux, adversaires de la CED, sont pour le Kremlin des alliés beaucoup plus précieux que les communistes eux-mêmes. »

Ces propos étaient révélateurs de l'état d'esprit de certains partisans de la CED et du tour pris par la polémique. Mais il était significatif, aussi, que les adversaires de l'armée européenne, réagissant aux accusations dont on les abreuvait, se soient découverts, au terme de la querelle, différents de ce qu'ils étaient au début. Au nom d'une certaine logique de l'anticommunisme et de l'antisoviétisme, on voulait faire accepter par le pays ce qu'ils jugeaient inacceptable : ils en vinrent à refuser cette logique, puis à contester la primauté de l'impératif anticommuniste qui servait de point d'appui à toute l'argumentation du camp opposé. Telle fut l'évolution de bien des socialistes, de certains radicaux et, surtout, de beaucoup de gaullistes. Rien de plus révélateur, à cet égard, que ce passage d'un article anonyme, paru le 22 avril 1954 dans le *Rassemblement,* là même où l'on avait pu lire, naguère, de si dramatiques avertissements sur les prémices d'une troisième guerre mondiale : « Il est une sorte de peur qui rend fous quelques thuriféraires de l'armée européenne : la peur du communisme. Ce n'est pas ici qu'on minimisera le péril communiste : le danger — quoique moins immédiat — reste immense. Mais il importe de ne pas précipiter délibérément la France sous le joug allemand et américain, avec le mauvais prétexte qu'à Bonn et à Washington on veut manger du bolchevik. »

La terrible fin de la guerre d'Indochine, qui approchait, donnait aux controverses une dimension tragique. Elles atteignaient l'armée, dont le sort était en jeu, en Europe comme en Asie : elle avait été sensible à la position hostile à la CED, prise par le maréchal Juin, aussitôt sanctionné par le gouvernement, comme elle se sentait atteinte, jusqu'à l'âme, par l'agonie de Dien Bien Phu. Le 4 avril, tandis que le camp retranché résistait encore aux assauts, une manifestation violente avait eu lieu contre Laniel et Pleven, venus à l'Arc de Triomphe après avoir assisté à une messe en l'église Sant-Louis-des-Invalides, célébrée en mémoire des morts en Indochine. Les organisations d'anciens combattants accueillirent les deux hommes par des hurlements. Le maréchal Juin venait d'être relevé d'une partie de ses fonctions après les déclarations qu'il avait faites sur la CED : on l'acclamait, en couvrant de huées le président du Conseil et le ministre de la Défense nationale. Des groupes gaullistes distribuaient des tracts sur lesquels on lisait d'un côté : « Aujourd'hui on renvoie Juin, demain arrêtera-t-on de Gaulle ? » et sur l'autre : « Juin sera-t-il remplacé par von Stulpnagel ? » Laniel fut molesté et gagna à grand-peine la voiture du chef d'état-major de l'armée. Pleven fut frappé par un officier supérieur. Le spectacle était tel qu'il demeura ineffaçable dans la mémoire des témoins. Hubert Beuve-Méry écrivait le lendemain dans *Le Monde* : « Un péril renaît qui est la conséquence logique de l'atonie et de l'inefficacité politique. C'est de l'impuissance et du désordre des démocraties que naissent les dictatures. » La France découvrait tout à coup le divorce tragique entre elle-même et son armée. On ne faisait qu'en percevoir les premiers signes : l'occasion n'était pas encore venue où il se manifesterait au grand jour. Mais le 1er novembre de cette même année, l'insurrection algérienne commencerait.

De Gaulle voulut alors intervenir. Crut-il que le trouble dans l'armée et le pays était assez profond pour provoquer un sursaut populaire qui obligerait le régime à faire appel à lui ? Il ne l'a jamais dit. Sans doute pensait-il que l'état du pays était maintenant tel que le plus grand nombre des Français voulaient désormais un changement radical et qu'il était seul à pouvoir l'incarner. Mais l'échiquier politique ne lui était pas favorable : ni les communistes ni les socialistes n'étaient disposés à le laisser venir au pouvoir et à renoncer à leur conception de la République, et, dans les autres partis, une majorité était encore en faveur de la CED. Pourtant, le 7 avril, sept ans jour pour jour après la création du RPF, et un mois jour pour jour avant la chute du camp retranché de Dien Bien Phu, de Gaulle tint une conférence de presse. Ce qu'il préconisait était l'inverse de la politique officielle menée depuis sept ans : il condamnait la CED, demandait que l'on terminât la guerre en Indochine, suggérait que la France se donnât pour rôle de promouvoir la détente internationale et de faciliter la coexistence entre les Etats-Unis et l'Union soviétique. Et il annonçait que le dimanche 9 mai il se rendrait à l'Arc de Triomphe :

> J'irai seul, sans cortège. Sous la voûte, je serai seul à saluer le soldat inconnu et puis je m'en irai seul. Je demande au peuple d'être là...

Ce 9 mai, il remonta les Champs-Elysées. C'était le surlendemain de la chute de Dien Bien Phu. Dans tout le pays, dans presque tous les milieux, l'émotion était intense. Mais, autour de l'Arc de Triomphe, il y avait les troupes et la police, comme le voulaient les usages et le souci de l'ordre public. Des compagnons de la Libération entouraient de Gaulle, de petits groupes le saluèrent. C'est tout : le rendez-vous entre de Gaulle et le peuple français n'était pas pour ce jour-là.

Mais, le 30 août, ce fut une victoire : la CED fut rejetée par 329 voix contre 264. De la gauche à la droite, mais non sur tous les bancs, une *Marseillaise* s'éleva : les vainqueurs du jour entonnèrent l'hymne national. De Gaulle put avoir le sentiment qu'ils avaient répondu à l'appel qu'il avait encore lancé quatre jours plus tôt :

> La nation vient de remuer. Cette réaction de salut peut, bientôt, en entraîner d'autres. Il n'est pas dit que vous tous, Françaises, Français, ayez en vain, voici dix ans, crié votre espérance en la patrie libérée. Pour moi, malgré les bassesses du présent, je ne renonce pas plus qu'hier à la grandeur de la France.

Ce combat était achevé. Il avait encore ajouté à l'âpre méfiance que de Gaulle avait toujours manifestée à l'égard de toute « supranationalité » où l'indépendance nationale se dissoudrait. Il préfigurait, en tout cas, les grands combats de la Ve République.

Dès lors, il allait se cantonner dans sa retraite : il ne reprendrait la parole qu'un an plus tard, le 30 juin 1955. A Colombey-les-Deux-Eglises, il s'attachait à sa plus grande œuvre littéraire : ses *Mémoires de guerre*. Son souci de l'Histoire, son goût de la littérature, l'incitaient à donner à son œuvre politique cet achèvement suprême. Ce serait, d'abord, une contribution capitale à l'histoire de son temps ; de l'œuvre elle-même surgirait un personnage — auteur et acteur — dont les traits seraient désormais tracés pour l'avenir ; cette œuvre, enfin, mériterait peut-être de compter parmi celles des historiens et des mémorialistes qui appartiennent à la littérature.

De Gaulle rédigea ses *Mémoires* de sa propre main. Le manuscrit, écrit au stylographe, comporte, à chaque page, d'innombrables ratures et corrections. On peut voir, presque à chaque paragraphe, que le souci de la précision, la recherche des termes propres, une volonté de concision l'amenaient sans cesse à reprendre son texte. Cette importance accordée à la forme valait aussi bien pour la structure de l'ouvrage que pour sa rédaction. Chacun des trois tomes est conçu avec un souci de composition rigoureuse que révèle le choix des titres. Pour chacun, un mot suffit : *L'Appel, L'Unité, Le Salut.* Pour chaque chapitre aussi :

La Pente, La Chute, La France libre... Tragédie, Comédie, Alger... Discordance, Désunion, Départ.

De Gaulle s'attacha d'autant plus à rédiger personnellement ses *Mémoires* et à en étudier les moindres détails, qu'il était convaincu que la « composition » de l'œuvre en dépendait. Au journaliste américain, Cyrus Sulzberger, qui lui rapportait que Churchill se faisait aider d'un grand nombre de collaborateurs et de secrétaires, il répliqua, précisément, que les mémoires de l'ancien Premier ministre britannique n'étaient pas « composés ». De fait, il n'eut recours qu'à la seule assistance de M. René Thibault pour la recherche et le tri des documents qui lui servaient pour son récit ou dont il souhaitait la publication en annexe. De Gaulle apporta un grand soin à les choisir : il en savait l'importance pour la valeur historique de ses *Mémoires.* Quand ils furent édités, plus tard, dans une collection bon marché, et qu'une partie seulement de ces documents pouvait y être reproduite, il en fit lui-même le choix. En particulier, il exigea que toutes les cartes y soient maintenues : il en avait fait lui-même les croquis.

Plusieurs éditeurs français avaient fait savoir, de très bonne heure, qu'ils s'offraient à publier ses *Mémoires*[5]. Ce n'est qu'à l'automne 1953 qu'ils surent que Georges Pompidou était habilité par de Gaulle à traiter avec eux. En janvier 1954, ils furent avisés que le premier tome était achevé. C'est le 1er avril que Maurice Bourdelle et Charles Orengo, directeur général et directeur littéraire de la Librairie Plon, furent reçus au domicile de Georges Pompidou, 25, rue Charlemagne. Celui-ci leur présenta le manuscrit et les invita à le consulter aussitôt — et sur place — s'ils désiraient en prendre connaissance. La même procédure fut employée avec d'autres éditeurs. Que la Librairie Plon ait jadis édité Foch, Joffre, Poincaré, Clemenceau, Lloyd George, Churchill, fut, pour de Gaulle, un argument d'un grand poids ; ses *Mémoires* s'inscriraient ainsi dans une lignée ancienne et prestigieuse.

Il reçut les directeurs de la Librairie Plon le 8 avril, à l'hôtel La Pérouse, où il séjournait habituellement. Laissant le détail des négociations aux soins de Georges Pompidou, il insista sur l'importance qu'aurait, à ses yeux, la plus large diffusion possible de son œuvre. C'est le 22 avril que le contrat fut signé. Comme il est souvent d'usage, en affaires, surtout dans les familles bourgeoises du Nord, de Gaulle offrit à ses éditeurs un déjeuner auquel leurs femmes avaient été priées.

Il corrigea de sa main deux jeux d'épreuves, et eut de nombreux échanges de vues, même sur la ponctuation, avec le directeur littéraire de la Librairie Plon, qu'il reçut, soit à l'hôtel La Pérouse, soit à Colombey-les-Deux-Eglises, douze fois jusqu'à la sortie de *L'Appel.* Par la suite, il fut très attentif aux lettres, demandes de précisions et de rectifications, qui lui furent adressées. Il fit droit à quelques-unes d'entre elles. L'une provenait de la direction du *Canard enchaîné* dont il avait dit, dans la première édition, qu'il était « sous la coupe » des communistes. Il écrivit à son éditeur que l'on « pourrait » aisément soutenir que c'était bien le cas, mais qu'il acceptait que *Le Canard enchaîné* figurât désormais dans la liste des journaux où les communistes avaient « leur large part dans la rédaction »... Parfois, il s'agissait de simples détails de forme. On se fera une idée de l'attention méticuleuse qu'y apportait de Gaulle par cet exemple :

> Cher Monsieur, écrivait-il le 25 mai 1956, à Charles Orengo, l'autre jour, vous m'avez fait part de l'observation d'un « lecteur » de la maison Plon au sujet de la citation que je fais dans *L'Unité* [p. 185] : « Il y a, *de par le monde*, plus de repentirs que d'aveux. » Votre lecteur remarquait que *: de par le monde* n'est pas correct. J'ai persisté, cependant, me croyant certain du texte. Or, je viens de constater que le lecteur avait raison et que j'avais tort. Le texte exact est : « Il y a, *dans le monde*, plus de repentirs que d'aveux. » C'est M. de Falloux qui est l'auteur de cette pensée. Je tiens à faire amende honorable. Mais je crains qu'il ne soit trop tard pour rectifier le texte à l'impression. Toutefois, il sera peut-être possible de le faire pour les tirages qui suivront le premier. Dans ce cas, je vous demande d'y procéder. [...]

Outre 14 exemplaires « hors commerce », 55 exemplaires « sur papier de Hollande Van Gelder » furent adressés à des destinataires dont de Gaulle dressa soigneusement la liste. Pour le second tome, l'éditeur y avait inscrit, comme pour le premier, le nom de Jacques Soustelle ; de Gaulle lui fit observer, dans l'une de ses lettres, qu'il ne l'avait pas désigné parmi ceux auxquels il destinait un exemplaire original, mais que toutefois il ne s'opposait pas à ce qu'il en fît partie : détail significatif des rapports plus lointains et plus froids qui s'étaient établis entre Soustelle et lui.

Le premier tome fut « achevé d'imprimer » le 5 octobre 1954 ; le deuxième le 29 mai 1956 ; le troisième le 25 septembre 1959. Il était alors au pouvoir. Il avait auparavant destiné une grande partie de ses droits d'auteur à la « Fondation Anne de Gaulle », créée pour de jeunes infirmes en mémoire de sa fille. Il hésita à consentir à certains journaux français ou étrangers la prépublication de certains chapitres du *Salut*. Son éditeur lui fit ressortir qu'il était difficile de déroger, pour ce dernier volume, à l'usage établi pour les deux premiers ; il se rangea à cet avis, mais décida que les droits qui lui reviendraient de ce fait seraient versés en grande partie à des œuvres. Quelques jours après l'affaire des barricades, il en donna la liste, dans une lettre, au directeur littéraire de la Librairie Plon. C'étaient, à raison d'un million d'anciens francs pour chacune : la Croix-Rouge française ; l'Association pour le Développement des Œuvres d'Entraide de l'armée ; l'Aide morale aux Nord-Africains ; l'Orphelinat des Chemins de Fer français et des Territoires d'Outre-mer ; l'Asile des Vieillards et des Petites Sœurs des Pauvres, à Lille ; l'Association pour le Développement des Œuvres sociales de la

Marine ; la Société centrale de Sauvetage des Naufragés ; la Fondation des Œuvres sociales du ministère de l'Air ; l'Œuvre des Jeunes Garçons infirmes des Frères de Saint-Jean-de-Dieu, et la Fondation Anne de Gaulle. Il adressait, d'autre part, deux chèques de 500 000 anciens francs, l'un à la commune, l'autre à la paroisse de Colombey-les-Deux-Eglises.

Dès leur parution, les *Mémoires* connurent le succès : compte non tenu des traductions, on avait tiré 30 000 exemplaires de chacun des trois volumes de l'édition illustrée ; dans l'édition courante et l'édition de poche, le tome I atteignit près de 300 000 exemplaires — succès confirmé à la parution des tomes II et III.

Au vrai, les *Mémoires*, outre leur caractère de témoignage historique, offraient aussi l'intérêt de révéler le personnage que de Gaulle voulait être aux yeux du monde — et qu'il était en réalité. A cet égard, l'accent mis sur la constante intransigeance qui l'opposa aux pressions des Alliés est révélateur : en toute occasion, la passion de l'indépendance paraît le ressort capital de son action. Nul doute qu'il n'ait voulu par là souligner le contraste entre sa conception de la politique et celle qui prévalut après lui. Mais, en même temps, l'œuvre se présente, au sens propre, comme achevée : tout se conjugue, dans les dernières pages, pour donner le sentiment d'une fin. Fin d'une entreprise, fin d'une époque, fin d'une vie : tout se ramène à la grande aventure de la guerre et du pouvoir à quoi de Gaulle s'identifie pour l'avenir. Ce qui pouvait suivre ne serait jamais que le crépuscule d'une existence qui avait atteint son sommet et devait y rester, avant que son destin ne l'ait conduit à vivre et à écrire un autre chapitre de l'histoire du siècle. Une sorte d'exigence esthétique imposait que les *Mémoires* fussent un monument élevé à la gloire de cette époque privilégiée.

Mais au-delà de ce dessein, l'œuvre laisse entrevoir quelques-uns des traits les plus profonds de son auteur. A cet égard, aucun portrait n'équivaudra à certaines pages du *Salut.* On y voit, chez de Gaulle, cette constante sensibilité aux contrastes, aux oppositions, aux contradictions, dont le jeu sans fin s'identifie, pour lui, à la vie. Dans ses premières œuvres, quelques lignes, ici ou là, en témoignaient déjà. Par exemple, dans *Vers l'armée de métier,* l'évocation parallèle du Français « qui met en son esprit tant d'ordre et si peu dans ses actes, ce logicien qui doute de tout, ce laborieux nonchalant, ce casanier qui colonise »... et des Allemands « artistes nés qui n'ont point de goût, techniciens restés féodaux, pères de famille belliqueux... oppresseurs qui veulent être aimés..., chevaliers du myosotis, qui se font vomir leur bière »... Mais, cette fois, c'est à lui-même qu'il applique cette psychologie du déchirement. Ainsi décrit-il sa vie quotidienne :

> Sans doute, les lettres, la radio, les journaux, font-ils entrer dans l'ermitage les nouvelles de notre monde. Au cours de brefs passages à Paris, je

reçois des visiteurs dont les propos me révèlent quel est le cheminement des âmes. Aux vacances, nos enfants, nos petits-enfants, nous entourent de leur jeunesse, à l'exception de notre fille Anne qui a quitté ce monde avant nous. Mais que d'heures s'écoulent où, lisant, écrivant, rêvant, aucune illusion n'adoucit mon amère sérénité !

S'agit-il de sa demeure et de son village :

> Pourtant, dans le petit parc — j'en ai fait quinze mille fois le tour — les arbres que le froid dépouille manquent rarement de reverdir et les fleurs plantées par ma femme renaissent après s'être fanées. Les maisons du bourg sont vétustes ; mais il en sort, tout à coup, nombre de garçons et de filles rieurs. Quand je dirige ma promenade vers l'une des forêts voisines [...], leur sombre profondeur me submerge de nostalgie ; mais, soudain, le chant d'un oiseau, le soleil sur le feuillage ou les bourgeons d'un taillis me rappellent que la vie, depuis qu'elle parut sur la terre, livre un combat qu'elle n'a jamais perdu. Alors, je me sens traversé par un réconfort secret. Puisque tout recommence toujours, ce que j'ai fait sera, tôt ou tard, une source d'ardeurs nouvelles après que j'aurai disparu.

Parle-t-il de la nature : ses contrastes, ses retours lui suggèrent une sorte de philosophie au point qu'il donne à la dernière page des *Mémoires* la forme d'une allégorie où se découvre, au dernier moment, le sens qu'il donne, semble-t-il, à la vie :

> A mesure que l'âge m'envahit, la nature me devient plus proche. Chaque année, en quatre saisons qui sont autant de leçons, sa sagesse vient me consoler. Elle chante, au printemps : « Quoi qu'il ait pu, jadis, arriver, je suis au commencement ! Tout est clair, malgré les giboulées ; jeune, y compris les arbres rabougris ; beau, même ces champs caillouteux. L'amour fait monter en moi des sèves et des certitudes si radieuses et si puissantes qu'elles ne finiront jamais ! » Elle proclame en été : « Quelle gloire est ma fécondité ! A grand effort, sort de moi tout ce qui nourrit les êtres. Chaque vie dépend de ma chaleur. Ces grains, ces fruits, ces troupeaux, qu'inonde à présent le soleil, ils sont une réussite que rien ne saurait détruire. Désormais l'avenir m'appartient. » En automne, elle soupire : « Ma tâche est près de son terme. J'ai donné mes fleurs, mes moissons, mes fruits. Maintenant, je me recueille. Voyez, comme je suis belle encore, dans ma robe de pourpre et d'or, sous la déchirante lumière. Hélas ! Les vents et les frimas viendront bientôt m'arracher ma parure. Mais, un jour, sur mon corps dépouillé, refleurira ma jeunesse ! » En hiver, elle gémit : « Me voici, stérile et glacée. Combien de plantes, de bêtes, d'oiseaux que je fis naître et que j'aimais, meurent sur mon sein qui ne peut plus les nourrir ni les réchauffer ! Le destin est-il donc scellé ? Est-ce pour toujours la victoire de la mort ? Non ! Déjà, sous mon sol inerte un sourd travail s'accomplit. Immobile au fond des ténèbres, je pressens le merveilleux retour de la lumière et de la vie. »

Ainsi parle-t-il enfin de lui-même, à la dernière ligne :

> Vieil homme, recru d'épreuves, détaché des entreprises, sentant venir le froid éternel, mais jamais las de guetter, dans l'ombre, la lueur de l'espérance !

Les années de retraite marquèrent, pour lui, un temps de recueillement et, si l'on peut dire, de détachement, à l'abri duquel s'opérait une évolution profonde. C'est le changement du monde qui le fascinait. Dégagé du tumulte mais aussi des servitudes de la vie politique française et du poids des charges quotidiennes qu'il avait assurées à la tête du Rassemblement et dont les séquelles persistèrent au moins jusqu'au début de 1954, il pensait s'adonner à sa vraie passion : l'Histoire, et d'abord celle qui se fait. On a vu que, déjà, au temps de la querelle de la CED, il s'était détourné du cadre rigide et figé de la guerre froide pour porter sur le monde un autre regard. Il y voyait désormais les craquements ultimes et bientôt l'écroulement des anciens Empires coloniaux, la renaissance de l'Allemagne, les pays d'Europe face à la prépondérance américaine en Occident, l'émergence peut-être d'autres pôles de puissance.

Ce monde qui changeait, il voulait le voir. Il n'y a pas d'autre raison à la décision qu'il prit de faire successivement quatre voyages « dans tous les territoires français d'outre-mer », dit-il à Olivier Guichard, à peine celui-ci avait-il pris auprès de lui ses fonctions de chef de cabinet, en octobre 1952[6]. Deux voyages en Afrique en 1953, marqués par une incursion à Léopoldville, au Congo belge, où la France libre avait reçu, en 1940, une aide importante, puis en Ethiopie, à l'invitation de l'empereur Haïlé Sélassié, un tour du monde par les Antilles et l'Océanie en 1956, un dernier voyage, cette fois au Sahara, en 1957. Il n'y a pas lieu de croire, semble-t-il, qu'il ait alors eu beaucoup d'illusions sur son éventuel retour au pouvoir : en 1953, il venait de reconnaître l'échec du Rassemblement, et, après les élections du 2 février 1956, il n'y avait plus qu'une vingtaine de ses partisans à l'Assemblée nationale. Et pas davantage ne se leurrait-il sur l'accueil des foules, toujours chaleureux et réconfortant, certes, mais dont il savait trop bien combien il pouvait être sans lendemain... Outre le plaisir qu'il eut certainement à rompre avec la vie quelque peu monotone de Colombey, c'est bien ce monde en changement qu'il voulait voir : l'Afrique noire dont il avait prédit naguère, à Londres, que la guerre en bouleverserait le destin, dont il avait annoncé l'émancipation à Brazzaville, et où il tint à voir, au Tchad, la marque des avancées de l'Islam. L'Océanie où il affirma la nécessité, pour tout territoire, au point où l'on était dans l'histoire de ce siècle, d'appartenir à « un grand ensemble politique », rêvant ici à ce qu'aurait pu être l'Union française, dont il avait inventé le nom, et à ce qu'elle n'était pas devenue, et à la « Communauté » qu'il tentera plus tard de faire naître. Le Sahara, enfin, où les découvertes de gaz et de pétrole pouvaient transformer l'avenir de cette partie du continent, mais où il voulut aller sans mettre le pied en Algérie, écartant délibérément l'occasion d'être amené, malgré lui, à prendre position sur son sort. Passionné, comme toujours, par les changements du monde, il revenait, chaque fois, plus stimulé par ce qu'il avait vu ou discerné...

Mais rien ne permet de croire sérieusement qu'il en ait retiré le sentiment qu'il allait revenir au pouvoir. Sans doute dit-il au Cercle des officiers de la France libre de Nouméa :

> Nous fûmes à l'avant-garde hier. Les circonstances peuvent faire que de nouveau nous soyons à l'avant-garde pour de nouvelles actions. Dans des circonstances qui seraient à nouveau graves pour le pays, c'est à nous [ou « à moi » suivant les versions] qu'incomberaient les grandes responsabilités. Je suis ici pour rendre témoignage du passé mais aussi pour être utile à l'avenir.

Mais on ne risque pas de se tromper en pensant qu'il y avait là surtout de belles paroles d'encouragement à de très anciens fidèles, maintenant perdus au bout du monde, et qui espéraient les entendre... Sans doute aussi dit-il à Robert Lacoste, ministre de l'Algérie, venu le saluer à Ouargla, qui avait été dans son gouvernement à la Libération et restait secrètement son admirateur, qu'il approuvait son action — ce que Lacoste répercuta autant qu'il put — mais pour lui répéter, comme toujours, que le « régime » compromettrait irrémédiablement tout ce qu'il pourrait faire...

A tous ses compagnons de voyage, en réalité, Olivier Guichard, Jacques Foccart, Jean Mauriac, qui le suivait pour l'Agence France-Presse, le colonel de Bonneval, son aide de camp, qui gardèrent tous le souvenir de son entrain, de sa curiosité, de sa verdeur, de sa bonne humeur, il confiait sans cesse sa conviction que le « régime » serait toujours capable de faire obstacle à son retour au pouvoir. Il se trompait, du reste, sur les dirigeants en place, comme il s'était trompé en 1946, en 1947 et au-delà, quand il pensait que les partis prépondérants de la IVe République se diviseraient sur tout et n'arriveraient pas à gouverner ensemble. Durant le voyage en Océanie, éclata la crise de Suez : de Gaulle crut alors que le gouvernement — c'était celui de Guy Mollet — serait incapable de réagir et ne ferait rien — mais sans dire jamais, contrairement à une légende tenace qu'à sa place il ferait la guerre à l'Egypte — et quand Roger Frey, qui faisait alors partie du voyage, lui apprit qu'on se préparait à une expédition militaire, ce que Chaban-Delmas, membre du gouvernement, lui avait confié, il se déclara certain que toute l'affaire serait alors dirigée par les Anglais et qu'elle n'aboutirait pas[7]...

Ce que de Gaulle voyait, avant tout, c'était le monde qui changeait. La France, pensait-il, devait s'y adapter, si elle voulait encore exister. C'est évidemment ce qui explique l'attention qu'il porta, sans illusions mais non sans estime, à l'entreprise de Pierre Mendès France. Il lui avait rendu un hommage appuyé dans ses *Mémoires de guerre*. Il avait apprécié qu'il ait préféré se tenir hors de tout gouvernement plutôt que de continuer la politique que l'on menait en Indochine et qu'il désapprouvait. Il remarquait son courage, sa rigueur, son refus de toute démagogie. Il avait relevé que, s'étant présenté, bien que sans succès, à l'investiture de l'Assemblée nationale en 1953, il l'avait cité, lui, de Gaulle, comme sa plus haute référence, avec Léon Blum et Poincaré. Il avait formellement approuvé, devant Léon Noël qui en a témoigné, que les députés gaullistes votent son investiture l'année suivante. Il en reçut un télégramme, le 18 juin 1954, quand il devint président du Conseil, où il put lire : « En ce jour anniversaire, qui est aussi celui où j'assume de lourdes responsabilités, je revis les hautes leçons de patriotisme et de dévouement au bien public que votre confiance m'a permis de recevoir de vous... » Et tout en déplorant que le gouvernement n'ait pas expressément demandé que l'Assemblée nationale rejette le projet de CED, il s'était profondément réjoui qu'on en vienne là, le 30 août. Six semaines plus tard, enfin, grâce à l'entremise d'Edmond Michelet, il le reçut, un peu plus d'une heure à l'hôtel La Pérouse[8]. Ce fut d'abord, pour de Gaulle, l'occasion de regretter que Mendès n'ait pas pris carrément position contre la CED, et pour Mendès, de répliquer qu'en proposant aux partenaires de la France d'en changer le contenu en sachant qu'ils refuseraient, il avait employé la seule méthode pour la mettre en échec. Après quoi, de Gaulle pronostiqua :

> Quand vous aurez bien débarrassé le régime de ce qui le gênait, alors le régime se débarrassera de vous.

L'entretien, de bout en bout, fut marqué par leur estime réciproque, une certaine confiance mutuelle et même une certaine chaleur.

Mais beaucoup plus significatif fut ce que de Gaulle dit, publiquement, de Mendès France moins de deux mois plus tard, quand, parlant devant ses compagnons du RPF, il évoqua tout à coup

> l'ardeur, la valeur, la vigueur de l'actuel président du Conseil !

Le moment n'en était pas indifférent : Mendès France allait être bientôt aux prises avec les adversaires les plus durs — y compris d'anciens RPF — de sa politique libérale en Tunisie, et accusé de préparer la décolonisation de l'Afrique du Nord alors que l'insurrection algérienne avait commencé le 1er novembre, et, quelques semaines plus tard, son gouvernement serait renversé...

C'était bien l'Afrique du Nord, en effet, où de Gaulle situait le nœud des problèmes qu'il fallait trancher et que le « régime », disait-il, ne pouvait et ne voulait trancher. La déposition du sultan, Sidi Mohamed ben

Youssef, en 1953, était exactement à l'opposé de ce qu'il avait voulu, quand, en 1945, il l'avait solennellement nommé « Compagnon de la Libération », lui conférant ainsi la seule décoration qu'il ait créée, la plus haute aux yeux de tous les Français libres, montrant par là que c'était avec le souverain du Maroc que l'avenir du pays et de ses rapports avec la France serait décidé. Deux ans plus tard, quand Gilbert Grandval fut sur le point d'être nommé résident général à Rabat par le gouvernement d'Edgar Faure, au moment le plus critique de la crise marocaine, et qu'il alla lui rendre visite, de Gaulle lui exposa sans ambages, que la seule issue était de rendre son trône au sultan destitué, mais que le gouvernement serait incapable d'en prendre l'initiative, préférant subir la pression des événements [9]. Faisant escale à Tunis, lors de l'un de ses périples africains, il refusa de recevoir une délégation du « Rassemblement français » composée pourtant de ses anciens partisans, mais qui avaient pris parti contre l'émancipation de la Tunisie. Autant de gestes qui montraient ses choix. Il voulut donc s'exprimer clairement. Il le fit dans une conférence de presse, le 30 juin 1955. Avec le recul du temps, elle prend d'autant plus d'importance que c'était la dernière fois qu'il parlait avant de se retrancher dans le silence pendant trois ans.

Evoquant, une fois de plus, pour commencer, l'impuissance du régime, il traita des relations Est-Ouest, alors qu'était prévue, à bref délai, une conférence « au sommet » entre Soviétiques, Américains, Britanniques et Français. En des termes bien différents de ceux des années 1947-1952, il réclama une politique toute autre que celle menée par la France jusque-là. D'abord, à propos du réarmement allemand, prévu par les traités de Londres et de Paris négociés par Mendès France, et ratifiés par le Parlement français. De Gaulle ne s'était pas publiquement prononcé à leur sujet, bien qu'à plusieurs interlocuteurs, il n'ait pas caché ses réserves, et ses anciens compagnons s'étaient alors divisés. Mais, ce jour-là, il demanda que leur application soit suspendue pour laisser sa chance à une nouvelle négociation avec les Soviétiques sur le statut de l'Allemagne qui n'aurait pu porter, en pratique, que sur les limites de son réarmement et les conditions éventuelles de sa réunification, ou, du moins, du rapprochement entre ses deux moitiés.

> Pour ce qui est de l'Allemagne, dit-il, de quel poids plus lourd pèserions-nous dans le débat, si tout en ayant admis le principe de son réarmement, nous avions fait suspendre l'exécution jusqu'à ce qu'on ait vu clair au sujet de son destin !

On sait que les Occidentaux, en particulier les Américains, ne voulaient pas s'engager dans cette voie, et peut-être les Soviétiques, du reste, n'étaient-ils pas alors disposés à relâcher si peu que ce soit leur emprise sur l'Allemagne de l'Est et à en modifier le régime et le statut.

Mais, pour de Gaulle, c'est tout le cours des relations Est-Ouest qui devait changer. Et il fallait que la France en prenne l'initiative. Après avoir rappelé que les Etats-Unis et la Russie n'avaient pas déclenché la guerre au moment qui leur eût été le plus favorable et que désormais, du fait de leur puissance nucléaire, un conflit aboutirait à leur destruction mutuelle, il prévoyait qu'une détente s'imposerait, mais réclamait que la France y joue un rôle moteur :

> De toutes les nations, c'est la France qui a les meilleures raisons de favoriser ce changement. D'abord, à cause de sa vocation humaine. Ensuite, parce que là où elle est, telle qu'elle est, un conflit mondial risquerait de l'anéantir. Enfin, parce qu'une longue période de paix lui permettrait de refaire ses forces.

Ce qu'il laissait entrevoir ce jour-là, c'était, pour une grande part, la politique à l'Est qu'il mènerait plus tard,

C'est l'Afrique du Nord qui fut, pourtant, son thème principal d'autant qu'au moment où il parlait les accords sur l'autonomie tunisienne venaient à peine d'être ratifiés, que la crise marocaine atteignait son point le plus aigu et que l'insurrection algérienne durait déjà depuis huit mois.

> A cet égard, dit-il, il y a deux faits auxquels personne ne peut rien. Le premier, c'est la passion nationaliste que l'ébranlement général du monde a, presque partout, fait flamber et qui se fait sentir aussi en Afrique du Nord française. Le second, c'est l'affaiblissement qu'a, pour un temps, subi notre puissance... Depuis 1940, il était à prévoir que ces deux faits ne pourraient manquer d'avoir de graves conséquences en Algérie, en Tunisie et au Maroc. Et, d'autre part, il fallait, sous peine de tout perdre, que la France y restât fidèle à sa vocation. De là est né le concept de l'Union française, dont je crois, plus que jamais, qu'il est conforme à l'opportunité, à la justice et à la tradition. Ce concept, formulé à Brazzaville, avait, aussitôt après, commencé d'inspirer une politique, dont l'aboutissement devait être l'association avec la France des Etats et des territoires que nous avons ouverts à la civilisation [...] et qui, séparés de nous, seraient, ou bien la proie du désordre, ou bien les victimes d'une dictature totalitaire. L'association pouvant prendre, suivant les cas, soit la forme d'un lien de nature fédérale entre Etats, par exemple entre le Maroc ou la Tunisie et la France, soit celle de l'intégration d'un territoire ayant son caractère à lui, par exemple l'Algérie, dans une communauté plus large que la France, avec toute la participation politique et administrative à fournir par les Algériens qu'une telle intégration comporte, du moment qu'elle est sincère.

D'emblée, il pressentait la tâche à accomplir comme le prolongement logique et prévisible de ce qu'il avait fait au temps de la France libre et du gouvernement provisoire. On pourrait dire qu'il gommait ainsi, sans hésitation, les rudes épisodes qu'avaient connus le Maroc en 1944 et l'Algérie en 1945 et le langage plus conservateur qu'avait souvent tenu le RPF : mais, justement, il voulait que l'on se souvienne avant tout qu'au pouvoir il avait été, plus que tout autre, novateur, émancipateur, libérateur. On pouvait aussi remarquer l'incertitude des termes. Pouvait-on parler de « lien de nature fédérale » entre la France, la Tunisie et le Maroc, alors que ces deux pays étaient en train d'acquérir leur indépendance ? Et le mot d'« intégration » appliqué à l'Algérie « dans une communauté plus large que la France » signifiait évidemment son autonomie et non son appartenance à la République française. Mais nul ne pouvait s'y tromper : le mot clé qu'il avait employé, « l'association », c'était la fin de la domination, c'était la décolonisation. Rien de plus révélateur que de l'entendre dire, en prélude immédiat à ses propos sur l'Afrique du Nord, que « la secousse viendra », alors que « le trouble du monde déferle sur nos rivages » et que, là, les « événements provoquèrent le changement du régime » qui seront alors « le signal du redressement »...

Ainsi, pour de Gaulle, les batailles de cette « traversée du désert » étaient-elles annonciatrices des lendemains encore incertains. Mais, à d'autres égards, les années de retraite pesèrent d'un grand poids sur sa manière d'être. Jusqu'en 1940, la vie militaire, par son caractère singulier, l'avait mis à l'écart, au moins dans une certaine mesure, de l'existence commune des Français. Puis il s'était trouvé, tout à coup, au sommet de l'action politique, au point de devenir, aux yeux de tous, un personnage à part. Pour la première fois, dans les trois ou quatre années qui précédèrent le 13 mai 1958, il vécut, en grande partie, une vie normale et quotidienne où les préoccupations concrètes, les soucis familiaux, l'univers familier avaient leur part. Ceux qui travaillèrent avec lui, avant 1946 et après 1958, devaient souvent témoigner du changement intervenu, entre-temps, dans sa manière de faire ou dans ses rapports avec les hommes, où il entrait, maintenant, davantage de bonhomie, d'aménité et, peut-être, de scepticisme.

A la vérité, de Gaulle voyait s'accentuer son isolement. Le temps et l'oubli faisaient leur œuvre. Il venait chaque mercredi à Paris, à l'hôtel La Pérouse, où il occupait l'appartement n° 11. Son secrétariat, dirigé par Olivier Guichard, préparait ses rendez-vous. Mais ceux-ci se faisaient de moins en moins nombreux. Quand l'emploi du temps comportait trop de vides, on faisait discrètement appel à d'anciens compagnons, ou l'on priait tout simplement son éditeur de venir l'entretenir de quelque question pratique. Il écoutait beaucoup plus qu'il ne parlait : peu à peu, son pessimisme se teintait de sérénité plus que d'amertume.

Peut-être éprouvait-il le plaisir ambigu de la solitude ? Sans doute était-ce là son penchant secret, que pourrait expliquer quelque cause lointaine et profonde. Cet homme entouré d'une famille, vénéré par des fidèles, admiré par beaucoup, estimé par la plupart, en laissa échapper l'aveu à l'instant d'achever ses *Mémoires* :

> Dans le tumulte des hommes et des événements, la solitude était ma tentation. Maintenant, elle est mon amie.

Chapitre 26

LA RUPTURE

Sur le long chemin qui va mener de Gaulle au pouvoir, les chroniqueurs ont soigneusement relevé le moindre jalon. S'il faut ici refaire ce parcours, ce n'est pas pour montrer, comme on a été souvent tenté de le faire, que le point d'arrivée était inéluctable : au contraire. Rien de pire pour un historien que de relire le passé à la seule lumière du futur qu'il connaît. Il y a toujours — ou presque toujours — en Histoire, d'autres « possibles » que ce qui est advenu. D'autres forces auraient pu jouer qui auraient eu d'autres résultats entraînant d'autres conséquences... Dans la marche incertaine qui amène de Gaulle à revenir au pouvoir, il y a des épisodes qui éclairent une route longtemps très obscure. Mais il y a, bien plus encore, les données politiques, sociales, psychologiques, mais aussi historiques et idéologiques, nationales et internationales qui nous montrent le visage de la France, au moment où elle entame la seconde moitié de ce siècle. Tout, ici, doit être pris en compte pour comprendre ce qui va se passer en cette année 1958, et ce que le siècle va devenir.

Si de Gaulle cultive sa solitude, même avec quelque délectation secrète, sa passion pour l'histoire de ce monde ne le quitte pas. Comment ne verrait-il pas que les désordres, les angoisses, les déchirements qui étreignent la France ont une même cause immédiate, qui s'appelle : l'Algérie ? De là viennent les signes du trouble qui s'empare du régime, ou du moins de son personnel, politique, militaire, administratif, mais aussi des milieux intellectuels, religieux, journalistiques — ces signes qu'il compara, un jour, à des « rides à la surface de l'eau ». Ces signes, il va donc les enregistrer. Sans la moindre illusion, n'en doutons pas, sans se défaire de son pessimisme foncier sur l'agitation des hommes et la houle de l'Histoire, toujours convaincu de la volonté obstinée de la classe politique de l'empêcher à tout prix de revenir au pouvoir. Sans cesser, pour autant, de demeurer attentif, ironique, sceptique mais vigilant, à ce qui pourrait être, un jour, l'annonce d'un recours : c'est à cette époque de sa vie, sans nul doute, qu'il a songé quand, aux dernières lignes du dernier tome de ses *Mémoires de guerre,* il se décrit lui-même,

> jamais las de guetter, dans l'ombre, la lueur de l'espérance.

Début mars 1956, Pierre Mendès France, ministre d'Etat dans le gouvernement de Guy Mollet, demande à Michelet s'il peut aller voir de Gaulle. Celui-ci accepte volontiers. Mendès veut savoir ce que de Gaulle pense de l'Algérie avant, dit-il, qu'il ne suggère au président de la République, René Coty, de faire appel à lui et qu'ensuite on ne réforme les institutions. Sur l'Algérie, suivant Michelet, Chaban-Delmas et Terrenoire qui ont eu des échos de l'entretien, rien ne paraît opposer les deux hommes, mais de Gaulle a répété que rien ne se ferait, sur aucun sujet, tant que le régime n'aura pas été changé. Et on en reste là. Rien ne s'ensuit. La rencontre, du reste, demeure plus ou moins ignorée de la presse et des milieux politiques[1].

Au début de mai, de Gaulle révèle à Michelet que le maréchal Juin lui a écrit pour lui demander de lancer un nouvel « appel du 18 juin », mais c'est pour ajouter aussitôt qu'il préférait rester silencieux[2]... Il est vrai qu'à l'anniversaire du 18 juin, au Mont-Valérien, son entourage lui assure que la foule a été bien plus nombreuse et plus ardente que d'habitude : de Gaulle, lui, n'y prête, apparemment, aucune attention. Serait-ce, pourtant, le reflet symbolique du léger mouvement favorable des sondages ? Le nombre des Français souhaitant son retour au pouvoir passe de 1 % en décembre 1955, à 5 % en avril 1956 et 9 % en juillet, puis à 11 % en septembre 1957 ? Ce n'est encore qu'une très petite minorité, à peine supérieure à celle qui va à Guy Mollet, à Mendès France, à Pinay...

Durant l'été 1956, René Coty voudrait prendre contact avec de Gaulle. Il veut lui parler de la Constitution, et de sa réforme éventuelle, peut-être des conditions qui lui permettraient de faire appel à lui. Mais il ne veut pas le faire sans en parler loyalement au président du Conseil Guy Mollet : auquel cas rien ne garantirait plus le secret que de Gaulle exige pour ne pas donner l'impression qu'il commence à se mêler au personnel du régime. Rien ne se fait, par conséquent, sinon que Jacques Foccart restera, à tout hasard, en contact avec le général Ganeval, chef d'état-major de Coty. Plus significatif, est le geste de douze jeunes députés, élus pour la première foi le 2 janvier précédent, qui vont à l'Elysée, le 22 décembre, suggérer qu'à la prochaine crise ministérielle, le président de la République fasse appel à de Gaulle : leur démarche est publique et connue de la presse, et on relèvera, bien plus tard, qu'il y avait parmi eux l'ancien Français libre et mendésiste Jean de Lipkowski, mais aussi Charles Hernu, Roland Dumas, mendésistes eux aussi, et Valéry Giscard d'Estaing... Mais les journaux qui en parlent — peu nombreux — n'y voient qu'un signe de jeunesse et d'originalité, et René Coty, du reste, vient de faire appel à Félix Gaillard pour succéder à Bourgès-Maunoury[3]...

Tout se passait sans qu'aucune « ride » n'apparaisse, et, le 12 mai 1957, *Combat* publie un article de Maurice Clavel intitulé « L'appel à de Gaulle », mais outre que ce journal cultive un exceptionnel éclectisme, l'auteur, romancier chaleureux et aux sympathies multiples, est connu pour son exubérance et parfois ses outrances plus que pour ses dons d'analyse. Beaucoup plus importante et plus révélatrice est l'interview du président tunisien Habib Bourguiba, demandée et publiée par *L'Express* à la suggestion de Pierre Mendès France — ce qu'on sait très peu — et où il exprime le souhait qu'on fasse appel à de Gaulle, pour régler la crise algérienne[4]. Mais l'effet en est très limité : à droite, très souvent, on déteste Bourguiba, à gauche un appel à de Gaulle passe pour une entorse peu républicaine aux règles et usages du régime, et ceux qui suivent de près l'affaire algérienne savent que les dirigeants du FLN s'exaspèrent — c'est le moins qu'on puisse dire — des conseils que veut leur donner le président tunisien.

Mais c'est l'Algérie, encore et toujours, qui hante cette République qui ne sait pas encore qu'elle va mourir. Un combattant exemplaire de la France libre, un des chefs les plus estimés de l'armée française, le général Paris de Bollardière, fait scandale en dénonçant l'usage insupportable et honteux de la torture. Sanctionné et muté, il va voir de Gaulle qui, au témoignage de Léon Noël, le félicite d'avoir « montré le chemin de l'honneur », et, sur le même sujet, il dit son accord à un autre Français libre, le colonel Barberot, ancien adjoint de Bollardière, qui apporte son témoignage dans son livre *Malaventure en Algérie*[5]. Ce sont, chez de Gaulle, des confidences révélatrices de son sens de l'honneur et de la dignité humaine : mais ce sont des confidences.

C'est la politique, cette fois, qui frappe à la porte de la rue de Solférino où de Gaulle reçoit le ministre des Affaires étrangères, Christian Pineau, qui fut son ministre et l'un des chefs les plus courageux de la Résistance intérieure, et qui va devoir traiter de l'affaire algérienne devant l'assemblée des Nations unies : stupéfait et probablement scandalisé, il s'entend dire par de Gaulle que l'Algérie devrait, un jour, être indépendante, mais aussi qu'il ne servirait à rien qu'il le dise publiquement puisqu'il ne peut pas agir. Et c'est exactement ce qu'il répète à un autre socialiste, Alain Savary, qui, lui, a démissionné du gouvernement Guy Mollet pour protester contre l'arraisonnement illégal de l'avion marocain transportant les dirigeants algériens. Sans doute de Gaulle pense-t-il qu'il doit une certaine franchise à ceux qui furent ses compagnons au temps de la Résistance et de la France libre. Mais ses propos ne sont pas faits pour être répétés : Pineau et Savary n'en parlent pas[6].

Il est impossible, pourtant, qu'ils restent tout à fait ignorés de la classe politique où, suivant l'usage, tout se sait même si tout est déformé. Les partisans de l'Algérie française veulent aussi savoir ce que de Gaulle pense, et l'un de leurs chefs de file, Roger Duchet, principal dirigeant des groupes modérés, qui n'a jamais été gaulliste, vient s'en assurer et repart convaincu que, sur l'Algérie aussi, il n'a rien de commun avec lui. Jacques Soustelle, qui s'est fait l'avocat passionné de l'Algérie française depuis qu'il en a été gouverneur général sous les gouvernements de Mendès France et d'Edgar Faure, peut espérer, lui, être mieux compris ou mieux accueilli par de Gaulle. Il lui envoie donc le livre où il affiche ses convictions, *Aimée et souffrante Algérie ;* mais la réponse qu'il reçoit très courtoise dans le ton, est très vague sur le fond puisque de Gaulle y parle seulement de la nécessité de mener « une très grande politique française en Afrique du Nord » qu'il faudrait poursuivre longtemps et continûment...

Cependant, de Gaulle sent qu'il faut mettre un terme aux rumeurs s'il veut garder les mains libres pour un futur même très incertain, et il fait donc publier un communiqué qui sera sa seule déclaration publique de toute l'année 1957 :

> Le Cabinet du général de Gaulle communique : Les propos attribués parfois dans la presse au général de Gaulle par certains de ses visiteurs, à la suite de conversations occasionnelles et fragmentaires, n'engagent que ceux qui les lui prêtent. Quand le général de Gaulle croit utile de faire connaître à l'opinion ce qu'il pense, on sait qu'il le fait lui-même et publiquement. Cela s'applique, notamment, au sujet de l'Algérie.

C'est peut-être, pour la plupart des Français qui lisent ce communiqué, une surprise en même temps qu'un indice : ils n'ont pas eu, naturellement, connaissance des rumeurs mais ils savent maintenant que de Gaulle lui-même pense à l'Algérie. C'est peut-être aussi à cette date que, pour la première fois, il entrevoit que la crise algérienne peut avoir pour le régime un effet mortel et ouvrir alors la voie à son retour. C'est ce que son beau-frère, Jacques Vendroux, croit comprendre quand, durant un séjour en Bretagne, de Gaulle, tout à coup, interrompt la conversation pour lui dire :

> Le drame de l'Algérie sera sans doute la cause d'un sursaut des meilleurs des Français... Il ne se passera plus longtemps avant qu'ils ne soient obligés de revenir me chercher [7].

Il ne faut pas s'y tromper : ce brusque accès d'espérance n'empêche pas que de Gaulle dira souvent encore que personne ne veut plus de lui et que les partis s'arrangeront toujours pour ne pas l'appeler au pouvoir. Mais il ne peut pas s'empêcher de voir la République se déliter. Il n'a rien à voir, naturellement, dans la tentative d'attentat contre le général Salan, en janvier 1957, tant son remplacement par le général

Coigny, objectif des conjurés, lui serait indifférent, et la mise en cause par ceux-ci de Michel Debré — que personne n'arrivera jamais à justifier — lui paraît sans doute ridicule et scandaleuse. Quant aux activités de « l'antenne » que Chaban-Delmas, devenu ministre de la Défense nationale, a établie à Alger sous la direction habile et active de Léon Delbecque, ancien Résistant et responsable du RPF dans le Nord, elles doivent lui inspirer quelque méfiance, puisque Jacques Foccart, qui est en relation avec celle-ci donne de fermes consignes de prudence quand il apparaît que gaullistes et activistes de l'Algérie française risquent de s'y mêler trop étroitement. Ce sont bien d'autres risques qui attirent son attention.

D'abord ce que lui disent les chefs militaires qui viennent le voir : les généraux Catroux, Juin, Billotte, Koenig, Cogny, Faure, Petit, Lecomte, Larminat et Guillebon. Impossible de ne pas ressentir, après les avoir écoutés, le drame vécu par l'armée en Algérie, l'angoisse qu'elle éprouve devant l'issue incertaine de la guerre qu'elle y mène. C'est aussi la mobilisation de l'Association des Français libres. Barberot a voulu leur faire signer un manifeste demandant que « dans les formes constitutionnelles il soit fait appel sans tarder au général de Gaulle, lui seul étant capable de réaliser l'unité nécessaire au salut commun ». Barberot a mis très longtemps à convaincre ses compagnons, mais, finalement, ils ont presque tous donné leur accord, y compris ceux qui sont réputés les plus à gauche, excepté Larminat qui veut préserver la neutralité politique de leur association.

De Gaulle ressent-il le sentiment d'urgence qu'on paraît éprouver autour de lui ? Et le prend-il au sérieux ? En tout cas, il écoute avec la plus grande attention l'écrivain algérien, Jean Amrouche, francophone et catholique qui vient lui dire qu'il est désormais partisan de l'indépendance[8]. Il en parle à Léon Noël[9]. Il reçoit Maurice Schumann et lui expose qu'il faudra proposer aux Algériens de se prononcer librement entre la sécession, la francisation et l'association, et que celle-ci ne doit pas leur être imposée par la force : exactement ce qu'il fera le 16 septembre 1959[10]... Devant d'autres interlocuteurs, il assure carrément que l'Algérie aura un jour son indépendance — il prononce le mot — comme devant l'universitaire américain Robert Neumann, alors conseiller diplomatique du vice-président Nixon[11], le journaliste suisse Rosenberg, l'ethnologue Germaine Tillon, Roger Stéphane, l'un des fondateurs de l'hebdomadaire antiatlantiste et anticolonialiste *France-Observateur*, et je puis aussi en témoigner. Le futur Hassan II, reçu à son tour, en retire la même impression. Au général Petit, envoyé auprès de lui par le général Ely, chef d'état-major de la Défense nationale, pour mieux connaître ses opinions sur l'Algérie, et qui parle de « l'Algérie française » et de son « intégration » à la France, de Gaulle répond aussitôt que les Algériens « ce sont des Arabes et jamais ils ne s'intégreront ». Jean Lacouture a témoigné des sentiments de Ferhat Abbas, qui sera, à la fin de l'année, le premier président du « Gouvernement Provisoire de la République Algérienne » : de Gaulle, pour lui, est le seul qui puisse répondre aux aspirations du nationalisme algérien...

Puis survient le tragique bombardement de Sakhiet-Sidi-Youssef, riposte aux incursions des maquisards algériens basés en territoire tunisien. Bourguiba rappelle son ambassadeur, Mohamed Masmoudi. Mais celui-ci croit savoir ce que pense de Gaulle : il demande à le voir et, sur-le-champ, il est invité à venir à Colombey. Il a raconté bien souvent ce que de Gaulle lui a dit[12], sa sympathie pour l'épreuve subie par les Tunisiens, mais sans incriminer le commandement français, sa conviction que, conformément aux exigences de la géographie, la Tunisie et la France devraient rester proches... Masmoudi fait savoir publiquement qu'avant de partir il a voulu rencontrer « celui qui incarne la vraie conscience française ». Remarquable éloge rendu à l'homme du 18 juin et de Brazzaville, mais formidable défi aux dirigeants français au moment où la guerre d'Algérie et ses dramatiques prolongements déchaînent les passions dans toutes les catégories de l'opinion française.

Les chroniqueurs recenseront longtemps les derniers signes annonciateurs de ce qui va survenir. Le 20 mars 1958, Raymond Triboulet, reçu par de Gaulle à sa demande, évoque avec précision la procédure qui permettrait son retour au pouvoir — appel solennel de René Coty ; réunion des présidents de groupes parlementaires, règles simplifiées pour la séance d'investiture à l'Assemblée nationale — et de Gaulle, bien qu'affichant toujours son scepticisme, ne l'a pas contredit : mais personne n'en a rien su[13]. Parmi quelques articles de journaux qui parlent de son éventuel retour, celui de Georgette Elgey, dans *Paris-Presse*, est particulièrement précis, mais c'est Olivier Guichard qui l'a inspiré. Un texte prémonitoire de Maurice Duverger dans *Le Monde*, considérant l'appel à de Gaulle comme inévitable, est simplement intitulé : « Quand ? » Jean Lacouture rapporte qu'un dîner réunit alors, à l'initiative du directeur de *L'Express*, Jean-Jacques Servan-Schreiber, Mendès France, François Mitterrand, Alain Savary, le MRP Robert Buron, connu pour son anticolonialisme, et que les dîneurs ont conclu que le problème algérien est « à la mesure du seul de Gaulle mais que le même de Gaulle n'est pas à la mesure du Parlement ».

Mais il ne faut pas s'y tromper : les spéculations journalistiques ne remplacent sous aucun régime le jeu impitoyable des forces politiques et sociales. Pas plus que les confidences et les réponses à demi-mot. Léon Delbecque, au moment de repartir en Algérie où il sait que des initiatives lourdes de conséquences vont être prises, d'autant qu'il compte y prendre part, est reçu rue de Solférino et cherche à obtenir un engagement assez ferme pour qu'il puisse en faire état : « Je saurai prendre mes responsabilités », lui répond calmement de Gaulle.

Dans le livre que je lui ai consacré, en 1964, je n'avais voulu faire état d'aucune anecdote. A deux exceptions près — l'une se situe après que de Gaulle eut été investi par l'Assemblée nationale : dans l'ascenseur de l'hôtel La Pérouse, il sortit de son silence pour dire au liftier : « Albert, j'ai gagné ! » ; l'autre date du 30 avril 1958 : Lucien Neuwirth, qui assiste Delbecque à « l'antenne » d'Alger et va le rejoindre, annonce à de Gaulle que les événements prochains pourraient conduire à faire appel à lui, et de Gaulle lui répond en le prenant par l'épaule : « Je vous répondrai. » Neuwirth assure que cette réponse compta beaucoup pour lui. Mais de Gaulle, quand il lut mon livre — où il était content de ne pas trouver d'anecdotes, buta sur celle-ci, bougonna et finit par me dire : « Enfin, si ça fait plaisir à ce brave Neuwirth ! »

Au terme de cette longue série d'épisodes, l'historien doit avoir l'humilité de le dire : rien n'était sûr, rien n'était joué. Ce qui commença en 1958, put apparaître, avec le recul du temps, comme allant de soi : au regard de l'historien, rien n'est plus inexact. Il n'était pas acquis que de Gaulle reviendrait au pouvoir et, quand ce fut fait, rien ne garantissait qu'il y resterait longtemps, ou qu'il pourrait atteindre ses objectifs. Tant il est vrai que le paradoxe de cette année-là est que de Gaulle fut appelé par tous ceux, qui, durant les années précédentes, firent assez exactement le contraire de ce qu'il avait voulu.

Les forces politiques au pouvoir étaient, somme toute, celles qui avaient exercé continûment leur prépondérance sur la IVe République, et qui, de ce fait, s'étaient opposées, passionnément ou sourdement, à ce que de Gaulle revienne à la tête du pays. Ce qui les séparait de lui était, au fond, l'essentiel : la conception du régime politique qu'il fallait à la France, c'est-à-dire la question centrale du pouvoir. Les ambitions personnelles des chefs de partis, les préjugés que l'on avait à son égard dans les milieux politiques et intellectuels, avaient joué leur rôle dans cet affrontement, mais la grande querelle, dont l'enjeu était l'essence même de la IVe République, était loin d'être vulgaire. A l'arrière-plan des discussions sur les prérogatives du président de la République, la formation du gouvernement ou ses rapports avec le parlement, c'était l'idée même de république qui était en cause, telle qu'elle résultait de la tradition, de l'histoire et des usages. La république, en France, était née de la lutte contre la monarchie absolue, puis contre la monarchie constitutionnelle, c'est-à-dire contre la prépondérance de l'exécutif héritée de la France royale et impériale. Ce combat avait été celui du parlement, c'est-à-dire essentiellement des députés, contre des gouvernements qui, par tradition ou cédant à la logique du pouvoir, voulaient se doter de la plus large autorité, en limitant autant que possible le pouvoir des assemblées. C'est ce combat séculaire qui a fondé l'idée républicaine en France, l'esprit républicain, les pratiques républicaines. On en fait remonter l'origine à l'affrontement qui opposa Mac-Mahon à la majorité de la Chambre des députés, qui renversa le gouvernement qu'il avait choisi, après quoi il en décida la dissolution le 16 mai 1877. Cette majorité, bien que réduite, fut reconduite. Il fut admis, dès lors, que le président de la République, pour former un gouvernement, se bornerait à rechercher l'accord des groupes parlementaires de sorte qu'une majorité en résulte, et que la chute des gouvernements provienne simplement du désaccord entre ces groupes. Tel était le régime républicain en France. Les forces politiques principales, issues du choix des électeurs, y étaient si fondamentalement attachées, que jamais elles ne le remirent en cause tout au long de la IIIe République. La IVe s'inspira de la même conception.

De Gaulle, on l'a vu, s'y était opposé obstinément et farouchement. Mais l'ensemble des forces politiques était, au fond, demeuré hostile à la république qu'il proposait. Dans sa tentative de convaincre les Français que tel était le régime qu'il leur fallait, de Gaulle avait connu un premier échec lors du référendum d'octobre 1946, qui fonda la IVe République. La création du RPF, l'année suivante, fut sa deuxième tentative et, cinq ans plus tard, fut son deuxième échec. Il s'était alors retiré chez lui mais le fossé qui le séparait des forces politiques principales demeurait aussi profond qu'à l'origine.

Depuis des années maintenant, les partis étaient aux prises avec la guerre d'Algérie. On se souvient qu'Edgar Faure, chef du gouvernement durant l'année 1955, s'était chargé de faire accepter l'autonomie de la Tunisie, et le retour du sultan Mohamed V sur le trône du Maroc, puis de préparer la reconnaissance, par la France, de l'indépendance des deux pays ; il avait alors jugé qu'il fallait, pour régler le problème algérien, suffisamment de stabilité et de continuité. Il avait alors décidé de dissoudre l'Assemblée élue en juin 1951, et de convoquer les électeurs le 2 janvier 1956, pour qu'ensuite le gouvernement soit assuré d'une certaine durée. Les partis avaient donc dû s'exprimer sur l'affaire algérienne. Les communistes, avec une petite fraction de la gauche engagée depuis longtemps dans la lutte anticolonialiste, furent seuls à parler du droit de l'Algérie à l'indépendance. Les socialistes, passés dans l'opposition de mars 1952 à juin 1954, mais qui avaient soutenu le gouvernement de Mendès France et la politique d'Edgar Faure en Tunisie et au Maroc, critiquèrent ce qui avait été fait en Algérie et réclamèrent que l'on y organise des élections libres après quoi l'on négocierait avec les futurs élus « pour rechercher les nouvelles formes d'association entre la France et chaque territoire ». Mais, en même temps, ils refusaient catégoriquement toute perspective d'indépendance. « Il y a l'abandon pur et simple », écrivait leur secrétaire général, Guy Mollet, dans l'hebdomadaire socialiste du Pas-de-Calais, *L'Espoir,* du 20 décembre 1955. « Nous retirer, ce que voudraient les communistes et quelques défaitistes. Solution inacceptable pour la France qui deviendrait une puissance diminuée, de seconde ou troisième zone, dépouillée de son rôle mondial. Solution plus inacceptable encore pour un socialiste, car ces pays [...] comptent sur nous pour affermir la démocratie, assurer leur équipement et leur expansion économique, développer l'enseignement et former des cadres. Si nous partions, ce serait pour être remplacés par d'autres, plus intéressés : Russes ou Américains. » En pratique, les candidats socialistes, préoccupés de critiquer le conservatisme de la politique menée jusque-là, invoquèrent souvent des perspectives « fédérales », ou encore l'égalité des droits entre Algériens de toutes catégories, ou bien une négociation future sur le destin de l'Algérie, mais, en même temps, ils rappelaient toujours les « liens indissolubles » entre elle et la France. En juillet 1956, Guy Mollet, dont la politique s'identifie alors à la guerre d'Algérie, est approuvé par les neuf dixièmes des mandats au congrès socialiste. Et c'est seulement un an plus tard qu'il aura un tiers d'opposants, mais, parmi eux, moins de la moitié est favorable à une négociation avec les nationalistes algériens.

Mendès France, depuis qu'il avait démissionné du gouvernement de Guy Mollet, deux mois après sa formation, avait longuement réfléchi à la question algérienne, avait beaucoup reçu, s'était beaucoup informé. Mais il s'en tenait à ses convictions premières : il fallait avant tout rétablir l'autorité de l'Etat sur une Algérie où, jusqu'alors, les dirigeants de la communauté européenne faisaient la loi. Ainsi reviendrait la confiance des musulmans envers la France. Il ne voulait ni qu'on se laisse intimider par ce qu'il appelait souvent le « terrorisme », c'est-à-dire par l'insurrection, ni que l'on donne aux Européens l'impression qu'ils seraient abandonnés et chassés du pays, dès qu'il y aurait une majorité musulmane dans les assemblées algériennes. Dans ses discours, durant la campagne électorale, il reprit ces thèmes et, comme à son habitude, évoqua les féodalités économiques à briser et l'œuvre à accomplir pour l'ensemble des Algériens... En fait, il avait entraîné derrière lui une fraction du parti radical qui constitua avec les socialistes et les républicains sociaux qui avaient suivi Jacques Chaban-Delmas un « front républicain » qui, évidemment hétérogène, invoquait tantôt le vocable de « fédération », tantôt celui d' « intégration », mais ne posait en aucun cas le principe du droit des Algériens à l'indépendance.

Dans la coalition électorale opposée, on trouvait, dans le programme électoral du MRP sur ce qu'on appelait alors l'Union française, des propos sur « la défense des populations contre les agissements de l'étranger, l'évolution interne de chaque pays vers une formule fédérale, la permanence d'un lien institutionnel d'interdépendance et de solidarité ». Ceux sur l'Algérie étaient beaucoup plus restrictifs, puisqu'on y demandait « que soit rétablie au plus vite la sécurité...., que soit admis dans l'administration un grand nombre de Français musulmans..., que soient entrepris une véritable réforme agraire et un effort d'industrialisation ». Dans l'hebdomadaire du MRP, *Forces nouvelles*, la tonalité était encore plus catégorique : « L'Algérie, depuis novembre 1954, est le théâtre de troubles graves provoqués par une minorité d'agitateurs soutenus de l'étranger et qui terrorisent les populations tant musulmanes que françaises. » Au total, les républicains populaires trouvaient encore bonne l'idée d'intégration, et il faudra attendre deux ans et demi pour qu'à l'occasion de la dernière crise ministérielle de la IVe République, un peu plus de la moitié des députés MRP s'opposent à ce que leur ancien président, Georges Bidault, devenu passionnément partisan de l'Algérie française, se présente à l'investiture de l'Assemblée nationale. A leur droite, dans la même coalition, les Indépendants et paysans parlaient en termes généraux de « la cohésion et [de] la sécurité de l'Union française [....] qui sera un jour une grande fédération de style encore jamais connu. » Mais il était notoire que la grande majorité d'entre eux était foncièrement attachée au maintien de la domination française en Algérie. Quant aux alliés qu'ils avaient encore au rassemblement des gauches républicaines, dont faisaient partie les radicaux, maintenant divisés entre Mendès France et Edgar Faure, ils suggéraient dans leur programme une synthèse entre « la France de l'Empire colonial et la France de 1789 », et demandaient pour l'Algérie « un statut institutionnel spécial à l'intérieur de la communauté française ». Les républicains sociaux, héritiers du RPF, qu'ils se fussent alliés aux modérés et aux républicains populaires, ou bien aux radicaux et aux socialistes, affirmaient en général que préserver l'indépendance nationale — qui était leur mission et même leur raison d'être — supposait que l'on maintienne l'autorité de la France sur les deux rives de la Méditerranée. Nulle part, on le voit, dans l'arc-en-ciel des partis prépondérants, n'était envisagé le droit de l'Algérie à l'indépendance.

Plus profond, plus grave, plus lourd de conséquences, était l'engagement de l'armée, au moins de la plupart de ses cadres, en faveur de « l'Algérie française ». Elle vivait alors une expérience inconnue. Un énorme transfert d'hommes avait entraîné, de la métropole aux départements algériens, contingent après contingent, la plus grande part des mobilisables, deux ans, parfois trois ans. La plupart des officiers d'active les y encadraient. Sur ce théâtre unique, il fallait que les combattants soient convaincus que l'enjeu était assez grand pour qu'ils acceptent sans broncher l'épreuve qui leur était imposée. Il fallait donc un « but de guerre », assez clair pour justifier tous les sacrifices, et qui soit accepté non seulement par l'armée, mais par le pays tout entier. Cette exigence fut le point de départ d'une « politisation » presque systématique des cadres de l'armée. L'ennemi était désigné, et il devait être détesté. Ceux qui soutenaient la rébellion algérienne étaient indirectement, eux aussi, des ennemis, et c'étaient la Tunisie, le Maroc, où le FLN algérien avait ses bases arrière, l'Egypte du colonel Nasser, la Chine, la Russie. Et ceux, en France, qui soutenaient que la rébellion algérienne était justifiée se conduisaient en « traîtres »....

L'expérience faite en Tunisie, puis au Maroc, d'un passage presque immédiat de l'autonomie à l'indépendance, semblait montrer, du reste, qu'aucune formule intermédiaire ne pouvait tenir entre la souveraineté française sur l'Algérie et son abandon. Nulle hésitation ne devait donc subsister sur la justification et le but de cette guerre : c'était le maintien de la France en Algérie, la protection de la communauté française, la défense de la communauté musulmane contre une rébellion dont tous les gouvernements et presque toute la presse dénonçaient à l'envi les crimes et les desseins, c'était « l'Algérie française ». D'autant qu'une idéologie de circonstance était enseignée presque officiellement au corps militaire : le communisme et le nationalisme arabe avaient partie liée, le second ouvrant inéluctablement la voie au premier. Le très ancien anticommunisme des cadres de l'armée française, né au temps des mutineries de 1917 que l'on croyait inspirées par l'exemple de la révolution russe, grandi dans les états-majors quand on y dressait les plans d'une guerre contre le jeune Etat bolchevik, exaspéré par les campagnes des communistes français contre l'occupation de la Ruhr en 1923, puis contre la guerre du Rif, exalté enfin par la guerre froide qui opposait au camp de l'Est le bloc occidental, trouvait en Algérie un nouveau champ d'action. Le nationalisme algérien ne manquerait pas, disait-on, d'être prisonnier de son alliance avec l'Union soviétique et tout le camp communiste. On n'y voyait du reste que l'un des fronts où il fallait combattre le nationalisme arabe en général, voire le panarabisme que l'on dénonçait comme un nouveau péril pour la liberté du monde... Telle était l'idéologie que l'on répandait dans les états-majors et parmi les cadres de l'armée, et qui connut son paroxysme avec la guerre de Suez, quand Français, Anglais et Israéliens, affrontaient l'Egypte de Nasser et que l'Union soviétique menaçait Paris et Londres de fusées dotées de charges nucléaires... On pouvait donc le prévoir : l'armée pèserait d'un poids très lourd dans le drame algérien, et on savait dans quel sens.

De Gaulle ne l'ignorait pas. On a vu qu'à son habitude, il accusait volontiers le régime de consentir, là comme ailleurs, à « l'abandon » : le mot était de son vocabulaire courant. Mais que, parlant de l'avenir de l'Algérie, il évoquait le caractère inévitable de son émancipation, parlant tantôt de « liberté », de « nation algérienne », mais aussi d'« indépendance »... Tenait-il, donc, un double langage ? En réalité, il lui semblait absurde de dire à l'avance ce qu'il pourrait faire alors que les circonstances de son retour au pouvoir étaient encore imprévisibles, et qu'il le croyait toujours peu vraisemblable. Naturellement opposé à une solution qui serait imposée par les puissances étrangères, il voulait qu'il y ait en Algérie une « solution française », c'est-à-dire que la France décide seule, et que les liens entre l'Algérie et la France soient aussi étroits que possible, sans pouvoir préciser ce qu'ils seraient. Mais, pardessus tout, il jugeait insensé que l'Algérie soit considérée comme de simples départements français, et les Algériens assimilés à des citoyens français. Pour lui, il y avait évidemment en Algérie une nation distincte de la nation française, un peuple différent du peuple français. C'était là l'essentiel. Depuis toujours, de Gaulle croyait en l'existence des nations, il croyait que la réalité nationale était, dans l'histoire, ce qui survivait à tout. Il était donc naturel, chez lui, de croire que l'Algérie ne pouvait être artificiellement intégrée à la France. Par la force des choses et par la force du destin, il devrait s'opposer à ceux qui, au contraire, rêvaient à cette intégration ou la voulaient passionnément : sous une forme ou sous une autre, c'était alors la plus grande part de la classe politique et la très grande majorité des cadres de l'armée.

Sur un autre front, de Gaulle pouvait aussi s'attendre aux plus fortes oppositions : l'Europe et la manière de la faire. Quatre ans ne s'étaient pas encore écoulés depuis que, le 30 août 1954, le projet de Communauté européenne de défense avait été mis en échec. Il ne l'aurait pas été, tout le monde s'en souvenait, sans la campagne hostile, inlassable et véhémente, qu'il avait menée, et sans le vote de plus de cent députés qu'il avait fait élire. Ce souvenir n'était pas oublié. Certes, d'autres décisions avaient été prises par la suite qui allaient façonner le futur visage de l'Europe : les traités de Londres et de Paris sur le réarmement de l'Allemagne, puis ceux créant la Communauté économique européenne et l'Euratom — Communauté européenne pour le développement de l'industrie nucléaire — ratifiés en 1957 et sur lesquels de Gaulle, alors retranché dans son silence, n'avait porté aucun jugement. Mais la trace des rudes affrontements autour de la CED n'était pas effacée, loin de là. Chez les partisans de l'armée européenne, qui avaient défendu leur cause et combattu si longtemps et si âprement, l'amertume de leur défaite restait profonde et leur méfiance envers de Gaulle demeurait entière. Ils avaient toutes raisons de croire qu'attaché comme il l'était à une rigoureuse conception de l'indépendance nationale, il ne cesserait jamais de combattre toute forme d'intégration, de supranationalité ou de fédéralisme pour l'Europe. Ils le soupçonnaient même d'être prêt, s'il le pouvait, à remettre en cause, le moment venu, l'existence de l'Euratom et la mise en œuvre du marché commun européen, dont la première étape devait être franchie à la fin de cette année 1958. Or ils étaient, toutes tendances confondues, majoritaires à l'Assemblée nationale. Les socialistes avaient refait leur unité, rompue durant la querelle de la CED, en votant unanimement en faveur des traités créant la Communauté économique européenne et l'Euratom, et tout indiquait qu'ils ne se diviseraient plus sur l'Europe. Les républicains populaires professaient en faveur d'un système européen intégré, supranational ou fédéral, la même unanimité qu'au temps de leur combat pour la CED, à quelques exceptions près. C'était aussi le cas d'une forte majorité des radicaux et de l'UDSR, c'est-à-dire de l'ensemble du Rassemblement des gauches républicaines, même chez ceux qui avaient partagé les réserves de Mendès France envers la CED et souscrit à sa condamnation par leur vieux leader, Edouard Herriot. La droite traditionnelle, en majorité favorable à la Communauté européenne de défense, l'était plus encore à tout autre aspect d'une Europe supranationale, maintenant que l'existence de l'armée française n'était plus en cause. Bref, toutes les forces politiques prépondérantes sous la IVe République semblaient se ranger, désormais, dans le camp des partisans de l'intégration européenne, et, par avance, voyaient en de Gaulle leur adversaire. Entre elles et lui, l'affrontement à court ou moyen terme était donc inévitable. Pour l'emporter, il lui faudrait des soutiens que, à son retour au pouvoir, il n'avait pas. Car la conjonction des hommes et des partis qui avaient mis en échec la CED, quatre ans plus tôt, n'existait plus. Il n'y avait plus qu'une vingtaine de députés gaullistes. Beaucoup des socialistes les plus hostiles à l'armée européenne, comme Daniel Mayer et Alain Savary, n'accepteraient pas que de Gaulle revienne au pouvoir par suite de l'épreuve de force que les partisans de l'Algérie française et les éléments les plus extrêmes de l'armée allaient déclencher à partir d'Alger. La gauche anticolonialiste, naguère hostile presque tout entière à la CED, lui opposerait le même refus, pour les mêmes raisons. Le parti communiste allait tenter de reconstituer contre lui un nouveau « Front populaire » et, faute d'y parvenir, pratiquerait contre lui une opposition sans nuances. Et à droite, les anciens adversaires de la CED risquaient de se révéler bientôt, par nationalisme, les plus opposés à ce que de Gaulle voulait faire en Algérie.

Il pouvait s'attendre aussi à l'opposition des Etats-Unis. Elle entraînerait celle de tous les courants politiques, idéologiques, intellectuels et sociaux, qui, en France, faisaient de l'alliance américaine — mais en réalité, de l'alignement sur la politique américaine — leur dogme intangible. L'origine en était déjà lointaine : elle se situait au temps où il dut combattre obstinément la préférence de Roosevelt pour une entente directe avec le régime de Vichy et les hiérarques qui le représentait dans l'Empire, son hostilité obsessionnelle envers sa personne, son projet de mettre la France, une fois libérée, sous l'autorité provisoire d'une administration militaire américaine. Même au temps où de Gaulle dénonçait l'Union soviétique et ses ambitions et où les exigences et les mythes de la guerre froide coloraient ses jugements et ses discours, il ne voulait pas qu'on renonce à l'indépendance nationale de la France et reprochait inlassablement aux gouvernements de la IVe République d'avoir consenti à une organisation de l'Alliance atlantique qui donnait la direction de tout aux Etats-Unis. Tout simplement il n'acceptait pas, contre le risque d'une hégémonie soviétique, la résignation à l'hégémonie américaine. Et il ne cessait pas de répéter que celle-ci, à son avis, était la source de toutes les concessions, de tous les reculs, de tous les renoncements auxquels les gouvernements français avaient dû consentir. Il était fatal que ceux qui ne voyaient de salut pour « l'Occident » que dans l'inféodation la plus étroite à une alliance dirigée par les Etats-Unis, l'aient tenu pour un gêneur et, bientôt, pour un adversaire. En tout cas, la méfiance américaine envers lui n'allait pas disparaître : il ne l'ignorait pas.

Dès lors, pour de Gaulle, apparaît l'enjeu de son retour au pouvoir. Il s'agit de renverser, pour la France, le cours du siècle. Le renverser à l'intérieur où il veut substituer à la tradition républicaine, telle qu'elle prévaut depuis les origines de la IIIe République, une autre conception de la République. Le renverser à l'extérieur puisqu'il veut mettre un terme à la série des guerres coloniales qui, depuis la fin de la Seconde Guerre mondiale, prolongent, au prix de drames, d'échecs et de crises, l'histoire tourmentée de l'Empire colonial français ; puisqu'il veut en même temps concilier l'indépendance du pays et une certaine forme d'union européenne en mettant un terme à la marche saccadée, mais apparemment inexorable, qui conduisait à une Europe politiquement intégrée, supranationale ou fédérale ; puisque, enfin, il veut s'opposer au système atlantique qui donne aux Etats-Unis une prépondérance politique, économique et stratégique sur le camp occidental. Tel est l'enjeu.

Dans cette entreprise, on vient de voir qu'il y a toutes les raisons de croire qu'il va échouer : il ne peut réussir que si son retour et son action correspondent à des exigences profondes, à l'attente, peut-être inconsciente mais sourdement impatiente, de la société française elle-même.

En ce début de 1958, la scène politique a commencé de changer. Les adversaires de la guerre d'Algérie ne se recrutent plus seulement dans les milieux qui furent toujours hostiles au système colonial. Ceux-ci demeurent seuls à proclamer le droit des Algériens à l'indépendance. C'est ce que fait, chaque semaine, l'équipe de *France-Observateur*, c'est ce que font les petits groupes d'inspiration anticolonialiste et antiatlantiste, la Jeune République, le Mouvement de libération du peuple, la Nouvelle Gauche, où se retrouvent, aux côtés de Claude Bourdet, Louis Vallon et Paul Granet qui, sous la Ve République, appartiendront tous deux au mouvement gaulliste. Mais d'autre courants se dessinent désormais qui, non sans précaution de langage parfois, voudraient mettre fin à l'aventure algérienne. *L'Express*, avec talent, avec éclat, leur sert, à tous, de plate-forme : Jean-Jacques Servan-Schreiber y met sa pugnacité, et François Mauriac son génie littéraire et sa sagacité politique. Quatre députés radicaux ou UDSR, Jean de Lipkowski, Pierre Naudet, Robert Hersant, André Hugues, déposent une proposition de loi en faveur du regroupement des Européens et des musulmans qui le souhaiteraient dans les régions d'Alger et d'Oran, définitivement rattachées à la France, les autres territoires devenant indépendants : l'exposé des motifs est une critique impitoyable de la politique suivie jusque-là. On recule encore, en général, devant le mot d'« indépendance », même dans la motion présentée au congrès socialiste de Toulouse en mai 1957 par la minorité la plus hostile à la guerre : elle n'obtint qu'une faible part des mandats, mais regroupe à la fois Daniel Mayer, Edouard Depreux et Alain Savary — qui quitteront la SFIO quand celle-ci acceptera que de Gaulle revienne au pouvoir — et Pierre-Olivier Lapie, André Philip, André Weil-Curiel qui soutiendront plus tard les institutions et la politique étrangère de la Vᵉ République. Chez les gaullistes, Edmond Michelet écrit qu'il faudra finir par s'entendre avec les Algériens rebelles, « car il va de soi que c'est bien avec eux qu'il faudra enterrer la hache de guerre ». Beaucoup d'autres pensent de même mais ne le disent pas. Guichard intervient auprès de ses amis qui sont à l'USRAF, l'organisation la plus large de partisans de l'Algérie française, et les avertit que de Gaulle ne croit pas que l'Algérie soit assimilable à la France et qu'il ne peut donc être favorable à l'intégration — bien que ceux qui emploient ce mot lui donnent souvent un sens différent. Louis Terrenoire qui demeure l'un des principaux dirigeants des républicains sociaux, déclare que l'Algérie pourrait être membre d'un « Commonwealth à la française ». Autant d'anciens gaullistes qui sur l'affaire algérienne ne suivent ni Jacques Soustelle ni Michel Debré.

En vérité, les tempéraments comptent ici plus que les analyses et les opinions. Chez les gaullistes, que n'ont pas gagné l'indifférence, la résignation ou le sentiment de leur impuissance, et qui veulent rester actifs, la combativité a toujours été l'essentiel. Ils se jugent porteurs d'une leçon historique : quand tout paraît perdu, on peut encore faire front, lutter contre le courant, sauver ce qui paraît irrémédiablement compromis. Instinctivement, beaucoup pensent qu'il vaut la peine de se battre pour que la France ne disparaisse pas d'Afrique, comme elle a disparu d'Asie. C'est que, pour les gaullistes, l'histoire de la France libre fut liée tout entière à l'existence d'un Empire français qu'il s'agissait de gagner à la cause alliée, pour qu'il prenne part à la guerre. Pour les uns, sans doute la majorité, il s'agit donc de garder l'Algérie à la France. Mais pour d'autres, sensibles aux véritables leçons du discours prononcé par de Gaulle à Brazzaville en février 1944, il fallait que la France établisse des liens d'un type nouveau avec des peuples dont l'émancipation était, de toute façon, inévitable. Les secousses qui ébranlaient le régime réveillent maintenant leurs espoirs. Parmi les plus obstinés, certains se mobilisent à nouveau. Marie-Madeleine Fourcade et André Astoux font campagne pour l'envoi de lettres au président Coty lui demandant d'appeler de Gaulle. On ne saura jamais le nombre des missives reçues à l'Elysée : quelques sacs de l'administration des postes, entassés au service du courrier et que, de toute façon, on n'ouvre pas...

D'anciens gaullistes et d'autres qui ne l'étaient pas s'étaient réunis autour de Gilbert Grandval et de Roland Pré pour discuter des décisions que de Gaulle pourrait prendre, s'il revenait au pouvoir — ou qui devraient être prises par un gouvernement décidé à mener une autre politique que celle qui prévalait jusque-là[14]. On parla de la Constitution, de l'organisation économique du pays, de l'Afrique noire, de l'Algérie. On trouvait là René Capitant, un universitaire socialiste, André

Hauriou, le directeur de la revue *Esprit*, Jean-Marie Domenach, un secrétaire de la CGT, Pierre Lebrun, un des anciens collaborateurs de Mendès France, Simon Nora, le futur directeur du cabinet de Michel Debré, Pierre Racine, qui sera, dès juillet 1958, chef de la mission d'études du secrétariat général pour les Affaires algériennes. C'est ce dernier qui rédigea le rapport sur l'Algérie. Il le concluait ainsi : « Une seule méthode paraît réaliste : celle qui consiste, à l'occasion de contacts rigoureusement secrets, à mesurer les ambitions des représentants du nationalisme algérien et à explorer les terrains d'entente. » Il est significatif que ce texte ait rejoint pour une large part, les conclusions de deux rapports concluant, eux aussi, que les intérêts de la France en Algérie n'impliquaient pas forcément le maintien de la souveraineté française : leurs auteurs étaient de jeunes hauts fonctionnaires, très représentatifs de leur génération et qui occuperont plus tard les plus hautes charges dans l'Etat et dans l'administration : André Vals, Fernand Grévisse, Vaez Oliveira, Charles Frappart, Claude Cheysson, Pierre Billecocq — ce dernier, reçu le 6 février 1958 par de Gaulle à qui il avait fait remettre les deux rapports, en ressort avec la conviction que de Gaulle en approuve l'esprit [15].

Quelques mois à peine avant la crise de mai 1958, Edmond Michelet, ministre dans le dernier gouvernement de Gaulle, passé du MRP au RPF, auquel il avait apporté sa sensibilité populaire et sociale, et qui comptait parmi les personnalités politiques les plus hostiles à la guerre d'Algérie, avait publié un petit livre dont le titre traduisait assez bien l'état de l'esprit public dans la phase ultime de la IVe République : *Contre la guerre civile*. Les Français, en effet, sentaient que la guerre d'Algérie se prolongeait, chez eux, en un début de guerre civile. Les véhémentes querelles autour de l'emploi de la torture en Algérie en étaient comme les premiers signes. L'armée en était atteinte jusque dans ses profondeurs : les officiers les plus engagés dans la guerre et dans la répression étaient ulcérés par les accusations qui mettaient en cause leur honneur, leurs méthodes, la portée et le sens de leur action, tandis que d'autres voyaient à quel point le corps militaire français risquait, tout entier, d'y perdre son âme. Une commission d'enquête ayant été créée par le gouvernement Guy Mollet, plusieurs personnalités pressenties refusèrent d'en faire partie, jugeant insuffisants les moyens d'investigation qui leur seraient donnés : le vice-président du Conseil d'Etat, René Cassin, qui fut ministre de la Justice de la France libre, Me Thorp, bâtonnier du barreau de Paris, le premier président de la Cour de cassation, Battestini, Me Maurice Garçon qui était l'un des plus célèbres avocats de l'époque, François Mauriac. Mais telle qu'elle était, sous la présidence du gouverneur général Delavignette, elle rendit son rapport le 21 juillet 1957 : il était accablant. Pour l'avoir publié, *Le Monde* fut saisi pour la première fois de son histoire. Pour la défense d'un jeune mathématicien, disparu après son interrogatoire à

Alger, un comité « Maurice Audin » se constitua dans l'université. Maurice Bourgès-Maunoury, ministre de l'Intérieur du gouvernement Guy Mollet avant de devenir à son tour président du Conseil, ironisa sur les « chers professeurs » qui, comme l'helléniste Henri Marrou, dont la police était allé perquisitionner les fiches, mettaient en garde l'opinion contre l'engrenage de la guerre. Et, quand fut publiée *La Question,* où Henri Alleg, décrivant ce qu'il avait subi, apporta sur l'homme devant la torture, un témoignage inoubliable, Jean-Paul Sartre, François Mauriac, André Malraux et Roger Martin du Gard, signèrent une protestation commune : c'était la première fois que les quatre grands écrivains faisaient ensemble la même démarche

Le catholicisme français fut touché, plus que tout autre milieu peut-être, par cet irrésistible déchirement. D'un côté, on vit un certain intégrisme religieux, inspirer l'engagement politique et militaire en Algérie au nom d'une lutte sacrée contre toutes les formes de révolution, de marxisme et de communisme, dont le nationalisme arabe ne serait que l'antichambre. Il s'organisa autour du mouvement « Cité catholique », né en 1950 mais qui parvint alors à se structurer en 17 réseaux régionaux, en métropole, en Algérie et en Afrique noire. Sa revue, *Verbe,* en propageait les idées, publiant en 1957-1958, une longue série d'articles sur le marxisme, le communisme, le bolchevisme et le titisme, puis un dossier spécial sur « les tacticiens de la révolution » et, dans la dernière année de la IVe République, une suite de textes consacrés à *Morale et guerre révolutionnaire*, ensuite réunis dans une brochure diffusée en priorité parmi les officiers. Il s'agissait de préciser, en s'inspirant des textes traditionnels de la doctrine catholique, quel devait être le comportement à tenir devant les défis et les dangers de ce nouveau type de conflit. Le plus ardent diffuseur de *Verbe,* l'adepte le plus convaincu de la croisade qu'il voulait mener simultanément, en Algérie, contre le nationalisme arabe et le communisme international, au nom de cette conception particulière de sa foi religieuse, était le capitaine de Cathelineau. « Créer des cellules de la "Cité catholique" dans l'armée, écrivait-il, c'est [...] faire œuvre nationale... L'action psychologique dans l'armée est à l'ordre du jour. Elle dispose d'un service officiel au ministère des Forces armées et son but essentiel est d'opposer à la foi marxiste une foi nationale. Or il est devenu évident qu'il n'y a de fondement sérieux à cette foi nationale que dans un patriotisme authentique, prenant racine à la lumière des doctrines de l'Eglise. » Le capitaine de Cathelineau fut tué en Kabylie en 1957. Après lui, un ancien communiste converti au catholicisme par le père Filière, fondateur de l'hebdomadaire intégriste *L'Homme nouveau*, Georges Sauge, se chargea d'assurer la liaison entre l'extrême droite catholique et les nombreux officiers saisis par le vertige de la guerre d'Algérie. Son tempérament le portait à choisir l'action directe. Il fut à la tête d'un petit groupe qui manifesta devant l'ambassade yougoslave, lors d'un voyage de Tito à

Paris, puis donna l'assaut au siège du parti communiste le 7 novembre 1956, au moment de l'insurrection hongroise. Il fonda cette année-là le « Centre d'Etudes supérieures de psychologie sociale », entra en contact avec les hommes politiques les plus engagés en faveur de l'Algérie française, prit la parole le 11 février à un meeting organisé par le « Front national des Combattants » aux côtés du député poujadiste Jean-Marie Le Pen et, surtout, se mit en liaison avec le 5e bureau de l'armée, chargé de l'action psychologique, où il fit la connaissance des colonels Lacheroy et Goussault, qui auront un rôle actif à partir du 13 mai 1958.

A l'opposé, un vaste mouvement portait les catholiques français à ne plus admettre la colonisation, dans ses formes anciennes, moins encore la violence sans limites dont elle s'accompagnait désormais. Ainsi s'engagèrent contre la guerre d'Algérie, bon nombre d'écrivains, de journalistes ou de militants chrétiens. Il s'agissait, pour eux, de morale vécue, de principes à respecter et que l'on était en train de violer, de rendre compatibles leurs devoirs envers les hommes, envers la patrie, envers soi-même. Durant des siècles, la propagation du christianisme alla de pair avec la colonisation. On n'ignorait pas que celle-ci avait charrié avec elle des morts, du sang, des excès, mais, sur ses traces ou la précédant, des missionnaires avaient fait rayonner la foi et prodigué leur charité : voici qu'en pays musulman le christianisme s'identifiait à la répression, aux meurtres et à la torture. La crise qui en résulta dans les consciences chrétiennes fut bien plus grave qu'on ne le crut alors, et ses effets lointains n'en apparurent, dans toute leur ampleur, que bien plus tard. Mais les premiers signes en étaient là, déjà, comme cette réponse de Robert Barrat, ancien responsable de la conférence des intellectuels catholiques français, au juge d'instruction qui l'interrogeait sur ce qu'il ferait s'il était en âge d'être appelé à servir en Algérie : « Je serais objecteur de conscience. » Et, au même moment, après la mort, probablement sous la torture, d'un dirigeant clandestin du FLN, Ali Boumendjel, Francis Janson écrivit dans *Esprit,* revue d'inspiration chrétienne : « S'il apparaît décidément impossible d'obtenir de nos gouvernements une politique plus saine, ceux qui veulent continuer de croire aux valeurs qu'on leur enseigne, ne seront-ils pas de plus en plus provoqués à prendre, contre cette France, le parti de ses victimes ? » Chacun à sa façon et non sans nuances entre eux, Robert Barrat et Francis Janson entraînèrent, plus tard, des Français jusqu'à soutenir le FLN. On approchait, bel et bien, d'une guerre civile.

Mais le pays n'en voulait pas. Instinctivement, peut-être inconsciemment, il était prêt à tout, ou à presque tout, pour l'empêcher. Ce fut peut-être pour de Gaulle son atout principal que d'être celui que les Français identifièrent à ce refus passionné de la guerre civile. Parce qu'il était resté, pour eux, le symbole de la grande fraternité de la guerre et de la Résistance dont beaucoup, en ce temps-là, gardaient la nostalgie, il était seul à pouvoir incarner leur espérance.

La France semble alors vivre sous le signe d'une étrange dichotomie. Tandis qu'elle s'enfonce dans le drame algérien, elle vit, depuis cinq ans, sous le signe des records économiques. Peu à peu elle s'éprend de son propre dynamisme. Les chefs d'entreprise se sont mis avec enthousiasme à l'école de la productivité, les courbes d'expansion deviennent à la mode. Après le gaz de Lacq, on a découvert le pétrole du Sahara. La bourse est à la hausse, presque sans arrêt de 1955 à 1958. Citroën sort la DS et l'industrie automobile française devient l'une des plus puissantes du monde. Le nombre des naissances est parmi les plus élevés que la France ait connu, et l'essor démographique, entamé dès la fin de la guerre, ne semble pas prêt de se ralentir. C'est alors pourtant que l'Etat ne paraît plus vivre que par la vitesse acquise. Le gouvernement de Guy Mollet dure près de dix-huit mois, battant tous les records de la IVe République, mais il s'identifie à la guerre d'Algérie et à l'expédition de Suez, et s'achève en déroute financière. Celui de Bourgès-Maunoury disparaît en trois mois, celui de Félix Gaillard en six mois. A toutes les crises ministérielles, les partis sont maintenant unanimes à réclamer la réforme de l'Etat : mais peu de gens croient qu'ils la veulent sincèrement et, sur aucun point, ils ne parviennent à un accord sérieux. Tandis que tout ce qui produit, échange, travaille ou réfléchit en France, est prêt à se lancer dans l'aventure de l'économie moderne, il n'est question que de la guerre d'Algérie, des 500 000 hommes qu'on entretient là-bas, des opérations, des ratissages, de la répression, des complots, des attentats, des conjurations... Tout se passe comme si les Français vivaient simultanément dans deux mondes différents : mais, justement, ils veulent en finir avec cette contradiction.

Leur impatience s'accroît au spectacle du désordre économique. On a vu sombrer depuis deux ans cette expansion sans inflation qui suivit le coup d'arrêt donné par Antoine Pinay à la hausse des prix, au début de 1952, et qui dura jusqu'aux élections de janvier 1956. La production, à l'indice 100 en 1949, était passée à 116 en 1952, à 119 en 1953, à 126 en 1954, à 133 en 1955. Durant ces deux dernières années, le déficit budgétaire resta limité à quelque 660 milliards de francs, alors que la pression fiscale diminuait. Après la fin de la guerre d'Indochine, les charges militaires étaient passées de 538 milliards en 1953 à 405 en 1955. La balance commerciale en déficit de 339 milliards en 1953 et de 180 en 1954 était en excédent de 84 milliards en 1955, pour la seule fois en quatorze années de IVe République. Mais ce bilan est désormais remis en cause. L'économie française pourrait certainement absorber les augmentations de salaires, la troisième semaine de congés payés, et la création d'un Fonds national pour la vieillesse que le gouvernement Guy Mollet décide à ses débuts : mais il s'y ajoute brusquement des dépenses massives et croissantes pour la guerre d'Algérie. Du coup, se trouvent réunis tous les facteurs d'une inflation nouvelle que le ministre de l'Economie et des Finances, Paul Ramadier, cherche à endiguer à coups d'impôts et d'emprunts, mais sans aucun effet. Après lui, Félix Gaillard, ministre des Finances sous Bourgès-Maunoury, puis président du Conseil à son tour, impose le train habituel des mesures classiques en pareille occurrence : dévaluation de fait de 20 %, emprunts extérieurs, relèvement des prix et des tarifs, augmentation des impôts, hausse du taux d'escompte. Mais l'héritage économique des deux années précédentes était trop lourd : le poids de la guerre pèse sur plusieurs branches de la production. L'expédition de Suez, en provoquant la hausse massive du coût des frets, a obligé d'abord au rationnement de l'essence, puis à l'achat massif de pétrole aux Etats-Unis, et la balance des paiements connaît une crise aiguë au point qu'en mai 1958 la France n'a plus, en réserves monétaires, que 80 milliards alors qu'il en faut 120 pour un seul mois d'importations.

Le temps n'est plus où l'on pouvait pardonner au régime sa mauvaise gestion de finances publiques et sa faiblesse devant l'inflation, quand il s'agissait encore de reconstruire le pays et quand l'Europe entière dépendait de l'aide américaine. Désormais un mot définissait l'esprit des générations qui montaient en France : modernisation. Il s'agissait pour elles de faire une économie moderne pour fonder une société moderne et donc, s'il le fallait, instaurer un Etat moderne. C'était déjà l'esprit qui avait conduit à la vogue passagère du mendésisme. Quels qu'aient été les déchirements passés, on avait souvent accueilli avec soulagement la fin de la guerre d'Indochine, celle de la querelle de la CED et les accords sur le réarmement allemand, parce qu'on y voyait autant d'archaïsmes qui détournaient la France de la seule préoccupation qu'elle aurait dû avoir : sa modernisation. Du reste, tous les pays voisins semblaient donner l'exemple de ce que la France devait être : la IVe République n'avait plus d'excuses. Dans les classes dirigeantes en particulier, mais aussi dans les profondeurs du pays, on éprouvait une impatience croissante devant le contraste entre la vitalité économique du pays et l'impuissance de son régime, aggravée par la guerre d'Algérie.

De Gaulle, revenu au pouvoir, devait répondre à cette impatience. C'était à la fois sa chance et la condition de son succès. Formidables étaient les oppositions sourdes ou avouées, intérieures ou extérieures qu'il avait contre lui, rares étaient, à peine quelques semaines plus tôt, ceux qui mettaient encore leur confiance en lui : mais s'il écartait le spectre de la guerre civile, s'il conjurait les périls accumulés et contradictoires venant de la guerre d'Algérie, s'il surmontait enfin le déchirement du pays entre des désordres sans nombre et son irrésistible aspiration à la modernité, il pouvait gagner.

Chapitre 27

LE RETOUR

En dix-huit jours, la IVe République va mourir. Tout se jouera entre le 13 mai et le 1er juin 1958. Entre l'assaut contre les bâtiments du Gouvernement général à Alger et l'investiture donnée à de Gaulle. L'affaire d'Algérie, au point où elle était parvenue, ne permettait plus d'arrangements, ni d'équivoques. Elle exigeait un choix : l'histoire de cette crise est l'histoire de ce choix.

On pouvait envisager de faire front contre les partisans les plus résolus de l'Algérie française et, sans nul doute, contre une fraction notable de l'armée, et, pour cela, s'allier avec tous leurs adversaires, y compris les communistes, accepter une épreuve de force qui eût peut-être été une guerre civile, mais qui, si on l'emportait, eût à coup sûr conduit, à plus ou moins brève échéance, à reconnaître le droit des Algériens à leur indépendance et à en négocier les termes avec le FLN.

Si l'on ne prenait pas ce parti, on pouvait aussi sauver — au moins provisoirement — la IVe République en choisissant l'attitude inverse : il fallait alors s'entendre avec ceux qui, dans les partis politiques et dans l'armée, s'identifiaient au dogme de l'Algérie française, en particulier avec les chefs militaires qui commandaient à Alger, et que le gouvernement fît sienne la politique d'intégration de l'Algérie à la France. Les éléments d'extrême droite qui avaient pris une part déterminante à l'émeute d'Alger et qui s'agitaient en métropole eussent alors été, sans difficulté, ramenés à la raison ou mis à l'écart ; et les partisans d'un appel à de Gaulle se seraient retrouvés peu nombreux, comme auparavant.

Faute de se résoudre à l'un ou l'autre terme de cette alternative, on était conduit à l'issue qui, finalement, prévalut : on s'épargnerait ainsi les aléas d'une épreuve de force avec les partisans intransigeants de l'Algérie française, aussi bien que le coût d'une guerre interminable et de l'intégration de neuf millions de musulmans algériens à la communauté française ; mais la contrepartie en serait le recours à de Gaulle, c'est-à-dire — nul ne l'ignorait — la fin de la IVe République.

L'histoire de la France entre le 13 mai et le 1er juin est tout entière faite de l'effort des uns pour que soit adoptée l'une de ces trois solutions, de l'hésitation des autres devant un choix qu'ils auraient voulu éviter[1].

C'est le soir même du 13 mai que l'on put discerner l'ambiguïté de la crise qui venait d'éclater et, par là, les choix différents auxquels elle pouvait conduire. Ce jour-là, à Alger, une manifestation était prévue : son but officiel était d'exprimer l'indignation des Européens d'Algérie après l'exécution de trois soldats français par le FLN, en riposte à celle de l'étudiant Abderhamane Taleb. Elle devait suivre une cérémonie officielle où le général Salan, commandant en chef, déposerait une gerbe au monument aux morts, c'est-à-dire en bas des escaliers montant au Forum qui s'étend devant l'immeuble du Gouvernement général. Les organisateurs de la manifestation ont, en réalité, d'autres intentions. Elle a été décidée, trois jours plus tôt, par le « Comité de vigilance » qui regroupe l'ensemble des partis, organisations professionnelles et associations d'anciens combattants à Alger. Mais les membres de ce Comité n'ont pas les mêmes projets et leurs divergences apparaissent justement à l'heure où la manifestation va tourner à l'émeute et déboucher sur la prise d'assaut du Gouvernement général.

Le « Comité de vigilance » avait été fondé quatre mois plus tôt à l'initiative de Léon Delbecque. Cet homme de trente-quatre ans a derrière lui un passé exemplaire du choix de certains Français depuis 1940. Issu des milieux ouvriers du Nord, très jeune résistant et admirable combattant, il a cru prolonger l'aventure qu'il avait connue durant la guerre en s'engageant dans le RPF, comme on s'engage dans l'armée. Il est de ceux pour qui le recours à de Gaulle s'identifie au refus des « abandons » : terme souvent employé dans le vocabulaire gaulliste, et qui dans l'esprit de beaucoup de militants ou d'électeurs ne s'appliquait pas seulement à la politique étrangère de la IVe République. Il valait aussi pour le sort de l'ancien Empire dont le salut, même sous des formes nouvelles, symbolisait, pour eux, le rang de la France dans le monde[2].

Cette réaction presque instinctive, et même passionnelle, contre tout ce qui menaçait son étendue et sa cohésion prévalait sur tout autre sentiment, sur tout autre argument. Rien n'y faisait : ni ce que de Gaulle avait dit sur l'émancipation future des peuples d'outre-mer ; ni les distances qu'il avait eu soin de prendre à l'égard des partisans les plus déterminés de la domination coloniale ; ni les menaces qui résultaient, pour le pays, de la prolongation indéfinie de la guerre d'Algérie et du refus d'admettre la volonté d'indépendance des peuples colonisés. Il s'y mêlait d'ailleurs, chez beaucoup, une sorte de générosité sincère à l'égard des Algériens : il fallait, disaient-ils, reconnaître leurs droits de citoyens, mettre fin aux injustices et discriminations dont ils étaient l'objet, ne tenir nulle rigueur à ceux qui s'étaient insurgés quand ils accepteraient le destin que la France leur proposait...

Tel était Léon Delbecque. Affecté au cabinet de Chaban-Delmas, ministre de la Défense nationale dans le gouvernement de Félix Gaillard, il avait obtenu la libération des officiers algériens arrêtés pour avoir exprimé leur angoisse dans une lettre collective au président de la République. Il croyait s'être concilié l'un d'entre eux, le commandant Khelifa. Il avait participé, sur le terrain, aux opérations des « Commandos noirs » de deux anciens Français libres, le général de Bollardière et le colonel Barberot, qui tentaient d'originales expériences de pacification. Bref, il pensait que l'intégration était le seul mythe dont la force d'attraction fût égale à celle de l'indépendance. En le choisissant comme but exclusif de la politique française, on pourrait rassembler autour de lui la majorité des Algériens.

Léon Delbecque appartenait au Comité directeur des républicains sociaux depuis qu'en 1953 de Gaulle avait mis un terme à l'activité du RPF. Ceux-ci avaient entrepris de jouer leur jeu dans la vie politique française en espérant faire triompher, à l'occasion, les idées qu'ils avaient défendues jusque-là. La plupart gardaient sans doute au fond d'eux-mêmes l'espoir qu'un jour, les circonstances aidant, ils pourraient favoriser le retour au pouvoir de leur ancien chef.

Mais les secousses qui ébranlaient peu à peu le régime, sous l'effet de la guerre d'Algérie, laissaient désormais entrevoir une crise qui pourrait tout changer. Utiliser l'affaire algérienne pour provoquer un recours à de Gaulle était au fond le désir commun de la plupart des gaullistes. Cela n'impliquait chez eux aucune adhésion collective à telle ou telle solution : on l'a vu, Michelet, Capitant, Guichard différaient beaucoup sur ce point de Soustelle ou de Debré. Léon Delbecque, lui, partisan résolu de l'Algérie française et de l'intégration, ne voulait pas séparer ce choix de sa fidélité à de Gaulle, de sa volonté d'aider à son retour au pouvoir.

Représentant son ministre, Chaban-Delmas, à Alger, il entreprit donc d'unir tous les partisans de l'Algérie française — c'est-à-dire en pratique tous les partis et toutes les organisations représentant la communauté européenne. Ainsi naquit le « Comité de vigilance ». Les républicains sociaux que Delbecque représentait avec Guy Ribeaud, Lucien Neuwirth, L'Hostis et Vinciguerra, n'avaient en réalité qu'une faible audience parmi les Européens d'Algérie. L'ascendant personnel de Delbecque, ses capacités d'organisateur, ses fonctions auprès du ministre de la Défense nationale, y suppléaient. L'appui de quelques officiers — le colonel Thomazo, le commandant Pouget — renforçait encore sa position, et il croyait pouvoir compter, le moment venu, sur le colonel Bigeard dont la popularité était grande dans la communauté européenne, beaucoup plus que dans l'armée.

Mais Delbecque devait faire face à des oppositions multiples. Lacoste, tant qu'il resta à Alger, le soupçonna d'intriguer contre lui et chercha sans cesse à l'éloigner. Le général Salan et son chef d'état-major, le général Allard, des officiers qui seront plus tard réputés pour leur attachement à l'idée d'intégration, tel le colonel Goussault, se méfiaient d'un homme qui manifestement voulait mener à Alger une action politique et qui, se réclamant de son titre de représentant du ministre de la Défense nationale, négligeait la hiérarchie militaire. Bien entendu, les radicaux, les socialistes, les conservateurs appréciaient peu les activités du délégué officiel des républicains sociaux : ils gardaient envers ceux-ci leurs préventions traditionnelles. Enfin, ceux qu'on appellera les « activistes », répartis entre plusieurs organisations d'extrême droite, ne songeaient nullement à favoriser un recours à de Gaulle : le souvenir de Vichy imprégnait beaucoup d'entre eux ; tous se méfiaient de « l'homme de Brazzaville » et leur rêve était plutôt celui d'un Etat militaire, corporatiste, autoritaire, anticommuniste, invoquant l' « Occident » et la « Chrétienté ».

La crise ouverte par la chute du gouvernement Gaillard va brusquement rapprocher les échéances. L'occasion s'offre de peser sur son issue, et chacun va tenter de faire prévaloir ce qui lui tient le plus à cœur : l'Algérie française pour les uns, le recours à de Gaulle pour les autres, ou les deux à la fois, tout le monde s'accordant, au-delà des divergences, pour réclamer un « gouvernement de salut public ».

Le 26 avril, une première manifestation massive, à Alger, avait prouvé aux animateurs du « Comité de vigilance » qu'ils avaient bien en main les foules européennes : elles étaient innombrables aux abords du Gouvernement général. Le service d'ordre s'était montré efficace, et il n'y eut aucune de ces violences contre les musulmans qui accompagnaient si souvent les démonstrations de force des pieds-noirs et suscitaient, en métropole comme à l'étranger, la plus véhémente indignation. C'était, en somme, une répétition générale.

Le soir du 8 mai, René Coty demande à Pierre Pflimlin de constituer le nouveau gouvernement. Ce que les partisans les plus extrêmes de l'Algérie française retiennent d'abord, c'est qu'il a été, au sein du MRP, le principal artisan de la mise en échec de Georges Bidault, champion de l'intégration, auquel le président de la République avait fait appel en premier. Ce qu'ils relèvent ensuite c'est le texte qu'il a publié, quelques jours plus tôt, dans le journal de sa circonscription : « Nous refusons de nous laisser enfermer dans le dilemme, raidissement ou abandon. Nous croyons qu'il existe une troisième politique : engager des pourparlers avec les responsables de ceux qui se battent pour déterminer les modalités du cessez-le-feu et les garanties qui entoureront les élections. » Peu importe alors qu'il n'ait à aucun moment envisagé l'indépendance de l'Algérie, peu importe que l'Assemblée nationale y soit hostile, peu importe ses intentions véritables et ses possibilités d'action : c'en est assez pour servir de prétexte, ou d'occasion, à l'offensive que l'on va déclencher à partir d'Alger.

Le 10 mai, deux épisodes annoncent la crise qui, sans que personne alors puisse le prévoir, sera tranchée dans trois semaines. Ce jour-là, Alain de Sérigny, directeur de *L'Écho d'Alger*, écrit un éditorial qui paraîtra le lendemain. C'est un appel à de Gaulle : « Je vous en conjure, parlez, parlez vite, mon général... » L'auteur, autrefois, ne cachait pas ses sympathies envers Vichy. Mais mieux informé que d'autres, peut-être, sur la lassitude des partis traditionnels devant la prolongation indéfinie de la guerre d'Algérie, angoissé par ce qui pourrait en résulter pour la politique du prochain gouvernement, il avait suivi les conseils de Soustelle. Celui-ci l'avait assuré que recourir à de Gaulle était maintenant la seule chance de sauver l'Algérie française : dans la lettre qu'il lui avait adressée quelques jours plus tôt, il n'avait pu lui garantir que l'ancien chef de la France libre était partisan de l'intégration. Mais, pour convaincre Sérigny, il avait fait état des propos que de Gaulle tenait contre toute idée de médiation étrangère, contre toute pression extérieure sur le règlement de l'affaire algérienne et, plus généralement, contre toute politique d'« abandon ». Delbecque, de son côté, avait insisté. L'éditorial de *L'Écho d'Alger* répondait donc à leur attente.

C'est aussi le 10 mai que le général de Beaufort remet au président de la République une lettre signée par le général Salan et ses principaux adjoints, les généraux Jouhaud, Allard, Massu et l'amiral Auboyneau. Cette lettre marque la première intervention publique et collective de l'armée dans une crise politique. Elle annonce que, désormais, il faudra tenir compte de son avis dans la conduite de la politique française sur un point capital : l'Algérie. On pouvait y lire cet avertissement catégorique : « L'armée française, d'une façon unanime, sentirait comme un outrage l'abandon de son patrimoine national. On ne saurait préjuger sa réaction de désespoir... » Le sens en était clair : au moment où l'Assemblée nationale s'apprêtait à investir un nouveau gouvernement, les chefs militaires d'Alger demandaient qu'il n'y ait aucune ambiguïté dans sa politique. Ils appuieraient tout ce qui contribuerait à préserver l'appartenance de l'Algérie à la France et ils ne garantissaient pas ce qui risquait d'arriver si l'on avait le sentiment que l'on se dirigeait, même à pas feutrés, vers l'indépendance algérienne.

Il n'était question, ici, ni de conjuration ni de complot. C'était, tout simplement, une volonté politique qui s'exprimait. Elle répondait à une inquiétude qu'avait exprimée, quarante-huit heures plus tôt, Robert Lacoste, quand, prenant congé des généraux. d'Alger, il leur avait adressé cette mise en garde : « Attention à un Dien Bien Phu diplomatique. » L'expression contenait tous les dangers contre lesquels on voulait se prémunir : le glissement de la politique française, les négociations, le cheminement plus ou moins rapide vers l'indépendance de l'Algérie.

L'exécution de trois soldats français par le FLN créait à Alger le climat qui convenait pour canaliser l'émotion de la communauté européenne, organiser une manifestation de masse et lancer la foule sur le Gouvernement général. Il n'était plus question que de choisir le jour.

Les activistes ne voyaient aucune raison d'attendre : ils suggéraient que l'on agisse dès le 12 mai et, déjà, se concertaient pour préparer le déroulement et l'issue de la manifestation. Delbecque, au contraire, songeait aux suites politiques : il voulait que la manifestation, coïncidant avec le débat d'investiture du ministère Pflimlin, pèse sur le vote de l'Assemblée nationale, relance la crise et rende inévitable l'appel à de Gaulle. C'est pourquoi il avait besoin de plus de temps pour s'assurer qu'à Paris les chefs des républicains sociaux coordonneraient soigneusement leur action avec Alger. Sur ses instances, on retint la date du 13 mai.

Cette première divergence, si insignifiante en apparence, était révélatrice. Delbecque voulait que le « Comité de vigilance », tout entier, donne l'ordre aux Algérois de manifester et en assume la responsabilité. Il prévoyait que le comité, quand la foule aurait envahi le Forum, pénétrerait seul au Gouvernement général et que ses membres se rendraient dans le bureau de Maisonneuve, directeur du cabinet de Lacoste et seul détenteur du pouvoir civil depuis que celui-ci avait regagné Paris. Il se constituerait sur place en Comité de salut public, occupant les bureaux du Gouvernement général jusqu'à ce que le rejet de l'investiture du ministère Pflimlin impose enfin l'idée d'un gouvernement d'union nationale. Ainsi l'épreuve de force serait-elle réduite au minimum. Rien ne serait fait, en tout cas, pour donner à Paris l'impression qu'Alger était aux mains des émeutiers et qu'un coup d'Etat venait d'y survenir. Delbecque avertit même Pierre Maisonneuve qu'il devrait recevoir le soir même, dans son bureau, les membres du « Comité de vigilance ».

Mais le 12 mai, au début de l'après-midi, se réunissaient à l'écart les sept hommes qui représentaient les mouvements activistes au « Comité de vigilance » : Martel, monarchiste, corporatiste et catholique intégriste, son adjoint Crespin, le docteur Lefèvre qui partageait ses opinions, Pierre Lagaillarde qui dirigeait les organisations d'étudiants, deux responsables du mouvement Poujade, Joseph Ortiz, patron du *Bar du Forum*, Goutailler, propriétaire du restaurant *Le Relais*, et un avocat, Me Baille.

Ce « Comité des sept » décida que la manifestation aurait pour but la prise du Gouvernement général. Un Comité de salut public s'y installerait et y resterait tant qu'à Paris on ne constituerait pas un autre gouvernement qui serait, lui aussi, « de salut public ». Pas question ici d'appel à de Gaulle. Dans ce but, on allait mobiliser les troupes contrôlées par toutes les organisations représentées au « Comité de sept » : Martel ferait venir les agriculteurs de la Mitidja, Lagaillarde aurait avec lui la presque totalité des étudiants algérois, les autres auraient l'appui de la foule des petits commerçants, artisans et ouvriers de la population européenne d'Alger. Le gros des manifestants obéirait donc aux directives du « Comité des sept ».

De son côté, Delbecque n'avait pas de troupes qui fussent bien à lui. Les républicains sociaux d'Alger n'étaient qu'une poignée et leur faiblesse, face à l'audience et à la force des mouvements activistes, avait une profonde signification politique. Elle montrait que de Gaulle n'avait aucune autorité personnelle dans la communauté européenne. Ceux de ses partisans qui travaillaient, en Algérie, à son retour au pouvoir n'imposeraient donc leurs vues que s'ils gagnaient à eux les activistes qui encadraient la population. Et celle-ci n'en viendrait à soutenir l'appel à de Gaulle que si elle y voyait le seul moyen de préserver l'Algérie française. Ainsi pouvait-on discerner à l'avance le mécanisme de la crise qui commencerait le 13 mai et, bien au-delà, l'affrontement futur entre de Gaulle et la communauté européenne quand il apparut que l'un ne faisait pas, pour l'avenir de l'Algérie, le choix que l'autre avait espéré.

Le 13 mai entra donc dans l'Histoire de France. Avec sa mythologie et son imagerie, sa fureur et ses passions, avec ses équivoques et ses mystifications : drame et tragi-comédie. Les manifestants obéirent aux consignes du « Comité des sept » que leur lança Pierre Lagaillarde. Le Forum fut occupé aussitôt. Les CRS qui gardaient les abords immédiats du Gouvernement général furent relevés par les parachutistes du colonel Trinquier. C'était, à la fois, pour apaiser et intimider une foule auprès de laquelle les parachutistes étaient exceptionnellement populaires. Et Trinquier était l'un des officiers les plus loyaux envers le général Salan, méfiant lui-même envers les organisateurs de la manifestation, qui, de leur côté, l'avaient soigneusement tenu à l'écart.

A la vérité, les sentiments individuels ne comptaient plus : l'essentiel était que, dans le climat politique et moral d'Alger, il n'était question, pour aucune autorité civile ou militaire, d'engager une épreuve de force contre des manifestants qui n'invoquaient que l'Algérie française. Moins encore imaginait-on qu'il faille tirer sur eux. Ceux qui gagneraient seraient donc ceux qui auraient la volonté la plus forte de parvenir à leur but. Les chefs de l'émeute avaient cette volonté. Quand ils forcèrent les grilles du Gouvernement général en se servant d'un camion et que le premier groupe des manifestants, mené par deux militants activistes, Schampill et Parachini, s'élança vers les portes d'entrée, la troupe se retira. Le Gouvernement général était pris.

A Paris, le président du Conseil du gouvernement démissionnaire, Félix Gaillard, est en contact permanent avec le général Salan. Il a dans son bureau l'ancien ministre de l'Algérie, Robert Lacoste et le chef d'état-major de la Défense nationale, le général Ely[3]. Il commence par déléguer l'ensemble des pouvoirs civils et militaires à Alger au général Salan. Mais quand le nom de celui-ci est hué par la foule massée sur le Forum, il consent à laisser mettre en avant le nom du général Massu, le plus populaire de tous les chefs militaires dans la communauté européenne. Ce dernier se débat au milieu de l'excitation générale, dans le désordre indescriptible qui suit l'invasion des bureaux du Gouvernement général par les manifestants. Sous la pression des dirigeants activistes, il accepte, avec le consentement de Salan, de prendre la présidence d'un Comité de salut public dont la liste est improvisée à la hâte. Les noms en sont lus du haut du balcon du Gouvernement général et sont accueillis, sur le Forum, par des acclamations d'enthousiasme. Puis Massu lit le texte du télégramme qu'il vient d'adresser au président de la République : « Vous rendons compte création d'un Comité de salut public civil et militaire à Alger présidé par moi, général Massu, en raison gravité situation et nécessité absolue maintien ordre, et ce pour éviter toute effusion de sang exigeons création à Paris d'un gouvernement de salut public, seul capable de conserver l'Algérie partie intégrante de la métropole. »

Il est alors un peu plus de 21 heures. A Paris, le débat sur l'investiture du gouvernement Pflimlin est en cours. La nouvelle de la prise du Gouvernement général oblige à l'interrompre au milieu des cris et du tumulte. Les principaux dirigeants des partis traditionnels se retrouvent à l'hôtel Matignon autour de Gaillard et de Pflimlin[4]. Il y a là Guy Mollet, secrétaire général de la SFIO, Mitterrand pour l'UDSR, les radicaux Daladier et Maurice Faure, les modérés Pinay et Duchet, le MRP Lecourt... Tandis qu'on transmet, à mesure, les informations sur l'émeute d'Alger et les premières déclarations du Comité de salut public, la discussion s'engage, confuse et heurtée. On entrevoit dès ce moment, les choix qu'il faudra faire mais entre lesquels déjà on hésite et on recule. Mitterrand prêche la fermeté. D'autres proposent une déclaration solennelle en faveur de l'Algérie française que signeraient tous les partis politiques, des socialistes à la droite. Personne ne retient l'idée d'en appeler à de Gaulle, à laquelle le général Ely fait allusion[5] : les dirigeants des partis qui sont là et qui ont, ensemble, assuré jusqu'ici l'existence de la IVe République, savent bien que ce serait la fin du régime, c'est-à-dire, pour eux, la perte du pouvoir. Mais on ne remet pas en cause la décision de Félix Gaillard, qui a refusé de donner à Massu l'ordre de tirer sur les émeutiers, et on ne met pas Salan dans l'obligation de choisir entre l'obéissance au gouvernement et la caution apportée, même implicitement, au Comité de salut public : on ne s'engage donc pas dans la voie de la « fermeté » pas plus qu'on ne retient l'idée d'une proclamation commune et solennelle en faveur de l'Algérie française. On discute plutôt de la formation d'un gouvernement d'union nationale qui comprendrait à la fois Guy Mollet et Antoine Pinay. Le substituer au ministère Pflimlin serait déjà donner une satisfaction aux manifestants d'Alger et l'union nationale n'est-elle-pas une manière d'assurer le « salut public » ? Guy Mollet, un instant, paraît y consentir. Mais, au même moment, le groupe parlementaire socialiste, choqué par les nouvelles d'Alger, réagit instinctivement : puisque les émeutiers condamnent le gouvernement Pflimlin, on l'investira.

Cela met un terme à la discussion qui s'est engagée à Matignon. Pflimlin est maintenant sûr d'avoir une large majorité. Il ne lui reste qu'à retourner au Palais-Bourbon. Son discours traduit exactement l'hésitation des milieux politiques à prendre un parti clair. Il condamne — « à regret » — ce qui vient de se passer à Alger, mais il promet aussi que le pays soutiendra l'effort de guerre de l'armée en Algérie et que sa politique ne comportera aucun abandon. Dans l'hémicycle, on acclame davantage ce qui traduit la « fermeté » du président du Conseil face aux événements d'Alger. Radicaux, socialistes, MRP, se cabrent devant la menace qui pèse sur le régime. Pour eux, pour la plupart des tendances politiques, pour presque tous les journalistes, il s'agit déjà de défendre la République. C'est le sens qu'on va donner au scrutin d'investiture. Les communistes décident donc de s'abstenir pour éviter le renversement du gouvernement, qui serait une victoire pour l'émeute d'Alger. Il est alors investi par 274 voix contre 120, avec 137 abstentions. Mais déjà, la majorité des députés conservateurs et les républicains sociaux veulent pousser à une crise nouvelle : pour les uns, elle signifierait enfin le choix net d'une politique d'intégration de l'Algérie à la France, pour les autres, elle annoncerait un changement de régime. Dans l'immédiat, la voie demeure ouverte à la fermeté face à l'insurrection d'Alger. De fait, les premières décisions prises à Paris traduisent une volonté de lutte. Les communications téléphoniques et télégraphiques avec l'Algérie sont coupées. Les liaisons aériennes sont interrompues. Le général Ely interdit tout départ d'avions militaires. Les partis politiques, excepté la droite, le mouvement Poujade et la plupart des républicains sociaux, sont à l'unisson des propos tenus à l'Assemblée par le nouveau président du Conseil : « A Alger, des Français dont je comprends l'angoisse se sont laissé entraîner à des actes graves et il s'est trouvé des chefs militaires pour prendre une attitude qui — je le dis à regret — est une attitude d'insurrection contre la loi républicaine. » La presse, en général, adopte le même ton. L'éditorial du *Figaro* a pour titre : « Rétablir l'autorité légale. » Le quotidien progressiste *Libération* demande la « mobilisation des forces démocratiques qui doivent être prêtes à la riposte ». Un seul journal, *Le Parisien libéré*, porte en manchette : « Un seul recours : de Gaulle. » Mais, dans l'ensemble, la condamnation du mouvement d'Alger est catégorique. Le mot « factieux » fait son apparition dans le vocabulaire politique et journalistique, et c'est l'adjectif qui sera désormais appliqué, à gauche et dans une notable fraction des partis traditionnels, aux hommes, qui en Algérie et en France, s'identifient au 13 mai. Ainsi paraît-on s'engager dans la voie de l'affrontement avec les partisans les plus intransigeants de l'Algérie française, bientôt confondus avec les émeutiers ou les conjurés d'Alger, et dans les quarante-huit heures qui vont suivre, cette impression se précisa encore et s'accentua avec l'entrée de ministres socialistes au gouvernement.

A Alger, la riposte de la majorité parlementaire, votant l'investiture de Pflimlin et condamnant les « factieux », a presque aussitôt une conséquence décisive. Delbecque, débordé et pratiquement mis à l'écart par les activistes qui ont pris l'initiative de l'assaut contre le Gouvernement général, reprend peu à peu le contrôle de la situation. Il s'est d'abord introduit dans les bureaux, surnageant à grand-peine au milieu de la foule qui envahit les couloirs. Avec l'appui de Lucien Neuwirth [6] et d'un petit groupe d'amis, il parvient à réduire physiquement la présence, d'abord exclusive, des activistes. Surtout, il prend contact avec Salan et Massu et leur offre l'image d'un homme résolu à donner aux événements un cours plus raisonnable, une signification politique plus acceptable. Il s'introduit, avec plusieurs de ses partisans, au Comité de salut public. Puis il suggère à Salan de se servir de l'insurrection qui vient de se produire, non pour se lancer dans des aventures sans issue, mais pour faire pression sur Paris afin que soit constitué un gouvernement décidé à garder l'Algérie à la France. Le général Petit qui est venu, pour le compte du général Ely, maintenir une liaison avec l'Etat-Major général de la Défense nationale, est lui aussi partisan — l'un des très rares dans l'armée — d'un recours à de Gaulle. Il appuie donc Delbecque quand celui-ci suggère à Salan d'envoyer au président Coty un message demandant la formation d'un gouvernement d'union nationale, et c'est lui qui propose le premier que ce soit de Gaulle qui en prenne la tête. Salan en parle au téléphone au général Ely. Celui-ci est alors dans le bureau du président du Conseil à Matignon, et transmet cette suggestion à Félix Gaillard et aux hommes politiques présents à ses côtés, qui la repoussent aussitôt. Du reste, dans le message qu'il envoie, signé de lui-même et des autres chefs militaires d'Alger, Salan ne mentionne pas de Gaulle mais s'en tient à l'idée d'un gouvernement d'union nationale.

L'investiture de Pflimlin désarçonne beaucoup de ceux qui sont alors les maîtres d'Alger. Pour les activistes, il n'y a plus d'issue prévisible, sinon une épreuve de force dont ils n'ont pas eux-mêmes les moyens et dont ils ne savent pas où elle les entraînerait. D'autant qu'ils espéraient que la prise du Gouvernement général aurait son prolongement en métropole : durant les semaines précédentes, ils étaient en contact avec les généraux Cherrière et Chassin qui leur avaient laissé prévoir qu'ils soulèveraient une partie au moins de l'armée [7]... Mais rien ne s'est produit : il suffit de quelques instants pour qu'ils s'en révèlent incapables. Les activistes d'Alger voyaient s'effondrer leurs espoirs. Plus encore : la formation du gouvernement met les généraux au bord de la dissidence, ou même de la rébellion. Prendre la tête d'une émeute qui menaçait de tout emporter, la canaliser, coiffer un « Comité de salut public » qui n'avait alors qu'un but vague et un statut indéfinissable, s'en servir pour réclamer un ministère de « salut public », c'était une chose ; se retrouver en face d'un pouvoir régulier investi par une forte majorité de l'Assemblée nationale, c'en était une autre. D'autant que le ton et les façons de ce nouveau gouvernement ne laissaient prévoir aucune indulgence de sa part : il invoquait la défense de la République, dénonçait les factieux, rompait les relations entre la métropole et l'Algérie.

L'issue espérée — un gouvernement de salut public — semblait maintenant inaccessible. Dès lors, les chefs militaires d'Alger étaient enfermés dans un dilemme : se mettre entièrement aux ordres du gouvernement signifierait très vite qu'ils devraient s'engager dans une épreuve de force contre la communauté européenne d'Alger, contre la foule rassemblée sur le Forum et aux alentours, contre le Comité salut public qu'ils venaient de patronner, au rebours du sentiment commun à la plupart des jeunes cadres de l'armée, au rebours de leurs propres sentiments ; ou s'insurger contre le pouvoir républicain et devenir ces conjurés et ces factieux qu'à Paris on condamnait avec véhémence. Désespérément, ils vont donc chercher à échapper à cette alternative. Ils le pourraient en obtenant du nouveau gouvernement qu'il se prononce publiquement en faveur de l'Algérie française et de l'intégration : c'est ce que Salan, resté d'un bout à l'autre de la crise en contact quotidien avec le président du Conseil, va s'efforcer plusieurs fois d'obtenir [8]. Mais au lendemain du 13 mai, dans le climat de « vigilance républicaine » qui règne à Paris, cela semble impossible. Reste une autre voie : l'appel à de Gaulle, dont très peu sont alors partisans.

Pourtant on commence à y songer dès le 14 mai, dans le désarroi où l'on se trouve au Gouvernement général. A cinq heures du matin, Massu, toujours sensible à ses souvenirs de la France libre, lançait un nouvel appel : « Le Comité de salut public supplie le général de Gaulle de bien vouloir rompre le silence en vue de la constitution d'un gouvernement de salut public qui seul peut sauver l'Algérie de l'abandon et, ce faisant, d'un Dien Bien Phu évoqué à maintes reprises par M. Lacoste. » C'est la première fois, dans l'histoire de la crise que l'on mentionne publiquement le nom de celui qui, dans dix-sept jours, sera chef du gouvernement.

Il est vrai qu'en fin de matinée, Massu, dans une conférence de presse, se justifie, se défend d'être un factieux, se garde d'attaquer le nouveau gouvernement et laisse prévoir un rapide retour au calme : « J'ai agi pour canaliser la manifestation et pour éviter le pire. Mais tout va rentrer dans l'ordre. Je n'ai rien d'un général factieux. Le Comité de salut public, c'est le point de départ d'un climat nouveau en Algérie, entre Européens et musulmans. Et c'est tout. D'ailleurs il sera dissous lorsqu'un nouveau ministre de l'Algérie sera venu prendre son poste à Alger. »

Si tout se passe comme le dit Massu, ce serait la défaite définitive de ceux qui ont voulu le 13 mai : les membres du Comité de salut public le voient bien. C'est le moment que choisit Delbecque, qui en est l'un de leurs présidents, pour leur offrir la porte de sortie qu'ils cherchent désespérément. Le soir même, dans une conférence de presse, il identifie, d'emblée, les buts du Comité et celui qu'il poursuit personnellement depuis si longtemps : « Il n'est pas question de renoncer, dit-il. Nous irons jusqu'au bout. Le Comité de salut public fonctionnera jusqu'à ce que le gouvernement actuel, présidé par M. Pflimlin, révise ses positions concernant l'Algérie, ou démissionne et fasse appel au général de Gaulle, à qui le CSP est décidé à remettre les destinées de l'Algérie. » Encore Delbecque, ménageant l'antigaullisme de la plupart des membres du comité et le désir des généraux de ne pas affronter ouvertement Paris, a-t-il envisagé l'hypothèse où le gouvernement « réviserait » sa politique, c'est-à-dire ferait des concessions essentielles au mouvement d'Alger. Mais ce n'est là qu'une précaution de langage car rien ne le laisse prévoir.

Le 15 mai, il poursuit donc son avantage. Il s'agit cette fois de convaincre Salan de se prononcer pour de Gaulle ou du moins de mentionner son nom. Le commandant en chef en Algérie avait eu déjà, par Alain de Sérigny, l'assurance que Soustelle était lui-même convaincu que de Gaulle répondrait à un appel qui lui serait lancé d'Alger. La veille, il avait à nouveau convoqué Sérigny et lui avait demandé confirmation de ses propos devant les généraux Allard, Dulac, Jouhaud et l'amiral Auboyneau. Tous devaient considérer que l'appel à de Gaulle était la meilleure solution : Auboyneau, ancien chef des Forces navales libres, était le seul à l'avoir toujours souhaité ; les généraux, au contraire, gardaient leurs préventions envers un homme qu'ils n'avaient pas suivi en 1940 et dont ils avaient rarement apprécié la politique.

Salan, hésitant devant les issues qui s'offrent encore à lui, n'écarte plus l'appel à de Gaulle. Aussi Delbecque obtient-il un premier résultat quand, dans la matinée de ce 15 mai, il lui demande de venir encourager les membres du Comité de salut public en faisant au moins une allusion à de Gaulle. De fait, Salan, après avoir évoqué, en termes vagues, le rôle du Comité pour le salut de l'Algérie française, termine son allocution par ces mots, dont les derniers seuls ont une signification nouvelle : « Vive la France, vive l'Algérie française, vive le général de Gaulle ! » Aussitôt, Delbecque lui demande de répéter sa déclaration au balcon qui s'ouvre sur le Forum, où une foule immense est à nouveau rassemblée depuis le matin. Alors eut lieu la scène qui devait devenir célèbre dans l'histoire de la chute de la IVe République : Delbecque, au moment où Salan allait se retirer du balcon du Gouvernement général après avoir prononcé sa harangue, lui soufflant le « Vive de Gaulle » que Salan, après un instant d'hésitation, lance à son tour à la foule algéroise...

Dans ses *Mémoires,* il s'en est expliqué[9]. Se défendant naturellement d'avoir parlé « sous la pression du canon d'un revolver », ou d'avoir improvisé sans y réfléchir, il assure que, durant les jours précédents, il a plusieurs fois suggéré, en particulier à M. Peyra, envoyé à Alger par Pflimlin le 12 mai, que l'on fasse appel à de Gaulle. En réalité, ce n'était qu'une hypothèse qu'il avait envisagée — et, peut-être, n'ayant jamais été gaulliste, sans enthousiasme. Sans doute la jugeait-il, ce 15 mai, plus raisonnable et surtout plus vraisemblable et plus souhaitable, rien de plus : c'est en tout cas, rapporte-t-il, ce qu'il dit à Pflimlin qui l'appela aussitôt de son bureau de l'hôtel Matignon pour lui demander les raisons de ce « Vive de Gaulle ! » inattendu.

Mais il n'avait pas arrêté définitivement sa position. Il balançait encore. Ses préventions contre de Gaulle subsistaient sans doute, mais surtout il partageait le sentiment, alors si commun, que le régime en place ferait tout, ou presque, pour éviter son retour au pouvoir. Et il continuait à considérer, ne serait-ce que par tradition et habitude, le gouvernement régulier comme celui auquel il convenait d'obéir ou avec lequel, en tout cas, il fallait dialoguer. D'autant que ceux qui lui servaient d'agents de liaison à Paris, Louis de Costier, François d'Harambure, Alain de Lacoste-Lareymondie, étaient loin d'être gaullistes. Sa femme moins encore. Ainsi s'explique qu'après avoir lancé son « Vive de Gaulle » au balcon du Forum, il ait paru lui-même anxieux et stupéfait de ce qu'il venait de dire, incertain d'avoir eu raison, désireux de se reprendre et, en même temps, résigné à ce qui s'ensuivrait.

C'est que ce même jour, 15 mai, le recours à de Gaulle est devenu, publiquement et presque solennellement, l'une des issues possibles de la crise, au-delà du seul choix entre l'écrasement de la sédition d'Alger et le compromis avec elle. La veille, de Gaulle avait passé la journée à Paris, comme tous les mercredis, recevant quelques visiteurs, leur laissant entrevoir qu'une fois de plus les partis traditionnels s'accorderaient pour l'éloigner du pouvoir, cherchant surtout à s'informer. Ce jour-là, il lui apparaît que le gouvernement est réellement impuissant : il n'a pas rétabli son autorité à Alger, il n'a pas cédé la place à un gouvernement « de salut public » qui eût satisfait les exigences des chefs de l'émeute, il n'a pas rompu avec Salan mais, au contraire, lui a conféré des pouvoirs étendus. Bref, quarante-huit heures après les débuts de l'émeute, il semble incapable de choisir une politique claire et de s'y tenir, et le « Vive de Gaulle » lancé par Salan au Forum suggère que peut-être une évolution des esprits se produit dans l'armée. L'impuissance de l'Etat paraît montrer que le moment est venu d'agir.

De Gaulle rédige donc le texte d'un communiqué qu'il fait transmettre à la présidence du Conseil et qui est publié vers 17 heures :

> La désintégration de l'Etat entraîne infailliblement l'éloignement des peuples associés, le trouble de l'armée au combat, la dislocation nationale, la perte de l'indépendance. Depuis douze ans, la France, aux prises avec des problèmes trop rudes pour le régime des partis, est engagée dans un processus désastreux. Naguère, le pays, dans ses profondeurs, m'a fait confiance pour le conduire au salut. Aujourd'hui, devant les épreuves qui montent de nouveau vers lui, qu'il sache que je me tiens prêt à assumer les pouvoirs de la République.

On discerna plus tard ce qui, dans ce texte, annonçait l'avenir. Le mot « Algérie » ne s'y trouvait pas et l'on n'y faisait allusion qu'en parlant des « peuples associés », ce qui ne correspondait nullement à l'attente de ceux qui ne voulaient voir en l'Algérie qu'une fraction du territoire français. « La perte de l'indépendance » que de Gaulle citait parmi les conséquences de la « désintégration de l'Etat » montrait ce que serait, par contraste, sa politique étrangère. Mais, sur le moment, la réaction presque unanime, fut de rejet. A gauche, comme dans les partis traditionnels — socialiste, MRP, radical — même parmi beaucoup de modérés, on s'indigna que de Gaulle n'ait pas condamné le mouvement d'Alger. On suggérait même qu'ainsi il l'encourageait. L'allusion aux « pouvoirs de la République » accentuait les inquiétudes : si tous étaient aux mains d'un seul homme, ne s'agirait-il pas d'une rupture avec les principes essentiels de la démocratie ? La très grande majorité de la presse fut hostile. La plupart des observateurs étrangers désignèrent en de Gaulle un aspirant à la dictature. Bref, la IVe République, retrouvant d'un seul coup les vieux réflexes qui l'avaient marquée après la fondation du RPF, et dans les débats constitutionnels de l'après-guerre, considérait le recours à de Gaulle comme un péril, peut-être le plus grave de tous.

La réaction du parti socialiste, ce 15 mai, fut la plus significative. Il accepta d'être représenté au gouvernement et Guy Mollet devint, ce jour-là, vice-président du Conseil avant que, le 17, Jules Moch devienne ministre de l'Intérieur, Max Lejeune ministre d'Etat et Albert Gazier, ministre de l'Information. Solennellement, il dénonça « l'assaut contre le régime républicain », mais, pour y faire face, il faisait appel aux « organisations politiques républicaines hostiles à la dictature » — ce qui excluait implicitement mais clairement les communistes — et, dans les départements il éludait systématiquement les offres de manifestations communes faites par les communistes. Il est vrai que Guy Mollet reçut en fin de journée le général Challe qu'il avait connu au moment de l'expédition de Suez. Envoyé par le général Ely, celui-ci venait lui dire qu'il ne fallait pas compter que l'armée de la métropole s'oppose à celle d'Algérie et qu'en aucun cas l'unité de l'armée ne devait être brisée. Guy Mollet se demanda s'il ne fallait pas prendre contact avec de Gaulle — et peut-être fut-il alors le premier des dirigeants de la IVe République à y penser — mais Pflimlin s'y refusa.

Le gouvernement réagit donc à sa manière : en haussant le ton à l'égard d'Alger mais en cherchant discrètement à se rapprocher de ceux qui, sur place, symbolisaient à la fois l'autorité légale et les exigences de la communauté européenne. Ce fut alors qu'il s'engagea le plus nettement dans la voie d'un arrangement avec Alger d'où seraient exclus à la fois l'épreuve de force contre le mouvement du 13 mai et l'appel à de Gaulle. Déjà il avait levé, en partie, les mesures les plus draconiennes concernant les communications entre la métropole et l'Algérie. Et surtout, deux hommes furent chargés d'établir des contacts plus étroits avec les autorités d'Alger, Jean Bozzi et Pierre Bollotte [10]. Le premier allait devenir directeur du cabinet du nouveau ministre de la Défense nationale, Pierre de Chevigné. Le second, depuis longtemps proche des républicains populaires, fit l'aller et retour entre Pflimlin et Salan et se porta garant auprès du commandant en chef de la volonté du président du Conseil de garder l'Algérie à la France. Du reste, le président du Conseil et le commandant en chef en Algérie n'ont pas besoin d'intermédiaire : une ligne téléphonique leur permet de se parler directement.

Or, leurs conversations sont écoutées par les services du Gouvernement général où Delbecque a des informateurs. Il peut donc se rendre compte, ce 16 mai, que Salan, tout en maintenant sa position sur la nécessité d'un gouvernement d'union nationale pour la défense de l'Algérie française, considère Pflimlin comme le président du Conseil régulièrement en place et qu'une sorte de négociation s'amorce entre les deux hommes. Du reste, tout confirme cette impression. Deux hommes qui sont aux lisières du courant gaulliste et des mouvements activistes : Jean-Baptiste Biaggi et Alain Griotteray, sont arrivés à Alger. Aussitôt ils ont été arrêtés et dirigés vers une oasis du Sud algérien. Leur arrestation témoignait de la méfiance de Salan envers ceux qui voudraient l'entraîner dans une rébellion ouverte. De surcroît, le général Petit, qui manifestait clairement son choix en faveur d'un recours à de Gaulle, était confiné dans un isolement qui ressemblait beaucoup à un emprisonnement. On voyait donc s'esquisser une menace pour tous les éléments gaullistes d'Alger, dont l'élimination serait la contrepartie d'un accord entre les chefs militaires et le gouvernement. Menace qui n'était pas imaginaire : Pflimlin, au téléphone, avait demandé à Salan, non pas de dissoudre les comités de salut public, mais d'en éliminer les « gaullistes » et, plus précisément, d'arrêter Delbecque et Neuwirth. Du reste, un sentiment de précarité et de danger persista plusieurs jours encore, chez eux et chez leurs amis qui arrivaient de Paris : Roger Frey, qui assista Neuwirth à la direction de la Radio et y fabriqua de faux « messages personnels » pour dramatiser encore la tension entre la métropole et l'Algérie, André Astoux, et Arlette de La Loyère, hôtesse de l'air militaire, qui put ainsi faire des aller et retour, et informa Guichard de la position des gaullistes à Alger.

Cette journée du 16 mai, fut, en tout cas, la plus inquiétante pour Delbecque et ses amis. C'est de justesse qu'ils évitèrent que soit éloigné du Gouvernement général le groupement blindé des unités territoriales, en dépit des ordres donnés par le général Allard, au nom de Salan. Jouhaud ne leur cacha pas que leur situation devenait difficile. En fait, ils s'attendaient à leur arrestation, à brève échéance. Delbecque, accompagné de Neuwirth, voulut donc sortir de l'incertitude. Tous deux se rendirent dans la soirée auprès de Salan. Dans l'ignorance de l'issue que leur entretien pourrait avoir, Neuwirth s'était armé. Devant le commandant en chef, qui leur parla de l'obligation où il était de discuter avec Pflimlin, ils invoquèrent le risque d'une cassure de l'armée, rappelèrent qu'il avait lui-même cautionné de son autorité le mouvement du 13 mai, insistèrent sur la chance qui s'offrait au pays de mettre fin aux longs déboires de l'après-guerre. Sans doute leur entretien fut-il aussi marqué par les grandes scènes de fraternisation franco-musulmanes, qui eurent lieu le 16 mai et dont l'éclat et la mise en scène frappèrent et parfois bouleversèrent ceux qui en furent témoins : certains tout à coup eurent même le sentiment — ou plutôt, l'illusion — que, dans la population musulmane, un tournant décisif était en train de se produire... En tout cas, ce soir-là, quand Salan demanda à Delbecque et Neuwirth de lui faire confiance, les assurant, suivant leur témoignage, qu'ils étaient tous « embarqués sur le même bateau », il n'avait pas vraiment pris parti. Le lendemain 17 mai, il fit encore savoir à Delbecque, par le colonel Ducasse, que des négociations utiles se poursuivaient avec Paris, dont on obtiendrait probablement des garanties essentielles pour l'Algérie française et la réforme des institutions. Quelques heures plus tard, il fit tout pour éviter que soit rendue publique l'arrivée de Soustelle qui venait de débarquer à l'aéroport de Maison Banche. Mais, cette fois, son autorité ne fut pas suffisante et il se révéla que ses moyens d'action étaient déjà trop faibles : Delbecque et Sérigny purent faire savoir dans tout Alger que Soustelle était là et son entrée dans la ville se fit au milieu d'un formidable enthousiasme de la population européenne.

A Paris, on vient peut-être de laisser passer les meilleures chances d'un compromis avec Alger, qui eût écarté tout recours à de Gaulle, au prix d'une franche adhésion à l'Algérie française. L'entrée des socialistes au gouvernement a d'abord eu pour effet de durcir son attitude vis-à-vis d'Alger. Jules Moch, au ministère de l'Intérieur, incarne la résistance intransigeante à la sédition, la volonté jacobine de mettre au pas les factieux, l'acceptation par avance d'une épreuve de force. Il fait arrêter quelques militants d'extrême droite. Il organise la surveillance des hommes politiques suspects de sympathie envers le mouvement du 13 mai. Il met en état d'alerte les forces de police. Des instructions catégoriques sont envoyées aux préfets et à toute l'administration pour qu'ils obéissent rigoureusement aux ordres du gouvernement et se refusent, le cas échéant, à des complicités avec la subversion dont Alger a donné l'exemple. On fait voter par l'Assemblée nationale, à une forte majorité, l'état d'urgence qui donne aux autorités civiles des pouvoirs extraordinaires. Enfin est rétablie la censure de tous les moyens d'information : le résultat sera de donner à l'opinion le sentiment qu'on est en plein drame, de multiplier les rumeurs et de jeter le soupçon sur toutes les informations d'origine officielle.

De surcroît, le ministre de la Défense nationale, le MRP Pierre de Chevigné, veut montrer son autorité. Informé par Guy Mollet de la démarche du général Challe : il expédie celui-ci à la préfecture maritime de Brest. Il fait conduire à Metz le général Martin, dont un télégramme a fait croire qu'il allait se rendre à Bône — alors qu'il s'agissait de Bonn... Chef d'Etat-Major général, Ely s'indigne que l'on ait pu éloigner Challe sans même l'en prévenir et qu'on le tienne ainsi en suspicion. Il démissionne et le général Lorillot le remplace. Son départ ne renforcera guère l'emprise du gouvernement sur le haut commandement, mais il donne à l'opinion le sentiment qu'un fossé s'est créé entre le pouvoir politique et l'armée.

Au soir du 16 mai, le gouvernement, en réalité, n'a pas choisi. Il continue de stigmatiser la rébellion et de paraître décidé à l'affronter. Mais il a confirmé Salan dans ses pleins pouvoirs, au moins pour la région d'Alger, ce qui n'a pas empêché la multiplication des comités de salut public sur tout le territoire algérien. Pflimlin lui-même demeure en liaison avec lui et tout se passe comme s'ils avaient engagé une sorte de discussion : sur quoi sinon sur l'infléchissement de sa politique algérienne ? Il a même tenté de transformer son propre gouvernement en ministère d'union nationale, en y incorporant à la fois Guy Mollet, pour les socialistes, et Pinay, pour les modérés : mais la majorité des groupes de droite s'y est opposée et Pinay a dû se récuser. En définitive, on en était au point où l'on se trouvait déjà dans la nuit du 13 mai : on n'avait pas rompu avec Salan, on n'avait pas condamné les autres chefs militaires d'Alger, on n'avait pas coupé toutes relations entre la France et l'Algérie, mais on continuait à stigmatiser la sédition.

Du reste, le gouvernement avait-il, en son entier, exclu tout appel à de Gaulle ? C'est ce que l'on proclamait partout et sur tous les tons : socialistes, radicaux, MRP, UDSR, rivalisaient d'indignation à l'idée que le gouvernement pût s'effacer alors qu'il avait une si forte majorité parlementaire, et l'on critiquait âprement les propos tenus par de Gaulle le 15 mai. Pourtant, le soir de ce jour-là, Guy Mollet, comme on l'a vu, avait suggéré, un instant, qu'on entre en contact avec lui.

Et, le soir du 16, à l'Assemblée où on discute de l'état d'urgence, il intervient. En réponse à Raymond Triboulet qui vient de rappeler que de Gaulle a restauré la République et ne peut être accusé de la menacer, il se lève de son banc et pose publiquement les questions auxquelles, dit-il, de Gaulle doit répondre : « Reconnaissez-vous pour légitime le gouvernement actuel ? Désavouez-vous les promoteurs des comités de salut public en Algérie ? Etes-vous prêt, si l'on vous convoquait éventuellement pour former le gouvernement, à venir vous présenter à l'Assemblée nationale avec un programme et, si vous êtes battu, à vous retirer ? »

Guy Mollet, vice-président du Conseil, venait ainsi d'évoquer lui-même cet appel à de Gaulle que tous les dirigeants de la IVe République, depuis sa fondation, avaient constamment écarté. Sans doute, devant l'émotion de beaucoup de parlementaires et de journalistes, s'efforça-t-il d'expliquer qu'il n'avait eu d'aucune façon l'intention d'entamer un dialogue avec l'homme de Colombey, mais plutôt celle de l'embarrasser[11] : une brèche, si étroite fût-elle, s'ouvrait en tout cas dans le mur que les partis au pouvoir dressaient encore contre un éventuel recours à de Gaulle.

C'est alors que celui-ci prit une décision qui fut à la fois la plus habile et la plus importante, dans toute l'histoire de la crise. Il fit simplement savoir qu'il tiendrait une conférence de presse le 19 mai. Dans l'intervalle, trois jours se seraient écoulés. Si d'ici là, le gouvernement, usant des moyens les plus drastiques, avait mis un terme à la sécession algérienne, de Gaulle pourrait, parlant des conséquences désastreuses d'une épreuve due à l'impuissance du régime, annoncer, sans risque d'erreur, que d'autres épreuves suivraient. Mais c'était l'hypothèse de loin la moins probable. Si rien n'avait changé entre Paris et Alger, la preuve serait faite que le gouvernement était incapable de rétablir son autorité. A Alger, on continuerait d'espérer qu'il répondrait enfin aux appels qu'on lui lançait. A Paris, les partis voudraient toujours savoir à quoi s'en tenir sur ses intentions. L'opinion pressentirait alors qu'il fallait chercher une autre issue à la crise, et, pour beaucoup, cette issue s'appellerait : de Gaulle.

C'est ce qui advint. Les 17 et 18 mai et la matinée du 19 furent des journées d'attente. L'arrivée de Soustelle à Alger, le 17, avait exaspéré le gouvernement et rendu plus difficile le dialogue entre Pflimlin et Salan. L'Algérie tout entière était en dissidence. Mais rien d'irréversible n'était décidé, à Paris, qui marquât une volonté définitive de ne jamais traiter avec la sédition. Le gouvernement n'avait ni engagé la lutte contre elle, ni passé à temps un compromis avec les chefs militaires d'Alger. Plus il tardait à le faire, plus il les amenait à mettre leur espoir en un recours à de Gaulle, tandis qu'il étalait son impuissance aux yeux de l'opinion.

Un épisode, qui reste alors secret, contribue même à préparer le dialogue qui va bientôt s'engager entre le gouvernement et de Gaulle. Depuis que l'investiture de Pflimlin a mis les chefs militaires d'Alger et les dirigeants de comités de salut public au bord de la rébellion, une action sur la métropole est envisagée. La faillite des entreprises conspiratrices des généraux Cherrière et Chassin a ruiné les illusions des mouvements activistes d'Algérie et leurs homologues, en France, se sont révélés incapables de toute action sérieuse. Mais il reste que plusieurs commandants de régions militaires, en particulier les généraux Miquel, à Toulouse, et Descour, à Lyon, sont favorables à ce qui s'est passé le 13 mai et ont promis leur concours pour qu'une pression décisive s'exerce sur Paris afin d'obtenir un changement de gouvernement, sinon de régime. L'état-major d'Alger a donc conçu une opération aéroportée en France, qu' appuieraient les unités déjà sur place, en particulier les régiments parachutistes du Sud-Ouest et le groupement blindé que le colonel Gribius commande aux alentours de Paris. Quatre missions militaires ont été envoyées en France pour préparer l'exécution du plan, et on a décidé d'agir le 19 mai. D'Alger, Delbecque, qui n'a pas les moyens d'équilibrer le poids, encore prépondérant, des mouvements activistes et qui ne peut influencer le cours des choses qu'en étant présent partout et informé de tout, avait pris l'attache des officiers chargés des liaisons en métropole. Il a donc averti ses correspondants à Paris, c'est-à-dire quelques-uns des dirigeants républicains sociaux.

De Gaulle lui-même est prévenu : il fait intervenir ses collaborateurs directs, Guichard et Foccart. Les organisations qui doivent contribuer au succès des opérations prévues par Alger sont, pour l'essentiel, des associations d'anciens combattants. Alexandre Sanguinetti, qui compte parmi leurs dirigeants, contribue à faire donner les contrordres. De son côté, le gouvernement est alerté. L'auteur de ce livre a averti l'un des plus proches collaborateurs de Pflimlin. Michel Poniatowski, directeur-adjoint de son cabinet, explique à l'un des principaux chefs des organisations d'anciens combattants, le colonel Paillole, qu'il ne faut en aucun cas qu'il y ait un coup de force : de Gaulle n'accepte pas de revenir au pouvoir hors des voies légales et ce serait la ruine des efforts déjà entamés pour faciliter son retour[12]. L'opération prévue pour le 19 est donc décommandée et les manifestations qui s'ébauchent à Paris sont vite dispersées. Mais en cette occasion la preuve a été faite que les gaullistes peuvent empêcher un affrontement irréversible et, surtout, leurs efforts ont convergé avec ceux du gouvernement pour écarter le péril qui, désormais, devient à leurs yeux le plus grand : celui d'une guerre civile.

Au moment où de Gaulle arrive au Palais d'Orsay pour sa conférence de presse, il voit encore d'innombrables obstacles se dresser devant lui. A Alger, la pente naturelle aux révolutions peut conduire à la prépondérance des extrémistes et, de là, au déclenchement d'une rébellion en France, que l'on vient d'éviter de justesse. Dans l'armée, les préventions subsistent chez les principaux chefs militaires envers celui qui fonda la France libre et suscita la Résistance. A Paris, les partis traditionnels demeurent foncièrement opposés à son retour au pouvoir. Même à droite, où l'on soutient le mouvement du 13 mai et où l'on cherche à provoquer la chute du gouvernement, on n'a que peu de sympathie pour lui et l'on préférerait le remplacement de Pflimlin par les hommes politiques réputés pour leur attachement intransigeant à l'Algérie française. Il estime, du reste, que les partis essaieront jusqu'au bout d'éviter de faire appel à lui. Il ne veut pas davantage revenir au pouvoir, porté seulement par la sédition d'Alger et l'adhésion équivoque de la droite parlementaire — ce qui limiterait sa liberté d'action à la fois dans sa politique algérienne et dans sa politique étrangère. Il lui faut donc convaincre l'ensemble des partis, surtout les socialistes et les républicains populaires, alors même qu'il ne peut condamner publiquement les hommes d'Alger : rejetés par lui, ceux-ci pourraient alors se lancer en France dans des aventures à l'issue imprévisible.

De Gaulle se présenta donc comme « un homme seul » n'ayant d'attache « avec aucun parti », « avec aucune organisation ». S'agissant de la sédition d'Alger, il se borna à dire, mais de façon catégorique, qu'il ne pouvait la condamner puisque le gouvernement n'avait frappé aucun de ses chefs, ni rompu les relations entre la France et l'Algérie, ni retiré les pouvoirs qu'il avait publiquement donnés à Salan.

Après quoi ses propos furent tout entiers dirigés vers ceux qu'il voulait convaincre, c'est-à-dire vers la majorité des Français attachés à la République et à la démocratie, vers les partis du centre et de la gauche dont dépendrait, en pratique, son retour légal au pouvoir. Il rappela qu'il avait « rétabli la République chez elle [...], redressé ses armes, ses lois, son nom ». Il énuméra longuement les réformes qu'il avait décidées après la Libération, n'omettant aucune nationalisation ni l'établissement de la Sécurité sociale, s'adressant ainsi, de toute évidence, à l'opposition socialiste. Il appela Robert Lacoste « mon ami » et rendit un hommage particulier à Guy Mollet, précisant même, à tort, qu'ils étaient ensemble au balcon de l'hôtel de ville d'Arras après la Libération. Laissant dans le vague les « procédures exceptionnelles » d'un éventuel retour au pouvoir, il s'indigna qu'on le soupçonne d'ambition dictatoriale, il rejeta toute accusation de vouloir s'en prendre aux libertés publiques. Et sa conclusion laissait au gouvernement, aux partis, à l'opinion la responsabilité de ce qui allait suivre :

> Je vais rentrer dans mon village et je m'y tiendrai à la disposition du pays.

Les trois jours qui suivirent furent encore marqués par les hésitations et les divergences des partis et du gouvernement. Le 20 mai, devant l'Assemblée nationale, Pierre Mendès France, interrompant la discussion sur la réforme constitutionnelle que le gouvernement voulait faire voter en hâte pour prouver ses bonnes intentions aux adversaires du régime, exprima l'opinion de ceux qui s'opposaient à toute transaction avec le mouvement d'Alger : « L'équivoque que vous avez laissée subsister [...], dit-il en s'adressant au président du Conseil, a fait le jeu des intrigants et des trublions [...]. Nous vous invitons d'abord à condamner sans réserve les agitateurs, certains hommes politiques et les porte-parole de certains intérêts... » En réponse, Pflimlin voulut exprimer encore l'espoir secret d'un accommodement qui éviterait la cassure définitive entre Alger et Paris, sans que l'on eût recours à de Gaulle : « Les pouvoirs spéciaux sont exercés par l'autorité militaire sur l'ensemble du territoire algérien... Le gouvernement considère que les chefs militaires en Algérie, aux prises avec une situation difficile et parfois dramatique, ont obéi à la volonté de défendre l'unité nationale, l'ordre public et la légalité républicaine. »

Le même jour, on décide de lever le blocus partiel de l'Algérie, l'une des dernières traces qui subsistait encore des réactions combatives qui suivirent le 13 mai. En même temps, l'Assemblée nationale adoptait à l'unanimité une motion socialiste exprimant « aux soldats et à leurs chefs la profonde reconnaissance de la nation pour les services déjà rendus à l'unité de la patrie et au drapeau de la République ». On ne pouvait imaginer pire équivoque : d'un côté, les adversaires intransigeants de toute concession aux hommes d'Alger réclamaient qu'ils fussent publiquement condamnés et dénoncés comme ennemis de la démocratie et, au même moment, on n'éprouvait aucune gêne, même parmi eux, à saluer ces chefs militaires qui précisément cautionnaient — et, en partie, dirigeaient — la sédition en Algérie.

Du reste, l'espoir de sortir de la crise par quelque arrangement entre ces derniers et le gouvernement subsistait. Le général de Beaufort, adjoint du général Ely et en accord avec celui-ci, se rendit auprès de Pflimlin, du ministre de la Défense nationale, Pierre de Chevigné, et du ministre des Affaires étrangères, René Pleven [13]. Il leur suggéra qu'une déclaration catégorique sur leur volonté de garder l'Algérie à la France et de procéder à une réforme de l'Etat — qui était déjà en discussion — rétablirait l'autorité du gouvernement à Alger : Salan pourrait alors l'imposer sur place.

Mais la colère des principaux partis, de la plupart des ministres et du plus grand nombre des dirigeants traditionnels de la IVe République, était trop grande encore pour que l'on s'engageât dans cette voie : on ne cessait à Alger d'invectiver les « hommes du système », et le gouvernement n'ignorait pas que l'on venait d'y préparer une action militaire sur la métropole. Les hommages rendus « à l'armée et à ses chefs » ne traduisaient donc pas autre chose qu'une velléité, le désir secret de trouver un arrangement, non le choix délibéré d'une politique.

Ailleurs, on décidait d'explorer une autre voie : celle d'un accord avec de Gaulle. C'est le 22 mai, après en avoir averti Coty et Pflimlin, qu'Antoine Pinay se rendit à Colombey-les-Deux-Eglises. Pour de Gaulle, qui n'avait reçu personne depuis le 19 mai et se tenait informé par Pompidou, Guichard et Foccart, c'était un interlocuteur essentiel. Il avait devant lui, cette fois un homme qui inspirait un vaste secteur du monde politique et qui, de surcroît, n'avait jamais été de ses partisans. Or la discussion, entre eux, ne porta ni sur le règlement de l'affaire algérienne, qu'ils évoquèrent à peine, ni les procédures permettant à de Gaulle d'être investi par l'Assemblée nationale, assez faciles à envisager. Ce que Pinay demanda, d'abord, c'est « d'user de son influence sur l'armée pour l'empêcher de se conduire comme une armée sud-américaine » ; après quoi, il lui dit qu'il pourrait difficilement revenir au pouvoir dans l'immédiat, car, expliqua-t-il, « dès que votre silhouette apparaîtra, se dresseront contre vous les syndicats, les organisations politiques et tous ceux qui, comme moi, ne vous pardonnent pas vos prises de position contre les institutions internationales ». Sur ces deux points — la crainte d'une épreuve de force ou d'une prolongation de la guerre, et d'une remise en cause du système atlantique et des organisations européennes — ce sont les véritables préoccupations des classes dirigeantes françaises que Pinay exprimait ainsi. Et de Gaulle, plutôt que de devoir s'expliquer sur l'Algérie, dut exposer ses conceptions sur l'Europe. Mais, évidemment soucieux de plaire à son interlocuteur — et y réussissant parfaitement — il déploya toutes les ressources de son charme, se montra tolérant et libéral et insista surtout sur la nécessité d'une large union nationale pour qu'il pût, le cas échéant, entreprendre ce qu'il fallait.

C'est aussi ce qu'il voulait dire aux socialistes : c'est surtout d'eux que dépendait une éventuelle majorité pour son retour au pouvoir. Il reçut donc, le même jour, Georges Boris, collaborateur et ami de Mendès France. Il lui exposa que les hommes de gauche n'avaient rien à redouter de ses intentions et que leur opposition était injustifiée et ferait tort à l'action qu'il comptait mener s'il revenait au pouvoir. Mais qu'il s'agisse de Boris ou de Pinay, ces démarches, si importantes fussent-elles pour l'avenir, ne pouvaient avoir d'effet immédiat. Aucun parti de la gauche et du centre ni même un grand nombre de modérés ne voulaient encore recourir à de Gaulle. En même temps, rien de décisif n'était fait pour réconcilier Paris et les chefs militaires d'Alger. La voie restait encore ouverte à l'épreuve de force.

Le 21 mai, Pierre Lagaillarde vint secrètement en France préparer les opérations qui, le cas échéant, compléteraient sur place l'action des troupes aéroportées envoyées par Alger. Les dirigeants gaullistes des associations d'anciens combattants se méfiaient de lui et firent tout pour limiter ses contacts et gêner ses efforts. Du reste, à Alger, Delbecque avait tenté d'empêcher son départ : il voulait venir lui-même en France, à la fois pour mieux coordonner son action avec celle de l'état-major gaulliste de Paris : en définitive, c'est Neuwirth qui vint. Mais le séjour de Lagaillarde en métropole n'était qu'un signe parmi d'autres : il était clair que se préparait, à Alger, une offensive sur la métropole. Le gouvernement voulait à tout prix l'éviter : il n'était sûr ni de la plupart des commandants de régions militaires ni des meilleures unités de la métropole. On craignait par-dessus tout le comportement des parachutistes du Sud-Ouest et celui du groupement blindé du colonel Gribius. On signalait même qu'un peu partout des escadrilles de l'armée de l'air adoptaient, en vol, une formation représentant la croix de Lorraine...

Chacun prévoit donc que l'on risque d'en arriver au pire. Et chacun réagit à sa manière. De Gaulle, le 23 mai, s'adresse au général Lorillot, successeur du général Ely. Il lui demande, très ouvertement, de transmettre un message à Salan : celui-ci est invité à lui envoyer un rapport sur les récents événements. Naturellement, Lorillot ferait connaître cette démarche au gouvernement : de Gaulle ne l'ignorait pas et voulait ainsi marquer que, désormais, il prenait contact avec la hiérarchie militaire, comme si le dialogue entre le régime et lui-même était déjà entamé. En réalité, il discerne que la communauté européenne, en acclamant son nom, veut, en quelque sorte, l'annexer et lui imposer par avance sa politique. Ce qu'il y a là-bas de tumultueux et d'excessif lui inspire une défiance instinctive. Il ne croit pas que les manifestations franco-musulmanes aient une signification profonde. Il sait que les mouvements activistes sont tout à fait étrangers au gaullisme et juge que leur doctrine s'inspire davantage de celle de Vichy. Il lui faut donc contrôler d'aussi près que possible ce qui peut survenir par la seule voie qui soit à sa portée : celle de la hiérarchie militaire.

Le gouvernement, de son côté, tente encore de retarder l'échéance d'une épreuve de force qui l'effraie. Le jour même où de Gaulle s'adresse à Lorillot et Salan, Pflimlin décide d'envoyer à Alger l'un de ses amis, le député Jean-Louis Vigier. Il a charge de dire à Salan que le gouvernement doit démissionner dans quelques jours, soit que sa réforme constitutionnelle soit rejetée par l'Assemblée, soit que sa mise en œuvre implique la formation d'un nouveau ministère : il n'y a donc aucune raison pour qu'une épreuve de force ait lieu. Ainsi s'esquissait un nouvel essai d'accommodement entre Paris et Alger[14]...

Il venait trop tard. Ce 23 mai était signé l'ordre de mission collectif à ceux qui allaient prendre part à l'opération sur la Corse, qui aurait lieu le lendemain. Un député de l'île, Pascal Arrighi, dont la position électorale est précaire, s'est rendu à Alger où il a fait état des sympathies nombreuses que le mouvement du 13 mai peut y compter. Son ralliement, sans effusion de sang, est acquis d'avance et il se fait fort d'y contribuer.

C'était le dernier tournant de la crise. L'épreuve de force commençait : ou plutôt elle aurait dû commencer. Jules Moch, ministre de l'Intérieur, s'efforce en effet d'en faire le banc d'essai de la capacité de résistance des institutions républicaines. Mais toute l'affaire, en quelques heures, tourne à l'avantage des équipes venues d'Alger et des manifestants qui les soutiennent. Le préfet a voulu faire front mais, en fin de journée, il est neutralisé et éloigné de la préfecture. De tous les sous-préfets, un seul, celui de Sartène, appuyé par le maire de la ville, s'oppose à l'arrivée des parachutistes d'Alger. Tous les autres s'arrangent au mieux de l'irruption d'un nouveau pouvoir. Jules Moch tente un nouvel effort de résistance en fin d'après-midi, en engageant une CRS expédiée de France. Mais elle est trompée et égarée par la police locale et, en pratique, n'agit pas. On envisage alors un débarquement au nord de la Corse : le principe en est discuté, le 25 mai, à midi, en un conseil restreint qui se tient à Matignon. La résistance du maire socialiste de Bastia, qui continue de s'opposer au coup de force, permet d'espérer que tout n'est pas fini. Jules Moch prévoit de réunir et d'embarquer sept cents hommes. Mais, déjà, des objections lui sont présentées : les effectifs paraissent bien faibles, la guerre civile risque d'en résulter... La décision est remise à 18 heures.

Cette fois la réunion est présidée par René Coty. Pierre Pflimlin, Guy Mollet, le ministre de la Justice, Robert Lecourt, le ministre des Affaires étrangères René Pleven, celui de la Défense nationale, Pierre de Chevigné, celui des Travaux publics, Edouard Bonnefous, celui de l'Industrie et du Commerce, Paul Ribeyre, et Maurice Faure, ministre des Affaires européennes, entendent les arguments de Jules Moch [15]. C'est peut-être alors que l'issue de la crise s'imposa, bien que personne n'en convînt encore. Une fois de plus, plusieurs ministres mirent en avant le risque de la guerre civile : au fond, ils se refusaient à l'épreuve de force. D'autres parlèrent de l'insuffisance des moyens engagés, évoquèrent l'inconvénient qu'il y avait à dégarnir Paris de forces de sécurité : autant dire qu'à leurs yeux la partie, loin d'être gagnée d'avance, risquait d'être perdue et que mieux valait donc ne pas la commencer. Guy Mollet, dont la position était essentielle puisqu'elle exprimait celle des socialistes, en principe les plus résolus à la fermeté, parut, aux dires de Jules Moch, très hésitant. « Il demanda, écrit celui-ci, si je pouvais garantir le succès. Comment répondre de bonne foi ? Il me paraît évident que le débarquement se fera sans difficulté et que les paras se replieront comme le firent ceux de Sartène. Mais ensuite — je le dis franchement — nous ne pouvons éliminer les hypothèses d'une concentration de paras insurgés vers Bastia ou d'un envoi de renforts d'Alger à Ajaccio. » Du coup, on inclina vers l'inaction. On décida seulement que les parachutistes qui ne regagneraient pas leur garnison verraient leur contrat résilié, que leurs officiers seraient mis aux arrêts... et qu'une procédure serait entamée contre Pascal Arrighi. Autant dire : rien. Jules Moch en tire les conséquences : il remet sa démission au président de la République... mais finit par céder à ses objurgations et reste en place. En effet, tout est joué. C'est ce jour-là, 25 mai, où la presse, déchaînée stigmatise les auteurs de l'opération de Corse et en réclame la condamnation, qu'on prend conscience de l'irrésistible désagrégation de l'Etat. L'attitude de l'armée, de la police, et surtout celle de l'administration civile témoignent d'une simple volonté : celle de ne pas amorcer une guerre civile. Les ministres, dans le secret des délibérations du Conseil, n'ont finalement pas eu d'autre souci.

L'homme dont dépend par-dessus tout la survie du gouvernement, de la majorité parlementaire et même du régime, Guy Mollet, écrit à de Gaulle, le jour même. C'est pour lui reprocher de ne pas désavouer les événements d'Alger et d'Ajaccio, mais aussi pour lui dire sa certitude qu'il n'est pas candidat à la dictature ; qu'ils sont tous deux, sans nul doute, convaincus de l'existence d'une « personnalité algérienne » ; enfin, que le pire danger est qu'à la faveur d'une menace des activistes et extrémistes de droite, les « bolcheviks » ne finissent par l'emporter en passant pour les défenseurs de la République. « Je disais à M. Guichard, il y a quarante-huit heures, écrit-il, ma crainte que votre retour au pouvoir aujourd'hui ne servît les intérêts du bolchevisme d'une manière quasi irrévocable... Est-ce à dire que je fasse miennes les calomnies qui font de vous un neutraliste, un adversaire du Pacte atlantique, un allié virtuel de Moscou ? Non. Vous voulez, je le sens, la France, grande, indépendante, mais non isolée, livrée à l'adversaire... Mais j'ai cru comprendre le jeu terrible des bolcheviks — et je parle de ceux qui, de Russie, dirigent l'action : pas des pions que l'on a mis en France et que l'on peut sacrifier au besoin... Alors, s'ils peuvent apparaître comme ayant été les seuls défenseurs de la liberté, de la République qu'ils méprisent, que vous ne menacez pas, mais que vos nouveaux supporters mettent en cause ; si ensuite, dans l'hypothèse de votre succès, ils savent attendre l'heure des désillusions, des difficultés que la situation rend inévitables, ils pensent bien être vos successeurs. Quand ? Dans dix semaines, dix mois, dix ans, que leur importe ! Et nous, les démocrates socialistes, nous sommes obligés de vous crier : pensez à l'avenir des libertés que vous nous avez tant aidés à reconquérir. »

L'obsession dont témoigne cette lettre est significative de l'état d'esprit de la majorité des socialistes. Guy Mollet ne voulait pas d'un accord avec les communistes dans un affrontement direct avec Alger : il redoute maintenant qu'en soutenant de Gaulle il ne laisse aux communistes le monopole, ou la direction, de l'opposition et qu'il ne prépare ainsi leur victoire future. Plus encore, c'est sur le terrain de l'anticommunisme qu'il se situe quand il présente à de Gaulle ses préoccupations et ses arguments. C'est là qu'il croit trouver un langage commun avec lui. Pour en être mieux assuré, il lui dit de ne pas souscrire aux « calomnies » qui le décrivent comme un adversaire du Pacte atlantique... Au fond, il veut bien surmonter les objections de ceux qui croient que de Gaulle n'est pas un tenant sincère du bloc occidental, il l'intègre dans le vaste camp des anticommunistes, des antisoviétiques : ils peuvent donc parler un langage commun, être sensibles aux mêmes arguments.

Dans sa réponse, de Gaulle n'y fait pas la moindre allusion : il se borne à regretter, en quelques lignes, que le secrétaire général du Parti socialiste ne veuille pas encore le rencontrer, assure qu'ils sont, tous deux, bien près de s'entendre et souhaite que les circonstances fassent bientôt tomber les préventions qui subsistent contre lui. Mais il a remarqué que, si Guy Mollet paraît exclure que les socialistes puissent faire appel à lui maintenant et considère que sa venue au pouvoir serait « une erreur », ce n'est plus, au fond qu'une affaire d'opportunité : c'est donc, peut-être, l'amorce d'un dialogue. Désormais, il sait que le comportement des socialistes peut évoluer. Il a raison : c'est déjà le cas de Jules Moch. Ce 26 mai, celui-ci a pris connaissance de la lettre de Guy Mollet et, maintenant, il en approuve l'esprit. De plus, il apprend, en particulier par les renseignements que lui fournissent Maurice Papon, préfet de police, et Verdier, directeur général de la Sûreté nationale, que les chefs militaires en métropole ne s'opposeront pas à une action déclenchée à partir d'Alger. Le même jour, justement, les grèves décidées en riposte aux événements d'Algérie et de Corse ont, dans l'ensemble, échoué : s'il y a eu plus de deux tiers des mineurs en grève, il n'y en a pas eu à Electricité de France, et Force ouvrière a fait savoir qu'elle ne s'allierait en aucun cas à un mouvement impulsé par les syndicats à direction communiste. Jules Moch sait quelles conclusions en tirer. Et, le soir de ce 26 mai, grâce à l'entremise d'André Blumel, ancien directeur du cabinet de Léon Blum, il reçoit secrètement Edmond Michelet qui, lui aussi, le met en garde contre le risque d'une intervention de l'armée d'Algérie au cas où on ne trouverait pas à temps une issue politique à la crise[16].

De Gaulle pressent donc qu'il est temps de négocier avec le gouvernement. Il a constaté qu'en Corse le dynamisme des hommes d'Alger l'avait emporté, sans coup férir, devant la passivité des pouvoirs publics, et il en conclut qu'ils vont être tentés de rechercher en métropole le même succès. Bien qu'il fût résolu, depuis le 19 mai, à attendre que l'on fît appel à lui, il décida, cette fois, de faire le premier pas. C'est donc dans la matinée du 26 qu'il fait savoir par le préfet de la Haute-Marne, M. Diebolt, qu'il souhaite rencontrer le président du Conseil. On suggère que ce soit le soir même, au château de Saint-Cloud dont le conservateur est un gaulliste de longue date, M. Bruneau. Dans sa réponse à Guy Mollet, de Gaulle lui a dit qu'il souhaite aussi le voir, avec Pflimlin. Mais Guy Mollet ne veut pas se désolidariser de Jules Moch qui vient de dire à Edmond Michelet que ce n'est pas à lui de rencontrer de Gaulle : bien que Guichard ait proposé que Guy Mollet et Jules Moch accompagnent ensemble Pflimlin, celui-ci viendra seul.

L'entrevue dure deux heures et demie[17]. Il en ressort que le président du Conseil demande à de Gaulle le désaveu public de la sédition d'Alger et de l'opération de Corse et que de Gaulle ne peut y consentir, tant qu'on ne lui donne pas le pouvoir d'arbitrer une crise dont il apparaît que, faute de recourir à lui, elle peut conduire à une épreuve de force dont il n'est pas sûr que le régime sorte gagnant. En apparence, c'est donc un échec. Mais de Gaulle en a surtout retiré la certitude que le chef du gouvernement en place est déjà décidé — mais aux conditions qu'il a dites — à se retirer à son profit et à rallier à ses vues tous les partis « nationaux », c'est-à-dire non communistes.

Rentré à Colombey-les-Deux-Eglises à 5 heures du matin, il juge donc que le moment est venu de faire le geste, de prononcer les mots qui vont mettre en marche le mécanisme de son retour au pouvoir. Il faut d'abord donner de nouveaux arguments à ceux qui en sont maintenant partisans ou qui s'y résignent. Il faut aussi s'assurer du délai nécessaire à l'aboutissement de la négociation politique qui va s'ouvrir : dans l'intervalle doit être empêché un recours à la force, que beaucoup des hommes d'Alger préparent et souhaitent au fond d'eux-mêmes. Bref, il faut que chacun sache que la voie est ouverte à un retour au pouvoir dont de Gaulle veut qu'il se fasse par les voies régulières. Car il est vrai qu'à Alger l'impatience a grandi et qu'on est en train de donner un coup d'accélérateur aux préparatifs de l'opération sur la métropole, baptisée « Résurrection ». Cette impatience est à la fois celle des partisans les plus activistes de l'Algérie française et celle des gaullistes. Les uns sont d'autant plus pressés d'agir qu'ils n'espèrent plus en un arrangement avec le président Pflimlin qui leur donnerait satisfaction sur ce qui est, pour eux, l'essentiel, c'est-à-dire l'intégration de l'Algérie à la France : au retour du capitaine Vitasse, envoyé secrètement par Massu en métropole, et au vu de son rapport, ils sont maintenant convaincus d'avoir, sur place, toutes les complicités qu'ils peuvent souhaiter, surtout dans l'armée, et ils sont désormais pressés d'agir [18]. Mais les autres, qui veulent aussi que de Gaulle revienne au pouvoir, commencent à s'inquiéter des allers et venues entre Paris et Colombey : ils redoutent que les dirigeants de la IVe République finissent par imposer des compromis qu'ils jugeraient détestables : ils veulent donc forcer le rythme des événements, et c'est Delbecque qui fait lancer à la radio le message annonçant qu'il faut se préparer, en métropole, au déclenchement des opérations : « Les carottes sont cuites, une fois. »

De Gaulle sait et sent que tout risque de s'accélérer. C'est donc quelques heures après avoir quitté Pflimlin qu'il téléphona à Olivier Guichard le message qui annonçait la dernière phase de la crise :

> J'ai entamé hier le processus régulier nécessaire à l'établissement d'un gouvernement républicain. Dans ces conditions, toute action, de quelque côté qu'elle vienne, qui mettrait en cause l'ordre public, risque d'avoir de graves conséquences. Je ne saurais l'approuver. J'attends des forces terrestres, navales et aériennes présentes en Algérie qu'elles demeurent exemplaires sous les ordres de leurs chefs : le général Salan, l'amiral Auboyneau, le général Jouhaud. A ces chefs, j'exprime ma confiance et mon intention de prendre incessamment contact avec eux.

Quinze heures plus tard, le gouvernement démissionnait. Pourtant, les premières réactions au message de Colombey furent, en apparence, hostiles et véhémentes. Pflimlin lui-même paraît choqué de l'interprétation donnée à l'entrevue de la nuit. Les socialistes surtout se raidissent. Découvrant à la fois la correspondance échangée entre Mollet et de Gaulle et les entretiens entre celui-ci et le président du Conseil, ils ont soudain le sentiment que la partie s'est jouée sans qu'eux-mêmes s'en rendent compte et que les autres issues à la crise sont bouchées sans que l'on ait tenté de s'y engager vraiment. N'a-t-on pas, la veille, décidé que le parti socialiste appellerait à manifester en même temps que la CGT, premier symbole d'un front commun contre la subversion d'Alger, première esquisse d'un « Front populaire » que le mouvement d'Alger, par réaction, fait resurgir ?

Mais c'est justement ce que refusent les principaux dirigeants de la SFIO [19]. Mollet a exigé que les syndicats FO et la CFTC participent à la manifestation. Son adjoint Pierre Commin déclare : « C'est le Front populaire dans les pires conditions. » Jules Moch lui-même, qui passe pour incarner la politique de fermeté, a dû avouer, le 26 mai, devant le Comité directeur : « L'armée en France est en état d'insurrection virtuelle ; du côté des polices, il n'y a pas à espérer de résistance à l'armée ou aux paras ; l'opinion publique est encore très amorphe. » Il est significatif que les plus résolus à s'opposer à la fois à Alger et à de Gaulle -- Tanguy-Prigent, Leenhardt, Peyrassol, Notebart, Coutant — n'envisagent plus, comme arme ultime, que la grève générale, ce qui suppose un étroit accord avec les communistes. Pourtant, même après le message lancé par de Gaulle, au plus fort de leur indignation, beaucoup de socialistes s'en effraient. Bothereau, secrétaire général de FO, persiste à exclure toute association avec les communistes, et Mollet assure que l'opinion publique n'accepterait pas la formation d'un nouveau Front populaire. Les parlementaires socialistes se bornent donc à réagir à la position prise par de Gaulle [20]. Cent onze députés votent une motion affirmant : « 1) que le devoir du gouvernement légal régulièrement investi est de demeurer à son poste aussi longtemps qu'il garde la confiance de la majorité de l'Assemblée ; 2) qu'ils ne se rallieront en aucun cas à la candidature du général de Gaulle qui, dans la forme même où elle est posée et par les considérants qui l'accompagnent, est et restera en toute hypothèse un défi à la légalité républicaine. » Trois députés socialistes seulement s'y opposent : Max Juvenal, Léon Boutbien et André Marzoratti. Pierre Meunier s'est abstenu et plusieurs des principaux dirigeants étaient absents au moment du vote : Guy Mollet, Max Lejeune, Robert Lacoste, Jules Moch, Eugène Thomas, d'autres encore.

Ce vote intervient alors que le gouvernement siège. Pflimlin a indiqué qu'il n'était pas exact qu'un « processus régulier » fût entamé pour que de Gaulle revienne au pouvoir. Jules Moch répète qu'il ne veut pas l'envisager tant qu'il n'aura pas condamné les factieux d'Alger et d'Ajaccio. D'autres ministres font remarquer qu'il l'a fait, d'une certaine façon, dans le message publié à midi [21]. La séance est interrompue pour que les membres du gouvernement aillent à l'Assemblée où l'on s'apprête à voter la réforme constitutionnelle et la confiance au gouvernement. Celle-ci est acquise par 409 voix contre 165 avec 18 abstentions.

Un nouveau conseil de cabinet se réunit dans la nuit du 27 au 28 mai, à 2 heures du matin. Pflimlin annonce qu'il refuse de compter les voix communistes dans l'ensemble de la majorité parlementaire. Celle-ci n'est donc plus que de 268 députés : ce n'est plus la majorité des membres de l'Assemblée nationale exigée par la Constitution pour l'investiture des gouvernements. C'est le prétexte qu'il invoque pour que sa démission paraisse justifiée. Mais il en donne les véritables raisons : gouverner sans de Gaulle et sans les communistes lui paraît maintenant impossible. Il ne croit donc plus à quelque arrangement avec Alger. Rester au pouvoir avec l'appui du parti communiste, il ne le veut en aucun cas et suggère qu'on irait ainsi à la guerre civile. Il ne reste plus qu'à ouvrir la voie à de Gaulle. C'est ce qu'il veut faire en allant sur-le-champ porter sa démission au président de la République [22].

Ceux qui s'opposèrent à Pflimlin ne le firent pas tous pour les mêmes raisons. Le socialiste Albert Gazier demeurait partisan de la lutte sur deux fronts, contre de Gaulle et contre Alger. Edouard Bonnefous, Vincent Badie, eux aussi hostiles à la démission du gouvernement, n'étaient nullement partisans d'un rapprochement avec les communistes : c'est le régime qu'ils voulaient sauver, en s'opposant à de Gaulle. Ils étaient, au fond, les derniers avocats de la politique, esquissée plusieurs fois, mais jamais poursuivie jusqu'au bout, qui eût abouti à sauver la IVe République en s'accordant avec les chefs militaires pour garder l'Algérie française. Du reste, ils furent plus tard hostiles à la politique algérienne de la Ve République. Mais la plupart des autres ministres approuvèrent Pflimlin, comme Edgar Faure, ministre des Finances, et René Pleven, ministre des Affaires étrangères. Trois ministres représentant les groupes modérés, Paul Ribeyre, Jean Garet, Boscary-Monsservin qui avaient averti, qu'ils ne pourraient rester au gouvernement si celui-ci demeurait plus longtemps en place, annoncèrent que, de toute façon, ils démissionnaient.

Même parmi ceux qui ne voulaient pas que Pflimlin se retire, certains envisageaient seulement un nouveau délai pour mieux négocier avec de Gaulle : ainsi de Guy Mollet et de Jules Moch. Mais ils étaient encore prisonniers du vote émis quelques heures plus tôt par la plupart des députés socialistes. Guy Mollet avait déjà dit, en fin de soirée, le 27 mai, devant les membres du Comité directeur et les parlementaires de la SFIO qu'il « préférerait encore de Gaulle par les voies légales qu'un régime franquiste dont on ne sort jamais », expliquant trois jours plus tard, qu'après avoir longtemps pensé que l'on pourrait constituer un gouvernement d'union nationale et espéré que de Gaulle le soutiendrait, il avait cessé d'y croire : « Ce n'est que lorsque les événements consécutifs à l'insuffisance de nos moyens, à l'incompréhension des uns et des autres, ont démontré que cette hypothèse était exclue qu'avec mes amis je me suis trouvé devant le dilemme : gouvernement de Gaulle ou pronunciamiento des colonels [23]. » Au total, la délibération des ministres ne dura qu'à peine plus d'une demi-heure et quand Pflimlin partit pour l'Elysée, il était clair que l'on allait vers une négociation avec de Gaulle.

Du reste, quand, après 4 heures du matin, ce 28 mai, Pflimlin rapporte que le président Coty demande qu'on tienne secrète la démission du gouvernement avant qu'il ait pris les dispositions lui permettant de l'accepter, Jules Moch, lui-même, qui s'est voulu le défenseur passionné de la République, réfléchit à la meilleure façon d'ouvrir la voie à de Gaulle. Dans la nuit, il rédige une note au président de la République [24]. Les communistes, comme les socialistes, écrit-il, vont sans doute voter contre de Gaulle ; à moins, ajoute-t-il, que n'entrent en jeu des « liens inconnus de moi entre de Gaulle et Moscou ». Suspicion révélatrice : de Gaulle passait décidément pour n'être pas un partisan orthodoxe du bloc atlantique... Cette réserve faite, Jules Moch constate que de Gaulle risque alors de n'être investi que par une majorité de droite qui pourrait conduire à un gouvernement autoritaire, sous l'influence des colonels d'Alger et, en riposte, à la formation d'un nouveau Front populaire. Il en conclut qu'il faut charger « Vincent Auriol ancien président de la République d'entrer en contact avec le général de Gaulle afin d'étudier avec lui le moyen de préserver l'union nationale et de résoudre la crise ».

En fait, Vincent Auriol avait déjà entrepris d'agir dans le même sens. Quarante-huit heures plus tôt, il avait écrit à de Gaulle. C'était, à nouveau, pour le convaincre de condamner la sédition d'Alger, mais en même temps, et pour la première fois de la part d'un socialiste, pour l'assurer que, s'il le faisait, il pourrait revenir à la tête de l'Etat. « Si vous rompez toute solidarité avec ceux qui ont créé un mouvement séditieux, écrivait-il, vous retrouverez la confiance de la nation tout entière. La confiance ainsi rétablie entre le peuple républicain et vous, il vous sera possible d'obtenir des hommes responsables de la République un accord rapide et un concours loyal pour réaliser avec pleins pouvoirs un programme limité dans un temps limité. La nation pourrait alors être appelée à se prononcer librement et souverainement sur la réforme constitutionnelle qu'exige l'intérêt supérieur de la démocratie. » Vincent Auriol n'accepta pourtant pas de rencontrer de Gaulle ce soir-là, comme Coty le lui demanda, car il attendait encore une réponse à sa lettre. Mais les présidents des deux Assemblées, Le Troquer et Monnerville, furent désignés pour aller retrouver de Gaulle à Saint-Cloud.

C'est au cours de cette journée du 28 que de Gaulle, peu avant l'heure du déjeuner, reçut à Colombey l'envoyé de Salan : le général Dulac, accompagné de trois officiers. Celui-ci parla longuement de l'état d'esprit de l'état-major d'Alger et il exposa les plans de l'opération prévue en métropole. Dans la conversation, de Gaulle fit preuve de la plus grande amabilité. Il ne connaissait pas Dulac et n'avait pas revu Salan depuis 1944. Or, il était capital pour lui d'établir au plus tôt son autorité, au moins morale, sur l'état-major d'Alger. Mais il ne se faisait aucune illusion : Salan n'avait jamais été gaulliste et Dulac, durant la campagne de Syrie en 1941, avait combattu contre la France libre. De plus, l'inspiration politique des mouvements activistes d'Alger était tout à fait étrangère à ce qu'il souhaitait, et il demeurait persuadé qu'ils ne s'étaient ralliés à lui qu'en paroles et ne cherchaient qu'à se servir de lui pour imposer leurs vues. Il ne lui restait donc qu'à renforcer le lien fragile établi maintenant avec les chefs militaires d'Algérie. En pratique, tout en manifestant sa bienveillance envers ses hôtes, il se borna à les interroger sur les moyens prévus pour l'opération qu'ils projetaient en métropole, les trouva faibles, assura qu'il était convaincu que l'armée avait agi pour le mieux et dans l'intérêt de la France, chercha à savoir qui commandait réellement à Alger et conclut en se disant certain que Salan et son état-major feraient « ce qu'il faut faire ».

Le général Dulac devait affirmer plus tard que de Gaulle avait donné son accord à une opération sur la métropole. Celui-ci ne pouvait pourtant, dans son propre intérêt, ni l'encourager, ni surtout l'autoriser. Au moment où cet entretien eut lieu, il avait en effet toutes raisons de croire qu'il touchait au but. Il savait que Pflimlin était acquis à son retour au pouvoir. Il avait reçu la lettre de Vincent Auriol qui l'assurait de son soutien dès lors qu'il condamnerait la sédition algéroise — dont il venait, dans son message de la veille, d'interdire qu'elle se propage. Il savait que dans la soirée du même jour Guy Mollet avait déjà posé devant ses amis socialistes le dilemme : appel à de Gaulle ou gouvernement des colonels. Mais surtout, il avait été prévenu que, dans la nuit, Pflimlin avait offert sa démission au président de la République. On en était à chercher les moyens de rallier la majorité des socialistes à son retour au pouvoir. Il était donc capital, pour lui, que rien ne soit fait, à partir d'Alger, qui empêche qu'il revienne à la tête de l'Etat suivant les procédures légales[25].

Tout tenait maintenant à la position des socialistes. Revenant de leur rencontre avec de Gaulle, Le Troquer en donna une version quelque peu dramatique. Les deux hommes s'étaient heurtés sur tout. Pour son investiture par l'Assemblée nationale, de Gaulle voulait ne pas être physiquement présent : la Constitution ne l'y obligeait pas, dit-il, ce qui, formellement, était exact, mais Le Troquer y répondit en invoquant les usages et l'esprit des institutions. De Gaulle demanda les pleins pouvoirs pour un an et la mise en congé du Parlement avant le référendum sur la future Constitution : ce qui revenait, pensa Le Troquer, à asseoir sa dictature. Le plus révélateur fut leur divergence sur les événements d'Algérie. De Gaulle en souligna la gravité et les imputa à l'impuissance du régime. Le Troquer, fidèle à l'esprit de guerre froide qui avait imprégné la politique intérieure et extérieure de la IVe République, voulait y voir l'effet, non de la volonté d'indépendance des Algériens, mais du conflit Est-Ouest : « Les affaires de Corée et d'Indochine, répliqua-t-il, étaient, comme l'Algérie, des problèmes de caractère international, vous le savez bien. Le but est clair : il s'agit de désorganiser la défense de l'Europe et du monde libre, et, c'est pour l'instant la France qui en fait les frais... » Monnerville, lui, témoigna simplement que de Gaulle avait accepté d'être régulièrement investi par l'Assemblée nationale et qu'il préparerait une réforme constitutionnelle dans un délai de six mois.

Mais la SFIO restait en majorité hostile. De Gaulle, de son côté, eut, peut-être passagèrement, une impression pessimiste de la double rencontre de cette soirée puisque revenu à Colombey, il écrivit alors à son fils :

> D'après mes informations, l'action serait imminente du sud vers le nord. J'ai reçu, hier Le Troquer et Monnerville, que m'envoyait le président Coty, pour voir avec moi à quelles conditions je pourrais former le gouvernement dans l'actuel régime. J'ai précisé mes conditions (délégation de pleins pouvoirs pour un an, recours au référendum pour modifier la Constitution). Mais il est infiniment probable que rien ne se fera plus dans le régime qui ne peut même plus vouloir quoi que ce soit. Au revoir, mon cher vieux garçon. Je t'embrasse de tout mon cœur.

Dans l'après-midi du 30 mai, on sut que le président Coty allait annoncer au Parlement qu'il faisait appel à de Gaulle et qu'il démissionnerait si celui-ci n'était pas investi. Il y mit le plus possible de solennité et d'émotion. Ce n'est pas seulement qu'il avait, depuis longtemps, le sentiment qu'il fallait en venir à une réforme des institutions et qu'il croyait que de Gaulle pourrait en être l'artisan : il était convaincu maintenant qu'on était au bord de la guerre civile, et que, si on ne l'évitait pas, c'est lui qui en serait responsable devant l'Histoire. On peut croire en sa sincérité quand, dix jours plus tôt, il avait confié à Raymond Triboulet à quelle extrémité il songeait au cas où les partis, le moment venu, ne le suivraient pas :

> Je suis responsable. Je joue ma dernière carte. Si le Parlement ne m'écoute pas, s'il ne vote pas pour le plus grand des Français, alors je me demande si, malgré mes sentiments chrétiens, je ne dois pas sacrifier ma vie pour leur ouvrir les yeux [26]...

Sur le moment, pourtant, l'annonce de son message eut plutôt pour effet de raidir l'opposition du plus grand nombre des députés socialistes. Dans les couloirs de l'Assemblée, on se mit à parler de la formation d'un nouveau gouvernement, mais il est révélateur que, même à cette date, les adversaires d'un appel à de Gaulle songeaient d'abord à des hommes capables de rassurer l'armée et la communauté européenne sur leur politique algérienne : Paul Ramadier, mais surtout André Morice, Robert Lacoste et Marcel-Edmond Naegelen tous trois partisans de l'Algérie française.

Mais, dans la soirée, fut publié l'échange de lettres entre Auriol et de Gaulle :

> Je me heurte du côté de la représentation nationale, écrivait celui-ci, à une opposition déterminée. D'autre part je sais qu'en Algérie et dans l'armée quoi que j'aie pu dire, quoi que je puisse dire aujourd'hui, le mouve-

> ment des esprits est tel que cet échec de ma proposition [de former par la voie légale un gouvernement] risque de briser les barrières et même de submerger le commandement. Comme je ne saurais consentir à recevoir le pouvoir d'une autre source que le peuple, ou tout au moins ses représentants [ainsi ai-je fait en 1944 et 1945], je crains que nous n'allions à l'anarchie et à la guerre civile. Dans ce cas, ceux qui, par un sectarisme qui m'est incompréhensible, m'auront empêché de tirer encore une fois la République d'affaire quand il en était encore temps porteront une lourde responsabilité. Quant à moi je n'aurai plus, jusqu'à la mort, qu'à rester dans mon chagrin.

Ces mots produisirent chez les socialistes une impression profonde. Ils signifiaient que de Gaulle ne s'identifiait pas avec Alger, qu'il acceptait les voies démocratiques pour revenir au pouvoir et aucune autre.

Dès lors, tout ne fut que procédure. Le 29 mai à 19 h 30, de Gaulle arrivait à l'Elysée. Deux heures plus tard, on annonçait qu'il était pressenti pour former le gouvernement et il faisait savoir, simultanément, qu'il allait demander

> pour une durée déterminée, les pleins pouvoirs nécessaires pour agir dans la très grave situation actuelle. D'autre part, mandat sera donné au gouvernement, suivant une procédure prévue par l'actuelle Constitution, de préparer et de soumettre au pays, par voie de référendum, les changements qui doivent y être apportés, notamment en ce qui concerne la séparation et l'équilibre des pouvoirs ainsi que les rapports de la République française avec les peuples qui lui sont associés.

Le lendemain matin, Coty rendit compte aux chefs des partis de son entretien avec de Gaulle. Les socialistes, tenant à un tête-à-tête avec celui-ci, Guy Mollet et Maurice Deixonne se rendirent à dix-huit heures à Colombey-les-Deux-Églises — où Vincent Auriol était venu avant eux. Ils insistèrent pour que de Gaulle se présente devant l'Assemblée nationale pour y prendre des engagements précis, ce qu'il accepta. A propos de l'Algérie et de l'Afrique, il parla de fédération et de confédération. Il fit déjà des réserves sur la façon dont la France s'était intégrée à l'Organisation atlantique et dont sa politique européenne était conçue. Son gouvernement, dit-il, comprendrait des personnalités politiques de la IVe République comme Pinay et Pflimlin. Il demanda aussi le concours de Guy Mollet lui-même et de techniciens comme Pierre Guillaumat ou François Bloch-Laîné. Enfin, et surtout, de Gaulle déclara que si le président de la République, dans la future Constitution, devait être élu par un collège assez large et pouvoir dissoudre l'Assemblée, le gouvernement qu'il nommerait serait responsable devant le Parlement. C'était là l'essentiel : c'est en effet ce qui définit traditionnellement le régime parlementaire et c'est à cela que les socialistes, toujours attachés aux formes habituelles de la démocratie en France, tenaient par-dessus tout [27].

Après l'entrevue entre de Gaulle et les chefs socialistes, plus aucun obstacle ne s'opposait à son investiture. Le lendemain, 31 mai, il se rendit, comme à l'habitude, à l'hôtel La Pérouse. Alors qu'il touchait au but, il s'irritait et se désolait encore de l'opposition qu'il rencontrait, non seulement chez certains socialistes mais surtout chez quelques personnalités de gauche, dont Pierre Mendès France, pour qui il conservait plus d'estime peut-être que pour tout autre homme politique. Dans l'après-midi, suivant le conseil de Georges Pompidou, il reçut vingt-six parlementaires appartenant aux groupes non communistes. Pour l'occasion, les services de sécurité avaient exigé qu'il quitte son appartement habituel, le n° 11, pour le n° 28, occupé d'ordinaire par l'ancien directeur de cabinet de Pierre Laval, Jean Jardin. Il leur redit qu'il voulait les pleins pouvoirs pour six mois et que la nouvelle Constitution serait soumise à un référendum. Il précisa à nouveau que celle-ci respecterait le principe de la responsabilité du gouvernement devant le Parlement. A Mitterrand, qui maintenait son opposition, et à Ramadier, qui l'interrogeait avec netteté sur ses rapports avec Alger, il répondit, aux dires de ce dernier :

> Tout doit rentrer dans l'ordre... Je n'entends pas être le président du Conseil des comités de salut public.

Plus tard dans l'après-midi, le Comité directeur et le groupe socialiste délibérèrent pour la dernière fois avant le vote d'investiture, prévu pour le lendemain 1er juin. Une fois de plus, les arguments s'opposèrent. Guille et Savary plaidèrent contre l'investiture, Ramadier pesa les avantages et les inconvénients et laissa finalement prévoir que, pour lui, les premiers l'emportaient sur les seconds. Guy Mollet, dont l'intervention fut décisive, reprit les arguments que, la veille, Vincent Auriol avait exposés devant les parlementaires de la SFIO et qui les avaient tant impressionnés. Il insista sur les conséquences d'un refus : si de Gaulle n'était pas investi, il retournerait à Colombey-les-Deux-Eglises et ce serait la guerre civile. Dans le cas d'un succès des républicains, les communistes seraient les principaux vainqueurs : sinon ce serait, en France, le régime des colonels. Et il lança ce dernier avertissement : « Il n'y a pas à l'heure actuelle en Europe un seul pays dans lequel les mouvements intérieurs aient réussi à faire tomber une dictature militaire. » Le vote, pourtant, fut serré : 77 voix pour accorder l'investiture à de Gaulle, contre 74 — dont 22 sénateurs contre 13. Elle fut votée, le lendemain, par 42 députés socialistes tandis que 49 la refusèrent [28].

Le lendemain, dimanche 1er juin, de Gaulle lut, à la tribune, la déclaration d'usage :

> La dégradation de l'Etat qui va se précipitant ; l'unité française immédiatement menacée ; l'Algérie plongée dans la tempête des épreuves et des émotions...

Etrangement, le dernier épisode de la crise répondit à la fois au souci d'une certaine procédure politique et au comportement d'un homme qui s'était préparé, dans sa jeunesse, à un tout autre destin. De Gaulle avait insisté pour ne pas prendre part au débat de l'Assemblée : volonté de garder ses distances à l'égard des discussions parlementaires, mais aussi, peut-être, crainte des invectives ou des propos échangés à brûle-pourpoint, répugnance pour la brutalité — ou la vulgarité — presque inévitable dans les réunions fiévreuses, gêne peut-être due à une vue diminuée après une récente opération de la cataracte, tout se conjuguait en lui pour le détourner de cette épreuve passagère. En cet instant capital de sa vie publique, le poids de l'éducation et des usages, les particularités physiques et morales, inséparables de son caractère et même de sa vie, jouaient un rôle égal à celui des plus savants calculs politiques.

Et pourtant, le 2 juin, pour faire aboutir la loi sur les pleins pouvoirs, de Gaulle se rendit à l'Assemblée nationale et sut éblouir les députés par son aisance et son habileté. Pour beaucoup, il devint tout à coup l'homme qui se levait de son banc de président du Conseil pour dire :

> Tout le plaisir et l'honneur que j'ai de me trouver ce soir parmi vous...

Et bien des parlementaires vinrent lui serrer respectueusement la main, tout comme s'il était une vieille gloire républicaine, sortie de sa retraite... Mais de Gaulle avait écrit, plusieurs mois auparavant, quand il rédigeait solitairement ses *Mémoires*, à Colombey-les-Deux-Eglises :

> J'étais, de nature, attiré par ce que le corps parlementaire contient de vie profonde contrariée, d'humanité ardente, voilée, de passions actives contraintes, et qui, tantôt s'assoupit comme pour donner le change, tantôt éclate en heurts retentissants.

Tant il est vrai que nul ne connaissait mieux que lui-même ses propres contrastes.

Ce dernier trait achevait de donner à la crise du 13 mai son caractère le plus apparent : imprévisible et calculée, elle avait permis à de Gaulle de montrer son empirisme et son aptitude à voir loin, sa prudence méthodique et son sens de l'improvisation ; c'est à lui-même, plus qu'à d'autres, qu'il aurait pu adresser le compliment qu'il fit à Lucien Neuwirth, en le retrouvant à Alger : « Vous n'avez pas commis une seule erreur. »

Chapitre 28

LA Ve REPUBLIQUE

Tandis que de Gaulle se rendait à Paris le 29 mai 1958 pour être reçu à l'Elysée par le président Coty, Georges Pompidou téléphonait à Raymond Janot [1]. Les deux hommes s'étaient connus au Conseil d'Etat, dont ce dernier était secrétaire général, et, quelques semaines auparavant, ils avaient évoqué les conditions juridiques qui permettraient à de Gaulle de revenir au pouvoir et de changer les institutions, tout en respectant la lettre de la Constitution de 1946 : l'événement allait maintenant se produire. Pompidou priait donc Janot de rejoindre de Gaulle au plus vite. La rencontre eut lieu à mi-chemin de la route de Colombey-les-Deux-Eglises à Paris. Durant la dernière partie du trajet, de Gaulle fit part à Raymond Janot des quelques principes qui, selon lui, devaient régir la future Constitution : le suffrage universel devrait être la source de tout pouvoir, l'exécutif et le législatif seraient nettement séparés, le gouvernement serait responsable devant le Parlement, l'indépendance judiciaire garantie et les rapports entre la France et ses anciennes colonies réorganisés.

Raymond Janot lui suggéra aussitôt d'écarter le principe de la responsabilité gouvernementale devant le Parlement. Partisan d'un régime présidentiel, il estimait qu'en s'engageant sur ce point, de Gaulle s'interdirait à lui-même de faire autre chose qu'une constitution parlementaire plus ou moins aménagée ; mais il n'obtint aucun assentiment. Dans la soirée, après une heure d'entretien avec le président Coty, de Gaulle faisait publier un communiqué dont le second paragraphe concernait la réforme de l'Etat : rien n'y était dit sur la responsabilité gouvernementale, c'est-à-dire sur le caractère parlementaire du régime futur.

Mais le lendemain, 30 mai, de Gaulle assurait à ses visiteurs socialistes, Guy Mollet et Maurice Deixonne, qu'il acceptait le principe de la responsabilité du gouvernement. Le 31, il le répétait devant les vingt-six parlementaires des différents groupes qu'il recevait à l'hôtel La Pérouse. Et, le 1er juin, devant l'Assemblée nationale, il déclarait :

Le gouvernement que je vais former moyennant votre confiance vous saisira sans délai d'un projet de réforme de l'article 90 de la Constitution de telle sorte que l'Assemblée nationale donne mandat an gouvernement d'élaborer, puis de proposer au pays par la voie du référendum, les changements indispensables. Le gouvernement précisera les trois principes qui doivent être en France la base du régime républicain et auxquels il prend l'engagement de conformer son projet. Le suffrage universel est la source de tout pouvoir. Le pouvoir exécutif et le pouvoir législatif doivent être effectivement séparés de façon que le gouvernement et le Parlement assument chacun pour sa part et sous sa responsabilité la plénitude de ses attributions. Le gouvernement doit être responsable vis-à-vis du Parlement.

Aucun doute ne subsistait : de Gaulle acceptait que le nouveau régime fût parlementaire. Les dirigeants des partis traditionnels avaient beaucoup insisté sur ce point ; Pierre-Henri Teitgen y revint même quand fut discutée la loi constitutionnelle prévue par la déclaration du 1er juin.

Je le prie de considérer, répliqua de Gaulle, que le texte du gouvernement lui répond. En effet, ce texte spécifie que le gouvernement doit être responsable devant le Parlement, ce qui est incompatible avec un régime présidentiel. Par conséquent, il est certain que le futur président de la République ne pourra se confondre avec le chef du gouvernement puisque celui-ci sera responsable devant le Parlement. Ce serait évidemment incompatible avec la conception que l'on a du président de la République. Cela me paraît aller de soi mais enfin, puisqu'il pouvait vous être utile que je le précise, eh bien, je l'ai fait volontiers.

C'est à partir de là que se mit en place le dispositif prévu pour préparer la nouvelle Constitution. De Gaulle forma autour de lui un groupe comprenant les quatre ministres d'Etat représentatifs des principales composantes de la vie politique française, à l'exclusion des communistes : Guy Mollet pour les socialistes, Pierre Pflimlin pour les républicains populaires, Louis Jacquinot pour les modérés, Félix Houphouët-Boigny pour l'outre-mer, auxquels il adjoignit René Cassin, vice-président du Conseil d'Etat, l'un de ses premiers compagnons de Londres, Raymond Janot, qui allait servir à ce groupe de secrétaire et de rédacteur, et Georges Pompidou, son directeur de cabinet à Matignon qui serait alors, dans plusieurs domaines, son conseiller le plus écouté, mais aussi Antoine Pinay, ministre des Finances, au titre d'ancien président du Conseil, et le ministre de la Justice, Michel Debré.

Celui-ci, dont le rôle fut le plus important, constitua, pour l'assister, un comité d'experts formé de membres du Conseil d'Etat — Michel Aurillac, Jacques Bertrand, Georges Galichon, Yves Guéna, Jean Mamert, Michel Massenet, Alain Plantey, Jérôme Solal-Celigny, ainsi que Raymond Janot — et des représentants des ministres d'Etat, François Luchaire, André Chandernagor, Erwin Gueaner et Roger Massa[2].

Enfin, le Comité consultatif constitutionnel, prévu par le dernier vote du Parlement, comportait 16 députés à l'Assemblée nationale, dont le Malgache Philibert Tsiranana, le Sénégalais Léopold Sédar Senghor, le socialiste Paul Alduy, les républicains populaires, Pierre-Henri Teitgen et Paul Coste-Floret, les indépendants de droite, Edmond Barrachin et Jacques Fourcade, 10 membres du Conseil de la République, dont le socialiste Champeix, le radical Gilbert Jules, l'indépendant Marcilhacy, le gaulliste Montalembert, et Lamine Gueye, maire de Dakar, ainsi que des personnalités désignées par le gouvernement dont l'ancien fondateur de l'OCM dans la Résistance, Maxime Blocq-Mascart, Roger Frey, ancien de la France libre, et l'ambassadeur Léon Noël, qui avaient été tous deux au RPF, le juriste Marcel Walline, et l'ancien président du Conseil, Paul Reynaud, qui prit la présidence.

De Gaulle donna à Michel Debré ses directives pour la rédaction du texte de la Constitution. Il en discuta régulièrement avec le groupe de ministres qu'il avait réunis autour de lui, et le Comité consultatif constitutionnel en débattit longuement entre le 29 juillet et le 14 août. La question des rapports entre la France et ce que de Gaulle avait appelé « les peuples associés », fit l'objet d'un examen distinct, très animé, sourdement passionné, d'autant que les conséquences en seraient ultérieurement très lourdes. L'incompatibilité entre un mandat parlementaire et une fonction ministérielle fut critiquée par le personnel politique traditionnel, mais de Gaulle se montra, sur ce point, intransigeant, faisant ressortir qu'on ne pouvait à la fois être « contrôleur et contrôlé ». Le futur article 16, conférant les pleins pouvoirs au président en cas de crise majeure où les institutions seraient empêchées de fonctionner, fut le plus controversé, beaucoup craignant d'y voir l'instrument d'une éventuelle dictature : de Gaulle vint s'en expliquer devant le Comité consultatif constitutionnel, le 8 août, et invoqua le précédent de juin 1940 — contesté par Paul Reynaud — et même celui du mois que l'on venait de vivre, mai 1958, où l'on fut, dit-il au bord d'une guerre civile : en définitive, et sous réserve qu'aucune dissolution de l'Assemblée nationale ne puisse intervenir tant que l'article 16 serait en vigueur, il fut suivi. Enfin, la composition du Sénat fut en question, quelque temps. De Gaulle avait envisagé qu'il ait trois composantes : les collectivités territoriales de la métropole, les territoires et peuples associés et les organisations économiques et sociales. Mais au moment où l'Afrique française hésitait au bord de l'indépendance, sa représentation sous forme d'un tiers des sénateurs paraissait singulièrement étriquée. Quant à intégrer au Parlement les groupements professionnels, les cadres économiques, les syndicats, voire même les milieux intellectuels, de Gaulle était pratiquement seul à y tenir : personne, dans aucune des instances qui prépara la future Constitution n'en était partisan, et les plus favorables ne voyaient pas comment en organiser la répartition. Comme sous les IIIe et IVe Républiques, le Sénat serait donc issu des seules collectivités locales[3].

L'essentiel était naturellement l'exécutif et le législatif, et les rapports entre eux. Il n'était pas question, comme on l'a vu, que la France ait un régime présidentiel : au contraire, il avait été convenu que le gouvernement serait responsable devant l'Assemblée nationale, ce qu'avaient réclamé, inlassablement, tous les partis convaincus d'avoir ainsi arraché à de Gaulle une importante concession. L'expérience, en effet, avait toujours prouvé que, partout où il est responsable devant le Parlement, c'est le chef du gouvernement qui est le véritable détenteur du pouvoir exécutif. La responsabilité suffit à lui conférer son autorité, d'autant qu'à la différence du président de la République, il est en contact direct avec la représentation nationale, et seul capable par conséquent, d'en vérifier l'orientation, l'état d'esprit et les exigences. En France, en particulier, c'est à la présidence du Conseil, c'est-à-dire au chef du gouvernement responsable devant le Parlement, qu'est revenu l'essentiel du pouvoir exécutif pendant les deux tiers de siècle qu'a duré la IIIᵉ République, alors que la Constitution de 1875 n'en prévoyait même pas l'existence. Les milieux politiques — parlementaires, journalistes, juristes — estimaient donc unanimement que de Gaulle, en se ralliant au principe de la responsabilité gouvernementale, acceptait que ce fût bien le président du Conseil — on ne songeait pas encore à l'appeler « Premier ministre » — qui dirigerait effectivement le gouvernement et sa politique. Pour certains, c'est la fonction qu'occuperait de Gaulle, s'il voulait être réellement à la tête du pays, et il devrait tenir compte, sans cesse, de l'opinion des partis composant la majorité de l'Assemblée nationale ; pour d'autres, il serait président de la République, et il se contenterait d'influer discrètement sur l'action gouvernementale, d'arbitrer les discussions entre les ministres ou entre les groupes de la majorité, et d'être, en quelque sorte, le conseiller suprême des gouvernements ; et à la longue, les règles constitutionnelles imposeraient, d'elles-mêmes, la répartition traditionnelle des pouvoirs, laissant au président du Conseil la direction effective de la politique française et, de Gaulle, au faîte des honneurs et de la gloire, finirait par y consentir.

Ces calculs, pour étranges qu'ils puissent apparaître à distance, étaient alors très courants, et s'appuyaient, après tout, sur la pratique constante du régime parlementaire. Mais, précisément, de Gaulle en avait une autre conception. Ceux qui, autour de lui, le mirent en garde contre les conséquences du principe de la responsabilité gouvernementale — Raymond Janot ne fut pas le seul — ne rencontrèrent aucun écho. Certains allèrent jusqu'à penser qu'il comprenait mal le jeu des mécanismes constitutionnels. Mais la netteté de ses propos sur la distinction nécessaire des fonctions du président de la République et du chef du gouvernement ne laissaient place à aucun doute. De Gaulle était hostile au régime présidentiel, où le moindre vote d'une loi ou d'un budget doit être négocié avec le Parlement — c'est-à-dire avec les partis — puisque, dans ce régime le président ne peut faire pression sur lui, n'ayant pas le droit de dissolution. Du reste, il n'y avait alors que très peu de partisans d'une constitution présidentielle et Jacques Soustelle fut l'un des rares à s'en faire ouvertement l'avocat. Selon lui, un système fédéral, groupant la France et les Etats africains, ne s'accommoderait que d'un régime présidentiel : les deux choses allaient de pair[4]. Il s'en ouvrit à de Gaulle. Mais celui-ci lui répondit qu'à son avis le Parlement devait pouvoir renverser le gouvernement sur une question mineure, le président de la République ayant en main les grands problèmes nationaux : si la crise portait sur une question majeure, l'Assemblée nationale serait dissoute et le suffrage universel trancherait.

A vrai dire, de Gaulle, sur ce point, n'avait pas changé d'avis. Dès son discours de Bayeux, en 1946, il prévoyait la distinction entre le gouvernement, collectivement responsable devant le Parlement et le chef de l'Etat de qui, soulignait-il, « procéderait l'exécutif ». C'était évidemment au président de la République d'inspirer les grandes lignes de la politique nationale et de la faire « exécuter » par les ministres : de là venait son insistance extrême sur ce qu'il appelait la « séparation des pouvoirs » ; de là, aussi, l'emploi du mot « procéder » pour définir les rapports entre le chef de l'Etat et le gouvernement. Sans doute celui-ci, responsable devant le Parlement, devait-il être composé de manière à tenir compte de l'orientation d'une majorité : mais ne « procédant » pas de l'Assemblée il n'y serait pas subordonné. En réclamant l'incompatibilité des charges ministérielles et parlementaires, de Gaulle accentuait encore ce trait du système qu'il voulait établir. En cas de crise entre le gouvernement et l'Assemblée, le président pourrait la dissoudre s'il le jugeait souhaitable et les électeurs seraient juges en dernier ressort. En recourant au référendum, il pourrait aussi s'adresser directement au suffrage universel. Bien entendu, ces instruments constitutionnels ne pourraient être employés en toute occasion ; les ministres auraient à tenir compte des souhaits du Parlement, à mettre en échec la conjugaison des oppositions contraires, à engager, parfois, leur responsabilité. Mais si une crise survenait à propos d'un sujet secondaire, la politique du président de la République ne serait pas mise en cause.

Au-delà de ce mécanisme, transparaît une conception très précise de l'exercice du pouvoir. La permanence du chef de l'Etat s'oppose à la nature transitoire des fonctions parlementaires et même au caractère passager des charges ministérielles. Cette opposition procède, elle-même, d'une certaine idée de la vie politique. Au-dessus des contingences, des mouvements d'opinion, des péripéties économiques, des secousses sociales, la nation demeure, avec les intérêts permanents que lui imposent la géographie, l'histoire, sa place dans le monde, son rôle moral et international. Quoi qu'il arrive, l'Etat doit s'incorporer ces intérêts et les garantir au-dehors et au-dedans. Cette mission doit s'incarner en un seul homme, qui ne saurait être que le chef de l'Etat.

Les premières lignes qui, dans la Constitution, lui sont consacrées parlent d'elles-mêmes : « Le président de la République veille au respect de la Constitution. Il assure, par son arbitrage, le fonctionnement régulier de la République, ainsi que la continuité de l'Etat. Il est le garant de l'indépendance nationale, de l'intégrité du territoire, du respect des traités. » Les seize articles qui lui sont consacrés en soulignent l'importance par contraste avec les quatre articles suivants, consacrés au gouvernement. Rien n'est plus significatif que l'insistance mise par de Gaulle à faire admettre par ses ministres de 1958 l'article 16 qui donne tous les pouvoirs au président de la République « lorsque les institutions... l'indépendance de la nation, l'intégrité de son territoire... sont menacés d'une manière grave et immédiate ». C'était, dans son esprit, le symbole de la suprématie du chef de l'Etat. De là découle le rôle propre du gouvernement : s'il est responsable devant le Parlement, c'est que sa pérennité n'est pas essentielle à l'existence de l'Etat ; s'il doit refléter, dans quelque mesure, l'orientation de l'Assemblée, c'est que de multiples problèmes appellent des solutions diverses qui, de toute manière, ne mettront pas en cause les grandes lignes de la politique nationale. Ainsi, des crises pourront intervenir sur des sujets mineurs : le chef de l'Etat aura soin de les éviter en procédant, à temps, aux changements de personnes qui s'imposeront. Par là, il tiendra compte du mouvement des esprits. Mais dès que l'essentiel se trouvera en jeu, il interviendra : le droit de dissolution et le recours au référendum seront à sa disposition, et le peuple jugera.

L'architecture de la Constitution serait donc ambiguë. Le droit de dissolution, le recours au référendum, la nomination du Premier ministre, l'élargissement du corps électoral chargé de désigner le chef de l'Etat traduisaient la volonté de donner à celui-ci les moyens d'agir efficacement pour imposer sa propre politique. Plus encore : le contreseing ministériel n'était plus nécessaire à ses actes les plus importants, alors qu'il était naguère la garantie du contrôle permanent exercé sur lui par un gouvernement collectivement responsable devant le Parlement. A l'inverse, il était spécifié que « le gouvernement détermine et conduit la politique de la nation ». Ces termes soulignaient le caractère rigoureusement parlementaire du régime. Mais si grande que soit la valeur des mots, ils ne pouvaient l'emporter sur la rigueur des mécanismes. Encore fallait-il que le chef de l'Etat en use afin de diriger lui-même la politique nationale : les partis traditionnels comptaient qu'il ne le ferait pas, du moins dans l'attente du jour où une personnalité moins forte que de Gaulle leur donnerait, à cet égard, toutes garanties.

Le mode d'élection du président de la République reflétait, par-dessus tout, l'ambiguïté des préoccupations. De Gaulle savait que, sur ce point, le recours au suffrage universel se heurterait à la tradition politique française qui n'a cessé d'y voir, depuis Napoléon III, la source des régimes plébiscitaires. Il s'y ajoutait un autre argument, tenant non plus à l'histoire, mais au présent et au proche avenir. Les ressortissants de l'Union française auraient la citoyenneté française — même si elle était assortie de modalités pratiques différentes, en particulier pour le droit de vote et le régime électoral. Faire élire le président par tous voudrait dire que la majorité de ses électeurs seraient des musulmans algériens, des Africains, des Malgaches... Pour de Gaulle ce n'était ni souhaitable ni raisonnable, et les dirigeants des partis traditionnels n'en voulaient à aucun prix. Il n'était donc pas question, à cette date, que le président soit élu au suffrage universel[5].

Ainsi suggérait-il, comme dans son discours de Bayeux, qu'il soit désigné par un collège beaucoup plus large que le seul Parlement. Comme alors, il voulait y intégrer les élus locaux et départementaux et ceux des « peuples associés », de manière à faire du président de la République un président fédéral qui se situerait, de ce fait, à un niveau plus élevé que toute autre institution de la seule République française. Peut-être songea-t-il aussi à écarter de ce collège le plus possible d'électeurs communistes, c'est-à-dire de représentants des milieux ouvriers. En tout cas, il en vint à admettre que les électeurs présidentiels, en France, soient, à peu de chose près, ceux du Sénat, c'est-à-dire issus des collectivités territoriales et non répartis en fonction du chiffre de la population. Les partis traditionnels penchaient vers la même solution. Pour eux, il importait peu — et peut-être était-il préférable — que les masses ouvrières soient exclues de la désignation du chef de l'Etat. Elu par les conseillers municipaux et les conseillers généraux, celui-ci serait à l'image du personnel politique traditionnel : n'étant pas investi par un vote populaire, il n'aurait aucune autorité particulière face à l'Assemblée nationale issue du suffrage universel.

Celle-ci, en fin de compte, serait, seule à être élue par le peuple tout entier. Le président de la République et le Sénat proviendraient tous deux d'un corps électoral en majorité composé de représentants des communes de moins de quinze cents habitants, où vit moins d'un tiers de la population. Plus encore : le Conseil constitutionnel serait formé, dans la proportion des deux tiers, de membres choisis par le président de la République et le président du Sénat, tous deux issus du suffrage restreint. Les autres seraient désignés, non par l'Assemblée nationale, mais par son président. Le poids du suffrage universel ne se retrouve, partiellement, que dans le choix du Premier ministre, désigné par le chef de l'Etat, mais responsable devant l'Assemblée. Dans le détail des mécanismes apparaît encore cette prééminence du rôle des notables provinciaux : ainsi, le Sénat peut-il, si le gouvernement le souhaite, bloquer tout texte législatif, et l'Assemblée n'a d'autre recours, alors, que de renverser le gouvernement lui-même, au risque de provoquer sa dissolution. En définitive, de Gaulle et les partis traditionnels, dans leur volonté commune, mais en réalité divergente, de renforcer l'exécutif, avaient abouti à limiter ou du moins à encadrer les pouvoirs du seul organe issu du suffrage universel. Par contrecoup, le risque était de privilégier une seule catégorie sociale, celle des notables provinciaux, élus de la grande majorité des communes et des cantons, et principaux électeurs du chef de l'Etat.

Le résultat du référendum du 28 septembre 1958 fut, pour de Gaulle, un triomphe : la Constitution fut adoptée par 80 % des suffrages et il n'y eut que 15 % d'abstentions. Aux élections législatives, l'UNR, seule formation gaulliste, n'eut que 18 % des voix. Mais, à l'élection présidentielle du 21 décembre, de Gaulle eut les voix de 78,5 % des « grands électeurs ». Ainsi l'Assemblée nationale comme le Sénat, élu ensuite, reflétaient la traditionnelle diversité des opinions et des tendances, tandis que le chef de l'Etat avait, au contraire, l'appui d'une écrasante majorité de son corps électoral : son gouvernement allait donc « exécuter » sa politique, mais tout en reflétant les courants d'opinion que les élections venaient de dégager.

Cependant, l'avenir de la Constitution était douteux. Trois obstacles pouvaient en gripper les mécanismes. Avant tout, le mode d'élection du président le handicaperait nécessairement à l'avenir : élu par une majorité de notables de province — qu'ils fussent de droite ou de gauche — il ne représenterait pas l'ensemble du peuple français, ni, surtout, les masses urbaines, suburbaines et ouvrières. Le risque était grand, c'est le moins qu'on puisse dire, qu'il soit plus conservateur, et ce décalage serait d'autant plus grave pour lui qu'il n'aurait pas l'autorité que le suffrage universel donnerait à l'Assemblée nationale et au gouvernement responsable devant elle, donc aussi au Premier ministre. Cela ne jouerait pas, peut-être, pour de Gaulle lui-même en raison du poids qui lui venait de son rôle dans l'Histoire, mais cela vaudrait sûrement pour ses successeurs.

Il faudrait aussi compter avec le rôle que le Premier ministre jouerait forcément du seul fait de sa responsabilité devant l'Assemblée nationale. Sa personnalité, la composition de son gouvernement, ses choix, son style dépendraient apparemment pour beaucoup, de ce que serait l'Assemblée elle-même. Car rien ne garantissait que celle-ci aurait une majorité homogène ni qu'il serait facile de coaliser plusieurs groupes différents, malgré la menace d'une dissolution, aux résultats forcément incertains. C'est le Premier ministre qui aurait ici le plus grand rôle. Peut-être le premier rôle. Qui serait alors le véritable chef de l'exécutif ? Le Premier ministre, comme c'était le cas dans tous les régimes parlementaires connus jusqu'ici ? Ou le président de la République, comme de Gaulle le voulait ? La question se posait d'autant plus évidemment que le président — et de Gaulle l'avait expressément reconnu — nommerait le Premier ministre mais ne pourrait pas le révoquer. L'expérience allait prouver qu'aucun Premier ministre ne pourrait ou ne voudrait s'opposer au président en s'accrochant à son poste. Ce serait alors « un triste sire » devait dire Jacques Chaban-Delmas, Premier ministre de Georges Pompidou, interrogé sur ce point par l'opposition.

Et Pierre Messmer, son successeur, aussitôt nommé, remit à l'Elysée, une lettre de démission dont la date était en blanc. Mais on pouvait, bel et bien, dès l'origine, s'interroger sur les rapports futurs entre président et Premier ministre.

Surtout dans l'hypothèse où des élections législatives amèneraient à l'Assemblée nationale, une majorité opposée au président de la République et à sa politique. Dans ce cas, il pourrait ou devrait renoncer à ses pouvoirs, tenter de les partager avec son Premier ministre s'appuyant sur la nouvelle majorité, entrer en conflit avec lui, dissoudre l'Assemblée, démissionner... La Constitution prévoyait, en effet, plusieurs issues dont le suffrage universel serait juge en dernier ressort, et ses mécanismes, à l'épreuve des faits, révéleraient leur souplesse. Mais ce serait, en définitive, la Présidence de la République telle que de Gaulle l'avait voulue qui serait remise en cause.

Telles étaient les interrogations sur l'avenir de la nouvelle Constitution. Et telle était la source des malentendus, des calculs et des arrière-pensées. Comme on l'a vu, les partis traditionnels et leurs représentants au Comité consultatif constitutionnel, comptaient bien que prévaudrait, à la longue, la logique de la responsabilité du gouvernement devant l'Assemblée qui, partout et toujours, a fait de son chef le détenteur véritable du pouvoir exécutif. Dans ce cas, la force des choses réduirait inexorablement le rôle du président à celui de ses prédécesseurs des IIIe et IVe Républiques, si ce n'est en cas de crise exceptionnelle où il pourrait utiliser l'article 16. Leur calcul était si apparent que Pflimlin suggéra à de Gaulle de rester chef du gouvernement après le référendum et les élections : Premier ministre, il garderait ainsi tous les moyens de « déterminer » et de « conduire » la politique de la nation, suivant les termes mêmes de la Constitution — quitte, ajoutait-il, à se faire élire plus tard président de la République quand les affaires algériennes et africaines auraient été réglées... La réponse que lui fit de Gaulle, même si elle ne traduisait pas entièrement sa pensée, était révélatrice :

> Ce n'est plus de mon âge, aurait-il dit, au témoignage de Pflimlin, je ne suis plus en mesure d'assumer de telles charges [6].

Bien entendu, de Gaulle n'avait nullement l'intention de laisser à d'autres les responsabilités essentielles. Rien dans son passé, dans son caractère, dans ses projets aussi, pour la France, pour son rôle dans le monde, pour la décolonisation de son ancien Empire, ne permet de le supposer. Mais il est vrai qu'il pensait que le chef de l'Etat pourrait et devrait se tenir à l'écart des affaires courantes, ne pas se mêler des controverses parlementaires et des luttes de partis et donc laisser au gouvernement la plus grande part de la politique intérieure. Il savait que la tâche du Premier ministre serait principalement la gestion de l'économie, et, précisément sur ce point, il avait dit, dans ses *Mémoires de guerre,* quelle était sa manière de voir :

> En économie, non plus qu'en politique et en stratégie, il n'existe, à mon sens, de vérité absolue.

Autant dire que le futur président laisserait au gouvernement une large latitude d'action en des domaines importants. Il garderait pour sa part le rôle de « l'arbitre » — mais ce mot donna lieu aussitôt à des exégèses infinies — et, plus concrètement, orienterait la politique extérieure et les choix stratégiques de la France. Ce serait une mission essentielle, mais qui pourrait être remplie avec continuité et sang-froid, calmement et méthodiquement, par des décisions réfléchies portant sur les sujets les plus importants. De Gaulle le pensait, et il est révélateur qu'à Geoffroy de Courcel, son ancien aide de camp de 1940, qui hésitait, pour raison de santé, d'accepter les fonctions de secrétaire général de la Présidence, il ait répondu, aux dires de celui-ci :

> Je compte moi-même ne pas entrer dans les détails de l'action gouvernementale. Je me bornerai à fixer les orientations et je veillerai à l'essentiel [7].

La réalité a déjoué les calculs et dissipé les illusions. Dans la lutte pour le pouvoir, c'est la politique nationale qui est en jeu, tout entière. L'action extérieure de la France et sa défense sont au cœur des affrontements, comme les choix budgétaires, l'orientation de l'agriculture ou l'organisation de l'enseignement. Un dérapage sur les salaires des mineurs ou la situation des universités peuvent mettre en cause l'existence des gouvernements. Plus encore : le président, pour mener la politique qu'il veut, a besoin d'une majorité à l'Assemblée, faute de quoi son gouvernement est menacé et ses pouvoirs réels mis en question. Il ne peut donc se désintéresser des compétitions entre partis et du résultat des élections. Bref, on peut répartir les attributions, le pouvoir ne se partage pas.

La suite l'a montré. Tant que la majorité de l'Assemblée fut acquise au Président et contrairement aux calculs des partis traditionnels, le gouvernement, quelle que fût sa marge d'action, a été l'instrument chargé d'appliquer la politique générale voulue par le président, et le Premier ministre n'est pas devenu le véritable chef de l'exécutif. Et au rebours de ce que pensait — ou de ce qu'espérait — de Gaulle, le président n'a pas pu se tenir à distance de la gestion des affaires et des batailles électorales. Mais pour que la Constitution assure effectivement la prépondérance de l'institution présidentielle, et pour que soit exclu le retour à l'ancien système parlementaire comme les partis traditionnels le voulaient, il fallait un renforcement décisif de l'autorité du président : qu'il ne soit plus l'élu d'un collège de notables, mais que sa légitimité vienne du suffrage universel. Ce changement fondamental était impossible tant que la citoyenneté française resterait attribuée aux ressortissants de l'ancien Empire, c'est-à-dire tant que la décolonisation ne serait pas achevée : le problème se poserait donc quatre ans plus tard.

Dans l'immédiat, de Gaulle devait donc veiller avec vigilance au fonctionnement du régime, tel qu'il le souhaitait. En désignant Michel Debré comme Premier ministre, il faisait choix d'un homme qui saurait en faire preuve, en toute occasion. Ce fut le cas dès le mois de mai 1959, quand la plupart des groupes parlementaires souhaitèrent que les « questions orales » puissent être suivies d'un débat, sanctionnées d'un vote : de Gaulle en parla à Michel Debré qui jugea que, par ce biais, l'Assemblée nationale pourrait à tout moment approuver ou condamner le gouvernement. C'est dire que l'enjeu de la querelle dépassait de loin le texte du règlement. Michel Debré intervint catégoriquement. Aucun débat sur une « question orale » ne devrait, selon lui, être suivi d'un vote. Mais, pour l'emporter, il dut recourir à l'arbitrage du Conseil constitutionnel qui donna raison au gouvernement.

Par contre, au Sénat, il se trouva une majorité pour faire valoir la thèse inverse. En riposte, il fut décidé qu'on ne ferait jamais de « communication gouvernementale » au Sénat. Aussitôt, les deux sénateurs membres du cabinet, qui venaient de renoncer à leur mandat pour rester ministres, démissionnèrent. Le radical Berthoin fut remplacé au ministère de l'Intérieur par son secrétaire d'Etat, Pierre Chatenet ; le sénateur indépendant Houdet laissa le ministère de l'Agriculture à Henri Rochereau, qui appartenait au même groupe. Ce n'était que la première des crises qui allaient opposer les partis traditionnels à de Gaulle sur le fonctionnement des institutions.

Au mois de novembre de cette même année 1959, la déclaration de Jacques Chaban-Delmas au congrès de l'UNR sur le « secteur réservé » au chef de l'Etat mit en pleine lumière la discordance des idées sur les pratiques constitutionnelles. En fait, il s'agissait des « compétences communes » de la Communauté : Affaires étrangères, Défense, relations avec les Etats africains, Sahara, Algérie... Dans cette optique, de Gaulle, à la fois président de la Communauté et président de la République, assumait donc ces « compétences ». Mais les contradictions internes de la Constitution rendaient cette théorie très hasardeuse : la République française était un Etat indépendant — et non seulement autonome comme les Etats de la Communauté — et le gouvernement y était responsable de l'ensemble de la politique nationale et non des seules affaires intérieures à la République.

Chacun comprenait qu'il s'agissait de mettre la politique algérienne à l'abri des secousses parlementaires ; mais aussi que de Gaulle avait, sur la Constitution, une manière de voir incompatible avec celle des partis traditionnels. On en eut la brutale confirmation au mois de mars 1960. La vague des revendications paysannes incita la Fédération nationale du syndicat des exploitants agricoles à réunir cent cinquante députés membres de l'Amicale parlementaire agricole qui demandèrent une session extraordinaire du Parlement. Le nombre de signatures requises par la Constitution fut réuni. Mais, le 18 mars, de Gaulle fit savoir qu'il refusait de signer le décret de convocation. Il invoqua les pressions économiques et sociales qui avaient influé sur les parlementaires ; il rappela que deux sessions extraordinaires s'étaient déjà tenues depuis le début de l'année ; enfin, il expliqua que l'Assemblée ne pourrait légiférer — ce qui était pourtant sa fonction — puisque les députés n'avaient pas le droit de proposer de lois entraînant un accroissement des charges publiques. Socialistes et radicaux déposèrent une motion de censure qualifiant la décision du 18 mars de « violation de la Constitution ». Elle fut rejetée, mais il était clair, désormais, qu'une crise éclaterait un jour ou l'autre. Quelques semaines plus tard, c'était la Conférence de Melun : la politique algérienne allait éclipser durablement toute autre préoccupation ; le parti socialiste était résolu à laisser de Gaulle la mener jusqu'à son terme.

Pourtant, le moindre épisode de la vie parlementaire réveillait le conflit latent. Dès le début de 1961, de Gaulle fit part, en plusieurs occasions, de son sentiment : s'il avait, personnellement, le prestige suffisant pour donner aux institutions le fonctionnement qu'il souhaitait, nul autre ne le pourrait comme lui ; seule la consécration du suffrage universel donnerait aux futurs présidents de la République l'autorité que son « personnage » lui avait conférée jusque-là. Michel Debré s'en faisait l'écho le 9 mars, au Cercle républicain, et Jacques Richard, secrétaire général de l'UNR, le 17, aux assises de son parti. Le risque était qu'une telle réforme, en mobilisant contre elle tous les partis traditionnels, donne aux adversaires de la politique algérienne du gouvernement l'occasion de le renverser. Le 11 avril, de Gaulle, parlant à la presse, décida pourtant de dévoiler assez clairement ses intentions.

> Je sais, dit-il, que beaucoup considèrent que le mode d'élection du président de la République par un collège électoral limité aux seuls élus — tel qu'il serait composé d'après le texte actuel — répondrait mal, pour celui qui aurait à me succéder, au caractère de mandat populaire et national qui convient à la fonction et que m'ont conféré, en dehors d'ailleurs de toute élection, des événements exceptionnels... Je reconnais, pour ma part, qu'il y aurait, en effet, dans ce mode de désignation du chef de l'Etat qui viendra après moi, quelque chose d'inadéquat. Pour y remédier, en renforçant, si je puis m'exprimer ainsi, l'« équation personnelle » du futur président, on peut penser qu'il faudrait qu'il soit choisi par la nation au suffrage universel. Cela peut être envisagé. Si l'échéance de mon remplacement devait survenir avant qu'on ait eu le temps de résoudre ce problème, il appartiendrait à ceux qui seront là quand je n'y serai plus de prendre les initiatives voulues. Mais si moi-même en ai le temps et la possibilité, je pourrais, au moment voulu, mettre à l'ordre du jour ce point, fort important pour l'avenir de la France.

De Gaulle savait qu'aux yeux de l'opinion il n'aurait pas accompli sa tâche tant que la guerre d'Algérie ne serait pas achevée, et l'opposition — mis à part les partisans de l'Algérie française — était résolue, de son côté, à lui laisser cette lourde mission. En attendant ce fut la guérilla. L'application de l'article 16, mis en vigueur à l'occasion du putsch, en fournit d'abord l'occasion. Non sans quelque apparence de raison, les partis traditionnels, la plupart des milieux politiques et administratifs, beaucoup de journaux influents jugeaient qu'après l'écrasement de la rébellion militaire, l'article 16 n'était plus applicable. Une recrudescence d'agitation paysanne, durant l'été, servit de tremplin à la nouvelle offensive de l'opposition. Le 8 septembre 1961, le groupe socialiste déposait une motion de censure. Le 14, après que le Conseil constitutionnel se fut déclaré incompétent, le président de l'Assemblée nationale, Jacques Chaban-Delmas, déclara cette motion irrecevable, du fait que l'application de l'article 16 rendrait illégale une dissolution — conséquence possible, mais non obligatoire, d'une censure. L'opposition se dressa contre cette interprétation. En fait, elle était étroitement liée à la conjoncture politique. Dans l'intervalle, en effet, le 9 septembre, de Gaulle avait échappé à un premier attentat, à Pont-sur-Seine sur la route de Colombey-les-Deux-Eglises. S'il avait été tué, sa mort, intervenant après que le gouvernement eut été renversé, aurait provoqué une extrême confusion sur l'échiquier politique. Le président du Sénat, Monnerville, eût assuré l'intérim de la présidence de la République. La Constitution ne lui donnait pas le droit de nommer un nouveau Premier ministre, mais le gouvernement renversé ne pourrait qu'assurer les affaires courantes en attendant l'élection présidentielle, à moins que le président intérimaire juge que, ce gouvernement n'existant plus, il pouvait et devait en nommer un autre... Cette hypothèse d'une double vacance du pouvoir était sans doute peu vraisemblable : après l'attentat de Pont-sur-Seine, elle parut cependant assez plausible pour justifier la position prise par Chaban-Delmas le 19 septembre. Mais de Gaulle évita de la prendre à son compte. Il fit annoncer, le 20, que l'article 16 cesserait d'être en vigueur à la fin du mois et, le 25, il précisa à Guy Mollet :

> Ce n'est pas parce que le président de votre Assemblée a exprimé son opinion que je la partage.

Virtuellement, la crise était ouverte entre l'exécutif et l'Assemblée nationale. Les motions de censure déposées, en décembre 1961, contre la force de dissuasion obtenaient déjà l'appui des communistes, des socialistes, des trois quarts des radicaux, de la moitié des indépendants et d'une vingtaine de MRP. Le sort du gouvernement dépendait entièrement du groupe des républicains populaires et de la moitié, environ, du groupe des indépendants. Leur appoint était vital : qu'il vînt à manquer et ce serait la crise. De Gaulle la prévoyait : encore devait-il faire en sorte qu'elle se présente, pour lui, dans les meilleures conditions. Depuis trois ans et demi, il avait accoutumé le pays à l'entendre lui-même, par-dessus l'écran des partis, du Parlement, des syndicats. Il s'était convaincu qu'il détenait là une arme capitale, seul recours contre l'opposition latente des milieux politiques qu'il avait dessaisis de leur pouvoir. La fin de la guerre d'Algérie allait créer, dans l'opinion, un climat favorable au gouvernement : c'était peut-être une occasion à saisir. Le 8 avril, en effet, 90 % des votants approuvaient les accords d'Evian. Il lui fallait se décider.

Le lundi 9 avril 1962, Michel Debré vint exposer à de Gaulle ce qu'il convenait, à son avis, de faire, pour adapter le régime aux nouvelles données politiques. La fin de la guerre d'Algérie, quatre ans de prospérité économique assortie de quelques progrès sociaux, l'éclatant succès du dernier référendum créaient, pensait-il, des conditions favorables qu'on devait exploiter immédiatement : il fallait dissoudre l'Assemblée nationale. Les partis qui avaient soutenu de Gaulle en bénéficieraient, on pouvait même espérer qu'une partie de la clientèle modérée, irritée par les liaisons trop étroites entre l'OAS et beaucoup de parlementaires de droite [8], reporterait ses voix sur les candidats UNR ou MRP. Avec la nouvelle Assemblée nationale prendrait fin une longue phase où la pratique constitutionnelle avait lourdement porté la marque des crises algériennes. Bref, dans un climat détendu, des rapports meilleurs s'établiraient entre le gouvernement et le Parlement. La stabilité du régime en serait consolidée.

De Gaulle, lui aussi, avait pensé faire du référendum du 8 avril le point de départ d'une phase nouvelle de la Ve République. Il avait même cherché à en faire un jugement sur sa politique et sur lui-même. Le 26 mars, il déclarait :

> Je puis et je dois le dire : répondre affirmativement et massivement à la question que je pose aux Français, c'est, pour eux, me répondre que dans la tâche très rude qui m'incombe et dont l'affaire d'Algérie est une partie au milieu d'autres, j'ai leur confiance avec moi pour aujourd'hui et pour demain.

Plus encore : ce serait une étape vers la mise en pratique d'un régime où le chef de l'Etat pourrait faire trancher par le peuple toute question essentielle :

> Dimanche, ajoutait-il, nous Français, allons, en même temps, consacrer décidément la pratique du référendum, la plus nette, la plus franche, la plus démocratique qui soit. Désormais sur un sujet vital pour le pays, chaque citoyen pourra être, comme il l'est à présent, directement appelé à en juger pour sa part et à prendre sa responsabilité.

Ce que proposait Michel Debré allait, en quelque sorte, dans le sens opposé. Les partis traditionnels profiterait des élections générales pour tenter de retrouver leur influence sur l'opinion publique. Peut-être le MRP, certains indépendants, se réclameraient-ils de leur soutien à de Gaulle : mais après quelque temps rien ne les retiendrait de s'opposer à sa politique étrangère et militaire et, si possible, de renverser le gouvernement. C'est seulement pour l'affaire algérienne et dans les occasions essentielles que de Gaulle avait pu compter sur l'appui du MRP, d'une fraction importante des modérés, sur les socialistes et, dans une moindre mesure, sur les radicaux. Le référendum du 8 avril, où la totalité des partis, excepté les instances officielles de la droite, s'était prononcée pour le « oui », ne traçait donc aucune ligne de partage entre ceux qui soutiendraient de Gaulle et ceux qui prenaient acte, simplement, de la conclusion de la paix. Il était donc impossible de prévoir dans quelle mesure les votes positifs du 8 avril se reporteraient, en cas d'élections générales, sur des candidats favorables à de Gaulle, et personne, en tout cas, ne pensait que l'UNR pût emporter la majorité des sièges à la nouvelle Assemblée nationale.

Toujours est-il qu'il écarta les propositions de Michel Debré le lundi 9 avril. Le lendemain, il reçut Georges Pompidou et le prévint de son intention d'en faire le second Premier ministre de la Ve République. Le mercredi 11, à la fin du Conseil des ministres, où étaient examinés les résultats du référendum, il se borna à dire que ceux-ci posaient « des problèmes importants » et qu'il prendrait ses décisions à la fin de la semaine. A ce moment, seuls Georges Pompidou, Michel Debré et leurs collaborateurs immédiats étaient prévenus du changement qui allait intervenir. Le vendredi, le Conseil constitutionnel proclama officiellement les résultats du référendum. Le samedi matin, Michel Debré réunit les membres du gouvernement pour leur annoncer sa démission et, à quinze heures, un dernier Conseil des ministres se tint : il dura dix minutes. A dix-huit heures, Georges Pompidou arrivait à l'Elysée. Le lendemain, dimanche, à treize heures trente, il y revenait avec la liste des nouveaux ministres.

Par son choix, de Gaulle révélait le caractère qu'il entendait imprimer au fonctionnement du régime. Georges Pompidou n'était membre d'aucun parti ; il n'était pas parlementaire. De Gaulle l'avait attaché à son cabinet en 1944, lui en avait donné la direction en 1958, après l'avoir eu comme conseiller et proche collaborateur au temps du RPF, puis l'avait nommé au Conseil constitutionnel : telle était sa seule carrière politique. Il ne devenait Premier ministre que pour appliquer les directives tracées par de Gaulle. En recourant à un homme tout à fait étranger au personnel politique et, par surcroît, directeur général de la banque Rothschild, celui-ci marquait, à la manière d'un défi, son intention d'assumer personnellement l'essentiel des pouvoirs.

Mais, en même temps, de Gaulle devait tenir compte de la crise latente entre le gouvernement et le Parlement. En pratique, la composition de l'Assemblée nationale laissait peu de choix : pour ne pas être à la merci d'un scrutin défavorable, il fallait s'assurer du soutien constant du groupe MRP. D'autant que celui-ci restait favorable à l'intégration européenne et à la conception la plus orthodoxe de la politique atlantique : un tiers de ses députés avait déjà voté pour les motions de censure socialistes contre la force nucléaire de dissuasion, et on pouvait redouter que le groupe tout entier ne passe à l'opposition dès que la question serait abordée de nouveau. Georges Pompidou fit donc appel à cinq ministres MRP : trois faisaient partie du cabinet Debré, Robert Lecourt, Joseph Fontanet et Paul Bacon, et deux autres devenaient ministres d'Etat, Pierre Pflimlin, président du Mouvement, et Maurice Schumann. On pouvait d'ailleurs espérer qu'ils se satisfaisaient de la politique européenne du gouvernement. Les 4 et 5 avril, de Gaulle s'était rendu à Turin pour y rencontrer le président du Conseil italien, Fanfani. Le 7, celui-ci était allé retrouver le chancelier Adenauer à Cadenabbia. La France, l'Allemagne occidentale et l'Italie étaient virtuellement parvenues à une transaction sur l'union politique européenne. Mais, le 17 avril, les négociations échouèrent : Belges et Hollandais refusèrent le compromis proposé par la France, l'Allemagne et l'Italie. Le 15 mai, dans une conférence de presse, de Gaulle reprit donc ses habituelles critiques contre l'intégration européenne, mais ses propos furent spécialement vifs et mordants : c'est alors que, pour en symboliser le caractère hétéroclite et artificiel, il parla de « volapük intégré ». Aussitôt, les ministres MRP s'en émurent. Ils délibérèrent avec les dirigeants de leur parti. Ceux-ci les poussèrent à démissionner. Pierre Pflimlin en était lui-même partisan. Cette fois, les républicains populaires découvrirent que la fin de la guerre d'Algérie n'avait rien changé au comportement ni aux intentions que de Gaulle avait eus jusque-là. Leur présence au gouvernement ne changerait rien à sa détermination : il leur fallait s'accommoder de sa politique ou s'y opposer. La majorité des dirigeants du MRP jugèrent qu'en toute hypothèse, leur parti avait intérêt à quitter le gouvernement. Les cinq ministres républicains populaires démissionnèrent le 17 mai.

Bien qu'il affectât publiquement de n'y voir qu'une « saute d'humeur » et une « foucade », de Gaulle fut immédiatement sensible à la signification de cette première crise. Socialistes, radicaux, républicains populaires et indépendants étaient tous partisans, en principe, de l'intégration européenne. En choisissant d'en faire la raison de leur départ, les ministres MRP annonçaient, implicitement, qu'ils en feraient le terrain commun de toute l'opposition. Désormais, la majorité de l'Assemblée nationale serait hostile à la politique étrangère du gouvernement. Sans doute l'avait-elle toujours été, mais il était clair maintenant qu'elle saisirait la première occasion de se manifester, quand elle le voudrait.

Au début de juillet, les événements d'Algérie étaient encore trop proches, la menace de l'OAS était trop récente pour que les parlementaires se décident à provoquer la crise qui, sans nul doute, entraînerait la dissolution de l'Assemblée nationale. C'est pourquoi, le 10 juillet, en demandant des crédits pour la construction de l'usine de Pierrelatte, point de départ de la force française de dissuasion, le gouvernement avait toutes chances de l'emporter. Mais son succès révélait la fragilité des soutiens dont il avait besoin : 206 députés votèrent une motion de censure, dont 33 MRP et 69 indépendants. Il s'en fallut seulement de 40 voix que le ministère ne fût renversé. En même temps, l'opposition de droite se faisait plus violente et plus déterminée : le 5 juillet, déjà, la levée de l'immunité parlementaire de Georges Bidault, qui se présentait lui-même comme l'un des dirigeants occultes de ce qui restait de l'OAS, n'avait été obtenue que par 241 voix contre 72 et 146 abstentions.

De Gaulle en était convaincu : la crise était virtuellement ouverte entre les partis traditionnels et lui. L'exode massif des Français d'Algérie atténuait, dans l'opinion, l'effet favorable du retour à la paix. Le danger de subversion semblait passé et, dans certains milieux, on s'élevait déjà contre la condamnation des activistes. Le 25 juillet, par exemple, la commission des lois de l'Assemblée nationale avait émis un vote unanime en faveur de l'amnistie. A bien des signes, on discernait une lassitude générale envers l'excès des déploiements policiers et l'activité d'un lourd appareil répressif. Très vite, par conséquent, le climat deviendrait favorable au regroupement général de tous les opposants, des socialistes à la droite. Et l'on savait déjà sur quel terrain : c'est à propos des crédits pour la force nucléaire de dissuasion, que se produirait la crise. En proclamant que son coût serait trop élevé pour le pays, en s'y opposant, les partis mèneraient une campagne sur un thème facile. De Gaulle savait donc que la crise pouvait survenir dès le vote du budget, à la fin de l'année. Dans son esprit, il ne faisait aucun doute qu'une vaste coalition lui serait hostile : les influences étrangères, dans la mesure où elles interviendraient, la presse, les milieux politiques traditionnels, les syndicats, les nostalgiques de la colonisation et de l'Algérie française et peut-être même les Eglises, choquées par l'arme atomique. Ainsi engagée, la bataille pouvait être perdue.

A plusieurs reprises, avant son départ en vacances, il avait confié son intention de procéder à un référendum sur l'élection du président de la République au suffrage universel. Bien que ce projet n'ait alors paru ni précis ni définitif, il avait aussitôt suscité une vive hostilité. Paul Reynaud, chez les indépendants, Guy Mollet pour les socialistes et Maurice Faure pour les radicaux, firent connaître leur opposition au mois de juillet. De Gaulle savait donc, déjà, que ses adversaires seraient nombreux et qu'il jouerait une partie difficile. Mais un succès aurait, dans ces conditions, une immense portée, puisqu'il pouvait, d'un seul coup, battre tous ses adversaires à la fois. Or, le 21 août, au Petit-Clamart, il manquait — de très peu — tomber sous les balles des conjurés commandés par Bastien-Thiry[9]. Dès lors, de Gaulle allait pouvoir donner à sa décision une dimension nouvelle. Le référendum apparaîtrait d'abord, comme une réplique de l'indignation populaire aux projets d'assassinat dirigés contre lui. En exposant que la réforme était urgente parce qu'il pouvait, à tout moment, être victime d'un meurtre, il lui donnerait une coloration dramatique et, si l'on peut dire, émouvante. Enfin, en évoquant l'hypothèse de son remplacement subit, il donnerait au pays le sentiment que le choix d'un nouveau président pouvait intervenir à court terme et que ce choix décisif ne devait plus être laissé aux seuls notables.

Le 12 septembre, de Gaulle en avertit le Conseil des ministres [10] :

> J'ai beaucoup réfléchi à ce projet dès 1958. Il ne m'avait pas paru nécessaire alors, ni même possible, de conjuguer avec mon élection l'adoption du principe de l'élection présidentielle au suffrage universel... Un certain nombre de préventions existaient encore à l'égard de la Constitution elle-même et à l'égard de la fonction présidentielle... De plus, le suffrage universel aurait signifié qu'il y avait à peu près autant de citoyens d'outre-mer que de métropole. Nous avons donc créé un collège électoral qui dépassait les parlementaires, mais demeurait un collège de notables — en fait le collège sénatorial. Mais il faut que mon successeur soit élu du peuple et non des partis, de manière à dominer les partis et à les surpasser, sinon, il deviendrait leur jouet... Il faut modifier la Constitution pour la maintenir.

Et il annonça qu'il comptait recourir à l'article 11 qui lui donnait pouvoir de soumettre au référendum tout texte concernant « l'organisation des pouvoirs publics » — et non l'article 89 qui portait sur la révision de la Constitution. Le 19 septembre, tous les ministres furent appelés à se prononcer, un par un [11]. Ils s'exprimèrent, comme de Gaulle le décida, « dans le sens des aiguilles d'une montre à partir de la gauche du Premier ministre, lequel pourra ainsi terminer la série ». Palewski approuva le projet en espérant que « le régime devienne carrément présidentiel ». Foyer, ministre de la Justice et professeur de droit, était gêné par le recours à l'article 11 et suggéra que le référendum demande au pays de se prononcer pour l'élection du président au suffrage universel, que le Parlement adopterait alors suivant le mécanisme prévu à l'article 89. Pisani, ministre de l'Agriculture, proposa que le collège chargé jusqu'ici de l'élection du président, sélectionne deux candidats au premier tour de scrutin et que le suffrage universel les départage au second tour. Triboulet, ministre des Anciens Combattants, et Boulin, secrétaire d'Etat au Budget, reconnurent qu'ils partageaient les scrupules juridiques de Foyer. Georges Gorse, ministre de la Coopération, insista sur l'ampleur des oppositions, surtout conservatrices, qui existaient déjà et donna son accord au projet, même s'il n'était pas sûr qu'il fût utile. Jacques Marette, ministre des PTT, fit remarquer que les partis de gauche avaient fait voter « oui » au référendum sur l'indépendance de l'Algérie, sans demander le recours à l'article 89, alors qu'il touchait à l'intégrité du territoire, proclamé par la Constitution. Pierre Sudreau, ministre de l'Education nationale, fut le seul à dire son refus : la réforme, dit-il, était « dangereuse » parce qu'elle remettait en cause une Constitution qui aurait dû rester intangible, « inopportune » parce qu'elle allait diviser le pays après les déchirures dues à l'affaire algérienne, et, de plus, elle allait rompre l'équilibre des pouvoirs. Couve de Murville, ministre des Affaires étrangères, approuva la réforme, comme Malraux, ministre des Affaires culturelles. Alain Peyrefitte, ministre chargé des rapatriés, suggéra qu'il fallait en profiter pour supprimer l'article 20 qui donnait au gouvernement la responsabilité de « déterminer » et « conduire » la politique de la nation, pour lever les ambiguïtés de la Constitution, dont de Gaulle, au contraire, pensa qu'elles pourraient « avoir des avantages ». Jean de Broglie, secrétaire d'Etat aux Affaires algériennes, et Christian Fouchet, ministre de l'Information, approuvèrent le projet et Pompidou défendit le recours à l'article 11. En définitive, seul Pierre Sudreau, logiquement, choisit de démissionner : de Gaulle qui avait pour lui beaucoup d'estime, en éprouva quelque tristesse.

Au total, les arguments juridiques avaient assez peu pesé dans les délibérations ministérielles : mais il restait que la Constitution de 1958 avait prévu, pour sa propre révision, une procédure toute différente de celle qu'on envisageait. L'article 89 stipulait qu'elle devrait faire l'objet d'un vote distinct, dans les mêmes termes, à l'Assemblée nationale et au Sénat, puis être soumise au référendum, à moins que la Présidence de la République ne la soumette aux deux Chambres réunies et que celles-ci ne la votent à la majorité de trois cinquièmes. En l'espèce, cette procédure n'aurait pas abouti : l'élection du président de la République au suffrage universel aurait été repoussée par l'Assemblée, probablement, et par le Sénat, très certainement. C'est ce que de Gaulle ne manqua pas d'objecter. Pour lui, il était préférable de recourir directement au référendum plutôt que d'essuyer d'abord un échec au Parlement : dans ce dernier cas, en effet, le référendum apparaîtrait comme un défi aux Assemblées. L'article 11, disait-il, donnait au président de la République la possibilité de soumettre au référendum « tout projet de loi portant sur l'organisation des pouvoirs publics ». Cette disposition s'appliquait, à son avis, à l'élection du président au suffrage universel. En vain lui objectait-on qu'elle ne concernait que le domaine législatif, non le domaine constitutionnel : il invoquait le sens courant des mots et même l'histoire constitutionnelle française, puisque l'expression « organisation des pouvoirs publics » est exactement l'intitulé des lois qui fondèrent la Constitution de la IIIe République, en 1875. Sinon, quel sens aurait cet article ? S'agirait-il seulement des institutions communales ou départementales ? Ce serait alors donner des « pouvoirs publics » une définition singulièrement limitée et même tout à fait arbitraire... Il expliquait au surplus, que les institutions de la Ve République résultaient d'une décision populaire, prise par référendum, qui pouvait toujours être amendée, de la même façon, par une autre décision populaire. Il savait bien, disait-il, que l'article 89 était spécifiquement consacré à la révision constitutionnelle, mais, si on refusait d'admettre qu'on pouvait aussi recourir à l'article 11, on aboutirait à une extraordinaire anomalie, politique et juridique à la fois.

> Si on admet que le seul mode possible de réforme de la Constitution est l'article 89, dit-il, on donne au Sénat un privilège exorbitant et incomparable, celui de tout bloquer. Le gouvernement n'a pas ce pouvoir puisqu'il peut être renversé par l'Assemblée. Le président de la République ne l'a pas puisqu'il est tributaire du gouvernement, lui-même tributaire de l'Assemblée. L'Assemblée ne l'a pas puisqu'elle peut être dissoute. Seul le Sénat aurait la possibilité d'être contre tout, sans qu'on puisse rien contre lui. S'il y a une erreur dans la Constitution de 1958, c'est bien celle-là : de créer un corps contre lequel on ne peut rien, alors qu'on peut quelque chose contre tous les autres. Il n'est pas possible d'admettre le monopole constitutionnel d'un article 89 qui confère, en fait, au Sénat ce monopole. Cela n'est pas possible. Cela n'avait pas été vraiment voulu par les constituants de 1958, et je m'honore d'être l'un d'eux. Si on admet que la Constitution ne peut pas être révisée par l'article 11, on admet du même coup que toute réforme devient impossible. Le président de la République, garant des intérêts de l'Etat, ne saurait l'admettre [12].

De Gaulle s'indignait aussi que l'on prétende lui expliquer ce que la Constitution permettait ou ne permettait pas : n'était-ce pas lui qui en était l'auteur et donc n'était-il pas le mieux placé pour savoir ce qu'elle voulait dire ? En réalité, il ne se croyait aucunement inférieur aux juristes sur leur propre terrain, et Jean Lacouture a sans doute raison de penser qu'il se sentait héritier, à sa façon, d'une famille où s'étaient succédé, sur plusieurs générations, des « gens de robe [13] » : il est vrai aussi que je l'ai entendu critiquer sur le ton le plus caustique « l'esprit juridique », « le juridisme » — des mots qu'il avait l'air de cracher — qui, disait-il, obsédaient les Français. Quoi qu'il en soit, il ne croyait pas en la valeur des arguments strictement juridiques de ses adversaires et il voyait, dans les réserves de plusieurs de ses ministres et de ses partisans, un signe de timidité politique ou de prudence plutôt qu'un scrupule juridique.

Les avantages politiques de l'opération lui importaient davantage. Sur quel meilleur terrain aurait-il pu jouer ? En proposant d'élargir les droits du suffrage universel, il mettait dans l'embarras ses adversaires, qui ne manqueraient pas d'apparaître méfiants envers le jugement populaire, attachés qu'ils étaient aux privilèges politiques des notables. Une victoire remportée sur l'ensemble des partis traditionnels confirmerait leur déclin et renforcerait son autorité. Si les élections devaient suivre immédiatement, le pays aurait nettement le choix entre ses partisans et ses adversaires et les résultats du référendum agiraient directement, au moins en quelque mesure, sur les résultats des élections.

Autour de lui, la plupart de ses collaborateurs et de ses ministres le mettaient en garde contre les risques de l'opération. De toute évidence, les partis traditionnels allaient être nettement hostiles. Dans l'anonymat d'un vote négatif, toutes les oppositions s'accumuleraient : masse immense des électeurs communistes, libéraux hostiles au caractère personnel du pouvoir, socialistes et radicaux attachés aux formes traditionnelles du régime républicain, citoyens heurtés par les trop grandes libertés prises envers la Constitution, mécontents de tous genres irrités par la répétition des scrutins et lassés par la persistance d'un même homme à la tête de l'Etat. Si la coalition des partis provoquait la chute du gouvernement, la dissolution conduirait à une bataille électorale où l'UNR serait pratiquement isolée. Or, il était concevable, sinon probable, qu'elle souffrirait de l'usure du pouvoir. Le jeu des désistements entre les partisans du « non » suffirait, dans bien des cas, à provoquer l'échec des candidats gaullistes. Ainsi, un succès au référendum ne serait pas forcément suivi par une victoire aux élections générales. Si la future Assemblée nationale devait être, en majorité, hostile à de Gaulle, celui-ci ne pourrait former un gouvernement conforme à ses vues ; il ne pourrait non plus dissoudre la nouvelle Assemblée avant un délai d'un an. Bref, ce serait la crise entre le Parlement et lui.

Les événements allaient d'abord vérifier ces craintes puis les démentir. La révision constitutionnelle, dont le principe avait été publié le 12 septembre, et les grandes lignes adoptées le 19, fut mise au point le 2 octobre. Elle prévoyait donc l'élection du président de la République au suffrage universel, soit à la majorité absolue au premier tour, soit au second tour, seuls restant en présence « les deux candidats qui, le cas échéant après retrait de candidats plus favorisés, se trouvent avoir recueilli le plus grand nombre de suffrages au premier tour ». Des précautions étaient prises pour qu'au moment de l'élection présidentielle le Parlement ne puisse plus revenir sur la réforme, ni renverser le gouvernement. Pour ne pas heurter trop vivement les sénateurs, on stipulait, comme par le passé, que leur président assurerait l'intérim du chef de l'Etat : mais cette curieuse timidité fut regrettée par la suite.

Dès la fin de septembre, les partis traditionnels s'étaient tous prononcés contre le projet. Tous, ils invoquaient l'inconstitutionnalité de l'initiative gouvernementale. Par contre, leur résistance ne parvint pas à s'exprimer sous forme de contre-projet. Le 26 septembre, Paul Reynaud recevait à son domicile Bertrand Motte, secrétaire général des indépendants, Guy Mollet, Francis Leenhardt et Chandernagor, pour les socialistes. Le juriste Georges Vedel assistait à cette réunion et plusieurs personnalités radicales et MRP étaient mises au courant. Il s'agissait de savoir si les partis ne pourraient faire voter, selon l'article 89, une autre révision constitutionnelle que le pays aurait à ratifier par référendum : ainsi l'opposition ferait appel au suffrage universel, au même titre et en même temps que de Gaulle. Mais les socialistes et les modérés présents chez Paul Reynaud écartèrent nettement l'idée d'un régime présidentiel que leur exposa Georges Vedel. Par contre, ils se prononcèrent en faveur d'un contre-projet prévoyant le principe d'un gouvernement par législature, assorti, en cas de crise, de la dissolution plus ou moins automatique de l'Assemblée nationale. Les radicaux devaient y souscrire, quelques jours plus tard. Mais, de son côté, Paul Coste-Floret, au nom du MRP, prit position en faveur du régime présidentiel. Le 2 octobre, le gouvernement savait donc que tous les partis traditionnels lui étaient hostiles, mais, comme de Gaulle l'avait pressenti, ils ne pouvaient parvenir à s'accorder sur un contre-projet.

Dès lors, et jusqu'au 28 octobre, tout se passa comme si le pays se trouvait coupé en deux, de Gaulle et ses partisans constituant seuls le premier camp, l'autre comprenant l'ensemble des forces politiques et sociales. Les débats de l'Assemblée nationale, le 4 octobre, prirent la forme d'un réquisitoire passionné des chefs de parti contre le viol de la Constitution. Paul Reynaud avertissait : « On jugera longtemps les députés sur le vote qu'ils émettront aujourd'hui. » Telle était la puissance du courant d'opposition que beaucoup de parlementaires, naguère fidèles à la majorité gouvernementale, votèrent la motion de censure à quatre heures du matin, le 5 octobre. La « défense de la République » servait de thème commun à tous les discours, à tous les propos. Au Sénat, le président Gaston Monnerville accusait les ministres de forfaiture. Sortant de sa retraite, l'ancien président de la République, Vincent Auriol, dénonçait, lui aussi, le « viol ». Le Centre national des Indépendants, qui regroupait l'ensemble de la droite, annonçait qu'il ne donnerait son investiture, aux futures élections, qu'aux seuls députés ayant voté la motion de censure. Le comité national du MRP décidait, par 110 voix contre 23, de faire voter « non ». Socialistes, radicaux, indépendants et républicains populaires constituèrent un « cartel des non » et décidèrent de conclure entre eux une alliance électorale capable de battre, partout, les candidats gaullistes. La CGT, la Ligue des Droits de l'homme, les syndicats d'enseignants, prenaient catégoriquement parti pour le « non ». Force ouvrière et la CFTC prétendaient rester neutres, mais l'annonçaient en des termes tels que l'opinion de leurs dirigeants semblait évidemment négative. Et on pouvait penser que l'hostilité des militants et des cadres MRP correspondait à celle des animateurs du mouvement syndical paysan, surtout parmi les jeunes agriculteurs.

Partout, dans le pays, de Gaulle aurait donc contre lui les hiérarchies politiques traditionnelles et l'influence des notables. La révision constitutionnelle privait, en effet, ceux-ci de leurs privilèges dans la désignation du président de la République : leur hostilité allait donc de soi.

Ils mirent au service de l'opposition leur audience habituelle dans les communes dont il étaient maires, dans les cantons dont ils étaient conseillers généraux. Soit par leur influence personnelle, soit par les places qu'ils avaient dans les conseils d'administration des journaux, ils orientèrent la presse de province, surtout départementale. Dans sa très grande majorité, elle fut, en effet, hostile à de Gaulle, et, parfois, non sans violence. Parmi les grands quotidiens régionaux, certains, comme *Le Dépêche du Midi, Nord-Matin* furent totalement favorables au « cartel des non ». D'autres, s'efforçant à l'objectivité, attribuaient pourtant une place très supérieure aux adversaires du gouvernement. A Marseille, tous les quotidiens, sans exception, combattirent de Gaulle et son projet. A Paris, sur douze quotidiens politiques ou d'informations générales, un seul était pour le « oui », deux demeuraient neutres, deux autres étaient, avec beaucoup de nuances, pour le « non », les sept autres l'étaient catégoriquement.

Le Conseil constitutionnel s'était déclaré incompétent, après que Gaston Monnerville lui eut demandé de proclamer l'inconstitutionnalité du référendum ; mais il était notoire que la majorité de ses membres y étaient hostiles, à commencer par les anciens présidents de la République, Auriol et Coty, qui en étaient membres de droit. Par contre, le Conseil d'Etat, à l'unanimité moins une voix, jugea inconstitutionnel le projet gouvernemental. Pour comble, il annula, quelques jours plus tard, l'ordonnance créant la Cour militaire de justice qui, depuis le 1er juin, avait prononcé les principales condamnations contre les agents de l'OAS. Cette décision fut considérée comme le signe manifeste de l'opposition envers de Gaulle d'un très grand nombre de hauts fonctionnaires. Comme on ne pouvait douter de celle des cadres militaires, encore sous le coup de la guerre d'Algérie, il semblait que l'appareil d'Etat fût désormais, en majorité, hostile à de Gaulle.

Celui-ci ne pouvait compter que sur un appui limité de ses partisans. L'UNR avait alors assez peu de militants : elle en manqua pour le collage des affiches, la diffusion des tracts, l'organisation des réunions. Dans les radios périphériques, le nombre des interventions en faveur du « non » fut toujours plus élevé que les déclarations pour le « oui ». C'était l'inverse à la radio d'Etat, mais les directives que lui donna le gouvernement déclenchèrent, en riposte, une grève du personnel, le 17 octobre et à partir de cette date, elle devint sensiblement plus neutre. A la télévision, cinq des six interventions réservées aux chefs des partis appelaient à voter « non ». Georges Pompidou et Christian Fouchet intervinrent, chacun, une fois, et de Gaulle lui-même, trois fois. Mais l'influence de la télévision sur la campagne du référendum, jugée considérable sur le moment, n'eut probablement pas l'importance qu'on lui accorda : il fut établi, par la suite, que la densité des votes positifs ne correspondait pas à la carte de l'implantation des téléviseurs dans les départements[14].

De Gaulle consacra une partie du mois de septembre à présider plusieurs grandes manœuvres aéronavales et terrestres. Ayant dissous l'Assemblée nationale aussitôt après le vote de la motion de censure, il attendait que son calcul se vérifie : tous les partis s'étant prononcés pour le « non », les électeurs ayant voté « oui » devraient, dans une large mesure, reporter leurs suffrages sur le seul parti favorable au « oui ». Il ne pouvait avoir aucune certitude absolue à cet égard, mais, paradoxalement, la violence de l'opposition renforçait les chances de son entreprise. Par précaution, il avait prévu trois semaines d'intervalle entre le référendum et les élections, alors que plusieurs de ses ministres et collaborateurs avaient suggéré de les fixer le même jour : il jugea que beaucoup de personnalités modérées ou MRP, se résignant au résultat du référendum, renonceraient à leur alliance avec les socialistes et estimeraient plus prudent un rapprochement avec l'UNR.

Le 28 octobre, près de 13 millions de voix, soit 62,25 des suffrages exprimés, mais seulement 46,60 %, des électeurs inscrits, se prononcèrent pour le « oui ». Presque tous les commentateurs, dans les milieux politiques et dans la presse, trouvèrent ce résultat limité, voire peu brillant. C'était une erreur d'analyse. C'est qu'ils se référaient au référendum de septembre 1958 qui donna 80 % de « oui » et à celui d'avril 1962 qui en donna 90 %. Mais dans le premier cas, tous les partis, excepté le parti communiste et une fraction des socialistes, s'étaient prononcé pour le « oui », et, dans le second, seule l'extrême droite s'était prononcée pour le « non ». Cette fois, tous les partis traditionnels, de l'extrême droite à l'extrême gauche, étaient pour le « non », sauf une minorité de modérés qui avaient suivi Valéry Giscard d'Estaing et quelques républicains populaires à l'exemple de Maurice Schumann. Ces partis avaient recueilli près des quatre cinquièmes des suffrages exprimés quelques années plus tôt : dans ce référendum ils n'en avaient eu, tous ensemble, que moins de 38 %. De Gaulle lui-même, influencé peut-être par l'unanimité des commentaires et sans doute éprouvant la nostalgie du temps, déjà révolu, où il pouvait se réclamer d'une majorité si vaste qu'elle équivalait à « l'union nationale », en eut une déception passagère. Puis, à la réflexion, il mesura mieux son succès.

Cette première étape franchie, il devait intervenir pour inviter les électeurs qui venaient de l'approuver à confirmer, aux élections générales, le vote qu'ils avaient émis au référendum. Le ton de la campagne électorale, la coalition des partis traditionnels, l'isolement relatif de ses partisans, avaient profondément transformé l'image que, depuis quatre ans, il avait donnée de lui-même au pays : désormais, il avait cessé d'être le point commun entre de multiples courants d'opinion et sa position s'apparentait déjà, par certains côtés, à celle qu'il avait à la tête du RPF. Certes, il ne s'était jamais fait beaucoup d'illusions sur l'union nationale qu'il évoquait, en tant que chef de l'Etat. Mais, s'il voulait encore ne pas apparaître comme chef d'un parti, il ne pouvait éviter d'être, tout au plus, chef d'une majorité. Car de cette majorité dépendait, précisément, son maintien au pouvoir. Aussi calcula-t-il soigneusement les termes du dernier discours qu'il prononça, le 7 novembre, dix jours avant les élections :

> Vous avez, le 28 octobre, déclara-t-il, scellé la condamnation du régime désastreux des partis. Mais, les 18 et 25 novembre, vous allez élire les députés. Ah ! puissiez-vous faire en sorte que cette deuxième consultation n'aille pas à l'encontre de la première. En dépit, le cas échéant, de toutes habitudes locales et considérations fragmentaires, puissiez-vous confirmer par la désignation des hommes le choix qu'en votant « oui » vous avez fait quant à notre destin.

Le scrutin du 18 novembre confirma les indications que les sondages d'opinion publique donnaient à de Gaulle et au gouvernement, dans la dernière semaine de la campagne électorale. L'UNR — à laquelle on prit alors l'habitude d'ajouter l'UDT, sigle d'un groupe de « gaullistes de gauche » — obtenait quelque 5 850 000 voix auxquelles s'ajoutaient celles des candidats modérés et MRP qui avaient accepté le patronage de l'Association pour la Ve République. Ainsi, 45 % environ des électeurs ayant voté « oui » avaient reporté leurs suffrages sur des candidats gaullistes, comme de Gaulle le leur avait demandé. Son calcul s'était révélé juste, du moins dans une mesure suffisante pour que le jeu des désistements et l'arbitrage du second tour de scrutin soient favorables, dans plus de la moitié des circonscriptions, à des hommes sur qui il pouvait compter. Le retrait réciproque des socialistes et des communistes, à l'initiative de ceux-ci, leur valut d'accroître le nombre de leurs sièges, mais éloigna les électeurs des autres partis. Pour la première fois dans l'histoire parlementaire française, une majorité homogène allait exister à l'Assemblée nationale. Ce qu'aucune réforme électorale, aucune coalition de parti, aucun mouvement d'opinion n'avaient jamais obtenu, de Gaulle avait su l'obtenir, principalement grâce au lien établi entre le référendum et les élections, mais en raison, également, du caractère ambigu de la coalition des partis traditionnels : ni les traditions politiques, ni les comportements sociaux, ni les préventions psychologiques ne correspondaient au vaste rassemblement antigaulliste qu'avait ébauché le « cartel des non » : celui-ci ne survécut pas au premier tour de scrutin des élections législatives.

Cette fois, les commentaires des milieux politiques et de la presse furent unanimes, comme après le référendum, mais en sens inverse. On peut croire, pourtant, que c'était à nouveau une erreur d'analyse. A s'en tenir aux suffrages exprimés, le « oui » en avait recueilli 62 % au référendum, et les partisans du « oui » en avaient eu 32 % au premier tour des élections législatives. De Gaulle avait pour lui la principale force politique du pays, mais celle-ci, à elle seule, n'avait pas, et de loin, la majorité des suffrages. Elle n'obtenait une large majorité des sièges que par le jeu complexe et aléatoire des désistements et des reports de voix. Sur plus de 13 millions de Français qui avaient voté « oui », 7 millions, environ, avaient pensé que de Gaulle devait rester au pouvoir ou qu'il valait mieux que les citoyens, plutôt que les seuls notables, élisent le Président : ils n'avaient pas reporté leurs voix sur les candidats qui se réclamaient de lui. Il y avait là le signe précurseur des incertitudes politiques qui apparaîtraient plus tard, et de la relative fragilité de la victoire que de Gaulle venait de remporter.

D'une certaine façon, il en était conscient. Dans mes entretiens avec lui, je lui fis remarquer qu'en engageant le combat contre ses adversaires à propos de l'élection du président de la République au suffrage universel, il l'avait situé sur un terrain excellent pour lui, tant il était évident que les électeurs approuveraient qu'on leur donne ce nouveau droit, dans une République où le président était le vrai responsable des affaires du pays. Il m'a contredit aussitôt. A son avis, sur ce terrain, tous les partis traditionnels pouvaient se coaliser en gommant, pour l'occasion, toutes leurs divergences, et leur coalition générale leur donnait des chances de gagner. Je pense encore que j'avais raison : il était impossible que les Français refusent le droit d'élire leur président et, en s'y opposant, les partis donnaient l'impression de vouloir garder ce droit pour eux, pour leurs notables et pour leurs élus. Mais de Gaulle n'avait pas tort. Les divergences entre les partis étaient sa meilleure chance de gagner, comme les élections législatives le montraient et, plus précisément, il avait été hautement surpris — « épaté », me dit-il — que les candidats gaullistes aient eu la totalité des sièges à Paris. Dans un référendum, au contraire, il leur était facile de se coaliser sur un simple « non » : c'est une ironie de l'Histoire que, justement, il l'ait oublié sept ans plus tard...

Dans l'immédiat, le fonctionnement des institutions serait marqué par l'avènement d'une majorité parlementaire homogène. Comme de Gaulle l'avait souhaité et prévu, dès 1958, ou même dès le discours de Bayeux, les ministres procéderaient du président de la République : il ferait appliquer par eux la politique dont il aurait déterminé les grandes lignes, le Premier ministre en dirigerait l'exécution et la défendrait devant les critiques de l'opposition. A plus long terme, c'était la nature même de la Constitution de 1958 qui se trouvait transformée. Elle avait accordé, à l'origine, de singuliers privilèges à la catégorie des notables : disposant, en majorité, des assemblées locales et départementales, ils étaient seuls à désigner le Sénat et le chef de l'Etat et influaient ainsi, directement ou non, sur les rouages politiques essentiels. Désormais, les voilà déchus de ces attributs. Les deux organes essentiels de la Constitution, la présidence de la République et l'Assemblée nationale, procéderaient désormais du suffrage populaire : le caractère « sénatorial » de la Constitution de 1958 avait disparu. Cette mutation consacrait, du même coup, le déclin d'une certaine France rurale, conservatrice, héritière de traditions politiques diverses, mais toutes enracinées dans le passé. De Gaulle fut ici, pour la France, l'accoucheur de la modernité.

Chapitre 29

LE PREALABLE ALGERIEN

Dans l'histoire du siècle, l'Algérie fut, pour la France, l'une de ses plus dures épreuves. Elle provoqua la chute d'un régime, mena l'armée jusqu'au bord de la révolte, engloutit d'immenses ressources, fit traverser la Méditerranée à des centaines de milliers de Français, obligea un million d'autres à la traverser en sens contraire pour se réfugier en « métropole », déchira les consciences, amorça peut-être une guerre civile. Epreuve sans mesure, elle faisait suite, déjà, à sept ans de guerre en Indochine, aux massacres de Madagascar en 1947, aux ratissages du cap Bon en Tunisie, aux émeutes sanglantes des grandes villes marocaines... La guerre d'Algérie, parce que chacun savait, au fond, que l'indépendance algérienne marquerait la fin de la longue aventure de la colonisation et que cette page allait être tournée pour toujours, fut la plus dure étape qu'il fallait franchir pour que cette phase de l'Histoire s'achève.

Il incomba à de Gaulle d'assumer cette tâche. On a vu quelle avait été, auparavant, son expérience algérienne. Quand il avait dû, provisoirement, partager le pouvoir avec Giraud, il avait voulu gagner immédiatement Alger, et une foule immense était venue l'acclamer : mais quelle foule ? On ne pouvait s'y tromper : c'était d'abord la communauté israélite, justement révoltée contre le maintien du honteux régime antisémite promulgué par Weygand, c'était aussi le petit peuple des quartiers européens d'Alger, celui de Bab el-Oued et de Belcourt qui avait voté pour le Front populaire en 1936. Ce n'était pas le peuple musulman et ce n'était pas non plus la bourgeoisie prépondérante, qui s'était assez bien accommodée du régime de Vichy. De Gaulle, bien que n'ayant aucun mandat qui l'ait autorisé à transformer le statut des trois départements français que constituait alors l'Algérie, avait voulu marquer sa volonté de changement : par l'ordonnance du 7 mars 1944, il avait incorporé au collège électoral européen quelque 70 000 musulmans sans les obliger à abandonner leur statut particulier et, l'année suivante, il avait décidé que l'ensemble des Algériens musulmans formerait un deuxième collège pour l'élection de l'Assemblée constituante. Mais, au moment de rentrer en France, il était déjà sans illusions sur le sentiment de la grande majorité des Algériens : « Il ne faut pas que l'Algérie nous file entre les doigts », avait-il dit au responsable militaire qu'il laissait sur place, et il savait déjà que la majorité de ses habitants souhaitait, sous une forme ou sous une autre, son émancipation. Deux ans plus tard, on s'en souvient, il reconnaissait sans ambages que « les territoires algériens [...] ne sont pas assimilables à des départements français métropolitains », et il se prononçait pour leur autonomie à condition qu'une parité soit maintenue entre Européens et musulmans. En 1955, enfin, il avait pris position pour la dernière fois avant d'observer ce long silence qui dura jusqu'à son retour au pouvoir :

> Je dis qu'aucune autre politique que celle qui vise à substituer l'association à la domination dans l'Afrique du Nord française, ne saurait être ni valable ni digne de la France.

On a déjà cité les propos qu'il tint ensuite, en privé, sur l'Algérie, déjà déchirée par la guerre, y compris ceux dont je fus témoin. On pourrait en citer bien d'autres. Ils n'ont, au fond, qu'une importance anecdotique. L'essentiel est la conception que de Gaulle s'est toujours fait de l'Histoire d'un bout à l'autre de sa vie : ce sont les réalités nationales qui l'emportent sur tout, qui survivent à tout. Le fait est, pour lui, que l'Algérie est une autre nation que la France, par l'histoire, la géographie, la langue, la culture, la civilisation, la religion. Voilà la donnée principale, celle qui va déterminer ses jugements et son action. A partir de là, s'enchaînent les confidences à Roger Stéphane, à Maurice Schumann, à Robert Neumann, à Geoffroy de Courcel : « Il ne faut pas se faire d'illusions, l'Algérie sera un jour indépendante » ; à Louis Terrenoire : « Rien ni personne ne peut plus arrêter le mouvement revendicatif algérien » ; à Bernard Tricot : « Plus tard, l'Algérie deviendra sans doute indépendante » ; à Edmond Michelet, à Maurice Couve de Murville, à Louis Joxe, à Olivier Guichard et celle que j'ai entendue : « Mais naturellement que les Algériens veulent l'indépendance ! »

Mais, quand il revient au pouvoir, de Gaulle doit s'interroger : quelles oppositions devra-t-il surmonter ? Quels délais lui faudra-t-il ? Sur quels moyens peut-il compter ? Les professionnels du quotidien que sont les journalistes — dont j'étais — et les historiens — dont j'ai été plus tard — ont mis l'accent, à leur façon, sur les entraves que pouvaient être, pour lui, les hommes, les groupes, les forces politiques et sociales qui avaient contribué, à partir d'Alger, à le ramener au pouvoir : officiers passionnément engagés en faveur de l'Algérie française, communauté européenne, partisans du maintien de la domination coloniale. Mais il faut tenir compte tout autant, sinon davantage, des positions prises à propos de l'Algérie par les courants principaux de l'opinion publique. Il ne s'agit pas ici de la masse anonyme des Français : Dien Bien Phu avait déchiré bien des illusions et fait comprendre l'irrésistible mouvement des peuples colonisés vers leur indépendance, l'émancipation de la Tunisie et du Maroc n'avait suscité aucune opposition populaire et l'on peut croire, que dans ses profondeurs, le pays ne souhaitait pas acquitter le coût, en sang et en argent, d'une nouvelle guerre outremer. Mais qui avait éclairé les Français sur les réalités algériennes ? Sur la scène politique, le parti communiste était isolé, surtout depuis les tragiques événements de Hongrie en 1956. Les quelques groupes et journaux qui menaient campagne contre le colonialisme, d'ailleurs sur un ton différent, *France-Observateur, L'Express, Témoignage Chrétien*, n'avaient encore qu'une audience étroite malgré leur influence dans les milieux universitaires, dans certains secteurs de la fonction publique, du monde des affaires ou du catholicisme français. Encore parlait-on très souvent, pour l'Algérie, de son « autonomie », de sa « liberté », de sa « personnalité » : très rarement de son indépendance. Aucun des partis prépondérants de la IVe République n'en acceptait la perspective. Et la presse, dans son immense majorité, insistait, sans complexe, sur l'importance de la communauté européenne, le caractère français qu'elle donnait à l'Algérie, la dévotion à la France d'un grand nombre d'Algériens musulmans, l'heureuse surprise des découvertes de pétrole et de gaz au Sahara, promesse d'une prospérité future, la juste cause pour laquelle combattait là-bas l'armée française. C'est de ce contexte que de Gaulle devrait tenir compte à chaque pas qu'il ferait.

Les délais ne pouvaient être fixés d'avance. Tout dépendrait du rythme et de l'intensité des opérations, de l'adhésion ou du refus du peuple algérien, des charges qui en résulteraient pour la France, de l'appui que le FLN trouverait à l'extérieur, des chances que pouvait encore avoir une évolution par étapes vers l'indépendance, des oppositions qu'il faudrait réduire d'ici là. Peut-être y faudrait-il des années : mais l'intérêt de la France n'était-il pas d'être dégagée du poids de la guerre d'Algérie et de Gaulle lui-même pouvait-il attendre longtemps ?

Si, dans son esprit, le but était défini, et même si les contours en étaient encore flous, il restait à savoir comment l'atteindre. On pouvait tenter de négocier avec le FLN : mais il était désigné chaque jour depuis quatre ans comme un ennemi implacable recourant à de terribles violences. On pouvait essayer de bâtir une Algérie autonome, puis indépendante, avec l'aide d'Algériens acceptant leurs pouvoirs de la France, en espérant qu'ainsi ils obtiendraient le soutien de leur peuple : mais on ne pouvait être assuré qu'ils soient assez représentatifs pour que l'expérience réussisse. En 1958, en tout cas, ceux-là même, minoritaires encore, qui pensaient que l'Algérie devait être indépendante, pouvaient hésiter sur la voie à suivre, même si beaucoup, dont j'étais, pensaient que le FLN, déjà, était seul à représenter authentiquement la volonté d'indépendance du peuple algérien.

Telles étaient les données dont de Gaulle devait tenir compte quand le 4 juin, en fin de matinée, il atterrit à l'aéroport de Maison Blanche. Il était accompagné de Pierre Guillaumat, ministre des Armées, de Louis Jacquinot, ministre d'Etat, de Max Lejeune, ministre chargé du Sahara, du général Ely, rétabli dans ses fonctions de chef d'Etat-Major général, de René Brouillet, qui serait bientôt secrétaire général des Affaires algériennes, et de trois membres de son cabinet, Olivier Guichard, Jacques Foccart, et Philippe Ragueneau. Il fut accueilli par le général Salan, par Jaques Soustelle et Léon Delbecque, par le général Massu, par le docteur Sid Cara, président du Comité de salut public Algérie-Sahara, et par une petite foule d'officiers. On pouvait prévoir à cet instant, que l'accueil d'Alger serait enthousiaste puisque les foules européennes voyaient en lui l'homme porté au pouvoir par les grandes manifestations algéroises grâce auxquelles la IVe République s'était écroulée. Mais parmi les mieux informés, on s'interrogeait déjà. Du 13 mai au 1er juin, de Gaulle avait publié trois communiqués, tenu une conférence de presse, prononcer son discours « d'investiture », écrit deux lettres rendues publiques, eu plusieurs entretiens dont les comptes rendus avaient été largement diffusés : pas une seule fois il n'avait indiqué précisément quelles étaient ses vues sur l'avenir de l'Algérie ; à plus forte raison n'avait-il jamais parlé d' « Algérie française » ou « d'intégration ». Ce silence annonçait les crises futures. Dans l'immédiat, il donnait lieu déjà à toutes les spéculations.

Très peu, cependant, savaient que, peu après le 13 mai, Lucien Neuwirth avait été mis en rapport, par le chef des services arabes de Radio-Alger, avec deux des principaux responsables du FLN en Algérie [1]. L'entretien avait eu lieu dans une ferme des environs d'Alger. On déjeuna et la conversation fut cordiale. Evoquant l'avenir de l'Algérie, Neuwirth dit qu'elle devrait être « liée à la France » et parla d'un « cadre français », évitant d'employer le mot d' « intégration ». Surtout, il insista sur l'opposition entre les gaullistes et les activistes, répudiant le « fascisme » et le racisme de ces derniers. Il n'est pas impossible que cet entretien ait déterminé, en partie, la neutralité que le FLN observa dans toutes les villes d'Algérie, — et qui fut, en pratique, favorable au mouvement du 13 mai. On peut y voir, en tout cas, l'amorce lointaine du jeu complexe qui allait mettre aux prises de Gaulle, le nationalisme algérien, l'armée française, la communauté européenne.

Dès le 1er juin, au Comité de salut public d'Alger, on s'était indigné de trouver, parmi les nouveaux ministres, des « hommes du système ». Que Pierre Pflimlin, ce président du Conseil dont les hommes du 13 mai avaient voulu la chute, fût ministre d'Etat, c'était un défi à leurs prétentions. La réaction fut la même dans les groupes militaires qui avaient souhaité la chute du régime. Le général Miquel, qui devait commander, le cas échéant, les opérations militaires en métropole, se rendit à Alger pour en discuter avec Salan. Ils convinrent que mieux valait se taire et attendre, mais les civils du Comité de salut public ne se sentaient pas astreints à la même réserve. Et, sitôt le cortège officiel arrivé au siège de l'ancien Gouvernement général, après un déjeuner au Palais d'Eté où de Gaulle reçut la municipalité, le maire, le libéral Jacques Chevallier, et le Comité de salut public de la ville, puis après un détour par le croiseur *De Grasse*, d'où il a salué « Alger, cette grande ville française », un incident se produit. Jacquinot et Lejeune sont enfermés dans un bureau du Gouvernement général, soit pour leur interdire de paraître au balcon devant une foule qui les aurait hués si elle les avait reconnus, soit pour les mettre à l'abri des adversaires les plus frénétiques de la IVe République qui allaient leur faire un mauvais parti. De Gaulle ne s'en aperçut pas immédiatement. A la foule immense qui s'étalait devant lui, sur le Forum, il adressa un discours dont quelques mots devaient rester, pour toujours, dans l'histoire de la tragédie algérienne :

> Je vous ai compris. Je sais ce qui s'est passé ici. Je vois ce que vous avez voulu faire. Je vois que la route que vous avez ouverte en Algérie c'est celle de la rénovation et de la fraternité... Eh bien ! De tout cela je prends acte au nom de la France, et je déclare qu'à partir d'aujourd'hui la France considère que dans toute l'Algérie il n'y a qu'une seule catégorie d'habitants : il n'y a que des Français à part entière [...] avec les mêmes droits et les mêmes devoirs... Français à part entière, dans un seul et même collège, nous allons le montrer, pas plus tard que dans trois mois, dans l'occasion solennelle où tous les Français, y compris les dix millions de Français d'Algérie, auront à décider de leur propre destin. Ah ! puissent-ils participer en masse à cette immense démonstration, tous ceux de vos villes, de vos douars, de vos plaines, de vos djebels ! Puissent-ils même y participer ceux qui, par désespoir, ont cru devoir mener sur ce sol un combat dont je reconnais, moi, qu'il est courageux — car le courage ne manque pas sur la terre d'Algérie —, mais qu'il n'en est pas moins cruel et fratricide. Moi, de Gaulle, à ceux-là j'ouvre les portes de la réconciliation...

Immédiatement, dès la soirée de cette première journée du premier séjour que de Gaulle faisait en Algérie, les querelles sur les mots et leur interprétation commencèrent. Autour de Salan et de Soustelle on s'affaira à dire que les discours comblaient les vœux des initiateurs du 13 mai. A l'opposé, l'écrivain algérien Jean Amrouche, d'une famille kabyle christianisée, écrivit un article paru dans *Le Monde* du lendemain, où il montrait qu'en donnant les mêmes droits aux dix millions d'habitants de l'Algérie, de Gaulle ouvrait la voie vers l'indépendance puisque les neuf millions d'Algériens musulmans pourraient la réclamer et l'obtenir. Le général Dulac, chef d'état-major de Salan, constata qu'il n'y avait, dans ce discours « aucune affirmation catégorique, tranchante, nette, concernant le but que se propose d'atteindre le nouveau chef du gouvernement[2] ». Du moins ne le dit-il alors que discrètement. A son gendre, Alain de Boissieu, alors colonel, qui lui dit qu'on aurait souhaité qu'il prenne position « sur la fameuse Algérie française » de Gaulle répond, selon son témoignage,

> c'est exprès que je ne l'ai pas fait, car l'Algérie française des colons, ce n'est pas l'Algérie française de l'armée et encore moins celle des musulmans. Je vais essayer de trouver la solution la plus française pour mettre un terme à ce drame, mais il est déjà bien tard,

et il le prie de dire à ses camarades officiers qu'ils ne doivent pas chercher à lui « imposer une solution » ni surtout à lui résister « lors des négociations », mais seulement « à gagner la bataille sur le terrain » — ce qu'Alain de Boissieu se hâte de répéter à l'état-major de Salan[3].

Chez les artisans les plus actifs du 13 mai, Algérois ou métropolitains, ce fut, suivant les caractères, la gêne, l'inquiétude, la consternation, la colère. Dans *L'Echo d'Alger* du lendemain, 5 juin, Delbecque laissa entrevoir que la lutte entamée le 13 mai n'était pas achevée : « Nous n'avons pas franchi le Rubicon pour pêcher à la ligne. » De Gaulle fit aussitôt savoir qu'il n'admettait pas les pressions de ses anciens compagnons. Pour Delbecque, c'était la confirmation de ce qu'il avait commencé à pressentir quatre jours plus tôt quand il était venu à Paris : il avait alors ressenti l'écart qui séparait le mouvement d'Alger de l'état d'esprit des hommes qui entouraient de Gaulle, surtout Georges Pompidou et Olivier Guichard, directeur et directeur adjoint de son cabinet, discernant même un certain flottement chez Michel Debré, dont il pensait, pourtant, qu'il serait un partisan intransigeant de l'Algérie française[4].

Dans la journée du 5, tandis que de Gaulle se fait acclamer à Constantine puis à Bône, où il renouvelle son appel à « ceux des djebels » c'est-à-dire aux combattants armés du FLN — dont il avait déjà salué le courage alors que la propagande officielle ne cessait de les traiter de « terroristes » — la tension monte à Alger où Pierre Lagaillarde organise une manifestation destinée à protester contre la présence au gouvernement de plusieurs personnages de la IVe République comme Guy Mollet, Pinay et Pflimlin, sans qu'elle réunisse plus d'un millier de jeunes gens. Mais des tracts sont distribués appelant à prolonger le mouvement du 13 mai et à faire pression sur de Gaulle.

Le 6 juin, à Oran, celui-ci commença par refuser de voir le Comité de salut public de la ville. Il fallut d'instantes démarches pour le faire revenir sur sa décision. Il entendit un porte-parole du Comité demander « qu'il soit fait table rase du régime des partis et de l'ingérence étrangère et que les membres des comités de salut public puissent participer à un défilé grandiose sur les Champs-Elysées ». De Gaulle réagit immédiatement :

> Pas un seul d'entre vous ne voit à quel point l'autorité doit être incontestée ici. Vous n'allez pas continuer à faire la révolution... Il faut faire qu'effectivement les dix millions d'Algériens français soient Français sans aucun doute. L'autorité militaire doit avoir le contrôle sur tous et, en particulier, sur vous. Il ne faut pas lui forcer la main, ni même en avoir l'air...

Personne ne douta, dans les milieux européens, qu'il envisageait déjà la liquidation des comités de salut public. C'est en vain qu'à Mostaganem, l'après-midi, la foule l'entendit crier :

> Vive Mostaganem ! Vive l'Algérie française ! Vive la République ! Vive la France !

Ce fut la seule et unique fois où il prononça les mots « Algérie française ».

> Les ai-je dits ? devait-il me dire cinq ans plus tard. Je voulais dire : la plus française possible !

Son gendre, Alain de Boissieu, a toujours été convaincu que c'était le résultat d'une manipulation des techniciens de la radio d'Alger. En tout cas, le climat politique en Algérie n'en fut pas modifié ; tout le monde avait pu l'entendre, à la radio, crier « Taisez-vous ! » à des manifestants qui acclamaient Soustelle.

Dès le 7 juin, en effet, les dirigeants des mouvements activistes et des organisations européennes cherchaient une riposte. Elle survint le surlendemain. Le Comité de salut public Algérie-Sahara vota une motion demandant « la disparition de tous les organismes administratifs marquant le particularisme algérien », mais aussi « la suppression des partis politiques ». Salan la transmit à de Gaulle. Aussitôt, celui-ci répondit :

> Au sujet de l'incident fâcheux et intempestif causé par la motion péremptoire du Comité de salut public d'Alger, je vous rappelle que ce comité n'a d'autre droit et d'autre rôle que d'exprimer sous votre contrôle l'opinion de ses membres. L'autorité régulière, et d'abord vous-même, ne sauriez prendre parti au sujet de ce que ce comité ou toute autre organisation politique peut exprimer ou demander.

A peine plus d'une semaine s'était écoulée depuis que de Gaulle avait pris le pouvoir et déjà le divorce apparaissait. Suivant le témoignage de Pierre Lefranc, qui était maintenant son chef de cabinet, il confia dès son retour à Paris qu'à Alger « ils rêvent [...], ils oublient qu'il y a neuf millions de musulmans et un million d'Européens » et que, de ce fait, « nous ne pouvons garder l'Algérie [5] ». Sur place, les éléments extrêmes du Comité de salut public Algérie-Sahara ne s'étaient nullement laissé abuser par le « Vive l'Algérie française » de Mostaganem ; ils avaient compris que de Gaulle allait faire le contraire de ce qu'ils voulaient : ils démissionnèrent et passèrent ouvertement à l'opposition.

Du reste, le 9 juin, le secrétariat général des Affaires algériennes était créé. Il fut confié à un diplomate que de Gaulle eut à son cabinet en 1944, René Brouillet. Par son tempérament, ses opinions personnelles, ses activités passées en Tunisie, il donnait à penser qu'il serait l'homme des solutions les plus libérales. Son chef de cabinet fut Bernard Tricot. Celui-ci, avant d'accepter son nouveau poste, avait tenu à dire qu'il jugeait souhaitable, l'établissement d'un Etat algérien, qui pourrait être indépendant, et qu'il ne serait donc pas qualifié pour appliquer une politique d'intégration : il fut confirmé dans ses fonctions [6]. De fait, le nouveau secrétariat général aux Affaires algériennes reçut mission de préparer un large éventail de solutions au problème algérien. Pierre Racine, futur directeur de cabinet de Michel Debré, en fut chargé. Il rédigea une série de rapports : les uns se situaient dans l'hypothèse où l'Algérie serait « rattachée à la République française » ; d'autres prévoyaient un statut d'autonomie, d'autres encore un système fédéral ; enfin, pour définir une solution comportant un « Etat algérien », Pierre Racine reprit simplement le rapport qu'il avait rédigé pour les groupes d'études organisés en 1957 par Gilbert Grandval, dans l'éventualité d'un appel à de Gaulle, et dont on a déjà cité cette phrase de conclusion : « Une seule méthode paraît réaliste : celle qui consiste, à l'occasion de contacts rigoureusement secrets, à mesurer les ambitions des représentants du nationalisme algérien et à explorer les terrains d'entente. »

Début juillet, il n'était déjà plus question, dans le vocabulaire officiel, des mots d'ordre du 13 mai. De Gaulle, accompagné, cette fois, de Guy Mollet, ministre d'Etat, d'Edmond Michelet, ministre des Anciens Combattants, et de Pierre Guillaumat, ministre des Armées, revint alors en Algérie. Ce fut pour une tournée exclusivement consacrée à l'armée et il refusa de recevoir le Comité de salut public, ne consacrant le discours qu'il prononça à la télévision avant de repartir qu'aux projets de réformes économiques et sociales. Mais le 7 juillet, la nomination de Jacques Soustelle au ministère de l'Information était jugée, par l'opinion publique, comme un pas notable vers une politique d'intégration. Hors du gouvernement, Soustelle disposait de la plus grande liberté d'action : il avait, d'ailleurs, sa propre organisation, créée pour la défense de l'Algérie française et disposant apparemment de gros moyens. De Gaulle jugea qu'en le nommant ministre, il aurait plus de prise sur lui : en cas de désaccord, il devrait se soumettre ou démissionner, c'est-à-dire avouer une rupture qui le condamnerait aussitôt à l'isolement. De fait, l'occasion s'en présenta bientôt. Au mois d'octobre, Jacques Soustelle, qui avait pris part à la création de l'UNR — l'Union pour la nouvelle République — où se retrouvaient la plupart des gaullistes, entreprit de conclure une étroite alliance électorale avec les groupes représentés par Roger Duchet, Georges Bidault et André Morice, ceux, justement, qui, dans la droite traditionnelle, au MRP et au parti radical, avaient opté catégoriquement pour l'intégration. « De Gaulle m'invita un soir à prendre le café à Matignon, devait raconter Soustelle. Avec beaucoup d'amabilité, il entreprit de me convaincre de ne pas contresigner un appel commun avec ces trois personnalités... Bidault, dont il ne niait pas la valeur, était, selon lui, "usé", Duchet "n'était pas sérieux". En somme, dans mon intérêt, il ne fallait pas sortir du cadre purement gaulliste. » Soustelle s'inclina, mais chacun comprit, dans les milieux politiques, qu'il s'agissait, pour de Gaulle, de dissocier les gaullistes des hommes et des partis les plus attachés à l'Algérie française[7].

Depuis deux mois, il n'avait cessé d'affirmer le caractère français, non de l'Algérie, mais de tous les Algériens. Depuis « les dix millions de Français à part entière » jusqu'à « l'égalité absolue des droits et des devoirs », une longue série de formules reprenaient la même idée. Par là, toute suprématie était refusée à la minorité européenne. Mais, par là aussi, l'« algérianité » semblait contestée aux Algériens qui se voyaient proclamés citoyens français. Du coup, si l'Algérie elle-même se trouvait rattachée à la France, l'intégration se trouverait confirmée et accomplie. Sinon son destin serait celui que voudraient les Algériens, c'est-à-dire l'écrasante majorité musulmane de la population. Cette ambiguïté dissimulait le choix entre deux politiques radicalement opposées, et c'est bien pourquoi elle suscitait l'exaspération grandissante des partisans de l'« Algérie française ».

Le 20 août, de Gaulle repart. Cette fois, c'est pour accomplir le grand périple africain qui, par Fort-Lamy, Tananarive, Brazzaville, Abidjan, Conakry et Dakar, lui permettra de dire ce qu'est la nouvelle Communauté et de demander l'adhésion des Etats de l'ancienne « Union française ». Mais, à Brazzaville, il est allé plus loin que le projet de Constitution ne l'avait prévu jusque-là : aux acclamations éperdues de la foule — qui montrait bien par là ses véritables sentiments — il a annoncé solennellement que chacun pouvait prendre l'indépendance quand il le voudrait. Et, en Guinée, il est apparu aussitôt que, dans un climat ouvertement hostile, l'indépendance serait prise immédiatement, sans que la France s'y oppose. Or, à Dakar, de Gaulle confie à Gabriel d'Arboussier, qui était encore président du « Grand Conseil d'Afrique-Occidentale » :

> C'est pour l'Algérie que je fais la Communauté[8].

Mais comment fallait-il l'interpréter désormais ? L'Algérie pourrait être promise au destin autonome réservé aux Etats de la Communauté, mais elle s'inscrirait dans un cadre français, plus large que la France : c'était exactement l'expression qu'il avait employée déjà en 1955. Dans ce cas, on pouvait imaginer que la réussite de la Communauté convaincrait tous les Algériens que le mieux, pour eux, était de situer leur avenir dans ce « cadre français », dont les Européens n'auraient rien à craindre. Mais, de Gaulle venait de le confirmer, l'Algérie pourrait en sortir plus tard, et même n'importe quand : alors, nul n'en doutait, ce serait l'indépendance, cauchemar des Européens. Suivant une formule que l'on répéterait souvent par la suite : au mieux Houphouët-Boigny, au pire Sékou Touré.

Encore fallait-il le faire comprendre aux Algériens eux-mêmes, à l'occasion du référendum sur la nouvelle Constitution. Le 28 août, il enregistra le discours qui devait être diffusé le lendemain et dont un paragraphe définissait le sens :

> Par leur vote, [...] les habitants de l'Algérie vont fournir une réponse à la question de leur propre destin. Car, si dures que soient les épreuves où les place une lutte fratricide, quelle que puisse être l'idée que se fassent les uns ou les autres de ce vers quoi devrait tendre le statut de leur pays, une fois la paix revenue et les déchirements dépassés, les bulletins qu'ils mettront dans l'urne auront, sur un point capital, une claire signification. Pour chacun, répondre « oui ! » dans les circonstances présentes, cela voudra dire, tout au moins, que l'on veut se comporter comme un Français à part entière et que l'on croit que l'évolution nécessaire de l'Algérie doit s'accomplir dans le cadre français.

Ce paragraphe laissait ouvertes plusieurs voies ; l'expression « Français à part entière » reflétait encore l'esprit du 13 mai : mais en faisant appel à tous les Algériens « quelle que puisse être l'idée que se fassent les uns ou les autres de ce vers quoi devrait tendre le statut de leurs pays », de Gaulle indiquait expressément que plusieurs solutions étaient encore possibles. Sur place, au contraire, le puissant appareil civil et militaire — antérieur au 13 mai mais largement consolidé et renforcé depuis — identifiait le « oui » au succès de l'Algérie française. De Gaulle voulut modifier l'orientation de la propagande officielle : une série de réunions se tinrent à Alger où Bernard Tricot fut chargé d'exposer — ou d'imposer — ses directives.

Mais il apparut que ce ne serait pas suffisant. Pour faire comprendre plus clairement ce qu'il voulait, de Gaulle décida donc de recourir à une procédure exceptionnelle. Il demanda au général Ely, chef d'état-major auprès de la Défense nationale, et, à ce titre, premier personnage de l'armée, de se rendre lui-même à Alger, de remettre en main propre à Salan, le 10 septembre, une lettre personnelle, et même de la lui commenter sans détour [9]. Cette lettre, en effet, était explicite :

Mon cher Salan,

Le référendum a pour objet de créer des institutions nouvelles, proposées par moi et par mon gouvernement, et qui seront, je le crois, adoptées par la Nation.

En ce qui concerne l'Algérie, répondre « OUI », c'est témoigner de la confiance que l'on porte au général de Gaulle et manifester qu'on entend que les affaires concernant l'Algérie soient réglées par la France.

Mais j'ai dit et répété que le OUI ne saurait signifier le vote pour ou contre une solution déterminée du statut politique de l'Algérie. Dire le contraire, affirmer le contraire, c'est, de la part de tout ce qui est officiel, méconnaître ma volonté.

C'est aussi se ravaler au rang des partis politiques qui tendent naturellement à se dresser les uns contre les autres sur le sujet et à empêcher — c'est leur nature — toute action nationale cohérente.

Je vous invite à ne point tolérer que ceux qui sont sous vos ordres, avant tout des officiers, contreviennent à mes intentions formelles.

Le général Ely est envoyé par moi à vous pour bien vous faire comprendre que je requiers l'exécution de ce que j'ai prescrit à mon délégué général.

C'était interdire formellement que la hiérarchie civile et militaire identifie le « oui » avec « une solution déterminée » qui, dans le climat qui régnait alors, était évidemment « l'Algérie française ». Mais rien n'y fit. L'opposition entre de Gaulle et le pouvoir politique et militaire établi sur place était si fondamentale qu'elle ne pouvait être tranchée qu'au prix d'une crise majeure. A peu de jours du scrutin, fixé au 28 septembre, il ne pouvait en être question : dans cette affaire, de Gaulle jouait, à la fois, son autorité personnelle, sa politique générale, toute la réforme de l'Etat, tout l'avenir de l'Afrique française. En Algérie, le poids de l'armée, de l'administration, des mouvements politiques issus du 13 mai, s'exerça sans réserves. Le résultat fut ce qu'on pouvait attendre : il y eut 96 % de « oui ».

De toute évidence, les partisans de l'Algérie française allaient se montrer plus assurés que jamais. En mettant leur marque à toute la campagne du référendum, en orientant toute la propagande officielle, ils avaient donné au scrutin une signification différente de celle que de Gaulle avait souhaitée. Celui-ci en fut d'autant plus irrité qu'il était tout à fait décidé à repousser « l'intégration dans la forme où elle est proposée » : quelques jours plus tôt, il l'avait dit sans ambages à Félix Gaillard qui venait d'être élu président du parti radical. Il lui fallait donc réagir.

Le 3 octobre, il était à Constantine. Après une longue énumération des réformes économiques et sociales qui devraient intervenir dans un délai de cinq ans, il consacra quelques phrases à l'avenir politique du pays :

Cette évolution profonde, à quoi peut-elle conduire ? Quant au statut politique de l'Algérie, je crois tout à fait inutile de figer d'avance dans des

> mots ce que de toute manière l'entreprise va peu à peu dessiner. Mais, en tout cas, deux choses sont dès à présent certaines. La première concerne le présent. Dans deux mois, l'Algérie élira ses représentants dans les mêmes conditions que le fera la métropole. Mais il faudra qu'au moins les deux tiers de ces représentants soient des citoyens musulmans. L'autre chose se rapporte à l'avenir. L'avenir de l'Algérie, de toute façon — parce que c'est la nature des choses — sera bâti sur une double base : sa personnalité et sa solidarité étroite avec la métropole française.

Quatre mois après son retour au pouvoir, de Gaulle révélait au fond ce que serait, dorénavant, sa politique algérienne : elle serait évolutive et empirique puisqu'il s'agissait d'aller à un avenir que « l'entreprise va peu à peu dessiner », et ce ne serait apparemment ni l'intégration ni l'indépendance totale puisque « la personnalité » de l'Algérie et sa « solidarité étroite avec la France » étaient situées, en quelque sorte, sur le même pied. De Gaulle rentrait à Paris le 5 octobre, après deux étapes, à Marseille et à Lyon, où l'accueil des foules confirmait les 80 % de « oui » donnés par la métropole à la nouvelle Constitution. L'appui conjugué de la droite, du centre, mais aussi des socialistes, de la plus grande partie des radicaux et d'une fraction notable de l'électorat communiste — qui avait notoirement voté « oui » —, lui paraissait la garantie la plus sûre de sa propre liberté d'action.

Le 9 octobre, de Gaulle adressa ses nouvelles instructions à Salan pour les prochaines élections législatives. L'enjeu était capital. Il s'agissait d'abord de faire cesser l'emprise de l'armée sur la vie politique algérienne et de ne pas renouveler l'expérience du référendum. Mais il s'agissait aussi de profiter de l'énorme choc provoqué en Algérie par le changement de régime, l'égalité des droits politiques et l'instauration de la Communauté, pour amener le plus grand nombre de Musulmans à emprunter, sans craintes, toutes les voies ouvertes par de Gaulle lui-même. Bref, il fallait leur montrer que l'évolution de l'Algérie pouvait se faire autrement que par l'insurrection et la guerre.

De Gaulle écrivait à Salan :

> L'intérêt supérieur du pays exige que la consultation ait lieu dans des conditions de liberté et de sincérité absolues et que des listes représentatives de toutes les tendances — je dis : de toutes les tendances — puissent solliciter concurremment et au même titre les suffrages des électeurs. Toutes les opinions devront pouvoir s'exprimer et tous les candidats pouvoir se présenter et faire campagne, quels que puissent être leurs programmes, y compris en ce qui concerne le statut ou le destin politique de l'Algérie. Seuls seront exclus les individus qui participent à l'action terroriste et tombent, de ce fait, sous le coup d'une inculpation pénale. Les saisies de journaux locaux ou métropolitains ne pourront être ordonnées que si les articles incriminés sont de nature à entraîner des poursuites judiciaires. J'attache une extrême importance à ce qu'il y ait une véritable compétition, c'est-à-dire qu'il puisse exister des listes concurrentes. Le

pire écueil serait la constitution de listes uniques favorisées par l'autorité officielle. Le but à atteindre consiste à obtenir que se révèle librement une élite politique algérienne.

Encore fallait-il que l'appareil d'Etat respectât lui-même les règles de liberté et d'égalité inséparables de tels objectifs ; aussi de Gaulle ordonnait-il :

> Le moment est venu [...] où les militaires doivent cesser de faire partie de toute organisation qui revêt un caractère politique, quelles que soient les raisons qui, dans les circonstances qu'a traversées l'Algérie depuis le mois de mai, ont pu exceptionnellement motiver leur participation. Rien ne saurait plus désormais justifier leur appartenance à de telles formations. Je prescris qu'ils s'en retirent sans délai.

Le 14 octobre, le général Massu annonçait l'exécution de cet ordre et, le 16, les directives données par de Gaulle étaient rendues publiques. Après d'âpres discussions la majorité non gaulliste du Comité de salut public Algérie-Sahara décida une grève pour ce jour-là. Mais rien ne pouvait aboutir si l'opposition n'était pas relayée par certains éléments de l'armée, dont la complicité pourrait donner au mouvement de grève une dimension nouvelle. De Gaulle prévint Salan qu'il ne saurait tolérer que la grève ait des prolongements dans la rue. Le commandement, mis en présence d'ordres aussi catégoriques fit savoir qu'il s'opposerait à toute tentative de trouble : c'en fut assez pour que, dans la matinée du 16, l'ordre de grève soit rapporté.

Cette épreuve de force marquait la césure définitive entre de Gaulle et le mouvement d'Alger, tel qu'il avait pris naissance le 13 mai. D'un seul coup, tout l'appareil des comités de salut public se trouvait liquidé. En se dressant contre les activistes — et, indirectement, contre tous les tenants de l'Algérie française —, de Gaulle incarnait déjà, surtout pour les musulmans, une politique nouvelle. La presse étrangère le signala. Plusieurs dirigeants du FLN, Ferhat Abbas, Krim Belkacem, Yazid, parlèrent de discuter les conditions militaires et politiques d'un cessez-le-feu, comme s'ils considéraient que l'indépendance n'était pas un « préalable » mais un objet de négociations. Quelques libérations de prisonniers, décidées de part et d'autre, ajoutèrent au climat de détente.

Enfin, l'ancien président de l'Assemblée algérienne, Abderhamane Farès, naguère partisan de l'assimilation de l'Algérie à la France, et maintenant rallié à l'idée d'indépendance, et l'écrivain Jean Amrouche prirent des contacts répétés avec la direction du FLN puis, à Paris, avec Georges Pompidou. Farès obtint alors de lui un texte écrit mentionnant que de Gaulle pourrait recevoir Ferhat Abbas [10]. Mais c'est alors que, du côté algérien, on prit une décision qui avait été repoussée à plusieurs reprises : un « gouvernement provisoire de la République algérienne » fut créé, ayant son siège à Tunis. On ne peut douter que ses choix seraient collectifs et que son autorité allait s'exercer — ou tenter de s'exercer — non seulement sur l'organisation extérieure du FLN mais sur les combattants de l'intérieur, « l'armée de libération nationale ». Bref, à moins de dissidences impossibles à prévoir, c'est avec lui qu'on devrait négocier si c'est bien dans la voie des négociations qu'on veut s'engager.

De Gaulle, à cette date, n'avait certainement pas décidé que ce serait là sa seule option. Du reste, aucune force politique d'importance majeure, excepté le parti communiste, ne s'était encore prononcée pour l'indépendance de l'Algérie et l'on n'était encore qu'à cinq mois du 13 mai. Pourtant, il décide de forcer l'allure de sa politique et d'exploiter le choc que représentent son arrivée au pouvoir, son triomphe au référendum, son autorité apparemment rétablie en Algérie : ce fut à l'occasion de sa première conférence de presse, le 23 octobre :

> Je dis sans ambages, déclara-t-il, que pour la plupart d'entre eux, les hommes de l'insurrection ont combattu courageusement. Que vienne la paix des braves et je suis sûr que les haines iront en s'effaçant. J'ai parlé de la paix des braves. Qu'est-ce à dire ? Simplement ceci : que ceux qui ont ouvert le feu le cessent et qu'ils retournent sans humiliation à leur famille, et à leur travail On me dit : « Mais comment peuvent-ils faire pour arranger la fin des combats ? » Je réponds : là où ils sont organisés pour la lutte, il ne tient qu'à leurs chefs de prendre contact avec le commandement. La vieille sagesse guerrière utilise depuis très longtemps, quand on veut que se taisent les armes, le drapeau blanc des parlementaires. Et je réponds que dans ce cas les combattants seraient reçus et traités honorablement. Quant à l'organisation extérieure dont nous parlions tout à l'heure, qui du dehors s'efforce de diriger la lutte, je répète tout haut ce que j'ai déjà fait savoir. Si des délégués étaient désignés pour venir régler avec les autorités la fin des hostilités, ils n'auraient qu'à s'adresser à l'ambassade de France à Tunis ou à Rabat. L'une ou l'autre assurerait leur transport vers la métropole. Là, une sécurité entière leur serait assurée, et je leur garantis la latitude de repartir. Certains disent : « Mais quelles seraient les conditions politiques dont le gouvernement accepterait que l'on débatte ? » Je réponds : la politique de l'Algérie est en Algérie même. Ce n'est pas parce qu'on fait tirer des coups de fusil qu'on a le droit d'en disposer. Quand la voie démocratique est ouverte, quand les citoyens ont la possibilité d'exprimer leur volonté, il n'y en a pas d'autre qui soit acceptable. Or, cette voie est ouverte en Algérie. Que sera la suite ? C'est une affaire d'évolution. De toute manière, une immense transformation matérielle et morale est commencée en Algérie. La France, parce que c'est son devoir et parce qu'elle est seule à pouvoir le faire, met en œuvre cette transformation. Au fur et à mesure du développement, des solutions politiques se préciseront. Je crois, comme je l'ai déjà dit, que les solutions futures auront pour base — c'est la nature des choses — la personnalité courageuse de l'Algérie et son association étroite avec la métropole française. Je crois aussi que cet ensemble, complété par le Sahara, se liera pour le progrès commun, avec les libres Etats du Maroc et de la Tunisie.

A chaque jour suffit sa lourde peine. Mais qui gagnera en définitive ? Vous verrez que ce sera la fraternelle civilisation.

La solennité des propos, les allusions à des contacts secrets — « Je répète tout haut ce que j'ai déjà fait savoir » — l'ouverture vers un élargissement de la politique algérienne en une vaste politique nord-africaine et africaine, tout concourait à donner à la déclaration du 23 octobre un retentissement dont la presse mondiale, les partis politiques, les porte-parole officieux, se firent l'écho. Mais, le 25, le FLN fit savoir qu'il n'accepterait que des négociations militaires et politiques qui se tiendraient en pays neutre, coupant court aux spéculations ou aux espérances qui avaient pu naître.

De Gaulle fut vivement frappé par le refus opposé à ses offres de « paix des braves ». A aucun moment, il n'avait été question, dans son esprit, d'une négociation politique, en tête à tête, entre le FLN et la France. Mais en rétablissant l'exercice des droits électoraux, en élargissant les suffrages jusqu'à l'ensemble des Algériens et des Algériennes, en supprimant, en principe, la suprématie politique de la minorité européenne, n'avait-il pas ouvert des voies nouvelles au nationalisme ? Du moment où celui-ci pourrait s'exprimer librement, et requérir les votes de tous les habitants de l'Algérie, pourquoi les partisans de l'indépendance eux-mêmes refusaient-ils, au départ, ce « cadre français » qui leur ouvrait toutes les perspectives ? Il est vrai que leurs revendications ne pouvaient être aussitôt satisfaites, qu'il y faudrait certaines étapes, et que, de toute manière, des liens particuliers devraient unir, sur bien des plans, l'Algérie à la France : mais en insistant sur la personnalité algérienne, de Gaulle avait reconnu l'originalité du pays et prévu, par avance, que son destin lui appartiendrait en propre. En réclamant solennellement la libre expression des idées sur le futur statut de l'Algérie, n'avait-il pas admis que les Algériens pourraient exprimer leurs préférences et faire connaître leur choix ? Au fond, il avait espéré qu'ils lui feraient largement crédit, à l'imitation des Français ou des Africains. Le refus du FLN lui apparut comme une marque de défiance à son égard, mais aussi, et surtout, comme un manque de clairvoyance de leur part.

Dès ce moment, il eut une médiocre opinion des dirigeants de l'insurrection algérienne. Il eut tendance à croire qu'ils étaient incapables d'accepter des risques politiques et inaptes à discerner les chances de l'Algérie dans un ensemble plus vaste. Non sans une sourde exaspération, il les voyait se retrancher dans une intransigeance à la fois plus facile pour eux-mêmes et plus coûteuse pour leur peuple. C'est ainsi, du moins, qu'il jugeait leur décision de poursuivre la lutte et qu'il appréciait les méthodes de combat choisies par le FLN. A la fin de l'été 1958, en effet, celui-ci déclencha une série d'attentats et de coups de main en France et le gouvernement dut prendre diverses mesures de répression. De Gaulle en fut d'autant plus irrité qu'il souhaitait alors donner à sa politique l'apparence libérale et tolérante qui correspondait à ses intentions. Plus encore : il risquait ainsi de glisser sur la pente où souhaitaient l'entraîner les partisans de l'Algérie française.

Les élections législatives du 23 novembre allaient le montrer. On sut très vite qu'elles ne seraient pas l'occasion où les musulmans algériens pourraient choisir, pacifiquement et librement, des représentants incarnant leur volonté d'indépendance. Le courant libéral ne put pas davantage s'exprimer : Jacques Chevallier, maire d'Alger, renonça à faire acte de candidature tout comme Alain Savary, compagnon de la Libération, rallié à de Gaulle dès 1940, né à Alger et qui venait, en réaction contre le 13 mai et ses suites, de participer à la fondation d'un « parti socialiste autonome », ou comme Jacques Fonlupt-Esperader, républicain populaire qui avait naguère dénoncé, avec courage, le truquage des élections à l'assemblée algérienne en 1948. A l'exception d'Oran où la liste, réputée gaulliste, de Fouques-Duparc l'emporta sur celle du général Miquel, c'étaient partout les candidats les plus extrémistes qui l'emportaient : à aucun moment les directives envoyées par de Gaulle, prescrivant une fois de plus que la diversité et la liberté des opinions soient respectées, n'avaient été suivies.

L'année s'acheva, pourtant, par un changement symbolique : Salan, qui en avait été prévenu dès avant les élections, quitta ses fonctions, remplacé au commandement en chef des forces françaises en Algérie par le général Challe et comme délégué général du gouvernement par un haut fonctionnaire civil venant des équipes européennes de Jean Monnet et de René Mayer, Paul Delouvrier. Très vite, on sut qu'il s'agissait d'une mise à l'écart. Nommé inspecteur général de la Défense nationale — titre que le maréchal Juin, lui dit-on, avait refusé — Salan se vit affecter un bureau aux Invalides et une résidence aux « Butards » dont on venait d'apprendre qu'André Le Troquer, président de l'Assemblée nationale, avait fait le siège ordinaire de ses parties fines... Aucun pouvoir ne lui était confié, ni aucune mission de quelque importance : dans l'armée où il symbolisait désormais le rêve de l'Algérie française, on comprit que c'était un limogeage. Son chef d'état-major, le général Dulac, qui avait discerné, dès l'origine, que de Gaulle n'avait aucunement l'intention de répondre à l'attente de ceux, militaires et civils, qui, à Alger, avaient réclamé son retour au pouvoir, s'est fait le chroniqueur amusé et perspicace du déjeuner d'adieu offert à Salan : l'épisode le plus saillant, demeuré par la suite célèbre, est celui où de Gaulle demanda à Mme Dulac quelles étaient ses lectures et, comme celle-ci, redoutant une discussion trop littéraire, mentionna *Tintin* et *Spirou*, elle s'entendit répondre : « *Tintin*, passe encore, mais que trouvez-vous dans *Spirou* ? » Le dîner, en tout cas, fut exempt du moindre éclaircissement sur la politique que de Gaulle voulait mener[11].

Six mois après son retour au pouvoir, de profonds changements avaient déjà eu lieu. Il était clair qu'il ne voulait ni de l'intégration de l'Algérie à la France ni du maintien d'un régime où la communauté européenne exerçait une prépondérance exclusive. Mais, pour autant, il n'avait pas, pour mettre en œuvre sa politique, de représentants authentiques et suffisamment incontestables de la communauté musulmane. Il n'avait certainement pas renoncé, loin de là, à en susciter, même après l'expérience ratée des élections législatives. Mais, s'il s'engageait dans cette voie, il y faudrait une détermination sans faille, des gestes symboliques et spectaculaires, et une marche forcée vers l'indépendance, faute de quoi la poursuite de la guerre, approfondirait inexorablement le fossé entre les deux communautés et rendrait irréversible l'adhésion des musulmans algériens au FLN.

En même temps, la voie de la négociation paraissait bouchée. Il est vrai que ce n'est pas une discussion sur l'avenir politique de l'Algérie que l'on avait offerte au GPRA, mais il n'avait pas demandé quelles garanties la France pourrait donner au libre exercice du suffrage universel en Algérie, y compris pour le choix de l'indépendance, il n'avait pas cherché à savoir si, à court ou moyen terme, il pourrait y avoir une réelle convergence entre ce qu'il voulait et ce que de Gaulle accepterait. Bref, l'occasion était passée, de part et d'autre, de se connaître et de s'expliquer. Du reste, les informations de sources militaires et policières insistaient toujours sur les dissentiments internes du FLN. Bien que de Gaulle fût loin de les prendre au pied de la lettre, elles contribuaient à renforcer son pessimisme sur la valeur des dirigeants de l'insurrection. Il s'en exaspérait d'autant plus que celle-ci représentait — il en était convaincu — une force considérable en Algérie. Mais, après l'expérience d'octobre, il lui semblait que seul le développement régulier de sa politique algérienne finirait par entraîner l'adhésion d'une large fraction des musulmans et conduirait un jour le FLN à changer d'attitude.

Une fois entré à l'Elysée, il en franchit une nouvelle étape. Ben Bella, Boudiaf, Aït Ahmed, Khider et Rabah Bitat furent transférés de leur prison à une résidence plus confortable à l'île d'Aix, 7 000 internés furent libérés et 120 condamnés à mort furent graciés — aucune exécution n'ayant eu lieu, du reste, depuis le 13 mai. Mais, pour le moment, toute négociation semblait exclue et, dès lors, de Gaulle n'attacha aucun crédit particulier, ni même aucune importance aux multiples démarches des émissaires qui s'offraient à sonder les intentions du FLN. Les bonnes volontés et les initiatives n'en furent naturellement pas découragées : le ministre de la Justice, Edmond Michelet, et quelques membres de l'entourage de l'Elysée, furent approchés, bien des fois, par d'éventuels intermédiaires, hommes politiques, ecclésiastiques, journalistes. Mais bien que ceux-ci se soient obstinés tant ils étaient convaincus qu'il fallait mettre fin à la guerre, il était alors exclu que leurs démarches soient accueillies autrement que comme sources d'informations : s'il fallait un jour prendre contact avec l'adversaire, ce seraient des fonctionnaires qui en seraient chargés [12].

Elu président de la République et prenant ses fonctions à l'Elysée, de Gaulle fit, une nouvelle fois, allusion au destin politique de l'Algérie, elle devrait avoir, dit-il, « une place de choix dans la Communauté ». Mais c'était renvoyer aux ambiguïtés que celle-ci comportait : une autonomie prolongée où la France garderait la maîtrise des principaux leviers du pouvoir tout en laissant s'amorcer, sur place, la formation d'un Etat, l'évolution vers l'indépendance, la possibilité d'y accéder n'importe quand. On entrait donc dans une nouvelle phase, radicalement différente de ce qu'avaient espéré les auteurs du 13 mai mais où prévaudraient encore l'empirisme, le pragmatisme, la recherche progressive d'une solution future. En attendant, les projets de développement économique et de promotion sociale seraient poursuivis, utiles en toute hypothèse. Et, puisqu'en aucun cas il ne faudrait que la France se laisse imposer quoi que ce soit et que son choix résulte de sa faiblesse ou de sa défaite, il faudrait gagner cette guerre ou, plutôt, se rendre maître du terrain.

C'est à la date du 28 août 1958 que le général Dulac situe la réunion tenue au Palais d'Eté où de Gaulle prescrivit un changement de tactique en Algérie [13]. Salan venait d'expliquer que le contrôle serré du territoire, indispensable pour lutter contre le « terrorisme » du FLN, et l'emploi de réserves suffisantes pour frapper les sanctuaires qu'il conservait nécessitaient un surcroît d'effectifs pour que l'Algérie tout entière soit effectivement « quadrillée ». C'est alors, suivant Dulac, que de Gaulle serait intervenu :

> Je n'ai pas le commandement, dit-il. Mais j'ai une idée de vos moyens. Vous êtes dans la plaine et le FLN dans ses forteresses naturelles que sont les montagnes. On n'en finira jamais si l'on n'occupe pas les forteresses.

Dulac suggère que de Gaulle proposait par là une autre option militaire que celle qui avait été choisie jusqu'alors. Au lieu de privilégier le contrôle du territoire et de la population par de nombreuses forces réparties en secteurs qu'elles avaient mission de contrôler, il demandait que l'on concentre tous les moyens nécessaires à la prise des « forteresses » de l'adversaire.

S'agissait-il vraiment d'un choix et, dans ce cas, quelle en était la signification ? Tous ceux qui avaient pratiqué, durant les années précédentes, le quadrillage du territoire et le contrôle des populations savaient, par expérience, que c'était ainsi seulement que le FLN avait été, pour une grande part, paralysé ou éliminé et qu'en tout cas ses maquis avaient été partiellement réduits ou dispersés. Ce succès n'aurait pas été possible sans la construction, aux frontières marocaine et tunisienne, de barrages électrifiés très denses où une « herse » veillait quotidiennement à empêcher les infiltrations. Mais il était vrai que les combattants de l'ALN gardaient des « sanctuaires » d'où on n'avait pu les déloger, où ils reconstituaient leurs forces et d'où ils lançaient périodiquement des raids dans les zones réputées « pacifiées ». Abandonner ces « sanctuaires » au FLN, c'était lui laisser sa liberté d'action, mais affaiblir le quadrillage du territoire c'était lui permettre de reprendre le contrôle des populations. Il n'y avait pas, en réalité, de choix à faire entre deux tactiques opposées : elles devaient se compléter et tous les responsables militaires français en Algérie en étaient bien convaincus.

De Gaulle, en demandant que l'effort principal soit consacré à la conquête des « forteresses » de l'adversaire visait-il, en réalité, un objectif politique à travers un choix tactique ? C'est ce qu'on a parfois soutenu. Il aurait voulu arracher l'armée aux tâches à la fois policières et militaires, psychologiques et sociales, que le quadrillage du territoire et le contrôle de la population lui imposaient, la détourner d'une tactique qui était, au fond, une politique puisqu'elle consistait à frapper « l'esprit des populations » par une présence étroite et permanente. C'était bien là, justement, l'enjeu d'une « guerre révolutionnaire », comme on l'enseignait désormais à tous les échelons de l'armée. Impressionnés par l'expérience de la guerre d'Indochine où le Vietminh avait fini par prendre l'avantage parce qu'il avait pour lui « l'esprit des populations », les officiers français, qui se voulaient spécialistes de ce type de guerre, professaient que la France ne pourrait gagner en Algérie que si, à son tour, elle parvenait à y contrôler « l'esprit des populations ». De toute évidence, ils oubliaient que celui-ci ne résulte pas des méthodes de « l'action psychologique » ni du quadrillage d'un territoire, mais de l'histoire, de la civilisation et de la culture, des rapports entre colonisateurs et colonisés, de l'état économique et social de la population. C'est pourtant cette doctrine qui inspirait l'action de l'armée française en Algérie, celle en particulier de tous les officiers qui avaient provoqué ou favorisé le 13 mai, tant il était évident pour eux que « l'esprit des populations » ne serait pas acquis définitivement si l'on ne proclamait pas, du sommet de l'Etat jusqu'au dernier échelon des exécutants, que l'appartenance de l'Algérie à la France était, elle aussi, définitive.

Rien ne prouve que de Gaulle, en privilégiant les grandes opérations contre les « sanctuaires » du FLN, ait pensé qu'il arracherait ainsi l'armée à cette manière de voir. Mais si ce fût le cas, il se serait trompé. Ces opérations eurent bien lieu, à partir du début de 1959 et, sous le nom de « plan Challe », s'étaleraient tout au long de l'année, à la manière d'un râteau dispersant tout sur son passage ou d'un bulldozer écrasant tout : « Couronne », en Oranie, « Courroie » dans l'Algérois, « Etincelle » dans le Sud constantinois, « Jumelles » en Kabylie, « Pierres précieuses » dans le nord du Constantinois puis « Turquoise », « Emeraude », « Topaze ». Qui les commandait ? Le général Challe, successeur de Salan dans ses fonctions militaires, aviateur qui avait l'expérience du travail des grands états-majors, dont de Gaulle a écrit qu'il « était, par excellence, qualifié » pour mener ce type d'opération et y réussir : c'est lui qui va très vite devenir le porte-parole de l'ensemble des officiers les plus favorables à l'Algérie française et à l'intégration et qui prendra, deux ans plus tard, la tête du putsch d'avril 1961 pour tenter de renverser de Gaulle et d'inverser sa politique algérienne. Et qui menait ces opérations ? Pour la plus grande part, des régiments parachutistes dont les colonels seront à la pointe du combat contre de Gaulle et des conjurations nouées en vue de l'écarter, de l'éliminer ou de l'assassiner. Le « plan Challe » aura donné à l'armée française ses succès les plus spectaculaires en Algérie : il n'aura certainement pas transformé l'état d'esprit du corps des officiers.

Il est vrai que, durant ces premières semaines et même ces premiers mois de 1959, rien ne bouge. Paul Delouvrier est arrivé à Alger en même temps que Challe et l'a apprécié. Il est « franc du collier », me dit-il en parlant de lui lors de nos premières rencontres. Delouvrier, prévenu par Pompidou, dès septembre 1958 qu'il pourrait succéder à Salan dans ses fonctions civiles, a été reçu par de Gaulle qui lui a fait comprendre qu'il ne voulait plus à la tête de l'Algérie d'un militaire qui ait tous les pouvoirs, ni d'un homme politique qui serait tenté de mener son propre jeu, ni d'un fonctionnaire venant d'une administration où l'habitude a été prise de se soumettre à l'autorité de l'armée [14]. Après quoi il lui a demandé d'aller en Algérie, à titre personnel, se faire sa propre idée de l'avenir du pays. Il en revient avec un rapport dont la conclusion est que l'Algérie serait, un jour, indépendante. Quelques jours plus tard il est à nouveau reçu par de Gaulle qui l'informe qu'il est nommé délégué du gouvernement à Alger et Delouvrier a rapporté immédiatement ce dialogue qu'en effet on ne pouvait inventer : « Je ne suis pas de taille », a-t-il dit à de Gaulle qui lui répondit : « Vous grandirez ! »

Inspecteur des Finances, intéressé d'abord par les problèmes économiques, passionné par la construction européenne — il avait été partisan de la CED et amèrement déçu par son échec — il se disait lui-même disciple de Jean Monnet et avait eu pour « patron » René Mayer, député de Constantine, très attaché au maintien de la domination française en Algérie. Comme bien des hauts fonctionnaires il pensait que la modernisation radicale de la France exigeait qu'elle mît fin aux guerres outre-mer. Tel était son état d'esprit, en tout cas, quand Claude Bourdet, qui l'avait connu dans la Résistance et qui était devenu, comme éditorialiste de *France-Observateur*, l'un des avocats les plus ardents de la décolonisation, me le fit connaître au cours d'un rendez-vous dans un appartement vide et glacé. Delouvrier avait voulu que ce soit clandestin : il craignait qu'une rencontre avec Claude Bourdet et moi ne s'ébruite et ne le compromette aux yeux de ceux qu'il allait avoir comme principaux interlocuteurs à Alger. Cette prudence ne le quitta pas : quelques jours plus tard je lui présentai Alexandre Chaulet, président des syndicats chrétiens en Algérie, très hostile à la poursuite de la guerre et dont le fils, médecin, était lié clandestinement au FLN : Alexandre Chaulet le mit en garde contre l'influence, à son avis désastreuse, du quotidien le plus diffusé, *L'Echo d'Alger*, qui, pensait-il, aveuglait la communauté européenne sur son propre destin et j'entends encore Delouvrier lui répondre : « Je serai d'une prudence serpentine »... Il devait se partager bientôt, et même se déchirer, entre l'attention naturelle et sensible qu'il portait aux Français d'Algérie et aux officiers qui l'entouraient et la discipline qu'il devait à de Gaulle, qu'il observa toujours et qui correspondait à sa propre analyse.

Mais aucun geste politique ne suivit sa nomination. Georges Pompidou se rendit en Algérie, sous prétexte de s'occuper des affaires de la banque Rothschild, dont il était alors « premier fondé de pouvoir » et prit des contacts avec des Européens libéraux et des Algériens nationalistes dont certains étaient clandestinement liés au FLN mais ce ne fut guère plus qu'une mission d'information [15]. De Gaulle qui cherchait, sur place, des soutiens à une politique menant à construire une « personnalité algérienne », pensa en trouver en s'adressant au directeur de *L'Echo d'Oran*, le député Pierre Laffont : il le reçut et lui expliqua que la communauté européenne, si elle acceptait de changer de mentalité et de comportement, aurait naturellement toute sa place dans l'Algérie future qu'il n'était pas question de laisser aux mains du FLN [16]. *L'Echo d'Oran* publia donc le lendemain le contenu de l'entretien.

> Je n'ai pas voulu, aurait dit de Gaulle, prononcer ce mot [Algérie française] parce qu'on a voulu me l'imposer. Mais que signifie-t-il ? Que l'Algérie est française ? Est-il utile de le dire puisque cela est ?... Je n'ai pas à reconnaître cette organisation [le FLN]. Elle représente, certes, une force importante mais, à mes yeux, elle ne représente pas l'Algérie et même pas les musulmans d'Algérie... Ceux qui crient aujourd'hui le plus fort : « intégration », ce sont ceux-là même qui [y] étaient opposés, ce qu'ils veulent c'est qu'on leur rende « l'Algérie de papa ». Mais « l'Algérie de papa » est morte, et si on ne le comprend pas, on mourra avec elle.

A y regarder de près, il n'y avait là aucun engagement pour l'avenir, tout au plus une réserve sur d'éventuelles négociations avec le FLN, mais surtout une rude mise en garde contre le conservatisme de la communauté européenne... De Gaulle trouva d'ailleurs que Pierre Laffont avait quelque peu déformé, dans son propre sens, ses propos mais le ton en était assez chaleureux pour que, d'Alger, Delouvrier téléphone pour dire que les Européens en étaient heureux et que, du coup, « l'anniversaire du 13 mai pourra se passer dans le calme »...

Mais cette pause dans l'action politique avait aussi pour effet de consolider, en partie, les positions acquises depuis l'année précédente. L'esprit du 13 mai n'était pas renié : ceux qui l'avaient incarné demeuraient en place, à presque tous les échelons [17]. Toute la politique algérienne en portait la marque. L'hebdomadaire officiel de la délégation générale en Algérie avait comme sous-titre : « Le miroir de l'Algérie française », et c'étaient deux officiers qui le rédigeaient. D'autres, chargés du journal édité par l'armée, *Le Bled*, se consacraient à développer sans relâche les thèmes de l'intégration. L'esprit était le même à Radio-Alger. Sur tous les murs, affiches et slogans confirmaient la permanence de l'« Algérie française ». Plus subtilement, l'administration civile, sans adopter le ton catégorique de l'armée, garantissait le maintien de la présence française, excluait toute éventualité d'un futur Etat algérien, ignorait même toute perspective d'autonomie. En fait, elle continuait de subir l'influence directe de la communauté européenne.

En Algérie, l'ambiguïté pouvait s'expliquer, dans une certaine mesure, par les conséquences directes de la lutte. Mais en France, elle avait nécessairement une autre résonance. Après les élections générales, la défaite des socialistes les avait rejetés dans l'opposition, privant le gouvernement d'un certain équilibre intérieur : de Gaulle le regrettait. Mais le résultat était de renforcer le poids relatif de ceux qui, au fond, désapprouvaient déjà sa politique. C'est ainsi que le général de Beaufort devint son chef d'état-major et le général Petit chef d'état-major du Premier ministre. Michel Debré appelait d'ailleurs auprès de lui plusieurs de ceux qui faisaient campagne à ses côtés avant le 13 mai : la plupart demeuraient très attachés à l'intégration. De Gaulle n'accordait pas grande importance aux opinions de ceux qui détenaient pourtant une part du pouvoir politique, auprès de lui, dans les cabinets ministériels, ou à la tête des états-majors ou des administrations : sans doute jugeait-il que, de toute façon, ils devraient appliquer la politique qu'il était seul à déterminer. Lors de mes entretiens avec lui, je lui fis observer le tort que pouvaient causer à son action des hommes qui, par leur fonction, étaient en mesure de la dénaturer et même de l'entraver. Il me répondit en grommelant :

> Il faut faire la France avec les Français...

Pourtant, on pouvait vérifier chaque jour que l'action du gouvernement s'en ressentait. Beaucoup des partisans de l'intégration s'efforçaient presque ouvertement de contrarier toute action libérale. Par leur action sur la presse ou sur la radio, par la rédaction de notes officielles ou de commentaires officieux, ils s'appliquaient soigneusement à enserrer la politique algérienne du gouvernement dans sa définition la plus étroite. Par là, ils s'opposaient à ceux qui, à l'Elysée, discernaient mieux le but recherché par de Gaulle. Entre les uns et les autres, une sorte de guérilla s'établit, entretenue par les incertitudes de la politique officielle. Mais, en pratique, le Premier ministre, les généraux ou les fonctionnaires en poste en Algérie avaient nécessairement une plus grande liberté d'expression que les collaborateurs du chef de l'Etat : ils parlaient donc davantage et souvent « donnaient le ton » à la politique officielle.

Ainsi, toute la politique algérienne des premiers mois de 1959 reflétait, jusque dans ses détails, la méthode prudemment évolutive à laquelle de Gaulle s'en tenait depuis l'automne précédent. Il est vrai qu'à la fin de l'été 1958 il avait alors dit à Edgar Faure, suivant Jean Lacouture :

> L'erreur la plus commune, pour tous les hommes d'Etat c'est de croire dur comme fer qu'il existe à chaque moment une solution pour chaque problème. Il y a pendant certaines périodes des problèmes qui n'ont pas de solution. C'est actuellement le cas de l'Algérie.

Apparemment, il se résignait à ce que ce soit une entreprise de longue haleine.

> Il y a eu cent trente années de vicissitudes algériennes, disait-il le 25 mars en tenant sa première conférence de presse à l'Elysée. Voici plus de quatre ans que durent les combats et les attentats... Dans ces conditions, je doute que quelqu'un se figure vraiment que la paix et la prospérité puissent régner, tout à coup, sur l'Algérie déchirée, ou qu'il suffise [...] de crier tel slogan contre tel autre slogan pour que toutes les raisons intérieures et extérieures de la guerre disparaissent comme par enchantement... Je crois et je dis que le destin de l'Algérie dépend d'une œuvre de longue haleine, celle de toute une génération menée dans des conditions et dans un esprit absolument nouveau et visant à faire en sorte que l'Algérie se révèle à elle-même et s'ouvre au monde tel qu'il est.

Cependant, à la fin du printemps, de Gaulle était sensible à l'immobilité qui semblait figer toute vie politique en Algérie. Les élections municipales, au mois de mars, le confirmèrent : les autorités civiles et militaires, mais surtout l'armée, firent en sorte que les principales municipalités soient partout détenues par des partisans résolus — ou dociles — de l'Algérie française et de l'intégration. Si l'on avait voulu en faire l'occasion de trouver des interlocuteurs algériens, nationalistes mais indépendants du FLN, elle était manquée. De surcroît, à Paris, l'UNR, créée, en principe, pour soutenir de Gaulle, flottait entre ses tendances contradictoires. L'un de ses parlementaires les plus brillants, l'avocat René Moatti, faisait voter par ses collègues élus des départements algériens et sahariens une motion exigeant que l'Algérie demeure définitivement « partie intégrante de la France ». Le Premier ministre lui-même, Michel Debré, tenait devant l'Assemblée nationale, à la fin de mai, des propos qui pouvaient évidemment prêter à équivoque : « Si le mot [intégration] signifie le refus de la désintégration, déclarait-il, le gouvernement est pour l'intégration. S'il signifie l'égalité de tous les citoyens dans le respect de l'intégrité française, le gouvernement est pour l'"intégration". » Il fallut que de Gaulle intervienne directement pour empêcher que l'avocat, Jean-Baptiste Biaggi, partisan tumultueux et prêt à tout de l'Algérie française, soit écarté de la présidence du groupe parlementaire au profit de Louis Terrenoire, qui incarnait la tendance opposée, et que le secrétariat général de l'UNR soit confié à Albin Chalandon, délibérément hostile à l'intégration et convaincu que de Gaulle serait l'artisan d'une modernisation accélérée de l'économie et de la société en France[18].

Mais de Gaulle ne voulait pas en rester là. D'autant qu'il voyait se multiplier les signes d'un mouvement du monde qu'il avait lui-même prévu : l'élan des peuples colonisés vers l'indépendance. Il le vérifia au cours du voyage qu'il fit dans l'océan Indien, constatant que Madagascar allait bientôt demander à être indépendante. Le fils du roi du Maroc, Moulay Hassan, qui allait succéder à son père quelques mois plus tard, vint l'assurer que les dirigeants du FLN étaient prêts à une négociation et lui proposa sa médiation. Léopold Sédar Senghor et Modibo Keita s'efforcèrent de lui montrer qu'une association entre la France et leurs pays supposait que ceux-ci fussent libres de la choisir, c'est-à-dire indépendants... Faudrait-il en passer par là avec l'Algérie ? Une note de Bernard Tricot que celui-ci a rapportée dans son livre de souvenirs, *Les Sentiers de la Paix*, suggérait que les dirigeants du FLN, pour abandonner la lutte armée — qu'ils avaient, disait-il, perdue — devraient avoir « de fortes raisons de penser que le retour à la paix leur permettrait d'atteindre leurs objectifs par la voie politique[19] ».

Au mois de juillet, de Gaulle trouva qu'il était temps de donner à sa politique un tour plus spectaculaire. Celle-ci n'avait pas convaincu les musulmans : il s'agissait donc de leur prouver qu'ils pourraient, le moment venu, obtenir l'émancipation de leur pays par un vote libre auquel la France ne s'opposerait pas. Il s'agissait aussi de les amener à choisir une solution qui garantirait les droits de la minorité européenne et le maintien de relations étroites entre l'Algérie et la France. Au fond, c'était, à beaucoup d'égards, ce que de Gaulle laissait entendre depuis qu'en octobre il avait parlé de la « personnalité algérienne ». Mais l'expérience avait prouvé que ses propos, toujours sujets à de multiples interprétations, n'avaient eu ni la portée ni l'éclat propres à convaincre la population musulmane. Il fallait provoquer un choc susceptible de l'ébranler et de rallier en même temps l'opinion mondiale et française.

De Gaulle prépara soigneusement sa nouvelle initiative de manière à l'entourer d'une certaine solennité. Les ministres se réunirent le 26 août[20]. Jamais auparavant, il n'y avait eu de débat ou d'échange de vues sur l'ensemble de la question algérienne. Celle-ci n'était habituellement abordée que par le biais des problèmes budgétaires ou administratifs. Pour la première fois, le fond du problème était en cause et, cette fois, on procéda à un tour de table. Michel Debré prit la parole le premier. Ce fut pour déclarer qu'aucun Etat algérien n'était concevable à court terme, qu'il était également impossible d'assimiler l'Algérie à la France, et qu'il fallait, de toute manière, y maintenir les positions politiques, économiques et stratégiques de la France pour préserver l'ensemble africain qu'elle contrôlait ; il concluait en suggérant qu'un statut soit défini et soumis immédiatement à l'accord des populations ou, de préférence, que celles-ci soient laissées libres de choisir, plus tard, leur destin. Edmond Michelet, Jean-Marcel Jeanneney, Paul Bacon, André Malraux, Robert Buron, Pierre Sudreau, André Boulloche et Maurice Couve de Murville demandèrent tous que soit nettement reconnue la personnalité algérienne et, pour plusieurs d'entre eux, qu'une initiative nouvelle soit prise, susceptible de provoquer un « choc ». Antoine Pinay suggéra que l'effort, économique et militaire à la fois, que l'on faisait jusque-là était incomplet s'il n'était accompagné d'un choix politique et sembla suggérer que ce choix devrait permettre de garder l'Algérie. Pierre Guillaumat sembla hostile à toute reconnaissance d'une « personnalité algérienne » et à tout relâchement de la présence politique et militaire de la France en Algérie. Bernard Cornut-Gentille mit en garde contre le déferlement des « ambitions arabes » sur l'Afrique du Nord et contre le « lâche soulagement » qui pourrait accueillir une « solution d'abandon ». Jacques Soustelle condamna toute idée d'Etat algérien et dénonça les conséquences des incertitudes politiques sur le progrès de la pacification. Il devait raconter plus tard : « A la fin, avant de lever la séance, le président de la République dit en substance :

> Messieurs, je vous remercie... Dans cet ordre d'affaires, il faut marcher ou mourir. Je choisis de marcher, mais cela n'empêche pas qu'on peut aussi mourir. »

Avant de s'adresser aux Français et aux Algériens, de Gaulle repartit pour l'Algérie, rencontrant, à chaque étape, les responsables militaires. Il leur laissa prévoir, très explicitement, qu'après la réussite des opérations en cours, il demanderait aux Algériens de choisir leur avenir, précisant même, au moins deux fois, que ce serait l'intégration, ou l'association, ou l'indépendance. A tous il assura qu'il fallait faire en sorte que l'Algérie reste « avec la France », mais il n'eut pas, chez tous, la même réaction. Quelques-uns, comme le général Faure et les colonels Broizat et Argoud[21], réagirent très violemment au point que de Gaulle dut leur couper la parole. Massu était indigné. Mais Challe voulut rassurer ses officiers : si parmi les choix offerts aux Algériens il y avait l'intégration à la France, il n'y avait qu'à s'en tenir à cet objectif. Il était pourtant clair, déjà, que le corps militaire risquait d'entrer en crise : de Gaulle put constater que son propre gendre, Alain de Boissieu, était pour le moins réservé et il préféra lui conseiller de rentrer en France[22]...

Jusque dans la forme et le ton, le discours qu'il prononça le 16 septembre 1959, visait à provoquer le plus grand effet. Une phrase d'une certaine majesté officielle en résumait l'esprit :

> Au nom de la France et de la République, en vertu du pouvoir que m'attribue la Constitution de consulter les citoyens, pourvu que Dieu me prête vie et que le peuple m'écoute, je m'engage à demander, d'une part aux Algériens, dans leurs douze départements, ce qu'ils veulent être en définitive et, d'autre part, à tous les Français d'entériner ce choix.

Reconnaître le droit de l'Algérie à l'autodétermination, c'était donner une forme nouvelle et spectaculaire à l'idée exprimée bien souvent, mais en termes vagues, depuis l'année précédente. Mais c'était surtout ouvrir la voie à la séparation de la France et de l'Algérie. Dès lors, en effet, les départements algériens ne faisaient plus partie de la République indivisible. Ils pouvaient choisir un autre destin et former un Etat nouveau. En lui-même, le discours du 16 septembre accomplissait une partie du chemin qui allait mener à l'indépendance de l'Algérie. Il balayait, d'un seul coup, une série d'obstacles politiques et juridiques qu'il aurait fallu, de toute façon, surmonter. Par avance, le terrain de négociations éventuelles avec l'adversaire était défini ; elles porteraient sur les conditions de l'autodétermination mais aussi peut-être sur le contenu des options offertes au choix des Algériens.

De Gaulle en avait prévu trois : la sécession, la francisation et l'association. La première était décrite en termes tels que de Gaulle l'excluait évidemment :

> L'Algérie étant actuellement ce qu'elle est et le monde ce que nous savons, la sécession entraînerait une misère épouvantable, un affreux chaos politique et, bientôt, la dictature belliqueuse des communistes... Il va de soi que, dans cette hypothèse, ceux des Algériens de toutes origines qui voudraient rester Français le resteraient de toute façon et que la France réaliserait, si cela était nécessaire, leur regroupement et leur établissement. D'autre part, toutes dispositions seraient prises pour que l'exploitation, l'acheminement, l'embarquement du pétrole saharien, qui sont l'œuvre de la France et intéressent tout l'Occident, soient assurés, quoi qu'il arrive.

On devait y voir, parfois, la menace d'un partage de l'Algérie au cas où il faudrait en admettre la sécession. Pourtant, de Gaulle n'y songeait pas et il n'avait rien prévu en ce sens : mais il s'agissait, pour lui, de décrire la sécession de telle sorte qu'elle apparût aux Algériens comme une calamité qu'il faudrait éviter à tout prix.

Rien ne laissait transparaître, à proprement parler, son jugement sur la francisation : tout au plus la décrivait-il de manière à en faire comprendre toutes les implications économiques, sociales, psychologiques. Enoncée en dernier lieu, la solution d'association semblait, par là même, être souhaitée par de Gaulle, d'autant plus qu'on y retrouvait la trace de ses propos antérieurs. Cette fois, il en donnait une définition plus complète :

> Le gouvernement des Algériens par les Algériens appuyé sur l'aide de la France et en union étroite avec elle, pour l'économie, l'enseignement, la défense, les relations extérieures. Dans ce cas, le régime intérieur de l'Algérie devrait être de type fédéral, afin que les communautés diverses, française, arabe, kabyle, mozabite, etc., qui cohabitent dans le pays, y trouvent des garanties quant à leur vie propre et un cadre pour leur coopération.

Au vrai, cette définition laissait place à de grandes incertitudes et ouvrait la voie à de nombreux aménagements. Elle excluait, en tout cas, le maintien de la souveraineté française sur l'Algérie. Pour « l'économie, l'enseignement, la défense, les relations extérieures », il était question « d'union étroite » avec la France : mais, en pratique, rien ne précisait quel serait le degré de cette « union » : ce pourrait être aussi bien une coopération, une alliance, ou une sujétion plus étroite. L'association excluait-elle l'indépendance ? De Gaulle avait pris soin de laisser dans l'ombre ce point essentiel. Mais, parlant de la sécession, il disait : « Certains croient [y] trouver l'indépendance. » Par là, il suggérait que l'indépendance véritable pourrait être acquise autrement.

La dernière partie du discours s'adressait au hommes du FLN. Une fois de plus, ils étaient invités à cesser la lutte. Mais, cette fois, de Gaulle envisageait expressément leur rôle futur dans la vie politique algérienne :

> Si les hommes qui constituent l'organisation politique du soulèvement entendent n'être pas exclus des débats, puis des scrutins, enfin des institutions, qui régleront le sort de l'Algérie et assureront sa vie politique, j'affirme qu'ils auront, comme tous autres, et ni plus ni moins, l'audience, la part, la place, que leur accorderont les suffrages des citoyens.

Cependant, il exprimait avec netteté sa volonté de ne pas les reconnaître comme représentants exclusifs du peuple algérien : plus encore, il les dénonçait par avance comme usurpateurs et dictateurs dans le cas où ils refuseraient de jouer le jeu de l'autodétermination :

> A moins que ne soit à l'œuvre un groupe de meneurs ambitieux, résolus à établir par la force et par la terreur leur dictature totalitaire et croyant pouvoir obtenir qu'un jour, la République leur accorde le privilège de traiter avec eux du destin de l'Algérie, les bâtissant par là même comme gouvernement algérien. Il n'y a aucune chance que la France se prête à un pareil arbitraire.

De toute évidence, de Gaulle entendait marquer, par là, les limites qu'il imposait lui-même à sa politique algérienne : ayant toujours refusé d'engager des négociations politiques avec le FLN, il maintenait ce refus, en principe. Il persistait à dire que d'autres hommes, d'autres groupes, d'autres forces entraient en ligne de compte : c'est à eux qu'il pensait en leur offrant, tout à coup, la perspective d'une réelle émancipation de l'Algérie. En même temps, il laissait transparaître sa méfiance envers les chefs de l'insurrection qui, seraient jugés comme autant de « meneurs ambitieux » s'ils n'acceptaient pas ses offres : mais le fait est qu'il les renouvelait avec plus d'insistance, de précision, et même de solennité qu'il ne l'avait fait jusque-là.

Sans nul doute, le discours du 16 septembre laissait assez d'incertitudes pour permettre un assez large assouplissement des positions françaises : le délai entre la fin des combats et l'autodétermination serait au plus de quatre ans, mais il pourrait, tout aussi bien, être réduit à quelques mois ; et surtout le contenu précis des trois options pourrait n'être défini qu'après des pourparlers plus ou moins approfondis. Jamais, en tout cas, on n'était allé aussi loin vers une issue politique de la guerre d'Algérie.

En France, l'approbation des forces politiques traditionnelles fut à peu près unanime. Les socialistes, le MRP, le parti radical et l'UDSR, et même une fraction nombreuse de la droite classique appuyaient de Gaulle. La réaction des communistes fut beaucoup plus mitigée : ils savaient déjà que le GPRA hésitait sur la réponse à donner et ils ne voulaient plus encourir le reproche de ne pas soutenir entièrement le mouvement national algérien comme au début du gouvernement de Guy Mollet en 1956 quand, pour ne pas compromettre sur-le-champ un éventuel rapprochement avec les socialistes, ils avaient voté les « pouvoirs spéciaux » demandés par le gouvernement. Mais, après quelques jours de flottement, ils reconnurent à leur tour qu'en proclamant le droit du peuple algérien à l'autodétermination, de Gaulle avait fait un indiscutable pas en avant vers la paix : bref épisode mais qui annonçait les hésitations et les divisions de la gauche et de l'extrême gauche dans la dernière phase de la guerre d'Algérie. L'opposition ne surgit qu'à droite. Elle était menée par plusieurs députés de l'UNR, Léon Delbecque, Pascal Arrighi, Jean-Baptiste Biaggi, auxquels se joignirent naturellement les plus anciens et célèbres partisans de l'Algérie française, Georges Bidault, André Morice et Roger Duchet, et les plus actifs des députés d'Algérie. On conçut une riposte : une quarantaine de députés du groupe gaulliste démissionneraient, le bachaga Boualem, vice-président de l'Assemblée nationale, prononcerait à la tribune un discours solennel, et, à la même heure, des cortèges se formeraient au centre d'Alger, réclamant la démission du gouvernement... Mais l'opération échoua, il n'y eut que neuf députés sur les 206 du groupe UDR qui démissionnèrent et le bachaga Boualem ne fit rien. Michel Debré prit avec passion la défense des thèses du discours du 16 septembre et il obtint au terme du débat 441 voix contre 23 [23].

Mais la tension n'était pas retombée, loin de là. Le bruit courut que des groupes d'activistes étaient en train d'arriver d'Algérie pour liquider les adversaires de l'intégration et Lucien Neuwirth s'en fit l'écho : « Des commandos de tueurs venant d'Alger ont passé la frontière espagnole... Les personnes à abattre sont désignées... » Et un attentat était, en effet, préparé contre François Mitterrand [24] qui, prévenu par le député poujadiste Pesquet, se prêta au simulacre d'une fuite, dans les jardins de l'Observatoire, où il échappait ainsi à ses assassins... C'est pourtant au sein de l'UNR que de Gaulle risquait de se voir le plus gravement contesté. Elle allait justement tenir son congrès le 14 novembre à Bordeaux. Le maire de la ville et président de l'Assemblée nationale, Jacques Chaban-Delmas, convainquit ses amis qu'en dépit du texte de la Constitution il y avait bel et bien un « domaine réservé » au président de la République — l'Algérie, la Communauté, la politique étrangère, la défense — sur lequel il fallait « suivre de Gaulle pas à pas ». Jacques Soustelle essaya de remonter le courant et, dans ses souvenirs, assure qu'il avait pour lui « l'immense majorité pour ne pas dire l'unanimité des délégués » mais Chaban-Delmas, Chalandon et Terrenoire, s'appuyant ostensiblement sur les délégués musulmans, réussirent à l'isoler [25]. Sur le front intérieur, de Gaulle avait donc gagné la partie.

Mais qu'en resterait-il si aucune réponse à ses offres ne venait du GPRA ? Une approche discrète avait été déjà faite auprès des dirigeants du FLN prisonniers depuis 1956, dont quatre, Ben Bella, Khider, Aït Ahmed et Rabah Bitat, étaient à l'île d'Aix depuis le début de l'année, et dont le cinquième, Boudiaf, était en cellule à Fresnes où il animait, du reste, une grève de la faim des Algériens qui réclamaient le statut de prisonnier politique. L'un des collaborateurs d'Edmond Michelet qui avait été son compagnon de déportation, Gaston Gosselin, était allé les voir et avait obtenu d'eux un accueil presque enthousiaste, surtout de Ben Bella, Boudiaf décidant, pour l'occasion, de mettre fin à sa grève de la faim [26]. Mais de Gaulle restait sceptique : des hommes emprisonnés depuis maintenant trois ans n'auraient pas forcément les mêmes réactions que ceux demeurés libres, et de Gaulle, à cette date, n'était pas sûr que le FLN ait la volonté de saisir toutes les chances d'un retour à la paix — un scepticisme qui n'était pas partagé par tout son entourage, plus attentif à l'issue des discussions commencées à Tunis.

Au GPRA, on discuta aussitôt du contenu du discours [27]. On y vit principalement quatre points jugés inacceptables : l'unité du peuple algérien était contestée puisque de Gaulle en avait énuméré toutes les composantes, arabe, kabyle, mozabite, européenne ; l'unité territoriale de l'Algérie était contestée aussi puisqu'il l'avait ramenée à douze départements, ce qui en excluait le Sahara ; la date du scrutin d'autodétermination était renvoyé à un futur indéfini ; les négociations étaient refusées puisque les « émigrés » n'étaient appelés qu'à discuter des conditions d'un cessez-le-feu, même si c'était en termes apparemment généreux. Cependant, il parut impossible aux ministres algériens de refuser le principe de l'autodétermination, dont l'application consacrerait certainement l'indépendance de leur pays. D'autant que les réactions internationales, y compris dans les Etats arabes, en Tunisie et au Maroc, y étaient favorables. Le 28 septembre, le GPRA l'accepta donc, se déclarant prêt à en discuter les conditions et les modalités.

Cependant les controverses continuèrent entre les ministres algériens. A une réunion, tenue le 26 septembre, Krim Belkacem, alors ministre des Forces armées et le plus influent peut-être des anciens chefs militaires membres du GPRA, estima que « la meilleure tactique c'est le silence », tandis qu'Abdelhamid Mehri, ministre des Affaires sociales, se demandait s'il ne fallait pas tenir compte d'une invitation lancée par de Gaulle lui-même qui se disait maintenant « prêt à rencontrer l'organisation extérieure pour un cessez-le-feu ». Ferhat Abbas, président du GPRA, considérait qu'il serait maladroit et injustifié de ne pas tenir compte de la reconnaissance solennelle par de Gaulle du droit des Algériens à l'autodétermination et il avertit ses « ministres » qu'en repoussant les offres faites par de Gaulle les Algériens iraient à contre-courant des jugements exprimés partout dans le monde et risqueraient de s'isoler. C'est ce que pensait aussi le ministre des Affaires étrangères Lamine Debaghine qui passait pourtant pour l'un des plus intransigeants. Mais les chefs ou anciens chefs militaires du FLN, Krim Belkacem, Ben Tobbal et Boussouf, craignaient avant tout que l'annonce des négociations ne disloque les derniers maquis de l'ALN alors que ceux-ci devaient supporter, au même moment, le poids terrible des opérations du « plan Challe ». Le 28 septembre, enfin, le GPRA donna sa réponse. Il se proclama, une fois de plus, seul représentatif du peuple algérien et de sa volonté d'indépendance, il répéta qu'il ne pouvait pas y avoir de paix sans lui et, il déclara, assez solennellement, que « le droit de disposer de son destin était enfin reconnu au peuple algérien ». Il choisit donc de donner son accord : il était prêt à « entrer en pourparlers avec le gouvernement français afin de discuter des conditions politiques et militaires du cessez-le-feu et des garanties de l'application de l'autodétermination ».

La négociation allait-elle commencer ? On put le croire un instant. Même si de Gaulle ne voulait pas de discussion politique avant l'arrêt des violences, on pouvait parler, avec les dirigeants de l'insurrection, non seulement d'un cessez-le-feu, mais aussi des conditions de l'autodétermination, et rien n'empêcherait alors que l'on traite avec eux des questions qui seraient posées au peuple algérien et du cadre dans lequel ce choix interviendrait et qui comprendrait, ou non, les départements sahariens. Le fait est que Paris ne tarda pas à réagir. Le ministre des Affaires étrangères, Maurice Couve de Murville, parla le 11 octobre : « Nous sommes disposés, annonça-t-il, à discuter [du] cessez-le-feu avec tous ceux qui se battent et cela signifie bien entendu les gens du FLN. » Quarante-huit heures plus tard, le Premier ministre, Michel Debré, révéla à l'Assemblée nationale que « les instructions ont été données par le gouvernement de la République pour que puissent être discutées, à tout moment et selon ce qui a été dit, les modalités du cessez-le-feu ».

De Gaulle lui-même décida de renouveler ses offres en insistant sur leur caractère libéral. Il le fit dans sa conférence de presse du 10 novembre :

> Le choix sera libre..., déclara-t-il, parce que je me suis engagé à ce que tous les Algériens puissent participer à la consultation sans subir aucune contrainte, et même à ce que — quels qu'ils soient, d'où qu'ils viennent, quel que soit leur programme — ils prennent part non seulement au scrutin, mais aux délibérations qui précéderont, afin de régler les modalités du scrutin et la campagne qui précédera le vote...

Renonçant, cette fois, à exprimer sa méfiance habituelle envers les dirigeants du FLN, il se montra presque obligeant envers ses éventuels interlocuteurs auxquels il rendit même, au détour d'une phrase, un discret hommage :

> Si les chefs de l'insurrection veulent discuter des conditions de la fin des combats, ils peuvent le faire... Si des représentants de l'organisation extérieure de la rébellion décident de venir en France pour en débattre, il ne tiendra qu'à eux de le faire, n'importe quand, soit en secret, soit publiquement, suivant ce qu'ils choisiront... Les conditions seraient honorables... Elles tiendraient un juste compte du courage déployé sous les armes.

Dès le lendemain, 11 novembre, le GPRA se réunit pour en discuter[28]. Presque unanimement il jugea que les propos tenus par de Gaulle ne comportaient rien de nouveau. Mais, comme après le discours du 16 septembre, il était l'objet de sollicitations pressantes : les gouvernements marocain et tunisien, les personnalités françaises avec lesquelles il était en contact — le père Martin, l'ethnologue Germaine Tillon, elle-même en relation avec l'ambassadeur français à Tunis Georges Gorse, Jacques Loquin, membre des services spéciaux, et même René Brouillet par l'intermédiaire d'un responsable du Croissant-Rouge algérien — lui faisaient savoir qu'on attendait sa réaction. Mais le GPRA ne voulut d'aucun contact secret, négligeant ainsi, peut-être, l'occasion de déblayer le terrain de futures conversations officielles. C'est Mehri et Boussouf qui proposèrent alors de désigner pour discuter avec les Français, les cinq « chefs historiques » détenus depuis 1956 : Ben Bella, Boudiaf, Aït Ahmed, Khider et Rabah Bitat. Après d'assez âpres discussions leur suggestion fut acceptée par sept voix contre trois, dont celle de Ben Khedda, qui déplorait qu'après avoir abandonné le préalable de l'indépendance, on renonce à l'exigence d'une rencontre en pays neutre.

La réaction française fut immédiatement négative. On négligea les réactions positives des « Cinq » au sondage fait auprès d'eux par Gaston Gosselin. On oublia qu'ils avaient gardé un prestige particulier auprès de tout le FLN et qu'ils avaient l'autorité politique et morale qu'il fallait pour traiter avec la France. On se borna à penser qu'étant « hors du combat », ils ne pouvaient discuter du sort des combattants et que des hommes emprisonnés depuis si longtemps ne pouvaient traiter effectivement les conditions d'un cessez-le-feu. De Gaulle par conséquent tint la décision du FLN pour un refus déguisé et, pensa-t-il, presque grossier : il y voyait, personnellement, la confirmation de son jugement pessimiste sur les intentions et l'attitude du FLN. D'un seul coup, tous les espoirs d'une fin prochaine de la guerre s'évanouissaient.

L'année allait s'achever sans résultat décisif. Son bilan comportait, cependant, un fait nouveau, capital : la reconnaissance, le 16 septembre, du droit des Algériens à l'autodétermination. C'était une formidable novation juridique et politique. Pour que l'Algérie se sépare de la France, la voie était ouverte : il suffisait que, par son vote, le peuple algérien, le moment venu, se prononce contre ce que de Gaulle avait appelé la « francisation ». Sur ce chemin, d'énormes obstacles avaient été déblayés d'un seul coup. Le cadre dans lequel s'inscrirait le statut futur de l'Algérie était tracé. De toute façon il aurait fallu en passer par là, même au terme de négociations préalables avec le FLN. C'était fait, désormais.

Mais à quoi ce chemin menait-il ? C'était « l'association » que, de toute évidence, de Gaulle recommandait : elle comporterait, à l'écouter, des limites à la souveraineté de l'Algérie ; mais ne serait-ce qu'une étape et le contenu de cette « association » pouvait-il être différent après qu'on eut discuté ? Au fond, deux voies s'offraient : ou bien on négocierait en dehors du FLN avec des interlocuteurs qui accepteraient « l'association » de l'Algérie à la France, mais on pouvait prévoir qu'alors il faudrait qu'elle soit compatible avec son indépendance ; ou bien on négocierait avec le FLN et l'on devrait, à terme, rapprocher « l'association » et l'indépendance de manière à présenter une option commune au vote futur du peuple algérien. L'histoire qui allait suivre, pendant plus de deux ans, serait celle du chemin pour y parvenir.

Dans l'immédiat, pourtant, ce chemin semblait bouché. La réponse algérienne au discours du 16 septembre tenait surtout au souci des dirigeants du FLN de tenir compte des réactions internationales, en particulier celles du Maroc et de la Tunisie. Il leur était, d'ailleurs, impossible de négliger la reconnaissance du droit des Algériens à l'autodétermination et ils n'écartaient nullement l'éventualité d'un accord sur le statut de la communauté européenne ou sur les relations économiques franco-algériennes, voire même, à titre provisoire, sur les positions stratégiques que la France voudrait garder au sud de la Méditerranée. En revanche, ils voulaient qu'on en discute avec eux avant tout arrêt des combats. Ce n'est pas seulement qu'à cette date ils ne croyaient pas encore que de Gaulle consentirait à l'indépendance de l'Algérie, même assortie d'une certaine association avec la France : c'est aussi que leurs chefs militaires, venus de l'intérieur, jugeaient critique la situation des combattants et craignaient de se trouver en situation de faiblesse. Il est arrivé à plusieurs de ceux qui en discutèrent avec eux, comme il m'est arrivé de le faire, de leur suggérer qu'une négociation sur le cessez-le-feu suffirait à les consacrer, publiquement, officiellement, ouvertement, comme les seuls interlocuteurs authentiques de la France, et qu'ils n'avaient donc pas à craindre les conséquences d'un arrêt des combats avant tout dialogue politique : sur place, en Algérie, personne ne s'y tromperait et ils seraient d'avance considérés comme les futurs dirigeants du pays. Ils paraissaient redouter cette expérience, peut-être parce qu'ils exagéraient eux-mêmes leur faiblesse militaire sans mesurer suffisamment le poids d'un soutien populaire massif, bien plus lourd de conséquences que l'état de leurs maquis : peut-être aussi parce que leurs chefs, rivalisant de vigilance, voulaient par-dessus tout préserver ou rétablir leur autorité sur les combattants de l'intérieur. Mais, au fond, s'ils voulaient absolument des discussions politiques préalablement à un cessez-le-feu, c'est qu'ils ne croyaient toujours pas que de Gaulle veuille en venir à l'indépendance de l'Algérie : ils ne le connaissaient pas encore, ils ne savaient pas ce qu'il voulait, ils ne le comprenaient pas.

Et il n'en allait pas autrement du côté français. Les informations qu'on soumettait à de Gaulle sur le GPRA et ses ministres présentaient ceux-ci comme probablement incapables de diriger un Etat et peut-être même d'exercer réellement leur autorité sur leurs propres combattants. Leur biographie paraissait obscure, leur expérience politique très limitée ou nulle. On voyait en eux de simples militants ayant brusquement accédé à la tête d'une insurrection qu'ils avaient déclenchée presque par surprise, sans en avoir bien mesuré la durée, la portée, les conséquences. Même ceux qui reconnaissaient la volonté d'indépendance du peuple algérien, hésitaient très souvent à admettre qu'ils en étaient les véritables représentants. De Gaulle, du reste, après l'échec de son offre de « paix des braves », voyait dans les derniers épisodes — surtout la désignation des cinq « chefs historiques » comme négociateurs d'un cessez-le-feu — la confirmation de son jugement pessimiste sur les intentions et l'attitude du FLN. De part et d'autre, on venait pourtant de laisser passer une occasion qui n'allait pas se représenter avant de longs mois. Le fait est là, si étrange que cela paraisse à distance et si funestes qu'en aient été les conséquences : des deux côtés, on ne se connaissait pas encore. Du côté français on ne mesurait pas la représentativité du FLN, du côté algérien on n'avait pas compris combien de Gaulle était déterminé à décoloniser l'Algérie.

Dès lors, il ne restait plus qu'à poursuivre la recherche patiente — mais vaine jusqu'alors — de l'« élite politique » dont de Gaulle attendait l'avènement depuis plus d'un an. Déjà le 10 novembre 1959, il en appelait à elle :

> Et vous tous, les attentistes, vous qui ne bougez pas et qui faites perdre son temps à l'Algérie, alors qu'il faudrait très vite qu'elle trouve sa paix et son développement, dès lors qu'il est entendu que son destin est aux mains de ses habitants, que ne formez-vous le grand parti du progrès algérien !

Mais aucun signe n'en laissait prévoir la naissance. Un mois plus tard, de Gaulle reconnaissait au Mali et à Madagascar le droit d'acquérir aussitôt leur indépendance : du coup, la Communauté, en devenant une simple confédération, puis en éclatant tout à fait, cessait d'être le cadre qui aurait pu servir au règlement du problème algérien.

Mais, en même temps, de Gaulle savait que son discours du 16 septembre avait provoqué, au sein de l'armée, de violentes réactions. On l'avait informé des connivences entre plusieurs des officiers les plus actifs et les plus influents en service en Algérie et le petit groupe de députés qui, comme on l'a vu, avait songé à provoquer une crise parlementaire qui, en privant le gouvernement de majorité l'aurait obligé à démissionner. Ce scénario reposait en réalité sur le rôle que l'armée devait jouer, car c'est sur elle que l'on comptait pour transformer une crise politique en crise de l'Etat. Or de Gaulle avait fait ce qu'il fallait pour que la conjuration échoue. Il avait reçu Challe, toujours angoissé par les suites du discours du 16 septembre et les risques de l'autodétermination des Algériens. Il lui avait confirmé que l'armée serait présente au moment du futur référendum. Il lui avait dit qu'il souhaitait, naturellement, l'option qui garantirait le mieux une étroite union entre la France et l'Algérie, mais qu'il se réservait d'en définir plus tard les termes précis. Challe en avait ensuite parlé avec le général Ely, chef d'état-major de la Défense nationale, le général Massu, le général Gracieux, commandant la 10e division aéroportée, et Bigeard, le plus populaire des colonels parachutistes. Avec des réserves, des réticences, des inquiétudes, tous avaient jugé ces assurances suffisantes.

De Gaulle en avait déduit qu'il pouvait compter sur le loyalisme de l'armée, même si c'était au prix de beaucoup de rigueur et d'un peu d'habileté. Il en garda longtemps la conviction, persuadé que seule une poignée d'officiers entretenait de véritables desseins politiques et fomentait une agitation plus ou moins menaçante dans les cadres militaires. Des mutations opportunes et bien calculées devraient alors suffire comme on l'avait fait déjà en rappelant d'Algérie les généraux Salan et Vanuxem, les colonels Faugas et Lacheroy, tandis que les colonels Ducasse, Goussault et Trinquier étaient éloignés d'Alger. Au fond, il voyait volontiers l'armée à l'image du général Massu : toujours mécontente, facilement coléreuse, parfois frondeuse, mais profondément incapable d'une véritable révolte ou d'une grave infidélité.

Ce n'est que peu à peu, et non sans irritation, qu'il discernait les traits nouveaux de l'armée française. Celle-ci s'abandonnait alors au courant dont le 13 mai avait révélé la violence. Toutes ses hiérarchies semblaient adopter officiellement les conceptions défendues jusqu'alors par quelques officiers sur l'idée de guerre subversive et sur les conséquences à en tirer. Pour eux, la détermination de la métropole est la condition première de la victoire. Ses hésitations leur semblent, au contraire, à l'origine de la réserve où s'obstine la population musulmane. Au contraire, l'intégration complète de l'Algérie à la France, l'octroi aux musulmans de tous les droits civils et politiques des Français, la reconnaissance définitive de leur citoyenneté française, voilà qui peut être l'arme idéologique dont l'effet de choc fera « basculer » la masse musulmane et la détachera du FLN : toutes les nuances, toutes les réserves, tous les sous-entendus apparaissent à beaucoup d'officiers comme autant de sourdes trahisons qui émoussent cette arme suprême dont ils attendent la victoire politique qui couronnera leurs succès militaires.

C'est dire que dès l'été 1958, le refus d'une franche intégration, par de Gaulle, suscite en eux un lourd malaise. Celui-ci s'accroît encore à mesure qu'il évoque plus souvent la personnalité algérienne ou déclare que « toutes les tendances » peuvent s'exprimer et contribuer à la définition du statut futur de l'Algérie. Plus nette, si possible, fut la réaction de beaucoup d'officiers quand on diffusa les instructions remises par de Gaulle à Delouvrier. L'une d'elles était significative :

> Le gouvernement attache une très grande importance à la régularisation rigoureuse de toutes les opérations de police et de toutes les mesures préventives ou répressives auxquelles elles donnent lieu. A ce point de vue, la responsabilité des chefs investis du commandement doit être entière sur le terrain où ils sont allés l'exercer, aucun organisme spécialisé, *a fortiori* aucun individu, ne pouvant y agir que sous leur autorité.

En vérité, c'était l'usage de la torture, l'illégalité des procédés répressifs de la police et de l'armée que de Gaulle entendait condamner. Mais c'était aussi un état d'esprit : celui de nombreux cadres qui, face à l'insurrection et à la guérilla, recouraient aux méthodes de terreur propres à extorquer les renseignements utiles et à frapper les populations suspectes. Entre eux et de Gaulle, une incompréhension définitive s'installait.

Ce divorce ne cessa de s'accroître. Car tandis que la politique française tournait le dos à l'intégration, dès l'automne 1958, et prônait l'autodétermination de l'Algérie comme principe fondamental, l'armée, au contraire, ne changeait ni de doctrine ni de psychologie. C'est entre 1958 et 1960 que les services d'action psychologique prirent le plus d'extension. En même temps, les cadres de réserve en furent, si l'on peut dire, contaminés : l'étude de la « guerre révolutionnaire » devint le thème central de leurs travaux qui reposaient, très officiellement, sur cet axiome : « La guerre révolutionnaire est une des méthodes du marxisme-léninisme pour s'emparer du pouvoir. » Les revues et bulletins militaires en étaient remplis. Dans les états-majors, on se préoccupait d'étendre en France et hors de France, la « lutte antisubversive ». Un « centre de coordination interarmées » qui s'appuyait, en Algérie, sur un bataillon par corps d'armée, et sur un réseau de détachements DOP puis DBR, était plus spécialement chargé du renseignement.

De Gaulle jugeait détestable cette évolution de l'armée. Pour lui, les opérations militaires n'avaient pour but que de détruire toutes les forces organisées du FLN et de convaincre l'adversaire que toute espèce de succès lui était, à jamais, interdit. Quant au reste, c'était à lui d'en décider. Il s'exaspérait de la propension des militaires à s'occuper de tout et à se comporter, comme il le dit lui-même, « en bonnes d'enfants ». Mais ce qui ne suscita d'abord, chez lui, qu'irritation, critiques et sarcasmes, devenait beaucoup plus grave quand c'était sa politique — c'est-à-dire celle de la France — qui était entravée et mise en cause. Or l'intervention massive des cadres de l'armée dans les élections générales en Algérie s'était révélée désastreuse pour l'évolution de sa politique algérienne et tout à fait contraire à ses directives. Puis il en avait été de même, quatre mois plus tard, aux élections municipales. Il devait maintenant admettre qu'il fallait clarifier, sans trop de précautions, sa politique auprès de l'armée et démontrer que son autorité s'exerçait pleinement. Deux épisodes, coup sur coup, devaient en être l'occasion.

Ce fut d'abord l'interview donnée par Massu au journaliste allemand Hans Kempski. Reporter au très respecté quotidien *Süddeustche Zeitung*, cet ancien parachutiste avait voulu interroger Challe qui l'avait renvoyé à Massu, estimant qu'entre parachutistes le courant passerait mieux. Aucun engagement préalable n'avait été pris ni pour autoriser la publication de leur entretien, ni pour l'interdire, mais Kempski utilisa, sans vergogne, un magnétophone dissimulé sur lui. En tout cas, les propos qu'il recueillit étaient authentiques. Et, sans nul doute, ils traduisaient exactement les sentiments communs à la plupart des cadres de l'armée en Algérie. « L'armée a la force, confia Massu, elle ne l'a pas encore montrée jusqu'à présent parce que l'occasion ne s'en est pas encore présentée, mais elle fera intervenir sa force si la situation le demande. Nous ne comprenons pas la politique du président de Gaulle. L'armée n'a pas pu prévoir qu'il ferait une telle politique... » Et, avec autant de franchise que d'imprudence, il reconnut que l'armée « poussait les colons à se constituer en organisations paramilitaires » et qu'elle les approvisionnait en armes. Sans doute certains de ses propos furent-ils déformés : Kempski lui fit dire que l'armée « ferait manger des glands » aux musulmans, alors qu'il avait seulement dit qu'elle les ferait participer à l'exploitation des forêts de chênes-lièges... Mais, pour l'essentiel, l'interview reflétait parfaitement ce que Massu avait voulu dire et ce que pensaient aussi beaucoup d'officiers.

De Gaulle n'hésita pas : quelle que fût son indulgence pour Massu, en souvenir de son engagement dans la France libre, il exigea qu'il soit sanctionné sur-le-champ, en le rappelant définitivement d'Algérie. L'interview parut le 18 janvier au soir. Le lendemain même, il transmit ses directives à Michel Debré :

> L'interview du général Massu ne saurait, évidemment, être tolérée. A l'heure où je vous écris, cet officier général devrait être déjà arrivé à Paris, ou tout au moins en route pour y venir, sur l'ordre du gouvernement, afin de s'expliquer. Etant entendu qu'ensuite, après sanction, il ne retournera pas à Alger.

Le ministre des Armées, Pierre Guillaumat tenta de sauver Massu en lui suggérant un démenti qui ne fit que convaincre de Gaulle qu'il fallait immédiatement relever Massu de son commandement, et que son gouvernement n'agissait pas, dans cette affaire, comme il l'aurait dû, Debré par sa lenteur à réagir, Guillaumat, par ses tentatives d'arrangement.

> Rien n'importe autant que l'autorité de l'Etat, écrivait-il à celui-ci. Or [elle] a été contestée publiquement par le général Massu, contestée en ma propre personne... Dans ces conditions, le général Massu ne doit pas retourner à Alger. Si cette décision provoque des remous locaux, on verra bien. Ces remous ne peuvent être [...] que limités. Mais l'abaissement de l'Etat et le consentement de de Gaulle seraient, eux, irréparables.

Trois jours plus tard, une autre occasion s'offrit à lui de préciser plus catégoriquement ce qu'il voulait qu'on fasse en Algérie. Ce fut au cours de la réunion tenue à l'Elysée, sur les affaires algériennes, le vendredi 22 janvier 1960 [29]. Le général Challe commença par exposer les résultats militaires de la pacification, souligna les difficultés du FLN pour son encadrement, son recrutement et son armement et confirma l'efficacité des barrages édifiés aux frontières ; puis il s'étendit longuement sur le contraste entre les progrès militaires et la dégradation du climat politique ; la masse musulmane demeurait attentiste parce qu'elle n'avait aucune certitude sur l'avenir et qu'elle ne voyait donc aucune raison de s'engager du côté français. Il concluait par trois revendications : faire cesser l'incertitude politique, accomplir un gros effort en matière d'information, admettre la condamnation immédiate et l'exécution des rebelles pris les armes à la main et des auteurs d'attentats commis sur des civils, au cas où le FLN n'accepterait pas à court terme la « paix des braves ».

De Gaulle répliqua aussitôt. Vouloir imposer aux Algériens le statut de leur pays était, selon lui, « périmé ». Il répéta que seul le libre choix de l'Algérie réglerait définitivement le problème : une victoire militaire serait bientôt suivie d'une insurrection nouvelle. L'action à mener en Algérie devait donc s'inspirer « du bon sens et des réalités ». L'Algérie, dit-il, « ne peut vivre sans la France et ne peut se développer sans elle » : les musulmans s'en convaincraient, sans aucun doute. Enfin, il affirma que l'autodétermination aurait lieu « quand on ne se battrait plus ou, plutôt, quand on ne se battrait plus depuis longtemps ». Il insista sur la sincérité absolue du choix que les Algériens auraient à faire. En attendant, dit-il, il ne fallait en rien préjuger de leur décision, ce qui n'empêchait pas qu'il y eût beaucoup « à faire ». Reprenant une formule qu'il employait souvent en public, il conclut en disant que toutes les propagandes du monde ne l'emporteraient jamais sur les actes : ceux-ci, seuls, comptaient.

Exposant la situation des principales régions d'Algérie, les généraux comme les fonctionnaires civils reconnurent que la masse musulmane demeurait sur la réserve sans qu'on pût enregistrer le moindre progrès à cet égard. A plusieurs reprises, ils revinrent sur la nécessité d'une information plus active, dotée de moyens plus puissants. A ce propos, de Gaulle reprit la parole : ce fut pour répéter que seul compterait, en définitive, le choix des musulmans : en prétendant leur dire « ce sera ainsi », on contestait la liberté de ce choix. Il y insista longuement : il n'y avait, dit-il, « aucune autre réalité que le choix des Algériens ».

Par la suite, il fut encore question des gestes politiques susceptibles de frapper la masse musulmane et de la faire « basculer », tout à coup, du côté français. C'est alors que de Gaulle condamna très sèchement de telles spéculations, il s'écria, en propres termes : « Qu'on ne me parle plus de bascule ! » De même, il ne donna aucune suite aux propos du préfet Chapel, inspecteur de l'administration à Alger, qui fit ressortir que cinquante-quatre condamnés à mort venaient d'être graciés et que cent deux dossiers de grâces étaient encore en attente. En conclusion, il insista sur la cohésion et la discipline qu'il attendait de l'armée et de l'administration, et, reprenant une idée familière chez lui, répéta encore qu'il n'y a « pas de politique sans réalités ».

Pour le général Challe, qui repartait le soir même pour Alger, et savait que l'opinion européenne était encore sous le coup du rappel de Massu, ces propos avaient un sens précis : de Gaulle ne changerait pas de politique et se refusait même en plusieurs domaines — information, propagande, répression — à céder aux instances dont il était l'objet. Convaincu que, faute d'une autre politique, tout ce qu'il accomplissait en Algérie était inutile, il inclina, dès cet instant, à favoriser toutes les initiatives capables d'impressionner de Gaulle. Quand il fut informé, dès son arrivée, qu'une manifestation prévue pour le 24 janvier — mais interdite en principe — aurait lieu malgré tout, il ne s'y opposa pas, à la condition, dit-il, qu'elle demeurât dans certaines limites. L'affaire des « barricades » allait commencer.

Elle vint de la rencontre entre une fraction active et résolue de l'armée et la communauté européenne d'Algérie dans sa nouvelle expression politique. Les hommes qui les représentaient désormais n'étaient plus les personnalités prépondérantes de cette communauté telles qu'Henri Borgeaud, grand propriétaire terrien, Laurent Schiaffino, armateur ou, dans une version plus libérale, l'industriel de l'Alfa, Blachette. Tous n'avaient pas encore abandonné la cause de l'Algérie française, mais aucun, désormais, n'en prendrait plus la tête, et quelques-uns, discrètement, y avaient déjà renoncé, plaçant ailleurs leurs projets et leurs intérêts. Les chefs de file étaient maintenant plus proches de l'opinion populaire et ils en exprimaient mieux les frustrations, l'amertume, l'angoisse, la colère et l'aveuglement. Pierre Lagaillarde, longtemps attardé à la direction des étudiants algériens, devenu avocat, s'était rendu célèbre en prenant la tête de l'assaut contre le siège du Gouvernement général en mai 1958, et il vivait sur sa réputation de lutteur activiste et de meneur de foules. Joseph Ortiz, patron du *Café du Forum*, incarnait, presque à la perfection, le personnage du Méditerranéen des bistrots, hâbleur, machiste, toujours à la recherche de relations et de contacts, amateur de secrets bientôt rapportés au comptoir, volontiers proche des services de police, et définitivement étranger au peuple des Algériens musulmans envers lequel peur et mépris se mêlaient. Joseph Ortiz, comme il était fréquent dans son milieu professionnel, appartenait au mouvement poujadiste. Jean-Jacques Susini, nouveau dirigeant des étudiants, admirait les dictatures d'extrême droite. Le docteur Lefèvre était un doctrinaire du corporatisme, singulièrement lucide dans sa haine de la politique algérienne menée par de Gaulle. Le docteur Jean-Claude Perez, qui tenait des discours d'une extrême violence, était un médecin très populaire dans son quartier. C'est le peuple modeste des Européens d'Algérie qui se retrouvait en eux, oubliant qu'il votait, avant la guerre, en faveur du Front populaire...

Faut-il y ajouter le contrecoup d'un épisode bref et limité, mais révélateur, qui vient de secouer le gouvernement ? De Gaulle a prononcé, à l'Ecole militaire, le 3 novembre, le discours capital où il a défini la stratégie française de dissuasion nucléaire et condamné le système d'intégration militaire, caractéristique de l'Organisation atlantique. Informé seulement par la lecture de la presse, Antoine Pinay, ministre des Finances, réagit assez vivement en Conseil des ministres : il y voyait, non sans raison, une révision profonde des relations politiques et militaires entre la France et les Etats-Unis, et il jugeait, mais à tort cette fois, que l'économie française ne pourrait supporter la charge d'une force nucléaire de dissuasion qui soit crédible. Ce n'est pas sur ce point que sa démission intervint le 13 janvier, mais c'était bien là la raison principale de la rupture entre de Gaulle et lui. En dépit de ce que laissait supposer son intervention au Conseil des ministres du 26 août, il n'était pas partisan de l'intégration de l'Algérie à la France. Il devait me confier plus tard qu'il avait proposé à de Gaulle de prendre contact avec les dirigeants du FLN par l'intermédiaire de son ami, René Payot, directeur du *Journal de Genève*, qui pouvait arranger leur rencontre — quitte, ajouta-t-il, à être désavoué : mais de Gaulle, en le remerciant, lui avait demandé de se tenir à l'écart du dossier algérien. Cependant sa démission fut interprétée par les partisans de l'Algérie française comme un encouragement : ils y virent le signe d'une rupture entre les tenants de l'Organisation atlantique et de Gaulle, qui les aiderait à l'isoler avant de le réduire.

Le 24 janvier, à Alger, où la grève est générale dans les quartiers européens, les régiments parachutistes, rappelés par Delouvrier et Challe, ont laissé passer les manifestants, sans toutefois se joindre à eux, et sans, disent leurs chefs, avoir reçu d'ordre. Au centre de la ville, deux groupes se sont formés : les étudiants, avec Pierre Lagaillarde, se sont retranchés dans le quartier des facultés, hérissé de barricades, et, du côté du square Laferrière et du « Plateau des Glières », Ortiz a rassemblé près de 3 000 hommes avec lesquels il compte prendre les édifices publics mal défendus, après quoi il espère obtenir le soutien de l'état-major dans une épreuve de force avec Paris. Mais les abords du « GG », le Gouvernement général, siège central et symbole du pouvoir, sont défendus par les gendarmes du colonel Debrosse et des CRS. Tandis qu'ils se dirigent vers le Forum — espace situé devant les bâtiments du « GG » —, une mitrailleuse tire sur eux, des toits de l'immeuble de la Compagnie algérienne, où Ortiz a établi son quartier général. Il y a quatorze morts du côté des forces de l'ordre, huit chez les émeutiers, et quelque 200 blessés.

De Gaulle, rentré la nuit de Colombey-les-Deux-Eglises à Paris, reçoit Debré, Chatenet, ministre de l'Intérieur, et Guillaumat. Ce dernier voudrait qu'on prenne son temps et peut-être qu'on discute avec les émeutiers maintenant enfermés derrière leurs barricades. Debré et Chatenet suggèrent que de Gaulle lance un appel au retour à l'ordre, avant qu'on se décide à déclencher l'épreuve de force. Ce qu'il dit alors, à la télévision, annonce les étapes suivantes de la crise, et malgré l'allusion, demandée par Delouvrier, à « une solution qui soit française », personne n'en doute : il ne reculera pas, il ne transigera pas, il n'y aura pas de compromis, et, même si des arrangements interviennent sur place, il ne changera pas de politique :

> L'émeute qui vient d'être déclenchée à Alger est un mauvais coup porté à la France... Avec le gouvernement, d'accord avec le Parlement, appelé et soutenu par la nation, j'ai pris la tête de l'Etat pour relever notre pays, et notamment pour faire triompher dans l'Algérie déchirée, en unissant toutes ses communautés, une solution qui soit française [...]. J'adjure ceux qui se dressent à Alger contre la patrie, égarés qu'ils peuvent être par des mensonges et par des calomnies, de rentrer dans l'ordre national. Rien

n'est perdu pour un Français quand il rallie sa mère, la France. Quant à moi, je ferai mon devoir...

Après quoi, il ne changea plus d'attitude. Excédé et fatigué — et même enrhumé — il était convaincu, au fond, que l'opposition européenne n'était ni solide ni sérieuse et qu'il serait absurde de lui faire la moindre concession. Il lui parut évident que la passivité complice de plusieurs colonels de parachutistes avait permis aux émeutiers de renforcer les barricades, assez dégarnies au début de la nuit. Au Conseil des ministres du 25, il fut tout à fait catégorique : « L'insurrection, dit-il, doit être abattue. » Il contesta ouvertement la représentativité des parlementaires algériens et reconnut que l'armée était, dans son ensemble, hostile à sa politique. Il envisagea même le rappel immédiat du général Challe si celui-ci se révélait incapable de mettre fin à l'émeute. Au gouvernement, Michelet, Malraux, Sudreau, Buron souhaitaient un recours à la force au cas où l'émeute ne se disperserait pas immédiatement. Le ministre des Armées, Guillaumat, fit état du trouble moral des officiers. Soustelle et Cornut-Gentille demandèrent des gestes politiques propres à rallier l'opinion européenne.

La suite, à y regarder de près, fut une série de pressions, interventions, adjurations pour amener de Gaulle à infléchir sa politique. A Alger d'abord, Debré, qu'accompagnaient son directeur de cabinet, Pierre Racine, et Guillaumat, fut littéralement assailli par un groupe d'officiers mené par Antoine Argoud — « un lot de colonels », a écrit de Gaulle dans ses *Mémoires* — qui lui intimèrent aussi brutalement que possible de changer la politique algérienne du gouvernement, tandis que Challe, perclus de rhumatismes et moralement effondré, l'adjurait de ne pas ordonner l'assaut contre les barricades, qu'il ne pourrait pas faire exécuter. A l'Elysée, de Gaulle reçut le maréchal Juin, Debré revenu d'Alger, les colonels Georges de Boissieu et Dufour, qui, tous, d'une manière ou d'une autre, supplièrent qu'on tienne compte de la menace qui pesait sur l'unité de l'armée, et suggérèrent, les uns un changement de politique, les autres un changement de vocabulaire où le mot « Algérie » ne soit pas trop éloigné du mot « française ». Le général Crépin lui-même, ancien de la France libre et qui allait bientôt remplacer Challe, fit la même suggestion. Le général Groult de Beaufort, chef d'état-major de la Présidence, étalait bruyamment sa sympathie pour les insurgés et les officiers qui les protégeaient. Les membres les plus fidèles et les plus résolus de son entourage avaient le sentiment que de Gaulle était comme assiégé dans son palais...

Le 27 janvier, dans l'après-midi, il appela Delouvrier pour lui ordonner de quitter Alger avec Challe pour se dégager des pressions qui s'exerçaient sur eux et du climat qui les paralysait. Pour les Algérois, ce fut le symbole d'une rupture, presque l'annonce d'une épreuve de force. Mais Delouvrier, bouleversé par le drame qu'il vivait, leur adressa, au moment de partir, un appel émouvant, leur confiant même le dernier-né de ses enfants, manifestant envers eux et même envers leurs chefs, une immense compréhension. De Gaulle, bien plus tard, dans ses *Mémoires*, a écrit qu'il y fut sensible. Mais, sur le moment, le moins qu'on puisse dire est qu'il s'en irrita. Ni dans le ton, ni sur le fond, ce n'était ce qu'il voulait qu'on dise.

Il décida donc de le dire lui-même. Revêtu de son uniforme, il parla le 29 janvier au soir, à la télévision. Le ton qu'il employa, son insistance à requérir la discipline des armées, sa condamnation de « l'incertitude complaisante de certains éléments militaires » ne laissaient aucun doute sur sa volonté de briser l'opposition des barricades et celle des colonels. La part des aménagements se réduisit à trois phases seulement : il excluait encore une fois, de bâtir l'insurrection « comme la seule représentation valable », il ajoutait que « si un jour, les musulmans décidaient librement et formellement que l'Algérie de demain doit être unie étroitement à la France, rien ne causerait plus de joie à la patrie et à de Gaulle que de les voir choisir, entre telle et telle solution, celle qui serait la plus française » et promettait à l'armée : « Quand le moment sera venu de procéder à la consultation, qu'elle aurait à en garantir la liberté complète et sincère. » Le reste était péremptoire, comminatoire même, exprimait une indéfectible autorité, un des plus impressionnants exemples de « l'œuvre parlée » qui avait commencé le 18 juin 1940.

> L'armée française, que deviendrait-elle, sinon un ramassis anarchique et dérisoire de féodalités militaires, s'il arrivait que des éléments mettent des conditions à leur loyalisme ? Or, je suis, vous le savez, le responsable suprême. C'est moi qui porte le destin du pays. Je dois donc être obéi de tous les soldats français [...]. En fin de compte, l'ordre public devra être rétabli. Les moyens à employer pour que la force reste à la loi pourront être de diverses sortes. Mais votre devoir est d'y parvenir. J'en ai donné, j'en donne l'ordre.
>
> Enfin, je m'adresse à la France. Eh bien, mon cher et vieux pays, nous voici donc ensemble, encore une fois, face à une lourde épreuve. En vertu du mandat que le peuple m'a donné et de la légitimité nationale que j'incarne depuis vingt ans, je demande à tous et à toutes de me soutenir.
>
> ... Tandis que les coupables, qui rêvent d'être des usurpateurs, se donnent pour prétexte la décision que j'ai arrêtée au sujet de l'Algérie, qu'on sache partout, qu'on sache bien que je n'y reviendrai pas. Céder sur ce point et dans ces conditions, ce serait brûler en Algérie les atouts que nous avons encore, mais ce serait aussi abaisser l'Etat devant l'outrage qui lui est fait et la menace qui le vise. Du coup, la France ne serait plus qu'un pauvre jouet disloqué sur l'océan des aventures...

Au bout de quelques jours, aucune incertitude ne subsista sur la résolution du gouvernement d'exploiter l'échec des barricades. Dans les vingt-quatre heures qui précédèrent la reddition de Pierre Lagaillarde, les ordres prescrivant l'assaut contre le réduit des émeutiers avaient été maintenus : il fallut une ultime intervention de quelques militaires — en particulier du général de Beaufort et du général Crépin — pour en ajourner l'exécution de manière à permettre que la reddition se fît sans effusion de sang. Puis les colonels Godard, Broizat, Argoud furent mutés en métropole. Le colonel Gardes fut inculpé. Le départ de Challe était décidé : il partit dès qu'il put occuper le poste de commandant des Forces terrestres Centre Europe de l'Alliance atlantique et Crépin lui succéda. Les unités territoriales qui servaient, en pratique, de force armée à la communauté européenne furent dissoutes. *L'Écho d'Alger* fut mis sous séquestre. Soustelle et Cornut-Gentille, furent exclus du gouvernement. Guillaumat qui avait recommandé des ménagements envers les hommes des barricades, fut remplacé au ministère des Armées par Pierre Messmer qui avait une autre façon de voir et de faire, et dont le premier geste fut de supprimer les bureaux d'Action psychologique.

A cette date, de Gaulle atteignit au plus haut degré de sa popularité dans l'opinion française : les instituts d'opinion publique chiffrèrent à plus de 65 % la proportion des Français satisfaits de sa politique. Il était convaincu d'avoir brisé les résistances militaires, affaibli durablement les organisations activistes, prouvé la faiblesse de la minorité européenne et convaincu la masse musulmane de la sincérité de ses intentions. Il espérait, maintenant, avoir franchi une grande partie du chemin qui devait mener au règlement algérien.

Cet optimisme, pourtant, n'était pas entièrement justifié. La communauté européenne d'Algérie restait hostile, presque en totalité, à sa politique : à coup sûr, elle s'y opposerait encore par tous les moyens en son pouvoir. On venait de voir sa réaction avec l'affaire des barricades, alors qu'il ne s'agissait que de faire échec au principe d'autodétermination proclamé par le discours du 16 septembre : que serait-ce quand on en viendrait à parler d'une Algérie indépendante, même très « associée » à la France ? Elle n'avait changé ni de structures, ni même de chef : Joseph Ortiz avait disparu, probablement avec l'aide du « milieu » et de policiers « pieds-noirs », et peut-être de quelques officiers avec lesquels il était en liaison depuis longtemps, et Pierre Lagaillarde était en prison, mais rien de plus.

Le plus grave était que tous les chefs militaires, à peu d'exceptions près, toutes les autorités civiles en Algérie, un bon nombre de ministres, le Premier ministre lui-même, avaient préconisé, face aux hommes des barricades et à leurs soutiens dans l'armée, la modération, la patience, et, si possible, un arrangement. Or, du côté des insurgés, dès la première heure, on avait ouvert le feu, on avait tiré sur une troupe de gendarmes et de CRS : force était d'en conclure que le recours à la violence était absolument inévitable, des deux côtés. De Gaulle, dans cette épreuve, avait donc été, de loin, le plus déterminé à exiger que les émeutiers soient réduits sans délai, sans atermoiements, en tout cas sans concessions. D'un bout à l'autre de la crise, il l'avait réclamé sur tous les tons et à tous ses interlocuteurs. Bien des fois, il avait été seul à le vouloir, ou du moins à le dire aussi rudement. Cette relative solitude était d'autant plus révélatrice qu'au même moment il atteignait au zénith dans les sondages d'opinions et qu'il avait pour lui la très grande majorité des Français.

Une voie s'offrait alors à lui : il pouvait affecter aux postes essentiels des hommes clairement résolus à appliquer sa politique algérienne en brisant tous les obstacles qu'elle rencontrerait et donner un coup d'accélérateur à cette politique. Ce n'est pas celle qu'il choisit. L'échec des offres de dialogue avec le FLN lui avait donné le sentiment qu'il n'y avait rien à attendre de ce côté, au moins avant quelque temps. Peut-être les élections cantonales pourraient-elles enfin faire émerger des hommes représentatifs de la communauté musulmane, avec lesquels on pourrait fonder un Etat algérien associé à la France : elles auraient lieu en mai. Et, en attendant, il fallait que l'armée, évidemment troublée par l'affaire des barricades, resserre les rangs et garde sa combativité, sa cohésion et sa discipline.

Il partit donc, le 3 mars, visiter une série de postes militaires : ce qu'on appela la « tournée des popotes ». S'adressant à des officiers, il confirma leur mission :

> On ne peut rien faire si d'abord on ne l'a pas emporté sur le terrain d'une manière indiscutable. En ce qui concerne les opérations en Algérie, il y en a encore pour des mois et des mois...

Il leur fit part de ses doutes sur un prochain cessez-le-feu, les engageant à poursuivre résolument la lutte :

> Si les rebelles déposent les armes, l'armée les prendra, mais je n'y crois pas. Alors, il faut que l'armée aille les chercher.

Il ne modifia pas pour autant la définition de sa politique ; évoquant l'issue finale :

> Cela dépendra, dit-il, de ce que voudront les habitants [et, un autre jour] : Ce sont les Algériens qui décideront. Je crois qu'ils diront : une Algérie algérienne liée à la France.

Du reste, il parla ouvertement d'un autre avenir pour l'armée :

> Vous êtes l'épée de la France, ici pour le moment, et un jour, éventuellement, ailleurs. Il faut toujours penser à cela. Vous n'êtes pas destinés à être toujours l'armée française en Algérie.

Propos très significatifs : ils avertissaient assez clairement l'armée qu'elle ne resterait pas indéfiniment en Algérie et que l'avenir s'appelait « Algérie algérienne », formule dont tout le monde, dans le contexte de ce début de 1960, comprenait qu'elle s'opposait directement à celle d'« Algérie française » — si bien que j'en fis le thème de l'article que j'écrivis, cette semaine-là, dans *France-Observateur*. Mais significatif aussi fut l'incident, en lui-même très limité, qui survint alors. Un seul correspondant venu de France accompagnait de Gaulle, Jean Mauriac, pour l'Agence France-Presse. Mais un autre journaliste était aussi là, reporter de *L'Echo d'Alger*. Soigneusement chapitré par des officiers présents sur place et, à leur instigation, il sélectionna tout ce qui concernait la nécessaire poursuite des combats, le refus catégorique de subir une défaite militaire, la probabilité d'une lutte encore longue, le doute sur un éventuel accord avec l'adversaire. Les agences étrangères répercutèrent sa version des propos tenus par de Gaulle. La presse française le fit à son tour et toute la classe politique en fut secouée comme s'il s'agissait d'un retour à l'Algérie française, alors que les dépêches de Jean Mauriac annonçaient justement que de Gaulle venait de lancer le slogan opposé. Il fallut, pour remettre les choses au point, qu'il fasse publier deux démentis, l'un à la fin de sa tournée, l'autre de retour à l'Elysée.

Cet incident, très vite oublié, était, malgré tout, révélateur. Il fut exploité par les partisans de l'intégration et de l'Algérie française qui voulaient suggérer que, même après l'affaire des barricades, ils n'avaient pas encore perdu la partie et que de Gaulle, devant les obstacles qu'il avait rencontrés, pourrait bien changer de cap. Mais il fut exploité aussi, en sens opposé, par ceux qui, dans la presse et dans les milieux politiques, en particulier les plus hostiles à la guerre, ne voyaient pas — ou se refusaient à voir — que de Gaulle voulait réellement décoloniser l'Algérie. Ainsi risquait-il, à chaque épisode, de perdre sur les deux tableaux à la fois.

Or le temps passait. Le choc provoqué par la déroute des insurgés des barricades s'estompait. La perspective de la prochaine indépendance du Sénégal et du Soudan — formant ensemble le Mali — et de Madagascar, montrait bien que la Communauté n'était qu'un point de passage : il ne serait plus possible de s'en servir pour le règlement de l'affaire algérienne. Un certain désenchantement se faisait jour dans l'opinion. D'ailleurs, le nouveau commandant en chef éprouvait quelque mal à imprimer, aux opérations la vigueur et le dynamisme de son prédécesseur : l'action militaire tendit à s'affaiblir au point que le Premier ministre s'en plaignit au général Crépin. En même temps, une lourde incertitude pesait sur le comportement et les intentions du FLN. Le CNRA — Conseil national de la Révolution algérienne —, devant lequel le GPRA était responsable, se réunit à Tripoli et demanda au Maroc et à la Tunisie d'exiger le départ des unités françaises encore sur leur sol, aux Etats arabes de mettre un terme à leurs relations commerciales avec la France, à l'Union soviétique et à la Chine de laisser venir instructeurs et volontaires dans les camps que l'ALN occupait aux frontières marocaine et tunisienne. A Paris, ces décisions, dès qu'elles furent connues, furent interprétées comme un durcissement rendant impossible le succès d'éventuelles négociations. Les élections cantonales, au mois de mai, semblèrent, au contraire, favorables à la recherche d'autres interlocuteurs : à part Alger où Babette Lagaillarde fut facilement élue sur le nom de son mari emprisonné, un grand nombre de personnalités musulmanes, modérées mais passant pour représentatives, furent désignées par les électeurs de leur communauté. Etait-ce le signe qu'une autre voie s'ouvrait pour une Algérie décolonisée mais « associée » à la France ? De Gaulle, à cette date, y vit peut-être une raison de l'espérer.

Début mars, il apprit, en effet, qu'un contact était pris entre les responsables de la willaya IV et le commandement français. Il s'agissait de Si Salah, chef de cette willaya, et de ses deux adjoints, le commandant Mohamed et le capitaine Lakhdar [30]. Si Salah — en qui Redha Malek, futur Premier ministre et alors directeur de l'organe officiel du FLN, a vu, en 1957 à Tunis, « le type idéal du maquisard algérien » — était volontairement revenu en Algérie en février 1958 pour résoudre la crise qui déchirait sa willaya [31]. Il avait été profondément déçu par les dissensions entre les dirigeants extérieurs du FLN et très affecté par l'exécution de Ramdane Abbane, naguère principal dirigeant de l'intérieur et tué, en décembre 1957, sur l'ordre des chefs militaires qui dirigeaient maintenant le FLN à Tunis [32]. Sa willaya avait beaucoup souffert des purges et des règlements de comptes suscités par les manœuvres d'intoxication des services français, et, comme toutes les autres, elle manquait tragiquement d'armes et de munitions. Sans nul doute, il eut alors le sentiment qu'à l'extérieur on négligeait trop les épreuves subies par la population.

Après l'affaire des barricades, il en discuta avec son adjoint Si Mohamed. Bien que de tempéraments très différents, il s'accordèrent, apparemment, pour penser que le moment était venu de prendre une initiative, à laquelle Si Lakhdar accepta de se joindre. Les pourparlers s'engagèrent par l'intermédiaire d'une personnalité musulmane de la région de Médéa qui informa le procureur de la République d'Alger, M. Schmelck et, par lui, le ministre de la Justice, Edmond Michelet. Les insurgés souhaitaient connaître les conditions exactes d'un cessez-le-feu. Delouvrier en fut informé. Mais Si Salah désirait avoir pour interlocuteurs des hommes représentant personnellement de Gaulle et le gouvernement français. Bernard Tricot et le colonel Mathon, du cabinet militaire de Michel Debré, furent chargés des premiers pourparlers. Puis un mois s'écoula avant que Si Salah et ses compagnons aient obtenu, dirent-ils, l'accord des officiers responsables des quatre zones de leur willaya. On convint alors qu'ils devaient convaincre aussi les dirigeants des willayas voisines. Ils obtinrent, dirent-ils, quelques résultats auprès des officiers FLN de l'Oranais et des Territoires du Sud, et il fut convenu qu'on les aiderait, plus tard, à se rendre en Kabylie pour qu'ils s'entretiennent avec le colonel Mohand Ou el Hadj. A la fin de mai, l'affaire sembla si sérieuse que de Gaulle voulut frapper un grand coup : il décida, après avoir écouté Bernard Tricot, de recevoir personnellement, dans le plus grand secret, les chefs insurgés ; ceux-ci, impressionnés par les égards qui leur seraient témoignés, redoubleraient d'ardeur pour rallier à leur projet l'ensemble de l'insurrection...

L'entrevue eut lieu le 10 juin au soir. De Gaulle ordonna qu'ils ne soient pas fouillés : l'apprenant, le colonel Teissère et le commissaire Ducret, chef des services de Sécurité de l'Elysée, décidèrent de se tenir, armés, entre les deux portes qui séparaient le bureau des aides de camp du bureau présidentiel [33]. On prit soin d'écarter les chauffeurs, les aides de camp, les secrétaires, de manière à garantir le secret le plus absolu. De Gaulle était en uniforme, Bernard Tricot et le colonel Mathon à ses côtés [34]. Il ne chercha pas à suggérer quelque nouvelle solution politique. Il voulait seulement leur dire, de vive voix, qu'il souhaitait que tous les Algériens, en particulier les insurgés, aient leur place dans une Algérie libre de choisir son destin. Il écarta l'idée d'une rencontre entre ses interlocuteurs et les chefs « historiques » emprisonnés à l'île d'Aix, et celle d'un sauf-conduit pour Tunis. Enfin, il leur annonça qu'il allait, une nouvelle fois, offrir solennellement un cessez-le-feu au FLN. C'est ce qu'il fit, en effet, dans son discours, le 14 juin. Le 18, Bernard Tricot, les colonels Mathon et Jacquin, rencontrèrent une dernière fois Si Salah et Lakhdar, et leur voyage en Kabylie fut organisé. Le 25, les entretiens avec eux furent suspendus, le FLN ayant accepté d'envoyer des émissaires à Paris.

Deux jours plus tôt, le GPRA avait reçu à Tunis une lettre de Si Salah, Si Mohamed et Si Lakhdar et du capitaine Abdelatif, lui demandant d'engager un dialogue avec le gouvernement français, faute de quoi ils pourraient le faire eux-mêmes. Mais quelques jours plus tard, une autre lettre arriva. Le commandant Mohamed y écrivait qu'il avait été entraîné malgré lui dans toute l'affaire, y compris la rencontre de l'Elysée, et qu'il avait fait juger et exécuter Si Lakdhar, Abdelatif et un autre capitaine, Abdelhalim. Si Salah, arrêté, puis relâché, reçut l'ordre de gagner Tunis : il fut tué le 20 juillet 1961, alors que le détachement qui assurait sa garde tombait dans une embuscade française. Si Mohamed fut tué à son tour le 8 août.

La négociation amorcée avec les chefs de la willaya IV n'était pas contradictoire avec l'offre publique de dialogue adressée par de Gaulle au GPRA — qui, du reste, les en avait prévenus. C'est d'ailleurs après l'acceptation de cette offre par Tunis que Si Salah partit en Kabylie pour tenter de convaincre la willaya III de le suivre. Le fait est là : malgré tous leurs griefs contre leur « direction extérieure », l'immense majorité des hommes de l'intérieur ne voulaient pas se séparer du GPRA.

De Gaulle a donc parlé le 14 juin. Comme toujours il a mis un soin extrême à la rédaction de son discours. Mais, cette fois, les images trouvées, la manière de les dire, le ton, les expressions qui l'accompagnent, lui confèrent plus d'émotion que d'habitude, plus d'insistance aussi, et même plus de solennité :

> Une fois de plus, je me tourne, au nom de la France, vers les dirigeants de l'insurrection. Je leur déclare que nous les attendons ici pour trouver avec eux une fin honorable aux combats qui se traînent encore, régler la destination des armes, assurer le sort des combattants. Après quoi, tout sera fait pour que le peuple algérien ait la parole dans l'apaisement. La décision ne sera que la sienne. Mais je suis sûr, quant à moi, qu'il prendra celle du bon sens : accomplir, en union avec la France et dans la coopération des communautés, la transformation de l'Algérie algérienne en un pays moderne et fraternel.

Une lecture froide de ce discours permettait de constater que le préalable de l'arrêt des combats y demeurait. Le constatant et sachant combien, en pareil cas, les textes étaient minutieusement déchiffrés, décortiqués et toujours interprétés dans le sens le plus restrictif par les dirigeants algériens, j'ai pensé alors qu'ils n'y trouveraient rien de nouveau et que leur réaction risquait d'être négative. Mais mes confrères qui avaient écouté le discours en même temps que moi — Jean Lacouture, par exemple — l'avaient trouvé « poignant » : ils avaient raison — même si la suite montra, malheureusement, que je n'avais pas tort.

L'état d'esprit à la direction du FLN explique le comportement qu'il va adopter. L'efficacité de la « ligne Morice » qui paralyse ses relations avec l'intérieur, la situation tragique des willayas, la crainte de ne pouvoir atteindre avant longtemps ses objectifs, y sont évidemment pour beaucoup. Mais, en même temps, on s'est préparé au GPRA à ce que pourrait être une négociation politique. On est décidé à s'en tenir à une discussion sur les conditions du vote d'autodétermination — étendue du territoire algérien, organisation du scrutin, questions posées, contrôle international... — si, du côté français, on en reste à une conception étroite de « l'association ». Si, au contraire, la France cherche un accord sur une option que le référendum d'autodétermination ratifierait, on défendrait les positions que résume ainsi Mohamed Harbi, qui était l'un des hauts fonctionnaires du GPRA et en a consulté les archives[35] : « Sur le plan économique, le GPRA est prêt à faire toutes les concessions qui sauvegardent, selon lui, la souveraineté de l'Etat. Il accepte l'intégration de l'Algérie à la zone franc, et un accord pétrolier favorable aux intérêts français. En matière de défense, le GPRA rejette toute coopération future entre l'ALN et l'armée française et retient le principe de la location de la base de Mers el-Kébir, peut-être à la France, mais non à l'OTAN. Les Européens peuvent s'intégrer à la nation algérienne, garder leur langue, leur statut civil, mais aucun statut privilégié ne sera accepté. » On voit ici qu'il y avait matière à accord, surtout si l'on éclairait le sens des formules « statut civil » et « statut privilégié ».

Mais, en même temps, la plupart des membres du GPRA n'ont pas pensé que le discours du 14 juin conduirait à une négociation politique : ils ont voulu faire la preuve de leur bon vouloir et prouver que, du côté français, on ne voulait encore discuter de rien, sinon du cessez-le-feu [36]. Il est vrai que, parmi eux, les réactions et les appréciations ont été différentes : le préalable du cessez-le-feu n'était plus explicite, la « fin honorable » des combats pouvait être interprétée au sens le plus large... Quoi qu'il en soit, le GPRA, en annonçant, le 20 juin, que Ferhat Abbas, son président, est prêt à venir à Paris, parie ouvertement que les discussions, quel qu'en soit le point de départ, prendront un tour politique et qu'elles auront alors lieu au plus haut niveau.

Bien que l'échelon précurseur envoyé à Melun — lieu choisi par les Français — ait été composé de deux des collaborateurs les plus brillants du GPRA, Ahmed Boumendjel et Mohamed Ben Yahia — assisté du spécialiste des transmissions Mohamed Hakiki — et bien que tout ait commencé dans un climat favorable — Boumendjel parlant de l'offre « chevaleresque » que de Gaulle venait de faire —, tout échoua presque aussitôt. La délégation française avait reçu des consignes très strictes, rédigées par Michel Debré, mais approuvées par de Gaulle, qui ne lui permettaient pas, en principe, de parler d'autre chose que de l'arrêt des combats. Elle était composée du général de Gastyne, infiniment courtois mais nullement préparé à une négociation avec les Algériens, du préfet Roger Moris, secrétaire général des Affaires algériennes, hostile à toute négociation, assisté du colonel Mathon, qui l'était aussi. A aucun moment, les représentants français ne cherchèrent à savoir jusqu'où les Algériens voulaient aller, si une trêve pouvait précéder un accord militaire, et pendant combien de temps, si une négociation politique pouvait l'accompagner, ou la suivre, et dans quels délais, ou même si le contenu des discussions politiques avec Ferhat Abbas pourrait rester secret tandis qu'on parlerait du cessez-le-feu. De même, les délégués algériens ne posèrent aucune question sur la nature des problèmes dont Ferhat Abbas pourrait parler, sur la liberté d'action et d'expression des « combattants », c'est-à-dire du FLN, après l'arrêt des combats, sur les délais entre le cessez-le-feu et le vote d'autodétermination : ils s'embourbèrent, au contraire, dans le problème des relations avec la presse, qu'ils auraient eu le moyen d'établir de toute façon, et sur leur libre circulation dans Paris... Debré, cependant, souhaitait d'après son directeur de Cabinet, Pierre Racine, poursuivre les entretiens, à titre exploratoire, mais il est vrai qu'ils avaient peu de substance, et de Gaulle préféra les interrompre.

On a beaucoup écrit que Melun n'était qu'un échec programmé : ce fut plutôt une occasion manquée. Une occasion, pour les Algériens, de porter le dialogue à un plus haut niveau, de le faire évoluer et de mieux comprendre ce que de Gaulle voulait. Une occasion pour les Français de connaître les dirigeants algériens autrement que par les rapports des services spéciaux et les comptes rendus d'émissaires officieux ou trop attachés à la réussite de leurs démarches pour être toujours crédibles, une occasion de voir s'il ne valait pas la peine de sortir du préalable du cessez-le-feu et de quelle façon. De Gaulle, quelques mois plus tard, s'est rendu compte, semble-t-il, qu'une occasion avait été perdue, si l'on en juge par la véhémence avec laquelle il en parla au ministre tunisien Mohamed Masmoudi, stigmatisant les mauvaises questions posées, selon lui, par les délégués algériens et regrettant sa rencontre manquée avec Ferhat Abbas :

> Nous pensions qu'il fallait d'abord dégrossir le dossier algérien, débroussailler le terrain, avancer dans la voie de la solution. Nous pensions que la rencontre Abbas-de Gaulle, une fois certaines idées mises au clair, certaines procédures envisagées et peut-être certaines solutions trouvées — pourquoi pas ? — une fois les chose avancées, constituerait une étape et permettrait d'aller de l'avant[37].

Alors vint le reflux des espérances de paix. Près de six mois s'étaient écoulés maintenant depuis l'affaire des barricades, et la guerre continuait. Les partisans de l'Algérie française, militaires, hommes politiques ou simples membres de la communauté européenne, relevaient la tête et commençaient à dire que la preuve était faite qu'il n'y avait pas de négociations possibles avec le FLN. Du reste, certains signes montraient que celui-ci approfondissait délibérément ses relations avec les pays de l'Est. Ferhat Abbas se rendait à Pékin et à Moscou en septembre et octobre. Krim Belkacem l'y avait précédé. Des accords d'aide et de coopération entraient en vigueur avec la Chine, la Tchécoslovaquie, la Bulgarie, l'Allemagne de l'Est et même le Vietnam. De Gaulle y attribua de l'importance, comme il le confia à Masmoudi :

> Je sais que l'URSS a intérêt à la poursuite de la guerre, et qu'elle cherche à intervenir de plus en plus en Algérie. Je me demande s'il n'est pas déjà trop tard pour le FLN. Je tiens à vous dire que si je suis convaincu que le FLN est entre les griffes de Khrouchtchev je ne discuterai pas avec M. Abbas et ses amis... L'ambassadeur de l'URSS à Paris, Vinogradov, avec lequel j'ai eu une conversation à ce sujet, m'a nettement laissé entendre que son pays entend intervenir de plus en plus en Algérie...

Ce risque n'était pas illusoire. En ce milieu de l'année 1960, après l'échec de la conférence « au sommet » si longtemps souhaitée par Khrouchtchev et la position très ferme prise par la France dans l'affaire de Berlin, la direction soviétique parut tout à coup plus favorable à une aide active, directe et croissante aux Algériens[38]. C'est ce que réclamaient depuis des années les responsables soviétiques qui s'occupaient de l'Algérie : je peux en témoigner. Fascinés par les chances d'une vaste stratégie d'alliance entre le camp de l'Est et le Tiers-Monde, à commencer par les mouvements anticolonialistes qui se voulaient eux-mêmes révolutionnaires, ils crurent alors, non sans raison, que leur gouvernement allait s'engager à fond dans la stratégie dont ils rêvaient...

De juillet à novembre 1960, quatre mois s'écoulent sans aucun changement apparent. C'est alors, pourtant que de Gaulle prend les décisions qui aboutiront en seize mois, à la fin de la guerre. L'immense espoir soulevé par les entretiens de Melun l'a beaucoup frappé. La presse, les partis, les syndicats ont cru y voir le pas décisif vers un retour à la paix. Sans nul doute, l'opinion française, profondément déçue par l'échec des pourparlers, attend de nouvelles initiatives et ne se résigne plus à la poursuite de la guerre. Aussi tient-il à faire savoir que l'échec de Melun incombe d'abord au FLN. Parcourant la Normandie, il déclare, à Saint-Lô :

> Ceux qui, pour des raisons qui sont les leurs et ne sont pas les nôtres, retardent plus ou moins l'aboutissement, à ceux-là je leur dis, sans aucune aversion, sans aucune haine, car demain tout le monde sera nécessaire pour cette grande œuvre algérienne, je leur dis qu'en retardant ce moment, ils ont tort.

Il choisit d'abord d'explorer encore la voie d'une nationalité algérienne, sans le FLN, et d'utiliser l'ensemble des élus algériens avec qui on pourrait, suivant son expression, « faire le reste ». Le 18 juillet, un décret institue des commissions d'élus qui devront préparer les grandes réformes que le gouvernement compte appliquer en Algérie. De Gaulle y voit une manière de leur conférer un prestige plus grand et de susciter ainsi l'élite politique qui devrait, un jour, servir de cadre à l'« Algérie algérienne ». Il n'a pas grande illusion, semble-t-il, sur leur autorité et leur représentativité, mais il juge nécessaire de franchir une nouvelle étape, si limitée soit-elle, vers le but qu'il s'est assigné, même si cette voie est aléatoire.

Cependant, rien n'indique que la masse musulmane renonce à sa réserve ou à son hostilité. En dépit de réels succès, l'armée n'est pas venue à bout de l'insurrection. La guerre s'éternise. En France, elle provoque de graves secousses dans l'opinion publique. Dans la jeunesse, un mouvement se fait jour, encore faible, mais significatif, pour refuser de porter les armes. Si limité qu'il soit, le nombre des réfractaires témoigne d'une opposition résolue à la guerre[39]. Du coup, les partis de gauche et les organisations syndicales durcissent leur attitude : ils ne veulent pas se laisser gagner par les partisans d'actions illégales contre la guerre d'Algérie. Au début d'octobre, le procès de quelques jeunes Français qui avaient prêté leur concours au FLN attire l'attention sur le trouble qu'elle provoque dans leur génération. Le manifeste des « 121 » montre la compréhension dont certains milieux intellectuels témoignent envers eux. A la fin du mois, les partisans d'une négociation avec le FLN manifestent à l'appel des syndicats d'étudiants. En sens inverse, un « manifeste des intellectuels français » regroupe les partisans de l'intégration, tandis que le maréchal Juin et de nombreux généraux en retraite protestent contre les campagnes en faveur de l'insoumission. Ces déchirements annoncent que la guerre d'Algérie commence à ébranler la société française. De Gaulle qui, après les barricades, et avant l'échec de Melun, a senti une approbation nationale presque unanime, ne peut que voir maintenant l'urgente nécessité de libérer la France du poids — plus moral encore que matériel — d'une guerre qui n'est que l'étape ultime de la décolonisation.

Le 5 septembre, au cours d'une conférence de presse, il affirme une fois de plus que l'Algérie sera un jour gouvernée par les Algériens :

> La seule question qui se posera [...] ce sera de savoir si cette Algérie-là sera algérienne, contre la France, par sécession [...], ou en association, en union amicale avec elle.

Mais cette fois, il insiste plus que d'habitude sur l'audience que l'insurrection a rencontrée en Algérie.

> Je ne suis pas assez aveugle, dit-il, ni assez injuste, pour méconnaître l'importance du mouvement des âmes blessées et des espérances éveillées qui ont conduit tant d'Algériens à la révolte. Je sais bien quelle résonance elle a trouvée dans une partie des populations... Tout cet ensemble formé par les insurgés, par l'attrait qu'il a exercé sur une partie de la population, et par les prolongements qu'il a rencontrés, je crois qu'il fera partie, automatiquement, de l'Algérie de demain.

Mais il revient, malgré tout, sur le préalable du cessez-le-feu, sur l'impossibilité morale de converser, tant que les meurtres, les attentats et les combats se poursuivent.

A ses yeux, désormais, il lui faut aller jusqu'au terme de sa politique. De toute évidence, aucun mouvement ne prendra naissance en Algérie qui ne s'appuie sur l'idée d'indépendance, seule capable de remuer l'immobilité musulmane. Certes, il n'est pas question, dans son esprit, de renoncer à garantir les droits particuliers des Européens, ni de sacrifier par avance les liens diplomatiques, économiques, culturels, stratégiques, qui doivent unir l'Algérie à la France. Il veut s'en tenir, au moins dans les grandes lignes, à la définition qu'il a donnée le 16 septembre, de l'« association ». Mais il faut convenir que, pour les Algériens, il doit être entendu que leur pays sera souverain. A cet égard, un certain changement de vocabulaire s'impose, en même temps qu'il faut suggérer que la France admet sans ambages la naissance d'un Etat algérien. De Gaulle n'ignore pas qu'il s'apprête à renoncer à tout ce qui est proprement « français » en Algérie : il sera inévitablement accusé d'avoir renoncé à ses intentions premières, et il pressent que de terribles oppositions vont se faire jour. Il sait déjà qu'il va mettre en jeu toute son autorité, tout son prestige pour enlever à la France la souveraineté qu'elle exerçait sur un vaste territoire : mais à l'automne 1960 sa résolution est prise.

C'est d'abord, le 4 novembre, le discours où il parle pour la première fois de la République algérienne « laquelle existera un jour ». Ainsi le but est défini. Mais sur la méthode, l'incertitude demeure. De Gaulle dénonce la tentation qui porte le FLN à recourir à l'aide des grands pays communistes au risque d'établir une « Algérie soviétique ». Il ne renonce pas au dialogue avec eux, mais il annonce que, sans attendre, de nouvelles étapes seront franchies.

> Ce qui a été commencé par l'institution du collège unique, l'élection des députés et des sénateurs, celle des conseillers municipaux et des maires, celle des conseillers généraux et de leur président, la formation des commissions d'élus, sera continué et développé de telle sorte qu'en fin de compte, la responsabilité des affaires d'Algérie, soit, à tous les étages, assumée par des Algériens.

Dès lors, plus aucun doute ne subsiste : la politique française vise à consacrer l'indépendance de l'Algérie. Mais simultanément, elle recourt à deux méthodes : l'une est celle des négociations avec l'adversaire, pour autant que celui-ci s'y prête et qu'il accepte, en fin de compte, cette « association » que la nécessité politique oblige à appeler désormais « coopération » ; l'autre consiste à forger, de toutes pièces, un édifice algérien, en se servant d'hommes, au départ sans autorité, mais qui en auront d'autant plus, ensuite, que le destin de leur pays sera remis entre leurs mains. Dans les deux cas, il faut bien établir en Algérie, avec l'échéance finale de l'autodétermination, des institutions provisoires qui assumeront la plupart des responsabilités publiques. Si un accord peut être trouvé avec le FLN, il y participera, sinon on trouvera d'autres concours, et, en fonction des circonstances, on fixera le moment du futur référendum. En même temps, il faudra que la France, approuvant solennellement l'existence de ces institutions, confirme définitivement sa volonté de reconnaître la souveraineté algérienne : de ce fait, aucune ambiguïté ne subsistera plus sur ses intentions. Douze jours après le discours du 4 novembre, il annonce donc au Conseil des ministres qu'un référendum doit consacrer cette étape capitale de sa politique algérienne et sa décision est rendue publique. Le 22, Louis Joxe est nommé ministre d'Etat chargé des Affaires algériennes et, le lendemain, Paul Delouvrier est remplacé à Alger par un nouveau délégué général, Jean Morin.

Le 9 décembre, de Gaulle entame, à Oran, le dernier voyage qu'il fera en Algérie. Ce devait être l'étape capitale de sa politique. Au départ, il ne s'agissait que de convaincre les officiers, les fonctionnaires qu'il leur fallait se résigner à l'émancipation prochaine du pays. Mais il faut aussi en convaincre les foules musulmanes, de sorte que tout a été prévu pour que celles-ci soient aussi nombreuses que possible pour entendre de Gaulle. L'événement, pourtant, va dépasser les prévisions : ce sera, pour l'Algérie, un ébranlement tel que les derniers mythes de la guerre et de la colonisation s'effondreront sans retour.

C'est qu'une fois de plus les organisations politiques de la minorité européenne allaient tenter d'enrayer une évolution dont elles voyaient bien qu'elle menait à l'indépendance. Leur projet était à la fois très vague et très simple. Il s'inspirait du précédent victorieux du 13 mai 1958. Il s'agissait, cette fois encore, de provoquer l'intervention de l'armée et la prise en main de l'appareil d'Etat par les autorités militaires. La raison en serait l'affrontement, ou du moins le risque d'affrontement, entre les deux communautés, ancienne et nouvelle, et l'occasion en serait le désordre créé par les émeutes méthodiquement organisées, jour après jour, durant toute la semaine où de Gaulle séjournerait en Algérie.

Le mois précédent, après qu'il eut prononcé pour la première fois les mots symboliques de « République algérienne », on avait senti craquer les cadres de l'Etat en Algérie. On sait aujourd'hui que l'exemple d'André Jacomet, secrétaire général du gouvernement à Alger, qui protesta contre le discours du chef de l'Etat et fut immédiatement révoqué, était sur le point d'être suivi par les principaux directeurs de la Délégation générale. Seule l'intervention de Delouvrier avait pu endiguer la vague des démissions spectaculaires. Au sommet de la hiérarchie civile, la politique du pouvoir est donc réprouvée, sinon combattue. En même temps, l'état-major du commandant en chef, le général Crépin, passait pour acquis à la défense de l'Algérie française. On pouvait prévoir qu'à la tête des principaux régiments de parachutistes et de la Légion étrangère, les colonels Dufour, Romain-Desfossés, Masselot ne resteraient pas indifférents aux chances d'une ultime épreuve de force. D'Espagne où il s'était réfugié, le général Salan pourrait lancer un appel en faveur de la communauté européenne soulevée contre le pouvoir. En métropole, les cadres de l'armée, exaspérés par les campagnes menées autour du cas des déserteurs, réfractaires ou insoumis, pourraient agir sur le gouvernement comme leurs prédécesseurs avaient paralysé la IVe République au temps du 13 mai...

Ceux qui les ont vécues gardent le souvenir de l'atmosphère étrange de ces deux journées des 9 et 10 décembre 1960. Mais rarement on n'a pressenti que c'étaient là les dernières des grandes « journées » européennes en Algérie. Déjà s'ébauchent quelques-uns des traits essentiels de l'histoire future de l'OAS. Du côté de l'ordre, gendarmes et CRS, que viennent appuyer, sans enthousiasme, quelques unités composées de jeunes soldats métropolitains. En face d'eux, des Européens, de tous âges et de tous milieux, des hommes, surtout, qui n'ont pas peur des coups et du sang et ne voient de recours qu'en la violence. Oublié déjà le spectacle folklorique du 13 mai, révolu le temps des barricades où s'échangeaient, d'un camp à l'autre, des apostrophes pleines d'honneur et de gloire, où chacun s'attribuait de nobles vertus patriotiques... En ce sombre automne 1960, le spectacle est déjà ce qu'il restera jusqu'à la fin : casques et tenues noirs ou kaki des gendarmes et des CRS, gants et blousons des Européens, matraques et barres de fer, grenades offensives, gaz, ambulances, rideaux de fer baissés et vitres brisées.

Durant ces deux jours, de Gaulle accomplit, une à une, les étapes de son périple. A tout moment, il était tenu au courant du déroulement des émeutes d'Alger et d'Oran. Parmi les membres de sa suite, on se passait les dépêches avec une visible anxiété. Quant à lui, il n'affrontait pas seulement les épisodes tumultueux de son voyage avec un grand sang-froid, mais avec une sorte de satisfaction raisonnée. Dans l'hélicoptère qui le transportait, il faisait part à son délégué général, Jean Morin, du contentement qu'il éprouvait, de voir enfin les foules musulmanes sortir de leur réserve, partout où il passait[40] : aux hurlements des partisans de l'Algérie française, répondaient, en effet, dans les rues et sur les places, les acclamations des musulmans qui scandaient tour à tour : « Vive de Gaulle ! » et « Algérie algérienne ! » Il y voyait les premiers signes d'une entrée en force de la communauté musulmane sur la scène politique algérienne. Dès lors, pensait-il, la preuve était faite que les Européens n'étaient plus seuls à s'exprimer et qu'ils ne feraient plus la loi en Algérie. Chaque fois qu'il prendrait une décision nouvelle, chaque fois qu'un geste spectaculaire confirmerait l'émancipation de l'Algérie, il pourrait déclencher l'enthousiasme des musulmans et jouer de leur pression pour imposer sa politique.

Tandis que la presse mondiale titrait sur les émeutes et les désordres, tandis que la plupart des observateurs décrivaient avec effroi l'affrontement des communautés et annonçaient déjà le vaste chaos où le pays allait sombrer, il était, quant à lui, parfaitement certain d'avoir, en fin de compte, ouvert la voie à la solution si longtemps retardée. Sans hésiter, il affrontait la colère des manifestants européens ou l'exaltation débordante — et parfois inquiétante — de la foule musulmane, pénétrant dans ses rangs, la main tendue. Il est vrai qu'il était alors plus sévère que jamais, pour l'aveuglement de la communauté européenne dont la colère laissait prévoir qu'elle ne saurait pas prendre son parti de l'inévitable indépendance, ni saisir à temps ses dernières chances de subsister. Il est vrai aussi que dans un accès d'irritation et de mépris, il qualifia de « braillards » les manifestants européens — bien que le mot, imprudemment rapporté, provoquât un incident entre les officiels et la presse...

Avant tout, de Gaulle voulait convaincre l'armée d'accepter, sans défaillance, toutes les conséquences de sa politique algérienne :

> L'armée ne sert aucun clan, aucune faction, aucun intérêt, dit-il à des officiers rassemblés autour de lui. L'armée sert la France, tout simplement. Si elle ne donnait pas l'exemple qu'elle doit donner, celui du service, ce scandale serait de nature, peut-être, à porter un coup mortel à l'âme du pays... L'âme de la France est avec nous, et je répète que le pays tout entier a confiance en vous, à commencer, messieurs les officiers, par moi-même.

Cette fois, il leur parla sans détour de l'inévitable aboutissement de sa politique.

> Du fait de l'insurrection même, la population de cette Algérie, qui est en très grande majorité musulmane, a pris une conscience qu'elle n'avait pas. Rien n'empêchera cela. Il y a aussi le fait que cette insurrection, et tout ce qui s'y rattache, se passe dans un monde nouveau, dans un monde qui ne ressemble plus du tout au monde que j'ai connu, moi, quand j'étais jeune. Il y a, vous le savez bien, tout ce contexte d'affranchissements qui passe d'un bout à l'autre du monde, qui est passé sur notre Afrique noire, qui est passé sur ce qui était naguère les empires, sans exception, et qui ne peut pas ne pas avoir des conséquences considérables, ici.

Et devant les officiers réunis dans le hangar de l'aérodrome de Blida, il dit :

> C'est sans joie, veuillez le croire, qu'un homme de mon âge et de ma formation a tiré toutes les conclusions de cet ensemble. La France les a tirées avec lui.

C'est alors que les journées de décembre prennent un tournant décisif : l'Algérie, par avance, va connaître son destin[41]. Après quarante-huit heures, les quelques témoins objectifs des émeutes savent que la résistance des forces de l'ordre est à toute épreuve. La rigueur des consignes officielles est totale : elle va jusqu'à l'ordre de faire feu. Une seule préoccupation demeure : ne pas faire de martyrs. A cette réserve près, il est clair que le pouvoir ne se laissera pas déborder. Mais, ce que savent les témoins, on ne le sent pas, on ne le voit pas aux abords des quartiers musulmans. Là, la rue est entre les mains des jeunes Européens qui, depuis deux jours, barres de fer en main, font fermer les magasins et canalisent les hommes vers les cortèges de manifestants qui se dirigent vers le centre de la ville. Nulle part n'apparaît, aux abords de Belcourt ou de la Casbah, le signe de la résistance des autorités à l'émeute.

Pourtant, on entend depuis quarante-huit heures, à la radio, des reportages faisant état des manifestations musulmanes qui accompagnent de Gaulle : c'est donc que la rue n'appartient plus seulement aux Européens. Dans les quartiers musulmans, l'exaspération se mêle à l'espérance. Dans cet après-midi du 10 décembre, les jeunes musulmans des hauts de Belcourt se concertent et discutent. Les officiers commandants des SAU — Sections Administratives Urbaines — d'Alger sont alors informés qu'ils ont l'intention de manifester dans la rue et de ne pas se « laisser faire » par les jeunes Européens. Ils en rendent compte à l'état-major du corps d'armée d'Alger. D'autres officiers de SAU, alertés par ces rumeurs, croient, de bonne ou de mauvaise foi, que leurs camarades interrogés par des musulmans les ont encouragés à agir ; certains, sur la base des mêmes informations, en déduisent qu'on a même incité les musulmans à descendre dans la rue. A la vérité, les responsables, hantés par la crainte d'un affrontement entre les deux communautés et par une intervention éventuelle de l'armée, avaient écarté l'idée de susciter des contre-manifestations musulmanes à Alger et à Oran. Mais les officiers de SAU, avertis qu'elles allaient commencer, ne pouvaient pas paraître favorables aux émeutes européennes : ils se sont bornés à écouter leurs informateurs et à prévenir leurs supérieurs. Dans les émeutes musulmanes, il n'y eut donc aucune responsabilité officielle.

Entre le 10 et le 11 décembre, à Alger, tout un univers semblait avoir basculé. Là où, la veille, des milliers et des milliers d'Européens scandaient : « Algérie française ! », ou fuyaient sous les coups des gendarmes et des CRS dans un grand vacarme de cris, de chants et d'explosions de grenades, c'était le vide et le silence. Dans la ville complètement morte, circulaient seuls les véhicules de l'armée et de la police ou quelques voitures de journalistes. On traversait Alger comme une cité désertée par la vie. En approchant des limites extrêmes de Belcourt, à chaque pas se précisait la rumeur d'une foule innombrable et hurlante. Là, la densité des forces de police se faisait plus grande. Au-delà des derniers cordons de CRS, c'était un autre monde qui apparaissait, pour la première fois, au grand jour : celui de l'Algérie déjà indépendante — indépendante dans quelques quartiers et faubourgs, ceinturant Alger d'un poids massif. Tel fut, désormais, l'un des ressorts essentiels de toute l'histoire algérienne. Tel fut l'arrière-fond sur lequel naquit et grandit l'OAS et qui explique son existence, sa psychologie, ses méthodes et même sa mythologie.

Pendant toute la journée du 11, Jean Morin s'était opposé à la répression des manifestations musulmanes par l'armée[42]. Il avait tenté de limiter autant que possible la relève des CRS par les parachutistes ; puis il avait exigé leur départ. En fait, il se conformait aux directives rigoureuses que de Gaulle lui avait données. Par là, le 11 décembre annonçait toute l'histoire de la dernière phase du drame algérien. Ce jour-là, le gouvernement avait choisi de considérer l'indépendance algérienne comme l'objet d'une négociation, et non plus comme le but d'une rébellion qu'il fallait écraser par la force. C'était apparemment un choix contradictoire avec la poursuite de la guerre. Mais cette contradiction résultait de la volonté du FLN de continuer la lutte tant que son issue politique n'aurait pas été négociée et décidée : elle ne pouvait être surmontée que par une discussion et un accord. De là résulta le drame de l'Etat en Algérie qui dut, désormais, se battre sur deux fronts et au milieu des pires équivoques.

Dans la Caravelle qui le ramène à Paris, de Gaulle appelle auprès de lui le ministre de l'Information, Louis Terrenoire[43]. Il reconnaît, lui dit-il, qu'il est très douteux maintenant que l'on trouve en Algérie des interlocuteurs représentatifs de la communauté musulmane, sans liens avec l'insurrection.

> Il faut donc, conclut-il, un arrangement avec le FLN et, en tout cas, le mettre au pied du mur. C'est ce que je ferai après le référendum.

Celui-ci est un succès : il n'y a que 23,5 % d'abstentions en métropole et, sur les votants, on compte 75,2 % de « oui ». Tout aurait été plus clair, cependant, si les communistes n'avaient pas opté pour le « non » en même temps que la droite favorable à l'Algérie française : sur les 5 millions de « non », elle n'en représentait pas plus d'un million, et, si les communistes n'avaient pas mêlé leurs bulletins de vote aux siens, elle serait apparue telle qu'elle était, une minorité très réduite. Dans les départements algériens, où il y avait eu 39 % de « oui » pour l'ensemble des électeurs inscrits et 18 % de « non », de Gaulle releva surtout que 42 % du corps électoral s'étaient abstenus :

> Il ne faut pas s'y tromper, dit-il à Terrenoire, dans les grandes villes principalement, les musulmans ont suivi les consignes du FLN.

C'est à ce moment que, tout à coup, il changea de ton, l'appela « Monsieur le ministre de l'Information », et lui adressa cet avertissement :

> Jusqu'à présent, j'ai fait de nombreux discours, il s'agissait de préparer progressivement l'opinion à ce qui doit arriver ; maintenant cela devient sérieux, il faudra se taire, car on aura des contacts avec le FLN, on va les entreprendre. Oh ! Il y a bien eu des personnages vibrionnants, qui ont tenté à diverses reprises de jouer les intermédiaires, mais ils n'étaient pas mandatés pour cela. Désormais ce sera autre chose.

Et la suite du dialogue est singulièrement révélatrice des conditions dans lesquelles les négociations vont s'engager : « Mon général, [demande Terrenoire] vous devez être assez bien informé sur ce que pensent et veulent les chefs de l'insurrection ? "Absolument pas !", telle est la réponse, ponctuée par un accent sans feinte et, soulignée d'un geste convaincant. Et le général de poursuivre : "C'est précisément par là qu'il faut débuter. Ne laissons pas se rétablir le malentendu de Melun. Tout ce qu'on sait sur eux, c'est qu'ils sont divisés." »

Ainsi, plus de deux ans et demi après son retour au pouvoir, de Gaulle — car il n'y a pas de raison de croire qu'il ait voulu tromper Terrenoire — pensait ne pas connaître l'état d'esprit et les intentions des dirigeants du FLN. On vérifie là, une fois de plus, l'importance d'une information exacte des responsables politiques, aussi hauts qu'ils soient placés. Car, en effet, Bruno de Leusse, collaborateur de Louis Joxe et qui allait être l'un des principaux artisans de la négociation, devait confirmer, lors du colloque consacré à de Gaulle en 1990 à l'occasion du centenaire de sa naissance, qu'on ne connaissait pas bien les dirigeants du FLN au moment d'entamer un dialogue avec eux. Force est alors de constater que les moyens habituels de renseignements n'avaient pas été bien utilisés ou que ceux qui en avaient la charge n'ont pas rempli leur mission, se bornant à parler des « divisions » du FLN. Quant aux « personnages vibrionnants » auxquels de Gaulle faisait allusion, ils n'ont pas rendu le service qu'ils auraient pu rendre, qui était d'informer sérieusement sur la personnalité et la mentalité des hommes du GPRA, des chefs et des cadres de l'insurrection, sur leurs intentions et leurs projets. On mesure ici à quel point on a tardé, du côté français, à comprendre — et donc à admettre — la représentativité du FLN, tandis qu'au même moment on tardait, du côté algérien, à comprendre à quel point de Gaulle était résolu à la décolonisation de l'Algérie et combien il était déterminé à briser tous les obstacles pour y parvenir.

De Gaulle l'a dit alors et il l'a redit à de nombreuses reprises : il n'était pas sûr que la négociation aboutirait. Il craignait que les chefs du FLN, convaincus de l'appui massif des Algériens, certains que l'histoire rendait inévitable l'indépendance de l'Algérie et assurés du soutien des Etats arabes, des pays déjà décolonisés, du camp communiste et même, le cas échéant, des Etats-Unis, pourraient attendre qu'on leur accorde tout sans consentir à la moindre contrepartie. Or il ne voulait pas en venir là. Il tenait à ce que l'indépendance de l'Algérie soit rendue compatible avec deux impératifs qu'il jugeait essentiels : un statut protecteur de la communauté européenne, et la garantie des intérêts économiques et stratégiques de la France. Jusque très tard dans l'histoire des négociations, de Gaulle se demanda s'il obtiendrait satisfaction sur ces deux points, soit parce qu'un accord se révèlerait impossible, soit parce que les divisions et surenchères au sein du FLN le ferait échouer. C'est pourquoi il devait laisser se développer, prudemment et discrètement, sans illusions de sa part mais sans y renoncer, les projets de formation d'un pouvoir algérien sans le FLN[44]. Dans son esprit, en tout cas, le cadre de la négociation est fixé : moyennant un accord sur la coopération entre l'Algérie et la France en matière économique, militaire, culturelle, et sur les garanties données à la communauté européenne, l'indépendance algérienne sera pleinement reconnue, après quoi le scrutin d'autodétermination consacrera la solution choisie. Les négociateurs français devront donc ne discuter les conditions politiques et militaires de l'autodétermination — cessez-le-feu, institutions provisoires, durée de la période transitoire — que dans la mesure où un accord aura été trouvé : faute de quoi, les négociations échoueront. C'est exactement selon ce canevas que les étapes vers la paix vont se succéder pendant seize mois.

C'est en décembre 1960 que de Gaulle a retenu l'idée d'un recours à un intermédiaire suisse pour prendre contact, secrètement mais officiellement, avec le GPRA : à ses yeux, c'est une garantie de sérieux. D'autant qu'il s'agira d'Olivier Long, qui fait fonction dans le gouvernement helvétique de ministre des Affaires étrangères et que Louis Joxe et Georges Pompidou connaissent[45]. Dans les derniers jours du mois, un avocat suisse, Maître Lalive, organise chez lui une rencontre entre le représentant du FLN à Rome, Taïeb Boulahrouf, et Olivier Long. Les deux hommes s'interrogent mutuellement et comprennent qu'ils sont là pour amorcer un dialogue. Boulahrouf se rend à Tunis et obtient l'accord de Krim Belkacem, alors ministre des Affaires extérieures, de Ben Tobbal, de Boussouf et du président du GPRA, Ferhat Abbas, pour maintenir ses contacts. Il en fait part à Olivier Long qui, le 26 janvier 1961, lui transmet une proposition française : Georges Pompidou viendrait le rencontrer en Suisse. Ferhat Abbas, étant alors en tournée dans le Sud-Est asiatique, la réponse ne parvient que le 10 février : la rencontre est acceptée.

Dans l'intervalle, un autre contact a été pris à l'initiative, semble-t-il, de Michel Debré, probablement pour vérifier les dispositions du FLN à négocier ou pour voir si d'autres voies ne sont pas préférables. Le journaliste suisse, Charles-Henri Favrod, et son ami Albert-Paul Lentin, rédacteur à *Libération*, tous deux très bons connaisseurs du FLN, ont été priés par Jacques Loquin, qui agit pour le compte du cabinet du Premier ministre, de ménager un rendez-vous entre un émissaire français et Saad Dahlab, alors secrétaire général du ministère algérien des Relations extérieures, en séjour à Genève. Celui-ci se laisse convaincre dès lors qu'il s'agit, cette fois, d'un émissaire officiel. C'est Claude Chayet, conseiller technique au cabinet de Louis Joxe, qui est désigné. L'entretien a lieu le 2 février[46]. Chayet est chargé de dire que des négociations pourraient avoir lieu en France, sans préalable et au niveau ministériel. Pressé de réagir sur ces trois points, Dahlab ne put que dire son accord sur les deux derniers, conformes aux vues du FLN, et ses réserves sur le premier, suggérant plutôt un terrain neutre. C'était évidemment un très bon début. Mais quel canal voulait-on emprunter ? De Gaulle trancha : ce serait Olivier Long et la Suisse[47].

Le lundi 20 février a lieu, au Schweizer Hôtel à Lucerne, la première rencontre officielle, organisée par Olivier Long, entre Georges Pompidou et Bruno de Leusse, du côté français, Ahmed Boumendjel et Taïeb Bouharouf, du côté algérien. Pompidou, dès ce jour-là, dévoile très exactement ce qui sera la démarche française tout au long des négociations : l'autodétermination est un principe fondamental mais sa mise en application est « une question secondaire », et il faut essayer de parvenir à « une solution acceptable pour tous », l'indépendance de l'Algérie ne « faisant pas peur » à la France. Il a fait référence à la nécessité de faire cesser « les attentats » et il n'a fait aucune allusion au Sahara. A la demande des Algériens, ces deux points sont éclaircis. A défaut d'un cessez-le-feu dont le FLN ne veut pas, on pourrait conclure une trêve, de sorte que la négociation ne serait pas sous le coup de brusques accès de violence, et le Sahara est une « mer intérieure » dont il vaut mieux ne pas parler tout de suite car d'autres pays riverains sont concernés.

Le dimanche 5 mars, une seconde réunion, avec les mêmes participants se tient à l'hôtel Terminus à Neuchâtel. Bien que l'atmosphère en soit quelque peu tendue, le terrain va être assez largement déblayé et les tactiques vont se préciser. Après un long rappel historique que Pompidou trouve inutile, Boumendjel demande qu'une négociation s'ouvre sur les conditions de l'autodétermination, puis sur un cessez-le-feu, après quoi les deux accords seraient rendus publics, et, après le référendum, on discuterait des rapports franco-algériens. Et aussitôt Pompidou réplique en faisant remarquer que, faute de « prédétermination », il n'y aurait pas de garanties pour la communauté européenne alors qu'elles sont essentielles. Dès cet instant, tout est clair : les Algériens se concentrent — ou affectent de se concentrer — sur les conditions de l'autodétermination, demandant qu'elle ait lieu dans toute l'Algérie, Sahara compris, et qu'elle s'exprime par le vote de l'ensemble des habitants, sans distinction de communautés ; les Français veulent qu'on s'entende au préalable sur une solution commune, faute de quoi il n'y aurait pas d'accord du tout.

On parle aussi de l'arrêt des combats : les Français proposent, à défaut d'un cessez-le-feu, une trêve qui serait, suivant Pompidou « un statu quo sans se chercher », mais les Algériens veulent poursuivre leur lutte tant qu'ils n'auront pas atteint leur objectif. Pourtant on s'est déjà rapproché sur plusieurs points : pas d'interférence étrangère, transfert des « chefs historiques » près de Paris où ils pourraient être consultés puis libérés dès qu'une trêve serait intervenue, négociations près de la frontière, de sorte que les délégués algériens pourraient loger en Suisse. Les désaccords persistent manifestement sur l'arrêt des combats et sur l'appartenance du Sahara à l'Algérie — mais Boumendjel suggérant déjà qu'il pourrait faire l'objet d'une coopération économique franco-algérienne.

De part et d'autre, on croit alors que c'est à « l'autre partie » de réagir. Après une démarche d'Olivier Long à Paris, c'est de Gaulle lui-même qui intervient en faisant lire un texte sur papier à son en-tête par Bruno de Leusse, le 8 mars, à Boumendjel et Boulahrouf. Il écrit que « l'essentiel est que s'ouvre une conversation officielle », et ajoute deux précisions décisives : « On n'imagine pas que si les délégations aboutissent à un accord, celles-ci ne règlent pas à la fois les questions politiques et militaires actuelles » — ce qui veut dire que la négociation devra porter sur tous les aspects d'une solution acceptable des deux côtés et « on n'imagine pas non plus que les décisions qui seraient prises puissent être appliquées si les combats n'ont pas cessé » — ce qui veut dire que le cessez-le-feu n'est pas un préalable aux discussions politiques. La mécanique des négociations est en marche. Le 23 mars, on annonce officiellement, des deux côtés, qu'elles vont s'ouvrir le 7 avril.

Un brusque dérapage se produit le 30 mars. Louis Joxe, dans une déclaration publique, à Oran, sur ses consultations avec les élus et les représentants des milieux économiques, ajoute que, « pour le MNA, il ne s'agit pas de consultations », et il précise même : « Je rencontrerai le MNA comme je rencontrerai le FLN. » C'est assez pour provoquer une crise. Avant même le déclenchement de l'insurrection du 1er novembre 1954, une scission s'était produite au sein du parti de Messali Hadj — qui s'était appelé successivement « Parti populaire algérien », puis MTLD, « Mouvement pour le triomphe des libertés démocratiques », puis MNA « Mouvement national algérien ». Une fraction, déterminée à engager la lutte armée, avait refusé de choisir entre les deux tendances opposées, et c'est de ses rangs qu'étaient sortis les fondateurs du FLN : depuis lors, ils professaient envers Messali une hostilité farouche qui s'était traduite par de très nombreux attentats, surtout en France, et se nourrissaient encore des rumeurs — en partie justifiées — sur l'utilisation des débris du MNA par les services français. Il était donc facile de prévoir que le FLN, qui avait poursuivi une longue lutte pour être le représentant exclusif de la nation algérienne réagirait âprement contre toute entrée en lice d'autres interlocuteurs, et du MNA par-dessus tout. Il faut qu'Olivier Long obtienne de Paris l'assurance que la France s'en tient au texte sur lequel elle s'est mise d'accord avec le FLN pour annoncer les négociations. Mais il y ajoute, à destination des Algériens, un avertissement : de Gaulle se demande si le FLN est réellement prêt à négocier, s'il ne risque pas d'interrompre les discussions à tout moment, et il s'interroge sur le sens de la recrudescence des attentats qu'on observe en Algérie. De fait, de Gaulle laisse paraître ses inquiétudes dans sa conférence de presse du 11 avril :

> Il s'agit de savoir si, en définitive, [les dirigeants algériens] seront capables de passer au positif.

Le 20 avril, le GPRA décide enfin de proposer une nouvelle date pour l'ouverture des négociations : ce sera le 10 mai.

Tout, brusquement, va être remis en cause. Les adversaires de l'indépendance algérienne ne veulent pas encore renoncer à leur combat et ils n'ont pas tout à fait perdu leurs moyens d'action dans l'armée. Car après les journées de décembre et les puissantes manifestations des Algériens musulmans, l'engagement des militaires les plus résolus est maintenant seul à pouvoir remettre en cause la décision prise par de Gaulle de marcher vers l'indépendance. Ceux qui vont se décider à agir sont, au fond, les mêmes que ceux que l'on a vus à l'œuvre, soit dès la crise de mai 1958, soit lors des épisodes suivants : les colonels Argoud, Broizat, Vaudrey, Lacheroy, Château-Jobert, Gardes, de Blignères, de La Chapelle, mais il leur faut, pour entraîner, espèrent-ils, le gros de l'armée à leur suite, le soutien de généraux [48]. Argoud, partisan fanatique d'une action de force contre de Gaulle et sa politique, y compris, le cas échéant, par sa liquidation physique, et Broizat, inspiré par une vision intégriste et presque mystique de la défense de l'Occident chrétien, tentent, dès novembre 1960, d'entraîner Massu, puis reviennent à la charge au mois de janvier, mais sans résultat certain. Ils savent pouvoir compter sur le général Jouhaud, ancien chef d'état-major de l'Air, qui a pris sa retraite en Algérie où il est né, peut-être sur Salan qui, pour se mettre à l'abri d'une trop étroite surveillance des services français, a préféré s'établir à Madrid. Sur le général Zeller aussi, ancien chef d'état-major de l'armée de Terre, et sur le général Gardy, ancien inspecteur général de la Légion étrangère, mais qui n'ont pas d'audience suffisante.

Au début de mars, Argoud et Broizat renoncent donc à convaincre Massu, désespèrent de faire sortir le maréchal Juin de son mutisme et se décident à sonder le général Challe. Ils sont tout de suite en désaccord sur ce qu'il faut faire : pression militaire sur le gouvernement, prise du pouvoir à Alger, mobilisation de la communauté européenne, extension du coup de force en métropole... Challe hésite sur tout mais il veut être le chef unique de l'entreprise et en fixer la date. Il devait, plus tard, à son procès, déclarer qu'il ne s'était décidé qu'après la conférence de presse que de Gaulle a tenue le 11 avril et où sa résolution de se désengager de l'Algérie a été dite en termes plus rigoureux que jamais : mais, à cette date, sa décision était déjà prise. Le 12 avril, une ultime réunion se tient à l'Ecole militaire et la date du putsch est fixée au 20 avril — puis retardée jusqu'à la nuit du 21 au 22. Challe et Zeller, arrivés à Alger, croient pouvoir compter sur deux régiments basés dans l'Algérois et cinq dans le Constantinois. Ils négligent les avertissements pessimistes donnés en dernière minute par les colonels Georges de Boissieu et Cousteaux et par le commandant Robin, et ils sont assurés sur place, de l'appui du général Gardy, de celui, plus aléatoire, du général Gouraud, commandant du corps d'armée de Constantine, et de la complicité, en métropole, du général Faure, trop prévisible, trop bruyante et trop peu effective pour qu'on puisse en espérer beaucoup.

Le putsch démarre donc par la marche du 1er REP vers Alger, aux ordres du commandant Denoix de Saint-Marc. En vain le général Gambiez, alerté et parti seul à sa rencontre, essaie-t-il de lui barrer la route : il est arrêté par les putschistes comme le sont, quelques instants plus tard, le délégué général en Algérie, Jean Morin, et le ministre Robert Buron, qui était son invité ce soir-là [49].

Il n'est pas exagéré de dire que le putsch a échoué dès le premier jour. D'abord parce que Challe, au contraire de Jouhaud et de Salan qui était venu le rejoindre, a décidé qu'il s'agirait d'une opération exclusivement militaire, destinée à écraser en quelques semaines les dernières forces du FLN et à offrir à la métropole une Algérie décidément « française ». Faute du secours massif et permanent de la communauté européenne, l'armée se trouvait, en quelque sorte, réduite à elle-même. Mais sa division est apparue aussitôt. La Marine, commandée par l'amiral Querville, ancien de la France libre, ne se rallie pas au putsch. Non plus que le commandant du corps d'armée d'Oran, le général de Pouilly. A Constantine, Gouraud, à la fois complice et velléitaire, a contre lui le commandant de l'aviation, Fourquet, Français libre lui aussi, dont la loyauté envers de Gaulle est intransigeante. Sur la frontière de l'est, le général Ailleret fait échec, sans complexe, aux partisans du putsch. A Alger, il a fallu arrêter le commandant du corps d'armée, le général Vézinet, encore un Français libre. A Sidi-bel-Abbès, sanctuaire de la Légion étrangère, le colonel Brothier refuse de se rallier à Challe. Si celui-ci tient fermement Alger et si les colonels qui le poussent à l'action — renforcés de l'appoint du colonel Godard, ancien chef de la Sûreté et qui connaît parfaitement l'échiquier algérien — disposent d'innombrables complicités, plus souvent discrètes qu'avouées, l'armée n'a pas fait bloc en faveur du putsch, même en Algérie. Dès lors, celui-ci est condamné.

Encore fallait-il le réduire sans délai, éviter toute contagion en métropole, empêcher la désagrégation du corps militaire, restaurer au plus vite l'autorité de l'Etat. Dans la nuit du 21 au 22 avril, le directeur de la Sûreté, Jean Verdier, a prévenu Roger Frey, qui assume l'intérim du ministère de l'Intérieur : celui-ci alerte alors le secrétaire général de la présidence, Geoffroy de Courcel et ce dernier, vers 2 h 30 du matin, réveille de Gaulle qui avait assisté, la veille au soir, avec le président sénégalais, Léopold Sédar Senghor, à une représentation de *Britannicus* à la Comédie-Française. Sa réaction est immédiate : Joxe, ministre des Affaires algériennes, et le général Olié, chef d'état-major des Armées, vont partir immédiatement pour l'Algérie afin de rétablir sur place, avec les forces loyales, un pouvoir régulier. Leur avion va décoller à 9 heures du matin, volera à très basse altitude pour échapper aux radars et ne trouvera finalement aucun aérodrome où atterrir en toute sécurité...

A l'Elysée, on a pris la mesure de l'événement : l'appel lancé par

Challe s'adresse uniquement à l'armée et les arguments qu'il invoque — « voulez-vous que Mers el-Kébir et Alger soient demain des bases soviétiques ? » et il faut « reconstituer un ordre constitutionnel et républicain gravement compromis par un gouvernement dont l'illégalité éclate aux yeux de la nation » — montrent ses arrière-pensées politiques, à la fois dérisoires et démesurées. Les putschistes — dont on ne sait pas encore combien ils sont divisés — ne comptent pas assez sur la force que leur eût donnée l'engagement total de la communauté européenne en Algérie, et beaucoup trop sur les milieux qui, en métropole, pourraient leur prêter la main. La première tentation, chez de Gaulle, a donc été de laisser s'accomplir le rétablissement de l'autorité de l'Etat par ceux qui en sont chargés. De fait, une opération déclenchée dès les premières heures, par les services de police, a permis d'arrêter le général Faure, le colonel Vaudrey et le commandant Bléhaut, fils d'un ancien ministre de Vichy, et, grâce aux papiers saisis chez eux, de repérer les complicités dont ils disposent dans les garnisons d'Orléans, Rambouillet et Auxerre, et de neutraliser à temps quelques dizaines de civils, pour la plupart officiers de réserve, qui avaient été convoqués à Paris. Le ministre des Armées, Pierre Messmer, revenu en toute hâte du Maroc où il assistait au transfert des cendres de Lyautey, va aussitôt réduire les complicités militaires en métropole. Les inspecteurs d'armes et les commandants des régions militaires sont loyaux. Le général Nicod, major général de l'Air, avait commencé par se récuser quand on lui a demandé d'assurer le transport en Algérie de Challe et de Zeller, mais le général Bigot, commandant la 5e région aérienne à Alger, est entré dans le complot, se croyant sûr que toute l'armée suivrait Challe, et son ralliement entraîne alors celui de Nicod, après quoi le général Petit, impressionné par la réussite apparente du coup d'Etat dans les premières heures, a accepté le commandement que Challe lui a proposé : tous sont arrêtés, bien qu'ils aient été ou soient encore à l'état-major particulier du Premier ministre.

Mais tout n'est pas encore joué. De Gaulle — qui a pris la précaution d'ordonner que le *Picard*, basé à Mers el-Kébir, et que commande son fils, Philippe de Gaulle, appareille immédiatement pour qu'il ne tombe pas aux mains des putschistes — a convoqué un Conseil des ministres pour 17 heures. Sa résolution et son mépris manifeste pour les auteurs du coup de force réconfortent le gouvernement et il fait adopter la mise en application de l'article 16 qui, en cas de crise nationale majeure, lui confère tous les pouvoirs. Le climat, à Paris, n'est pourtant pas encore à la victoire. Les rumeurs sur les complicités dont le putsch dispose en métropole courent partout. Les aides de camp, à l'Elysée, organisent une sorte de défense permanente des bureaux et de l'appartement occupés par de Gaulle. Dans les administrations, le traitement des dossiers est en suspens. Debré, conscient de la paralysie qui menace l'Etat, croit que les putschistes, engagés dans une fuite en avant désespérée, tenteront, à n'importe quel prix, un coup en métropole. Il veut que de Gaulle parle. Il n'arrive pas à le convaincre, pas plus que Pompidou et pas plus que Chaban-Delmas. En fin de compte, de Gaulle ne s'y résout que par passion d'agir et pour qu'il soit bien clair que c'est à lui seul de trancher, que c'est de lui seul que dépend l'issue. Le contraste sera total, en cette fin de la journée du 23 avril, entre l'agitation désordonnée et pittoresque suscitée par un appel de Malraux auprès d'intellectuels et de militants politiques, qui, dans la cour du ministère de l'Intérieur, se font remettre quelques casques et vieilles tenues, et le discours que de Gaulle prononce alors, décisif pour toute cette phase de l'histoire de la Ve République :

> Un pouvoir insurrectionnel s'est établi en Algérie par un pronunciamiento militaire... Ce pouvoir a une apparence, un quarteron de généraux en retraite. Il a une réalité : un groupe d'officiers, partisans, ambitieux, fanatiques. Ce groupe et ce quarteron possèdent un savoir-faire expéditif et limité. Mais ils ne voient et ne comprennent la nation et le monde que déformés à travers leur frénésie. Leur entreprise conduit tout droit au désastre national [...]. Voici l'Etat bafoué, la nation défiée, notre puissance ébranlée, notre prestige international abaissé, notre place et notre rôle en Afrique compromis. Et par qui ? Hélas ! Hélas ! Par des hommes dont c'était le devoir, l'honneur, la raison d'être, de servir et d'obéir. Au nom de la France, j'ordonne que tous les moyens, je dis tous les moyens, soient employés pour barrer partout la route à ces hommes-là, en attendant de les réduire. J'interdis à tout Français et, d'abord, à tout soldat d'exécuter aucun de leurs ordres [...]. J'ai décidé de mettre en œuvre l'article 16 de notre Constitution. A partir d'aujourd'hui, je prendrai, au besoin directement, les mesures qui me paraîtront exigées par les circonstances. Par là même, je m'affirme, pour aujourd'hui et pour demain, en la légitimité française et républicaine que la nation m'a conférée, que je maintiendrai, quoi qu'il arrive, jusqu'au terme de mon mandat ou jusqu'à ce que me manquent, soit les forces, soit la vie, et dont je prendrai les moyens d'assurer qu'elle demeure après moi. Française, Français ! Voyez où risque d'aller la France par rapport à ce qu'elle était en train de redevenir. Françaises, Français, aidez-moi !

La suite n'est que soubresauts d'un côté comme de l'autre. Le discours prononcé, quelques heures plus tard par Michel Debré à la télévision, appelant à se rendre sur les aérodromes « à pied ou en voiture » pour barrer la route à d'éventuelles descentes aéroportées pourra susciter, suivant les humeurs, émotion ou ironie : il témoigne des réactions pathétiques d'un homme maintenant résolu à accompagner jusqu'au bout de Gaulle dans son affrontement avec ces ultimes partisans de l'Algérie française. Et les gesticulations des colonels, de l'autre côté de la Méditerranée, pour rameuter leurs complices et leurs fidèles, y compris jusqu'aux dernières heures où ils tenteront de faire appel aux foules européennes, n'ont guère plus de chances d'être écoutées. La partie est jouée. De Gaulle, excité par ce climat de drame et d'affrontement, passera, durant les heures suivantes, d'un calcul ironique et désabusé sur les résistances que l'on serait capable d'opposer aux régiments parachutistes qui viendraient d'Alger, aux remarques narquoises sur la sottise et la maladresse des auteurs du putsch. Peut-être son jugement le plus pessimiste et, au fond, le plus lucide sur cette aventure à la fois ridicule et tragique, l'a-t-il exprimé au Conseil des ministres du 22 avril, pour autant que le mot qu'on a rapporté soit authentique :

> Ce qui est grave en cette affaire, messieurs, c'est qu'elle n'est pas sérieuse.

Rien de plus impitoyable sur les véritables capacités intellectuelles et professionnelles de ces colonels dont il a dénoncé — et tourné en dérision — « le savoir-faire expéditif et limité ». Il reste que c'est sans doute la première fois dans l'histoire militaire française qu'un chef de l'Etat a fait appel aux troupes contre leurs chefs en rébellion et qu'il n'a pas hésité, vingt et un ans après 1940, à renverser toutes les hiérarchies pour l'intérêt supérieur de l'Etat et de la France. Après quoi, le putsch s'effondra. Challe capitula dans la nuit du 25 au 26 et se rendit, puis Zeller — tandis que Salan et Jouhaud passaient dans la clandestinité — tous deux destinés à des peines de quinze ans de réclusion. Dans le monde entier on salua la façon dont de Gaulle avait réduit le putsch, sans penser à l'épreuve qu'avait été pour lui, malgré tout, cet impitoyable affrontement avec des officiers français. Plus des quatre cinquièmes des personnes interrogées par un institut de sondage répondirent qu'il était seul à pouvoir maîtriser une crise de ce genre...

La solitude, justement, il la ressentit comme toujours au moment les plus durs de sa vie, l'exagérant sans doute, ou plutôt négligeant trop ce qu'il y avait d'essentiel dans le soutien populaire. Dans le recueillement de Colombey, une fois retombés les derniers contrecoups et les dernières secousses, son aide de camp, François Flohic, l'entendit méditer à haute voix :

> Ce qui est effrayant, c'est de penser que, lorsque je disparaîtrai, d'une manière ou d'une autre, il n'y aura plus rien, ni personne pour me remplacer... En fait, j'ai rétabli la monarchie en ma faveur ; mais, après moi, il n'y aura personne qui s'imposera au pays. J'ai été élu sans qu'il ait été besoin de référendum ; après moi, ce ne sera plus la même chose. Aussi convient-il d'instaurer un régime présidentiel, afin d'éviter de retomber dans les luttes d'autrefois. Il faut que le président de la République soit élu au suffrage universel : ainsi élu, il aura, quelles que soient ses qualités, quand même un semblant d'autorité et de pouvoir durant son mandat. Il sera responsable, ce que je suis actuellement[50].

C'était déjà l'annonce d'un nouveau combat qu'il engagerait aussitôt achevés ceux qu'il menait pour l'affaire algérienne. Encore un combat à livrer...

Pendant quelques jours, le putsch d'Alger avait éclipsé les négociations entre la France et le GPRA. Celui-ci, en réalité, ne s'était pas pressé de sortir de la crise provoquée par les propos de Louis Joxe sur les contacts pris avec le MNA — qui se limitèrent, du reste, à une tasse de thé à la menthe pris par deux de ses collaborateurs avec Messali Hadj dans sa « résidence forcée » de Gouvieux. C'est que les rapports entre les ministres algériens et l'état-major de l'ALN étaient plus tendus que jamais [51]. Ce dernier, que dirigeait maintenant Houari Boumediene, estimait que ce n'était pas le moment de négocier, que la situation à l'intérieur était encore trop difficile et qu'il fallait auparavant remettre de l'ordre à la direction du FLN. Du reste, ce n'est que le 29 avril que le GPRA disposa d'un document de travail complet et détaillé en vue des négociations. C'est d'ailleurs un texte assez restrictif, puisqu'il exclut que les bases gardées provisoirement par la France soient des « enclaves », refuse que le statut éventuel des Européens « entraîne la cristallisation d'une quelconque minorité », prévoit que la langue arabe sera « la seule langue officielle et nationale », limite rigoureusement les perspectives de coopération en matière de pétrole et de gaz, et demande que le référendum d'autodétermination de l'Algérie — y compris le Sahara — soit contrôlé par des pays neutres.

Le début des négociations a donc été fixé au 20 mai. La délégation algérienne, dirigée par Krim, comporte deux représentants de l'état-major à qui il a fallu donner l'ordre impératif de s'y joindre — mais sans leur adhésion, ont-ils tenu à préciser. C'est Louis Joxe, assisté de Bernard Tricot, qui conduit la délégation française. Premier à parler, il reprend, au fond, le schéma du discours prononcé par de Gaulle le 16 septembre 1959 : une question préalable pourrait être posée au peuple algérien, « souveraineté, oui ou non ? » ce qui reviendrait à écarter la « francisation », puis une autre : sécession ou association avec la France, « entente-souveraineté », comme dans le schéma proposé le 16 septembre, mais en donnant un nouveau contenu à « l'association », désormais compatible avec l'indépendance et la souveraineté. Et il en développe le contenu éventuel : coopération en matière d'économie, de monnaie, de culture, de défense, en ménageant un statut particulier pour la communauté européenne et des bases pour la France. En attendant, il annonce des mesures destinées, dit-il, à détendre l'atmosphère des négociations : trêve des opérations offensives du côté français, transfert au château de Turquant des « chefs historiques » détenus, et libération de 6 000 prisonniers civils. Du côté algérien, on s'en tient d'abord aux conditions de l'autodétermination de l'Algérie : elles doivent s'appliquer sur tout le territoire algérien, c'est-à-dire aussi sur le Sahara, et c'est le peuple algérien, globalement, qui doit se prononcer, c'est-à-dire sans qu'il puisse être question de regroupement, de partition ou de sort particulier pour une communauté, et c'est ensuite qu'une coopération pourra être établie avec la France.

Au fond, on peut comprendre dès cet instant comment la négociation va évoluer : les Français ne céderont pas sur le Sahara tant qu'ils ne seront pas sûrs d'obtenir des garanties pour la protection de la communauté européenne, pour la coopération économique en matière de pétrole et de gaz, et le maintien des bases, en vue de la poursuite des expériences nucléaires ; les Algériens ne céderont pas sur le statut des Européens et la coopération avec la France s'ils ne sont pas sûrs que le Sahara fera partie de l'Algérie indépendante. Comme devait l'écrire Redha Malek : « Interdépendantes les unes des autres, [ces questions] sollicitent une convergence d'ensemble des deux parties. Or qu'ils soient Algériens ou Français, il s'est trouvé que les négociateurs usent d'une tactique identique : ne pas céder sur un point tant que l'adversaire n'a pas cédé sur toute une série d'autres[52]. »

C'est exactement ce qui se passe à Evian jusqu'au 13 juin. Du côté français, on expose toutes les raisons de considérer le Sahara comme un territoire à part, « mer intérieure » à laquelle sont intéressés tous les Etats riverains et que seule la France a transformé en pays virtuellement riche. Du côté algérien, on répète qu'il n'est pas question d'amputer le territoire algérien de ses départements sahariens — mais qu'une coopération avec la France pourrait s'y poursuivre — ni de handicaper par avance l'indépendance de l'Algérie en morcelant son peuple en communautés à statuts différents et en y maintenant des enclaves. Comme on tourne en rond, de Gaulle décide de suspendre les pourparlers. Mais Dahlab restera à Bois-d'Avaut, résidence de la délégation algérienne, du côté suisse, et Bruno de Leusse et Vincent Labouret pourront être joints à la sous-préfecture de Saint-Julien, du côté français.

Avec le recul du temps, on peut penser que la lenteur des conversations, la répétition indéfinie des mêmes positions, l'enfermement dans des préalables, et finalement l'arrêt des négociations, ont lourdement compromis l'avenir. A cette date, en effet, la communauté européenne d'Algérie est encore sous le choc de l'échec total du putsch du 22 avril. La fraction de l'armée la plus engagée à ses côtés est durement sanctionnée ou dispersée. L' « organisation armée secrète », l'OAS, bien que créée au début de l'année, tâtonne dans la clandestinité, et ses chefs, civils et militaires, ne l'ont pas encore structurée. Un accord vite conclu n'eût pas empêché, sans doute, un ultime sursaut de révolte, mais aurait évité une interminable série d'attentats sanglants, des destructions innombrables, un fossé irrémédiable entre les communautés, un tel déclenchement de violence que la France elle-même parut au bord de la guerre civile.

Dans ce retard à conclure un accord, les responsabilités sont partagées. Les dirigeants algériens n'ont pas compris qu'en acceptant un arrêt de leurs combats, sous forme de trêve, c'est-à-dire en conservant leur assise et leur position, ils auraient répondu à une exigence à laquelle de Gaulle tenait beaucoup, moyennant quoi ils auraient obtenu plus facilement un coup d'accélérateur aux négociations politiques : il y aurait fallu, de leur part, plus de confiance en soi, plus d'autorité sur leurs états-majors, mais sans aucun risque véritable tant il était clair, dans toute l'Algérie, qu'étant pris ouvertement comme seuls interlocuteurs par la France, ils allaient prendre le pouvoir à brève échéance. On aurait pu, du côté français, laisser entendre que la position prise sur le Sahara n'était pas définitive et qu'elle dépendrait d'un accord sur le reste. On aurait pu aussi, du côté algérien, ne pas s'enfoncer, comme on l'a fait, dans une bataille juridiquement obscure contre la double nationalité des Européens d'Algérie, dès lors que, restant Français au-dehors s'ils le voulaient, ils auraient été Algériens en Algérie. De part et d'autre, on s'enfonçait dans un double monologue sans assez prendre garde que le temps qui passait conduisait, sur place, au tragique engrenage des affrontements sanglants, aveugles, désespérés.

Tout s'obscurcit en même temps avec la crise survenue brusquement à Bizerte. A la fin de février, Bourguiba s'était rendu à Paris dans le but avoué de convaincre de Gaulle qu'il devait négocier avec le FLN. Comme on l'a vu, des contacts étaient déjà pris et en train de se nouer, mais le souci du secret obligea les Français à n'en rien dire au président tunisien. Il en vint à réclamer l'évacuation des parcelles de la Tunisie « encore occupées ». On pouvait penser qu'il ne s'agissait que de Bizerte, de Gaulle donna son accord mais demanda des délais : évacuer une base française en Tunisie gênerait évidemment les négociateurs chargés d'obtenir le maintien d'autres bases en Algérie... Mais de la part de Bourguiba, ce n'était, comme l'a écrit de Gaulle « qu'un détour pour en venir à l'essentiel » : il demanda la modification des frontières sud, vers la « borne 233 », pour que « la Tunisie soit mise en possession de terrains pétrolifères ». Songeant à l'importance capitale que le Sahara et ses ressources avaient dans les pourparlers avec le FLN et pour la coopération avec une Algérie indépendante, de Gaulle ne pouvait accepter. Il n'en déduisit pas, cependant, qu'il eût alors mieux valu accélérer le règlement du problème de Bizerte. De sorte que Bourguiba n'obtint rien.

Celui-ci se résolut donc à obliger la France à négocier en déclenchant une opération de force limitée aux abords de Bizerte. La défense de la base entraîna une riposte militaire de grande envergure causant de lourdes pertes humaines. Cette crise ne devait pas avoir de trop longs prolongements et Bizerte fut évacuée comme prévu, mais c'est un fait que toute la politique de décolonisation menée par de Gaulle s'en trouva ternie momentanément.

D'autant que les négociations franco-algériennes étaient à nouveau dans l'impasse[53]. Les contacts, pourtant, n'avaient pas été interrompus et les pourparlers reprirent, le 20 juillet, à Lugrin, au château d'Allamon. Ils démarrèrent assez bien puisqu'on se mit d'accord sur la procédure et sur les sujets à traiter, y compris sur les « garanties aux Français d'Algérie » et les « perspectives de coopération », comme Pompidou, puis Louis Joxe l'avaient demandé et comme le prévoyait, cette fois, un mémorandum algérien. Et, à la séance du 27 juillet, Bernard Tricot fit une ouverture sur le Sahara dont les Algériens auraient dû relever l'importance, d'autant que le compte rendu en avait été rédigé par leur délégation : « Nous avions, les uns et les autres, des questions primordiales. Pour vous, la question du Sahara ; pour nous, celle de la garantie des personnes. Quand on a abordé le champ d'application, on s'est heurté à votre thèse. Si on aborde uniquement ce problème, sur ce point, ça peut s'éterniser sans avancer. Il y a des liens ici entre le politique et l'économique... Il ne s'agit pas de passer par-dessus la question du champ d'application. Il vaut mieux aborder tous les aspects du problème saharien. Plutôt que de reparler d'une façon qui risque d'être vaine, il vaut mieux voir ce problème d'une façon différente. Ça peut servir. Nous savons bien que nous retrouverons le problème de la souveraineté. Mais il est important d'aborder cette question, ne serait-ce qu'à titre exploratoire sous réserve de prendre acte des réserves concernant la souveraineté. » Plus encore, le délégué français chargé des dossiers économiques, Roland Billecart, traita largement de l'éventuelle coopération au Sahara, en avertissant : « Je ne me place pas dans le cadre d'une souveraineté particulière. »

De toute évidence, c'était une offre de négociation globale. Si les Algériens avaient alors montré qu'ils étaient prêts à aller loin dans les garanties données à la communauté européenne, on aurait sans doute avancé sur tous les fronts à la fois et la négociation aurait été réellement engagée. Au lieu de quoi, ils décidèrent d'arrêter les pourparlers le 28 juillet, à la stupeur des Français. Ils invoquèrent devant la presse et, en privé, devant Olivier Long, un blocage total sur le Sahara, mais quand ce dernier en parla à Bruno de Leusse, celui-ci put lui répondre qu'au contraire « la délégation française [n'avait] pas été négative »...

N'y avait-il donc aucun accord possible avec le FLN ? A cette date, de Gaulle, songeant à l'issue de sa politique algérienne, éprouvait beaucoup de scepticisme et quelque amertume. Le succès d'une négociation nouvelle lui semblait très aléatoire. Il envisagea donc de mettre sur pied, sans attendre, les institutions provisoires de l'« Algérie algérienne ». Le Premier ministre en était partisan ainsi qu'un bon nombre de hauts fonctionnaires et de membres du gouvernement qui, comme lui, n'avaient jamais envisagé qu'avec réticences les pourparlers avec le FLN. Jean Morin s'en occupa très activement et trouva des interlocuteurs qu'il croyait crédibles [54]. Plusieurs dispositions furent prises au mois d'août. A Rocher-Noir, où s'était transportée la Délégation générale du gouvernement en Algérie, on prépara une vaste installation destinée à recevoir une Assemblée de deux ou trois mille élus algériens.

On décida la création d'une « force locale » qui, le moment venu, serait aux ordres de l'Exécutif provisoire, dont on préparait déjà la composition. De Gaulle envisagea même, un instant, de retirer l'armée française des départements algériens et de laisser ceux-ci régler eux-mêmes leur destin. Sur le conseil de Georges Pompidou, il reçut Alain Peyrefitte et lui demanda d'étudier en détail un projet de partition de l'Algérie[55]. Mais, en réalité, il n'y fut jamais favorable. Le FLN, pensait-il, ne s'y résignerait pas : il faudrait, donc, assurer en permanence la protection militaire des zones conservées par la France, en particulier des voies d'accès vers le Sahara. La guerre ne cesserait pas : elle aurait un autre caractère et prendrait bientôt de plus vastes dimensions du fait des nouvelles facilités de recrutement et d'armement que l'occupation de vastes territoires donnerait au FLN. Il n'accorda donc que peu d'attention à l'étude menée par Alain Peyrefitte et au livre qu'il en tira, et Georges Pompidou devait me dire lui-même qu'il fallait y voir une manœuvre tactique en vue de la suite des négociations.

De Gaulle en vint alors à penser qu'on ne pouvait séparer plus longtemps le problème du Sahara et celui de l'indépendance. Le FLN en faisait manifestement la condition d'un accord. Mais si un gouvernement algérien était formé à Rocher-Noir, à l'initiative de la France, son premier soin serait aussi de revendiquer les territoires sahariens. Il ne pourrait acquérir le moindre crédit auprès des masses algériennes qu'en obtenant gain de cause sur ce point capital. C'est ainsi seulement qu'il se consoliderait peut-être et remplirait le rôle que la France lui aurait confié. Les deux voies parallèles suivies par la politique française supposaient donc remplie la même condition : le Sahara devait être rattaché à l'Algérie.

De Gaulle résolut de franchir ce pas. Il n'était pourtant pas assuré que sa décision suffirait à faire aboutir des négociations avec le FLN. Le 4 septembre au soir, Michel Debré, Louis Joxe et Jean Morin, discutant de l'avenir de l'affaire algérienne, hésitaient encore à penser que de Gaulle avait fixé son choix entre la recherche d'un accord négocié et l'établissement immédiat d'institutions provisoires en Algérie[56]. Le 5 septembre, Il tint une conférence de presse. Explicitement, il envisagea les deux hypothèses :

> Seul, dit-il, un pouvoir provisoire algérien peut mener le pays à l'autodétermination et aux élections ; encore faut-il, bien sûr, que ce pouvoir ait assez de consistance, assez d'audience et aussi qu'il se soit mis en accord avec nous sur les conditions de l'opération. On avait pu imaginer, — peut-être peut-on encore imaginer — que le FLN, pourvu que tous les combats et attentats aient cessé, ferait partie d'un tel organisme. D'ailleurs, c'était là un des objets principaux des conversations que nous avons tenté d'engager avec ses représentants. Faute que cela puisse se faire, la seule source concevable d'où puisse sortir un exécutif algérien, c'est l'ensemble des élus, et cet exécutif, sa tâche immédiate serait de conduire le

pays encore une fois au référendum et aux élections avec, sans doute, la mise à sa disposition d'une force d'ordre proprement locale.

Il laissa planer alors la menace d'un regroupement « dans une région déterminée » des Européens et des musulmans attachés à la France, sans préciser si ce partage serait, ou non, provisoire. Enfin, dit-il,

> il y a l'affaire du Sahara... notre ligne de conduite est celle qui sauvegarde nos intérêts et tient compte des réalités... Les réalités, c'est qu'il n'y a pas un seul Algérien, je le sais, qui ne pense que le Sahara doive faire partie de l'Algérie et qu'il n'y aurait pas un seul gouvernement algérien, quelle que soit son orientation par rapport à la France, qui ne doive revendiquer sans relâche la souveraineté algérienne sur le Sahara. Enfin, si un Etat algérien est institué et s'il est associé à la France, la grande majorité des populations sahariennes tendront à s'y rattacher, même si elles ne l'ont pas explicitement réclamé d'avance.

Ce n'est pas le même GPRA que les Français vont avoir désormais comme interlocuteurs. Les critiques de l'état-major de l'ALN, les attaques des chefs de willayas ont fini par provoquer le départ de Ferhat Abbas. Aucun des trois anciens chefs militaires devenus ministres, Krim, Boussouf et Ben Tobbal, ne pouvant émerger au détriment des deux autres, c'est ben Youssef Ben Khedda qui est devenu président du nouveau GPRA. Il est réputé pour son intransigeance, pour avoir toujours voulu que la direction du FLN reste à l'intérieur du pays, et pour avoir déploré qu'on ait abandonné le préalable de l'indépendance au profit du principe d'autodétermination : mais d'emblée, il sera convaincu de l'importance des négociations en cours et fera toujours confiance à Saad Dahlab qui devient, alors, ministre des Affaires étrangères[57].

De Gaulle vient donc de rendre publique la position française sur le Sahara que les Algériens, à bien écouter Tricot et Roland Billecart, auraient pu pressentir dès la fin de juillet. Ils la connaissent maintenant et ils savent que rien ne justifie plus qu'ils se refusent à discuter d'un règlement d'ensemble, y compris sur les garanties à la communauté européenne. Au point que Ben Khedda songe même à sauter l'étape de l'autodétermination, ce que les Français, qui en font une question de principe pour la formation d'un nouvel Etat, refusent. Le 28 octobre, Mohamed Ben Yahia et Redha Malek rencontrent à Bâle Bruno de Leusse et Claude Chayet. Pour le Sahara, on discute déjà des expériences nucléaires et spatiales que la France veut y poursuivre et, pour les Européens d'Algérie, on évoque la question de leur citoyenneté, leur participation au système judiciaire et aux assemblées politiques. On parle aussi de l'exécutif provisoire, de la force locale qui sera mise à sa disposition, et même de la présentation du futur accord aux électeurs. Les Français renouvellent, pourtant, leur demande d'un cessez-le-feu, ou du moins d'un arrêt des combats avant que les négociations publiques ne recommencent, et ils ont une exigence à laquelle ils tiennent : que les Algériens s'engagent à « n'exercer de représailles contre aucune personne pour son attitude depuis le 1er novembre 1954 ».

Le 9 novembre, les mêmes interlocuteurs se retrouvent dans le même hôtel des environs de Bâle. Les Algériens répondent à la plupart des questions posées par les Français et acceptent que leurs compatriotes, engagés aux côtés de l'armée française, ne soient pas inquiétés. On convient alors que Louis Joxe et Saad Dahlab se rencontreront en territoire français près de la frontière. Le projet en est retardé par la grève de la faim déclenchée par les prisonniers algériens qui veulent obtenir le statut de prisonniers politiques, à laquelle se joignent, par solidarité, les cinq « chefs historiques ». A la suite d'une intervention marocaine, ceux-ci sont alors transférés au château d'Aulnoy, dans la région parisienne, où ils auront la plus grande latitude de contacts extérieurs. C'est alors que Boumediene tente d'obtenir leur appui dans son conflit, de plus en plus aigu, avec Krim : il leur envoie secrètement Abdelaziz Bouteflika, alors jeune officier qui obtient, déjà, le soutien de Ben Bella[58].

Le 9 décembre a lieu enfin la rencontre Dahlab-Joxe. Le ministre français montre clairement qu'il veut aboutir et que, pour lui, tout, désormais, se ramène à la question des garanties aux Européens. Des divergences subsistent sur la question de la double nationalité, mais aussi sur les bases aériennes que les Français veulent conserver, sur la durée du bail pour Mers el-Kébir, sur le cessez-le-feu. La rencontre suivante n'a lieu que le 23 décembre et, pour faire avancer la discussion, Joxe présente un texte résumant les positions françaises sur tous les sujets.

De Gaulle, depuis les entretiens franco-algériens du mois d'octobre, jugeait que l'essentiel était virtuellement réglé. Il poussait d'ailleurs ses représentants à en finir au plus vite. Il écarta, une dernière fois, l'idée d'une solution fondée sur un recours aux élus d'Algérie, et celle d'un Etat autonome, pour la communauté européenne, sur une fraction du territoire algérien, imaginé par l'un des chefs de l'OAS, Jean Sarradet. Il voulait maintenant en finir avec les ultimes et tragiques soubresauts du drame algérien. Le 9 septembre, déjà, alors qu'il se rendait, comme d'habitude, à Colombey-les-Deux-Eglises, le détonateur d'une mine avait fait explosion devant sa voiture à la hauteur de Pont-sur-Seine, sans causer de grands dommages. Ce premier attentat inaugurait, pour lui, une phase nouvelle de sa vie : désormais, il savait que, parmi les hommes les plus fanatiquement hostiles à sa politique, il s'en trouverait quelques-uns qui n'auraient d'autre but que de le tuer.

En Algérie, les violences se déchaînaient, atteignant, jour après jour un nouveau paroxysme. En France, un couvre-feu imposé aux originaires d'Algérie, dans l'espoir d'empêcher les attentats, provoqua une manifestation massive. Sa répression entraîna de durs affrontements et l'on accusa la police d'avoir jeté des manifestants dans la Seine : la publication des archives, trente-six ans plus tard, à l'occasion du procès fait à Maurice Papon, alors préfet de police, montra qu'outre sept morts confirmées, dont quatre par balles, dont l'origine est incertaine, il y eut vingt-cinq noyades, soit au moins plusieurs dizaines de victimes[59]. Mais sur le moment on crut, en particulier dans les milieux algériens, que le nombre des morts était bien plus élevé, et le climat social, en France, en fut encore alourdi. Puis, le 22 janvier, quelque 10 000 manifestants se rassemblèrent à l'appel du parti communiste, de la CGT, des organisations d'étudiants et du PSU, petit parti de la gauche socialiste. Convaincu que ce pouvait être l'occasion de dangereuses provocations, le ministère de l'Intérieur avait interdit la manifestation, mais les organisateurs avaient maintenu leurs consignes. Un document retrouvé dans les archives de l'OAS prouve qu'une trentaine de ses agents — appartenant ou non à la police — firent ce qu'il fallait pour durcir les affrontements[60] : ils firent neuf morts parmi les manifestants dont trois femmes, étouffés devant les grilles de la station de métro Charonne. Leurs obsèques virent défiler d'immenses cortèges et le sentiment général fut alors celui d'un deuil national. On ne peut ignorer que les partis de gauche et les syndicats, qui savaient que des négociations étaient en cours et que la paix était proche, ne voulaient pas laisser les événements s'accomplir sans qu'ils n'y aient leur part. Pour certains, en particulier au parti socialiste, il y avait sans doute aussi le désir inavoué de faire oublier qu'ils avaient contribué au développement de la guerre d'Algérie et qu'ils furent longtemps hostiles aux négociations avec le FLN. Pour d'autres, qui avaient pensé et proclamé que la Ve République, prisonnière de ses origines, ne terminerait jamais la guerre, il s'agissait d'affronter à la fois l'OAS et le pouvoir en place, comme en les mettant dans le même camp. De Gaulle jugea que les organisateurs de la manifestation avaient pris une lourde responsabilité pour des motifs équivoques et peu avouables — mais aussi que pour éviter de tels drames, il n'y avait rien d'autre à faire que d'achever cette guerre au plus vite. En attendant, il devait en porter la charge sur ses seules épaules. Il ne suffisait pas d'avoir brisé l'opposition militaire et cassé, en partie, la hiérarchie de l'armée : il fallait maintenant affronter les sursauts désespérés d'un million de Français d'Algérie et de ceux qui, en métropole, en étaient solidaires. Sans nul doute, son comportement, jusqu'au cessez-le-feu, en fut marqué d'une extrême raideur : c'est que les négociations avec le FLN n'avaient aucune chance d'aboutir si le gouvernement laissait transparaître, si peu que ce fût, son hésitation face aux entreprises de l'OAS. En vérité, la lutte contre l'organisation secrète revêtait, pour de Gaulle, le caractère d'une tâche morne et pénible, mais évidemment indispensable : chaque fois que furent discutées les mesures à prendre pour écraser la subversion, il inclina donc vers la plus grande rigueur.

On ne saurait comprendre son attitude sans se référer aux controverses, parfois très âpres, qui opposaient entre eux les membres du gouvernement, les fonctionnaires, les officiers, les policiers qui avaient pour mission la lutte contre l'OAS. Les uns étaient plus sensibles à la nécessité de dissocier autant que possible la communauté européenne de ses éléments extrémistes ; les autres voulaient avant tout réagir contre les vieilles complicités dont l'activisme des partisans de l'Algérie française avait toujours bénéficié ; d'autres encore jugeaient que l'emploi de la force était seul propre à convaincre les Européens d'Algérie de se résigner à l'inévitable indépendance du pays. Les uns laissaient parler leur tempérament jacobin, les autres cédaient à leur sympathie spontanée envers une communauté qui se voyait sacrifiée, mais certains s'inspiraient davantage de leurs soucis professionnels : on savait qu'à Paris la plus grande fermeté était toujours appréciée.

Novembre et décembre 1961 marquent l'apogée de l'influence de l'OAS en Algérie. Jamais elle ne parut agir plus librement, en dépit de la répression dont elle est l'objet. Pourtant, elle a virtuellement perdu la partie. De Gaulle vivant, elle ne peut espérer infléchir la politique française. D'ailleurs, les négociations franco-algériennes sont trop avancées, désormais, pour qu'un autre gouvernement puisse y renoncer et, déjà, la révolte de la communauté européenne ne peut plus déboucher sur aucune autre issue qui soit vraisemblable. De Gaulle est intervenu, personnellement, pour que son délégué en Algérie, Jean Morin, reçoive les renforts qu'il demandait. Les équipes spécialisées dans la lutte contre l'OAS sont relevées après avoir subi de lourdes pertes. Deux cents inspecteurs de police sont envoyés de France : ils seront relayés périodiquement. En même temps, on voit renaître les vocations tumultueuses des nostalgiques de la clandestinité et de l'aventure. Gaullistes sans emploi, agents secrets de toujours, anciens de la France libre et des commandos qu'enivrent encore les souvenirs de leurs exploits : il y a beaucoup de volontaires pour jouer quelques rôles secrets et dangereux dans ce nouveau combat. On retrouve là quelques-uns de ceux qui se prêtèrent aux conjurations du 13 mai et d'autres qui ne veulent pas manquer la chance de nouvelles aventures. A la lisière des services officiels, on recrute des hommes prêts à lutter contre l'OAS, en lui empruntant ses armes, sinon ses méthodes.

Ce vertige gagne le pays. La presse tout entière parle de ce nouvel épisode de la guerre d'Algérie en des termes qui font croire à l'imminence d'un cataclysme. L'article le plus anodin annonce tranquillement que la guerre civile est aux portes. Les partis, les syndicats appellent leurs militants à la vigilance pathétique des veillées d'armes. Une conjonction paradoxale réunit les divers courants d'opinion : les anciens partisans de l'Algérie française exagèrent d'autant plus les risques de catastrophe qu'ils y voient la conséquence d'une politique qu'ils ont toujours combattue ; les journaux ou les partis modérés, naguère hostiles à toute négociation avec le FLN, mais sensibles maintenant à la lassitude de l'opinion publique, prennent un ton jacobin, déplorent les lenteurs du gouvernement et l'accuseraient volontiers de quelque complicité avec la subversion ; l'opposition de gauche, mal résignée à voir en de Gaulle l'homme qui terminera la guerre d'Algérie, insiste sur son impuissance à réduire l'OAS, dénonce sa faiblesse envers des hommes dont certains ont exigé son retour au pouvoir trois ans plus tôt. D'ailleurs, parmi les gaullistes de tradition, on sent renaître l'excitation des vieux combats : quelques-uns, déjà, se regroupent, prennent l'attache des services officiels et se préparent, non sans quelque secrète jouissance, aux épreuves d'une lutte incertaine mais exaltante...

Pendant ce temps, les négociateurs, comme s'ils étaient enfermés dans leur propre univers, poursuivaient leur inlassable recherche des compromis. Le 9 janvier, Ben Yahia remet à Bruno de Leusse les contre-propositions algériennes au texte que celui-ci lui a remis fin décembre[61]. Les Français y répondent presque aussitôt, suggérant une nouvelle entrevue secrète entre Krim et Joxe le 20 ou le 22 janvier et, pour la première fois annoncent que « trois membres du gouvernement » sont prêts à rencontrer les dirigeants du FLN « afin de conclure définitivement la négociation », par exemple les 3 et 4 février. Dans l'intervalle, Krim puis Ben Tobbal sont allés enregistrer l'accord des cinq « chefs historiques » installés à Aulnoy. Joxe et Krim se retrouvent donc à Lons-le-Saulnier avec leurs collaborateurs et discutent des « droits acquis » des Européens d'Algérie, de la prévisible réforme agraire et de la coopération au Sahara. On est encore en désaccord sur la composition de l'exécutif provisoire, les effectifs de la force locale à sa disposition, l'utilisation par la France de bases aériennes et de centres d'expérimentation nucléaire et spatiale au Sahara, et sur l'accès des Européens à la nationalité algérienne. Le dimanche 11 février, Louis Joxe, Robert Buron, ministre des Travaux publics, désigné parce qu'il est MRP, Jean de Broglie, secrétaire d'Etat aux Affaires étrangères, choisi parce qu'il appartient au groupe des Indépendants et que Valéry Giscard d'Estaing s'est récusé, arrivent aux Rousses dans le Jura, où ils retrouvent la délégation algérienne de l'autre côté de la frontière. Avec un véritable acharnement, ils tentent jusqu'au bout d'améliorer les garanties offertes à la communauté européenne, et, sur ce point, un accord est conclu le 19 février à 2 h 30 du matin. La discussion sur le retrait de l'armée française, et les bases qu'elle conservera, est plus longue encore, tout juste marquée d'un moment de détente quand l'expert militaire français, le général de Camas, pour montrer la modestie de ses demandes désigne un point bleu sur une grande carte de l'Algérie, censé représenter Mers el-Kébir : « Regardez, dit-il, comme c'est petit par rapport au territoire de l'Algérie. Et ce point est lui-même trop gros parce que mon crayon a bavé ! » L'accord est conclu le 19 février à 3 heures du matin.

Chaque jour, même plusieurs fois par jour, de Gaulle s'est tenu informé. Il n'a pas voulu gêner les négociateurs dans leurs efforts pour arracher quelques concessions supplémentaires. Mais, sans aucun doute, il a pensé que l'on tardait trop et que les avantages obtenus en dernière heure ne valaient peut-être pas les inconvénients du temps qui passait. Il avait reçu les trois ministres les 6 et 9 février et leur avait dit dans quel esprit ils devaient agir : « Réussissez ou échouez mais surtout ne laissez pas les négociations se prolonger indéfiniment. D'ailleurs ne vous attachez pas au détail ! » Et il leur avait laissé une marge de manœuvre pour la future nationalité des Européens parce qu'il était clair que tout, à la fin, dépendrait de leur choix, et pour le Sahara parce que c'était l'intérêt commun plutôt que les textes qui déciderait. Et le 18 février, par téléphone, il avait donné ses ultimes directives :

> L'essentiel est d'aboutir à un accord comportant le cessez-le-feu, puis l'autodétermination, du moment que cet accord n'entraîne pas des bouleversements soudains dans les conditions actuelles relatives aux intérêts matériels et politiques des Européens, à la présence militaire française en Algérie, aux conditions pratiques dans lesquelles s'opèrent sur place l'exploitation du pétrole et celle du gaz, enfin aux rapports économiques, techniques et culturels entre l'Algérie et la métropole. C'est cet aboutissement, je répète cet aboutissement qu'il faut réaliser aujourd'hui [62].

« Aujourd'hui » : le mot traduit, chez de Gaulle, l'exigence et l'impatience. Un moment, les Français crurent que l'accord pourrait être signé définitivement aux Rousses et publié aussitôt. Mais les négociateurs algériens devaient le faire ratifier par le CNRA. Celui-ci se réunit le 22 février après que les cinq « chefs historiques » eurent fait savoir qu'ils approuvaient l'accord conclu [63]. Dhalab, Ben Tobbal, Krim, montrent tout ce que les négociateurs ont obtenu. C'est Boumediene qui mène l'offensive des adversaires de l'accord, invoquant surtout la question de l'armée des frontières dont il aurait voulu qu'elle puisse entrer en Algérie dès le cessez-le-feu, ce que les Français ont refusé catégoriquement. Il s'inquiète aussi de la « force locale », mise à la disposition de l'exécutif provisoire, affectant d'y voir le risque de surgissement d'une autre armée qui pourrait concurrencer l'ALN ou même s'opposer à elle. Quelques-uns de ceux qui avaient été, au mois d'août précédent, écartés du GPRA comme Ferhat Abbas, reprochent aux négociateurs d'avoir conclu précipitamment, formant ainsi avec Boumediene la coalition qui, après l'indépendance, se dressera contre Ben Khedda et ses ministres. Au total, le CNRA demande que quelques amendements soient apportés à l'accord des Rousses mais l'approuve par 45 voix contre 4, celles de Boumediene et de trois officiers de son état-major.

Français et Algériens se retrouvent donc à Evian à partir du 7 mars et, une fois de plus, discutent du rôle de l'exécutif provisoire, de sa composition et de la déclaration générale qui sera, d'un commun accord, adressée au peuple algérien. Un moment, les tractations se ralentissent brusquement : c'est que les autorités françaises ont de difficiles discussions avec les « chefs historiques » sur le mode de transport qu'ils doivent employer pour se rendre au Maroc où il est convenu qu'ils iront, une fois libérés, mais en passant par Genève... Puis, le samedi 17 mars, on revoit, des deux côtés, chaque document, en vérifiant que tous les amendements ont été bien inscrits. Le 18 mars on lit à haute voix les 98 pages des accords. Les trois ministres français, Louis Joxe, Robert Buron et Jean de Broglie, signent l'un après l'autre et Krim signe tout seul. Redha Malek raconte : « Un silence d'une exceptionnelle gravité se fait dans la salle quand Louis Joxe prend la parole. Avec des mots simples, il souligne l'importance du travail accompli, et exprime le vœu que les uns et les autres soient à la hauteur des nouvelles tâches de la paix. Une poignée de main entre les membres des deux délégations, qui s'en étaient abstenus jusqu'ici, scelle l'accord et la réconciliation. Il est 17 h 30. Le lendemain, 19 mars 1962, à 12 heures, la guerre d'Algérie est terminée. »

A distance, il y a, dans cette histoire tortueuse des longues négociations qui aboutirent aux accords d'Evian, quelque chose d'émouvant, de pathétique même, et de dérisoire. On mesure combien les dirigeants algériens s'épuisaient inutilement à multiplier les précautions pour mieux garantir l'indépendance de leur pays alors que celle-ci allait être acquise une fois pour toutes et qu'elle ne pourrait plus être partagée : jusqu'au bout, ils n'arrivaient pas à croire, apparemment, que de Gaulle était décidé à y consentir et qu'il en avait accepté toutes les conséquences. Ils se comportaient comme s'ils ne voyaient pas qu'à partir du moment où ils étaient les seuls interlocuteurs de la France, les accords d'Evian les consacraient comme les inévitables dirigeants de l'Algérie indépendante, comme si tous les Algériens ne le comprenaient pas. Mais plus étrange encore paraît le comportement des négociateurs français. Avec une extraordinaire ténacité, ils s'acharnèrent à obtenir les meilleures garanties possibles pour la communauté européenne comme si son avenir dépendait du contenu des accords, comme si l'on pouvait ainsi la protéger durablement contre le choc de l'indépendance algérienne, comme si, grâce aux résultats obtenus par d'inlassables discussions, elle pourrait subsister, même réduite en nombre, dans l'Algérie future. S'il fallait évidemment que la France puisse continuer d'utiliser le Sahara pour ses expériences nucléaires et spatiales, et disposer de relais dans quelques bases aériennes, Mers el-Kébir, enclave précaire dans un pays qui serait évidemment jaloux de sa souveraineté, serait très probablement inutile. Rien de plus normal, au contraire, que d'essayer de préserver les biens des Français d'Algérie et l'usage de la langue française, au prix d'une aide économique et financière raisonnable.

On le découvrit bientôt : le départ massif des Européens priva les accords d'Evian d'une grande partie de leur substance. Impossible, pourtant, de reprocher aux négociateurs français — et à de Gaulle qui leur avait donné ses directives — d'avoir aussi durement bataillé pour défendre leur avenir et leur statut. C'était le devoir qui s'imposait aux responsables français et qui se serait imposé à n'importe quel autre gouvernement en pareille circonstance. Moralement, psychologiquement, politiquement, il était impossible d'agir autrement.

En revanche, il suffisait de vivre, sur place, comme je l'ai fait, ces derniers et longs mois de la guerre d'Algérie pour comprendre que chaque jour qui passait compromettait irrémédiablement l'avenir. Le sang versé de part et d'autre et surtout les crimes quotidiens perpétrés par l'OAS creusaient entre les communautés un fossé que rien ne pourrait plus combler. Ainsi la dernière phase de l'histoire de l'Algérie sous domination française fut elle marquée d'une sorte d'ironie tragique : plus on s'acharnait là-bas, à Evian, à Lugrin, à Neuchâtel, à Lucerne ou à Bâle, aux Rousses et plus encore à Evian, à lutter pied à pied pour défendre les droits des Européens d'Algérie, plus les Algériens s'obstinaient à les contester et à les réduire par crainte que ce ne soit une entrave insupportable à leur indépendance et une menace pour la révolution dont ils entretenaient le mythe, et plus inexorable était le destin de cette communauté, condamnée par sa propre violence à s'effacer et à disparaître.

Mais avant de mourir, elle se rendait, de gré ou de force, complice des plus irréductibles ennemis de l'indépendance algérienne Il n'est pas vrai, comme on l'a souvent écrit, que de Gaulle ait été insensible à leurs épreuves ni qu'il n'ait pas tenté de les convaincre que leur avenir se situait dans une Algérie différente de celle du passé. Aussitôt après le discours du 16 septembre 1959 sur l'autodétermination du pays, il avait employé les mots qu'il fallait pour le dire :

> Vous, les Français d'Algérie qui avez tant et tant fait là pendant des générations, si une page a été tournée par le grand vent de l'Histoire, il vous appartient d'en écrire une autre. Trêve de vaine nostalgie, de vaine amertume, de vaines angoisses, prenez l'avenir comme il se présente, prenez-le corps à corps, disait-il le 10 novembre.

Et quelques mois plus tard, le 8 mai 1961, aussitôt après le putsch raté du 22 avril :

> Quelle tâche féconde peut s'offrir [...] aux Algériens de souche française ! De tout mon cœur je leur demande, au nom de la France, le jour même où nous commémorons une victoire [celle de 1945] à laquelle ils ont tant contribué, de renoncer au mythe périmé et aux agitations absurdes [...] et de tourner leur courage et leur capacité vers la grande œuvre à accomplir.

Etait-ce suffisant ? Certainement pas : mais rien ne pouvait l'être. De

Gaulle, quand on lui en parlait, s'indignait du reproche qu'on lui faisait de froideur envers les Européens d'Algérie : au fond, il trouvait qu'un étalage excessif de sensibilité n'aurait été que démagogie et tromperie. Il pensait — mais c'était plutôt par instinct et par tempérament — qu'il fallait avoir le courage de leur dire la vérité et qu'ils devaient être assez courageux pour l'accepter. Il croyait, tout simplement, qu'il fallait les traiter en adultes et que c'était, en réalité, les mépriser que de leur parler autrement.

Le soir même de la signature des accords d'Evian, alors que je sortais des bâtiments du Gouvernement général où on nous avait donné lecture de l'annonce du cessez-le-feu et tandis que l'on constatait déjà que l'OAS n'avait rien pu empêcher et n'empêcherait rien, un tir de mortiers sur la basse casbah, à l'heure où la journée de travail s'achevait, fit tout à coup de nombreuses victimes. La tension, dans cette partie de la ville, était presque insoutenable mais on vit de jeunes Algériens contenir la foule musulmane et l'empêcher de gagner les quartiers européens : c'était le service d'ordre clandestin du FLN et j'ai su qu'il agissait en liaison avec les autorités françaises. Trois jours plus tard, comme je circulais à Bab el-Oued avec un confrère de *France-Soir*, Croce-Spinelli, je vis un camion de soldats pris d'assaut par un commando de l'OAS qui s'empara de leurs armes avant de s'engouffrer dans un immeuble. Nous comprîmes qu'on allait à l'épreuve de force. Plus loin, des soldats refusèrent de se laisser désarmer : six d'entre eux furent tués. Le général Ailleret, qui assumait encore, pour quelques jours, le commandement des forces françaises d'Algérie, fit boucler le quartier dont on commença le ratissage. Christian Fouchet, nommé haut-commissaire vint tout de suite, intentionnellement, en parcourir les rues en voiture. Mais l'OAS avait décidé de riposter. Le 26 mars, à son appel, la foule se rassembla au début de l'après-midi et commença à se diriger par vagues vers Bab el-Oued. Un cordon de tirailleurs algériens était resté déployé à l'entrée de la rue d'Isly. Je me souviens qu'avec Max Olivier-Lacamp, du *Figaro*, nous avions vu à quel point ces hommes étaient nerveux, visiblement paniqués par les cortèges qui défilaient autour d'eux et leur donnaient probablement l'impression d'être encerclés. Des décennies plus tard, je les entends encore faire jouer les culasses de leur fusil, soit pour faire peur aux manifestants, soit pour se donner du courage... Pas plus que les autres témoins, je ne sais qui a ouvert le feu le premier mais je peux dire que Max Olivier-Lacamp et moi — et bien d'autres certainement — étions absolument certains que la journée allait mal finir, rien qu'au vu de ce cordon de tirailleurs. Au reste, que l'un d'entre eux ait tiré le premier, qu'un provocateur de l'OAS ait tiré pour provoquer la révolte de toute la ville, peu importe au fond : l'affrontement était dans la logique de cet instant critique de l'histoire de l'Algérie. C'était aussi l'application, calculée ou due seulement aux circonstances, de la directive donnée par Salan, le 23 février : « Je veux provoquer [...] une offensive généralisée... J'estime que la population des grands centres urbains est parvenue à un degré de structuration et d'organisation suffisant pour la considérer comme un outil valable... La foule sera poussée en avant dans les rues... Nous devons casser le quadrillage par l'ouverture systématique du feu sur les unités de gendarmerie mobile et les CRS[64]... » Ce 26 mars, en tout cas, rue d'Isly, il y eut 46 morts et 121 blessés. Inutile de décrire ce massacre. Le soir, appelant au téléphone le rédacteur en chef de *France-Observateur*, Hector de Galard, je n'ai probablement pas caché l'émotion qu'il était impossible de ne pas ressentir. Mais il me reprit aussitôt pour me demander quelles seraient les conséquences de cette journée : j'ai dû recouvrer mon sang-froid et lui dire que c'était, en effet, la dernière manifestation des Européens d'Algérie que l'on venait de voir et que, maintenant, il n'y en aurait plus jamais.

Les attentats au plastic, les femmes de ménage abattues dans la rue, les blessés achevés dans les hôpitaux, n'étaient que la riposte convulsive et désespérée de l'OAS. Le tir au bazooka contre l'immeuble abritant les agents spéciaux recrutés pour lutter contre elle et qui comptaient parmi eux trop d'Eurasiens facilement identifiés — n'a pas changé le cours inexorable des choses. Le général Jouhaud avait été arrêté le 25 mars. Le 7 avril ce fut le tour du lieutenant Degueldre, chef des commandos « Delta », seule organisation efficace de l'OAS. Un autre de ses chefs, Jean Sarradet, convoquait, dans un appartement du Telemly, une pittoresque conférence de presse pour annoncer qu'il abandonnait la lutte le 20 avril. Salan, identifié par un agent double malgré les moustaches qu'il portait, fut pris et immédiatement transféré en France. Un accord de cessez-le-feu et une promesse d'amnistie intervinrent enfin, le 16 juin, entre Jean-Jacques Susini, dernier chef de l'OAS à Alger, et Chawski Mostefaï, principal représentant du FLN à l'exécutif provisoire, par l'entremise de l'ancien maire d'Alger, Jacques Chevallier, et de Jean-Marie Tiné, personnalité libérale particulièrement respectée. Le 13 avril, Jouhaud est condamné à mort. Mais, le 23 mai, Salan sauve sa tête, au terme d'un procès marqué par la plus efficace plaidoirie que son avocat, Maître Jean-Louis Tixier-Vignancour, prononça de toute sa vie. De Gaulle en fut indigné. Comme il me le dit plus tard, il avait, formellement, l'intention de faire fusiller Salan s'il avait été condamné à mort et de gracier tous les autres condamnés de l'OAS, à commencer par Jouhaud. Il était décidé à dissoudre le tribunal qui avait refusé de condamner Salan à mort et à faire exécuter Jouhaud. Les ministres les plus attachés à la rigueur, comme Pierre Messmer, Pierre Sudreau, Edgard Pisani, lui objectèrent qu'il donnerait ainsi le sentiment d'une sorte de vengeance dirigée contre un homme dont il n'avait pas voulu la mort parce qu'un autre y échappait. Georges Pompidou, qui venait d'être nommé Premier ministre, Jean Foyer, garde des Sceaux, l'adjurèrent de ne pas céder à cette tentation.

Quelques manœuvres de procédure leur permirent de gagner du temps. C'est Christian Fouchet, en définitive, qui, probablement, convainquit de Gaulle après que Jouhaud, du fond de sa prison, eut appelé l'OAS à cesser sa lutte. « En soi, dit-il à de Gaulle qui l'appela au téléphone le 5 juin dans l'après-midi, je suis partisan de la rigueur. Mais je suis convaincu que la publication de la déclaration de Jouhaud sera positive [...] et, si l'on doit la publier, il faut la publier tout de suite. Mais alors Jouhaud ne peut plus être fusillé. Ce ne serait plus moralement concevable[65]. » De Gaulle, qui avait pris aussitôt sa décision, ne l'annonça officiellement que cinq mois plus tard. Dans l'intervalle, il avait refusé la grâce du lieutenant Degueldre et de deux tueurs de l'OAS qui avaient, entre autres, assassiné le commissaire Gavoury, l'un des plus courageux responsables de la lutte contre l'organisation terroriste.

Il était trop tard, de toute façon, pour que la communauté européenne soit convaincue de rester en Algérie. Entre elle et le peuple algérien, le sang versé, durant les derniers mois, avait creusé un fossé qu'on ne pouvait plus combler : son départ, désormais, était inévitable. Mais on s'était tant battu, à Evian, à Lugrin, aux Rousses, pour défendre ses droits et ménager son avenir, on avait passé tant de mois à obtenir pour elle, un statut qui lui donne confiance, qu'on ne pouvait imaginer que c'était en vain. Les négociateurs français ont été unanimes à en témoigner : c'était la protection de la communauté européenne leur préoccupation constante — bien plus que le pétrole, le gaz ou les bases du Sahara pour lesquels un accord était probable dès le début des négociations — et ils se refusèrent, d'accord avec leurs interlocuteurs du FLN, à spéculer sur le nombre de ceux qui voudraient partir. Du reste, ils n'étaient pas seuls, loin de là, à faire preuve de trop d'optimisme : je me souviens que la plupart de ceux qui s'occupaient depuis longtemps de l'affaire algérienne, même originaires d'Algérie, pensaient aussi qu'une grande partie de la communauté européenne, trop enracinée dans sa terre et dans son genre de vie, ne partirait pas et tenterait de vivre dans une Algérie indépendante : les plus pessimistes — ou les plus lucides — ne cessèrent d'y croire qu'à la fin de 1961, ou même au début de 1962.

Il y a quelque chose d'irréel et de pathétique dans les propos qui s'échangeaient au Conseil des ministres, durant l'été qui suivit la proclamation de l'indépendance algérienne, tels que les rapporte Alain Peyrefitte[66]. On commence par citer de faibles chiffres de rapatriés. On hésite à le croire quand ils augmentent, on se félicite quand ils diminuent, on veut se convaincre que beaucoup partiront après les vacances et c'est à l'automne seulement qu'on finit par l'admettre, avec l'effort qu'il faut faire pour s'arracher aux illusions : ils ne repartiront pas...

Que faire des musulmans algériens qui veulent partir, eux aussi ? De Gaulle le dit au Conseil des ministres du 25 juillet :

On ne peut pas accepter de replier *tous* les musulmans qui viendraient

> à déclarer qu'ils ne s'entendront pas avec leur gouvernement ! Le terme de *rapatriés* ne s'applique évidemment pas aux musulmans : ils ne retournent pas dans la terre de leurs pères ! Dans leur cas, il ne saurait s'agir que de *réfugiés* ! Mais on ne peut les recevoir en France comme tels, que s'ils courent des dangers !

Mais, à de nombreux signes, justement, on peut voir qu'ils sont en danger. Les accords d'Evian avaient formellement garanti que nul ne pourrait être inquiété pour son comportement durant la guerre en Algérie : les négociateurs français, comme on l'a vu, s'étaient acharnés à obtenir cette assurance et ils y étaient parvenus. Mais il était prévisible que, dans la population musulmane, on ne s'en tiendrait pas là tant étaient profondes les haines, les rancœurs, la soif de vengeance à l'égard de ceux que leurs compatriotes considéraient comme des traîtres ou des complices de la répression coloniale. Mais de qui s'agissait-il ? Les musulmans au service de la France, après avoir été 200 000 au début de 1961, n'étaient plus que 143 000 trois mois avant le cessez-le-feu. Mais, sur ce nombre, 56 000 servaient dans les troupes régulières, dont la plupart ont été convoqués avec leur classe d'âge : par décision du gouvernement, approuvée par de Gaulle, ils sont démobilisés — les engagés pouvant rester dans l'armée française — et rien n'indique qu'ils aient été, par la suite, inquiétés, les sous-officiers étant souvent recrutés par l'armée algérienne. On compte près de 19 000 moghaznis dont les tâches sont surtout administratives et qui, semble-t-il, n'ont pas été menacés. Parmi les 15 000 hommes des groupes d'autodéfense, et les 8 000 supplétifs de la police, beaucoup ont joué double jeu et pris des assurances du côté du FLN, mais certains sont accusés d'avoir pris part aux arrestations, aux interrogatoires, à la répression et ils courent le plus grand danger. C'est surtout le cas, naturellement, des quelque 40 000 harkis.

De Gaulle, dès son retour au pouvoir, avait pensé qu'il y avait trop de musulmans algériens sous l'uniforme français : peut-être pressentait-il déjà que leur avenir n'était pas assuré dans un pays qui souhaitait manifestement son indépendance et au milieu d'un peuple qui leur tiendrait rigueur d'avoir servi la puissance coloniale[67]. Lors de son voyage en Algérie de juin 1958, il s'informa de leur nombre et, apprenant qu'ils étaient 25 000, jugea que c'était excessif : il prescrivit à Salan que ce chiffre ne soit pas dépassé et, surtout, que les harkis ne soient plus employés dans des opérations qui risquaient de les opposer à la population. Il consentit pourtant, en contrepartie du retrait de 60 000 soldats français du contingent en 1959, au recrutement de 60 000 supplétifs, mais à la condition que ce renfort ne soit que provisoire et qu'il soit surtout utilisé à des missions administratives ou pour la sécurité des bâtiments et des cantonnements. Mais ses instructions ne furent pas appliquées. Le commandement, sur place, était satisfait d'utiliser des hommes pouvant parler dans leur langue avec les populations qu'on les chargeait de contrôler, sous les ordres d'officiers français. Ainsi étaient-ils utilisés, comme en a témoigné le général de Boissieu, « pour des opérations [...] de bouclage et de ratissage [qui] étaient forcément à l'origine de contraintes exercées à l'égard [...] de leurs compatriotes ». En vain de Gaulle a-t-il rappelé, par la suite, qu'il fallait en revenir au plus tôt à un total de 25 000 harkis, tout au plus : il ne fut pas obéi.

Du reste, dans les six semaines qui suivirent le cessez-le feu, 1 334 harkis seulement, représentant, avec leurs familles, 7 006 personnes, demandèrent leur rapatriement, dont 298 y renoncèrent au bout de quinze jours. Puis 9 500 musulmans sont transférés en France au mois de juin, 4 000 en juillet et 5 700 en septembre, soit au total, à la fin de 1962, 20 000 supplétifs correspondant, avec leurs familles, à 100 000 personnes [68]. On avait prévu, comme pour les soldats incorporés dans l'armée française, de laisser à chacun le soin de dire s'il voulait rester en Algérie ou se replier en France, en ménageant un temps de réflexion. A l'épreuve des faits, et même s'il est impossible d'évaluer exactement le nombre des victimes de la vengeance de leurs compatriotes, on a pu dire qu'il aurait mieux valu transférer en France l'ensemble des harkis et ne renvoyer ensuite en Algérie que ceux qui l'auraient souhaité. Mais on avait espéré que, vaille que vaille, les accords d'Evian seraient appliqués ou que le jeu des relations personnelles, familiales, locales permettrait à beaucoup d'anciens harkis d'assurer leur destin dans l'Algérie indépendante. Cet optimisme, assez répandu, s'expliquait : on prévoyait que le gouvernement algérien, prenant aussitôt la suite de l'exécutif provisoire mis en place entre mars et juillet, serait capable d'exercer son autorité et de faire respecter les accords conclus. La crise inattendue et dramatique qui opposa immédiatement le GPRA et le « groupe de Tlemcen » dont Ahmed Ben Bella était le chef de file, ruina ces espoirs et l'anarchie persista dans le pays durant tout l'été.

De plus, à Paris, on ne tenait pas à voir s'installer en France 40 000 harkis, avec leurs familles. Le ministère de l'Intérieur, en particulier, avait averti qu'il pourrait en résulter de graves conséquences [69]. Ces nouveaux arrivants allaient se heurter à la communauté algérienne de la métropole, presque entièrement acquise au FLN et on pouvait redouter les pires affrontements. Plus encore : on pouvait craindre que ces harkis ne soient recrutés par les officiers ralliés à l'OAS ou leurs sympathisants et qu'ils ne servent de main-d'œuvre à ceux qui rêvaient encore de coup d'Etat ou préparaient leurs attentats. Tout justifiait donc qu'on n'ait pas voulu les transférer en France, en bloc, et par précaution.

Mais quand on sut qu'ils étaient, en grand nombre, victimes de la vengeance de leurs compatriotes, il était trop tard pour réagir. Michel Debré, encore Premier ministre, avait rappelé, dans ses instructions pour l'application du cessez-le-feu que « le devoir de porter assistance à des personnes en danger s'impose à tout militaire » et Pierre Messmer, ministre des Armées, avait précisé : « Il ne saurait être question de refuser pareille demande [de départ pour la France] si elle est matériellement justifiée par les menaces qui pèsent sur les individus et leurs familles. » Mais, sur place, ces directives n'étaient pas applicables. Comme Pierre Messmer l'a expliqué, « les militaires auraient très volontiers lancé des opérations "coup de poing" pour libérer, ici et là, des supplétifs retenus prisonniers ou récupérer des familles retenues en otages ; chaque opération aurait causé des combats ou au moins des incidents graves. Leur multiplication risquait de conduire à la reprise des hostilités [70] ». De Gaulle l'avait compris et c'était justement ce qu'il ne voulait pas : provoquer, avec l'Algérie, une rupture brusque en condamnant avec éclat les exactions dont les harkis étaient victimes n'aurait nullement mis fin à celles-ci. Il avait choisi de donner toutes ses chances à la coopération future avec l'Algérie indépendante : il n'était pas question, pour lui d'y renoncer.

Durant ces terribles mois qui précédèrent et suivirent le cessez-le-feu, de Gaulle était partagé entre plusieurs sentiments. Il éprouvait une extrême impatience envers les lenteurs de la négociation et les hésitations du FLN, qui compromettaient, pensait-il, les dernières chances d'un apaisement réel en Algérie. Il était agacé par le spectacle des désordres que la presse amplifiait sans mesure, mais qui discréditaient inévitablement l'autorité et le prestige de l'Etat. Il éprouvait aussi, on doit le dire, un certain mépris envers l'agitation, la nervosité, le manque de sang-froid, voire la panique, qui régnaient dans certains milieux, que ce fût chez ses partisans ou dans l'opposition. Il était surtout frappé par le désarroi de l'administration, la passivité de l'armée, les incertitudes de la justice. Il lui semblait que toutes les hiérarchies traditionnelles s'appliquaient à paralyser son action et manquaient à leur devoir au moment où il fallait quelque mérite pour l'accomplir. Déjà, l'année précédente, les magistrats chargés des réquisitoires avaient été priés par le garde des Sceaux de demander une condamnation exemplaire des généraux Challe et Zeller : on n'en avait pas tenu compte. Les circonstances atténuantes accordées à Salan, lui semblèrent le comble de la faiblesse et de l'irresponsabilité.

Au vrai, il était conscient de vivre l'un de ces moments où tout se déchaîne autour de l'homme d'Etat, où tout se conjugue pour l'accabler, où le concert des accusations et des invectives se déchaîne, où la tempête paraît irrésistible. Il avait connu d'autres moments semblables. Dans ses *Mémoires*, il en avait évoqué quelques-uns, non sans, peut-être, une sorte de complaisance. Il savait qu'au bout de quelques mois, une fois tranchée l'affaire algérienne, ces dramatiques prolongements de la guerre s'estomperaient et s'évanouiraient. Il avait discerné, à l'automne 1960, qu'il faudrait en passer par une épreuve proprement chirurgicale. Il devait en assumer, de sang-froid, toutes les responsabilités : après le choc opératoire, les plus sombres souvenirs s'effaceraient. Pour certains, cependant, son nom en resterait le symbole : pour ceux-là, il resterait l'objet d'une aversion sans fin.

Il dut s'en convaincre à nouveau le 22 août en fin d'après midi. C'est ce jour-là qu'eut lieu l'attentat préparé contre lui qui eût pu avoir les plus grandes chances de réussir. L'organisateur en était le colonel Jean-Marie Bastien-Thiry qui travaillait au service des recherches du ministère de l'Air. Il avait été, sans qu'on le sût alors, l'inspirateur de l'attentat manqué de Pont-sur-Seine et, depuis, il n'avait jamais renoncé à tuer de Gaulle. Ce n'est pas, en effet, le nouveau CNR — « Conseil national de la Résistance » —, successeur de la direction clandestine de l'OAS, qui fut à l'origine de l'attentat. Ses membres, Georges Bidault, Jacques Soustelle, le général Gardy, le colonel Godard, le journaliste Brune, le sénateur Dumont, le colonel Argoud, avaient tous été partisans de mettre à mort de Gaulle mais, en fait, ils ne dirigeaient plus effectivement les débris des anciens réseaux de l'OAS. C'est parmi ceux-ci que Bastien-Thiry recruta ses hommes, anciens légionnaires, réfugiés hongrois, rapatriés d'Algérie, militants d'extrême droite. Il avait d'abord pensé à abattre de Gaulle sur le perron de l'Elysée à partir d'une fenêtre de l'immeuble situé de l'autre côté de la rue du Faubourg Saint-Honoré, puis lors d'un de ses déplacements en province. Après quoi il concentra ses efforts sur le trajet que de Gaulle faisait entre l'Elysée et Villacoublay quand il allait prendre un hélicoptère pour se rendre à Colombey, ou sur le trajet du retour. Une première fois, le 8 août 1962, son commando parvint à la hauteur de la voiture où de Gaulle se trouvait, vers le pont Mirabeau, mais celle-ci changea brusquement de direction pour prendre la voie sur berge : une nouvelle fois il rattrapa la voiture présidentielle mais une 4 CV Renault s'interposa et il dut renoncer. Quinze jours plus tard, à 19 h 30, de Gaulle monta dans sa DS, ayant sa femme à ses côtés, son gendre, Alain de Boissieu s'étant assis à côté du chauffeur, Francis Marroux. On convint, à ce moment-là, de gagner Villacoublay par Clamart. C'est un guetteur placé par Bastien-Thiry devant le Grand Palais, qui comprit quel trajet serait pris et qui donna l'alerte. Le commando prit alors place avenue de la Libération, avant le carrefour du Petit-Clamart. Peu après 20 heures, Bastien-Thiry aperçut le convoi et donna à ses hommes le signal convenu. Alain de Boissieu a raconté comment il avait ordonné à Marroux d'accélérer à fond, vu le pistolet-mitrailleur de l'un des tueurs se tourner vers la DS et faire feu, demandé à ses beaux-parents de se baisser, repéré une Citroën ID dont les deux glaces étaient baissées avec deux tireurs en train de viser... et même la réaction de ses beaux-parents, de Gaulle, époussetant les débris de verre dont il était couvert et se blessant légèrement au doigt et Mme de Gaulle faisant, sans s'en rendre compte, un mot d'esprit inattendu en se souvenant qu'elle avait mis dans le coffre de la voiture des poulets pour le déjeuner prévu le lendemain avec Georges Pompidou et en disant aux inspecteurs de la Sécurité : « N'oubliez pas les poulets, j'espère qu'ils n'ont rien... »

Peut-être parce que cet attentat avait failli coûter la vie à sa femme, peut-être parce qu'il jugea que l'exécution de Bastien-Thiry serait exemplaire pour tous ceux qui songeraient à prendre sa suite, il refusa sa grâce. Ce n'était pourtant qu'un début. Après l'attentat de Pont-sur-Seine, après celui du Petit-Clamart, trois autres furent identifiés plus tard, dont celui, préparé au Mont-Faron, le 15 août 1964, eut les plus grandes chances de réussite. Mais Pierre Démaret et Christian Plume, dans un ouvrage très favorable aux auteurs des attentats, ont révélé vingt-six autres tentatives d'assassinat demeurées inconnues... De Gaulle, s'il l'avait su, n'aurait pas été surpris : depuis Pont-sur-Seine et le Petit-Clamart, il ne doutait plus, désormais, qu'il y aurait toujours, quelque part, quelqu'un qui songerait à le tuer.

Jusqu'au bout, l'affaire d'Algérie fut donc, pour de Gaulle, une impitoyable tragédie. Mais il ne faut pas se tromper sur le souvenir qu'il en a gardé, les sentiments qu'il éprouvait, le jugement qu'il portait à distance. Il n'avait aucun regret de ce qu'il avait fait : c'est le moins qu'on puisse dire. Comme il l'avait dit avant son retour au pouvoir, comme il me l'a répété deux ans après les accords d'Evian, l'Algérie était une autre nation : au fond, il le constatait et, tout simplement, voulait en tirer toutes les conséquences. C'est peu dire qu'il ne comprenait pas ceux qui contestaient une aussi manifeste réalité : il mettait en cause leur lucidité et leur jugement, souvent en termes très durs. Dès lors, il fallait, pensait-il, appliquer la politique qui en résultait nécessairement, c'est-à-dire reconnaître l'existence de cette autre nation : s'y refuser, ou refuser d'en prendre les moyens, c'était manquer de courage. De là cette rigueur dont il a fait preuve après l'affaire des barricades, au moment du putsch du 22 avril, dans la lutte contre l'OAS : le gouvernement à son avis en manquait, du moins beaucoup de ses ministres, comme aussi la plupart des magistrats et des hauts fonctionnaires sans parler des généraux... Il comprenait bien que certains, autour de lui, éprouvent quelque déchirement à séparer l'Algérie de la France d'autant qu'ils avaient cru longtemps pouvoir l'éviter mais leur devoir, jugeait-il, était de dominer leurs sentiments, d'accepter la réalité et d'en tirer les conséquences, à moins de manquer de lucidité et de courage : j'entends encore sur quel ton, à la fois compréhensif et agacé, il me dit de Michel Debré, pour lequel il avait pourtant beaucoup d'estime :

> Il a plus souffert que moi...

La fin de la guerre d'Algérie avait, pour la France, le sens d'un tournant historique : de Gaulle mettait fin, une fois pour toutes, à l'existence d'un empire colonial et, en même temps, aux interminables décennies de guerre incessantes qui se succédèrent, depuis 1939 jusqu'en 1962, de sorte que le pays, au bout d'un quart de siècle, allait enfin connaître la paix.

Ce fut aussi, dans l'histoire de la décolonisation, une étape décisive succédant aux indépendances acquises par quinze Etats africains : la scène du monde en était changée, la carte de l'Afrique en était transformée et, dans les relations internationales, de nouveaux acteurs surgissaient. L'histoire du siècle avait commencé avec l'achèvement de la conquête du monde par les colonisateurs européens : soixante ans plus tard, c'était partout le reflux et de Gaulle le conduisit jusqu'à son terme, jusqu'à la fin de l'Empire colonial français.

Chapitre 30

LA FIN D'UN EMPIRE

Deux ans s'écoulent entre le 28 septembre 1958, date du référendum qui fonde la Ve République, et le 18 octobre 1960, jour de l'indépendance de la Mauritanie : ce délai aura suffi pour que quinze Etats deviennent indépendants. Un changement presque fulgurant si on le compare à l'émancipation successive, et relativement lente, des colonies et protectorats britanniques du continent africain, exceptionnellement pacifique aussi, si l'on évoque, par contraste, les drames de la partition de l'Inde, la succession des « opérations de police » en Indonésie, la guerre d'Indochine, l'activité prolongée des maquis en Malaisie, la révolte des Mau-Mau au Kenya, les sanglantes secousses qui ébranlèrent l'ancien Congo belge. La décolonisation est achevée pour la France, compte tenu, du moins, des particularités qui font du problème algérien un cas singulier

De Gaulle avait toujours inclus le problème de l'avenir africain dans celui des nouvelles institutions françaises. En 1946, il avait fait des rapports entre la métropole et ses colonies la base de l'échafaudage constitutionnel qu'il avait proposé à Bayeux. Depuis, la carte du monde s'était modifiée et l'émancipation des peuples colonisés était devenue l'un des traits dominants de la scène internationale. Cependant, pour la France, le problème se posait encore : le Maroc et la Tunisie avaient cessé d'être des protectorats, mais, en Afrique noire, la souveraineté française restait ce qu'elle était en 1939. Si des changements devaient intervenir, ils mettraient en cause la Constitution de la IVe République, en tout cas, son titre VIII concernant l'Union française, et, après la crise du 13 mai, nul ne doutait que les rapports entre la France et ses colonies seraient, de toute façon, remis en question. Quand on discuta les termes de la loi du 3 juin 1958 qui allait donner au gouvernement la mission de rédiger une nouvelle Constitution, personne ne contesta que celle-ci devrait traiter des relations nouvelles entre la République française et ce que de Gaulle appelait : les « peuples associés ». Cette unanimité, au fond, était révélatrice : elle signifiait que, pour les partis politiques français, c'était encore à la France de prendre les décisions essentielles engageant non seulement le pays lui-même, mais l'ensemble de ses dépendances d'outre-mer.

En réalité, la liberté d'action du gouvernement était beaucoup plus restreinte qu'il n'y paraissait. L'avenir de l'Afrique noire française se trouvait déjà préfiguré par les décisions intervenues depuis deux ans. C'est en effet du 13 juin 1956 que datait la loi-cadre, entrée en application l'année suivante. Présentée par le ministre de la France d'outre-mer, Gaston Defferre, et rédigée par son directeur de cabinet, Pierre Messmer, celle-ci avait un inspirateur : Félix Houphouët-Boigny, ministre d'Etat sans interruption depuis janvier 1956, président du Rassemblement Démocratique Africain et chef de ce mouvement en Côte-d'Ivoire. Suivant ses conceptions, la loi-cadre confiait une grande partie des pouvoirs publics au gouvernement de chaque territoire. Les membres en seraient élus par une assemblée territoriale issue du suffrage universel. Ils portaient le titre de ministre et le premier d'entre eux était vice-président du gouvernement, la présidence appartenant au chef du territoire, c'est-à-dire à l'ancien gouverneur. Certes, un Grand Conseil siégerait à Dakar pour l'Afrique-Occidentale et à Brazzaville pour l'Afrique-Equatoriale, mais, à cet échelon, les prérogatives principales restaient au haut-commissaire français. Entre celui-ci et les gouvernements des territoires, il n'existait aucune autorité réelle. Un mouvement irréversible était donc engagé. De toute évidence, il serait extrêmement difficile, sinon impossible, d'amener les Etats à se dessaisir d'une part de leur autonomie en faveur d'un ensemble plus vaste.

Au fond, la loi-cadre se référait implicitement à une certaine conception de leur avenir. Si Houphouët-Boigny et ses amis s'opposaient à toute fédération des territoires africains, c'est qu'ils souhaitaient, disaient-ils, établir avec la France elle-même une organisation fédérale : chaque territoire, pris isolément, trouverait, en effet, son avantage à garder sa place dans une République franco-africaine où la France, par la force des choses, assisterait ses partenaires. A l'inverse, les dirigeants africains qui souhaitaient l'accession à l'indépendance, excluant par conséquent toute fédération avec la France, devaient normalement rechercher un regroupement des territoires africains : si, par exemple, l'Afrique-Occidentale se constituait en un ensemble unique, elle serait naturellement assez forte pour revendiquer d'emblée son indépendance.

Quand de Gaulle revint au pouvoir, le problème n'était donc plus entier, puisque la loi-cadre avait fortement consacré l'autonomie de chaque territoire, avec son gouvernement et ses assemblées, sans créer de véritable organe fédérateur à Dakar et à Brazzaville. Mais la contradiction demeurait, à terme, entre les partisans de l'indépendance et ceux de la fédération avec la France. Elle apparut dès la formation du gouvernement. L'autorité acquise par Houphouët-Boigny dans la politique africaine, depuis plus de deux ans, rendait logique son entrée dans le ministère formé par de Gaulle : il fut entendu qu'il resterait ministre d'Etat. Mais on envisagea de faire appel, en même temps, à Léopold Sédar Senghor, dirigeant sénégalais et représentant du Parti du Regroupement Africain, chef de file de ceux qui souhaitaient à la fois la réunion des territoires et leur commune indépendance. Georges Pompidou, que de Gaulle avait choisi comme directeur de cabinet, étant son ancien condisciple, s'entremit à cet effet. Mais immédiatement on se heurta à une vive opposition d'Houphouët-Boigny ; Senghor lui-même, pour marquer son attachement à l'idée d'indépendance africaine, hésitait à faire partie d'un gouvernement français et ce projet fut abandonné. Cet épisode montrait que dans la rédaction de la Constitution, tout serait dominé par le conflit entre les protagonistes de l'autonomie des territoires et de leur fédération avec la France et les partisans de leur indépendance assortie d'une simple « confédération » avec l'ancienne métropole.

De Gaulle voyait bien que les thèses fédéralistes d'Houphouët-Boigny étaient celles qui correspondaient le mieux à son discours de Bayeux. De plus, elles étaient fermement appuyées par tous les ministres d'Etat et, plus encore, par Michel Debré, qui ne semblait pas alors envisager d'autre solution. Cependant, il était clair qu'on irait à une crise grave si on ne tenait compte des préférences formelles de plusieurs dirigeants africains, en particulier des Sénégalais, pour l'indépendance et la confédération. De plus, on pouvait se demander si les sentiments « fédéralistes » d'Houphouët-Boigny et de ses partisans étaient durables ou même sincères. Le dernier congrès du Rassemblement démocratique africain, le RDA, en septembre 1957, s'était nettement prononcé pour le droit à l'indépendance et, en même temps, pour l'autonomie complète des territoires qui formeraient avec la France une fédération égalitaire. Mais une forte minorité, menée par le Guinéen Sékou Touré, demandait d'abord leur regroupement en Afrique-Occidentale et en Afrique-Equatoriale, qui aurait pu être, comme le souhaitaient les Sénégalais, le prélude à l'indépendance. Sékou Touré le laissait entendre dans un discours prononcé à Conakry le 14 octobre. En même temps, le Parti du regroupement africain, le PRA, qui comprenait non seulement les dirigeants sénégalais, mais le vice-président du Niger, Djibo Bakary, prit parti pour l'indépendance et une confédération avec la France au Congrès de Cotonou, alors que le Conseil interministériel, chargé de la Constitution, s'était déjà mis au travail : s'il entraînait deux Etats dans la voie de l'indépendance immédiate, comment éviter, à brève échéance, une dislocation de l'ensemble ?

Ce n'était pas tout. Le Togo et le Cameroun, anciens territoires « sous mandat », se prononcèrent en faveur de leur indépendance, l'un à l'occasion des élections du 27 avril, l'autre, le 12 juin, par un vote de son Assemblée. Deux Etats africains francophones allaient donc être indépendants à plus ou moins brève échéance. Cela ne resterait pas sans influence sur les pays voisins, d'autant que s'offrait déjà l'exemple du Ghana, pays anglophone indépendant depuis 1957. Il était vraisemblable que les territoires d'Afrique française, devant cette contagion, ne se contenteraient pas longtemps d'une simple autonomie, même si leurs dirigeants s'en déclaraient d'abord partisans. Dès ce moment, de Gaulle en fut conscient. Il en parla avec Raymond Janot, chargé de la rédaction du projet de Constitution[1]. Il fut convenu, entre eux, que celle-ci devrait prévoir, en dernier ressort, des évolutions échelonnées et diverses : mais dans l'immédiat, on se bornerait à rédiger un texte très schématique et on demanderait au Comité constitutionnel consultatif de discuter à fond tous les aspects du problème.

De ce fait, le projet rédigé par le conseil interministériel — connu sous le nom de « Cahier rouge » — resta fort vague, tout en portant assez nettement la marque personnelle de Michel Debré. Il donnait aux territoires d'outre-mer, la possibilité de s'intégrer à la République en devenant départements ou d'en rester au statut défini par la loi-cadre ; mais il prévoyait surtout une fédération dont les institutions — présidence, exécutif, sénat, cour arbitrale — n'étaient pas nettement définies et dont la compétence s'étendrait à la diplomatie, à la défense, à la monnaie, à la politique économique, aux matières premières stratégiques et au contrôle de la justice et de l'enseignement supérieur. A la suggestion de Raymond Janot, il précisait toutefois, que l'étendue de ces compétences pourrait faire l'objet d'accords particuliers, ce qui ouvrait la voie à des transferts de souveraineté. De même, serait créée une « association des peuples libres » destinée tout spécialement à accueillir le Cameroun, le Togo, peut-être le Maroc et la Tunisie, mais qui pourrait servir d'amorce à une future confédération. Tel quel, le projet fut transmis au Comité constitutionnel, averti que ses avis seraient spécialement pris en considération sur tous ces points.

Mais de Gaulle était désormais certain que tout dépendrait de l'accord des dirigeants politiques africains et, plus précisément, de ceux qui, dans chaque territoire, détenaient effectivement le pouvoir. Il décida de les recevoir ensemble à l'occasion du 14 juillet, et prit soin, la veille, de rendre public un message aux peuples d'outre-mer, dont la résonance libérale devait favoriser une entente sur les nouvelles institutions. Il leur accorda aussitôt une première satisfaction : les vice-présidents africains des territoires en seraient désormais les présidents. Pour être symbolique, cette décision n'en était pas moins significative : l'autorité politique était nettement reconnue aux Africains, dans le cadre de chaque territoire, et les anciens gouverneurs, privés de leurs fonctions de « présidents », se voyaient clairement désignés comme représentants de la métropole et non plus comme détenteurs d'une autorité effective.

Cette décision fut rendue officielle le 26 juillet. Trois jours plus tard, le Comité consultatif constitutionnel entreprit l'examen du projet élaboré par le Conseil interministériel. C'est là que l'affrontement entre partisans de la confédération et de la fédération allait prendre toute son acuité. Quatre parlementaires africains y siégeaient : Lisette, député du Tchad et membre du RDA, Tsiranana, député de Madagascar et chef du parti social-démocrate malgache, Senghor, député du Sénégal et président du PRA, et son compatriote et ancien rival Lamine Gueye, maire de Dakar, et lui aussi membre du PRA. Les trois derniers étaient nettement favorables à l'indépendance des pays africains et à une confédération franco-africaine compatible avec celle-ci. Dans l'ensemble, les autres membres du Comité constitutionnel préféraient une fédération. Le problème était si grave et si distinct des autres questions constitutionnelles, que l'on constitua un groupe de travail spécial où se retrouvèrent tous les Africains.

Il apparut aussitôt qu'on n'obtiendrait certainement pas l'accord des Sénégalais, ni probablement celui des Nigériens, si l'on s'en tenait au strict cadre d'une fédération : peut-être même les Malgaches suivraient-ils leur exemple. Dès lors, on se trouvait devant un dilemme : ou bien l'on consentait à l'amputation d'une grande partie des territoires d'outre-mer de manière à ne maintenir dans la fédération que ceux qui souhaitaient réellement y appartenir ; ou bien l'on acceptait immédiatement l'indépendance de la plupart des territoires d'outre-mer, l'exemple du Sénégal, du Niger et de Madagascar devant être suivi, sans nul doute, par les autres Etats, puisque ceux-ci ne se résigneraient pas longtemps à un statut inférieur. Cette seconde solution se heurtait à d'innombrables obstacles. La France pouvait difficilement prendre l'initiative de repousser d'elle-même les offres que lui faisaient les partisans de la fédération. D'ailleurs, aucun parti métropolitain — réserve faite des communistes — ne semblait disposé à admettre l'indépendance immédiate des pays africains. Celle-ci serait apparue comme une concession sans retour aux nationalismes d'outre-mer : à terme, comment refuser à l'Algérie ce qu'on accordait au Sénégal et au Niger ? Le fait est qu'au sein du gouvernement personne ne suggéra d'écarter formellement toute tentative fédérale et d'en venir sur-le-champ à une simple confédération.

Mais, en excluant celle-ci, aurait-on, pour autant, constitué une fédération solide ? Au départ, la perte de territoires tels que le Sénégal, le Niger ou Madagascar aurait constitué, pour elle, une immense diminution de prestige et d'autorité. C'est tout le nouveau système constitutionnel qui aurait porté la marque de cet échec initial. Du reste, de nombreux indices permettaient de penser que le « fédéralisme » de plusieurs dirigeants du RDA était sujet à caution : tout indiquait, au contraire, que des hommes tels que Modibo Keita, au Soudan, et Sékou Touré, en Guinée, ne suivraient pas longtemps Houphouët-Boigny dans son attachement à l'idée de fédération. A terme, on irait vers l'éclatement du nouveau système mais, faute d'en avoir prévu l'évolution, ce serait au prix d'inévitables crises. De Gaulle se résolut donc à intervenir. Le 3 août, il reçut une délégation des partis africains. Ceux-ci, exposait-il, devraient faire preuve de quelque bonne volonté envers les intentions de la France s'ils souhaitaient bénéficier de ce qu'elle pouvait encore apporter à l'Afrique : l'opinion publique, ajouta-t-il, ne comprendrait pas, autrement, que le pays poursuivît les mêmes efforts. Mais, quant à lui, il se déclarait prêt à s'engager sans retour dans la voie de l'émancipation africaine.

En même temps, il avait à ce propos de nombreux entretiens avec Raymond Janot[2]. Il estimait, lui confia-t-il, que l'accession des Etats africains à l'indépendance était tout à fait inévitable, à plus ou moins brève échéance. A cet égard, il était sensible à l'impossibilité de refuser au Congo ou au Sénégal ce qu'on devrait accorder de toute manière, à brève échéance, au Togo et au Cameroun. De plus, il tendait à voir, derrière le fédéralisme de certains Africains, de simples raisons d'intérêt : si la Côte-d'Ivoire ou le Gabon n'avaient pas voulu se grouper avec les autres pays d'Afrique-Occidentale et d'Afrique-Equatoriale, c'était afin de conserver, pour eux seuls, leurs plus grandes richesses ; et si certains Etats souhaitaient se fédérer avec la France, c'était pour en obtenir le plus possible d'aide, de subventions et d'avantages.

Mais il était décidé à fonder un ensemble, d'inspiration française, conforme à sa propre vocation de novateur et de rassembleur. Le Parlement lui en avait confié la tâche, et c'est ce que le pays espérait confusément. Il s'y mêlait une autre préoccupation dont il fut souvent question durant ses entretiens avec Raymond Janot : l'avenir de l'Algérie. Il pensa que le régime constitutionnel appliqué aux territoires africains pourrait, le moment venu, servir de cadre à la solution du problème algérien. Celui-ci se trouverait, en quelque sorte, déplacé et situé à un autre niveau que dans la seule optique des rapports entre la métropole et l'Algérie. Cette espérance, clairement évoquée par de Gaulle, supposait que, dans un premier temps, on s'en tînt à un régime d'inspiration plus ou moins fédéraliste, mais où, en tout cas, les pays d'Afrique noire renonceraient, au moins provisoirement, à leur indépendance, puisque, dans le contexte de l'été 1958, il ne pouvait encore être question de l'indépendance algérienne.

Ces préoccupations étaient, en partie, contradictoires. De Gaulle crut trouver une issue en posant le problème en termes nouveaux. Au dilemme « fédération ou confédération », il résolut de substituer le choix : sécession ou non. Tel fut le sens de son intervention au Comité constitutionnel consultatif, le 8 août[3]. Ainsi, il cherchait à regrouper dans un même camp tous ceux qui, sous une forme ou sous une autre, entendaient ne pas rompre tout lien avec la France. L'acceptation de la Constitution devrait être, en définitive, un geste de confiance envers l'ancienne métropole, mais aussi envers lui-même. De ce fait, le futur référendum aurait un côté spectaculaire, ce qui, sans doute, ne manqua pas de le séduire. Encore fallait-il, pour éviter un lourd échec, que la Constitution proposée aux Africains fût telle qu'ils l'acceptent tous, ou presque tous : en pratique, la solution choisie devrait donc ménager les transitions et prévoir des évolutions, faute de quoi elle risquait d'être repoussée par tel ou tel. Mais un risque apparaissait en même temps : si un ou plusieurs Etats choisissaient la sécession, ce serait une rupture entre eux et la France, dont l'autorité, l'influence et le prestige seraient affaiblis, par contre, si l'on acceptait d'établir aussitôt avec eux de bonnes relations, on encouragerait, en fait, d'autres Etats à réclamer leur indépendance.

Le risque d'un dilemme aussi rigoureux — accepter la Constitution ou faire sécession — parut si grand que des objections furent soulevées, en particulier par Raymond Janot. De Gaulle n'en fut pas ébranlé : si « fédéralistes » et « confédéralistes » se ralliaient ensemble à une Constitution suffisamment évolutive, l'inévitable émancipation de l'Afrique porterait tout entière une certaine marque « française », d'autant qu'au départ, la pure et simple sécession aurait été rejetée.

C'est au Comité constitutionnel qu'on allait voir si le pari engagé par de Gaulle pouvait être gagné. Ce fut l'affaire de six jours. Raymond Janot laissa se développer à fond la querelle entre tenants de la fédération et partisans de l'indépendance et de la confédération. Puis, résumant les points de vue opposés, il souligna l'impasse où l'on en était arrivé. C'est alors que le député de Madagascar, Tsiranana, intervint pour dire que l'on pouvait en sortir puisque les uns et les autres étaient partisans de constituer avec la France une vaste communauté. Le terme fut aussitôt repris et servit de base à la solution adoptée.

Celle-ci portait évidemment la marque des conceptions opposées, mais aussi des perspectives d'évolution dont de Gaulle s'était inspiré. Les territoires d'outre-mer pourraient garder leur statut, se transformer en départements ou devenir Etats de la Communauté. Dans cette dernière hypothèse — la seule qu'on envisageait sérieusement — toutes sortes d'ambiguïtés subsistaient. Par certains côtés, on pouvait discerner l'amorce d'une organisation fédérale : « le domaine de la compétence de la Communauté » était délimité et comprenait la garantie des libertés, la diplomatie, la défense, la monnaie, la justice, l'enseignement supérieur, les matières premières stratégiques, les transports communs et les télécommunications ; le président de la Communauté serait le président de la République française, mais il serait élu par un collège comprenant les assemblées de tous les Etats de la Communauté ; un conseil exécutif serait constitué par les Premiers ministres des Etats et par les ministres chargés des affaires communes ; une assemblée de la Communauté disposerait de pouvoirs assez vagues mais qui pourraient être élargis ; une cour suprême veillerait au respect des nouvelles institutions.

Mais, en même temps, l'évolution future de la Communauté était explicitement envisagée. Les territoires pourraient « se grouper ou non en fédérations primaires », conformément aux vues constantes des Sénégalais et du Parti du regroupement africain. Surtout, chaque Etat pourrait, tous les cinq ans, changer de statut, « et même former un Etat indépendant dans le cadre d'une association des Etats libres ». Réserve faite des délais imposés, c'était là un pas décisif vers une future confédération. En pratique, c'était même la garantie d'une transformation complète de la Communauté au bout de cinq ans.

Le projet du Comité constitutionnel fut mis au point le 14 août, et le 20 août, de Gaulle entama une vaste tournée en Afrique et à Madagascar. A Tananarive, il donna, dès son premier discours, une image délibérément émancipatrice de la future Communauté : désignant l'ancienne résidence de la reine Ranavalo, dernière souveraine du pays avant sa colonisation, au sommet d'une colline qui dominait le stade où il parlait, il s'adressait ainsi aux Malgaches, le 22 août :

> Demain, vous serez de nouveau un Etat, comme vous l'étiez lorsque ce palais était habité. Vous serez des hommes qui, en toute indépendance, se seront unis à d'autres pour le meilleur et pour le pire.

Les réserves et la méfiance des nationalistes les plus impatients ne pesèrent pas devant la force des mots et des gestes. De Gaulle avait dit « Etat » et « Indépendance » : c'est ce que retint la foule de ceux qui l'écoutèrent, bien plus que les mécanismes prévus par le projet de Constitution. Et il avait, en un geste symbolique, évoquer la dernière souveraine des Malgaches au temps où ils n'étaient pas colonisés : dans la foule, Jacques Rabemananjara, ancien député, injustement accusé, comme les autres parlementaires malgaches, d'avoir suscité les émeutes de 1947, condamné à une lourde peine et longtemps détenu dans les geôles de la IVe République, se mit à pleurer...

Plus tard, il allait devenir ministre de celui qui était alors président du gouvernement, Philibert Tsiranana. Dès ce jour-là, ce dernier avait fait son choix. Le soir même, il confia aux journalistes : « Les extrémistes, en demandant la lune, en sont encore à zéro. Moi, en acceptant la loi-cadre, puis cette autonomie, je conduis les Malgaches aux trois quarts du chemin. Après être entrés dans la communauté, nous en sortirons bientôt, quand nous serons mûrs, peut-être dans un an, peut-être dans un siècle, mais je crois très prochainement[4]... » Ce devait être quinze mois plus tard.

Puis ce fut l'Afrique-Equatoriale. Là se retrouvaient, à chaque pas, les souvenirs de la France libre, l'évocation des grandes heures africaines de la guerre. Le climat politique du voyage en fut profondément marqué. L'accueil de la foule, celui des chefs traditionnels, celui des hommes politiques, se conjuguaient pour convaincre de Gaulle qu'il était sur le point d'accomplir une grande œuvre. Mais le sens de cet accueil ne pouvait le tromper : c'est l'émancipateur qu'on saluait en lui, c'est la transformation du régime colonial qu'on attendait de lui. A Brazzaville, de Gaulle donna donc à la Constitution son sens le plus précis :

> Cette Communauté, déclare-t-il, je vais la proposer à tous et à toutes ensemble où qu'ils soient. On dit : vous avez droit à l'indépendance, mais certainement oui. D'ailleurs, l'indépendance, quiconque la voudra pourra la prendre aussitôt. La métropole ne s'y oppose pas.

La formidable ovation qui accueillit ces mots ne laissait aucun doute sur l'attente de ceux qui l'écoutaient. Mais, par contraste, il souligna le caractère fédéral de la Constitution. Il invoquait les nécessités du temps, l'obligation de s'unir. Il évoqua les dangers nouveaux, en des termes qui désignaient une certaine menace communiste et asiatique, donnant par là aux offres françaises un caractère idéologique qui heurta — sans qu'ils osent le dire — nombre de militants nationalistes africains.

Mais, en même temps, il répéta que l'indépendance pouvait être acquise dès le jour du référendum, par un vote négatif. Plus encore : il apporta à Brazzaville une précision capitale.

> A l'intérieur de la Communauté, déclare-t-il, si quelque territoire, au fur et à mesure des jours, se sent, au bout d'un certain temps que je ne précise pas, en mesure d'exercer tous les devoirs de l'indépendance, eh bien, il lui appartiendra d'en décider par son assemblée élue, et, si c'est nécessaire, par le référendum de ses habitants.

Dans l'immédiat, par conséquent, le choix demeurait : Communauté ou sécession. Mais de Gaulle venait de bien montrer que toutes les portes restaient ouvertes sur une évolution future. Plus encore : l'indépendance pourrait être prise, plus tard, à tout moment, sans qu'il soit question du délai de cinq ans, prévu, pourtant, dans le projet de Constitution.

C'est dans ces conditions qu'il arriva à Conakry, le 25 août. Le dirigeant guinéen Sékou Touré, membre du RDA, semblait encore, peu de temps auparavant, attaché aux thèses fédéralistes de son parti. « Il n'est pas question d'engager l'Afrique noire dans un mouvement d'indépendance car de grandes possibilités nous restent », déclarait-il au Congrès de Bamako, en septembre 1957. Mais il se prononçait déjà pour un regroupement des territoires d'Afrique-Occidentale, que les partisans de l'indépendance considéraient comme une première étape vers leur objectif. Dans son rapport au Parti démocratique de Guinée, en janvier 1958, il écrivait : « Nous sommes pour la communauté franco-africaine au profit de laquelle les Etats africains abandonneront une partie de leur souveraineté, parce que nous sommes conscients qu'à l'heure des grands ensembles l'Afrique n'a rien à gagner à son isolement. » N'était-ce pas la définition même d'une fédération ? Le même mois, à la réunion des parlementaires africains, à Paris, il fut de ceux qui voyaient dans la « république fédérale » l'objectif de leur commune action politique : mais, déjà, elle devait être assortie du « droit à l'indépendance ».

Quand de Gaulle fut revenu au pouvoir et qu'on se mit à parler de la Constitution nouvelle, Sékou Touré maintint encore ses conceptions fédéralistes. Devant le congrès de son parti, il précisa qu'il souhaitait une communauté franco-africaine, dotée d'un parlement et d'un gouvernement fédéraux comprenant la métropole, les Etats d'Afrique-Occidentale, d'Afrique-Equatoriale, et Madagascar. Et en juillet, quand le RDA fit remettre à de Gaulle un communiqué précisant ses objectifs, rien ne semblait encore le distinguer de ses amis. Pour bien des raisons, il semblait souhaitable qu'il fît partie du Comité constitutionnel. Il y aurait représenté, non les tenants de l'indépendance, mais l'aile marchante du RDA en même temps que le mouvement syndicaliste africain dont il était le plus important dirigeant. On choisit, au contraire Gabriel Lisette, député du Tchad, bien que d'origine antillaise, que favorisait son intime connaissance des milieux politiques français. Une étude plus précise de l'échiquier politique africain eût, cependant, permis de voir que les Guinéens, entre les « fédéralistes » et les « confédéralistes », occupaient une position-charnière et que Sékou Touré lui-même était une personnalité trop forte pour que l'on puisse se passer de son appui. De plus, l'accord du Tchad, pays pauvre et isolé, était acquis d'avance : celui de la Guinée méritait qu'on y consacrât plus de soin. Le ministre de la France d'outre-mer, Bernard Cornut-Gentille, n'y prit pas garde.

Absent des travaux du Comité consultatif constitutionnel, Sékou Touré ne se rendit peut-être pas compte de la volonté des Sénégalais et des Malgaches de ménager le passage à l'indépendance. Il ne pouvait pourtant y avoir le moindre doute sur l'avenir : au Congrès de Cotonou, qui venait de se tenir, le Parti du regroupement africain l'avait réclamée. Il restait seulement à savoir si elle serait acquise immédiatement, par un vote négatif au référendum — c'était la position de Djibo Bakary, président du gouvernement nigérien — ou seulement après une étape d'autonomie et de façon à préserver les chances d'une confédération avec la France, comme le souhaitaient les Sénégalais. Dès cette date, en réalité, les chances d'une véritable fédération, à plus ou moins court terme, étaient nulles : Sékou Touré le savait aussi bien que de Gaulle. Mais celui-ci pensait à une assez longue transition qui pourrait servir aussi au règlement du problème algérien ; celui-là n'y voyait qu'un frein trop pesant et un délai trop long.

C'est là que se situa la divergence entre Sénégalais et Guinéens. Après le discours de Brazzaville, où de Gaulle avait reconnu aux Africains le droit à l'indépendance, non seulement dans l'immédiat, mais à tout moment, après qu'ils auront accepté la Constitution, Gabriel d'Arboussier, alors président du Grand Conseil de l'Afrique-Occidentale, estimait que cette promesse « aplanissait tous les obstacles, et qu'il n'y avait plus de problème politique franco-africain ». Le jour même où il tenait ces propos, le 26 août, lisant le texte de l'allocution que Sékou Touré s'apprêtait à prononcer devant de Gaulle, il lui fit remarquer qu'il ne tenait pas compte du droit à l'indépendance désormais reconnu à tous les Etats africains, et suivant ses propres termes, qu'il était « en retard d'un discours[5] »...

Toujours est-il que de Gaulle fut avant tout impressionné par le climat politique singulier qui marqua l'accueil de Conakry. La foule était particulièrement nombreuse et vibrante, mais les mots d'ordre qu'elle scandait s'adressaient à Sékou Touré bien plus qu'à lui-même : de Gaulle le comprit ou le sentit. Et c'est à elle que s'adressa le leader guinéen, donnant à son discours le ton d'une diatribe anticolonialiste qu'accentuait encore, au moment voulu, le rythme des acclamations.

De Gaulle s'y attendait-il et que devait-il en déduire ? Pierre Messmer, nommé haut-commissaire en Afrique-Occidentale en remplacement de Bernard Cornut-Gentille, devenu ministre de la France d'outre-mer, l'avait prévenu : Sékou Touré avait l'intention de faire voter « non » et le passage à Conakry serait donc, de toute façon, difficile[6]. Mais ce n'était pas l'avis du gouverneur du territoire, Mauberna. Celui-ci reçut le texte du discours de Sékou Touré et ne trouva pas qu'il annonçait une rupture. Cornut-Gentille eut le même sentiment. Les deux hommes voulurent pourtant le communiquer à Jacques Foccart qui, accompagnant de Gaulle, devinerait sans doute ses réactions et, en tout cas, pourrait lui en parler. Mais Foccart, appelé au téléphone, dès son arrivée, par Georges Pompidou qui, de Paris, voulait l'avertir qu'un attentat était préparé contre le général, à Dakar ou à l'escale d'Alger, ne put être joint à temps. Et de Gaulle, à qui Mauberna remit le texte du discours de Sékou Touré en lui disant qu'il ne s'y trouvait aucun choix définitif entre le « oui » et le « non », le mit dans sa poche : Sékou Touré vint le prendre pour le conduire, à pied, au siège de l'Assemblée territoriale où tous deux allaient parler....

Son discours contenait cette phrase : « Notre cœur, notre raison, en plus de nos intérêts les plus évidents, nous font choisir sans hésitation l'interdépendance et la liberté dans cette union [avec la France], plutôt que de nous définir sans la France et contre la France. » Ces quelques mots avaient retenu l'attention de Mauberna : à les prendre au pied de la lettre, ils permettaient de nuancer l'impression générale produite par le ton du discours. Faute de quoi, celui-ci ne pouvait manquer d'apparaître comme une sorte de défi aux propositions françaises. L'esprit en était tout entier contenu dans cette apostrophe à la fois digne et brutale : « Nous préférons la pauvreté dans la liberté à la richesse dans l'esclavage. » De Gaulle fut frappé par la tonalité générale des propos de Sékou Touré et plus encore par le ton de son discours, agressif et violent. Sa réponse publique fut, pourtant, relativement équilibrée : sans doute hésitait-il à tirer immédiatement les conséquences d'un texte qui, littéralement, ne comportait rien de catégorique, tout en laissant prévoir, malgré tout, une réponse négative. « Je crois, déclara-t-il, que la Guinée dira "oui" à la France, et alors, je crois que la route nous sera ouverte où nous pourrons marcher en commun. » Mais cette espérance, peut-être, n'était plus que formelle : de Gaulle laissa percer la mélancolie dans sa péroraison :

> Je m'interromps, dit-il, en attendant peut-être, si le fait se produit jamais, l'occasion suprême de venir vous voir, dans quelques mois, quand les choses seront établies et que nous célébrerons ensemble, publiquement, l'établissement, la fondation de notre Communauté. Et si je ne devais pas vous revoir, sachez que le souvenir que je garde de mon séjour dans cette belle, grande, noble ville, ville laborieuse, ville d'avenir, ce souvenir, je ne le perdrais pas !

Quelques heures plus tard, pourtant, sa conviction était faite. Réunissant ses collaborateurs dans le bureau du gouverneur, alors qu'il venait d'avoir un court tête-à-tête en voiture avec Sékou Touré, il leur en fit part : la Guinée répondrait « non ». Autour de lui, les avis se partagèrent. Le ministre de la France d'outre-mer, Cornut-Gentille, se sentait personnellement heurté par le comportement de Sékou Touré, d'autant plus qu'il s'était montré certain de son accord. Il voulut y voir l'indice d'une influence soviétique ou communiste et se persuada que la Guinée devenant une « tête de pont » du camp socialiste : mieux valait la mettre au plus tôt à l'écart de la Communauté naissante. Si critiquable que fût sa conception, il la fit partager souvent.

En sens inverse, le gouverneur Mauberna croyait qu'on pouvait encore convaincre Sékou Touré que la Guinée pourrait prendre son indépendance, dans des conditions bien plus avantageuses s'il acceptait d'en passer par le « oui » à la Communauté. Avec l'accord de Pierre Messmer, plusieurs dirigeants africains, en particulier Gabriel d'Arboussier, encore président du Grand Conseil de l'Afrique-Occidentale, s'entremirent. En vain. De Gaulle avait été frappé de voir que son interlocuteur était resté insensible à l'engagement qu'il venait de prendre à Brazzaville, de reconnaître le droit des Etats de la Communauté d'acquérir, quand ils le voudraient, leur indépendance. Il lui sembla qu'aucune concession n'ébranlerait la décision de Sékou Touré : tout au contraire, celui-ci voulant donner à son geste le plus d'éclat possible pour en souligner le contraste avec l'acceptation d'autres dirigeants africains. Et il crut en voir, aussitôt, « des yeux, la sombre confirmation... ».

Citons les *Mémoires d'espoir :*

> Le lendemain, allant retrouver l'avion par la route que j'ai prise la veille,

je n'y vois plus âme qui vive. La même discipline imposée qui l'avait, hier, garnie d'une foule compacte, l'a, aujourd'hui, totalement vidée. Ainsi suis-je fixé sur ce qui, demain, sortira des urnes. A Sékou Touré, qui me salue à mon départ, je dis « Adieu la Guinée » !

S'il subsistait quelque chance de réviser la position guinéenne, la journée du 27 août allait la réduire brutalement. Ce jour-là, en effet, l'accueil fait à de Gaulle par des groupes de militants nationalistes, à Dakar, fit naître quelques doutes sur la réponse du Sénégal au référendum. De leur côté, les Nigériens tendaient à croire que si l'objectif des Africains était l'indépendance, autant valait la prendre immédiatement. Du coup, Djibo Bakary, président du gouvernement nigérien et Sékou Touré signaient en commun un communiqué annonçant clairement leur intention de répondre « non ». Le 28 août, de Gaulle était à Paris. Le moment était venu de mettre définitivement au point le texte de la Constitution.

Les réactions enregistrées en Afrique montraient nettement la vigueur des sentiments nationalistes, l'ampleur des aspirations à l'indépendance. L'attitude des Guinéens et des Nigériens laissait prévoir que la tentation serait forte, pour certains, de saisir au vol les possibilités offertes par une réponse négative au référendum. C'est ce risque qu'il fallait limiter. De Gaulle en déduisit qu'on devait à la fois accentuer la netteté du choix que les Africains auraient à faire et, par ailleurs, renforcer tout ce que la Constitution comportait d'aménagements et d'évolutions possibles vers l'inévitable indépendance de l'Afrique. Sur un point capital, la Constitution allait marquer un progrès sensible par rapport au premier texte soumis au Comité consultatif constitutionnel. Désormais, en vertu de l'article 86, la transformation du statut d'un Etat de la Communauté pourrait résulter d'un simple accord entre cet Etat et la France. De la même façon, un Etat pourrait devenir indépendant à n'importe quel moment, et non plus seulement tous les cinq ans. De même, l'article 78 prévoyait que des accords particuliers pourraient « régler tout transfert de compétences de la Communauté à l'un de ses membres ». Un Etat pourrait ainsi devenir indépendant, sans qu'il en résultât de crise ou de conflit. Par contre, il cesserait alors d'appartenir à la Communauté, et tandis que, dans la première version du texte de la Constitution il pouvait alors devenir membre d'une « association des Etats libres », le projet définitif prévoyait seulement que la France ou la Communauté pourraient « conclure des accords avec les Etats qui désiraient s'associer à elle pour développer leur civilisation ».

Dans ces conditions, l'accord des Sénégalais et des Malgaches était certain. Nul ne doutait qu'assurés, désormais, de franchir quand ils le voudraient l'étape de l'indépendance, ils consentiraient volontiers à l'autonomie provisoire que leur garantissait la Communauté. Les Nigériens du Parti du regroupement africain persistèrent, au contraire, dans leur opposition. Un nouveau gouverneur fut dépêché en toute hâte à Niamey. En même temps, Houphouët-Boigny fit intervenir les sections nigériennes du RDA. Le gouvernement nigérien fut renversé et Diori Hamani remplaça Bakary. Quant à la Guinée, l'impression que de Gaulle avait retirée de son voyage à Conakry lui laissait peu d'espoir d'obtenir un vote positif. Mais l'échec des dernières tentatives d'accommodement faites par le gouverneur Mauberna et par plusieurs personnalités africaines auprès de Sékou Touré ne le laissa pas indifférent : que celui-ci ait tenu pour négligeables les multiples ouvertures vers l'indépendance contenues dans la Constitution lui parut la preuve qu'il ne la voulait qu'assortie d'un geste de rupture, voire de défi, sinon d'hostilité. Les relations franco-guinéennes en portèrent longtemps la marque. Au lendemain du référendum du 28 septembre, des dispositions très strictes furent prises en vue du départ des fonctionnaires et militaires français. Paris refusa de reconnaître *de jure* le gouvernement de Conakry, tant que n'auraient pas été conclues les conventions réglant les problèmes résultant de la cessation brusque de la souveraineté française. Les choses ne s'arrangèrent qu'au mois de janvier. Mais, dans l'intervalle, de Gaulle avait écarté la proposition guinéenne de conclure avec le nouvel Etat les accords prévus par l'article 88 de la Constitution, rejeté les suggestions de Léopold Sédar Senghor en vue d'un accord général entre la Communauté et la Guinée, et refusé de patronner la candidature guinéenne aux Nations unies.

Ce comportement abrupt résultait de la politique qu'il allait suivre vis-à-vis des Etats qui, eux, avaient donné au référendum une réponse positive. Certes, de Gaulle n'ignorait pas que l'exemple guinéen, après ceux du Togo, du Cameroun et de plusieurs pays africains anglophones, orienterait bientôt ces Etats vers l'indépendance. Mais dans l'immédiat, il voulait consolider cette Communauté qui venait d'obtenir l'adhésion de la presque totalité des anciens territoires français. Il lui semblait donc essentiel d'accuser le plus possible la différence entre les relations établies avec ceux-ci et le traitement appliqué à la Guinée. Dans cet esprit, il ne manqua aucune occasion d'affirmer qu'à ses yeux la question guinéenne ne présentait qu'un intérêt secondaire : ce qui comptait, c'était de mettre en œuvre la Communauté, car toute sa politique africaine en dépendait et, pour lui, l'affaire algérienne s'y rattachait. Du reste, c'est ce qu'attendaient plusieurs dirigeants de la Communauté. Houphouët-Boigny déclarait ainsi, le 15 octobre, à l'hebdomadaire *Carrefour* : « Si la France donnait une préférence à ceux qui ont fait sécession contre ceux qui ont choisi la Communauté, alors la sécession guinéenne ferait tache d'huile. » Bref, s'il fallait mettre la Communauté sur pied, et la faire durer, au moins quelque temps, on pouvait difficilement éviter que les rapports avec la Guinée n'en souffrent. Ce fut la première conséquence du « non » de Sékou Touré : mais la plus importante fut que la marche des Etats africains vers l'indépendance ne pourrait désormais se faire qu'en ordre dispersé.

Cependant l'histoire de la Communauté commençait. On ne saurait la comprendre sans se référer sans cesse à l'Algérie à laquelle de Gaulle assignait, en prenant ses fonctions de président de la République, « une place de choix dans la Communauté ». Celle-ci, pour servir un jour de cadre au règlement de l'affaire algérienne, devait d'abord se consolider et se développer. Tel fut le sens des mesures transitoires adoptées le 19 décembre 1958, puis au cours du premier semestre de 1959. Les dirigeants africains se réunirent avec de Gaulle, en Conseil exécutif de la Communauté, les 3 et 4 février, les 2 et 3 mars, les 4 et 5 mai à Paris, les 7 et 8 juillet à Tananarive, puis les 10 et 11 septembre de nouveau à Paris. Plusieurs Etats avaient alors décidé de demander leur indépendance, et ce fut le thème de la réunion qui se tint à Saint-Louis du Sénégal les 10 et 11 décembre. La septième et dernière eut lieu à Paris le 21 mars 1960.

De Gaulle, s'il était résolu à donner à la Communauté quelque réalité et quelque vigueur, n'entretenait aucune illusion[7] : il voulait, dans l'immédiat, mettre sur pied, une structure d'inspiration fédérale, conforme aux désirs d'une grande partie des dirigeants africains et donnant à la Communauté elle-même les chances de durer. Mais il n'ignorait pas que le Sénégal et Madagascar, voudraient bientôt être indépendants et que d'autres les suivraient et Raymond Janot, qu'il avait nommé secrétaire général pour la Communauté, estimait inévitable et souhaitable l'établissement, par étapes, d'une souple confédération entre la France et les pays africains. Au fond, il ne jugeait pas sérieuses les chances d'une fédération. En principe, celle-ci consacre l'égalité des Etats qui en font partie : mais, précisément, ce principe lui paraissait sans rapport avec la réalité, s'agissant de la France et de ses anciennes colonies. Sans doute pouvait-on imaginer que dans une fédération franco-africaine, à l'exemple de l'Allemagne fédérale, les institutions communes soient établies en tenant compte de l'importance respective des populations, et non en fonction de l'égalité théorique des Etats, assurant ainsi une certaine suprématie française. Mais, à terme, l'évolution démographique la remettrait en cause. En attendant, on se heurterait sans doute à la mauvaise humeur des Etats africains, et, malgré toutes les précautions, on établirait entre la France et les Etats d'Afrique noire une égalité théorique qui ne tiendrait aucun compte de leur histoire, de leurs sociétés, de leur niveau de développement. De Gaulle avait un sens trop aigu des particularités nationales et du destin singulier de chaque peuple pour éprouver quelque attirance envers une construction aussi complexe, aussi fragile, aussi abstraite. Bref, l'orientation fédérale, donnée d'abord à la Communauté n'était, pour lui, qu'une expérience transitoire, intéressante et même indispensable, telle qu'il aurait fallu la faire si la France avait adopté, en 1946, la « Convention de Bayeux » : mais bien des années avaient passé, et, en aucun cas, elle ne devait compromettre l'avenir.

Du reste, la Constitution n'avait pas consacré pleinement l'idée fédérale : la République française gardait son indépendance tandis que les Etats africains de la Communauté ne voyaient reconnue que leur autonomie, et la Communauté elle-même n'avait pas de personnalité politique distincte, ni de réalité internationale. On fit pourtant une série de pas dans la voie du fédéralisme. On définit une langue commune, un hymne, une devise, un drapeau « le drapeau tricolore, bleu, blanc et rouge, dont la hampe portera un signe distinctif ». On fixa la date des fêtes légales. On décida d'établir un budget de la Communauté. On stipula que « la politique étrangère de la République française et de la Communauté est une », que « la représentation extérieure de la République française et de la Communauté est unique », que « l'armée chargée de la défense de la Communauté est une », qu'elle « est placée sous une organisation unique de commandement ». Fait significatif des ambiguïtés de ce fédéralisme empirique, on décida que les passeports seraient établis « au nom de la République française et de la Communauté » mais, comme la Communauté n'avait pas de statut international, il se trouvait, en fait, que les ressortissants africains, et même leurs dirigeants, ne pouvaient avoir qu'un passeport français... En dépit de ces difficultés, le caractère fédéral de la Constitution semblait s'accentuer. Par exemple, les premières décisions concernant la Communauté étaient signées de son seul président et s'appliquaient aussi bien à la République française qu'aux Etats africains. A la limite, la France en serait réduite à une autonomie semblable à celle qu'elle avait accordée au Sénégal et à la Côte-d'Ivoire, et les affaires communes auraient été du ressort des institutions communes. C'est ainsi que Félix Houphouët-Boigny, devenu président de la Côte-d'Ivoire, quitta tout naturellement le gouvernement français. De même, après la suppression du ministère de la France d'outre-mer, le secrétariat général de la Communauté eut tendance à constituer un embryon d'administration fédérale.

Au vrai, cette évolution fédéraliste, dont les détails accaparaient l'attention des milieux politiques parisiens et africains, avait peu de rapports avec la réalité. Dans l'histoire des Etats de la Communauté, le premier semestre de 1959 fut d'abord le temps de leur consolidation. Le Tchad manqua de se disloquer. Le gouvernement de Brazzaville eut quelque mal à étendre son autorité sur l'ensemble du Congo. Mais, en même temps, les administrations se mettaient en place et le personnel gouvernemental acquérait une expérience politique nouvelle. Puis la République Centrafricaine et la Mauritanie, se dotèrent de drapeaux, et leur exemple fut bientôt suivi partout. Au mois d'avril, Tsiranana se fit élire président de la République de Madagascar, ce qui lui donnait le rang d'un chef d'Etat et non d'un chef de gouvernement — à l'encontre des perspectives fédérales ouvertes par les débuts de la Communauté — et, dès l'automne, l'abbé Fulbert Youlou, au Congo, puis Maurice Yaméogo, en Haute-Volta, s'attribuèrent le même titre. Le

15 mai, Modibo Keita, président du gouvernement soudanais, saisit l'occasion d'un entretien privé avec de Gaulle pour aborder la délicate question des passeports. La démarche porta et, au Conseil exécutif de septembre, on décida d'examiner « la possibilité de nationalités distinctes de la nationalité commune ».

De toute évidence, le temps des indépendances était proche. Pour beaucoup d'Africains, celles-ci devaient s'accompagner du regroupement de leurs territoires. Tel était, en particulier, le dessein des anciens dirigeants du PRA et, surtout, des Sénégalais. Ayant accepté d'en passer par l'étape de la Communauté, ils n'avaient aucunement renoncé à leur objectif : une fédération d'Afrique-Occidentale. Ils se heurtèrent naturellement à l'opposition d'Houphouët-Boigny appuyé par le président nigérien, Hamani Diori, mais trouvèrent un soutien auprès du président du gouvernement soudanais, Modibo Keita, et après deux mois d'efforts, ils crurent pouvoir compter sur l'adhésion de quatre Etats : le Sénégal, le Soudan, la Haute-Volta et, le Dahomey. Les partis au pouvoir dans ces quatre pays déléguèrent des représentants au Congrès d'union qui se tint à Bamako les 29 et 30 décembre 1958. Une Assemblée constituante se réunit à Dakar, le 14 janvier suivant et donna à la nouvelle fédération le nom d'un ancien empire mandingue : le Mali. Elle vota une Constitution authentiquement fédérale qui prévoyait l'adhésion d'autres Etats d'Afrique-Occidentale. Il ne restait plus qu'à la faire ratifier par les Assemblées des quatre pays participants.

Dans ces décisions comme dans le climat politique où elles furent prises, il n'y avait pas la moindre marque d'hostilité envers la France. L'indépendance, but ultime du regroupement des Etats africains, était à peine évoquée, bien qu'on sût qu'elle serait le terme de l'action entreprise, et les dirigeants « maliens » ne le dissimulaient nullement. Mais, pour le gouvernement français, la question était de savoir quelle attitude il fallait prendre. Pour certains, il était clair que les dirigeants du nouvel Etat allaient réclamer son indépendance, même s'ils acceptaient le maintien de son appartenance nominale à la Communauté, mais c'était une évolution inévitable, et il fallait soutenir leur entreprise de regroupement : tel était l'avis de ceux qui, à Paris et à Dakar, étaient surtout préoccupés par les inconvénients de la dislocation de l'Afrique-Occidentale et par la « balkanisation » du continent.

Pour d'autres, en particulier pour le ministre de la France d'outre-mer, Bernard Cornut-Gentille, il fallait prendre garde à des risques plus immédiats : certes, le regroupement des Etats de la Communauté était expressément envisagé par l'article 76 de la Constitution, mais, par ses dimensions, le Mali serait apte à acquérir sa pleine souveraineté, il la prendrait à bref délai, et il serait difficile de maintenir dans la Communauté les autres Etats après que le plus grand d'entre eux eut accédé à l'indépendance. Il s'y ajoutait les craintes qu'inspirait l'orientation idéologique de quelques-uns des principaux dirigeants « maliens », dont beaucoup, au Sénégal et au Soudan, étaient partisans d'une socialisation plus ou moins accentuée de l'économie africaine : les intérêts privés s'en inquiétaient. L'hostilité d'Houphouët-Boigny était plus catégorique encore. Sa préoccupation première était d'empêcher que l'Afrique-Occidentale ne se reconstitue autour du pôle dominant que serait, inévitablement, Dakar. Déjà, au temps où l'on préparait la « loi-cadre » de 1956, il avait prévenu Pierre Messmer, qui en rédigeait le texte et avait été gouverneur de la Côte-d'Ivoire, qu'il s'y opposerait par tous les moyens [8]. Membre du gouvernement français jusqu'au début de 1959, président du gouvernement ivoirien, son autorité sur son parti, le RDA, était encore considérable. Il fit ressortir que la Communauté, aussitôt créée, allait sombrer à bref délai puisque la vaste fédération du Mali, de l'aveu même de ses chefs, opterait bientôt pour l'indépendance : il demeurait, disait-il, partisan d'une véritable fédération franco-africaine, mais si l'on s'en détournait, il choisirait, lui aussi, l'indépendance immédiate.

Après quoi, il agit. Au Dahomey, la section locale du RDA remporta les élections législatives au mois de mai : le Dahomey ne ferait donc pas partie du Mali. Quant aux Voltaïques, ils dépendaient de la Côte-d'Ivoire pour l'emploi d'une main-d'œuvre excédentaire comme pour leurs débouchés sur la mer : Houphouët-Boigny leur fit sentir lourdement le poids de ces contraintes économiques, et la Haute-Volta se donna une Constitution qui excluait toute adhésion à un ensemble fédéral. Dès lors, le Mali allait se réduire à la seule conjonction du Sénégal et du Soudan.

Le nouvel Etat se constitua en avril. Au début de juillet, un congrès du parti de la Fédération africaine se réunit à Dakar. Senghor y laissa prévoir l'évolution de la Communauté vers un « Commonwealth à la française », tandis que Mamadou Dia, président du gouvernement sénégalais, en même temps que vice-président du Mali, déclarait : « Indépendance, d'accord, mais pas dans la rupture, pas dans le morcellement de l'Afrique. » Quelques jours plus tard, à la quatrième session du Conseil exécutif de la Communauté à Tananarive, il annonça que le congrès avait donné mandat aux dirigeants « d'obtenir l'indépendance du Mali dans le cadre d'une association confédérale avec la France ». Aussitôt Houphouët-Boigny répliqua : « Ou bien nous nous engageons les uns et les autres à construire une communauté durable, ou bien nous nous refuserons, nous [...] à être une Communauté qui ne serait plus que du Commonwealth... » De Gaulle prit soin d'éluder le conflit qui menaçait, d'autant plus qu'il était résolu à éviter tout affrontement, avec les uns comme avec les autres.

Il était déjà convaincu de l'inévitable évolution des Etats africains vers l'indépendance. Si les Sénégalais et les Soudanais, et vraisemblablement les Malgaches, n'allaient évidemment pas tarder à réclamer leur pleine souveraineté, leur exemple serait très certainement suivi. Au congrès du RDA, entre le 3 et le 5 septembre 1959, le président de la Haute-Volta, Maurice Yaméogo, parlait déjà « d'une véritable fédération multinationale composée d'Etats indépendants » : la formule était contradictoire, mais elle ne laissait guère de doutes sur les arrière-pensées du dirigeant voltaïque, que semblait partager l'abbé Fulbert Youlou, président du Congo. Au Conseil exécutif du 10 septembre, à Paris, de Gaulle se borna donc à éviter tout choix dramatique : en parlant du « caractère évolutif » de la Communauté, il indiquait seulement qu'il était prêt aux changements qui s'annonçait.

De fait, le 28, il recevait de Modibo Keita et Mamadou Dia une lettre lui faisant part de leur désir d'obtenir l'indépendance du Mali. Ils invoquaient l'article 78 de la Constitution, prévoyant que « des accords particuliers peuvent... régler tout transfert de compétences de la Communauté à l'un de ses membres » : si ce transfert était total, ils obtiendraient l'indépendance, sans recourir à l'article 86 qui prévoyait que pour devenir indépendant, un Etat devait procéder à un « référendum local dont l'organisation et le contrôle sont assurés par les institutions de la Communauté », l'Etat cessant, « de ce fait, d'appartenir à la Communauté ». Les dirigeants du Mali voulaient, en réalité, éviter une rupture avec la France et pensaient que, par la procédure qu'ils proposaient, on faciliterait la transformation de la Communauté en une confédération à mesure que d'autres Etats africains imiteraient leur exemple.

De Gaulle fut mis en garde contre cette évolution par Houphouët-Boigny. Celui-ci lui suggéra de refuser la procédure envisagée par les Maliens et de s'en tenir à celle prévue par l'article 86. Il déclarait possible — mais très probablement à tort — de susciter une opposition, à l'intérieur même du Mali, et de la faire triompher au référendum. En cas d'échec, la Communauté serait débarrassée des partisans d'une confédération et on pourrait enfin s'orienter délibérément vers une véritable République fédérale franco-africaine. Ces suggestions furent immédiatement écartées par de Gaulle. Il ne croyait nullement qu'il soit possible d'obtenir au Mali un vote hostile à l'indépendance, par ailleurs, il n'était pas favorable à une organisation réellement fédérative des relations entre la France et ses anciennes colonies.

Pour lui, le problème se posait en d'autres termes. Le 16 septembre, en effet, il avait prononcé son discours sur l'autodétermination de l'Algérie proposant trois solutions — la sécession, la francisation et l'association — et c'était évidemment celle-ci qu'il souhaitait. Telle qu'il l'avait définie, cette association revenait, en pratique, à l'autonomie de l'Algérie, les « compétences communes », dont il avait parlé, correspondant aux prérogatives de la Communauté. Cette solution aboutirait donc à faire de l'Algérie un Etat ayant un statut comparable à celui de la Côte-d'Ivoire ou de Madagascar. Le risque d'accéder aux revendications maliennes était alors de montrer aux partisans de l'Algérie française, et d'abord à la minorité européenne, que, dans la Communauté, l'autonomie pouvait bientôt conduire à l'indépendance. L'avantage était d'ouvrir cette voie à ceux des nationalistes algériens qui, attentifs à ce que de Gaulle pouvait leur offrir, ne voulaient pourtant pas d'une longue étape d'autonomie. L'accord du FLN sur le principe de l'autodétermination laissa espérer, quelque temps, une certaine évolution du problème algérien, mais qui, comme on l'a vu, tourna court peu après. En revanche, les rapports avec le Mali et l'ensemble des relations franco-africaines exigeaient des décisions immédiates.

Le 26 novembre, de Gaulle reçut à Paris Senghor, Modibo Keita et Mamadou Dia. Il convint avec eux d'un échange de lettres prévoyant que les accords sur le transfert des compétences de la Communauté au Mali coïncideraient avec ceux sur la future coopération franco-malienne. En acceptant ainsi la procédure suggérée par le Mali, il se donnait le temps de peser les conséquences de cette transformation de la Communauté sur sa politique africaine, et aussi sur l'affaire algérienne.

Mais dans son esprit, déjà, il ne faisait aucun doute que, sitôt acquise l'indépendance du Mali, celles des autres Etats africains suivraient. Dès lors, on ne pourrait plus compter sur la Communauté comme cadre où pourrait s'inscrire la solution du problème algérien. La décision qu'il allait prendre était donc lourde de conséquences politiques, plus, sans doute, que ne l'imaginaient ou ne le disaient ceux qui, autour de lui, le pressaient de trancher : non seulement pour l'Afrique, mais pour l'Algérie dont l'avenir ne pourrait plus se situer dans l'ensemble de la Communauté et, en définitive, pour la France elle-même. Aussi demeura-t-il évasif, jusque dans l'avion qui le conduisait de Paris à Saint-Louis du Sénégal, où il allait présider une nouvelle réunion de l'exécutif de la Communauté. Ce jour-là, 11 décembre 1959, il évoqua les paroles des disciples d'Emmaüs à Jésus : « Restez avec nous, Seigneur, il se fait tard. »

Puis il annonça aux membres du Conseil que la France avait accepté d'entamer les négociations demandées par le Mali « pour obtenir l'indépendance par transfert de compétences et signer parallèlement des accords de coopération tout en demeurant au sein de la Communauté, dont les institutions pourraient, le cas échéant être adaptées en conséquence ».

Le 13 décembre, enfin, il se prononça publiquement :

> Cet Etat du Mali va prendre ce qu'on appelle la situation d'indépendance et que je préfère appeler la souveraineté internationale. Elle signifie qu'un peuple prend dans le monde ses responsabilités à lui, qu'il s'exprime pour lui-même et par lui-même, qu'il répond de ce qu'il dit et qu'il répond de ce qu'il fait. C'est à ce rang que le Mali et avec lui les Etats qui le composent vont donc accéder avec l'appui, l'accord et l'aide de la France.

Les accords franco-maliens furent signés le 4 avril 1960. Le 3 juin, de Gaulle recevait Houphouët-Boigny accompagné des présidents du Dahomey, de la Haute-Volta et du Niger. Tous quatre demandaient, pour leur Etat, le transfert des « compétences communes », c'est-à-dire l'indépendance, mais précisaient qu'ils n'engageraient pas de négociations sur les accords de coopération avant d'avoir été admis aux Nations unies, et se déclaraient virtuellement sortis de la Communauté. Leur démarche était prévue. Elle suivait celle que Tsiranana avait faite dès la fin de décembre en suggérant, pour l'indépendance malgache, la procédure adoptée pour le Mali. Mais, ce que demandaient Houphouët-Boigny et ses compagnons allait au-delà de ce qui avait été fait jusqu'ici, en refusant le lien théorique qu'aurait pu constituer la Communauté « rénovée », c'est-à-dire confédérale. Les quatre Etats d'Afrique-Equatoriale demandèrent, à leur tour, leur indépendance, en souhaitant, pour leur part, maintenir leur appartenance théorique à la Communauté. Après quoi tout s'accomplit très vite, et les accords de coopération succédèrent partout aux anciennes structures.

C'est alors qu'éclata la dernière crise de la Communauté. Le 20 août, le Sénégal se retira du Mali à la suite d'une âpre lutte sur le partage du pouvoir au sein de la fédération. La rupture entre Sénégalais et Soudanais avait failli se produire déjà, en avril, mais des représentants français étaient intervenus pour faire comprendre aux uns et aux autres qu'il serait détestable, pour eux, de rompre le jour même où l'indépendance leur était reconnue. Dans la crise suivante, l'ambassadeur français à Dakar, Hettier de Boislambert, convaincu que le Sénégal, au fond, ne voulait pas se fondre dans la fédération malienne et que celle-ci était artificielle, et redoutant aussi que les dirigeants de Bamako ne veuillent imposer une expérience économique et sociale contraire aux intérêts sénégalais — et aux intérêts français au Sénégal —, soutint, sans équivoque, les partisans de la rupture, bien qu'aucune directive de Paris ne le lui ait prescrit.

De Gaulle, en tant que président de la Communauté, proposa son arbitrage. Mamadou Dia vint à Paris le 23 août et Modibo Keita, après quelque hésitation, le 2 septembre. Mais la décision sénégalaise de rompre avec le Mali était définitive : aucun compromis ne fut trouvé. Comme il n'était plus possible d'ignorer un divorce que beaucoup d'Etats considéraient déjà comme acquis et qu'il était impossible d'interrompre, même provisoirement, les relations entre la France et le Sénégal — économiquement plus importantes qu'entre le Mali et la France —, il fallait reconnaître le régime établi à Dakar, mais accepter par avance la mauvaise humeur des Soudanais. Modibo Keita, en effet, désormais libre d'exprimer sa solidarité avec les Algériens, et justement impatient d'effacer le souvenir de l'échec qu'il avait subi à Dakar, n'allait pas manquer de réagir. Le 22 septembre, l'assemblée soudanaise proclama la République du Mali — en lieu et place de l'ancienne fédération — et décida que celle-ci se considérait désormais « comme libre de tous engagements et de liens politiques vis-à-vis de la France ». Le 28, le délégué malien repoussait avec véhémence le parrainage de la France auprès des Nations unies qui s'apprêtaient à accepter la candidature de son pays, au même titre que celle du Sénégal. En décembre, dans le débat sur l'Algérie, il vota contre la position française. En février enfin, il reconnut le GPRA

De Gaulle en avait pris son parti. Dès après la rupture entre Sénégalais et Soudanais, le 5 septembre, il avait déclaré :

> Le Mali était constitué de deux éléments, et il est de fait que l'un des deux éléments ne veut plus en faire partie... Cependant il continue d'y avoir avantage [...] à ce qu'ils restent accordés... Dès l'instant où il s'agit d'aménagements — et c'est de cela qu'il s'agit — le sang des hommes n'a pas besoin de couler pour de telles questions.

Modibo Keita, de son côté, avait pris soin de ne pas rompre les accords de coopération et il était décidé à normaliser aussitôt que possible les relations franco-maliennes. Avant d'entamer de nouvelles négociations, il voulut renforcer sa position en exigeant, le 20 janvier, l'évacuation de toutes les bases militaires françaises en territoire malien — ce qui fut fait entre mars et septembre. Mais, dans l'intervalle, la France avait constamment maintenu son aide financière, signant notamment, le 12 décembre 1960, une convention portant sur un milliard et demi de francs CFA. Puis, au mois de mai 1961, André Malraux se rendit en mission à Bamako, symbolisant, par son passé et son personnage la compréhension de la France envers l'expérience « socialiste » du Mali. Ce fut le point de départ de négociations qui s'ouvrirent le 7 juin et aboutirent à un ensemble d'accords, signés en février et en mars 1962.

Bientôt, le règlement de l'affaire algérienne allait mettre un terme à l'histoire de la décolonisation de son Empire par la France. Les « péripéties » s'étaient succédé, mais la politique française n'avait pas varié. Après l'admission de la Mauritanie aux Nations unies — longtemps combattue par le Maroc, et quelque temps refusée par l'Union soviétique — après la signature, en mai 1963, d'accords de coopération — précaires et bientôt remis en cause — entre la France et la Guinée, l'œuvre décolonisatrice entamée en 1958 touchait à son terme. En deux ans, quinze Etats étaient devenus indépendants sans qu'on eût tiré un seul coup de fusil. En quatre ans, des rapports étroits, et généralement amicaux, avaient été établis avec chacun d'eux.

Cette entreprise, de Gaulle l'avait menée sans illusions sur le terme qu'elle devait avoir : l'indépendance des peuples colonisés [9]. Mais non sans attention aux circonstances, aux étapes, mais surtout, au style, aux gestes accomplis, à l'image de la France aux yeux du monde, et à celle qu'il devait donner de lui-même. On put l'entrevoir dès son grand périple africain de 1958. Ce que son personnage pouvait avoir d'illustre et de glorieux, aux yeux des foules africaines, soulignait encore le côté spectaculaire de son entreprise. Il s'agissait de donner à ses démarches le plus d'éclat possible. Il s'agissait aussi, pour lui, de se poser en libérateur, en émancipateur. Par là, il se rattachait délibérément à la tradition, ou du moins au mythe d'une certaine générosité française. Que celle-ci n'eût qu'un lointain rapport avec les réalités coloniales, n'empêchait pas qu'elle existât dans certains esprits, dans le sentiment public français, et surtout dans l'image idéale de la France que beaucoup d'Africains, au-delà des vices du colonialisme, pouvaient enfin retrouver.

C'est ainsi que de Gaulle voulut apparaître aux foules de Tananarive, d'Abidjan et de Dakar. C'est ainsi qu'il voulut se comporter à l'égard des hommes politiques africains. Quelque réserve qu'il fît, personnellement, sur les uns et les autres, il prit un soin extrême à faire preuve, envers eux, du plus d'égards possible. Leurs réunions, leurs visites en France, furent toujours entourées d'une grande solennité. Son souci du protocole se conjuguait, sur ce plan, avec sa volonté délibérée de placer les hommes d'Etat africains au rang le plus élevé dans l'ordre des relations internationales. Il ne négligea même aucun détail. La réunion de l'éphémère Sénat de la Communauté fut l'objet de soins extrêmes. La réussite de la cérémonie plut à de Gaulle au point qu'il en manifesta son contentement à Raymond Janot, secrétaire général de la Communauté, alors même qu'il lui fit part, au même moment et très ouvertement, de son scepticisme quant à l'avenir de l'institution qu'on venait d'inaugurer. Plus tard, quand les chefs d'Etat africains se rendirent à Paris, en visite officielle, il maintint obstinément, pour chacun d'eux, l'appareil le plus complet des réceptions les plus solennelles au mépris de la lassitude des services, en dépit de l'agacement des Parisiens irrités par les embarras qui en résultaient dans leur ville...

C'est qu'il s'agissait, pour de Gaulle, d'identifier profondément l'émancipation des colonies et l'intérêt national de la France elle-même. L'important était que la décolonisation apparût comme une libre décision du pays et de son gouvernement. Il s'agissait que rien ne parût arraché par la force ou par la violence mais, au contraire, que la France fît, d'elle-même, les gestes libérateurs qu'appelaient l'esprit du temps et la conscience de ses propres intérêts. Au fond, il s'agissait de séduire et de convaincre l'esprit public. Il fallait que la perte de leurs colonies n'apparût pas aux Français comme autant d'échecs, de reculs, de déboires. Il fallait que leur indépendance leur semblât l'accomplissement de l'œuvre coloniale elle-même, le dernier trait du génie libérateur de la nation. Par là, il lui revint de reprendre à son compte les inlassables efforts qu'une fraction de la gauche française avait, seule, déployés en faveur de la décolonisation — sans que, de part et d'autre, on n'ait voulu le dire. Mais il avait d'abord à en convaincre les Français et, à l'image des anciens maîtres, s'appuyant sur d'incessantes répétitions, il le redit obstinément, inlassablement, durant les deux années 1960 et 1961, reprenant, pour de multiples auditoires, les mêmes thèmes qu'il exposa dans un discours télévisé du 14 juin 1960 :

> Le génie du siècle, qui change notre pays, change aussi les conditions de son action d'outre-mer. Inutile d'énumérer les causes de l'évolution qui nous conduit à mettre un terme à la colonisation. Par le fait du progrès accompli dans nos territoires, de la formation que nous donnons à leurs pays, du mouvement d'affranchissement qui emporte les peuples de toute la terre, nous avons reconnu à ceux qui dépendaient de nous le droit de disposer d'eux-mêmes. Le leur refuser, c'eût été contredire notre idéal, entamer des luttes interminables, nous attirer la réprobation du monde, le tout pour une contrepartie qui se fût inévitablement effritée entre nos mains. Il est tout à fait naturel que l'on ressente la nostalgie de ce qui était l'Empire, tout comme on peut regretter la douceur des lampes à huile, la splendeur de la marine à voiles, le charme du temps des équipages. Mais quoi ? Il n'y a pas de politique qui vaille en dehors des réalités.

Chapitre 31

POUR UNE PUISSANCE ECONOMIQUE

De Gaulle l'a écrit dans ses *Mémoires de guerre* :

> En économie, non plus qu'en politique ou en stratégie, il n'existe, à mon sens, de vérité absolue. Mais il y a les circonstances.

Au moment où il revient au pouvoir, les « circonstances », justement, sont aussi contraignantes pour l'économie que pour l'Algérie. Le constater n'est pas contester le redressement matériel de la France, amorcé d'ailleurs dès la Libération et la fin de la guerre. Mais force est de remarquer qu'il était dû davantage au travail des Français qu'à l'action des gouvernements. Mise à part une courte période de stabilité des prix, entre le début de 1949 et l'été 1950, due à la fin des plus graves pénuries, puis une autre du printemps 1952 au début de 1956, après le coup d'arrêt donné à la hausse des prix par Antoine Pinay, aucun gouvernement n'avait su gérer la reconstruction du pays et son développement économique sans céder à une inflation plus ou moins forte, ponctuée d'augmentations des salaires, des impôts, des prix, et de dévaluations ouvertes ou déguisées. Cette inflation s'était encore accrue depuis 1956, sous le poids de la guerre d'Algérie, et les coups de frein donnés par le gouvernement de Félix Gaillard l'avaient à peine ralentie. Il faut, du reste, nuancer les résultats obtenus, malgré tous les efforts du pays : c'est en 1948 seulement que la production nationale atteignit son niveau de 1938, en 1951 qu'elle rejoignit celui de 1929, le contrôle des prix, des salaires, des changes était encore en vigueur, et, contrairement à la plupart des monnaies d'Europe occidentale, le franc n'était toujours pas convertible. Plus concrètement, en ce printemps 1958, la situation budgétaire était telle, après 1 000 milliards de déficits cumulés entre 1956 et 1957[1], qu'on n'était pas assuré de faire l'échéance du mois de juin et les réserves de devises — 610 millions de dollars —, sans parler des dettes extérieures de 3 milliards de dollars, ne correspondaient plus qu'à cinq semaines d'importation, malgré tout un dispositif protectionniste et dirigiste imposé au commerce extérieur.

De Gaulle a choisi Antoine Pinay comme ministre des Finances. C'est évidemment en raison de son influence sur l'ensemble des groupes « indépendants et paysans » c'est-à-dire modérés et conservateurs, dont l'appui lui est indispensable. C'est aussi parce que, dans la tourmente politique qui a suivi le 13 mai, son nom est synonyme de solidité, de sérieux et de confiance : telle est, en effet, la réputation que lui vaut son passage à la tête du gouvernement en 1952, quand il a mis un terme à l'inflation qui sévissait depuis le début de la guerre de Corée, au point qu'avec Mendès France, il est — et restera — le seul homme politique de la IVe République ayant acquis une réelle popularité. Dans l'immédiat, il faut agir d'urgence. Pinay propose de recourir à la méthode qui lui a réussi en 1952 : lancer un « grand emprunt » bénéficiant à peu près des mêmes garanties que celui réussi six ans plus tôt, c'est-à-dire indexé sur l'or et exonéré de droits de succession. Une série de mesures fiscales et réglementaires l'accompagnent, très conformes aux usages de la gestion des finances publiques sous la IVe République — ajournement des augmentations de traitements des fonctionnaires, annulation des hausses de prix agricoles, blocage des marges commerciales, hausse de l'impôt sur les sociétés, les produits de luxe et l'essence — compensées par la création d'un « fonds de salaires garantis ». Le résultat est un indiscutable succès, qui met fin à la crise de la trésorerie et du commerce extérieur : l'emprunt a drainé 324 milliards de francs, dont 293 en « argent frais » et permet de mobiliser 150 tonnes d'or.

De Gaulle a laissé faire Pinay, et il en constate la réussite. Mais il est résolu à faire prévaloir pour la fin de l'année, c'est-à-dire avant le terme des pouvoirs spéciaux que le Parlement lui a reconnus, une action d'ensemble qui mette fin à l'inflation permanente et à la crise récurrente des paiements extérieurs qui caractérisent l'économie française depuis des années. De sa retraite, il en a vu les effets désastreux pour l'autorité des gouvernements et, surtout, pour l'indépendance nationale : périodiquement, il faut courir à la recherche de l'aide des Etats-Unis qui naturellement ont là l'occasion d'y mettre leurs conditions, et on en a vu un dernier exemple au mois de janvier précédent quand Jean Monnet avait dû se précipiter à Washington pour obtenir à grand-peine un prêt de 600 millions de dollars. Il voulait donc des propositions globales, cohérentes, portant sur tous les aspects de la crise économique, financière, monétaire et budgétaire, et il les voulait à brève échéance.

Pour les préparer, il comptait certainement sur son ministre des Finances dont il appréciait plus qu'on ne l'a dit souvent — mais il lui a rendu hommage dans ses *Mémoires de guerre* — le courage, la simplicité, le sérieux, le bon sens, mais au moins autant, sinon davantage, sur son directeur de Cabinet, Georges Pompidou, qu'il a choisi précisément pour sa forme d'intelligence et pour ses compétences économiques et financières, et qui a constitué auprès de lui une équipe composée de Roger Goetze, Antoine Dupont-Fauville, Jean Aubry et Jean Méo. C'est que de Gaulle croit qu'il faut sortir du cadre ordinaire des recettes habituelles du ministère des Finances si l'on veut réellement s'en prendre aux racines du mal. Ainsi devait-il écrire :

> En quelque estime que je tienne l'administration des Finances, j'ai le sentiment que les décisions à prendre sont si étendues et si profondes qu'elles dépassent l'horizon du service normal. Après avoir formulé des objections, Antoine Pinay se range à mon avis...

L'histoire des profondes réformes économiques de ces premiers mois de la Vᵉ République est celle d'une rencontre : entre une équipe, celle de Georges Pompidou, un ministre, Antoine Pinay, et un homme, Jacques Rueff. Celui-ci, en effet, a adressé au ministère des Finances, une note, en date du 10 juin, qui contient l'amorce d'un programme en trois points pour réduire, une fois pour toutes, l'inflation [2] : limiter aux seules ressources du marché financier les financements assurés par le Trésor — en dehors, bien entendu, des dépenses ordinaires et des recettes fiscales —, limiter le réescompte par la Banque de France des effets à moyen terme accordés à l'industrie et au logement, et supprimer toutes les dispositions législatives et réglementaires qui créent des monopoles, freinent la concurrence et entravent la production. Jacques Rueff, dans sa note, y voit la condition de « la restauration d'une monnaie française ». Ce n'est pas par hasard qu'il s'est adressé à Antoine Pinay : Jacques Rueff est, avant tout, un économiste libéral et il pense que Pinay appartient à sa famille d'esprit ; de plus, il sait l'horreur que celui-ci professe pour l'inflation que, justement, il veut juguler par les mesures qu'il propose ; enfin il compte sur le prestige politique de Pinay pour les faire adopter. Il ne faut pas l'oublier : c'est ce qui relativise les désaccords entre les deux hommes.

Car Pinay a fait choix d'une politique. Comme en 1952, il ne veut ni d'une dévaluation, ni d'impôts nouveaux. Il redoute le surcroît d'inflation qui peut résulter d'une dévaluation et il craint que des impôts nouveaux n'affaiblissent l'activité économique ou ne poussent à la hausse des prix et des coûts, rendant inévitable une dévaluation. Mais, dans le contexte de la fin de cette année 1958, cette politique risque de rencontrer des difficultés insurmontables. La plus grave tient au poids énorme des dépenses militaires qui viennent encore d'être accrues : elles constituent plus de 28 % des dépenses de l'Etat. Impossible, dans ces conditions, d'éviter une hausse des impôts, si l'on ne veut plus d'un déficit énorme qui aggraverait encore l'inflation. Impossible, à plus forte raison, de diminuer les impôts : or la baisse des charges des entreprises était la condition impérative de leur compétitivité, faute de quoi, une dévaluation serait inévitable. A peine, par conséquent, pourrait-on maintenir un équilibre tendu, rompu à la moindre occasion et qu'il faudrait préserver longtemps sans assurer un redressement durable et une expansion forte.

Antoine Pinay l'avait probablement compris quand il reçut Jacques Rueff qui lui proposa la formation d'un comité chargé de définir une politique globale [3]. Roger Goetze l'appuya. Le comité fut donc créé et se réunit, pour la première fois le 30 septembre. Qu'il ait été composé du président du groupe Pechiney, du président de la Société générale, du sous-gouverneur de la Banque de France, du gérant de la Banque Lazard, d'un économiste au libéralisme très orthodoxe comme C. J. Gignoux, d'un autre, plus favorable aux interventions publiques comme Jean-Marcel Jeanneney, et d'autres encore appartenant au même milieu, était déjà révélateur : ce qui était en jeu, c'était, bien plus que le prochain budget, l'adaptation du capitalisme français à l'économie occidentale, une tentative délibérée de l'arracher aux entraves d'une inflation permanente et d'un protectionnisme paralysant. Par là, de Gaulle, qui avait formellement appuyé l'initiative de Jacques Rueff et l'avait fait savoir par Georges Pompidou et Roger Goetze, faisait un choix qui allait marquer toute l'histoire de la Ve République tant qu'il en serait président, et dont les prolongements iraient jusqu'à la fin du siècle et, peut-être, bien au-delà.

Par la suite, comme il est habituel quand tout a bien tourné, chacun s'est attribué quelque mérite dans le plan qui fut adopté. Le gouverneur de la Banque de France, Wilfrid Baumgartner, se méfiait du dogmatisme libéral de Jacques Rueff, les hauts fonctionnaires du ministère des Finances prévoyaient des réactions insurmontables aux mesures les plus drastiques, une fraction du patronat s'alarmait de l'ouverture des frontières, Antoine Pinay songeait aux oppositions politiques et sociales qu'il faudrait surmonter. Mais, en définitive, les membres du Comité furent solidaires du plan qu'ils proposèrent, Antoine Pinay l'endossa, et de Gaulle en prit la responsabilité.

Les travaux ne traînèrent pas. Le Comité, formé le 30 septembre, tint 39 séances et son rapport, rédigé par Jacques Rueff dans sa propriété de Berville, fut remis le 8 décembre. De Gaulle voulant savoir ce qui se préparait, avait réuni, le 18 novembre, Jacques Rueff, Wilfrid Baumgartner, Georges Pompidou, Roger Goetze et Antoine Pinay. Le 25, il eut un tête-à-tête avec Jacques Rueff [4]. Et le 23 décembre, il fit adopter toutes les mesures prévues par le plan du Comité au cours du plus long conseil interministériel qu'il ait jamais présidé : commencé à 15 heures, il s'acheva à 1 heure du matin.

Le budget était l'objet premier du nouveau plan. Le déficit en fut réduit à moins de 600 milliards, grâce à 300 milliards d'impôts nouveaux et à 400 milliards d'économies. Il correspondait d'ailleurs, en grande partie, à des investissements productifs dont il n'était pas anormal qu'ils soient financés par des dépenses de trésorerie : maintenu à ce niveau jusqu'en 1964, il apparut compatible avec la stabilité de la monnaie et des finances publiques comme avec l'équilibre du commerce extérieur. Les économies vinrent, avant tout, de la suppression des subventions, aussi bien pour des produits de grande consommation que pour les entreprises publiques, de sorte qu'à l'avenir la règle soit la vérité des prix et l'équilibre des comptes du secteur étatique. L'effort de rigueur alla jusqu'à établir une franchise de 3 000 francs sur le remboursement des dépenses de santé et à supprimer la pension des anciens combattants valides, mesure dont Antoine Pinay avait prévenu qu'elle serait la plus impopulaire de toutes, et qu'il fallut rapporter plus tard. En compensation pour les plus faibles revenus, le salaire minimum fut augmenté de 4,5 % et son indexation maintenue, alors que toutes les autres étaient supprimées, les allocations familiales augmentées de 10 % et les retraites accrues.

Dans ce budget rigoureux, on décida pourtant une hausse de 25 %, soit de 245 milliards, des dépenses d'équipement et des investissements publics. Exception significative : les auteurs du plan voulaient marquer tout de suite que leur objectif, malgré l'austérité imposée aux Français, demeurait bel et bien l'expansion, condition absolue de tous les avantages futurs, que ce soit pour les équipements collectifs ou pour le pouvoir d'achat de la population.

Le taux de la dévaluation fut de 17,65 %, choisi pour que le franc ne soit plus contesté, mais aussi pour correspondre aux exigences de la compétition internationale. D'emblée on choisit d'appliquer les dispositions de la première étape prévue par le traité de Rome créant un marché commun européen : les tarifs douaniers furent réduits de 10 % et le contingentement des importations fut aboli pour 90 % des produits. Symboliquement, on voulut créer un « nouveau franc » égal à 100 francs tels qu'ils existaient jusque-là, pour rappeler la valeur constante du « franc germinal » que la France avait connu depuis le début du XIXe siècle jusqu'en 1926. Mais la décision monétaire la plus importante et la plus révélatrice fut de rétablir, pour la première fois depuis 1939, la convertibilité du franc — du moins pour les non-résidents : c'était un pari raisonné sur le succès du plan, et c'était surtout l'entrée de la devise française dans le cercle des monnaies crédibles du monde capitaliste et des pays industrialisés.

Au fond, ce qu'on allait appeler le plan Rueff, ou Pinay-Rueff, avait trois caractéristiques principales : son orientation libérale, avec l'ouverture des frontières économiques, l'abaissement des barrières douanières, la vérité des prix, la convertibilité de la monnaie ; sa rigueur dans la lutte contre l'inflation, marquée par un formidable effort d'assainissement financier et la réduction drastique des déficits ; mais aussi sa rigidité budgétaire due aux dépenses énormes et croissantes de la guerre d'Algérie, qui, dans l'immédiat, obligeaient à une augmentation des impôts.

> J'adopte le plan des experts, devait écrire de Gaulle... Du point de vue technique, je m'en remets dans l'ensemble aux spécialistes... Mais c'est ce que le projet a de cohérent en même temps que d'audacieux et d'ambitieux qui emporte mon jugement.

Le fait est que, sur chaque point, il arbitra en faveur des décisions les plus rigoureuses, pour donner toute son efficacité au plan. Du coup, il se heurta à de fortes oppositions au sein même du gouvernement, où l'on redoutait surtout les effets de la concurrence internationale pour les entreprises françaises et de la réduction des dépenses sociales : mis à part Michel Debré et Maurice Couve de Murville, tous les ministres trouvaient à y redire — et pendant les dix heures que durèrent les discussions du Conseil des ministres, 10 milliards de francs de capitaux s'évadèrent, spéculant sur la dévaluation, aux dires de Roger Goetze... Les ministres socialistes, Guy Mollet, Eugène Thomas, Max Lejeune, présentèrent leur démission — et ne la reprirent qu'à la demande écrite et formelle que leur fit de Gaulle, en attendant l'entrée en vigueur de la nouvelle Constitution, le 8 janvier. Quant à la presse, son hostilité fut presque unanime. Deux signes précurseurs des affrontements à venir...

Jacques Rueff a rapporté le dialogue qu'il eut avec de Gaulle[5] : « Toutes vos recommandations sont excellentes [lui dit celui-ci]. Mais si je les applique intégralement et qu'il ne se passe rien, aura-t-il valu la peine de bouleverser le pays ?... Je vous affirme, mon général [lui a-t-il répondu] que le plan, s'il est intégralement appliqué, rétablira en très peu de semaines l'équilibre de notre balance des paiements. De cela, je suis absolument sûr : j'accepte que l'opinion que vous aurez de moi à l'avenir dépende entièrement du résultat obtenu. » Rarement, dans l'histoire contemporaine, dialogue fut aussi clair et aussi lourd d'enjeux entre un responsable politique qui a choisi de tout endosser et un expert qui a misé tout sur son pari. Les événements tranchèrent. Alain Prate, qui fut conseiller économique et financier à l'Elysée durant les deux dernières années où de Gaulle était au pouvoir, en a donné ce résumé : « Qu'on en juge par quelques chiffres, éloquents dans leur sécheresse : augmentation de la production intérieure brute de 7,7 % en 1960, 5,7 % en 1961, 7,2 % en 1962 ; excédent de la balance commerciale (taux de couverture 1959 : 124 ; 1960 : 120 ; 1961 : 116 ; 1962 : 107) ; reconstitution des réserves de change qui passent de moins d'un milliard en 1958 à 4 milliards de dollars à la fin de 1962, après remboursement des dettes extérieures ; limitation des hausses annuelles des prix à 3 % à partir de juin 1959 jusqu'au début de 1962[6]. »

De Gaulle a pu écrire :

> La fin de 1959 et les trois années suivantes marquent pour notre pays une sorte de triomphe de l'expansion dans la stabilité, alors que maints idoines tenaient ces deux termes pour inconciliables.

Et Alain Prate rapporte que « grand seigneur, il supprima de ses *Mémoires* un catalogue de citations qu'il s'était amusé à dresser dans une première version : quelques éminents économistes, la plupart des hommes politiques, toutes les organisations professionnelles et les plus brillants journalistes de l'époque prédisaient l'échec, annonçaient la récession, prévoyaient des catastrophes sociales [7]... ».

Le succès, pourtant, n'était pas complet. En particulier pour la lutte contre l'inflation. Jacques Rueff n'avait pas obtenu que son plan comporte aussi des mesures pour la réforme des mécanismes du crédit. Pas davantage ne furent prises les décisions qu'il avait recommandées pour réduire les structures malthusiennes de l'économie française. La suite montra qu'il faudrait livrer d'autres batailles.

Mais que voulait de Gaulle au moment où il revenait au pouvoir et allait prendre en charge le pays pour longtemps ? Que voulait-il pour l'économie et pour la société ? Quelle marque allait-il apporter à l'histoire économique et sociale de la France en ce début de la seconde moitié du siècle ? Le fait est qu'au rebours des idées reçues chez beaucoup de Français, il y consacra une très grande part de ses forces et de son temps.

> A la tête de la France, a-t-il écrit dans ses *Mémoires*, dans le calme ou dans l'ouragan, les problèmes économiques et sociaux ne cesseront jamais d'être au premier plan de mon activité comme de mes soucis. J'y consacrerai une bonne moitié de mon travail, de mes audiences, de mes visites, de mes discours, aussi longtemps que je porterai la charge de la nation. C'est dire, entre parenthèses, à quel point le reproche obstinément adressé à de Gaulle de s'en désintéresser m'a toujours paru dérisoire.

Et ailleurs encore :

> Pour moi, en ce domaine comme dans les autres, pas de position de retrait, ni de faux-fuyants possibles... Tout ce qui sera fait par l'Etat le sera par mon autorité, sous ma responsabilité, en bien des cas sur mon impulsion.

Nul doute que, par là, il ait voulu dire que c'est à lui, à son action, à ses conceptions, qu'il faut se référer pour déchiffrer et comprendre cette partie de l'histoire du siècle.

De Gaulle, président, était aussi le jeune homme qu'il évoque lui-même aux premières pages de ses *Mémoires de guerre* : parmi « nos faiblesses et nos erreurs, écrit-il, révélées à mon enfance par les visages et les propos », il cite les « conflits sociaux ». La misère, la pauvreté, la détresse, la condition faite à la classe ouvrière, il les a toujours vues comme une atteinte à la cohésion nationale, en même temps qu'une injustice humaine. On peut y voir, si l'on veut — je l'ai écrit aussi — la marque du catholicisme social du début du siècle, l'héritage d'Ozanan et le lointain écho des leçons, plus anciennes encore, de Lyautey dans son *Rôle social de l'officier.* Mais, en définitive, non : c'est beaucoup plus que ces influences, réelles ou supposées, c'est une forte part de son tempérament, de sa sensibilité et, si l'on peut dire, de son âme. Les notations abondent, dans ses écrits, dans ses discours, d'une sévérité, teintée de mépris, envers les « élites », les « notables », les « intérêts », les « privilégiés », en d'autres termes ces classes dirigeantes trop empressées à tous les reculs, à toutes les soumissions, à toutes les compromissions pourvu que leurs avantages soient ménagés. Au contraire, il se sent une sorte de complicité avec le « peuple » qui, « dans ses profondeurs », écrit-il souvent, a été à ses côtés au temps de la Résistance à l'ennemi et qui le soutiendra quand tous les partis traditionnels, tous les mouvements organisés, toutes les hiérarchies officielles, toutes les Eglises et toute la presse se dresseront contre lui. Dans le « peuple » qui clame ses exigences sociales, même quand il ne peut les satisfaire, il voit, par instinct et par expérience, les soldats qui sont tombés auprès de lui dans les Ardennes, en Champagne et à Verdun, les Français libres qui ont traversé la mer pour rejoindre l'Angleterre sur leurs petit bateaux ou sont passés, à pied, par les Pyrénées, les résistants fusillés qui, au moment de mourir ont crié « Vive de Gaulle ! ».

J'avais donné pour titre au livre que je lui ai consacré en 1964 : *De Gaulle entre deux mondes.* Je voulais suggérer que, venant de la société française du début du siècle, il avait été l'accoucheur de la France moderne. Je le revois, à la fin d'un entretien, me raccompagnant à la porte de son bureau, comme il le faisait toujours, dit-on, pour ses visiteurs, debout devant moi, s'arrêtant pour reprendre la conversation, comme s'il ne voulait pas oublier un point important : « A propos de votre titre, me dit-il, je ne me sens pas lié au monde dont vous parlez », me dit-il, et, comprenant évidemment quel monde je voulais évoquer, « Mon père n'avait pas d'argent, je n'avais pas d'argent... » C'était, je pense, un propos révélateur.

Au temps du RPF, il avait voulu que son programme, outre la réforme de l'Etat, comporte une réforme également profonde de la société, par « l'association » du « capital » et du « travail ». Il le répétait, sans rencontrer le moindre écho, hors de quelques fidèles qui étaient aussi des convaincus, et sans aboutir à autre chose qu'à un projet de loi limité et facultatif. L'inspiration en était pourtant ce qu'il appela quelquefois un « socialisme français [8] ». On en retrouvera les sources profondes sous la Ve République, et sous le terme nouveau de « participation » et ce sera la dernière grande bataille de sa vie : celle qu'il a perdue — faute peut-être de l'avoir vraiment livrée, ou peut-être parce que, tous comptes faits, elle ne pouvait être gagnée.

Au travers des opinions, ce sont les tempéraments qui apparaissent. C'est vrai pour de Gaulle comme pour tout autre : ou même davantage. Passionné par l'action, porté à trancher et à décider, convaincu que la volonté peut imprimer sa marque aux événements, il n'était pas homme à laisser le libre jeu des marchés conduire la vie économique de la France, quitte à en surveiller le fonctionnement et l'efficacité et à en corriger les retombées sociales. Par tempérament, il voulait agir, donc diriger : il s'est dit lui-même, publiquement en 1944, en privé sous la Ve République, « dirigiste[9] ». Non qu'il ait été indifférent à la cohérence et à l'efficience d'un système authentiquement libéral : l'espèce de fascination qu'il éprouvait à écouter Jacques Rueff en témoigne, et c'est avec une admiration intriguée qu'il en parle :

> Par l'envergure de son esprit et la nature de sa formation il possède à fond le sujet. A ce théoricien consommé, à ce praticien éprouvé, rien n'échappe de ce qui concerne les finances, l'économie, la monnaie. Doctrinaire de leurs rapports, poète de leurs vicissitudes, il les veut libres...

C'est, en effet, de l'admiration, mais très intellectuelle. La suite a montré que, si Jacques Rueff fut toujours entendu, il ne fut pas toujours écouté.

De Gaulle, dans son rôle à la tête du pays et de sa vie économique, s'est défini en termes révélateurs :

> Tandis que le pays travaille, c'est à moi, d'abord, qu'il appartient de donner à la somme de tout ce qui se fait un caractère d'ambition nationale, d'envisager que l'intérêt commun passe au-dessus des routines et prétentions des catégories, et de montrer que le but de l'effort pour la prospérité n'est pas tant de rendre la vie plus commode à tels ou tels Français que de bâtir l'aisance, la puissance et la grandeur de la France.

On retrouve tout ici de sa manière de voir l'histoire, de la primauté donnée à la réalité nationale, de l'idée de la nation distincte de ceux qui la composent... Mais de Gaulle, pourtant, ne peut être mis à part de son siècle et de sa génération. Comme tous ceux de son temps, il a vu les Etats prendre en main les économies pour financer la Première Guerre mondiale. Il a vu les gouvernements européens aux prises avec les tempêtes monétaires de l'après-guerre. Il a vécu la crise sans mesure du capitalisme des années trente et la guerre en sortir. Comme on l'a dit, il était, après la Libération, en accord profond avec les tendances prépondérantes de l'esprit public, partisan de réformes économiques et sociales qui donneraient à l'Etat un rôle majeur. Il n'avait pas changé, quatorze ans plus tard, sinon dans la prise en compte du contexte international dans lequel on se trouvait maintenant.

L'instrument qu'il veut employer est justement celui qu'il a créé en 1945 : le plan. Par là aussi, il est bien l'homme de son temps : dans les années trente, la crise du capitalisme avait conduit tout un courant d'esprit à penser que l'expansion économique, pour être continue et profiter à tous, devait s'ordonner selon un plan — pour quelques-uns c'était aussi, il faut bien le dire, par référence aux « plans » qui firent émerger la puissance industrielle de l'Union soviétique. De Gaulle est toujours convaincu, à son retour au pouvoir, qu'il faut un cadre au développement économique national, et que ce cadre doit être un plan. Il a fait, à cet égard, dans ses *Mémoires d'espoir*, alors qu'il pouvait dresser un bilan de son action, une véritable profession de foi : le Plan qu'il avait créé en 1946 lui parut la méthode adaptée à la mutation souhaitée.

> Dans un pays et sous un régime tels que les nôtres, il va de soi qu'une pareille mutation exige constamment, non pas tant des édits lancés par l'instance suprême, que beaucoup d'actes spécifiques, spontanés et démultipliés de la part des intéressés aussi bien que du gouvernement et de l'administration... Pour moi, à mon échelon, il s'agit du Plan, parce qu'il embrasse l'ensemble, fixe les objectifs, établit une hiérarchie des urgences et des importances, introduit parmi les responsables et même dans l'esprit du public le sens de ce qui est global, ordonné et continu, compense l'inconvénient de la liberté sans en perdre l'avantage ; je ferai donc en sorte que la préparation et l'exécution du Plan prennent un relief qu'elles n'avaient pas en lui donnant un caractère « d'ardente obligation ».

On sait d'où vient cette expression depuis que Jean-Maxime Levêque, conseiller financier à la présidence de la République, l'a raconté : de Gaulle avait dit son intention d'annoncer que, désormais, l'exécution du Plan serait obligatoire, suscitant l'opposition très ferme de son ministre des Finances, Valéry Giscard d'Estaing, du commissaire au Plan, Pierre Massé et de Jean-Maxime Levêque lui-même, qui maintenaient que, dans le système économique français, le Plan ne pouvait être qu'indicatif ou incitatif. De Gaulle, après réflexion, choisit d'ajouter au mot « obligation » l'adjectif « ardente » et non pas « légale » : « C'est moins dans le fond, plus dans la forme [10]... »

C'est ce qu'il voudra, comme on le verra, pour les IVᵉ et Vᵉ Plans, qui correspondent, pour la plus grande part à son passage au pouvoir. Pour leur réussite, de Gaulle savait qu'ils devaient s'accompagner d'une gestion rigoureuse de la monnaie et du budget. S'il n'en avait pas été convaincu par le raisonnement, l'exemple des Plans prévus sous la IVᵉ République aurait suffi à l'en persuader : outre qu'ils ne faisaient alors l'objet d'aucun débat national, les secousses périodiques de l'inflation rendaient impossible leur application, et leurs objectifs étaient régulièrement révisés ou discrètement abandonnés. De plus, l'expérience montrait que, faute de rigueur dans leur gestion, les gouvernements précédents étaient obligés d'aller quémander de l'aide à l'extérieur, perdant toute indépendance et toute autorité. Par là aussi, de Gaulle était l'homme d'un siècle où l'inflation exerçait partout ses ravages et où la capacité d'y résister faisait la différence entre les Etats sérieux et les autres. Il avait compris que la rigueur dans la gestion des finances publiques était la condition d'une monnaie stable, et que la défense de la monnaie imposait, à son tour, la rigueur financière et budgétaire.

Il s'en fit le chantre :

> La solidité [de la monnaie] mesure dans le monde la réalité et l'efficacité de l'économie du pays dont dépendent celles de sa politique. Elle est, à l'intérieur, la condition essentielle de l'honnêteté des rapports, de la modération des désirs, de la sérénité des destins, de l'ordre social et moral. Elle est, pour l'Etat qui marque les pièces à son effigie : le roi, l'empereur, la république, l'attestation de sa capacité, la justification de l'autorité qu'il exerce et de la confiance qu'il requiert...

Mais il faut bien voir que, pour de Gaulle, la rigueur monétaire et budgétaire n'était pas seulement une question d'ordre dans l'Etat, de cohésion de la société et de sérieux dans la gestion du pays : c'était le corollaire indispensable du Plan, c'était la condition de sa bonne exécution. Il n'était ni de ceux qui se faisaient une religion de l'expansion conformément à un Plan sans voir que les attaques de l'inflation seraient comme autant de mines qui le feraient sauter, ni de ceux qui voulaient se limiter à une sereine gestion du budget et de la monnaie sans prêter attention au rythme de l'expansion. Plan et rigueur : la cohérence était, à ses yeux, de les associer toujours.

Ce choix s'accompagnait d'un autre : l'ouverture des frontières économiques, l'entrée de la France dans la compétition mondiale. Il l'a fait aussitôt après son retour au pouvoir, et s'en est inspiré pour les décisions les plus radicales qu'il a prises en adoptant les recommandations de Jacques Rueff, celles qui annonçaient la libération des échanges :

> C'est là une révolution ! Le Plan nous conseille, en effet, de faire sortir la France de l'ancien protectionnisme qu'elle pratique depuis un siècle. Certes, à l'abri de ce rempart, elle avait pu, avant les grandes guerres, amasser une énorme fortune et, ensuite, quoique ruinée, retrouver sa vie économique propre sans devenir la colonie d'autrui. Mais, à présent, le système l'isole et l'endort, alors que de vastes courants d'échanges innervent l'activité mondiale. C'est une certaine sécurité mais une médiocrité certaine que les barrières des douanes, les bornes des interdictions et les clôtures des contingents ont apportées à notre industrie, à notre agriculture, à notre commerce. Au contraire, la compétition leur fera tout à la fois courir des risques et sentir l'aiguillon. On peut penser que, dans le combat, l'économie française adaptera son équipement, son esprit d'entreprise, ses méthodes, aux exigences de la productivité et fera de l'expansion au-dehors le critérium de sa réussite.

Et il le répétera, comme pour une inlassable pédagogie, par exemple en décembre 1965 :

> Il serait absurde pour un pays de s'enfermer... comme nous le faisions

> autrefois, dans des douanes et dans des barrières. Par conséquent, pour se mettre à la page, jour après jour, année après année, il faut encore une fois la concurrence...

C'est la raison principale qu'il donne à sa décision de faire entrer la France dans la Communauté économique européenne, sans délais et sans conditions, à la surprise de ses cinq partenaires qui s'attendaient à ce qu'elle réclame l'application des « clauses de sauvegarde ».

> Il s'agit de la compétition internationale, parce que c'est le levier qui peut soulever le monde de nos entreprises, les contraindre à la productivité, les amener à s'assembler, les entraîner à la lutte au-dehors ; d'où ma résolution de pratiquer le Marché commun, qui n'est encore qu'un cahier de papier...

Plus tard, on verra qu'après l'ouverture des frontières, l'importance devenue essentielle du marché international pour l'ensemble de l'économie française rend bien plus aléatoire l'exécution rigoureuse d'un Plan : on ne planifie pas les succès ou les échecs sur les marchés extérieurs, pas plus, du reste, sur le marché intérieur alors que la consommation s'est indéfiniment diversifiée. Avant même que de Gaulle ait quitté le pouvoir, plus encore après lui, l'heure des remises en cause viendra.

Telles étaient donc les conceptions que de Gaulle voulait mettre en œuvre. Elles étaient, comme on le voit, assez précises pour inspirer une politique. Mais il est vrai qu'il souhaitait s'en tenir aux lignes principales et laisser le gouvernement les mettre en application. L'occasion s'offrait alors aux ministres d'exercer leur influence, d'autant que les décisions faisaient l'objet de « conseils » où les avis pouvaient s'exprimer et s'opposer, parfois très vivement. Force est alors de constater qu'il n'y eut pas parmi ceux que de Gaulle choisit comme Premiers ministres ou ministres des tendances clairement définies, et que leur réputation ne correspondait pas toujours, loin de là, à leur action. Michel Debré qui passait pour partisan d'une intervention active dans la direction de l'économie, fut celui qui supprima, en 1966, le contrôle des changes — rétabli après les événements de mai 1968 — et qui favorisa le plus possible la constitution de grands groupes capitalistes. Albin Chalandon, très critique des théories monétaires de Jacques Rueff, fut le premier, quand il devint ministre de l'Equipement, à mettre en concurrence les offices de HLM, et confia la réalisation des autoroutes à des sociétés autonomes financées par des droits de péage. Valéry Giscard d'Estaing, réputé libéral, a conservé le contrôle des prix, celui des changes, et les prérogatives étendues de l'administration et des Finances. Edgard Pisani s'identifia à une politique audacieuse de réforme des structures de l'agriculture française, comme de Gaulle le souhaitait, mais il fut le Premier ministre important à s'éloigner de lui à partir de 1967. Maurice

Couve de Murville était probablement le seul authentiquement libéral, mais ses fonctions de ministre des Affaires étrangères l'éloignaient de la direction de l'économie et, quand il devint ministre des Finances puis Premier ministre en 1968, il était trop tard pour qu'il pût mettre en œuvre ses conceptions. Georges Pompidou, qui aurait eu les moyens d'exercer la plus grande influence, était avant tout un pragmatique, habité par une véritable passion, que de Gaulle partageait entièrement : industrialiser la France. Au fond, tous voulaient être réformateurs, tous étaient modernisateurs. Mais, pour la plupart, ils étaient ou avaient été de hauts fonctionnaires, instinctivement convaincus par leur formation, leur expérience, l'esprit de leur génération et de leur milieu, des vertus de l'intervention de l'Etat dans la vie économique et sociale, sous toutes les formes, et l'emprise des administrations sur l'économie, resta, presque toujours, leur règle.

Les décisions majeures de décembre 1958 avaient donné leur impulsion aux années qui suivirent, jusqu'en 1962[11]. Les résultats, comme on l'a vu, furent une poussée de l'expansion, une inflation réduite, la stabilité de la monnaie, le remboursement total des dettes extérieures en 1963. Le IIIe Plan, hérité de la IVe République, avait prévu une croissance de 20 % pour la période 1958-1961, mais l'inflation et la crise de la balance des paiements durant la première année, avaient compromis sa réalisation — un exemple que de Gaulle n'oublia pas — et on y substitua un « plan intérimaire » pour 1960-1961 où la croissance annuelle atteignit 5,5 %. Le IVe Plan privilégia les équipements collectifs et programma une expansion de 24 % en quatre ans. On a vu qu'en dépit de la rigueur qu'on s'imposa en 1958, on avait voulu accroître, sans attendre, les dépenses d'équipement : ce choix fut donc maintenu. Les crédits d'investissement dans le budget de l'Etat, entre 1958 et 1962, augmentèrent de 44 %, les prêts du Trésor de 42 %, les crédits pour les autoroutes, les routes, les ports et les aéroports de 76 %, ceux pour les constructions scolaires de 45 %, ceux pour le logement et l'urbanisme de 56 %. Au total, le dépenses d'équipement augmentèrent de 51 %[12]. De Gaulle put dire, dans une conférence de presse du 16 mai 1967 :

> Depuis 1958, notre effort d'investissements publics, évalués en francs constants, a doublé pour la construction de logements et pour les affaires culturelles, triplé pour l'Education nationale, quintuplé pour l'infrastructure en fait de routes, de ports, de canaux, de terrains d'aviation, décuplé pour la santé publique et pour les sports, et pour la recherche il a été multiplié par seize.

C'est à partir de cet effort d'équipement — plus grand qu'en toute autre période de l'histoire économique de la France — que le Ve Plan put donner la priorité au développement des structures industrielles du pays — avant que les événements de mai 1968 ne compromettent son achèvement.

Dans ce climat d'expansion et même d'euphorie, surtout après la fin de la guerre d'Algérie, il était normal que l'on conçoive les grands programmes d'équipement et d'investissement auxquels on n'avait pu penser dans la période antérieure de désordre financier et d'instabilité gouvernementale. Ils s'accumulèrent pour les ports, les autoroutes, l'aéroport de Roissy, les villes nouvelles de la région parisienne — redécoupée en nouveaux départements —, la recherche, l'avion supersonique, les « schémas directeurs » des grandes villes, les « agences de bassin », l'informatique et l'énergie nucléaire, le pétrole, l'espace, l'aménagement du centre de Paris après le transfert des Halles à Rungis.

Dans cet extraordinaire foisonnement, il était probablement inévitable qu'il y eut des dépassements exagérés, des erreurs et des échecs : il y en eut relativement peu [13]. Faute d'avoir procuré à temps les moyens de son développement à la société Bull, on se lança dans un « plan calcul » plus coûteux. Bien que de Gaulle ait posé des questions précises sur les performances, les capacités et le marché futur du « Concorde », les réponses furent assez approximatives pour que Français et Britanniques se lancent dans sa construction — du reste avec des objectifs différents — et qu'ils dépassent de plusieurs fois les investissements prévus : ce fut, au total, une réussite technique, compromise, commercialement, par l'hostilité de l'Administration américaine et la crise pétrolière des années 70, mais qui n'empêcha pas la compagnie aérienne anglaise, qui exploita le Concorde, d'être l'une des plus prospères du monde dans les années 90. Le CERN — Centre européen de recherche nucléaire de Genève — fut un succès. Euratom, créée par un traité de 1967, fut paralysée par l'opposition entre la France qui voulait que l'Europe développe la filière française à l'uranium naturel, au graphite et au gaz, et ses partenaires qui préféraient la filière américaine à l'uranium enrichi, de sorte que, malgré des crédits de 4,5 milliards de francs, elle n'obtint que de très faibles résultats. En fin de compte, la filière uranium naturel-graphite-gaz fut abandonnée après les restrictions de crédits de 1968 sous l'influence d'Electricité de France favorable à la filière à uranium enrichi, d'un coût inférieur de 10 %, mais elle avait joué un rôle majeur durant la première phase de l'industrie nucléaire française. A cette date, il est vrai, le bas prix des hydrocarbures justifiait que l'on donne la priorité au pétrole, et la politique de l'énergie aboutit à des capacités de raffinage qui permirent, par les réexportations, d'équilibrer en grande partie les importations de pétrole brut : la société ERAP, devenue ensuite le groupe Elf, en fut l'instrument principal, aux côtés du groupe Total.

De Gaulle suivit avec attention et passion le développement et le choix des grands programmes, surtout pour les industries de pointe. Il n'est pas douteux qu'il y ait vu l'expression moderne de la puissance économique de la France. Mais il ne s'est pas refusé, loin de là, aux coopérations avec d'autres pays, en particulier avec des pays européens. Il l'a dit en propres termes :

> Lorsqu'il est opportun dans une branche déterminée de conjuguer nos inventions, nos capacités, nos moyens avec ceux d'un autre pays, nous devons souvent choisir l'un de ceux qui nous touchent de plus près et dont nous pouvons penser que le poids ne nous écrasera pas.

Mais il est vrai que les résultats ne furent pas toujours à la hauteur des espérances. Tandis que l'aéronautique national connaissait d'incontestables succès avec la série des « Mirage », les avions d'affaires et les hélicoptères, l'avion franco-anglais Jaguar coûta beaucoup plus cher et eut de moins bonnes performances que prévu. « Concorde » souffrit des divergences entre les Français qui songeaient à un moyen-courrier et les Anglais qui voulaient un avion transatlantique. Le Transall franco-allemand fut un hybride contestable entre les préférences de l'Allemagne pour un transporteur à court rayon d'action adapté au théâtre Centre-Europe et celles de la France pour un avion destiné aux interventions outre-mer... Airbus, au contraire, dont la construction fut décidée en 1969, allait être un immense succès, mais il fut d'abord l'objet de très rudes discussions franco-allemandes. De Gaulle fut, ici, beaucoup plus pragmatique qu'on ne le disait alors, attentif surtout, comme pour les investissements étrangers, à ce que les centres de pouvoir et de décision n'échappent pas entièrement à la France.

Ces années d'intense développement furent vécues, pourtant, non sans malaise, inquiétude, insatisfaction. La trop longue poursuite de la guerre d'Algérie y était évidemment pour beaucoup : son poids, encore très lourd, priva longtemps le gouvernement de la marge de manœuvre nécessaire pour améliorer plus nettement le pouvoir d'achat et pour réduire encore l'inflation. A bien des signes, on pouvait se rendre compte que les équilibres, brillamment rétablis par les décisions de décembre 1958, étaient trop tendus : la persistance d'une hausse des prix même réduite, comme on l'a vu, à 3 %, en témoignait. C'est l'inspirateur du plan de redressement, Jacques Rueff, qui voulut alerter de Gaulle. Il lui écrivit le 20 août 1959 pour lui préciser qu'à son avis, le plan du comité qu'il avait animé n'était qu'une « réforme purement financière, sans prolongement économique et social, sans conséquences sur notre politique du crédit »[14]. C'est ce point particulier qui l'intéressait par-dessus tout : il était foncièrement hostile à une gestion du crédit administrative et quantitative — par son « encadrement » — et il souhaitait qu'on s'inspire de l'exemple allemand où le régime du crédit et son maniement par la Bundesbank s'étaient révélés — et se révéleront plus encore par la suite — un instrument singulièrement efficace contre l'inflation. Mais, sur les instances du gouverneur de la Banque de France, Wilfrid Baumgartner, on ne retint pas ses propositions.

En revanche, de Gaulle voulut qu'il soit chargé « d'examiner les situations de fait ou de droit qui constituaient un obstacle à l'expansion de l'économie ». Il fut donc nommé, le 13 novembre 1959, avec l'ancien président de la SNCF, Louis Armand, à la tête d'un groupe d'experts [15]. Il en résulta un rapport, portant leurs deux noms conjoints, qui fut remis le 21 juillet 1960. Les réformes proposées étaient d'inspiration libérale, comme l'avaient été les décisions de décembre 1958. Mais elles mettaient en cause tant de situations acquises et rompaient avec tant d'habitudes qu'elles se heurtèrent à de farouches oppositions. Certaines furent adoptées sans trop de délais comme l'abandon des protections douanières ou « non tarifaires », celles contenues dans les lois d'orientation agricole, ou l'abolition, à terme, du privilège des bouilleurs de cru. D'autres suivirent, non sans de longues discussions préalables, comme la généralisation de la TVA qui mettait en concurrence les « grandes surfaces » et le commerce traditionnel, la formation professionnelle, l'aménagement des zones urbaines, l'unité — qui resta incomplète — du marché immobilier, la suppression des charges d'avoués. Mais on renonça à modifier le statut des professions les plus fortement réglementées : notariat, pharmacie, courtiers maritimes, viticulteurs, taxis... Du moins n'est-on jamais revenu sur les réformes accomplies.

Il reste que l'impulsion considérable donnée par de Gaulle à la modernisation accélérée de l'économie française s'est alors heurtée à certaines limites. Le plus significatif, de loin, et le plus lourd de conséquences pour les risques persistants d'inflation fut l'absence de réforme profonde du système de crédit. Mais il s'y ajoutait le maintien de bien des monopoles, les conservatismes professionnels qui se révélèrent insurmontables et le poids des bureaucraties dont les lourdeurs et les prérogatives tentaculaires ne furent jamais vraiment remises en cause. Il n'est pas paradoxal de dire que l'explication en était aussi, et surtout, l'expansion elle-même. Elle était si forte — 7 % par an au lieu des 5,5 % prévus par le « Plan intérimaire » — que le système économique tel qu'il fonctionnait paraissait bon et que sa réforme par conséquent, ne semblait ni urgente ni indispensable. Que valaient les critiques les plus justifiées et les avertissements les plus fondés devant le brevet de très bonne gestion délivrée par l'OCDE en juillet 1962 : « L'expansion de la production se poursuit en France, rapide et régulière, et la balance des paiements reste largement excédentaire... L'extraordinaire vitalité de l'économie française apparaît ainsi d'autant plus remarquable que celle-ci semble échapper aux à-coups de la conjoncture... La solidité du franc sur les marchés des changes est fermement établie [16]... »

Et pourtant, faute de réformes plus profondes, faute d'une fin plus rapide de la guerre d'Algérie, l'inflation revenait. La masse monétaire s'accrut de 13,8 % en 1959, 16,4 % en 1960, 17,2 % en 1961, 18,7 % en 1962. Le déficit du budget n'avait été que de 4,6 milliards contre 6,1 prévus pour 1960, et de 4,8 milliards au lieu de 6,8 prévus pour

1961, mais en 1962 il rejoignit les 7 milliards prévus, et les dépassa en 1963. Le résultat fut que la hausse des prix, limitée à 3 % par an de 1959 à 1961, atteignit 4,3 % en 1962 et parut s'accélérer au début de 1963[17].

Pour une large part, la raison en fut l'afflux massif et soudain des rapatriés d'Algérie. Disposant de tous leurs moyens de paiement, ils avaient abandonné là-bas presque tous leurs biens. Ils avaient donc une « demande » à satisfaire immédiatement : elle porta d'abord sur l'immobilier dont les prix flambèrent, en entraînant d'autres dans toutes les catégories de « biens durables ». Comme il s'agissait d'un épisode par nature exceptionnel, certains pensèrent que cette hausse des prix ne se prolongerait pas et ne justifiait donc pas un changement de politique : mais, dans l'immédiat, elle fut une cause importante et incontestable d'inflation.

Le climat politique et social de l'année 1962 s'y ajouta. Il y eut alors deux référendums, celui du 8 avril sur les accords d'Evian, celui du 26 octobre sur l'élection du président de la République au suffrage universel, et des élections législatives les 18 et 25 novembre. Autant de raisons de plus d'accommodement avec les revendications sociales. Le salaire minimum fut accru deux fois et dans de plus fortes proportions que celles qu'exigeait la hausse des prix, les traitements de la fonction publique furent augmentés, une quatrième semaine de congés fut accordée à la Régie Renault, et la masse salariale dans le secteur privé progressa de 11 %. Or, au moment où un effort budgétaire nouveau devait être fait pour les rapatriés, le poids financier de la guerre d'Algérie ne diminuait pas encore : les dépenses militaires représentaient encore 26 % du budget de l'Etat.

La grève des mineurs, en mars 1963, montra tout à coup à quelles tensions sociales on s'exposait dans un climat d'inflation retrouvée et sans que l'on ait de marge de manœuvre pour négocier et satisfaire les revendications légitimes. D'autant qu'il s'agissait d'un secteur condamné par des coûts de production insoutenables au regard de n'importe quelle concurrence : charbon importé, gaz, électricité ou pétrole. Mieux eût valu céder davantage sur les salaires et s'entendre sur une récession plus rapide de l'activité des Charbonnages. Au lieu de quoi, le gouvernement se raidit et fit signer à de Gaulle un ordre de réquisition — le comble étant qu'il fut « fait à Colombey-les-Deux-Eglises »... Tout s'est alors mêlé pour que l'affaire tourne mal : la popularité ancienne, réelle et méritée des mineurs, l'ignorance ou l'inconscience à cet égard des ministres et surtout de leur entourage de hauts fonctionnaires, le soutien aux grévistes des partis qui cherchaient là une revanche de leur récente défaite aux élections législatives, celui de la presse, celui du clergé, la très critiquable procédure de la réquisition...

De Gaulle en fut touché, et même blessé. Bien mieux que le personnel politique et administratif en général, il connaissait le monde des mineurs, qui était celui de sa région d'origine, celui où le premier régiment où il avait servi, le 33e d'Infanterie à Arras, recrutait une partie de ses hommes.

> Je savais bien, a-t-il écrit, quels trésors de labeurs ont été dépensés par des générations de mineurs à faire valoir un patrimoine dont, au lendemain de la Libération, j'avais moi-même voulu qu'il devînt national.

Il eut conscience des erreurs commises — Georges Pompidou aussi, à sa manière — et d'un mauvais comportement envers une profession à laquelle, dit-il, « son caractère rude et dangereux confère une particulière noblesse » — mais il pensa qu'elle comprendrait vite où était l'intérêt général.

> De semaine en semaine, la crise se prolongeait, écrivit-il dans ses *Mémoires*, montrant que je m'étais trompé dans mon espoir. Mais aussi, et contrairement à ce que les mineurs avaient cru, la France se passait du charbon français... Au lieu que la grève démontrât au pays que ses houillères lui étaient nécessaires, elle lui révélait au contraire, qu'il pouvait vivre par d'autres moyens. Du coup, le doute saisissait la profession minière quant à son propre destin, et le mouvement se mourait, faute du ressort qui l'avait suscité.

L'issue ne pouvait être alors que médiocre. Les mineurs firent la grève une semaine de trop : ils obtinrent au bout de trois semaines ce qu'on leur avait accordé huit jours plus tôt. Et après un rapport spécialement demandé sur la politique française de l'énergie, on convint de maintenir à 50 millions de tonnes la production annuelle de charbon, imposant au budget une charge croissante et inutile qui se maintint jusqu'en 1967.

Pour de Gaulle, ce fut une raison de plus de croire qu'il fallait en revenir à plus de rigueur si l'on voulait éviter que l'inflation ne ramène partout l'engrenage des revendications, des conflits et des crises. Il s'en était préoccupé dès juin 1962. Faisant constater à ses ministres les glissements en cours, il leur demanda d'y donner un coup d'arrêt qui, dit-il, aurait « le caractère d'une opération nationale »[18]. Les circonstances politiques, comme on l'a vu, ne s'y prêtèrent pas. Il revint donc à la charge en février et mars 1963 et, cette fois, on prit quelques mesures : importations de produits alimentaires sans droits de douane, ventes des stocks de viande, compression autoritaire des marges du commerce, baisse imposée de quelques prix industriels, suppression de la taxe locale sur le chiffre d'affaires, généralisation progressive de la TVA, taxation de la viande, hausse du coefficient de trésorerie des banques de 32 à 35 %, limitation des encours à 12 % au lieu de 18 pour les douze mois suivants, et on envisagea même un prélèvement fiscal sur les entreprises qui accorderaient des augmentations de salaires supérieures à la moyenne prévue par le Plan.

A deux ou trois près, comme on le voit, ces mesures correspondaient à une gestion administrative, réglementaire et « dirigiste » de l'économie : une très faible part y était faite aux mécanismes du marché, moins encore aux actions sur les sources profondes de l'inflation. En tout cas, leur efficacité fut si limitée qu'au mois d'août on constata que la hausse des prix était maintenant de 0,5 % par mois, plus que jamais depuis quatre ans. De Gaulle demanda donc par lettre, au Premier ministre, de préparer une action d'ensemble, qu'il ébaucha avec le ministre des Finances, Valéry Giscard d'Estaing, et qui prit le nom de « plan de stabilisation ». Il comportait un arsenal de mesures important : maintien de l'augmentation, en principe provisoire, d'un demi-décime de l'impôt sur le revenu, impôt sur les plus-values foncières, « débudgétisation » de certains investissements qui seraient désormais financés par recours au marché financier, réduction du déficit prévu en 1964 à 4,7 milliards et qui ne fut, en fin de compte, que de 500 millions, limitation des encours bancaires à 10 %, hausse du taux de l'escompte de 3,5 à 4 %, restrictions au crédit à la consommation, emprunt de deux milliards, encouragements à l'épargne, enfin, et par-dessus tout, blocage général des prix — pour un délai de quelques semaines qui dura, en définitive, près de deux ans...

L'impression produite par ce « plan de stabilisation » fut celle d'un coup d'arrêt à l'expansion au profit de la seule valeur de la monnaie : on allait, disait-on, sacrifier la production à l'épargne, les investissements au budget, l'économie aux finances... Paradoxalement, les résultats infirmèrent ces jugements, mais dissimulaient d'autres défauts, peut-être plus sérieux [19]. La consommation privée, qui avait augmenté de 7,6 % en 1963, s'accrut de 5,4 % en 1964 et de 4,2 % en 1965 — ce qui était encore un progrès. La hausse des salaires qui avait été de 9,4 % en 1962 ne fut que de 7,9 en 1963, et de 6,7 en 1964, mais comme celle des prix tomba du rythme annuel de 6 % en septembre 1963 à 3,6 %, il en résulta, de nouveau, une sensible hausse du pouvoir d'achat. Contrairement à tous les pronostics, la production, ayant augmenté de 6,3 % en 1963, s'accrut de 7 % en 1964. Les investissements des entreprises passèrent d'une année à l'autre de 7,5 à 9,1 %. Toutefois, la hausse des prix demeurait supérieure à celle des pays voisins et le commerce extérieur restait déficitaire. Les effets du « plan de stabilisation » se firent sentir jusqu'en 1965 et, cette année-là, la hausse des prix tomba à 2,6 %, la production intérieure s'accrut de 4,8 % — taux encore élevé mais de plus de deux points de moins que l'année précédente — et les investissements des entreprises s'accrurent encore de 4,4 %. Le chômage augmenta légèrement, de 100 000 à 140 000 demandeurs d'emploi, chiffre jugé artificiellement bas, mais qui traduisait, en réalité un plein-emploi et même une pénurie de main-d'œuvre, comblée par une assez forte immigration. Le commerce extérieur devint excédentaire, les exportations couvrant à 106 % les importations, et le budget fut voté et exécuté en équilibre.

Une autre manière d'apprécier les résultats du « plan de stabilisation » dans cette phase de l'histoire économique de la France est de voir comment le IVe Plan, pour les années 1962-1966, fut exécuté. La croissance moyenne annuelle de la production intérieure fut de 6,2 % au lieu des 5,5 % prévus, celle de la consommation fut de 6 %, un peu plus que prévu, celle des investissements fut de 9,3 % au lieu de 6,8 % annoncés par le Plan, et dans le logement, il fut de 11,6 % au lieu de 5,1, supérieur aux prévisions pour les investissements productifs et conforme au Plan dans les administrations — avec pour l'équipement en téléphones une croissance plus forte mais très inférieure à la demande dont l'explosion n'avait été nullement prévue par les « planificateurs [20] ».

Au total, on peut dire, au crédit du « plan de stabilisation », qu'il n'a pas sérieusement ralenti l'expansion, demeurée en France supérieure à celle des pays comparables, et à son débit qu'il n'a pas vraiment éradiqué la hausse des prix. Mais ses faiblesses et ses manques n'étaient pas ceux que, sur le moment, on a dénoncés en général, tout en étant peut-être plus graves à moyen terme. Mis à part une réduction accélérée de certains tarifs douaniers, l'inspiration du « plan de stabilisation » était à l'inverse de celle des décisions de 1958. Au lieu de rechercher partout la vérité des prix, on rétablit ou on institua des subventions de plus en plus lourdes qui obérèrent les budgets et en rendirent la gestion rigide. Bloquer les prix revenait à exercer une contrainte globale sur l'économie, alors qu'on avait voulu plus de souplesse et de liberté. On limitait la progression des dépenses d'équipement alors qu'on les avait fortement accrues. Pour les entreprises comme pour le crédit on administrait plutôt qu'on ne libérait.

Au fond, le « plan de stabilisation » traduisait bien l'esprit de l'époque, du moins en France. Partout, en effet, la même question se posait : comment concilier expansion et prix stables, comment assurer le plus possible de croissance et le moins possible d'inflation ? De Gaulle voyait, dès la fin de 1962, qu'une très forte expansion s'accompagnerait d'une trop forte inflation : soucieux, non sans raison, de faire respecter le Plan, les équilibres, la valeur de la monnaie, il voulut réagir. Sans perdre de vue la libération des échanges pour laquelle de Gaulle avait opté clairement dès 1958, l'administration des Finances, qui inspira le gouvernement, recourut aux instruments et aux procédés qui avaient été les siens depuis des décennies et qui reflétaient le dirigisme que les anciennes crises du capitalisme avaient justifié : elle prescrivit, ordonna, réglementa, administra, préleva et bloqua. On comprend que les auteurs du « plan de stabilisation », dont de Gaulle, du reste, voulut prendre toute la responsabilité, aient trouvé injustes les critiques qui leur furent adressées : les chiffres prouvent qu'ils ont réduit le taux d'inflation en maintenant un taux élevé d'expansion. Mais force est de reconnaître, avec le recul du temps, à la fois leurs mérites et leurs torts : car ils ont aussi maintenu ou même accru les rigidités de l'économie française, les artifices de sa gestion et ses comportements bureaucratiques.

De Gaulle, pourtant, voulut qu'on aille au-delà et qu'on fasse autrement. A nouveau, il écouta Jacques Rueff. A plusieurs reprises, celui-ci avait tenu à faire savoir que le « plan de stabilisation » n'était certainement pas celui qu'il aurait proposé si on l'en avait chargé[21]. Comme en 1958, il estimait que les mesures budgétaires, que la conjoncture rendait nécessaires, n'allaient pas au fond des choses, et n'avaient qu'un effet limité si elles ne s'accompagnaient d'une réforme profonde des mécanismes du crédit, où il voyait la source principale de l'inflation française. Il convainquit de Gaulle, au point que celui-ci, le 30 octobre 1963, écrivit au Premier ministre une lettre minutieusement rédigée, pleine de ratures, de coupes et d'ajouts[22]. C'était, cette fois, pour lui demander des décisions d'ordre monétaire dont il estimait, non sans raison, que, contrairement aux autres, elles toucheraient aux sources même de l'inflation :

> Il nous faut maintenant aller au fond des choses, et renoncer délibérément aux procédés dont l'usage s'est introduit au temps où la France n'avait plus de monnaie. Quelles que puissent être les charges du Trésor, nous ne devons pas admettre que leur financement repose, en quoi que ce soit, sur la création de monnaie et l'accroissement chronique de la dette flottante. Seul peut et doit y pourvoir, en dehors des recettes budgétaires, le recours à l'épargne à long et moyen termes. D'autre part, la pratique du réescompte par l'Institut d'émission pour le financement de la construction de logements est à bannir désormais, comme c'est le cas, d'ailleurs, dans tous les autres grands pays. Enfin, le fait de soustraire aux critères et à la discipline du marché, ou de fausser par des exonérations fiscales exorbitantes, les taux d'intérêt des emprunts constamment contractés par l'Etat ne saurait durer davantage.

Des mesures très limitées furent prises et on s'en contenta. Pour le reste, l'esprit de 1958 n'était plus là.

De Gaulle a tenu, dans ses *Mémoires d'espoir,* à défendre le souci de rigueur monétaire et financière qui justifia le plan et qu'il associait étroitement à l'exacte application des plans d'expansion. Mais le fait est qu'après sa réélection, en décembre 1965, il accepta la suggestion de Georges Pompidou : remplacer Valéry Giscard d'Estaing par Michel Debré. Il estimait le ministre des Finances qui s'était identifié au « plan de stabilisation » et lui en donna de nombreux témoignages, et celui-ci en garda toujours le souvenir : « J'ai beaucoup fait pour son action, me dit-il un jour — se référant à la bataille pour l'élection présidentielle au suffrage universel — et il a beaucoup fait pour la mienne. » Mais de Gaulle voulait, avant tout, garder son Premier ministre, qui vivait mal ses désaccords quotidiens avec Valéry Giscard d'Estaing. Au fond, il reprochait à ce dernier de flatter le souci de rigueur que de Gaulle manifestait en toute occasion, et il souhaitait que, le plan de stabilisation ayant atteint ses objectifs, on donne un nouveau coup d'accélérateur à l'industrialisation et à l'expansion et que l'on retrouve les moyens d'une hausse moins étroite du pouvoir d'achat.

Ainsi s'expliquait le choix de Michel Debré comme ministre des Finances. Par tempérament et par doctrine, il incarnait une volonté de rigueur autant que d'expansion. Georges Pompidou savait qu'il partageait sa passion pour la modernisation économique du pays mais aussi qu'il avait, avec de Gaulle, de profondes affinités politiques et qu'il était l'homme le mieux fait pour trouver un langage commun à la présidence de la République et au gouvernement. Il reste que le retour de Michel Debré au gouvernement et le départ de Valéry Giscard d'Estaing risquaient d'apparaître comme un rétrécissement de la majorité, ou comme une occasion manquée d'élargir l'assise politique et sociale du gouvernement.

Quoi qu'il en soit, celui-ci se mit au travail. Quelques premières mesures avaient été prises dès le début de 1965 : remplacement progressif du blocage des prix par des « contrats de stabilité », assouplissement des mesures d'encadrement du crédit, baisse d'un demi-point du taux de l'escompte, et de deux points du coefficient de trésorerie des banques. Mais il alla beaucoup plus loin — avantages fiscaux pour les investissements de entreprises, remplacements des « contrats de stabilité » par de simples « contrats de programme » — de sorte qu'en 1966, avec une hausse des prix de 2,8 %, la production augmenta de 5,9 % et les investissements de 9,8 %. On en revenait à une expansion forte, l'inflation restait très limitée — bien que non éradiquée — et on pouvait prévoir une hausse plus sensible du pouvoir d'achat[23].

Mais l'année 1967 apporta des difficultés inattendues : l'Allemagne, sensible à une hausse des prix dont elle n'avait pas l'habitude, prit de drastiques mesures d'austérité au point que sa production intérieure diminua d'une année sur l'autre. Georges Pompidou et Michel Debré attendirent d'en mesurer les effets — qui étaient difficiles à prévoir — puis décidèrent de soutenir le rythme de l'expansion française par des hausses de traitements dans la fonction publique, une augmentation des bas salaires, une réduction de l'impôt sur les revenus modestes, un relâchement des règles du crédit, en particulier pour la construction, une déduction fiscale pour les investissements. L'objectif fut atteint puisqu'au prix d'un déficit budgétaire de 6,5 milliards, la croissance annuelle de la production fut encore de 5 %.

Mais les mesures prises avaient mis quelque temps à produire leurs effets, comme il arrive souvent en pareil cas. Trop longtemps retardées, les hausses de tarifs publics, même limitées, pesèrent sur le pouvoir d'achat, tout comme la généralisation de la TVA et, enfin, la hausse du « ticket modérateur » de la Sécurité sociale. Il en résulta, pour la première fois sous la Ve République, une stagnation du pouvoir d'achat, pendant le deuxième semestre de 1967. Simultanément, le nombre des demandeurs d'emplois atteignait 250 000 : comme on admettait que le calcul n'en était pas bon, on multipliait alors ce chiffre par 1,9 alors que le recensement montra qu'il fallait plutôt le multiplier par 1,6. Par ailleurs, les pénuries de main-d'œuvre persistaient puisque l'on compta encore 110 000 immigrés de plus en 1967. Mais l'impression produite était celle d'un début de chômage, signe d'une stagnation de l'économie, alors que l'expansion se poursuivait.

On peut croire que cette impression persista, même injustifiée. Le rythme de la croissance s'accéléra au début de 1968, au point que l'indice de la production industrielle, de 126 en mai 1967, bondit à 138 en avril 1968. Impressionné par les résultats des récentes élections législatives et le climat morose du second semestre de 1967, le gouvernement prit des mesures probablement trop tardives ou qui, peut-être, n'étaient plus indispensables : il procéda à de nouveaux aménagements fiscaux en faveur des bas revenus et à des augmentations des retraites et des allocations familiales, consentant à accroître de 3,6 milliards le déficit de 1,9 milliard initialement prévu. De Gaulle, ayant le sentiment que tout avait été fait pour la rigueur, pensait que le temps d'une expansion accélérée était venu.

> Je ne considère pas comme absurde que nous ayons quelque déficit, dit-il à son conseiller financier, Alain Prate, lorsque lui fut présentée en avril 1968 une première esquisse du budget de 1969 : il n'y a là rien de monstrueux[24].

C'est qu'on était alors en plein climat de réforme et d'expansion. C'était le choix du Ve plan de développement couvrant les années 1966-1970. On avait voulu en faire une sorte de charte nationale : le Parlement avait délibéré sur ses options principales, puis en avait voté le texte. Sa préparation avait pris une telle importance dans la vie publique que les municipalités, les départements, les régions s'étaient battus pour faire « inscrire au Plan » leurs projets d'équipements, comme la plus sûre garantie qu'ils soient réalisés. Jamais ni auparavant, ni plus tard, le Plan n'avait été plus proche de ce que de Gaulle avait souhaité. Lors d'un Conseil interministériel, le 26 juin 1964, longtemps avant les choix définitifs, il avait souhaité un taux d'expansion assez fort pour « permettre une augmentation de la production suffisante pour répondre aux besoins généraux du pays sans risquer de compromettre la stabilité monétaire ». Il avait aussi demandé une « programmation en valeur » qui prenne en compte la répartition des revenus. Enfin, il avait voulu que le nouveau Plan s'inscrive dans la perspective d'une économie sans frontière, et de la suppression des barrières douanières entre les pays membres du Marché commun le 1er juillet 1968. L'esprit en était résumé dans ce passage du texte introductif : « Dans le monde de la compétition où nous sommes entrés sans retour, l'objectif fondamental du Ve Plan est d'asseoir sur des bases solides la capacité concurrentielle de notre économie, en vue de préserver son indépendance, d'assurer son expansion dans l'équilibre et de faire d'elle le support d'un progrès social réel et durable[25]. »

On prévoyait donc que la production intérieure augmenterait de 5 % par an, mais, en réalité, de 5,7 % suivant les nouvelles estimations de la comptabilité nationale — taux qui fut même dépassé. Les dépenses d'équipements collectifs devaient augmenter de 50 % en cinq ans. La recherche à tout prix de la compétitivité, clé de la conquête de nouveaux marchés, du bon état du commerce extérieur et donc, à terme, de la stabilité de la monnaie, impliquait une restructuration des grands secteurs de l'économie qui imposait de vastes fusions dont l'exemple fut donné par le secteur public, dans la banque, les assurances, le pétrole et l'aéronautique : à aucun moment la modernisation de l'économie français n'atteignit à un tel rythme[26]. Mais, en revanche, il fut toujours impossible de mettre en place une politique des revenus comme le Plan en avait posé le principe : si modestes étaient encore les ressources de nombreuses catégories sociales, si forte était la volonté d'obtenir tout de suite et sans cesse un progrès du pouvoir d'achat, qu'elle fut comparée par les syndicats, et probablement par l'ensemble des travailleurs, à une insupportable « police des salaires ». Mai 1968 exprima leur impatience, sinon leur révolte, et, du coup, les prévisions du Plan furent cassées.

Avec le recul du temps, le bilan de l'action économique voulue par de Gaulle, et dont il a toujours tenu à prendre la responsabilité, apparaît très simplement : ce fut une époque d'exceptionnel dynamisme[27]. On a vu que la croissance moyenne annuelle fut de 5,4 % les trois premières années, et de 6,1 % dans l'ensemble des années de 1959 à 1969. Car s'il est vrai que ce fut un temps d'expansion économique générale, tous les pays n'en ont pas également profité. La France fut, ici, la plus efficace en Europe : une étude de l'OCDE portant sur les années 1960-1972, évalue la croissance française à 5,8 % par an, contre 5,1 pour l'Italie, 4,5 pour l'Allemagne, 2,7 pour la Grande-Bretagne. Quelles que soient les critiques, dont certaines, on l'a vu, étaient justifiées, on pouvait très facilement faire moins bien.

Ce fut aussi une époque de formidable changement du niveau de vie. La consommation par habitant a progressé de 56 % entre 1959 et 1969. Le pouvoir d'achat du salaire moyen a augmenté de 3,9 % par an de 1960 à 1965 et de 4,1 % de 1965 à 1970. Ce que les statisticiens appelaient « l'équipement des ménages » est passé, de 1959 à 1969, de 28,4 % à 53,4 pour l'automobile, de 9,5 % à 63,4 pour la télévision, de 20,5 % à 73 pour les réfrigérateurs, de 21,4 % à 50 % pour les machines à laver. Dans cet intervalle, et chaque année, les dépenses de santé ont augmenté de 16,5 %, les retraites de 14,2 %, les prestations familiales de 8,9 %.

Mais, en dépit d'une volonté de rigueur telle que la valeur de la monnaie ne fut pas changée, la hausse des prix fut, en moyenne, de 3,9 % par an. Et c'est un fait que, pour beaucoup de Français, le sentiment général fut celui d'une insatisfaction permanente, et d'un retard social exaspérant jusqu'à déboucher sur l'explosion sociale de 1968. De là l'inévitable question : pouvait-on faire mieux ?

Dans la lutte contre l'inflation, les résultats obtenus furent importants, meilleurs que durant les années précédentes certainement, sans parler des records d'inflation en temps de paix caractéristiques des années suivantes, surtout lors des deux « chocs pétroliers ». Mais ils ne furent pas décisifs. Comment auraient-ils pu être meilleurs ? On peut penser que la France aurait dû accomplir la réforme des mécanismes du crédit, que Jacques Rueff avait souhaitée, et dont l'Allemagne offre un exemple si efficace que le mark est alors devenu, avec le franc suisse, la monnaie la plus forte du monde. Des actions plus profondes et plus rapides pour abolir les monopoles, réduire les rigidités et les privilèges, renforcer la concurrence, auraient contribué, pour beaucoup, à enrayer la hausse des prix. Dans la politique fiscale, on aurait pu faire une place à la baisse des impôts sur la consommation. Et, si la part de dépenses militaires dans le budget passa de 28,2 à 17,2 % entre 1958 et 1969, la poursuite de la guerre d'Algérie, pendant les quatre premières années, imposa une lourde charge au pays, pesant de tout son poids sur la gestion de l'économie, précisément au moment où le changement de régime faisait naître d'immenses espoirs chez la plupart des Français.

Pouvait-on mieux y répondre ? Nul doute que le maintien d'un certain taux d'inflation, même réduit, n'ait donné aux salariés le sentiment qu'ils devaient sans arrêt lutter pour que leurs revenus « rattrapent » — le terme était constamment employé — la hausse des prix, alors qu'ils progressaient heureusement plus vite : mais la psychologie quotidienne rejoint ici les enjeux de la politique économique.

L'esprit du temps s'y ajoutait : les cadres de la société, la classe dirigeante, la haute fonction publique, les responsables des grandes entreprises partageaient tous, à leur manière, la même passion pour la croissance, la modernisation, l'ouverture des frontières, la productivité, les équipements collectifs, les investissements productifs, la compétitivité. Ni dans les Plans, ni dans les budgets, ni dans leur comportement, ni dans leurs préoccupations, ni dans leur psychologie, ils ne firent une part suffisante à la simple et naturelle exigence d'un plus grand pouvoir d'achat, et à ce qu'il y a d'irremplaçable dans le montant réel du salaire direct.

On ressent quelque mélancolie à lire dans les *Mémoires d'espoir* :

> Mais comment n'aurais-je pas appris que ce qui est salutaire à la nation ne va pas sans blâmes dans l'opinion, ni sans pertes dans l'élection.

D'autant plus émouvante, d'autant plus amère aussi, cette phrase, qu'elle est la dernière de la dernière page que de Gaulle ait écrite. Salutaire, sûrement, lui parut la politique économique qu'il a choisie. Inévitables étaient les blâmes de ceux qui eurent le sentiment de ne pas en retirer de légitimes avantages, avec leurs séquelles électorales. Au fond, de Gaulle fut tout simplement aux prises avec l'impératif auquel tous les autres dirigeants du monde ont dû faire face en cette partie du siècle : concilier le rythme de l'expansion, la lutte contre l'inflation, l'essor de la consommation. Les chiffres donnent la mesure de son succès, qu'à distance on ne contestera pas. Beaucoup d'autres ont fait beaucoup moins bien, avant, en même temps et après. Alors, pouvait-on faire mieux ? La réponse restera toujours douteuse.

Chapitre 32

INDEPENDANCE CONTRE HEGEMONIE

Pendant plus de dix ans, la politique étrangère de la France a emprunté un cours nouveau. L'image que le pays donnait de lui, aux Français eux-mêmes aussi bien qu'à l'étranger, en fut transformée et pour de Gaulle, qui en porta la responsabilité, ce fut, selon ses dires, la part la plus significative de son action. Du coup, une question préalable se pose à l'historien : quelle continuité profonde — s'il en est une — ou du moins quel ressort intérieur, quelle dialectique, relient les démarches d'un homme qui surgit tout à coup sur la scène du monde en 1940, s'effaça en 1946, revint en 1958 et dont la politique extérieure fascina l'opinion française, tout en soulevant, au-delà des frontières, de multiples interrogations, une hostilité furieuse ou d'immenses espoirs ?

Saint-cyrien qui rêvait à la revanche et connut les temps victorieux où l'armée bleu horizon de la IIIe République semblait dominer l'Europe ; écrivain militaire qui assistait à la décadence militaire de son pays et tentait d'y parer par l'usage de la plume et la force des idées ; sous-secrétaire d'Etat d'un gouvernement en déroute qui décida, sans aucun mandat et du fond de l'exil, d'incarner l'indépendance nationale ; contraint à la plus opiniâtre résistance contre les empiétements ou la pression des Alliés alors même qu'il appelait « l'Empire » à la lutte et le peuple à l'insurrection ; acharné à rétablir l'autorité française sur les plus lointaines possessions de la République et à installer des troupes sur le Rhin, dans la Forêt-Noire et à Berlin, il se fit ensuite le pourfendeur inlassable du « torrent des abandons » auquel consentaient, selon lui, les gouvernements qui lui succédèrent.

Le voici de retour au pouvoir : il consacra, en vingt-deux mois, l'indépendance de quinze pays africains, trancha l'affaire algérienne, tendit la main à l'Allemagne et voulut rallier l'Europe à une politique indépendante et commune, mit en procès l'hégémonie américaine sur le vieux continent, fut le premier chef d'Etat français à parcourir toute l'Amérique latine, appela le tiers-monde à une vaste entreprise de coopération, établit avec lui des rapports d'un type nouveau, reconnut la Chine populaire comme l'un des protagonistes principaux de la politique contemporaine, rompit avec l'Organisation militaire atlantique, mit sur pied un système de dissuasion nucléaire assurant à la France une défense indépendante, ouvrit une brèche dans le mur qui séparait les deux moitiés de l'Europe, contesta le caractère irréductible de leur opposition idéologique et alla jusqu'au-delà de l'Oural témoigner en faveur des rapprochements nouveaux, stigmatisa l'intervention des Etats-Unis au Congo et à Saint-Domingue, appela le Québec à n'avoir pas peur d'être français, et, le premier en Occident, condamna la guerre américaine au Vietnam. C'était le même homme...

Ce qu'il a dit, ce qu'il a écrit suffit à montrer qu'il n'avait pas changé. Sa passion de l'indépendance demeurait, comme sa croyance en la primauté des réalités nationales, en la permanence des intérêts nationaux, en la précarité des idéologies, en l'importance des équilibres entre puissances, et l'attention vigilante qu'il portait à l'émergence des courants nouveaux, sa fascination pour les bouleversements de l'Histoire. Mais le monde, lui, avait changé. Depuis les lendemains de la guerre où il quitta le pouvoir, on était entré dans une autre époque. Maintenant, il devait y faire face : son action viendrait de la rencontre entre sa vision des événements et des hommes et l'état du monde en ce troisième quart du siècle.

L'Amérique en était déjà le centre. Les Français la découvrirent aux beaux jours de l'été 1944. Les plus âgés ne pouvaient évoquer que les souvenirs de 1917, émouvants, brefs, tragiques, mais noyés bientôt dans le flot des épisodes qui suivirent la victoire. Au reste, les clichés qui datent de cette époque ne faisaient que s'ajouter à d'autres. Aux pages d'histoire qui racontaient La Fayette venant au secours des Américains insurgés, Pershing faisait écho : « La Fayette, nous voici ! » Moyennant quoi, les Etats-Unis évoquaient tout à la fois, dans l'esprit des Français, la conquête de l'Ouest, la ruée vers l'or et la fin des Peaux-Rouges, les trusts géants et les buildings de New York, la guerre des gangs à l'époque de la prohibition, les fortunes soudaines et formidables qui se faisaient et se défaisaient à Wall Street, tandis que le pays semblait découvrir à chaque instant, dans son sol, des richesses suffisantes pour combler tout l'univers... La crise de 1929 renforça paradoxalement cette impression : un manuel de géographie pour classe de troisième publié vers 1936 apprenait aux jeunes Français qu'il y avait aux Etats-Unis « trop de charbon, trop de blé, trop d'acier, trop de viande, trop d'automobiles... ». On peut croire que les Français, pour la plupart, n'avaient pas de l'économie américaine une idée beaucoup plus précise que leurs enfants...

Du moins savaient-ils que l'Amérique était une grande démocratie. L'idéalisme de Wilson irrita les uns, plut aux autres, mais tout le monde savait qu'à travers lui les Etats-Unis avaient voulu donner au monde l'exemple de cette idéologie libérale, humanitaire et démocratique, sans doute originaire d'Europe, mais dont l'Amérique semblait devenue le temple. Roosevelt prit la suite de Wilson. Il apparut à la majorité des Français comme la quintescence d'une certaine Amérique, avec sa référence aux grandes idées morales, son indiscutable libéralisme, son optimisme irrésistible, sa passion de la hardiesse et du changement, et cette dose d'humanité supplémentaire qui lui venait, non de son infirmité, mais de la manière dont il l'avait surmontée. Tant il est vrai que les clichés, par quelque détour, peuvent rejoindre la réalité.

On ne devrait jamais oublier, pour comprendre l'histoire de l'opinion française depuis la guerre, ce fait exceptionnel qu'un peuple entier, ou peu s'en faut, fut pendant quatre ans, à l'écoute de la radio de Londres, ni que la délivrance s'identifia avec la venue de cette immense armée de jeunes hommes en kaki servant une force matérielle qui semblait inépuisable et traînant dans leur sillage une abondance de biens qui stupéfiait les Européens en proie aux privations, à la détresse ou à la misère. Avec eux, la liberté revenait. Sans doute, l'amertume, la rancœur, l'irritation troublaient parfois les sentiments que les Français leur portaient en général : le souvenir de tel bombardement inutile ou mal réglé, le contraste excessif entre la richesse des uns et la pauvreté des autres, les incidents inévitables dus au passage d'une armée étrangère, l'expliquaient facilement. Mais il demeure que, désormais, dans l'esprit public, la Libération resterait associée au déferlement des armées américaines sans que cela diminuât en rien la ferveur due aux troupes françaises qui y prirent part : j'appartiens à cette génération qui vécut cette expérience le plus intensément.

Ce sentiment collectif comportait évidemment bien des contradictions. Certains, aigris par l'abaissement matériel et moral de l'Europe, exaltaient aveuglément ce qui venait d'outre-Atlantique et considéraient avec une sorte de mépris hargneux et découragé les faiblesses françaises. D'autres, longtemps trompés par les absurdes préjugés qui avaient cours dans les milieux conservateurs, découvraient avec enthousiasme que le peuple américain avait su produire et mettre en œuvre une gigantesque machine de guerre et faire preuve, face à l'Allemagne et à ses anciennes traditions militaires, d'incontestables vertus guerrières. Déjà, l'opinion bourgeoise mettait quelque sourdine à ses vieilles préventions à l'encontre d'un peuple « parvenu » à des richesses trop récentes : c'est qu'elle attendait tout de la puissante Amérique, non seulement l'aide financière et matérielle qui permettrait le relèvement économique de la France mais qu'elle mette bientôt un terme aux secousses de la Libération, et qu'elle préserve la France du spectre de la révolution. L'opinion de gauche, en particulier d'expression socialiste, reprenait spontanément à son compte, après 1944, les thèmes qui lui étaient déjà familiers en 1918. Pour elle, l'Amérique demeurait le plus grand pays démocratique du monde et celle de Roosevelt n'était que l'héritière légitime de celle de Wilson. L'évocation du *New Deal* s'y ajoutait et la personnalité de Roosevelt — aussi mal connu à droite qu'à gauche — y contribuait. Au fond, cette fraction de l'opinion française, croyant que les Etats-Unis étaient bel et bien l'arsenal des démocraties, convaincue de leur désintéressement, ne voyant en leur politique aucune trace d'impérialisme, sensible même, parfois, à leur sourde hostilité envers le maintien des anciens empires coloniaux, était entièrement disposée à donner à la diplomatie américaine les meilleures justifications idéologiques et morales. Ainsi, tout tendait à dissimuler à l'esprit public ce que les Etats-Unis étaient aussi et ce qu'ils allaient être en ce milieu du siècle : une puissance extraordinaire, inégalée dans l'histoire, pouvant exercer son hégémonie sur la plus grande partie du monde.

Si cette hégémonie et ses dangers passèrent longtemps inaperçus de la plupart des Européens, en particulier des Français, c'est peut-être aussi que l'expansion américaine a surpris et déconcerté la plupart des analystes ou des théoriciens. Au fond, les idéologies traditionnelles ont été, là comme ailleurs, mises en échec. Les tenants de l'économie libérale avaient naguère présenté plusieurs théories sur la périodicité et la nature des crises du capitalisme : le caractère relativement régulier, de l'expansion économique américaine a déjoué leurs spéculations mais, en même temps, renforcé leur optimisme. En revanche, la pensée socialiste s'est heurtée, de ce fait, à la difficile épreuve de la réalité, et ses théoriciens ont atténué la rigueur de leurs analyses, modéré leurs jugements et ont finalement préféré se taire. Les communistes sont longtemps restés attachés à leurs conceptions anciennes sur les crises inévitables et l'effondrement final du capitalisme. Les théoriciens d'extrême gauche n'avaient d'ailleurs pas le monopole de cette vision de catastrophe : le libéral australien Colin Clarck et le communiste français Henri Claude annoncèrent chacun le retour des crises traditionnelles avant que l'histoire des vingt dernières années ait confondu l'un et l'autre. En fin de compte, l'expansion américaine s'imposa comme une habitude au point d'être une sorte de dogme, mal expliqué sans doute, mais auquel il faut bien se soumettre faute de pouvoir le comprendre. Et, par un étrange paradoxe, très peu ont vu que la puissance même du dollar et son rôle exclusif dans l'économie mondiale allait conduire, parce qu'il était accepté comme unique monnaie de réserve, à un essor massif et désordonné des moyens de paiement internationaux, déchaînant une formidable vague d'inflations, qui, par un choc en retour, provoqua la première dépression longue d'après la Seconde Guerre mondiale. Mais auparavant, l'expansion américaine avait conféré aux Etats-Unis un prestige immense dans l'ordre des idées économiques modernes et des théories du développement dans les sociétés industrielles, une autorité qu'ils n'avaient jamais connue autrefois sur le plan intellectuel et doctrinal.

S'y ajoutait l'essor de la puissance militaire des Etats-Unis. Le peuple américain, durant les années cinquante et soixante, a fait une expérience nouvelle : alors qu'il vivait une phase de haute prospérité, les crédits consacrés à la défense et à l'espace augmentaient massivement, les Etats-Unis procédaient à plusieurs interventions militaires à l'extérieur et s'engageaient dans la guerre du Vietnam ; et, cependant, les conditions de vie des citoyens américains n'en furent pas altérées, du moins jusqu'aux premiers signes d'inflation au milieu des années soixante. Seuls à se trouver dans ce cas, les Etats-Unis semblaient pouvoir mener de front un formidable effort d'investissements, un sensible accroissement de leur consommation intérieure et une élévation des dépenses militaires jusqu'à un niveau proche de celui du temps de guerre. Ils n'avaient pas, apparemment, à choisir entre le beurre et les canons : ils étaient simultanément à leur portée.

Partout, la supériorité américaine pouvait alors se manifester avec éclat. L'histoire de ces deux décennies est jalonnée d'une longue série d'interventions de l'armée des Etats-Unis hors du territoire américain. Elles n'exigèrent pas toujours le déploiement de forces classiques. Elles revêtirent parfois les formes extérieures d'une assistance militaire, d'une conjuration politique, d'une guerre civile ou d'une expédition internationale. Mais elles avaient en commun de résulter d'une décision délibérée du gouvernement des Etats-Unis, résolu à recourir à la force pour faire prévaloir ses intérêts stratégiques, économiques et politiques. En 1949, la guerre civile en Grèce ne s'acheva que grâce à l'intervention des missions américaines d'assistance militaire, des crédits et des livraisons d'armes provenant des Etats-Unis. En 1950, le président Truman décida d'intervenir militairement en Corée. En 1952, les services spéciaux américains organisèrent la conjuration qui vint à bout du gouvernement iranien de Mossadeg, assez audacieux pour avoir nationalisé les pétroles d'Abadan. En 1954, les Etats-Unis financèrent, armèrent et menèrent au succès une rébellion militaire au Guatemala pour y renverser le régime du président Arbenz en lutte contre le monopole économique des grandes sociétés américaines. En 1958, l'administration Eisenhower fit débarquer un corps expéditionnaire au Liban afin d'éviter que la contagion de la révolution irakienne du 14 juillet ne s'étende aux autres Etats du Proche-Orient. Les crises qui suivirent l'accession du Congo belge à l'indépendance donnèrent lieu à trois interventions caractérisées des Etats-Unis — en 1960, sous le couvert des Nations unies, afin de provoquer la paralysie puis la chute du gouvernement de Patrice Lumumba dont les contacts avec le camp communiste inquiétaient Washington ; en 1962, afin d'écraser la sécession katangaise qui empêchait la restauration de l'ordre administratif et économique du pays, maintenant qu'il était doté d'un gouvernement appuyé par la diplomatie américaine ; en 1964, afin de réduire les insurrections populaires qui mettaient en péril le gouvernement formé par Moïse Tschombé à Léopoldville, avant que, plus tard, ils ne lui préfèrent

Mobutu. En 1961, une première tentative, menée à l'aide de l'opposition cubaine, échoua contre le régime castriste de Cuba, le long des rives de la baie des Cochons. En 1962, ce fut le blocus de Cuba et l'ultimatum qui aboutit au retrait des fusées soviétiques. En 1965 ce fut l'intervention armée des Etats-Unis à Saint-Domingue pour briser une révolution populaire suspecte au gouvernement américain, bien qu'elle eût apparemment pour objet de remettre au pouvoir un président mis en place par une autre intervention américaine deux années auparavant. Au milieu des années soixante, avant que la politique française ne lui fasse obstacle et que la guerre du Vietnam ne lui lance un tragique défi, la puissante Amérique semblait l'emporter dans toutes les parties du monde.

Attentif, depuis toujours, aux leçons de l'Histoire, de Gaulle y voyait une menace : celle que les hégémonies, de tout temps, font peser sur ceux qui veulent rester indépendants. Ainsi en fut-il de l'Espagne au XVIe siècle, de la Maison d'Autriche au XVIIe, de la France de Napoléon, de l'Angleterre au XIXe siècle, de l'Allemagne dans la première moitié du XXe. C'était le tour des Etats-Unis — et en même temps de l'Union soviétique pour une partie du monde. Nulle part, chez de Gaulle, ni dans ses discours ni dans ses écrits, on ne trouve quelque hostilité envers ce qui est américain : ni la culture, ni le peuple, ni le système économique, ni le régime politique. Au contraire, son admiration se manifeste parfois, que ce soit dans son article sur la mobilisation industrielle aux Etats-Unis pendant la Première Guerre mondiale, ou pour leur formidable capacité, vingt-cinq ans plus tard, à se transformer, à marche forcée, en très grande puissance stratégique et militaire et à prendre la tête du monde occidental. Mais tel était, dans la seconde moitié de ce siècle, le cœur du problème : comment résister à cette hégémonie pour qui voulait rester indépendant ?

Les dirigeants américains, même ceux qui n'avaient pas gardé un souvenir précis des relations tumultueuses entre les Etats-Unis et la France libre pendant les années de guerre, s'attendaient naturellement à trouver en de Gaulle un interlocuteur différent de ceux dont ils avaient eu l'habitude sous la IVe République. Durant la dernière période précédant sa chute, ils avaient porté le jugement le plus sévère sur l'état de la France au point que les participants à une réunion du *National Security Council,* le 12 décembre 1957, avaient conclu qu'elle était devenue un Etat très faible et qu'au cas où le gouvernement de Félix Gaillard, alors au pouvoir, ne pourrait se maintenir, elle devrait faire appel à de Gaulle ou, au contraire, faire participer les communistes au gouvernement suivant [1]. Mais sans nul doute, à Washington, on n'a pas perçu l'ampleur du changement que de Gaulle entendait apporter à la politique étrangère de la France. Il s'en est expliqué dans ses *Mémoires d'espoir* : c'est une remise en cause radicale des bases de l'intégration politique et militaire du camp occidental sous la direction des Etats-Unis qu'il voulait.

> Il semble maintenant assez invraisemblable, écrit-il, que, du côté soviétique, on entreprenne de marcher à la conquête de l'Ouest, dès lors que tous les Etats y ont retrouvé des assises normales et sont en progrès matériel incessant. Le communisme, qu'il surgisse du dedans ou qu'il accourt du dehors, n'a de chances de s'implanter qu'à la faveur du malheur national. Le Kremlin le sait fort bien. Quant à imposer le joug totalitaire à 300 millions d'étrangers récalcitrants, à quoi bon s'y essaierait-il, alors qu'il a grand-peine à le maintenir sur trois fois moins de sujets satellites ? Encore faut-il ajouter que, suivant l'éternelle alternance qui domine l'histoire des Russes, c'est aujourd'hui vers l'Asie, plutôt que vers l'Europe, qu'ils doivent tourner leurs soucis à cause des ambitions de la Chine et pourvu que l'Ouest ne les menace pas. Par-dessus tout, quelle folie ce serait pour Moscou, comme pour quiconque, de déclencher un conflit mondial qui pourrait finir, à coups de bombes, par une destruction générale ! Mais, si on ne fait pas la guerre, il faut tôt ou tard faire la paix...

A quoi il ajoute son analyse de la parité nucléaire stratégique entre les deux plus grandes puissances et de ses conséquences inévitable :

> A partir du moment où les Soviets ont acquis ce qu'il faut pour exterminer l'Amérique, tout comme celle-ci a les moyens de les anéantir, peut-on penser qu'éventuellement les deux rivaux en viendraient à se frapper l'un l'autre, sinon en dernier ressort ? Mais qu'est-ce qui les retiendrait de lancer leurs bombes entre eux deux, autrement dit sur l'Europe centrale et occidentale ? Pour les Européens de l'Ouest, l'OTAN a donc cessé de garantir leur existence. Mais dès lors que l'efficacité de la protection est douteuse, pourquoi confierait-on son destin au protecteur ?

Et il en avance la conclusion :

> Mon dessein consiste donc à dégager la France, non pas de l'Alliance atlantique que j'entends maintenir à titre d'ultime précaution, mais de l'intégration réalisée par l'OTAN sous commandement américain ; à nouer avec chacun des Etats du bloc de l'Est et, d'abord, avec la Russie, des relations visant à la détente, puis à l'entente et à la coopération ; à en faire autant, le moment venu, avec la Chine ; enfin, à nous doter d'une puissance nucléaire telle que nul ne puisse nous attaquer sans risquer d'effroyables blessures. Mais, ce chemin, je veux le suivre à pas comptés, en liant chaque étape à l'évolution générale et sans cesser de ménager les amitiés traditionnelles de la France.

Ce texte a été rédigé par de Gaulle de longues années plus tard. Mais qu'il corresponde à ce qu'étaient alors ses intentions on peut le vérifier, pour une grande part, dans les comptes rendus du premier entretien qu'il eut, devenu chef du gouvernement, avec le secrétaire d'Etat américain John Foster Dulles, le 5 juillet 1958[2]. Ce dernier commença par une très longue description de l'état du monde, entièrement dominée par l'évocation de la menace soviétique, à la fois idéologique, politique et militaire, s'appliquant à l'Allemagne comme à toute l'Europe, au Proche-Orient comme à l'Afrique ou à l'Asie, s'insinuant sous des formes multiples, telle une hydre à multiples têtes. Après quoi, il insista pour un renforcement de l'organisation politique et militaire de l'Alliance atlantique, confirma que les Etats-Unis étaient « prêts à utiliser [leur] puissance stratégique plutôt que de voir conquérir le monde par morceaux », mais pour insister ensuite sur l'importance d'une « défense régionale » qui pourrait être assurée par des armes nucléaires tactiques « disponibles dans la région couverte par l'OTAN de telle sorte que les pays concernés auraient la certitude que les armes seraient employées selon des plans élaborés à l'avance », et il suggéra même que « des forces françaises [soient] parfaitement entraînées à l'emploi de ces armes [...] : ceci serait fait dans le cadre de l'OTAN et de la stratégie de l'OTAN ».

Il n'est pas exagéré de dire que de Gaulle, après avoir dit aimablement « qu'il admirait beaucoup la philosophie du secrétaire d'Etat », soutint les thèses exactement contraires. Il exposa d'abord que, dans la « menace soviétique », « c'était peut-être moins le communisme que le nationalisme qui avait joué le rôle prépondérant » et que la tradition en remontait au tsar autant qu'à Lénine, Staline et Khrouchtchev, suggérant même, sans aucune gêne, que le gouvernement russe se référait au communisme « comme vous vous servez du Congrès américain »... A propos de l'armement nucléaire, il montra qu'à son avis les deux plus grandes puissances étaient paralysées l'une envers l'autre par leur parité puisque « chacune des deux gardait les moyens de détruire l'autre », et il annonça à Dulles que la France, quant à elle, était tout à fait décidée à se doter d'un armement nucléaire — se montrant d'ailleurs trop pessimiste en prévoyant qu'il faudrait « peut-être vingt-cinq ans » avant que celui-ci devienne « important ». Si les Etats-Unis voulaient distribuer des armes atomiques à leurs alliés, la France l'accepterait volontiers mais seulement si elle « en assurait le contrôle et avait le droit de décider de leur emploi ». Faute de quoi, « les inconvénients de la présence de ces armes nucléaires sur le territoire français ne seraient pas compensés » par une simple participation de la France aux plans prévoyant leur emploi : ce qui était, par avance, un refus des demandes américaines de déploiement en France comme en d'autres pays européens, des missiles américains à moyenne portée car « leur emploi, dit-il, devait être sous la responsabilité française avec la participation américaine » et cette exigence s'appliquerait aux « IRBM, aux ogives, aux stocks de l'OTAN et aux armes nucléaires pour les forces américaines ».

Après quoi, il parla du Liban. Dulles ayant évoqué la crise suscitée par la volonté du président Chamoun de rester au pouvoir en changeant la Constitution du pays et le risque que ses successeurs soient favorables à un rapprochement étroit avec l'Egypte alors gouvernée par Nasser, il répondit qu'il fallait, de toute façon, que Chamoun quitte le pouvoir et qu'il faudrait alors aider son successeur à garder l'indépendance du pays, et il fit à l'avance des réserves sur « une intervention occidentale ». Il manifesta le même scepticisme que son interlocuteur sur l'intérêt d'une éventuelle rencontre « au sommet » avec Khrouchtchev sauf si l'on pouvait aboutir à un accord de désarmement, et il tint des propos aimables sur le plan du ministre polonais des Affaires étrangères, Rapacki, proposant de créer des zones d'inspection en vue d'empêcher les attaques-surprises, mais à la condition que ces zones ne défavorisent pas le système de défense des occidentaux — alors que ce plan était jugé détestable par les Etats-Unis dans la mesure où il s'appliquerait forcément à tout ou partie du territoire allemand...

On ne pouvait imaginer exposé plus clair des divergences franco-américaines. Et, quelques jours plus tard, les événements du Proche-Orient les faisaient apparaître plus nettement. Le 14 juillet, en effet, un coup d'Etat renversa la monarchie en Irak et le nouveau régime se rangea aussitôt dans le camp des Etats nationalistes les plus opposés à l'hégémonie occidentale. Puis, les troupes américaines débarquèrent au Liban et les troupes britanniques en Jordanie, dans l'intention affichée de s'opposer à l'établissement de nouveaux pouvoirs favorables à Nasser. Une crise aiguë en résulta où, comme au moment de l'affaire de Suez, l'Union soviétique et l'ensemble du camp de l'Est se rangèrent aux côtés du nationalisme arabe et, par extension, des mouvements de libération nationale au Proche-Orient. Ce fut le point de départ d'une correspondance franco-américaine qui, au fond, résumait le désaccord fondamental entre la France et les Etats-Unis sur le système atlantique et plus précisément sur sa direction par les Etats-Unis.

De Gaulle avait déjà dit à Dulles, et avant lui au Premier ministre britannique Macmillan qu'il avait reçu au début de juin[3], que l'Organisation de l'Alliance atlantique « n'était pas satisfaisante », que les dangers pour la paix ne venaient pas seulement du théâtre européen mais aussi de la Méditerranée et du Proche-Orient, et que les Etats-Unis, la Grande-Bretagne et la France devraient coordonner leur action dans l'ensemble des zones de crise. C'était exactement ce qui inspirait la courte lettre personnelle envoyée le 17 septembre 1958 au président Eisenhower, suivie d'un mémorandum, également adressée à Macmillan[4]. Dès l'abord, de Gaulle y prenait appui sur les événements survenus au Proche-Orient en juillet qui, écrivait-il, « avaient servi à confirmer certaines idées » exposées dans le mémorandum. Celui-ci contenait une argumentation exactement conforme à celle qui justifia, sept ans plus tard, la rupture entre la France et l'Organisation militaire atlantique. Les événements de l'été 1958, écrivait de Gaulle, montraient que des crises partielles, survenant hors d'Europe, pouvaient provoquer un conflit généralisé. La France, alliée des Etats-Unis, pourrait ainsi se trouver impliquée dans une guerre à l'occasion d'une crise où elle n'aurait aucune part, sans même qu'elle ait été consultée, et alors qu'elle eût peut-être désapprouvé la position américaine. Les Etats-Unis risquaient donc d'entraîner les pays d'Europe dans ces conflits, du fait de décisions prises par eux seuls et des mécanismes de l'Alliance qu'ils auraient ainsi déclenchés. De Gaulle déclarait ensuite que la France était désormais prête à « assumer son rôle historique dans les affaires mondiales » de sorte que les Etats-Unis ne fussent plus seuls à prendre des décisions capitales :

> Il serait plus réaliste en ce moment, écrivait-il, de créer une organisation tripartite afin de prendre des décisions conjointes sur les problèmes qui intéressent le globe.

En pratique, il s'agirait pour elle de « dresser des plans stratégiques » et, le cas échéant, de « les mettre à exécution » avant tout pour « l'utilisation des armes atomiques, partout dans le monde ».

De Gaulle pouvait-il avoir la moindre illusion sur la réponse américaine ? Depuis près de vingt ans, il voyait s'établir sur l'Occident l'hégémonie des Etats-Unis ; il avait eu à y faire face en d'autres temps et il en avait dénoncé les dangers au moment de la grande querelle sur la CED. Son pessimisme historique le portait d'ailleurs à penser que la nature même des hégémonies est de vouloir s'étendre et de ne reculer que devant une opposition résolue. Il ne pouvait donc certainement pas s'attendre à l'acceptation des thèses du mémorandum de septembre 1958 ; et de fait, il ne s'y attendait pas. Au général Gelée, qu'il avait chargé de remettre la lettre destinée à Eisenhower, et auquel il confia le contenu du mémorandum, il dit : « D'ailleurs, ils ne l'accepteront pas[5]. » Le secrétaire général de la présidence de la République, Geoffroy de Courcel, fut alors assuré « de la conviction du général qu'il n'y aurait pas de réponse et qu'il fallait donc travailler à l'édification d'une force nucléaire nationale[6] ». Et de Gaulle lui-même confia à son ministre de l'Information Alain Peyrefitte en janvier 1963 :

> Ce mémorandum n'était qu'un moyen de pression diplomatique. Je cherchais alors un moyen de sortir de l'OTAN et de reprendre ma liberté que la IVe République avait aliénée. Alors j'ai demandé la lune[7].

La réponse du président Eisenhower, en date du 20 octobre, était une apologie de tous les pactes militaires dont les Etats-Unis faisaient partie et une instante recommandation « d'éviter ce qui pourrait faire obstacle à la confiance grandissante en la vertu des consultations entre membres de l'OTAN, ou même ce qui pourrait détruire cette confiance[8] ». Il était parfaitement clair que les Etats-Unis entendaient préserver le caractère intégré de l'Organisation atlantique qui leur permettait d'en conserver la direction et qu'ils garderaient ainsi leur liberté d'action politique et stratégique dans le monde entier. De Gaulle ne vit aucun intérêt à la suggestion d'Eisenhower de créer un comité tripartite qui proposerait diverses solutions aux gouvernements français, anglais et américain, pas plus qu'à une suggestion semblable de Foster Dulles s'appliquant uniquement à l'Afrique.

Il entreprit donc de mettre en application, sans attendre, la politique que, dès l'origine, il avait décidé de mener. Il mit un terme aux discussions amorcées avant son retour au pouvoir sur le déploiement en France de missiles américains à moyenne portée [9]. Il avait averti Dulles, comme on l'a vu, qu'il ne les accepterait que si la France en avait clairement la responsabilité. Comme il n'en était pas question pour les responsables américains, le dossier fut refermé : c'était renverser la décision prise à la conférence de l'OTAN de décembre 1957 qui avait prévu l'implantation de fusées Thor et Jupiter en Europe, installées par la suite en Angleterre, en Italie et en Turquie, mais que la France, où l'hostilité des communistes et d'autres secteurs de l'opinion ne désarmait pas, n'avait pas encore admise. Bien que les Etats-Unis n'y aient pas réagi ouvertement, ils voyaient bien que, du côté français, on s'engageait, sans esprit de retour, vers la mise sur pied d'une force nucléaire nationale : ils tentèrent encore plusieurs démarches en vue de troquer une aide technique à la mise au point d'une bombe atomique française moyennant une coordination aussi étroite que possible pour son emploi éventuel, mais sans que, de part et d'autre, on ait pu surmonter des arrière-pensées évidemment contraires.

Puis, de Gaulle franchit une nouvelle étape en mars 1959. Conformément à une décision prise en Comité de Défense, le 31 janvier, il annonça, le 7 mars, que les forces navales françaises de Méditerranée seraient désormais retirées du contrôle de l'OTAN. Au même moment, il écrivait une seconde lettre au président Eisenhower [10]. Cette fois, il s'appuyait sur la perspective d'une crise à Berlin, que les intentions annoncées par Khrouchtchev laissaient prévoir. Il recommandait la fermeté, et en concluait que les Etats-Unis devraient admettre « le besoin vital de coopérer partout dans le monde à des plans politiques, diplomatiques et stratégiques communs ». L'affaire de Berlin n'était là qu'une occasion : de Gaulle savait fort bien que les Etats-Unis n'avaient aucune intention de renoncer à leur « fermeté ». Mais il s'agissait de leur montrer que la France avait l'intention de se dégager peu à peu de l'OTAN dès lors que celle-ci ne serait pas réformée. Eisenhower, à la fin du mois, répliqua en vantant les vertus de l'Organisation atlantique, tandis que le 25 mars, de Gaulle au cours d'une conférence de presse, condamnait précisément « l'intégration » caractéristique de l'OTAN comme incompatible avec la liberté d'action des Etats. Puis, en avril, il refusa clairement que le matériel nucléaire américain ainsi que les armes nucléaires dont les avions seraient dotés soient entreposés sur le sol français. Ce n'était, au fond, que la suite logique de l'avertissement qu'il avait donné à Dulles dès le mois de juillet précédent : en pratique, il n'y aurait plus en France d'armement nucléaire échappant au contrôle français et dépendant exclusivement des Etats-Unis, qui pourrait, de ce fait, être pris pour cibles par les Soviétiques si la crise de Berlin, ou toute autre crise future, allait jusqu'à une confrontation militaire.

Ces décisions montraient bien que de Gaulle n'avait pas changé d'objectif et qu'il ne s'en laissait pas détourner par les circonstances. Depuis que Khrouchtchev avait menacé de signer un traité de paix séparé avec l'Allemagne de l'Est et de lui confier la responsabilité des accès à Berlin-Ouest si les Occidentaux n'en faisaient pas une « ville libre », on était entré dans une phase nouvelle de tension. Américains, Britanniques et Français ne cessaient de se consulter sur la riposte militaire à un éventuel blocus de la capitale allemande et de Gaulle passait déjà pour le plus résolu à ne faire aucune concession sur les positions et les droits que les Occidentaux devaient y conserver : c'est, pourtant, au même moment qu'il remettait en cause, sur quelques points précis, les relations entre la France et l'OTAN, comme premier pas vers l'abandon complet de cette « intégration », dont il ne voulait plus. De toute évidence, il ne se laissait pas impressionner par les spéculations sur un conflit armé qui résulterait de la crise de Berlin.

Ses relations avec Eisenhower passèrent alors par une période faste. Il se rappelait très bien que le président américain, quand il était commandant en chef des armées alliées en Afrique du Nord puis en Europe, avait vu en lui le seul homme capable de diriger la France en guerre et d'établir son pouvoir sur la France libérée : entre eux, s'établit donc une sorte de complicité. Ils se rencontrèrent à Paris à la fin d'août et au début de septembre 1959[11]. De Gaulle annonça son intention de reconnaître le droit de l'Algérie à l'autodétermination et il obtint le soutien d'Eisenhower pour la prochaine assemblée générale des Nations unies, où la question algérienne serait à nouveau posée, alors qu'à la session précédente les Etats-Unis s'étaient abstenus d'appuyer la France. Les deux hommes ne s'entendirent naturellement pas sur l'Organisation atlantique, leurs conceptions étant trop divergentes, mais Eisenhower accepta que des consultations anglo-franco-américaines aient lieu dans la période à venir où Khrouchtchev devait aller visiter les Etats-Unis et où la question d'une conférence « au sommet » serait posée. Celle-ci fut, en effet, convoquée pour le mois de mai et se trouva instantanément paralysée par la brusque destruction en plein vol d'un appareil américain d'observation, l'U2, au-dessus du territoire soviétique. De Gaulle soutint Eisenhower dans son refus de présenter des excuses aux Russes : il était convaincu qu'en ce cas le président américain serait amené à raidir sa position sur tous les sujets, pour ne pas apparaître en situation de faiblesse, et qu'il n'y aurait donc aucun accord sur rien.

Il reprit alors son offensive épistolaire pour que le fonctionnement de l'Alliance atlantique soit changé : ce fut l'objet d'une troisième lettre à

Eisenhower [12]. L'échec du « sommet » annonçait, en effet, une phase de tension internationale et peut-être les Etats-Unis jugeraient-ils bon de reconsidérer leur position. Mais il n'était absolument pas question pour de Gaulle de modifier les siennes. Sa nouvelle lettre parlait de « faire face à l'aspect essentiel de nos problèmes, qui est la coopération stratégique globale » et réclamait expressément pour la France « une voix égale aux décisions communes sur l'emploi des armes nucléaires ». Comme Eisenhower devait le dire franchement, des années plus tard, à David Schoenbrun, il s'agissait bel et bien de réclamer pour la France — et pour l'Angleterre — un droit de veto sur l'emploi et les objectifs des bombes américaines. Eisenhower répondit en proposant la réunion de représentants des « trois hautes puissances militaires » qui examineraient la stratégie globale de l'Alliance. Mais de Gaulle n'était pas prêt à se contenter d'un faux-semblant et sa quatrième lettre, aussitôt expédiée, proposait pour but au comité tripartite dont parlait Eisenhower, non seulement « de préparer les plans d'une stratégie globale », mais de « réorganiser l'Alliance ». La dernière réponse d'Eisenhower fut pratiquement une fin de non-recevoir et, le 5 septembre 1960, au cours d'une nouvelle conférence de presse, de Gaulle déclara publiquement, comme si l'OTAN était morte pour lui, que la France ne compterait plus que sur elle-même « car notre seule défense, c'est notre défense nationale ».

Puis Kennedy devint président. De Gaulle, suivant plusieurs témoins, fut sensible à sa jeunesse, à sa personnalité, à sa culture. Mais les premiers mois de l'année 1961 furent difficiles pour le nouveau président américain : il laissa s'accomplir dans les pires conditions, sans avoir l'audace d'annuler l'opération mais non sans la priver de ses quelques chances de succès, le débarquement d'un groupe d'opposants cubains dans la baie des Cochons, qui tourna au désastre. C'était le moment où de Gaulle, coup sur coup, avait fait reconnaître par référendum le droit des Algériens à l'autodétermination, décidé de négocier avec le FLN et écrasé le putsch des généraux d'Alger : son autorité en était renforcée même s'il n'était pas encore libéré du fardeau de la guerre d'Algérie. On était alors au plus fort de la crise de Berlin et ce fut le premier sujet de ses entretiens avec Kennedy, à Paris, du 31 mai au 2 juin [13]. Une fois de plus, il s'en tint à la position la plus simple et la plus ferme : il ne fallait pas négocier sous la menace. Il l'avait déjà écrit à Kennedy avant leur rencontre et celui-ci lui avait répondu qu'il partageait son avis mais qu'il fallait tenter, malgré tout, de trouver une « solution acceptable ». Ni l'un ni l'autre ne discutèrent en réalité de ce qu'elle pouvait être et ils se bornèrent à échanger leurs vues sur les mesures de rétorsion militaires qu'il faudrait prendre en cas de nouveau blocus de Berlin puisque les Occidentaux n'acceptaient pas que leurs accès à la ville soient contrôlés par les autorités de l'Allemagne de l'Est, dont ils ne reconnaissaient pas l'existence. Après quoi, la plus grande partie des entretiens fut consacrée au Laos. L'opposition entre eux fut totale. Kennedy ne voyait au Sud-Est asiatique que l'un des « fronts » entre l'Est et l'Ouest, et n'envisageait pas d'autre option qu'une intervention militaire américaine : de Gaulle jugeait que celle-ci aurait de détestables conséquences qui retentiraient dans toute la péninsule indochinoise. Par avance, c'était, l'annonce des divergences radicales qui opposeraient la France et les Etats-Unis au temps de la guerre du Vietnam. Et sur l'Afrique aussi, dont ils parlèrent ensuite, Kennedy ne voyait qu'un vaste et unique problème dominé par le conflit Est-Ouest tandis que de Gaulle estimait que chaque situation y était spécifique et appelait des solutions différentes...

La crise de Berlin s'acheva le 13 août, dans la nuit, quand les camions de la police est-allemande vinrent déployer, à la limite des secteurs occidentaux, des rouleaux de fils de fer barbelés qui, les jours suivants, devinrent un « mur » jusqu'au 9 novembre 1989. En vain Britanniques et Américains tentèrent de renouer le fil d'une négociation qui, en réalité, n'avait jamais commencé : il n'y avait plus rien à négocier. De Gaulle ne quitta pas Colombey où il passait quelques jours de vacances. Cette étrange crise où tout le monde perdait, trouvait là une fin que personne, à l'origine, n'avait ni prévue ni voulue. L'Union soviétique n'avait pas réussi à faire reconnaître par les Occidentaux la République démocratique allemande qu'elle avait installée dans sa zone d'occupation. L'Allemagne fédérale qui avait mis tant d'acharnement à empêcher que le moindre rapport s'établisse entre l'Etat communiste allemand et les Occidentaux ne pouvait qu'assister, impuissante, à la fermeture totale des communications entre les deux Berlin. Les Britanniques, qui souhaitaient un arrangement négocié, n'en avaient proposé aucun, pas plus que le gouvernement américain. On n'avait pas prévu que les Soviétiques, faute d'atteindre leur objectif initial, dresseraient un mur entre les deux moitiés de Berlin et s'en tiendraient là. On n'avait donc pas cherché à garantir la libre circulation dans la capitale allemande moyennant un certain niveau de contact avec les autorités est-allemandes. Peut-être les négociations, si on les avait engagées dans cette voie, n'auraient-elles abouti à rien : faute qu'on ait essayé, la division de l'Allemagne était approfondie, l'Etat communiste allemand consolidé et, moins de dix ans plus tard, le chancelier Brandt entamerait une nouvelle politique envers l'Est, et la République démocratique allemande, reconnue par tous les autres Etats, finirait par entrer aux Nations unies. De Gaulle, dans cette crise, avait acquis une réputation de fermeté auprès du chancelier Adenauer — il allait en tirer parti pour ses projets européens — comme auprès des Etats-Unis, et il en profita pour réclamer encore un changement du système atlantique.

Il envoya donc deux lettres à Kennedy, l'une en août 1961, après l'affaire du mur de Berlin, l'autre en janvier 1962 [14]. Elles n'ajoutaient rien au dossier de la correspondance avec Eisenhower. L'une s'appuyait sur les événements qui venaient de survenir pour demander une révision complète du fonctionnement de l'OTAN. Kennedy n'y répondit pas mais, à la fin de l'année, il envoya à son tour un message où il envisageait de céder à la France quelques armes nucléaires à la condition qu'elle renonce à sa force nationale de dissuasion. De Gaulle y discerna la volonté américaine de payer d'un prix élevé la subordination militaire de l'Europe occidentale : il aurait fallu que Kennedy fît voter une loi spéciale pour céder ces armes à la France, moyennant quoi celle-ci, en renonçant à son armement atomique, aurait été tributaire des livraisons américaines, non seulement en charges nucléaires mais en vecteurs.

Une seconde — et dernière — lettre suggérait à Kennedy la création d'un organisme politique et militaire anglo-franco-américain, chargé de préparer « les décisions et les actions communes » à l'égard des pays neutres d'Afrique ou d'Asie. On touchait alors à la fin de la guerre d'Algérie et de Gaulle sentait qu'il disposerait bientôt d'une plus grande liberté d'action. Une politique de coopération avec l'ensemble du tiers-monde lui paraissait désormais possible, d'autant que la Chine et l'Union soviétique rivalisaient déjà dans leur assistance aux nouveaux pays indépendants. Il imaginait même qu'un accord entre toutes les grandes puissances, capitalistes ou communistes, pourrait établir sur une base plus saine les relations entre les pays industriels et le tiers-monde, comme il l'avait évoqué déjà le 25 avril 1960 devant le Congrès américain, lors d'un voyage officiel aux Etats-Unis. Mais les réactions américaines le convainquirent aussitôt qu'à Washington on ne voyait la politique à mener vis-à-vis du tiers-monde qu'au travers du conflit Est-Ouest. Dès lors, il ne fut plus jamais question de négocier avec les Etats-Unis l'établissement d'une organisation tripartite où les décisions eussent été prises en commun, que ce soit pour la stratégie nucléaire ou les relations internationales. Si, en 1960, de Gaulle jugeait que l'OTAN ne devait plus exister telle qu'elle était, en 1962, il ne cherchait plus à la réformer. La France, déjà, avait choisi, définitivement, une autre conception de sa défense.

Dès le 3 novembre 1959, sous la rotonde Gabriel, à l'Ecole militaire, de Gaulle avait défini la doctrine dont allait s'inspirer désormais la politique militaire française :

> Il faut que la défense de la France soit française. [...] Un pays comme la France, s'il lui arrive de faire la guerre, il faut que ce soit sa guerre. Il faut que son effort soit son effort. S'il en était autrement, notre pays serait en contradiction avec tout ce qu'il est depuis ses origines, avec son rôle, avec l'estime qu'il a de lui-même, avec son âme. Naturellement la défense française serait, le cas échéant, conjuguée avec celle d'autres pays [...] Mais il est indispensable qu'elle nous soit propre, que la France se défende par elle-même, pour elle-même et à sa façon. [...] La conséquence, c'est qu'il faut, évidemment, que nous sachions nous pourvoir, au cours des

prochaines années, d'une force capable d'agir pour notre compte, de ce qu'on est convenu d'appeler « une force de frappe » susceptible de se déployer à tout moment et n'importe où. Il va de soi qu'à la base de cette force sera un armement atomique, [...] qui doit nous appartenir. Et, puisqu'on peut détruire la France, éventuellement, à partir de n'importe quel point du monde, il faut que notre force soit faite pour agir où que ce soit sur la terre.

Pour l'essentiel, tout était dit. L'indépendance du pays supposait un système de défense indépendant. Il devait reposer sur une capacité de frappe immédiate et permanente. Elle ne serait évidemment assurée que par le feu nucléaire. Et la France, qui pouvait, à l'âge nucléaire, être attaquée de partout, devait pouvoir riposter partout au moyen d'une arme atomique capable de frapper tous azimuts, « où que ce soit sur la terre ».

Au point de départ, il y avait une idée simple. Toute politique militaire d'un Etat doit être corollaire de sa politique étrangère. Principe fondamental et qui s'applique à toutes les nations : faute de l'observer on s'expose au désastre. La France en fit naguère la tragique expérience : sa politique étrangère, après la Première guerre mondiale, visait à défendre l'indépendance des pays de l'Est et du centre de l'Europe contre l'Allemagne tandis que sa politique militaire s'inspirait uniquement d'une stratégie de défense du territoire, et elle fut incapable, le moment venu, de porter secours à ses alliés... C'est ce que de Gaulle avait dit et écrit, et c'est ce que les événements avaient confirmé. A leur manière, les gouvernements de la IVe République respectèrent le principe oublié par leurs devanciers des vingt dernières années de la IIIe : en matière de défense, leurs choix étaient corollaires de leurs choix diplomatiques. Pour eux, l'essentiel était l'affrontement entre l'Est et l'Ouest et la France devait participer au grand rassemblement des nations occidentales face au camp communiste. Ils en ont logiquement conclu que les forces françaises devaient être intégrées à l'ensemble des forces occidentales. La participation de la France à l'Organisation militaire atlantique exprimait ce choix et les guerres qu'elle faisait outre-mer s'inscrivaient dans la perspective de l'affrontement universel entre l'Est et l'Ouest.

De Gaulle définit une politique radicalement différente et qui partait d'une analyse complètement opposée à celle qui avait prévalu jusque-là. Au lieu de vouloir que la France adhère à l'un des blocs en présence sur la scène du monde, il prétendait mettre en cause le système des blocs ; au lieu de faire obstacle à la volonté d'émancipation des peuples colonisés, il allait donner l'indépendance à seize nouveaux Etats, il considérait comme essentiel l'avènement international des pays du tiers-monde et voulait faire de la coopération avec eux l'un des axes de sa politique étrangère ; au lieu de croire que les Etats communistes formaient un bloc unique, constituant pour l'Occident un seul et même adversaire, il jugeait que le camp communiste se disperserait sous le choc des rivalités d'intérêt national et des oppositions entre Etats, et il pensait que la France devait en tirer les conséquences.

Un changement si radical impliquait logiquement une autre politique de défense. A une politique étrangère d'indépendance devait correspondre une stratégie indépendante. La création d'une force nationale stratégique, dotée d'un armement nucléaire, répondait à cette exigence. La sécurité de la France reposerait essentiellement sur cette force, tout adversaire éventuel étant averti que l'on emploierait contre lui le feu nucléaire stratégique dès qu'il menacerait les intérêts vitaux du pays. Et l'ensemble des forces françaises serait organisé autour de cette force principale de manière à en compléter et à en protéger l'action.

Fondée sur un choix politique vital, celui de l'indépendance, la doctrine française procédait en même temps des leçons tirées de la parité nucléaire. Que les Etats-Unis puissent être détruits par l'Union soviétique s'ils employaient contre elle leurs armes nucléaires stratégiques pour défendre l'Europe de l'Ouest montrait simplement qu'ils ne le feraient pas. La France, comme les Etats voisins, ne serait donc pas défendue par l'arsenal nucléaire stratégique américain. Cette évidence serait longtemps obscurcie et même occultée pour les besoins de la cohésion atlantique : mais elle s'imposait aux plus lucides et aux mieux informés. Il est d'ailleurs naturel qu'on ait voulu entretenir les opinions publiques européennes dans le mythe du « parapluie nucléaire » américain : découvrant ses trous et ses déchirures, elles se seraient interrogées sur la défense du vieux continent, les moyens de l'assurer, les risques courus en cas de conflit et donc sur les choix politiques et stratégiques de leurs gouvernements. Des révisions brutales pouvaient en résulter que ceux-ci avaient toutes raisons de redouter et que les Etats-Unis, en tout cas, voulaient empêcher.

Ceux-ci, pour leur compte, avaient tiré les conséquences de la parité nucléaire entre eux et les Soviétiques. Le point de départ en fut l'ouvrage, au titre intraduisible, publié en 1960 par le général Maxwell Taylor : *The Uncertain Trumpet*. Apparaissait ici, pour la première fois, cette percée de la réflexion stratégique américaine qui permit de sortir de l'impasse où la parité nucléaire menaçait de l'enfermer et d'aboutir aux conceptions qui allaient inspirer le système atlantique jusqu'à la fin de la guerre froide. Au point que l'auteur, qui avait quitté ses fonctions de président du Comité des chefs d'états-majors des forces américaines, y fut rappelé par John Kennedy dès après son élection.

Ce que le général Maxwell Taylor venait de formuler, c'était le concept de « riposte graduée », *Flexible Response*. Il procédait d'affirmations simples et, pour ainsi dire, banales. « Un grand nombre d'options stratégiques, entre lesquelles choisir, est préférable à un petit nombre », écrivait-il. Et il affirmait « la nécessité d'une capacité de réaction contre toutes les formes possibles d'attaques, d'agressions et d'infiltrations concevables ». Il se gardait d'exclure l'emploi des armes nucléaires stratégiques, mais il suggérait aussitôt que cet emploi n'était concevable que dans l'hypothèse d'une guerre générale et que celle-ci devait se distinguer soigneusement de toutes les autres formes de conflits.

> Nous devons redéfinir la guerre générale, écrivait-il, comme étant synonyme d'un échange de coups nucléaires entre les Etats-Unis et l'Union soviétique. L'expression « guerres limitées » couvrirait toutes les autres formes d'opérations militaires. A la question de savoir s'il faut utiliser des armes atomiques dans des guerres limitées, il sera répondu qu'il faudra d'abord avoir recours aux armes classiques tout en conservant la possibilité de se servir d'armes atomiques tactiques dans les cas, relativement rares, où leur emploi correspondrait à notre intérêt national.

Tout était dit, ou presque, dans ces quelques lignes qui fondaient la stratégie de riposte graduée. D'abord que l'échange de coups nucléaires — stratégiques, c'est-à-dire visant le cœur de l'adversaire et l'ensemble de son potentiel démographique ou économique — était réservé au duel entre les Etats-Unis et l'Union soviétique, et que l'irrationalité de ce suicide mutuel rendait la « guerre générale » hautement improbable, sinon invraisemblable. Mais que l'Amérique accepterait à l'avance toutes les autres formes de guerres, qu'elle devait s'y préparer, qu'elle les ferait au besoin et qu'elle se mettrait en mesure de les gagner — ce qui impliquait qu'elle consente un formidable effort de développement de ses forces conventionnelles, et qu'elle cherche aussi à imposer cet effort à ses alliés. Enfin que l'emploi éventuel d'armes atomiques tactiques dépendrait du choix américain : les Etats-Unis en décideraient selon l'importance de l'enjeu ou le tour pris par les opérations.

Telle serait la stratégie de riposte graduée et telles en seraient les conséquences. Tout, par la suite, allait procéder de là : la politique militaire des Etats-Unis, les guerres qu'ils allaient faire, celles où, à défaut d'intervenir eux-mêmes, ils prodigueraient leur aide en argent et en matériels, le renforcement incessant des forces conventionnelles qu'ils exigeraient de leurs alliés et, par-dessus tout, les controverses longues et passionnées entre Américains et Européens sur l'emploi des armes atomiques tactiques. En tout cas, cette stratégie fut présentée comme l'indispensable échappatoire aux contraintes et aux interdits de la parité nucléaire, c'est-à-dire de la « destruction mutuelle assurée ». Elle renvoyait par conséquent à la nécessité d'un certain équilibre sur le théâtre européen puisque sa défense ne serait pas assurée sur place par l'impossible emploi de l'arsenal nucléaire stratégique américain. Comme l'URSS conservait apparemment une supériorité conventionnelle, longtemps destinée à compenser le monopole nucléaire des Etats-Unis, les responsables américains présentaient donc l'arme atomique tactique et sa doctrine d'emploi comme le seul moyen d'établir un équilibre sur le théâtre européen, à brève échéance et sans qu'il en coûte trop à leurs alliés : c'est ainsi que fut exposée la stratégie de riposte graduée à la conférence de l'OTAN qui se réunit au printemps 1962 à Athènes et c'est ainsi qu'elle fut officiellement adoptée après que la France eut quitté l'Organisation militaire atlantique.

De la parité nucléaire qui avait conduit au choix américain de la « riposte graduée », la France, aussi, avait tiré les conséquences. Mais en sens opposé. De toute façon, comme de Gaulle le fit savoir, la stratégie proposée désormais par les Etats-Unis était inacceptable : le sol français, inclus dans le théâtre européen, servirait de champ de bataille aux forces classiques de l'OTAN, il faudrait en accroître la puissance et le nombre en une interminable et ruineuse course aux armements avec l'ennemi potentiel, les armes nucléaires tactiques, répandues en Europe par milliers atteindraient, en cas de conflit, les territoires et populations de l'Europe de l'Ouest, et, l'équilibre, ou même la supériorité, que les stratèges américains en attendaient face aux forces conventionnelles soviétiques ne dureraient pas, puisque l'URSS ne manquerait pas de déployer les mêmes armes à son tour. Le choix de la France serait donc à l'opposé : puisqu'elle ne pouvait plus compter sur la protection des armes nucléaires stratégiques américaines, elle aurait sa propre force de dissuasion.

Ainsi s'introduisait un divorce radical entre la réponse française à la parité nucléaire et celle de ses partenaires européens. A distance, on peut vérifier que chacun, au fond, réagit selon ses propres données historiques, géographiques et même physiques. L'Allemagne fédérale s'était engagée à ne pas construire ni détenir sur son territoire des armes nucléaires, et revenir sur ces engagements eût certainement provoqué de violentes réactions à l'Est comme à l'Ouest : on y aurait vu du côté soviétique une insoutenable provocation et, du côté américain, une redoutable entaille à la cohésion politique et stratégique du bloc occidental, et le peuple allemand lui-même, à cette date, s'y serait opposé. Son insularité permettait à la Grande-Bretagne la dichotomie de ses choix stratégiques : l'île serait protégée par sa dissuasion nucléaire stratégique et au-delà de la Manche et de la mer du Nord ses contingents installés sur le continent resteraient intégrés aux forces de l'OTAN. Son histoire contemporaine, depuis l'avènement de Mussolini jusqu'à la capitulation de 1943, détournait l'Italie de la tentation d'une entreprise militaire nationale. Et leur dimension réduite décourageait les autres pays européens de l'OTAN d'imaginer un système de défense qui leur fût propre. Le choix français, dérivé de la logique d'une politique étrangère et des conséquences de la parité nucléaire, répondait aussi aux leçons de l'histoire nationale et aux données de la géographie.

Mais ce choix fut si radical, si novateur et si audacieux, et si grande était sa portée qu'il souleva naturellement de formidables tempêtes. Au fond, rien de plus naturel : le choix français rompait avec la ligne politique et stratégique observée sous le régime précédent et heurtait, de ce fait, tous ceux qui en avaient été partisans. Non que rien n'ait été fait auparavant. Au contraire, l'histoire de l'arme nucléaire française et de sa doctrine d'emploi comporte une « préhistoire ». De Gaulle en fut à l'origine. En créant, en 1945, le Commissariat à l'énergie atomique, il ne voulait pas seulement que la France puisse disposer un jour d'une énergie nouvelle, mais qu'elle soit capable de se doter d'armes nucléaires : suivant des témoignages précis, il le dit à celui qu'il nomma à la tête du Commissariat, Frédéric Joliot-Curie, et il lui fit confiance [15]. Jusqu'en 1952, le développement atomique français n'impliquait encore aucun choix entre le civil et le militaire. A cette date, Félix Gaillard, secrétaire d'Etat à la présidence du Conseil, chargé des questions nucléaires et qui demanda expressément, sous quatre gouvernements successifs, à en garder la responsabilité, fit adopter par le Parlement un « plan quinquennal » prévoyant la fabrication d'une cinquantaine de kilos de plutonium par an — quantité suffisante pour six à huit bombes — sans qu'il comporte la moindre indication sur leur éventuel emploi militaire. Mais, à cette occasion, un amendement présenté par le parti communiste et interdisant que ce plutonium serve à la production de bombes fut signé par tous les autres partis. Au même moment, une première version du traité instituant une « Communauté européenne de défense » interdisait à la France tout développement nucléaire militaire puisqu'il aurait dépendu de l'accord — plus qu'improbable — des autres signataires : il fallut que l'administrateur général du CEA, Pierre Guillaumat, et le haut-commissaire, Francis Perrin, interviennent énergiquement pour que les clauses en soient révisées. Après le rejet du traité par les députés français, le 30 août 1954, c'est Pierre Mendès France qui dut, à son tour, se battre pour que la France n'ait jamais à demander l'autorisation de la nouvelle « Union de l'Europe occidentale » si elle voulait produire une arme nucléaire. Le 26 octobre, il créa un Comité des explosifs nucléaires chargé officiellement, pour la première fois, d'étudier l'éventualité d'un armement atomique français. Puis, le 26 décembre, il tint une réunion d'où il ressortit que, pour maintenir le statut international de la France, il fallait étudier, sous réserve d'une décision ultérieure, un programme secret de construction d'armes nucléaires et de sous-marins atomiques. La chute de son gouvernement retarda toute décision, positive ou négative. Mais, sous le gouvernement suivant, celui d'Edgar Faure, et malgré ses hésitations, deux ministres, le général Koenig, à la Défense nationale, et Gaston Palewski, chargé de l'Energie atomique, firent adopter le 20 mai 1955 un programme de 100 milliards pour le développement de l'industrie nucléaire, comportant explicitement la construction à Marcoule d'un troisième réacteur produisant du plutonium — premier geste gouvernemental officiel vers un armement atomique — et, en août, on décida de construire un sous-marin atomique.

A cette première ébauche de décision, un coup d'arrêt faillit être donné par le projet de Communauté européenne de l'énergie atomique, l'Euratom. Son inspirateur, Jean Monnet, fit prévoir que celle-ci serait l'unique possesseur des matières fissibles produites en Europe, et se consacrerait seulement à des tâches civiles, sous contrôle commun. Le nouveau président du Conseil, Guy Mollet, exprimant alors le sentiment le plus répandu sur la fabrication éventuelle d'armes nucléaires par la France, déclara en présentant son gouvernement devant l'Assemblée nationale : « Faut-il créer une industrie européenne pour permettre la fabrication de bombes atomiques, fabrication qui serait pratiquement irréalisable sur le plan de chaque pays en cause ? Ma réponse sera claire : non ! » Et il demandait donc que l'Euratom ait la propriété exclusive de tous les combustibles nucléaires. Le ministre de la Défense nationale, Maurice Bourgès-Maunoury, et les négociateurs français du nouveau traité, pensèrent d'abord à éviter un renoncement irréversible et prématurée de la France à l'arme atomique, puis, après la guerre de Suez, et la menace d'emploi des armes nucléaires soviétiques, brandie par Khrouchtchev, Guy Mollet révisa son jugement. Le 30 novembre 1956, il signa un protocole entre le gouvernement et le CEA, chargeant celui-ci des études préparatoires aux explosions nucléaires et — si le gouvernement en décidait ainsi le moment venu — de la fabrication d'un prototype d'arme et des explosions expérimentales. C'est en avril 1958, enfin, que Félix Gaillard, devenu président du Conseil, donna l'ordre de préparer une première série d'explosions pour le début de 1960 dans le centre d'expérimentation que le CEA avait commencé d'aménager depuis l'année précédente, au Sahara.

Cette « préhistoire » de l'armement atomique français ne doit pourtant pas faire illusion. Elle n'était due qu'à l'action tenace et continue du CEA et de ses principaux responsables, surtout Pierre Guillaumat, à quelques personnalités militaires, en particulier les généraux Blanc, Buchalet, Crépin et le futur général Ailleret, et à quelques hommes politiques, comme Michel Debré et Pierre André au Parlement, René Pleven qui fit étudier le coût de la fabrication d'une arme, Mendès France qui alla jusqu'au seuil du choix mais sans le franchir définitivement, Palewski qui donna la plus forte impulsion, Gaillard et Bourgès-Maunoury qui exercèrent leur influence sur Guy Mollet. Mais rien n'était encore joué. Tout était resté secret. L'opinion publique n'avait donc été ni convaincue, ni même avertie. L'accord du Parlement n'avait été ni obtenu, ni même demandé. Le soutien des principaux partis n'avait pas été sollicité et la presse n'avait pas été informée.

En réalité, les décisions ne résultaient pas d'un choix politique et stratégique clair. Quelques responsables militaires — surtout le général Gallois — avaient déjà conçu la doctrine d'emploi que de Gaulle imposera, mais d'aucune manière elle n'avait été envisagée, discutée et moins encore adoptée, ni par le Commandement, ni par les gouvernements [16].

Au fond, ce que les responsables politiques avaient voulu, c'est que la France ne soit pas déclassée par rapport aux Etats qui s'étaient dotés de l'arme nucléaire : Etats-Unis, Angleterre, Union soviétique, et ce qu'ils recherchaient c'était un rôle accru au sein de l'Alliance atlantique et un statut international différent de celui de l'Allemagne qui avait renoncé à tout armement atomique. Mais pas autre chose.

On ne s'expliquerait pas autrement l'hostilité véhémente et acharnée à la construction d'un arsenal d'armes nucléaires et à une stratégie indépendante de dissuasion. Les partis prépondérants sous la IVe République, les syndicats, les Eglises, les milieux intellectuels et la presse exprimèrent, d'une manière ou d'une autre, leur opposition. Leur faiblesse ne résida que dans leurs contradictions : beaucoup d'ecclésiastiques invoquaient des raisons d'ordre moral, les politiques s'inquiétaient du coût de l'armement nucléaire, de nombreux militaires s'indignaient qu'on ne donne pas la priorité à la guerre d'Algérie et aux forces conventionnelles. L'opinion publique, selon les sondages, se prononçait en grande partie suivant qu'elle était favorable ou hostile à de Gaulle : de juillet 1962 à février 1970, 40 % des Français pensaient que « la France doit avoir sa propre force de frappe atomique » — avec une pointe à 46 % au moment des grandes initiatives internationales prises par de Gaulle en 1966 — le nombre de ceux qui étaient d'un avis opposé passait de 27 à 45 %, ceux qui « ne se prononçaient pas » se réduisant de 34 à 16 %.

Mais l'hostilité, la plus radicale, la plus tenace aussi, vint naturellement de ceux qui comprirent que la stratégie française de dissuasion nucléaire était incompatible avec l'intégration des forces françaises dans l'Organisation militaire atlantique et avec sa stratégie. Telle fut la position prise — moyennant une évolution limitée — par Raymond Aron dans *Le Figaro*, qui entraîna à sa suite une grande partie de la presse de droite et des milieux universitaires. Telle fut celle des partis prépondérants sous la IVe République, et même de personnalités qui avaient favorisé la mise au point d'un armement nucléaire, comme Guy Mollet, ou Mendès France : ayant été pendant un an l'un de ses interlocuteurs pour l'entretien qu'il accordait alors chaque semaine à *L'Express*, j'ai été témoin de ses réactions très hostiles après l'explosion de Reggane en février 1960.

Il fallut donc, pour faire accepter par l'Assemblée nationale la première loi-programme portant sur les forces nucléaires françaises, que le gouvernement pose à trois reprises la « question de confiance » : il aurait été renversé si une partie de l'opposition n'avait redouté d'ouvrir une crise politique alors que les séquelles de l'affaire algérienne persistaient, comme lors du scrutin du 10 juillet 1962, où aux socialistes et communistes se joignirent les deux tiers du groupe MRP, et les trois quarts de la droite traditionnelle. Et chacun savait que le budget militaire eût été repoussé et le gouvernement renversé, à l'automne de 1962, si le général de Gaulle n'avait pris les devants en faisant adopter par référendum l'élection du président de la République au suffrage universel et en s'assurant, après dissolution, une majorité favorable dans la nouvelle Assemblée nationale.

Le choix français défiait l'ordre international établi et fracturait le bloc occidental. D'autant que de Gaulle, dégagé du fardeau de la guerre d'Algérie à partir du mois de mars 1962, s'exprimait plus carrément et plus librement et ne laissait aucune illusion à son interlocuteur. A l'ambassadeur américain à Paris, James Gavin, il déclare qu'il n'était

> pas possible de maintenir indéfiniment les pays d'Europe dont la France dans un état qui est au fond un protectorat [17].

Les Etats-Unis devaient donc tenter d'y faire obstacle. Ils le firent d'ailleurs en se servant de l'influence dont ils disposaient dans la société française : surtout dans les milieux d'affaires et dans la classe politique.

A Washington, on spéculait déjà sur les changements qui pourraient intervenir en France et plusieurs télégrammes échangés entre le département d'Etat et l'ambassade évoquaient le retour au pouvoir d'Antoine Pinay qui passait pour très favorable à une coopération plus étroite avec l'Organisation atlantique [18]...

Les Etats-Unis voulaient aussi définir leur position en termes de logique militaire et stratégique. Le secrétaire à la Défense de l'administration Kennedy, Robert MacNamara, prononça le 16 juin 1962, à la base d'Ann Arbor, un discours qui mettait en garde contre le danger d'une prolifération des centres de décision nucléaire. Il fit clairement ressortir que la stratégie américaine — c'est-à-dire, dans son esprit, la défense occidentale — supposait une responsabilité unique, et donc souveraine, quant à l'emploi du feu nucléaire et une rigoureuse convergence des efforts militaires accomplis par l'ensemble des pays de l'Alliance. Pour lui, l'initiative nucléaire que pourrait prendre un allié des Etats-Unis perturberait dangereusement le jeu délicat et complexe des rapports stratégiques entre ceux-ci et l'Union soviétique. Il supposait, ou du moins paraissait croire, que, menacée d'une frappe nucléaire stratégique par un adversaire européen, l'URSS ne pourrait se contenter d'une riposte équivalente contre ce dernier sous peine de laisser aux Etats-Unis le privilège de demeurer seuls intacts dans le concert des belligérants et que sa réaction s'étendrait au territoire américain. Raisonnement très spécieux puisque les Soviétiques auraient ainsi la certitude de leur propre destruction. Mais ce que les Etats-Unis voulaient, c'était qu'en vertu des implications de la « riposte graduée » les pays européens consacrent tous leurs efforts militaires au développement de leurs forces conventionnelles : le choix français constituait à cet égard une exception lourde de conséquences. D'autant qu'il était prévisible que ce choix conduirait à brève échéance à donner aux armées françaises d'autres missions que celles réservées aux armées classiques de l'OTAN. Il n'y avait pas à le dissimuler : on allait ainsi, tout droit, vers la désagrégation du dispositif général de l'Organisation militaire atlantique.

Pour faire obstacle aux projets français, l'administration américaine se prononça contre toute communication à la France d'informations telles que celles déjà données à la Grande-Bretagne et qui pourraient lui faciliter la tâche dans la mise au point de missiles balistiques [19]. Kennedy était complètement acquis à ce refus d'aide et de vente de technologies sophistiquées à la France et en avertit les membres de son cabinet et son ambassadeur à Paris. Le 27 juin, c'est lui qui, cette fois, critiqua publiquement la mise sur pied des forces nucléaires françaises. Puis une embellie intervint et, à la demande de l'ambassadeur Gavin qui allait quitter son poste, le gouvernement américain accepta de vendre à la France des avions cargo KC 135 destinés à ravitailler en vol les bombardiers stratégiques Mirage IV porteurs d'armes nucléaires. De Gaulle reçut alors le secrétaire d'Etat Dean Rusk pour constater leurs divergences mais pour suggérer aussi que « le mieux consiste peut-être à s'y résigner [20] ».

La crise de Cuba intervint à point pour réchauffer les relations qui se dégradaient à nouveau, la France refusant d'appuyer la politique américaine dans l'ancien Congo belge où elle intervenait à coups de livraisons d'armes et de pressions diplomatiques et plus encore à propos du Laos [21]. De Gaulle qui, dès son retour au pouvoir, avait décidé que la France ne participerait en aucun cas à l'embargo sur les échanges avec Cuba [22] que les Etats-Unis demandaient à leurs alliés, jugea que, face au déploiement de missiles soviétiques à moyenne portée sur le sol cubain, Kennedy avait raison de réagir [23]. A aucun moment, semble-t-il, il ne crut qu'il pouvait en résulter un conflit mondial [24] : les Etats-Unis disposaient, sur place, d'une supériorité militaire sans limite et l'Union soviétique ne prendrait évidemment pas de risques démesurés pour conserver une position aussi lointaine et aventurée. Du reste, il apprécia que Kennedy ait offert à Khrouchtchev une possibilité de sortir de la crise sans trop de dommages puisque Cuba ne serait pas occupé et que Fidel Castro resterait au pouvoir [25]. Bientôt, il apprit aussi que les Etats-Unis, sans doute en contrepartie, allaient retirer leurs fusées Thor et Jupiter d'Italie et de Turquie [26]. Mais il remarqua que les positions américaines avaient été prises sans aucune concertation avec l'Europe. Et il faut ajouter enfin qu'il avait alors d'autres préoccupations : c'est à cette date, précisément, qu'il était engagé dans sa bataille pour l'élection du président de la République au suffrage universel, dont dépendaient l'avenir de la Ve République et le sien.

Mais entre la France et les Etats-Unis, ce n'était qu'un répit. Pour faire échec aux choix stratégiques voulus par de Gaulle, il fallait une initiative nouvelle. Elle fut prise l'année même où fut prononcé le discours d'Ann Arbor, en 1962, et s'appellerait « force multilatérale ». Dès 1959, le général Norstad, alors commandant suprême en Europe, avait pensé que l'on pourrait apaiser les craintes des Européens devant l'évolution de la stratégie américaine, et combler leurs désirs de prendre part aux responsabilités nucléaires majeures en faisant de l'OTAN elle-même une puissance atomique : des engins à moyenne portée, équipés de la nouvelle fusée Polaris, basés à terre et vendus aux alliés des Etats-Unis, ou construits en Europe sous licence américaine, seraient répartis entre les armées alliées, mais, bien entendu, les têtes nucléaires resteraient sous le contrôle des Etats-Unis et le président américain garderait, en fin de compte, le dernier mot sur leur emploi. En mai 1961, le président Kennedy, nouvellement élu, amenda ce projet et envisagea « de mettre sur pied une force d'engins basée sur mer, contrôlée par l'OTAN, qui serait vraiment multilatérale, à la fois sur le plan de la propriété et sur celui du contrôle », mais soumis au veto américain [27]. Il fit donc savoir au mois de mai 1962, à la conférence des ministres de l'OTAN réunis à Athènes, que des sous-marins équipés de fusées Polaris pourraient être affectés à l'OTAN, mis aux ordres du commandement suprême allié dans l'Atlantique qui était américain et continuerait de dépendre du président des Etats-Unis.

A la fin de la même année, l'affaire de la fusée Skybolt permit à Kennedy de revenir à la charge. Il s'agissait d'un missile américain que la Grande-Bretagne, renonçant à ses propres études et réalisations, se proposait d'acquérir pour équiper sa force de dissuasion et que l'administration américaine s'apprêtait à sacrifier tant pour des raisons financières que pour ses performances insuffisantes. La rencontre entre Kennedy et le Premier ministre britannique Macmillan, du 18 au 21 décembre 1962, à Nassau, donna naissance au double projet de force multilatérale et de force multinationale. Le président Kennedy fit décider la mise sur pied d'une force nucléaire multilatérale de sous-marins équipés de la fusée Polaris qui seraient au besoin servis par des équipages mixtes, sans qu'aucune nationalité puisse dépasser 40 % de l'effectif sur chaque submersible, dont le contrôle serait commun, ainsi que l'étude des plans de tir et où les Etats-Unis, par le mécanisme des systèmes de décision, garderaient leur droit de veto. La Grande-Bretagne, quant à elle, construirait des sous-marins nucléaires ainsi que les têtes nucléaires des fusées et les forces ainsi constituées « et des forces américaines au moins égales » seraient incluses dans une force multinationale, rattachée à l'OTAN, le gouvernement britannique ne pouvant en reprendre la disposition qu'en cas de menace sur ses intérêts suprêmes. La France était invitée à intégrer son effort nucléaire dans le système qu'on venait d'imaginer.

Il n'y avait rien là qui pût détourner de Gaulle de son choix. Ce qu'il voulait, c'était l'indépendance du système français de défense : l'intégration dans une force multinationale ou multilatérale en serait l'opposé. Il fit connaître son refus, dans sa conférence de presse du 14 janvier 1963. Inlassablement, par la suite, il revint sur les fondements de son choix : la parité nucléaire et l'obligation pour la France de se doter d'une capacité nationale de dissuasion si elle voulait échapper au statut de protectorat et assumer pleinement sa propre défense :

> Comme l'Amérique et la Russie se sont dotées toutes les deux d'un tel armement [nucléaire], dit-il le 23 juillet 1964, il existe entre elles une sorte d'équilibre automatique de dissuasion. Mais cet équilibre ne couvre réellement qu'elles-mêmes, et non les autres pays du monde, lors même qu'ils se trouvent liés à l'une ou à l'autre des deux colossales puissances. Car la cause et l'intégrité de chacun d'eux peuvent, éventuellement, ne pas sembler à leur grande alliée valoir la peine de se faire écraser en écrasant sa rivale. Et pourtant, ceux qui sont menacés par l'ambition de l'un des deux géants sont amenés à s'accommoder, par rapport à l'autre, d'une dépendance stratégique et, de ce fait, politique, où ils croient voir la seule chance de leur sécurité. [...] Le fait, pour l'Amérique et pour la Russie soviétique de posséder leur armement nucléaire, leur procure une telle sécurité et, d'autre part, leur donne, à l'intérieur de leurs camps respectifs, une telle raison d'exercer l'hégémonie, qu'elles ne s'en déferont pas, pas plus qu'à leur place aucun Etat ne s'en déferait, quelles que soient son idéologie, sa nature et sa propagande.

Ici était déjà soulignée l'impitoyable logique de la parité nucléaire pour tout allié de l'une ou l'autre des deux grandes puissances. Au point que de Gaulle, négligeant les tabous et les usages de la guerre froide, n'hésitait pas à souligner, sur ce point, la rigoureuse équivalence entre les positions acquises par les Etats-Unis et l'Union soviétique, l'une et l'autre étant ici soigneusement placées sur le même plan puisqu'elles étaient dotées des mêmes pouvoirs et animées des mêmes ressorts.

Et, ce jour-là, il définissait, une fois de plus, la doctrine stratégique française :

> La carrière de la dissuasion nous est donc désormais ouverte. Car le fait d'attaquer la France équivaudrait pour qui que ce soit à subir lui-même des destructions épouvantables. Sans doute les mégatonnes que nous pourrions lancer n'égaleraient pas en nombre celles qu'Américains et Russes sont en mesure de déchaîner. Mais, à partir d'une certaine capacité nucléaire et pour ce qui concerne la défense directe de chacun, la proportion des moyens respectifs n'a plus de valeur absolue. En effet, puisqu'un homme et un pays ne peuvent mourir qu'une fois, la dissuasion existe dès lors qu'on a de quoi blesser à mort son éventuel agresseur, qu'on y est très résolu et que lui-même en est bien convaincu.

Dans toute sa rigueur, la doctrine persistera telle qu'elle fut alors définie. Elle allait plus loin que ne l'avaient dit, parfois, les premiers initiateurs de la force nucléaire française, soucieux de ne pas effaroucher ceux qui s'inquiétaient de son coût, et qui avaient suggéré qu'il fallait seulement « qu'elle soit suffisante pour porter à l'ennemi des coups assez durs pour qu'ils compensent le gain qu'il pourrait escompter de [ses] succès »... Allant au-delà de cette simple « proportionnalité » des moyens de dissuasion, le général de Gaulle donnait délibérément à ceux-ci la mission d'infliger à un agresseur éventuel des destructions complètement inacceptables pour lui — celles-ci pouvant être évaluées suivant les circonstances, sa puissance économique, ses capacités démographiques ou l'étendue de son territoire. Raymond Aron, parmi tant d'autres, avait combattu le raisonnement stratégique français en niant « qu'au moment d'une épreuve de volonté, les chefs d'un pays qui périrait tout entier, soient à égalité avec ceux d'un pays qui subirait quelques pertes ». Double erreur : c'était refuser de voir que la France pourrait se doter des moyens d'infliger à un adversaire des destructions massives et inacceptables pour lui ; c'était ignorer l'invraisemblance qu'il y aurait à détruire un pays dont on voudrait s'emparer et l'invraisemblance plus grande encore qu'il y aurait à s'exposer en même temps à sa propre destruction.

Ce principe — celui de l'indépendance politique et stratégique assurée par une dissuasion nucléaire indépendante — détermina la suite. Le choix des instruments de la dissuasion — Mirage IV et bombes A, missiles balistiques sol-sol du plateau d'Albion, sous-marins nucléaires lance-engins et missiles à longue portée et à têtes thermonucléaires — procéda des capacités industrielles et scientifiques du pays et traduisit la volonté d'aller vite pour imposer, au plus tôt, son indépendance stratégique et pour la rendre irréversible. Avec les sous-marins nucléaires, ce choix répondait aussi à l'un des impératifs fondamentaux de la dissuasion : être « tous azimuts ». La formule fut employée publiquement par le général Ailleret en 1967, et souvent par de Gaulle en Conseil de défense, mais elle n'était que l'expression mathématique de celle dont il s'était servi en 1959 quand il avait expliqué la nature et le but de la dissuasion nucléaire nationale :

> Puisqu'on peut détruire la France éventuellement à partir de n'importe quel point du monde, il faut que notre force soit faite pour agir où que ce soit sur la terre.

L'expression était à prendre au pied de la lettre : il n'y a de dissuasion que « tous azimuts ». D'abord parce qu'on ne dissuade aucun Etat de se livrer à une agression contre soi s'il peut menacer d'une frappe nucléaire et qu'on ne puisse l'atteindre en riposte. Mais aussi parce que nul, comme l'histoire l'enseigne, ne peut dire quinze ou vingt ans à l'avance d'où viendra le danger principal et que quinze ou vingt ans se passent entre la décision de mettre sur pied un système d'armes nucléaires et sa mise en place effective. La dissuasion française ne pouvait donc être que « tous azimuts », et la primauté absolue accordée à la force océanique stratégique répondait rigoureusement à cette exigence.

Mais s'il n'y eut par la suite plus aucune contestation durable des principes de la dissuasion française, de considérables problèmes en résultaient pour le rôle des armées et donc pour leur volume, leurs structures, leurs missions. Leurs effectifs furent diminués de plus de la moitié dans les années qui suivirent la fin de la guerre d'Algérie. Par la suite, les décisions demeurèrent empiriques. Pierre Messmer était partisan de supprimer le service militaire. Il fut réduit à quinze mois : de Gaulle — « esprit éminemment pratique » dit Messmer — ne voulait pas prendre une décision qui serait irréversible, alors que toutes les composantes des forces nucléaires n'étaient pas encore sur pied. Il est vrai que tout dépendait des progrès de l'armement nucléaire français et des effets qu'on pouvait en attendre. Dès l'origine, la réflexion stratégique française, menée surtout par le « Centre de prospective et d'évaluations » créé par Pierre Messmer et attentivement guidé par lui, admit que le pouvoir politique devait pouvoir disposer d'une armée capable de l'informer sur les intentions d'un agresseur éventuel — se déployant, par exemple, dans les pays voisins de la France. Son rôle serait alors de mesurer la volonté de l'adversaire et d'apprécier ses buts militaires. Elle devait donc être capable, par ses propres capacités, d'obliger l'agresseur s'il poursuivait son action à franchir un seuil critique, à partir duquel il savait que la France jugerait ses « intérêts vitaux » menacés et mettrait en œuvre ses armes stratégiques de dissuasion. Mais il fut toujours précisé qu'il n'était pas question d'engager une vaste campagne défensive nucléaire et conventionnelle à la fois, et que la mission confiée à l'armée française n'avait donc rien à voir avec la stratégie de « riposte graduée » adoptée par l'OTAN : Pierre Messmer, pour lever toute équivoque, précisa publiquement que l'arme nucléaire tactique n'était en aucun cas une « super-artillerie ». Et, au-delà des incertitudes du vocabulaire et des légitimes interrogations des responsables, la doctrine française fut donc maintenue contre vents et marées.

Pour de Gaulle, l'indépendance stratégique et militaire de la France devait rester la garantie de l'indépendance politique du pays, pourvu que les Français y tiennent et veuillent la conserver. Pierre Brisson, directeur du *Figaro*, intitula le dernier article qu'il écrivit avant de mourir : « La dauphine ». Il désignait par là la force de dissuasion, par allusion aux dauphins qui se présenteraient au jour où de Gaulle quitterait le pouvoir. Pour lui, c'était la force nationale de dissuasion qui, en assurant à l'avenir l'indépendance politique du pays, constituerait le cœur même du pouvoir, quel qu'en fût le titulaire... C'était ce que de Gaulle avait voulu.

Pourtant, l'hostilité américaine n'avait pas disparu. Une dernière fois, Kennedy voulut agir par le biais d'un accord sur l'arrêt des expériences nucléaires dans l'atmosphère qu'il était en train de négocier avec les Soviétiques et les Britanniques. Il chargea son nouvel ambassadeur à Paris, Charles Bohlen, de promettre à de Gaulle, s'il s'y ralliait, de lui procurer les données scientifiques et techniques qui permettraient aux Français de se passer de nouveaux essais — mais naturellement sans garantie formelle[28]. Cette ultime démarche, le 24 juillet 1963, échoua comme les précédentes et, cinq jours plus tard, tenant une conférence de presse, de Gaulle réduisit à presque rien la portée du traité d'interdiction des expériences nucléaires dans l'atmosphère qui venait d'être conclu, entre les Etats-Unis, la Grande-Bretagne et l'Union soviétique :

> Il faut constater qu'il ne change rien... C'est un fait que les deux rivaux ont de quoi anéantir l'univers, c'est un fait qu'il n'est pas question qu'ils s'apprêtent à y renoncer... C'est pourquoi l'accord de Moscou [...] n'a qu'une importance presque réduite.

Et, le 4 août, jour où le traité fut solennellement signé, de Gaulle confirma son refus à Washington : avec ou sans aide extérieure, de nouveaux essais étaient nécessaires à la mise au point de la force française de dissuasion, et il rejeta à l'avance toute aide qui dépendrait de conditions politiques jugées par lui inacceptables[29].

Les dirigeants américains n'eurent plus alors aucune illusion sur l'efficacité de leurs pressions sur de Gaulle : ils savaient que celui-ci ne céderait pas. Ce que révèlent les archives publiées à Washington, c'est qu'ils comptaient sur le temps pour réduire la résistance française à leur dessein : de Gaulle, par comparaison avec Kennedy, était un vieillard et il ne tarderait pas à s'effacer, d'autant que la fin de la guerre d'Algérie permettait aux partis traditionnels de se dégager de son autorité. Dans l'équipe de Kennedy, le secrétaire d'Etat, Dean Acheson, son adjoint, George Ball, McGeorge Bundy et Walt Rostow rencontraient des hommes politiques de la IVe République, tous acquis au maintien du système atlantique et au rôle prépondérant des Etats-Unis, et Jean Monnet, qui rencontra Kennedy, insistait pour que tout soit fait afin d'empêcher la réalisation du programme nucléaire français[30].

On était alors au faîte des tentatives d'accord direct entre les deux plus grandes puissances, couronnées déjà par le traité de Moscou. Au fond, il s'agissait de faire en sorte que le monde ait à sa tête une aristocratie de puissances nucléaires qui exercerait autour d'elle une hégémonie d'autant plus redoutable qu'elles disposeraient seules de la puissance suprême. La Grande-Bretagne ayant accepté, à Nassau, de faire dépendre ses forces nucléaires des vecteurs fournis par les Etats-Unis, ceux-ci resteraient seuls avec l'Union soviétique à constituer cette sorte d'aristocratie des Etats. Face à la Chine qui, en se dotant d'armes atomiques, rendait impossible le partage du monde en deux zones d'influence, face à la France qui poursuivait la mise sur pied de sa force de dissuasion, ce système cherchait à maintenir l'ordre établi dans le monde : c'était un système conservateur.

C'est ce que je dis à de Gaulle lors des entretiens que j'eus avec lui. Je me souviens qu'il me reprit, à peine avais-je prononcé le mot « conservateur ». C'était un système « illusoire » — c'est le mot qu'il employa — autant que conservateur, illusoire parce que conservateur. Rien n'empêcherait la Chine d'accéder au rang de grande puissance. Rien n'empêcherait non plus les peuples pauvres d'Amérique latine de s'insurger contre les systèmes politiques, économiques et sociaux qui sont à la fois protégés et exploités par les Etats-Unis. Leur révolte serait un assaut direct contre l'hégémonie américaine. En Europe de l'Est, les Etats, même s'ils se réclamaient encore du communisme ou du socialisme, cherchaient déjà à emprunter des voies nouvelles : après la Yougoslavie, depuis longtemps dégagée de l'obédience soviétique, la Roumanie, refusant de choisir entre Moscou et Pékin, en donnait l'exemple. Le Vietnam, enfin, allait combattre ouvertement l'emprise politique et militaire américaine. Le temps de la suprématie conjuguée de l'Union soviétique et des Etats-Unis était déjà révolu : de Gaulle s'en dit convaincu. De ces propos, le plus remarquable est la date : mars 1964. De Gaulle venait de reconnaître la Chine populaire, il allait bientôt se rendre en Amérique latine, plus tard en Roumanie, et il allait faire de sa condamnation de la guerre américaine au Vietnam l'une de ses grandes querelles.

La place de la France n'était donc plus dans l'Organisation militaire atlantique. De Gaulle voulait s'en retirer. Plusieurs étapes avaient précédé et annoncé sa décision qui n'intervint, au fond, qu'avec retard. Mais de Gaulle, qui en mesurait la portée et le caractère presque irrévocable avait préféré y accoutumer l'opinion française autant que les partenaires de la France de sorte qu'elle parut l'aboutissement logique d'une évolution amorcée depuis plusieurs années. Une fois réélu à la présidence de la République, il ne vit plus aucune raison de tarder davantage. Dans sa conférence de presse du 21 février 1966, il constata, une fois pour toutes, l'incompatibilité entre

> la volonté qu'a la France de disposer d'elle-même [...] et une organisation de défense où elle se trouve subordonnée.

Trois jours plus tard, une première directive était adressée par l'Elysée au Quai d'Orsay [31]. La rumeur d'une crise courait déjà à Paris au point que Michel Debré, qui venait d'être nommé ministre des Finances, raconte dans ses *Mémoires*, qu'il reçut alors l'ambassadeur américain, Charles Bolhen, affolé et sans informations précises : « Que dois-je comprendre ? lui demanda-t-il. Sommes-nous toujours dans le même camp ou sommes-nous devenus des adversaires [32] ? » Le 7 mars, Couve de Murville remit à Bolhen une lettre manuscrite adressée par de Gaulle au président Johnson[33]. Il lui annonçait que la France, sans dénoncer le traité instituant l'Alliance atlantique et en en restant membre avait décidé « de recouvrer sur son territoire l'ancien exercice de sa souveraineté, actuellement entamée par la présence permanente d'éléments militaires alliés ou par l'utilisation habituelle qui est faite de son ciel, de cesser sa participation aux commandements intégrés et de ne plus mettre de forces à la disposition de l'OTAN ». Un délai d'un an était laissé aux forces américaines et canadiennes pour se retirer et évacuer leurs bases situées en territoire français. D'autres lettres manuscrites étaient adressées au chancelier allemand Ludwig Erhard, au Premier ministre britannique, Harold Wilson, et au président de la République italienne Giuseppe Saragat, accompagnant un mémorandum où il était rappelé que, loin de se réformer, l'Organisation militaire atlantique se caractérisait par un « renforcement de tout ce qui, du point de vue français, paraît désormais inacceptable ».

Comme il était prévisible, les réactions des autres Etats membres de l'Alliance furent violentes, encouragées peut-être par celle des partis politiques français, hostiles à la décision prise par de Gaulle — dont François Mitterrand fut le principal porte-parole à l'Assemblée nationale — et que soutinrent au contraire les communistes, l'UDR et les Républicains indépendants. Elles ne s'expliquaient pas seulement par un attachement constant au principe de l'intégration des forces militaires de l'OTAN mais par l'ampleur des conséquences pratiques de la décision française. En un an, Américains et Canadiens devaient évacuer 30 bases militaires, 27 000 soldats et 37 000 employés civils. Tout le dispositif stratégique allié dut être redéfini. Les commandements principaux furent déplacés, et les scénarios de conflits éventuels révisés pour tenir compte de la liberté de jugement et d'action que la France entendait garder. Des arrangements pratiques allaient être pris pour détendre et normaliser les relations entre le gouvernement français et le commandement allié : l'oléoduc, qui allait de la côte atlantique à l'Allemagne, resta en service, le système d'alerte aérienne NADGE continua de fonctionner puisqu'il s'agissait d'un système commun et non d'un commandement intégré, et un accord d'état-major, conclu le 22 août 1967, stipula qu'en cas de guerre les forces françaises pourraient être rattachées au contrôle opérationnel du commandement allié en Centre-Europe, si la France en décidait ainsi, et tout en restant sous l'autorité supérieure du président français, chef des armées. La présence de forces françaises en Allemagne aurait pu être mise en cause et, à Paris, on avait fait savoir qu'elle ne serait maintenue outre-Rhin que si l'Allemagne le souhaitait : le chancelier Erhard choisit de les conserver sur le sol allemand[34]. Au total l'ébranlement de l'Organisation militaire atlantique fut pour celle-ci le plus grave choc qu'elle ait jamais reçu.

On ne pouvait imaginer démonstration plus éclatante de la volonté d'indépendance de la France, ni mise en cause plus radicale du système des blocs, ni signe plus clair de ce que de Gaulle voulait.

Chapitre 33

LE CHAMP DE BATAILLE EUROPEEN

Après son retour au pouvoir, l'Europe allait être, pour de Gaulle, un champ de bataille. Déjà, elle l'avait été durant la guerre. D'un côté, ce fut le rêve des opprimés, l'espoir de ceux qui luttaient pour rendre au continent sa liberté. C'est dans la nuit de l'Occupation allemande que surgit l'idée de dépasser un jour les déchirements de la guerre, avec son cortège de haine et de racisme, et d'y substituer une certaine forme d'unité européenne. Et rien n'est plus émouvant, rien surtout n'est plus significatif, que de découvrir à travers les minces colonnes des journaux clandestins les quelques phrases par quoi s'exprimait cette espérance. Sous un titre révélateur, *Libérer et Fédérer*, un groupe de résistants proposait, dans leur numéro du 14 juillet 1942, de « fédérer les peuples européens pour éviter le retour de nouvelles guerres ». *Combat*, organe de l'un des plus puissants mouvements de la Résistance en zone Sud, prophétisait deux mois plus tard : « Les Etats-Unis d'Europe... seront bientôt une réalité vivante. » Le 10 janvier 1943, *Libération* proposait de fonder l'unité future de l'Europe « sur la limitation des souverainetés nationales, sur la fédération des nations ». En juillet, *Le Populaire*, organe du parti socialiste, réclamait « l'incorporation de la nation allemande dans une communauté internationale assez puissante pour la rééduquer, la discipliner et, s'il le fallait, la maîtriser ». Et Léon Blum exprimait la même idée dans son livre, *A l'échelle humaine*.

Or, l'idée d'Europe unie appartenait aussi à l'arsenal de la propagande ennemie. En France occupée, la presse, la radio, les affiches s'en servaient comme d'un slogan. Les écrivains ou journalistes qui s'étaient mis au service des nazis y voyaient la suprême justification de leur trahison. Les dévoyés du pacifisme y trouvaient leur compte, confondant l'asservissement avec la fraternité, comme aussi ces étranges fanatiques du nationalisme qui transféraient sur une certaine Europe allemande le culte qu'ils avaient eu pour une certaine image de la France. Ainsi, « l'Europe nouvelle » s'annonçait-elle sous le signe de la croix gammée.

De Londres, de Gaulle stigmatisait cette défiguration de l'Europe en un « empire » formé de « maîtres et d'esclaves ».

Pourtant, au spectacle de ce travestissement de l'idée européenne, l'espérance secrète en une future fraternité du continent ne désarmait pas. De Gaulle l'exprima, à sa façon, et sans aucun doute, parmi les premiers. Le 11 novembre 1942, n'hésitant pas à parler au nom de la France alors que son autorité était si contestée, même dans le camp allié, il avait proclamé qu'elle souhaitait

> désormais tout faire pour qu'en Europe, ceux dont les intérêts, le souci de leur défense et les besoins de leur développement sont conjugués avec les siens, se lient à elle comme elle-même à eux, d'une manière pratique et durable.

Le 18 mars 1944, à la tribune de l'Assemblée consultative d'Alger, il suggérait que l'Europe soit

> un groupement occidental prolongé par l'Afrique et dont la Manche, le Rhin, la Méditerranée seraient comme les artères.

Le 21 mars, il le répétait presque dans les mêmes termes. Et dès l'automne 1943, il avait demandé l'avis de plusieurs membres du Comité français de libération nationale sur l'intérêt d'une construction européenne[1]. Le 30 septembre, René Mayer, alors commissaire aux Transports, lui avait remis une note sur « les motifs qui devaient conduire la France à orienter sa politique en direction d'une organisation fédérale de l'Europe de l'Ouest, au moins dans l'ordre économique ». Le 26 octobre suivant, le commissaire aux Affaires étrangères, René Massigli, traitait le sujet dans un rapport au Comité français de libération nationale, et il en fut à nouveau question dans un mémoire en date du 1er décembre 1943 de Lambert Blum-Picard, président du Comité d'études économiques qui siégeait alors à Londres. Enfin, dans une note à Massigli, le priant d'examiner les conséquences politiques de la future défaite de l'Allemagne, de Gaulle revenait sur l'idée d'une organisation européenne à propos de la place que les régions rhénanes pourraient y tenir :

> Il y aurait lieu, écrivait-il, de considérer que le rattachement de la Rhénanie à un bloc occidental, au point de vue stratégique et économique, serait lié à une fédération stratégique et économique entre la France, la Belgique, le Luxembourg et les Pays-Bas, fédération à laquelle pourrait se rattacher la Grande-Bretagne.

Encore ne s'agissait-il que d'une hypothèse en relation avec les clauses de l'armistice telles que la France les souhaitait, et il spéculait déjà sur l'adhésion future de l'Italie, de l'Espagne et du Portugal, pourvu que ces pays eussent un régime démocratique, de la Suisse, si elle le voulait, et naturellement de l'Allemagne à la condition qu'elle fût préalablement reconstituée autour de plusieurs unités politiques différentes.

Au fond, les raisons qui portaient à vouloir une certaine union de l'Europe étaient connues dès avant la fin de la guerre. C'était d'abord une réaction généreuse et saine contre les sanglants affrontements qui avaient opposé entre eux les peuples du vieux continent et les avait ruinés ensemble, à quoi s'ajoutait le sentiment d'une commune faiblesse. On prévoyait aussi que le statut de l'Allemagne serait fonction d'une certaine organisation de l'Europe, soit qu'elle appartînt à un ensemble fédéral comme on l'entrevoyait dans plusieurs écrits clandestins, soit que les régions économiquement et stratégiquement essentielles de la Rhénanie et de la Ruhr soient associées à l'ensemble des pays de l'Ouest de l'Europe, quitte à y rattacher plus tard les autres « pays » allemands. Vision incertaine et, à certains égards, ambiguë, puisqu'elle n'envisageait ni la volonté de réunification du peuple allemand provisoirement dispersé, ni la nature des liens qui uniraient les Etats entre eux. On ne saurait s'en étonner : l'avenir de l'Europe, après tout, n'était pas entre les mains de la France. Pourtant, en dépit de l'imprécision des idées sur l'union du vieux continent, il n'en restait pas moins que de Gaulle, à la tête de la France libre, puis du gouvernement provisoire de la République, en avait été l'initiateur et le porte-parole.

Souvenirs perdus, en 1958. Il est alors un autre personnage aux yeux de l'Europe. On se rappelle surtout sa lutte acharnée contre les communautés ébauchées depuis 1950. Certes, il avait, après son départ en 1946, répété souvent que l'Europe était une « exigence » comme il le dit à Vincennes, le 5 octobre 1947, et prédit que sans initiative française « l'Europe ne se ferait pas » selon sa formule catégorique du 11 février 1950. Le 4 juin de la même année, il réclamait encore « que reparaisse l'Europe, la vieille Europe avec toutes ses ressources spirituelles, morales, économiques » et que la France en « prenne la tête ». Mais il avait condamné catégoriquement les accords de Londres de juin 1948 qui avaient réunifié les zones occidentales d'Allemagne, puis ceux de Francfort qui, en octobre de la même année, avaient préludé à la naissance de la République fédérale. A toutes ces étapes de la politique allemande voulue par les Etats-Unis, acceptée par la Grande-Bretagne et plus ou moins admise par des gouvernements français généralement réticents, il avait proclamé son opposition. Quand, en 1955, il s'exprima pour la dernière fois en public, il en parla encore en propos désabusés :

> La victoire avait mis dans nos mains des gages et des garanties. Certes, nous ne prétendions pas les garder toujours... Mais [...] ces gages et ces garanties devaient nous servir lors du règlement allemand. Ce règlement, voici qu'on l'aborde. Pourquoi donc avoir tout lâché ?

Il avait raillé naguère le « méli-mélo de charbon et d'acier » que les adeptes de l'intégration européenne considéraient comme le point de départ historique de leur entreprise et le plus beau titre de gloire de Robert Schuman. Surtout, il avait été l'implacable adversaire du projet de Communauté européenne de défense et, de 1951 à 1954, il en avait fait l'objet de ses critiques les plus âpres et de ses sarcasmes les plus féroces : c'est à cette date que l'indépendance nationale de la France lui parut le plus menacée. Bref, il était et demeurait catégoriquement hostile à toute amputation de la souveraineté du pays au bénéfice de quelque organisation supranationale.

On comprend donc pourquoi, hors de France, on se soit immédiatement inquiété de voir de Gaulle revenir au pouvoir. Il s'y mêlait des sentiments divers, et parfois contradictoires. Sans nul doute, les conditions de ce retour, l'émeute du 13 mai, la part qu'une fraction de l'armée avait prise aux événements, firent beaucoup pour dresser l'opinion de gauche contre le nouveau gouvernement et pour attiser ses soupçons, son antipathie, son aversion envers tous les aspects de sa politique. Ainsi fut orientée dès le départ l'attitude des socialistes italiens et belges, comme aussi des travaillistes britanniques ou des sociaux-démocrates scandinaves. Par la suite, la prolongation de la guerre d'Algérie, l'attitude de la plus grande partie de la gauche française, contribuèrent à entretenir leur hostilité. Plus tard, quand il fut évident que la politique étrangère française répondait, sur des points essentiels, à l'attente de la gauche européenne, les préventions demeurèrent telles qu'il fut généralement impossible de renverser ce courant.

De leur côté, les principaux partis politiques et les gouvernements, en Allemagne, en Italie, en Belgique, aux Pays-Bas, pressentirent que les dogmes de la supranationalité et de l'intégration européenne allaient être remis en cause. Or, ces dogmes exerçaient encore une puissante attraction. Dans certains milieux, ils représentaient au fond l'espoir d'une réconciliation entre les peuples et la chance d'une puissance nouvelle pour l'Europe. Certains hommes politiques, des journalistes, des écrivains justifiaient l'entreprise d'unification européenne par le désir de constituer une force politique à la dimension des « empires » nouveaux et de susciter ainsi ce que l'on appelait parfois une « troisième force ». C'était d'ailleurs l'idée de quelques-uns des premiers protagonistes de l'unité européenne qui se recrutaient surtout dans les milieux intellectuels ou politiques d'inspiration socialiste et qui tentaient d'échapper au terrible étau où l'opposition entre camp communiste et monde occidental menaçait de les broyer. En France, des journaux comme *Combat* ou *Franc-Tireur* servaient souvent de porte-parole à ce courant de pensée. Le Parti socialiste italien en était proche, bien qu'il fût alors étroitement associé à ses alliés communistes : mais non les travaillistes anglais, ni les socialistes belges ni les sociaux-démocrates allemands, pas plus que les équipes dirigeantes de la SFIO.

Mais, pour la plupart des gouvernements, l'intégration européenne avait une autre signification. Elle répondait, en réalité, à leurs préoccupations antisoviétiques et anticommunistes. Il s'agissait, pour eux, et pour les forces politiques et sociales qui les soutenaient, de préserver un certain ordre politique et social en s'appuyant avant tout sur la protection accordée par les Etats-Unis et en imposant aux Etats d'Europe une sorte de discipline collective, de forme supranationale, assurant la cohésion de l'ensemble, évitant les risques de dispersion, limitant de force la liberté d'action de chaque Etat. Tel était le fondement le plus solide de la construction européenne telle qu'elle évolua peu à peu avec la mise en œuvre de la Communauté européenne du charbon et de l'acier, puis à travers la tentative manquée de Communauté européenne de défense, enfin avec l'établissement du Marché commun et de l'Euratom dont les promoteurs proclamaient eux-mêmes que le prolongement en serait l'intégration politique des pays participant déjà aux communautés économiques. Ces vues étaient partagées par tous les partenaires de la France : elles étaient aussi celles des principaux partis associés aux derniers gouvernements de la IVe République.

De Gaulle, réputé pour son hostilité envers toute organisation supranationale de l'Europe, allait immanquablement s'attirer leur méfiance. D'emblée, il risquait ainsi de se heurter aux positions communes des Allemands, des Italiens, des Belges et des Hollandais Au fond, nul n'ignorait désormais que la France, aussi longtemps qu'il serait à sa tête, n'hésiterait pas à barrer la route à la moindre tentative de limiter sa souveraineté et sa liberté d'action. Et, chez certains, s'y ajoutait une autre inquiétude. On se souvenait, surtout en Allemagne, qu'il avait dénoncé les risques que la reconstitution d'un « Reich » ferait courir à l'Europe : ses préventions anciennes ne le conduiraient-elles pas à se faire à nouveau l'artisan d'un rapprochement franco-soviétique, comme il l'avait été en 1944 ? Que resterait-il, dans ces conditions, de cette construction européenne qui devait tant à la protection américaine et presque autant à l'hostilité commune et systématique que les gouvernements de l'Europe de l'Ouest professaient envers l'Union soviétique ? En dépit des précautions de langage et des prudences diplomatiques, son retour suscitait à cet égard une réelle anxiété chez un bon nombre de dirigeants européens, tant il est vrai que cette indépendance face aux hégémonies que de Gaulle allait demander pour l'Europe comme pour la France n'était ni leur préoccupation ni leur projet.

La politique qu'il voulait mener en Europe débuta par une décision annoncée au premier Comité de défense qu'il présida le 17 juin 1958, et que seuls, pendant très longtemps, les initiés ont connue. Il s'agissait de la coopération nucléaire entre la France, l'Allemagne et l'Italie[2]. Le 25 novembre 1957, un protocole avait été signé par les trois ministres de la Défense, Jacques Chaban-Delmas, Franz Josef Strauss et Paolo Emilio Taviani, qui avaient ensuite conclu, le 8 avril 1958, un accord portant, en particulier sur le financement commun d'une usine de séparation isotopique. De Gaulle l'annula sur-le-champ. Que ce soient les ministres de la Défense qui l'aient négocié et adopté montrait bien qu'il s'agissait, même si c'était encore implicite, d'associer l'Allemagne et, de manière peut-être plus incertaine, l'Italie à la réalisation de l'arme atomique française dont le premier essai devait avoir lieu au début de 1960. De Gaulle n'eut, à ce propos, aucune hésitation : il estima que, par ce biais, l'Allemagne cherchait à accéder à l'armement nucléaire et qu'elle pouvait y parvenir. Or il ne le voulait pas et sa décision fut donc prise aussitôt. Ses soupçons étaient d'ailleurs justifiés, comme la publication des archives allemandes l'a montré. Sa position, en tout cas, sur ce point capital, n'a jamais varié par la suite. Mais, dans l'immédiat, ceux qui, à Bonn et à Rome, avaient connaissance de l'accord nucléaire franco-germano-italien, en conçurent plus de méfiance encore à son égard : ils se souvenaient des critiques qu'il avait adressées à la politique de la IVe République envers l'Allemagne, du rôle décisif qu'il avait joué dans la mise à mort du projet de Communauté européenne de défense. Et, au même moment, la presse allemande et italienne impressionnée par les événements du 13 mai, le décrivait comme aspirant à la dictature et prisonnier des partisans les plus fanatiques de l'Algérie française... On peut le dire sans risque d'erreur : hors de France, il était alors un des hommes les plus impopulaires d'Europe.

On s'interrogea sur ce qu'il allait faire des traités déjà conclus. Ceux-ci créaient une Communauté de coopération en matière atomique, l'Euratom, et surtout une Communauté économique européenne, un « Marché commun », dont l'entrée en vigueur devait commencer, par une première étape, dès le 1er janvier 1959. Qu'il ait eu jusqu'alors mauvaise opinion de ces traités s'explique facilement[3] : ils avaient été préparés par les mêmes équipes qui avaient négocié celui sur le charbon et l'acier — dangereux puisqu'il comportait la plus forte dose de supranationalité et inutile puisque ce furent naturellement les besoins du marché de la sidérurgie et des produits énergétiques qui décidèrent de tout — et celui sur l'armée européenne qui aurait mis fin à l'indépendance de la France dans le domaine essentiel de sa défense. Il avait donc des raisons de s'en méfier. De plus, il savait que les derniers gouvernements de la IVe République, craignant que l'économie française soit incapable de résister aux chocs du Marché commun, s'apprêtaient à en invoquer les « clauses de sauvegarde » pour en ajourner la mise en œuvre.

De Gaulle choisit, d'emblée, de faire entrer, sans restriction, la France dans la Communauté économique européenne, dont la première étape prévoyait la baisse d'un dixième des droits de douane, et l'augmentation d'au moins un cinquième des contingents de produits importés. Le plus important, pour lui, était que la France ouvre ses frontières et accepte la compétition économique internationale. Tous les témoins en sont d'accord : pour Antoine Dupont-Fauville, par exemple, alors conseiller à son cabinet, ou pour Maurice Couve de Murville, c'était alors pour de Gaulle un véritable impératif[4]. Dans cette optique, le Marché commun serait, pour l'économie française, le meilleur apprentissage possible. De plus, il pouvait, étant à la tête du pays, la mettre en état d'y faire face : ce qu'il fit, en effet, avec le « plan Rueff ». Il devrait, par la suite, éviter que la Communauté économique ne dérive vers un système supranational ou fédéral : mais, désormais, il serait là pour y veiller. Bref, les avantages d'une entrée dans le Marché commun l'emportaient finalement, à son avis, sur ses inconvénients.

Nul, pourtant, ne pouvait ignorer quelle Europe il voulait. Avant la fin de l'année 1958, un bref épisode lui donna l'occasion de le rappeler publiquement. Le 24 décembre, en effet, à la suite du rapport présenté par Christian de la Malène à la commission des Affaires étrangères de l'UNR, où se trouvait affirmé le devoir de maintenir l'indépendance des Etats faisant partie de l'Europe, Paul Reynaud écrivit à de Gaulle pour lui faire part des risques que l'application de ces thèses ferait courir à la majorité gouvernementale où beaucoup de parlementaires, comme lui-même, restaient partisans de l'intégration européenne : « C'est en songeant à ce péril, écrivait-il, que je vous soumets l'idée de régler cette question dans votre discours du 31 décembre en termes assez explicites pour qu'il suffise à votre successeur de s'y référer pour éviter un débat sur ce point. » La réponse à Paul Reynaud était sans équivoque :

> Je n'ai pas manqué de noter ce que vous m'écrivez au sujet de l'Europe. Vous savez qu'à mon sens on peut la voir, et peut-être la faire, de deux façons : l'intégration par le supranational ou la coordination des Etats et des nations. C'est à la deuxième que j'adhère pour mon compte.

Ainsi, l'avenir était tracé d'avance. Tout serait fait pour que le Marché commun soit une réussite et que la France en bénéficie pleinement, mais sa souveraineté serait préservée, aussi complètement que possible, même pour la gestion de son économie, et on tenterait de donner à l'entreprise la forme d'une association des Etats européens.

De toute façon, de Gaulle pensait que sa politique européenne devait passer par un dialogue direct avec l'Allemagne. Il l'avait recommandé bien des fois et, à son avis, la France n'avait rien à en redouter : l'Allemagne était coupée en deux, le territoire de la République fédérale était toujours occupé par des troupes américaines, anglaises, françaises, avec des contingents hollandais et belges, elle dépendait, pour sa sécurité de la protection que lui accordaient les Etats-Unis et les autres pays de l'Alliance atlantique, elle n'avait pas d'armement nucléaire, mais seulement des forces classiques. La France avait donc tout intérêt à dialoguer avec elle. Antoine Pinay, ministre des Finances et le préfet

Picard, qui connaissaient tous deux le chancelier Adenauer, furent chargés d'aller le voir à sa résidence d'été à Cadenabbia pour organiser une rencontre et, en signe de déférence, de l'inviter, non dans quelque palais officiel, mais chez de Gaulle lui-même, dans sa maison de campagne, à Colombey-les-Deux-Eglises[5].

Mais, avant leur rendez-vous, il voulait que certains choix marquent clairement les orientations nouvelles de la politique française. Il avait décidé d'annuler l'accord franco-germano-italien sur les affaires nucléaires. Il avait déjà pris la résolution de mettre en œuvre le Marché commun. Il entendait que l'agriculture française y soit impliquée, que l'Europe devienne pour elle un débouché essentiel, et que la Communauté européenne participe au financement de sa transformation économique, technique et sociale : une conférence préparatoire réunie à Stresa, au début de juillet, définit les principes d'une politique commune pour laquelle de Gaulle entendait obtenir le soutien d'Adenauer. En revanche, il ne voulait pas que l'Euratom entrave les efforts de la France pour se doter d'un armement nucléaire et développer son industrie nucléaire civile, ce dont il informa aussitôt ses ministres[6]. Enfin, le 10 juin 1958, au premier Conseil interministériel consacré aux Affaires internationales qu'il préside, il définit ainsi l'orientation de sa politique européenne :

> L'essentiel, c'est le Marché commun qui en soi n'est pas une mauvaise chose, et surtout l'organisation politique et culturelle de l'Europe[7].

On a beaucoup écrit, surabondamment même, sur l'entente entre Adenauer et de Gaulle, leur communauté de culture, de génération, de religion, de mœurs et de principes. Un certain conformisme a même prévalu qui a voulu gommer soigneusement les nuances, les différences, les divergences. Il est vrai qu'ils ont eu, l'un envers l'autre, une sincère estime, chacun approuvant l'autre de défendre son pays du mieux qu'il pouvait. Il est vrai surtout qu'Adenauer, par expérience personnelle, par raisonnement politique, par conviction religieuse, détestait un certain nationalisme allemand — qu'il qualifiait volontiers de « prussien » — militariste, belliciste, aventureux et chauvin. Je l'ai entendu, par exemple, critiquer les historiens allemands très sévères envers le XVIIIe siècle dans leur pays, parce qu'il avait alors subi trop d'influences françaises, tandis qu'à son avis c'était un siècle remarquable pour la culture, la civilisation, l'art de vivre en Allemagne... C'est en ce sens qu'il souhaitait profondément et sincèrement une entente avec la France, symbole et garantie d'une Europe où il n'y aurait plus de guerre : et en cela, du reste, il était à l'image de l'immense majorité de son peuple. Il serait à peine exagéré de dire que, dans leur dialogue, leurs convergences, leur complicité même, Adenauer s'inspirait davantage du passé et de Gaulle davantage de l'avenir. Adenauer voulait par-dessus tout, si ce n'est exclusivement, ne pas revenir sur un certain passé, marqué par les deux guerres mondiales et les catastrophes qu'elles avaient entraînées pour l'Europe et pour l'Allemagne ; de Gaulle était fasciné par les transformations du monde, l'émergence de nouvelles puissances, les tournants de l'Histoire, et, dans les temps futurs, le duel franco-allemand, terrible entrave pour la France, ne devait plus avoir de place.

C'est ce qu'il voulut faire comprendre à Adenauer ce 14 septembre 1958 quand il le reçut chez lui :

> Si nous sommes tous deux ensemble dans ma maison, lui dit-il, c'est parce que je crois le moment venu pour mon pays de faire, vis-à-vis du sien, l'essai d'une politique nouvelle... J'estime qu'il faut tenter de renverser le cours de l'Histoire, de réconcilier nos deux peuples et d'associer leurs efforts et leurs capacités.

Sur ce point, évidemment capital pour la suite, l'entente entre les deux hommes a été immédiate et durable. Mais sur quoi d'autre ? La question vaut la peine d'être posée, à lire les comptes rendus de leur rencontre. De Gaulle a énuméré les conditions — mais il n'a, semble-t-il, pas prononcé ce mot — de la nouvelle entente franco-allemande :

> L'acceptation par la République fédérale, du fait accompli, pour ce qui est des frontières, une attitude de bonne volonté pour ce qui est des rapports avec l'Est, un renoncement complet aux armes atomiques, une patience à toute épreuve pour ce qui touche à la réunification.

Adenauer ne se faisait certainement aucune illusion sur une éventuelle remise en cause des frontières issues de la guerre — mais le poids des organisations de réfugiés en Allemagne de l'Ouest ne lui permettait pas de l'admettre — et moins encore sur l'échéance d'une réunification future qui, de toute façon, ne dépendait pas de lui. En revanche, nous savons maintenant qu'il voulait ménager la possibilité pour l'Allemagne de se doter un jour d'armes nucléaires et qu'il a espéré y parvenir au moment de l'accord atomique franco-germano-italien du 8 avril 1958, précisément annulé par de Gaulle[8], et il était loin de la « bonne volonté » qui aurait permis des relations meilleures entre l'Allemagne et le camp de l'Est, et que son troisième successeur seulement, le chancelier Brandt, choisira.

La politique agricole commune, que de Gaulle veut, Adenauer ne la souhaite pas. L'adhésion de la Grande-Bretagne au Marché commun, l'Allemagne la désire, alors que de Gaulle ne la croit pas possible tant qu'elle n'aura pas changé ses rapports avec les Etats-Unis et ses partenaires économiques du Commonwealth. Adenauer est prêt à tout faire pour que les Etats-Unis défendent l'Europe et y restent présents, de Gaulle voudrait qu'elle soit indépendante de ses protecteurs américains. Autant de divergences, et même capitales. Mais Adenauer ne veut surtout pas y insister. Au contraire, il enregistre deux acquits — la réconciliation franco-allemande est voulue par de Gaulle et la mise en œuvre du Marché commun est décidée — mais aussi un espoir nouveau : une certaine forme d'organisation politique de l'Europe. De Gaulle lui en a parlé en des termes proches de ceux qu'il emploie dans ses *Mémoires d'espoir* :

> Pour moi j'ai de tout temps, mais aujourd'hui plus que jamais, ressenti ce qu'ont en commun les nations qui peuplent l'Europe. Toutes étant de même race blanche, de même origine chrétienne, de même manière de vivre, liées entre elles depuis toujours par d'innombrables relations de pensée, d'art, de science, de politique, de commerce, il est conforme à leur nature qu'elles en viennent à former un tout, ayant au milieu du monde son caractère et son organisation. [...] Ma politique vise donc à l'institution du concert des Etats européens afin qu'en développant entre eux des liens de toutes sortes, grandisse leur solidarité. Rien n'empêche de penser qu'à partir de là, et surtout s'ils sont l'objet d'une même menace, l'évolution puisse aboutir à leur confédération.

Adenauer a très bien compris que cette Europe où la France veut rester indépendante n'est pas celle qu'il avait souhaitée et tenté de réaliser, auparavant, avec d'autres interlocuteurs. De Gaulle le remarque au passage :

> Il admet avoir tiré au profit de l'Allemagne de solides avantages de la mystique de l'intégration et garde pour cette raison à ses protagonistes français, tels Jean Monnet et Robert Schuman, de la reconnaissance pour leurs cadeaux.

Propos où l'amusement envers l'habileté du chancelier se mêle de mépris pour ceux qui lui ont fait ces « cadeaux »... En tout cas, le départ est pris pour un essai d'organisation politique de l'Europe.

Une leçon, au moins, peut être retenue de cette découverte des deux hommes l'un par l'autre, dont le caractère particulier tient aussi à ce qu'elle a lieu dans le décor simple, familier et familial de La Boisserie, à Colombey[9] : la réconciliation franco-allemande peut être profonde, durable, probablement définitive, sans que cela veuille dire que les deux pays mènent la même politique, ni pour l'organisation de l'Europe, ni pour les rapports avec les Etats-Unis, ni pour les relations Est-Ouest, ni plus tard pour le système monétaire international, ni pour la guerre du Vietnam, ni pour le Proche-Orient. Toute l'histoire de la politique étrangère de la Ve République va le montrer.

La rencontre entre Adenauer et de Gaulle s'était donc achevée sur une déclaration commune : « Nous croyons que ce doit en être fini à jamais de l'hostilité d'autrefois et que les Français et Allemands sont appelés à vivre d'accord et à travailler côte à côte... Nous avons la conviction qu'une coopération étroite entre la République fédérale d'Allemagne et la République française est le fondement de toute œuvre constructive en Europe. » Mais pour que cette « œuvre » soit accomplie, on devait prendre des initiatives et définir un projet. Il y fallut plusieurs autres rencontres entre les deux hommes : celles de Bad-Kreuznach le 20 novembre 1958, de Marly-le-Roi le 4 mars 1959, de Paris le 1er décembre de la même année, puis celle de Rambouillet le 29 juillet 1960. Le climat en fut marqué, peu à peu, par la crise de Berlin, puis par l'échec de la conférence « au sommet » de mai 1960. Le 27 novembre 1958, en effet, Khrouchtchev avait menacé de signer un traité avec l'Allemagne de l'Est et de lui transmettre le contrôle de ses frontières, donc aussi des accès à Berlin. Par là, il remettait en question son statut quadripartite et menaçait les secteurs occidentaux d'un nouveau blocus si Américains, Britanniques et Français y maintenaient leurs troupes, à moins qu'ils ne s'en retirent et ne les transforment en « ville libre ». Adenauer semblait en proie aux plus sombres pressentiments. Repoussant farouchement toute idée de reconnaissance partielle de l'Allemagne de l'Est, même par de simples contacts avec sa police des frontières, et littéralement effrayé par d'éventuelles concessions qu'Américains et Britanniques seraient prêts à faire — d'ailleurs sans jamais les définir — il se tourna vers de Gaulle comme vers son dernier appui. Ce dernier rapporte ainsi les confidences du chancelier affolé :

> Si Berlin devait être perdu, ma situation politique deviendrait aussitôt intenable. A Bonn, ce sont les socialistes qui prendraient aussitôt le pouvoir. Ils iraient à un arrangement direct avec Moscou et c'en serait fini de l'Europe [10].

Propos où la peur avait plus de place que la réflexion : c'était méconnaître l'état d'esprit des « socialistes », les intentions des Américains, les capacités des Soviétiques, et croire que « l'Europe » dépendait, pour son existence, d'un *statu quo* à Berlin qui, un jour ou l'autre, finirait bien par changer. Il est vrai que de Gaulle jugeait absurde de donner aux Soviétiques l'impression d'être prêt à des concessions alors qu'on ne voulait pas en faire et que, faute de savoir exactement ce qu'on voulait donner et obtenir, mieux valait ne pas broncher — d'autant qu'il croyait que Khrouchtchev ne ferait rien. Mais il ressort clairement de sa propre narration qu'il avait bien compris qu'Adenauer, reconnaissant de sa fermeté, soutiendrait ses propositions sur l'Europe.

En tout cas, les entretiens entre les deux hommes, les 29 et 30 juillet 1960, à Rambouillet, allaient être décisifs [11]. De Gaulle avait lui-même préparé le terrain en annonçant publiquement ses intentions, le 31 mai, après l'échec de la conférence « au sommet », dans un discours consacré aux seules affaires extérieures :

> Contribuer à bâtir l'Europe occidentale en un groupement politique,

économique, culturel et humain, organisé pour l'action, le progrès, la défense, c'est à quoi la France veut s'appliquer... Sans doute faut-il que les nations qui s'associent ne cessent pas d'être elles-mêmes et que la voie suivie soit celle d'une coopération organisée des Etats, en attendant d'en venir, peut-être, à une imposante confédération. Mais la France, pour ce qui la concerne, a reconnu la nécessité de cette Europe d'Occident, qui fut jadis le rêve des sages et l'ambition des puissants et qui apparaît, aujourd'hui, comme la condition indispensable de l'équilibre du monde.

Le 29 juillet, il proposa donc au chancelier Adenauer une organisation politique de l'Europe : conférences régulières des chefs d'Etat ou de gouvernement, et de leurs ministres des Affaires étrangères, réunions périodiques des ministres de l'Education, de la Défense et de l'Economie, commissions permanentes chargées de préparer les réunions ministérielles, révision des traités de Paris et de Rome en vue d'harmoniser, puis d'unifier les trois communautés économiques et de les rattacher à la nouvelle organisation politique, référendum dans toute l'Europe des Six pour la ratification à la fois solennelle et populaire du nouveau système européen.

Ce qui arriva du 29 juillet 1960 au 17 avril 1962 n'est que l'histoire de l'étiolement, de l'affadissement, du démantèlement des idées suggérées par la France, puis de leur échec, devant l'opposition tenace de certains de ses partenaires. L'affaire se joua en quelques étapes. Un mois après la rencontre de Rambouillet, les ministres du chancelier Adenauer avaient convaincu celui-ci de résister à la séduction du plan français, ambitieux et cohérent, mais tout à fait étranger aux idées de supranationalité ou de fédéralisme[12]. Non seulement ce que les communautés économiques comportaient d'intégration pourrait être remis en cause si elles dépendaient d'une organisation politique constituée seulement par les Etats, mais à travers la coordination des politiques étrangères et militaires des Six risquait d'apparaître une politique européenne indépendante, distincte en tout cas de celle tracée dans le cadre atlantique. Les ministres allemands n'avaient pas tort, bien que nulle rupture ne fût encore envisagée avec l'OTAN et que le système français ne comportât rien d'impératif pour les Etats qui en feraient partie.

Le chancelier Adenauer fit donc marche arrière. Ce n'est qu'à la fin de l'année 1960 qu'un accord se fit sur le principe d'une réunion périodique des chefs d'Etat ou de gouvernement de l'Europe des Six. La première se tint les 10 et 11 février 1961 à Paris : on créa une commission d'experts chargée de mettre en forme le projet français sans transformer la nature et les fonctions des communautés économiques. Une seconde réunion eut lieu, à Bonn, le 19 juillet : on renonça à l'idée d'un référendum européen ; on ne parla plus des institutions existantes afin de ne pas remettre en cause leur caractère supranational ; on écarta le principe des conférences entre ministres de la Défense de manière à éluder le problème des relations entre les Six et l'Organisation atlantique. On confia seulement à une commission d'experts le soin de préparer un traité politique. Elle se réunit le 5 septembre, sous la présidence de Christian Fouchet, et remit son rapport deux mois plus tard.

Les institutions nouvelles seraient compétentes en matière de politique étrangère, de défense et de culture. Une assemblée parlementaire européenne serait commune à la nouvelle organisation politique et aux trois communautés économiques. Une commission politique permanente siégerait à Paris pour préparer les décisions ministérielles. Celles-ci seraient prises à l'unanimité pendant les trois premières années d'application du traité ; si un seul Etat s'y opposait, elles seraient applicables aux cinq autres ; au bout de trois ans, une révision du traité pourrait éventuellement renforcer l'unité européenne et unifier les diverses communautés.

Une dernière fois, de Gaulle tenta de rapprocher les termes de l'accord des idées qu'il avait exprimées au départ. Le 18 janvier 1962, sur ses instructions, les diplomates français suggérèrent d'étendre la compétence des futurs organismes de l'Union politique européenne à l'économie. Les partenaires de la France s'y refusèrent et le désaccord fut constaté à la réunion des ministres des Affaires étrangères à Luxembourg, le 20 mars. Un dernier rendez-vous fut pris pour le 17 avril. Le gouvernement français venait, enfin, de régler l'affaire algérienne. Le prestige qu'il en retirait, la liberté d'action qui en résultait pour lui, sa volonté d'aboutir à un résultat après tant d'efforts prodigués auprès de ses partenaires européens, le décidèrent à d'ultimes démarches. Le 15 février, de Gaulle alla voir Adenauer à Baden-Baden. Les 4 et 5 avril, il se rendit à Turin pour y rencontrer le président du Conseil italien, Fanfani. Le 7 avril, ce dernier rencontra le chancelier Adenauer à Cadenabbia. On convint d'écarter toute référence à l'OTAN dans le traité de coopération politique, ce qui était une concession à la France. En revanche, il fut décidé que l'autorité du Conseil des chefs de gouvernement ne s'exercerait pas sur les institutions économiques. Le ministre des Affaires étrangères italien, Segni, prépara un compromis sur les clauses de révision.

Peine perdue : le 17 avril 1962, en quelques heures, ce fut l'échec. Il vint de l'opposition de la Belgique et de la Hollande. Spaak, pour la première, Luns, pour la seconde, s'en tinrent à un dilemme rigoureux. Ou bien, dirent-ils, le traité d'union politique prévoirait sa propre évolution vers une fédération politique européenne, ou bien, si la France n'en voulait pas, il fallait laisser de côté toute union politique en attendant l'adhésion britannique au Marché commun. Leur position était si catégorique qu'ils rejetèrent même un compromis suggéré par Couve de Murville et tendant à préparer un projet d'union politique qui serait, le moment venu, soumis à la Grande-Bretagne. Ce fut, en pratique, le dernier jour où fut débattu, et finalement rejeté, un plan concret d'union politique européenne [13].

Avec le recul du temps, partisans et adversaires de la politique française, partisans et adversaires d'une Europe fédérale, peuvent s'étonner que n'ait pas été saisie l'occasion de fonder une organisation européenne qui, sans admettre la supranationalité politique, eût habitué les pays européens à travailler en commun, consolidé la communauté des Six et permis de franchir une étape, de toute façon indispensable, avant d'en venir à une structure plus forte, fédérale ou confédérale. Rien n'empêchait les partisans d'une Europe supranationale d'accepter le plan suggéré par de Gaulle, en comptant qu'un jour la position française évoluerait. Tout devait les conduire à reconnaître que des étapes étaient nécessaires à l'édification d'une Europe unie et que celle qui leur était offerte pouvait être décisive.

C'était le cas d'un homme qui, pourtant, symbolisait l'opposition aux conceptions gaullistes de l'Europe, Jean Monnet. Moyennant certains amendements, d'ailleurs importants, mais qui pouvaient être discutés, il suggéra donc son acceptation. « Il y aurait grand intérêt, remarquait-il, à faire évoluer ensemble, dans un même système européen, ces organisations de formes différentes : Conseil des six chefs de gouvernement, Conseil des ministres des Affaires étrangères, de la Défense et de l'Education, Communautés européennes avec leurs règles, leurs institutions et leurs responsabilités. Je pense qu'une sorte de "Confédération européenne" pourrait très utilement remplir ce rôle. Quant à l'Angleterre qui devra nécessairement tôt ou tard être présente, la seule méthode est qu'elle fasse d'abord partie des communautés économiques qui sont le fondement de l'Union européenne [14]. »

Le fait est là : l'occasion ne fut pas saisie ; l'Union européenne souhaitée par de Gaulle ne se fit pas. Les gouvernements européens ne voulurent pas s'engager dans la voie que Jean Monnet avait imaginée. Ce fut essentiellement le fait des Pays-Bas. Le ministre des Affaires étrangères hollandais, Josef Luns, jouant tour à tour de son attachement au fédéralisme ou de la nécessité d'une participation britannique immédiate, mena une action retardatrice qui eut le résultat inverse de celui qu'il souhaitait puisqu'il n'obtint ni fédération ni adhésion de la Grande-Bretagne. Son attitude, en tout cas, fit soupçonner la Hollande d'agir en fonction des intérêts britanniques. Le fait est que, le 10 avril, une semaine avant la réunion finale des Six, Edward Heath, qui dirigeait la délégation anglaise chargée de négocier avec la communauté économique, fit connaître que son pays adhérait au projet d'Union politique, dans ses grandes lignes, demanda que l'Angleterre en discute avec les Six et proposa de « le faire avancer de pair » avec les négociations sur l'entrée de la Grande-Bretagne dans le Marché commun. Ce que Heath suggérait en pratique était d'ajourner la signature d'un traité politique et même d'écarter toute union de ce genre si l'on ne parvenait pas à s'entendre sur la participation anglaise à la Communauté économique européenne. Ce fut, d'ailleurs, ainsi que les choses se passèrent.

Plusieurs des partisans de l'Europe intégrée perçurent presque aussitôt les véritables conséquences de la rupture du 17 avril. Paul-Henri Spaak, ministre des Affaires étrangères de Belgique, toujours avocat d'une fédération européenne, se rendit compte qu'à préférer l'adhésion britannique au Marché commun plutôt que l'Europe confédérale suggérée par de Gaulle, on risquait d'écarter pour très longtemps l'espoir d'une intégration politique. Il tenta de nouvelles démarches auprès du gouvernement allemand, puis s'adressa à de Gaulle, reconnaissant qu'il fallait de nouvelles négociations. Mais l'opposition hollandaise demeura catégorique. Du reste, Adenauer, qui avait depuis si longtemps rêvé de couronner sa carrière par l'établissement d'une union politique européenne, éprouvait un vif ressentiment envers la Grande-Bretagne dont il soupçonnait qu'elle avait inspiré le comportement des Pays-Bas. En pratique, l'affaire ne pouvait plus être sauvée.

Le 26 avril, neuf jours seulement après l'échec des projets d'union politique européenne, de Gaulle invita Adenauer à se rendre en visite officielle en France. Il y vint le 3 juillet. Tout fut fait pour donner au chancelier le sentiment qu'il s'agissait d'un instant privilégié de la réconciliation franco-allemande. Non que le soutien populaire l'ait montré : les rues étaient vides et la presse, par hostilité envers la politique que de Gaulle menait en Europe, fut réservée, tout comme les partis traditionnels. Mais les discours officiels consacrèrent l'entente entre les deux hommes, entre les deux pays. De Gaulle, en particulier, chercha délibérément à rejeter dans le passé le temps des affrontements et des guerres sans dénoncer, à aucun moment, les responsabilités de l'Allemagne :

> La rivalité franco-allemande, dit-il, qui remplit et secoua les siècles [...], la lutte politique et stratégique qui [...] provoqua tant de passes d'armes et d'explosions de colère [...] ont [-elles] eu finalement un sens ? En réalité, tandis que l'Allemagne et la France cherchaient à imposer réciproquement leur domination afin de l'étendre ensuite à leurs voisins, chacun tendait à réaliser pour soi le vieux rêve de l'unité qui hante depuis vingt siècles les esprits de notre continent.

Les premiers entretiens furent, pourtant, d'une certaine banalité, à propos de l'impasse des négociations sur l'Union européenne et des divergences entre la France et les Etats-Unis sur la stratégie de l'OTAN. Mais, le 5 juillet, de Gaulle demanda ouvertement à Adenauer s'il accepterait que l'Allemagne et la France concluent entre elles une union politique « qui serait en fait et par la force des choses limitée à deux ». Après un moment d'hésitation, le chancelier répondit : « Oui, nous serions prêts à accepter cette union restreinte en laissant la place ouverte aux autres membres. » On en resta là [15].

Le 4 septembre, c'est de Gaulle, à son tour, qui arriva en Allemagne[16]. « Le général avait préparé soigneusement ses multiples discours, a raconté son conseiller diplomatique, Pierre Maillard. « Il [me] les avait fait lire puis [m'en] avait demandé la traduction. Pour être bien sûr du résultat, il s'était astreint à les répéter devant [moi], modifiant ou améliorant sa diction de tel ou tel passage, écoutant soigneusement les suggestions qui lui étaient faites. Il se montrait dans ces moments, d'une docilité et d'une bienveillance extrêmes qui tranchaient avec sa réputation de hauteur. » Pierre Maillard, dans son récit, évoque, à juste titre, ce passage de *Vers l'armée de métier* sur les rapports difficiles entre les deux peuples, le français et l'allemand :

> L'opposition des tempéraments avive cette amertume. Ce n'est point que chacun méconnaisse la valeur de l'autre et ne se prenne à rêver aux grandes choses qu'on pourrait faire ensemble. Mais les réactions sont si différentes qu'elles tiennent les deux peuples en état constant de méfiance.

C'est justement cette méfiance que de Gaulle entreprit, délibérément, d'abolir. Au lieu de demander quelque repentir pour le passé, des regrets, des excuses et des promesses de mieux faire, il prit le parti de rendre hommage à la nation allemande, de saluer son passé et ses vertus. Il l'invita à laisser de côté tout complexe inutile et à se tourner vers l'avenir, avec la France. Le formidable succès populaire qu'il rencontra montrait combien ce langage répondait à l'attente du peuple allemand, bien au-delà de tout ce qu'il avait pu espérer. D'abord parce qu'il voulut parler allemand. Mais aussi parce qu'il choisit ses auditoires. En s'adressant aux ouvriers des usines Thyssen, à Duisburg, il démentit avec éclat la réputation de conservateur enfermé dans son milieu, dans son personnage et dans sa manière de vivre que lui avaient fait les partis de gauche : personne n'avait imaginé qu'il pût privilégier ainsi la classe ouvrière allemande durant son voyage. C'est à la jeunesse qu'il s'adressa à Ludwigsburg, lui, dont ses adversaires répétaient si souvent qu'il était « vieux ». Il avait pris cet auditoire pour son discours sur l'avenir de l'Europe et du monde. On lui reprocha parfois d'avoir traité, devant la jeunesse allemande, de thèmes trop abstraits — l'homme devant un monde dominé par les machines, les menaces de dégradation du patrimoine de l'humanité, la croisade qu'il fallait mener contre le sous-développement d'innombrables peuples, la primauté de l'esprit — mais il avait sans doute raison : les jeunes Allemands n'attendaient de lui aucune sorte de démagogie mais plutôt une leçon de grandeur morale. Il regretta, évidemment, d'avoir buté sur un passage de son discours en allemand, bien qu'il se fût rattrapé aussitôt, au point de confier à Pierre Maillard : « Je crois bien que j'ai manqué mon affaire. » Mais il se trompait. Pour son auditoire, il était bien qu'il ait visé haut. Puis ce fut sa démarche la plus audacieuse : sa visite à l'académie militaire de Hambourg, le 7 septembre. Là, le discours qu'il prononça eut une énorme résonance, tant il défiait les conventions et balayait les préventions :

> C'est le fait des Français et c'est le fait des Allemands, dit-il, qu'ils n'ont jamais rien accompli de grand, au point de vue national, ou au point de vue international, sans que, chez les uns ou chez les autres, la chose militaire y ait éminemment participé. En raison de notre nature propre aussi bien que du commun danger, la coopération organique de nos armées en vue d'une seule et même défense, est donc essentielle à l'union de nos deux pays.

Il ne fallait certes pas donner à ces propos une portée politique exagérée : de Gaulle avait écarté, consciemment, Berlin de son périple, voulant marquer ainsi qu'il n'oubliait pas que la ville ne faisait pas partie de la République fédérale, voulant aussi éviter tout ce qui pourrait évoquer l'esprit de la guerre froide. Mais cet hommage à l'histoire guerrière de l'Allemagne fut accueilli par ses auditeurs comme un geste chevaleresque, un signe de noblesse. Les sentiments, grands ou naïfs, eurent d'ailleurs leur place à chaque étape de ce voyage. A Munich, le 9 septembre, a raconté Pierre Maillard, une délégation vint d'Ingolstadt, où il fut prisonnier durant la Première Guerre mondiale, brandissant un panneau : « Monsieur le président, la jeunesse de la ville de votre captivité vous offre ses salutations les plus amicales. » Et au terme de son périple, l'hebdomadaire à grand tirage, *Der Spiegel*, en tirait cette conclusion : « De Gaulle est venu en Allemagne Président des Français et il en repart Empereur d'Europe. »

Ce fut, pour de Gaulle, une expérience qui le marqua profondément. Il écrivit à sa sœur :

> L'empressement des foules et l'enthousiasme de la population lors du voyage en Allemagne ont été réellement incroyables.

On peut penser qu'il en exagéra la portée : il crut sans doute, au moins passagèrement, que le peuple allemand avait été sensible à son appel à l'indépendance de l'Europe, à la mission historique qui l'attendait maintenant. La suite devait le détromper. Mais non sur la profondeur de la réconciliation des deux peuples : il n'est pas exagéré de dire que c'est à partir de son voyage outre-Rhin qu'elle fut acquise jusque dans les sentiments populaires, et, pour autant qu'on puisse jamais le dire, définitivement.

Adenauer, de son côté, jugeait, au terme de ce voyage, que sa politique de rapprochement avec la France était « validée par le peuple ». Mais il doutait de son avenir : il savait combien, tout en étant populaire, elle était critiquée par ceux qui redoutaient qu'elle éloigne l'Allemagne de ses relations privilégiées avec les Etats-Unis, de son rêve d'une

Europe supranationale ou fédérale, de son aspiration à un Marché commun plus étendu et comprenant d'abord l'Angleterre. Il voulut donc pérenniser sa politique par un texte solennellement adopté par les deux pays. Il était d'autant plus pressé d'aboutir que de Gaulle tint, le 14 janvier 1963, une conférence de presse, où, comme on l'a vu, il rejetait les propositions américaines en matière d'armes nucléaires et ajournait l'adhésion de la Grande-Bretagne à la Communauté européenne. Six jours plus tard, le 20 janvier, il arriva à Paris, résolu à faire aboutir son projet. Il est révélateur, cependant, que le premier personnage qu'il ait rencontré, le soir même, soit Jean Monnet : celui-ci s'acharna à le convaincre de ne pas signer de traité franco-allemand, le mettant en garde contre les réactions américaines et européennes, contre l'influence que de Gaulle pourrait exercer, par ce biais, sur la politique étrangère allemande[17].

En fait, les conversations entre Adenauer et le président français furent loin d'être exemptes de contradictions et d'équivoques[18]. De Gaulle fit mine d'envisager le jour où l'Allemagne se doterait d'armes nucléaires mais pour en faire ressortir aussitôt les conséquences redoutables et rappeler les oppositions qui viendraient aussi bien des Etats-Unis que de l'Union soviétique et des pays de l'est de l'Europe. Adenauer protesta de sa bonne volonté : il n'avait aucunement l'intention d'orienter la politique militaire allemande vers la fabrication d'armes atomiques, mais uniquement vers le développement de forces conventionnelles. Mais il ne donna aucune suite positive aux suggestions françaises sur une coopération militaire plus poussée entre les deux pays. Au contraire, il rendit compte à de Gaulle des conversations qu'il venait d'avoir avec le sous-secrétaire d'Etat américain, George Ball, venu lui proposer de participer à la « force multilatérale » imaginée par l'administration Kennedy qui devait comporter des sous-marins à équipages mixtes, dotés de la fusée américaine Polaris[19]. Et il ajouta que l'Allemagne acceptait ces suggestions. De Gaulle en conclut, à haute voix, qu'il ne servait à rien de vouloir réformer l'Organisation militaire atlantique puisque, de toute façon, les Européens voulaient s'en remettre aux Etats-Unis pour leur défense comme les Britanniques venaient, une fois de plus, de le montrer en acceptant aussi les propositions de Kennedy au lieu d'envisager une coopération nucléaire avec la France qui aurait assuré l'indépendance stratégique de l'Europe. Les conversations suivantes révélèrent les mêmes arrière-pensées divergentes à propos de l'adhésion britannique et de l'avenir de la Communauté économique. Mais peu importait alors : Adenauer et de Gaulle étaient résolus à signer un traité qui, prévoyant seulement des consultations organiques et régulières et un rapprochement systématique des politiques menées par les deux pays, avait, en réalité, pour seul objet de consacrer la réconciliation entre les deux peuples. Dans un grand concert de cordialité, de courtoisie et d'émotion, il fut signé le 22 janvier à l'Elysée.

Dans les deux pays, on constata une même adhésion populaire : le traité fut perçu comme la garantie de la paix en Europe pour les générations futures. Dans la classe politique française, l'hostilité fut générale, excepté dans la majorité parlementaire : à travers le traité, c'était l'ensemble de la politique étrangère menée par de Gaulle qui était visé. Jean Monnet conçut alors une contre-offensive qui enlèverait au traité sa substance [20]. Il intervint auprès des dirigeants des partis politiques allemands pour qu'avant le texte de loi ratifiant le traité, un préambule en limite strictement la portée. Le texte en fut rédigé en des termes aussi rigoureux que possible : il précisait que le traité ne devait nuire ni au fonctionnement de l'Alliance atlantique, ni à son organisation militaire, ni à l'intégration économique et politique de l'Europe, ni à une future adhésion britannique au Marché commun. Et c'est avec ce préambule, que le Bundestag ratifia le traité le 16 mai. De Gaulle y réagit-il avec amertume ou avec résignation, avec tristesse ou par un scepticisme amusé ? Pierre Maillard croit qu'à cette occasion, il refusa, symboliquement, un dessert trop sucré en disant : « Merci, moi je n'aime que les oranges amères. » Et Jean Lacouture cite un autre mot :

> Les traités, voyez-vous, sont comme les jeunes filles et comme les roses : ça dure ce que ça dure. Si le traité franco-allemand n'était pas appliqué, ce ne serait pas la première fois dans l'Histoire [21].

A cette date, ni l'une ni l'autre des deux voies offertes à la construction européenne n'était plus ouverte. Une organisation politique commune aux six Etats membres fondateurs du Marché commun et compatible avec leur indépendance, avait été rejetée le 17 avril 1962, et, en aucun cas, le traité franco-allemand ne pouvait s'y substituer. Et l'élargissement de la Communauté économique européenne, par l'adhésion de la Grande-Bretagne, et certainement d'autres pays à sa suite, venait aussi d'être écarté.

A plusieurs reprises, à Londres et à Alger, comme à Paris, au temps où il dirigeait le gouvernement provisoire, de Gaulle avait envisagé une configuration de l'Europe où la Grande-Bretagne aurait sa place. Il savait aussi que les Britanniques ne céderaient pas à la tentation de la supranationalité, et moins encore du fédéralisme : au sein de l'Europe, ils partageaient, avec lui, la même volonté de préserver l'indépendance des nations. Il paraissait, enfin, sensible à ce que l'Angleterre apporterait à la Communauté européenne de sérieux, de traditions libérales et de sens des responsabilités de l'Europe dans le monde. Mais, en sens inverse, il estimait que les Britanniques restaient trop attachés à l'héritage du Commonwealth pour accepter de distendre leurs liens avec celui-ci au profit de relations plus étroites avec le continent, qu'ils cherchaient plutôt à le diviser qu'à l'unir pour en rester les arbitres entre les autres Etats de la Communauté, en particulier la France et l'Allemagne, et surtout qu'ils seraient toujours prisonniers de leurs liens privilégiés avec les Etats-Unis et chercheraient toujours à aligner les choix européens sur les choix américains. Au fond il voyait des avantages et des inconvénients à l'adhésion de l'Angleterre à l'Europe, et, à mesure des circonstances, il fut tenté par les uns et attentif aux autres.

L'intérêt national, sur le seul terrain de l'union économique de l'Europe, le porta d'abord à refuser la zone de libre-échange où le Premier ministre britannique Macmillan proposa d'englober le Marché commun. Partisan de l'ouverture des frontières, de Gaulle jugeait, comme les signataires du traité de Rome, que l'intérêt français était d'accompagner la baisse, puis la disparition des barrières douanières entre Européens, d'un tarif extérieur commun, et il voulait, de plus, que la « préférence communautaire » s'applique pleinement à l'agriculture. C'était aussi l'avis de ministres pourtant réputés pour leur attachement à l'indépendance nationale, comme Maurice Couve de Murville ou Michel Debré. De Gaulle fit donc échouer les démarches britanniques[22]. Avec le recul du temps, on peut se demander si l'occasion n'a pas alors été perdue d'écarter un système européen qui, à force de supranationalité, conduirait au fédéralisme et finirait par compromettre irrémédiablement l'indépendance des nations. Après tout, les partenaires de la France insistaient eux-mêmes pour ouvrir les portes du Marché commun à la Grande-Bretagne, résolue, quant à elle, à préserver sa souveraineté. Mais il est vrai que, pour additionner les avantages du Marché commun et ceux de l'adhésion britannique, il aurait fallu une longue et dure négociation, et peut-être une remise en cause partielle du traité de Rome : de toute évidence, les pays signataires, autres que la France, n'y étaient pas prêts et elle risquait elle-même d'y perdre les garanties qu'elle avait obtenues.

La France s'engagea donc dans la voie d'une Europe sans l'Angleterre. Les premières étapes de la mise en œuvre du Marché commun furent franchies avec succès. On commençait même à envisager d'en accélérer l'achèvement, quand, au mois d'août 1961, un fait nouveau se produisit qui pouvait changer l'avenir de la Communauté européenne : la Grande-Bretagne demanda officiellement à y adhérer. C'était le résultat d'un revirement de la politique anglaise. Macmillan dirigeait très activement la diplomatie anglaise depuis qu'il avait succédé, comme Premier ministre, à Anthony Eden : jouant au mieux de l'amitié personnelle nouée pendant la guerre avec Eisenhower aussi bien qu'avec de Gaulle, il avait été le véritable artisan des préparatifs de la conférence au « sommet » de mai 1960 à Paris, mais devait maintenant tenir compte de son échec. Il pensait que l'Angleterre pouvait jouer un rôle décisif dans les affaires internationales, étant seule à se trouver au cœur de trois zones d'influence : l'Europe, le Commonwealth, et le monde atlantique forgé par les relations spéciales entre Londres et Washington. Mais pour que ce rôle fût effectif, il fallait évidemment que l'Europe ne se construise pas sans l'Angleterre. C'est pourtant ce qui était en train de se faire, à mesure des progrès du Marché commun. Il s'y ajoutait, sans nul doute, dans l'esprit du Premier ministre britannique, le souci de briser la rigidité et le conservatisme de l'économie anglaise en l'ouvrant davantage à la compétition européenne et l'espoir de rendre quelque éclat à la politique du parti conservateur qu'il dirigeait.

Ses démarches auprès de plusieurs gouvernements d'Europe continentale semblèrent bien augurer des chances d'une candidature anglaise. Ce n'était pas seulement le cas du côté allemand, italien ou hollandais, mais aussi du côté français. Le 2 mars 1961, devant le Conseil de l'Europe, Couve de Murville déclarait : « Nos collègues des six pays et nous-mêmes avons dit que le Marché commun était et resterait ouvert à tous les pays européens et que n'importe lequel d'entre eux pourrait s'y joindre s'il le voulait. Nous sommes encore persuadés que pour certains peuples cette solution constitue une perspective valable et peut-être la seule solution satisfaisante. » A la fin de juin, de Gaulle précisait même dans un discours prononcé à Metz :

> Il est nécessaire que l'Angleterre entre au Marché commun, mais sans poser de conditions,

et quand Londres, quelques jours plus tard, annonça sa candidature officielle en août, il fut plus positif encore dans sa conférence de presse du 5 septembre 1961 :

> Les six nations participant au Marché commun ont toujours souhaité que d'autres pays, et en particulier la Grande-Bretagne, adhèrent au Marché commun, qu'ils en assument les obligations et en récoltent les bénéfices. Nous connaissons très bien la complexité du problème, mais il semble que maintenant tout concourt à le résoudre et, pour ma part, je ne puis qu'en être satisfait, non seulement du point de vue de mon pays, mais du point de vue de l'Europe...

Les négociations s'ouvrirent le 10 octobre. A la fin de novembre, de Gaulle rendit visite à Macmillan à Birch Grove et lui fit comprendre que, selon lui, l'Angleterre avait à choisir entre le Commonwealth et l'Europe : mais il lui redit son intérêt pour l'adhésion britannique au Marché commun, insistant sur les avantages pour celui-ci de s'adjoindre un « pays sérieux [23] ». Pourtant, le contexte politique de la candidature anglaise se dégradait au moment même où elle devenait effective. Dès le printemps 1962, la conférence atlantique d'Athènes révéla que l'Angleterre avait, sur le problème essentiel de la défense, une position radicalement opposée à celle de la France. Le gouvernement américain y proposa de substituer à une riposte nucléaire immédiate et massive une riposte « graduée », ce qui laissait prévoir que l'Europe serait, le cas échéant, le théâtre d'une vaste bataille conventionnelle, plus ou moins assortie de l'emploi d'armes atomiques tactiques. Comme les autres Etats de l'Organisation atlantique, sauf la France, l'Angleterre n'y paraissait pas hostile. Cet épisode augurait mal de l'avenir d'une coopération franco-britannique capable de rendre quelque indépendance stratégique et par conséquent politique à l'Europe. Il s'y ajouta l'effet de la crise du 17 avril 1962, que le gouvernement français interpréta comme résultant de l'influence britannique sur les Pays-Bas : si Londres pouvait jouer ainsi de l'opposition des partenaires de la France à sa politique étrangère, celle-ci serait constamment en butte à une coalition difficile à dissocier...

Pourtant, l'attitude française n'en fut pas immédiatement modifiée. L'adhésion britannique continuait d'offrir, selon de Gaulle, des avantages importants : d'abord un considérable renforcement de la puissance et de l'autorité de la Communauté européenne ; mais surtout une garantie contre toute évolution de l'Europe vers l'intégration politique puisque l'Angleterre demeurait attachée aux souverainetés nationales. Certes, les négociations traînaient dangereusement en longueur. Mais rien n'était compromis : bien au contraire, c'est au début de l'été que les chances d'une adhésion britannique furent les plus grandes.

En juin, en effet, de Gaulle et Macmillan se réunirent au château de Champs[24]. Le Premier ministre britannique tint à minimiser les difficultés qui risquaient de provenir des questions agricoles, précisant qu'elles n'intéressaient au fond que 4 % de la population anglaise. Il prévoyait, à brève échéance, un accord de principe sur les problèmes principaux et se faisait fort d'obtenir l'approbation de la Conférence des ministres du Commonwealth en septembre et du Congrès conservateur en octobre. Après son adhésion au Marché commun, la Grande-Bretagne adhérerait volontiers à une union politique européenne telle que de Gaulle l'avait envisagée. Il évoquait même l'idée d'une défense européenne, grâce aux possibilités offertes par la coopération franco-anglaise pour la recherche et la production de matériels stratégiques et militaires. On en recueillit, du côté français, l'impression que la porte était ouverte, pour l'avenir, à un travail en commun, y compris dans le domaine nucléaire. Les procès-verbaux, du côté anglais ne font pas expressément état d'échanges de vues sur l'armement atomique, mais, du côté français, ils indiquent que Macmillan avait proposé une coordination de l'emploi des forces nucléaires anglaise et française au cas où les Etats-Unis n'utiliseraient pas leur force de dissuasion.

Tous ceux qui connurent les détails des entretiens eurent l'impression que l'Angleterre s'apprêtait à choisir définitivement l'Europe. Les responsables des relations franco-britanniques se montraient alors résolument optimistes quant à l'issue des négociations engagées à Bruxelles[25]. C'était aussi le sentiment de plusieurs dirigeants anglais. L'un d'entre eux, Ian MacLeod, président du parti conservateur et leader des tories à la Chambre des communes, voulut, dès juillet, que l'on tranche d'un seul coup toutes les difficultés qui subsistaient avant les vacances parlementaires. Selon lui, tout retard laisserait passer la chance qu'un accord offrirait au parti conservateur si l'on avait l'audace de procéder aussitôt à des élections anticipées. La majorité du cabinet britannique opta pour l'attente et la prudence, arguant des réticences du Commonwealth et de bien des conservateurs anglais. Les suggestions de MacLeod furent repoussées. Il n'est pas exagéré de dire aujourd'hui que la chance d'une adhésion britannique au Marché commun venait alors de passer sans que personne en fût conscient.

Au début d'août 1962, aucun accord n'avait été conclu sur l'agriculture et les relations avec le Commonwealth. Quand les négociations reprirent, à l'automne, les progrès, autant qu'il y en eut, étaient de plus en plus lents et, à la fin de novembre, on en était encore à discuter de l'entrée en franchise dans le Marché commun de la viande de kangourou, de l'huile de foie de morue et de lapins de garenne en gelée... Là encore, les arrière-pensées s'ajoutaient au malaise provoqué par le piétinement des pourparlers.

On ne put s'empêcher, du côté français, de penser que les négociateurs britanniques menaient une action retardatrice dans l'attente de l'échec que de Gaulle risquait aux élections législatives de novembre. C'était ce que disaient ouvertement les commentaires de la presse et c'était alors l'état d'esprit de tous les partenaires de la France. Du reste, l'hostilité véhémente du parti travailliste et de son chef, Hugh Gaitskell, à l'adhésion britannique au Marché commun, ses succès aux élections partielles, suggéraient que rien de définitif n'était réellement acquis du côté anglais. C'est alors, sans doute, que de Gaulle pensa que l'on ne pouvait compter à brève échéance sur l'adhésion totale de l'Angleterre à la Communauté économique européenne. Seul un fait politique nouveau aurait pu le faire changer d'avis.

Il survint en effet, mais il eut l'effet exactement contraire. Des entretiens franco-britanniques s'ouvrirent à Rambouillet les 15 et 16 décembre 1962[26]. Si, du côté anglais, on remarqua surtout les propos du chef d'Etat français sur le caractère maritime et insulaire du destin britannique, de Gaulle, pour sa part, ne put que noter l'imprécision des indications données par Macmillan sur l'avenir immédiat des négociations de Bruxelles en même temps que l'absence de tout projet concret de coopération franco-anglaise en matière de défense ou d'armement. C'est qu'à Rambouillet la candidature britannique au Marché commun n'était pas seule en cause, mais aussi le problème des relations entre l'Europe et l'Amérique. On était à quelques jours de la rencontre entre Macmillan et le président Kennedy à Nassau, où l'avenir de ces relations serait en question, et là était au fond l'essentiel.

On sait à quoi elle aboutit : des fusées Polaris seraient vendues aux Britanniques, à charge pour eux de construire les sous-marins appropriés, leurs forces ainsi constituées étant, avec des unités américaines similaires, mises à la disposition de l'OTAN, sauf « intérêt national majeur », et la France serait appelée à souscrire à cet accord aux mêmes conditions, tandis que les autres Etats de l'Organisation atlantique pourraient constituer au moyen d'unités navales à équipage mixte une force « multilatérale », tout aussi dépendante de l'OTAN. Il fut bien question, à Nassau, de la difficulté de rallier la France à un tel arrangement, mais Macmillan, niant que celle-ci pût compromettre les conversations de Bruxelles, insista pour qu'il fût publié sur-le-champ afin de renforcer sa position politique à Londres.

Pouvait-il y avoir le moindre doute sur la suite ? L'essentiel était la volonté du gouvernement américain de contrôler, ou même de supprimer les forces atomiques indépendantes en Europe. Pour les forces britanniques, il y était parvenu. Il ne pouvait en espérer autant du côté français : tout au plus son objectif était-il, conformément aux instructions données, semble-t-il, à son ambassade à Paris, d'engager des négociations prolongées au terme desquelles la situation politique française aurait peut-être changé...

Dès Rambouillet, de Gaulle avait jugé que la Grande-Bretagne s'orientait vers une solution ayant la préférence des Etats-Unis. Le résultat de Nassau le confirma dans ses craintes, mais le surprit par l'ampleur de la décision prise, en quarante-huit heures, par Macmillan et son gouvernement. Que l'administration américaine, en même temps, ait pris parti pour l'adhésion britannique au Marché commun prouvait, à ses yeux, qu'il s'agissait, dans tous les domaines, d'une vaste tentative pour empêcher la constitution d'une Europe indépendante du système atlantique. L'attitude anglaise répondait aux vœux américains. Celle de la France était diamétralement opposée : elle allait refuser les offres de Nassau. Après Rambouillet, les chances de voir la France soutenir la candidature britannique au Marché commun étaient très faibles ; elles étaient nulles après Nassau. C'est ce que de Gaulle fit savoir au monde lors de sa conférence de presse du 14 janvier.

Restait à gérer ce qui existait. Car deux conceptions continuaient de s'affronter : pour la France, la Communauté économique devait aboutir à des politiques communes mais non à une communauté supranationale avec ses propres lois et sa propre orientation ; pour la plupart de ses partenaires, l'objectif essentiel était de constituer une communauté politique intégrée, faute de quoi mieux valait s'en tenir aux seules dispositions impératives du traité, c'est-à-dire au libre-échange entre les Six et au désarmement douanier vis-à-vis de l'extérieur, quitte à élargir la Communauté européenne en une plus vaste communauté économique occidentale. Or, il ne s'agissait là nullement de controverses philosophiques ou académiques : des politiques très précises et des intérêts majeurs se trouvaient en jeu. En exigeant que le bloc des Six soit solidement constitué et capable de se défendre, la France entendait à la fois assurer ses possibilités d'exportations agricoles et préserver l'Europe de l'hégémonie économique américaine ; en récusant toute supranationalité, elle cherchait à garder sa liberté d'action et tentait d'éviter son propre étouffement par la majorité de ses partenaires, tous apparemment décidés à s'aligner sur la politique américaine. De même, ces derniers, en réclamant l'application la plus libre-échangiste du traité de Rome, songeaient surtout à garantir leur approvisionnement en matières premières et en produits agricoles au plus bas prix sur le marché mondial ; et en insistant pour l'instauration rapide d'une supranationalité, d'abord économique et bientôt politique, ils cherchaient à endiguer au plus vite les développements audacieux et même spectaculaires de la politique étrangère indépendante menée par la France. On ne trouve aucun texte officiel et presque jamais de déclarations officieuses qui fassent état de ces arrière-pensées : mais, faute de s'en souvenir, l'histoire des affaires européennes serait inintelligible.

En pratique, il s'agissait de savoir comment appliquer le traité de Rome. Celui-ci définissait la Communauté comme une union douanière, prévoyait sans ambiguïté l'instauration d'un tarif extérieur commun, et en fixait les étapes. Le Marché commun impliquait donc le libre-échangisme entre les pays qui en étaient membres et un régime libéral des échanges avec les pays tiers puisque le tarif commun ne serait d'abord qu'à un taux moyen. En fait, tous ses partisans, y compris les socialistes allemands et français, avaient plaidé pour la libre concurrence et pour une forme plus ou moins accentuée de libre-échange : l'esprit du temps y était sans doute pour beaucoup et il s'est imposé de plus en plus jusqu'à la fin du siècle.

De Gaulle s'en inspira aussi, sans hésiter. Ses choix économiques comportaient l'ouverture à la compétition internationale : l'abolition des barrières commerciales en Europe en serait à la fois l'apprentissage et la première étape. Désormais, aucun faux-semblant, aucun artifice, aucune protection arbitraire ne dissimulerait plus l'état réel de l'économie et son aptitude à faire face à l'épreuve de la concurrence ; rien n'entretiendrait plus dans le pays l'illusion de croire qu'il pouvait mener sa propre politique indépendamment des réalités extérieures.

C'est dans cette voie que de Gaulle allait s'engager et persévérer. Dès la fin de 1959, le gouvernement français, s'inspirant des suggestions du patronat et de certains membres de la Commission exécutive européenne, en particulier Robert Marjolin, prenait parti pour le franchissement accéléré des étapes prévues par le traité de Rome. L'intérêt de la France était que le même rythme s'applique à l'abaissement des tarifs douaniers intracommunautaires et à l'établissement du tarif extérieur commun. Sur sa proposition les Six décidèrent, le 12 mai 1960, d'avancer d'un an la troisième réduction de 10 % des droits de douane, en la fixant au 1er janvier 1961 au lieu du 1er janvier 1962. Puis une seconde accélération intervint un an plus tard. Au 1er juillet 1963, quand cette deuxième mesure fut en application, la réduction des droits par rapport à 1957 était de 60 % pour les produits industriels et de 45 % pour les produits agricoles non soumis à la politique agricole commune. Enfin la France obtint que les Six déterminent leur tarif douanier commun dès 1960, et que l'écart entre celui-ci et leur tarif national soit réduit de 30 % le 1er juillet 1963, avec deux ans et demi d'avance sur les échéances prévues.

Le traité de Rome impliquait aussi la définition de politiques communes, en particulier pour l'agriculture. C'était pour la France, un enjeu primordial : elle produisait la moitié des céréales en Europe, et la moitié de sa production devait être exportée. Il s'agissait pour elle d'obtenir que la Communauté européenne donne la priorité aux productions européennes sur le marché des Six et favorise l'écoulement des surplus sur les marchés extérieurs. En pratique, des prix communs seraient fixés pour tous les produits principaux qui circuleraient librement dans le Marché commun, et des prélèvements seraient faits sur les produits importés, au profit d'un Fonds commun, le FEOGA, qui servirait à subventionner les exportations agricoles et à financer les réformes structurelles de l'agriculture européenne. Telle serait l'architecture de la politique agricole commune. Mais rien n'était catégoriquement prévu, dans le traité, pour l'imposer. De là vient le caractère inévitablement tendu des négociations sur sa définition et sa mise en œuvre. Les « marathons » de janvier 1962 ou de décembre 1964 ne provenaient donc pas du style particulier de la diplomatie conduite par de Gaulle : n'importe quel gouvernement français, étant le principal intéressé à la réalisation d'une politique agricole européenne, devait nécessairement tout mettre en jeu pour obtenir gain de cause, et le traité de Rome ne lui donnait aucun autre moyen de pression que la menace d'une paralysie générale du Marché commun.

Le traité, en effet, stipulait que les institutions communes vivraient seulement des contributions financières des Etats, et précisait même, en son article 201, que tout changement dans le mode de financement, « notamment par des recettes provenant du tarif douanier commun », devait être décidé à l'unanimité. Quand on traita du règlement financier du Marché commun, l'occasion était donc bonne pour les partisans de l'intégration européenne, de proposer l'affectation des recettes douanières aux institutions communes : le seul adversaire connu de la supranationalité était le gouvernement français qui devait être, précisément, le principal bénéficiaire du financement communautaire de la politique agricole commune. On conçoit que la commission exécutive, ardemment favorable à l'intégration, ait pensé que la France ne pourrait pas faire autrement que d'accepter une dose supplémentaire de supranationalité puisqu'à ce prix elle obtiendrait la consolidation de la politique agricole qu'elle réclamait instamment.

Pour comprendre la détermination française face aux propositions faites le 31 mars 1965 par la commission exécutive, il faut en prendre la mesure. L'ensemble des recettes douanières communes, y compris les prélèvements sur les importations agricoles, était évalué à 2,4 milliards de dollars par an, le FEOGA absorberait 1,2 milliard pour le soutien du prix des denrées, pour la « restitution » due aux exportations vers les pays tiers et pour l'aide aux réformes de structure du secteur agricole. Le financement des institutions européennes coûtait 400 millions. Il resterait donc 800 millions à la disposition de la commission exécutive, qui pouvait les affecter à « des tâches particulières de la Communauté », à moins qu'ils ne fussent reversés aux Etats. Tel était l'ensemble des ressources dont auraient bénéficié les pouvoirs européens de Bruxelles.

Aucun Etat européen n'était pressé d'abandonner ses recettes douanières et les pays les plus attachés au libéralisme économique se méfiaient instinctivement des multiples interventions des pouvoirs européens dès lors qu'ils en auraient eu les moyens financiers. Mais la France tenant à conserver sa liberté d'action et à se préserver des pressions extérieures, avait des raisons particulières de s'y opposer. L'utilisation par la commission exécutive de 800 millions de dollars pour des « tâches particulières de la Communauté » eût à nouveau posé le problème de la supranationalité : c'est que l'emploi d'une telle masse de manœuvre aurait eu des effets considérables sur la vie économique de l'Europe. Ce risque était d'autant plus réel que la règle de la majorité qualifiée — sans « veto » possible pour la France — se serait appliquée à toute décision concernant l'affectation de ces ressources. De surcroît, la commission suggérait que les « restitutions » destinées à subventionner les exportations agricoles ne soient plus automatiques mais subordonnées à ses propres décisions. Elle aurait donc pu priver des avantages de la politique agricole commune toutes les exportations et tous les accords commerciaux dont elle n'aurait pas voulu, ne serait-ce que pour des raisons purement politiques. C'était toute la politique commerciale de chacun des Etats qui eût été contrôlée, en grande partie, par les institutions communes. D'autant que les propositions de la commission s'appliquaient aux exportations et non aux importations. Or il y avait un rapport évident entre la nécessité pour certains d'exporter leurs surplus agricoles et la volonté des autres d'acheter les produits agricoles des pays tiers si cela leur convenait : les Six s'étant toujours prononcés pour un régime libéral d'importation, les pays exportateurs ne pouvaient se résigner à voir le soutien communautaire de leurs ventes aux pays tiers à la merci d'une décision majoritaire de la commission exécutive.

Il n'y avait aucune chance que la France acceptât les propositions de la commission exécutive, elle interrompit les négociations et pratiqua dès lors la tactique de la « chaise vide ». C'est que l'attitude des principaux membres de la commission exécutive, celle aussi de quelques-uns des membres les plus influents des gouvernements des Six, semblait démontrer qu'on voulait la mettre en présence d'un bloc de propositions à accepter telles quelles. Or, jamais dans le passé la commission n'avait agi de la sorte. Attitude évidemment politique : parce que la France était particulièrement sensible à la mise en œuvre du Marché commun agricole, il s'agissait de lui faire admettre un important surcroît de supranationalité dans le fonctionnement de la Communauté économique européenne. Nul doute qu'à Bruxelles — mais aussi à Bonn et à La Haye — on ait prévu que cette tentative échouerait : dans ce cas, le gouvernement français serait rendu responsable de la paralysie d'une construction économique qui avait tant profité à la France et qui devait tant servir son agriculture. Les partis traditionnels, les organisations patronales, les milieux agricoles ne pouvaient pas manquer de s'insurger contre la raideur du gouvernement.

De fait, la campagne présidentielle de décembre 1965 s'en ressentit. Les candidats d'opposition, en particulier Jean Lecanuet, utilisèrent largement la crise européenne pour contester la politique étrangère menée par de Gaulle. Mais celui-ci fut réélu. Dès lors, il fallait en revenir au point de départ : accepter une politique communautaire compatible avec les exigences et les intérêts de la France ou renoncer à poursuivre la mise en œuvre du Marché commun. En janvier 1966, deux « arrangements » furent donc conclus. L'un réglementa plus strictement les relations entre le Conseil des ministres des Affaires étrangères et la Commission, de manière à détourner celle-ci de se comporter en « gouvernement européen ». L'autre remettait en cause la pratique des décisions prises à la majorité — et non plus à l'unanimité — qui devait intervenir à partir de cette date pour le fonctionnement de la Communauté.

Cette crise fut la plus sérieuse : elle fut pourtant surmontée. Pas à pas, malgré les chocs dus à l'échec du projet d'union politique et de la candidature anglaise, l'Europe économique prenait forme. Le rapprochement des trois communautés — Marché commun, Pool charbon-acier et Euratom — et, en pratique, leur fusion par la création d'une Commission unique, prirent deux ans. De Gaulle ne voulut pas que le président en soit celui de la Commission du Marché commun, Walter Hallstein, partisan déclaré de la supranationalité, qui avait déclenché l'offensive menée contre la France à propos du financement de la politique agricole commune, tandis que le chancelier Ehrardt voulait qu'il reste en fonction : l'affaire ne se débloqua que par la démission de Walter Hallstein et la formation, le 6 juillet 1967, de la Commission unique sous la présidence du Belge, Jean Rey, tout aussi favorable à la supranationalité et, en même temps, à l'adhésion britannique. En revanche, la nouvelle Commission, tout comme la précédente, soutint la position française dans la négociation internationale sur la réduction des droits de douane, le *Kennedy Round*, et les résultats furent ceux qu'à

Paris on voulait obtenir : la baisse progressive des tarifs douaniers sur les produits industriels et une protection suffisante pour les produits agricoles européens.

Dix ans après que de Gaulle eut décidé que la France, sans délai et sans « clauses de sauvegarde », s'engagerait dans la Communauté économique européenne, le bilan en était positif. La politique agricole commune avait été littéralement arrachée à ses partenaires. Elle en était le plus grand bénéficiaire par le montant des « restitutions » du FEOGA, et on admettait que son agriculture avait ainsi pu se moderniser plus qu'à aucune autre époque, même si c'était au prix d'un coût élevé pour la Communauté et d'un risque permanent de surproduction. Les « arrangements » de Luxembourg avaient mis en échec les tentatives de supranationalité. A l'échéance de 1968, les tarifs douaniers avaient tous été supprimés à l'intérieur de la Communauté, et le tarif extérieur commun était institué. Le traité de Rome, au total, avait été appliqué avec un an et demi d'avance sur ce qui était prévu.

Mais était-ce bien l'Europe que de Gaulle avait voulue ? Certainement pas. Jusqu'à la crise du 17 avril 1962, il avait poursuivi un objectif clairement défini : une Europe politiquement et économiquement structurée, mais qui préserve, en dernier ressort, l'indépendance des Etats qui en seraient membres, et, en même temps, serait indépendante des Etats-Unis. Cet objectif, il ne l'avait pas atteint. Il s'était heurté à l'opposition de tous ses partenaires, sur tous les terrains à la fois : ils voulaient une organisation supranationale ou fédérale de l'Europe, et ils ne voulaient en aucun cas qu'elle relâche ses liens avec les Etats-Unis, même si c'était évidemment des liens de dépendance. Rien de plus significatif que les innombrables discussions qui eurent lieu, avant et même après la crise du 17 avril 1962, sur les questions de défense : de Gaulle fut prêt, à plusieurs reprises, à aller loin dans la voie d'une défense commune pourvu qu'elle fût nettement distincte de l'Organisation militaire atlantique, mais, toujours, ses propositions furent rejetées.

C'est pour la même raison qu'il écarta la candidature britannique à la Communauté européenne. L'Angleterre, durant cette période, ne cessa jamais d'être liée aux Etats-Unis et prête à tout accepter pour maintenir ces liens : de Gaulle le constatait et le vérifiait en toute occasion, et les dénégations et protestations de Macmillan et de Harold Wilson n'y changeaient rien. Peut-être l'Angleterre aurait-elle pu entrer dans la Communauté européenne en acceptant, d'emblée, les conditions économiques demandées par les Six, et probablement y serait-elle parvenue si elle avait fait un geste significatif d'indépendance à l'égard des Etats-Unis, par exemple en écartant les offres de Kennedy à Nassau. Faute de quoi, de Gaulle n'eut aucune raison de changer d'avis : l'Angleterre, dans l'Europe, y renforcerait immanquablement la prépondérance américaine.

Il en conclut donc qu'il faudrait, en gardant l'Angleterre à l'écart, mener un combat sur deux fronts : faire avancer l'union économique de l'Europe puisque c'était, à son avis, l'intérêt de la France, et s'opposer constamment à ce qu'elle devienne pour autant une Europe supranationale ou fédérale. Deux combats difficiles à mener à la fois. Maurice Couve de Murville s'en chargea avec un talent que de Gaulle ne cessa jamais d'admirer, et avec un succès qu'il apprécia : sans doute fallait-il aussi le renfort constant de son propre personnage, de son autorité, de sa résolution. Même ainsi, on en viendrait bientôt à une impasse, et peut-être faudrait-il penser à explorer d'autres voies.

Mais sur cette Europe indépendante qu'il réclamait à ses partenaires, s'est-il fait jamais beaucoup d'illusions ? Le 9 mars 1965, quand s'esquissait encore l'une de ces nombreuses et vaines démarches en vue d'une organisation politique européenne — elle venait cette fois du chancelier Erhard —, il confiait à l'ambassadeur hollandais Bentinck :

> L'unité de l'Europe n'est pas pour demain. Nous n'avons proposé le plan Fouchet que par acquit de conscience, certes l'Allemagne et l'Italie font des propositions, mais elles ne peuvent aboutir faute, notamment, d'accord sur la défense. Certes, le Marché commun ne pourra survivre que difficilement en l'absence d'une organisation politique, mais nous en avons vu d'autres et nous pouvons vivre sans [27].

Après la crise du 17 avril 1962, Etienne Burin des Roziers, qui était alors, comme secrétaire général de la présidence de la République, son principal collaborateur, a observé « qu'il ne portait pas le deuil » du projet d'union politique qu'on venait d'enterrer. Michel Debré dit dans ses *Mémoires* que de Gaulle lui a confié que le ministre hollandais, Luns, aurait rendu un « fier service » à la France en provoquant alors la crise.

Dans le livre que je lui ai consacré en 1964, j'ai écrit que le plan Fouchet, c'est-à-dire l'union politique européenne, avait été, pour lui, un « projet capital » et je parlais de son échec avec des adjectifs tout aussi vigoureux. De Gaulle critiqua ce passage et me dit — presque mot pour mot, je crois :

> Ce qui est capital, c'est le rôle de la France [ou l'intérêt de la France], alors ça peut s'appeler l'Europe, ou ça peut s'appeler la Chine...

J'avais eu tort, en effet, de suggérer que l'organisation politique de l'Europe était vraiment, pour lui, un objectif privilégié : c'était l'indépendance qui comptait, pour lui, par-dessus tout. Si cette Europe devait être un carcan, il n'en voulait pas. Faute de faire partager aux autres Européens cette volonté d'indépendance, il allait la pratiquer tout seul, et le champ d'action de sa politique serait alors le monde entier.

Chapitre 34
UN REGARD VERS L'EST

L'histoire des relations entre la France et l'Union soviétique, de la Seconde Guerre mondiale à la Ve République, a connu des phases régulièrement contrastées. Au point que l'on pourrait les illustrer par des scènes symboliques : la rencontre entre Staline et de Gaulle en décembre 1944, l'un au comble de sa gloire, l'autre salué par son peuple comme le libérateur de la patrie et qui allait signer le dernier traité d'alliance franco-soviétique ; quelque tribune d'une ville de province française où le fondateur du RPF haranguait avec véhémence les foules, et qualifiait les communistes de « séparatistes » ; Moscou, en 1966, où de Gaulle allait susciter autour de lui une extraordinaire ferveur populaire, séduire les hôtes du Kremlin et recevoir un accueil qui jamais ne fut fait à un chef d'Etat non communiste...

Nul ne saurait s'en étonner. En moins d'un tiers de siècle, du jour où de Gaulle enta dans l'Histoire jusqu'à celui où il quitta le pouvoir, le destin du monde a franchi trois étapes. Ce fut d'abord la lutte contre l'Allemagne hitlérienne et son ambition de dominer l'Europe : pour les démocraties occidentales l'alliance soviétique était capitale et c'est d'elle, pour une grande part, que vint la victoire. Puis les avancées de l'Armée rouge aboutirent, après la défaite hitlérienne, à l'effondrement des régimes conservateurs en Europe orientale, centrale et balkanique, tandis qu'à l'Ouest, les bouleversements dus à l'occupation allemande, à la Résistance, à la Libération donnèrent au communisme une force d'attraction telle que des millions de gens s'y rallièrent, et qu'à l'autre bout de la terre, la révolution grondait au Vietnam puis déferlait à travers toute la Chine. Cette époque fut celle de la grande peur occidentale : justifiée ou non, elle provoqua la cassure du monde en deux, les vieux antagonismes nationaux semblant s'effacer devant l'unique ligne de partage qui séparait les gouvernements et les peuples, les classes dirigeantes se mettant, en hâte, sous la protection des Etats-Unis qui se voyaient ainsi conférer, avec le consentement de leurs protégés et clients, une hégémonie incontestée. Enfin le camp socialiste s'effrita : la dissidence yougoslave ne fut jamais résorbée, la Chine et l'Union soviétique se séparèrent, les Cubains firent leur révolution par eux-mêmes, et en divers Etats du tiers-monde le socialisme emprunta de nouveaux chemins...

La politique suivie ou préconisée par de Gaulle épousa les courbes successives de l'Histoire. Dès juin 1940 il confiait à Maurice Schumann, l'un de ses premiers compagnons, que la Russie entrerait nécessairement dans la guerre. Quand ce fut fait, il s'appliqua aussitôt à rechercher le contact de Moscou. A son initiative, une escadrille française, Normandie-Niémen, alla combattre sur le front russe, seule force occidentale à s'être jointe aux armées soviétiques. L'URSS fut d'ailleurs la première à reconnaître le Comité français de libération nationale, puis le gouvernement provisoire de la République française formé par la suite sous sa seule présidence, et il alla conclure à Moscou le dernier traité entre la France et la Russie.

Après la guerre, il fut emporté, lui aussi, par la grande vague de la guerre froide. L'hégémonie soviétique sur l'Europe de l'Est lui parut trop menaçante pour qu'elle ne fût pas au premier plan de sa politique. Il estima, du reste, comme il devait un jour le dire, que dans les années 1947-1949 Moscou disposait d'une supériorité militaire qui lui eût permis de contrôler tout le continent européen et que la contre-offensive américaine n'aurait pu être qu'aléatoire et lointaine, de même qu'en 1950-1951 les Etats-Unis eurent en Asie l'occasion de provoquer une épreuve de force où ils auraient eu le dessus...

Mais cette anxiété, qu'il partageait avec la plupart des hommes politiques européens, ne le détournait pas de son souci constant : l'indépendance nationale. Toutes ses interventions publiques, à l'époque de la guerre froide, sont remplies d'âpres critiques contre la propension des gouvernements de la IVe République à laisser aux mains des Etats-Unis le choix d'une stratégie, la responsabilité de la défense commune et, finalement, la direction de la politique occidentale. Car au fond, de Gaulle ne se résignait pas, contre le risque d'une hégémonie soviétique, à l'hégémonie américaine. A ceux qui ne voyaient le salut de « l'Occident » que dans l'inféodation la plus étroite à une alliance dirigée par les Etats-Unis, il apparut alors comme un adversaire ou, du moins, comme un gêneur qui, par ses revendications d'indépendance, troublerait les relations franco-américaines. Du reste, il n'attendit pas pour discerner le cours nouveau de l'Histoire. Puisque la guerre entre l'Est et l'Ouest n'avait pas éclaté, puisque les positions en Europe s'étaient consolidées, puisque tout laissait prévoir une parité nucléaire entre les deux plus grandes puissances qui leur interdirait de s'affronter directement, il jugea que la France n'avait plus aucun motif à céder quoi que ce soit à la pression américaine et qu'elle devait tenter de normaliser, puis d'harmoniser les relations entre Etats européens. Il le dit et le redit souvent à partir de 1953 et l'on se souvient que le 30 juin 1955 — c'était la dernière fois qu'il parlait avant les événements de mai 1958 — il reprenait encore une fois la même idée :

> S'il y avait réellement une politique française, c'est nous qui aurions pris l'initiative des conversations avec l'Est.

On devait s'en souvenir à Moscou, quand s'effondra la IVe République, et qu'il revint au pouvoir.

Mais de Gaulle, dans l'intervalle, avait analysé l'avenir probable du camp communiste : il allait en déduire la politique à suivre par la France. La première conférence de presse qu'il tint après son élection à la présidence de la République, en contient l'essentiel. Tout reposait sur la conviction qu'un vaste changement n'allait pas manquer de se produire en Union soviétique et dans les autres pays communistes. De Gaulle en énumérait les raisons : les dirigeants soviétiques prenaient conscience du danger atomique et en concluaient à la nécessité de la paix ; le peuple russe aspirait évidemment à une vie meilleure et revendiquait sourdement sa liberté, ce dont le régime soviétique devrait nécessairement tenir compte ; Moscou se rendait compte de la volonté d'indépendance des peuples de l'Europe de l'Est qui, par des voies différentes, cherchaient à s'émanciper. Le rôle de Khrouchtchev lui-même intervenait en ce sens et de Gaulle évoquait à cet égard

> la personnalité du chef actuel de la Russie soviétique, discernant qu'à l'échelon suprême des responsabilités, le service rendu à l'homme, à sa condition, à sa paix, est le réalisme le plus réaliste, la politique la plus politique.

Enfin, il prédisait l'éclatement du camp communiste et, par avance, en entrevoyait les conséquences infinies

> La Russie soviétique, bien qu'ayant aidé le communisme à s'installer en Chine, constate que rien ne peut faire qu'elle-même ne soit la Russie, nation blanche de l'Europe, conquérante d'une partie de l'Asie, et, en somme, fort bien dotée en terres, mines, usines et richesses, en face de la multitude jaune qu'est la Chine, innombrable et misérable, indestructible et ambitieuse, bâtissant à force d'épreuves une puissance qu'on ne peut mesurer et regardant autour d'elle les étendues sur lesquelles il lui faudra se répandre un jour.

Les quelques phrases prononcées en 1959 sont la clé de toute la politique française envers l'Est, à partir de là. Tout y est : l'évolution du régime soviétique influerait nécessairement sur sa diplomatie et faciliterait la détente puis l'entente internationale ; à terme, les points d'accord entre la France et l'Union soviétique pourraient se multiplier, ouvrant la voie à un rapprochement méthodique qui préluderait peut-être à celui des deux moitiés de l'Europe ; les pays communistes européens chercheraient dans l'avenir à s'émanciper et l'on pourrait y contribuer en exploitant la moindre occasion de dialogue et d'accord avec chacun d'eux. Ainsi la ligne de partage qui déchirait l'ancien continent serait-elle progressivement assouplie, atténuée et plus tard abolie ; l'essor économique de l'Union soviétique et les transformations sociales et morales qui en résulteraient y susciteraient un état d'esprit complètement différent de celui des masses prolétarisées et sous-alimentées d'Asie ; le bouleversement qui s'ensuivrait dans le camp communiste rendrait son importance au caractère national de chaque Etat, et modifierait immanquablement la carte politique du monde.

Chez de Gaulle, cette analyse répondait à la conviction qu'il avait, depuis les débuts de sa vie, du caractère passager des idéologies et de la permanence des réalités nationales. En pleine guerre froide, à Bourges, le 25 février 1951, il décrivait les idéologies « passagères et mortelles ». En 1959 il assurait que tous les régimes « n'importe lesquels », « sans exception », sont destinés à disparaître. Plus formellement encore, dans le tome I des *Mémoires de guerre*, il écrivait :

> Dans le mouvement incessant du monde, toutes les doctrines, toutes les écoles, toutes les révoltes n'ont qu'un temps. Le communisme passera.

Mais cette analyse faisait place aussi aux transformations sociologiques qui procédaient de l'essor industriel de l'Union soviétique et des pays communistes d'Europe. Ce qui en résultait pour l'esprit des populations, pour la psychologie des dirigeants, pour les obligations du pouvoir envers les revendications matérielles et morales des peuples, influerait sur toute la politique des Etats. C'est donc une sociologie du changement, autant qu'une certaine philosophie des réalités nationales, qui inspirait cette analyse. Elle débouchait en tout cas sur une politique qui supposait aussi bien l'établissement des relations avec la Chine populaire qu'un rapprochement méthodique avec l'Union soviétique et qu'une recherche de relations particulières et directes avec chaque Etat de l'Europe de l'Est. La crise de Berlin et ses conséquences allaient en retarder l'échéance : mais, le moment venu, c'est dans cette voie que de Gaulle, balayant tous les obstacles et toutes les objections, allait s'engager.

En cette année 1959, les esprits n'y étaient nullement préparés. Les propos tenus par de Gaulle soulevèrent un véritable flot de sarcasmes. Dans la presse française et étrangère on s'accorda presque unanimement à juger folle la prévision d'une divergence capitale entre l'Union soviétique et la Chine. L'accent mis sur la permanence des réalités nationales parut hérité du XIXe siècle. De façon générale l'analyse gaulliste était tout entière marquée, disait-on, d'un nationalisme que l'on qualifiait le plus souvent d'« attardé ». Cette contestation presque systématique doit être relevée. A distance elle apparaît en effet peu sérieuse ou même ridicule. Mais quand les événements eurent montré que l'évolution du camp communiste correspondait à celle que de Gaulle avait envisagée, celui-ci eut très naturellement le sentiment d'avoir eu raison contre tous ceux qui avaient tourné ses propos en dérision. Et quand les tempêtes qui survinrent en 1968 mirent au défi sa politique, il décida qu'elle devait être poursuivie.

Pour comprendre l'histoire des relations franco-soviétiques après 1958, il faut se rappeler que les dirigeants du Kremlin, dans leurs jugements et leurs analyses, s'appuyaient avant tout sur l'expérience des années passées. Ils avaient vu de Gaulle critiquer la politique occidentale envers l'Allemagne, condamner la construction d'une Europe supranationale et provoquer l'échec de la Communauté européenne de défense. Ce dernier point surtout avait frappé les Soviétiques, et d'abord leur ambassadeur à Paris, Vinogradov. Pour eux, il était clair que le projet d'armée européenne aurait abouti sans son action personnelle dans le pays comme au Parlement. Or cette affaire avait dominé la politique française, et dans une certaine mesure la politique européenne, entre 1950 et 1954. L'opposition de la France avait permis de retarder de plusieurs années le réarmement de l'Allemagne en un moment qui fut sans doute le plus critique de l'après-guerre : en 1950 c'était la guerre de Corée, mais en 1953, après la mort de Staline, c'était l'armistice de Pan Mun Jon, en 1954, la conférence de Genève qui mit fin à la guerre d'Indochine, et en 1955 la conférence « au sommet » des chefs d'Etat des quatre plus grandes puissances sous le signe de la détente et de la coexistence pacifique. Le rôle joué par de Gaulle dans cette bataille de retardement avait été si capital qu'il ne pouvait être oublié.

Mais une autre manière de voir s'offrait à la politique soviétique, et allait aussi l'influencer. Elle était inspirée, dans une large mesure, par le Parti communiste français. Elle revenait à voir, avant tout, en de Gaulle le bénéficiaire du coup de force réussi par les éléments les plus politisés de l'armée d'Algérie : prisonnier de cette origine, il ne pourrait s'en dégager et sa politique serait constamment soumise à leur pression. Instaurant un régime étranger aux traditions de la République parlementaire en France, il n'aurait d'autre appui que la bourgeoisie conservatrice et toutes les forces de droite, d'autant que la gauche traditionnelle s'y opposait. Obligé de se concilier le patronat, il verrait se dresser contre lui l'opinion populaire et, pour la briser, il serait conduit à recourir aux méthodes autoritaires. Et, quels que soient ses sentiments personnels, toutes les forces politiques et sociales prêtes à le soutenir étaient attachées à l'alliance américaine et au système atlantique, et il devrait en tenir compte.

Telle était l'analyse des responsables communistes français. Elle s'exprimait avec des nuances tenant aux personnes et variant avec le public ou les interlocuteurs auxquels elle s'adressait. Mais elle resta longtemps pour eux l'analyse juste. Ce fut au point que Maurice Thorez, secrétaire général du parti, parut faire preuve d'une exceptionnelle modération quand, dans une interview à *L'Express*, il nia que de Gaulle fût un fasciste et que la Ve République soit une forme nouvelle de fascisme. Mais il ne faut pas s'y tromper : cette analyse prévalut longtemps, au point que, même dans la dernière phase de la guerre d'Algérie, les communistes français soupçonnèrent encore le gouvernement de quelque faiblesse ou complicité envers l'OAS et que l'un de leurs journaux compara de Gaulle à Hindenburg, comme s'il allait ouvrir la voie à quelque nouvel Hitler...

Dans les jours qui suivirent le 13 mai la presse soviétique dénonça le caractère « fasciste » des entreprises de l'armée d'Algérie et leurs prolongements en France. Mais, quant à de Gaulle, beaucoup de ménagements entouraient sa personne. Un journaliste occidental, correspondant à Moscou, ayant câblé que « [son] retour au pouvoir pourrait créer de nouvelles difficultés pour la France et faire plus de mal que de bien », en attribuant ces propos au maréchal Vorochilov, un démenti catégorique suivit aussitôt. Les journaux relataient encore, avec lyrisme, les manifestations parisiennes hostiles à son retour, quand l'hebdomadaire *Temps nouveaux*, rendant compte de la formation du nouveau gouvernement français, publia, sur lui, une biographie assez objective et prudente, beaucoup plus que l'article qui lui était consacré dans la grande encyclopédie soviétique de 1952. Et, au mois de juin encore, le ton de la presse, à Moscou, fut différent de celui des journaux communistes français : elle s'abstint d'affirmer que de Gaulle allait cautionner les éléments les plus colonialistes de l'armée et de la communauté européenne d'Algérie ou, au contraire, qu'il s'apprêtait à les combattre...

Le 15 juillet, Moscou tenta un premier coup de sonde. Dans un document remis au gouvernement français on lisait : « Il n'est pas besoin de démontrer que les tentatives pour remplacer la solution des problèmes posés à l'ensemble de l'Europe par la création de différents groupements d'Etats d'Europe occidentale, sur une base étroite et fermée dans le genre de la CECA, du Marché commun, de l'Euratom, etc., ont pour seul résultat que ces Etats s'opposent de plus en plus aux autres Etats d'Europe, approfondissant encore le fossé qui sépare aujourd'hui la partie occidentale de l'Europe et sa partie orientale[1]. » C'était faire appel, de façon peut-être un peu trop visible, à la vieille hostilité gaulliste envers les organisations supranationales. Les diplomates soviétiques auraient pu comprendre que de Gaulle était tenu, sur ce point, à la plus grande prudence alors qu'il venait d'être porté au pouvoir avec le consentement ou l'appui des socialistes, des radicaux, des républicains populaires et des indépendants, tous plus ou moins favorables à l'intégration de l'Europe. Prudemment, le gouvernement français fit répondre le 22 août qu'il n'avait « pas l'intention de présenter pour l'instant des commentaires sur la substance de ces textes ».

On n'alla pas plus loin et, bientôt, le vent souffla en sens opposé. L'opposition communiste se raidissait à l'approche du référendum sur la ratification de la Constitution nouvelle. Celle-ci donnait aux pays d'Afrique française la possibilité de prendre immédiatement leur indépendance et il est possible que Moscou ait vu là une occasion d'accélérer la désagrégation d'un empire colonial et de substituer, si possible, son influence à celle de l'ancienne métropole. Enfin, et peut-être surtout, la rencontre à Colombey-les-Deux-Eglises entre de Gaulle et le chancelier Adenauer laissait prévoir que la France, quelle que fût l'optique nouvelle de sa politique étrangère, chercherait à établir de bonnes relations avec l'Allemagne. Autant de raisons qui allaient pousser le gouvernement soviétique à donner un vigoureux coup de barre dans le sens d'une franche hostilité envers le nouveau régime français. C'est ce qu'il fit le 22 septembre, quatre jours après le référendum constitutionnel, par la voie d'une interview de Khrouchtchev à la *Pravda*. « Il y a trois ou quatre mois, déclarait-il, chacun en Europe pouvait se laisser aller à l'espoir que le nouveau gouvernement, ayant à sa tête le général de Gaulle, aurait la volonté et le pouvoir de dompter les rebelles fascistes, de mettre fin à une guerre coloniale injuste contre le peuple d'Algérie, et de maintenir la République en France. En vérité, dès ce moment, les forces progressistes nous ont avertis que tout cela n'était qu'illusions vaines et dangereuses, et qu'entre les événements d'Algérie et l'arrivée au pouvoir du nouveau gouvernement à Paris, il y avait le lien le plus direct et le plus réciproque... Le mensonge sur la mission du nouveau gouvernement est devenu encore plus apparent quand a commencé cette course fiévreuse pour la préparation de la nouvelle Constitution, investissant le chef de l'Etat des pleins pouvoirs dictatoriaux les plus étendus. »

Moscou donnait ainsi raison à l'école la plus pessimiste sur l'avenir de la politique française. Khrouchtchev allant bien au-delà de Thorez, parlait de « régime fasciste » à propos de la nouvelle Constitution et, par-dessus tout, il déplorait que la politique que de Gaulle paraissait suivre envers l'Allemagne soit opposée à celle que son passé laissait prévoir car, disait-il, il avait naguère parlé du danger allemand « fréquemment et de façon tout à fait convaincante... ». Faible concession verbale — et quelque peu nostalgique — à ceux qui croyaient que la politique étrangère française prendrait un nouveau cours...

On put croire alors que l'orientation de la diplomatie soviétique était fixée pour longtemps. De fait, elle chercha, dans les derniers mois de 1958, à exploiter autant que possible les occasions offertes par le changement radical du statut de l'Afrique française. Ce n'était, du reste, que le prolongement de la politique menée depuis longtemps en Asie et au Proche-Orient. On l'avait vu, déjà, au Vietnam, où l'aide du camp communiste avait fini par mettre en échec le corps expéditionnaire français. On l'avait vu à Bandoeng qui fut alors le symbole de la grande alliance entre les Etats communistes et tous ceux du tiers-monde qui, se réclamant du socialisme ou du neutralisme, participaient au grand assaut contre les empires coloniaux. On l'avait vu surtout au moment de l'affaire de Suez quand Moscou intervint avec éclat en faveur de l'Egypte, brandissant contre Londres et Paris ses foudres nucléaires.

Le peuple égyptien, et sans doute tous les peuples arabes, se sentirent alors plus proches qu'ils ne l'avaient jamais été de l'Union soviétique. On présentait au Caire des films sur la bataille de Stalingrad et l'on savait que des crédits russes allaient financer les travaux du barrage d'Assouan... C'était le temps où, dans toutes les universités occidentales, les étudiants d'Afrique noire comme ceux des pays arabes rivalisaient d'intransigeance socialiste et d'orthodoxie marxiste, où Moscou, Pékin, Prague et Berlin accueillaient aussi, par milliers, des étudiants du tiers-monde dont on croyait partout, assez naïvement, que, de retour chez eux, ils seraient autant d'agents de la révolution mondiale...

La logique de cette politique conduisit donc l'Union soviétique à rechercher en Afrique française un nouveau champ d'action. Les communistes français pressaient instamment leurs amis ou leurs anciens sympathisants d'Afrique noire de voter contre le projet de Constitution, c'est-à-dire d'accéder aussitôt à l'indépendance : le relâchement des liens entre la France et les Etats africains qui auraient fait sécession ouvrirait ainsi la voie à la pénétration soviétique... A Moscou, du reste, la presse présenta la « Communauté » instituée par la nouvelle Constitution comme une forme nouvelle de domination coloniale. En riposte, de Gaulle, parcourant l'Afrique à la veille du référendum, évoquait le danger d'un nouvel impérialisme venu de l'Est et le risque, pour l'Afrique, d'être le futur champ de bataille des grands affrontements internationaux... De part et d'autre, et comme dialectiquement, les positions se durcissaient. Mais seule la Guinée choisit l'indépendance immédiate : la diplomatie soviétique se précipita pour combler le vide ainsi créé et, d'octobre 1958 à février 1959, la Tchécoslovaquie, la Pologne, l'Allemagne de l'Est et l'URSS conclurent avec les Guinéens des accords de coopération et leur octroyèrent des crédits de 140 millions de roubles, puis, en novembre 1959, Moscou reçut avec éclat Sékou Touré...

Ailleurs, on procéda autrement. Dans les Etats africains où les gouvernements voulaient rester modérés et garder des liens étroits avec la France, les responsables soviétiques choisirent de cautionner et parfois d'aider les partis d'opposition. Durant la crise de l'été 1960 au Congo belge, Patrice Lumumba, pour faire face à la sécession katangaise, fit appel à l'aide du camp socialiste : bien qu'avec prudence, Moscou décida d'y répondre, malgré les faibles atouts dont pouvait jouer la diplomatie soviétique : je me souviens encore d'une réunion, autour du vice-ministre russe des Affaires étrangères, Jacob Malik, où il reconnaissait avec humour n'avoir dans son jeu « que des deux de pique et des trois de carreau »... Bien que très hostile à la division du Congo, parce qu'elle pouvait s'accompagner d'interventions extérieures et même d'une crise internationale, le gouvernement français s'inquiéta néanmoins du jeu soviétique en plein cœur de l'Afrique. Et, quelques mois plus tard, l'URSS et ses alliés cherchèrent à établir leur influence au Mali, après sa rupture avec le Sénégal en accusant la France d'en être responsable.

Le cas de l'Algérie était plus grave. Là, on se battait et l'insurrection armée se prétendait elle-même « révolutionnaire ». Certes, les Algériens critiquaient volontiers le comportement, à leurs yeux trop nuancé, qui fut longtemps celui du parti communiste local et reprochaient sa tiédeur au parti français bien que celui-ci fût la seule grande force politique à condamner la guerre. Cependant, ils proclamaient leur adhésion aux principes du socialisme, recevaient depuis le début du conflit l'aide des pays de l'Est et plusieurs de leurs dirigeants ne cachaient pas leur fascination pour l'expérience chinoise. L'Algérie n'allait-elle pas être alors le terrain d'action, par excellence, de la grande alliance du communisme et des nationalismes nouveaux, proclamée naguère à Bandoeng ?

Bien que le temps ait rejeté dans un passé révolu des virtualités jamais accomplies, il faut savoir que ce fut l'espoir de beaucoup de militants d'extrême gauche en Europe occidentale et de quelques-uns des plus radicaux des nationalistes algériens, et que ce fut le calcul — et la tentation — des spécialistes soviétiques chargés de suivre les événements d'Algérie [2]. En fait, Moscou hésita longtemps. L'URSS manifestait sympathie et solidarité envers le FLN algérien, par le ton de sa presse mais elle s'abstint de reconnaître le gouvernement provisoire de la République algérienne quand il fut formé en octobre 1958. En janvier 1959, Anastase Mikoyan résumait ainsi la position soviétique : « Nous souhaitons des succès au peuple algérien dans sa lutte et nous préférerions que le gouvernement français trouve un moyen de règlement pacifique qui donne satisfaction au droit légitime de ce peuple qui souffre énormément. » Cette année-là, l'ambassade soviétique à Paris, dirigée par Serge Vinogradov qui avait pour de Gaulle une très grande considération, transmettait régulièrement à Moscou des informations sur l'infléchissement progressif de sa politique algérienne, confirmé, en septembre, par la reconnaissance du droit de l'Algérie à l'autodétermination, puis par l'affaire des barricades et par l'annonce des conversations de Melun. La politique soviétique ne renonçait pourtant pas à une alliance plus étroite avec le nationalisme algérien. Les dirigeants du FLN se rendirent alors dans plusieurs capitales du camp de l'Est, dont Moscou. Les archives du GPRA révèlent que Khrouchtchev fut alors très explicite : « Demandez-nous ce que vous voudrez, dit-il aux Algériens, et nous nous efforcerons de vous le donner[3]. » C'est du côté du FLN qu'on se montra le plus réservé, en se contentant d'obtenir une aide matérielle limitée. Puis les dirigeants soviétiques furent à nouveau alertés : de Gaulle voulait négocier, au plus vite, les conditions de l'indépendance de l'Algérie. Avaient-ils laissé échapper l'occasion d'établir, à proximité immédiate de l'Europe occidentale, un front commun du communisme et des nationalismes dont la portée politique, stratégique et peut-être même idéologique, eût été considérable ? Sans nul doute, ils continuaient à y songer. Mais il est vrai qu'en revanche ils éprouvaient quelque scepticisme envers l'authenticité des sentiments révolutionnaires affichés par les nationalistes algériens. Ils devaient tenir compte aussi des réactions américaines à la révolution survenue en Irak en juillet 1958, puis à la crise du Congo deux ans plus tard : leur intervention plus active en Méditerranée aurait certainement entraîné un regain de tension internationale, au moment où ils pouvaient encore espérer un succès dans la crise de Berlin. Enfin, et surtout, ils ne désespéraient pas de trouver en de Gaulle un interlocuteur qui donne un autre cours aux relations franco-soviétiques, et qu'il fallait donc ménager.

Mais, sur Berlin, justement, de Gaulle se montrait intraitable. On aurait donc pu croire qu'aussi longtemps que dura la crise, les Soviétiques le traiteraient en adversaire et jugeraient illusoire tout dialogue avec lui. Ce ne fut pas le cas. C'est qu'ils accordèrent la plus grande attention à la conférence de presse qu'il tint le 25 mars 1959. Elle fut catégorique sur certains points essentiels : pas de reconnaissance de l'Allemagne de l'Est, maintien des positions occidentales à Berlin, droit du peuple allemand à l'unité et à l'autodétermination, refus d'un désarmement de l'Europe qui s'appliquerait à la France mais non à la Russie. Mais en même temps, s'il réclamait en principe la réunification du peuple allemand, c'était, disait-il,

> pourvu que celui-ci ne remette pas en cause ses actuelles frontières, à l'ouest, à l'est, au nord et au sud et qu'il tende à s'intégrer un jour dans une organisation contractuelle de toute l'Europe pour la coopération, la liberté et la paix.

Il récusait donc par avance toute tentative allemande de réviser les frontières établies après la guerre, et surtout de récupérer les territoires incorporés à la Pologne. Simultanément, il se prononçait en faveur du développement méthodique des contacts entre les deux Allemagnes. Enfin, dépassant la crise qui s'annonçait à propos de Berlin, il faisait délibérément appel à un futur rapprochement franco-soviétique et à une conception de l'Europe où les deux moitiés du vieux continent pourraient trouver le chemin de leur réconciliation.

> En cette grave occurrence, disait-il, la France se sent qualifiée pour parler clairement et sereinement. D'abord, parce qu'aucun sentiment de concurrence ou d'animosité ne l'inspire à l'égard du peuple russe. Bien au contraire, elle a pour lui une amitié réelle et traditionnelle.

Et pour la première fois en tant que président de la République il appelait les grands pays d'Europe et du monde à se coaliser en faveur du développement des peuples dépourvus ou retardataires :

> ... nous autres qui vivons entre l'Atlantique et l'Oural, nous autres qui sommes l'Europe, disposant avec l'Amérique, sa fille, des sources et des ressources principales de la civilisation...

Il y avait dans ces propos tout à la fois l'annonce des difficultés qui allaient persister entre Moscou et Paris jusqu'en 1963, et du rapprochement qui aurait lieu par la suite. Les dirigeants soviétiques virent bien que, dans l'immédiat, de Gaulle continuerait à s'opposer à eux sur Berlin. Mais ils firent aussi le décompte de ce qui leur parut positif : la reconnaissance des frontières de l'Allemagne, l'obligation pour elle de contracter certains engagements envers ses voisins, l'encouragement donné aux contacts entre les deux Etats allemands — ce qui revenait à consolider les situations acquises — la perspective de meilleurs rapports entre les deux moitiés de l'Europe.

Ce qui les impressionna le plus — et leurs diplomates en témoignèrent durant toute la période suivante — ce fut qu'en pleine crise de Berlin, de Gaulle, rompant ouvertement avec les positions prises sous la IVe République tout comme avec celles des autres gouvernements occidentaux, ait reconnu publiquement l'intangibilité de la frontière Oder-Neisse [4]. Ils voulurent donc, en retour, prodiguer quelques amabilités nouvelles. En avril, on publia le compte rendu officiel des conversations de Gaulle-Staline de décembre 1944, puis un important recueil de documents sur « les rapports franco-soviétiques à l'époque de la Grande Guerre patriotique 1941-1945 ». En juin, Mikhaïl Souslov, devant le congrès du Parti communiste français, rappela en termes élogieux les positions que de Gaulle avait prises naguère sur l'Allemagne...

Comme il ne parvenait pas à obtenir gain de cause sur Berlin, Khrouchtchev alla rendre visite à Eisenhower et tous deux estimèrent qu'il fallait réunir une conférence « au sommet ». De Gaulle réagit en demandant, au préalable, des signes tangibles de détente, la coordination des positions occidentales et, d'abord, un contact direct entre Khrouchtchev et lui. Le dirigeant soviétique en convint aussitôt et, méthodiquement, fit en sorte que la future rencontre soit un succès. « Objectivement les intérêts de nos Etats ne se heurtent nulle part, déclara-t-il le 31 octobre, et naturellement on ne peut pas dire que c'est par hasard que nous fûmes alliés dans les deux guerres mondiales. »

Puis il ajouta qu'il appréciait particulièrement la position que la France — seule parmi les Etats occidentaux — avait prise au sujet des frontières de l'Allemagne. Enfin il accorda ouvertement et assez solennellement la caution de l'URSS à la politique d'autodétermination que de Gaulle venait d'adopter pour le règlement de l'affaire algérienne. Sur tous ces points, il revint à la charge, dans un nouveau discours, le 14 novembre, tandis que la diplomatie soviétique s'attachait, avec une extrême minutie, à préparer la réussite de son voyage en France.

Il y arriva le 23 mars 1960. Ce fut un périple réussi, populaire, excitant la curiosité du public français et, dans une large mesure, suscitant sa sympathie. Le trajet en avait été choisi de manière à donner de la France ses multiples visages : Marseille et Bordeaux pour les grands centres urbains, Lacq pour les réussites techniques, Arles et Nîmes pour le charme du Midi, Dijon pour l'accueil de son maire, le chanoine Kir, connu pour son affection pour la Russie, Reims et Rouen pour les souvenirs historiques, Verdun pour la mémoire combattante... De Gaulle a fait de ce voyage, dans ses *Mémoires d'espoir*, un récit coloré :

> Se donnant l'allure bon enfant [Khrouchtchev] est venu en famille avec Mme Khrouchtchev, leur fils, leurs deux filles et leur gendre. Partout, il paraît chaleureux, alerte et preste malgré son embonpoint, prodiguant les rires et les gestes de la cordialité.

A Rambouillet ont lieu les entretiens politiques[5]. D'emblée, de Gaulle dévoile sa conception des rapports entre les Etats, balayant une fois pour toutes les références, inutiles à ses yeux, aux idéologies :

> Je ne vois en vous, dit-il, que le chef du gouvernement actuel de la Russie. Veuillez ne voir en moi que le président de la République française. Nous ne discuterons donc que des intérêts nationaux de nos deux pays et des moyens de les accorder.

Il ne fut pas question d'autre chose mais, avant tout, de l'Allemagne. Les deux hommes se heurtèrent, comme il était prévisible. De Gaulle rappela qu'il avait proposé à Staline de refaire l'Allemagne à partir des anciens Etats qui la composaient puis de les réunir dans une même confédération, tandis que les Alliés auraient ensemble contrôlé la Ruhr pour en tirer des réparations et veiller au désarmement du pays et — négligeant de rappeler qu'Américains et Britanniques y étaient également hostiles — regretta que l'Union soviétique ait préféré

> se servir [elle-même], directement et largement, en arrachant au corps allemand la Prusse et la Saxe pour y installer de force un régime à sa dévotion,

moyennant quoi la France ne peut faire autre chose pour « empêcher que son principal voisin ne redevienne belliqueux » que de coopérer avec l'Allemagne occidentale et de l'encadrer « par un ensemble européen raisonnable ». Khrouchtchev répond que l'Allemagne de l'Est « continuera d'exister et ne sera jamais absorbée par celle de l'Ouest ». Il suggère qu'il serait réaliste, pour la France, de « se mettre en relation avec la première aussi bien qu'avec la seconde » et reprend ses exigences sur Berlin en demandant même qu'elles soient satisfaites « promptement ».

> M'enveloppant de glace, répond de Gaulle, je fais comprendre à Khrouchtchev que la menace qu'il agite ne m'impressionne pas beaucoup.

Manifestement, il n'éprouve aucune gêne à tenir ce langage et à dire sans ambages que le danger d'une guerre ne le fera pas changer d'avis : c'est qu'à la différence de beaucoup d'autres dirigeants occidentaux, de Gaulle ne croit nullement que l'Union soviétique envisage sérieusement un troisième conflit mondial où elle aurait trop à perdre et où la survie même du pays et de son régime serait en jeu. Et surtout pas pour des motifs secondaires comme le contrôle des voies d'accès à Berlin C'est ce jugement sur la politique soviétique qui explique à la fois la fermeté et le sang-froid dont il fait preuve durant toute la crise de Berlin. Moyennant quoi il peut suggérer à Khrouchtchev que mieux vaut rechercher « la détente, l'entente et la coopération » et créer ainsi

> entre Européens, depuis l'Atlantique jusqu'à l'Oural, des rapports, des liens, une atmosphère qui d'abord ôteront leur virulence aux problèmes allemands, y compris celui de Berlin, ensuite conduiront la République fédérale et votre République de l'Est à se rapprocher et à se conjuguer, enfin tiendront l'ensemble germanique encadré dans une Europe de paix et de progrès où il pourra faire une carrière nouvelle.

Khrouchtchev voit bien qu'il y a là matière à s'entendre d'autant que l'existence de l'Allemagne de l'Est ne serait pas remise en cause, au moins durant une première phase, et jamais par la force. Mais il ne peut s'empêcher de lancer une nouvelle offensive qui est l'occasion d'une dernière et rude passe d'armes que de Gaulle a rapportée en des termes qui laissent voir que les deux hommes en étaient venus à parler avec une franchise et une liberté de ton assez peu habituelles en ce genre de rencontre :

> « Qui vous dit, me demande-t-il, que la République de l'Est n'absorbera jamais celle de l'Ouest ? Et qui vous dit, qu'un jour, le gouvernement de Bonn ne s'accordera pas directement avec l'Union soviétique ? » Je lui réponds que, s'il arrivait que le peuple allemand changeât de camp, l'équilibre en Europe serait rompu, et c'est alors qu'on verrait accourir la guerre... Lénine, Staline, vous-même, chefs historiques du bolchevisme

russe, qu'étiez-vous ? demandé-je à Khrouchtchev, sinon les disciples du prussien-rhénan Karl Marx ? A quelles extrémités d'impérialisme et de tyrannie la Russie totalitaire pourrait-elle être entraînée, le jour où elle ferait corps avec une Allemagne tout entière communisée et possédée par ses instincts de conquête et de domination ?

Bien entendu, Khrouchtchev écarte ces sombres hypothèses et proteste de ses intentions pacifiques. Interrogé sur la Chine, il s'applique à répondre, sans le dire, au pronostic fait par de Gaulle un an plus tôt quand il a suggéré que la masse chinoise ne manquerait pas de « se répandre un jour » autour d'elle, en assurant — « avec un optimisme évidemment simulé », écrit de Gaulle — que se trompent ceux qui « croient que l'immense population chinoise, n'ayant chez elle ni assez de place ni assez de ressources, en cherchera tôt ou tard chez ses voisins » et qu'il y aura conflit avec la Russie soviétique : à son avis, il suffit que la Chine « se développe pour procurer de quoi vivre à des centaines de millions d'hommes ». La conversation se prolonge et se détend à Rambouillet, surtout au cours d'une promenade en barque avec Khrouchtchev et Kossyguine qui intrigue de Gaulle par « la passion qui l'anime quand il vient à parler de la Sibérie qui est, à ses yeux, pour les Russes quelque chose comme ce que fut le Far West pour les Américains ». Dans ses *Mémoires d'espoir*, de Gaulle ne s'est pas retenu de raconter cette promenade en canot.

> Khrouchtchev s'écrie : « Kossyguine ! A toi de ramer, comme toujours ! » L'interpellé saisit les avirons. En plaisantant, je demande au Premier soviétique : « Au fait, vous-même, quand travaillez-vous ? On publie constamment que vous êtes en voyage en Russie ou à l'étranger. On annonce sans cesse que vous accordez à toutes sortes de gens des entretiens prolongés. Quel temps vous reste-t-il pour les dossiers ? » Et Khrouchtchev : « Mais je ne travaille pas ! Un décret de notre Comité central prescrit qu'après 65 ans — j'en ai 66 — on n'exerce ses fonctions que 6 heures par jour et 4 jours par semaine. C'est tout juste assez pour mes voyages et mes audiences. — Comment, alors, se règlent les affaires ? — Elles n'ont pas besoin de moi. Le Plan les a réglées d'avance ! » Et Khrouchtchev ajoute, montrant Kossyguine qui pousse le bateau : « Le Plan ! C'est lui ! » Cela n'est-il dit que pour rire ? Ou bien est-ce que n'y transparaît pas quelque obscure rivalité d'hommes et d'attributions ?

Ecrivant presque dix ans plus tard, de Gaulle a voulu conclure ainsi ce récit :

> Il repart le 3 avril, cordial et guilleret, me laissant, je dois le dire, impressionné par la force et le ressort de sa personnalité, disposé à croire qu'en dépit de tout, la paix mondiale a des chances, l'Europe de l'avenir, et pensant que quelque chose d'important s'est produit, en profondeur, dans les relations séculaires de la Russie et de la France.

Il sait, alors, ce qui s'est ensuite passé : la tragi-comédie de la conférence « au sommet » de Paris, échouant avant d'avoir commencé quand les Soviétiques exigèrent d'Eisenhower des excuses pour le vol de l'U2 abattu au-dessus de la Russie, ce que Khrouchtchev savait inacceptable ; la tension qui s'ensuivit ; plus tard, la brusque fin de la crise de Berlin quand, le 13 août 1961, la ville fut coupée en deux par le « mur » ; la crise des fusées de Cuba, l'année suivante. Par-delà ces épisodes, de Gaulle suggère qu'il a voulu entamer sa politique de rapprochement avec la Russie aussitôt que possible et qu'elle ne fut, au fond, que retardée par des crises passagères. Croyant que « quelque chose d'important s'est produit en profondeur », entre les deux pays, il veut renouer les fils interrompus dès que les circonstances deviendront plus favorables.

La France, dans l'intervalle, avait achevé la décolonisation de l'Afrique noire, mis un terme à la guerre d'Algérie. Elle avait favorisé, comme on le verra, la neutralité du Laos et dénoncé la politique américaine au Vietnam. Elle allait établir des relations diplomatiques entre Paris et Pékin. Elle avait rejeté les offres de Kennedy de créer avec l'Amérique et l'Angleterre une force nucléaire multinationale, et fait échouer une tentative anglo-américaine de confier à l'Organisation militaire atlantique la mission de rétablir la paix entre les communautés turques et grecques à Chypre. Elle avait condamné l'intervention au Congo de forces étrangères mises sur pied et transportées grâce aux Etats-Unis, refusé, comme l'Union soviétique, que soient imposées aux Nations unies les charges financières qui en résultaient. Elle avait mis en cause les privilèges du dollar dans le système monétaire international. Elle avait aussi mis en échec le projet américain de force nucléaire multilatérale dont l'Allemagne aurait fait partie. C'est ce dernier point surtout qui retint l'attention des Soviétiques : ils y virent la preuve que la politique française ne se résumait pas en une critique verbale de la prépondérance américaine sur le monde occidental mais pouvait, en pratique, y faire obstacle.

Le mécanisme du rapprochement franco-soviétique fut donc mis en marche, parallèlement. En janvier 1964, le ministre français des Finances, Valéry Giscard d'Estaing, se rendit à Moscou pour relancer les échanges entre les deux pays. En mars, le responsable des questions scientifiques au gouvernement soviétique vint à Paris, bientôt suivi d'une délégation parlementaire conduite par Nikolaï Podgorny, futur chef de l'Etat. Le remplacement de Khrouchtchev à la fin de 1964 par Leonid Brejnev à la direction du parti communiste et Alexeï Kossyguine à la tête du gouvernement, marquait symboliquement, après la mort tragique de Kennedy, la fin de la brève période où les deux hommes avaient esquissé une sorte de direction conjuguée des affaires du monde. Le ministre russe des Affaires étrangères, Andreï Gromyko, vint à Paris en avril 1965 et Couve de Murville se rendit à Moscou neuf mois plus tard. De Gaulle, enfin, arriva en Union soviétique le 20 juin 1966.

Tout fut fait pour que ce soit un voyage triomphal. Car plus aucun doute ne subsistait dans l'esprit des Soviétiques : la France venait de quitter l'Organisation militaire atlantique et de Gaulle avait ainsi prouvé, définitivement, que l'indépendance, pour lui, n'était pas un mot vide de sens. On lui ménagea un parcours qui n'avait été réservé à nul autre chef d'Etat occidental : après Moscou, Leningrad, Kiev, Stalingrad — dont le nom, bien que la ville ait été débaptisée par Khrouchtchev, restait et restera toujours le symbole des espoirs des peuples en guerre contre l'Allemagne nazie et du tournant décisif vers la victoire — Novossibirsk aux lisières de l'Europe et de l'Asie, Akademgorod, cité réservée à l'élite de la science russe, Baïkonour, « cosmodrome », où de Gaulle fut le premier étranger à être accueilli et assista au lancement d'un satellite. De son côté, il saisit chaque occasion de donner à sa présence en Russie toute sa signification politique. C'était, dit-il, « une visite que la France de toujours rend à la Russie de toujours » : autant dire qu'il l'inscrivait dans une histoire déjà ancienne mais appelée à se prolonger, en réduisant consciemment, délibérément, intentionnellement, la part que l'idéologie pourrait avoir dans la conduite des deux pays.

> La France, pour sa part, dit-il encore, ne s'accommode pas de cette confrontation rigide de deux organisations [de l'Est et de l'Ouest]. Sans qu'elle cesse, bien au contraire, d'être par excellence un pays de liberté et une nation occidentale, elle voudrait que le charme malfaisant soit rompu et que, tout au moins pour ce qui la concerne, se déclenche avec les Etats européens dits « de l'Est » la mise en œuvre de rapports nouveaux visant à la détente, à l'entente et à la coopération.

C'était la mise en cause du système des blocs qu'il recherchait, sans aucune illusion sur l'intention des Soviétiques de maintenir le leur, mais pour donner au monde un exemple d'affranchissement dont il pensait que, tôt ou tard, il serait suivi par d'autres. Et c'est à dessein que, dans le camp de l'Est, il avait choisi Moscou pour première étape : commencer par d'autres capitales eût provoqué, certainement, une riposte de Moscou pour maintenir l'unité de son bloc, alors qu'il voulait amener les dirigeants soviétiques à reconnaître qu'un rapprochement méthodique entre les deux moitiés de l'Europe pouvait être conforme à leur intérêt. Encore fallait-il que sa démarche se situe clairement dans un dialogue entre deux Etats agissant suivant leur intérêt national et non pas soumis à des idéologies inconciliables. De Gaulle prit donc soin de ne ménager aucun détail pour faire comprendre que c'est à la Russie et au peuple russe qu'il s'adressait : au point de citer Pouchkine en russe le jour de son arrivée à Leningrad — « Resplendis, ville de pierre et demeure inébranlablement comme la Russie ! » — ou de conclure son discours par une adresse de dix lignes en russe... Au terme de ce séjour, on put aligner les résultats obtenus : une coopération économique organisée autour de commissions permanentes, une coopération culturelle et scientifique qui devait conduire au lancement d'un satellite français par les Soviétiques, une ligne directe entre l'Elysée et le Kremlin, la commande d'une usine de montage d'automobiles à la régie Renault, l'exploitation en URSS du procédé Secam de télévision en couleurs dont l'Allemagne avait refusé qu'il soit associé à son procédé Pal mais qu'on adoptera dans toute l'Europe de l'Est, en Chine, en Iran, dans tous les pays arabes excepté l'Algérie, dans toute l'Afrique francophone et en Espagne. Autant d'étapes dont on voulait qu'elles soient suivies d'autres et qui ne constituaient, au fond, qu'une brèche par où passeraient tous les échanges futurs, si faibles jusque-là.

Mais ce n'était que l'accompagnement d'un dialogue politique [6]. On s'aperçut alors qu'il ne se heurtait à aucune difficulté insurmontable. Les dirigeants soviétiques insistèrent sur l'existence de l'Allemagne de l'Est, l'intérêt qu'il y aurait à ce qu'elle soit reconnue par tous, pour la stabilité de l'Europe. De Gaulle répondit que la paix sur le continent viendrait du rapprochement de ses deux moitiés qui entraînerait à son tour une approche nouvelle entre les deux Allemagne dont l'avenir lointain était de se réunifier — sans qu'il omette de dire que l'Etat communiste allemand était « une institution artificielle ». Rien, là, de nouveau : chacun s'attendait à entendre le langage de l'autre. Après quoi on passa aux terrains d'accord : les frontières de l'Allemagne, le refus de tout armement nucléaire allemand, la neutralité du Laos, la condamnation de la guerre américaine au Vietnam, l'évolution des Nations unies. Au total, « la détente, l'entente et la coopération » voulues par de Gaulle entre les deux pays, commençaient d'entrer dans les faits. Leurs relations ne seraient plus placées sous le signe de la guerre froide, parce qu'elles échappaient, désormais, au système des blocs alors même que ceux-ci persistaient à l'Est comme à l'Ouest. Mais de Gaulle avait joué, ici, un rôle de brise-glace. Dans les brèches qu'il venait d'ouvrir d'autres dirigeants occidentaux allaient bientôt s'engager : le Premier ministre anglais, Harold Wilson, dès l'année suivante, et surtout Willy Brandt, d'abord ministre des Affaires étrangères puis chancelier, quand il entamerait sa politique à l'Est dont il écrivit dans ses *Mémoires* que de Gaulle l'y avait encouragé.

Le camp atlantique était donc fissuré. Mais le camp de l'Est le serait-il à son tour ? De Gaulle en avait pronostiqué la dislocation à mesure que l'idéologie communiste perdrait de sa substance et que se réveillerait, dans les pays d'Europe orientale, l'esprit d'indépendance nationale. C'est dire qu'il accueillit avec une curiosité particulière la visite que fit à Paris le président du Conseil roumain, Ion Maurer [7]. La Roumanie était alors le seul pays de l'Est — mise à part la Yougoslavie dont la dissidence datait de 1948 — qui s'était engagé ouvertement dans une voie indépendante. Profitant du divorce entre Moscou et Pékin, elle avait pris ses distances à l'égard des Soviétiques sans s'aligner sur la Chine. Ion Maurer, originaire de la communauté allemande de Transylvanie, sut trouver le langage qu'il fallait pour séduire ses interlocuteurs français. Des accords économiques furent passés, des échanges entre ministres furent programmés et il fut convenu que de Gaulle se rendrait en Roumanie, ce qu'il fit alors même que la tempête de mai 1968 ébranlait déjà son pouvoir. Mais le pari sur l'indépendance de la Roumanie ne fut pas perdu : en janvier 1967 elle fut la première et la seule des nations du pacte de Varsovie à nouer des relations diplomatiques avec l'Allemagne occidentale. Elle fut ensuite la seule à conserver des relations officielles avec Israël. Elle resta la seule à ne plus accepter la présence sur son sol, des armées du camp de l'Est, même à l'occasion de manœuvres. Et, en août 1968, elle condamna l'intervention soviétique en Tchécoslovaquie.

La Pologne pouvait-elle suivre l'exemple roumain ? De Gaulle ne se faisait aucune illusion à cet égard : la situation géographique, et donc stratégique du pays, ne le permettait pas. Pour l'Union soviétique le maintien de liaisons constantes et sûres avec l'Allemagne de l'Est, qui était le glacis de son camp au cœur de l'Europe, était un impératif absolu : ne serait-ce que pour cette raison elle veillerait aussi longtemps que possible, au maintien, à Varsovie, d'un régime qui lui soit fidèle. Mais de trop profondes raisons poussaient la Pologne à vouloir s'émanciper : sa vieille hostilité envers la Russie, l'influence dominante de son Eglise catholique, ses affinités occidentales, ses traditions sociales, culturelles, nationales. Aller sur place en valait la peine s'il s'agissait d'y réveiller l'esprit d'indépendance. C'est l'objectif que de Gaulle se fixa quand il s'y rendit en septembre 1967 après avoir reçu souvent l'ambassadeur Stanilaw Gajewski, puis son successeur Druto, puis enfin le Premier ministre, Jozef Cyrankiewicz qu'il prévient à l'avance :

> Nous ne voyons pas d'inconvénient à une alliance [de la Pologne] avec la Russie dans la mesure où vous gardez votre personnalité nationale [8].

Mais, à Varsovie, il a surtout pour interlocuteur le premier secrétaire du Comité central du parti ouvrier unifié, Wladyslaw Gomulka [9]. C'est un homme qui a donné, dans sa vie, des preuves de courage soit durant la résistance à l'occupation allemande, soit durant les premières années du régime communiste où il a été détenu longtemps avant de prendre le pouvoir après la crise de l' « Octobre polonais » de 1956. Mais il veut rester fidèle à l'engagement qu'il a pris alors de maintenir la Pologne dans le camp soviétique et peut-être est-il encore un communiste convaincu. Il s'est opposé farouchement à une rencontre entre de Gaulle et le cardinal Wyszynski, symbole de l'opposition au régime et il fera connaître sans ambiguïté son choix : « La Pologne renaissante a tiré toutes les conclusions qui découlent de ses expériences historiques. L'alliance avec l'Union soviétique [...] est la pierre angulaire de la politique de la République populaire de Pologne ». Mais de Gaulle voulait prendre date. Il trouvait important de semer les germes d'une volonté d'indépendance dont il était sûr qu'en réalité elle existait déjà dans les profondeurs du peuple polonais. Tel était le sens de chacune de ses interventions.

> La France a toujours voulu la Pologne, alors que d'autres ne l'ont pas toujours voulue. A nos yeux, vous êtes une réalité populaire, solide, respectable et puissante, dit-il devant les principaux dirigeants du pays.
>
> La France n'a pas de conseils à donner à la Pologne... Elle espère que vous saurez voir un peu plus loin, un peu plus grand que ce que vous avez été obligé de faire jusqu'à présent, les obstacles qui vous paraissent aujourd'hui insurmontables, sans aucun doute vous les surmonterez. Vous comprenez tous ce que je veux dire, dit-il à Gdansk à la foule qui l'écoutait.

Il était sûr d'avoir été entendu en constatant l'accueil populaire enthousiaste dont il était l'objet. Peut-être y fut-il même plus sensible que d'habitude, justement du fait de la réserve prudente et forcée des pouvoirs officiels : que sa politique fût, pour les peuples autant que pour les gouvernements, un appel à l'indépendance, c'était certainement aussi ce qu'il voulait. Et cet appel, après tout, fut entendu : trois ans plus tard, des émeutes populaires provoquaient la chute de Gomulka et Jozef Gierek, qui lui succéda, entama les réformes qui, par secousses successives, allaient ébranler irrémédiablement le régime établi.

Pourtant, le diagnostic que de Gaulle avait porté sur le fatal démembrement du camp de l'Est ne vaudrait que si ce camp se divisait tout entier. Et il ne serait irrémédiablement disloqué que si l'Union soviétique voyait se séparer d'elle, puis se dresser contre elle, le seul Etat communiste qui pût rivaliser avec sa puissance et contester sa suprématie : la Chine. A distance, on peut juger extraordinaire que les pays occidentaux, et tous ceux qu'ils influençaient, n'aient alors établi aucun contact diplomatique officiel avec le régime qui gouvernait à Pékin depuis 1949 : mais les Etats-Unis s'y opposaient. Pour eux, la Chine demeurait celle dont le gouvernement s'était réfugié à Taiwan et c'est celui-ci qui était représenté aux Nations unies. Aucun Etat du camp atlantique n'avait osé jusque-là transgresser cette règle. De Gaulle y était résolu[10]. La poursuite de la guerre d'Algérie en retarda l'échéance, la Chine soutenant trop ouvertement le FLN et reconnaissant même, officiellement, le GPRA. C'est donc seulement après les accords d'Evian qu'il put mettre en marche, méthodiquement, le mécanisme diplomatique qui conduisit à des relations normales entre Paris et

Pékin. Il convoqua donc l'ancien président du Conseil, Edgar Faure : il avait lu, en 1957, son livre, *Le Serpent et la Tortue*, écrit après un voyage en Chine et il le savait partisan de reconnaître le régime de Pékin. Le projet d'un voyage d'Edgar Faure en Chine fut alors mis au point et de Gaulle lui remit une lettre personnelle qui en fit, officiellement, son représentant auprès du gouvernement chinois [11]. Il arriva à Pékin au mois d'octobre 1963 et eut aussitôt pour interlocuteur le Premier ministre Zhou Enlai qui, le 2 novembre, établit avec lui un protocole d'accord. Edgar Faure fut ensuite reçu par Mao Zedong lui-même, qui conférait ainsi à la démarche française une importance exceptionnelle puis, sur le chemin du retour, rendit visite à Nehru, comme il était prévu. Il revint à l'Elysée, le 22 novembre, jour de l'assassinat de Kennedy, dont de Gaulle et lui pensèrent alors qu'il aurait pu, suivant le mot d'Edgar Faure « tirer parti » des nouvelles relations franco-chinoises. De Gaulle souscrivit au protocole d'accord rédigé à Pékin, que l'un des plus proches collaborateurs de Couve de Murville, Jacques de Beaumarchais, alla mettre au point avec l'ambassadeur de Chine à Berne. Il voulut pourtant ménager son ancien compagnon de la Seconde Guerre mondiale, Chiang Kai-shek, toujours président de la République de Chine à Taiwan, et lui envoya le général Pechkoff, fils naturel de Maxime Gorki, qui avait représenté la France libre auprès de lui, et le plus compétent des spécialistes français de la Chine, le colonel Guillermaz. C'était un geste de courtoisie auquel il tenait, mais qui ne changeait rien à sa résolution : la France reconnaîtrait, désormais, comme gouvernement légitime de la Chine celui de Pékin, conformément aux critères constants de la diplomatie française, et les rapports avec Taiwan, si importants fussent-ils pour le volume des échanges ou des investissements, ne seraient plus que d'ordre pratique. C'est le 27 janvier 1964 que fut donc annoncée simultanément, à Paris et à Pékin, la décision des deux gouvernements « d'établir des relations diplomatiques ».

Bien que prévu par les initiés, l'événement fut un choc dans les relations internationales. Charles Bolhen, ambassadeur américain à Paris, vint à l'Elysée exprimer sa colère au secrétaire général de la Présidence, Etienne Burin des Rosiers. La presse occidentale se déchaîna. Les principaux journaux français regrettèrent que ce fût un acte isolé, accompli malgré l'opposition des Etats-Unis et de la plupart des gouvernements d'Europe occidentale. De Gaulle voulut, au contraire, donner à son geste la plus grande solennité et il en fit le thème principal de sa conférence de presse du 31 janvier 1964. L'exorde en est resté l'un des textes classiques de son œuvre écrite et parlé :

> La Chine, un grand peuple, le plus nombreux de la terre ; une race, où la capacité patiente, laborieuse, industrieuse, des individus a, depuis des millénaires, péniblement compensé son défaut collectif de méthode et de

> cohésion et construit une très particulière et très profonde civilisation ; un très vaste pays géographiquement compact quoique sans unité, étendu depuis l'Asie Mineure et les marches de l'Europe jusqu'à la rive immense du Pacifique, et depuis les glaces sibériennes jusqu'aux régions tropicales des Indes et du Tonkin ; un Etat plus ancien que l'Histoire, constamment résolu à l'indépendance, s'efforçant sans relâche à la centralisation, replié d'instinct sur lui-même et dédaigneux des étrangers, mais conscient et orgueilleux d'une immuable pérennité, telle est la Chine de toujours.

Après quoi, de Gaulle voulut situer sa démarche dans l'histoire du siècle. Il évoqua les « multiples interventions, sommations, expéditions, invasions, européennes, américaines, japonaises » qui valurent à la Chine autant d'humiliations et de démembrements, puis « la volonté des élites de transformer coûte que coûte leur pays », le rôle de Chiang Kai-shek « à la valeur, au patriotisme, à la hauteur d'âme de qui, dit-il, j'ai le devoir de rendre hommage, certain qu'un jour l'histoire et le peuple chinois ne manqueront pas d'en faire autant », sa tentative désespérée de « canaliser le torrent », enfin la victoire finale de Mao Zedong qui « établit sa dictature ». De Gaulle ne manqua pas alors, sans le dire ouvertement, de montrer combien le cours des choses avait confirmé ce qu'il avait dit, dès sa conférence de presse du 10 novembre 1959 sur l'inévitable dislocation du camp communiste et ses raisons profondes. Il rappela donc

> le temps où le Kremlin, utilisant, là comme ailleurs, sa rigoureuse prépondérance à l'intérieur de l'église communiste pour soutenir la suprématie de la Russie sur les peuples qu'une dictature semblable à la sienne lui avait subordonné, comptait garder la Chine sous sa coupe et, par elle, dominer l'Asie.

Songeant sans doute aux fureurs et aux sarcasmes qu'avait déchaînés son diagnostic, il put dire ce jour-là :

> L'illusion s'est dissipée. Sans doute demeure encore entre les régimes régnant à Moscou et à Pékin, une certaine solidarité doctrinale qui peut se manifester dans la concurrence mondiale des idéologies. Mais, sous un manteau chaque jour plus déchiré, apparaît l'inévitable différence des politiques nationales.

Comment, alors, ne pas tirer les conséquences d'un changement si formidable, que l'on aurait dû prévoir — et qu'il avait prévu — depuis longtemps ? « Le poids de l'évidence et celui de la raison » l'imposaient. Et de Gaulle constatait :

> Il n'y a, en particulier, ni guerre, ni paix, imaginable sur ce continent sans [que la Chine] y soit impliquée.

Et il voulut rappeler enfin ce qui faisait le fondement de sa politique étrangère : la prise en compte, partout, des réalités nationales et de leur primauté, la précarité et la contingence des idéologies. Mais non sans une audacieuse échappée sur l'avenir qui apporterait, croyait-il, bien d'autres changements inexorables aux Etats, aux sociétés et aux régimes :

> Par-dessus tout, il se peut, dans l'immense évolution du monde, qu'en multipliant les rapports entre les peuples, on serve la cause des hommes, c'est-à-dire celle de la sagesse, du progrès et de la paix. Il se peut que de tels contacts contribuent à l'atténuation, actuellement commencée, des dramatiques contrastes et oppositions entre les différents camps qui divisent le monde. Il se peut qu'ainsi les âmes, où qu'elles soient sur la terre, se rencontrent un peu moins tard au rendez-vous que la France donna à l'univers, voici cent soixante-quinze ans, celui de la liberté, de l'égalité et de la fraternité.

Formidable anticipation de l'avenir du monde que l'on croyait encore « communiste », démentie d'abord par la virulence de la « révolution culturelle » en Chine, par l'intervention soviétique à Prague, par le coup d'arrêt donné plus tard à l'évolution polonaise, mais qui, après l'irrémédiable dislocation du camp de l'Est s'est vue confirmée, pour une grande part, par l'histoire de cette fin de siècle.

Chapitre 35

SUR TOUS LES CONTINENTS

A distance, le chemin que de Gaulle emprunta dès son retour au pouvoir apparaît au fond simple et clair. Il fut marqué d'abord par une double volonté de rupture : il s'agissait de détruire un certain ordre atlantique et européen qui, par le jeu d'un système d'intégration, assurait l'hégémonie politique et militaire des Etats-Unis ; il s'agissait aussi de détruire un certain ordre colonial, les peuples jusque-là soumis exigeant leur émancipation. Puis le chemin parcouru a mené du combat pour l'indépendance de la France à la défense des peuples en lutte pour leur liberté ou décidés à résister aux hégémonies. En se libérant du système atlantique, la France ne retrouvait pas seulement sa liberté d'action : elle refusait par avance de servir d'appoint, même involontaire, dans un conflit que les Etats-Unis, entraînés par le poids de leur propre puissance, auraient engagé n'importe où, par leur seule volonté. Elle surgissait ainsi, au cœur même de l'aire occidentale, comme un partenaire libre pour tous les Etats, riches ou pauvres, socialistes ou libéraux, qui ressentaient les menaces d'un impérialisme. Elle allait pouvoir agir, dans le même esprit, et dans le même dessein, sur toutes les scènes du monde : l'Afrique, l'Asie, l'Amérique, le Proche-Orient, le système économique international.

De mes entretiens avec de Gaulle, j'ai gardé le souvenir, qu'outre la parité nucléaire entre les deux plus grandes puissances et la désagrégation progressive du camp communiste, c'est l'émergence du tiers-monde qui était, à ses yeux, le fait essentiel de la seconde moitié du siècle. Regardant au-delà des désordres et des retards, de l'anarchie et des dictatures, des révolutions et des féodalités, des stagnations et des convulsions, qui seraient le lot des nouveaux Etats d'Afrique, d'Asie, du Proche-Orient, et de l'Amérique latine, il voyait en eux des acteurs futurs sur la scène du monde. La France en serait exclue si elle ne les prenait pour partenaires.

De Gaulle, ne serait-ce que par pessimisme historique, croyait que s'approfondissait la ligne de démarcation qui divisait le monde : à l'Ouest, les peuples s'installaient dans l'univers confortable où les faisait entrer une longue ère de paix, au Sud, persistait, ou même s'aggravait, la détresse des peuples misérables du tiers-monde. D'un côté, on pouvait croire que la guerre des idéologies serait bientôt hors de saison, de l'autre, le péril était plus simple et plus brutal : c'était le péril de la faim. Ainsi se creusait le fossé entre les peuples riches et les peuples pauvres : comment croire qu'à terme le monde supporterait l'impitoyable déchirement des nations entre la richesse et la misère ?

C'était donc à la politique d'intervenir. De Gaulle s'en était convaincu. Il avait décidé de faire des relations avec le tiers-monde l'un des domaines privilégiés de son action. Inlassablement, il l'a répété : la coopération, qui est l'expression pratique de cette préoccupation, allait être l'un des axes permanents de la politique étrangère française. L'achèvement de la décolonisation, l'établissement de relations d'un type nouveau entre la France et ses anciennes colonies avaient fait oublier le temps où Paris était dénoncé comme le bastion du colonialisme. La France, enfin, offrait d'elle-même un autre visage : celui d'un Etat libérateur. Il n'est pas exagéré de dire que de la fin de 1958 au début de 1962, en un peu plus de trois ans, la politique suivie par de Gaulle, malgré tous les avatars, avait opéré à cet égard une mutation si radicale que le passé était en quelque sorte aboli. Son image aux yeux du monde avait elle-même changé : il n'était plus seulement l'ancien libérateur de son pays ; décolonisateur de l'ancien Empire français, il devenait l'homme de la coopération avec les peuples pauvres.

Tel était son dessein. C'est ainsi qu'en pleine crise de Berlin, en 1959, il s'indigne ostensiblement des « dangereuses histoires » que les grandes puissances entretiennent entre elles alors que, dit-il, « les deux tiers des habitants de la terre mènent une existence misérable ». Deux formules, à cet égard, vont résumer, désormais, sa politique :

> En notre temps, la seule querelle qui vaille est celle de l'homme, c'est l'homme qu'il s'agit de sauver, de faire vivre et de développer.
>
> [Et, cinq ans plus tard] : La coopération est désormais une grande ambition de la France.

Du reste, il ne la séparait pas de sa volonté d'indépendance et de son refus de toute intégration dans le système atlantique. Dans sa première lettre à Eisenhower il avait évoqué, comme on l'a vu, les événements survenus au Liban en juillet 1958 avec le débarquement d'un corps expéditionnaire américain et il avait alors marqué son refus d'être entraîné dans un conflit que la France n'approuverait pas : ce conflit aurait transformé le Proche-Orient en champ de bataille[1]. De même avait-il mis en garde Kennedy contre toute idée de transformer l'Afrique, et plus généralement le tiers-monde, en un nouveau terrain de la confrontation entre l'Est et l'Ouest. Plus tard, un épisode d'apparence secondaire, mais en réalité significatif, allait montrer combien la politique française envers les continents pauvres s'opposait désormais à celle des Etats-Unis. Le vendredi 14 août 1964, des avions américains chargés d'hommes, de matériel et de munitions, atterrissaient à Léopoldville — devenue ensuite Kinshasa. Les effectifs étaient composés de mercenaires de toutes nationalités mais l'armement et l'équipement étaient américains et toute l'opération elle-même était américaine : il s'agissait de mettre fin à une insurrection déclenchée contre le gouvernement congolais de Moïse Tschombé et plus ou moins aidée, disait-on, par des représentants chinois au Burundi et peut-être au Congo-Brazzaville. Le jour même, un communiqué était publié à Paris. Il définissait la position française. Celle-ci était catégorique : la France condamnait le principe même de toute intervention étrangère au Congo [2]. Or l'aviation des Etats-Unis avait utilisé comme bases de départ les aérodromes américains en France, ou y avaient fait relais. En prenant position, Paris ne voulait donc pas seulement manifester son opposition au principe même des interventions étrangères dans un pays d'Afrique : il s'agissait de marquer que l'utilisation du territoire français pour cette intervention n'était en rien conforme à la volonté de la France. Seul le retrait de la France de l'Organisation militaire atlantique et le départ de l'OTAN, de ses états-majors, de ses bases et de ses forces hors du territoire français, à partir de mars 1966 pouvaient mettre un terme à des contradictions qui, si elles avaient persisté, auraient enlevé toute crédibilité à la politique française auprès des nations qui attendaient d'elle l'exemple de l'indépendance, en même temps que sa coopération.

Ici comme ailleurs, la fin de la guerre d'Algérie était la condition de tout. Et, pour de Gaulle, la coopération franco-algérienne — puisqu'en définitive on avait refusé, du côté algérien, le terme « association » — devait être un modèle : ce serait, à ses yeux, la preuve qu'il n'avait pas échoué dans sa longue tentative pour trouver en Algérie une issue qui ne soit ni le maintien d'une impossible domination, ni une détestable rupture [3]. De là, l'acharnement qu'il mit à préserver toutes les possibilités de coopération même après que le départ de la communauté européenne eut privé les accords d'Evian d'une grande partie de leur substance. A dessein, il choisit de nommer comme ambassadeurs à Alger deux personnalités de premier plan : Jean-Marcel Jeanneney, ancien et futur ministre, qui resta en fonctions de juillet 1962 à janvier 1963, puis Georges Gorse, ancien secrétaire d'Etat et futur ministre lui aussi, jusqu'en mai 1967. Tout s'opposait, en pratique, au bon déroulement de cette coopération : des incidents innombrables, la confiscation des « biens vacants » des Européens rapatriés en France, le souvenir très récent de la mort de plusieurs milliers de harkis, malgré les engagements pris à Evian, la disparition de ressortissants français. Mais de

Gaulle entendait que l'entreprise soit poursuivie envers et contre tout. Georges Gorse voulait faire des relations franco-algériennes, comme le rapporte son collaborateur, Stéphane Hessel, « une réussite donnant de la France l'image du pays le plus doué dans la coopération entre le Nord et le Sud[4] », et c'est aussi ce que voulait Claude Cheysson, directeur de l'Office de coopération industrielle. Les années conduiront naturellement à la réduction progressive du considérable dispositif de la coopération française en Algérie : 101 000 agents français, en 1963, moins de 10 000 en 1969. Méthodiquement, on négocia avec les représentants algériens des arrangements financiers, un statut pour les professeurs français en Algérie — qui constituaient encore, en 1964, les 4/5 des enseignants dans les écoles secondaires et les 3/4 de ceux des universités — ainsi que l'interminable problème du vin. De Gaulle a expliqué au ministre algérien des Finances et de l'Economie, Bachir Boumaza, le 30 octobre 1963 :

> Si l'Algérie prétend choisir la voie du socialisme, cela n'appelle pas d'objections de notre part... Si le gouvernement algérien respecte ses engagements et tient compte de nos intérêts, il peut compter sur notre coopération. S'il en allait autrement, si en particulier le gouvernement algérien cédait à la tentation de faire supporter par nos compatriotes le contrecoup de ses déboires intérieurs, ce serait la fin de la coopération[5].

Mais, justement, il voulait qu'elle survive à tout. Le secrétaire d'Etat aux Affaires algériennes, Jean de Broglie, l'explique quelques jours plus tard en une formule qui est la clé de la politique que de Gaulle mène envers l'Algérie : « Certes, en poursuivant avec l'Algérie sa politique de coopération, la France défend certains intérêts et s'efforce de contrebalancer les tendances de ce pays à glisser vers le communisme. Mais l'Algérie est aussi et surtout la "porte étroite" par laquelle nous pénétrons dans le tiers-monde. Une brouille entre la France et un autre Etat d'Afrique du Nord n'est qu'une simple tension bilatérale. Une brouille avec l'Algérie dépasserait les limites des relations franco-algériennes et risquerait de miner les efforts de notre diplomatie dans le monde entier[6]. »

Mais, pour coopérer, il faut être au moins deux. Rien n'aurait été possible si de Gaulle ne l'avait voulu, mais il fallait que, du côté algérien, on le veuille aussi. De là l'importance cruciale de la rencontre qui eut lieu, le 13 mars 1964, au château de Champs entre de Gaulle et celui qui était le président algérien depuis l'indépendance du pays et le resterait encore quinze mois de plus, Ahmed Ben Bella[7]. Une rencontre non dénuée de quelque pittoresque. De Gaulle avait, à l'avance, une certaine sympathie envers un homme qui avait couru tant de risques et subi tant d'épreuves pour l'indépendance de son pays. Ben Bella ressentait beaucoup de respect pour celui qui, depuis 35 ans, incarnait à sa manière l'indépendance du sien. De plus il n'oubliait pas et ne voulait pas faire oublier qu'il avait servi sous l'uniforme français pendant la guerre. Et il tint à rappeler que c'était de Gaulle lui-même qui l'avait décoré de la médaille militaire alors qu'il était sous-officier d'un régiment de tirailleurs sur le front d'Italie. Il ne se sentit pas gêné de remercier — c'est le terme qu'il employa — pour l'aide que la France avait apportée à l'Algérie indépendante. De Gaulle répondit en assurant que cette aide se poursuivrait moyennant que l'on s'entende sur deux chapitres : le pétrole et les installations dont la France disposait au Sahara, en vertu des accords d'Evian, pour ses expériences nucléaires. Ben Bella déclara qu'il préférait qu'elles aient lieu hors du territoire algérien mais qu'il n'y ferait pas obstacle si elles n'avaient pas lieu dans l'atmosphère. Les deux hommes, enfin, convinrent que l'on pouvait trouver un intérêt commun au développement de la production d'hydrocarbures en Algérie. Tous deux gardèrent bon souvenir de leur entrevue. Quand Ben Bella fut renversé l'année suivante, Georges Gorse éprouva quelque soulagement à ne plus avoir pour interlocuteur un homme dont les foucades, les sautes d'humeur, les improvisations avaient rendu sa tâche difficile mais de Gaulle, à l'inverse, pensa — et le dit en propres termes — qu'« il ne nous voulait pas de mal [8] ».

Le Sahara était au cœur du problème. En quelques années, sa production pétrolière, écoulée pour la plus grande part sur le marché français, avait fini par représenter une fraction considérable des besoins de la France. On ne pouvait douter que l'Algérie, devenue indépendante, chercherait à diversifier ses interlocuteurs économiques : mais l'intérêt des deux pays pouvait se concilier dans une coopération organisée. Ce fut l'objet de l'accord conclu le 29 juillet 1965, dont les principaux négociateurs furent, du côté français, Georges Gorse et Olivier Wormser, directeur général des Affaires économiques au ministère des Affaires étrangères, et futur gouverneur de la Banque de France [9]. Il avait une immense portée : il s'agissait d'établir, entre un pays industriel avancé et un pays relativement sous-développé mais producteur d'hydrocarbures, des rapports d'un type nouveau. Dans l'immédiat une gestion paritaire était prévue. Deux milliards, dont un cinquième en dons, seraient consacrés par la France, en cinq ans, à l'industrialisation de l'Algérie et les concessions aux compagnies pétrolières françaises étaient confirmées. A l'avenir, une association organique portant sur tous les stades de la recherche, de la mise en exploitation, de la production, de la transformation, de la commercialisation du pétrole serait instituée. Le pétrole produit en Algérie serait payé par la France en francs convertibles, l'Etat algérien paierait en pétrole la cession de la moitié du portefeuille minier français, et la France, moyennant le paiement d'impôts et le réinvestissement sur place des trois quarts de ses bénéfices, utiliserait librement sa part de production. Par-delà les détails de l'accord, on avait su définir, de part et d'autre, un intérêt commun : on avait ainsi rompu, ouvertement, avec le système qui avait prévalu jusque-là dans le monde entier, surtout au Proche-Orient, et qui se résumait en un simple versement de royalties par les compagnies productrices à l'Etat dont le territoire recélait du pétrole. En rupture avec les usages établis, on avait choisi de parier sur le développement à long terme de la production pétrolière et de l'expansion industrielle en Algérie. En associant deux économies de caractères essentiellement différents, l'accord fondait entre les partenaires des rapports d'un type nouveau.

Il ne faut pas s'y tromper : c'était un exemple offert à beaucoup d'autres pays et un jour viendrait, sans doute, où il servirait de modèle à des Etats résolus à transformer leurs économies nationales pour les faire sortir du sous-développement. C'est, en effet, ce qui arriva.

En août 1966, un accord entre l'Iran et le groupe français ERAP s'en inspira. Il était doublement significatif. L'ERAP venait d'être constitué par une récente décision gouvernementale de fusionner en un seul groupe l'ancienne Union générale des pétroles et l'ancien Bureau de recherches pétrolières, et était ainsi devenu l'instrument principal de la politique pétrolière de l'Etat français. De plus, son contrat avec l'Iran modifiait complètement les rapports habituels entre sociétés pétrolières et pays producteurs : au lieu de devenir le possesseur des gisements exploités, qui restaient aux mains de la société d'Etat iranienne, l'ERAP se contentait du rôle d'entrepreneur, et la répartition des bénéfices était calculée de manière conforme à son nouveau statut et non plus sous forme de royalties comme c'était jusqu'ici la règle pour les sociétés pétrolières bénéficiaires de concessions.

A Beyrouth, à Damas, au Caire, on y vit l'amorce d'une période nouvelle dans l'histoire des relations entre Etats producteurs et sociétés pétrolières des pays industriels. Quand le gouvernement syrien ferma les oléoducs de l'Irak Petroleum Company en 1964, son ministre des Affaires étrangères, Makhos, tint à dire à Paris que les décisions syriennes n'étaient en aucun cas dirigées contre la France et que Damas était prêt à rouvrir les oléoducs pour la quantité de pétrole irakien destiné à la compagnie française, « ou même davantage ». Dix-huit mois plus tard, enfin, après la guerre israélo-arabe, l'Irak conclut un accord avec l'ERAP, suivant l'exemple de l'Iran, après celui de l'Algérie. Quelles qu'aient été par la suite les difficultés que celle-ci devait soulever à propos de l'exécution de ses accords pétroliers avec la France, une brèche avait été ouverte, un chemin tracé, une expérience faite, et l'écho rencontré par ces accords bien au-delà des frontières algériennes en avait montré la véritable portée.

Parallèlement, l'Afrique noire était le champ d'application principal de la politique française de coopération [10]. La mise en œuvre, pourtant, n'en fut pas toujours facile. Pour les uns, elle devait être conduite par le ministère des Affaires étrangères puisqu'elle était l'une des dimensions de la politique extérieure de la France mais, pour d'autres, elle devait dépendre d'une institution particulière — ministère ou secrétariat d'Etat à la Coopération, secrétariat général de la présidence de la République pour les affaires africaines et malgaches — parce qu'elle impliquait un personnel ayant une vocation particulière et dépendait de relations directes et presque quotidiennes avec les chefs d'Etat africains. Il fallait aussi qu'elle soit constamment défendue contre les critiques mettant en cause l'intérêt et l'efficacité de dépenses publiques importantes pour l'Afrique, dont le porte-parole le plus notoire fut le célèbre journaliste Raymond Cartier. Il fallait enfin arbitrer entre les relations privilégiées de la France avec ses anciennes colonies, et la coopération avec le Proche-Orient dont l'importance pour la France était majeure, les Etats de l'Afrique anglophone, les pays d'Asie, l'Amérique latine. Un rapport demandé à Jean-Marcel Jeanneney, et auquel contribua Simon Nora, préconisait de privilégier l'Afrique mais de viser d'autres objectifs comme en Iran, au Mexique, dans les Etats de l'ancienne Indochine française, et de s'en tenir, globalement, à une aide correspondant à 1,5 % du produit national. C'est à ce chiffre que l'on s'en tint, en effet, mais l'aide publique se réduisant de près de moitié, de 1,38 % à 0,69, entre 1960 et 1969, et l'aide privée prenant le relais. Par comparaison avec d'autres pays de même niveau de développement, l'aide française, au total, demeurait la plus importante, de sorte que de Gaulle peut dire encore, durant son voyage en Amérique latine que

> la France est actuellement de toutes les puissances du monde celle qui consacre à aider les autres la plus grande proportion de son revenu global.

La coopération offerte par la France devait être pratiquée avec des régimes différents. On pouvait prévoir, en effet, qu'après leur décolonisation, plusieurs Etats s'engageraient dans la voie d'expériences socialistes. La littérature politique en Afrique blanche ou noire, la séduction des idéologies révolutionnaires sur les cadres politiques formés dans la lutte anticolonialiste, les conditions sociales dans les pays sous-développés, le laissaient présager. L'autorité, déclinante mais encore réelle, de l'Egypte nassérienne, l'exemple de N'Krumah au Ghana, l'enthousiasme suscité par la révolution cubaine, pouvaient inspirer d'autres Etats. Tout l'avenir des relations entre les pays industrialisés et les Etats sous-développés dépendrait alors de leur aptitude commune à coopérer malgré les différences de leurs régimes économiques. De Gaulle y fut très attentif : les relations de la France avec plusieurs de ses anciennes dépendances étaient en jeu puisqu'elles avaient opté pour une économie socialiste, comme le Mali et le Congo, mais surtout comme l'Algérie.

D'autant que la plupart des Etats de l'ancienne Afrique noire française avaient choisi de ne pas toucher aux structures héritées d'un certain capitalisme colonial : ainsi de la Côte-d'Ivoire et du Gabon, par exemple. L'Afrique avec laquelle la France coopérait était donc, presque toujours l'Afrique réputée « modérée ». De sérieux risques en résultaient : que s'exerce une surenchère nationaliste, que des équipes plus jeunes, inspirées de préoccupations plus audacieuses s'en prennent aux premiers héritiers de la décolonisation, ou même leur succèdent, et la France se verrait accusée d'avoir, sous couvert de coopération, consolidé et soutenu les régimes les plus conservateurs, ceux qui méritaient d'être appelés « néocolonialistes ». Au total, la coopération ne se concevait pas sans des entreprises à long terme, portant sur le renouvellement en profondeur de la vie économique et supposant par là plusieurs années avant de porter leurs fruits : plus rien n'eût été possible si tout pouvait être remis en question par n'importe quel coup d'Etat de gauche ou de droite. Pour avoir un sens, la politique de coopération supposait l'aptitude à dialoguer et à travailler avec des Etats menant des entreprises économiques et politiques différentes.

C'est dire que les crises politiques de l'Afrique indépendante ajoutaient encore aux difficultés de l'entreprise. Après la cascade des coups d'Etat qui se succédèrent au Dahomey, au Togo, au Congo-Brazzaville, le président du Gabon, Léon M'Ba, fut, à son tour, renversé le 17 février 1964. Cette fois Paris céda aux objurgations de ses pairs, en particulier à celles du président ivoirien Félix Houphouët-Boigny, qui invoquaient l'impérieuse nécessité de faire obstacle à la désintégration progressive des nouveaux Etats. A l'Elysée, Jacques Foccart, chargé des affaires africaines et malgaches, fut leur avocat convaincu [11]. Bien que les militaires gabonais aient mis au pouvoir Jean-Hilaire Aubame qui n'était nullement adversaire de la France, Léon M'Ba avait la réputation d'un dirigeant sage et relativement populaire. On décida donc d'intervenir bien qu'il ne fût pas possible de joindre à temps le vice-président gabonais, Paul-Marie Yembit, pour qu'il en fasse la demande officielle. L'affaire fut menée en quelques heures et fit quinze morts du côté gabonais, et deux du côté français. Mais elle ne fut jamais renouvelée tant que de Gaulle fut au pouvoir. La seconde intervention françaises décidée quelques mois avant son départ, fut en faveur du Tchad où plusieurs régions étaient entrées en dissidence : mais c'était en vue d'une reconstruction du pays à laquelle contribueraient une force militaire limitée mais aussi une mission d'aide administrative et économique. Personne, en tout cas, n'avait alors envisagé d'autres interventions armées au Tchad.

On était, au fond, dans une phase de transition. Il avait fallu d'abord consolider les nouveaux Etats : rien de plus normal, par conséquent, que de leur accorder une aide directe pour mettre en place leurs structures et pour fonctionner. Après quoi s'accrut la part de « l'aide liée », celle consacrée à des projets économiques et à des équipements collectifs. De même les investissements privés devaient-ils prendre, pour une grande part, le relais de l'aide publique. Mais ces évolutions étaient loin d'être achevées quand de Gaulle quitta le pouvoir. Il éprouvait, du reste, une impatience croissante devant la persistance des pratiques qui avaient paru légitimes d'abord mais qui devenaient moins acceptables au fil du temps. Le *Journal* de Jacques Foccart révèle que, de plus en plus, il s'irritait des interventions qu'on lui demandait, de l'usage de rapports personnels trop étroits, des services rendus trop fréquents, qui risquaient d'impliquer trop fortement la France dans les affaires intérieures des Etats africains [12]. A plusieurs reprises, il projeta une réforme du dispositif de la coopération qui l'aurait davantage rattaché au ministère des Affaires étrangères. Non qu'il ait négligé l'importance de relations directes avec les chefs des nouveaux Etats : au contraire, il se faisait une obligation de les recevoir souvent, comme Foccart l'en pressait, et il était naturellement sensible à l'importance, pour la politique française, de conserver dans cette partie du monde ce qui constituait, bel et bien, une zone d'influence. Mais il ne voulait pas aller au-delà. Il n'entendait pas que la France soit engluée dans des conflits qui ne la concernaient plus et, par ce biais, n'en revienne, même sous une autre forme, à l'ère coloniale. Et, pour les mêmes raisons, il s'opposa jusqu'au bout, malgré les démarches de Bourguiba et de Senghor, à ce que la France prenne l'initiative de rassembler, en une organisation commune, les Etats qui avaient le français comme langue officielle ou langue d'usage. Mais il n'était pas question pour lui, de céder la place à d'autres influences étrangères, par-dessus tout celle des Etats-Unis : chaque fois que ce risque apparaissait, il réagissait.

Peut-être est-ce le souci de réduire la présence des Etats concurrents en Afrique qui le guida dans l'affaire du Biafra [13]. Cette province du Nigeria, en majorité chrétienne, s'était rebellée contre un pouvoir fédéral où s'exerçait fortement la prépondérance des communautés animistes et surtout musulmanes. Une sanglante guerre civile en résulta à partir de 1968 et plusieurs pays d'Afrique francophone voulurent apporter leur appui aux Biafrais. C'était surtout le cas du président ivoirien, Félix Houphouët-Boigny dont l'influence débordait alors, de beaucoup, les frontières de son pays. Ses arguments étaient les mêmes que ceux qu'il avait invoqués pour refuser l'unité de l'Afrique-Occidentale : il ne croyait pas à l'intérêt, pour l'Afrique, des « grands ensembles » et les jugeait, au contraire, dangereux et sources de conflits. D'autant plus, cette fois-ci, que le Nigeria, anglophone, normalement soutenu par les Etats anglo-saxons et beaucoup plus riche que tous ses voisins, risquait d'exercer une sorte d'hégémonie sur toute cette partie du continent. C'est sans doute cette préoccupation, habilement présentée, qui eut le plus de poids à l'Elysée où Jacques Foccart, convaincu par Houphouët-Boigny, était fermement partisan d'une aide au Biafra. D'abord hésitant, de Gaulle autorisa l'envoi d'approvisionnements en nourriture et médicaments, puis de livraisons limitées d'armements d'infanterie. Plusieurs motifs l'inspiraient : la résistance farouche des

Biafrais, l'insistance d'importants chefs d'Etat francophones, le désir de réagir contre le Nigeria qui avait condamné les expériences nucléaires françaises au Sahara et avec qui les relations diplomatiques étaient au point mort. Mais il ne voulait pourtant pas engager la France dans un conflit dont l'issue était très douteuse. Pierre Messmer, au terme d'une analyse rigoureuse, lui avait exposé que la révolte du Biafra ne pouvait réussir sans aide extérieure, le rapport des forces, sur place, lui étant dramatiquement défavorable[14]. Aucune aide, justement, ne lui serait apportée puisque le seul Etat voisin du Biafra était le Cameroun : or, celui-ci, ancien mandat français, avait réussi à intégrer les régions sous mandat britannique, précisément en raison de leur hostilité traditionnelle envers les Biafrais. Ceux-ci étaient donc condamnés à un isolement qui, en effet, les conduisit à leur défaite.

Ainsi, la politique française en Afrique prenait-elle de nouveaux contours, moins de dix ans après que les anciennes colonies furent devenues indépendantes. C'était une adaptation difficile et naturellement progressive. Mais l'œuvre accomplie jusque-là était considérable : quinze Etats nouveaux décolonisés, la présence française restée prépondérante presque partout, l'amorce d'un développement dont on ne mesurait pas encore la précarité, l'autorité personnelle que de Gaulle continuait d'exercer, et surtout, peut-être, la mise en échec de toutes les tentatives de faire de l'Afrique un autre champ de bataille de la guerre froide. Mais, pour de Gaulle, cette politique africaine faisait partie d'un tout : un terrain parmi d'autres de la politique qu'il menait à l'échelle du monde.

Il voulait aussi mettre en cause, en Asie, l'ordre établi et le système des blocs : ce serait du même coup pour servir ce dessein qu'il allait poursuivre désormais le retour de la France en Asie.

C'est au Laos, dès 1960, que la politique française eut d'abord l'occasion d'intervenir[15]. Elle choisit de soutenir le gouvernement du prince Souvanna Phouma, qu'appuyait discrètement le roi. Il incarnait la neutralité du pays, en s'opposant aux tentatives de l'inclure dans la zone d'influence américaine et d'en faire un adversaire du Nord-Vietnam, au risque de le transformer en champ de bataille. Les Etats-Unis menaient une politique opposée : au moment où le régime de Saigon, qu'ils protégeaient, commençait à être défié par les premières activités de guérilla du Front national de libération (FNL) du Sud-Vietnam, ils voulaient établir au Laos un gouvernement à leur dévotion, qui empêcherait toute communication entre le Nord-Vietnam et les maquis du Sud. A la conférence de Genève de 1961 sur le Laos, la France fit échec à la politique américaine et, sur place, les officiers français qui avaient en charge, jusque-là, la base de Seno, parvinrent, à force de ténacité et d'ingéniosité, à la remettre aux forces gouvernementales et « neutralistes » du prince Souvanna Phouma.

Plus tard, durant l'hiver 1963-1964, la diplomatie américaine intervint au Cambodge. Son but était d'obtenir que celui-ci prive le FNL sud-vietnamien des concours qu'il y trouvait jusque-là. Pour atteindre son but, elle disposait d'une arme : l'assistance militaire que les Etats-Unis accordaient à l'Etat cambodgien, et dont les représentants américains se servaient pour étendre le réseau de leurs sympathisants. Mais des conséquences graves pouvaient en résulter : les Cambodgiens les plus favorables à la résistance sud-vietnamienne, ou qui refusaient que leur pays devienne une sorte de protectorat, risquaient de s'insurger et le pays, à son tour, serait transformé en champ de bataille. Le prince Norodom Sihanouk mit donc fin à l'assistance militaire américaine : le Cambodge, pensait-il, devait se défendre contre les tentatives de pénétration extérieure ou de coups d'Etat que les services américains pouvaient inspirer. La situation était si critique qu'il était prêt à faire appel, en dernier ressort, à l'assistance militaire chinoise : mais le résultat eût peut-être été une subversion armée, suscitée et entretenue par les Etats-Unis. L'intervention de la France évita ces risques. De Gaulle décida d'envoyer à Phnom Penh une mission, dirigée par Pierre Messmer, et une assistance militaire fut assurée au Cambodge. Il n'est pas exagéré de dire que l'extension de la guerre du Vietnam aux territoires cambodgiens fut alors retardée grâce à l'intervention française.

Le retour de la France en Asie franchit évidemment une étape capitale avec le rétablissement de ses relations diplomatiques avec la Chine. Mais la guerre du Vietnam lui donna tout à coup une autre dimension. De Gaulle avait, à plusieurs reprises, averti les dirigeants américains du danger d'une intervention militaire qui les conduirait à heurter le sentiment national des Vietnamiens, leur volonté d'indépendance, leur détestation de toute domination étrangère. On a vu qu'il l'avait dit, en particulier, à Kennedy[16]. L'engrenage dans lequel celui-ci s'était engagé au début de 1963 était peut-être réversible : de Gaulle, en tout cas, ne voulut d'abord intervenir, qu'en des termes qui ne mettent pas ouvertement en cause les Etats-Unis. Il rendit public, après le Conseil des ministres du 29 août 1963, un texte dont il avait soigneusement pesé les mots. La France, saluant la valeur « du peuple vietnamien », espérait qu'il pourrait « déployer son activité dans l'indépendance vis-à-vis de l'extérieur, la paix et l'unité intérieures, la concorde avec ses voisins », et déclarait qu'il incombait « au Vietnam tout entier [...] à son peuple et à lui seul de choisir les moyens d'y parvenir », et, naturellement, elle était « prête [...] à organiser avec ce pays une cordiale coopération... (pour) tout effort national qui serait entrepris au Vietnam à cette fin ». C'est alors l'un des moments les plus critiques des luttes intérieures au Vietnam du Sud qui aboutirent, après de tragiques affrontements avec les moines bouddhistes, à l'assassinat du président sud-vietnamien, Ngo Dinh Diem, et de son frère par un groupe d'officiers dont il apparut vite qu'ils s'opposaient radicalement sur la politique à suivre. L'engrenage de la guerre était en marche et les Etats-Unis étaient en voie d'y engager des forces plus nombreuses qu'à aucun autre moment de leur histoire, excepté les deux guerres mondiales.

On était encore loin du vaste mouvement de contestation aiguë de la guerre qui finit par secouer la société américaine, à la fin des années soixante et qui eut tant de contrecoups en Europe. La voix de la France, pourtant, qui venait de se faire entendre, eut bientôt un retentissement profond, non chez les dirigeants des Etats, mais chez les peuples. Ce qu'on appelait alors le tiers-monde se reconnut dans cette voix et de Gaulle y devint un symbole, un porte-parole, une sorte de héros. Chez les militants révolutionnaires, même en Europe, il intriguait, attirait, séduisait parfois, gênait le plus souvent. L'approbation, au contraire, était plus ouverte dans toutes les parties du monde où l'hégémonie américaine était le plus durement contestée. L'éclat produit par ses positions sur le Vietnam devenait d'autant plus grand que la guerre durait et s'étendait. Le président Johnson voyait en lui un adversaire, sinon un ennemi, d'autant plus détestable que les Etats-Unis s'enfonçaient dans ce conflit où il ne voyait d'autre issue qu'une victoire militaire : il n'y avait, disait-il, qu'à « intensifier les opérations », et il faisait en sorte qu'à Saigon les généraux les plus combatifs prennent le pouvoir [17]. En avril 1964, ses services encouragèrent un coup d'Etat au Laos destiné à ruiner l'expérience d'indépendance et de neutralité incarnée par le prince Souvanna Phouma que la France appuyait. Puis il ordonna le déclenchement des bombardements du Nord-Vietnam sans tenir compte de la présence à Hanoi du Premier ministre soviétique, Alexeï Kossyguine, ni des efforts de médiation du prince Sihanouk. De Gaulle durcit alors le ton pour condamner l'intervention militaire américaine. En avril 1965, le gouvernement nord-vietnamien publia le plan en quatre points qu'il proposait en vue d'arrêter les hostilités [18]. Son représentant à Paris, Mai Van-bo, vint le commenter au Quai d'Orsay : « Il faut, dit-il, que le principe de l'évacuation du Sud-Vietnam, soit acquis avant toute négociation mais nous n'exigeons pas qu'elle soit effective pour engager des pourparlers. » Paris en rendit compte au gouvernement américain et, entre le 12 et le 15 mai, les bombardements cessèrent. Mais, à Washington, on avait seulement voulu apaiser le climat de la rencontre prévue, à Vienne, entre le ministre des Affaires étrangères, Andreï Gromyko et le secrétaire d'Etat Dean Rusk : quelques jours plus tard les bombardements reprirent et il ne fut plus question de négocier.

Comme il était prévisible, le gouvernement américain, aux prises avec l'extension du conflit, chercha des appuis à l'extérieur. Le 15 décembre 1965, à la réunion habituelle du Conseil des ministres de l'Organisation atlantique, le secrétaire d'Etat, Dean Rusk et le secrétaire à la Défense, Robert MacNamara décrivirent la « menace chinoise » comme dirigée aussi bien contre l'Europe que contre les Etats-Unis, annoncèrent que Pékin disposerait d'armes nucléaires utilisables d'ici quinze ans au plus tard et, s'adressant à chacun des Etats membres de l'Alliance, réclamèrent une contribution à l'effort de guerre américain au Vietnam[19]. Sans doute ne parlaient-ils pas encore d'assistance militaire, mais il s'agissait de toute évidence d'une première étape : la Corée du Sud, l'Australie, la Nouvelle-Zélande avaient déjà promis l'envoi de contingents militaires et le chancelier Erhard déclarait alors qu'il avait « honte » de la trop faible participation allemande à la guerre du Vietnam. Pour que tout soit clair, le représentant américain à l'OTAN, Cleveland, réunit quelques journalistes et leur révéla que, désormais, les Etats-Unis jugeraient leurs alliés selon leur attitude à l'égard du problème vietnamien. Cette fois, l'opposition française suffit à bloquer l'initiative américaine.

Le mois suivant, Hô Chi Minh, président de la République du Nord-Vietnam, adressa, le 24 janvier 1966, une lettre à de Gaulle qui lui rappelait que la France, signataire des accords de Genève, était en droit d'intervenir : « Devant la situation extrêmement grave créée au Vietnam par les Etats-Unis, écrivait-il, je souhaite que le gouvernement de votre pays assume pleinement ses obligations vis-à-vis de [ces] accords, et que Votre Excellence use de son prestige pour contribuer à arrêter à temps toute [...] menée américaine au Vietnam et en Indochine. » De Gaulle répondit le 8 février que le Sud-Vietnam devrait élire un « gouvernement représentatif, ce qui [...] ne pourra être réalisé tant que la guerre continuera » et que « l'ultérieure réunification » du pays dépendait de « l'indépendance et de la neutralité du Vietnam et de la non-ingérence dans ses affaires intérieures [ce qui] est contradictoire avec la situation actuelle[20] ». Il le répéta lors de sa conférence de presse du 21 février et il voulut donner à la position française plus de solennité et d'éclat encore en se rendant lui-même en Asie.

Rien ne devait ternir l'éclat de ce voyage, demeuré sans égal dans l'histoire de la Ve République. Ni, à l'aller, les incidents provoqués à Djibouti par les indépendantistes de la Côte française des Somalis, non prévus et mal gérés par l'administration locale[21], ni, sur le chemin du retour, les inévitables controverses, du reste limitées, sur l'explosion nucléaire dont de Gaulle voulut être témoin en Polynésie afin de marquer l'importance de l'atome pour l'indépendance de la France. Ce fut l'un des sommets de la croisade qu'il incarnait contre les blocs, contre les hégémonies, et très précisément contre l'hégémonie américaine. Le retour de la France en Asie fut, à cette occasion, plus spectaculaire qu'on ne s'y était attendu. Le prince Sihanouk avait fait ce qu'il fallait : l'accueil à l'aéroport de Phnom Penh par des fonctionnaires en habits de tradition et une reine dont la couronne datait du début du siècle, un stade immense où les mouvements des spectateurs en tenue dessinaient sa propre effigie, un concert dont il avait composé l'ouverture et l'enthousiasme sans fin d'un peuple stupéfait d'entendre de ce héros lointain les mots qu'il voulait entendre... N'y manqua ni l'hommage en forme de poème lu par la nièce de Sihanouk, la princesse Norodome Vyriane — « L'occident et l'orient tournent vers lui les yeux, attendant réconfort, sympathie et soutien, il écoute les peuples, il accède à leurs vœux, et fait de l'amitié leur authentique lien... » — ni la supplique du prince Sihanouk lui-même — « Notre monde actuel, où tant de peuples sont victimes d'injustices ou subissent des actes de guerre, a le plus grand besoin de modernes "saint Georges", non certes par la lance ou par l'épée, mais par des prises de position courageuses sur le plan politique et sur le plan diplomatique, de "saint Georges" qui osent défendre, même contre le gré de leurs alliés, la justice, le bon droit et la paix. » Avec le recul du temps, on voit mieux le sens du discours de Phnom Penh. Il réclamait le droit des peuples à disposer d'eux-mêmes, proclamé tout au long d'un siècle qui ne l'a pas toujours respecté. Il situait la guerre du Vietnam dans la série des luttes que les peuples ont livrées contre les dominations étrangères. Il demandait aux Etats-Unis, avec une sorte de considération pour leur puissance, de s'inspirer de l'esprit du siècle, en renonçant à s'imposer au Vietnam. Par là, il refusait de s'enfermer dans la seule dialectique de la guerre froide et de réduire le combat des Vietnamiens à celui d'une avant-garde du communisme, comme s'il présageait qu'avant la fin de ce siècle, cette idéologie, comme les autres, se serait évanouie. C'est à la lumière de cette vision de l'histoire du siècle qu'il faut relire ce discours :

> La position de la France est prise, disait de Gaulle. Elle l'est par la condamnation qu'elle porte sur les actuels événements. Elle l'est par sa résolution de n'être pas, où que ce soit et quoi qu'il arrive, automatiquement impliquée dans l'extension éventuelle du drame et de garder, en tout cas, les mains libres. Elle l'est, enfin, par l'exemple qu'elle-même a donné naguère en Afrique du Nord... A moins que l'univers ne roule vers la catastrophe, seul un accord politique pourrait donc rétablir la paix... [il] aurait pour objet d'établir et de garantir la neutralité des peuples de l'Indochine et leur droit de disposer d'eux-mêmes tels qu'ils sont effectivement, en laissant à chacun d'eux la responsabilité entière de ses affaires... Sans nul doute, une pareille issue n'est pas du tout mûre aujourd'hui [...] mais la France estime nécessaire d'affirmer qu'à ses yeux il n'en existe aucune autre... Elle le dit à cause de l'amitié exceptionnelle et deux fois séculaires [qu'elle] porte à l'Amérique, de l'idée que, jusqu'à présent, elle s'en était faite, comme celle-ci se la faisait d'elle-même, savoir celle d'un pays champion de la conception suivant laquelle il faut laisser les peuples disposer à leur façon de leur propre destin... Elle le dit [...] avec la conviction qu'au degré de puissance, de richesse, de rayonnement, auxquels les Etats-Unis sont actuellement parvenus, le fait de renoncer, à leur tour, à une expédition lointaine dès lors qu'elle apparaît sans bénéfice et sans justification, et de lui préférer un arrangement international organisant la paix et le développement d'une importante région du monde, n'aurait rien en définitive, qui puisse blesser leur fierté, contrarier leur idéal et nuire à leurs intérêts.

Il était trop tôt pour qu'il fût écouté. Au contraire, pour entraîner leurs alliés à leurs côtés, les Etats-Unis repartirent à l'assaut, au Conseil ministériel de l'OTAN en décembre 1966. Cette fois, l'argumentation américaine s'appuyait sur l'aire géographique de l'Alliance atlantique telle qu'elle est définie par le traité de 1949. On entendit Dean Rusk affirmer que si le « front oriental » de l'Alliance se trouvait à la limite des deux Allemagnes, son « front occidental » se situait le long des côtes américaines du Pacifique. De là, il concluait à l'intérêt capital que la coalition tout entière devait porter aux événements d'Asie, à la guerre du Vietnam et au développement des armes nucléaires chinoises. Mais, à cette date, les autres gouvernements européens ne voulaient pas laisser à de Gaulle le monopole du rapprochement avec l'Est, et ils ne pouvaient souscrire sans réserve aux thèses américaines.

Jamais, peut-être le contraste ne fut tel entre l'attitude de la France et celle des Etats-Unis à l'égard du Vietnam. Aux yeux de Washington, il s'agissait là d'un front à tenir et dont l'effondrement provoquerait le déferlement des entreprises communistes, sous l'égide de la Chine, dans tout le Sud-Est asiatique : pour conserver celui-ci au sein du « monde libre », les Etats-Unis entendaient maintenir une présence militaire massive dans le secteur clé dont tout le reste dépendait — le Sud-Vietnam — tandis qu'ailleurs ils contribueraient à réduire par la force les « subversions ». La politique française s'inspirait d'une autre philosophie. En déclarant que la guerre ne pouvait s'achever que par un dialogue avec les « forces réelles », c'est-à-dire avec le FNL sud-vietnamien, en qualifiant celui-ci de « résistance nationale », en affirmant que la responsabilité principale de la guerre incombait à l'intervention armée des Etats-Unis, en semblant indifférente à la question de savoir quel régime s'instaurerait dans un Vietnam indépendant, elle considérait comme essentiel que, dans cette partie du monde comme ailleurs, les peuples tentent leurs expériences, découvrent leur propre voie de développement et n'aient pas à dépendre d'une hégémonie étrangère. Une fois de plus, pour de Gaulle, l'intérêt national, le patriotisme des masses, le goût de l'indépendance, même exacerbé en nationalisme, sont tels que, de toute manière, il était vain de penser qu'une communauté d'idéologie suffise à assurer la cohésion d'un bloc, comme le prouvait, chaque jour davantage, la dispersion du camp communiste.

La guerre atteignait alors à son paroxysme. Un demi-million de soldats américains étaient maintenant engagés sur place et, suivant des statistiques officielles, le tonnage de bombes déversé sur le Nord-Vietnam dépassait celui qui fut largué sur l'Allemagne durant la Seconde Guerre mondiale. Le conflit du Proche-Orient qui éclata le 6 juin 1967 mit le comble aux tensions et de Gaulle déclara au Conseil des ministres du 21 juin :

> Un conflit contribue à en susciter un autre... [la guerre du Vietnam] ne pourrait cesser que par l'engagement que prendrait l'Amérique de retirer ses forces dans un délai déterminé [22].

Dans la logique de ses choix, il décida de normaliser les relations diplomatiques entre la France et le Nord-Vietnam, au mois de juillet, et il indiqua au nouveau représentant français à Hanoi, François de Quirielle, que sa mission avait une exceptionnelle importance à ses yeux[23]. Aux Etats-Unis, on estimait déjà que les intermédiaires nécessaires à une future négociation ne pouvaient être trouvés qu'en France. Etienne Manac'h, directeur d'Asie au Quai d'Orsay, était au contact des diplomates américains et vietnamiens. Avant même qu'il ne devienne le principal collaborateur de Richard Nixon quand il fut élu président, Henry Kissinger demanda à Raymond Aubrac, qui appartenait alors à la direction de la FAO, d'accomplir une première mission au Nord-Vietnam : celui-ci avait bien connu Hô Chi Minh au temps des négociations franco-vietnamiennes de 1946 et il partit à Hanoi, accompagné d'Hubert Marcovitch, après avoir pris contact avec Etienne Burin des Rosiers qui venait d'être nommé ambassadeur à Rome[24]. Les affrontements culminèrent en janvier 1968 avec l'offensive du Têt, aggravés par l'arraisonnement, le 22 janvier, du patrouilleur américain *Pueblo* par les Nord-Coréens. U Thant, secrétaire général des Nations unies, lança un appel à l'arrêt des bombardements et demanda à de Gaulle de l'appuyer : le 28 février, celui-ci fit dire par le ministre de l'Information, Georges Gorse, que, « d'après des informations implicitement reçues », la cessation des bombardements était le préalable à toute négociation : « faute de celle-ci la guerre de destruction en Asie risque chaque jour davantage de mettre en cause la paix du monde ».

Le 31 mars, le président Johnson annonçait donc l'arrêt des bombardements contre le Nord-Vietnam. A Paris, on réagit aussitôt en saluant ce « premier pas dans la direction de la paix [...], un acte de raison et de courage politique ». On savait alors, déjà, quelle serait la réaction du gouvernement vietnamien, qui fut rendue publique le 3 avril : il se déclarait prêt à l'ouverture de négociations. Durant quelques jours on discuta du lieu où elles se dérouleraient et l'on parla de Genève, de Varsovie ou d'une capitale asiatique. C'est Paris qui fut choisi. Etienne Manac'h devait dire plus tard : « J'ai pu noter à l'époque le prix que le général de Gaulle attachait au choix de ce site comme symbole et comme consécration de la rentrée en scène de la France dans les affaires d'Indochine[25]. » Le président Johnson de son côté, déclara le 3 mai : « La France est un pays où toutes les parties pourront escompter qu'elles bénéficieront d'un traitement équitable et impartial. » De Gaulle, pourtant, n'avait pas vraiment recherché le choix de Paris. Il n'ignorait ni les aléas de la négociation, ni les délais qu'elle exigerait en tout cas, ni la prudence qui s'imposerait à la France si elle l'accueillait sur son territoire et les avantages très incertains qu'elle en retirerait. Mais, aux yeux du monde comme auprès de l'opinion publique française, le choix de Paris fut considéré comme un succès indiscutable et même spectaculaire de la diplomatie française, ainsi récompensée de cinq années de lucidité. C'est ce qui importait pour lui et c'est dans cet esprit qu'on allait accueillir les négociateurs américains et vietnamiens. Ils se rencontrèrent le 13 mai : la tempête politique qui manqua de submerger le régime avait déjà commencé.

Tout comme sa politique avait conduit au retour de la France en Asie, elle amenait de Gaulle à s'engager en Amérique. Et d'abord en Amérique latine. Il avait naturellement observé que la révolution cubaine, victorieuse à La Havane dans la nuit du 31 décembre 1958, provoquait partout, autour d'elle, un choc dont les prolongements étaient impossibles à mesurer. Il savait que la France libre avait laissé chez la plupart des Etats latino-américains un souvenir profond : elle y avait eu des comités actifs et populaires et l'influence des idées françaises, héritées des siècles précédents, avait ainsi trouvé une résonance nouvelle. Au fond il s'agissait, pour lui, de savoir si une voie s'offrait hors de la contagion révolutionnaire venue de Moscou et de Pékin à travers La Havane et de la lourde hégémonie nord-américaine. Dès 1959, il avait donc envoyé Malraux en précurseur : « Nous ne pouvons admettre, disait-il, à Lima, au Pérou, une colonisation de l'esprit par les Etats-Unis et l'URSS... La France propose de faire ensemble et dans l'égalité le miracle dont l'Amérique latine et la vieille Europe ont besoin. » L'échec du débarquement des exilés cubains sur la plage de la baie des Cochons avait révélé l'acuité du conflit entre les camps qui désormais s'affrontaient dans tout le monde latino-américain. La crise des fusées, à l'automne 1962, même s'il se rangea aux côtés des Etats-Unis, ne détourna pas de Gaulle de sa vision du devenir de l'Amérique latine. Il y envoya l'ambassadeur Jean Chauvel faire le tour des capitales [26]. Il savait que le temps allait venir où il pourrait agir maintenant qu'il apparaissait, dans cette partie du monde comme dans les autres, comme l'artisan de la décolonisation définitive de l'ancien Empire français. Il le dit à Alain Peyrefitte aussitôt après le règlement de la crise des fusées

> L'Amérique latine déteste les Américains, lui dit-il, elle désire ardemment échapper à leur hégémonie... [mais] elle ne veut pas non plus de la Russie ou de la Chine [27].

Il rêva, un instant, que ce soit le terrain d'une action commune des pays d'Europe : mais, là comme ailleurs, il dut constater qu'on ne pouvait compter sur eux et qu'il devait agir seul.

Pour préparer la suite, il nomma l'un de ses anciens collaborateurs du temps de la France libre, Raymond Offroy, ambassadeur au Mexique. Celui-ci, comprenant où il voulait en venir, lui fit trois suggestions : octroyer des crédits à l'économie mexicaine, restituer les trois drapeaux pris par les troupes françaises durant la guerre de 1862-1864 et inviter officiellement en France le président Adolfo López Mateos [28].

Sur les trois points, successivement, de Gaulle lui donna satisfaction. Et il arriva enfin au Mexique le 16 mars 1964. Son voyage connut un extraordinaire succès populaire. Rompant avec tous les usages, il se mêla à la foule, sans égard pour les consignes de sécurité, et, sans que personne s'y soit attendu, il introduisit dans ses discours des phrases en espagnol, dont celle qu'il prononça du balcon du Zocalo, sur la place centrale de Mexico, devant 300 000 personnes et qui fit partie, désormais, de sa légende : « *Marchamos la mano en la mano.* » On le vit même porté en triomphe sur les épaules des étudiants mexicains qui arrêtèrent son cortège et le firent descendre de voiture... Inlassablement, il répéta que le Mexique, comme la France, devait cultiver sa propre indépendance et se garder des tentations de l'idéologie et de la soumission aux hégémonies. Personne ne sut alors quelle épreuve il endurait pour la réussite de ce voyage : ses médecins avaient décidé de le préparer à une opération de la prostate et il portait alors une sonde. Mais ce qui était en jeu, pour lui, n'était pas immédiat : au-delà des échanges et de la coopération économiques, au-delà des termes du communiqué commun qui saluait l'idéal « des nations d'origine et de tradition latines, unies par la même culture, par la même conception du droit et de la liberté, par le même respect de la personne humaine », c'est sur l'avenir qu'il comptait : il avait voulu semer le germe d'une volonté d'indépendance et de réforme, que la France incarnait désormais et dont l'Amérique latine, pensait-il, s'inspirerait quand elle prendrait les moyens d'être elle-même et d'échapper aux hégémonies.

Du 20 septembre au 16 octobre de la même année, il poursuivit la même entreprise, dans le même dessein, mais cette fois dans l'Amérique du Sud tout entière. Ce fut à nouveau, un formidable succès populaire et le même appel lancé à toutes les foules qu'il rencontrait. Au Pérou, il exalta

> le mouvement général qui porte les peuples, par-dessus les idéologies et les hégémonies, dans la voie du développement moderne.

Au Chili, il évoqua

> la coopération dans le respect de l'indépendance de chacun... [et le] rejet des hégémonies.

En Uruguay, il affirma :

> La paix du monde ne doit pas dépendre de la lutte entre les deux grands géants.

Cet immense périple déboucha sur un effort économique révélateur d'une volonté politique : l'aide française aux Etats d'Amérique centrale et du Sud allait tripler entre 1960 et 1968, passant de 148 à 378 millions de dollars[29]. Mais c'est bel et bien le dessein à long terme qui préoccupait de Gaulle. Il était convaincu, comme il le dit en Conseil des ministres, que « le fédérateur de tous ces pays disparates, c'est l'hostilité envers les Etats-Unis » mais, ajouta-t-il, il « ne s'agit pas d'attiser le feu de l'antiaméricanisme, mais de faire un contre-feu[30] ». Il ne fallait pas que l'Amérique latine, s'opposant à l'hégémonie nord-américaine, se soumette à une autre hégémonie mais qu'elle choisisse l'indépendance dont la France est l'incarnation et à laquelle elle peut aider, et en réponse aux remarques d'André Malraux, il a résumé le rôle qu'on devait jouer : « La France c'est le recours. »

Cette politique allait brusquement trouver son champ d'application quand survinrent les événements de Saint-Domingue. Jusqu'en 1962, ce pays était, parmi d'autres, un modèle d'aliénation économique, de dictature tropicale et de subordination aux Etats-Unis. Ce régime persista, intact, sous le règne de Trujillo, au pouvoir depuis 1930 jusqu'à son assassinat en mai 1961. Après une période de troubles, Juan Bosch fut élu président en décembre 1962. Sa volonté d'indépendance et de réforme suffit à le faire soupçonner par les Etats-Unis d'être un émule de Fidel Castro, préparant secrètement son pays à une dictature communiste. Il vint à Paris expliquer à de Gaulle qu'il cherchait, malgré la pauvreté de son peuple, à échapper aux hégémonies, et il obtint son aide[31]. Un coup d'Etat, certainement appuyé par les services américains, le renversa en septembre 1963. Mais en avril 1965, les partisans de Juan Bosch reprirent le pouvoir. Aussitôt le président Johnson envoya une escadre au large de Saint-Domingue et fit débarquer un corps expéditionnaire pour rétablir la dictature militaire. Ce fut l'occasion d'une intervention spectaculaire de la politique française. Au Conseil de sécurité des Nations unies, le représentant de la France, Roger Seydoux, prit la tête d'une contre-offensive et parvint à faire voter, le 22 mai, une résolution qui imposait un cessez-le-feu et, bientôt, les troupes américaines devront se retirer pour céder la place à des forces sud-américaines : les démarches françaises avaient abouti à isoler la diplomatie américaine et à la faire reculer.

Le 26 mai, de Gaulle avait publiquement condamné cette « intervention étrangère », dont il exigeait qu'elle cesse. Sa politique s'était révélée efficace. Elle avait attiré l'attention du monde, incarnant cette volonté d'indépendance dont il voulait que la France soit à la fois l'artisan et le modèle. Une longue période suivit où les dictatures conservatrices se répandirent même là où des régimes démocratiques s'étaient implantés depuis longtemps ou commençaient de s'enraciner, comme au Brésil, en Argentine, au Chili et en Uruguay, tandis que des mouvements révolutionnaires apparaissaient en Bolivie, au Pérou, en Colombie, au Venezuela et plus tard en Amérique centrale : le contraire de la voie indépendante et réformatrice évoquée par de Gaulle. Peut-être était-ce inévitable ou peut-être une politique française plus active aurait-elle eu plus d'écho, et plus tôt, dans cette partie du monde. Mais le voyage au Mexique, le périple en Amérique du Sud, l'affaire de Saint-Domingue allaient résonner comme un appel que les peuples latino-américains auraient suivi s'ils en avaient eu la liberté — et qu'ils suivraient plus tard quand les tournants de l'Histoire le permettraient.

De l'extrême nord à l'extrême sud de l'Amérique, comme ailleurs dans le monde, incarner l'esprit de résistance et l'esprit de libération était une entreprise qui ne pouvait se partager : il fallait la mener partout à moins qu'elle ne perde son sens. C'est ce qui explique, autant que les souvenirs historiques et une sensibilité personnelle, ce que de Gaulle dit au Québec lors du voyage tumultueux qu'il y fit, du 23 au 26 juillet 1967. A aucun moment dans son passé, on ne trouve avant le milieu des années 60 quelque hostilité envers le Canada tel qu'il existait. Il appartenait à cette génération qui vit arriver les soldats canadiens sur le sol français après 1914 : c'étaient surtout des Canadiens anglophones tant il est vrai que, par méfiance envers la vieille domination de Londres, les Québécois restèrent longtemps favorables à une sorte de neutralité. A nouveau, le Canada fut un allié durant la Seconde Guerre mondiale. De Gaulle, alors, songea à faire appel aux Canadiens français et leur adressa un message qui anticipait étrangement ses sentiments futurs mais sans aucunement contester la structure de la fédération canadienne :

> Je n'éprouve aucun embarras à vous parler, leur disait-il, car je veux vous parler de la France et je sais que personne au monde ne peut comprendre la chose française mieux que les Canadiens français. Je ne vous énumérerai pas nos erreurs militaires, morales, nationales. Le soldat, le catholique, le Français qui vous parle les connaît et les reconnaît... Mais des conquérants se sont dressés, dont le triste génie exploite implacablement les erreurs des autres. Nos propres fautes, celles de nos alliés, ont fait que ces conquérants ont vaincu l'armée française... Maintenant la France est à reconquérir... L'âme de la France cherche et appelle votre secours, à vous, Canadiens français...

Cet appel resta presque sans suite : telle qu'elle était alors, la hiérarchie politique, sociale et religieuse au Québec se trouvait parfois quelque affinité avec le régime de Vichy à ses débuts. En juillet 1944 puis en août 1945, de Gaulle fit au Canada deux voyages qui furent d'immenses succès tant il incarnait évidemment la Résistance française et la libération nationale mais où il exprima seulement un attachement sentimental envers la communauté francophone sans mettre aucunement en cause l'unité du pays. Rien ne parut changer encore après son retour au pouvoir. Les divergences entre Ottawa et Paris sur la structure et le fonctionnement du système atlantique n'affectèrent pas la cordialité traditionnelle des rapports entre les deux pays. Et c'est dans cet esprit que de Gaulle entreprit un troisième voyage au Canada, en avril 1960, point de départ d'un parcours qui le mena jusqu'aux Antilles en passant par les Etats-Unis.

C'est alors que s'amorça, dans sa manière de voir, un changement profond. Rien, en apparence — ou très peu de choses — ne le laissait prévoir. Il se rendit à Ottawa et à Toronto et son langage resta marqué par des éloges de convenance à l'égard du pays et de ses institutions officielles. Aucun accueil particulier ne l'attendait au Québec. Ses propos publics y furent à peine différents de ce qu'ils étaient quinze ans plus tôt : « La province, laissez-moi dire le Canada français... » Il affirma pourtant dans ses *Mémoires d'espoir* que, dans ses entretiens avec le Premier ministre fédéral, John Diefenbeaker, il offrit « l'aide de la France pour que l'ensemble canadien ait le ressort et le poids voulus... [à condition] de résoudre le problème posé par les deux peuples, dont l'un est un peuple français qui doit, comme tout autre, pouvoir disposer de lui-même ». Diefenbeaker a démenti qu'il lui ait tenu ce langage : mais sans doute n'en a-t-il pas vu l'importance ni compris le sens. Quoi qu'il en soit, c'est bien à cette occasion que de Gaulle prit conscience des changements profonds, et presque révolutionnaires, qui étaient en train de se produire au Canada français [32].

Car la transformation qu'il constatait méritait bien le nom de « révolution tranquille » qu'on lui donna plus tard. Pour ceux qui ont connu, comme moi, les années antérieures où la province était dirigée par le gouverneur Maurice Duplessis, il ne faisait aucun doute que le pays entrait dans une autre époque. Après une longue phase d'extraordinaire conservatisme social et moral, où la stagnation économique semblait aller de pair avec la rigidité des mœurs et le refus de toute forme de contestation, la société française au Canada était en train de changer du tout au tout. Il y avait, certes, dans ce changement, beaucoup d'ambiguïté. Les uns, surtout au parti libéral, voulaient que les communautés francophones, québécoise et acadienne, jouent pleinement le jeu de la fédération canadienne, y occupent la plus grande place et transforment le pays de l'intérieur, à la manière de Roosevelt, dont ils citaient souvent l'exemple, prenant la tête du parti démocrate aux Etats-Unis et le conduisant vers des voies nouvelles. D'autres pensaient que rien ne serait possible sans un changement radical de la Constitution canadienne, qui mettrait enfin sur un pied d'égalité Canadiens français et Canadiens anglais. Certains, déjà, jugeaient ce projet illusoire et prévoyaient qu'à terme il n'y aurait d'issue pour le Québec que son indépendance. Mais ils partageaient tous une même volonté d'émancipation qui passait par une affirmation sans complexe de son caractère français et, plus précisément, francophone. Du coup, l'histoire politique du Canada allait en être changée, jusqu'à la fin du siècle, en même temps que la communauté des Canadiens français s'engageait dans une transformation économique, sociale, morale telle qu'elle changea radicalement de visage et de destin.

En France très peu en perçurent l'ampleur, tant demeurait fort le vieux cliché d'un Québec traditionaliste, conservateur et clérical. Mais de Gaulle fut de ceux-là. Il écrivit plus tard, dans ses *Mémoires d'espoir* :

> En quittant ce pays, je me demande si ce n'était pas grâce à l'institution d'un Etat de souche française, à côté d'un autre de souche britannique, coopérant entre eux dans tous les domaines librement, et, de préférence, associant leurs deux indépendances afin de les sauvegarder, qu'un jour le Canada effacera l'injustice historique qui le marque, s'organisera conformément à ses propres réalités et pourra rester canadien.

Rien n'indique, cependant, qu'il eut alors une vision précise de l'avenir politique du Canada et, du reste, il ne se prononça jamais, par la suite, sur ce qu'il devait être. Mais, dès cette date, il pensa que la France devait tenir compte des changements en train de se produire au Québec et, dans une note au secrétaire général de la présidence de la République, Geoffroy de Courcel, il insistait sur « le caractère très particulier du Canada français par rapport à la France et réciproquement » et sur « le grand intérêt » qu'il y aurait à multiplier les rapports entre les deux pays tout en reconnaissant à l'avance qu'il pourrait en résulter des conséquences « désagréables » pour les relations avec le gouvernement fédéral [33].

En quelques années, en effet, les changements se précipitèrent. Dès l'automne 1960, le gouvernement québécois de Jean Lesage demanda et obtint l'ouverture d'une Maison du Québec à Paris qui allait être bientôt le siège d'une Délégation officielle [34]. Il fut reçu un an plus tard comme un chef d'Etat et de Gaulle insista sur l'identité spécifique de la province : « Vous êtes le Québec ! Vous êtes les Canadiens français ! »... A Ottawa, à partir de 1963, un nouveau Premier ministre fédéral, Lester Pearson, comprit l'ampleur du problème de la communauté française dans son pays et chercha à établir une égalité de faits entre francophones et anglophones pour l'usage de leur langue, le développement de leur culture, l'accès aux fonctions publiques. Et, sur son initiative, une commission royale d'enquête conclut à la légitimité des revendications nouvelles des Canadiens français. La même année, André Malraux inaugurait, à Montréal, une exposition scientifique et technique française, point de départ à la série des « ententes » — terme employé pour ne pas utiliser celui d' « accord » qui évoquerait des relations entre deux Etats — sur le développement de l'usage du français au Québec. Incidents et tentatives de rapprochement se succédèrent entre Ottawa et Paris, que de Gaulle plaça désormais dans une perspective politique nouvelle :

> Nous pouvons développer nos rapports avec le Canada tel qu'il est encore, écrit-il dans une note au nouveau secrétaire général de l'Elysée, Etienne Burin des Roziers, mais nous devons, avant tout, établir une

coopération particulière avec le Canada français, et ne pas laisser noyer ce que nous faisons pour lui et avec lui dans une affaire concernant l'ensemble des deux Canada. D'ailleurs, le Canada français deviendra un Etat et c'est nécessairement dans cette perspective que nous devons agir[35].

Tout en marquant sans cesse l'intérêt privilégié qu'il accordait désormais au Canada français, il se gardait de toute spéculation sur l'avenir de la fédération canadienne, sinon par des boutades au cours d'entretiens privés, au point même d'hésiter à se rendre à l'exposition universelle de Montréal qui allait s'ouvrir en cette année 1967[36]. S'il se laissa convaincre de s'y rendre, c'est qu'on lui fit savoir — en particulier Robert Bordaz, commissaire du Pavillon français — que la communauté francophone avait fait à cette occasion un immense effort pour affirmer son identité, sa culture et sa volonté d'existence et qu'en s'abstenant d'y venir, il paraîtrait l'abandonner à son tour comme Louis XV deux cents ans plus tôt[37]... Si arbitraire que fût la comparaison, il n'y resta pas insensible. En tout cas, sa décision eut, dès l'origine, une signification précise : il passerait d'abord par Québec, gagnerait Montréal par la route en empruntant le « Chemin du Roy » et n'irait qu'ensuite à Ottawa. Il fut expressément prévu que le passage dans la capitale fédérale ne serait que « symbolique » et la visite de l'exposition « accessoire » alors que « le but du voyage [était] de rendre visite au Canada français ».

Ce qui s'est passé à partir du 23 juillet, jour où il débarque du croiseur *Colbert*, n'en a été, au fond, que la suite logique. Ménageant d'abord les sentiments des responsables de la Confédération canadienne, il assure le gouverneur général, Roland Michener, qu' « entre le Canada dans son ensemble et la France il n'y a en effet, il n'y eut, il n'y aura jamais qu'estime et amitié ». Il proclame, le soir même devant le Premier ministre québécois, Daniel Johnson, l'identité des Français du Canada et des Français de France et, surtout, leur identique volonté de « sauvegarder leur substance et leur indépendance ». Il reprend ensuite ce thème, sans arrêt, jusqu'à Montréal et il reçoit alors un accueil populaire tel qu'il bouleverse ceux qui en ont été témoins et que symbolisent les pancartes, partout dressées portant alternativement les mots de « France libre » et « Québec libre ». De Gaulle découvre, alors, comme il le dit à chaque étape, un « peuple qui veut prendre en main ses destinées » et c'est dans une atmosphère d'enthousiasme passionné qu'il arrive au balcon de l'hôtel de ville de Montréal. L'esprit de son discours est tout entier contenu dans ces mots :

> Je vais vous confier un secret... Ce soir, ici, et tout le long de la route, je me trouvais dans une atmosphère comme celle de la Libération. [Et sa péroraison en est la suite naturelle] : La France entière sait, voit, entend ce qui se passe ici... Vive Montréal ! Vive le Québec ! Vive le Québec libre ! Vive le Canada français et vive la France !

Tous les témoins s'accordent à dire qu'il y eut une seconde de silence tant fut profond le choc des mots « Québec libre », après quoi une clameur sans fin monta de la foule.

L'embarras de bien des dirigeants québécois, la réaction du gouvernement fédéral canadien qualifiant le propos d' « inacceptable » et la décision prise, en retour, par de Gaulle de rentrer aussitôt à Paris, l'explosion de joie dans les milieux populaires et, naturellement, chez les indépendantistes, n'étaient que prévisibles. Mais, au fond, le comportement choisi par de Gaulle l'était plus encore : à la fois parce qu'il savait à quel point la « révolution » en train d'intervenir au Québec avait déjà transformé les esprits et parce que l'idée de libération inspirait décidément toute son action sur la scène du monde. En tout cas, si les mots de « Québec libre » n'avaient pas été prévus dans les textes préparés et écrits auparavant, ils exprimaient profondément le sentiment que de Gaulle avait eu au contact des foules du Québec. Il le dit durant sa conférence de presse du 27 novembre suivant : « La France avait en ma personne le devoir sacré d'y répondre sans ambages et solennellement. »

Il confirma à son conseiller diplomatique, René de Saint-Légier :

> Bien entendu, j'aurais pu, comme beaucoup d'autres, m'en tirer par quelque courtoisie ou acrobatie diplomatique, mais quand on est le général de Gaulle, on ne recourt pas à des expédients de ce genre. Ce que j'ai fait, je devais le faire[38].

Et plus précisément encore, au directeur d'Amérique, au ministère des Affaires étrangères, l'ancien résistant Jean-Daniel Jurgensen, l'un des fondateurs du mouvement « Défense de la France » dans la clandestinité :

> Je savais que je devais faire quelque chose. Mais quoi ? Quand ? Où ? Au bout de cette journée inouïe, il fallait répondre à l'appel de ce peuple. Je n'aurais plus été de Gaulle si je ne l'avais pas fait[39].

Rien de plus significatif des rapports entre de Gaulle et ce siècle, dans les toutes dernières années de sa vie publique, que le contraste total entre l'accueil populaire, peut-être inégalé, que les Canadiens français lui réservèrent et l'hostilité véhémente que son comportement suscita dans la classe politique et en particulier dans la presse. Il n'y eut que le journal de l'UDR, *La Nation*, et le quotidien communiste *L'Humanité*, pour l'approuver. Tous les autres journaux, de la droite à la gauche, se déchaînèrent en des articles d'une violence rare, mettant même en cause ses propres facultés. L'opinion publique en France en fut du reste impressionnée puisque, aussitôt après, un sondage montrait que 45 % des personnes interrogées le désapprouvaient et que 18 % l'approuvaient, 37 % hésitant à se prononcer[40]. En dix-huit mois, pourtant, les approbations passèrent du sixième au quart et les désapprobations à un tiers environ. Il est vrai qu'à cette date, l'hostilité venait peut-être, non de l'épisode du Québec, mais de la position prise sur la « guerre des six jours » et de Gaulle conserva, durant les derniers mois où il fut au pouvoir, l'approbation d'une forte majorité de Français pour l'ensemble de sa politique étrangère. Il reste que de Gaulle avait appréhendé plus exactement que d'autres la réalité canadienne, dont il avait vu la dimension populaire au Québec. Nul doute aussi qu'il ait alors pensé que le plus probable et le plus souhaitable serait l'existence de deux Etats, français et anglais, associés l'un à l'autre. Mais il est vrai qu'il s'est gardé de se prononcer sur la structure politique que devrait avoir le « Québec libre » ni sur celle qui conviendrait aux Acadiens. Trop pragmatique pour pouvoir figer à l'avance un avenir qui serait fonction des changements futurs, il savait qu'après l'impulsion formidable qu'il leur avait donnée, les événements suivraient leur cours.

Mais pour qui jouerait le temps ? Celui qui était alors secrétaire général de la présidence de la République, Etienne Burin des Roziers, a témoigné de ce que de Gaulle pensait alors : « Il savait que le temps était mesuré. Je veux dire qu'il lui était mesuré personnellement, et que le Québec lui-même ne disposait pas d'une période indéfinie pour accomplir son évolution. » C'était le cœur du problème. L'émancipation politique, économique, sociale, culturelle et même morale du Québec était en cours et allait déboucher sur une revendication de liberté et peut-être d'indépendance : on ne pouvait en douter. Mais, en même temps, elle se situait au sein d'une Amérique du Nord elle-même en proie à de profondes évolutions. La culture américaine prévalait irrésistiblement sur toutes les particularités. L'interpénétration des économies et l'uniformisation de la société avaient aussi leur propre logique et leurs conséquences. Bientôt, au Québec, l'évolution démographique allait se renverser, la communauté française cessant de croître, tandis que l'essor économique de la province attirait de nouvelles catégories d'immigrants parlant français aussi bien qu'anglais mais qui, venant presque tous, de petits pays appauvris ou déchirés, voudraient être désormais citoyens d'un grand Etat plutôt que d'une province dissidente, Canadiens plutôt que Québécois. L'émancipation politique du Québec s'est produite, comme de Gaulle l'avait diagnostiqué, mais non, sans doute, sous la forme qu'il aurait préférée : en fin de compte, après son appel à la liberté du Québec, il n'y avait plus assez de temps.

De Gaulle voulait aussi que la France revienne au Proche-Orient. L'affaire de Suez avait achevé d'y ruiner les positions françaises au point que les relations diplomatiques étaient réduites à presque rien avec la plupart des Etats arabes et que seule l'ambassade de France à Beyrouth demeurait active, en charge de toutes les affaires de la région. Par contraste, les rapports entre la France et Israël avaient alors atteint le plus haut degré d'intimité. Les derniers gouvernements de la IVe République faisaient de l'alliance avec Israël le pivot de leur politique dans toute la région. La connivence établie avec le gouvernement israélien dirigé par David Ben Gourion, en prévision de l'attaque franco-britannique contre l'Egypte, avait encore resserré les liens entre les deux pays et créé même une sorte de complicité active entre leurs dirigeants. La France était devenue le fournisseur presque unique de l'armée israélienne. Sur place, l'ambassadeur français, Pierre-Etienne Gilbert disposait d'une exceptionnelle influence. A Paris, toutes les forces politiques rivalisaient de sympathie envers l'Etat hébreu et c'est Jacques Soustelle qui présidait l'Association France-Israël. La guerre d'Algérie forgea une sorte de coalition franco-israélienne face à l'ensemble des pays arabes qui soutenaient, d'une manière ou d'une autre, le FLN, et les services de renseignements des deux pays coopérèrent étroitement. A peine de Gaulle était-il revenu aux affaires, que Ben Gourion lui écrivit, le 26 juillet 1958, pour le convaincre qu'il était essentiel que la France soit, parmi les Etats occidentaux, celui qui aide le plus Israël, pour s'opposer à Nasser qu'il décrivit comme allié principal de l'Union soviétique dans cette partie du monde [41].

C'est justement alors que de Gaulle prit une décision, longtemps demeurée secrète, qui annonçait un infléchissement majeur de la politique menée jusque-là par la France [42]. Les gouvernements précédents avaient laissé s'établir une coopération nucléaire très étroite entre physiciens israéliens et français, dont personne ne pouvait douter qu'elle avait un but militaire. Comme de Gaulle devait l'écrire lui-même,

> il mit un terme à d'abusives pratiques de collaboration établies sur le plan militaire, depuis l'expédition de Suez, entre Tel-Aviv et Paris, et qui introduisaient en permanence des Israéliens à tous les échelons des états-majors et services français. Ainsi cessa en particulier le concours prêté par nous à un début, près de Beersheba, d'une usine de transformation d'uranium en plutonium, d'où un beau jour pourraient sortir des bombes atomiques.

Discrètement, hors de tout contrôle, une certaine coopération se poursuivit, mais les physiciens israéliens durent quitter Saclay et la décision prise par de Gaulle s'appliqua. Mais non sans délais, réticences et contre-offensives.

Il y fallut, au total, près de dix-huit mois. Jacques Soustelle, ministre de la Recherche scientifique et chargé des Affaires atomiques jusqu'en janvier 1960, ne voulait distendre d'aucune manière les relations franco-israéliennes [43]. Il n'hésita pas à prescrire, par écrit, à l'administrateur général du Commissariat à l'énergie atomique, de remettre en application les accords conclus en décembre 1956 afin d'accélérer la construction de la pile atomique de Dimona, en contradiction absolue avec les instructions données par de Gaulle. Celui-ci fut alerté par Francis Perrin, haut-commissaire à l'Energie atomique, et il adressa un avertissement à Soustelle : « Je sais quels sont vos sentiments envers l'Etat d'Israël mais ces sentiments ne doivent pas interférer avec la politique de la France[44]. » Il revint à la charge après un conseil restreint tenu à l'Elysée le 18 mars 1960 et décida que, même s'il ne s'agissait que d'un emploi civil de l'énergie nucléaire, la France ne livrerait plus d'uranium à Israël, à moins qu'un contrôle effectif ne s'exerce sur son utilisation[45]. En vain Ben Gourion expliqua-t-il, de vive voix, à de Gaulle, qu'Israël voulait faire équilibre à l'équipement des forces égyptiennes en armement soviétique et demanda-t-il seulement une aide française à la construction d'une usine israélienne de séparation isotopique : de Gaulle s'y refusa et, en compensation, accepta que soient poursuivies les contacts militaires et les ventes d'armes modernes[46]. Au conseil restreint du 12 janvier 1961, il réitéra l'ordre de cesser toute relation et toute livraison qui pourraient servir à la construction d'armes nucléaires[47]. Moyennant quoi, 72 Mirage III furent livrés à Israël cette année-là, mais non les bombardiers Mirage IV. D'autres ventes intervinrent et une coopération s'amorça pour la réalisation du missile Jericho dont les essais en France furent interrompus après l'embargo sur les exportations d'armes françaises en 1969. Mais de Gaulle, s'il a répété plusieurs fois à Ben Gourion que la France défendrait Israël en cas d'agression extérieure, se fit de plus en plus catégorique dans son refus de toute esquisse d'alliance militaire : il ordonna qu'il soit mis fin à des travaux d'états-majors qui ressemblaient trop à des préparatifs de guerre en commun :

> Une fois de plus, écrivit-il le 24 mai 1963, je précise que nous ne devons prendre aucun engagement d'aucune sorte quant au concours militaire que nous pourrions, éventuellement, décider d'apporter à Israël. Nous ne devons pas non plus laisser notre état-major s'entretenir de cette hypothèse avec l'état-major ou les attachés militaire israéliens. Ces entretiens créent des équivoques et ne présentent aucun avantage[48].

Et plus nettement encore, le 4 juin :

> Ces conversations d'état-major, qui ont lieu comme si la France était engagée à quelque chose, sont inadmissibles et doivent cesser absolument.

La politique française était fixée : elle n'allait pas soutenir Israël pour étendre son territoire ou infliger une nouvelle défaite aux Etats arabes mais, comme de Gaulle le dit au roi Hussein de Jordanie le 17 novembre 1964[49],

> elle n'estime pas raisonnable, pour les Arabes, d'attaquer ou d'expulser les Israéliens.

Somme toute, dit-il à Ben Gourion,

> la France, en tout état de cause, tient pour nécessaire que la paix demeure en Orient.

Mais rien ne permettait de développer les relations entre la France et les Etats arabes tant que durait la guerre d'Algérie. De Gaulle pourtant l'avait souhaité dès son retour au pouvoir. Il en informa le Quai d'Orsay dès le 10 juin 1958 et, sur ses instructions, Couve de Murville entreprit de difficiles négociations avec les Egyptiens qui aboutirent à un premier arrangement sur les rapports culturels et financiers entre les deux pays, conclus le 22 août à Zurich. L'année suivante, il envisagea une participation française à une aide occidentale à l'économie égyptienne, sans que le projet ait de suite. Au printemps de 1961, il demanda au comte de Paris de se rendre en Libye, au Liban et en Iran pour faire savoir que la France, dès qu'elle le pourrait, ne manquerait pas de resserrer ses liens avec ces pays [50]. En sens inverse, les rapports s'aggravèrent encore avec Le Caire quand quatre fonctionnaires français, travaillant en Egypte, furent arrêtés et accusés d'espionnage, contre toute vraisemblance. Mais tout changea après la signature des accords d'Evian. De Gaulle, naturellement, n'entendait pas que la France donne l'impression de désirer ou de demander quoi que ce soit, mais à mesure que les Etats arabes du Proche-Orient le souhaitaient, des relations normales, puis plus étroites, s'établirent avec eux. En tout cas, l'équilibre était décidément rétabli dans les rapports que la France entretint désormais avec ces Etats et avec Israël.

Ce n'est pas sans mal qu'on y était parvenu. Dès l'origine Ben Gourion avait compris qu'il y avait au pouvoir à Paris un homme qui ne montrerait pas de complaisance systématique envers Israël et qui cherchait à mettre un terme à la guerre d'Algérie. Il voulut donc établir avec lui des rapports personnels qui le mettraient à l'abri, pensait-il, d'un changement de la politique française. De Gaulle le voulait aussi pour montrer que, s'il changeait la politique de la France au Proche-Orient comme ailleurs, ce n'était d'aucune façon par hostilité envers Israël. Leur correspondance et leurs mémoires abondent en formules chaleureuses. De Gaulle trouve intelligent, intéressant et pittoresque « le vieux lutteur au physique de prophète » dont il apprécie, peut-être avec un peu d'amusement, les analyses historiques et politiques inspirées d'un nationalisme intransigeant, d'une aversion vigilante envers les peuples arabes voisins et d'une longue fréquentation du monde soviétique et de ses dirigeants. Aussi de Gaulle abreuve-t-il Ben Gourion de compliments :

> Vous, monsieur Ben Gourion, symbolisez en votre personne la merveilleuse résurrection, la renaissance, la fierté et la prospérité d'Israël. A nos yeux, vous êtes le plus grand homme d'Etat de ce siècle.

Et Ben Gourion, inlassablement, réplique en situant Israël dans la lutte entre l'Est et l'Ouest, en proclamant que son Etat est le meilleur, sinon le seul, allié des Occidentaux au Proche-Orient et en proposant qu'il joue ce rôle en Afrique ou en Asie où la guerre froide doit inévitablement se prolonger tandis que l'Egypte est à la fois le principal allié des Soviétiques et le pire danger pour les Israéliens...

C'est exactement le contraire de ce que de Gaulle souhaite. Pour lui, qui veut dégager la politique française de l'emprise exclusive de la guerre froide et qui a déjà entamé son action méthodique contre le système des blocs, il faut qu'au moins l'Afrique et le Proche-Orient soient mis à l'écart, autant que possible, de la compétition entre les deux blocs et qu'à l'inverse, pour cette partie du monde, la France devienne un interlocuteur d'autant mieux accepté qu'elle proclame son indépendance et défend celle des autres. Une association étroite et permanente avec Israël la condamnerait aux yeux de l'ensemble des Etats arabes ou musulmans, du nord-ouest de l'Afrique à l'océan Indien. Il ne veut pas, à proprement parler, mener une « politique arabe » mais appliquer les principes de sa politique étrangère à l'ensemble des Etats arabes. Dans le rapport que de Gaulle a demandé à Jean-Marcel Jeanneney sur la coopération avec le tiers-monde, le chapitre consacré aux Etats arabes, rédigé par Jean Chauvel, ancien secrétaire général du ministère des Affaires étrangères, indique expressément que les relations entretenues avec Israël avant la fin de la guerre d'Algérie « hypothèquent » celles qu'il faut avoir désormais avec les Etats arabes. L'action de la France au Proche-Orient se développe alors systématiquement. Les échanges de visites au niveau ministériel, les audiences que de Gaulle accorde au vice-président égyptien, au président syrien, au roi de Jordanie, au président libanais, le message que Malraux remet de sa part à Nasser où il l'assure « de sa grande estime personnelle » et se prononce pour « la bonne entente entre la République arabe unie et la France », en sont autant de jalons. Alors même qu'une coopération se maintient avec Israël, les relations franco-arabes, accompagnées d'un considérable essor des exportations françaises, deviennent l'une des composantes les plus significatives de la politique étrangère française.

Elle a pour objectif aussi le maintien de la paix au Proche-Orient. D'autant que la région est secouée par une série de crises, de secousses et d'initiatives : une première tentative de fédération entre l'Egypte, la Syrie et le Yémen échoue, une seconde comprenant l'Egypte, la Syrie et l'Irak échoue à son tour. Un commandement arabe unifié est constitué pour le cas où un conflit éclaterait avec Israël. L'Organisation de Libération de la Palestine, l'OLP, est fondée en septembre 1964. Kennedy autorise la vente du missile Hawk à Israël et les états-majors américain et israélien entament leur coopération en novembre 1963. L'Egypte et l'Arabie Saoudite s'opposent au Yémen en y soutenant, l'une les républicains, l'autre, les royalistes. Les incidents se multiplient à la frontière israélo-égyptienne et à la frontière israélo-syrienne... Le

7 avril 1967, enfin, en réponse à un tir de mortiers, relativement banal, sur un kibboutz du nord du pays, l'aviation israélienne riposte par une intervention massive, détruisant d'un seul coup une vingtaine d'appareils syriens. C'est le début de la crise qui, par d'inévitables enchaînements, va conduire à l'interminable cascade des guerres du Proche-Orient.

Au Caire, on décide, le 16 mai, de demander au commandement des Forces des Nations unies présentes à Gaza et à Charm el-Cheikh depuis le règlement de la guerre de Suez, de se retirer. Le gouvernement égyptien avait été alerté, dès la fin de mars, par le ministre soviétique des Affaires étrangères, Andreï Gromyko, sur le renforcement, réel ou supposé mais de toute façon prévisible, du dispositif militaire israélien aux frontières du pays : le raid du 7 avril lui confirma que le gouvernement du Premier ministre Levi Eshkol était déterminé à saisir la moindre occasion pour s'engager dans des opérations militaires d'envergure. Trop précipitamment, sans doute, le secrétaire général de l'ONU, U Thant, défère au souhait égyptien : du coup, le contrôle de l'Egypte sur Charm el-Cheikh est rétabli et a pour effet d'interdire le passage des navires israéliens ou des transports de produits stratégiques vers le port israélien d'Eilat. Sans avoir encore décidé d'engager les hostilités, Levi Eshkol envoie son ministre des Affaires étrangères, Abba Eban, aux Etats-Unis et en France où, le 24 mai, il va rencontrer de Gaulle.

Celui-ci, qui préside alors un Conseil des ministres, quitte la réunion pour recevoir le ministre israélien. Sa mise en garde est sans ambages : Israël, déclenchant la guerre, la gagnera sans aucun doute, mais les conséquences en seront dramatiques. Et il les résume en trois points : l'Union soviétique, prenant la défense de la cause arabe, étendra son influence au Proche-Orient et même en Afrique : les Etats arabes, producteurs de pétrole, en viendront à se servir de leur position sur le marché mondial de l'énergie et à l'utiliser comme une arme sur la scène internationale ; la question palestinienne, cessant d'être seulement un problème de réfugiés, prendra une dimension politique et stratégique qui pèsera sur tout l'avenir de la région[51]. De Gaulle écarte les arguments israéliens sur la fermeture du détroit de Charm el-Cheikh : la navigation y est de faible importance et ne vaut pas le déclenchement d'un conflit, d'autant que l'affaire peut être réglée par une conférence des quatre grandes puissances — Etats-Unis, Union soviétique, Grande-Bretagne et France — et qu'un règlement pacifique a de bonnes chances de prévaloir. Tous les témoignages concordent : de Gaulle s'est fait pathétique dans ses adjurations à Abba Eban :

> Ne faites pas la guerre, c'est le conseil d'un ami et d'un homme qui connaît la conséquence des choses... surtout n'attaquez pas, vous en supporteriez les conséquences[52].

Il le confirme par télégramme à l'ambassade de France à Tel-Aviv qui en transmet la teneur au gouvernement israélien : « Il n'est pas question que vous ayez l'appui de la France » si Israël est l'agresseur[53]. Ses avertissements sont tout aussi catégoriques à l'égard du camp opposé. « Surtout, ne prenez pas l'initiative des hostilités[54] », dit-il à l'ambassadeur d'Egypte. La formation d'un gouvernement d'union nationale en Israël où Moshe Dayan devient ministre de la Défense, annonce le déclenchement imminent de la guerre. De Gaulle fait donc prendre position par le Conseil des ministres réuni le 2 juin, dont il rédige lui-même la déclaration :

> La France n'est engagée à aucun titre et sur aucun sujet avec aucun des Etats en cause. De son propre chef, elle considère que chacun de ces Etats a le droit de vivre. Mais elle estime que le pire serait l'ouverture des hostilités. En conséquence, l'Etat qui, le premier et où que ce soit, emploierait les armes n'aurait ni son approbation ni, à plus forte raison, son appui.

Ce n'est pas le langage que l'on tient à Washington et à Londres où l'on se borne à recommander la prudence mais sans en tirer de conséquences auprès du gouvernement israélien. C'est qu'à Paris on n'a aucun doute sur l'issue d'un conflit. Bien que la presse, en majorité, évoque la menace pesant sur l'existence d'Israël, de Gaulle est, au contraire, convaincu de sa supériorité militaire. Il confie à son aide de camp, Jean d'Escrienne : « Israël ne risque absolument pas la destruction[55]. » Sa conviction était alors que l'état du monde risquait de s'aggraver lourdement si un conflit éclatait au Proche-Orient. S'ajoutant à la guerre du Vietnam, il ouvrirait un nouveau front entre l'Est et l'Ouest. Cédant à son penchant pour un certain pessimisme historique, il devait dire au Conseil des ministres du 21 juin, après le déclenchement des hostilités : « C'est la guerre qui s'étend peu à peu sur le monde », et même, a noté Yves Guéna qui y assistait : « Il y a menace de guerre mondiale à cause du Vietnam[56]. » Ses avertissements n'ayant eu aucun effet, il juge qu'il lui est impossible de s'en tenir seulement aux mots et passe aux actes : le 3 juin, il annonce l'interruption de toute livraison de matériel militaire aux pays du « champ de bataille », ce qui atteint avant tout Israël dont les armées sont équipées en totalité de matériel français pour l'aviation et, en partie, pour les forces blindées. Dans l'immédiat, cela revient à interdire l'arrivée en Israël de 50 Mirage III et de 6 hélicoptères Super-Frelon, ce qu'il confirme à l'ambassadeur d'Israël, Walter Eytan, en l'assurant que la France interviendrait pour défendre Israël en cas d'attaque arabe.

Mais, de Gaulle n'ignore plus alors que c'est Israël qui va attaquer. Le 5 juin à l'aube, l'aviation israélienne anéantit l'aviation égyptienne sur les aérodromes d'où elle n'a pas bougé. Puis l'armée israélienne occupe en quelques jours le Sinaï, la Cisjordanie et Jérusalem. Israël ne tient pas compte d'une résolution du Conseil de sécurité des Nations unies ordonnant un cessez-le-feu dans la soirée du 8 juin, et ses armées, se retournant contre la Syrie, occupent le plateau du Golan le 9 juin : le cessez-le-feu intervient le 10.

Plus jamais jusqu'à la fin du siècle, le conflit du Proche-Orient ne trouvera de solution. Au rebours de nombreux pronostics aveuglément optimistes, de Gaulle n'a pas cru qu'Israël évacuerait, de son propre mouvement, les territoires qui viennent d'être occupés : la Cisjordanie, la bande de Gaza, la presqu'île du Sinaï, le plateau du Golan et, naturellement, Jérusalem. Il en déduisit que les tensions ne cesseraient plus de persister, de s'accentuer et de dégénérer périodiquement en affrontements armés. Il constate, dans l'immédiat, que les Etats-Unis sont entièrement engagés aux côtés d'Israël et que l'Union soviétique va soutenir systématiquement les Etats arabes. Ses démarches reviennent alors à une série de gestes presque sans espoir en vue de définir un règlement pacifique tout en établissant les responsabilités et en décrivant en même temps les risques futurs de guerre. Le 15 juin il fait savoir, par un communiqué du Conseil des ministres, que la France ne reconnaît « aucun fait accompli sur place » et déclare indispensable un accord « librement négocié et accepté par toutes les parties et consacré par la communauté internationale ». Dans un entretien avec le président du Conseil des ministres soviétique, Alexeï Kossyguine, il évoque, mais sans aucune illusion, un règlement comportant une rectification de frontières en faveur d'Israël et le retour aux pays arabes, de tous les autres territoires occupés y compris Jérusalem-Est, moyennant quoi tous les Etats de la région se reconnaîtraient mutuellement[57]. Trois jours plus tard, il reçoit le Premier ministre britannique, Harold Wilson, et profite de la première explosion thermonucléaire chinoise qui a eu lieu l'avant-veille, pour tenter de le convaincre que l'Europe ne doit en aucun cas se laisser entraîner dans la cascade des conflits entre l'Est et l'Ouest : « Pour nous comme pour vous, lui dit-il, la seule politique c'est de n'être engagé nulle part. » Pour désamorcer l'engrenage des guerres, où il voit la pire des menaces, il en revient à la nécessité impérieuse de mettre un terme à la guerre du Vietnam où il voit le point de départ des nouveaux affrontements entre les deux plus grandes puissances. Il le répète par un communiqué du Conseil des ministres du 21 juin :

> L'esprit et le fait de la guerre s'étendent de nouveau sur le monde... Un conflit contribue à en susciter un autre... Il n'y a aucune chance d'aboutir à un règlement pacifique dans l'actuelle situation mondiale à moins que n'apparaisse un événement mondial nouveau [...] : la fin de la guerre du Vietnam, par le terme qui serait mis à l'intervention étrangère.

A New York, la France vote et fait voter les Etats africains qui demeurent ses amis, en faveur d'une résolution yougoslave qui demande le retrait immédiat de l'armée israélienne des territoires qu'elle occupe. On en vient enfin, le 22 novembre, au vote d'une résolution qui deviendra célèbre par son numéro d'ordre : le résolution 242. S'agissant de l'évacuation « des territoires occupés », les textes français et espagnol emploient l'article défini et impliquent donc tous ces territoires tandis que le texte anglais, *« from occuped territories »*, est apparemment plus vague : mais le contexte en est clair puisqu'il condamne « l'acquisition de territoires par la guerre » et réclame « le retrait des forces armées israéliennes hors du territoire occupé lors du récent conflit » tout en demandant « la cessation de tout acte de belligérance et la reconnaissance du droit de tous les Etats de la région à vivre en paix à l'intérieur de frontières sûres et reconnues ». Comme de Gaulle le craignait, il n'en résulta rien[58].

Bien qu'on n'en soit encore qu'à suggérer, pour la question palestinienne, que les réfugiés fassent l'objet de dispositions « humaines » et « satisfaisantes », les rapports franco-israéliens se dégradent irrésistiblement. Soulignant que la France, sans avoir été à l'origine de la création de l'Etat hébreu, défend son droit à l'existence, de Gaulle rappelle les craintes qu'on peut éprouver :

> Certains même redoutaient que les Juifs jusqu'alors dispersés, mais qui étaient restés ce qu'ils avaient été de tout temps, c'est-à-dire un peuple d'élite, sûr de lui-même et dominateur, n'en viennent, une fois rassemblés dans le site de leur ancienne grandeur, à changer en ambition ardente et conquérante les souhaits très émouvants qu'ils formaient depuis dix-neuf siècles.

Cette phrase, dans son esprit, équilibrait éloges et critiques et, dans son vocabulaire, les adjectifs employés n'étaient nullement péjoratifs : ils suscitèrent pourtant un trouble certain, évidemment exploité et amplifié par les adversaires de sa politique mais qui l'amenèrent à préciser sa pensée à plusieurs de ceux et de celles qui s'étaient adressés personnellement à lui, en particulier au grand rabbin de France, Jacob Kaplan. Et à Ben Gourion qui lui a écrit pour plaider la cause de la politique israélienne, il répond en répétant qu'Israël est pour la France un

> Etat ami et allié [mais qu'] en entamant les hostilités, en prenant par la force des armes possession de Jérusalem [...] Israël dépasse les bornes de la modération nécessaire[59].

Le 21 mars 1968 se produit l'attaque du village jordanien de Karamé par l'armée israélienne en riposte à un attentat contre un car de transport scolaire, et la France demande la condamnation d'Israël au Conseil de sécurité, à laquelle s'oppose un veto américain. Le 28 juin, elle condamne l'annexion de la vieille ville de Jérusalem. Le 28 décembre, après l'attaque d'un avion de la compagnie El Al par un groupe palestinien sur l'aéroport d'Athènes, les commandos israéliens détruisent des avions civils de la compagnie aérienne libanaise à Beyrouth : ils étaient transportés par des hélicoptères achetés en France. De Gaulle juge qu'il serait indéfendable dans ces conditions, de continuer à livrer du matériel militaire à Israël tout en condamnant sa manière de s'en servir : le 3 janvier, il décide donc un embargo sur toutes les ventes d'armes à destination d'Israël, y compris les pièces de rechange [60]. Le 8 janvier, la position française est expliquée par le secrétaire d'Etat à l'Information, Joël Le Theule, qui, déclarant que le comportement d'Israël « apparaît au gouvernement français inacceptable, inqualifiable », rappelle en même temps que les conditions de la paix sont « l'évacuation des territoires occupés, l'établissement de frontières sûres et reconnues, la liberté de navigation pour tous et partout, un statut pour les réfugiés, et surtout une garantie pour tout cet ensemble ».

A chacune des démarches de la politique française, les oppositions, dans la classe politique et dans une grande partie de l'opinion publique, s'accentuent et se durcissent [61]. Parmi les personnes interrogées par les instituts de sondage, 71 % approuvent la décision du gouvernement, à la veille de la guerre dite « des six jours », de ne pas s'y engager et 47 % l'approuvent encore de cesser toute livraison d'armes aux belligérants. Au mois de juin, 54 % soutiennent la politique que de Gaulle mène au Proche-Orient mais il n'y en a plus que 36 % au mois d'août. L'approbation sera plus forte, à nouveau, dans les premiers mois de 1968 mais, en revanche, l'hostilité est sans cesse plus violente dans l'opposition de droite et du centre droit, au parti socialiste et surtout dans la presse. Celle-ci est assez unanime et catégorique pour que de Gaulle veuille réagir tant il est convaincu qu'elle ne représente pas l'opinion française dans son ensemble et qu'elle risque, en revanche, de la tromper et de l'aveugler sur la nature de la crise du Proche-Orient. Malgré les objurgations du Premier ministre, Maurice Couve de Murville, et du secrétaire d'Etat à l'Information, Joël Le Theule, il fait lire par ce dernier un avertissement en forme de constatation : « La position française a été très discutée à l'intérieur du pays. Il est remarquable et il a été remarqué que les influences israéliennes se font sentir d'une certaine façon dans les milieux proches de l'information. »

Sur-le-champ, la plupart des journaux protestent et certains invoquent le spectre de l'antisémitisme bien que tous reconnaissent qu'à aucun moment et d'aucune manière de Gaulle n'a pu en être soupçonné. Autour de lui, les uns déplorent ce qu'ils considèrent comme une maladresse et, en tout cas, une imprudence, tandis que d'autres jugent qu'en attirant l'attention sur la partialité ou l'ignorance plus ou moins volontaire de la presse il la conduit à faire preuve de plus de retenue...

La voie est ouverte, désormais, à l'essor rapide des relations entre la

France et les Etats arabes aussi bien pour les échanges économiques, dans les pays hors du « champ de bataille », que pour les ventes d'armes et l'assistance technique militaire, en particulier en Irak dont la France devient le deuxième fournisseur, alors qu'elle n'en était auparavant que le dix-septième. Mais au-delà de ces résultats pratiques, la France donne maintenant d'elle-même une image radicalement opposée à ce qu'elle était dix ans plus tôt, et de Gaulle fait du Proche-Orient un champ d'action de sa politique étrangère. Ici, il s'est inspiré d'une analyse dont il était convaincu qu'elle était juste : la guerre de juin 1967 allait entraîner d'inévitables conflits futurs, elle dramatisait l'affrontement initial entre Israël et ses voisins, elle attirait les interventions opposées des Etats-Unis et de l'Union soviétique en offrant un nouveau champ de bataille aux deux blocs, elle risquait de faire des énormes richesses pétrolières de la région l'instrument et l'enjeu de confrontations aux rebondissements imprévisibles, et, par-dessus tout, elle allait donner au sort du peuple palestinien une dimension tragique et le plaçant au cœur des crises à venir dans cette partie du monde.

C'est peut-être ce qui lui fut le plus sensible. Resurgit en lui le souvenir des épreuves vécues par la France près de trente ans plus tôt, au temps où elle était en proie à l'engrenage inexorable de l'occupation ennemie et de la résistance populaire qu'il avait incarnée lui-même. C'est l'écho de ses souvenirs et de ses sentiments qui résonne dans ce passage de sa conférence de presse du 27 novembre 1969 :

> Israël, ayant attaqué, s'est emparé, en six jours de combats, des objectifs qu'il voulait atteindre. Maintenant, il organise, sur les territoires qu'il a pris, l'occupation qui ne peut aller sans oppression, répression, expulsions, et il s'y manifeste contre lui une résistance qu'à son tour il qualifie de terrorisme.

En ces quelques mots, la tragédie des années futures, entre Israéliens et Palestiniens, était annoncée.

Mais dans la critique de l'ordre international établi, de Gaulle était allé bien au-delà. Si audacieuses qu'aient été ses positions sur l'Algérie, le Vietnam, le Québec, l'OTAN ou le Proche-Orient, sa démarche la plus novatrice, et peut-être la plus radicale, porta sur le système monétaire international[62].

Il datait des lendemains de la Seconde Guerre mondiale. Fondé à Bretton Woods, il eut indiscutablement de longs et profonds résultats, que prolongèrent les progrès accomplis pour la libération des échanges, des changes et des paiements. Il était caractérisé par « l'étalon de change or » — *Gold exchange standard* — système qui permettait d'utiliser comme instrument de réserve le dollar au même titre que l'or. Les Etats-Unis, dont la monnaie était ainsi admise par tous les autres Etats, pouvaient donc se dispenser des règles ordinaires de l'équilibre des paiements extérieurs sans avoir à régler leur déficit par prélèvement sur leur stock d'or et en n'agissant que suivant leurs propres besoins. La tentation était grande, par conséquent, pour l'administration américaine d'entretenir le déficit de la balance des paiements des Etats-Unis sans se préoccuper des conséquences qui en résultaient et dont l'essentiel était naturellement le développement, progressif et bientôt irrésistible, de l'inflation internationale. Ce déficit cumulé, entre 1958 et 1969 était de plus de 34 milliards de dollars dont moins du quart fut payé en or. Il provenait, en grande partie, de l'ampleur des dépenses publiques à l'étranger qui, aux mêmes dates, dépassèrent 73 milliards de dollars, constamment accrue par les dépenses militaires américaines hors des Etats-Unis et surtout par la guerre du Vietnam. Ces dépenses purent être compensées, longtemps, par les excédents de la balance commerciale américaine, mais ceux-ci se réduisirent bientôt puis firent place à un déficit, entretenu et augmenté par l'augmentation permanente des dépenses publiques. Enfin s'y ajouta l'importance grandissante des investissements des entreprises américaines à l'étranger dont le total, entre 1958 et 1969, dépassa 24 milliards de dollars. Tel qu'il était, ce système donnait aux Etats-Unis des moyens de domination, économiques et financiers, qui pouvaient avoir des conséquences politiques graves. En toute hypothèse, il était devenu la source d'une inflation mondiale qui, plus ou moins contenue jusqu'au milieu des années 60, allait par la suite, prendre de formidables proportions et engendrer, par contrecoup, après le début des années 70, une récession durable.

Mais si, aujourd'hui, personne ne conteste plus cette analyse, elle ne fut que très difficilement admise à l'origine. Très naturellement, les responsables américains voulurent minimiser la crise du système monétaire ou l'attribuer à d'autres causes. En Europe on recula, le plus souvent, devant la mise en cause de la toute-puissance économique et monétaire des Etats-Unis. Parmi les économistes les plus lucides, certains réservèrent leur jugement attendant de voir quelles proportions prendrait l'inflation internationale, ou partirent à la recherche d'autres explications. De sorte que de Gaulle, quand il décida d'intervenir, allait faire scandale.

C'est Jacques Rueff qui attira son attention par une lettre du 5 mai 1961 sur les risques d'une crise monétaire future [63]. Décrivant le mécanisme par lequel le système établi risquait de conduire à une inflation générale, il recommandait une forte réévaluation du prix de l'or, qui n'avait pas changé depuis 1933 : on pourrait ainsi convertir les réserves en dollars des banques centrales. De Gaulle souscrivit à l'analyse de Jacques Rueff mais comprit aussitôt que la solution qu'il préconisait ne serait pas acceptée, à brève échéance, par les Etats-Unis et qu'il faudrait d'assez longs délais pour convaincre les Etats européens de s'y rallier. Les risques de crise, en réalité, n'étaient pas encore apparents et il n'était donc pas possible d'engager sur ce terrain une bataille dont la nécessité ne s'imposait pas. De Gaulle se contenta d'ordonner la conversion en or des excédents de dollars dans les avoirs de la Banque de France. Puis, le 9 juillet 1963, il réunit un Conseil interministériel qui fut le premier consacré aux problèmes monétaires internationaux. On y constata le dysfonctionnement du système établi et les dangers qui pouvaient en résulter. Une nouvelle réunion eut lieu à l'Elysée le 23 septembre suivant pour mettre au point les directives données à la délégation française qui allait se rendre à l'assemblée du Fonds monétaire international, avec pour premier objectif de rallier à une position commune les Etats membres de la Communauté européenne.

Pour mettre au point les propositions françaises, de Gaulle demanda à Guillaume Guindey, ancien directeur des Finances extérieures, de lui présenter un rapport sur d'éventuelles solutions[64]. Ce rapport reprit d'abord les suggestions de Jacques Rueff en faveur d'une réévaluation de l'or, mais pour constater que la plupart des gouvernements occidentaux s'y opposeraient, qu'elle ne serait donc pas acceptée. Puis il envisagea le rétablissement de l'équilibre des comptes extérieurs des Etats-Unis pour constater que les liquidités internationales risquaient alors d'être insuffisantes et il recommandait, dans cette hypothèse, la création d'une monnaie de réserve collective dont l'émission serait fonction des besoins de l'économie internationale et dont la gestion dépendrait de l'accord unanime des principaux Etats, du moins en attendant une réévaluation de l'or. Enfin, il suggérait, dans l'immédiat, de ne plus accroître les facilités monétaires consenties aux Etats-Unis et de ne pas permettre le réinvestissement dans l'économie américaine des réserves en dollars des banques centrales. Ce rapport fut longuement discuté et de Gaulle le soumit au Conseil interministériel du 9 juin 1964 où toutes les options furent examinées. C'est seulement six mois plus tard, alors que la crise commençait à se profiler, et qu'aucun Etat occidental ne semblait vouloir réagir, qu'il décida de l'évoquer publiquement.

C'est ce qu'il fit lors de sa conférence de presse du 4 février 1965. A dessein, il tint à dire d'abord que la question qu'il allait traiter n'avait encore « rien qui soit ni très pressant ni très menaçant », de sorte qu'il s'agissait d'un thème de réflexion offert à la communauté internationale. Puis, décrivant le système établi, il faisait remarquer qu'il permettait aux Etats-Unis de « s'endetter gratuitement vis-à-vis de l'étranger » et de créer « par le moyen qu'il faut bien appeler l'inflation, des capitaux qui, sous forme de prêts en dollars accordés à des Etats ou à des particuliers, sont exportés au-dehors ». Il ne parla pas d'une réévaluation, à court terme, du prix de l'or, sachant qu'il provoquerait une réaction immédiatement négative et il ne recommanda pas davantage qu'on en revienne au fonctionnement de l'étalon-or tel qu'il existait avant 1914, puisque la production de l'or, de toute façon, ne serait pas suffisante pour le volume du commerce international. Mais il réclamait une référence à l'or comme instrument permanent et impartial de tout système monétaire réformé. Il recommandait donc à la fois qu'on réfléchisse et qu'on agisse :

> La fin sans rude secousse du *Gold exchange standard*, la restauration de l'étalon-or, les mesures de complément et de transition qui pourraient être indispensables, notamment en ce qui concerne l'organisation du crédit international à partir de cette base nouvelle, devront être concertées posément entre les Etats, notamment ceux auxquels leur capacité économique et financière attribue une responsabilité particulière.

Et il donnait de l'objectif à atteindre une définition prudente :

> Un système internationale souple et adapté à l'expansion rapide des échanges de notre temps.

Ce n'était pas une déclaration de guerre. La France n'allait pas chercher à augmenter systématiquement ses réserves de change en dégageant à tout prix un excédent de sa balance des paiements : celui-ci, relativement important de 1959 à 1965, fut très limité en 1966 et 1967, et la décision prise de convertir en or les avoirs français en dollars, au-dessus de 10 % du total, était donc une précaution prise bien plus qu'une attaque contre la monnaie américaine [65]. Pragmatique comme en bien des domaines, de Gaulle attendait que les événements confirment son diagnostic et convainquent ceux qui, jusque-là, ne voulaient pas l'écouter. Car son appel ne fut pas seulement rejeté par les partenaires européens de la France : il suscita de véhémentes critiques et polémiques. Déformant ses propos, des commentateurs hostiles y voyaient une tentative irréaliste — et, plus encore, archaïque — de rétablir sans changement le système d'étalon-or du siècle précédent. En réalité, ses adversaires feignaient de ne pas voir ce qui était en cause : ce qu'il appela lui-même les « privilèges exorbitants du dollar », c'est-à-dire un système qui donnait aux Etats-Unis seuls un certain pouvoir de domination économique et monétaire, instrument d'une hégémonie politique. Son objectif, précisément, était de faire prévaloir un autre système qui mettrait fin à ces privilèges. C'est ainsi qu'il devait confier à son conseiller économique, Alain Prate :

> J'ai proposé l'or mais j'aurais pu accepter autre chose à condition d'adopter un étalon indépendant des monnaies anglo-saxonnes [66].

En attendant, la crise se développait. Ce qu'on appelait désormais les « eurodollars », c'est-à-dire l'ensemble des dollars détenus à l'étranger soit par les banques centrales, les entreprises, ou les particuliers, se montaient à une dizaine de milliards au début des années 60, de 40 à 45 milliards avant le début des années 70, puis 155 milliards en 1973 et environ 300 milliards en 1976. Pour la France, il n'était pas question de renoncer aux facilités immédiates que donnait l'essor des moyens de paiement internationaux, et la suppression du contrôle des changes, le 8 novembre 1966, lui permit d'en bénéficier plus largement en même temps qu'elle marquait davantage la solidité du franc. Les gouvernements européens, de leur côté, prenaient peu à peu conscience du danger mais, refusant de souscrire aux positions françaises, et incapables de suggérer une solution commune, ils agirent en ordre dispersé : l'Allemagne, par exemple, préféra la stagnation et même le recul de sa production nationale, pour faire échec à toute inflation importée, s'engageant ainsi dans la voie de réévaluations successives du mark tout en accumulant de considérables réserves de change.

On se limita donc, pour commencer, à des arrangements provisoires et partiels tels que le « pool de l'or » pour éviter trop de spéculations sur les marchés, les accords « Swap » pour les échanges de monnaies entre banques centrales, les « Bons Roosa » pour dispenser les Etats-Unis de régler en or le déficit de leur balance des paiements. On forma, ensuite, le « Groupe des dix » qui allait bientôt entamer la longue négociation sur la réforme du système monétaire, sans jamais y parvenir. Le schéma des discussions, jusqu'en 1968, fut toujours le même : les Etats-Unis et l'Angleterre, dont les devises étaient des monnaies de réserve, voulaient créer des moyens de paiement internationaux qui leur épargneraient d'avoir à payer leurs déficits en or ; la France critiquait les privilèges dont ces deux pays, surtout l'Amérique, disposaient ainsi ; les autres pays européens, tout en voyant la nécessité d'une réforme, s'efforçaient de ne pas heurter les pays anglo-saxons. Plusieurs plans furent proposés, sans succès, et les suppléants des ministres des Finances du « Groupe des dix » rédigèrent un rapport qui fut examiné en juin 1964 par un Conseil interministériel spécialement convoqué par de Gaulle. Il en résulta une proposition de compromis qui, tout en déclarant que « les disponibilités en or et en devises étaient pleinement suffisantes pour le moment », préconisait une « surveillance multilatérale » pour tenter de réduire la complète liberté d'action des Etats détenteurs de monnaies de réserve, et proposait d'étudier la création de nouveaux instruments de réserve. Mais, à mesure que la négociation avançait, les pressions américaines se faisaient plus fortes pour la création de « droits de tirages spéciaux » qui ajourneraient toute réforme sérieuse. Les représentants français mirent en garde contre le risque évident d'une accélération de l'inflation mondiale et sur l'aggravation de la crise monétaire dans laquelle on était entré déjà. Mais en vain : les autres Européens se rallièrent à la thèse américaine lors d'une conférence tenue à La Haye en juillet 1966. Comme l'inflation redoublait et que la crise s'accentuait, les pourparlers reprirent au début de 1967 et, pour trouver une issue, de Gaulle, tout en maintenant ses critiques sur les « privilèges exorbitants du dollar » et, plus généralement, sur la dérive du système de « l'étalon de change or », chargea les négociateurs français de proposer une révision des règles de fonctionnement du Fonds monétaire international pour réduire l'influence prépondérante des Etats-Unis et accroître celle des Européens, mais d'accepter que des facilités de paiement et de crédit soient accordées à condition qu'elles ne soient pas « automatiques » et n'interviennent qu'en cas d'évidente « insuffisance des réserves mondiales ». C'était un compromis qui pouvait conduire à un accord, auquel les partenaires de la France souscrivirent d'abord, avant de céder aux pressions des négociateurs américains. De Gaulle réunit à nouveau deux conseils restreints en mars 1968 et il fallut constater que l'accord qui allait être conclu quelques jours plus tard à Stockholm ne répondait à aucune des préoccupations françaises et que la France, par conséquent, ne pouvait y souscrire.

Ce fut une chance perdue pour l'économie mondiale. On allait entrer, désormais, dans une cascade de crises monétaires. La première se produisit presque immédiatement et c'est de justesse que les Etats occidentaux parvinrent à boucher les brèches d'un système qui faisait eau de toutes parts. De Gaulle fit alors ce diagnostic :

> Il faut s'attendre à ce que le dollar fasse la culbute. Les Américains dépensent trop pour le Vietnam, pour la recherche, pour l'espace, pour leur bien-être. Nous serons amenés à couvrir le déficit américain ; ils feront la collecte et nos partenaires céderont aux influences américaines [67].

Sous une forme ou sous une autre, il devait en aller ainsi, de crise en crise, jusqu'à ce que le système s'effondre en 1971. Mais la France qui avait eu le mérite de la lucidité et assez de ténacité pour proposer des compromis viables, en fut, paradoxalement, l'une des premières victimes quand son brusque affaiblissement, après les événements de mai 68, l'emporta, à son tour, dans une crise monétaire qui mit un terme à la croisade que de Gaulle avait entamée. L'inflation mondiale put donc se poursuivre et s'aggraver, jusqu'à engendrer, par un inévitable choc en retour, la dépression des années suivantes, la plus longue et la plus profonde depuis la Seconde Guerre mondiale.

Cet assaut contre l'ordre — ou le désordre — monétaire international fut peut-être, de tous ses combats contre l'ordre établi, celui qui lui valut le plus profond ressentiment aux Etats-Unis. Une campagne journalistique — polémique mais humoristique — le compara à Goldfinger, ce personnage des aventures de James Bond, qui voulait dévaliser l'or de la Banque fédérale à Fort Knox. On ne sait si de Gaulle l'a su. Il s'en serait amusé, certainement.

Dans cette dernière phase de sa vie publique, alors que moins de deux ans le séparaient d'une retraite définitive, il éprouvait, de toute évidence, une extraordinaire détermination et une sorte d'alacrité qui évoquaient les temps héroïques de la France libre, de la lutte contre l'ennemi, contre l'occupation, contre les Etats fascistes, contre Vichy. Il savait qu'en rompant avec le système atlantique, en défiant le dollar, en contestant les blocs, en reconnaissant la Chine populaire, en condamnant la guerre américaine du Vietnam, en proposant la coopération de la France à tous les Etats nouveaux après avoir été l'émancipateur de l'Afrique française, en justifiant la résistance palestinienne et en devenant ainsi l'homme le plus populaire du monde arabe, après avoir donné son indépendance à l'Algérie, il avait atteint son objectif le plus difficile : faire que la France, définitivement privée de son Empire et ramenée à ses frontières, ait un rôle de premier ordre sur la scène du monde et donne ainsi d'elle-même une image sans pareille aux autres peuples.

Chapitre 36

AVEC OU SANS LES FRANÇAIS

Au fond, l'avenir du gaullisme politique ne s'est-il pas joué durant cet été 1958 où de Gaulle semblait au faîte de son autorité ? Il venait d'être « investi » président du Conseil par une vaste coalition de partis, allant des « poujadistes » et de la droite classique au parti socialiste, en passant par la très grande majorité des républicains populaires, des radicaux et de l'UDSR : mais, aussitôt, commencèrent les préparatifs en vue de mettre sur pied un mouvement politique dont la vocation essentielle serait de le soutenir. Alors qu'il s'appuyait sur une sorte d'union nationale — sans les communistes, sans une fraction de la gauche socialiste —, on allait déjà s'efforcer de recruter et d'organiser ses partisans. Il savait qu'il serait le premier président de la nouvelle République puisque aucun concurrent ne pourrait l'emporter sur lui : mais serait-il vraiment ce président au-dessus des partis dont il avait si souvent parlé ? Avant même que la Constitution soit adoptée, avant même qu'elle soit entièrement rédigée, on songeait bel et bien à la majorité parlementaire dont son gouvernement aurait besoin et on se préparait à lancer dans la bataille électorale un mouvement dont la raison d'être serait de l'appuyer. L'histoire politique de la Ve République était inscrite par avance dans ce premier choix.

Il ne fit apparemment l'objet d'aucune discussion. Jacques Foccart, secrétaire général d'un RPF qui n'avait plus aucune activité depuis cinq ans, Roger Frey, secrétaire général de la très maigre organisation des républicains sociaux, Jacques Chaban-Delmas qui en était le chef de file parlementaire, Michel Debré, Jacques Soustelle et Edmond Michelet, s'en occupèrent, en liaison avec Georges Pompidou, Olivier Guichard et Pierre Lefranc, que de Gaulle avait pris comme directeur, directeur adjoint et chef de son cabinet. Il intervint presque aussitôt, comme on l'a vu, pour s'opposer catégoriquement au projet de Soustelle de présenter des candidats communs avec les amis de Georges Bidault au MRP, de Roger Duchet chez les indépendants et d'André

Morice chez les radicaux, tous partisans déterminés de l'Algérie française : on le sut très vite, dans la presse et dans les milieux politiques, et on comprit qu'il ne voulait pas se lier à eux. Mais le nouveau mouvement — l'Union pour la Nouvelle République, l'UNR — adopta un programme qui, pour l'Algérie, semblait très proche de l'intégration. Un petit groupe de ceux qui affichaient leur soutien à de Gaulle, mais non à l'Algérie française, préféra donc se tenir à l'écart et forma un « Centre de la réforme républicaine » qui présenta des candidats aux élections législatives de novembre. Mais, sans les condamner ni même les décourager, l'équipe que de Gaulle avait chargée des affaires politiques les tint à l'écart et parut regretter qu'ils se mettent eux-mêmes en marge et qu'ils ne suivent pas l'exemple d'Edmond Michelet, notoirement hostile à la guerre d'Algérie et qui avait accepté de compter parmi les fondateurs de l'UNR.

Celle-ci, en toute hâte, recruta la plupart de ses candidats parmi les anciens du RPF, auxquels s'ajoutèrent d'anciens Français libres et résistants qui ne s'étaient pas joints au Rassemblement, des hommes politiques venant presque tous de la droite classique, ayant de fortes positions locales et qui s'engageaient à soutenir de Gaulle, des militaires ou anciens militaires mis en vedette par les événements du 13 mai. Très clairement, la direction de l'UNR avait choisi de reconquérir l'ancien électorat du RPF qui s'était ensuite réparti entre les « poujadistes », les indépendants, le MRP et les radicaux, sans chercher à retrouver ses électeurs venus, naguère, de la gauche ou de l'extrême gauche. Elle ne voulait pas faire concurrence aux socialistes qui, en majorité, venaient d'investir de Gaulle et, symboliquement, elle décida de ne pas présenter de candidats contre les ministres de son gouvernement, quelle que fût leur étiquette.

Le résultat des élections des 23 et 30 novembre 1958 fut, pour l'UNR, une éclatante victoire qui dissimulait de profondes ambiguïtés. Elle avait mené campagne sur un thème simple et d'autant plus efficace : « Confirmez votre "oui". » En métropole, le projet de Constitution avait obtenu 17 668 790 voix contre 4 624 511. Sur l'ensemble des « non », on peut estimer que les communistes en représentaient environ quatre millions, si l'on tient compte de quelques fractions de l'électorat socialiste, de la clientèle traditionnelle du parti radical, surtout dans le Sud-Ouest et même des électeurs d'extrême droite sensibles aux consignes du « Mouvement Poujade » ayant aussi voté « non ». Or, il y avait eu plus de 5,5 millions de suffrages communistes aux élections législatives précédentes, celles du 2 janvier 1956. Dès ce scrutin fondateur de la Ve République, on pouvait constater qu'une fraction notable de la gauche et de l'extrême gauche était favorable à de Gaulle ou, au moins passagèrement, séduite par lui.

Mais l'UNR en a-t-elle profité deux mois plus tard, aux élections du 28 novembre [1] ? Elle eut, avec divers candidats portant d'autres étiquettes, un peu plus de 4 millions de voix. Presque exactement autant que le RPF en 1951. Etaient-ce les mêmes ? Pas entièrement. Car, dans l'intervalle, les modérés du Centre des indépendants et paysans qui n'avaient eu que 2,6 millions de voix en 1951, puis 3,2 millions en 1956, progressaient encore en 1958 avec 4,5 millions de voix, et les voix d'extrême droite — poujadistes en 1956 — étaient passées de 2,7 millions à un demi-million : on peut penser qu'un grand nombre d'électeurs poujadistes ont voté en 1958 pour les indépendants qui ont perdu une part de leur électorat au profit de l'UNR, ou plutôt que celle-ci a recueilli des suffrages des deux côtés à la fois, représentant peut-être les deux tiers de ses voix. Elle en a peu reçu, en revanche, de l'électorat du MRP qui est resté presque stable avec 2,3 millions de suffrages en 1956 et 2,2 en 1958, les républicains populaires affichant alors leur soutien à de Gaulle. Ce sont les électeurs radicaux ou UDSR de 1956 qui ont fourni l'autre apport majeur à l'UNR : passés de 1,8 million en 1951, à 3,2 en 1956, ils n'étaient plus que 1,5 million en 1958 : le courant d'opinion en faveur de Mendès France s'était reporté, sans aucun doute, sur les candidats gaullistes, deux ans plus tard.

A gauche et à l'extrême gauche, le contraste est frappant : l'audience des socialistes ne bouge pas avec 3,2 millions de voix, tandis que les communistes connaissent un recul impressionnant, le premier depuis 1932, passant de 5,5 millions de suffrages à 3,9. Un grand nombre s'est réfugié dans l'abstention, puisque celle-ci est passée de 4 millions à 6,2 millions des inscrits, mais il est vraisemblable qu'une fraction s'est reportée sur les socialistes — dont l'équivalent serait allé à l'UNR, surtout dans le nord de la France — et qu'une autre, très difficile à évaluer, a rejoint l'électorat des candidats gaullistes, en particulier à Paris, dans la banlieue parisienne et dans le Nord.

Ainsi l'histoire politique de la Ve République s'annonce-t-elle déjà. En septembre, de Gaulle a pu rallier 80 % des votants au « oui » à la nouvelle Constitution, mais ses partisans, en novembre, n'en ont recueilli qu'un peu moins d'un quart : 4 millions sur 17,6. Ce décalage s'explique alors très bien par le soutien que les modérés, les républicains populaires, les radicaux et même les socialistes, avaient apporté, pour la plupart, à la Constitution et à de Gaulle lui-même : mais sur quel appui de Gaulle pourra-t-il compter quand il ne se mettra pas lui-même en jeu, dans la société, dans l'opinion publique, dans les forces politiques, au Parlement ? Ses partisans se situent déjà, assez précisément, sur l'échiquier des forces politiques, et l'on sait où ils se recrutent : en majorité à droite et au centre droit, surtout parmi les électeurs modérés et ceux qui, depuis la Libération et avant la fondation du RPF, votèrent pour le MRP, au centre gauche, parmi les électeurs radicaux, mais plutôt dans les villes et dans le courant mendésiste de 1956 ; et dans une fraction difficile à évaluer mais loin d'être négligeable, de l'électorat de gauche et d'extrême gauche. Dès lors, l'impératif, pour que de Gaulle garde l'assise politique dont il a besoin, sera de conserver à la fois sa position forte, et si possible prépondérante, dans la droite classique et au centre, et de préserver ses avancées dans l'électorat de gauche. Cet impératif dominera toutes les épreuves électorales qui vont suivre.

Dans l'Assemblée nationale élue en novembre 1958, de Gaulle n'avait pas de majorité. Qu'il n'y ait eu alors aucun désistement réciproque entre candidats de gauche et d'extrême gauche, alors que, pour la première fois depuis 1936, on votait au scrutin majoritaire à deux tours, par circonscriptions, suffit à réduire les groupes parlementaires socialiste et communiste aux plus maigres effectifs : 40 députés pour l'un, 10 pour l'autre. Mais aux côtés de 189 UNR et apparentés, on comptait 130 indépendants, 57 MRP et deux groupes réduits de radicaux et d'anciens radicaux, à quoi s'ajoutait une trentaine de députés algériens, Européens et musulmans qui, tous, se proclamaient alors partisans de l'Algérie française. Dès lors, toute l'histoire de la législature sera celle d'un rétrécissement inexorable de l'assise parlementaire sur laquelle de Gaulle pouvait compter.

La première étape — qui, à elle seule, fut peut-être décisive pour la suite — en fut la rupture entre les socialistes et de Gaulle. Guy Mollet, secrétaire général de la SFIO depuis plus de douze ans et dont l'autorité était alors sans partage, invoqua l'orientation libérale du plan économique, monétaire et financier de décembre 1958, pour justifier que son parti passe à l'opposition. Tous les observateurs s'accordèrent pourtant à remarquer que les socialistes avaient naguère participé à des gouvernements dont le programme économique ne leur plaisait pas entièrement, et que, de plus, ils étaient certainement favorables à tout ce qui préparait la France à son entrée dans le Marché commun. Ils expliquèrent son choix autrement : c'était, dirent-ils, la réaction habituelle et compréhensible d'un chef de parti dont le nombre de députés vient de chuter brusquement et qui veut en resserrer les rangs en se donnant tous les avantages de l'opposition. Guy Mollet devait aussi faire face à la dissidence d'une minorité hostile à de Gaulle et à la nouvelle Constitution : pour empêcher qu'elle tourne à l'hémorragie, mieux valait que son parti s'oppose au gouvernement. Ce fut donc, pour une grande part, un choix tactique. Guy Mollet lui-même préférait alors dire que son parti, plutôt que de se figer dans « l'opposition », ferait des « contre-propositions ». La logique des luttes parlementaires, électorales et partisanes, devait naturellement amener les socialistes à durcir leur comportement dans le ton et sur le fond : mais il fut toujours entendu qu'ils ne mettraient pas de Gaulle en danger tant que ne serait pas réglée l'affaire d'Algérie — qu'ils n'avaient pas su résoudre eux-mêmes et qui les divisait gravement — et jamais, en effet, leur vote ne fit défaut tant qu'il en fut question.

Mais le fossé se creusa sur un autre terrain, obérant tout l'avenir des relations entre de Gaulle et la gauche traditionnelle. Michel Debré, devenu Premier ministre, voulut profiter de la liberté d'action qui s'offre toujours à un nouveau régime quand il se met en place, pour trouver une solution définitive et équilibrée au vieux problème de la coexistence entre école publique et enseignement privé et pour en finir, croyait-il, avec les séquelles de l'ancien affrontement entre laïcité et cléricalisme. Il n'était pas le premier à l'avoir souhaité : au temps du gouvernement de Guy Mollet une commission présidée par Pierre-Olivier Lapie s'y était efforcée. Michel Debré reprit plusieurs des options qu'elle avait envisagées. Des contrats et des conventions allaient permettre aux établissements privés de bénéficier de fonds publics. Ce qu'on appela, depuis, la « loi Debré » devait durer et s'enraciner dans les institutions françaises au point de n'être qu'aménagée, non sans peine ni sans crise, quand des gouvernements socialistes revinrent au pouvoir. Mais, quoi qu'on pense de ses avantages et de ses inconvénients, elle allait inévitablement susciter l'hostilité tenace de tous ceux qui restaient méfiants envers les influences cléricales et vigilants dans leur attachement à l'école publique. Prudemment, sagement sans doute, Antoine Pinay, alors ministre des Finances, avait suggéré de se borner à étendre le champ d'application de la loi Barangé de 1951, à laquelle les socialistes, d'abord hostiles, s'étaient ralliés et qui, pour l'essentiel, attribuait une allocation aux familles dont les enfants allaient à l'école privée aussi bien qu'à l'école publique : mais Michel Debré, appuyé par de Gaulle, préféra une solution plus globale et plus complète. Elle fut jugée trop favorable à l'enseignement libre par le ministre de l'Education nationale, André Boulloche, qui démissionna. Cette querelle, qui renvoyait à toute l'histoire de l'idée républicaine et à la longue lutte pour la laïcité de l'Etat, et qui touchait au fond, et même au tréfonds, des sensibilités françaises, ne pouvait rester sans conséquences. Dans le climat social et politique de ces débuts de la Ve République, encore sous le choc de la crise de mai 1958 et du changement de régime, ce fut un motif nouveau et durable d'éloignement entre la plus grande partie de la gauche et de Gaulle.

Dans le rétrécissement de son assise politique la seconde étape fut la crise qui survint quand il apparut qu'il conduisait l'Algérie à l'indépendance. Après qu'il eut proclamé son droit à l'autodétermination, le 16 septembre 1959, un petit groupe de députés UNR fit sécession, rejoignant dans une opposition farouche tous les députés européens d'Algérie et quelques députés musulmans. Puis quand Pierre Lagaillarde fut mis en accusation après l'affaire des barricades, 202 députés votèrent contre la levée de son immunité parlementaire : c'était la plus grande partie de la droite et une fraction notable du centre droit et du centre gauche. Le 8 novembre 1961, plusieurs députés, dont Jean-Marie Le Pen, mais aussi des députés UNR, demandèrent publiquement que l'OAS soit reconnue comme interlocuteur pour le règlement de l'affaire algérienne, à l'égal du FLN. Et le lendemain, 9 novembre,

80 députés votèrent un amendement au budget des armées, aussitôt appelé « amendement Salan » parce qu'il reprenait les mots d'ordre qu'il avait lancés au moment du putsch d'Alger : la réduction à dix-huit mois du service militaire en métropole et la mobilisation de huit classes dans la communauté européenne d'Algérie. Faut-il y ajouter la majorité des conseillers d'Etat ? Ils eurent à examiner le décret du 1er juin 1962, créant une Cour militaire de justice devant laquelle allait comparaître, après d'autres, André Canal — qui avait pour pseudonyme le « Monocle » — financier, organisateur ou inspirateur de plusieurs des projets d'attentats contre de Gaulle. Leur jugement fut connu le 19 octobre, dix jours avant le référendum sur l'élection du président de la République au suffrage universel : le décret était annulé. Certes, la guerre d'Algérie était finie, et le Conseil d'Etat pouvait invoquer de compréhensibles arguments juridiques, mais dans ces circonstances et à cette date, son jugement avait une évidente signification politique.

La réduction de l'assise sur laquelle de Gaulle pouvait compter en était déjà à sa troisième étape. Cette fois, c'était sa politique étrangère qui était en cause. Il était clair que ses premières initiatives, bien qu'encore limitées, tournaient le dos à la politique d'intégration, européenne et atlantique, menée par les partis prépondérants sous la IVe République. Ils choisirent, pour réagir, le terrain qui leur parut le plus profitable : le projet de force nationale de dissuasion nucléaire. Ceux qui, de Mendès France à Guy Mollet et de Maurice Bourgès-Maunoury à Félix Gaillard, avaient, en silence et même dans une sorte de secret, préparé, puis décidé la construction d'une première bombe française, parurent l'oublier, en affirmant, d'ailleurs à juste titre, qu'ils n'avaient voulu que renforcer, par la réussite d'une expérience nucléaire, le poids de la France au sein du bloc atlantique. L'opinion croyait alors que la mise sur pied d'une véritable force atomique était au-delà des capacités du pays. Le concept de dissuasion nucléaire n'était pas encore compris. La répugnance pour une arme de destruction massive subsistait presque partout à gauche et dans le catholicisme français. Il est à peine exagéré de dire que le choix nucléaire français était repoussé par tous les partis, tous les syndicats, toutes les Eglises, toutes les universités et toute la presse. Et tout le monde comprenait — pour l'approuver ou le condamner — que de Gaulle avait opté pour une stratégie opposée à celle de l'OTAN, et qui, en donnant à la France une défense indépendante, n'était au fond, que le corollaire d'une politique étrangère d'indépendance, opposée à l'intégration atlantique et européenne.

Le souci de laisser de Gaulle régler jusqu'au bout l'affaire algérienne freina l'ardeur des opposants. Mais les votes, à l'Assemblée nationale, sur la loi-programme militaire et le budget des armées leur servirent d'occasion pour se compter. Une motion de censure recueillit 109 voix en novembre 1959, 122 en mai 1960, et enfin 206 voix en juillet 1962 : celles des communistes, des socialistes, du groupe de l'Entente démocratique où se trouvaient les radicaux, du MRP et de la moitié des indépendants. Il était clair qu'on approchait du moment où, passées les dernières échéances algériennes, plus rien ne retiendrait l'ensemble des partis traditionnels de mettre de Gaulle en échec.

Déjà, le gouvernement avait subi un premier choc. Lors de sa conférence de presse du 15 mai, après la crise du 17 avril qui, comme on l'a vu, avait mis fin à la longue tentative de former une union politique européenne sans supranationalité, de Gaulle avait ironisé sur les partisans de l'intégration, les décrivant comme adeptes d'un « volapük intégré » : Pierre Pflimlin, chef de file du MRP, qui venait d'être nommé ministre d'Etat, ne put le supporter. En vain, pour l'apaiser, de Gaulle l'appela-t-il au téléphone — ce que d'habitude, il ne faisait pour personne : sa démission entraîna celle de tous les ministres républicains populaires, y compris Paul Bacon et Robert Buron, qui était ministre depuis plus de trois ans, et Maurice Schumann qui venait d'entrer au gouvernement et voulait soutenir de Gaulle. Un mois plus tard, en tout cas, il n'y avait plus de doute à avoir sur la résolution de l'Assemblée nationale : le 13 juin, 296 députés — c'est-à-dire une large majorité — publièrent un « manifeste européen » qui était une condamnation formelle de la politique extérieure et militaire menée par de Gaulle[2]. Tout le monde sut alors que cette majorité se retrouverait à la fin de l'année pour repousser le budget des armées et, au besoin, voter une « motion de censure » : sur ce terrain, les partis traditionnels étaient prêts à affronter le risque d'une dissolution.

De Gaulle les devança. La bataille eut lieu sur le terrain qu'il avait choisi, l'élection du président au suffrage universel. Et ce fut la quatrième étape de l'inexorable retrécissement de son assise politique.

Tous ceux qui espéraient un retour au parlementarisme classique que la France avait connu depuis les origines de la IIIe République, mais qui avaient approuvé la Constitution de 1958 en pensant qu'elle permettrait d'y revenir, devaient logiquement s'opposer à de Gaulle. Ils renversèrent le gouvernement de Georges Pompidou par 280 voix sur 480. Le 10 octobre, jour même de la dissolution de l'Assemblée nationale, qui suivit le vote de la censure, les dirigeants du « Cartel des non » tinrent une conférence de presse : Guy Mollet, secrétaire général du Parti socialiste, et Paul Reynaud, chef de file de la droite classique, en étaient, côte à côte, les ténors, l'un pour avertir que « si le peuple répond "oui", de Gaulle le mènera fatalement à la guerre civile », l'autre pour proclamer que « le président de Gaulle a violé la Constitution et insulté le Parlement ».

Prévoyant que la bataille constitutionnelle était inévitable, ils tentèrent donc d'élaborer une stratégie commune. On a vu que, le 26 septembre, Paul Reynaud reçut, à son appartement de la place du Palais-Bourbon, Guy Mollet et deux autres parlementaires socialistes, Francis Leenhardt et André Chandernagor, ainsi que le secrétaire général des indépendants, Bertrand Motte — plusieurs dirigeants radicaux et républicains populaires étant prévenus —, et que leur objectif était, en recourant à l'article 89 de la Constitution, de proposer aux électeurs une autre réforme des institutions sur laquelle le suffrage universel aurait à se prononcer, au même titre et en même temps que sur celle proposée par de Gaulle. Georges Vedel, convoqué à cette réunion, proposa que cette réforme institue un régime présidentiel — le président étant élu par le peuple mais ne pouvant plus dissoudre l'Assemblée nationale devant laquelle le gouvernement ne serait plus responsable. Les socialistes aussi bien que Paul Reynaud et Bertrand Motte s'y refusèrent : ayant toujours été partisans d'un régime parlementaire, ils le restèrent. Tout au plus acceptèrent-ils un contre-projet prévoyant un gouvernement par législature, avec dissolution plus ou moins automatique de l'Assemblée en cas de crise, auquel les radicaux donnèrent leur accord, mais, non le MRP qui, à tout prendre, préférait un régime présidentiel. De Gaulle sut donc que, comme il l'avait pressenti, les partis traditionnels n'avaient pu s'entendre sur un même projet, mais il dut bien constater que tous lui seraient hostiles.

On l'a vu, tout se passa comme si une sorte d'unanimité se formait contre lui[3]. Tous les partis traditionnels, de l'extrême gauche à l'extrême droite, firent bloc en faveur du non, relayés par la plupart des syndicats et la plus grande partie de la presse.

C'est donc à la lumière de cette unanimité qu'il faut apprécier les résultats du référendum et des élections législatives qui suivirent. Sur 27,5 millions d'inscrits, 21,3 participèrent au scrutin, 12,8 millions votèrent « oui », soit 61,75 % des votants, et 7,9 millions votèrent « non », soit 38,25 %. Aussitôt on remarqua la chute du nombre et de la proportion des suffrages obtenus par de Gaulle à chacun des référendums : 80 % de votants en septembre 1958, 75 % en janvier 1961, 90 % en avril 1962, et, cette fois, 61 % — les pourcentages étant, par rapport aux inscrits, 66 %, 56 %, 64 % et 46,5 %. On en déduisit, en général, que si de Gaulle avait remporté un succès, ce n'était pas un triomphe. « Ainsi la première manche n'est-elle pas décisive », écrivit, par exemple, Georges Vedel, et, dans les états-majors des partis, on spéculait déjà sur une prochaine victoire des opposants, aux élections législatives.

C'était une analyse superficielle. L'essentiel était l'écart entre les suffrages obtenus auparavant par les partis qui avaient recommandé le « non » et le résultat du référendum. En 1958, pour le même collège électoral, ils avaient recueilli, à eux tous, des communistes à l'extrême droite, 82,5 % des votants, étant entendu qu'une fraction minoritaire des indépendants, à la suite de Valéry Giscard d'Estaing, prenne position pour le « oui ». De 82,5 % à 38 %, l'écart mesurait la perte d'audience des partis traditionnels dès lors qu'ils s'étaient opposés à de Gaulle.

Que serait cet écart, trois semaines plus tard ? Les votants, au premier tour de scrutin, le 18 novembre, ne furent que 68,75 % des inscrits.

Sur ce total, les communistes en obtenaient 21,78 %, contre 18,9 en 1958, l'extrême gauche 2,45 %, contre 1,8, les socialistes 12,65 contre 15,5, les radicaux 3,7 contre 4,7, le centre gauche 3,8 contre 3,6, le MRP, 8,9 contre 11,7, le centre national des indépendants 9 contre 13,9, le centre républicain proche de la droite classique, 0,4 contre 3, l'extrême droite 0,8 contre 3,2. Chez les partisans du « oui », l'UNR, à laquelle s'étaient agrégés le petit groupe du « Centre de la réforme républicaine » mué en « Union démocratique du travail » et qualifié de « gaulliste de gauche », recueillant 31,9 % des suffrages contre 17,5, et les républicains indépendants de Valéry Giscard d'Estaing, fraction de ceux qui portaient cette étiquette quatre ans plus tôt, 4,36 contre 6,2.

L'écart, pour de Gaulle, s'était régulièrement rétréci : de 62 % de « oui » au référendum, à 32 % pour ses partisans aux législatives, 36,5 % en y comprenant les « indépendants » qui lui étaient favorables. La coalition de tous les partis hostiles était encore très largement majoritaire. Par comparaison avec les résultats de 1958, le bond en avant des candidats gaullistes, ou proches du gaullisme politique, était spectaculaire : de 15 à 18 % des votants suivant les analyses. Le progrès était lui-même significatif. Il provenait, pour la plus grande part, du recul profond de la droite et de l'extrême droite, mais aussi du centre et du centre gauche et, dans une moindre mesure, de la gauche. En perdant près d'un quart de son électorat, en pourcentage, et les deux cinquièmes en voix, le MRP descendait au-dessous du seuil où il pouvait garder un avenir et il devait, ensuite, se disperser et se fondre en d'autres mouvements. Les radicaux, qui avaient donné sept présidents du Conseil sur quatorze sous la IVe République, ne joueraient plus qu'un rôle marginal avant d'éclater plus tard en deux fractions. Les socialistes reculaient aussi, perdant 857 000 voix, les communistes et l'extrême gauche gagnant, en revanche, 215 000 voix. A ce premier tour de scrutin, les droites traditionnelles avaient donc subi une défaite spectaculaire et les centres un recul majeur, mais, en même temps, la gauche et l'extrême gauche, des socialistes au communistes, pour la deuxième fois de suite, étaient franchement minoritaires, avec 36,88 % des votants au lieu de 37,2 %, l'apport éventuel des radicaux s'étant encore réduit. La leçon en était claire : le gaullisme électoral et politique tenait sa force à la fois de sa position maintenant prépondérante dans la mouvance de la droite classique et de sa conquête d'une partie de l'électorat de gauche et du centre gauche : s'il perdait l'un ou l'autre de ces deux acquits, il risquerait la défaite.

Son assise, dans le pays, se précisa davantage encore au second tour de scrutin. Socialistes et communistes ayant brusquement annoncé, comme on l'a vu, leurs désistements mutuels, la campagne prit un autre tour : la direction de l'UNR — désormais appelée UNR-UDT — suivant évidemment les directives de l'Elysée et du Premier ministre, fit appel au réflexe anticommuniste de la majorité de l'électorat. Le résultat fut d'abord que de très nombreux désistements eurent lieu, dont les candidats gaullistes, favorisés par le premier tour, bénéficièrent surtout, au point qu'il y eut, au second tour, 218 circonscriptions avec deux candidats seulement, et 150 avec trois ou quatre candidats : ils gagnèrent plus de la moitié des unes, près de la moitié des autres.

Plusieurs leçons se dégageaient de cet automne électoral de 1962. Pour gagner au premier tour de scrutin, le gaullisme politique devait attirer une fraction notable de l'électorat traditionnel de la gauche ou même de l'extrême gauche. Pour gagner, au second tour, il devait recevoir l'apport de la plus grande partie des électeurs demeurés attachés aux candidats de droite ou du centre droit. Mais, de toute façon, si de Gaulle l'avait emporté aux quatre référendums, le gaullisme politique n'était pas majoritaire aux élections législatives. Pour lui, cet écart était un avertissement et un danger. Il signifiait d'abord que, pour diriger le pays, tout chef de l'Etat qu'il fût, il aurait bel et bien besoin d'une majorité parlementaire, faute de quoi, comme sous la première législature, il devrait aller d'affrontement en affrontement avec le Parlement avant que le gouvernement ne soit finalement renversé, et courir alors le risque d'une dissolution et de nouvelles élections : bref, il ne pouvait pas se désintéresser des compétitions entre partis, et ses successeurs encore moins. Et le danger, pour lui, était que ses partisans soient minoritaires, soit qu'ils perdent leur électorat de gauche, soit que leur électorat de droite se réduise, soit que toutes les oppositions, de droite comme de gauche parviennent à s'additionner et soient alors majoritaires. En attendant, l'avance de l'UNR-UDT, au premier tour de scrutin et les désistements du second tour avaient donné à de Gaulle une majorité de 267 députés : UNR-UDT ou républicains indépendants.

Pour l'avenir, tous les risques subsistaient. Et, ces risques, de Gaulle allait les affronter, ayant à ses côtés, l'homme qu'il avait choisi pour succéder à Michel Debré et nommé Premier ministre dès avril 1962 : Georges Pompidou. Impossible d'évoquer l'histoire des sept années suivantes sans s'interroger sur ce choix. De Gaulle en a tracé, dans ses *Mémoires d'espoir,* un portrait dont on sent qu'il en a soigneusement ciselé chaque tournure, au point que dans toute son œuvre écrite et parlée, il ressort comme un morceau d'anthologie :

> Georges Pompidou m'a paru capable et digne de mener l'affaire à mes côtés [...]. Bien que son intelligence et sa culture le mettent à la hauteur de toutes les idées, il est porté, par nature, à considérer surtout le côté pratique des choses. Tout en révérant l'éclat dans l'action, le risque dans l'entreprise, l'audace dans l'autorité, il incline vers les attitudes prudentes et les démarches réservées, excellant d'ailleurs dans chaque cas à en embrasser les données et à en dégager une issue... Couvert par le haut et étayé par le bas, mais en outre confiant en lui-même à travers sa circonspection, il se saisit des problèmes en usant, suivant l'occasion, de la faculté de comprendre et de la tendance à douter, du talent d'exposer et du goût de se taire... Tel que je suis et tel qu'il est, j'ai mis Pompidou en fonction...

Mais si tout est dit sur l'homme, bien mieux que nul ne le fera par la suite, rien, ici, n'explique ce choix. L'essentiel tient, d'abord, semble-t-il, à ce que Georges Pompidou n'était pas. Il n'était pas l'homme d'un parti. Il n'avait pas été l'un des dirigeants du RPF tandis qu'il était alors, pour de Gaulle, l'un de ses collaborateurs les plus proches, même l'un des plus intimes. Il n'avait pas appartenu à sa hiérarchie, il n'en avait pas la carte — alors qu'il eut celle de « membre de droit » du Comité central de l'UDR, et je me souviens encore de sa mimique admirative quand on lui remit la petite carte en plastique, à la place de celle en carton qui était d'usage jusque-là... Il n'avait été ni candidat ni élu à aucun mandat. Il ne devait pas davantage sa carrière à quelque promotion administrative. Il n'avait pas été mêlé aux luttes de partis et n'appartenait à aucun clan. Il n'était marqué par aucun milieu du fait même qu'il en fréquentait plusieurs : l'université et les affaires, la littérature et la politique, la vie parisienne et la fonction publique. Il n'avait pas de grande fortune, mais ne dépendait pas, pour son genre de vie, des avantages du pouvoir : c'était donc, avant tout, un homme indépendant. Et dans la vie publique, il n'avait eu qu'un seul passé : il avait servi de Gaulle. Il n'avait pas appartenu à la Résistance française et beaucoup, très souvent, devaient s'étonner que de Gaulle, le sachant, l'ait préféré à tant de ses compagnons, mais René Brouillet, assistant de Georges Bidault, président du Conseil national de la Résistance, que de Gaulle venait de nommer directeur adjoint de son cabinet, se porta garant de son hostilité constante et sans faille envers l'ennemi et Vichy : Georges Pompidou se désolait souvent de ce que Brouillet, connaissant ses sentiments, ne l'ait pas recruté sous l'occupation. Moyennant quoi, il servit de Gaulle à son cabinet, au temps du gouvernement provisoire, puis à l'époque du RPF, puis à la direction de la Fondation Anne de Gaulle pour les enfants handicapés, puis dans les négociations avec les éditeurs pour la publication des *Mémoires de guerre*, et enfin comme très efficace directeur de son cabinet après son retour au pouvoir. Après quoi, bien que membre du Conseil constitutionnel, il revint à sa vie privée et professionnelle, refusant plus tard d'être ministre des Finances. Bref, il n'avait servi que de Gaulle et l'avait toujours servi directement sans faire partie d'un comité, sans dépendre d'un échelon intermédiaire, et sans, non plus, dépendre exclusivement de lui, comme s'il avait été son secrétaire, son porte-parole ou son aide de camp.

Cette indépendance, accompagnant sa fidélité, était son originalité. Mais il en avait une autre : à quarante ans, il avait délibérément changé de vie. On a souvent remarqué ce qu'avait d'exemplaire son parcours dans la société française de la IIIe République. Fils d'un couple d'instituteurs — mais avec des rapports difficiles avec son père, trop autoritaire et trop exigeant — normalien, agrégé, professeur — certains témoignages permettent de penser que l'enseignement l'ennuya — approchant du pouvoir par des fonctions modestes au cabinet du chef du gouvernement provisoire et se faisant admettre au Conseil d'Etat, il changea tout à coup et radicalement de voie : par l'entremise de René Fillon, trésorier du RPF, il entra à la banque Rothschild. C'était un choix significatif : il pensa, au rebours des idées reçues dans son milieu d'origine, scolaire et universitaire, que c'est au cœur de la vie économique qu'on pouvait trouver le plus d'intérêt et peut-être le plus d'influence, et que l'économie, en tout cas, était l'une des dimensions principales du monde. Ce qui aurait pu l'éloigner de la vie publique l'en rapprocha, au contraire : de Gaulle, dans l'idée qu'il se faisait des fonctions du Premier ministre, ne l'aurait jamais choisi s'il n'avait été sûr qu'il était préparé à la gestion économique du pays.

Dans cette carrière, à la fois classique et très singulière, sa fascination pour de Gaulle apparut un jour et ne le quitta plus. Celui-ci l'a compris et l'a traduit bien mieux que Georges Pompidou — peut-être par pudeur — ne l'a jamais fait lui-même — « révérant l'éclat dans l'action, le risque dans l'entreprise, l'audace dans l'autorité » — et c'est bien là le fonds, le tréfonds des liens qui les unissaient, à condition de ne pas oublier la qualité première que de Gaulle lui trouvait et qui, sûrement, décida de son choix : l'intelligence.

Voici donc de Gaulle vainqueur de la coalition de tous les partis traditionnels. Il est assuré de son pouvoir jusqu'au terme de son mandat, à la fin de 1965. Il dispose d'une majorité parlementaire qui va lui laisser les mains libres pour mener la politique étrangère et militaire qu'il veut. La continuité de l'action du gouvernement, avec à sa tête le Premier ministre qu'il a choisi, est garantie. Ses adversaires, à l'extérieur, doivent se résigner : il est au pouvoir pour longtemps et, s'il n'est pas assassiné, ils ne pourront pas l'empêcher d'agir. C'est peut-être, dans sa vie, le moment où il a disposé de la plus grande liberté d'action.

A distance, ces années 1963, 1964, 1965 apparaissent, à la lumière des faits et des chiffres, comme celles d'une remarquable expansion économique, d'un enrichissement général, d'une percée exemplaire vers la modernité. Mais l'enjeu était aussi, comme on l'a dit, d'accroître l'assise politique et sociale sur laquelle de Gaulle pouvait compter, ou de la voir se réduire, comme une rigoureuse analyse de l'automne électoral de 1962 le faisait craindre. L'euphorie des succès remportés dissimula probablement les difficultés à surmonter. En tout cas, on allait s'y heurter presque aussitôt.

La grève des mineurs fut la première alerte. On en a vu les données économiques. Mais sa gestion par le gouvernement révéla une véritable absence de sensibilité politique. Réquisitionner les mineurs alors que leur grève était entourée d'une sympathie générale — comme toujours pour cette corporation exceptionnellement populaire — était une erreur. En faire signer le décret par de Gaulle — et alors qu'il était à Colombey... — était une faute. On a vu que la grève se prolongea vainement huit jours de trop et qu'en sens inverse les décisions prises pour la production future de charbon ne tenaient pas assez compte de son coût trop élevé. Mais c'est l'effet politique qui en fut détestable, même si l'on put croire qu'il s'était vite effacé, et si de Gaulle, en général, ne fut pas mis en cause lui-même. Alors qu'il avait si souvent stigmatisé les notables, les hiérarques, les élites, les académiciens et les salons, et qu'il croyait ressentir, par contraste, l'appui profond du peuple, il voyait son propre gouvernement, ses ministres, ses fonctionnaires et même beaucoup de ses partisans, dénués de cette sensibilité sans laquelle, ils risquaient de le priver du soutien populaire. Et ce risque persista jusqu'au jour où il lui sera fatal.

Le plan de stabilisation eut le même effet politique, mais plus longtemps. On a vu qu'en réalité il s'accompagna d'une hausse sensible du niveau de vie, d'une amélioration incontestable des conditions d'existence, y compris, et peut-être même davantage, pour les catégories sociales les plus modestes. C'était aussi une tentative de résistance à l'inflation, relativement efficace, mais dont les méthodes étaient critiquables et les résultats précaires. Le sentiment général fut, pourtant, celui d'une certaine austérité, brisant les aspirations sociales, freinant les progrès, imposant la rigueur. Sans doute est-ce toujours le cas, quoi qu'on fasse, tant la volonté de mieux-vivre est pressante, en ce siècle, et constamment insatisfaite, et l'on a vu qu'il était probablement possible de laisser plus de marge au progrès du pouvoir d'achat. Peut-être y eut-il ici un « effet de seuil » : en deçà, l'insatisfaction prévaut, suscitant amertume et revendications, au-delà un accord général se fait plus facilement. Au total, on se tint trop près du seuil : le bilan matériel était bon, le bilan politique nettement moins.

Bon ou mauvais, le peuple français allait en être juge le jour de l'élection présidentielle. Personne ne pouvait douter que ce serait l'acte majeur dans la vie politique du pays. De Gaulle avait contribué lui-même à en convaincre l'opinion en faisant du président le personnage central des institutions et la source — elle-même issue du peuple — de tous les pouvoirs : il l'avait dit dans sa conférence de presse du 31 janvier 1964, proclamant sans ambages qu'il

> doit être évidemment entendu que l'autorité indivisible de l'Etat est confiée tout entière au président par le peuple qui l'a élu, qu'il n'en existe aucune autre, ni ministérielle, ni civile, ni militaire, ni judiciaire, qui ne soit conférée et maintenue par lui.

Présentation caricaturale et presque provocante de la Constitution, qui souleva des polémiques, mais qui, dans son contexte, ne remettait pas en cause les institutions, et ne suscita dans le pays, aucune réaction tant on était habitué à voir en lui le vrai chef de l'exécutif.

Une question dominait toutes les autres : serait-il candidat en décembre 1965 ? Il était légitime de s'interroger : il avait alors soixante-quinze ans. Et il s'interrogeait lui-même. Sa passion pour l'action, sa volonté farouche de donner à la France un nouveau rôle universel alors qu'elle n'avait plus d'empire, son désir manifeste d'affronter les adversaires multiples qui, surtout à l'extérieur, détestaient sa politique, le poussaient irrésistiblement à vouloir rester au pouvoir. Un seul obstacle, en réalité, pouvait l'en détourner : sa santé. Justement, en février, un mois après la conférence de presse où il exaltait la fonction présidentielle, il fut prévenu par le docteur Aboulker qu'il faudrait l'opérer de la prostate. Il n'y avait pas d'urgence : elle n'était pas cancéreuse. Comme il devait se rendre au Mexique en mars, on lui mit une sonde dans la vessie, et la plus rigoureuse discrétion fut observée. Le 16 avril, il adressait encore un message au pays. Et le soir il entrait à l'hôpital Cochin pour être opéré le lendemain.

Une faille — ce n'était pas la première — apparut alors entre la classe politique et l'opinion publique, en général. Dans l'une, on déplora le secret de toute l'affaire, on spécula sur la suite, et des commentateurs affirmèrent que le régime, désormais, n'était plus le même[4]. Dans l'autre, semble-t-il, on fut sensible au courage d'un vieil homme qui n'avait pas cessé de travailler, en sachant qu'il allait passer entre les mains des chirurgiens. En réalité, de Gaulle savait que ce serait une opération bénigne, même s'il avait, par précaution et en pensant à son âge, laissé ses instructions au secrétaire général de la présidence, Etienne Burin des Roziers — « A n'ouvrir qu'après ma mort », écrivit-il. La question de sa candidature restait donc posée, après comme avant.

Rien de plus normal que de Gaulle ait alors voulu que Pompidou se prépare à être son successeur. Il savait mieux que personne que sur l'échiquier politique français, c'était, de loin, celui qui avait les plus grandes chances d'être élu. Et il ne pouvait naturellement pas être sûr de l'état dans lequel il serait à la fin de 1965. C'est ce qu'il avait en tête quand au « Comment allez-vous ? » d'un journaliste, il répondit : « Je ne vais pas mal, mais rassurez-vous, je ne manquerai pas de mourir un jour. » Il fallait donc ménager l'avenir. Mais, en dépit d'inévitables spéculations, il ne fit ni ne dit rien qui laissait prévoir sa décision, car il n'y avait qu'une seule raison qui pouvait l'empêcher d'être candidat : ce qu'il était, ce qu'il pensait, ce qu'il sentait lui-même.

Un sondage, fin juin, donna enfin une indication — hypothétique mais chiffrée — sur les chances des candidats : de Gaulle aurait 50 % des voix, un communiste 10 %, un centriste ou un socialiste 29 % ; ou bien Pompidou en aurait 29 %, un communiste 11 % et un centriste ou un socialiste 30 %[5]. De Gaulle a-t-il pris ce sondage au sérieux, qui, avant même toute campagne, laissait prévoir un ballottage possible ou probable ? En tout cas, il réunit le 29 juin, à l'Elysée, Georges Pompidou, Michel Debré, André Malraux, Gaston Palewski et Etienne Burin des Roziers. Les avis furent unanimes : il fallait qu'il se représente pour poursuivre sa tâche[6]. Georges Pompidou tint, devant lui, à peser le pour et le contre : si, après son retrait, en mai 1969, de Gaulle dit à son aide de camp, François Flohic, que Pompidou l'avait plutôt « dissuadé de se représenter », ce devait être dans un moment d'amertume, car celui qui aurait été candidat à sa place ne pouvait, décemment, lui tenir ce langage, et on peut croire, au contraire, que l'analyse rationnelle de sa candidature lui a paru la plus crédible. A-t-il été influencé, les jours suivants, par la crise de la « chaise vide » qui commençait à Bruxelles ? On peut en douter : il savait mieux que personne que les crises sont la matière même des relations internationales, et déjà décidé à rompre avec l'Organisation militaire atlantique, il en prévoyait bien d'autres. En fait, sa décision était déjà prise même si, probablement à tort, il voulut l'annoncer le plus tard possible, n'ayant mis dans la confidence que Pompidou, Peyrefitte et Burin des Roziers.

Le 4 novembre, à 20 heures, il annonça donc sa candidature.

> Aujourd'hui, je crois devoir me tenir prêt à poursuivre ma tâche, mesurant en connaissance de cause de quel effort il s'agit, mais convaincu qu'actuellement c'est le mieux pour servir la France. Que l'adhésion franche et massive des citoyens m'engage à rester en fonction, l'avenir de la République nouvelle sera décidément assuré. Sinon personne ne peut douter qu'elle s'écroulera aussitôt et que la France devra subir — mais cette fois sans recours possible — une confusion de l'Etat plus désastreuse encore que celle qu'elle connut autrefois.

La réaction de ses adversaires fut immédiate : ils l'accusèrent aussitôt d'exercer sur le pays une sorte de chantage résumé par le dilemme : « moi ou le chaos ». Jean Lecanuet, déjà candidat, donna le ton de cette première phase de la campagne : « Un président de la République, déclare-t-il, n'a pas le droit de dire qu'en dehors de lui le régime s'arrête et la France renonce. » Sans doute une assez large majorité de Français pensait-elle, comme de Gaulle le lui rappelait, que les partis prépondérants de la IVe République avaient mal gouverné, mais le redire encore, sept ans plus tard, passa sûrement, chez beaucoup d'entre eux, pour un procédé déjà trop employé : de Gaulle y vit une raison de plus pour ne pas utiliser entièrement le temps de parole dont il disposait à la télévision, et pour se limiter à une ou deux interventions en fin de campagne, malgré les objurgations de Pompidou, de Chaban-Delmas et de plusieurs de ses ministres. Il leur répondit qu'il était assez connu des Français pour n'avoir pas à se montrer plus qu'il n'était nécessaire. De toute façon, il voulait parler peu : comme il le dit alors à plusieurs interlocuteurs, il pensait que, pour donner le caractère qui convenait au nouveau mode de choix d'un président, mieux valait une campagne courte et sobre.

Les sondages l'ont-ils trompé et ont-ils aussi trompé ses ministres et ses conseillers ? Le fait est qu'on parut oublier qu'au mois de juin, ils ne le créditaient que de 50 % des intentions de vote, et qu'on se tranquillisa trop vite quand ils en indiquèrent 70 % en octobre — bientôt ramené à 66 % en novembre. Ces chiffres s'expliquaient : au tout début de cette campagne, ses adversaires étaient, ou très peu connus comme Jean Lecanuet, pour les centristes venus du MRP et de la droite classique, et Pierre Marcilhacy, pour les modérés nostalgiques du parlementarisme traditionnel, ou controversés comme François Mitterrand, pour l'ensemble de la gauche, et Jean-Louis Tixier-Vignancour pour l'extrême droite. De tous côtés, en réalité, les analystes, ne pouvant s'appuyer sur aucune référence, flottaient : la France, au fond, faisait son premier apprentissage de l'élection présidentielle au suffrage universel, qui allait transformer sa vie publique pour tout le dernier tiers du siècle.

De là, aussi, pour de Gaulle et ses partisans, les quatre erreurs de cette première campagne. Une erreur sur la gauche : après l'échec des tentatives de formation, autour de Gaston Defferre, d'une « grande fédération » groupant MRP, radicaux et socialistes, François Mitterrand avait obtenu que les socialistes appuient sa candidature et que les communistes ne présentent pas de candidat contre lui, et l'on crut alors, mais à tort, que ce soutien communiste lui serait un lourd handicap, sans voir que c'est chez les notables, dans la presse, chez les cadres dirigeants des organisations politiques et chez beaucoup d'intellectuels qu'existait une obsession anticommuniste et nullement — ou beaucoup moins — dans l'opinion populaire. Une erreur sur la droite : on minimisa la violence des oppositions accumulées depuis le temps de Vichy jusqu'à la tragédie algérienne, auxquelles s'ajoutaient maintenant les partisans les plus intransigeants de l'intégration atlantique et européenne, alors que ces oppositions très anciennes ou très récentes pourraient se répartir entre Jean-Louis Tixier-Vignancour, Pierre Marcilhacy et, surtout, Jean Lecanuet. Une erreur sur la conjugaison des opposants : de Gaulle, semble-t-il, ne cessa de croire, et ses partisans ne cessèrent de dire, que leurs adversaires, en désaccord sur tout, allaient se déchirer et se contredire, montrant par là leur impuissance à s'accorder et donc, éventuellement, à gouverner, alors que tous comprirent qu'ils ne devaient viser qu'une seule cible, de Gaulle, et que tous firent converger leurs attaques contre lui. Une erreur, enfin, sur la nature du scrutin : c'était une élection, non un référendum, et les familles politiques traditionnelles pouvaient s'exprimer à travers toute une gamme de candidats au lieu de se prononcer pour ou contre une seule question transcendant les frontières entre partis.

Autant d'erreurs qui conduisirent naturellement à des surprises. Dirigée par des hommes de grande qualité mais avec beaucoup trop de rigidité, la télévision, qui se réduisait alors à une seule chaîne propriété de l'Etat, n'accordait en général qu'une place limitée aux critiques de l'opposition : elles déferlèrent d'un seul coup, formulées avec talent par tous les candidats opposés à de Gaulle, et, pour l'opinion, ce fut un choc. Loin de se contredire, ils convergèrent. François Mitterrand ne fit aucune référence au socialisme et ne suggéra aucune nationalisation si ce n'est celle... des instituts de sondage. Les frustrations légitimes de toutes les catégories sociales trouvèrent leur place dans la campagne de tous les candidats. Et ce fut même l'occasion où l'on évoqua publiquement, et avec un grand retentissement, les retards de la France — ou ceux de sa législation — sur l'état réel de la société, quand François Mitterrand parla de la contraception, qui n'était pas encore légale. De Gaulle, en se taisant d'abord, puis en critiquant durement ses adversaires le 30 novembre et lançant un dernier appel aux Français, le 3 décembre, ne pouvait effacer ni les erreurs, ni les chocs, ni les surprises de cette campagne.

Dès lors, le résultat de l'élection du 5 décembre, était prévisible. Le ballottage, pourtant, fit sensation. De Gaulle avait eu 44 % des suffrages, Mitterrand 32 %, Lecanuet 16 %, Tixier-Vignancour 5 %, Marcilhacy et Barbu plus de 1 % chacun. Le scrutin donnait l'exacte mesure de l'assise politique sur laquelle de Gaulle pouvait compter, dès lors qu'il avait en face de lui des candidats représentant les forces politiques traditionnelles. Mais, cependant, la plupart des commentateurs se trompèrent dans leur analyse. Aux élections législatives de novembre 1962, les candidats des partis qui venaient de soutenir François Mitterrand avaient obtenu près de 45 % des voix — dont, il est vrai, 7,7 pour les radicaux et le centre gauche dont quelques dirigeants préférèrent Jean Lecanuet — de sorte que François Goguel, dans ses études électorales, les réduisit plutôt à 40,5 %[7]. L'ensemble des partis de droite et du centre droit avait eu près de 22 % des suffrages — dont une fraction, celle des républicains indépendants, resterait alliée des gaullistes. Ces chiffres éclairaient le sens des résultats du premier tour de l'élection présidentielle. En tenant compte, naturellement, d'une participation électorale très forte — il n'y eut que 15 % d'abstentions — il apparaît que Jean Lecanuet avait eu, à très peu près, les voix de la droite et du centre droit. Au contraire, il manquait à François Mitterrand un quart environ, des électeurs de gauche et d'extrême gauche. Sur ce point, les chiffres absolus, et non plus les pourcentages, sont tout aussi démonstratifs. Le 2 janvier 1956, date des dernières élections législatives de la IVe République, les communistes et le « Front républicain » comprenant les socialistes, les radicaux et UDSR — et même une fraction des gaullistes — avaient eu 11 150 000 voix sur 21 500 000 suffrages exprimés. En novembre 1958, ils n'en avaient plus que 8 870 000 sur 21 240 000, et, en novembre 1962, 8 160 000 sur 18 330 000. Leur recul était donc de 2 280 000 voix en 1958 et de près de 3 000 000 en 1962. Une analyse détaillée des votes montrait déjà qu'une partie de l'électorat de gauche et d'extrême gauche s'était abstenue, mais aussi qu'une fraction notable — avant tout dans la région parisienne et le Nord — avait voté pour les candidats gaullistes après avoir voté « oui » au référendum. Le

5 décembre 1965, François Mitterrand avait recueilli 7 700 000 voix, moins que les partis qui le soutenaient n'en avaient eu à toutes les élections générales depuis 1945, et, de leur côté, les trois candidats du centre droit, de la droite et de l'extrême droite en avaient eu, 5 500 000, au lieu de 3 700 000 pour leurs partis en novembre 1962, soit un gain de 1 800 000 voix. Il en ressortait bien que c'est à droite que de Gaulle — avec 10 500 000 voix — avait perdu en partie ce qu'il avait eu au référendum d'octobre 1962 et qu'au contraire il avait gardé ou retrouvé les voix d'une fraction de l'électorat de gauche et d'extrême gauche. Mais il fallait remarquer aussi qu'avec 45 % des suffrages exprimés, il avait encore une assise politique beaucoup plus large que ses partisans qui n'en avaient eu que 32 % en novembre 1962 — auxquels il fallait sans doute ajouter une partie du vote des 5 % de suffrages qualifiés d'« indépendants » par les statistiques officielles. Ce décalage était important : mais, surtout, il révélait combien il serait difficile au gaullisme de donner à de Gaulle une majorité parlementaire, et, à terme, de lui survivre.

Que de Gaulle ait profondément ressenti sa mise en ballottage, rien de plus naturel : il dut constater qu'il n'avait pas le soutien massif du peuple français. Et rien de plus normal qu'il ait exprimé son amertume aux premiers interlocuteurs qui l'appelèrent au téléphone dans la soirée du 5 décembre : Etienne Burin des Roziers d'abord, Georges Pompidou, Louis Joxe et Alain Peyrefitte ensuite. Il n'était porté, ce soir-là, ni à la complaisance envers soi-même, ni à quelque optimisme de commande. Mais on peut croire qu'au fond, jamais, il n'envisagea sérieusement d'abandonner la partie. Connaissant bien la géographie et la sociologie électorales de la France, voyant ses analyses confirmées par une note de François Goguel, le plus grand spécialiste de l'histoire des élections françaises, qui attirait son attention sur l'importance de l'électorat de gauche qu'il avait gardé — de 2,7 à 3 millions de suffrages suivant une étude publiée plus tard — il savait parfaitement qu'il avait les meilleures chances de gagner[8]. Mais l'essentiel est qu'en se retirant, il aurait laissé le champ libre à Mitterrand et Lecanuet, et probablement permis à ce dernier d'être élu : pour ce qui était, à ses yeux, le combat suprême de toute sa vie, c'est-à-dire pour l'indépendance de la France, le succès d'un homme qui se faisait le champion de l'intégration atlantique et européenne eût été une défaite inacceptable. Rien ne pouvait donc le détourner de poursuivre la lutte.

Il ne fit pas d'erreur. Pour commencer, il écarta sans hésitation les suggestions de ceux qui lui conseillèrent, suivant certains témoignages, de dénoncer en Mitterrand l'artisan d'un nouveau « Front populaire », et il vit clairement qu'en faisant du dernier tour de l'élection un affrontement entre droite et gauche il ferait exactement ce que souhaitait son adversaire. De même permit-il que la plus grande réunion publique de la campagne ne soit pas encombrée de ministres : on y entendit André

Malraux, François Mauriac, Maurice Schumann, Germaine Tillon, ancienne déportée, ethnologue qui avait fait des montagnards du Constantinois sa spécialité et qui fit sur l'Algérie l'analyse la plus lucide et la plus généreuse... Enfin il accepta d'être interviewé à la télévision. C'est peu dire qu'il ne s'y résigna pas de gaieté de cœur. Toute sa vie il avait voulu maintenir une certaine distance entre l'homme qu'il était et le personnage qu'il montrait. Dans un certain étalage des sentiments il ne voyait que démagogie et vulgarité au lieu que, pour un homme d'Etat, il fallait dignité et sobriété. S'il consentit à ce qui, pour lui, était beaucoup plus qu'un changement de style — une autre manière de s'exprimer et de se comporter — c'est, au fond, qu'il avait tiré l'exacte leçon du vote du 5 décembre : la majorité des Français ne l'avaient pas compris, et il devait donc trouver d'autres moyens de faire comprendre ce qu'il était et ce qu'il voulait. S'il n'en avait été, lui-même convaincu, il n'aurait pas aussi vite accepté la suggestion que lui firent le chef de son service de presse, Gilbert Perol, Alain Peyrefitte et surtout Maurice Schumann qui, à ses yeux, restait toujours, depuis 1940, l'homme qui savait le mieux « parler aux Français [9] ».

Michel Droit fut celui qui, par le ton et le fond de ses questions, contribua le plus à faire d'un choix difficile une extraordinaire réussite. De Gaulle, en trois émissions de télévision, se révéla tel qu'il était, passionné, truculent, sarcastique, familier, aimant discuter, acharné à convaincre, émouvant, indigné, lutteur... Et personne, jamais, n'oublia plus la scène où il décrivit les partisans de l'intégration et de la supranationalité

> sautant sur [leur] chaise comme un cabri en disant : l'Europe ! l'Europe ! l'Europe !

en sautant lui-même sur son fauteuil... Michel Droit qui a mérité ainsi d'entrer lui-même, par cette porte inattendue, dans l'histoire politique et électorale de la France, a rapporté qu'il a quand même fallu enlever quelques mots du texte enregistré :

> Il y a ceux, les enfants de cœur qui ont bu le vin des burettes, qui crient en faveur de l'Europe supranationale,

attaque trop directe et indiscutablement polémique contre l'ancien MRP, que l'on cherchait pourtant à rallier, et « je ne resterai pas longtemps, mais quoi qu'il arrive, j'aurai accompli mon destin », qui aurait pu ébranler la confiance de ceux qui allaient voter pour lui [10]...

Le 19 décembre, de Gaulle obtint donc un peu moins de 55 % des suffrages, François Mitterrand un peu plus de 45 %. Tixier-Vignancour, Marcilhacy et, non sans réserves, Barbu, avaient demandé de voter pour Mitterrand. Lecanuet avait appelé à voter pour l'Europe et l'Alliance atlantique, ce qui voulait dire, dans sa bouche, contre de Gaulle. Mitterrand, malgré le renfort des voix d'extrême droite et d'une fraction du centre droit, n'avait la majorité que dans son département, la Nièvre, dans quelques autres, tous dans le Midi, et dans la banlieue parisienne où l'écart en sa faveur dépassait à peine 2 %. De Gaulle avait recueilli près des deux tiers des voix qui s'étaient portées sur Lecanuet, mais surtout dans les villes : les agriculteurs, inquiets de sa politique européenne, restèrent souvent hostiles. Il était donc réélu, mais, cette fois, par le suffrage universel.

Tous comptes faits, les péripéties de l'élection ont caché l'essentiel. La France venait de prendre un tournant qui annonçait toute son histoire politique jusqu'à la fin du siècle, et peut-être bien au-delà. Il était fini pour toujours le temps où de Gaulle se voyait constamment accusé d'être une sorte de dictateur camouflé, d'exercer un « pouvoir personnel » qui n'avait de républicain que le nom, d'être l'auteur, suivant le titre devenu célèbre d'un livre de François Mitterrand, d'un « coup d'Etat permanent ». Et il était loin, désormais, le temps où l'on discutait, comme trois ans auparavant, des mérites et des inconvénients de l'élection du président au suffrage universel. La Constitution de la Ve République venait de s'enraciner, d'un coup. Que les Français se soient enflammés pour cette élection venait de lui conférer une légitimité définitive. Les moindres épisodes les avaient passionnés ; entendre et voir les candidats à la télévision les avait fascinés ; le résultat du premier tour les avait stupéfiés, qu'ils aient été enthousiasmés ou déprimés ; découvrir un de Gaulle qu'ils ne connaissaient pas, entre les deux tours, les avaient impressionnés, et en votant pour lui en majorité, ils l'avaient consacré. Cette expérience, radicalement nouvelle, venait d'introduire un changement d'une importance inégalée dans l'histoire républicaine : désormais les Français savaient que l'élection présidentielle serait l'acte majeur de la vie publique en France.

Bien au-delà de l'amertume éprouvée, c'était pour de Gaulle une étrange mais indiscutable victoire. Il avait voulu donner de nouvelles institutions au pays : les Français venaient de prouver qu'ils les adoptaient. Il avait dû en payer le prix : être un candidat comme les autres, subir les effets de la campagne de ses concurrents, être mis à égalité avec eux dans les règles imposées à tous les candidats, voir les intentions de vote, dans les sondages, baisser ou monter, être mis en ballottage, jouer à fond de tous les ressorts de la télévision pour convaincre les électeurs, et, pour finir, être élu avec 55 % des voix : moins bien que Pompidou en 1969 — mais les communistes s'étaient abstenus — mieux que Giscard en 1974 et que Mitterrand en 1981, moins bien que Mitterrand en 1988, un peu mieux que Chirac en 1995... Oui, le prix à payer avait été lourd pour de Gaulle et, d'une certaine façon, pour son personnage historique. Mais son œuvre, cette fois, était pérennisée. Peu importe que l'on ait dit ou pensé que la Constitution était faite pour lui : elle était faite maintenant pour tous ses successeurs — bien plus, en réalité, que pour lui à qui son passé avait permis d'exercer, d'abord, ses pouvoirs sans l'onction du suffrage universel. A l'histoire de la République, en ce siècle, il avait apporté, décidément, une marque sans pareil.

En ces derniers jours de 1965, après les secousses et mésaventures de la campagne, il devait, pourtant, reprendre la tâche interrompue. Et d'abord tenir compte des leçons de l'élection. Changer de Premier ministre ? Changer de gouvernement ? Changer de politique ? Changer de style ? Alain Peyrefitte, Etienne Burin des Roziers, d'autres encore, ont témoigné de ses hésitations ou, du moins, de ses interrogations. En politique, les hommes sont des symboles et, si l'on pouvait croire que beaucoup de Français étaient insatisfaits de la gestion économique du pays ou, plutôt de ses retombées sociales, mieux valait, sans doute, en changer le symbole. Etait-ce Georges Pompidou ou Valéry Giscard d'Estaing ? De toute façon, les deux hommes ne se supportaient plus et l'un d'eux devait changer d'emploi. Le changement du Premier ministre aurait été plus spectaculaire. Mais si, comme plusieurs témoins le rapportent, de Gaulle a pensé à Maurice Couve de Murville, Jean-Marcel Jeanneney, Michel Debré, et Edgar Faure, on comprend qu'il n'ait pas hésité longtemps. Le premier était alors absorbé tout entier dans les grandes batailles de la politique extérieure française, et n'était certes pas le mieux préparé aux prochaines épreuves électorales, et le second ne l'était pas davantage. Michel Debré, par son tempérament, son style, ses engagements passés, était le moins à même d'élargir l'assise politique et sociale dont de Gaulle avait besoin. Edgar Faure, au contraire, en aurait été le plus capable, mais, si de Gaulle appréciait son intelligence, s'il avait mesuré ses capacités dans l'affaire des relations avec la Chine, il n'avait jamais encore travaillé avec lui et n'était pas sûr que leurs vues convergent suffisamment.

Pompidou, lui, avait fait preuve, dans la tourmente de la campagne présidentielle, d'une qualité qu'il goûtait par-dessus tout : le sang-froid. Il n'avait ni perdu courage, ni perdu la tête et, dans la foule remuante et remuée du camp qui avait opté pour de Gaulle, il était apparu comme le môle le plus solide. Même si les deux hommes n'avaient pas eu la même analyse de la campagne à faire pour le second tour, leur attelage s'était révélé, somme toute, efficace. De Gaulle se souvenait aussi que Pompidou ne cessait de recommander que l'on sorte des contraintes du Plan de stabilisation, dont il n'avait pas été, dès l'origine, un partisan résolu : on pouvait donc compter qu'il donnerait une impulsion plus forte au dynamisme de l'économie française. Tout justifiait, en fin de compte, qu'il reste Premier ministre.

Valéry Giscard d'Estaing serait donc écarté : symbole de la gestion économique antérieure, son remplacement serait symbolique. Injuste aussi peut-être, car s'il avait assuré, comme ministre des Finances, la responsabilité du Plan de stabilisation, il avait, en cela, rempli la tâche que de Gaulle lui-même lui avait assignée, et il avait entrepris déjà de passer à une phase de plus forte expansion — que confirmeraient les résultats de l'année 1966. De Gaulle n'aurait pas voulu qu'il quitte le gouvernement et il lui proposa le ministère de l'Equipement. En vain : Giscard avait fait un autre choix, celui d'une carrière politique qui n'était plus compatible qu'avec de grands emplois — en attendant d'accéder au plus haut.

Mais son départ, n'était-ce pas, pour l'assise politique et sociale dont de Gaulle avait besoin, la rétrécir plutôt que l'élargir ? Bien sûr, il n'allait pas quitter la majorité et son groupe, celui des Républicains indépendants, moins encore. Mais une faille venait d'apparaître qui risquait de s'approfondir. Michel Debré, nommé ministre de l'Economie et des Finances à la demande formelle de Georges Pompidou, partageait avec celui-ci la passion de l'expansion, de l'industrialisation, de la modernisation. Mais au total, et malgré la nomination d'Edgar Faure au ministère de l'Agriculture, on allait avoir, au gouvernement, une équipe resserrée plutôt qu'élargie.

Pour de Gaulle, ce serait une nouvelle étape. Elle allait commencer dans l'amertume et la colère. Puis elle se prolongerait en d'audacieuses initiatives qui donneraient à son rôle dans le monde et dans le siècle toute la dimension qu'il voulait. Et sa manière de vivre et de gouverner en serait naturellement changée.

L'enlèvement de Mehdi Ben Barka le 29 octobre 1965 à Paris n'était pas, dans cette décennie, un épisode unique. Salah Ben Youssef, longtemps rival de Bourguiba, fut assassiné alors qu'il était en exil, tout comme Krim Belkacem et Mohamed Khidder, chefs historiques du FLN et opposants au régime en place à Alger : mais ils furent tués à l'étranger, en Allemagne, en Espagne, pas en France, et le moins qu'on puisse dire est que leur mort n'avait pas soulevé grande émotion dans les pays où ils furent tués. Il en fut autrement pour Mehdi Ben Barka.

C'est dans la journée du 30 octobre que sa disparition est signalée à plusieurs journaux, ainsi qu'aux ministères de l'Intérieur et des Affaires étrangères. C'était mon ami, et je dois dire que l'intérêt que j'ai porté à cette affaire n'était pas neutre. Le fait est que les fonctionnaires du ministère de l'Intérieur auxquels j'en ai parlé aussitôt eurent quelque mal, durant les premières heures, à en prendre la mesure, et j'ai dû insister pour faire comprendre de quoi et surtout de qui il s'agissait. En réalité, ils ne savaient pas vraiment qui était Mehdi Ben Barka. Ils le situaient comme l'un des dirigeants de la gauche marocaine les plus hostiles au roi, et, tout au plus, connaissaient son rôle dans la préparation de la conférence « tricontinentale » prévue à Cuba où devaient se réunir les représentants des forces politiques africaines, asiatiques et latino-américaines les plus engagées dans les dernières luttes de décolonisation et dans la contestation du rôle hégémonique des Etats-Unis.

Mais c'était aussi l'un des dirigeants marocains qui avaient été les plus actifs dans la campagne pour l'indépendance de son pays, il s'était alors acquis un exceptionnel réseau d'amitiés et de sympathies, et il était clair que sa disparition allait susciter émotion et indignation : dans le milieu politique et administratif le plus proche du gouvernement, on ne s'en est pas immédiatement rendu compte.

Mais cela n'empêcha pas — et ne saurait faire oublier — que l'enquête démarra sans tarder et qu'elle eut, sans délai, des résultats décisifs. Les services ont donc été alertés le 30 octobre. Ils se mettent en chasse le lendemain. Le surlendemain, 2 novembre, Abdelkader Ben Barka, frère de Mehdi, dépose une plainte. Le 4 novembre, l'agent d'Air France, Lopez, informateur des services français mais lié aux services marocains, et cheville ouvrière de l'enlèvement, est arrêté. Dès cette date, la genèse de l'affaire est connue. Mehdi Ben Barka, qui avait rendez-vous devant le Drugstore de Saint-Germain-des-Prés, est interpellé par deux policiers français, Souchon et Voitot, qui le prient de les suivre pour qu'ils l'emmènent à un rendez-vous important. Mehdi Ben Barka, qui n'a jamais voulu être protégé pendant qu'il séjournait en France, monte dans leur voiture : il ne reparaîtra plus. Souchon et Voitot se sont laissé convaincre, apparemment sans difficulté, par des collègues marocains et par Lopez de se prêter à ce jeu — mais sans avoir conscience de ce que signifiait leur complicité. Ils le conduisent à Fontenay-le-Vicomte, où ils le laissent dans la villa du truand Boucheseiche, qui est là avec quelques hommes de son milieu. Tout se passe dans les vingt-quatre heures suivantes. Ben Barka a-t-il été tué ? Est-il mort sous la torture ? Son corps a-t-il été dissimulé sur place ? Quoi qu'il en soit, le 30 au soir, un avion marocain repart d'Orly sans avoir été contrôlé, grâce à l'intervention de Lopez. Or, ce 30 octobre, le ministre marocain de l'Intérieur, Mohammed Oufkir, réputé pour la part qu'il prend lui-même aux interrogatoires qui l'intéressent, était à Paris. En tout cas, il est reparti aussitôt et réapparaît le 3 novembre — est-ce pour donner le change ? — à une réception offerte par son collègue français en l'honneur de stagiaires marocains.

A cette date, tout ce qui sera connu de cette affaire l'est déjà. De Gaulle en est informé. Après consultation des ministres de l'Intérieur et des Affaires étrangères, Roger Frey et Maurice Couve de Murville, on décide de faire une ultime démarche auprès du souverain marocain : il paraît impossible, en effet, que son ministre Oufkir ait agi sans son aval, ou du moins sans qu'il ait été mis au courant, et il est possible, en revanche, que Mehdi Ben Barka ait été emmené vivant au Maroc : dans ce cas, le dossier présenté au roi pourrait peut-être lui éviter le pire. S'il y avait une chance de le sauver, c'était celle-là, et ses vrais amis furent indignés qu'on ait ensuite reproché au gouvernement français d'avoir ajourné d'un jour ou deux la mise au grand jour de l'affaire. Quoi qu'il en soit, le chef de cabinet de Couve de Murville, Philippe Malaud, accompagné de l'ambassadeur à Rabat, Robert Gillet, se rendit auprès de Hassan II. En vain : le roi feignit de tout ignorer.

De Gaulle en éprouva une colère, dont le moins qu'on puisse dire est qu'elle n'était pas feinte. Lui qui avait fait du père du roi, Mohamed V, un compagnon de la Libération, fut révulsé par les procédés du fils, le double jeu de son ministre, le recours aux gangsters, la manipulation grossière de fonctionnaires ou d'agents français, le mélange d'hypocrisie et de cynisme qui marquait toute l'affaire. Sa réaction fut brutale : l'ambassadeur fut rappelé, les rapports franco-marocains gelés. Des consignes impératives furent données aux services de police pour poursuivre l'enquête jusqu'au bout : au point qu'on arrêta et inculpa un chef de service du SDECE, Leroy-Finville, trop étroitement en contact avec les services marocains, et un journaliste, Philippe Bernier, qui avait rendez-vous avec Ben Barka au moment de son enlèvement, et qui, tous deux, furent acquittés. Le directeur général du SDECE fut remplacé. Et, dans son *Journal*, Jacques Foccart rapporte que de Gaulle incriminait ministres et hauts fonctionnaires pour leur manque d'autorité et leur incapacité à contrôler et à commander leurs services [11].

> Roger Frey, lui dit-il, est marié avec sa police, il la défend mais ne la commande pas.

Et il décida de placer sous les ordres du ministre des Armées, Pierre Messmer, le SDECE, trop autonome sous la responsabilité lointaine du Premier ministre, et de confier à Léon Noël, premier président du Conseil constitutionnel, un rapport sur la réforme de la police qui devait aboutir plus tard à la fusion de la Sûreté nationale et de la Préfecture de police de Paris.

Mais ce ne fut là qu'un aspect de l'affaire Ben Barka : nullement le plus important. De toute façon elle était dans une impasse policière et judiciaire et quand Dlimi, l'adjoint d'Oufkir, vint à Paris pour se livrer, au beau milieu du procès, il fallut l'acquitter, faute de preuves. L'affaire avait pris une autre tournure que de Gaulle jugea insupportable — avec ceux qui, comme moi, avaient quelque raison d'être attachés à la mémoire de Mehdi Ben Barka. Pour le comprendre, il faut savoir que celui-ci avait une réelle admiration pour de Gaulle. Reçu par lui avant son discours du 16 septembre 1959 sur l'autodétermination de l'Algérie, il avait été fortement impressionné par l'audace de son dessein et par sa résolution à en finir avec l'affaire algérienne, par sa vision du monde et sa passion pour l'indépendance. Il m'en avait parlé et j'avais choisi de ne pas faire écho à ses propos. Mais d'autres n'eurent pas les mêmes scrupules et les déformèrent, de sorte que de Gaulle en fut irrité. Mais Ben Barka ne le sut jamais et ses sentiments envers lui demeurèrent très admiratifs. C'est ce qui rendait la campagne qui fut alors déclenchée odieuse et invraisemblable. Car, dans l'opposition, on s'acharna, littéralement, à vouloir établir la complicité ou même la culpabilité de ministres ou de hauts fonctionnaires pour atteindre à tout prix le gouvernement et l'Elysée. Durant des semaines entières, on mit en cause le directeur du cabinet de Roger Frey, Jacques Aubert, et Jacques Foccart, sans la moindre vraisemblance[12]. On fit semblant d'oublier que la politique menée par de Gaulle avait la sympathie de Ben Barka. Et, bien entendu, la presse internationale reprit toutes les accusations...

De Gaulle en fut atteint comme il le fut rarement. Le *Journal*, tenu quotidiennement par Jacques Foccart, rapporte que c'est à cette occasion qu'il qualifia cette campagne d'« absolument ignoble » et Defferre en particulier, de « pauvre type ». Dans la conférence de presse qu'il tint le 21 février 1966, il laissa transparaître ses sentiments :

> Pour cuirassé que l'on soit vis-à-vis de pareils procédés, comment en pas éprouver quelque tristesse à constater jusqu'à quel degré d'injustice la passion politicienne et la fureur des ambitions déçues ont pu faire descendre, en cette occasion, des hommes qui, en d'autres circonstances et parfois même au pouvoir, avaient montré de la valeur ?

Ce n'était que l'expression feutrée de ses sentiments réels — que d'autres éprouvaient aussi, parmi les amis de Mehdi Ben Barka. Il ne faut pas l'ignorer : une rupture morale intervint alors avec des hommes et des groupes dont il apparut qu'ils n'hésitaient pas à recourir à d'inacceptables procédés.

C'est alors, pourtant, que de Gaulle va connaître sa plus grande gloire : la rupture avec le système atlantique, le défi au dollar, la rencontre avec l'Amérique latine, la brèche ouverte, à Moscou, dans le mur des blocs, le discours de Phnom Penh, la condamnation de la guerre du Vietnam, l'appel à l'émancipation du Québec, la mise en garde contre la guerre au Proche-Orient, l'évocation de la prévisible résistance palestinienne... Ces deux années 1966, 1967 et l'année 1968 commençante, de Gaulle est obnubilé par le combat qu'il a entamé pour l'indépendance — celle de la France, celle des autres — contre les hégémonies et les blocs, un combat pour lequel ce troisième tiers du siècle lui offre, tout à coup, de nouveaux champs de bataille, à force de guerres et de crises.

Du coup, il prend du champ, se concentre sur les grands dossiers, limite ses interventions et ses audiences. Le gouvernement qu'il a mis en place, après son élection, a donc sans nul doute, plus de liberté d'action. Il a confirmé Georges Pompidou dans ses fonctions, il lui a, explicitement, donné mandat d'accélérer la croissance économique, et la modernisation du pays, ce qu'il fit avec les résultats qu'on a vus, — y compris leurs limites et leurs manques — et de gagner les élections législatives de 1967.

Pompidou s'y était préparé dès le printemps de 1966. L'UNR-UDT devint « l'UD V[e] » puis l'UDR, et absorba, en outre, de petits groupes de « gaullistes de gauche », et d'anciens républicains populaires, et on créa un « Comité d'action pour la Ve République » englobant les républicains indépendants de Valéry Giscard d'Estaing avec l'UDR. La décision fut prise, aussitôt après, de présenter un seul candidat par circonscription : on expliquait alors que ce serait le plus fort symbole de l'unité de la majorité par opposition à la division des oppositions. Celles-ci, pourtant, s'organisaient. La Fédération de la gauche démocrate et socialiste rassembla, avec la SFIO, la plupart des radicaux, l'ancienne UDSR, les clubs de gauche. Mitterrand en fut désormais le chef de file incontesté. Jean Lecanuet fonda le Centre démocrate, qui recouvrit l'espace occupé naguère par le MRP et les conservateurs ou modérés du Centre national des indépendants et paysans, c'est-à-dire l'ensemble de la droite et du centre droit, ne laissant aux marges qu'une extrême droite réduite à presque rien. Pour accentuer, pensait-on, cette simplification de la vie politique, un amendement à la loi électorale éliminait du second tour les candidats ayant obtenu moins de 10 % des électeurs inscrits : on espérait ainsi, peut-être à tort, que les suffrages d'un bon nombre de candidats du Centre démocrate ou d'autres candidats de droite, se reporteraient sur ceux de la majorité sortante, par réflexe anticommuniste. De plus, on avait décidé que les temps de parole, dans la campagne officielle à la télévision, seraient répartis à égalité entre la majorité et les partis d'opposition représentés à l'Assemblée nationale — ce qui suscita leur protestations, sans que les résultats, probablement, en aient été beaucoup affectés.

Le 5 mars, les résultats donnèrent 22,5 % des suffrages aux communistes, 2,2 % aux autres partis d'extrême gauche, 18,8 % à la Fédération de la gauche, 12,8 % au Centre démocrate et 37,8 % à la majorité sortante. C'était un très léger progrès de l'opposition de gauche mais presque tout entière en faveur des communistes, une avance d'environ deux points de la majorité, et un recul équivalent de l'opposition de droite et du centre droit, désormais appelée « centriste » par la plupart des commentateurs — bien que sa géographie électorale, à quelques exceptions près, s'apparentât clairement à celle de la droite. Au total, le gaullisme politique s'était renforcé au centre ou sur sa droite, mais il continuait à garder une fraction de l'électorat traditionnel de la gauche, puisque celle-ci, avec 43,5 % des suffrages, restait sensiblement au-dessous de ses scores de la IVe République. Mais en même temps, il demeurait, une fois de plus, loin derrière l'audience qu'avait eue de Gaulle. En tout cas, on pouvait escompter un second tour analogue à celui des élections législatives de novembre 1962.

Ce ne fut pas le cas. Il apparut qu'un bon nombre d'électeurs traditionnels de la droite et du centre droit avaient voté, dès le premier tour de scrutin, pour les candidats de la majorité sortante, mais, au contraire, que, parmi ceux du centre démocrate, une forte proportion, un quart environ — soit environ un million de voix — avait voté pour Tixier-Vignancour quinze mois plus tôt. Cette extrême droite fit échec, dans de nombreuses circonscriptions, aux candidats gaullistes votant systématiquement pour leurs adversaires. D'autres, souvent, s'abstinrent, surtout quand les candidats de la gauche étaient communistes — d'autant que les commentaires sur le premier tour laissaient prévoir, avec trop d'assurance, une victoire facile de la majorité. Il est clair qu'entre celle-ci et la droite traditionnelle, voire même en partie, le centre droit, un mur s'élevait : à l'héritage de Vichy et de l'Algérie française s'ajoutait maintenant l'hostilité vigilante des partisans les plus fervents de l'intégration atlantique et européenne.

Le résultat fut que la majorité sortante n'eut, toutes tendances confondues, que 233 députés élus en métropole contre 237 à l'opposition — 72 aux communistes, 116 à la gauche, 4 au PSU, 40 au Centre démocrate avec, de surcroît, 4 non-inscrits — et qu'elle ne resta la majorité, avec un seul siège d'avance, que grâce à l'appoint des 15 députés élus outre-mer.

Telle qu'elle était, l'Assemblée qu'on venait d'élire n'était pas appelée à durer longtemps. Elle n'offrirait au gouvernement qu'une majorité trop étroite et donc aléatoire. Mais, en attendant une dissolution qui donnerait de meilleurs résultats, de Gaulle devait tirer les leçons du scrutin. Une fois de plus, il décida que mieux valait maintenir Georges Pompidou dans ses fonctions. Il avait remarqué et apprécié sa combativité. Il avait approuvé, en particulier, qu'il ait constamment rappelé la nécessité de sauvegarder les institutions face à l'opposition, surtout à Mendès France et Mitterrand, qui contestaient les pouvoirs présidentiels, et qu'il ait délibérément situé la campagne sur ce terrain : sans prendre la mesure, suffisamment, des insatisfactions sociales, du retard des lois sur l'état de la société et l'évolution des mœurs, de l'urgence qu'il y avait à en tenir compte. Bref, de Gaulle jugea que Georges Pompidou, ayant conduit ses partisans à la bataille, serait le mieux placé pour assurer leur cohésion, veiller à leur discipline, et garder en main cette majorité très réduite mais que, dans l'immédiat, il fallait conserver.

Georges Pompidou était lui-même convaincu de la nécessité de donner un coup d'accélérateur à l'action de son gouvernement. Il avait souhaité une croissance plus forte permettant un progrès plus sensible du pouvoir d'achat, des réformes qui donneraient plus de dynamisme à l'économie, mais en assurant toujours des bases saines à son expansion. Foncièrement optimiste, il croyait que les échecs du deuxième tour étaient accidentels, que les électeurs de la majorité s'étaient laissé démobiliser par les bons résultats du premier tour, et qu'à la prochaine occasion on les retrouverait en plus grand nombre : quelques dizaines de milliers de voix suffiraient en quelques dizaines de circonscriptions pour obtenir, dans une prochaine Assemblée, une majorité bien plus large. Et sans doute avait-il raison. Mais cet optimisme, si fondé fût-il, le détourna de voir les risques qui le guettaient, lui-même, son gouvernement, les forces politiques qui le soutenaient, et qui, en définitive, menaçaient de Gaulle.

Car la leçon que Pompidou tira des déboires du second tour des élections législatives était juste mais limitée, réaliste mais à courte vue. Il avait été légitimement impressionné par le mauvais report des voix de droite et du centre droit sur les candidats de la majorité : une fraction d'entre elles, en effet, s'était réfugiée dans l'abstention ou était allée rejoindre les électeurs de gauche ou même d'extrême gauche. Georges Pompidou était obsédé par l'idée que, la prochaine fois, il faudrait absolument les récupérer, tout comme il fallait, dans l'immédiat, obtenir, à l'Assemblée, l'appui d'une partie de ces députés qualifiés de « centristes ». Chez lui, cette tactique sembla l'emporter sur tout le reste. Pourtant il était lui-même ouvert aux changements de la société, attentif aux nouveaux courants de pensée, favorable aux innovations, comme il l'était à l'art contemporain, convaincu qu'il fallait épouser son temps. Mais, il y avait en lui un scepticisme qui ne le quittait jamais. Trop intelligent pour ignorer que les réformes, si elles résolvent des problèmes, en font naître d'autres, il avait trop tendance à oublier qu'il fallait les faire, malgré tout. Et il était porté à voir davantage, chez les Français, ce qu'il y avait en eux de conservateur, prudent, traditionaliste. Du coup, il hésitait à accomplir les changements et les réformes, alors qu'il y était, humainement et intellectuellement, favorable : mais il les croyait impopulaires. Lucien Neuwirth a raconté qu'ayant facilement persuadé de Gaulle qu'il fallait légaliser l'usage de la contraception, il se heurta aux réticences de Pompidou qui ne faisait aucune objection sur le fond mais hésita indéfiniment à faire publier les décrets d'application de la nouvelle loi [13]. De même laissait-il apparaître, trop ouvertement, son hostilité à toute participation des salariés à la vie de leur entreprise, autre qu'aux bénéfices. Et je me souviens d'une réunion, autour de lui, quelques semaines avant les événements de mai 1968, où il écarta, sans le moindre examen, les remarques que je faisais sur le niveau très bas des salaires les plus modestes... Tel qu'il était, avec ses immenses qualités et ses quelques défauts, Georges Pompidou allait contribuer, sans le vouloir vraiment, à cette dérive à droite du gaullisme politique qui risquait pour celui-ci d'être mortelle.

Dans la période qui suivit les élections de mars 1967, les circonstances, d'abord, ne lui furent pas favorables et ses initiatives ne furent pas toujours heureuses. Le ralentissement et même la baisse de l'activité économique en Allemagne provoquèrent, au second semestre de l'année, un tassement de la croissance en France. En même temps, l'inflation internationale, due à la crise du dollar, rendait difficile de prendre des mesures de relance. La décision du gouvernement de procéder par ordonnances à des réformes qu'il jugeait indispensables suscita une vague de critiques, provoquant même la démission du ministre de l'Equipement, Edgard Pisani qui, au ministère de l'Agriculture, s'était fait une réputation justifiée de réformateur. Les changements apportés au fonctionnement de la Sécurité sociale, en supprimant les élections aux conseils d'administration des caisses et en s'accompagnant d'une hausse — d'ailleurs très faible — des cotisations salariales, furent jugés négatifs, même s'ils s'expliquaient par le souci d'une gestion plus rigoureuse et par la nécessité de réduire les déficits. Et les autres ordonnances, plus généreuses, par exemple pour l'agriculture, un meilleur recensement des chômeurs et l'aide à l'emploi, passèrent relativement inaperçues. Mais la partie n'était pas perdue, loin de là. Au contraire, les signes positifs s'accumulèrent : les sondages d'opinions devinrent plus favorables à la majorité, celle-ci prit le contrôle de deux nouveaux départements aux élections cantonales du printemps 1968, et la croissance reprit, à un rythme élevé.

Mais ce qu'avait espéré Pompidou — plus de soutien à droite et au centre droit — ne se produisit pas : c'est même le contraire qui advint. L'action que de Gaulle menait sur la scène du monde lui valait, justement, dans une partie de l'opinion française une hostilité grandissante, acharnée, presque obsessionnelle. Les positions qu'il prit sur le Proche-Orient, sur le Québec, durcirent encore cette hostilité : mais la raison profonde en était sa politique envers le système des blocs, l'hégémonie des Etats-Unis, la suprématie du dollar, la guerre du Vietnam, l'intégration atlantique, l'intégration européenne.

Lors du débat sur la décision de retirer la France de l'Organisation militaire atlantique, on entendit s'exprimer toutes les oppositions conjuguées par la voix de leurs dirigeants : François Mitterrand, René Pleven et Guy Mollet. Lors de la crise de la « chaise vide » à Bruxelles, le Comité directeur du parti socialiste reprocha au gouvernement de « violer sciemment le traité de Rome » ; Jean Monnet orchestra toutes les campagnes contre la politique étrangère menée par de Gaulle. Antoine Pinay, plus discrètement, y prit part. Paul Reynaud déplora qu'en « enlevant aux Allemands l'espoir d'une Europe unie », on travaille « à la renaissance du nationalisme allemand ». La quasi-totalité de la presse s'opposa, souvent avec violence, à la politique menée par de Gaulle, excepté quand il s'agit de la réconciliation franco-allemande. Son hostilité atteignit des sommets au moment de la guerre israélo-arabe de juin 1967 et se renforça après la décision d'embargo sur toutes les ventes d'armes aux pays du « champ de bataille », jugée exclusivement défavorable à Israël. Pour la première fois, à propos du Québec, et, dans une moindre mesure, à propos du Proche-Orient, les sondages d'opinion devinrent défavorables à de Gaulle. Mais non sur l'ensemble de sa politique : durant l'été 1967, les jugements favorables restèrent largement majoritaires, même si l'écart se réduisait avec les jugements négatifs.

Le fait est qu'au début de 1968, l'assise politique sur laquelle de Gaulle s'appuie se rétrécit. Ses démarches à l'extérieur, audacieuses, éclatantes, parfois spectaculaires, gardent dans les profondeurs du pays un immense écho, dans l'opinion populaire surtout, et probablement plus encore à gauche et à l'extrême gauche. Mais, de ce côté de l'opinion publique, les traditions politiques et électorales, les références idéologiques et, surtout, les frustrations sociales, limitent étroitement les soutiens qu'il peut avoir. A droite et au centre droit, sa politique étrangère dresse contre lui des oppositions furieuses. Elles s'ajoutent désormais à celles qui proviennent des tenants attardés de Vichy et des nostalgiques meurtris de l'Algérie française. De ce côté de l'échiquier politique, c'est à un mur qu'il se heurte maintenant.

Peut-il trouver à gauche ce qu'il ne peut plus gagner à droite ? Peut-être. Mais l'instrument politique dont il dispose — sa majorité parlementaire, l'UDR, les républicains indépendants — n'est plus celui qu'il faudrait. Son ancrage électoral depuis les débuts de la Ve République — et malgré l'appoint constant de voix venant de la gauche ou de l'extrême gauche — l'oriente à droite. C'est à droite aussi que les candidats gaullistes aux élections législatives doivent rechercher des suffrages pour l'emporter au second tour de scrutin. C'est de ce côté aussi qu'on les recrute — bien que beaucoup de simples députés soient plus attentifs que bien des ministres aux exigences sociales des Français. La plupart, au fond, sont sensibles à ce qu'ils entendent dans les milieux économiques dirigeants, chez les cadres traditionnels de la société, chez les notables, et à ce qu'ils lisent dans la presse : devant l'action que de Gaulle mène sur la scène du monde, ils sont partagés entre une admiration hésitante et un trouble profond. Ceux qui, au contraire, sont enthousiastes et convaincus ne sont pas les plus écoutés. Et la direction de la majorité, sous le choc du second tour des élections de mars 1967, a les yeux rivés vers l'électorat de droite et du centre droit. Lentement, irrésistiblement, la dérive de la majorité qui soutient de Gaulle a commencé, tandis que son assise politique se rétrécit inexorablement : prise entre ces oppositions contraires mais conjuguées, est-elle encore prête à faire front quand la tempête se lèvera ? Car, alors, l'hostilité à droite et à gauche se révélera implacable.

Chapitre 37

PERIL DE MORT EN MAI

On a souvent dit qu'en certains cas, quelques images valent de longs discours : à feuilleter les magazines de l'année 1968, en toutes langues, on peut y voir les mêmes photos, toujours semblables et toujours différentes, représentant de jeunes Japonais, Français, Allemands, Italiens, Américains, vêtus des mêmes pantalons, des mêmes blousons et des mêmes chemises, brandissant des bâtons, jetant des pierres, poussant des cris et, en face d'eux, les casques luisants et les sombres uniformes des forces de l'ordre. Il n'est pas de meilleure manière de le dire : ce fut l'année des révoltes de la jeunesse. Mais, nulle part, à aucun moment, elles ne mirent en péril les pouvoirs établis, ni les Etats, ni les gouvernements en place. Sauf en France.

Etrange paradoxe. Aux Etats-Unis, l'association *Students for a democratic Society* mène le combat contre la société industrielle américaine, contre les universités telles qu'elles sont, prend pour slogan « Le bonheur, c'est le pouvoir étudiant », tend la main aux mouvements de protestation des Noirs contre la discrimination raciale et même à l'organisation violente des Blacks Panthers : surtout, elle mène campagne contre la guerre du Vietnam, qui ébranle le pays jusque dans ses profondeurs et provoque une véritable crise de conscience dans toute la génération appelée à faire cette guerre. Au Japon, ce sont aussi les étudiants qui veulent engager la lutte contre l'ordre établi, dénoncent la génération précédente pour s'être soumise au pouvoir impérial et militaire qui a déclenché la guerre, et leur organisation principale, le Zengakuren, avec ses 300 000 membres, fait bloc avec les syndicats ouvriers pour empêcher la visite officielle prévue par le président américain, qui doit être annulée. En Italie, les étudiants s'en prennent aux universités qu'ils jugent, non sans raison, archaïques, conservatrices et conformistes et, comme en d'autres pays, ils en occupent les locaux, interdisent les enseignements traditionnels, tentent d'obtenir l'appui des forces politiques de gauche et d'extrême gauche mais sans y parvenir vraiment, et leur mouvement de protestation, qui s'étend sur de longs mois, finira par dégénérer en terrorisme. En Allemagne, surtout à Berlin-Ouest, la révolte de la jeunesse est encadrée par le *Sozialisticher Deutscher Studentenbund*, le SDS, dont le chef de file est Rudi Dutschke et qui compte 2 500 militants dans l'ancienne capitale allemande : il met en cause le fossé entre l'université et la vie publique, exige la cogestion des établissements d'enseignement supérieur et leur ouverture à la classe ouvrière, il invoque le patronage de Marx et d'Engels, mais aussi des fondateurs du Parti communiste allemand, Karl Liebknecht et Rosa Luxemburg, et plus encore les révolutionnaires contemporains que célèbrent aussi les jeunes étudiants révoltés d'Amérique, du Japon et d'Italie, Mao Zedong, Che Guevara, Fidel Castro, Hô Chi Minh.

La révolte de la jeunesse a donc aussi gagné la France. Force est, pourtant, de constater qu'elle est relative, partielle, minoritaire, en tout cas limitée. Pour le mesurer, on dispose des enquêtes menées par les instituts de sondage, l'Ifop et la Sofres, en particulier avant et après les événements de mai 68, en 1966 et 1969 [1]. Le tableau qui en ressort n'a rien à voir avec ce qu'on dira en plein cœur de la crise. Les jeunes Français disent aux enquêteurs qu'ils s'entendent bien — pour 40 % d'entre eux en 1966 — ou très bien — 50 % — avec leurs parents, dont ils ne sont que 7 % à déplorer l'incompréhension : 67 % estiment malgré tout, en 1970, que les générations précédentes ne les comprennent pas assez. Plus des quatre cinquièmes désirent se marier. Ils sont 56 %, en 1969, à faire de l'amour un objet essentiel de leur vie et 86 % à accorder beaucoup de prix à la fidélité, mais, en 1970, plus des deux tiers voudraient que le divorce soit plus facile. La moitié d'entre eux souhaitent avoir 2 enfants et plus d'un quart en veulent 3 ou davantage. La même année, ils sont 59 % à préférer que les parents soient assez sévères plutôt que pas assez. Ils sont aussi très prudents — peut-être trop... — dans le choix de leur profession dont 58 % la choisiront pour ses garanties de sécurité, 18 % pour la rémunération, 16 % pour les responsabilités qu'elle donne, et 8 % pour la considération sociale qu'on peut en attendre. Entre les tendances de l'époque, leurs préférences sont naturellement différentes mais ne témoignent nullement d'un grand désir de révolution : suivant un sondage de 1970, 20 % des jeunes Français privilégient le développement économique, 17 % le libéralisme, 15 % le socialisme, 10 % la démocratie chrétienne, 9 % une Europe fédérale, 7 % le communisme et 4 % seulement toutes les variétés de l'extrême gauche radicale, du trotskisme à l'anarchisme en passant par le maoïsme. Leur générosité explique évidemment que 80 % — en 1966 — veulent que la France aide les pays sous-développés. Seul signe, peut-être, d'un changement profond qui annonce les évolutions futures : le sentiment national ne semble pas les toucher — mais l'expérience historique ne prouve-t-elle pas, du moins en France, que le patriotisme se révèle quand la patrie, comme après 1940, est blessée ou menacée...

C'est en France, en France seulement, que la révolte d'une fraction de la jeunesse, en mai 1968, a ébranlé la société, l'Etat, le gouvernement, les structures économiques et sociales et jusqu'au pouvoir politique suprême, celui du président de la République. Pourquoi cette singularité ? Il faut la comprendre pour expliquer le formidable défi que de Gaulle dut relever au soir de sa vie publique, alors qu'il était au faîte de son audience dans le monde et que le régime qu'il avait bâti paraissait bien établi. En tout cas, aucune raison tenant à la conjoncture économique ne pouvait l'expliquer. Il est vrai que la production nationale a peu progressé au second semestre 1967, mais, à la fin de l'année, elle s'accroît de nouveau à un rythme qui s'accélère. De sorte que l'année 1967 tout entière connaît une croissance de 5 %, très supérieure à celle des pays de niveau comparable comme l'Allemagne où la production a décru de 1,7 % et la Grande-Bretagne où elle n'a progressé que de 1,5 %. Et l'accélération se poursuit durant les premiers mois de 1968 au point que l'indice de la production industrielle est à 138 en avril 1968, au lieu de 126 un an plus tôt. Du reste, le nombre des demandes d'emploi non satisfaites, qui progresse de 200 00 à 250 000 entre 1967 et 1968, même s'il est sous-évalué par les statistiques, traduit surtout les mutations économiques où certains secteurs d'activité reculent et d'autres se développent, et il n'empêche ni l'immigration de s'accroître de plus de 100 000 personnes par an, ni les pénuries de main-d'œuvre. Les commentaires que l'on fait alors sur la conjoncture sont interrogatifs et quelquefois pessimistes mais n'empêchent pas de constater que l'on est encore en période de forte expansion.

Ce n'est donc pas l'état de l'économie qui peut expliquer la crise. Ce n'est pas non plus, comme on l'a dit, l'état d'esprit de l'ensemble de la jeunesse. Ni l'âpreté des luttes politiques, normale dans un pays où les libertés publiques et individuelles permettent les critiques, discussions, et contestations. Rien n'indique à l'avance que le déchaînement des violences, en quelques semaines à peine, va menacer l'existence même du régime en place. Il reste donc, pour comprendre l'épreuve que de Gaulle va devoir affronter, à en retracer les étapes et à discerner, chaque fois, le jeu des forces qui a fait que la crise mondiale de la jeunesse est devenue, en France, une crise exceptionnelle.

Elle est partie de la jeunesse étudiante. D'emblée, le regard que l'on peut porter sur elle révèle le contraste qui la distingue de l'ensemble de la jeunesse française. Une enquête réalisée après les événements de mai par l'Institut français de polémologie le démontre[2]. Elle indique que, pour 40 % des étudiants, la crise s'explique par l'opposition aux habitudes et aux idées héritées de la famille, que 58 % jugent le service militaire inutile et que 24 % le trouvent utile — alors que, pour l'ensemble des jeunes Français, les proportions sont en sens inverse, 25 % et 72 %. Les étudiants sont 89 % à être favorables à la contraception au lieu de 44 % pour toute leur génération. Un sondage fait auprès de l'ensemble de la jeunesse par l'Ifop sur la cause pour laquelle on doit risquer sa vie a montré que pour 58 % des jeunes Français, c'est la famille, pour 20 % la défense du pays, pour 10 % le changement de la société, pour 5 % un exploit que l'on rêve d'accomplir, pour 4 % la défense de la société. A la même date, l'Institut français de polémologie, posant la même question aux étudiants enregistre des réponses très différentes : 16 % ont dit qu'ils sacrifierait leur vie pour la liberté, 6 % pour diverses causes politiques ou sociales, 6 % pour la défense du pays, 5 % pour Dieu et la religion, 4 % pour « l'amour du prochain », 4 % pour la justice sociale en général, 3 % pour la défense de sa propre famille, 54 % n'ayant pas voulu répondre. Parallèlement, une enquête a proposé aux étudiants de dire leur préférence parmi onze principes qui leur étaient soumis : l'amour de la famille, l'amour de la patrie, l'amour de l'humanité, l'amour du travail, la solidarité avec les camarades, le respect des maîtres, l'importance de la science, l'importance de l'argent, le sens de la responsabilité personnelle, le sens de la responsabilité sociale, l'engagement politique. Au premier rang vint le sens de la responsabilité personnelle, choisi par près d'un quart des étudiants. Vient ensuite l'amour de la famille, choisi par un cinquième d'entre eux, qui espèrent évidemment que celle qu'ils fonderont sera bien meilleure que celle qu'ils connaissent. Mais 21 % des étudiants ont mis au dernier rang l'amour de la patrie, 1 % seulement l'ayant mis au premier rang. Au total, il existe, sans nul doute, un fossé entre la jeunesse étudiante et les autres jeunes Français, mais on ne peut encore assurer qu'il est plus profond qu'ailleurs ni qu'il annonce l'explosion qui va venir.

Les chiffres sont plus clairs que les sentiments. Ceux qui concernent le monde étudiant sont impressionnants. Il y avait 60 000 étudiants à la veille de la Seconde Guerre mondiale, 280 000 après la guerre d'Algérie, 605 000 pour l'année universitaire 1967-1968. L'essor de la natalité, après la guerre, n'est pas seule à l'expliquer : c'est aussi le résultat d'une politique délibérément poursuivie. Le nombre des naissances est passé de 620 000 en moyenne de 1936 à 1940 à 860 000 de 1946 à 1950. De là vient l'accroissement massif des effectifs dans l'enseignement secondaire. D'autant que les premiers gouvernements de la Ve République ont expressément voulu le passage sans discontinuité du primaire au secondaire : c'est dans ce but que Christian Fouchet, ministre de l'Education nationale de 1962 à 1967, a institué les CES — Collèges d'enseignement secondaire — qui sont justement destinés à recevoir l'ensemble des élèves en un « tronc commun » jusqu'à la fin de la classe de troisième. De plus, l'obligation de l'enseignement a été portée de 14 à 16 ans. Même si toutes les classes d'âge n'ont pas encore été entièrement intégrées dans l'enseignement secondaire, il en résulte déjà un afflux vers l'enseignement supérieur qui ne cessera, très logiquement, de grandir par la suite.

C'est la volonté des gouvernements : il ne s'agit pas seulement, pour eux, de respecter le principe de l'égalité des chances — que tout le monde admet — en donnant à l'ensemble des jeunes Français la possibilité de suivre un enseignement secondaire complet et donc d'accéder ensuite à l'enseignement supérieur s'ils en sont capables, sans distinction d'origine sociale : il s'agit aussi de répondre aux exigences de l'économie moderne. Depuis de longues années on déplorait, en France, le trop faible nombre des étudiants par comparaison avec les Etats-Unis ou l'Allemagne, par exemple : c'était, disait-on, un signe de sous-développement, un facteur de retard économique et d'arriération sociale. L'accroissement accéléré du nombre des étudiants fut donc présenté comme une victoire remportée sur les vieilles faiblesses de la société française. Il était signe de progrès et le gouvernement s'en réclamait. Du reste, les critiques qui lui étaient adressées — toujours véhémentes et souvent justifiées en début d'année scolaire et universitaire — portaient, non sur l'augmentation du nombre des étudiants mais, tout au contraire, sur l'insuffisance des locaux nouveaux pour les accueillir. Un effort considérable avait été fait, cependant, au point que leur superficie, pour les universités seulement, dépasse désormais celle de toutes les facultés existant en 1962. On ne prévoit, d'ailleurs, aucun ralentissement ni pour le nombre des étudiants, ni pour la construction des bâtiments universitaires. Aux colloques consacrés à l'enseignement supérieur, à Caen, en novembre 1967, puis à Amiens en mars 1968 et qui ont un grand retentissement, on annonce que, dans les prochaines années, le nombre des étudiants sera de 700 à 750 000 alors qu'en Angleterre et en Allemagne il ne sera que de 300 à 350 000. On voit bien, certes, que des problèmes nouveaux et difficiles vont en résulter et, déjà les responsables de l'Education nationale, au plus haut niveau, discutent des moyens d'y faire face : mais, dans l'esprit public, l'essor de l'enseignement supérieur est toujours considéré comme un progrès de la société, un atout pour l'économie, un signe de santé révélateur d'un pays dynamique.

Du coup, le monde universitaire n'était plus celui d'autrefois. Dix fois plus nombreux qu'avant la guerre, les étudiants n'avaient plus la même origine, ni, par conséquent le même état d'esprit[3]. En 1939, plus du tiers de leurs parents étaient chefs d'entreprise ou exerçaient une profession libérale : ils étaient moins du cinquième vingt ans plus tard. Ils étaient, pour un sixième, employés, artisans ou petits commerçants : ils en étaient désormais la moitié. Moins de 2 % étaient ouvriers : ils n'étaient encore que 3,4 %. Pour la plupart des étudiants, l'Université est conçue comme la voie d'accès à un niveau professionnel et social correspondant aux études choisies et, chez eux, grandit l'anxiété devant les changements accélérés de l'économie, l'incertitude sur les filières qu'il faut choisir, une société dont ils ne voient pas encore les chances qu'elle offre mais dont ils découvrent qu'elle n'apporte ni sécurité totale ni garantie absolue pour l'avenir. On se doute que cette anxiété vaut surtout pour les étudiants en lettres ou en sciences humaines qui pourraient avoir de très nombreux débouchés dans un système où la culture générale est indispensable aux échelons les plus élevés, mais pour lesquels il n'existe aucune voie sûre et tracée à l'avance. Leurs inquiétudes se nourrissent aussi de leurs contacts avec de très nombreux assistants ou maîtres assistants qui assurent, le plus souvent, les fonctions de professeurs titulaires mais qui, n'en ayant pas les grades, éprouvent le sentiment de n'avoir aucune perspective devant eux, quels que soient leurs qualités pédagogiques et les succès qu'ils obtiennent. Au fond c'est une révolution qui s'est opérée dans les universités françaises depuis moins de dix ans : elle n'avait pas été maîtrisée et, sans doute, ne pouvait pas l'être en aussi peu de temps alors que ses effets continuaient à s'accumuler.

C'était un problème de gouvernement. Les universités, comme un bon nombre de grandes écoles, dépendaient de l'Etat, et la charge en incombait au budget : il fallait donc que des décisions soient prises sur l'avenir de l'enseignement supérieur, le nombre des étudiants, leur orientation, la structure des enseignements. Pour Georges Pompidou, il fallait que l'entrée des universités reste libre, comme elle l'avait toujours été. Rien n'aurait justifié que l'on ferme ou que l'on restreigne l'accès des facultés alors que l'on voulait un plus grand nombre d'étudiants, formés mieux et plus longtemps. Imposer aux jeunes Français le choix de leur avenir eût été violer leur liberté individuelle. Du reste, il était utopique de croire que l'on pourrait planifier, plusieurs années à l'avance, l'emploi futur des étudiants. Il fallait diversifier davantage les enseignements, multiplier les universités sur l'ensemble du territoire national, les doter surtout des moyens matériels et du nombre des enseignants dont elles avaient besoin.

Telle était sa conviction. Christian Fouchet, en charge de l'Education nationale pendant quatre ans et demi, la partageait. Ils se consacrèrent, tous deux, à l'ingrate et dure bataille qu'il fallait mener chaque année pour rendre compatibles les exigences de la politique budgétaire et l'impérative nécessité de faire sortir de terre les bâtiments universitaires nouveaux, et de recruter les professeurs, maîtres assistants et assistants en nombre suffisant pour éviter les explosions de mécontentement à chaque rentrée scolaire et universitaire. Mais, au total, ils eurent le sentiment d'avoir accompli une œuvre immense, comparable seulement, pour les enseignements secondaire et supérieur, à ce que Jules Ferry, aux premiers temps de la IIIe République avait fait pour l'école primaire. Cette œuvre, en réalité, comportait ses défauts et ses faiblesses : on pouvait discuter l'architecture ou l'emplacement des constructions nouvelles, et le développement de la catégorie des maîtres assistants et assistants n'allait pas manquer de susciter de graves difficultés ne serait-ce qu'en raison de l'ambiguïté de leur statut. Mais Georges Pompidou, s'en tenait fermement à ses convictions : il croyait que l'Université française devait rester libérale, que les étudiants eux-mêmes devaient choisir leur voie, et qu'il serait dangereux de s'engager dans une autre politique, plus autoritaire, que l'opinion publique désapprouverait.

Christian Fouchet, évoquant le choix qu'il avait fait en accord avec Georges Pompidou, disait souvent : « J'ai désobéi. » Ce n'était pas, en effet, le choix que de Gaulle souhaitait. Il était, très clairement, partisan de faire accéder les jeunes Français à l'enseignement secondaire, et l'allongement de la scolarité obligatoire jusqu'à 16 ans, avait été l'une des premières décisions majeures de la Ve République. Il savait aussi que la France devait avoir un nombre suffisant d'étudiants dans l'enseignement supérieur. Mais il voyait les universités comme un instrument, parmi d'autres, du développement économique et social du pays. Elles devaient donc répondre à une double exigence : ne pas laisser les étudiants s'engager dans des voies qui ne les conduiraient à aucun débouché, et satisfaire les besoins collectifs. De là l'importance de sélectionner les étudiants suivant leurs capacités et de les orienter suivant les besoins. Rien n'indique qu'il voulait en limiter et, moins encore, en réduire le nombre : il y voyait, au contraire, un signe de croissance et de progrès. Mais, par tempérament comme par conviction, il croyait que l'Etat devait intervenir pour donner les meilleures chances d'avenir aux jeunes Français et sa plus grande efficacité au système universitaire. Au fond, il désirait qu'un lien s'établisse entre les prévisions des plans de développement économique et la sélection, puis l'orientation des étudiants.

Auprès de lui, à l'Elysée, son conseiller pour les affaires d'Education nationale, Jacques Narbonne, abondait en ce sens. Il avait adressé à de Gaulle de nombreuses notes où, s'appuyant sur les courbes de la démographie, il prédisait un afflux massif et finalement excessif d'étudiants aux environs de 1968 et l'explosion qui pouvait en résulter[4]. Il préconisait leur sélection après le baccalauréat, voire même auparavant, et suggérait une planification dictée par les besoins de l'économie et de la société. Le secrétaire général du ministère de l'Education nationale, Pierre Laurent, partageait cet avis. Il avait préparé un plan de réforme qui prévoyait l'orientation des élèves à la fin de la classe de troisième et une sélection à l'entrée des universités. Il y avait donc, au sommet de l'Etat, une autre orientation que celle souhaitée par Georges Pompidou.

Avec son accord, Christian Fouchet mit en place deux réformes. La première créa les instituts universitaires de technologie, ouverts aux bacheliers, et qui leur donneraient une formation supérieure et un diplôme universitaire au bout de deux ans. La seconde s'appliquait aux facultés : elle créait un cycle de deux ans pour toutes les disciplines, répartissait les études littéraires et en sciences humaines entre neuf sections différentes pour diversifier davantage les enseignements, après quoi un second cycle comprendrait une licence orientant vers les carrières d'enseignement puis une maîtrise, préparant davantage à la recherche. Toutes les rigidités de l'ancien système universitaires n'étaient pas abolies mais on y avait introduit plus de souplesse et de variété, et le premier cycle universitaire assurait déjà un diplôme à ceux qui ne pourraient pas aller au-delà. Cette réforme, longuement concertée avec les universitaires et dont l'inspirateur principal était Pierre Aigrin devait entrer en vigueur à la rentrée de 1967-1968.

Alain Peyrefitte décida de l'appliquer. Mais, ayant soigneusement examiné les dossiers, prenant en compte les oppositions et les divergences et mesurant les conséquences de l'accroissement accéléré du nombre des étudiants, il mit au point plusieurs projets nouveaux qui, au fond, cherchaient un point d'équilibre entre les préférences de Georges Pompidou et les options de Jaques Narbonne et Pierre Laurent dont il savait que de Gaulle était plus proche. Son premier projet prévoyait d'orienter le élèves après la classe de troisième, comme Pierre Laurent l'avait proposé, mais d'en confier la responsabilité à des commissions qui ne se décideraient qu'après avoir entendu les parents : les élèves seraient alors dirigés vers le baccalauréat ou l'enseignement technique. Ce fut déjà l'occasion d'une grève commune aux enseignants et aux élèves, mais on convint que la réforme serait appliquée progressivement en quatre ans. Suivant un second projet, le baccalauréat resterait le diplôme consacrant la fin des études secondaires mais n'ouvrirait pas automatiquement les portes de l'enseignement supérieur : les étudiants n'y seraient admis que sur dossier et ceux qui seraient écartés seraient orientés vers des formations professionnelles ou d'autres établissements d'enseignement. C'est ce projet — d'autres portant sur la pédagogie, les modes d'enseignement et l'attribution des chaires — qui devait soulever le plus de controverses puisque, mêlant la sélection à l'orientation, il mettait fin à la séculaire liberté d'accès aux universités. Georges Pompidou ne s'y résigna qu'avec regret. Il jugea, du reste, qu'il ne serait pas voté par l'Assemblée nationale où le gouvernement ne disposait que d'une trop courte majorité et qu'il valait mieux procéder par décret, en n'appliquant la réforme que par échelons d'ici 1972, et après un débat parlementaire qui fut fixé aux 14, 15 et 16 mai... De toute évidence, on allait vers une confrontation.

Beaucoup allait dépendre de la capacité d'action des organisations politiques et syndicales implantées dans le monde étudiant. La plus importante était le PSU, parti socialiste unifié. Issu de la fusion des mouvements de la gauche socialiste et anticolonialiste et de la fraction du parti socialiste SFIO qui n'avait pas accepté le soutien apporté à de Gaulle par Guy Mollet et la majorité du parti, il avait alors une forte présence dans les milieux intellectuels, y compris d'inspiration chrétienne. Pierre Mendès France y avait adhéré et en était la seule personnalité de notoriété nationale : mais les courants dominants étaient plus proches de l'extrême gauche et se disaient volontiers « révolutionnaires ». Son secrétaire général était Michel Rocard et plusieurs de ses membres avaient des responsabilités dans les syndicats universitaires ou étudiants comme Alain Geismar, secrétaire général du Syndicat national de l'enseignement supérieur, le SNESUP, Jacques Sauvageot, vice-président de l'Union nationale des étudiants français, l'UNEF. Des liens étroits rapprochaient le PSU, des organisations de la Jeunesse chrétienne qui, par réaction contre la longue complaisance de l'Eglise catholique envers les régimes autoritaires, conservateurs ou fascistes, s'étaient orientées vers la gauche ou même l'extrême gauche. Elles avaient contribué, avec le PSU, à prendre en main l'UNEF à l'occasion de la guerre d'Algérie. Une scission en était résultée, laissant l'UNEF aux éléments les plus radicaux, tandis que l'organisation dissidente, la Fédération nationale des étudiants de France, prenant parti pour l'Algérie française, dérivait vers la droite ou l'extrême droite. L'Union des étudiants communistes subsistait dans les facultés de lettres où elle menait campagne pour les revendications traditionnelles sur des créations de postes, des constructions de locaux et des attributions de bourses, mais elle avait perdu une grande part de sa substance quand le parti communiste défendit la thèse du « passage pacifique » au socialisme et en vint à soutenir la candidature de François Mitterrand à l'élection présidentielle de 1965. Les étudiants s'affichant les plus révolutionnaires formèrent alors l'Union des jeunesses communistes marxistes léninistes, l'UJCML, se réclamant de Mao Zedong et de l'expérience communiste chinoise, et les Jeunesses communistes révolutionnaires, les JCR, de tendance trotskiste. Ces deux organisations étaient déjà les plus actives dans plusieurs universités et les JCR, en particulier, avaient commencé de recruter des militants parmi les jeunes ouvriers des grandes usines de la région parisienne et des départements de l'Ouest[5].

L'essor de l'extrême gauche, du moins dans les milieux intellectuels, n'aurait pas été ce qu'il fut si la guerre du Vietnam ne leur avait donné un exceptionnel champ d'action. Elle suscitait, en France, une hostilité d'autant plus générale et véhémente que de Gaulle la condamnait lui-même en termes sans cesse plus catégoriques et que la presse écrite et la télévision en donnaient l'image la plus sombre. Mener campagne contre cette guerre, c'était donc, pour les mouvements d'extrême gauche, occuper le terrain où ils pouvaient trouver le plus d'audience. Le parti communiste s'y engagea, avec le Mouvement de la Paix, qu'il inspirait. Les maoïstes de l'UJCML créèrent des « Comités Vietnam de base ». Les trotskistes de la JCR et le PSU s'associèrent pour créer le « Comité Vietnam national » qui fut le plus actif. Il n'est pas douteux que leurs campagnes contre la guerre du Vietnam donnèrent aux mouvements d'extrême gauche une influence qu'ils n'auraient pu espérer sans elles et leur valurent des sympathies là où ils n'auraient eu aucun écho.

On aurait tort, pourtant, à distance, d'exagérer leur importance. On a cité, à leur propos, la réunion, à La Havane, en juillet 1966, de la

« conférence tricontinentale » où les gauchistes français de toutes tendances étaient représentés, au point que Raymond Marcellin, ministre de l'Intérieur à partir de juin 1968, devait déclarer devant l'Assemblée nationale que c'était là l'une des sources de la crise de mai. Il n'en fut rien : la « conférence tricontinentale » s'inspirait de l'idée que des situations révolutionnaires existaient en Amérique latine, en Afrique et en Asie, mais nullement en Europe, ses principaux organisateurs, cubains, chinois et vietnamiens, admiraient profondément l'action internationale menée par de Gaulle et ils le disaient publiquement. Quant aux réunions tenues par l'ensemble des mouvements gauchistes européens à Liège en octobre 1966, puis à Bruxelles en mars 1967, auxquelles participèrent le PSU et la JCR, elles passèrent presque inaperçues. En France, la direction des Renseignements généraux qui suivait de très près l'activité des mouvements d'extrême gauche attribuait 2 000 adhérents à la JCR, 2 000 également à l'UJCML et même autant — ce qui était probablement exagéré — à un autre groupe trotskiste, la Fédération des étudiants révolutionnaires qui n'allait pas tarder à dépérir. Les « Comités Vietnam de base » comptaient 3 000 membres en région parisienne et le « Comité Vietnam national », 5 000, mais beaucoup étaient aussi des militants de la JCR, de l'UJCML et du PSU.

Ces chiffres ne doivent pas faire illusion. Ils peuvent paraître modestes : mais toujours, dans la jeunesse universitaire, les organisations extrémistes, de droite ou de gauche, sont les plus actives, et non les partis traditionnels ou majoritaires. Ils suggèrent naturellement qu'il ne s'agissait là que d'une minorité réduite : mais ce sont toujours les minorités qui sont actives et c'est d'elles que viennent les initiatives. Leur force tient à leur capacité à se concentrer sur des actions décisives, spectaculaires, à un moment et en un lieu où elles peuvent cristalliser un courant plus large. C'est ce qui va survenir et, sur fond de crise universitaire, va s'ouvrir la brèche par laquelle passeront d'autres forces dont l'irruption mettra la Ve République en péril de mort.

La crise naquit à Nanterre. On a tout dit sur l'université nouvelle qu'on y avait implantée, sur ces grands bâtiments de pierre et de verre dominés par une tour carrée où siège le pouvoir administratif, sur son environnement, sur les chantiers tout proches où l'on prépare le remplacement du bidonville voisin par des immeubles neufs, sur l'absence de tout contexte vivant, sur les grands efforts faits pour organiser des expositions, des concerts et des conférences, sur les solutions provisoires adoptées en attendant que la bibliothèque soit achevée, sur le campus où les arbres n'ont pas fini de pousser et où la pelouse est encore pauvre, sur sa piscine dont il faut acheter les tickets d'entrée à Paris... Le doyen est Pierre Grappin. Ancien professeur d'allemand à la Sorbonne, ancien doyen de la Faculté des lettres de Nancy, il a été choisi pour mettre sur pied et faire vivre cette université nouvelle. Résistant exemplaire, évadé du train qui l'emmenait vers la déportation, humaniste, proche de la gauche progressiste et anticolonialiste, il semblait, par son expérience, sa sensibilité et ses sympathies, l'homme le mieux fait pour réussir. Il est assisté de 50 professeurs et maîtres de conférence et de 180 maîtres assistants et assistants. Il a dû accueillir 2 300 étudiants en 1964, 4 600 en 1965, 8 500 en 1966, plus de 11 000 à la rentrée universitaire de 1967-1968. Les étudiants sont en majorité issus, pour la plupart, des quartiers bourgeois des XVIe et XVIIe arrondissements de Paris [6].

Tous les incidents qui annoncent la crise, du mois de janvier au mois d'avril, sont exemplaires de l'état de transition qui caractérise, au fond, toute l'Université française. Les chambres des étudiants résidents sont claires et propres mais on a souvent dit, avec raison, qu'elles n'étaient en rien comparables aux chambres de bonne de ce Quartier latin, chaleureux et vivant, avec ses cafés, ses cinémas, et sa foule... Rien d'étonnant à ce que le problème des contacts entre garçons et filles y soit posé. Il est interdit aux uns d'aller rendre visite aux autres dans leur chambre et réciproquement. La « liberté de circulation » devient alors un thème essentiel. Il avait déjà provoqué des incidents violents en 1965, puis à nouveau au début de 1967 où les étudiants avaient occupé un bâtiment où logeaient les étudiantes, refusé de l'évacuer et fait venir des voitures de reportage de RTL et d'Europe n° 1... Il faudra beaucoup de temps pour qu'on admette que les filles peuvent aller dans les chambres des garçons, mais non l'inverse : comme pour l'entrée à la piscine, il a fallu pour trouver une solution, saisir les plus hautes autorités administratives et universitaires. Plus grave est, à la rentrée de novembre 1967, la question des équivalences accordées aux étudiants passant de deuxième en troisième année d'études supérieures alors que la « réforme Fouchet » entre en application. Celle-ci n'est pas mise en cause : ce sont les dispositions pratiques pour la transition entre l'ancien et le nouveau système qui suscitent d'inextricables difficultés. Non pour les études scientifiques où elles entrent en vigueur sans difficulté mais pour les lettres et les sciences humaines où elles sont parfois inapplicables. Alerté, le ministère de l'Education nationale ne mesure pas l'exaspération des étudiants. Une grève est alors déclenchée par les deux groupes les plus actifs à Nanterre, la Communauté chrétienne, de 500 à 600 étudiants, et l'Association générale de l'UNEF, aussi nombreuse et où se retrouvent les groupes anarchistes et maoïstes mais surtout les trotskistes de la JCR. La raison de la grève est légitime et presque tous les étudiants la suivent. Des assemblées générales s'organisent et présentent des revendications sur la pédagogie, le contrôle des connaissances, les effectifs des cours de travaux pratiques, la représentation étudiante auprès de la direction de la faculté et des départements, et sur les équivalences. Le doyen Grappin y est plutôt favorable et les discussions qui s'engagent sont assez positives pour que la grève s'achève au bout de dix jours. Mais tout doit être transmis au ministère de l'Education nationale qui, après de longs délais, repousse les suggestions sur le problème crucial des équivalences. Au total, le dialogue sur place n'a servi à rien : c'est une exemplaire démonstration de l'inadaptation, dans tous les domaines et sur tous les sujets, des structures bureaucratiques et centralisées de l'Université française.

Les incidents suivants sont, au fond, de même nature. Celui qui opposa François Missoffe, ministre de la Jeunesse et des Sports, à Daniel Cohn-Bendit est resté célèbre : celui-ci demanda pourquoi le récent « livre blanc sur la jeunesse » n'évoquait pas les problèmes sexuels chez les jeunes, le ministre répondit qu'il avait pour attribution les sports, l'autre insista, et protesta contre les réponses trop désinvoltes qu'on lui faisait, et François Missoffe, alors qu'il commençait à se faire insulter par d'autres étudiants, invita Daniel Cohn-Bendit, qui était de nationalité allemande, à venir le voir — ce qu'il fit plus tard, après avoir envoyé au ministre une lettre d'excuses et reçu de lui une invitation écrite qui lui permit d'éviter l'expulsion demandée par le ministère de l'Education nationale...

Après quoi vient l'affaire des « listes noires » où l'administration de la faculté est accusée de mettre les noms des étudiants soupçonnés d'opinions subversives : rien de tel n'existait, en réalité, mais ce fut le point de départ d'une campagne très délibérément mensongère qui atteignit son point culminant le vendredi 26 janvier quand une centaine d'étudiants collent dans le hall des affiches dont l'une porte les mots de « Grappin nazi ». Les fonctionnaires de la faculté sont bousculés, ils font appel au doyen qui demande au commissariat de Nanterre d'envoyer une dizaine d'agents qui sont aussitôt repoussés par les étudiants. Des renforts de police arrivent alors en cars, vers midi, et tous les étudiants, sortant des cours, réagissent instinctivement par solidarité avec leurs camarades, transformant les chaises, les tables, les panneaux d'affichage, en autant de bâtons et de pieux et affrontent aussitôt les policiers qui doivent se retirer. L'incident est assez grave pour provoquer une vive réaction au ministère de l'Intérieur et le préfet de police va en discuter avec Alain Peyrefitte, le recteur de l'Université de Paris, Jean Roche, et le doyen Grappin : on convient de transférer les 1 500 étudiants résidant à Nanterre dans des logements parisiens et d'installer à leur place des services administratifs du rectorat, mais rien ne sera possible avant la rentrée prochaine, de sorte qu'en attendant on essaiera seulement d'éviter de nouveaux incidents.

Le mois suivant, c'est le Vietnam qui mobilise les étudiants d'extrême gauche. Les premières manifestations ont lieu les 2 et 13 février devant les ambassades des Etats-Unis et du Sud-Vietnam. Les trotskistes de la JCR vont ensuite participer à Berlin, le 18, à une manifestation européenne. Ils en reviennent après avoir eu de longues discussions avec le SDS allemand et, le 21 février, ils organisent une manifestation au Quartier latin, avec un service d'ordre très musclé. Puis, dans la nuit du 17 au 18 mars, les bureaux de plusieurs sociétés américaines sont plastiqués et, le surlendemain, des militants de la JCR attaquent le siège de l'American Express et brûlent le drapeau des Etats-Unis. Un étudiant est arrêté...

C'est un martyr : du moins est-il ainsi présenté aux étudiants de Nanterre par Daniel Cohn-Bendit et ses amis. Ils mobilisent autour d'eux assez de sympathisants pour occuper la tour des services administratifs. Prévenu, le ministre de l'Education nationale demande au préfet de police de la faire évacuer : pour éviter l'affrontement, les étudiants se retireront juste avant l'intervention des policiers. Un mouvement nouveau est né ce jour-là, forgé dans la prise de la tour administrative de Nanterre et qui en prendra la date pour nom : ce sera le Mouvement du 22 mars.

Mais le ministre de l'Education nationale a demandé l'expulsion de Daniel Cohn-Bendit : Christian Fouchet, ministre de l'Intérieur, souhaitant ne pas heurter les traditionnelles franchises universitaires, demande qu'il soit d'abord sanctionné par les autorités administratives. Rien ne peut être fait avant le début de mai...

Pierre Grappin essaie de réagir. Il convoque, le 26 mars, le collège des professeurs, leur fait constater qu'il s'agit d'une entreprise délibérée de paralysie de la faculté. Les professeurs, en très forte majorité, poussent à des sanctions, universitaires ou judiciaires, et songent même à créer une police autonome. On décide seulement de fermer Nanterre pour quelques jours. La suspension est annoncée le 28 mars. Elle est suivie de réunions, à l'intérieur de la faculté et sur le campus, organisées par le Mouvement du 22 mars et les autres organisations d'extrême gauche où l'on parle de la lutte contre l'impérialisme, des révoltes étudiantes et ouvrières dans les pays de l'Est, de l'état présent du capitalisme et de l'université critique qu'il faut opposer à l'université officielle. Une première liaison est opérée avec la Sorbonne et, pour la première fois, le rectorat évoque un éventuel appel à la police, sans s'y décider.

Le 1er avril les cours reprennent. Mais l'agitation persiste et s'intensifie. Un attentat contre l'animateur du SDS de Berlin, Rudi Dutschke, qui le laisse gravement handicapé, provoque une violente manifestation, le 13 avril. On en est, désormais, à la surenchère entre organisations, et le Mouvement du 22 mars prend une forte avance en publiant, après les vacances de Pâques, la recette permettant de fabriquer les « cocktails Molotov », arme principale de la lutte contre la police. Puis il s'en prend aux membres de la FNEF, et l'un d'entre eux, sérieusement blessé, porte plainte. Cohn-Bendit est arrêté et on veut l'inculper aussi pour l'article donnant le moyen de fabriquer un « cocktail Molotov » : il échappe à l'inculpation en prétendant qu'il ne s'agissait que d'une plaisanterie. Le 25 avril, le communiste Pierre Juquin, venu exposer les propositions de son parti sur l'avenir de l'université, est chassé de Nanterre sans avoir pu prendre la parole. Le mathématicien Laurent

Schwartz, professeur au Collège de France, président du Comité Vietnam national, a le plus grand mal à s'exprimer : on lui reproche un article apparemment favorable à la sélection. Le 26 avril, en riposte à une attaque contre la librairie maoïste de la rue Gît-le-Cœur, à Paris, les Comités Vietnam de base détruisent l'exposition du « Front de soutien au Sud-Vietnam », rue de Rennes. Le groupe d'extrême droite Occident lance alors quelques coups de main contre les mouvements gauchistes, s'attirant de leur part des réactions d'autant plus violentes qu'ils sont beaucoup plus nombreux. Le 29 avril, le doyen Grappin essaie d'endiguer le flot des manifestations en accordant à l'ensemble des associations une salle au rez-de-chaussée de la faculté. Le 2 mai, les étudiants de la FNEF annoncent qu'ils vont tenir un meeting le lendemain et le bruit court que le groupe Occident s'apprête à venir en force : or c'est ce même jour que les huit étudiants les plus notoirement impliqués dans l'occupation de la tour administrative sont convoqués devant la Commission de discipline chargée d'instruire des poursuites contre eux. Déchaînés, les animateurs du Mouvement du 22 mars, exigent la disposition d'un amphithéâtre pour la journée d'action qu'ils vont tenir contre l'impérialisme, et empêchent le professeur de sciences politiques René Rémond de faire son cours.

De Paris, le nouveau directeur de l'enseignement supérieur, Philippe Olmer et le recteur Roche accourent, envoyés par Alain Peyrefitte et se concertent aussitôt avec le doyen Grappin : c'est en accord avec eux que celui-ci annonce la fermeture de la faculté, sans prévoir de date pour la reprise des cours. Presque partout, au gouvernement, dans la majorité parlementaire, dans une bonne partie de la presse et même dans les milieux universitaires, on se félicite de ce geste d'autorité. Pourtant, il intervient au moment où les premiers signes apparaissent d'une réaction, sur place, des étudiants et d'une partie du corps professoral contre le monopole violent des mouvements gauchistes. Sans doute en eût-il résulté, les jours suivants, des affrontements plus ou moins durs : mais on peut penser que si la résistance était venue des étudiants eux-mêmes, et non des autorités administratives, moins encore de la police, la majorité, hésitante ou indifférente, mais souhaitant ne pas compromettre les prochains examens, aurait cessé d'appuyer les organisations anarchistes, maoïstes ou trotskistes. Cette chance ne fut pas saisie. Ce qui passait pour un acte d'autorité allait se révéler une tragique erreur tactique. Les agitateurs de Nanterre se reportèrent immédiatement sur Paris où leur action devait avoir, d'un seul coup, un extraordinaire éclat et une résonance qu'elle n'aurait jamais eue ailleurs. Dans la crise de mai, le rôle de Nanterre est fini : une phase nouvelle s'ouvre, au cœur même de la capitale.

Ce jeudi 7 mai, dans un local situé au sous-sol de la Sorbonne, et affecté au groupe d'études des lettres, réputé très révolutionnaire, un incendie a éclaté et on a trouvé sur les murs, à la craie, des croix celtiques, emblème du groupe Occident. Celui-ci prétend d'abord en être l'auteur avant d'y voir une provocation d'un groupe trotskiste. L'incident aurait pu rester sans suite. Mais, le 3 mai, les huit militants du Mouvement du 22 mars qui vont être jugés organisent dans la cour de la Sorbonne un meeting de protestation. Les trotskistes de la JCR sont là aussi, avec un service d'ordre casqué et doté de boucliers et de gourdins. Cohn-Bendit parle du haut des marches qui mènent à l'ancienne chapelle. Des étudiants du PSU et de l'Union des étudiants communistes se joignent à ceux venus de Nanterre. Le bruit court alors que des militants du groupe Occident se dirigent vers la Sorbonne : en réalité, ils ont été détournés par la police vers la place Maubert et vont se disperser. Mais la rumeur sert de prétexte : les étudiants qui se trouvent dans la cour de la Sorbonne s'emparent du mobilier des salles voisines, en font des armes et prennent aussi les pierres entassées dans un coin de la cour qui devaient servir à des travaux. Le recteur Roche, impressionné par ce spectacle, ému par l'incendie de la veille, convaincu que la Sorbonne peut être transformée en champ de bataille ou être occupée par la force, décide, en accord avec le directeur de cabinet d'Alain Peyrefitte, de demander l'intervention de la police. Maurice Grimaud n'est pas à son bureau mais il a pris position contre l'entrée des policiers dans les locaux universitaires et l'a fait savoir à Christian Fouchet. Son directeur de cabinet, le préfet Paolini, exige donc, très logiquement, un ordre écrit. Le recteur Roche, approuvé par les doyens des facultés de lettres et de sciences transmet donc un ordre de réquisition dont il demande, à 15 h 30, l'exécution. La police entre sans difficulté à la Sorbonne et fait évacuer la cour. Mais, comme c'est l'usage pour elle, une partie des étudiants qui se trouvait là est embarquée dans des cars pour vérification d'identité. Personne ne l'avait demandé ni ordonné mais, comme le disent les policiers, ce n'est que la routine. C'est assez, cependant, pour déchaîner la colère des étudiants.

Jusqu'à 22 h 30, au Quartier Latin, c'est l'émeute. Les cars de police sont attaqués à coups de pavés, on tente de dresser des barricades avec des grilles, des tas de pierres, des arbres et des autos renversées, pour empêcher leur passage. Les étudiants s'échappent de l'un d'entre eux après avoir neutralisé leurs gardiens. Et dès la fin de la soirée, des décisions d'une portée incalculable sont prises. Le recteur Roche ferme la Sorbonne et son annexe de Censier dans la crainte de désordres qui pourraient rendre impossible le déroulement normal des concours d'agrégation. Au même moment, le bureau du SNESUP se réunit, se déclare solidaire des étudiants et appelle à la grève générale dans toutes les universités — qui ne sera d'ailleurs suivie que peu à peu en province. Après quoi, il prend contact avec les organisations étudiantes impliquées dans les manifestations de l'après-midi, excepté l'Union des étudiants communistes. Tous se réunissent au siège du SNESUP, rue Monsieur-le-Prince : l'UNEF, le Mouvement du 22 mars, les étudiants du PSU, les trotskistes de la JCR et ceux d'un groupe rival, les maoïstes de l'UJCML. C'est l'état-major de la crise de mai qui naît à cet instant. Presque tous les jours il se réunira au même endroit et son rôle sera déterminant. Trois noms émergent déjà à la tête de cet état-major : ceux de Jacques Sauvageot, vice-président de l'UNEF — mais faisant fonction de président — de Marc Heurgon, secrétaire général du PSU qui a sur lui une influence profonde, et d'Alain Geismar, secrétaire général du SNESUP.

Il n'a pas fallu plus de 24 heures après la fermeture de Nanterre pour que la crise se déchaîne au cœur de Paris. Tous les épisodes suivants vont la nourrir et l'amplifier. Le 4 mai, le tribunal des flagrants délits condamne à 2 ou 3 mois de prison sept étudiants arrêtés la veille pour détention, port ou transport d'armes et le lendemain, dimanche 5 — un jour où, d'ordinaire, les tribunaux ne siègent pas — il en condamne quatre autres. Cette procédure expéditive exacerbe les réactions étudiantes au moment où, de toute évidence, l'opinion publique n'a pas pris conscience de la nature politique du mouvement et des intentions réelles de ses chefs. C'est assez, en tout cas, pour que l'UNEF lance un mot d'ordre de grève illimitée et appelle à une manifestation pour le lundi 6 mai à 18 h 30. Mais déjà, ce jour-là, dans la matinée, la comparution des étudiants impliqués dans l'occupation de la tour administrative de Nanterre, devant une commission disciplinaire se passe dans le plus grand désordre : les étudiants manifestent et plusieurs professeurs venus de Nanterre, le philosophe marxiste Henri Lefebvre, le spiritualiste Paul Ricœur, le sociologue Alain Touraine, sont venus défendre Cohn-Bendit et ses amis. La commission a proposé, suivant les cas, un ou deux ans d'exclusion mais le Conseil de l'université ne se réunira jamais pour trancher l'affaire...

A la manifestation du matin, succède celle de l'après-midi. Le service d'ordre est, comme c'est désormais l'habitude, casqué et armé de gourdins et de barres de fer. Des heurts violents se produisent boulevard Saint-Germain et tous les barrages de police sont attaqués jusqu'à plus de 22 heures. L'âpreté des affrontements a stupéfié les responsables de l'ordre public et jamais aucune manifestation, depuis vingt ans au moins, n'avait eu un tel bilan : 481 blessés du côté des forces de l'ordre, 279 du côté des manifestants. Le lendemain, 7 mai, l'état-major de la rue Monsieur-le-Prince lance ces mots d'ordre : « Libération des étudiants emprisonnés, retrait des forces de police du Quartier latin, réouverture de la Sorbonne et des autres facultés. » Tant que ces revendications n'auront pas été satisfaites, des manifestations auront lieu tous les jours. Les cortèges partent, une fois de plus, de la place Denfert-Rochereau, comptent d'abord 6 000 manifestants, puis 10 000, bientôt 12 000. Contrairement à ce que voulait le ministre de l'Intérieur, ils sont autorisés à passer par le pont de la Concorde en direction de l'Opéra mais ils devancent la police et remontent les

Champs-Elysées jusqu'à l'Etoile où ils brandissent leurs drapeaux rouge et noir — mais sans toutefois profaner la tombe du Soldat inconnu. La police reçoit alors l'ordre de ne pas permettre qu'ils redescendent les Champs-Elysées. Les cortèges repartent vers le pont de l'Alma et regagnent le Quartier latin où les éléments les plus durs passent à l'action et s'attaquent aux forces de l'ordre, malgré les consignes des dirigeants de la manifestation, jusqu'à 2 h 30 du matin.

Ce mardi 7, les manifestants étaient environ 12 000 comme le 6 au soir. Mais à en juger par l'attitude des autres étudiants, ils sont alors entourés d'une assez large sympathie. Les arrestations et les condamnations ont irrité et parfois indigné. L'entrée de la police à la Sorbonne est partout présentée comme une entorse à un privilège universitaire accordé par Philippe Auguste en l'an 1200 alors qu'elle est autorisée depuis un décret de 1811 et qu'elle a été demandée par les autorités universitaires elles-mêmes sept fois de 1921 à 1936 et plusieurs fois depuis 1945. Mais rien n'y fait : le sentiment public est encore favorable, presque entièrement, aux étudiants qui manifestent, et la presse, pratiquement unanime, critique durement le gouvernement, les autorités universitaires, les responsables de la police, les forces de l'ordre. Le Conseil des ministres du mercredi 8 mai est le premier où la crise est évoquée. Alain Peyrefitte parle des événements des derniers jours, reconnaît que de profondes réformes sont nécessaires dans l'enseignement supérieur mais insiste sur la nécessité d'obtenir la reprise normale des cours et l'organisation régulière des examens et des concours. De Gaulle, ce jour-là, rappelle ce qui a déjà été fait pour l'Education nationale, souligne que la démocratisation de l'enseignement et l'arrivée massive de nouveaux élèves et étudiants dans les lycées et les facultés impliquent des solutions nouvelles, qu'une certaine planification devrait s'imposer et qu'il faut alors résoudre les problèmes de sélection et d'orientation, après quoi il donne la priorité absolue au rétablissement de l'ordre :

> Une émeute c'est comme un incendie, dit-il, ça se combat dans les premières minutes.

Il n'avait fait auparavant, que très peu de commentaires sur la crise étudiante mais, à plusieurs reprises, il avait semblé ne pas lui attacher une importance majeure. Le vendredi 3 mai, par exemple, il avait dit devant l'un de ses interlocuteurs qu'il s'agissait d'une « péripétie sans importance », et son état d'esprit n'avait guère changé les jours suivants[7]. Mais, ce 8 mai dans l'après-midi, a lieu un débat à l'Assemblée nationale où Alain Peyrefitte doit répondre aux « questions orales » de plusieurs députés. Pendant la séance, Alfred Kastler, Jacques Monod, tous deux prix Nobel, et quelques autres universitaires arrivent au Palais-Bourbon pour faire savoir qu'ils sont prêts à une médiation en vue d'éviter que la manifestation prévue pour le soir ne débouche sur des affrontements violents. Alain Peyrefitte le savait et il est donc amené à préciser ses intentions : il a pris, dit-il, « toutes dispositions pour que la réouverture de la Sorbonne et de la faculté de Nanterre ait lieu dès que les doyens estimeront que les conditions normales en sont réunies ». Il ajoute que la reprise des cours n'est pas possible dans un climat de désordre, qu'elle ne peut avoir lieu que dans « la confiance faite tant aux membres du corps enseignant qu'aux étudiants en ce qui concerne le maintien, vis-à-vis d'éventuels agitateurs et provocateurs, du calme indispensable au travail de l'université ; si ces conditions paraissent réunies, conclut-il, la reprise des cours de la faculté des lettres Paris-Sorbonne pourrait intervenir dès que le recteur et le doyen concernés le jugeront possible, c'est-à-dire, je l'espère, dès demain après-midi ». A prendre ces propos au pied de la lettre, il n'était pas contradictoire avec ceux tenus en Conseil des ministres. Mais tout dépendait de la manière de voir le rétablissement de l'ordre.

En tout cas le climat paraît à la détente durant cet après-midi, et une discussion a lieu entre l'état-major des manifestants et la préfecture de police, attentivement surveillée par le cabinet du ministre de l'Intérieur, qui aboutit à un accord sur le parcours des cortèges. L'accord est respecté. Les étudiants s'en tiennent à leurs trois revendications prioritaires — libération des condamnés, évacuation du Quartier latin par la police et réouverture de la Sorbonne — et la dispersion, instamment demandée par Alfred Kastler qui s'était mis au premier rang des manifestants, se fait comme il était prévu, malgré les protestations de la JCR et du Mouvement du 22 mars. Leurs représentants exigent une réunion des responsables et, vers 2 h du matin, Alain Geismar, qui avait pourtant donné l'ordre de dispersion quelques heures plus tôt, intervient pour dénoncer la complicité des « bureaucraties syndicales » avec le pouvoir et, aussitôt, on décide qu'une manifestation plus dure aura lieu le soir même de ce vendredi 10 mai, en prévoyant expressément que des lycéens et de jeunes travailleurs salariés s'y joindront.

Ce retournement est décisif : il n'est plus question d'apaisement ni d'un retour au calme, ni de reprise normale des cours. Au début de l'après-midi, Cohn-Bendit fait monter la pression lors d'un meeting en plein air, place de la Sorbonne. Jacques Sauvageot annonce : « Dès que nous aurons accès à la Sorbonne, nous occuperons les locaux ; jour et nuit, dans les amphithéâtres, dans les salles, nous tiendrons des discussions sur le problème de l'Université. » Un nouveau « Comité du 3 mai » fondé par Marc Kravetz et Jean-Louis Peninou, avec les Comités d'action lycéens et le Mouvement du 22 mars, dénonce l'arrangement proposé par Alain Peyrefitte, réclame l'occupation de la Sorbonne et ce qu'il appelle une « totale liberté d'expression politique dans l'Université ».

Personne ne peut donc plus se faire la moindre illusion : l'ordre, tel que le conçoivent les ministres, ne sera nullement respecté. On en est convaincu à l'Elysée plus encore qu'ailleurs où, après les déclarations du ministre de l'Education nationale à l'Assemblée et leur interprétation dans la presse du matin — « Le général de Gaulle a cédé », écrit *Combat* —, on est exaspéré par la tournure des événements. D'autant que, maintenant, les propos de Jacques Sauvageot et des autres chefs des manifestants sont connus. Quand de Gaulle reçoit Louis Joxe, Christian Fouchet et Alain Peyrefitte, il est donc décidé à exiger que l'ordre soit d'abord rétabli alors que ses ministres cherchent encore les moyens de sortir du cycle des violences. Un flottement manifeste apparaît du côté des autorités politiques et administratives. Car, dans la matinée, le Conseil de l'Université, s'est réuni : ignorant apparemment tout des déclarations et des intentions d'Alain Geismar, de Jacques Sauvageot et de leurs amis, et de leur décision d'occuper la Sorbonne, il publie, à 14 h 30, un communiqué annonçant, comme si de rien n'était, que les cours « pour des raisons administratives et matérielles [...] reprendront [...] progressivement ». Les contradictions et les ambiguïtés vont persister jusqu'au soir : le recteur Roche, vers minuit, fait savoir que « le Conseil de l'Université l'a approuvé d'avoir décidé la reprise des cours » et annonce « qu'elle aura lieu dans la journée ». Pourtant, vers 20 heures, Alain Peyrefitte a publié, lui aussi, un autre communiqué qui constate que des organisations étudiantes ont annoncé qu'elles allaient occuper la Sorbonne « jour et nuit », et déclare que les conditions de sa réouverture ne sont pas réunies...

Ce soir du 10 mai, la manifestation n'est pas interdite : Christian Fouchet et le préfet de police Maurice Grimaud ont expliqué à de Gaulle que l'interdiction effective, en raison du nombre probable des manifestants, aurait exigé d'immenses moyens et que le résultat des affrontements n'était pas acquis d'avance. La décision a donc été prise d'empêcher les cortèges de passer sur la rive droite comme ils avaient pu le faire le 5 mai et de déborder la ligne allant du pont du Carrousel à la gare Montparnasse, sur la rive gauche. En deçà de cette ligne, le périmètre de la Sorbonne sera défendu. En début de soirée, les manifestants sont environ 12 000 et ils comprennent un nombre important de lycéens. Les mots d'ordre sont de se disperser en petits groupes et d'être prêts à riposter en cas de heurts avec la police. Mais, comme rien ne se passe, les manifestants, à partir de 21 h 30, prennent tout ce qui leur tombe sous la main et se mettent à dresser des barricades. Ils avaient commencé de le faire, on s'en souvient, le 3 et surtout le 6 mais n'avaient pas insisté : cette fois c'est une éruption dans toute cette partie du Quartier latin qui va du boulevard Saint-Michel au Val de Grâce, du Panthéon à la rue Monge. Un morceau de Paris entre en rébellion. Le mot d'ordre est de tenir les barricades et d'y rester jusqu'à ce que toutes les revendications étudiantes soient satisfaites. Pour la première fois, les voitures de reportage des chaînes de radio vont jouer un rôle capital dans une manifestation de cette ampleur. Elles donnent des indications sur le dispositif de forces de l'ordre, elles transmettent, en direct, les consignes des responsables étudiants, elles rendent compte, minute par minute, de la construction des barricades et bientôt, dans la chaleur du drame en train de se produire, elles vont servir à exalter le combat de manifestants qui sont, en dressant des barricades, devenus des émeutiers.

Beaucoup ont dit ou écrit plus tard que les ministres responsables, c'est-à-dire Louis Joxe, Premier ministre par intérim, et Christian Fouchet, ministre de l'Intérieur, auraient dû ordonner le dégagement du Quartier latin avant même qu'apparaissent les barricades. D'autres, qu'il aurait fallu agir dès leur première ébauche tant il est vrai que mettre deux pavés l'un sur l'autre c'est déjà commencer une émeute. Ce qui a été fait est le résultat d'un engrenage. En demandant que la manifestation ne soit pas interdite, Christian Fouchet et Maurice Grimaud appuyés par Louis Joxe, s'inspiraient de l'expérience de la veille au soir, le 9 mai : les cortèges avaient respecté l'itinéraire convenu et s'étaient dispersés, sans qu'il y ait eu de désordre. De plus, on avait vu, les jours précédents, à quel degré de violence on en venait quand les forces de l'ordre avaient à faire face à une foule trop nombreuse de manifestants. On dispose de 7 000 agents de police, de 3 500 CRS et de 6 000 gendarmes mobiles, mais ce n'est là qu'un décompte théorique : sans parler des relèves indispensables, une part considérable des effectifs est affectée aux gardes statiques, à la protection de certains bâtiments publics, aux barrages installés sur les ponts de la Seine ou le long des périmètres que l'on veut défendre à tout prix. Le rapport des forces ne sera pas nécessairement favorable aux forces de sécurité dès lors que leurs adversaires, plus jeunes, plus mobiles, n'hésitent plus à utiliser toutes les armes en leur possession, pavés, bâtons, gourdins, cocktails Molotov... Fallait-il, alors, leur donner l'assaut dès le début de la construction des barricades ? La question a été posée et débattue dans le bureau de Christian Fouchet qui avait régulièrement au téléphone Maurice Grimaud, qui était lui-même dans la salle de commandement de la préfecture de police. Trois ou quatre collaborateurs du ministre ou hauts fonctionnaires de la police se trouvaient dans ce bureau. Certains d'entre eux, il est vrai, étaient partisans d'agir sans attendre. D'autres, non. Maurice Grimaud souhaitait attendre. L'argument principal qu'il invoquait, celui qui fut décisif pour fixer l'heure exact de l'assaut, était qu'il fallait attendre le départ des manifestants les moins enthousiastes, les plus fatigués, pour que le nombre des plus durs soit réduit et surtout pour que les lycéens rentrent chez eux tant il était dangereux, psychologiquement et donc politiquement, de risquer que beaucoup d'entre eux soient blessés. Cet argument fut déterminant pour Christian Fouchet.

Mais il en était un autre dont il devait tenir compte. Des négociations s'étaient engagées, ou plutôt amorcées, avec les dirigeants de l'UNEF, par l'intermédiaire de leur avocat, Me François Sarda. Comme Christian Fouchet l'a écrit, j'étais en liaison direct avec lui. C'était une entreprise extraordinairement difficile. Elle était gênée par les conversations parallèles que le recteur Roche avait entamées de son côté, étalées sur la place publique par les reportages des radios, et qui, à l'indignation d'Alain Peyrefitte, reçut même Daniel Cohn-Bendit... Elle était rendue aléatoire par la multiplicité des interlocuteurs possibles et leur éventuel désaccord, bien qu'on ait voulu s'adresser directement à Jacques Sauvageot, chef de file véritable de l'UNEF, dont on savait qu'il était étroitement associé à Alain Geismar. Il n'était pas aisé non plus de savoir sur quoi il serait possible de s'entendre. On pouvait s'engager à libérer les étudiants condamnés, mais non pas à l'évacuation sans limites du Quartier latin par la police, comme s'il s'agissait de reconnaître l'existence d'un territoire dissident... Mais l'objectif était limité : obtenir le départ des manifestants sans affrontements avec les forces de l'ordre. Si pessimiste que l'on fût à mesure que le temps passait, on ne voulut pas sacrifier la chance d'un arrangement de dernière minute : chacun savait alors que l'assaut, s'il fallait le donner, serait très dur et qu'on ne pourrait éviter qu'il y ait de nombreux blessés de part et d'autre. Après un dernier coup de téléphone de François Sarda, me disant que ses contacts avec les dirigeants étudiants avaient cessé, je passais dans le bureau mitoyen, qui était celui du ministre, pour l'en avertir : il avait alors avec lui Louis Joxe, Pierre Messmer et Bernard Tricot. Peu après, il prescrivit à Maurice Grimaud de donner l'assaut et se fit passer le chef des unités d'intervention, André Friedrich. Je l'entends encore dire au téléphone : « Friedrich, je vous fais grande confiance, il faut aller au contact... »

Plus rien ne pouvait empêcher que l'affrontement soit d'une extrême violence. Comme on l'avait prévu, le nombre des étudiants tenant les barricades était beaucoup plus réduit qu'en début de soirée : il y eut, pourtant, 116 blessés dont 36 furent conduits à l'hôpital. Mais leur combativité et l'avantage qu'ils avaient d'être sur la défensive fit qu'il y en eut 274 du côté des forces de l'ordre dont 18 conduits à l'hôpital. Les dégâts matériels étaient considérables : il avait fallu réduire de 25 à 30 barricades, 60 voitures furent incendiées et 128 gravement endommagées. La dernière barricade tomba à 5 h 30 et c'est alors seulement que Daniel Cohn-Bendit donna l'ordre de dispersion. Les combats avaient duré plus de 3 heures. Toutes les radios en donnaient le compte rendu, minute par minute, et propageaient aussi, involontairement, les rumeurs les plus dramatiques. RTL qui passait, à juste titre, pour la plus raisonnable — elle avait interrompu volontairement la diffusion des consignes d'Alain Geismar — commença son journal du début de la matinée en annonçant que Paris venait de passer « une nuit meurtrière » : mais il n'y avait pas eu un seul mort...

On n'avait pas voulu réveiller de Gaulle puisque c'était aux ministres d'assumer leurs fonctions sans en référer constamment à l'Elysée : mais on n'a pas voulu qu'il apprenne les événements de la nuit en ouvrant sa radio. Bernard Tricot s'est chargé de le faire réveiller : Louis Joxe, Christian Fouchet et Pierre Messmer sont reçus à 6 heures. Ils lui font un compte rendu des événements de la nuit. On évoque un instant l'éventualité d'un appel à la troupe mais Pierre Messmer rappelle que les régiments de choc sont entraînés à combattre, à tirer, à tuer, à n'accepter aucun recul et à ne laisser aucun avantage à l'adversaire : ce n'est pas le comportement qu'il faut avoir face à des manifestants. De Gaulle acquiesce mais se borne alors à des consignes de fermeté sans accepter que l'on cède aux revendications habituelles des mouvements étudiants. C'est dans l'après-midi, après avoir reçu le recteur Roche en présence d'Alain Peyrefitte, qu'il approuve le plan que celui-ci lui propose : les concessions devront être compensées par des contreparties. Les étudiants emprisonnés et condamnés seront libérés et amnistiés mais, si les troubles reprennent et s'aggravent, l'état d'urgence sera proclamé qui permet de faire fonctionner une justice expéditive : les forces de l'ordre seront retirées du Quartier latin mais quand le calme y régnera ; les cours reprendront mais un filtrage sera fait à l'entrée des facultés et l'ordre sera maintenu à l'intérieur. On croit alors que c'est un plan équilibré, qui convaincra l'opinion que la volonté d'apaisement compense le désir de fermeté. Il est 19 heures ce samedi 11 mai : il suffit d'attendre le lundi 13 et, après avoir convaincu les Français de la bonne volonté du gouvernement, on appliquera ce plan...

Mais c'est justement ce samedi 11 mai que vont s'ébaucher les deux stratégies opposées qui, par étapes, vont déterminer tout le cours de la crise. D'un côté, le Premier ministre, Georges Pompidou. De l'autre, les états-majors des syndicats et des partis de gauche et d'extrême gauche. D'un côté, une stratégie ouverte, avouée, dont tout le monde comprend la portée et la signification. De l'autre, des démarches qui ne paraissent encore que symboliques mais qui annoncent le virage décisif que la crise va prendre en quelques jours.

Georges Pompidou arrive à 19 h 15 à Orly. Il rentre d'Iran et d'Afghanistan : un voyage qui l'a intéressé, intrigué et même amusé. Son directeur de cabinet, Michel Jobert, est parvenu à l'informer régulièrement malgré les difficultés de liaison. Il a décidé d'avancer son retour de quelques heures. Dans l'avion, déjà, il a rédigé l'appel qu'il compte adresser aux Français. Il est accueilli par Louis Joxe, Christian Fouchet et Alain Peyrefitte qui le retrouvent à Matignon avec Bernard Tricot. Il ne veut entendre qu'un bref résumé des événements et, tout de suite, fait part de ses intentions. Elles se résument simplement : il veut accorder sur-le-champ satisfaction aux étudiants, renverser la tendance de l'opinion publique, mettre celle-ci dans son camp et, une fois cette étape franchie, aborder, avec une réputation d'ouverture et de générosité, l'examen des réformes nécessaires dans l'Université. Louis Joxe et Christian Fouchet en sont aussitôt partisans : sans qu'ils l'aient formulé eux-mêmes, c'est la méthode qui a leur préférence. Alain Peyrefitte, seul, fait des objections : il pense que son plan, qui équilibre concessions et contreparties, est meilleur et il fait remarquer que celui de Georges Pompidou sera ressenti par les organisations étudiantes, mais aussi par tout le pays, comme une capitulation des pouvoirs publics. Mais Pompidou, justement, ne croit pas que l'heure soit à la négociation et au marchandage ni, comme il le dit, à « mégoter » : c'est un choc qu'il faut créer et seule une position claire et définitive peut renverser le cours des événements et permettre au gouvernement de sortir de l'engrenage dans lequel il s'est enfermé. Tous les témoins l'ont remarqué : Georges Pompidou est en pleine possession de ses moyens. Par contraste avec des ministres anxieux et fatigués, il paraît combatif, résolu et sûr de lui : « Cette crise, je la sens », dit-il à ses interlocuteurs.

Il faut, ici, s'arrêter sur cette stratégie que Georges Pompidou va inaugurer dès la soirée de ce samedi 11 mai. Car, au fond, elle va être poursuivie, sans arrêt, jusqu'à l'avant-dernier jour de la crise, le 29 mai, quand on pourra croire qu'elle a finalement abouti à un échec historique. En un mot, elle consiste à reculer pour, le moment venu, se redresser. Si optimiste qu'il ait été durant les premiers jours après son retour d'Afghanistan et qu'il le sera de nouveau dans les derniers jours, il n'était pas inconscient des risques encourus, loin de là. Il savait très bien qu'il en résulterait des dégâts psychologiques, sociaux, économiques, politiques et qu'on pourrait seulement tenter de les réduire autant que possible, mais sa conviction était qu'il fallait retourner l'opinion publique, l'avoir avec soi, se défaire à tout prix d'une réputation d'insensibilité, de dureté, de fermeture et d'incompréhension. C'est ainsi seulement que les extrémistes, les contestataires systématiques, les gauchistes, quelles que soient leurs étiquettes politiques, seraient isolés et neutralisés.

Il avait un argument supplémentaire qu'il employait peu devant ses interlocuteurs pour ne pas donner l'impression d'accabler ceux qui avaient eu des responsabilités en son absence, mais qui était en réalité très présent dans son esprit : il estimait que les réflexes d'autorité, dont on avait fait montre au début de la crise, avaient tourné au désastre [8]. Après la fermeture de Nanterre, les étudiants s'étaient reportés sur Paris. Après la condamnation de quelques-uns d'entre eux, leur libération était devenue une exigence pour tous les autres, approuvée par l'ensemble de l'opinion publique. Après la fermeture de la Sorbonne, les barricades s'étaient dressées... Il fallait sortir de ce cycle infernal de provocations et de répression. Et tel était, au fond, l'état d'esprit d'un grand nombre de responsables, même s'ils ne l'avouaient pas. Au ministère de l'Intérieur, où l'on n'avait pas cessé d'être talonné, depuis le mois de mars jusqu'aux premiers jours de mai, par tous ceux qui exigeaient que l'on prenne, à Nanterre, des mesures énergiques et que l'on fasse preuve de plus d'autorité, on s'était interrogé, plus tôt qu'ailleurs, du moins dans le cercle très étroit qui entourait Christian Fouchet, sur l'efficacité réelle, c'est-à-dire politique, des mesures de répression qu'on avait dû décider. Leur impopularité était manifeste. Pour chaque mesure d'ordre ou d'interdiction, on était accusé de maladresse ou même d'aveuglement. A chaque intervention de la police, elle était accusée des pires brutalités. On faisait, au fond, mais dans les plus dures conditions, l'expérience d'un principe constant : en démocratie, on ne peut pas maintenir l'ordre sans soutien populaire.

Tel était donc l'état d'esprit de Georges Pompidou quand il se rendit à l'Elysée vers 21 heures. Son entretien avec de Gaulle ne dura pas plus d'un quart d'heure. Ce fut suffisant pour le convaincre. L'explication en est simple : Georges Pompidou sut faire ressortir la cohérence de son plan, ses arguments parurent clairs et forts, et il offrait une politique à suivre plus que de simples mesures à prendre. De Gaulle l'approuva, même si, par tempérament, il eût préféré une autre option. L'affaire, du reste, était du ressort du Premier ministre et celui-ci avait montré assez de capacité et d'habileté, depuis qu'il était à la tête du gouvernement, pour qu'on lui fît confiance : cette fois encore, de Gaulle fut, avant tout, sensible à son intelligence.

A 23 h 30, Georges Pompidou fit connaître, à la télévision, ses décisions : « La Sorbonne sera librement rouverte à partir de lundi... Des mesures seront prises pour que les candidats aux examens n'aient pas à souffrir de retards pris dans leur travail. A partir de lundi également, la cour d'appel pourra, conformément à la loi, statuer sur les demandes de libération présentées par les étudiants condamnés. Ces décisions sont inspirées par une profonde sympathie pour les étudiants et par la confiance dans leur bon sens. » Il annonce enfin que la rénovation de l'Université sera poursuivie « en collaboration avec tous les intéressés, maîtres et étudiants ». La stratégie choisie est affichée, rendue publique, mise en marche.

Une autre stratégie, exactement au même moment, se mettait en place dans le camp opposé. Mais, avec plus de tâtonnements, d'hésitations, de réticences et, cependant, assez clairement, assez audacieusement pour qu'on puisse la deviner. Elle se résume aussi simplement que l'autre : partis et syndicats doivent s'engouffrer dans la brèche ouverte par les émeutes étudiantes et tenter d'exploiter à fond la soudaine faiblesse du gouvernement pour l'affaiblir davantage encore et le faire reculer. Jusqu'où ? La réponse dépendra des circonstances que nul, au départ, ne peut prévoir : jusqu'à lui arracher des concessions politiques ou sociales qu'il n'aurait jamais accordées autrement, ou jusqu'au bout... L'histoire de la crise n'est pas autre chose que la mise en application, tantôt prudente, tantôt accélérée, de cette stratégie.

Les premiers signes en sont apparus dès le début de la semaine, le

6 mai, quand le secrétaire général de la CFDT, Eugène Descamps, encouragé par ses amis, juge que la crise universitaire peut ouvrir la voie à une offensive syndicale[9]. Le lendemain, des contacts sont déjà pris entre le SNESUP, l'UNEF, la FEN — Fédération de l'Education nationale — la CFDT, mais aussi la CGT. Son secrétaire général, Georges Séguy, se joint à Eugène Descamps pour discuter avec l'UNEF du soutien que les centrales syndicales pourraient apporter au mouvement étudiant. Il est caractéristique — et signe précurseur de la suite — que cette démarche ait été faite dans l'après-midi du vendredi 10 mai, c'est-à-dire avant la nuit des barricades. Ils s'entendent avec Jacques Sauvageot sur le principe d'une action commune. Quand les entretiens reprennent, le samedi 11, on se met d'accord aussitôt pour une journée de grève le lundi 13 et, en même temps, pour des manifestations communes à Paris et dans les grandes villes de province. C'est sur les détails que les arrière-pensées, les divergences et même les aversions réciproques transparaissent. Les syndicats ne souhaitent pas la présence des partis politiques : les mouvements étudiants obtiennent que leurs dirigeants soient présents. L'UNEF veut que la manifestation aille jusqu'au Luxembourg et la CGT ne voudrait pas qu'elle passe par le Quartier latin : on convient qu'elle ira de la place de la République à la place Denfert-Rochereau d'où les étudiants pourront aller jusqu'à la Sorbonne. La CGT ne veut pas de Cohn-Bendit et l'UNEF veut et obtient qu'il soit au premier rang, de sorte qu'il pourra dire, le lundi suivant, « ce qui m'a fait plaisir, cet après-midi, c'est d'être en tête du défilé où les crapules staliniennes étaient dans la remorque » — empruntant ainsi un vocabulaire généralement employé par l'extrême droite...

Les partis politiques, de leur côté, ont aussitôt voulu saisir l'occasion offerte par la tournure dramatique de la crise étudiante. Leur thème est simple : la répression a été brutale, inhumaine, disproportionnée, inadmissible. Ils s'expriment avec d'autant plus de violence que la presse, en majorité, oubliant apparemment que les manifestations sont devenues des émeutes, est sévère envers la police et que l'opinion publique semble garder sa sympathie envers les étudiants. A gauche, en tout cas, ils sont décidés à se ranger immédiatement aux côtés des organisations étudiantes, même s'il est notoire qu'elles sont dirigées par des groupes extrémistes.

Le résultat est atteint dès le grand défilé de l'après-midi du lundi 13 mai. Eugène Descamps, Georges Séguy et un dirigeant de second plan de Force ouvrière, se trouvent aux côtés de Sauvageot, Geismar et Cohn-Bendit. Waldeck Rochet, Georges Marchais, Guy Mollet, Pierre Mendès France, François Mitterrand, sont à l'arrière-plan. Mais ils sont là. Sur les pancartes des manifestants, les mots d'ordre politique — « 10 ans, ça suffit »... — sont peu nombreux. Mais il y en a. La grève est largement suivie à Paris et dans la région parisienne, moins en province, beaucoup moins dans les villes petites et moyennes : avertissement aux directions syndicales qui sauront qu'elles peuvent entraîner la majorité des salariés dans une prochaine offensive sociale mais qu'il leur faudra ménager leurs réticences et les pousser en avant tout en évitant d'être débordées par le mouvement étudiant. A Paris, le cortège était, probablement, de 200 000 personnes. C'était suffisant pour donner aux groupes étudiants les plus déterminés la force d'occuper immédiatement la Sorbonne et l'exemple est suivi, le jour même, à l'université de Strasbourg et, en partie, dans les facultés de Bordeaux et de Lyon. La brèche est bel et bien ouverte par où va passer la crise politique et sociale, à la suite de la crise étudiante.

Comme il est normal dans la bousculade des événements, on tâtonne, de tous côtés. On cherche à comprendre, et on se trompe. On hésite sur la conduite à tenir et on se leurre sur celle des autres. Au terme de la manifestation du 11, des cortèges étudiants, dépassant les ponts que gardent des cars de CRS, vont jusqu'au Champ-de-Mars et risquent de déborder sur d'autres quartiers de Paris : comme son aide de camp, le commandant Flohic, s'en inquiète, de Gaulle le calme et lui assure que « les communistes vont y mettre bon ordre » tant il était sensible aux informations qu'on lui donnait sur les querelles entre gauchistes et communistes [10]. Au Conseil de l'Université, les professeurs manifestent leur solidarité avec les étudiants et ne croient pas que l'on ait à redouter qu'ils occupent la Sorbonne car, demande l'un d'eux, « que voulez-vous qu'ils y fassent ? »...

Et voici que, dès le dimanche 12 mai, les syndicats de police protestent avec véhémence. Ils font savoir qu'ils considèrent « la déclaration du Premier ministre [du samedi 11] comme une reconnaissance du bon droit des étudiants et comme un désaveu absolu de l'action des forces de police que le gouvernement a ordonnée ». Ils présentent aussitôt des revendications pressantes pour leurs salaires et leurs conditions de travail. Des tracts violents circulent parmi leurs adhérents. Ils s'expriment ouvertement sur les ondes de RTL. Et, le jeudi 16, ils prennent directement contact avec les chefs de l'opposition : Pierre Mendès France, François Mitterrand, Charles Hernu. Au ministère de l'Intérieur, on y voit une manœuvre, assez grossière, pour obtenir des avantages en profitant des embarras du gouvernement et Christian Fouchet, qui les reçoit, ne peut faire autrement que leur donner satisfaction. Certains, cependant, l'avertissent que les policiers ont d'autres raisons pour se plaindre et revendiquer : autour d'eux, dans leur propre famille, la campagne contre leurs « brutalités » trouve un écho, ils se sentent isolés, critiqués, parfois menacés, ils ressentent, non sans amertume, que l'opinion publique n'est pas avec eux. Le fait est que les « brutalités policières » sont alors dénoncées partout, dans toute la presse, dans tous les milieux. Il apparaîtra, plus tard, que beaucoup de ces accusations sont fausses ou excessives : quelques-unes, même, n'avaient aucun fondement ni aucune vraisemblance, comme celle d'avoir utilisé des gaz asphyxiants, contre laquelle Maurice Grimaud dut lui-même rédiger un démenti [11].

Celui-ci, plus que tout autre était sensible à la campagne déclenchée contre les hommes dont il avait la responsabilité. Il savait leur exaspération après qu'ils eurent dû attendre longtemps, sous un déluge de projectiles, pour réagir et disperser les manifestants : nul doute qu'ils aient alors donné libre cours à leur colère. Il n'était pas question de les abandonner devant les attaques dont ils étaient l'objet et de paraître les désavouer alors qu'on exigeait d'eux un effort exceptionnel. Mais, tout au long de la crise, des rappels à l'ordre furent adressés aux responsables des forces engagées sur le terrain, des mises en garde ont été renouvelées, jusqu'au jour, le 29 mai, où Maurice Grimaud, avec l'accord de Christian Fouchet, rendit publique une lettre dont la teneur, en réalité, était déjà connue mais qui fut très officiellement adressée à chaque policier : « Là où nous devons être tous d'accord, écrivait-il, c'est que, passé le choc inévitable du contact avec des manifestants agressifs qu'il s'agit de repousser, les hommes d'ordre que vous êtes doivent aussitôt reprendre toute leur maîtrise. Frapper un manifestant tombé à terre, c'est se frapper soi-même en apparaissant sous un jour qui atteint toute la fonction policière. Il est encore plus grave de frapper des manifestants après arrestation et lorsqu'ils sont conduits dans des locaux de police pour y être interrogés. » Avec le recul du temps, on a jugé, en général, que les forces de police, durant la crise de mai, avaient été relativement disciplinées et bien tenues en main, malgré des accès de violence : Maurice Grimaud en recueillit une sorte de popularité. Mais les revendications des syndicats de police, au lendemain de l'affaire des barricades de la nuit du 10 au 11, et les démarches qu'ils firent auprès des chefs de l'opposition, traduisaient, à cette date, l'isolement des policiers dans la population, leur tentation d'en sortir par de nouveaux contacts politiques et leur appréhension devant les tâches qui les attendaient si la crise se poursuivait. Pour le gouvernement c'était un signe inquiétant.

Pour appliquer sa stratégie, Pompidou veut tenir en main les affaires de l'Etat. La police, la justice, l'information, les armées, l'économie, les affaires sociales : tout est impliqué dans la conduite de la crise et dans sa solution future. Tout doit donc être concentré à Matignon. Désormais, tous les matins, il réunit autour de lui Christian Fouchet, Maurice Grimaud, Pierre Messmer, le directeur de la Gendarmerie Jean-Claude Périer, son directeur de cabinet, Michel Jobert, son conseiller de sécurité, Pierre Somveille, qui est l'ancien directeur du cabinet de Maurice Papon à la préfecture de police, auxquels se joignent souvent Georges Gorse et, quand les grèves atteindront ses services, Yves Guéna, ministre des PTT. C'est là que tout est examiné et que tout se décide. Car Pompidou sait que la stratégie qu'il a choisie n'est pas facile à mettre en œuvre. Une première étape a été franchie dès le dimanche 12 mai : les étudiants arrêtés pendant la nuit ont été relâchés. Le lendemain, la cour d'appel a accordé le sursis aux condamnés à des peines de prison ferme par le tribunal correctionnel. Le lundi 13, les forces de l'ordre se sont retirées du Quartier latin, puis les portes de la Sorbonne ont été ouvertes et, aussitôt après la fin du défilé, les étudiants l'ont occupée.

C'est ce jour-là que se pose la question du voyage que de Gaulle doit faire en Roumanie le lendemain. Attentif, naturellement, à l'ampleur de la manifestation organisée par les étudiants, les syndicats et les partis, il se demande s'il doit partir et consulte le ministre de l'Intérieur, puis celui des Affaires étrangères, et le Premier ministre. Christian Fouchet, avant de se rendre à l'Elysée, entend des avis opposés. Il est lui-même partisan de l'annulation du voyage et le dit, non sans véhémence, à de Gaulle. Maurice Couve de Murville est d'un avis contraire, tout aussi catégorique, et Georges Pompidou le soutient. De Gaulle choisit donc de ne rien changer à ses projets et s'envole pour Bucarest au matin du mardi 14.

Il y eut, dans les propos des uns et des autres, beaucoup d'arrière-pensées et de non-dits. Christian Fouchet n'était pas en désaccord avec Georges Pompidou et les décisions prises par celui-ci à son retour d'Afghanistan correspondaient, ou peu s'en faut, à ce qu'il souhaitait : mais il avait senti que, si de Gaulle s'était laissé convaincre, il gardait en réserve d'autres options. Il pressentait que, si les choses tournaient mal, d'autres choix seraient faits à l'Elysée : de Gaulle absent, un fossé risquait de se creuser au cœur de l'exécutif, alors que la crise exigeait une unité de commandement et que la responsabilité ultime devait incomber à de Gaulle. Il ne pouvait évidemment dire à haute voix ses appréhensions ni évoquer ces hypothèses mais c'était bel et bien ce qu'il pensait, comme je l'avais compris alors et comme il me l'avoua plus tard. J'étais d'un avis opposé au sien. Très pessimiste pour les jours qui allaient suivre, je pensais que de Gaulle supporterait mal le spectacle du désordre grandissant de la paralysie de l'Etat, et que, suivant la pente de son caractère, il voudrait réagir : mais les circonstances, sans doute, ne seraient pas encore favorables à la contre-offensive et l'on risquerait alors de nouveaux échecs. Je croyais qu'on allait entrer dans une période difficile et pénible où l'on devrait consentir probablement de nouveaux reculs et il ne fallait pas que de Gaulle soit compromis par cette bataille en retraite. Beaucoup étaient de cet avis. Et surtout, le Premier ministre. Il m'en parla quand la crise fut terminée, précisant toutefois, avec honnêteté, qu'il avait espéré que l'opinion publique se retournerait assez vite, que les désordres deviendraient impopulaires et qu'on pourrait reprendre les choses en main de manière à dégager le terrain avant que de Gaulle ne revienne, de sorte qu'il aurait le champ libre pour prendre l'initiative des réformes nécessaires. Sur le moment, il dut se borner à dire que les événements intérieurs, en France, si graves fussent-ils, ne devaient pas empêcher le président de la République de poursuivre son action sur la scène du monde et qu'il ne fallait pas donner au-dehors l'impression que le pays était en danger. En fin de compte, à partir du 14 mai au matin, Pompidou, à qui de Gaulle a confié à l'avance tous les pouvoirs que la Constitution permet de déléguer au Premier ministre, va gouverner seul et mettre en œuvre sa stratégie.

Mais c'est la stratégie de ses adversaires qui va se déployer. La brèche ouverte par les émeutes étudiantes s'élargit d'abord. La Sorbonne est occupée le 13 mai. Un Comité d'occupation est créé le mardi 14 et de nombreux organismes apparaissent, les jours suivants, y compris un service d'ordre dont l'autorité, souvent contestée par les mouvements étudiants, s'étend au-dehors, place de la Sorbonne, boulevard Saint-Michel jusqu'au croisement du boulevard Saint-Germain. En province, les facultés sont occupées, à leur tour, dans les grandes villes. Le 15 mai, c'est l'occupation de l'Odéon. Madeleine Renaud qui partage la direction du théâtre avec Jean-Louis Barrault, essaie de s'y opposer : « L'Odéon a joué Genet, Ionesco, Beckett... Notre théâtre n'est pas un théâtre bourgeois... Vous feriez mieux de prendre d'assaut d'autres théâtres. » Mais les occupants ne se laissent pas convaincre et, le lendemain, Daniel Cohn-Bendit vient parler : « L'Odéon est le symbole de la culture bourgeoise et gaulliste. Nous devons considérer le théâtre en tant qu'instrument de combat contre la bourgeoisie. » Jean-Louis Barrault s'incline aussitôt : « Je suis complètement d'accord avec monsieur, Barrault n'est plus directeur de ce théâtre, mais un comédien comme les autres. Barrault est mort. » Si pittoresque et folklorique que soit l'épisode, il est aussi symbolique : la crise sort de son cadre universitaire, gagne tout le champ culturel et balaie les fragiles barrières administratives qu'on pourrait lui opposer, les usages, les hiérarchies...

Mais ce n'est encore qu'une brèche. Comme on l'a vu, les syndicats s'y sont engouffrés à l'occasion du grand défilé du 13 mai. Ce premier épisode a montré qu'une surenchère a joué aussitôt entre la CFDT et la CGT et qu'à leur suite, discrètement encore, les chefs des partis de gauche et d'extrême gauche sont entrés en scène. Mais les apparences ne doivent pas tromper : la direction de la CGT est celle du parti communiste. Ses initiatives doivent tenir compte du contexte social et, en particulier, de l'état d'esprit des salariés et du comportement des autres organisations syndicales : mais elles sont évidemment conformes à ce que souhaite la direction communiste. Entre les deux, il peut y avoir différence de langage, différence dans le rythme de l'action, il n'y a pas de hiatus.

C'est donc le mouvement social qui va suivre immédiatement le mouvement étudiant, le freinant, l'accompagnant, le débordant, suivant les circonstances. Une première étape est déjà franchie : après des contacts pris dès l'après-midi du 10 mai, entre les directions syndicales et l'UNEF, et la participation syndicale à la manifestation du 13, une grève générale a eu lieu ce jour-là. A vrai dire, elle n'a pas été suivie partout ni avec la même ardeur, en province surtout, mais aussi à Paris et où un tiers des métros a circulé et où le secteur privé a été moins touché : les directions syndicales vont en tenir compte.

Une deuxième étape commence aussitôt, pour ne durer que trois jours. La grève du 13 mai se prolonge, le 14, à l'usine de Sud-Aviation près de Nantes, à la SAVIEM, filiale de Renault, à Cléon, le 15 puis, le jeudi 16, dans les autres usines de la Régie, surtout à Flins et dans l'après-midi, à Boulogne-Billancourt. Nul doute qu'à Sud-Aviation et à Cléon, l'initiative a été prise par de jeunes ouvriers, influencés par les groupes gauchistes, qu'ils soient de tradition anarcho-syndicalistes ou trotskistes, souvent influents à la CFDT et même, en Loire-Atlantique, à Force ouvrière — dont les Renseignements généraux avaient souligné l'influence, dans leurs rapports, au ministère de l'Intérieur, plusieurs mois auparavant [12]. La CGT a observé le mouvement sans y faire obstacle : elle ne voulait pas se lancer dans une aventure où elle n'était pas certaine de pouvoir entraîner la majorité des salariés, mais pas davantage elle ne voulait laisser agir sans contrôle les groupes gauchistes. A Flins, elle a fait plus qu'accompagner le mouvement, il n'aurait probablement pas abouti sans elle. A Boulogne-Billancourt, où elle est, pour la plus grande part, maîtresse du terrain, c'est elle qui l'a déclenché. L'effet en est immédiat. Tous les ateliers sont occupés et beaucoup ont déjà hissé le drapeau rouge. Et personne ne peut s'y tromper : rien, dans ce passage à la grève, ne ressemble à ceux qui l'ont précédé, ces dernières années, il n'y a ni négociation engagée, ni préavis, ni tractation préalable entre syndicats ou entre ceux-ci et la direction. C'est une offensive sociale qui est déclenchée et nul ne peut ignorer que c'est aussi une offensive politique : la direction de la CGT n'aurait pas pris une initiative de cette ampleur sans que la direction communiste ne l'ait approuvée ou ne l'ait voulue.

Que son rôle soit capital, la chronologie le prouve. Elle n'a pas attendu plus de quarante-huit heures pour observer et vérifier que les grèves déclenchées à Sud-Aviation, à Cléon, puis à Flins, étaient largement suivies et pouvaient être relayées, relancées, amplifiées. Si l'on peut dire qu'elle a été prudente durant ces quelques dizaines d'heures, le moins qu'on puisse dire aussi est qu'elle ne l'a pas été plus longtemps. Ce 16 mai marque, en tout cas, le tournant décisif de la crise. C'est d'ailleurs ce jour-là que le bureau politique du comité central du parti communiste se réunit et publie un communiqué où, pour la première fois, se trouve l'expression de « gouvernement populaire » qui ne sera reprise que prudemment les jours suivants, avant d'être le mot d'ordre essentiel dans la dernière phase de la crise. Mais c'est aussi ce 16 mai que la CGT déclenche son offensive sur le terrain dont elle sait que tout peut dépendre : la grève des chemins de fer.

Alors commence la troisième étape de la crise sociale qui va durer jusqu'à la fin du mois. Ce n'est pas le fait du hasard ni des circonstances. C'est un choix stratégique. La CGT occupe, de loin, le premier rang parmi les syndicats de la SNCF. Son secrétaire général, Georges Séguy, est l'ancien secrétaire du syndicat CGT des cheminots. Il n'y a pas, aux Chemins de fer, de groupe gauchiste ou trotskiste. C'est bien la CGT qui prend l'initiative comme sa direction l'a décidé — et donc la direction communiste aussi. Les premiers mots d'ordre sont diffusés dans la soirée du 16. Les grandes gares se mettent en grève les unes après les autres dans la journée du 17. Le 18, partout, les trains sont arrêtés. Déjà, on peut pressentir que, si la grève dure, la paralysie gagnera tout le pays et qu'une bataille sociale de première grandeur s'engagera. Tout, alors, dépendra de la capacité des syndicats, et d'abord de la CGT, de mobiliser les autres secteurs de l'économie.

Mais c'est déjà une bataille politique. Dans la matinée de ce même jeudi 16 mai, le bureau politique de la Fédération de la gauche démocratique et socialiste, la FGDS, s'est réuni, sous la présidence de François Mitterrand, et a publié un communiqué réclamant ouvertement la démission du gouvernement et de nouvelles élections législatives. On peut croire qu'il ne s'agit que d'une démarche purement formelle, mais il faut remarquer que rien de tel ne s'est produit, ni ne se produira, dans aucun autre pays où les manifestations de la jeunesse étudiante ont pris un tour violent, aux Etats-Unis, en Allemagne, ou en Italie. Ce jour-là, on voit donc s'engager une sorte de compétition, encore discrète mais perceptible, entre le parti communiste dont les dirigeants syndicaux déclenchent les grèves exemplaires de Renault et de la SNCF, et la gauche socialiste qui veut porter la crise sur le terrain politique. Plus encore : dans l'après-midi de ce même 16 mai, le secrétaire général de la FGDS, le socialiste Claude Fuzier, et ses deux adjoints, Georges Fillioud et André Cellard, rencontrent, au siège de la CGT, Georges Séguy et Henri Krasucki[13]. Ces derniers approuvent la demande de dissolution de l'Assemblée nationale par la FGDS. Mais, s'appuyant sur l'exemple de Billancourt, ils ajoutent que la CGT peut étendre la grève à tous les secteurs clés de l'économie et créer ainsi une situation politique radicalement nouvelle. Simultanément, le parti communiste et la FGDS vont présenter une motion de censure qui, sous le choc des événements, pourrait être votée, ce qui conduirait à la dissolution de l'Assemblée et à la victoire probable de l'opposition de gauche aux élections. Si elle ne l'était pas, la bataille sociale se poursuivrait et pourrait, sur son terrain, obtenir de grands succès. Cette stratégie implique une forte coordination entre les communistes et la FGDS pour que l'on passe de la crise sociale à la crise politique. C'est, en tout cas, le cœur du problème.

On en est là, dès ce 16 mai. En fin de journée, Guy Mollet et Claude Fuzier rencontrent Waldeck Rochet et Georges Marchais[14]. Ceux-ci tiennent un langage plus prudent, en apparence, et plus modéré que celui de Séguy et de Krasucki. Mais, sur le fond des choses, leur objectif est le même : provoquer une crise politique. Ils parlent de programme commun et de motion de censure, ce qui est, après tout, le but que les dirigeants de la CGT avaient évoqué, eux aussi. Mais Waldeck Rochet ne fait pas allusion à la conjugaison de la crise sociale et de la crise politique : il paraît s'en tenir au seul terrain parlementaire. S'agit-il d'une répartition des rôles entre ses camarades et lui ? Ou est-ce le reflet, prudemment exprimé, de ses sentiments personnels qui, dans cette crise, le porteront plusieurs fois à une relative modération, remarquée par certains de ses interlocuteurs dont, par exemple, Jacques Vendroux, qui le rapportera à de Gaulle[15] ? Ou, plus simplement, ce jour-là et à cette heure-là, Waldeck Rochet n'est-il pas encore sûr du succès des grèves que la CGT va déclencher ? Toujours est-il que, dans la soirée, le bureau politique de la FGDS, en très grande majorité, choisit de ne pas donner suite, dans l'immédiat, aux propositions de la CGT. La suite le montrera : ce n'est que partie remise.

Les jours suivants, c'est le raz de marée. Le 17, après la première vague de débrayages à la SNCF, le nombre des grévistes est de 300 000. Le 18, en fin de journée, avec la grève totale des chemins de fer, celle des grandes usines de la métallurgie, de la chimie, et des postes et télécommunications, il se monte à 2 millions. Le lundi 20, on est en présence d'une « grève généralisée », qui ne laisse fonctionner, en pratique, que les seuls secteurs où la CGT ne veut pas d'un arrêt total du travail, comme le téléphone — jusqu'à un certain point — et l'électricité. La troisième étape de la crise sociale est franchie, et le pays va rester paralysé jusqu'à la fin du mois. Cela n'empêche pas, naturellement, que se poursuivent les polémiques entre communistes et gauchistes, entre CGT et CFDT. Toujours attentifs à entraîner derrière eux le plus grand nombre possible de salariés et sachant que beaucoup d'entre eux n'ont que des objectifs professionnels, les dirigeants de la CGT ont fait adopter par leurs instances, le 17 mai, un programme inspiré par les revendications traditionnelles du monde ouvrier : l'abrogation des ordonnances de 1967 sur la Sécurité sociale, l'augmentation des salaires, la réduction de la durée du travail, le libre exercice de l'activité syndicale sur les lieux de travail, des mesures pour l'emploi. Au contraire, la CFDT met l'accent sur la reconnaissance d'une section syndicale dans les entreprises, le droit à l'information et à la discussion sur les décisions des employeurs, la liberté d'action des représentants élus du personnel... Mais ces dissonances, qui passionnent les observateurs politiques ne doivent pas dissimuler l'essentiel : entre les centrales syndicales, c'est l'émulation et les surenchères qui ont joué, et la CGT, en définitive, contrôle l'ensemble du mouvement.

Rien, en tout cas, ne détourne encore Pompidou de sa stratégie. L'ampleur des grèves l'impressionne mais, pour lui, c'est une raison supplémentaire de ne pas renoncer à l'apaisement à l'égard du mouvement étudiant : si, de ce côté, on en revenait aux affrontements et aux violences, on forgerait délibérément des liens plus étroits entre étudiants et salariés et on ne ferait qu'additionner crise universitaire et crise sociale. Dans l'immédiat, il doit faire face à une motion de censure déposée par l'opposition. Ces débats parlementaires, même si, dans le tumulte général, ils paraissent secondaires et presque futiles, sont l'occasion pour lui d'exprimer ce qu'il ressent sur le fond des problèmes. Il laisse ici apparaître une certaine vision philosophique de ce temps ou, du moins, de ce moment du siècle, comme si, au cœur de la tempête, il voulait donner une signification historique à l'action de son gouvernement, à son rôle personnel dans la crise. « Traditionnellement, dit-il le 14 mai, avant la discussion de la motion de censure, la jeunesse était vouée à la discipline et à l'effort, au nom d'un idéal ou d'une conception morale en tout cas. La discipline a en grande partie disparu. L'intrusion de la radio et de la télévision a mis les jeunes, dès l'enfance, au contact de la vie extérieure. L'évolution des mœurs a transformé les rapports entre parents et enfants, entre maîtres et étudiants. Les progrès de la technique et du niveau de vie ont pour beaucoup supprimé le sens de l'effort. Quoi d'étonnant enfin si le besoin de l'homme de croire à quelque chose, d'avoir solidement ancrés en soi quelques principes fondamentaux, se trouve contrarié par la remise en cause constante de tout ce sur quoi l'humanité s'est appuyée pendant des siècles ; la famille est souvent dissoute, en tout cas relâchée, la patrie souvent niée. Dieu est mort pour beaucoup et l'Eglise elle-même s'interroge sur les voies à suivre et bouleverse ses traditions... Je ne vois de précédent dans notre histoire qu'en cette période désespérée que fut le XVe siècle, où s'effondraient les structures du Moyen Age et où déjà les étudiants se révoltaient en Sorbonne. A ce stade ce n'est plus, croyez-moi, le gouvernement qui est en cause, ni les institutions, ni même la France, c'est notre civilisation elle-même. »

Il ne fut pas rare, au cours de cette crise, d'entendre les hommes qui se débattaient vainement, aux prises avec leurs responsabilités, et avaient le sentiment d'un inexorable enlisement, philosopher ainsi, s'interroger sur le fond des choses, essayer de discerner le sens d'événements imprévus. De Gaulle ne fit pas autre chose. Mais, pour ceux qui suivaient, aussi attentivement que possible, les développements de la crise, il y avait, dans ces réflexions, si profondes fussent-elles, quelque chose de dérisoire, d'étranger, en tout cas, à ce qui était en train d'advenir. Car, au moment où Georges Pompidou tentait d'entraîner les parlementaires à ces considérations sur le temps et les mœurs, s'amorçait déjà la crise politique qui allait prolonger la crise sociale. Il ne fut pas toujours facile d'en relever les premiers signes. Il fallait d'abord avoir compris le sens des décisions prises à la direction du parti communiste le 16 mai et du langage qu'il commençait à tenir ce jour-là. Il fallait en comprendre le lien avec le formidable développement du mouvement de grève entre le 16 et le 20 mai. Il fallait pressentir ce que signifiait le remarquable propos de Georges Séguy à Claude Fuzier et André Cellard, ce 16 mai encore : « Si vous voulez, on leur fait un beau mai 1958 à rebours. »

C'est aussi le 16 mai — journée décidément capitale — que fut adopté le nouveau programme de l'UNEF. Il comportait, comme il était prévisible, « l'instauration immédiate d'un pouvoir étudiant [...] avec droit de veto sur toute décision prise », l'autonomie future des universités étant « subordonnée à ce premier point ». Mais il envisageait expressément « l'extension de la lutte à l'ensemble des secteurs qui diffusent l'idéologie dominante, c'est-à-dire l'information ». Ici, le programme était soigneusement développé : « C'est par le canal de l'information que la bourgeoisie tente de noyer le mouvement, c'est par ce canal qu'il faut au contraire faire connaître nos actions et les faire comprendre. Cela veut dire que toute information qui fait le jeu du pouvoir doit être combattue : que ce soit dans la presse parlée (ORTF, stations périphériques) ou la presse écrite. Pas un journal ne doit sortir s'il donne de fausses informations. Cette action doit être menée en liaison étroite avec les journalistes et les travailleurs du livre [16]. » C'était donc, bel et bien, l'annonce des combats que l'on allait engager sur le terrain de la vie publique, dans tous les moyens d'expression, là où l'on rencontrerait inévitablement les luttes politiques.

Il est vrai, pourtant, qu'on ne pouvait encore savoir où conduirait le tournant capital qui venait d'être pris. Ceux qui l'ont décidé ne savent pas eux-mêmes jusqu'où ils pourront aller : ils vont explorer le terrain sur lequel ils se sont engagés avant d'aller plus loin. Le 19 mai, Waldeck Rochet et Jacques Duclos, venus au siège de la CGT, rappellent aux dirigeants syndicalistes qu'il faut encore compter avec le gouvernement. Et, le lendemain, 20 mai, Krasucki le dit, à son tour, à François Mitterrand, mais en ajoutant aussitôt que, si l'on peut réaliser maintenant « une véritable alliance de la gauche », c'est aux partis politiques de s'en occuper. Est-ce un coup de frein que les communistes sont en train de donner ? Si l'on fait la part des sentiments personnels et des tempéraments d'hommes comme Waldeck Rochet et Jacques Duclos, généralement portés à la prudence et très attentifs à l'équilibre des forces politiques en France, rien ne permet de dire qu'ils ignorent eux-mêmes ce qu'ils sont en train de faire — instaurer une grève généralisée dans tout le pays — et les conséquences qui risquent d'en résulter. Du reste, leur prudence a une limite : leur souci constant de ne jamais être débordés sur le terrain des luttes sociales et des combats politiques. Ils l'ont été durant la crise étudiante. Ils ne voulaient plus l'être.

Mais les surenchères de la CFDT ne cessent pas. Ses dirigeants, Eugène Descamps et René Bonety, ont été pris par surprise par le déclenchement des grèves chez Renault. Ils découvrent que la CGT est en train de conduire une offensive sociale de grande ampleur et, aussitôt, ils veulent donner un coup d'accélérateur. « Mon premier soin, rapporte Eugène Descamps, est de faire envoyer des messages indiquant que, partout où c'est possible, il serait bon de prolonger les débrayages par des occupations d'usines[17]. » Sur place, on n'a pas attendu ses consignes mais son initiative est révélatrice de sa volonté d'aller toujours plus loin que la CGT. Chaque fois qu'il rencontre ses dirigeants, Descamps se querelle avec eux sur les relations avec les groupes extrémistes d'étudiants révolutionnaires et, même quand il doit reconnaître que c'est la CGT qui dirige effectivement les grèves et qui a donné toute son ampleur à la crise sociale, il ne cesse de la soupçonner et de l'accuser — et, au-delà d'elle, le parti communiste — de ménager le gouvernement et, comme il le dit encore le 26 mai, « de ne pas vouloir le départ du général de Gaulle »[18].

Au moment où celui-ci va revenir de Roumanie, la stratégie des chefs de l'opposition — exploiter la brèche ouverte par la crise étudiante — est en plein essor et le résultat obtenu est que, déjà, la crise sociale atteint son paroxysme. Celle de Georges Pompidou, au contraire, n'a pas atteint ses objectifs : l'apaisement à l'égard du mouvement étudiant a probablement évité le vote d'une motion de censure que plusieurs républicains indépendants avaient songé à voter et que, sur la frange gauche du gaullisme politique, Edgard Pisani a votée — René Capitant préférant démissionner de son mandat de député. Mais il lui faut maintenant désamorcer la crise sociale. Convaincu qu'aucune autre stratégie que la sienne n'était possible, il n'a pas perdu tout espoir, loin de là. Il sent que les violences étudiantes heurtent maintenant beaucoup de ceux qui avaient, à l'origine, un parti pris pour la jeunesse. Il sait, par expérience, que les grèves épousent une courbe qui passe par un sommet mais redescend ensuite, inévitablement. Il continue de croire, comme beaucoup d'autres, que le parti communiste et, avec lui, la CGT, ne veulent d'aucune façon que la crise tourne en révolution. Il enregistre avec soin tous les signes de l'aversion des communistes pour les groupes gauchistes et en tire la conclusion que l'on peut en sortir par un règlement de la crise sociale, coûteux, difficile à obtenir à bref délai, mais qui marquera, le moment venu, la fin des troubles et dont il faut seulement éviter qu'il soit ruineux pour l'économie. Tel est encore son état d'esprit quand de Gaulle, tenu au courant pendant tout son voyage en Roumanie, et ne l'ayant écourté que de quelques heures, arrive à Orly le samedi 18 mai à 22 h 30.

Ses décisions sont prises. Il veut à la fois amorcer immédiatement le rétablissement de l'ordre et en appeler directement au peuple français. Dans son esprit, la solution qui s'impose est un référendum. Il en fait part à Georges Pompidou, dans la voiture qui le ramène à l'Elysée. Le lendemain, il revoit Pompidou avec Christian Fouchet, Alain Peyrefitte, Georges Gorse et Maurice Grimaud. Il leur dit sans détour que les désordres ont dépassé la limite tolérable et qu'en particulier l'occupation de l'Odéon n'a aucune justification. Et il prescrit que la Sorbonne et l'Odéon soient évacués dès la nuit suivante. Christian Fouchet évoque alors les risques d'un affrontement dans le dédale obscur des couloirs de la Sorbonne et Maurice Grimaud estime l'opération impossible. Georges Pompidou les appuie et de Gaulle leur concède qu'il faut surseoir mais exige l'évacuation de l'Odéon. De retour à la préfecture de police, Maurice Grimaud, après avoir consulté son équipe, obtiendra qu'on le laisse juge du meilleur moment de faire l'opération, qui n'aura lieu, en fin de compte, que quinze jours plus tard.

De Gaulle avait annoncé, avant son départ, qu'il parlerait au pays le 24 mai. Il avait donc admis qu'il fallait que le temps fasse son œuvre pour que la fièvre étudiante retombe après les mesures d'apaisement que Pompidou avait décidées. Mais la fièvre n'est pas retombée : les grèves ont pris le relais des émeutes du Quartier latin. Est-il trop tôt pour réagir et faut-il attendre le 24 mai ? Autour de lui, on se pose la question et certains le pressent de ne pas attendre. Du 19 au 24, tout peut s'aggraver et peut-être, alors, sera-t-il trop tard. S'il ne change pas d'avis, c'est pour deux raisons qui se conjuguent : il n'est pas sûr que le retournement de l'opinion ait déjà commencé sans que le gouvernement ait encore marqué sa volonté de mettre un terme à l'anarchie qui gagne le pays ; et ce qu'il veut annoncer doit être assez considérable pour que les Français comprennent que c'est un choix historique qu'il leur demande, mais il faut alors que ce choix soit préparé et précisé.

Les journées qui suivent, apparemment occupées par le débat sur la motion de censure, donnent l'impression d'une sorte d'immobilité du pouvoir politique alors que les manifestations tournent en émeutes et que tout se paralyse. Mais c'est une apparence trompeuse. La grève gagne maintenant presque toutes les grandes écoles et n'est évitée à l'Ecole polytechnique que par l'opposition d'une minorité trop forte. L'ORTF est en crise aiguë et la direction des chaînes de radio et de télévision est en train d'en perdre le contrôle. Du côté des groupes extrémistes, on constitue des comités d'action ou de coordination qui tentent de tisser des liens entre étudiants et ouvriers, et prennent contact, non sans succès, avec les milieux du cinéma, du théâtre, des spectacles, Daniel Cohn-Bendit préconisant toujours l'action, partout et sous toutes ses formes, comme seul moyen de surmonter les divergences idéologiques. Mais les communistes forment eux aussi leurs comités dont le titre est significatif : « Pour un gouvernement populaire et démocratique ».

Jacques Foccart en parle à de Gaulle le 21 mai, qui se dit alors indigné de la passivité de ses ministres, de ses partisans, des hauts fonctionnaires, de ceux qui prétendent le soutenir et ne font rien[19]. Il est dans un de ces jours où il ne sent plus aucun soutien dans le pays, où celui-ci paraît dériver au point qu'il ne peut plus rien pour lui :

> Mais qu'est-ce que vous voulez que j'y fasse ?... Et si le pays veut se coucher, si le pays se paralyse, je ne peux pas le sauver contre lui-même.

On aura fait tout ce qu'on aura pu. Eh bien, tant pis ! Je m'en irai, car il n'y a rien d'autre à faire. La France telle que nous l'avons en ce mois de mai, est une France morte.

Mais quelques instants plus tard, il en est à discuter des meilleures dates pour le référendum et les élections législatives et il dévoile brusquement sa volonté de se battre pour des changements décisifs :

> Vous savez, ce qu'il faut, c'est faire le référendum et le gagner... Et puis je ferai la réforme ; car je veux faire la réforme qui est indispensable, la réforme de l'Université, la réforme sociale. Je veux briser toutes les féodalités qui entravent le pays et lui font prendre des risques considérables. Une fois que j'aurai réalisé l'association capital-travail, la participation au point de vue universitaire, [...] eh bien, après, je m'en irai...

Le jeudi 23 mai, jour de l'Ascension, il réunit le Conseil des ministres. Il expose, d'emblée, sa philosophie de la crise [20] :

> Nous sommes dans un pays et même dans une société en pleine transformation ; et aussi dans un pays qui n'a plus peur ni de la misère ni de la guerre, qui ne connaît aucune angoisse. Mais les gens sont dépassés par les transformations de cette nouvelle civilisation. La population est troublée dans tous ses éléments et spécialement dans sa jeunesse. Tout était mûr pour une manifestation nationale de ce trouble des esprits. Ce sont les jeunes qui ont commencé.

Il évoque ensuite l'Université, dont il laisse entendre qu'il aurait fallu la réformer plus tôt, l'ordre public dont il regrette qu'on ne l'ait pas défendu plus efficacement, mais pour en venir à son diagnostic :

> Les causes de toute cette affaire tiennent au désir général [...] de voir s'améliorer [les] conditions de vie... Mais il y a aussi un désir général de participer, de ne pas être entraîné par les mécaniques des organismes... Ce désir de participer est particulièrement vif dans la jeunesse. En somme, tout le monde en veut plus et tout le monde veut s'en mêler.

Et il annonce sa conclusion :

> Il faut que l'Etat fasse une opération d'ensemble dans le pays. Ce désir d'élévation et de participation, que l'Etat le prenne en compte. Que le pays démocratiquement mandate l'Etat pour le faire. Il s'agit de réformer l'Université [...], d'organiser l'association de tous aux responsabilités et aux résultats, y compris dans les services publics [...], et de régler le problème de [...] l'organisation régionale.

Comme en toute autre grande occasion, les ministres sont appelés à s'exprimer tour à tour. Rien de plus révélateur, sur cette crise, que leurs réactions diverses, parfois contradictoires, portant tantôt sur la philosophie des événements, tantôt sur la méthode choisie, presque jamais sur le fond des projets évoqués par de Gaulle, ni pour l'Université, ni pour les entreprises, ni pour les régions. Edgar Faure remarque, non sans raison, que, dans les événements en cours, les corps intermédiaires se sont évanouis et qu'il faut les restaurer pour que tout ne se joue pas toujours à l'échelon le plus élevé. Raymond Marcellin souhaite que les régions aient de vraies compétences. Maurice Schumann insiste pour que le référendum ne paraisse pas un plébiscite et pour que le pays confie le mandat d'accomplir les réformes aux pouvoirs publics et non au seul président de la République. Alain Peyrefitte suggère que des élections, plus familières aux Français, seraient préférables à un référendum, toujours suspect à la tradition républicaine. François Missoffe craint que le pays ne rejette une demande de blanc-seing s'il a l'impression qu'on ne lui demande pas autre chose. Olivier Guichard, Georges Gorse et Christian Fouchet souhaiteraient un référendum et des élections simultanément. Le Premier ministre, comme c'est l'usage, intervient en dernier. Il fait, au fond, la même analyse que de Gaulle : « Il y a, dit-il, un besoin d'accéder davantage aux biens matériels et aussi un besoin moral — plus même que politique — de participer, de se sentir responsable. C'est vrai vis-à-vis de la machine, de la centralisation, de la technocratie. Il explique, comme de Gaulle l'avait fait auparavant, que la France éprouve d'autant plus ce besoin essentiel qu'elle n'en est pas détournée par des problèmes majeurs comme les Etats-Unis par la guerre du Vietnam et la question noire, comme l'Allemagne par sa division et sa réunification, comme l'Angleterre par sa décadence économique. Il met en valeur la capacité de la Ve République à résister à une pareille secousse. Il écarte l'idée d'organiser des élections législatives le jour du référendum car les deux scrutins, pense-t-il, pourraient avoir des résultats contradictoires. Il approuve donc entièrement le recours au référendum, mais il en parle comme la méthode qu'il faut employer, et non sur le fond de la question posée. Il laisse prévoir, enfin, qu'il va négocier avec la CGT, en remarquant que celle-ci et le parti communiste ont révélé leur force et « fait la preuve de leurs capacités en prenant le train en marche et en expulsant le mécanicien d'occasion ».

De Gaulle aurait pu, ce jour-là, pressentir les réserves, réticences et oppositions feutrées ou avouées que, plus tard, ses projets de réforme vont susciter. Mais, dans l'immédiat, il a recueilli l'appui de ses ministres. Il est convaincu d'avoir compris le sens de la crise et d'en avoir trouvé le remède : la participation. Il conclut donc ce jour-là qu'il faut mettre « tout en place pour que le référendum, autant que possible, ait lieu le 16 juin ».

Le discours qu'il prononce le 24 mai — dont les premiers mots n'ont pas été enregistrés ni diffusés — est resté, dans l'histoire de cette crise, son échec le plus évident. C'est là pourtant qu'il s'exprime le plus complètement sur son analyse de la crise et sur les conséquences qu'il en tire. Cinq lignes seulement, en tout et pour tout, sont consacrées à l'ordre public. Tout le reste porte sur l'urgence et l'importance des réformes à accomplir. Dans l'exorde, il est déjà question d'une « mutation de notre société » et il est indiqué que celle-ci « doit comporter une participation plus étendue de chacun à la marche et aux résultats de l'activité qui le concerne directement ». Après quoi, de Gaulle parle « des troubles profonds, surtout dans la jeunesse, qui est soucieuse de son propre rôle et que l'avenir inquiète trop souvent », puis de la crise de l'Université. Il justifie l'appel au pays par la voie du référendum et, avant de prévenir, comme il l'a fait pour la réforme constitutionnelle de 1962, qu'en cas d'échec il se retirerait, et il en dit l'enjeu :

> Reconstruire l'Université en fonction, non pas de ses séculaires habitudes, mais des besoins réels de l'évolution du pays et des débouchés effectifs de la jeunesse étudiante dans la société moderne. Adapter notre économie, non pas à telle ou telle catégorie d'intérêts particuliers, mais aux nécessités nationales et internationales du présent, en améliorant les conditions de vie et de travail du personnel des services publics et des entreprises, en organisant sa participation aux responsabilités professionnelles, en développant la formation des jeunes, en assurant leur emploi, en mettant en œuvre les activités industrielles et agricoles dans le cadre de nos régions.

On voit bien, ici, que, pour de Gaulle, le rétablissement de l'ordre, s'il est indispensable, n'est qu'un préalable. Ce qu'il veut c'est une réforme de la société. La crise ne doit être que l'occasion d'y procéder, sans plus tarder. Il n'est plus satisfait ni du fonctionnement de l'Université, ni des rapports sociaux, ni même des structures du pays. Il veut les changer. Mais le fait est que, ce 24 mai, le contenu des réformes qu'il propose demeure flou. Pour l'Université, c'est, semble-t-il, son adaptation aux exigences de l'économie moderne et du marché de l'emploi : certainement pas ce que souhaite l'aile marchante du mouvement étudiant qui proclame, au contraire, qu'elle doit s'affranchir des contraintes du régime économique et politique. Pour les rapports sociaux, le propos sur l'amélioration des « conditions de vie et de travail » reste vague : tout le monde, naturellement, en est partisan. Pour les entreprises, la « participation aux responsabilités professionnelles » annonce une révolution si l'on prend l'expression au pied de la lettre : mais, dans l'esprit de l'immense majorité des salariés, le mot « participation » n'a pas encore de sens et, au contraire, suscite l'opposition de ceux qui croient en l'efficacité supérieure de l'économie capitaliste. Pour les régions, on ne perçoit pas ce que signifierait mettre en œuvre « les activités industrielles et agricoles » : nul ne voit encore quelles en seraient les compétences et les institutions. C'est dire que l'analyse du texte pose plus de questions qu'elle n'apporte de réponses. En d'autres temps, il aurait été le point de départ d'une réflexion et d'un débat sur l'idée de « participation », sur son contenu, sur ce qu'elle signifie pour l'Université, sur ce qu'elle implique dans les entreprises, sur sa mise en œuvre dans les régions. Mais, au cœur de la crise de mai, le temps n'en est pas venu : de Gaulle, a dit-on, reconnu lui-même qu'il avait « mis à côté de la plaque ».

C'est peu dire, en effet, que son discours du 24 mai n'a rien résolu : il donne au contraire à beaucoup de ceux qui l'écoutent, partisans ou adversaires, l'impression que de Gaulle a cessé d'avoir prise sur le cours des événements et qu'il est resté, ce soir-là, comme sur le bord du chemin. Plus tard, on y verra l'audace intellectuelle et politique d'un homme qui, en plein tumulte, voyait au-delà du jour et, sans attendre, voulait réformer la société comme, à ses yeux, elle devait l'être. Mais, dans l'immédiat, s'ouvrait une sorte de vide qui, en quelques jours, va précipiter la crise politique après la crise sociale.

S'en est-il fallu de quelques heures pour que ce discours manqué amorce une contre-offensive victorieuse ? Son contenu, de toute façon, ne répondait sans doute pas aux exigences du moment. Mais c'est précisément ce soir du 24 mai et la nuit du 24 au 25 que le retournement de l'esprit public a commencé. Ce fut la nuit la plus violente de l'histoire de cette crise. Le prétexte des manifestations était l'interdiction de séjour prononcée, le 22 mai, contre Daniel Cohn-Bendit qui avait alors quitté la France. Mais bien d'autres étaient possibles et il était prévu que, de toute façon, les étudiants descendraient dans la rue. Du reste, la veille au soir, une autre manifestation avait eu lieu que les organisateurs n'avaient pas prévue et qui avait vu déjà s'ériger neuf barricades et entraîner 214 interpellations avec 78 blessés parmi les policiers et 117 parmi les étudiants. Le vendredi 24, les manifestants sont au nombre de 25 000 et vont affronter 8 000 hommes des forces de l'ordre. Le dispositif policier a été conçu de manière à disperser autant que possible les cortèges. Ceux-ci ne s'arrêtent qu'un instant, à l'heure du discours que de Gaulle prononce à la télévision et c'est pour y répondre par un slogan qui résume leurs sentiments : « Adieu de Gaulle ! » L'objectif est, en principe, de les empêcher de prendre entièrement le contrôle du Quartier latin : on emploie des bulldozers pour réduire les barricades qui commencent à s'élever rue des Ecoles, et il faut faire venir des renforts pour dégager le commissariat central du Ve arrondissement, place du Panthéon, qui paraît, un instant, sur le point d'être submergé. Mais, en pratique, les émeutiers sont canalisés, par la force des choses, vers d'autres quartiers. C'est partout, alors, que l'on dénombre les voitures brûlées, les déprédations, les actes de vandalisme. Par crainte que l'Hôtel de Ville ne soit envahi, on a détourné les cortèges plus à l'ouest. Ils arrivent alors à la Bourse et y mettent le feu... Le bilan de la nuit est l'un des plus lourds de ce mois de mai : il y a 212 policiers blessés,

650 manifestants interpellés dont 390 n'étaient pas des étudiants — « la pègre » dira brutalement Christian Fouchet au vu des vérifications d'identité — et des émeutes se sont produites à Bordeaux, Rennes, Strasbourg. A Lyon, où il y a 300 blessés, un camion lancé sur les forces de l'ordre a tué un commissaire de police.

A la fin de la nuit, les journalistes qui ont été sur place — et qu'on a si souvent accusés d'avoir favorisé les émeutes par le ton de leurs reportages — sont impressionnés par ce qu'ils ont vu. Pour la première fois dans leurs commentaires, mais beaucoup plus en privé que dans leurs articles ou leurs émissions, le ton change. Le déchaînement de la violence, chez les émeutiers ou les manifestants, ne concorde plus avec l'image de la jeunesse inquiète mais enthousiaste, révoltée mais pleine d'espérance, combative mais idéaliste, que l'on présentait à l'opinion depuis le début de la crise. Après celui du 16 mai, c'est un second tournant qui s'amorce. Il est encore difficile de le percevoir : seuls les témoignages personnels des reporters le laissent pressentir. Mais il faudra plusieurs jours encore pour qu'on en voit les conséquences.

Dans l'immédiat, les violences de la nuit du 24 au 25, pas plus que le discours du 24, ne changent le cours des choses : tout simplement, il va s'accélérer D'un côté, la crise politique prend forme suivant la stratégie qui veut que soit exploitée le plus possible la brèche ouverte par la crise étudiante. De l'autre, Georges Pompidou reprend ses efforts pour réduire les tensions, satisfaire les revendications, faire la preuve de la bonne volonté du gouvernement, convaincre ainsi l'opinion qu'elle doit cesser de soutenir les extrémistes et faciliter enfin le retour à l'ordre. Cette stratégie n'a pas eu les résultats qu'il espérait après les concessions faites aux étudiants, mais il n'en change pas et, cette fois, c'est avec les syndicats qu'il veut sortir de la crise. Il a fait prendre des contacts avec la CGT par le secrétaire d'Etat aux Affaires sociales, Jacques Chirac, qui est entré en rapport, secrètement, avec l'un de ses dirigeants et il a fait savoir que les négociations avec les centrales syndicales commenceraient le lundi 27 mai[21]. Mais l'échec du discours prononcé le 24 par de Gaulle le décide à ne plus tarder et il fixe le début des entretiens au lendemain samedi 25, à 15 heures, au siège du ministère des Affaires sociales, rue de Grenelle.

Georges Pompidou mène cette négociation tout seul. A ses côtés, Jean-Marcel Jeanneney n'intervient pas. Il en a écarté Michel Debré, bien qu'il fût ministre de l'Economie et des Finances, par crainte que son tempérament passionné et son penchant à l'intransigeance ne compromettent l'issue des tractations. Tout le monde reconnaîtra sa capacité de résistance, son sang-froid, son égalité d'humeur, son agilité intellectuelle, et que personne, sans doute, n'aurait pu négocier mieux que lui. En réalité, c'est avec la CGT qu'il négocie, dont les trois principaux représentants, Georges Séguy, Benoît Frachon et Henri Krasucki, appartiennent tous trois à la direction du parti communiste. Mais sa marge de manœuvre est étroite. Ne voulant pas céder sur le statut des entreprises, les représentants du patronat acceptent que le salaire minimum soit porté à 3 F l'heure, soit une augmentation de 35 % alors qu'auparavant Chirac et Séguy s'étaient entendus sur 2,70 F... Après la première nuit et la première journée de négociation, des désaccords subsistent sur l'échelle mobile des salaires et l'abrogation des ordonnances sur la Sécurité sociale que Pompidou ne veut pas accepter. Avant une heure du matin, le lundi 27, Georges Séguy annonce donc que la position du gouvernement, sur ces deux points, « n'est pas de nature à atténuer les causes du conflit ». Propos qui, au-dehors, est perçu comme le signe d'un échec. Les militants de la CGT commencent alors à se mobiliser en faveur de la poursuite des grèves... Mais, un peu plus tard, on perçoit un changement dans l'attitude de Séguy : il a été prévenu que, la veille au soir, au stade Charléty, un meeting où se trouvait Mendès France a été l'occasion d'attaques sévères contre le parti communiste et la CGT, accusés de faiblesse envers le régime et le gouvernement. La direction du parti communiste ne veut certainement pas être une fois de plus débordée par un gauchisme dont elle se méfie d'autant plus qu'il prend maintenant comme porte-drapeau Mendès France qu'elle a toujours considéré comme un adversaire, réformiste prudent et trop attaché aux liens entre la France et le camp occidental. Mais faut-il, pour autant, conclure les négociations au plus vite afin de sortir de la crise avec des succès limités mais indiscutables, ou se donner la possibilité de relancer les grèves ? Dans les deux hypothèses, il faut conclure. Georges Séguy écarte alors les tentatives tenaces de la CFDT de prolonger les négociations. La CGT renonce à l'échelle mobile mais il y aura, chaque année, un examen général de l'évolution des salaires et des prix, elle renonce aussi à l'abrogation des ordonnances sur la Sécurité sociale mais la fraction des frais médicaux à la charge des salariés est réduite. A 7 h 15, ce lundi 27 mai, Georges Pompidou peut lire à la presse les principales clauses des accords : à cet instant, il croit la crise finie.

L'affaire, en apparence, se joue chez Renault, dans le grand hall de l'île Séguin où 12 000 travailleurs sont réunis. Benoît Frachon évoque les « satisfactions évidentes » que l'on vient d'obtenir tout en ajoutant : « Est-ce à dire que cela signifie pour vous l'abandon de vos revendications ? Absolument pas ». Puis Georges Séguy énumère ce qui a été obtenu. Il est interrompu régulièrement par le même slogan, « gouvernement populaire ! » et, quand il en vient aux revendications non satisfaites ou trop partiellement satisfaites, les huées dominent. On les fait cesser aussitôt en demandant un vote à main levée : la grève va continuer. Sans changer de ton, et comme si c'était la suite normale de son discours, Georges Séguy constate que les propositions de Grenelle sont repoussées.

En réalité, cet échec était préparé. Au cours de la nuit, Georges Séguy et Benoît Frachon avaient fait état des impasses de la négociation. Le responsable de la CGT chez Renault, Aimé Albeher, en a été informé. On le lui a confirmé plus tard. On est alors convenu que la grève doit se poursuivre et qu'il faudra le dire quand, dans la matinée, la question sera posée à l'ensemble des salariés. Par précaution, la CGT a fait d'ailleurs distribuer un tract qui rappelle toutes les revendications syndicales, y compris le retour à la semaine des 40 heures sans perte de salaire, la retraite à 60 ans, le paiement des jours de grève, et qui porte en titre : « Poursuivons jusqu'à la victoire ! » Il n'est pas douteux que la direction de la CGT, si elle l'avait voulu, aurait pu mobiliser ses cadres et ses militants pour faire accepter les accords de Grenelle : elle ne l'a pas fait. Elle n'a pas voulu se heurter à l'opposition de ceux qui voulaient d'autres résultats, qui pensaient que quelques jours de plus suffiraient à les obtenir ou qui, dans le climat exalté de ces derniers jours de mai, croyaient qu'elle touchait du doigt quelque chose qui, peut-être, serait « la révolution ». Elle n'a pas voulu se laisser déborder par l'extrémisme tactique de la CFDT ou par les surenchères d'une fraction — très limitée chez Renault — de gauchistes ou de trotskistes. Elle a pensé que, peut-être, il valait la peine d'explorer les chances d'une poursuite de la grève. Mais, par-dessus tout, la direction de la CGT, il ne faut pas l'oublier, savait que des changements politiques majeurs pouvaient intervenir à très brève échéance, et même d'un jour à l'autre : il ne pouvait être question de les compromettre et il n'y avait donc aucune raison, pour elle, de forcer l'acceptation des accords de Grenelle par les salariés de Renault. Ce n'était pas par hasard, du reste, qu'elle avait choisi de les présenter dans une entreprise où elle avait une prépondérance notoire. La suite montra que la décision prise chez Renault avait une portée nationale et une signification stratégique : partout ailleurs, les deux jours suivants, dans la fonction publique, à la SNCF, à la RATP, les négociations échouent aussitôt qu'elles commencent.

C'est que la crise politique a maintenant pris le pas sur la crise sociale. Mais les liens entre l'une et l'autre vont apparaître en pleine lumière durant cette journée du 27 mai. Le Conseil des ministres se réunit dans l'après-midi. On sait que les accords de Grenelle viennent d'être rejetés. Georges Pompidou ne veut pourtant pas renoncer à l'analyse optimiste qu'il faisait du comportement des communistes dont il assure encore que certains de leurs dirigeants étaient de bonne foi quand ils se sont entendus avec lui. Il met leur échec chez Renault sur le compte des surenchères entre la CGT et la CFDT. Il suggère qu'il s'agit pour les salariés qui ont refusé les accords, d'obtenir « une rallonge ». Mais il continue de penser que la crise est en voie de s'achever.

De Gaulle n'y croit plus. Il pense, maintenant, que le parti communiste veut exploiter à fond les chances de renverser le gouvernement et peut-être le régime. Peu importe ses prudences tactiques et ses motivations cachées. Son comportement, et donc celui de la CGT, prouvent qu'il est engagé dans une épreuve de force. Les illusions ne sont plus de mise. Au Conseil des ministres, il félicite pourtant, une fois de plus, Georges Pompidou, pour la façon dont il a conduit les négociations tant il ne peut manquer de remarquer sa solidité et son sang-froid. Mais il donne des directives dures au ministre de l'Intérieur, critique la tolérance que l'on a envers les émeutiers et l'insuffisance des informations que recueillent les services de police. Après quoi on examine le texte qui doit être soumis au référendum. Le voici, tel qu'il est adopté, presque sans changement : « En vue d'étendre la participation des citoyens aux décisions qui les concernent directement, toutes mesures seront prises, avant le 1er juin 1969, par le président de la République, le gouvernement et le Parlement, dans le cadre des compétences respectives des pouvoirs publics et avec le concours de toutes les organisations représentatives pour :

« Réformer l'éducation nationale, en adaptant à l'évolution et aux besoins du pays l'enseignement et la formation des jeunes, et faire participer l'ensemble des intéressés à la transformation et à la marche des universités et des établissements.

« Adapter les structures économiques et administratives et promouvoir le progrès social, conformément aux nécessités nationales ou internationales par :

« la répartition des fruits de l'expansion en vue de l'amélioration continue des conditions de vie et de travail dans les entreprises, dans l'agriculture et dans les services publics, principalement en ce qui concerne les catégories les moins favorisées ;

« la participation des travailleurs aux responsabilités professionnelles, à tous les échelons de l'économie ;

« l'action pour le plein emploi et la formation professionnelle ;

« l'organisation de l'activité économique dans le cadre régional, avec la participation accrue des corps élus locaux et des organismes syndicaux et professionnels, ainsi que la décentralisation et la déconcentration administratives ».

Ce 27 mai, de Gaulle a prévu qu'il s'adresserait au pays le 3 juin pour lui expliquer la portée du référendum, en ayant un entretien télévisé avec Michel Droit comme pour le second tour de l'élection présidentielle de 1962. Il le reçoit donc une première fois, ce jour-là, à 19 heures. Il fait devant lui une analyse de la crise[22].

> [Les] jeunes veulent que ça change, ils ont raison. Leurs aînés se contentent de ce qu'ils ont et veulent que les choses ne bougent pas. Ils ont tort.

A partir de là, dit-il les revendications risquent de déséquilibrer toute l'économie mais le mouvement social a été exploité par l'opposition politique.

> Les partis, toujours eux, donnent des coups de pied dans les grosses caisses et éternuent dans les clairons, afin de rappeler qu'ils existent.

Si le référendum était un échec et s'il partait, « un pouvoir qui se dirait "de gauche" profiterait des circonstances pour essayer de s'imposer » mais les communistes finiraient par l'emporter provisoirement :

> Notez qu'ils n'iraient pas très loin car ces pauvres communistes français n'ont jamais su remplacer Thorez et leurs dirigeants sont finalement assez médiocres.

Il évoque le personnage de Mendès France dont Michel Droit apprécie le sens de l'Etat. Mais de Gaulle juge qu'il n'a été à son plus haut niveau que lorsqu'il était son ministre et, il se met à réciter des vers :
« Tu n'as jamais été, en des jours les plus rares
« Qu'un banal instrument sous mon archet vainqueur
« Et comme l'air qui sonne au bois creux des guitares
« J'ai fait chanter mon rêve au vide de ton cœur ».
Michel Droit, stupéfait et intrigué, finit par demander qui en est l'auteur. « C'est un poète qu'on ne trouve plus beaucoup dans les anthologies, et qui s'appelle Louis Bouilhet », et il ajoute : « Bien entendu, Bouilhet s'adressait à une femme. » Le lendemain, 28 mai, il revoit encore Michel Droit mais il évoque davantage l'hypothèse d'un échec et son départ, l'image qu'il laissera dans l'Histoire. Au point que Michel Droit lui demande : « La guerre civile est-elle à craindre ? » Sa réponse révèle à quel point tout s'est brusquement aggravé :

> Elle l'est. Au début elle pourrait servir à imposer un pouvoir de fait. Plus tard, elle risque d'accompagner une réaction plus ou moins soutenue de l'étranger...

Le référendum est prévu pour le 16 juin. Mais tout indique, dès le 27 mai, qu'il ne pourra pas avoir lieu. La crise sociale, en effet, a touché les imprimeries comme le reste. Et tous les rapports de préfets sont formels : dans ce secteur, la grève est rigoureusement maintenue par les syndicats[23]. Ce qui veut dire que le matériel électoral traditionnel — cartes d'électeur, affiches et bulletins de vote — ne sera pas imprimé. Pas plus que les communications ne seront assurées : Yves Guéna, ministre des PTT, le dit formellement quand on l'interroge. Il n'y a donc pas à se faire la moindre illusion : c'est une tentative — sans qu'on sache encore si elle aboutira — d'empêcher physiquement que le référendum ait lieu. Ainsi la crise sociale vient en renfort de la crise politique.

Il n'y a rien là, du reste, qui puisse étonner. Aussitôt après le discours du 24 mai Mendès France l'avait dit : « Un plébiscite ne se discute pas, il se combat. » C'est ce combat qui est maintenant engagé. François Mitterrand, pour sa part, est convaincu qu'il peut aboutir à la chute du régime parce que le « non » peut l'emporter et que de Gaulle alors s'en ira. Dès le 25 mai, à la réunion du bureau politique de la FGDS il annonce qu'il tiendra une conférence de presse le mardi 28. Mais il réagit vivement quand, chez les radicaux, une initiative est prise pour pousser en avant le nom de Pierre Mendès France : il veut rester maître de la manœuvre et du calendrier, et il sait que les communistes, dont l'accord est indispensable, gardent une insurmontable prévention envers Mendès France. Le lendemain, 26 mai, dans sa circonscription de Château-Chinon, il prédit qu'une crise majeure va s'ouvrir : « Nous avons devant nous un pouvoir chancelant, suppliant, qui a bien heureusement capitulé devant les forces montantes d'un peuple en colère... Le combat actuel doit déboucher sur des élections générales. » Mais c'est justement le 27, dans la soirée, que le PSU, la CFDT, le SNESUP et l'UNEF organisent un défilé — dont le parcours a été soigneusement mis au point entre les responsables et le ministère de l'Intérieur — et un meeting au stade Charléty où Mendès France est présent : le ton des discours est sans nuances, la chute du régime est réclamée et annoncée, et tout indique qu'une sorte de surenchère s'amorce entre les courants qui sont représentés, ce soir-là et ceux que Mitterrand va tenter de réunir en y comprenant toutes les forces de la gauche traditionnelle. L'enjeu, du reste, est défini par la direction du PSU : « un gouvernement de transition vers le socialisme ». La seule question est de savoir comment y parvenir. Dans l'aréopage des hommes qui ont préparé Charléty et en ont discuté la veille, le dimanche 26, chez le docteur Francis Kahn, Jacques Sauvageot et Marc Heurgon sont les seuls à suggérer, avec une certaine rigueur de raisonnement, que la voie la plus courte et la plus sûre est la voie révolutionnaire : remettre en marche l'économie, les administrations, les entreprises, la vie publique, mais en substituant partout aux hiérarchies établies, les comités d'action qu'on a formés depuis plusieurs jours ou qui pourraient l'être à très brève échéance si on en lançait le mot d'ordre[24]. Le 27 mai, au soir, la mise en échec des accords de Grenelle ouvre la voie à toutes les possibilités. L'Etat, plus encore que le gouvernement, semble perdre le contrôle du pays. Episode ultime et symbolique de cette journée : on apprend que Daniel Cohn-Bendit, bravant son interdiction de séjour, est arrivé à Paris et qu'il est déjà à la Sorbonne.

Le 28 mai est un jour d'agonie. François Mitterrand tient à l'hôtel Continental sa conférence de presse. 500 journalistes sont présents. Il énonce d'abord son diagnostic : « Premièrement, il va de soi que les républicains diront "non" au référendum plébiscite. Mais le référendum n'étant lui-même qu'un subterfuge, il convient dès maintenant de constater la vacance du pouvoir et d'organiser la succession. Deuxièmement, le départ du général de Gaulle au lendemain du 16 juin, s'il ne se produit pas avant, provoquera naturellement la disparition du Premier ministre et de son gouvernement. » Et il propose ensuite sa solution : un gouvernement provisoire qui sera nommé par le président de la République intérimaire, Gaston Monnerville, président du Sénat, et qui sera composé de dix membres et dont, par référence au précédent de 1944, les communistes feront partie. Ce gouvernement, il pourrait lui-même en prendre la tête mais il suggère plutôt que ce soit Pierre Mendès France. « Et qui sera président de la République ? ajoute-t-il enfin. Le suffrage universel le dira. Mais d'ores et déjà je vous l'annonce parce que le terme éventuel n'est qu'à dix-huit jours et puisqu'il s'agit du même combat : je suis candidat. »

Le mécanisme de la crise politique s'accélère d'un seul coup. La première réaction est celle des communistes. Waldeck Rochet, dans un communiqué à l'Agence France-Presse, rappelle d'abord que leur concours est indispensable et, au passage, stigmatise ceux qui font « de l'anticommunisme au stade Charléty ». Mais, déjà, il amorce une négociation en annonçant que les communistes sont « prêts à prendre, dans un gouvernement d'union démocratique, toutes les responsabilités qui sont celles du grand parti des travailleurs ». Tels étaient les propos publics du secrétaire général du parti communiste. Mais, dès l'avant-veille, il avait envoyé un émissaire, Jules Borker, rappeler à Mitterrand que tout, désormais, devra être négocié avec la direction communiste. Et celui-ci, la veille au soir, a reçu à son domicile, en compagnie de Claude Fuzier et de Roland Dumas, Waldeck Rochet, Georges Marchais et Jules Borker : on était déjà convenu de s'entendre sur la composition du gouvernement et sur son programme. Cette fois, mardi 28 à 17 h 30, la rencontre entre dirigeants de la FGDS et dirigeants communistes s'annonce décisive. Elle commence naturellement par des récriminations sur l'initiative de Mitterrand qui n'a pas prévenu de ce qu'il allait dire le matin, sur Mendès France que les communistes soupçonnent de trop de sympathie envers le camp occidental. Puis on parle de la composition du gouvernement. Mitterrand se déclare en faveur de la participation des communistes à l'équipe que Mendès France devrait présider car, dit-il, il veut se consacrer lui-même à la campagne pour l'élection présidentielle. Mais combien y aurait-il de ministres communistes ? Un seul, envisage Mitterrand. Ses interlocuteurs s'indignent, mais il fait remarquer qu'il s'agit d'un gouvernement provisoire qui n'aurait qu'une dizaine de membres. La discussion en reste là. Mais, déjà, on en est à doser la composition du gouvernement provisoire, à se répartir les portefeuilles. Il ne s'agit plus de spéculations, ni de rêves. La stratégie amorcée après que la crise étudiante eut ouvert la brèche décisive semble maintenant toucher au but.

Mercredi 29 mai. « La Ve République s'achève en révolution. » Ainsi Pierre Meuthey, l'un des journalistes les plus compétents et les plus réputés des chaînes de radio, conclut-il en début de journée sa chronique habituelle sur Europe n° 1. Tout porte à le croire. La CGT a prévu d'organiser une manifestation qu'elle espère massive de la Bastille à la gare Saint-Lazare. Personne ne se trompe sur le sens qu'il faut lui donner : il s'agit de montrer, au moment où, peut-être, le pouvoir politique va bientôt changer de main, que la force principale est la CGT, c'est-à-dire derrière elle — ou au-dessus d'elle — le parti communiste. C'est à la demande du parti, en tout cas, que la centrale syndicale a prévu cette manifestation. Elle a invité la CFDT et Force ouvrière à y participer mais, surtout, elle s'est adressée à l'UNEF. La démarche, pourtant, reste sans suite : Jacques Sauvageot a d'abord demandé que, parmi les slogans, il y en ait un en faveur de Cohn-Bendit qui est encore, officiellement, interdit de séjour, puis, devant le refus de Krasucki, il suggère que la manifestation ne devrait pas avoir d'autre objectif que l'Elysée ou Matignon, le siège de la présidence de la République ou celui du Premier ministre... Et la conversation s'arrête là. Ce n'est que plus tard que Jacques Sauvageot reconnaîtra que l'UNEF, ce jour-là, a « commis une faute capitale[25] ».

C'est dans ce climat de crise à son paroxysme qu'une réunion se tient au domicile de l'avocat Georges Dayan, rue de Rivoli. Pierre Mendès France y retrouve François Mitterrand, Guy Mollet, Gaston Defferre, René Billières. La discussion s'engage très vite sur la composition du futur gouvernement. Mendès France regrette qu'on n'ait pas parlé des positions de la gauche et de ses projets d'avenir dès le début de la crise et Mitterrand réplique que les communistes ne veulent pas de lui comme Premier ministre et qu'il a d'abord fallu surmonter leurs objections. Mendès France veut que les syndicats, les organisations paysannes, les mouvements étudiants soient représentés au gouvernement et Mitterrand proteste contre l'idée de nommer ministre un dirigeant extrémiste, comme Geismar. Defferre propose que Mendès France parle directement avec les communistes mais Mitterrand veut se réserver ce rôle... Ces discussions n'empêchent pas que l'on avance, par étapes, vers un accord qui portera sur le nouveau pouvoir politique et, plus tard dans la journée, Mendès France publiera une déclaration où il se réfère aux gouvernements provisoires que la France a connus au XIXe siècle et après la Libération : celui qu'il faut former maintenant devra comporter des représentants « de tous ceux qui ont manifesté leur opposition au régime » mais aussi des « forces vives de la nation » — tout le monde admettant par avance qu'il en sera le Premier ministre.

Du reste, un courant apparemment irrésistible se manifeste en sa faveur. La CFDT se prononce publiquement pour lui en proclamant ouvertement que le pouvoir en place n'a plus d'existence. « Nous sommes maintenant engagés dans une crise politique qui est une crise de régime », déclarent Eugène Descamps et ses amis. Et ils donnent à leur démarche un caractère assez clairement révolutionnaire : « Nous pensons que cette crise politique ne peut trouver sa solution dans les formes parlementaires traditionnelles... Monsieur Mendès France est l'homme qui est capable [...] d'animer l'équipe susceptible de répondre à la large aspiration de démocratisation qui est propre au monde étudiant et au monde ouvrier. » Et leur conclusion est en forme d'avertissement à la CGT et au parti communiste : la CFDT ne se laissera pas manœuvrer... Mendès France bénéficie d'une extraordinaire conjonction, celle des mouvements étudiants, des groupes extrémistes et, en même temps, de ceux qui se réclament d'une gauche moderniste, mais aussi des hommes politiques du centre, du centre droit et de la droite qui comptent sur lui pour faire en sorte qu'après de Gaulle — dont ils souhaitent tous le départ — l'ordre soit rétabli, l'économie remise en marche, quitte à consentir les réformes et les augmentations de salaires que les circonstances exigent, mais pour éloigner enfin le spectre de la révolution[26]. Ainsi se prononcent en sa faveur dans la journée du 28 et dans la matinée du 29 mai, Félix Gaillard, ancien président du parti radical, Jean Lecanuet qui vient du MRP et dirige le courant « centriste », l'ancien président du Conseil Antoine Pinay, maître Isorni, l'ancien avocat de Pétain, Max Lejeune qui, chez les socialistes, fut jusqu'au bout partisan de l'Algérie française. A travers eux, au-delà d'eux, on pouvait discerner que les milieux économiques et politiques dirigeants cessaient de compter sur le gouvernement et voyaient en Mendès France le rempart le plus crédible contre la montée des désordres et des cauchemars révolutionnaires...

La stratégie de Georges Pompidou avait-elle donc échoué ? Il ne le croit pas et il ne l'admet pas. Les signes d'un retournement de l'opinion se sont multipliés depuis le 25 mai. Ils ne cessent maintenant de s'accumuler. L'image de la révolte étudiante des premiers jours de mai s'est altérée jour après jour. On a appris que des listes de professeurs et d'hommes politiques étaient distribuées par les groupes extrémistes, avec leurs adresses et leurs numéros de téléphone et on appelle à les harceler, de jour comme de nuit. On rapporte que leurs enfants sont menacés dans leur lycée. Une sorte de terreur diffuse se répand qui suscite, du même coup, indignation et fureur chez ceux qui voudraient qu'on réagisse. On cite volontiers, naturellement, les noms des parlementaires de la majorité dont on croit savoir qu'ils prennent contact avec Mendès France et son entourage. Les conversations portent souvent sur le remplacement éventuel du Premier ministre, la formation d'un nouveau gouvernement, tandis que certains, au contraire, souhaitent que de Gaulle s'en aille au plus tôt et que Pompidou essaie de prendre le relais... Mais ce n'est pas le courant dominant, loin de là. A Matignon, dans les ministères, c'est un défilé permanent de députés, de militants, de simples particuliers, qui viennent réclamer, sur tous les tons, qu'on réagisse et qu'on agisse. Parfois sans mesure et sans nuances, on reproche au gouvernement de ne rien faire, de ne rien dire, d'avoir tout cédé et tout abandonné. Ou tout simplement, on réclame des armes.

Il serait exagéré de dire qu'une contre-offensive se prépare, organisée et réfléchie : mais des signes se multiplient d'une volonté de lutte qui, au début de la crise, semblait n'exister nulle part. Après que des manifestants eurent attaqué et, apparemment, voulu incendier le siège du service d'action civique, 5, rue de Solférino, où de Gaulle avait ses bureaux au temps du RPF — et dont Jacques Focccart a dirigé, sur place, la résistance — tous les militants, qui assuraient traditionnellement le service d'ordre des organisations successives du gaullisme politique, sont en état de mobilisation permanente[27]. L'un de leurs dirigeants est maintenant installé dans un bâtiment voisin de ceux du cabinet du ministre de l'Intérieur, et des voitures de liaison sont à sa disposition. Aux PTT, sous l'impulsion d'Yves Guéna, on s'acharne à reprendre en main les services essentiels et on s'oppose à ce qu'ils soient assurés par des grévistes qui pourraient les utiliser pour leur compte ou interrompre leur travail quand ils voudraient[28]. Des « Comités de défense de la République » se constituent un peu partout, pour une grande part à l'initiative de Jacques Foccart, en vue de trouver des soutiens qui ne soient pas seulement celui des militants gaullistes. On prévoit un dispositif qui permettrait de faire fonctionner la télévision si ses installations habituelles tombaient entièrement aux mains d'une opposition révolutionnaire. On prépare aussi une manifestation populaire de deux côtés différents : Jacques Foccart, avec le service d'action civique qu'il dirige et les comités de défense de la République qu'il a contribué à susciter, l'envisage pour le 31 mai ; les élus de la région parisienne à l'initiative de Pierre-Charles Krieg, la prévoient le 30 mai, et c'est cette date qui sera finalement retenue par tous[29].

En cette matinée du 29 mai, où la Ve République paraît sur le point de s'effondrer, bien des illusions se sont évanouies. On ne compte plus, désormais, sur le parti communiste pour s'opposer aux extrémistes, empêcher les débordements, faciliter le retour à l'ordre. Georges Pompidou lui-même, qui l'a espéré très longtemps, ne le croit plus, comme beaucoup d'autres qui avaient fait le même calcul. Cette illusion, à vrai dire s'expliquait. Certains dirigeants communistes, en particulier Waldeck Rochet, avaient encouragé le gouvernement à céder aux revendications sociales et l'assuraient que la CGT était, pour lui, le partenaire le plus raisonnable et le plus sérieux, en invoquant le risque d'une surenchère gauchiste ou trotskiste. De même les furieuses invectives anticommunistes de la plupart des dirigeants du mouvement étudiant donnaient sans cesse l'impression d'un conflit permanent entre les organisations gauchistes et le parti communiste... Mais, par-dessus tout, c'était le comportement soviétique qui, croyait-on, inspirait la tactique réputée « prudente » des communistes français. Les sources les plus sûres permettaient de croire qu'à Moscou, les responsables politiques au plus haut niveau et leurs conseillers pour les affaires françaises, jugeaient absurde l'hypothèse d'un changement révolutionnaire en France : ils ne voyaient pas quel en serait le fondement économique et social, et ils pensaient, au contraire, que le régime politique y était solide, que la monnaie était forte, que la croissance s'accélérait. Pour eux, une crise majeure n'aboutirait nullement à l'avènement d'un gouvernement de gauche où les communistes auraient leur place : au contraire, le pouvoir tomberait aux mains d'une coalition de la droite, du centre et peut-être du centre gauche, qui, sans rien changer aux structures économiques et sociales du pays, liquiderait la politique étrangère menée par de Gaulle et rechercherait par-dessus tout le soutien politique et, au besoin, financier, des Etats-Unis. Leur conclusion était formelle : mieux valait, de très loin, que de Gaulle reste au pouvoir.

A Paris, le gouvernement en était informé. Plusieurs de ses membres — et probablement Georges Pompidou lui-même — en déduisaient que le parti communiste limiterait ses objectifs, ne rechercherait pas le renversement du régime et ne provoquerait pas une crise politique qui pourrait amener de Gaulle à se retirer. A plusieurs reprises, même durant les négociations de Grenelle, on suggéra à des interlocuteurs représentant le parti communiste ou la CGT qu'ils ne souhaitaient sûrement pas un renversement de la politique étrangère de la Ve République, ni, par conséquent, que de Gaulle s'en aille : à aucun moment, ces réflexions, peut-être maladroitement exprimées, n'eurent le moindre succès. On aurait dû comprendre, beaucoup plus tôt, que les dirigeants communistes, du moins la plupart d'entre eux, se trouvaient devant une alternative dont ils avaient analysé les deux termes : ou bien le gouvernement surmonterait la crise étudiante, sociale et politique, de Gaulle resterait en place et poursuivrait l'action qu'il avait entreprise sur la scène internationale ; ou bien le pouvoir en place s'effondrerait et c'est une coalition de la gauche et de l'extrême gauche qui le remplacerait, où le parti communiste essaierait de jouer le plus grand rôle. Les illusions, pourtant, persistèrent longtemps : en ce 29 mai, elles étaient enfin dissipées.

On en était au point où l'on devait envisager une prochaine épreuve de force. On pouvait imaginer, en effet, que les Comités d'action mis en place à l'initiative des organisations extrémistes mais où les syndicats étaient présents et que la CGT pourrait prendre en main si elle le voulait, seraient capables, si le mot d'ordre en était donné, de se substituer aux hiérarchies administratives et économiques partout où, jusque-là, la grève les paralysait : pour que le régime soit renversé, il suffirait alors, dans cette hypothèse, que les centres de pouvoir, à Paris, soient occupés à leur tour. Ce n'était pas une hypothèse invraisemblable. Beaucoup d'édifices publics étaient déjà occupés ou pouvaient l'être facilement. Dans certains départements, les services de la préfecture étaient plus ou mois contrôlés par les comités de grève. C'était aussi le cas des imprimeries, y compris celles des journaux où ils exerçaient déjà une sorte de censure. On avait frôlé, pensait-on, la prise de l'Hôtel de Ville par les manifestants et on avait remarqué, naturellement, que la manifestation massive de la CGT, ce 29 mai, avait emprunté un parcours qui la rapprochait, volontairement, du Palais-Bourbon et de l'Elysée : son mot d'ordre était, d'un bout à l'autre du cortège, « gouvernement populaire ! ». Si une menace directe pesait sur les centres du pouvoir, à la tête de l'Etat, que fallait-il faire ? C'est ainsi qu'on en venait à envisager l'ouverture du feu. En réalité, ce n'était pas la première fois. A trois reprises au moins, deux fois à Paris et une fois à Nantes, la question a été posée au ministère de l'Intérieur, c'est-à-dire en pratique, au ministre et à ses plus proches collaborateurs : l'ouverture du feu pouvait-elle être autorisée ? On était alors, dans ces trois cas, devant un risque de débordement général des positions tenues par les forces de l'ordre, qui risquaient d'être encerclées, neutralisées et peut-être désarmées. Dans ces trois cas, on prescrivit d'éviter jusqu'à l'extrême limite l'ordre de tir.

Par la suite, ce comportement fut reproché aux responsables du maintien de l'ordre. Dans le premier entretien qu'il eut avec lui après les événements de mai, de Gaulle fit comprendre à Christian Fouchet qu'il n'aurait pas dû reculer devant la décision d'ouvrir le feu et qu'au fond il n'avait pas accepté, pas plus que les autres membres du gouvernement, toutes les conséquences d'un véritable affrontement[30]. Mais, de la part de Georges Pompidou, de Christian Fouchet et de ceux qui eurent alors à prendre les responsabilités du maintien de l'ordre, c'était un choix délibéré. Ils ne voulaient pas, pour autant que cela dépendait d'eux, d'une effusion de sang. Ils pensaient qu'il était possible de surmonter la crise sans en venir là. Plus encore : ils étaient foncièrement convaincus que l'ouverture du feu rendrait impossible un règlement politique de la crise et que celle-ci risquait, au contraire, de s'aggraver inexorablement. Par-dessus tout, ils étaient, chacun à leur manière et pour leurs propres raisons, attachés à de Gaulle, à défendre son image, son rôle et la stature qu'il aurait dans l'Histoire : sincèrement et profondément, ils voulaient empêcher qu'entre le peuple français et lui il y ait du sang versé.

Mais il n'était pas sûr qu'on puisse en rester là. Le 28 mai, quand on eut le sentiment que le pouvoir vacillait et qu'un autre était prêt à le remplacer, il fallut envisager que, peut-être, l'épreuve de force ne serait pas évitée. Chez les responsables de ce qu'on appelait encore, par habitude, le « maintien de l'ordre », il n'y eut pas d'hésitation : si les centres vitaux du pouvoir étaient attaqués ou menacés, on ouvrirait le feu. On verrait par qui et comment l'ordre de tirer serait donné, mais il le serait. Pour que tout soit clair et que chacun des acteurs de la crise sache quelles responsabilités il allait prendre, cette décision devait être connue. Et comme il semblait que la direction du parti communiste jouait, à ce moment de la crise, le rôle le plus important, mieux valait qu'elle soit prévenue. C'est ainsi qu'au début de la matinée du 29 mai, j'ai rencontré un interlocuteur qui en était proche — et qui n'a pas souhaité que son nom soit cité ici : je l'ai averti des décisions prises et je savais que ce message serait transmis.

Un peu plus tard dans la matinée de ce 29 mai, Christian Fouchet fit porter à l'Elysée une lettre où, évoquant les périls que courait la Ve République et jugeant qu'elle était désormais en danger de mort, il demandait à de Gaulle de prendre lui-même en main le rétablissement de l'ordre — en invoquant expressément le risque de l'arrivée des communistes au pouvoir — et il lui demandait de dissoudre l'Assemblée nationale pour que des élections législatives puissent avoir lieu aussitôt. Cette lettre fut remise au moment où de Gaulle s'apprêtait à partir pour Colombey.

Il avait pris sa décision la veille et plus rien ni personne n'allait le faire changer d'avis. L'état du pays, pensait-il, ne permettait plus de tergiverser. Il l'avait jugé, jusque-là, insaisissable : il fallait maintenant se ressaisir ou quitter la scène. Mais s'il envisageait son départ, comme il l'avait fait à plusieurs reprises dans sa vie, c'était la tentation du désespoir, non pas un projet réfléchi et mûri. Au contraire, il avait déjà ordonné à son chef d'état-major particulier, le général Lalande, de se rendre auprès des chefs militaires ayant sous leur commandement les principales forces françaises dans l'est du pays pour vérifier leur état d'esprit, leur disponibilité et, au besoin, leur combativité[31]. Ce n'était pas un geste de désespoir : c'était plutôt une mesure de précaution. Mais il fallait marquer, avec éclat, la distance qu'il voulait prendre à l'égard des troubles de Paris et du climat qui en résultait. Un incident a contribué certainement à le renforcer dans sa résolution. Mme de Gaulle l'a ainsi rapporté à Jacques Foccart : « Aujourd'hui [le 28 mai], pour la première fois de ma vie, j'ai été insultée dans la rue. J'allais du côté du XVIIe arrondissement et j'étais en voiture lorsqu'un homme dans une DS — Monsieur Foccart, dans une DS ! c'est-à-dire pas n'importe qui — m'ayant reconnue, a baissé sa glace pour me dire des insultes de toutes sortes que vous n'imaginez pas. C'est affreux tout ce que j'ai entendu. C'est épouvantable[32]... » De toute façon, de Gaulle est décidé à prendre du champ, symboliquement, et, si sa résolution de combattre se maintient, de revenir pour une contre-offensive générale.

Vers 9 h 15, ce 29 mai, il avertit donc Bernard Tricot, son directeur de Cabinet, Xavier de la Chevalerie et ses aides de camp qu'il va partir aussitôt pour Colombey et qu'il faut annuler le Conseil des ministres qui est reporté au lendemain à 15 heures. Il écarte toutes leurs objections et leur demande de prévenir les membres du gouvernement. Georges Pompidou, averti, demande à lui parler. De Gaulle le rappelle un peu plus tard, lui explique qu'il est fatigué par trois nuits d'insomnie, qu'il désire se reposer chez lui à La Boisserie et qu'il reviendra présider le Conseil des ministres le lendemain. Il lui marque alors son estime, lui disant qu'au-delà des épisodes quotidiens c'est l'avenir qui compte et qu'il est, lui, Georges Pompidou, promis à cet avenir. Après quoi, il termine ainsi ce dernier entretien téléphonique : « Bon courage. Je vous embrasse. »

Georges Pompidou en fut bouleversé. De Gaulle ne l'avait appelé au téléphone que quatre ou cinq fois depuis qu'il était Premier ministre et jamais il ne lui avait dit auparavant : « Je vous embrasse. » En réalité, de Gaulle savait très bien qu'en laissant Georges Pompidou dans l'ignorance de ce qu'il allait faire, il le blesserait plus qu'il ne l'avait jamais fait. Et il avait évidemment voulu lui marquer à l'avance ses sentiments pour atténuer l'émotion qu'il en ressentirait inévitablement. A peine est-il besoin de rappeler ici que Jacques Vendroux, son beau-frère, évoquant les mœurs austères et réservées de sa propre famille, devait écrire un jour : « Chez les de Gaulle on est plus lécheurs... »

Car de Gaulle, en effet, n'avait pas seulement l'intention de se rendre à Colombey : il voulait aller voir Massu, commandant des Forces françaises en Allemagne, qui avait sous ses ordres les meilleures divisions de l'armée française. C'était, pour lui, un geste à la fois pratique et symbolique : il vérifierait lui-même la disponibilité des moyens militaires dont il pourrait avoir besoin pour manifester avec éclat sa volonté de rétablir l'autorité de l'Etat, et c'était aussi rappeler qu'en des circonstances critiques le chef de l'Etat est aussi chef des armées et qu'il incarne, où qu'il soit, en France ou à l'étranger, les pouvoirs de la République. C'est en ce sens qu'il avait conçu son projet, dont chaque étape révèle son état d'esprit et ses desseins.

Aucun doute ne peut subsister sur un point : de Gaulle n'avait aucunement l'intention de rester auprès de Massu, ni, tant que les circonstances ne l'imposeraient pas, auprès d'aucune autorité militaire [33]. Il ne voulait d'ailleurs emmener avec lui aucun papier ni aucune archive. Prévenue par lui de leur départ imminent, Mme de Gaulle n'avait fait, comme à l'accoutumée, que de très légères valises : elle n'en fit d'autres, hâtivement, que lorsqu'il lui dit qu'au cas où le gouvernement devrait s'installer en province, il faudrait emmener ses uniformes — de sorte qu'à Baden elle demanda à Mme Massu une chambre, pour se rafraîchir, mais surtout pour refaire ses valises, afin qu'elles soient plus en ordre si, avant de regagner Colombey, il fallait passer la nuit à Mulhouse, chez sa fille et son gendre. De Gaulle avait, du reste, demandé à celui-ci de prévenir le personnel de La Boisserie de ne pas s'inquiéter s'il n'arrivait pas le soir même : les hélicoptères qu'on utilisait alors n'avaient qu'une seule turbine et ne transportaient pas, de nuit, le président de la République. C'est ce que fit le général de Boissieu, qui s'arrêta, en effet, à Colombey, pour pouvoir, en même temps, téléphoner à Massu hors de tout circuit officiel qui aurait pu être écouté, et pour avertir la gendarmerie que de Gaulle arriverait tard, ou seulement le lendemain matin — auquel cas il serait chez lui, à Mulhouse.

Le moins qu'on puisse dire est que l'itinéraire et le but précis du voyage demeurèrent incertains jusqu'au bout. De Gaulle avait demandé à son gendre si la zone d'atterrissage pour hélicoptères, à Baden, se trouvait bien dans la résidence de Massu, au cas où celui-ci n'aurait pu être joint à l'avance, et où il faudrait aller jusque-là : le général de Boissieu le lui confirma, précisant même qu'elle servait d'emplacement à un pavillon français. En réalité, il n'avait pas, initialement, l'intention d'aller à Baden, mais de faire venir Massu à l'aérodrome militaire de Strasbourg, ou peut-être ailleurs en Alsace, suivant les possibilités de vol de son hélicoptère. Ce choix s'inscrivait dans un projet qu'il avait arrêté dès l'après-midi du mardi 28 mai.

Ce jour-là, un peu avant 18 heures, il téléphona, lui-même, à son gendre pour lui demander de venir d'urgence à Paris : le général de Boissieu répondit qu'à défaut de faire la route de nuit, il aurait un hélicoptère le lendemain matin, et il fut convenu qu'on irait le chercher à l'héliport d'Issy-les-Moulineaux à 9 heures. En raison du mauvais temps, il n'y arriva que vers 10 heures, et se rendit tout de suite à l'Elysée, où, dans le hall, il rencontra Jacques Foccart qui lui parla de la manifestation qu'on était en train de programmer pour le lendemain, souhaitant vivement que de Gaulle soit alors présent à Paris [34].

De Gaulle, dès qu'il le reçut, exhala sa fureur contre « ce peuple français qui gaspille ses chances, qui se courbe par terre devant l'épreuve, qui ne se rend pas compte qu'il hypothèque l'avenir avec des gamineries d'étudiants... ». C'est le langage qu'il tenait alors assez souvent, tout comme il dit aussi à son gendre que « certains responsables tremblent à la seule idée d'une épreuve de force » et qu'il ferait mieux de rentrer chez lui et d'écrire ses *Mémoires*... Le général de Boissieu, qui avait évidemment l'habitude des manières de dire et de faire de son beau-père, choisit de répondre en commandant de la 7e division mécanisée, exposa les mesures de précaution prises sur ordre du ministre des Armées, Pierre Messmer, évoqua la loyauté et la disponibilité du commandement et transmit les messages dont il avait été chargé par le général Hublot, commandant de la 1re armée, et par le général Beauvallet, commandant de la 6e Région militaire, dont il dépendait : tous deux venaient de s'assurer de la discipline des cadres et de l'état d'esprit des troupes, et garantissaient que les ordres du président de la République et du gouvernement, quels qu'ils fussent, seraient obéis.

De Gaulle voulut pourtant des assurances plus précises sur le climat qui régnait parmi les hommes du contingent : il craignait manifestement que la contagion, partie du mouvement étudiant, ne les gagne. Après quoi, les deux hommes discutèrent de la tactique à employer, par une unité militaire, pour reprendre l'Odéon. Elle devrait s'inspirer, dit le général de Boissieu, d'une expérience comparable qu'il avait eue à Alger. Il ajouta qu'on aurait dû employer contre les barricades, d'autres moyens que des agents de police ou des CRS, avec leurs matraques et leurs boucliers, vulnérables aux pierres lancées par les émeutiers, et qu'il existait des « chars-dozers » qui les balaieraient sans la moindre difficulté. Et, dans la foulée, il énuméra tout ce qu'il faudrait faire, depuis la destruction des antennes des radios périphériques dont les reporters transmettaient les consignes de lutte contre les forces de l'ordre jusqu'au rappel des réservistes de la gendarmerie...

De Gaulle, évoquant l'hypothèse où les communistes, ne voulant pas se laisser déborder par les gauchistes et se servant de personnalités telles que Mendès France et Mitterrand, essaieraient « d'aller aux extrêmes », revint, une fois de plus, sur l'état d'esprit de l'armée, et en particulier des hommes de troupe, « s'il fallait aller jusqu'à l'épreuve de force », et, une fois de plus, le général de Boissieu garantit leur loyauté, suggérant plus précisément que les soldats du contingent pourraient être affectés à la garde des points sensibles et des bâtiments publics. De Gaulle répondit alors qu'il allait quitter Paris, que la manifestation communiste, prévue pour l'après-midi, n'aurait ainsi aucun motif de s'orienter vers l'Elysée — « on n'attaque pas un palais vide », dit-il, ce que contredisent d'ailleurs plusieurs exemples de l'histoire, depuis la prise du Louvre en 1792 jusqu'à celle du Palais d'Hiver à Petrograd en 1917. Il irait donc voir Massu et il s'adresserait aux Français de là où il serait. Pourquoi aller voir Massu ?, demanda le général de Boissieu. Parce que, répondit de Gaulle, il dispose de moyens de transports et de transmissions, de carburant et de spécialistes qui pourront être employés dans les régions où les services publics seraient en grève.

C'est alors qu'il lui donna des consignes pour le personnel de La Boisserie et les gendarmes de Colombey, et lui remit deux lettres, l'une habituelle lors de ses déplacements à l'étranger, l'autre contenant ses directives à Georges Pompidou, au cas où les circonstances — ou la mort, dit-il — l'empêcheraient d'exercer ses fonctions. Et, à ce moment, il précisa le lieu où il avait l'intention de rencontrer Massu, que son gendre devait prévenir à partir de Colombey : à Sainte-Odile, dans les Vosges, parce que ce lieu « frapperait les esprits », ou au col du Daho, ou, en cas de mauvais temps, à l'aérodrome de Strasbourg-Entzheim, et, si l'atterrissage était impossible en Alsace, à Baden, d'où il rentrerait coucher à Mulhouse, ou directement à Colombey.

Le général de Boissieu suivit les consignes données par son beau-père, atterrit sur le terrain de la gendarmerie de Colombey, et, à La Boisserie, essaya de joindre Massu. Mais sans succès : le personnel de la poste lui répondit que la grève du central de Nancy interdisait toute communication internationale. Il fit alors passer un message par la radio de son hélicoptère, où il prévint Flohic que, Massu n'ayant pu être joint, il fallait aller jusque chez lui. Mais sans plus de résultat : l'hélicoptère présidentiel, pour passer inaperçu, observait un « silence-radio ». De Gaulle, du reste, pensait que, si Massu avait été prévenu et se rendait en Alsace, la tour de Strasbourg-Entzheim l'en aurait informé. Il avait donc demandé, après le décollage de Saint-Dizier où on avait fait le plein de carburant, qu'on se dirige vers Baden[35]. Les hélicoptères atterrirent d'abord au terrain militaire de Baden-Oos et furent entourés de soldats allemands — ce que de Gaulle n'apprécia pas du tout... Massu fut alors prévenu par Flohic de son arrivée, tandis que deux avions de liaison amenaient son fils, Philippe, et sa famille, dont il avait voulu qu'ils ne risquent pas d'être pris en otages. A 14 h 50, son hélicoptère se posa devant la résidence de Massu.

Les entretiens que de Gaulle eut avec le général de Boissieu permettent de savoir quelles étaient ses intentions. Il envisageait alors trois cas. Il pourrait rester à Colombey d'où il s'adresserait aux Français et leur dirait qu'il ne rentrerait à Paris qu'après le rétablissement de l'ordre. Il pourrait aussi prescrire au gouvernement de s'établir en province, probablement à Strasbourg ou à Metz, d'où il disposerait de tous les moyens légitimes nécessaires à la reprise en main progressive du pays. Il pourrait enfin rentrer à Paris, et lancer au peuple français un appel au combat « civique » contre le désordre et la paralysie de la nation, et cet appel coïnciderait avec la manifestation populaire prévue pour la journée du 30 mai.

Ce qu'il entendit de Massu, durant les deux heures qu'il passa à Baden, n'était que la répétition de ce que le général de Boissieu lui avait dit la veille, de ce que les généraux Hublot et Beauvallet lui avaient fait savoir[36]. Mais c'était Massu, et avec lui, les principaux chefs des forces françaises d'Allemagne : c'est-à-dire la certitude de disposer de tous les moyens nécessaires pour compléter, s'il le fallait, ceux qu'on emploierait pour rétablir l'ordre public et permettre la reprise du travail. C'était bien là la partie pratique de son passage à Baden. Pour le reste, de Gaulle tint le langage qui était alors le sien devant tous ses interlocuteurs, passant instantanément d'un désespoir affiché à une froide résolution, et les propos de Massu furent ceux de tous les autres chefs militaires.

C'est le général Hublot qui eut, sur cet épisode, le commentaire le plus aigu[37]. Il le compara à ce comportement d'Alexandre de Macédoine, auquel de Gaulle, justement, avait fait allusion dans une étude datant de 1933 : le chef décide de se retirer brusquement, il frappe de stupeur son entourage tenté par le doute et cédant au désarroi, son départ fait apparaître le vide immense qu'il laisse derrière lui, on le supplie de revenir et, à son retour, on l'acclame... De Gaulle, le 28 mai, quand il décida de quitter Paris, se souvint-il d'Alexandre ? Tout porte à croire que, s'il s'en inspira, ce fut d'instinct — et par calcul.

Il était inévitable que son départ fût ressenti avec angoisse par tous ceux qui étaient ses partisans, ses collaborateurs, ses ministres et même par ceux qui, tout simplement, pensaient que la solidité de l'Etat ne tenait plus qu'à lui. Georges Pompidou éprouva cette angoisse en même temps que l'amertume d'avoir été tenu à l'écart de ses projets.

Certains, autour de lui, ne pouvaient se défendre de penser que, s'il était ainsi parti, au paroxysme de la crise, de Gaulle n'avait pas l'intention de revenir. Ce n'était pas l'avis général, loin de là, mais on peut comprendre que, dans le climat qui régnait ce jour-là, toutes les hypothèses étaient envisagées et que celle-là n'était pas toujours écartée. C'est vers 14 heures seulement que le pire survint quand l'Elysée fut informé par la tour de contrôle de l'aérodrome de Saint-Dizier que l'hélicoptère transportant de Gaulle, sa femme et son aide de camp, le commandant Flohic, en était reparti et n'était pas arrivé à Colombey. Bernard Tricot vint en informer Georges Pompidou qui finissait de déjeuner en famille, pour fêter les fiançailles de son fils. On réalisa aussitôt qu'il ne pouvait s'agir d'un accident puisque l'hélicoptère des services de sécurité qui suivait l'hélicoptère présidentiel n'avait prévenu de rien. Mais il fallait savoir où se trouvait de Gaulle.

C'est Pierre Messmer qui, aussitôt prévenu, sut ce qu'il fallait faire pour retrouver de Gaulle. Il interrogea les postes de commandement de la défense aérienne du territoire, reconstitua le parcours de l'hélicoptère présidentiel et, en passant par la base souterraine de Taverny, pour garantir le secret de ses communications, appella Baden où on lui confirme que de Gaulle était venu et allait repartir. A 16 heures, il en prévint Georges Pompidou.

La suite ne fut que la mise en œuvre des décisions que de Gaulle avait prises. De Colombey il appela le Premier ministre et, sur un ton qui marquait sa combativité retrouvée, il lui confirma qu'il serait à Paris le lendemain pour présider le Conseil des ministres. Il tint le même langage et sur le même ton à ses collaborateurs de l'Elysée. Il n'y avait plus, à ce moment, aucune hésitation à avoir sur la suite dès lors qu'il avait décidé de réagir. Plus tôt, dans la journée, avant que de Gaulle ne parte et quand on avait les informations les plus précises sur les intentions de ses adversaires, j'avais dit à Michel Droit, suivant ce qu'il a noté dans son journal quotidien : « Nous n'en sommes même plus à moins 5 », mais, le rencontrant en fin d'après-midi, je lui dis, rapporte-t-il : « Maintenant je ne crains plus rien. Demain tout sera rétabli. »

Pendant ce temps, de Gaulle, à Colombey, marque déjà une impatience croissante. Il a retrouvé son humeur combative et son optimisme. Au dîner, ce soir-là, il récite des vers dont il demande à Flohic s'il sait qui en est l'auteur et devant son ignorance, lui confie : « Ça ne m'étonne pas, ils sont de moi. » Il évoque même l'hypothèse où il aurait décidé de ne pas revenir à l'Elysée et dit alors qu'« il serait allé en Irlande, chez ses ancêtres maternels, les McCartan puis, dit-il, beaucoup plus loin »...

Il part de Colombey vers 11 heures et arrive à l'Elysée à midi et demi. Sur-le-champ, il confie à Bernard Tricot, Xavier de la Chevalerie, Jacques Foccart son intention de s'adresser au pays, dans l'après-midi pour exiger un coup d'arrêt immédiat aux désordres. Il accepte volontiers de faire coïncider l'heure de son message et celui de la manifestation qui doit démarrer de la Concorde, qu'on est en train de préparer, fébrilement, et qui sera un gigantesque succès. Il écarte l'idée que son discours soit télévisé : ce n'est pas, comme on l'a dit souvent, par crainte d'apparaître à l'écran fatigué et peut-être vieilli ni parce qu'il craint un sabotage des émetteurs mais, plus sérieusement, parce qu'à cette heure-là très peu de gens peuvent regarder leur télévision tandis que, presque partout, on peut écouter la radio[38]. A 14 h 30, Georges Pompidou arrive. Il avait l'intention de proposer à de Gaulle sa démission, estimant qu'il aurait dû être mis dans le secret de ses projets. Mais de Gaulle l'accueille en termes chaleureux, l'assure de sa confiance, lui redit son estime, et veut qu'il reste à ses côtés. Puis il lui récite, presque mot pour mot, le texte qu'il a préparé et qu'il prononcera l'après-midi. C'est alors que Georges Pompidou lui demande d'y insérer l'annonce de la dissolution de l'Assemblée nationale. Il répète ses arguments : le référendum n'est pas possible dans l'immédiat et se heurte même à l'opposition physique des grévistes tandis que les partis politiques n'oseront pas se refuser à des élections, et jamais celles-ci ne se présenteront mieux qu'au terme d'un mois de désordre que le pays, sans aucun doute, condamnera... De Gaulle a peut-être compris que c'était la condition que Georges Pompidou mettait pour qu'il reste Premier ministre. Mais, de toute façon, on lui a conseillé, de tous côtés, de dissoudre l'Assemblée nationale et il pensait le faire, non dans l'immédiat, mais à brève échéance. Il se décide donc à suivre le conseil de son Premier ministre. Il corrige le texte de son discours, ce qui entraîne, curieusement, deux adjonctions, séparées l'une de l'autre, l'une pour annoncer la dissolution, l'autre pour mettre en garde contre ceux qui voudraient empêcher de nouvelles élections. Le Conseil des ministres, commencé à 15 heures, est le plus court de toute l'histoire de la Ve République. Il redit le texte qu'il va prononcer quelques instants plus tard. Le ton qu'il prend, l'allure qu'il a, ne laissent aucun doute, à ceux qui sont là, sur sa résolution. Yves Guéna a rapporté l'impression que tous ont éprouvée : « Le général entre, s'assoit et parle. A l'instant nous savons que tout est changé, que tout est sauvé[39]. »

Le texte du message du 30 mai est entré dans l'histoire moins par sa forme que par le fond : il marque, tout simplement, la fin de la crise de mai.

> Etant le détenteur de la légitimité nationale et républicaine, j'ai envisagé, depuis 24 heures, toutes les éventualités, sans exception, qui me permettraient de la maintenir. J'ai pris mes résolutions. Dans les circonstances présentes, je ne me retirerai pas. J'ai un mandat du peuple, je le remplirai. Je ne changerai pas le Premier ministre, dont la valeur, la solidité, la capacité, méritent l'hommage de tous. Il me proposera les changements qui lui paraîtront utiles dans la composition du gouvernement. Je dissous aujourd'hui l'Assemblée nationale. J'ai proposé au pays un réfé-

rendum... Je constate que la situation actuelle empêche matériellement qu'il y soit procédé. C'est pourquoi j'en diffère la date. Quant aux élections législatives, elles auront lieu dans les délais prévus par la Constitution, à moins qu'on entende bâillonner le peuple français tout entier [...] par les mêmes moyens qu'on empêche les étudiants d'étudier, les enseignants d'enseigner, les travailleurs de travailler. Ces moyens, ce sont l'intimidation, l'intoxication et la tyrannie exercées par des groupes organisés de longue main en conséquence et par un parti qui est une entreprise totalitaire... Si donc cette situation de force se maintient, je devrai pour maintenir la République prendre, conformément à la Constitution, d'autres voies que le scrutin immédiat du pays. En tout cas, partout et tout de suite, il faut que s'organise l'action civique... La France en effet est menacée de dictature. On veut la contraindre à se résigner à un pouvoir qui s'imposerait dans le désespoir national, lequel pouvoir serait alors évidemment et essentiellement celui du vainqueur, c'est-à-dire celui du communisme totalitaire. Naturellement, on le colorerait, pour commencer, d'une apparence trompeuse en utilisant l'ambition ou la haine de politiciens au rancart. Après quoi, ces personnages ne pèseraient pas plus que leur poids qui ne serait pas lourd. Eh bien ! Non ! La République n'abdiquera pas. Le peuple se ressaisira...

Chapitre 38

LE TERME

Le 7 juin 1968, les Français regardant leur écran de télévision ont pu croire qu'un rituel s'est décidément instauré, sous cette Ve République : même décor élyséen, mêmes fauteuils de style sur lesquels ont pris place les deux mêmes protagonistes, le même journaliste, Michel Droit, avec le même art de l'interview, la même voix calme et modulée, le même souci très sincère de poser les questions les plus aiguës, la même recherche du ton où le respect exclut pourtant la complaisance — et « toujours le même président », comme le dit alors une chanson à la mode...

Exactement le même ? On peut en discuter. Deux ans et demi plus tôt, quand il fut interviewé trois fois par Michel Droit, de Gaulle était en pleine bataille : heurté, blessé, défié par sa mise en ballottage, il s'était redressé, il voulait gagner, et il déployait alors une alacrité, une vitalité, une combativité qui, tout à coup, l'avaient transformé en un personnage familier, pour tous les Français, partisans ou adversaires. Cette fois, la crise a mis tout à nu : le régime, le gouvernement, l'Etat, le jeu des partis, le caractère des gens, la vacuité des hiérarchies, la fragilité des équilibres, les travers de la société, la précarité du pouvoir et même de ce pouvoir que de Gaulle, justement, détient à la tête de la République... Il le sait. Et c'est pourquoi cet entretien du 7 juin 1968, s'il n'est pas le sommet de son œuvre écrite ou parlée, est l'un des plus importants. D'abord sur lui-même : il y avoue sa tentation du repli sur soi, de la retraite, de cette solitude dont il avait déjà dit, aux dernières lignes de ses *Mémoires de guerre*, qu'elle avait toujours été sa « tentation », et qu'elle était devenue son « amie ». Mais pour dire, cette fois, en combien d'occasions il faillit y céder : après Dakar, lors des dissidences de la France libre que l'Angleterre encourageait en sous-main, devant le retour du pouvoir des partis en janvier 1946, après l'échec du Rassemblement, au soir du premier tour de l'élection présidentielle de décembre 1965 où, bien qu'il se voulût le rassembleur des Français, il n'y en avait pas eu la moitié pour le soutenir, et puis ce 29 mai — mais sûrement dès le 28 — où la France lui semblait tellement éloignée de lui...

« Insaisissable » : le mot qu'il employa en réponse à Michel Droit est resté, avec le recul du temps, celui qui définit le mieux l'état du pays et de la société en mai 1968. Il traduisait bien l'extraordinaire complexité de la crise, évoquant surtout cette longue période où il s'avérait impossible de déclencher une contre-offensive. On a vu combien furent vains les efforts pour réagir plus tôt que les circonstances et l'état des esprits ne le permettaient, et de quelque façon que ce fût : oui, la situation du pays était vraiment « insaisissable » jusqu'à ce que de Gaulle ait enfin pu « saisir » le moment de contre-attaquer. Mais, ce 7 juin, il ne cherche pas à élucider les épisodes du mois précédent : tout au plus met-il clairement en cause le rôle du parti communiste :

> L'entreprise totalitaire [...] inquiète et furieuse de voir [une] fraction révolutionnaire se dresser en dehors d'elle et contre elle.

C'est du fond du problème qu'il veut parler. Et c'est là que ses propos prennent une importance singulière : dans sa vie, qui va s'achever dans deux ans et demi, dans sa conception du monde et de la société au XXe siècle, qu'il exprime pour la dernière fois, et dans son action qui approche de son terme.

Voici donc ce siècle tel qu'il le voit :

> Voilà une société, je parle de la société française, voilà une société dans laquelle la machine est la maîtresse absolue et la pousse à un rythme accéléré dans des transformations inouïes. Une société dans laquelle tout ce qui est d'ordre matériel, les conditions du travail, l'existence ménagère, les déplacements, l'information etc., tout cela qui n'avait pas bougé depuis l'Antiquité, change maintenant de plus en plus rapidement et de plus en plus complètement. Une société qui, à toute vitesse, devient industrielle et urbaine ; une société qui a perdu en grande partie les fondements et l'encadrement sociaux, moraux, religieux, qui lui étaient traditionnels ; une société qui, en l'espace d'une génération, a subi deux guerres épouvantables et qui vit, maintenant, dans une Europe coupée en deux et au milieu d'un monde qui est bouleversé par la fin des empires, par l'avènement d'une foule d'Etats nouveaux dont les peuples frappent à la porte de la prospérité et d'un monde qui est agité dans ses profondeurs [...], par des conflits absurdes et dangereux en Asie, en Afrique, en Amérique ; une société qui, actuellement, dispose d'une information dont les moyens sont colossaux, qui agissent à chaque minute et qui s'emploient essentiellement, vous le savez bien, contre toute autorité, à commencer s'il vous plaît par la mienne, et qui tapent sans relâche et presque exclusivement sur le sensationnel, le dramatique, le douloureux, le scandaleux ; une société, enfin, qui sait qu'au-dessus de sa tête est suspendue, en permanence, l'hypothèque nucléaire de l'anéantissement. Comment est-ce

qu'on pourrait imaginer que cette société-là soit placide et soit, au fond, satisfaite ? Elle ne l'est certainement pas. Il est vrai que, en échange [...], la civilisation mécanique moderne répand parmi nous des biens matériels en quantité et en qualité croissantes et qui, certainement, élèvent le niveau de vie de tous [...]. Il est vrai que la technique et la science qui se développent parallèlement à l'industrie et aussi vite qu'elle, obtiennent, en s'unissant à elle, des résultats saisissants. La locomotive, le téléphone, l'électricité, ça avait été bien ! L'auto, l'avion, la radio c'était mieux ! La fusée, la télé, le moteur atomique, le laser, la greffe du cœur, c'est magnifique ! Bref, la civilisation mécanique, qui nous apporte, encore une fois, beaucoup de malheurs, nous apporte aussi une prospérité croissante et des perspectives mirifiques. Seulement, voilà ! elle est mécanique, ce qui veut dire qu'elle enlace l'homme, quel qu'il soit et quoi qu'il fasse, qu'elle l'enlace dans une espèce d'engrenage qui est écrasant [...]. Si bien que tout s'organise et fonctionne d'une manière automatique, standardisée, d'une manière technocratique et de telle sorte que l'individu, par exemple, l'ouvrier, n'a pas prise sur son propre destin, comme pour les fourmis dans la fourmilière et pour les termites dans la termitière. Naturellement, ce sont les régimes communistes qui en viennent là surtout et qui encagent tout et chacun dans un totalitarisme lugubre. Mais le capitalisme lui aussi, d'une autre façon, sous d'autres formes, empoigne et asservit les gens. Comment trouver un équilibre humain pour la civilisation, pour la société mécanique moderne ? Voilà la grande question de ce siècle !

Et voici le choix qu'il fait :

Pour la mutation dont vous me parlez, il y a, naturellement, des réponses diverses et opposées. Moi, j'en vois trois essentielles. D'abord il y a le communisme qui dit : créons d'office le plus possible de biens matériels et répartissons-les d'office de telle sorte que personne n'en dispose à moins qu'on ne l'y autorise. Comment ? Par la contrainte. La contrainte morale et matérielle constante, autrement dit, une dictature qui est implacable et perpétuelle [...], même si, depuis que ce système est en vigueur en certains endroits, ses chefs à mesure qu'ils se succèdent, se condamnent les uns les autres, comme s'il était prouvé d'avance que chacun devrait échouer à moins qu'il ne trahisse. Non, du point de vue de l'homme, la solution communiste est mauvaise. Le capitalisme dit : grâce au profit qui suscite l'initiative, fabriquons de plus en plus de richesses qui, en se répartissant par le libre marché, élèvent en somme le niveau du corps social tout entier. Seulement, voilà ! La propriété, la direction, le bénéfice des entreprises dans le système capitaliste n'appartiennent qu'au capital. Alors, ceux qui ne le possèdent pas se trouvent dans une sorte d'état d'aliénation, à l'intérieur même de l'activité à laquelle ils contribuent. Non, le capitalisme du point de vue de l'homme n'offre pas de solution satisfaisante. Il y a une troisième solution : c'est la participation, qui, elle, change la condition de l'homme au milieu de la civilisation moderne. Dès lors que des gens se mettent ensemble pour une œuvre économique commune, par exemple pour faire marcher une industrie, en apportant soit les capitaux nécessaires, soit la capacité de direction, de gestion et de technique, soit le travail, il s'agit que tous forment ensemble une société, une société où tous aient intérêt à son rendement et à son bon fonctionnement et un intérêt direct. Cela implique que soit attribué, de par la loi, à chacun une part de ce que l'affaire gagne et de ce qu'elle investit en elle-même grâce à ses gains. Cela implique aussi que tous soient informés d'une manière suffisante de la marche de l'entreprise et puissent, par des représentants qu'ils auront tous nommés librement, participer à la société et à ses conseils pour y faire valoir leurs intérêts, leurs points de vue et leurs propositions. C'est la voie que j'ai toujours cru bonne. C'est la voie dans laquelle j'ai fait déjà quelques pas ; par exemple en 1945, quand, avec mon gouvernement, j'ai institué les comités d'entreprise, quand, en 1959 et en 1967, j'ai, par des ordonnances, ouvert la brèche à l'intéressement. C'est la voie dans laquelle il faut marcher.

Tout est dit. Trois questions plus loin, de Gaulle précisera qu'il s'agira bien d'une « révolution » et ajoutera :

Je ne suis pas gêné [...] d'être un révolutionnaire comme je l'ai été si souvent.

Plus tard, il précisera ce qu'il veut : une participation aux responsabilités dans l'entreprise, ce qui serait, en effet, une révolution s'il s'agit vraiment d'un partage du pouvoir économique. Mais, déjà, ce 7 juin, les dés de son destin commencent à rouler. Il vient de faire ce formidable aveu : il ne veut ni communisme ni capitalisme. Héritier des courants de pensée qui, au long du siècle, ont professé ce double refus, il entend, maintenant, passer à l'action. A sa façon et tirant parti des circonstances, il avait entamé le même projet par les réformes qui, à la Libération, ont changé les structures du capitalisme français et la vie sociale du pays. Pour la deuxième fois de sa vie, il s'engage dans cette voie mais en allant plus loin, avec plus d'audace. Quoi qu'il dise durant les mois qui viennent, quels que soient les détours empruntés, on sait quelle est, en réalité, son ambition : cette « révolution » qu'il appelle « participation ». Mais la France en veut-elle ? Si l'on croit qu'il s'agit d'une œuvre impossible, si l'on voit, à distance, que ce rêve, en ce siècle du moins, ne sera pas réalisé, alors on peut dire que, dès ce soir du 7 juin, son destin, par avance, était accompli.

Mais la tâche à remplir, plus humble, plus immédiate, est d'abord de gagner les élections législatives fixées aux 23 et 30 juin. Pour de Gaulle, cette bataille sera l'avant-dernière : la dernière qu'il ait gagnée. Il est, cette fois, à l'extrême opposé de son point de départ : depuis le grand appel de 1940 à tous les Français et à l'unanimité nationale contre l'ennemi, un long et tumultueux parcours l'a mené aux terribles affrontements de ce printemps 1968. Au fond, il en est déjà à la moitié du chemin vers la victoire : les émeutes ont été brisées ou ont cessé, l'Etat est restauré, le travail a repris, et maintenant les élections vont avoir lieu, qui compléteront sa victoire. Car il va s'y engager, sans hésitation : le temps n'est plus, pour lui, d'en appeler à une adhésion floue et molle, sans stratégie et sans dessein. Au contraire, il vient de dire, sans ambages, qu'il a la plus formidable ambition : changer la société, refuser à la fois le capitalisme traditionnel et le collectivisme totalitaire, instaurer la participation. Tel est le dessein. Et la stratégie se résume en deux volets : gagner à droite par la défense de l'ordre, gagner à gauche par les réformes et, précisément, la participation.

La priorité en attendant, s'énonce clairement : remporter la victoire sur « mai 68 ». L'étape première, décisive, en a été le retour à Paris, le 30 mai, l'appel au pays en quatre minutes, le cortège immense sur les Champs-Elysées, un retournement spectaculaire : l'étape ultime sera le résultat des élections. Par avance, de Gaulle donnait à cette victoire tout son sens. C'était d'abord, une fois de plus, la défaite des partis traditionnels : de ce nouvel épisode du vieux combat qu'il menait contre eux, il éprouvait une naturelle satisfaction. C'était une défaite du « désordre », essentielle pour lui qui avait voulu instaurer, ou restaurer, l'autorité de l'Etat. C'était une victoire qu'il remporterait personnellement contre tous ses adversaires à la fois, et il gardait en lui assez de combativité et de passion pour en être heureux. C'était enfin — par-dessus tout peut-être — une cruelle déception pour ses ennemis de l'extérieur qui, avec une jouissance à peine refoulée, et surtout exprimée dans la presse occidentale, espéraient sa déconfiture et guettaient sa chute...

Il fallait donc que sa victoire soit complète. Il s'occupa de la préparation des élections et du choix des candidats, laissant Georges Pompidou en première ligne, mais faisant intervenir Jacques Foccart à la moindre occasion, poussant à la plus grande « fermeté », écartant les tièdes ou les vieux partisans qui l'avaient lâché, par exemple à propos de l'Algérie, envisageant que l'on oppose des concurrents plus fidèles à des alliés douteux, comme Valéry Giscard d'Estaing et ses amis les plus proches, sans illusion sur les appuis qu'il obtiendrait dans le pays, mais résolu à obtenir le succès qui lui donnerait les coudées franches pour mener à bien, contre tous les conservatismes, les vastes changements qu'il médite [1].

Et ce fut un raz de marée. Je revois encore Georges Pompidou dans son bureau de Matignon et dans le « salon blanc » voisin, entouré de ses collaborateurs, de nouveaux élus qui affluaient, de dirigeants de la majorité, de hauts fonctionnaires empressés, une petite foule, éblouie par le flot des résultats favorables et souvent inespérés : il était le plus calme, impérial, gardant son éternel sang-froid. A le voir, je sentais qu'il mesurait l'extraordinaire écart entre l'abîme où il se débattait quelques jours plus tôt et l'euphorie de cette soirée, et qu'il devait éprouver le sentiment de la précarité de tout.

Les résultats étaient impressionnants au regard de l'histoire électorale de la France [2]. La majorité sortante, en y comprenant les candidatures multiples dans plusieurs dizaines de circonscriptions, obtenait 46,5 % des suffrages, les communistes 20, le PSU 3,9, la Fédération de la gauche 16,5, le centre droit et la droite 12. La participation électorale avait été presque la même qu'en 1967. Les communistes avaient perdu près de 600 00 voix et la Fédération de la gauche 420 000, que ne compensait pas un gain de 367 000 voix par le PSU, et les centristes, modérés et conservateurs en perdaient 1,2 million. Ce dernier chiffre était le plus important du scrutin : il représentait la forte fraction de l'électorat traditionnel de droite qui avait quitté l'opposition pour se reporter, dès le premier tour, sur les candidats de la majorité. Et une deuxième vague s'y ajouterait bientôt : celle des électeurs de l'opposition de droite et du centre droit qui, au second tour, donneraient leurs voix à l'UDR ou aux républicains indépendants — exactement à l'opposé de ce qu'ils avaient fait souvent aux élections législatives de 1967. Au fond, un profond courant, du côté droit de l'échiquier électoral, réagissait aux désordres du mois de mai, en faisant confiance à la majorité sortante : mais était-ce bien à celle-ci ? Ou au gouvernement et, en particulier, à Georges Pompidou ? Ou à de Gaulle ?

Sur le premier volet de la stratégie gaulliste — s'étendre à droite en incarnant la défense de l'ordre — on avait gagné. Sur le second — s'étendre à gauche par les réformes et, plus précisément, par l'idée de participation — on avait gagné aussi. L'ensemble de l'extrême gauche et de la gauche venait de perdre de 650 000 voix, pour la plus grande part passées à la majorité sortante, et ne représentait plus que 42 % du corps électoral. Une fois encore, la preuve était faite que le gaullisme politique pouvait rallier une fraction notable de la gauche française. Son double visage, au lieu de le desservir, lui avait permis de l'emporter, d'un côté comme de l'autre. Il disposait maintenant d'une imposante majorité à l'Assemblée nationale : 360 sièges sur 485. De Gaulle aurait ainsi une exceptionnelle liberté d'action : c'était pour lui un formidable encouragement. Et le choc des résultats obtenus fut tel qu'on oublia, en général, d'observer que, cette fois encore, le gaullisme politique n'avait pas pour lui la majorité des électeurs français, mais 46 % au premier tour de ces élections : à peu de choses près, ce que de Gaulle avait obtenu lui-même au premier tour de l'élection présidentielle. Signe prémonitoire — passé alors inaperçu — de l'issue incertaine des batailles à venir...

Voici donc de Gaulle remis en selle. Bien que beaucoup, autour de lui, affirment que ces élections législatives ont un caractère de référendum et qu'il se trouve donc à nouveau plébiscité, il est apparu, à plusieurs interlocuteurs, comme sans illusion sur leurs résultats : personne, semble-t-il, ne l'a entendu dire que ce n'était que « les élections de la peur », comme ses adversaires l'ont fait souvent, mais il ne lui échappait pas que les électeurs avaient, avant tout, réagi contre les événements du mois de mai. Il était pourtant très satisfait : Jacques Foccart, dans le Journal qu'il rédigeait quotidiennement, le décrit, interrogeant au téléphone, le soir du premier tour, sur les scores dans les départements les plus disputés, excité par les premiers résultats — « Vous voyez, c'est la vague, le pays a suivi... » — et intransigeant sur les accords à conclure pour le second tour, passionné par les sondages, puis enthousiaste au vu du résultat final :

> Alors, c'est le raz de marée !... C'est excellent. Voyez-vous, ce qui est important, ce sont les sièges repris aux communistes, tout autour de Paris ; ça c'est significatif. De même, cette implantation dans le Midi, à des endroits où nous n'avions jamais pu aboutir[3]...

En tout cas, il avait les mains libres. Mais quel que soit le contenu qu'il lui donnerait et le rythme des réformes auxquelles il songeait, il fallait marquer les changements à venir par un changement d'hommes. Ceux auxquels on avait procédés le 31 mai, comme de Gaulle l'avait annoncé la veille, n'avaient eu, évidemment, qu'une portée très limitée. Les ministres mis à l'écart étaient ceux qui avaient été les plus directement impliqués dans la crise de mai : Louis Joxe, qui avait assuré, aux heures les plus critiques, l'intérim du Premier ministre, Christian Fouchet, ministre de l'Intérieur, Georges Gorse, ministre de l'Information, François Misoffe, secrétaire d'Etat à la Jeunesse — sans parler d'Alain Peyrefitte, ministre de l'Education nationale, déjà démissionnaire. Il y avait eu là, sans doute, une part d'injustice, si l'on songe que rien d'essentiel n'avait été compromis avant que vienne le moment de la contre-offensive, et Pompidou, du reste, avait annoncé à Christian Fouchet qu'il pouvait « dormir sur ses deux oreilles » — c'est l'expression qu'il avait employée — voulant soit le garder à son poste soit lui en confier un autre. De Gaulle, manifestement, avait voulu tourner la page et que ne soient plus en première ligne ceux qui avaient été les plus critiqués, controversés et accusés. Mais ce n'était qu'un aménagement très provisoire. Et si la nomination de Michel Debré aux Affaires étrangères, après sa mise à l'écart des négociations de Grenelle, était logique, compte tenu de l'expérience internationale qu'il avait acquise auparavant, l'affectation de Maurice Couve de Murville ne manquerait pas de poser le problème de ses relations avec Georges Pompidou : celui-ci tiendrait sûrement à orienter la politique économique à suivre dans la période à venir, et les deux hommes étaient de trop fortes personnalités pour que leur attelage reste sans nuages.

Une seule question cruciale se posait, en réalité : fallait-il que Pompidou reste Premier ministre ? De Gaulle, naturellement, savait qu'il était très réservé devant l'idée de « participation » et pouvait pressentir qu'il chercherait à en limiter le plus possible le champ d'application. Mais il pensait avoir surmonté ses objections : après tout, Georges Pompidou avait en fin de compte rédigé lui-même, en grande partie, l'ordonnance de 1967 sur l'intéressement des salariés aux plus-values en capital dans les entreprises. Au fond, on pouvait croire qu'il servirait de « couverture » tranquille à la mise en œuvre de la « participation » contre ceux qui n'en voulaient pas, comme Debré avait « couvert » l'indépendance de l'Algérie contre ceux qui, comme lui, ne l'avaient pas souhaitée. Mais Pompidou, par la façon dont il avait gouverné, n'était-il pas responsable de la crise de mai ou plutôt de la situation sociale qui avait amené cette crise ? Sur ce point aussi, de Gaulle s'est interrogé. On a vu qu'après l'élection présidentielle de décembre 1965, il avait jugé que Pompidou était le mieux placé à la fois pour poursuivre et pour infléchir la politique menée jusque-là et que, sous le choc du ballottage, il avait montré le sang-froid et la détermination qui convenaient. Et, après les élections législatives de 1967, la majorité parlementaire était beaucoup trop faible pour qu'un nouveau Premier ministre puisse s'imposer avec durée et succès. Du reste, rien ne permet de croire que de Gaulle ait changé de jugement sur l'intelligence, le caractère et les capacités de Georges Pompidou. L'hommage qu'il lui avait rendu, dans son discours du 30 mai, n'était pas le fait du hasard : en désaccord avec lui en plusieurs cas, durant la crise, il avait tenu compte de ses arguments, lui avait fait confiance, avait éprouvé lui-même, après l'échec de son discours du 24 mai, les difficultés inouïes qu'il fallait surmonter, et il était assez lucide pour voir que chacun, à sa façon, avait eu sa part dans le succès final — c'est plus tard que viendrait, pour l'un comme pour l'autre, le temps des soupçons et des reproches, le temps de l'amertume.

Beaucoup, en tout cas, va dépendre pour de Gaulle et pour la phase ultime de sa vie publique, de la décision qu'il va prendre, et il faut donc en suivre, jour après jour, le cheminement. C'est Pompidou lui-même qui, le premier évoque son départ, au cours d'un entretien avec Jacques Foccart, entre les deux tours de scrutin des élections législatives[4]. Le langage qu'il tient vaut d'être cité, car, en réalité, il n'en changera pas jusqu'au retournement trop tardif du 6 juillet. Pompidou, raconte Foccart, a évoqué avec le plus grand sérieux, la possibilité et, croit-il, la nécessité pour lui de ne pas former le nouveau gouvernement après les élections, et il rapporte ainsi ses propos : « Vraiment ! J'en ai tellement marre, j'en ai par-dessus la tête. Former un gouvernement, c'est une corvée épouvantable, cela consiste à remercier un certain nombre de types et, contrairement à ce que l'on peut croire, je suis un être sensible, quelquefois même beaucoup trop sensible, et cela m'ennuie. Je vous assure que, pour moi, c'est terrible de téléphoner ou d'écrire à tel ou tel de mes ministres que je ne pourrai pas le reprendre dans le gouvernement suivant. Il y a cela ; ce serait la cinquième fois que je formerais un gouvernement, et je vous assure que j'en suis excédé. Il y a aussi une certaine lassitude à traiter des problèmes, à être tout le temps directement embrayé sur l'actualité, sur toutes les questions brûlantes. Enfin, il y a le fait, il faut bien le dire, que si le général estime qu'il doit un jour me demander de me présenter à la présidence de la République, il faudra que je me sois tenu un peu à l'écart et que j'apparaisse comme une espèce de recours, pour que l'on puisse dire : Ah ! Il y a Pompidou ! »

Après quoi, la conversation prend un tour plus précis. C'est Couve de Murville que Pompidou voit pour lui succéder : « Je ne vois pas qui d'autre pourrait y aller », dit-il à Foccart. Ce dernier lui confie alors qu'il redoute que, plus tard, « certains gaullistes » suggèrent qu'il s'agissait d'un limogeage. Pompidou en convient et reconnaît que « c'est cela le plus difficile ». Mais il va, dès ce jour-là, beaucoup plus loin et analyse très rigoureusement son départ en fonction de sa future candidature à l'élection présidentielle. « Croyez bien que ce serait mieux, explique-t-il à Foccart, je voyagerais, je serais député, j'interviendrais dans quelques grands débats. Et puis, je me ferais voir par-ci, par-là. C'est ce qu'il y a de mieux, ce n'est pas douteux. Toutefois, à mon avis, il faudrait que le général envisage un calendrier qui ne soit pas trop éloigné. »

Et il avance ici deux arguments très précis. L'un porte sur la conjoncture économique et ses effets politiques prévisibles : « Et puis, vous savez, la rentrée va être très difficile, non pas que je ne veuille pas assumer la responsabilité, mais cela va être très difficile. Les gens croient que ça va aller bien économiquement. Il n'en est rien, et nous aurons du chômage. Celui qui sera Premier ministre prendra beaucoup de responsabilités, sera impopulaire et, assez rapidement, les gens diront : “Ah du temps de Pompidou !” Il faut voir les choses comme elles sont, froidement. Il ne faudrait pas que cela dure longtemps. » L'autre concerne son âge et, par conséquent, l'échéance à laquelle de Gaulle pourrait se retirer dans les meilleures conditions : « Je vais vous dire qu'il y a même pour moi une échéance : il faut que je sois candidat avant d'être dans ma soixantième année, c'est-à-dire avant 1970, car, pour toute cette génération qui monte, Pompidou serait déjà l'homme qui aura soixante ans ou qui sera sur le point de les avoir. Le chiffre six est très important, il faut que je reste dans le chiffre cinq. Alors, avec un Giscard d'Estaing qui est dans le chiffre quatre, cela peut aller. Mais si je passe dans le chiffre six, alors les gens diront : “Ah, tout de même, c'est déjà âgé !”, c'est très, très important. C'est le général qui décidera, mais s'il veut que je reprenne l'affaire avec de bonnes chances, il faut que ce soit avant 1970. »

A cette date, Georges Pompidou était donc déterminé : il voulait se retirer pour des raisons où s'additionnaient la lassitude, la tactique, le calendrier et les conditions de sa candidature à la Présidence de la République en accord avec de Gaulle.

C'est celui-ci, le 28 juin, qui évoque à son tour, la formation d'un nouveau gouvernement, en réponse à Jacques Foccart, mais il demeure alors « assez vague », tout en donnant à ce dernier le sentiment « qu'il se pose très sérieusement la question ».

Mais Pompidou est alors si résolu qu'il a mis ses arguments par écrit dans une note qu'il veut remettre à de Gaulle. Il les commente devant Foccart : « Evidemment, il ne faut pas que le général fixe de date, car rien ne serait plus mauvais. Ce serait l'ouverture de la campagne présidentielle et ce serait catastrophique. Mais il faut qu'il laisse entendre que, si je m'en vais, c'est pour ensuite me présenter à l'élection présidentielle. C'est très important. » Son analyse porte aussi sur les raisons qui pouvaient conduire de Gaulle à le remplacer, ou le mener lui-même à prendre du champ : « Le général, je le sens bien, veut à tout prix appliquer son projet de "participation". Dites-vous bien que la participation telle qu'elle est envisagée par Capitant, c'est de la connerie. A la tête du gouvernement, je serais obligé, sans arrêt, de m'y opposer. Remarquez que, de toute façon, elle ne passera pas. Car tous les gens compétents qui étudieront cela feront des objections tellement évidentes que cela ne pourra pas passer. Présentées par quelqu'un d'autre que moi, les objections seront retenues. Si c'est moi, on dira : "C'est insupportable, c'est une question de parti pris." Alors, j'aime mieux que cette affaire se liquide pendant que je ne serai pas là. »

S'y ajoutent les alertes sur le franc, le risque de spéculations sur la monnaie qu'aggraverait l'hostilité prévisible du patronat aux projets de « participation » : autant de raisons pour Pompidou, de ne pas être associé à une entreprise à laquelle il ne croit pas. Mais, pour d'autres, c'est justement l'inverse : il faudrait qu'il reste pour éviter une crise économique et monétaire et pour limiter la portée et les conséquences de la « participation » si elle doit être instaurée dans les entreprises. Le 30 juin, en tout cas, jour du second tour des élections législatives, les trois hommes qui travaillent le plus directement avec de Gaulle, Foccart, Bernard Tricot, secrétaire général de la Présidence et Xavier de la Chevalerie, son directeur de cabinet, tout en connaissant les arguments de Pompidou et en pensant, comme lui, qu'un intervalle doit séparer sa présence à Matignon et sa future entrée à l'Elysée, en sont encore à peser le pour et le contre. En cette première étape, un point, au moins, semble acquis : Pompidou, lui, veut partir.

Le 2 juillet, une seconde étape commence. On peut ici se référer au témoignage de Foccart : profondément attaché à de Gaulle, il éprouve une immense estime et même de l'affection envers Georges Pompidou, et il n'est donc tenté, dans son journal quotidien, ni de noircir l'un ou l'autre, ni d'exalter l'un contre l'autre, et, de plus, n'ayant aucun attrait pour l'idée de « participation », il ne peut être soupçonné, c'est le moins qu'on puisse dire, d'exagérer l'importance que de Gaulle y accorde. Or, justement, ce 2 juillet au soir, celui-ci lui parle sans ambages de ce qu'il veut faire [5] :

> Vous savez, l'affaire que nous devons réussir maintenant, bien que cela paraisse très difficile, c'est la participation. Croyez-moi, il est indispen-

> sable de la mener à bien ; si nous ne la faisons pas, nous aurons raté notre coup. Nous devons la faire maintenant, c'est la dernière grande chose qu'il nous reste à accomplir, et c'est le plus grand service que l'on puisse rendre au pays. Si nous ne l'instaurons pas, bien sûr, cela pourra encore aller cahin-caha. Jusqu'au jour où il y aura une très grande secousse, où ce sera vraiment le changement de régime, l'avènement d'un communisme totalitaire qui débouchera sur je ne sais quoi. Tandis que si nous réussissons, nous aurons transformé notre société. Oui, c'est une révolution, et il faut la faire ; il faut s'y mettre dès maintenant. Il faut la réaliser sur notre lancée actuelle, croyez-moi. Je sais qu'il y a beaucoup de réserves ; je sais que le Premier ministre n'est pas tout à fait d'accord.

De Gaulle écarte les objections de Foccart sur les risques de désordre et de manque d'autorité dans les entreprises, après quoi les deux hommes discutent d'un éventuel référendum sur la participation. Foccart étant convaincu que s'y opposeront aussi bien les syndicats — « à qui vous feriez perdre leur clientèle » — les communistes et les socialistes que la droite et le patronat, à quoi de Gaulle riposte :

> Tout cela sera balayé. La clientèle de syndicats votera avec moi, les communistes perdront beaucoup de voix, ainsi que la Fédération. Les patrons ? Ce n'est pas le nombre des patrons qui compte, c'est leur influence, qui leur permet de fabriquer quelques députés type Stehlin. Ils ont comme ça des zones d'influence, mais ce n'est pas l'électeur, ce ne sont pas les voix, ce n'est pas le peuple. Croyez-moi : si on sait poser la question, il sera très difficile de répondre non à de Gaulle sur la participation à la gestion de l'entreprise.

Et la consultation s'achève sur trois certitudes dont on verra qu'elles sont, en partie, provisoires — de Gaulle veut un référendum, il aura lieu en octobre, il portera sur la « participation » dans l'entreprise — mais elle laisse en suspens le choix du Premier ministre :

> L'ennui, confie de Gaulle à Foccart, c'est évidemment que le Premier ministre est très réservé là-dessus. Il faut que je le voie. Et je me demande quelle politique suivre : faut-il qu'il reste ? Bref, on en reparlera.

Et vingt-quatre heures plus tard :

> Il y a le problème du Premier ministre, dit-il à Foccart, je ne sais vraiment pas quoi faire.

Mais il prend en compte maintenant l'insistance de Pompidou à vouloir se retirer et à le dire partout et à tous. Plus encore : il reprend en compte tous ses arguments. D'abord sa lassitude : « Le Premier ministre est fatigué, il veut se reposer et prendre du champ. » Mais aussi les crises prochaines : « Je crois comme vous que c'est dans son intérêt de partir, parce qu'il va y avoir des choses difficiles à faire, qui vont déclencher le mécontentement populaire, qui vont porter atteinte au crédit du Premier ministre. Par conséquent, si on peut le laisser en dehors de tout cela, ce sera préférable. » Puis ses réserves sur la participation :

> Il y a cette affaire de la participation. Il n'y croit pas et il n'y mettra sans doute pas l'ardeur voulue. Je ne pense pas du tout qu'il ne soit pas loyal — sa loyauté, comme celle de Debré, est indiscutable — mais il n'y mettra pas la détermination nécessaire. Il faut pourtant que cela se fasse et que cela se fasse assez vite. On ne démolira pas l'économie. Vous êtes là, tous, à vouloir vous accrocher au passé, et je vous assure que vous avez tort, que l'avenir, c'est la participation. Nous l'avons annoncée, nous ne pouvons pas reculer. Il faut saisir l'occasion. Les Français sont prêts à cela : ils attendent de nous quelque chose de nouveau. Les voix de gauche qui sont venues à nous, c'est pour cela, et les électeurs voteront contre leur syndicat, contre leur parti. Ils agiront avec nous ; c'est maintenant que nous pouvons rendre le plus grand service au pays. Alors je le sens bien, Pompidou n'en veut pas, n'y croit pas. Pour toutes ces raisons, je pense en effet qu'il vaut mieux que je choisisse quelqu'un d'autre.

Et pourtant, au même moment, dans cette même conversation avec Foccart, de Gaulle envisage très précisément et très attentivement l'élection future de Pompidou et les conditions les meilleures pour sa réussite, sans aucune réticence apparente et, surtout, de la même façon, exactement, que Pompidou lui-même. Etonnant dialogue alors que c'était un sujet délicat pour lui qui était encore président et comptait le rester, et que son fidèle collaborateur abordait malgré tout avec la franchise qui peut accompagner un dévouement très ancien. Un dialogue qui vaut d'être cité, pour son évidente authenticité, et pour la liberté de ton avec laquelle il évoque son propre destin :

> [Pompidou] s'est créé un personnage important, une stature, une popularité incontestable et méritée et, s'il y avait une élection présidentielle, il serait élu. Alors, il faut le réserver pour cela : c'est lui qui devra se présenter et, au fond, il a raison de vouloir prendre du champ.
> — Oui, le passage direct de Matignon à l'Elysée n'est pas bon.
> — Non, il faut une coupure.
> — Il faut une coupure, mais, mon général, cela pose un autre problème : il faut que cette coupure ne soit pas trop longue.
> — Oui. Vous voulez savoir quand je pars !
> — Non, mon général, mais enfin, tout cela entre en jeu.
> — Vous avez raison. Si je devais partir dans les trois ou quatre mois, d'ici à la fin de l'année, Pompidou devrait rester à Matignon, car ce serait ridicule de s'en aller pour trois mois. Mais je ne peux pas partir. Enfin, c'est bien votre avis : je ne peux pas partir ? Le pays vient de me faire massivement confiance, personne ne comprendrait que je m'en aille.
> — Ce n'est pas douteux.

— Et puis je me sens bien ; il n'y a pas de raison que je m'en aille, sauf si j'ai une attaque. Ça, ça peut arriver à tout le monde, c'est autre chose.

— Vous avez l'air en parfaite forme.

— Bon, alors, je vais rester, et il faudra que je prenne un nouveau Premier ministre.

— Oui, mais faisons attention, mon général. Vous voyez bien dans quel esprit je vous dis cela : si vous devez rester longtemps après le départ de Pompidou, on l'oubliera.

— Mais non, mais non. Il ne se laissera pas oublier ; il interviendra, il fera parler de lui.

— Ce sera un peu en fonction de ce que vous ferez ; si vous rappelez à différentes occasions la présence de Pompidou, si vous le présentez comme votre successeur, si vous faites son éloge de temps en temps...

— Tout cela, je le ferai.

Reste alors à savoir qui pourrait remplacer Pompidou. On voit ici qu'à cette date, le 3 juillet, son choix n'est pas fait, loin de là. « D'après ce que je vois, ce serait Couve », dit Foccart, qui se fait ici l'écho de sa conversation antérieure avec Pompidou. « Pas forcément, j'hésite », reprend de Gaulle, qui évoque brièvement Chaban-Delmas et Debré, dont il pense qu'on « ne peut pas le faire revenir ». Et il livre alors le fond de sa pensée :

Il faudrait trouver quelqu'un de jeune, je voudrais quelqu'un de nouveau dans la politique, un peu comme j'ai fait avec Pompidou. Personne ne le connaissait, il n'avait jamais fait de politique, il est arrivé là directement et a pris les affaires en main, et il les a très bien prises.

Après quoi, il pose la question : « Que pensez-vous de Galley ? » Devant les réticences évidentes et réitérées de Foccart, il insiste : « C'est un homme qui est sûr ?... Est-il courageux ?... Qu'en pensez-vous si je le prenais comme Premier ministre ?... Parle-t-il bien ? » D'avance il se rebiffe devant les objections : « Vous êtes toujours effrayé quand on fait appel aux jeunes. C'est pourtant cela qu'il faut faire, il faut faire confiance aux jeunes. » Et il laisse en suspens sa décision : « Enfin, je verrai. »

Le 5 juillet, de Gaulle s'interroge encore, paraît hésiter entre Couve de Murville et Messmer — à qui il n'en a jamais parlé[6] — et doit écarter l'idée de faire appel à Chaban-Delmas en raison de sa situation conjugale alors très difficile. Il semble regretter le départ de Pompidou :

Je lui ai demandé de rester, il ne veut pas, il est fatigué, il en a assez.

Et il évoque le refus que Pompidou, déjà, lui a opposé quand il a voulu qu'il l'accompagne à l'Elysée, après sa première élection à la Présidence. Il repense à l'idée qu'il avait eue d'un changement de gouvernement beaucoup plus profond : « J'étais décidé à frapper un grand coup, à changer tous les ministres et à mettre Galley comme Premier ministre... Cela aurait fait un choc... Oui, c'était prendre un risque et, en l'état actuel, ce n'était pas possible. »

Pompidou, ce jour-là, répète qu'il est trop las pour continuer, qu'on ne doit pas insister pour qu'il reste. Il redit aussi que le mieux serait que Couve lui succède, qu'aucun autre n'est jouable[7]. Mais, comme il sait et comme il sent que de Gaulle en est à songer à la suite, il commence à en éprouver une indicible tristesse. Comme tout homme qui a décidé de renoncer à ses fonctions mais qui entrevoit peu à peu quel changement en résultera pour lui, il en enregistre avec mélancolie et nostalgie les premiers signes. La veille, déjà, il confiait à Foccart : « Vous savez, le général est de plus en plus difficile, et il prend de plus en plus ses décisions tout seul. Regardez aujourd'hui : sans m'en parler, sans en avoir parlé au Conseil, dans le communiqué qui suit le Conseil, il évoque la réforme du Sénat. Dieu sait si j'en suis d'accord — et puis, de toute façon, je suis toujours d'accord avec le général —, mais je n'ai même pas été mis au courant. Alors, moi, je saurais lui dire non, et je sais lui dire non quand il faut. Je crains qu'avec un autre Premier ministre, il en soit autrement, et c'est la seule chose qui me fait peur. »

Et le soir de ce 5 juillet, tout en continuant de penser que de Gaulle pourrait bien lui demander de rester, mais que ce serait « une grosse erreur, [...] une folie », il s'avoue à lui-même que tout cela lui « fait du mal » ; il se dit « bouleversé » à l'idée de poursuivre sa tâche à Matignon. Tout au plus, la veille, a-t-il mentionné devant Bernard Tricot les objurgations de ceux qui, autour de lui, veulent qu'il reste : comme de Gaulle lui avait envoyé Tricot avec cette recommandation, « il faut que vous insistiez, retournez le voir », il lui confirma son refus : « Oui, dites-le au général sans faire de diplomatie[8]. » Mais, à bien des signes, on peut voir que, sourdement, il éprouve l'amertume de voir les choses — et peut-être les gens — s'éloigner de lui. Et par là s'achève la seconde étape de cet épisode.

Le lendemain, samedi 6 juillet, dans la matinée, commence la troisième, dernière et courte étape. Pompidou a rapporté que la veille au soir, au cours d'un dîner de famille, on l'avait adjuré de rester, qu'il n'en avait pas dormi la nuit, et qu'il avait alors changé d'avis. Il appelle donc Bernard Tricot pour le lui dire, et celui-ci en informa immédiatement de Gaulle et en rapporte ainsi la réponse dans ses *Mémoires* : « C'est trop tard. Pourquoi avoir attendu ainsi ? Je me suis mis d'accord hier soir avec M. Couve de Murville. » Aussitôt averti, Pompidou réagit âprement, presque violemment : « Jacques, dit-il à Foccart qu'il a fait venir tout de suite à Matignon, le général s'est moqué de moi. Il a voulu me rouler, et d'ailleurs il s'est moqué de vous aussi. » Il ressasse les derniers événements, interminablement, et s'acharne à se convaincre lui-même que, depuis le début, on l'a trompé et on lui a tout dissimulé... Du coup, il ne veut pas écrire la lettre de démission que de Gaulle lui demande et à laquelle il répondrait en faisant son éloge et en laissant prévoir son avenir. Tout s'arrange enfin le mardi 9 juillet, en fin de matinée, comme en témoignent les propos de Pompidou qui vient d'être reçu par de Gaulle : « Cela s'est très bien passé. Le général a été tout à fait gentil, plein de délicatesse. Il n'avait pas encore rédigé sa lettre, mais il devait y avoir beaucoup pensé. Nous nous sommes expliqués sur la façon dont les choses se sont déroulées et, mon Dieu, je suis parfaitement satisfait. Sa lettre comprendra trois paragraphes : ce que j'ai fait, le départ et les perspectives d'avenir. Je pense que ce sera de nature à être entièrement apaisant et satisfaisant [9]. »

Force est de dire que la réaction amère de Pompidou, infiniment compréhensible pour un homme qui venait, pendant deux mois, d'être soumis à de terribles tensions et qui voyait se tourner définitivement une page de sa vie, n'était pas justifiée. Il avait, durant dix jours, dit et fait dire qu'il voulait se retirer et l'avait répété sur tous les tons, de toutes les façons et en invoquant des arguments où la fatigue voisinait avec le calcul politique : on ne pouvait faire autrement que le prendre au sérieux. Du reste, de Gaulle avait, à plusieurs reprises, voulu vérifier ses intentions, allant même jusqu'à évoquer la date de son départ en fonction des chances que Pompidou aurait alors d'être élu président. Mais, à coup sûr, il ne pouvait revenir le samedi 6 à midi, sur la décision qu'il avait prise le vendredi soir. S'il l'avait fait, il aurait perdu une part de son autorité vis-à-vis d'un Premier ministre qui aurait ainsi décidé de sa propre nomination au gré de ses sentiments, il aurait blessé gravement Couve de Murville en le traitant avec autant de désinvolture et il n'aurait évidemment plus eu la possibilité de faire appel à lui, par la suite. En fin de compte, de Gaulle s'engagea beaucoup pour l'avenir, bien plus que jamais auparavant pour quiconque. Il l'invitait dans sa lettre de remerciements, aussitôt rendue publique, à « se tenir prêt pour tout mandat confié par la nation » : qui ne sait que « la nation » ne confie qu'un mandat, celui de président de la République ? Il reste que de cet épisode qu'on dirait tiré d'une pièce de Marivaux — comme Bernard Tricot le dit à Jacques Foccart — on retire une étrange impression : pourquoi, puisqu'ils avaient travaillé ensemble si longtemps, ne s'être pas entretenus directement et aussi souvent qu'il fallait, au lieu d'employer intermédiaires et messagers ? La seule réponse paraît être que, si Pompidou fut durant dix jours résolu à partir, de Gaulle, souhaitant qu'il reste au moins quelque temps, n'était pas aussi résolu à le garder parce qu'un fossé entre eux s'était creusé, qui s'appelait : « participation ».

La mettre en œuvre serait la tâche du nouveau gouvernement. De Gaulle avait donc renoncé, sans doute à regret, à former une équipe nouvelle, ou du moins profondément renouvelée, avec un Premier ministre jeune et sans liens avec le passé, qui aurait symbolisé une claire volonté de changement et de renouveau : peut-être était-ce le premier pas de la longue descente de ces « 300 jours » qui menèrent à son départ. Mais il avait pour Maurice Couve de Murville une immense estime. Il le considérait, à juste titre, comme l'homme le plus proche de sa propre vision du monde, il le savait disciple et ami de l'économiste libéral Jacques Rueff, inspirateur des réformes économiques et monétaires réussies de décembre 1958. Et il pensait, en tout cas, que ce n'était pas de lui que viendraient les objections, les réserves et la sourde hostilité qui retarderaient ses projets de « participation ». Pompidou, du reste, le tenait pour son seul successeur possible et l'avait fait savoir. C'est peu dire, pourtant, que Maurice Couve de Murville n'ait pas intrigué pour devenir Premier ministre, ni même qu'il ait discrètement posé sa candidature : comme Bernard Tricot, ayant enregistré un dernier refus de Pompidou de former un nouveau gouvernement, le rencontrait dans le bureau des aides de camp avant qu'il soit reçu par de Gaulle et lui confiait qu'il allait être, apparemment, nommé Premier ministre, Couve de Murville, après un instant de réflexion, lui répondit : « Je pense que ce sera une erreur [10]. »

Moyennant quoi, il allait affronter de formidables épreuves économiques et politiques. Il le fit avec un gouvernement à peine modifié. François-Xavier Ortoli le remplaça au ministère des Finances, et il fut lui-même remplacé à l'Education nationale par Edgar Faure. Symbole d'une volonté de réformes sociales, René Capitant demeura ministre de la Justice et Philippe Dechartre, secrétaire d'Etat au Travail, mais Yvon Morandat, battu aux élections législatives, quitta le gouvernement. Quelques autres, à peine, entrèrent, partirent ou permutèrent. Ce n'était pas la composition de cette équipe qui pouvait provoquer le moindre choc dans l'opinion : tout dépendrait donc de ce qu'elle ferait.

De Gaulle en avait tracé le plan d'action. Il l'avait défini dans son discours du 24 mai, et, s'il n'avait pu alors le mettre en application, il n'y avait aucunement renoncé. Ni dans le fond : la participation ; ni dans la méthode : un référendum. Le projet qui avait été préparé comportait trois volets : les universités, les régions, les entreprises. C'est dans chacun d'eux qu'il s'agissait d'introduire la « participation », bien que le texte, sur chacun, fût assez elliptique. Que fallait-il faire désormais ? L'urgence des mesures à prendre pour rétablir le fonctionnement des universités conduisit à prévoir que ce serait l'objet d'une loi. Puis on convint de séparer le cas de la « participation » dans l'entreprise — qui passerait ainsi par la voie législative — de celui des régions : seule la réforme régionale serait soumise à référendum — et échouerait. Ainsi peut se résumer l'histoire des « 300 jours » où de Gaulle fut encore au pouvoir. Mais cette histoire se décompose elle-même en plusieurs étapes, dont chacune contribua à l'issue finale.

L'urgence commandait : il fallait d'abord procéder à une réforme des universités qui leur permît de fonctionner dès la rentrée d'octobre ou de novembre. C'est à Edgar Faure que la tâche allait incomber. Il ne s'y était pas préparé et, durant les événements de mai, il n'était pas le moins porté à la fermeté envers les manifestations étudiantes [11]. Mais on comptait sur son habileté, son imagination, son aptitude à saisir les courants d'opinions. On l'avait préféré, dans la majorité parlementaire, et parmi les personnalités les plus influentes du gaullisme politique, tels que Georges Pompidou et Foccart, à l'ancien ministre des Affaires sociales, Jean-Marcel Jeanneney, réputé trop rigide : paradoxalement c'est dans ce milieu qu'Edgar Faure, bientôt, sera le plus critiqué. Sa tâche, en tout cas, est extraordinairement difficile. Il savait qu'il n'était pas question d'en revenir, à brève échéance, à quelque nouvelle épreuve de force qui obligerait à faire entrer des CRS dans les locaux universitaires ou provoquerait leur occupation par des étudiants contestataires. Il devrait donc, bel et bien, tenir compte des idées en vogue et des sentiments les plus répandus. Comme de Gaulle le voulait, on ferait place à la « participation » dans les universités, et comme il envisageait une plus grande autonomie régionale, les universités seraient plus autonomes. Enfin, la rigidité des structures universitaires ayant été partout critiquée et condamnée, il fallait y introduire plus de souplesse, plus de libre communication entre les disciplines enseignées et ne plus faire des examens annuels, le seul système de contrôle des connaissances. La loi qu'Edgar Faure va concevoir s'inspire donc de ces trois principes : participation, autonomie et, suivant le vocabulaire qui était alors à la mode, « interdisciplinarité ». Les universités furent réparties en « unités d'enseignement et de recherche », leur gestion serait confiée à des organismes élus où étudiants et enseignants seraient représentés, le contrôle continu des connaissances s'ajouterait aux examens, des « unités de valeur » se substitueraient aux anciens certificats et une certaine activité politique et syndicale serait autorisée dans les locaux universitaires.

Impossible, à distance, de ne pas être impressionné par le décalage immense entre le contenu réel de cette réforme, avec les suites qu'elle eut durant les années suivantes, et les véhéments débats qu'elle a suscités dès qu'elle fut connue. Le découpage des anciennes universités a survécu vaille que vaille, le plus important étant la multiplication foisonnante d'universités dans bon nombre de villes de province. Les élections aux organismes de gestion ont fait apparaître que très peu d'étudiants s'y intéressaient, et y ont plutôt renforcé que diminué le pouvoir prépondérant du corps professoral. Leur autonomie s'est limitée à peu de choses dès lors que les crédits continuaient de dépendre, pour la plus grande part, du ministère de l'Education nationale. Le contrôle continu des conséquences a obligé les étudiants à plus d'assiduité alors qu'on reprochait à la réforme trop de laisser-aller. « Unités de valeur » et anciens « certificats » avaient le même contenu... Mais, dans le climat politique et social de l'été 1968, on ne prit pas garde aux limites de la réforme, on ne vit pas que sa portée était réduite, on ne perçut pas ses véritables avantages et ses réels inconvénients. En pratique, elle aboutit plutôt à renforcer le poids de la corporation universitaire et ce n'est qu'au bout de très longs délais, près de vingt ans, qu'elle s'ouvrit davantage vers l'extérieur. Au lieu que l'autonomie amène de profonds changements, les universités souffrirent plutôt de n'être pas assez autonomes pour pouvoir développer de nouvelles pédagogies, de nouvelles voies de recherches. La liberté d'expression politique et syndicale fut, à terme, de peu d'importance. En revanche, ce fut le point de départ d'une richesse nouvelle et d'une diversité remarquable des enseignements et « l'interdisciplinarité » permit, dans une certaine mesure, une évolution plus facile pour les étudiants à la recherche de leurs voies.

Dans le débat qui suivit, partisans et adversaires de la réforme passèrent, presque tous, à côté des problèmes qu'elle posait. Hantés par le spectre d'une masse d'étudiants affluant durant les années à venir dans tout l'enseignement supérieur, les censeurs les plus sévères de la loi oublièrent que, de toute façon, l'accès de tous les jeunes Français à l'enseignement secondaire et le report jusqu'à l'âge de seize ans de l'enseignement obligatoire, voulus par les gouvernements de la Ve République, allaient inévitablement produire un afflux de candidats à l'enseignement supérieur. Obsédés par la querelle sur la sélection à l'entrée des universités, ceux qui la voulaient comme ceux qui n'en voulaient pas perdirent de vue que la répartition du baccalauréat en sections différentes était déjà une forme de sélection et que celle-ci intervenait ensuite chaque année à chaque examen. Obnubilé par les désordres du mois de mai, un courant dominant dans la majorité parlementaire et dans une grande partie de l'opinion publique se braqua sur la seule question des activités politiques et syndicales dans les locaux universitaires.

Du coup c'est ce qui domina tous les débats. Les conséquences immédiates en furent relativement minimes puisque la loi fut votée à l'unanimité par 441 voix, moyennant 39 abstentions seulement venant surtout d'une fraction de l'UDR. Mais l'effet n'en fut pas négligeable sur le climat politique. Dans l'électorat de droite et du centre droit, le sentiment prévalut que la « participation » équivalait au désordre, à l'anarchie, à la faillite de l'autorité, à l'absence de toute discipline. Toute autre forme de « participation » devint alors d'autant plus suspecte et les préventions se renforcèrent. Bien que les universités fonctionnent assez régulièrement, dès leur rentrée, l'attention fut attirée sur les incidents, parfois très violents, qui persistaient dans celle de Nanterre et dans plusieurs autres, à Paris comme en province. Une lourde atmosphère de peur devant la reprise des troubles de mai ne cessa de peser durant les derniers mois de l'année, alors même qu'en définitive les universités mettaient en place peu à peu et sans soubresauts dramatiques leurs nouvelles structures et leurs nouveaux usages. Mais les discussions suscitées par la réforme pesèrent de tout leur poids sur la suite : plus on allait parler de « participation » pour les entreprises et plus les méfiances s'accentueraient, plus on en parlerait pour les régions, plus graves seraient les risques d'échec du futur référendum.

De Gaulle en assumait le risque. Ayant lui-même fait de la « participation » le cœur de la réforme qu'il fallait faire dans les universités, il ne pouvait être hostile à la loi proposée par Edgar Faure. Mais il y mit des conditions : la collation des grades, c'est-à-dire l'attribution des diplômes et le recrutement des enseignants, devaient toujours dépendre de l'Etat. Il tenait à ces principes qu'Edgar Faure du reste, ne contestait pas et, pour le reste, voulait éviter ce qui serait source de désordre. Les violentes critiques répandues dans la majorité parlementaire, venant d'hommes comme Michel Debré, Alexandre Sanguinetti, André Fanton, dont son entourage se faisait parfois l'écho et que répercutait Jacques Foccart, ne le laissaient pas indifférent : il lui arriva de dire qu'on ne pourrait pas laisser trop longtemps Edgar Faure diriger l'Education nationale. Mais il le soutint, en définitive, contre vents et marées, défendant la loi en Conseil des ministres, d'autant qu'il en connaissait parfaitement chaque paragraphe, la défendant en public lors de sa conférence de presse du 9 septembre, trop sensible à l'intelligence d'Edgar Faure pour ne pas l'être à ses arguments, trop convaincu de l'importance politique que revêtait la réussite de la réforme dans le climat intellectuel et social qui prévalait au lendemain des événements de mai, trop attaché à faire progresser, en dépit de tout et de tous, l'idée de « participation ».

A la crise universitaire s'ajoutait, en même temps, une crise monétaire et financière. Le point de départ en fut probablement une appréciation inexacte ou trop approximative des conséquences économiques des événements de mai. Ils n'avaient pas, en réalité, touché l'appareil de production, les grèves n'avaient duré, le plus souvent, que trois ou quatre semaines, parfois seulement quinze jours et un grand nombre d'entreprises, surtout en province, avaient maintenu leur activité quand les transports par route avaient suppléé à la grève des chemins de fer. On devait s'apercevoir, en fin de compte, qu'au lieu de la très forte croissance prévue, de 5,5 à 6 %, elle fut, en cette année 1968, de 4,6 %, inférieure de 0,5 à 1 % à la croissance moyenne des années précédentes. En revanche, on prit assez vite la mesure des conséquences budgétaires de la crise : après les décisions prises pour la relance de l'activité en début d'année, le déficit était évalué à 5,5 milliards mais, après le relèvement des traitements des fonctionnaires, les aides aux secteurs publics et les mesures sociales prises en faveur des catégories qui n'avaient pas bénéficié des hausses de salaires, par exemple les agriculteurs, les dépenses devaient augmenter d'une dizaine de milliards et le déficit, faute de mesures nouvelles, serait alors d'environ 15 milliards [12].

Que fallait-il faire ? L'économie française était, au fond, menacée d'une double inflation : une inflation de la demande puisque des moyens de paiement plus abondants allaient être distribués, en particulier sous forme d'augmentation de salaires, et une inflation des coûts puisque les charges salariales et sociales des entreprises allaient être augmentées d'autant. Faute de réagir, les conséquences en seraient une augmentation des prix, une perte de compétitivité pour les entreprises, un déséquilibre de la balance commerciale et donc, comme toujours en cas d'inflation, un risque évident de dévaluation que le marché financier, français et international, n'allait pas manquer d'anticiper en spéculant contre le franc. La logique eût été d'agir immédiatement pour réduire la demande et pour réduire les coûts. A ce prix seulement on pouvait éviter la dévaluation puisque, jusqu'alors, les prix français demeuraient compétitifs et que la monnaie n'était pas surévaluée. Faute de quoi il faudrait, sans pouvoir éviter une indispensable rigueur financière et budgétaire, dévaluer tout de suite, sans attendre que la spéculation se déchaîne et donc sans laisser entamer les réserves monétaires du pays. L'avantage politique en serait de lier aux yeux de l'opinion publique l'anarchie du mois de mai et la diminution de la valeur du franc : la dévaluation serait, clairement, le prix à payer pour la crise que l'on venait de vivre. Mais c'est une option qui avait aussi des inconvénients économiques, à commencer par la remise en cause d'une monnaie qui était depuis dix ans l'une des plus solides du monde : on pouvait les éviter par des mesures strictes et suffisamment massives pour être crédibles, mais à la condition de les prendre aussitôt.

Ni l'une ni l'autre de ces deux options ne fut choisie, et de là vint la série des secousses qui allaient conduire à une perte de confiance en la valeur du franc, puis à la crise monétaire de novembre, précédée et suivie de mesures financières et budgétaires controversées. De Gaulle, quand à lui, fut, dès l'origine, partisan de répondre au risque d'inflation résultant des décisions prises en mai par une politique de rigueur :

> Cette politique sera rude, dit-il le 29 juin. Nous allons avoir en effet à mener un grand effort de production, de productivité, de travail pour réparer, au milieu de nos concurrents étrangers, le handicap que nous inflige la crise dont nous sortons ; pour empêcher que la hausse des prix, l'inflation, la chute de la monnaie, réduisent à moins que rien l'amélioration des salaires et des allocations des familles et des gens âgés, et développent chez nous le chômage.

On put croire que cette orientation serait prise après les conseils restreints que de Gaulle présida le 26 juin puis le 19 juillet. Mais d'autres arguments furent alors mis en avant : il fallait, disait-on, privilégier absolument l'expansion pour faire face à l'augmentation de la demande et, par conséquent, aider les entreprises à absorber la hausse de leurs prix de revient. Une production accrue permettrait d'éponger les effets des hausses de salaires, augmenterait le rendement des impôts et aboutirait à retrouver les équilibres de l'économie française à un niveau plus élevé. C'était un raisonnement juste mais qui faisait abstraction des risques que l'inflation ferait courir à la monnaie, de la méfiance qui s'ensuivrait pour le franc et de la spéculation que déchaînerait la perspective d'une dévaluation.

Il fallait aussi tenir compte du contexte européen et international. D'autant que le gouvernement voulut respecter la dernière échéance de la mise en œuvre du Marché commun, le 1er juillet. De Gaulle, en faisant ce choix, montrait, une fois de plus, que l'ouverture des frontières économiques, la liberté des échanges, la compétition sur le marché mondial et européen demeuraient un impératif de sa politique dont les circonstances particulières de l'année 1968 ne le détournaient pas. Mais c'était une raison de plus soit pour dévaluer sans délai, soit pour engager une politique rigoureuse de réduction des coûts et de la demande globale. Le fait est qu'un choix clair ne fut pas fait [13]. On réduisit de 2 milliards l'impôt sur les salaires qui aurait produit normalement 11 milliards et on consentit 2 milliards de déductions pour les investissements, ce qui était sans commune mesure avec la hausse des charges que les entreprises venaient de subir. On majora l'impôt sur le revenu, la vignette automobile et les taxes sur l'alcool, pour un total de 2,5 milliards, qui ne garantissait aucune réduction sensible de la demande tout en aggravant les mécontentements. Et le budget de 1969, fondé sur une prévision de croissance de 7,1 %, ne prévoyait aucun coup d'arrêt à l'inflation et risquait de nourrir encore la spéculation sur une dévaluation du franc.

De surcroît, il fut admis qu'après les grèves de mai et de juin, il fallait aider les entreprises à reprendre leur activité par des taux d'intérêt très bas. Les prêts aux petites et moyennes entreprises furent accordés à 3,5 %, le taux de l'escompte fixé à 5 %, les plafonds de réescompte élevés de 1 milliard, les crédits à l'exportation attribués à 2 %, de sorte que le taux moyen des crédits était de 4,5 %, ce qui, dans un climat général d'inflation, poussait les entreprises à s'endetter soit pour leur développement, soit pour se constituer une réserve en devises. Il en résulta une expansion rapide et importante de la masse monétaire, dont on ne perçut pas le danger. Au total, cette politique de crédit fut le plus important facteur d'inflation et accrut les risques de dévaluation.

Mais on venait, précisément, de décider qu'on n'allait pas dévaluer [14]. La question fut débattue en secret entre de Gaulle et les ministres concernés. Dès le 7 juin, il avait abordé la question avec son conseiller économique, Alain Prate, mais, au témoignage de celui-ci, « en l'alliant à une révision des parités des principales monnaies ». Certains furent partisans d'une dévaluation limitée, correspondant à la politique que l'on menait en matière de crédit et de budget. D'autres pensaient qu'une dévaluation ne réussirait qu'accompagnée par une politique budgétaire et monétaire rigoureuse. Mais la plupart estimèrent que cette politique n'était pas possible dans le climat social qui prévalait après les événements de mai, que les réserves monétaires étant encore de 6 milliards de dollars une dévaluation ne pouvait être défendue devant les partenaires commerciaux de la France et, surtout, qu'il ne fallait pas donner l'impression de vouloir annuler les récentes augmentations de salaires par la hausse des prix résultant d'une dévaluation. Il est vrai qu'une certaine euphorie succédait à l'angoisse des mois précédents en raison d'un redressement spectaculaire de la production et d'une baisse notable du nombre des demandeurs d'emploi qui passa de 270 000 en juin à 250 000 en novembre. Du reste, la hausse des prix ne paraissait pas considérable : elle fut de 5,2 % pour l'ensemble de l'année 1968.

Mais cette inflation et la perspective de la dévaluation qui risquait d'en résulter suffirent à déchaîner la spéculation. On avait, dans la panique, rétabli le contrôle des changes le 29 mai, abolissant ainsi la liberté des transactions financières entre la France et les autres pays que la loi du 28 décembre 1966 avait établie. Comme toujours, ce mécanisme purement administratif ne servit à rien. On enregistra une perte de devises se montant à 1,4 milliard de dollars en juin, à 426 millions en juillet, à 475 millions en août. De toute évidence, le contrôle des changes était inefficace : on décida, le 4 septembre, de le supprimer en escomptant l'effet favorable de la relance économique. Mais les pertes de devises continuèrent : elles furent de 520 millions de dollars en septembre et de 291 millions en octobre. Au total, depuis mai, elles étaient de 3,1 milliards de dollars. La spéculation se nourrissait d'elle-même et n'était plus seulement le fait des acteurs principaux sur les marchés financiers : les épargnants, même modestes, y contribuaient en réaction à des projets, pourtant modérés, de hausse des droits sur les plus fortes successions, qui firent l'objet de violentes critiques. Le patronat saisit cette occasion pour attaquer publiquement, dans un communiqué du 19 novembre, ce qu'il appela les « projets sociaux aberrants » que l'on prêtait au gouvernement : c'était dénoncer à l'avance et condamner sans plus d'examen, la « participation » dans l'entreprise dont on savait que de Gaulle voulait l'instaurer à bref délai.

Tout était réuni pour que la spéculation se déchaîne. Elle s'accrut brusquement de rumeurs insistantes sur une prochaine réévaluation du mark, de sorte que la Banque de France perdit encore 300 millions de dollars dans la première semaine de novembre, et que la Bundesbank en gagnait 750. Il était impossible de l'arrêter dès lors qu'on parlait ouvertement, désormais, d'un changement de parité du mark et que tout le monde en déduisait que les autres monnaies, dont le franc, seraient concernées par un réalignement général des devises. Au Conseil des ministres du 13 novembre, de Gaulle déclara qu'une dévaluation isolée serait la « pire absurdité » tandis qu'une révision négociée des monnaies européennes serait acceptable. C'est ainsi qu'on en vint à une réunion des ministres des Finances des six Etats membres du Marché commun, le 19 novembre. Ce fut, pour les Français, une affreuse épreuve. Du côté allemand on se refusa catégoriquement à envisager une réévaluation du mark — qui n'eut lieu que le 24 octobre de l'année suivante. Dès lors, tout se réduisit à une formidable pression pour la dévaluation du franc dont on discutait ouvertement le taux en même temps qu'on évaluait le montant des crédits dont la France aurait besoin pour passer l'épreuve de cette crise monétaire... En tout cas, aucune concertation franco-allemande n'avait eu lieu, ni aucune coopération sérieuse entre les deux pays : il ne restait plus à la France qu'à se décider seule.

On crut alors la dévaluation inévitable. Elle serait d'un peu moins de 10 % et assortie d'un prêt international de 2,9 milliards de dollars, ou elle serait plus forte compte tenu du refus allemand de réévaluer le mark, et permettrait d'en revenir plus vite, et sans dépendance vis-à-vis de l'extérieur, à un franc solide, sur des bases assainies. Le 23 novembre, de Gaulle consulta Raymond Barre, alors vice-président de la Commission du Marché commun, son ancien conseiller financier, Roger Goetze, et l'ancien ministre Jean-Marcel Jeanneney. Tous trois se prononcèrent contre la dévaluation [15]. A leur avis les conditions économiques, financières et budgétaires n'étaient pas réunies pour qu'elle réussisse. Le déficit des échanges commerciaux était encore très limité ce qui suggérait que la valeur du franc n'empêchait pas les entreprises françaises d'être compétitives. Dévaluer sous le choc de la spéculation serait dangereux et peut-être inefficace. Les très faibles stocks de marchandises dont on disposait après les grèves de mai et de juin, ne permettraient pas les gains à l'exportation qu'on espère généralement d'une dévaluation. Celle-ci entraînerait une hausse des prix qui justifierait de nouvelles revendications de salaires et les agriculteurs demanderaient des augmentations de prix comparables au taux de la dévaluation comme le prévoyaient les mécanismes du Marché commun agricole [16]. De Gaulle en conclut qu'il ne fallait pas dévaluer et sa décision, approuvée par la majorité des ministres, fut rendue publique le soir de ce 23 novembre, à 19 h 45 : « La parité du franc est maintenue. »

Dans l'opinion, le choc fut profond. On sortait de longues semaines d'incertitudes et de désarroi où il semblait que le superbe édifice économique et monétaire de la Ve République était en train de s'affaisser et où la France se retrouvait dans la situation de faiblesse et de dépendance qui était périodiquement la sienne sous la IVe République. La presse, convaincue que la dévaluation était acquise, titrait sans ménagement : « Le régime dévalué. » Par contrecoup, la décision prise par de Gaulle — et l'on sut tout de suite qu'elle émanait de lui seul — apparut comme une marque de caractère, de courage et d'autorité. Les spécialistes les moins hostiles s'accordaient, du reste, pour reconnaître que c'était une décision sage, même quand on avait cru la dévaluation inévitable. Mais encore fallait-il qu'elle aboutisse réellement à préserver la valeur du franc. Les mesures prises, pour y parvenir, s'échelonnèrent au cours des semaines suivantes. On prescrivit un abattement général des dépenses publiques qui ramena le déficit prévu pour 1969 de 12 à 6 milliards, on décida de remplacer l'impôt sur les salaires par une augmentation sensible de la TVA, on reporta d'une année la campagne d'essais nucléaires dans le Pacifique prévus pour 1969, on réduisit les crédits consacrés aux industries de pointe, en particulier à la centrale nucléaire qui devait utiliser la filière nationale uranium naturel-graphite-gaz, on entreprit enfin de diminuer les dépenses d'intervention économique qui avaient fortement augmenté durant les trois derniers exercices pour payer la reconversion des Charbonnages, la modernisation de l'agriculture, le déficit des chemins de fer et l'on négocia avec le secteur public des « contrats de programme » pour réduire la charge qui en résultait pour l'Etat.

Prises dès le mois de juillet, la plupart de ces mesures auraient eu leur efficacité et la spéculation contre le franc n'aurait probablement pas eu lieu. Mais certaines étaient critiquables ou même contre-productives. L'augmentation de la TVA avait naturellement pour effet une hausse des prix qui relançait l'inflation et devait accroître le risque de dévaluation, nourrissant à nouveau la spéculation. Le coup d'arrêt donné aux industries de pointe procurait peu d'économies et pouvait compromettre l'avenir alors qu'aucun effort n'était fait pour réduire les effectifs de la fonction publique — hors de l'enseignement public où les circonstances ne permettaient aucune économie. On n'avait pas envisagé de réaliser une partie des actifs de l'Etat, en particulier dans le secteur nationalisé, ni son patrimoine foncier ou immobilier. On avait retardé de plusieurs mois les économies possibles sur les dépenses d'équipement et les interventions économiques et, en même temps, on n'avait pas procédé, sans attendre, aux diminutions des impôts sur les salaires et sur les sociétés, indispensables pour réduire suffisamment les coûts supportés par les entreprises. Bref, ce qui aurait dû et pu être fait en juillet ne le fut qu'à la fin de l'année et au premier trimestre de 1969, et ne fut sans doute ni aussi cohérent ni aussi rigoureux qu'il aurait fallu.

Inévitablement, il en résulta dans les oppositions de gauche et surtout de droite un durcissement nouveau. D'un côté on eut le sentiment que l'inflation était en train de ronger les avantages obtenus après les événements de mai et il s'ensuivit une cascade de conflits sociaux qui traduisaient le mécontentement et l'inquiétude d'un grand nombre de salariés. De l'autre côté, on mit en question la compétence économique du gouvernement et on attribua volontiers la crise financière et monétaire à ces « projets sociaux aberrants » que le CNPF avait dénoncés.

De part et d'autre, les préventions avaient grandi et le climat politique et social était plus défavorable encore aux projets de « participation » que de Gaulle voulait faire aboutir.

Pour lui, c'était un dessein qui venait de loin. On se souvient des accents vengeurs qu'il avait, à Londres et à Alger, pour stigmatiser le régime social d'avant la guerre. On se souvient des réformes de structure qu'il fit adopter après la Libération et qui changeaient, pour une grande part, la nature même de l'économie capitaliste en France. On se souvient que, parmi celles-ci, il y avait la création des comités d'entreprise qui, déjà, organisaient la représentation des salariés là où ils travaillaient. Mais ses projets se précisèrent ensuite : ce fut l'un des thèmes qu'il assigna au RPF au temps où il songeait reconquérir le pouvoir. Dès les premières réunions où il annonça la création du Rassemblement, il avait confié que la question sociale, pour employer sa propre expression, compterait autant, pour lui, que la réforme des institutions. Mais, quelles qu'aient été ses intentions, la bataille qu'il engagea prit une autre tournure, les oppositions au sein même du RPF furent très fortes et ses préoccupations sociales, en général ignorées dans les débats publics et dans la presse, passèrent très vite à l'arrière-plan. Il avait tenté, pourtant, de les mettre en valeur, créant à côté de l'organe officiel du Rassemblement un organe spécialement destiné aux salariés, le Rassemblement ouvrier, qu'il maintint jusqu'au bout et qui avait expressément pour but de populariser la réforme sociale qu'il voulait. Il l'avait baptisé « Association capital-travail ». L'une des composantes du RPF était l'« Action ouvrière » qui, à son apogée, en 1948, comporta plus de 68 000 membres recensés — 140 000 suivant la direction du Rassemblement — et dont l'activité se maintint jusqu'en 1955 [17].

Ce dessein, on pouvait en rechercher les origines dès ses écrits d'avant-guerre. Dans *La France et son armée*, il remarquait déjà, en le regrettant, que l'aile marchante du mouvement social, dédaignant Fourier, Proudhon, Le Play et Blanqui, s'enrôle sous la bannière de Marx. L'un de ses tout premiers biographes, Georges Cattaui, manifestement très proche de lui, assure qu'il avait relevé, dans son adolescence, le célèbre mot d'ordre de Louis Blanc : « Plus de salariés, des associés [18] ! » Cette origine historique de ce qui allait être sa doctrine sociale, il l'évoqua au temps du RPF dans une note datée du 6 mars 1949 :

> L'association. C'est une vieille idée française. Elle fut bien souvent dans notre histoire économique, mise en valeur. Elle le fut, en particulier, par ces hommes généreux, pas toujours très pratiques, mais de bonne volonté et de valeur qui, vers les années 1835, 1840, 1848 et après, avaient suscité ce qu'on appelait alors le socialisme français [19].

Il employa, du reste, le mot « sociétaire », pour définir l'organisation sociale qu'il souhaitait, à sept reprises entre 1948 et 1952, au temps des campagnes du RPF, de sorte que l'analyste le plus attentif de sa doctrine sociale, Patrick Guiol, a cru pouvoir dire, non sans raison, que, de tous les « socialistes français », c'est Fourier dont il a été le plus proche, non pour la révolution des mœurs et « l'harmonie des passions », mais pour l'idée d'association qu'il définit d'abord par le triptyque : « capital-travail-talent », avant qu'elle ne se résume en « capital-travail ».

Comme après la Libération, il veut alors rejeter également capitalisme et communisme. Il répète à de nombreuses reprises que la tentation du communisme est d'autant plus forte que le régime établi est inacceptable. Tout en soulignant l'importance du « goût de créer », de « l'audace de risquer », et de la liberté d'entreprendre, sans laquelle, dit-il, « on peut bien asservir mais non point soulever le monde », il renouvelle sa condamnation du « vieux capitalisme » dont il dit qu'il « ne peut plus progresser par lui-même ». Il propose de le remplacer par un système qui apparaîtra aux uns comme un corporatisme archaïque et aux autres comme une dangereuse forme de cogestion.

Il tient, en tout cas, à des références historiques qui montrent dans quel esprit il conçoit cette transformation sociale. Pour le 100e anniversaire de la révolution de 1848, son frère, Pierre de Gaulle, président du conseil municipal de Paris, est certainement inspiré par lui quand il déclare : « Nous sommes les héritiers des révolutionnaires de 48 [20]. » En 1950, le Rassemblement ouvrier célèbre l'anniversaire de la Commune de Paris sous ce titre : « La Commune pour le socialisme d'association ! » Et de Gaulle lui-même veut situer le rôle de la classe ouvrière dans une perspective historique :

> Ouvriers de France, déclare-t-il le 14 décembre 1948, je vous en préviens, voici que va vous incomber une très grande responsabilité nationale. En somme, c'est à votre tour. Dans notre histoire, on a vu ce rôle essentiel revenir tantôt à l'une, tantôt à l'autre des catégories sociales, paysans, guerriers, clercs, artisans, entrepreneurs. A présent, votre activité propre domine la vie du pays... Il faut que vous preniez part largement aux responsabilités économiques françaises [21].

On sait qu'il n'en ait résulté qu'une proposition de loi sur l'organisation facultative d'une participation des salariés à certains aspects de la vie de leur entreprise. Durant les débats antérieurs, on avait vu André Diethelm, Raymond Aron, le vice-président du Crédit Lyonnais, M. Jonas, discuter, décomposer et démanteler l'idée d'association capital-travail que défendaient ardemment Manuel Bridier, Jacques Debû-Bridel, Yvon Morandat, René Capitant, Louis Vallon. Au total, tout s'est enlisé sans recours et sans marquer durablement l'histoire du RPF.

En sera-t-il de même sous la Ve République ? De Gaulle a, d'abord, bien d'autres priorités. Le fait est, pourtant, que parmi les ordonnances promulguées avant la mise en marche des nouvelles institutions, il en est une qui concerne l'intéressement des travailleurs aux résultats financiers de leurs entreprises mais qui garde un caractère facultatif : peu de salariés en profitèrent. On revint à la charge au début de 1966 et une commission présidée par le professeur Mathey, reçut mission d'étudier l'attribution aux salariés d'une partie des profits réservés par les entreprises à l'autofinancement. Cette fois il s'agissait d'un dispositif obligatoire. L'idée fut reprise par Louis Vallon sous forme d'un amendement à la loi de Finances qui prévoyait, plus précisément, la participation aux plus-values en capital résultant de l'autofinancement et qui aurait abouti, à terme, à une participation à la gestion de l'entreprise. Le gouvernement reprit l'amendement à son compte en prévoyant un intéressement obligatoire des travailleurs aux résultats de l'entreprise et une déduction fiscale qui transférait au Trésor la charge qui en résulterait pour celle-ci. A terme, ce fut un mécanisme qui finit par attribuer aux travailleurs des sommes considérables : 10 milliards, environ, en 1974. Mais, durant les premières années, le montant en était bloqué et les salariés n'avaient aucune raison de croire qu'ils en profiteraient vraiment.

De Gaulle, pour sa part, continuait de penser qu'il fallait imaginer, pour la France, un régime qui ne soit ni collectiviste ni capitaliste. Il le répétait à d'innombrables interlocuteurs, avec d'autant plus d'insistance qu'il sentait, autour de lui, s'accumuler les résistances. Mais le Plan et la planification furent assez longtemps sa préoccupation principale. Le 13 janvier 1965, par exemple, il confie à son ministre de l'Information, Alain Peyrefitte, ce qu'il va dire dans sa prochaine conférence de presse :

> Je serai amené à en parler, et à parler aussi du dirigisme et du capitalisme. Il y a le choix entre l'ancien capitalisme libéral, qui n'est plus possible et n'est plus accepté. Il était injuste, par conséquent il n'en faut plus. Le système communiste n'est pas bon, car il écrase la personne humaine, il étouffe la liberté, et il ne rend pas les gens heureux. Et, en outre, il retire au développement économique un élément qui lui est essentiel, qui s'appelle l'initiative libre, et qu'on ne peut pas imaginer si on élimine le profit. Par conséquent, il faut arriver à trouver un système social et économique qui ne soit ni le communisme, ni le capitalisme. Eh bien, nous y sommes, et nous avons commencé à le pratiquer : c'est la politique des revenus[22].

Parlant du Plan comme d'une « ardente obligation », il voulait qu'il s'applique aux activités sociales et d'abord à l'emploi. Evoquant un projet de son ministre du Travail, Gilbert Grandval, qui prévoyait, dans ce domaine aussi, un rôle d'impulsion et de contrôle à l'Etat, il répliquait aux objections de Georges Pompidou :

> Le Premier ministre ne veut pas du terme « dirigisme de l'emploi ». Mais

nous y sommes, et de plus en plus ! Pour l'industrie, puisque nous voulons des reconversions. Pour aménager le territoire, puisque, si nous ne nous y appliquons pas, rien ne se fera tout seul. Pour l'Education nationale, puisque nous voulons aller vers l'orientation et la sélection. Le peuple français est indiscipliné et anarchique, il faut bien qu'on le dirige. On ne peut s'abandonner au mouvement naturel des choses. Il faut indiquer une direction

Et il insistait auprès d'Alain Peyrefitte :

L'idée générale de Grandval, qui est de diriger l'emploi plus qu'on ne le faisait jusqu'à présent, elle est bonne. Bien que le Premier ministre n'aime pas le terme, le dirigisme est nécessaire ! Il nous faut bien diriger ! Prévoir quels emplois il faudra pourvoir. Par conséquent diriger la formation professionnelle et même, dans une certaine mesure, les orientations de l'Education nationale. D'autre part, prévoir les reconversions, les transformations, qu'il s'agisse des mines, des chantiers navals, de n'importe quoi. Alors qu'on passe son temps à faire des mutations d'industries en catastrophe. Une politique de l'emploi est nécessaire, et il n'y a que le ministre du Travail qui puisse la guider. Grandval a raison !

De Gaulle voulait, au fond, changer les comportements sociaux. Il croyait que la « participation » dans l'entreprise enlèverait aux forces syndicales leur caractère seulement revendicatif. Après la grève des mineurs de mars 1963, il confia son véritable dessein à Alain Peyrefitte :

L'essentiel, lui dit-il, c'est d'entrer dans le règne de l'économie concertée. Nous y sommes déjà beaucoup plus qu'on ne le dit et qu'on ne le croit... Il faut faire participer les syndicats à la décision et aux responsabilités qui en découlent. Il faut leur donner le sens de l'intérêt national. Il faut que le syndicalisme revendicatif devienne un syndicalisme de gestion.

Ce jour-là, il précisa même ce que devrait être l'association capital-travail telle qu'il la concevait désormais :

D'abord l'intéressement aux bénéfices des entreprises. Une ordonnance de 1959 a déjà posé le principe des contrats d'intéressement, c'est un bon début... Ensuite la participation à la plus-value du capital, ce qui provoque du tirage de la part du capital, mais ce n'est pas une raison pour ne pas le faire. Ça permettrait de faire des ouvriers des copropriétaires de leur entreprise (ce sera le but de « l'amendement Vallon » et de la loi de 1965). Enfin, il faut explorer dans quelle mesure les cadres et le personnel peuvent être associés à la gestion des entreprises, en contrepartie de la diminution du rôle des conseils d'administration.

Le temps était venu d'aboutir, après une longue phase d'immobilité dont de Gaulle attribuait, en partie, la responsabilité aux réticences de Pompidou.

Le 31 juillet, il réunit un conseil restreint sur les réformes à faire. Il y fut question, presque exclusivement, des institutions régionales et, pour la première fois, il fut admis que, pour leur donner un poids réel dans la vie nationale, le Sénat en serait l'émanation et que, par conséquent, il faudrait le transformer radicalement par fusion avec le Conseil économique et social. Peu après, de Gaulle adressa au Premier ministre et aux membres du gouvernement directement concernés par ces réformes une note précisant ses intentions et qui fut rendue publique le 29 août : des conseils régionaux seraient créés, dotés de vastes pouvoirs et composés d'élus et de représentants des organisations sociales et professionnelles ; le Sénat et le Conseil économique et social seraient fusionnés et la nouvelle assemblée, toujours baptisée « Sénat » et obligatoirement consultée sur tous les sujets d'ordre économique et social avant d'être transmis à l'Assemblée nationale, serait composée de la même façon que les conseils régionaux ; il faudrait organiser la participation des salariés aux principales responsabilités dans leurs entreprises ; un référendum aurait lieu au mois d'avril suivant. Mais une note complémentaire faisait savoir que ce référendum ne porterait que sur la réforme du Sénat et celle des régions : la « participation » dans les entreprises ferait l'objet d'un projet de loi[23].

C'était une décision capitale et, probablement, fut-elle fatale. De Gaulle pensait, en effet, que la « participation », si elle était clairement instaurée dans les entreprises, aurait l'adhésion du plus grand nombre des salariés dès lors qu'on s'adresserait à eux par-dessus les syndicats et l'opposition de gauche : quelles que soient les réserves, les traditions, les préventions, les travailleurs verraient qu'il s'agissait de leur donner un nouvel instrument de pouvoir, qui pourrait être décisif entre leurs mains. Il avait sans doute raison, et tout porte à croire que les dirigeants des partis de gauche et, plus encore, ceux des syndicats, auraient eu quelque mal à convaincre leur clientèle habituelle qu'il fallait rejeter un projet aussi évidemment favorable aux salariés. S'en tenir, pour le prochain référendum, à la réforme du Sénat et des régions était beaucoup plus aléatoire comme on n'allait pas tarder à le voir.

Pourquoi donc ce virage de la « participation » à la régionalisation ? Les raisons en sont nombreuses et complexes. On invoquait la lettre de la Constitution. Son article 11, en effet, prévoit qu'on peut soumettre à référendum les lois concernant « l'organisation des pouvoirs publics », comme on l'avait fait en octobre 1962 pour l'élection du président de la République au suffrage universel, et il s'appliquait évidemment à la composition du Sénat et aux institutions régionales. Il ne pouvait valoir, à s'en tenir à sa lettre, pour la réforme de l'entreprise, comme certains l'avaient d'ailleurs objecté, au projet résumant les propositions faites par de Gaulle dans son discours du 24 mai et qu'on voulait soumettre à un référendum. L'objection pouvait être contournée si l'on avait fait porter le référendum sur le principe de la « participation » en prévoyant de l'appliquer à la fois au Sénat, aux régions et aux entreprises, voire même à l'université. Pierre Messmer le suggéra en proposant que ce fût l'objet d'un texte de quelques lignes seulement donnant mission au gouvernement et au Parlement de transcrire ce principe dans des lois qui seraient votées à bref délai. Il ne fut pas écouté[24]. Il ne semble pas, d'ailleurs, que les scrupules constitutionnels aient joué, dans cette affaire, le rôle le plus important. Juristes et hauts fonctionnaires, qui étaient les plus nombreux à l'Elysée et dans l'entourage des principaux membres du gouvernement, ont fait ressortir qu'il serait compliqué, ou même impraticable, d'additionner en un même texte des dispositions, nécessairement complexes, concernant la « participation » dans l'entreprise et celles, inévitablement longues, portant sur la réforme du Sénat et des institutions régionales. Or, disaient-ils, on ne peut limiter le référendum à la seule question des entreprises sous peine de s'éloigner exagérément de la lettre et de l'esprit de l'article 11 de la Constitution, et l'on ne peut davantage réformer le Sénat en demandant l'accord du Congrès, c'est-à-dire aux deux assemblées suivant l'article 89, puisqu'il faudrait alors demander au Sénat lui-même, tel qu'il était jusqu'à maintenant, de mettre fin à sa propre existence... D'autres encore ajoutaient qu'il faudrait du temps pour mettre au point les projets de « participation » dans l'entreprise alors qu'on pouvait aller plus vite pour le Sénat et les régions. Certains, plus habilement, mais sans doute aussi avec plus d'arrière-pensées, faisaient valoir que la « participation » dans les entreprises soulevait de redoutables oppositions dans des milieux influents et dans une fraction notable de l'électorat et qu'en le mêlant à la réforme du Sénat et des régions on risquait de faire échouer celle-ci qui, assuraient-ils, serait plus largement approuvée...

C'est cet argument qui compta le plus. Non qu'il fût souvent exprimé : on aurait pu le retourner facilement en faisant remarquer que c'est l'adhésion populaire que l'on recherche en recourant au suffrage universel et qu'elle aurait été plus sûrement obtenue pour un projet concernant directement les droits et les pouvoirs des salariés. Mais il reflétait, en réalité, le scepticisme, les craintes ou l'hostilité des milieux politiques, économiques et administratifs qui souhaitaient retarder le plus possible l'aboutissement des projets sur la « participation » dans l'entreprise, en espérant qu'on finirait par y renoncer et, sur ce point, la suite leur donna raison. De Gaulle, pour sa part, s'y résigna en tenant compte de tous les arguments avancés mais aussi parce qu'il croyait que la réforme du Sénat et des régions, telle qu'il voulait l'imposer, était un premier pas — décisif, espérait-il — vers la mise en œuvre de la « participation » dans la société française. Sénateurs et conseillers régionaux seraient, en effet, recrutés, en grande partie, parmi les représentants des organisations syndicales et professionnelles. Celles-ci, à commencer par les syndicats ouvriers, seraient ainsi impliquées dans la gestion des régions et dans la conduite de la politique économique et sociale. Elles seraient amenées, par la force des choses, à s'associer aux décisions régionales et nationales, à se prononcer sur le fond des problèmes, à prendre leurs responsabilités, à ne plus se cantonner dans leur seul rôle revendicatif. Ce serait une étape capitale vers leur participation à la vie des entreprises. Ce n'était donc pas seulement pour lui l'occasion de reconstituer un Sénat tel qu'il l'avait envisagé dans son discours de Bayeux vingt-deux ans plus tôt et qu'il n'avait pu faire accepter dans la Constitution de 1958 : c'était une manière de faire entrer dans les pratiques et dans les mœurs, par la voie des nouvelles institutions de la République, cette « participation » dont il faisait le dernier dessein de sa vie.

Dès lors, tout concourut, peu à peu, à la défaite finale, par un enchaînement fatal de circonstances et de réactions. Olivier Guichard procéda à de larges consultations qui reçurent très souvent un accueil positif mais qui n'engageaient pas tous ses interlocuteurs. Du moins proposa-t-il, jusqu'au bout, de simplifier le texte proposé aux électeurs. Jean-Marcel Jeanneney eut pour tâche de rédiger un projet dont de Gaulle voulut expressément qu'il fût complet, quitte à être long et complexe, tant il souhaitait qu'on l'applique aussitôt qu'il serait voté, sans délai et sans détour par le Parlement[25]. Il en résulta, dans la rédaction finale, une extrême complication, qui avait toute chance de gêner ses défenseurs, de faciliter le jeu de ses adversaires et de rebuter les électeurs. La présence de représentants des syndicats et des associations professionnelles au Sénat et dans les conseils régionaux suscitait de graves réserves chez plusieurs membres du gouvernement, dans la majorité, y compris parmi ceux qui étaient les plus attachés à de Gaulle et les plus favorables à ses nouveaux projets : les élus du suffrage universel, disait-on, représentent l'intérêt général tandis que les organisations sociales et syndicales ne représentent que des intérêts particuliers, si importants soient-ils et, de ce fait, leur place n'était pas dans ces assemblées. Les notables de province qui constituaient le corps électoral du Sénat avaient le sentiment qu'on leur enlevait un privilège traditionnel et, en majorité, devinrent hostiles, répercutant leur mauvaise humeur dans leurs communes et dans leurs cantons. Les partis de gauche, soulagés de n'avoir pas à se prononcer sur la « participation » dans l'entreprise, n'eurent pas grand-peine à trouver des arguments contre le projet bien qu'ils fussent, en général, très critiques envers la composition conservatrice du Sénat et favorables à l'autonomie des régions. A droite, les préventions contre la « participation » ne désarmaient pas : au contraire, elles se renforçaient au vu des difficultés économiques, financières et monétaires où se débattait le gouvernement. Dans les rangs du gaullisme politique, beaucoup étaient tout aussi réservés et leurs craintes s'avivaient au spectacle du désordre qui persistait, ici ou là, dans les universités et où ils voyaient volontiers le résultat d'une « participation » inutile et dangereuse : ils dissimulaient souvent leur hostilité et préféraient s'en prendre à Edgar Faure et à sa réforme universitaire, manière détournée de faire connaître leur opposition à des projets dont ils ne voyaient pas l'intérêt et dont ils redoutaient les inconvénients. Certains avaient entendu dire qu'au mois de juin, quand de Gaulle avait décidé d'accorder un entretien à Michel Droit, Pompidou avait aussitôt fait venir ce dernier pour l'adjurer de ne pas trop parler de « participation »[26]. D'autres confiaient leurs inquiétudes à Jacques Foccart qui les répercutaient fidèlement, s'attirant toujours les critiques sarcastiques ou coléreuses que de Gaulle adressait aux notables, aux privilégiés, au patronat et à la bourgeoisie en général qui, à ses yeux, étaient incapables de comprendre l'esprit du temps et la révolution nécessaire[27].

Les événements extérieurs contribuaient, eux aussi, à durcir les oppositions. La décision d'interdire les exportations d'armes aux pays « du champ de bataille » au Proche-Orient était une réplique à la destruction des avions civils libanais par l'armée israélienne, et la politique française dans cette région aurait perdu toute crédibilité si l'on avait continué de livrer à Israël les moyens de mener des actions de guerre que l'on réprouvait ostensiblement : mais les adversaires de cette politique, plus nombreux encore à droite qu'à gauche, renouvelèrent âprement leurs critiques et leurs attaques.

Au mois d'août, une nouvelle épreuve survint. L'intervention soviétique en Tchécoslovaquie mit fin au « Printemps de Prague », amorce audacieuse d'une libéralisation du régime communiste. Ce n'était pas une surprise pour de Gaulle : à la fin de juillet, l'ambassadeur français à Moscou, Olivier Wormser, jugeait cette intervention presque inévitable[28]. Les Soviétiques, pourtant, ont voulu ménager les réactions auxquelles ils s'attendaient en faisant prévenir de Gaulle par l'ambassadeur Zorine qui, dans la nuit du 20 au 21 août, demanda à être reçu à l'Elysée. De Gaulle étant à Colombey, c'est Bernard Tricot qui le reçut[29]. Dans la journée du 21, Maurice Couve de Murville et Michel Debré se rendirent à La Boisserie et un communiqué fut publié, stigmatisant ce qui apparaissait comme un effet du système des blocs, « qui est incompatible avec le droit des peuples à disposer d'eux-mêmes » et « de nature à contrarier la détente européenne ». Trois jours plus tard, dans sa réponse à la communication de Zorine, de Gaulle fit connaître

> « les grandes préoccupations que lui inspire l'intervention soviétique », laquelle, écrit-il, « porte atteinte au principe de l'indépendance des Etats », tout en rappelant son attachement à « une autre politique » [...], celle de la détente, de l'entente et de la coopération européenne et qui comporterait, pour peu que les troupes soviétiques se retirent de Tchécoslovaquie, le « développement des rapports d'amitié et de coopération avec la Russie[30] ».

De Gaulle, en réalité, avait discerné les risques de l'expérience tentée par Alexandre Dubcek, dont il voyait bien qu'elle pouvait conduire la

Tchécoslovaquie à se séparer du camp communiste, à quitter la coalition du pacte de Varsovie dirigée par l'URSS et, par conséquent, à un changement de l'échiquier stratégique en Europe centrale et orientale qu'à Moscou on jugerait certainement inacceptable.

> C'est beau, aurait-il dit à plusieurs de ses interlocuteurs. Mais ils vont trop vite et trop loin. Les Russes vont intervenir. Alors, comme toujours, les Tchèques renonceront à se battre, et la nuit retombera sur Prague[31].

Quand l'intervention soviétique se produisit, il guetta, cependant, la réaction des Tchèques et il aurait naturellement tenu compte d'une résistance armée aux troupes russes si elle s'était produite. Il n'y en eut pas, comme il l'avait prévu :

> Que faire, dit-il alors à son gendre, le général de Boissieu, pour une nation qui ne veut pas se défendre[32] ?

Etait-ce un échec décisif de sa politique à l'Est, un démenti radical à l'analyse qu'il faisait depuis longtemps sur l'évolution des Etats communistes ? C'est ce que tous ses adversaires proclamèrent bruyamment, soit qu'ils l'aient pensé sincèrement soit qu'ils aient alors voulu ruiner le prestige que sa politique étrangère valait à de Gaulle, à l'intérieur comme à l'extérieur. Mais ce n'est pas du tout ce qu'il pensait. Il s'en est expliqué au cours de plusieurs Conseils des ministres[33]. Avant l'intervention soviétique il avait laissé transparaître un certain optimisme parce que, pensait-il alors, « le parti tchèque a épousé le sentiment national ». Après l'entrée des troupes russes à Prague, il s'interrogea sur ce que les Tchèques allaient faire :

> Si les Tchèques restent cohérents dans leur mouvement national, dit-il, ils finiront par gagner et nous aussi.

Mais ce n'était plus qu'une hypothèse et il ne fallait pas, pour autant, changer la politique de la France :

> Nous désapprouvons l'action soviétique. Nous sommes pour l'indépendance de la Tchécoslovaquie si elle veut la prendre mais nous ne devons pas à cette occasion tout casser pour la suite, en ce qui concerne la politique de détente et notre coopération avec l'Est... En Tchécoslovaquie rien n'est jamais très clair ni très facile car ce n'est pas une nation. Nous le savons bien, c'est nous qui l'avons faite. Au point de vue politique, elle est entourée de pays qui ne l'aiment pas. Benès, à Londres, me répétait sans cesse : « Je suis obligé d'être l'allié de la Russie... » Ils ne peuvent pas se mettre contre la Russie... Donc il ne faut pas nous monter le cou à nous-mêmes sur les Tchèques. Soyons réservés. Excusons ce pauvre Svoboda qui est allé à Moscou pour essayer de trouver un truc.

Et après la reprise en main de la Tchécoslovaquie, il conclut le 4 septembre :

> Dans l'affaire tchécoslovaque, ça s'est finalement passé entre communistes ; donc l'indépendance avait perdu d'avance. Et puis les Tchèques se sont laissé envahir sans opposer aucune résistance. Ils avaient une armée, ils ne s'en sont pas servi

Et, de nouveau le 23 octobre,

> Il y a des gens qui considèrent que la politique peut être fondée sur des positions fixées une fois pour toutes, qu'il y aurait d'un côté les communiste et en face les autres. On peut considérer au contraire que le monde change, dans le sens de la liberté, de l'affranchissement des peuples. L'évolution est bien dans ce sens et l'affaire tchèque justement le prouve. Nulle part on ne voit le communisme gagner dans d'autres pays, au contraire il régresse là où il est implanté.

Plus solennellement, il déclare dans sa conférence de presse du 9 septembre :

> Ce qui s'est passé en Tchécoslovaquie, je veux dire l'élan de son peuple pour obtenir un début de liberté, puis sa cohésion nationale vis-à-vis de l'occupant, enfin sa répugnance à accepter le retour à l'asservissement [...] démontre que notre politique, pour momentanément contrariée qu'elle paraisse, est conforme aux profondes réalités européennes et par conséquent qu'elle est bonne. Etant donné la marche des choses, et à moins qu'on en vienne à changer, par un nouveau conflit mondial, toutes les données de ses problèmes, l'évolution se poursuivra inéluctablement. Il est, en effet, trop tard pour que la domination étrangère puisse acquérir, où que ce soit, l'adhésion des nations lors même qu'elle a conquis leur territoire. Quant à les convertir il est trop tard pour qu'aucune idéologie, notamment le communisme, l'emporte sur le sentiment national. Compte tenu de l'aspiration générale vers le progrès et vers l'apaisement, il est trop tard pour réussir à diviser pour toujours l'Europe en deux blocs opposés. C'est dire que la France, tout en se dotant des moyens voulus pour rester elle-même et survivre quoi qu'il arrive, continuera à travailler partout, et d'abord sur notre continent, d'une part pour l'indépendance des peuples et la liberté des hommes, d'autre part pour la détente, l'entente et la coopération, autrement dit pour la paix.

Les événements allaient, à bref délai, justifier cette analyse. Ce fut d'abord la protestation véhémente d'un grand nombre de partis communistes, signe nouveau de la désagrégation d'un camp idéologique dont on proclamait naguère l'uniformité et la rigidité. Ce fut aussi l'hostilité, prévisible, de la Chine, mais aussi de la Yougoslavie qui, l'une et l'autre, avaient approuvé, douze ans auparavant, l'intervention soviétique à Budapest. A la fin des années soixante, la Hongrie, sous Janos Kadar, commença d'entreprendre le changement progressif de ses structures économiques et sociales d'Etat communiste, jusqu'à les modifier si complètement que sa structure politique elle-même en fut peu à peu transformée. Deux ans après l'entrée des Soviétiques à Prague, des émeutes ouvrières en Pologne provoquèrent le départ de Gomulka, son remplacement par Edward Gierek, et l'abandon du système socialiste dans le commerce intérieur après la privatisation de l'agriculture collective décidée dès la fin des années cinquante et, dix ans plus tard, le régime communiste lui-même manqua s'effondrer. Mais, en cette année 1968, les événements de Prague nourrissaient les attaques de ses adversaires et creusaient encore le fossé qui les séparait de lui, qu'ils fussent à droite ou à gauche.

Survint alors, étrange, inattendue mais peut-être inéluctable, et bientôt inexorable, la détérioration soudaine des rapports entre de Gaulle et Georges Pompidou. On a vu que ce dernier avait éprouvé, le jour où son remplacement fut annoncé, rancœur et amertume, mais aussi que de Gaulle, parmi d'autres raisons, et bien qu'il lui ait demandé d'abord de rester à son poste, avait pensé que, pour son élection future à la présidence de la République, il lui fallait ne pas rester Premier ministre. On a vu enfin que les deux hommes s'étaient expliqués et que de Gaulle avait fait savoir publiquement et assez clairement quel avenir était promis à Georges Pompidou quand il l'avait invité « à se préparer à tout mandat qu'un jour la nation pourrait lui confier ». C'est la même formule qu'il avait employée, de nouveau, mot pour mot, lors de sa conférence de presse du 9 septembre, quand on l'avait interrogé sur les raisons du départ de son ancien Premier ministre. Tout semblait donc se passer comme prévu, même si, intimidés par le personnage très réservé qu'était Couve de Murville, et alarmés par les écarts de la politique financière et monétaire du gouvernement, beaucoup de députés de la majorité laissaient transparaître leur regret que Pompidou ne fût pas resté en place. En septembre, de Gaulle décida de le revoir et un dîner eut lieu, au début d'octobre, réunissant les deux hommes, Mme de Gaulle, Claude Pompidou, Bernard Tricot et sa femme et un aide de camp. « Ce fut simple et amical », devait écrire Bernard Tricot. De Gaulle conseilla à Pompidou de « prendre de la hauteur et du recul », et de voyager à l'étranger, et celui-ci, enchanté de cette rencontre, fit savoir qu'il suivrait ces conseils.

C'est alors que tout allait se dégrader[34]. Les malentendus de juin étaient du Marivaux, le drame qui surgit était du Shakespeare. On découvrit le cadavre d'un ancien garde du corps d'Alain Delon dans une décharge de la banlieue parisienne. L'enquête policière révéla qu'il avait servi, parmi d'autres, à organiser ou à protéger des séances de scènes pornographiques et de relations sexuelles collectives. La rumeur s'en répandit dans Paris — sans que rien ne transparaisse encore dans la presse. Mais les milieux politiques et journalistiques étaient alertés, et commençaient à circuler les noms de personnalités en vue y compris d'anciens ministres et, vers le milieu d'octobre, on se mit à parler de Georges et Claude Pompidou. On savait, certes, depuis longtemps, que tous deux aimaient le milieu des spectacles et avaient pour amis des comédiens, des intellectuels, des artistes : ils en rencontraient aux déjeuners auxquels Pierre Lazareff, directeur de *France-Soir*, les conviait et où se rendait parfois Alain Delon. Mais rien ne permettait d'établir le moindre rapport entre ces relations, très détendues mais, somme toute, sympathiques et assez habituelles, et la mort sinistre de Marcovitch, l'ancien garde du corps d'Alain Delon. Il est vrai que, peu de temps auparavant, de Gaulle avait alerté Tricot sur la manière de vivre de Georges Pompidou et avait même suggéré qu'il lui en parle : mais ce n'était apparemment là que la réaction d'un vieil homme, qui n'avait jamais appartenu aux milieux parisiens et qui, du moins depuis son mariage, avait été conduit à mener une vie plus austère... Pourtant, vers la fin d'octobre, les rumeurs devinrent assez insistantes pour que Bernard Tricot ait voulu en parler au ministre de l'Intérieur, Raymond Marcellin, et il rapporte ainsi leur conversation : « Mais enfin, vous-même qui entendez encore plus que moi tous ces bruits, comprenez-vous pourquoi tant de gens parlent de M. Pompidou à propos de l'affaire Marcovitch ? — Non, en dehors du fait qu'il a rencontré parfois Alain Delon, ce qui ne veut rien dire. — Mais pour vous, qu'est-ce que cette affaire ? — Dans les derniers rapports de police, ce ne serait pas tellement une affaire de mœurs qu'une affaire de drogue. — M. Pompidou a de grandes chances de succéder un jour au général de Gaulle. L'ombre même d'un scandale serait un événement très grave. Je vous le demande : si vient un jour à votre connaissance un élément précis et contrôlable, prévenez-moi aussitôt. — C'est promis, me dit le ministre. »

Dès son retour d'Ankara, Bernard Tricot est alerté par Marcellin qui lui dit que le ministre de la Justice, René Capitant, est maintenant au courant de l'affaire. Tricot se rend auprès de celui-ci le lendemain matin et le trouve entouré de plusieurs collaborateurs, ce qui veut dire que beaucoup d'indiscrétions sont désormais possibles. Un autre Yougoslave, également détenu, avait écrit à Alain Delon et à Marcovitch et, interrogé par la police sur ses relations avec ce dernier, avait parlé des photographies que celui-ci aurait eues, deux ans plus tôt, durant l'été 1966, et grâce auxquelles il aurait pu exercer un chantage. Le compte rendu de l'interrogatoire s'arrêtait là, les policiers ayant préféré rapporter la suite sur une note jointe où il était indiqué que Georges Pompidou, ou sa femme, ou les deux, auraient été présents dans une propriété où, au même moment, auraient eu lieu des séances de pornographie. Capitant et Tricot conviennent qu'il est absolument impossible de détruire cette note car on n'aurait pas manqué de soupçonner son existence : plusieurs personnes en avaient eu déjà connaissance, des photocopies, peut-être, en avaient été faites, la fin abrupte du compte rendu officiel de l'interrogatoire aurait fait soupçonner sa destruction et on aurait alors imaginé bien pire que son contenu, bref, sa destruction aurait été un acte à la fois grave et dangereux. Bien entendu, il n'y avait toujours aucun rapport entre l'assassinat de Marcovitch et le couple Pompidou : il était clair que le juge d'instruction, intrigué par la correspondance du détenu yougoslave, avait voulu compléter son enquête et avait envoyé les policiers en commission rogatoire recueillir son témoignage. René Capitant, juriste scrupuleux, n'était certainement pas homme à donner à un juge d'instruction des directives qui auraient abouti à la manipulation d'un dossier de droit commun : son tort, peut-être, est seulement d'avoir été insuffisamment discret avec ses collaborateurs. Quoi qu'il en soit, il convient avec Bernard Tricot qu'il faut prévenir de toute urgence de Gaulle, Couve de Murville et Pompidou. Tricot se rend donc auprès du Premier ministre qui juge, non sans raison, qu'il n'y a aucun rapport entre cette affaire et l'assassinat de Marcovitch. Et, dès l'après-midi, il arrive à Colombey. De Gaulle est aussi d'avis qu'on ne peut exercer la moindre pression sur le juge d'instruction sous peine de réactions imprévisibles et aux conséquences incalculables. Il faut seulement prévenir Georges Pompidou et c'est à Couve de Murville de le faire, en précisant que l'Elysée est informé. Il conclut en disant à Tricot que l'affaire n'a apparemment aucune gravité mais qu'il est dommage de prêter le flanc à ce genre de rumeur.

Bernard Tricot prévient donc Couve de Murville de la mission qu'il doit remplir. Ce dernier est grippé et alité. Georges Pompidou n'est pas à Paris. On ne veut pas le rappeler d'urgence pour ne pas donner l'impression d'un événement grave. Et on perd du temps à chercher le meilleur moyen de lui parler. Le résultat est que quatre jours passent avant qu'il soit prévenu. Tout, alors, se détériore très vite. Georges Pompidou a le sentiment qu'une machination a été montée contre lui. Il ne comprend pas qu'on ait tardé à le prévenir. Il y voit la preuve qu'on a voulu lui nuire ou l'empêcher de se défendre. Le mercredi 6 novembre, ayant été prévenu, en premier, par l'un de ses anciens collaborateurs, Jean-Luc Javal, il en parle à un déjeuner avec Chaban-Delmas, Roger Frey, Henri Rey, Olivier Guichard et Jacques Foccart : il est ulcéré, en veut à tous ses amis et n'accepte aucun réconfort[35]. De Gaulle, à qui Foccart a rapporté les propos de Pompidou, tend à penser qu'en réalité Claude Pompidou, et même son mari, n'ont pas vraiment le sens, l'expérience ou l'intuition de ce qu'est la vie parisienne et, de ce fait, n'en voient pas les embûches : « C'est parce qu'elle ne connaît pas Paris », dit-il à Foccart. Mais il décide de recevoir Pompidou le vendredi 8 novembre. Il le réconforte suffisamment pour que Pompidou rapporte à Foccart que : « Cela s'est très bien passé. » Mais il continue d'être blessé et indigné et il ne cache ses sentiments à personne. Comme il n'aime pas Capitant et que celui-ci ne l'aime pas, il l'accuse, tout à fait à tort, d'avoir incité le juge d'instruction à poursuivre l'affaire : Capitant, en réalité, n'a pris aucune initiative et n'était au courant de rien concernant Pompidou ou quelque autre homme politique, avant que lui soit transmis le compte rendu de l'interrogatoire du détenu yougoslave. Il était hors de question qu'il intervienne pour étouffer l'affaire et je peux témoigner, comme beaucoup d'autres, qu'il fut indigné qu'on ait pu l'exploiter contre Georges Pompidou et sa femme.

Au début de 1969, ce dernier souhaita rencontrer de nouveau de Gaulle, qui accepta sur-le-champ, et un dîner eut lieu avec les deux hommes, Michel Debré et sa femme, Mme de Gaulle et Claude Pompidou, Bernard Tricot et sa femme. Les convives étaient sans doute trop nombreux, Claude Pompidou était dans un état d'extrême fatigue, Michel Debré était malade et, au total, le dîner fut morne. Pompidou en garda un mauvais souvenir. Il s'acharnait à tenter de découvrir le complot qu'il imaginait contre lui. Bien entendu, il n'y parvint jamais mais garda une insurmontable rancœur contre Maurice Couve de Murville, René Capitant, Bernard Tricot, Joël Le Theule, ministre de l'Information qui, pensait-il, n'avait pas empêché que l'on parle... Le fait est que, dans cette affaire, ses réactions ne furent pas ce qu'elles auraient dû être. Fils d'une petite bourgeoisie de province très convenable, mais engagé dans la vie parisienne, défendant avec une âpreté tout à fait justifiée l'honneur de sa femme mais sans voir ce que sa véhémence avait de maladroit, aimant fréquenter les comédiens, les intellectuels, les artistes et trouvant ridicules, à juste titre, les préjugés à leur endroit des milieux les plus conservateurs, mais attaché à se construire le personnage d'un futur président de la République, il ne sut jamais faire preuve du mépris goguenard que montrèrent d'autres hommes politiques en de semblables circonstances...

Il l'avoue lui-même en rapportant l'entretien qu'il eut à ce propos avec de Gaulle : « En me quittant, le général me conseilla de traiter les racontars par le mépris en me disant que la calomnie était dans le destin des hommes d'Etat. Je lui répondis que je l'aurais ainsi compris s'il ne s'était agi que de moi mais que, s'agissant de ma femme, la fureur ne pouvait pas ne pas prendre le pas sur le mépris[36]. » De nouveau il exprima la violence de ses sentiments dans une lettre à de Gaulle, du 3 janvier 1969, qui lui répondit sur-le-champ :

> Ce que vous m'écrivez au sujet de votre état d'âme ne peut manquer de me toucher. Mais je voudrais beaucoup que vous ne vous laissiez pas impressionner par les ragots, même s'ils sont grotesques et infâmes, que l'on a dirigés contre vous. A un certain plan, rien ne compte que l'essentiel, c'est-à-dire ce que l'on a fait et ce que l'on a conscience d'être.

Début janvier, tout paraît s'apaiser et de Gaulle, en tout cas, a manifesté qu'il n'avait pas changé d'opinion sur Pompidou ni d'intention sur son avenir.

Mais l'engrenage des malentendus et des arrière-pensées va continuer de tout détruire. Le 17 janvier, en séjour à Rome, Pompidou reçoit à son hôtel quelques journalistes et, à la question rituelle et inévitable sur son éventuelle candidature à la présidence de la République, il répond, très naturellement : « La question, pour l'heure, ne se pose pas. Mais si le général de Gaulle se retirait, il va de soi que je serais candidat. » Il se trouve que le correspondant de l'Agence France-Presse, Robert Mengin, qui haïssait de Gaulle, en rendit compte dans sa dépêche, comme d'un événement sensationnel. René Brouillet, alors ambassadeur auprès du Vatican, que de Gaulle avait eu comme directeur de cabinet à l'Elysée et qui avait introduit Pompidou auprès de lui en 1944, a témoigné qu'il n'y avait aucune intention maligne de sa part dans sa réponse aux journalistes : « Si j'avais été à Paris, disait-il, j'aurais employé tout ce que j'avais d'autorité à prouver que Georges Pompidou n'avait d'aucune manière laissé paraître quelque impatience à voir de Gaulle s'en aller[37]. » Mais il n'était pas à Paris. De Gaulle fut évidemment influencé par le ton de la dépêche de l'AFP : il réagit avec d'autant plus de vigueur qu'il avait lui-même envisagé de se retirer bien avant la fin de son mandat et, peut-être, eut-il le sentiment qu'en y faisant allusion Pompidou avait mis en cause son autorité. Il fit alors connaître sa réaction alors que la sagesse eût été de ne rien dire :

> Dans l'accomplissement de la tâche nationale qui m'incombe, fit-il dire par le ministre de l'Information, j'ai été, le 19 décembre 1965, réélu président de la République pour sept ans. J'ai le devoir et l'intention de remplir ce mandat jusqu'à son terme.

Cette fois, c'est la réaction de Georges Pompidou qui était inévitable. Il saisit l'occasion d'un séjour à Genève où la télévision l'interviewa pour mettre les choses au point. A la question rituelle sur « l'avenir politique » qu'il se voyait, il répondit : « Je n'ai pas d'avenir politique au sens où vous l'entendez. J'aurai, peut-être et si Dieu le veut, un destin national. » Il était certain, ainsi, de se situer dans la ligne indiquée par de Gaulle lui-même — « se préparer pour tout mandat que la nation pourrait un jour vous confier » — mais il voulait aussi rappeler que l'incident de Rome ne le faisait pas changer d'avis. « Devant ses collaborateurs, a écrit Bernard Tricot, de Gaulle exprima brutalement son mécontentement. » Il rapporte même ce propos, tenu après Genève : « Monsieur Pompidou, c'est fini ! » Mais ce n'était peut-être qu'une boutade comme de Gaulle en eut bien d'autres à propos de bien des gens, y compris les plus proches de lui. Bernard Tricot, cependant, croyait sentir chez de Gaulle « de la stupeur et un vif ressentiment de ce que Georges Pompidou se diminuât en tant que candidat probable à sa succession en paraissant pressé ». Pompidou, pourtant, avait également dit : « Je ne suis pas pressé. » Mais peut-être le sentiment d'être indispensable au pays avait-il grandi en lui, presque inconsciemment, au spectacle des difficultés du gouvernement qui avait suivi le sien, et peut-être ce sentiment prévalait-il sur la raison, et sur la loyauté qu'il voulait certainement conserver envers de Gaulle. L'ultime dîner qui les réunit le 12 mars n'y changea rien : comme il l'écrivit lui-même, les liens sentimentaux n'avaient pas été renoués.

Il est étrange qu'au soir de sa vie publique de Gaulle, qui avait affronté tous les combats du siècle et qui s'apprêtait à combattre encore pour changer la société française, ait alors été marqué par un épisode où ne se retrouvaient, au fond, que les rapports personnels entre deux hommes, la psychologie de chacun, les sentiments, les arrière-pensées, les humeurs longtemps contenues, l'estime et la méfiance chez l'un, l'admiration et l'agacement chez l'autre, les convenances, l'inexprimé, les effets indicibles du temps qui passe.

Dès qu'elle commença, la campagne du référendum confirma que le sujet en était mal choisi. En voulant réformer le Sénat, lui donner un rôle seulement consultatif, et y faire entrer des représentants des syndicats, on avait fait exactement ce qu'il fallait pour raidir et coaliser les oppositions de droite et du centre droit — en les atteignant même dans l'un de leurs mythes les plus anciens, celui du « Sénat conservateur ». En bousculant l'architecture des collectivités territoriales, on avait éveillé la méfiance des notables, surtout les plus attachés aux structures départementales et les plus hostiles aux découpages et à l'organisation des régions, comme pour la capitale de la Lorraine où les tenants de Nancy s'opposaient à ceux de Metz... Rompant avec leur tradition de réserve et de dignité, les sénateurs, hostiles à la réforme de leur assemblée, déversèrent un flot d'invectives sur les ministres, venus la défendre devant eux, Olivier Guichard, chargé de l'Aménagement du territoire et Jean-Marcel Jeanneney, véritable auteur de la réforme. Celui-ci dut même, pour faire taire ceux qui invoquaient contre lui la mémoire de son père longtemps président du Sénat, en lire une lettre écrite peu avant sa mort où il disait l'espoir qu'il mettait exclusivement en de Gaulle, moyennant quoi son éloge funèbre n'avait jamais été prononcé par son successeur Gaston Monnerville[38]...

A cette fureur des conservateurs du centre et de la droite, s'ajoutait naturellement l'opposition rituelle de la gauche et de l'extrême gauche. L'une et l'autre poursuivaient, comme depuis dix ans, leur combat pour le pouvoir et refusaient alors toute approbation, même très partielle, à de Gaulle. L'une et l'autre, pourtant, avaient, sur ce sujet, des arrière-pensées et des raisons différentes. Les socialistes, les radicaux, les autres groupes de la Fédération de la gauche voulaient qu'on s'en tienne à la tradition républicaine de l'élection de la deuxième assemblée au suffrage universel indirect, ils ne voyaient aucun intérêt à y faire place aux organisations économiques et sociales, en particulier, aux syndicats, et ils éprouvaient beaucoup plus de sympathie envers le Sénat, dans sa forme traditionnelle, depuis qu'il était devenu l'un des bastions de l'opposition à de Gaulle. Les communistes, comme toujours, ne voulaient pas que les syndicats s'intègrent à des institutions politiques et partagent des pouvoirs économiques — et donc aussi des responsabilités politiques — et ils entendaient bien que leur rôle demeure la critique sociale, les revendications professionnelles, la contestation populaire, et, si possible, la lutte contre l'ordre établi.

Toutes les conditions d'une coalition des opposants de droite et de gauche étaient donc réunies. Pouvait-on, par-dessus leur hostilité, saisir l'opinion et, surtout, les catégories sociales qui pourraient désormais, dans les conseils régionaux et le nouveau Sénat « participer » aux débats et aux décisions sur l'économie et la société ? Oui, sans doute, si l'enjeu du référendum avait été la participation dans l'entreprise, mais s'agissant des régions et de leurs institutions, il y avait très peu de chances d'y parvenir. Tout indiquait, au contraire, que les salariés étaient peu sensibles à leur représentation dans les conseils régionaux et au Sénat : en très grand nombre, ils allaient voter « oui », mais, presque toujours, ce serait pour maintenir de Gaulle au pouvoir. Quant aux syndicats, ils étaient partagés entre l'hostilité, la réserve et l'indifférence : hostilité de la CGT, trop proche du parti communiste et pour les mêmes raisons, hostilité de la CFDT encore marquée par les affrontements de mai 68, réserve de Force ouvrière dont le secrétaire général, André Bergeron, avait de bonnes relations avec le gouvernement, et surtout avec Georges Pompidou, mais refusait toute implication des syndicats dans les luttes politiques ; indifférence, réserve ou hostilité des organisations professionnelles, agricoles et patronales, qui ne voulaient absolument pas s'engager dans la bataille référendaire.

Comment gagner, alors, sinon en personnalisant le référendum, en le dramatisant, en le politisant. Une pente irrésistible y conduisait puisqu'il n'y avait aucun autre moyen de mobilisation populaire. Le 10 avril, interrogé une fois de plus par Michel Droit, de Gaulle se mit en jeu lui-même sans équivoque, dans une sorte de péroraison fatale :

> Me voici assuré que cette réforme fait partie intégrante de la participation qui est la voie que nous devons suivre pour rendre plus humaine et plus efficace la société mécanique moderne et éviter les pires secousses. Me voici, proposant solennellement la réforme à notre pays. Si donc, par aventure — c'est bien le mot qui convient — le peuple français s'y opposait quel homme serais-je, si je ne tirais pas sans délai la conséquence d'une aussi profonde rupture ?

Toujours, de Gaulle a personnalisé les référendums, toujours il les a dramatisés. L'avantage était de mobiliser ses partisans, l'inconvénient de durcir ses adversaires. Mais, cette fois, il n'était plus question de dissocier les partis traditionnels comme à propos de l'Algérie, ni de rallier la majorité des Français à l'idée — naturellement populaire — de l'élection présidentielle au suffrage universel : implacablement les oppositions s'additionnaient d'autant qu'elles voyaient son départ à portée de la main. Dramatiser encore ce référendum, certains de ses partisans y pensèrent : ils crurent qu'en amenant Pompidou à dire publiquement qu'il ne serait pas candidat à l'élection présidentielle si le « non » l'emportait, on ferait voter « oui » les électeurs qui souhaitaient qu'il remplace de Gaulle au plus vite. Démarche absurde : ce n'est pas ce qui aurait pu rallier les opposants de gauche, ni faire hésiter les opposants de droite qui pouvaient très bien envisager pour la suite, d'autres candidats. Et démarche dangereuse pour l'avenir du gaullisme politique qui, en cas de victoire du « non », eût été décapité. Pompidou, naturellement, n'y donna pas suite. Mais l'affaire s'ébruita et ajouta au pessimisme et aux querelles personnelles. Et comme l'opinion populaire semblait peu sensible au thème du référendum, on voulut donner à celui-ci plus de signification et de portée. De Gaulle, du reste, en était partisan. Comprenant qu'il risquait de ne pas être compris, il dit et il fit dire le plus possible qu'il s'agissait bel et bien, non de l'aménagement des régions et du Sénat, mais de l'idée même de participation : mais ce n'était pas ce qui était proposé directement aux électeurs, ce n'est pas ce que croyait l'opinion populaire, et c'est justement ce que ne voulait pas l'électorat traditionnel de la droite. Bref, comme il arrive parfois en politique, on en était au point où tout ce que l'on fait pour se sauver ne sert qu'à se perdre.

Dans le gaullisme politique, on vit alors certains se débattre, comme on se débat pour échapper à l'enlisement ou à la noyade. Plusieurs sont partisans de dissocier en deux la question posée aux électeurs : l'une concernerait le Sénat, l'autre les régions. Olivier Guichard, Louis Joxe, Bernard Tricot le proposèrent, et de Gaulle hésita, mais il est très probable, pour ne pas dire plus, que le résultat du référendum n'eût pas été différent. Les oppositions de droite et de gauche auraient eu les mêmes raisons de s'opposer à la réforme du Sénat. Et s'il est vrai que l'idée d'une plus grande autonomie des régions était alors très répandue dans bien des milieux différents — ce qui explique l'optimisme qui régna longtemps chez les partisans du « oui » — les oppositions eussent été les mêmes dans un vote aussi manifestement politique : tout au plus peut-on penser que les « oui » à la réforme régionale auraient été plus nombreux. Dans la meilleure hypothèse, le succès du « oui » à l'une des deux questions, de Gaulle aurait évidemment perdu une grande part de son autorité et l'impression générale aurait été plutôt celle d'un coup d'arrêt aux autres réformes. De plus, l'électorat le plus attaché à de Gaulle, croyant alors que son maintien au pouvoir n'était pas en jeu, eût été moins motivé. Les résultats, en fin de compte, auraient peut-être été pires qu'ils ne furent.

On pensa, également, à repousser la date du référendum, tant il devenait clair que la bataille serait perdue. De Gaulle lui-même interrogea plusieurs de ses collaborateurs et de ses ministres. Chargé des relations avec le Parlement, Roger Frey, convaincu qu'on allait à un échec, a raconté qu'après quelques minutes d'hésitation angoissée il lui avait répondu qu'il ne fallait pas surseoir : l'enjeu était désormais l'image que de Gaulle devait laisser de lui, celle d'un homme qui, jusqu'au bout, ayant demandé le soutien du peuple, n'avait pas reculé devant son verdict. Michel Debré, certain, lui aussi, que le « non » allait l'emporter, chercha, au contraire, à convaincre de Gaulle qu'on pouvait ajourner le référendum, et il suggéra qu'on invoque pour motif les tensions extérieures — politiques ou peut-être monétaires — ajoutant qu'il se faisait fort de les présenter de façon plausible[39]. Maurice Couve de Murville s'efforça aussi d'obtenir un sursis. Bernard Tricot, approuvé par Jean-Marcel Jeanneney, suggéra une solution de rechange : « Proposer les deux réformes au Parlement, obtenir le vote de la réforme régionale, s'exposer à peu près sûrement à un échec sur le Sénat et, plus tard, aller devant le pays en expliquant combien le privilège fait au Sénat par la Constitution était inadmissible. » De Gaulle, après avoir hésité — « ce n'est pas une honte, dit-il, de reculer » —, écarta toute idée d'ajournement : il était libre, fit-il remarquer, de repousser la date du référendum proposé par le gouvernement, mais après qu'elle eut été fixée au 27 avril, il était trop tard pour la changer, et mieux valait savoir tout de suite si le peuple voulait des réformes, ou non.

Il n'y avait, en réalité, qu'une seule raison qui aurait justifié d'ajourner le référendum : en élargir l'enjeu, expliquer que cet enjeu n'était rien d'autre que l'idée de « participation », que les réformes sénatoriale et régionale n'en étaient qu'un aspect, ajouter la participation dans l'entreprise, et retrouver aussi une adhésion populaire plus forte — et plus d'embarras et de gêne dans les oppositions de gauche — avec de bien meilleures chances de succès. Mais on en serait ainsi revenu à ce qu'on avait écarté quelques mois plus tôt. On s'en tint donc à la décision déjà prise. Organisé aussi tôt que possible, avant la fin de 1968, le référendum aurait pu être gagné plus facilement : la majorité des Français, sans doute, n'eût pas voulu, par un vote négatif, provoquer une crise majeure alors qu'on venait à peine de sortir de la crise de mai. Organisé plus tard, il pouvait être gagné aussi : dans l'intervalle, on aurait pu résorber, mieux qu'on ne l'avait fait jusque-là, les séquelles économiques et financières des événements du printemps 1968 et on se serait donné le temps, dans un climat apaisé, d'élargir l'assise politique du gouvernement et de désarmer certaines oppositions. Mais on en resta à l'échéance du 27 avril, probablement la pire de toutes.

Quand de Gaulle a-t-il su qu'il allait perdre la partie ? Peut-être dès février. Il veut alors présenter son projet à la région qui — la Corse exceptée — passe pour la plus singulière en France et qui peut donc être la plus séduite : la Bretagne. Dans cette terre qui fut, depuis le temps de la Résistance, l'une des plus fidèles au gaullisme, l'accueil est très mitigé, parfois franchement hostile, tant sont grandes les frustrations sociales, dues souvent à d'inévitables mais difficiles reconversions agricoles et industrielles. A Brest, un épisode symbolique passe inaperçu. Suivant son habitude, il veut entrer dans la foule, mais sans la voir distinctement puisqu'il ne porte pas de lunettes. A la sortie de l'hôtel de ville, raconte Pierre-Louis Blanc, son conseiller de presse : « Il se dirige tout droit vers un peloton de contestataires autonomistes. Comme toujours, le service de sécurité et ses collaborateurs essaient de rester groupés autour de lui, sans y réussir. Des remous se produisent, nous sommes quelque peu débordés. Le commissaire Puissant, chef adjoint de la sécurité présidentielle, arrive à bloquer *in extremis* le bras d'un jeune homme sur le point de frapper la tête du général avec un parapluie au bout duquel flottait un petit drapeau breton[40]... » A Quimper, Olivier Guichard, au pied de la tribune, écoute ce qui sera son dernier discours public. Il l'entend citer les vers en breton de son oncle — prénommé Charles lui aussi — et plaider pour sa réforme annonçant qu'elle allait « ouvrir la voie à une espérance nouvelle » : « J'avais le cœur serré », dit-il[41]... C'est quinze jours plus tard que de Gaulle, pressentant l'échec, demande à Frey si le référendum, à son avis, peut être reculé. L'incertitude persista en lui peut-être dans les premières semaines de mars : pas au-delà.

Le 10 avril, c'est l'entretien télévisé avec Michel Droit et, comme on l'a vu, la plus intense personnalisation du référendum. Le 14 avril, Valéry Giscard d'Estaing fait savoir « qu'il ne pourra voter oui », ce qui accroît encore le pessimisme du camp gaulliste, bien que l'analyse du scrutin prouvera que l'effet réel en fut marginal, comme de Gaulle, du reste, le pensait. Le 15 avril, s'entretenant avec Foccart, il évalue à

> « environ un tiers du corps électoral » le nombre de ceux qui le suivent, tandis que d'autres s'y joignent « parce qu'ils ont peur du communisme, parce qu'ils ont peur de je ne sais quoi, ils ont peur de l'armée ; ils ont peur. Ils viennent s'ajouter et cela [...] fait 54 % à 60 % » — ce qui suggère que, cette fois, on ne peut compter sur eux puisqu'il n'y a plus grande raison d'avoir « peur[42] ».

Le 17 avril, devant Henri Rey, président du groupe UDR à l'Assemblée nationale, il paraît presque certain d'échouer, et, déjà, fait des pronostics pour la suite :

> Il y aura un remplaçant de Lecanuet qui sera Poher ou un autre Poher. Il fera dans les 12 à 15 % ; il y aura Pompidou, qui fera dans les 35 à 38 %, il y aura un communiste — car, cette fois-ci, il y aura un communiste — qui fera dans les 20 %, et puis il y aura Defferre. Et voilà : au deuxième tour, on trouvera Pompidou et le communiste. Alors, tous les Poher et autres se sentiront obligés de soutenir Pompidou contre le communiste

> et Pompidou passera. Mais après ? Après, il y aura la pression du parti communiste, il y aura la grève générale, il y aura toutes les actions revendicatives. Croyez-vous qu'il pourra faire face ? Moi, je ne le crois pas

Le 18 avril, il donna les premières consignes à suivre, en cas d'échec :

> Il faut que [...] nous prenions nos dispositions. Je veux emporter ce qui est vraiment de moi ou à moi, c'est-à-dire les conversations que j'ai eues, pour lesquelles des procès-verbaux ont été établis, mes notes manuscrites [...]. Il faut mettre à l'abri tout ce qui est document, et comme je n'ai pas le temps de tout emporter à Colombey, je vais le faire mettre rue de Solférino, si c'est possible[43].

Le 20 avril, il reçoit pour la dernière fois ses enfants à l'Elysée et leur annonce sans ambages que le référendum sera perdu. Le 22 avril, Mme de Gaulle confie à Jacques Foccart ses inquiétudes pour sa belle-fille et ses petits-enfants qui restent à Paris, tandis que Philippe de Gaulle est en mer : elle redoute qu'aussitôt après la victoire du « non », il y ait une agitation violente, comparable peut-être à celle des derniers jours de mai 68, ou plus grave encore, et qu'on s'en prenne à sa famille : Foccart l'assure qu'il veillera lui-même à la protéger. Le risque de troubles et de violences est, d'ailleurs, évoqué, ces jours-là, dans des milieux différents : dans plusieurs quotidiens et chaînes de radio, des journalistes ont été chargés de voir si le SAC, ou les « Comités de défense de la République » formés durant la crise de mai, ou d'autres groupes de militants gaullistes, ne chercheront pas à riposter par la force à la victoire du « non »...

Le 23 avril, c'est le dernier Conseil des ministres qu'il préside : on sait alors que le prochain sondage sera le premier à annoncer la victoire du « non » après que la marge en faveur du « oui » se fut peu à peu rétrécie. Cela suffit pour anéantir les derniers espoirs et pour justifier le pessimisme qui ne cessait de grandir les jours précédents. Le mieux est de relire ce qu'un témoin, Yves Guéna, rapporte de cette ultime réunion, où, au-delà de la banalité du compte rendu, se devinent les gorges serrées par l'émotion et les poitrines nouées par le désespoir : « Durant tout le Conseil, je ne quitte pas des yeux le général, pressentant trop que je le vois pour la dernière fois. Il est immobile et silencieux. Lorsque l'ordre du jour est épuisé, avec un pâle sourire, il prononce quelques mots :

> En principe à mercredi prochain. Peut-être pas. S'il en était ainsi un chapitre de l'histoire de France serait terminé. Mais nous avons espoir.

« Il se lève, fait comme à l'accoutumée le tour de la table et serre la main à chacun d'entre nous, sans plus de chaleur que s'il se fût agi d'un banal au revoir. »

Dans l'après-midi, de Gaulle confie à Foccart sa certitude de l'échec et lui indique ce qu'il fera ensuite :

> Je ne répondrai à aucune demande qui me serait faite pour revenir ou pour faire ou dire je ne sais quoi. Ce sera, vous entendez, Foccart, ce sera le silence total. Total : je ne prendrai aucune position. Je ne prendrai position pour personne. Au bout du compte, figurez-vous, je serai heureux et soulagé si le « non » l'emporte. Je peux vous le dire à vous... J'aurai fait ce que j'aurai pu pour mon pays ; je l'aurai mis en face d'une réforme importante qui va dans le sens du progrès et qui sera un jour adoptée. L'histoire dira que les Français ne m'ont pas suivi et l'histoire jugera.

Le 24 avril, il est plus catégorique encore :

> Bon, maintenant, c'est bien évident, c'est fini. Les Français ne veulent plus de moi ; les Français en ont assez d'une France debout, mais je n'y peux rien. Alors, je vais partir [...] pour Colombey, et puis voilà, ce sera terminé : je ne donnerai plus signe de vie à qui que ce soit. Alors, je voudrais vous parler des dispositions à prendre.

Il se préoccupe des détails : le transfert de ses archives personnelles 5, rue de Solférino, à qui appartient l'immeuble, l'heure à laquelle le déménagement pourra avoir lieu, la situation de Xavier de Baulaincourt s'il reste son secrétaire alors qu'il est sous-préfet, et qui va le payer, le choix d'un aide de camp... Dans la soirée, il ne veut plus écouter les informations que Foccart lui donne sur la situation au Tchad :

> Ecoutez, je ne suis plus rien, ce n'est plus la peine, c'est fini, par conséquent d'autres feront la politique qu'ils voudront.

Mais il lui promet de ne pas laisser transparaître son pessimisme dans le dernier message qu'il doit adresser aux Français le lendemain soir. Le vendredi 25 avril, en effet, il parle à la télévision, pour la dernière fois. Une fois de plus, il évoque ce qui, pour lui, est l'enjeu essentiel du référendum :

> Votre réponse va engager le destin de la France, parce que la réforme fait partie intégrante de la participation qu'exige désormais l'équilibre de la société moderne. La refuser, c'est s'opposer dans un domaine essentiel à cette transformation sociale, morale, humaine, faute de laquelle nous irons à de désastreuses secousses. L'adopter, c'est faire un pas décisif sur le chemin qui doit nous mener au progrès dans l'ordre et dans la concorde, en modifiant profondément nos rapports entre Français.

Puis il fait allusion à la suite et invoquant

> le nombre, l'ardeur et le dévouement de l'armée de ceux qui me soutiennent et qui, de toute façon détiennent l'avenir de la patrie

— le mot « armée » étant regretté par certains de ses partisans et critiqué par certains de ses adversaires. Il dénonce à l'avance les risques

> de la victoire négative de toutes ces diverses, disparates et discordantes oppositions, avec l'inévitable retour aux jeux des ambitions, illusions, combinaisons et trahisons,

et il annonce que, dans cette hypothèse, il partirait aussitôt. Mais, si le « oui » l'emporte, il continuera son œuvre de réformes, et, dit-il enfin,

> une fois venu le terme régulier, sans déchirement et sans bouleversement, tournant la dernière page du chapitre que, voici quelque trente ans, j'ai ouvert dans notre Histoire, je transmettrai ma charge officielle à celui que vous aurez élu pour l'assumer après moi.

Impossible, au-delà de la sobriété des mots, de l'émotion contenue, de la sérénité déjà retrouvée, de ne pas y voir l'annonce de la fin... Un autre langage pouvait-il influer sur la marge des hésitants qui allait décider de l'issue ? Georges Pompidou qui l'écouta à Lyon, où il venait de plaider très chaleureusement pour le « oui », l'a pensé, si l'on en croit ce qu'il a rapporté dans un livre de témoignage : « S'il avait annoncé d'un ton ferme et convaincu qu'il demandait au pays de lui renouveler sa confiance, qu'il comptait rester au pouvoir quelque temps encore mais organiserait, avant le terme, sa succession pour qu'il n'y eût pas de secousses, il aurait peut-être gagné. Mais il parlait en vieillard désabusé[44]... » Peut-être Pompidou avait-il raison : on ne le saura jamais.

De toute façon, de Gaulle n'a plus d'espoir. Avant son enregistrement, Bernard Tricot lui a communiqué les sondages qui laissent prévoir 53 % de « non ». Il n'y a vu que la confirmation de son pessimisme : « Vous voyez bien... », a-t-il seulement dit. Et après l'enregistrement : « Tout cela ne servira à rien. » Il a remis à Tricot le texte que l'Agence France-Presse devra publier, la lettre au Premier ministre qui sera aussi rendue publique, ses dernières instructions pour le départ de ses collaborateurs et l'enlèvement de ses archives. De Gaulle a décidé d'avancer son départ d'abord prévu pour le samedi : ses préparatifs en sont très vite faits. L'heure du déjeuner est fixé à 12 h 45 pour permettre de partir à 13 h 15. Foccart attend, pour lui remettre les derniers sondages — 51 % de « non » en métropole — dans le « petit salon d'argent » — « où, se souvient-il, Napoléon a abdiqué ». De Gaulle passe, avec sa femme, échange quelques propos avec lui. « Avec un geste las, écrit Foccart, le général m'a chaudement serré la main, puis il est monté en voiture. Je les ai vus partir en me demandant si c'était vraiment la dernière fois qu'ils quittaient l'Elysée, accompagnés de ce brave Flohic. » Et Bernard Tricot : « Je revois encore leur DS noire rouler lentement dans les allées du parc. Nous sentions tellement que ce départ n'était pas comme les autres. » La voiture est conduite par Paul Fontenil, et suivie, comme d'habitude, par une autre où se trouvent le directeur de la sécurité à la présidence, Jean Ducret, l'un des hommes de la sécurité rapprochée, Raymond Sassia, et l'un des internes de garde, le docteur Garnier. A la grille donnant sur l'avenue Marigny, de Gaulle demande à son chauffeur de s'arrêter et — ce qu'il n'a jamais fait auparavant — tend la main au colonel Laurent, commandant militaire de l'Elysée qui, suivant la règle, l'attendait pour le saluer. A 16 h 30, il arrive à La Boisserie, et, suivant le témoignage de Flohic, avertit Charlotte, l'une de ses deux servantes :

> Nous rentrons définitivement, cette fois-ci, Charlotte. C'est pour de bon.

De Gaulle ne sort ni ce soir-là, ni durant toute la journée du samedi. Le dimanche matin, une messe est dite dans le salon de La Boisserie. A 11 h 30, il va voter à la mairie, avec sa femme, puis revient chez lui et n'en ressort plus. Avant 20 heures, Bernard Tricot lui téléphona les premières indications données par les instituts de sondage. A 22 h 30, à sa demande, Tricot, La Chevalerie et Foccart le rappelèrent : il y avait, en métropole, un peu moins de 47 % de « oui », un peu plus de 53 % de « non ».

Et, pourtant, aucun mouvement d'opinion majeur ne s'était produit en France à l'occasion de ce référendum. Le « oui » avait obtenu une proportion de voix un peu plus forte que l'ensemble des candidats de la majorité, toutes tendances additionnées, aux élections législatives du mois de juin : 47 % au lieu de 46,5 %. En nombre de suffrages, la progression était plus sensible. Une étude fine des résultats montrait que c'est dans l'électorat traditionnel de la droite que de très légères pertes avaient été subies et à gauche de très légers gains obtenus. Au total, ni la position prise par Valéry Giscard d'Estaing et plusieurs de ses amis en faveur du « non », ni les spéculations sur une élection prochaine de Georges Pompidou à la Présidence, ni la défection de quelques personnalités notoires de l'UDR, comme Marcel Hébert dans la Manche et François Bénard dans l'Oise n'avaient eu d'effet sensible. Les oppositions ne s'étaient nullement renforcées depuis leur défaite de juin.

Mais elles s'étaient additionnées. Un référendum ne comporte pas de second tour de scrutin comme une élection présidentielle ou des élections législatives, où les reports de voix sont alors décisifs. De Gaulle, on s'en souvient, m'avait dit, à propos du référendum d'octobre 1962 sur l'élection du président de la République au suffrage universel, que c'était un scrutin dangereux car il permettrait aux oppositions les plus contradictoires de s'additionner sans avoir à s'entendre. Il avait eu tort cette fois-là : le choix proposé aux électeurs était si populaire qu'il lui avait permis de les battre toutes ensemble. Mais cette fois-ci, il avait raison : le thème du référendum était trop éloigné des exigences populaires pour qu'il ait pu l'emporter sur la coalition des opposants.

Peu après 22 heures, ce soir du 27 avril, de Gaulle rappela Tricot pour lui demander de rendre publics les deux textes qu'il lui avait laissés, dès minuit, sans attendre le lendemain matin, comme il l'avait d'abord prévu. Vers 23 heures, Tricot remet donc à Maurice Couve de Murville la lettre qui lui était destinée :

> C'est du fond du cœur que je tiens à vous remercier et à vous donner témoignage du concours tout à fait éminent et, à tous égards, excellent que vous m'avez apporté comme Premier ministre pour le service de notre pays, après l'avoir fait pendant dix ans comme ministre des Affaires étrangères. D'autre part, tous les membres du gouvernement, qui ont, autour de vous, porté la charge des affaires publiques, avec tant de distinction et de dévouement, peuvent être assurés de ma profonde estime et de mon cordial attachement. Je vous demande de le leur dire.

Et à 0 h 10, en date du 28 avril, l'Agence France-Presse publiait ce communiqué :

> Je cesse d'exercer mes fonctions de président de la République. Cette décision prend effet aujourd'hui à midi.

Conclusion

LA MORT EN CE SIECLE

Commencent alors les dix-huit mois et quelques jours qui séparent encore de Gaulle de sa mort*. Le lundi 28 avril, à 10 h 15, il est dans son jardin, devant sa maison, pour accueillir son aide de camp François Flohic. Ils commentent tous deux les résultats de la veille, mais de Gaulle arrête, dès cet instant, l'attitude qui restera la sienne jusqu'au bout :

> Pour l'instant, je ne verrai personne, je ne dirai rien.

Il va le répéter quelques instants plus tard à son beau-frère, Jacques Vendroux, qui ne fait que passer :

> Je ne veux plus avoir à faire avec tout ce qui est officiel. Je n'ai plus rien à faire avec eux. Ils me sont étrangers.

Jacques Vendroux, évidemment ému, l'a décrit tel qu'il lui apparut ce jour-là : « Calme, serein, d'une noblesse indicible, il cachait sa blessure, une blessure dont il ne se sera jamais remis. » Le 29 avril, les services officiels de sécurité sont retirés de Colombey. Et Bernard Tricot arrive, porteur des dossiers personnels que de Gaulle a demandés : il déjeune à La Boisserie, s'entretient encore avec celui-ci dans son bureau et ne peut cacher son chagrin au point que de Gaulle dira à Flohic : « M. Tricot m'a paru très ému ! »

Le 30, arrive le général Lalande et Xavier de la Chevalerie. Avec ce dernier il est aussitôt question du voyage que de Gaulle veut faire en Irlande. Mais il prend déjà les premières mesures pour l'organisation de sa vie : il aura un bureau pour son secrétariat dans le VIIe arrondisse-

* Les sources principales sont, pour cette période, les ouvrages déjà cités, de François Flohic, Jacques Vendroux, Bernard Tricot, Philippe de Gaulle, Pierre-Louis Blanc, et surtout Jean Mauriac, *Mort du Général de Gaulle*, Grasset, 1972.

ment — ce sera avenue de Breteuil —, il n'accepte pas la dotation réservée aux anciens présidents de la République ni le traitement de membre du Conseil constitutionnel — dont il pourrait être membre de droit — et n'y siégera pas... Le 1er mai, c'est au tour de Jacques Foccart de venir, mais de Gaulle ne veut pas entendre son compte rendu sur les affaires africaines dont il était chargé à l'Elysée. Le 3 mai, Xavier de Beaulaincourt, qui restera son secrétaire, vient lui parler du courrier, innombrable, qui lui est adressé, et le 4 mai, le chef de son service de presse, Pierre-Louis Blanc, accueilli à La Boisserie, accepte de rester à son service pour l'aider à la préparation de ses *Mémoires*.

Le 10 mai, enfin, il part pour l'Irlande. Le secret en avait été soigneusement gardé. Maurice Couve de Murville, Michel Debré et Pierre Messmer seulement s'en sont occupés pour que de Gaulle puisse emprunter un « Mystère » du groupe des liaisons aériennes ministérielles. Il atterrit à l'aérodrome de Cork en compagnie de sa femme et de Flohic, accueilli par le Premier ministre irlandais et Mme Lynch et le ministre des Affaires étrangères Aiken. Il réside successivement à Heron's Cove dans le village de Sneem, sur la baie de Kenmare, puis au Cashel Bay Hotel dans le Connemara, puis à Killarney. Il aime ce pays, ses paysages, ses landes, la mer. C'est là que les photographes, embusqués de loin, prendront sa dernière photographie, où on le voit, enveloppé d'un long manteau noir, une canne à la main, à côté de sa femme. Il ne dissimule pas toujours ses sentiments. Jean Mauriac, qui n'a pu le voir durant ce séjour, a su qu'il lui arrivait de dire :

> J'ai été blessé en mai 1968. Et maintenant, ils m'ont achevé, et maintenant, je suis mort...

Il lit les *Mémoires d'outre-tombe* et commence à tracer le plan de ses *Mémoires*. Le 15 juin, il adresse ce message à Georges Pompidou qui vient d'être élu président de la République : « Pour toutes raisons nationales et personnelles, je vous adresse mes bien cordiales félicitations. » Ce télégramme sera suivi d'une lettre, plus chaleureuse, où il évoque discrètement les incidents qui l'ont séparé de son ancien Premier ministre mais en lui redisant son estime.

Le 18 juin — car, pas plus que l'année suivante, il ne veut être en France pour cet anniversaire — il est reçu par le fondateur de la République d'Irlande, Eamon De Valera, aveugle et âgé de quatre-vingt-cinq ans, mais qui accueille de Gaulle avec émotion et se laisse guider par lui dans une promenade autour du château où il termine sa vie. Puis il déjeune à l'ambassade où le reçoit Emmanuel d'Harcourt, compagnon de la Libération. Au déjeuner, on parle de Louis XIV, puis de la situation en Irlande et il cite, à propos des difficultés de la langue anglaise, un mot de Charles Quint : « On parle français aux hommes, italien aux femmes, allemand à son cheval, espagnol à Dieu. » Et Charles Quint n'avait pas pensé à l'anglais... Au moment de se retirer, il écrit, à la demande d'Emmanuel d'Harcourt, les « maximes » qui, dit-il, ont guidé sa vie, sur la page de garde du troisième tome de ses *Mémoires de guerre* :

« Moult a appris qui bien connut ahan » et ce passage de Nietzsche qu'en effet il citait souvent :

Rien ne vaut rien
Il ne se passe rien
Et cependant tout arrive
Mais cela est indifférent.

Et il ajouta, de surcroît, cette citation de saint Augustin : « Vous qui m'aurez connu dans ce livre, priez pour moi. »

Revenu à Colombey, il se met à la rédaction de ses *Mémoires d'espoir*, dont il a choisi le titre très tôt et dont le premier tome paraîtra au mois d'octobre 1969, juste à temps pour qu'il puisse en connaître le très grand succès dans le public, mais pour en lire aussi les critiques qui lui parurent injustes et mesquines... Il continue de se tenir à l'écart de tout et de ne voir aucun officiel, recevant seulement ceux qui ne sont en charge de rien, comme Maurice Couve de Murville, Pierre Messmer, Jean-Marcel Jeanneney... Obstinément, il refuse encore de retourner au Mont-Valérien, le 18 juin, et prévoit donc un autre voyage pour ne pas être en France à cette date. Ce sera cette fois en Espagne. Il n'y était jamais allé tant qu'il était en charge des affaires de la France, ni durant sa « traversée du désert » quand, peut-être, il pouvait encore espérer son retour au pouvoir : il ne voulait pas rencontrer le général Franco, si proche des pays de l'Axe durant la guerre et dont les prisons renfermèrent si longtemps les évadés de France qui cherchaient à le rejoindre. Mais sa curiosité pour l'Espagne était grande. Peut-être aussi sa curiosité pour Franco. Il le rencontra à Madrid et fut déçu de sa conversation, tant le dictateur espagnol lui parut terne — ou peut-être intimidé. Et il se rendit dans les Asturies, à Saint-Jacques-de-Compostelle, en Galice, en Castille, à Tolède, Jaén, Cordoue, Grenade, dans la Sierra Bianca, sur la Costa del Sol, en Estrémadure.

Il voulut aller en Chine. L'ambassadeur qu'il avait nommé à Pékin, juste avant son départ, Etienne Manac'h, un ancien de la France libre, lui en avait fait la suggestion. C'était le voyage que de Gaulle voulait faire, plus que tout autre. Jean Mauriac l'a entendu évoquer, après « l'Irlande sauvage » et la « dure Espagne », l'idée d'aller rendre visite à « la Chine immense ». Sa nièce, Marie-Thérèse de Corbie, en poste à l'ambassade de France à Pékin, lui en parle à La Boisserie, le 9 septembre 1970. Il est, à l'avance, fasciné par l'idée d'un entretien entre Mao Zedong et lui. C'est la romancière Han Suyin qui fait part du désir du gouvernement chinois d'inviter de Gaulle à Jacques Rueff qu'elle avait connu quelques années plus tôt en Extrême-Orient à charge pour celui-ci de transmettre l'invitation, ce qu'il s'apprêtait à faire dans les premiers jours de novembre 1970.

Il allait avoir quatre-vingts ans le 22 novembre. Le 2, jour des Morts, il est allé se recueillir avec sa femme sur la tombe de leur fille, Anne, comme chaque année, et répète que c'est là qu'il veut être enterré. Le 3, il reçoit sa fille Elisabeth et son mari, le général de Boissieu, puis un ancien compagnon d'armes, le général Renouard, et fait le tour de son jardin avec lui, sa femme et ses enfants. Le 7, il fit une promenade en voiture de deux heures puis, avec sa femme, et tenant une canne à la main, marcha avec elle près d'une demi-heure. Le dimanche, 8 novembre, il assista à la messe, à l'église de Colombey. Le 9 novembre, il travailla au troisième chapitre du second tome de ses *Mémoires d'espoir* — publié plus tard, inachevé. Il avait envisagé, avec Pierre-Louis Blanc, de donner à la suite de son œuvre le caractère d'un « réquisitoire contre les classes dirigeantes françaises » tellement il était convaincu, à la réflexion, que, du début jusqu'à la fin, ce sont les classes dirigeantes qu'il avait eu comme adversaires. A Jean Mauriac, il en avait parlé aussi :

> Cette rage des bourgeois français à vouloir effacer la France à tout prix...

Puis il déjeuna seul avec sa femme et se promena dans le parc, comme à son habitude. Il avait reçu un jeune agriculteur du village avec qui il avait pu faire un échange de terrains pour agrandir son jardin. Vers 3 heures et demie, il avait téléphoné à Xavier de Beaulaincourt pour lui demander quelques précisions pour la rédaction de ses *Mémoires*. Il s'était remis au travail, avait pris le thé, comme il le faisait maintenant chaque jour, avec Mme de Gaulle, et s'était alors mis à sa correspondance, tâche immensément absorbante tant les lettres continuaient d'arriver par milliers à Colombey. En fin d'après midi, il signa un papier destiné à l'administration des impôts et répondit à quelques vœux qu'on lui avait envoyés pour sa fête, la Saint-Charles, et il écrivit à son fils une lettre à propos d'arrangements qu'il fallait prendre, de caractère familial. Il demanda à sa femme quelques adresses qu'il n'avait pas, regagna son bureau et en ferma les volets.

A sept heures moins le quart, il revint dans la bibliothèque où se trouvait sa femme, se mit devant sa table de bridge et commença une réussite. Un peu avant 7 heures, il poussa un cri : « Oh ! j'ai mal, là, dans le dos... » Il s'affaissa sur la droite, la tête sur la poitrine. Il avait perdu connaissance.

Mme de Gaulle pria l'une de ses deux servantes, Charlotte, d'appeler le docteur Lacheny à Bar-sur-Aube pendant que l'autre, Honorine, appelait le chauffeur Francis Marroux, pour aider à étendre de Gaulle sur le matelas du divan de la bibliothèque, étendu sur le sol. Après quoi, il partit chercher le curé de Colombey, l'abbé Jaugey, qui arriva en même temps que le médecin. De Gaulle émit encore quelques râles et le docteur Lacheny lui fit une piqûre de morphine pour le cas où il souffrirait. Son cœur cessa de battre peu avant 7 heures et demie alors que le prêtre lui donnait l'extrême onction. De Gaulle était mort d'une rupture de l'aorte abdominale due à un anévrisme. Mme de Gaulle, qui devait toujours garder son sang-froid et dominer son émotion, dit alors au médecin : « Il a tant souffert, depuis deux ans. »

Le prêtre appela le général de Boissieu qui arriva avec sa femme dans la nuit du 9 au 10. On avait étendu de Gaulle sur un divan, revêtu de son uniforme, recouvert d'un drapeau tricolore, ayant aux mains le chapelet donné par Jean XXIII. Il restait à avertir les autres membres de la famille et on convint de garder secrète sa mort tant que son fils Philippe n'aurait pu être averti, pour qu'il prenne les dispositions prévues par le testament que de Gaulle avait laissé. Philippe de Gaulle, prévenu à Brest, gagna Paris par le train, ne put joindre Georges Pompidou et en laissa le soin à Pierre Lefranc qui fut reçu dans la matinée. Georges Pompidou et lui comparèrent les deux exemplaires du testament, l'un laissé à Philippe de Gaulle, l'autre que Georges Pompidou détenait depuis très longtemps. C'est alors que la France put apprendre que de Gaulle était mort.

Le 11 novembre, Georges Pompidou et Jacques Chaban-Delmas, alors Premier ministre, vinrent dans l'après-midi saluer sa dépouille, et repartirent. Tandis qu'à Paris, ce 12 novembre, un immense cortège remontait les Champs-Elysées et qu'un office solennel à Notre-Dame réunissait plus de souverains, chefs d'Etat et de gouvernement, qu'il n'y en eut en aucune autre occasion, les obsèques célébrées à Colombey ne le furent qu'en présence de sa famille, des habitants du village, de compagnons de la Libération et de détachements représentant les trois armes.

Il fut enterré à côté de sa fille Anne. Il avait dit, à sa mort : « Maintenant, elle est comme les autres. » Maintenant, il était comme elle. Laissé au souvenir des siens, au souvenir des hommes, à l'Histoire du siècle.

*
* *

Ici s'achève ce livre en même temps que le siècle va s'achever. Voici trente ans, au terme du premier ouvrage que j'ai écrit sur Charles de Gaulle, j'étais tenté, déjà, de voir en lui l'homme qui a fait épouser ce siècle à la France. Chaque étape franchie fut une épreuve pour lui. Enfant qui rêvait aux futures victoires de sa patrie bien-aimée, et qui, malgré sa captivité, connut le bonheur de vaincre au temps de la Première Guerre mondiale, il a vu l'effondrement soudain de 1940. Epris d'équilibre, de mesure et de raison, par sa culture classique et par la vision de l'Histoire qu'on lui avait enseignée, il eut à faire face à des cataclysmes soudains, à des ruptures dramatiques, à des secousses qui ébranlèrent le monde. Issu de la plus vieille bourgeoisie d'Europe, il a appelé son peuple à l'insurrection nationale contre l'ennemi et le régime qui lui était soumis. Héritier d'une dynastie de légistes et de soldats, il a renversé cette hiérarchie qui, à Vichy, se prétendait un Etat et qu'il déclarait illégitime. Fils d'une famille sage et modérée, il a ordonné les rigueurs d'une épuration qui frappait toute une fraction des cadres traditionnels du pays. Saint-Cyrien qui prêta le serment des jeunes officiers, il a dû appeler l'armée française à la dissidence et à la révolte. Général, il a maté les révoltes militaires suscitées par le drame algérien et il a fait condamner leurs chefs. Convaincu du rôle universel de la France, il a décolonisé tout son Empire...

A chaque pas, la France avançait dans ce siècle, où elle n'entrait qu'avec crainte et angoisse. Sur ce chemin, de Gaulle a dû livrer bien des batailles, mais le bruit en est retombé et les traces, peu à peu, s'en sont effacées. Mais, à distance, la ligne suivie apparaît mieux. Dans les années trente, il a proposé, bien que ce fût en vain, la modernisation radicale de l'appareil militaire français dont tout le monde reconnaît qu'elle eût évité la défaite et qu'adoptée par l'Allemagne, elle lui valut ses plus grandes victoires. Dans les années quarante, par la force de sa volonté, grâce à l'ardeur de ses compagnons et avec le soutien du peuple, il maintint la France dans le camp des démocraties et donc dans celui des vainqueurs : du coup, il l'a libérée de la dictature et des archaïsmes autoritaires et réactionnaires, auxquels tant de pays d'Europe avaient succombé, et il a contribué à clore la tragique histoire des Etats fascistes et des guerres européennes — après quoi la destinée de ce continent fut la liberté reconquise et consolidée. Dans les années cinquante, il a bataillé pour établir en France des institutions mieux adaptées aux exigences d'un Etat moderne que les régimes antérieurs, par la stabilité et l'autorité de l'exécutif : d'abord sans succès, puis en y parvenant quand il a fondé la Ve République. Au début des années soixante, il a donné leur indépendance à tous les pays de l'Afrique française, au prix d'une épreuve de force en Algérie et au risque de sa vie, mais comme l'exigeait l'esprit du siècle. Au cours de cette décennie, il a présidé à la transformation accélérée — et peut-être brutale — des structures économiques et de la vie sociale en France et, par-dessus tout, à la liquidation de l'ancien protectionnisme et à l'ouverture des frontières qui était la condition d'une entrée définitive dans l'économie moderne. Il a voulu, avec éclat, enterrer les vieux conflits franco-allemands. En établissant des relations avec la Chine populaire, il a ouvert la brèche qui permit à celle-ci d'occuper dans la communauté internationale la place qui lui était refusée jusque-là. Il a vu les fissures qui menaçaient le bloc de l'Est, diagnostiqué son agonie, pronostiqué son éclatement et il en a tiré toutes les conséquences pour la politique étrangère de la France — anticipant l'éclatement futur de ce bloc, qui allait achever l'histoire de ce siècle. Oui, il fut, à sa manière, pour son pays, pour la société, même pour le monde, un accoucheur de la modernité.

Ce siècle fut aussi celui de l'affrontement tragique des idéologies. De Gaulle y prit part, et, dans ses discours de Londres et d'Alger, on trouve quelques-uns des accents les plus forts du combat contre les systèmes totalitaires. Mais dans les grandes querelles qui opposaient, chez ses contemporains, leurs visions du monde, il occupa une place à part. On l'a rappelé bien souvent dans ce livre : il croyait en la pérennité des nations, en la précarité des idéologies. Ceux qui l'ont entendu se souviennent encore du ton à la fois impérieux et sarcastique avec lequel il lui arrivait de le dire : « L'étendard de l'idéologie ne couvre en réalité que des ambitions. Et je crois bien qu'il en est ainsi depuis que le monde est né ». Ce qui était une façon de dire que l'essentiel n'était pas là, mais dans le caractère irréductible des réalités nationales. Longtemps, il est vrai, le siècle vit le triomphe provisoire ou du moins la fascination, des idéologies conquérantes — et de la plus radicale de toutes, l'idéologie communiste. Mais, près de son terme, il en connut la condamnation. Au cimetière des idéologies mortes, les tombes sont refermées. De Gaulle, disparu, l'emporte apparemment : partout les nations ont resurgi, là où elles s'étaient effacées, que ce fût sous la férule des empires coloniaux ou sous le carcan des blocs. Au point que les frontières ont été bouleversées dans une vaste partie du monde, en Afrique et depuis l'Adriatique jusqu'aux confins de la Chine. Telle est la pérennité des nations : de Gaulle l'avait proclamé.

Est-ce le dernier mot de l'Histoire ? Avant que le siècle suivant ne commence, une autre vision de l'avenir s'offre et, déjà, triomphe. Le monde sera, dit-on, un marché unique. Les frontières doivent s'abaisser et s'effacer — quitte en attendant à les maintenir, au besoin par la force, même si certains peuples ont le sentiment d'y perdre leur liberté et leur indépendance. Quelle importance ont-elles, du reste, puisque tout doit circuler librement, hommes, biens, services et capitaux ? La démocratie doit se répandre en même temps, et partout — même si la puissance financière y est essentielle, même si les conformismes sont plus pesants que jamais, et si l'on observe partout les comportements les plus complaisants envers les Etats dominants. Les nations — suspectes de porter en elles de dangereux nationalismes — doivent se faire oublier. Avec la démocratie, le capitalisme, rebaptisé « économie de marché », unifiera le monde, sous le signe de la liberté. N'a-t-il pas gagné, sans conteste, dans son duel avec le socialisme, sous toutes ses formes ? Qui voudrait encore parler de « participation des travailleurs aux responsabilités dans l'entreprise », quand l'économie capitaliste montre ainsi sa vitalité, son dynamisme, sa formidable capacité de produire et de distribuer ? Vision audacieuse qui, à son tour, fascine à l'entrée du nouveau siècle...

Est-ce donc, pour de Gaulle, une deuxième mort qui s'avance ? Ici, le jugement s'arrête. Ma génération a appris, non sans tourments, que nous ne savons presque rien, ni sur le futur lointain, ni même sur les suites prochaines de nos décisions : nous traînons derrière nous tant de prophéties démenties, tant de projets avortés, tant de calculs déjoués... La page du siècle à venir est blanche.

Mais quand tout est dit sur les nations, les Etats, les sociétés, le monde et l'Histoire, reste l'irréductible. Ce qui restera de l'aventure que de Gaulle a vécue et a fait vivre. La fureur devant la défaite de 1940. Le dégoût pour les partisans de la servitude. La passion sans mesure qui emporta les Français libres et les résistants. La force de lutter qui accompagna les déportés jusque dans leur calvaire. La fraternité des combattants et des clandestins dont tous ceux qui l'ont connue gardent une indicible nostalgie. Et les fusillés sans nom qui sont tombés en criant : vive de Gaulle ! L'Histoire, sans doute, recouvrira tout. En fin de compte restera, peut-être, quelque chose de plus que l'Histoire.

NOTES

CHAPITRE 1

1. *Mémoire généalogique de la famille de Gaulle.* Les indications qui suivent ont été vues par le général de Gaulle. L'histoire de la famille, poursuivie jusqu'à l'époque contemporaine, a été faite par Philippe de Gaulle dans *Mémoires accessoires,* Plon, 1997. Voir aussi l'étude faite, par le pasteur Auen, versée à la Fondation Charles de Gaulle.
2. Jean Lacouture, *Charles de Gaulle*, tome I, *Le Rebelle,* Seuil, 1984.
3 Souvenirs recueillis par Jean Mauriac dans *L'Espoir,* n° 39.
4. *Ibid.*
5. Jean Lacouture, *op. cit.*, Philippe de Gaulle y voit une « légende » et ajoute que, de toute façon, la condamnation du journal de Charles Maurras par le Vatican, en 1927, aurait empêché que sa famille le lise et témoigne : « Je n'ai jamais vu *L'Action française* chez mes grands-parents ni chez mes parents. »
6. *L'Espoir,* n° 39.
7. Jean Lacouture, *op. cit.*
8. Publié dans *Lettres, notes et carnets*. Dans la suite de ce livre, les citations du général de Gaulle comporteront une référence à leur titre ou seront extraites de ses *Mémoires de guerre, L'Appel, L'Unité, Le Salut,* de ses *Mémoires d'espoir,* de la série des *Discours et Messages* et des *Lettres, notes et carnets* et *Articles et écrits* publiés chez Plon entre 1970 et 1988.
9. Jean Lacouture, *op. cit.*
10. Jean Lacouture, *op. cit.*
11. Cité par Jean Lacouture, *op. cit.*
12. Son témoignage est rapporté par Claude Guy, *En écoutant de Gaulle,* Grasset, 1996.
13. *Les Cahiers de l'Herne : de Gaulle,* 1973.
14. Georges Cattaui, *Charles de Gaulle, l'homme et son destin,* Fayard, 1960.
15. Lucien Nachin, *Charles de Gaulle, général de France,* éd. Colbert, 1944.
16. Jean Pouget, *Un certain capitaine de Gaulle,* Fayard, 1973.
17. Lucien Nachin, *op. cit.*
18. Jean-Raymond Tournoux, *Pétain et de Gaulle,* Plon, 1964.

19. Général Gamelin, *Servir*, Plon, 1946.
20. Pouget et Tournoux, *op. cit.*

CHAPITRE 2

1. J. Pouget, *op. cit.*
2. Reproduit dans *La Génération du feu*, textes réunis par Pierre Lefranc, Plon, 1983.
3. Philippe de Gaulle, *En ce temps-là de Gaulle*, n° 6.
4. De Gaulle en a fait le récit dans une note du 31 janvier 1927, adressée au ministre de la Guerre, et reproduite dans ses *Lettres, notes et carnets*.
5. Sur les plans de guerre français et allemands, voir, en particulier, *La Première Guerre mondiale*, ouvrage collectif sous la direction de P.-M. de La Gorce, Flammarion, 1991.

CHAPITRE 3

1. *La Première Guerre mondiale*, *op. cit.*
2. Sur les plans alliés et les interventions étrangères, en Union soviétique et en Europe centrale et orientale, voir, entre autres, les documents publiés sur la Conférence de la paix, la *Correspondance diplomatique se rapportant aux relations entre la République russe et les puissances de l'Entente*, Stockholm, 1919, J. Noulens, *Mon ambassade en Union soviétique*, Paris, 1933, R. H. Ullman, *Anglo-Soviet Relations, 1917-1925*, t. I, Londres, 1962.
3. Général Janin, *Ma mission en Sibérie*, Paris, 1933.
4. Sur le séjour à Varsovie, Jean Pouget, *op. cit.*, le témoignage du lieutenant de Medvecki, publié dans *En ce temps-là de Gaulle*, et Cat-Mackiewicz, *Les Yeux morts*, éditions Pax, Varsovie, cité par Pouget.
5. Pilsudski, *L'Année 1920*, La Renaissance du livre, 1929.
6. Reproduit dans *Lettres, notes et carnets*.
7. P.-M. de La Gorce, *La République et son armée*, Fayard, 1963 et *Histoire militaire de la France*, sous la direction de Guy Pedroncini, PUF, 1992.
8. Jacques Vendroux, *Yvonne de Gaulle, ma sœur*, Plon, 1980, Philippe de Gaulle, *op. cit.*, et Marcel Jullian, *Madame de Gaulle*, Stock, 1982.
9. Sur de Gaulle à l'Ecole supérieure de Guerre, Pouget, *op. cit.*, Général Laffargue, *Fantassin de Gascogne*, Flammarion, 1962, Loustaunau-Lacau, *Mémoires d'un Français rebelle*, Laffont, 1948, J.-R. Tournoux, *op. cit.*
10. Jean Lacouture, *De Gaulle, le rebelle*, Seuil, 1984.
11. *Ibid.*
12. Le projet du discours écrit par de Gaulle est reproduit dans *Lettres, notes et carnets*.
13. Propos rapportés par Georges Buis à Jean Lacouture, *op. cit.*, et Marcel Jullian, dans *En ce temps-là de Gaulle*.
14. Sur cet épisode, J.-R. Tournoux, *Jamais dit*, Plon, 1971. Marcel Jullian, *L'Homme de 40*, Laffont, 1980 et la correspondance Pétain-De Gaulle dans *En ce temps-là de Gaulle*.
15. J. Lacouture, *op. cit.*, et Jean-Michel Royer dans *En ce temps-là de Gaulle*.

16. Claude Guy, *op. cit.*, Grasset, 1996.

CHAPITRE 4

1. Sur ce débat, P.-M. de La Gorce, *op. cit.* et *Histoire militaire de la France, op. cit.*
2. Texte publié dans *Lettres, notes et carnets* et version corrigée, avec annotations, conservée au Service historique de l'armée de terre (SHAT).
3. Georges Castellan, *Le Réarmement clandestin du Reich*, thèse soutenue en 1954, d'après les archives du 2e bureau.
4. Jacques Bariéty, *Les Relations internationales en 1932-1933* dans la *Revue historique*, 4e trimestre 1967.
5. Jacques Bariéty et Charles Bloch, « Une tentative de réconciliation franco-allemande en 1932-33 et son échec », *Revue d'histoire moderne et contemporaine*, 3e trimestre 1968.
6. *Documents diplomatiques français* (DDF), tome I, nº 244 du 14.10.32 et 331 du 14.11.32.
7. DDF, tome I, nº 268.
8. DDF, tome I, nº 286.
9. DDF, tome II, nºs 3 à 6, 33, 59, 60.
10. DDF, tome II, nº 71.
11. Cité dans *Histoire militaire de la France, op. cit.*
12. Jean-Baptiste Duroselle, *La Décadence*, Imprimerie nationale, 1979.
13. DDF, tome II, nº 381.
14. J.-B. Duroselle, *op. cit.*
15. DDF, tome IV, nº 307.
16. J.-B. Duroselle, *op. cit.*
17. P.-M. de La Gorce, *op. cit.*, *Histoire militaire de la France*, tome III, *op. cit.*, Jacques Nobécourt, *Une histoire politique de l'armée*, Seuil, 1967.
18. A. de Boissieu, *Pour combattre avec de Gaulle*, Plon, 1981.

CHAPITRE 5

1. J. Lacouture, *op. cit.*
2. Jacques Schapira et Henri Lerner, *Emile Mayer, un prophète bâillonné*, Michalon, 1995.
3. Jean Auburtin, *Le Colonel de Gaulle*, Plon, 1965.
4. Paul Reynaud, *Venu de ma montagne*, Flammarion, 1960.
5. *Lettres, notes et carnets, op. cit.*
6. P. Reynaud, *Mémoires*, Flammarion, 1963, et Evelyne Demey, *Paul Reynaud, mon père*, Plon, 1980.
7. Léon Blum, *Œuvres*, Albin Michel, 1955 et 1972.
8. P. Reynaud, *op. cit.*, et E. Demey, *op. cit.*
9. J.-B. Duroselle, *op. cit.*, et sources citées.
10. DDF, 2, I, nº 125.
11. DDF, 2, I, nº 170.
12. DDF, 2, I, nº 223.

13. DDF, 2, I, n° 241.
14. Colloque franco-allemand, mars 1977, Roger Michalon et Jacques Vernet, *L'Armée française et la crise*, du 7 mars 1936.
15. DDF, 2, I, n° 301.
16. DDF, 2, I, n° 327 et 408.
17. Cité par J.-B. Duroselle, *op. cit.*
18. *Ibid.*, et sources citées.
19. Gamelin, *op. cit.*
20. Schapira et Lerner, *op. cit.*
21. Blum, *op. cit.*
22. Gamelin, *op. cit.*
23. *Ibid.*
24. *Ibid.*
25. *Ibid.*
26. Pouget, *op. cit.*
27. *Ibid.*
28. J. Vendroux, *Cette chance que j'ai eue*, Plon, 1976.

CHAPITRE 6

1. Rapporté à Jean Lacouture par André Lecomte, l'un des responsables de « Jeune République ».
2. Stanislas Fumet, *Histoire de Dieu dans ma vie*, Fayard-Mame, 1978.
3. Marcel Jullian, *L'Homme de 40*, Robert Laffont, 1980, et J. Lacouture, *op. cit.*
4. J.-B. Duroselle, *op. cit.*
5. Gamelin, *op. cit.*
6. Témoignage de L. Blum, devant la commission d'enquête parlementaire sur les événements de 1933-1945.
7. Walter Schellenberg, *Le chef du contre-espionnage vous parle*, Julliard, 1957, et Walter Hagen, *Le Front secret*, Les Iles d'or, 1952.
8. J.-B. Duroselle, *op. cit.*
9. Ministère des Affaires étrangères (MAE), D 255 et T 1047, 4.4.39.
10. MAE et Archives de la marine, 22.1.39.
11. Documents diplomatiques soviétiques n° 56, 27.12.38.
12. DDF, 2, XII, n°s 280 et 390.
13. MAE, T 116-121, 9.4.39 et T 122, 10.4.39.
14. MAE, T 259-263, 11.4.39.
15. MAE, T 129-136, 15.4.39.
16. MAE, T 429-431 et 432-437, 2.6.39.
17. MAE, T 655-663, 1O.7.39, T 1556, 24.7.32, T 511-514, 26.7.39.
18. DDF, 2, XII, n° 17 et 20, 4.10.38.
19. Charles Bloch, *Le IIIe Reich et le Monde*, Imprimerie nationale, 1986 et sources citées par l'auteur.
20. SHAT, D 1522-DN 3.
21. MAE, note du 3.8.39. *Documents on British Foreign Policy* (DBFP), 3, VI.
22. Sur les négociations de Moscou, P.-M. de La Gorce, *39-45 Une guerre inconnue*, Flammarion, 1995. J.-B. Duroselle, *op. cit.* Général Beaufre, *Le*

Drame de 1940, Plon, 1965. MAE, note du 3.8.39, 2 D 638, 25.7.39, T 2064, 1.8.39. SHA D 1522-DN 3 et rapport Musse 163, 24.8.39. Service historique de la Marine (SHM). Fondation nationale des Sciences politiques (FNSP), Fonds Daladier, rapport Doumenc. DBFP 3, VI et VII, appendice II.

23. Gamelin, *op. cit.*, P.-M. de La Gorce, *op. cit.*, et FNSP, fonds Daladier.
24. Paul Huard, *Le Colonel de Gaulle et ses blindés*, Plon, 1980.
25. Général Bourret, *La Tragédie de l'armée française*, La Table Ronde, 1947.
26. Gamelin, *op. cit.*
27. M. Jullian, *op. cit.*
28. L. Blum, *op. cit.*
29. Publié dans *Lettres, notes et carnets*.
30. L. Nachin, cité par M. Jullian, *op. cit.*
31. Auburtin, *op. cit.*
32. J. Lacouture, *op. cit.*
33. M. Jullian, *op. cit.*
34. L. Nachin, *op. cit.*
35. FNSP, fonds Daladier.
36. Sur la guerre de Finlande et les projets de guerre contre l'Union soviétique, P.-M. de La Gorce, *39-45. Une guerre inconnue*, *op. cit.*, et François Bedarida, *La Stratégie de la drôle de guerre*, Presses de la FNSP et éditions du CNRS, 1979.
37. Gamelin, *op. cit.*
38. F. Bedarida, *op. cit.*
39. Gamelin, *op. cit.*
40. Bedarida, *op. cit.*
41. Compte rendu du Conseil suprême du 28 mars dans F. Bedarida, *op. cit.*
42. Gamelin et Bedarida, *op. cit.*
43. MAE, T 400-402 et 409-420, 9 et 10.4.40.
44. Bedarida, *op. cit.*
45. Bedarida, *op. cit.*
46. Sur l'entourage de Paul Reynaud, Paul de Villelume, *Journal d'une défaite*, Fayard, 1976. François Delpla, *Churchill et les Français*, Plon, 1993.
47. J.-L. Crémieux-Brilhac, *La France libre*, Gallimard, 1996.
48. J.-L. Crémieux-Brilhac, *op. cit.*
49. *Diplomatic Papers*, 1940, tome I, Washington 1959.
50. Villelume, *op. cit.*
51. Sur les combats dirigés par de Gaulle durant la campagne de France, P. Huard, *op. cit.*
52. P.-M. de La Gorce, *39-45. Une guerre inconnue*, *op. cit.*
53. P. Huard, *op. cit.*
54. Propos du capitaine Nérot recueillis par J. Lacouture, *op. cit.*
55. P. Reynaud, *op. cit.*
56. Villelume, *op. cit.*, et F. Delpla, *op. cit.*

CHAPITRE 7

1. De Gaulle, *Mémoires de guerre*, Plon, 1954.
2. P. Reynaud, *op. cit.* Weygand, *Rappelé au service*, Flammarion, 1950. Villelume, *op. cit.*, et Edward Spears, *La Chute de la France*, Presses de la Cité, 1961.
3. SHA, 2 N 26 et Dominique Leca, *La Rupture de 1940*, Fayard, 1978.
4. Villelume et Leca, *op. cit.*
5. Villelume, *op. cit.*
6. Villelume, *op. cit.*
7. Duroselle, *op. cit.*
8. Marcel Héraud, notes reproduites par P. Reynaud, *op. cit.*, et Anatole de Monzie, *Ci-devant*, Gallimard, 1941.
9. J.-B. Duroselle, *op. cit.*, et MAE, T 2207, 28.5.40.
10. Cité par J.-B. Duroselle, *op. cit.*, et F.A. Puppo, *Gli Armistizi francesi del 1940*, Milan, 1963.
11. P.-M. de La Gorce, *op. cit.*
12. Bedarida, *op. cit.*
13. Spears, *op. cit.*
14. Paul Baudoin, *Neuf Mois au gouvernement*, Plon, 1948.
15. Villelume, *op. cit.*
16. Leca, *op. cit.*, témoignage de G. de Courcel rapporté par J. Lacouture, *op. cit.*, et P.-M. de La Gorce, *op. cit.*
17. Général Bührer, *Aux heures tragiques de l'Empire*.
18. *Besprechungen beim Führer, 1939-1945*, archiv. D. Institut für Zeitgeschichte, dossier n° 1204-53.
19. *Ibid.*
20. Témoignage publié dans *En ce temps-là de Gaulle*.
21. Spears, *op. cit.*
22. Hervé Alphand, *L'Etonnement d'être*, Fayard, 1977.
23. D'après Henri Massis dans ses *Mémoires*.
24. Bedarida, *op. cit.*
25. Villelume, *op. cit.*
26. Weygand, *op. cit.* Puppo, *op. cit.*
27. MAE, Procès-verbal par Margerie, Baudoin et Spears, *op. cit.*
28. Albert Kammerer, *La Vérité sur l'armistice*, éd. Médicis, 1944.
29. *Foreign Relation of the United States*, (FRUS), 1940, I, 17.5.40.
30. Villelume, *op. cit.*
31. Reynaud, *op. cit.*
32. Spears et Reynaud, *op. cit.*, Charles-Roux, *Cinq Mois tragiques aux Affaires étrangères*, Plon, 1949.
33. Reynaud et Weygand, *op. cit.*
34. Reyaud et Puppo, *op. cit.*
35. Villelume, *op. cit.*
36. Spears, *op. cit.*
37. Harold Macmillan, *La Grande Tourmente*, Plon, 1968. Jean Monnet, *Mémoires*, Fayard, 1976.
38. Duroselle, *op. cit.*

39. Spears, *op. cit.*
40. Villelume, *op. cit.*
41. Duroselle et Puppo, *op. cit.*
42. Jules Jeanneney, *Journal politique 1939-1942*, Armand Colin, 1972.
43. J. Lacouture, *op. cit.*
44. Spears, *op. cit.*
45. P.-M. de La Gorce, *op. cit.*
46. Sur les débats du Cabinet de guerre britannique et la décision anglaise de poursuivre la guerre, John Lukacs, *Le Duel Churhill-Hitler*, Robert Laffont, 1992. John Costello, *Les dix jours qui ont sauvé l'Occident*, Olivier Orban, 1991. F. Delpla, *op. cit.*, Lord Edward Halifax, *Journal.*
47. Cabinet Office papers (CAB), publiés par le Public Records Office (PRO), Londres.
48. CAB 65-13, WM 40 et 142, annexes confidentielles.
49. Villelume, *op. cit.*
50. CAB 65-13 et 127-58, Horace Wilson, « *Papiers* », et Sir Alexander Cadogan, *The diaries*, Cassell, 1971.
51. CAB 66-7 et Wilson, « *Papiers* ».
52. Cadogan, *op. cit.*, et J. Colville, *The Fringes of Power : Downing Street Diaries, 1939-1955*, 1985.
53. Kadogan, *op. cit.*
54. CAB 65-13, 145e et 146e conclusions, annexes confidentielles.
55. Dépositions au procès de Nuremberg. Récit de Blumentritt dans Liddell Hart, *Les généraux allemands parlent...*, Stock, 1948.
56. P.-M. de La Gorce, *L'Empire écartelé*, Denoël, 1988, et les sources citées par l'auteur.
57. Georges Catroux, *Deux Actes du drame indochinois*, Plon, 1959.
58. Cité dans *L'Empire écartelé, op. cit.*
59. Sur l'attitude des amiraux envers l'armistice, *L'Empire écartelé, op. cit.* et sources citées par l'auteur.
60. Sur les forces françaises outre-mer, A. Truchet, *L'Armistice de 1940 et l'Afrique du Nord*, PUF, 1957. P.-M. de La Gorce, *L'Empire écartelé, op. cit.*, et pour l'aviation, Claude d'Abzac-Epezy, *L'Armée de l'air des années noires*, Economica, 1998 et sources citées par les auteurs.
61. Claude Bourdet, *L'Aventure incertaine*, Stock, 1975.

CHAPITRE 8

1. Churchill, *Mémoires*, t. II.
2. C. de Gaulle, *L'Appel*, Plon. E. Spears, *Deux hommes qui sauvèrent la France*, Presses de la Cité, 1966.
3. J. Monnet, *op. cit.*
4. E. de Miribel, *op. cit.*
5. PRO. CAB 65-7, WM 171 (40)
6. E. Spears, *op. cit.*, J. Colville, *op. cit.*, Duff Cooper, *Old men forget*, Londres, 1953.
7. Récit d'Elisabeth Barker dans *En ce temps-là de Gaulle...*
8. La comparaison des textes a été faite par J.-L. Crémieux-Brilhac, *op. cit.*

9. PRO, F.O., 71-24349, C 7389-17 et Alexander Cadogan, *op. cit.*
10. J. Monnet, *op. cit.*, et Pleven cité par J. Lacouture, *op. cit.*
11. A. Cadogan, *op. cit.*
12. Textes dans *L'Appel.*
13. PRO. WM (n°) 176 C 7389 G, L. Woodward, *British foreign policies in the second world war*, t. I, Londres, 1970-1976. Philip Bell, *A certain eventuality : Britain and the fall of France*, Farnborough, 1974.
14. Compte rendu de l'entretien Hitler-Vigon dans *Les Archives secrètes de la Wilhelmstrasse*, t. IX, n° 449.
15. G.L. Woodward et P. Bell, *op. cit.*
16. PRO, FO 371, C 7389 G.
17. PRO, FO 371, 24349 C 7389 et L. Woodward, *op. cit.*
18. J. Monnet, *op. cit.*
19. A. Cadogan, *op. cit.*
20. René Cassin, *Les hommes partis de rien*, Plon, 1975.
21. Churchill, Collège Archive Centre, Cambridge.
22. Leur stationnement en Afrique du Nord a été accepté par l'Italie à laquelle la commission d'armistice allemande en a laissé la responsabilité. J.-B. Duroselle, *op. cit.*
23. S.H.A. t. 5157 (1350-24 6).
24. MAE, 1940, Carton Baudoin n° 13, T. 2811-2816 de Londres, n° 7-40.
25. Amiral Auphan, *L'Honneur de servir*, France-Empire, 1978, et Jacques Mordal, *La Marine française pendant la Seconde Guerre mondiale*, Paris, 1958.
26. Baudoin, *op. cit.*
27. Documents français de la commission d'armistice allemande (DECAA) et *Documents ou German foreign polices* (DGFP), D.X. n° 93.
28. MAE 1940, carton Charles-Roux n° 35.
29. Colonel Passy, *Souvenirs*, t. I : *2e bureau Londres*, Solar, 1947.
30. E. Spears, *op. cit.*
31. J.-L. Crémieux-Brilhac, *op. cit.*
32. R. Cassin, P. Bell, *op. cit.*
33. PRO, CAB 67-7 WP (G) (40) 181, P. Bell, *op. cit.*
34. PRO, CAB 21-451., P. Bell, *op. cit.*, et P.-H. Siriex, *Souvenirs en vérité*, S.L.N.O., 1992.
35. J.-L. Crémieux-Brilhac, E. de Miribel, R. Cassin, *op. cit.* André Weil-Curiel, *Le Temps de la honte*, éd. du Myrte, 1945-47. Maurice Schumann, *Un certain 18 juin*, Plon, 1980. André Gillois, *Histoire secrète des Français à Londres de 1940 à 1944*, Hachette, 1972. Hettier de Boislambert, *Les Feux de l'espoir*, Plon, 1978. Pierre Bourdan, *Carnets des jours d'attente*, éd. Pierre Trémois, 1945. François Flohic, *Ni chagrin, ni pitié*, Plon, 1985.
36. Sur les ralliements militaires à la France libre, J.-L. Crémieux-Brilhac, Weil-Curiel, *op. cit.*, et sur la Légion étrangère en particulier, Journal de Sairigné, SHAT T 200, Rapport sur la 13e DBLE SHAT 11 P-249. André-Paul Cornon, *La 13e DBLE pendant la Deuxième Guerre mondiale*, thèse soutenue à l'Université de Montpellier, 1985. P. Sonneville, *Les Combattants de la liberté*, La Table Ronde, 1968.
37. Sur la marine et l'aviation de la France libre, Amiral Muselier, *Marine et Résistance*, Flammarion, 1945. Vice-Amiral Chaline, « Les FNFL », dans *Espoir* n° 100, et avec le capitaine de vaisseau Santarelli, *Historique des forces*

navales françaises libres, Amiral Thierry d'Argenlieu, *Souvenirs de guerre*, Plon, 1979. Généraux Christienne et Lissarague, *Histoire de l'aviation militaire française,* Lavauzelle, 1981, et les articles de J.-N. Vincent et C. Christienne dans *Les Armées françaises dans la Seconde Guerre mondiale*, colloque international, mai 1985.

38. Article de J.-N. Vincent, *op. cit.* François Jacob, *La Statue intérieure*, Odile Jacob et Seuil, 1987. Georges Buis, *Les Fanfares perdues*, Seuil, 1985. Pierre Messmer, *Après tant de batailles*, Albin Michel, 1992.
39. J.-L. Crémieux-Brilhac et J. Lacouture, *op. cit.*

CHAPITRE 9

1. E. de Larminat, *Chroniques irrévérencieuses*, Plon, 1962.
2. G. Catroux, *op. cit.*, Plon, 1962.
3. H. Sautot, *Grandeur et décadence du gaullisme dans le Pacifique*, Melbourne et Londres, 1946.
4. Emile de Curton, *Tahiti 40*, Société des Océanistes, 1973.
5. Sautot, *op. cit.*
6. Témoignage Laurentie, AN, 72 A.J. 225, 535-538.
7. Sur le ralliement de l'Afrique-Equatoriale à la France libre, Hettier de Boislambert, E. de Larminat, *op. cit.* Colonel Tutenges, « Souvenirs sur le ralliement du Cameroun et du Gabon », dans *Espoir*, 1987. J. Soustelle, *Envers et contre tout*, Laffont, 1947-50.
8. AN, 72 A.J. 225 et SHAT, 11 P-21.
9. A. Sicé, *L'A.E.F. et le Cameroun au service de la France*, PUF, 1946.
10. Sur l'affaire de Dakar, J. Soustelle, Hettier de Boislambert, P. Bell, Thierry d'Argenlieu, *op. cit.* Jacques Mordal, *La Bataille de Dakar*, Ozanne, 1956. F. Kersaudy, *De Gaulle et Churchill*, Plon, 1982. Général J. A. Watson, *Echec à Dakar*, Laffont, 1968.
11. J.-B. Duroselle, *op. cit.* MAE, carton Baudoin n° 13, Auphan et Mordal, *op. cit.* DFCAA, 5.
12. P. Bell, *op. cit.*
13. Spears. *op. cit.*
14. T. d'Argenlieu et E. de Larminat, *op. cit.*
15. Mass Observation Archives, M.O. Report, 2-1940.
16. L. Woodward et P. Bell, *op. cit.*
17. Tutenges et T. d'Argenlieu, *op. cit.*
18. *Le Général Leclerc et l'Afrique française libre*, Colloque international, 1987.
19. P. Messmer, *op. cit.*
20. Sur les choix stratégiques de Hitler, P.-M. de La Gorce, *39-45, Une guerre inconnue, op. cit.*, et les sources citées.
21. Messmer, *op. cit.*
22. AN, 72 A.J.-428, MAE G-U 30-45, Londres 333, T 1192 du Caire, 13 9 40.
23. P. Repiton-Préneuf, *L'Affaire de Syrie 1941*, inédit cité par J.-L. Crémieux-Brilhac, *op. cit.*
24. AN, 72 A.J.-428, 13 3 41.

25. S. M. Longrigg, *Syria and Lebanon under French mandate*, Oxford University Press, 1958.
26. AN, 72 A.J.-428, 14 4 41.
27. G. Catroux, *Dans la bataille de Méditerranée*, Julliard, 1949.
28. L. Woodward, *op. cit.* A.B. Gaunson, *The Anglo-French Clash in Lebanon and Syria*, Londres, MacMillan, 1987.
29. Rapporté à J.-L. Crémieux-Brilhac, *op. cit.*
30. G. Catroux, *op. cit.*
31. *Documents on German Foreign Policies*. XIII Londres HM 50, 1964. nº 165, Rudolf Rahn. M.-C. Davet, *La Double Affaire de Syrie*, Fayard, 1967.
32. A. B. Gaunson, Catroux, Messmer, *op. cit.* Général Saint-Hillier, « La Campagne de Syrie », dans *Historia Magazine*, 1968.
33. Reproduit dans *L'Appel*, *op. cit.*
34. Gaunson, *op. cit.*
35. *Ibid.*
36. M.-C. Davet, *op. cit.*
37. J. Benoist-Méchin, *De la défaite au désastre*, Albin Michel, 1984.
38. Lord Chandos, *The Memoirs*, Londres, 1962.
39. G. Catroux et G. Buis, *op. cit.*
40. Catroux et Gaunson, *op. cit.* J. B. Glubb, *The Story of the Arab Legion*, Londres, 1948.
41. AN, 72 A.J. 225.
42. Memorial Maréchal Leclerc, C, 41, 15007.
43. Cité par M.-C. Davet, *op. cit.*
44. AN, 72 A.J. 225.
45. AN, 72 A.J. 1920.
46. SHAT, 4 P-102 et 4 P-5, AN, 72 A.J. 1920 et 428.
47. Analysées par J.-L. Crémieux-Brilhac, *op. cit.*
48. Spears, Gaunson, *op. cit.*
49. A.B. Gaunson, F. Kersaudy, *op. cit.*
50. Confirmé par son mémorandum à Eden du 5.7.43, PRO, FO. 371-35 178, E 3893-27-89, et par le télégramme de Massigli à Viénot du 5.4.44 MAE CU-39 45, Alger 1980.

CHAPITRE 10

1. Voir le chapitre précédent. Le texte adopté par le cabinet britannique cité dans ce chapitre a été publié par M. Flory, *Le Statut international des gouvernements réfugiés et le cas de la France libre*, Pédone, 1952.
2. Cité par J.-L. Crémieux-Brilhac.
3. P. Bell, *op. cit.* PRO, FO, 371-24345, CI 12412-7328-17.
4. AN, 382, AP-27.
5. Colonel Passy, *op. cit.* Amiral Muselier, *De Gaulle contre le gaullisme*, éd. du Chêne, 1946.
6. AN, Papiers Antoine-Fontaine 72 A.J.-220.
7. PRO, C.F.R. 40 (59). CAB B 5 22.
8. A. Gillois, *op. cit.*
9. AN. Papiers Cassin, AN, 382, AP-27.

10. P. Bell, *op. cit.*
11. PRO, PREM 9-120-5, 1.9.41.
12. PRO, PREM 3-120-2 et compte rendu de l'entretien Churchill-de Gaulle, dans *Lettres, notes et carnets.*
13. Cité par F. Kersaudy, *op. cit.*
14. PRO. FO 371-28545, 28.9.41.
15. F. Kersaudy, *op. cit.*
16. PRO, PREM 3-120 4.
17. *Ibid.*
18. *Ibid.*

CHAPITRE 11

1. Colonel Passy, *Souvenirs*, 3 tomes, Raoul Solar, 1947-48, et Plon, 1951.
2. Major général Rygor-Slowikowski, *In the Secret Service*, Londres, 1988.
3. Gustave Bertrand, *Enigma ou la plus grande énigme de la guerre 1939-1945*, Plon, 1973. Henri Navarre, *Le Service de renseignements*, Plon, 1978. Claude d'Abzac-Epezy, « L'Exemple du SR Air », dans *L'Année 1942*, Mémorial de Caen.
4. Sur les premières missions en France, Passy, *op. cit.*
5. Bickham Sweet-Ercott, *Baker Street Irregular*, Methuen, Londres, 1965. Michaël Foot, *SOE in France*, HMSO, Londres, 1966.
6. Cité par Daniel Cordier, *Jean Moulin*, J.-C. Lattès, 1989.
7. D. Cordier, *op. cit.* Rapport Servais, AN, 72 A.J.-220.
8. J. Lacouture, *op. cit.*
9. Henri Noguères, Marcel Degliame-Fouché, Jean-Louis Vigier, *Histoire de la Résistance en France*, Robert Laffont, 1967.
10. Pierre Daix, *J'ai cru au matin*, Robert Laffont, 1976.
11. J.-L. Crémieux-Brilhac, *op. cit.*
12. *Ibid.*
13. *Les Documents*, numéro spécial consacré au 14.7.42 par le Commissariat à l'Information, Londres, et Direction des Menées antinationales à Vichy, AN. F 7-14987, et archives départementales des Renseignements généraux.
14. Pierre Laborie, *L'Opinion française sous Vichy*, Seuil, 1990.
15. AN, FI, C III 1939.
16. *Vichy 1940-1944, Archives de guerre d'Angelo Tasca, Le régime de Vichy*, par Denis Peschanski, éd. du CNRS, 1972 et sources citées par l'auteur.
17. AN, FIC, III, 1141, et, par exemple, Préfecture de l'Aveyron, AD, HG 1960-103 (28.10.40).
18. Préfecture de l'Ariège, AD, HG, 1321-8.
19. P. Laborie, *op. cit.*
20. D. Cordier, *op. cit.*
21. La thèse, développée dans un ouvrage récent, sur ses relations avec un agent américain auquel il aurait confié son désir de prendre une autre option, a été démentie par l'analyse des rapports de cet agent déposés à la Stanford University, *Le Figaro*, 8.12.1998.
22. AN, 72 A.J. 233, 25.10.41.
23. PRO, FO 898-198.
24. PREM, 3-189-4.

25. Albert Ouzoulias, *Les Fils de la nuit*, Grasset, 1975. Dans son article « Marcel Cachin face à la Gestapo », dans *Communisme*, 1983, D. Peschanski suggère que, pendant trois mois, le Parti communiste n'a pas voulu cautionner les attentats individuels.
26. Cité dans J.-L. Crémieux-Brilhac, *op. cit.*
27. AN, 72 A.J. 220, 27.10.41.
28. PRO, PREM, 3-184-9.
29. D. Cordier, *op. cit.*
30. Marie Granet et Henri Michel, *Combat, histoire d'un mouvement de Résistance*, PUF, 1957.
31. Francis-Louis Closon, *Le Temps des passions*, Presses de la Cité, 1974.
32. Alban Vistel, *La Nuit sans ombre*, Fayard, 1970.
33. *Ibid.*
34. Claude Bourdet, *op. cit.*
35. André Cerf-Ferrière, *Chemin clandestin*, Julliard, 1968, et Maurice Chevance-Bertin, *Vingt Mille heures d'angoisse*, Robert Laffont, 1990.
36. Emmanuel d'Astier, *Sept fois sept jours*, éd. de Minuit, 1947.
37. J.-L. Crémieux-Brilhac, *op. cit.*
38. AN, Fonds Roques, 72 A 5-2108, et PRO, CAB. 66-25 WP (42) 247, PREM 3-184-9.
39. Les documents qui suivent ont été publiés par *Le Point*, n° 1344.
40. Christian Pineau, *La Simple Vérité*, Julliard, 1960.
41. *Ibid.* reproduit dans *L'Appel*.
42. F.-L. Closon, *op. cit.*
43. A. Cerf-Ferrière, *op. cit.*
44. A. Vistel, *op. cit.*

CHAPITRE 12

1. Passy, *op. cit.*
2. Pierre Billotte, *Le Temps des armes*, Plon, 1972.
3. Sur les choix stratégiques alliés, P.-M. de La Gorce, *39-45, Une guerre inconnue, op. cit.*, et les sources indiquées.
4. Churchill, *op. cit.*
5. Catroux, *op. cit.*
6. Sur l'affaire de Saint-Pierre-et-Miquelon, PRO, FO 371-31873, MAE, GU 39-45, Londres 46, FRUS 1941, II, Amiral Muselier, *op. cit.*
7. FRUS 1941, II.
8. R. E. Sherwood, *Le Mémorial de Roosevelt*, Plon, 1950.
9. PRO, PREM 3-120-10 A.
10. Le vice-Premier ministre Attlee s'était opposé à tout recours à la contrainte. PRO, FO. 371-31872.
11. Qu'il avait annoncé au consul américain à Saint-Pierre, FRUS 1941, II.
12. PRO, CAB 65-25, WM 29 (42) 2.
13. PRO, FO 371-3-959, 2 2087-97-17.
14. PRO, CAB 65-25, WM 34 (42) 4 et 35 (42) 5.
15. Dorothy. S. White, *Les Origines de la discorde*, Trévise, 1967.
16. Sur la négociation à propos de Pointe-Noire, MAE GU 39-45, Londres,

108-109, Archives nationales d'outre-mer (ANOM), Affaires politiques 875, FRUS 1942, t. II, USNA State Department 851.01-395.
17. AN, 382-AP-52, 30.1.41.
18. Sur la vie en Nouvelle-Calédonie, Jacqueline Senès, *La Vie quotidienne en Nouvelle-Calédonie de 1850 à nos jours*, Hachette, 1986. H. Sautot, *op. cit.*
19. AN 517-AP.
20. PRO, FO 371-31884 (2 3856-14-17).
21. Télégrammes publiés dans Kim Mernholland, *The Trials of the Free French in the New-Caledonia, 1940-1942*, French historial studies, XIV-4, 1986.
22. PRO, FO 371-31886 (Z 3886 14-17).
23. MAE, GU 39 45, Londres 82.
24. Rapport du gouverneur Montchamp, AN 517-AP, 5.9.42.
25. Billotte, *op. cit.* Docteur Robet, *Souvenir d'un médecin de la France libre*, éd. Sides, 1994. Jacques Mirouze, *La Fiche médicale de Charles de Gaulle* dans *De Gaulle et la médecine*, Fondation Charles de Gaulle, 1995, en particulier sur le rôle de son médecin, le Docteur André Lichtwitz.
26. P. Billotte, *op. cit.*
27. L. Woodward, *op. cit.*
28. Reproduit dans *L'Appel*.
29. Récit du général de Boissieu, reproduit dans J.-R. Tournoux, *op. cit.*
30. F. Kersaudy, *op. cit.*
31. PRO, CAB 66-25, WP (42) 239.
32. PRO, PREM 42-115.
33. Reproduit dans *L'Appel*.
34. *Les Relations soviéto-françaises pendant la Grande Guerre nationale 1941-1945*, Politizdat, 1959.
35. PRO, FO 371-32010 (Z 4881-298-17).
36. R. Offroy, *Passer outre*, France-Empire, 1989.
37. Cité par Churchill, *op. cit.*
38. USNA. State Department, FW 851-01-496 et 504, Franklin Delano Roosevelt Library, (FDRL), *Willy Papers*, Box 9.
39. USNA, State Department, 851-01 504.
40. FRUS 1942 II.
41. *Ibid*, et USNA. State Department FW 851-01-496.
42. *Hommage à Saint-John Perse*, Gallimard, 1965.
43. M. Schumann et Passy, *op. cit.*
44. Sur l'ensemble des positions communistes et pour les citations ci-après, *Cahiers d'histoire de l'Institut de recherches marxistes* (CHIRM). Voir aussi Jean-Pierre Azéma et François Bedarida, *La France des années noires*, Seuil, 1993.
45. R. Cassin, *op. cit.*
46. MAE, GU 39-45, London 220.
47. *Les Relations soviéto-françaises...*, *op. cit.* et AN, 549 AP-4.
48. MAE, GO 39-45, Londres, 220.
49. PRO, FO 371-31937 (Z 74-74-17N 1048-74-17 et 2265).
50. Cité dans *L'Appel*.
51. Sur l'attitude soviétique envers la France et de Gaulle, Outre *Les Relations soviéto-françaises*, *op. cit.*, François Lévêque, *Les Relations franco-soviétiques pendant la Deuxième Guerre mondiale*, thèse soutenue à l'Unversité Paris I,

1992, et Centre russe de conservation et d'étude des documents en histoire contemporaine (CRCEDHC).
52. Cité par Alexander Werth, *De Gaulle, a Political Biography*, Penguin, 1965.
53. Mikhaïl Narinski, « La politique soviétique à l'égard des pays d'Europe occidentale », dans *Matériaux pour l'histoire de notre temps*, BDIC, Nanterre, 1995.
54. *Les Relations soviéto-françaises..., op. cit.*
55. F. Lévêque, *op. cit.*
56. CRCEDHC et CHINM.
57. *Ibid* et M. Narinski, « L'URSS, le Komintern et la lutte armée en France », colloque sur « *Lutte armée et maquis* », Besançon, 1995.
58. MAE,GU,39-45, Londres 220.
59. Sur Bir Hakeim, articles du général Simon et du général Saint-Hillier dans la *Revue de la France libre*, 1988 et 1992, J.-N. Vincent, *Les Forces françaises dans la lutte contre l'Axe en Afrique,* F.I. SHAT, 1983. Journal de Sairigné SHAT T-200 et du général Hucher, SHAT, T-199, Rapport Koenig-SHAT 1K-237-1, Pierre Messmer, *op. cit.*
60. Les Documents, « 14.7.42 », London, Commissariat national à l'Information et Direction des menées antinationales, Vichy, AN F 7-14987.
61. *L'Unité*, et A.L. Funks, *The Politics of « Torch »*, Lawrence, 1974.

CHAPITRE 13

1. MAE, Londres, T 1106.
2. MAE, Londres, dossier n° 38.
3. MAE, Londres, n° 129.
4. MAE, Londres, T 1173.
5. Soustelle, *op. cit.*
6. Sur l'esprit public en Afrique du Nord, P.-M. de La Gorce, *L'Empire écartelé*, Denoël, 1988, Yves-Maxime Danan, *La Vie politique à Alger de 1940 à 1944*, Librairie générale de droit et de jurisprudence, 1963. Christine Lévisse-Touzé, *L'Afrique du Nord dans la guerre, 1939-1945,* Albin Michel, 1998.
7. Y.-M. Danan, *op. cit.* et Lucien Adès, *L'Aventure algérienne, 1940-1944*, Belfond, 1979.
8. Témoignage cité par Pierre Bloch, *Le vent souffle sur l'Histoire.*
9. Michel Abitbol, *Les Juifs d'Afrique du Nord sous Vichy*, Maisonneuve et Larose, 1983.
10. Témoignages recueillis par L. Adès, *op. cit.*
11. Sur la Résistance en Afrique du Nord, Y.-M. Danan, *op. cit.* Christine Lévisse-Touzé, J. Soustelle, *op. cit.*, Marcel Aboulker, *Alger et ses complots*, Fournier, 1945.
12. FRUS State Department, Mémorandum du 5.2.42. Y.-M. Danan, *op. cit.* Robert Murphy, *Un diplomate parmi les guerriers*, Laffont, 1965.
13. Général Beaufre, *La Revanche de 1945*, Plon, 1966.
14. Jacques Lemaigre-Dubreuil, *Les Relations franco-américaines et la politique des généraux*, *Alger 1940-1943,* Publications Elysée, 1949.
15. SHAT, Fonds Beaufre, 225 K-2, 22.12.41.
16. William L. Langer, *Le Jeu américain à Vichy*, Plon, 1948.

17. P.-M. de La Gorce, *39-45. Une guerre inconnue, op. cit.* Besnoit-Méchin, *op. cit.*
18. AN, A.J.-41 41 et DFACAA, t. 5.
19. SHAT, Fonds Juin, 238 K 4.
20. Hervé Coutau-Bégarie et Claude Huan, *Darlan*, Fayard, 1989.
21. FRUS, T. 2, 1942.
22. SHAT 1 P 17, T 121, 7.11.42, à Secrétariat d'Etat à la guerre.
23. J. Lemaigre-Dubreuil, *op. cit.*
24. Y.-M. Danan, W.L. Langer, J. Lemaigre-Dubreuil, *op. cit.*, et colonel Josse, *Esprit*, 1, 1945.
25. SHAT, Fonds Beaufre, 225 K 2, annexe 8 et Général Mark Clark, *Les Alliés jouent et gagnent*, éd. Berger-Levrault, 1952.
26. SHAT, Fonds Beaufre, 225 K 2, et Mast 1 K 243.
27. Entretien avec l'auteur.
28. R. Murphy, *op. cit.* et SHAT, Fonds Beaufre, 225 K 2.
29. Sur l'action des résistants le 8 novembre 1942, C. Lévisse-Touzé, *op. cit.* et les sources qu'elle cite.
30. Y.-M. Danan, *op. cit.*
31. C. Lévisse-Touzé, s'appuyant sur d'autres sources, n'estime les effectifs des conjurés qu'à 400 hommes.
32. J.-B. Duroselle, *op. cit.*, qui se réfère à tous les télégrammes passant par le Secrétariat général du ministère des Affaires étrangères (papiers Rochat, MAE, 1940). Noguès réagit par télégramme à Pierre Laval, dès 11 heures du matin : « Vous demande de dire au maréchal qu'il peut compter sur nous. La lute s'annonce sévère mais tous, Français, Marocains, feront sans défaillance les sacrifices nécessaires pour maintenir l'intégrité du pays », cité par Albert Merglen, novembre 1942, *La Grande Honte*, L'Harmattan, 1993.
33. Le message prêté à Giraud a été lu par Raphaël Aboulker. SHAT FM 1 P 17.
34. MAE, Papiers Rochat, dossier Darlan, T 50 757-50 et 758.
35. MAE, dossier Darlan, T 53 059.
36. *Ibid.* T 58 567.
37. *Ibid.* T 50 764, 761, 762 et 766.
38. MAE, Papiers Rochat.
39. Sur les événements d'Oran et du Maroc, Y.-M. Danan, C. Lévisse-Touzé, *op. cit.*
40. J.-B. Duroselle et J. Mordal, *op. cit.*
41. Documents sur la politique étrangère allemande (ADAP), E, t. IV. et MAE, Papiers Rochat, T. 1370-1372.
42. MAE, Papiers Rochat, T 1370-1372 et Documents sur la politique étrangère allemande ADAP E, t. IV.
43. MAE. Papiers Rochat, carton n° 6.
44. *Ibid.*
45. *Ibid* carton n° 10 et J.-B. Duroselle, *op. cit.*
46. MAE, Dossier Darlan, T. 1547. Cependant un message a été enregistré par un officier de l'état-major de l'amiral Moreau à Alger : « Comprenez que cet ordre était nécessaire pour la négociation en cours », se référant apparemment à l'ordre réitéré par Pétain de combattre le débarquement

allié, mais il n'annule pas cet ordre et il ne se retrouve dans aucune autre archive.
47. Le télégramme 58-657 du 11.11.42 d'Auphan à Darlan prévoit, au contraire, le maintien de la flotte en France.
48. Cité dans Renée Pierre-Gosset, *Expédients provisoires*, Fasquelle, et les ordres donnés par le général Barré, cités dans Carroff, *Les Débarquements alliés en Afrique du Nord*, novembre 1942, SHM, 1960.
49. Maréchal Juin, *Mémoires*, Fayard, 1959 et Général Barré, *Tunisie 1942-43*, Berger-Levrault, 1950.
50. MAE, Papiers Rochat, dossier n° 10, Cartons Darlan, T. 58649.
51. Général Mast, *Histoire d'une rébellion, 8 novembre 1942*, Le Cercle du nouveau livre d'histoire, 1969, Mario Faivre, *Le Chemin du Palais d'Eté*, Alger, 1942, Réginex, 1982.
52. Mast, Beaufre, Danan, *op. cit.*
53. Références citées à la note précédente ainsi que W.-L. Langers et Maréchal Juin, *op. cit.*
54. MAE, Alger, n° 1230.
55. AN, 3 AG 2-387-3 (21) et USNA, 851-01-790, F° 1529.
56. F. Lévêque, *op. cit.*, position confirmée par Molotov à l'ambassadeur anglais à Moscou et par Maïski à Eden, PRO FO. 371-32 143 (Z 29477 et 294-78-8325-17).
57. Y.-M. Danan, et L. Adès, *op. cit.*
58. *Ibid.*
59. *Ibid.*
60. *Ibid.*
61. Comte de Paris, *Mémoires d'exil et de combat*, Marcel Jullian, 1979 et AN, 72 A.J.-210.
62. Témoignage du Général d'Astier, AN 72 A.J.-210.
63. Mario Faivre, *Nous avons tué Darlan*, La Table Ronde, 1975.
64. P. Ragueneau, *Julien ou la route à l'envers*, Albin Michel, 1976.
65. Y.-M. Danan, *op. cit.*
66. Y.-M. Danan, W.-L. Langer, *op. cit.*, et Osgood, *French royalism, IIIe and IVe Republic.*
67. MAE, Alger, 10.1.43.
68. Selon J.-L. Crémieux-Brilhac, J. Soustelle et A. Diethelm y étaient les plus hostiles, Catroux, Pleven, le général Valin et l'amiral d'Argenlieu y étaient favorables.
69. Memorial de Roosevelt, Churchill, H. Macmillan, J. Lemaigre-Dubreuil, *op. cit.* Lemaigre-Dubreuil avait préparé un mémorandum accordant à Giraud une représentativité que de Gaulle n'avait jamais obtenue : Roosevelt y souscrivit aussitôt, mais non Churchill.
70. Général Bouscat, *De Gaulle-Giraud : dossiers d'une mission*, Flammarion, 1967.
71. J. Monnet, *op. cit.*, André Kaspi, *La Mission de Jean Monnet à Alger, mars-octobre 1943*, éd. Richelieu, 1971.
72. Y.-M. Danan et L. Adès, *op. cit.*
73. G. Girard de Charbonnières, *Le Duel Giraud-de Gaulle*, Plon, 1984. FRUS 1943, Europe t. II. Anne Laurens, *Les Rivaux de Charles de Gaulle*, Robert Laffont, 1977.

74. G. Catroux, *op. cit.*
75. J.-B. Duroselle, *op. cit.*
76. Albert Merglen, *op. cit.*
77. SHAT, EMA-3-SP, n° 128, 9.11.42.
78. A. Merglen, *op. cit.*
79. Documents cités dans A. Merglen, *op. cit.*

CHAPITRE 14

1. Entretien avec l'auteur.
2. Mémorial Leclerc GL-42004 et 42009.
3. J.-L. Crémieux-Brilhac, *op. cit.*
4. R. Cerf-Ferrière, *op. cit.*
5. 25 2 42, 3 A.G. 2-1, II-8.
6. PRO. CAB 66-26, WP (42) 295.
7. AN, 3 A.G. 2-19.
8. Reproduite dans Gilberte Pierre-Brossolette, *Il s'appelait Pierre Brossolette*, Albin Michel, 1976.
9. Témoignage recueilli en juin 1942 par J.-L. Crémieux-Brilhac et rapport de P. Roques, 30.11.42, 3 A.G. 2-376-1 (17).
10. Cité par D. Cordier, *op. cit.*
11. L. Blum, *op. cit.*
12. AN, 3 A.G. 2-376-1 (19).
13. AN, 3 A.G. 2-376.
14. AN, 3 A.G. 2-387-1 (18).
15. Remy, *Mémoires d'un agent secret de la France libre*, Raoul Solar, 1947.
16. Sur le choix de Staline et la position communiste, CRCEDUC, CHIRM, Pierre Laborie, *L'Opinion française sous Vichy*, Seuil, 1990. Jean-Pierre Azéma et François Bedarida, *La France des années noires*, Seuil, 1993. Jean Jérôme, *La Part des hommes* et *Les clandestins*, Acropole, 1983 et 1986. Pierre Villon, *Résistant de la première heure*, Editions sociales, 1983.
17. D. Cordier, *op. cit.*
18. *L'Appel* et D. Cordier, *op. cit.*
19. Passy, *Missions secrètes en France*, Plon, 1951 et AN, Fla-3728.
20. Récit de Brossolette, 7 10 47, AN 3 A 62-42-3 (8).
21. Brossolette l'a accompagné d'une lettre à André Philip, où il récuse, non sans passion, tout retour « aux institutions et aux mœurs d'avant-guerre ».
22. AN. 3 A.G 2-314, 3 AG-2-398 (107, 109).
23. D. Cordier, *op. cit.*, F.-L. Closon, *op. cit.*, Henri Frenay, *La nuit finira*, Robert Laffont, 1973. Rapport Moulin et Closon, 24.5.43, AN. 72 AJ 223.
24. AN, 3 A.G 2-385, 29.5.43.
25. A. Cordier, *op. cit.*
26. Rapport Moulin, AN, 3 A 62- IV (16), Fla-4728. Fonds Jacques Lecompte-Boinet, AN 450 AP-1.
27. AN-3 A.G 2-400.
28. G. Catroux et R. Offroy, *op. cit.*
29. Bouscat, *op. cit.*
30. H. Macmillan et André Kaspi, *op. cit.*

31. FRUS, *The conferences of Washington and Ottawa, 1943*, PRO, FO 371-36047 (Z 6026-148-17).
32. Anthony Eden, *L'Epreuve de force*, Plon, 1965.
33. PRO. FO 371-36047 (Z 6026-148-17).
34. PRO. PREM 3-184.
35. PRO. CAB 65-38, W.M. (43) 75.
36. F. Kersaudy, *op. cit.*
37. PRO. CAB 65-38, n° 370-371-372.
38. G. Catroux, *op. cit.*
39. P. Billotte, *op. cit.*
40. Rapporté dans *L'Unité*.
41. Rapporté dans *L'Unité*.
42. P. Billotte, *op. cit.* et AN 72 AJ-220.
43. P. Messmer, *op. cit.*
44. L. Woodward, *op. cit.*, PRO. PREM 3-181-11 et 3-184-6, et MAE GU. 39-45 Londres 1465.
45. Cité par W. F. Kimball, *Churchill and Roosevelt*, t. II, Princeton University Press, 1984.
46. AN, 72 A.J-243.
47. Cadogan, *Diaries*, *op. cit.* PRO PREM 3-181-8 WP (43).
48. J.-L. Crémieux-Brilhac, *op. cit.*, Mario Rossi, *Roosevelt and the French*, Praeger, 1994.
49. ANOM, Affaires politiques 409.
50. Sur la libération de la Corse, A. Giovoni dans *La Libération de la France*, éd. du CNRS, 1976, Paul Silvani, *Et la Corse fut libérée*, Ajaccio, La Marge, 1993, Marie-Claire Scamaroni, *Fred Scamaroni*, France-Empire, 1999.
51. G. Catroux, *op. cit.*
52. H. Queuille, *Journal de Guerre*, Plon, 1995.
53. SHAT, Fonds Mast, 1 K-243.
54. CRCEDHC et CHIRM.
55. *Le Rétablissement de la légalité républicaine*, communication de Françoise Decaumont, éd. Complexe, 1996.

CHAPITRE 15

1. AN, 3 AG- 2-376-2 (15, 16). Passy, *Souvenirs*, t. III, P. Billotte, *op. cit.*
2. AN, 3 AG-2-314.
3. AN, 72 AJ-220.
4. Publié dans *Lettres, notes et carnets*.
5. AN, 3 AG-2-398 (89).
6. Passy, *op. cit.* et AN, 3 AG-2-15 (71).
7. PRO CAB 80-68, COS (43) 120, 142, 148-152, CAB 79-26, et COS (43).
8. AN, 72 AJ-220.
9. M. Foot, *op. cit.*
10. AN, 3 AG-2-376 et D. Cordier et Passy, *op. cit.*
11. *Ibid.*
12. AN, Fla-3728.
13. AN, 3 AG-2-401.

14. Reproduit dans *L'Unité.*
15. *Les Armées françaises pendant la Seconde Guerre mondiale*, colloque international, Actes publiés en 1986.
16. P. Messmer, *op. cit.*
17. Vigneras, *Rearming the French, United Forces Army in the world war II*, cité par J.-L. Crémieux-Brilhac.
18. Comité de défense nationale du 3 11 43, compte rendu dans *La Guerre en Méditerranée*, colloque international, éd. du CNRS, 1971.
19. MAE, Fonds Massigli, GU 39-45, Alger 1467.
20. Sur la participation française à la campagne d'Italie, *Les Armées françaises pendant la Seconde Guerre mondiale, op. cit.*
21. *La France des années noires, op. cit.*
22. J.-L. Crémieux-Brilhac, *op. cit.*
23. *Ibid.*
24. AN, 3 AG-2-397.
25. *Les Armées françaises pendant la Seconde Guerre mondiale, op. cit.*
26. Diffusé par la BBC le 2.12.43.
27. J.-L. Crémieux-Brilhac, et J. Soustelle, *op. cit.*
28. PRO. FO 371-36031 (Z 5050).
29. PRO. CAB 66-50 WP (44) 286 et 66-51 W 8 (44) 325.
30. *Ibid*, et Passy, *op. cit.*
31. AN, 3 AG-2-377.
32. FLa 3815-29 6 43.
33. AN, 3 AG-2-397, 19.7 et 1.8.43.
34. AN, 3 AG-2-401.
35. *Ibid.* et G. Bidault, *D'une Résistance à l'autre.*
36. Emmanuel d'Astier, *Les Dieux et les hommes*, Julliard, 1952. *De la chute à la Libération de Paris*, Gallimard, 1965.
37. AN, 450 AP 1.
38. AN, 3 AG-2-409.
39. AN, Fla-3728 et AN, 72 AJ-234.
40. Philippe Buton, *Les lendemains qui déchantent*, Presses de la FNSP,1993.
41. AN 3 AG-2-397.
42. AN, AG-2-397 et 400.
43. AN, AG-2-409 et 72. AJ-1922.
44. F.-L. Closon, *op. cit.*
45. AN, 3 AG-2-397 et Fla-3728.
46. Pour les citations suivantes, CRCEDHC et CNJRM, P. Buton, *op. cit.*
47. Michel Debré, *Trois Républiques pour une France*, t. I, Albin Michel, 1984.
48. F.-L. Closon, *op. cit.*
49. « Le rétablissement de la légalité républicaine », article de Diane de Bellescize, Colloque de la Fondation Charles de Gaulle, éd. Complexe, 1996.
50. PRO, CAB 79-63 « SOE activities in France », 2.8.43.
51. AN, 3 AG-2-2 (IV-16).
52. SHAT B.P-15 et AN, 72 A-243 et 1901.
53. Chiffres cités par J.-L. Crémieux-Brilhac, *op. cit.*
54. E. d'Astier, *op. cit.*
55. M. Foot, *op. cit.*
56. PRO, CAB 80-78, COS (44) 92 (0), PREM 3-1851,144-146.

57. SHAT, 237 K-2.
58. MAE, CFLN 1229 et FRUS 1944 t. III.
59. MAE, Alger, 698, AN, F-la-3836.
60. SHAT 8 P-43 et Boislambert, *op. cit.*
61. MAE, Alger, 698.
62. *Ibid*, USNA, SHAEF, 565, O-14-1, FRUS 1943 t. I.
63. MAE, GU 39 45, Alger 1222 et Archives du ministère de l'Economie et des Finances (AM à F) 44 610, SA 181.
64. FRUS, 1944, T. III.
65. L. Woodward, *op. cit.*
66. Témoignage de René Mayer, *Etudes, témoignages, documents*, PUF, 1983.
67. Cité par Elisabeth Barker, *Churchill and Eden*, St Martin's Press, 1978.
68. M. Rossi, K. Munholland, *op. cit.* A. D. Chandler, *The papers of Dwight D. Eisenhower*, T. Hopkins, 1970.
69. F. Kersaudy, *op. cit. L'Unité* et général Béthouart, *Cinq Années d'espérance*, Plon, 1968.
70. USNA, State Department 851 01-3758.
71. Récit de Pierre Viénot à son collaborateur Jacques Kayser, reproduit par *Le Monde*, 6 6 74, et John Charmley, *Duff Cooper, an authorized biography*, Weindenfeld, 1986.
72. Selon le témoignage de Lord Ismay, Churchill, écoutant ce discours, en fut ému jusqu'aux larmes, bien qu'il ait alors voulu, une fois de plus, écarter de Gaulle : W. F. Kimball, *Churchill and Roosevelt*, Princeton University Press, 1984.
73. F. Coulet, *Vertu des temps difficiles*, Plon, 1967. R. Triboulet, *Un gaulliste de la IV*[e], Plon, 1985.
74. K. Munholland, *op. cit.*, USNA, War Department, RG 218.
75. MAE, Alger 1480, L. Woodward, *op. cit.*
76. B. Goldschmidt, *Le Complexe atomique*, Fayard, 1980.
77. C'est l'ordre de grandeur retenu, entre l'automne 1943 et le printemps 1944, par les archives : AN, Fla 3754, AN, 3 AG-2-411, PRO, FO 371-41904-136712.
78. AN, 3 AG-2-397.
79. AN, 72 AJ-1922-1.
80. Article du Colonel Delmas dans *La Libération de la France*, *op. cit.*
81. AN 72 AJ-1903, 512 et 243.
82. J.-L. Crémieux-Brilhac, *op. cit.*
83. AN, 72 AJ-243.
84. AN, 3 AG-2-411.
85. Fla 3728.
86. Cité par J.-L. Crémieux-Brilhac, *op. cit.*
87. M. Foot, *An Outline History of the SOE 1940-1946*, BBC, 1984.
88. Louis Joxe, *Victoires sur la nuit*, Flammarion, 1981.
89. Sécurité du COMAC, AN 72 AJ-3, 29.6.44 et note du Front national, 1.7.44.
90. AN, 72 AJ-235.
91. Entretien avec l'auteur.

CHAPITRE 16

1. Général de Boissieu, *op. cit.*
2. J. Lacouture, *op. cit.*
3. P. Buton, *op. cit.*
4. Georges Bidault, *op. cit.* P. Villon, *op. cit.*
5. Charles Tillon, *On chantait rouge*, Laffont, 1977.
6. A en juger par les propos du général Koenig rapportés par Dominique Lapierre et Larry Collins, dans *Paris brûle-t-il ?* — « Nous avons évité de justesse une Commune de Paris » —, il éprouvait à l'égard du peuple de Paris, et peut-être des organisations de Résistance, des préventions et des craintes que de Gaulle ne partageait nullement.
7. Rapporté par J. Lacouture, *op. cit.*
8. Claude Mauriac, *Aimer de Gaulle*, Grasset, 1978.
9. L. Joxe, *op. cit.*
10. C. Tillon, *op. cit.*
11. R. Aubrac, *Où la mémoire s'attarde*, Odile Jacob, 1996.
12. Cité dans « Le rétablissement des institutions républicaines », *op. cit.*
13. *Ibid.*
14. P. Villon, *op. cit.*
15. *Ibid.*
16. CRCEDHC.
17. *Ibid* et CHIRM.
18. P. Buton, *op. cit.*, Dans « Le rétablissement des institutions républicaines », *op. cit.*, les contributions de Marc Sadoun, Charles-Louis Foulon et Philippe Baker et CHIRM.
19. Jacques Debû-Bridel, *De Gaulle et le CNR*, France-Empire, 1978.

CHAPITRE 17

1. « Le rétablissement de la légalité républicaine », *op. cit.* Voir les communications sur l'épuration dans l'administration.
2. *La Libération de la France*, *op. cit.*, voir les communications de Michel Baudot et de l'ancien ministre de la Justice, François de Menthon, et les interventions suivantes. Jean-Pierre Prioux, « L'Epuration en France », dans *La France de 1939 à nos jours*, Seuil, 1985.
3. P.-M. de La Gorce, *L'Après-Guerre*, Grasset, 1978. P. Novick, *L'Epuration en France*, Balland, 1985
4. *Ibid.*
5. *Ibid.*
6. Claire Andrieu, *Le Programme commun de la Résistance*, L'Erudit, 1984. Emile Laffon, l'un des délégués envoyés par Londres, auprès de la Résistance intérieure, avait suggéré l'adoption par le CNR d'une plate-forme économique et sociale, mais son projet fut rejeté par les communistes et les membres les plus modérés du CNR, avant d'être repris à l'initiative des communistes de sorte que le texte final est dû, pour une grande part, à

Jacques Duclos, qui en dirigeait alors l'organisation clandestine avec Benoît Frachon.
7. G. Bidault, *op. cit.*, Pierre-Henri Teitgen, *Faites entrer le témoin suivant*, Ouest-France, 1988.
8. Noguère, A. Degliame-Fouché, J.-L. Vigier, *op. cit.*
9. Cité par J.-L. Crémieux-Brilhac, *op. cit.*
10. *Souvenirs inédits*, Bibliothèque de l 'Assemblée nationale.
11. *Ibid.*
12. Léo Hamon, *Vivre ses choix*, Laffont, 1991.
13. P. Billotte, *op. cit.*
14. L. Joxe, *op. cit.*
15. Entretiens avec l'auteur.
16. J. Vendroux, *op. cit.*

CHAPITRE 18

1. *L'Année politique 1944-45*, éd. du Grand siècle, 1946. Jean-Pierre Rioux, *La France de la Quatrième République*, t. I, Seuil, 1980. P.-M. de La Gorce, *De Gaulle entre deux mondes* et *L'Après-Guerre*, *op. cit.* G. Dupeux, *La France de 1945 à 1965*, A. Colin, 1969.
2. Entretien avec l'auteur. J. Lacouture, *Pierre Mendès France*, Seuil, 1981.
3. R. Courtin, *Rapport sur la politique économique d'après-guerre*, Ed. Combat, Alger, 1944.
4. Entretien avec l'auteur.
5. J.-C. Asselain, *Les nationalisations 1944-1945*, dans *La France de 1939 à nos jours*, Seuil, 1985. J. Bouvier, « Sur la politique économique en 1944-1946 », dans *La Libération de la France*, *op. cit.*
6. Pierre Laroque et autres auteurs, *Succès et faiblesses de l'effort social français*, A. Colin, 1962.

CHAPITRE 19

1. MAE 1940, Papiers Charles-Roux n° 2, Jacques Dalloz, *La Guerre d'Indochine*, Seuil, 1987. J.-B. Duroselle, *op. cit.*
2. G. Catroux, et J.-B. Duroselle, *op. cit.*
3. MAE, Papiers Charles-Roux n° 2 et note Baudoin.
4. MAE, Charles-Roux, *op. cit.* et note Baudoin déjà citée.
5. G. Catroux, *op. cit.*
6. MAE, note Baudoin, carton n° 14, et *op. cit.* Lémery, *D'une République à l'autre*, 1964.
7. Christophe Baleinet, *L'Indochine dans les relations franco-chinoises*, thèse inédite citée par J.-B. Duroselle, *op. cit.*
8. MAE 1940, Papiers Baudoin, carton n° 14.
9. Jacques Dalloz, *op. cit.*, P.-M. de La Gorce, *L'Empire écartelé*, *op. cit.*
10. J. Dalloz, *op. cit.* Amiral Decoux, *A la barre de l'Indochine*, Plon, 1949.
11. J. Benoist-Méchin et amiral Decoux, *op. cit.*
12. Allocution radiodiffusée publiée dans la revue *Indochine*, 29.1.42.

13. Cité par J. Dalloz.
14. Cité dans *De Gaulle et l'Indochine*, colloque de l'Institut Charles de Gaulle, Plon, 1982.
15. Philippe Devillers, *Histoire du Vietnam de 1940 à 1942*, Seuil, 1952 et *Paris Saïgon Hanoï*, Gallimard-Julliard, 1988. P. Isoart, *Le Phénomène national vietnamien*, Pichon et Durand-Augias, 1961. J. Dalloz, *op. cit.*
16. A. Decoux, *op. cit.*
17. MAE, Londres, dossier n° 73 et L. Baleinet, *op. cit.*
18. FRUS 1944, t. I, note de Roosevelt à Cordell Hull.
19. Entretiens avec l'auteur, et témoignages de F. de Langlade, du colonel Milon et de Maurice Vallat sur la Résistance en Indochine, dans *De Gaulle et l'Indochine*, *op. cit.*
20. FRUS 1944, t. I, Note de Roosevelt à Cordell Hull.
21. *De Gaulle et l'Indochine*, *op. cit.*
22. *Ibid.*
23. Sur cette nouvelle version, témoignage de Langlade dans *De Gaulle et l'Indochine*, et entretiens avec l'auteur.
24. Cité par P. Isoart, *op. cit.*
25. *Ibid.*
26. Paul Mus, *Vietnam, sociologie d'une guerre*, Seuil, 1952, et P. Isoart, *ibid.*
27. Témoignage dans *De Gaulle et l'Indochine*, *op. cit.*
28. J. Dalloz, *op. cit.*
29. Témoignage dans *De Gaulle et l'Indochine*, *op. cit.*
30. *Ibid.* Archives Terauchi, citées par le général Lecompte.
31. Général Mordant, *Au service de la France en Indochine*, général Sabatier, *Le Destin de l'Indochine*, Georges Fleury, *Mourir à Lang Son*.
32. Bao Daï, *Le Dragon d'Annam*, Plon, 1980.
33. Doan Them, *Les jours que je n'ai pas oubliés*, éd. Dai Nam. Pierre Brocheux, « La question de l'indépendance dans l'opinion vietnamienne de 1939 à 1945 », communication au colloque sur *Les chemins de la décolonisation de l'Empire français*, édit. du CNRS, 1986. Tran Trong Kim, *Dans la tourmente*.
34. Entretiens du gouverneur Laurentie avec l'auteur.
35. P. Messmer, *op. cit.*
36. Entretiens avec l'auteur.
37. J. Dalloz, *op. cit.* J. Lacouture, *Hô Chi Minh*, Seuil, 1967. Hô Chi Minh, *Œuvres choisies*, Maspero, 1967.
38. Cité par J. Dalloz, *op. cit.*
39. Jean Sainteny, *Histoire d'une paix manquée*, Fayard, 1967, et sa conférence à l'Institut Charles de Gaulle, publiée dans *Espoir*.
40. Bao Daï, *op. cit.* et *De Gaulle et l'Indochine*, *op. cit.*
41. J. Dalloz et P. Devillers, *op. cit.*
42. Cité dans *De Gaulle et l'Indochine*, *op. cit.*
43. André Martel, *Leclerc, le soldat et le politique*, Albin Michel, 1998, Actes du colloque *Leclerc et l'Indochine*, Albin Michel, 1992.
44. Cité dans *De Gaulle et l'Indochine*, *op. cit.*
45. Amiral d'Argenlieu, *Chroniques d'Indochine*, Albin Michel, 1985, communications de M. Vallat et L.-A. Longeaux dans *De Gaulle et l'Indochine*, *op. cit.*
46. *Ibid.*

47. Communication des généraux Fonde, Lecompte et de Guillebon dans *De Gaulle et l'Indochine*.
48. Entretiens de P. Messmer avec l'auteur.
49. Général de Boissieu, *op. cit.*, et son témoignage dans *De Gaulle et l'Indochine*, *op. cit.*
50. D'Argenlieu en était convaincu, comme il l'écrivit dans une note du 7 janvier 1946, que Paul Mus devait remettre de sa part à de Gaulle, à la veille des pourparlers avec le Vietminh. « Dans une négociation qui promet d'être difficile, je vous demande l'autorisation de prononcer le mot : indépendance. »
51. G. Catroux, *op. cit.*
52. *Ibid*, et MAE GU 39-45, Alger, 1468, T. n° 1614.
53. Télégramme n° 450, cité dans *Lettres, notes et carnets*.
54. MAE, GU 39-45, T. Catroux n° 497.
55. Télégramme de Massigli à Viénot, MAE, GU 39-45, Alger 1480, 24.11.43 et à Catroux, Alger 1468, 25.11.43.
56. La France ne disposait pas alors de navires de transport qu'elle aurait pu utiliser pour son propre compte.
57. Cité par J. Lacouture, *op. cit.*
58. F. Kersaudy, *op. cit.*
59. G. Catroux, *op. cit.*
60. Ce que Churchill, dans ses *Mémoires*, met sur le coup d'une erreur de transmission.
61. C'est cinq jours plus tard, après qu'il eut, dans une conférence de presse, rappelé qu'il avait ordonné un cessez-le-feu vingt-quatre heures avant l'ultimatum britannique et que celui-ci n'avait donc pas d'objet, et qu'il avait alors souhaité que « les intérêts soient conciliés », que de Gaulle, le 4 juin, reçut l'ambassadeur anglais, Duff Cooper. Les propos très durs qu'il lui tint — « Nous ne sommes pas, je le reconnais, en mesure de vous faire actuellement la guerre » — n'avaient évidemment pas pour but d'évoquer un conflit armé, auquel il n'avait jamais pensé, mais de lui confirmer qu'il rendait la Grande-Bretagne entièrement responsable de la crise — d'autant qu'il l'estimait beaucoup et qu'il connaissait sa francophilie. Duff Cooper n'y a pas été insensible puisqu'il écivit : « Tout en blâmant la conception que les Français ont de la politique anglaise au Levant, nous devons reconnaître, en toute équité, que leur erreur est due à notre action. Comment expliquer le maintien pendant trois ans du général Spears à un poste où il mettait en œuvre une politique répudiée par le gouvernement britannique ? » Duff Cooper, *op. cit.*
62. Cité dans Pierre Gerbet, *Le Relèvement 1944-1949*, Imprimerie nationale, 1991.
63. Actes du colloque Félix Eboué, éd. du CNRJ.
64. A. Cornevin, *Le Corps des administrateurs de la France d'Outre-mer pendant la Deuxième Guerre mondiale*, et Denise Bouche, *L'Administation de l'Afrique-Occidentale et les libertés démocratiques*, communication au colloque sur *Les Chemins de la décolonisation de l'Empire français*, éd. du CNRS, 1986, et Archives d'Outre-mer (AOM), Tél. du Gouverneur général au ministère des Colonies, n° 890 et 1130.
65. AOM, Ministère des Colonies à Gouverneur général, 1944, Tél. n° 21 et 71.

66. Bulletin du CFLN n° 4.
67. Charles-Roger Ageron, *De Gaulle et la conférence de Brazzaville*, Institut Charles de Gaulle, communication au colloque *L'Entourage et de Gaulle*, Plon, 1979. *La préparation de la conférence de Brazzaville et ses engagements*, communication au colloque *De Gaulle et la conférence de Brazzaville*, 1987. Témoignage de René Pleven à l'Académie des sciences d'outre-mer publiés dans H. Grimal, *La Décolonisation 1949-1963*, Paris 1965.
68. AOM, AP 2288.
69. Cité par C.-R. Ageron, *op. cit.*
70. AOM, AP 2288, 10.1.44.
71. AOM, AP 2201.
72. Entretiens avec l'auteur.
73. Communication de F. Borella et P. Isoart au colloque *De Gaulle et la conférence de Brazzaville*, *op. cit.*
74. *L'Informateur colonial*, 15.11.44, cité par C.-R. Ageron, *op. cit.*
75. AOM, T. du gouverneur général de l'AOF au ministère des Colonies, n° 3507-3515, 3522 et 3527.
76. P.-M. de La Gorce, *L'Empire écartelé*, *op. cit.*
77. AOM, AB, Carton 34-39, dossier 3.
78. Sur le nationalisme malgache, communication de Lucile Rabearimanana et R. Delval au colloque *Les Chemins de la décolonisation de l'Empire français*, *op. cit.*
79. Ferhat Abbas, *La Nuit coloniale*, Julliard, 1962.
80. Mohamed Harbi, *Le FLN, mirage et réalité*, Jeune Afrique, 1980.
81. AOM, Cartons 30-1 à 30-4 et notes 142 et 961. Mahfoud Kaddache, *Histoire du nationalisme algérien 1919-1951*, Alger 1980, et communication de Guy Pervillé au colloque *Les Chemins de la décolonisation*, *op. cit.*
82. *Ibid.*
83. AOM, AN, F 60-809.
84. AOM, AN, F 60-808.
85. MAE, GU 39 45, Alger 995.
86. *Ibid.*
87. AN, F 60-809.
88. Témoignage de Géraud Jouve, AN, 549 A.P-4-1.
89. AOM, Carton 30-4.
90. AOM, Carton 30-4.
91. AN, Fla 3803, et communications dans *Les Chemins de la décolonisation*, *op. cit.*
92. AN, F 60-807, Fla 3803, AOM 880, et M. Harbi, *op. cit.*
93. M. Harlei, *op. cit.*
94. *Ibid.*
95. *Ibid*, et Henri Alleg, *La Guerre d'Algérie*, Temps actuels, 1981.
96. Centre d'Information et d'Etudes (CIE) du Gouvernement général de l'Algérie, 2e trimestre 1945.
97. Témoignages cités dans H. Alleg, *op. cit.*
98. Sur les informations dont disposaient les autorités françaises et leur état d'esprit, comme sur le déroulement des évènements de mai 1945 en Algérie, voir SHAT, *La Guerre d'Algérie par les documents*, tome I, 1990 (SHAT, GAD).

99. *Ibid.*
100. M. Harbi et H. Alleg, *op. cit.*
101. *Ibid* et SHAT, GAD.
102. *Ibid.*
103. H. Alleg, *op. cit.*
104. *Ibid* et SHAT, GAD.
105. M. Harbi, *op. cit.*
106. SHAT, GAD.
107. *Ibid.*
108. *Ibid.*
109. Ania Francos et J.-P. Sereli, *Un Algérien nommé Boumediene.*
110. Une analyse détaillée du rapport Tubert dans *L'Empire écartelé*, P.-M. de La Gorce, *op. cit.*
111. SHAT GAD et citations dans Claude Paillat, *Le Guépier*, Laffont, 1967.
112. Juliette Bessis, « Sur Moncef Bey et le Moncefisme », dans la *Revue française d'histoire d'outre-mer*, 1989, G.-R. Ageron, « Les mouvements nationalistes dans le Maghreb pendant la Seconde Guerre mondiale », dans *La Guerre en Méditerranée*, *op. cit.*
113. Cité dans Roger Le Tourneau, *L'Evolution politique de l'Afrique du Nord musulmane*, et F. Taillard, *Le Nationalisme marocain.*

CHAPITRE 20

1. Outre les épisodes évoqués dans les chapitres précédents, J.-L. Crémieux-Brilhac, dans *La France libre*, *op. cit.* a raconté, suivant le témoignage de René Pleven rapporté par André Philip, que lors de leur entretien du 30 septembre 1942, Churchill a lancé à de Gaulle « Je vous briserai comme une chaise ! » et qu'il aurait alors empoigné une chaise « en la cassant en deux ». Il a également découvert le texte d'un discours de Churchill à la Chambre des Communes, réunie en comité secret, si violent contre de Gaulle qu'il n'a été publié qu'en 1974 — de sorte que celui-ci ne l'a jamais connu — et qu'il ne figure même pas dans le dossier des archives où il est référencé.

Voir aussi les propos rapportés dans John Charmley, *Duff Cooper, an authorized biography*, Weindenfeld, 1986.

2. MAE, série Y, volume 121.
3. F. Kersaudy, *op. cit.*
4. Compte rendu dans *Le Salut.*
5. P. Maillard, *De Gaulle et l'Allemagne, un rêve inachevé*, Plon, 1990.
6. *Ibid.*
7. Hettier de Boislambert, *op. cit.*
8. MAE, GU 39-45, Londres-Alger. 3 et 12.8.44
9. A. Woodward, *op. cit.*, R. Massigli, *Une comédie des erreurs*, Plon, 1978. MAE, Londres-Alger, volume 1435.
10. Churchill, *op. cit.* A. Woodward, *op. cit.*
11. *Ibid.*
12. H. Alphand et Jean Monnet, R. Massigli, *op. cit.* Projet annoté par de Gaulle, dans *En ce temps-là de Gaulle.*
13. MAE, Londres-Alger, vol. 728. Papiers René Mayer. Raymond Poidevin,

« René Mayer et la politique extérieure de la France », dans *Revue d'histoire de la Seconde Guerre mondiale et des conflits contemporains*, octobre 1984. R. Massigli, *op. cit.* MAE, Londres-Alger, vol. 1487.

14. MAE, Londres-Alger, vol. 1489, Tél. de P. Viénot 20.3.44.
15. *Relations franco-soviétiques pendant la Grande Guerre patriotique*, volume II, n° 69, 76, 79, 94, Moscou.
16. MAE, série 2, vol. 4, circulaires des 18 et 24.11.44.
17. MAE, papiers Dejean, et *Le Salut*.
18. G. Jouve, souvenirs inédits remis à l'auteur.
19. Jean Laloy, « A Moscou entre Staline et de Gaulle », *Revue des Etudes slaves*, 1982.
20. Témoignage de Claude Mauriac, *op. cit.*
21. *Mémorial de Roosevelt*, *op. cit.*
22. Ayant appris que la zone soviétique irait jusqu'à la ligne Lübeck-Eisenach, l'état-major de la défense nationale, le 14 décembre 1944, avait remanié le projet du 12 août et prévu un point de contact avec la Ruhr, dont on supposait qu'elle serait internationalisée, et un autre avec la zone soviétique au sud de Cassel, moyennant l'abandon d'un secteur français en Allemagne du Sud. De Gaulle n'y donna son accord qu'avec réticence et, le 1er février 1945, signa une nouvelle directive qui rétablissait les demandes françaises vers le sud jusqu'à l'Autriche — qui furent acceptées — et prévoyait l'extension de la zone française vers le nord jusqu'à Cologne — et qu'il n'obtint pas. Voir Antoine Deveau, *La Zone d'occupation française en Allemagne*, Espoir, 1995, et Pierre Lassalle, « Sécurité face à l'Est », au colloque *De Gaulle et la nation face aux problèmes de défense 1945-1946*, Plon, 1983.
23. Sur l'affaire du Val-d'Aoste, Marc Lengereau, *Le Général de Gaulle, la vallée d'Aoste et la frontière italienne des Alpes*, éd. Mesumeci, 1980, les sources citées et les documents publiés par l'auteur.
24. MAE, série 2, vol. 17.
25. Ces amendements auraient été proposés par une commission que présidait Joseph Paul-Boncour et repris par une note du gouvernement français du 16 mars 1945, publiés dans *Pour l'organisation du monde*, Centre d'études de politique étrangère, 1945.
26. Irwin Wall, *L'Influence américaine sur la politique française*, Balland, 1989. John Gimbel, *The Origin of the Marshall Plan*, Stanford University Press, 1976.
27. Cité dans Nevin E. Gun, *Les Secrets des archives américaines*, t. II, *Ni de Gaulle, ni Thorez*, Albin Michel, 1983.
28. *Ibid.*
29. *National Archives and Records Service* (NARS). *State Department* 851, 51-11-2045, 20.11.45.
30. MAE, CMAE (45) A. Publié dans *Documents français relatifs à l'Allemagne*, Imprimerie nationale, 1947.
31. FRUS, 1945, vol. III, 20.11.45

CHAPITRE 21

1. Marie Granet, « *Défense de la France* », *histoire d'un moment de Résistance*, PUF, 1960.

2. Henri Michel et Boris Mirkine-Guetzévitch, *Les Idées politiques et sociales de la Résistance*, PUF, 1954.
3. *Ibid*, et P.-M. de La Gorce, *L'Après-Guerre*, *op. cit.*
4. Léon Blum, *A l'échelle humaine*, texte reproduit dans *L'Œuvre de Léon Blum*, t. I, *op. cit.*
5. Sur les divers projets de Constitution, H. Michel, P.-M. de La Gorce, *op. cit.* et Jean-Eric Collon, « Les projets constitutionnels de la Résistance », dans *Le Discours d'Epinal, « rebâtir la République »*, colloque des 27, 28.9.96. Economica, 1997.
6. Marie Granet et H. Michel, *Combat*, PUF, 1957.
7. Arthur Calmette, *L'O.C.M.*, PUF, 1961.
8. Diane de Bellescize, *Les Neufs Sages de la Résistance*, Plon, 1979.
9. Cité dans « Le rétablissement de la légalité républicaine », colloque de la Fondation Charles de Gaulle, des 6-9.9.94, éd. Complexe, 1996.
10. Entretiens avec Louis Joxe, alors secrétaire général du gouvernement.
11. Sur le choix du mode de scrutin par de Gaulle, Jean-Louis Debré, *Les Idées constitutionnelles du général de Gaulle*, Librairie générale de droit et de jurisprudence, 1974.

CHAPITRE 22

1. Charles Tillon, *op. cit.*
2. Claude Mauriac, *op. cit.*
3. Louis Joxe, *op. cit.*
4. *Ibid.*
5. *De Gaulle et la nation devant les problèmes de défense*, *op. cit.*
6. J. Vendroux, *op. cit.*
7. Jules Moch, *Une si longue vie*, Laffont, 1976.
8. J. Lacouture, *op. cit.*
9. J. Moch, *op. cit.*
10. Georgette Elgey, *La République des illusions*, Fayard, 1968.
11. J. Lacouture, Louis Joxe, *op. cit.* Jean Charlot, *Le Gaullisme d'opposition*, Fayard, 1983.
12. J. Charlot, *op. cit.*
13. J. Lacouture, *op. cit.*
14. *Ibid.*
15. Jacques Fauvet, *La IVe République*, Fayard, 1959.
16. J. Lacouture, *op. cit.*
17. Témoignage de Philippe Devillers.

CHAPITRE 23

1. Claude Guy, *En écoutant de Gaulle*, Grasset, 1996.
2. Claude Mauriac, *op. cit.*
3. *Ibid.*
4. J. Vendroux, *op. cit.*
5. Claude Mauriac, Claude Guy, *op. cit.*

6. Entretiens de l'auteur avec Léo Hamon et l'ouvrage de celui-ci, *Vivre ses choix*, *op. cit.*
7. Entretiens de l'auteur avec Maurice Schumann.

CHAPITRE 24

1. Claude Guy, *op. cit.*
2. *Ibid.*
3. *Ibid.*
4. Claude Mauriac, *op. cit.*
5. Claude Guy, *op. cit.*
6. Brigitte Friang, *Un autre Malraux*, Plon, 1977.
7. Claude Guy, *op. cit.* Michel Debré, *Trois Républiques pour une France*, t. II, *Agir*, Albin Michel, 1986.
8. Christian Purtschet, *Le Rassemblement du peuple français*, éd. Cujas, 1965, Jean Charlot, *op. cit.*
9. *Ibid.*
10. Irwin Wall, *op. cit.*
11. Eric Ghebali, *Vincent Auriol, le Président citoyen*, Grasset, 1998.
12. *De Gaulle et le RPF*, Colloque de Bordeaux, communication de Jean-William Dereymez, Armand Colin, 1998. Jean Charlot, *op. cit.*
13. *De Gaulle et le RPF*, communication de Natalia Naoumova, *op. cit.*
14. *De Gaulle et le RPF*, communication de Jean-Marie Mayeur, Sylvie Guillaume, Eric Duhamel et Ludovic Lopez, *op. cit.*
15. Christian Purtschet et Jean Charlot, *op. cit.*
16. Christian Purtschet, *op. cit.*
17. *Ibid.*
18. *Ibid.*
19. Entretiens de l'auteur avec de Gaulle. Voir p. 781 de ce chapitre.
20. Irwin Wall, *op. cit.*
21. *De Gaulle et le RPF*, communication de Claude d'Abzac-Epezy, *op. cit.*
22. Christian Purtschet, *op. cit.*
23. C. Purtschet, J. Charlot, P.-M. de La Gorce, *op. cit.* *De Gaulle et le RPF*, communication de Robert Ponceyri, *op. cit.*
24. Vincent Auriol, *Journal du septennat*, Armand Colin, 1970.
25. Entretiens avec Jacques Baumel.
26. C. Purtschet, *op. cit.*
27. Claude Guy, *op. cit.*
28. Sur l'analyse soviétique des grèves de l'automne 1947, voir Robert Mencherini, *Guerre froide, grèves rouges*, éd. Syllepse, 1998, et les sources citées par l'auteur.
29. J. Moch, *op. cit.*
30. *Ibid.*
31. R. Mencherini, *op. cit.*
32. Irwin Wall, *op. cit.*
33. J. Moch, *op. cit.*
34. Claude Guy, *op. cit.*
35. *Op. cit.*

36. V. Auriol, *op. cit.*
37. Claude Guy, C. Purtschet, J. Charlot, *op. cit.*
38. J.-F. Chauvel, *A rebrousse-poil*, Olivier Orban, 1974.
39. F. Duprat, *Les Mouvements d'extrême droite en France depuis 1944*, éd. Albatros, 1972.
40. Entretiens de l'auteur avec Georges Albertini.
41. C. Purtschet, J. Charlot, *op. cit.*
42. Claude Guy, *op. cit.*
43. *Ibid.*
44. Archives du RPF, Fondation Charles de Gaulle.
45. Claude Guy, *op. cit.*
46. *De Gaulle et le RPF*, communication de Philippe Roger à Andrew Knapp, *op. cit.*
47. *Ibid.*, Irwin Wall et Nevin Gun, *op. cit.*
48. MAE, Fonds Henri Bonnet, 12.3.48.
49. Cité par Irwin Wall, *op. cit.*
50. *Ibid.*
51. C. Purtschet, *op. cit.*, *De Gaulle et le RPF*, communication de R. Ponceyri, *op. cit.*, L. Terrenoire, *De Gaulle 1947-1954, pourquoi l'échec*, Plon, 1981.
52. J. Debû-Bridel, *De Gaulle contestataire*, Plon, 1970.
53. Entretiens de l'auteur avec Michel Debré.

CHAPITRE 25

1. Entretiens de l'auteur avec Jacques Fauvet.
2. André Fontaine, *Histoire de la guerre froide*, t. I et II, Fayard, 1965 et 1967. P.-M. de La Gorce, *Apogée et mort de la IV*e *République*, Grasset, 1979.
3. Jean Monnet, *op. cit.*
4. Vincent Auriol, *op. cit.*
5. P.-M. de La Gorce, *De Gaulle entre deux mondes*, *op. cit.*, et entretiens de l'auteur avec Charles Orengo.
6. Olivier Guichard, *Mon Général*, Grasset, 1980.
7. Jacques Foccart, *Journal de l'Elysée*, tome I, Fayard-Jeune Afrique, 1997.
8. Louis Terrenoire, *op. cit.*
9. Gilbert Grandval, *Ma mission au Maroc*, Plon, 1956.

CHAPITRE 26

1. Louis Terrenoire, *op. cit.*
2. Claude Michelet, *Mon père, Edmond Michelet*, Laffont, 1981.
3. Léon Noël, *La Traversée du désert*, Plon, 1973.
4. J. Lacouture, *op. cit.*
5. L. Noël, *op. cit.* et Roger Barberot, *Malaventure en Algérie*, Plon, 1957.
6. Ces propos sont rapportés par J. Lacouture, *op. cit.*
7. J. Vendroux, *op. cit.*
8. Entetien de l'auteur avec Jean Amrouche.
9. L. Noël, *op. cit.*

10. M. Schumann en témoignera plus tard.
11. Entretiens de l'auteur avec R. Neumann.
12. Y compris à l'auteur.
13. Raymond Triboulet, *Un gaulliste de la IV*ᵉ, Plon, 1985.
14. Entretiens de l'auteur avec Gilbert Grandval et Pierre Racine.
15. Entretiens de l'auteur avec Pierre Billecocq.

CHAPITRE 27

1. L'auteur a déjà traité des événements de mai 1958 dans trois de ses ouvrages, *La République et son armée*, *De Gaulle entre deux mondes*, et *Apogée et mort de la IV*[e] *République*. Témoin de plusieurs épisodes de cette crise, il a aussi interrogé beaucoup de ses acteurs. Parmi les nombreux livres parus sur ce sujet, les plus utiles, à quarante ans de distance, paraissent être ceux de Jean Ferniot, *De Gaulle et le 13 mai*, Plon, 1965 et d'Odile Rudelle, *Mai 58, de Gaulle et la République*, Plon, 1988.
2. Entretiens de l'auteur avec Léon Delbecque : ils ont porté sur tous les épisodes relatés dans ce chapitre.
3. Entretiens de l'auteur avec Félix Gaillard.
4. Sur le rôle de Pierre Pflimlin durant la crise de mai 1958, voir son livre de souvenirs : *Mémoires d'un Européen*, Fayard, 1991.
5. Entretiens de l'auteur avec le général Ely : ils ont porté sur tous les épisodes relatés dans ce chapitre.
6. Entretiens de l'auteur avec Lucien Neuwirth : ils ont porté sur tous les épisodes relatés dans ce chapitre.
7. J. Ferniot, *op. cit.*
8. Sur la liaison permanente entre le général Salan et Pierre Pflimlin, Michel Poniatowski (alors directeur adjoint du cabinet de P. Pflimlin), *Mémoires*, Plon-Le Rocher, 1997.
9. Raoul Salan, *Mémoires*, t. III et IV, Presses de la Cité, 1972 et 1974.
10. M. Poniatowski, *op. cit.*
11. Selon son ami, Jacques Piette, Guy Mollet lui aurait dit : « Pour une fois que je me laisse aller à l'improvisation, je me suis fait piéger » — intervention à l'Institut Charles de Gaulle et à la FNSP, citée par Odile Rudelle, *op. cit.*
12. M. Poniatowski, *op. cit.*
13. Entretien avec le général de Beaufort.
14. M. Poniatowski, *op. cit.*
15. *Ibid*, P. Pflimlin et J. Moch, *op. cit.*
16. Pierre Pflimlin était régulièrement informé de tous les épisodes de la crise par Michel Poniatowski qui les suivait, en particulier grâce aux écoutes téléphoniques.
17. P. Pflimlin et M. Poniatowski, *op. cit.*
18. J. Ferniot et O. Rudelle, *op. cit.*
19. *Ibid.*
20. Récit de leur réunion par Pierre-Olivier Lapie, *De Léon Blum à de Gaulle*, Fayard, 1971.
21. P. Pflimlin, *op. cit.*
22. *Ibid.*

23. Odile Rudelle, *op. cit.*
24. *Ibid.*
25. L'auteur maintient donc sa version de l'entrevue de Gaulle-Dulac, qu'il avait déjà présentée dans deux ouvrages précédents, mais après avoir pu en parler avec de Gaulle et avec des informations plus complètes — version contestée, en termes d'ailleurs très aimables, par le général Dulac dans son livre *Nos guerres perdues*, Fayard, 1969.
26. R. Triboulet, *Un gaulliste de la IV*[e], Plon, 1985.
27. J. Ferniot et Odile Rudelle, *op. cit.*
28. *Ibid*, et Pierre-Olivier Lapie, Jules Moch, *op. cit.*

CHAPITRE 28

1. Entretiens de l'auteur avec R. Janot.
2. Jean-Louis Debré, *op. cit.*
3. *Ibid.*
4. J. Soustelle, *28 ans de gaullisme*, La Table Ronde, 1968.
5. Jean Louis Debré, *op. cit.*
6. P. Pflimlin, *op. cit.*
7. Témoignage de G. de Courcel au colloque de l'Institut Charles de Gaulle, *De Gaulle et ses Premiers ministres*, Plon, 1990.
8. Voir chapitre 29.
9. *Ibid.*
10. Alain Peyrefitte, *C'était de Gaulle*, Fayard, 1994.
11. *Ibid.*
12. *Ibid.*
13. J. Lacouture, *op. cit.*
14. *Le Référendum du 28 octobre 1962*, Presses de la FNSP, 1963.

CHAPITRE 29

1. Entretiens de l'auteur avec Lucien Neuwirth.
2. Général Dulac, *op. cit.*
3. A. de Boissieu, *op. cit.*
4. Entretiens de l'auteur avec L. Delbecque : ils ont porté sur plusieurs épisodes de ce chapitre.
5. Pierre Lefranc, *Avec qui vous savez*, Plon, 1979.
6. Bernard Tricot, *Les Sentiers de la paix*, Plon, 1972.
7. J. Soustelle, *op. cit.*
8. Entretiens de l'auteur avec Gabriel d'Arboussier.
9. Texte aimablement communiqué par le SHAT.
10. J. Lacouture, *op. cit.*
11. Général Dulac, *op. cit.*
12. Ce choix fait par de Gaulle, et que René Brouillet, qu'il avait nommé directeur de son cabinet, m'a confirmé, enlevait toute portée — et enlève aujourd'hui toute importance historique — aux démarches, pourtant sincères et sympathiques, de ceux que l'on appelait parfois « auto-émissaires ».

Citons parmi eux l'écrivain Jean Amrouche, le père de Reboul, plus tardivement le journaliste suisse Charles-Henri Favrod. René Payot, directeur du *Journal de Genève*, offrit à Antoine Pinay, alors ministre des Finances, de ménager une rencontre entre les dirigeants du FLN et lui. Jean Daniel, de *L'Express*, et Albert-Paul Lentin, de *Libération*, furent particulièrement au fait de la plupart de ces démarches. L'auteur s'en entretenait avec René Brouillet.

13. Général Dulac, *op. cit.*
14. Roselyne Chenu, *Paul Delouvrier ou la passion d'agir*, Seuil, 1994.
15. A. de Boissieu, *op. cit.*
16. P. Laffont, *L'Expiation*, Plon, 1968.
17. L'auteur, qui connaissait déjà l'Algérie, y fit de très fréquents séjours entre 1954 et 1962.
18. J. Soustelle, *op. cit.* et Louis Terrenoire, *De Gaulle et l'Algérie*, Fayard, 1964.
19. B.Tricot, *op. cit.*
20. J. Soustelle, *op. cit.* et Robert Buron, *Carnets politiques de la guerre d'Algérie*, Plon, 1975.
21. A. Argoud, *La Décadence, l'imposture et la tragédie*, Fayard, 1974.
22. A. de Boissieu, *op. cit.*
23. L. Terrenoire, *op. cit.*
24. Témoignage de son avocat François Sarda.
25. J. Soustelle, *op. cit.*
26. Redha Malek, *L'Algérie à Evian, histoire des négociations secrètes 1956-1962*, Seuil, 1995, et J. Lacouture, *op. cit.* D'après R. Malek, les dirigeants algériens se souviennent mal de la démarche de G. Gosselin ou n'en ont pas compris le sens.
27. R. Malek, *op. cit.*
28. *Ibid.*
29. Un compte rendu en a été remis à l'auteur à l'occasion de la parution de ses ouvrages précédents.
30. B. Tricot, *op. cit.*
31. R. Malek, *op. cit.*
32. M. Harbi, *op. cit.*
33. François Flohic, *Souvenirs d'Outre-Gaulle*, Plon, 1979.
34. B. Tricot, *op. cit.*
35. M. Harbi, *op. cit.*
36. R. Malek, *op. cit.*
37. J. Lacouture, *op. cit.*
38. Entretiens entre N. Khrouchtchev et les dirigeants algériens, reproduits dans M. Harbi, *Archives de la Révolution algérienne*, Jeune Afrique, 1981.
39. L'auteur, rompant avec le silence qui entourait ce sujet, y consacra dans *L'Express* un article qui entraîna sa saisie, et son inculpation — qui s'acheva sur un non-lieu — ainsi que celle du directeur du journal, Jean-Jacques Servan-Schreiber.
40. Jean Morin, *De Gaulle et l'Algérie*, Albin Michel, 1999.
41. L'auteur a été témoin des épisodes rapportés dans les pages suivantes.
42. Jean Morin, *op. cit.*
43. L. Terrenoire, *op. cit.*
44. Jean Morin, *ibid.*

45. Sur son rôle et sur l'ensemble de la négociation, Olivier Long, *Le Dossier secret des accords d'Evian*, Editions 24 heures, 1988.
46. L'auteur en a alors rendu compte dans la « lettre confidentielle » aux abonnés de *L'Express*.
47. O. Long et R. Malek, *op. cit.*
48. Sur le putsch du 22 avril 1961, J. Morin, M. Debré, R. Salan, A. Argoud, *op. cit.*, général Challe, *Notre révolte*, Presses de la Cité, 1968, général Jouhaud, *Ce que je n'ai pas dit*, Fayard, 1977, général Zeller, *Dialogue avec un général*, Presses de la Cité, 1974, Yves Godard, *Les Paras dans la ville*, Fayard, 1972, Georges Robin, *Commandant rebelle*, J.-C. Lattès, 1998.
49. J. Morin et R. Buron, *op. cit.* Jean-Marcel Jeanneney, ministre de l'Industrie, qui se trouvait aussi en Algérie, réussit à passer inaperçu des putschistes et regagna la France par Oran.
50. F. Flohic, *op. cit.*
51. R. Malek, *op. cit.*
52. *Ibid.*
53. *Ibid.*
54. J. Morin, *op. cit.*
55. A. Peyrefitte, *C'était de Gaulle*, t. I, Fayard, 1994.
56. M. Debré, J. Morin, *op. cit.* et entretiens de l'auteur avec L. Joxe.
57. R. Malek, *op. cit.*
58. *Ibid.*
59. Chiffres cités par le raport Mandelkern, remis au ministère de l'Intérieur le 6.1.1998. Le rapport Geromini demandé par le ministère de la Justice évalue à 48 le nombre des victimes.
60. P. Viansson-Ponté, *Histoire de la République gaullienne*, Fayard, 1971.
61. R. Malek, *op. cit.*
62. B. Tricot et R. Buron, *op. cit.*
63. R. Malek, *op. cit.*
64. Ce texte fut connu de la plupart des journalistes alors présents à Alger.
65. Christian Fouchet, *Mémoires d'hier et de demain*, t. I, *Au service du général de Gaulle*, Plon, 1971.
66. A. Peyrefitte, *op. cit.*
67. Article du général de Boissieu dans *Espoir*.
68. P. Messmer, *Les Blancs s'en vont*, Albin Michel, 1998.
69. Entretiens de l'auteur avec Alexandre Sanguinetti, alors chargé de mission auprès du ministre de l'Intérieur.
70. P. Messmer, *op. cit.*

CHAPITRE 30

1. Entretiens de l'auteur avec Raymond Janot, et P.-M. de La Gorce, *De Gaulle entre deux mondes*, *op. cit.*
2. *Ibid.*
3. J.-L. Debré, *op. cit.*
4. J. Lacouture, *op. cit.*
5. Entretiens de l'auteur avec Gabriel d'Arboussier.
6. P. Messmer, *Après tant de batailles* et *Les Blancs s'en vont*, *op. cit.*

7. Dans une lettre à J. Lacouture, Jean Mauriac, qui suivit pour l'Agence France-Presse tout ce que faisait de Gaulle, et donc tous ses déplacements, rapporte que, dans l'après-midi du lundi 25 août, de Gaulle lui fit part de son scepticisme absolu à l'égard de la durée de la Communauté.
8. Entretiens de l'auteur avec P. Messmer.
9. Yves Guéna, *Historique de la Communauté*, Fayard, 1962.

CHAPITRE 31

1. Il s'agit ici, comme dans les pages suivantes, de francs courants, avant la réforme monétaire de décembre 1958, c'est-à-dire d'« anciens francs ».
2. Jacques Rueff, *De l'aube au crépuscule*, *Œuvres complètes*, Plon, 1977-1981.
3. *Ibid.*
4. *Ibid.*
5. *Ibid.*
6. Alain Prate, *Les Batailles économiques du Général de Gaulle*, Plon, 1978.
7. *Ibid.*
8. Patrick Guiol, *L'Impasse sociale du gaullisme*, Presses de la FNSP, 1985.
9. A. Peyrefitte, *C'était de Gaulle*, t. II, *op. cit.*
10. J.-M. Lévêque, entretien paru dans *L'Expansion*, avril 1977.
11. A. Prate, *op. cit.*
12. Rapport sur l'exécution du IVe Plan, Imprimerie nationale.
13. A. Prate, *op. cit.*
14. J. Rueff, *op. cit.*
15. A. Prate, *op. cit.*, et André de Lattre et Daniel Deguen, *Politique économique de la France*, cours à l'Institut d'études politiques, publié dans « Les cours de droit ».
16. Cité par A. Prate, *op. cit.*
17. A. de Lattre et D. Deguen, *op. cit.*, et Jean Autin, *Vingt Ans de politique financière*, Seuil, 1972.
18. A. Prate, *op. cit.*
19. A. de Lattre et D. Deguen, A. Prate, *op. cit.*
20. Rapport d'exécution du IVe Plan, *op. cit.*
21. J. Rueff, *op. cit.*
22. Publiée par A. Prate, *op. cit.*
23. A. de Lattre et D. Deguen, A. Prate, *op. cit.*
24. A. Prate, *op. cit.*
25. *Ibid.*
26. Rapport sur l'exécution du Ve Plan, Imprimerie nationale.
27. J.-J. Carré, P. Dubois, E. Malinvaud, *La Croissance française*, Seuil, 1972. Antoine-Pierre Mariano, *Métamorphoses de l'économie française*, Arthaud, 1974. A. Prate, *op. cit.*

CHAPITRE 32

1. Irwin Wall, *op. cit.*
2. DDF
3. *Ibid.*

4. *Ibid.*, numéro spécial d'*Espoir*, juin 1976, et P.-M. de La Gorce, *De Gaulle entre deux mondes, op. cit.*
5. Lettre du général Gelée au *Monde*, 6 7 4 86, citée par Maurice Vaïsse, *La Grandeur*, Fayard, 1998.
6. Témoignage au colloque de l'Institut Charles de Gaulle, *L'Aventure de la bombe, De Gaulle et la dissuasion nucléaire*, Plon, 1985.
7. A. Peyrefitte, *op. cit.*
8. B. Ledwige, *op. cit.*, M. Couve de Murville, *Une politique étrangère*, Plon, 1971.
9. DDF 1957, t. II, et communiqué de la conférence de l'OTAN du 16-17.12.57.
10. B. Ledwige, *op. cit.* et *Mémoires d'espoir.*
11. *Ibid.*
12. *Ibid.*
13. *Ibid* et correspondance Kennedy-de Gaulle, 4.2, 6.2 et 10.2 .61, AD, EM 1961, et Kennedy Library, NSF.
14. *Ibid.*
15. *L'Aventure de la bombe, De Gaulle et la dissuasion nucléaire*, *op. cit.*
16. Pierre Gallois, *Stratégie de l'âge nucléaire*, Calmann-Lévy, 1960.
17. Cité dans Maurice Vaïsse, *op. cit.*
18. Charles Bohlen, *Witness to History*, Weidenfeld and Nicolson, 1973, Thomas Peterson, *Kennedy's quest for victory*, Oxford University Press 1989, *Mémorandum for the President*, 6-3-61, JFK, NSF et 8-3-63, FRUS 1961-1963, vol. IX.
19. *Kennedy's visit, background paper*, 26-5-61, cité par M. Vaïsse, *op. cit.*
20. M. Vaïsse, op. it.
21. DDF 1962, t. II. Sur cette crise, voir *L'Europe et la crise de Cuba*, sous la direction de M. Vaïsse, Armand Colin, 1993.
22. *Mémoires d'espoir.*
23. Version américaine à la *Kennedy Library*, Hervé Alphand, *L'Etonnement d'être*, Fayard, 1977. Compte rendu officiel établi par Claude Lebel, DDF, 1962, t. II.
24. *Ibid.*
25. Entretien de Gaulle-Dean Rusk, Secrétaire d'Etat américain, le 12.12.62.
26. Ce retrait a été évoqué, durant la crise, par Robert Kennedy devant l'ambasadeur soviétique Dobrynine. Selon une version américaine rapportée par M. Vaïsse, il avait été décidé déjà en raison de l'obsolescence de ces fusées, *L'Europe et la crise de Cuba*, *op. cit.*, ce que conteste P. Gallois, *Le Sablier du siècle*, L'Age d'Homme, 1999.
27. M. George Bundy, *Memorandum for the President*, 24 12 62, JFK Library.
28. Charles Bohlen, *op. cit.*
29. Pour marquer plus nettement son choix, de Gaulle retire alors la flotte française de l'Atlantique du commandement intégré de l'OTAN.
30. *Memorandum for the President*, 6.3.61 et *Memorandum to Ralph Dungan*, 1 5 61, JFK Library.
31. Reproduite dans *Lettres, notes et carnets.*
32. M. Debré, *Mémoires*, t. II, *op. cit.*
33. Reproduite dans *Lettres, notes et carnets.*
34. Entretien de Gaulle-Erhard, 21 7 66, AR, PRD, doc. 229.

CHAPITRE 33

1. Voir le chapitre 20 et pour l'ensemble de celui-ci, Edmond Jouve, *De Gaulle et la construction de l'Europe*, Librairie générale de droit et de jurisprudence, 1967.
2. Colette Barbier, *Revue d'histoire diplomatique*, 1990-1, Georges-Henri Soutou, *La France et l'atome*, Bruylant, 1994 et *L'Alliance incertaine*, Fayard, 1996, où l'auteur a utilisé les archives allemandes. AME, Direction des Postes, carton 252.
3. P. Maillard, *op. cit.*
4. Témoignages oraux à l'Institut Charles de Gaulle, DDF 1958 t.II.
5. DDF 1958, t. II, témoignages de J.-M. Boegner, AD, archives orales (AO).
6. Ce que confirment, entre autres, une note à M. Debré du 2.6.60, et une note de la direction des affaires atomiques du 8.8.60, FNSP, fonds M. Couve de Murville.
7. AD, CR 16.6.58.
8. G.-H. Soutou, *op. cit.*, Hans-Peter Schwarz, *Adenauer, der Staatsman*, Deutsche Verlag-Amstalt, 1991.
9. François Seydoux, *Mémoires d'Outre-Rhin*, Grasset, 1975 et *Dans l'intimité franco-allemande*, Albatros, 1977.
10. Citées par P. Maillard, *op. cit.*
11. DDF 1960 t. II n° 54. P. Maillard et H.-P. Schwartz, *op. cit.* De Gaulle ajouta à ses propositions sur l'Europe un projet de réforme de l'Alliance atlantique qui répartissait les missions de défense entre les Etats membres, mais sans intégration de leurs forces. D'après l'interprète H. Kiesterer, *Der Kanzler und der général*, Nerke, 1995.
12. F. Seydoux, *op. cit.*
13. M. Couve de Murville, *op. cit.*
14. J. Monnet, *op. cit.*
15. F. Seydoux, P. Maillard, *op. cit.*
16. Pour la préparation et le déroulement du voyage en Allemagne, le meilleur témoignage est celui de P. Maillard, *op. cit.*
17. F. Seydoux, *Dans l'intimité franco-allemande*, *op. cit.*
18. AD 1963, Entretiens et messages (EM) 21.1.63.
19. *Ibid.* 22.1.63.
20. J. Monnet, *op. cit.* Pascal Fontaine, *Le Comité d'action pour les Etats-Unis d'Europe*, Centre d'études européennes de Lausanne, 1974.
21. P. Maillard et J. Lacouture, *op. cit.*
22. Contribution de R. Poidevin au colloque *De Gaulle en son siècle* (DGESS), t. V.
23. AD, EM 24-25.11.61.
24. E. Burin des Roziers, *Retour aux sources*, Plon, 1986.
25. B. Ledwige, *op. cit.*
26. AD, EM 15-16.12.62, E. Burin des Roziers, *op. cit.*
27. Cité par M. Vaïsse, *op. cit.*

CHAPITRE 34

1. AD, EM 1958. t. II.
2. L'auteur en fut témoin. Plusieurs de ses notes personnelles y font allusion, déposées, comme l'ensemble de ses archives, aux Archives nationales.
3. M. Harbi, *Les Archives de la Révolution algérienne*, Editions Jeune Afrique, 1981.
4. Entretiens avec l'auteur.
5. DDF 196, T. I, n° 146.
6. AD, EM, 21-22-29.6.66.
7. Contribution de François Puaux, au colloque DGESS.
8. FNSP, fonds Couve de Murville.
9. AD, EM 1967, t. I.
10. A. Peyrefite, *op. cit.*
11. Edmond Jouve, *L'Etablissement des relations diplomatiques entre la France et la République populaire de Chine en 1964*, au colloque de l'Institut Charles de Gaulle, *L'Entourage et de Gaulle* et actes du colloque, *L'Etablissement des relations diplomatiques entre la France et la Chine populaire en 1964.* Cahiers de la Fondation Charles de Gaulle, n° 1. Les instructions à Edgar Faure du 26.9.63 sont reproduites dans *Lettres, notes et carnets*.

CHAPITRE 35

1. Voir chapitre 32.
2. DDF 1964, t. II.
3. Contribution de Charles-Robert Ageron au colloque DGESS, *La Politique française de coopération avec l'Algérie, des accords d'Evian à la retraite du général de Gaulle, op. cit.*
4. Stéphane Hessel, *Danse avec le siècle*, Seuil, 1997.
5. AD, EM, 30 10 63.
6. Cité par C.-R. Ageron, *op. cit.*
7. AD, EM, 13.3.64.
8. Entretiens de l'auteur avec Georges Gorse.
9. M. Vaïsse, *op. cit.*
10. *La Politique africaine du Général de Gaulle*, colloque de l'Institut Charles de Gaulle, Pédone 1981, *De Gaulle et le tiers-monde*, colloque de l'Institut Charles de Gaulle, Pédone, 1984. M. Couve de Murville, *op. cit.* J. Foccart, *op. cit.*
11. J. Foccart, *op. cit.*
12. *Ibid*
13. *Ibid.* M. Couve de Murville, fonds CM à la FNSP, Jacques Boullin, *La politique africaine d'Houphouët-Boigny*, Eurafor Press, 1980.
14. Entretiens de l'auteur avec P. Messmer.
15. Communication d'Etienne Manac'h et Philippe Devillers au colloque DGESS, et de Claude Lebel au colloque *De Gaulle et le tiers-monde, op. cit.*
16. Voir chapitre 32. DDF 1961, t. I, n° 265. Témoignage de Roger Vaurs dans la communication de P. Devillers au colloque DGESS.

17. FRUS 1964-1968, t. I. Vietnam 1964 et FRUS 1964, *Memorandum for the President*, 4.6.64.
18. DDF 1965, t. I.
19. FNSP, fonds CM.
20. AD, EM, 1966.
21. J. Foccart, *op. cit.*
22. A. Peyrefitte, *op. cit.*
23. F. de Quirielle, *A. Hanoï sous les bombes américaines*, Taillandier, 1992.
24. R. Aubrac, *Où la mémoire s'attarde*, Odile Jacob, 1996. H. Kissinger, *A la Maison Blanche 1968-1973*, Fayard, 1979.
25. E. Manac'h, contribution au colloque DGESS, *op. cit.*
26. AD, EM, 23.10.62.
27. A. Peyrefitte, *op. cit.*
28. R. Offroy, contribution au colloque *De Gaulle et le tiers-monde*, *op. cit.*
29. M. Vaïsse, *op. cit.*
30. A. Peyrefitte, *op. cit.*
31. AD, EM, 1 2 63.
32. Jean-Pierre Cabouat, *L'Autodéterination du Québec*, et Dale Thomson, *La Personnalité du Général de Gaulle*, au colloque DGESS. François Flohic, *op. cit.*
33. Publiée dans *Lettres, notes et carnets*.
34. Jean Chapdelaine, *Le Général de Gaulle et le Québec*, au colloque DGESS, *op. cit.*
35. Publié dans *Lettres, notes et carnets*.
36. Témoignage de E. Burin des Roziers, dans *Espoir* n° 20.
37. Robert Bordaz, témoignage au colloque DGESS, *op. cit.*
38. Témoignage de R. de Saint-Légier, dans *Espoir* n° 20.
39. Témoignage cité dans P.-L. Mallen *Vive le Québec libre*, Presses de la Cité de Montréal, 1978.
40. M. Vaïsse, *op. cit.*
41. AN, 5 AG 1-231, 26.7.58.
42. Décision prise au Comité de défense du 17.6.58. Pour la politique menée par de Gaulle au Proche-Orient, Louis Terrenoire, *De Gaulle, Israël et les Palestiniens*. Témoignage chrétien, 1989. Daniel Amson, *De Gaulle et Israël*, PUF, 1991. Paul Balta et Claudine Ruelleau, *La Politique arabe de la France de de Gaulle à Pompidou*, Sindbad, 1973. Contribution au colloque DGESS, P.-M. de La Gorce, *La France contre les Empires*, Grasset, 1968 et *La Politique arabe de la France*, dans *Espoir*.
43. Témoignage de M. Couve de Murville, AD. AO.
44. Cité par J. Soustelle, *op. cit.*
45. AN, 5 AG 1-231, 18.3.60.
46. *Ibid.* 17.6.60.
47. *Ibid.* 12.1.61.
48. Publié dans *Lettres, notes et carnets*.
49. AD, EM, 1964.
50. Témoignage d'A. de Boissieu, *op. cit.*
51. Témoignages de plusieurs ministres présents au Conseil que de Gaulle présidait ce jour-là, confirmés par lui lors de ses entretiens avec l'auteur.
52. Rapporté par Abba Eban, *Autobiographie*, Buchet-Chastel, 1979.

53. Témoignage d'Abba Eban au colloque DGESS, *op. cit.*
54. AN, 5 AG, 1-213.
55. Jean d'Escrienne, *Le Général m'a dit*, Plon, 1973.
56. Yves Guéna, *Le Temps des certitudes*, Flammarion, 1982.
57. AD, EM, 1967.
58. Entretien de Gaulle-Zorine (ambassadeur d'URSS à Paris), AN, 5 AG 1-213, 11.12.67.
59. Reproduit dans *Lettres, notes et carnets*.
60. La véhémence de sa réaction à l'opération israélienne est rapportée par J. d'Escienne, *op. cit.*
61. DGESS, t. VIII, *Sondages et enquêtes d'opinion*.
62. Sur les choix faits par de Gaulle à l'égard du système monétaire international, A. Prate, *op. cit.*
63. J. Rueff, *op. cit.*
64. Analysé par A. Prate, *op. cit.*
65. Leur transfert systématique au siège de la Banque de France à Paris fut très critiqué aux Etats-Unis. Olivier Wormser, *Le Figaro*, 30.6 et 1.7.73.
66. A. Prate, *op. cit.*
67. *Ibid.*

CHAPITRE 36

1. Pour l'ensemble de ce chapitre, François Goguel, *Chroniques électorales*, Presses de la FNSP, 1981 et 1982, et les ouvrages collectifs publiés pour chaque scrutin national, par la FNSP.
2. M. Vaïsse, *op. cit.*
3. Voir chapitre 28.
4. *De Gaulle et la médecine*, *op. cit.*
5. Par exemple, Pierre Viansson-Ponté dans *L'Année dans le monde 1962-1963*, Arthaud, 1963.
6. Cité par J. Lacouture, *op. cit.*
7. Les participants à cette réunion en ont témoigné.
8. Goguel, *op. cit.*
9. *Ibid.*
10. A. Peyrefitte, *op. cit.*
11. Michel Droit, *Les Clartés du jour*, Plon, 1978.
12. J. Foccart, *Journal de l'Elysée*, Fayard, Jeune Afrique, 1995.
13. L. Neuwirth, *Mais après tout*, Actes Sud, 1994.
Dans le même esprit, de Gaulle fait adopter un statut des objecteurs de conscience, qui les dispense du service militaire, moyennant des obligations civiles plus longues.

CHAPITRE 37

1. Reproduites par Adrien Dansette, *Mai 1968*, Plon, 1971.
2. *Ibid.*
3. *Ibid.*

4. Témoignage de J. Narbonne, dans *Espoir*.
5. Le tableau des forces politiques et sociales en milieu étudiant s'appuie sur les archives de l'auteur. Celles-ci comportent aussi de très nombreux documents et notes personnelles concernant tous les épisodes des événements de mai 1968. On n'y fera plus référence dans ce chapitre, sauf exceptions. Ces archives ont été déposées aux Archives nationales, les chercheurs pouvant les consulter en conformité avec les lois et règlements en vigueur.
6. Adrien Dansette, *op. cit.*
7. *Ibid.*
8. Entretiens de l'auteur avec Georges Pompidou.
9. Adrien Dansette, *op. cit.* Philippe Alexandre, *L'Elysée en péril*, Fayard, 1969.
10. F. Flohic, *op. cit.*
11. L'auteur en a examiné les termes avec lui.
12. Archives de l'auteur.
13. Témoignages recueillis par A. Dansette, *op. cit.*
14. *Ibid.*
15. J. Vendroux, *op. cit.*
16. Texte intégral dans A. Dansette, *op. cit.*
17. Témoignage recueilli par Ph. Alexandre, *op. cit.*
18. *Ibid.*
19. J. Foccart, *op. cit.*
20. Y. Guéna, *op. cit.*
21. P. Alexandre, *op. cit.* J.-R. Tournoux, *Le Mois de Mai du Général*, Plon, 1969.
22. Michel Droit, *op. cit.*
23. Archives de l'auteur.
24. P. Alexandre, *op. cit.*
25. *Ibid.*
26. A. Dansette, *op. cit.*
27. J. Foccart, *op. cit.*
28. Y. Guéna, *op. cit.*
29. J. Foccart, *op. cit.*
30. C. Fouchet, *op. cit.*
31. Général Lalande, *Droit fil dans la trame de l'Histoire*, éd. Ecritures, 1997.
32. J. Foccart, *op. cit.*
33. Témoignage écrit d'A. de Boissieu sur la journée du 29 mai.
34. J. Foccart, *op. cit.*
35. F. Flohic, *op. cit.*
36. J. Massu, *Baden 68*, Plon, 1983, et *Avec de Gaulle*, éd. du Rocher, 1998.
37. Témoignage d'A. de Boissieu.
38. Jacques Foccart, *op. cit.*
39. Yves Guéna, *op. cit.*

CHAPITRE 38

1. Jacques Foccart, *op. cit.*
2. F. Goguel, *op. cit.*

3. J. Foccart, *op. cit.*
4. *Ibid.*
5. *Ibid.*
6. Entretiens de l'auteur avec P. Messmer.
7. J. Foccart, *op. cit.*
8. B. Tricot, *Mémoires*, Quai Voltaire, 1994, et son témoignage au colloque *De Gaulle et ses Premiers ministres.*
9. J. Foccart, *op. cit.*
10. B. Tricot, *op. cit.*
11. Entretiens de l'auteur avec Edgar Faure.
12. Il s'agit ici des « nouveaux francs » créés par la réforme monétaire de décembre 1958.
13. A. Prate, *op. cit.*
14. *Ibid.*
15. J.-M. Jeanneney, *Une mémoire républicaine*, Seuil, 1997.
16. A. Prate, *op. cit.*
17. P. Guiol et C. Purtschet, *op. cit.*
18. Georges Cattaui, *Charles de Gaulle, l'homme et son destin*, Fayard, 1960.
19. Cité par P. Guiol, *op. cit.*
20. *Ibid.*
21. *Ibid.*
22. A. Peyrefitte, *op. cit.*
23. J.-M. Jeanneney, *op. cit.*
24. Entretiens de l'auteur avec P. Messmer.
25. J.-M. Jeanneney, *op. cit.*
26. Michel Droit, *op. cit.*
27. J. Foccart, *op. cit.*
28. AD — Tél. de juillet 1968.
29. H. Alphand, *op. cit.*
30. Publié dans *Lettres, notes et carnets.*
31. J. Lacouture, op cit.
32. A. de Boissieu, *op. cit.*
33. Y. Guéna, *op. cit.*
34. Sur cet épisode, voir le témoignage très détaillé de B. Tricot, *op. cit.*
35. J. Foccart, *op. cit.*
36. G. Pompidou, *Pour rétablir une vérité*, Flammarion, 1982.
37. Entretiens de l'auteur avec R. Brouillet.
38. J.-M. Jeanneney, *op. cit.*
39. M. Debré, *op. cit.*
40. P.-L. Blanc, *De Gaulle au soir de sa vie*, Fayard, 1990.
41. O. Guichard, *Mon général*, Grasset, 1980.
42. J. Foccart, *op. cit.*
43. *Op. cit.*
44. G. Pompidou, *op. cit.*

BIBLIOGRAPHIE

Ouvrages de Charles de Gaulle

La Discorde chez l'ennemi, Berger-Levrault, 1924 ; Plon, 1972.
Le Fil de l'épée, Berger-Levrault, 1932 ; Plon, 1971.
Vers l'armée de métier, Berger-Levrault, 1938 ; Plon, 1971.
La France et son armée, Plon, 1938 et 1969.
Trois études : Rôle historique des places francaises, Mobilisation économique à l'étranger, Comment faire une armée de métier, Mémorandum adressé par le colonel de Gaulle aux généraux Gamelin, Weygand, Georges, et à MM. Daladier et Paul Reynaud, Berger-Levrault, 1945 ; Plon 1971
Mémoires de guerre, t. I : *L'Appel, 1940-1942* ; t. II : *L'Unité, 1942-1944* ; t. III : Le Salut 1944-1946, Plon, 1954, 1956 et 1959.
Discours et Messages, t. I : *Pendant la guerre, 1940-1964* ; t. II : *Dans l'attente, 1946-1958* ; t. III : *Avec le renouveau, 1958-1962* ; t. IV : *Pour l'effort, 1962-1965* ; t. V : *Vers le terme, 1966-1969*, Plon, 1970.
Mémoires d'espoir, t. I : *Le Renouveau, 1958-1962*, t. II : *L'Effort, 1962-...*, Plon, 1970 et 1971.

Articles et écrits

Une mauvaise rencontre (1906), *La Congrégation* (1908), *La Bataille de la Vistule* (1920), *Préparer la guerre, c'est préparer des chefs* (1921 ?), *Le Flambeau* (1927), *La Défaite, question morale* (1927 ou 1928), *Philosophie du recrutement* (1929), *La Condition des cadres dans l'armée* (1930 ou 1931), *Histoire des troupes du Levant* (1931), *Combats du « Temps de paix »* (1932), *Pour une politique de défense nationale* (1933), *Le Soldat de l'Antiquité* (1933), *Métier militaire* (1933), *Forgeons une armée de métier* (1934), *Le problème belge* (1936), Plon, 1975.

Lettres, notes et carnets, t. I : *1905-1918* ; t. II : *1918-juin 1940* ; t. III : *Juin 1940-juillet 1941* ; t. IV : *Juillet 1941-mai 1943* ; t. V : *Juin 1943-1945* ; t. VI : *Mai 1945-juin 1951* ; t. VII : *1951-1958* ; t. VIII : *Juin 1958-décembre 1960* ; t. IX : *1961-1968*, Plon, 1980 à 1986.

Autres ouvrages

Ferhat Abbas, *La Nuit coloniale*, Julliard, 1962.
—, *Autopsie d'une guerre*, Garnier, 1980.
Michel Abitbol, *Les Juifs d'Afrique du Nord sous Vichy*, Maisonneuve et Larose, 1983.
Marcel Aboulker, *Alger et ses complots*, Fournier, 1945.
Claude d'Abzac-Epezy, *L'Armée de l'air des années noires, Vichy 1940-1944*, Economica, 1998.
Konrad Adenauer, *Mémoires*, Hachette, 1967, t. I et II.
Lucien Adès, *L'Aventure algérienne, 1940-44*, Belfond, 1979, et Economica, 1998.
Marc Agi, *René Cassin, 1887-1976, prix Nobel de la Paix*, Perrin, 1998.
Raoul Aglion, *de Gaulle et Roosevelt*, Plon, 1984.
Philippe Alexandre, *L'Elysée en péril, 2-30 mai 1968*, Fayard, 1969.
—, *Le Duel de Gaulle Pompidou*, Grasset, 1970.
Henri Alleg, *La Guerre d'Algérie*, Temps actuel, 1981.
Hervé Alphand, *L'Etonnement d'être*, Fayard, 1977.
Henri Amouroux, *La Grande Histoire des Français sous l'Occupation*, 6 tomes, Laffont, 1976 à 1986.
Daniel Amson, *De Gaulle et Israël*, PUF, 1991.
Claire Andrieu, *Le Programme commun de la Résistance*, L'Erudit, 1984.
Thierry d'Argenlieu, *Souvenirs de guerre*, Plon, 1973.
—, *Chroniques d'Indochine*, Albin Michel, 1985.
A. Argoud, *La Décadence, l'imposture et la tragédie*, Fayard, 1974.
André Astoux, *L'Oubli. De Gaulle 1946-1958*, J.-C. Lattès, 1974.
Emmanuel d'Astier de la Vigerie, *Sept Fois sept jours*, éd. de Minuit, 1947.
—, *Les Dieux et les hommes*, Julliard, 1952.
—, *De la chute à la Libération de Paris*, Gallimard, 1965.
Raymond Aubrac, *Où la mémoire s'attarde*, Odile Jacob, 1996.
Jean Auburtin, *Le Colonel de Gaulle*, Plon, 1965.
—, *Charles de Gaulle*, Seghers, 1966.
Amiral Auphan, *L'Honneur de servir*, France-Empire, 1978.
Vincent Auriol, *Journal du septennat*, Armand Colin, 1970-1971.
Jean Autin, *Vingt Ans de politique financière*, Seuil, 1972.
Pierre Avril, *UDR et gaullistes*, PUF, 1971.
Jean-Pierre Azéma et François Bedarida, *La France des années noires*, Seuil, 1993.
Edouard Balladur, *L'Arbre de mai*, Marcel Jullian, 1979.
Paul Balta et Claudine Ruelleau, *La Politique arabe de la France de De Gaulle à Pompidou*, Sindbad, 1973.
Bao Daï, *Le Dragon d'Annam*, Plon, 1980.
Roger Barberot, *Malaventure en Algérie*, Plon, 1957.
Général Barré, *Tunisie 1942-43*, Berger-Levrault, 1950.
Philippe Barrès, *Charles de Gaulle*, Plon, 1944.
Paul Baudoin, *Neuf Mois au gouvernement*, Plon, 1948.
Jacques Baumel, *Résister*, Albin Michel, 1999.

Général Beaufre, *Le Drame de 1940,* Plon, 1965.
—, *La Revanche de 1945*, Plon, 1966.
François Bedarida, *La Stratégie de la drôle de guerre,* FNSP-CNRS, 1979.
Philip Bell, *A certain eventuality : Britain and the fall of France,*Saxon House, Farnborough, 1974.
Diane de Bellescize, *Les Neuf Sages de la Résistance,* Plon, 1979.
Nora Beloff, *Le Général dit non,* Plon, 1963.
Gustav Bertrand, *Enigma ou la plus grande énigme de la guerre, 1939-1945*, Plon, 1973.
Général Béthouart, *Cinq Années d'espérance,* Plon, 1968.
Georges Bidault, *D'une résistance à l'autre,* Les Presses du siècle, 1965.
Pierre Billotte, *Le Temps des armes,* Plon, 1972.
Jacques Binoche, *L'Allemagne et le général de Gaulle, 1924-1970,* Plon, 1975.
Pierre-Louis Blanc, *De Gaulle au soir de sa vie,* Fayard, 1980
Charles Bloch, *Le IIIe Reich et le monde*, Imprimerie nationale, 1986.
Léon Blum, *Mémoires et correspondances, 1940-45,* Albin Michel, 1955.
Charles Bolhen, *Witness to History,* Weindenfeld and Nicolson, 1973.
Pierre de Boisdeffre, *De Gaulle malgré lui,* Albin Michel, 1978.
Hettier de Boislambert, *Les Feux de l'espoir,* Plon, 1978.
Alain de Boissieu, *Pour combattre avec de Gaulle,* Plon, 1981.
—, *Pour servir le Général, 1946-1970,* Plon, 1982.
Gérard Boud'hors, *Charles de Gaulle à travers la philatélie,* Axium, 1972.
Pierre Bourdan, *Carnets des jours d'attente,* éd. Pierre Trémois, 1945.
Claude Bourdet, *L'Aventure incertaine,* Stock, 1975.
Général Bourret, *La Tragédie de l'armée française,* La Table Ronde, 1947.
Général Bouscat, *De Gaulle-Giraud : dossiers d'une mission,* Flammarion, 1967.
Général Bührer, *Aux heures tragiques de l'Empire.*
Georges Buis, *Les Fanfares perdues,* Seuil, 1985.
Etienne Burin des Roziers, *Retour aux sources, 1962 l'année décisive,* Plon, 1986.
Robert Buron, *Carnets politiques de la guerre d'Algérie,* Plon, 1975.
Philippe Buton, *Les lendemains qui déchantent,* Presses de la FNSP, 1993.
Alexander Cadogan, *Diaries,* Cassell, Londres, 1971.
Arthur Calmette, *L'OCM,* PUF, 1961.
Caroff, *Les Débarquements alliés en Afrique du Nord, novembre 1942*, SHM, 1960.
Jean-Louis Carré, P. Dubois, E. Malinvaud, *La Croisade francaise,* Seuil, 1972.
René Cassin, *Les hommes partis de rien,* Plon, 1975.
Cat-Mackiewicz, *Les Yeux morts*, Pax, Varsovie.
Général Georges Catroux, *Dans la bataille de Méditerranée,* Julliard, 1949.
—, *Deux Actes du drame indochinois*, Plon, 1959.
Georges Cattaui, *Charles de Gaulle, l'homme et son destin,* Fayard, 1960.
Michel Cazenave, *De Gaulle et la terre de France,* Plon, 1988.
Michel Cazenave, Pierre Solié, *Moi, de Gaulle, du héros au vieux roi,* Imago, 1984.
André Cerf-Ferrière, *Chemin clandestin*, Julliard, 1968.
Philip G. Cerry, *Une politique de grandeur,* Flammarion, 1986.
Jacques Chaban-Delmas, *Charles de Gaulle,* Paris-Match Edition n° 1, 1980.
—, *L'Ardeur*, Stock, 1975.
Général Challe, *Notre révolte*, Presses de la Cité, 1968.
A. D. Chandler, *The papers of Dwight D. Eisenhower*, T. Hopkins, 1970.

Jean Charbonnel, *A la gauche du Général,* Plon, 1996.
Girard de Charbonnières, *Le Duel Giraud-de Gaulle,* Plon, 1984.
François Charles-Roux, *Cinq Mois tragiques aux Affaires étrangères*, Plon, 1949.
Jean Charlot, *Le Gaullisme d'opposition 1946-1958*, Fayard, 1983.
—, *Le Phénomène gaulliste*, Seuil, 1970.
—, *Les Français et de Gaulle*, Plon, 1971.
John Charmley, *Duff Cooper, an authorized biography,* Weindenfeld, 1986.
Jean-François Chauvel, *A rebrousse-poil*, Olivier Orban, 1974.
Roselyne Chenu, *Paul Delouvrier ou la passion d'agir*, Seuil, 1994.
Maurice Chevanche-Bertin, *Vingt Mille Heures d'angoisse*, Laffont, 1990.
Généraux Christienne et Lissarague, *Histoire de l'aviation militaire française*, Lavauzelle, 1981.
Winston Churchill, *Mémoires*, Plon, 12 volumes, 1948-54.
Général Mark Clark, *Les Alliés jouent et gagnent*, Berger-Levrault, 1952.
François-Louis Closon, *Le Temps des passions*, Presses de la Cité, 1974.
Charles G. Cogan, *Charles de Gaulle, a brief biography with documents,* Bedford Books of St. Martin's Press, 1996.
Samy Cohen, *De Gaulle, les gaullistes et Israël*, Alain Moreau, 1974.
J. Colville, *The Fringes of power : Downing street diaries, 1939-1945*, W.-W. Norton, 1986.
Duff Cooper, *Old men forget*, Londres, 1953.
Daniel Cordier, *Jean Moulin,* J.-C. Lattès, 1989.
John Costello, *Les dix jours qui ont sauvé l'Occident,* Olivier Orban, 1991.
F. Coulet, *Vertu des temps difficiles*, Plon, 1967.
Yves Courrière, *La Guerre d'Algérie*, Fayard, 1968 à 1971.
R. Courtin, *Rapport sur la politique économique d'après-guerre,* éd. Combat, Alger, 1944.
Stéphane Courtois, *Le PCF dans la guerre*, Ramsay, 1980.
Hervé Coutau-Bégarie et Claude Huan, *Darlan*, Fayard, 1989.
Maurice Couve de Murville, *Une politique étrangère 1958-1969,* Plon, 1971.
Jean-Louis Crémieux-Brilhac, *La France libre, de l'appel du 18 juin à la Libération*, Gallimard, 1996.
Pierre Daix, *J'ai cru au matin*, Laffont, 1976.
Jacques Dalloz, *La Guerre d'Indochine*, Seuil, 1987.
Yves-Maxime Danan, *La Vie politique à Alger de 1940 à 1944*, LGD, 1963.
Jean Daniel, *De Gaulle et l'Algérie,* Seuil, 1986.
Adrien Dansette, *Mai 1968,* Plon, 1971.
Jacques Dauer, Michel Rodet, *Les Orphelins du gaullisme,* Julliard, 1962.
Régis Debray, *A demain de Gaulle,* Gallimard, 1990.
Michel Debré, *Mémoires*, t. I à IV, Albin Michel, 1984.
—, *Entretiens avec le général de Gaulle, 1961-1969,* Albin Michel, 1993.
Michel et Jean-Louis Debré, *Le Gaullisme,* Plon, 1978.
Jean-Louis Debré, *Les Idées constitutionnelles du général de Gaulle,* Librairie générale de droit et de jurisprudence, 1974.
Jacques Debû-Bridel, *Les Partis contre de Gaulle,* Aimery Somogy, 1948.
—, *De Gaulle contestataire,* Plon, 1970.
—, *De Gaulle et le Conseil national de la Résistance,* éd. France-Empire, 1978.
Amiral Decoux, *A la barre de l'Indochine,* Plon, 1949.
Jacques Delarue, *L'OAS contre de Gaulle,* Fayard, 1981.

François Delpla, *Churchill et les Francais,* Gallimard, 1996.
Pierre Démaret, Christian Plume, *Objectif de Gaulle,* Robert Laffont, 1973.
Evelyne Demey, *Paul Reynaud, mon père*, Plon, 1980.
Philippe Devillers, *Histoire du Vietnam de 1940 à 1942,* Seuil, 1952.
—, *Paris-Saïgon-Hanoï,* Gallimard-Julliard, 1988.
Doan Thiem, *Les jours que je n'ai pas oubliés,* éd. Dai Nan,
François-G. Dreyfus, *De Gaulle et le Gaullisme,* PUF, 1982.
Michel Droit, *Les Feux du crépuscule*, Plon, 1977.
Bernard Droz et Evelyne Lever, *Histoire de la guerre d'Algérie,* Seuil, 1982.
Général Dulac, *Nos guerres perdues*, Fayard, 1969.
Claude Dulong, *La Vie quotidienne à l'Elysée au temps de Charles de Gaulle,* Hachette, 1974.
Antide Dumons, *Les Attentats contre le Général de Gaulle, dernier recours de l'opposition « Algérie francaise »,* Mémoire, Université de Poitiers, 1970.
G. Dupeux, *La France de 1945 à 1965,* A. Colin, 1969.
François Duprat, *Les Mouvements d'extrême droite en France depuis 1944*, éd. Albatros, 1972.
Jean-Baptiste Duroselle, *La Décadence*, Imprimerie nationale, 1979.
—, *L'Abîme*, Imprimerie nationale, 1982.
Jean Dutourd, *Conversation, avec le Général,* Flammarion, 1990.
Maurice Duverger, *La République des citoyens*, Ramsay, 1982.
Anthony Eden, *Mémoires, L'Epreuve de force,* Plon, 1965.
Georgette Elgey, *Histoire de la Quatrième République*, t. I à III, Fayard, 1968.
Jean d'Escrienne, *Le Général m'a dit... 1966-1970,* Plon, 1973.
—, *De Gaulle de loin et de près,* Plon, 1978.
—, *Charles de Gaulle, Officier, de Saint-Cyr à la dissuasion,* Addim, 1990.
Abba Eban, *Autobiographie*, Buchet-Chastel, 1979.
Mario Faivre, *Nous avons tué Darlan,* La Table Ronde, 1975.
—, *Le Chemin du Palais d'Eté, Alger 1942,* Reginex, 1982.
Jacques Fauvet, *La IVe République*, Fayard, 1959.
Jean Ferniot, *De Gaulle et le 13 mai,* Plon, 1965.
—, *De Gaulle Pompidou,* Plon, 1972.
Maurice Ferro, *De Gaulle et l'Amérique, une amitié tumultueuse,* Plon, 1973.
Joseph Albert Field, Thomas Cushsman Hudnut, *L'Algérie, de Gaulle et l'armée,* Arthaud, 1975.
Georges Fleury, *Tuez de Gaulle ! Histoire de l'attentat du Petit-Clamart,* Grasset, 1996.
François Flohic, *Souvenirs d'Outre-Gaulle,* Plon, 1979.
—, *Ni chagrin, ni pitié,* Plon, 1985.
M. Flory, *Le Statut international des gouvernements réfugiés et le cas de la France libre*, Pédone, 1952.
Jacques Foccart, *Journal de l'Elysée. Tous les soirs avec de Gaulle, I, 1965-1967.*
—, *Le général en mai, II, 1968-1969,* Fayard-Jeune Afrique, 1998.
Fondazione Giangiacomo Feltrinelli, *Vichy 1940-1944, archives de guerre d'Angelo Tasca,* éd. du CNRS Paris-Feltrinelli editore, Milan, 1986.
André Fontaine, *Histoire de la guerre froide*, 2 vol. Fayard, 1965-1967,
—, *Histoire de la détente*, Fayard, 1982.
Pascal Fontaine, *Le Comité d'action pour les Etats-Unis d'Europe*, Centre d'études européennes de Lausanne, 1974.

Michael Foot, *SOE in France*, HMSO, Londres, 1966.
—, *An outline history of the SOE, 1940-46*, BBC, 1984.
Christian Fouchet, *Mémoires d'hier et de demain. T. 1 : Au service du général de Gaulle, Londres 1940, Varsovie 1945, Alger 1962, mai 1968*, Plon, 1971 ; T. 2 : *Les lauriers sont coupés*, Plon, 1973.
Ania Francos et J.-P. Sereli, *Un Algérien nommé Boumediene*, Stock, 1976.
Henri Frenay, *La nuit finira*, Laffont, 1973.
Brigitte Friang, *Un autre Malraux*, Plon, 1977.
André Frossard, *La France en général, une certaine idée de de Gaulle et des Français*, Plon, 1975.
A. L. Funks, *The politics of « Torch »*, Lawrence, 1974.
Philippe Gaillard, *Foccart parle, Entretiens*, t. 1, Fayard/Jeune Afrique, 1995.
—, *Foccart parle, Entretiens*, t. 2, Fayard/Jeune Afrique, 1997.
Pierre Galante, *Le Général, les siens, les autres et lui-même*, Presses de la Cité, 1968.
Max Gallo, *De Gaulle*, tomes I à IV, Robert Laffont, 1998.
Pierre Gallois, *Stratégie de l'âge nucléaire*, Calmann-Lévy, 1960.
—, *Le Sablier du siècle*, L'Age d'Homme, 1999.
Général Gamelin, *Servir*, 3 vol., Plon, 1946-1947.
Félix Garas, *Charles de Gaulle seul contre les pouvoirs*, Julliard, 1957.
Romain Gary, *Ode à l'homme qui fut la France*, suivi de *Malraux, conquérant de l'impossible*, Calmann-Lévy, 1997.
Philippe de Gaulle, *Mémoires accessoires, 1921-1946*, Plon, 1997.
Jean Gaulmier, *Les Ecrits du général de Gaulle*, Société d'impression et d'édition, 1942.
A. B. Gaunson, *The Anglo-French Clash in Lebanon and Syria*, Londres, Macmillan, 1987.
Pierre Gerbet, *Le Relèvement, 1944-1949*, Imprimerie nationale, 1991.
Eric Ghebali, *Vincent Auriol, le président-citoyen*, Grasset, 1998.
André Gillois, *Histoire secrète des Français à Londres de 1940 à 1944*, Hachette, 1972.
John Gimbel, *The Origin of the Marshall Plan*, Stanford University Press, 1976.
G. Girard de Charbonnières, *Le Duel Giraud-De Gaulle*, Plon, 1984.
Henri-Christophe Giraud, *De Gaulle et les communistes*, t. 1, Albin Michel, 1988.
Yves Godard, *Les Paras dans la ville*, Fayard, 1972.
François Goguel, *Chroniques électorales*, 3 vol., Presses de la FNSP, 1981-1983.
Bertrand Goldschmidt, *Le Complexe atomique*, Fayard, 1980.
Jean Gonnet, *Les Origines bourguignonnes du général de Gaulle*, éd. J. Renaux, 1945.
Georges Gorse, *Je n'irai pas à mon enterrement*, Plon, 1992.
Gilles Gozard, *De Gaulle face à l'Europe*, Plon, 1976.
Marie Granet et Henri Michel, *Combat, histoire d'un mouvement de Résistance*, PUF, 1957.
—, *Défense de la France, histoire d'un mouvement de résistance*, PUF, 1960.
Fernard Grenier, *C'était ainsi*, Editions sociales, 1959.
H. Grimal, *La Décolonisation 1949-1963*, Paris, 1965.
Alfred Grosser, *La Politique extérieure de la Ve République*, Seuil, 1965.

Yves Guéna, *Le Temps des certitudes, 1940-1969,* Flammarion, 1982.
—, *Histoire de la Communauté,* Fayard, 1962.
Olivier Guichard, *Mon Général,* Grasset, 1980.
—, *Un chemin tranquille,* Flammarion, 1975.
Jean-Pierre Guichard, *De Gaulle et les mass media, l'image du général,* France-Empire, 1985.
Henri Guillemin, *Le Général clair-obscur,* Seuil, 1984.
Patrick Guiol, *L'Impasse sociale du gaullisme, le RPF et l'Action ouvrière,* Presses de la Fondation nationale des sciences politiques, 1985.
Nevin E. Gun, *Les Secrets des archives américaines,* Albin Michel, 1983.
Claude Guy, *En écoutant de Gaulle, Journal 1946-1949,* Grasset, 1996.
Léo Hamon, *De Gaulle dans la République,* Plon, 1958.
—, *Vivre ses choix,* Laffont, 1991.
Hervé Hamon, Patrick Rotman, *Génération.* T. 1 : *Les années de rêve,* Seuil, 1987
Mohammed Harbi, *Le FLN, mirage et réalité, des origines à la prise du pouvoir, 1945-1962,* éd. Jeune Afrique, 1980.
—, *Les Archives de la révolution algérienne,* éd. Jeune Afrique, 1981.
Stephane Hessel, *Danse avec le siècle,* Seuil, 1997.
Claude Hettier de Boislambert, *Les Fers de l'espoir,* Plon, 1978.
Stanley et Inge Hoffmann, *De Gaulle artiste de la République,* Seuil, 1973.
—, *De Gaulle artiste de la politique,* Seuil, 1973.
Stanley Hoffmann, *Essais sur la France, Déclin ou renouveau ?,* Seuil, 1964.
René Hostache, *De Gaulle 1944. Victoire de la légitimité,* Plon, 1978.
Paul Huard, *Le Colonel de Gaulle et ses blindés,* Plon, 1980.
P. Isoart, *Le Phénomène national vietnamien,* Pichon et Duran-Augiac, 1961.
Georges Izard, *Lettre affligée au général de Gaulle,* Laffont, 1964.
François Jacob, *La Statue intérieure,* Odile Jacob et Seuil, 1987.
Général Janin, *Ma mission en Sibérie,* Paris, 1933.
Jean-Marcel Jeanneney, *Une mémoire républicaine, entretiens avec Jean Lacouture,* Seuil, 1997.
Jules Jeanneney, *Journal politique 1939-1942,* Armand Colin, 1972.
Jean Jérôme, *La Part des hommes,* Acropole, 1983.
—, *Les Clandestins,* Acropole, 1986.
Général Jouhaud, *Ce que je n'ai pas dit,* Fayard, 1977.
Louis Joxe, *Victoires sur la nuit,* Flammarion, 1981.
Michel Jobert, *Mémoires d'avenir,* Grasset, 1974.
Edmond Jouve, *Le Général de Gaulle et la Construction de l'Europe, 1940-1966, t. I et II,* Librairie générale de droit et de jurisprudence, 1967.
Louis Joxe, *Victoire sur la nuit,* Flammarion, 1981.
Maréchal Juin, *Mémoires,* Fayard, 1959.
Marcel Jullian *L'homme de 40,* Laffont, 1980
—, *Madame de Gaulle,* Stock, 1982.
Mahfoud Kaddache, *Histoire du nationalisme algérien, 1919-1951,* Alger, 1980.
Albert Kammerer, *La Vérité sur l'armistice,* éd. Médicis, 1944.
André Kaspi, *La Mission de Jean Monnet à Alger, mars-octobre 1943,* éd. Richelieu, 1971.
François Kersaudy, *De Gaulle et Churchill,* Plon, 1981.
H. Kiesterer, *Der Kamzler und der général,* Nerke, 1995.

Tran Trong Kim, *Dans la tourmente.*
W. E. Kinball, *Churchill and Roosevelt,* Princeton University Press, 1984.
Henry Kissinger, *A la Maison Blanche 1968-1973*, Fayard, 1979.
William Louis Klein, *Charles de Gaulle and the French Army : vision, alienation, separation,*Thèse, University of Nebraska, 1969.
Andrew Knapp, *Le Gaullisme après de Gaulle,* Seuil, 1996.
Pierre Laborie, *L'Opinion française sous Vichy*, Seuil, 1990.
Bernard Lachaise, *Le Gaullisme dans le Sud-Ouest au temps du RPF,* Fédération historique du Sud-Ouest, 1997.
Jean Lacouture, *De Gaulle,* Seuil, 1969.
—, *De Gaulle,* t. I à III, Seuil, 1984-1986.
—, *Pierre Mendès France*, Seuil, 1981.
—, *Hô Chi Minh*, Seuil, 1967.
André Laffargue, *Fantassin de Gascogne,* Flammarion, 1962.
Pierre Laffont, *L'Expiation*, Plon, 1968.
Paul-Marie de La Gorce, *La République et son armée*, Fayard, 1963.
—, *De Gaulle entre deux mondes*, Fayard, 1964.
—, *La France contre les Empires*, Grasset, 1968.
—, *L'Après-Guerre,* Grasset, 1978.
—, *Apogée et mort de la IVe République,* Grasset, 1979.
—, *L'Empire écartelé,* Denoël, 1988.
—, *39-45, une guerre inconnue*, Flammarion, 1995.
Jean Laloy, *A Moscou entre Staline et de Gaulle,* Revue des Études slaves, 1982.
William L. Langer, *Le Jeu américain à Vichy*, Plon, 1948.
Marc Langerau, *Le Général de Gaulle, la vallée d'Aoste et la frontière italienne des Alpes,* Musumerci éditeur, 1980.
Alain Larcan, *Charles de Gaulle, itinéraires intellectuels et spirituels,* Presses universitaires de Nancy, 1993.
Edgard de Larminat, *Chroniques irrévérencieuses*, Plon, 1962.
Pierre Laroque, *Succès et faiblesses de l'effort social français,* Armand Colin, 1962.
Anne Laurens, *Les Rivaux de Charles de Gaulle, la bataille de la légitimité en France de 1940 à 1944,* Robert Laffont, 1977.
Jacques Laurent, *Mauriac sous de Gaulle,* La Table Ronde, 1964.
Bernard Le Calloc'h, *La Révoluton silencieuse du gaullisme au pouvoir,* John Didier, 1971.
Bernard Ledwidge, *De Gaulle vu par un Anglais,* Flammarion, 1982.
—, *De Gaulle et les Américains, conversations avec Dulles, Eisenhower, Kennedy, Rusk, 1958-1964,* Flammarion, 1984.
Pierre Lefranc, *De Gaulle raconté aux jeunes*, Editions G.P., 1975.
—, *... avec qui vous savez, vingt-cinq ans aux côtés de de Gaulle,* Plon, 1979.
—, *De Gaulle un portrait,* Flammarion, 1989.
—, *De Gaulle, Rencontre avec l'Histoire, photobiographie,* Solar, 1994.
—, *La Tention de Charles de Gaulle,* Flammarion, 1994.
Jacques Lemaigre-Dubreuil, *Les Relations franco-américaines et la politique des généraux, Alger 1940-43,* Publications Elysées, 1949.
Raymond-Marin Lemesle, *La Conférence de Brazzaville de 1944,* La Documentation française, 1994.
Henri Lerner, *De Gaulle et la gauche,* L'interdisciplinaire, 1994.
H. Lémery, *D'une République à l'autre,* 1964.

Renée Lescop, *Le Pari québécois du général*, Boréal Express, 1981.
Roger Le Tourneau, *L'Evolution politique de l'Afrique du Nord musulmane.*
Christine Levisse-Touzé, *L'Afrique du Nord dans la guerre, 1939-1945*, Albin Michel, 1998.
Olivier Long, *Le Dossier secret des accords d'Evian, Une mission suisse pour la paix en Algérie,* Editions 24 heures, 1988.
Henri Longuechaud, *L'Abominable Armistice,* Plon, 1980.
S. M. Longrigg, *Syria and Lebanon under French Mandate*, Oxford University Press, 1958.
Georges Loustaunau-Lacau, *Mémoires d'un Français rebelle*, Laffont, 1948.
John Lukacs, *Le Duel Churchill-Hitler*, Laffont, 1962.
Harold Macmillan, *La Grande Tourmente*, Plon, 1968.
Pierre Maillard, *De Gaulle et l'Allemagne, le rêve inachevé,* Plon, 1990.
—, *De Gaulle et l'Europe entre la nation et Maastricht,* Tallandier, 1995.
Redha Malek, *L'Algérie à Evian, histoire des négociations secrètes, 1956-1962,* Seuil, 1985.
Pierre-Louis Mallen, *Vive le Québec libre*, Plon, 1978.
Serge Mallet, *Le Gaullisme et la gauche,* Seuil, 1965.
André Malraux, *Antimémoires* 1, Gallimard, 1967.
—, *Les chênes qu'on abat,* Gallimard, 1971.
—, *La Corde et les Souris*, Gallimard, 1976.
Etienne Manac'h, *Mémoires d'Extrême-Asie*, t. I, II, III, Fayard 1977-80-82.
Antoine-Pierre Mariano, *Métamorphoses de l'économie française*, Arthaud, 1974.
Michel Marcq, *Charles de Gaulle, La légende du Nord,* Renaudot et Cie, 1988.
René Massigli, *Une comédie des erreurs*, Plon, 1978.
Roger Massip, *De Gaulle et l'Europe,* Flammarion, 1963.
Général Massu, *Baden 68, Souvenirs d'une fidélité gaulliste*, Plon, 1983.
—, *Avec de Gaulle, du Tchad 1941 à Baden 1968,* éd. du Rocher, 1998.
Jacques Massu, *Le Torrent et la Digue*, Plon, 1972.
Général Mast, *Histoire d'une rébellion, 8 novembre 1942,* Le cercle du nouveau livre d'histoire, 1969.
Claude Mauriac, *Un autre de Gaulle, Journal 1944-1954,* Hachette, 1970.
—, *Aimer de Gaulle*, Grasset, 1978.
François Mauriac, *Bloc-Notes 1952-1957*, Flammarion, 1958-1970.
Jean Mauriac, *Mort du général de Gaulle,* Grasset, 1972
Robert Mencherini, *Guerre froide, grèves rouges*, éd. Syllepse, 1988.
Pierre Mendès France, *La vérité guidait leurs pas*, Gallimard, 1976.
Robert Mengin, *De Gaulle à Londres vu par un Francais libre,* La Table Ronde, 1965.
Pierre de Menthon, *Je témoigne*, éd. du Cerf, 1979.
Albert Merglen, *Novembre 1942, La Grande Honte*, L'Harmattan, 1993.
Pierre Messmer, Alain Larcan, *Les Ecrits militaires de Charles de Gaulle,* PUF, 1985.
Pierre Messmer, *Après tant de batailles...*, Albin Michel, 1992.
—, *Les Blancs s'en vont, récits de décolonisation,* Albin Michel, 1998.
Henri Michel et Boris Mirkine-Guetzevitch, *Les Idées politiques et sociales de la Résistance,* PUF, 1954.
Claude Michelet, *Mon père, Edmond Michelet*, Laffont, 1981.
Edmond Michelet, *Le Gaullisme, passionnante aventure,* Fayard, 1962.

Elisabeth de Miribel, *La liberté souffre violence,* Plon, 1981.
François Mitterrand, *Le Coup d'Etat permanent,* Plon, 1964.
—, *Ma part de vérité,* Fayard, 1969.
Jules Moch, *Rencontres avec Charles de Gaulle,* Plon, 1971.
—, *Une si longue vie,* Laffont, 1976.
Jean Monnet, *Mémoires,* Fayard, 1976.
Jacques de Montalais, *Qu'est-ce que le gaullisme ?,* Mame, 1969.
Anatole de Monzie, *Ci-devant,* Gallimard, 1941.
Charles Morazé, *Le Général de Gaulle et la République,* Flammarion, 1972.
Jacques Mordal, *La Bataille de Dakar,* Ozanne, 1956.
—, *La Marine française pendant la Seconde Guerre mondiale,* Paris, 1958.
Général Mordant, *Au service de la France en Indochine,* Saigon, 1950.
Chantal Morelle, *De Gaulle, le gaullisme et les gaullistes,* Armand Colin, 1998.
Jean Morin, *De Gaulle et l'Algérie, Mon témoignage 1960-1962,* Albin Michel, 1999.
Robert Murphy, *Un diplomate parmi les guerriers,* Laffont, 1965.
Paul Mus, *Vietnam, sociologie d'une guerre,* Seuil, 1952.
Amiral Muselier, *Marine et Résistance,* Flammarion, 1945.
—, *De Gaulle contre le gaullisme,* éd. du Chêne, 1946.
Lucien Nachin, *Charles de Gaulle, Général de France,* éd. Colbert, 1944.
Henri Navarre, *Le Service de renseignements,* Plon, 1978.
Jacques Nobécourt, *Une histoire politique de l'armée,* Seuil, 1967.
Léon Noël, *Notre dernière chance,* Gedalge, 1956.
—, *Comprendre de Gaulle,* Plon, 1972.
—, *La Traversée du désert,* Plon, 1973.
—, *De Gaulle et les débuts de la Ve République, 1958-1965,* Plon, 1976.
P. Novick, *L'Epuration en France,* Balland, 1985.
Henri Noguères, Marcel Degliame-Fouché, Jean-Louis Vigier, *Histoire de la Résistance en France de 1940 à 1945,* 5 tomes, Laffont, 1967-81.
Lucien Neuwirth, *Mais, après tout...,* Arthaud, 1994.
Raymond Offroy, *« Passer outre », le génie du gaullisme,* France-Empire, 1989.
Albert Ouzoulias, *Les Fils de la nuit,* Grasset, 1975.
Claude Paillat, *Le Guépier,* Laffont, 1967, *Archives secrètes, 1968/69 : les coulisses d'une année terrible,* Denoël, 1969.
Gaston Palewski, *Mémoires d'action, 1924-1974,* Plon, 1988.
Maurice Papon, *Le Gaullisme ou la loi de l'effort,* Flammarion, 1973.
Comte de Paris, *Mémoires d'exil et de combat,* M. Jullian, 1979.
Jean-Luc Parodi, *Les Rapports entre le législatif et l'exécutif sous la Ve République,* Armand Colin, 1972.
Françoise Parturier, *La Lettre d'Irlande,* Albin Michel, 1979.
André Passeron, *De Gaulle parle,* Plon, 1962, et Fayard, 1966.
Colonel Passy, *Souvenirs,* deux tomes, Solar, 1947-48.
—, *Missions secrètes en France,* Plon, 1951.
Jean-Marie Paupert, *De Gaulle est-il chrétien ?,* Laffont, 1969.
Pierre Péan, *Vies et morts de Jean Moulin,* Fayard, 1998.
Kenneth Pendar, *Le Dilemme France-Etats-Unis, une aventure diplomatique,* éd. Self, 1948.
Gilbert Perol, *La Grandeur de la France,* Albin Michel, 1992.
Thomas Peterson, *Kennedy's quest for victory,* Oxford University Press, 1989.

Gilberte Pierre-Brossolette, *Il s'appelait Pierre Brossolette*, Albin Michel, 1976.
Alain Peyrefitte, *C'était de Gaulle,* t. 1, éd. de Fallois-Fayard, 1994.
—, *C'était de Gaulle*, t. 2, éd. de Fallois-Fayard, 1997.
Pierre Pflimlin, *Mémoires d'un Européen,* Fayard, 1991.
Hilarion, Amiral Philippon, *La Royale et le Roi,* éd. France-Empire, 1982.
Dorothy Pickles, *The Uneasy Entente : french foreign policy and franco-british misunderstanding*, Oxford University Press, 1966.
Pierre-Bloch, *Charles de Gaulle, premier ouvrier de France,* Fasquelle, 1945.
Renée Pierre-Gosset, *Expédients provisoires*, Fasquelle, s.d.
Christian Pineau, *La Simple Vérité,* Julliard, 1960.
Edgard Pisani, *Le Général indivis*, Albin Michel, 1974.
Jean Planchais, *Une histoire politique de l'armée*, t. II, Seuil, 1967.
Edmond Pognon, *De Gaulle et l'Histoire de France. Trente ans éclairés par vingt siècles,* Albin Michel, 1970.
—, *De Gaulle et l'Armée,* Plon, 1976.
Georges Pompidou, *Pour rétablir une vérité*, Flammarion, 1982.
Michel Poniatowski, *Mémoires*, Plon-Le Rocher, 1997.
Jean Pouget, *Un certain capitaine de Gaulle*, Fayard, 1973.
Alain Prate, *Les Batailles économiques du général de Gaulle,* Plon, 1978.
F.A. Puppo, *Gli armistizi francesi del 1940*, Milan, 1963.
Christian Purtschet, *Le Rassemblement du peuple français, 1947-1953,* éd. Cujas, 1965.
F. de Quirielle, *A Hanoi sous les bombes américaines*, Taillandier, 1992.
Philippe Ragueneau, *Julien ou la route à l'envers,* Albin Michel, 1976.
Rudolf Rahn, M.-C. Davet, *La Double Affaire de Syrie*, Fayard, 1967.
—, *Un diplomate dans la tourmente*, France-Empire, 1980.
Belkacem Recham, *Les Musulmans algériens dans l'armée française, 1919-1945,* L'Harmattan, 1996.
René Rémond, *Le Retour de de Gaulle,* éd. Complexe, 1983.
Rémy, *Mémoires d'un agent secret de la France libre*, Raoul Solar, 1946.
—, *Dix ans avec de Gaulle, 1940-1950,* éd. France-Empire, 1971.
Paul Reynaud, *Mémoires*, Flammarion, 1963.
Jean-Pierre Rioux, *La France de la IVe République*, t. I : *L'Ardeur et la Nécessité* (1944-1952), Seuil, 1980 ; t. II : *L'Expansion et l'Impuissance*, Seuil, 1983.
Docteur Robet, *Souvenirs d'un médecin de la France libre*, Sides, 1995.
Arthur Clendenin Robertson, *La Doctrine du général de Gaulle*, Fayard, 1959.
Jacques Robichon, *Le 8 décembre 1942, jour « J » en Afrique*, Laffont, 1964.
Georges Robin, *Commandant rebelle*, J.-C.Lattès, 1998.
Daniel Rondeau, Roger Stéphane, *Des Hommes libres, La France libre par ceux qui l'ont faite,* Grasset, 1997.
Mario Rossi, *Roosevelt and the French,* Praeger, 1994.
Odile Rudelle, *Mai 58, de Gaulle et la République*, Plon, 1988.
Jacques Rueff, *De l'aube au crépuscule*, Plon, 1977.
Lothar Ruehl, *La Politique militaire de la Ve République*, Presses de la FNSP, 1976.
Rygor-Slowikowski, *In the secret service*, Londres, 1988.
Général Sabattier, *Le Destin de l'Indochine*, Plon, 1952.
Marc Sadoun, *Les Socialistes sous l'occupation, Résistance et collaboration*, FNSP, 1982.

Jean Sainteny, *Histoire d'une paix manquée*, Fayard, 1967.
Philippe de Saint-Robert, *De Gaulle, Références, Malraux, Mauriac, Montherlant et autres textes*, Gréco, 1990.
—, *Le Jeu de la France*, Julliard, 1967.
—, *Les Septennats interrompus*, Laffont, 1975.
Raoul Salan, *Mémoires*, Presses de la cité, 1972-74.
Henri Sautot, *Grandeur et décadence du gaullisme dans le Pacifique*, Melbourne et Londres, 1946.
Alfred Sauvy, *De Paul Reynaud à Charles de Gaulle*, Casterman, 1972.
Marie-Claire Scamaroni, *Fred Scamaroni*, France-Empire, 1999.
Jacques Schapira, Henri Lerner, *Emile Mayer, un prophète bâillonné*, éd. Michalon, 1995.
Walter Schellenberg, *Le chef du contre-espionnage nazi parle*, Julliard, 1957.
David Schoenbrun, *Les Trois Vies de Charles de Gaulle*, Julliard, 1965.
Maurice Schumann, *Un certain 18 juin*, Plon, 1980.
Hans-Peter Schwarz, *Adenauer, der Staatsman*, Deutsche Verlag-Amstalt, 1991.
Jacqueline Senès, *La Vie quotidienne en Nouvelle-Calédonie de 1850 à nos jours*, Hachette, 1986.
Simonne Servais, *Regards sur de Gaulle*, Plon, 1990.
François Seydoux, *Mémoires d'Outre-Rhin*, Grasset, 1975.
—, *Dans l'intimité franco-allemande*, Albatros, 1977.
R. Sherwood, *Le Mémorial de Roosevelt*, Plon, 1950.
Adolphe Sicé, *L'AEF et le Cameroun au service de la France libre*, PUF, 1946.
Paul Silvani, *Et la Corse fut libérée*, La Marge, 1993.
P.-H. Siriex, *Souvenirs en vérité*, SLNO, 1993.
P. Sonneville, *Les Combattants de la liberté*, La Table Ronde, 1968.
Jacques Soustelle, *Envers et contre tout*, Laffont, 1947.
—, *L'Espérance trahie*, éd. Alma, 1962.
—, *28 ans de gaullisme*, La Table Ronde, 1968.
Georges-Henri Soutou, *La France et l'atome*, Bruylant, 1994.
—, *L'Alliance incertaine, les rapports politico-stratégiques franco-allemands 1954-1996*, Fayard, 1996.
Edward Spears, *La Chute de la France*, Presses de la Cité, 1961.
—, *Deux hommes qui sauvèrent la France*, Presses de la Cité, 1966.
Cyrus Sulzberger, *En observant de Gaulle*, Plon, 1962.
—, *Dans le tourbillon de l'histoire*, Albin Michel, 1971.
Birckham Sweet-Ercott, *Baker Street Irregular*, Methuen, Londres, 1965.
Pierre-Henri Teitgen, *Faites entrer le témoin suivant*, Ouest-France, 1988.
Louis Terrenoire, *De Gaulle et l'Algérie, Témoignage pour l'Histoire*, Fayard, 1964.
—, *De Gaulle, Pourquoi l'échec ?1947-1954*, Plon, 1981.
—, *De Gaulle, Israël et les Palestiniens*, Témoignage Chrétien, 1989.
Philippe Tesson, *De Gaulle Ier*, Albin Michel, 1965.
Charles Tillon, *On chantait rouge*, Laffont, 1977.
Alain de la Tocnaye, *Comment je n'ai pas tué de Gaulle*, éd. Edmond Nalis, 1969.
Jean-Raymond Tournoux, *Pétain et de Gaulle, secrets d'Etat, un demi-siècle d'histoire non officielle*, Plon, 1964.

—, *La Tragédie du général,* Plon, 1967.
—, *Le Mois de mai du général,* Plon, 1969.
—, *Jamais dit,* Plon, 1971.
—, *Le Feu et la Cendre, les années politiques du général de Gaulle, 1946-1970,* Plon, 1979.
Raymond Triboulet, *Un Gaulliste de la IV*[e], Plon, 1985.
—, *Un ministre du Général,* Plon, 1985.
Bernard Tricot, *Les Sentiers de la paix, Algérie 1958-1962,* Plon, 1972.
—, *Mémoires,* Quai Voltaire, 1994.
A. Truchet, *L'Armistice de 1940 et l'Afrique du Nord,* PUF, 1957.
J.M. Trutat, *Le Livre tricolore du gaullisme,* CEREG, 1969.
Maurice Vaïsse, *La Grandeur. Politique étrangère du général de Gaulle, 1958-1969,* Fayard, 1998.
Jacques Vendroux, *Cette chance que j'ai eue... Souvenir de famille et journal politique,* Plon, 1974.
—, *Ces grandes années que j'ai vécues,* Plon, 1975.
—, *Yvonne de Gaulle, ma sœur, 1900-1932,* Plon, 1980.
Pierre Viansson-Ponté, *Histoire de la République gaullienne,* Fayard, 1970-71.
Paul de Villelume, *Journal d'une défaite,* Fayard, 1976.
Pierre Villon, *Résistant de la première heure,* Editions sociales, 1983.
J.-N. Vincent, *Les Forces françaises dans la luttte contre l'Axe en Afrique,* SHAT, 1983.
Milton Viorst, *Les Alliés ennemis : de Gaulle et Roosevelt,* Denoël, 1967.
Alban Vistel, *La Nuit sans ombre,* Fayard, 1970.
Irving M. Wall, *L'Influence américaine sur la politique française, 1945-1954,* Balland, 1989.
A. Vernon Walters, *Services discrets,* Plon, 1979.
Général J.A. Watson, *Echec à Dakar,* Laffont, 1968.
André Weil-Curiel, *Le Temps de la honte,* Ed. du Myrte, 1945-47.
Alexander Werth, *De Gaulle, a political biography,* Penguin, 1965.
Weygand, *Rappelé au service,* Flammarion, 1950.
—, *En lisant les Mémoires de guerre du général de Gaulle,* Flammarion, 1955.
Dorothy S. White, *Les Origines de la discorde,* Trévise, 1967.
G.L. Woodward, *British foreign policy in the second world war,* HMSO, Londres, 1970-76
Général Zeller, *Dialogue avec un général,* Presses de la Cité, 1974.

Ouvrages collectifs et revues

Les Chemins de la décolonisation, éditions du CNRS, 1986.
IFOP, *Les Francais et de Gaulle,* Plon, 1971.
*La Politique étrangère du général de Gaulle,*textes réunis par Elie Barnavi et Saul Frierdlande, Institut universitaire de hautes études internationales, Genève, PUF, 1985.
Le Journal officiel de la France libre, Direction des Journaux officiels, 1995.
Charles de Gaulle, cahier dirigé par Michel Cazenave et Olivier Germain Thomas, L'Herne, 1973.
De Gaulle, l'Homme de Brazzaville, éd. Mazarin, Michel Aveline, 1996.

La Génération du feu, 1914-1918, textes de Charles de Gaulle, Jacques Vendroux, Gérard Boud'hors, présentés par Pierre Lefranc, Plon, 1983.

L'Homme du destin, Charles de Gaulle. T. I : La Résistance ; T. II : La Libération ; T. III : Le Retour ; T. IV : L'Achèvement ; T. V : Documents et archives, sous la direction de Michel Droit, Larrieu-Bonnel, 1972.

Charles de Gaulle, Réalités/Hachette, 1973.

Publications des Presses de la Fondation nationale des sciences politiques sur chacun des scrutins nationaux, 1958-1969.

Service historique de l'Armée de Terre, *La Guerre d'Algérie par les documents. T. 1 : L'avertissement, 1943-1946,* Vincennes, 1990.

Publications de l'Institut et de la Fondation Charles de Gaulle

Les Conditions de l'indépendance nationale dans le monde moderne, Cujas, 1977.

De Gaulle et le Service de l'Etat, Plon, 1977.

La Boisserie, « C'est ma demeure », Plon, 1979.

« L'Entourage » et de Gaulle, ouvrage collectif présenté par Gilbert Pilleul, Plon, 1979.

La Politique africaine du général de Gaulle 1958-1969, actes du colloque organisé par le Centre bordelais d'études africaines, le Centre d'études d'Afrique noire et l'Institut Charles de Gaulle, Bordeaux, 19-20 octobre 1979, éd. A. Pedone, 1980.

Bibliographie internationale sur Charles de Gaulle, 1940-1981, Plon, 1981.

De Gaulle et l'Indochine, 1940-1946, Plon, 1982.

De Gaulle et la nation face aux problèmes de défense (1945-1946), Plon, 1983.

Approches de la philosophie politique du général de Gaulle, Cujas, 1983.

De Gaulle et le tiers monde, Institut Charles de Gaulle, Institut du droit de la paix et du développement, Faculté de droit et de sciences économiques de Nice, A. Pedone, 1984.

L'Aventure de la bombe, de Gaulle et la dissuasion nucléaire, 1958-1969, Institut Charles de Gaulle, Université de Franche-Comté, Plon, 1985.

1958, la faillite ou le miracle : le plan de Gaulle-Rueff, Plon, 1986.

De Gaulle et Malraux, Plon, 1986.

Brazzaville (janvier-février 1944) : aux sources de la décolonisation, colloque organisé par l'Institut Charles de Gaulle et l'Institut d'Histoire du Temps présent, Plon, 1988.

Des Républiques françaises, colloque organisé par le Centre d'Etudes politiques et constitutionnel de l'université de Nice et l'Institut Charles de Gaulle, Colin, 1988.

De Gaulle et ses Premiers ministres, 1959-1969, Institut Charles de Gaulle, Association française de science politique, Plon, 1990.

Le discours de Bayeux : hier et aujourd'hui, colloque organisé par l'Institut Charles de Gaulle et l'Association française des constitutionnalistes avec la participation de l'université de Caen, Economica, Presses universitaires d'Aix-Marseille, 1990.

De Gaulle en son siècle, 8 vol., La documentation française-Plon, 1991-92.

De Gaulle et les médias, Plon, 1994.

L'Etablissement de relations diplomatiques entre la France et la Chine populaire, Cahier de la Fondation Charles de Gaulle, 1995.

De Gaulle enseigné dans le monde, Cahier de la Fondation Charles de Gaulle, 1995.

Archives du Rassemblement du peuple francais, 1996, Cahier de la Fondation Charles de Gaulle, 1996.

Le Discours de Bayeux (1946-1996), Espoir n° 108, 1996.

De Gaulle et l'Italie, colloque organisé par l'Ecole française de Rome et la Fondation nationale des sciences politiques, en collaboration avec l'Association Italia-Francia et l'Institut Charles de Gaulle, Ecole française de Rome, 1997.

La Genèse du RPF, Cahier de la Fondation Charles de Gaulle, 1997.

La Participation dans l'entreprise, Cahier de la Fondation Charles de Gaulle, 1998.

L'Aménagement du territoire (1958-1974), colloque organisé par la Fondation Charles de Gaulle et l'Association Georges Pompidou (à paraître).

De Gaulle et la médecine, Synthelabo, 1995.

Le Rétablissement de la légalité républicaine, 1944, Actes du colloque organisé par la Fondation Charles de Gaulle, la Fondation nationale des Sciences politiques, l'Association française des constitutionnalistes et la participation de l'Université de Caen, 6,7,8 octobre 1984, éd. Complexe, 1996.

Le Discours d'Epinal. Rebâtir la République, colloque d'Epinal, 1996, Fondation Charles-de-Gaulle, Association française des constitutionnalistes, Fondation nationale des sciences politiques, Economica-Presses universitaires d'Aix-Marseille, 1997.

De Gaulle et le RPF, 1947-1953, Fondation Charles de Gaulle, Université de Bordeaux III, Armand Colin, 1998.

INDEX DES PERSONNES CITÉES

A

C

D

E

F

G

H

I

J

M

N

Q

R

S

T

U

V

W

Y

Z

Cet ouvrage a été composé
par Nord Compo, Villeneuve-d'Ascq, Nord
et achevé d'imprimer en décembre 1999
dans les ateliers de Normandie Roto Impression s.a.
61250 Lonrai
N° d'imprimeur : 992784
N° d'éditeur : 1488
Dépôt légal : décembre 1999